NOMOSKOMMENTAR

Dr. Hilmar Ferner
Dr. Holger Kröninger
Prof. Dr. Manfred Aschke [Hrsg.]

Baugesetzbuch

mit Baunutzungsverordnung

Handkommentar

2. Auflage

Prof. Dr. Manfred Aschke, Vorsitzender Richter am OVG Weimar | **Dr. Hilmar Ferner**, Richter am VGH Kassel, Mitglied des Senats für Baulandsachen beim OLG Frankfurt a.M. | **Johannes Kirchmeier**, Rechtsanwalt und Fachanwalt für Verwaltungsrecht, Saarbrücken | **Thomas Kniest**, Richter am Sozialgericht Kassel | **Dr. Holger Kröninger**, Rechtsanwalt, Saarbrücken

Nomos

Die Deutsche Nationalbibliothek verzeichnet diese Publikation in der Deutschen Nationalbibliografie; detaillierte bibliografische Daten sind im Internet über http://www.d-nb.de abrufbar.

ISBN 978-3-8329-2405-8

2. Auflage 2008

Vorwort

Die Neuauflage des Handkommentars zum Baugesetzbuch entwickelt das in der Fachwelt erfreulich positiv aufgenommene Konzept der Erstauflage, eine an den Bedürfnissen und Arbeitsschwerpunkten der Praxis orientierte Kommentierung des Baugesetzbuchs zu bieten, konsequent weiter.

So legt die Neuauflage nicht nur ihren Schwerpunkt auf das Bauplanungsverfahren sowie die damit zusammenhängenden besonderen Probleme des Nachbarschutzes, die städtebaulichen Sanierungs- und Entwicklungsmaßnahmen sowie die in der Regel schwierig zu handhabenden Enteignungs- und Umlegungsprobleme, sondern fügt auch weitere, für die Verwaltungspraxis wichtige Formulierungs- und Gestaltungshinweise am jeweiligen Ort der Kommentierung hinzu.

Gleichzeitig wurden in allen Kommentierungsteilen die Zitations- und Vertiefungshinweise ausgebaut und die Baunutzungsverordnung als gesonderte Kommentierung nicht nur hinzu gefügt, sondern auch mit den Vorschriften des Baugesetzbuchs eng verzahnt. Für diese Kommentierung konnte Herr Professor Dr. Manfred Aschke gewonnen werden. Die Benutzerfreundlichkeit, insbesondere zur Interpretation des Inhalts des Flächennutzungsplans wie des Bebauungsplans, wird damit nochmals gewinnen. Dem trägt zudem Rechnung, dass im Rahmen dieser Kommentierung auch immer die alten Fassungen der Baunutzungsverordnung mit abgedruckt wurden.

Herausgeber und Autoren

Bearbeiterverzeichnis

Professor Dr. *Manfred Aschke*, Vorsitzender Richter am OVG Weimar (BauNVO)

Dr. *Hilmar Ferner*, Richter am VGH Kassel, Mitglied des Senats für Baulandsachen beim OLG Frankfurt a.M. (Einleitung, §§ 1–10, 29–38, 136–179)

Johannes Kirchmeier, Rechtsanwalt, Fachanwalt für Verwaltungsrecht, Saarbrücken (§§ 11–18, Vor 29, 45–84, 200–216)

Thomas Kniest, Richter am Sozialgericht Kassel (§§ 123–135c, 180–191)

Dr. *Holger Kröninger*, Rechtsanwalt, Saarbrücken (§§ 19–28, 39–44, 85–122, 192–199, 217–247; Muster)

Zitiervorschlag

HK-BauGB/*Bearbeiter*, § 34 Rn 3

Inhaltsverzeichnis

Musterverzeichnis

Abkürzungsverzeichnis

aA	andere Ansicht
aaO	am angegebenen Ort
AbfG	Gesetz über die Vermeidung und Entsorgung von Abfällen (Abfallgesetz)
Abs.	Absatz
aF	alte Fassung
Alt	Alternative
aM	anderer Meinung
Anm.	Anmerkung
AO	Abgabenordnung
Art	Artikel
AS	Amtliche Sammlung
Aufl.	Auflage
B.	Beschluss
BAnz	Bundesanzeiger
BauGB	Baugesetzbuch (fr. Bezeichnung Bundesbaugesetz – BbauG)
BauGBMaßnG	Maßnahmengesetz zum Baugesetzbuch
BauNVO	Verordnung über die bauliche Nutzung der Grundstücke-Baunutzungsverordnung
BauO	Bauordnung
BauOBln	Bauordnung Berlin
BauR	Baurecht
BauROG 1998	Gesetz zur Änderung des Baugesetzbuchs und zur Neuregelung des Rechts der Raumordnung vom 18.08.1997
Bay	Bayern
BayVBl	Bayerische Verwaltungsblätter
BbauBl	Bundesbaublatt
BbauG	Bundesbaugesetz 1976, geändert durch Gesetz vom 06.07.1979
Bbg	Brandenburg
Bd.	Band
Begr.	Begründung
Bek.	Bekanntmachung
BeurkG	Beurkundungsgesetz
BFH	Bundesfinanzhof
BFHE	Sammlung der Entscheidungen und Gutachten des Bundesfinanzhofs
BGB	Bürgerliches Gesetzbuch
BGBl	Bundesgesetzblatt
BGH	Bundesgerichtshof
BGHR	Rechtsprechung des Bundesgerichtshofs
BGHZ	Entscheidungen des Bundesgerichtshofs in Zivilsachen
Bln	Berlin
BPl	Bebauungsplan
BR-Drs	Bundesrats-Drucksache
Brem	Bremen
BRS	Baurechtssammlung
bspw	beispielsweise
Buchholz	Sammel- und Nachschlagewerk der Rechtsprechung des BVerwG, Hrsg. Von Buchholz
BT-Drs	Deutscher Bundestag, Drucksache
BVerfG	Bundesverfassungsgericht
BVerfGE	Entscheidungen des Bundesverfassungsgerichts
BVerwG	Bundesverwaltungsgericht

BVerwGE	Entscheidungen des Bundesverwaltungsgerichts
BW	Baden-Württemberg
BWVBl	Verwaltungsblätter Baden-Württemberg
bzgl	bezüglich
bzw	beziehungsweise
dh	das heißt
DÖV	Die öffentliche Verwaltung
DVBl	Deutsches Verwaltungsblatt
EAG Bau	Gesetz zur Anpassung des Baugesetzbuchs an EU-Richtlinien
Erl.	Erläuterung(en)
ESVGH	Entscheidungssammlung des Hessischen Verwaltungsgerichtshofes und des Verwaltungsgerichtshofes Baden-Württemberg mit Entscheidungen des Staatsgerichtshofes beider Länder
EuG	Europäisches Gericht Erster Instanz
EuGH	Europäischer Gerichtshof
evtl	eventuell
f	folgende
ff	fortfolgende
FPl	Flächennutzungsplan
FlurbG	Flurbereinigungsgesetz
GastG	Gaststättengesetz
gem.	gemäß
GemT	Gemeindetag
GewArch	Gewerbearchiv
GG	Grundgesetz
ggf	gegebenenfalls
GKG	Gerichtskostengesetz
GmS-OGB	Gemeinsamer Senat der Obersten Gerichtshöfe des Bundes
grds.	grundsätzlich
GuG	Grundstücksmarkt und Grundstückswert
Hess	Hessen
HessVGRspr	Rechtsprechung der Hessischen Verwaltungsgerichte
hM	Herrschende Meinung
Hmb	Hamburg
HS	Halbsatz
HSGZ	Städte- und Gemeindezeitung
idF	in der Fassung
idR	in der Regel
idS	in diesem Sinne
InsO	Insolvenzordnung
iR	im Rahmen
iS	im Sinne
iSd	im Sinne des/der
iSv	im Sinne von
iVm	in Verbindung mit
KAG	Kommunalabgabengesetz
KStZ	Kommunale Steuer-Zeitschrift

LBO	Landesbauordnung
LKV	Landes- und Kommunalverwaltung
maW	mit anderen Worten
MDR	Monatsschrift des Deutschen Rechts
mE	meines Erachtens
MV	Mecklenburg-Vorpommern
mwN	mit weiteren Nachweisen
mzN	mit zahlreichen Nachweisen
Nds	Niedersachsen
NJW	Neue Juristische Wochenschrift
NJW-RR	NJW-Rechtsprechungsreport Zivilrecht
Nr.	Nummer
NuR	Natur und Recht
NVwZ	Neue Zeitschrift für Verwaltungsrecht
NVwZ-RR	Neue Zeitschrift für Verwaltungsrecht-Rechtsprechungsreport
NW	Nordrhein-Westfalen
NWVBl	Nordrhein-Westfälische Verwaltungsblätter
OLG	Oberlandesgericht
OVG	Oberverwaltungsgericht
PlanzV	Planzeichenverordnung
RdL	Recht der Landwirtschaft
Reg-E	Regierungsentwurf
Rh-Pf	Rheinland-Pfalz
Rn	Randnummer
Rspr	Rechtsprechung
S.	Seite
s.	siehe
Saarl	Saarland
Sachs	Sachsen
Sachs-Anh	Sachsen-Anhalt
SächsBauO	Sächsische Bauordnung
SächsVBl	Sächsische Verwaltungsblätter
SchlH	Schleswig-Holstein
sog.	sogenannte(n)(r)(s)
StBauFG	Städtebauförderungsgesetz
TA Lärm	Technische Anleitung zum Schutz gegen Lärm
TA Luft	Technische Anleitung zur Reinhaltung der Luft
Thür	Thüringen
TröB	Träger öffentlicher Belange
u.a.	und andere; unter anderem
uä	und ähnliche
UPR	Umwelt- und Planungsrecht
UStG	Umsatzsteuergesetz
usw	und so weiter
uU	unter Umständen
UVP	Umweltverträglichkeitsprüfung
UVPG	Gesetz über die Umweltverträglichkeitsprüfung

v.	vom
VA	Verwaltungsakt
vbBPl	Vorhabenbezogener Bebauungsplan
VBl. BW	Verwaltungsblätter Baden-Württemberg
VEPl	Vorhaben- und Erschließungsplan
VG	Verwaltungsgericht
VGH	Verwaltungsgerichtshof
vgl	vergleiche
Vorb	Vorbemerkung
Vspr	Veränderungssperre
VTr	Vorhabenträger
VwGO	Verwaltungsgerichtsordnung
VwVfG	Verwaltungsverfahrensgesetz
WEG	Gesetz über das Wohnungseigentum und das Dauerwohnrecht-Wohnungseigentumgesetz
WertV	Verordnung über die Grundsätze für die Ermittlung des Verkehrswerts von Grundstücken-Wertermittlungsverordnung
WoBauG	Wohnungsbaugesetz
zB	zum Beispiel
ZfBR	Zeitschrift für Deutsches und Internationales Baurecht
ZfW	Zeitschrift für Wasserrecht
Ziff.	Ziffer

Einleitung

Der Standort des Baugesetzbuches innerhalb des öffentlichen Baurechts lässt sich am besten durch einen Rückblick auf die bisherige Rechtsentwicklung verdeutlichen. Unter „Baurecht" verstand man in der 1. Hälfte des 19. Jahrhunderts ausschließlich das **Baupolizeirecht**, also den Tätigkeitsbereich der Polizeibehörden iR der Gefahrenabwehr bei Neubauten oder schon bestehenden baulichen Anlagen. Im Zuge einer zunehmenden Industrialisierung und steigender Nachfrage nach angemessenem Wohnraum trat die Notwendigkeit einer vorausschauenden und geordneten **städtebaulichen Planung** zu Tage, der die Länder überwiegend mit sog. „Aufbaugesetzen" zu begegnen versuchten. Als das Bundesministerium für Wohnungsbau im September 1950 zwei Referentenentwürfe zu einem „Baugesetz für die Bundesrepublik Deutschland" und zu einem „Gesetz über die vorläufige Baulandbeschaffung" vorlegte, kam es zu Bedenken hinsichtlich der umfassenden Gesetzgebungszuständigkeit des Bundes. Das Bundesverfassungsgericht arbeitete in einem zu dieser Frage in Auftrag gegebenen Gutachten erstmals die beiden großen Bereiche des öffentlichen Baurechts, nämlich das Städtebaurecht (Bauplanungsrecht) und das Bauordnungsrecht heraus, und erkannte nur für das Erstere dem Bund die **Gesetzgebungskompetenz** zu (vgl BVerfGE 3, 407). Das Städtebau- bzw Bauplanungsrecht hat im Wesentlichen die bauplanerische Gebietsgestaltung und das Einfügen von baulichen Anlagen in die Umgebung zum Gegenstand, während das Bauordnungsrecht auf landesrechtlicher Ebene das Genehmigungsverfahren bzw die Freistellung hiervon regelt und Anforderungen gestalterischer und baukonstruktiver Hinsicht stellt. In verschiedenen Bundesländern bestehen jedoch Entwicklungstendenzen weg von einem präventiven, durchkodifizierten Genehmigungsverfahren hin zu einer repressiven, auf der Eigenverantwortlichkeit und Sachkompetenz der am Bau Beteiligten basierenden Baukontrolle. 1

Im Bundesbaugesetz vom 23.6.1960 (BGBl. I S. 341) sind – auf der Grundlage des vom Bundesverfassungsgericht erstellten Gutachtens – die Vielzahl der zuvor bestehenden, überwiegend landesrechtlichen und zudem unterschiedlichen sowie zum Teil unvollkommenen Regelungen gesichert, zusammengefasst und inhaltlich weiterentwickelt worden. Damit hatte nach zehnjährigen Beratungen eine Gesetzgebungsarbeit ihren Abschluss gefunden, deren besondere Bedeutung in der – durch die Gesetzgebungskompetenz begrenzten – Vereinheitlichung des **Städtebaurechts** auf Bundesebene zu sehen ist. 2

Etwa ab der Mitte der 60er Jahre zeichnete sich eine Veränderung in der Zielsetzung des allgemeinen Städtebaus ab. Außerhalb der Sanierungs- und Entwicklungsgebiete zeigte sich insbesondere die Notwendigkeit, neben einer regionalen differenzierten Wachstumspolitik die vorhandenen städtebaulichen Strukturen zu erhalten und zu erneuern. Dies bedingte zwangsläufig auch eine grundlegende Weiterentwicklung der im BBauG enthaltenen Ordnung des Städtebaurechts, die ihren Ausdruck in dem Gesetz zur Änderung des BBauG vom 18.8.1976 (BGBl. I S. 2221) fand, nachdem bereits 1971 mit dem Städtebauförderungsgesetz in teilweiser Ergänzung und Fortentwicklung des BBauG ein auf die Besonderheiten der Sanierungs- und Entwicklungsmaßnahmen ausgerichtetes Instrumentarium geschaffen worden war.

Auf Grund eines Regierungsbeschlusses vom 22.2.1984 wurde in der Folgezeit der Gesetzentwurf für ein neues Baugesetzbuch erstellt, welches am 1.7.1987 in Kraft 3 trat (BGBl. I S. 2191). Wesentliche Ziele dieser Neuregelung waren die Zusammenfassung der rechtlichen Grundlagen des Städtebaus in einem einheitlichen Gesetzeswerk, die Stärkung des Umwelt- und des Denkmalschutzes, eine Rechts- und Verwaltungsvereinfachung sowie eine Stärkung der **Planungshoheit** der Gemeinden. Hierzu wurde keine Neukodifizierung des gesamten Städtebaurechts in Angriff genommen, das BauGB ist vielmehr eine umfassende Gesamtnovellierung, die sich in der Folge auch auf die Wertermittlungsverordnung, die Baunutzungsverordnung und die Planzeichenverordnung erstreckte.

Als Ende der 80er Jahre die Nachfrage nach Wohnraum erheblich stieg, versuchte der Gesetzgeber, dem erneut Rechnung zu tragen. Am 1.6.1990 trat ein auf fünf Jahre befristetes **Maßnahmengesetz** zum BauGB in Kraft (BGBl. I S. 926). Es enthielt Erleichterungen für das Bauleitplanungsverfahren, erweiterte das Vorkaufsrecht der Gemeinden und verbesserte die Genehmigungsmöglichkeiten für Wohnbauvorhaben in Gebieten mit Bebauungsplänen (Befreiung) und im nicht beplanten Innenbereich. Erleichtert wurde auch die Umnutzung bisher landwirtschaftlich genutzter Gebäude. Unterstützt wurde das Anliegen der Wohnraumbeschaffung durch verfahrensrechtliche Vorschriften. Auf Grund des **Einigungsvertrages** vom 31.8.1990 wurde das BauGB insgesamt auch in den neuen Bundesländern eingeführt, wobei den dortigen Besonderheiten durch bis zum 31.12.1997 befristete Sonderregelungen Rechnung getragen wurde.

4 Eine weitere Erleichterung des Bauens und eine **Verfahrensbeschleunigung** strebte der Gesetzgeber mit dem am 1.5.1993 in Kraft getretenen Investitionserleichterungs- und Wohnbaulandgesetz (BGBl. I S. 466) an. Unter dem Eindruck wirtschaftlicher Probleme und zunehmender Diskussionen über den Wirtschaftsstandort Deutschland wurden weitere materiell- und verfahrensrechtliche Erleichterungen und Beschleunigungseffekte im Bereich des öffentlichen Baurechts angestrebt. Gleichzeitig wurden in den §§ 8a–8c Bundesnaturschutzgesetz – BNatSchG – Neuregelungen des Verhältnisses der **naturschutzrechtlichen Eingriffsregelung** zur Bauleitplanung und zur Zulässigkeit von Vorhaben entwickelt und auch das Gesetz über die **Umweltverträglichkeitsprüfung** wurde entsprechend geändert.

5 Entsprechend dem Bundestagsbeschluss vom 12.2.1993 wurde am 1.1.1998 dem Auslaufen der zeitlich befristeten Regelungen durch das Inkrafttreten des Bau- und Raumordnungsgesetzes – BauROG 1998 vom 18.8.1997 (BGBl. I S. 2081) – Rechnung getragen, mit dem u.a. das Baugesetzbuch in weiten Bereichen novelliert wurde. Ziel war es, die verschiedenen Regelungswerke „wieder einheitlich im Baugesetzbuch zusammenzuführen“. Dabei wurden die Erfahrungen mit den befristeten Gesetzen ausgewertet und Teile hiervon in Dauerrecht überführt. Die naturschutzrechtliche Eingriffsregelung wurde weiterentwickelt und mit anderen Vorschriften zum Schutz von Natur und Umwelt im BauGB verankert. Ein weitgehender Verzicht auf eine **Rechtskontrolle** der kommunalen Bauleitplanung soll die Planungshoheit der Gemeinden stärken, die Notwendigkeit einer Teilungsgenehmigung wurde nahezu vollständig abgeschafft und dem Strukturwandel in der Landwirtschaft wurde durch erweiterte Umnutzungsmöglichkeiten von ehemals landwirtschaftlich genutzten Außenbereichsanlagen Rechnung getragen. Wieder einmal sollten auch Verfahrensänderungen zur Beschleunigung und Erleichterungen beim Bauen führen und damit wirtschaftliche Impulse geben.

6 Am 24.6.2004 beschloss der Bundestag mit Zustimmung des Bundesrates das Gesetz zur Anpassung des Baugesetzbuchs an EU-Richtlinien (Europarechtsanpassungsgesetz – EAG Bau, BGBl. I S. 1359). Hiermit sollte den zwingenden Vor-

gaben der Richtlinie 2001/42/EG des Europäischen Parlaments und des Rates vom 27.6.2001 (Plan-UP-Richtlinie) und der Richtlinie 2003/35/EG des Europäischen Parlaments und des Rates vom 26.5.2003 (Öffentlichkeitsbeteiligungsrichtlinie) Rechnung getragen werden. Es sollten gleichzeitig die umweltbezogenen Anforderungen des **Gemeinschaftsrechts** in die Bauleitplanung integriert und planungsrechtliche Verfahrensschritte auf hohem Umweltniveau vereinheitlicht und gestärkt werden, um eine zügige und sichere Planung zu ermöglichen, die dem Leitbild der nachhaltigen Stadtentwicklung entspricht. Zugleich sollten das Planungsrecht vereinfacht, aber auch zusätzliche Steuerungsmittel für besondere städtebauliche Situationen eingeführt werden. Schließlich wollte der Gesetzgeber den Gemeinden rechtliche Grundlagen für Stadtumbaumaßnahmen und Maßnahmen der „Sozialen Stadt" an die Hand geben.

Mit dem Gesetz zur Erleichterung von Planungsvorhaben für die Innenentwicklung der Städte vom 21.12.2006 (BGBl. I S. 3316) hat der Gesetzgeber einen weiteren Schritt auf diesem Weg getan. Diese Änderung des Baugesetzbuchs soll neben der Beschleunigung wichtiger Vorhaben, insbesondere durch eine konzentrierte Öffentlichkeits- und Behördenbeteiligung und die Verkürzung der Antragsfrist für Normenkontrollverfahren im Interesse der **Rechtssicherheit** auch der Bewältigung der Aufgaben dienen, die sich aus den absehbaren Herausforderungen des wirtschaftlichen und **demographischen Wandels** ergeben. Besonderes Augenmerk wurde dabei auch auf das Prinzip der **Nachhaltigkeit** gerichtet, indem die beabsichtigte Stärkung der Innenentwicklung gleichzeitig als Mittel zur Verringerung der Flächeninanspruchnahme eingesetzt wird. Im Zusammenhang hiermit ist auch die Beschleunigung und Erleichterung des Abschlusses von Sanierungsverfahren zum Zwecke des **Bürokratieabbaus** zu sehen.

Die immer wieder ähnliche Formulierung der Ziele des Gesetzgebers bei der Schaffung bzw Weiterentwicklung baurechtlicher Normen, insbesondere die gewünschten Beschleunigungs- und Vereinfachungseffekte einerseits und die tatsächliche Verfahrensdauer und Regelungsdichte andererseits zeigen das Spannungsfeld deutlich auf, in dem sich das öffentliche Baurecht stets bewegt. Es besteht zwar der Wunsch und die Notwendigkeit, aktuellen wirtschaftlichen und gesellschaftlichen Entwicklungen in engem zeitlichem Zusammenhang Rechnung zu tragen, doch haben die „Sünden" des Städtebaus idR langfristige Auswirkungen, so dass jede Lockerung gesetzlicher Restriktionen im öffentlichen Baurecht einer intensiven Prüfung der möglichen Folgen bedarf.

Baugesetzbuch

In der Fassung der Bekanntmachung vom
23. September 2004 (BGBl. I S. 2414) (BGBl. III 213-1)
zuletzt geändert durch G zur Erleichterung von Planungsvorhaben für die Innenentwicklung der Städte vom 21. Dezember 2006 (BGBl. I S. 3316)

Erstes Kapitel
Allgemeines Städtebaurecht

Erster Teil
Bauleitplanung

Die §§ 1–13 BauGB enthalten allgemeine Vorschriften über die Entstehung von **Bauleitplänen** und normieren die beiden Stufen, in denen sich Bauleitplanung vollzieht, nämlich den **Flächennutzungsplan** und den **Bebauungsplan**. Außerdem werden Möglichkeiten für die konsensuale Zusammenarbeit mit Privaten zur Verfügung gestellt. Die Bauleitplanung ist städtebauliche Planung, ihr Gegenstand Vorbereitung und Leitung der gesamten Bebauung in Stadt und Land einschließlich ihrer Kehrseite, der Abgrenzung des von der Bebauung grds. freizuhaltenden Bodens der Gemeinde, bestehend aus den freizuhaltenden Grundstücken des Planbereichs und dem Außenbereich (Berliner Kommentar, Rn 75 der Einführung). Weil kein Raum für sich steht, ist die Bauleitplanung eingebettet in das **Gesamtplanungssystem** der Bundesrepublik Deutschland, das sich in Raumordnung, Landesplanung und städtebauliche Planung gliedert. Für das Verhältnis der drei Planungsebenen gilt das **Gegenstromprinzip**, wonach die Ordnung der Einzelräume sich in die Ordnung des Gesamtraumes einfügen, die Ordnung des Gesamtraumes aber auch die Gegebenheiten und Erfordernisse seiner Einzelräume berücksichtigen soll (Cholewa/Dyong/von der Heide/Sailer, S. 2 f vor §§ 1–13). Die Klärung des Verhältnisses des Bauplanungsrechts zum Umwelt- und Fachplanungsrecht war eines der zentralen Anliegen des BauROG 1998, welches mit der Zielsetzung, der durch Art 20a GG neu in die Verfassung eingefügten **Staatszielbestimmung des Umweltschutzes** im Bauplanungsrecht umfassend Rechnung zu tragen, wichtige umweltschützende Maßgaben und Verfahren unmittelbar in das BauGB integrierte, wenngleich die materielle naturschutzrechtliche Kernregelung im BNatSchG verblieb (Ernst/Zinkahn/Bielenberg, Rn 8 der Vorb zu §§ 1–13). Da durch das Baugesetzbuch das Grundrecht der **Baufreiheit** (Art 14 GG) so weit eingeschränkt wird, dass durch die Regelung der baulichen und sonstigen Nutzung der Grundstücke die Ordnung der **städtebaulichen Entwicklung** gewährleistet ist, muss die Bauleitplanung von der Zweckbestimmung des Gesetzes getragen sein und einen vom Gesetz vorgesehenen zulässigen Inhalt haben (Gelzer/Birk, Rn 16 f). Da sich also eine ganze Reihe teilweise einschneidender Rechtsfolgen an die Bauleitplanung knüpfen, wird sie auch als ein Kernstück des modernen Städtebaurechts bezeichnet (Battis/Krautzberger/Löhr, Rn 1 zu § 1).

Erster Abschnitt
Allgemeine Vorschriften

§ 1 Aufgabe, Begriff und Grundsätze der Bauleitplanung

(1) Aufgabe der Bauleitplanung ist es, die bauliche und sonstige Nutzung der Grundstücke in der Gemeinde nach Maßgabe dieses Gesetzbuchs vorzubereiten und zu leiten.

(2) Bauleitpläne sind der Flächennutzungsplan (vorbereitender Bauleitplan) und der Bebauungsplan (verbindlicher Bauleitplan).

(3) Die Gemeinden haben die Bauleitpläne aufzustellen, sobald und soweit es für die städtebauliche Entwicklung und Ordnung erforderlich ist. Auf die Aufstellung von Bauleitplänen und städtebaulichen Satzungen besteht kein Anspruch; ein Anspruch kann auch nicht durch Vertrag begründet werden.

(4) Die Bauleitpläne sind den Zielen der Raumordnung anzupassen.

(5) Die Bauleitpläne sollen eine nachhaltige städtebauliche Entwicklung, die die sozialen, wirtschaftlichen und umweltschützenden Anforderungen auch in Verantwortung gegenüber künftigen Generationen miteinander in Einklang bringt, und eine dem Wohl der Allgemeinheit dienende sozialgerechte Bodennutzung gewährleisten. Sie sollen dazu beitragen, eine menschenwürdige Umwelt zu sichern und die natürlichen Lebensgrundlagen zu schützen und zu entwickeln, auch in Verantwortung für den allgemeinen Klimaschutz, sowie die städtebauliche Gestalt und das Orts- und Landschaftsbild baukulturell zu erhalten und zu entwickeln.

(6) Bei der Aufstellung der Bauleitpläne sind insbesondere zu berücksichtigen:
1. die allgemeinen Anforderungen an gesunde Wohn- und Arbeitsverhältnisse und die Sicherheit der Wohn- und Arbeitsbevölkerung,
2. die Wohnbedürfnisse der Bevölkerung, die Schaffung und Erhaltung sozial stabiler Bewohnerstrukturen, die Eigentumsbildung weiter Kreise der Bevölkerung und die Anforderungen kostensparenden Bauens sowie die Bevölkerungsentwicklung,
3. die sozialen und kulturellen Bedürfnisse der Bevölkerung, insbesondere die Bedürfnisse der Familien, der jungen, alten und behinderten Menschen, unterschiedliche Auswirkungen auf Frauen und Männer sowie die Belange des Bildungswesens und von Sport, Freizeit und Erholung,
4. die Erhaltung, Erneuerung, Fortentwicklung, Anpassung und der Umbau vorhandener Ortsteile sowie die Erhaltung und Entwicklung zentraler Versorgungsbereiche,
5. die Belange der Baukultur, des Denkmalschutzes und der Denkmalpflege, die erhaltenswerten Ortsteile, Straßen und Plätze von geschichtlicher, künstlerischer oder städtebaulicher Bedeutung und die Gestaltung des Orts- und Landschaftsbildes,
6. die von den Kirchen und Religionsgesellschaften des öffentlichen Rechts festgestellten Erfordernisse für Gottesdienst und Seelsorge,

7. die Belange des Umweltschutzes, einschließlich des Naturschutzes und der Landschaftspflege, insbesondere
   a) die Auswirkungen auf Tiere, Pflanzen, Boden, Wasser, Luft, Klima und das Wirkungsgefüge zwischen ihnen sowie die Landschaft und die biologische Vielfalt,
   b) die Erhaltungsziele und der Schutzzweck der Gebiete von gemeinschaftlicher Bedeutung und der Europäischen Vogelschutzgebiete im Sinne des Bundesnaturschutzgesetzes,
   c) umweltbezogene Auswirkungen auf den Menschen und seine Gesundheit sowie die Bevölkerung insgesamt,
   d) umweltbezogene Auswirkungen auf Kulturgüter und sonstige Sachgüter,
   e) die Vermeidung von Emissionen sowie der sachgerechte Umgang mit Abfällen und Abwässern,
   f) die Nutzung erneuerbarer Energien sowie die sparsame und effiziente Nutzung von Energie,
   g) die Darstellungen von Landschaftsplänen sowie von sonstigen Plänen, insbesondere des Wasser-, Abfall- und Immissionsschutzrechts,
   h) die Erhaltung der bestmöglichen Luftqualität in Gebieten, in denen die durch Rechtsverordnung zur Erfüllung von bindenden Beschlüssen der Europäischen Gemeinschaften festgelegten Immissionsgrenzwerte nicht überschritten werden,
   i) die Wechselwirkungen zwischen den einzelnen Belangen des Umweltschutzes nach den Buchstaben a, c und d,
8. die Belange
   a) der Wirtschaft, auch ihrer mittelständischen Struktur im Interesse einer verbrauchernahen Versorgung der Bevölkerung,
   b) der Land- und Forstwirtschaft,
   c) der Erhaltung, Sicherung und Schaffung von Arbeitsplätzen,
   d) des Post- und Telekommunikationswesens,
   e) der Versorgung, insbesondere mit Energie und Wasser,
   f) der Sicherung von Rohstoffvorkommen,
9. die Belange des Personen- und Güterverkehrs und der Mobilität der Bevölkerung, einschließlich des öffentlichen Personennahverkehrs und des nicht motorisierten Verkehrs, unter besonderer Berücksichtigung einer auf Vermeidung und Verringerung von Verkehr ausgerichteten städtebaulichen Entwicklung,
10. die Belange der Verteidigung und des Zivilschutzes sowie der zivilen Anschlussnutzung von Militärliegenschaften,
11. die Ergebnisse eines von der Gemeinde beschlossenen städtebaulichen Entwicklungskonzeptes oder einer von ihr beschlossenen sonstigen städtebaulichen Planung,
12. die Belange des Hochwasserschutzes.

(7) Bei der Aufstellung der Bauleitpläne sind die öffentlichen und privaten Belange gegeneinander und untereinander gerecht abzuwägen.

(8) Die Vorschriften dieses Gesetzbuchs über die Aufstellung von Bauleitplänen gelten auch für ihre Änderung, Ergänzung und Aufhebung.

I. Allgemeines

1 Das Baugesetzbuch gliedert sich in 4 Kapitel, nämlich das Allgemeine Städtebaurecht, das Besondere Städtebaurecht, sonstige Vorschriften sowie die Übergangs- und Schlussvorschriften. Dabei haben die Vorschriften des ersten Kapitels über das Allgemeine Städtebaurecht auch eine erhebliche Bedeutung für das im zweiten Kapitel geregelte Besondere Städtebaurecht, da eine ganze Reihe von Vorschriften eng ineinandergreifen. Gleichwohl ist die Bauleitplanung des ersten Kapitels in der Praxis das wichtigste Instrument des Städtebaurechts. Ausgehend von Art. 28 Abs. 2 GG geben sich die Städte und Gemeinden mit der Bauleitplanung als einem Kernstück der **kommunalen Selbstverwaltung** in eigener **Planungshoheit** ihr städtebauliches Gesicht und schaffen die Grundlage für eine große Anzahl von Folgeentscheidungen.

2 Zwar ist die Bauleitplanung insoweit eine geradezu typische Angelegenheit der örtlichen Gemeinschaft, die die Gemeinden gemäß Art. 28 Abs. 2 GG in eigener Verantwortung regeln kann, doch steht sie in einem **Gesamtplanungssystem** und ist deshalb mit übergeordneten Planungen (siehe unten 4.), Fachplanungen sowie den Planungen anderer, insbesondere der Nachbargemeinden (vgl § 2 Abs. 2) abzustimmen. Die Regelungen, mit denen die kommunale Selbstverwaltung diesbezüglich eingeschränkt wird, stellen sich als Gesetze im Sinne von Art. 28 Abs. 2 GG dar, innerhalb deren Rahmen sich das planerische Handeln der Gemeinde bewegen muss.

3 Verfassungsrechtlichen Bezug hat die Bauleitplanung aber auch im Hinblick auf die **Eigentumsgarantie** des Art. 14 GG. Sie definiert den Inhalt des Eigentums, wenn sie ein Grundstück entweder zu (ökonomisch) geringwertigem Ackerland macht oder es zu wertvollem **Bauland** erhebt (Ferner, Minimierung von Flächenverbrauch bei der Schaffung von Wohnraum, 2003, S. 79). Aus diesem Spannungsfeld zwischen eigentumsverteilender Wirkung einerseits und gemeindlicher Gestaltungsfreiheit andererseits hat das Bundesverwaltungsgericht abgeleitet, dass Entscheidungen im Rahmen der Bauleitplanung in einem Höchstmaß dessen, was sich erreichen und vertreten lässt, rechtlich gebunden und in dieser Bindung auch kontrollierbar sind (BVerwGE 45, 309, 324).

4 Bereits sehr früh hatte das Bundesverwaltungsgericht festgestellt, dass die Vorschriften des materiellen Baurechts grundsätzlich Inhalt und Schranken des **Eigentums** im Sinne von Art. 14 Abs. 1 Satz 2 GG bestimmen und keine **Enteignungsvorschriften** darstellen. Hiernach schafft die Eigentumsgarantie des Art. 14 GG keinen neuen Eigentumsbegriff etwa des Inhalts, dass das Eigentum eine nach allen Richtungen hin unbeschränkte Herrschaftsbefugnis gewähre, sondern übernimmt den aus der Rechtsentwicklung überkommenen **Eigentumsbegriff,** nach dem das Eigentum gewisse Bindungen und Schranken in sich birgt, die zu seinem gegebenen Inhalt gehören. Auf diese wiesen Art. 14 Abs. 1 Satz 2 und Abs. 2 GG sogar ausdrücklich hin. Ein unbegrenztes Recht, Grundstücke mit baulichen Anlagen zu besetzen, habe es in der deutschen Rechtsgeschichte nicht gegeben, viel-

mehr sei dieses Recht stets mit Rücksicht auf die Interessen der Allgemeinheit eingeengt gewesen (BVerwG, DVBl 1955, 291). Das Bundesverwaltungsgericht hat die Position des Gesetzgebers insoweit gestärkt, als es ausgeführt hat, die Tatsache, dass der Grund und Boden unvermehrbar und unentbehrlich sei, verbiete es, seine **Nutzung** dem unübersehbaren Spiel der freien Kräfte und dem Belieben des Einzelnen vollständig zu überlassen; eine gerechte **Rechts- und Gesellschaftsordnung** zwinge vielmehr dazu, die Interessen der Allgemeinheit beim Boden in weit stärkerem Maße zur Geltung zu bringen als bei anderen Vermögensgütern (BVerwGE 21, 73, 82 f).

Gleichwohl gewährleistet Art. 14 GG die sogenannte **Baufreiheit**, die auf der pla- 5
nungsrechtlichen Ebene gemäß § 1 Abs. 7 als **privater Belang** zwingend in die Abwägung einzustellen ist. Zu berücksichtigen sind insoweit neben dem grundsätzlichen Schutz des **Eigentums** einerseits und der ohne Entschädigung hinzunehmenden **Sozialbindung** des Eigentums andererseits auch die eigentumsrelevanten Auswirkungen der Bauleitplanung, insbesondere ihrer Festsetzungen zum **Gebietscharakter** und zur Ausnutzbarkeit.

Darüber hinaus spielt die **Eigentumsgarantie** des Art. 14 GG auch an anderen Stel- 6
len des Baugesetzbuchs eine wichtige Rolle, insbesondere bei den Entschädigungs-, Umlegungs- und Enteignungsvorschriften, aber auch bei den eigentumsbeschränkenden Maßnahmen des Besonderen Städtebaurechts, der Wertermittlung und den Grundsätzen über den Bestandsschutz. Insoweit ist auf die Kommentierung der jeweiligen Vorschriften zu verweisen.

II. Aufgabenbeschreibung

Abs. 1 bringt mit der Aufgabenbeschreibung mehrere Grundprinzipien der Bau- 7
leitplanung zum Ausdruck: Die **städtebauliche Entwicklung und Ordnung** soll durch Vorbereitung und Leitung der baulichen und sonstigen Nutzung (zB Grünflächen, landwirtschaftliche Flächen) gewährleistet werden. Die Vorbereitung und Leitung der **städtebaulichen Entwicklung** soll durch Planung, und zwar ausschließlich durch die im BauGB vorgesehenen Plantypen erfolgen. Die Regelungen müssen konkret individuell sein (BVerwGE 50, 114 = BRS 30 Nr. 17 = BauR 1976, 175). Sie müssen positiv bestimmen, welche bauliche oder sonstige Nutzung zulässig ist. Es handelt sich aber nicht automatisch um eine unzulässige **Negativplanung**, wenn die Änderung eines Bebauungsplanes nur den Zweck hat, die unerwünschte Ansiedlung eines **Einkaufszentrums** zu verhindern (BVerwGE 68, 360 = BRS 42 Nr. 52 = BauR 1984, 373; BVerwG NVwZ 1991, 875 = DVBl 1991, 445). Das erforderliche Maß der **Konkretisierung** von Festsetzungen eines Bebauungsplanes richtet sich danach, was nach den Umständen des Einzelfalles für die städtebauliche Entwicklung und Ordnung erforderlich ist und dem Gebot gerechter **Abwägung** der konkret berührten Belange entspricht (BVerwG Buchholz 406.11 § 9 BBauG Nr. 30 = BauR 1988, 448).

Der Bauleitplan muss in objektiver Beziehung zur städtebaulichen Ordnung stehen 8
(BVerwGE 45, 309 = BRS 28 Nr. 4). Falls er dem nicht Rechnung trägt, sondern sonstigen Belangen dient, hat dies regelmäßig seine **Nichtigkeit** zur Folge (OVG Koblenz NVwZ 1986, 937 = BauR 86, 412).

Es gibt im BauGB keine **bauliche Nutzung** ohne Plan (§ 30) oder Planersatz (§§ 34, 9
35), allerdings stellt das BauGB nunmehr mit den §§ 11 und 12 den städtebaulichen Vertrag und den Vorhaben- und Erschließungsplan als Handlungsformen

zur Verfügung, die eine Zusammenarbeit mit Privaten ermöglichen und Schnittfelder zwischen Satzungen und Verträgen eröffnen.

III. System der Bauleitplanung

10 Die Bauleitplanung nach dem BauGB ist als räumliche Planung auf der Ortsstufe Teil eines **Gesamtplanungssystems.** Nach dem Raumordnungsgesetz (ROG v. 18.8.1997, BGBl. I S. 2081, zuletzt geänd. d. d. EAG Bau v. 24.6.2004, BGBl. I S. 1359) sind der Gesamtraum der Bundesrepublik Deutschland und seine Teilräume durch zusammenfassende, übergeordnete **Raumordnungspläne** und durch Abstimmung raumbedeutsamer Planungen und Maßnahmen zu entwickeln, zu ordnen und zu sichern. Eine besondere Rolle spielt hierbei das sogenannte **Gegenstromprinzip**, wonach sich Raumordnung und Bauleitplanung gegenseitig beeinflussen. Die Raumordnung hat Belange der örtlichen Bauleitplanung zu berücksichtigen, andererseits muss sich die Bauleitplanung der Gemeinden an den Erfordernissen des Gesamtraums ausrichten (§ 1 Abs. 3 ROG).

11 Auf der Ebene der Bundesländer erfolgt die Konkretisierung der Planung durch die **Landesplanungsgesetze.** So sieht zB das Hessische Landesplanungsgesetz (v. 6.9.2002, GVBl. I S. 548) vor, dass als Raumordnungsplan für das Gebiet des Landes ein Landesentwicklungsplan und für die Regionen des Landes durch Regionalversammlungen **Regionalpläne** aufgestellt werden (§ 2 Abs. 2 HLPG). Dabei besteht die Möglichkeit einer landesübergreifenden Planung, um auch insoweit eine Abstimmung zu erreichen.

12 Auf der Ortsstufe erfolgt die räumliche Planung durch die **Bauleitplanung** der Gemeinden. Die gemeindliche Planungshoheit ist Ausfluss des Prinzips der **kommunalen Selbstverwaltung** nach Art. 28 Abs. 2 GG. Insoweit ist die Planung für das Gemeindegebiet eine Angelegenheit der örtlichen Gemeinschaft, die diese im Rahmen der Gesetze regeln kann, welche sich wiederum in Gestalt der Planungsgesetze und der hiernach ergangenen tatsächlichen Pläne darstellt.

13 Neben dieser (vertikalen) **Planungshierarchie** hat die Gemeinde nach § 1 Abs. 6 Nr. 11 bei der Aufstellung von Bauleitplänen auch insbesondere die Ergebnisse eines von ihr beschlossenen Entwicklungskonzepts bzw sonstiger von ihr beschlossener städtebaulicher Planungen zu berücksichtigen.

14 Ausgehend hiervon erfolgt die Bauleitplanung der Gemeinden grundsätzlich in einem zweistufigen Verfahren, nämlich dem Flächennutzungsplan (§§ 5 ff) und dem Bebauungsplan (§§ 8 ff).

15 Der **Flächennutzungsplan** als erste Stufe ist seinem Wesen nach nur ein vorbereitender Bauleitplan. Er stellt grobmaschig für das gesamte Gemeindegebiet die beabsichtigte Art der **Bodennutzung** in den Grundzügen dar (BVerwGE 48, 70 = BRS 29 Nr. 8). Deshalb werden in einem Flächennutzungsplan regelmäßig keine einzelnen **Baugebiete** dargestellt, sondern zB nur Bauflächen ausgewiesen. Demgegenüber trifft der **Bebauungsplan** als Ergebnis der zweiten Stufe ins Einzelne gehende rechtsverbindliche Festsetzungen für die städtebauliche Ordnung und besitzt Rechtsnormcharakter. Der Bebauungsplan ist grds. aus dem Flächennutzungsplan zu entwickeln, was bedeutet, dass die Grundkonzeption des Flächennutzungsplanes fortzuschreiben ist und der Flächennutzungsplan in seinen Grundsatzentscheidungen nicht verändert werden darf (BVerwGE 48, 70 = DVBl 1975, 661).

IV. Erforderlichkeit von Planung

Abs. 3 trägt der **Planungshoheit** der einzelnen Gemeinden Rechnung. Dabei erlaubt § 205 auch, dass sich Gemeinden zu einem **Planungsverband** zusammenschließen; ein solcher Zusammenschluss ist nach § 205 Abs. 2 sogar zwangsweise möglich (vgl BVerfGE 56, 298; BVerwGE 67, 321; OVG Lüneburg BRS 28 Nr. 16). Durch die Regelung in Abs. 3 wird die **Planungspflicht** und **Planungsbefugnis** der Gemeinde festgelegt, wobei ihr jedoch ein **Planungsermessen** eingeräumt ist (BVerwG, DVBl 1971, 759 = DÖV 1971, 633). Die Nichterfüllung dieser Pflichtaufgabe kann, insbesondere wenn es zur Abstimmung und Umsetzung einer höherrangigen Planung notwendig ist, **kommunalaufsichtliche Maßnahmen** rechtfertigen. Als solche kommen das Anordnungsrecht und die Ersatzvornahme in Frage. Auf der anderen Seite besteht aber kein Anspruch des Bürgers auf Aufstellung von Bauleitplänen, da die Planungspflicht ausschließlich im öffentlichen Interesse besteht. Diese Regelung fand sich früher in § 2 Abs. 3, wurde aber durch das EAG Bau 2004 im Zuge der Umstrukturierung der Verfahrensvorschriften verlagert. Die ausdrückliche Erwähnung, dass ein Anspruch auf Aufstellung von Bauleitplänen auch nicht durch Vertrag begründet werden kann, entspricht der schon immer bestehenden Ansicht der Rechtsprechung (vgl BVerwG BRS 36 Nr. 30 = DVBl 1980, 686). 16

Diese Regelung, die Rechtsansprüche auf die Aufstellung eines Bauleitplanes ausschließt, gestattet keine Ausnahme (BVerwG Buchholz 406.11 § 2 BBauG Nr. 16 = BRS 32 Nr. 1). Abs. 3 Satz 2 der Vorschrift verbietet es der Gemeinde nicht nur gegenüber privaten Dritten, sondern auch gegenüber anderen Gebietskörperschaften, sich zur Aufstellung eines Bebauungsplans zu verpflichten (BVerwG NVwZ 2006, 458). Auch einen Anspruch auf Schaffung des durch den Bauleitplan vorgesehenen Zustandes, zB Grünflächen (**Plangewährleistungsanspruch**) gibt es nicht (BVerwG BRS 22 Nr. 185). Die **Aufstellung** eines Bauleitplanes ist erforderlich – zeitlich und dem Umfang nach –, wenn die **geordnete städtebauliche Entwicklung** ohne Planung nicht gewährleistet ist. In kleineren Gemeinden kann dies in Ausnahmefällen entbehrlich sein (BVerwGE 26, 287 = BRS 18 Nr. 49). Der Gemeinde steht bei der Frage der Erforderlichkeit einer Aufstellung von Bauleitplänen ein nicht unerheblicher Spielraum iR ihrer Planungshoheit zur Verfügung, der die **Planungskontrolle** auf die Ermessensüberprüfung (vgl § 114 VwGO) beschränkt (BVerwG Buchholz 406.11 § 2 BBauG Nr. 7 = BRS 24 Nr. 15). Ein Verstoß gegen § 1 Abs. 3 liegt aber vor, wenn ein Bebauungsplan für ein Ortszentrum vorhandene Gebäude und Baugrundstücke zwar in seinen räumlichen Geltungsbereich einbezieht, weitgehend aber auf Festsetzungen verzichtet und den Bestand damit ganz überwiegend planerisch sich selbst überlässt (VGH Mannheim BRS 60 Nr. 9). 17

Die Verpflichtung der Gemeinde nach § 1 Abs. 3 erstreckt sich auch darauf, zu prüfen, ob bereits bestehende Bauleitpläne ergänzt, geändert oder ggf sogar aufgehoben werden müssen (§ 2 Abs. 4). Außerdem ist zu prüfen, ob der durch die Planung erstrebte Zustand nicht auch ohne weiteres durch ein hoheitliches Handeln anderer Art hergestellt werden könnte und somit der Gemeinde eine **Handlungsalternative** zur Verfügung stünde (BVerwG Buchholz 406.11 § 1 BauGB Nr. 91). Einen Anspruch auf Fortbestand der bestehenden Bauleitplanung gibt es nämlich nicht. Allerdings können in einem solchen Fall Entschädigungs- 18 ansprüche nach § 42 entstehen. Die Durchsetzung einer gemeindlichen **Planungspflicht** aus § 1 Abs. 3 mit den Mitteln der **Kommunalaufsicht** ist bundesrechtlich zulässig (BVerwG DVBl 2004, 234).

19 Der in Abs. 3 enthaltene unbestimmte Rechtsbegriff der **Erforderlichkeit** ist in der Vergangenheit kaum problematisiert worden, bietet aber die Möglichkeit, in ganz erheblichem Maß den Zielen des **Umweltschutzes** in der Bauleitplanung, insbesondere dem immer wieder formulierten Ziel der Minimierung von **Flächenverbrauch**, Rechnung zu tragen. Würde bei der zu Beginn jeder Bauleitplanung zu treffenden **Planungsgrundentscheidung** nämlich die Tatbestandsvoraussetzung der Erforderlichkeit einer Bauleitplanung iSd Verhältnismäßigkeitsgrundsatzes (mildestes Mittel) als Rechtfertigung der Planung und des Eingriffs in Natur und Landschaft verstanden, so wäre iS einer **Subsidiaritätsklausel** Bauleitplanung nur dann gerechtfertigt, wenn und soweit die Ziele der städtebaulichen Entwicklung und Ordnung nicht ohne bzw mit weniger **Landschaftsverbrauch** erreicht werden könnten. Hierzu müsste die planungswillige Gemeinde (iSv BVerwG Buchholz 406.11 § 1 BauGB Nr. 91) alle Alternativen zur Ausweisung bisher unbebauter Flächen als Bauland erheben, prüfen und bei der Planungsgrundentscheidung berücksichtigen. Eine Reihe solcher Alternativen lässt sich bereits aus den Möglichkeiten, die das BauGB explizit vorsieht, entwickeln; weitere Möglichkeiten erscheinen denkbar (vgl im Einzelnen Ferner, Minimierung von Flächenverbrauch bei der Schaffung von Wohnraum, aaO).

20 Trotz der Beschränkungen für die **Rechtskontrolle** durch das BauROG 1998 bieten sich auch noch immer ausreichend Kontrollmechanismen, um die Durchsetzung einer solchen Sicht des gesetzlichen Auftrags zu sichern. Ergänzend könnte daran gedacht werden, den Flächennutzungsplan der dauerhaften Überprüfung durch die höhere Verwaltungsbehörde auf seine **planerische Rechtfertigung** zu unterstellen.

21 Als sinnvoll könnte sich in diesem Zusammenhang erweisen, wenn die Gemeinden – ausgehend von § 200 Abs. 3 – ein **Flächenmanagement** aufbauen, in dem ständig aktualisiert nicht nur die vorhandenen Baulandkapazitäten, sondern auch alle anderen Möglichkeiten, insbesondere benötigten Wohnraum zu schaffen, bereit gehalten werden, um auftretenden Bedürfnissen begegnen zu können. Wünschenswert wäre hierzu ein personenunabhängiges Informationssystem, das auch eine interkommunale Zusammenarbeit ermöglichen würde. Ein solches Flächenmanagement könnte auch problemlos eingebunden werden in das vom Rat von Sachverständigen für Umweltfragen favorisierte Instrument der **handelbaren Flächenverbrauchsrechte** (Umweltgutachten 2000, S. 47). Es ist damit zu rechnen, dass gerade dann, wenn eine Gemeinde nur ein festgelegtes Kontingent an Flächenausweisungsrechten hat und zusätzlich benötigte oder gewünschte Rechte an einer vom Land einzurichtenden Börse erwerben muss, bzw nicht benötigte Rechte an andere Gemeinden veräußern kann, alle Möglichkeiten ausgeschöpft würden, mit den bestehenden Rechten, dh mit Grund und Boden, sparsam umzugehen. Ein solches Verfahren würde insgesamt an die von Rechtsprechung (zB BVerwG, BauR 1971, 182, 185) und Literatur (zB Söfker in Ernst/Zinkahn/Bielenberg, § 1 RdNr. 30 f) entwickelte Systematik zum Begriff des **planerischen Konzepts** anknüpfen und dieses weiterentwickeln. Gerade das Erfordernis einer planerischen Konzeption der Gemeinde würde mit einem so verstandenen Flächenmanagement nicht nur erfüllt, sondern der Begriff der planerischen Konzeption erhielte

gleichzeitig schärfere Konturen und könnte tatsächlich einer rechtlichen Kontrolle wirksam zu Grunde gelegt werden.

V. Anpassungsgebot

Das in Abs. 4 enthaltene Anpassungsgebot richtet sich an die planende Gemeinde 22
und begrenzt die nach § 2 Abs. 1 Satz 1 bestehende **Planungshoheit** der Kommunen. Es reicht in seiner Wirkung trotz materieller Deckungsgleichheit (BVerwG DÖV 1993, 118) weiter als die Vorschrift des § 4 Abs. 1 ROG, wonach die Gemeinden als öffentliche Stellen bei ihren **raumbedeutsamen Planungen** und Maßnahmen die Ziele der Raumordnung zu beachten haben, denn es konkretisiert diese Aufforderung, die eher Appellcharakter hat.

Die **Ziele der Raumordnung** sind in Ziff. 2 des § 3 ROG (Begriffsbestimmungen) 23
definiert als verbindliche Vorgaben in Form von räumlich und sachlich bestimmten oder bestimmbaren, vom Träger der Landes- oder Regionalplanung abschließend abgewogenen textlichen oder zeichnerischen Festlegungen in Raumordungsplänen zur Entwicklung, Ordnung und Sicherung des Raums.

Gegenüber Planungen und Maßnahmen von Privaten erzeugen die Ziele der 24
Raumordnung dagegen grundsätzlich keine unmittelbare **Bindungswirkung**. Etwas anderes kann aber dann gelten, wenn öffentliche Stellen an den privaten Personen(-gesellschaften) mehrheitlich beteiligt sind oder die Planungen und Maßnahmen überwiegend mit öffentlichen Mitteln finanziert werden (§ 4 Abs. 3 ROG). Größere Bedeutung kann die Problematik im Bereich der Zusammenarbeit mit Privaten iSv §§ 11, 12 erlangen. Sowohl der städtebauliche Vertrag als auch der vorhabenbezogene Bebauungsplan zielen zwar darauf ab, private Vorhaben zu ermöglichen. Gleichwohl bleibt die Planung aber rechtlich im Verantwortungsbereich der Gemeinde, die sich nicht von den gesetzlichen Planungsvorgaben lösen kann. Dies gilt sowohl für die vertikale **Planungshierarchie** als auch für die horizontale **Abstimmungspflicht** nach § 2 Abs. 2 Satz 1 und die Fachplanungen. Den Gemeinden soll es nicht möglich sein, sich ihrer planerischen Verpflichtungen und Rechte, für die sie allein demokratisch legitimiert sind, durch eine „Flucht ins Privatrecht" zu entledigen.

Ebenso wie die allgemeine Planungspflicht kann auch die Beachtung der **Anpas-** 25
sungspflicht kommunalaufsichtlich durchgesetzt werden (BVerwGE 34, 301). In diesem Zusammenhang ist auf § 12 ROG hinzuweisen, wonach raumordnungswidrige Planungen und Maßnahmen unter bestimmten Bedingungen untersagt werden können. Die Wirksamkeit dieses Instruments wird dadurch erhöht, dass nach Abs. 3 der Vorschrift Widerspruch und Anfechtungsklage gegen eine Untersagung keine aufschiebende Wirkung haben.

Wenngleich die Anpassungspflicht des Abs. 4 mit der Garantie der **kommunalen** 26
Selbstverwaltung nach Art. 28 Abs. 2 GG verfassungsrechtlich vereinbar ist, hat sie doch erhebliche Auswirkungen auf die Planungshoheit der Gemeinden. Diesen steht deshalb umfassender Rechtsschutz zu, ohne dass es darauf ankommt, ob eine konkrete Beeinträchtigung ihrer Rechte vorliegt (BVerwGE 81, 307). Dabei ist es zwar grundsätzlich unerheblich, weshalb die Ziele iSv. Abs. 4 rechtswidrig sind, denn es geht insoweit verfahrensrechtlich nicht nur um den Schutz subjektiver Rechte der betroffenen Kommune.

27 Nach § 10 ROG ist zum Zwecke der **Planerhaltung** mit Hilfe von landesrechtlichen Vorschriften vorzusehen, dass die Beachtlichkeit einer Verletzung der für Raumordnungspläne geltenden Verfahrens- und Formvorschriften von der Einhaltung einer **Rügefrist** von längstens einem Jahr nach Bekanntmachung des Raumordnungsplanes abhängig gemacht wird und die Beachtlichkeit bestimmter **Verfahrens- und Formfehler** sowie von bestimmten **Abwägungsmängeln** ausgeschlossen werden kann. Bei beachtlichen Abwägungsmängeln, die durch ein **ergänzendes Verfahren** behoben werden können, kann ausgeschlossen werden, dass sie zur Nichtigkeit des Plans führen. Dies hat die Folge, dass der Plan bis zur Behebung der Mängel keine Bindungswirkung entfaltet. Ein solcher Ausschluss kann nicht für den Fall erfolgen, dass Ziele der Raumordnung nicht durch übergeordnete und überörtliche Erfordernisse begründet sind oder dass die Gemeinde nicht in der vorgeschriebenen Form an der Planung beteiligt wurde.

28 Werden die Ziele der Raumordnung als **Rechtsverordnung** erlassen, so kann die Gemeinde bei Bestehen entsprechenden Landesrechts ein **Normenkontrollverfahren** nach § 47 VwGO anstrengen. Wird die Genehmigung eines Bauleitplanes versagt oder ein Bauleitplan im Anzeigeverfahren nach § 246 Abs. 1a beanstandet, weil er gegen § 1 Abs. 4 verstoße, steht der Gemeinde hiergegen die Verpflichtungsklage offen. Schließlich besteht für die Gemeinde auch noch der Weg einer Kommunalverfassungsbeschwerde nach Art. 93 Nr. 4b iVm § 91 Abs. 1 BVerfGG als Option zur Verfügung.

29 Für den nicht unmittelbar von Raumordnungsplänen betroffenen Bürger besteht nur die Möglichkeit einer Inzidentkontrolle im Rahmen des allgemeinen Rechtsschutzes.

30 Anpassung bedeutet, dass die Ziele der Raumordnung für die Bauleitplanung unmittelbar bindende Vorgaben sind, die auch bei der Abwägung nicht überwunden werden können (BVerwGE 90, 329 = NVwZ 1993, 167). Die Ziele der Raumordnung müssen hinreichend konkretisiert und der gerichtlichen Nachprüfung zugänglich sein (BVerwGE 6, 342 = BVerwG Buchholz 406.18 Schleswig-Holstein § 2 Nr. 1), wobei unter **Raumordnung** die zusammenfassende, übergeordnete Planung und Ordnung eines größeren Raumes zu verstehen ist. Die maßgebliche Leitvorschrift für die Raumordnung ist das Raumordnungsgesetz des Bundes vom 8.4.1965 (BGBl. I S. 306) idF vom 18.8.1997 (BGBl. I S. 2081) mit dem hiernach ergangenen Zielsetzungen in Wort oder Plan (zB Regionaler Raumordnungsplan). Die **Anpassungspflicht** betrifft in erster Linie den **Flächennutzungsplan**. Ist dieser den Zielen der Raumordnung angepasst, kann dies auch für den daraus entwickelten **Bebauungsplan** (§ 8 Abs. 2) unterstellt werden. Zu bemerken ist noch, dass bei einer Änderung der Ziele der Raumordnung die bestehenden Bauleitpläne nicht automatisch unwirksam werden (OVG Lüneburg BRS 30 Nr. 10); sie müssen dann aber entsprechend geändert werden. Die Gemeinden können gerichtlichen **Rechtsschutz** gegen sie bindende Ziele der Raumordnung in Anspruch nehmen (BVerwGE 81, 307 = NVwZ 1989, 654) und die Plangenehmigungsbehörde kann das Zustandekommen und die Bindungswirkung der Ziele prüfen (Hess VGH UPR 1991, 349). Verstöße gegen das Zielanpassungsgebot des § 1 Abs. 4 können nach § 215a Abs. 1 Satz 1 ausgeräumt werden (BVerwG BauR 2004, 280).

31 Da die Bauleitplanung für das **Eigentum** an Grund und Boden eine inhaltsbestimmende Wirkung iSv. Art. 14 Abs. 1 Satz 2 GG hat, bedürfen die von ihr ausgehenden Beschränkungen einer **Rechtfertigung**, die auch einer gerichtlichen Überprüfung zugänglich ist. Für die hierzu notwendige Abwägung der öffentlichen und

privaten Belange muss zunächst nach § 1 Abs. 7 das erforderliche Material zusammengetragen werden. Für diese Aufgabe sollen die Planungsgrundsätze des Abs. 5 eine erste Hilfestellung iS eines „übergeordneten allgemeinen Leitbegriffs" geben.

Besondere Beachtung verdient dabei der **Sozialbezug** der Bauleitplanung, den das Gesetz gleich doppelt nennt, indem es zum Einen verlangt, die sozialen Anforderungen an die städtebauliche Entwicklung zu berücksichtigen und zum Anderen eine sozialgerechte **Bodennutzung** gewährleistet sehen möchte. Das gesetzgeberische Anliegen geht damit weit über eigentumssichernde Aspekte hinaus. Bauleitplanung hat noch immer in den meisten Fällen eine bauliche Inanspruchnahme von Boden zum Ziel, die einer wirtschaftlichen Nutzung und / oder Wohnnutzung dienen soll. Der Sozialbezug der Bauleitplanung trägt bereits in den **Planungsgrundsätzen** der besonderen Bedeutung der Wohnung als des räumlichen Mittelpunktes freier Entfaltung der Persönlichkeit und Freiraums eigenverantwortlicher Betätigung Rechnung (BVerfGE 89, 1, 9). Dieser Gesichtspunkt wird in Abs. 6 Nr. 2 nochmals konkretisiert. 32

Darüber hinaus haben die Planungsgrundsätze des Abs. 5 deutlichen ökologischen Bezug, wenn die umweltschützenden Anforderungen an die Bauleitplanung ebenso hervorgehoben werden wie der Schutz und die Entwicklung der **natürlichen Lebensgrundlagen** und die Verantwortung für den **Klimaschutz**. Dies ist nicht nur Grundlage für die Auslegung verschiedener Abwägungsbelange in Abs. 6, sondern hat mit § 1a eine besondere Bedeutung verliehen bekommen. Hiernach haben die Gemeinden die Möglichkeit und zugleich die Pflicht, mit der Bauleitplanung **„vorbeugenden" Umweltschutz** zu betreiben. Da dies (noch immer) regelmäßig unpopulär ist, weil nicht alle Nutzungsinteressen der Grundstückseigentümer in der Planung umgesetzt werden, können die Planungsgrundsätze des Abs. 5 für die Gemeinde eine nicht zu unterschätzende Argumentationshilfe bieten. 33

Obwohl der Gesetzgeber mit den Planungsgrundsätzen des Abs. 5 deutlich gemacht hat, was er von gemeindlicher Bauleitplanung erwartet, sind die dort genannten Aspekte lediglich im Rahmen des **Abwägungsprozesses** relevant, wo sie gegebenenfalls „weggewogen" werden, dh sich möglicherweise nicht durchsetzen können. Dies ist in der Vergangenheit insbesondere in Beug auf den Bodenschutz intensiv diskutiert worden. So wurde zB das Fehlen eines Optimierungsgebots beklagt (Brandt/Sanden, UPR 1999, 367, 369 mwN), eine „tendenzielle" Höhergewichtung formuliert (Battis/Krautzberger/Löhr, § 1a RdNr. 8) oder gar vertreten, das gesetzliche Gebot, mit Grund und Boden sparsam umzugehen, mache aus dem „sollen" ein „müssen", wenn nicht gewichtige Gründe entgegenstünden (Louis/Wolf, NuR 2002, 63; vgl insgesamt Schink, DVBl 2000, 227). Da der Gesetzgeber aber Forderungen nach der Formulierung strikten Rechts (Blume NuR 1996, 384, 386) bisher nicht nachgekommen ist, lässt sich jedenfalls aus Abs. 5 und 6 oder aus § 1a kein Vorrang einzelner Belange in der Abwägung herleiten. 34

VI. Allgemeine Ziele

Abs. 5 statuiert die allgemeinen Ziele einer Bauleitplanung in der Gestalt von **Planungsgrundsätzen** und einer beispielhaften, nicht abschließenden Aufzählung öffentlicher Belange, die bei der Planung berücksichtigt werden müssen. Wenngleich die hier beschriebenen Grundsätze in der Praxis eine eher geringe konkrete Bedeutung haben, erhielt durch die Neufassung im BauROG 1998 das Prinzip der **Nachhaltigkeit** besonderes Gewicht. Nachdem zuvor nur von einer „geord- 35 neten“ städtebaulichen Entwicklung die Rede gewesen war, verlangt das Gesetz nunmehr eine nachhaltige städtebauliche Entwicklung und knüpft insoweit an § 1 Abs. 2 Satz 1 ROG an, wonach als Leitvorstellung eine nachhaltige Raumentwicklung definiert wird, die die sozialen und wirtschaftlichen Ansprüche an den Raum mit seinen ökologischen Funktionen in Einklang bringt und zu einer dauerhaften, großräumig ausgewogenen Ordnung führt. In Form einer Präambel wurden als übergeordnete Leitbegriffe der Bauleitplanung formuliert: Gewährleistung einer nachhaltigen **städtebaulichen Entwicklung** und einer dem Wohl der Allgemeinheit entsprechenden **sozialgerechten Bodennutzung**, Sicherung einer **menschenwürdigen Umwelt** sowie Schutz und Entwicklung der **natürlichen Lebensgrundlagen**. Durch das EAG Bau 2004 wird das Prinzip der **Nachhaltigkeit** weiter ausgestaltet, indem in einem eigenen Absatz die Ausgleichsfunktion der Bauleitplanung bzgl der sozialen, wirtschaftlichen und umweltschützenden Anforderungen an die Nutzung des Gemeinschaftsgutes „Boden“ auch in Verantwortung gegenüber künftigen Generationen besonders betont wird. Dies ist insbesondere Ausdruck der **Ordnungsfunktion** von Bauleitplanung. Hierin liegt gleichzeitig eine „Schranken – Schranke“ im grundrechtlichen Sinn, denn einer Bauleitplanung, die nicht auf ihre Funktion als Mittel zur nachhaltigen städtebaulichen Entwicklung und Ordnung ausgerichtet ist, mangelt es an einer ausreichenden verfassungsrechtlichen **Rechtfertigung** für eigentumsbeschränkende Auswirkungen.

36 Der zweite Teil des bisherigen Satzes 1 wird im neuen Satz 2 übernommen und um Anforderungen zur allgemeinen **Baukultur** ergänzt. Hierdurch wird der Forderung nach einer wahrnehmbaren baukulturellen Integrations- und Kulturleistung der Gesellschaft als Beitrag für attraktive Städte, für eine stabile Wirtschaftsentwicklung und für mehr Qualität im Erscheinungsbild der bebauten Umwelt Rechnung getragen.

VII. Leitlinien der Planung

37 Im Anschluss an diese Hauptleitsätze des Abs. 5 werden nunmehr in einem eigenen Absatz in beispielhafter, nicht abschließender („insbesondere“) Weise und ohne Rangfolge konkrete **Leitlinien** angeführt. Diese Leitlinien sind als unbestimmte Rechtsbegriffe (BVerwGE 34, 301 = BRS 22 Nr. 4) bei der Kontrolle des Abwägungsvorganges sowohl in der Auslegung als auch in der Anwendung im gerichtlichen Verfahren uneingeschränkt überprüfbar. Mit dem EAG Bau 2004 wurde ein einheitlicher Katalog der wesentlichen, unter **Nachhaltigkeitsaspekten** zu berücksichtigenden Belange formuliert, in den die umweltbezogenen Belange, die zuvor in § 1a enthalten waren, integriert wurden. Dies soll die formale Gleichstellung der **Umweltbelange** mit den sonstigen Abwägungsbelangen verdeutlichen.

38 Wie schon in der Vergangenheit nennt Nr. 1 die allgemeinen Anforderungen an **gesunde Wohn- und Arbeitsverhältnisse** und die **Sicherheit der Wohn- und Arbeitsbevölkerung** als abwägungsrelevanten Belang. Die besondere Relevanz der damit verbundenen städtebaulichen Aufgabe zeigt sich darin, dass sie nicht nur bei der Aufstellung von Bauleitplänen eine Rolle spielt, sondern auch bei den städtebaulichen Sanierungsmaßnahmen, denn nach § 136 Abs. 2 Satz 2 liegt ein **städtebaulicher Missstand** vor, wenn ein Gebiet nach seiner vorhandenen Bebauung oder nach seiner sonstigen Beschaffenheit den allgemeinen Anforderungen an gesunde Wohn- und Arbeitsverhältnisse oder an die Sicherheit der in ihm woh-

nenden oder arbeitenden Menschen nicht entspricht. Eine vergleichbare Regelung ist für Vorhaben im unbeplanten Innenbereich in § 34 Abs.1 Satz 2 formuliert und lässt sich auch aus § 35 Abs. 3 Nr. 3 für Außenbereichsvorhaben herleiten. Zur Erreichung der festgelegten Ziele können zB **Altlasten** überplant, historisch gewachsene **Gemengelagen** entzerrt oder Besonderheiten der natürlichen Umgebung wie Gewässer oder Waldgebiete in die Planung eingearbeitet werden. Das Instrumentarium hierfür bieten die Festsetzungsmöglichkeiten der §§ 5 und 9 iVm der **Planzeichenverordnung** (PlanzV). Eine große Bedeutung können auch das Bundesimmissionsschutzgesetz und die hierauf basierenden Vorschriften entfalten.

Nr. 2 trägt der besonderen Bedeutung der Wohnung als des räumlichen Mittel- 39
punktes freier Entfaltung der Persönlichkeit und Freiraums eigenverantwortlicher Betätigung (BVerfGE 89, 1, 9) Rechnung. Mit dem gesetzgeberischen Ziel der **Eigentumsbildung weiter Kreise** und des **kostensparenden Bauens** findet der Umstand seinen Niederschlag, dass Deutschland trotz eines gewissen Anstiegs seit dem Jahr 1993 im internationalen Vergleich der **Wohnungseigentumsquote** einen hinteren Platz belegt. Hinzu kommt, dass ein deutlicher Trend zu einer Vergrößerung der individuellen Wohnfläche (Troge/Hülsmann, Ziele und Ansatzpunkte zur Verringerung des Flächenverbrauchs, Bonn 2002, S. 9) bei gleichzeitig größerer Zahl von Haushalten (Weith, Strategisches Handeln für eine nachhaltige Flächenpolitik, Karlsruhe 2000, S. 38 mwN) besteht. Besondere Anforderungen für die Bauleitplanung ergeben sich daraus, dass auf Grund von **Prognosen** nicht nur Flächen auszuweisen sind, sondern auch die notwendigen **Infrastrukturmaßnahmen** erfolgen müssen, die häufig zu hohen Kosten führen können.

Dies gilt auch für Nr. 3 des Abs. 6, der bestimmte Bevölkerungsgruppen hervor- 40
hebt, deren soziale und kulturelle Bedürfnisse in die Bauleitplanung einzustellen sind. Hierin dürfte angesichts der **demographischen Entwicklung** in Deutschland eine beträchtliche Aufgabe liegen. Planerische Mittel zu Erreichung der genannten Ziele können insbesondere die Ausweisung von Gemeinbedarfsflächen und Grünflächen sein. Für bereits bebaute Gebiete sieht das besondere Städtebaurecht ein entsprechendes Instrumentarium vor.

Die Neufassung von Nr. 4 betont nunmehr die Bedeutung der Bauleitplanung für 41
die innerörtliche Entwicklung stärker als zuvor. Damit soll das städtebauliche Anliegen der **Bestandsentwicklung** iS einer auf Innenentwicklung gerichteten Bauleitplanung im Verhältnis zur **Neuausweisung** von Bauland gestärkt werden. In Betracht kommt insoweit insbesondere eine Überplanung bebauter Ortslagen, die auch den **Strukturwandel** zB in der Landwirtschaft berücksichtigt und ein **Brachflächenrecycling** zB nicht mehr genutzter Industrie- und Gewerbeflächen vorsieht. Die Aufwertung der **zentralen Versorgungsbereiche** zu einem ausdrücklich aufgeführten Belang der Bauleitplanung durch die Neuregelung zum 1.1.2007 trägt der Bedeutung Rechnung, die die **wohnortnahe Versorgung** besonders für ältere Menschen hat, die häufig in ihrer Mobilität eingeschränkt sind. Angesichts der **demographischen Entwicklung** in Deutschland wird diesem Aspekt der Innenentwicklung und Urbanität in der Zukunft eine steigende Relevanz zukommen. Aus der Zielrichtung des Gesetzes ergibt sich aber gleichzeitig, dass der Begriff des zentralen Versorgungsbereichs nicht nur die Versorgungseinrichtungen selbst umfassen kann, sondern auch deren Erreichbarkeit, insbesondere mit den öffentlichen Verkehrsmitteln.

42 Die Gestaltung des **Orts- und Landschaftsbildes** findet sich nunmehr in Nr. 5, der – anknüpfend an Abs. 5 Satz 2 – zu seinem bisherigen Inhalt auch die bereits erwähnten Belange der **Baukultur** aufführt. Hierdurch wird der **Denkmalschutz** zu einem boden-, dh planungsrechtlichen Belang und damit deutlich aufgewertet. Diese Wirkung wird insbesondere dadurch erzielt, dass auch die Umgebung der denkmalgeschützten Objekte (über den **Ensembleschutz** und direkte Nachbargebäude hinaus) stärker in den Blick genommen wird.

43 Nr. 6 formuliert unverändert die von den Kirchen und Religionsgesellschaften des öffentlichen Rechts festgestellten Erfordernisse für **Gottesdienst** und **Seelsorge** als städtebaulichen Belang. In diesem Zusammenhang gewinnt die öffentlich-rechtliche Anerkennung von Kirchen und Religionsgemeinschaften besonderes Gewicht und es ergeben sich eine Reihe von verfassungsrechtlichen Fragestellungen.

44 Nr. 7, wo bisher nur auf § 1a hingewiesen wurde, nennt nunmehr ausdrücklich einen Katalog der wesentlichen **Umweltbelange**, die in der Bauleitplanung zu berücksichtigen sind. Ihre besondere Bedeutung wird durch die zusätzliche Nennung im ersten Satzteil betont. Die Regelung dient auch der Umsetzung der Plan-UP-Richtlinie, da sie im Einzelnen die Belange aufführt, die Gegenstand der **Umweltprüfung** sein sollen. Insgesamt wird eine bessere Übersichtlichkeit und eine Vereinfachung des Verwaltungsvollzuges angestrebt. Die **Umweltverträglichkeitsprüfung** ist nunmehr nicht auf die nachteiligen Umweltauswirkungen beschränkt, wodurch sich Synenergieeffekte für die Abwägungsentscheidung ergeben können.

45 Zur verbesserten Übersichtlichkeit wurde Nr. 8 neu gestaltet und sprachlich aktualisiert, ohne dass wesentliche inhaltliche Änderungen erfolgt sind. Dabei darf die Bauleitplanung nicht ausschließlich als Instrument der **Wirtschaftsförderung** und -lenkung genutzt werden. Vielmehr müssen unter bodenrechtlichen Aspekten eine **Flächenausweisung**, die Bereitstellung der notwendigen **Infrastruktur** und etwaige Spannungslagen im Verhältnis zu anderen, insbesondere Wohnnutzungen in Einklang gebracht werden.

46 Die Belange des **Verkehrs** einschließlich des öffentlichen Personennahverkehrs finden sich nunmehr in Nr. 9, wo sie inhaltlich angereichert und systematisch gestärkt worden sind. Dies wird ihrer besonderen Bedeutung für die Erschließung und die Infrastruktur gerecht. Durch die Berücksichtigung einer nachhaltigen **Verkehrspolitik** in der Bauleitplanung können kommunale Bestrebungen nach einer Verringerung von Lärm- und Schadstoffbelastungen im städtischen Raum gestärkt werden, so dass die Vorschrift ein erhebliches ökologisches Potenzial besitzt.

47 Nr. 10 entspricht der früheren Nr. 9, berücksichtigt aber auch die Rolle der Gemeinden als Planungsträger bei der gesellschaftspolitischen Aufgabe der Konversion ehemaliger **Militäranlagen**. Hier bietet sich eine gute Möglichkeit zum **Flächenrecycling**, das zu einem geringeren Verbrauch von Flächen an anderer Stelle führen kann, die bisher ökologisch unbelastet sind. Nr. 11 entspricht inhaltlich der bisherigen Nr. 10, übernimmt aber auch deren mangelnde Konkretisierung.

VIII. Abwägungsgebot

48 Abs. 7, der inhaltlich unveränderte bisherige Abs. 6, enthält als das zentrale Gebot rechtsstaatlichen Ursprungs (BVerwGE 64, 270 = NVwZ 1982, 437) das **Abwägungsgebot**. Aus der Formulierung ergibt sich, dass iR der Abwägung kein auto-

matischer **Vorrang** der öffentlichen Belange besteht. Das Gebot der gerechten Abwägung der unterschiedlichen Belange ergibt sich nicht nur aus § 1 Abs. 7, sondern ist Ausdruck des in Art. 20 Abs. 3 GG verankerten **Rechtsstaatsprinzips** (BVerwGE 64, 270 = NVwZ 1982, 1473). Insoweit ist das Abwägungsgebot gleichzeitig Ausdruck der **kommunalen Planungsfreiheit** wie auch dessen Schranke und beinhaltet ebenso den **Verhältnismäßigkeitsgrundsatz**. Die vorgeschriebene Abwägung bezieht sich nach dem BVerwG (E 45, 309 = BRS 28 Nr. 4; E 75, 214) sowohl auf den **Abwägungsvorgang**, der sich in der Zusammenstellung des **Abwägungsmaterials** erschöpft (BVerwGE 48, 56 = BRS 29 Nr. 6) als auch auf das **Abwägungsergebnis**, das die Gewichtung dieses Materials und die darauf beruhende Entscheidung zu Gunsten bestimmter öffentlicher und privater Belange beinhaltet. Die Gemeinde kann sich bei einer Kollision zwischen verschiedenen Belangen für die Bevorzugung des einen und damit notwendigerweise für die Zurückstellung eines anderen entscheiden (BVerwGE 45, 309 = BauR 1974, 311), was im Einzelfall sogar dazu führen kann, dass ein Belang „weggewogen" wird. Grds. muss eine Gemeinde bei einer Planung für alle in Betracht kommenden Möglichkeiten offen sein. Diese planerische Freiheit ist aber faktisch bei **Großprojekten** (zB Industrieansiedlung, Krankenhäuser, Sportanlagen) eingeschränkt, weil sich ohne eine vorhergehende Absprache keine sinnvolle Planung durchführen lässt. Eine solche Bindung der Gemeinde ist nur dann zulässig, wenn die Vorwegnahme sachlich gerechtfertigt ist und die planungsrechtliche Zuständigkeitsordnung gewahrt bleibt, dh die Mitwirkung der **Gemeindevertretung** – als für die Planung zuständiges Gremium – muss bei den Vorentscheidungen gesichert sein, und die vorgezogene Entscheidung darf inhaltlich nicht zu beanstanden sein (BVerwGE 45, 309 = DVBl 1974, 767).

Die Gemeinde ist bei der Abwägung verpflichtet, alle schon bestehenden städtebau- 49
lichen Spannungslagen im Wege einer erkennbaren **Bestandsaufnahme** zu berücksichtigen und auch die durch die Planung hervorgerufenen **Folgewirkungen** mit einzubeziehen (sog Gebot der Problembewältigung; OVG Berlin NVwZ 1984, 188; BVerwG NVwZ 1990, 115 = DVBl 1989, 1050). Dies gilt zunächst für alle Informationen, die ihr bei der Beteiligung der Bürger und der Behörden bekannt geworden sind, denn nur so kann das gesetzlich vorgeschriebene **Beteiligungsverfahren** seine ihm zugedachte Funktion erfüllen. Dabei darf die Gemeinde jedoch Aussagen zu abwägungsrelevanten Belangen nicht ungeprüft übernehmen (BVerwG, NVwZ 1990, 122), da diese häufig von dahinter stehenden Interessen geprägt sind.

Ein wesentliches Problem ergibt sich daraus, dass Bauleitplanung in erheblichem 50
Maß auf **Prognosen** angewiesen ist. Die Gemeinde muss versuchen, im Voraus abzuschätzen, wie beispielsweise die zukünftige **Bevölkerungsentwicklung**, das Wohnverhalten, die wirtschaftliche Entwicklung und die allgemeine Struktur in ihrem Gebiet aussehen wird (vgl Schink, DVBl 2000, 228; siehe auch BVerwG, UPR 1999, 352 ff). Die hiermit verbundene Ungewissheit kann aber als solche nicht ausreichen, einen gerichtlicher Kontrolle nicht zugänglichen Spielraum zu begründen. Prognosen sind stets das Ergebnis eines Wahrscheinlichkeitsurteils, dessen Grundlagen ausgewiesen werden können und müssen; diese sind aber einer Prüfung nicht entzogen. Im Einzelnen hängt die **Einschätzungsprärogative** von Faktoren unterschiedlicher Art ab, im Besonderen von der Eigenart des in Rede stehenden Sachbereichs, den Möglichkeiten zur sicheren Entscheidungsfindung und der Bedeutung der auf dem Spiel stehenden Rechtsgüter (BVerwGE 50, 290, 332 f). Ziel muss es sein, dass bauplanerische Entscheidungen in einem Höchstmaß dessen, was sich erreichen und vertreten lässt, rechtlich gebunden und in die-

ser Bindung auch kontrollierbar sind (BVerwGE 45, 309, 324). Hieraus kann sich gleichzeitig eine Transparenz und Nachvollziehbarkeit von Planungsentscheidungen ergeben, die insbesondere auch dann Akzeptanz erzeugen kann, wenn sich durch sie nicht mehr alle **Nutzungsvorhaben** nach den Idealvorstellungen der Bauinteressenten verwirklichen lassen und sich möglicherweise auch ökonomische Interessen der Grundstückseigentümer nicht im gewünschten Maß realisieren.

51 Die jeder Prognoseentscheidung zwangsläufig innewohnende **Unsicherheit** mit ihren unterschiedlichen Entwicklungsmöglichkeiten in positiver wie in negativer Hinsicht führt aber auch dazu, dass in der Bauleitplanung nicht immer bereits alle möglicherweise auftretenden Konflikte gelöst werden können und müssen; dies kann auch dem einzelnen bau- oder immissionsschutzrechtlichen Genehmigungsverfahren überlassen bleiben (BVerwGE 69, 30 = BVerwG Buchholz 406.11 § 1 BBauG Nr. 26 = NVwZ 1984, 235). Dies gilt zB dann, wenn angesichts einer nicht abgeschlossenen technischen Entwicklung noch nicht absehbar ist, welche Anforderungen an den Immissionsschutz zum Zeitpunkt der Inbetriebnahme einer Anlage zu stellen sein werden, insbesondere, wenn dieser Zeitpunkt nicht bestimmbar ist. Nicht immer reicht es aus, den jeweiligen **Stand der Technik** zur Entscheidungsgrundlage zu machen.

52 Das ursprünglich für ihre Anwendung gedachte (vgl BVerwGE 67, 334 = BRS 40 Nr. 4) objektiv-rechtliche Gebot der **Rücksichtnahme** ist auch bei der Aufstellung der Bauleitpläne zu beachten (BVerwGE 45, 309 = DÖV 1975, 92). Danach muss jedes Vorhaben auf die Umgebung Rücksicht nehmen und Auswirkungen vermeiden, die zu einer unzumutbaren Beeinträchtigung entweder bestehender oder geplanter Vorhaben führen; eine Einschränkung oder vollkommene Unterlassung der Nutzungsmöglichkeiten des Grundstücks wegen der Betroffenheit des Nachbarn wird vom Rücksichtnahmegebot nicht verlangt. Vielmehr muss eine **Abwägung** der Belange aller betroffenen Grundstücke und aller rechtlich geschützten Interessen erfolgen. So ist zB ein Bebauungsplan, der in unmittelbarer Nachbarschaft eines Wohngebietes ein **Industriegebiet** vorsieht, wegen des Verstoßes gegen das Rücksichtnahmegebot nichtig (BVerwGE a.a.O). Zu den privaten Belangen, die in der Abwägung zu berücksichtigen sind, zählt nämlich auch das Interesse, vor vermehrten **Lärmimmissionen** bewahrt zu bleiben (BVerwG v. 19.8.2003, 4 BN 51/03). Dies ergibt sich nicht zuletzt daraus, dass Planung nur gerechtfertigt ist, wenn sie das **Eigentum** als einen bei der Abwägung in hervorgehobener Weise zu berücksichtigenden Belang (BVerwGE 47, 144) nicht unverhältnismäßig hinter sonstige Belange zurückstellt. Planungsentscheidungen, die sich enteignend auswirken, ohne dass hierfür iS von Art. 14 Abs. 3 GG ein Entschädigungstatbestand existiert (vgl §§ 39 ff), sind unwirksam.

53 Dem Gebot der Rücksichtnahme kann iR der Bauleitplanung dadurch Rechnung getragen werden, dass die gebotene Trennung zwischen einem Wohngebiet und einem Gewerbegebiet durch einen hinreichend großen Abstand – dieser Bereich kann zB als Mischgebiet ausgewiesen werden – dokumentiert wird (BayVGH NJW 1983, 297). Bei der **Überplanung** bereits **bebauter Gebiete** ist zur Ermittlung der abwägungsrelevanten Belange eine erkennbare **Bestandsaufnahme** erforderlich, der gerade bei zu erwartenden Konfliktsituationen besondere Bedeutung zukommt (OVG NRW BRS 55 Nr. 12 = DÖV 1993, 1101).

Das **Abwägungsgebot** ist erst verletzt: 54

- wenn eine sachgerechte Abwägung überhaupt nicht stattgefunden hat (**Abwägungsausfall**; VGH BW BRS 18 Nr. 2);
- wenn in den Abwägungsvorgang nicht eingestellt wurde, was nach Lage der Dinge in ihn hätte eingestellt werden müssen (**Abwägungsdefizit**; BVerwGE 45, 309 = BauR 1974, 311);
- wenn im Abwägungsergebnis die Bedeutung der betroffenen Belange verkannt und dadurch die Gewichtung verschiedener Belange in ihrem Verhältnis zueinander in einer Weise erfolgt ist, durch die die objektive Gewichtung eines dieser Belange völlig verfehlt wird (**Abwägungsfehleinschätzung**; BVerwGE 34, 301 = BVerwG Buchholz 406.11 § 1 BBauG Nr. 1 = DVBl 1970, 414 = BRS 22 Nr. 4).

Allerdings ist das Abwägungsgebot dann nicht verletzt, wenn eine **Kollision** von 55 Belangen dergestalt besteht, dass die Berücksichtigung des einen zwangsläufig gleichzeitig zur Zurückstellung des anderen Belangs führt. Insoweit handelt es sich nicht um einen rechtlichen Vorgang, sondern um eine planungsimmanente Entschließungsentscheidung (vgl hierzu BVerwGE 34, 301, 309). Dabei stellt jedoch stets das **Willkürverbot** eine Grenze dar, so dass die Entscheidung konkret zu begründen ist.

Mängel im **Abwägungsergebnis** führen i.d.R zur Nichtigkeit des Bebauungspla- 56 nes. Dagegen sind die Mängel im **Abwägungsvorgang**, dh im Falle des Abwägungsausfalls und des Abwägungsdefizits, bei einer gerichtlichen Überprüfung nur dann erheblich, wenn sie offensichtlich und auf das Abwägungsergebnis von Einfluss gewesen sind (§ 214 Abs. 3 Satz 2) (vgl: BVerwGE 64, 33 = BVerwG Buchholz 406.11 § 155b BBauG Nr. 1 = DÖV 1982, 280), wobei die Sach- und Rechtslage im Zeitpunkt der Beschlussfassung über den Bauleitplan maßgebend ist (§ 214 Abs. 3 Satz 1). Allerdings hat die Gemeinde wesentliche Änderungen der Sach- und Rechtslage, die zwischen der Beschlussfassung und der Bekanntmachung eintreten, dann zu berücksichtigen, wenn der beschlossene Plan unter Berücksichtigung der neuen Lage schlechterdings nicht mehr abwägungsfehlerfrei aufgestellt werden könnte (vgl BVerwGE 56, 283, 288 f). Die erforderliche **Kausalität** zwischen dem Fehler im Abwägungsvorgang und dem Abwägungsergebnis ist dann gegeben, wenn die konkrete Möglichkeit besteht, dass die Gemeindevertretung als zuständiges Organ eine andere Planungsentscheidung getroffen hätte, falls sie den Fehler im Abwägungsvorgang vermieden hätte (BVerwGE 64, 33 = DÖV 1982, 280 = BRS 38 Nr. 37; BVerwG v. 9.10.2003, 4 BN 47/03). Mängel werden gegenüber einem an sich Rügeberechtigten unbeachtlich, wenn sie nicht innerhalb der **Frist** nach § 215 schriftlich bei der Gemeinde geltend gemacht werden. Aus § 1 Abs. 6 und Abs. 7 folgen keine subjektiven Rechte auf angemessene Abwägung bestimmter Belange (BVerwGE 54, 211 = DÖV 1977, 826 = BauR 1977, 394).

§ 1a Ergänzende Vorschriften zum Umweltschutz

(1) Bei der Aufstellung der Bauleitpläne sind die nachfolgenden Vorschriften zum Umweltschutz anzuwenden.

(2) Mit Grund und Boden soll sparsam und schonend umgegangen werden; dabei sind zur Verringerung der zusätzlichen Inanspruchnahme von Flächen für bauliche Nutzungen die Möglichkeiten der Entwicklung der Gemeinde insbesondere

durch Wiedernutzbarmachung von Flächen, Nachverdichtung und andere Maßnahmen zur Innenentwicklung zu nutzen sowie Bodenversiegelungen auf das notwendige Maß zu begrenzen. Landwirtschaftlich, als Wald oder für Wohnzwecke genutzte Flächen sollen nur im notwendigen Umfang umgenutzt werden. Die Grundsätze nach den Sätzen 1 und 2 sind nach § 1 Abs. 7 in der Abwägung zu berücksichtigen.

(3) Die Vermeidung und der Ausgleich voraussichtlich erheblicher Beeinträchtigungen des Landschaftsbildes sowie der Leistungs- und Funktionsfähigkeit des Naturhaushalts in seinen in § 1 Abs. 6 Nr. 7 Buchstabe a bezeichneten Bestandteilen (Eingriffsregelung nach dem Bundesnaturschutzgesetz) sind in der Abwägung nach § 1 Abs. 7 zu berücksichtigen. Der Ausgleich erfolgt durch geeignete Darstellungen und Festsetzungen nach den §§ 5 und 9 als Flächen oder Maßnahmen zum Ausgleich. Soweit dies mit einer nachhaltigen städtebaulichen Entwicklung und den Zielen der Raumordnung sowie des Naturschutzes und der Landschaftspflege vereinbar ist, können die Darstellungen und Festsetzungen auch an anderer Stelle als am Ort des Eingriffs erfolgen. Anstelle von Darstellungen und Festsetzungen können auch vertragliche Vereinbarungen nach § 11 oder sonstige geeignete Maßnahmen zum Ausgleich auf von der Gemeinde bereitgestellten Flächen getroffen werden. Ein Ausgleich ist nicht erforderlich, soweit die Eingriffe bereits vor der planerischen Entscheidung erfolgt sind oder zulässig waren.

(4) Soweit ein Gebiet im Sinne des § 1 Abs. 6 Nr. 7 Buchstabe b in seinen für die Erhaltungsziele oder den Schutzzweck maßgeblichen Bestandteilen erheblich beeinträchtigt werden kann, sind die Vorschriften des Bundesnaturschutzgesetzes über die Zulässigkeit und Durchführung von derartigen Eingriffen einschließlich der Einholung der Stellungnahme der Kommission anzuwenden.

1 § 1a wurde durch das BauROG 1998 neu eingeführt, um die **ökologischen Belange** in der Bauleitplanung zu stärken. Schon nach kurzer Geltungsdauer hat ihn das EAG Bau 2004 aber bereits geändert, um der neuen Gesamtsystematik Rechnung zu tragen.

2 Nach der amtlichen Begründung zum Gesetzentwurf bildet Abs. 1 die Überleitung zwischen § 1 und den ergänzenden Vorschriften. Angesichts des noch immer nicht vollständig geklärten dogmatischen Gehalts der Vorschrift (vgl Ferner, Minimierung von Flächenverbrauch bei der Schaffung von Wohnraum, S. 47 f) wird aber die Frage zu klären sein, ob in der strikten Formulierung nicht eine Stärkung der umweltschützenden Belange in der Bauleitplanung zu sehen ist. Jedenfalls integriert die Vorschrift materiellen **Umweltschutz** in die Bauleitplanung und vermeidet damit das gleichzeitige Bestehen von verschiedenen räumlichen Planungssystemen. Ein besonderes Gewicht erhalten dabei auch europarechtliche Vorschriften, insbesondere die **Fauna-Flora-Habitat-Richtlinie** und die **Vogelschutzrichtlinie**.

3 Nachdem bis zum Inkrafttreten des BauROG 1998 der Umweltschutz in § 1 Abs. 5 Satz 2 Nr. 7 relativ unspezifiziert genannt worden war, zwingt die ausdrückliche Nennung wichtiger Umweltschutzbelange in § 1 Abs. 6 iVm § 1a die Gemeinde dazu, sich explizit hiermit auseinander zu setzen, um **Abwägungsfehler** zu vermeiden.

4 § 1a enthält in seinem Abs. 2 den früher in § 1 Abs. 5 Satz 3 und danach in § 1a Abs. 1 enthaltenen Grundsatz des sparsamen und schonenden Umgangs mit Grund und Boden (**Bodenschutzklausel**), der durch das BauROG 1998 um die Begrenzung der **Bodenversiegelungen** auf das notwendige Maß ergänzt wurde.

Dabei findet das Bundesbodenschutzgesetz nach seinem § 3 Abs. 1 Nr. 9 keine Anwendung auf die Bauleitplanung als Teil des Bauplanungsrechts, soweit dieses den Bodenschutz regelt. Auch dies ist Teil des sogenannten Integrationsansatzes. Nunmehr hat das EAG Bau 2004 die Bestrebungen, den **Flächenverbrauch** zu begrenzen, nochmals verstärkt und den Gemeinden konkrete Handlungsanweisungen gegeben. Sie sollen sowohl durch sparsamen Umgang mit Grund und Boden den Belangen des Bodenschutzes Rechnung tragen als auch durch eine Begrenzung der Bodenversiegelung auf das erforderliche Maß. Um die weitere Inanspruchnahme von Flächen zu verringern, sind die **Entwicklungsmöglichkeiten** der Gemeinde zu nutzen. Während unklar bleibt, ob hierin ein zwingendes Gebot, etwa iS einer **Subsidiaritätsklausel** (vgl Ferner, Minimierung von Flächenverbrauch bei der Schaffung von Wohnraum, S. 57) zu sehen ist, werden die vom Gesetzgeber hierzu für sinnvoll gehaltenen Maßnahmen konkret, aber nicht abschließend („insbesondere") genannt. Dabei dürfte insbesondere die Möglichkeit **flächensparenden Bauens** und die **Wiedernutzbarmachung von Flächen** in der Zukunft ein besonderes Gewicht erhalten.

Zu denken ist aber auch an die Möglichkeiten, die das Besondere Städtebaurecht bietet. So kann zB durch städtebauliche Sanierungs- und Entwicklungsmaßnahmen die Attraktivität innerörtlicher Wohngebiete und die Lebensqualität dort lebender Menschen gesteigert werden. Solche Maßnahmen können im Ergebnis mit dazu beitragen, den Druck auf die Gemeinden, Bauleitpläne für bisher unbebaute Flächen aufzustellen, zugunsten der Nutzung innerörtlicher Baugebiete zu verringern und damit weiteren **Landschaftsverbrauch** zu verhindern. Gleichzeitig könnte anderen städtebaulichen Zielen wie der Erhaltung, Erneuerung, Fortentwicklung, Anpassung und dem Umbau vorhandener Ortsteile sowie den Belangen der **Baukultur** und des **Denkmalschutzes** Rechnung getragen werden. Dieses gebietsbezogene Instrumentarium wird durch das vorhabenbezogene Modernisierungs- und Instandsetzungsgebot des § 177 ergänzt, der einzelfallorientiertes Handeln ermöglicht. Nicht zu vernachlässigen ist in diesem Zusammenhang das **Baugebot** nach § 176. Diese Möglichkeit wurde zwar bisher nur wenig genutzt und ist deshalb auch rechtlich nur selten Gegenstand der Diskussion, doch werden die ihr innewohnenden Chancen angesichts der Tatsache deutlich, dass bundesweit im gewerblichen Bereich ca. 20%, im Wohnbereich ca. 15% des ausgewiesenen, dh Natur und Landschaft im Wesentlichen bereits entzogenen Baulandes nicht bebaut ist. Weiteres Potenzial böte sich in der Nutzbarmachung des **Strukturwandels** in der Landwirtschaft, der dazu geführt hat, dass viele bisher landwirtschaftlich genutzte Gebäude leer stehen und für andere Zwecke verwendet werden könnten. Während der Gesetzgeber dem für den Außenbereich in § 35 Abs. 4 Rechnung getragen hat, haben die innerörtlichen Ressourcen bislang nur wenig Beachtung gefunden. 5

Wenig konsequent erscheint die weiche Formulierung der **Umwidmungsklausel** in Satz 2, die die Bedeutung dieser Regelung in der Praxis deutlich mindern dürfte. Satz 3 stellt die Verbindung zur **Abwägung** her. Durch die weitere Aufwertung der Bodenschutzklausel trägt der Gesetzgeber der Zielsetzung des Art. 20a GG Rechnung und verstärkt den Schutz der natürlichen Lebensgrundlagen, indem er auf eine verdichtete Bauweise hinwirkt und den **Grundwasserschutz** durch Reduzierung der Bodenversiegelungen auf das notwendige Maß verbessert (vgl auch § 179). Dieser Schutz wird durch das Bundesbodenschutzgesetz ergänzt. 6

7 In Abs. 3 der Vorschrift findet sich – inhaltlich unverändert – der sog. **Baurechtskompromiss** des BNatSchG, wie er seit dem BauROG 1998 besteht. Von dort zu übernehmen sind insbesondere die Legaldefinition des **Eingriffs** und die hieran anknüpfende Abfolge der Entscheidung (**Vermeidung, Ausgleich, Ersatz**). Die bislang für die Genehmigung von Vorhaben entwickelte Struktur wird nunmehr auf die Ebene der Bauleitplanung übernommen. Dabei spielt aber die Unterscheidung zwischen Ausgleichs- und Ersatzmaßnahmen keine Rolle. Die in § 19 Abs. 3 BNatSchG festgelegte Stufenfolge entfällt zu Gunsten einer umfassenden Anwendung des § 1 Abs. 7, dh dass über die Vermeidung und den Ausgleich eines zur Diskussion stehenden Eingriffs in Natur und Landschaft mit all seinen Auswirkungen im Zuge einer **Abwägung** aller tangierten öffentlichen und privaten Interessen gegeneinander und untereinander zu entscheiden ist. Gestärkt wird der Umweltschutz auch durch die entsprechende Anwendung der genannten Grundsätze auf Bebauungspläne, die eine **Planfeststellung** ersetzen (§ 21 Abs. 2 Satz 2 BNatSchG).

8 Satz 3 des Abs. 3 lässt zu, dass die Darstellungen und Festsetzungen zum **Ausgleich** des Eingriffs auch an anderer Stelle als dem Ort des Eingriffs erfolgen können, soweit dies mit einer nachhaltigen städtebaulichen Entwicklung und den Zielen der Raumordnung sowie des Naturschutzes und der Landschaftspflege vereinbar ist. Die Vorschrift korrespondiert insoweit mit § 200a, so dass auf die dortigen Ausführungen verwiesen werden kann.

9 Abs. 4 übernimmt – inhaltlich unverändert – die Regelung des bisherigen Abs. 2 Nr. 4 und sieht unter den genannten Voraussetzungen eine Verträglichkeitsprüfung der Bauleitplanung nach der **Fauna-Flora-Habitat-Richtlinie** (EG-Richtlinie 92/43 v. 21.5.1992, ABl. EG Nr. L 206 S. 7) und der Europäischen **Vogelschutzrichtlinie** vor. Diese enthalten insbesondere Verpflichtungen der Mitgliedstaaten zur Ausweisung von **Schutzgebieten** und **Schutzpflichten** für solche Gebiete. In der Folge werden bei der Bauleitplanung die Erhaltungsziele und der Schutzzweck des europäischen Schutzgebietssystems („Natura 2000“) zu berücksichtigen sein. Hierzu können durch die Bauleitplanung zB Schutzgebiete als „Trittsteine“ in Form festgelegter Ausgleichsflächen und Ausgleichsmaßnahmen vernetzt werden oder „Pufferflächen“ für besonders schutzwürdige Gebiete ausgewiesen werden. Besteht die Gefahr, dass die genannten Ziele durch eine Bauleitplanung erheblich beeinträchtigt werden können, ist eine besondere **Verträglichkeitsprüfung** und ggf eine Konsultation der Europäischen Kommission durchzuführen. Eine solchermaßen beeinträchtigende Planung ist nur zulässig, wenn keine Alternative mit geringerer Eingriffsintensität besteht und zwingende Gründe des überwiegenden öffentlichen Interesses die Planung notwendig machen. In einem solchen Fall sind zwingend geeignete **Ausgleichsmaßnahmen** vorzunehmen und die Europäische Kommission zu unterrichten. Gibt es ein solches überwiegendes öffentliches Interesse nicht, kann auch die Abwägung im Bauleitplanungsverfahren dieses Ergebnis nicht überwinden. Zwar gestaltet sich die Umsetzung der genannten Richtlinien ins deutsche Recht durch eine Novelle zum Bundesnaturschutzgesetz derzeit noch schwierig, doch entfaltet zumindest die Europäische Vogelschutzrichtlinie, weil diese, anders als die Fauna-Flora-Habitat-Richtlinie objektive Kriterien für die Gebietsausweisung vorgibt und nicht auf ein konsensuales Umsetzungsverfahren angewiesen ist, schon jetzt unmittelbare Rechtswirkungen.

§ 2 Aufstellung der Bauleitpläne

(1) Die Bauleitpläne sind von der Gemeinde in eigener Verantwortung aufzustellen. Der Beschluss, einen Bauleitplan aufzustellen, ist ortsüblich bekannt zu machen.
(2) Die Bauleitpläne benachbarter Gemeinden sind aufeinander abzustimmen. Dabei können sich Gemeinden auch auf die ihnen durch Ziele der Raumordnung zugewiesenen Funktionen sowie auf Auswirkungen auf ihre zentralen Versorgungsbereiche berufen.
(3) Bei der Aufstellung der Bauleitpläne sind die Belange, die für die Abwägung von Bedeutung sind (Abwägungsmaterial), zu ermitteln und zu bewerten.
(4) Für die Belange des Umweltschutzes nach § 1 Abs. 6 Nr. 7 und § 1 a wird eine Umweltprüfung durchgeführt, in der die voraussichtlichen erheblichen Umweltauswirkungen ermittelt werden und in einem Umweltbericht beschrieben und bewertet werden; die Anlage 1 zu diesem Gesetzbuch ist anzuwenden. Die Gemeinde legt dazu für jeden Bauleitplan fest, in welchem Umfang und Detaillierungsgrad die Ermittlung der Belange für die Abwägung erforderlich ist. Die Umweltprüfung bezieht sich auf das, was nach gegenwärtigem Wissensstand und allgemein anerkannten Prüfmethoden sowie nach Inhalt und Detaillierungsgrad des Bauleitplans angemessenerweise verlangt werden kann. Das Ergebnis der Umweltprüfung ist in der Abwägung zu berücksichtigen. Wird eine Umweltprüfung für das Plangebiet oder für Teile davon in einem Raumordnungs-, Flächennutzungs- oder Bebauungsplanverfahren durchgeführt, soll die Umweltprüfung in einem zeitlich nachfolgend oder gleichzeitig durchgeführten Bauleitplanverfahren auf zusätzliche oder andere erhebliche Umweltauswirkungen beschränkt werden. Liegen Landschaftspläne oder sonstige Pläne nach § 1 Abs. 6 Nr. 7 Buchstabe g vor, sind deren Bestandsaufnahmen und Bewertungen in der Umweltprüfung heranzuziehen.

Durch das EAG Bau 2004 sind die Regelungen des § 2 Abs. 3 und Abs. 4 aF in § 1 übernommen worden und bilden dort Abs. 3 Satz 2 und Abs. 8, ohne dass insoweit materielle Änderungen eingetreten sind. Die **Verordnungsermächtigung** des früheren § 2 Abs. 5 findet sich nunmehr in § 9a Abs. 1 Satz 1; dem Absatz 2 wurde ein zweiter Satz angefügt, Abs. 4 wurde erweitert. 1

Aus Abs. 1 Satz 1 der Vorschrift ergibt sich, dass die Bauleitplanung als weisungsfreie **Selbstverwaltungsangelegenheit** (Art. 28 Abs. 2 GG) grds. Aufgabe der Gemeinde ist (BVerfGE 77, 288 = DVBl 1988, 482). Diese Selbstverwaltungsaufgabe wird mit dem Begriff der **Planungshoheit** umschrieben (BVerwGE 34, 301 = BRS 22 Nr. 4). 2

Die Bauleitplanung entstand um die Jahrhundertwende und wurde bis zum Zweiten Weltkrieg durchweg als polizeiverwaltungsrechtliche Aufgabe des Staates angesehen (BVerwGE 56, 298, 312 mwN). Die historische Entwicklung hat jedoch dazu geführt, dass aus dem (staatlichen) **Baupolizeirecht** eine gemeindliche Aufgabe entstanden ist, was sich in der Zuweisung der Bauleitplanung an die Gemeinden als weisungsfreie Selbstverwaltungsangelegenheit widerspiegelt. Bauleitplanung ist heute eine politische Gestaltungsaufgabe auf der Ortsstufe (Gaentzsch in Berliner Kommentar, § 2 Rn 3). 3

Mit der Zuweisung der Bauleitplanung an die Gemeinden als eigene Angelegenheit würdigt das Bundesbaurecht außerdem die Sachnähe der örtlichen Ebene und 4 sichert die Planungsentscheidungen gegen Eingriffe der oft ortsfernen **Fachaufsicht** ab. Damit wird zugleich gewährleistet, dass neben der Initiative auch die Verantwortung für die Bauleitpläne eindeutig im örtlichen Bereich, nämlich bei der Gemeinde und ihrer von den Gemeindebürgern gewählten Vertretung liegt (BVerfGE 77, 288, 301). Diese Auffassung entspricht auch den aktuellen Tendenzen der Gesetzgebung, die kommunale Planungshoheit zu stärken. Mit der angestrebten **Deregulierung** durch die Abschaffung des Anzeigeverfahrens und der Genehmigungsfreiheit von aus dem Flächennutzungsplan entwickelten Bebauungsplänen wurde einer alten Forderung der kommunalen Spitzenverbände (vgl Battis/Krautzberger/Löhr, NVwZ 1997, 1145, 1155) Rechnung getragen und der Handlungsspielraum für die Gemeinden deutlich erweitert (Wagner, BayVBl. 1998, 161, 165). Von der durch § 246 Abs. 1a eingeräumten Möglichkeit, das **Anzeigeverfahren** wieder einzuführen, haben die Länder überwiegend keinen Gebrauch gemacht.

5 Die gemeindliche Planungshoheit besteht jedoch nicht uneingeschränkt; so beschränkt der Vorbehalt zu Gunsten von **Fachplanungen** die Gemeinde in ihrer Planungshoheit in Bezug auf die vorhandene Anlage der Fachplanung (BVerwGE 81, 111 = NVwZ 1989; wegen der Anpassungspflicht an übergeordnete Pläne vgl die Kommentierung zu § 1 Abs. 4). Dieser Vorbehalt gibt dem Gesetzgeber aber nicht die Möglichkeit, die Planungshoheit völlig zu beseitigen oder derart auszuhöhlen, dass der einzelnen Gemeinde zu ihrer Ausübung kein ausreichender Spielraum mehr verbleibt (BVerfGE 23, 353 = DÖV 1968, 571; vgl auch BVerfGE 56, 258 = DVBl 1981, 535). Eine Gemeinde kann die Verletzung ihrer Planungshoheit bei der Inanspruchnahme des Gemeindegebiets durch eine überörtliche Planung dann geltend machen, wenn für das betroffene Gebiet bereits eine hinreichend bestimmte Planung der Gemeinde vorliegt, ohne dass diese schon verbindlich sein muss, und diese Planung durch den überörtlichen Fachplan nachhaltig gestört wird, dh es muss zu unmittelbaren Auswirkungen gewichtiger Art auf die Planung kommen (BVerwG, NVwZ 1984, 584 = UPR 1985, 130; BVerwG NVwZ 1994, 285 = DÖV 1993, 914). Die Gemeinde darf von ihrem Planungsrecht nur nach Maßgabe des BauGB, der auf Grund des BauGB erlassenen Vorschriften (insbesondere der BauNVO) und unter Beachtung sonstiger öffentlich-rechtlicher Vorschriften (zB Landschaftsschutzverordnung) Gebrauch machen. Aus der Planungshoheit folgt gleichzeitig ein **Beteiligungsrecht** der Gemeinde bei anderen Fachplanungen (BVerwG Buchholz 442.40 § 6 LuftVG Nr. 2 = BRS 22 Nr. 29). Von Bedeutung sind in diesem Zusammenhang die Vorschriften des § 203, wonach die Landesregierung oder die von ihr bestimmte Behörde im Einvernehmen mit der Gemeinde durch Rechtsverordnung bestimmen kann, dass Aufgaben der Gemeinde an andere Träger übergehen, des § 204 über den gemeinsamen Flächennutzungsplan benachbarter Gemeinden und des § 205 über Planungsverbände. Auf die Kommentierung dieser Vorschriften wird insoweit verwiesen.

6 Die ortsübliche **Bekanntmachung** des Aufstellungsbeschlusses nach Abs. 1 Satz 2 bestimmt sich nach Landesrecht, so dass in diesem Zusammenhang den maßgebenden **Hauptsatzung**en der Gemeinden besondere Bedeutung zukommt. Der **Aufstellungsbeschluss** muss hinreichend eindeutig und für den Bürger erkennbar den räumlichen Bereich umgrenzen, für den die Absicht besteht, einen Bauleitplan aufzustellen, braucht allerdings keine Aussage über den Inhalt der beabsichtigten Planung zu enthalten (BVerwGE 51, 121). Ebenfalls nach Landesrecht beurteilt sich, unter welchen Voraussetzungen Mitglieder gemeindlicher Gremien von der

Mitwirkung wegen **Interessenkollision** ausgeschlossen sind (BVerwG, DVBl 1971, 757 = BRS 24 Nr. 20). Wirkt ein wegen **Befangenheit** ausgeschlossenes Mitglied bei der Beratung und Abstimmung mit, ist der gefasste Beschluss unwirksam (OVG Koblenz BRS 42 Nr. 16). Trifft ein Befangenheitsgrund auf ein nicht formal ausgeschlossenes Mitglied zu, ist der mit seiner Mitwirkung gefasste Beschluss ebenfalls unwirksam (OVG Münster BRS 24 Nr. 21). Befangenheitsgründe sind zB gegeben, wenn ein Mitglied Grundstückseigentümer im vorgesehenen Planbereich ist (OVG Lüneburg NVwZ 1982, 200 = BRS 38 Nr. 32).

Der **Planaufstellungsbeschluss** ist zwar keine Wirksamkeitsvoraussetzung für den 7 späteren Bauleitplan (BVerwGE 79, 200), er ist aber u.a. Voraussetzung für den Erlass einer **Veränderungssperre** nach § 14 Abs. 1, die Zurückstellung von Baugesuchen gem. § 15 und die vorgezogene Zulässigkeit von Vorhaben nach § 33. Er kann konkludent im Auslegungsbeschluss enthalten sein.

Abs. 2 begründet zu Gunsten benachbarter Gemeinden einen Anspruch auf for- 8 melle und materielle Abstimmung, der klageweise im Wege der (auch vorbeugenden) **Feststellungsklage** geltend gemacht werden kann (BVerwG Buchholz 406.11 § 2 BBauG Nr. 10 = DVBl 1973, 34; OVG Bautzen, LKV 1993, 97). Dieses **interkommunale Abstimmungsgebot** ist aber nur dann zu beachten, wenn eine Nachbargemeinde hinreichend konkrete Planungen benennt, die beeinträchtigt sein könnten (VG Gießen v. 19.7.1999 – 1 G 817/99). Insoweit ist die Nachbargemeinde eines Plangebietes gemäß § 4 als Träger öffentlicher Belange zu beteiligen, deren Aufgabenbereich durch die Planung berührt wird. Zu berücksichtigen sind nur städtebauliche Belange der **Nachbarkommune** (OVG Greifswald NordÖR 1999, 461). Für den Nachbarbegriff kommt es nicht auf ein räumliches Aneinandergrenzen der Gemeindegebiete an, wenngleich dies ein wichtiges Indiz ist. Maßgebend ist vielmehr das Gebiet der planungsrechtlichen Auswirkungen eines Vorhabens, was insbesondere bei **Infrastrukturmaßnahmen** bedeutsam werden kann.

Rechtsschutz gegen eine nicht abgestimmte Planung kann die betroffene Gemeinde 9 im Wege eines **Normenkontrollantrages** nach § 47 Abs. 2 VwGO erlangen. Die Antragsbefugnis für einen solchen Antrag ist der Gemeinde schon dann zuzugestehen, wenn sie selbst Festsetzungen der benachbarten Bauleitplanung zu beachten hat. Hiervon dürfte auch auszugehen sein, wenn die Gemeinde selbst zur Erfüllung des interkommunalen Abstimmungsgebots ihre Bauleitplanung anpassen und ggf sogar eine bestehende Planung ändern muss. Vorläufigen Rechtsschutz bietet in solchen Fällen § 47 Abs. 6 VwGO.

Satz 2 des Absatzes wurde durch das EAG Bau 2004 angefügt. Er erweitert den 10 bisherigen Geltungsbereich auf raumordnerische Belange, um den Gemeinden im **Standortwettbewerb** – korrespondierend zu § 1 Abs. 4 – eine berechtigende, verteidigungsfähige Position zu schaffen. Hierdurch kann sich eine betroffene Gemeinde wehren, wenn ein Einzelvorhaben zugelassen wird, ohne dass die diesem zu Grunde liegende Bauleitplanung mit ihr abgestimmt wurde. Insoweit kommt die „Nachbar“klage bzw Eilrechtsschutz nach § 80a VwGO in Betracht.

Von einem qualifizierten Abstimmungsgebot im vorgenannten Sinn ist auszuge- 11 hen, wenn ein Vorhaben die in § 11 Abs. 3 Satz 1 BauNVO bezeichneten Merkmale aufweist (BVerwG BauR 2003, 55). Eine insoweit relevante Beeinträchtigung der **Versorgungsfunktion** eines Zentrums ist bei einem prognostizierten Umsatzrückgang von 10 % angenommen worden (OVG Münster, NVwZ 1998, 263).

12 Ein sich aus Abs. 2 Satz 2 ergebender Handlungsbedarf kann auf der Grundlage von § 1 Abs. 3 und 4 **kommunalaufsichtlich** und ggf auch gerichtlich durchgesetzt werden (vgl BVerwG, BauR 2004, 443).

13 Abs. 3 regelt als Verfahrensgrundnorm entsprechend der bisherigen Rechtslage nunmehr ausdrücklich die Ermittlung und Bewertung des **Abwägungsmaterials**. Die gesetzlichen Vorgaben für den zeitlichen Ablauf des Aufstellungsverfahrens der Bauleitplanung entsprechen dem Verfahrensansatz der Plan-UP- und Projekt-UVP-Richtlinie. Diese stellen auf die Ermittlung, Beschreibung und Bewertung der **Umweltauswirkungen** ab, um eine inhaltlich sachgerechte Berücksichtigung zu erreichen.

14 Abs. 4 knüpft hieran an und konkretisiert die Anforderungen. Kernpunkt der Regelung ist die Implementierung der UP als regelmäßigen Bestandteil der Aufstellung von Bauleitplänen, wenngleich schon bisher die sachgerechte Ermittlung der Umweltbelange zur Vorbereitung einer gerechten Abwägungsentscheidung zum gleichen Ergebnis hätte führen sollen. Nunmehr wird aber eine Einzelprüfung von Plänen (**Screening**) iSv. § 3c UVPG überflüssig. Satz 1 definiert den Begriff der **Umweltprüfung** als Ermittlung der voraussichtlichen erheblichen Umwelteinwirkungen, die in einem **Umweltbericht** beschrieben und bewertet werden und nennt die einzubeziehenden Vorschriften. Besonders zu beachten ist dabei die RL 2001/42/EG.

15 Satz 2 trägt Art 8 der Plan-UP-Richtlinie Rechnung und sichert die Berücksichtigung des Umweltberichts. Satz 3 regelt Umfang und Detaillierungsgrad der Untersuchung (sog. **Scoping**) im Interesse eines effizienten Aufstellungsverfahrens. Insoweit bedarf es aber keines gesonderten Beschlusses, so dass auch keine selbstständige Anfechtbarkeit besteht. Von der Behörde kann nicht mehr verlangt werden, als dass sie die Annahmen zu Grunde legt, die dem allgemeinen Kenntnisstand und den allgemeinen Prüfmethoden entsprechen. Die UP ist nicht als Suchverfahren konzipiert, in dem alle nur erdenklichen Auswirkungen eines Vorhabens auf Umweltgüter und deren Wertigkeit bis in alle Einzelheiten und Verästelungen zu untersuchen wären und gar Antworten auf in der Wissenschaft bisher noch ungeklärte Fragen gefunden werden müssten (BVerwGE 100, 370 ff).

16 Die Möglichkeit der Abschichtung nach Satz 4 dient einer rationellen Verfahrensgestaltung, setzt aber voraus, dass sich die maßgeblichen Verhältnisse nicht entscheidend verändert haben. Der Begrenzung kostenträchtiger **Doppelplanungen** dient auch Satz 5, indem er die Möglichkeit schafft, andere Pläne heranzuziehen.

§ 2a Begründung zum Bauleitplanentwurf, Umweltbericht

Die Gemeinde hat im Aufstellungsverfahren dem Entwurf des Bauleitplans eine Begründung beizufügen. In ihr sind entsprechend dem Stand des Verfahrens

1. die Ziele, Zwecke und wesentlichen Auswirkungen des Bauleitplans und
2. in dem Umweltbericht nach der Anlage 1 zu diesem Gesetzbuch die auf Grund der Umweltprüfung nach § 2 Abs. 4 ermittelten und bewerteten Belange des Umweltschutzes

darzulegen. Der Umweltbericht bildet einen gesonderten Teil der Begründung.

1 Die durch das EAG Bau 2004 neu formulierte Regelung fasst die Vorschriften zum **Erläuterungsbericht** von Flächennutzungsplänen und zur **Begründung** von Bebau-

ungsplänen, einschließlich des **Umweltberichts** in einer Vorschrift zusammen und dient ebenfalls der Umsetzung der Plan-UP-Richtlinie, indem sie die Bedeutung des Umweltberichts stärkt. Gestärkt wird auch die Beteiligung von Öffentlichkeit und Behörden, da die Begründung bereits im Aufstellungsverfahren beigefügt sein muss. Aus dem Hinweis auf den **Stand des Verfahrens** folgt, dass dieser bis zum Beschluss über den Bauleitplan fortzuschreiben ist. Die Regelungen des mit der Novelle 2001 eingeführten § 2a BauGB aF finden sich nunmehr im Wesentlichen in § 2 Abs. 4 und in der Anlage zu § 2 Abs. 4 und § 2 Abs. 2 Satz 2 Nr. 2.

Aufzuzeigen sind im Rahmen der Ziele, Zwecke und wesentlichen Auswirkungen 2
auch **Alternativen** zu der ausgewählten Planung. In diesem Zusammenhang dürfte die Verpflichtung der Gemeinden aus § 1a Abs. 2 Satz 1 besondere Bedeutung erlangen, vor der zusätzlichen Inanspruchnahme von Flächen für bauliche Maßnahmen auch die Möglichkeiten der Entwicklung der Gemeinde, insbesondere durch **Wiedernutzbarmachung** von Flächen, **Nachverdichtung** und andere Maßnahmen zur **Innenentwicklung** zu nutzen. Diese werden regelmäßig als Alternativen der Planung im og Sinn zu prüfen sein.

Der Umweltbericht unterliegt trotz seiner besonderen Stellung keiner eigenen 3
gerichtlichen Überprüfung. Rechtsschutz findet insoweit nur im Rahmen eines **Normenkontrollverfahrens** (§ 47 VwGO) oder einer **Inzidentkontrolle** im Rahmen eines allgemeinen Rechtsstreits statt.

§ 3 Beteiligung der Öffentlichkeit

(1) Die Öffentlichkeit ist möglichst frühzeitig über die allgemeinen Ziele und Zwecke der Planung, sich wesentlich unterscheidende Lösungen, die für die Neugestaltung oder Entwicklung eines Gebiets in Betracht kommen, und die voraussichtlichen Auswirkungen der Planung öffentlich zu unterrichten; ihr ist Gelegenheit zur Äußerung und Erörterung zu geben. Von der Unterrichtung und Erörterung kann abgesehen werden, wenn

1. **ein Bebauungsplan aufgestellt oder aufgehoben wird und sich dies auf das Plangebiet und die Nachbargebiete nicht oder nur unwesentlich auswirkt oder**
2. **die Unterrichtung und Erörterung bereits zuvor auf anderer Grundlage erfolgt sind.**

An die Unterrichtung und Erörterung schließt sich das Verfahren nach Absatz 2 auch an, wenn die Erörterung zu einer Änderung der Planung führt.

(2) Die Entwürfe der Bauleitpläne sind mit der Begründung und den nach Einschätzung der Gemeinde wesentlichen, bereits vorliegenden umweltbezogenen Stellungnahmen für die Dauer eines Monats öffentlich auszulegen. Ort und Dauer der Auslegung sowie Angaben dazu, welche Arten umweltbezogener Informationen verfügbar sind, sind mindestens eine Woche vorher ortsüblich bekannt zu machen; dabei ist darauf hinzuweisen, dass Stellungnahmen während der Auslegungsfrist abgegeben werden können, dass nicht fristgerecht abgegebene Stellungnahmen bei der Beschlussfassung über den Bauleitplan unberücksichtigt bleiben können und, bei Aufstellung eines Bebauungsplans, dass ein Antrag nach § 47 der Verwaltungsgerichtsordnung unzulässig ist, soweit mit ihm Einwendungen geltend gemacht werden, die vom Antragsteller im Rahmen der Auslegung nicht oder verspätet geltend gemacht wurden, aber hätten geltend gemacht werden können. Die nach § 4 Abs. 2 Beteiligten sollen von der Auslegung benachrichtigt wer-

den. Die fristgemäß abgegebenen Stellungnahmen sind zu prüfen; das Ergebnis ist mitzuteilen. Haben mehr als 50 Personen Stellungnahmen mit im Wesentlichen gleichem Inhalt abgegeben, kann die Mitteilung dadurch ersetzt werden, dass diesen Personen die Einsicht in das Ergebnis ermöglicht wird; die Stelle, bei der das Ergebnis der Prüfung während der Dienststunden eingesehen werden kann, ist ortsüblich bekannt zu machen. Bei der Vorlage der Bauleitpläne nach § 6 oder § 10 Abs. 2 sind die nicht berücksichtigten Stellungnahmen mit einer Stellungnahme der Gemeinde beizufügen.

1 Aus der Änderung der Begrifflichkeit durch das EAG Bau 2004 ergibt sich keine inhaltliche Veränderung, sie dient lediglich der terminologischen Angleichung an andere Normen. Die Vorschrift bezweckt, die Belange der Bürger möglichst frühzeitig zu berücksichtigen und damit verschiedene Planungsalternativen zu fördern, wodurch eine sachgerechte Entscheidung besser ermöglicht wird. Damit wird der hohen Bedeutung Rechnung getragen, die Bauleitplanung regelmäßig für die Menschen hat, die von ihr betroffen sind. Die **Öffentlichkeitsbeteiligung** ist in zwei Stufen vorgesehen. Die erste Stufe enthält die frühzeitige **Bürgerbeteiligung** (Abs. 1) und besteht aus zwei Elementen: Dem **Unterrichtungsgebot** und dem **Anhörungsgebot**. Ziel ist es, den Bürger, dh jeden, der von der Planung betroffen oder an ihr interessiert ist (BVerwGE 69, 344 = BRS 42 Nr. 23 = BauR 1984, 602), bereits in einem Stadium zu beteiligen, in dem sich die Planung noch nicht zu einem konkreten, die Einzelheiten regelnden Entwurf verfestigt hat. Durch die Ausweitung der **Auslegungspflicht** um die umweltbezogenen Stellungnahmen soll die Informationsmöglichkeit für die Bürger und die Transparenz der Planung verbessert werden, nicht zuletzt, um Akzeptanz für Planungsentscheidungen zu schaffen, die den Erwartungen der Bevölkerung, insbesondere der Bauinteressenten und der Grundstückseigentümer, nicht in vollem Umfang entsprechen. Über die Ausgestaltung der Anhörung enthält diese Vorschrift keine Regelung. Der öffentlichen Unterrichtung ist dabei Genüge getan, wenn die Allgemeinheit als unbestimmter Personenkreis in geeigneter Form in Kenntnis gesetzt wird. Es ist auch dann nicht notwendig, einzelne **Grundstückseigentümer** oder sonstige Betroffene besonders zu informieren, wenn deren besondere Betroffenheit offensichtlich ist. Eine solche Information kann aber im Einzelfall sinnvoll sein, um einen späteren Prozess – etwa eines weit entfernt wohnenden Grundstückseigentümers – vermeiden zu helfen. Durch die öffentliche Unterrichtung soll ein Dialog zwischen Bürgern und Gemeinde ausgelöst werden, der dann in die sich anschließende Anhörung mündet. Hierdurch können tendenziell auch aufwändige Rechtsstreitigkeiten über Bebauungspläne bereits im Vorfeld abgewendet werden.

Muster

▶ **Äußerung eines Planbetroffenen innerhalb der frühzeitigen Bürgerbeteiligung, § 3 Abs. 1 BauGB**

An das
Stadtplanungsamt der Stadt ...
Aufstellung des BPls Nr. ...
hier: frühzeitige Bürgerbeteiligung am ...
Sehr geehrte Damen und Herren,
wir beehren uns anzuzeigen, dass uns Herr A mit der Wahrnehmung seiner Interessen beauftragt hat. Anwaltliche Vollmacht fügen wir bei.

Namens und im Auftrag unseres Herrn Mandanten äußern wir uns im BPl-Verfahren Nr. ... wie folgt verbunden mit der Aufforderung,
das BPl-Verfahren für den BPl Nr. ... aufzuheben und einzustellen; oder
das BPl-Verfahren für den BPl Nr. ... dahingehend abzuändern, dass [...]
G r ü n d e:

- Nach den folgenden Maßstäben erweist sich die in Aussicht genommene Planung für die städtebauliche Entwicklung und Ordnung nicht als erforderlich iSv. § 1 Abs. 3 BauGB. Erforderlich ist ein BPl, wenn diesem eine planerische Konzeption der Gemeinde zugrunde liegt (BVerwG NVwZ 1991, 875 ff). Die betroffenen bzw beabsichtigten Festsetzungen müssen in ihrer eigentlichen Zielsetzung gewollt und erforderlich sein. Sie dürfen etwa nicht nur das vorgeschobene Mittel sein, um einen Bauwunsch zu durchkreuzen oder private Interessen zu befriedigen (BVerwG NVwZ 1999, 1338; BVerwGE 81, 111 f). Ob eine Planung iSd § 1 Abs. 3 erforderlich ist, hängt nicht von dem Gewicht der für oder gegen sie sprechenden privaten Interessen ab. Als Rechtfertigung geeignete Gründe kommen allein öffentliche Belange in Betracht. Ist die Planung nicht an bodenrechtlich relevanten Ordnungskriterien ausgerichtet, so scheitert sie bereits auf dieser Stufe (BVerwG NVwZ 1999, 1338, 1339).
  So liegt der Fall hier. [...]
- Die entsprechende Planung genügt auch nicht den Anforderungen, die sich aus dem Abwägungsgebot des § 1 Abs. 7 BauGB ergeben. Danach sind bei der Aufstellung bzw Änderung von BPlen die privaten und öffentlichen Belange gegeneinander und untereinander gerecht abzuwägen. Zu den privaten Belangen, die dabei besonders zu berücksichtigen sind, zählt nach allgemeiner Meinung in hervorgehobener Weise auch die Eigentumsgarantie des Art 14 GG (BVerwG BRS 54 Nr. 42). Die beabsichtigte Umwidmung des Grundstücks unseres Herrn Mandanten wird den Anforderungen aus § 1 Abs. 7 BauGB nicht gerecht.

[...] ◄

Nach Satz 2 kann die Gemeinde durch Beschluss des nach Kommunalrechts zuständigen Organs nach ihrem **Ermessen** in zwei Fällen von der frühzeitigen Bürgerbeteiligung absehen, und zwar bei der Aufstellung und bei der Änderung eines Bebauungsplans mit nur unwesentlichen Auswirkungen und dann, wenn die Bürgerbeteiligung schon bei anderer Gelegenheit durchgeführt wurde. Dies kann der Fall sein, wenn die Gemeinde sog. **„informelle" Planungen** (zB Rahmenpläne) aufgestellt und in diesem Zusammenhang die Bürger schon über die mit der Bauleitplanung beabsichtigten Ziele und Zwecke der Planung unterrichtet und mit ihnen eine Erörterung herbeigeführt hat. Diese Regelung dient daher einer Vereinfachung des Verfahrens; sie kommt allerdings nur bei Planungen der Gemeinde zum Zuge. Satz 3 bringt das Prinzip der Einmaligkeit der frühzeitigen Bürgerbeteiligung zum Ausdruck, dh Änderungen auf Grund der Unterrichtung und Erörterung führen nicht zu einer nochmaligen Durchführung des Beteiligungsverfahrens nach Abs. 1. Ein Verstoß gegen die Regelung über die frühzeitige Bürgerbeteiligung ist für die **Wirksamkeit** eines Bebauungsplans unerheblich (BVerwG UPR 2003, 152). 2

Abs. 2 beinhaltet das förmliche Beteiligungsverfahren; es beginnt dann die zweite Stufe der Bürgerbeteiligung. Hält die Gemeinde an ihrer Planung fest, so beschließt sie die **Auslegung** des Bauleitplanentwurfes mit der Begründung und den wesentlichen, bereits vorliegenden umweltbezogenen Stellungnahmen. Diesem Beschluss folgt die ortsübliche **Bekanntmachung** – die Art und Weise regelt das jeweilige Landes- und Ortsrecht (BVerwGE 55, 369 = BVerwG Buchholz 406.11 § 12 BBauG Nr. 7 = DVBl 1978, 815) – mit dem in Abs. 2 Satz 2 bezeichne- 3 ten Inhalt, wobei Ort und Dauer der Auslegung mindestens eine Woche vorher ortsüblich bekannt zu machen ist. Dabei muss jeder Interessierte ohne weiteres, dh ohne noch Fragen und Bitten an die Bediensteten der Gemeinde stellen zu müssen, in die Unterlagen Einblick nehmen können. Diesen Anforderungen ist nicht genügt, wenn die Unterlagen auf einem Aktenschränkchen in einem Dienstzimmer der Gemeinde bereitgehalten werden, das für Dritte nicht frei zugänglich ist (VGH Mannheim v. 11.12.1998). Hat die Gemeinde in ihrer **Hauptsatzung** einen Auslegungsort festgelegt, so ist sie hieran gebunden. Die Bekanntmachung der Planentwürfe soll Anstoßfunktion haben (BVerwGE 55, 369 = BRS 33 Nr. 36) und dazu auffordern, mit Anregungen zur Wahrung der eigenen Rechte im Interesse einer gerechten **Abwägung** (§ 1 Abs. 7) zur Planung beizutragen. In der Bekanntmachung ist der Beginn der **Auslegungsfrist** von mindestens einem Monat anzugeben, wobei der erste Tag der Auslegung mitzuzählen ist (Gem. Senat der obersten Gerichtshöfe, BVerwGE 40, 363 = BVerwG Buchholz 406.11 § 2 BBauG Nr. 9). Eine Angabe der regelmäßigen Dienststunden oder Öffnungszeiten ist in diesem Zusammenhang jedenfalls dann nicht erforderlich, wenn von den üblichen Zeiten nicht abgewichen wird und diese allgemein bekannt sind.

Hinweis für die Praxis: Gem. § 3 Abs. 2 Satz 1 sind neben dem Entwurf des Bauleitplans und dem Entwurf der Begründung die nach Einschätzung der Gemeinde wesentlichen, bereits vorliegenden umweltbezogenen Stellungnahmen öffentlich auszulegen. Hierzu gehören sämtliche im Zusammenhang mit dem Bauleitverfahren vorliegende umweltbezogene Stellungnahmen von Behörde, Verbänden und Privaten (Berkemann/Halama, § 3 Rn 39 3 f; Schröter, BauGB-Kommentar, 7. Aufl. 2005, § 3 Rn 37 cd). Bei der Auslegung der Stellungnahme sind datenschutzrechtliche Anforderungen zu beachten (Berkemann, ZfBR 1986, 155 f). Aus diesem Grund kann es erforderlich sein, in den Stellungnahmen insbesondere personenbezogene Daten oder Betriebsgeheimnisse zu schwärzen.

4 Auf das Fristende, auf das in der Bekanntmachung nicht hingewiesen zu werden braucht, finden die §§ 188 Abs. 2, 2. Alt und 193 BGB Anwendung. Innerhalb der **Monatsfrist** kann die Möglichkeit der Einsichtnahme auf eine bestimmte Anzahl von Stunden für den Publikumsverkehr beschränkt werden, sofern dadurch die Einsichtsmöglichkeit nicht unzumutbar eingeschränkt wird (BVerwG Buchholz 406.11 § 2 BBauG Nr. 21 = NJW 1981, 594; für Kleingemeinden VGH München VBl. 1981, 691). Aus der Anstoßfunktion der Bekanntmachung folgt, dass der **Planbereich** möglichst genau und unmissverständlich zu umgrenzen ist, wobei eine grobe Umschreibung der Grenzen ausreichend ist. So entsprechen zB **Flurbezeichnungen** (BGH NJW 1981, 2060 = BauR 1981, 348) oder geläufige **Gebietsnamen** dem Kennzeichnungsgebot. Dem interessierten Bürger wird im Regelfall bewusst sein, dass der genauere Umfang des von der Bauleitplanung erfassten Bereichs nur durch eine Einsichtnahme in die jeweiligen Planunterlagen feststellbar ist (BVerwG Buchholz 406.11 § 2a BBauG Nr. 7 = BRS 42 Nr. 43 = BauR 1984, 602).

5 Über die während der Auslegungsfrist eingegangenen **Bedenken und Anregungen** ist von dem nach Landesrecht zuständigen Verwaltungsorgan der Gemeinde zu beraten. Nach Ablauf der Frist eingehende Bedenken und Anregungen braucht die Gemeinde nicht mehr zu überprüfen; die Frist ist allerdings keine **Ausschlussfrist.** Das Prüfungsergebnis der fristgerecht eingegangenen Anregungen und Bedenken teilt die Gemeindeverwaltung dem Einzelnen schriftlich mit (mangels

Regelung handelt es sich dabei nicht um einen Verwaltungsakt); bei **Masseneinwendungen** gestattet Abs. 2 Satz 5 eine vereinfachte Unterrichtung. Die unberücksichtigt gebliebenen Bedenken und Anregungen sind nebst einer Stellungnahme der Gemeinde zusammen mit dem beschlossenen Bauleitplan der höheren Verwaltungsbehörde zur Genehmigung (§§ 6, 10 Abs. 2) vorzulegen. Im Interesse der **Planerhaltung** sind die Rechtsschutzmöglichkeiten bei einer Verletzung der Verfahrensvorschriften des § 3 durch die §§ 214, 215 deutlich eingeschränkt worden (vgl im Einzelnen die dortigen Erläuterungen). Darüberhinaus wurde zum 1.1.2007 eine materielle **Präklusions**vorschrift für Einwendungen im Normenkontrollverfahren eingeführt, nach der ein Antrag unzulässig ist, wenn er mit Einwendungen begründet wird, die im Auslegungsverfahren nicht oder verspätet geltend gemacht wurden, aber hätten geltend gemacht werden können. Nunmehr können nicht nur Verfahrensmängel, sondern auch inhaltliche Mängel einer Planungsentscheidung folgenlos bleiben. Diese Regelung führt auch deshalb zu einer **Verfahrensbeschleunigung**, weil das Normenkontrollgericht sich nicht mehr erstmals mit inhaltlichen Fragen der Planung beschäftigen und dabei ggf eigene Ermittlungen anstellen muss, sondern auf das Material zurückgreifen kann, das bereits im Zuge der Auslegung und der Bescheidung der Einwendungen zusammengestellt wurde.

Hinweis für die Praxis: Die mit dem BauGB 2007 eingeführte Beschränkung des Rechtsschutzes in § 3 Abs. 2 S. 2 Hs 2 erfordert es, im BPl-Verfahren rechtzeitig Einwendungen geltend zu machen. Auch wenn die Darlegungsanforderungen an die Rüge keinem allzu strengen Maßstab unterliegen sollten, ist empfehlenswert, einerseits so konkret wie möglich die Einwendungen zu bezeichnen und andererseits umfassend vorzutragen.

Muster

▶ Stellungnahme eines Planbetroffenen im förmlichen Auslegungsverfahren, § 3 Abs. 2 BauGB

An das Planungsamt der Stadt

Btr.: BPl-Entwurf ...

Stellungnahme zu dem vom ... bis ... öffentlich ausgelegten BPl-Entwurf ...

Sehr geehrte Damen und Herren,

wir beehren uns anzuzeigen, dass uns die Eheleute A mit der Wahrnehmung ihrer Interessen beauftragt haben. Eine auf uns lautende Vollmacht ist beigefügt. Unsere Mandanten sind Eigentümer des Grundstücks, eingetragen im Grundbuch von ... Flur ... PNr. ...

Namens und im Auftrag unserer Mandanten erheben wir hiermit gegen den ausgelegten Plan nach § 3 Abs. 2 BauGB Einwendungen und fordern Sie auf,

das BPl-Verfahren für den BPl [...] aufzuheben und einzustellen;

oderdas BPl-Verfahren für den BPl [...] dahingehend abzuändern, dass [...]

Der ausliegende BPl wird von unseren Mandanten aus folgenden Gründen beanstandet:

1. Der ausliegende BPl-Entwurf entspricht nicht dem Gebot des § 1a Abs. 2 BauGB, wonach mit Grund und Boden sparsam und schonend umgegangen werden soll [...].
2. Die vom Planungsamt vorgelegte Planung genügt nicht den Anforderungen, die sich aus § 2a BauGB ergeben, wonach dem Entwurf des Bauleitplans eine Begründung beizufügen ist. Der Umweltbericht genügt nicht den Anforderungen des § 2 Abs. 4 BauGB (Battis/Krautzberger/Löhr, NJW 2004, 2553 [2555]).

3. Letztlich beruht der Planentwurf auf einer ungenügenden Abwägung der beteiligten öffentlichen und privaten Belange. Die Umweltprüfung steht mit dem Abwägungsgebot in engem Zusammenhang. Dies wird bereits an mehreren Stellungen des BauGB deutlich (§§ 1 Abs. 7, 1 a Abs. 2 und 3, 2 Abs. 3 und 4, 4 Abs. 2, 6 Abs. 5, 10 Abs. 4 BauGB). Das Ergebnis der Umweltprüfung ist in der Abwägung zu berücksichtigen (§ 2 Abs. 4 Satz 4 BauGB). Den Anforderungen wird der Entwurf des BPls nicht gerecht. [...]. Das sachgerecht angewendete Abwägungsgebot verlangt eine Alternativprüfung (BVerwGE 100, 370 f). ◀

§ 4 Beteiligung der Behörden

(1) Die Behörden und sonstigen Träger öffentlicher Belange, deren Aufgabenbereich durch die Planung berührt werden kann, sind entsprechend § 3 Abs. 1 Satz 1 Halbsatz 1 zu unterrichten und zur Äußerung auch im Hinblick auf den erforderlichen Umfang und Detaillierungsgrad der Umweltprüfung nach § 2 Abs. 4 aufzufordern. Hieran schließt sich das Verfahren nach Absatz 2 auch an, wenn die Äußerung zu einer Änderung der Planung führt.

(2) Die Gemeinde holt die Stellungnahmen der Behörden und sonstigen Träger öffentlicher Belange, deren Aufgabenbereich durch die Planung berührt werden kann, zum Planentwurf und der Begründung ein. Sie haben ihre Stellungnahmen innerhalb eines Monats abzugeben; die Gemeinde soll diese Frist bei Vorliegen eines wichtigen Grundes angemessen verlängern. In den Stellungnahmen sollen sich die Behörden und sonstigen Träger öffentlicher Belange auf ihren Aufgabenbereich beschränken; sie haben auch Aufschluss über von ihnen beabsichtigte oder bereits eingeleitete Planungen und sonstige Maßnahmen sowie deren zeitliche Abwicklung zu geben, die für die städtebauliche Entwicklung und Ordnung des Gebiets bedeutsam sein können. Verfügen sie über Informationen, die für die Ermittlung und Bewertung des Abwägungsmaterials zweckdienlich sind, haben sie diese Informationen der Gemeinde zur Verfügung zu stellen.

(3) Nach Abschluss des Verfahrens zur Aufstellung des Bauleitplans unterrichten die Behörden die Gemeinde, sofern nach den ihnen vorliegenden Erkenntnissen die Durchführung des Bauleitplans erhebliche, insbesondere unvorhergesehene nachteilige Auswirkungen auf die Umwelt hat.

1 Diese Vorschrift, die durch das EAG Bau 2004 den Vorgaben der **Plan-UP-Richtlinie** angepasst wurde, sichert zusammen mit § 4a die Abstimmung zwischen verschiedenen **Planungsträgern** und macht der Gemeinde die besondere Sachkenntnis der zu beteiligenden Institutionen zugänglich. Welche Behörden und Stellen zu beteiligen sind, ist in den einzelnen Bundesländern durch Ausführungserlass geregelt und richtet sich im Einzelfall nach der **Planart** und dem durch die konkrete Planung berührten **Aufgabenkreis** der Träger. Dabei macht die Formulierung des § 4 Abs. 1 Satz 1 deutlich, dass nicht nur Behörden Träger öffentlicher Belange sein können, sondern zB auch die Deutsche Bahn AG. Allerdings gilt die Unterrichtungspflicht des Abs. 3 nur gegenüber Behörden.

2 Die Neuregelung durch das EAG 2004 sieht nunmehr eine zweistufige **Behördenbeteiligung** vor und zwar eine frühzeitige, dh vor Erstellung des Entwurfs im Hinblick auf Umfang und Detaillierungsgrad der Untersuchung (Abs. 1) und eine spätere, dh zum Entwurf selbst (Abs. 2). So soll die Gemeinde in die Lage versetzt

werden, frühzeitig die erheblichen Belange zu ermitteln und zu bewerten, was zu einer Zeit- und Kostenersparnis führen kann. Diese Möglichkeit könnte aber dann nicht mehr genutzt werden, wenn die Planung zum Zeitpunkt der Beteiligung schon so weit verfestigt ist, dass eine Berücksichtigung der geltend gemachten Belange nicht mehr sinnvoll stattfinden kann. Dabei bedeutet Beteiligung nicht, dass die jeweiligen Träger der beabsichtigten Planung letztlich zustimmen müssten, sondern nur, dass ihnen Gelegenheit zur Stellungnahme zu geben ist. Teilweise wird die Beteiligung faktisch schon im Vorfeld der Planungen iR von sog. **Clearing-Stellen** durchgeführt, was zwar die förmliche Beteiligung nicht ersetzt, aber sinnvollerweise etwaige Bedenken und Anregungen schon in einem frühen Stadium einbringt und damit ebenfalls Zeit und **Planungskosten** sparen kann.

Abs. 2 Satz 2 verpflichtet die Träger öffentlicher Belange dazu, ihre (förmlichen) 3
Stellungnahmen innerhalb eines Monats abzugeben, wobei die Gemeinde diese **Frist** bei Vorliegen eines wichtigen Grundes angemessen verlängern kann. Die Frist soll ebenso zu einer Beschleunigung des Bauleitplanungsverfahrens führen wie die Verpflichtung der Behörden, sich auf ihre fachlichen Aufgabenbereiche zu beschränken. Außerdem sollen sie iS einer abgestimmten Planung der öffentlichen Hand der Gemeinde Aufschluss darüber geben, ob und für welchen Zeitraum sie selbst Planungen und sonstige Maßnahmen beabsichtigen oder eingeleitet haben, die für das Plangebiet relevant werden können. Diese Verpflichtung dient ebenso wie die Vorschriften über die Beteiligung der Öffentlichkeit neben der **Abstimmung** auch der **Planungssicherheit** und einem effektiven Verwaltungshandeln, indem vermieden wird, dass ein Planungsträger seinen Plan schon nach kurzer Zeit wieder ändern oder aufheben muss. Im Ergebnis geht es darum, bei der Aufstellung der Bauleitpläne die Belange und ihre Wertigkeit zu ermitteln, die für die **Abwägung** von Bedeutung sind (§ 2 Abs. 3). Deshalb sind die Beteiligungsvorschriften der §§ 3 und 4 in ihrer Bedeutung grundsätzlich gleichrangig, wie auch die Terminologie des § 1 Abs. 7 belegt. Ein Unterschied kann sich aber dann ergeben, wenn eine zu beteiligende Behörde durch einen unanfechtbaren Hoheitsakt verbindliche **Planungsvorgaben** geschaffen hat, etwa im Wasser- oder Straßenrecht.

Der durch das EAG Bau 2004 neu geschaffene Abs. 3 normiert eine **Informations-** 4
pflicht der beteiligten Behörden, damit die Gemeinden ihrer Pflicht zur Überwachung iSd Plan-UP-Richtlinie nachkommen können. Dies entlastet sie von eigenen Nachforschungen und Erhebungen.

§ 4a Gemeinsame Vorschriften zur Beteiligung

(1) Die Vorschriften über die Öffentlichkeits- und Behördenbeteiligung dienen insbesondere der vollständigen Ermittlung und zutreffenden Bewertung der von der Planung berührten Belange.

(2) Die Unterrichtung nach § 3 Abs. 1 kann gleichzeitig mit der Unterrichtung nach § 4 Abs. 1, die Auslegung nach § 3 Abs. 2 kann gleichzeitig mit der Einholung der Stellungnahmen nach § 4 Abs. 2 durchgeführt werden.

(3) Wird der Entwurf des Bauleitplans nach dem Verfahren nach § 3 Abs. 2 oder § 4 Abs. 2 geändert oder ergänzt, ist er erneut auszulegen und sind die Stellungnahmen erneut einzuholen. Dabei kann bestimmt werden, dass Stellungnahmen nur

zu den geänderten oder ergänzten Teilen abgegeben werden können; hierauf ist in der erneuten Bekanntmachung nach § 3 Abs. 2 Satz 2 hinzuweisen. Die Dauer der Auslegung und die Frist zur Stellungnahme kann angemessen verkürzt werden. Werden durch die Änderung oder Ergänzung des Entwurfs des Bauleitplans die Grundzüge der Planung nicht berührt, kann die Einholung der Stellungnahmen auf die von der Änderung oder Ergänzung betroffene Öffentlichkeit sowie die berührten Behörden und sonstigen Träger öffentlicher Belange beschränkt werden.

(4) Bei der Öffentlichkeits- und Behördenbeteiligung können ergänzend elektronische Informationstechnologien genutzt werden. Soweit die Gemeinde den Entwurf des Bauleitplans und die Begründung in das Internet einstellt, können die Stellungnahmen der Behörden und sonstigen Träger öffentlicher Belange durch Mitteilung von Ort und Dauer der öffentlichen Auslegung nach § 3 Abs. 2 und der Internetadresse eingeholt werden; die Mitteilung kann im Wege der elektronischen Kommunikation erfolgen, soweit der Empfänger hierfür einen Zugang eröffnet hat. Die Gemeinde hat bei Anwendung von Satz 2 Halbsatz 1 der Behörde oder dem sonstigen Träger öffentlicher Belange auf dessen Verlangen einen Entwurf des Bauleitplans und der Begründung zu übermitteln; § 4 Abs. 2 Satz 2 bleibt unberührt.

(5) Bei Bauleitplänen, die erhebliche Auswirkungen auf Nachbarstaaten haben können, sind die Gemeinden und Behörden des Nachbarstaates nach den Grundsätzen der Gegenseitigkeit und Gleichwertigkeit zu unterrichten. Abweichend von Satz 1 ist bei Bauleitplänen, die erhebliche Umweltauswirkungen auf einen anderen Staat haben können, dieser nach den Vorschriften des Gesetzes über die Umweltverträglichkeitsprüfung zu beteiligen; für die Stellungnahmen der Öffentlichkeit und Behörden des anderen Staates, einschließlich der Rechtsfolgen nicht rechtzeitig abgegebener Stellungnahmen, sind abweichend von den Vorschriften des Gesetzes über die Umweltverträglichkeitsprüfung die Vorschriften dieses Gesetzbuchs entsprechend anzuwenden. Ist bei Bauleitplänen eine grenzüberschreitende Beteiligung nach Satz 2 erforderlich, ist hierauf bei der Bekanntmachung nach § 3 Abs. 2 Satz 2 hinzuweisen.

(6) Stellungnahmen, die im Verfahren der Öffentlichkeits- und Behördenbeteiligung nicht rechtzeitig abgegeben worden sind, können bei der Beschlussfassung über den Bauleitplan unberücksichtigt bleiben, sofern die Gemeinde deren Inhalt nicht kannte und nicht hätte kennen müssen und deren Inhalt für die Rechtmäßigkeit des Bauleitplans nicht von Bedeutung ist. Satz 1 gilt für in der Öffentlichkeitsbeteiligung abgegebene Stellungnahmen nur, wenn darauf in der Bekanntmachung nach § 3 Abs. 2 Satz 2 zur Öffentlichkeitsbeteiligung hingewiesen worden ist.

1 Die durch das EAG Bau 2004 ebenfalls neu geschaffene Vorschrift fasst die bisherigen Regelungen über die Öffentlichkeits- und Behördenbeteiligung zusammen, soweit sie für beide **Beteiligungs**verfahren gelten. Abs. 1 hat dabei im Wesentlichen programmatische Bedeutung, indem die Wichtigkeit der Verfahrensvorschriften betont wird, da deren Missachtung indizielle Bedeutung auch für die Einhaltung des materiellen Rechts hat. Die Formulierung knüpft an § 2 Abs. 3 und an § 1 Abs. 7 an, wenn betont wird, dass die Verfahrensvorschriften über die Beteiligung insbesondere der vollständigen Ermittlung und zutreffenden Bewertung der von der Planung berührten **Belange**, mithin dem materiellen Planungsrecht dienen. Abs. 2 soll der Verfahrensbeschleunigung dienen. Während nach § 3 Abs. 1 Satz 2 und

nach § 13 Abs. 2 Nr. 1 ganz von der Unterrichtung und Erörterung abgesehen werden kann, lässt § 4a Abs. 2 zu, dass sowohl die frühzeitige Unterrichtung als auch die Auslegung bzw Stellungnahmeeinholung für die Beteiligung der Öffentlichkeit und der Behörden gleichzeitig stattfindet. Dadurch wird es möglich, insgesamt kürzere Laufzeiten zu erzielen.

Die erneute **Beteiligung** nach Abs. 3 Satz 1, die zuvor in § 3 Abs. 3 geregelt war, ist 2
erforderlich, wenn der Bauleitplan nach der öffentlichen Auslegung geändert oder ergänzt wird (vgl Hess VGH HessVGRspr 1985, 25). Dabei ist der Gemeinde bei der **erneuten Auslegung** die Möglichkeit eingeräumt, zu bestimmen, dass Bedenken und Anregungen nur zu geänderten oder ergänzten Teilen des Bauleitplanentwurfes vorgebracht werden können, wofür die Frist verkürzt werden kann, wenn dies nach pflichtgemäßem **Ermessen** angemessen und ausreichend erscheint. Bleiben die Grundzüge der Planung unberührt, so kann das vereinfachte Verfahren nach § 13 Nr. 2 angewendet werden. Erfolgt nur eine Klarstellung, etwa einer missverständlichen Formulierung in den textlichen Festsetzungen, so bedarf es keiner erneuten Auslegung (vgl hierzu BVerwG, NVwZ 1988, 822).

Abs. 4 eröffnet den Gemeinden die Möglichkeit zur Nutzung **elektronischer** 3
Medien. Die Beteiligung durch das **Internet** nach Satz 1 befreit dabei aber – anders als Satz 2 – nicht von formalen Beteiligungserfordernissen des § 3. Durch den erleichterten Zugang für den Interessierten, der sich nicht an Ort und Zeit der Auslegung halten muss, wird die Transparenz und damit ggf die Akzeptanz der Planung erhöht, was helfen kann, aufwändige Verwaltungsstreitverfahren zu vermeiden.

Abs. 5 Satz 1 trägt der Tatsache Rechnung, dass sich die Wirkung von Bauleitplä- 4
nen nicht immer auf das eigene **Staatsgebiet** beschränkt. Er ordnet deshalb an, dass in den Fällen **grenzüberschreitender Auswirkungen** die Gemeinden und Träger öffentlicher Belange des Nachbarstaates, „dessen Interessen und Aufgaben betroffen sein können“, zu unterrichten sind. Hierdurch soll ein Beitrag zum Zusammenwachsen der europäischen Staaten geleistet werden. Deshalb können auch die Interessen europäischer Nachbarstaaten zu planungsrechtlich relevanten Belangen werden. Diese **Unterrichtung** hat nach den Grundsätzen der **Gegenseitigkeit** und **Gleichwertigkeit** zu geschehen. Von einer planungsrechtlichen Relevanz der Interessen von Nachbarstaaten dürfte regelmäßig dann auszugehen sein, wenn diese ein Gewicht haben, wie es auch im Rahmen des **interkommunalen Abstimmungsgebots** nach § 2 Abs. 2 Voraussetzung für die Begründung einer Abstimmungspflicht ist. Die Regelung ist insbesondere bei der Planung industrieller **Großprojekte**, emittierender oder gefährlicher Anlagen von Bedeutung und soll den Nachbarstaat in die Lage setzen, ggf seine eigene Planung den zukünftigen Gegebenheiten anzupassen. Abweichend hiervon soll dann, wenn Bauleitpläne erhebliche Umwelteinwirkungen auf einen anderen Staat haben können, das Gesetz über die **Umweltverträglichkeitsprüfung** herangezogen werden. Mit dem zum 1.1.2007 angefügten Satz 3 hat der Bundesgesetzgeber Art. 3 Nr. 4 der Richtlinie 2003/35/EG umgesetzt, wonach die Öffentlichkeit bei der Bekanntmachung unter anderem über die Durchführung einer grenzüberschreitenden Beteiligung zu informieren ist.

Abs. 6 regelt die **Präklusion**. Wird nicht rechtzeitig eine Äußerung abgegeben, so 5
kann die Gemeinde bei der Abwägung davon ausgehen, dass die Planung nicht mit den Interessen dieses Trägers öffentlicher Belange kollidiert. Verspätet vorgebrachte Belange sind ausnahmsweise – soweit noch möglich – bei der **Abwägung**

zu berücksichtigen, wenn sie der Gemeinde bekannt waren oder ihr hätten bekannt sein müssen, da die Gemeinde dann in ihrem Vertrauen auf den Ablauf der Frist nicht schutzwürdig ist oder wenn die verspätet vorgebrachten Belange für die Rechtmäßigkeit der Abwägung von Bedeutung sind, denn es macht keinen Sinn, einen späteren **Nichtigkeit**sgrund sehenden Auges in Kauf zu nehmen. In der Öffentlichkeitsbeteiligung gilt dies nur, wenn in der Bekanntmachung nach § 3 Abs. 2 Satz 2 ein entsprechender Hinweis erfolgte.

§ 4b Einschaltung eines Dritten

Die Gemeinde kann insbesondere zur Beschleunigung des Bauleitplanverfahrens die Vorbereitung und Durchführung von Verfahrensschritten nach den §§ 2a bis 4 a einem Dritten übertragen.

1 § 4b dient zum Einen der **Beschleunigung** des Verfahrens und der Gewinnung externen Sachverstandes, wenn er vorsieht, dass die Vorbereitung und Durchführung von Verfahrensschritten nach den §§ 2a–4a einem **Dritten** übertragen werden kann. Zwar bestand eine solche Möglichkeit nach allgemeiner Ansicht auch schon vor dem Inkrafttreten von § 4b in seiner aktuellen Fassung, doch soll die ausdrückliche gesetzliche Verankerung zu einem stärkeren Gebrauch dieses verfahrensbeschleunigenden Instruments führen (BT-Drs 13/392, S. 47). Die Vorschrift ist aber auch im Zusammenhang mit den §§ 11 und 12 zu sehen und stärkt das Prinzip der **Kooperation** zwischen Gemeinden und Privaten im Städtebaurecht. Dritter kann in Anlehnung an ähnliche Verfahrensweisen aus dem angloamerikanischen Bereich jedenfalls ein neutraler **Mediator** sein, der die genannten Verfahrensschritte unabhängig vornimmt und ggf zwischen den kollidierenden Interessen vermittelt. Er bleibt aber hierbei stets **Verwaltungshelfer** ohne hoheitliche Befugnisse und die alleinige Entscheidungsverantwortung der Gemeinde bleibt unberührt.

2 Wesentliche Vorteile für die Gemeinde sind darin zu sehen, dass sie nicht selbst – ggf nur für ein besonderes Planungsvorhaben – eine Infrastruktur und Spezialwissen aufwändig entwickeln muss, sondern auf bereits vorhandene Strukturen spezialisierter Institutionen zurückgreifen und deren **Sachkunde** nutzen kann. Dies kommt besonders im Personalbereich zum Tragen, weil es kaum möglich sein wird, mit dem vorhandenen Personalbestand die komplexe Planung zB für ein industrielles Großprojekt zu bewältigen, andererseits aber kaum qualifizierte Kräfte für einen nur begrenzten Zeitraum selbst gewonnen werden können.

3 Ob und inwieweit ein **Investor** als Nutznießer einer bestimmten Planung Dritter iSd Vorschrift sein kann, ist zumindest fraglich und wird von der Rechtsprechung, insbesondere unter Berücksichtigung des Prinzips der **demokratischen Legitimation** zu klären sein. Die eigentliche **Abwägung** nach § 1 Abs. 7 wird als Kernbereich interessenneutraler hoheitlicher Normsetzung sicher in der Hand der Gemeinde bleiben müssen. Dies umfasst auch den sachorientierten Umgang mit Anregungen aus der Bürgerbeteiligung und den fachlichen Stellungnahmen der Träger öffentlicher Belange.

§ 4c Überwachung

Die Gemeinden überwachen die erheblichen Umweltauswirkungen, die auf Grund der Durchführung der Bauleitpläne eintreten, um insbesondere unvorhergesehene nachteilige Auswirkungen frühzeitig zu ermitteln und in der Lage zu sein, geeignete Maßnahmen zur Abhilfe zu ergreifen. Sie nutzen dabei die im Umweltbericht nach Nummer 3 Buchstabe b der Anlage 1 zu diesem Gesetzbuch angegebenen Überwachungsmaßnahmen und die Informationen der Behörden nach § 4 Abs. 3.

Die Vorschrift wurde durch das EAG Bau 2004 neu geschaffen und dient dem sog. 1 **Monitoring** im Baurecht. Der hierdurch für die Gemeinden entstehende Aufwand soll durch die Möglichkeit, bereits bestehende **Informationssysteme** zu nutzen, verringert werden. Eine hilfreiche Wirkung für die Gemeinden kann hierbei § 4 Abs. 3 entfalten, da die so gewonnenen Informationen in das Verfahren einfließen können. In Verbindung mit § 244 Abs. 3 bedeutet dies, dass die Verpflichtung der Gemeinde zur Überwachung der erheblichen **Umweltauswirkungen** sich nur auf solche Bauleitpläne beziehen kann, die nach dem Baugesetzbuch in der Fassung vom 20.7.2004 oder später eingeleitet oder zu Ende geführt worden sind, denn nur in diesen Fällen besteht die **Unterrichtungspflicht** der Behörden nach § 4 Abs. 3. Eine Überwachung der Umweltauswirkungen muss auch dann nicht erfolgen, wenn ausnahmsweise keine UVP – Pflicht besteht, da es auch dann an einer ausreichenden Informationsgrundlage fehlt.

Durch die mit dem EAG Bau 2004 neu eingeführte Pflicht sollen die Gemeinden 2 die erheblichen Auswirkungen der Durchführung ihrer Bauleitpläne, insbesondere auf die **Umwelt**, überwachen. Erheblich sind insoweit vor allem Auswirkungen auf die in § 1 Abs. 6 Nr. 7 genannten Belange. Dabei muss jedoch eine **Kausalität** zwischen der Durchführung der Bauleitpläne und den Auswirkungen auf die Umwelt bestehen, so dass planungsunabhängige Ereignisse außer Betracht bleiben müssen. Die Ausgestaltung des Monitoring nach Zeitpunkt, Inhalt und Verfahren bleibt dabei den Gemeinden überlassen, die sich an den Bedürfnissen und Erfordernissen des jeweiligen Umweltberichts und ihres Planungskonzepts orientieren sollen. Eine Absage wurde damit Überlegungen erteilt, nach denen für das Monitoring spezielle Fachbehörden hätten geschaffen werden sollen. Das jeweils von der Gemeinde ausgewählte Monitoring-Konzept ist im **Umweltbericht** zu beschreiben, um es transparent zu machen. Aus den Ergebnissen des Monitoring können sich weitere Planungserfordernisse ergeben, wobei durchaus Unterschiede zwischen dem Flächennutzungsplan und dem **Bebauungsplan** bestehen können. Da der Flächennutzungsplan noch nicht zur Durchführung eines Vorhabens berechtigt, kann er kaum Auswirkungen auf die Umwelt haben und bedarf daher auch nur eines geringeren Überwachungsgrades. Eine erneute Durchführung der Umweltprüfung wird durch das Monitoring aber nicht erforderlich. Ob die Gemeinde dagegen bauleitplanerisch tätig werden kann oder muss, um einer festgestellten Veränderung Rechnung zu tragen, beurteilt sich nach § 1 Abs. 3.

Zweiter Abschnitt
Vorbereitender Bauleitplan (Flächennutzungsplan)

§ 5 Inhalt des Flächennutzungsplans

(1) Im Flächennutzungsplan ist für das ganze Gemeindegebiet die sich aus der beabsichtigten städtebaulichen Entwicklung ergebende Art der Bodennutzung nach den voraussehbaren Bedürfnissen der Gemeinde in den Grundzügen darzustellen. Aus dem Flächennutzungsplan können Flächen und sonstige Darstellungen ausgenommen werden, wenn dadurch die nach Satz 1 darzustellenden Grundzüge nicht berührt werden und die Gemeinde beabsichtigt, die Darstellung zu einem späteren Zeitpunkt vorzunehmen; in der Begründung sind die Gründe hierfür darzulegen.

(2) Im Flächennutzungsplan können insbesondere dargestellt werden:

1. die für die Bebauung vorgesehenen Flächen nach der allgemeinen Art ihrer baulichen Nutzung (Bauflächen), nach der besonderen Art ihrer baulichen Nutzung (Baugebiete) sowie nach dem allgemeinen Maß der baulichen Nutzung; Bauflächen, für die eine zentrale Abwasserbeseitigung nicht vorgesehen ist, sind zu kennzeichnen;
2. die Ausstattung des Gemeindegebiets mit Einrichtungen und Anlagen zur Versorgung mit Gütern und Dienstleistungen des öffentlichen und privaten Bereichs, insbesondere mit den der Allgemeinheit dienenden baulichen Anlagen und Einrichtun- gen des Gemeinbedarfs, wie mit Schulen und Kirchen sowie mit sonstigen kirchlichen und mit sozialen, gesundheitlichen und kulturellen Zwecken dienenden Gebäuden und Einrichtungen, sowie die Flächen für Sport- und Spielanlagen;
3. die Flächen für den überörtlichen Verkehr und für die örtlichen Hauptverkehrszüge;
4. die Flächen für Versorgungsanlagen, für die Abfallentsorgung und Abwasserbeseitigung, für Ablagerungen sowie für Hauptversorgungs- und Hauptabwasserleitungen;
5. die Grünflächen, wie Parkanlagen, Dauerkleingärten, Sport-, Spiel-, Zelt- und Badeplätze, Friedhöfe;
6. die Flächen für Nutzungsbeschränkungen oder für Vorkehrungen zum Schutz gegen schädliche Umwelteinwirkungen im Sinne des Bundes-Immissionsschutzgesetzes;
7. die Wasserflächen, Häfen und die für die Wasserwirtschaft vorgesehenen Flächen sowie die Flächen, die im Interesse des Hochwasserschutzes und der Regelung des Wasserabflusses freizuhalten sind;
8. die Flächen für Aufschüttungen, Abgrabungen oder für die Gewinnung von Steinen, Erden und anderen Bodenschätzen;
9. a) die Flächen für die Landwirtschaft und
   b) Wald;
10. die Flächen für Maßnahmen zum Schutz, zur Pflege und zur Entwicklung von Boden, Natur und Landschaft.

(2a) Flächen zum Ausgleich im Sinne des § 1a Abs. 3 im Geltungsbereich des Flächennutzungsplans können den Flächen, auf denen Eingriffe in Natur und Landschaft zu erwarten sind, ganz oder teilweise zugeordnet werden.

(2b) Für Darstellungen des Flächennutzungsplans mit den Rechtswirkungen des § 35 Abs. 3 Satz 3 können sachliche Teilflächennutzungspläne aufgestellt werden.

(3) Im Flächennutzungsplan sollen gekennzeichnet werden:

1. Flächen, bei deren Bebauung besondere bauliche Vorkehrungen gegen äußere Einwirkungen oder bei denen besondere bauliche Sicherungsmaßnahmen gegen Naturgewalten erforderlich sind;
2. Flächen, unter denen der Bergbau umgeht oder die für den Abbau von Mineralien bestimmt sind;
3. für bauliche Nutzungen vorgesehene Flächen, deren Böden erheblich mit umweltgefährdenden Stoffen belastet sind.

(4) Planungen und sonstige Nutzungsregelungen, die nach anderen gesetzlichen Vorschriften festgesetzt sind, sowie nach Landesrecht denkmalgeschützte Mehrheiten von baulichen Anlagen sollen nachrichtlich übernommen werden. Sind derartige Festsetzungen in Aussicht genommen, sollen sie im Flächennutzungsplan vermerkt werden.

(4a) Festgesetzte Überschwemmungsgebiete im Sinne des § 31b Abs. 2 Satz 3 und 4 des Wasserhaushaltsgesetzes sollen nachrichtlich übernommen werden. Noch nicht festgesetzte Überschwemmungsgebiete im Sinne des § 31b Abs. 5 sowie überschwemmungsgefährdete Gebiete im Sinne des § 31c des Wasserhaushaltsgesetzes sollen im Flächennutzungsplan vermerkt werden.

(5) Dem Flächennutzungsplan ist eine Begründung mit den Angaben nach § 2a beizufügen.

I. Allgemeines

Der **Flächennutzungsplan** ist die erste Stufe der gemeindlichen Bauleitplanung und bereitet die weitere städtebauliche Entwicklung vor. Er umfasst nach Abs. 1 Satz 1 grds. das gesamte **Gemeindegebiet**, wobei die Gemeinde nach Abs. 1 Satz 2 die Möglichkeit hat, aus der Darstellung Flächen auszunehmen, deren spätere Darstellung von ihr allerdings beabsichtigt sein muss. Zur übergreifenden Darstellung der Entwicklungsvorstellungen der Gemeinde genügt es, dass in dem Flächennutzungsplan die beabsichtigte **städtebauliche Entwicklung** sowohl nach ihrer tatsächlichen Grundlage als auch nach ihrer **Grundkonzeption** in großen Zügen vorgezeichnet wird. Der Flächennutzungsplan ist deshalb grobmaschiger als der Bebauungsplan (BVerwGE 48, 70 = BVerwG Buchholz 406.11 § 8 BBauG Nr. 2 = BRS 29 Nr. 8). Er darf nicht über die Festsetzung der Grundzüge hinausgehen und etwa an die Stelle eines Bebauungsplans treten (BVerwGE 124, 132). 1

2 Mit dem Gesetz zur Erleichterung von Planungsvorhaben für die Innenentwicklung der Städte wurde zum 1.1.2007 die erst durch das EAG Bau 2004 eingeführte Vorschrift des Abs. 1 Satz 3 aufgehoben, nach der der Flächennutzungsplan spätestens 15 Jahre nach seiner erstmaligen oder erneuten Aufstellung überprüft und, soweit nach § 1 Abs. 3 erforderlich, geändert, ergänzt oder neu aufgestellt werden sollte. Hiermit wurde einer Forderung der kommunalen Praxis nach Entlastung von unnötigen Verwaltungsaufgaben entsprochen, die damit begründet worden war, es sei ohnehin üblich, Flächennutzungspläne anlassbezogen einer Überprüfung zu unterziehen. Es muss jedoch bezweifelt werden, ob trotz des Verzichts auf eine rechtliche Institutionalisierung und deren mögliche Verzahnung mit anderen Instrumenten (insbes. **Monitoring** gem. § 4c, **Baulandkataster** gem. § 200 Abs. 3) tatsächlich der erwünschte Erfolg gesichert bleibt. Während nach § 5 Abs. 1 Satz 3 aF das Ergebnis der Überprüfung und die Reaktion der Gemeinde hierauf hätten dokumentiert und begründet werden müssen, bleibt die Anpassung des Flächennutzungsplans nunmehr dem freien Spiel der (kommunalpolitischen) Kräfte überlassen.

II. Darstellungskatalog

3 Der **Darstellungskatalog** des Abs. 2 ist nicht abschließend, wobei sich denkbare Ergänzungen des Katalogs wegen des **Entwicklungsgebotes** des § 8 Abs. 2 Satz 1 an dem zu orientieren haben, was zulässiger Inhalt eines Bebauungsplanes sein kann (§ 9). Die Art der jeweiligen Darstellung im Flächennutzungsplan richtet sich nach der **Planzeichenverordnung**. Die Darstellungen selbst haben sich an den voraussehbaren Bedürfnissen der Gemeinde auszurichten. Welche einzelnen Darstellungen in einen Flächennutzungsplan aufgenommen werden sollten, richtet sich allein nach den in § 1 enthaltenen Regelungen, wobei den Gemeinden allerdings eine **planerische Zurückhaltung** zugebilligt wird (BVerwG Buchholz 406.19 Nachbarschutz Nr. 55 = NVwZ 1984, 102 = BauR 1983, 543).

4 Der Flächennutzungsplan grenzt nach Abs. 2 Nr. 1 stets die Teile eines Gemeindegebietes, die städtebaulich weiter entwickelt werden sollen (**Bauflächen**) von jenen Gebietsteilen ab, die von einer baulichen Nutzung grds. freigehalten werden sollen. Die Bauflächen nach Abs. 2 Nr. 1 werden nach der allgemeinen **Art der baulichen Nutzung** in Wohnbauflächen (W), gemischte Bauflächen (M), gewerbliche Bauflächen (G) und Sonderbauflächen (S) gegliedert (§ 1 Abs. 1 BauNVO). Da der Begriff der **Sonderbaufläche** allein wenig Aussagekraft hat, ist ihm ein Zusatz beizufügen, der zur Bestimmung der allgemeinen Art der Nutzung die Zweckbestimmung der Fläche bezeichnet, etwa durch einen Klammerzusatz „Erholung" oder „Schule". Innerhalb der Bauflächen können wiederum die Baugebiete nach der besonderen Art (§ 1 Abs. 2 iVm §§ 2 f BauNVO) und dem allgemeinen Maß (§ 16 Abs. 1 Bau NVO) der baulichen Nutzung gegliedert werden. Dabei kann der Flächennutzungsplan nur vorbereitend und in geringem Maß zur **Konfliktbewältigung** unterschiedlicher Nutzungen beitragen; dies muss letztlich dem Bebauungsplan und dem Genehmigungsverfahren für das konkrete Verfahren vorbehalten bleiben.

5 Abs. 2 Nr. 2 erfasst die der Allgemeinheit dienenden baulichen Anlagen und Einrichtungen des Gemeinbedarfs sowie die darüber hinausgehende öffentliche und private Infrastruktur, zB Ladenzentren, private Bildungseinrichtungen, Krankenhäuser. Kennzeichnend ist dabei nicht die öffentlich-rechtliche Trägerschaft der

Einrichtung, sondern deren grundsätzliche Nutzbarkeit für die Öffentlichkeit. Es genügt nicht, eine Fläche für den **Gemeinbedarf** auszuweisen. Erforderlich ist vielmehr die konkrete Angabe des **Verwendungszwecks**, zB Schule, Kirche (vgl zum Bestimmtheitsgebot BVerwG BauR 1994, 486 = ZfBR 1994, 301). Mit der ausdrücklichen Nennung der Sport- und Spielanlagen soll der Gemeinde nach den Vorstellungen des Gesetzgebers die Möglichkeit gegeben werden, wohngebietsnahe Sport- und Spielflächen festzulegen, solche Flächen frühzeitig zu sichern und vorsorgend mögliche Konflikte zu vermeiden. Zu prüfen ist bei Festsetzungen nach Abs. 2 Nr. 2 insbesondere, ob der konkret in Aussicht genommene Nutzungszweck nicht die Ausweisung eines Sondergebiets oder eines Kerngebiets erfordert, um etwa zu erwartenden **Emissionskonflikten** wirksam begegnen zu können.

Zu den **Verkehrsflächen** nach Abs. 2 Nr. 3 zählen neben den Straßenverkehrsflä- 6
chen auch die Flächen für den Eisenbahn- und Luftverkehr sowie den ruhenden Verkehr. Dabei wird regelmäßig den Fachplanungen, etwa nach Straßen- oder Eisenbahnrecht, eine besondere Bedeutung zukommen.

Abs. 2 Nr. 4 übernimmt die Begriffe des **Abfallbeseitigungs**gesetzes. Die Versor- 7
gungsanlagen sind Anlagen der **Daseinsvorsorge**. Diese Regelung wurde um die Darstellungsmöglichkeit von Flächen für **Ablagerungen** erweitert, um bereits frühzeitig Flächen darstellen zu können, auf denen potentiell umweltgefährliche Stoffe mit dem Ziel gelagert werden, sich ihrer auf Dauer zu entledigen. Auch hier spielen die Fachplanungen eine große Rolle. Der Begriff der Abfallentsorgung verweist auf die Terminologie des Kreislaufwirtschafts- und Abfallgesetzes.

Die Darstellung einer **Grünfläche** nach Abs. 2 Nr. 5 besagt zugleich auch, dass auf 8
dieser Fläche bauliche Anlagen unzulässig sind, die nicht der vorgesehenen Nutzung der Grünfläche wesensgemäß sind. Die Grünfläche hat städtebauliche Bedeutung und dient in erster Linie der **Naherholung** der Bewohner, der Verbesserung des **Kleinklimas** und der Auflockerung der Bebauung. Insofern knüpft die Vorschrift an § 1 Abs. 6 Nrn. 1–3 an. Wegen der Unbestimmtheit der Nutzungsmöglichkeiten sollte auch der **Nutzungszweck** von Grünflächen möglichst konkret bezeichnet werden, um eine gerechte Abwägung mit den nachbarlichen Belangen zu ermöglichen.

Flächen für **Nutzungsbeschränkungen** nach Abs. 2 Nr. 6 kommen zB in Betracht 9
bei Atomkraftwerken, sonstigen gefährlichen oder Lärm, Gerüche oder Abgase emittierenden Anlagen, bei Flughäfen oder militärischen Anlagen. **Schädliche Umwelteinwirkungen** sind Immissionen, die nach Art, Ausmaß oder Dauer geeignet sind, erhebliche Nachteile oder erhebliche Belästigungen für die Allgemeinheit oder die Nachbarschaft herbeizuführen, § 3 Abs. 1 BImSchG. Nachteile und Belästigungen sind aber nur dann erheblich, wenn sie der Umgebung nicht zuzumuten sind (BVerwGE 50, 49 = DVBl 1976, 214). Flächen für Nutzungsbeschränkungen können nur für solche Flächen dargestellt werden, für die eine bestimmte **Nutzungsart** (zB Wohnbaufläche, gewerbliche Baufläche) vorgesehen ist. Dagegen können Flächen für Vorkehrungen darüber hinaus noch als selbstständige Nutzungen dargestellt werden (zB Lärmschutzwall). Regelmäßig werden die Nutzungsbeschränkungen und Vorkehrungen erst im Bebauungsplan konkret festgesetzt, weil die dann aktuell bestehende Situation sich möglicherweise von der zum Zeitpunkt der Aufstellung des Flächennutzungsplans wesentlich unterscheidet (bspw Verbesserung technischer Möglichkeiten im Bereich des Immissionsschutzes).

10 Bei der Darstellung von **Wasserflächen**, insbesondere wenn diese – etwa bei Staubecken, Badeseen oder Hafenanlagen – erst entstehen sollen, müssen vor allem die entsprechenden Fachgesetze beachtet werden, wobei sich zur Vermeidung von Missverständnissen auch die Übernahme der dort gebräuchlichen Terminologie empfiehlt. Soweit Anlagen nach Abs. 2 Nr. 7 in den Bereich staatlicher Aufgaben fallen, ist die **Planungshoheit** der Gemeinden beschränkt. Besonderes Augenmerk hat bei Festsetzungen nach dieser Vorschrift den Auswirkungen auf die **Umwelt** zu gelten, da durch ihre Verwirklichung weitgehende Veränderungen – etwa des Kleinklimas – eintreten können.

11 Der Begriff der **Landwirtschaft** nach Abs. 2 Nr. 9a ergibt sich aus der Legaldefinition des § 201; mit dem Begriff **„Wald"** in Abs. 2 Nr. 9b ist das BauGB den Waldgesetzen von Bund und Ländern angeglichen worden. Es ist möglich, im Flächennutzungsplan Flächen für Landwirtschaft und/oder Wald festzusetzen, soweit sich keine städtebaulich relevanten Unterschiede für die Nutzungen – zB in direkter Nähe zu Wohnbebauung – ergeben.

12 Nach Abs. 2 Nr. 10 kann der Flächennutzungsplan als Instrument des vorbeugenden **Umweltschutzes** im Bereich der Landschaftspflege eingesetzt werden. Die Gemeinde kann Flächen für landschaftsschützende Maßnahmen darstellen, die zum **Ausgleich** von geplanten baulichen Eingriffen in Natur und Landschaft erforderlich sind. Neu aufgenommen wurde durch das BauROG 1998 der Bodenschutz als Gegenstand möglicher Darstellung. Dies entspricht der **Bodenschutzklausel** des § 1a Abs. 1 und dem Anliegen des geplanten Bodenschutzgesetzes.

III. Naturschutzrechtlicher Ausgleich

13 Abs. 2a unterstreicht die Bedeutung des Flächennutzungsplans für die naturschutzrechtliche Ausgleichsregelung. Er schafft als Option die Möglichkeit, Flächen für den **Ausgleich** bestimmten geplanten Eingriffen zuzuordnen. Geschieht dies bereits auf der Ebene des Flächennutzungsplanes, so wird das spätere Verfahren der Aufstellung des Bebauungsplans entlastet, was allerdings nur dann möglich ist, wenn schon früh die Quantität und Qualität des späteren **Eingriffs** abgesehen werden kann. Andererseits bietet der Flächennutzungsplan mit seiner regelmäßig langen Wirkungsdauer die Möglichkeit eines längerfristigen **Planungskonzepts**, was im Falle einer gemeindeübergreifenden Planung im Sinne von §§ 204, 205 erhebliche Chancen für den Umweltschutz schafft. Das Bestehen eines solchen Planungskonzepts ist jedoch nicht Voraussetzung für die Genehmigung eines Flächennutzungsplans durch die höhere Verwaltungsbehörde.

IV. Teilflächennutzungsplan

14 Abs. 2b, der durch das EAG Bau 2004 eingeführt wurde, geht über den ursprünglichen Gesetzesentwurf hinaus und ermöglicht allgemein die Aufstellung von **Teilflächennutzungsplänen** mit den Rechtswirkungen des § 35 Abs. 3 Satz 3. Diese Regelung kann insbesondere dann Bedeutung erlangen, wenn kein wirksamer Flächennutzungsplan besteht, ein bestehender Flächennutzungsplan entscheidungsrelevante Festsetzungen nicht enthält oder wenn entscheidungsrelevante Festsetzungen des Flächennutzungsplans isoliert geändert werden sollen. Insoweit kann Abs. 2b durchaus zu einer **Verfahrensbeschleunigung** beitragen.

V. Kennzeichnungspflicht

Das **Kennzeichnungsgebot** des Abs. 3 dient dazu, Hinweise auf Einwirkungen zu geben, die aus der Nachbarschaft oder aus dem Untergrund des Grundstücks kommen können. Da gegebenenfalls für den Eigentümer oder Erwerber eines solchen Grundstücks erhebliche Investitionen anfallen, ist die Pflicht zur Kennzeichnung sorgfältig zu beachten. Unter **äußeren Einwirkungen** iSd Abs. 3 Nr. 1 sind solche zu verstehen, die den Bestand oder die Standsicherheit des Gebäudes beeinträchtigen können, zB Bergsenkungsgebiete, Erdrutschgebiete, Überschwemmungsgebiete. Nicht als äußere Einwirkungen iS dieser Vorschrift sind Immissionsbelastungen aus der Nachbarschaft anzusehen, zB von Flughäfen, Diskotheken o.Ä. 15

Nr. 2 verwendet die Terminologie **bergrecht**licher Vorschriften, was sich auch für die textlichen Festsetzungen des Flächennutzungsplans empfiehlt, um Missverständnisse zu vermeiden. 16

Durch Abs. 3 Nr. 3 wird die Kennzeichnungspflicht für sog. **Altlasten** normiert. Dabei bleibt die Kennzeichnungspflicht auf Flächen beschränkt, die für eine bauliche Nutzung vorgesehen sind. Daraus ergibt sich, dass aus Anlass der Aufstellung eines Flächennutzungsplanes nicht die Aufstellung eines **Altlastenkatasters** unabdingbar notwendig wird. 17

VI. Verhältnis zu anderen Planungen

Die Möglichkeiten der städtebaulichen Entwicklung einer Gemeinde werden zu einem erheblichen Teil durch bereits bestehende oder in Aussicht genommene Festsetzungen auf Grund förmlicher **Planfeststellungsverfahren** (zB nach dem Bundesfernstraßengesetz oder dem Abfallbeseitigungsgesetz) oder Nutzungsregelungen (zB nach den Naturschutzgesetzen) anderer Planungsträger beeinflusst. Der Flächennutzungsplan soll ein möglichst lückenloses Bild dieser Regelungen vermitteln und sie daher nach Abs. 4 nachrichtlich übernehmen (**verbindliche Planung**) oder vermerken (noch nicht verbindliche Planung). 18

VII. Planbegründung

Die **Begründung** nach Abs. 5, die nicht Teil des Flächennutzungsplanes ist (arg. aus §§ 3 Abs. 2, 6 Abs. 5 Satz 2), dient zur Erläuterung der Darstellungen des Flächennutzungsplanes im Genehmigungsverfahren bei der höheren Genehmigungsbehörde (§ 6), informiert aber auch die an der Aufstellung beteiligten Bürger und die Träger öffentlicher Belange und soll weiterhin denjenigen das Verständnis erleichtern, die später in den Flächennutzungsplan Einsicht nehmen. Aus diesem Grund sollte er die Aussagen zu den zentralen Punkten des Bauleitplans, deren Inhalt, Ziele und Auswirkungen verdeutlichen (BVerwGE 77, 300). Nur so ist es möglich, die Akzeptanz für möglicherweise negative **Planungsentscheidungen** zu erhöhen. Dies gilt insbesondere vor dem Hintergrund der fehlenden direkten Rechtsschutzmöglichkeiten für betroffene Bürger. Durch die Verweisung auf § 2a wird klargestellt, welche Darstellungen aufzunehmen sind und bis zur Beschlussfassung fortgeschrieben werden müssen. 19

VIII. Rechtsnatur des Flächennutzungsplans

20 Der **Flächennutzungsplan** hat nicht den Charakter einer **Satzung.** Er ist auch weder ein Verwaltungsakt noch ein öffentlich-rechtlicher Vertrag zwischen den Planungsbeteiligten. Der Flächennutzungsplan ist vielmehr als eine hoheitliche Maßnahme eigener Art (VGH Bad-Württ, ESVGH 23, 188 = BRS 27 Nr. 17) anzusehen. Er enthält einen qualifizierten Sachverhalt, aus dem das BauGB in einzelnen Beziehungen rechtliche Folgerungen zieht. Unmittelbare Bindung erzeugt der Flächennutzungsplan gegenüber der Gemeinde nach Maßgabe des § 8 Abs. 2 (**Entwicklungsgebot**) und öffentlichen Planungsträgern, die beteiligt worden sind und dem Flächennutzungsplan nicht rechtzeitig und in hinreichend konkretisierter Form widersprochen haben. Die **Bindungswirkung** gegenüber diesen Planungsträgern besteht darin, dass sie ihre Fachplanung dem Flächennutzungsplan anzupassen haben (§ 7). Weitere unmittelbare Rechtswirkungen nach außen hat der Flächennutzungsplan nicht (BVerwGE 68, 311 = BVerwG Buchholz 406.11 § 35 BBauG Nr. 210 = NVwZ 1984, 367). Mittelbare Rechtswirkungen entfaltet der Flächennutzungsplan in § 34 Abs. 4 Nr. 2 und § 35 Abs. 3 Nr. 1. Die Beachtlichkeit einzelner Darstellungen als **öffentliche Belange** i.R. des § 35 ist eine mögliche Folge des Flächennutzungsplanes (BVerwGE 77, 300 = BVerwG Buchholz 406.11 § 5 BBauG Nr. 5 = NVwZ 1966, 54). Die in ihm dargestellten Grundzüge können auch zur Konkretisierung des an mehreren Stellen des Gesetzes verwendeten Begriffs der **städtebaulichen Entwicklung** herangezogen werden, da sie gemäß Abs. 1 Satz 1 hier in ihren Grundzügen dargestellt werden. Insoweit hat der Flächennutzungsplan sowohl eine bestandsaufnehmende als auch eine lenkende, zukunftsorientierte Funktion.

21 Der Bürger hat auf Grund der Rechtsnatur des Flächennutzungsplanes gegen dessen Darstellungen keinen unmittelbaren **Rechtsschutz**. Wegen der fehlenden Rechtssatzqualität scheidet eine Normenkontrollklage und wegen der fehlenden Verwaltungsaktsqualität eine Anfechtungs- oder Verpflichtungsklage aus. Lediglich die Nachbargemeinde kann sich gegen einzelne Darstellungen des Flächennutzungsplanes mit der Feststellungsklage wenden, wenn sie der Ansicht ist, die sich aus § 2 Abs. 2 ergebende Pflicht zur **Abstimmung** sei verletzt (BVerwGE 40, 323 = BRS 25 Nr. 14; BVerwGE 75, 142 = DVBl 1987, 481). Die Genehmigung des Flächennutzungsplanes nach § 6 stellt im Verhältnis zur Gemeinde einen **Verwaltungsakt** dar (BVerwGE 75, 142 = BVerwG Buchholz 406.11 § 10 BBauG Nr. 13 = NVwZ 1987, 492).

§ 6 Genehmigung des Flächennutzungsplans

(1) Der Flächennutzungsplan bedarf der Genehmigung der höheren Verwaltungsbehörde.

(2) Die Genehmigung darf nur versagt werden, wenn der Flächennutzungsplan nicht ordnungsgemäß zustande gekommen ist oder diesem Gesetzbuch, den auf Grund dieses Gesetzbuchs erlassenen oder sonstigen Rechtsvorschriften widerspricht.

(3) Können Versagungsgründe nicht ausgeräumt werden, kann die höhere Verwaltungsbehörde räumliche oder sachliche Teile des Flächennutzungsplans von der Genehmigung ausnehmen.

(4) Über die Genehmigung ist binnen drei Monaten zu entscheiden; die höhere Verwaltungsbehörde kann räumliche und sachliche Teile des Flächennutzungsplans vorweg genehmigen. Aus wichtigen Gründen kann die Frist auf Antrag der Genehmigungsbehörde von der zuständigen übergeordneten Behörde verlängert werden, in der Regel jedoch nur bis zu drei Monaten. Die Gemeinde ist von der Fristverlängerung in Kenntnis zu setzen. Die Genehmigung gilt als erteilt, wenn sie nicht innerhalb der Frist unter Angabe von Gründen abgelehnt wird.

(5) Die Erteilung der Genehmigung ist ortsüblich bekannt zu machen. Mit der Bekanntmachung wird der Flächennutzungsplan wirksam. Ihm ist eine zusammenfassende Erklärung beizufügen über die Art und Weise, wie die Umweltbelange und die Ergebnisse der Öffentlichkeits- und Behördenbeteiligung in dem Flächennutzungsplan berücksichtigt wurden, und aus welchen Gründen der Plan nach Abwägung mit den geprüften, in Betracht kommenden anderweitigen Planungsmöglichkeiten gewählt wurde. Jedermann kann den Flächennutzungsplan, die Begründung und die zusammenfassende Erklärung einsehen und über deren Inhalt Auskunft verlangen.

(6) Mit dem Beschluss über eine Änderung oder Ergänzung des Flächennutzungsplans kann die Gemeinde auch bestimmen, dass der Flächennutzungsplan in der Fassung, die er durch die Änderung oder Ergänzung erfahren hat, neu bekannt zu machen ist.

Der **Flächennutzungsplan** bedarf zu seiner Rechtswirksamkeit der **Genehmigung** durch die höhere Verwaltungsbehörde. Das Prüfungsrecht der höheren Verwaltungsbehörde ist zur Wahrung der kommunalen Planungshoheit auf eine reine **Rechtskontrolle** beschränkt. Diese Kontrolle umfasst aber auch die Vorschriften, deren Verletzung den Unbeachtlichkeitsregelungen der §§ 214, 215 unterliegt (§ 216). Sie hat angesichts der weitgehend aufgehobenen Genehmigungs- und Anzeigepflicht bei Bebauungsplänen (vgl unten Erl. zu § 10) erheblich an Bedeutung gewonnen. 1

Die **Versagungsgründe** in Abs. 2 sind erschöpfend aufgezählt. Eine sonstige Rechtsvorschrift iSd Norm ist auch eine Verordnung über die Festsetzung eines Landschaftsschutzgebietes (BVerwG ZfBR 2000, 202). Liegt deshalb keiner dieser Gründe vor, muss die höhere Verwaltungsbehörde die Genehmigung erteilen. Unterlässt sie dies, hat die Gemeinde einen vor den Verwaltungsgerichten im Wege der **Verpflichtungsklage** durchsetzbaren Anspruch auf Genehmigungserteilung (BVerwGE 34, 301 = BRS 22 Nr. 4). Ist der zur Genehmigung vorgelegte Flächennutzungsplan fehlerhaft, muss die höhere Verwaltungsbehörde die Genehmigung versagen; ihr steht insoweit kein **Ermessen** zu. Die Rechtskontrolle erstreckt sich auf eine Überprüfung in verfahrensrechtlicher und materiellrechtlicher Hinsicht. Im verfahrensrechtlichen Bereich sind dies in erster Linie die Beteiligung nach §§ 3 f, das Auslegungsverfahren und die landesrechtlichen Anforderungen an das Verfahren. Die materiellrechtliche Überprüfung umfasst im Wesentlichen die **Erforderlichkeit** nach § 1 Abs. 3, die Anpassung an die Ziele der Raumordnung und Landesplanung (§ 1 Abs. 4) und die Einhaltung der Grundsätze der Bauleitplanung (§ 1 Abs. 6). Einer eingeschränkten rechtlichen Kontrolle unterliegt das **Abwägungsgebot** nach § 1 Abs. 7 (BVerwGE 45, 309 = BauR 1974, 311; zur Verletzung des Abwägungsgebotes vgl Erl. zu § 1). Zu den sonstigen Rechtsvorschriften iSd Abs. 2 zählen zB Bundes- und Landesgesetze. 2

3 Abs. 3 ermächtigt die Genehmigungsbehörde, Teile von der Genehmigung auszunehmen, ohne dass es dazu eines Antrages der Gemeinde bedarf. Die Gemeinde ist jedoch vorher dazu nach § 28 VwVfG anzuhören. Die Voraussetzungen, unter denen die Genehmigungsbehörde Teile des Flächennutzungsplanes ausnehmen kann, ergeben sich aus § 5 Abs. 1 Satz 2 (vgl BVerwG DVBl 1985 = NVwZ 1985, 847). Durch die Herausnahme wird der Genehmigungsgegenstand modifiziert, wobei die Grenzen zur Genehmigung mit Auflagen fließend sein können. Das Ausnehmen von Teilen aus der Genehmigung kann sich sowohl auf sachliche als auch auf räumliche Teilbereiche beziehen.

4 Die Möglichkeit einer Genehmigung unter **Auflagen** richtet sich nach den allgemeinen Vorschriften des Verwaltungsverfahrensrechts, dh insbesondere § 36 Abs. 1 VwVfG. Eine mit einem Endtermin versehene **Befristung** und ein **Widerrufsvorbehalt** kommen als Nebenbestimmung nicht in Betracht, da hiermit die zeitlich unbeschränkte Geltung der Bauleitpläne zumindest in Frage gestellt wäre. In der Praxis werden Genehmigungen oft mit einer Bestimmung versehen, die darauf gerichtet ist, die Wirksamkeit des Planes erst nach einer inhaltlichen Änderung oder Ergänzung eintreten zu lassen; dies wird als eine sog. **Genehmigung nach Maßgabe** bezeichnet (BVerwGE 75, 262 = BRS 46 Nr. 12). Es handelt sich dabei um eine Ablehnung der begehrten Genehmigung für den Flächennutzungsplan in der vorgelegten Fassung, wobei allerdings eine Genehmigung für einen Flächennutzungsplan im Voraus ausgesprochen wird, wenn das in der Maßgabe Angeführte berücksichtigt wird (OVG Münster DVBl 1968, 395 = DÖV 1968, 290). Durch eine Genehmigung nach Maßgabe dürfen aber nicht die **Grundzüge der Planung** insgesamt oder in wesentlichen Bereichen tangiert werden. Auch darf eine solche Genehmigung nicht dazu führen, dass der erforderliche **Abwägungs**prozess verkürzt bzw das Abwägungsergebnis vorherbestimmt wird. Notwendig ist im Falle einer Genehmigung nach Maßgabe, dass von dem zuständigen Gemeindegremium ein sog. **Beitrittsbeschluss** gefasst wird, der die Maßgabe berücksichtigt. Ansonsten kann der Flächennutzungsplan nicht wirksam werden (BVerwGE 75, 262 = NVwZ 1987, 492).

5 Die Genehmigungs**frist** des Abs. 4 dient der Beschleunigung des Genehmigungsverfahrens. Die Dreimonatsfrist beginnt mit dem Eingang des vollständigen Plans (mit Erläuterungsbericht) bei der Genehmigungsbehörde. Die Berechnung der Frist richtet sich nach §§ 187 ff BGB. Eine **Verlängerung** dieser Dreimonatsfrist kann idR nur bis zu weiteren drei Monaten erfolgen, wobei dafür aber ein wichtiger Grund erforderlich ist. Ein solcher wichtiger Grund kann bei einer Planung von besonderem Umfang oder besonderer Komplexität gegeben sein (BVerwG, NVwZ 2006, 932).

6 Nach Ablauf der Frist tritt die **Genehmigungsfiktion** ein (Abs. 4 Satz 4). Die fingierte Genehmigung steht in jeder Hinsicht einer erteilten Genehmigung gleich. Eine Ablehnung ohne die erforderliche Begründung löst allerdings nicht die Genehmigungsfiktion aus, weil dem der ausdrücklich geäußerte Wille der Genehmigungsbehörde entgegenstünde.

7 Die Genehmigung kann bis zur Bekanntmachung nach Maßgabe der §§ 48 ff VwVfG zurückgenommen werden; dies gilt auch für die fingierte Genehmigung (VGH BW BRS 40 Nr. 21). Nach Inkrafttreten des Planes ist die **Rücknahme** aber aus Gründen der Rechtssicherheit unzulässig (BVerwGE 75, 262 = NVwZ 1987, 492).

Mit der **ortsüblichen Bekanntmachung** der Genehmigung wird der Flächennutzungsplan wirksam. Die Art der Bekanntmachung richtet sich nach Landesrecht, so dass insbesondere den jeweiligen gemeindlichen **Hauptsatzung**en besondere Bedeutung zukommt. **Auflagen** müssen nicht mit bekannt gemacht werden (BVerwGE 75, 271 = BRS 46 Nr. 14). Ausreichend ist es, wenn in der Bekanntmachung eine nur schlagwortartige Kennzeichnung des **Plangebiets** angegeben wird, da es iR der Bekanntmachung nach Abs. 5 nicht auf eine Anstoßfunktion ankommt (BVerwGE 69, 344 = BauR 1984, 602). Satz 3 wurde durch das EAG Bau 2004 eingefügt und trägt den anderen Änderungen durch dieses Gesetz Rechnung. 8

Mit der Regelung über die **Neubekanntmachung** nach Abs. 6 soll der Gemeinde die Möglichkeit gegeben werden, bei oftmals zahlreichen Änderungen den aktuellen Stand des Flächennutzungsplanes zu dokumentieren. Die Neubekanntmachung hat aber keine konstitutive Wirkung. 9

§ 7 Anpassung an den Flächennutzungsplan

Öffentliche Planungsträger, die nach § 4 oder § 13 beteiligt worden sind, haben ihre Planungen dem Flächennutzungsplan insoweit anzupassen, als sie diesem Plan nicht widersprochen haben. Der Widerspruch ist bis zum Beschluss der Gemeinde einzulegen. Macht eine Veränderung der Sachlage eine abweichende Planung erforderlich, haben sie sich unverzüglich mit der Gemeinde ins Benehmen zu setzen. Kann ein Einvernehmen zwischen der Gemeinde und dem öffentlichen Planungsträger nicht erreicht werden, kann der öffentliche Planungsträger nachträglich widersprechen. Der Widerspruch ist nur zulässig, wenn die für die abweichende Planung geltend gemachten Belange die sich aus dem Flächennutzungsplan ergebenden städtebaulichen Belange nicht nur unwesentlich überwiegen. Im Falle einer abweichenden Planung ist § 37 Abs. 3 auf die durch die Änderung oder Ergänzung des Flächennutzungsplans oder eines Bebauungsplans, der aus dem Flächennutzungsplan entwickelt worden ist und geändert, ergänzt oder aufgehoben werden musste, entstehenden Aufwendungen und Kosten entsprechend anzuwenden; § 38 Satz 3 bleibt unberührt.

Die Vorschrift, die bisher in der Praxis nur wenig Bedeutung gefunden hat, bezweckt eine **Harmonisierung** der von verschiedenen Seiten – Gemeinde und Fachplanungsträger – beabsichtigten **Bodennutzung**. Eine solche Abstimmung ist auch erforderlich, da ein **Flächennutzungsplan** die konkretisierten Belange des Städtebaus zu berücksichtigen hat (BVerwGE 74, 124 = DÖV 1986, 924). Es entspricht sowohl der verfassungsrechtlichen Garantie der **kommunalen Selbstverwaltung** als auch der darauf basierenden Vorgabe des § 5 Abs. 1 Satz 1, diese Aufgabe bei den Gemeinden anzusiedeln. Die **Anpassungspflicht** nach Satz 1 besteht nur bei einem rechtswirksamen Flächennutzungsplan und betrifft im Wesentlichen künftige **Fachplanungen**. Als wirksam in diesem Sinn ist auch der Flächennutzungsplan anzusehen, der nach § 214 Abs. 4 rückwirkend in Kraft gesetzt worden ist oder der Fehler enthält, die nach §§ 214 ff unbeachtlich sind, sofern der Fehler nicht gerade in der Nichtbeteiligung des Planungsträgers liegt. Die Anpassungspflicht bedeutet, dass der Planungsträger die Ziele und Zwecke des Flächennutzungsplanes in ihren wesentlichen Entscheidungen über die Bodennutzung, 1 soweit er davon betroffen ist, strikt beachten muss. Diese Pflicht wird auch durch die teilweise **Privilegierung** öffentlicher Planungsträger nicht aufgehoben. Sie gilt aber dann nicht, wenn der Planungsträger im Aufstellungsverfahren nicht von der Gemeinde beteiligt worden ist. Mit der Anpassungspflicht des öffentlichen Planungsträgers korrespondiert ein entsprechendes subjektives Recht der Gemeinde auf Anpassung. Dies gilt auch dann, wenn der Flächennutzungsplan erst in der **Aufstellung** ist. Der Planungsträger kann dieser Anpassungspflicht dadurch entgehen, dass er nach dessen Inkrafttreten **Widerspruch** gegen den Flächennutzungsplan oder einzelne Darstellungen einlegt. Formvorschriften hierfür bestehen nicht, aus Beweisgründen ist aber die Schriftform empfehlenswert. Eine **Begründung** ist notwendig, um eine Abstimmung der Planungsziele zu ermöglichen. Die Möglichkeit des Widerspruchs durch Träger öffentlicher Belange entbindet die Gemeinde jedoch nicht von ihrer Pflicht, im Rahmen des Zumutbaren alle öffentlichen Belange zur Vorbereitung der **Abwägung** nach § 1 Abs. 7 zu erheben, zu denen auch die raumbedeutsamen Fachplanungen gehören.

2 Bei einer Veränderung der objektiven Sachlage muss zunächst versucht werden, eine **einvernehmliche Lösung** zwischen Gemeinde und Planungsträger zu finden. Eine Veränderung der Sachlage ist gegeben, wenn seit dem Wirksamwerden des Flächennutzungsplanes objektiv neue tatsächliche Verhältnisse eingetreten sind. Gleiches gilt, wenn Gegebenheiten zur Kenntnis der Gemeinde gelangen, die dieser zum Zeitpunkt der Beschlussfassung noch nicht bekannt waren und auch nicht hätten bekannt sein müssen. Kommt eine einvernehmliche Lösung nicht zustande, muss der Planungsträger zur Wahrung seiner Position nachträglich dem Flächennutzungsplan widersprechen (Satz 4). Dieser Widerspruch kann sich nur auf solche Darstellungen beziehen, denen der Planungsträger bisher nicht widersprochen hat, denn das Widerspruchsrecht nach Satz 4 soll keine Wiederholung der Ausgangsentscheidung eröffnen, sondern nur die Möglichkeit einer Erstentscheidung für die neue Sachlage.

3 Die Zulässigkeit eines solchen Widerspruches ist in Satz 5 geregelt, wo vorausgesetzt wird, dass die geltend gemachten Belange gegenüber den Planungsabsichten der Gemeinde nicht nur unwesentlich überwiegen. Dies bestätigt den grundsätzlichen **Vorrang der kommunalen Bauleitplanung**.

4 Setzt sich der Planungsträger mit seinen geltend gemachten Belangen gegenüber dem Flächennutzungsplan durch, hat er der Gemeinde die Aufwendungen und Kosten, die durch die Änderung oder Ergänzung entstehen, zu ersetzen (Satz 6). Die **Kostentragungspflicht** kommt nur bei Planungsänderungen auf Grund veränderter Sachlage iSv Satz 3 in Betracht, nicht aber bei einem anfänglichen Widerspruch nach Satz 1, denn die mit diesem geltend gemachten Belange müssen ohnehin nach § 1 Abs. 7 in die Abwägungsentscheidung eingestellt werden.

Dritter Abschnitt
Verbindlicher Bauleitplan (Bebauungsplan)

§ 8 Zweck des Bebauungsplans

(1) Der Bebauungsplan enthält die rechtsverbindlichen Festsetzungen für die städtebauliche Ordnung. Er bildet die Grundlage für weitere, zum Vollzug dieses Gesetzbuchs erforderliche Maßnahmen.

(2) Bebauungspläne sind aus dem Flächennutzungsplan zu entwickeln. Ein Flächennutzungsplan ist nicht erforderlich, wenn der Bebauungsplan ausreicht, um die städtebauliche Entwicklung zu ordnen.

(3) Mit der Aufstellung, Änderung, Ergänzung oder Aufhebung eines Bebauungsplans kann gleichzeitig auch der Flächennutzungsplan aufgestellt, geändert oder ergänzt werden (Parallelverfahren). Der Bebauungsplan kann vor dem Flächennutzungsplan bekannt gemacht werden, wenn nach dem Stand der Planungsarbeiten anzunehmen ist, dass der Bebauungsplan aus den künftigen Darstellungen des Flächennutzungsplans entwickelt sein wird.

(4) Ein Bebauungsplan kann aufgestellt, geändert, ergänzt oder aufgehoben werden, bevor der Flächennutzungsplan aufgestellt ist, wenn dringende Gründe es erfordern und wenn der Bebauungsplan der beabsichtigten städtebaulichen Entwicklung des Gemeindegebiets nicht entgegenstehen wird (vorzeitiger Bebauungsplan). Gilt bei Gebiets- oder Bestandsänderungen von Gemeinden oder anderen Veränderungen der Zuständigkeit für die Aufstellung von Flächennutzungsplänen ein Flächennutzungsplan fort, kann ein vorzeitiger Bebauungsplan auch aufgestellt werden, bevor der Flächennutzungsplan ergänzt oder geändert ist.

Der Bebauungsplan stellt grds. die zweite Stufe im System der Bauleitplanung dar. 1
Abs. 1 Satz 1 knüpft an § 1 Abs. 2 an und wird ergänzt durch die abschließende Regelung (BVerwG Buchholz 406.11 § 9 BBauG Nr. 6 = BRS 23 Nr. 6) des § 9 über den Inhalt eines Bebauungsplanes. Um der **Ordnungsfunktion** des Bebauungsplanes gerecht zu werden, müssen die Festsetzungen trotz des Normcharakters der **Satzung** konkret individuell sein (BVerwGE 50, 114 = NJW 1976, 1329). Das erforderliche Maß der Konkretisierung von Festsetzungen eines Bebauungsplanes richtet sich danach, was nach den Umständen des Einzelfalles für die **städtebauliche Entwicklung** und Ordnung erforderlich ist und dem Gebot gerechter **Abwägung** der konkret berührten Belange entspricht (BVerwG Buchholz 406.11 § 9 BBauG Nr. 30 = NVwZ 1989, 659). Durch die verbindlichen Festsetzungen eines Bebauungsplanes wird der Inhalt des Grund**eigentums** sowohl für die unmittelbar betroffenen als auch für die benachbarten Grundstücksflächen bestimmt (BVerwGE 42, 5 = BRS 27 Nr. 5). Darüber hinaus kann der Bebauungsplan auch im **Zivilrecht** Wirkungen entfalten, denn er legt im Sinne von § 906 Abs. 2 BGB fest, was in seinem Geltungsbereich als ortsüblich anzusehen ist. Außerdem bindet er Behörden über das Baugenehmigungsverfahren hinaus, etwa im Straßenrecht oder Polizeirecht. Allerdings kann und soll das allgemeine Bauplanungsrecht keinen **„Milieuschutz“** gewährleisten, so dass bspw Wohnimmissionen, die von einer Asylbewerberunterkunft ausgehen, idR auch in solchen Gebieten hinzuzunehmen sind, die durch eine andere homogene Wohnbevölkerung geprägt sind (BVerwG BauR 1997, 72 = NVwZ 1997, 384). Ein solches Ziel kann auch nicht durch eine sog. **„Negativplanung“** erreicht werden, da die Funktion des Bebauungsplans

darin besteht, gestalterische Planungsentscheidungen zu treffen. Dieses Problem taucht in der Praxis häufig auf, wenn versucht wird, die Errichtung von Mobilfunkmasten, Windenergieanlagen oder emittierender Anlagen zu verhindern (vgl hierzu insgesamt BVerwGE 40, 258 ff).

2 Abs. 1 Satz 2 stellt die Verbindung zu anderen Vorschriften des BauGB her, für die der Bebauungsplan die Grundlage bildet. Im Einzelnen handelt es sich dabei um Teilungsgenehmigungen, Ausübung des Vorkaufsrechts, Genehmigungen von Bauvorhaben, Beschlüsse über Umlegungen und Grenzregelungen, Enteignungen, Erschließungsmaßnahmen, Baugebote, Pflanzgebote und Rückbau und Entsiegelungsgebote.

3 Das Inkrafttreten eines Bebauungsplans macht eine hiernach unzulässige, bisher aber legal ausgeübte Nutzung des Grundstücks nicht rechtswidrig, denn sie genießt insoweit **Bestandsschutz**. Allerdings können die vorgenannten Instrumente genutzt werden, um den von der Planung angestrebten Zustand herzustellen. In Betracht kommt zunächst die **Enteignung** und für den Fall einer Veräußerung die Ausübung des **Vorkaufsrechts**, aber auch der Erlass eines Baugebots, eines Nutzungsgebots oder eines Rückbau- bzw Entsiegelungsgebots. Dies dürfte zukünftig eine deutlich höhere Relevanz haben als bisher.

4 Der Inhalt des Bebauungsplanes wird nach Abs. 2 Satz 1 richtungweisend dahin bestimmt, dass er grds. (Ausnahmen: Abs. 2 Satz 2 und Abs. 4) aus dem **Flächennutzungsplan** zu entwickeln ist (Abs. 2 Satz 1). Nur so ist gewährleistet, dass innerhalb des Geltungsbereichs eines Flächennutzungsplanes alle Bebauungspläne aufeinander abgestimmt sind und der **planerischen Gesamtkonzeption** entsprechen. Dieser Anforderung ist dann Genüge getan, wenn der Bebauungsplan sich bei seiner Inkraftsetzung als inhaltliche Konkretisierung des zu dieser Zeit wirksamen Flächennutzungsplanes darstellt (BVerwGE 56, 283 = BauR 1978, 449), wobei unwesentliche Änderungen unbeachtlich sind (vgl zu den Grenzen BVerwG, BauR 2004, 1264 f). Auf der anderen Seite ist ein Bebauungsplan, der nicht in diesem Sinn aus dem Flächennutzungsplan entwickelt ist, ungültig (BVerwGE 48, 70 = BRS 29 Nr. 8; HessVGH RdL 1989, 81). Ein Verstoß gegen dieses **Entwicklungsgebot** ist aber dann unbeachtlich, wenn der Bebauungsplan die sich aus dem Flächennutzungsplan ergebende geordnete **städtebauliche Entwicklung** nicht beeinträchtigt, § 214 Abs. 2 Nr. 2. Keine Auswirkungen auf den Bebauungsplan hat es auch, wenn sich nach seiner Bekanntmachung herausstellt, dass der Flächennutzungsplan wegen Verletzung von Verfahrens- und Formvorschriften **unwirksam** ist, § 214 Abs. 2 Nr. 3. Diese Norm bezieht sich auch auf landesrechtliche Verfahrensmängel (BVerwG NJW 1984, 1775). Etwas anderes gilt nur dann, wenn der Flächennutzungsplan nichtig ist, so dass der Bebauungsplan regelmäßig nicht aus ihm entwickelt worden sein kann.

5 Abs. 2 Satz 2 enthält eine Ausnahme von der grundsätzlichen **Zweistufigkeit** der Bauleitplanung, wenn der Bebauungsplan zugleich die Funktion eines Flächennutzungsplanes erfüllt (BVerwGE 48, 70 = BVerwG Buchholz 406.11 § 8 BBauG Nr. 2). Ein Flächennutzungsplan ist dann nicht erforderlich, wenn der Bebauungsplan wegen der geringen Bautätigkeit in der Gemeinde ausreichend ist, um eine städtebauliche Entwicklung zu gewährleisten (**selbstständiger Bebauungsplan**), was aber allenfalls in kleinen Landgemeinden in Betracht kommt (VGH BW BauR 1983, 222). Auch wenn die praktische Bedeutung des Bebauungsplanes derart unbedeutend ist, dass die Grundkonzeption der Planung nicht berührt wird, ist der vorherige Flächennutzungsplan nicht erforderlich (Hess VGH ESVGH 18, 200). Bei

einem Verstoß gegen § 8 Abs. 2 Satz 2 ist § 214 Abs. 2 Nr. 1 zu beachten. Im Vordergrund steht dabei immer die Frage, ob die Koordination der verschiedenen Nutzungsinteressen ohne die **planerische Gesamtkonzeption** eines Flächennutzungsplanes gewährleistet ist.

Das **Parallelverfahren** des Abs. 3 dient der Beschleunigung des Bebauungsplanverfahrens und ist dadurch gekennzeichnet, dass Flächennutzungsplan und Bebauungsplan in einem zeitlichen Zusammenhang und gezielter inhaltlicher Abstimmung aufeinander aufgestellt werden können (BVerwGE 70, 172 = NVwZ 1985, 485). Dabei kann der Bebauungsplan nach Abs. 3 Satz 2 sogar vor dem Flächennutzungsplan in Kraft gesetzt werden, wenn sichergestellt ist, dass er aus diesem entwickelt sein wird und dessen planerische Gesamtkonzeption einhält. Daraus ergibt sich, dass der Geltungsbereich des Bebauungsplans nicht über den des in Aufstellung befindlichen Flächennutzungsplans hinausgehen kann. Über die notwendige Abstimmung der Pläne kann ggf eine informelle städtebauliche Planung iSv § 1 Abs. 6 Nr. 11 Auskunft geben. Für Fehler in diesem Bereich gilt § 214 Abs. 2 Nr. 3, wonach ein Verstoß für die Rechtswirksamkeit unbeachtlich ist, wenn die geordnete städtebauliche Entwicklung nicht beeinträchtigt worden ist. 6

Die Aufstellung eines **vorzeitigen Bebauungsplanes** nach Abs. 4 Satz 1 setzt voraus, dass kein wirksamer Flächennutzungsplan vorliegt, wobei es ohne Bedeutung ist, ob ein bestehender Flächennutzungsplan funktionslos (BVerwG Buchholz 406.11 § 5 BBauG Nr. 2 = BRS 28 Nr. 3), wegen Rechtsmängeln aufgehoben oder unwirksam geworden ist oder ob ein solcher Plan überhaupt noch nicht besteht. Um trotz der Durchbrechung des **Entwicklungsprinzips** nach Abs. 2 Satz 1 den Flächennutzungsplan nicht zu entwerten, wird ausdrücklich festgelegt, dass der vorherige Bebauungsplan nicht der beabsichtigten städtebaulichen Entwicklung des Gemeindegebietes entgegenstehen darf. Ob dies der Fall ist, kann sich insbesondere aus ggf vorhandenen informellen Planungen der Gemeinde iSv § 1 Abs. 6 Nr. 11 ergeben. Ein großes Gewicht kommt bei der Prüfung dieser Frage der **Begründung** des Bebauungsplans nach § 9 Abs. 8 zu. Das Vorliegen von dringenden Gründen iSd Abs. 4 Satz 1 bestimmt sich nach den konkreten Erfordernissen des Einzelfalls, wobei letztlich maßgebend ist, ob eine geordnete **städtebauliche Entwicklung** eher durch das Abwarten bis zum Flächennutzungsplan für das gesamte Gemeindegebiet oder durch einen vorzeitigen Bebauungsplan gefährdet wird (BVerwG Buchholz 406.11 § 155b BBauG Nr. 7 = NVwZ 1985, 745) z.B, wenn ohne einen vorzeitigen Bebauungsplan die Gemeinde einen unvertretbaren Schaden erleiden würde (Hess VGH BRS 30 Nr. 194). Aber auch in einem solchen Fall folgt aus dem Entwicklungsgebot des Abs. 2, dass die Gemeinde nachträglich einen Flächennutzungsplan aufstellen muss, der dann die Vorgaben des Bebauungsplanes übernimmt. Ein Bebauungsplan, der aus einem wegen fehlender Planungskompetenz unwirksamen Flächennutzungsplan entwickelt worden ist, kann als vorzeitiger Bebauungsplan angesehen werden und als solcher wirksam sein (BVerwG NVwZ 1992, 882 = DVBl 1992, 574). 7

Das Entwicklungsgebot des § 8 Abs. 2 Satz 1 stellt keine nachbarschützende Vorschrift zugunsten Dritter dar (BVerwG Buchholz 406.19 **Nachbarschutz** Nr. 31 = BRS 32 Nr. 17 = BauR 1977, 394).

§ 9 Inhalt des Bebauungsplans

(1) Im Bebauungsplan können aus städtebaulichen Gründen festgesetzt werden:

1. die Art und das Maß der baulichen Nutzung;
2. die Bauweise, die überbaubaren und die nicht überbaubaren Grundstücksflächen sowie die Stellung der baulichen Anlagen;

2a. vom Bauordnungsrecht abweichende Maße der Tiefe der Abstandsflächen;

3. für die Größe, Breite und Tiefe der Baugrundstücke Mindestmaße und aus Gründen des sparsamen und schonenden Umgangs mit Grund und Boden für Wohnbaugrundstücke auch Höchstmaße;
4. die Flächen für Nebenanlagen, die auf Grund anderer Vorschriften für die Nutzung von Grundstücken erforderlich sind, wie Spiel-, Freizeit- und Erholungsflächen sowie die Flächen für Stellplätze und Garagen mit ihren Einfahrten;
5. die Flächen für den Gemeinbedarf sowie für Sport- und Spielanlagen;
6. die höchstzulässige Zahl der Wohnungen in Wohngebäuden;
7. die Flächen, auf denen ganz oder teilweise nur Wohngebäude, die mit Mitteln der sozialen Wohnraumförderung gefördert werden könnten, errichtet werden dürfen;
8. einzelne Flächen, auf denen ganz oder teilweise nur Wohngebäude errichtet werden dürfen, die für Personengruppen mit besonderem Wohnbedarf bestimmt sind;
9. der besondere Nutzungszweck von Flächen;
10. die Flächen, die von der Bebauung freizuhalten sind, und ihre Nutzung;
11. die Verkehrsflächen sowie Verkehrsflächen besonderer Zweckbestimmung, wie Fußgängerbereiche, Flächen für das Parken von Fahrzeugen, Flächen für das Abstellen von Fahrrädern sowie den Anschluss anderer Flächen an die Verkehrsflächen; die Flächen können auch als öffentliche oder private Flächen festgesetzt werden;
12. die Versorgungsflächen;
13. die Führung von oberirdischen oder unterirdischen Versorgungsanlagen und -leitungen;
14. die Flächen für die Abfall- und Abwasserbeseitigung, einschließlich der Rückhaltung und Versickerung von Niederschlagswasser, sowie für Ablagerungen;
15. die öffentlichen und privaten Grünflächen, wie Parkanlagen, Dauerkleingärten, Sport-, Spiel-, Zelt- und Badeplätze, Friedhöfe;
16. die Wasserflächen sowie die Flächen für die Wasserwirtschaft, für Hochwasserschutzanlagen und für die Regelung des Wasserabflusses;
17. die Flächen für Aufschüttungen, Abgrabungen oder für die Gewinnung von Steinen, Erden und anderen Bodenschätzen;
18. a) die Flächen für die Landwirtschaft und
    b) Wald;
19. die Flächen für die Errichtung von Anlagen für die Kleintierhaltung wie Ausstellungs- und Zuchtanlagen, Zwinger, Koppeln und dergleichen;
20. die Flächen oder Maßnahmen zum Schutz, zur Pflege und zur Entwicklung von Boden, Natur und Landschaft;

21. die mit Geh-, Fahr- und Leitungsrechten zugunsten der Allgemeinheit, eines Erschließungsträgers oder eines beschränkten Personenkreises zu belastenden Flächen;
22. die Flächen für Gemeinschaftsanlagen für bestimmte räumliche Bereiche wie Kinderspielplätze, Freizeiteinrichtungen, Stellplätze und Garagen;
23. Gebiete, in denen
    a) zum Schutz vor schädlichen Umwelteinwirkungen im Sinne des Bundes-Immissionsschutzgesetzes bestimmte luftverunreinigende Stoffe nicht oder nur beschränkt verwendet werden dürfen,
    b) bei der Errichtung von Gebäuden bestimmte bauliche Maßnahmen für den Einsatz erneuerbarer Energien wie insbesondere Solarenergie getroffen werden müssen;
24. die von der Bebauung freizuhaltenden Schutzflächen und ihre Nutzung, die Flächen für besondere Anlagen und Vorkehrungen zum Schutz vor schädlichen Umwelteinwirkungen und sonstigen Gefahren im Sinne des Bundes-Immissionsschutzgesetzes sowie die zum Schutz vor solchen Einwirkungen oder zur Vermeidung oder Minderung solcher Einwirkungen zu treffenden baulichen und sonstigen technischen Vorkehrungen;
25. für einzelne Flächen oder für ein Bebauungsplangebiet oder Teile davon sowie für Teile baulicher Anlagen mit Ausnahme der für landwirtschaftliche Nutzungen oder Wald festgesetzten Flächen
    a) das Anpflanzen von Bäumen, Sträuchern und sonstigen Bepflanzungen,
    b) Bindungen für Bepflanzungen und für die Erhaltung von Bäumen, Sträuchern und sonstigen Bepflanzungen sowie von Gewässern;
26. die Flächen für Aufschüttungen, Abgrabungen und Stützmauern, soweit sie zur Herstellung des Straßenkörpers erforderlich sind.

(1a) Flächen oder Maßnahmen zum Ausgleich im Sinne des § 1a Abs. 3 können auf den Grundstücken, auf denen Eingriffe in Natur und Landschaft zu erwarten sind, oder an anderer Stelle sowohl im sonstigen Geltungsbereich des Bebauungsplans als auch in einem anderen Bebauungsplan festgesetzt werden. Die Flächen oder Maßnahmen zum Ausgleich an anderer Stelle können den Grundstücken, auf denen Eingriffe zu erwarten sind, ganz oder teilweise zugeordnet werden; dies gilt auch für Maßnahmen auf von der Gemeinde bereitgestellten Flächen.

(2) Im Bebauungsplan kann in besonderen Fällen festgesetzt werden, dass bestimmte der in ihm festgesetzten baulichen und sonstigen Nutzungen und Anlagen nur
1. für einen bestimmten Zeitraum zulässig oder
2. bis zum Eintritt bestimmter Umstände zulässig oder unzulässig

sind. Die Folgenutzung soll festgesetzt werden.

(2a) Für im Zusammenhang bebaute Ortsteile (§ 34) kann zur Erhaltung oder Entwicklung zentraler Versorgungsbereiche, auch im Interesse einer verbrauchernahen Versorgung der Bevölkerung und der Innenentwicklung der Gemeinden, in einem Bebauungsplan festgesetzt werden, dass nur bestimmte Arten der nach § 34 Abs. 1 und 2 zulässigen baulichen Nutzungen zulässig oder nicht zulässig sind oder nur ausnahmsweise zugelassen werden können; die Festsetzungen können für Teile des räumlichen Geltungsbereichs des Bebauungsplans unterschiedlich getroffen werden. Dabei ist insbesondere ein hierauf bezogenes städtebauliches Entwicklungskonzept im Sinne des § 1 Abs. 6 Nr. 11 zu berücksichtigen, das

Aussagen über die zu erhaltenden oder zu entwickelnden zentralen Versorgungsbereiche der Gemeinde oder eines Gemeindeteils enthält. In den zu erhaltenden oder zu entwickelnden zentralen Versorgungsbereichen sollen die planungsrechtlichen Voraussetzungen für Vorhaben, die diesen Versorgungsbereichen dienen, nach § 30 oder § 34 vorhanden oder durch einen Bebauungsplan, dessen Aufstellung förmlich eingeleitet ist, vorgesehen sein.

(3) Bei Festsetzungen nach Absatz 1 kann auch die Höhenlage festgesetzt werden. Festsetzungen nach Absatz 1 für übereinander liegende Geschosse und Ebenen und sonstige Teile baulicher Anlagen können gesondert getroffen werden; dies gilt auch, soweit Geschosse, Ebenen und sonstige Teile baulicher Anlagen unterhalb der Geländeoberfläche vorgesehen sind.

(4) Die Länder können durch Rechtsvorschriften bestimmen, dass auf Landesrecht beruhende Regelungen in den Bebauungsplan als Festsetzungen aufgenommen werden können und inwieweit auf diese Festsetzungen die Vorschriften dieses Gesetzbuchs Anwendung finden.

(5) Im Bebauungsplan sollen gekennzeichnet werden:

1. Flächen, bei deren Bebauung besondere bauliche Vorkehrungen gegen äußere Einwirkungen oder bei denen besondere bauliche Sicherungsmaßnahmen gegen Naturgewalten erforderlich sind;
2. Flächen, unter denen der Bergbau umgeht oder die für den Abbau von Mineralien bestimmt sind;
3. Flächen, deren Böden erheblich mit umweltgefährdenden Stoffen belastet sind.

(6) Nach anderen gesetzlichen Vorschriften getroffene Festsetzungen sowie Denkmäler nach Landesrecht sollen in den Bebauungsplan nachrichtlich übernommen werden, soweit sie zu seinem Verständnis oder für die städtebauliche Beurteilung von Baugesuchen notwendig oder zweckmäßig sind.

(6a) Festgesetzte Überschwemmungsgebiete im Sinne des § 31b Abs. 2 Satz 3 und 4 des Wasserhaushaltsgesetzes sollen nachrichtlich übernommen werden. Noch nicht festgesetzte Überschwemmungsgebiete im Sinne des § 31b Abs. 5 sowie überschwemmungsgefährdete Gebiete im Sinne des § 31c des Wasserhaushaltsgesetzes sollen im Bebauungsplan vermerkt werden.

(7) Der Bebauungsplan setzt die Grenzen seines räumlichen Geltungsbereichs fest.

(8) Dem Bebauungsplan ist eine Begründung mit den Angaben nach § 2a beizufügen.

I. Allgemeines

1 Der **Bebauungsplan** trifft Festsetzungen, dh Planaussagen normativen Charakters und unterscheidet sich hierdurch in seiner rechtlichen Wirkung vom Flächennutzungsplan. Der Katalog der **Festsetzungen** ist abschließend (BVerwG Buchholz 406.11 § 9 BBauG Nr. 6 = BRS 23 Nr. 6). Diese Festsetzungen können durch § 15 BauNVO noch ergänzt, nicht aber korrigiert werden (BVerwG DVBl 1989, 661 =

BauR 1989, 306). Planerische Festsetzungen müssen städtebaulich motiviert sein, mehr wird nicht verlangt (BVerwG BRS 65 Nr. 44). Dieses Erfordernis gilt nicht nur für den Anlass der jeweiligen Planung, sondern auch für die Festsetzungen im Einzelnen. Grundsätzlich sind diese **parzellenscharf**, wobei aber durchaus für eine Parzelle unterschiedliche Festsetzungen, zB bebaubare und nicht überbaubare Grundstücksflächen, erfolgen können. Aus dem Rechtsinstitut des **Bestandsschutzes** folgt, dass der Bebauungsplan nicht für sich genommen den Eigentümer zur Änderung einer bislang legalen Nutzung verpflichtet (vgl hierzu die Erläuterungen zu § 8).

Aus dem Grundsatz der **planerischen Zurückhaltung** ergibt sich, dass Regelungen, 2
deren Intention auch noch bei der Erteilung der späteren Baugenehmigung erfüllt werden kann, nicht unbedingt bereits im Bebauungsplan festgesetzt werden müssen (OVG NRW NVwZ 1995, 713 = DÖV 1995, 390), wenngleich dies idR aus Gründen der Rechts- und **Planungssicherheit** sinnvoll ist. Grundsätzlich gilt insoweit § 1 Abs. 3, dh Festsetzungen sind dann zu treffen, wenn und soweit dies für die städtebauliche Entwicklung und Ordnung **erforderlich** ist.

Eine von dem Katalog des § 9 nicht gedeckte Festsetzung ist ungültig, was aber 3
nach den allgemeinen Grundsätzen über die **Teilnichtigkeit** idR keine Auswirkungen auf die **Wirksamkeit** des Gesamtplanes hat. Nach dem Inhalt des Bebauungsplanes werden ein einfacher und ein qualifizierter Bebauungsplan unterschieden. Der Letztere ist nur gegeben, wenn Festsetzungen über die Art der baulichen Nutzung (Abs. 1 Nr. 1), über das Maß der baulichen Nutzung (Abs. 1 Nr. 2) und über örtliche Verkehrsflächen (Abs. 1 Nr. 11) getroffen werden (§ 30 Abs. 1). Im Hinblick auf den normativen Charakter der zeichnerischen Festsetzungen und die daraus folgende Notwendigkeit einer Vereinheitlichung ist nach § 9a – dem früheren § 2 Abs. 5 – die **Planzeichenverordnung** ergangen. Die jeweiligen Festsetzungen müssen dem **Bestimmtheitsgebot** genügen; sie bestimmen den Inhalt des Grund**eigentums** sowohl für die unmittelbar von der Festsetzung betroffenen Flächen als auch mittelbar für die benachbarten Flächen (BVerwGE 42, 5 = BRS 27 Nr. 5).

II. Festsetzungen

Welche Arten der baulichen Nutzung nach Nr. 1 ein Bebauungsplan festsetzen 4
kann, ergibt sich aus der **BauNVO**. Durch die Möglichkeit einer Festsetzung von besonderen Arten der baulichen Nutzung werden die §§ 2–14 BauNVO Bestandteil des Bebauungsplanes, soweit nicht in § 1 Abs. 4–9 BauNVO etwas anderes bestimmt ist, § 1 Abs. 3 Satz 2 BauNVO. Grundsätzlich ist die Gemeinde somit an die **Typisierung** der Baugebiete durch die BauNVO gebunden. Diese ist als sachverständige Konkretisierung allgemeiner städtebaulicher Grundsätze anzusehen (BVerwGE 68, 360, 368). Allenfalls bietet die Möglichkeit der Festsetzung eines **Sondergebietes** für atypische Nutzungen eine Gelegenheit, hiervon in begrenztem Maß abzuweichen. Ein Ausschluss bestimmter Nutzungen (zB Spielhallen) im Bebauungsplan ist im Zusammenhang mit den Festsetzungen eines Baugebietes nach der BauNVO zulässig (BVerwGE 77, 308 = NVwZ 1987, 1072). Über das **Maß der baulichen Nutzung** enthält die Baunutzungsverordnung Regelungen in den §§ 16–21a BauNVO. Zu den Festsetzungen nach Nr. 2 vgl §§ 22, 23 BauNVO.

5 Die **Bauweise** iSv Nr. 2 korrespondiert mit § 22 BauNVO, wo zwischen offener und geschlossener Bauweise unterschieden wird. Danach werden in der offenen Bauweise die Gebäude mit seitlichem Grenzabstand als Einzelhäuser, Doppelhäuser oder Hausgruppen errichtet, deren Länge maximal 50 Meter betragen darf. Demgegenüber werden Gebäude in der geschlossenen Bauweise regelmäßig ohne seitlichen **Grenzabstand** errichtet. Mit der **nicht überbaubaren Grundstücksfläche** verweist Nr. 2 auf § 23 BauNVO, wonach diese durch die Festsetzung von Baulinien, Baugrenzen oder Bebauungstiefen bestimmt werden kann. Hierdurch können sog. **Baufenster** entstehen. Soweit dies nicht ausreicht, kann aus städtebaulichen Gründen auch die Stellung der baulichen Anlagen auf dem Grundstück vorgegeben werden. Auf diese Weise kann insbesondere das Stadt- und **Ortsbild** gestaltet werden oder zB durch die Freihaltung von Frischluftschneisen das **Kleinklima** verbessert werden.

6 Die zum 1.1.2007 mit Nr. 2a neu geschaffene Möglichkeit, vom Bauordnungsrecht abweichende Maße der Tiefe von Abstandsflächen festzusetzen, trägt der Begründung zur Musterbauordnung 2002 Rechnung, nach der die übliche Tiefe der Abstandsfläche von 0,4 H nur auf einen bauordnungsrechtlich zu sichernden Mindeststandard abzielt, aber keine städtebaulichen Nebenziele verfolgt. Um darüber hinaus mit der Festsetzung von Abstandsflächen dennoch städtebauliche Zwecke fördern zu können, dürfen nach Nr. 2a im Bebauungsplan nunmehr auch eigenständige Abstandsflächen festgesetzt werden. Es wird zukünftig von der rechtlichen **Begründung** abhängen, ob eine Abstandsfläche **nachbarschützenden Charakter** hat (bauordnungsrechtliche Abstandsfläche) oder nicht (städtebauliche Begründung). Insoweit kann jedoch auf die Rechtsprechung zu bereits bestehenden, vergleichbaren Konstellationen aufgebaut werden.

7 Nr. 3 nimmt die Formulierung von § 1a Abs. 2 auf, wonach mit Grund und Boden sparsam und schonend umgegangen werden soll. Hierzu soll es möglich sein, für die Größe, Breite und Tiefe von Wohngrundstücken **Höchstmaße** festzusetzen und damit auf **flächensparendes Bauen** hinzuwirken, während die Festsetzung von **Mindestmaßen** eine zu starke Verdichtung verhindern soll. Die Möglichkeiten, die der Gemeinde hierdurch eröffnet werden, finden jedoch in § 1 Abs. 6 Nr. 1 (gesunde Wohnverhältnisse), Nr. 2 (Wohnbedürfnisse der Bevölkerung, wozu auch ein ausreichender **Sozialabstand** zählt, dessen Bestimmung nicht nur dem Bauordnungsrecht der Länder überlassen bleibt) und Nr. 3 (soziale und kulturelle Bedürfnisse, die ebenfalls ein gewisses Maß an Freiflächen benötigen) ihre Grenzen. Im Einzelfall müssen insbesondere die Vor- und Nachteile einer verdichteten Bebauung sorgfältig abgewogen werden, was sich auch in der **Begründung** des Bebauungsplans nach Abs. 8 widerspiegeln muss.

8 Nr. 4. Die **Nebenanlagen** müssen als typisches Zubehör zu einer Hauptnutzung auf Grund anderer Vorschriften erforderlich sein (BVerwG Buchholz 406.11 § 29 BBauG Nr. 19 = BRS 30, 117). Sie dienen der Hauptanlage und sind ihr zu- bzw untergeordnet. Als Beispiele kommen in Betracht: notwendige **Garagen** und Stellplätze nach den Landesbauordnungen bzw den hiernach ergangenen Stellplatzsatzungen; landesrechtliche Vorschriften über **Kinderspielplätze**. Grundsätzlich ist es möglich, Nebenanlagen auch auf anderen Grundstücken als denen der Hauptanlage festzusetzen, etwa für Reihengaragen.

9 Nr. 5. Unter **Gemeinbedarf** (vgl auch § 5 Abs. 2 Nr. 2), der im Bebauungsplan konkret zu bezeichnen ist (zB Altenwohnheim), sind die der Allgemeinheit dienenden baulichen Anlagen und Einrichtungen zu verstehen, die nicht zu privatwirtschaft-

lichen Erwerbszwecken betrieben werden (vgl BVerwG DÖV 1998, 515). Dabei ist die Festsetzung einer Gemeinbedarfsfläche mit dem Zusatz „Schule und Anlage für soziale und sportliche Zwecke" regelmäßig hinreichend konkretisiert (BVerwG Buchholz 406.11 § 9 BBauG Nr. 30 = NVwZ 1989, 659). Gegebenenfalls können auch für eine Fläche unterschiedliche Nutzungen für verschiedene Zeiten festgesetzt werden (zB Wochenmarkt und Stellplätze). Die **Nichtigkeit** eines Bebauungsplanes ist auch nicht schon deshalb gegeben, weil er einen **Sportplatz** ohne ausdrückliche Konkretisierung der Art der auf ihm zulässigen Sportausübung und ohne räumliche Festlegung der einzelnen Sportanlagen in der Nachbarschaft zu einem Wohngebiet festsetzt (BVerwGE 81, 197 = BauR 1989, 172). Eine Festsetzung für den Gemeinbedarf eröffnet einer Gemeinde auf der einen Seite das Vorkaufsrecht nach § 24 Abs. 1 Nr. 1 und verpflichtet sie auf der anderen Seite zur Entschädigung unter den Voraussetzungen des § 40 Abs. 1 Satz 1 Nr. 1.

Nr. 6. Durch diese Regelung soll den Gemeinden die Möglichkeit gegeben werden, 10
aus besonderen städtebaulichen Gründen die Zahl der Wohnungen in Wohngebäuden festzusetzen. Solche Gründe können angenommen werden, wenn zB durch eine Vielzahl von Wohnungen der **Gebietscharakter** eines Dorfgebiets zerstört werden würde. Relevant kann diese Festsetzungsmöglichkeit aber auch im Zusammenhang mit Studentenwohnungen in Universitätsstädten werden. Bei der Frage der Anwendbarkeit ist allein auf städtebauliche Gesichtspunkte, nicht aber auf die Person des Grundstückseigentümers abzustellen. Es handelt sich hier um eine zulässige Inhalts- und Schrankenbestimmung des Eigentums iSd Art 14 Abs. 1 Satz 2 GG. Dass die Gemeinde dieses planerische Instrument nicht nach Belieben einsetzen darf, stellt der Gesetzgeber dadurch sicher, dass Festsetzungen auf der Grundlage dieser Vorschrift einer **Rechtfertigung** aus der besonderen städtebaulichen Situation bedürfen.

Nr. 7. Voraussetzung für eine Bebauung iR dieser Festsetzung, die an § 1 Abs. 6 11
Nr. 2 anknüpft, ist nicht, dass es sich um **sozialen Wohnungsbau** handelt, sondern nur, dass es sich um Vorhaben handelt, die nach Größe, Ausstattung und städtebaulichen Anforderungen die Voraussetzungen des sozialen Wohnungsbaus erfüllen. Die Festsetzung allein begründet keine Verpflichtung des Eigentümers, später tatsächlich Mittel des sozialen Wohnungsbaus in Anspruch zu nehmen und sich auf diese Weise den hieraus entstehenden Bindungen zu unterwerfen. Möglich ist aber zB eine vertragliche Regelung im Zuge eines städtebaulichen Vertrages nach § 11.

Nr. 8. Von dieser Festsetzung sind Personengruppen betroffen, deren persönliche 12
Lebensumstände besondere Anforderungen an die Art, Ausstattung oder Lage der Wohnungen stellen (zB Behinderte, alte Menschen, Studenten). Verhindert werden soll damit die Schaffung einer Ghettosituation (§ 1 Abs. 6 Nr. 2). Auch hier kann ggf ein städtebaulicher Vertrag nach § 11 in Betracht kommen. Eine mögliche Entschädigung der betroffenen Grundstückseigentümer richtet sich nach § 40 Abs. 1 Nr. 2.

Nr. 10. Es handelt sich um Grundstücke innerhalb eines Baugebiets, die ohne diese 13
Festsetzung grds. bebaubar wären. Anlass zu derartigen Festsetzungen können zB die Erhaltung einer **Aussicht**, der Blick auf ein Kulturdenkmal oder die bessere **Durchlüftung** eines Wohnblocks sein. Ein evtl Entschädigungsanspruch beurteilt sich nach § 40 Abs. 1 Nr. 12. Abgrenzungsproblemen zur unzulässigen Verhinderungsplanung kann durch eine sorgfältige Begründung und positive Festsetzung (zB gärtnerische Nutzung) begegnet werden.

14 Nr. 11. Von dieser Festsetzung werden nunmehr ausdrücklich neben den öffentlichen auch die privaten **Verkehrsflächen** erfasst. Wenn die Errichtung von Verkehrsanlagen der **Planfeststellung** bedarf, schließt dies eine Festsetzung für diesen Zweck im Bebauungsplan nicht aus (BVerwGE 72, 172 = BVerwG Buchholz 406.11 § 1 BBauG Nr. 28). Die Gemeinden sind grds. befugt, iR dieser Vorschrift eine eigene Verkehrspolitik zu betreiben, es ist aber stets unter dem Gesichtspunkt der **Erforderlichkeit** einer Planung zu prüfen, ob ein staatliches Vorgehen den eingetretenen, städtebaulich relevanten Missstand nicht ohne Weiteres unterbinden könnte (BVerwG Buchholz 406.11 § 1 BauGB Nr. 91).

15 Nr. 12. Unter **Versorgungsflächen** sind alle Flächen für die Versorgungseinrichtungen iSd § 5 Abs. 2 Nr. 4 in einer Gemeinde zu verstehen. Hierzu zählen sowohl die Anlagen, in denen die Versorgungsgüter gewonnen oder erzeugt werden (zB Tiefbrunnen, Elektrizitätswerk) als auch die Anlagen zur Verteilung (zB Zwischenspeicher, Trafostation). Die Festsetzung für die notwendigen Leitungen erfolgt nach Nr. 13.

16 Nr. 13 steht in einem engen funktionalen Zusammenhang mit Nr. 12. Unter „Führung" ist die **Trassenführung** gemeint, wobei sowohl eine oberirdische als auch eine unterirdische möglich ist. Mit dem Begriff der Versorgungsanlagen ist in diesem Zusammenhang die Möglichkeit eröffnet, die für den Betrieb des Leitungsnetzes erforderlichen Einrichtungen wie zB Masten, Kanäle oder Schächte im Bebauungsplan festzusetzen. Da die Anlagen und Leitungen nach Nr. 13 häufig nicht überbaut werden können, bedarf es einer sorgfältigen Abstimmung mit den sonstigen Nutzungen.

17 Nr. 14. Diese Regelung ist auf das **Abfallgesetz** abgestimmt. Mit einer entsprechenden Festsetzung kann für ein ggf notwendiges **Planfeststellungsverfahren** eine wichtige Standortvorgabe geschaffen werden. Durch das BauROG 1998 wurde die Rückhaltung und Versickerung von Niederschlagswasser aufgenommen, um die modernen Technologien für den sparsamen Umgang mit **Trinkwasser** zu stärken und damit auch Art. 20a GG Rechnung zu tragen. Durch eine solche Festsetzung wird aber nur die (bundes-)rechtlich begründete Voraussetzung geschaffen, (landes-)rechtlich die Versickerung von Niederschlagswasser systematisch anzuordnen (vgl BVerwG, DVBl 2002, 269).

18 Nr. 15. Bei der Festsetzung ist der konkrete Verwendungszweck anzugeben. Hierzu zählt auch die Frage, ob es sich um eine private oder eine öffentliche Grünfläche handelt. Die Festsetzung „**Grünfläche**" gestattet deshalb nicht die Errichtung eines Spielplatzes (BVerwGE 42, 5 = DÖV 1973, 712). Ein **Dauerkleingarten** ist unter den Voraussetzungen des § 1 BKleingG gegeben (BVerwGE 68, 6 = NVwZ 1984, 581). Nicht zur Nichtigkeit führt es, wenn die Grünfläche nicht als öffentlich oder privat gekennzeichnet ist, sich dies aber durch Auslegung ermitteln lässt (OVG NRW v. 25.6.1996).

19 Festsetzungen nach Nr. 16 umfassen auch die Nutzung der Wasserfläche, etwa als Badefläche oder Standort für einen Bootssteg. Besonders zu beachten sind in diesem Zusammenhang die wasserrechtlichen Fachgesetze, etwa zur Frage zulässiger Nutzungen, Festsetzung von **Überschwemmungsgebieten** oder zur Definition der Uferlinie.

20 Nr. 17 übernimmt die Formulierung des § 5 Abs. 2 Nr. 8, so dass auf die dortigen Erläuterungen verwiesen werden kann, gibt ihnen aber für den Bebauungsplan einen verbindlichen Inhalt. Dies umfasst auch die Sicherung der Fläche gegen die Inanspruchnahme für andere Nutzungen. Eine Festsetzung nach Nr. 17 ist nur

für Vorhaben eines solchen Umfangs notwendig, die die Voraussetzungen nach § 29 erfüllen.

Nr. 18a u. b. Eine Festsetzung als Fläche für die **Landwirtschaft** ist nur dann zulässig, wenn dadurch diesbezügliche Zwecke gefördert werden sollen (BVerwGE 77, 300 = NVwZ 198, 54). Ist mit einer solchen Festsetzung nur die Verhinderung einer Bebauung beabsichtigt, ist der Bebauungsplan insoweit mangels **Erforderlichkeit** ungültig (BVerwGE 40, 258 = BauR 1972, 282). Die Nutzung von Flächen für die Land- und Forstwirtschaft wäre nämlich grundsätzlich auch ohne Bebauungsplan, dh im Außenbereich zulässig. Dies gilt jedoch nicht für bauliche Anlagen wie zB Betriebsgebäude. Gründe für Festsetzungen nach Nr. 18a u. b können zB in einem Naherholungs- oder Tourismuskonzept begründet sein. 21

Mit Festsetzungen nach Nr. 19 können Anlagen der **Kleintierhaltung** zugelassen werden, die nicht als Bestandteil eines landwirtschaftlichen Betriebes im Außenbereich oder Dorfgebiet bzw als Nebenanlage iSv. § 14 Abs. 1 Satz 2 BauNVO zulässig sind. Gemeint ist aber nicht die gewerbsmäßige, sondern nur die **Hobbytierhaltung**. Besondere Bedeutung haben für Festsetzungen nach Nr. 19 auch immissionsschutzrechtliche Belange, was am Beispiel einer Anlage für die Aufzucht und Ausbildung von Hunden deutlich wird. 22

Festsetzungen nach Nr. 20 sind solche im Bereich des **funktionellen Landschaftsschutzes.** Diese Festsetzungsmöglichkeit dürfte durch die Neuregelungen des BauROG 1998 zu § 9 Abs. 1a und § 135a Abs. 2 Satz 2 (vgl die dortigen Erl) wesentlich an Bedeutung verlieren, da die Gemeinden in solchen Fällen zukünftig wohl eher entsprechende Flächen vorsorglich als **Ausgleichsflächen** ausweisen werden, um aktuell oder geplante Eingriffe zu kompensieren. 23

Nr. 21. Eine derartige Festsetzung begründet nicht das Geh-, Fahr- oder Leitungsrecht; es muss vielmehr noch umgesetzt werden, zB durch Vertrag oder Enteignung (BVerwG Buchholz 406.11 § 42 BBauG Nr. 1 = DVBl 1985, 798). Als dingliches Recht kommt in erster Linie, soweit es durch die Landesbauordnungen vorgesehen ist, die **Baulast** in Betracht; ansonsten die §§ 1018 ff BGB und §§ 1090 ff BGB. 24

Nr. 22. Das Landesbaurecht regelt, welche **Gemeinschaftsanlagen**, die nur beispielhaft aufgeführt sind, geschaffen werden können. Sie können sowohl auf gemeindlichen als auch auf privaten Grundstücken vorgesehen werden. Verkehrsflächen innerhalb von Gemeinschaftsanlagen müssen nur dann in einem Bebauungsplan festgesetzt werden, wenn dafür ein besonderer Anlass besteht (BVerwG NVwZ 1989, 663 = BauR 1989, 439). 25

Nr. 23. Die Festsetzungsmöglichkeit dient den Belangen des **Umweltschutz**es. In Betracht kommt zB der Ausschluss bestimmter **Brennstoffe** wie Kohle oder Heizöl, wobei allerdings sichergestellt sein muss, dass die Versorgung auf andere Weise möglich ist. Denkbar ist es, einzelne Flächen oder Grundstücke im Geltungsbereich eines Bebauungsplanes von dem Verwendungsverbot oder der Verwendungsbeschränkung auszunehmen (BVerwG NVwZ 1989, 664 = DVBl 1989, 369). Zur Auslegung des Begriffs „luftverunreinigende Stoffe“ kann das BImSchG herangezogen werden. Nach den Gesetzesmaterialien sind besondere städtebauliche Gründe (vgl hierzu: BVerwGE 77, 317 = NVwZ 1987, 1074) zB in Kurorten gegeben. 26

Nr. 24. Hier ist klargestellt, dass die danach zulässigen **immissionsschutzbezogenen Festsetzungen** so bestimmt sein müssen, dass ihnen die konkret zu treffenden 27

Maßnahmen entnommen werden können. Nach dem gesetzgeberischen Willen ist damit eine isolierte Festsetzung von Emissions- und Immissionsgrenzwerten ausgeschlossen (BVerwG, ZfBR 2006, 355). Zur Konkretisierung der baulichen und technischen Maßnahmen brauchen **Grenzwerte** nicht festgelegt zu werden (BVerwG DVBl 1989, 1103 = NVwZ 1990, 159). Aus Abs. 1 Nr. 24 folgt nicht die Befugnis, auch Festsetzungen über die Erstattung der Kosten solcher Vorkehrungen mit rechtsbegründender Wirkung in den Bebauungsplan aufzunehmen (BVerwGE 80, 184 = BRS 48 Nr. 15). Für die Gemeinde verbleibt aber die Möglichkeit, nach § 1 Abs. 4 BauNVO nach dem Emissionsverhalten von Betrieben die Baugebiete zu gliedern.

28 Nr. 25. Es ist nicht zulässig, eine solche Festsetzung für das gesamte Gemeindegebiet zu treffen (BVerwGE 50, 114 = BVerwG Buchholz 406.11 § 2 BBauG Nr. 15). Die Festsetzung über die **Anpflanzungspflicht** wird durch das **Pflanzgebot** (§ 178) vollzogen. Diese Festsetzung ist nur aus städtebaulichen Gründen und nicht aus solchen des Natur- oder Landschaftsschutzes gerechtfertigt.

III. Naturschutzrechtliche Kompensation

29 Abs. 1a öffnet den **Kompensationsraum** und sieht vor, dass Festsetzungen zum Ausgleich der durch einen Bebauungsplan vorgesehenen **Eingriffe** nicht nur durch den (Eingriffs-)Bebauungsplan selbst, sondern auch durch einen gesonderten (Ausgleichs-)Bebauungsplan erfolgen können. Dem trägt auch § 200a Satz 2 Rechnung, wonach ein unmittelbarer räumlicher Zusammenhang zwischen Eingriff und **Ausgleich** nicht erforderlich ist, soweit dies mit einer geordneten städtebaulichen Entwicklung und den Zielen der Raumordnung sowie des Natur- und Landschaftsschutzes vereinbar ist. Dieses Ergebnis erzielte die Rechtsprechung bisher durch die (rechtsfortbildende) Konstruktion des (einheitlichen) **Bebauungsplanes mit zweigeteiltem Geltungsbereich** (BVerwG DVBl 1996, 1121; BVerwG Buchholz 406.401 § 8a BNatSchG Nr. 5 = NVwZ 1997, 1216 = BauR 1997, 799). Ob diese nunmehr überflüssig wird, dürfte davon abhängen, ob und wie das Problem des (denkbaren) unterschiedlichen rechtlichen Schicksals der nach § 9 Abs. 1a möglichen getrennten Bebauungspläne gelöst werden kann. Wird der rechtliche Bestand zB des Ausgleichsbebauungsplanes als konstitutive Entscheidungsgrundlage für den Eingriffsbebauungsplan gesehen, so hat die **Nichtigkeit** des einen auch automatisch die Nichtigkeit des anderen zur Folge. Hierfür spricht, dass eine solche Verknüpfung dem **Abwägungsgebot** des § 1 Abs. 7 am besten gerecht wird, die (Gesamt-)Entscheidungssituation des Plangebers berücksichtigt und sichergestellt wird, dass sich die notwendige Sorgfalt in der Bauleitplanung nicht nur auf den Eingriffsbebauungsplan erstreckt.

30 Abs. 1a bietet für die Gemeinde auch die Möglichkeit, geeignete **Ausgleichsmaßnahmen** auf gemeindeeigenen Grundstücken durchzuführen und diese einem **Eingriff** an anderer Stelle zuzuordnen. Diese Regelung kann insbesondere in Fällen der §§ 11 und 12 eine Rolle spielen. Abs. 1a wird noch ergänzt durch die **Kostenerstattungs**regelung des § 135a Abs. 2 und 3. Macht die Gemeinde von der Regelung nach § 9 Abs. 1a Gebrauch, so muss sie den Ausgleichsbebauungsplan spätestens gemeinsam mit dem Eingriffsbebauungsplan beschließen, während andererseits der Ausgleichsbebauungsplan vorgezogen werden kann (vgl Erl. zu § 135a Abs. 2 Satz 2).

IV. Befristete Festsetzungen

Abs. 2 der Vorschrift wurde durch das EAG Bau 2004 neu gefasst und ermöglicht Festsetzungen, nach denen bestimmte, im Bebauungsplan festzuhaltende Nutzungen nur für eine bestimmte Zeit zulässig sind, nur bei Fortbestand der Nutzung zulässig sind oder bis zum Eintritt bestimmter Umstände zulässig oder unzulässig sind. Damit aber die städtebauliche Entwicklung langfristig planungsrechtlich gesichert wird, ist gleichzeitig die **Folgenutzung** festzusetzen. Die Gründe hierfür müssen stets städtebaulicher Natur sein. Ist für die Folgenutzung die Beseitigung oder Veränderung baulicher Anlagen aus der **Erstnutzung** notwendig, so können diese im Baugenehmigungsverfahren als Nebenbestimmung, deren Erfüllung ggf durch Hinterlegung einer **Kaution** gesichert werden kann, festgelegt werden. 31

Abs. 2a der Vorschrift, der sich an § 1 Abs. 5, 8 und 9 BauNVO anlehnt, korrespondiert mit der Änderung von § 1 Abs. 6 Nr. 4 durch das Gesetz zur Erleichterung von Planungsvorhaben für die **Innenentwicklung** der Städte, welches u.a. die in § 9 Abs. 2a genannten Interessen in ihrer bauplanungsrechtlichen Bedeutung erheblich aufgewertet hat. Ohne dass hierzu die Festsetzung eines Baugebiets notwendig ist, muss jedoch ein entsprechendes städtebauliches **Entwicklungskonzept** bestehen und berücksichtigt werden, um nachvollziehbare Aussagen über die **zentralen Versorgungsbereiche** zur Grundlage der Festsetzung machen zu können. Satz 3 sichert dabei, dass die gewünschten zentralen Versorgungsbereiche auch tatsächlich verwirklicht werden können, indem er fordert, dass die planungsrechtlichen Voraussetzungen nach §§ 30, 34 vorhanden oder konkret in der Entstehung sind. Auf diese Weise soll die Schaffung unerwünschter Spannungs- oder **Gemengelagen** verhindert werden. Bei der Konkretisierung des Begriffs „Zentraler Versorgungsbereich" ist die Funktion der Kommune als Oberzentrum, Mittelzentrum etc. zu beachten. 32

V. Festsetzung von Höhenlagen

Die Festsetzung einer **Höhenlage** nach Abs. 3 Satz 1 kann für die Zuleitungen zu Versorgungseinrichtungen, Abwasserkanälen und für den Anschluss der Grundstücke an die anbaufähigen Verkehrsflächen (BVerwG Buchholz 406.11 § 9 BBauG Nr. 17 = DÖV 1977, 325 = BRS 30 Nr. 12) von Bedeutung sein. Beim Fehlen einer solchen Festsetzung besteht die Möglichkeit, dass die Baugenehmigungsbehörde die Höhenlage festlegt (OVG Saarland BRS 35 Nr. 99 = BauR 1980, 158). Mit Festsetzungen nach Satz 2 wird die Grundlage geschaffen, um aus besonderen städtebaulichen Gründen differenzierte Nutzungsregelungen auf verschiedenen Ebenen zu treffen. Dies gilt auch für unter der Geländeoberfläche liegende Anlagen (zB Bahnbauten). Es kann im Kellergeschoss oder darunter eine Verkehrsfläche, in Tief- und Erdgeschossen Ladenflächen, Büros in den darüber liegenden Geschossen und Wohnungen in den obersten Geschossen festgesetzt werden. 33

VI. Landesrechtliche Regelungen

Bei Abs. 4 handelt es sich um eine Vorschrift formellen Charakters, die es ermöglicht, auf Landesrecht beruhende Regelungen (zB Baugestaltungssatzungen) in den Bebauungsplan als Festsetzungen aufzunehmen. Die Länder haben von dieser Möglichkeit durchweg Gebrauch gemacht. Sie können in der Rechtsvorschrift auch bestimmen, inwieweit die Vorschriften des Baugesetzbuches auf diese Fest- 34 setzungen Anwendung finden. Den **Gemeindevertretern** muss bei der Beschlussfassung über den Bebauungsplan aber bewusst sein, dass sie nicht nur über Bauplanungsrecht, sondern bspw auch über **Bauordnungsrecht** entscheiden, da sie sonst von einer unvollständigen Entscheidungsgrundlage ausgehen (vgl Hess VGH BRS 48 Nr. 112 = BauR 1989, 138).

VII. Kennzeichnungen mit Warnfunktion

35 Die Kennzeichnungen nach Abs. 5 haben keinen rechtsverbindlichen Charakter, sondern nur **Warnfunktion.** Ihr Fehlen begründet allein noch nicht die Unwirksamkeit des Bebauungsplanes (OVG Koblenz NVwZ 1986, 56 = BRS 42 Nr. 4), kann aber auf einen **Abwägung**sfehler (§ 1 Abs. 7) hindeuten. Nr. 3 betrifft insbesondere die Kennzeichnungspflicht für sog. **Altlasten.**

VIII. Nachrichtliche Übernahme

36 Die **nachrichtliche Übernahme** von nach anderen gesetzlichen Vorschriften getroffenen Festsetzungen iSv. Abs. 6 umfasst auch Denkmäler, da in einigen Bundesländern die **Denkmal**eigenschaft keiner besonderen Festsetzung bedarf, sondern unmittelbar aus dem Gesetz folgt. Die **Aufnahme** eines Kulturdenkmales in einen Bebauungsplan ist nur **nachrichtlich** (deklaratorisch) und hat keine rechtsbegründende (konstitutive) Wirkung.

IX. Geltungsbereich

37 Die Regelung des Abs. 7 schließt aus, den Geltungsbereich eines Bebauungsplanes so festzusetzen, dass sich die Geltung des Planes nachträglich noch auf zusätzliche Gebiete erstrecken soll (BVerwGE 50, 1154 = BVerwG Buchholz 406.11 § 2 BBauG Nr. 15). Die Grenzen des Bebauungsplanes ergeben sich regelmäßig aus den vermessungstechnisch genau durchgeführten zeichnerischen Darstellungen (vgl OVG NRW v. 13.11.1992). Abs. 7 enthält keine Aussage darüber, wie weit bzw eng die **Grenzen eines Bebauungsplanes** zu ziehen sind. Von daher kann es durchaus möglich sein, dass ein Bebauungsplan wenige oder sogar nur ein Grundstück erfasst (BVerwG Buchholz § 8 BBauG Nr. 1 = NJW 1969, 1076 = DVBl 1969, 276). Da die Grenzziehung im Plan notwendigerweise durch eine Linie erfolgt, die bei maßstabsgetreuer Übertragung in die Örtlichkeit eine Breite erhält, welche zwangsläufig zu einer gewissen Unschärfe führt, dürfen die Anforderungen an das **Bestimmtheitsgebot** insoweit nicht realitätsfremd überzogen werden. Es genügt, wenn sich aus dem Plan eindeutig ergibt, welche Grundstücke er umfasst (**Parzellenschärfe**).

X. Begründung

38 Abs. 8 der Vorschrift befasst sich mit der **Begründung**, die nunmehr auch die Angaben nach § 2a umfasst. Sie ist nicht Bestandteil der **Satzung** nach § 10 Abs. 1 (BVerwG Buchholz 406.11 § 2 BBauG Nr. 7 = BRS 24 Nr. 15); sie ist aber mit dem Bebauungsplan zu beschließen (BVerwG Buchholz 406.11 § 12 BBauG Nr. 11 = BRS 42 Nr. 26). Satz 1 stellt eine Verfahrens- und Formvorschrift iSd § 215 dar. Der Inhalt der Planbegründung nach Satz 2 muss Aussagen zu den wesentlichen Punkten des Bebauungsplanes im Hinblick auf den Inhalt des Planes und die ihn tragenden Gründe enthalten (BVerwGE 45, 309 = BVerwG Buchholz 406.11 § 1

BBauG Nr. 9). Besondere Bedeutung kommt der Begründung im Zusammenhang mit der Frage zu, ob eine konkrete Festsetzung aus Gründen des **Nachbarschutz**es erfolgt ist. Die Erfüllung der Begründungspflicht ist eine Wirksamkeitsvoraussetzung des Bebauungsplanes (BVerwGE 74, 47 = BauR 1986, 298). Das Fehlen der Begründung führt zur **Nichtigkeit** des Bebauungsplanes (BVerwG Buchholz 406.11 § 2 BBauG Nr. 7 = BRS 24 Nr. 15); ein Begründungsdefizit ist jedoch insoweit unbeachtlich, § 214 Abs. 1 Satz 1 Nr. 2 Hs 2. Eine Begründung, in der nur die gesetzlichen Vorschriften genannt werden oder der Planinhalt beschrieben wird, ist einer fehlenden Begründung gleichzusetzen, denn in der Begründung müssen sich die wesentlichen **Leitgedanken** für die von der Gemeinde getroffene Entscheidung widerspiegeln (BVerwGE 45, 309 = BauR 1974, 311). Einzugehen ist bei der Begründung des Bebauungsplanes – je nach Einzelfall – auf den Anlass der Planung und die damit verfolgten Ziele, die maßgeblichen Gründe für die **Abwägung**, die besonderen städtebaulichen Gründe für bestimmte Festsetzungen, die Bedeutung der Kennzeichnung nach Abs. 5, die überschlägig ermittelten Kosten, die der Gemeinde dadurch voraussichtlich entstehenden, insbesondere Erschließungs- und sog. Nachfolgekosten (OVG Lüneburg BRS 42 Nr. 20) und die vorgesehene Finanzierung.

§ 9a Verordnungsermächtigung

Das Bundesministerium für Verkehr, Bau und Stadtentwicklung wird ermächtigt, mit Zustimmung des Bundesrates durch Rechtsverordnung Vorschriften zu erlassen über

1. **Darstellungen und Festsetzungen in den Bauleitplänen über**
   a) **die Art der baulichen Nutzung,**
   b) **das Maß der baulichen Nutzung und seine Berechnung,**
   c) **die Bauweise sowie die überbaubaren und die nicht überbaubaren Grundstücksflächen;**
2. **die in den Baugebieten zulässigen baulichen und sonstigen Anlagen;**
3. **die Zulässigkeit der Festsetzung nach Maßgabe des § 9 Abs. 3 über verschiedenartige Baugebiete oder verschiedenartige in den Baugebieten zulässige bauliche und sonstige Anlagen;**
4. **die Ausarbeitung der Bauleitpläne einschließlich der dazugehörigen Unterlagen sowie über die Darstellung des Planinhalts, insbesondere über die dabei zu verwendenden Planzeichen und ihre Bedeutung.**

§ 9a übernimmt die früher in § 2 Abs. 5 enthaltene Ermächtigung zum Erlass der 1
näher bezeichneten Rechtsverordnungen. Aufgrund der bisherigen Ermächtigung ergingen die **Baunutzungsverordnung** (BauNVO) und die **Planzeichenverordnung** (PlanzVO). Durch die Verordnungsermächtigung und ihre Umsetzung – insbesondere in Gestalt der Baunutzungsverordnung – wird die **Planungshoheit** der Städte und Gemeinden grds. nicht geschmälert, sondern nur kanalisiert (BVerwGE 32, 31 = DÖV 1969, 73). Hinzuweisen ist in diesem Zusammenhang darauf, dass nach § 1 Abs. 3 Satz 2 BauNVO durch die Festsetzung von Bauflächen im Bebauungsplan die Vorschriften der §§ 2 bis 14 BauNVO Bestandteil des Bebauungsplans werden, soweit nicht etwas anderes bestimmt wird. Dies bedeutet, dass für

jeden Bebauungsplan diejenige **Fassung der Baunutzungsverordnung** (BauNVO 1962, BauNVO 1968, BauNVO 1977, BauNVO 1990) anzuwenden ist, die zum Zeitpunkt seines Wirksamwerdens galt. Somit kann innerhalb des Geltungsbereichs eines Flächennutzungsplans, dh in der Regel innerhalb eines Gemeindegebiets die gleiche Baugebietsbezeichnung in verschiedenen Bebauungsplänen eine unterschiedliche Bedeutung haben. Um dies auch für den baurechtlichen Laien nachvollziehbar zu machen, empfiehlt es sich, in den textlichen Teil des Bebauungsplans einen entsprechenden Hinweis aufzunehmen. In unbeplanten Gebieten, die im Zusammenhang bebaut sind (§ 34), beurteilt sich die Zulässigkeit eines Vorhabens danach, ob es nach der zum Zeitpunkt der Genehmigung maßgeblichen, dh jeweils **aktuellen Fassung** der BauNVO allgemein zulässig wäre.

§ 10 Beschluss, Genehmigung und Inkrafttreten des Bebauungsplans

(1) Die Gemeinde beschließt den Bebauungsplan als Satzung.

(2) Bebauungspläne nach § 8 Abs. 2 Satz 2, Abs. 3 Satz 2 und Abs. 4 bedürfen der Genehmigung der höheren Verwaltungsbehörde. § 6 Abs. 2 und 4 ist entsprechend anzuwenden.

(3) Die Erteilung der Genehmigung oder, soweit eine Genehmigung nicht erforderlich ist, der Beschluss des Bebauungsplans durch die Gemeinde ist ortsüblich bekannt zu machen. Der Bebauungsplan ist mit der Begründung und der zusammenfassenden Erklärung nach Absatz 4 zu jedermanns Einsicht bereitzuhalten; über den Inhalt ist auf Verlangen Auskunft zu geben. In der Bekanntmachung ist darauf hinzuweisen, wo der Bebauungsplan eingesehen werden kann. Mit der Bekanntmachung tritt der Bebauungsplan in Kraft. Die Bekanntmachung tritt an die Stelle der sonst für Satzungen vorgeschriebenen Veröffentlichung.

(4) Dem Bebauungsplan ist eine zusammenfassende Erklärung beizufügen über die Art und Weise, wie die Umweltbelange und die Ergebnisse der Öffentlichkeits- und Behördenbeteiligung in dem Bebauungsplan berücksichtigt wurden, und aus welchen Gründen der Plan nach Abwägung mit den geprüften, in Betracht kommenden anderweitigen Planungsmöglichkeiten gewählt wurde.

1 Gemäß Abs. 1 wird nach Beendigung des Auslegungsverfahrens der Bebauungsplan als **Satzung** beschlossen. Zuständig dafür ist nach dem Gemeindeverfassungsrecht der Länder regelmäßig die **Gemeindevertretung** (Rat der Gemeinde). Auch wenn auf Grund der Auslegung keine Anregungen und Bedenken eingegangen sind, bedarf es eines solchen **Satzungsbeschlusses**. Haben die eingegangenen Anregungen und Bedenken eine inhaltliche Änderung des Bebauungsplanes zur Folge, muss vor dem Satzungsbeschluss nach § 10 Abs. 1 der Bebauungsplan gem. § 3 Abs. 3 Satz 1 – eine Beschränkung auf die geänderten Teile ist dabei möglich – erneut ausgelegt werden (Hess VGH HessVGRspr 1985, 25). Ergeht der Beschluss, bevor das Auslegungsverfahren und die Prüfung der Anregungen und Bedenken abgeschlossen sind, so ist der Bebauungsplan unwirksam (BVerwG Buchholz 406.11 § 10 BBauG Nr. 1 = DVBl 1968, 517). Ein **Mitwirkungsverbot** für befangene Gemeindevertreter bei der Beschlussfassung richtet sich ebenso nach den Gemeindeordnungen der Länder wie das Verfahren über die Beschlussfassung im Übrigen. Ist ein Gemeindevertreter wegen eines **Interessenkonflikts** auszuschließen, so gilt dies nicht nur für den Beschluss über die Satzung selbst,

sondern auch für alle wesentlichen Beschlüsse während des Aufstellungsverfahrens. Wirkt er dennoch mit, führt dies auch dann zur **Nichtigkeit**, wenn seine Stimme nicht den Ausschlag für die Entscheidung gegeben hat.

Aus dem **Rechtsnormcharakter** des Bebauungsplanes folgt, dass seine Vereinbar- 2
keit mit Bundes- oder Landesrecht in einem **Normenkontrollverfahren** nach § 47 VwGO überprüft werden kann; Rechtsmittel hiergegen ist die Revision an das Bundesverwaltungsgericht (§ 132 Abs. 1 VwGO). Ist es zur Abwehr schwerer Nachteile oder aus anderen wichtigen Gründen geboten, kann das Oberverwaltungsgericht gem. § 47 Abs. 6 VwGO auf Antrag eine einstweilige Anordnung erlassen. **Vorbeugender Rechtsschutz** – etwa auf Unterlassung der Planung – ist nicht möglich.

Die in einem Normenkontrollverfahren getroffene Feststellung der Nichtigkeit 3
eines Bebauungsplanes wirkt zurück auf den Zeitpunkt seines Erlasses und ist allgemeinverbindlich, § 47 Abs. 5 Satz 2 VwGO. Die **Rückwirkung** lässt aber nicht mehr anfechtbare Entscheidungen der Verwaltungsgerichte unberührt, § 183 Satz 1 VwGO; dies gilt auch für alle bestandskräftigen Verwaltungsakte (vgl BVerwGE 56, 172 = BVerwG Buchholz 310 § 47 VwGO Nr. 3). Nach Abs. 2 dieser Vorschrift ist jedoch die **Vollstreckung** einer solchen Entscheidung unzulässig. Ggf. kommt der **Widerruf** einer erteilten Baugenehmigung nach der Landesbauordnung in Betracht (OVG Koblenz NVwZ 1984, 43 = BRS 40 Nr. 42).

Die Verwaltungsgerichte können in einem Verfahren über die Rechtmäßigkeit 4
eines auf Grund des Bebauungsplanes ergangenen Verwaltungsakts (zB Versagung bzw Erteilung einer Baugenehmigung) die Gültigkeit des Bebauungsplanes in formeller und materieller Hinsicht (BVerwGE 45, 309 = BVerwG Buchholz 406.11 § 1 BBauG Nr. 9) überprüfen, sog. **Inzidentkontrolle.** Dies kann auch – anders als im Verfahren der Normenkontrolle – im Wege der **vorbeugenden Unterlassungsklage** erreicht werden (BVerwG Buchholz 406.11 § 35 BBauG Nr. 90 = DVBl 1971, 746). Dabei sollen die Gerichte ihre Sachaufklärungspflicht nicht zum Anlass nehmen, im Verwaltungsstreitverfahren gleichsam ungefragt in eine Suche nach Fehlern in der Vor- und Entstehungsgeschichte von Satzung einzutreten. Dies gilt insbesondere dann, wenn über einen längeren Zeitraum allgemein von der Gültigkeit der Satzung ausgegangen wurde (BVerwG DVBl 1980, 230; VGH BW NVwZ 1994, 700). Dieses Ziel der **Planerhaltung** als Ausdruck des Respekts vor der kommunalen Planungshoheit hat der Gesetzgeber in den §§ 214 ff deutlich zum Ausdruck gebracht.

Uneingeschränkter gerichtlicher Kontrolle unterliegt die Anwendung und Aus- 5
legung **unbestimmter Rechtsbegriffe** durch die Gemeinde im Bauleitplanungsverfahren, was vor allem im Rahmen von § 1 Abs. 5 und 6 relevant wird. Dem steht das **planerische Ermessen** der Gemeinde als Ausdruck kommunaler Gestaltungsfreiheit gegenüber, dessen Ausübung nur bei einem **Abwägungs**ausfall, einem Abwägungsdefizit oder einer grob fehlerhaften Abwägungsfehleinschätzung beanstandet werden kann (vgl hierzu die Erl. zu § 1 Abs. 7).

Bebauungspläne können wie andere Rechtssätze grundsätzlich weder durch die 6
Bildung entgegenstehenden **Gewohnheitsrechts** (BVerwG 26, 282 = BVerwG Buchholz 406.11 § 10 BBauG Nr. 2) außer Kraft treten noch durch Gewohnheitsrecht entstehen (BVerwGE 55, 369 = BauR 1978, 276). Dies widerspräche dem Wesen von Bebauungsplänen als Rechtssätzen und den Formalien des Rechtssetzungsverfahrens. Bebauungspläne sind grds. wirksam, so lange sie weder geändert noch aufgehoben worden sind (BVerwGE 75, 142 = BVerwG Buchholz 406.11

§ 10 BBauG Nr. 13). Eine eigene **Verwerfungskompetenz** der Gemeinde oder Baugenehmigungsbehörde besteht nicht (vgl aber Hess VGH NVwZ-RR 1994, 691), vielmehr ist ein als ungültig erkannter Bebauungsplan in dem für die Aufstellung von Bebauungsplänen geltenden Verfahren aufzuheben (BVerwGE 75, 142 = BVerwG Buchholz 406.11 § 10 BBauG Nr. 13). Der Beschluss der zuständigen Gemeindevertretung, in dem die **Nichtigkeit** des Bebauungsplanes festgestellt wird, reicht dafür nicht aus (Hess VGH ESVGH 37, 123). Nur bei Verfahrens- oder Formfehlern kommt stattdessen eine rückwirkende Inkraftsetzung in Betracht (BVerwGE 75, 142 = NVwZ 1987, 492; BVerwGE 92, 266 = BRS 55 Nr. 27).

7 Die Auswirkungen von Rechtsverstößen auf die **Wirksamkeit** eines Bebauungsplanes sind in §§ 214 ff geregelt. Davon nicht erfasst werden jedoch Verstöße gegen landesrechtliche Vorschriften beim Zustandekommen von **Satzungen.**

8 Abs. 2 dient der Stärkung der kommunalen **Planungshoheit.** Er schafft das bisher bestehende Anzeigeverfahren ab. Der **Genehmigungspflicht** durch die höhere Verwaltungsbehörde unterliegen

- der **selbstständige Bebauungsplan** nach § 8 Abs. 2 Satz 2 und
- der **vorgezogene Bebauungsplan** nach § 8 Abs. 3 Satz 2 und
- der **vorzeitige Bebauungsplan** nach § 8 Abs. 4,

mithin die Bebauungspläne, die nicht aus dem Flächennutzungsplan entwickelt sind und bei denen deshalb nicht die Grundsatzplanung einer **Rechtskontrolle** unterzogen wurde. In diesen Fällen richtet sich das durchzuführende Genehmigungsverfahren nach § 6 Abs. 2 und 4. Auch eine solche Genehmigung kann in sachlicher oder räumlicher Hinsicht teilweise vorweg genehmigt werden, um das Verfahren zu beschleunigen.

Hinweis für die Praxis: Für den Betroffenen eröffnet § 10 Abs. 2 die Möglichkeit, auf das Genehmigungsverfahren Einfluss zu nehmen. Im Ergebnis kann dies dazu führen, dass der BPl nicht rechtsverbindlich wird.

Muster

▶ Einwendungen im Genehmigungsverfahren gem. § 10 Abs. 2 BauGB

An die Plangenehmigungsbehörde

Betr.: Satzungsbeschluss der Gemeinde über den BPl [...] am ...

Sehr geehrte Damen und Herren,

unter Vorlage der beigefügten Vollmacht zeigen wir an, dass wir die Fa. A anwaltlich vertreten. Namens und im Auftrag unserer Mandantin fordern wir Sie auf,

die Genehmigung für den BPl [...], den der Gemeinderat der Gemeinde ... am ... als Satzung beschlossen hat, zu versagen.

G r ü n d e:

Wir gehen davon aus, dass der im Betreff bezeichnete BPl Ihnen zur Genehmigung vorliegt. Der BPl ist rechtswidrig. Er kann daher nicht genehmigt und durch öffentliche Bekanntmachung in Kraft gesetzt werden.

1. Der BPl verstößt gegen § 1 Abs. 7 BauGB, das Abwägungsgebot. Schon der Abwägungsvorgang ist fehlerhaft [...]
2. Die Belange des Umweltschutzes nach § 1 Abs. 6 Nr. 7 und § 1a BauGB sind nicht ausreichend für die Abwägung ermittelt, § 2 Abs. 4 BauGB [...]. ◀

Abs. 3 regelt die **Bekanntmachung** der Genehmigungserteilung bzw der Beschlussfassung, wenn eine Genehmigung nicht notwendig ist und dient so der Dokumentation des Verfahrensabschlusses für die Öffentlichkeit. Diese soll darauf aufmerksam gemacht werden, dass nunmehr der endgültige Plan mit seiner **Begründung** eingesehen werden kann, so dass fortan insoweit Rechtssicherheit und -klarheit besteht. Die Form der ortsüblichen Bekanntmachung richtet sich nach Landesrecht und den **Hauptsatzung**en der jeweiligen Gemeinden (BVerwG Buchholz 406.11 § 12 BBauG Nr. 4). Da es regelmäßig nicht möglich ist, den Bebauungsplan selbst vollständig zu veröffentlichen, ist insoweit ein zweistufiges Verfahren möglich, nämlich die Bekanntmachung des Satzungsbeschlusses und das Bereithalten des Bebauungsplans zur Einsicht. Ist der Bebauungsplan unter Auflagen oder Maßgaben genehmigt worden, soll in der Bekanntmachung darauf hingewiesen werden. Ein solcher Hinweis ist aber für die Wirksamkeit des Planes nicht erforderlich (BVerwGE 75, 271 = NVwZ 1987, 317). In dem Verfahren der **Ersatzverkündung** ist anzugeben, bei welcher Dienststelle der Bebauungsplan mit Begründung und der zusammenfassenden Erklärung nach Abs. 4 eingesehen werden (BVerwGE 75, 262 = NVwZ 1987) und über den Inhalt Auskunft verlangt werden kann. Die Möglichkeit der **Einsichtnahme** kann auf die Kernarbeitszeit oder Vormittagsstunden beschränkt werden (BVerwGE 44, 244 = BRS 27 Nr. 157). Die **Bereithaltung**sverpflichtung der Gemeinde für den Bebauungsplan nebst Begründung und Erklärung nach Abs. 4 besteht zeitlich unbegrenzt. Dabei ist jedermann ohne Einschränkung zur Einsicht berechtigt; es ist nicht Voraussetzung für die Einsichtnahme, dass der Interessierte im Gemeindegebiet wohnt oder dass er seine persönliche Betroffenheit darlegt. Die Einsichtnahmemöglichkeit ist konstitutiver Bestandteil der Bekanntmachung, so dass hierfür keine **Gebühren** erhoben werden können. 9

Mit der Vollendung der Bekanntmachung tritt der Bebauungsplan in Kraft. **Verfahrensfehler** bei der Bekanntmachung sind beachtlich und führen zur Ungültigkeit des Bebauungsplanes. 10

Nach dem durch das EAG Bau 2004 neu gefassten Abs. 4 der Vorschrift ist dem Bebauungsplan eine zusammenfassende **Erklärung** über die Art und Weise beizufügen, wie die **Umweltbelange** und die Ergebnisse der Öffentlichkeits- und Behördenbeteiligung berücksichtigt wurden und die konkrete Planungsalternative gewählt wurde. Diese Vorschrift erhöht sowohl den Rechtfertigungsdruck als auch die Transparenz der Planungsentscheidung und kann so zu sachgerechteren Ergebnissen führen. 11

Muster

▶ Antrag auf Normenkontrolle gem. § 47 VwGO wegen Unwirksamkeit eines Bebauungsplans

An das Oberverwaltungsgericht ...

In dem Normenkontrollverfahren

der Herren A und B

– Antragsteller –

Prozessbevollmächtigte:

g e g e n

die Stadt A, vertreten durch ... ,

– Antragsgegnerin –

wegen Unwirksamkeit einer Satzung über die Aufhebung und Änderung eines Bebauungsplans

b e a n t r a g e n wir unter Vorlage einer Vollmacht namens und im Auftrag der Antragsteller

die am ... vom Stadtrat der Antragsgegnerin beschlossene Satzung „...“ bekannt gemacht am ... für unwirksam zu erklären.

G r ü n d e:

I. Die Antragsteller sind Eigentümer des Grundstücks ... Es liegt im Geltungsbereich des angegriffenen Bebauungsplans ... Der Bebauungsplan weist ein ... aus und trifft mittels einer in den zeichnerischen Planteil aufgenommenen Nutzungsschablone folgende weitere Regelung für die zulässige Bebauung: [...].

II. Der Antrag ist zulässig und begründet.

1. Insbesondere sind die Antragsteller gemäß § 47 Abs. 2 Satz 1 VwGO befugt, den von ihnen angegriffenen Bebauungsplan zur gerichtlichen Nachprüfung in einem Normenkontrollverfahren zu stellen. Die Antragsteller sind zwar nicht Eigentümerin eines im Geltungsbereich des Bebauungsplans gelegenen Grundstücks. Es besteht jedoch die Möglichkeit, dass sie durch die planerische Entscheidung in ihrem durch § 1 Abs. 7 BauGB gewährleisteten Recht auf fehlerfreie Berücksichtigung ihrer planbetroffenen Belange in der Abwägung verletzt ist, worin ein Recht iSv. § 47 Abs. 2 Satz 1 VwGO zu sehen ist (BVerwG BRS 63 Nr. 47; BVerwG BRS 60 Nr. 46). [...].

2. Die Antragsteller haben darüber hinaus die nachfolgenden Einwendungen iSd § 3 Abs. 2 S. 2 Hs 2 BauGB im Rahmen der Auslegung geltend gemacht.

2.1. Der angefochtene Bebauungsplan verstößt gegen § 1 Abs. 3 BauGB. Den Anforderungen des § 1 Abs. 3 BauGB ist erst Rechnung getragen, wenn die betreffende Planung zur Verwirklichung einer hinreichend konkreten planerischen Konzeption der Gemeinde sinnvoll und vernünftigerweise geboten ist (OVG Koblenz BRS 44 Nr. 15). Bei Zugrundelegung dieser Maßstäbe ist die umstrittene Planung rechtlich zu beanstanden [...]

2.2. Der Bebauungsplan ist weiter unter Verstoß gegen die Anforderungen, die sich aus § 1 Abs. 7 BauGB ergeben, zustande gekommen. Das Abwägungsgebot, dessen Anforderungen nach ständiger Rechtsprechung des BVerwGs (grundlegend: BVerwG BRS 28 Nr. 4; BVerwG BRS 28 Nr. 6) sowohl den Abwägungsvorgang als auch das Abwägungsergebnis betreffen, verlangt:

- dass eine Abwägung überhaupt stattfindet,
- dass in sie an Belangen eingestellt wird, was nach Lage der Dinge eingestellt werden muss,
- dass die Bedeutung der betroffenen Belange nicht verkannt wird und
- dass der Ausgleich zwischen ihnen nicht in einer Weise vorgenommen wird, die zur objektiven Gewichtung einzelnen Belange außer Verhältnis steht.

Der vorliegende Bebauungsplan [...]. ◀

Hinweis für die Praxis: Nach der Änderung durch Art. 4 EAG Bau ist gemäß § 47 Abs. 5 VwGO der Antrag auf Erklärung der Unwirksamkeit des Bebauungsplans zu richten. Eine inhaltliche Änderung war mit der Novellierung nicht verbunden. Art. 4 EAG Bau hat den Streit erledigt, ob die Zurückweisung eines geltend gemachten „Nichtigkeitsgrundes“ eine selbständige prozessuale Beschwerde enthält (BVerwG, NVwZ 2003, 1259; BVerwG, NVwZ 2002, 383). Das **BauGB 2007** hat darüber hinaus Beschränkungen des Rechtsschutzes eingeführt, indem die Frist für die Erhebung einer Normenkontrollklage auf ein Jahr verkürzt wurde und durch die Regelung in § 3 Abs. 2 S. 2 Hs 2 eine prozessuale Präklusion eingeführt wurde. Die Zulässigkeit eines Normenkontrollantrages kann sich danach nur auf die im BPl-Verfahren rechtzeitig vorgetragene Stellungnahme stützen.

Materiell-rechtlich kann der Antragsteller auch Mängel rügen, die während der Auslegung nicht gerügt werden, sofern die Normenkontrolle zulässig ist. Die Präklusion umfasst lediglich die Zulässigkeit des Normenkontrollantrages, nicht aber den Überprüfungsumfang und damit die Begründetheit.
Um die Schaffung vollendeter Tatsachen zu verhindern, etwa weil auf Grundlage des BPl die Bauarbeiten bereits begonnen haben, kann der Erlass einer einstweiligen Anordnung im Normenkontrollverfahren beantragt werden.

Muster

▶ **Antrag auf Erlass einer einstweiligen Anordnung im Normenkontrollverfahren (§§ 10/12 BauGB § 47 Abs. 6 VwGO)**

In dem Verfahren
der Eheleute A
– Antragsteller –
gegen
die Gemeinde B
– Antragsgegnerin –
wegen Außervollzugsetzung eines BPls
stellen wir unter Vorlage einer Vollmacht namens und im Auftrag der Antragsteller den
A n t r a g,
den Vollzug des in der Sitzung am ... vom Rat der Antragsgegnerin beschlossen und am ... amtlich bekannt gemachten BPls ... vorläufig bis zur Entscheidung in der Hauptsache auszusetzen.
G r ü n d e:
Der Erlass der begehrten einstweiligen Anordnung ist zur Abwehr schwerer Nachteile für die Antragsteller dringend geboten. Für die gebotene Abwägung der beteiligten Interessen ist zunächst auf die Vor- und Nachteile abzustellen, die eintreten, wenn die Anordnung antragsgemäß ergeht, der BPl sich später indes als gültig erweist. Ihnen sind die Folgen gegenüberzustellen, die sich ergeben, wenn die Norm vollzogen wird, sich aber später deren Ungültigkeit herausstellt (Rechtsprechungsnachweise bei Kopp/Schenke, VwGO, 14. Aufl. 2005, § 47 Rn 148; kritisch zu einer solchen Folgenabwägung Schoch, in: Schoch/Schmidt-Aßmann/Pietzner, VwGO, Loseblattausgabe, § 47 Rn 153 ff). Auf dieser Grundlage ergibt sich ein überwiegendes Außervollzugsinteresse der Antragsteller.
Zum einen wird der Normenkontrollantrag mit hoher Wahrscheinlichkeit Erfolg haben [...].
Zum anderen gebietet auch die Interessenabwägung unabhängig von der Frage der Erfolgsaussichten den Erlass der einstweiligen Anordnung [...]. ◀

Vierter Abschnitt
Zusammenarbeit mit Privaten; vereinfachtes Verfahren

§ 11 Städtebaulicher Vertrag

(1) Die Gemeinde kann städtebauliche Verträge schließen. Gegenstände eines städtebaulichen Vertrags können insbesondere sein:
1. die Vorbereitung oder Durchführung städtebaulicher Maßnahmen durch den Vertragspartner auf eigene Kosten; dazu gehören auch die Neuordnung der Grundstücksverhältnisse, die Bodensanierung und sonstige vorbereitende Maßnahmen, die Ausarbeitung der städtebaulichen Planungen sowie erforderlichenfalls des Umweltberichts; die Verantwortung der Gemeinde für das gesetzlich vorgesehene Planaufstellungsverfahren bleibt unberührt;
2. die Förderung und Sicherung der mit der Bauleitplanung verfolgten Ziele, insbesondere die Grundstücksnutzung, auch hinsichtlich einer Befristung oder einer Bedingung, die Durchführung des Ausgleichs im Sinne des § 1a Abs. 3, die Deckung des Wohnbedarfs von Bevölkerungsgruppen mit besonderen Wohnraumversorgungsproblemen sowie des Wohnbedarfs der ortsansässigen Bevölkerung;
3. die Übernahme von Kosten oder sonstigen Aufwendungen, die der Gemeinde für städtebauliche Maßnahmen entstehen oder entstanden sind und die Voraussetzung oder Folge des geplanten Vorhabens sind; dazu gehört auch die Bereitstellung von Grundstücken;
4. entsprechend den mit den städtebaulichen Planungen und Maßnahmen verfolgten Zielen und Zwecken die Nutzung von Netzen und Anlagen der Kraft-Wärme-Kopplung sowie von Solaranlagen für die Wärme-, Kälte- und Elektrizitätsversorgung.

(2) Die vereinbarten Leistungen müssen den gesamten Umständen nach angemessen sein. Die Vereinbarung einer vom Vertragspartner zu erbringenden Leistung ist unzulässig, wenn er auch ohne sie einen Anspruch auf die Gegenleistung hätte.
(3) Ein städtebaulicher Vertrag bedarf der Schriftform, soweit nicht durch Rechtsvorschriften eine andere Form vorgeschrieben ist.
(4) Die Zulässigkeit anderer städtebaulicher Verträge bleibt unberührt.

I. Novelle 2004

Mit der durch die Novelle 2004 in Abs. 1 Satz 2 Nr. 2 angefügten Möglichkeit der 1
Befristung oder Bedingung hat das Gesetz ein effizientes Mittel eingeführt, die Erfüllung des Ziels der städtebaulichen Entwicklung auch vertraglich zu sichern. Die eigentliche Regelung der Möglichkeit der Befristung ist in § 9 Abs. 2 enthalten. Die Novelle hat damit den Vorschlag der unabhängigen Expertenkommission unter dem Vorsitz von Gaentzsch zur konsensualen **Leerstandsvorsorge** aufgegriffen (Rn 183–201, Bericht der unabhängigen Expertenkommission, erhältlich beim Fraunhofer Informationszentrum, Nobelstraße 12, 70569 Stuttgart). Die neue Nr. 4 die Versorgung mit Energie betreffend erfordert einen städtebaulichen Zusammenhang mit dem Gebiet, wie alle anderen Bindungen auch.

II. Materiell-rechtliche Aspekte

1. Vertragsgegenstände

a) „Städtebaulicher Vertrag“: Die Überschrift „Städtebaulicher Vertrag“ kenn- 2
zeichnet einen Sammelbegriff nach dem Hintergrund des Vertrages. **Inhalte sind Gegenstand der freien Gestaltung.** Abs. 1 Satz 2 bezeichnet vier mögliche Grundinhalte, nämlich Maßnahmen als Inhalt in Nr. 1, Zielbindungen in Nr. 2, Kostenübernahmen in Nr. 3 und die Kraft-Wärme-Koppelungsvereinbarung in Nr. 4. Das Gesetz enthält weder eine Konkretisierung, wie sie vom zweiten Buch des BGB vertraut ist, noch eine Konkretisierung der Inhalte. Konkretisiert sind der Durchführungsvertrag zum Vorhaben- und Erschließungsplan (§ 12), der Erschließungsvertrag (§ 124) und der Ablösungsvertrag (§ 133 Abs. 3 Satz 5). Das Gesetz greift mit der Generalnorm auf, was die Rechtsprechung entwickelt hatte, insbesondere zum subordinationsrechtlichen Vertrag (BVerwGE 22, 213), zum Folgelastenvertrag (BVerwGE 42, 331) und zum Vorfinanzierungsvertrag (BVerwGE 22, 138; BVerwG, NVwZ 82, 377). Die Vorschrift bestätigt, dass die Verwirklichung der städtebaulichen Entwicklung für vertragliche Regelungen offen ist, soweit nicht Recht oder das Gesetz entgegensteht. Abzugrenzen ist lediglich vom Dienstleistungs- oder Werkvertrag, durch den sich die Gemeinde eines Unternehmers bedient, zB eines Ingenieurbüros, um einen BPl zu entwerfen oder eines Bauunternehmers, um eine Straße zu bauen. Auch die Vertragsnatur als öffentlich-rechtlich oder zivilrechtlich ist dem Vertragsinhalt zu entnehmen und nicht generell festgelegt; praktisch erheblich ist die Zuordnung nur für den Rechtsweg (Rn 12).

b) Freiheit der Vertragsgestaltung nach den Anforderungen der städtebaulichen 3
Entwicklung: Der mögliche Inhalt eines Vertrages obliegt dem Erfindungsgeist der Beteiligten. **Abs. 4** stellt klar, dass das BauGB die möglichen Regelungsgegenstände des städtebaulichen Vertrages nicht abschließend bestimmt. Ein typischer nicht aufgeführter Vertragsegenstand ist der **BPl-Verwirklichungsvertrag.** Darunter ist ein Vertrag zwischen der Gemeinde und einem Investor zu verstehen, der, einen Angebots-BPl aufgreifend, sich verpflichtet, diesen entweder insgesamt oder dessen Ziele zu verwirklichen; ggf ist die gesetzliche Umlegung ausgeklammert. § 11 Abs. 1 bezeichnet drei mögliche Gegenstände, das sind in Nr. 1, die Vorbereitung und Durchführung von Maßnahmen einschließlich Bodenordnung – insbesondere freiwillige Umlegung –, die Bodensanierung und die Ausarbeitung der Planung, in Nr. 2 die Erfüllung eines bestimmten städtebaulichen Ziels und in Nr. 3 Folgekosten. Ein wichtiges, im Gesetz nicht genanntes Feld sind vertragliche

Vereinbarungen zur Konfliktbewältigung (BVerwGE 109, 246 zu einer Sportplatzvereinbarung; BVerwG, BRS 65 Nr. 67 zu einer Schweinehaltung; Birk, FS Schlichter, S. 113). In der Rechtsprechung hat die Zielbindung iSd Nr. 2 für besondere Bevölkerungsgruppen sowie des hohen Bedarfs der ortsansässigen Bevölkerung mit erheblichem Siedlungsdruck von außen eine Rolle gespielt (BVerwGE 92, Nr. 56 „Weilheimer Einheimischen-Modell"; BGH, DVBl 85, 793; BGH, NJW 2003, 888). Bei allen Verträgen ist darauf zu achten, die Leistungen so konkret wie möglich zu bestimmen, die Abstimmung der städtebaulichen Maßnahmen mit der Gemeinde während der Ausführungsphase zu bestimmen und zu sichern und die Folgen von Leistungsstörungen zu regeln und zu sichern.

4 c) **Vorhaben auf Zeit und Erfüllungsbedingungen:** § 9 Abs. 2 lässt zu festzusetzen, dass bestimmte bauliche oder sonstige Nutzungen und Anlagen nur für einen bestimmten Zeitraum oder bis zum Eintritt bestimmter Umstände zulässig oder unzulässig sind, und § 11 Abs. 1 Satz 1 Nr. 2 verweist hierauf und stellt klar, dass solche Befristung oder eine Bedingung auch vertraglich vereinbart werden kann. Früher war die Annahme von Nutzungsdauern von Gebäuden um 100 Jahre üblich; heute kommen Investitionskalkulationen mit einem Bruchteil dieser Lebenserwartung vor, zB bei großflächigen Einzelhandelsbetrieben. Bleibt ein vertraglich vereinbartes Vorhaben stecken – zB wegen Insolvenz –, muss die Gemeinde das sich hieraus ergebende Problem bewältigen können, ohne eine Entschädigungspflicht nach § 42 zu riskieren. Der Eigentumsinhalt und damit verfassungsrechtlicher Bestandsschutz oder eigentumskräftige Anspruchsposition sind mit der Eigentumsinhaltsbestimmung (BVerwGE 104, 68; BVerwG, BRS 60 Nr. 44; BVerfG, NVwZ 99, 979) auf Zeit oder unter einer Bedingung auf diese Zeit oder den Eintritt der Bedingung inhaltlich begrenzt. Festsetzung und Vertrag müssen übereinstimmen. Zweckmäßigerweise ist die Folgemaßnahme des Zeitablaufs oder des Eintritts der Bedingung mit zu vereinbaren und klarzustellen, dass ein Ersatzanspruch nach § 42 nicht entsteht.

5 d) **Abs. 1 Nr. 4 – „Klimaschutz":** Zur Umsetzung der Plan-UPRL soll die durch die Novelle 2004 eingeführte Nr. 4 daran erinnern, dass der Gemeinde als Beitrag zum Klimaschutz im konkreten Planbereich vertragliche Gestaltungsmöglichkeiten zur Verfügung stehen. Kraft-Wärme-Koppelung ist entsprechend dem Kraft-Wärme-Koppelungsgesetz (BGBl. 2002, I S. 1092) die gleichzeitige Umwandlung von eingesetzter Energie in mechanische und elektrische Energie und Nutzwärme. Als Vertragspflicht kann eine konkretisierte Anschluss- und Benutzungspflicht begründet werden. Einen kommunalrechtlich begründeten Anschluss- und Benutzungszwang derogiert eine derartige Vertragspflicht nicht.

2. Materiell-rechtliche Anforderungen

6 a) **Rechts- und Gesetzesbindung:** Die Gemeinde ist an Recht und Gesetz gebunden, Art 20 Abs. 3 GG. Hieraus folgt als Anforderung „gesetzesdirigierte Vertragsgestaltung" (Schmidt-Aßmann, FS Gelzer, S. 117). Die Gemeinde muss ihre Hoheitsrechte nach dem Gesetz ausüben. Sie darf Abgaben nur nach Maßgabe des Gesetzes vereinnahmen. Umgekehrt ausgedrückt, sie darf einerseits über ihre Hoheitsrechte nicht vertraglich verfügen und andererseits eine Vergütung nicht vereinbaren, die einer abstrakten Steuer nahe käme. Für die Abwägung stellt Abs. 1 Nr. 1 HS 3 das klar, im Übrigen das in § 1 Abs. 3 Satz 2 bestimmte Verbot, einen Anspruch auf Pläne und städtebauliche Satzungen durch Vertrag zu begründen. Für jede andere Leistung stellt das Abs. 2 klar, der verlangt, dass die

vereinbarten Leistungen den gesamten Umständen nach angemessen sein müssen (Rn 6). Die Verwaltungskosten für die Änderung eines BPls kann der private Vertragspartner durch städtebaulichen Vertrag übernehmen (BVerwG, NVwZ 2006, 336). Für alle Vereinbarungen muss ein städtebaulicher Zusammenhang bestehen (BGHZ 151, 274).

b) **„angemessen"**: Eine **betriebswirtschaftlich vernünftige Leistung** ist idR nach 7
den gesamten Umständen angemessen (Hien, FS Schlichter, S. 129/136). Sich die Erfüllung eines gesetzlichen Anspruchs erkaufen zu müssen, mag zwar nützlich sein, ist aber nicht vernünftig (BGH, DVBl 99, 231; BVerwGE 111, 162, beide zum sog. Koppelungsverbot, der negativen Formulierung des positiven Angemessenheitsgebots; Kröninger, LKRZ 2007, 10 [13]). Zu fordern ist ein objektiver Maßstab. Die Formulierung, es dürfe nicht nach *„allgemeinem Empfinden ein Missverhältnis festzustellen"* sein (Stich, BK Rn 49) könnte sich missverstehen lassen, es ginge auch um etwas Subjektives. Der Gemeinde liegt die betriebswirtschaftliche Kalkulation des Investors nicht regelmäßig offen, und auch wenn wesentliche Zahlen offen liegen, kann die Gemeinde daraus nicht ohne weiteres eine einzige vernünftige betriebswirtschaftliche Kalkulation entnehmen. Sie ist jedenfalls in Grenzbereichen auf die **Erklärung** ihres Vertragspartners angewiesen, seine Kalkulation sei **betriebswirtschaftlich vernünftig**. Hatte die Gemeinde keinen Anlass, hieran zu zweifeln, kann sich ihr Vertragspartner nach Treu und Glauben nicht auf einen Irrtum berufen, um mangelnde Angemessenheit darzulegen. Verbleibt dem Investor ein beachtlicher Teil des Planungsvorteils (nach dem Münchener Modell 1/3, Hien, aaO, S. 134), dürften die Vertragsschließenden ohne weiteres auf der sicheren Seite sein. Übersteigen die Kosten des Investors für die von ihm zu erbringenden Leistungen den Planungsvorteil, und zwar auch wesentlich, so kann das nach der Kalkulation gleichwohl betriebswirtschaftlich vernünftig sein. Es gibt weder eine Aufgabe noch gar eine Pflicht der Gemeinde, für jede Maßnahme zur städtebaulichen Entwicklung Geld zu investieren, soweit die Kosten den ohnehin schwer ermittelbaren Planungsvorteil übersteigen. Den „gesamten Umständen nach" verlangt **gebietsbezogene Kausalität** bzw auf das Gebiet räumlich bezogene **Konnexität** (Schmidt-Eichstaedt, BauR 1996, 1/8). Das Recht der **AGBs** findet auch bei einem zivilrechtlichen städtebaulichen Vertrag keine Anwendung (BGH, NJW 2003, 888), weil das speziellere Angemessenheitsgebot vorgeht. Das Angemessenheitsgebot gilt für jede Spielart eines städtebaulichen Vertrages unabhängig davon, ob es im Gesetz ausdrücklich bestimmt ist oder nicht.

3. Sicherungsgeschäfte

a) **Leistungsbeschreibung:** Die von den Vertragsschließenden zu erbringenden 8
Leistungen müssen so genau bestimmt sein, dass sie nötigenfalls gerichtlich durchsetzbar sind.

b) **Übliche Sicherungen:** In Betracht kommen die üblichen Sicherungsgeschäfte 9
wie persönlich beschränkte Dienstbarkeit, Vertragsstrafe, Rückauflassungsverpflichtung, Rückauflassungsvormerkung, Kaufangebot, Rückbauverpflichtung u.a. Bei der Vereinbarung ist auch zu bedenken, dass diese gebräuchlichen Sicherungsmittel im risikoreichsten Fall einer Leistungsstörung infolge der Insolvenz des Investors nicht ohne weiteres effizient sind.

c) **Zeit oder Bedingung:** Die durch § 9 Abs. 2 iVm § 11 Abs. 1 Nr. 1 eröffnete Mög- 10
lichkeit, eine Zeit und eine Bedingung festzusetzen und zu vereinbaren, dient u.a.

im Fall einer Leistungsstörung, deren nachteilige Folge für eine Nachfolgeplanung abzumildern.

11 d) **Kündigung:** Der Vertrag ist nach Maßgabe von § 60 VwVfG des Bundes (§ 1 Abs. 2 Satz 1 VwVfG) kündbar oder anzupassen. Zweckmäßig ist, das Kündigungsrecht vertraglich näher zu regeln.

III. Form und Verfahren

12 a) **Schriftform:** Abs. 3 verlangt Schriftform. Deren Anforderung ist § 126 BGB zu entnehmen. Die Vertragsschließenden müssen dieselbe Urkunde unterschreiben. Dabei genügt, dass jeder Vertragsschließende die für die andere Partei bestimmte Urkunde unterzeichnet. Schriftliche Korrespondenz erfüllt die Anforderung des § 126 BGB nicht (Nds OVG, NJW 1998, 2921). Der gerichtlich protokollierte Vergleich genügt (BVerwG, Buchholz 310, § 106 Nr. 18). Im Übrigen gelten die §§ 311b Abs. 1 und 128 BGB für den öffentlich-rechtlichen Vertrag entsprechend.

13 b) **Rechtsnatur: Öffentlich-rechtlicher oder zivilrechtlicher Vertrag:** Die materiellrechtlichen und formellen Anforderungen an einen städtebaulichen Vertrag sind dieselben, ob es sich im Einzelfall um einen öffentlich-rechtlichen, um einen zivilrechtlichen oder einen gemischt-öffentlich-rechtlich und zivilrechtlichen Vertrag handelt. Nur für den gegebenen Rechtsweg spielt die Frage nach der Rechtsnatur eine Rolle, die nach dem Einzelfall zu beantworten ist. Der sichere Weg wäre, sie nach dem engeren Geschäft zu beantworten und nicht nach dem entfernteren Hintergrund des Geschäfts.

§ 12 Vorhaben- und Erschließungsplan

(1) Die Gemeinde kann durch einen vorhabenbezogenen Bebauungsplan die Zulässigkeit von Vorhaben bestimmen, wenn der Vorhabenträger auf der Grundlage eines mit der Gemeinde abgestimmten Plans zur Durchführung der Vorhaben und der Erschließungsmaßnahmen (Vorhaben- und Erschließungsplan) bereit und in der Lage ist und sich zur Durchführung innerhalb einer bestimmten Frist und zur Tragung der Planungs- und Erschließungskosten ganz oder teilweise vor dem Beschluss nach § 10 Abs. 1 verpflichtet (Durchführungsvertrag). Die Begründung des Planentwurfs hat die nach § 2a erforderlichen Angaben zu enthalten. Für die grenzüberschreitende Beteiligung ist eine Übersetzung der Angaben vorzulegen, soweit dies nach den Vorschriften des Gesetzes über die Umweltverträglichkeitsprüfung notwendig ist. Für den vorhabenbezogenen Bebauungsplan nach Satz 1 gelten ergänzend die Absätze 2 bis 6.

(2) Die Gemeinde hat auf Antrag des Vorhabenträgers über die Einleitung des Bebauungsplanverfahrens nach pflichtgemäßem Ermessen zu entscheiden. Auf Antrag des Vorhabenträgers oder sofern die Gemeinde es nach Einleitung des Bebauungsplanverfahrens für erforderlich hält, informiert die Gemeinde diesen über den voraussichtlich erforderlichen Untersuchungsrahmen der Umweltprüfung nach § 2 Abs. 4 unter Beteiligung der Behörden nach § 4 Abs. 1.

(3) Der Vorhaben- und Erschließungsplan wird Bestandteil des vorhabenbezogenen Bebauungsplans. Im Bereich des Vorhaben- und Erschließungsplans ist die Gemeinde bei der Bestimmung der Zulässigkeit der Vorhaben nicht an die Festset-

zungen nach § 9 und nach der auf Grund von § 9 a erlassenen Verordnung gebunden; die §§ 14 bis 18, 22 bis 28, 39 bis 79, 127 bis 135 c sind nicht anzuwenden. Soweit der vorhabenbezogene Bebauungsplan auch im Bereich des Vorhaben- und Erschließungsplans Festsetzungen nach § 9 für öffentliche Zwecke trifft, kann gemäß § 85 Abs. 1 Nr. 1 enteignet werden.

(3a)Wird in einem vorhabenbezogenen Bebauungsplan für den Bereich des Vorhaben- und Erschließungsplans durch Festsetzung eines Baugebiets auf Grund der Baunutzungsverordnung oder auf sonstige Weise eine bauliche oder sonstige Nutzung allgemein festgesetzt, ist unter entsprechender Anwendung des § 9 Abs. 2 festzusetzen, dass im Rahmen der festgesetzten Nutzungen nur solche Vorhaben zulässig sind, zu deren Durchführung sich der Vorhabenträger im Durchführungsvertrag verpflichtet. Änderungen des Durchführungsvertrags oder der Abschluss eines neuen Durchführungsvertrags sind zulässig.

(4) Einzelne Flächen außerhalb des Bereichs des Vorhaben- und Erschließungsplans können in den vorhabenbezogenen Bebauungsplan einbezogen werden.

(5) Ein Wechsel des Vorhabenträgers bedarf der Zustimmung der Gemeinde. Die Zustimmung darf nur dann verweigert werden, wenn Tatsachen die Annahme rechtfertigen, dass die Durchführung des Vorhaben- und Erschließungsplans innerhalb der Frist nach Absatz 1 gefährdet ist.

(6) Wird der Vorhaben- und Erschließungsplan nicht innerhalb der Frist nach Absatz 1 durchgeführt, soll die Gemeinde den Bebauungsplan aufheben. Aus der Aufhebung können Ansprüche des Vorhabenträgers gegen die Gemeinde nicht geltend gemacht werden. Bei der Aufhebung kann das vereinfachte Verfahren nach § 13 angewendet werden.

I. Novellen 2004 und 2007

Die Änderungen der Absätze 1 und 3 passen redaktionell an andere Änderungen 1
an. Die Änderung von Abs. 2 Satz 2 erstreckt die Initiative, über den voraussichtlich erforderlichen Untersuchungsrahmen der Umweltprüfung zu informieren, vom Vorhabenträger auf auch die Gemeinde. Mit dem durch die Novelle 2007 in das Gesetz eingefügten Abs. 3 a hat der Gesetzgeber korrigierend auf die Recht-

sprechung des BVerwGs (BVerwG, E. 119, 45) reagiert, wonach die zulässige Bandbreite an Nutzungsmöglichkeiten im vorhabenbezogen BPl eng zu ziehen war. Ein angeblich praktisches Bedürfnis befriedigend soll der neue Absatz erlauben, eine Nutzung auch allgemein festzusetzen, dann aber zu dieser Festsetzung zu bestimmen, dass nur diejenigen Vorhaben zulässig sind, zu deren „Durchführung" sich der Vorhabenträger im Durchführungsvertrag verpflichtet hat. Eine andere der allgemeinen Festsetzung entsprechende Nutzung soll aufgrund eines entsprechend anderen Durchführungsvertrages zulässig werden.

II. Gegenstand

1. VEPl

2 a) **Ein oder mehrere Vorhaben:** Die Überschrift „Vorhaben- und Erschließungsplan" (VEPl) bezeichnet nur einen Ausschnitt aus dem Regelungspaket. Die Regelung betrifft zwingend ein oder mehrere Vorhaben iSv § 29 (BVerwGE 119, 45). Was „*das*" Vorhaben ist, bestimmt – wie auch sonst – der Bauherr, hier der **VTr** (BVerwG, Buchholz 406.11, § 12 Nr. 25 und E. 119, 45; BVerwG, BRS 28 Nr. 42; BVerwG, BRS 33 Nr. 63 und BVerwG, BRS 36 Nr. 158).

3 b) **Paket:** Das Regelungspaket besteht aus drei rechtlich zusammengefügten Gegenständen. Das sind *erstens* der VEPl, *zweitens* der Durchführungsvertrag und *drittens* der vbBPl. Autor des mit der Gemeinde abgestimmten VEPl ist der VTr. Er beschreibt das Vorhaben und den Plan zu seiner Verwirklichung. Der Durchführungsvertrag regelt bindend – für die Gemeinde rechtlich durchsetzbar –, wie das Vorhaben zu verwirklichen ist. Der vbBPl ist der eigentumsinhaltsbestimmende BPl. Das Planaufstellungsverfahren einschließlich dessen materiell-rechtlicher Anforderungen ist mit dem des allgemeinen BPls identisch. Aus dem Initiativrecht des VTr ergeben sich Besonderheiten, und das Nummerndogma des § 9 Abs. 1 und die Vorgaben der BauNVO gelten nicht; der Satzungsgeber muss sich jedoch an ihnen orientieren (BVerwGE 116, 296). Das Regelungspaket zielt auf fristgebundene Verwirklichung des einen oder der mehreren Vorhaben.

4 c) **Abstimmung:** Die Vorschrift verlangt einen „abgestimmten" VEPl. Diese Anforderung betrifft einerseits den Vorgang des Abstimmens und andererseits dessen inhaltliches Ergebnis als abgestimmt. Das erfordert den frühzeitigen und sodann fortlaufenden engen Behördenkontakt. Hält die Gemeinde ergänzende Festsetzungen für erforderlich, die den Inhalt des VEPl beeinflussen, ist auch das abzustimmen. Die Anfangsinitiative abzustimmen liegt beim VTr, im weiteren Verfahren, insbesondere wenn die Stellungnahmen aus der Bürgerbeteiligung und der **TÖB** vorliegen, auch bei der Gemeinde. Inhaltliches Abgestimmtsein erfordert, dass sich der VEPl, die Bestimmungen des Durchführungsvertrages und die Festsetzungen des vbPls nicht widersprechen (BVerwGE 119, 45).

5 d) **„In der Lage":** Die Regelung stellt die Anforderung, dass der VTr „in der Lage" ist, den VEPl durchzuführen. Die Gemeinde muss sich Gewissheit darüber verschaffen, dass er finanziell dazu in der Lage ist und die privatrechtliche Rechtsmacht hat, sein Vorhaben auf dem Grundstück auszuführen.

6 e) **Inhalt des VEPl:** Der VEPl bestimmt das bzw die Vorhaben, die Erschließungsmaßnahmen und enthält den Umweltbericht. Das ist das Konzept eines BPls. Dabei handelt es sich der Sache nach nicht um den Entwurf eines BPls, selbst wenn ergänzende Festsetzungen nicht erforderlich sind. Nach **Abs. 3** wird der VEPl Bestandteil des vbBPl. Die Vorschriften über die Sicherung der Bauleitpla-

nung und von Gebieten mit Fremdenverkehrsfunktion – §§ 14-18 und 22 – und über das Vorkaufsrecht der Gemeinde – §§ 22-28 –, über die Plangewährleistung und die Umlegung – §§ 39-79 sowie über den Erschließungsbeitrag und Kostenerstattung für naturschutzrechtliche Maßnahmen – §§ 127-135c – gelten nicht, wohl aber aufgrund der Novelle 2004 das Bodenrecht über die Teilung von Grundstücken nach § 19. Durch die Teilung eines Grundstücks dürfen also keine Verhältnisse entstehen, die den Festsetzungen des vbBPls widersprechen. Der Durchführungsvertrag wird im Unterschied zum VEPl nicht Gegenstand des vbBPls.

2. Durchführungsvertrag

a) **§ 11:** Der Durchführungsvertrag ist ein personenbezogener öffentlich-recht- 7
licher städtebaulicher Vertrag iSd § 11. Der Wechsel des VTr bedarf der Zustimmung der Gemeinde (Abs. 5 Satz 1). Der VTr hat einen Anspruch auf die Zustimmung, sofern nicht das in Abs. 5 Satz 2 bestimmte Hindernis vorliegt. Der **Eigentumswechsel** am Vorhabengrundstück beeinflusst den Vertrag nicht, entzieht aber möglicherweise dem VTr den Umstand, „in der Lage" zu sein, den VBPl durchzuführen und riskiert damit, dass die Gemeinde pflichtgemäß mit der Sanktion reagiert (Rn 17). Im Übrigen muss der Vertrag den Anforderungen des § 11 genügen.

b) **Inhalt:** Der Vertrag enthält die Vereinbarung über den Ablaufplan, die Informa- 8
tionspflichten, die Kooperation einschließlich der Überwachungsrechte- und Pflichten sowie die Sanktionen für den Fall der Nichterfüllung und die Sicherheiten. Im Gesetz sind diese Gegenstände nicht bestimmt. Die – insbesondere frühzeitige – Kooperation ist für das investierende Verhalten des VTr erheblich. Er hat das Risiko, dass die Gemeinde das Planaufstellungsverfahren ohne vbBPl beendet. Der Untersuchungsrahmen der UVP ist zu bestimmen, also der Umfang der Ermittlung, um einen rechtmäßigen VEPl zu erarbeiten. Hierfür können Auskünfte der **TröB** erforderlich sein. Nach **Abs. 2 Satz 2** können die TröB auskunftspflichtig werden, wenn die Gemeinde gemäß dieser Vorschrift die Initiative ergreift. Die Vereinbarung im Durchführungsvertrag über die Kooperationspflicht der Gemeinde kann hilfreich sein, den notwendigen Untersuchungsrahmen der UVP frühzeitig zu erkennen und das beschriebene Risiko des VTr zu mildern. Stockt das Vorhaben vor dem Ausführungsbeginn, lässt sich die städtebauliche Entwicklung retten, indem die Gemeinde den vbBPl aufhebt oder ändert und damit ermöglicht, anderweitig zu planen. Je weiter das Vorhaben fortgeschritten, aber noch nicht nutzbar fertig gestellt ist, desto schwieriger ist es, die halb fertige Ruine oder den Torso weiterzuentwickeln. Für einen solchen möglichen Fall sollte der Vertrag vorsorgen, sei es durch die Einräumung eines Ankaufrechts der Gemeinde oder eines Kündigungsrechts mit dem Ziel, einen anderen Träger zu beauftragen.

c) **Antrag und Einleitung:** Etwaige Anforderungen an den Antrag des VTr an die 9
Gemeinde, ein BPl-Verfahren einzuleiten und für diese Einleitung selbst sind dem Landesrecht zu entnehmen. Einen BPl-Aufstellungsbeschluss entsprechend § 2 Abs. 1 Satz 2 verlangt das Gesetz nicht.

3. vbBPl

a) **Durchführungsvertrag vor Satzungsbeschluss und Frist:** Vor dem Satzungs- 10
beschluss über den vbBPl nach § 10 Abs. 1 muss der Durchführungsvertrag geschlossen sein, und der VTr muss sich verpflichtet haben, sein Vorhaben inner-

halb einer bestimmten Frist durchzuführen. Die **Paketlösung** (Rn 3) besteht in der rechtlichen Verknüpfung einschließlich der zeitlichen Reihenfolge, dass zunächst ein abgestimmter VEPl vorliegen muss (Rn 4), der aber auch bis zum Satzungsbeschluss hin noch abgestimmt geändert werden kann, im Antrag des VTr, das BPl-Verfahren einzuleiten, im Durchführungsvertrag und in der Verpflichtung des VTr, den VEPl innerhalb einer bestimmten Frist durchzuführen, und erst wenn diese Anforderungen erfüllt sind, kann die Gemeinde einen vbBPl wirksam beschließen.

11 b) **Hinweis auf das Vorhaben:** Der vbBPl muss den Hinweis auf das oder die Vorhaben enthalten (BVerwG, E. 119, 45). Das ist eine materiell-rechtliche Anforderung. Abgesehen von der Verknüpfung mit dem bzw den Vorhaben handelt es sich um einen BPl wie der reguläre BPl auch. Es gelten alle Anforderungen und Folgen, soweit nicht die Vorhabenbezogenheit entgegensteht. Eine Reihe von Vorschriften gelten nicht; s. hierzu Rn 6. Die Fehlerfolgenregelungen der §§ 214–216 gelten.

12 c) **Abs. 3a – Festsetzung allgemeiner Nutzung:** Der mit der Novelle 2007 neu ins Gesetz eingefügte Abs. 3a reagiert auf die Rspr des BVerwGs, nach der die Festsetzung auf dasjenige Vorhaben abgestimmt sein muss, das Gegenstand des VEPl und des Durchführungsvertrages ist (s. Rn 1). Nach seinem Wortlaut setzt Satz 1 voraus, dass zulässig sei, die nicht vorhabenbezogene allgemeine Nutzung festzusetzen. Ob der Vorschrift als Bestimmung zu entnehmen ist, was sie eigentlich voraussetzt, ist zu bezweifeln. Auch das Vorhaben soll die Gemeinde konkretisieren, indem sie entsprechend § 9 Abs. 2 festsetzt, dass innerhalb der Bandbreite aller allgemein festgesetzten Nutzungen nur diejenige zulässig sei, zu dessen „Durchführung“ sich der VTr im Durchführungsvertrag verpflichtet hat. Was danach zulässig sein soll, ist nicht der Norm zu entnehmen, deren Bestandteil nach Abs. 3 Satz 1 auch der VEPl ist, sondern dem Durchführungsvertrag, der nicht Gegenstand der Norm ist. Der Inhalt des Vertrages unterliegt auch nicht umfassend einer Informationspflicht, er kann sogar partiell geheimhaltungspflichtig sein. Normadressat der Festsetzung ist jeder Planbetroffene und nicht nur der Vorhabenträger. Die Festsetzung ist Eigentumsinhaltsbestimmung iSv Art. 14 Abs. 1 Satz 2 GG (BVerwGE 104, 68; BRS 60 Nr. 44; BVerfG, NVwZ 99, 979). Die Verfassung verlangt Inhaltsbestimmung durch Gesetz. Inhaltsbestimmung durch vertragliche „Durchführungs“-Verpflichtung genügt dieser verfassungsrechtlichen Anforderung nicht. Die Inbezugnahme auf einen Umstand außerhalb des Gesetzes, der ausdrücklich nicht der für Gesetze geltenden Publizitätsanforderung genügt, lässt sich nicht als Gesetzesbestimmung beschreiben, und zwar auch nicht, soweit es um eine Begrenzung des aktuellen Eigentumsinhalts geht. Sollte eine verfassungskonforme Auslegung unter Zuhilfenahme des im VEPl beschriebenen Vorhabens erfolglos bleiben, ist dem Gesetzgeber mit Abs. 3a misslungen, was die am Gesetzgebungsverfahren Beteiligten bewirken wollten. Auch dass das angebliche Bedürfnis an dieser Regelung bestehe ist nicht offenkundig. Die Bandbreite der allgemeinen Festsetzung muss im Zeitpunkt der Beschlussfassung erforderlich sein. Der VEPl dürfte idR solcher Erforderlichkeit widersprechen.

13 d) **Nummerndogma des § 9 Abs. 1 und BauNVO:** An das Nummerndogma des § 9 Abs. 1 und an die Vorgaben der BauNVO ist der vbBPl nicht gebunden, Abs. 3 Satz 2. Die BauNVO hat jedoch eine Leitlinien- und Orientierungsfunktion bei der Konkretisierung der Anforderungen an eine geordnete städtebauliche Entwicklung, denen auch der VEPl unterliegt (BVerwGE 116, 296). Weicht der VEPl

von der Vorgabe der BauNVO ab, ist die Abwägung besonders sorgfältig vorzunehmen und zu prüfen.

e) **„Konflikttransfer“:** Wegen seiner Vorhabenbezogenheit muss der vbBPl einen 14
hohen Konkretisierungsgrad haben, sodass ein „*Konflikttransfer*“ kaum in Betracht kommt (BVerwG, Buchholz 406.11, § 12 Nr. 25).

f) **Ergänzende Festsetzungen:** Ergänzende Festsetzungen nach § 9 Abs. 1, die die 15
Durchführung des VEPl nicht hindern, kann die Gemeinde auch ohne Zustimmung des VTr treffen. Das gilt sowohl für Flächen außerhalb des Bereichs des VEPl, Abs. 4, als auch innerhalb des Bereichs, zB nicht überbaubare Grundstücksflächen.

g) **Fremdgrundstücke:** Flächen außerhalb des Bereichs des VEPl kann die 16
Gemeinde in den BPl einbeziehen, sei es um die Durchführung des Vorhabens zu ermöglichen, sei es um das Plangebiet geordnet zu arrondieren (BVerwG, E. 119, 45), Abs. 4.

III. Fehlerfolgen und Nichterfüllung

a) **Frist verlängern:** Kann der VTr den VEPl nicht fristgerecht durchführen, ist aber 17
die Durchführung innerhalb einer bestimmten längeren Frist gesichert, kommt in erster Linie in Betracht, die Frist neu zu vereinbaren.

b) **Sanktion vor Fristablauf:** Ist abzusehen, dass der VTr die Frist nicht einhalten 18
wird, kann die Gemeinde auch schon vor Fristablauf Sanktionen treffen, sei es um den Beginn der Durchführung zu verhindern oder dass eine unfertige Bauruine entstehen wird.

c) **Plangewährleistung:** Hebt die Gemeinde als Sanktion den vbBPl auf, oder 19
ändert sie den Plan, sodass ein regulärer BPl anderen Inhalts entsteht, hat der VTr keinen Planungsentschädigungsanspruch nach § 42. Ein solcher Anspruch kommt jedoch für die Eigentümer nach Abs. 4 einbezogener Grundstücke in Betracht.

d) **Staatshaftung:** Verzögert die Gemeinde die Durchführung, kommt ein Staats- 20
haftungsanspruch in Betracht, § 839 BGB. Bei fehlerhaftem Verhalten der Gemeinde im Verfahren über die Aufstellung eines vbBPl ist an öffentlich-rechtliche culpa in contrahendo und Amtshaftung zu denken (BGH, NVwZ 2006, 1207).

e) **Keine Gewährleistung der Gemeinde:** Einen Gewährleistungsanspruch des VTr 21
gegen die Gemeinde darf diese nicht vereinbaren. Die Vereinbarung wäre unwirksam (BGHZ 76, 16; BGH, DBVl. 1989, 1094).

IV. Rechtsschutz

Der vbBPl ist sowohl im Normenkontrollverfahren nach § 47 VwGO als auch 22
inzidenter überprüfbar. Eine Nachbargemeinde kann mangelnde interkommunale Abstimmung geltend machen (BVerwG, BRS 56 Nr. 36).

Muster

▶ **Vertragsformular eines Durchführungsvertrages zum Vorhaben- und Erschließungsplan (§ 12 BauGB)**

Vorbemerkung: Das Muster hat einen Vorhaben- und Erschließungsplan zum Gegenstand, der nicht von der Erweiterung des § 12 Abs. 3a Satz 1 Gebrauch gemacht hat. Die

Darstellung beschränkt sich zum Teil auf die Nennung der zu regelnden Verhältnisse; Muster zur Ausformulierung finden sich in: Handbuch Städtebauliche Verträge, Nomos Verlag, 1999 und EZB, Anhang § 12

Die Gemeinde A, vertreten durch ihren Bürgermeister,
– nachstehend Gemeinde genannt –
und
die ...
– nachstehend Vorhabenträger genannt –
schließen folgenden Vertrag:

Teil I Allgemeines

§ 1 Gegenstand des Vertrages

(1) Grundlage und Gegenstand des Vertrages ist das Vorhaben „Wohn- und Geschäftsbebauung zwischen ... und ... im Gemeindebezirk ... und die Erschließung der Grundstücke im Vertragsgebiet auf der Grundlage des vom Vorhabenträger vorgelegten Vorhaben- und Erschießungsplanes.

(2) Das Vertragsgebiet umfasst die im Lageplan (Anlage 1) umgrenzten Grundstücke.

§ 2 Bestandteile des Vertrages

Bestandteile des Vertrages sind

a) der Lageplan mit den Grenzen des Vertragsgebietes (Anlage 1)
b) der Plan zur Durchführung des Vorhabens (Anlage 2)
c) der Plan zur Durchführung der Erschließungsmaßnahmen einschließlich
   - Entwässerungsplan (Anlage 3)
   - Straßen-, Wege- und Grünordnungsplan (Anlage 4)
d) die von der Stadt/Gemeinde genehmigte Ausbauplanung für die Erschließungsanlagen mit Baubeschreibung (Anlage 5)

Teil II Vorhaben

§ 1 Beschreibung des Vorhabens [...]

§ 2 Durchführungsverpflichtung

(1) Der Vorhabenträger verpflichtet sich zur Durchführung des Vorhabens im Vertragsgebiet nach den Regelungen dieses Vertrages.

(2) Der Vorhabenträger verpflichtet sich, spätestens ... Monate nach Inkrafttreten des vorhabenbezogenen BPls einen vollständigen und genehmigungsfähigen Bauantrag für das Vorhaben einzureichen. Er wird spätestens ... Monate nach Rechtskraft der jeweiligen Baugenehmigung mit dem Vorhaben beginnen und es innerhalb von ... Monaten/Jahren fertig stellen.

Auf Antrag des Vorhabenträgers können die obigen Fristen seitens der Gemeinde verlängert werden.

Teil III Erschließung

§ 1 Herstellung der Erschließungsanlagen

(1) Der Vorhabenträger übernimmt die Herstellung der im beigefügten Plan dargestellten Erschließungsanlagen im Vertragsgebiet gemäß den sich aus Teil II § 2 ergebenden Vorhaben. Die Kosten der Planung und der notwendigen Erschließung übernimmt der Vorhabenträger in vollem Umfang.

(2) Die Gemeinde verpflichtet sich, die Erschließungsanlagen bei Vorliegen der in Teil III § 8 genannten Voraussetzungen kostenlos in ihre Unterhaltung und Verkehrssicherungspflicht zu übernehmen.

§ 2 Fertigstellung der Anlagen [...]

§ 3 Art und Umfang der Erschließungsanlagen
(1) Die Erschließung nach diesem Vertrag umfasst:
a) die Freilegung der öffentlichen Erschließungsanlagen
b) die Herstellung der öffentlichen Erschließungsanlagen
c) die Herstellung der öffentlichen Straßen, Wege und Plätze einschließlich
   - Fahrbahnen
   - Parkflächen
   - Geh-, Fuß- und Radwege
   - Straßenentwässerung
   - Straßenbeleuchtung
   - Straßenbegleitgrün
   - Straßenbenennungsschilder
   - Verkehrszeichen

nach Maßgabe der von der Gemeinde genehmigten Ausbauplanung.

§ 4 Ausschreibungen, Vergabe und Bauleitung
(1) Mit der Ausschreibung und Bauleitung der Erschließungsanlagen beauftragt der Vorhabenträger ein leistungsfähiges Ingenieurbüro, das die Gewähr für die technisch beste und wirtschaftlichste Abwicklung der Baumaßnahme bietet.
(2) Der Vorhabenträger verpflichtet sich, Bauleistungen nur nach Ausschreibungen auf der Grundlage der Verdingungsordnung für Bauleistungen (VOB) ausführen zu lassen.

§ 5 Baudurchführung [...]

§ 6 Haftung und Verkehrssicherung
(1) Vom Tage des Beginns der Erschließungsarbeiten an übernimmt der Vorhabenträger im gesamten Erschließungsgebiet die Verkehrssicherungspflicht.
(2) Der Vorhabenträger haftet bis zur Übernahme der Anlagen für jeden Schaden, der durch die Verletzung der bis dahin obliegenden allgemeinen Verkehrssicherungspflicht entsteht und für solche Schäden, die infolge der Erschließungsmaßnahmen an bereits verlegten Leitungen und sonst wie verursacht werden. Der Vorhabenträger stellt die Gemeinde insoweit von allen Schadensersatzansprüchen frei. Diese Regelung gilt unbeschadet der Eigentumsverhältnisse. Vor Beginn der Baumaßnahme ist das Bestehen einer ausreichenden Haftpflichtversicherung nachzuweisen.

§ 7 Gewährleistung und Abnahme [...]

§ 8 Grunderwerb (Übernahme der Erschließungsanlagen) [...]

Teil IV Schlussbestimmungen

§ 1 Kostentragung
(1) Der Vorhabenträger trägt die Kosten dieses Vertrages und die Kosten seiner Durchführung sowie die etwa anfallende Grunderwerbssteuer (Notarkosten, Grundbuchkosten etc.).
(2) Die Kosten der notwendigen Vermessungsarbeiten sind ebenfalls vom Vorhabenträger in vollem Umfang zu übernehmen.
(3) Die notwendigen externen Ausgleichsmaßnahmen werden von der Gemeinde bis zu einem Höchstbetrag in Höhe von ... EUR übernommen.

§ 2 Rechtsnachfolge [...]

§ 3 Sicherheitsleistungen
(1) Als Sicherheit für die Durchführungsverpflichtung hinsichtlich der Erschließungsanlagen leistet der Vorhabenträger in Höhe von ... EUR (in Worten ... EUR) durch Übergabe einer unbefristeten selbstschuldnerischen Erfüllungsbürgschaft.

(2) Im Falle der Zahlungsunfähigkeit des Vorhabenträgers ist die Gemeinde berechtigt, noch offen stehende Forderungen Dritter gegen den Vorhabenträger für Leistungen aus diesem Vertrag aus der Bürgschaft zu befriedigen.
(3) Nach der Abnahme der Maßnahme und Vorlage der Schlussrechnungen mit Anlagen ist für die Dauer der Gewährleistungsfrist eine Gewährleistungsbürgschaft in Höhe von 5% der Baukosten vorzulegen.

§ 4 Haftungsausschluss
(1) Aus diesem Vertrag entsteht der Gemeinde keine Verpflichtung zur Aufstellung der Satzung über den Vorhaben- und Erschließungsplan. Eine Haftung der Gemeinde für etwaige Aufwendungen des Vorhabenträgers, die dieser im Hinblick auf die Aufstellung der Satzung tätigt, ist ausgeschlossen.
(2) Für den Fall der Aufhebung der Satzung können Ansprüche gegen die Gemeinde nicht geltend gemacht werden. Dies gilt auch für den Fall, dass sich die Nichtigkeit der Satzung über den Vorhaben- und Erschließungsplan im Verlauf eines gerichtlichen Streitverfahrens herausstellt.

§ 5 Vertragsänderungen, Unwirksamkeit von Vertragsbestimmungen [...]

§ 6 Wirksamwerden
Der Vertrag wird erst wirksam, wenn die Satzung über den Vorhaben- und Erschließungsplan in Kraft tritt.

Anmerkung:
Dieser Vertrag bedarf nach § 311 b BGB der notariellen Beurkundung (BVerwGE 70, 247; BGHZ 58, 386). ◀

§ 13 Vereinfachtes Verfahren

(1) Werden durch die Änderung oder Ergänzung eines Bauleitplans die Grundzüge der Planung nicht berührt oder wird durch die Aufstellung eines Bebauungsplans in einem Gebiet nach § 34 der sich aus der vorhandenen Eigenart der näheren Umgebung ergebende Zulässigkeitsmaßstab nicht wesentlich verändert oder enthält er lediglich Festsetzungen nach § 9 Abs. 2a, kann die Gemeinde das vereinfachte Verfahren anwenden, wenn
1. die Zulässigkeit von Vorhaben, die einer Pflicht zur Durchführung einer Umweltverträglichkeitsprüfung nach Anlage 1 zum Gesetz über die Umweltverträglichkeitsprüfung oder nach Landesrecht unterliegen, nicht vorbereitet oder begründet wird und
2. keine Anhaltspunkte für eine Beeinträchtigung der in § 1 Abs. 6 Nr. 7 Buchstabe b genannten Schutzgüter bestehen.

(2) Im vereinfachten Verfahren kann
1. von der frühzeitigen Unterrichtung und Erörterung nach § 3 Abs. 1 und § 4 Abs. 1 abgesehen werden,
2. der betroffenen Öffentlichkeit Gelegenheit zur Stellungnahme innerhalb angemessener Frist gegeben oder wahlweise die Auslegung nach § 3 Abs. 2 durchgeführt werden,
3. den berührten Behörden und sonstigen Trägern öffentlicher Belange Gelegenheit zur Stellungnahme innerhalb angemessener Frist gegeben oder wahlweise die Beteiligung nach § 4 Abs. 2 durchgeführt werden.

Wird nach Satz 1 Nr. 2 die betroffene Öffentlichkeit beteiligt, gilt die Hinweispflicht des § 3 Abs. 2 Satz 2 Halbsatz 2 entsprechend.

(3) Im vereinfachten Verfahren wird von der Umweltprüfung nach § 2 Abs. 4, von dem Umweltbericht nach § 2a, von der Angabe nach § 3 Abs. 2 Satz 2, welche Arten umweltbezogener Informationen verfügbar sind, sowie von der zusammenfassenden Erklärung nach § 6 Abs. 5 Satz 3 und § 10 Abs. 4 abgesehen; § 4c ist nicht anzuwenden. Bei der Beteiligung nach Absatz 2 Nr. 2 ist darauf hinzuweisen, dass von einer Umweltprüfung abgesehen wird.

I. Novelle 2004

a) **Gemeinschaftsrechtliche Vorgaben:** In Hinblick auf die gemeinschaftsrechtlichen Vorgaben der **Richtlinie 2001/42/EG** des Europäischen Parlaments und des Rates vom 27.6.2001 über die Prüfung der Umweltauswirkungen bestimmter Pläne und Programme (ABl. EG Nr. L 197 S. 30) – **Plan-UP-Richtlinie** – und dem Zwischenschritt des Gesetzes zur Umsetzung der UVP-Änderungsrichtlinie, der EVU-Richtlinie und weiterer EG-Richtlinien zum Umweltschutz vom 27.7.2001 (BGBl. I S. 1950 – „Artikel-Gesetz“) ist § 13 über das vereinfachte Verfahren zur Aufstellung eines Bauleitplans neu gefasst. Für Minimalfälle, von denen Umweltauswirkungen offensichtlich nicht ausgehen werden, erlaubt Art 3 Abs. 5 Satz 1 der Plan-UP-RL ausnahmsweise, von den umweltrechtlichen Vorgaben abzusehen. Die Neufassung des § 13 macht hiervon Gebrauch (Reg-E, Drs. 15/2250, 30 und 50; Pietzker, Gutachten zum Umsetzungsbedarf der Plan-UP-RL der EG im BauGB, S. 66, erhältlich beim Fraunhofer-Informationszentrum für Raum und Bau (IRB), Nobelstraße 12, Stuttgart; Bericht der unabhängigen Expertenkommission unter dem Vorsitz von Gaentzsch, Rn 57, erhältlich ebenfalls beim IRB). 1

b) **Änderungen:** Die Novelle 2004 hat die Absätze 1 und 3 in Hinblick auf die Plan-UP-RL neu gefasst. Für den im 34er Bereich die Umgebung bestandssichernden BPl ist das vereinfachte Verfahren eingeführt. Der die Erleichterungen regelnde Abs. 2 ist redaktionell an die Neufassungen der §§ 3 und 4 angepasst. 2

Die **Novelle 2007** hat für den bestandssichernden BPl im 34er Bereich als weiteren alternativen Anwendungsfall den sich auf Festsetzungen zur Erhaltung und Entwicklung zentraler Versorgungsbereiche nach dem – ebenfalls durch die Novelle 2007 eingefügten – § 9 Abs. 2a beschränkenden BPl angefügt.

II. Vereinfachtes Verfahren

1. Gegenstand und Anwendungsbereich

3 a) **Erleichtertes Verfahren – Anwendungsbereich als Option:** Die Vorschrift erleichtert das Planungsverfahren für den FPl und für den BPl, indem sie vom Zwang der in den Absätzen 2 und 3 bezeichneten Anforderungen entbindet und zusätzlich von den durch diese bedingte weiteren Anforderungen. Das betrifft die Öffentlichkeitsbeteiligung, die Beteiligung von Behörden und den TöB und insbesondere die **UVP.** Das Gesetz stellt zwei Anwendungsfälle zur Verfügung, nämlich *erstens* die Änderung oder Ergänzung eines bestehenden BPls und *zweitens* den bestandssichernden BPl im 34er Bereich. Der letztgenannte bestandssichernde Plan hat zwei alternative Varianten, nämlich erstens den den Schutz der Eigenart der prägenden näheren Umgebung sichernden Plan und zweitens denjenigen, der sich zur Erhaltung oder Entwicklung zentraler Versorgungsbereiche, der sich auf Festsetzungen nach § 9 Abs. 2a beschränkt. Auf die Entwicklungssatzung nach § 34 Abs. 4 Satz 1 Nr. 2 oder die Ergänzungssatzung nach § 34 Abs. 4 Satz 1 Nr. 3 ist § 13 nicht anwendbar. Im Übrigen begeht die Gemeinde keinen Rechtsfehler, wenn sie von der in § 13 gebotenen Möglichkeit keinen Gebrauch macht, sondern das normale Planaufstellungsverfahren durchführt oder wenn sie das – durch die Novelle 2007 eingeführte – beschleunigte Verfahren nach § 13a durchführt, sofern dessen Anforderungen erfüllt sind.

4 b) **BPl-Änderung oder -Ergänzung:** Änderungen und Ergänzungen betreffen bereits in Kraft befindliche FPle bzw BPle. § 1 Abs. 8 schreibt vor, dass die Vorschriften dieses Gesetzbuchs über die Aufstellung von Bauleitplänen auch für die Änderung, Ergänzung und Aufhebung gelten. Die Erweiterung eines Plangebiets ist Änderung. Betroffen ist der **Minimalfall** (BVerwG, NvwZ-RR 2000, 759). Der Reg-E nennt als Beispiel die Änderung von WR in WA (BVerwG, BRS 63 Nr. 41).

5 c) **Umgebungsbestandssichernder BPl:** Der sog. bestandssichernde BPl betrifft einen 34er Bereich.

6 Der den sich aus der vorhandenen Eigenart der näheren Umgebung ergebenden Zulässigkeitsmaßstab **nicht wesentlich verändernde** Plan gehörte schon seit der Novelle 2004 zum Anwendungsbereich des vereinfachten Aufstellungsverfahrens. Der Maßstab ist problematisch und kann in der Praxis schwierig sein. Der sich aus der Eigenart der Umgebung ergebende Zulässigkeitsmaßstab gilt gem. § 34 Abs. 1 für ein Vorhaben. Hier aber für den Plan. Nähere Umgebung nach § 34 Abs. 1 ist der Bereich, auf den sich das Vorhaben auswirkt und in umgekehrter Richtung, was sich auf das Vorhaben auswirkt (BVerwGE 55, 369; BVerwG, BRS 28 Nr. 95). Für einen – nicht nur ein Vorhabengrundstück umfassenden – Planbereich ist die Grenze zwischen näherer und fernerer Umgebung zu ziehen, wo in einem städtebaulich einheitlich geprägten Gebiet unterschiedliche Bau- und Nutzungsstrukturen aneinander stoßen. Auf jeden Fall geht es um räumlich kleine Gebiete. Räumlich klein ist dabei eine iS einer absoluten Zahl kleine Fläche. Die in § 13 bestimmte, ihrem Wortlaut und in ihrer Zielsetzung § 34 Abs. 1 entnommene Grenzziehung kann in der konkreten Anwendung schwierig sein. In vielen Fällen kann der InnenentwicklungsBPl nach § 13a die entlastende Alternative für die bezeichnete Schwierigkeit liefern.

7 Der bestandssichernde BPl dient, den **Maßstab nach § 34 Abs. 1 normsetzend zu sichern** (BVerwGE 55, 369 „*Harmonie-Urteil*"). Das ist der Fall, dass sich eine

erhaltenswerte oder homogene Siedlungsstruktur nach dem, was nach § 34 Abs. 1 oder Abs. 2 iVm der BauNVO zulässig wäre, ändern könnte (BVerwG, BRS 60 Nr. 176). Eine Innenbereichs-Brache, bei der die Vorgängernutzung noch mit prägt und die eine unterschiedliche Nutzung und unterschiedliche Qualität des Gebiets bewirkte, gehört nicht dazu. Das ist Thema von § 13a.

Das vereinfachte Verfahren ist auf Festsetzungen der **Zulässigkeitsmaßstäbe** von 8
§ 34 Abs. 1 beschränkt.

Der im vereinfachten Verfahren zustande gekommene BPl darf den Maßstab ver- 9
ändern, aber „**nicht wesentlich**“. Er darf einen hypothetischen, der näheren Umgebung entnommenen Grundzug der Planung nicht betreffen.

Der bestandssichernde BPl ist das geeignete Mittel, die städtebauliche weitere Ent- 10
wicklung eines kleinräumigen diffusen Gebiets zu steuern.

Der lediglich **Festsetzungen nach** § 9 Abs. 2 **a** enthaltende BPl steht seinem Wort- 11
laut nach alternativ neben dem den Zulässigkeitsmaßstab nicht wesentlich verändernden bestandssichernden BPl. Da die Festsetzungen nach § 9 Abs. 2 a nur „zur Erhaltung oder Entwicklung zentraler Versorgungsbereiche“ im 34er Bereich zulässig sind, schwächt die Variante für diesen Fall nur ab, was sich als *wesentlich* bezeichnen lässt.

2. Anforderungen

a) **Grundzüge der Planung:** Im Fall der Änderung oder Ergänzung (Rn 4) darf der 12
Grundzug der Planung nicht berührt sein (BVerwGE 56, 71). Der Plural „Grundzüge“ besagt, dass die Anwendungsgrenze des § 13 auch mehrere Gegenstände betreffen kann, zB die Nutzungsart und das Maß der zulässigen Versiegelung. Es geht um die Konzeption des Plans insgesamt und nicht die ggf erhebliche Betroffenheit einzelner Grundstücke. Das vereinfachte Verfahren steht danach eher für **punktuelle Änderungen** zur Verfügung.

b) **Nicht UVP-pflichtige Vorhaben:** Abs. 1 Nr. 1 schließt den Anwendungsbereich 13
der Vorschrift für die Festsetzung aus, die die Zulässigkeit eines Vorhabens begründet oder vorbereitet, das UVP-prüfungspflichtig ist. Auch wenn die gesamte Planung Umweltauswirkungen haben kann, kann eine UVP vorgeschrieben sein, zB durch Landesrecht. Das vereinfachte Verfahren ist in diesem Fall nicht zulässig. Abs. 1 Nr. 1 verlangt einen „Gegentest“, ob ein etwa zulässiges Vorhaben – ggf, ob die gesamte Planung – UVP-pflichtig ist.

c) **Umweltrelevante Planung:** § 1 Abs. 6 Nr. 7b betrifft innerhalb der Umwelt- 14
belange die FFH-Gebiete und Vogelschutzgebiete sowie potentielle FFH-Gebiete und faktische Vogelschutzgebiete. Abs. 1 Nr. 2 schließt den Anwendungsbereich der Vorschrift aus, wenn „**Anhaltspunkte**“ dafür bestehen, dass der bezeichnete Belang – auch unwesentlich – betroffen ist. Im Übrigen sind Umweltbelange nach § 1 Abs. 7 abzuwägen wie bei jedem BPl.

d) **Allgemeine Anforderungen:** Das vereinfachte Verfahren entlastet ausschließlich 15
von den in § 13 bezeichneten die UVP und die Beteiligung betreffenden Anforderungen. Der im vereinfachten Verfahren zustande gekommene BPl ist ein BPl wie jeder andere, der den Anforderungen an diesen genügen muss. Das sind die Erforderlichkeit nach § 1 Abs. 3 Satz 1, die Anpassungspflicht an die Ziele der Raumordnung nach § 1 Abs. 4, das interkommunale Abstimmungsgebot, § 2 Abs. 2, das Abwägungsgebot und das Entwicklungsgebot aus dem FPl nach § 8 Abs. 2.

3. Öffentlichkeitsbeteiligung

16 a) **Betroffene:** Das vereinfachte Verfahren erleichtert u.a. die Bürgerbeteiligung. Betroffen sind alle Bürger, die einen schutzwürdigen Belang einbringen (BVerwGE 59, 87/95), also auch Mieter (BVerwG, BRS 57 Nr. 44), Pächter und ggf Gebietsnachbarn (BVerwGE 105, 158). Die Gemeinde begeht keinen Rechtsfehler, wenn sie von der Vereinfachung keinen Gebrauch macht. Der sichere Weg ist für sie, nur in Bagatellfällen auf die frühzeitige Beteiligung zu verzichten.

17 b) **Alternative Beteiligungsform:** Für die Art, wie die Gemeinde die Betroffenen beteiligt, hat sie einen weiten Spielraum. Sie kann einzeln korrespondieren, Einzelgespräche führen und in einem gemeinschaftlichen Erörterungstermin beteiligen. Alle Betroffenen zu ermitteln kann schwierig sein. Deshalb stellt Abs. 2 Nr. 2 alternativ das generelle Verfahren nach § 3 Abs. 2 zur Verfügung. Gibt die Gemeinde nicht Gelegenheit zur Stellungnahme, muss sie das Verfahren nach § 3 Abs. 2 durchführen.

18 c) **Präklusion:** Es gilt die Präklusionsregelung des § 4a Abs. 6. Im Übrigen ist die prozessrechtliche, jedoch auf das Normenkontrollverfahren beschränkte Präklusion des – durch die Novelle 2007 eingeführten – § 47 Abs. 2a zu beachten (s Rn 31 Vorb zu §§ 29–38).

4. Überleitungsrecht

19 Für am 20.7.2004 anhängige vereinfachte Verfahren gilt die Übergangsregelung des § 233. Nach dessen Abs. 1 Satz 1 ist die bis zur Novelle 2004 geltende Fassung des § 13 weiter anzuwenden. Nach Satz 2 darf die Gemeinde noch nicht begonnene Schritte nach der aktuellen Fassung durchführen.

III. Rechtsschutz

20 Der im vereinfachten Verfahren zustande gekommene FPl bzw BPl ist ein Plan wie jeder andere und entsprechend überprüfbar. Im Normenkontrollverfahren ist die prozessrechtliche Präklusion des – durch Novelle 2007 eingeführten – § 47 Abs. 2a zu beachten (s. Rn 31 Vorb zu den §§ 29 – 38). In der Inzidentprüfung gilt diese Präklusion nicht.

21 Beachtlich aber präkludierbar sind nur die Verletzung der Vorschriften des Abs. 2 Nr. 2 und 3, § 214 Abs. 1 Satz 1 Nr. 2 und § 215 Abs. 1 Satz 1 Nr. 1. Der Fehler ist präkludiert, wenn er nicht innerhalb der Jahresfrist schriftlich bei der Gemeinde geltend gemacht ist, gleichgültig von wem. Hat die Gemeinde das vereinfachte Verfahren durchgeführt, obwohl sie wusste, dass dessen Voraussetzungen nicht vorliegen, ist dieser bewusste Fehler beachtlich.

§ 13a Bebauungspläne der Innenentwicklung

(1) Ein Bebauungsplan für die Wiedernutzbarmachung von Flächen, die Nachverdichtung oder andere Maßnahmen der Innenentwicklung (Bebauungsplan der Innenentwicklung) kann im beschleunigten Verfahren aufgestellt werden. Der Bebauungsplan darf im beschleunigten Verfahren nur aufgestellt werden, wenn in ihm eine zulässige Grundfläche im Sinne des § 19 Abs. 2 der Baunutzungsverordnung oder eine Größe der Grundfläche festgesetzt wird von insgesamt

1. weniger als 20 000 Quadratmetern, wobei die Grundflächen mehrerer Bebauungspläne, die in einem engen sachlichen, räumlichen und zeitlichen Zusammenhang aufgestellt werden, mitzurechnen sind, oder
2. 20 000 Quadratmetern bis weniger als 70 000 Quadratmetern, wenn auf Grund einer überschlägigen Prüfung unter Berücksichtigung der in Anlage 2 dieses Gesetzes genannten Kriterien die Einschätzung erlangt wird, dass der Bebauungsplan voraussichtlich keine erheblichen Umweltauswirkungen hat, die nach § 2 Abs. 4 Satz 4 in der Abwägung zu berücksichtigen wären (Vorprüfung des Einzelfalls); die Behörden und sonstigen Träger öffentlicher Belange, deren Aufgabenbereiche durch die Planung berührt werden können, sind an der Vorprüfung des Einzelfalls zu beteiligen.

Wird in einem Bebauungsplan weder eine zulässige Grundfläche noch eine Größe der Grundfläche festgesetzt, ist bei Anwendung des Satzes 2 die Fläche maßgeblich, die bei Durchführung des Bebauungsplans voraussichtlich versiegelt wird. Das beschleunigte Verfahren ist ausgeschlossen, wenn durch den Bebauungsplan die Zulässigkeit von Vorhaben begründet wird, die einer Pflicht zur Durchführung einer Umweltverträglichkeitsprüfung nach dem Gesetz über die Umweltverträglichkeitsprüfung oder nach Landesrecht unterliegen. Das beschleunigte Verfahren ist auch ausgeschlossen, wenn Anhaltspunkte für eine Beeinträchtigung der in § 1 Abs. 6 Nr. 7 Buchstabe b genannten Schutzgüter bestehen.

(2) Im beschleunigten Verfahren

1. gelten die Vorschriften des vereinfachten Verfahrens nach § 13 Abs. 2 und 3 Satz 1 entsprechend;
2. kann ein Bebauungsplan, der von Darstellungen des Flächennutzungsplans abweicht, auch aufgestellt werden, bevor der Flächennutzungsplan geändert oder ergänzt ist; die geordnete städtebauliche Entwicklung des Gemeindegebiets darf nicht beeinträchtigt werden; der Flächennutzungsplan ist im Wege der Berichtigung anzupassen;
3. soll einem Bedarf an Investitionen zur Erhaltung, Sicherung und Schaffung von Arbeitsplätzen, zur Versorgung der Bevölkerung mit Wohnraum oder zur Verwirklichung von Infrastrukturvorhaben in der Abwägung in angemessener Weise Rechnung getragen werden;
4. gelten in den Fällen des Absatzes 1 Satz 2 Nr. 1 Eingriffe, die auf Grund der Aufstellung des Bebauungsplans zu erwarten sind, als im Sinne des § 1a Abs. 3 Satz 5 vor der planerischen Entscheidung erfolgt oder zulässig.

(3) Bei Aufstellung eines Bebauungsplans im beschleunigten Verfahren ist ortsüblich bekannt zu machen,

1. dass der Bebauungsplan im beschleunigten Verfahren ohne Durchführung einer Umweltprüfung nach § 2 Abs. 4 aufgestellt werden soll, in den Fällen des Absatzes 1 Satz 2 Nr. 2 einschließlich der hierfür wesentlichen Gründe, und
2. wo sich die Öffentlichkeit über die allgemeinen Ziele und Zwecke sowie die wesentlichen Auswirkungen der Planung unterrichten kann und dass sich die Öffentlichkeit innerhalb einer bestimmten Frist zur Planung äußern kann, sofern keine frühzeitige Unterrichtung und Erörterung im Sinne des § 3 Abs. 1 stattfindet.

Die Bekanntmachung nach Satz 1 kann mit der ortsüblichen Bekanntmachung nach § 2 Abs. 1 Satz 2 verbunden werden. In den Fällen des Absatzes 1 Satz 2 Nr. 2 erfolgt die Bekanntmachung nach Satz 1 nach Abschluss der Vorprüfung des Einzelfalls.

(4) Die Absätze 1 bis 3 gelten entsprechend für die Änderung und Ergänzung eines Bebauungsplans.

I. Novelle 2007, Innenentwicklungsgesetz

1 Das Gesetz zur Erleichterung von Planungsvorhaben für die Innenentwicklung der Städte vom 21.12.2006, BGBl. 2006, I S. 3316, ist gem. dessen Art 4 am 1.1.2007 in Kraft getreten. Der durch dieses G neu in das BauGB eingefügte § 13a mit der gesetzlichen Überschrift „BPle der Innenentwicklung" hat dem G seinen Namen gegeben. Es hat drei Gesetze geändert, nämlich in Art 1 das BauGB, Art 2 § 14 d des UVPG und in Art 3 die §§ 47 und 195 VwGO. In Gesetzessammlungen wird das G mit seinem verheißungsvollen Namen nicht auftauchen, sondern nur die Änderungen in den einschlägigen Gesetzen. Kernstück der Novelle ist der neue § 13a. In § 47 ist die Antragsfrist für die Normenkontrollklage generell halbiert auf ein Jahr. Der neu eingefügte Abs. 2a hat eine ausschließlich für das Normenkontrollverfahren geltende prozessrechtliche Präklusion eingefügt; hierzu s. Rn 31 der Vorb zu den §§ 29–38.

II. Gegenstand – Abgrenzung zum normalen BPl und zum vereinfachten Verfahren nach § 13

2 1. Gegenstand

Gegenstand der Vorschrift sind alternativ erstens die Wiedernutzbarmachung von Flächen, zweitens die Nachverdichtung und drittens andere Maßnahmen der Innenentwicklung. Rechtlich geht es um die Überplanung früher oder auch jetzt baulich oder gewerblich genutzter Flächen. Das dürften überwiegend 34er Bereiche sein, aber auch Planbereiche und vereinzelt Außenbereich. Städtebaulich handelt es sich um Problemflächen im Inneren baulich oder gewerblich genutzter Gebiete. Das G bezeichnet das Verfahren als „beschleunigt", Abs. 1 Satz 4 und 5,

Abs. 2 und Abs. 3. Der Sache nach handelt es sich um einen Unterfall des vereinfachten Verfahrens nach § 13.

2. Abgrenzung zum normalen BPl und zum vereinfachten Verfahren nach § 13

§ 13a modifiziert einige formelle und materielle Anforderungen an die Aufstellung des „normalen" BPls. Das Planungsergebnis ist ein BPl wie jeder andere auch. Soweit das Gesetz nicht modifiziert, gelten alle Anforderungen, die für die Aufstellung des normalen BPls auch gelten. Das Abwägungsgebot gilt. Der Plan muss erforderlich sein, § 1 Abs. 3, er muss interkommunal abgestimmt sein, § 2 Abs. 2, und er muss den Zielen der Raumordnung angepasst sein, § 1 Abs. 4. Das in § 8 Abs. 2 bestimmte Entwicklungsgebot aus dem FPl ist gegen die Verpflichtung ausgetauscht, den FPl im Wege der Berichtigung anzupassen, Abs. 2 Nr. 2; diese Modifizierung ist eingeschränkt durch die unveränderte in § 1 Abs. 3 bestimmte Pflicht zur geordneten städtebaulichen Entwicklung. Abs. 2 Nr. 1 bezieht ausdrücklich § 13 Abs. 2 die Öffentlichkeitsbeteiligung und die Beteiligung von Behörden und der TröB und Abs. 3 Satz 1 betreffend die UVP als entsprechend geltend ein. Für den BPl der Innenentwicklung mit der Festsetzung einer Grundfläche von weniger als 20.000 Quadratmetern gilt nicht die Forderung nach naturschutzrechtlichem Ausgleich nach § 1a Abs. 2 Nr. 4. Die praktisch bedeutendste Modifizierung des „normalen" Planaufstellungsverfahrens sind erstens die vorbeschriebene Einbeziehung von § 13 und zweitens der Austausch des Entwicklungsgebots aus dem FPl gegen die Pflicht, diesen zu berichtigen. Die praktisch bedeutendsten Unterschiede zum Verfahren nach § 13 sind erstens der Anwendungsbereich auf die Entwicklung der Stadtzentren statt auf Minimalfälle und zweitens der vorbezeichnete Austausch des Entwicklungsgebots aus dem FPl gegen die Pflicht, diesen zu berichtigen. Für den Wortwechsel von 'vereinfachtem' (§ 13) in 'beschleunigtes' (§ 13a) Verfahren ist in den voneinander abweichenden Verfahrensregelungen eine Rechtfertigung nicht auszumachen. Die rechtlich gewichtigste Modifikation ist der in den §§ 13 und 13 a inhaltsgleiche Verzicht auf die UVP, die der Gesetzgeber für auch EU-rechtlich erlaubt hält. Entsprechend rechtliche Substanz spiegelt der für aktuelle Gesetzgebung typische Umfang der Vorschrift ansonsten nicht wieder. 3

III. Abs. 1 Satz 1 – Innenentwicklung („BPl der Innenentwicklung")

1. Innenentwicklung

Abs. 1 Satz 1 bestimmt für die Anwendbarkeit von § 13a drei alternative Planungsziele, nämlich erstens die Wiedernutzbarmachung von Flächen, zweitens Nachverdichtung und drittens Maßnahmen der Innenentwicklung. Im Klammerausdruck bezeichnet das Gesetz einen in dem Verfahren zustande gekommenen BPl als „BPl der Innenentwicklung". Die für diese Planungsziele vorgefundenen Bereiche sind sowohl als 34er-, als auch als Plan-, als auch als Außenbereich denkbar. Das Teilwort „Innen." sowohl beim Namen als auch bei der dritten Alternative beschränkt auf eine vorgefundene, ggf aufgegebene bauliche oder gewerbliche Nutzung, jedoch weder auf eine räumliche Anordnung des Gebietes zur vorhandenen Siedlung noch gar auf eine der drei Gebietsarten. Es geht um normativ ausgewählte Ziele der Planung, die zugleich Belange in der Abwägung sind. Die Gemeinde begeht keinen Rechtsfehler, wenn sie statt des Verfahrens nach § 13a das normale Aufstellungsverfahren durchführt. Führt die Gemeinde in einem 4

Bereich, in dem das Verfahren nach § 13a zulässig wäre, das normale Verfahren durch, gilt § 13a nicht; die in Abs. 1 Satz 1 bezeichneten Ziele haben in diesem Fall keinen normativen Vorrang vor anderen Zielen.

2. Wiedernutzbarmachung von Flächen

5 Industrie-, Gewerbe-, insbesondere Kaufhaus-, aber auch Siedlungsbrache sind städtebauliche Problemfälle. Ist die frühere Nutzung endgültig aufgegeben, ist sie nicht mehr verfassungsrechtlich bestandsgeschützt und sie prägt auch nicht mehr iSv § 34 Abs. 1, und ist für den Bereich kein BPl in Kraft und ist die Fläche nicht durch ihre Umgebung geprägt, handelt es sich rechtlich um Außenbereich. Das städtebauliche Problem der Brache besteht unabhängig von der Zugehörigkeit der Fläche zu einer der drei Gebietsarten. Liegt die Fläche außerhalb des sonst zusammenhängenden Siedlungsgebietes, spricht einiges dafür, dass Anhaltspunkte für eine UVP-Pflichtigkeit bestehen und deshalb das Verfahren nach § 13a nicht zulässig ist.

3. Nachverdichtung

6 **Nachverdichtung** betrifft das Maß der baulichen Nutzung und die Grundfläche, die überbaut werden soll einschließlich der räumlichen Anordnung von Vorhaben in der Gegend. Dazu gehört auch die sog. Hinterlandbebauung.

4. Andere Maßnahmen der Innenentwicklung

7 Andere Maßnahmen der Innenentwicklung öffnen das Verfahren nach § 13a für Planungsziele unterschiedlicher Art zur Überplanung baulich oder gewerblich genutzter Bereiche. Die Gemeinde ist gut beraten, die Öffentlichkeitsbeteiligung nach § 3 Abs. 2 durchzuführen.

IV. Anforderungen

1. Nicht UVP-pflichtig

8 Wie § 13 stellt § 13a die Anforderung, dass nach der beabsichtigten Festsetzung nicht die Zulässigkeit von UVP-pflichtigen Vorhaben begründet wird, Abs. 1 Satz 4, dass die Planung nicht selbst UVP-pflichtig ist und dass keine Anhaltspunkte für eine Beeinträchtigung eines FFH- oder eines Vogelschutzgebietes bestehen, Abs. 1 Satz 5. Die Anforderung verlangt eine Vorprüfung. Im Übrigen s. die Kommentierung zu § 13. Die EU-rechtlichen Vorgaben sind den in Rn 1 zu § 13 bezeichneten Richtlinien zu entnehmen.

2. Grundflächenbegrenzung

9 Als weitere Anforderung begrenzt Abs. 1 die festzusetzende Grundfläche. Es bestimmt zwei Alternativen, nämlich erstens eine Grundfläche von weniger als 20.000 Quadratmetern (S. 2 Nr. 1) und zweitens eine solche von 20.000 bis weniger als 70.000 Quadratmetern (Abs. 1 Satz 2 Nr. 2). Wird weder eine zulässige Grundfläche noch eine Größe der Grundfläche festgesetzt, ist zu ermitteln, welche Fläche voraussichtlich versiegelt werden wird (Abs. 1 Satz 3) und das Gebiet entsprechend dem Ergebnis einer der beiden Alternativen zuzurechnen. Bei der Berechnung der überbaubaren Quadratmeterzahl sind die Grundflächen mehrerer BPle zusammenzurechnen, die in einem engen sachlichen, räumlichen und zeitlichen Zusammenhang aufgestellt werden, Abs. 1 Satz 2 Nr. 1. Die Vorschrift gilt für beide Alternativen. Sie dient dem Zweck, die Größenbegrenzung nicht EU-

rechtswidrig umgehen zu können. Für die 2. Alternative verlangt das Gesetz, dass nach dem Ergebnis der Vorprüfung unter Berücksichtigung der Anlage 2 zum InnenentwicklungsG, dass der BPl voraussichtlich keine erheblichen Umweltauswirkungen hat, die nach § 2 Abs. 4 Satz 4 in der Abwägung zu berücksichtigen wären. Betroffene Behörden und **TröB** sind an der Vorprüfung zu beteiligen. Bei der 1. Alternative von weniger als 20.000 Quadratmetern entfällt diese spezielle Vorprüfung. Von der naturschutzrechtlichen Ausgleichspflicht ist die 2. Alternative – im Unterschied zur 1. – nicht entbunden, Abs. 2 Nr. 3.

V. Abs. 2 – „Beschleunigtes" Verfahren

1. Abs. 2 Nr. 1 – UVP-Freiheit – Einbeziehung von § 13

Die für die Praxis gewichtigste Modifikation des normalen BPl-Aufstellungsvefahrens ist die UVP-Freiheit. Sie ist gesetzestechnisch durch die partielle Einbeziehung von § 13 bestimmt. Insofern sind die Verfahren von § 13 und von § 13a gleich. EU-rechtlich gerechtfertigt ist diese Freiheit aufgrund des Ergebnisses der Vorprüfung, dass voraussichtlich weder ein aufgrund der planerischen Festsetzungen zulässiges Vorhaben UVP-pflichtig sein wird, noch die Planung selbst UVP-pflichtig ist, und zwar auch nicht aufgrund von Landesrecht und dass auch keine Anhaltspunkte dafür gegeben sind, dass ein FFH-Gebiet oder ein potentielles FFH-Gebiet oder ein Vogelschutzgebiet beeinträchtigt werden könnte. Die EU-rechtlichen Vorgaben sind den in Rn 1 zu § 13 bezeichneten Richtlinien zu entnehmen. 10

2. Abs. 2 Nr. 2 – Entwicklungspflicht aus dem FPl

Die Vorschrift entbindet von der in § 8 Abs. 2 bestimmten Pflicht, den BPl aus dem FPl zu entwickeln. Voraussetzung ist, dass ein wirksamer FPl in Kraft ist. Der Tatbestand erfordert nämlich eine Abweichung von Darstellungen des FPls sowie – mit der Formulierung „bevor der FPl geändert oder ergänzt ist" – die Umkehr der zeitlichen und funktionalen in § 8 bestimmten Reihenfolge, zuerst oder parallel den FPl zu ändern. Das ergibt sich darüber hinaus aus HS 3 die Rechtsfolge die Änderung des FPls betreffend. Weitere Anforderung ist, dass der BPl die geordnete städtebauliche Entwicklung des Gemeindegebiets nicht beeinträchtigt. Was geordnete städtebauliche Entwicklung ist, kann streitanfällig sein. Eine gesetzliche Definition ist dem BauGB nicht zu entnehmen. Die Vorschrift eröffnet der Gemeinde die Möglichkeit, von der sie Gebrauch machen darf; diese begeht aber keinen Rechtsfehler, wenn sie zuerst oder im Parallelverfahren den FPl ändert. Zeichnet sich ernstzunehmender Streit darüber ab, ob der beabsichtigte BPl die geordnete städtebauliche Entwicklung des Gemeindegebietes beeinträchtigt, kann es zweckmäßig sein, das Parallelverfahren durchzuführen oder zunächst den FPl zu ändern. Macht die Gemeinde von der in Abs. 2 Nr. 2 eingeräumten Möglichkeit Gebrauch, bestimmt HS 3 als zwingende Rechtsfolge, den FPl im Wege der Berichtigung anzupassen. Ist für die Aufstellung des FPls ein anderer Hoheitsträger zuständig – zB ein Planungsverband iSv § 205 – ist dieser Schuldner der Pflicht. Beeinträchtigt der BPl die geordnete städtebauliche Entwicklung, handelt es sich um einen beachtlichen, aber nach § 215 Abs. 1 präkludierbaren Fehler. 11

3. Abs. 2 Nr. 4 – Entbindung von der naturschutzrechtlichen Ausgleichspflicht

Der in § 1a verlangte naturschutzrechtliche Ausgleich gilt nicht für die in Abs. 1 Nr. 1 bezeichnete Alternative – BPl mit einer zu überbauenden Grundfläche von weniger als 20.000 Quadratmetern. Von der in § 1 Abs. 6 Nr. 7 bestimmten 12

Pflicht, die dort bezeichneten naturschutzrechtlichen Belange abzuwägen, entbindet die Vorschrift nicht. Setzt die Gemeinde gleichwohl Ausgleichsmaßnahmen fest, begeht sie keinen Rechtsfehler, und zwar auch nicht, wenn diese hinter den Forderungen für Ausgleichsmaßnahmen zurückbleiben. Für die 2. in Abs. 1 bezeichnete Alternative – BPl mit 20.000 bis weniger als 70.000 Quadratmetern überbaubarer Grundfläche – gilt die in Abs. 2 Nr. 4 bestimmte Rechtswohltat nicht.

4. Abs. 3 – Information der Öffentlichkeit

13 Abs. 3 bestimmt Informationspflichten in Ergänzung zu § 13 Abs. 2.

5. Abs. 2 Nr. 3 – Erinnerung an Belange

14 Abs. 2 Nr. 3 enthält eine Redundanz. Mit der Formulierung, den bezeichneten Belangen solle in der Abwägung „in angemessener Weise Rechnung getragen werden", ist der Satz auch sonst misslungen. Das Abwägungsergebnis ist nicht deshalb fehlerhaft, weil sich einer der bezeichneten Belange trotz dieser Vorschrift nicht durchgesetzt hat. Zu empfehlen ist, in der Planbegründung anzugeben, dass die bezeichneten Belange erwogen worden sind.

6. Abs. 4 – Änderung und Ergänzung eines BPls

15 Die Vorschrift modifiziert § 1 Abs. 8. § 13a gilt – als Option – für die Änderung und Ergänzung eines jeden BPls, gleichgültig ob er im normalen Aufstellungsverfahren zustande gekommen ist oder im Verfahren nach § 13 oder nach § 13a. Die Voraussetzungen und Anforderungen von § 13a müssen erfüllt sein. Auch für den rechtmäßig im Verfahren nach § 13a zustande gekommenen BPl gilt, dass die von dieser Vorschrift gestellten Voraussetzungen und Anforderungen erfüllt sind. Ist das nicht der Fall, muss die Gemeinde für die Änderung und Ergänzung auch eines solchen Plans das normale Aufstellungsverfahren durchführen. Wählt die Gemeinde das normale Aufstellungsverfahren, obwohl das Verfahren nach § 13a zulässig wäre, begeht sie keinen Rechtsfehler. Für die Aufhebung eines auch nach § 13a zustande gekommenen BPls gilt § 1 Abs. 8.

7. Planbegründung

16 § 13a begründet nicht spezielle Begründungspflichten. Der Gemeinde ist jedoch zu raten, die Gründe für die Durchführung des Aufstellungsverfahrens nach dieser Vorschrift und die Erfüllung der Anforderungen darzulegen. Das kann sich bei der richterlichen Kontrolle des Plans auszahlen.

VI. Fehlerfolgen und Rechtsschutz

1. Fehlerfolgen

17 Die Fehlerfolgenregelung der §§ 214 und 215 nimmt mehrfach ausdrücklich Bezug auf § 13a. Der durch die Novelle 2007 ins Gesetz eingefügte Abs. 2a zu § 214 enthält eine spezielle die Voraussetzungen, Anforderungen und Modifikationen des Verfahrens nach § 13a betreffende Fehlerfolgenregelung. Danach beachtliche Fehler sind nach § 215 Abs. 1 Satz 2 präkludiert, wenn sie nicht binnen Jahresfrist gem. Satz 1 geltend gemacht sind.

2. Rechtsschutz

Der im Verfahren nach § 13a zustande gekommene BPl ist ein Plan wie jeder andere. Bezüglich des Rechtsschutzes gelten keine Besonderheiten. Zu beachten ist die ebenfalls durch die Novelle 2007 eingeführte prozessrechtliche Präklusion für das Normenkontrollverfahren durch § 47 Abs. 2a VwGO. S. hierzu Rn 31 der Vorb. zu den §§ 29–38. 18

Zweiter Teil
Sicherung der Bauleitplanung

Erster Abschnitt
Veränderungssperre und Zurückstellung von Baugesuchen

§ 14 Veränderungssperre

(1) Ist ein Beschluss über die Aufstellung eines Bebauungsplans gefasst, kann die Gemeinde zur Sicherung der Planung für den künftigen Planbereich eine Veränderungssperre mit dem Inhalt beschließen, dass
1. Vorhaben im Sinne des § 29 nicht durchgeführt oder bauliche Anlagen nicht beseitigt werden dürfen;
2. erhebliche oder wesentlich wertsteigernde Veränderungen von Grundstücken und baulichen Anlagen, deren Veränderungen nicht genehmigungs-, zustimmungs- oder anzeigepflichtig sind, nicht vorgenommen werden dürfen.

(2) Wenn überwiegende öffentliche Belange nicht entgegenstehen, kann von der Veränderungssperre eine Ausnahme zugelassen werden. Die Entscheidung über Ausnahmen trifft die Baugenehmigungsbehörde im Einvernehmen mit der Gemeinde.

(3) Vorhaben, die vor dem Inkrafttreten der Veränderungssperre baurechtlich genehmigt worden sind, Vorhaben, von denen die Gemeinde nach Maßgabe des Bauordnungsrechts Kenntnis erlangt hat und mit deren Ausführung vor dem Inkrafttreten der Veränderungssperre hätte begonnen werden dürfen, sowie Unterhaltungsarbeiten und die Fortführung einer bisher ausgeübten Nutzung werden von der Veränderungssperre nicht berührt.

(4) Soweit für Vorhaben im förmlich festgelegten Sanierungsgebiet oder im städtebaulichen Entwicklungsbereich eine Genehmigungspflicht nach § 144 Abs. 1 besteht, sind die Vorschriften über die Veränderungssperre nicht anzuwenden.

I. Planungs-Sicherungsinstrumente der §§ 14–18

1. Übersicht

1 Der zweite Teil des ersten, das allgemeine Städtebaurecht regelnden Kapitels des BauGB ist mit „Sicherung der Bauleitplanung" überschrieben. Er enthält drei Abschnitte. Der erste Abschnitt befasst sich in den §§ 14–18 mit der Veränderungssperre und der Zurückstellung von Baugesuchen. Der zweite Abschnitt betrifft die Teilung von Grundstücken sowie die Sicherung von Gebieten mit Fremdenverkehrsfunktion, und der dritte Abschnitt regelt gesetzliche Vorkaufsrechte der Gemeinde.

2 Die Regelung der Veränderungssperre ist auf die §§ 14 und 16–18 aufgeteilt, § 15 ergänzt die Vspr um das raschere Sicherungsmittel der Zurückstellung von Baugesuchen. Die Anforderungen, Folgen und Ausnahmen sind in den §§ 14 und 16 geregelt, in § 17 die Geltungsdauer und das Außerkrafttreten und in § 18 die Entschädigungsfolge.

2. Gegenstand

3 Gegenstand des § 14 sind die Anforderungen, der Anwendungsbereich, die Folgen und die Ausnahmen der Veränderungssperre mit Ausnahme des Beschlusses, der in § 16 bestimmt ist.

II. Anforderungen

1. Planungsziel

4 a) **Rechtmäßiges konkretes Planungsziel:** Die Vspr ist das wichtigste Instrument, die verbindliche Bauleitplanung effektiv zu sichern (BVerwG, Buchholz 406.11, § 14 Nr. 17). Abs. 1 verlangt deshalb, dass die Veränderungssperre als Sicherungsmittel **erforderlich** ist, nicht aber Abwägung (BVerwG, BRS 54 Nr. 72). Wegen der **Erforderlichkeit** als Sicherungsmittel muss die Planungsabsicht erkennbar sein (BVerwGE 51, 121). Das Planungsziel muss rechtmäßig sein (BVerwGE 34, 301; BVerwGE 81, 111). „*Als Sicherungsmittel ungeeignet ist eine Veränderungssperre nur dann, wenn sich das aus dem Aufstellungsbeschluss ersichtliche Planungsziel im Wege planerischer Festsetzung nicht erreichen lässt, wenn der beabsichtigte Bauleitplan einer positiven Planungskonzeption entbehrt und der Förderung von Zielen dient, für deren Verwirklichung die Planungsinstrumente des Baugesetzbuchs nicht bestimmt sind, oder wenn rechtliche Mängel schlechterdings nicht behebbar sind*" (BVerwG, BRS 55 Nr. 595).

5 b) **Ausschluss nach § 1 Abs. 4–9 BauNVO:** Das Planungsziel kann darauf gerichtet sein, einen Ausschluss nach § 1 Abs. 4–9 BauNVO festzusetzen, zB einen großflächigen Einzelhandelsbetrieb auszuschließen oder Emissionen zu begrenzen (BVerwGE 68, 360/364; BVerwGE 77, 308; BVerwGE 77, 317).

6 c) **Einzelne vom BVerwG erörterte Ziele:** Das BVerwG hat die Zulässigkeit einer Vspr zugelassen für ein Vorranggebiet für Windenergieanlagen (BVerwG, BRS 66 Nr. 115), für einen eine fernstraßenrechtliche Fachplanung ersetzenden BPl (BVerwGE 72, 172) und für eine vorsorgende Überplanung von demnächst zu entwidmenden bahnrechtlichen Flächen (BVerwG, Buchholz 406.11, § 14 Nr. 12).

7 d) **Maßgebender Zeitpunkt:** Maßgebender Zeitpunkt dafür, dass die Vspr als Sicherungsmittel für ein rechtmäßiges Planungsziel erforderlich ist, ist der Zeitpunkt der Beschlussfassung über die Veränderungssperre (BVerwGE 51, 121; BVerwG, BRS 30 Nr. 80).

8 e) **Austausch von Zielen:** Die Folge eines Austauschs der Planungsabsicht ist nicht revisionsrechtlich geklärt. Nach der Auffassung des VGH BW (ZfBR 89, 172) und des OVG Bln (BRS 49 Nr. 110) ist der Austausch des zum Beschluss nach § 2 Abs. 1 Satz 2 erkennbaren Planungsziels unschädlich; nach dem Nds OVG macht der Austausch der Planungsabsicht die Vspr unwirksam (BauR 2000, 73). Da die Erforderlichkeit im Zeitpunkt des Beschlusses maßgebend ist (Rn 7), ist ein zeitlich vorausgehender Austausch der zum Planaufstellungsbeschluss erkennbaren Planungsabsicht unschädlich. Ein dem Beschluss nach § 16 zeitlich nachfolgender Austausch bleibt unschädlich, wenn die Vspr als Sicherungsmittel für das neue rechtmäßige Planungsziel **erforderlich** ist. Unwirksamkeit der Vspr als Folge des Austauschs könnte zudem dazu führen, dass zeitlich längst mögliche Vspren nacheinander erforderlich würden, was mit dem Eigentumsgrundrecht aus Art 14 Abs. 1 Satz 1 GG unvereinbar wäre und folglich der Gemeinde das effektive Sicherungsmittel für die aktuelle Planung zur städtebaulichen Entwicklung entzöge.

2. Formelle Anforderungen

9 a) **BPl-Aufstellungsbeschluss, § 21 2:** Die Vorschrift verlangt einen BPl-Aufstellungsbeschluss nach § 2 Abs. 1 Satz 2, Abs. 1 (BVerwGE 79, 200/205).

10 b) **Zeitliche Reihenfolge:** Die Vorschrift verlangt die zeitliche Reihenfolge von zuerst des BPl-Aufstellungsbeschlusses nach § 2 Abs. 1 Satz 2 und danach der Vspr nach § 16 Abs. 1 (BVerwG, BRS 54 Nr. 77). Sie verlangt nicht, dass der BPl-Aufstellungsbeschluss schon ortsüblich bekannt gemacht ist, bevor die Gemeinde den Beschluss nach § 16 fasst; die Gemeinde kann deshalb die beiden Beschlüsse in derselben Sitzung fassen (BVerwG, BRS 49 Nr. 21).

11 c) **Zeitraum zwischen BPl-Aufstellungsbeschluss und Vspr:** Ein längerer Zeitraum zwischen dem BPl-Aufstellungsbeschluss nach § 2 Abs. 1 Satz 2 und dem Beschluss über die Vspr nach § 16 Abs. 1 ist unschädlich (BVerwG, BRS 54 Nr. 73), selbst wenn er länger als die längstmögliche Sperre ist (BVerwG, BRS 55 Nr. 96).

12 d) **Räumlicher Geltungsbereich:** Die Vspr muss ihren räumlichen Geltungsbereich bestimmen. Dieser kann einen Teilbereich des in Aufstellung befindlichen BPls sein (BVerwGE 51, 121). Soll der Geltungsbereich der Vspr den des beabsichtigten BPls überschreiten, bedarf das eines entsprechenden zeitlich vorgängigen weiteren Beschlusses nach § 2 Abs. 1 Satz 2. Eine Vspr ist ausschließlich in einem Gemeindegebiet zulässig, nicht aber in einem gemeindefreien Gebiet (BVerwG, BRS 57 Nr. 115).

III. Rechtsfolge der Vspr

1. Sperrwirkung

13 a) **Vorhaben, § 29 Abs. 1 Nr. 1:** Die Vspr sperrt die Zulässigkeit von Vorhaben nach § 29 Abs. 1 Nr. 1. Dazu gehören Aufschüttungen und Abgrabungen

(BVerwG, BRS 50 Nr. 1), was nach § 29 Nutzungsänderung ist (BVerwG, BRS 49 Nr. 171) und die Erweiterung eines Vorhabens (BVerwGE 65, 84/92).

b) Vorübergehend reduzierter Eigentumsinhalt: Die Vspr reduziert zeitlich vorü- 14
bergehend und iR auf die Dauer der Erforderlichkeit des Sicherungszwecks den Eigentumsinhalt nach Art 14 Abs. 1 Satz 2 GG auf das formell zugelassene und auf die bisher unbehelligte Nutzung (BVerwG, BRS 54 Nr. 76).

c) Baugenehmigungsverfahren: Im Baugenehmigungsverfahren hindert die Vspr 15
nach der modifizierten Schlusspunkttheorie (Ortloff, Öffentliches Baurecht II, Bauordnungsrecht, 5. Aufl., S. 117) die Erteilung der abschließenden Genehmigung. Die Behörde darf weder die Baugenehmigung erteilen, noch die Bebauungsgenehmigung. Ist das Vorhaben landesrechtlich genehmigungsfreigestellt, muss die Behörde dessen Ausführung verhindern.

d) Entschädigungsgeeignete Maßnahmen, Abs. 1 Nr. 2: Abs. 1 Nr. 2 betrifft ent- 16
schädigungsgeeignete Maßnahmen nach den §§ 39 und 42. Auch insofern reduziert die Vspr zeitlich vorübergehend iR des erforderlichen Sicherungszwecks den Eigentumsinhalt nach Art 14 Abs. 1 Satz 2 GG.

e) Zivilrechtlicher Mangel: Zivilrechtlich begründet die Sperre einen Rechtsman- 17
gel (BGH, BRS 44 Nr. 94).

f) Nachbarschutz: Mit Nachbarschutz ist die Vspr nicht angereichert; dies gilt 18
auch dann, wenn der spätere BPl zugunsten des Betreffenden nachbarschützende Festsetzungen enthält (BVerwG, Buchholz 406.11, § 14 Rn 11).

2. Abs. 3: Anwendungsausschluss

a) Formell zugelassene Vorhaben: Formell zulässige Vorhaben schließt Abs. 3 von 19
der Sperrwirkung aus. Der im Reg-E zur Novelle 2004 geäußerten Auffassung, Abs. 3 fordere materiell-rechtliche Rechtmäßigkeit des Vorhabens (Drs. 15/2260, 51 zu Nr. 15), ist nicht zu folgen. Die Vorschrift verlangt, dass das Vorhaben „baurechtlich genehmigt worden" ist. Das ist die verwaltungsverfahrensrechtliche, formelle Rechtslage. Insoweit bezieht Bundesrecht Landesrecht ein. Dass die Behörde materiell-rechtlich rechtswidrige Vorhaben genehmigt, kommt häufig vor. Die Überprüfung der Genehmigung oder Zulassung auf deren materiell-rechtliche Rechtmäßigkeit erlaubt Abs. 3 nicht. Materiell-rechtliche Rechtmäßigkeit genügt andererseits nicht. Verfassungsrechtlicher Bestandsschutz, der materiell-rechtliche Rechtmäßigkeit für eine gewisse Dauer erfordert, erfüllt das alternative Tatbestandsmerkmal einer bisher ausgeübten Nutzung. In der ersten Alternative verlangt das Gesetz die nach Maßgabe des Verfahrensrechts erteilte Genehmigung (BVerwG, BRS 18 Nr. 60). Das ist – aus der Sicht des Bundesrechts vor allem – die Bebauungsgenehmigung (BVerwGE 69, 1; BGH, BRS 44 Nr. 94), nämlich weil diese der hier interessierende das Bundesbodenrecht betreffende Ausschnitt aus dem feststellenden Teil der Baugenehmigung ist (BVerwG, BRS 23 Nr. 85; E. 69, 1; E. 70, 228/230). Eine Gilt-Genehmigung begründet formelle Zulässigkeit (BVerwGE 39, 154). Die weitere Alternative „von denen die Gemeinde nach Maßgabe des Bauordnungsrechts Kenntnis erlangt hat und mit deren Ausführung vor dem Inkrafttreten der Veränderungssperre hätte begonnen werden dürfen" bezieht sich auf landesrechtliche Verfahrens**vereinfachungen**, insbesondere **genehmigungsfreigestellte** Vorhaben. Das Bundesrecht stellt an den in Abs. 3 bestimmten Anwendungsausschluss die Anforderung, dass das Landesrecht ein förmliches Verfahren zur Information der Gemeinde vorsieht und die Gemeinde im Einzelfall nach diesem Verfahren Kenntnis erlangt hat (Bay VGH, NVwZ-RR 2001, 649);

der vom Gesetz verlangten Kenntnis ist darüber hinaus Wehrfähigkeit der Gemeinde zu entnehmen mit der Folge, dass der in Abs. 3 bestimmte Anwendungsausschluss erfordert, dass die Gemeinde sich nicht – nach Maßgabe des Landesrechts – gewehrt hat (VGH BW, BRS 59 Nr. 99; VGH BW, NVwZ-RR 2001, 574; Berkemann, in: Berkemann/Halama, Erstkommentierung zum BauGB 2004, § 14 Rn 19). Die Alternative „Unterhaltungsarbeiten" schließt Maßnahmen ein, die eine drohende Unbenutzbarkeit der baulichen Anlage verhindern (OVG M-V, BRS 57 Nr. 118), nicht aber Arbeiten, die Benutzbarkeit erst wieder herstellen. „Fortführung" betrifft den formell zulässigen weiteren Abbau in einer Grube, also die Entnahme von Bestandteilen des Erdkörpers; das ist der spiegelbildlich umgekehrte Fall des Hinzufügens beim Bau oder der Aufschüttung. Unterhaltungsarbeiten und Fortführung liegen nur innerhalb der Bandbreite der formellen Zulässigkeit vor (BVerwGE 47, 126). Der Anwendungsausschluss hat logisch Vorrang vor der – erst durch ein Verfahren mit Einvernehmenserfordernis der Gemeinde zuzulassenden – Ausnahme nach Abs. 2. Ist der Anwendungsausschluss gegeben, ist kein Raum mehr für eine Ausnahme.

20 b) **Formelle Zulässigkeit:** Die Vorschrift verlangt Wirksamkeit eines die formelle Zulässigkeit herstellenden VA der Gemeinde gegenüber. Soweit ein VA über die formelle Zulässigkeit nicht erforderlich ist, verlangt Abs. 3, dass die Gemeinde „nach Maßgabe des Bauordnungsrechts Kenntnis erlangt hat".

21 c) **Widerruf der formellen Zulassung:** Den Anwendungsausschluss kann die Behörde durch Widerruf der Zulassung unterbinden. Die Widerrufsmöglichkeit ist dem landesrechtlichen Verfahrensfachrecht zu entnehmen, subsidiär dem landesrechtlichen allgemeinen Verwaltungsverfahrensrecht. Die Vspr selbst rechtfertigt einen Widerruf nicht (umstritten); der bundesrechtlich bestimmte Vertrauensschutz ist nicht aufgrund landesrechtlicher Ermächtigung überwindbar, sofern nicht Bundesrecht das erlaubt. Der bundesrechtlich bestimmte Vertrauensschutz steht so gerade seiner Überwindbarkeit entgegen.

22 d) **Folge der Ausnahme: Sperrwirkung beseitigend:** Die Ausnahme nach Abs. 2 beseitigt ausschließlich die Sperrwirkung. Das Gesetz legt der Ausnahme keine Konzentrationswirkung für sonstige Zulassungserfordernisse bei.

23 e) **Ersetzende Sanierungsbedürftigkeit, § 144 Abs. 4:** Die Sanierungsbedürftigkeit nach § 144 ersetzt die Anwendung der §§ 14, 16, 17 und 18.

IV. Ausnahmezulassung, Abs. 2

24 a) **Maßstab für Ermessen:** Nach dem Wortlaut „kann" steht es im Ermessen der Gemeinde, die Ausnahme nach Abs. 2 zuzulassen. Den Maßstab für die Zulassung bildet der konkrete Sicherungszweck der Vspr. Da die Vspr zeitlich vorübergehend i.R. der Dauer der Erforderlichkeit für den Sicherungszweck den Eigentumsinhalt nach Art 14 Abs. 1 Satz 2 GG reduziert (Rn 13) ist der Spielraum so eng, dass das „Kann" als Befugnis zu verstehen ist, von der die Gemeinde zwingend Gebrauch machen muss.

25 b) **Ermessensreduzierung:** Das BVerwG hat zwar Ermessen angenommen, dieses jedoch im Fall eines Folgenbeseitigungsanspruchs als auf Null reduziert (BVerwG, BRS 20 Nr. 76).

V. Rechtsschutz

Gegen die Vspr ist die Normenkontrollklage nach § 47 VwGO gegeben. Ist die 26
Wirksamkeit der Vspr Vorfrage für einen Klageerfolg in einem Verwaltungsrechtsstreit, ist sie inzidenter zu prüfen. Gegen die versagte Ausnahme ist die Verpflichtungsklage gegeben. Die Gemeinde kann die ohne ihr Einvernehmen nach Abs. 2 Satz 2 erteilte Ausnahme mit der Anfechtungsklage bekämpfen.

Muster

▶ **Normenkontrolle gegen eine Veränderungssperre (§ 14 BauGB)**
An das Oberverwaltungsgericht
In dem Normenkontrollverfahren
des Herrn A
– Antragsteller –
Prozessbevollmächtigte:
g e g e n
die Stadt B
– Antragsgegnerin –
wegen Unwirksamkeit einer Veränderungssperre (§ 14 BauGB)
b e a n t r a g e n wir für den Antragsteller,
die vom Rat der Antragsgegnerin am ... beschlossene und am ... bekannt gemachte Satzung über die Veränderungssperre ... für einen Teil des Geltungsbereichs des in Aufstellung befindlichen BPls Nr. ... ist unwirksam.
G r ü n d e:
I.
Der Antragsteller ist Eigentümer des Grundstücks ... Der Antragsteller beantragte die Erteilung einer Baugenehmigung für die Errichtung eines ... Daraufhin beschloss der Rat der Antragsgegnerin in seiner Sitzung am ... die Aufstellung des BPls „ ... “. In einer weiteren Sitzung am ... beschloss der Stadtrat die vorliegend streitgegenständliche Satzung über eine Veränderungssperre für einen Teil des Geltungsbereichs des im Verfahren befindlichen BPls Nr. ... zur Sicherung der Planung.
II.
1. Die gem. § 47 Abs. 1 Nr. 1 VwGO statthafte Normenkontrolle ist zulässig. Die Antragsbefugnis (§ 47 Abs. 2 Satz 1 VwGO) des Antragstellers folgt aus der Belegenheit seines Grundstücks im Geltungsbereich der verfahrensgegenständlichen Satzung.
2. Der zulässige Normenkontrollantrag ist auch begründet. Die materiell-rechtlichen Voraussetzungen für den Erlass einer wirksamen Veränderungssperre sind nicht gegeben. Die Maßnahme wurde nicht im Verständnis von § 14 Abs. 1 BauGB „zur Sicherung der Planung“ beschlossen. Voraussetzung für eine rechtmäßige Veränderungssperre ist nach der Rechtsprechung des BVerwGs allgemein, dass im Zeitpunkt ihres Erlasses hinreichend konkrete gemeindliche Vorstellungen über den Inhalt des BPls bestehen (BVerwG BRS 55 Nr. 95; BVerwG NVwZ 2004, 447) [...]. ◀

§ 15 Zurückstellung von Baugesuchen

(1) Wird eine Veränderungssperre nach § 14 nicht beschlossen, obwohl die Voraussetzungen gegeben sind, oder ist eine beschlossene Veränderungssperre noch nicht in Kraft getreten, hat die Baugenehmigungsbehörde auf Antrag der Gemeinde die Entscheidung über die Zulässigkeit von Vorhaben im Einzelfall für einen Zeitraum bis zu zwölf Monaten auszusetzen, wenn zu befürchten ist, dass

die Durchführung der Planung durch das Vorhaben unmöglich gemacht oder wesentlich erschwert werden würde. Wird kein Baugenehmigungsverfahren durchgeführt, wird auf Antrag der Gemeinde anstelle der Aussetzung der Entscheidung über die Zulässigkeit eine vorläufige Untersagung innerhalb einer durch Landesrecht festgesetzten Frist ausgesprochen. Die vorläufige Untersagung steht der Zurückstellung nach Satz 1 gleich.

(2) Soweit für Vorhaben im förmlich festgelegten Sanierungsgebiet oder im städtebaulichen Entwicklungsbereich eine Genehmigungspflicht nach § 144 Abs. 1 besteht, sind die Vorschriften über die Zurückstellung von Baugesuchen nicht anzuwenden; mit der förmlichen Festlegung des Sanierungsgebiets oder des städtebaulichen Entwicklungsbereichs wird ein Bescheid über die Zurückstellung des Baugesuchs nach Absatz 1 unwirksam.

(3) Auf Antrag der Gemeinde hat die Baugenehmigungsbehörde die Entscheidung über die Zulässigkeit von Vorhaben nach § 35 Abs. 1 Nr. 2 bis 6 für einen Zeitraum bis zu längstens einem Jahr nach Zustellung der Zurückstellung des Baugesuchs auszusetzen, wenn die Gemeinde beschlossen hat, einen Flächennutzungsplan aufzustellen, zu ändern oder zu ergänzen, mit dem die Rechtswirkungen des § 35 Abs. 3 Satz 3 erreicht werden sollen, und zu befürchten ist, dass die Durchführung der Planung durch das Vorhaben unmöglich gemacht oder wesentlich erschwert werden würde. Auf diesen Zeitraum ist die Zeit zwischen dem Eingang des Baugesuchs bei der zuständigen Behörde bis zur Zustellung der Zurückstellung des Baugesuchs nicht anzurechnen, soweit der Zeitraum für die Bearbeitung des Baugesuchs erforderlich ist. Der Antrag der Gemeinde nach Satz 1 ist nur innerhalb von sechs Monaten, nachdem die Gemeinde in einem Verwaltungsverfahren von dem Bauvorhaben förmlich Kenntnis erhalten hat, zulässig.

I. Novelle 2004

1 Die Novelle 2004 hat den Abs. 3 angefügt, der die Planung von Vorranggebieten im Außenbereich nach § 35 Abs. 3 Satz 3 für privilegierte Außenbereichsvorhaben nach § 35 Abs. 1 Nr. 2–6 regelt. Das sind alle privilegierten Außenbereichsvorhaben mit Ausnahme landwirtschaftlicher und forstwirtschaftlicher Betriebe und

Kernenergieanlagen, nämlich Betriebe der gartenbaulichen Erzeugung (Nr. 2), öffentliche Versorgungsbetriebe (Nr. 3), nur im Außenbereich auszuführende Vorhaben (Nr. 4), Windenergieanlagen (Nr. 5) und bestimmte Anlagen zur Nutzung von Biomasse (Nr. 6).

II. Anwendungsbereich

1. Gegenstand

a) **Sicherung des Planungsziels im Einzelfall:** Die Vorschrift dient, das Planungsziel im Einzelfall zu sichern. Das Instrument der **Veränderungssperre** (Vspr) sichert das Planungsziel gebietsbezogen normativ, und die Zurückstellung außerhalb der Vspr konkret im Einzelfall (BVerwG, Buchholz 406.11, § 17 Nr. 6), und zwar grundstücksbezogen (BVerwG, BRS 66 Nr. 122), zwar offen gelassen, weil es im zu entscheidenden Fall nicht darauf ankam, jedoch positiv beurteilt). Konsequenterweise ist die maximal einjährige Dauer der Zurückstellung auf die zweijährige Regeldauer einer etwa nachfolgenden Vspr nach § 17 Abs. 1 Satz 1 anzurechnen. Baugesuch auch iSv Abs. 3 ist auch der Antrag auf Erteilung einer Bebauungsgenehmigung (BVerwGE 36, 261; E. 48, 242; E. 68, 241). 2

b) **Vorhaben:** Vorhaben sind Vorhaben nach § 29, Nutzungsänderungen, Abgrabungen und Aufschüttungen eingeschlossen. 3

c) Die **Bebauungsgenehmigung** regelt feststellend die bodenrechtliche Zulässigkeit des Vorhabens (BVerwGE 48, 242; E. 68, 241). Sie ist deshalb eine Entscheidung über die Zulässigkeit von Vorhaben im Einzelfall iSv. Abs. 1 Satz 1. Der Widerruf der Bebauungsgenehmigung wegen veränderter Verhältnisse im Rahmen des späteren umfassenden Genehmigungsverfahrens und Zurückstellung ist denkbar (BVerwGE 117, 44) anders als zur Überwindung einer Veränderungssperre (s. Rn 21 zu § 14). 4

d) Die **immissionsschutzrechtliche** Genehmigung schließt die baurechtliche Zulassung iSv § 15 Abs. 1 Satz 1 gem. **§ 13 BImSchG** ein. 5

e) Das von der Gemeinde nach **§ 36** erteilte **Einvernehmen** ist kein rechtliches Hindernis für die Gemeinde, Bauleitplanung einzuleiten und zu deren Sicherung die Zurückstellung zu beantragen (BVerwG, NVwZ 2004, 858). S. hierzu Rn 12. 6

2. Anwendungsausschlüsse

a) **Wirksame Vspr:** Die normative Regelung der Vspr geht einer Einzelfallregelung durch Zurückstellung vor und schließt sie aus. In der Zwischenzeit zwischen dem Außerkrafttreten einer Vspr und einer erneuerten oder einer neuen Vspr ist die Einzelfallregelung nach § 15 zulässig (NdS OVG, BRS 38 Nr. 111). 7

b) **§ 144:** Die Genehmigungsbedürftigkeit nach § 144 im Sanierungsgebiet ersetzt die Zurückstellung (Abs. 2). Beschließt die Gemeinde das vereinfachte Sanierungsverfahren nach § 142 Abs. 4 und schließt sie dabei die Genehmigungspflicht nach § 144 aus, bleibt § 15 anwendbar. 8

c) **Anwendungsausschluss nach § 14 Abs. 3 (Bebauungsgenehmigung):** Ist eine Bebauungsgenehmigung erteilt, darf die Behörde die abschließende Baugenehmigung nicht versagen. Ist die Bebauungsgenehmigung der Gemeinde gegenüber rechtsbeständig, ist eine Zurückstellung unzulässig (§ 14 Abs. 3 iVm § 15 Abs. 1). 9

3. Positive Anforderungen

a) **Anforderungen des § 14:** Die Anforderungen an eine Vspr müssen vorliegen. Zur Sicherung des rechtmäßigen Planungsziels muss die Vspr **erforderlich** sein (s. 10

Rn 4 zu § 14). „*Ein Baugesuch darf nicht zurückgestellt werden, wenn die Gemeinde noch keine positiven Vorstellungen über den Inhalt des aufzustellenden BPls besitzt. Allein das Ziel, ein bestimmtes Vorhaben zu verhindern, genügt nicht*" (BVerwG, BRS 50 Nr. 103).

11 Zu den Anforderungen an die Vspr s. Rn 4–12 zu § 14.

12 Die Gemeinde begeht jedoch keinen Rechtsfehler, wenn sie die **Zurückstellung nutzt**, Maßnahmen durch einen **BPl** zu ergreifen (BVerwG, NVwZ 2004, 477; BVerwG, NVwZ 2004, 858). Im Fall des durch die Novelle 2004 eingefügten **Abs. 3** muss die Planung den **gesamten Außenbereich** erfassen, es sei denn es geht um einen Teilplan gem. § 5 Abs. 2b.

13 Auch im Fall des Abs. 3 muss ein Aufstellungsbeschluss gefasst sein. Die in § 35 Abs. 3 Satz 3 bestimmte Sperrwirkung verlangt die Darstellung eines in Kraft befindlichen FPls, Darstellungen eines Entwurfs oder Planreife genügt nicht; die Gemeinde ist deshalb auf das Sicherungsmittel angewiesen. Da die einjährige Zurückstellungsfrist kaum jemals ausreicht, die Planung bis zum Inkrafttreten durchzuführen, ist die Gemeinde darauf angewiesen, in Bezug auf die in Abs. 3 betroffenen Vorhaben ihre F-Planung generell – gleichsam vorbeugend – durchzuführen. Solche – gleichsam vorbeugende – Planung mindert nicht die Anforderung an deren **Erforderlichkeit** nach § 1 Abs. 3. Eine sorgfältige Begründung des Aufstellungsbeschlusses nach § 2 Abs. 1 Satz 2, hier der Erforderlichkeit der Planung, zahlt sich für die Gemeinde in der richterlichen Überprüfung dieses Beschlusses aus. Berkemann empfiehlt zutreffend die „*ehrenwerten Gründe und Motive ... beizeiten auf den Tisch*" zu bringen (Berkemann, in: Berkemann/Halama, Erstkommentierung, § 15 Rn 23).

14 b) **Konkrete Behinderung des Planungsziels:** Die Vspr sperrt normativ unabhängig davon, ob das einzelne Vorhaben die Planung unmöglich macht oder erschwert; tut es das nicht, kommt eine Ausnahme nach § 14 Abs. 2 in Betracht. Da bei der Einzelfallregelung (Rn 2) die generelle Sperre nicht greift, verlangt die Vorschrift, dass zu befürchten ist, dass die Durchführung der Planung durch das Vorhaben – im Einzelfall – unmöglich gemacht oder wesentlich erschwert werden würde. Die Anforderung entspricht der Erforderlichkeit nach § 14 Abs. 1.

III. Verfahren

15 a) **Antrag der Gemeinde:** Die Zurückstellung erfolgt auf Antrag der Gemeinde.

16 b) **„Hat" zurückzustellen oder zu untersagen:** Die Behörde schuldet der Gemeinde, die Entscheidung über die Zulässigkeit auszusetzen oder die Ausführung des Vorhabens vorläufig zu untersagen. Die Behörde muss aussetzen. Sie darf nicht abschließend über den Bauantrag entscheiden (BVerwG, DÖV 72, 497). Die Zurückstellung ist auch zulässig, wenn das Vorhaben bauordnungsrechtlich unzulässig ist (BVerwG, DÖV 86, 990). Die Genehmigung eines bodenrechtlich nicht genehmigungsfähigen Vorhabens ist abzulehnen (BVerwGE 72, 172).

17 c) **„Bescheid" Abs. 2 HS 2:** Die Aussetzung oder Untersagung erfolgt durch „Bescheid" (Abs. 2 HS 2). Danach handelt es sich um eine Regelung iSv § 35 VwVfG des Bundes (§ 1 Abs. 2 Satz 1 VwVfG).

18 d) **Dauer:** Die Dauer der Aussetzung bzw der vorläufigen Untersagung ist im VA zu bezeichnen. Sie darf höchstens ein Jahr betragen. Die Bestimmung des Zurückstellungszeitraums muss rechtmäßig sein. Rechtswidrige Nichtbearbeitung ist bei

der Bestimmung auf den Zurückstellungszeitraum anzurechnen (BVerwG zur Vspr. BRS 23 Nr. 88; NVwZ 1992, 1090).

e) **Rechtsschutz:** Anfechtungswiderspruch und Anfechtungsklage des Bauantragstellers sind jeweils mit dem Verpflichtungswiderspruch und der Verpflichtungsklage – das ist idR die Klage nach § 75 VwGO – zu verbinden. Lehnt die Behörde die Aussetzung bzw die Untersagung ab, kann die Gemeinde Verpflichtungswiderspruch und Verpflichtungsklage erheben. Erteilt die Behörde die Baugenehmigung, sind für die Gemeinde der Anfechtungswiderspruch und die Anfechtungsklage gegeben. Die Anfechtung hat aufschiebende Wirkung, § 80 Abs. 1 VwGO. S. auch Rn 27 Vorb zu den §§ 29–38. 19

IV. Nach Ablauf der Zurückstellungszeit

a) **Weiterbearbeitung:** Nach Ablauf des Zurückstellungszeitraums ist der Bauantrag bzw der Antrag auf immissionsschutzrechtliche Genehmigung weiterzubearbeiten. Vor Ablauf des Zurückstellungszeitraums ist der Antrag im Übrigen weiterzubearbeiten, wenn entweder ein Plan in Kraft getreten ist, auf dessen Grundlage das Vorhaben zulässig ist, oder wenn die Gemeinde ihre Planung endgültig aufgegeben hat oder wenn gegen den Zurückstellungsbescheid Widerspruch erhoben und der Zurückstellungsbescheid nicht für sofort vollziehbar erklärt ist. 20

b) **Inkrafttreten eines dem Vorhaben entgegenstehenden Plans:** Hat die Genehmigungsbehörde nach Ablauf der Zurückstellungszeit die Genehmigung erteilt, ist eine dann in Kraft getretene Festsetzung eines BPls oder Darstellung eines FPls für die Gemeinde wehrfähig. Gegen ein Verpflichtungsurteil ist die Vollstreckungsabwehrklage nach den §§ 173 VwGO, 667 ZPO gegeben (BVerwGE 117, 44). Im Übrigen ist der Widerruf der Genehmigung gegeben. Praktische Bedeutung hat die bezeichnete Wehrfähigkeit insbesondere im Fall des nach § 214 Abs. 4 rückwirkend in Kraft gesetzten durch ein ergänzendes Verfahren zur Behebung von Fehlern zustande gekommenen BPls oder FPls. 21

Muster

► Widerspruch gegen die Zurückstellung eines Baugesuchs (§ 15 BauGB)

An die Stadt W
– Baurechtsamt –

Betr.: Zurückstellung des Bauantrags des Herrn A auf Genehmigung des Vorhabens ...

Sehr geehrte Damen und Herren,

wir beehren uns anzuzeigen, dass uns Herr A mit der Wahrnehmung seiner Interessen beauftragt hat. In der Anlage überreichen wir Vollmacht. Gegen die am ... erfolgte Zurückstellung des Bauantrags unseres Herrn Mandanten erheben wir hiermit

Widerspruch

und stellen den

Antrag,

1. der Bescheid vom ... ist aufzuheben,
2. die Hinzuziehung des Bevollmächtigten im Widerspruchsverfahren ist für notwendig zu erklären.

Gründe:

I. Unser Herr Mandant hat am ... einen Bauantrag zur Genehmigung des Vorhabens ... eingereicht. Auf Antrag der Gemeinde hat die Baugenehmigungsbehörde den angegriffenen Bescheid erlassen, wonach das Baugesuch für die Dauer von 12 Monaten zurückgestellt wurde.

II. Der zulässige Widerspruch ist begründet. Die Zurückstellung ist rechtswidrig und verletzt unseren Herrn Mandanten in seinen Rechten. Die erstrebte Planung ist auf ein Ziel gerichtet, das im konkreten Fall mit den Mitteln der Bauleitplanung zulässigerweise nicht erreicht werden kann. Für eine solche Planung besteht kein Sicherungsbedürfnis, welches durch eine Zurückstellung geschützt werden könnte (vgl: BVerwG, BRS 55 Nr. 95; OVG Münster NVwZ-RR 1997, 602 [603]). [...] ◀

§ 16 Beschluss über die Veränderungssperre

(1) Die Veränderungssperre wird von der Gemeinde als Satzung beschlossen.

(2) Die Gemeinde hat die Veränderungssperre ortsüblich bekannt zu machen. Sie kann auch ortsüblich bekannt machen, dass eine Veränderungssperre beschlossen worden ist; § 10 Abs. 3 Satz 2 bis 5 ist entsprechend anzuwenden.

1 § 16 ergänzt § 14. Die Vorschrift verlangt für die Vspr eine Satzung.

2 Die Anforderungen für das Zustandekommen der Satzung sind dem Landesrecht iVm dem Ortsrecht zu entnehmen, die Fehlerfolgenregelung wegen bundesrechtlicher Fehler den §§ 214 und 215.

3 Die Anforderungen an die ortsübliche Bekanntmachung sind dem Landesrecht iVm der Bekanntmachungssatzung der Gemeinde zu entnehmen. Die Alternativen, entweder die Vspr ortsüblich bekannt zu machen – Abs. 2 Satz 2 – oder ortsüblich bekannt zu machen, dass eine Vspr beschlossen ist – Abs. 2 Satz 3 – nimmt darauf Bezug, dass die Vspr auch aus einer Zeichnung (Karte) bestehen kann, für deren Bekanntmachung das ortsübliche Bekanntmachungsmittel ungeeignet ist.

4 Der räumliche Geltungsbereich (s. Rn 12 zu § 14) muss in der Bekanntmachung wenigstens schlagwortartig bezeichnet sein. Die der Vspr – ggf eigentumsinhaltsbestimmend (s. Rn 14 und 16 zu § 14) – der Vspr unterworfenen Betroffenen müssen der Bekanntmachung ihre Betroffenheit entnehmen können.

5 § 18 Abs. 3 Satz 2 fordert den Hinweis auf die Frist zur Geltendmachung eines evtl Entschädigungsanspruchs. Verletzungsfolge ist, dass die Bekanntmachung die Frist nicht in Gang setzt. Die Wirksamkeit der Vspr beeinflusst der fehlende Hinweis nicht.

6 Die Fehlerfolgen und die mögliche Heilung sind in den §§ 214 und 215 geregelt. Ist die Vspr fehlerhafterweise bekannt gemacht, bevor der BPl-Aufstellungsbeschluss nach § 2 Abs. 1 Satz 2 bekannt gemacht ist (s. Rn 10 zu § 14), lässt sich die Bekanntmachung ohne weiteres nachholen, ohne dass es des Rückgriffs auf § 214 Abs. 4 das ergänzende Verfahren betreffend bedürfte (BVerwG, BRS 54 Nr. 77).

§ 17 Geltungsdauer der Veränderungssperre

(1) Die Veränderungssperre tritt nach Ablauf von zwei Jahren außer Kraft. Auf die Zweijahresfrist ist der seit der Zustellung der ersten Zurückstellung eines Baugesuchs nach § 15 Abs. 1 abgelaufene Zeitraum anzurechnen. Die Gemeinde kann die Frist um ein Jahr verlängern.

(2) Wenn besondere Umstände es erfordern, kann die Gemeinde die Frist bis zu einem weiteren Jahr nochmals verlängern.

(3) Die Gemeinde kann eine außer Kraft getretene Veränderungssperre ganz oder teilweise erneut beschließen, wenn die Voraussetzungen für ihren Erlass fortbestehen.

(4) Die Veränderungssperre ist vor Fristablauf ganz oder teilweise außer Kraft zu setzen, sobald die Voraussetzungen für ihren Erlass weggefallen sind.

(5) Die Veränderungssperre tritt in jedem Fall außer Kraft, sobald und soweit die Bauleitplanung rechtsverbindlich abgeschlossen ist.

(6) Mit der förmlichen Festlegung des Sanierungsgebiets oder des städtebaulichen Entwicklungsbereichs tritt eine bestehende Veränderungssperre nach § 14 außer Kraft. Dies gilt nicht, wenn in der Sanierungssatzung die Genehmigungspflicht nach § 144 Abs. 1 ausgeschlossen ist.

I. Novelle 2004

Mit der Novelle 2004 ist das Zustimmungserfordernis der höheren Verwaltungsbehörde für die zweite Verlängerung – Abs. 2 – und für die erneute Vspr – Abs. 3 – aufgehoben. 1

II. Geltungsdauer

a) **Grundsätzliches:** Die Vspr ist **eigentumsinhaltsbestimmend** (BVerwG, BRS 54 Nr. 76). Sie bewirkt, dass der Eigentumsinhalt vorübergehend auf die Nutzung nach § 14 Abs. 3 reduziert bleibt. Je länger diese **Inhaltsreduzierung** andauert, desto näher liegt, dass sie mit der verfassungsrechtlichen Wertentscheidung des Art 14 GG nicht mehr vereinbar ist. Sie muss sich deshalb verfassungsrechtlich am **Zweck der geplanten Eigentumsinhaltsbestimmung nach § 9 messen** lassen. Dem Eigentümer- und Bauherreninteresse steht die Dauer der Planung der Gemeinde gegenüber. Die Geltungsdauer ist danach die **Schnittstelle** zwischen verfassungsrechtlich rechtmäßiger Reduzierung des Eigentumsinhalts einerseits und andererseits dem Sicherungsbedürfnis für die Planung der städtebaulichen Entwicklung. 2

b) **Regeldauer:** Die Regeldauer der Vspr beträgt zwei Jahre. Die Gemeinde kann eine kürzere Dauer festsetzen. Verlängerbar ist die Dauer um jeweils ein Jahr auf längstens insgesamt vier Jahre. Eine außer Kraft getretene Vspr kann die Gemeinde ganz oder teilweise erneut beschließen. 3

c) **Anrechnung im Einzelfall:** Die Dauer der Vspr kann individuell unterschiedlich sein. Neben der normativ bestimmten Dauer gibt es die im Einzelfall anrechnungsfähige Zeit einer Zurückstellung nach § 15 Abs. 1 Satz 2 (BVerwG, BRS 66 Nr. 122). Die Anrechnung ist **grundstücksbezogen**; sie ist weder vorhaben- noch personenbezogen (BVerwG, BRS 66 Nr. 122, mangels Erheblichkeit im zu entscheidenden Fall zwar offen gelassen, jedoch positiv beurteilt). Anzurechnen ist 4 die Zurückstellungsdauer auf die zweijährige Regeldauer. Anzurechnen ist auch die Dauer einer faktischen Zurückstellung, die darauf beruht, dass die Behörde ein Baugenehmigungsverfahren über lange Zeit nicht abschließend bearbeitet hat (BVerwG, BRS 50 Nr. 101). Im Fall der faktischen Veränderungssperre ist auf das dritte Jahr mit anzurechnen, das ist das erste Verlängerungsjahr (BVerwG, BRS 50 Nr. 101). Im Normalfall darf die Dauer eines Baugenehmigungsverfahrens vom Eingang der vollständigen Unterlagen an nicht länger als drei Monate dauern. Das ist bundesrechtlich durch die Amtspflicht auf rasche Sachentscheidung bestimmt. In einfach gelagerten Fällen kann die Frist deutlich kürzer sein.

5 d) **Erste Verlängerung:** Die Gemeinde kann die Dauer der Veränderungssperre ein erstes Mal um ein Jahr verlängern (Abs. 1 Satz 3). Die Vspr muss zur Erreichung des rechtmäßigen Planungsziels **unverändert erforderlich** sein, um den Sicherungszweck zu erfüllen (s. Rn 4 zu § 14). Ist abzusehen, dass der Plan während des Verlängerungsjahres in Kraft treten wird, hindert das nicht die Verlängerung; mit dem Inkrafttreten des Plans tritt die Vspr ohnehin automatisch außer Kraft (Abs. 5).

6 e) **Zweite Verlängerung:** Die zweite Verlängerung um ein viertes Jahr setzt voraus, dass neben den allgemeinen Anforderungen deutlich erhöhte weitere Anforderungen erfüllt sind. Die besonderen Umstände müssen in der objektiven Ungewöhnlichkeit und Dauer des Planungsverfahrens ihre Ursache haben und dürfen der Gemeinde nicht subjektiv zurechenbar sein (BVerwGE 51, 121). Unzureichende Personalausstattung, ein unnötig großes Plangebiet oder auch unnötig lange Verhandlungen mit Fachbehörden erfüllen die Anforderung nicht (BVerwG, aaO, 133). Die Schwierigkeiten müssen sich aus der Komplexität der Planung ergeben.

7 f) **Erneute Vspr:** Ist die – höchstens vierjährige – Vspr außer Kraft getreten, bestehen deren Voraussetzungen jedoch fort, kann die Gemeinde sie ganz oder teilweise erneut beschließen (Abs. 3). Die Anforderungen sind stärker als die der zweiten Verlängerung (BVerwGE 51, 121/133/135). Der Zeitraum nach dem Außerkrafttreten und der erneuerten Vspr kann eine faktische Sperrwirkung haben. Anzurechnen ist eine solche faktische Vspr nicht, wenn die normative Veränderungssperre den Zeitraum von insgesamt drei Jahren nicht übersteigt (BVerwG, Buchholz 406.11, § 17 Nr. 6).

III. Außerkrafttreten und Außerkraftsetzungspflicht

1. Automatisches Außerkrafttreten

8 a) **Schlussbekanntmachung, § 10 Abs. 3 Satz 1, § 17 Abs. 5:** Mit dem Inkrafttreten des BPls tritt die Vspr kraft Gesetzes außer Kraft.

9 b) **Sanierungssatzung nach § 144 Abs. 6:** Im Sanierungsgebiet ersetzt § 144 die Veränderungssperre (BVerwGE 70, 83).

2. Pflicht zum actus contrarius

10 Gibt die Gemeinde ihre Planung auf, entzieht sie der Vspr damit deren Rechtfertigung. In diesem Fall muss sie die Vspr aufheben (BVerwG, BRS 55 Nr. 96) (Abs. 4). In ihrer Normgebungsbefugnis zum actus contrarius ist die Gemeinde in diesem Fall gebunden. Die Regeln über die demokratische Normgebungsfreiheit sind deshalb nicht anzuwenden. Das Eigentumsgrundrecht eines von der rechtswidrig aufrecht erhaltenen Norm Unterworfenen rechtfertigt die Leistungsklage und begründet einen Normaufhebungsanspruch. Zuständig wäre mangels anderweitiger Regelung das VG.

§ 18 Entschädigung bei Veränderungssperre

(1) Dauert die Veränderungssperre länger als vier Jahre über den Zeitpunkt ihres Beginns oder der ersten Zurückstellung eines Baugesuchs nach § 15 Abs. 1 hinaus, ist den Betroffenen für dadurch entstandene Vermögensnachteile eine angemessene Entschädigung in Geld zu leisten. Die Vorschriften über die Entschädigung im Zweiten Abschnitt des Fünften Teils sowie § 121 gelten entsprechend; dabei ist der Grundstückswert zugrunde zu legen, der nach den Vorschriften des Zweiten Abschnitts des Dritten Teils zu entschädigen wäre.

(2) Zur Entschädigung ist die Gemeinde verpflichtet. Der Entschädigungsberechtigte kann Entschädigung verlangen, wenn die in Absatz 1 Satz 1 bezeichneten Vermögensnachteile eingetreten sind. Er kann die Fälligkeit des Anspruchs dadurch herbeiführen, dass er die Leistung der Entschädigung schriftlich bei dem Entschädigungspflichtigen beantragt. Kommt eine Einigung über die Entschädigung nicht zustande, entscheidet die höhere Verwaltungsbehörde. Für den Bescheid über die Festsetzung der Entschädigung gilt § 122 entsprechend.

(3) Auf das Erlöschen des Entschädigungsanspruchs findet § 44 Abs. 4 mit der Maßgabe Anwendung, dass bei einer Veränderungssperre, die die Sicherung einer Festsetzung nach § 40 Abs. 1 oder § 41 Abs. 1 zum Gegenstand hat, die Erlöschensfrist frühestens ab Rechtsverbindlichkeit des Bebauungsplans beginnt. In der Bekanntmachung nach § 16 Abs. 2 ist auf die Vorschriften des Absatzes 2 Satz 2 und 3 hinzuweisen.

I. Grund der Entschädigung

1 a) **Eigentumsbegriff:** Ihrem Wortlaut nach regelt die Vorschrift die Entschädigung für eine Vspr, die länger dauert als vier Jahre, eine Zurückstellung nach § 15 eingeschlossen. Die Vspr ist **Eigentumsinhaltsbestimmung** iSd Art 14 Abs. 1 Satz 2 GG. Sie **reduziert den Eigentumsinhalt vorübergehend** auf eine auch formell bindende Anspruchsposition und Bestandsschutz (BVerwG, BRS 54 Nr. 76). Sie entzieht nicht Eigentum iSd klassischen Eigentumsbegriffs. Die bezeichnete Reduzierung bleibt jedoch mit zunehmender Dauer wegen der **Wertentscheidung von Art 14 GG** für Privatnützigkeit des Eigentums nur **bei entsprechendem Ausgleich zumutbar**.

2 b) **Abgrenzung:** § 18 schließt die Regelungen über die Vspr deshalb mit derjenigen einer Eigentums**bindungsentschädigung** ab. Ab welcher Dauer die Eigentumsinhaltsreduzierung in Entzug kippt, ist offen; eine rechtmäßige Vspr dürfte eine so lange Dauer praktisch kaum erreichen.§ 18 grenzt folgerichtig nach der Dauer der Sperre ab. Bis zu vier Jahren ist die Reduzierung des Eigentumsinhalts zumutbar. Für die darüber hinausgehende Dauer gewährt die Vorschrift die Zumutbarkeit rechtfertigende Entschädigung.

3 c) **Ausdehnende Anwendung in der Praxis:** In der Praxis spielt die Vorschrift auch für faktische Veränderungssperren und die Vorwirkung einer Enteignung eine Rolle. Der BGH hat die rechtmäßige faktische Vspr von der rechtswidrigen faktischen Bausperre unterschieden. Rechtmäßig soll die faktische Sperre sein, wenn die Anforderungen an die Festsetzung einer Vspr nach § 14 vorgelegen haben, die Gemeinde sie aber nicht wirksam festgesetzt hat (BGHZ 78, 152). Für die Fälle der rechtswidrigen faktischen Bausperre hat er – als Reaktion auf den Nassausgießungsbeschluss des BVerfGsE 58, 300, mit dem dieses den klassischen Eigentumsbegriff bestätigt hat – den richterrechtlichen Rechtssatz vom enteignungsgleichen Eingriff eingeführt. In diesem Zusammenhang spielt auch der Meinungsstreit darüber eine Rolle, inwieweit das Zivilgericht befugt ist, einen rechtsbeständigen, aber nicht vom VG bestätigten VA auf dessen Rechtmäßigkeit zu überprüfen (BVerwG, BRS 54 Nr. 76). § 18 jedenfalls regelt die Entschädigung für den andernfalls nicht zumutbaren Vermögensnachteil infolge einer nach den §§ 14, 16, 17 und 214 und 215 nicht mit einem Fehler behafteten Vspr.

4 d) **Primärrechtsschutz:** Das Recht erlaubt weder ein „*Dulde und liquidiere*“, noch honoriert es, freiwillig zu dulden und stattdessen zu liquidieren (BVerfGE 58, 300/324). Es verlangt, sich gegen das Rechtswidrige zu wehren und dadurch zu verhindern, dass der Vermögensnachteil entsteht, sog. Primärrechtsschutz. Der Betroffene muss ggf die Baugenehmigung beantragen und klageweise durchzusetzen versuchen, und zwar nach Ablauf der in § 75 VwGO bestimmten Wartefrist durch Untätigkeitsklage, und später ggf zur Fortsetzungsfeststellungsklage übergehen, um seinen Ersatzanspruch zu wahren.

5 e) **Anspruchsposition:** Ein entschädigungsfähiger Vermögensnachteil setzt eine der Vspr zeitlich vorausgehende eigentumskräftige Anspruchsposition voraus (BGHZ 78, 152/166).

6 f) **Faktische Sperre:** Die Vspr muss darüber hinaus für den Vermögensnachteil kausal sein (BGHZ 58, 124). War der Betroffene aus einem anderen Grund rechtlich oder tatsächlich gehindert, sein Vorhaben auszuführen, kann er Entschädigung nicht beanspruchen. War sein Vorhaben bauordnungsrechtlich unzulässig, scheiterte es hieran ohnehin. War der Betroffene finanziell ohnehin nicht in der Lage, sein Vorhaben auszuführen, hat er keinen auf die Vspr zurückzuführenden Vermögensnachteil.

II. Höhe und Verfahren

7 a) **Substanzentschädigung in Geld:** Zu entschädigen ist der Substanzverlust in Geld. Das wirkt sich insbesondere aus, wenn ein eingerichteter und ausgeübter Gewerbebetrieb gehindert war, sich durch Bodennutzung zu erweitern.

8 b) **Typische Nachteile:** Typische Vermögensnachteile sind Baukostensteigerung, ein Steuernachteil, Sicherungskosten für das Grundstück und die ausgebliebene Bodenrente.

9 c) **Verfahren:** Die Entschädigung ist vom Betroffenen von der Gemeinde zu verlangen. Einigen sich der Betroffene und die Gemeinde nicht, entscheidet die höhere Verwaltungsbehörde (Abs. 2 Satz 3). Im Übrigen sind die §§ 93–103 über die Enteignungsentschädigung, die §§ 121 und 122 über Kosten und die Vollstreckbarkeit des Titels sowie die §§ 39–44 anzuwenden. Als Rechtsmittel ist der Antrag auf gerichtliche Entscheidung nach § 217 gegeben.

Zweiter Abschnitt
Teilung von Grundstücken; Gebiete mit Fremdenverkehrsfunktionen

§ 19 Teilung von Grundstücken

(1) Die Teilung eines Grundstücks ist die dem Grundbuchamt gegenüber abgegebene oder sonst wie erkennbar gemachte Erklärung des Eigentümers, dass ein Grundstücksteil grundbuchmäßig abgeschrieben und als selbständiges Grundstück oder als ein Grundstück zusammen mit anderen Grundstücken oder mit Teilen anderer Grundstücke eingetragen werden soll.

(2) Durch die Teilung eines Grundstücks im Geltungsbereich eines Bebauungsplans dürfen keine Verhältnisse entstehen, die den Festsetzungen des Bebauungsplans widersprechen.

I. Allgemeines

1 Die **planungsrechtliche Teilungsgenehmigung** hatte seit dem Bundesbaugesetz 1960 eine Lenkungs- und eine Schutzfunktion. Mit der **Lenkungsfunktion** sollten planrechtswidrige Teilungen verhindert werden, mit der Schutzfunktion sollten Käufer vor dem Erwerb eines nicht bebaubaren Grundstücks geschützt werden (Berkemann u.a., BauGB 2004, S. 239). Die sog. **Sicherungsfunktion** hatte der Gesetzgeber bereits 1998 aufgegeben. Mit dem EAG Bau 2004 ist auch die Lenkungsfunktion weitestgehend zurückgenommen (BK, § 19 Rn 2). Es soll durch eine materielle Regelung verhindert werden, dass durch eine Grundstücksteilung bauplanungsrechtlich oder bauordnungsrechtliche Vorgaben nicht verletzt werden (Abs. 2). Der Wegfall der Genehmigungspflicht wird mit dem begrenzten Nutzen des Instruments für die Sicherheit der Bauleitplanung im Geltungsbereich bestehender Bebauungspläne sowie dem mangelnden Erfordernis an einer bundesgesetzlichen Regelung, in dem die meisten Landesbauordnungen bereits eine Teilungsgenehmigung kennen, begründet (Expertenkommission, Rn 171, 174; Bunzel, ZfBR 2004, 328 [336], Krautzberger, UPR 2004, 41 [47]).

II. Teilung des Grundstücks (Abs. 1)

1. Begriff des Grundstücks

2 Der Begriff der **Grundstücksteilung** deckt sich nach der Rechtsprechung des BVerwG grundsätzlich mit dem grundbuchrechtlichen Begriff (BVerwGE 44, 250 [251]; BVerwGE 50, 311 [317]; BVerwG ZfBR 1991, 173). Die Festlegung auf den **grundbuchrechtlichen** Begriff schließt jedoch nicht aus, dass in Ausnahmefäl-

len von diesem Begriff abgegangen wird, wenn andernfalls die Gefahr entsteht, dass der Sinn einer bestimmten bau- oder bodenrechtlichen Regelung offensichtlich verfehlt würde (BVerwGE 44, 250; EZB, § 19 Rn 34). Eine Zusammenfassung mehrer Grundstücke durch eine Baulast kennt das Bundesrecht jedoch nicht (BVerwG BauR 1991, 582, 584; OVG Hamburg BauR 1991, 726). Der kompetenzrechtlichen Zuweisung nach Art 74 Nr. 8 GG würde es widersprechen, wenn die Länder damit auch den bundesrechtlichen Begriff des Grundstücks verändern könnten (BVerwG BRS 52 Nr. 161).

3 Den Ländern steht es aber frei, besondere bauordnungsrechtliche Anforderungen an das Baugrundstück zu stellen, das abweichend vom bundesrechtlichen Grundstücksbegriff definiert werden kann (BVerwG BRS 52 Nr. 161; BVerfGE 40, 261).

2. Begriff der Grundstücksteilung

4 Unter **Teilung** eines Grundstücks ist die gegenüber dem Grundbuch abgegebene oder sonstige erkennbar gemachte **Erklärung** des Eigentümers zu verstehen, dass ein Grundstücksteil grundbuchmäßig abgeschrieben oder als selbstständiges Grundstück oder als ein Grundstück zusammen mit anderen Grundstücken oder mit Teilen anderer Grundstücke eingetragen werden soll. Die Grundstücksteilung ist jede Abtrennung eines Grundstücks, unabhängig von der Größe des abzuschreibenden Grundstücksteils (OLG München BayVBl. 1996, 91). Keine Teilung ist die Belastung des Grundstücks mit einem Recht (zB Dienstbarkeit, Erbbaurecht); soll jedoch nur ein Teil eines Grundstücks belastet werden und ist deshalb ein selbstständiges Grundstück einzutragen, so liegt hier eine Teilung iSdAbs. 1 vor.

5 Die erforderliche Erklärung muss grds. vom Eigentümer selbst (BVerwGE 48, 87 = BRS 29 Nr. 31) oder von einem Vertretungsberechtigten im Namen des Eigentümers abgegeben werden (BVerwG Buchholz 406.11 § 19 BBauG Nr. 36). Die Erklärung kann gegenüber dem Grundbuchamt, dem Vermessungsamt zum Zweck der Vermessung des abzutrennenden Grundstücks und gegenüber der Genehmigungsbehörde abgegeben werden. Die schriftliche Teilungserklärung (BVerwG Buchholz 406.11 § 19 BBauG Nr. 15 = BRS 20 Nr. 80) – eine mündliche ist nicht ausreichend (BVerwG NVwZ 1984, 717 = BRS 42 Nr. 103) – muss inhaltlich eindeutig sein, um der Rechtssicherheit im Grundstücksverkehr zu genügen. Der Antrag auf **Vermessung** eines Grundstücksteils ist daher nicht als Teilungserklärung anzusehen, wenn der Eigentümer gleichzeitig zu erkennen gibt, dass er nicht beabsichtigt, den Grundstücksteil grundbuchmäßig abschreiben zu lassen (OVG Lüneburg OVGE 17, 455).

3. Sonstige Beschränkungen

6 Das öffentliche Recht sieht weitere Beschränkungen für die Teilung von Grundstücken vor. Um **landwirtschaftlich** zweckmäßig große Grundstücke zu erhalten, ist die Teilung von landwirtschaftlich genutzten Grundstücken der Genehmigungspflicht nach dem **Grundstücksverkehrsgesetz** unterworfen (Berkemann u.a., BauGB 2004, S. 240). Zusätzlich gab es landesrechtliche Vorschriften, welche die Aufteilung landwirtschaftlich genutzten Bodens beschränken (landesrechtliche Höfe-Ordnungen). Darüber hinaus bedürfen Grundstücksteilungen in einem **Umlegungsgebiet** (§ 51 Abs. 1 Nr. 1), nach Einleitung eines **Enteignungsverfahrens** (§ 109 Abs. 1), im förmlich festgelegten **Sanierungsgebiet** (§ 144 Abs. 2 Nr. 5) und im städtebaulichen **Entwicklungsbereich** (§ 169 Abs. 1 Nr. 3) einer die jeweiligen Maßnahmezwecke sichernden Genehmigungen.

Auch ist der Landesgesetzgeber nach dem EAG Bau frei, die landesrechtliche Teilungsgenehmigung auf bebauungsrechtliche Anforderungen zu erweitern (vgl § 9 Abs. 1 LBO Saarland; § 7 BauOBln; § 8 Satz 2 SächsBauO).

4. Bildung von Wohnungseigentum

Die Teilung nach § 8 WEG zur Bildung von **Wohnungseigentum** ist keine Teilung 7
im vorbezeichneten Sinne (BKL, § 19 Rn 4, und KK, § 19 Rn 26). Das Grundstück, das real ungeteilt bleibt, wird nur ideell unter die Wohnungseigentümer aufgeteilt (Berkemann u.a., BauGB 2004, S. 240). Die Bildung von Wohnungseigentum ist rechtlich nur genehmigungspflichtig in Gebieten mit Fremdenverkehrsfunktion nach § 22 und in sog. Milieuschutzgebieten nach § 172 Abs. 1 S. 1 Nr. 2.

III. Verhinderung einer Umgehung städtebaulicher Regelungen (Abs. 2)

1. Widerspruch gegen Bebauungsplan

Durch die Teilung eines Grundstücks im Geltungsbereich eines (auch vorhabenbe- 8
zogenen) Bebauungsplans dürfen keine Verhältnisse entstehen, die den **Festsetzungen** des Bebauungsplans widersprechen. Es werden zwei Zustände miteinander verglichen, nämlich die Rechtslage vor und nach der Teilung des Grundstücks. Es ist zu prüfen, ob aus planungsrechtlicher Sicht ein **baurechtswidriger** Zustand entsteht (Upmeier, BauR 2004, 1382 [1387]; Berkemann u.a., BauGB 2004, S. 241).

Eine **Unvereinbarkeit** mit den **Festsetzungen** des Bebauungsplans liegt vor, wenn 9
eine Teilung von Baugrundstücken im Geltungsbereich des Bebauungsplans durch die textliche Festsetzung ausdrücklich ausgeschlossen wurde und die Festsetzung des Bebauungsplans rechtmäßig bzw rechtswirksam ist (VG Osnabrück NVwZ-RR 2001, 721). Ein Verstoß kommt des weiteren dann in Betracht, wenn die für die abzuteilende Grundstücksfläche künftig beabsichtigte Nutzung nicht mit der im Bebauungsplan festgesetzten **Nutzungsart** vereinbar ist oder wenn durch die beabsichtigte Teilung ein Grundstück entsteht, das den Festsetzungen des Bebauungsplans über die bebaubaren **Grundstücksflächen**, die Mindestgröße der Baugrundstücke, die Stellung der baulichen Anlagen o.Ä. widerspricht (Schrödter, NST-N 2004, 197 [213]; Spannowsky/Krämer (Hrsg.), BauGB-Novelle 2004, 83 f, VGHBW, BRS 40 Nr. 102).

Denkbar ist auch eine Verletzung des § 9 Abs. 1 Nr. 6, wenn die **Zahl der Wohnungen** je Wohngebäude sich nicht absolut, sondern nach der Fläche des Grundstücks bestimmen (BVerwGE 107, 256).

Eine bauordnungsrechtliche Beurteilung ordnet § 19 Abs. 2 nicht an (so zB § 7 Sächs BO).

2. Rechtmäßige Zustände durch Befreiung

Rechtmäßige Zustände können durch eine **Befreiung** nach § 31 Abs. 2 oder, soweit 10
im BPl vorgesehen, durch eine Ausnahme nach § 31 Abs. 1 hergestellt werden. Eine offenbar nicht beabsichtigte Härte iSd § 31 Abs. 2 Nr. 3 liegt nur unter engen Voraussetzungen vor, sodass die Befreiung, die die Grundzüge der konkreten Planung nicht berühren darf, häufig als Handlungsalternative ausscheidet (Berkemann u.a., BauGB 2004, S. 242).

3. Folgen für die Praxis

11 Das Ziel, dass durch die Teilung bauplanungsrechtlich kein materieller baurechtswidriger Zustand entsteht, kann an drei Tatsachen anknüpfen: Nach **§ 134 BGB** ist ein Rechtsgeschäft, das gegen ein gesetzliches Verbot verstößt, nichtig. Es besteht jedoch weitgehend Einigkeit, dass Abs. 2 kein gesetzliches Verbot iS der Vorschrift enthält und auch kein Veräußerungsverbot gem. § 135 BauGB (BK, § 19 Rn 12; BT-Drs 15/2250 Anl. 2, 80 u. Anl. 3, 92; vgl Finkelnburg, NVwZ 2004, 897 [902], LG Meiningen, NotBZ 2006, 145).

12 Der Gesetzentwurf enthielt zunächst eine spezielle **Fehlerfolgenanordnung**, wonach die bauplanungsrechtliche Zulässigkeit eines Vorhabens, sofern die Teilung des Grundstücks mit den Festsetzungen des BPls unvereinbar war, nach den Grundstücksverhältnissen vor der Grundstücksteilung zu beurteilen war (BT-Drs 15/2250, 15). Auch wenn diese Fehlerfolgeanordnung nicht Gesetz geworden ist, lässt sich der hier zugrunde liegende Gedanke mit der Rechtsprechung des BVerwGs zur Abweichung vom Buchgrundstück durchaus vereinbaren (BVerwGE 44, 250 [252]; BVerwG, ZfBR 2001, 421; BK, § 19 Rn 19). Die Sanktion des Abs. 2 liegt bei dieser Lösung in der Verhinderung einer zusätzlichen Nutzung auf dem bislang unbebauten Grundstücksteil (Spannowsky/Krämer (Hrsg.), BauGB-Novelle 2004, 85).

13 Schließlich kann eine dritte Lösung darin gesehen werden, die einzelnen Vorhaben nach der Teilung baurechtlich jeweils getrennt zu betrachten, sog. **planungsrechtliche Entkoppelung** (Berkemann u.a., BauGB 2004, S. 242). Danach hat der Grundeigentümer das Risiko, dass durch den Vollzug der Teilung für eine bauliche Anlage die erteilte Baugenehmigung ihre Feststellungswirkung verlieren kann, etwa wegen der nun eingetretenen Maßüberschreitung. Die Baubehörde hätte nach Maßgabe des jeweiligen Bauordnungsrechts die Möglichkeit, eine **Beseitigungsverfügung** zu erlassen.
Über die möglichen Fehlerfolgen hat der Notar bei der Beurkundung der Teilung zu belehren.

14 Das Verbot des Abs. 2 ist durch den Wegfall des Teilungsgenehmigungsvorbehalts, der den grundbuchrechtlichen Vollzug einer beantragten Teilung suspendiert (§ 20 Abs. 2 S. 2 aF), nicht dem obligatorischen Prüfprogramm des Grundbuchs zugewachsen (BK, § 19 Rn 13). Das Grundbuchamt ist sogar gehindert, die Teilung mit dem Argument entgegenstehenden Bauplanungsrechts zu verweigern (zweifelnd: Finkelnburg, NVwZ 2004, 897 [902]).

§§ 20 und 21 (weggefallen)

§ 22 Sicherung von Gebieten mit Fremdenverkehrsfunktionen

(1) Die Gemeinden, die oder deren Teile überwiegend durch den Fremdenverkehr geprägt sind, können in einem Bebauungsplan oder durch eine sonstige Satzung bestimmen, dass zur Sicherung der Zweckbestimmung von Gebieten mit Fremdenverkehrsfunktionen die Begründung oder Teilung von Wohnungseigentum oder Teileigentum (§ 1 des Wohnungseigentumsgesetzes) der Genehmigung unterliegt.

Dies gilt entsprechend für die in den §§ 30 und 31 des Wohnungseigentumsgesetzes bezeichneten Rechte. Voraussetzung für die Bestimmung ist, dass durch die Begründung oder Teilung der Rechte die vorhandene oder vorgesehene Zweckbestimmung des Gebiets für den Fremdenverkehr und dadurch die geordnete städtebauliche Entwicklung beeinträchtigt werden kann. Die Zweckbestimmung eines Gebiets für den Fremdenverkehr ist insbesondere anzunehmen bei Kurgebieten, Gebieten für die Fremdenbeherbergung, Wochenend- und Ferienhausgebieten, die im Bebauungsplan festgesetzt sind, und bei im Zusammenhang bebauten Ortsteilen, deren Eigenart solchen Gebieten entspricht, sowie bei sonstigen Gebieten mit Fremdenverkehrsfunktionen, die durch Beherbergungsbetriebe und Wohngebäude mit Fremdenbeherbergung geprägt sind.

(2) Die Gemeinde hat die Satzung ortsüblich bekannt zu machen. Sie kann die Bekanntmachung auch in entsprechender Anwendung des § 10 Abs. 3 Satz 2 bis 5 vornehmen. Die Gemeinde teilt dem Grundbuchamt den Beschluss über die Satzung, das Datum ihres Inkrafttretens sowie die genaue Bezeichnung der betroffenen Grundstücke vor ihrer Bekanntmachung rechtzeitig mit. Von der genauen Bezeichnung der betroffenen Grundstücke kann abgesehen werden, wenn die gesamte Gemarkung betroffen ist und die Gemeinde dies dem Grundbuchamt mitteilt.

(3) (weggefallen)

(4) Die Genehmigung darf nur versagt werden, wenn durch die Begründung oder Teilung der Rechte die Zweckbestimmung des Gebiets für den Fremdenverkehr und dadurch die städtebauliche Entwicklung und Ordnung beeinträchtigt wird. Die Genehmigung ist zu erteilen, wenn sie erforderlich ist, damit Ansprüche Dritter erfüllt werden können, zu deren Sicherung vor dem Wirksamwerden des Genehmigungsvorbehalts eine Vormerkung im Grundbuch eingetragen oder der Antrag auf Eintragung einer Vormerkung beim Grundbuchamt eingegangen ist; die Genehmigung kann auch von dem Dritten beantragt werden. Die Genehmigung kann erteilt werden, um wirtschaftliche Nachteile zu vermeiden, die für den Eigentümer eine besondere Härte bedeuten.

(5) Über die Genehmigung entscheidet die Baugenehmigungsbehörde im Einvernehmen mit der Gemeinde. Über die Genehmigung ist innerhalb eines Monats nach Eingang des Antrags bei der Baugenehmigungsbehörde zu entscheiden. Kann die Prüfung des Antrags in dieser Zeit nicht abgeschlossen werden, ist die Frist vor ihrem Ablauf in einem dem Antragsteller mitzuteilenden Zwischenbescheid um den Zeitraum zu verlängern, der notwendig ist, um die Prüfung abschließen zu können; höchstens jedoch um drei Monate. Die Genehmigung gilt als erteilt, wenn sie nicht innerhalb der Frist versagt wird. Darüber hat die Baugenehmigungsbehörde auf Antrag eines Beteiligten ein Zeugnis auszustellen. Das Einvernehmen gilt als erteilt, wenn es nicht binnen zwei Monaten nach Eingang des Ersuchens der Genehmigungsbehörde verweigert wird; dem Ersuchen gegenüber der Gemeinde steht die Einreichung des Antrags bei der Gemeinde gleich, wenn sie nach Landesrecht vorgeschrieben ist.

(6) Bei einem Grundstück, das im Geltungsbereich einer Satzung nach Absatz 1 liegt, darf das Grundbuchamt die von Absatz 1 erfassten Eintragungen in das Grundbuch nur vornehmen, wenn der Genehmigungsbescheid oder ein Zeugnis gemäß Absatz 5 Satz 5 vorgelegt wird oder wenn die Freistellungserklärung der Gemeinde gemäß Absatz 8 beim Grundbuchamt eingegangen ist. Ist dennoch eine Eintragung in das Grundbuch vorgenommen worden, kann die Baugenehmi-

gungsbehörde, falls die Genehmigung erforderlich war, das Grundbuchamt um die Eintragung eines Widerspruchs ersuchen; § 53 Abs. 1 der Grundbuchordnung bleibt unberührt. Der Widerspruch ist zu löschen, wenn die Baugenehmigungsbehörde darum ersucht oder die Genehmigung erteilt ist.

(7) Wird die Genehmigung versagt, kann der Eigentümer von der Gemeinde unter den Voraussetzungen des § 40 Abs. 2 die Übernahme des Grundstücks verlangen. § 43 Abs. 1, 4 und 5 sowie § 44 Abs. 3 und 4 sind entsprechend anzuwenden.

(8) Die Gemeinde hat den Genehmigungsvorbehalt aufzuheben oder im Einzelfall einzelne Grundstücke durch Erklärung gegenüber dem Eigentümer vom Genehmigungsvorbehalt freizustellen, wenn die Voraussetzungen für den Genehmigungsvorbehalt entfallen sind. Die Gemeinde teilt dem Grundbuchamt die Aufhebung des Genehmigungsvorbehalts sowie die genaue Bezeichnung der hiervon betroffenen Grundstücke unverzüglich mit. Von der genauen Bezeichnung kann abgesehen werden, wenn die gesamte Gemarkung betroffen ist und die Gemeinde dies dem Grundbuchamt mitteilt. Der Genehmigungsvorbehalt erlischt, wenn die Mitteilung über seine Aufhebung beim Grundbuchamt eingegangen ist.

(9) In der sonstigen Satzung nach Absatz 1 kann neben der Bestimmung des Genehmigungsvorbehalts die höchstzulässige Zahl der Wohnungen in Wohngebäuden nach Maßgabe des § 9 Abs. 1 Nr. 6 festgesetzt werden. Vor der Festsetzung nach Satz 1 ist der betroffenen Öffentlichkeit und den berührten Behörden und sonstigen Trägern öffentlicher Belange Gelegenheit zur Stellungnahme innerhalb angemessener Frist zu geben.

(10) Der sonstigen Satzung nach Absatz 1 ist eine Begründung beizufügen. In der Begründung zum Bebauungsplan (§ 9 Abs. 8) oder zur sonstigen Satzung ist darzulegen, dass die in Absatz 1 Satz 3 bezeichneten Voraussetzungen für die Festlegung des Gebiets vorliegen.

I. Allgemeines

1 § 22 ist eine durch das BauGB 1987 eingeführte und durch das BauROG 1998 und EAG Bau 2004 fortentwickelte Vorschrift. Der Gesetzgeber hat zur Sicherung von **Gebieten mit Fremdenverkehrsfunktion** die Teilungsgenehmigung beibehalten. Sie soll verhindern, dass bestimmte, dem Fremdenverkehr dienende Gebiete durch sukzessive Umwandlung zweckentfremdet werden und dadurch auch die auf den Fremdenverkehr ausgerichtete öffentliche und private Infrastruktur sich im Nachhinein als Fehlplanung und Fehlinvestition darstellt. Der Regelung liegt die

tatsächliche Vermutung des Gesetzgebers zugrunde, dass die Begründung von Wohnungseigentum in Fremdenverkehrsgebieten regelmäßig zu **Zweitwohnungsnutzung** führt mit der für den Fremdenverkehr negativen Folge, dass sog. **„Rollladen-Siedlungen"** entstehen (BVerwGE 99, 237 f).

Kleinteiliges Wohnungseigentum wird häufig an Interessenten veräußert, welche die Wohnung nur für wenige Wochen als Zweitwohnung benutzen, im Übrigen aber leer stehen lassen. Es soll verhindert werden, dass dadurch die Zahlung der Gäste sinkt und etwa der Kurbetrieb an Attraktivität verliert (BVerwGE 105, 1; BVerwGE 99, 242).

Zur **Sicherung** des Zwecks der Vorschrift wurde von den Grundbuchämtern in 2
jedem Fall der Begründung oder Teilung von WEG oder Teileigentum die Vorlage einer **Genehmigung** oder eines **Negativattestes** verlangt, selbst wenn keine Fremdenverkehrssatzung erlassen war. Die neue Regelung des EAGBau lässt diesen in jedem Einzelfall erforderlichen Negativattest entbehrlich werden (Finkelnburg, NVwZ 2004, 897 [902]). An dessen Stelle ist eine **Mitteilung** des Satzungsbeschlusses und der hiervon betroffenen Grundstücke an das Grundbuchamt durch die Gemeinde getreten. Die Gemeinden sind ermächtigt, zur Sicherung ihrer Fremdenverkehrsfunktion einen **Genehmigungsvorbehalt** bei Begründung oder Teilung von Wohnungs- oder Teileigentum (§ 1 WEG) einzuführen. Die mit dem EAG Bau vorgenommenen Änderungen bezwecken die Erleichterung des **Grundbuchverfahrens** in den Fällen, in denen die Gemeinde von der Ermächtigung zum Erlass der Satzung keinen Gebrauch gemacht hat (Battis/Krautzberger/Löhr, NJW 2004, 2553 [2558]). § 22 ist verfassungsrechtlich unbedenklich (BVerwG ZfBR 1994, 246; BVerwGE 96, 217).

II. Satzung der Gemeinde (Abs. 1, Abs. 2 und Abs. 10)

1. Abgrenzung einer isolierten Satzung zum Bebauungsplan

Der Gesetzgeber stellt der Gemeinde zur Wahl, die Fremdenverkehrssatzung 3
durch eine **isolierte Satzung** als sonstige Satzung oder durch **Festsetzungen** im Rahmen eines **BPls** zu erlassen (Berkemann u.a., BauGB 2004, S. 244). Hinsichtlich der verbindlichen Rechtsfolge eines Genehmigungsvorbehaltes besteht kein Unterschied. Regelt die Gemeinde die Fremdenverkehrssatzung durch BPl, kann sie die Anordnung des Genehmigungsvorbehaltes mit anderen Festsetzungen nach Maßgabe des § 9 verbinden. Hierin ist ein Vorteil gegenüber der isolierten Satzung zu sehen (Berkemann u.a., BauGB 2004, S. 244).

§ 9 lässt nur zu, dass durch die isolierte Satzung gleichzeitig die höchstzulässige Zahl 4
der Wohnungen zu beschränken. Andere Festsetzungen sind nicht erlaubt (BKL, § 22 Rn 23). Die Bezugnahme auf § 9 Abs. 1 Nr. 6 erlaubt auch, die Grundstücksfläche als Bezugs- und Rechengröße einzusetzen (BVerwGE 107, 256; BVerwG, B. v. 26.1.2005 – 4 BN 4.05). Entscheidet sich die Gemeinde hierfür, muss sie hierauf bezogene städtebauliche Gründe angeben können (BKL, § 22 Rn 23).

Wählt die Gemeinde die Form des BPls, muss sie das gesamte Verfahren über die 5
Aufstellung eines BPls gem. § 2 ff beachten. Da dies formal auch die **Umweltprüfung** nach § 2 Abs. 4 einschließt, wird die Gemeinde vorrangig die Möglichkeit der isolierten Satzung sehen.

Die Gemeinde sollte auch erwägen, statt einer Fremdenverkehrssatzung **ggf** ergänzend eine **Erhaltungssatzung** (Milieuschutzsatzung) nach § 172 Abs. 1 S. 1 Nr. 2 zur Aufrechterhaltung der bisherigen Zusammensetzung der Wohnbevölkerung zu erlassen, um frühzeitig einem Verdrängen der ortsansässigen Bevölkerung zu begegnen (**vgl** OVG Lüneburg, NJW 1984, 2905; BVerwGE 105, 67).

2. Genehmigungsvorbehalt

6 Die Begründung oder Teilung von Rechten nach dem WEG kann zur Sicherung der Zweckbestimmung von Gebieten mit Fremdenverkehrsfunktion unter **Genehmigungsvorbehalt** gestellt werden, Abs. 1 Satz 1. Die Bestimmung der Genehmigungspflicht kann im Bebauungsplan oder durch gesonderte Satzung erfolgen. Die Gemeinde hat insoweit Wahlfreiheit. Nach Abs. 1 Satz 3 wird für die Einführung des Genehmigungsvorbehalts durch Satzung weiter vorausgesetzt, dass durch die Begründung oder Teilung der Rechte die vorhandene oder vorgesehene Zweckbestimmung des Gebiets für den Fremdenverkehr und dadurch die geordnete städtebauliche Entwicklung beeinträchtigt werden kann. Abs. 1 Satz 4 präzisiert, wann eine solche – bevorstehende oder vorgesehene – Zweckbestimmung für den Fremdenverkehr anzunehmen ist.

3. Gebiete mit Fremdenverkehrsfunktion (Abs. 1 Satz 1 u. 4)

7 Eine wirksame Fremdenverkehrssatzung setzt voraus, dass die Gemeinde als Ganzes oder in Teilen überwiegend durch den **Fremdenverkehr geprägt** ist. Maßgebend sind die tatsächlichen Verhältnisse. Dass sich eine Gemeinde zu einem Fremdenverkehrsort erst entwickeln will, genügt nicht (Schrödter, § 22 Rn 6; BKL, § 22 Rn 3; Greiving, DVBl 2001, 336).

Ob ein Gebiet überwiegend durch Fremdenverkehr geprägt wird, erfordert den Begriff des Fremdenverkehrs festzulegen und für das jeweils betrachtete Gebiet das überwiegende Nutzungsmaß festzustellen. Die bestehende Fremdenverkehrsfunktion muss auf den Besuch und mehrtägigen Aufenthalt wechselnder Gäste ausgerichtet sein, denn die Focusierung auf Tagesbesuche (Besichtigungstourismus) kann durch Zweitwohnungen nicht beeinträchtigt werden (BK, § 22 Rn 9). Eine wertende Betrachtung ist erforderlich, um die städtebauliche Qualität des Gebietes sachgerecht zu erfassen (BVerwGE 105, 1 [4]). Das **Beherbergungsgewerbe** muss eine dominierende Rolle spielen und anderen Wirtschaftszweigen den Rang ablaufen (BVerwG, NVwZ 1995, 271). Dies wird sich in der Regel nur anhand von Indizien beurteilen lassen, wozu die Zahl und der Umfang der Fremdbeherbergungsbetriebe sowie der Gaststätten, welche über die Versorgung der einheimischen Bevölkerung hinaus gehen, sowie die auf Gäste bezogene Infrastruktureinrichtungen, insbesondere Kureinrichtungen, Freizeit- und Sporteinrichtungen, Heilbäder zu zählen sind (Berkemann u.a., BauGB 2004, S. 246). Es reicht aus, dass in einer Gesamtschau der Fremdenverkehr der die Entwicklung der Gemeinde oder des Gemeindeanteils bestimmende Faktor ist (BVerwG, NVwZ 1995, 279).

8 Das Gebiet dient **überwiegend** dem Fremdenverkehr, wenn zumindest deutlich mehr als die Hälfte der baulich genutzten Fläche fremdenverkehrsbezogen ist. Die gemeindliche Infrastruktur muss auf die spezifischen Bedürfnisse des Fremdenverkehrs ausgerichtet sein. Dazu wird man indiziell die Zahl der Übernachtungen im Verhältnis zur Einwohnerzahl setzen können. Anhaltspunkte können dazu landesrechtliche Vorschriften über die Anerkennung von Orten als **Kur**- und sonstige **Erholungsorte** geben (zB Art. 6 Bay KAG, wonach das Siebenfache der Einwohnerzahl erforderlich ist, um einen Fremdenverkehrsbeitrag erheben zu dürfen, BK, § 22 Rn 9).

Gewerbegebiete und **Außenbereichsflächen** scheiden bei der Betrachtung aus. Etwas anderes gilt für den Außenbereich nur dann, wenn bereits eine siedlungstypische, organische Bebauung vorhanden ist, die deutlichen Fremdenverkehrscharakter besitzt (BVerwGE 96, 217 [221]; GZBK, § 22 Rn 26). Die Nutzung von im Satzungsgebiet gelegenen Flächen zu öffentlichen Zwecken kann in Sonderfällen die im Übrigen feststellbare Prägung des Gebietes durch Fremdenbeherbergung aufheben (BVerwGE 99, 242 [247]; BVerwGE 96, 217; vgl zum Begriff der Prägung: BVerwG Buchholz 406.11, § 22 BauGB Nr. 1).

Weitere Voraussetzung ist, dass ein Gebiet (bzw Gebiete) mit der Zweckbestimmung für den Fremdenverkehr vorhanden oder vorgesehen ist; dieses Merkmal wird gleichzeitig begrenzt und auf die räumliche Reichweite des Genehmigungsvorbehalts (BVerwGE 96, 217 [222]). Abs. 1 S. 4 begründet eine unwiderlegbare gesetzliche Vermutung, dass die dort genannten Gebiete für den Fremdenverkehr bestimmt sind. 9

4. Beeinträchtigung der Zweckbestimmung des Gebietes (Abs. 1 Satz 3)

Weitere Voraussetzung für den Genehmigungsvorbehalt ist, dass durch die Begründung oder Teilung der Rechte die Zweckbestimmung des Gebiets für den Fremdenverkehr beeinträchtigt werden kann. Es reicht aus, wenn nach den allgemeinen Erfahrungen in der betreffenden Gemeinde davon ausgegangen werden kann, dass entsprechendes **Gefährdungspotential** besteht oder entsteht, wenn Rechte nach dem WEG begründet oder geteilt werden (EZB, § 22 Rn 30). Für die Beurteilung, ob durch die Bildung von Rechten iSd Abs. 1 Satz 1 und 2 und damit von Zweitwohnungen die geordnete städtebauliche Entwicklung beeinträchtigt sein kann, ist insbesondere die Vorstellung der Gemeinde darüber von Bedeutung, dass das betreffende Gebiet seine Fremdenverkehrsfunktion beibehalten oder entwickeln will. Anhaltspunkte dafür können Ausweisungen im Bauleitplan, informelle Planungen oder die Eigenart der Umgebung geben (BKL, § 22 Rn 9). Ein konkreter Nachweis der Beeinträchtigung ist nicht erforderlich (VGH Mannheim NVwZ 1994, 184 = NJW 1993, 3216; OVG Lüneburg BRS 52 Nr. 92; OVG Schleswig BRS 55 Nr. 48). 10

5. Bekanntmachung (Abs. 2) und Begründung (Abs. 10)

Abs. 2 regelt die **Bekanntmachung**. Mit der Bekanntmachung wird die Satzung rechtsverbindlich (BVerwGE 105, 153). Durch das EAG Bau neu eingeführt sind die **Mitteilungspflichten** an das Grundbuchamt, um eine zuverlässige Kenntnisnahme zu gewährleisten. Damit soll vermieden werden, dass beim Grundbuchamt Unklarheiten hinsichtlich des Termins, ab dem Genehmigungen bei der Begründung oder Teilung von Wohnungseigentum oder Teileigentum angefordert werden müssen, bestehen. Abs. 10 Satz 1 verpflichtet zur Beifügung einer **Begründung** der sonstigen Satzung. In der Begründung ist darzulegen, dass die in Abs. 1 bezeichneten Voraussetzungen für die Festlegung des Gebiets vorliegen. 11

III. Genehmigungspflicht und -versagung (Abs. 4, Abs. 5)

Mit der Rechtsverbindlichkeit der Satzung unterliegen die in Abs. 1 bezeichneten wohnungseigentumsrechtlichen Vorgänge der gemeindlichen **Genehmigung**. Abs. 4 Satz 1 enthält eine abschließende Regelung der Versagungsgründe. In den bezeichneten Fällen ist die Genehmigung zu versagen, der Genehmigungsbehörde ist somit kein Ermessen eingeräumt. 12

13 Die Zweckbestimmung eines Gebiets für den Fremdenverkehr wird dann beeinträchtigt iSv Abs. 4 Satz 1, wenn durch die beantragte Begründung von Wohnungseigentum eine (weitere) **Verschlechterung** der **städtebaulichen Situation** eintritt; hierfür reicht es aus, wenn von dem beantragten Vorhaben eine negative Vorbildwirkung ausgeht (BVerwG Buchholz 406.11, § 22 BauGB Nr. 1; BVerwG BVerwGE 99, 237 [239]). Es gibt keinen allgemeinen Erfahrungssatz, dass große Eigentumswohnungen (mehr als 120 m^2 Wohnfläche) in Fremdenverkehrsorten nicht als **Zweitwohnungen** genutzt werden (BVerwGE 99, 242). Schuldrechtliche Verpflichtungen der Erwerber, wonach Eigentumswohnungen nicht als Zweitwohnungen genutzt werden sollen, sind ungeeignet, das Genehmigungshindernis zu beseitigen (VG Sigmaringen VBlBW 2003, 132).

14 Abs. 4 Satz 2 regelt den **Vormerkungsschutz** als Pflicht zur Genehmigung. Voraussetzung ist die eingetragene und beantragte Vormerkung zum Zwecke der Sicherung von Ansprüchen Dritter iSd § 883 BGB. Die Vorschrift schafft in verfassungsrechtlich nicht zu beanstandender Weise Vertrauen desjenigen, der vor dem Wirksamwerden der Instrumente des § 22 Dispositionen getroffen hat (BVerwG DÖV 1994, 879).

15 Abs. 4 Satz 3 sieht eine **Härteregelung** vor. Die Genehmigung *kann* zur Vermeidung wirtschaftlicher Nachteile erteilt werden. Als wirtschaftliche Nachteile kommen Beeinträchtigungen der Fortführung des Beherbergungsbetriebes oder der Lebensführung des Eigentümers in Betracht, die die Ursache in der Versagung der Genehmigung haben würden, zB im Hinblick auf die Verwertung eines Grundstücks (BVerwG BRS 57 Nr. 123; BVerwGE 105, 1 [5]).

16 Nach Abs. 5 Satz 1 ist die Baugenehmigungsbehörde zuständige **Genehmigungsbehörde**. Sie entscheidet im Einvernehmen mit der Gemeinde. Im Regelfall ist innerhalb eines Monats nach Eingang zu entscheiden. Die Entscheidungsfrist kann durch Zwischenbescheid für den Zeitraum verlängert werden, der notwendig ist, um die Prüfung abzuschließen, höchstens jedoch um drei Monate. Das Einvernehmen gilt als erteilt, wenn es nicht binnen zwei Monaten verweigert wird oder eine Zwischenentscheidung ergeht.

IV. Grundbuchrechtliche Folgen (Abs. 6, Abs. 8)

1. Genehmigung oder Freistellungserklärung

17 Bei einem Grundstück, das im Geltungsbereich liegt, darf das Grundbuchamt die Eintragung in das Grundbuch nur vornehmen, wenn der Genehmigungsbescheid oder ein **Zeugnis** gem. Abs. 5 Satz 5 vorgelegt wird oder wenn die **Freistellungserklärung** der Gemeinde gem. Abs. 8 eingegangen ist. Ist dennoch eine Eintragung vorgenommen, kann die Baugenehmigungsbehörde, falls die Genehmigung erforderlich war, das Grundbuchamt um die Eintragung eines Widerspruchs ersuchen. Die Grundbuchsperre gilt ab Rechtsverbindlichkeit des Bebauungsplans oder der sonstigen Satzung iSd Abs. 1 Satz 1. Das Gesetz enthält nach Abs. 8 eine ausdrückliche Regelung über die Verpflichtung zur Aufhebung des Genehmigungsvorbehalts, wenn die Voraussetzungen für den Genehmigungsvorbehalt entfallen sind. Liegen die Voraussetzungen hiergegen dafür nur für einzelne Grundstücke vor, so sind diese vom Genehmigungsvorbehalt freizustellen.

2. Rückwirkung der Satzung im ergänzenden Verfahren

Nach § 214 Abs. 4 kann eine Satzung durch ein ergänzendes Verfahren zur Behebung von Fehlern auch rückwirkend in Kraft gesetzt werden. Im Hinblick auf den Vollzug der dinglichen Rechtsgeschäfte stellt sich die Frage der Wirkung einer **rückwirkenden Inkraftsetzung** einer Fremdenverkehrssatzung. Das BVerwG hat insoweit festgestellt, dass der Gesetzgeber den Fall einer rückwirkenden Inkraftsetzung einer Fremdenverkehrssatzung überhaupt nicht bedacht habe (BVerwGE 105, 153). Mit der Feststellung der Unwirksamkeit der Satzung durch das Normenkontrollgericht gem. § 47 VwGO entfällt der Genehmigungsvorbehalt, und zwar rückwirkend ex tunc (BGHZ 86, 356 [359]; K/S, VwGO, § 47 Rn 131). Ein etwaiger im Grundbuch gem. § 22 Abs. 6 S. 2 eingetragener Widerspruch der Baugenehmigungsbehörde ist von Amtswegen zu löschen (§ 53 S. 2 GBO). Die **Grundbuchsperre** entfällt und die Teilung des Wohnungseigentums ist einzutragen. 18

Ist die Teilung im Grundbuch eingetragen, ist das dingliche Rechtsgeschäft vollzogen. Ein späteres rückwirkendes Inkrafttreten der bis dahin fehlerhaften Fremdenverkehrssatzung ändert hieran nichts (Berkemann u.a., BauGB 2004, S. 248). Der im Zeitpunkt der Eintragung fehlende Genehmigungsvorbehalt kann nicht rückwirkend mit dem Ergebnis der nachträglichen Unrichtigkeit des Grundbuchs begründet werden (OLG München, Mitt. BayNot 2001, 98). Einer Rückwirkung der Fremdenverkehrssatzung kommt damit keine (**grundbuchrechtliche**) Rechtswirkung zu. Hieraus wird man gleichwohl nicht den Schluss ziehen können, dass eine Satzung, die eine Rückwirkung auf die ursprüngliche Satzung vorsieht, nicht als zulässig erachtet wird (vgl aber OVG NW, NVwZ-R 2000, 535; OVG Brandenburg, LKV 2001, 132). 19

V. Übernahmeanspruch (Abs. 7)

Abs. 7 enthält eine Tatbestands- und Rechtsfolgenverweisung auf §§ 40 Abs. 2 43 Abs. 1, 4 und 5 sowie § 44 Abs. 3 und 4. Der Eigentümer hat danach für den Fall der fehlenden wirtschaftlichen Zumutbarkeit einen Übernahmeanspruch nach § 40 Abs. 2, wenn die Genehmigung versagt wird. 20

VI. Sonstige Satzungen (Abs. 9)

Abs. 9 Satz 1 ermächtigt die Gemeinde zu einer Festsetzung der höchstzulässigen **Zahl der Wohnungen** durch eine sonstige Satzung iSd Abs. 1 Satz 1. Die nach § 9 Abs. 1 Nr. 6 vorgesehene Festsetzung dient auch dem Schutz von Gebieten mit Fremdenverkehrsfunktion, da Wohnvorhaben reguliert sind, die als Zweitwohnung genutzt werden sollen und die dadurch die städtebauliche Eigenart des Gebietes beeinträchtigen. Abs. 9 ermöglicht eine verfahrensmäßige Verknüpfung der Einführung des Genehmigungsvorbehalts durch sonstige Satzung mit der Festsetzung der höchstzulässigen Wohnungszahl, ohne dass es eines Bebauungsplanverfahrens bedarf. 21

VII. Rechtsschutz

Bebauungspläne und die sonstige Satzung (Abs. 1 Satz 1) können im Wege der **Normenkontrolle** (§ 47 Abs. 1 Nr. 1 VwGO) überprüft werden. Als Antragsteller kommen Eigentümer eines Grundstücks im Satzungsgebiet sowie auch Anspruchsberechtigte im Hinblick auf die Eintragung von Rechten iSd Abs. 1 in Betracht. 22

Wird die Genehmigung versagt (Abs. 4) ist der **Verwaltungsakt** nach § 42 VwGO anfechtbar. Dies gilt auch für die Versagung der Erteilung eines Zeugnisses nach Abs. 5 Satz 4. Diese Ansprüche sind im Wege der **Verpflichtungsklage** durchzusetzen.

Muster

▶ **Klage auf Erteilung einer Genehmigung zur Begründung von Wohnungseigentum (§ 22 BauGB)**

An das Verwaltungsgericht
In dem Verfahren
der Eheleute A
– Kläger –
Prozessbevollmächtigte:
g e g e n
Gemeinde B
– Beklagte –
Prozessbevollmächtigte:
wegen Genehmigung nach § 22 BauGB
erheben wir hiermit gegen den Bescheid der Gemeinde B vom ... in der Form des Widerspruchsbescheides vom ...
K l a g e
und stellen den
A n t r a g,
1. Der Bescheid vom ... in Gestalt des Widerspruchsbescheids vom ... wird aufgehoben.
2. Es wird festgestellt, dass die Aufteilung des Gebäudes auf dem Grundstück Gemarkung ... , Parzellen Nr. ... , keiner Genehmigung nach § 22 BauGB bedarf.
H i l f s w e i s e,
Unter Aufhebung des Bescheides vom ... in Form des Widerspruchsbescheides vom ... die Beklagte zu verpflichten, die am ... beantragte Genehmigung zur Begründung von Wohnungseigentum im Gebäude auf dem Grundstück Gemarkung ... Parzelle ... , Flurstück ... , zu erteilen.
3. Die Hinzuziehung eines Bevollmächtigten für das Widerspruchsverfahren für notwendig zu erklären.
G r ü n d e:
Die Klage ist zulässig und begründet.
I. Für das Gebäude auf dem Grundstück des Klägers ist die Genehmigungspflicht nicht wirksam begründet worden. [...].
II. Sofern man diese annehmen wollte, wäre die Beklagte dennoch verpflichtet, die beantragte Genehmigung zu erteilen, da Versagungsgründe gem. § 22 Abs. 4 BauGB nicht eingreifen. [...] ◀

§ 23 (weggefallen)

Dritter Abschnitt
Gesetzliche Vorkaufsrechte der Gemeinde

§ 24 Allgemeines Vorkaufsrecht

(1) Der Gemeinde steht ein Vorkaufsrecht zu beim Kauf von Grundstücken

1. im Geltungsbereich eines Bebauungsplans, soweit es sich um Flächen handelt, für die nach dem Bebauungsplan eine Nutzung für öffentliche Zwecke oder für Flächen oder Maßnahmen zum Ausgleich im Sinne des § 1a Abs. 3 festgesetzt ist,
2. in einem Umlegungsgebiet,
3. in einem förmlich festgelegten Sanierungsgebiet und städtebaulichen Entwicklungsbereich,
4. im Geltungsbereich einer Satzung zur Sicherung von Durchführungsmaßnahmen des Stadtumbaus und einer Erhaltungssatzung,
5. im Geltungsbereich eines Flächennutzungsplans, soweit es sich um unbebaute Flächen im Außenbereich handelt, für die nach dem Flächennutzungsplan eine Nutzung als Wohnbaufläche oder Wohngebiet dargestellt ist,
6. in Gebieten, die nach § 30, 33 oder 34 Abs. 2 vorwiegend mit Wohngebäuden bebaut werden können, soweit die Grundstücke unbebaut sind, sowie
7. in Gebieten, die zum Zweck des vorbeugenden Hochwasserschutzes von Bebauung freizuhalten sind, insbesondere in Überschwemmungsgebieten.

Im Falle der Nummer 1 kann das Vorkaufsrecht bereits nach Beginn der öffentlichen Auslegung ausgeübt werden, wenn die Gemeinde einen Beschluss gefasst hat, einen Bebauungsplan aufzustellen, zu ändern oder zu ergänzen. Im Falle der Nummer 5 kann das Vorkaufsrecht bereits ausgeübt werden, wenn die Gemeinde einen Beschluss gefasst und ortsüblich bekannt gemacht hat, einen Flächennutzungsplan aufzustellen, zu ändern oder zu ergänzen und wenn nach dem Stand der Planungsarbeiten anzunehmen ist, dass der künftige Flächennutzungsplan eine solche Nutzung darstellen wird.

(2) Das Vorkaufsrecht steht der Gemeinde nicht zu beim Kauf von Rechten nach dem Wohnungseigentumsgesetz und von Erbbaurechten.

(3) Das Vorkaufsrecht darf nur ausgeübt werden, wenn das Wohl der Allgemeinheit dies rechtfertigt. Bei der Ausübung des Vorkaufsrechts hat die Gemeinde den Verwendungszweck des Grundstücks anzugeben.

I. Allgemeines

1 Das gemeindliche Vorkaufsrecht dient der **Sicherung der Bauleitplanung** und darüber hinaus der Sicherung von städtebaulichen Maßnahmen unbeschadet einer beabsichtigten Bauleitplanung. Durch das EAG Bau wird das Vorkaufsrecht auf die Satzung über die Sicherung von Durchführungsmaßnahmen des Stadtumbaus als Folgeänderung zu den Vorschriften über den Stadtumbau erweitert. Mit der Einbeziehung des Gebiets solcher Satzungen in das allgemeine Vorkaufsrecht soll vergleichbar der Interessenlage in förmlich festgelegten Sanierungsgebieten und Entwicklungsbereichen sowie im Geltungsbereich der Erhaltungssatzung der Gemeinde ein Instrument an die Hand gegeben werden, mit dem sie durch den Grundstückserwerb zB die von ihr im Rahmen der Stadtumbausatzung verfolgten Zwecke fördern kann (BT-Drs 15/2250, 53).

II. Umfang des Vorkaufsrechts

1. Allgemeine begriffliche Voraussetzungen

2 Bei dem allgemeinen Vorkaufsrecht nach § 24 handelt es sich um ein gesetzliches Vorkaufsrecht, das als öffentlich-rechtliche Belastung auf dem von ihm erfassten Grundstück ruht. Es steht nach Abs. 1 der Gemeinde nur bei **Kaufverträgen** iSd § 433 BGB zu. Ein Vorkaufsrecht entfällt beim **Tauschvertrag** (BGH, NJW 1964, 540), bei einer Schenkung (BGHZ 73, 12; OVG Lüneburg, NJW 1976, 159), beim Erbauseinandersetzungsvertrag (BGH, DVBl 1971, 317), bei der Einbringung eines Grundstücks in eine **Gesellschaft** (Schröter, BauGB-Kommentar, § 24 Rn 22) und bei einem Wiederkaufsrecht eines Dritten (BGHZ 58, 78). Es ist weiter nach § 512 BGB, der gem. § 28 Abs. 2 anzuwenden ist, beim Verkauf eines Grundstückes im Wege der **Zwangsvollstreckung** oder in der **Insolvenz** durch den Insolvenzverwalter ausgeschlossen. Ein Vorkaufsfall liegt auch dann nicht vor, wenn ein **Miteigentümer** seinen Bruchteil an einen anderen Miteigentümer veräußert; bei dem Erwerber handelt es sich nicht um einen Dritten iSd § 504 BGB (BGH NJW 1967, 1607 = MDR 1967, 662; BayOLG, BBGZ 1986, 434). Die Veräußerung von **Bruchteilseigentum** an einen Nichtmiteigentümer unterliegt jedoch dem Vorkaufsrecht (BGH NJW 1984, 565 = BauR 1985, 431 = BRS 42 Nr. 111 VG München, U. v. 29.1.2007 – M 8 K 05.5792 –), falls kein Fall des § 24 Abs. 2 vorliegt. Bejaht wurde ein Vorkaufsrecht dagegen beim Erwerb in der **Teilungsversteigerung** nach den §§ 180 ff ZVG, sofern ein Dritter Erwerber ist (OVG RP, Rechtspflege 1982, 155).

Hinweis für die Praxis: Gerade im Fall der **Schenkung** muss das Grundbuchamt sorgfältig prüfen, ob nicht ein Umgehungsgeschäft vorliegt, mit dem das Vorkaufsrecht der Gemeinde ausgeschlossen werden soll (Schröter, BauGB-Kommentar, § 24 Rn 22).

Der Begriff des Kaufvertrages ist vorsichtig auf **kaufähnliche Verträge** auszudehnen, die einem Kaufvertrag nahezu gleichkommen und in die der Vorkaufsberechtigte zur Wahrung seiner Erwerbs- und Abwehrinteressen eintreten kann, ohne die vom Verpflichteten ausgehandelten Konditionen der Veräußerung zu beeinträchtigen (OLG Frankfurt BRS 57 Nr. 126). Ein das gemeindliche Vorkaufsrecht auslösender Grundstückskaufvertrag iSv. § 24 Abs. 1 Nr. 1 liegt auch dann vor, wenn als Gegenleistung nicht Geld, sondern „5 Daimler-Benz-Aktien" vereinbart ist (OLG Frankfurt BRS 57 Nr. 126). Dabei müssen rein formale Kriterien uU zurücktreten gegenüber einer materiellen Betrachtungsweise und einem interessengerechten Verständnis (BGH NJW 1992, 236).

Das Vorkaufsrecht kann nur von der Gemeinde ausgeübt werden, wenn ein **wirksamer Kaufvertrag** vorliegt (§ 504 BGB). Rechtswirksam idS sind auch anfechtbare (§§ 119, 123 BGB) Kaufverträge. Erst die erfolgreiche Anfechtung, die die Nichtigkeit des Kaufvertrages zur Folge hat (§ 142 BGB), entzieht dem Vorkaufsrecht die Grundlage. Um von einem wirksamen Kaufvertrag sprechen zu können, müssen alle erforderlichen zivilrechtlichen und öffentlich-rechtlichen Genehmigungen erteilt sein (BGH DVBl 1979, 379 = BRS 33 Nr. 89), zB nach § 1821 BGB, § 2 GrdstVG für landwirtschaftlich genutzte Grundstücke, § 51 im Umlegungsverfahren, § 109 im Enteignungsverfahren, § 144 im Sanierungsgebiet oder § 169 im städtebaulichen Entwicklungsbereich. Die Gemeinde kann ihr Vorkaufsrecht bereits nach Abschluss eines Kaufvertrages und auch schon vor Erteilung der zur Wirksamkeit dieses Vertrages notwendigen Genehmigung mit Wirkung auf den Genehmigungszeitpunkt ausüben und damit frühzeitig Interesse am Erwerb des Kaufgegenstands zum Ausdruck bringen (BGH NJW 1998, 2352; OVG Sachsen-Anhalt LKV 2002, 187). Eine nach Ausübung des Vorkaufsrechts vorgenommene Vertragsaufhebung beseitigt den Vorkaufsfall nicht (BGH NJW 1977, 762; RGZ 118, 8). 3

Das Vorkaufsrecht erfasst auch **Grundstücksteilflächen**. Dies verlangen die Grundsätze der Verhältnismäßigkeit des geringstmöglichen Eingriffs sowie der Zweck der gesetzlichen Regelung, wonach das Vorkaufsrecht den Grunderwerb für die im Gesetz bezeichneten Nutzungszwecke erleichtern soll, um spätere Enteignungen entbehrlich zu machen (BGH BRS 50 Nr. 106). Eine Erstreckung des Vorkaufsrechts auf das Restgrundstück kommt nur in Betracht, wenn die Teilfläche, um deren Erwerb es der Gemeinde geht, und das Restgrundstück nicht ohne Nachteil für den Vorkaufsverpflichteten/Verkäufer getrennt werden können und dieser deshalb die Erstreckung nicht verlangt (BGH BRS 50 Nr. 106). Eine Beschränkung des Vorkaufsrechts auf eine Verkehrsfläche ist nicht deshalb unzulässig, weil die damit verbundene Teilung des Grundstücks eine Zerschneidung der Gebäude zur Folge hätte (BGH DVBl 1971, 318; BGH BRS 50 Nr. 106). 4

2. Grundstücke im Geltungsbereich eines Bebauungsplanes mit öffentlicher Zweckbestimmung (Abs. 1 Nr. 1)

Im Geltungsbereich eines rechtsverbindlichen Bebauungsplanes bezieht sich das Vorkaufsrecht, das der Sicherung der Bauleitplanung dient, auf bebaute und unbe- 5 baute Grundstücke. Dabei spielt es keine Rolle, ob es ein einfacher oder ein qualifizierter Bebauungsplan ist. Auch die nach § 173 Abs. 3 BBauG übergeleiteten Pläne gelten als Bebauungspläne und sind daher beachtlich (BVerwG Buchholz 406.11 § 173 BBauG Nr. 17 = BRS 40 Nr. 3). Voraussetzung für die Ausübung des Vorkaufsrechts ist, dass im Bebauungsplan für diese Fläche eine **Nutzung für öffentliche Zwecke** festgesetzt ist. Dazu zählen insbesondere Verkehrs-, Gemeinbedarfs-, Versorgungs- und Grünflächen. Allein entscheidend ist dabei die Festsetzung als solche, die der Verfolgung des öffentlichen Zwecks dient. Dass von Privaten ein solcher Zweck auch verwirklicht werden kann (zB bei Sportplätzen oder Krankenhäusern), ist unerheblich. Sind im Bebauungsplan nur Teile eines Grundstücks für öffentliche Zwecke festgesetzt (zB bei Verbreiterung einer Straße), erstreckt sich das Vorkaufsrecht auch nur auf diese Teilfläche (BGH NJW 1971, 560 = BRS 24 Nr. 95). Der Zeitpunkt für die frühestmögliche Ausübung des Vorkaufsrechts ist durch das BauROG 1998 auf den Zeitpunkt des **Aufstellungsbeschlusses** vorverlegt worden, so dass Grundstücksspekulationen nunmehr besser begegnet werden kann.

3. Grundstücke in einem Umlegungsgebiet (Abs. 1 Nr. 2)

6 Diese Regelung stellt klar, dass ein Vorkaufsrecht im Grenzregelungsgebiet (§ 80) nicht besteht. Das Vorkaufsrecht setzt einen wirksamen **Umlegungsbeschluss**, der einen VA darstellt, nach § 47 Abs. 1 Satz 1 voraus, in dem das Umlegungsgebiet (§ 52) bezeichnet ist und die darin liegenden Grundstücke einzeln aufgeführt sind (§ 47 Abs. 1 Satz 2). Nach § 50 Abs. 1 ist auch die ortsübliche Bekanntmachung erforderlich (BGH NJW 1975, 2195). Bei einer Anfechtung des Umlegungsbeschlusses kann wegen dem Wegfall der aufschiebenden Wirkung dieses Rechtsbehelfs nach § 224 Nr. 1 das Vorkaufsrecht gegenüber dem Anfechtenden ausgeübt werden.

4. Grundstücke in einem förmlich festgelegten Sanierungsgebiet oder städtebaulichen Entwicklungsbereich (Abs. 1 Nr. 3)

7 Diese Regelung soll die Durchführung von städtebaulichen Sanierungsmaßnahmen im förmlich festgelegten Sanierungsgebiet (§ 142) und im förmlich festgelegten städtebaulichen Entwicklungsbereich (§ 165 Abs. 3) sichern (VG Dessau, U. v. 27.1.2007 – 1 A 366/06 –). Zu beachten ist bei Letzterem § 169.

5. Grundstücke im Geltungsbereich einer Satzung zur Sicherung des Stadtumbaus und einer Erhaltungssatzung (Abs. 1 Nr. 4)

8 Die Vorschrift ergänzt §§ 171a–171d. Das Vorkaufsrecht setzt den Erlass einer Satzung nach § 171d und einer Erhaltungssatzung nach § 172 voraus und besteht nicht nur an bebauten, sondern auch an unbebauten Grundstücken, wenn städtebauliche und soziale Belange den Ablauf der Stadtumbaumaßnahme auf der Grundlage des von der Gemeinde aufgestellten städtebaulichen Entwicklungskonzepts (§ 171b Abs. 2) oder eines Sozialplans (§ 180) beeinträchtigt werden würde (VG München, U. v. 29.1.2007 – M 8 K 05.5792 –). Auf Grundlage einer Erhaltungssatzung soll die städtebauliche Gestaltung des festgesetzten Gebiets gesichert werden.

6. Grundstücke im Geltungsbereich eines Flächennutzungsplanes für unbebaute Außenbereichsflächen, die zur Nutzung als Wohnbaufläche oder Wohngebiete dargestellt sind (Abs. 1 Nr. 5)

Die Vorschrift dient dem Zweck, die Versorgung der Bevölkerung mit angemesse- 9
nem Wohnraum sicherzustellen. Das Vorkaufsrecht kann bereits bei **Planreife** ausgeübt werden (Abs. 1 Satz 3), um Spekulationen zu erschweren.

7. Unbebaute Grundstücke in Gebieten, die nach §§ 30, 33 oder 34 Abs. 2 vorwiegend mit Wohngebäuden bebaut werden können

Voraussetzung für das Vorkaufsrecht ist, dass die Gebiete nach §§ 30, 33 oder 34 10
Abs. 2 zu beurteilen sind. Das Vorkaufsrecht kann nur bei **unbebauten** Grundstücken ausgeübt werden (vgl BVerwG NVwZ-RR 1997, 462). Nach § 34 Abs. 2 iVm der BauNVO kommen als Gebiete, die vorwiegend mit Wohngebäuden bebaut werden können, in Betracht: Kleinsiedlungsgebiete (§ 2 BauNVO), reine Wohngebiete (§ 3 BauNVO), allgemeine Wohngebiete (§ 4 BauNVO) sowie besondere Wohngebiete (§ 4a BauNVO). In Dorf-, Misch- oder Kerngebieten (§§ 5–7 BauNVO) findet das Vorkaufsrecht nach Abs. 1 Nr. 6 keine Anwendung, gleiches gilt für die Fälle des § 30 Abs. 2 (vorhabenbezogener Bebbauungsplan – BKL, § 24 Rn 15).

8. Flächen in Überschwemmungsgebieten

Dieses neue Vorkaufsrecht wurde durch Art 2 Nr. 4a des Gesetzes zur Verbes- 11
serung des vorbeugenden Hochwasserschutzes vom 3.5.2005 (BGBl. I, 1224) in den Katalog des § 24 Abs. 1 eingefügt. Der Inhalt des Vorkaufsrechts ist nicht eindeutig, da nach § 31b Abs. 4 Satz 1 WHG in den Überschwemmungsgebieten kein absolutes **Planungsverbot** besteht, § 31b Abs. 4 Satz 3 und 4 WHG. Es ist daher zweifelhaft, ob in den genannten Gebieten ein umfassendes Vorkaufsrecht besteht (vgl Schrödter, § 24 Rn 18 f; vgl allgemein Paul/Pfeil, NVwZ 2006, 505 ff).

III. Rechte nach WEG und Erbbaurechte (Abs. 2)

Nachdem nach der Rechtsprechung (BGH NJW 1984, 1617 = ZfBR 1984, 150) 12
sich das Vorkaufsrecht prinzipiell auch auf Rechte nach dem Wohnungseigentumsgesetz bezieht, hat der Gesetzgeber durch die Regelung in Abs. 2 in den früher besonders verwaltungsaufwendigen Fällen, in denen aber das Vorkaufsrecht regelmäßig nicht ausgeübt wurde, das gemeindliche Vorkaufsrecht ausgeschlossen. Das hat zur Folge, dass es dann bei der Veräußerung auch nicht der Vorlage des **Negativattestes** (§ 28) bedarf.

IV. Ausübung des Vorkaufsrechts

Die Ausübung des Vorkaufsrechts setzt nach Abs. 3 Satz 1 voraus, dass das **Wohl** 13
der Allgemeinheit dies rechtfertigt. Anders als in den Fällen der Enteignung ist hier nicht vorauszusetzen, dass das Wohl der Allgemeinheit die Ausübung des Vorkaufsrechts „erfordert“, denn dem Verkäufer wird nicht die Möglichkeit zur Veräußerung genommen, sondern diese findet nur an einen anderen Käufer statt (OVG Lüneburg BauR 1981, 262; vgl BVerwG NJW 1990, 2703 = ZfBR 1990, 207). Die Erforderlichkeit ist dann nicht gegeben, wenn lediglich eine beabsichtigte, den künftigen Festsetzungen widersprechende Nutzung verhindert werden soll,

weil dies auch mit weniger entscheidenden Mitteln, bspw einer **Veränderungssperre** erreichbar wäre (BVerwG BRS 55 Nr. 100).

14 Im Gegensatz zur Enteignung nach § 87 Abs. 1 wird auch nicht verlangt, dass das Wohl der Allgemeinheit den Erwerb gerade dieses Grundstücks im jetzigen Zeitpunkt erfordert (VG Augsburg, U. v. 4.5.2006 – Au5 K05.1101 –). Erforderlich ist nur, dass im Hinblick auf eine bestimmte Aufgabe überwiegende Vorteile für die Öffentlichkeit angestrebt werden (BVerwGE 4, 185 = Buchholz 406.39 Bremen § 1 Nr. 3; BVerwG, NJW 1990, 2003). Dies ergibt sich bei Flächen für den Gemeinbedarf, Verkehrs- und Versorgungsflächen uÄ regelmäßig bereits aus den Festsetzungen des Bebauungsplanes (OVG Lüneburg ZMR 1984, 389). In allen anderen Fällen ist eine zusätzliche konkrete Begründung erforderlich. Daher wird in Abs. 3 Satz 2 bestimmt, dass die Gemeinde bei der Ausübung des Vorkaufsrechts den **Verwendungszweck** angeben muss. Dies ermöglicht nicht nur eine Kontrolle, sondern erhöht auch die Akzeptanz.

15 In **Umlegungsgebieten** rechtfertigt das Wohl der Allgemeinheit die Ausübung des Vorkaufsrechts, wenn dieses Grundstück benötigt wird, um zB den planerischen Festsetzungen entsprechend größere Baugrundstücke zu schaffen oder es als Ersatzland in die Verteilungsmasse einzubringen (BGH MDR 1975, 565 = DVBl 1975, 487 = BRS 29 Nr. 76). Gleiches gilt für Flächen, die zum Ausgleich für andernorts gelegene Eingriffe herangezogen werden sollen. In förmlich festgelegten **Sanierungsgebieten** ist die Ausübung des Vorkaufsrechts zum Wohle der Allgemeinheit gerechtfertigt, wenn damit besondere Maßnahmen unterstützt werden, die zur Beseitigung der vorhandenen Missstände erforderlich sind (VG Augsburg, U. v. 4.2.2006 – Au5 K05.1101 –). Im Geltungsbereich einer **Erhaltungssatzung** und einer Satzung zur Sicherung des **Städtebaus** ist es gerechtfertigt, um der Beeinträchtigung von Belangen iSv §§ 171b, 172, 180 zu begegnen. Allerdings rechtfertigt das Wohl der Allgemeinheit die Ausübung des Vorkaufsrechts dann nicht, wenn dies von der Gemeinde lediglich aus Gewinnstreben (BGH DVBl 1966, 264) oder zur „**Vorratshaltung**“ (BGH MDR 1975, 565 = DVBl 1975, 487 = BRS 29 Nr. 76) ausgeübt wird. Dies gilt auch für die Fälle des § 135a (Ökokonto), wenn noch kein auszugleichender Eingriff in Natur und Landschaft konkret in Aussicht genommen ist.

Hinweis für die Praxis: Die Ausübung eines Vorkaufsrechts beim Kauf von Grundstücken nach dem BauGB ist in der Regel kein dem Bürgermeister obliegendes Geschäft der laufenden Verwaltung. Vielmehr ist regelmäßig die Zuständigkeit des Gemeinderates gegeben (OVG RP, MittBayNot 2006, 450 Nds OVG, BRS 69, Nr. 124).

V. Konkurrenz der einzelnen Vorkaufsrechte

16 Während das BBauG teilweise das Verhältnis der einzelnen Vorkaufsrechte zueinander geregelt hatte, enthält das BauGB keine vergleichbaren Regelung. Die Abgrenzung der einzelnen Vorkaufsrechte ist insoweit von Bedeutung, als mit der Bestimmung des Vorkaufsrechts unterschiedliche Vorschriften zur Anwendung kommen und es unterschiedliche Rechtswegzuständigkeiten gibt. Konkurrenzsituation besteht für das Vorkaufsrecht an öffentlichen Flächen im Geltungsbereich eines BPls, das mit Vorkaufsrechten nach § 24 Abs. 1 Satz 1 Nr. 1 bis 3 und § 25 Abs. 1 Nr. 1 zusammenfallen kann. Sind die Voraussetzungen für mehr als einen

Vorkaufsrechtstyp kumulativ gegeben und ist § 24 Abs. 1 Satz 1 Nr. 1 nicht lex specialis, steht es im Ermessen der Gemeinde, eine Rechtsgrundlage auszuwählen (BK, § 24 Rn 19; Schröter, Kommentar zum BauGB, § 24 Rn 41). Maßgeblich ist, aus welchem tatsächlichen und die Ausübung des Vorkaufsrechts rechtfertigenden Grund (Verwendungszweck) die Gemeinde von dem Vorkaufsrecht Gebrauch gemacht hat (B/K/L, § 24 Rn 26).

VI. Rechtsschutz

Das Vorkaufsrecht wird nach § 28 Abs. 2 Satz 1 durch Verwaltungsakt ausgeübt. 17
Im Fall der Ausübung eines Vorkaufsrechts durch die Gemeinde besteht Einigkeit, dass sowohl der Verkäufer als auch der Käufer zur Einlegung eines Widerspruchs befugt sind (BVerwG BRS 39 Nr. 36; VGH Kassel NJW 1989, 1626; BVerwG, NVwZ 2000, 1044; OVG RhPf, MittBayNot 2006, 450). Auch die öffentliche Hand kann als Käufer eines Grundstücks einen Bescheid über die Ausübung des gemeindlichen Vorkaufsrecht anfechten (BVerwG BRS 63 Nr. 130).

Hinweis für die Praxis: Wird das Vorkaufsrecht zum **Verkehrswert** oder zum **Entschädigungswert** (§ 28 Abs. 3 und 4) ausgeübt, kann der Verwaltungsakt (nur) vor den Baulandgerichten angefochten werden, § 217 Abs. 1.

Muster

▶ **Widerspruch gegen die Ausübung eines Vorkaufsrechts (§ 24 BauGB)**

An die Stadt W Baurechtsamt

Betr.: Ausübung des Vorkaufsrechts für das Grundstück, eingetragen im Grundbuch von ... , Flur ... , Flurstück ...

Sehr geehrte Damen und Herren,

namens und in Vollmacht der Fa. A legen wir hiermit gegen Ihren Bescheid vom ... , mit dem Sie das Vorkaufsrecht für das im Betreff genannte Grundstück ausüben,

W i d e r s p r u c h

ein und stellen den

A n t r a g:

1. Der Bescheid vom ... wird aufgehoben.
2. Die Hinzuziehung des Bevollmächtigten im Widerspruchsverfahren wird für notwendig erklärt.

G r ü n d e:

I. Unsere Mandantin hat das Grundstück durch notariellen Kaufvertrag vom ... von Herrn B erworben. Mit Bescheid vom ... übte die Stadt das Vorkaufsrecht an diesem Grundstück nach § 24 Abs. 1 Nr. 6 BauGB aus.

II. Der Widerspruch ist zulässig und begründet.

1. Die Voraussetzungen des § 24 Abs. 1 Nr. 6 BauGB liegen für das im Betreff genannte Grundstück nicht vor. [...]
2. Darüber hinaus steht der Ausübung des Vorkaufsrechts § 24 Abs. 3 BauGB entgegen. Das Wohl der Allgemeinheit rechtfertigt die Ausübung des Vorkaufsrechts nicht. [...] ◀

Hinweis für die Praxis: Es ist zu beachten, dass § 217 BauGB für Verwaltungsakte nach § 28 Abs. 3 und 4 BauGB das Verfahren vor der Baulandkammer vorschreibt.

§ 25 Besonderes Vorkaufsrecht

(1) Die Gemeinde kann
1. im Geltungsbereich eines Bebauungsplans durch Satzung ihr Vorkaufsrecht an unbebauten Grundstücken begründen;
2. in Gebieten, in denen sie städtebauliche Maßnahmen in Betracht zieht, zur Sicherung einer geordneten städtebaulichen Entwicklung durch Satzung Flächen bezeichnen, an denen ihr ein Vorkaufsrecht an den Grundstücken zusteht.

Auf die Satzung ist § 16 Abs. 2 entsprechend anzuwenden.

(2) § 24 Abs. 2 und 3 Satz 1 ist anzuwenden. Der Verwendungszweck des Grundstücks ist anzugeben, soweit das bereits zum Zeitpunkt der Ausübung des Vorkaufsrechts möglich ist.

I. Vorbemerkung

1 Ebenso wie das allgemeine Vorkaufsrecht dient das besondere Vorkaufsrecht des § 25 der Sicherung der Bauleitplanung und anderer städtebaulicher Maßnahmen. Das **besondere Vorkaufsrecht** ergänzt die kraft Gesetzes bestehenden Tatbestände des § 24 um zwei eigenständige Vorkaufstatbestände, die verschiedenen Zwecken dienen und selbstständig nebeneinander stehen. Diese werden durch gemeindliche Satzung begründet (sog **Satzungsvorkaufsrecht**).

II. Satzungsvorkaufsrecht in Bebauungsplangebieten (Abs. 1 Satz 1 Nr. 1)

2 Das Vorkaufsrecht nach Abs. 1 Satz 1 Nr. 1 ergänzt das gesetzliche Vorkaufsrecht nach § 24 Abs. 1 Nr. 1. Es ist auf unbebaute Grundstücke im Geltungsbereich eines **Bebauungsplanes** beschränkt, für die – anders als bei § 24 Abs. 1 Nr. 1 – keine Nutzung für öffentliche Zwecke festgesetzt ist. Ob es sich um einen qualifizierten (§ 30 Abs. 1) oder einfachen (§ 30 Abs. 2) Bebauungsplan handelt, ist dabei unerheblich; der Bebauungsplan muss rechtsverbindlich sein. Die Beschränkung des Vorkaufsrechts auf unbebaute Grundstücke hat nicht zur Folge, dass die maßgebende Satzung nicht auch bebaute Grundstücke umfassen kann. Bebaute Grundstücke sind aber dem Zugriff der Gemeinde entzogen. Maßgeblich ist der tatsächliche Zustand auf dem Grundstück.

III. Satzungsvorkaufsrecht in städtebaulichen Maßnahmegebieten (Abs. 1 Satz 1 Nr. 2)

3 Das Vorkaufsrecht nach § 25 Abs. 1 Satz 1 Nr. 2 besteht sowohl bei bebauten als auch unbebauten Grundstücken im Geltungsbereich der beschlossenen Satzung. Der Begriff der städtebaulichen Maßnahmen nach Abs. 1 Satz 1 Nr. 2 BauGB ist weit zu verstehen. Unter ihn fallen alle Maßnahmen, die der Gemeinde dazu dienen, ihre **Planungsvorstellungen** zu verwirklichen, vorausgesetzt, sie weisen einen

städtebaulichen Bezug auf (BVerwG NVwZ 1994, 284). Umfasst ist nicht nur die Aufstellung eines Bebauungsplanes, sondern auch künftige **Infrastrukturmaßnahmen**. Eine Entwicklungsabsicht kann sich aus dem Flächennutzungsplan, Rahmenplänen oder den Zielen der Raumordnung ergeben.

Die Gemeinde zieht städtebauliche Maßnahmen dann in Betracht, wenn ernst- 4
hafte Anhaltspunkte dafür gegeben sind, dass sie die Durchführung bestimmter städtebaulicher Maßnahmen erwägt. Daran fehlt es, wenn die Gemeinde die Vorkaufssatzung nur erlässt, um die Grundstückseigentümer von einem Verkauf ihrer Grundstücke an einen Dritten abzuhalten (VGH Mannheim BRS 62 Nr. 128).

Bei Satzungserlass müssen zwar noch nicht die Einzelheiten der städtebaulichen 5
Maßnahme feststehen. Allerdings ist ein Minimum an **Konkretisierung der Maßnahme** für ein bestimmtes Gebiet zu verlangen (OVG Münster BRS 59 Nr. 106).

IV. Vorkaufssatzung, Abs. 1 Satz 2

Das besondere Vorkaufsrecht besteht nur an den in der Satzung nach Abs. 1 Satz 2 6
bezeichneten Flächen. Die maßgebende Bezeichnung kann durch textliche Festsetzungen oder zeichnerische Darstellung erfolgen. Erforderlich ist, dass die betroffenen Flächen eindeutig gekennzeichnet sind. Die Satzung über das Vorkaufsrecht ist nach Maßgabe des jeweiligen **Kommunalrechts** zu beschließen und **ortsüblich** unter Beachtung evtl bestehender gemeindlicher Hauptsatzungen **bekannt zu machen**. Die Satzung muss nicht eine zusammenhängende Fläche umfassen; möglich ist auch, dass sich der Geltungsbereich einer Satzung auf mehrere getrennte Flächen bezieht. Der Geltungsbereich einer Satzung, mit der ein besonderes Vorkaufsrecht nach § 25 Abs. 1 Satz 1 Nr. 2 begründet wird, darf nicht über das Gebiet hinausgehen, in dem die Gemeinde städtebauliche Maßnahmen in Betracht zieht (BVerwG BRS 56 Nr. 94; BVerwG BRS 63 Nr. 130; VGH Mannheim BRS 63 Nr. 128; OVG Koblenz, B v. 4.3.2003 – 8 A 10154/03).

V. Ausübung des Vorkaufsrechts

Die Ausübung des Vorkaufsrechts setzt voraus, dass das **Wohl der Allgemeinheit** 7
dies rechtfertigt, wobei durch das Vorkaufsrecht zur Sicherung einer geordneten städtebaulichen Entwicklung beigetragen werden soll. Dabei müssen die Interessen der am Kauf Beteiligten mit denen der Gemeinde abgewogen werden. Rein fiskalische Interessen reichen nicht aus. Wird ein unbebautes Grundstück in einem Gebiet, für das die Gemeinde die Aufstellung eines Bebauungsplans beschlossen hat bzw in dem sie städtebauliche Maßnahmen in Betracht zieht, entsprechend den gemeindlichen Planvorstellungen genutzt, so wird die Ausübung des Vorkaufsrechts nach § 25 Abs. 1 Satz 1 Nr. 2 auch dann nicht durch das Wohl der Allgemeinheit gerechtfertigt, wenn der Erwerber Nutzungsänderungsabsichten geäußert hat. Die Gemeinde hat es im Anwendungsbereich des § 25 Abs. 1 Satz 1 Nr. 2, in dem es um die Sicherung zukünftiger Planungen geht, in der Hand, die Gefahr, die der städtebaulichen Ordnung durch eine nachträgliche Änderung der Grundstücksnutzung droht, ggf dadurch abzuwenden, dass sie sich der Sicherungsmittel bedient, die ihr der Gesetzgeber in Gestalt der Vspr und der Zurückstellung von Baugesuchen zur Verfügung stellt (BVerwG BRS 55 Nr. 100). Es bedarf des Einsatzes der in §§ 24, 25 geschaffenen **Sicherungsinstrumente** nicht, wenn ein Grundstück in Einklang mit den städtebaulichen Zielvorstellungen der Gemeinde bebaut ist und genutzt wird.

8 Anders als nach § 24 ist bei der Ausübung des Vorkaufsrechts nach § 25 der Verwendungszweck nur dann zu deklarieren, wenn er bereits in diesem Zeitpunkt angegeben werden kann, Abs. 2 Satz 2. Das wird in den Fällen des Abs. 1 Satz 1 Nr. 1 regelmäßig der Fall sein, da er sich aus dem Bebauungsplan ergeben muss.

Hinweis für die Praxis: Leidet die Vorkaufsrechtsausübung an einem kommunalrechtlichen Rechtsmangel, indem das sachlich unzuständige Organ der Gemeinde entschieden hat, kann die rechtswidrige Ausübung nach Ablauf der Zwei-Monats-Frist des Art. 28 Abs. 2 Satz 1 nicht mehr geheilt werden (OVG Rh-Pf, MittBayNot 2006, 450).

VI. Rechtsschutz/Streitwert

9 Nach einhelliger Auffassung in der Rechtsprechung und Literatur kann außer dem Verkäufer auch der Käufer des Grundstücks die Ausübung des Vorkaufsrechts, die gem. § 28 Abs. 2 Satz 1 durch Verwaltungsakt erfolgt, **anfechten** (BVerwG BRS 39 Nr. 96; VGH Kassel NJW 1989, 1626; Battis/Krautzberger/Löhr, § 28 Rn 21; Schrödter, § 28 Rn 53, BVerwG, NVwZ 2000, 1044). Auch dem Käufer wird durch die Ausübung des Vorkaufsrechts das vertragliche Recht auf Eigentumsverschaffung entzogen. Dies gilt auch dann, wenn es sich um einen Hoheitsträger handelt (zurückhaltend: VGH Mannheim BRS 62 Nr. 128). Eine Vorkaufsrechtssatzung nach § 25 Abs. 1 Satz 1 Nr. 2 kann (parallel) von dem Eigentümer eines in ihrem Geltungsbereich gelegenen Grundstücks regelmäßig mit einem **Normenkontrollantrag** einer gerichtlichen Nachprüfung zugeführt werden (OVG Saar BRS 58 Nr. 96). Zur Bemessung der sich für die ergebende Bedeutung der Sache iSv § 13 Abs. 1 GKG ist grds. an den zwischen Verkäufer und Verkäufer vereinbarten Kaufpreis anzuknüpfen. Als Streitwert sind 5 vH des Kaufpreises regelmäßig angemessen (VGH München BayVBl. 1999, 669).

§ 26 Ausschluss des Vorkaufsrechts

Die Ausübung des Vorkaufsrechts ist ausgeschlossen, wenn

1. **der Eigentümer das Grundstück an seinen Ehegatten oder an eine Person verkauft, die mit ihm in gerader Linie verwandt oder verschwägert oder in der Seitenlinie bis zum dritten Grad verwandt ist,**
2. **das Grundstück**
   - a) **von einem öffentlichen Bedarfsträger für Zwecke der Landesverteidigung, der Bundespolizei, der Zollverwaltung, der Polizei oder des Zivilschutzes oder**
   - b) **von Kirchen und Religionsgesellschaften des öffentlichen Rechts für Zwecke des Gottesdienstes oder der Seelsorge**

   gekauft wird,
3. **auf dem Grundstück Vorhaben errichtet werden sollen, für die ein in § 38 genanntes Verfahren eingeleitet oder durchgeführt worden ist, oder**
4. **das Grundstück entsprechend den Festsetzungen des Bebauungsplans oder den Zielen und Zwecken der städtebaulichen Maßnahme bebaut ist und genutzt wird und eine auf ihm errichtete bauliche Anlage keine Missstände oder Mängel im Sinne des § 177 Abs. 2 und 3 Satz 1 aufweist.**

I. Allgemeines

Das BauGB unterscheidet zwischen dem **Ausschluss** (§ 26) und der **Abwendung** (§ 27) des Vorkaufsrechts. Während das Abwendungsrecht als ein subjektives öffentliches Recht des Käufers ausgestattet ist und voraussetzt, dass die Gemeinde von ihrem Vorkaufsrecht Gebrauch machen will, enthalten die Ausschlusstatbestände des § 26 negative Ausübungsvoraussetzungen (BKL, § 26 Rn 1). Die Ausschlusstatbestände des § 26 gelten einheitlich für alle Vorkaufsrechte des Baugesetzbuchs und konkretisieren die typischen Beispielsfälle, in denen das Wohl der Allgemeinheit eine Ausübung des Vorkaufsrechts nicht rechtfertigt. Daraus folgt aber gleichzeitig, dass diese Vorschrift keine abschließende Regelung darstellt (BVerwG NVwZ 1994, 284 (285) = BRS 55 Nr. 100; KK § 26 Rn 1). 1

II. Ausschlussgründe

1. Verkauf an den Ehegatten und Verwandtengeschäfte (Nr. 1)

Nr. 1 enthält das sog. **Verwandtenprivileg** und soll verhindern, dass innerhalb der genannten Verwandtschaftsverhältnisse ggf faktisch schon vollzogene Grundstücksübertragungen rechtlich nicht umgesetzt werden, um die Möglichkeit oder Ausübung eines gemeindlichen Vorkaufsrechts zu vermeiden. Zum Begriff der Verwandtschaft ist auf §§ 1589 ff BGB zu verweisen. Bei einer Veräußerung unter Ehegatten ist Voraussetzung für den Ausschluss des Vorkaufsrechts, dass die Ehe rechtsgültig besteht; entsprechendes gilt bei Verschwägerung. Ein Verkauf unter Verlobten wird ebenso wenig erfasst, wie ein Verkauf vor Wirksamkeit einer Adoption (VGH München NVwZ 1995, 304). 2

2. Privilegierte Bedarfsträger (Nr. 2)

Der Kreis der privilegierten öffentlichen Bedarfsträger ist durch das BauROG 1998 aufgrund der Privatisierung der Deutschen Bundespost um das Post- und Fernmeldewesen verkleinert worden. Die Aufzählung in Nr. 2a ist abschließend, so dass für alle sonstigen Grundstücke der öffentlichen Hand § 26 keine Anwendung findet. Der Bedarfsträger hat nur nachzuweisen, dass der Erwerb einem der genannten Zwecke dient bzw dass er die Absicht hat, das betreffende Grundstück einem solchen Zweck zuzuführen. Da diese Vorschrift aber nicht dazu dient, dass der Bedarfsträger sich auf Vorrat Grundstücke beschafft, muss der Zweck hinreichend konkretisiert sein. Dies gilt nach Nr. 2b auch für Kirchen und Religionsgemeinschaften (zur Begriffsbestimmung: OLG Stuttgart RdL 1993, 102; BVerwG BRS 55 Nr. 100) 3

3. Verfahren nach § 38 (Nr. 3)

Die Ausübung des Vorkaufsrechts ist nach Nr. 3 ausgeschlossen, wenn auf dem Grundstück Vorhaben errichtet werden sollen, die den in § 38 genannten Vorschriften unterliegen (vgl Schmidt-Eichstaedt, NVwZ 2003, 129 ff). Das Vor- 4 kaufsrecht ist ausgeschlossen, sobald das einzelne Verfahren förmlich eingeleitet worden ist (KK, § 26 Rn 14).

4. Sonstige Ausschlussgründe

5 Wenn ein Grundstück, das im Geltungsbereich eines Bebauungsplanes liegt, entsprechend der Festsetzung bebaut und genutzt wird, ist das Vorkaufsrecht ausgeschlossen (Nr. 4, 1. Alt). Unerheblich ist, ob die festgesetzten Höchstwerte auch ausgenutzt werden, es sei denn, dass sie zwingend festgesetzt worden sind. Das Vorkaufsrecht ist auch bei einer Bebauung entsprechend den Zielen und Zwecken der städtebaulichen Maßnahme (Nr. 4, 2. Alt) ausgeschlossen. Eine entsprechende Anwendung auf **unbebaute Grundstücke** scheidet aus (BVerwG BRS 55 Nr. 100; aA Stock, ZfBR 1981, 10; EZB, § 26 Rn 16). Allerdings ist auch beim Verkauf unbebauter Grundstücke, die plan- oder maßnahmengerecht genutzt werden, jeweils zu prüfen, ob das Wohl der Allgemeinheit die Ausübung des Vorkaufsrechts rechtfertigt (BVerwG, NVwZ 1994, 284; BK, § 26 Rn 12; Schröter, § 26 Rn 12).

Besondere Bedeutung kommt dieser Alternative u.a. in Sanierungsgebieten und städtebaulichen Entwicklungsgebieten zu (§ 24 Abs. 1 Nr. 3).

6 Trotz plankonformer oder maßnahmegerechter Bebauung kann das Vorkaufsrecht aber dann ausgeübt werden, wenn die bauliche Anlage auf dem Grundstück Missstände oder Mängel iSd § 177 Abs. 2 und 3 Satz 1 aufweist. Der Käufer kann dann aber die Ausübung des Vorkaufsrechts unter den Voraussetzungen des § 27 Abs. 1 Satz 2 abwenden.

§ 27 Abwendung des Vorkaufsrechts

(1) Der Käufer kann die Ausübung des Vorkaufsrechts abwenden, wenn die Verwendung des Grundstücks nach den baurechtlichen Vorschriften oder den Zielen und Zwecken der städtebaulichen Maßnahme bestimmt oder mit ausreichender Sicherheit bestimmbar ist, der Käufer in der Lage ist, das Grundstück binnen angemessener Frist dementsprechend zu nutzen, und er sich vor Ablauf der Frist nach § 28 Abs. 2 Satz 1 hierzu verpflichtet. Weist eine auf dem Grundstück befindliche bauliche Anlage Missstände oder Mängel im Sinne des § 177 Abs. 2 und 3 Satz 1 auf, kann der Käufer die Ausübung des Vorkaufsrechts abwenden, wenn er diese Missstände oder Mängel binnen angemessener Frist beseitigen kann und er sich vor Ablauf der Frist nach § 28 Abs. 2 Satz 1 zur Beseitigung verpflichtet. Die Gemeinde hat die Frist nach § 28 Abs. 2 Satz 1 auf Antrag des Käufers um zwei Monate zu verlängern, wenn der Käufer vor Ablauf dieser Frist glaubhaft macht, dass er in der Lage ist, die in Satz 1 oder 2 genannten Voraussetzungen zu erfüllen.

(2) Ein Abwendungsrecht besteht nicht

1. in den Fällen des § 24 Abs. 1 Satz 1 Nr. 1 und

2. in einem Umlegungsgebiet, wenn das Grundstück für Zwecke der Umlegung (§ 45) benötigt wird.

I. Bedeutung und Inhalt der Vorschrift

1 Das Abwendungsrecht ist die Konsequenz des Grundsatzes, dass das Vorkaufsrecht nur ausgeübt werden darf, wenn das Wohl der Allgemeinheit dies rechtfertigt. Es ist als subjektives öffentliches **Abwehrrecht** ausgestaltet (BK, § 27 Rn 1). Mit der Ausübung des Abwendungsrechts entfällt das Wohl der Allgemeinheit für das von der Gemeinde evtl bereits ausgeübte Vorkaufsrecht mit der Folge, dass die Gemeinde einen bereits erlassenen Bescheid über die Ausübung des Vorkaufsrechts (ex tunc) aufheben muss. Eine vor Erlass des Bescheids erklärte Abwendung hindert die Gemeinde an der Ausübung des Vorkaufsrechts (KK, § 27 Rn 1).

II. Das allgemeine Abwendungsrecht (Abs. 1 Satz 1)

1. Bestimmbarer Verwendungszweck

2 Voraussetzung für die Abwendung ist zunächst, dass der planerisch vorgesehene **Verwendungszweck** des Grundstücks bereits bestimmt oder mit ausreichender Sicherheit bestimmbar ist (Abs. 1 Satz 1). Mit ausreichender Sicherheit bestimmbar ist die Verwendung, wenn sich die Planungs- oder Entwicklungsvorstellung der Gemeinde soweit konkretisiert haben, dass eine dem Zweck des jeweiligen Vorkaufsrechts entsprechende künftige Verwendung durch den Käufer bereits bei Ausübung des Vorkaufsrechts möglich erscheint.

2. Bestimmungsgerechte Nutzung

3 Der Käufer muss in der Lage sein, das Grundstück entsprechend den baurechtlichen Vorschriften oder den Zielen und Zwecken der städtebaulichen Maßnahme binnen angemessener Frist zu nutzen, und dies **glaubhaft** machen. Dazu gehört insbesondere die Finanzierbarkeit sowie die objektive Eignung des Grundstücks für eine bestimmungsgemäße Nutzung (EZB, § 27 Rn 10 f).

3. Abwendungserklärung des Käufers

4 Abs. 1 Satz 1 verlangt einheitlich für alle Vorkaufsrechte die verpflichtende Erklärung des Käufers, er werde das Grundsück plan- und maßnahmengerecht nutzen. Inhalt und Form der Verpflichtung des Käufers richten sich nach dem **Sicherungsbedürfnis** der Gemeinde. Eine entsprechende öffentlich-rechtliche Vereinbarung zwischen dem Käufer und der Gemeinde kann geboten sein, um Zweifel an der Fähigkeit des Käufers, das Grundstück plangerecht zu nutzen, auszuräumen (BK, 3. Aufl., § 27 Rn 3). Zum Inhalt der Verpflichtung gehört auch die Nutzung binnen angemessener Frist. Die Länge der Frist hängt von den Umständen des Einzelfalls ab.

Die **Verpflichtungserklärung** muss innerhalb von 2 Monaten, nachdem der Kaufvertrag der Gemeinde mitgeteilt worden ist, abgegeben werden (§ 27 Abs. 1 Satz 1 iVm § 28 Abs. 2 Satz 1). Auch für den Fall, dass der Ausübungsbescheid vor Ablauf der 2 Monatsfrist unanfechtbar geworden ist, kann der Käufer die Abwendungsverpflichtung noch bis zum Ablauf der 2 Monatsfrist erklären, selbst wenn die Gemeinde bereits im Grundbuch eingetragen ist (strittig: BK, § 27 Rn 5; KK, § 27 Rn 16; aA EZB, § 27 Rn 4; Schrödter, § 27 Rn 11).

5 Die Frist nach § 28 Abs. 2 Satz 1 ist gem. § 27 Abs. 1 Satz 3 um zwei Monate zu verlängern, wenn der Käufer glaubhaft macht, für planentsprechende Nutzung in der Lage zu sein. Die Gemeinde hat nach allgemeiner Ansicht kein Ermessensspielraum.

Mit dieser Regelung soll die Praktikabilität des Abwendungsrechts des bauwilligen Käufers verbessert werden. Verlängert wird unmittelbar die Frist zur Ausübung des Vorkaufsrechts durch die Gemeinde. Ob auch die Frist zur Ausübung des Abwendungsrechts hierdurch verlängert wird, ist strittig (für eine Verlängerung KK, § 27 Rn 33; EZBK, § 27 Rn 28; BK, § 27 Rn 6; aA Schröter, § 27 Rn 11). Gegen die Versagung der Fristverlängerung, die einen VA darstellt, sind die Rechtsbehelfe der VwGO gegeben (EZBK, § 27 Rn 29).

Hinweis für die Praxis: Der Käufer sollte die Abwendungserklärung schon vor der Ausübung des Vorkaufsrechts abgeben, zumal die Gemeinde regelmäßig schon während der notwendigen Anhörung der Vertragsparteien hierüber verhandelt (Schröter, § 27 Rn 10).

III. Abwendungsrecht bei Grundstücken mit mangelhaften baulichen Anlagen (Abs. 1 Satz 2)

6 Die Ausübung des Vorkaufsrechts beim Verkauf eines bebauten Grundstücks ist dann nach § 26 ausgeschlossen, wenn das Grundstück plan- und maßnahmenkonform bebaut ist und genutzt wird, sodass das Wohl der Allgemeinheit das Vorkaufsrecht nicht rechtfertigen kann (Schröter, § 27 Rn 9). Weist die bauliche Anlage aber Missstände und Mängel iSv § 177 Abs. 2 und 3 auf, steht der Gemeinde ein Vorkaufsrecht zu. Abs. 1 Satz 2 bestimmt nunmehr einheitlich für alle Vorkaufsrechte, dass der Käufer dieses Vorkaufsrecht abwenden kann, wenn er sich innerhalb einer Frist verpflichtet, die Missstände und Mängel innerhalb einer angemessenen Frist zu beseitigen (BK, § 27 Rn 4).

IV. Ausschluss des Abwendungsrechts (Abs. 2)

7 Gemäß § 27 Abs. 2 Nr. 1 steht dem Käufer in den Fällen des § 24 Abs. 1 Satz 1 Nr. 1 kein Abwendungsrecht zu. Der Gesetzgeber will ermöglichen, dass die Gemeinden ihr Vorkaufsrecht ausüben können, auch wenn die Festsetzungen einer Nutzung für öffentliche Zwecke im Bebauungsplan wie „Spielplatz“, „Sportplatz“, „Krankenhaus“ oder „Schwimmbad“ (BT-Drs 10/5027, 7), von Privaten verwirklicht werden könnten. Der Ausschluss des Abwendungsrechts nach § 27 Abs. 2 Nr. 2 bezieht sich auf das Vorkaufsrecht im **Umlegungsgebiet**. Der Gesetzgeber will hiermit insbesondere dem Gedanken der Umlegung Rechnung tragen (BT-Drs 10/5111, 5).

Muster

▶ **Antrag auf Abwendung des Vorkaufsrechts gemäß § 27 BauGB**

An die Stadt
Baurechtsamt

Betr.: Vorkaufsrecht für die Flurstücke Nr. ...
Sehr geehrte Damen und Herren,
wir beehren uns anzuzeigen, dass uns die Eheleute A mit der Wahrnehmung ihrer Interessen beauftragt haben. In der Anlage übersenden wir Vollmacht. Zu Ihrem Schreiben vom ... mit dem Sie die Ausübung des Vorkaufsrechts gem. § 24 Abs. 1 Nr. 4 BauGB ankündigen, nehmen wir innerhalb der von Ihnen gesetzten Frist wie folgt Stellung:
1. Richtig ist, dass unsere Mandanten mit notariellem Kaufvertrag vom ... die im Betreff bezeichneten Grundstücke erworben haben. Richtig ist auch, dass diese im Geltungsbereich einer Satzung zur Sicherung von Durchführungsmaßnahmen des Stadtumbaus liegen.
2. Unsere Mandanten sind gem. § 27 Abs. 1 BauGB zur Abwendung des Vorkaufsrechts befugt und beabsichtigen, hiervon Gebrauch zu machen. Unsere Mandanten sind bereit, sich vor Ablauf der Frist nach § 28 Abs. 2 Satz 1 BauGB zu verpflichten, das Grundstück binnen angemessener Frist entsprechend den Zielen und Zwecken der Satzung zur Sicherung der Durchführungsmaßnahme des Stadtumbaus zu nutzen. Unsere Mandanten sind nach ihren Vermögensverhältnissen in der Lage, die entsprechende Nutzung in angemessener Zeit realisieren zu können. Sie sind bereit, diese Verpflichtung in einem öffentlich-rechtlichen Vertrag einzugehen und ein unwiderrufliches notarielles Kaufangebot für die im Betreff bezeichneten Flurstücke zu übermitteln, sofern sie ihre Verpflichtungen nicht innerhalb der vertraglich bestimmten Frist erfüllen. Um hinreichend Zeit zu haben, den öffentlich-rechtlichen Vertrag in seiner Ausgestaltung abzustimmen, wird hiermit gem. § 27 Abs. 1 Satz 3 BauGB b e a n t r a g t, die Frist nach § 28 Abs. 2 Satz 1 BauGB um zwei Monate zu verlängern (Paetow, in: BK zum BauGB, § 27 Rn 6). ◄

§ 27a Ausübung des Vorkaufsrechts zugunsten Dritter

(1) Die Gemeinde kann

1. das ihr zustehende Vorkaufsrecht zugunsten eines Dritten ausüben, wenn das im Wege der Ausübung des Vorkaufsrechts zu erwerbende Grundstück für Zwecke der sozialen Wohnraumförderung oder die Wohnbebauung für Personengruppen mit besonderem Wohnbedarf genutzt werden soll und der Dritte in der Lage ist, das Grundstück binnen angemessener Frist dementsprechend zu bebauen, und sich hierzu verpflichtet, oder
2. das ihr nach § 24 Abs. 1 Satz 1 Nr. 1 zustehende Vorkaufsrecht zugunsten eines öffentlichen Bedarfs- oder Erschließungsträgers sowie das ihr nach § 24 Abs. 1 Satz 1 Nr. 3 zustehende Vorkaufsrecht zugunsten eines Sanierungs- oder Entwicklungsträgers ausüben, wenn der Träger einverstanden ist.

In den Fällen der Nummer 1 hat die Gemeinde bei der Ausübung des Vorkaufsrechts zugunsten eines Dritten die Frist, in der das Grundstück für den vorgesehenen Zweck zu verwenden ist, zu bezeichnen.

(2) Mit der Ausübung des Vorkaufsrechts kommt der Kaufvertrag zwischen dem Begünstigten und dem Verkäufer zustande. Die Gemeinde haftet für die Verpflichtung aus dem Kaufvertrag neben dem Begünstigten als Gesamtschuldnerin.

(3) Für den von dem Begünstigten zu zahlenden Betrag und das Verfahren gilt § 28 Abs. 2 bis 4 entsprechend. Kommt der Begünstigte seiner Verpflichtung nach Absatz 1 Satz 1 Nr. 1 und Satz 2 nicht nach, soll die Gemeinde in entsprechender Anwendung des § 102 die Übertragung des Grundstücks zu ihren Gunsten oder zugunsten eines Bauwilligen verlangen, der dazu in der Lage ist und sich verpflich-

tet, die Baumaßnahmen innerhalb angemessener Frist durchzuführen. Für die Entschädigung und das Verfahren gelten die Vorschriften des Fünften Teils über die Rückenteignung entsprechend. Die Haftung der Gemeinde nach § 28 Abs. 3 Satz 7 bleibt unberührt.

I. Allgemeines

1 § 27a begründet die Möglichkeit der Ausübung des Vorkaufsrechts zugunsten eines Dritten. Das BauROG 1998 führte mit § 27a die Regelungen des § 28 Abs. 4 BauGB aF über die Ausübung des Vorkaufsrechts zugunsten eines öffentlichen Bedarfs- oder Erschließungsträgers bzw eines Sanierungs- oder Entwicklungsträgers sowie die Ausübung des Vorkaufsrechts zugunsten des sozialen Wohnungsbaus nach § 3 Abs. 4 BauGB-MaßnahmenG zu einer einheitlichen Vorschrift zusammen und beschränkte die Möglichkeit, das Vorkaufsrecht zugunsten bestimmter Dritter auszuüben. Der Sinn dieser Norm ist darin zu sehen, eine zweimalige Eigentumsübertragung zu vermeiden.

II. Ausübung des Vorkaufsrechts zugunsten eines Dritten (Abs. 1)

1. Allgemeine Voraussetzungen

2 Der Antrag zugunsten eines Dritten setzt voraus, dass die Gemeinde selbst das Vorkaufsrecht hätte ausüben können, insoweit müssen alle rechtlichen Voraussetzungen für das Entstehen und die Ausübung vorliegen (§§ 24–27). Die Ausübung ist insbesondere nur innerhalb der (ggf nach § 27 Abs. 1 Satz 3 verlängerten) Zwei-Monatsfrist zulässig. Voraussetzung für die Ausübung ist, dass der Dritte dazu sein Einverständnis erklärt, was auch formlos erfolgen kann (OVG Lüneburg BRS 36 Nr. 120 = BauR 1981, 262). Die Ausübung des Vorkaufsrechts zugunsten eines Dritten steht im Ermessen der Gemeinde. Eine Pflicht zur Ausübung besteht aus dem Städtebaurecht nicht.

2. Die Anwendungsfälle

3 Nach Abs. 1 Satz 1 Nr. 1 kommt die Ausübung zugunsten eines Dritten in Betracht, wenn das Grundstück im Rahmen des sozialen Wohnungsbaus (§ 9 Abs. 1 Nr. 7) oder für Personen mit besonderem Wohnbedarf (§ 9 Abs. 1 Nr. 8) bebaut werden soll. Der durch das Vorkaufsrecht begünstigte Dritte muss in der Lage sein und sich hierzu verpflichten, das Grundstück dementsprechend zu bebauen; **zur vertraglichen Baupflicht** vgl § 11 Abs. 1 Nr. 2 (Städtebaulicher Vertrag; zu einzelnen Vertragsgestaltungen: BVerwG NJW 1993, 2695; VGH München BayVBl. 1997, 596; BVerwGE 50, 171; VGH München NVwZ-RR 2003, 154). Nach Abs. 1 Satz 2 hat die Gemeinde bei der Ausübung des Vorkaufsrechts die Frist, in der das Grundstück für den vorgesehenen Zweck zu verwenden ist, zu bezeichnen (BKL, § 27a Rn 3). Wird das Vorkaufsrecht gem. Abs. 1 Nr. 1 zugunsten eines privaten Dritten ausgeübt, so ist zur Sicherung des Verwendungszieles eine Frist festzulegen, binnen derer das Grundstück für den vorgesehenen Zweck zu verwenden ist.

Abs. 1 Satz 1 Nr. 2 regelt zwei weitere Fälle der Ausübung des Vorkaufsrechts zugunsten eines Dritten. Danach kann zugunsten eines **öffentlichen Bedarfs- und Erschließungsträgers** bzw **Sanierungs- oder Entwicklungsträgers** das Vorkaufsrecht ausgeübt werden, wenn der Gemeinde entsprechend ein Vorkaufsrecht nach § 24 Abs. 1 Nr. 1 oder Nr. 3 zusteht (VG Dessau, U. v. 27.1.2007 – 1 A 366/06 –). Der Begriff des öffentlichen Bedarfs- und Erschließungsträgers grenzt die privaten Träger aus, schließt jedoch ein Vorkaufsrecht zugunsten eines Trägers, der im Eigentum der öffentlichen Hand steht, allerdings privatrechtlich organisiert ist, nicht aus. Voraussetzung ist die öffentliche Zweckbestimmung (Schrödter, § 28 Rn 37; BKL, § 27a Rn 5). Zu dem Begriff Sanierungsträger vgl §§ 157 und 158, zu dem Begriff Entwicklungsträger § 167. 4

III. Rechtsfolgen

Übt die Gemeinde das Vorkaufsrecht aus, so kommt der Kaufvertrag zwischen dem Begünstigten und dem Verkäufer zustande. Der Begünstigte erwirbt unmittelbar das Eigentum, denn ein **Zwischenerwerb** durch die Gemeinde findet nicht statt. Er ist gegenüber dem Verkäufer auch Schuldner des Kaufpreises, wobei daneben die Gemeinde als Gesamtschuldnerin haftet. Abs. 3 regelt den vom Begünstigenden zu zahlenden Betrag und die Zahlungsmodalitäten unter Verweis auf § 28 Abs. 2–4. Kommt dieser seinen Verpflichtungen nicht nach, soll die Gemeinde das Grundstück an sich ziehen oder vom zuvor Begünstigten die Übertragung an einen Bauwilligen verlangen, der bereit und in der Lage ist, den Verpflichtungen nachzukommen. 5

IV. Rechtsschutz

Die Ausübung des Vorkaufsrechts zugunsten eines Dritten wird ebenfalls durch Verwaltungsakt ausgeübt. Statthaftes Rechtsmittel gegen die Ausübung ist daher der **Widerspruch** gem. § 68 VwGO. Wird das Vorkaufsrecht zugunsten eines Dritten zum Verkehrswert ausgeübt (§ 28 Abs. 3) oder zum Entschädigungswert (§ 28 Abs. 4), so kann der Verwaltungsakt nur durch **Antrag auf gerichtliche Entscheidung** bei den Baulandgerichten (§ 217 Abs. 1) angefochten werden. 6

§ 28 Verfahren und Entschädigung

(1) Der Verkäufer hat der Gemeinde den Inhalt des Kaufvertrags unverzüglich mitzuteilen; die Mitteilung des Verkäufers wird durch die Mitteilung des Käufers ersetzt. Das Grundbuchamt darf bei Kaufverträgen den Käufer als Eigentümer in das Grundbuch nur eintragen, wenn ihm die Nichtausübung oder das Nichtbestehen des Vorkaufsrechts nachgewiesen ist. Besteht ein Vorkaufsrecht nicht oder wird es nicht ausgeübt, hat die Gemeinde auf Antrag eines Beteiligten darüber unverzüglich ein Zeugnis auszustellen. Das Zeugnis gilt als Verzicht auf die Ausübung des Vorkaufsrechts.

(2) Das Vorkaufsrecht kann nur binnen zwei Monaten nach Mitteilung des Kaufvertrags durch Verwaltungsakt gegenüber dem Verkäufer ausgeübt werden. Die §§ 463, 464 Abs. 2, §§ 465 bis 468 und 471 des Bürgerlichen Gesetzbuchs sind anzuwenden. Nach Mitteilung des Kaufvertrags ist auf Ersuchen der Gemeinde zur Sicherung ihres Anspruchs auf Übereignung des Grundstücks eine Vormer-

kung in das Grundbuch einzutragen; die Gemeinde trägt die Kosten der Eintragung der Vormerkung und ihrer Löschung. Das Vorkaufsrecht ist nicht übertragbar. Bei einem Eigentumserwerb auf Grund der Ausübung des Vorkaufsrechts erlöschen rechtsgeschäftliche Vorkaufsrechte. Wird die Gemeinde nach Ausübung des Vorkaufsrechts im Grundbuch als Eigentümerin eingetragen, kann sie das Grundbuchamt ersuchen, eine zur Sicherung des Übereignungsanspruchs des Käufers im Grundbuch eingetragene Vormerkung zu löschen; sie darf das Ersuchen nur stellen, wenn die Ausübung des Vorkaufsrechts für den Käufer unanfechtbar ist.

(3) Abweichend von Absatz 2 Satz 2 kann die Gemeinde den zu zahlenden Betrag nach dem Verkehrswert des Grundstücks (§ 194) im Zeitpunkt des Kaufes bestimmen, wenn der vereinbarte Kaufpreis den Verkehrswert in einer dem Rechtsverkehr erkennbaren Weise deutlich überschreitet. In diesem Falle ist der Verkäufer berechtigt, bis zum Ablauf eines Monats nach Unanfechtbarkeit des Verwaltungsakts über die Ausübung des Vorkaufsrechts vom Vertrag zurückzutreten. Auf das Rücktrittsrecht sind die §§ 346 bis 349 und 351 des Bürgerlichen Gesetzbuchs entsprechend anzuwenden. Tritt der Verkäufer vom Vertrag zurück, trägt die Gemeinde die Kosten des Vertrags auf der Grundlage des Verkehrswerts. Tritt der Verkäufer vom Vertrag nicht zurück, erlischt nach Ablauf der Rücktrittsfrist nach Satz 2 die Pflicht des Verkäufers aus dem Kaufvertrag, der Gemeinde das Eigentum an dem Grundstück zu übertragen. In diesem Falle geht das Eigentum an dem Grundstück auf die Gemeinde über, wenn auf Ersuchen der Gemeinde der Übergang des Eigentums in das Grundbuch eingetragen ist. Führt die Gemeinde das Grundstück nicht innerhalb einer angemessenen Frist dem mit der Ausübung des Vorkaufsrechts verfolgten Zweck zu, hat sie dem Verkäufer einen Betrag in Höhe des Unterschieds zwischen dem vereinbarten Kaufpreis und dem Verkehrswert zu zahlen. § 44 Abs. 3 Satz 2 und 3, § 43 Abs. 2 Satz 1 sowie die §§ 121 und 122 sind entsprechend anzuwenden.

(4) In den Fällen des § 24 Abs. 1 Satz 1 Nr. 1 bestimmt die Gemeinde den zu zahlenden Betrag nach den Vorschriften des Zweiten Abschnitts des Fünften Teils, wenn der Erwerb des Grundstücks für die Durchführung des Bebauungsplans erforderlich ist und es nach dem festgesetzten Verwendungszweck enteignet werden könnte. Mit der Unanfechtbarkeit des Bescheids über die Ausübung des Vorkaufsrechts erlischt die Pflicht des Verkäufers aus dem Kaufvertrag, der Gemeinde das Eigentum an dem Grundstück zu übertragen. In diesem Falle geht das Eigentum an dem Grundstück auf die Gemeinde über, wenn auf Ersuchen der Gemeinde der Übergang des Eigentums in das Grundbuch eingetragen ist.

(5) Die Gemeinde kann für das Gemeindegebiet oder für sämtliche Grundstücke einer Gemarkung auf die Ausübung der ihr nach diesem Abschnitt zustehenden Rechte verzichten. Sie kann den Verzicht jederzeit für zukünftig abzuschließende Kaufverträge widerrufen. Der Verzicht und sein Widerruf sind ortsüblich bekannt zu machen. Die Gemeinde teilt dem Grundbuchamt den Wortlaut ihrer Erklärung mit. Hat die Gemeinde auf die Ausübung ihrer Rechte verzichtet, bedarf es eines Zeugnisses nach Absatz 1 Satz 3 nicht, soweit nicht ein Widerruf erklärt ist.

(6) Hat die Gemeinde das Vorkaufsrecht ausgeübt und sind einem Dritten dadurch Vermögensnachteile entstanden, hat sie dafür Entschädigung zu leisten, soweit dem Dritten ein vertragliches Recht zum Erwerb des Grundstücks zustand, bevor ein gesetzliches Vorkaufsrecht der Gemeinde auf Grund dieses Gesetzbuchs oder solcher landesrechtlicher Vorschriften, die durch § 186 des Bundesbaugesetzes aufgehoben worden sind, begründet worden ist. Die Vorschriften über die Ent-

schädigung im Zweiten Abschnitt des Fünften Teils sind entsprechend anzuwenden. Kommt eine Einigung über die Entschädigung nicht zustande, entscheidet die höhere Verwaltungsbehörde.

I. Allgemeines

§ 28 enthält Regelungen über die Ausübung des Vorkaufsrechts und deren rechtliche Folgen, die gleichermaßen für alle gesetzlichen Vorkaufsrechte des BauGB gelten. Für das Vorkaufsrecht nach § 24 Abs. 1 Satz 1 Nr. 1 sieht Abs. 4 allerdings abweichende Regelungen vor. Das preislimitierte Vorkaufsrecht des Abs. 3 wurde durch das BauROG 1998 in das BauGB übernommen. 1

II. Sicherung des Vorkaufsrechts (Abs. 1 Satz 1–4, Abs. 2 Satz 3)

1. Mitteilungspflicht des Verkäufers (Abs. 1 Satz 1)

§ 28 Abs. 1 Satz 1 vermittelt einen Anspruch gegen den Verkäufer auf unverzügliche **Mitteilung** des Inhalts des Kaufvertrages, damit der Vorkaufsberechtigte von seinem Recht Gebrauch machen kann. Vorbild für diese Regelung ist § 510 Abs. 1 BGB. Mitzuteilen sind alle Wirksamkeitsvoraussetzungen, insbesondere erforderliche zivil- oder öffentlich-rechtliche Genehmigungen (BGH BRS 25 Nr. 100). Die Pflicht zur Mitteilung des Vertragsinhalts ist für den Verkäufer eine Rechtspflicht, und nicht lediglich eine Obliegenheit (RGZ 170, 208 (213)). Sie kann aber auch durch den Käufer erfolgen; nicht ausreichend ist die Äußerung eines sonstigen (nicht bevollmächtigten) Dritten (vgl BGHZ 23, 342; BGH NVwZ 1995, 101). Das Gesetz schreibt für die Mitteilung keine bestimmte Form vor, so dass sogar eine mündliche Erklärung ausreichend sein kann (BGH MDR 1959, 649; OVG Lüneburg ZMR 1984, 389), allerdings besteht in diesem Fall die Gefahr von Beweisproblemen. Die Mitteilung ist Anknüpfungspunkt für die Frist des Abs. 2 Satz 1, wonach das Vorkaufsrecht nur binnen zwei Monaten nach Mitteilung durch Verwaltungsakt gegenüber dem Verkäufer ausgeübt werden kann. 2

Die Mitteilung muss immer so konkret sein, dass daraus für die Gemeinde problemlos zu erkennen ist, was veräußert worden ist (BGH NVwZ 1995, 101; BGH WM 1966, 891). Fehlt es daran, beginnt die Frist des Abs. 2 Satz 1 erst nach der vollständigen Unterrichtung zu laufen (OVG Lüneburg ZMR 1984, 389; VGH München, U. v. 15.9.2006 – 9304.1233 –, zu zuständigen Dienststelle). Eine formblattmäßige **Vorkaufsrechtsanfrage** des einen Kaufvertrag über ein Grundstück in einem Sanierungsgebiet beurkundenden Notars ist nicht geeignet, die 2-Monats-Frist für die Ausübung des Vorkaufsrechts nach § 28 Abs. 2 Satz 1 in Lauf zu set- 3 zen (BGH NVwZ 1995, 101). Die Mitteilung muss unverzüglich erfolgen, dh ohne schuldhaftes Zögern, § 121 Abs. 1 Satz 1 BGB.

2. Negativattest (Abs. 1 Satz 3 und 4) und Grundbuchsperre (Abs. 1 Satz 2)

4 Das Negativattest des Abs. 1 Satz 3 hat zwar nur deklaratorischen Charakter, gilt aber als ein Verzicht auf die Ausübung eines etwa bestehenden Vorkaufsrechts (Abs. 1 Satz 4). Übt die Gemeinde ein Vorkaufsrecht nicht aus, ist sie zur Ausstellung des Negativattestes verpflichtet, welches auch Voraussetzung ist, um den Erwerber als neuen Eigentümer in das Grundbuch eintragen zu dürfen, Abs. 1 Satz 2 (OVG Koblenz BRS 48 Nr. 86; VGH München NJW-RR 1996, 702).

5 Das **Grundbuchamt** darf bei Kaufverträgen oder kaufähnlichen Verträgen den Käufer als Eigentümer in das Grundbuch erst eintragen, wenn das Nichtausüben oder das Nichtbestehen des Vorkaufsrechts nachgewiesen ist (OLG Frankfurt NJW 1988, 271; BGHZ 73, 12). Kann nach dem Inhalt der Vertragsurkunde und den mit ihr eingereichten Unterlagen nicht zweifelsfrei ausgeschlossen werden, dass die Eigentumsübertragung aufgrund eines Kaufvertrages erfolgen soll, bei dem das Vorkaufsrecht der Gemeinde in Betracht kommt, bleibt es dabei, dass das Grundbuchamt die Vorlage eines Negativattestes der Gemeinde fordern kann (LG Köln RPfleger 2003, 415).

Hinweis für die Praxis: Für die Erteilung eines Negativattestes kann eine Verwaltungsgebühr erhoben werden (VG Göttingen, U. v. 4.7.2006 – 2 A 143/05 –).

III. Ausübung des Vorkaufsrechts (Abs. 2)

6 Das Vorkaufsrecht kann nur binnen zwei Monaten nach Mitteilung durch Verwaltungsakt ausgeübt werden. Die Frist des Abs. 2 Satz 1 ist eine Ausschlussfrist (vgl BGHZ 32, 375), die mit Ausnahme des § 27 Abs. 1 Satz 3 nicht verlängert werden kann. Für die **Fristberechnung** gelten die §§ 186 ff BGB. Abs. 2 Satz 1 bestimmt lediglich die Frist zur Ausübung eines bereits eröffneten Vorkaufsrechts, vermittelt aber nicht die Befugnis, ein Grundstücksgeschäft im Nachhinein dem gemeindlichen Vorkaufsrecht zu unterwerfen (OVG Münster BRS 55 Nr. 103).

7 Weder der Wortlaut des § 28 Abs. 2 Satz 2 noch schutzwürdige Interessen der Kaufvertragsparteien verlangen für eine wirksame Ausübung des Vorkaufsrechts einen **rechtswirksamen** Kaufvertrag. Die Gemeinde kann vielmehr ihr Vorkaufsrecht bereits nach Abschluss eines Kaufvertrages und auch schon vor Erteilung der zur Wirksamkeit dieses Vertrages notwendigen Genehmigung mit Wirkung auf den Genehmigungszeitpunkt ausüben und damit frühzeitig Interesse am Erwerb des Kaufgegenstands zum Ausdruck bringen (BGH NJW 1998, 2352; OVG Sachsen-Anhalt LKV 2002, 187).

8 Adressat der **Ausübungserklärung** für das Vorkaufsrecht durch die Gemeinde ist der Verkäufer (VG Augsburg, U. v. 4.5.2006, Au 5 K 05.1101 –). Bei mehreren Verkäufern ist dieser VA, der im Übrigen nach § 211 auch mit einer Rechtsbehelfsbelehrung zu versehen ist, allen Verkäufern innerhalb der Zweimonatsfrist mitzuteilen, wobei die Versäumung der Frist einem Eigentümer gegenüber zur Folge hat, dass der VA nicht wirksam geworden und damit ein Vorkaufsrecht nicht ausgeübt worden ist. Da sich auch der Käufer gegen die Ausübung des Vorkaufsrechts durch die Gemeinde wenden kann, empfiehlt sich die gleichzeitige Zustellung des VA an diesen. Die dem Notar erteilte Vollmacht zum Vollzug des Kaufvertrags

stelle keine **Empfangsvollmacht** für die Entgegennahme der Vorkaufsrechtsausübung der Gemeinde dar (OVG Lüneburg BRS 57 Nr. 127). Außer in Großstädten, in denen wohl die Ausübung des Vorkaufsrechts zu den Geschäften der laufenden Verwaltung gehören dürfte (BGH DVBl 1962, 62), wird in kleineren und mittleren Gemeinden hierfür die Zuständigkeit der Gemeindevertretung gegeben sein (BGHZ 32, 375, 378 = NJW 1960, 1805; VGH Kassel NVwZ 1983, 556; OLG Frankfurt NVwZ 1982, 580; vgl BGH NVwZ-RR 1997, 725).

IV. Wirkungen der Ausübung des Vorkaufsrechts (Abs. 2 Satz 2–6)

Die Folgen der Ausübung des Vorkaufsrechts bestimmen sich nach den in Abs. 2 Satz 2 genannten Vorschriften des BGB. Mit der Ausübung des Vorkaufsrechts kommt zwischen der Gemeinde und dem Käufer ein neuer selbstständiger Kaufvertrag zustande (BGH MDR 1963, 303; BGHZ 98, 188), jedoch zu den von Käufer und Verkäufer vereinbarten Bedingungen, so dass die Gemeinde als Erwerber den zwischen diesen vereinbarten Kaufpreis zu zahlen hat, soweit nicht Abs. 3 oder Abs. 4 eingreift. Dieses gesetzliche Vorkaufsrecht der Gemeinde geht evtl bestehenden privatrechtlichen Vorkaufsrechten vor. Die vom Käufer gegenüber einem Makler eingegangene Verpflichtung zur Zahlung einer **Provision** entfällt regelmäßig (BGH NJW 1999, 2271; anders wenn Maklerklausel im Vertrag, BGHZ 131, 318). Unter den Voraussetzungen des Abs. 2 Satz 3 kann die Gemeinde zur Sicherung ihres Anspruchs eine Vormerkung in das Grundbuch eintragen lassen, sofern nicht bereits der Käufer als Eigentümer eingetragen ist (OLG München NJW 1983, 1567). 9

Mit dem Eigentumserwerb der Gemeinde durch die Ausübung des Vorkaufsrechts erlöschen rechtsgeschäftliche Vorkaufsrechte (Abs. 2 Satz 5); mit der Eintragung ist eine zur Sicherung des Übereignungsanspruchs des Käufers eingetragene Vormerkung zu löschen, Abs. 2 Satz 6 (OVG SH, NordÖR 2007, 48). 10

V. Ausübung zum Verkehrswert und Änderung des Kaufpreises (Abs. 3 und 4)

Abs. 3 gibt der Gemeinde die Möglichkeit abweichend zu dem vereinbarten Kaufpreis, selbst den zu zahlenden Betrag nach dem **Verkehrswert** zu bestimmen, wenn der im Kaufvertrag vereinbarte Kaufpreis offensichtlich und deutlich überhöht ist. Hierdurch hat sie die Möglichkeit, einem kollusiven Zusammenwirken der Kaufvertragsparteien entgegenzuwirken (vgl BVerwGE 57, 87; BGH NVwZ 1994, 409). Mit der Ausübung des **preislimitierten Vorkaufsrechts** trägt die Gemeinde aber das Risiko, die Kosten des Vertrages übernehmen zu müssen, falls der Verkäufer von dem ihm eingeräumten Rücktrittsrecht (Abs. 3 Satz 2–4) Gebrauch macht (BGH NJW 1982, 2068). Außerdem muss sie dem Verkäufer den Differenzbetrag zwischen Verkehrswert und ursprünglich vereinbartem Kaufpreis erstatten, wenn sie das Grundstück nicht in angemessener Zeit dem mit der Ausübung des Vorkaufsrechts angestrebten Zweck zuführt (hierzu: KK, § 28 Rn 71 ff). 11

Die Ausübung zum Verkehrswert setzt voraus, dass der Kaufpreis den Verkehrswert deutlich überschreitet. In der Rechtsprechung und Literatur wird eine 20%-ige Überschreitung des Kaufpreises zu dem Verkehrswert als maßgebende Schwelle angesehen (LG Karlsruhe NJW 1995, 1164; KK, § 28 Rn 42 mwN). Vorzugswürdig ist im Einzelfall auf den absoluten Differenzbetrag abzustellen, 12 nicht auf prozentuale Schwellenwerte (OLG Frankfurt GuG 1998, 119; EZB, § 28 Rn 56).

13 Die Regelung des Abs. 4 der Vorschrift bezieht sich ausschließlich auf das Vorkaufsrecht nach § 24 Abs. 1 Nr. 1. Dadurch sollen zum einen – rechtlich schwierige und politisch unpopuläre – Enteignungen vermieden und zum anderen die Gemeinde vor überhöhten Grundstückspreisen geschützt werden, soweit es sich um Grundstücke mit öffentlicher Zweckbestimmung handelt (BGHZ 98, 188). Bei Vorliegen der Voraussetzungen des Abs. 4 Satz 1 ergibt sich, dass die Gemeinde verpflichtet ist, den von ihr zu zahlenden Betrag entsprechend den §§ 93 ff festzusetzen. Maßgebend für den Entschädigungswert ist dabei der **Verkehrswert,** § 95 Abs. 1 Satz 1 iVm § 194 (vgl BGH NVwZ 1992, 812; BGH NVwZ-RR 1989, 393). Ein Wahlrecht, etwa einen davon abweichenden Betrag zu zahlen, besteht für die Gemeinde nicht. Darüber hinaus ist der Entschädigungsbetrag entsprechend § 99 Abs. 3 zu verzinsen; die Verzinsung beginnt mit der Unanfechtbarkeit des Bescheides (BGHZ 98, 188) bzw im Falle einer Anfechtung der Ausübung eines Vorkaufsrechts im Zeitpunkt der ersten gerichtlichen Entscheidung.

VI. Verzicht auf die Ausübung des Vorkaufsrechts (Abs. 5)

14 Abs. 5 dient der Verwaltungsvereinfachung und der Beschleunigung des Grundstücksverkehrs. Der Gemeinde ist damit die Möglichkeit gegeben worden, generell auf die Ausübung des Vorkaufsrechts zu verzichten. Es bleibt ihr allerdings unbenommen, diesen Verzicht für künftige Fälle zu widerrufen. Der Verzicht und der Widerruf sind ortsüblich bekannt zu machen (zum Verzicht im Einzelfall: BGHZ 60, 275 (291); BGH WM 1966, 893).

VII. Entschädigung für Erwerbsrechte (Abs. 6)

15 Abs. 6 trägt der **Junktimklausel** des Art. 14 Abs. 3 Satz 2 GG Rechnung, denn wenn in Folge der Ausübung des Vorkaufsrechts ältere vertragliche Rechte Dritter entfallen, hat dies für den Betroffenen enteignenden Charakter. Ein gesetzliches Vorkaufsrecht ist dann begründet iSdAbs. 6 Satz 1, wenn die öffentlich-rechtlichen Voraussetzungen dafür gegeben sind, dass ein Grundstück dem Vorkaufsrecht der Gemeinde unterliegt (BGH NJW 1984, 1617 = ZfBR 1984, 150). Dies ist zB für das im Falle des § 24 Abs. 1 Nr. 1 auszuübende Vorkaufsrecht der Zeitpunkt des Aufstellungsbeschlusses für einen Bebauungsplan. Die Entschädigung richtet sich nach §§ 93 ff (zur entsprechenden Amtspflicht: OLG Hamm NVwZ-RR 1998, 354).

VIII. Rechtsschutz

16 Im Rahmen des Rechtsschutzes ist zwischen der Ausübung des Vorkaufsrechts nach § 28 Abs. 2 Satz 1 und den Fällen den Fällen des Abs. 3 und 4 zu unterscheiden. Das Vorkaufsrecht nach Abs. 2 wird durch **VA** ausgeübt, der vor den Verwaltungsgerichten angefochten werden kann (BVerwG Buchholz 406.11 § 25a BBauG Nr. 1 = BRS 39 Nr. 96; OVG Lüneburg BauR 1981, 262; OVG Münster NJW 1981, 1467; zur Anordnung der sofortigen Vollziehung: BGH NJW 1995, 1827). Der Bescheid kann vom Käufer und Verkäufer angefochten werden (BGH NJW 1989, 37; BGH DVBl 1990, 1104). Widerspruch und Anfechtungsklage

haben nach § 80 Abs. 1 VwGO aufschiebende Wirkung, soweit die Gemeinde nicht die sofortige Vollziehung nach § 80 Abs. 2 Nr. 4 VwGO anordnet (OVG Lüneburg, NJW 1976, 159; BGH, NJW 1995, 1827).

Hinweis für die Praxis: Die Gemeinde sollte die Ausübungserklärung daher auch dem Käufer zustellen, um auch insoweit Rechtssicherheit zu schaffen.

Auch die öffentliche Hand kann als Käufer eines Grundstücks einen Bescheid über die Ausübung des gemeindlichen Vorkaufsrechts anfechten (BVerwG BRS 63 Nr. 130; VGH BW, BRS 62 Nr. 128). Der Käufer kann durch eine einstweilige Verfügung verhindern, dass der Gemeinde das Eigentum vor Bestandskraft der Ausübung des Vorkaufsrechts übertragen wird (OLG Hamm, NJW-RR 1994, 1042). Dagegen besteht keine Möglichkeit im Wege des § 123 VwGO zur Rückgängigmachung einer Vorkaufsrechtsausübung und ihres sachenrechtlichen Vollzuges (OVG SH, NordÖR 2007, 48).

Übt die Gemeinde das ihr gesetzlich eingeräumte Vorkaufsrecht auf der Grundlage 17
von § 28 Abs. 3 oder 4 aus, so ist der Bescheid gem. § 217 Abs. 1 Satz 1 mit dem Antrag auf gerichtliche Entscheidung anzufechten, über den gem. §§ 217 Abs. 1 Satz 4, 229 die **Baulandgerichte** zu entscheiden haben und für den demgemäß der Zivilrechtsweg gegeben ist (OLGR Hamburg 2001, 479). Den Bescheid nach § 28 Abs. 4 in eine – nach § 28 Abs. 2 vor den Verwaltungsgerichten anfechtbaren – Entscheidung über die Ausübung des Vorkaufsrechts und in eine – in die Zuständigkeit der Baulandgerichte fallende – Entscheidung über die Festsetzung der Entschädigung aufzuteilen, ist sachlich nicht gerechtfertigt (OLGR Hamburg 2001, 479).

Muster

▶ **Antrag auf gerichtliche Entscheidung gegen die Ausübung eines preislimitierten Vorkaufsrechts (§ 28 Abs. 3 Satz 1 BauGB)**

An den Bürgermeister der Stadt A
Antrag auf gerichtliche Entscheidung
des Herrn A
Antragssteller
Verfahrensbevollmächtigte:
g e g e n
die Stadt A
Beteiligte
wegen Ausübung des Vorkaufsrechts und Verkehrswert
bestellen wir uns zu Verfahrensbevollmächtigten des Antragstellers und
b e a n t r a g e n namens und in dessen Auftrag:

1. Der Bescheid der Stadt A vom ... über die Ausübung des Vorkaufsrechts für das Grundstück Gemarkung ... , Flur ... , Flurstück ... , wird aufgehoben.
2. Die Kosten des Verfahrens trägt die beklagte Stadt.

G r ü n d e:

I.

Der Ast ist Eigentümer des Grundstücks Gemarkung ... , Flur ... , Flurstück ... . Das Grundstück wird bisher landwirtschaftlich genutzt. Das Grundstück liegt im Bereich der Satzung der beklagten Stadt vom ... , die ein Vorkaufsrecht begründet hat. Das vorgenannte Grundstück wurde am ... von dem Antragsteller durch notariellen Kaufvertrag an die Fa. X zu einem Preis von 180,00 EUR pro Quadratmeter veräußert. Mit Bescheid vom ...

übte die Stadt ihr Vorkaufsrecht an diesem Grundstück gem. § 25 Abs. 1 Nr. 2 iVm § 28 Abs. 3 Satz 1 BauGB aus. Der Kaufpreis wurde dabei auf 160,00 EUR pro Quadratmeter herabgesetzt.

II.

1. Der angefochtene Vorkaufsbescheid ist rechtswidrig, soweit darin die Herabsetzung des Kaufpreises auf 160,00 EUR bestimmt wurde. Die Stadt hat im vorliegenden Fall zu Unrecht angenommen, die Voraussetzungen des § 28 Abs. 3 Satz 1 BauGB seien gegeben. Der vereinbarte Kaufpreis überschreitet nicht deutlich den Verkehrswert in einer dem Rechtsverkehr erkennbaren Weise. [...]

2. Vorsorglich werden gegen die Verkehrswertermittlung durch den Gutachterausschuss Einwände erhoben: [...] ◀

Dritter Teil
Regelung der baulichen und sonstigen Nutzung; Entschädigung

Erster Abschnitt
Zulässigkeit von Vorhaben

Vorbemerkungen zu den §§ 29 – 38: Rechtsschutz; Besonderheiten des öffentlich-rechtlichen Bauprozesses und Nachbarschutz

I. Vorgehen des Verwaltungsverfahrens bzw des Normgebungsverfahrens

1. Erstrebte Rechtssicherheit

a) Interessen- und Erfolgschanchen – Unterschied von Bauherr, Nachbar und Gemeinde: Das öffentlich-rechtliche Baurechtsverhältnis ist regelmäßig durch eine Drei- bzw Viereckbeziehung gekennzeichnet. Beteiligt sind *erstens* der Bauherr, *zweitens* Nachbarn, *drittens* die Baubehörde und *viertens* die Gemeinde als Träger der Planungshoheit. Diese mehreckige Beziehung beruht materiell-rechtlich darauf, dass das Vorhabengrundstück einen Ausschnitt aus einer weiterreichenden Umgebung bildet und also situationsgebunden ist. Verfahrensrechtlich beruht sie auf der Aufgabe der Baubehörde, über die Einhaltung des öffentlichen Baurechts zu wachen und der Aufgabe der Gemeinde, den Eigentumsinhalt des Grundeigentums iSv Art. 14 Abs. 1 S. 2 GG zu regeln und dessen Verwirklichung zu sichern. Das Vorhaben in all seinen Details berührt die Interessen, Belange und Rechte der mehreren Beteiligten höchst unterschiedlich. Will der Bauherr die Genehmigung seines Vorhabens durchsetzen, ggf mit Hilfe des Richters, muss das Vorhaben allen Vorschriften entsprechen. Sein Verpflichtungsbegehr kann scheitern, wenn das Vorhaben nur einer einzigen Vorschrift nicht entspricht, auch wenn diese weder nachbarschützend, noch mit einem Recht der Gemeinde verbunden ist. Will umgekehrt ein Nachbar die Kassation der Genehmigung erreichen, gelingt ihm das nur, wenn das Vorhaben einer nachbarschützenden Vorschrift nicht entspricht. Rein statistisch ist die Erfolgschance des Bauherrn, der die erteilte Baugenehmigung gemeinsam mit der Genehmigungsbehörde gegen die Beseitigungsbegehrlichkeit eines Nachbarn oder der Gemeinde verteidigt, höher als die desjenigen Bauherrn, der seine Baugenehmigung erst mit Hilfe des Richters erstreiten will. Mit höherer oder geringerer Rechtssicherheit ist diese statistische Betrachtung nicht verbunden. Das Verwaltungsverfahrenfachrecht aller Länder stellt dem Bauherrn die Bauvoranfrage zur Verfügung, u.a. die Streitfrage zu klären, über die die Behörde mit dem Vorbescheid abschließend entscheidet. Der Bauherr hat es in der Hand, vorab den Risikofall bindend abklären zu lassen. Mit der Genehmigung erfüllt das Verfahrensrecht die Schutzpflicht des Staates zur Investitionssicherung des Bauherrn gegenüber späteren Beseitigungsbegehrlichkeiten sei es der Baupolizei, sei es von Nachbarn oder der Gemeinde. Um für den Bauherrn, den Nachbarn und die Gemeinde Rechtssicherheit vermittelnde Bindung zu erlangen, müssen die Beteiligten darauf hinwirken, dass entweder Rechtsbeständigkeit des VA den betroffenen Beteiligten gegenüber bewirkt wird oder, wenn ein VA nicht vorgesehen ist, Rechtskraft der gerichtlichen Entscheidung. 1

b) Antrag – Einmischung und konsensualer Behördenkontakt: Das Baugenehmigungsverfahren wird – ausschließlich – durch den Antrag auf Erteilung der Baugenehmigung oder des Vorbescheids (der Bebauungsgenehmigung) eingeleitet. Mit seinem Bauantrag bestimmt der Antragsteller abschließend, was '*das*' Vorhaben ist (BVerwG, BauR 1974, 328; BRS 33 Nr. 63). Nimmt die Genehmigungsbehörde Korrekturen vor, zB durch den üblichen grünen Eintrag, kann es sich hier 2 um eine Nebenbestimmung handeln, eine modifizierende Auflage oder eine modifizierende Genehmigung; maßgebend ist, worum es sich dabei der Sache nach handelt und nicht, ob die Behörde ihrer Korrektur einen Rechtsbegriff beigegeben hat und welchen – zB „*Auflage*". Der Bauantragsteller kann die Korrektur aufgreifen und so seine Bestimmung, was '*das*' Vorhaben ist, im Ergebnis ändern. Will er die Korrekturen nicht aufgreifen, steht ihm der Rechtsmittelweg offen. Enger und möglichst konsensualer Behördenkontakt ist erfahrungsgemäß nützlich. Das gilt auch für Drittbeteiligte, Nachbarn und die Gemeinde. Sich in das Verfahren einzumischen, kann dem Nachbarn und der Gemeinde aufwendige Rechtsmittelverfahren ersparen und auch dem Bauherrn frühzeitig Rechtssicherheit. Dabei ist mit zu bedenken, dass selbst wenn das Gericht später die Baugenehmigung aufheben sollte, das Vorhaben aber hergestellt ist und benutzt wird, der Eigentümer das gewichtige Interesse hat, sein mit Investitionsaufwand Hergestelltes als Eigentum zu verteidigen. Für denjenigen, der die Baugenehmigung erfolgreich bekämpft hat, ist deshalb der Aufwand, auch einen baurechtsmäßigen Zustand zu bewirken aufwendig und im Hinblick auf den Erfolg riskant. Niemand begeht einen Rechtsfehler, wenn er einen Antrag nicht stellt. Dem Bauantragsteller steht auch frei, seinen Antrag zurückzunehmen, und zwar bis zur Rechtsbeständigkeit, sei es der antragsgemäß erteilten oder der Ablehnung der Baugenehmigung.

Das **Verfahren auf Einschreiten** leitet die Baupolizeibehörde entweder von Amtswegen ein, oder auf Antrag eines Drittbetroffenen, sei es des Nachbarn oder der Gemeinde. Auch in diesem Verfahren kann enger Kontakt aller Beteiligten mit dem Ziel eines konsensualen Ergebnisses nützlich sein.

3 c) **Richterliche Hilfe:** Eigene Vorstellungen mit Hilfe des Richters durchzusetzen, ist in der Regel **nachfolgend**. Das bedeutet: Sobald das Verfahrensfachrecht ein Verwaltungsverfahen bzw ein Satzungsgebungsverfahren vorschreibt oder auch nur vorsieht, ist richterliche Hilfe erst gegeben, wenn die Behörde bzw der Satzungsgeber (als Normgeber) abschließend geregelt hat oder die Behörde trotz eingeleiteten Verfahrens untätig bleibt. Der Richter als judikative Gewalt hat innerhalb der Gewaltenteilung die Funktion, die Rechtmäßigkeit der Tätigkeit der beiden anderen Gewalten, der Exekutive – das ist hier das Bauaufsichtsamt – und ggf den Normgeber – das ist hier die Gemeinde bzw der Planungsverband – als Satzungsgeber zu kontrollieren. Richterliche Hilfe ist also nicht gegeben, wenn nicht vorher ein Verfahren der exekutiven Gewalt – der Baubehörde – stattgefunden hat bzw der Normgeber – die Gemeinde bzw der Planungsverband – durch in Kraft getretene Satzung abschließend geregelt hat. *Erstens* das „Damoklesschwert" der im deutschen Recht in § 80 Abs. 1 VwGO bestimmten aufschiebenden Wirkung und *zweitens* die sog. Untätigkeitsklage rechtfertigen diesen nachfolgenden Rechtsschutz gegenüber der exekutiven Gewalt, wenn diese nachträglich entscheidet oder untätig bleibt. Indem § 212 a Abs. 1 die aufschiebende Wirkung gegen die Zulassung eines Vorhabens aufgehoben hat, hat er im Rahmen des Grundrechts auf effektiven Rechtsschutz die Angriffslast zu Lasten des Drittanfechtenden umgekehrt. § 212 a Abs. 1 ist nicht ein objektiv-rechtlicher Vorrang zu entnehmen, zunächst einmal bauen zu sollen oder zu dürfen, und zwar auf das Risiko, das sich im Hauptsacheverfahren herausstellt, dass das subjektive Recht des Drittanfechtenden doch verletzt ist (s. Rn 8–19 zu § 212a). Nachfolgende richterliche Hilfe im Hauptsacheverfahren wird auch zulässig, sobald die Behörde die dem Rechtsschutzsuchenden in § 75 VwGO zugemutete Frist überschreitet, in der Regel drei Monate (s. Rn 15).

d) **Landes-Verwaltungsverfahrensrecht:** Die der richterlichen Hilfe vorangehenden Verfahren der Baubehörde sind im jeweiligen **Verwaltungsverfahrensfachrecht der Länder** geregelt. Gem. § 83 GG führen die Länder die Bundesgesetze als eigene Angelegenheit aus, soweit das GG nichts anderes bestimmt oder zulässt. Die wesentlichen Vorschriften sind in den LBOen enthalten. 4

e) **Baugenehmigungsverfahren und Verfahren auf Einschreiten:** Die weitaus häufigsten Verfahren sind das **Baugenehmigungsverfahren** und das **Verfahren auf Einschreiten.** Seit den jüngeren Vereinfachungsversuchen haben alle Länder neben dem Baugenehmigungsverfahren Verfahren mit unterschiedlich verkürzter Prüfung eingeführt. Die abschließende Entscheidung im Baugenehmigungsverfahren ist die Baugenehmigung. Diese stellt im Rahmen der Sachentscheidungskompetenz der Baubehörde die Rechtmäßigkeit des Vorhabens fest – feststellender Teil – und hebt die repressive Schranke der Genehmigungsbedürftigkeit auf – verfügender Teil. Die Baugenehmigung vermittelt dem Bauherrn und den Dritten, denen gegenüber sie rechtsbeständig geworden ist, Rechts- und Investitionsschutz. Ob sie darüber hinaus verfassungsrechtlichen Bestandsschutz vermitteln kann, ist nach dem aktuellen Eigentumsbegriff des BVerwGs zweifelhaft; verfassungsrechtlicher Bestandsschutz setzt voraus, dass die Anlage für eine gewisse Dauer iSv Art. 14 Abs. 1 S. 2 GG iVm den entsprechenden einfach-rechtlichen Gesetzesvorschriften materiell-rechtlich rechtmäßig war (BVerwG, BauR 1971, 188 = NJW 1971, 1624). Die rechtliche Wirkung des Abschlusses in den vereinfachten Verfahren ist landesrechtlich unterschiedlich geregelt, und Gesetzesänderungen folgen in kurzen Zeitabständen. Eine Übersicht gibt Ortloff (Finkelnburg/Ortloff, II, 5. Aufl., S. 99–109 und in den jährlichen Berichten über die Entwicklung des Bauordnungsrechts in der NVwZ). Was der Abschluss eines vereinfachten Verfahrens schützt, ist dem zu entnehmen, '*was*' im Einzelfall der VA nach seinem Inhalt regelt und welche Wirkung ihm das Gesetz beilegt, nach welchem er ergangen ist. Die politisch gewollte Vereinfachung hat eine erhebliche Rechtszersplitterung und unterschiedlichen Verlust an Rechtssicherheit und Investitionsschutz erbracht. Die Baugenehmigung ist nach dem Fachrecht aller Länder vorhaben- und anlagenbezogen. Sie ist unabhängig vom Eigentümer oder ggf wechselnden Bauherren. Sie beschreibt rechtlich bindend zeichnerisch und textlich, was '*das*' Vorhaben ist, nach allen für die Beurteilung der Rechtmäßigkeit maßgebenden Gesichtspunkten. Es ist diese umfassende Beschreibung und die Vorhaben- und Anlagenbezogenheit in Verbindung mit der der Baugenehmigung vom Gesetz zugelegten feststellenden Wirkung, die die begehrte Rechtssicherheit vermittelt. 5

Beseitigbar ist die Baugenehmigung nur noch im Rechtsbehelfs- bzw Rechtsmittelverfahren eines Dritten, demgegenüber sie noch nicht rechtsbeständig ist oder nach dem Regime über die Beseitigung einer Baugenehmigung. Der Bauherr kann deshalb daran interessiert sein, dass die Genehmigung vor Baubeginn den Anfechtungsberechtigten gegenüber rechtsbeständig und also unanfechtbar wird. Er kann die Behörde veranlassen, dem Betroffenen die Genehmigung mit richtiger Rechtsbehelfsbelehrung zuzustellen. Auch in der Rechtsberatung ist dabei zu bedenken, dass die Zustellung der Genehmigung an eventuell Anfechtungsberechtigte 'schlafende Hunde wecken' könnte, andererseits aber infolge der Beschreibung des Vorhabens nach allen für seine Rechtmäßigkeit relevanten Gesichtspunkten Vertrauen bildet. Mit Blick auf Rechtssicherheit, insbesondere gerichtlichen Rechtsschutz problematisch sind die landesrechtlich **genehmigungsfreigestellten** Vorhaben. Deren Rechtmäßigkeitsprüfung folgt ausschließlich der Pflicht eines 6 jeden Rechtsunterworfenen einzuhalten, was das Gesetz verlangt, hier: Was das Gesetz für die Rechtmäßigkeit des Vorhabens verlangt. Rechtssicherheit und Investitionsschutz durch Genehmigung gibt es für genehmigungsfreigestellte Vorhaben nicht. Je nach Landesrecht gibt es allerdings Mischformen. Um doch Sicherheit zu erlangen, ist der Bauherr darauf verwiesen, entweder Feststellungsklage zu erheben (s. Rn 13) oder rechtliche Schritte sei es der Baupolizeibehörde, sei es eines Nachbarn oder der Gemeinde zu riskieren. Nach hM soll für den Prozess des Nachbarn gegen den Bauherrn die Zivilgerichtsbarkeit gegeben sein (BGH, NJW 2000, 1042). Da es ausschließlich darum geht, dass der Bauherr als Rechtsunterworfener die für die Rechtmäßigkeit seines Vorhabens maßgebenden öffentlich-rechtlichen Vorschriften einhält, ist nach richtiger Auffassung der Verwaltungsrechtsweg gegeben (Ortloff, NVwZ 1998, 932; Berkemann, SächsVBl. 2002, 279; Schmidt/Preuß, in: Bauer u.a. [Hrsg.], 100 Jahre Allg. Baugesetz Sachsen, S. 585/598, s. auch Rn 21 zu § 212a). Dass sich nicht vermeiden lässt, dass der Zivilrichter das öffentlich-rechtliche Fachrecht anders auslegt oder anwendet als der Fachrichter der Verwaltungsgerichtsbarkeit, zumal er überdies nur gelegentlich einen solchen Fall zu entscheiden hat, mindert die Voraussehbarkeit der gerichtlichen Entscheidung und erhöht damit das Prozessrisiko für alle Beteiligten.

7 Das **Verfahren auf Einschreiten** zielt darauf ab, einen boden- und baurechtlich rechtmäßigen Zustand zu bewirken und nötigenfalls mit hoheitlicher Gewalt durchzusetzen. Dieses Verfahren kann mit einer Einschreitensverfügung abgeschlossen werden. Das kann eine Baueinstellungsverfügung sein, ein Nutzungsverbot oder eine Abrissverfügung.

8 f) **Zusage:** Die Zusage nach § 38 des jeweiligen LandesVwVfG kann dem Bauherrn oder Drittbeteiligten gewisse Rechtssicherheit vermitteln, wenn auch nur in beschränktem Umfang. In der in Rn 1 beschriebenen Mehrecksbeziehung kann die Zusage Rechtsschutz auch erschweren, sofern sie nicht zwischen den rechtlich Betroffenen konsensual zustande gekommen ist. Sagt die Baugenehmigungsbehörde beispielsweise dem Bauherrn zu, eine bestimmte Befreiung nach § 31 Abs. 2 BauGB zu erteilen, oder gegen eine bestimmte beabsichtigte Nutzung nicht einzuschreiten, kann sie ihm gegenüber hieran gebunden sein. Wird die Zusage nicht auch den Drittbetroffenen gegenüber bindend, bleibt die Bindung zwischen der Behörde und dem Empfänger der Zusage unberührt. Das kann zur Folge haben, dass der Drittbetroffene auf den Prozess verwiesen ist und sich der Empfänger der Zusage dem Risiko ausgesetzt sieht, dass erst der Richter die ihm wichtige Frage klärt.

9 g) **Normgebungsverfahren:** Das Satzungsgebungsverfahren, insbesondere das **BPl-Aufstellungsverfahren** zur Aufstellung eines verbindlichen BPls ist das klassische Verfahren, in welchem der Inhalt des Grundeigentums gem. Art. 14 Abs. 1 S. 2 GG bestimmt (BVerwGE 104, 68; BVerwG, BRS 60 Nr. 44; BVerfG, NVwZ 1999, 979) und in der Regel also geändert wird. Das BPl-Aufstellungsverfahren ist das Paradigma dafür, dass alle öffentlichen und privaten Belange untereinander und gegeneinander abgewogen werden müssen, § 1 Abs. 7. Bis der BPl in Kraft getreten ist, bleibt die bisherige Rechtslage erhalten, der bisherige Eigentumsinhalt eingeschlossen. Richterlicher Rechtsschutz sei es durch Normenkontrolle oder durch Inzidentkontrolle, ist ausnahmslos nachfolgend. Ihre Interessen und Belange im Planaufstellungsverfahren können – und müssen ggf – die Betroffenen im Rahmen der Beteiligung gem. § 3 Abs. 2 oder § 13 Abs. 2 – auch iVm § 13a Abs. 2 – in das Verfahren einbringen. Die Beteiligung dient dem Zweck, dass die Gemeinde Kenntnis von möglichst allen abwägungserheblichen

Belangen erhält. Die Funktion eines Rechtsbehelfs hat die Beteiligung nicht. Das BauGB 2007 hat in Art. 3 § 47 Abs. 2 VwGO eine Präklusion für solche „Einwendungen“ eingeführt, die der Normenkontrollkläger im Rahmen der öffentlichen Auslegung oder nach § 13 Abs. 2 Nr. 2 und § 13a Abs. 2 Nr. 1 „nicht oder verspätet geltend gemacht hat, aber hätte geltend machen können, und wenn auf diese Rechtsfolge im Rahmen der Beteiligung hingewiesen worden ist“. Bemerkenswert ist der Wortwechsel für das, was die Beteiligten im Planaufstellungsverfahren einbringen können. Nach der jahrzehntelang geltenden Urfassung waren es „Bedenken und Anregungen“, und nach der aktuellen Fassung von § 3 Abs. 2 sind es „Anregungen“, während das durch das BauGB 2007 neu gefasste Prozessrecht den Begriff „Einwendungen“ zusätzlich eingeführt hat. Die Vorschriften über das Planaufstellungsvefahren – §§ 3 Abs. 2, 13 und 13a – und die Fehlerfolge- und Heilungsvorschriften – §§ 214 und 215 – haben diesen Begriff nicht aufgegriffen. Er beizeichnet an sich umfassend rechtshindernde Einwendungen, die ergeben, dass der BPl nicht wirksam entstanden ist. Die in § 47 Abs. 2 VwGO bestimmte Präklusion bildet ausschließlich das rechtliche Hindernis der Zulässigkeit der Normenkontrollklage in Bezug auf die betreffende Einwendung. Eine materiell-rechtliche Präklusion ist damit nicht verbunden. Für die Inzidentkontrolle im Rahmen der Leistungs-, insbesondere Verpflichtungs-, der Anfechtungs- und der Feststellungsklage bleibt die Einwendung erhalten, sofern es um einen Ewigkeitsfehler geht (Rn 5 zu § 215). Eine materielle Präklusion bestimmt § 215 Abs. 1 für die dort bestimmten Fehler nach dem ungenutzt gebliebenen Ablauf der ebenfalls ein Jahr betragenden Rügefrist. Dass dem Gesetzgeber mit dieser Neuregelung ein Mehr an Rechtssicherheit gelungen sei, kann man bezweifeln.

h) **Flächennutzungsplan:** Die Darstellungen des Flächennutzungsplans(FPl) binden gem. § 8 Abs. 2 S. 1 den Planer des verbindlichen BPls. Darüber hinaus bilden sie gem. § 35 Abs. 3 Nr. 1 einen für Vorhaben im Außenbereich relevanten Belang. Für Vorhaben im Innenbereich sind sie nicht relevant. Gleichwohl kann nützlich sein, während der Auslegung zur Aufstellung des FPl eigene Belange in das Verfahren einzubringen. Das gilt insbesondere für der Gemeinde nicht bekannte und solche Belange, deren Kenntnis sich der Gemeine nicht aufdrängen müssen. 10

i) **Sicherungsmittel der Gemeinde:** Um ihre Planungshoheit vernünftig ausüben zu können, stellt das Gesetz der **Gemeinde die Sicherungsmittel der §§ 14 ff** zur Verfügung. 11

j) **Landes- und Regionalplanung:** Die Regelungen der Landes- und Regionalplanung binden die Gemeinde gem. § 1 Abs. 4. Das erfordert und rechtfertigt einerseits das Beteiligungsrecht der Gemeinde und zwar auch jenseits ihrer Territorialgrenze und andererseits ein partielles Abwehrrecht gegen von der Regelung der Landes- bzw Regionalplanung abweichende Planung anderer Gemeinden. 12

2. Feststellung der Rechtmäßigkeit eines Vorhabens

Für genehmgiungsfreie und insbesondere genehmigungsfreiestellte Vorhaben ist eine behördliche Feststellung der Rechtmäßigkeit nicht möglich. Der Baugenehmigung legen die LBOen aller Länder die feststellende Wirkung bei, dass das Vorhaben den öffentlich-rechtlichen Vorschriften im Rahmen der Sachentscheidungskompetenz der Genehmigungsbehörde entspricht (s. Rn 5). Für die weniger bedeutsamen genehmigungsfreien, aber auch für die genehmigungsfreigestellten Vorhaben sieht das Verfahrensfachrecht eine vergleichbare Rechtssicherheit nicht 13 vor. Der Bauherr muss auf das Risiko bauen, dass er – und der ihn beratende Architekt und Ingenieur – als Rechtsunterworfener alle für die Rechtmäßigkeit seines Vorhabens relevanten Vorschriften richtig anwendet, also, wie sie die Behörde und letztlich das Gericht auslegt. Auch auf den Antrag des Bauherrn darf die Behörde einen im Gesetz nicht vorgesehenen – die Rechtmäßigkeit des Vorhabens feststellenden VA nicht erlassen. Die in Art. 20 Abs. 3 GG bestimmte Gesetzesbindung der vollziehenden Gewalt ist das rechtliche Hindernis, einen feststellenden VA zu erfinden. Einen feststellenden VA gibt es nur, soweit das Gesetz einen in ihm vorgesehenen VA solche feststellende Wirkung beilegt. Auf die Anfechtungsklage desjenigen, dem die Behörde antragsgemäß einen feststellenden VA erlassen hat, ohne dass das Gesetz selbst diesem feststellende Wirkung beilegt, ist dieser aufzuheben. Sind die Bauaufträge erteilt, und haben Unternehmer mit der Bauausführung begonnen, sind die Unterschiede der Interessen der Beteiligten am Mehrecksverhältnis verschärft: Um Rechtssicherheit und um die vorbeschriebene Verschärfung der Interessenlage zu vermeiden, hat der Bauherr ein erhebliches Interesse an der Feststellung der Rechtmäßigkeit seines Vorhabens, wenn die Baupolizeibehörde ihm gegenüber erklärt, sie halte sein Vorhaben für rechtswidrig und wenn der Nachbar oder die Gemeinde erklärt haben, sie würden sich gegen die Bauausführung wehren. Die erstrebte Rechtssicherheit kann der Bauherr nur durch Feststellungsklage erlangen, desgleichen der Nachbar oder die Gemeinde.

II. Gerichtlicher Rechtsschutz des Bauherrn

1. Hauptsache

14 a) **Keine systematische Fehlersuche und Entscheidungsreife:** Der Präsident des BVerwGs und die Präsidenten/in der OVGe/VGHe haben Standards verwaltungsgerichtlicher Arbeit formuliert. Danach erforderte Kundenorientierung u.a. „*kurze Verfahrenslaufzeiten, – Entscheidungen müssen zeitnah ergehen. – Eine Amtsermittlung findet grundsätzlich nur statt, wenn sie geboten ist. Im Übrigen gilt der Grundsatz: 'Was dem Richter nicht klagt, soll er nicht richten'*" (NVwZ 2005, 909). Systematische Fehlersuche also soll nach diesem Standard unterbleiben. Die Akzeptanz einer richterlichen Entscheidung ist umso höher, als die schriftlichen Urteilsgründe sich überzeugend mit dem befassen, worum es den Beteiligten nach deren Vortrag gegangen ist. Lässt das Gericht das Rechtsmittel oder den VA an einem Fehler scheitern, an den die Beteiligten nicht gedacht haben, und der nach ihrem Vorbringen in ihr Begehr nicht eingeschlossen ist, ist das geeignet, die Streitlage zu verschärfen, statt Frieden zu stiften. Das gilt umso mehr, wenn die Beteiligten den betreffenden Fehler heilen könnten. Nach dem überkommenen römisch-christlich jüdischen Richterbild ist der Richter Schlichter und Entscheider (Ortloff, in: Schoch/Schmidt-Aßmann/Pietzner, VwGO, Vorb. § 81 Rn 7 u. 11–15). Systematische Fehlersuche aber widerspricht diesem Richterbild. Die Bestimmung des § 86 Abs. 1 VwGO rückt zwar vom Beibringungsgrundsatz ab und verlangt, dass der Richter von Amtswegen untersucht, was für sein abschließendes Ergebnis erheblich ist, nicht aber, das prozessgegenständliche Tun der vollziehenenden oder der satzungsgebenden Gewalt systematisch nach allen denkbaren Gesichtspunkten abzuprüfen und zu kontrollieren. Entscheidungsreife bedeutet, dass alles aufgeklärt ist, was für das abschließende Ergebnis erforderlich ist, was die Beteiligten gerichtet haben wollen, nicht aber was für eine systematische und abschließende Kontrolle des prozessgegenständlichen Tuns der vollzie-

henden oder der satzungsgebenden Gewalt erforderlich wäre. Der bezeichnete Standard entspricht in Einklang mit dem geltenden Recht dem uralten Richterbild und fördert die Akzeptanz der richterlichen Entscheidungen. Klarzustellen ist: Es geht um die richterliche Arbeitsmethode. Sieht der Richter einen Fehler, darf er ihn nicht 'übersehen'. Er soll nur nicht systematisch absuchen, etwa nach einer Checkliste.

b) Vorverfahren (Widerspruch) und sog. Untätigkeitsklage: Soweit das Verfahrensfachrecht ein Verwaltungsverfahren vorsieht (zur Erteilung der Baugenehmigung, des Vorbescheids/der Bebauungsgenehmigung oder einer Einschreitensverfügung), ist Gegenstand der Verpflichtungs- oder Anfechtungsklage der das Verwaltungsverfahren abschließende VA in der Gestalt, die er durch den Widerspruchsbescheid gefunden hat, sei es auch die Ablehnung des begehrten VA, § 79 Abs. 1 Nr. 1 VwGO. Enthält erstmalig der Abhilfebescheid (Rn 15) oder der Widerspruchsbescheid eine Beschwer, ist dieser Klagegegenstand, § 79 Abs. 1 Nr. 2 VwGO. Der letztbezeichnete Fall kann insbesondere vorkommen, wenn in der in Rn 1 beschriebenen Mehrecksbeziehung ein anderer im Widerspruchsverfahren erfolgreich war (HK-VerwR/VwGO, § 79 Rn 9). Zunächst im Verwaltungsverfahrensfachrecht vorgesehenen Verfahren zu versuchen, die erstrebe Rechtssicherheit zu erlangen, ist Prozessvoraussetzung. Die Amtspflicht der Behörde zur raschen Sachentscheidung bleibt unberührt. Als allgemeine Regeldauer für Anfechtungs- und Verpflichtungsklagen auf allen Gebieten des besonderen Verwaltungsrechts bestimmt § 75 VwGO drei Monate. Die Dauer kann im Bauprozess auch deutlich geringer sein, wenn die Bearbeitung einfach ist. Verletzt die Behörde ihre Amtspflicht, hat der davon nachteilig Betroffene nicht die Wahl, einen Amtshaftungsanspruch nach § 839 BGB bzw Ersatz aus enteignungsgleichem Eingriff geltend zu machen, sondern er ist auf Primärrechtsschutz beim VG verwiesen, nämlich auf die Anfechtungs- bzw Verpflichtungsklage, ohne die abschließende Entscheidung sei es der Ausgangsbehörde oder der Widerspruchsbehörde abzuwarten, sog. Untätigkeitsklage, § 75 VwGO. 15

c) Wechsel des Eigentümers oder des Bauherrn: Der Wechsel des Eigentümers des Vorhabengrundstücks oder der Wechsel des Bauherrn bleibt für den Prozess bedeutungslos, § 173 VwGO iVm den §§ 265, 266 ZPO. 16

d) Das Bild des deutschen Verwaltungsrichters – Gerichtliche Mediation: Der Deutsche Verwaltungsrichter hat die gesetzliche Doppelrolle, die von ihm eine Entscheidung über den Streitgegenstand fordert, zuvor aber zu versuchen, dass die Parteien den Rechtsstreit gütlich beilegen und dabei den ggf sehr viel weiteren Konfliktgegenstand einbeziehen (Ortloff, in: Schoch/Schmidt-Aßmann/Pietzner, Vorb. § 81 Rn 11). Das normative Richterbild ergibt sich aus der Masse der Vorschriften des Prozessrechts der VwGO und gem. dessen § 173 der ZPO sowie bezüglich der Pflicht zur konsensualen Streitbeilegung aus § 106 VwGO iVm § 278 Abs. 1 ZPO: „Das Gericht soll in jeder Lage des Verfahrens auf eine gütliche Beilegung des Rechtsstreits oder einzelner Streitpunkte bedacht sein.“ Das normative Richterbild entspricht dem römisch/jüdisch/christlich geprägten gesellschaftlichen Richterbild des Abendlandes vom Richter, der in Strafsachen und in streitigen Verfahren die Beteiligten anhört und deren Streit schlichtet oder richtet (Ortloff, aaO, Rn 7 und 11–15). Anzufügen ist, dass das islamisch geprägte Richterbild gleich ist. 17

Wegen der für den Baunachbarprozess charakteristischen in Rn 1 beschriebenen Mehrecksbeziehung ist der Streitgegenstand häufig nur ein Teilaspekt eines 18 wesentlich weiteren **Konfliktstoffs**. Wegen der in § 88 VwGO bestimmten Bindung an das Klagebegehr darf der Richter über den weiteren Konfliktstoff nicht entscheiden, soweit er über den Streitgegenstand hinausgeht. Häufig gibt es andere Hindernisse, zB die Vertragsfreiheit, dass Verwaltungsgerichtsbarkeit nicht gegeben ist oder ein Prozesshindernis. Eine konsensuale Lösung ermöglicht, diese Hindernisse zu überwinden. Der Richter kann schlichten, indem er auf eine gütliche Regelung hinwirkt. Er kann auch eine **gerichtliche Mediation** anregen. Ein gerichtlicher Mediator darf nicht ein zur Entscheidung des Rechtsstreits berufener Richter sein. Der professionelle Mediator hilft den Beteiligten, ergebnisorientiert zu verhandeln.

19 Gerichtliche Mediation bieten bisher folgende VGe an: Freiburg, Berlin, alle in Hessen einschließlich dem VGH, Greifwald, Hannover, alle in Nordrhein-Westfalen einschließlich dem OVG und Magdeburg (Ortloff, NVwZ 2007, 33). Deren jeweilige OVGe bzw VGHe können die gerichtliche Mediation ihrer erstinstanzlichen Gerichte in Anspruch nehmen. Im Übrigen kann der zur Entscheidung berufene Richter den Parteien auch vorschlagen, die Hilfe eines außergerichtlichen öffentlich-rechtlich arbeitenden professionellen Mediators in Anspruch zu nehmen. Das sind derzeitig Prof. Ortloff in Berlin, ehemaliger gerichtlicher Mediator des VG Berlin und Prof. Gronemeyer, Fachanwalt für VerwR in Paderborn.

20 Das gesetzliche Richterbild ist darüber hinaus geprägt durch eine Mehrzahl weiterer Anforderungen, u.a. die Kunstfertigkeit, das **Rechtsgespräch** zu führen und die **diskursive Kommunikation** als „*Weg zur Meinungsbildung*“ zu fördern (Ortloff, Schoch/Schmidt-Aßmann/Pietner, Rn 40–43), innere Bereitschaft, sich **beeinflussen zu lassen** (Weyreuther, Einflussnahme durch Anhörung, in: FS Sendler, S. 183/196 ff) und sich ständig **fortzubilden**. Mit diesem Richterbild korrespondiert das Bild vom **Rechtsanwalt,** dem Fachanwalt für Verwaltungsrecht eingeschlossen. Optimale Hilfe zu interessenorientiertem Rechtsschutz, ggf unter Einschluss des weiteren Konfliktstoffs, kann der Rechtsschutzsuchende von seinem Rechtsanwalt nur erlangen, soweit dieser sich auf das gesetzliche Richterbild einlässt und ggf den Richter auffordert, die entsprechende gesetzliche Anforderung zu erfüllen.

21 e) **Klagearten: aa) Verpflichtungsklage auf Erteilung der Baugenehmigung: (1) Zulässigkeit und Klageerfolg:** § 42 Abs. 2 VwGO bestimmt, dass die Klage nur zulässig ist, wenn der Kläger geltend macht, durch den VA oder seine Ablehnung oder Unterlassung in seinen Rechten verletzt zu sein. § 113 Abs. 1 u. 5 VwGO bestimmt, unter welchen Anforderungen die Klage erfolgreich ist, nämlich wenn der VA rechtswidrig und der Kläger „dadurch in seinen Rechten verletzt ist“. Das Prozessrecht verlangt neben der Rechtswidrigkeit des VA oder dessen Ablehnung mittels der Kopula „und dadurch“ die Verletzung eines subjektiven Rechts des Klägers. Ob diese Anforderung erfüllt ist, ist dem materiellen Recht zu entnehmen (BVerwGE 29, 304 und BVerwGE 51, 15/24). Beansprucht der Kläger die Erteilung einer Baugenehmigung, ist eine Klage zulässig. Ob eine Vorschrift des materiellen Rechts zugunsten seines vermeintlichen Anspruchs auszulegen ist, gehört zur Beantwortung der vorbezeichneten Frage, ob der Kläger die materiellrechtliche Anforderung erfüllt. Sie ist nicht etwa schon im Rahmen der Zulässigkeitsanforderung des § 42 Abs. 2 VwGO zu beantworten.

22 Das zu den Zulässigkeitsanforderungen gehörende Rechtsschutzinteresse soll fehlen, wenn ein zivilrechtliches Hindernis nicht ausräumbar ist (BVerwG, NVwZ 94, 482). Dieser Fall soll auch gegeben sein, wenn der Bauantragsteller und Kläger

nicht der Eigentümer des Vorhabengrundstücks ist und der Eigentümer dem Vorhaben nicht zustimmt. Diese Auffassung vernachlässigt, dass der Bauwillige frei ist, dem Eigentümer einen seinen Bauinteressen entsprechenden Vertrag anzubieten oder in einer Auseinandersetzungs- bzw Zwangsversteigerung ein seinem Bauinteresse entsprechendes Gebot abzugeben und dabei auf Rechtssicherheit auch darauf angewiesen sein kann, dass sein Vorhaben den öffentlich-rechtlichen Vorschriften entspricht. Wer für das **Sachentscheidungs-** bzw das Rechtsschutz**interesse** die Zustimmung des Eigentümers verlangt, verhindert ein wesentliches Element zur freien Willensbildung zur Abgabe einer vernünftigen rechtsgeschäftlichen Willenserklärung, nämlich eines interessengerechten Vertragsangebots oder eines Gebots. Die Baugenehmigung verpflichtet auch den Eigentümerbauherrn nicht, das Vorhaben auszuführen. Da die Baugenehmigung unbeschadet der zivilen Rechte Dritter ergeht, kann die Verwirklichung des genehmigten Vorhabens an einem zivilrechtlichen – ausräumbaren oder schlechthin nicht ausräumbaren – Hindernis scheitern. Die Zustimmung des Eigentümers zu fordern, lässt sich nach dem verfassungsrechtlichen Rechtsstaatsgebot und dem Freiheitsgrundrecht des Art 2 Abs. 2 GG nicht rechtfertigen. Jede Handlung ist das Ergebnis eines Willensbildungsprozesses. Das Grundrecht beschränkt sich nicht darauf, das Ergebnis zu gewährleisten, sondern schließt die Freiheit zur vernünftigen Willensbildung ein. Wer seine erstrebte Rechtssicherheit vernünftig rechtfertigt, begründet damit sowohl sein Sachentscheidungs- als auch sein Rechtsschutzinteresse.

(2) **Maßgebender Zeitpunkt für die Beurteilung der Rechtmäßigkeit:** Der maß- 23
gebende Zeitpunkt für die Beurteilung der Rechtmäßigkeit ist dem im Zeitpunkt der letzten mündlichen Verhandlung geltenden materiellen Recht zu entnehmen. Eine Übergangsvorschrift kann auf dem Kläger günstigeres auslaufendes Recht verweisen (HK VerwR/VwGO, § 113 Rn 33). Ändert sich die Rechtslage während der Rechtshängigkeit so, dass nunmehr das Vorhaben nicht mehr den öffentlich-rechtlichen Vorschriften entspricht, kann der Kläger hilfsweise einen Fortsetzungsfeststellungsantrag anfügen oder zweckmäßigerweise insgesamt zur Fortsetzungsfeststellungsklage übergehen, § 113 Abs. 1 Satz 4 VwGO.

(3) **Materiell-rechtlicher Anspruch als Anforderung an den Klageerfolg:** Die Ver- 24
pflichtungsklage auf Erteilung der Baugenehmigung ist nach der von § 113 Abs. 5 VwGO gestellten Anforderung erfolgreich, wenn der Kläger einen **materiell-rechtlichen Anspruch** auf die Erteilung der Genehmigung hat (s. Rn 21). Seine erstrebte Rechtssicherheit erlangt der Kläger wiederum nur, wenn das Urteil materielle Rechtskraft auch gegenüber eventuellen Anfechtungsberechtigten erlangt (Nachbarn oder der Gemeinde). Der Kläger sollte deshalb die **Beiladung** der möglichen Anfechtungsberechtigten erwirken. Andernfalls riskierte er die Anfechtung der Erfüllung des ihm günstigen Verpflichtungsurteils ergangenen Baugenehmigung und die Möglichkeit, dass der Anfechtende ihm diese Baugenehmigung doch noch abjagt.

Muster

▶ Verpflichtungsklage auf Erteilung einer Baugenehmigung

An das Verwaltungsgericht

K l a g e

des Herrn A

– Kläger –

Prozessbevollmächtigte:

gegen
die Stadt B
– Beklagte –
Wegen Erteilung einer Baugenehmigung
Namens und im Auftrag des Klägers erheben wir hiermit gegen den Bescheid vom ... in Form des Widerspruchsbescheids vom ...
K l a g e
mit dem
A n t r a g:
1. Die Beklagte wird unter Aufhebung der entgegenstehenden Bescheide vom ... und des auf die mündliche Verhandlung vom ... ergangenen Widerspruchsbescheids verpflichtet, dem Kläger die Baugenehmigung zur Errichtung einer Doppelgarage auf dem Grundstück ... zu erteilen.
2. Die Hinzuziehung der Bevollmächtigten ist für notwendig zu erklären.
3. Die Kosten des Verfahrens trägt die Beklagte.
G r ü n d e:
I. Der Kläger beantragte beim Beklagten die Erteilung einer Baugenehmigung zum Neubau einer Doppelgarage auf dem in ... gelegenen Grundstück, Gemarkung ... , Flur ... , Flurstück ... . Das Grundstück liegt nicht im Geltungsbereich eines BPls. Mit Bescheid vom ... lehnte die Beklagte den Bauantrag ab, das Vorhaben sei mit § 34 BauGB nicht vereinbar. Der hiergegen erhobene Widerspruch wurde mit Widerspruchsbescheid vom ... zurückgewiesen.
II. Die Klage ist zulässig und begründet. Der Kläger hat Anspruch auf Erteilung der begehrten Baugenehmigung, da der zur Überprüfung gestellte Garagenneubau planungsrechtlich zulässig ist. Die zur Erteilung des Vorbescheides im Vordergrund stehende planungsrechtliche Beurteilung bestimmt sich nach § 34 BauGB; das zur Bebauung vorgesehene Grundstück liegt im nicht beplanten Innenbereich. Das Vorhaben fügt sich in die nähere Umgebung iSd § 34 Abs. 1 BauGB ein.
Nach gesicherter Rechtsprechung (vgl Gelzer/Bracher/Reidt, Bauplanungsrecht, 6. Aufl., Rn 2269 ff mwN) reicht die nähere Umgebung so weit, wie sich die Ausführung des zur Genehmigung gestellten Vorhabens auswirken kann und dessen Umgebung ihrerseits den bodenrechtlichen Charakter des Grundstücks prägt. In diesem Zusammenhang ist von Belang, dass es in erster Linie um einen aus der Umgebung abzuleitenden Maßstab für die Verteilung der baulichen Nutzung auf dem Grundstück geht, bei deren Analogie zu § 23 Abs. 1 BauNVO im Ergebnis zwischen überbaubaren und nicht überbaubaren Grundstücksflächen auf dem Baugrundstück zu unterscheiden ist. Vorliegend lässt sich eine den planungsrechtlichen Vorschriften des § 23 Abs. 3 und 4 BauNVO nachgebildete städtebaulich verbindliche Grundstruktur nicht ermitteln. [...] ◀

25 **bb) Feststellungsklage – Genehmigungsfreistellung:** Im Fall der Genehmigungsfreiheit, insbesondere aber der **Genehmigungsfreistellung** ist die **Feststellungsklage** gegeben, § 43 VwGO. Diese ist auf die Feststellung gerichtet, dass das Vorhaben den öffentlich-rechtlichen Vorschriften entspricht. Ist nur die Genehmigungsfreiheit bzw Freistellung strittig, also die formelle Zulässigkeit, ist auch an die Feststellung zu denken, dass das Vorhaben genehmigungsfrei bzw freigestellt ist. Ein sich auf die Feststellung der Genehmigungsfreiheit bzw Freistellung beschränkendes Urteil schützt den Bauherrn nur vor der Einschreitensbegehrlichkeit der Behörde wegen formeller Unzulässigkeit, nicht aber vor derjenigen wegen materiell-rechtlicher Fehler. Der Ertrag eines solchen Urteils kann deshalb leichtgewichtig sein. Rechtssicherheit erlangt der Kläger nur, wenn das Gericht die materiell-rechtliche Rechtmäßigkeit feststellt. Damit verlangte der Kläger aller-

dings vom Gericht eine Prüfung, die im Fall genehmigungsbedürftiger Vorhaben Aufgabe der Baugenehmigungsbehörde ist und was infolge der Genehmigungsfreistellung seine Pflicht als Rechtsunterworfenem ist. Der Unterschied zwischen Baugenehmigung und Ergebnis der Rechtmäßigkeitsprüfung des Rechtsunterworfenen ist, dass ausschließlich die Rechtsbeständigkeit der Genehmigung auch Rechtssicherheit gibt. Die Genehmigungsfreistellung verweigert dem Bauherrn solche Rechtssicherheit. Das vom Prozessrecht geforderte Feststellungsinteresse wird deshalb auf zwischen dem Bauherrn und der Behörde oder einem Drittbetroffenen strittige oder streitverdächtige Gesichtspunkte des Vorhabens beschränkt sein. Der Klageantrag muss deshalb sorgfältig gefasst sein, ggf unter Mithilfe des Richters gem. § 86 Abs. 3 VwGO. Soweit das Verfahrensfachrecht des Landes bei Genehmigungsfreistellung im Übrigen die Genehmigung eines Gesichtspunkts vorsieht – zB der bodenrechtlichen Zulässigkeit durch Vorbescheid –, ist insoweit die Feststellungsklage nicht gegeben. Das gilt auch für die Reichweite der Genehmigungsfiktion im vereinfachten Verfahren (Bremen, Hessen, Mecklenburg-Vorpommern, Rheinland-Pfalz, Saarland, Sachsen und Schleswig-Holstein). Rechtssicherheit Drittbetroffenen gegenüber erlangt der Bauherr in den Fällen der Genehmigung, indem die Behörde diese den Drittbetroffenen mit richtiger Rechtsbehelfsbelehrung zustellt und sie dann rechtsbeständig wird. Im Fall einer Genehmigungsfiktion ergeben sich Besonderheiten: Bestreitet die Behörde die Genehmigungsfiktion, kommt die Feststellungsklage in Betracht. Drittbetroffenen gegenüber kann die Behörde die Fiktion den Drittbetroffenen mit richtiger Rechtsbehelfsbelehrung bekannt geben, um Rechtsbeständigkeit der Fiktion herbeizuführen. Soweit dieser Weg nicht eröffnet ist, kommt die Feststellungsklage in Betracht. Die vorbeschriebene Anforderung an das Feststellungsinteresse und der dadurch begrenzte Prozessstoff hindern zu befürchten, dass das VG mit der Feststellungsklage in die Funktion einer Art Ersatz-Baugenehmigungsbehörde geriete. Da die Feststellungsklage mit der Anforderung an das Feststellungsinteresse auf den Streitpunkt zwischen den Beteiligten konzentriert ist, drängt sich im Übrigen auf, dass der Richter auf eine einvernehmliche Lösung hinwirkt, s. Rn 17.

Muster

▶ **Antrag auf Feststellung der Rechtmäßigkeit des Vorhabens bei Genehmigungsfreistellung**

des A

g e g e n

Oberbürgermeister der Stadt B

wird b e a n t r a g t,

festzustellen, dass das am 4.6.2002 angezeigte Vorhaben den öffentlich-rechtlichen Vorschriften entspricht.

G r ü n d e:

I.

Mit Eingang vom 4.6.2002 zeigten die Kläger bei der Beklagten das Vorhaben eines Neubaus einer Doppelgarage auf dem Grundstück ... an. Die Beklagte hat nicht reagiert.

Das Vorhaben soll im Bereich des am ... ortsüblich bekannt gemachten BPls ... ausgeführt werden. Es ist genehmigungsfreigestellt.

Auf telefonische Rückfrage beim zuständigen Sachbearbeiter hat dieser mitgeteilt, das Vorhaben sei nach § 30 BauGB unzulässig. Die Behörde behalte sich vor, alsbald nach Baubeginn einzuschreiten. Präzisiert hat er seine Auffassung nicht.

Das Vorhaben soll auf einer als überbaubar festgesetzten Fläche ausgeführt werden und hat normale Abmessungen.

B e w e i s: 1. Beiziehung der Bauanzeige, Kopie anbei

2. Beiziehung des BPls

Dem Kläger ist nicht zuzumuten, zunächst zu investieren und eine Einschreitensverfügung zu riskieren. ◀

26 cc) **Anfechtungsklage gegen Aufhebung der Baugenehmigung:** Gegen den **Widerruf** oder die **Rücknahme** der **Baugenehmigung** ist die Anfechtungsklage gegeben. Für den Klageerfolg kann es auf die materiell-rechtliche Rechtslage im Zeitpunkt der letzten mündlichen Verhandlung ankommen (HK VerwR/VwGO, § 113 Rn 33).

27 dd) **Anfechtungsklage gegen die Zurückstellung nach § 15:** Gegen die **Zurückstellung** von Baugesuchen nach § 15 ist die **Anfechtungsklage** gegeben. Aus dessen Abs. 2 HS 2 ergibt sich, dass die Zurückstellung durch Bescheid ergeht, also VA. Kumulativ ist an die Verpflichtungsklage auf Erteilung der Baugenehmigung zu denken, und zwar beide Klagearten als Untätigkeitsklage, um das Hindernis des § 839 Abs. 3 BGB zu beseitigen (s. Rn 15 oben sowie Rn 13 zu § 15). In Hinblick auf die Verfahrensdauer des vorgeschalteten Widerspruchsverfahrens und sodann des Prozesses dürfte in der Mehrzahl der Fälle die Geltungsdauer der Zurückstellung während des Prozesses ablaufen, sodass Erledigung eintritt mit der durch § 113 Abs. 1 S. 4 VwGO eröffneten Möglichkeit, insoweit zur Fortsetzungsfeststellungsklage überzugehen. Ist zwischenzeitlich eine Veränderungssperre nach § 14 in Kraft getreten und macht der Kläger geltend, diese sei unwirksam, kann er seine Verpflichtungsklage weiter betreiben. Beschränkt sich der Kläger von vornherein auf die Verpflichtungsklage, wird der Zurückstellungsbescheid rechtsbeständig, sofern nicht der Verpflichtungswiderspruch als auch den Anfechtungswiderspruch mitenthaltend auszulegen ist; die Rechtsbeständigkeit des Zurückstellungsbescheids schließt den Ersatzanspruch aus Amtshaftung oder enteignungsgleichem Eingriff für die Dauer der Wirksamkeit der Zurückstellung aus (Muster zu § 15).

28 ee) **Anfechtungsklage gegen eine Einschreitensverfügung:** Gegen die **Einschreitensverfügung** ist die **Anfechtungsklage** gegeben. Maßgebender Zeitpunkt für die Beurteilung der Rechtmäßigkeit des VA ist an sich der Zeitpunkt der letzten Behördenentscheidung, in der Regel des Widerspruchsbescheids. Ist jedoch das Vorhaben im Zeitpunkt der letzten mündlichen Verhandlung materiell rechtmäßig, ist die Anfechtungsklage ebenfalls erfolgreich (BVerwG, NJW 1986, 1186 = BRS 44 Nr. 193). Die Einschreitensverfügung ist nach dem Landesrecht aller Länder eine Ermessensentscheidung. Ihre Ermessenserwägungen kann die Behörde nach § 114 S. 2 VwGO noch im Prozess ergänzen. Das bedeutet: Was sie zwar aktenkundig erwogen, nicht aber in ihre schriftliche Begründung nach § 39 VwVfG des betreffenden Landes aufgenommen hat, kann sie ergänzen; ergänzen ist nicht nachholen, sodass eine Einschreitensverfügung, die fehlerhafterweise als gebundene Entscheidung ergangen ist, nicht ergänzbar ist. An die Begründung einer Einschreitensverfügung allerdings werden möglicherweise geringe Anforderungen gestellt, sofern nicht die Besonderheit des Einzelfalles eine entsprechende Ermessenserwägung fordern.

29 ff) **Normenkontrolle gegen den BPl:** (1) **Ziel der Normenkontrolle** ist es, die Festsetzungen des BPls oder einige von ihnen zu beseitigen. Der Ertrag der erfolgreichen Normenkontrollklage ist, dass die Rechtslage ohne die Festsetzung gilt. Das sind entweder die Festsetzungen des Vorgänger-BPls oder die Rechtslage nach

§ 34 oder nach § 35. Das gilt auch, solange nicht ein im ergänzenden Verfahren nach § 214 Abs. 4 zustande gekommener BPl – ggf rückwirkend – in Kraft gesetzt ist (s. Muster zu § 10).

(2) **Normenkontrolle neben Verpflichtungs- oder Anfechtungsklage: Parallel** zur Normenkontrolle kommt je nach dem konkreten Ziel die **Verpflichtungs- bzw Anfechtungsklage** in Betracht. Ist es das Ziel, ein nach der Rechtslage ohne die hindernde Festsetzung des zu bekämpfenden BPls oder der Veränderungssperre zulässiges Vorhaben durchzusetzen, ist zweckmäßig, zeitgleich zum Normenkontrollverfahren richterliche Hilfe in Anspruch zu nehmen, Rechtssicherheit für dieses Vorhaben zu erlangen und dafür das – ggf kurze – Zeitfenster der das Vorhaben rechtfertigenden Rechtslage zu nutzen. Das gilt sowohl für die Verpflichtungsklage (s. Rn 21), als auch für die Feststellungs- (Rn 25) als auch die Anfechtungsklage (Rn 26–28). 30

(3) **Novelle 2007 – Frist und Präklusion:** Art. 3 der **Novelle 2007** hat das für das Normenkontrollverfahren maßgebende Prozessrecht in zwei Punkten wesentlich geändert. Für seit dem 01. Januar 2007 bekannt gemachte Rechtsvorschriften ist die **Frist** zur Erhebung der Normenkontrollklage auf ein Jahr verkürzt. Für vor dem Datum bekannt gemachte Rechtsvorschriften gilt gem. § 195 Abs. 7 VwGO nF weiterhin die Zwei-Jahres-Frist. Der neue § 47 Abs. 2a VwGO hat eine Art **Präklusion** eingeführt. Danach ist die Normenkontrollklage unzulässig, wenn die den Antrag stellende Person nur „Einwendungen“ geltend gemacht hat, den sie im Rahmen der öffentlichen Auslegung nach § 3 Abs. 2 oder im Rahmen der Beteiligung der betroffenen Öffentlichkeit nach § 13 Abs. 3 Nr. 2 und § 13a Abs. 2 Nr. 1 nicht oder verspätet geltend gemacht hat, aber hätte geltend machen können, und wenn auf diese Rechtsfolge im Rahmen der Beteiligung hingewiesen worden ist (s. Rn 9). 31

gg) **Normenkontrolle gegen die Veränderungssperre:** Gegen die gem. § 16 Abs. 1 als Satzung ergehende **Veränderungssperre** ist die Normenkontrollklage gegeben. Die in Rn 31 beschriebene Novelle 2007 wirkt sich nicht auf ein eine Veränderungssperre betreffendes Normenkontrollverfahren aus. Ist die Wirksamkeit der Veränderungssperre Vorfrage für einen Klageerfolg in einem Verwaltungsrechtsstreit, ist sie inzidenter zu prüfen. Gegen die **versagte Ausnahme** nach § 14 Abs. 2 ist die Verpflichtungsklage gegeben (s. Muster zu § 16). 32

hh) **Beiladung des Bauherrn im Prozess des Dritten: (1) Prüfungsprogramm und Erfolgschance des klagenden Dritten:** Bekämpft ein Dritter die Baugenehmigung, ist der Bauherr notwendig beizuladen, § 65 Abs. 2 VwGO. **Die Klage des Dritten** ist nur **erfolgreich**, wenn die Baugenehmigung rechtswidrig ist und der klagende Dritte dadurch in seinen Rechten verletzt ist, § 113 Abs. 1 S. 1 VwGO. Das ist für den Bauherrn insofern günstig, als aus dem Bereich der großen Vielzahl der für die Rechtmäßigkeit seines Vorhabens maßgebenden Vorschriften ausschließlich die Verletzung einer mit Nachbarschutz angereicherten zum Verlust seiner Baugenehmigung führen kann und auch diese unter bestimmten Voraussetzungen nur im Fall einer tatsächlichen Beeinträchtigung des Klägers (s. Rn 89). Ist die Baugenehmigung offensichtlich rechtswidrig, steht dem Gericht allerdings frei, dies in seinen Urteilsgründen zu beschreiben und zu betonen, auch wenn das sein Entscheidungsergebnis nicht beeinflusst. Die Baugenehmigungsbehörde ist in einem solchen Fall aufgerufen zu prüfen, ob sie die Baugenehmigung zurücknehmen soll, § 48 VwVfG. Sollte das Gericht im Prozess des Dritten den Bauherrn nicht beigeladen haben, kann es in dessen Interesse liegen, seine **Beiladung zu beantragen**. Seine 33

Beteiligtenrolle – § 63 Nr. 3 VwGO – ermöglicht einerseits eine ihn einbeziehende konsensuale Lösung und andererseits, die von ihm erstrebte Rechtssicherheit in diesem Prozess zu erlangen. Den Bauherrn nicht beizuladen wäre ein wesentlicher Verfahrensmangel (BVerwGE 80, 228; E. 74, 19/22; E. 18/124).

34 (2) **Rechtsmittel der Beigeladenen:** Als Beigeladener hat der Bauherr alle **Rechtsmittel**. Der Prozess bleibt derjenige des Klägers, also des anfechtenden Dritten, und das Prozessrecht macht seinen Klageerfolg davon abhängig, ob er in seinem Recht verletzt ist, § 113 Abs. 1 oder Abs. 5 VwGO, und zwar durch alle Instanzen. Hat der Kläger diese Anforderung nicht erfüllt, das erstinstanzliche VG aber gleichwohl die Baugenehmigung aufgehoben, sind der Antrag des beigeladenen Bauherrn auf Zulassung der Berufung und seine Berufung erfolgreich, ohne dass es darauf ankäme, ob er einen Anspruch auf Erteilung der Baugenehmigung hat (BVerwG, NJW 1984, 2174 = BRS 40 Nr. 195).

2. Eilrechtsschutz

35 a) **Verzögerung oder Versagung der Baugenehmigung:** Verzögert oder versagt die Behörde die **Baugenehmigung**, soll Eilrechtsschutz des Bauherrn nach § 123 Abs. 1 VwGO am Dogma vom sog. Verbot der Vorwegnahme der Hauptsache scheitern. Schoch hat überzeugend nachgewiesen, dass diese Vorstellung bei der Anwendung in der Praxis in der Regel die Vorwegnahme der Hauptsache in umgekehrter Richtung bewirkt und also rechtlich nicht ertragreich ist (Schoch, in: Schoch/Schmidt-Aßmann/Pietzner, § 123 Rn 141). Kommt die Baugenehmigung zu spät – zB weil zwischenzeitlich der Konkurrent sein Geschäftshaus gebaut und eröffnet hat, der Bauherr eines Wohnhauses in der Zwischenzeit im Ruhestand ist und deshalb die Finanzierung seines Vorhabens nicht mehr durchsetzen kann oder insbesondere sich die Rechtslage zu Ungunsten des Vorhabens geändert hat, sei es durch dem Vorhaben entgegenstehende Festsetzungen oder Veränderung der Umgebungsprägung – kann die Versagung von Eilrechtsschutz sowohl das durch Art. 19 Abs. 4 GG gewährleistete Grundrecht auf effektiven Rechtsschutz verletzen als auch das durch Art. 14 Abs. 1 S. 1 GG gewährleistete Eigentumsgrundrecht. Das bezeichnete Dogma ist deshalb verfassungswidrig. Die zugrunde liegende Vorstellung hat ihre Bedeutung im Rahmen der abwägenden Beurteilung, ob die Regelung nötig erscheint. Ortloff schlägt für die Praxis vor, auch Klage zur Hauptsache zu erheben, ggf nach § 75 VwGO und in einem frühen Erörterungstermin nach § 87 Abs. 1 S. 2 Nr. 1 VwGO eine gütliche Einigung zu versuchen (Ortloff, in: Finkelnburg/Ortloff II, 5. Aufl., S. 318; ders. in: Schoch/Schmidt-Aßmann/Pietzner, § 87 Rn 12). Das BVerfG gibt zu erwägen, nach § 123 Abs. 1 S. 2 VwGO zu regeln, dass die Behörde den Bauantrag unter Beachtung der Rechtsauffassung des Gerichts bescheidet (BVerfG, NVwZ 1997, 479 mwN). Dieser Weg kommt für die folgenden zwei Fallkonstellationen in Frage: Erstens wenn der Kläger im Hauptsacheverfahren hinreichend wahrscheinlich erfolgreich sein wird und er in diesem Verfahren Rechtsschutz nicht rechtzeitig erlangen kann und ihm dadurch unzumutbare und irreparable Nachteile entstehen würden – das ist insbesondere der eingangs bezeichnete Fall grundrechtsverletzender Verweigerung von Rechtsschutz – und zweitens für die Fallkonstellation, dass wegen alleiniger sachwidriger Argumente eine nachprüfbare Versagung der Baugenehmigung nicht vorliegt; bei offensichtlicher Genehmigungsfähigkeit billigt Ortloff für diesen Fall, die Behörde zur Erteilung der Genehmigung zu verpflichten (Ortloff, aaO). Den – im Einzelfall ggf erheblichen – Aufwand, das Vorhaben umfassend und unter Beteiligung wei-

terer Behröden prozessbegleitend zu prüfen, kann das Gericht der Genehmigungsbehörde aufgeben und hierfür eine Frist setzen.

b) **Zurückstellung des Baugesuchs nach § 15:** Anfechtungswiderspruch und Anfechtungsklage gegen eine Zurückstellung nach § 15 haben gem. § 80 Abs. 1 VwGO aufschiebende Wirkung, solange nicht die Behörde den Sofortvollzug anordnet. § 212a Abs. 2 betrifft nur den das Bauen zulassenden VA. Gegen die Sofortvollzugsanordnung der Zurückstellung kann der Bauherr gem. § 80 Abs. 5 VwGO die Wiederherstellung der aufschiebenden Wirkung durch das Gericht beantragen. Das Gericht kann zusätzlich zur eigentlichen Wiederherstellung der aufschiebenden Wirkung anordnen, dass die Behörde das Verwaltungsverfahren mit dem VA abzuschließen hat (Puttler, in: Nomos-Kommentar, § 80 Rn 165 und § 80a Rn 36). Der VGH BW stellt hierfür die Anforderung, dass der Bauherr zusätzlich einen Antrag nach § 123 Abs. 1 VwGO gestellt hat (VGH BW, NVwZ-RR 2003, 333). Da das Gericht über das Begehr des Antragstellers entscheidet und also dieses Begehr ermittelt, ist es nicht gerechtfertigt, den förmlichen Antrag zu fordern. 36

Muster

▶ Antrag auf einstweiligen Rechtsschutz gegen Zurückstellung des Baugesuchs nach § 15 BauGB

In dem Verwaltungsrechtsstreit

...

gegen

...

beantragen wir namens und in Vollmacht des Antragstellers:

Die aufschiebende Wirkung des Widerspruchs gegen den Zurückstellungsbescheid nach § 15 BauGB gem. § 80 Abs. 5 VwGO wieder herzustellen.

Gründe:

Der Antrag ist zulässig und begründet. Bei der Entscheidung gem. § 80 Abs. 5 VwGO hat das Gericht die Interessen des Antragstellers und des Antragsgegners gegeneinander abzuwägen. Bei dieser Abwägung sind insbesondere auch die Erfolgsaussichten des Hauptsacheverfahrens zu berücksichtigen, jedenfalls soweit sie überschaubar sind. Steht bereits fest, dass das Rechtsmittel, dessen aufschiebende Wirkung der Antragsteller beantragt, erfolgreich sein wird, ist auch dem Antrag gem. § 80 Abs. 5 VwGO stattzugeben. Es liegt auf der Hand, dass am Fortbestand der sofortigen Vollziehung eines offensichtlich rechtswidrigen VA kein überwiegendes Interesse besteht. Die Zurückstellung gem. § 15 BauGB ist rechtswidrig. Die erstrebte Planung ist auf ein Ziel gerichtet, das im konkreten Fall mit den Mittel der Bauleitplanung zulässigerweise nicht erreicht werden kann. Für eine solche Planung besteht kein Sicherungsbedürfnis, welches durch eine Zurückstellung geschützt werden könnte (BVerwG, BRS 55 Nr. 95). ◀

c) **Vermeintliche Genehmigungsfreistellung des Vorhabens:** Beim vermeintlich genehmigungsfreigestellten Vorhaben ist nach dem Rechtsschutzziel zu unterscheiden, ob (nur) der Umstand des Freigestelltseins strittig ist – erstens –, oder – zweitens – darüber hinaus oder allein, ob das Vorhaben rechtmäßig ist. In keinem der beiden Fälle ist dem Bauherrn zuzumuten, darauf verwiesen zu sein, zu riskieren, dass die Behörde während der Bauausführung einschreitet. In Betracht kommt vorbeugender feststellender Rechtsschutz analog § 80 Abs. 5 VwGO. Die Qualität, iSv Art. 19 Abs. 4 GG effektiv zu sein, hat die richterliche Hilfe im ersten Fall nur, wenn das Gericht analog § 80 Abs. 5 feststellt, dass das Vorhaben genehmi- 37 gungsfreigestellt ist und im zweiten Fall, wenn es entsprechend die Rechtmäßigkeit des Vorhabens feststellt, in beiden Fällen mit der durch § 80 Abs. 7 VwGO eröffneten Möglichkeit, seinen Beschluss jederzeit zu ändern. Das Rechtsschutzinteresse erfordert, dass der Bauherr sein Vorhaben der Behörde gegenüber nach Maßgabe des einschlägigen Verwaltungsverfahrensfachrechts vollständig beschrieben hat. Darüber hinaus ist zu fordern, dass entweder die Behörde oder ein anfechtungsverdächtiger Dritter sich nachteilig oder die Behörde sich trotz Aufforderung nicht geäußert hat. Bleibt die Behörde nach der Vorlage der Unterlagen zunächst schlechthin untätig, bewirkt sie für den Bauherrn die Rechtsunsicherheit, während der Bauphase mit risikoreichen Überraschungen rechnen zu müssen. Den Aufwand, das Vorhaben zu prüfen, kann das Gericht unter Fristsetzung der Behörde verfahrensbegleitend aufgeben.

38 d) **Sofort vollziehbare Einschreitensverfügung:** Gegen die für sofort vollziehbar erklärte Einschreitensverfügung ist dem Bauherrn Eilrechtsschutz nach § 80 Abs. 5 VwGO gegeben. § 80 Abs. 2 Nr. 4 VwGO verlangt für die behördliche Sofortvollzugsanordnung ein besonderes Vollzugsinteresse; das Interesse an dem einschreitenden VA selbst erfüllt diese Anforderung nicht. Bei der Einstellung rechtswidriger Bauarbeiten ist ihrer Eigenart nach das besondere Vollzugsinteresse in der Regel gegeben und bedarf keiner vertiefenden Begründung nach § 80 Abs. 3 S. 1 VwGO, vorbehaltlich Besonderheiten des Einzelfalles. Der Anspruch des Nachbarn auf das Einschreiten schließt regelmäßig auch das Vollzugsinteresse ein. Beim Nutzungsverbot begründen die Verhältnisse des Einzelfalles das besondere Vollzugsinteresse oder nicht. Ein besonderes Vollzugsinteresse an einer Beseitigungsanordnung lässt sich nur in besonderen Fällen begründen. Verallgemeinernd lässt sich prognostizieren, dass gegenwärtige Gefahr für Leib und Leben geeignet ist, das besondere Vollzugsinteresse zu begründen, vielleicht auch die Warnfunktion gegenüber einem notorischen Schwarzbauer; Schule machen kann eine Anlage während des Hauptsacheverfahrens nicht, weil entweder die Vergleichsobjekte auch fertig sind und es also nichts nachzuahmen gibt oder die Baueinstellung hilft (aA HessVGH, BRS 42 Nr. 220); bewirkte der Abriss weder einen Substanzverlust, noch hohe Kosten, ist zwar das Erhaltungsinteresse des Eigentümers leichtgewichtig; ein besonderes Vollzugsinteresse zu begründen ist dieser Umstand jedoch nicht geeignet (aA HessVGH, aaO).

Muster

▶ **Antrag nach § 80 Abs. 5 VwGO gegen eine für sofort vollziehbar erklärte Einschreitensverfügung**

In der Verwaltungsstreitsache

...

g e g e n

...

stellen wir namens und im Auftrag des Antragsteller den

A n t r a g

die aufschiebende Wirkung des Widerspruchs des Antragstellers vom ... gegen die Nutzungsuntersagungsverfügung des Antragsgegners vom ... wird wiederhergestellt.

G r ü n d e:

Der Antrag ist zulässig und begründet. Das Interesse des Ast, die Nutzung bis zu einer Entscheidung in der Hauptsache fortsetzen zu können, überwiegt das von dem Antragsgegner behauptete öffentliche Interesse an einer sofortigen Nutzungseinstellung. Die Nutzungsuntersagungsverfügung ist offensichtlich rechtswidrig. Entgegen der Auffassung des Ag ist die Nutzung des Gebäudes durch den Ast nicht baugenehmigungspflichtig, außerdem ist die streitgegenständliche Verfügung erkennbar ermessensfehlerhaft. ◀

III. Gerichtlicher Rechtsschutz des Nachbarn

1. Materiell-rechtlicher Schutz und Prozessrecht

a) Materiell-rechtliches Regime des Nachbarschutzes: Der häufigste Fall der vom Nachbarn erhobenen Baunachbarklage ist der der Anfechtungsklage gegen die Baugenehmigung, Rn 50 ff, oder gegen den Vorbescheid (als Bebauungsgenehmigung, Rn 51). Sehr selten ist die Verpflichtungsklage auf Aufhebung der Baugenehmigung, Rn 53 und selten die Leistungsklage als Unterlassungsklage gegen den öffentlichen Bauherrn, Rn 56. Bedeutsam ist die Verpflichtungsklage auf Erlass einer Einschreitensverfügung, Rn 54. Rechtliche Grundlage für den Erfolg aller Klagearten ist das materiell-rechtliche Regime des Nachbarschutzes. Bundesbaunachbarrecht ist materielles Recht. Nur die in den §§ 3 Abs. 2, 13 und 13 a bestimmte Bürgerbeteiligung vermittelt einen gewissen verfahrensrechtlichen Drittschutz. Das Prozessrecht enthält keine spezielle die Baunachbarklage betreffende Bestimmung. Der Ausdruck Baunachbarklage bezeichnet die in Rn 1 beschriebene mehreckige Konstellation im Prozess. Materiell-rechtlicher Nachbarschutz ist etwas zur objektiv-rechtlichen Regelung hinzutretendes Zusätzliches. Das ist die Anreicherung der objektiv-rechtlichen Regelung mit der Rechtsmacht eines – ebenfalls dieser Regelung zu entnehmenden – Dritten, die Einhaltung der Vorschrift durchzusetzen, und zwar ggf mit Hilfe des Richters. Ob eine bundesbodenrechtliche Regelung zusätzlich nachbarschützend ist, ist das Ergebnis von Auslegung der einzelnen Regelung. Keine Bestimmung des geschriebenen Bundesbodenrechts bestimmt wortwörtlich Drittschutz. 39

b) Verhältnis von materiellem und Prozessrecht – Zulässigkeit und Begründetheit: 40
Es gilt das in Rn 21 Ausgeführte. Die Anfechtungsklage ist erfolgreich, wenn die Baugenehmigung bzw die Bebauungsgenehmigung rechtswidrig ist und der Kläger „dadurch“ in seinen Rechten verletzt ist. Die Anforderung ist erfüllt, wenn die verletzte objektiv-rechtliche Regelung dem Kläger die Rechtsmacht gewährt, die Einhaltung der Regelung nötigenfalls mit Hilfe des Richters durchzusetzen. Um prüfen zu können, ob diese Anforderung erfüllt ist, bedarf es unter Umständen einer Differenzierung von Tatbestandsmerkmal zu Tatbestandsmerkmal (BVerwGE 52, 122/128). Prüft man, ob die Rspr die einschlägige Regelung mit Drittschutz angereichert hat, erfordert das weiter zu prüfen, für welches Kriterium und für welchen Personenkreis.

c) Keine systematische Fehlersuche und Entscheidungsreife – Standards der Verwaltungsgerichtsbarkeit: Es gilt das in Rn 14 Ausgeführte. 41

d) Wechsel des Eigentümers des Vorhabengrundstücks oder des Bauherrn: Es gilt das in Rn 16 Ausgeführte 42

e) Gerichtliche Mediation: Es gilt das in Rn 17–20 Ausgeführte. 43

2. Hauptsache

a) Vorverfahren – Sog. Untätigkeitsklage: aa) Erhebung des Widerspruchs: Führt die Behörde das Baugenehmigungsverfahren durch, mutet das Prozessrecht dem Nachbarn zu, die abschließende Entscheidung der Behörde abzuwarten und nachgehende richterliche Hilfe in Anspruch zu nehmen (s. Rn 3). Dazu gehört auch, 44 nach erteilter Baugenehmigung zunächst Widerspruch zu erheben, § 68 Abs. 1 VwGO. Der etwa vor der Bekanntgabe der Baugenehmigung erhobene Widerspruch ist unzulässig und wird auch nicht mit der Bekanntmachung zulässig. Um sein Recht zu wahren, muss der Nachbar nach der Bekanntgabe der Baugenehmigung an den Bauherrn (ggf noch einmal) Widerspruch einlegen.

Das Verfahren ist gesteigert förmlich. Es ist in den §§ 68–73 VwGO und ergänzend in den Ausführungsgesetzen zur VwGO der Länder geregelt. Als Form für die Erhebung verlangt § 70 Abs. 1, dass der Widerspruch schriftlich oder zur Niederschrift zu erheben ist, und zwar bei derjenigen Behörde, die den VA, sei es auch eine Ablehnung, erlassen hat oder bei der Widerspruchsbehörde.

45 bb) **Frist:** Die **Frist** für die Erhebung beträgt einen Monat ab Bekanntgabe mit richtiger Rechtsmittelbelehrung dem Widerspruchführer gegenüber, § 70 Abs. 1 S. 1 u. Abs. 2 iVm den §§ 58 Abs. 1 und 60 Abs. 1–4 VwGO. Ist die Belehrung unterblieben oder unrichtig erteilt, beträgt die Frist ein Jahr, § 70 Abs. 2 iVm § 58 Abs. 2 VwGO. Häufig ist die Baugenehmigung einem drittbetroffenen Nachbarn nicht bekannt gegeben, sodass die vorzitierten Vorschriften nicht unmittelbar anzuwenden sind. Da der Bauherr oder sein Rechtsnachfolger nicht und also auch nicht sogleich von der Baugenehmigung Gebrauch zu machen braucht, kann es geschehen, dass der drittbetroffene Nachbar die Bauabsicht erst lange Zeit nach Erlass der Baugenehmigung mit dem Beginn der Bauarbeiten bemerkt. Da das Verfahrensfachrecht aller Länder die Verlängerung der Geltungsdauer der Baugenehmigung und sogar die mehrfache Verlängerung erlaubt, kann die Beobachtung von Bauausführung mehrere Jahre nach Erlass der Baugenehmigung liegen. Analog § 58 Abs. 2 VwGO beginnt die Jahresfrist mit dem Zeitpunkt, in dem sich der Widerspruchsführer sichere Kenntnis von der Genehmigung verschaffen kann (BVerwGE 44, 294 u E 78, 85). Das ist häufig der Fall, wenn ein Bagger die Baugrube aushebt.

46 cc) **Entscheidungsprogramm:** Für das **Entscheidungsprogramm** sieht § 72 VwGO zunächst die **Abhilfe** der Ausgangsbehörde vor. **Erfolgreich** darf der Widerspruch analog § 113 Abs. 1 VwGO und Abs. 4 VwGO nur sein, wenn der Ausgangsverwaltungsakt den Widerspruchsführer in seinen eigenen Rechten verletzt. Erst der rechtsbeständige Widerspruchsbescheid schließt das Verwaltungsverfahren ab.

Erst wenn die Widerspruchsbehörde ohne zureichenden Grund in angemessener Frist sachlich nicht entscheidet, ist für den Nachbarn die **Untätigkeitsklage** gegeben. Als allgemeine Wartefrist bestimmt § 75 VwGO drei Monate. Die Frist kann kürzer sein, wenn die Genehmigung offensichtlich rechtswidrig ist und dadurch den Kläger offensichtlich in einem seiner Rechte verletzt. Macht der Bauherr von seiner Baugenehmigung in Ausnutzung deren in § 212a Abs. 1 bestimmten Vollziehbarkeit Gebrauch, indem er baut, ist angezeigt, frühzeitig Untätigkeitsklage zu erheben und ggf parallel hierzu Eilrechtsschutz in Anspruch zu nehmen. Ist das Vorhaben erst einmal ausgeführt, veränderte ein späteres die Baugenehmigung aufhebendes Urteil auf dem Vorhabengrundstück nichts. Während der Bauherr und Eigentümer in diesem Fall ein überragendes Interesse daran hat, die Substanz seines Vorhabens und dessen Nutzung zu verteidigen, wäre der Nachbar darauf verwiesen, seinen Einschreitensanspruch und dessen Durchsetzung geltend zu machen, ggf in zeitlich hintereinander geschalteten Prozessen. Das kann aufwendig und aufreibend sein. Die Ausübung des Ermessens der Behörde zu Ungunsten des Nachbarn ist nicht notwendigerweise fehlerhaft. Bezieht die Behörde in ihre Ermessenserwägung ein, ob und wie der Einschreiten begehrende Nachbar von seinen Rechtsschutzmöglichkeiten Gebrauch gemacht hat, Untätigkeitklage und Eilrechtsschutz eingeschlossen, handelt sie nicht notwendigerweise fehlerhaft. Die auf Einschreiten gerichtete Verpflichtungsklage kann also nach § 114 VwGO scheitern.

dd) **Verwaltungsverfahren:** Vor der Erhebung der Verpflichtungsklage, sei es **auf Aufhebung der Baugenehmigung** oder auf Erlass einer **Einschreitensverfügung,** ist das Verwaltungsverfahren bei der Behörde einzuleiten. Entscheidet diese nicht oder nicht rechtzeitig, ist die Klage gegeben, § 75 VwGO. 47

ee) **Erstmalige Beschwer durch den Widerspruchsbescheid:** Hat die Widerspruchsbehörde auf den Widerspruch des Bauherrn die Baugenehmigung erlassen oder deren Erlass durch die Baugenehmigungsbehörde verfügt, ist für den Nachbarn Anfechtungsklage gegeben, § 79 Abs. 1 Nr. 2 VwGO. Hat die Widerspruchsbehörde die Einschreitensverfügung auf den Widerspruch des Bauherrn aufgehoben, ist für den Nachbarn die Verpflichtungsklage gegeben, § 68 Abs. 2 VwGO. 48

ff) **Genehmigungsfreistellung:** Bei genehmigungsfreigestellten, genehmigungsfreien und bei Vorhaben öffentlicher Bauherren ist ein mit einem VA abschließendes Verwaltungsverfahren nicht gegeben und folglich auch nicht ein Vorverfahren. 49

b) Anfechtungsklage gegen die Baugenehmigung: aa) Allgemeine Anforderungen an einen Klageerfolg: Das Prozessrecht stellt in § 113 Abs. 1 S. 1 VwGO für den **Erfolg der Anfechtungsklage** die Anforderung, dass die Genehmigung rechtswidrig ist und der Kläger „dadurch" in einem subjektiven Recht verletzt ist, s. Rn 39 u. 40. Eine tatsächliche Beeinträchtigung verlangt das Prozessrecht nicht. Die Frage, ob der Kläger die Anforderungen des Prozessrechts – „und dadurch in seinen Rechten verletzt ist" – erfüllt, ist abschließend dem materiellen Recht zu entnehmen, einschließlich der Frage, ob dieses eine tatsächliche Beeinträchtigung verlangt oder nicht (BVerwG, NVwZ 1985, 39 = BRS 42 Nr. 182; Hk-VerwR/VwGO, § 113 Rn 7). 50

bb) **Maßgebender Zeitpunkt für die Beurteilung der Rechtmäßigkeit:** Maßgebender Zeitpunkt für die Rechtmäßigkeit ist der der letzten Behördenentscheidung. Wird das Vorhaben infolge einer Änderung der Rechtslage während des Prozesses rechtswidrig, bleibt die Baugenehmigung erhalten. War die Baugenehmigung rechtswidrig, ist das Vorhaben aber infolge einer Rechtsänderung im Zeitpunkt der letzten mündlichen Verhandlung rechtmäßig, bleibt die Anfechtungsklage erfolglos (BVerwG, NVwZ 1998, 1179). 51

c) **Anfechtungsklage gegen den Vorbescheid (Bebauungsgenehmigung):** Gegen den Vorbescheid (die Bebauungsgenehmigung) ist die Anfechtungsklage gegeben. Die Bebauungsgenehmigung ist der in der verwaltungsverfahrensrechtlichen Form des Vorbescheids ergangene, das Bundesbodenrecht betreffende Ausschnitt aus dem feststellenden Teil der Baugenehmigung. Gelegentlich ist das Merkmal der Erschließungssicherung ausgeklammert. Die Erschließungssicherung kann nur im Zusammenhang mit einem Vorhaben Gegenstand eines Vorbescheids sein (beispielsweise mit der Fragestellung „Ist die Erschließung für eine näher beschriebene X-Fabrik mit näher beschriebenem Ziel- und Quellverkehr und vorgesehener Aufnahme des Betriebs zum ... gesichert?". Die Erschließungssicherung ist allerdings nur unter bestimmten engen Voraussetzungen nachbarschützend (Rn 123). Ergeht während der anhängigen Klage gegen die Bebauungsgenehmigung die umfassende Baugenehmigung, ist auch diese anzufechten (BVerwG, NVwZ 1995, 894). Zweckmäßig ist, beide Prozesse zu verbinden. 52

Muster

▶ **Anfechtungsklage gegen die dem Bauherrn erteilte Baugenehmigung**

In dem Verwaltungsrechtsstreit

...

g e g e n

...

b e a n t r a g e n wir,

Die dem Beizuladenden erteilte Baugenehmigung des Beklagten vom ... in der Gestalt des Widerspruchsbescheides vom ... ist aufzuheben.

G r ü n d e:

Die der Beizuladenden erteilte Baugenehmigung ist in der Gestalt, die sie durch den Widerspruchsbescheid gefunden hat, rechtswidrig und verletzt den Kläger in seinen Rechten. Das Vorhabengrundstück befindet sich im unbeplanten Innenbereich innerhalb eines faktischen allgemeinen Wohngebiets. In dieses allgemeine Wohngebiet fügt sich das Vorhaben der Beigeladenen von der Art der baulichen Nutzung nicht ein. Die Nutzung ist nicht wohngebietsverträglich, sodass der Regelungsgehalt der Baugenehmigung die öffentlich-rechtlich geschützten Nachbarrechte des Klägers verletzt. [...] ◀

53 d) **Verpflichtungsklage auf Aufhebung der Baugenehmigung:** Die **Verpflichtungsklage auf Aufhebung der Baugenehmigung** kommt nur bei einer Konstellation in Betracht, in der der Anspruch des Dritten auf Aufhebung nicht aus der Verletzung einer drittschützenden Vorschrift entsprechend der Anforderung des § 113 Abs. 1 S. 1 VwGO folgt. Das kann zB die Zusicherung nach § 38 VwVfG sein, die Baugenehmigung nur unter Einhaltung einer oder mehrerer nicht nachbarschützender Regelungen oder allgemein nur rechtmäßig zu erteilen (BVerwGE 49, 244; s. Rn 8).

54 e) **Verpflichtungsklage auf Erlass einer Einschreitensverfügung (Haupt- und Hilfsantrag):** Der Anspruch auf Einschreiten ist mit der Verpflichtungsklage geltend zu machen. Da sowohl das Ob als auch das Wie des Einschreitens nach Landesrecht im Ermessen der Behörde steht und dieses Ermessen nur ausnahmsweise auf Null reduziert ist, besteht der Klageerfolg in der Regel im Bescheidungsurteil, die Behörde habe den Kläger unter Beachtung der Rechtsauffassung des Gerichts zu bescheiden, §§ 113 Abs. 5 u. 114 VwGO. Zur in § 114 S. 2 VwGO vorgesehenen Ergänzung der Ermessenserwägungen s. Rn 28. Ist das Rechtsschutzbegehr aufs Ganze gerichtet, kann zweckmäßig sein, hilfsweise das Minus zu beantragen, insbesondere das Bescheidungsurteil.

Muster

▶ **Verpflichtungsklage auf Erlass einer Einschreitensverfügung**

In dem Verwaltungsrechtsstreit

...

g e g e n

...

wird b e a n t r a g t,

Den Beklagten unter Aufhebung des Bescheides vom ... in der Gestalt des Widerspruchsbescheides vom ... zu verpflichten, dem Beizuladenden durch eine für sofort vollziehbar zu erklärende Ordnungsverfügung aufzugeben, die Nutzung des Gebäudes auf dem Grundstück ... als Betrieb einer Schreinerei aufzugeben und diese Anordnung erforderlichenfalls durchzusetzen.

G r ü n d e:
Der Kläger hat einen Anspruch auf Erlass der beantragten Ordnungsverfügung. Das dem Beklagten in der bauaufsichtlichen Eingriffsnorm eingeräumte Ermessen hat sich wegen der Verletzung der Rechte des Klägers zu der Verpflichtung zum Einschreiten verdichtet. [...] ◀

Ist die Klage des Nachbarn auf Abriss oder Nutzungsuntersagung gerichtet, ist die widerstreitende Interessenslage zwischen dem Bauherrn und dem Nachbarn – wirtschaftlich – besonders deutlich. Dem Nachbarn dessen **Abwehrrecht „abzukaufen“** liegt für den Bauherrn nahe. Dabei ist **für den Bauherrn Vorsicht** geboten, und zwar in Hinblick auf etwaige Abwehransprüche weiterer Dritter und der Entschlossenheit der Behörde, unabhängig vom Anspruch eines Dritten von Amtswegen einzuschreiten. Ein Geldausgleich lohnt sich für den Bauherrn nur, wenn die Behörde bindend entweder die Verfügung aufhebt und erklärt, keine erneute Verfügung zu erlassen oder wenn sie erklärt, die Verfügung nicht zu vollziehen, ggf unter Bedingungen. Können weitere Dritte einen Anspruch auf Einschreiten haben, erlangt der **Bauherr** Rechtssicherheit nur, wenn die einheitliche Regelung jene Ansprüche berücksichtigt. Eine einvernehmliche Regelung kann auch den Grunderwerb von Teilflächen beinhalten, einen Austausch zB von Teilflächen, Herstellung einer schützenden Anlage, eine Nutzungseinschränkung, die Bestellung einer Baulast oder die Einleitung eines Planaufstellungsverfahrens. 55

f) **Unterlassungsklage gegen den öffentlichen Bauherrn:** Bestimmte öffentliche Bauherren bedürfen für öffentliche Vorhaben keiner Genehmigung. Für den Nachbarn ist die Unterlassungsklage gegen den öffentlichen Bauherrn gegeben. 56

g) **Vorhaben der Nato-Streitkräfte:** Deutschland hat keine hoheitliche Gewalt über Nato-Streitkräfte, judikative Gewalt eingeschlossen. Gerichtliche Hilfe gegen Vorhaben von Nato-Streitkräften ist folglich nicht erfolgversprechend. 57

h) **Normenkontrolle: aa) Ziel der Normenkontrolle:** Ziel der Normenkontrolle wegen eines benachbarten Vorhabens kann nur sein, eine dem Vorhaben günstige Festsetzung des BPls zu Fall zu bringen mit dem Ergebnis, dass dessen Rechtmäßigkeit nunmehr nach einer dem Vorhaben ungünstigen aber nachbarschützenden Vorschrift zu beurteilen ist. 58

bb) **Novelle 2007 – Frist und Präklusion:** Es gilt das zu Rn 31 Ausgeführte. 59

cc) **Anfechtungs- oder Verpflichtungsklage neben Normenkontrolle:** Will der Nachbar ein Vorhaben oder eine Maßnahme – zB die Herstellung einer Straße, einer Schutzanlage oder eines Sportplatzes – verhindern, ist er auf den entsprechenden Rechtsbehelf angewiesen. Das sind der Anfechtungswiderspruch bzw die Anfechtungsklage gegen die Baugenehmigung bzw die Bebauungsgenehmigung, Rn 50 u 52, ggf die Verpflichtungsklage auf baupolizeiliches Einschreiten, Rn 54, oder die Unterlassungs- bzw Leistungsklage gegen den öffentlichen oder den privaten Bauherrn, Rn 56 bzw 25. Alle Anforderungen an die Zulässigkeit und an den Klageerfolg müssen erfüllt sein; die Verfahrensschritte, die im Gesetz vorgegeben sind, einschließlich der Fristen muss er eingehalten haben. Seine Normenkontrollklage gewährt ihm weder prozessrechtlich noch materiell-rechtlich insofern einen Rabatt. Erklärt das Normenkontrollgericht den BPl oder die Festsetzung für unwirksam, ist das allgemein verbindlich, und zwar auch für das Gericht in anderen Prozessen, § 47 Abs. 5 S. 1 HS 1 VwGO. Solange das Normenkontrollgericht nicht abschließend entschieden hat, findet die Inzidentkontrolle 60 des BPls statt. Theoretisch ist die Inzidentkontrolle auch denkbar, wenn die Normenkontrolle erfolglos geblieben ist, insbesondere wenn jene Klage verfristet war.

3. Eilrechtssschutz

61 **a) Bundesverfahrensrecht in § 212a Abs. 2:** siehe die Kommentierung zu § 212a, den Wegfall der aufschiebenden Wirkung betreffend.

62 **b) Verhinderung ungenehmigter Bauarbeiten: aa) Genehmigungsbedürftige Vorhaben (Schwarzbau):** Beginnt der Bauherr mit der Bauausführung eines trotz Genehmigungsbedürftigkeit ungenehmigten Vorhabens, auch Schwarzbau genannt, kann der Nachbar den Antrag nach § 123 Abs. 1 S. 1 VwGO stellen, wenn er geltend macht, das Vorhaben könne eine ihn schützende öffentlich-rechtliche Vorschrift verletzen. Der Antrag ist auf die Einstellung der Bauarbeiten gerichtet. Ist der voraussichtliche Ausgang des Hauptsacheverfahrens nicht offensichtlich, fällt ins Gewicht, dass sich vollendete Tatsachen später nur schwer rückgängig machen lassen. Das Gericht wägt den Nachteil des Nachbarn im Fall vollendeter Tatsachen gegen den Nachteil des Bauherrn oder der Öffentlichkeit für den Fall ab, dass die Baunachbarklage in der Hauptsache doch erfolglos bliebe. Das schutzwürdige Interesse des Schwarzbauers ist in der Regel leichtgewichtig gegenüber der möglichen zusätzlichen Verletzung des Rechts des Dritten.

63 Schwieriger sind die Fälle, in denen für den Nachbarn unklar ist, ob das Vorhaben genehmigungsfreigestellt ist. Die Genehmigungsfreistellung kann davon abhängen, ob eine Festsetzung eines BPls wirksam ist oder nicht und/oder davon, ob der Bauherr die Anforderungen des Landesverfahrensfachrechts erfüllt hat. Für den Nachbarn gegeben ist der Antrag nach § 123 Abs. 1 S. 1 VwGO auf Einstellung der Bauarbeiten. Bleibt auch für das Gericht die formelle Rechtmäßigkeit offen, ist das Interesse des Bauherrn nicht ebenso leichtgewichtig, wie wenn er offensichtlich schwarz baut. Die Gewährleistung effektiven Rechtsschutzes durch Art. 19 Abs. 4 GG und der hieraus folgende Anspruch des Nachbarn gegenüber dem Gericht als die entscheidende hoheitliche Gewalt verpflichtet deshalb, vertieft zu prüfen, ob das Vorhaben formell rechtmäßig ist oder nicht. Dazu gehört auch zu prüfen, ob der BPl bzw dessen maßgebende Festsetzung rechtmäßig ist, soweit das im Eilverfahren möglich ist. Der Einwand, wegen des Normcharakters des BPls gelte, im Zweifel sei die Rechtmäßigkeit der Norm anzunehmen, ist nicht gerechtfertigt. Für den BPl gelten nicht alle für Gesetze allgemein geltenden Rechtssätze, u.a. nicht der vorbezeichnete, mit dem ein Verwerfungsmonopol – in der Regel eines Verfassungsgerichts – verbunden ist. Den BPl prüft jeder Richter inzident, es sei denn der Plan sei vom OVG/VGH allgemein verbindlich für unwirksam erklärt. Das Risiko der Unwirksamkeit des BPls trägt jeder betroffene Rechtsunterworfene gleichermaßen. Das Vertrauen in die Wirksamkeit ist deshalb nicht ohne weiteres schwergewichtiger als das Risiko der Unwirksamkeit.

Muster

► **Antrag auf Erlass einer einstweiligen Anordnung gegen Schwarzbau**

In dem Verwaltungsverfahren

...

g e g e n

...

Namens und im Auftrag des Ast b e a n t r a g e n wir:

Der Ag wird verpflichtet, einstweilen bis zur Entscheidung in der Hauptsache, die Bauarbeiten zur Errichtung eines Neubaus auf dem Grundstück ... sofort vollziehbar einzustellen, mit einem angemessenen Zwangsmittel zu bewehren und diese Anordnung erforderlichenfalls durchzusetzen.

G r ü n d e:

Der Ast kann vom Ag den Erlass der Verfügung verlangen, weil das vom Beizuladenden ausgeführte Vorhaben sowohl formell als auch materiell illegal ist. Die begehrte einstweilige Anordnung ist nötig, weil der Ag ein Einschreiten ablehnt und der Beizuladende durch die Ausführung des Vorhabens die Verwirklichung des dagegen gerichteten Abwehranspruchs des Ast vereitelt, zumindest jedoch wesentlich erschwert. [...] ◀

bb) Genehmigungsfreigestellte Vorhaben, § 212a: s. Rn 21 zu § 212a. 64

Das baupolizeiliche Einschreiten stellt das Landesverfahrensfachrecht aller Länder in das – pflichtgemäße und an weitere Bindungen geknüpfte – Ermessen der Behörde. Ohne auch tatsächliche Beeinträchtigung des Nachbarn ist dieses Ermessen der Behörde nicht ausnahmslos auf Null reduziert. Das Grundrecht des Nachbarn aus Art. 19 Abs. 4 GG erfüllt das Gericht, indem es die Anordnung erlässt, wenn der Ausgang des Hauptsacheverfahrens zumindest offen ist und die tatsächliche Betroffenheit des Nachbarn bei unterstellter Verletzung seines Rechts mehr als geringfügig zu bewerten ist. 65

Muster

▶ **Antrag auf Erlass einer einstweiligen Anordnung gegen genehmigungsfreigestelltes Vorhaben**

In dem Verfahren

...

g e g e n

...

b e a n t r a g e n wir,

dem Antragsgegner im Wege einer einstweiligen Anordnung nach § 123 Abs. 1 VwGO aufzugeben, die Umbauarbeiten zur Ausführung des Bürogebäudes des Beizuladenden auf dem Grundstück ... durch eine sofort vollziehbare Ordnungsverfügung stillzulegen, mit einem angemessenen Zwangsmittel zu bewehren und diese Anordnung erforderlichenfalls durchzusetzen.

G r ü n d e:

Durch einen Weiterbau an dem Vorhaben des Beizuladenden wird derart in Rechte des Ast eingegriffen, dass die Einstellung der Bauarbeiten erforderlich ist.

Das Vorhaben ist bauplanungsrechtlich unzulässig und verletzt die Rechte des Ast. Nach Angaben der Behörde soll es sich um ein Vorhaben handeln, das im Genehmigungsfreistellungsverfahren nach § 63 LBO zu behandeln sei. Ein ordnungsbehördliches Tätigwerden hat der Ag abgelehnt. Zur Begründung hat er darauf verwiesen, dass die beabsichtigte Nutzung baurechtlich zulässig sei.

Das beanstandete Vorhaben überschreitet aufgrund seiner Größe den Rahmen der nach § 13 BauNVO zulässigen Nutzung von Räumen für freiberuflichen oder ähnliche Berufsausübung (Hess VGH, BRS 52 Nr. 60; OVG NW, BRS 57 Nr. 80; BVerwG, UPR 1996, 113).

Aus Gründen der verfassungsrechtlich gebotenen Wirksamkeit des Rechtsschutzes muss der einstweilige Rechtsschutz nach § 123 VwGO gegen ein genehmigungsfreigestelltes Vorhaben dem Rechtsschutz nach §§ 80, 80 a VwGO für ein genehmigungspflichtiges Vorhaben vergleichbar ausgestaltet werden (VGH BW, NVwZ-RR 1995, 490). ◀

66 c) **Verhinderung genehmigter Bauarbeiten, §§ 80a VwGO, 212a Abs. 1 BauGB:** Widerspruch und Anfechtungsklage eines Dritten gegen die bauaufsichtliche Zulassung eines Vorhabens haben keine aufschiebende Wirkung, § 212a Abs. 1. Der Gesetzgeber hat damit die Angriffslast zur Erlangung von Eilrechtsschutz zu Lasten des Dritten – und entsprechend zugunsten des Bauherrn – umgekehrt und damit auch das Prüfungsprogramm des über den Eilrechtsschutz entscheidenden Richters auf die Verletzung eines Rechts des Dritten beschränkt. § 212a Abs. 1 darüber hinaus einen materiell-rechtlichen Vorrang vor dem Recht des Dritten zu entnehmen, ist verfassungsrechtlich nicht gerechtfertigt. Zu den Einzelheiten, insbesondere zur Prüfungstiefe und zum Verfahren siehe die Kommentierung zu § 212a.

67 Ein **vorheriges** Verfahren nach **§ 80a VwGO** kann der Dritte einleiten. Eine Zulässigkeitsanforderung für gerichtlichen Eilrechtsschutz ist dieses Verfahren nicht (Schoch, NVwZ 1991, 1121; VG Bremen, NVwZ 1993, 592; Hess VGH, BRS 52 Nr. 200; OVG Rh.-Pf., NVwZ-RR 2004, 224; aA, das behördliche Verfahren sei Zulässigkeitsanforderung für gerichtlichen Eilrechtsschutz: NdsOVG, BauR 2004, 1596). Die Baugenehmigung als die Rechtsmäßigkeit des Vorhabens feststellender und die präventive Schranke der Genehmigungsbedürftigkeit hebender VA ist den Fällen der Leistungsgebote für öffentliche Abgaben iSd §§ 80 Abs. 2 Nr. 1 VwGO nicht vergleichbar. Richterlichen Eilrechtsschutz zu erschweren lässt sich nicht rechtfertigen.

68 Das Gericht ist befugt, **einstweilige Maßnahmen zur Sicherung der Rechte des Dritten** zu treffen, § 80a Abs. 3 S. 1 iVm Abs. 1 Nr. 2 VwGO. Die Befugnis wird auch auf § 80 Abs. 5 S. 3 analog gestützt (Puttler, in: Nomos-Kommentar VwGO, § 80 Rn 165 u. § 80a Rn 36). Das ist insbesondere die **Baueinstellungsverfügung**. Wegen der Gewaltentrennung darf das Gericht nach der hM nur die Behörde verpflichten, die Maßnahme zu treffen, nicht aber selbst die Baueinstellung verfügen (aA Sächs OVG, BRS 56 Nr. 153). So ausnahmslos dogmatisch genau sind die Gewalten nicht getrennt, dass sie das rechtliche Hindernis bildeten, selbst im Rahmen richterlichen Eilrechtsschutzes die Baueinstellung dem beigeladenen Bauherrn selbst zu verfügen.

Muster

▶ **Antrag auf Anordnung der aufschiebenden Wirkung nach Nachbarwiderspruch**

An das
Verwaltungsgericht
In dem Verfahren
des Nachbarn A
– Antragsteller -
g e g e n
Baugenehmigungsbehörde
– Antragsgegner -
beizuladen: Bauherr
b e a n t r a g e n
wir namens und im Auftrag des Antragstellers,

1. die aufschiebende Wirkung des Widerspruchs vom ... des Antragstellers gegen die Baugenehmigung vom ... wird angeordnet,
2. der Antragsgegner wird verpflichtet, die Bauarbeiten der Beigeladenen unter Anordnung des Sofortvollzugs einzustellen.

Gründe:
Im Rahmen der nach §§ 80a Abs. 1 Nr. 2 und Abs. 3, 80 Abs. 5 VwGO vorzunehmenden Beurteilung des Erfolges des Rechtsschutzersuchens wegen der in § 212a BauGB enthaltenen Wertentscheidung für den generellen Ausschluss der aufschiebenden Wirkung des Nachbarrechtsbehelfs, ist eine Verletzung von den dem Schutz des Antragstellers dienenden Rechten bereits mit den Erkenntnismöglichkeiten des Eilrechtsschutzverfahrens mit überwiegender Wahrscheinlichkeit festzustellen.
Im Baunachbarrecht ist von Bedeutung, dass die Art der baulichen Nutzung dem Nachbar sowohl im Plangebiet als auch im unbeplanten Innenbereich ein subjektives Abwehrrecht gegenüber nichtgebietsverträglichen Nutzungen gewährt, das über das Rücksichtnahmegebot hinausgeht. Der Nachbar hat auf die Bewahrung der Gebietsart einen Anspruch (BVerwGE 94, 151; OVG Saar BRS 56 Nr. 121). Ein Verstoß gegen diesen Gebietsgewährleistungsanspruch ist festzustellen. [...] ◄

Hinweis für die Praxis: Die Gerichtspraxis ist unterschiedlich. Einige Gerichte setzen die Vollziehung des Verwaltungsaktes aus (VGH München, NVwZ-RR 1995, 430; VGH Mannheim, NVwZ 1995, 716), andere ordnen die aufschiebende Wirkung an (BVerwG, NVwZ 1995, 903; OVG Lüneburg NVwZ 1994, 82; OVG Koblenz DBVl 1996, 930; OVG Saar SKZ 2002, 160).

d) **Vorbeugender Rechtsschutz, die Erteilung der Baugenehmigung zu verhindern:** 69
Einen entsprechenden Rechtsschutz sieht das Gesetz nicht vor. Die richterliche Hilfe ist nachgehend, s. Rn 44. Die gegenteilige Auffassung des Hess VGH (BRS 46 Nr. 185; BRS 24 Nr. 186) ist mit dem Gesetz nicht vereinbar; der nachgehende Eilrechtsschutz ist iSv Art. 19 Abs. 4 GG effektiv ausgestaltet.

e) **Einschreiten gegen rechtswidrige Vorhaben oder rechtswidrige Nutzung:** Eil- 70
rechtsschutz zum Erlass einer **Abrissverfügung** ist nach allgemeiner Meinung nicht gegeben, wohl aber auf **Nutzungsuntersagung**. Hat die Behörde den Abriss verfügt, kann gerichtlicher Eilrechtsschutz auf Anordnung der sofortigen Vollziehbarkeit in Betracht kommen.

f) **Schadensersatzpflichtrisiko des Nachbarn:** § 945 ZPO entsprechend gilt im Ver- 71
hältnis zwischen den Hauptbeteiligten. In der in Rn 1 beschriebenen Mehrecksbeziehung gilt die Schadensersatzregelung nicht zwischen dem zunächst erfolgreichen Nachbarn und dem beigeladenen Bauherrn (BGH, NJW 1981, 349). § 123 Abs. 3 VwGO erklärt § 945 ZPO für einstweilige Anordnungen für entsprechend anwendbar. Erweist sich im Nachhinein, dass der Erlass der einstweiligen Anordnung von Anfang an ungerechtfertigt war, oder wird die einstweilige Anordnung nach § 123 Abs. 3 VwGO iVm § 926 Abs. 2 ZPO aufgehoben, ist der Antragsteller unabhängig von einem Verschulden zum Schadensersatz verpflichtet. § 123 Abs. 3 VwGO iVm § 945 ZPO. § 945 ZPO begrenzt die Ersatzpflicht auf den Schaden des **Antragsgegners**. Dies ist die Behörde. Umstritten ist beim VA mit Drittwirkung, ob bei Drittanfechtung ggf auch der Beigeladene Adressat des angefochtenen VA der Bauherr, der durch die unberechtigte einstweilige Anordnung im Ergebnis belastet ist, Schadensersatz verlangen kann. Die Rechtsprechung geht bislang streng formal davon aus, dass schadensersatzberechtigt nach § 945 ZPO nur der Antragsgegner, also die Behörde sein kann (BGH, NJW 1981, 349; Schoch, in: Sch/Sch-A/P, § 123 Rn 22; Hk-VerR/VwGO, § 123 Rn 56). In der Literatur wird dagegen teilweise ein Anspruch des Dritten jedenfalls dann bejaht, wenn er zu dem Verfahren beigeladen wurde (Martini, DVBl 2001, 1488; Pietzner/Ronellenfitsch, § 945 Rn 30). Da § 80 VwGO eine entsprechende Schadens-

ersatzpflicht nicht vorsieht, darf ein Anspruch nicht von der jeweiligen Form des vorläufigen Rechtsschutzes abhängen (BGH, NJW 1981, 349; Hk-VerwR/VwGO, § 123 Rn 56). Auf Beschlüsse und Maßnahmen nach den §§ 80 u. 80a VwGO ist diese Vorschrift nicht entsprechend anwendbar.

4. Subjektiv-rechtliche Ansprüche des Nachbarn

72 a) **Zusätzliches zur objektiv-rechtlichen Regelung:** Der baurechtliche Nachbarschutz pflegt als gerichtlicher Rechtsschutz dargestellt zu werden. Das Prozessrecht aber verweist bezüglich des Klageerfolgs auf das materielle Recht. Nur diesem ist Schutzwirkung zu entnehmen (BVerwGE 29, 304; BVerwGE 51, 15/24; s. Rn 21).

Nachbarschutz ist etwas Zusätzliches zur objektiv-rechtlichen Regelung. Nachbarschutz ist der zur objektiv-rechtlichen Regelung hinzu tretende Norminhalt, der einen Personenkreis bestimmt – genannt Nachbarn –, dem er die Rechtsmacht einräumt, die objektiv-rechtliche Regelung durchzusetzen, und zwar nötigenfalls mit Hilfe des Richters (Weyreuther, passim im Seminar).

73 b) **Beschränkung auf Bundesrecht:** Thema dieses Kommentars ist das Bundesbodenrecht. Nachbarschützende Vorschriften sind auch anderen Materien des Bundesrecht zu entnehmen, insbesondere dem BImSchG und seit 2006 dem WHG. Aber auch das Bauordnungsrechts aller Länder enthält nachbarschützende Vorschriften. Das häufigste landesrechtliche Thema sind die Abstandsvorschriften. Diese haben allerdings Berührung mit dem Bundesrecht, nämlich der Bauweise (s. Rn 113 und 114). Gemeinsam sind die allgemeinen Regeln über die Auslegung und deren Ertrag an Ansprüchlichkeiten (Rn 94–77). Diese allgemeinen Regeln folgen aus dem bundesrechtlichen Rechtsstaatsgebot. Der Rechtsverlust materiell-rechtlicher Rechtspositionen kann theoretisch unterschiedlich geregelt sein (Rn 98–100); da die Begriffe für den Rechtsverlust einheitlich Analogien aus dem bürgerlichen Bundesrecht entnommen sind – Verzicht, Rechtsmissbrauch und Verwirkung –, beschränken sich Unterschiede auf Details.

74 c) **Hinweise für die Praxis:** Ob im Einzelfall jeweils Nachbarschutz in Betracht kommt und auch wirklich gegeben ist, ist jeweils sorgfältig zu prüfen und ggf argumentativ zu begründen. Die Rechtsprechung des BVerwGs zur Beantwortung der Frage, welche objektiv-rechtlichen Tatbestandsmerkmale mit Nachbarschutz angereichert sind und mit welcher Schutzabsicht, hat sich von den Anfängen bis heute wesentlich geändert und es spricht nichts dagegen, dass das BVerwG seine Rechtsprechung weiter fortentwickeln wird. Wer sich auf ein älteres Judikat berufen möchte, tut deshalb gut daran, sich zu vergewissern, ob und inwieweit es aktuell ist. Die Gesetzesinterpretation enthält unverkennbar voluntative Elemente (s. Rn 78). Die Willensbildung bei der Gesetzesinterpretation zu beeinflussen kann sich lohnen (s. Rn 79). Manche Tatbestandsmerkmale sind generell, andere partiell nachbarschützend (Rn 82). Auch wenn die Beteiligten, die Richter eingeschlossen, darüber einig sind, dass ein bestimmtes Tatbestandsmerkmal einschlägig ist und darüber hinaus – generell oder partiell – nachbarschützend, ist das Thema nicht etwa abgehandelt. Ist ein Grundbuchauszug und ggf die Nachricht des Grundbuchamts über unmittelbar bevorstehende Veränderungen nicht beigezogen, kann es erfahrungsgemäß unerfreuliche Überraschungen geben. Das gilt selbst für den Fall, dass ein Mandant seinem Rechtsanwalt versichert hat, der Eigentümer zu sein. Ohne aktuelle Katasterkarte und ohne Ortsbesichtigung lässt sich nicht beurteilen, ob der betreffende die gesetzlichen Anforderungen an Nach-

barschutz des entsprechenden Tatbestandsmerkmals erfüllt oder nicht. Häufig geht es um die Würdigung im Einzelfall und also darum, zunächst einmal den relevanten Sachverhalt zu erfassen. Die Behörde tut gut daran, ihrer umfassenden Ermittlungspflicht nachzukommen. Im Prozess sind die Beteiligten gut beraten, sich nicht darauf zu beschränken, sich auf die Amtsermittlung des Gerichts zu verlassen. Im Baunachbarstreit lohnt sich darüber hinaus, den Konfliktstoff zu erfassen, der weit über den Streitgegenstand hinausgehen kann. Das gilt sowohl im ausgänglichen Verwaltungsverfahren, als auch im Widerspruchsverfahren, als auch im Prozess. Eine konsensuale Lösung kann geeignet sein, den Konfliktstoff zu beseitigen oder zu mildern (Rn 17–20).

d) **Auslegung: aa) Frühere Rechtsprechung des BVerwGs:** Manche Vorschrift, die das BVerwG früher einmal als nicht nachbarschützend ausgelegt hatte, legt es heute als – ggf partiell – nachbarschützend aus. Baurechtlichen Nachbarschutz hat deshalb Ortloff als dynamischen Prozess beschrieben (Finkelnburg/Ortloff, Öffentliches Baurecht II, 5. Aufl. S. 259). 75

bb) **Objektiver Wille des Gesetzgebers:** *„Der Staat spricht nicht in den persönlichen Äußerungen der an der Entstehung des Gesetzes Beteiligten, sondern nur im Gesetz selbst. Der Wille des Gesetzgebers fällt zusammen mit dem Willen des Gesetzes“* (Radbruch, Rechtsphilosophie, 4. Aufl, 210; BVerfGE 11, 126/130). *„Maßgebend für die Auslegung einer Gesetzesvorschrift ist der in dieser zum Ausdruck kommende objektive Wille des Gesetzgebers, so wie er sich aus dem Wortlaut der Gesetzesbestimmung und dem Sinnzusammenhang ergibt, in den diese hineingestellt ist. Nicht entscheidend ist dagegen die subjektive Vorstellung der am Gesetzgebungsverfahren beteiligten Organe oder einzelner ihrer Mitglieder über die Bedeutung der Bestimmung. Die Entstehungsgeschichte einer Vorschrift kommt für deren Auslegung nur insofern Bedeutung zu, als sie die Richtigkeit einer nach den angegebenen Grundsätzen ermittelten Auslegung bestätigt oder Zweifel behebt, die auf dem angegebenen Weg allein nicht ausgeräumt werden können“* (BVerfGE 1, 299/312). Diese Regel gilt auch für die Auslegung des BPls. Sie ermöglicht, voluntative Elemente des Auslegers in die Auslegung einzubringen (s. Rn 78). 76

cc) **Klassische Auslegungsregeln:** Als Auslegungsmittel kommen in Betracht und sind in der folgenden Reihenfolge heranzuziehen: **Grammatische Auslegung**, das ist Auslegung aus dem Wortlaut und der Logik der Norm, **Systematische Auslegung**, die Auslegung aus dem Zusammenhang des Normkomplexes, **teleologische Auslegung,** das ist Auslegung aus dem Zweck der Norm und zur bestätigenden Unterstützung **historische Auslegung** (genetische Interpretation) aus den Gesetzesmaterialien und der Entstehungsgeschichte (BVerfGE 11, 126/130). Rechtsvergleichung drängt sich auf für dem Bürgerlichen Bundesrecht analog entnommene Begriffe, speziell auch im Landesrecht (Verzicht, Rechtsmissbrauch, Verwirkung). Überlagert sind die Auslegungsregeln durch das Gebot, die Gesetze verfassungskonform und europarechtskonform (OVG Saar, NJW 2007, 7) auszulegen. Zu beantworten ist die Frage, ob das in Blick genommene Tatbestandsmerkmal mit dem in Rn 72 beschriebenen Zusätzlichen angereichert ist und wenn ja, welches die Schutzabsicht ist und dabei, welches der Kreis der Nachbarn ist. In der Regel ist die Frage nach der teleologischen Auslegung zu beantworten und gelegentlich verfassungs- oder europarechtskonform. Gesetzesergänzende Analogie dürfte kaum je in Betracht kommen. Der Wortsinn (grammatische und logische Interpretation) erlaubt idR nicht, eine objektiv-rechtliche Regelung als 77 mit Drittschutz angereichert auszulegen, nämlich weil abgesehen von den Regelungen in § 3 Abs. 2 über die Bürgerbeteiligung und in § 9 Abs. 1 Nr. 24 über Schutzanlagen das Wort fehlt, das Nachbarschutz auch nur andeutete. Der Wortsinn und systematische Interpretation können vor allem eingrenzende, Nachbarschutz ausschließende Funktion haben (Larenz, Methodenlehre, 6. Aufl., S. 345). Herausragendes Beispiel verfassungsbeeinflusster Auslegung ist der dem Kriterium der Art der baulichen Nutzung in § 34 Abs. 1 entnommene Nachbarschutz (BVerwG, NVwZ-RR 1997, 516). Im EU-Recht bestimmte Beteiligungsrechte können veranlassen, die entsprechende deutsche Regelung als drittschützend auszulegen. Eine objektiv-rechtliche Regelung darauf zu untersuchen, ob sie eine Beziehung betrifft, die Sendler als Austauschverhältnis beschrieben hat, kann hilfreich sein, insbesondere bei der teleologischen Auslegung (Sendler, BauR 1970, 1 u 74). Der Auslegung eines objektiv-rechtlichen Tatbestandsmerkmals als mit Nachbarschutz angereichert muss die Auslegung des objektiv-rechtlichen Inhalts vorausgehen (Zu den klassischen Auslegungsregeln insgesamt s. Larenz, Methodenlehre, 6. Aufl., 312 ff).

78 dd) **Voluntative Gesetzesinterpretation durch die Gerichte:** Für das Ergebnis der Interpretation einer Vorschrift auch durch Nachbarschutz angereichert spielt unverkennbar vielfach eine Rolle, was der Interpret bevorzugt und anstrebt, seine persönliche Vorstellung über ein ideales Ergebnis. Das gilt schon für die erfolgreiche Annahme sei es einer Berufung oder einer Revision (Ortloff, in: Europäische Fachgerichtsbarkeit: Rechtseinheit durch spezialisierte Rechtsdurchsetzung?, 2004; Finklenburg/Ortloff, Öffentliches Baurecht II, 5. Aufl., S. 253 f/259). Der Befund gilt für jeden Interpreten; es handelt sich nicht um ein Richterprivileg. Ermöglichen lässt sich voluntativ beeinflusste Interpretation dadurch, dass es ausschließlich auf den in der Norm zum Ausdruck kommenden objektivierten Willen des Gesetzgebers ankommt (s. Rn 76) und sich eine Vorschrift als mit Nachbarschutz angereichert in aller Regel erst mittels teleologischer Interpretation auslegen lässt.

79 ee) **Fazit: Einflussnahme auf die Fortentwicklung der Rechtsprechung:** Die dynamische Entwicklung der Rechtsprechung zum Nachbarschutz lädt ein, diese auch aktiv zu beeinflussen. In der Rechtsprechung des 4. Senats des BVerwGs, des Bausenats, zum Nachbarschutz über die Jahrzehnte ist ein bemerkenswerter Wandel zu beobachten und nichts deutet an, dass diese Entwicklung nicht auch in Zukunft dynamisch sein wird. Beeinflusst ist sie durch den Willen einzelner Richter (s. Rn 78). Das zu erkennen ist aber nur ein eindimensionaler und einseitiger Blick. Jedes Judikat zu einem viel beachteten Thema ist das Ergebnis eines rechtlichen Diskurses. Dieser Diskurs findet auf drei Ebenen statt, erstens in der Literatur, zweitens im Verfahren beginnend mit dem Verwaltungsverfahren bis zur evtl Revisionsverhandlung und drittens in der Beratung der Richter. Die Meinungsbildung zu beeinflussen ist auf allen drei Ebenen Gelegenheit. Das Argument für ein bestimmtes Ergebnis muss erstens sachlich überzeugend sein. Es muss zweitens im rechtlichen Diskurs überzeugend eingebracht sein. Drittens muss derjenige, der beeinflusst werden soll, offen sein, sich beeinflussen zu lassen (Weyreuther, in: FS Sendler, 183/196 ff)

Für die Würdigung im Einzelfall gelten die Kriterien für erfolgversprechende Einflussnahme ebenso. Ein literarischer Diskurs kommt allenfalls für verallgemeinerungsfähige Fallgestaltungen und für allgemein beachtete Vorhaben in Betracht.

e) Die Kriterien des Nachbarschutzes: aa) Bestimmung der nachbarschützenden Norm. Um Nachbarschutz ergänzt sein kann immer nur das einzelne Tatbestandsmerkmal (BVerwGE 52, 122). Das ist ausschließlich ein Tatbestandsmerkmal derjenigen Norm „für" das Vorhaben (s Rn 86), also die die Rechtmäßigkeit des Vorhabens bestimmt, niemals aber einer ausschließlich das Grundstück des Nachbarn betreffenden Norm. Nachbarschutz ist etwas Zusätzliches zur objektiv-rechtlichen für die Rechtmäßigkeit des Vorhabens maßgebenden Norm. Ein Dritter kann nicht vom Bauherrn verlangen einzuhalten, was ihm die objektiv-rechtliche Regelung nicht gebietet. In solchen Fällen ist auch nicht bestimmt, wer Inhaber eines Anspruchs sein soll. Soweit der objektiv-rechtliche Inhalt eines Tatbestandsmerkmals erst im Zusammenhang mit einem an einer anderen Stelle im Gesetz bestimmten Merkmal zu einem vollständigen Rechtssatz zu ermitteln ist, nämlich durch systematische Interpretation, geht es darum, ob die so gefundene objektivrechtliche Regelung mit Nachbarschutz angereichert ist. Paradigmatisch hierfür ist das Gebot der Rücksichtnahme, das in vielen Rechtssätzen enthalten ist (s. Rn 104 und 105). Ebenso verhält es sich mit verfassungs- und europarechtskonformer Auslegung. Nicht die Verfassungsvorschrift – zB Art. 14 Abs. 1 S. 1 GG – ist in diesem Fall nachbarschützend, sondern diese verlangt, die einfach-rechtliche Norm mit Nachbarschutz angereichert auszulegen. 80

bb) Differenzierungsbedürftigkeit: Die Frage, ob eine Vorschrift nachbarschützend sei (zB § 34 Abs. 1) ist **differenzierungsbedürftig.** Das Bodenrecht stellt an ein Vorhaben jeweils mehrere Anforderungen, zB § 34 Abs. 1, dass sich das Vorhaben nach insgesamt fünf Kriterien einfügen muss (die Grundstücksfläche, die überbaut werden soll, betrifft sowohl die räumliche Anordnung auf dem Baugrundstück als auch den Flächeninhalt als absolute Zahl, beinhaltet also zwei Kriterien) und darüber hinaus Erschließungssicherung, dass die Anforderungen an gesunde Wohn- und Arbeitsverhältnisse gewahrt bleiben und dass das Ortsbild nicht beeinträchtigt wird. Es ist regelmäßig so, dass allenfalls ein Tatbestandsmerkmal nachbarschützend ist, während andere es nicht sind (BVerwGE 52, 122) oder dass eines generell, ein anderes partiell (s. Rn 82) nachbarschützend ist oder dass der Kreis der Nachbarn in den einzelnen nachbarschützenden Tatbestandsmerkmalen unterschiedlich weit ist. Ein Beispiel für den zuletzt genannten Fall liefern die in § 34 Abs. 1 bestimmte Art und das Maß der baulichen Nutzung; in Bezug auf die Art sind Nachbarn die Eigentümer der Baugrundstücke der nach § 34 Abs. 1 S. 1 maßgebenden Umgebung, für ein erdrückendes Maß ist Nachbar nur der Erdrückte. Es ist deshalb gerechtfertigt, von nachbarschützenden Tatbestandsmerkmalen zu sprechen bzw zu schreiben und nicht allgemeiner von solchen Vorschriften. 81

cc) Generelle oder partielle Schutzabsicht: Die **Schutzabsicht** eines Tatbestandsmerkmals kann **generell** oder **partiell** sein. Generell und abstrakt ist der Nachbarschutz, wenn er für alle nach dem Merkmal zu beurteilende Vorhaben gilt. Partiell ist er, wenn er für einen eingegrenzten Fall an Betroffenheit gilt. Paradigmatisch für partiellen Nachbarschutz ist das Gebot der Rücksichtnahme, wenn es nachbarschützend ist. Die Unterscheidung von generellem und partiellem Nachbarschutz ist von erheblicher praktischer Bedeutung. In vielen Fällen partiell nachbarschützender Tatbestandsmerkmale ist erfahrungsgemäß schon die Frage, ob das Vorhaben die objektiv-rechtliche Anforderung erfüllt, aufgrund einer Würdigung im Einzelfall zu beantworten, und wenn man sie verneinend beantwortet, ebenso die 82

Frage, ob der Schutz Fordernde von der Schutzabsicht des Tatbestandsmerkmals erfasst ist.

83 **dd) Würdigung im Einzelfall:** Die Schutzabsicht der Norm fordert in vielen Fällen die **Würdigung im Einzelfall.** Paradigmatisch hierfür ist das Gebot der Rücksichtnahme, wenn es denn nachbarschützend ist. Die Beantwortung der Frage, ob ein Vorhaben „gleichsam erdrückt“ (BVerwG, BRS 38 Nr. 186; BVerwG, BRS 46 Nr. 176) ist nur durch Würdigung des Einzelfalles möglich. Sie ist nicht verallgemeinerungsfähig. Sie kann Schwierigkeiten iSv § 124 Abs. 2 Nr. 2 VwGO aufweisen und die Berufungszulassung rechtfertigen.

84 **ee) Kein Ausschluss anderweitigen Drittschutzes:** Ist einer Regelung Nachbarschutz nicht zu entnehmen, **schließt** das etwa **anderweitig begründeten Nachbarschutz nicht aus** (BVerwG, BRS 27 Nr. 157). Insbesondere Landesbaurecht kann solchen anderweitigen Nachbarschutz begründen.

85 **ff) Bundes- und Landesbaurecht:** Das Verhältnis von Bundes- und Landesbaurecht ist unterschiedlich. Ist ein Tatbestandsmerkmal des Bundesrechts nachbarschützend, so hat es damit sein Bewenden. Tritt das Bundesrecht kraft bundesgesetzlicher Bestimmung zurück, tritt damit auch etwa Zusätzliches zurück, wie es in Rn 72 beschrieben ist. Ist ein landesrechtliches Tatbestandsmerkmal nachbarschützend, hat es auch damit sein Bewenden. Allerdings kann Bundesrecht den Landesgesetzgeber und sogar die Gemeinde als Satzungsgeber ermächtigen, die bundesrechtliche Anforderung zu konkretisieren. Das wäre für das zur objektivrechtlichen Regelung Zusätzliche eine nicht nur komplizierte Struktur, sondern erforderte, der obejktiv-rechtlichen Regelung zunächst als zusätzlich solche Ermächtigung und deren Inhalt durch Auslegung zu entnehmen. Sofern nicht schon die objektiv-rechtliche Regelung im bezeichneten Sinne ermächtigt, dürfte einem solchen Befund grammatische Auslegung als Hindernis entgegen stehen (Larenz, Methodenlehre, 5. Aufl., S. 343). Ob die Anforderungen an richterliche Rechtsfortbildung für einen derartigen Befund erfüllt sind, lässt sich bezweifeln.

86 **f) Nachbarschützender Inhalt – Schutznormtheorie: aa) Zweiseitigkeit der Frage „für“ ein Grundstück und „gegen“ das Vorhaben:** Die Debatte über die sog. **Schutznormtheorie** spielt in der Praxis keine Rolle mehr. Diese Theorie präzisiert die Frage danach, ob der anfechtende Kläger die materiell-rechtliche von § 113 Abs. 1 S. 1 VwGO gestellte Anforderung erfüllt. Ausschlaggebend ist danach die Frage, ob eine Vorschrift „*nicht nur öffentlichen Interessen, sondern – zumindest auch Individualinteressen zu dienen bestimmt ist*“ (BVerfGE 27, 297/305; BVerwGE 52, 122). Bedeutsam für die Praxis ist unverändert, dass der Schutz Beanspruchende nicht nur *gegen* ein fremdes und erst beabsichtigtes Vorhaben kämpft, sondern dass er das zugleich *für* sein durch das hinzutretende Vorhaben vermeintlich beeinträchtigte Grundstück – ggf mit darauf vorhandenem Vorhaben – tut. Diese **Zweiseitigkeit der Frage „für“ ein Grundstück und „gegen“ das Vorhaben** verdeutlicht, dass Nachbarschutz stets nur der für die Beurteilung der Rechtmäßigkeit des Vorhabens maßgebenden Vorschrift entnommen werden kann, nicht aber der für Vorhaben auf dem Schutz beanspruchenden Grundstück relevanten Vorschrift. Begründet die für das Schutz beanspruchende Grundstück maßgebende Regelung eine bestimmte Schutzbedürftigkeit oder sogar eine Privilegierung, ist Nachbarschutz gleichwohl der für die Rechtmäßigkeit des hinzutretenden Vorhabens zu entnehmen, wenn und soweit diese objektiv-rechtlich verlangt, mit Blick auf das als schutzwürdig bestimmte oder gar privilegierte Grundstück das Vorhaben nicht oder nur mit Rücksicht auf das andere Grundstück modifiziert

auszuführen. Relevant ist die bezeichnete Zweiseitigkeit insbesondere für gebietsüberschreitenden Nachbarschutz, zB ein Außenbereichsvorhaben für das ein Grundstück im nahen Plan- oder Innenbereich Rücksichtnahme beansprucht.

bb) Nachbar: Das Wort Nachbar ist dem allgemeinen Sprachgebrauch entnommen. Es scheint anzudeuten, dass es sich um einen für alle in Betracht kommenden Regelungen einheitlichen Begriff handelte. Der Schein trügt. Wer in Bezug auf ein in den Blick genommenes Tatbestandsmerkmal Nachbar ist, ist eben diesem Tatbestandsmerkmal zu entnehmen (BVerwGE 27, 29). Die Frage, wer Nachbar ist, ist als Ausschnitt der Frage nach der Schutzwirkung des Tatbestandsmerkmals zu beantworten (Rn 88). In einer konkreten Gegend ist es regelmäßig so, dass in Bezug auf ein hinzutretendes Vorhaben der Eigentümer eines bestimmten anderen Grundstücks bezüglich des einen Tatbestandsmerkmals Nachbar ist und bezüglich anderer nicht, während Eigentümer anderer Grundstücke Nachbarn sein können. Einheitlich für das Bundesbodenrecht ist nur die Anforderung an die sachenrechtliche Beziehung zum schutzbedürftigen Grundstück. Das Bundesbodenrecht verlangt die Eigentümerstellung oder eine gleiche sachenrechtliche Beziehung. 87

cc) Schutzabsicht und Schutzwirkung des einzelnen Merkmals: Nicht nur die Frage nach dem Ob Nachbarrechtsschutzes ist zu beantworten, sondern auch die nach der Schutzabsicht und der Schutzwirkung. Bei der zweiten Frage geht es darum, ob das Tatbestandsmerkmal schlechthin, generell oder partiell und wenn partiell für welche typisierten Fallgestaltungen nachbarschützend ist sowie um die Bestimmung, wer Nachbar iSd Tatbestandsmerkmals ist (s. Rn 87). Ist präjudiziert, ein bestimmtes Tatbestandsmerkmal sei nachbarschützend, rechtfertigt dieser Befund nicht ohne weiteres verallgemeinernd auf Nachbarschutz zu schließen. 88

dd) Tatsächliche Beeinträchtigung: Die Frage, ob es auf eine tatsächliche Beeinträchtigung ankommt, ist als weiterer Ausschnitt aus der Schutzwirkung des einzelnen Tatbestandsmerkmals zu beantworten. Bei den generell nachbarschützenden Tatbestandsmerkmalen des Bundesbodenrechts kommt es in der Regel auf eine tatsächliche Beeinträchtigung nicht an. Partiell nachbarschützende Tatbestandsmerkmale verlangen in aller Regel, eine tatsächliche Beeinträchtigung zu unterlassen oder zu vermeiden. Paradigmatisch hierfür ist das Gebot der Rücksichtnahme, wenn es nachbarschützend ist. 89

ee) Generell und partiell nachbarschützende Wirkung: Ist präjudiziert, ein bestimmtes Tatbestandsmerkmal sei nachbarschützend, braucht nicht abschließend geklärt zu sein, ob die Schutzabsicht generell oder partiell ist. Ist die Frage offen oder (noch) diskurswürdig, ist erforderlich, auf diesen Befund aufmerksam zu machen und zweckmäßig, die Meinungsbildung zur Beantwortung argumentativ zu beeinflussen (s. Rn 79). Beruht der Nachbarschutz auf dem in dem Merkmal verankerten Gebot der Rücksichtnahme, ist er stets partiell. 90

g) Privates Recht: aa) Anreicherung öffentlich-rechtlicher Vorschriften: Nachbarschutz auf dem Gebiet des Bundesbodenrechts ist etwas Zusätzliches zur objektivrechtlichen Regelung von Normen des Bodenrechts (s. Rn 72). Das sind im Wesentlichen Normen des BauGB und der BauNVO und Festsetzungen in BPlen. Das ist insgesamt ausschließlich öffentliches Recht. Privatrechtliche Normen beeinflussen diese Regelungen der öffentlich-rechtlichen Normen nicht. Daneben schränkt das Privatrecht die Befugnisse des Grundeigentümers zugunsten von Nachbarn ein. Das sind insbesondere die §§ 903–924 BGB, ggf iVm § 1004 BGB und die nach den §§ 122 ff EGBGB unberührt bleibenden landesrechtlichen Vorschriften, soweit sie nicht durch Art 31 GG vorgehende bundesrechtliche Vor- 91 schriften verdrängt sind. Daneben gewährt § 823 Abs. 2 BGB einen Schadensersatzanspruch für den Fall der Verletzung eines Schutzgesetzes. Die nachbarschützenden Regelungen des öffentlichen Baurechts sind nach hM Schutzgesetze iSv § 823 Abs. 2 BGB. Darüber hinaus soll die Verletzung einer öffentlich-rechtlichen nachbarschützenden Norm einen zivilrechtlichen Abwehr- bzw Beseitigungsanspruch nach § 1004 BGB begründen (BGH, NJW 2000, 1042). Bürgerliches Recht beeinflusst nicht die öffentlich-rechtlichen Regelungen des Bundesbodenrechts. Einzige Ausnahme ist der Fall, dass der Bauherr mit Hilfe der Baugenehmigung die ordnungsmäßige Benutzung seines Grundstücks iSv § 917 Abs. 1 S. 1 BGB geltend machen könnte (BVerwGE, 50, 282).

92 bb) **Wechselwirkungen:** Der BGH meint, nur die materielle Rechtskraft eines verwaltungsgerichtlichen Urteils nach § 121 VwGO binde die Zivilgerichte, nicht aber die ohne gerichtliche Bestätigung rechtsbeständige Baugenehmigung (BGH, NVwZ 1992, 104; BGHZ 95, 238; kritisch hierzu: Berkemann, DVBl 1986, 183; BGH, NJW 2001, 3054). Für den Nachbarschutz bedeutet das, dass das Gericht trotz rechtsbeständiger Baugenehmigung die Verletzung einer nachbarschützenden Vorschrift einschließlich der Rechtsfolge bejahen kann. Der BGH nimmt einen bürgerlich-rechtlichen Anspruch auf Erfüllung einer zum Schutz des Nachbarn der Baugenehmigung beigegebenen Auflage an (BGH, NJW 1997, 55). Noch ist der BGH von seiner Auffassung nicht abgerückt. Die Richter des III. Senats des BGH, des Staatshaftungssenats und die des 4. Senats des BVerwGs, des Bausenats, bemühen sich im Übrigen, die Standards des öffentlichen und des privaten Rechts aufeinander abzustimmen.

93 cc) **Rechtsweg: Verwaltungs- oder Zivilgerichtsbarkeit?:** Nimmt der Nachbar den Bauherrn darauf in Anspruch, sein Vorhaben zu unterlassen oder es zu beseitigen, ist der Verwaltungsrechtsweg eröffnet, § 40 Abs. 1 S. 1 VwGO (Ortloff, NVwZ 1998, 932; Berkemann, Sächs VBl. 2002, 279; Schmidt-Preuss, 100 Jahre allgemeines Baugesetz Sachsen, S. 585/598; s. auch Rn 21 zu § 212a). Der (vermeintliche) Anspruch ist dem öffentlichen Recht entnommen. Indem sich im Rechtsstreit Personen des bürgerlichen Rechts gegenüberstehen, wandelt sich das materiell öffentliche Recht nicht in bürgerliches Recht. Der hier vertretenen Auffassung ist jedoch überwiegend widersprochen. Das BVerwG hat aus revisionsrechtlichen Gründen die Verweisung der Personen des Privatrechts auf den Zivilrechtsweg aufgrund landesrechtlicher Ermächtigung nicht missbilligt. Mit der Genehmigungsfreistellung wird das Problem zunehmend praktische Bedeutung erlangen. Eine bundesbodenrechtliche Vorschrift als nachbarschützend auszulegen, war bisher die Aufgabe der VGe als Fachgerichte mit bundesgerichtlicher Revisionsinstanz. Die sich aus dieser konzentrierten Zuständigkeit ergebende einheitliche Auslegung der einzelnen Tatbestandsmerkmale mit der folge voraussehbarer Entscheidung im Einzelfall hat einen hohen Wert. Zivilgerichtliche Aufsplitterung auf alle Amtsgerichte und Kammern der Landgerichte kann das nicht leisten.

IV. Ansprüche des Nachbarn

1. Anspruch, die objektiv-rechtliche Regelung einzuhalten – Primärrechtsschutz

94 Der Nachbarschutz ist durch einen materiell-rechtlichen Anspruch gegeben. Dieser Anspruch ist darauf gerichtet, die nachbarschützende Norm einzuhalten. Vorab klarzustellen ist, dass sowohl die Festsetzung des BPls, als auch § 34 als

auch § 35 positiv bestimmt, was rechtmäßig ist, nicht aber spiegelbildlich negativ, dass alles, was nicht positiv zulässig sei eben unzulässig ist (BVerwGE, 42, 30). Relevant ist dieser Befund insbesondere in Bezug auf eine vorgefundene Nutzung, zB die Nutzung eines im BPl als Bauplatz festgesetzten Grundstücks wie bisher als Viehweide; das ist der vom BVerwG im Zitat entschiedene Fall. Bezüglich des Anspruchsinhalts ist folglich zu präzisieren, dass der Anspruch darauf gerichtet ist, eine Rechtsverletzung zu unterlassen. Man kann auch formulieren, der Anspruch sei der materiell-rechtlichen Rechtmäßigkeit des Vorhabens akzessorisch. Umgekehrt ausgedrückt: Der Anspruch kann nicht darauf gerichtet sein, dass ein dem materiellen Recht entsprechendes Vorhaben unterbleibt. Anspruchsgegner sind die Behörde, der Bauherr und ggf der dinglich berechtigte Nutzer. Gegenüber der Behörde handelt es sich um den Anspruch es zu unterlassen, die Rechtmäßigkeit des Vorhabens bindend festzustellen und den Bau freizugeben (Baugenehmigung) und eine evtl bereits erteilte Genehmigung rückgängig zu machen. Dem Bauherrn gegenüber geht es darum es zu unterlassen, das rechtswidrige Vorhaben auszuführen, und dem Nutzer gegenüber, die rechtswidrige Nutzung zu unterlassen. Das Recht mutet dem Anspruchsinhaber zu, seinen primären Anspruch geltend zu machen und ggf durchzusetzen. Er hat nicht die Wahl, statt seines Primäranspruchs Schadensersatz zu verlangen. Die noch hM sieht den gegen den Bauherrn bzw den Nutzer gerichteten Anspruch als bürgerlich-rechtlich an. Dieser Auffassung ist nicht zu folgen (s. Rn 93).

2. Anspruch, einen der objektiv-rechtlichen Regelung entsprechenden Zustand herzustellen

Die dem Gesetz zu entnehmende Rechtsmacht, die Einhaltung der nachbarschüt- 95
zenden Vorschrift durchzusetzen entspricht dem Anspruch, es zu unterbinden, dass der Bauherr die nachbarschützende Vorschrift verletzt und einen bereits entstandenen verletzenden Bestand zu beseitigen. In Bezug auf eine die nachbarschützende Vorschrift verletzende Nutzung geht es darum, diese Nutzung zu unterbinden. Einigkeit besteht darüber, dass der Nachbar einen Anspruch auf Einschreiten der Behörde gegenüber dem Bauherrn haben kann. Das Recht aller Länder räumt der Behörde Ermessen ein. Dieses Ermessen betrifft sowohl das Ob des Einschreitens als auch das Wie. Auch wenn der Anspruch des Nachbarn bezüglich des Ob auf Null reduziert ist, bleibt er bezüglich des Wie auf ermessensfehlerfreie Entscheidung beschränkt. Die noch hM sieht den gegen den Bauherrn bzw den Nutzer gerichteten Anspruch als bürgerlich-rechtlich an (BGH, NJW 2000, 1042; s. Rn 91). Dieser Meinung begegnen Zweifel. Rechtsunterworfener Normadressat der öffentlich-rechtlichen nachbarschützenden Norm ist der Bauherr bzw der Nutzer. Die Schutzwirkung ist öffentlich-rechtlich bestimmt. Von praktischer Bedeutung ist der Befund für den Rechtsweg (s. Rn 93). Folgt man der hier vertretenen Auffassung, kann die Bauaufsichtsbehörde entgegen dem Judikat des BVerwGs, BRS 59 Nr. 188 den Nachbarn nicht „auf den Zivilrechtsweg" verweisen. Abgesehen davon, welcher Rechtsweg gegeben ist, ist schwer zu verstehen, dass die Inanspruchnahme des Gerichts derjenigen der Fach-Polizeibehörde vorzuziehen sei, die nach dem Recht aller Länder die Staatsaufgabe hat, als vollziehende Gewalt darüber zu wachen, dass baurechtmäßige Zustände entstehen. Die partielle Privatisierung der Baupolizei nach Ermessen im Einzelfall gerade der Polizeibehörde, deren Staatsaufgabe sie ist, lässt sich nach dem Demokratiegebot und der Gewaltentrennung schwerlich rechtfertigen. Die Vollziehung durch die Baupoli-

zeibehörde auf die nach der Prozessordnung zuständige Justizbehörde zu verschieben, verlagert die Zuständigkeit von einem in ein anderes Ressort, ohne dass ein ins Gewicht fallender Vorteil erkennbar wäre.

3. Anspruch auf Ausgleich in Geld

96 Der Nachbar kann verpflichtet sein, eine an sich gegen eine ihn schützende Vorschrift verstoßende öffentliche Anlage unter engen Voraussetzungen zu dulden. In diesem Fall kann der Nachbar einen öffentlich-rechtlichen Ausgleichsanspruch haben (BVerwG, NJW 1989, 467/469). Beruft sich der Träger oder die Behörde auf eine Duldungspflicht des Nachbarn, ist im Prozess daran zu denken, jedenfalls hilfsweise den Ausgleichsanspruch geltend zu machen. Wegen der Risiken des Bauherrn siehe im Übrigen Rn 55.

4. Zusage

97 Faktischen öffentlich-rechtlichen Nachbarschutz kann die Behörde durch Zusage nach § 38 VwVfG des Landes begründen (BVerwGE 49, 244). Die Behörde begeht keinen Rechtsfehler, wenn sie dem Nachbarn zusagt, die Baugenehmigung nur unter Beachtung einer bestimmten nicht nachbarschützenden Vorschrift oder gar aller relevanten Vorschriften zu erteilen oder gegen ein objektiv rechtswidriges, aber nicht sein Recht verletzendes Vorhaben einzuschreiten. Nicht geklärt ist, ob eine vertragliche Verpflichtung zwischen dem Bauherrn und dem Nachbarn, bestimmte öffentlich-rechtliche nicht nachbarschützende oder alle relevanten öffentlich-rechtlichen Vorschriften einzuhalten, öffentlich-rechtlichen Nachbarschutz vermitteln. Insbesondere bei kritischen Vorhaben kommt in Betracht, das Vorhaben und seine Bedingungen konsensual zu bestimmten und rechtlich abzusichern, ggf durch Vertrag. zu denken ist an Mediation. Handelt es sich um einen öffentlich-rechtlichen Vertrag kann der öffentlich-rechtliche Erfüllungsanspruch faktisch Nachbarschutz sein. Eine gegen die Verpflichtung des Vertrages verstoßende Baugenehmigung ist rechtswidrig, und sie verletzt den damit verbundenen vertraglichen Anspruch. Das gilt jedenfalls, wenn und soweit der Vertrag auch die Behörde bindet.

5. Rechtsverlust

98 a) **Verzicht:** Auf seinen materiell-rechtlichen Anspruch kann der Nachbar verzichten. In Betracht kommt ein Erlassvertrag analog § 397 Abs. 1 BGB oder eine einseitige Verzichtserklärung. Beides ist ein Verfügungsgeschäft. Es bringt die Schuld zum Erlöschen. Der Erlassende Gläubiger hat nur die Leistungskondition. Er kann analog § 812 Abs. 1 S. 1 BGB die Wiederbegründung der Forderung verlangen. Schuldner des Anspruchs es zu unterlassen, ein gegen eine nachbarschützende Norm verstoßendes Vorhaben herzustellen, ein gegen eine solche Norm verstoßendes Vorhaben zu beseitigen bzw ein Vorhaben eine nachbarschützende Norm verletzend zu nutzen ist der Bauherr bzw der dinglich Nutzungsberechtigte. Schuldner des Anspruchs es zu unterlassen, eine nachbarrechtsverletzende Baugenehmigung zu erteilen oder einzuschreiten ist die Behörde. Dieser gegenüber kann der Nachbar auch auf Verfahrensrechte verzichten, und zwar nach Maßgabe des Landesrechts. Die beschriebenen Unterscheidungen sind relevant, wenn der Nachbar versucht, sich von seiner Erklärung zu lösen. Der wirksame Verzicht beseitigt nicht die Pflicht, die objektiv-rechtliche Regelung einzuhalten. Die Behörde darf nicht eine rechtswidrige Genehmigung erteilen. Verzicht entbindet sie auch nicht im Einzelfall von ihrer Aufgabe zur Bauüberwachung und ihrer

Befugnis einzuschreiten. Nur bleibt der Nachbar im Prozess erfolglos, so wie er bei jedem rechtswidrigen aber nicht gegen sein eigenes Recht verstoßenden Vorhaben erfolglos bleibt. Die Unterschrift unter der das Vorhaben vollständig und richtig beschreibenden Bauvorlage dürfte in der Regel als Verzicht auf die materiell-rechtlichen Ansprüche auszulegen sein. Das Verfügungsgeschäft bedarf der eindeutigen Bezeichnung des Gegenstandes. Nachträgliche wesentliche Änderungen, insbesondere in Bezug auf Nachbarbelange, betreffen nicht mehr das Verfügungsgeschäft (VGH BW, BRS 56 Nr. 182; OVG Berlin, NJW 1994, 2717; OVG Saar, BRS 57 Nr. 138; Schäs OVG, BRS 57 Nr. 238).

b) **Rechtsmissbrauch:** Rechtsmissbräuchlich handelt, wer eine Rechtsverletzung geltend macht, die auf der unzulässigen Nutzung seines eigenen Grundstücks beruht (OVG Rh.-Pf., BRS 39 Nr. 185). Rechtsmissbräuchlich handelt auch, wer die Einhaltung eines nachbarschützenden Tatbestandsmerkmals verlangt, soweit er dieses auf seinem Grundstück ebenfalls nicht einhält (OVG NW, BRS 59 Nr. 193; Nds OVG, BRS 62 Nr. 190; OVG Saar, BRS 47 Nr. 100). Rechtsmissbrauch verstößt gegen Treu und Glauben analog § 242 BGB. An der Rechtswidrigkeit des Vorhabens ändert rechtmissbräuchliche Geltendmachung eines Nachbaranspruchs nichts. 99

c) **Verwirkung (Treu und Glauben):** Der Nachbar kann seine Ansprüche verwirken (BVerwG, NVwZ-RR 2004, 314). Verwirkung schützt aufgrund vom Nachbarn hervorgerufenen berechtigten Vertrauens Geschaffenes vor Begehrlichkeiten dieses Nachbarn, das Geschaffene nicht zu Ende führen oder nicht behalten zu dürfen. Bedeutsamer als die häufig diskutierte erforderliche Dauer des Zeitraums, während derer der Nachbar untätig geblieben ist, ist der Umstand, dass der Bauherr im berechtigten Vertrauen etwas Erhaltenswertes geschaffen hat, sei es auch noch nicht fertig gestellt. War die Anlage fertig, als der Nachbar sie erstmals zur Kenntnis nehmen konnte, hat der Bauherr nichts im berechtigten Vertrauen hergestellt. Es geht um den Anspruch, das nachbarschützende Tatbestandsmerkmal einzuhalten. Das setzt Kenntnis oder Kennen müssen der Rechtsverletzung voraus (BVerwG, NVwZ 1988, 532). Zur notwendigen Dauer des Zeitraums, innerhalb dessen der Nachbar trotz Kenntnis oder Kennenmüssens seinen Anspruch geltend machen muss, hat das BVerwG judiziert, diese sei länger als die Anfechtungsfrist von einem Monat, könne aber kürzer als ein Jahr sein (BVerwG, NVwZ 1991, 1182). Hat der Nachbar seinen Anspruch verwirkt, kann er ihn nicht mehr erfolgreich geltend machen. 100

6. Nachbarschutz bundesrechtlicher Rechtssätze zugunsten privater Grundstücksnachbarn

a) **Eigentumsgrundrecht aus Art. 14 Abs. 1 S. 1 GG iVm der einfach-rechtlichen Inhaltsbestimmung: aa) Eigentümerstellung:** Die objektiv-rechtlichen Regelungen des BauGB sind Bodenrecht und als solches Eigentumsinhaltsbestimmung iSv Art. 14 Abs. 1 S. 2 GG. Der Bundesgesetzgeber hat mit dem BauGB und der BauNVO dem Gutachten des BVerfGs vom 16.6.1954 folgend von seiner Gesetzgebungskompetenz für das Bodenrecht gem. Art. 74 Abs. 1 Nr. 18 GG Gebrauch gemacht (BVerfGE 3, 407). Die Materie pflegt auch – zutreffend – als Städtebaurecht oder Bundesbaurecht bezeichnet zu werden. Das Wort „Städtebaurecht" kennzeichnet das in § 1 Abs. 3 bestimmte zentrale Ziel der Regelungsinhalte, nämlich die städtebauliche Entwicklung und Ordnung; das Wort „Bundesbaurecht" grenzt mit seinem ersten Wortteil die verfassungsrechtliche 101

Gesetzgebungskompetenz zum Landesbaurecht ab und kennzeichnet mit seinem zweiten Wortteil den Kern der Regelungsinhalte, nämlich dass es um Bauendürfen geht. Die Regelungen vermitteln die eigentumskräftige Anspruchsposition. Die Rechtsmacht eines Dritten, die Einhaltung der objektiv-rechtlichen für die Beurteilung des Vorhabens maßgebenden Regelung einzuhalten, ist flächenbezogen und nicht etwa personenbezogen; der Dritte ist der Eigentümer der geschützten Fläche (BVerwG, NVwZ 1991, 566). Das ist der im Grundbuch eingetragene Eigentümer.

Der Wohnungseigentümer kann in Bezug auf sein Sondereigentum Nachbar eines fremden Grundstücks sein; die Wohnungseigentümer untereinander sind bodenrechtlich nicht Nachbarn (BVerwG, NVwZ 1998, 954).

102 bb) **Obligatorisch Berechtigte:** Das Nachbarschutz vermittelnde Tatbestandsmerkmal kann gelegentlich – auch – personenbezogen sein. Das BVerwG hat das für eine Festsetzung nach § 9 Abs. 1 Nr. 24 angenommen (BVerwG, DVBl 1988, 1167). In solchen Fällen soll der aufgrund eines Schuldverhältnisses rechtmäßige Besitzer auch Nachbar sein können. Von solchen seltenen Ausnahmen abgesehen, ist der obligatorisch Berechtigte nicht Nachbar, und zwar weder der Mieter (BVerwG, NJW 1989, 2766), noch der Pächter (BVerwGE 82, 61), noch der Käufer, der keine dingliche Position hat, noch der Vorkaufsberechtigte (VGH BW, NJW 1995, 1308). Der dem Wohnungsmieter zuerkannte verfassungsrechtliche Eigentumsschutz betrifft dessen Verhältnis zum Vermieter, nicht aber zum Boden (BVerfGE 89, 1 = NJW 1993, 2035). Wer sich wegen seiner Schutzbegehrlichkeit nicht auf ein personenbezogenes Tatbestandsmerkmal der für das Vorhaben maßgebenden objektiv-rechtlichen Regelung berufen kann, sondern nur auf die von seinem schuldrechtlichen Vertragspartner abgeleiteten Befugnisse, gehört nicht zum Kreis der vom Gesetz Geschützten (aA u.a. Dürr, in: Kohlhammer Kommentar, § 30 Rn 44).

103 cc) **Eigentümerähnliche Position:** Der flächenbezogene Schutz schützt mit dem Eigentümer den Nießbraucher (OVG NW, NVwZ 1994, 696), Erbbauberechtigten, möglicherweise auch den vom Grundeigentümer unterschiedenen Gebäudeeigentümer (Sächs OVG, BRS 56 Nr. 153). Der im Grundbuch durch Vormerkung gesicherte Anwartschaftsberechtigte, wenn er Besitz, Nutzen und Lasten inne hat, ist dem Eigentümer gleichzustellen (BVerwG, NJW 1983, 1626). Nicht geklärt ist die Position desjenigen, der im freiwilligen oder gesetzlichen Umlegungsverfahren rechtmäßiger Besitzer geworden ist und möglicherweise ein Vorhaben berechtigterweise sogar ausgeführt hat, dessen Eigentumserwerb aber noch nicht dinglich gesichert ist. In der Regel ist in solchen Fällen die Gemeinde der Eigentümer der Flächen, und gelegentlich ein Erschließungsträger. Das kann insbesondere vorkommen, wenn sich die in § 72 Abs. 1 bestimmte Wirkung verzögert. Der Zuteilungsanspruch iVm der einvernehmlichen tatsächlichen Vorwegnahme der Ausübung der inhaltlichen Eigentümerbefugnisse rechtfertigt, einen solchen zukünftigen Eigentümer die Befugnisse eines Nachbarn zuzubilligen. Ein vergleichbarer Fall ist der, dass die Gemeinde Eigentümerin von Grundstücken ist, die sie Bauwilligen zuzuteilen beabsichtigt. Soweit der Nachbarschutz mit Blick auf Art. 14 Abs. 1 S. 1 GG auf verfassungskonformer Auslegung beruht, könnte der Gemeinde, weil ihr das Eigentumsgrundrecht nicht zusteht, vom Nachbarschutz ausgeschlossen sein. Ihre in § 1 Abs. 3 S. 1 bezeichnete Aufgabe, die städtebauliche Entwicklung ihres Territoriums zu fördern, erfüllt die Gemeinde u.a., indem sie Grundeigentum erhält, um dieses alsbald einem Bauwilligen zuzuteilen,

und zwar mit dem Ziel, dass dieser Inhaber des Eigentumsgrundrechts aus Art. 14 Abs. 1 S. 1 GG wird. Der praktisch wichtigste Fall ist der der festgesetzten Art der baulichen Nutzung (s. Rn 110). Der Gemeinde als Eigentümerin jedenfalls für diesen beschriebenen Fall die Nachbarposition zuzuerkennen, ist gerechtfertigt.

b) Gebot der Rücksichtnahme: In mehreren Tatbestandsmerkmalen mehrerer Regelungen hat das BVerwG das Gebot der Rücksichtnahme als enthalten entdeckt. Es geht um die Rücksichtnahme des Vorhabens auf die Umgebung. § 34 Abs. 1 beispielsweise verlangt, dass das Vorhaben in eine bestimmte Beziehung zu seiner Umgebung tritt (BVerwGE 32, 31); Umgebung ist danach dasjenige, worauf sich das Vorhaben auswirken kann und in umgekehrter Richtung, was das Vorhaben prägt (BVerwG, BauR 1970, 91). In bestimmten Gebieten sind nach den §§ 2, 3 und 4 BauNVO nicht störende Handwerksbetriebe zulässig, nach den §§ 2 und 4 BauNVO nicht störende Gewerbebetriebe, nach den §§ 5, 6 und 7 BauNVO nicht wesentlich störende Gewerbebetriebe und nach § 8 BauNVO nicht erheblich belästigende Gewerbebetriebe. Anderen Vorschriften ist nicht schon dem Wortlaut, sondern erst Auslegung die Pflicht zur Rücksichtnahme auf die Umgebung zu entnehmen. Entgegen Vorschlägen in der Literatur (Dürr, NVwZ 1985, 719; ders. in: Kohlhammer-Kommentar, § 30 Rn 66) hält das BVerwG daran fest, dass das Gebot der Rücksichtnahme der einzelnen Vorschrift durch Auslegung zu entnehmen ist und nicht etwa ein allgemeiner über dem öffentlichen Baurecht schwebender Rechtssatz sei (BVerwG, NVwZ 1987, 409; BVerwG, NVwZ 1999, 879). Die sich auf das rechtsfortbildende dem bürgerlichen Recht entnommene Argument von Treu und Glauben, insbesondere das nachbarliche Gemeinschaftsverhältnis stützende Gegenmeinung widerspricht der klassischen Auslegungsregel, die das BVerwG anwendet, wenn auch mit voluntativen Elementen. Richterliche Rechtsfortbildung ist Fortsetzung der Auslegung und setzt eine Regelungslücke voraus (Larenz, Methodenlehre, 6. Aufl., S. 366). Der griffige und deshalb faszinierende Begriff Gebot der Rücksichtnahme täuscht nicht darüber hinweg, dass es sich um eine überschriftsartige Typisierung eines sich aus der Situationsgebundenheit eines jeden Baugrundstücks aufdrängenden Gebots handelt, das je nach dem einzelnen Merkmal sehr unterschiedlich sein kann. Die Typisierungsfähigkeit des Befunds für sich genommen rechtfertigt nicht, diesen als freischwebenden allgemeinen Rechtssatz auszugeben. Was das Gebot der Rücksichtnahme hergibt, ist folglich bei den einzelnen kommentierten Tatbestandsmerkmalen zu behandeln. 104

Nachbarschützend ist das Gebot der Rücksichtnahme, wenn – erstens – die tatsächlichen Umstände handgreiflich ergeben, auf wen Rücksicht zu nehmen ist und – zweitens – eine besondere rechtliche Schutzwürdigkeit des Betroffenen anzuerkennen ist (BVerwGE 67, 334). Die Schutzwürdigkeit ergibt sich aus einer vom Recht hervorgehobenen Position, die sich auch als privilegiert beschreiben lässt, zB die sich aus der verwirklichten Privilegierung nach § 35 Abs. 1 oder einer Festsetzung nach § 9 Abs. 1 Nr. 1 iVm § 3 Abs. 2 BauNVO ergibt. Die erstgenannte Handgreiflichkeit ist das Ergebnis der Würdigung im Einzelfall, die jedermann ohne weiteres überzeugt. 105

c) Abwägungsgebot, § 1 Abs. 7 BauGB: aa) Planerische Abwägung: Es geht um planerische Abwägung. Davon zu unterscheiden ist nachvollziehende gewichtende Abwägung, wie sie zB das Gebot der Rücksichtnahme verlangt (BVerwGE 67, 334/339; BVerwG, BRS 56 Nr. 165). Nachvollziehende Abwägung ist richterlich voll überprüfbar. Die bauplanerische Abwägung hingegen ist nur in Grenzen richterlich überprüfbar. Praktisch erfolgreich überprüfbar ist die Zusammenstellung 106 des Abwägungsmaterials, selten der Abwägungsvorgang und in Extremfällen das Abwägungsergebnis.

107 **bb) Rechtsstaatsgebot:** Planerische Abwägung aller privaten und öffentlichen Belange untereinander und gegeneinander ist rechtsstaatlich jeder hoheitlichen Planung vorgegeben, gleichgültig, ob das die Materie regelnde Gesetz das ausformuliert hat, wie § 1 Abs. 7, oder nicht. Der Rechtsstaatlichkeit hat das BVerwG das Abwägungsgebot für praktisch alle Fachplanungsmaterien entnommen, obwohl es in kaum einem Fachplanungsgesetz wortwörtlich formuliert ist. Für bodenrechtlichen Nachbarschutz faktisch relevant sein kann ggf fernstraßenrechtliche, auf Landesstraßenrecht oder auf einem einfachen Ausbauprogramm (BVerwGE 94, 100) beruhende Planung sein.

108 **cc) Abwägungsvorgang:** Abwägung besteht aus – erstens – der Zusammenstellung des Abwägungsmaterials, – zweitens – dem Abwägungsvorgang und – drittens – dem Abwägungsergebnis. Alle relevanten Belange sind in die Abwägung mit dem ihnen jeweils objektiv zukommenden Gewicht einzustellen. Das eigentliche Abwägen findet im Abwägungsvorgang statt. Die Belange sind je nach ihrem objektiven Gewicht untereinander und gegeneinander planend zu gewichten. Für den Vorgang der Abwägung charakteristisch ist „das gewissermaßen an einem Mosaik bastelnde, immer wieder auch scheinbar bereits gesicherte Teilergebnisse wieder in Frage stellende Erwägen und erneute Abwägen“ (Weyreuther, DÖV 77, 419/421; ders., Bauen im Außenbereich 'Abwägung'). Das Ergebnis solcher planerischer Abwägung ist offen. Allerdings entzieht das Gesetz einige Gegenstände der Abwägung, sodass sie durch Abwägung nicht überwindbar sind, zB nach § 1 Abs. 4 die Ziele der Raumordnung und das Eigentumsgrundrecht. Im Übrigen ist jeder Belang durch Abwägung überwindbar, wenn er nur mit seinem objektiven Gewicht eingestellt ist. Für das Ergebnis ist dem Gesetz eine absolute Missbilligungsgrenze zu entnehmen. So missbilligt die BauNVO das schädliche Zusammenrücken schlechthin unverträglicher Nutzungen, zB einer Müllkippe und Wohnnutzung (BVerwGE 42, 30).

109 **dd) Gebietsüberschreitung:** Das planerische Abwägungsgebot ist partiell gebietsüberschreitend nachbarschützend (BVerwGE 107, 215; BVerwGE 136; BVerwGE 116, 144). Die Geltendmachung der Verletzung eröffnet die Normenkontrolle nach § 47 VwGO bzw die Inzidentkontrolle des BPls im Anfechtungsprozess des Nachbarn gegen die auf diesen BPl gestützten Baugenehmigung.

110 **d) Festsetzung des BPls: aa) Art der baulichen Nutzung:** Die Festsetzung der Art der baulichen Nutzung der Bauflächen ist für die Eigentümer im gesamten Plangebiet unabhängig von der Entfernung kraft Bundesrechts generell nachbarschützend (BVerwGE 89, 69; BVerwGE 94, 151). Mit ihrem Anspruch auf Gebietserhaltung können die Grundeigentümer der Grundstücke im Plangebiet gebietsfremde Nutzungen abwehren (BVerwG, NVwZ 2000, 1054). Dies gilt auch für vor Inkrafttreten des BBauG 1961 in Kraft getretene nach § 173 Abs. 3 BBauG übergeleitete BPle (BVerwGE 103, 364; BVerwGE 108, 190; BVerwG, NVwZ 1999, 984). Auf durch Beschluss der Gemeinde gem. § 246a Abs. 4 in den neuen Ländern übergeleitete Pläne lässt sich diese Rechtsprechung nicht ohne weiteres anwenden. Die Festsetzung der Art der baulichen Nutzung folgt der in den §§ 2 ff BauNVO bestimmten Typisierung der Gebietsarten. Eine Gliederung innerhalb einer Gebietsart aufgrund der Ermächtigung des § 1 Abs. 4 BauNVO ist im Einzelfall als nachbarschützend auslegbar, nicht aber schon kraft Bundesrechts als nachbarschützend anerkannt (NdsOVG, NVwZ 2004, 1010). Die Festsetzung einer Wohnungs-Höchstzahlklau-

sel gem. § 9 Abs. 1 Nr. 6 lässt sich im Einzelfall zwar als Art der baulichen Nutzung auslegen und ist dann kraft Bundesrechts nachbarschützend (BVerwG, NVwZ 1993, 1100), dürfte aber in der Regel als Nutzungsmaß und nicht als Art der Nutzung auszulegen sein. Plangebietsübergreifenden partiellen Nachbarschutz kann § 15 Abs. 1 S. 2 BauNVO – für ein der Art nach gemäß der Festsetzung unzulässiges Vorhaben ggf analog – vermitteln.

bb) Von der Art gleiche und ihr dienende Nutzung: Die Festsetzung von untergeordneten Nebenanlagen und Einrichtungen, die dem Nutzungszweck der in dem Baugebiet gelegenen Grundstücke oder des Baugebiets selbst dienen und die seiner Eigenart nicht widersprechen gem. § 14 Abs. 1 BauNVO (BVerwG, NVwZ 2004, 1244) und die von Stellplätzen und Garagen gem. § 12 BauNVO (BVerwG, DVBl 1994, 284) sind der Art der baulichen Nutzung zuzuordnen und als generell nachbarschützend anerkannt. Die Zulässigkeit von Räumen und Gebäuden für freie Berufe in den in § 13 BauNVO genannten Gebieten ist Art der baulichen Nutzung und also generell nachbarschützend (BVerwG, NVwZ-RR 1996, 787). An sich sind auch Festsetzungen für andere Nutzungen, die der Gebietsart dienen, wie zB Verkehrsflächen gem. § 9 Abs. 1 Nr. 11, Versorgungsflächen gem. Nr. 12, für Grünflächen gem. Nr. 15, Flächen für den Hochwasserschutz gem. Nr. 16 und andere Eigentumsinhaltsbestimmung iSv Art. 14 Abs. 1 S. 2 GG über die Art der Bodennutzung. Gleichwohl sind sie nicht als generell nachbarschützend anerkannt. Solche Anlagen dienen der Art der baulichen Nutzung in der Weise, dass sie die Nutzung unter normalen Lebensbedingungen erst ermögliche. Es geht um die Abwehr festsetzungsfremder Nutzung, zB der Errichtung eines Kaufhauses auf einer Verkehrsfläche statt der Herstellung bzw Aufrechterhaltung der Verkehrsanlage ohne planerische Abwägung aller betroffenen Belange einschließlich der der betroffenen Grundeigentümer. 111

cc) Maß der baulichen Nutzung: Die Festsetzung des Maßes der baulichen Nutzung gem. § 16 Abs. 2 BauNVO ist in der Regel nicht nachbarschützend. Eine solche Festsetzung lässt sich nur im Einzelfall als nachbarschützend auslegen (BVerwG, BRS 38 Nr. 186 betreffend die Zahl der Vollgeschosse; BVerwG, BRS 42 Nr. 123 betreffend die Atrium-Bauweise). Die Abweichung von einer festgesetzten Ausnutzungszahl nach den in §§ 16–21 BauNVO kann allerdings im Einzelfall analog § 15 Abs. 1 BauNVO gegen das in diesem Fall partiell nachbarschützende Gebot de Rücksichtnahme verstoßen (BVerwGE 67, 334). Danach kann der Nachbar im Ergebnis wesentliche und ihn erheblich beeinträchtigende Abweichungen abwehren. 112

dd) Bauweise und überbaubare Grundstücksflächen: Eine Abweichung von der Festsetzung der offenen Bauweise verletzt regelmäßig auch eine landesrechtlich bestimmte nachbarschützende Abstandsvorschrift. Die Verletzung einer Abstandsvorschrift macht einen statistisch wesentlichen Teil aller erfolgversprechenden Baunachbarprozesse aus. Das Doppelhaus in der offenen Bauweise erfordert bundesrechtlich wechselseitige Rücksichtnahme (BVerwG, NVwZ 2000, 1055). Wahrt bei festgesetzter geschlossener Bauweise ein Vorhaben einen Abstand, könnte die Behörde uU nach Landesrecht vom Nachbarn verlangen, ebenfalls einen Abstand einzuhalten und also, seine hohe Nutzungszahl für intensive bauliche Nutzung nicht auszunutzen (BVerwG, NVwZ 2000, 1055). Das in der Festsetzung der geschlossenen Bauweise enthaltene Rücksichtnahmegebot kann nachbarschützend gebieten, diese Bauweise einzuhalten. 113

114 **Seitliche Baulinien,** § 23 Abs. 2 BauNVO, werden als generell nachbarschützend angesehen (VGH BW, BRS 55 Nr. 71). Eine straßenseitige Baulinie kann im Einzelfall als nachbarschützend auszulegen sein, beschränkt sich im Regelfall jedoch auf eine städtebauliche Ordnungsfunktion. Dasselbe gilt für eine rückwärtige Baulinie. **Seitliche Baugrenzen,** § 23 Abs. 3 BauNVO dürften regelmäßig als für den betreffenden Angrenzer nachbarschützend auszulegen sein. Vordere und rückwärtige Baugrenzen sind in aller Regel nicht nachbarschützend, und zwar auch nicht, wenn sie gestaffelt sind.

115 **ee) Schutzflächen, § 9 Abs. 1 Nr. 24 BauGB:** Die Festsetzung einer Schutzfläche nach § 9 Abs. 1 Nr. 24 ist nach der Rspr des BVerwGs schon kraft des bundesgesetzlich bestimmten Schutzzwecks nachbarschützend (BVerwG, BRS 48 Nr. 15).

116 **ff) Auslegung des BPls – Schöne Aussicht, Schutz vor fremder Einsicht:** Ob eine Festsetzung eine schöne Aussicht oder vor fremder Einsicht schützt, ist Gegenstand der Auslegung. Das ist **revisionsrechtlich** praktisch bedeutsam. Die kommunalen Satzungen sind dem Landesrecht zuzurechnen. Die Auslegung einer Festsetzung durch das OVG bzw den VGH als nachbarschützend oder nicht nachbarschützend ist als Landesrecht der revisionsgerichtlichen Überprüfung gem. § 137 Abs. 1 Nr. 1 VwGO nicht zugänglich; das BVerwG ist vielmehr an die Auslegung der Festsetzung durch das OVG bzw den VGH gebunden, es sei denn, diese Auslegung verstieße gegen höherrangiges Bundes- oder EU-Recht. Nationales Recht jeder Stufe, also auch kommunales Satzungsrecht, ist EU-rechtskonform auszulegen (OVG Saar, NJW 2007, X; Haltern, VerwArch 96, 2005, 311/138 ff). Mit der Darlegung, Bundesverfassungsrecht oder EU-Recht verlange für eine Festsetzung Nachbarschutz, ist die Auslegung durch das OVG als nicht nachbarschützend mE revisionsrechtlich überprüfbar. Der Festsetzung der Art der baulichen Nutzung und der Festsetzung einer Schutzfläche – § 9 Abs. 1 Nrn. 1 und 24 entnimmt das BVerwG Nachbarschutz schon kraft Bundesrechts. Ob sich diese Rechtsprechung auf andere bundes-, (ggf) verfassungs- oder EU-rechtliche Vorgaben für die Auslegung von Festsetzungen eines BPls erstrecken lässt, speziell auf Vorgaben für Nachbarschutz, ist weder geklärt noch diskutiert. Als Verletzungsfolge entsprechend früherer Rspr des BVerwGs Unwirksamkeit der Norm anzunehmen, widerspräche dem bezeichneten Auslegungsgebot. Das Gebot selbst ist dem Bundesrecht zuzurechnen. Da das Gebot ein wenn irgend möglich konformes Auslegungsergebnis verlangt und sich nicht auf den Vorgang der Auslegung beschränkt, wäre ein Lösungsansatz, auch dieses einzig erlaubte und damit auf Null reduzierte Ergebnis ebenfalls dem Bundesrecht zuzurechnen.

117 Ein häufig von einem Nachbarn erwünschter Schutz ist der einer **schönen Aussicht** oder der vor **lästiger Einsicht. Gestaffelte Baulinien** oder -grenzen können eine solche Auslegung veranlassen, insbesondere iVm der Festsetzung der **Höhenlage,** §§ 23 Abs. 2 und 3 BauNVO iVm § 9 Abs. 3. Ganz überwiegend beruht eine schöne Aussicht oder mangelnde Einsichtsmöglichkeit auf einer nicht eigentumskräftig verfestigten Chance. Verallgemeinerungsfähiges zugunsten von Schutz einer schönen Aussicht oder vor Einsicht gibt es nicht. Nur die Festsetzung der Atrium-Bauweise soll üblicherweise auch dem Schutz vor fremder Einsicht dienen (BVerwG, NVwZ 85, 748).

118 **gg) Hochwasserschutz:** Mit den durch das Hochwasserschutzgesetz vom 3.5.2005, BGBl I S. 1224 in das WHG eingefügten §§ 31 b und 31 c WHG hat der Bund von seiner konkurrierenden Gesetzgebungskompetenz aus Art. 74 Abs. 1 Nr. 18 GG Bodenrecht betreffend abschließend Gebrauch gemacht. Den Regelun-

gen ist zu entnehmen, dass sie durch Hochwasser gefährdete Grundstücke schützen sollen. Die Vorschriften und die Festsetzungen auf ihrer Grundlage sind mE generell nachbarschützend.

hh) Gebot der Rücksichtnahme – Modifizierung durch § 15 BauNVO: § 15 Abs. 1 119
BauNVO ist eine zentrale, in der Praxis für Nachbarschutz bedeutsame Vorschrift. Sie modifiziert die Zulässigkeit eines in einem Gebiet an sich zulässigen Vorhabens mit Blick auf die Schutzbedürftigkeit der Umgebung. In dieser Modifikation ist das Gebot der Rücksichtnahme – paradigmatisch – enthalten, und zwar sowohl in S. 1 als auch in S. 2 (BVerwG, NVwZ 2002, 1384; BVerwGE 67, 334). Die Vorschrift ist partiell nachbarschützend (s. Rn 82; BVerwG, BRS 62 Nr. 87; BVerwG, NVwZ 1999, 298). Seine frühere Rechtsprechung, wonach das Rücksichtnahmegebot erfüllt war, wenn das Vorhaben entsprechende Schutzvorschriften des Landesrechts einhält, zB die Abstandsflächenvorschrift, hat das BVerwG modifiziert (BVerwG, NVwZ 2001, 813). Praktische Bedeutung hat diese Modifikation insbesondere in Bezug auf ein erdrückendes Vorhaben (BVerwG, BRS 38 Nr. 186; BVerwG, BRS 46 Nr. 176). Im Übrigen bestimmt das bundesrechtliche Rücksichtnahmegebot abschließend. Dass es dem Landesrecht nähere Bestimmung überließe oder solche Bestimmung einbezöge, lässt sich nicht erkennen. Die Abstandsflächenregelungen der Länder sind unterschiedlich. Das bundesrechtliche Gebot der Rücksichtnahme ermöglicht zwar unterschiedliche Ergebnisse der Würdigung im Einzelfall, sei es durch die Behörde oder den Richter, dürfte aber zu unterschiedlichen Ergebnissen je nach Landesrecht zwingen, wenn es dem Landesrecht die Ausgestaltung überließe.

ii) Unzulässige Vorhaben – Partieller Nachbarschutz analog § 15 Abs. 1 BauNVO 120
– Fehlende Schutzwürdigkeit: Das BVerwG wendet § 15 Abs. 1 BauNVO gesetzesausdehnend (analog) auf nicht nachbarschützende Festsetzungen des BPls an (BVerwGE 82, 343; BVerwGE 89, 69). Verstößt ein Vorhaben in einer Weise gegen eine Festsetzung, dass es die weitere Ausnutzung der Privilegierung eines Dritten faktisch in Frage stellt oder gewichtig beeinträchtigt (BVerwG, BRS 20 Nr. 158), verletzt es analog § 15 Abs. 1 BauNVO das in diesem Fall nachbarschützende Gebot der Rücksichtnahme (BVerwGE 82, 343). Nachbarschutz für ein nach § 31 Abs. 2 nicht befreiungsfähiges Vorhaben lässt sich nicht vermeiden, indem eine rechtswidrige Befreiung gar nicht erst erteilt wird. Das Gebot der Rücksichtnahme soll nachbarschützend auch sein, wenn dem Bauherrn jede Schutzwürdigkeit fehlt (OVG NW, BauR 1977, 389), zB wenn er die Baugenehmigung durch falsche Angaben zB über die rechtlich maßgebende Umgebung oder die geologisch gewachsene Höhenlage erschlichen hat (OVG NW, BauR 1977, 389).

jj) Ausnahmen, § 31 Abs. 1 BauGB: Ausnahmen sind die nach den Abs. 3 der §§ 2–9 121
BauNVO im BPl als zulässig festgesetzten Anlagen nach der Art der baulichen Nutzung. Für sie gelten dieselben Regeln wie für alle anderen Festsetzungen auch, § 15 Abs. 1 BauNVO eingeschlossen. § 31 Abs. 1 ist für sich genommen nicht nachbarschützend (BVerwG, NJW 1983, 1574). Dass ein ausnahmsweise zulässiges Vorhaben erhöhte Aufmerksamkeit in Bezug auf die von § 15 Abs. 1 BauNVO gestellten Anforderungen provoziert, steht auf einem anderen Blatt. Ist beispielsweise in einem allgemeinen Wohngebiet eine ausnahmsweise zulässige größere Tankstelle bereits vorhanden, kann eine hinzutretende weitere Tankstelle gegen das in § 15 Abs. 1 S. 1 BauNVO enthaltene nachbarschützende Gebot der Rücksichtnahme verstoßen.

122 **kk) Befreiungen, § 31 Abs. 2 BauGB:** § 31 Abs. 2 verlangt die Würdigung nachbarlicher Interessen. Diese Anforderung vermittelt partiellen Nachbarschutz (BVerwG, NVwZ 1987, 409; BVerwG, NVwZ-RR 1999, 8). Richtet sich das Anfechtungsinteresse des Nachbarn – ggf ausschließlich – gegen die Befreiung, muss er neben der Baugenehmigung auch diese anfechten. Nicht immer lässt sich eine Anfechtung der Baugenehmigung als Anfechtung auch der Befreiung auslegen und auch nicht umgekehrt die Anfechtung nur der Befreiung auch als Anfechtung der Baugenehmigung. Will der Nachbar die Zulassung des Vorhabens bekämpfen, sollte er seine Anfechtung vorsorglich gegen die Genehmigung und die Befreiung richten und das auch in seinem Antrag ausformulieren.

123 **e) Erschließungssicherung:** Dass die Erschließung gesichert ist, verlangt das Gesetz von jedem Vorhaben, gleichgültig, ob es im Planbereich, im Innenbereich oder im Außenbereich ausgeführt werden soll, §§ 30 Abs. 1, 33 Abs. 1 Nr. 4, 34 Abs. 1 S. 1 und 35 Abs. 1 und Abs. 2. Das Tatbestandsmerkmal dient dem Interesse der Allgemeinheit der städtebaulichen Ordnung und – unverzichtbar – dem Vorhaben. Nachbarschützend ist das Tatbestandsmerkmal nicht (BVerwGE 50, 282). Ein Vorhaben, dessen Erschließung nicht gesichert ist, kann aber im Einzelfall die Schutzpflicht des Staates den dadurch nachteilig betroffenen Grundeigentümern und Bewohnern gegenüber verletzen, wenn infolge des hinzutretenden Vorhabens Schäden am Eigentum der Bewohner des Baugebietes zu erwarten sind (BGHZ 140, 380; BVerwG, NVwZ 2002, 1509). Die Schutzpflicht folgt aus dem Eigentumsgrundrecht. Dieses ist durch Abwägung nicht überwindbar (BVerwG, NVwZ 2002, 1509). Die zitierten Judikate betreffen bei Unterliegern zu erwartende Überschwemmungen, die auf unzureichende Abwasserentsorgung zurückzuführen sind. Gleiches gilt, wenn die Trinkwasserversorgung infolge eines viel Wasser verbrauchenden Vorhabens nicht mehr gewährleistet ist, zB durch eine Brauerei oder einen Milchhof. Die Überlastung einer Straße lässt zwar das Vorhaben objektiv-rechtlich am Mangel an Erschließungssicherung scheitern, ist aber in aller Regel nicht nachbarschützend. Begründet aber die Zulassung eines Vorhabens die ordnungsmäßige Benutzung eines Grundstücks iSv § 917 Abs. 1 BGB, rechtfertigt das nach der Rechtsprechung des BVerwGs erfolgreichen öffentlich-rechtlichen Nachbarrechtsschutz (BVerwGE 50, 282). Betroffen ist ein Notwege- oder ein Notleitungsrecht für eine Wasser- oder Abwasserleitung.

124 **f) Innenbereich, § 34 BauGB: aa) Art der baulichen Nutzung:** In einem Gebiet, das iSv Gebietsreinheit einem der durch die §§ 2 – 11 BauNVO typisierten Gebietsarten entspricht, ist die Art der baulichen Nutzung generell nachbarschützend (BVerwGE, 94, 151). Wer Nachbar ist, ergibt sich aus der wechselseitigen Prägung der benachbarten Grundstücke (BVerwG, NVwZ-RR 1999, 105). Anders als bei nach § 30 zu beurteilenden Vorhaben reicht der Nachbarschutz also nicht über das gesamte reine Gebiet unabhängig von der Entfernung. Für nach § 34 Abs. 1 zu beurteilende Vorhaben ist das Gebot der Rücksichtnahme in den Kriterien des Einfügens enthalten und partiell nachbarschützend (BVerwG, BRS 38 Nr. 186; BVerwG, NJW 1983, 2460). Dabei sind die fünf Einfügenskriterien unterschiedlich nachbarschützend. Die räumliche Schutzwirkung reicht so weit, wie die wechselseitige Prägung reicht. Sie kann also je nach der Art des Vorhabens unterschiedlich sein. In der Praxis spielen Sportanlagen in der Nähe von Wohnnutzung häufig eine Rolle (BVerwGE 109, 314).

125 **bb) Maß der baulichen Nutzung – Gebot der Rücksichtnahme/Erdrückendes Vorhaben:** Die Kriterien des Maßes der baulichen Nutzung, der absoluten Zahl der zu

überbauenden Grundfläche und der räumlichen Anordnung des Vorhabens auf dem Baugrundstück dienen der städtebaulichen Ordnung. Das darin ebenfalls enthaltene Gebot der Rücksichtnahme ist selten mit Nachbarschutz angereichert. Für Nachbarschutz in Betracht kommt insbesondere der Fall, dass das hinzutretende Vorhaben erdrückend wirkt (BVerwG, BRS 38 Nr. 186; BVerwG, BRS 46 Nr. 176). Eine rechtswidrige Abweichung von der sich aus der Umgebung ableitenden Bauweise verstößt regelmäßig auch gegen eine landesrechtliche nachbarschützende Abstandsflächenvorschrift.

cc) Erschließungssicherung: S. Rn 123. 126

g) Außenbereich, § 35 BauGB: aa) Partieller Nachbarschutz des Gebots der Rücksichtnahme: Seine Rechtsprechung über das Gebot der Rücksichtnahme hat das BVerwG zu nach § 35 zu beurteilende Vorhaben entwickelt, und zwar ausgehend von seinem Judikat vom 25.10.1967 (BVerwGE 28, 148). Das Wort Rücksichtnahme erscheint dann im Judikat vom 14.5.1969 (Buchholz 406.11, § 186 Nr. 2). Sodann hat das BVerwG das Gebot als öffentlichen Belang iSd nicht erschöpfenden Liste des § 35 Abs. 3 angenommen (BVerwGE 52, 122). Was im Einzelnen geboten ist, hat das Gericht in dieser Entscheidung ausgeführt: Der Bauherr soll auf dem Baugrundstück erkennen, wie er mit seinem Vorhaben stören könnte. „*Welche Anforderungen das Gebot der Rücksichtnahme (objektiv-rechtlich) begründet, hängt wesentlich von den jeweiligen Umständen ab. Je empfindlicher und schutzwürdiger die Stellung derer ist, denen die Rücksichtnahme im gegebenen Zusammenhang zugute kommt, umso mehr kann eine Rücksichtnahme verlangt werden. Je verständlicher und unabweisbarer die mit dem Vorhaben verbundenen Interessen sind, umso weniger braucht derjenige, der das Vorhaben verwirklichen will, Rücksicht zu nehmen. Bei diesem Ansatz kommt es für die sachgerechte Beurteilung des Einzelfalles wesentlich auf eine Abwägung zwischen dem an, was einerseits dem Rücksichtnahmebegünstigten und andererseits dem Rücksichtnahmepflichtigen nach Lage der Dinge zuzumuten ist. Dabei muss allerdings demjenigen, der sein eigenes Grundstück in einer sonst zulässigen Weise baulich nutzen will, insofern ein Vorrang zugestanden werden, als er berechtigte Interessen nicht deshalb zurückzustellen braucht, um gleichwertige fremde Interessen zu schonen. Das gilt noch verstärkt, wenn sich bei einem Vergleich der beiderseitigen Interessen derjenige, der das Vorhaben verwirklichen will, zusätzlich darauf berufen kann, dass das Gesetz durch die Zuerkennung einer Privilegierung seine Interessen grundsätzlich höher bewertet wissen will, als es für die Interessen derer zutrifft, auf die Rücksicht genommen werden soll*“. Abwägung ist hier nachvollziehende, richterlich voll überprüfbare Abwägung. Als öffentlichen Belang iSv § 35 Abs. 3 muss jedes Außenbereichsvorhaben das Gebot der Rücksichtnahme beachten. Der Unterschied zwischen einem nach Abs. 1 privilegierten und einem nach Abs. 2 sonstigen Vorhaben kann sich in der nachvollziehenden Abwägung auszahlen. Als inhaltlichen Bestandteil auch des § 34 hat das BVerwG das Gebot der Rücksichtnahme erst mit seinem Judikat vom 13.3.1981 angenommen (BVerwG, BRS 38 Nr. 186). Das Gebot ist partiell nachbarschützend (s. Rn 82). Es ist nachbarschützend in den Fällen, „*in denen – erstens – die tatsächlichen Umstände handgreiflich ergeben, auf wen Rücksicht zu nehmen ist und – zweitens – eine besondere rechtliche Schutzwürdigkeit des Betroffenen anzuerkennen ist.*“ (BVerwGE 67, 334/339). 127

bb) Sich privilegierter Position näherndes Vorhaben – Erdrückende Vorhaben/mangelnde Schutzwürdigkeit: Nachbarschützend ist das Gebot der Rücksicht- 128 nahme danach im wesentlichen in drei Fallgestaltungen. Das ist erstens der Fall, dass sich das rücksichtslose Vorhaben einem rechtlich privilegierten Grundstück in einer Weise nähert, dass die weitere Ausnutzung der Privilegierung faktisch in Frage gestellt oder gewichtig beeinträchtigt ist (BVerwG, BRS 20 Nr. 198, zB die ein Wohngebiet beeinträchtigend geruchsbelästigende Tierhaltung). Das ist zweitens der „Erdrückensfall" (BVerwG, BRS 38 Nr. 186; BVerwG, BRS 46 Nr. 176). Und das ist drittens der Fall, dass das Vorhaben in Folge der nachhaltigen Veränderung der Grundstückssituation das Eigentums- bzw sonstige Grundrecht des Schutzbegehrenden erheblich beeinträchtigt (BVerwGE 50, 282; BVerwGE 54, 211). Fehlt dem Bauherrn für sein rücksichtloses Vorhaben jegliche Schutzwürdigkeit, zB weil er die Genehmigung durch unrichtige Angaben beispielsweise über die maßgebende Umgebung erschlichen hat, soll Nachbarschutz ebenfalls erfolgreich sein (OVG NW, BauR 1977, 389).

129 cc) **Erschließungssicherung:** Zur Erschließungssicherung s. Rn 123.

130 h) **Verfahrensrecht: aa) Beteiligung nach den §§ 3 Abs. 2, 13 Abs. 2 u. 13a Abs. 2 Nr. 1 BauGB:** Die nach § 3 Abs. 2, § 13 Abs. 2 Nr. 2 und § 13a Abs. 2 Nr. 1 vorgesehene Bürgerbeteiligung im BPl-Aufstellungsverfahren dient dem Zweck, dem Abwägungsmaterial alle Belange so zuzuführen, dass dieses so vollständig wie möglich für den Abwägungsvorgang und also auch das Ergebnis zur Verfügung steht. Mit Drittschutz der Grundeigentümer der innerhalb und außerhalb des Plangebiets betroffenen Flächen und anderer Personen ist die Öffentlichkeitsbeteiligung nach dem Stand der Rechtsprechung nicht angereichert (BVerwG, NVwZ 1983, 92). Zu überdenken ist das mit Blick auf die am 1.1.2007 in Kraft getretene neue Vorschrift des § 47 Abs. 2a VwGO. Danach ist der Normenkontrollantrag unzulässig, wenn die den Antrag stellende Person nur „Einwendungen" geltend macht, die sie im Rahmen der öffentlichen Auslegung nach § 3 Abs. 2 oder im Rahmen der Beteiligung der betroffenen Öffentlichkeit nach § 13 Abs. 2 Nr. 2 und § 13a Abs. 2 Nr. 1 nicht oder verspätet geltend gemacht hat, aber hätte geltend machen können, und wenn auf diese Rechtsfolge im Rahmen der Beteiligung hingewiesen worden ist. Da die zuletzt bezeichnete in den entsprechenden Vorschriften bestimmte Hinweispflicht ebenfalls am 1.1.2007 in Kraft getreten ist – Art. 4 des Gesetzes zur Erleichterung von Planungsvorhaben für die Innenentwicklung der Städte vom 21.12.2006, BGBl I S. 3316 – sind von dem Ausschluss BPle betroffen, bei denen die Beteiligung nach dem 1.1.2007 bekannt gemacht worden ist. Nicht ausgeschlossen ist die Inzidentkontrolle. Ist die Beteiligung unterblieben, bleibt der Mangel im Wesentlichen nach der Neufassung des § 214 Abs. 1 Nr. 1 beachtlich. Nach grammatischer Auslegung des neuen Abs. 2a des § 47 VwGO ist auch der Normenkontrollantrag zulässig, wenn der Antragsteller neben den in der Vorschrift bezeichneten Belangen wenigstens eine andere Einwendung erhebt. Sollten die bezeichneten Belange ausgeschlossen sein, müsste die Formulierung lauten, „soweit die antragstellende Person Einwendungen erhebt, die ...". Da Zweck des Ausschlusses ist, früher Rechtssicherheit bezüglich des BPls zu erreichen und dieser Zweck verfehlt wird, wenn der Antragsteller auch nur eine andere Einwendung erhebt, bestätigt die Auslegung nach dem Zweck das Ergebnis grammatischer Auslegung. Ist der Belang schlechthin unübersehbar und macht der Betreffende ihn in der Beteiligung als entsprechend deren Zweck überflüssig nicht geltend, stellt ihn die Gemeinde aber trotz ihrer Unübersehbarkeit nicht in ihr Abwägungsmaterial ein, ist offen, ob er gleichwohl mit dem Normenkontrollantrag ausgeschlossen ist. Mit der Einwendung, der unübersehbare Belang sei wegen Verkennung des objektiven

Gewichts unberücksichtigt geblieben, kann er schon deshalb nicht ausgeschlossen bleiben, weil diese Verkennung zeitlich dem Beteiligungsverfahren nachfolgt und die Beteiligung allenfalls geeignet ist, das objektive Gewicht eines Belangs erkennbar zu machen, nicht aber, die von der Gemeinde vorzunehmende Feststellung über das objektive Gewicht zu ersetzen.

bb) **Planungserfordernis:** Von einem Vorhaben geht Planungsbedürftigkeit aus, 131
wenn es in seiner Umgebung einen bodenrechtlichen Konflikt hervorruft, für den nur Planungsrecht ein Konfliktlösungsprogramm zur Verfügung stellt. Ein solches Vorhaben ist rechtswidrig (BVerwGE 117, 25; BVerwGE 119, 25). Die Planungsbedürftigkeit eines Vorhabens ist nicht mit Nachbarschutz angereichert (BVerwG, NVwZ 1983, 92; BVerwGE 96, 95; BVerwG, NVwZ 1996, 597). Planungsbedürftigkeit eines Vorhabens ist nicht ein Tatbestandsmerkmal und also auch nicht mit etwas Zusätzlichem anreicherungsfähig (Rn 72). Es handelt sich vielmehr um die Formulierung der Erkenntnis, dass dieses Vorhaben ohne den rechtsstaatlichen Anforderungen an planerische Abwägung genügende Eigentumsinhaltsbestimmung iSd Art. 14 Abs. 1 S. 2 GG die typisierten Anforderungen sei es des § 35 oder des § 34 nicht erfüllen kann. Die gesetzlichen, verallgemeinerten Tatbestandsmerkmale der §§ 34 und 35 reichen für dieses Vorhaben nicht aus. Ein Anspruch auf Planung schließt § 1 Abs. 3 S. 2 schlechthin aus. Zu denken ist daran, dass der Baugenehmigung bzw der Entschließung der Baupolizeibehörde, gegen das nicht oder nicht so genehmigte Vorhaben nicht einzuschreiten, eine nicht förmliche Ausbauplanung vorausgegangen ist. Diese kann an der Verletzung des partiell nachbarschützenden Abwägungsgebots scheitern, wenn sie denn als Ersatz für Bauleitplanung überhaupt zulässig sein sollte. Allerdings wäre die Folge auch in diesem Fall, dass die Rechtmäßigkeit des Vorhabens nach § 34 oder nach § 35 zu beurteilen ist. Ortloff meint, das BVerwG könnte nachbarschützende Wirkung des Planungserfordernisses anerkennen, wenn es nur wollte (Ortloff, Öffentliches Baurecht II, 5. Aufl., S. 296 f unter Berufung auf Groth, DVBl 1979, 179, Peine, DÖV 1983, 909 und DÖV 1984, 462 und Wegener, DÖV 1984, 460; Bay VGH, BRS 39 Nr. 75; Nds OVG, BRS 39 Nr. 154; OVG NW, BRS 39 Nr. 192; OVG Saar, BRS 39 Nr. 1991).

i) **Grundrechte: aa) Eigentumsgrundrecht aus Art. 14 Abs. 1 S. 1 GG:** Manches 132
einfach-rechtliche Tatbestandsmerkmal ist verfassungsrechtlich abgesichert, sei es auch nur im Wege verfassungskonformer Auslegung. Da aber Nachbarschutz ausnahmslos derjenigen Vorschrift zu entnehmen ist, nach der das Vorhaben zu beurteilen ist (Rn 80 u 86), lässt es sich nicht isoliert auf das Eigentumsgrundrecht stützen. Seine frühere hiervon abweichende Rechtsprechung hat das BVerwG aufgegeben.

bb) **Körperliche Unversehrtheit, Art. 2 Abs. 2 S. 1 GG:** Was zum Eigentumsgrund- 133
recht ausgeführt ist, gilt auch für das Grundrecht auf Leben und Gesundheit.

cc) **Kunstfreiheit, Art. 5 GG:** Das Grundrecht auf Kunstfreiheit kann gebieten, 134
dem Künstler des Kunstwerks im öffentlichen Raum Umgebungsschutz zu gewähren. Dabei geht es um Ordnungsrecht in der ausschließlichen Gesetzgebungskompetenz der Länder (BVerfGE 3, 407), nämlich um die Gestaltung betreffende Regelungen und nicht um Bodenrecht. Die landesrechtlichen Verunstaltungsverbote sind entsprechend verfassungskonform mit Nachbarschutz des Künstlers auszulegen.

V. Gerichtlicher Rechtsschutz der Gemeinde

1. Allgemeines: Nachbarprozess vergleichbar

135 Der gerichtliche Rechtsschutz der Gemeinde entspricht dem des Nachbarn. Was anders ist, ist das materielle Recht, nach welchem zu beurteilen ist, ob die Gemeinde die prozessrechtlichen Anforderungen sei es für die Zulässigkeit der Klage, sei es für einen Klageerfolg erfüllt.

2. Gemeinde als Nachbar

136 Neben den nachbarschützenden Tatbestandsmerkmalen gibt es eine Vielzahl speziell gemeindeschützender Vorschriften. Soweit die Gemeinde Grundeigentümerin ist, hat sie die gleiche Rechtsposition wie Personen des Privatrechts auch, nicht jedoch das Eigentumsgrundrecht. Anzufügen ist: In Bezug auf Vorhaben und Bebauungsplanung auf dem Gebiet einer fremden Gemeinde gibt es nachbargemeindeschützende Tatbestandsmerkmale. Beispiele sind erstens das interkommunale Abstimmungsgebot, § 2 Abs. 2 und zweitens der Umstand, dass von einem Vorhaben Planungsbedürftigkeit ausgeht und die Planung abstimmungsbedürftig ist. Da es in diesen Fällen auf die Umstände des Einzelfalles ankommt, sind die nachbargemeindeschützenden Vorschriften partiell nachbarschützend. Die verfassungsrechtlich durch Art. 28 Abs. 2 GG gewährleistete Planungshoheit ist für die Gemeinde wehrfähig. Hierfür stellt das BVerwG drei alternative Anforderungen: Das Vorhaben muss entweder – erstens – eine fortgeschrittene konkretisierte Bauleitplanung stören oder – zweitens – einen wesentlichen Teil des Gemeindegebiets betreffen oder – drittens – die Erfüllung einer Erschließungsaufgabe erheblich stören, zB die Trinkwasserversorgung. Die einfach-rechtlichen gemeindeschützenden Vorschriften und die Planungshoheit schützen Flächen für die Planung, die Erschließung und die Sicherung der städtebaulichen Entwicklung und Ordnung, nicht aber eine ungestörte Ausübung des Eigentumsinhalts im Austauschverhältnis. Praktische rechtliche Bedeutung hat dieser Befund nicht. Die durch Gemeindeschutz begründete Rechtsposition ist dem Nachbarschutz insgesamt vergleichbar.

3. „Gegen" das Vorhaben als Hoheitsträger

137 a) **Zweiseitigkeit der Frage „für" und „gegen" das Vorhaben:** (s Rn 86). Die Planungshoheit der Gemeinde ist verfassungsrechtlich durch Art. 28 Abs. 2 GG abgesichert. Sie beinhaltet die Aufgabe, den Eigentumsinhalt der Flächen gem. Art. 14 Abs. 1 S. 2 GG durch Bauleitplanung zu bestimmen – § 1 Abs. 3 S. 1 – und durch geeignete Maßnahmen zu sichern, dass die Eigentümer ihren Eigentumsinhalt verwirklichen können, insbesondere durch die Erschließungsaufgabe, § 123 Abs. 1. Die Aufgabe kann im Einzelfall zur Pflicht verdichtet sein. Die städtebauliche Entwicklung und Ordnung, die Eigentumsinhaltbestimmung zu deren Verwirklichung und die Maßnahmen, die die Verwirklichung ermöglichen, insbesondere die Erschließung, liegen sowohl im allgemeinen Interesse als auch im Interesse der Grundeigentümer. Das Bodenrecht stellt deshalb an jedes Vorhaben die Anforderung, die Erfüllung der Aufgabe der Gemeinde nicht zu stören, und zwar durch unterschiedliche Tatbestandsmerkmale. Die Vorhaben auf dem eigenen Territorium der Gemeinde betreffenden gemeindeschützenden Vorschriften sind generell schützend.

138 b) **Einvernehmenserfordernis:** Das in § 36 bestimmte Einvernehmenserfordernis dient der Sicherung der Planungshoheit der Gemeinde (BVerwGE 22, 342, seither st. Rspr). Das Einvernehmenserfordernis ist ein subjektives Recht der Gemeinde

iSv § 113 Abs. 1 S. 1 VwGO (BVerwGE 74, 19). Setzt sich die Baugenehmigungsbehörde – oder die Widerspruchsbehörde – über das von der Gemeinde wirksam verweigerte Einvernehmen hinweg, ist die Genehmigung auf die Klage der Gemeinde aufzuheben, gleichgültig ob die Gemeinde ihr Einvernehmen rechtmäßig oder unrechtmäßig versagt hat (BVerwGE 74, 19; EGB, § 6 Nr. 47). Ersetzt die Behörde gem. § 36 Abs. 2 S. 3 das von der Gemeinde versagte Einvernehmen, ist das dadurch möglicherweise verletzte Recht der Gemeinde die Rechtmäßigkeit der Versagung, § 36 Abs. 2 S. 3. Rechtmäßig ist die Versagung, wenn das Vorhaben die für dieses maßgebenden Anforderungen aus den §§ 31, 33, 34 oder 35 nicht erfüllt, § 36 Abs. 2 S. 1. Ist die Erschließung nicht gesichert, ist die Gemeinde gut beraten, ihr Einvernehmen zu versagen. Andernfalls riskiert sie, dass ihre in § 123 Abs. 1 bestimmte Erschließungsaufgabe zu einer aktuellen Pflicht verdichtet, mit der sogar Ansprüchlichkeit des Bauherrn verbunden sein kann. Für nach § 30 zu beurteilende Vorhaben im Planbereich gilt das Einvernehmenserfordernis nicht. Die Anforderung an die Erschließungssicherung ist gemeindeschützend (OVG Rh-Pf. NVwZ 1983, 753; BayVGH, BRS 57 Nr. 85). Ist die Gemeinde Baugenehmigungsbehörde, muss sie die Wahrung ihrer Rechte intern organisieren. Sich auf fehlendes Einvernehmen der intern zuständigen Stelle zu berufen, ist ihr in diesem Fall versagt (BVerwG, NVwZ 2005, 83); desgleichen m. E. sich auf das Fehlen anderer Erfordernisse zu berufen, fehlende Erschließungssicherung eingeschlossen.

c) **Insbesondere Planungserfordernis auf eigenem Territorium:** Ist ein Vorhaben planungsbedürftig, ist es ohne Plan rechtswidrig (BVerwGE 117, 25; BVerwGE 119, 25). Erteilt die – mit der Gemeinde nicht identische – Behörde gleichwohl die Genehmigung oder weigert sie sich einzuschreiten, verletzt sie die Planungshoheit der Gemeinde. Die Planungshoheit schließt den Vorbehalt ein, dass ausschließlich die Gemeinde bodenrechtlich planen darf und dass es in Bezug auf Vorhaben mit – bisher – unterlassener Planung sein Bewenden hat. 139

d) **Insbesondere Planungserfordernis auf fremdem Territorium:** Das in § 2 Abs. 2 S. 1 bestimmte interkommunale Abstimmungsgebot ist in Bezug auf Vorhaben partiell nachbargemeindeschützend. Dies folgt aus der verfassungsrechtlich durch Art. 28 Abs. 2 GG gewährleisteten Planungshoheit. Die planungsrechtlich relevanten Umstände und Belange sind ihrer Art nach raumbezogen und nicht gemeindeterritorialbezogen. Je nach den Umständen der Gegend findet eine räumlich weitere oder engere Wechselbeziehung unbeschadet der Territorialgrenzen statt. Ein Vorhaben auf einer Fläche, für die das Abstimmungsgebot gilt und das planungsbedürftig ist, verletzt das interkommunale Abstimmungsgebot und damit die Planungshoheit der benachbarten Gemeinde (BVerwG, DVBl 1993, 658). 140

e) **Sicherungsmittel der §§ 14 ff BauGB:** Der Sicherung der Planungshoheit dienen die in den §§ 15–18 bestimmten Mittel. Sie unterscheiden sich von den anderen gemeindeschützenden Vorschriften durch ihre Einseitigkeit „gegen“ das Vorhaben, s. Rn 86. Die Gemeinde begeht keinen Rechtsfehler, wenn sie den Bauantrag für ein Vorhaben zum Anlass nimmt, Bauleitplanung einzuleiten und die Planung zu sichern. 141

4. Gemeinde als privater Grundstücksnachbar

Ist die Gemeinde iSd entsprechenden Tatbestandsmerkmals privater Grundstücknachbar des Bauherrn, vermittelt ihr ihre Eigentümerstellung den Anspruch aus der Schutzwirkung (Rn 88). Aufmerksam zu machen ist auf diejenigen Tat- 142 bestandsmerkmale, die nur aufgrund grundrechtskonformer Auslegung nachbarschützend sind.

5. Fremde Planung

143 a) **Bebauungsplanung in der Nachbarschaft:** Das in § 2 Abs. 2 S. 1 bestimmte interkommunale Abstimmungsgebot ist nachbargemeindeschützend. Verletzt die planende Gemeinde das Gebot, kann sich die schutzbedürftige Nachbargemeinde wehren. Sie ist mE nicht abschließend auf die – nachfolgende, den in Kraft gesetzten BPl betreffende – Normenkontrolle nach § 47 VwGO verwiesen. Die Abstimmung hat sowohl eine den Planungsvorgang betreffende verfahrensrechtliche Komponente als auch eine materielle den Planinhalt betreffende Komponente. Die verfahrensrechtliche Komponente vermittelt der Schutz beanspruchenden Gemeinde den Anspruch, im Planungsvorgang abzustimmen. Diesen kann sie mit der Leistungsklage durchsetzen und ggf Eilrechtsschutz nach § 123 Abs. 1 S. 1 VwGO in Anspruch nehmen. Der am 1.1.2007 in Kraft getretene Abs. 2a des § 47 VwGO hat nicht auch die Normenkontrollbefugnis der Nachbargemeinde in Bezug auf das interkommunale Abstimmungsgebot beschränkt. Das Gebot ist nicht ein – ggf durch Abwägung überwindbarer – im Rahmen der Öffentlichkeitsbeteiligung geltend zu machender Belang.

144 b) **Städtebaulicher Vertrag:** Der Abstimmungsvorgang zur Erfüllung des in § 2 Abs. 2 S. 1 bestimmten interkommunalen Abstimmungsgebots kann vielfältige Planung betreffende Aktivitäten der beteiligten Gemeinden erfordern. Das gilt insbesondere, wenn die beteiligten Gemeinden wechselseitig abgestimmte BPle aufstellen. Ein gemeinsamer BPl ist unzulässig (OVG RhPf, DVBl 2004, 261). Die Aktivitäten können den Informationsaustausch, die Bestimmung der zeitlichen Abläufe der Verfahrensschritte und insbesondere inhaltliche Verständigungen betreffen. Für die beteiligten Gemeinden drängt sich auf, zur Erfüllung des Abstimmungsvorgangs diesen durch öffentlich-rechtlichen Vertrag zu regeln. Gelingt der Abstimmungsvorgang nicht, ist an außergerichtliche oder notfalls gerichtliche Mediation zu denken.

6. Beiladung

145 **Beizuladen** ist die Gemeinde im Bauprozess, wenn immer das Einvernehmenserfordernis des § 36 Abs. 1 S. 1 möglicherweise nicht erfüllt ist. Das ist die Verpflichtungsklage des Bauherrn auf Erteilung der Baugenehmigung bzw Bebauungsgenehmigung, wenn die Gemeinde ihr Einvernehmen versagt hat oder die Baugenehmigungsbehörde sie noch nicht beteiligt hatte – zB weil nach ihrer Auffassung die Bauantragsunterlagen unvollständig sind – oder wegen möglicher Unwirksamkeit des BPls die Beurteilung des Vorhabens nach einer der in § 36 Abs. 2 S. 1 bezeichneten Vorschriften in Betracht kommt. Das ist im Baunachbarrechtsstreit der Fall, wenn die Behörde das umstrittene Vorhaben als plangemäß zugelassen hat und die Unwirksamkeit des BPls und infolge dessen die Beurteilung der Rechtmäßigkeit nach einer der in § 36 Abs. 2 S. 1 bezeichneten Vorschriften in Betracht kommt. Das **Rechtsmittel der beigeladenen Gemeinde** ist erfolgreich, wenn der Kläger die Anforderung sei es des § 113 Abs. 5 S. 1 oder des Abs. 1 S. 1 VwGO nicht erfüllt hat, also nicht in einem subjektiven Recht verletzt ist. Beizuladen ist die Gemeinde im Prozess über die Zurückstellung nach § 15.

7. Normenkontrolle

Mit der **Normenkontrollklage** kann das die Gemeinde vertretende Organ die Unwirksamkeitserklärung des für unwirksam erkannten BPls erwirken. Ein verbotener Insich-Prozess ist das nicht (OVG Saar, AS 29, 175). 146

8. Interkommunales Abstimmungsgebot, § 2 Abs. 2 BauGB

Das in § 2 Abs. 2 bestimmte interkommunale Abstimmungsgebot ist sowohl Verfahrens- als auch materielles Recht. Der Abstimmungsvorgang kann intensivere Beteiligung der anderen Gemeinde(n) fordern als die allgemeinen Anforderungen an die Beteiligungen der Träger öffentlicher Belange, §§ 4, 4a, 13 und 13a. Die Störung des Abstimmungsvorgangs zu verhindern, ist an die vorbeugende **Leistungsklage** zu denken. Ist das Ergebnis nicht abgestimmt, ist die **Normenkontrollklage** gegeben. Will die Gemeinde ein Vorhaben verhindern, das auf der Grundlage der nicht abgestimmten Festsetzung ausgeführt werden soll, ist sie – ggf neben der Normenkontrolle – auf die **Anfechtungs- oder die Unterlassungsklage** verwiesen und ggf auf die **Verpflichtungsklage** auf Erlass einer Einschreitensverfügung. Erfolgversprechend ist diese Klage, wenn die Festsetzung an der Verletzung des Abstimmungsgebots scheitert und von dem Vorhaben Planungsbedürftigkeit zumindest auch wegen des Abstimmungserfordernisses ausgeht. 147

9. Regional- und Landesplanung

An der Regional- und Landesplanung hat die Gemeinde ein Beteiligungsrecht, das landesrechtlich ausgestaltet ist. Das Beteiligungsrecht kann alleiniger Klagegegenstand einer vorbeugenden Leistungs- oder Unterlassungsklage sein. Ist die Planung unter Verletzung des Beteiligungsrechts zustande gekommen, kann deren Anfechtung erfolgversprechend sein. In Betracht kommt **Normenkontrolle** nach § 47 VwGO, soweit die Planung durch eine unter dem Landesgesetz stehende Rechtsvorschrift erfolgt, § 47 Abs. 1 Nr. 2 VwGO, oder Normenkontrolle nach Landesrecht. Bezüglich einzelner Planungsentscheidungen ist auch an die Feststellungsklage zu denken. 148

VI. Gerichtlicher Rechtsschutz der Planungsverbände

1. Vergleichbar dem Prozess der Gemeinde

Ein Planungsverband kann entsprechend der Regelungen des § 205 eine sehr unterschiedliche Rechtsgrundlage haben, unterschiedliche Aufgaben, Befugnisse und Rechte. Gemeinsam ist den Verbänden, dass sie sich mit Bauleitplanung befassen. Soweit ein Planungsverband in diesem Zusammenhang Rechte hat, ist der gerichtliche Rechtsschutz dem der Gemeinde vergleichbar und also auch dem des Nachbarn. 149

2. Befugnis nach der Satzung nach § 205, Zweckverbandsrecht oder Landesrecht

Die für die Zulässigkeit der Inanspruchnahme richterlicher Hilfe und insbesondere die für einen Klage- bzw Antragserfolg maßgebenden **Rechte** und **Befugnisse** sind der **Satzung** iVm der jeweiligen Rechtsgrundlage nach § 205, dem landesrechtlichen Zweckverbandsrecht oder Landesrecht zu entnehmen. 150

3. Vorsorglich: Klage auch der nachteilig betroffenen Gemeinde

Das für die Zulässigkeit der Klage und insbesondere deren Erfolg maßgebende gewichtigste Recht der Gemeinde ist die Planungshoheit. Mit der Übertragung 151 von Befugnissen und Rechten auf einen Planungsverband muss nicht auch die Planungshoheit selbst übergegangen sein, ggf partiell. Insbesondere kommt in Betracht, dass die Übertragung von auch Planungshoheit nicht notwendigerweise die originäre Planungshoheit der Gemeinde diese verdrängend ganz oder partiell ausschließt. Die Frage, ob ein solcher Ausschluss vorliegt, kann im Einzelfall schwierig zu beantworten sein, und eine verbindliche Antwort gibt erst die rechtskräftige Entscheidung des Gerichts. Es kann deshalb zweckmäßig sein, wenn sich der Planungsverband entschließt, richterliche Hilfe in Anspruch zu nehmen, dass sich auch die Gemeinde der Klage anschließt, oder, wenn sich die Gemeinde zur Klage entschließt, dass sich der Planungsverband anschließt.

§ 29 Begriff des Vorhabens; Geltung von Rechtsvorschriften

(1) Für Vorhaben, die die Errichtung, Änderung oder Nutzungsänderung von baulichen Anlagen zum Inhalt haben, und für Aufschüttungen und Abgrabungen größeren Umfangs sowie für Ausschachtungen, Ablagerungen einschließlich Lagerstätten gelten die §§ 30 bis 37.

(2) Die Vorschriften des Bauordnungsrechts und andere öffentlich-rechtliche Vorschriften bleiben unberührt.

1 Die Vorschrift soll einheitlich für die §§ 30 ff festlegen, für welche **Vorhaben** materiell-rechtliche Anforderungen in planungsrechtlicher Hinsicht zu stellen sind. Der planungsrechtliche Begriff des Vorhabens umfasst zum einen geplante Bauwerke, aber auch bereits bestehende Bauwerke, so dass damit nicht auf die Absicht allein, sondern auf das Ergebnis dieser Absicht abgestellt wird (BVerwGE 61, 122 = BRS 36 Nr. 99).

I. Bauliche Anlagen

2 Von Satz 1 erfasst sind die Vorhaben, die auf die **Errichtung**, **Änderung** oder **Nutzungsänderung** von baulichen Anlagen gerichtet sind. Eine Begriffsbestimmung der baulichen Anlage fehlt im BauGB. Eine Übernahme des bauordnungsrechtlichen Begriffs der baulichen Anlage aus den Landesbauordnungen in das Bauplanungsrecht der §§ 29 ff verbietet sich jedoch auf Grund der unterschiedlichen Zielsetzungen dieser beiden Bereiche. Während für das **Bauordnungsrecht** Belange der **Gefahrenabwehr** maßgebend sind, geht es im Bauplanungsrecht um die Frage, ob ein Vorhaben für die **städtebauliche Entwicklung** erheblich ist (BVerwGE 39, 154 = Buchholz 406.11 § 15 BBauG Nr. 2). Damit ist aber nicht ausgeschlossen, dass der Begriff der baulichen Anlage in beiden Bereichen doch im Wesentlichen übereinstimmt.

3 Bemerkenswert ist in diesem Zusammenhang, dass der Bundesgesetzgeber den in den Ländern deutlich zu Tage getretenen Tendenzen, die **präventive Baukontrolle** in erheblichem Umfang zu reduzieren, nicht mit einer Änderung des § 29 entgegenwirkt. Offensichtlich liegt dem die Auffassung zu Grunde, dass auch die repressive Kontrolle ausreicht, um die Einhaltung des materiellen Baurechts zu

gewährleisten. Es wird sich zeigen müssen, ob sich diese Erwartungen erfüllen oder ob nicht mit einer Reduzierung der Dichte präventiver Kontrollen ein Personalabbau in den Bauaufsichtsbehörden einhergeht, der letztlich auch die Wirksamkeit repressiver Kontrollen beeinträchtigt. Würde sich ein solcher Eindruck bei der Bevölkerung verfestigen, stünde zu befürchten, dass eine „Ersatzbauaufsicht" durch interessierte Nachbarn entstünde, was kaum wünschenswert erscheint. Diese Gefahr erscheint um so größer, als das repressive Einschreiten gegen baurechtswidrige Zustände regelmäßig im **Ermessen** der zuständigen Behörde steht, so dass entsprechende interne Vorgaben für die Ausübung dieses Ermessens möglicherweise in Zeiten leerer Kassen als Einsparpotential angesehen werden könnten. Ungeklärt scheint auch die Frage nach dem **Sicherungsbedürfnis** nicht nur der Bauherren, sondern auch der baufinanzierenden Kreditinstitute, die in weiten Bereichen nicht mehr auf den Feststellungsgehalt der vollständigen präventiven Prüfung eines Vorhabens durch die Bauaufsichtsbehörde vertrauen können. Es erscheint fraglich, ob diese Nachteile durch vermeintliche **Beschleunigungseffekte** ausgeglichen werden, oder ob solche Effekte nicht auch auf anderem Wege hätten erzielt werden können.

Abs. 1 der Vorschrift unterscheidet zwischen Vorhaben, die die Errichtung, Ände- 4
rung oder Nutzungsänderung von baulichen Anlagen zum Inhalt haben (1. Halbsatz) und Aufschüttungen und Abgrabungen größeren Umfangs sowie Ausschachtungen, Ablagerungen einschließlich Lagerstätten (2. Halbsatz). Der Begriff der **baulichen Anlage** iSd § 29 setzt sich aus dem verhältnismäßig weiten Merkmal des Bauens und dem engen Merkmal **bodenrechtlicher Relevanz** der Anlage zusammen (BVerwG DVBl 1975, 497 = BauR 1975, 108 im Anschluss an BVerwGE 44, 59). Unter **Bauen** idS ist das Schaffen einer künstlichen Anlage, die auf Dauer mit dem Erdboden verbunden ist, zu verstehen (BVerwGE 44, 59 = BVerwG Buchholz 406.11 § 29 BBauG Nr. 15 = BRS 27 Nr. 122). Für das Merkmal der **Dauer** ist entscheidend auf den zeitlichen Bestand und die Nutzungsdauer der Anlage abzustellen. Es ist auch zB bei Wohnwagen erfüllt ist, wenn diese an die Stelle eines Wochenendhauses treten (BVerwG DÖV 1971, 638 = BRS 23 Nr. 129). Das Merkmal der Dauer lässt sich nicht auf einen berechenbaren Zeitraum festlegen (BVerwG Buchholz 406.11 § 29 BBauG Nr. 19 = BRS 30 Nr. 117); es ist aber dann nicht gegeben, wenn ein Zustand nur vorübergehend geschaffen wird, der schon aus zeitlichen Gründen die planungsrechtlichen Belange des § 1 Abs. 5 nicht entscheidend berührt (zB Baugerüst, Zirkuszelt). Werden Wohnwagen oder Wohnmobile als **Gebäudeersatz** zur Ausübung der Prostitution genutzt, so spricht es für die Annahme einer baulichen Anlage, wenn an den Fahrzeugen keine gültigen Kennzeichen angebracht sind, die zur Fortbewegung im Straßenverkehr notwendig sind, feste Leitungen verlegt sind oder wenn der Bewuchs auf dem Abstellplatz der „Fahrzeuge" zeigt, dass ein Ortswechsel nicht beabsichtigt ist. Dies gilt auch für **Werbeanlagen**, die auf Anhängern, landwirtschaftlichen Geräten oder Planwagen befestigt sind, welche zwar theoretisch fortbewegt werden können, bei denen aber die genannten Indizien für eine **ortsfeste Nutzung** sprechen. Hier können landesrechtliche Vorschriften zu weitergehenden rechtlichen Handlungsmöglichkeiten führen, insbesondere bei Nebenanlagen iSv § 14 Abs. 2 BauNVO.

Eine Anlage ist dann künstlich iSd § 29 geschaffen, wenn eine menschliche Tätig- 5
keit dazu führt, einen natürlichen Zustand zu verändern. Dazu kann es bereits ausreichend sein, dass die Anlage auf Grund ihrer Schwerkraft eine Verbindung zu dem Boden schafft (BVerwG Buchholz 406.11 § 29 BBauG Nr. 18 = DVBl 1975,

497). Dagegen kommt es nicht auf das Material, die Konstruktionsweise oder die Art der Verbindung mit dem Boden an.

6 Der danach weite Begriff des Bauens wird aber durch die zusätzliche Voraussetzung der **planungsrechtlichen Relevanz** eingeschränkt. Diese ist dann gegeben, wenn das Vorhaben die in § 1 Abs. 5, 6 und 1a aufgeführten Belange in einer Weise berühren kann, die geeignet ist, das Bedürfnis nach einer ihre Zulässigkeit regelnden verbindlichen Bauleitplanung hervorzurufen (BVerwGE 44, 59 = BRS 27 Nr. 122). Dies ist zB nicht bei einem am Ufer einer Bundeswasserstraße ankernden Schiff (BVerwG Buchholz 406.11 § 35 BBauG Nr. 112 = DÖV 1974, 814) oder einem Zigarettenautomaten (OVG Münster NVwZ 1987, 67 = BRS 46 Nr. 45) der Fall, wohl aber bei einem großen, beleuchteten Aluminiumschaukasten für Wechselwerbung und auch bei großflächigen Werbetafeln (BVerwG UPR 1993, 216 = NVwZ 1993, 983).

II. Bauliche Maßnahmen

7 Unter **Errichtung** einer baulichen Anlage ist deren erstmalige Herstellung oder die Wiederherstellung einer zerstörten Anlage mit Hilfe von Baustoffen und Baumaterialien (OVG Münster BRS 38 Nr. 145), nicht jedoch der vollständige Abbruch einer baulichen Anlage (OVG Münster NJW 1983, 2598 = BRS 39 Nr. 172) zu verstehen. Erforderlich ist stets, dass es zu einer sichtbaren Veränderung der Geländeoberfläche kommt (BVerwG Buchholz 406.16 Eigentumsschutz Nr. 14 = BauR 1980, 53), so dass zB ein Tennisplatz regelmäßig diese Voraussetzungen erfüllt. Errichtung in diesem Sinne ist auch der Wiederaufbau einer zerstörten baulichen Anlage, so dass auch dieser die Vorschriften der §§ 30 ff beachten muss.

8 Eine **Änderung** ist bei einer Erweiterung, Verkleinerung, Umgestaltung oder Beseitigung der baulichen Anlage gegeben (Hess VGH BRS 16 Nr. 61), wobei **Umbaumaßnahmen** erst bei einer bauplanungsrechtlichen Relevanz eine Änderung darstellen. Von einer Änderung ist jedenfalls bei einem Identitätsverlust des Bauwerks auszugehen (BVerwG, BauR 2006, 160). **Reparaturarbeiten** stellen keine Änderung dar, wenn sie die seitherige Nutzung sicherstellen und vom Bestandsschutz gedeckt sind (BVerwGE 47, 126 = BVerwG Buchholz 406.11 § 35 BBauG Nr. 113). Dabei ist es unzulässig, einzelne Teilmaßnahmen isoliert zu betrachten und so eine bauplanungsrechtliche Relevanz jeweils zu verneinen. Die Maßnahmen müssen vielmehr als Gesamtheit unter Berücksichtigung der Nutzung, der die durchzuführenden Arbeiten dienen, betrachtet werden (vgl Hess. VGH, ESVGH 21, 116 ff). Demgegenüber stellt der teilweise Abbruch einer baulichen Anlage eine Änderung iSd § 29 dar, weil damit regelmäßig eine Umgestaltung der baulichen Anlage verbunden ist.

9 Dagegen ist eine **Nutzungsänderung** nur dann gegeben, wenn die neue Nutzung sich von der bisherigen Nutzung in bodenrechtlich relevanter Weise unterscheidet, dh die jeder Nutzung innewohnende tatsächliche **Variationsbreite** überschritten wird und der neuen Nutzung unter städtebaulichen Gesichtspunkten eine andere Qualität zukommt (BVerwG NVwZ-RR 2000, 758). Dies ist dann der Fall, wenn die in §§ 1 Abs. 6 und 1a genannten Belange berührt werden können (BVerwG Buchholz 406.11 § 29 BBauG Nr. 21 = BauR 1977, 253). Beachtlich sind daher in diesem Zusammenhang nur solche Vorgänge, durch die die **Genehmigungs**frage erneut aufgeworfen werden kann (BVerwG Buchholz 406.11 § 35 BBauG Nr. 252 = NVwZ-RR 1989, 340 = BRS 48 Nr. 58). Dies ist zB bei einem Übergang von

einem Großhandel zu einem Einzelhandel (BVerwGE 68, 360 = DVBl 1984, 674), dem Wechsel einer Gaststätte zu einer Diskothek (Hess VGH NVwZ 1983, 667 = BRS 40 Nr. 166), der Umwandlung eines Kinos in eine Spielhalle (BVerwG NVwZ 1989, 666 = BauR 1989, 308) oder der Nutzung eines bisherigen Wochenendhauses als Dauerwohnung (BVerwG Buchholz 406.11 § 35 BBauG Nr. 206 = NVwZ 1984, 510) gegeben.

Durch die Neuregelung des BauROG 1998 wurde das **materielle Bauplanungsrecht** vom bauaufsichtlichen Genehmigungsverfahren abgekoppelt, weil durch zunehmende landesrechtliche Freistellungen von Genehmigungs- bzw Anzeigeverfahren die Gefahr entstanden war, dass die §§ 30–37 leer laufen. Nunmehr gelten diese Vorschriften auch dann, wenn ein Vorhaben keiner Genehmigung, Anzeige oder sonstigen Zustimmung nach der jeweiligen Landesbauordnung bedarf. Wie bereits einleitend erwähnt, tritt in diesen Fällen eine repressive Baukontrolle an die Stelle des präventiven Genehmigungsverfahrens und es bleibt abzuwarten, ob auf diesem Weg zB sichergestellt werden kann, dass nicht im Außenbereich Vorhaben entstehen, die im Widerspruch zu § 35 stehen. 10

Aufschüttungen iSv § 29 Abs. 1 sind künstliche Erhöhungen und **Abgrabungen** künstliche Vertiefungen eines bestehenden natürlichen Zustandes der Erdoberfläche. Von einem größeren Umfang im Sinne der Vorschrift ist bei einer planungsrechtlichen Relevanz auszugehen. Insoweit kann die allgemeine Situation des Gebiets eine Rolle spielen. Bei **Ausschachtungen** handelt es sich um Abgrabungen, die der Vorbereitung eines Bauvorhabens dienen. Zu den **Lagerstätten** zählen auch nicht befestigte einfache Lagerplätze (BVerwG Buchholz 406.16 Eigentumsschutz Nr. 14 = BRS 35 Nr. 157). Eine eindeutige begriffliche Trennung zwischen Ablagerungen und Lagerstätten ist nicht immer möglich; eine Ablagerung ist idR gegeben, wenn sich jemand einer Sache entledigen will, während bei einer Lagerstätte eine noch verwertbare Sache aufbewahrt wird. Die Zulässigkeit von **Mülldeponien** richtet sich gem. § 38 ausschließlich nach den Regelungen des Abfallbeseitigungsgesetzes (BVerwGE 70, 242 = BVerwG Buchholz 451.22 Abfallbeseitigung Nr. 18 = NVwZ 1985, 414). Das BauGB regelt die bodenrechtlichen Anforderungen an Abgrabungen abschließend; in dieser Hinsicht kann das Landesrecht keine weitergehenden Anforderungen stellen. Dadurch ist aber nicht ausgeschlossen, dass landschaftspflegerische Ziele der Raumordnung und Landesplanung bei einer Entscheidung über die Zulässigkeit einer Abgrabung (**Kiesgrube**) nach dem Landesnaturschutzrecht berücksichtigt werden (BVerwG Buchholz 406.11 § 29 BBauG Nr. 39 = NVwZ-RR 1989, 49). 11

III. Andere Normen

Abs. 2 bestimmt, dass neben den §§ 30–37 die Vorschriften des jeweils einschlägigen **Bauordnungsrechts** und andere öffentlich-rechtliche Vorschriften Anwendung finden. Dazu zählen insbesondere das FStrG, LuftVG, BNatSchG, WHG, BImSchG und GastG. Die unberührt bleibenden Vorschriften sind im Baugenehmigungsverfahren nicht zu prüfen, soweit für entsprechende Vorhaben ein spezielles Genehmigungsverfahren vorgesehen ist (BVerwGE 74, 315 = BVerwG Buchholz 406.27 § 48 BBergG Nr. 1). Der Landesgesetzgeber darf aber keine die §§ 30 ff modifizierenden bodenrechtlichen Vorschriften erlassen (BVerwGE 55, 272 = BRS 33 Nr. 57). Insoweit geht der Begriff des **Bodenrechts** über den des **Städtebaurechts** hinaus. 12

IV. Nutzungsausschluss

13 Zu beachten ist noch, dass Nutzungen, die nicht unter den Vorhabensbegriff fallen, zwar grds. zulässig sind, jedoch durch Festsetzungen in Bebauungsplänen ausgeschlossen werden können (BVerwGE 42, 30 = BVerwG Buchholz 406.11 § 9 BBauG Nr. 11).

§ 30 Zulässigkeit von Vorhaben im Geltungsbereich eines Bebauungsplans

(1) Im Geltungsbereich eines Bebauungsplans, der allein oder gemeinsam mit sonstigen baurechtlichen Vorschriften mindestens Festsetzungen über die Art und das Maß der baulichen Nutzung, die überbaubaren Grundstücksflächen und die örtlichen Verkehrsflächen enthält, ist ein Vorhaben zulässig, wenn es diesen Festsetzungen nicht widerspricht und die Erschließung gesichert ist.

(2) Im Geltungsbereich eines vorhabenbezogenen Bebauungsplans nach § 12 ist ein Vorhaben zulässig, wenn es dem Bebauungsplan nicht widerspricht und die Erschließung gesichert ist.

(3) Im Geltungsbereich eines Bebauungsplans, der die Voraussetzungen des Absatzes 1 nicht erfüllt (einfacher Bebauungsplan), richtet sich die Zulässigkeit von Vorhaben im Übrigen nach § 34 oder § 35.

1 Die Regelung des Abs. 1 findet im Geltungsbereich eines **Bebauungsplan**es Anwendung. Ungeschriebene Tatbestandsvoraussetzung ist dabei, dass der Bebauungsplan wirksam ist. Die räumliche **Abgrenzung** zu den beiden anderen bauplanungsrechtlichen Bereichen (unbeplanter Innenbereich nach § 34 und Außenbereich nach 35) ist unproblematisch, da nach § 9 Abs. 7 der Bebauungsplan die Grenzen seines räumlichen Geltungsbereiches festsetzt. Der Bebauungsplan muss aber die in Abs. 1 genannten Mindestvoraussetzungen erfüllen. Ein Bebauungsplan, der hinter diesen gesetzlichen **Mindestfestsetzungen** zurückbleibt, ist deshalb nicht ungültig; vielmehr handelt es sich dann um einen **einfachen Bebauungsplan** iSd Abs. 3. Bei einem Bebauungsplan, der diese Mindestvoraussetzungen dagegen erfüllt, spricht man von einem **qualifizierten Bebauungsplan.** Dies gilt auch, wenn die Mindestfestsetzungen nicht durch den Bebauungsplan selbst, sondern durch andere baurechtliche Vorschriften, wie zB übergeleitete Bauvorschriften, städtebauliche Pläne oder einen ergänzenden zweiten Bebauungsplan getroffen werden (vgl BVerwG NVwZ 1992, 879). Die Unterscheidung hat auch im Rahmen einer Prüfung nach § 33 Bedeutung, da es insoweit darauf ankommt, ob ein qualifizierter Bebauungsplan in **Aufstellung** ist, so dass allein dessen Festsetzungen zu Grunde gelegt werden müssen oder ein einfacher Bebauungsplan mit partiellen Festsetzungen, die durch die Kriterien der §§ 34 und 35 ergänzt werden.

2 Art und Maß der **baulichen Nutzung** werden nach § 9 Abs. 1 Nr. 1 iVm der BauNVO festgesetzt. Dabei dürften zur Erfüllung des gesetzgeberischen Ziels einer Begrenzung von **Flächenversiegelung** zukünftig die Festsetzungen über ein Mindestmaß der baulichen Nutzung iSv § 16 Abs. 4 Satz 1 BauNVO eine stärkere Rolle spielen. Eine Bestimmung der überbaubaren Grundstücksflächen erfolgt durch die Festsetzung von **Baulinien** und **Baugrenzen** bzw Bebauungstiefen (§ 23 Abs. 1 Satz 1 BauNVO). Dabei macht die Formulierung deutlich, dass es nicht erforderlich ist, die überbaubaren Grundstückflächen rundum festzusetzen (sog. **Baufenster**), sondern auch eine Beschränkung zB auf vordere Baulinien zur Gestal-

tung einer Häuserfront oder seitliche Baugrenzen zur Verbesserung der Durchlüftung der Grundstücke in besonderen Gebietssituationen erfolgen kann. Die Festsetzung der örtlichen **Verkehrsflächen** basiert auf der Grundlage des § 9 Abs. 1 Nr. 11. Sie erlangt eine große Bedeutung im Zusammenhang mit § 55 Abs. 2 Nr. 1, wonach bei der Umlegung die örtlichen Verkehrsflächen vorweg aus der Umlegungsmasse auszuscheiden sind. Je nach Größe der hierfür festgesetzten Flächen hat dies für die betroffenen Grundstückseigentümer erhebliche wirtschaftliche Auswirkungen.

Vorhaben, die den **Festsetzungen** – und zwar nicht nur den Mindestfestsetzungen, sondern auch den sonstigen nach § 9 getroffenen und nach § 8 Abs. 1 verbindlichen Festsetzungen – eines Bebauungsplanes nicht widersprechen, sind zulässig, und solche, die ihnen widersprechen, sind unzulässig (BVerwGE 42, 30 = BRS 27 Nr. 4). Indem der Gesetzgeber eine negative Formulierung gewählt und nicht verlangt hat, dass ein Vorhaben positiv den Festsetzungen entspricht, hat er den Weg für Vorhaben frei gemacht, an die die plangebende Gemeinde möglicherweise nicht gedacht hat. Unerheblich sind die Darstellungen eines **Flächennutzungsplanes**, da der Bebauungsplan diesem als Rechtsnorm vorgeht (BVerwG Buchholz 406. 11 § 35 BBauG Nr. 79 = BRS 22 Nr. 81). Im Einzelfall kann ein Vorhaben unzulässig sein, obwohl es den Festsetzungen des Bebauungsplans eigentlich nicht widerspricht. Dies ist nach § 15 Abs. 1 Bau NVO der Fall, wenn es nach Anzahl, Lage, Umfang oder Zweckbestimmung der **Eigenart des Baugebiets** widerspricht. Das BVerwG hat einen solchen Fall für einen Einzelhandelsbetrieb im Mischgebiet angenommen, weil in demselben Gebiet bereits Einzelhandelsbetriebe zugelassen worden waren und das gebotene quantitative **Mischungsverhältnis** von Wohnen und nicht wesentlich störendem Gewerbe durch Zulassung eines weiteren gewerblichen Betriebes gestört worden wäre (DVBl 1988, 848 ff). 3

Der Bebauungsplan äußert nur Wirkungen für die Zukunft, so dass ursprünglich legal errichtete Bauwerke, die nunmehr den neuen Festsetzungen eines geänderten oder neu aufgestellten Bebauungsplanes widersprechen, von diesem unberührt bleiben, sie genießen dann aber **Bestandsschutz** bezüglich der Errichtung und der Nutzung. Die Grenze des Bestandsschutzes stellt die jeder baulichen Nutzung innewohnende **Variationsbreite** dar. Im Einzelfall können Abgrenzungsprobleme zwischen notwendigen Reparatur- und Instandsetzungsmaßnahmen und die Grenze des Bestandsschutzes überschreitenden Baumaßnahmen bestehen. Dabei ist ein Rückgriff auf die landesrechtlich zu beurteilende Frage der Reichweite von Baugenehmigungen nur begrenzt möglich. Dieser baurechtliche Bestandsschutz, dessen Voraussetzungen von demjenigen **darzulegen** sind, der sich darauf beruft (BVerwG BauR 1979, 228), beruht auf Art. 14 Abs. 1 GG und ist im Wesentlichen an Fällen im Außenbereich nach § 35 entwickelt worden. Er setzt voraus, dass das bestehende Bauwerk über einen nennenswerten Zeitraum formell oder materiell legal war (BVerwGE 75, 262 = BVerwG Buchholz 406.11 § 155a BBauG Nr. 5) und auch noch funktionsfähig ist. Ein Bestandsschutz erlischt bei längerer **Nutzungsunterbrechung**, wenn das Bauwerk abgebrochen oder durch Brand oder Naturkatastrophe zerstört wird (BVerwGE 47, 126 = BRS 28 Nr. 114). Ein Anspruch auf Genehmigung für das Bestandsschutz genießende, aber nach den jetzigen Vorschriften nicht mehr genehmigungsfähige Bauwerk besteht nicht (BVerwGE 72, 362 = DVBl 1986, 677). 4

Nicht unter den Bestandsschutz fällt die **Erweiterung** oder die **Funktionsänderung** (BVerwGE 68, 360 = BVerwGE Buchholz 406.12 § 11 BauNVO Nr. 5); es sei 5 denn, eine Erweiterung ist durch die zu stellenden Anforderungen an modernes Wohnen bedingt (BVerwGE 72, 362 = BRS 46 Nr. 148). Dabei muss aber auf jeden Fall die **Identität** zwischen dem früheren und dem jetzigen Bauwerk erhalten bleiben (BVerwGE 61, 112 = BVerwG Buchholz 406.11 § 35 BBauG Nr. 172). Eine weitere Ausnahme für eine Erweiterung wird für gewerbliche Anlagen unter dem Aspekt des **überwirkenden Bestandsschutzes** gemacht. Danach darf ein Vorhaben ausgeführt werden, wenn ansonsten die anderen Baulichkeiten des Gewerbebetriebes funktionslos werden würden (BVerwGE 50, 49 = BauR 1976, 100). Dies darf aber nicht dazu führen, dass mit einer „Salamitaktik" immer wieder kleine Erweiterungen vorgenommen werden, die in ihrer Gesamtheit die Grenze des Zulässigen überschreiten würden, wenn sie zusammen durchgeführt würden. Wirtschaftliche Gründe allein rechtfertigen unter dem Aspekt des Bestandsschutzes keine **Betriebserweiterung** (BVerwG Buchholz 406.16 Eigentumsschutz Nr. 23 = NJW 1981, 1224).

6 Die Zulässigkeit eines Vorhabens nach § 30 setzt weiterhin voraus, dass die **Erschließung** gesichert ist. Der Begriff der gesicherten Erschließung in den §§ 30 ff ist ein bundesrechtlicher Begriff, den das BauGB selbst nicht inhaltlich definiert und der auch nicht durch das Landesrecht konkretisiert wird (BVerwG Buchholz 406.11 § 35 BBauG Nr. 246 = NVwZ 1989, 353). Er bestimmt sich durch die Anforderungen des jeweiligen Bedeutungszusammenhanges. Nach allgemeiner Auffassung zählen als Mindestanforderungen an Erschließungsanlagen, dass eine **verkehrsmäßige Anbindung** des Baugrundstücks durch Straßen, Wege oder Plätze gegeben ist, und dass ein Anschluss mit Ver- und Entsorgungs**leitungen** für Elektrizität, Wasser und Abwasser besteht. Nähere Einzelheiten für den Umfang der Erschließung können im Bebauungsplan festgesetzt werden (BVerwG ZfBR1993, 304 im Anschluss an BVerwG DVBl 1986, 685). Von entscheidender Bedeutung sind die konkret genehmigte und beabsichtigte **Nutzung** des Vorhabens und seine Auswirkungen auf das Gebiet, etwa im Hinblick auf einen zu erwartenden Zugangsverkehr. Die Erschließung ist gesichert, wenn mit der Benutzbarkeit der Erschließungsanlage im Zeitpunkt der Gebrauchsabnahme des Bauwerks gerechnet werden kann (BVerwG Buchholz 406.11 § 30 BBauG Nr. 25 = NVwZ 1986, 646), wobei nicht auf den gesamten Geltungsbereich des Bebauungsplanes abgestellt wird, sondern auf das konkrete Vorhaben. Dabei ist nicht allein eine tatsächlich vorhandene Erschließung maßgebend, etwa die Zufahrt zum Baugrundstück über einen vorhandenen Weg. Notwendig ist vielmehr, dass die Erschließung dauerhaft rechtlich gesichert ist, was durch **Baulasten** und **Grunddienstbarkeiten** (Wegerechte, Leitungsrechte) geschehen kann. Ist die Erschließung nicht gesichert, besteht ein **Bauverbot**. Von dem Erfordernis der Sicherung der Erschließung kann eine Befreiung nicht erteilt werden (BVerwG Buchholz 406.11 § 30 BBauG Nr. 25 = NVwZ 1986, 646). Etwas Anderes kommt allenfalls dann in Frage, wenn wegen der fehlenden Erschließung ein Anspruch auf ein **Notwegrecht** nach § 917 BGB besteht (BVerwGE 50, 282 = Buchholz 406.19 Nachbarschutz Nr. 26). Der Erlass eines qualifizierten Bebauungsplanes hat nicht zur Folge, dass sich daraus eine Pflicht zur Erschließung vorhandener baulicher Anlagen ergibt (BVerwG Buchholz 406.11 § 123 BBauG Nr. 29 = NVwZ 1985, 564 = BRS 43 Nr. 9).

7 Obwohl die Erschließung eine Pflichtaufgabe der Gemeinden ist, steht dem kein subjektiver Anspruch des Bürgers auf Herstellung der notwendigen Erschließungsanlagen gegenüber (§ 123 Abs. 3). Gleichwohl hat die Rechtsprechung in Ausnah-

mefällen angenommen, dass sich die **Erschließungspflicht** zu einem Anspruch des Bürgers auf Erschließung verdichtet habe, so zB wenn die Gemeinde trotz fehlender Erschließung selbst Baugenehmigungen erteilt oder bei ihrer Erteilung mitgewirkt hat (BVerwGE 78, 266), wenn sie ohne hinreichenden Grund ein **Erschließungsangebot** abgelehnt hat (BVerwG NVwZ 1994, 281) oder wenn sie bereits Vorausleistungen für die Erschließung erhoben hat (BVerwGE 64, 186).

Bebauungspläne können durch die Bildung entgegenstehenden Gewohnheitsrechts (BVerwGE 26, 282 = BRS 18 Nr. 10) oder wegen **Funktionslosigkeit** (BVerwGE 67, 334 = ZfBR 1983, 243), und zwar auch hinsichtlich nur einzelner Festsetzungen, außer Kraft treten. Eine solche Ausnahme kommt aber nur dann in Betracht, wenn auf Grund der tatsächlichen Gegebenheiten eine (überwiegende) Umsetzung und Verwirklichung des Bebauungsplans objektiv nicht mehr möglich ist. Die bloße Annahme, dass die Gemeinde eine tatsächlich bestehende Situation so nicht geplant hätte, reicht nicht aus. 8

Abs. 2 ist die Konsequenz aus der erweiterten Möglichkeit zur Zusammenarbeit der Gemeinden mit Privaten und dient der beschleunigten Verwirklichung von Vorhaben iR eines **Vorhaben- und Erschließungsplans**. Der vorhabenbezogene Bebauungsplan hat insoweit die gleichen Rechtswirkungen wie der qualifizierte Bebauungsplan iSd Abs. 1. Ist die Erfüllung des **Durchführungsvertrages** gewährleistet, so ist auch von einer gesicherten Erschließung auszugehen. 9

Abs. 3 enthält eine Definition des sog. **einfachen Bebauungsplanes**. Der Gesetzgeber wollte durch die ausdrückliche Erwähnung des einfachen Bebauungsplanes verdeutlichen, dass die Gemeinden von diesem Instrument Gebrauch machen können, wenn es um die Ordnung der städtebaulichen Entwicklung in einfach gelagerten Fällen geht. Dies kann zum Beispiel für innerörtliche Lagen sinnvoll sein, in denen die bestehenden Gebäude erhalten bleiben, ihre Nutzungen aber zukünftig in eine neue Richtung gelenkt werden sollen, etwa um dem **Strukturwandel** in der Landwirtschaft Rechnung zu tragen. Die Zulässigkeit eines Vorhabens richtet sich in erster Linie nach den Festsetzungen des einfachen Bebauungsplans. Liegt ein Verstoß hiergegen vor, ist das Vorhaben bereits aus diesem Grund unzulässig, solange Ausnahmen und Befreiungen nicht in Betracht kommen. Dies gilt auch dann, wenn es bei einer alleinigen Beurteilung nach § 34 zulässig wäre. 10

Ein **Nachbarschutz** ergibt sich aus § 30 selbst nicht (BVerwG Buchholz 406.11 § 30 BBauG Nr. 21 = NVwZ 1985, 652 = BRS 42 Nr. 183). Nachbarschützenden Charakter haben aber grds. im Bebauungsplan die Festsetzungen von Baugebieten nach den §§ 2–11 BauNVO (BVerwGE 44, 244 = BVerwG Buchholz 406.11 § 12 BBauG Nr. 3 = BRS 27 Nr. 157; BVerwG v. 16.9.1993). Die sonstigen Festsetzungen eines Bebauungsplanes entfalten nur dann Nachbarschutz, wenn sich aus dem Bebauungsplan oder seiner **Begründung** ergibt, dass diese Festsetzungen aufgenommen wurden, um private Belange Dritter zu schützen (BVerwG NVwZ 1985, 748 = BRS 42 Nr. 123 = ZfBR 1984, 301). Es ist auch Sache des Ortsgesetzgebers, darüber zu befinden, ob und in welchem Umfang einer von ihm festgesetzten Abweichung von den bundesrechtlich vorgegebenen Baugebietsarten Nachbarschutz zukommt (OVG Koblenz v. 14.1.2000 – 1A 11751/99 –). Das in § 15 BauNVO verankerte Gebot der Rücksichtnahme kann aber unter Umständen auch dann Nachbarschutz vermitteln, wenn die konkrete Festsetzung selbst nicht nachbarschützend ist (BVerwGE 67, 334 = BRS 40 Nr. 4). 11

§ 31 Ausnahmen und Befreiungen

(1) Von den Festsetzungen des Bebauungsplans können solche Ausnahmen zugelassen werden, die in dem Bebauungsplan nach Art und Umfang ausdrücklich vorgesehen sind.

(2) Von den Festsetzungen des Bebauungsplans kann befreit werden, wenn die Grundzüge der Planung nicht berührt werden und

1. Gründe des Wohls der Allgemeinheit die Befreiung erfordern oder

2. die Abweichung städtebaulich vertretbar ist oder

3. die Durchführung des Bebauungsplans zu einer offenbar nicht beabsichtigten Härte führen würde

und wenn die Abweichung auch unter Würdigung nachbarlicher Interessen mit den öffentlichen Belangen vereinbar ist.

1 Der **Bebauungsplan** als Rechtsnorm enthält notwendigerweise typisierende und pauschalisierende Elemente. Es wird deshalb häufig konkrete Fälle geben, bei denen die Anwendung der Norm zu Ergebnissen führt, die vom Normzweck her unbillig sind. Dem versucht § 31 entgegenzuwirken.

2 § 31 bezieht sich sowohl auf einfache als auch auf qualifizierte Bebauungspläne (BVerwGE 19, 164 = BRS 15 Nr. 19). Davon erfasst werden außerdem die als übergeleitete Bebauungspläne nach § 173 Abs. 3 BBauG geltenden Bebauungspläne. Bei einer Genehmigung nach § 33 kann auch ein nur als **Ausnahme** zulässiges Vorhaben genehmigt werden. Eine Befreiung nach § 31 Abs. 2 scheidet jedoch in einer solchen Fallkonstellation aus (BVerwGE 20, 127 = BVerwG Buchholz 406.11 § 33 BBauG Nr. 2). Entsprechende Anwendung kann § 31 im unbeplanten Innenbereich finden, wenn sich gemäß § 34 Abs. 2 die Zulässigkeit eines Vorhabens nach seiner Art allein danach richtet, ob es nach der BauNVO in dem konkret bestehenden Gebiet iSd §§ 2–14 zulässig wäre, denn dann gelten auch die für dieses Gebiet nach der BauNVO möglichen Ausnahmen. § 31 findet keine Anwendung auf Befreiungen und Ausnahmen nach dem **Bauordnungsrecht**; insoweit haben aber die Bauordnungen der Länder eigene Tatbestände geschaffen. Auch von dem Erfordernis der gesicherten **Erschließung** iSd § 30 kann keine Befreiung erteilt werden (BVerwG Buchholz 406.11 § 30 BBauG Nr. 25 = NVwZ 1986, 646). Allenfalls kann in Betracht kommen, eine vorübergehende provisorische Erschließung zu akzeptieren, wenn die endgültige Erschließung bereits gesichert ist, etwa eine **Kleinkläranlage**, wenn der Anschluss an die Kanalisation zeitnah hergestellt sein wird.

I. Ausnahme

3 **Ausnahmen** nach Abs. 1 sind solche Abweichungen im Einzelfall, die durch die entsprechende Vorschrift der BauNVO für den festgesetzten Gebietstyp allgemein oder nach Art und Umfang im Bebauungsplan durch Zeichnung, Farbe, Schrift oder Text ausdrücklich als solche vorgesehen sind. Deshalb kann die Bauaufsichtsbehörde keine Ausnahme zulassen, wenn die Gemeinde hierfür nicht im Bebauungsplan die Voraussetzungen geschaffen hat. Angaben in der **Begründung**

zum Bebauungsplan reichen dafür nicht aus. Es genügt aber, wenn sich die Ausnahme durch die Bezugnahme auf die BauNVO bestimmen lässt. Nach § 1 Abs. 3 Satz 2 BauNVO werden die Vorschriften der §§ 3–14 BauNVO durch eine entsprechende Festsetzung im Bebauungsplan zu dessen Bestandteil. Dies bedeutet, dass die in den §§ 2–9 BauNVO im Einzelnen vorgesehenen Ausnahmen damit unmittelbar Gegenstand der **planerischen Festsetzungen** sind. Da sie somit Gegenstand des Planungswillens der Gemeinde sind (BVerwGE 108, 190), ist diese auch gemäß § 36 Abs. 1 Satz 1 an der Entscheidung über die Gewährung einer Ausnahme zu beteiligen. Dies bedeutet gleichzeitig, dass die Gemeinde die Geltung der genannten Vorschriften der BauNVO ausschließen kann; dies bedarf dann aber einer entsprechenden Festsetzung (§ 1 Abs. 6 BauNVO). Andere Ausnahmemöglichkeiten der BauNVO müssen dagegen ausdrücklich im Bebauungsplan angeführt werden, um die Möglichkeit des § 31 Abs. 1 zu eröffnen. Die Festsetzung einer Ausnahme, die von den Regelungen der BauNVO abweicht, muss stets Art und Umfang (BVerwG, NVwZ 1999, 981 f) sowie ggf weitere Voraussetzungen, etwa zur Kompensation der Abweichung vom Planungswillen der Gemeinde, konkret benennen, eine pauschale Zulassung von Ausnahmen ist nicht möglich. Zu den Ausnahmen nach § 31 Abs. 1 zählen jedoch nicht die Regelungen des § 23 BauNVO (BVerwG Buchholz 406.11 § 30 BBauG Nr. 11 = DVBl 1975, 795). Die Ausnahme wird nicht durch den Bebauungsplan selbst zugelassen, es bedarf vielmehr stets einer **Einzelfallentscheidung** durch die Bauaufsichtsbehörde. Bei der Bewilligung der Ausnahme handelt es sich um eine **Ermessensentscheidung** (BVerwG Buchholz 454.51 MRVerbG Nr. 14 = NVwZ 1987, 410). Jedoch kann der Ermessensspielraum je nach Lage des konkreten Einzelfalles unter Berücksichtigung der aus Art. 14 Abs. 1 GG folgenden **Baufreiheit** derart reduziert sein, dass nur eine bestimmte Entscheidung ermessensfehlerfrei ist. Es darf nicht die Situation eintreten, dass durch eine zu häufige Erteilung von Ausnahmen der **Gebietscharakter** derart verändert wird, dass sich das Regel-Ausnahme-Verhältnis verkehrt und dann eine andere **Gebietsstruktur** entsteht. Die Ausnahme nach § 31 darf auch nicht dazu führen, dass durch ihre mehr oder weniger regelmäßige Erteilung de facto eine Bebauungsplanänderung ohne das gesetzlich hierfür vorgesehene Verfahren vorgenommen wird.

II. Befreiung

Mit der Neufassung des Abs. 2 durch das BauROG 1998 sollten die Regelungen 4
des § 31 Abs. 2 aF und des § 4 Abs. 1 und 1 a BauGB-Maßnahmengesetz zusammengeführt werden und durch eine deutlichere Strukturierung zur Vereinfachung der Befreiungsvorschriften beigetragen werden. Wenngleich sich das Tatbestandsmerkmal des dringenden Wohnbedarfs (§ 4 Abs. 1a) im Wortlaut des § 31 Abs. 2 nicht wiederfindet, ist der Belang nunmehr unter Nr. 1 (Gründe des Wohls der Allgemeinheit) zu subsumieren. Mit der Neufassung ist Voraussetzung für jede Befreiung geworden, dass die **Grundzüge der Planung** (dh das dieser zu Grunde liegende Zeitbild, BGH NJW 1980, 1751 = BRS 35 Nr. 16) nicht berührt werden. Dies stärkt erneut die **Planungshoheit** der Gemeinden, wenngleich durch die nach § 36 vorgeschriebene Beteiligung der Gemeinde deren Rechte bisher schon grds. gewahrt waren. Die Möglichkeiten, das gemeindliche **Einvernehmen** zu ersetzen, sind nunmehr aber insoweit geringer geworden.

5 In der Praxis dürfte sich eine andere Neuformulierung der Vorschrift deutlicher auswirken, nämlich der Verzicht darauf, Befreiungen nur in **Einzelfällen** gewähren zu können. Nach der Neufassung ist es nunmehr möglich, auch für mehrere Vorhaben ähnlicher Art eine Befreiung zu erteilen, solange die Grundzüge der Planung nicht berührt werden. Unklar ist auch im Gesetzgebungsverfahren geblieben, ob mit dem Verzicht auf die **Einzelfallbeschränkung** auch das (bisherige) ungeschriebene Tatbestandsmerkmal der Atypik aufgegeben wurde. Hiergegen spricht, dass die „typischen" Fälle ja gerade durch den Bebauungsplan geregelt werden sollen und damit die Grundzüge der Planung ausmachen, so dass, wenn auch typische Fälle abweichend vom bestehenden Bebauungsplan möglich sein sollen, regelmäßig ein Planänderungsverfahren nach den gesetzlichen Vorschriften durchzuführen ist. Außerdem gilt es, einer Ausuferung der Befreiungsmöglichkeiten entgegenzuwirken, um nicht die bestehende Planung zu entwerten. Dies bedeutet, dass eine Befreiung weiterhin nur dann in Betracht kommt, wenn es sich um einen atypischen Sonderfall handelt (vgl BVerwGE 56, 71 = BRS 33 Nr. 150). Bei dieser **Atypik** sind aber nicht die persönlichen Verhältnisse des Bauherrn maßgebend, sondern nur grundstücksbezogene Umstände (BVerwGE 40, 268 = BVerwG Buchholz 406.11 § 20 Nr. 8 = BRS 25 Nr. 163). Eine Befreiung darf dann nicht erteilt werden, wenn sich dieser Grund für alle von einer bestimmten Festsetzung betroffenen Grundstücke anführen ließe (BVerwG NVwZ 1989, 1060 = BauR 1989, 440). Konkrete **Planungsabsichten** einer Gemeinde können die Versagung einer Befreiung rechtfertigen (BVerwGE 117, 50).

6 Wenn Rechtsprechung (vgl BVerwG NVwZ-RR 1990, 529; VGH München ZfBR 2004, 77 f) und Literatur (vgl Gaentzsch, Berliner Kommentar, Rn 9 zu § 31) übereinstimmend davon ausgehen, dass die Erteilung einer Befreiung keines besonderen **Antrages** durch den Bauantragsteller bedürfe, weil davon auszugehen sei, dass dieser konkludent alles habe beantragen wollen, was zur Verwirklichung seines Vorhabens notwendig sei, so kann dies in der Praxis durchaus zu Problemen führen. Regelmäßig wird nämlich mit der Erteilung einer Befreiung eine **Befreiungsgebühr** erhoben, was den Antragsteller durchaus finanziell in erheblicher Weise belasten kann. Es sind Fälle denkbar, in denen eine geringfügige Umplanung für den Antragsteller billiger wäre als die Zahlung einer Befreiungsgebühr, zumal er sich über deren Höhe regelmäßig nicht informiert hat, weil er die Notwendigkeit einer Befreiung nicht erkannt hatte. Es empfiehlt sich deshalb, vor der Gewährung einer nicht ausdrücklich beantragten Befreiung den Bauantragsteller auf die Folgen aufmerksam zu machen.

7 Nach Abs. 2 Nr. 1 kommt eine Befreiung in Betracht, wenn **Gründe des Wohles der Allgemeinheit** dies erfordern. Unter diesem grundsätzlich weit auszulegenden Begriff sind alle öffentlichen Interessen, wie sie etwa in § 1 Abs. 5 und 6 aufgeführt sind, zu verstehen (vgl BVerwGE 56, 71 = BRS 33 Nr. 150). Insoweit besteht keine Beschränkung auf städtebauliche Konstellationen. Eine Befreiung wird dann erforderlich sein, wenn es vernünftigerweise geboten ist, das geplante Vorhaben an der vorgesehenen Stelle zu verwirklichen (BVerwGE 56, 71 = BauR 1978, 387). Dies kann zB bei einer Mobilfunkanlage aus technischen Gründen zu bejahen sein (BVerwG, BauR 2004, 1124). Eine Nützlichkeit oder Dienlichkeit für das **Gemeinwohl** ist aber nicht ausreichend (BVerwG Buchholz 406.11 § 31 BBauG Nr. 20 = BRS 39 Nr. 168). Einer Ausuferung von Befreiungen nach Abs. 2 Nr. 1 steht die Begrenzung durch die Grundzüge der Planung, die Würdigung nachbarlicher Interessen und öffentlicher Belange ebenso entgegen wie die Beteiligung der

Gemeinde nach § 36 Abs. 1 Satz 1, mit der sie die Identität ihrer Planung sichern kann.

8 Mit dem Befreiungstatbestand des Abs. 2 Nr. 2 sollen Einengungen bei den Befreiungsmöglichkeiten vermieden werden, die durch die Rechtsprechung entstanden sind. Dabei darf aber nicht außer Acht gelassen werden, dass die Befreiung eine atypische **Sondersituation** des betroffenen Grundstücks voraussetzt. Die durch die Vorschrift geschaffenen erheblichen Möglichkeiten zur Abweichung von den Festsetzungen eines Bebauungsplans sind teilweise heftig kritisiert worden (vgl Schrödter, BauGB, 6. Aufl. 1998, Rn 26 zu § 31). Soweit sich Probleme bei der Abgrenzung zwischen der Gewährung einer Befreiung wegen deren städtebaulicher Vertretbarkeit und einer Planänderung im vereinfachten Verfahren nach § 13 ergeben, stellt sich auch die Frage der **demokratischen Legitimation**, da für wesentliche Veränderung in der Bauleitplanung einer Gemeinde deren gewählte Vertreter im hierfür vorgesehenen Verfahren zuständig sind, nicht aber die Baubehörden.

9 Eine Abweichung ist dann **städtebaulich vertretbar**, wenn das Bauvorhaben mit der geordneten städtebaulichen Entwicklung und Ordnung gem. den Anforderungen des § 1 Abs. 6 und 7 vereinbar ist und sie von der Art und vom Umfang nicht die Bedeutung hat, dass unter Beachtung der §§ 1 Abs. 3, 13 eine Änderung des Bebauungsplanes erforderlich wäre (VGH Bad-Württ BRS 47 Nr. 146 = BWVPr. 1988, 82). Dies ist zB der Fall, wenn sich einzelne Festsetzungen des Bebauungsplanes für ein betroffenes Grundstück als **städtebauliche Fehlentscheidung** herausstellen.

10 Eine offenbar nicht beabsichtigte **Härte** iSd Abs. 2 Nr. 3 – der in der Praxis wohl häufigste Fall einer Befreiung – kann dann angenommen werden, wenn das für die Bebauung vorgesehene Grundstück wegen seiner besonderen Verhältnisse bei Einhaltung des Bebauungsplanes nicht bzw nur schwer bebaut werden kann und diese Beschränkung nicht durch die Zielsetzung des Bebauungsplanes gefordert wird (BVerwGE 56, 71 = Buchholz 406.11 § 31 BBauG Nr. 16 = BauR 1978, 387). Hiermit wird zwar eine **privatnützige** Befreiungsmöglichkeit geschaffen, dies heißt aber nicht, dass dem Grundstückseigentümer stets die wirtschaftlich ertragreichste oder sonst seiner Ansicht nach sinnvollste Bebauung seines Grundstücks ermöglicht werden müsste. Insoweit ist die Vorschrift eng auszulegen, nicht zuletzt um einem Verstoß gegen das **Gleichheitsgebot** entgegenzuwirken.

11 Eine Härte bedeutet ein nachhaltig in Rechte eingreifendes Opfer (BVerwGE 48, 123 = BRS 29 Nr. 164); sie muss aber grundstücksbezogen sein, so dass persönliche Besonderheiten (zB in familiärer oder finanzieller Hinsicht), die bei einem anderen Grundstückseigentümer nicht in derselben Weise auftreten würden, keine Befreiung rechtfertigen können (BVerwG Buchholz 406.11 § 30 BBauG Nr. 11 = DVBl 1975, 896). Ebenfalls liegt keine Härte vor, wenn ein Vorhaben ohne oder unter Abweichung von der Baugenehmigung errichtet worden ist und nunmehr von der Baugenehmigungsbehörde die Beseitigung oder die Anpassung an den Bebauungsplan verlangt wird (BVerwG Buchholz 406.11 § 31 BBauG Nr. 17 = BRS 33 Nr. 151 = ZfBR 1979, 37).

III. Öffentliche Belange

12 Für alle drei Befreiungstatbestände muss noch hinzukommen, dass die Abweichung auch unter Würdigung nachbarlicher Interessen mit den öffentlichen Belan-

gen vereinbar ist. Unter **öffentlichen Belangen** sind nur städtebaulich relevante Belange zu verstehen, wobei es aber eine allgemein gültige Formel, wann eine Befreiung mit öffentlichen Belangen vereinbar ist, nicht gibt (BVerwGE 56, 71 = BRS 33 Nr. 150 = BauR 1978, 387). Als Faustregel gilt, dass öffentliche Belange tangiert sind, wenn sich das geplante Bauvorhaben bei unterstellter Anwendung des § 34 nicht in die Umgebung einfügen würde (BVerwG Buchholz 406.11 § 31 BBauG Nr. 20 = BRS 39 Nr. 168), wobei aber letztlich das entscheidende Kriterium ist, ob durch dieses Bauvorhaben bewältigungsbedürftige städtebauliche **Spannungen** hervorgerufen werden. Dies bestimmt sich danach, ob die vorhandene bauliche Situation verschlechtert wird und das Bauvorhaben Unruhe stiftet (BVerwGE 55, 369 = BauR 1978, 276).

IV. Nachbarliche Interessen

13 Ferner sind die **nachbarlichen Interessen** zu würdigen. Aus dem Wortlaut folgt zunächst, dass diese einer Befreiung nicht von vornherein entgegenstehen dürfen (OVG Lüneburg BRS 46 NR. 153 = BauR 1987, 74). Für die Würdigung der nachbarlichen Interessen spielt es keine Rolle, ob diese Interessen sich auf nachbarschützende Vorschriften stützen können oder nicht (BVerwG Buchholz 406.19 Nachbarschutz Nr. 71 = NVwZ 1987, 409). Der Interessenausgleich zwischen dem Nachbarn und dem Bauherrn erfolgt unter Berücksichtigung der Grundsätze des Gebots der **Rücksichtnahme** (BVerwG Buchholz 406.19 **Nachbarschutz** Nr. 71 = NVwZ 1987, 409). Nachbarn iSd Vorschrift sind nicht nur die Eigentümer der unmittelbar benachbarten Grundstücke und die Inhaber grundstücksgleicher Rechte und dinglicher Nutzungsrechte an diesen Grundstücken, sondern auch diejenigen Eigentümer, die von dem geplanten Vorhaben in ihren rechtlichen Interessen betroffen werden können (BVerwGE 28, 131 = BRS 18 Nr. 137). Nicht zu den Nachbarn zählen dagegen die **Mieter** und **Pächter** (BVerwG Buchholz 406.19 Nachbarschutz Nr. 50 = BauR 1983, 154). Die Erteilung der Befreiung steht im **Ermessen** der Baugenehmigungsbehörde (BVerwGE 56, 71 = Buchholz 406.11 § 31 BBauG Nr. 16). Die Ermessenserwägungen müssen allerdings städtebaulicher Art sein. Fiskalische oder politische Motive sind dabei nicht zulässig (BVerwGE 77, 308 = BauR 1987, 520). Regelmäßig wird aber, wenn die Tatbestandsvoraussetzungen des § 31 gegeben sind, eine **Ermessensreduzierung auf Null** anzunehmen sein, da sich kaum sachgerechte Ermessenserwägungen für eine Versagung anführen lassen werden. Dies gilt auf jeden Fall dann, wenn das Gesetz einem bestimmten Vorhaben eine Vorrangstellung einräumt (BVerwGE 74, 315 = BVerwG Buchholz 406.27 § 48 BBergG Nr. 1 = NJW 1987, 1713).

V. Einvernehmen

14 Zur positiven Entscheidung bedarf es außerdem des **Einvernehmens** der Gemeinde (§ 36 Abs. 1 Satz 1); die Zustimmung der höheren Verwaltungsbehörde ist grds. nicht mehr erforderlich. Versagt die Gemeinde ihr Einvernehmen, so muss die Baugenehmigungsbehörde die Befreiung bzw die Ausnahme und damit auch den Bauantrag ablehnen. Dies gilt auch dann, wenn die Gemeinde ihr Einvernehmen zu Unrecht versagt hat (BVerwG Buchholz 406.11 § 36 BBauG Nr. 35 = NVwZ 1986, 556 = BRS 46 Nr. 142), sofern nicht ein Fall des § 36 Abs. 2 Satz 3 vorliegt.

VI. Nachbarschutz

Während dem § 31 früher ein **Nachbarschutz** nur dann zuerkannt wurde, wenn von einer nachbarschützenden Festsetzung des Bebauungsplanes eine Befreiung erteilt worden war (BVerwG BRS 39 Nr. 175 = ZfBR 1983, 97), ist diese Ansicht nunmehr aufgegeben worden. Nachbarschutz besteht jetzt auch bei einer Befreiung von den nicht nachbarschützenden Festsetzungen des Bebauungsplanes (BVerwG Buchholz 406.19 Nachbarschutz Nr. 71 = NVwZ 1987, 409 = BauR 1987, 70), wenn das Bauvorhaben das **Gebot der Rücksichtnahme** verletzt (vgl hierzu: BVerwGE 52, 122 = BRS 32 Nr. 155). Maßgebend sind dabei die Umstände des Einzelfalls. Der Nachbar kann umso mehr an Rücksichtnahme verlangen, je empfindlicher seine Stellung durch eine an die Stelle der im Bebauungsplan festgesetzten Nutzung tretende andersartige Nutzung berührt werden kann. Umgekehrt braucht derjenige, der die Befreiung in Anspruch nehmen will, umso weniger Rücksicht zu nehmen, je verständlicher und unabweisbarer die von ihm verfolgten Interessen sind. Es ist zu prüfen, ob die durch die Befreiung eintretenden Nachteile das Maß dessen übersteigen, was einem Nachbarn billigerweise noch zuzumuten ist (BVerwG, NVwZ 1987, 409). S. Vor §§ 29–38, Rn 39 ff. 15

§ 32 Nutzungsbeschränkungen auf künftigen Gemeinbedarfs-, Verkehrs-, Versorgungs- und Grünflächen

Sind überbaute Flächen in dem Bebauungsplan als Baugrundstücke für den Gemeinbedarf oder als Verkehrs-, Versorgungs- oder Grünflächen festgesetzt, dürfen auf ihnen Vorhaben, die eine wertsteigernde Änderung baulicher Anlagen zur Folge haben, nur zugelassen und für sie Befreiungen von den Festsetzungen des Bebauungsplans nur erteilt werden, wenn der Bedarfs- oder Erschließungsträger zustimmt oder der Eigentümer für sich und seine Rechtsnachfolger auf Ersatz der Werterhöhung für den Fall schriftlich verzichtet, dass der Bebauungsplan durchgeführt wird. Dies gilt auch für die dem Bebauungsplan nicht widersprechenden Teile einer baulichen Anlage, wenn sie für sich allein nicht wirtschaftlich verwertbar sind oder wenn bei der Enteignung die Übernahme der restlichen überbauten Flächen verlangt werden kann.

Mit dieser Vorschrift, der in der Praxis allenfalls eine geringe Bedeutung zukommt, sollen **unwirtschaftliche Investitionen** unterbunden werden, die entstehen können, wenn ein Vorhaben zugelassen wird, das einer späteren Nutzung der Fläche als Baugrundstück für den Gemeinbedarf oder als Verkehrs-, Versorgungs- oder Grünfläche entgegensteht. Denkbar ist eine solche Konstellation, wenn die festgesetzte Nutzung nicht in absehbarer Zeit verwirklicht werden kann oder soll, so dass für den Eigentümer des Grundstücks eine bauliche Veränderung der bestehenden und bestandsgeschützten Anlagen für die Zwischenzeit noch rentabel wäre. Dies wird bei einem **Vorhaben- und Erschließungsplan** regelmäßig nicht der Fall sein, da dieser auf eine zeitnahe Realisierung angelegt ist. **Kosten** können insbesondere durch eine Erhöhung der Übernahmekosten beim Erwerb durch die Gemeinde im Wege der Ausübung des Vorkaufsrechts (§§ 24 ff), der Übernahme (§ 40 Abs. 2) oder der Enteignung (§§ 85 ff) oder den sonstigen Erschließungsträger entstehen. § 32 gilt sowohl für qualifizierte als auch einfache Bebauungspläne, wobei die Aufzählung der Flächen abschließend ist. 1

2 Voraussetzung für eine Nutzungsbeschränkung nach § 32 ist, dass in einem (wirksamen) Bebauungsplan nach § 9 Abs. 1 Flächen für den Gemeinbedarf (Nr. 5), Verkehrsflächen (Nr. 11), Versorgungsflächen (Nr. 12) oder Grünflächen (Nr. 15) festgesetzt worden sind. Eine **überbaute Fläche** iSd § 32 Satz 1 liegt vor, wenn darauf ein Vorhaben iSd § 29 errichtet worden ist. Satz 2 meint die Fälle, in denen die Voraussetzungen des Satz 1 nur auf Teile der baulichen Anlage zutreffen, deren Rest aber mit den Festsetzungen des Bebauungsplan vereinbar ist. Eine analoge Anwendung des § 32 auf **Wertsteigerungen** nicht überbauter Flächen ist unzulässig. Beschränken will die Vorschrift die Möglichkeit wertsteigernder Vorhaben, womit sowohl bauliche Veränderungen wie auch Nutzungsänderungen gemeint sind, die iSv § 29 städtebaulich Relevanz haben. Die Änderung einer baulichen Anlage ist wertsteigernd, wenn es dadurch zu einer Erhöhung des später ggf zu ersetzenden materiellen Grundstückswertes kommt. Somit ist ein Vergleich des Wertes vor und nach der Maßnahme anzustellen. Einzustellen in die Berechnung ist aber auch die Zeitdauer bis zur Realisierung der planerischen Festsetzung, um auch einem möglicherweise eintretenden Wertverlust Rechnung tragen zu können, der die Wertsteigerung aufzehrt.

3 Die erforderliche **Zustimmung** des Bedarfs- oder Erschließungsträgers ist kein **Verwaltungsakt**, sondern ein Verwaltungsinternum und kann daher auch nicht gesondert angefochten werden. Wird die Zustimmung versagt, tritt eine Bindung der Baugenehmigungsbehörde ein, so dass diese die begehrte **Baugenehmigung** ablehnen muss. Mit einer sich anschließenden **Verpflichtungsklage** kann der Bauantragsteller auch eine **Inzidentkontrolle** der Versagung erreichen. Stimmt der Bedarfs- oder Erschließungsträger nicht zu, kann eine Genehmigung für ein Vorhaben in den Fällen des § 32 aber auch dann erteilt werden, wenn der Grundstückseigentümer eine **Erklärung** abgibt, mit der er auf den Ersatz der Werterhöhung für den Fall der Realisierung der Festsetzung verzichtet; diese Erklärung sollte zur Klarstellung auch die Erstreckung auf alle Rechtsnachfolger enthalten. Dabei handelt es sich um eine einseitige empfangsbedürftige Willenserklärung. In entschädigungsrechtlicher Hinsicht wird die Vorschrift durch § 40 Abs. 3 ergänzt.

§ 33 Zulässigkeit von Vorhaben während der Planaufstellung

(1) In Gebieten, für die ein Beschluss über die Aufstellung eines Bebauungsplans gefasst ist, ist ein Vorhaben zulässig, wenn

1. **die Öffentlichkeits- und Behördenbeteiligung nach § 3 Abs. 2, § 4 Abs. 2 und § 4a Abs. 2 bis 5 durchgeführt worden ist,**
2. **anzunehmen ist, dass das Vorhaben den künftigen Festsetzungen des Bebauungsplans nicht entgegensteht,**
3. **der Antragsteller diese Festsetzungen für sich und seine Rechtsnachfolger schriftlich anerkennt und**
4. **die Erschließung gesichert ist.**

(2) In Fällen des § 4a Abs. 3 Satz 1 kann vor der erneuten Öffentlichkeits- und Behördenbeteiligung ein Vorhaben zugelassen werden, wenn sich die vorgenommene Änderung oder Ergänzung des Bebauungsplanentwurfs nicht auf das Vorhaben auswirkt und die in Absatz 1 Nr. 2 bis 4 bezeichneten Voraussetzungen erfüllt sind.

(3) Wird ein Verfahren nach § 13 oder § 13a durchgeführt, kann ein Vorhaben vor Durchführung der Öffentlichkeits- und Behördenbeteiligung zugelassen werden, wenn die in Absatz 1 Nr. 2 bis 4 bezeichneten Voraussetzungen erfüllt sind. Der betroffenen Öffentlichkeit und den berührten Behörden und sonstigen Trägern öffentlicher Belange ist vor Erteilung der Genehmigung Gelegenheit zur Stellungnahme innerhalb angemessener Frist zu geben, soweit sie dazu nicht bereits zuvor Gelegenheit hatten.

Mit der Regelung des § 33 will der Gesetzgeber die Zulassung von Vorhaben 1
ermöglichen, die nach dem bestehenden planungsrechtlichen Status des Baugrundstücks nicht erfolgen könnte, die aber den Festsetzungen eines in **Aufstellung** begriffenen Bebauungsplans entspräche, soweit sich diese bereits so weit konkretisiert haben, dass sie einer Entscheidung zu Grunde gelegt werden können. Dabei schafft Abs. 1 der Vorschrift einen **Rechtsanspruch** auf Erteilung einer Baugenehmigung, wenn die dort genannten Voraussetzungen erfüllt sind, während Abs. 2 die Genehmigung eines Vorhabens in das **Ermessen** der Behörde stellt. Beiden Genehmigungstatbeständen ist gemeinsam, dass der Beschluss über die Aufstellung eines Bebauungsplans gefasst und öffentlich bekannt gemacht sein muss (§ 2 Abs. 1 Satz 2).

§ 33 gilt sowohl für einen in Aufstellung befindlichen qualifizierten als auch ein- 2
fachen **Bebauungsplan**, bezieht sich aber nicht auf die frühere Bauleitplanung einer ehemaligen, weil eingegliederten Gemeinde, auch wenn diese schon Planreife erlangt hatte (BGH NVwZ 1995, 413 = UPR 1995, 106). Anwendung findet die Vorschrift auch auf den **Vorhaben- und Erschließungsplan** nach § 12, den § 30 Abs. 2 insoweit gleichstellt. Weiterhin ist diese Vorschrift auch in gleicher Weise für **Planänderungen** anwendbar. § 33 greift nur bei solchen Vorhaben ein, die unter Berücksichtigung der für sie jeweils maßgebenden Vorschriften der §§ 30, 34 oder 35 unzulässig wären. Widerspricht ein Vorhaben den Festsetzungen des künftigen Bebauungsplanes, muss es aber nach dem derzeit noch für das Grundstück geltenden Bauplanungsrecht der §§ 30, 34 oder 35 zugelassen werden, kann es nicht auf Grund des § 33 untersagt werden (BVerwGE 20, 127 = BRS 15 Nr. 14), sondern muss vielmehr genehmigt werden. Die Vorschrift ist kein Instrument zur Sicherung einer künftigen Planung. Der Gemeinde, die im Hinblick auf den kommenden Bebauungsplan ein jetzt noch zulässiges Vorhaben verhindern will, bleibt nur die Möglichkeit, von einer **Veränderungssperre** oder der **Zurückstellung von Baugesuchen** Gebrauch zu machen.

Abs. 1 Nr. 1 entspricht den von der Rechtsprechung entwickelten Anforderungen 3
an die **Planreife** in formeller Hinsicht (vgl dazu: BVerwG Buchholz 406.11 § 33 BBauG Nr. 5 = BRS 33 Nr. 34). Sind die Öffentlichkeits- und Behördenbeteiligung in der gesetzlich vorgeschriebenen Form durchgeführt worden, so hat sich die Planung regelmäßig in einem Maße konkretisiert, dass abzusehen ist, ob ein Vorhaben die zukünftigen Festsetzungen einhalten wird. Abgeschlossen muss auch die Prüfung der fristgerecht vorgebrachten Anregungen sein, um feststellen zu können, ob die Planung noch verändert werden muss.

Zur materiellen Planreife setzt Nr. 2 voraus, dass das Zustandekommen der Pla- 4
nung sicher zu erwarten ist. Dies umfasst ggf auch die **Genehmigung** eines Bebauungsplans durch die höhere Verwaltungsbehörde in den Fällen des § 10 Abs. 2. Bestehen konkrete Anhaltspunkte dafür, dass trotz ihrer Zurückweisung vorgebrachte Anregungen bzw Bedenken die Planung abwägungsfehlerhaft machen,

so liegt die materielle Planreife (noch) nicht vor (BVerwG, BRS 23 Nr. 33). Dies ist dann der Fall, wenn die höhere Verwaltungsbehörde bereits Bedenken gegen diese Planung geäußert hat, die auch gegenüber dem zur Genehmigung anstehenden Bauvorhaben durchgreifen (BVerwG Buchholz 406.11 § 33 BBauG Nr. = BRS 15 Nr. 27).

Bedarf das zur Genehmigung stehende Vorhaben nach den zu erwartenden Festsetzungen einer vom zukünftigen Bebauungsplan vorgesehenen Ausnahme, so besteht hierauf kein Rechtsanspruch, da es sich entsprechend § 31 Abs. 1 um eine Ermessensentscheidung handelt.

5 Weitere Voraussetzung ist das schriftliche (vgl § 126 BGB) **Anerkenntnis** der künftigen Festsetzungen durch den Antragsteller für sich und seine Rechtsnachfolger. Die Wirkung für die Rechtsnachfolger ergibt sich zwar aus dem Gesetz, sollte aber zur Klarstellung – nicht zuletzt für den Erwerber – schriftlich abgesichert werden. Das Anerkenntnis ist eine einseitige, empfangsbedürftige Willenserklärung mit grundstücksbezogener Wirkung. Sie bezieht sich auf alle Festsetzungen des Bebauungsplans, die den Antragsteller in seinen Rechten betreffen können, nicht nur auf die für das zur Genehmigung gestellte Vorhaben relevanten. Werden bauordnungsrechtliche Festsetzungen, etwa gestalterischer Art, wirksam in den Bebauungsplan aufgenommen, so umfasst das Anerkenntnis auch diese. Mit seinem Anerkenntnis kann der Grundstückseigentümer auch auf die Wahrung von Belangen verzichten, die an sich in der **Abwägung** zu berücksichtigen wären.

6 Zur Voraussetzung der gesicherten **Erschließung** gelten die Anm. zu § 30.

7 Abs. 2 soll in den Fällen zur Erleichterung und Beschleunigung von Baumaßnahmen während der Planaufstellung beitragen, in denen das weitere Zuwarten lediglich eine unnötige Erschwernis für den Bauinteressenten wäre, ohne dass hierfür eine tatsächliche Notwendigkeit bestünde. Die Vorschrift schafft eine Genehmigungsmöglichkeit bereits vor der förmlichen Planreife, die im Ermessen der Genehmigungsbehörde steht. Voraussetzung für eine solche Ermessensentscheidung ist neben der materiellen Planreife (Abs. 1 Nr. 2), dem Anerkenntnis der Verbindlichkeit (Abs. 1 Nr. 3) und der gesicherten Erschließung (Abs. 1 Nr. 4), dass die **Öffentlichkeits- und Behördenbeteiligung** zwar durchgeführt wurde und zu Änderungen oder Ergänzungen geführt hat, diese aber das konkret zur Genehmigung gestellte Vorhaben nicht betreffen.

8 Abs. 3 der Vorschrift wurde durch das EAG Bau 2004 neu eingeführt und erlaubt in Übereinstimmung mit den europarechtlichen Vorschriften eine Genehmigung unter Verzicht auf die **Umweltprüfung**, wenn die Voraussetzungen hierfür gegeben sind. Insoweit gilt in den Fällen des vereinfachten Verfahrens die bisherige Regelung. In der Praxis dürften die Möglichkeiten des Abs. 3 allenfalls für **Großprojekte** in Betracht kommen, da in den anderen Fällen die vorhabenbezogene Beteiligung der betroffenen Öffentlichkeit und der berührten Behörden zu aufwändig wäre.

Ändert sich die Planung zwischen der Vorabgenehmigung und dem Inkrafttreten des Bebauungsplanes, so genießt das aufgrund der Baugenehmigung verwirklichte Vorhaben **Bestandsschutz**. Eine Beseitigung oder Anpassung kann dann nur noch im Wege der **Enteignung** durchgesetzt werden.

10 Für die Erteilung der Baugenehmigung nach § 33 ist das **Einvernehmen** der Gemeinde nach § 36 Abs. 1 Satz 1 erforderlich, die insoweit ebenfalls eine **Ermessensentscheidung** zu treffen hat. Die Beteiligung der Gemeinde am Genehmigungs-

verfahren während der Aufstellungsphase erscheint besonders hilfreich, weil sie über den Stand und die Absichten der Planung am besten informiert ist.

§ 34 Zulässigkeit von Vorhaben innerhalb der im Zusammenhang bebauten Ortsteile

(1) Innerhalb der im Zusammenhang bebauten Ortsteile ist ein Vorhaben zulässig, wenn es sich nach Art und Maß der baulichen Nutzung, der Bauweise und der Grundstücksfläche, die überbaut werden soll, in die Eigenart der näheren Umgebung einfügt und die Erschließung gesichert ist. Die Anforderungen an gesunde Wohn- und Arbeitsverhältnisse müssen gewahrt bleiben; das Ortsbild darf nicht beeinträchtigt werden.

(2) Entspricht die Eigenart der näheren Umgebung einem der Baugebiete, die in der auf Grund des § 9a erlassenen Verordnung bezeichnet sind, beurteilt sich die Zulässigkeit des Vorhabens nach seiner Art allein danach, ob es nach der Verordnung in dem Baugebiet allgemein zulässig wäre; auf die nach der Verordnung ausnahmsweise zulässigen Vorhaben ist § 31 Abs. 1, im Übrigen ist § 31 Abs. 2 entsprechend anzuwenden.

(3) Von Vorhaben nach Absatz 1 oder 2 dürfen keine schädlichen Auswirkungen auf zentrale Versorgungsbereiche in der Gemeinde oder in anderen Gemeinden zu erwarten sein.

(3a) Vom Erfordernis des Einfügens in die Eigenart der näheren Umgebung nach Absatz 1 Satz 1 kann im Einzelfall abgewichen werden, wenn die Abweichung

1. der Erweiterung, Änderung, Nutzungsänderung oder Erneuerung eines zulässigerweise errichteten Gewerbe- oder Handwerksbetriebs oder der Erweiterung, Änderung oder Erneuerung einer zulässigerweise errichteten baulichen Anlage zu Wohnzwecken dient,
2. städtebaulich vertretbar ist und
3. auch unter Würdigung nachbarlicher Interessen mit den öffentlichen Belangen vereinbar ist.

Satz 1 findet keine Anwendung auf Einzelhandelsbetriebe, die die verbrauchernahe Versorgung der Bevölkerung beeinträchtigen oder schädliche Auswirkungen auf zentrale Versorgungsbereiche in der Gemeinde oder in anderen Gemeinden haben können.

(4) Die Gemeinde kann durch Satzung

1. die Grenzen für im Zusammenhang bebaute Ortsteile festlegen,
2. bebaute Bereiche im Außenbereich als im Zusammenhang bebaute Ortsteile festlegen, wenn die Flächen im Flächennutzungsplan als Baufläche dargestellt sind,
3. einzelne Außenbereichsflächen in die im Zusammenhang bebauten Ortsteile einbeziehen, wenn die einbezogenen Flächen durch die bauliche Nutzung des angrenzenden Bereichs entsprechend geprägt sind.

Die Satzungen können miteinander verbunden werden.

(5) Voraussetzung für die Aufstellung von Satzungen nach Absatz 4 Satz 1 Nr. 2 und 3 ist, dass

1. sie mit einer geordneten städtebaulichen Entwicklung vereinbar sind,
2. die Zulässigkeit von Vorhaben, die einer Pflicht zur Durchführung einer Umweltverträglichkeitsprüfung nach Anlage 1 zum Gesetz über die Umweltverträglichkeitsprüfung oder nach Landesrecht unterliegen, nicht begründet wird und
3. keine Anhaltspunkte für eine Beeinträchtigung der in § 1 Abs. 6 Nr. 7 Buchstabe b genannten Schutzgüter bestehen.

In den Satzungen nach Absatz 4 Satz 1 Nr. 2 und 3 können einzelne Festsetzungen nach § 9 Abs. 1 und 3 Satz 1 sowie Abs. 4 getroffen werden. § 9 Abs. 6 ist entsprechend anzuwenden. Auf die Satzung nach Absatz 4 Satz 1 Nr. 3 sind ergänzend § 1a Abs. 2 und 3 und § 9 Abs. 1 a entsprechend anzuwenden; ihr ist eine Begründung mit den Angaben entsprechend § 2a Satz 2 Nr. 1 beizufügen.

(6) Bei der Aufstellung der Satzungen nach Absatz 4 Satz 1 Nr. 2 und 3 sind die Vorschriften über die Öffentlichkeits- und Behördenbeteiligung nach § 13 Abs. 2 Satz 1 Nr. 2 und 3 sowie Satz 2 entsprechend anzuwenden. Auf die Satzungen nach Absatz 4 Satz 1 Nr. 1 bis 3 ist § 10 Abs. 3 entsprechend anzuwenden.

I. Allgemeines

1 § 34 regelt die Zulässigkeit von Vorhaben auf Grundstücken in den im Zusammenhang bebauten Ortsteilen, für die ein qualifizierter Bebauungsplan nicht besteht und die auch nicht dem Außenbereich nach § 35 zuzurechnen sind. Die Vorschrift hat für diese Gebiete die Funktion eines **„Planersatzes“** und soll trotz fehlender Bauleitplanung eine **geordnete städtebauliche Entwicklung** sicherstellen. Das Gericht hat die Anwendung dieser Vorschrift von sich aus auch dann in Betracht zu ziehen, wenn es den von der Bauaufsichtsbehörde einer Entscheidung zu Grunde gelegten Bebauungsplan für unwirksam (VGH Baden-Württemberg NVwZ 1994, 700 = BRS 55 Nr. 4) oder funktionslos hält. Im Geltungsbereich eines einfachen Bebauungsplanes nach § 30 Abs. 2 kommt § 34 erst dann als Ergänzung für die hierin fehlenden Regelungen zum Zuge, wenn das Vorhaben den Festsetzungen dieses Bebauungsplanes entspricht. Ist das nicht der Fall, scheidet eine Genehmigung auch dann aus, wenn das Vorhaben nach § 34 zulässig wäre. Da die in § 33 genannten Gebiete keinen besonderen räumlichen Bereich bilden, stellt diese Vorschrift nur eine Ergänzung der sonstigen Zulassungstatbestände dar (BVerwGE 20, 127 = BRS 15 Nr. 14), so dass § 33 erst dann eingreifen kann, wenn die Unzulässigkeit des Vorhabens nach § 34 feststeht.

II. Bebauungszusammenhang

2 Voraussetzung für eine Anwendung des § 34 ist, dass ein **im Zusammenhang bebauter Ortsteil** gegeben ist. Da mit der insoweit vorzunehmenden Abgrenzung zwischen dem Innenbereich und dem Außenbereich die Entscheidung getroffen wird, ob ein Grundstück grundsätzlich bebaubar ist oder nicht, kommt ihr als Konkretisierung des **Eigentums** nach Art. 14 Abs. 1 GG verfassungsrechtliche wie

auch insbesondere wirtschaftliche Bedeutung zu. Dies spiegelt sich auch in der Vielzahl der Rechtsstreitigkeiten zu dieser Frage wider.

Grundsätzlich ist ein Bebauungszusammenhang iS von § 34 dann gegeben, wenn eine tatsächlich aufeinander folgende, zusammenhängende Bebauung existiert (BVerwGE 31, 20). Der für die Zulässigkeit eines Vorhabens erforderliche **Bebauungszusammenhang** kann aber auch dann angenommen werden, wenn die Bebauung trotz vorhandener **Baulücken** den Eindruck der Geschlossenheit und Zusammengehörigkeit vermittelt (BVerwGE 75, 34 = NVwZ 1987, 406 = BauR 1987, 52). Eine Unterbrechung des Bebauungszusammenhanges ist dagegen anzunehmen, wenn die unbebaute Fläche so groß ist, dass sie in den Möglichkeiten ihrer Bebauung nicht mehr von der bereits vorhandenen Bebauung geprägt wird (BVerwGE 41, 227 = BRS 25 Nr. 36). Letztlich entscheidend ist die **Verkehrsauffassung** (BVerwG Buchholz 406.11 § 35 BBauG Nr. 39 = BRS 18 Nr. 23; BVerwG UPR 1994, 148 = ZfBR 1994, 142), wobei es allerdings jeweils auf die Lage des konkreten Einzelfalls ankommt (BVerwGE 28, 268 = BRS 18 Nr. 57; BVerwG ZfBR 1992, 94 = RdL 1992, 79). Es ist deshalb nicht auszuschließen, dass der gleiche Gebäudeabstand, der in einem großzügigen Villengebiet den Bebauungszusammenhang nicht unterbricht, weil es sich insoweit um eine gewachsene, übliche Bauweise handelt, in einem verdichtet bebauten Wohngebiet planungsrechtlich anders zu beurteilen sein wird. 3

Eine bauliche Anlage ist für die Beurteilung eines Bebauungszusammenhangs nur dann relevant, wenn sie geeignet ist, den **Charakter des Gebiets** (mit-) zu prägen, dh wenn sie ein gewisses städtebauliches Gewicht hat (vgl VGH BW, VBlBW 1999, 139) und zum Aufenthalt von Menschen geeignet und bestimmt ist (vgl BVerwG, BauR 2002, 277). Hierdurch wird verhindert, dass zB Gartenlauben, Kleintierställe oder Scheunen, die sich häufig am Ortsrand befinden, den Bebauungszusammenhang erweitern und zum Ausfransen des Ortsrands führen. Soll § 34 nämlich seine Aufgabe als Planersatz erfüllen, so ist nur eine **„organische Siedlungsstruktur"** geeignet, einen nachvollziehbaren Maßstab zu bieten, an dem sich hinzutretende Vorhaben orientieren können (vgl hierzu BVerwGE 31, 22). Es ist allerdings nicht erforderlich, dass es sich hierbei um eine einheitliche Bebauung handelt, die etwa einem der Baugebietstypen nach der BauNVO entspricht. Vielmehr dient das Merkmal der organischen Siedlungsstruktur zur Abgrenzung einer Bebauung von der **Splittersiedlung** iSv § 35 Abs. 3 Nr. 7. Hierfür ist nicht ausreichend, dass es sich um bauliche Anlagen iSv § 29 BauGB handelt (BVerwG v. 8.11.1999 – 4 B 85/99). 4

Die Abgrenzung zwischen **Innenbereich** und **Außenbereich** lässt sich nicht unter Anwendung geographisch – mathematischer Maßstäbe allgemein bestimmen, sondern nur auf Grund einer die gesamten örtlichen Verhältnisse würdigenden Betrachtung (BVerwG Buchholz 406.11 § 35 BauGB Nr. 328 = NVwZ 1997, 899 = BauR 1997, 616). Je größer die unbebauten Fläche ist, umso unwahrscheinlicher wird die Annahme einer Baulücke sein (BVerwGE 35, 256 = BVerwG Buchholz 406.11 § 34 BBauG Nr. 27). Größere Freiflächen, die einer Bebauung wegen der natürlichen Beschaffenheit (zB Flüsse) entzogen sind, können im Einzelfall für die Beurteilung ohne Bedeutung sein (BVerwGE 44, 250 = BVerwG Buchholz 406.11 § 19 BBauG Nr. 30), aber auch den Bebauungszusammenhang unterbrechen (BVerwG BRS 17 Nr. 35 = BBauBl. 1967, 117; BVerwG DVBl 1991, 810 = ZfBR 1991, 126). Auch eine Freifläche, die rundum von Bebauung umgeben ist, kann als sog. **„Außenbereichsinsel** im Innenbereich" einer Bebauung nach § 34 entzogen 5 sein, wenn sie sich auf Grund ihrer Größe oder anderer Umstände nicht als logische Fortsetzung der Umgebungsbebauung darstellt (vgl BVerwG NJW 1984, 1576). Dies kann zB der Fall sein, wenn eine Reihe von größeren Grundstücken zwischen zwei Straßen, die alle nur mit an die Straßen grenzenden Gebäuden bebaut sind, im hinteren Bereich mit ihren Freiflächen aneinandergrenzen. Die hierbei entstehende (Gesamt-)Freifläche, die insbesondere für das **Kleinklima** eine erhebliche Bedeutung haben kann, kann dann als Außenbereich iSv § 35 gelten. Straßen unterbrechen den Bebauungszusammenhang nur dann, wenn sich auf der anderen Straßenseite die Bebauung nicht fortsetzt.

6 Bei der Beurteilung des Bebauungszusammenhangs ist auf die tatsächlich vorhandene Bebauung abzustellen. Dabei spielt es grds. keine Rolle, ob die **baulichen Anlagen** genehmigt worden sind oder ob sie baurechtswidrig sind, aber in einer Weise geduldet werden, die keine Zweifel daran lässt, dass sich die zuständige Behörde endgültig mit diesem Zustand abgefunden hat (BVerwGE 31, 22; BVerwG ZfBR 1993, 86). Etwas Anderes gilt aber dann, wenn sich aus dem Verhalten der zuständigen Behörde hinreichend klar ergibt – etwa durch den Erlass von **Beseitigungsverfügungen** –, dass die Beseitigung der baurechtswidrigen baulichen Anlagen absehbar ist (BVerwGE 31, 22 = BRS 20 Nr. 36). Ohne Einfluss auf die Beurteilung des Bebauungszusammenhangs ist ein genehmigtes, aber noch nicht errichtetes Gebäude (BVerwG Buchholz 406.11 § 34 BBauG Nr. 58 = BauR 1977, 104).

Das Ende des Bebauungszusammenhangs liegt unabhängig von **Grundstücksgrenzen** im Regelfall unmittelbar hinter dem letzten Gebäude, welches noch dem Bebauungszusammenhang zuzurechnen ist (BVerwG Buchholz 406.11 § 35 BBauG Nr. 123 = BauR 1976, 188), auch wenn sich hierdurch keine gerade Linie, sondern Zacken oder Rundungen ergeben (BVerwG BRS 50 Nr. 83). Ein sich daran anschließendes Grundstück oder Grundstücksteil zählt bereits zum **Außenbereich** (OVG Bremen BRS 44 Nr. 50 = BauR 1985, 538). Dies gilt nur dann nicht, wenn dieses Grundstück bebaut war und das neue Bauvorhaben als Ersatz für das frühere Gebäude angesehen werden kann, wobei zwischen Abbruch und Neubau ein gewisser **zeitlicher Zusammenhang** bestehen muss (BVerwGE 75, 34 = BVerwG Buchholz 406.11 § 34 BBauG Nr. 116 = NVwZ 1987, 406). Dieser zeitliche Zusammenhang kann idR bei einem dazwischen liegenden Zeitraum von mehr als zwei Jahren nicht mehr angenommen werden (BVerwGE 64, 41 = Buchholz 406.11 § 35 BBauG Nr. 183). Eine Verlängerung dieses Zeitraumes ist aber dann möglich, wenn sich die Verhandlungen mit der Gemeinde über die zukünftige Bebauung verzögern (BVerwGE 75, 34 = NVwZ 1987, 406).

8 Der Bebauungszusammenhang endet auch dann nicht unmittelbar hinter der letzten baulichen Anlage, wenn sich daran eine unbebaute Fläche in der Größe einer Baulücke anschließt, die durch **natürliche Hindernisse** (zB Eisenbahn) von der freien Landschaft abgegrenzt ist (BVerwGE 55, 369 = BRS 33 Nr. 36; BVerwG NuR 1992, 76 = DVBl 1991, 810) und durch dieses Hindernis praktisch in den Bebauungszusammenhang „hineingedrückt" wird. Im Gegenzug kann die Berücksichtigung **topographischer Gegebenheiten** auch dazu führen, dass unmittelbar aneinander grenzende (bebaute) Grundstücke zwei unterschiedlichen Baugebieten angehören, etwa wenn einem Steilhang im Grenzbereich eine trennende Funktion zukommt (BVerwG NVwZ-RR 1999, 105).

9 Für die Beurteilung des Bebauungszusammenhangs kommt es nicht auf die rechtlichen Grundstücksgrenzen an, so dass auch die **Teilung eines Grundstücks** dessen Innenbereichsqualität weder beeinträchtigen noch begründen kann (vgl BVerwG

DÖV 1990, 36). Ein an einen im Zusammenhang bebauten Ortsteil angrenzendes unbebautes Grundstück gehört dagegen nicht schon deshalb zu diesem Bebauungszusammenhang, weil es mit seiner anderen Seite an eine Gemeindegrenze reicht (BVerwG NVwZ-RR 1998, 156 = ZfBR 1997, 326 = BauR 1997, 805). Bebaute Grundstücke in der Nachbargemeinde bleiben für die Frage, wie weit der Bebauungszusammenhang reicht, unberücksichtigt, da an der **Gemeindegrenze** der Bebauungszusammenhang immer endet (BVerwGE 27, 137 = Buchholz 406.11 § 35 BBauG Nr. 41).

III. Ortsteil

10 Unter einem **Ortsteil** iSd § 34 ist jeder Bebauungskomplex im Gebiet einer Gemeinde zu verstehen, der nach der Zahl der vorhandenen Bauten ein gewisses Gewicht (BVerwG DVBl 1993, 111 = ZfBR 1993, 86; BVerwG NVwZ 1994, 294 = ZfBR 1994, 37) besitzt und Ausdruck einer **organischen Siedlungsstruktur** ist (BVerwG Buchholz 406.11 § 35 BBauG Nr. 211 = NVwZ 1984, 434). Dies ist das Gegenstück zur unerwünschten Splittersiedlung im Außenbereich.

11 Mit dem Begriff des Ortsteils enthält § 34 Abs. 1 einen rechtlichen Aspekt, der die Verknüpfung seiner Planersatzfunktion zur **kommunalen Planungshoheit** herstellt. Für die Frage, ob eine zusammenhängende Bebauung einen Ortsteil in diesem Sinne darstellt, kann nämlich nur der bauliche Bestand des jeweiligen Gemeindegebiets herangezogen werden. Hat die Gemeinde insoweit für ein Vorhaben nach § 34 gemäß § 36 Abs. 1 ihr **Einvernehmen** zu erteilen und dabei zu prüfen, ob sich die geplante Bebauung in den vorhandenen Rahmen einfügt, so kann sich ihre Einschätzung, dh auch ihre rechtliche Qualifizierung des Gebiets nur auf ihren eigenen Hoheitsbereich erstrecken.

12 Ob ein Bebauungskomplex ein gewisses Gewicht besitzt, hängt insbesondere von seinem Verhältnis zur bereits vorhandenen Bebauung ab (BVerwG Buchholz 406.11 § 34 BBauG Nr. 31 = BRS 25 Nr. 41) Es kommt also entscheidend auf die jeweiligen Verhältnisse in der betreffenden Landschaft an (BVerwG Buchholz 406.11 § 35 BBauG Nr. 211 = NVwZ 1984, 434). Auch eine bestimmte Anzahl von Gebäuden, die zur Annahme eines Ortsteils ausreichend sind, lässt sich nicht generell festlegen. Bei einer Anzahl von vier Gebäuden ist ein Ortsteil verneint worden (BVerwGE 54, 73 = BRS 32 Nr. 75; BVerwG UPR 1994, 305), während in einem dünn besiedelten Gebiet sechs Gebäude als ausreichend angesehen worden sind (BVerwG BRS 22 Nr. 76). Dagegen reicht auch eine größere Anzahl von Wochenendhäusern nicht aus (OVG Bremen BRS 42 Nr. 62 = BauR 1984, 495).

13 Weiterhin ist erforderlich, dass der Ortsteil eine organische **Siedlungsstruktur** aufweist. Eine völlig regellose und funktionslose Bebauung stellt deshalb keinen Ortsteil dar (BVerwGE 31, 22 = BVerwG Buchholz 406.11 § 19 BBauG Nr. 21). Erklärt sich aber die Anordnung der Gebäude aus ihrer Funktion, kann von einer regellosen Bebauung nicht gesprochen werden (BVerwG Buchholz 406.11 § 34 BBauG Nr. 52 = BauR 1976, 185).

14 Die vom Gericht anzustellende „Wertung und Bewertung" der jeweiligen örtlichen Gegebenheiten, dh, die Beurteilung, ob nach der maßgeblichen Betrachtungsweise der **„Verkehrsauffassung"** die vorhandene Bebauung den Eindruck der Geschlossenheit bzw der Zusammengehörigkeit vermittelt, wird vielfach erst nach Einnahme des **Augenscheins** getroffen werden können. Dies bedeutet freilich nicht, dass über die Frage der Zugehörigkeit eines Grundstücks zum Innen- oder

Außenbereich verfahrensfehlerfrei stets nur auf der Grundlage eines Augenscheins entschieden werden darf. Vielmehr gilt auch hier der allgemeine Grundsatz, dass Umfang und Art der Tatsachenermittlung nach pflichtgemäßem **Ermessen** zu bestimmen sind. So kann die Entscheidungsbildung insbesondere auch auf Kartenmaterial, Fotos, Luftbilder oder auf der Schilderung ortskundiger Verfahrensbeteiligter beruhen (BVerwG BRS 52 Nr. 146 = ZfBR 1992, 94 = RdL 1992, 79).

IV. Einfügen

15 Die Zulässigkeit eines Vorhabens erfordert, dass es sich in die **Eigenart der näheren Umgebung** einfügt. Unter näherer Umgebung sind nicht nur die unmittelbaren Nachbargrundstücke zu verstehen, sondern alle die, auf die sich die Ausführung des Vorhabens auswirken kann und die Umgebung, soweit sie ihrerseits den **bodenrechtlichen Charakter** des Baugrundstücks prägt (BVerwGE 55, 369 = BVerwG Buchholz 406.11 § 34 BBauG Nr. 63). Dabei sind im Idealfall konzentrische Kreise um das Baugrundstück zu ziehen, wobei die Grenzziehung aber stets das Ergebnis einer wertenden, nicht schematischen Betrachtungsweise sein sollte (Hess VGH VGRspr 1988, 12; Hess VGH ESVGH 35, 126). Oft werden sich die Grenzen durch Straßen oder ähnliche Gegebenheiten in der Örtlichkeit ergeben. Zu den für die Beurteilung heranzuziehenden Auswirkungen zählen aber nur die **direkten Beeinträchtigungen**, wie zB Emissionen oder eine Erhöhung des Verkehrslärms durch den Zufahrtsverkehr (BVerwGE 68, 352 = NVwZ 1984, 583). Mittelbare Folgewirkungen, die etwa in der Verschlechterung der Verkehrssituation durch einen Großmarkt bestehen können, reichen nicht aus (BVerwGE 68, 360 = BVerwG Buchholz 406.12 § 11 BauNVO Nr. 5 = NVwZ 1984, 582).

16 Die nähere Umgebung wird durch die tatsächlich vorhandene Bebauung geprägt, wobei davon die baulichen Anlagen ausgenommen sind, die als Fremdkörper wirken (BVerwGE 62, 151 = BRS 38 Nr. 69). Maßgebend ist insoweit die von außen wahrnehmbare Erscheinung des Gebäudes nach den Kriterien, in denen die **prägende Wirkung** der Umgebung zum Ausdruck kommt (BVerwG, B. v. 26.7.2006 – 4 B 55/06). Grundstückseigenschaften, die in den optisch wahrnehmbaren Gegebenheiten keinen Niederschlag gefunden haben, bleiben grds. außer Betracht (BVerwG DVBl 1993, 658 = ZfBR 1993, 191). Die Zahl der **Wohneinheiten** in Wohngebäuden ist kein bodenrechtlich relevanter Gesichtspunkt idS (VGH Baden-Württemberg VBlBW 1992, 344 im Anschluss an BVerwG, BRS 36 Nr. 58).

17 Ob die tatsächlich vorhandene Bebauung genehmigt worden ist oder nicht, spielt grds. keine Rolle. Erst wenn die zuständige Bauaufsichtsbehörde zu erkennen gibt, dass die ungenehmigt errichteten Bauwerke abgebrochen werden sollen, wirken sich diese in rechtlicher Hinsicht auf die Eigenart der näheren Umgebung nicht mehr aus. Genehmigte, aber noch nicht errichtete bauliche Anlagen bleiben für die Eigenart der näheren Umgebung ohne Bedeutung (BVerwG Buchholz 406.11 § 34 BBauG Nr. 58 = BauR 1977, 104). Bereits beseitigter **Altbestand** kann noch zu berücksichtigen sein, wenn nach der Verkehrsauffassung mit der Wiederaufnahme einer gleichartigen Nutzung innerhalb einer im konkreten Einzelfall angemessenen Zeitspanne gerechnet werden kann (BVerwGE 75, 34; BVerwG ZfBR 1993, 86). Ebenfalls zu berücksichtigen ist eine **bisher** auf dem Baugrundstück betriebene **Nutzung**, sofern sie sich nicht als Fremdkörper darstellt (BVerwG NVwZ 1994, 294 = ZfBR 1994, 37). Bei untergeordneten Nebenanlagen kommt es idR nicht auf den bestehenden Rahmen an (BVerwG ZfBR 1985, 285 = DÖV 1986, 77).

Nach § 34 ist ein Bauvorhaben nur dann zulässig, wenn es sich in die vorhandene Bebauung **einfügt**. Dies ist idR dann der Fall, wenn das Vorhaben sich innerhalb des aus seiner Umgebung hervorgehenden Rahmens hält (BVerwGE 55, 369 = BVerwG Buchholz 406.11 § 34 BBauG Nr. 84). Maßgeblich für die Beurteilung sind dabei im Wesentlichen die Kriterien 18

- Art der baulichen Nutzung
- Maß der baulichen Nutzung
- Bauweise und
- überbaubare Grundstücksfläche

wobei die Prüfung des Einfügens für jedes Kriterium gesondert zu erfolgen hat (BVerwG NVwZ 1994, 294 = ZfBR 1994, 37; BVerwG DVBl 1993, 658 = ZfBR 1993, 191).

Zulässig sind hiernach auch solche Vorhaben, die im Wege der **Ausnahme** oder **Befreiung** zugelassen werden können (BVerwG Buchholz 454.51 MRVerbG Nr. 20). Trotz der Einhaltung des Rahmens fehlt es an der Zulässigkeit, wenn das Vorhaben die gebotene **Rücksichtnahme** auf die sonstige Bebauung vermissen lässt (BVerwG Buchholz 406.11 § 34 BBauG Nr. 72 = BRS 36 Nr. 59). Dieses Gebot der Rücksichtnahme ist als Korrektiv Bestandteil des Einfügens (BVerwG Buchholz 406.19 Nachbarschutz Nr. 44 = BRS 38 Nr. 86 = BauR 1981, 354; BVerwG NJW 1992, 2170 = Baurecht 1992, 491). 19

Das Maß der Anforderungen an das Gebot der Rücksichtnahme hängt von den jeweiligen Umständen des Einzelfalles ab (BVerwG Buchholz 406.11 § 35 BBauG Nr. 196 = NVwZ 1983, 609). In die anzustellende **Abwägung** ist das, was auf der einen Seite dem Begünstigten und auf der anderen Seite dem Rücksichtnahmeverpflichteten zuzumuten ist, einzustellen (BVerwGE 52, 122 = BVerwG Buchholz 406.19 Nachbarschutz Nr. 28). Dabei ist eine realistische **Prognose** anzustellen, in die auch auf der Lebenserfahrung basierende Annahmen eingestellt werden können, etwa – bei der Frage des zu erwartenden Verkehrs – dass nicht alle Besucher einer baulichen Anlage ein eigenes Kraftfahrzeug benutzen (BVerwG NJW 1992, 2170 = BauR 1992, 491). Unzumutbar sind solche Einwirkungen, die dem Betroffenen billigerweise nicht mehr zugemutet werden können (BVerwG Buchholz 406.19 Nachbarschutz Nr. 44 = BauR 1981, 354), wie zB schädliche Umwelteinwirkungen iSd BImSchG (BVerwGE 68, 58 = NVwZ 1984, 509). Problematisch ist dabei aber die praktische Handhabung, insbesondere die Festsetzung der **Zumutbarkeit**sschwelle. Eine Verletzung des Gebots der Rücksichtnahme scheidet jedenfalls dann aus, wenn die Vorgaben spezieller Normen, insbes. die immissionsschutzrechtlichen Grenzwerte der TA-Lärm bzw TA-Luft (BVerwG Buchholz 406.25 § 5 BImSchG Nr. 88 = NJW 1984, 250 = BRS 40 Nr. 205) oder die bauordnungsrechtlichen Abstandsvorschriften in Bezug auf Belichtung und Belüftung (BVerwG Buchholz 406.19 Nachbarschutz Nr. 68 = NVwZ 1986, 468 = BRS 44 Nr. 127; BVerwG DVBl 1993, 111 = ZfBR 1993, 132) eingehalten werden. 20

Keine Bedeutung kommt idR einer **Wertminderung** des Grundstücks als solcher zu, wenn sie nicht Folge einer unzumutbaren Nutzungseinschränkung ist (BVerwG Buchholz 406.19 Nachbarschutz Nr. 109). Wertminderungen als Folge der Ausnutzung der einem Dritten erteilten Baugenehmigung bilden nicht für sich genommen einen Maßstab dafür, ob Beeinträchtigungen iSd Rücksichtnahmegebots zumutbar sind oder nicht. Einen allgemeinen Rechtssatz des Inhalts, dass 21 der Einzelne einen Anspruch darauf hat, vor jeglicher Wertminderung bewahrt zu werden, gibt es nicht (BVerwG, B v. 13.11.1997).

22 Ein Vorhaben kann sich auch dann einfügen, wenn es den aus seiner Umgebung abgeleiteten Rahmen überschreitet, aber weder **bewältigungsbedürftige Spannungen** auslöst noch vorhandene Spannungen verstärkt (BVerwGE 75, 34 = Buchholz 406.11 § 34 BBauG Nr. 116 = NVwZ 1987, 406). Solche Spannungen können bereits darin bestehen, dass das Vorhaben wegen seiner Vorbildwirkung in naher Zukunft eine Verschlechterung nach sich ziehen kann (BVerwGE 68, 360 = BauR 1984, 373). Eine **Befreiung** von dem Erfordernis, dass sich ein geplantes Bauvorhaben in die Eigenart der näheren Umgebung einzufügen hat, ist nicht möglich (BVerwG Buchholz 406.11 § 34 BBauG Nr. 67 = BRS 35 Nr. 40).

V. Erschließung

23 Weitere Voraussetzung der Zulässigkeit eines Vorhabens nach § 34 ist, dass die Erschließung gesichert ist (vgl Erl. zu § 30). Fügt sich das Vorhaben in die Eigenart der näheren Umgebung ein, so werden die allgemeinen Erschließungsanlagen regelmäßig ausreichen, so dass für die zur Genehmigung stehende bauliche Anlage keine andere Erschließung als für die vorhandenen gefordert werden kann. Im Gegenzug kann aber auch der Bauherr keinen Ausbau der bestehenden Erschließungsanlagen verlangen, sondern muss sich mit dem vorhandenen Zustand abfinden (BVerwG, BRS 33 Nr. 36). Die Frage, ob die Erschließung gesichert ist, kann sich für ein Vorhaben nach § 34 anders beurteilen als im Geltungsbereich eines Bebauungsplans, denn dort ist die Herstellung der Erschließungsanlagen regelmäßig Gegenstand der Planung und wird von der Gemeinde oder dem Erschließungsverpflichteten durchgeführt. Das Erschließungsgebot dient ausschließlich dem öffentlichen Interesse und vermittelt keinen **Nachbarschutz** (VG Neustadt v. 4.10.1999 – 4 L 2210/99 – NVV).

VI. Verweisung auf die BauNVO

24 Mit der Regelung des Abs. 2 hat der Gesetzgeber die Rechtsprechung des BVerwG (E 62, 250 = BVerwG Buchholz 406.11 § 34 BBauG Nr. 86) zur Bedeutung der BauNVO im unbeplanten Innenbereich nicht gesetzlich verankert. Vielmehr kommt es bzgl der Art der baulichen Nutzung nur darauf an, ob das Vorhaben mit den Vorschriften der **BauNVO** übereinstimmt. Dabei handelt es sich um eine sog. dynamische Verweisung, da die BauNVO in ihrer jeweils gültigen Fassung zur Anwendung kommt (BVerwG DVBl 1993, 109 = ZfBR 1993, 35). Ist dies der Fall, scheidet eine Prüfung, ob das Vorhaben sich seiner Art nach iSd Abs. 1 einfügt, aus; das Maß der baulichen Nutzung, das in Abs. 2 nicht genannt wird, ist allerdings aus dem Gesichtspunkt des Einfügens in die Eigenart der näheren Umgebung nach Abs. 1 zu beurteilen. Da dann aber eine Beurteilung nach Abs. 1 erfolgt, kommt es nur darauf an, ob sich das Vorhaben einfügt; die Höchstmaße der §§ 17 ff BauNVO können daher unter diesem Aspekt sogar überschritten werden. Voraussetzung für eine Anwendung des Abs. 2 ist aber, dass die nähere Umgebung des Vorhabens eindeutig einem der **Baugebiete** der §§ 2 ff BauNVO zugeordnet werden kann, was abgesehen von den Fällen, in denen ein nichtiger Bebauungsplan faktisch umgesetzt worden ist, eher selten der Fall sein dürfte (BVerwG DVBl 1993, 109 = ZfBR 1993, 35). Ist dies nicht der Fall, scheidet eine

Beurteilung nach Abs. 2 aus und die Prüfung des Vorhabens richtet sich ausschließlich nach Abs. 1.

Nicht zulässig ist es, die nähere Umgebung trotz unorganischer und **diffuser Bebauung** in das Schema der BauNVO hineinzupressen und eine solche Bebauung als Mischgebiet zu qualifizieren (BVerwGE 32, 31 = BRS 22 Nr. 42), nur um Abs. 2 anwenden zu können. Unzulässig ist in einem solchen Fall auch eine alternative Prüfung mit abschlägigem Ergebnis, da hierdurch die flexiblere Regelung des Abs. 1 nicht angewendet werden kann. Probleme können auch dann entstehen, wenn im ländlichen Bereich die landwirtschaftliche Nutzung bisheriger Betriebsgebäude aufgegeben oder in rechtlich relevanter Weise geändert wurde und mit einer Wiederaufnahme nicht mehr zu rechnen ist. Sind nämlich insoweit in einer Vielzahl von Fällen die Baugenehmigungen wegen längerfristiger **Nichtausnutzung** nicht mehr wirksam, so kann sich die Frage nach dem aktuellen **Gebietscharakter** stellen. Im Extremfall wäre denkbar, dass die Erteilung einer Baugenehmigung für die Nutzung eines früheren Stallgebäudes als Stall versagt werden müsste. Dem kann die Gemeinde jedoch durch die Aufstellung eines (einfachen) Bebauungsplans begegnen. 25

Die Regelung in Abs. 2, 2. Hs beinhaltet, dass die in den einzelnen Vorschriften der BauNVO angeführten **Ausnahmen** im unbeplanten Gebiet unter denselben Voraussetzungen zugelassen werden können, wie im beplanten Gebiet über § 31 Abs. 1. Dadurch lässt der Gesetzgeber i.R. einer Prüfung des § 34 die Möglichkeit einer Befreiung zu. 26

VII. Auswirkungen der Bebauung

Abs. 3 wurde durch das EAG Bau 2004 neu geschaffen und soll städtebaulich nachhaltige Auswirkungen auf zentrale **Versorgungsbereiche** wie zB den großflächigen Einzelhandel vermeiden. Solche zentralen Versorgungsbereiche ergeben sich insbesondere aus den Festlegungen in den Bauleitplänen und den Raumordnungsplänen, aber auch aus den nicht verbindlichen Konzeptionen und nachvollziehbar eindeutigen tatsächlichen Verhältnissen. Die Erwähnung anderer Gemeinden wird insbesondere dann relevant, wenn zB von großflächigen Einzelhandelsbetrieben **Fernwirkungen** ausgehen, die von Abs. 1 nicht erfasst werden. Schädliche Auswirkungen dürften jedenfalls dann zu bejahen sein, wenn eine entsprechende Bauleitplanung das **interkommunale Abstimmungsgebot** nach § 2 Abs. 2 auslösen würde. 27

Der ebenfalls durch das EAG Bau 2004 eingeführte Abs. 3a dient insbesondere der wirtschaftlichen Entwicklung der Gemeinden, indem er für bestimmte Vorhaben eine erleichterte Zulassung ermöglicht. Dabei wird aber besonders darauf zu achten sein, dass nicht im Wege einer „Salamitaktik“ nach und nach die planungsrechtlichen Gegebenheiten in einer Weise verändert werden, die den Absichten der Gemeinde zuwiderläuft. Insoweit kann zum Beispiel von einem Betriebsinhaber durchaus ein langfristiges Gesamtkonzept verlangt werden, an dem er sich später festhalten lassen muss. Bei den durch das Gesetz zur Erleichterung von Planungsvorhaben für die **Innenentwicklung** der Städte privilegierten Erweiterungen, Änderungen oder Erneuerungen von zulässigerweise errichteten baulichen Anlagen zu Wohnzwecken ist dies nicht möglich. Der Gesetzgeber wollte mit dieser Regelung den vorgetragenen Bedürfnissen der Praxis entsprechen und hat die erforderlichen Einzelfallentscheidungen in das **Ermessen** der Genehmigungsbehörde 28 gestellt. Beschränkungen ergeben sich nur aus den Erfordernissen der städtebaulichen Vertretbarkeit und der Würdigung nachbarlicher Interessen sowie aus Satz 2.

VIII. Satzungen

29 Abs. 4 ermächtigt die Gemeinde zum Erlass von Abgrenzungs- bzw Klarstellungs**satzungen** (Nr. 1), Entwicklungssatzungen (Nr. 2) und Ergänzungssatzungen (Nr. 3).

30 Nach wohl überwiegender Ansicht hat eine **Abgrenzungs- bzw Klarstellungssatzung** nur deklaratorische Bedeutung, so dass sie auch nicht den planungsrechtlichen Mindestvoraussetzungen genügen muss. Ob dem im Hinblick auf die Rechtsnatur einer Satzung und ihrer eigentumsrechtlichen Auswirkungen – es handelt sich dabei nämlich um eine Rechtsnorm – zugestimmt werden kann, ist allerdings fraglich. Es spricht mehr dafür, dass durch eine Abgrenzungs- bzw Klarstellungssatzung von der Gemeinde die Grenze zwischen dem Innenbereich und dem Außenbereich normativ festgelegt wird, so dass sich entsprechende Anforderungen, zB zur Normenklarheit ergeben.

31 Die **Entwicklungssatzung** nach Nr. 2 ist teilweise durch das BauROG 1998 neu geregelt worden. Mit ihr werden Grundstücke, die bisher zum Außenbereich zählten, zu Innenbereichsgrundstücken, so dass eine Bebauung deutlich leichter möglich ist. Nach dem Wortlaut spielt es keine Rolle mehr, zu welchem Zweck die Satzung erlassen worden ist. Zur Bebauung iSd Abs. 4 Nr. 2 zählen bauliche Anlagen aller Art iSd § 29. Aus dem Tatbestandsmerkmal des **„Bereichs“** folgt, dass die vorhandenen Gebäude in einem gewissen Zusammenhang stehen müssen. Dies kann insbesondere bei einer Splittersiedlung in Frage kommen, der bisher kein Ortsteilcharakter iSv. Abs. 1 zukam. Die von der Entwicklungssatzung erfasste Fläche muss im Flächennutzungsplan als **Baufläche** ausgewiesen sein. Unter Baufläche ist eine für die Bebauung vorgesehene Fläche zu verstehen, § 5 Abs. 2 Nr. 1.

32 Durch das BauROG 1998 ist die **Abrundungssatzung** (Nr. 3 aF) unter Berücksichtigung der Zielsetzung von § 4 Abs. 2a BauGB-Maßnahmengesetz umfassend zur **Ergänzungssatzung** fortentwickelt worden, ohne jedoch dessen Beschränkung auf Wohnnutzungen zu übernehmen. Durch eine Ergänzungssatzung können einzelne Außenbereichsflächen in die im Zusammenhang bebauten Ortsteile einbezogen werden, wenn und soweit diese Flächen durch die bauliche Nutzung des angrenzenden Bereichs geprägt sind. Dabei bietet die direkte Umgebung mit ihren bestehenden baulichen Nutzungen den Maßstab des Zulässigen, allerdings nicht für Baulücken, sondern lediglich für Flächen, die aufgrund ihrer Größe einer Beplanung bedürfen.

33 Für die Aufstellung von Satzungen nach Abs. 4 Satz 1 Nr. 2 und Nr. 3 enthält nunmehr Abs. 5 Einschränkungen zur Sicherung einer geordneten städtebaulichen Entwicklung und zum Schutz der **Umwelt**. Das Gesetz trägt hiermit sowohl den europarechtlichen wie auch den verfassungsrechtlichen Vorgaben Rechnung. Insoweit werden die Anforderungen an die **Abwägung** und die Begründung für die Satzung deutlich verschärft.

34 Abs. 6 der Vorschrift übernimmt im Wesentlichen unverändert, aber redaktionell angepasst die früher in Abs. 5 enthaltenen Regelungen.

IX. Nachbarschutz

In der Rechtsprechung ist anerkannt, dass § 34 nicht generell, sondern nur insoweit nachbarschützend ist, als dem Gebot der **Rücksichtnahme**, das in dem Erfordernis des Einfügens enthalten ist, **Nachbarschutz** zukommt (BVerwG Buchholz 406.11 § 34 BBauG Nr. 114 = NVwZ 1987, 128 = BRS 46 Nr. 176). Dieses Gebot entfaltet aber keine Wirkung, wenn alle hierdurch geschützten, möglicherweise beeinträchtigten Belange auch durch spezielle bauordnungsrechtliche Regelungen geschützt sind und das Vorhaben deren Anforderungen entspricht (BVerwGE 94, 151 = Buchholz 406.19 Nachbarschutz Nr. 118). Das Gebot der Rücksichtnahme entfaltet nur dann Nachbarschutz, soweit in qualifizierter und zugleich individualisierter Weise auf schutzwürdige Interessen eines erkennbar abgegrenzten Kreises Dritter Rücksicht zu nehmen ist; dies gilt für diejenigen Fälle, in denen die tatsächlichen Umstände ergeben, auf wen Rücksicht zu nehmen ist und eine **besondere Schutzwürdigkeit** des Betroffenen anzuerkennen ist, wobei insoweit die Intensität der Beeinträchtigung, die Interessen des Bauherrn und das, was beiden Seiten billigerweise zumutbar oder unzumutbar ist, gegeneinander abzuwägen ist (BVerwGE 67, 334 = BVerwG Buchholz 406.19 Nachbarschutz Nr. 55 = BauR 1983, 543). Das Gebot der Rücksichtnahme ist zB dann der baurechtlichen Prüfung zu Grunde zu legen, wenn in der Nachbarschaft von Wohnhäusern ein Tennisplatz angelegt werden soll (BVerwG Buchholz 406.11 BBauG Nr. 106 = NVwZ 1986, 200) oder wenn neben einem zweigeschossigen Wohnhaus in einer Entfernung von 15 m ein zwölfgeschossiges Hochhaus errichtet werden soll (BVerwG Buchholz 406.19 Nachbarschutz Nr. 44 = BRS 38 Nr. 869). Die Frage, ob eine geltend gemachte **Geräuschbeeinträchtigung** im Zusammenhang mit dem Rücksichtnahmegebot die maßgebliche Zumutbarkeitsschwelle überschreitet, wird bei Anlagen iSd BImSchG durch die Richtwerte nach der TA-Lärm nicht abschließend bestimmt (BVerwG NVwZ 1989, 666 = NJW 1989, 2412). Das Gebot der Rücksichtnahme ist aber dann tangiert, wenn eine **Störung** sämtliche oder eine größere Anzahl von Grundstückseigentümern betrifft, wie zB durch höheren Verkehrslärm (BVerwG Buchholz 406.19 Nachbarschutz Nr. 63 = NVwZ 1985, 38 = BRS 42 Nr. 99). Das Rücksichtnahmegebot bietet keine Grundlage dafür, dass sich ein Landwirt gegen eine **herannahende Wohnbebauung**, die sich in die Eigenart der näheren Umgebung einfügt, mit dem Argument zur Wehr setzen kann, durch eine Wohnnutzung in der Nachbarschaft werde ihm für die Zukunft die Möglichkeit abgeschnitten, seinen Betrieb zu erweitern oder umzustellen (BVerwG NVwZ 1993, 1184; BRS 55 Nr. 175). 35

Allgemein kann sich ein Nachbarschutz aus den Vorschriften des Baugesetzbuches nur für den **Grundstückseigentümer**, nicht aber für den **Mieter** ergeben (BBauG NJW 1989, 2766 = NVwZ 1989, 1060). Etwas anderes kann dann gelten, wenn nach **Bauordnungsrecht** im Baugenehmigungsverfahren zB immissionsschutzrechtliche Vorschriften mit zu prüfen sind (vgl etwa § 58 Satz 1 Nr. 3b Hess. Bauordnung für nach der 4. BImSchV immissionsschutzrechtlich nicht genehmigungspflichtige Anlagen), da insoweit nicht auf das grundstücksbezogene, wechselseitige **Austauschverhältnis** der dinglich Berechtigten abzustellen ist. 36

Ebenso wie die Festsetzung von Baugebieten durch Bebauungspläne grds. nachbarschützende Funktion hat, gilt dies auch im unbeplanten Innenbereich, wenn die Eigenart der näheren Umgebung einem der **Baugebietstypen** der BauNVO entspricht (BVerwGE 94, 151; Buchholz 406.19 Nachbarschutz Nr. 118). S. Vor §§ 29–38, Rn 39 ff. 37

§ 35 Bauen im Außenbereich

(1) Im Außenbereich ist ein Vorhaben nur zulässig, wenn öffentliche Belange nicht entgegenstehen, die ausreichende Erschließung gesichert ist und wenn es

1. einem land- oder forstwirtschaftlichen Betrieb dient und nur einen untergeordneten Teil der Betriebsfläche einnimmt,
2. einem Betrieb der gartenbaulichen Erzeugung dient,
3. der öffentlichen Versorgung mit Elektrizität, Gas, Telekommunikationsdienstleistungen, Wärme und Wasser, der Abwasserwirtschaft oder einem ortsgebundenen gewerblichen Betrieb dient,
4. wegen seiner besonderen Anforderungen an die Umgebung, wegen seiner nachteiligen Wirkung auf die Umgebung oder wegen seiner besonderen Zweckbestimmung nur im Außenbereich ausgeführt werden soll,
5. der Erforschung, Entwicklung oder Nutzung der Wind- oder Wasserenergie dient,
6. der energetischen Nutzung von Biomasse im Rahmen eines Betriebs nach Nummer 1 oder 2 oder eines Betriebs nach Nummer 4, der Tierhaltung betreibt, sowie dem Anschluss solcher Anlagen an das öffentliche Versorgungsnetz dient, unter folgenden Voraussetzungen:
   a) das Vorhaben steht in einem räumlich-funktionalen Zusammenhang mit dem Betrieb,
   b) die Biomasse stammt überwiegend aus dem Betrieb oder überwiegend aus diesem und aus nahe gelegenen Betrieben nach den Nummern 1, 2 oder 4, soweit letzterer Tierhaltung betreibt,
   c) es wird je Hofstelle oder Betriebsstandort nur eine Anlage betrieben und
   d) die installierte elektrische Leistung der Anlage überschreitet nicht 0,5 MW

   oder
7. der Erforschung, Entwicklung oder Nutzung der Kernenergie zu friedlichen Zwecken oder der Entsorgung radioaktiver Abfälle dient.

(2) Sonstige Vorhaben können im Einzelfall zugelassen werden, wenn ihre Ausführung oder Benutzung öffentliche Belange nicht beeinträchtigt und die Erschließung gesichert ist.

(3) Eine Beeinträchtigung öffentlicher Belange liegt insbesondere vor, wenn das Vorhaben

1. den Darstellungen des Flächennutzungsplans widerspricht,
2. den Darstellungen eines Landschaftsplans oder sonstigen Plans, insbesondere des Wasser-, Abfall- oder Immissionsschutzrechts, widerspricht,
3. schädliche Umwelteinwirkungen hervorrufen kann oder ihnen ausgesetzt wird,
4. unwirtschaftliche Aufwendungen für Straßen oder andere Verkehrseinrichtungen, für Anlagen der Versorgung oder Entsorgung, für die Sicherheit oder Gesundheit oder für sonstige Aufgaben erfordert,
5. Belange des Naturschutzes und der Landschaftspflege, des Bodenschutzes, des Denkmalschutzes oder die natürliche Eigenart der Landschaft und ihren Erholungswert beeinträchtigt oder das Orts- und Landschaftsbild verunstaltet,
6. Maßnahmen zur Verbesserung der Agrarstruktur beeinträchtigt, die Wasserwirtschaft oder den Hochwasserschutz gefährdet,

7. die Entstehung, Verfestigung oder Erweiterung einer Splittersiedlung befürchten lässt oder
8. die Funktionsfähigkeit von Funkstellen und Radaranlagen stört.

Raumbedeutsame Vorhaben dürfen den Zielen der Raumordnung nicht widersprechen; öffentliche Belange stehen raumbedeutsamen Vorhaben nach Absatz 1 nicht entgegen, soweit die Belange bei der Darstellung dieser Vorhaben als Ziele der Raumordnung abgewogen worden sind. Öffentliche Belange stehen einem Vorhaben nach Absatz 1 Nr. 2 bis 6 in der Regel auch dann entgegen, soweit hierfür durch Darstellungen im Flächennutzungsplan oder als Ziele der Raumordnung eine Ausweisung an anderer Stelle erfolgt ist.

(4) Den nachfolgend bezeichneten sonstigen Vorhaben im Sinne des Absatzes 2 kann nicht entgegengehalten werden, dass sie Darstellungen des Flächennutzungsplans oder eines Landschaftsplans widersprechen, die natürliche Eigenart der Landschaft beeinträchtigen oder die Entstehung, Verfestigung oder Erweiterung einer Splittersiedlung befürchten lassen, soweit sie im Übrigen außenbereichsverträglich im Sinne des Absatzes 3 sind:

1. die Änderung der bisherigen Nutzung eines Gebäudes im Sinne des Absatzes 1 Nr. 1 unter folgenden Voraussetzungen:
   a) das Vorhaben dient einer zweckmäßigen Verwendung erhaltenswerter Bausubstanz,
   b) die äußere Gestalt des Gebäudes bleibt im Wesentlichen gewahrt,
   c) die Aufgabe der bisherigen Nutzung liegt nicht länger als sieben Jahre zurück,
   d) das Gebäude ist vor mehr als sieben Jahren zulässigerweise errichtet worden,
   e) das Gebäude steht im räumlich-funktionalen Zusammenhang mit der Hofstelle des land- oder forstwirtschaftlichen Betriebs,
   f) im Falle der Änderung zu Wohnzwecken entstehen neben den bisher nach Absatz 1 Nr. 1 zulässigen Wohnungen höchstens drei Wohnungen je Hofstelle und
   g) es wird eine Verpflichtung übernommen, keine Neubebauung als Ersatz für die aufgegebene Nutzung vorzunehmen, es sei denn, die Neubebauung wird im Interesse der Entwicklung des Betriebs im Sinne des Absatzes 1 Nr. 1 erforderlich,
2. die Neuerrichtung eines gleichartigen Wohngebäudes an gleicher Stelle unter folgenden Voraussetzungen:
   a) das vorhandene Gebäude ist zulässigerweise errichtet worden,
   b) das vorhandene Gebäude weist Missstände oder Mängel auf,
   c) das vorhandene Gebäude wird seit längerer Zeit vom Eigentümer selbst genutzt und
   d) Tatsachen rechtfertigen die Annahme, dass das neu errichtete Gebäude für den Eigenbedarf des bisherigen Eigentümers oder seiner Familie genutzt wird; hat der Eigentümer das vorhandene Gebäude im Wege der Erbfolge von einem Voreigentümer erworben, der es seit längerer Zeit selbst genutzt hat, reicht es aus, wenn Tatsachen die Annahme rechtfertigen, dass das neu errichtete Gebäude für den Eigenbedarf des Eigentümers oder seiner Familie genutzt wird,
3. die alsbaldige Neuerrichtung eines zulässigerweise errichteten, durch Brand, Naturereignisse oder andere außergewöhnliche Ereignisse zerstörten, gleichartigen Gebäudes an gleicher Stelle,

4. die Änderung oder Nutzungsänderung von erhaltenswerten, das Bild der Kulturlandschaft prägenden Gebäuden, auch wenn sie aufgegeben sind, wenn das Vorhaben einer zweckmäßigen Verwendung der Gebäude und der Erhaltung des Gestaltwerts dient,
5. die Erweiterung eines Wohngebäudes auf bis zu höchstens zwei Wohnungen unter folgenden Voraussetzungen:
   a) das Gebäude ist zulässigerweise errichtet worden,
   b) die Erweiterung ist im Verhältnis zum vorhandenen Gebäude und unter Berücksichtigung der Wohnbedürfnisse angemessen und
   c) bei der Errichtung einer weiteren Wohnung rechtfertigen Tatsachen die Annahme, dass das Gebäude vom bisherigen Eigentümer oder seiner Familie selbst genutzt wird,
6. die bauliche Erweiterung eines zulässigerweise errichteten gewerblichen Betriebs, wenn die Erweiterung im Verhältnis zum vorhandenen Gebäude und Betrieb angemessen ist.

In den Fällen des Satzes 1 Nr. 2 und 3 sind geringfügige Erweiterungen des neuen Gebäudes gegenüber dem beseitigten oder zerstörten Gebäude sowie geringfügige Abweichungen vom bisherigen Standort des Gebäudes zulässig.

(5) Die nach den Absätzen 1 bis 4 zulässigen Vorhaben sind in einer flächensparenden, die Bodenversiegelung auf das notwendige Maß begrenzenden und den Außenbereich schonenden Weise auszuführen. Für Vorhaben nach Absatz 1 Nr. 2 bis 6 ist als weitere Zulässigkeitsvoraussetzung eine Verpflichtungserklärung abzugeben, das Vorhaben nach dauerhafter Aufgabe der zulässigen Nutzung zurückzubauen und Bodenversiegelungen zu beseitigen; bei einer nach Absatz 1 Nr. 2 bis 6 zulässigen Nutzungsänderung ist die Rückbauverpflichtung zu übernehmen, bei einer nach Absatz 1 Nr. 1 oder Absatz 2 zulässigen Nutzungsänderung entfällt sie. Die Baugenehmigungsbehörde soll durch nach Landesrecht vorgesehene Baulast oder in anderer Weise die Einhaltung der Verpflichtung nach Satz 2 sowie nach Absatz 4 Satz 1 Nr. 1 Buchstabe g sicherstellen. Im Übrigen soll sie in den Fällen des Absatzes 4 Satz 1 sicherstellen, dass die bauliche oder sonstige Anlage nach Durchführung des Vorhabens nur in der vorgesehenen Art genutzt wird.

(6) Die Gemeinde kann für bebaute Bereiche im Außenbereich, die nicht überwiegend landwirtschaftlich geprägt sind und in denen eine Wohnbebauung von einigem Gewicht vorhanden ist, durch Satzung bestimmen, dass Wohnzwecken dienenden Vorhaben im Sinne des Absatzes 2 nicht entgegengehalten werden kann, dass sie einer Darstellung im Flächennutzungsplan über Flächen für die Landwirtschaft oder Wald widersprechen oder die Entstehung oder Verfestigung einer Splittersiedlung befürchten lassen. Die Satzung kann auch auf Vorhaben erstreckt werden, die kleineren Handwerks- und Gewerbebetrieben dienen. In der Satzung können nähere Bestimmungen über die Zulässigkeit getroffen werden. Voraussetzung für die Aufstellung der Satzung ist, dass

1. sie mit einer geordneten städtebaulichen Entwicklung vereinbar ist,
2. die Zulässigkeit von Vorhaben, die einer Pflicht zur Durchführung einer Umweltverträglichkeitsprüfung nach Anlage 1 zum Gesetz über die Umweltverträglichkeitsprüfung oder nach Landesrecht unterliegen, nicht begründet wird und
3. keine Anhaltspunkte für eine Beeinträchtigung der in § 1 Abs. 6 Nr. 7 Buchstabe b genannten Schutzgüter bestehen.

Bei Aufstellung der Satzung sind die Vorschriften über die Öffentlichkeits- und Behördenbeteiligung nach § 13 Abs. 2 Satz 1 Nr. 2 und 3 sowie Satz 2 entsprechend anzuwenden. § 10 Abs. 3 ist entsprechend anzuwenden. Von der Satzung bleibt die Anwendung des Absatzes 4 unberührt.

I. Allgemeines

Der **Außenbereich** umfasst die Gebiete, die außerhalb des räumlichen Geltungsbereiches eines qualifizierten Bebauungsplanes nach § 30 Abs. 1 und außerhalb der im Zusammenhang bebauten Ortsteile nach § 34 liegen, der Begriff ist insoweit negativ definiert und kann nicht aufgrund überkommener Vorstellungen mit einem eigenen (positiven) Inhalt, etwa im Sinne von „freie Natur" ausgefüllt werden (vgl BVerwGE 41, 227). Da für diese Gebiete somit weder eine verbindliche gemeindliche Planung noch eine planersetzende Umgebungsbebauung besteht, hat der Gesetzgeber mit § 35 eine generelle gesetzliche Regelung getroffen, die die widerstreitenden Interessen in einen Ausgleich bringen soll. Dieser Regelung liegt die Vorstellung zu Grunde, dass der Außenbereich grundsätzlich von Bebauung frei bleiben soll, sofern bauliche Anlagen nicht ihrem Wesen nach dort hingehören. Insoweit sind die gesetzgeberischen Motive und Überlegungen durchaus einer **Planungsentscheidung** von Gemeinden vergleichbar, wobei allerdings der Schutz von Natur und Landschaft per se ein besonderes Gewicht hat. 1

Auch Flächen, die in einem **Flächennutzungsplan** als Baugebiet dargestellt sind, gehören noch zum Außenbereich, wenn die Gemeinde die Aufstellung eines Bebauungsplanes lediglich beschlossen hat. Erst im Stadium der **Planreife** erfolgt dann keine Beurteilung mehr nach § 35, sondern nach § 33, sofern der in Aufstellung begriffene Bebauungsplan die Mindestvoraussetzungen des § 30 Abs. 1 (qualifizierter Bebauungsplan) erfüllt. Besteht eine **Entwicklungssatzung** (§ 34 Abs. 4 Satz 1 Nr. 2) oder eine **Ergänzungssatzung** (§ 34 Abs. 4 Satz 1 Nr. 3) so zählen die hiervon erfassten Gebiete nicht mehr zum Außenbereich. Erwähnenswert ist ebenfalls noch der sog. Außenbereich im Innenbereich (BVerwGE 41, 272 = BVerwG Buchholz 406.11 § 34 BBauG Nr. 33 = BRS 25 Nr. 36), von dem man spricht, wenn innerhalb eines beplanten oder im Zusammenhang bebauten Gebiets ein Bereich liegt, der nicht beplant und unbebaut ist, und der auf Grund seiner Größe oder sonstigen Bedeutung nicht als **Baulücke** angesehen werden kann, sondern zur Bebauung einer gemeindlichen Planung bedarf. 2

Bei der Zulässigkeit von Bauvorhaben im Außenbereich unterscheidet das Gesetz zwischen den **privilegierten Vorhaben** des Abs. 1 und den **sonstigen** – nicht privilegierten – **Vorhaben** nach Abs. 2. Diese Unterscheidung ist in den meisten Fällen für die Frage der Zulassung eines Vorhabens von entscheidender Bedeutung, so dass der Schwerpunkt gerichtlicher Auseinandersetzungen häufig in der Qualifizierung des Vorhabens liegt. Ein privilegiertes Vorhaben ist zulässig, wenn öffentliche Belange nach Abs. 3 nicht entgegenstehen, während ein sonstiges Vorhaben im 3

Einzelfall nur dann zulässig ist, wenn **öffentliche Belange** nicht beeinträchtigt werden. Auch wenn der Gesetzgeber mit diesen Formulierungen unterschiedliche Genehmigungsvoraussetzungen geschaffen hat, ist doch in beiden Konstellationen eine Abwägung zwischen dem ins Auge gefassten Vorhaben und den tangierten öffentlichen Belangen erforderlich.

4 Ein privilegiertes Vorhaben kann deshalb nur dann nicht verwirklicht werden, wenn ihm höherwertige Belange der Allgemeinheit entgegenstehen (BVerwGE 68, 311 = NVwZ 1984, 367 = BauR 1984, 269). Insoweit verlangt Abs. 1 jeweils eine **Abwägung** im Einzelfall zwischen dem Vorhaben und den von ihm berührten öffentlichen Belangen. In diesem Zusammenhang ist in Rechnung zu stellen, dass der Gesetzgeber dem privilegierten Vorhaben gerade für den Außenbereich eine Vorzugsstellung eingeräumt hat (BVerwGE 28, 148 = BVerwG Buchholz 406.11 § 35 BBauG Nr. 52 = BRS 18 Nr. 50). Insgesamt gibt es weder ein privilegiertes Vorhaben, das überall zulässig ist, noch öffentliche Belange, die immer einem privilegierten Vorhaben erfolgreich entgegengehalten werden können. Eine entscheidende Bedeutung spielt stets der konkret vorgesehene **Standort** für das Vorhaben. So ist es zB denkbar, dass eine Jagdhütte an einem bestimmten Standort nicht verwirklicht werden kann, weil es sich dabei um einen ökologisch besonders schützenswerten Bereich handelt (zB eine Übergangszone von Feld zu Wald), während in einiger Entfernung davon diesem öffentlichen Belang keine das Vorhaben verhindernde Bedeutung mehr zukommt.

5 Stehen einem Vorhaben keine öffentlichen Belange entgegen und ist die für das konkrete Vorhaben ausreichende (BVerwG NVwZ 1986, 38 = DVBl 1986, 186) **Erschließung** gesichert, besteht in bauplanungsrechtlicher Hinsicht ein **Rechtsanspruch** auf Erteilung der begehrten Baugenehmigung (BVerwGE 18, 247 = Buchholz 406.11 § 35 BBauG Nr. 9). Auch für privilegierte Bauvorhaben gilt aber stets das Gebot größtmöglicher **Schonung des Außenbereichs**.

II. Land- und forstwirtschaftlicher Betrieb

6 Ein Vorhaben ist dann nach Abs. 1 Nr. 1 privilegiert, wenn es einem **land- oder forstwirtschaftlichen Betrieb** dient und nur einen untergeordneten Teil der Betriebsfläche einnimmt. Sind diese Voraussetzungen nicht erfüllt, kann noch eine Privilegierung nach Abs. 1 Nr. 4 in Betracht kommen (BVerwGE 41, 138 = BauR 1973, 101). Die Definition des Begriffs der **Landwirtschaft** findet sich in § 201. Danach ist unter Landwirtschaft iSd BauGB insbesondere der Ackerbau, die Wiesen- und Weidewirtschaft einschließlich Pensionstierhaltung auf überwiegend eigener Futtergrundlage, die gartenbauliche Erzeugung, der Erwerbsobstbau, der Weinbau, die berufsmäßige Imkerei und die berufsmäßige Binnenfischerei zu verstehen. Demgegenüber meint der Begriff der **Forstwirtschaft** die planmäßige Bewirtschaftung einer Waldfläche.

7 Maßgebend dafür, ob eine Nutzung dem Begriff der Landwirtschaft unterfällt, ist grds., ob es sich um eine unmittelbare **Bodenertragsnutzung** handelt und ob der Boden planmäßig und eigenverantwortlich bewirtschaftet wird (BVerwG Buchholz 406.11 § 35 BBauG Nr. 234 = NVwZ 1986, 916). Das Erfordernis der überwiegend **eigenen Futtergrundlage**, das in § 201 für das Vorliegen einer Landwirtschaft aufgestellt wird, kann nicht mit dem Hinweis auf einen Strukturwandel in der Landwirtschaft in Frage gestellt und auch nicht von den Gerichten als überholt

oder als nicht mehr zeitgemäß unbeachtet gelassen werden (BVerwG Buchholz 406.11. § 35 BauGB Nr. 327 = NVwZ-RR 1997, 590).

Unter **Ackerbau** ist eine planmäßige Bewirtschaftung von größeren Flächen mit landwirtschaftlichen Nutzpflanzen zu verstehen. Zur **Wiesen- und Weidewirtschaft** gehört auch die Viehzucht, wenn die Ernährung der Tiere überwiegend durch Futter erfolgt, das auf den zum Betrieb gehörenden landwirtschaftlich genutzten Flächen erzeugt wird; nicht dazu gehört aber die Massentierhaltung wie zB die **Schweinemastanlage** (BVerwG Buchholz 406.11 § 34 BBauG Nr. 72 = BRS 36 Nr. 39). Eine solche Anlage kann aber nach Abs. 1 Nr. 4 privilegiert sein (BVerwG Buchholz 406.11 § 35 BBauG Nr. 204 = NVwZ 1984, 169). 8

Von **Pensionstierhaltung** spricht man, wenn fremde Tiere untergebracht und versorgt werden, wobei eine Privilegierung nach Abs. 1 Nr. 1 nur dann in Betracht kommt, wenn die Pensionstierhaltung als Ergänzung eines landwirtschaftlichen Betriebes betrieben wird (BVerwG Buchholz 406.11 § 35 BBauG Nr. 226 = NVwZ 1986, 200 = BRS 44 Nr. 82). 9

Die **gartenbauliche Erzeugung** ist bei einer kleinflächigen und intensiven Bodennutzung zur Gewinnung von Pflanzen oder Pflanzenteilen gegeben. Im Hinblick auf die Neufassung von Abs. 1 Nr. 2 durch das BauROG 1998 spielt die Definition des § 201 insoweit keine Rolle mehr. Der **Erwerbsobstbau** setzt eine größere Anzahl von Bäumen voraus. Die Aufzählung der unter Landwirtschaft fallenden Betriebsformen ist, wie sich aus dem Wort „insbesondere" in § 201 ergibt, nicht abschließend (BVerwG Buchholz 406.11 § 35 BBauG Nr. 225 = NVwZ 1986, 201). 10

Voraussetzung für die Annahme eines landwirtschaftlichen Betriebes ist, dass es sich dabei um einen ernsten, auf Dauer angelegten **Betrieb** handelt, der mit der Absicht der **Gewinnerzielung** betrieben wird (BVerwG Buchholz 406.11 § 35 BBauG Nr. 234 = NVwZ 1986, 916 = BRS 46 Nr. 75). Dabei ist die Absicht der Gewinnerzielung nach der Rechtsprechung (BVerwG, B. v. 11.3.1997) keine zwingende Voraussetzung für die Annahme der Betriebseigenschaft, stellt aber ein gewichtiges Indiz hierfür dar. Ihm kommt umso geringere Bedeutung zu, je größer die landwirtschaftliche Nutzfläche und je höher der Kapitaleinsatz und damit die Zahl der Tiere und landwirtschaftlichen Maschinen ist. Keinen landwirtschaftlichen Betrieb stellt es dar, wenn der Betreiber nur aus Liebhaberei oder zur **Freizeitgestaltung** tätig ist. Auch die Bewirtschaftung zum reinen **Eigenverbrauch** begründet keinen landwirtschaftlichen Betrieb (VGH Bad-Württ BRS 32 Nr. 106). 11

Mit dem Element der **Dauer** soll verhindert werden, dass bei einer nur vorübergehenden landwirtschaftlichen Betätigung letztlich ein Wohnhaus im Außenbereich errichtet werden kann. Keine Rolle spielt insoweit der tatsächliche Aufwand, den die Beseitigung der baulichen Anlage nach Beendigung der privilegierten Nutzung erfordern würde (BVerwGE 122, 308). Kann ein solcher Missbrauch ausgeschlossen werden, so kommt die Annahme einer Privilegierung nach Nr. 1 auch schon dann in Betracht, wenn der landwirtschaftliche Betrieb, dem das Vorhaben dienen soll, erst eingerichtet wird. 12

Zwar ist es grundsätzlich nicht Voraussetzung für die Annahme einer Privilegierung, dass der Bauantragsteller **Eigentümer** der zu bebauenden Fläche ist (BVerwG BRS 33, 59), doch ändert sich auch nach der Neuordnung des landwirtschaftlichen Pachtrechts durch die §§ 585 ff Baugesetzbuch wegen der spezifischen Schwäche des Pachtlandes – der Pachtvertrag kann jederzeit einvernehmlich aufgehoben werden – nichts daran, dass eine Privilegierung in aller Regel zu verneinen 13 ist, wenn die landwirtschaftliche Betätigung ausschließlich oder weit überwiegend auf fremden Grund und Boden verwirklicht wird (BVerwG BauR 1989, 182 = UPR 1989, 425 = NuR 1989, 306).

14 Nicht verlangt wird, dass die Landwirtschaft hauptberuflich betrieben wird; auch der Betrieb des Nebenerwerbslandwirts nimmt an der Privilegierung des Abs. 1 Nr. 1 teil (BVerwG Buchholz 406.113 35 BBauG Nr. 225 = NVwZ 1986, 201). Erforderlich ist allerdings, dass die Landwirtschaft in einem nennenswerten Umfang betrieben wird. Ein wichtiges Indiz für die Annahme einer **Nebenerwerbslandwirtschaft** ist die Absicht, aus dem Nebenerwerbsbetrieb Gewinn zu erzielen (BVerwG Buchholz 406.11 § 35 BBauG Nr. 234 = NVwZ 1986, 916 = BauR 1986, 419). In der Praxis kann es sich als sinnvoll erweisen, entsprechende steuerliche Unterlagen anzufordern und in die Prüfung mit einzubeziehen.

15 Erforderlich für eine Privilegierung nach Abs. 1 Nr. 1 ist, dass das Vorhaben dem Landwirtschaftsbetrieb **dient**; es muss ein Funktionszusammenhang zwischen dem beabsichtigten Vorhaben und dem landwirtschaftlichen Betrieb bestehen. Dem liegt die Vorstellung zu Grunde, dass der Außenbereich grundsätzlich von Bebauung frei bleiben soll, die nicht auf einen solchen Standort angewiesen ist. Unerheblich sind dabei Abläufe des konkreten Betriebes oder bloße **Zweckmäßigkeit**sgesichtspunkte.

Maßgebend in diesem Zusammenhang ist vielmehr, ob ein vernünftiger Landwirt das beabsichtigte Vorhaben auch und gerade unter Berücksichtigung des Gebots größtmöglicher Schonung des Außenbereichs mit etwa gleichem Verwendungszweck und mit etwa gleicher Gestaltung und Ausstattung für einen entsprechenden landwirtschaftlichen Betrieb errichten würde (BVerwG Buchholz 406.11 § 35 BBauG Nr. 209 = NVwZ 1985, 183 = BRS 42 Nr. 83). Dies ist jedenfalls dann nicht der Fall, wenn dem Eigentümer unter dem Mantel der Landwirtschaft ein Wohnen im Außenbereich ermöglicht werden soll (BVerwG Buchholz 406.11 § 35 BBauG Nr. 229 = NVwZ 1986, 644 = BauR 1986, 188).

16 Eine Privilegierung kommt auch für solche Vorhaben in Betracht, die zwar selbst keine landwirtschaftliche Nutzung darstellen, aber mit dieser in einem unmittelbaren Zusammenhang stehen, zB **Pensionspferdehaltung** (BVerwG Buchholz 406.11 § 35 BBauG Nr. 226 = NVwZ 1986, 200 = BRS 44 Nr. 82). Hierunter können auch Einrichtungen für **Dienstleistungen** fallen, die der Betrieb für die Verwertung der von ihm erzeugten Güter nach der Verkehrsauffassung notwendigerweise mit erbringt (zB Präsentations- und **Verkaufsräume** für die auf dem Bauernhof erzeugten Produkte). Eine **Werbeanlage** hat regelmäßig keine dienende Funktion iSv § 35 Abs. 1 Nr. 1 (VGH Mannheim VGHBW-LS 1998, Beilage 12, B 6).

17 Zur Betriebsfläche zählt die insgesamt vom Betrieb bewirtschaftete Kulturfläche, insoweit also auch die gepachtete Fläche. Ein beabsichtigtes Vorhaben nimmt dann nur einen untergeordneten Teil der Betriebsfläche ein, wenn die Grundfläche für dieses Vorhaben so gering ist, dass die Betriebsfläche eindeutig den Schwerpunkt bildet (VGH Bad-Württ VerwRspr 22, 172).

III. Andere Privilegierungstatbestände

18 Die frühere Privilegierung für **Altenteilerhäuser** in Abs. 1 Nr. 2 wurde vom Gesetzgeber wegen der geringen praktischen Relevanz zwar im Wortlaut der Vorschrift gestrichen, solche Vorhaben können aber – ebenso wie Wohnungen für Arbeitskräfte des Betriebes – der landwirtschaftlichen Nutzung (Nr. 1) dienen, wenn die

Zweckbindung gesichert und damit eine freie Veräußerbarkeit ausgeschlossen ist. Statt der bisherigen Privilegierung wurde der neue Privilegierungstatbestand der **„gartenbaulichen Erzeugung“** eingefügt. Im Unterschied zur schon bisher bestehenden Privilegierung eines solchen Betriebes über die Landwirtschaftsklausel in Abs. 1 Nr. 1 iVm § 201 sind nun auch solche Betriebe privilegiert, bei denen das Vorhaben nicht nur einen untergeordneten Teil der Betriebsfläche einnimmt. Hiervon werden in erster Linie Gartenbaubetriebe, die anders als landwirtschaftliche Betriebe meist nur über eine kleine, intensiv bewirtschaftete Betriebsfläche verfügen, profitieren.

Mangels praktischer Relevanz wurde auch die Privilegierung in Abs. 1 Nr. 3 für 19
Landarbeiterstellen gestrichen, so dass sich unter dieser Ordnungsziffer nunmehr die Privilegierung für verschiedene Vorhaben der Versorgung findet. **Ortsgebundenheit** iSv Abs. 1 Nr. 3 bedeutet, dass eine Anlage nur an einem bestimmten Standort im Außenbereich betrieben werden kann, weil sie auf die geographische oder geologische Eigenart dieser Stelle angewiesen ist (BVerwG Buchholz 406.11 § 35 BBauG Nr. 112 = BRS 28 Nr. 37). Dies kommt in erster Linie für Anlagen zur Gewinnung von **Bodenschätzen** in Betracht (BVerwG Buchholz 406.11 § 35 BBauG Nr. 199 = NVwZ 1984, 303 = BRS 40 Nr. 92), bspw aber auch für **Windräder** oder wassergebundene Anlagen zur Stromerzeugung. Die Ortsgebundenheit erstreckt sich auch auf einen isoliert betrachtet nicht privilegierten Betriebsteil, wenn dies einer technischen Notwendigkeit entspricht und der ortsgebundene Betriebsteil den Gesamtbetrieb prägt (BVerwGE 50, 346 = Buchholz 406.11 § 35 BBauG Nr. 126). Für die **öffentlichen Versorgungseinrichtungen** wird wegen der systematischen Stellung der Regelung von der Rechtsprechung ebenfalls eine Ortsgebundenheit verlangt (BVerwG Buchholz 406,11 § 19 BBauG Nr. 38 = BRS 32 Nr. 29).

Die Privilegierung nach Abs. 1 Nr. 4 stellt einen Auffangtatbestand dar. Davon 20
erfasst werden die Vorhaben, die auf einen Standort im Außenbereich angewiesen und im Innenbereich nicht genehmigungsfähig sind (BVerwGE 67, 33 = BVerwG Buchholz 406.11 § 35 BBauG Nr. 197 = BRS 40 Nr. 84). Ob ein Vorhaben auch im Innenbereich verwirklicht werden kann, entscheidet sich aber nach der Beschaffenheit des Innenbereichs der jeweiligen Gemeinde (BVerwGE 48, 109 = BVerwG Buchholz 406.11 § 35 BBauG Nr. 117). Der Begriff des **Sollens** iSd Abs. 1 Nr. 4 erfordert, dass es geboten sein muss, das geplante Vorhaben gerade im Außenbereich zu verwirklichen (BVerwGE 67, 33 = BRS 40 Nr. 84). Dies setzt voraus, dass das Vorhaben in einer Weise billigenswert ist, die es auch unter Berücksichtigung der städtebaulichen Funktion des Außenbereichs rechtfertigt, das Vorhaben bevorzugt im Außenbereich zuzulassen (BVerwG Buchholz 406.11 § 35 BBauG Nr. 204 = NVwZ 1984, 169 = BRS 40 Nr. 74). Nicht zu billigen sind danach zunächst solche Vorhaben, auf deren Verwirklichung im Außenbereich verzichtet werden kann (zB ist eine Jagdhütte nicht zulässig, wenn eine Unterbringung in einem Ort in der Nähe der Jagd möglich ist und dort auch das Futter gelagert werden kann (BVerwG NVwZ 1986, 645 = BRS 44 Nr. 193 = UPR 1986, 263). Weiterhin können solche Anlagen nicht gebilligt werden, deren Errichtung eine Bevorzugung Einzelner unter gleichzeitiger Verletzung des Gleichheitssatzes darstellen würde, was besonders bei den der individuellen Erholung und **Freizeitnutzung** dienenden Wochenendhäusern der Fall ist (BVerwG Buchholz 406.11 § 34 BBauG Nr. 118 = NVwZ 1988, 144 = BRS 47 Nr. 76).

Etwas anderes gilt für solche Vorhaben, die von ihrem Zweck her der Funktion des 21
Außenbereichs als **Erholungslandschaft** für die Allgemeinheit entsprechen und

dann allerdings auch der Allgemeinheit zur Verfügung stehen müssen (BVerwG Buchholz 406.11 § 35 BBauG Nr. 15 = BRS 15 Nr. 1). Unter diesen Voraussetzungen ist auch eine **Grillhütte** als privilegiert angesehen worden (VGH Bad-Württ NVwZ 1986, 63 = ESVGH 35, 258).

22 Zu den nach Abs. 1 Nr. 4 privilegiert zulässigen Vorhaben gehören auch immissionsschutzrechtlich besonders relevante Anlagen, die weder in einem Gewerbe- noch in einem Industriegebiet zugelassen werden könnten, wie zB ein **Schießstand** (BVerwG Buchholz 406.11 § 35 BBauG Nr. 150 = BRS 33 Nr. 66), eine **Schweinemästerei** (Hess VGH BRS 36 Nr. 13) oder nach § 4 BImSchG zu beurteilende Betriebe.

23 Abs. 1 Nr. 5 privilegiert Vorhaben, die der Nutzbarmachung erneuerbarer Energien dienen und stärkt damit den **Umwelt- und Naturschutz**, wenngleich entsprechende Anlagen idR auch von Abs. 1 Nr. 4 erfasst sein dürften.

24 Mit der durch das EAG Bau 2004 neu eingeführten Nr. 6 soll unter Beachtung des Schutzes des Außenbereichs der **Strukturwandel** in der Landwirtschaft unterstützt werden, indem Vorhaben privilegiert werden, die Energie von aus **Biomasse** erzeugtem Gas nutzen. Eine solche Privilegierung bestand bisher nur für sog. „mitgezogene" Nutzungen, was aber den Bedürfnissen der Praxis nicht gerecht wurde. Durch die nunmehr vorgenommene Erweiterung wird auch eine Kooperation mehrerer Betriebe möglich, solange ein räumlich-funktionaler Zusammenhang besteht. Aus ökologischen und volkswirtschaftlichen Gründen soll ein überregionaler Transport des Rohmaterials verhindert werden.

25 Abs. 1 Nr. 7 soll Zweifel auszuräumen, ob kerntechnische Anlagen privilegiert sind, obwohl diese Anlagen nach § 35 Abs. 1 Nr. 4 schon früher als privilegiert angesehen wurden (BVerwGE 72, 300 = BVerwG Buchholz 451.171 Atomrecht Nr. 15 = NVwZ 1986, 208). Dabei werden nunmehr von Abs. 1 Nr. 7 sämtliche Arten der friedlichen Nutzung der **Kernenergie** erfasst.

26 Wie bereits oben dargelegt, ist ein privilegiertes Vorhaben nur dann im Außenbereich zulässig, wenn ihm nicht im Einzelfall öffentliche Belange entgegenstehen, wobei dafür grds. alle in Abs. 3 aufgeführten öffentlichen Belange in Frage kommen (BVerwG Buchholz 406.11 § 35 BBauG Nr. 229 = NVwZ 1986, 644 = BauR 1986, 188). Während nach der früheren Rechtsprechung angenommen wurde, dass die Darstellungen eines **Flächennutzungsplanes** einem privilegierten Vorhaben nicht entgegenstehen können (BVerwGE 28, 148 = BVerwG Buchholz 406.11 § 35 BBauG Nr. 52), ist diese Rechtsprechung nunmehr dahingehend modifiziert, dass ein Flächennutzungsplan, der eine konkrete und standortbezogene Aussage über die Nutzungsmöglichkeit des Grundstücks enthält, einem privilegierten Vorhaben entgegenstehen kann (BVerwGE 68, 311 = BRS 42 Nr. 91). Dies gilt auch dann, wenn die Darstellungen des Flächennutzungsplanes nicht mit der gegenwärtigen tatsächlichen Situation übereinstimmen (BVerwG Buchholz 406.11 § 35 BauGB Nr. 328 = NVwZ 1997, 899 = BauR 1997, 616). Eine pauschale Darstellung als land- und forstwirtschaftliche Nutzfläche genügt dem idR aber nicht (BVerwGE 77, 300 = NVwZ 1988, 54). Der öffentliche Belang des Natur- und Landschaftsschutzes steht einem privilegierten Vorhaben insbesondere dann entgegen, wenn es gegen eine gültige **Landschaftsschutzverordnung** verstößt (BVerwG Buchholz 406.11 § 36 BBauG Nr. 33 = NVwZ 1986, 203 = BRS 44 Nr. 50); entsprechendes gilt auch für die anderen in §§ 12 ff BNatSchG genannten Teile von Natur und Landschaft. Auch das **Gebot der Rücksichtnahme** kann einem privilegierten Vorhaben entgegenstehen (BVerwGE 52, 122 = BVerwG Buchholz 406.19 Nachbarschutz Nr. 28).

IV. Sonstige Vorhaben

27 Alle nicht nach Abs. 1 zulässigen Vorhaben können als **sonstige Vorhaben** gemäß Abs. 2 im Einzelfall zugelassen werden, wenn öffentliche Belange nicht beeinträchtigt werden. Solche Vorhaben haben im Ergebnis eine geringere Durchsetzungskraft gegenüber den öffentlichen Belangen, was die gesetzgeberische Wertung zeigt, sie gerade nicht allgemein zu privilegieren. Durch das Tatbestandsmerkmal „**Einzelfall**" soll klargestellt werden, dass eine Genehmigung nach Abs. 2 nur ausnahmsweise möglich ist (BVerwGE 18, 247 = BVerwG Buchholz 406.11 § 35 BBauG Nr. 9 = BRS 15 Nr. 49). Abs. 2 gibt der Genehmigungsbehörde trotz der Formulierung „können … zugelassen werden" kein **Ermessen** bei der Frage der Zulassung des sonstigen Vorhabens; vielmehr besteht, wenn die sonstigen Voraussetzungen erfüllt sind, ein **Rechtsanspruch** auf Zulassung (BVerwGE 25, 161 = BVerwG Buchholz 406.11 § 35 BBauG Nr. 31; BVerwG BRS 38 Nr. 104). Ohne dass hiermit eine materielle Rechtsänderung verbunden ist, wird für die sonstigen Vorhaben nach Abs. 2 nunmehr ausdrücklich klargestellt, dass auch bei ihnen eine gesicherte **Erschließung** vorliegen muss, so dass hierzu auf das bereits Gesagte verwiesen werden kann.

V. Öffentliche Belange

28 Abs. 3 enthält eine nicht erschöpfende (BVerwG Buchholz 406.11 § 35 BBauG Nr. 107 = BRS 28 Nr. 48) Aufzählung der **öffentlichen Belange**. Es ist deshalb in jedem Fall zu prüfen, ob auch sonstige bodenrechtlich beachtliche öffentliche Belange, etwa das Gebot der **Rücksichtnahme** oder das **Planungsbedürfnis**, berührt werden. Bei der Anwendung der Abs. 2 und 3 ist keine Kompensation der öffentlichen Belange in der Weise möglich, dass Nachteile gegen Vorteile aufgerechnet werden können (BVerwGE 42, 8 = Buchholz 406.11 § 35 BBauG Nr. 104). Die Festsetzungen eines unwirksamen Bebauungsplans, das Vertrauen auf seine Wirksamkeit und die jahrelange Anwendung des Bebauungsplans durch die Behörde haben für die Beurteilung eines Außenbereichsvorhabens, das den Festsetzungen des unwirksamen Plans entspricht, keine Bedeutung, insbesondere nicht als Gründe, die öffentliche Belange iSd § 35 Abs. 3 überwinden und ein Vorhaben zulässig machen könnten (BVerwG ZfBR 1998, 104 = UPR 1998, 111 = NuR 1998, 93).

29 Anders als bei einem privilegierten Vorhaben stellt ein Widerspruch des beabsichtigten (sonstigen) Bauvorhabens zum **Flächennutzungsplan** regelmäßig eine Beeinträchtigung dieses öffentlichen Belanges dar (BVerwGE 18, 247 = BVerwG Buchholz 406.11 § 35 BBauG Nr. 9). Voraussetzung dafür ist nicht, dass die Darstellungen des Flächennutzungsplanes der tatsächlichen Situation entsprechen (BVerwG Buchholz 406.11. § 35 BauGB Nr. 328 = NVwZ 1997, 899 = BauR 1997, 616; anders noch BVerwG Buchholz 406.11 § 34 BBauG NR. 70 = BRS 36 Nr. 64).

30 Nr. 2 nimmt die in § 1a Abs. 2 genannten Pläne auf und schafft eine einheitliche planungsrechtliche Situation. Die Vorschrift dient der Rechtsklarheit und -sicherheit.

31 Unter **schädlichen Umwelteinwirkungen** als öffentlicher Belang iSv Nr. 3 sind die des § 3 BImSchG zu verstehen (BVerwGE 52, 122 = BVerwG Buchholz 406.19 Nachbarschutz Nr. 28, 1977, 244). Es soll verhindert werden, dass im Außenbereich Missstände in immissionsschutzrechtlicher Hinsicht entstehen, so dass dieser öffentliche Belang eine Ausformung des Gebots der **Rücksichtnahme** darstellt (BVerwG Buchholz 406.19 Nachbarschutz Nr. 67 = NVwZ 1986, 469). Nach § 3 Abs. 1 BImSchG sind unter schädlichen Umwelteinwirkungen alle

Immissionen zu verstehen, die nach Art, Ausmaß oder Dauer geeignet sind, erhebliche Nachteile oder erhebliche Belästigungen für die Allgemeinheit oder die Nachbarschaft herbeizuführen. Was dabei unter **Immissionen** zu verstehen ist, regelt § 3 Abs. 2 BImSchG. Nachteile und Belästigungen sind aber nur dann erheblich, wenn sie der Umgebung nicht zugemutet werden können (BVerwGE 50, 49 = BVerwG Buchholz 406.25 § 5 BImSchG Nr. 1). Dies hat das Bundesverwaltungsgericht für den Fall angenommen, dass ein Schweinemaststall an eine Sport- und Freizeitanlage heranrückt (BauR 2005, 1900). Im Rahmen der **Zumutbarkeit** ist ein gewisses Maß an typisierender Betrachtung geboten, so dass die als antizipierte Sachverständigengutachten (BVerwGE 55, 250 = BVerwG Buchholz 406.25 § 48 BImSchG Nr. 1) qualifizierten TA-Lärm, TA-Luft, DIN 18005 und die VdI-Richtlinie Nr. 2058 einen geeigneten Maßstab abgeben, um festzustellen, ob die Belästigungen unzumutbar sind. Schutzmindernd wirkt sich aber eine ggf vorhandene **Vorbelastung** des Grundstücks aus, da in diesem Fall die „Bildung einer Art von Mittelwert" zu erfolgen hat (BVerwGE 50, 49 = BauR 1976, 100). Dies geschieht aber nicht rechnerisch abstrakt, sondern anhand der konkreten Umstände des Einzelfalls, so dass zB vorherrschende Windrichtungen oder topographische Besonderheiten eine Rolle spielen können.

32 **Erschließungs**aufwendungen iSd Abs. 3 Nr. 4 sind dann unwirtschaftlich, wenn sie im Verhältnis zum erstrebten Zweck unangemessen hoch sind (BVerwG Buchholz 406.11 § 35 BBauG Nr. 97a = BRS 25 Nr. 38). Zwar ist ein Verzicht des Bauwilligen auf die Herstellung der erforderlichen Erschließungs- und Versorgungsanlagen unbeachtlich (BVerwG Buchholz 406.11 § 35 BBauG Nr. 97a = BRS 25 Nr. 38). Ein Berufen auf diesen öffentlichen Belang kann aber dann ausscheiden, wenn sich der Bauherr zur Herstellung der Erschließungsanlagen oder zur Übernahme der Erschließungskosten verpflichtet (BVerwGE 74, 19 = BVerwG Buchholz 406.11 § 36 BBauG Nr. 36 = BauR 1986, 421); zu beachten ist dabei aber auch, ob die **Unterhaltung** unwirtschaftliche Kosten verursachen würde. Im Übrigen hat die Bereitschaft des Bauherrn zur Abwendung dieses öffentlichen Belanges dort ihre Grenze, wo die Gemeinde nach § 129 Abs. 1 einen Teil des beitragsfähigen Erschließungsaufwandes selbst tragen muss (BVerwGE 32, 37 = BVerwG Buchholz 406.11 § 123 BBauG Nr. 3).

33 Dem öffentlichen Belang des **Naturschutzes und der Landschaftspflege** sowie dem durch das BauROG 1998 in Abs. 3 Nr. 5 neu aufgenommenen Belang des **Bodenschutzes** kommt neben den naturschutzrechtlichen Bestimmungen kaum eine Bedeutung zu. Anders sieht es dann aus, wenn das Gebiet, in dem ein Vorhaben verwirklicht werden soll, förmlich noch nicht unter Natur- und Landschaftsschutz gestellt worden ist (BVerwG Buchholz 406.11 § 35 BBauG Nr. 66 = BRS 20 Nr. 59). Ähnliches gilt für den Bereich des **Denkmalschutzes**, auch wenn die Denkmaleigenschaft nur deklaratorisch und nicht konstitutiv festgestellt wird. Durch den Belang der natürlichen Eigenart der Landschaft und ihres Erholungswertes wird die Funktion des Außenbereichs als **Erholungslandschaft** für die Allgemeinheit geschützt (BVerwGE 48, 109 = BVerwG Buchholz 406.11 § 35 BBauG Nr. 117 = BRS 29 Nr. 53), so dass bei einer Nutzung zur individuellen Erholung dieser öffentliche Belang beeinträchtigt wird. Von einer **Verunstaltung** des Orts- und Landschaftsbildes kann gesprochen werden, wenn der für ästhetische Eindrücke offene Betrachter den Gegensatz zwischen dem Vorhaben und dem Orts- und Landschaftsbild als belastend und Unlust erregend empfindet (BVerwGE 2, 172 = BVerwG Buchholz 406.41 Baugestaltungsrecht § 1 Nr. 19). Vornehmlich bezieht

sich dies auf die Frage des Standortes für das konkrete Vorhaben. Nicht unbedingt zur Entscheidungsfindung durch das Gericht ist eine Augenscheinseinnahme erforderlich. Das Landschaftsbild ist verunstaltet, wenn das Vorhaben an seinem Standort grob unangemessen ist (BVerwG ZfBR 1990, 293 = BauR 1990, 689). Kennzeichen der natürlichen Eigenart der Landschaft ist die dort vorkommende Bodennutzung, idR also Land- und Forstwirtschaft. Vorhaben, die dieser Bodennutzung nicht entsprechen, beeinträchtigen die natürliche Eigenart der Landschaft und sind der Landschaft wesensfremd (BVerwG Buchholz 406.11 § 35 BBauG Nr. 223 = NVwZ 1985, 747). Dazu zählen auch **Einfriedigungen**, weil dadurch die Landschaft parzelliert wird (Bay. VGH BRS 38 Nr. 106 = BayVBl. 1981, 433). Im Zusammenhang mit den im Außenbereich häufig anzutreffenden Wochenendhäusern ist es ohne Bedeutung, ob das Gebäude sichtbar oder etwa durch Bepflanzung verborgen ist. Der Widerspruch zwischen der objektiven Zweckbestimmung des Gebäudes und der in seiner Umgebung vorhandene Bodennutzung bleibt nämlich bestehen (BVerwG BauR 1976, 344).

Abs. 3 Nr. 6 schützt bereits eingeleitete oder konkret geplante Maßnahmen zur 34
Verbesserung der **Agrarstruktur**, die durch Außenbereichsvorhaben beeinträchtigt werden könnten. Der Gefährdung der **Wasserwirtschaft** kommt kaum praktische Bedeutung zu, weil ein effektiver Gewässerschutz bereits durch die landes- und bundesrechtlichen Wasserschutzbestimmungen gewährleistet ist; sie hat aber dennoch einen eigenständigen Regelungswert (BVerwG Buchholz 406.11 § 35 BBauG Nr. 100 = BRS 25 Nr. 84).

Durch Nr. 7 des Abs. 3 soll eine planlose **Zersiedlung** des Außenbereichs verhin- 35
dert werden (BVerwG Buchholz 406.11 § 35 BBauG Nr. 223= NVwZ 1985, 747 = BRS 44 Nr. 87). Eine **Splittersiedlung** ist eine Ansammlung von Gebäuden, die nicht das für § 34 erforderliche Gewicht für einen Ortsteil besitzt und auch nicht Ausdruck einer organischen Siedlungsstruktur ist (BVerwGE 54, 73 = BVerwG Buchholz 406.11 § 35 BBauG Nr. 136). Das Entstehen einer Splittersiedlung ist zu befürchten, wenn mit einer Bebauung ein Vorgang der Zersiedlung eingeleitet oder gar schon vollzogen wird (BVerwG Buchholz 406.11 § 34 BBauG Nr. 118 = NVwZ 1988, 144 = BRS 47 Nr. 76), wenn ein solches Vorhaben also eine **Vorbildwirkung** hat (BVerwG Buchholz 406.11 § 35 BBauG Nr. 136 = BauR 1977, 399). Nicht erforderlich ist der positive Nachweis, dass die gesetzlich vermutete Befürchtung der Entstehung einer Splittersiedlung auch im Einzelfall tatsächlich besteht (BVerwG Buchholz 406.11 § 35 BauGB Nr. 328). Unter den Begriff der Vorbildwirkung kann bereits die erste Errichtung eines Gebäudes fallen. Dies gilt nicht nur in der freien Landschaft, sondern auch für die **Anschlussbebauung** an die bebaute Ortslage, so dass insoweit dieser öffentliche Belang auch dort entgegensteht, weil es sonst zu einer ungeplanten Ausuferung der Bebauung kommt (BVerwG Buchholz 406.11 § 35 BBauG Nr. 223 = NVwZ 1985, 742 = DÖV 1985, 732). Eine Splittersiedlung wird verfestigt, wenn eine bisher bestehende Baulücke bebaut wird (BVerwG Buchholz 406.11 § 35 Nr. 230 = BauR 1986, 312); sie wird erweitert, wenn die räumliche Ausdehnung, zB im Zusammenhang mit einer Nutzungsänderung (BVerwG Buchholz 406.11 § 35 BBauG Nr. 206 = NVwZ 1984, 510 = BRS 40 Nr. 93), zunimmt. Von einer Verfestigung ist jedenfalls dann auszugehen, wenn der bauliche Bestand um die Hälfte erweitert wird (BVerwG DÖV 2001, 959). Bei einem siedlungsstrukturell eindeutig zu missbilligenden Vorgang bedarf es aber nicht einmal der Zuordnung zu einer der vorgenannten Untergruppen (BVerwG ZfBR 1994, 151 = UPR 1994, 231).

36 Die Aufnahme der Funktionsfähigkeit von **Funkstellen** und **Radaranlagen** in Nr. 8 durch das EAG Bau 2004 trägt der aktuellen Entwicklung Rechnung und soll sicherstellen, das insbesondere Windenergieanlagen im Außenbereich nicht zu einer Störung des Betriebs von Telekommunikations- und Radaranlagen führen.

37 Daneben spielen noch andere öffentliche Belange, die nicht in Abs. 3 aufgeführt sind, eine Rolle. Hierzu zählt insbesondere auch das Gebot der **Rücksichtnahme** (BVerwGE 52, 122 = BVerwG Buchholz 406.19 Nachbarschutz Nr. 28 = NJW 1978, 62).

38 Im Gegensatz zu privilegierten Vorhaben, denen der Belang des sog. Planungserfordernisses, also die Erforderlichkeit einer vorherigen Bauleitplanung vor der Verwirklichung eines Großvorhabens, nicht entgegensteht, trifft dies auf sonstige Vorhaben nicht zu (BVerwG Buchholz 406.11 § 34 BBauG Nr. 118 = NVwZ 1988, 144 = BRS 47 Nr. 76). Eine Beeinträchtigung öffentlicher Belange kann auch durch einen Verzicht von privat Betroffenen nicht ausgeräumt werden (BVerwG Buchholz 406.11 § 35 BBauG Nr. 150 = BRS 33 Nr. 66).

VI. Erschließung

39 Weitere Zulässigkeitsvoraussetzung für privilegierte wie für sonstige Vorhaben ist die ausreichende **Erschließung.** Was hierfür erforderlich ist, richtet sich grds. nach den jeweiligen Gegebenheiten des Einzelfalls (BVerwG Buchholz 406.11 § 35 BBauG Nr. 229 = NVwZ 1986, 644 = BRS 44 Nr. 76). Unverzichtbar ist aber eine ausreichende **Zuwegung.** Ist diese nicht über öffentliche Straßen möglich, so muss die über ein fremdes Grundstück führende Erschließung durch **Baulast** oder **Grunddienstbarkeit** gesichert sein, eine schuldrechtliche Vereinbarung reicht auch im Außenbereich nicht aus. Weiterhin gehört zur ausreichenden Erschließung ein Anschluss an die Strom- und Wasserversorgung, sowie die Abwasserbeseitigung, wobei aber immer zu berücksichtigen ist, dass es sich um ein Vorhaben im Außenbereich handelt, so dass insoweit nicht die gleichen Anforderungen wie im Innenbereich gestellt werden können. Es genügt daher, wenn die Mindesterfordernisse zur Befriedigung des durch das konkrete Einzelvorhaben ausgelösten Erschließungsbedürfnisses erfüllt sind. Hieraus ergibt sich, dass für Wochenendhausgebiete im Außenbereich deutliche geringere Anforderungen an die Erschließung zu stellen sind als für Gebiete, die dem dauerhaften Wohnen dienen sollen, so dass ein entsprechender Wechsel in der Nutzung regelmäßig nicht zulässig ist (vgl hierzu BVerwG BauR 1976, 185).

40 Auch wenn die Erschließung für ein Außenbereichsvorhaben tatsächlich vorhanden ist, kann hieraus kein Anspruch auf (nachträgliche) **Genehmigung** der baulichen Maßnahme hergeleitet werden. Dies folgt bereits daraus, dass es sonst für Private oder die Gemeinde möglich wäre, die Bauaufsichtsbehörde für das in deren Zuständigkeit fallende Genehmigungsverfahren zu binden. Allerdings kann sich ein Bauinteressent im Zuge des Genehmigungsverfahrens verpflichten, die Erschließung selbst herzustellen. Dann muss sich aber das **Erschließungsangebot** auch auf die Übernahme der Folgekosten erstrecken. Selbst in diesem Fall besteht jedoch keine Pflicht, das Erschließungsangebot anzunehmen und das Vorhaben zu genehmigen (vgl BVerwG, DÖV 1993, 918; BVerwGE 74, 19).

VII. Bestandsschutz, Strukturwandel

41 Abs. 4 stellt einen besonderen Privilegierungstatbestand dar und ist die Reaktion des Gesetzgebers auf die Rechtsprechung zum **Bestandsschutz** (BVerwGE 47,

185 = BVerwG Buchholz 406.11 § 35 BBauG Nr. 114). Die Vorschrift ist durch das BauROG 1998 umfassend fortentwickelt worden. Neben den gesetzlich geregelten Möglichkeiten gibt es keinen auf Bestandsschutz gegründeten Anspruch auf Zulassung von Veränderungen oder Erweiterungen baulicher Anlagen im Außenbereich. Art. 14 Abs. 1 GG ist – für sich betrachtet – nicht zu entnehmen, unter welchen Voraussetzungen eine Änderung der vorhandenen Bausubstanz von einer früheren Baugenehmigung als nicht mehr gedeckt anzusehen ist; dies hat vielmehr der Gesetzgeber des einfachen Rechts zu entscheiden (BVerwG UPR 1998, 32 = DÖV 1998, 78 = BauR 1997, 991).

Geblieben ist der Ausschluss verschiedener öffentlicher Belange, die einem Vorhaben der bezeichneten Art nicht entgegengehalten werden können. Der Schutz des Außenbereichs soll nunmehr über das Tatbestandsmerkmal der **Außenbereichsverträglichkeit** iSv Abs. 3 der Vorschrift gesteuert werden. 42

Der Gesetzgeber hat darüber hinaus das Problem aufgegriffen, dass in Zeiten des **Strukturwandel**s in der Landwirtschaft zunehmend landwirtschaftliche Betriebe aufgegeben werden. Hierdurch entsteht ein Interessenkonflikt zwischen dem notwendigen Außenbereichsschutz und der Unterstützung der betroffenen Landwirtschaft, dem das Gesetz mit einer weiteren Erleichterung der **Umnutzung** ehemals landwirtschaftlich genutzter Betriebe zu begegnen versucht, die teilweise schon im BauGB-MaßnahmenG angelegt war. Eine solche erleichterte Nutzungsänderung setzt nicht nur voraus, dass eine Baugenehmigung für ein Bauvorhaben erteilt worden ist, das einem **landwirtschaftlichen Betrieb** dient, sondern auch, dass das Vorhaben tatsächlich auch entsprechend genutzt worden ist (OVG Lüneburg NVwZ-RR 1999, 493). Hiernach dürfen unter den weiteren genannten Voraussetzungen durch eine Umnutzung zu **Wohnzwecken** neben den ehemals privilegierten Wohnungen maximal drei weitere Wohnungen pro Hofstelle entstehen. Gebäude, die einem landwirtschaftlichen Betrieb dienen, können nur dann eine Hofstelle in diesem Sinn bilden, wenn jedenfalls eines der Gebäude ein landwirtschaftliches Wohngebäude ist (BVerwG NVwZ 2006, 696). 43

Möglich und in der Praxis wohl noch bedeutsamer ist die Umnutzung zu **gewerblichen** und sonstigen **Zwecken**, wenn die dafür genannten Voraussetzungen erfüllt sind. Insoweit ist eine erhebliche Erleichterung eingetreten, als nicht mehr verlangt wird, dass die Umnutzung mit keiner wesentlichen Änderung der baulichen Anlage verbunden sein darf; allerdings muss die äußere Gestalt des Gebäudes im Wesentlichen gewahrt bleiben. Die **Frist** seit der Aufgabe der bisherigen Nutzung ist von fünf auf sieben Jahre verlängert worden. 44

Nach Abs. 4 Nr. 2 kann ein irgendwann einmal zulässigerweise errichtetes Wohnhaus abgerissen und dafür ein vergleichbares Wohngebäude errichtet werden, wenn das alte Gebäude schon längere Zeit vom **Eigentümer** bewohnt wurde und das neue Gebäude ebenfalls dem Eigentümer und seiner Familie dienen soll (BVerwGE 62, 32 = BVerwG Buchholz 406.11 § 35 BBauG Nr. 180). Erforderlich ist zunächst, dass das ursprüngliche Gebäude entweder auf Grund einer **Baugenehmigung** erstellt worden ist oder mit dem materiellen Baurecht übereinstimmte (BVerwGE 58, 124 = BRS 35 Nr. 82). Weiterhin muss es sich bei dem Gebäude um ein **Wohngebäude** handeln, also ein Gebäude, das nicht nur zum vorübergehenden Aufenthalt bestimmt ist (BVerwG Buchholz 406.11 § 5 BBauG Nr. 186 = NVwZ 1982, 622), so dass Wochenendhäuser davon nicht erfasst werden. Des Weiteren muss der Eigentümer des neuen Gebäudes längere Zeit als **Eigentümer** oder Familienmitglied des Eigentümers oder als Mieter bzw dessen 45

Familienmitglied (BVerwG Buchholz 406.11 § 35 BBauG Nr. 244 = NVwZ 1989, 355) das Gebäude bewohnt haben. Damit soll verhindert werden, dass wohlhabende Personen ein baufälliges Gebäude im Außenbereich erwerben, um dann dort nach dem Abbruch ein neues Gebäude errichten zu können (BVerwGE 62, 32 = BRS 38 Nr. 98).

46 Nach dem Schutzzweck der Norm ist das Tatbestandsmerkmal „längere Zeit" eng auszulegen. Weniger als zwei Jahre Eigennutzung sind dabei noch nicht ausreichend (BVerwG Buchholz 406.11 § 35 BBauG Nr. 186 = BauR 1982, 359); auch drei Jahre wurden als nicht ausreichend angesehen (OVG Lüneburg BRS 33 Nr. 77). Als Anhaltspunkt wird in der Literatur ein Zeitraum von vier Jahren angegeben (Gelzer, Bauplanungsrecht, 4. Aufl. Rn 1255). Auch der Neubau muss von dem Eigentümer oder seiner Familie als Wohnung genutzt werden. Der Begriff der **Familie** in dieser Vorschrift stimmt mit der Definition in § 8 Abs. 2 des II. WoBauG überein (BVerwG Buchholz 406.11 § 35 BBauG Nr. 249 = NVwZ 1989, 355).

47 Die erforderliche **Gleichartigkeit** des Neubaues ist gegeben, wenn er hinsichtlich der Funktion, des Volumens und des Standortes dem alten Gebäude entspricht (BVerwGE 61, 290 = BRS 38 Nr. 97). Eine geringfügige Abweichung von dem bisherigen Standort ist unbeachtlich, wenn dadurch die öffentlichen Belange des Abs. 3 nicht stärker als vorher berührt werden (BVerwGE 61, 290 = BauR 1981, 249).

48 Abs. 4 Nr. 3 erlaubt unter den dort genannten Voraussetzungen den alsbaldigen **Wiederaufbau** des – ursprünglich zulässigerweise errichteten – zerstörten Gebäudes. Die Zerstörung muss durch ein außergewöhnliches Ereignis eingetreten sein. Dazu zählt auch die mutwillige **Zerstörung** durch Dritte, die gegen den Willen des Eigentümers erfolgt ist (BVerwG Buchholz 406.11 § 35 BBauG Nr. 189 = NVwZ 1983, 348), nicht jedoch der altersbedingte Verfall oder die Zerstörung auf Grund mangelnder Unterhaltung (BVerwG Buchholz 406.11 § 35 BBauG Nr. 180 = BRS 38 Nr. 98). Unter Berücksichtigung der ausdrücklich in Abs. 4 Nr. 3 genannten Fälle des **Brandes** und der **Naturereignisse** ist das Tatbestandsmerkmal der anderen außergewöhnlichen Ereignisse eng auszulegen.

49 Ein Wiederaufbau erfolgt stets **alsbald** iSd Abs. 4 Nr. 3, wenn zwischen der Zerstörung und der offenbarten Absicht, den Wiederaufbau zu realisieren – etwa durch eine Bauantragsstellung –, ein Zeitraum von einem Jahr liegt (BVerwGE 64, 42 = BVerwG Buchholz 406.11 § 35 BBauG Nr. 183); bei einem Zeitraum bis zu zwei Jahren kann idR noch von einem alsbaldigen Wiederaufbau gesprochen werden, während dies bei einem darüber noch hinausgehenden Zeitraum nur bei besonderer Fallgestaltung möglich ist (BVerwGE 64, 42 = BVerwG Buchholz 406.11 § 35 BBauG Nr. 183). Keine Rolle spielt es, wenn die Realisierung des Bauvorhabens wegen eines gerichtlichen Verfahrens erst später erfolgt. Die notwendige Gleichartigkeit des neuen Gebäudes bezieht sich auf die Größe, die Nutzung und die Funktion des Vorhabens (BVerwGE 61, 290 = BRS 38 Nr. 97).

50 Abs. 4 Nr. 4 privilegiert eine Änderung bzw Nutzungsänderung eines die Kulturlandschaft prägenden Gebäudes. Darunter fallen **Baudenkmäler** und andere kulturell bedeutsame Gebäude (BVerwG Buchholz 5406.11 § 35 BBauG Nr. 216 = NVwZ 1985, 184) zB auch landschaftstypische Bauernhöfe. Da das Gebäude noch erhaltenswert sein muss, scheiden Ruinen oder völlig verfallene Häuser aus (BVerwG Buchholz 406.11 § 35 BBauG Nr. 216 = NVwZ 1985, 184).

51 Abs. 4 Nr. 5 erlaubt unter bestimmten Voraussetzungen die Erweiterung von zulässigerweise errichteten **Wohngebäuden**, nicht jedoch von Wochenendhäusern (BVerwG NVwZ-RR 89, 173 = BauR 1988, 699). Nicht um eine Erweiterung

handelt es sich bei der Errichtung eines weiteren Gebäudes (BVerwGE 61, 285 = BVerwG Buchholz 406.11 § 35 BBauG Nr. 176). Eine **angemessene Erweiterung** liegt vor, wenn die Erweiterung unter Berücksichtigung der Wohnraumversorgung der Familienangehörigen (BVerwG BRS 48 Nr. 75), die sich aber nicht an den selbst bestimmten Bedürfnissen der Bewohner orientieren kann, sondern an § 39 Abs. 1 und 2 des II. WoBauG (BVerwG Buchholz 406.11 § 35 BBauG Nr. 249 = NVwZ 1989, 355), im Verhältnis zum bestehenden Gebäude von untergeordneter Bedeutung ist, wobei maximal zwei neue Wohnungen entstehen dürfen. Nicht von Abs. 4 Nr. 5 ist die mehrmalige Erweiterung gedeckt, die zwar einzeln angemessen ist, aber von ihrem Gesamtumfang die Angemessenheit überschreitet.

Abs. 4 Nr. 6 lässt eine **Angemessenheit** der Erweiterung eines bestehenden Gewerbe- 52
betriebes ausreichen, während nach § 35 Abs. 4 Nr. 6 BBauG aF die Betriebserweiterung vom Erfordernis der Sicherung einer Betriebsfortführung abhängig war; insoweit hat die jetzige Regelung zu einer Verstärkung des Bestandsschutzes geführt. Als angemessen ist eine Erweiterung noch bei einem Umfang von 25% angesehen worden (BayVGH BRS 42 Nr. 92 = BayVBl. 1986, 653), während dies dagegen bei 30% verneint worden ist (OVG Lüneburg BRS 38 Nr. 103 = BauR 1982, 361). Die Erweiterung muss aber auch bezogen auf die Betriebsart angemessen sein, dh zwischen dem alten Betrieb und dem erweiterten Teil muss ein funktioneller Zusammenhang bestehen, wobei der neue Betriebsteil untergeordnet sein muss. Eine Berufung auf diese Vorschrift entfällt aber dann, wenn der Betriebsinhaber bei wiederholten Betriebserweiterungen ein Gesamtvorhaben, das den Rahmen des Zulässigen sprengen würde, in Teilakte zerlegt und zeitlich gestaffelt ausführen will (BVerwG Buchholz 406.11 § 35 BauGB Nr. 280 = BauR 1993, 200).

Abs. 4 Satz 2 lässt geringfügige **Standortabweichungen** zu. Für die Geringfügigkeit 53
kommt es nicht in erster Linie auf die quantitative Veränderung an, sondern entscheidend ist, ob zusätzlich eine Beeinträchtigung öffentlicher Belange gegeben ist (BVerwGE 61, 290 = BVerwG Buchholz 406.11 § 35 BBauG Nr. 178).

VIII. Schonung des Außenbereichs

Durch Abs. 5 ist das durch die Rechtsprechung formulierte Gebot der größtmögli- 54
chen **Schonung** des Außenbereichs (BVerwGE 41, 138 = BVerwG Buchholz 406.11 § 35 BBauG Nr. 101) ausdrücklich normiert und durch das BauROG entsprechend § 1a Abs. 1 um den Aspekt des **Bodenschutzes** erweitert worden. Außerdem wurde die Pflicht der Baugenehmigungsbehörde aufgenommen, die Einhaltung der vorgesehenen Verpflichtungen und Nutzungsbeschränkungen sicherzustellen. Dies kann ggf durch **Baulast**eintragung, **Widerrufsvorbehalt** oder nach den Vorschriften der (Landes-)Verwaltungsverfahrensgesetze geschehen. Der durch das EAG Bau 2004 neu eingeführte Satz 2 will durch die Schaffung einer **Verpflichtungserklärung** sichern, dass Betriebe nach Beendigung ihrer Nutzung wieder zurückgebaut und entsprechende **Bodenversiegelung** beseitigt werden. Insoweit wird hier der Gedanke des § 1a Abs. 2 aufgegriffen und die Wiedernutzbarmachung von Flächen vorbereitet. Allerdings sollen dieser Verpflichtung nur solche Vorhaben unterliegen, die einer **Umweltverträglichkeitsprüfung** unterzogen worden sind. Entfällt auf Dauer der Nutzungszweck der baulichen Anlage, so fällt auch die bodenrechtliche Legitimation für ihre Privilegierung weg.

IX. Außenbereichssatzung

55 Abs. 6 der Vorschrift übernimmt die Regelung des § 4 Abs. 4 BauGB-MaßnahmenG über die **Außenbereichssatzung**. Hiernach kann die Gemeinde durch eine Satzung, die von der höheren Verwaltungsbehörde genehmigt sein muss, bestimmen, dass Vorhaben, die Wohnzwecken oder kleineren Handwerks- oder Gewerbebetrieben dienen sollen, nicht die Darstellungen des **Flächennutzungsplanes** oder die Gefahr der Entstehung einer **Splittersiedlung** entgegengehalten werden können, wenn der Bereich nicht überwiegend landwirtschaftlich geprägt und bereits bebaut ist, wobei eine Wohnbebauung von einigem Gewicht vorhanden sein muss. Ein bebauter Bereich in diesem Sinne ist dann gegeben, wenn der Außenbereich seine Funktion nicht mehr oder nur noch mit wesentlichen Einschränkungen erfüllen kann und die vorhandene Bebauung auf eine weitere Bebauung im Wege der **Verdichtung** hindeutet (BVerwG ZfBR 2006, 678). Dies kann im Einzelfall bereits bei drei Wohnhäusern der Fall sein, wenn eine klare Tendenz zur Entstehung eines Wohnortes erkennbar ist (vgl VGH München, NVwZ-RR 2000, 482). Dabei tritt der Aspekt einer rechtlichen Absicherung an sich nicht gewollter Außenbereichsbebauung hinter die Chancen und Möglichkeiten zurück, ohnehin schon erkennbare Entwicklungen wenigstens in eine außenbereichsverträgliche Richtung zu lenken. Mit näheren Bestimmungen über die Zulässigkeit iSv Abs. 6 Satz 3 können Art und Umfang baulicher Maßnahmen und deren **Erschließung** geregelt werden.

§ 36 Beteiligung der Gemeinde und der höheren Verwaltungsbehörde

(1) Über die Zulässigkeit von Vorhaben nach den §§ 31, 33 bis 35 wird im bauaufsichtlichen Verfahren von der Baugenehmigungsbehörde im Einvernehmen mit der Gemeinde entschieden. Das Einvernehmen der Gemeinde ist auch erforderlich, wenn in einem anderen Verfahren über die Zulässigkeit nach den in Satz 1 bezeichneten Vorschriften entschieden wird; dies gilt nicht für Vorhaben der in § 29 Abs. 1 bezeichneten Art, die der Bergaufsicht unterliegen. Richtet sich die Zulässigkeit von Vorhaben nach § 30 Abs. 1, stellen die Länder sicher, dass die Gemeinde rechtzeitig vor Ausführung des Vorhabens über Maßnahmen zur Sicherung der Bauleitplanung nach den §§ 14 und 15 entscheiden kann. In den Fällen des § 35 Abs. 2 und 4 kann die Landesregierung durch Rechtsverordnung allgemein oder für bestimmte Fälle festlegen, dass die Zustimmung der höheren Verwaltungsbehörde erforderlich ist.

(2) Das Einvernehmen der Gemeinde und die Zustimmung der höheren Verwaltungsbehörde dürfen nur aus den sich aus den §§ 31, 33, 34 und 35 ergebenden Gründen versagt werden. Das Einvernehmen der Gemeinde und die Zustimmung der höheren Verwaltungsbehörde gelten als erteilt, wenn sie nicht binnen zwei Monaten nach Eingang des Ersuchens der Genehmigungsbehörde verweigert werden; dem Ersuchen gegenüber der Gemeinde steht die Einreichung des Antrags bei der Gemeinde gleich, wenn sie nach Landesrecht vorgeschrieben ist. Die nach Landesrecht zuständige Behörde kann ein rechtswidrig versagtes Einvernehmen der Gemeinde ersetzen.

1 Das Erfordernis des **Einvernehmen**s der Gemeinde zu allen Baugenehmigungen nach §§ 31, 33, 34 oder 35 dient dem Schutz der aus Art 28 GG folgenden gemeindlichen **Planungshoheit** (BVerwG Buchholz 406.11 § 36 BBauG Nr. 35 = NVwZ 1986, 556). Dabei kann sich die Gemeinde aber nicht auf die Verletzung

ihrer Rechte durch Verfahrensfehler berufen, wenn tatsächliche ihre Planungshoheit nicht verletzt ist (BVerwG BauR 2006, 815). Die Bedeutung der Vorschrift zeigt sich zB dann, wenn ein Vorhaben zur Genehmigung gestellt wird, das geeignet wäre, aus einer Splittersiedlung im Außenbereich (§ 35 Abs. 2 Nr. 7) einen unbeplanten Ortsteil (§ 34 Abs. 1) zu machen, dh die im Zusammenhang bebaute Ortslage zu erweitern.

Die Vorschrift erlaubt der Gemeinde nicht, ihr **Einvernehmen** schon dann zu verweigern, wenn das Vorhaben ihren zukünftigen Planungsabsichten entgegensteht. In diesem Fall hat die Gemeinde nur die Möglichkeit, eine **Veränderungssperre** nach § 14 zu erlassen oder eine **Zurückstellung** nach § 15 zu beantragen. Wird eine Baugenehmigung in einem Verfahren nach § 30 erteilt, ohne dass es für das Vorhaben der Gewährung einer Ausnahme oder Befreiung bedarf, so ist die Beteiligung der Gemeinde nicht notwendig, da sich ihr Planungswille bereits in dem einschlägigen Bebauungsplan manifestiert hat. 2

Zur Vorbereitung der Entscheidung, ob das Einvernehmen erteilt wird, benötigt die Gemeinde vollständige **Bauvorlagen**, um das Vorhaben beurteilen zu können (BVerwGE 122, 13). Sie kann auch mit dem Bauantragsteller in Kontakt treten, etwa um weitergehende Informationen zu dem Vorhaben zu erhalten, oder um Probleme zu erörtern, die sich im Zusammenhang mit der Genehmigung ergeben können. Wegen des sog. **Koppelungsverbots** kann sie aber ihr Einvernehmen zu einem Vorhaben, auf dessen Genehmigung nach §§ 31, 33 bis 35 ein Rechtsanspruch besteht, nicht von einer Gegenleistung des Antragstellers abhängig machen (vgl BVerwG NJW 1981, 1747). Etwas anderes gilt dann, wenn die Gemeinde auf die Formulierung von **Nebenbestimmungen** in der Baugenehmigung dringt, die erst einen Anspruch auf Genehmigung des Vorhabens schaffen sollen. 3

Unzulässig ist es wegen widersprüchlichen Verhaltens, wenn die Gemeinde zunächst einen Nutzungsvertrag mit einem **Mobilfunk**betreiber bezüglich eines Außenbereichsgrundstücks für einen Sendemast abschließt, wegen des politischen Drucks dann aber ihr Einvernehmen zur Erteilung der Baugenehmigung für eben dieses Vorhaben versagt. 4

Damit die Gemeinde von ihrem Recht wirksam Gebrauch machen kann, bestimmt Abs. 1 Satz 3, dass die Länder für eine rechtzeitige **Information** der Gemeinde hinsichtlich entsprechender Vorhaben zu sorgen haben. Dies trägt den Veränderungen im Bauordnungsrecht der Länder hinsichtlich der teilweisen Ersetzung des präventiven Genehmigungsverfahrens durch Anzeige- oder Kenntnisgabeverfahren Rechnung. Die Informationspflicht besteht aber nicht für Vorhaben ohne städtebauliche Relevanz (Vorhaben iSv. § 29) sowie Vorhaben, die der **Bergaufsicht** unterliegen. Ist die Gemeinde selbst Baugenehmigungsbehörde, bedarf es nicht der formellen Einvernehmenserklärung (BVerwG Buchholz 406.11 § 2 BBauG Nr. 4 = BRS 22 Nr. 156). 5

Das Einvernehmen der Gemeinde ist neben der Entscheidung über die Erteilung einer Baugenehmigung auch für eine Bebauungsgenehmigung (**Vorbescheid**) und eine **Teilbaugenehmigung** erforderlich. Nach Abs. 1 Satz 2 1. HS muss das gemeindliche Einvernehmen auch hergestellt werden, wenn in einem anderen Verwaltungsverfahren, insbesondere bei der immissionsschutzrechtlichen Genehmigung nach §§ 4 ff BImSchG, über die baurechtliche Zulässigkeit nach den §§ 31, 33–35 entschieden wird. 6

Die Erteilung bzw die Versagung des Einvernehmens stellt nur eine verwaltungsinterne Maßnahme und daher keinen **Verwaltungsakt** dar (BVerwGE 28, 145 = 7

BRS 18 Nr. 114). Die Versagung des Einvernehmens kann aber eine **Amtspflichtverletzung** iSd § 839 BGB, Art 34 GG darstellen, wenn dies unberechtigt geschieht (BGH BRS 42 Nr. 173 = BauR 1984, 498), zB wenn die Gemeinde aus bauordnungsrechtlichen Gründen ihr Einvernehmen versagt. Damit geprüft werden kann, ob das Einvernehmen zu Recht verweigert wurde, ist die Entscheidung hierüber zu begründen.

8 Ein rechtswidrig verweigertes Einvernehmen der Gemeinde kann allerdings im Wege der **Rechtsaufsicht** ersetzt werden (BVerwG Buchholz 406.11 § 36 BBauG Nr. 35 = NVwZ 1986, 556). Dies wird nunmehr durch Abs. 2 Satz 3 ausdrücklich festgestellt. Hierdurch soll verhindert werden, dass die Gemeinde ohne weitere Angabe von Gründen durch schlichte Verweigerung ihres Einvernehmens ein Vorhaben verhindert, obwohl es an sich planungsrechtlich zulässig wäre. Voraussetzung für die **Ersetzung** des Einvernehmens ist eine eigene fachliche Prüfung der nach Landesrecht zuständigen Behörde, ob die Versagung durch die Gemeinde rechtswidrig war, dh die Gemeinde überhaupt keine rechtlich relevanten Gründe angeführt hat oder diese tatsächlich nicht zutreffen. Ist dies zweifelhaft, kann eine Ermittlungspflicht entstehen. Durch die Regelung des Abs. 2 Satz 3 dürfte für ein kommunalaufsichtliches Einschreiten kaum noch Raum sein.

9 Die Gemeinde ist durch die Erteilung des Einvernehmens hinsichtlich eines bestimmten Vorhabens grds. nicht gehindert, eine die Zulässigkeit des Vorhabens ausschließende Bauleitplanung zu betreiben (BVerwG Buchholz 406.11 § 36 BauGB Nr. 53).

10 Solange die Baugenehmigungsbehörde die **Baugenehmigung** noch nicht erteilt hat, kann die Gemeinde ihr bereits erteiltes Einvernehmen noch zurücknehmen. Eine **Bindung** tritt erst mit der Erteilung der Genehmigung ein. Dies bedeutet, dass eine Gemeinde, die ihr Einvernehmen zu einer Teilbaugenehmigung erteilt hat, daran auch im späteren Baugenehmigungsverfahren gebunden ist (BGH BRS 36 Nr. 160). Auf der anderen Seite bewirkt aber die Erklärung des Einvernehmens durch die Gemeinde schon wegen der unterschiedlichen Aufgaben und Kompetenzen bei der Prüfung von Bauanträgen keine Bindung der Baugenehmigungsbehörde (BVerwG Buchholz 406.12 § 3 BauNVO Nr. 5 = BRS 39 Nr. 45; BVerwG Buchholz 406.11 § 36 BauGB Nr. 45); diese muss vielmehr dann selbst prüfen, ob das Bauvorhaben zulässig ist. Für den Antragsteller verbleibt nur die Möglichkeit, bei einer Ablehnung **Verpflichtungsklage** auf Erteilung der Baugenehmigung zu erheben. In einem solchen Verwaltungsstreitverfahren ist die Gemeinde nach § 65 Abs. 2 VwGO notwendig beizuladen (BVerwGE 74, 19 = NVwZ 1986, 917), es sei denn, die Gemeinde ist bereits als Beklagte am Prozess beteiligt (BVerwGE 51, 310 = BVerwG Buchholz 406.11 § 36 BBauG Nr. 21). Eine **Beiladung** der Gemeinde ist bereits dann angezeigt, wenn die Wirksamkeit des Bebauungsplans in Frage steht. Die positive Entscheidung des Verwaltungsgerichts ersetzt das erforderliche Einvernehmen bzw die Zustimmung.

11 Nach Abs. 1 Satz 4 kann für bestimmte Außenbereichsvorhaben landesrechtlich das Erfordernis einer Zustimmung der höheren Verwaltungsbehörde festgelegt werden. Auch hier handelt es sich dann um einen verwaltungsinternen Vorgang, der keiner gesonderten gerichtlichen Prüfung zugeführt werden kann. Bezüglich der Bindungswirkung und möglicher Versagungsgründe gelten ebenfalls die Ausführungen zum gemeindlichen Einvernehmen entsprechend.

12 Abs. 2 Satz 1 stellt klar, dass das Einvernehmen nur aus den sich aus den §§ 31, 33, 34 und 35 ergebenden Gründen versagt werden kann und sichert damit die aus

Art. 14 Abs. 1 GG folgende **Baufreiheit**. Der Gemeinde steht somit bei der Entscheidung über die Erteilung des Einvernehmens kein **Ermessen** zu.

Nach Abs. 2 Satz 2 tritt die **Fiktion** der Einvernehmens- bzw Zustimmungserteilung ein, wenn innerhalb von zwei Monaten nach Eingang keine Verweigerung erklärt wird. Nicht ausreichend ist insoweit die interne Beschlussfassung der Gemeinde, die der Genehmigungsbehörde noch nicht zugegangen ist. Die Fiktion dient der **Beschleunigung** des Baugenehmigungsverfahrens. Für die Fristberechnung gelten die §§ 188 Abs. 2, 187 Abs. 1 BGB. Ist der Bauantrag nach Landesrecht bei der bzw über die Gemeinde einzureichen, so beginnt die Frist bereits mit dessen Eingang bei der Gemeinde zu laufen, da sie zu diesem Zeitpunkt Kenntnis über das Vorhaben erlangt. Eine **Verlängerung** dieser Zweimonatsfrist ist nicht möglich; mit dem Ablauf der Frist tritt die Fiktion ohne weiteres ein. Der Umstand, dass die ggf zu beteiligende höhere Verwaltungsbehörde die Frist versäumt hat, schließt die Erhebung der Aufsichtsklage gegen einen dem Begehren des Bauherren entsprechenden Bescheid nicht aus (OVG Saarland v. 25.2.1992). Versagt die Gemeinde ihr Einvernehmen nicht fristgerecht, so hat sie kein **Klagerecht** gegen die Baugenehmigung für das entsprechende Vorhaben (OVG Lüneburg NVwZ 1999, 1003). Hat sie dagegen ein Klagerecht gegen die Baugenehmigung, so folgt hieraus, dass sie auch die Einstellung der Bauarbeiten verlangen kann (VGH Kassel NVwZ 1984, 738). Andernfalls würde die spätere Anordnung der Beseitigung eines rechtswidrig errichteten Bauvorhabens nämlich gerade in das Ermessen der Bauaufsichtsbehörde gestellt, die es gegen den Willen der Gemeinde zugelassen hat. 13

§ 36 begründet keinen **Nachbarschutz**, sondern ist nur eine Schutznorm für die Gemeinde (BVerwGE 54, 1 = BVerwG Buchholz 406.11 § 36 BBauG Nr. 131; BVerwG Buchholz 406.19 Nachbarschutz Nr. 146 = NVwZ 1997, 991 = ZfBR 1997, 427). 14

§ 37 Bauliche Maßnahmen des Bundes und der Länder

(1) Macht die besondere öffentliche Zweckbestimmung für bauliche Anlagen des Bundes oder eines Landes erforderlich, von den Vorschriften dieses Gesetzbuchs oder den auf Grund dieses Gesetzbuchs erlassenen Vorschriften abzuweichen oder ist das Einvernehmen mit der Gemeinde nach § 14 oder § 36 nicht erreicht worden, entscheidet die höhere Verwaltungsbehörde.

(2) Handelt es sich dabei um Vorhaben, die der Landesverteidigung, dienstlichen Zwecken der Bundespolizei oder dem zivilen Bevölkerungsschutz dienen, ist nur die Zustimmung der höheren Verwaltungsbehörde erforderlich. Vor Erteilung der Zustimmung hat diese die Gemeinde zu hören. Versagt die höhere Verwaltungsbehörde ihre Zustimmung oder widerspricht die Gemeinde dem beabsichtigten Bauvorhaben, entscheidet das zuständige Bundesministerium im Einvernehmen mit den beteiligten Bundesministerien und im Benehmen mit der zuständigen Obersten Landesbehörde.

(3) Entstehen der Gemeinde infolge der Durchführung von Maßnahmen nach den Absätzen 1 und 2 Aufwendungen für Entschädigungen nach diesem Gesetzbuch, sind sie ihr vom Träger der Maßnahmen zu ersetzen. Muss infolge dieser Maßnahmen ein Bebauungsplan aufgestellt, geändert, ergänzt oder aufgehoben werden, sind ihr auch die dadurch entstandenen Kosten zu ersetzen.

(4) Sollen bauliche Anlagen auf Grundstücken errichtet werden, die nach dem Landbeschaffungsgesetz beschafft werden, sind in dem Verfahren nach § 1 Abs. 2 des Landbeschaffungsgesetzes alle von der Gemeinde oder der höheren Verwaltungsbehörde nach den Absätzen 1 und 2 zulässigen Einwendungen abschließend zu erörtern. Eines Verfahrens nach Absatz 2 bedarf es in diesem Falle nicht.

1 Diese Vorschrift, die in der Praxis kaum Bedeutung erlangt hat, stimmt im Wesentlichen mit der früheren Regelung des § 37 BBauG überein. Angesichts des Charakters und der Bedeutung der in Rede stehenden Vorhaben wird es regelmäßig zu konsensualen Lösungen im Vorfeld kommen.

2 Obwohl bauliche Maßnahmen des Bundes und der Länder im bauordnungsrechtlichen Verfahren eine Sonderstellung einnehmen, indem sie zB von der **Baugenehmigungspflicht** befreit sind, unterliegen sie doch gem. §§ 29 ff den auch an sonstige Vorhaben zu stellenden Anforderungen. Die Begriffe der baulichen Anlage, des Bauvorhabens und der Maßnahme, die § 37 verwendet, sind in diesem Zusammenhang als **„Vorhaben“** iSv § 29 zu verstehen. Handelt es sich nämlich nicht um ein Vorhaben, so kann auch kein Widerspruch zum Planungsrecht des BauGB entstehen.

3 Durch die Vorschrift wird bezweckt, notwendige öffentliche Bauten, die wegen ihrer besonderen Auswirkungen nicht nach §§ 30, 34 oder 35 genehmigt werden könnten, gleichwohl errichten zu können. Da aber gem. § 29 Abs. 2 die Vorschriften des **Bauordnungsrechts** und andere öffentlich-rechtliche Vorschriften insoweit unberührt bleiben, kann § 37 auch nicht von deren Einhaltung befreien. Dies kann zB bei **denkmalschutz**rechtlichen Vorschriften von Bedeutung sein.

4 Abs. 1 hat in erster Linie einen materiell-rechtlichen Inhalt (BVerwG Buchholz 406.11 § 37 BBauG Nr. 1 = BRS 38 Nr. 171; BVerwGE 91, 227 = DVBl 1993, 437) und bezieht sich auf solche Vorhaben, die nach den §§ 30 ff unzulässig sind. Diese Vorschrift begünstigt nur den Bund und die Länder; davon nicht erfasst werden rechtsfähige Körperschaften, Anstalten oder Stiftungen auf Bundes- oder Landesebene.

5 Die besondere **öffentliche Zweckbestimmung** verlangt eine Unmittelbarkeit, die bei Vorhaben, die dem Finanzvermögen dienen, nicht gegeben ist (BVerwG Buchholz 406.11 § 37 BBauG Nr. 1 = BRS 38 Nr. 171 = ZfBR 1981, 243). Die besondere Zweckbestimmung setzt weiter voraus, dass das Vorhaben sich wegen seiner Aufgabenstellung nach Standort, Art, Ausführung oder Auswirkung von sonstigen Bauten des Verwaltungsvermögens unterscheidet (BVerwGE 91, 227 = DVBl 1993, 437). Dies ist bei technischen Anlagen der **Daseinsvorsorge** oder den in Abs. 2 genannten Anlagen der Fall (BVerwG Buchholz 406.11 § 37 BBauG Nr. 1 = BRS 38 Nr. 171 = ZfBR 1981, 243). Von den städtebaulichen Vorschriften wird ein Abweichen erfordert, wenn dies zur Erfüllung oder Wahrnehmung der im Einzelfall in Betracht kommenden öffentlichen Zweckbestimmung vernünftigerweise geboten ist (BVerwG Buchholz 406.11 § 37 BBauG Nr. 1 = BRS 38 Nr. 171 = ZfBR 1981, 243). Hierdurch wird die freie **Standortwahl** des Vorhabenträgers eingeschränkt.

6 In den Fällen, in denen an sich eine Beurteilung nach den §§ 34, 35 vorzunehmen wäre, muss eine Gewichtung der im konkreten Einzelfall widerstreitenden **öffentlichen Belange** erfolgen (BVerwGE 88, 35 = NVwZ 1992, 477). Um dies zu ermöglichen, ist eine aussagefähige **Begründung** zu formulieren, die die widerstreitenden Interessen nachvollziehbar darlegt und auch in ihrer Bedeutung gewichtet (BVerwG NVwZ 1992, 479). Für den Fall eines solchen Interessenkonflikts wird die Entscheidungskompetenz auf die höhere Verwaltungsbehörde übertragen, die auch das verfahrensrechtlich erforderliche **Einvernehmen** der Gemeinde mit ihrer

Entscheidung ersetzt. Diese Entscheidung wirkt gegenüber der Gemeinde als **Verwaltungsakt** und unterliegt uneingeschränkt der gerichtlichen Kontrolle (BVerwGE 88, 35 = NVwZ 1992, 477).

Abs. 2 enthält als Unterfall des Abs. 1 für die darin aufgeführten Vorhaben eine Sonderregelung. Diese Regelung gilt nicht für Vorhaben der Nato-Staaten; insoweit findet das **Nato-Truppen-Statut** Anwendung (Hess VGH NJW 1980, 2660; aA: OVG Münster DÖV 1989, 826). Zu einer notwendigen Abweichung ist nur die Zustimmung der höheren Verwaltungsbehörde erforderlich. Die Mitwirkung der Gemeinde ist auf ein bloßes **Anhörungsrecht** beschränkt. Allerdings darf die Zustimmung der höheren Verwaltungsbehörde nicht gegen den erklärten Willen der Gemeinde erteilt werden. Widerspricht die Gemeinde oder versagt die höhere Verwaltungsbehörde ihre Zustimmung, geht die Entscheidungsbefugnis auf den zuständigen **Bundesminister** über. Die verfassungsrechtliche Rechtfertigung dieser Einschränkung der kommunalen Planungshoheit ist darin zu sehen, dass es sich insoweit nicht mehr vorrangig um eine Angelegenheit der örtlichen Gemeinschaft iSv Art. 28 Abs. 2 GG handelt. 7

Mit dem Tatbestandsmerkmal des **„dienens“** wird mehr verlangt, als dass die vom Gesetz genanten Zwecke lediglich gefördert werden, es ist aber nicht notwendig, dass das Vorhaben hierfür unentbehrlich ist (BVerwG ZfBR 1991, 277). Dies gilt sowohl für die Frage des „Ob“ als auch des „Wie“ eines Vorhabens iSv § 37. Dabei können auch Aspekte der **Zumutbarkeit** (etwa für interne Abläufe) und der **Wirtschaftlichkeit** (zB der Erschließung) eine erhebliche Rolle spielen. Wohnungen, die im Rahmen des NATO-Truppenstatuts für Militärangehörige fremder Nationen errichtet wurden, dienen in diesem Sinne der **Landesverteidigung** (BVerwGE 91, 227). Die Privilegierung eines Vorhabens nach dieser Vorschrift ist an die konkrete Nutzung geknüpft und wirkt nicht über den Zeitpunkt ihrer Beendigung hinaus, was insbesondere bei der Aufgabe ehemaliger Militäranlagen zu Problemen führen kann. Diese genießen dann keinen **Bestandsschutz** (BVerwG UPR 2001, 147). Allerdings liegt in der Übernahme von Militäranlagen der ehemaligen DDR bzw Sowjetunion durch die Bundesrepublik kein Ereignis, das die Privilegierung aufhebt (BVerwGE 112, 274). 8

Nach Abs. 3 hat die Gemeinde gegen den Bund oder das Land Anspruch auf Ersatz der **Kosten**, die ihr infolge der Durchführung des Vorhabens und deshalb entstehen, weil die Gemeinde aufgrund des Vorhabens einen Bebauungsplan neu aufstellen, ändern, ergänzen oder aufheben muss. Ein solcher Fall kann zB eintreten, wenn die Gemeinde ihre Verkehrs- oder Erschließungsplanung verändern muss oder sonst **Planungskosten** entstehen. Es handelt sich hierbei um einen gesetzlich geregelten Fall eines öffentlich-rechtlichen Anspruchs auf **Aufwendungsersatz**. 9

Durch die Regelung des Abs. 4 werden in verfahrensrechtlicher Hinsicht die Vorschriften des Landbeschaffungsgesetzes an die Stelle des Abs. 2 gesetzt. § 1 Abs. 2 LBG wird durch § 37 Abs. 3 ergänzt (BVerwGE 74, 124 = Buchholz 406.33 § 1 LBG Nr. 4 = ZfBR 1986, 186). Hierdurch soll das Verfahren vereinfacht und beschleunigt werden, indem die Einwendungen der Gemeinde und der höheren Verwaltungsbehörde frühzeitig abschließend erörtert werden. 10

§ 38 Bauliche Maßnahmen von überörtlicher Bedeutung auf Grund von Planfeststellungsverfahren; öffentlich zugängliche Abfallbeseitigungsanlagen

Auf Planfeststellungsverfahren und sonstige Verfahren mit den Rechtswirkungen der Planfeststellung für Vorhaben von überörtlicher Bedeutung sowie auf die auf

Grund des Bundes-Immissionsschutzgesetzes für die Errichtung und den Betrieb öffentlich zugänglicher Abfallbeseitigungsanlagen geltenden Verfahren sind die §§ 29 bis 37 nicht anzuwenden, wenn die Gemeinde beteiligt wird; städtebauliche Belange sind zu berücksichtigen. Eine Bindung nach § 7 bleibt unberührt. § 37 Abs. 3 ist anzuwenden.

1 § 38 befasst sich mit dem Verhältnis der kommunalen **Bauleitplanung** zu **Fachplanungen** der Landes- und Bundesebene. Durch das BauROG 1998 ist die zuvor als missglückt angesehene Vorschrift gestrafft und verständlicher formuliert worden, ohne dass sich wesentliche inhaltliche Änderungen ergeben haben. Während zuvor die einzelnen Fachplanungsgesetze aufgezählt worden waren, nennt die Vorschrift nunmehr abstrakt alle **Planfeststellungsverfahren** und Verfahren mit den Rechtwirkungen der Planfeststellung, was den Vorteil bietet, dass nicht jedes neue bzw wegfallende Fachplanungsgesetz zu einer Änderung der § 38 führt.

2 Die **Privilegierung** in Form der Freistellung von den Vorschriften der §§ 29–37 gilt für die Planfeststellungs- und Plangenehmigungsverfahren, wenn sie sich auf Vorhaben von überörtlicher Bedeutung (vgl BVerwG Buchholz 406.11 § 38 BBauG Nr. 1 = BRS 38 Nr. 1) beziehen. Hiervon ist auszugehen, wenn das Vorhaben die Leistungskraft einer Gemeinde übersteigt, insbesondere, wenn es das Gebiet von mehr als einer Gemeinde berührt. (BVerwGE 79, 318 = NVwZ 1989, 154). Hierdurch kann nicht nur die Durchführung der Maßnahme gesichert und beschleunigt werden. Die Verlagerung auf eine andere Ebene kann insbesondere auch dazu beitragen, die Gemeinden aus politischen Konflikten herauszuhalten, die auf der örtlichen Ebene zu erheblichen Verwerfungen führen können, so zB bei den vom Gesetz genannten öffentlich zugänglichen **Abfallbeseitigungsanlagen**.

3 Die Freistellung des § 38 entspricht der Regelung des § 75 Abs. 1 Satz 1, 2. HS VwGO, wonach neben der Planfeststellung andere behördliche Entscheidungen nicht erforderlich sind. Es gilt aber auch in diesem Zusammenhang der Grundsatz, dass jeder Planungsträger in seine Entscheidung diejenigen Gegebenheiten einzuarbeiten hat, die er vorfindet, dh auch bestehende Pläne anderer Träger in seine **Abwägung** einfließen müssen (vgl zum Grundsatz der zeitlichen Priorität BVerwG NVwZ 2003, 207). Ob insoweit auch eine **Planungshierarchie** zwischen „ranghöheren" und „rangniederen" Planungsformen besteht, ist umstritten.

4 Voraussetzung für die Privilegierung ist entsprechend der durch Art 28 Abs. 2 GG garantierten **Planungshoheit** weiterhin die Beteiligung der Gemeinde. Außerdem wird klargestellt, dass stets die städtebaulichen Belange zu berücksichtigen sind, dh auch dann, wenn – wie im Fall der öffentlich zugänglichen Abfallbeseitigungsanlagen – die Genehmigung nach § 4 Abs. 1 BImSchG als eine gebundene Entscheidung ohne planerische Abwägung ausgestaltet ist. Gegen eine Fachplanung, die hiergegen verstößt und dadurch die Planungshoheit der Gemeinde verletzt, kann diese sich mit der **Anfechtungs- bzw Verpflichtungsklage** gerichtlich zur Wehr setzen.

5 Die **Bindungswirkung** nach § 7 bleibt unberührt, dh die Träger der Fachplanung müssen fristgerecht widersprechen, wenn sie eine Bindung durch den Flächennutzungsplan verhindern wollen.

6 Satz 3 regelt durch die Verweisung auf § 37 Abs. 3 den Anspruch der Gemeinde auf Ersatz der ihr für eine ggf notwendige Aufstellung bzw Änderung eines Bauleitplans oder durch Entschädigungsansprüche entstandenen **Kosten**.

Zweiter Abschnitt
Entschädigung

§ 39 Vertrauensschaden

Haben Eigentümer oder in Ausübung ihrer Nutzungsrechte sonstige Nutzungsberechtigte im berechtigten Vertrauen auf den Bestand eines rechtsverbindlichen Bebauungsplans Vorbereitungen für die Verwirklichung von Nutzungsmöglichkeiten getroffen, die sich aus dem Bebauungsplan ergeben, können sie angemessene Entschädigung in Geld verlangen, soweit die Aufwendungen durch die Änderung, Ergänzung oder Aufhebung des Bebauungsplans an Wert verlieren. Dies gilt auch für Abgaben nach bundes- oder landesrechtlichen Vorschriften, die für die Erschließung des Grundstücks erhoben wurden.

I. Allgemeines

Die Vorschrift gewährt dem Eigentümer oder sonstigen Nutzungsberechtigten Vertrauensschutzentschädigung für wertlos gewordene **Aufwendungen** einschließlich der Erschließungsabgaben, die im Vertrauen auf den Bestand eines verbindlichen Bebauungsplans zur Vorbereitung der plangemäßen Nutzung gemacht und durch eine Planänderung, -ergänzung oder -aufhebung an Wert verloren haben. Die Entschädigung nach § 39 ist keine Enteignungsentschädigung iSd Art 14 Abs. 3 GG (BK, § 39 Rn 3). Die Tatbestände werden generell als **Inhalts- und Schrankenbestimmung** des Eigentums eingeordnet (BVerfG, NVwZ 1999, 979; E/Z/B/K, Vor §§ 39–44 Rn 49; Deutsch, DVBl 1995, 546 (551); Maurer, FS Dührig, 1990, 293 (304); Peine, Öffentliches Baurecht, 4. Aufl, Rn 926; Wahlhäuser, BauR 2003, 1488). Die Reichweite des Vertrauensschutzes und der Plangewährleistung ist auch im Rahmen des Verfassungsrechtlichen Eigentumsschutzes beschränkt. Der BPl erhebt nicht den Anspruch der Kontinuität, sondern unterliegt auch dem Erfordernis der Flexibilität (BVerwGE 26, 282 [285]; Redeker, DVBl 1968, 8). Das Risiko der notwendigen Änderung, Ergänzung oder Aufhebung eines BPls und der damit verbundenen Entwertung nutzungsvorbereitender Aufwendungen ist von Verfassungswegen dem Eigentümer nicht gänzlich zu nehmen (Schröter, § 39 Rn 27). Der Gesetzgeber hat daher den Ausgleich für planungsbedingte, seitens des Entschädigungsberechtigten auf nicht vorhersehbare Aufwendungsverluste beschränkt. 1

II. Bestand eines rechtsverbindlichen Bebauungsplans

Die Aufwendungen müssen im **Vertrauen** auf den Bestand der bisherigen Festsetzungen des Bebauungsplans gemacht worden sein. Der **Vertrauensschutz** ist nicht auf sog. qualifizierte Bebauungspläne (§ 30 Abs. 1) beschränkt. Soweit in den Fällen nach §§ 34 und 35 sog. **einfache Bebauungspläne** (vgl § 30 Abs. 3) rechtserheb- 2 lich sind, können deren Festsetzungen gleichfalls den Schutz nach § 39 begründen. **Satzungen** nach § 34 Abs. 2 und auch solche nach § 4 Abs. 2a und 4 BauGB-Maßnahmengesetz stehen einem Bebauungsplan nicht gleich, denn sie schaffen keinen entsprechenden Vertrauenstatbestand (BGH NJW 1992, 431 = DVBl 1992, 558). Gleiches gilt für Aufwendungen, die ein Grundstückseigentümer oder -erwerber im Vertrauen auf den Bestand einer Abrundungssatzung nach § 34 Abs. 4 BauGB getätigt hat. Auch diese sind grds. nicht in entsprechender Anwendung des § 39 BauGB entschädigungsfähig; die Abrundungssatzung bietet für solche Aufwendungen keine dem Bebauungsplan vergleichbare Vertrauensgrundlage (BGH BRS 53 Nr. 25).

Beim vorhabenbezogenen BPl (§ 30 Abs. 2) sind nach § 12 Abs. 3 Satz 2 HS 2 die Vorschriften über das Planungsschadensrecht (§§ 39 ff) für den Bereich des Vorhaben- und Erschließungsplans nicht anzuwenden (Fischer, DVBl 2001, 258; BK, § 39 Rn 6). Wird jedoch der vorhabenbezogene BPl durch einen neuen BPl geändert, ergänzt oder aufgehoben, kommt § 39 zur Anwendung (BKL, § 12 Rn 43).

3 Ein Ersatz des Vertrauensschadens des Grundstückseigentümers oder Nutzungsberechtigten nach § 39 kommt nur bei einem **rechtswirksamen** Bebauungsplan und dessen nachfolgende Änderung in Betracht. Eine entsprechende Anwendung auf Bebauungspläne, welche längere Zeit unerkannt nichtig waren, ist abzulehnen (OLGR Koblenz 2000, 285 ff). Gleiches gilt, wenn ein funktionsloser oder nichtiger Bebauungsplan aufgehoben worden ist (BGHZ 84, 292 = BRS 45 Nr. 33 = BauR 1982, 457; BGH BRS 39 Nr. 169) und der Mangel auch unter Berücksichtigung der §§ 214 ff fortbesteht. Dabei spielt es keine Rolle, aus welchem Grund der Bebauungsplan nichtig ist, zB auch bei einem Mangel im Abwägungsvorgang (BVerwGE 34, 301 = BVerwG Buchholz 406.11 § 1 BBauG Nr. 1 = BRS 22 Nr. 4). Unerheblich ist es auch, wenn ein Eigentümer im Vertrauen auf die Gültigkeit eines Bebauungsplanes Vorbereitungen für eine Verwirklichung der festgesetzten Nutzung getroffen hat und die deshalb entstandenen Aufwendungen wegen der Nichtigkeit des Bebauungsplanes wertlos sind (BGHZ 84, 292 = NVwZ 1983, 177).

4 Es gibt neben § 39 keinen allgemeinen Anspruch auf Entschädigung für Aufwendungen, die im Vertrauen auf den Bestand eines nichtigen oder unwirksamen BPls gemacht worden sind. Allerdings kommen dann **Amtshaftungsansprüche** und Ansprüche wegen **enteignungsgleichen Eingriffs** in Betracht (BGHZ 106, 323 = NVwZ 1990, 298 = UPR 1989, 424; BGH NJW 1984, 2516; BGHZ 140, 380; BGHZ 142, 259). Ob § 39 auch in den Fällen der §§ 34, 35 entsprechend angewandt werden kann, ist umstritten; dies erscheint aber aufgrund des eindeutigen Wortlauts nicht geboten und im Übrigen auch nicht erforderlich zu sein. In den Fällen des § 33 kommt eine Anwendung jedenfalls nicht in Betracht (BVerwGE 85, 289; Gaentzsch, § 39 Rn 4; aA Schenke, DÖV 1987, 45; Birk, NVwZ 1984, 1). Aus der – inzwischen außer Kraft getretenen – Vorschrift des § 246a Abs. 3 Nr. 9, die in Bezug auf § 34 für die neuen Länder übergangsweise etwas anderes regelte, kann geschlossen werden, dass der Gesetzgeber in der allgemein geltenden Fassung des § 39 Aufwendungen, die im Vertrauen auf eine nach § 34 gegebene Zulässigkeit getätigt worden sind, nicht entschädigt wissen will. Insofern ist § 39 enger als §§ 40 und 42, die einen Übernahmeanspruch bzw einen Entschädigungsanspruch in Geld wegen Grundstückswertminderung auch einräumen, wenn durch den BPl in eine nur aufgrund der §§ 34 gegebene zulässige Nutzung eingegriffen wird (BK, § 39 Rn 7).

III. Berechtigtes Vertrauen

§ 39 BauGB setzt nach der ständigen Rechtsprechung des BGH voraus, dass das mit nutzungsvorbereitenden Aufwendungen getätigte Vertrauen auf den Bestand eines rechtsverbindlichen Bebauungsplan gerichtet war (BGHZ 84, 292 mwN; BGHZ 110, 1). Einen allgemeinen Anspruch auf angemessene Entschädigung für Aufwendungen, die im enttäuschten Vertrauen auf die Wirksamkeit einer Rechtsnorm gemacht worden sind, hat der BGH nicht anerkannt (BGHZ 110, 1 [4]). 5

Zwar kann ein Bürger grds. auf den Fortbestand eines Bebauungsplanes vertrauen. 6 Dies gilt aber dann nicht, wenn der Bürger eine bevorstehende Änderung, Ergänzung oder die Aufhebung des Bebauungsplanes in Bezug auf die Nutzungsmöglichkeit seines Grundstücks kennt oder kennen müsste. Letzteres muss idR angenommen werden, wenn die Gemeinde ein diesbezügliches Verfahren durch ortsübliche Bekanntmachung nach § 2 bereits eingeleitet hat. Der Grundstückseigentümer bzw sonstige Nutzungsberechtigte darf danach regelmäßig nicht mehr auf den Fortbestand der Festsetzungen des bisherigen BPls vertrauen (Tyczewski/Freund, BauR 2007, 491 [495]; BKL, § 39 Rn 9).

Ein Entschädigungsanspruch nach § 39 ist auch ausgeschlossen, wenn das geplante Vorhaben nicht mit dem ursprünglichen Bebauungsplan in Einklang stand (BGH, B v. 26.9.1991 – III ZR 19/90 –). Nutzungsmöglichkeiten, die erst durch Befreiung hätten realisiert werden können, werden von § 39 ebenfalls nicht erfasst (BGH, B v. 26.9.1991 – III ZR 19/90 –). Der Entschädigungsberechtigte ist nicht verpflichtet, gegen die Planänderung vorzugehen, da § 39 eine angemessene Entschädigung gewährt, so dass der Rechtsgedanke des § 839 Abs. 3 BGB mangels Schadensersatzanspruch nicht zur Anwendung kommt.

IV. Der Entschädigungsanspruch

1. Zu entschädigende Aufwendungen

Aufwendungen, die im Vertrauen auf die bisher bestehende bauliche Nutzbarkeit 7 der Grundstücke getätigt worden sind, können entschädigungsfähig sein. Ausgeführte Vorhaben werden durch eine Änderung des BPls nicht unzulässig. Die vorhandene Baugenehmigung vermittelt der baulichen Anlage und der genehmigten Nutzung Bestandsschutz (Tyczewski/Freund, BauR 2007, 491 [494]). Wenn ohne die Änderung der Bauleitplanung die getätigten Aufwendungen zur Verwirklichung der Nutzung geführt hätten, kommt ein Entschädigungsanspruch nach § 39 in Betracht. Erforderlich ist jedoch nicht, dass bereits ein Bauantrag für die Verwirklichung des Vorhabens gestellt worden ist. Es bedarf jedoch eines Planungsstandes, nachdem die Vereinbarkeit des Vorhabens mit den Vorgaben des BPls beurteilt werden kann.

Bei den Aufwendungen iSd Satzes 1 handelt es sich sowohl um bereits erbrachte Leistungen, die als endgültig anzusehen sind als auch um rechtsverbindlich eingegangene Verpflichtungen, deren Fortbestand durch die Änderung der Festsetzung unberührt bleibt. Im Einzelnen gehören dazu u.a. Architektenhonorare, Kosten für Baugrunduntersuchungen, Wirtschaftlichkeitsberechnungen, Kosten für Planentwürfe und Bau- und Finanzierungskosten. Nicht zu diesen Aufwendungen zählen dagegen solche, die im Zusammenhang mit dem Erwerb des Grundstücks stehen, insbesondere die **Erwerbskosten** (BGH BRS 34 Nr. 137). § 39 gewährt nur einen Aufwendungsersatz, so dass insbesondere Ansprüche auf entgangenen

Gewinn ausgeschlossen sind. Auch sind ausgeschlossen Ansprüche wegen der **Wertminderung** des Grundstücks, die ggf von den §§ 40, 42 erfasst sind.

8 In Satz 2 wird klargestellt, dass zu den entschädigungspflichtigen Aufwendungen auch Vorauszahlungen und Ablösebeträge auf Abgaben für die Erschließung des Grundstücks nach §§ 127 ff und dem jeweiligen Kommunalabgabenrecht zählen. Allerdings scheidet ein Entschädigungsanspruch nach § 39 aus, wenn der Wert der Aufwendung sich bereits in der Substanz des Grundstücks niedergeschlagen hat; in einem solchen Fall richtet sich die Entschädigung nach §§ 40–42.

2. Entschädigungsberechtigter

9 Die Entschädigung, die in Geld zu leisten ist, ist auf den Wertverlust der Aufwendungen gerichtet, die durch eine Änderung, Ergänzung oder Aufhebung des Bebauungsplanes entstanden sind. Entschädigungsberechtigter ist der **Eigentümer** oder der **Nutzungsberechtigte**. Voraussetzung ist aber, dass von ihnen jeweils die nutzungsvorbereitenden Aufwendungen tatsächlich auch gemacht worden sind. Außerdem muss eine Kausalität zwischen der Planänderung bzw -aufhebung und dem Wertverlust bestehen, die insbesondere dann nicht gegeben ist, wenn das Grundstück auch aus einem anderen Grund nicht in der beabsichtigten Weise hätte genutzt werden können, weil sich darauf zB eine Altlast oder ein geschütztes Bau- oder Bodendenkmal befindet (BGHZ 109, 380 = DVBl 1990, 358).

Ein Entschädigungsanspruch der sonstigen Nutzungsberechtigten nach § 39 Satz 1 besteht nur dann, wenn das dingliche oder schuldrechtliche Nutzungsrecht die Befugnis gewährt, die vorbereitete, sich aus dem Bebauungsplan ergebende Nutzungsmöglichkeit auf dem Grundstück zu verwirklichen; bei baulichen Nutzungen ist hierzu der Besitz unerlässlich (OLG Nürnberg NVwZ 1991, 1116). Der Käufer eines Grundstücks, auch wenn er durch eine Auflassungsvormerkung gesichert ist, wird von der Rechtsprechung nur dann als Entschädigungsberechtigter angesehen, wenn Besitz, Nutzungen und Lasten bereits auf ihn übergegangen sind (OLG Nürnberg NVwZ 1991, 1114; Gaentzsch, § 39 Rn 15; aA: Schenke/Melchior, NVwZ 1991, 1057; Deutsch, DVBl 1995, 546 [551]).

3. Entschädigungsverpflichteter und Verfahren

10 Der Entschädigungsverpflichtete ergibt sich aus § 44. Die Höhe der Entschädigung bemisst sich nach § 43 Abs. 2 Satz 3 iVm §§ 93 ff; Fälligkeit und Erlöschen des Entschädigungsanspruchs richten sich nach § 44. Der Entschädigungsanspruch erlischt, wenn nicht innerhalb von **drei Jahren** nach Ablauf des Kalenderjahres, in dem Vermögensnachteile eingetreten sind, schriftlich bei dem Entschädigungspflichtigen die Entschädigungsleistung beantragt wird. Entschädigungsansprüche nach §§ 39 ff sind gegenüber dem Begünstigten, idR gegenüber der Gemeinde geltend zu machen. Kommt eine Einigung über die begehrte Entschädigung nicht zustande, so entscheidet gem. § 43 Abs. 2 Satz 1 die Höhere Verwaltungsbehörde. Gegen deren Entscheidung kann nach § 217 Antrag auf gerichtliche Entscheidung vor dem Landgericht, Kammer für Baulandsachen, gestellt werden. Die Anrufung der Höheren Verwaltungsbehörde vor der Beschreitung eines Rechtsweges ist eine Sachurteilsvoraussetzung (BGH NJW 1976, 1264). Sie ist zwingend erforderlich. Sie kann auch nicht durch einen „Widerspruchsbescheid" der Gemeinde ersetzt werden (OLG Frankfurt NVwZ 1989, 398).

Muster

▶ Antrag auf Ersatz eines Vertrauensschadens nach § 39 BauGB

An die Gemeinde

Betr.: Antrag auf Ersatz eines Vertrauensschadens gem. § 39 BauGB wegen Änderung des BPls „Industriegebiet X"

Sehr geehrte Damen und Herren,

wir beehren uns anzuzeigen, dass uns die FaE mit der Wahrnehmung ihrer Interessen beauftragt hat. Namens und im Auftrag unserer Mandantin machen wir zur Wahrung der Frist des § 44 Abs. 4 BauGB Ansprüche auf Ersatz von Vertrauensschäden gem. § 49 BauGB geltend.

I.

Unsere Mandantin ist Eigentümerin des Grundstücks Gemarkung ... , Flur ... , Parzelle Nr. ... . Das Grundstück lag bisher im Geltungsbereich des BPls „Industriegebiet X" in der Fassung vom 1.7.1969. Als Art der Nutzung setzt dieser BPl GI iSd § 9 BauNVO fest. Aufgrund § 9 BauNVO 1968 war ein großflächiger Einzelhandelsbetrieb mit 2.000 m^2 Verkaufsfläche, den unsere Mandantin auf dem fraglichen Grundstück errichten wollte, zulässig, da nach § 11 Abs. 3 BauNVO 1968 planungsrechtliche Beschränkungen für die Errichtung großflächiger Einzelhandelsbetriebe in einem Industriegebiet nur dann galten, wenn es sich um ein „Einkaufszentrum" oder einen „Verbrauchermarkt" handelt, der nach Lage, Umfang und Zweckbestimmung vorwiegend der übergemeindlichen Versorgung dienen soll. Wie sich aus dem beigefügten Marktgutachten ergibt, trifft dies auf das Vorhaben unserer Mandantin nicht zu.

In der Gemeinderatssitzung am ... hat der Gemeinderat beschlossen, den BPl „Industriegebiet X" zu ändern mit dem Ziel, jeglichen großflächigen Einzelhandel im Geltungsbereich dieses BPls auszuschließen. Zugleich wurde eine Veränderungssperre gem. § 14 BauGB erlassen. Gestützt auf diese Veränderungssperre wurde der Bauantrag unserer Mandantin abgelehnt.

II.

Im Vertrauen auf die Festsetzungen hatte unsere Mandantin folgende Aufwendungen, die nach § 39 BauGB zu erstatten sind:

- Kosten für den Architekt, der die Planung für das Vorhaben erstellt hat, gem. beigefügter Rechnung in Höhe von ...
- Kosten für die Baugrunduntersuchung des Instituts R., gem. beigefügter Rechnung
- Kosten für den Abbruch der bestehenden baulichen Anlagen, gem. Rechnung der Fa. A ...
- Kosten für die Altlastenuntersuchung gem. Rechnung vom ...
- Kosten für die Verkehrsuntersuchung gem. Rechnung vom ...

Die vorbezeichneten Aufwendungen sind allesamt nutzlos geworden, da das Vorhaben auch nicht an anderer Stelle verwirklicht werden kann.

Wir sehen einer Zahlung der zu erstattenden Aufwendungen innerhalb einer Frist von ... Wochen entgegen. Sollten Sie sich außerstande sehen, die beantragte Entschädigung nicht zu gewähren, werden wir gem. § 43 Abs. 2 Satz 1 BauGB die höhere Verwaltungsbehörde anrufen.

Rechtsanwalt ◀

§ 40 Entschädigung in Geld oder durch Übernahme

(1) Sind im Bebauungsplan

1. Flächen für den Gemeinbedarf sowie für Sport- und Spielanlagen,
2. Flächen für Personengruppen mit besonderem Wohnbedarf,
3. Flächen mit besonderem Nutzungszweck,
4. von der Bebauung freizuhaltende Schutzflächen und Flächen für besondere Anlagen und Vorkehrungen zum Schutz vor Einwirkungen,
5. Verkehrsflächen,
6. Versorgungsflächen,
7. Flächen für die Abfall- und Abwasserbeseitigung, einschließlich der Rückhaltung und Versickerung von Niederschlagswasser, sowie für Ablagerungen,
8. Grünflächen,
9. Flächen für Aufschüttungen, Abgrabungen oder für die Gewinnung von Steinen, Erden und anderen Bodenschätzen,
10. Flächen für Gemeinschaftsstellplätze und Gemeinschaftsgaragen,
11. Flächen für Gemeinschaftsanlagen,
12. von der Bebauung freizuhaltende Flächen,
13. Wasserflächen, Flächen für die Wasserwirtschaft, Flächen für Hochwasserschutzanlagen und Flächen für die Regelung des Wasserabflusses,
14. Flächen zum Schutz, zur Pflege und zur Entwicklung von Boden, Natur und Landschaft

festgesetzt, ist der Eigentümer nach Maßgabe der folgenden Absätze zu entschädigen, soweit ihm Vermögensnachteile entstehen. Dies gilt in den Fällen des Satzes 1 Nr. 1 in Bezug auf Flächen für Sport- und Spielanlagen sowie des Satzes 1 Nr. 4 und 10 bis 14 nicht, soweit die Festsetzungen oder ihre Durchführung den Interessen des Eigentümers oder der Erfüllung einer ihm obliegenden Rechtspflicht dienen.

(2) Der Eigentümer kann die Übernahme der Flächen verlangen,

1. wenn und soweit es ihm mit Rücksicht auf die Festsetzung oder Durchführung des Bebauungsplans wirtschaftlich nicht mehr zuzumuten ist, das Grundstück zu behalten oder es in der bisherigen oder einer anderen zulässigen Art zu nutzen, oder
2. wenn Vorhaben nach § 32 nicht ausgeführt werden dürfen und dadurch die bisherige Nutzung einer baulichen Anlage aufgehoben oder wesentlich herabgesetzt wird.

Der Eigentümer kann anstelle der Übernahme die Begründung von Miteigentum oder eines geeigneten Rechts verlangen, wenn die Verwirklichung des Bebauungsplans nicht die Entziehung des Eigentums erfordert.

(3) Dem Eigentümer ist eine angemessene Entschädigung in Geld zu leisten, wenn und soweit Vorhaben nach § 32 nicht ausgeführt werden dürfen und dadurch die bisherige Nutzung seines Grundstücks wirtschaftlich erschwert wird. Sind die Voraussetzungen des Übernahmeanspruchs nach Absatz 2 gegeben, kann nur dieser Anspruch geltend gemacht werden. Der zur Entschädigung Verpflichtete kann den Entschädigungsberechtigten auf den Übernahmeanspruch verweisen, wenn das Grundstück für den im Bebauungsplan festgesetzten Zweck alsbald benötigt wird.

I. Allgemeines und verfassungsrechtliche Einordnung

§ 40 regelt die Entschädigung des Grundeigentümers für **Planungsschäden**, die dadurch entstehen, dass der Bebauungsplan gegenüber dem Eigentümer des betroffenen Grundstücks fremdnützige, insbesondere im Interesse der Allgemeinheit ergehenden Festsetzungen enthält. Diese Entschädigungsvorschrift geht im Anwendungsbereich den §§ 41 und 42 vor. Sie regelt die Entschädigung für die Festsetzung von Flächen für öffentliche Zwecke (zB Verkehrsflächen, Gemeinbedarfsflächen) und für spezielle private Zwecke. In der Praxis relevant ist der Übernahmeanspruch des Eigentümers nach Abs. 2. Der Übernahmeanspruch findet seine innere Rechtfertigung darin, dass die öffentliche Hand oder der aus einer speziellen privaten Festsetzung Begünstigte in der Regel ohnehin letztlich das Eigentum an der betreffenden Fläche erwerben muss. 1

Die eigentumsrechtliche Qualifizierung ist aufgrund der Rechtsprechung des BVerfGs, das Nutzungsbeschränkungen aufgrund der Unterschutzstellung des Naturschutz- wie des Denkmalschutzrechts kategorisch, dh unabhängig von der Belastungsschwere als Inhalts- und Schrankenbestimmung des Eigentums einstuft und nicht als Enteignung, in Diskussion geraten (BVerwGE 84, 361; BVerwG, NVwZ-RR 2000, 339; BVerwGE 112, 373; BGHZ 146, 122; BGHZ 133, 271; BVerfGE 52, 1). Das BVerfG hat zwar das Planungsschadensrecht der §§ 39 ff pauschal als Bestandteil der Inhalts- und Schrankenbestimmung des Eigentums iSd Art 14 Abs. 1 Satz 2 GG qualifiziert (BVerfG, NVwZ 1999, 979; BVerfG, NVwZ 2003, 727). Der BGH hat jedoch zu Recht differenziert und die eigentumsrechtliche Qualifizierung des § 42 offen gelassen (BGHZ 135, 192 [199]). § 40 wird hingegen als Regelung einer Enteignungsentschädigung gesehen, da diese Norm auf eine ausschließlich fremdnützige Planung reagiert (BGHZ 141, 319 [323 f]; vgl BKL, § 40 Rn 3; Jarass, NJW 2000, 2841; Wahlhäuser, BauR 2003, 1488 [1497]). Im Ergebnis ist die nach § 40 Abs. 1 vorgeschriebene Entschädigung Entgelt oder durch Übernahme als Enteignungsentschädigung zu qualifizieren (BK, § 40 Rn 2; BKL, § 40 Rn 3; Krohn, FS Schlichter, 1995, 439 [452]; Schröter, § 40 Rn 6a).

II. Entschädigungspflichtige Festsetzungen im Bebauungsplan (Abs. 1)

Der Eigentümer ist nach § 40 für bestimmte, in Abs. 1 Satz 1 Nr. 1–14 abschließend angeführte Festsetzungen in einem **gültigen Bebauungsplan** (Darstellungen in einem Flächennutzungsplan begründen keinen Entschädigungsanspruch, EZB, § 40 Rn 11), zu entschädigen. Dabei macht es keinen Unterschied, ob die Festsetzungen bei der erstmaligen Aufstellung eines Bebauungsplanes getroffen werden 2 oder an die Stelle früherer Festsetzungen treten (BGHZ 50, 93 = NJW 1968, 1278 = DÖV 1968, 577). Eine Entschädigung kommt allerdings nicht in Betracht, wenn der Stand einer Planung den hinreichend sicheren Schluss zulässt, dass das Grundstück bei einer Realisierung der Planung nicht für öffentliche Zwecke beansprucht werden wird (BGHZ 97, 1 = NJW 1986, 2253 = BRS 45 Nr. 129). Die Grundstücke bleiben für diesen Fall vielmehr weiterhin im Rahmen der Nutzungsbandbreite des festgesetzten Gebietstypus nach der BauNVO entsprechend den Nutzungsabsichten des Eigentümers für private Zwecke frei verfügbar. § 40 gilt auch nicht für die auf anderen gesetzlichen Vorschriften beruhenden übernommenen Festsetzungen nach § 9 Abs. 6. Die Entschädigungspflicht bestimmt sich dann nach den jeweiligen Fachgesetzen (BGHZ 123, 242 = DVBl 1993, 1092; BVerwGE 94, 1 = DVBl 1993, 1141).

III. Vermögensnachteile

3 Der Eigentümer kann Entschädigung verlangen, soweit ihm durch die Festsetzungen, sei es sofort oder später, Vermögensnachteile entstehen, die **fühlbar** und **nicht unerheblich** sind (BGHZ 63, 240 = BRS 34 Nr. 136). Folgende Vermögensnachteile kommen in Betracht: Erstens mindert die Festsetzung einer heteronomen, in § 40 Abs. 1 aufgeführten Nutzung in der Regel den **Verkehrswert** des betroffenen Grundstücks (BGHZ 50, 93; BGHZ 97, 1; BGH, NJW 1998, 2215; BK, § 40 Rn 11). Die Minderung des Verkehrswerts ist eine Folge des Bebauungsplans, so dass die Vermögensnachteile mit dem Inkrafttreten des Bebauungsplans eintreten (vgl BGH BRS 26 Nr. 2; BGHZ 63, 240 = BRS 34 Nr. 136). Ein Vermögensnachteil kann auch darin gesehen werden, dass aufgrund der festgesetzten Nutzung das Grundstück **nicht** mehr **veräußerbar** oder **beleihbar** ist (Schröter, § 40 Rn 13). Auch kann ein Vermögensnachteil darin gesehen werden, dass der Eigentümer **Einbußen** am erzielbaren **Nutzungsentgelt** erleidet. Dies gilt insbesondere für das Erzielen eines geringeren Miet- oder Pachtzinses aufgrund der Festsetzung. Ein Vermögensnachteil kann sich insoweit auch realisieren, als der Mieter oder Pächter das Vertragsverhältnis durch Kündigung beendet, da eine bestimmungsgemäße Nutzung durch die Festsetzung nicht mehr möglich ist (BK, § 40 Rn 14). Die beschriebenen Vermögensnachteile müssen durch die fremdnützige Festsetzung verursacht sein (OVG NW, Urt. v. 10.11.2000 – 3 A 942/92 –; E/Z/B/K, § 40 Rn 34). Allein der eingetretene Vermögensanteil löst jedoch einen Übernahme- oder Geldentschädigungsanspruch noch nicht aus. Vielmehr gewährt § 40 Abs. 1 Satz 1 die Entschädigung für entstandene Vermögensnachteile nur nach Maßgabe der folgenden Absätze. Es müssen also qualifizierende Umstände hinzutreten (E/Z/B/K, § 40 Rn 26; Schröter, § 40 Rn 16).

4 Eine Entschädigungspflicht besteht nach Abs. 1 Satz 2 bei Festsetzungen nach Abs. 1 Nr. 1 – allerdings nur hinsichtlich der Flächen für Sport- und Spielanlagen –, Nr. 4 und Nr. 10–14 nicht, wenn diese Festsetzungen oder deren Durchführung den Interessen des Eigentümers oder der Erfüllung einer ihm obliegenden Rechtspflicht dienen (BGH BRS 59 Nr. 242). Dabei hat die Beurteilung, ob die planerische Festsetzung eines Grundstücks durch Fremdnützigkeit oder von Eigentümerinteressen geprägt ist, grds. mit Blick auf die Nutzung des betroffenen Grundstücks selbst zu erfolgen.

5 Als Rechtspflichten kommen neben vertraglichen Verpflichtungen vor allem in Betracht: bei Nr. 4 bauordnungs- und immissionsschutzrechtliche Vorschriften;

bei Nr. 10 bzw 11 bauordnungsrechtliche Vorschriften zur Herstellung von Garagen und Stellplätzen bzw Kinderspielplätzen; bei Nr. 12 die bauordnungsrechtlich motivierte Erhaltung von Sichtdreiecken aus Gründen der Verkehrssicherheit; bei Nr. 14 das WHG und die jeweiligen Landeswassergesetze. Es liegen insoweit sozialbindende Inhaltsbestimmungen des Eigentums nach Art 14 GG vor (vgl BGHZ 50, 93; BVerfGE 58, 300 – Nassauskiesungsbeschluss).

IV. Übernahmeanspruch (Abs. 2)

Bei der Regelung der Entschädigung stellt die Vorschrift in erster Linie auf einen 6
Übernahmeanspruch ab, der dem betroffenen Eigentümer die Möglichkeit eröffnet, selbst die Initiative zu einer entschädigungsrechtlichen Lösung der infolge der fremdnützigen planerischen Festsetzung aufgetretenen **Interessenkollision** zu ergreifen, ohne die Einleitung eines Enteignungsverfahrens (§§ 85 ff) abwarten zu müssen (BGH BRS 53 Nr. 133; BGHZ 50, 93 (97); BGHZ 93, Nr. 165 (168); BGHZ 97, 1 (4)). Der Anspruch wird in Abs. 2 an materielle Voraussetzungen geknüpft.

1. Wirtschaftliche Unzumutbarkeit nach § 40 Abs. 2 Satz 1 Nr. 1

Nach Abs. 2 Satz 1 Nr. 1 kann die Übernahme dann verlangt werden, wenn und 7
soweit es dem Eigentümer bei wirtschaftlicher Betrachtungsweise als Folge der getroffenen Festsetzung oder der zur Durchführung des Bebauungsplanes ergriffenen Maßnahmen billigerweise nicht mehr zuzumuten ist, das Grundstück – 1. Alt – zu behalten oder – 2. Alt – es in der bisherigen oder einer anderen zulässigen Art zu nutzen. Der **Zumutbarkeitsmaßstab** richtet sich nach der eintretenden Veränderung der wirtschaftlichen Verhältnisse unter Berücksichtigung der gesamten wirtschaftlichen Lage und der wirtschaftlichen Interessen des Eigentümers, so dass es entscheidend auf die Art des Eingriffs und die Verhältnisse des jeweils betroffenen Eigentümers ankommt (BGHZ 97, 1 = NJW 1986, 2253 = BRS 45 Nr. 129; BGHZ 93, 165 = BRS 45 Nr. 128; einzelne Fallgruppen sind nachzulesen in: KK, § 40 Rn 19). Die 2. Alt ist zB gegeben, wenn die als Gemeinbedarfsfläche ausgewiesene Restfläche eines landwirtschaftlichen Betriebes für eine bestimmungsgemäße Nutzung iR des Betriebes zu klein ist.

2. Übernahme nach § 40 Abs. 2 Satz 1 Nr. 2

Der Übernahmeanspruch nach Abs. 2 Satz 1 Nr. 2 kommt nur bei bebauten 8
Grundstücken als Folge einer Festsetzung nach Abs. 1 Nr. 1, 5, 6 und 8 in Betracht, wenn die bisherige Nutzung aufgrund der Nutzungsbeschränkung nach § 32 aus rechtlichen oder tatsächlichen Gründen unmöglich bzw wesentlich herabgesetzt wird. Eine wesentliche Herabsetzung der bisherigen Nutzung liegt zB vor, wenn der Betrieb ohne werterhöhende Aufwendungen nicht mehr **rentabel** arbeiten kann und somit die Existenz auf Dauer gefährdet ist (KK, § 40 Rn 25).

3. Begründung von Miteigentum

Anstelle der in Abs. 2 grds. vorgesehenen Übernahme seines Grundstücks kann der 9
Eigentümer die Begr. von Miteigentum oder eines geeigneten Rechts, etwa einer Dienstbarkeit nach §§ 1018 ff BGB, verlangen, wenn die Verwirklichung der Festsetzungen des Bebauungsplanes nicht die Entziehung des Eigentums gebietet (Abs. 2 Satz 2). Ein solches beschränktes **Übernahmeverlangen** kann nach den Vorstellun-

gen des Gesetzgebers insbesondere dann sinnvoll sein, wenn nach § 9 Abs. 3 für bestimmte Geschosse eine besondere Nutzung festgesetzt wurde.

V. Anspruch nach § 40 Abs. 3

10 Nach Abs. 3 steht dem Eigentümer ausnahmsweise ein Anspruch auf **Geldentschädigung** dann zu, wenn und soweit nach § 32 Vorhaben nicht ausgeführt werden dürfen und dadurch die bisherige **Nutzung** des Grundstücks lediglich **wirtschaftlich** wesentlich **erschwert** wird. Es darf daher noch kein Fall des Abs. 2 Satz 1 Nr. 2 gegeben sein. Beruht zB die wirtschaftliche Erschwerung darauf, dass die bisherige Nutzung wesentlich herabgesetzt wird, ist nur ein Anspruch auf Übernahme, nicht dagegen auf Geldentschädigung gegeben. Der Vermögensnachteil, der durch die Erschwernis verursacht wird, muss allerdings wirtschaftlich spürbar sein, dh er muss die Opfergrenze überschreiten. Macht der Eigentümer nach Satz 1 eine Entschädigung in Geld geltend, so kann ihn der Entschädigungsverpflichtete auf den Übernahmeanspruch verweisen, wenn das Grundstück für den planmäßigen Zweck alsbald benötigt wird. Dies ist dann der Fall, wenn die Verwirklichung der festgesetzten Nutzung zu einem konkreten Zeitpunkt in nicht allzu ferner Zukunft absehbar ist.

VI. Entschädigungsverfahren

11 Den in Fällen des Abs. 2 und 3 Satz 3 gegebenen **Übernahmeanspruch** kann der Eigentümer, wenn er mit dem Bedarfsträger keine Einigung erzielt, durchsetzen, indem er bei der Enteignungsbehörde den Antrag auf Entziehung des Eigentums oder auf Begründung des Rechts stellt (§ 43 Abs. 1 Satz 2). Inhaltlich handelt es sich um einen Antrag auf Einleitung eines Enteignungsverfahrens gegen sich selbst (BGHZ 63, 240). Die Vorschriften der §§ 85 – 122 finden entsprechende Anwendung. Der in den Fällen des Abs. 3 Satz 1 gegebene **Entschädigungsanspruch** in Geld ist im Falle der Nichteinigung durch Antrag auf Entscheidung der höheren Verwaltungsbehörde durchzusetzen, die unter entsprechender Anwendung der §§ 93–103 und §§ 121, 122 entscheidet (BK, § 40 Rn 41). Umstritten ist, ob die **3-Jahres-Frist** des § 44 Abs. 4 auch für die Geltendmachung des Übernahmeanspruchs gilt (verneinend: BKL, § 44 Rn 8; Krohn, FS Weyreuther, 421 [428]; aA BK, 2. Aufl., § 44 Rn 18).

Muster

▶ **Antrag auf Übernahme nach §§ 40, 43 BauGB**

An die Enteignungsbehörde

Betr.: Antrag auf Einleitung eines Enteignungsverfahrens gem. §§ 40, 43 BauGB

Sehr geehrte Damen und Herren,

wir beehren uns anzuzeigen, dass uns Herr A mit der Wahrnehmung seiner Interessen beauftragt hat. Anwaltlich Vollmacht fügen wir bei.

Namens und im Auftrag unseres Herrn Mandanten b e a n t r a g e n wir:

Das Grundstück, eingetragen im Grundbuch ... , Flur ... , Parzelle ... , hat die Stadt S. zu übernehmen.

G r ü n d e:

I. Unser Herr Mandant ist Eigentümer des Grundstücks eingetragen im Grundbuch ... , Flur ... , Parzelle Nr. ... . Dieses liegt im Geltungsbereich des BPl, der seit 1990 rechtsverbindlich ist und für das Grundstück unseres Herrn Mandanten ein allgemeines Wohn-

gebiet (WA) festsetzt. Das Grundstück ist mit einem Wohnhaus bebaut, das bis zum 30.6.2004 vermietet war.
Der Bebauungsplan ..., der seit dem 30.6.2002 in Kraft getreten ist, sieht einen Ausbau der Erschließungsstraße vor, das Grundstück unseres Herrn Mandanten ist als öffentliche Grünfläche, teilweise als Fläche für die Anlage eines Lärmschutzwalls vorgesehen.
II. Unser Herr Mandant hat den neuen BPl hingenommen (vgl: BVerwGE 47, 144 (156)). Unser Herr Mandant macht hiermit den Übernahmeanspruch gem. §40 Abs. 2 Nr. 1 BauGB geltend. In Hinblick auf die Festsetzungen des neuen BPls kann unser Herr Mandant das Behalten des Grundstücks nicht mehr zugemutet werden. Eine Vermietung scheidet im Hinblick auf die zu erwartende Inanspruchnahme für den Lärmschutzwall aus. Unser Herr Mandant kann also keinerlei Einnahmen erzielen, ist aber weiterhin durch Grundpfandrechte, mit denen das bestehende Gebäude finanziert wurde, belastet. Eine Einigung mit der Stadt über die Übernahme des Gebäudes konnte nicht erzielt werden. Die Stadt hat den Antrag zum Kauf des Grundstücks zum Preis von x EUR abgelehnt. Die Einleitung des Enteignungsverfahrens ist daher geboten. ◄

VII. Exkurs: Gegenstand planerischer Abwägung

In einem Bebauungsplan, der eine in § 40 aufgeführte Festsetzung enthält, muss 12
die sich aus § 40 Abs. 1 Satz 1 Nr. 1–14 BauGB ergebende Folge der Entschädigung in die **planerische Abwägung** einbeziehen (BVerwG NuR 2004, 310; BVerwG BRS 60 Nr. 20; vgl BGH ZfBR 1992, 285; vgl OVG Münster BRS 60 Nr. 32). Die Festsetzung mit einem solchen Regelungsgegenstand muss Gegenstand der Abwägung gewesen sein (BayVGH, Urt. v. 4.4.2006 – 1 N 04.1661 –; BayVGH, Urt. v. 14.7.2006 – 1 N 04.582 –). Der Planungsträger muss zumindest die Möglichkeit, einem Übernahmeanspruch nach § 40 Abs. 2 Satz 1 ausgesetzt zu sein, in Kauf nehmen wollen (BVerwG NuR 2004, 310). Ob die Wertungen des Planungsschadensrecht auf die Beurteilung von Festsetzungen eines BPls sich in der Weise auswirken, dass sich das Gewicht privater Eigentumsbelange etwa nach Ablauf der Sieben-Jahres-Frist des § 42 Abs. 2 u 3 BauGB verringert, ist offen (BayVGH, BayVBl. 2003, 273; BayVGH, Urt. v. 14.7.2006 – 1 N 04.582 –). Man wird nicht von einer „**Vorwirkung**" des Planungsschadensrechts zu Lasten des Anspruchs auf gerechte Abwägung nach § 1 Abs. 7 sprechen können.

§ 41 Entschädigung bei Begründung von Geh-, Fahr- und Leitungsrechten und bei Bindungen für Bepflanzungen

(1) Sind im Bebauungsplan Flächen festgesetzt, die mit Geh-, Fahr- und Leitungsrechten zu belasten sind, kann der Eigentümer unter den Voraussetzungen des § 40 Abs. 2 verlangen, dass an diesen Flächen einschließlich der für die Leitungsführungen erforderlichen Schutzstreifen das Recht zugunsten des in § 44 Abs. 1 und 2 Bezeichneten begründet wird. Dies gilt nicht für die Verpflichtung zur Duldung solcher örtlichen Leitungen, die der Erschließung und Versorgung des Grundstücks dienen. Weitergehende Rechtsvorschriften, nach denen der Eigentümer zur Duldung von Versorgungsleitungen verpflichtet ist, bleiben unberührt.
(2) Sind im Bebauungsplan Bindungen für Bepflanzungen und für die Erhaltung von Bäumen, Sträuchern, sonstigen Bepflanzungen und Gewässern sowie das Anpflanzen von Bäumen, Sträuchern und sonstigen Bepflanzungen festgesetzt, ist

dem Eigentümer eine angemessene Entschädigung in Geld zu leisten, wenn und soweit infolge dieser Festsetzungen
1. besondere Aufwendungen notwendig sind, die über das bei ordnungsgemäßer Bewirtschaftung erforderliche Maß hinausgehen, oder
2. eine wesentliche Wertminderung des Grundstücks eintritt.

I. Allgemeines

1 Trifft ein Bebauungsplan gem. § 9 Abs. 1 Nr. 21 Festsetzungen über Geh-, Fahr- und Leitungsrechte, so kann der Eigentümer einer betroffenen Fläche, dem es aufgrund der Festsetzung oder ihrer Durchführung wirtschaftlich nicht zuzumuten ist, ein Grundstück entschädigungslos zu nutzen, gem. Abs. 1 Satz 1 vom Entschädigungspflichtigen die entschädigungspflichtige Begründung von **Dienstbarkeiten** (§§ 1018, 1090 BGB) verlangen. Nach § 9 Abs. 1 Nr. 25 kann der Bebauungsplan Festsetzungen für die Bepflanzung enthalten. Wenn und insoweit infolge dieser Festsetzung ausnahmsweise besondere Aufwendungen notwendig werden oder eine wesentliche **Wertminderung** des Grundstücks eintritt, ist der Eigentümer zu entschädigen (BKL, § 41 Rn 1).

II. Entschädigung bei Begründung von Geh-, Fahr- und Leitungsrechten, Abs. 1 Satz 2

2 Der Eigentümer kann nach § 41 Abs. 1 Satz 1 unter den sinngemäßen Voraussetzungen des § 40 Abs. 2 (hM BKL, § 41 Rn 3; KK, § 41 Rn 4; aA EZB, § 41 Rn 14) verlangen, dass an den im Bebauungsplan festgesetzten Flächen, die für eine Belastung mit Geh-, Fahr- und Leitungsrechten vorgesehen ist, einschließlich der für die Leitungsführung erforderlichen Schutzstreifen, das Recht zugunsten des in § 44 Abs. 1 und 2 Bezeichneten begründet wird.

3 Die Festsetzungen des Abs. 1 beruhen auf § 9 Abs. 1 Nr. 21 in einem gültigen Bebauungsplan. Der Eigentümer kann, wenn die Voraussetzungen des Übernahmeanspruchs nach § 40 Abs. 2 gegeben sind, also die Festsetzung als Belastung wirtschaftlich spürbar wird, verlangen, dass der Begünstigte (§ 44) sich von ihm ein entsprechendes Recht (Grunddienstbarkeit, §§ 1018 ff, oder eine beschränkt persönliche Dienstbarkeit, §§ 1090 ff BGB) gegen ein angemessenes Entgelt einräumen lässt. Allerdings hat der Eigentümer örtliche Leitungen, dh solche, die zum örtlichen Erschließungs- und Versorgungsnetz gehören, an die das betreffende Grundstück angeschlossen ist, entschädigungslos zu dulden, da diese Leitungen dem eigenen Interesse des Eigentümers an der Nutzung seines Grundstücks dienen. Diese **Duldungspflicht** wird aber nicht durch Abs. 1 Satz 2 begründet; vielmehr wird dadurch nur die entschädigungsrechtliche Konsequenz einer Festsetzung nach § 9 Abs. 1 Nr. 21 in einem Bebauungsplan gezogen (BVerwG Buchholz 406.11 § 42 Nr. 1 BBauG = BRS 45 Nr. 166 = ZfBR 1985, 144; aA OLG Celle NJW 1973, 1505; OVG Münster NVwZ 1982, 446). Eine entschädigungslose

Duldungspflicht besteht nicht für **überörtliche Leitungen**, die dem Grundstück keinen unmittelbaren Erschließungs- und Versorgungsvorteil bringen (BGH DÖV 1970, 824; BGHZ 66, 37).

III. Anderweitige Verpflichtung nach Abs. 1 Satz 3

Zu den weitergehenden Rechtsvorschriften, nach denen der Eigentümer zur Duldung von Versorgungsleitungen nach Abs. 1 Satz 3 verpflichtet ist, gehören zB die besonderen Regelungen des Energiewirtschaftsgesetzes iVm den Allgemeinen Versorgungsbedingungen (AVB Strom, Gas, Wasser und Fernwärme). 4

IV. Entschädigung bei Bindungen für Bepflanzungen (Abs. 2)

Abs. 2 beruht auf Festsetzungen nach § 9 Abs. 1 Nr. 25. Bindungen idS können ein Unterlassen, nämlich ein Beseitigungsverbot von Bäumen und Sträuchern, oder ein Tun, zB eine bestimmte Art der Bepflanzung des Eigentümers betreffen (vgl BVerwG, B v. 15.4.2003 – 4 BN 12/00 –). Zu berücksichtigen ist aber, dass sich so verstandene Bindungen dieser Art grds. im Rahmen der **Sozialbindung des Eigentums** halten und deshalb grds. entschädigungslos hinzunehmen sind. Erst wenn aufgrund dieser Festsetzung besondere, den üblichen Rahmen einer ordnungsgemäßen Bewirtschaftung überschreitende Aufwendungen notwendig sind oder wenn der Verkehrswert des Grundstücks deshalb wesentlich gemindert wird, wirkt sich eine Bindung nach Abs. 2 enteignend aus (BVerwG, B v. 15.4.2003 – 4 BN 12/00 –). Dadurch wird deutlich, dass die **Opfergrenze** überschritten sein muss; es muss also eine fühlbare Beeinträchtigung von Vermögenswerten bei wirtschaftlich vernünftiger Betrachtungsweise vorliegen. Dies kann die Pflicht sein, die Bäume und die Gewässer zu erhalten und das hierfür Notwendige zu unternehmen. Diese Verpflichtung kann im Einzelfall über das bei ordnungsgemäßer Bewirtschaftung erforderliche Maß hinausgehen. Dies ist anhand der Auslegung der Festsetzung im konkreten Bebauungsplan festzustellen. Die Entschädigung ist in Geld zu leisten; das Verfahren richtet sich nach § 43. Fälligkeit und Erlöschen des Anspruchs richten sich nach § 44 Abs. 3–5 (KK, § 41 Rn 32). Der Anspruch ist insbesondere innerhalb der 3-Jahres-Frist nach Eintritt des Vermögensnachteils schriftlich geltend zu machen. 5

§ 42 Entschädigung bei Änderung oder Aufhebung einer zulässigen Nutzung

(1) Wird die zulässige Nutzung eines Grundstücks aufgehoben oder geändert und tritt dadurch eine nicht nur unwesentliche Wertminderung des Grundstücks ein, kann der Eigentümer nach Maßgabe der folgenden Absätze eine angemessene Entschädigung in Geld verlangen.

(2) Wird die zulässige Nutzung eines Grundstücks innerhalb einer Frist von sieben Jahren ab Zulässigkeit aufgehoben oder geändert, bemisst sich die Entschädigung nach dem Unterschied zwischen dem Wert des Grundstücks auf Grund der zulässigen Nutzung und seinem Wert, der sich infolge der Aufhebung oder Änderung ergibt.

(3) Wird die zulässige Nutzung eines Grundstücks nach Ablauf der in Absatz 2 bezeichneten Frist aufgehoben oder geändert, kann der Eigentümer nur eine Entschädigung für Eingriffe in die ausgeübte Nutzung verlangen, insbesondere wenn

infolge der Aufhebung oder Änderung der zulässigen Nutzung die Ausübung der verwirklichten Nutzung oder die sonstigen Möglichkeiten der wirtschaftlichen Verwertung des Grundstücks, die sich aus der verwirklichten Nutzung ergeben, unmöglich gemacht oder wesentlich erschwert werden. Die Höhe der Entschädigung hinsichtlich der Beeinträchtigung des Grundstückswerts bemisst sich nach dem Unterschied zwischen dem Wert des Grundstücks auf Grund der ausgeübten Nutzung und seinem Wert, der sich infolge der in Satz 1 bezeichneten Beschränkungen ergibt.

(4) Entschädigungen für Eingriffe in ausgeübte Nutzungen bleiben unberührt.

(5) Abweichend von Absatz 3 bemisst sich die Entschädigung nach Absatz 2, wenn der Eigentümer an der Verwirklichung eines der zulässigen Nutzung entsprechenden Vorhabens vor Ablauf der in Absatz 2 bezeichneten Frist durch eine Veränderungssperre oder eine befristete Zurückstellung seines Vorhabens gehindert worden ist und er das Vorhaben infolge der Aufhebung oder Änderung der zulässigen Nutzung des Grundstücks nicht mehr verwirklichen kann.

(6) Ist vor Ablauf der in Absatz 2 bezeichneten Frist eine Baugenehmigung oder über die bodenrechtliche Zulässigkeit eines Vorhabens ein Vorbescheid nach Bauaufsichtsrecht erteilt worden und kann der Eigentümer das Vorhaben infolge der Aufhebung oder Änderung der zulässigen Nutzung des Grundstücks nach Ablauf der Frist nicht mehr verwirklichen oder ist die Verwirklichung dadurch für ihn wirtschaftlich unzumutbar geworden, kann der Eigentümer in Höhe des Unterschieds zwischen dem Wert des Grundstücks unter Zugrundelegung der nach der Genehmigung vorgesehenen Nutzung und dem Wert des Grundstücks, der sich infolge der Aufhebung oder Änderung der zulässigen Nutzung ergibt, Entschädigung verlangen.

(7) Ist vor Ablauf der in Absatz 2 bezeichneten Frist ein Antrag auf Erteilung einer Baugenehmigung oder eines Vorbescheids nach Bauaufsichtsrecht, der die bodenrechtliche Zulässigkeit eines Vorhabens zum Gegenstand hat, rechtswidrig abgelehnt worden und kann nach dem Ergebnis eines Rechtsmittelverfahrens die Genehmigung oder der Vorbescheid mit dem beantragten Inhalt nicht erteilt werden, weil die im Zeitpunkt der Antragstellung zulässige Nutzung aufgehoben oder geändert worden ist, bemisst sich die Entschädigung nach Absatz 6. Entsprechend findet Absatz 6 auch Anwendung, wenn über einen den gesetzlichen Vorschriften entsprechenden und zu genehmigenden Bauantrag oder einen Vorbescheid nach Bauaufsichtsrecht, der die bodenrechtliche Zulässigkeit eines Vorhabens zum Gegenstand hat, innerhalb der in Absatz 2 bezeichneten Frist nicht entschieden wurde, obwohl der Antrag so rechtzeitig gestellt wurde, dass eine Genehmigung innerhalb der Frist hätte erteilt werden können.

(8) In den Fällen der Absätze 5 bis 7 besteht der Anspruch auf Entschädigung nicht, wenn der Eigentümer nicht bereit oder nicht in der Lage war, das beabsichtigte Vorhaben zu verwirklichen. Der Eigentümer hat die Tatsachen darzulegen, die seine Bereitschaft und Möglichkeiten, das Vorhaben zu verwirklichen, aufzeigen.

(9) Wird die zulässige Nutzung eines Grundstücks aufgehoben, besteht auch der Übernahmeanspruch nach § 40 Abs. 2 Satz 1 Nr. 1.

(10) Die Gemeinde hat dem Eigentümer auf Verlangen Auskunft zu erteilen, ob ein sich aus Absatz 2 ergebender vermögensrechtlicher Schutz der zulässigen Nutzung

für sein Grundstück besteht und wann dieser durch Ablauf der in Absatz 2 bezeichneten Frist endet.

I. Allgemeines und verfassungsrechtliche Einordnung

1 Bei dieser Vorschrift handelt es sich um den eigentlichen Grundtatbestand des Planungsschadensrechts. Abs. 1 ist als Auffangtatbestand für solche **Planungseingriffe** ausgestaltet, die nicht unter die Sondertatbestände der §§ 40, 41 fallen. Dagegen gelten generell die Abs. 2–8 und 10, die allein den Bodenwert betreffen, auch für die §§ 40, 41, soweit danach für den Grundstückswert oder den Eingriff in den Grundstückswert (Grundstückswertminderung) Entschädigung zu leisten ist. § 42 Abs. 1 statuiert den Grundsatz, dass der Eigentümer eine angemessene Entschädigung in Geld verlangen kann, wenn die **zulässige Nutzung** seines Grundstücks aufgehoben oder geändert wird und hierdurch eine nicht nur unwesentliche Wertminderung des Grundstücks eintritt. Die Änderung der bodenrechtlichen Nutzbarkeit von Grundstücken – die Rechtmäßigkeit der Änderungsplanung vorausgesetzt – stellt sich als (neue) Inhaltsbestimmung des Eigentums iSv Art 14 Abs. 1 Satz 2 GG dar, die entschädigungslos zulässig ist, solange die Planung die verfassungsrechtlichen Grenzen beachtet, die dem Gesetzgeber bzw der Gemeinde bei einer inhaltlichen Neubestimmung des Eigentums gesetzt sind (BVerfGE 87, 114 [138]; BVerfG, NVwZ 1999, 979; BVerfG, NVwZ 2003, 727). Diese Grenze wird grundsätzlich nicht überschritten, wenn die Bodennutzbarkeit geändert wird, nachdem den Eigentümern für die Dauer von **sieben Jahren** vermögensrechtlicher Vertrauensschutz für die Ausschöpfung der bisher zulässigen Nutzbarbarkeit ihrer Grundstücke gewährt wird (BGHZ 141, 319; BGH, NJW 2003, 63). Dies gilt insbesondere im Hinblick darauf, dass die Sieben-Jahres-Frist in mehrfacher Hinsicht zugunsten des Eigentümers aufgelockert ist (Abs. 5–7) und die Rechtsprechung dafür Sorge trägt, dass dem bauwilligen Eigentümer diese Frist im Einzelfall auch voll zur Verfügung steht (BGHZ 118, 11; BK, § 42 Rn 2). Der Frage, ob und inwieweit die Entschädigungsvorschrift des § 42 entweder eine Enteignungsentschädigung oder eine Ausgleichsleistung im Rahmen einer Inhalts- und Schrankenbestimmung des Eigentums regelt, braucht nicht nachgegangen zu werden, da die Vorschrift **verfassungsrechtlich** insofern in beiden Fällen nicht zu beanstanden ist (Schröter, § 42 Rn 18).

II. Die bisher zulässige Nutzung

2 Abs. 1 bestimmt in einer Art Generalklausel die Grundvoraussetzungen des Entschädigungsanspruchs, der mit Ausnahme der Fälle des Abs. 9 auf eine **Geldentschädigung** gerichtet ist. Zunächst ist erforderlich, dass die zulässige Nutzung eines Grundstücks aufgehoben oder geändert wird. Eine Nutzung ist zulässig, wenn diesbezüglich nach den bauplanungsrechtlichen Bestimmungen der §§ 30, 34 ein Anspruch auf Verwirklichung besteht, wenn die Nutzung aufgrund einer eigentumsmäßig verfestigten Anspruchsposition (BVerwGE 49, 365 = BRS 29 Nr. 184 = BauR 1976, 195) oder wegen überwirkenden **Bestandsschutzes** (BVerwGE 50, 49 = BVerwG Buchholz 406.25 § 5 BImSchG Nr. 1) zuzulassen ist. Eine zulässige Nutzung iSd § 42 ist auch die, die durch die Erteilung einer **Baugenehmigung** oder eines Bauvorbescheides unter Berücksichtigung des § 33 (sog. **Planreife**) bereits zugelassen worden ist. Dies gilt auch für den **Außenbereich nach § 35**. Die Genehmigungsfähigkeit eines Außenbereichsvorhabens allein reicht aber noch nicht aus, da diese Position eigentumsrechtlich nicht geschützt ist, sondern unter dem Vorbehalt steht, dass entgegenstehende bzw beeinträchtigungsfähige öffentliche Belange nach § 35 Abs. 3 nicht bestehen (BVerwG Buchholz 406.11 § 35 BBauG Nr. 211 = NVwZ 1984, 434 = BRS 42 Nr. 80). Zur zulässigen Nutzung gehört auch, dass die erforderliche Erschließung für die aufgehobene oder geänderte Nutzung vorhanden oder doch gesichert ist (BVerwG Buchholz 406.11 § 123 BBauG Nr. 11 = BRS 37 Nr. 5 = BauR 1974, 389). Keine zulässige Nutzung liegt dagegen vor, wenn dem bauordnungsrechtliche oder andere öffentlich-rechtliche Hindernisse entgegenstehen.

3 **Planreife** iSd § 33 BauGB ist kein iSd § 42 BauGB entschädigungsfähiger Vertrauenstatbestand (BGH NVwZ 1995, 413; aA: BKL, § 42 Rn 4). Solange ein Bebauungsplan nicht rechtsverbindlich ist, bleiben er und die in ihm enthaltenen Festsetzungen mit dem Vorbehalt endgültiger Abwägung und Beschlussfassung der Gemeinde behaftet. Ein entschädigungsfähiger Vertrauenstatbestand allein durch einen bestimmten Stand des Planungsverfahrens wird nicht begründet (OLG München, NVwZ-RR 1998, 282). Geschützt ist nur diejenige Nutzung, die das Bebauungsrecht als dauerhafte Eigentumsposition anerkennt.

III. Aufhebung oder Änderung der zulässigen Nutzung

4 Die Aufhebung oder Änderung einer zulässigen Nutzung wird regelmäßig durch einen ggf „geheilten“ (BGHZ 118, 11) Bebauungsplan geschehen. Aber auch aus der Einbeziehung des Grundstücks in eine Erhaltungssatzung (§ 172), eine Satzung nach § 34 Abs. 4 oder den Bereich einer Landschaftsschutzverordnung kann sich entsprechendes ergeben. Möglich ist dies aber auch durch die Erteilung von Baugenehmigungen, die den vorhandenen Bestand innerhalb eines im Zusammenhang bebauten Ortsteils nach § 34 planungsrechtlich unzulässig machen (BGHZ 81, 374 = BRS 45 Nr. 8 = BauR 1982, 354). Ein **Flächennutzungsplan** entfaltet jedoch eine solche Wirkung nicht. Nicht von Abs. 1 erfasst werden bloße Aussichten und Erwartungen (BGHZ 62, 96 = DÖV 1974, 531 = BauR 1974, 122), und damit auch nicht die Erwartung, dass sich ein Grundstück ohne den Eingriff zu Bauerwartungsland oder Bauland entwickelt hätte.

5 Eine Änderung liegt vor, wenn mit einem **Planfeststellungsbeschluss** erhebliche Zufahrtserschwernisse verbunden sind (VGH München NuR 2004, 386, geänderte Straßenverbindung führt zur drastischen Rücknahme des Verkehrs gegen-

über Tankstellengrundstück). Dagegen ist ein Entschädigungsanspruch nach § 42 Abs. 1 und 2 BauGB auslösende Änderung der zulässigen Nutzung nicht darin zu sehen, dass der Bebauungsplan im Unterschied zum vorherigen Plan eine private Erschließung vorsieht (BGHZ 135, 192). Nach dem Sinn und Regelungszusammenhang der Bestimmung muss es sich um einen planungsrechtlichen Eingriff in die Bodennutzbarkeit mit bodenrechtlichen Wirkungen oder um eine entsprechende planersetzende Maßnahme handeln (BGHZ 99, 262 [267]; BGH NJW 1997, 2115 [2118]). Bauordnungsrechtliche Einschränkungen, etwa die Änderung des Vollgeschossbegriffs lösen ebenfalls keine Entschädigungspflicht nach § 42 aus (OLG Karlsruhe VBlBW 1999, 111).

IV. Wertminderung

Weiterhin setzt Abs. 1 voraus, dass eine nicht nur unwesentliche Wertminderung 6
des Grundstücks als Folge der Aufhebung oder Änderung der zulässigen Nutzung eintritt. Aufhebung oder Änderung der zulässigen Nutzung muss kausal für die wesentliche Wertminderung des Grundstücks sein. Daran fehlt es zB, wenn der Eigentümer eine angegriffene Nutzung aufgibt, obwohl er sie hätte fortführen können (Gaentzsch, § 42 Rn 7). Der Wert der Grundstücke aufgrund der bisher zulässigen Nutzung und der Wert der Grundstücke aufgrund der geänderten baulichen Nutzung sind im jeweiligen Einzelfall zu ermitteln und zueinander ins Verhältnis zu setzen. Bei der Ermittlung des Wertverlustes eines konkreten Grundstücks sind ausgehend vom Bodenrichtwert alle wertrelevanten Abweichungen von den Eigenschaften des Bodenrichtwertgrundstücks angemessen zu berücksichtigen (Tyczewski/Freund, BauR 2007, 491 [496]).

Hinweis für die Praxis: Die Feststellung, ob eine wesentliche Wertminderung eingetreten ist, ist ohne ein Wertgutachten eines Sachverständigen nicht möglich. Nur unter Vorlage eines solchen Sachverständigengutachtens kann ein Wertvergleich vorgenommen werden, der in einem gerichtlichen Verfahren belastbar ist.

Eine **wesentliche Wertminderung** ist gegeben, wenn es sich um eine fühlbare Beeinträchtigung des Werts handelt. Nach der Rechtsprechung ist eine nicht nur unwesentliche Wertminderung bei einer Wertminderung um 3,6% verneint (BGH, NJW 1962, 1441), jedoch bei einer Wertminderung um 12% bejaht worden (BGH, NJW 1963, 1916). Als Orientierungswert für eine wesentliche Wertminderung kann ein Wertverlust von 10% angesehen werden (BKL, § 42 Rn 6). Es spielen nur objektive – grundstücksbezogene – Kriterien eine Rolle; auf die persönlichen Verhältnisse des Eigentümers kommt es nicht an (vgl BGH MDR 1963, 917; BGH WM 1990, 629). Liegt eine wesentliche Wertminderung vor, besteht ein Entschädigungsanspruch dem Grunde nach.

V. Höhe der Entschädigung (Abs. 2 – Abs. 8)

Führt die Änderung der bestehenden BPls zu einer nicht nur unwesentlichen Wert- 7
minderung des Grundstücks, ist die ermittelte Wertminderung jedoch nicht automatisch mit der Höhe der zu zahlenden Entschädigung gleichzusetzen. Die Entschädigung ist grds. in Geld zu leisten. Ihre Höhe ermittelt sich aus Abs. 2, 3, 5–7. Die grundlegende Differenzierung für die Höhe der zu zahlenden Entschädigung sehen Abs. 2 und 3 vor. Danach ist zu unterscheiden, ob die Änderung oder Aufhebung der zulässigen Nutzung vor oder nach Ablauf von sieben Jahren seit

dem Zeitpunkt eintritt, zu dem die geänderte oder aufgehobene Nutzung erstmals zulässig war. In diesem Fall richtet sich die Höhe der Entschädigungszahlung nach Abs. 3. Besteht die Möglichkeit der Nutzung der Grundstücke erst seit weniger als sieben Jahren, so bemisst sich die Höhe der Entschädigung nach der Regelung des Abs. 2. Im Zusammenhang mit oder als Folge der Aufhebung oder Änderung einer zulässigen Nutzung können auch andere Vermögensnachteile als die allein von § 42 erfasste wesentliche Wertminderung des Grundstücks eintreten, und zwar dadurch, dass die (zulässig gewesene) ausgeübte Nutzung beeinträchtigt wird (Gaentzsch, § 42 Rn 9). Abs. 4 umfasst Entschädigungen für Vermögensnachteile durch Eingriffe in die ausgeübte Nutzung, die über die Grundstückswertminderung als Folge eines Eingriffs iSd Abs. 3 hinausgehen, wie zB den Eingriff in einen eingerichteten und ausgeübten Gewerbebetrieb oder Entschädigungen für sonstige Vermögensschäden iSd § 96.

1. Aufhebung oder Änderung vor Ablauf der 7-Jahres-Frist (Abs. 2)

8 Eine volle Entschädigung oder Wertdifferenz zwischen der bisher zulässigen und aufgrund der neuen Planung zulässigen Nutzung findet nach § 42 Abs. 2 innerhalb einer Frist von **7 Jahren** ab Zulässigkeit statt. Bei Grundstücken, denen die bisherige bauliche Nutzbarkeit vor Inkrafttreten des § 42 bestand, beginnt die Frist mit Inkrafttreten des Gesetzes am 1.1.1977 und endete am 31.12.1993 (BGHZ 118, 11 (21); LG Darmstadt, Urteil v. 22.1.2003 – 9 O (B) 9/02 –). Die gesicherte Erschließung kann daher auch von Bedeutung sein für den Beginn und Ende der 7-Jahres-Frist, nicht nur für die „zulässige“ Nutzung.

9 Die **Entschädigung** bemisst sich nach der Differenz zwischen dem Verkehrswert (§ 194) aufgrund der bisher zulässigen Nutzung und dem Wert, der sich aufgrund der Aufhebung oder Änderung ergibt. Dabei spielt es grds. keine Rolle, ob die zulässige Nutzung auch ausgeübt worden ist.

10 Auch wenn die Voraussetzungen für einen Anspruch nach § 42 Abs. 1 Satz 2 vorliegen, sind Bodenwerte nicht zu entschädigen, soweit sie darauf beruhen, dass die zulässige Nutzung auf dem Grundstück den allgemeinen Anforderungen an **gesunde Wohn- und Arbeitsverhältnisse** nicht entspricht (BGH WM 1990, 1889). Bei der Prüfung, ob die bisherige zulässige Nutzung diesen Anforderungen entspricht, sind die tatsächlichen Verhältnisse zugrunde zu legen, wie sie sich nach den planungsrechtlichen Vorschriften zulässigerweise entwickelt haben (BGHZ 64, 366 [378]). Maßgebender Zeitpunkt für die Beurteilung ist die Änderung der bisherigen Nutzung (BGHZ 64, 366 [379]; BGH WM 1990, 1889 [1892]).

2. Aufhebung oder Änderung der zulässigen Nutzung nach Ablauf der 7-Jahres-Frist (Abs. 3)

11 Erfolgt dagegen die Aufhebung oder Änderung erst nach Ablauf der siebenjährigen entschädigungsrechtlichen **Plangewährleistungsfrist**, ist eine Entschädigung nach Abs. 3 für eine nicht unwesentliche Grundstückswertminderung ausschließlich nach dem **Wertunterschied** zwischen dem Wert des Grundstücks aufgrund der ausgeübten Nutzung und dem Grundstückswert nach der Änderung des BPls zu leisten. Der Begriff ausgeübte Nutzung umfasst den vorhandenen tatsächlichen Bestand an Bausubstanz und seine Nutzungen sowie einen eingerichteten und ausgeübten Gewerbebetrieb (BKL, § 42 Rn 8; BVerwGE 75, 34 = BVerwG Buchholz 406.11 § 34 BBauG Nr. 116 = NVwZ 1987). Künftige, auch geplante Nutzungen sind hingegen im Rahmen der Bemessung der Höhe des Entschädigungsanspruchs

gem. Abs. 3 nicht zu berücksichtigen. Auch muss die tatsächlich ausgeübte Nutzung rechtmäßig gewesen sein (EZB, § 42 Rn 94). Im Ergebnis kann nach Ablauf der 7-Jahres-Frist die nicht ausgeübte zulässige Nutzung entschädigungslos aufgehoben oder geändert werden, wenn nicht ein Fall des Abs. 5–7 vorliegt (OLG Karlsruhe, VBlBW 1999, 111; Gaentzsch, § 42 Rn 19).

12 Praxisrelevant ist die Frage der **Berechnung** der Plangewährleistungsfrist. Der Erlass oder die Änderung eines Bebauungsplans setzt allein eine neue 7-Jahres-Frist nicht in Gang (OLG Karlsruhe VBlBW 1999, 111). Hat die Gemeinde von der ihr eingeräumten Möglichkeit, eine Verletzung von Verfahrens- oder Formvorschriften zu heilen, keinen Gebrauch gemacht, so beginnt die Siebenjahresfrist erst mit dem Eintritt der Unbeachtlichkeit des Fehlers zu laufen (BGHZ 118, 11 = ZfBR 1992, 285).

3. Verfassungskonforme Auslegung

13 Wird nach Ablauf der 7-Jahres-Frist des § 42 Abs. 2 unbebautes Bauland als Spielplatz ausgewiesen und enteignet, so kann die Bemessung die Enteignungsentschädigung nach der ausgeübten Nutzung zu einer unzumutbaren Ungleichbehandlung des betroffenen Eigentümers führen (BGH NJW 2003, 63; vgl BGHZ 141, 319). Der BGH legt in diesen Fällen §§ 42 Abs. 3, 43 Abs. 3 Satz 2, 95 Abs. 2 Nr. 7 verfassungskonform aus. Die (Wert-)Garantie des Eigentums und der in Art 14 Abs. 1 und 3 iVm Art 3 Abs. 1 GG verankerte Grundsatz der **Lastengleichheit** verbieten es, einzelne Eigentümer, die in einem Plangebiet von eigentumsverdrängenden Festsetzungen betroffen sind, im Falle der Enteignung mit einem (weiteren) Sonderopfer und im Verhältnis zu den übrigen Planbetroffenen damit ungleich und unzumutbar zu belasten (BGH NJW 2003, 63). Das führt dann, wenn die spätere Enteignung auslösende **eigentumsverdrängende Planung** (§ 40 Abs. 1) nicht von einer gleichzeitigen allgemeinen Nutzungsbeschränkung im Plangebiet begleitet wird – also bei „isolierter" eigentumsverdrängender Planung – ungeachtet des Ablaufs der 7-Jahres-Frist des § 42 Abs. 2 und 3 zu einer Enteignungsentschädigung nach derjenigen Grundstücksqualität (Nutzbarkeit), die das enteignende Grundstück vor der es herabzonenden Ausweisung im Bebauungsplan besaß und die übrigen Grundstücke im Plangebiet weiter besitzen (BGHZ 141, 319 = DVBl 1999, 1285 mit kritischer Anm. Berkemann).

4. Besondere Vertrauenstatbestände (Abs. 5–8)

14 Abweichend von den Regelungen zur Höhe des Entschädigungsanspruchs gem. Abs. 2 und 3 BauGB enthalten die Abs. 5 bis 7 Sonderregelungen für Fallgestaltungen, in denen der Grundstückseigentümer an der ungestörten Verwirklichung einer geplanten Nutzung innerhalb der Sieben-Jahres-Frist gehindert war. In diesen Fällen bemisst sich die Höhe des Anspruchs nach Abs. 2.

Erfasst werden folgende Fälle:

- Eine **Veränderungssperre** nach § 14 oder eine befristete Zurückstellung eines Bauvorhabens nach § 15 hindert den Eigentümer, innerhalb der siebenjährigen Schutzfrist des Abs. 2 die zulässige Nutzung zu verwirklichen. Abs. 5 ist auch in den Fällen der sog. **faktischen Bausperre** anzuwenden. Allerdings begründet Abs. 5 keinen selbstständigen Entschädigungsanspruch; vielmehr lässt er den Anspruch nach Abs. 2 nicht an der Siebenjahresfrist scheitern.
- Eine **Baugenehmigung** oder eine sog. **Bebauungsgenehmigung** bzw ein Bauvorbescheid, der dieselbe Wirkung wie eine Baugenehmigung hat (BVerwGE 69, 1

= BVerwG Buchholz 406.11 § 14 BBauG Nr. 10 = BauR 1984, 384), ist erteilt worden und der Eigentümer kann nach Ablauf der siebenjährigen Schutzfrist das von ihm beabsichtigte Vorhaben dann nicht mehr verwirklichen, weil etwa die Baugenehmigungsbehörde der Änderung der Rechtslage durch einen Widerruf Rechnung getragen hat, oder die Verwirklichung für ihn unzumutbar geworden ist. Letzteres kann dann der Fall sein, wenn durch die Planänderung in der Umgebung eine neue städtebauliche Entwicklung eingeleitet worden ist.

- Ein Antrag auf Erteilung einer Baugenehmigung oder einer Bebauungsgenehmigung, die die bodenrechtliche Zulässigkeit eines Vorhabens zum Gegenstand hat, ist rechtswidrig abgelehnt worden. Während des dagegen laufenden Rechtsmittelverfahrens ist die zulässige Nutzung aufgehoben oder geändert worden, was nach allgemeinen verwaltungsrechtlichen Grundsätzen zur Folge hat, dass wegen der Rechtsänderung eine Erteilung der Baugenehmigung bzw Bebauungsgenehmigung ausgeschlossen ist (Abs. 7 Satz 1).
- Der Eigentümer hat rechtzeitig einen **Bauantrag** gestellt bzw die Erteilung einer Bebauungsgenehmigung über die bodenrechtliche Zulässigkeit eines Bauvorhabens beantragt. Über diesen Antrag ist innerhalb der Siebenjahresfrist nicht entschieden worden, obwohl der Antrag so rechtzeitig gestellt wurde, dass eine Baugenehmigung bzw ein Bauvorbescheid innerhalb der Frist hätte erteilt werden können (Abs. 7 Satz 2).

15 Die Sonderregeln führen nur dann zur Anwendung des Abs. 2, wenn ein schützenswertes Vertrauen gegeben ist, dh in der Person des Eigentümers des Grundstücks tatsächlich die Bereitschaft und die Möglichkeit der Verwirklichung des beabsichtigten Vorhabens besteht (Abs. 8 Satz 1). Dass ein Dritter die beabsichtigte Nutzung verwirklichen will, führt nicht zur Anwendung der Ausschlussklausel des Abs. 8. Nach Abs. 8 Satz 2 hat der Eigentümer die Tatsachen darzulegen, aus denen sich seine Bauwilligkeit und Baufähigkeit ergibt. Kann er dies nicht darlegen und beweisen, so besteht kein Entschädigungsanspruch nach Abs. 2 (OLG Nürnberg, NVwZ 1991, 1114). Der weiterhin denkbare Entschädigungsanspruch gem. Abs. 3 ist in der Regel nicht gegeben, da keine tatsächliche Ausnutzung in der Regel vorliegt. Darüber hinaus bestehende Amtshaftungsansprüche gem. § 839 BGB, Art 34 GG bleiben jedoch unberührt (vgl BGH BRS 53 Nr. 132; OLGR Bremen 2002, 114, zu „**Faktische Bausperre**“).

VI. Übernahmeanspruch nach Abs. 9

16 Abs. 9 enthält einen weiteren Anspruch des Grundstückseigentümers auf Übernahme seines Grundstücks bzw eines Grundstücksteils gegen den Entschädigungsverpflichteten entsprechend § 40 Abs. 2.

Anders als nach § 40 besteht der Übernahmeanspruch neben dem reinen Geldersatzanspruch wahlweise, wenn die zulässige Nutzung eines Grundstücks aufgehoben wird. Die Abgrenzung zwischen (nur) Änderungen und Aufhebungen der bisherigen zulässigen Nutzung ist häufig schwierig. Die Voraussetzung ist gegeben, wenn der Fortfall jeglicher baulichen Nutzung, die bisher zulässig war, eingetreten ist (vgl BGHZ 64, 366). Die Aufhebung nach Abs. 9 liegt damit grds. vor, wenn die Hauptnutzungsart, wie sie sich aus dem Planungsrecht ergibt, vollständig entfällt (vgl BGHZ 135, 192).

VII. Auskunftspflicht der Gemeinde nach Abs. 10

Aufgrund der Tatsache, dass der Beginn und das Ende der Siebenjahresfrist für den Eigentümer häufig nicht eindeutig erkennbar ist, hat Abs. 10 der Gemeinde eine besondere Auskunftspflicht auferlegt. Eine fehlerhafte Auskunft durch die Gemeinde kann eine Schadensersatzpflicht aus § 839 BGB iVm Art 34 GG begründen. 17

VIII. Antrag und Frist

Gemäß § 44 Abs. 4 erlischt ein Entschädigungsanspruch, wenn dessen Fälligkeit nicht innerhalb von **drei Jahren** nach Ablauf des Kalenderjahres, in dem die Vermögensnachteile eingetreten sind, herbeigeführt wird. Dies geschieht gem. § 44 Abs. 3 Satz 2 dadurch, dass die Entschädigungsleistung schriftlich bei dem Entschädigungspflichtigen beantragt wird (Schrödter, § 44 Rn 17). Die Entschädigungsansprüche erlöschen nur, wenn die Gemeinde gem. § 44 Abs. 5 in der Bekanntmachung des Bebauungsplanes auf diese Rechtsfolge hingewiesen hat. 18

Muster

▶ **Antrag auf Entschädigung gem. § 42 BauGB**

An das
Bauverwaltungsamt der
Stadt

Betr.: Entschädigungsanspruch wegen Änderung des BPls ... gem. § 42 BauGB

Sehr geehrte Damen und Herren,

wir beehren uns anzuzeigen, dass uns Frau A mit der Wahrnehmung ihrer Interessen beauftragt hat. Anwaltliche Vollmacht fügen wir bei.

Namens und im Auftrag unserer Frau Mandantin werden hiermit Ansprüche auf Ersatz von Planungsschäden gem. § 42 Abs. 2 BauGB geltend gemacht.

G r ü n d e:

I. Unsere Frau Mandantin ist Eigentümerin des Grundstücks, eingetragen im Grundbuch von ..., Flur ..., Parzelle .... Das Grundstück lag im Geltungsbereich des am ... als Satzung beschlossenen und am ... in Kraft getretenen BPls, der für das Grundstück eine Wohnbebauung bei drei zulässigen Vollgeschossen vorschrieb. Nach der Änderung des BPls, die mit der amtlichen Bekanntmachung vom ... rechtsverbindlich ist, ist eine bauliche Nutzung des Grundstücks nicht mehr zulässig. Die Änderung setzt eine private Grünfläche für das Grundstück unserer Frau Mandantin fest.

II. Durch die Aufhebung der zulässigen Nutzung ist eine nicht nur unwesentliche Wertminderung des Grundstücks unserer Frau Mandantin eingetreten (BGH NJW 2003, 63). Die zulässige Nutzung auf dem Grundstück wurde auch innerhalb der Siebenjahresfrist des § 42 Abs. 2 BauGB aufgehoben [...]. Da nach Inkrafttreten der Änderung, die die Entschädigungsansprüche zugunsten unserer Frau Mandantin ausgelöst haben, noch kein Jahr verstrichen ist, ist die Antragsfrist des § 44 Abs. 4 BauGB in jedem Fall eingehalten. ◀

§ 43 Entschädigung und Verfahren

(1) Ist die Entschädigung durch Übernahme des Grundstücks oder durch Begründung eines Rechts zu leisten und kommt eine Einigung nicht zustande, kann der Eigentümer die Entziehung des Eigentums oder die Begründung des Rechts verlangen. Der Eigentümer kann den Antrag auf Entziehung des Eigentums oder auf Begründung des Rechts bei der Enteignungsbehörde stellen. Auf die Entziehung des Eigentums oder die Begründung des Rechts finden die Vorschriften des Fünften Teils entsprechend Anwendung.

(2) Ist die Entschädigung in Geld zu leisten und kommt eine Einigung über die Geldentschädigung nicht zustande, entscheidet die höhere Verwaltungsbehörde. Die Vorschriften über die Entschädigung im Zweiten Abschnitt des Fünften Teils sowie § 121 gelten entsprechend. Für Bescheide über die Festsetzung der zu zahlenden Geldentschädigung gilt § 122 entsprechend.

(3) Liegen die Voraussetzungen der §§ 40 und 41 Abs. 1 vor, ist eine Entschädigung nur nach diesen Vorschriften zu gewähren. In den Fällen der §§ 40 und 41 sind solche Wertminderungen nicht zu berücksichtigen, die bei Anwendung des § 42 nicht zu entschädigen wären.

(4) Bodenwerte sind nicht zu entschädigen, soweit sie darauf beruhen, dass

1. die zulässige Nutzung auf dem Grundstück den allgemeinen Anforderungen an gesunde Wohn- und Arbeitsverhältnisse oder an die Sicherheit der auf dem Grundstück oder im umliegenden Gebiet wohnenden oder arbeitenden Menschen nicht entspricht oder
2. in einem Gebiet städtebauliche Missstände im Sinne des § 136 Abs. 2 und 3 bestehen und die Nutzung des Grundstücks zu diesen Missständen wesentlich beiträgt.

(5) Nach Vorliegen der Entschädigungsvoraussetzungen bleiben Werterhöhungen unberücksichtigt, die eingetreten sind, nachdem der Entschädigungsberechtigte in der Lage war, den Antrag auf Festsetzung der Entschädigung in Geld zu stellen, oder ein Angebot des Entschädigungspflichtigen, die Entschädigung in Geld in angemessener Höhe zu leisten, abgelehnt hat. Hat der Entschädigungsberechtigte den Antrag auf Übernahme des Grundstücks oder Begründung eines geeigneten Rechts gestellt und hat der Entschädigungspflichtige daraufhin ein Angebot auf Übernahme des Grundstücks oder Begründung des Rechts zu angemessenen Bedingungen gemacht, gilt § 95 Abs. 2 Nr. 3 entsprechend.

I. Allgemeines

1 Die Vorschrift besteht aus drei verschiedenartigen übergreifenden Regelungskomplexen: Entschädigungsverfahren, Konkurrenz- und Ausschlussklauseln. Die Abs. 1 und 2 fassen die Regelungen über das bei der Entschädigung durch Übernahme und das bei der Entschädigung in Geld anzuwendende Verfahren zusammen. Abs. 3 stellt das Verhältnis der entschädigungsrechtlichen Tatbestände der

§§ 40 und 41 zu denen des § 42 klar. Die Abs. 4 und 5 schließen bestimmte Bodenwerte und Wertanteile bei der Bemessung der Entschädigung aus.

II. Entschädigungsverfahren und Entschädigung bei Übernahmeansprüchen (Abs. 1)

Ist eine Entschädigung durch die **Übernahme** des Grundstücks (vgl §§ 40 Abs. 2 und 3 Satz 3, 22 Abs. 8, 173 Abs. 2, 176 Abs. 4 und 179 Abs. 3 Satz 2) oder durch die Begründung eines Rechts (vgl §§ 40 Abs. 2 Satz 2, 41 Abs. 1) zu leisten, so kann der Eigentümer, wenn er seinen Anspruch frist- und formgemäß geltend gemacht hat (§ 44 Abs. 4) und eine Einigung nicht zustande kommt, die Entziehung des Eigentums oder die Begründung des Rechts verlangen. Dasselbe gilt, wenn eine der Vertragsparteien wirksam vom Erwerbsgeschäft zurücktritt, weil der andere Teil die Vertragserfüllung ernsthaft und endgültig abgelehnt hat (BGH BRS 53, Nr. 114 = NVwZ-RR 1991, 533). Dieser Antrag ist bei der Enteignungsbehörde zu stellen (§ 104) und darauf gerichtet, ein Enteignungsverfahren gegen sich selbst einzuleiten (BGHZ 63, 240 = BRS 34 Nr. 136). Nach Abs. 1 Satz 3 finden dann die Vorschriften der §§ 85 ff und damit insbesondere die Entschädigungsregelungen in §§ 93 ff und die Verfahrensvorschriften der §§ 104 ff Anwendung. 2

Im Fall der Übernahme bleiben bei der Festsetzung der Entschädigung **Bodenwerte** unberücksichtigt, die nicht zu berücksichtigen wären, wenn der Eigentümer eine Entschädigung in den Fällen der §§ 40–42 geltend machen würde. Diese Vorschrift knüpft – wie heute überwiegend anerkannt ist (BKL, § 95 Rn 10; EZB, § 95 Rn 101; KK, § 95 Rn 174) – nicht nur an den Tatbestand des § 43 Abs. 4 an, sog. **Reduktions- und Harmonisierungsklausel** des Planungsschadensrechts. 3

III. Verfahren bei Entschädigung in Geld (Abs. 2)

Ist die Entschädigung nach §§ 39, 40 Abs. 3 Satz 1, 41 Abs. 2 und 42 in Geld zu leisten, hat der Berechtigte die Fälligkeit herbeigeführt und ist ein Einigungsversuch gescheitert, so entscheidet über die Geldentschädigung – und zwar dem Grunde und der Höhe nach – die nach Landesrecht zuständige höhere Verwaltungsbehörde nach Maßgabe der für die Enteignungsentschädigung geltenden Vorschriften der §§ 93 ff Abs. 2 Satz 2 erklärt die Vorschriften über die Entschädigung, §§ 93–103 und §§ 121, 122 für entsprechend anwendbar. 4

IV. Konkurrenzklauseln (Abs. 3)

Abs. 3 Satz 1 stellt klar, dass sich in den Fällen der §§ 40, 41 Abs. 1 die Entschädigung ausschließlich nach diesen Vorschriften richtet. Durch Satz 2 werden auch wertmäßig die Grundlagen für die Bemessung der Entschädigung in allen Fällen des Planungsschadensrechts harmonisiert. 5

V. Nichtberücksichtigung von Bodenwerten (Abs. 4)

Abs. 4 bestimmt in Nr. 1 generell, dass Bodenwerte nicht zu entschädigen sind, soweit sie darauf beruhen, dass die zulässige Nutzung auf dem Grundstück den allgemeinen Anforderungen an gesunde Wohn- und Arbeitsverhältnisse oder an die Sicherheit der auf dem Grundstück oder im umliegenden Gebiet wohnenden oder arbeitenden Menschen nicht entspricht (BGHZ 48, 193 – Kölner Hinter- 6 haus). Die **Schwelle** dafür, wann diese Grenze überschritten wird, ist *nicht allzu weit* von der Grenze zur Polizeigefahr entfernt (BGHZ 81, 374 [381]; BGHZ 64, 366 = BRS 34 Nr. 14).

7 Nr. 2 erfasst die sog. **Substanzschwäche** und die sog. **Funktionsschwäche** (BVerwG Buchholz 406.15 § 15 StBauFG Nr. 6 = NVwZ 1985, 184). Voraussetzung für den Entschädigungsausschluss ist, dass die zulässige Nutzung des Grundstücks zu dem städtebaulichen Missstand des Gebietes wesentlich beiträgt (Gaentzsch, § 43 Rn 11).

VI. Entschädigungshöhe bei verspäteter Geltendmachung (Abs. 5)

8 Durch Abs. 5 wird klargestellt, dass für die Entschädigung und deren Bemessung der Zeitpunkt maßgebend ist, in dem der Entschädigungsberechtigte in der Lage war, den Antrag auf Festsetzung der Entschädigung in Geld zu stellen bzw der Zeitpunkt, in dem er ein Angebot des Entschädigungsverpflichteten, die Entschädigung in Geld in angemessener Höhe zu leisten, abgelehnt hat. In der Lage, den Antrag zu stellen, ist der Eigentümer regelmäßig nach einer angemessenen Überlegungsfrist, sobald die den Anspruch begründenden Vermögensnachteile eingetreten sind. **Wertsteigerungen** nach diesem Zeitpunkt und damit insbesondere steigende Grundstückspreise sind nicht mehr zu berücksichtigen.

§ 44 Entschädigungspflichtige, Fälligkeit und Erlöschen der Entschädigungsansprüche

(1) Zur Entschädigung ist der Begünstigte verpflichtet, wenn er mit der Festsetzung zu seinen Gunsten einverstanden ist. Ist ein Begünstigter nicht bestimmt oder liegt sein Einverständnis nicht vor, ist die Gemeinde zur Entschädigung verpflichtet. Erfüllt der Begünstigte seine Verpflichtung nicht, ist dem Eigentümer gegenüber auch die Gemeinde verpflichtet; der Begünstigte hat der Gemeinde Ersatz zu leisten.

(2) Dient die Festsetzung der Beseitigung oder Minderung von Auswirkungen, die von der Nutzung eines Grundstücks ausgehen, ist der Eigentümer zur Entschädigung verpflichtet, wenn er mit der Festsetzung einverstanden war. Ist der Eigentümer auf Grund anderer gesetzlicher Vorschriften verpflichtet, Auswirkungen, die von der Nutzung seines Grundstücks ausgehen, zu beseitigen oder zu mindern, ist er auch ohne Einverständnis zur Entschädigung verpflichtet, soweit er durch die Festsetzung Aufwendungen erspart. Erfüllt der Eigentümer seine Verpflichtungen nicht, gilt Absatz 1 Satz 3 entsprechend. Die Gemeinde soll den Eigentümer anhören, bevor sie Festsetzungen trifft, die zu einer Entschädigung nach Satz 1 oder 2 führen können.

(3) Der Entschädigungsberechtigte kann Entschädigung verlangen, wenn die in den §§ 39 bis 42 bezeichneten Vermögensnachteile eingetreten sind. Er kann die Fälligkeit des Anspruchs dadurch herbeiführen, dass er die Leistung der Entschädigung schriftlich bei dem Entschädigungspflichtigen beantragt. Entschädigungsleistungen in Geld sind ab Fälligkeit mit 2 vom Hundert über dem Basiszinssatz nach § 247 des Bürgerlichen Gesetzbuchs jährlich zu verzinsen. Ist Entschädigung durch Übernahme des Grundstücks zu leisten, findet auf die Verzinsung § 99 Abs. 3 Anwendung.

(4) Ein Entschädigungsanspruch erlischt, wenn nicht innerhalb von drei Jahren nach Ablauf des Kalenderjahres, in dem die in Absatz 3 Satz 1 bezeichneten Vermögensnachteile eingetreten sind, die Fälligkeit des Anspruchs herbeigeführt wird.
(5) In der Bekanntmachung nach § 10 Abs. 3 ist auf die Vorschriften des Absatzes 3 Satz 1 und 2 sowie des Absatzes 4 hinzuweisen.

I. Allgemeines

1 Abs. 1 und 2 bestimmen für alle Tatbestände des **Planungsschadensrechts** den Entschädigungspflichtigen. Dabei unterscheidet § 44 zwischen primär und sekundär Entschädigungspflichtigen. Es wird der Grundsatz statuiert, dass in erster Linie der aufgrund der Festsetzung Begünstigte zum Planungsschadensersatz verpflichtet ist.

II. Entschädigungspflichtige

1. Der Begünstigte (Abs. 1 Satz 1)

2 Begünstigter iS dieser Vorschrift ist derjenige, zu dessen Gunsten die Festsetzung im Bebauungsplan erfolgt ist. Er muss allerdings mit den Festsetzungen zu seinen Gunsten einverstanden sein. Dieses **Einverständnis** ist nachzuweisen, wobei es umstritten ist, ob auch ein **konkludentes** Einverständnis ausreichend ist (Gaentzsch, § 44 Rn 3; aA BKL, § 44 Rn 2). Liegen die Voraussetzungen des Abs. 1 Satz 1 nicht vor, trifft die Gemeinde die Entschädigungspflicht. Dies gilt auch für den Fall, dass der Begünstigte seiner Entschädigungsverpflichtung nicht nachkommt. Die Gemeinde hat dann einen Erstattungsanspruch gegen den primär Verpflichteten.

2. Der Veranlasser von Emissionen (Abs. 2 Satz 1, 2, 4)

3 Abs. 2 regelt einen Sonderfall der Begünstigung durch Festsetzungen zur Beseitigung oder Minderung von Emissionen (zB § 9 Abs. 1 Nr. 24). Begünstigter ist dabei regelmäßig der Eigentümer des Grundstücks, von dessen Nutzung die Emissionen ausgehen. Dies gilt auch dann, wenn ein anderer die **emittierende Nutzung** ausübt. Auch hier muss das **Einverständnis** mit der Festsetzung vorliegen, wobei es bereits vor der Aufnahme dieser Festsetzung in den Bebauungsplan abgegeben worden sein muss. Das Einverständnis ist unter den Voraussetzungen des Abs. 2 Satz 2 nicht erforderlich; zu den anderen gesetzlichen Vorschriften zählen insbesondere die des BImSchG.

3. Entschädigungspflicht der Gemeinde (Abs. 1 Satz 2, 3, Abs. 2 Satz 3)

4 Nach dem primär Entschädigungspflichtigen ist die Gemeinde immer sekundär Entschädigungspflichtige (Abs. 1 Satz 3, Abs. 2 Satz 3). Bei Festsetzungen der in Abs. 2 Satz 1 vorausgesetzten Art kann es auch eine primäre Entschädigungspflicht der Gemeinde geben, wenn der Eigentümer mit der Festsetzung nicht einverstan-

den ist und die Festsetzung einer (allgemeinen) Aufgabe der Gemeinde dient. Auch wenn ein Begünstigter nicht bestimmt ist, ist davon auszugehen, dass die Festsetzung zu Gunsten der Allgemeinheit getroffen ist, so dass die Gemeinde entschädigungspflichtig ist. Hierdurch entsteht eine Sicherung der Entschädigungsleistungen zu Gunsten der Betroffenen (EZB, § 44 Rn 6).

III. Entstehen, Abwicklung, Erlöschen des Entschädigungsanspruchs (Abs. 3–5)

5 Abs. 3 Satz 1 stellt klar, dass der Entschädigungsberechtigte die Entschädigung erst dann verlangen kann, wenn die in den §§ 39–42 angesprochenen Vermögensnachteile eingetreten sind. Der Entschädigungsberechtigte führt dabei die Fälligkeit dadurch herbei, dass er die Leistung schriftlich, § 126 BGB, bei dem Entschädigungsverpflichteten beantragt. Mit der Fälligkeit tritt die **Verzinsungspflicht** ein.

6 Nach Abs. 4 erlöschen Entschädigungsansprüche, deren Fälligkeit nicht herbeigeführt worden ist, innerhalb von **drei Jahren** nach Ablauf des Jahres, in dem ein als Planungsschaden zu bewertender Vermögensnachteil eingetreten ist. Dabei ist das Erlöschen von der Enteignungsbehörde und dem Baulandgericht von Amts wegen zu beachten, nicht erst nach erhobener Einrede. Zur Wahrung des Rechtes ist ein Antrag vor Ablauf der Frist zu stellen. Für welche Entschädigungsansprüche die Frist gilt, wird zu den einzelnen Vorschriften kommentiert. Ist in der Bekanntmachung des Bebauungsplanes nach § 10 nicht auf die Rechtsfolgen hingewiesen worden, so berührt dies zwar nicht die Wirksamkeit des Bebauungsplanes, führt aber dazu, dass der Entschädigungsanspruch nicht erlischt, weil die Frist des Abs. 4 dann nicht zu laufen beginnt.

IV. Gerichtlicher Rechtsschutz

7 Alle Verwaltungsakte nach den §§ 39–44 können gem. § 217 Abs. 1 nur durch Antrag auf gerichtliche Entscheidung angefochten werden (s. § 217 Rn 2).

Hinweis für die Praxis: Da über den Antrag auf Gewährung eines Planungsschadens die Höhere Verwaltungsbehörde zu entscheiden hat, wenn keine Einigung mit dem Entschädigungspflichtigen erreicht worden ist, ist auch der Antrag auf gerichtliche Entscheidung bei der Höheren Verwaltungsbehörde zu stellen.

Muster

▶ **Antrag auf gerichtliche Entscheidung gegen die Ablehnung von Ansprüchen nach §§ 39 ff, 217 BauGB**

An die
Enteignungsbehörde
In dem Enteignungsverfahren
des ...
Antragsteller
Verfahrensbevollmächtigte:
g e g e n
die Stadt K, vertreten durch den Oberbürgermeister
Beteiligte

b e a n t r a g e n wir namens und im Auftrag des Antragstellers:
1. Der Enteignungsbeschluss der Enteignungsbehörde vom ... wird abgeändert.
2. Die Beteiligte K wird verurteilt, an den Antragsteller eine Entschädigung in Höhe von 200.000,00 EUR zu bezahlen.
3. Die Beteiligte K trägt die Kosten des Verfahrens.
4. Das Urteil wird für vorläufig vollstreckbar erklärt.

G r ü n d e:
s. Antrag auf Entschädigung gem. § 42 BauGB unter Einbeziehung des angegriffenen Enteignungsbeschlusses. ◀

Vierter Teil
Bodenordnung

Erster Abschnitt
Umlegung

Vorbemerkungen zu den §§ 45–84: Verfahrensschritte

Die §§ 45–84 regeln die Umlegung. Das ist das Verfahren, das bei ungebrochener Fortsetzung des Eigentums den verwandelten räumlichen Zuschnitt des Grundstücks zur zweckmäßigen städtebaulichen Nutzung gemäß seinem Eigentumsinhalt bewirkt. Das Ergebnis der Umlegung ist die *„ungebrochene Fortsetzung des Eigentums an einem verwandelten Grundstück"* (BGHZ 51, 341). Die Verwandlung des zum Grundeigentum gehörenden räumlichen Ausschnitts aus der Erdoberfläche ist Eigentumsinhaltsbestimmung iSv Art. 14 Abs. 1 Satz 2 GG (BGH, BRS 45 Nr. 194 = NJW 1980, 1634/5; BVerfGE 104, 1). Das in § 45 bestimmte Gestaltungsgebot verlangt, dass Grundstücke mit einem Zuschnitt entstehen, der für die Ausnutzung deren bodenrechtlichen – städtebaulichen – Eigentumsinhalt zweckmäßig ist, wie er sich aus § 30 iVm den Festsetzungen des BPls bzw aus § 34 ergibt. Die freiwillige Umlegung geht der gesetzlichen vor. Diese setzt allerdings voraus, dass sich alle Eigentümer wirklich beteiligen. Die freiwillige Umlegung ist im Gesetz nicht geregelt. Für einfache Fälle stellt das Gesetz neben dem normalen, in den §§ 45–79 geregelten Verfahren in den §§ 80–84 ein vereinfachtes Verfahren zur Verfügung, das dem normalen ebenfalls vorgeht. Zur Gestaltverwandlung verlangt das Gesetz folgende Verfahrensschritte:

1. die Umlegungsanordnung, § 46 Abs. 1 und 2, die Anhörung der Eigentümer über die beabsichtigte Einleitung der Umlegung, § 47 Abs. 1 Satz 1, den Umlegungsbeschluss, § 47 Abs. 1 Satz 1, der VA-Charakter hat, fünf Stufen des Verteilungsvorgangs:
   - erste Stufe: Festlegung der Verfügungsmassen, § 55;
   - zweite Stufe: Wahl des Verteilungsmaßstabs, § 56;
   - dritte Stufe: Rechnerische Verteilung (Soll-Anspruch), §§ 57 u. 58;
   - vierte Stufe: Tatsächliche Zuteilung (noch ohne Rechtsbindung), § 59 und
   - fünfte Stufe: Berechnung der Geldleistung, §§ 59 u. 60,
2. eventuelle Gebietsänderungen des Umlegungsgebietes, zeitlich vor dem Beschluss über den Umlegungsplan, § 52 Abs. 3,
3. die Erörterung des Entwurfs des Umlegungsplans mit den Eigentümern, § 66 Abs. 1 Satz 1,
4. der Beschluss über den Umlegungsplan, § 66 Abs. 1 Satz 1, der VA-Charakter hat,
5. die Bekanntmachung des Umlegungsplanes, § 69 Abs. 1 Satz 1,
6. die Zustellung eines Auszugs aus dem Umlegungsplan, § 70 Abs. 1 Satz 1,
7. die Bekanntmachung der Unanfechtbarkeit des Umlegungsplans, § 71 Abs. 1 Satz 1, die Ersetzung des alten durch den neuen Rechtszustand, § 72 Abs. 1 Satz 1 und die gesetzliche Besitzeinweisung, § 72 Abs. 1 Satz 2, bewirkt,
8. die Änderung der Bücher, nämlich des Grundbuchs, des Liegenschaftskatasters und des Baulastenverzeichnisses, § 74,
9. eventuelle Änderungen des Umlegungsplans, § 73.

Begriffe sind in Rn 5–18 zu § 55 erläutert.

§ 45 Zweck und Anwendungsbereich

Zur Erschließung oder Neugestaltung von Gebieten können bebaute und unbebaute Grundstücke durch Umlegung in der Weise neu geordnet werden, dass nach Lage, Form und Größe für die bauliche oder sonstige Nutzung zweckmäßig gestaltete Grundstücke entstehen. Die Umlegung kann

1. im Geltungsbereich eines Bebauungsplans im Sinne des § 30 oder

2. innerhalb eines im Zusammenhang bebauten Ortsteils im Sinne des § 34, wenn sich aus der Eigenart der näheren Umgebung oder einem einfachen Bebauungsplan im Sinne des § 30 Abs. 3 hinreichende Kriterien für die Neuordnung der Grundstücke ergeben,

durchgeführt werden.

I. Änderungen der Bodenordnung – §§ 45–85 – durch die Novelle 2004

1 Der Gesetzgeber hat das Recht der Bodenordnung bei Gelegenheit der Umsetzung der Plan-UP-Richtlinie in Deutsches Recht genutzt, auch das Bodenrecht zu novellieren. Der Gesetzesentwurf der Bundesregierung stützt sich auf den Bericht eines sachverständigen Gremiums zur „Fortentwicklung des Rechts der Bodenordnung nach dem Baugesetzbuch“ (August 2002, erhältlich beim Fraunhofer Informationszentrum für Raum und Bau (IRB), Nobelstraße 12, 70569 Stuttgart), BT-Drs 15/2250, 28. Den Wunsch der kommunalen Spitzenverbände, für diejenigen Fälle, in denen nicht in vorhandene Strukturen und Bestände durch Umlegung erheblich eingegriffen werden soll, das Verfahren zu vereinfachen, hat er erfüllt, indem er das bisherige Grenzregelungsverfahren in ein vereinfachtes Umlegungsverfahren umgestaltet hat, das die bisherige Grenzregelung einschließt, §§ 80–84. Darüber hinaus hat er das wirtschaftliche Ergebnis der Flächenumlegung den der Wertumlegung angeglichen, indem er einen Ausgleichsbeitrag eingeführt hat (§ 50). Insgesamt sind 19 der insgesamt 40 Paragrafen teilweise geändert. Die – Jahrhunderte alte – Struktur der Umlegung als Veränderung des zum Grundstück gehörenden Ausschnitts aus der Erdoberfläche bei ungebrochener Fortsetzung des Eigentums ist unverändert (BGHZ 51, 341). Umlegung ist auch nach der Novelle eigentumsinhaltsbestimmend iSv Art 14 Abs. 1 Satz 2 GG (BVerfGE 104, 1; BGH, NJW 1980, 1634 = BRS 45 Nr. 194).

II. Zu § 45

1. Novelle 2004

2 Der Geltungsbereich umfasst nunmehr auch den Innenbereich. Der frühere Abs. 2 über den zulässigen Zeitpunkt der Einleitung der Umlegung ist nunmehr § 47 Abs. 2.

2. Zweck der Umlegung

3 a) **Durchgehendes Eigentum/Eigentumsinhaltsbestimmung:** Die Vorschrift bestimmt ausdrücklich den Zweck der in den §§ 45–84 geregelten Umlegung. Diese ausdrückliche gesetzliche Zweckbestimmung bewirkt, dass eine im Einzelfall eine dem Zweck nicht dienende, nur die rechtliche Gestaltungsform ausnutzende Umlegung rechtswidrig ist (BGH, BB 68, 854; BGH, NJW 67, 1662). Der Zweck ist auf das Gebiet bezogen und nicht nur auf das betroffene Grundstück oder die betroffene Parzelle. Umlegung ist **Eigentumsinhaltsbestimmung iSv Art 14 I Satz 2 GG** (BVerfGE 104, 1). Eigentum ist das Herrschafts- oder Bestimmerrecht. Gegenstand ist das Grundstück. Im Grundbuch wird der Gegenstand im Bestandsverzeichnis bezeichnet, das das amtliche Kataster übernimmt, § 2 Abs. 2 GBO. Die Katasterparzelle beschreibt mittels eines Zahlenwerks einen **Ausschnitt aus der Erdoberfläche**. Dieser Ausschnitt ist nicht so *„unbeweglich"* wie der gebräuchliche Ausdruck vorgibt. Er ist nach Maßgabe der Eigentumsinhaltsbestimmung durch Umlegung **beweglich**. Dass dabei das Eigentum als Herrschafts- oder Bestimmerrecht und der wirtschaftliche Wert des Gegenstandes erhalten bleiben, wird üblicherweise als „durchgehendes Eigentum bzw. ungebrochene Fortsetzung des Eigentums" beschrieben. Die freiwillige Umlegung (Rn 9 und 10) erreicht den in § 45 bestimmten Zweck vertraglich. Sie ist nicht Umlegung.

4 b) **Funktional bestimmtes Gestaltergebnis:** Der Zweck ist das in der Vorschrift funktional bestimmte Gestaltergebnis. Das ist der funktional gerechtfertigte neue Ausschnitt aus der Erdoberfläche. Das gilt auch, wenn die neue Bestimmung im Einzelfall der bisherigen entspricht. Um das funktional bestimmte Gestaltergebnis zu erreichen, müssen die Flächen für Verkehrs- und Grünflächen abfallen. Ohne diese lässt sich die Funktion nicht erreichen.

3. Anwendungsbereich

5 a) **Gebietsarten:** Anwendungsbereiche sind der Geltungsbereich eines verbindlichen und eines einfachen BPls und nach der Novelle 2004 auch der nicht beplante Innenbereich nach § 34, wenn sich aus diesem hinreichende Kriterien für die Neuordnung ergeben. Diese Anforderung kann das Gebiet eines stecken gebliebenen oder eines vom Normenkontrollgericht für unwirksam erklärten, aber überwiegend verwirklichten BPls sein, ein Gebiet iSv. Gebietsreinheit nach § 34 Abs. 2, aber auch ein gewachsenes diffuses Gebiet, für das eine Bauleitplanung nicht gem. § 1 Abs. 3 erforderlich ist. Darauf zu achten ist, dass sich die Umlegung auf deren gesetzlich bestimmten Zweck beschränkt (Rn 3 u. 4) und nicht Ersatzfunktion für Bauleitplanung übernimmt.

6 b) **Umlegungsgebiet:** Wie das Gebiet zu bestimmen ist, ist § 52 zu entnehmen.

4. Ziel der Umlegung im Einzelfall

7 a) **Ziel der Umlegung im Einzelfall:** Eine nicht erforderliche Maßnahme verletzte das **Rechtsstaatsgebot**. Die Umlegung muss deshalb im Einzelfall erforderlich sein, um den bisher nicht erfüllten gesetzlich bestimmten Zweck zu erreichen. **Haben**

die Grundstücke in dem Gebiet nicht die zweckmäßige Gestalt, ihre Funktion zu erfüllen, ist die Umlegung erforderlich, vorbehaltlich freiwilliger Umlegung. Hat die Umlegung nur das Ziel, der Gemeinde Verkehrs- und Grünflächen unentgeltlich zu verschaffen (BGH, BB 1968, 654, BGH BRS 45 Nr. 188; BGHZ 100, 148) oder Rechte an einem Grundstück zu ändern (BGH, NJW 1967, 1662 = DVBl 1967, 816), ist sie nicht erforderlich und also rechtswidrig.

b) **Vorrangig freiwillige Umlegung:** Beteiligen sich alle Beteiligten aktiv an einer freiwilligen Umlegung, ist gesetzliche Umlegung nicht erforderlich. Die Gemeinde darf sich auch als Beteiligte der freiwilligen Umlegung nicht verweigern. Da freiwillige Umlegung auf Vertragsverhandlung beruht und sich diese schwierig gestalten kann, ist die **Grenze zu Erforderlichkeit** der gesetzlichen Umlegung **fließend.** Vorrangig ist auch das vereinfachte Verfahren nach den §§ 80–84, s. § 80 Rn 13, 23. 8

5. Vertragsfreundliches BauGB

a) **Vertragsfreundliches BauGB:** Das BauGB ist auch in der Bodenordnung vertragsfreundlich und offen für eine Vertragslösung (BVerwG, UPR 84, 337; Gaentzsch, BauGB, § 45 Rn 2). Das Gesetz regelt nicht die freiwillige Umlegung und erwähnt sie auch nicht. Diese beruht auf einem öffentlich-rechtlichen Vertrag (BVerwG, aaO). Zweck und Ziel sind durch die Zweckbestimmung von § 45 vorgegeben (Rn 4). Die Beteiligten erreichen den Zweck durch auf diesen abgestimmte Parzellenteilungen und -vereinigungen sowie Tausch und sonstige Übertragungen, die der notariellen Beurkundung bedürfen. 9

b) **Modelle freiwilliger Umlegung:** Für die freiwillige Umlegung gibt es zwei Grundmodelle. Nach dem *einen* Modell erwirbt die Gemeinde oder ein anderer hierzu bestimmter Träger alle Grundstücke gegen ein entsprechendes Zuteilungsversprechen, gestaltet sie neu und überträgt die neuen Grundstücke nach Maßgabe der vorangegangenen Vereinbarung. Nach dem *anderen* Modell organisieren die Beteiligten die Neugestaltung selbst. 10

c) **Angemessenheit der Leistungsversprechen:** Die vertraglich wechselseitig vereinbarten Leistungen müssen angemessen sein, wie das Gesetz das auch für den städtebaulichen, den Durchführungs- und den Erschließungsvertrag verlangt. Die Gemeinde kann sich eine den Maßstäben der §§ 56–58 entsprechende Abschöpfung umlegungsbedingter Bodenwertsteigerungen ausbedingen (BVerwG, UPR 84, 337). 11

§ 46 Zuständigkeit und Voraussetzungen

(1) Die Umlegung ist von der Gemeinde (Umlegungsstelle) in eigener Verantwortung anzuordnen und durchzuführen, wenn und sobald sie zur Verwirklichung eines Bebauungsplans oder aus Gründen einer geordneten städtebaulichen Entwicklung zur Verwirklichung der innerhalb eines im Zusammenhang bebauten Ortsteils zulässigen Nutzung erforderlich ist.

(2) Die Landesregierungen können durch Rechtsverordnung bestimmen,

1. **dass von der Gemeinde Umlegungsausschüsse mit selbständigen Entscheidungsbefugnissen für die Durchführung der Umlegung gebildet werden,**
2. **in welcher Weise die Umlegungsausschüsse zusammenzusetzen und mit welchen Befugnissen sie auszustatten sind,**

3. dass der Umlegungsausschuss die Entscheidung über Vorgänge nach § 51 von geringer Bedeutung einer Stelle übertragen kann, die seine Entscheidungen vorbereitet,
4. dass zur Entscheidung über einen Rechtsbehelf im Umlegungsverfahren Obere Umlegungsausschüsse gebildet werden und wie diese Ausschüsse zusammenzusetzen sind,
5. dass die Flurbereinigungsbehörde oder eine andere geeignete Behörde verpflichtet ist, auf Antrag der Gemeinde (Umlegungsstelle) die im Umlegungsverfahren zu treffenden Entscheidungen vorzubereiten.

(3) Auf die Anordnung und Durchführung einer Umlegung besteht kein Anspruch.

(4) Die Gemeinde kann ihre Befugnis zur Durchführung der Umlegung auf die Flurbereinigungsbehörde oder eine andere geeignete Behörde für das Gemeindegebiet oder Teile des Gemeindegebiets übertragen. Die Einzelheiten der Übertragung einschließlich der Mitwirkungsrechte der Gemeinde können in einer Vereinbarung zwischen ihr und der die Umlegung durchführenden Behörde geregelt werden. Die Gemeinde kann die Vorbereitung der im Umlegungsverfahren zu treffenden Entscheidungen sowie die zur Durchführung der Umlegung erforderlichen vermessungs- und katastertechnischen Aufgaben öffentlich bestellten Vermessungsingenieuren übertragen.

(5) Die Gemeinde kann dem Umlegungsausschuss für einzelne Fälle oder bestimmte Gebiete die Befugnis zur Ausübung eines ihr nach § 24 Abs. 1 Satz 1 Nr. 2 zustehenden Vorkaufsrechts übertragen; die Gemeinde kann die Übertragung jederzeit widerrufen. Das Recht der Gemeinde, nach der Übertragung ein Vorkaufsrecht zu anderen als Umlegungszwecken auszuüben, bleibt unberührt. Ansprüche Dritter werden durch die Sätze 1 und 2 nicht begründet.

I. Novelle 2004

1 Abs. 1 ist an die Erweiterung des Anwendungsbereichs der Umlegung auch auf den nicht beplanten Innenbereich angepasst.

II. Materiell-rechtliche Regelungen

1. Erforderlichkeit

2 Die Vorschrift bestimmt die Erforderlichkeit der Umlegung als einfach-rechtliches Kriterium. Die Wörter „wenn“ und „sobald“ deuten zwei unterschiedliche Komponenten an, nämlich das Wort „wenn“ die – verfassungsrechtlich relevante – Rechtfertigung und damit zugleich die Schranke von Umlegung, und „sobald“ die Handlungspflicht. Dass Umlegung erforderlich sein muss, folgt schon aus dem Rechtsstaatsgebot und gehört systematisch eigentlich zu § 45 und ist dort kommentiert, s. § 45 Rn 7 und 8. Die andere Komponente erhebt die Umlegung

zur Pflichtaufgabe der Gemeinde, wobei sich die Aufgabe nach Lage der Dinge zur konkreten Pflicht verdichten kann, s. Rn 3.

2. Anspruch auf Umlegung

Abs. 2 schließt einen Anspruch eines Beteiligten auf Umlegung aus, wie das Gesetz auch einen Anspruch auf Erschließung durch § 123 Abs. 4 ausschließt und im Übrigen einen solchen auf Bauleitplanung in § 1 Abs. 3 Satz 2. Die Vorschrift verdeckt, dass sich die Aufgabe im Einzelfall zu einer konkreten Pflicht verdichten kann, mit der ein Anspruch eines Betroffenen verbunden sein kann. Für die Erfüllung der Erschließungsaufgabe hat das BVerwG das in mehreren Judikaten mit dieser Formulierung geklärt. Für die Umlegung ist das allgemein ebenso anerkannt (BGHZ 67, 320). Solche Verdichtung folgt **im Einzelfall aus dem Eigentumsgrundrecht.** Das ist die Konstellation, in der der Eigentümer mangels Erschließung oder Bodenordnung noch nicht darf, was sein Eigentumsinhalt an sich erlaubt und nicht mehr darf, was er nach seinem früheren Eigentumsinhalt durfte, also sein Dürfen für einen verfassungsrechtlich nicht mehr zumutbaren Zeitraum auf Nichts reduziert ist. 3

III. Verfahrensvorschriften

1. Umlegungsanordnung/Umlegungsbeschluss

Abs. 1 und 2 verlangen zwingend vorab eine Umlegungsanordnung. Diese geht zeitlich und sachlich dem Umlegungsbeschluss der Umlegungsstelle vor. Sie ist ein Internum und nicht VA, also nicht selbstständig anfechtbar. Fehlerfolge ist die Rechtswidrigkeit der von der Umlegungsstelle zu erlassenden VAe. 4

2. Zuständigkeiten

a) **Umlegungsausschuss:** Die Zuständigkeit der Gemeinde kann nach den §§ 203 und 205 einer anderen juristischen Person übertragen sein. 5

b) **Übertragungsbefugnisse der Gemeinde:** Die Umlegungsausschüsse sind aufgrund Landesrechts gebildet. Die bundesrechtliche Vorschrift des Abs. 2 ermächtigt die Landesregierung, die Materie die Umlegungsausschüsse betreffend nach einzelner Maßgabe zu regeln. Die Gesetzgebungskompetenz des Bundes folgt als Annex aus Art 74 Nr. 18 GG. Was aufgrund der Ermächtigung zustande kommt, ist Landesrecht (s. hierzu Rn 4 zu § 203). Als andere geeignete Behörde iSd Nr. 5 kommt in erster Linie das Katasteramt in Betracht. Die gesetzliche Umlegung ist Selbstverwaltungsangelegenheit iSv Art. 28 Abs. 2 Satz 1 GG. Abs. 1 bestimmt sie zur Pflichtaufgabe. Die Umlegungsstelle ist ein selbstständiges Organ der Gemeinde. Sie ist nicht an Weisungen des Rates oder der Verwaltung gebunden, seine Mitglieder können nach Maßgabe des Verwaltungsverfahrensrechts befangen sein. Ihre Tätigkeit kann nicht nach Maßgabe des Kommunalverfassungsrechts unvereinbar sein, sie können also nicht wie ein Gemeinderatsmitglied „*befangen*" sein. Sie haften als Beamter iSv § 839 Abs. 1 BGB. Im Übrigen kann die Umlegungsstelle aus richterrechtlichem enteignungsgleichen Eingriff haften. 6

c) **Vertragsfreundliches BauGB:** Das BauGB ist in Abs. 4 vertragsfreundlich, wie zu vielen anderen Materien auch. Abs. 4 befugt die Gemeinde, ihre Befugnis zur Durchführung der Umlegung einer geeigneten Behörde zu übertragen und die Einzelheiten vertraglich zu regeln. Die bundesrechtliche Vorschrift setzt sich gegen eine aufgrund der Ermächtigung des Abs. 2 ergangene landesrechtliche Regelung 7 durch. Ob ein öffentlich bestellter Vermessungsingenieur den bundesrechtlichen Begriff einer Behörde iSd Abs. 4 erfüllt, ist nicht abschließend geklärt; jedenfalls kommen öffentlich bestellte Vermessungsingenieure nach ihrem Berufsbild als Vorsitzende der Umlegungsstelle in Betracht. Einen subjektiven öffentlich-rechtlichen Anspruch vermittelt die Vorschrift dem Vermessungsingenieur nicht (BVerwG, BauR 2003, 75).

8 d) **Vorkaufsrecht nach § 24:** Die Befugnis, die Ausübung des gemeindlichen Vorkaufsrechts dem Umlegungsausschuss zu übertragen, gehört sachlich zu § 24 und ergänzt die Ermächtigung des Abs. 2 diese eingrenzend.

§ 47 Umlegungsbeschluss

(1) Die Umlegung wird nach Anhörung der Eigentümer durch einen Beschluss der Umlegungsstelle eingeleitet. Im Umlegungsbeschluss ist das Umlegungsgebiet (§ 52) zu bezeichnen. Die im Umlegungsgebiet gelegenen Grundstücke sind einzeln aufzuführen.

(2) Soll die Umlegung für den Geltungsbereich eines Bebauungsplans eingeleitet werden, kann das Umlegungsverfahren auch eingeleitet werden, wenn der Bebauungsplan noch nicht aufgestellt ist. In diesem Falle muss der Bebauungsplan vor dem Beschluss über die Aufstellung des Umlegungsplans (§ 66 Abs. 1) in Kraft getreten sein.

1 Die Novelle 2004 hat die Anhörung der Eigentümer eingefügt (Rn 5) und den bisherigen Abs. 2 von § 45 aF über den zulässigen Zeitpunkt der Einleitung der Umlegung im Planbereich als Abs. 2 angefügt.

2 Zu unterscheiden ist der die Umlegung einleitende Beschluss nach § 47 von der zeitlich und sachlich vorangegangenen Anordnung der Umlegung durch die Gemeinde, die § 46 Abs. 1 verlangt (s. Rn 4 zu § 46). Die Anordnung der Gemeinde ist Rechtmäßigkeitsvoraussetzung für den Beschluss der Umlegungsstelle.

3 Die Bestimmung hat **weitreichende praktische Bedeutung.** Der Umlegungsbeschluss verfügt die Durchführung der Umlegung und legt das Umlegungsgebiet nach § 52 bindend fest. § 51 knüpft an ihn eine Verfügungs- und Veränderungssperre. § 24 Abs. 1 Nr. 2 knüpft an ihn ein kommunales Vorkaufsrecht. Der Umlegungsbeschluss regelt iSv § 35 VwVfG und ist also VA. Ist er rechtsbeständig, kann ein Beteiligter nicht mehr geltend machen, die Durchführung der Umlegung sei dem Grunde nach rechtswidrig oder sein Grundstück hätte nicht in das Gebiet einbezogen werden dürfen.

4 Für das Verwaltungsverfahren schreibt Abs. 1 die vorherige Anhörung der Eigentümer und die Bezeichnung des Gebietes vor. Fachrechtlich für das Umlegungsverfahren regelt § 48, wer Beteiligter ist, § 49 Rechtsnachfolge und § 50 die Bekanntmachung. Im Übrigen gelten die verfahrensfachrechtlichen Vorschriften für Verwaltungsverfahren nach dem BauGB, die §§ 207–212. Hervorzuheben ist die nach § 211 vorgeschriebene Rechtsbehelfsbelehrung und der Ausschluss der aufschiebenden Wirkung eines etwa landesrechtlich vorgesehenen Widerspruchs. Subsidiär gilt das VwVfG des Bundes, und zwar nach dessen § 2 Abs. 2 Satz 1.

5 Die Anhörung ist schon nach § 28 VwVfG vorgeschrieben. Die ausdrückliche Bezeichnung der Eigentümer soll nach der Begründung des Regierungsentwurfs (BT-Drs 15/2250, 56 zu Nr. 28) die Anhörung auf die Eigentümer beschränken.

Ob dem Gesetzgeber eine solche Beschränkung gelungen ist, hängt davon ab, ob – der nach Verfassungsrecht und europäischem Standard einfach-rechtlich ausgestaltete – § 28 VwVfG im Wege der dann gesetzesausdehnenden Analogie (Larenz, Methodenlehre, 6. Aufl., S. 381 ff) für andere Betroffene nicht doch anzuwenden ist. Mehr als der Eigentümer interessierter Beteiligter wäre beispielsweise der Erbbauberechtigte eines bebauten Grundstücks. Für die Anhörung ist ggf gem. § 207 ein Vertreter zu bestellen. Zu heilen ist ein Anhörfehler nach § 45 Abs. 1 Nr. 3 VwVfG, und zwar analog § 45 Abs. 2 bis zum Abschluss eines Verfahrens auf gerichtliche Entscheidung.

Als Rechtsmittel ist der Widerspruch gegeben, sofern das Landesrecht aufgrund 6
der Ermächtigung des § 212 Abs. 1 ein Vorverfahren vorschreibt, im Übrigen der Antrag auf gerichtliche Entscheidung nach § 217. Der Widerspruch hat keine aufschiebende Wirkung (§ 212 Abs. 2 Nr. 1).

Abs. 2 verlegt den zulässigen Zeitpunkt der Einleitung der Umlegung im BPl-Be- 7
reich vor die Aufstellung des BPls. Der Zweck der Umlegung ist in diesem Fall den vorgesehenen Festsetzungen zu entnehmen. Solange die Gemeinde die Aufstellung beabsichtigt, verbietet Abs. 2 Satz 2, den Umlegungsplan nach § 66 Abs. 1 zu beschließen, bevor der BPl in Kraft getreten ist. Das gilt auch für einen vom Normenkontrollgericht für unwirksam erklärten BPl in einem nicht beplanten Innenbereich iSv § 45 Satz 2 Nr. 2. Die Umlegungsstelle darf nicht den Umlegungsplan beschließen, solange die Gemeinde die Aufstellung des BPls betreibt, beispielsweise in einem ergänzenden Verfahren nach § 214 Abs. 4.

Muster

▶ Widerspruch gegen einen Umlegungsbeschluss

nach §§ 47 Abs. 1, 212 Abs. 1 BauGB iVm der entsprechenden landesrechtlichen Regelung

An den Vorsitzenden
des Umlegungsausschusses
Betr.: Umlegung „ ... “
Bezug: Umlegungsbeschluss vom ...

Sehr geehrte Damen und Herren,

wir beehren uns anzuzeigen, dass uns Frau A mit der Wahrnehmung ihrer Interessen beauftragt hat. In der Anlage übersenden wir Vollmacht.

Namens und im Auftrag unserer Frau Mandantin legen wir hiermit gegen den Beschluss zur Einleitung der Umlegung im Gebiet ... vom ... ortsüblich bekannt gemacht am ...

W i d e r s p r u c h

ein und stellen den

A n t r a g:

1. Der Umlegungsbeschluss vom ... ist aufzuheben.
2. Die Hinzuziehung des Bevollmächtigten im Widerspruchsverfahren ist für notwendig zu erklären.

G r ü n d e:

Der Widerspruch ist zulässig und begründet.

1. Der Umlegungsbeschluss ist bereits formell rechtswidrig. Es fehlt eine wirksame Umlegungsanordnung (Dieterich, Baulandumlegung, 4. Aufl., Rn 85) [...].
2. Die Einbeziehung von Flurstück Nr. ... in das Umlegungsgebiet ist rechtswidrig, zumindest unzweckmäßig [...].

3. Der Umlegungsbeschluss ist auch materiell rechtswidrig, da die planerischen Vorstellungen der Gemeinde nicht ausreichend verfestigt sind (BGH NJW, 1987, 3260) [...]. Hierin ist ein Verstoß gegen § 52, Abs. 1, Abs. 2 BauGB zu sehen. ◀

Hinweis für die Praxis: Der Umlegungsbeschluss ist ein Verwaltungsakt, gegen den gem. § 217 Abs. 1 BauGB Rechtsschutz durch Antrag auf gerichtliche Entscheidung durch die Baulandkammer zu erlangen ist. Die Mehrzahl der Bundesländer haben von der Ermächtigung des § 212 Abs. 1 BauGB Gebrauch gemacht und angeordnet, dass vor Stellung eines Antrags auf gerichtliche Entscheidung die Überprüfung der Rechts- bzw Zweckmäßigkeit in einem Vorverfahren entsprechend den Bestimmungen der VwGO zu erfolgen hat (Kein Vorverfahren: Baden-Württemberg, Bremen und Saarland).

§ 48 Beteiligte

(1) Im Umlegungsverfahren sind Beteiligte

1. **die Eigentümer der im Umlegungsgebiet gelegenen Grundstücke,**
2. **die Inhaber eines im Grundbuch eingetragenen oder durch Eintragung gesicherten Rechts an einem im Umlegungsgebiet gelegenen Grundstück oder an einem das Grundstück belastenden Recht,**
3. **die Inhaber eines nicht im Grundbuch eingetragenen Rechts an dem Grundstück oder an einem das Grundstück belastenden Recht, eines Anspruchs mit dem Recht auf Befriedigung aus dem Grundstück oder eines persönlichen Rechts, das zum Erwerb, zum Besitz oder zur Nutzung des Grundstücks berechtigt oder den Verpflichteten in der Benutzung des Grundstücks beschränkt,**
4. **die Gemeinde,**
5. **unter den Voraussetzungen des § 55 Abs. 5 die Bedarfsträger und**
6. **die Erschließungsträger.**

(2) Die in Absatz 1 Nr. 3 bezeichneten Personen werden zu dem Zeitpunkt Beteiligte, in dem die Anmeldung ihres Rechts der Umlegungsstelle zugeht. Die Anmeldung kann bis zur Beschlussfassung über den Umlegungsplan (§ 66 Abs. 1) erfolgen.

(3) Bestehen Zweifel an einem angemeldeten Recht, so hat die Umlegungsstelle dem Anmeldenden unverzüglich eine Frist zur Glaubhaftmachung seines Rechts zu setzen. Nach fruchtlosem Ablauf der Frist ist er bis zur Glaubhaftmachung seines Rechts nicht mehr zu beteiligen.

(4) Der im Grundbuch eingetragene Gläubiger einer Hypothek, Grundschuld oder Rentenschuld, für die ein Brief erteilt ist, sowie jeder seiner Rechtsnachfolger hat auf Verlangen der Umlegungsstelle eine Erklärung darüber abzugeben, ob ein anderer die Hypothek, Grundschuld oder Rentenschuld oder ein Recht daran erworben hat; die Person des Erwerbers hat er dabei zu bezeichnen. § 208 Satz 2 bis 4 gilt entsprechend.

1 § 48 bestimmt, wer Beteiligter des Umlegungsverfahrens ist. Das ist jede Person, die einen der Tatbestände erfüllt. Ob und inwieweit seine Position konkret betroffen ist, ist unerheblich. Der Kreis der beteiligten Personen ist nach der Natur und dem in § 45 bestimmten Zweck der Umlegung (s. Rn 4 zu § 45) groß. Beteiligter kann auch der Eigentümer eines Gebäudes sein, das nur zu einem vorübergehen-

den Zweck mit dem Grundstück verbunden ist (BGHZ 54, 208). Für den Fall der Rechtsnachfolge gilt § 49.

Die Bestimmung, wer Beteiligter ist, ist abschließend (BGH, DVBl 1991, 207). 2

Die in den Nrn. 1, 2 und 4–6 Genannten werden mit der Bekanntmachung nach § 50 Beteiligte, die in Nr. 3 Genannten nicht im Grundbuch eingetragenen Rechtsinhaber gem. Abs. 2 mit dem Eingang ihrer Anmeldung bei der Umlegungsstelle. Für die Letztgenannten sind die Vorschriften des § 50 Abs. 2–4 beachtlich. 3

Im **Einverständnis mit den Beteiligten** kann die Umlegungsstelle die Verteilungsmasse nach einem anderen als dem gesetzlich bestimmten Maßstab verteilen, § 56 Abs. 2. Sie kann den Umlegungsplan auch nach Eintritt der Unanfechtbarkeit ändern, § 73 Nr. 3, und sie kann Eigentums- und Besitzverhältnisse regeln, bevor der Umlegungsplan aufgestellt ist, § 76. 4

§ 49 Rechtsnachfolge

Wechselt die Person eines Beteiligten während eines Umlegungsverfahrens, so tritt sein Rechtsnachfolger in dieses Verfahren in dem Zustand ein, in dem es sich im Zeitpunkt des Übergangs des Rechts befindet.

§ 49 bestimmt die umlegungsrechtlich relevante Folge des Falles der Rechtsnachfolge eines Beteiligten nach anderen Vorschriften, insbesondere des BGB. Sie bestimmt das gleichermaßen für den Rechtsnachfolger und die übrigen Beteiligten sowie für den lebenden Rechtsvorgänger. Als Folge bestimmt die Vorschrift, dass ausschließlich der Personenwechsel stattfindet und der Zustand des Verfahrens im Zeitpunkt des Übergangs des Rechts unverändert bleibt. 1

Als Fälle von Rechtsnachfolge knüpft § 49 ohne eigenen Begriff an das übrige Recht an. Bezüglich des Zeitpunkts der Folge bestimmt die Vorschrift, dass sie in den Fällen der Nrn. 1 und 2 des § 48 Abs. 1 im Fall der Einzelrechtsnachfolge mit der Eintragung im Grundbuch eintritt, im Fall der Gesamtrechtsnachfolge im Erbfall, in der Zwangsversteigerung mit dem Zuschlag, in den Fällen der Nr. 4 mit dem Wirksamwerden einer Gemeindeneugliederung und in den Fällen der Nrn. 5 und 6 mit dem Wirksamwerden des Wechsels des Aufgabenträgers und in den Fällen der Nr. 3 mit der Anmeldung des Übergangs des Rechts auf den neuen Inhaber. 2

Teilt sich ein Beteiligter während des Umlegungsverfahrens seine Position mit einer weiteren Person, ist § 49 entsprechend anzuwenden (Gaentzsch, BauGB, § 49). Das kann beispielsweise die Begründung von Miteigentum sein oder die Aufnahme eines Gesellschafters. 3

§ 50 Bekanntmachung des Umlegungsbeschlusses

(1) Der Umlegungsbeschluss ist in der Gemeinde ortsüblich bekannt zu machen.

(2) Die Bekanntmachung des Umlegungsbeschlusses hat die Aufforderung zu enthalten, innerhalb eines Monats Rechte, die aus dem Grundbuch nicht ersichtlich sind, aber zur Beteiligung am Umlegungsverfahren berechtigen, bei der Umlegungsstelle anzumelden.

(3) Werden Rechte erst nach Ablauf der in Absatz 2 bezeichneten Frist angemeldet oder nach Ablauf der in § 48 Abs. 3 gesetzten Frist glaubhaft gemacht, so muss ein

Berechtigter die bisherigen Verhandlungen und Festsetzungen gegen sich gelten lassen, wenn die Umlegungsstelle dies bestimmt.

(4) Der Inhaber eines in Absatz 2 bezeichneten Rechts muss die Wirkung eines vor der Anmeldung eingetretenen Fristablaufs ebenso gegen sich gelten lassen wie der Beteiligte, dem gegenüber die Frist durch Bekanntmachung des Verwaltungsakts zuerst in Lauf gesetzt worden ist.

(5) Auf die rechtlichen Wirkungen nach den Absätzen 3 und 4 sowie nach § 51 ist in der Bekanntmachung hinzuweisen.

1 Die Novelle 2004 hat die in Abs. 1 Satz 2 aF enthaltene für die Umlegungsstelle – auch haftungsrechtlich – riskante Befugnis aufgehoben, von der ortsüblichen Bekanntmachung des Umlegungsbeschlusses im Einverständnis der Beteiligten abzusehen.

2 Wie ortsüblich bekannt zu machen ist, ist landesrechtlich iVm der Bekanntmachungssatzung der Gemeinde geregelt.

3 Die bundesrechtlich vorgeschriebene ortsübliche Bekanntmachung bewirkt den Beginn des – einen Monat betragenden – Fristlaufs, aus dem Grundbuch nicht ersichtliche Rechte anzumelden. Die Bekanntmachung muss deshalb Anstoßfunktion für die Betroffenen haben. Diese Anforderung erfüllt sie nur, wenn sie das Umlegungsgebiet für die Betroffenen erkennbar bezeichnet, beispielsweise durch einen Namen. Eine behördeninterne Nummer genügt dieser Anforderung nicht.

4 Die in Abs. 2 bestimmte Frist von einem Monat beginnt zwei Wochen nach der Bekanntmachung (§ 41 Abs. 4 Satz 3 VwVfG des Bundes, § 1 Abs. 2 Satz 1 VwVfG). Bis sechs Wochen nach der Bekanntmachung meldet der Betroffene sein Recht fristgerecht an.

5 Fehlerfolge einer unrichtigen Aufforderung nach Abs. 2 oder Belehrung nach Abs. 5 ist, dass die Bekanntmachung die Frist nicht in Gang setzt. Eine § 58 Abs. 2 VwGO entsprechende Vorschrift enthält weder das Verfahrensfachrecht des BauGB, noch das VwVfG. Um eine Frist in Lauf zu setzen, ist die Aufforderung mit richtiger Belehrung zu wiederholen; § 58 Abs. 2 VwGO ist nicht analog anzuwenden.

6 Nach § 211 ist der Bekanntmachung eine Rechtsbehelfsbelehrung beizufügen. Die Wiedereinsetzung und deren Folgen regelt § 210 fachrechtlich.

§ 51 Verfügungs- und Veränderungssperre

(1) Von der Bekanntmachung des Umlegungsbeschlusses bis zur Bekanntmachung nach § 71 dürfen im Umlegungsgebiet nur mit schriftlicher Genehmigung der Umlegungsstelle

1. **ein Grundstück geteilt oder Verfügungen über ein Grundstück und über Rechte an einem Grundstück getroffen oder Vereinbarungen abgeschlossen werden, durch die einem anderen ein Recht zum Erwerb, zur Nutzung oder Bebauung eines Grundstücks oder Grundstücksteils eingeräumt wird, oder Baulasten neu begründet, geändert oder aufgehoben werden;**
2. **erhebliche Veränderungen der Erdoberfläche oder wesentlich wertsteigernde sonstige Veränderungen der Grundstücke vorgenommen werden;**
3. **nicht genehmigungs-, zustimmungs- oder anzeigepflichtige, aber wertsteigernde bauliche Anlagen errichtet oder wertsteigernde Änderungen solcher Anlagen vorgenommen werden;**

4. genehmigungs-, zustimmungs- oder anzeigepflichtige bauliche Anlagen errichtet oder geändert werden.

Einer Genehmigung nach Satz 1 bedarf es im förmlich festgelegten Sanierungsgebiet nur, wenn und soweit eine Genehmigungspflicht nach § 144 nicht besteht.

(2) Vorhaben, die vor dem Inkrafttreten der Veränderungssperre baurechtlich genehmigt worden sind, Vorhaben, von denen die Gemeinde nach Maßgabe des Bauordnungsrechts Kenntnis erlangt hat und mit deren Ausführung vor dem Inkrafttreten der Veränderungssperre hätte begonnen werden dürfen, sowie Unterhaltungsarbeiten und die Fortführung einer bisher ausgeübten Nutzung werden von der Veränderungssperre nicht berührt.

(3) Die Genehmigung darf nur versagt werden, wenn Grund zu der Annahme besteht, dass das Vorhaben die Durchführung der Umlegung unmöglich machen oder wesentlich erschweren würde. § 22 Abs. 5 Satz 2 bis 5 ist entsprechend anzuwenden.

(4) Die Genehmigung kann unter Auflagen und außer bei Verfügungen über Grundstücke und über Rechte an Grundstücken auch unter Bedingungen oder Befristungen erteilt werden. Wird die Genehmigung unter Auflagen, Bedingungen oder Befristungen erteilt, ist die hierdurch betroffene Vertragspartei berechtigt, bis zum Ablauf eines Monats nach Unanfechtbarkeit der Entscheidung vom Vertrag zurückzutreten. Auf das Rücktrittsrecht sind die §§ 346 bis 349 und 351 des Bürgerlichen Gesetzbuchs entsprechend anzuwenden.

(5) Überträgt der Umlegungsausschuss auf Grund einer Verordnung nach § 46 Abs. 2 Nr. 3 der dort bezeichneten Stelle Entscheidungen über Vorgänge nach Absatz 1, unterliegt diese Stelle seinen Weisungen; bei Einlegung von Rechtsbehelfen tritt der Umlegungsausschuss an ihre Stelle. Der Umlegungsausschuss kann die Übertragung jederzeit widerrufen.

Mit der Erweiterung des Abs. 2 hat die Novelle 2004 auf die in mehreren Landes- 1
bauordnungen vorgesehene Bau**genehmigungsfreistellung** reagiert, und zwar bauherrenfreundlich. Dem Abs. 3 hat sie eine Gilt-Genehmigung in Anlehnung an in LBOen bestimmte Regelungen angefügt.

Für die in Abs. 1 einzeln aufgeführten Vorgänge hat die Vorschrift einen Genehmi- 2
gungsvorbehalt bestimmt. Er folgt damit dem Muster für Sicherungsmaßnahmen in der Bauleitplanung (§ 14) bei der Sanierung (§§ 144 und 145) und beim Stadtumbau (§ 171d). Sie hält die in Nr. 1 bezeichneten Rechtsvorgänge schwebend unwirksam. Für die in den Nrn. 2–4 bezeichneten Veränderungen handelt es sich um eine **repressive Schranke**. Seine frühere Auffassung, die Genehmigung sei zuteilend – ein Privileg (BGH, ZfBR 82, 277) – hat der BGH nicht aufrechterhalten (BGHZ 100, 148). Die Sperre sichert, dass das ansonsten den öffentlich-rechtlichen Vorschriften entsprechende Vorhaben nicht das Ergebnis des zeitgleichen, aber Zeit beanspruchenden rechtsstaatlichen Verfahrens zur Änderung der materiell-rechtlichen Rechtslage erschwert oder unmöglich macht. Der sich aus Abs. 3 ergebende Anspruch auf die Genehmigung folgt aus dem Eigentumsgrundrecht in Bezug auf das ansonsten rechtmäßige Vorhaben.

Die durch die Novelle 2004 in Abs. 3 angefügte Gilt-Genehmigung vermittelt ver- 3
fahrensrechtlich eine formale Position. Sie soll der Verfahrensvereinfachung dienen. Für den Beteiligten ist aber nicht ohne weiteres erkennbar, ob die verfahrensrechtlichen Anforderungen für die Gilt-Genehmigung erfüllt sind. Um Rechtssicherheit zu erlangen, sollte er unbedingt das Zeugnis nach § 22 Abs. 5 Satz 5

beantragen. Das Zeugnis ist nicht VA. Verweigert die Behörde das Zeugnis, ist die Feststellungsklage darauf gegeben, dass die Genehmigung als erteilt gilt. Daneben kommt die Leistungsklage auf Erteilung des Zeugnisses in Betracht.

4 Das in der Überschrift verwendete Wort „*Verfügungssperre*" greift zu kurz. In Abs. 1 Nr. 1 sind auch Verpflichtungen bezeichnet.

5 Abs. 2 schließt *erstens* genehmigte Vorhaben und *zweitens* nach Landesrecht genehmigungsfreigestellte Vorhaben aus, von denen die Gemeinde nach Maßgabe des Landesrechts Kenntnis erlangt hat und mit deren Ausführung vor dem Inkrafttreten der Veränderungssperre hätte begonnen werden dürfen. Die Bestimmung gewährt der sich aus Landesrecht ergebenden Verfahrenslage damit Rabatt. Bezüglich Unterhaltungsarbeiten und der Fortführung einer bisher ausgeübten Nutzung stellt Abs. 2 klar, dass diese vom Genehmigungsvorbehalt nicht erfasst sind.

6 Der Antragsteller hat nach Abs. 3 den **Anspruch** auf Erteilung der umlegungsrechtlichen Genehmigung, wenn nicht Grund zur Annahme besteht, dass sein Vorhaben die Durchführung der Umlegung unmöglich machen oder wesentlich erschweren würde. Die Darlegungs- und Beweislast dafür, dass solcher Grund besteht, hat die Behörde.

7 Umlegungsverfahren sind ihrer Natur nach zeitaufwändig und dauern dementsprechend erfahrungsgemäß lange, oft genug mehrere Jahre. Einzelne Beteiligte können zusätzlich durch Rechtsbehelfe Verzögerung bewirken. Die Eigentumsgrundrechtsbestimmung des Art 14 Abs. 1 Satz 1 GG verpflichtet die Behörde, das Umlegungsverfahren zügig durchzuführen. Als Verletzungsfolge beseitigt die rechtswidrige Verzögerung gleichwohl nicht den im Einzelfall tatsächlich bestehenden Grund zu der in Abs. 3 bezeichneten Annahme. Notfalls muss der Beteiligte die Behörde durch Leistungsklage zur Erfüllung ihrer Pflicht und seines Anspruchs anhalten, das Umlegungsverfahren zügig zu Ende zu führen.

8 Für eine rechtswidrig abgelehnte Genehmigung haftet die Behörde nach § 839 BGB und aus enteignungsgleichem Eingriff (Gaentzsch, BauGB Rn 3).

9 Eine objektiv überlange Dauer des Umlegungsverfahrens, die nicht in den Verantwortungsbereich des Eigentümers fällt, ist nicht nach § 57 Satz 5 wertmindernd (BGH, NVwZ 89, 501).

§ 52 Umlegungsgebiet

(1) Das Umlegungsgebiet ist so zu begrenzen, dass die Umlegung sich zweckmäßig durchführen lässt. Es kann aus räumlich getrennten Flächen bestehen.

(2) Einzelne Grundstücke, die die Durchführung der Umlegung erschweren, können von der Umlegung ganz oder teilweise ausgenommen werden.

(3) Unwesentliche Änderungen des Umlegungsgebiets können bis zum Beschluss über die Aufstellung des Umlegungsplans (§ 66 Abs. 1) von der Umlegungsstelle nach vorheriger Anhörung der Eigentümer der betroffenen Grundstücke auch ohne ortsübliche Bekanntmachung vorgenommen werden. Die Änderung wird mit ihrer Bekanntgabe an die Eigentümer der betroffenen Grundstücke wirksam.

I. Festlegung des Umlegungsgebietes

a) Bestimmung im Umlegungsbeschluss, § 47: Das Umlegungsgebiet – und dessen Umgrenzung – bestimmt die Umlegungsstelle im Umlegungsbeschluss nach § 47. § 52 ergänzt insoweit um die materiellen Anforderungen einschließlich der materiellen und verfahrensrechtlichen Anforderungen an spätere Änderungen. 1

b) Planerische Freiheit und deren Grenzen: Zur Festlegung des Umlegungsgebietes hat die Umlegungsstelle eine gewisse **planerische Freiheit.** Diese ist begrenzt durch den in § 45 bestimmten **Zweck der Umlegung** (s. Rn 4 zu § 45) und das **Gleichbehandlungsgebot** nach Art 3 I GG der Beteiligten (BVerfGE 18, 274; BVerwGE 10, 3; BGHZ 31, 49/58). 2

c) Flächenzusammenhang: Der Wunsch eines Einzelnen, sein Grundstück herauszunehmen, weil es einen entsprechend § 45 zweckmäßigen Zuschnitt schon habe und mit Grenzen exakt gleicher Lage zugeteilt werden würde, ist idR damit motiviert, nicht an der Verteilung des Umlegungsvorteils teilzunehmen, sondern diesen für sich zu behalten. Diesem Wunsch zu entsprechen belastete die übrigen Teilnehmer um den Anteil dieses Einzelnen. Das verletzte nach dem zitierten Judikat des BVerfGs (Rn 2) das Gleichbehandlungsgrundrecht der nachteilig betroffenen übrigen Teilnehmer. 3

Das Umlegungsgebiet braucht nicht arrondiert zu sein, Abs. 1 Satz 2. Das kommt insbesondere für einen BPl in Betracht, der nicht räumlich zusammenhängt.

d) Erschwerung, Abs. 2: Eine Erschwerung nach Abs. 2 muss sich objektiv aus dem Grundstück ergeben. Für die Umlegungsstelle und die übrigen Beteiligten lästige Aktivitäten des betreffenden Beteiligten erschweren auch dann nicht objektiv grundstücksbedingt die Umlegung, wenn sie eine Verzögerung bewirken. 4

II. Änderung der Festlegung

a) Unwesentlich: Unwesentlich ist eine Änderung, wenn sie nach der Lage des Einzelfalls das Gefüge nicht negativ beeinflusst und quantitativ sowohl verhältnismäßig als auch absolut gering ist. Die planerische Freiheit der Umlegungsstelle ist wie die ursprüngliche Festlegung begrenzt (s. Rn 2) und weiter durch den spätesten Zeitpunkt (s. Rn 7). 5

b) Hinzufügung/Herausnahme: Durch Änderung kann die Umlegungsstelle bisher außerhalb des Umlegungsgebietes liegende Grundstücke in dieses hereinnehmen oder umgekehrt bisher innerhalb liegende Grundstücke aus diesem hinausgeben. 6

c) Zeitpunkt: Als spätesten Zeitpunkt bestimmt Abs. 3 den Beschluss über die Aufstellung des Umlegungsplans nach § 66 Abs. 1. Das hängt damit zusammen, dass dessen Bekanntmachung die Wirksamkeit des Inkrafttretens des Umlegungsplans bewirkt und die Bekanntmachung des Inkrafttretens nach § 72 Abs. 1 den bisherigen Rechtszustand durch den Neuen ersetzt. 7

§ 53 Bestandskarte und Bestandsverzeichnis

(1) Die Umlegungsstelle fertigt eine Karte und ein Verzeichnis der Grundstücke des Umlegungsgebiets an (Bestandskarte und Bestandsverzeichnis). Die Bestandskarte weist mindestens die bisherige Lage und Form der Grundstücke des Umlegungsgebiets und die auf ihnen befindlichen Gebäude aus und bezeichnet die Eigentümer. In dem Bestandsverzeichnis sind für jedes Grundstück mindestens aufzuführen
1. die im Grundbuch eingetragenen Eigentümer,
2. die grundbuch- und katastermäßige Bezeichnung, die Größe und die im Liegenschaftskataster angegebene Nutzungsart der Grundstücke unter Angabe von Straße und Hausnummer sowie
3. die im Grundbuch in Abteilung II eingetragenen Lasten und Beschränkungen.

(2) Die Bestandskarte und die in Absatz 1 Satz 3 Nr. 1 und 2 bezeichneten Teile des Bestandsverzeichnisses sind auf die Dauer eines Monats in der Gemeinde öffentlich auszulegen. Ort und Dauer der Auslegung sind mindestens eine Woche vor der Auslegung ortsüblich bekannt zu machen.

(3) Betrifft die Umlegung nur wenige Grundstücke, so genügt anstelle der ortsüblichen Bekanntmachung die Mitteilung an die Eigentümer und die Inhaber sonstiger Rechte, soweit sie aus dem Grundbuch ersichtlich sind oder ihr Recht bei der Umlegungsstelle angemeldet haben.

(4) In den in Absatz 1 Satz 3 Nr. 3 bezeichneten Teil des Bestandsverzeichnisses ist die Einsicht jedem gestattet, der ein berechtigtes Interesse darlegt.

I. Gegenstand

1. Ergebnis von Vorarbeit

1 **a)** Die Novelle 2004 hat Abs. 2 Satz 2 der bisherigen Fassung aufgehoben, nach der von der Auslegung abgesehen werden konnte, wenn alle Beteiligten einverstanden waren. Karte und Verzeichnis über den Altzustand müssen also generell ausgelegt werden (s. Rn 7).

2 **b) Förmliche, nicht bindende Information über den Altzustand:** Bestandskarte und Bestandsverzeichnis sind die förmliche, nicht bindende Information über den vorgefundenen Altzustand. Die Vorschrift verpflichtet objektiv-rechtlich, zu informieren, lässt aber Informationsfehler folgenlos. Die Pflicht umfasst einen einzeln bezeichneten Mindestinhalt (s. Rn 3 und 4). Das Tatbestandsmerkmal „*mindestens*“ erlaubt nicht nur, über mehr Umstände zu informieren, sondern verpflichtet hierzu nach einer Art Soll-Vorschrift in Bezug auf die vorzunehmende Rechtsänderung erheblicher Umstände.

c) **Bestandskarte:** Die Bestandskarte ist die Information in Form einer Zeichnung. 3
Als Mindestinhalt verlangt Abs. 1 Lage und Form der Grundstücke, die auf ihnen befindlichen Gebäude und als textliche Beigabe die Eigentümer. Gebäude ist hier ein bundesrechtlicher Begriff. Gebäude sind bodenrechtlich relevante Vorhaben iSd § 29 Abs. 1. Der Begriff unterscheidet sich vom landesrechtlichen der baulichen Anlage, soweit sie jede selbst bodenrechtlich irrelevanten schützenden Überdachungen einschließen. Weitere für die Umlegung relevante Anlagen sollten eingezeichnet sein, wie Masten von Leitungen zur Fortleitung elektrischer Energie, unterirdische und oberirdische Ver- und Entsorgungsleitungen einschließlich ihrer oberirdischen Teile und Wege, insbesondere sog. Anwandwege und Zufahrten.

d) **Bestandsverzeichnis:** Das Bestandsverzeichnis ist ein textliches Verzeichnis. Als 4
Mindestinhalt verlangt die Vorschrift die in Abs. 1 Satz 3 unter 1.– 3. aufgeführten Angaben. Darüber hinaus sollte das Verzeichnis über etwaige Differenzen zwischen dem Bestandsverzeichnis des Grundbuchs und dem amtlichen Kataster informieren, und über Baulasten. Die nach Landesrecht begründeten Baulasten sind regelmäßig im sog. Baulastenverzeichnis eingetragen, die bei den Bauaufsichtsbehörden geführt werden.

2. Erarbeitung

a) **Vermessungsingenieurstätigkeit:** Bestandskarte und Bestandsverzeichnis sind 5
die zeichnerische und textliche Information des Arbeitsergebnisses aus der Ermittlung aus dem Liegenschaftskataster und dem Grundbuch sowie vor Ort. Es handelt sich um die typische dem Berufsbild des Vermessungsingenieurs entsprechende Tätigkeit, s. Rn 7 zu § 47.

b) **Vorarbeiten, § 209:** Die Erarbeitung kann Vorarbeiten nach § 209 erfordern. 6
Die darin bestimmten Befugnisse stehen dem von der Vermessungsstelle Beauftragten zu.

II. Verfahren

a) **Öffentliche Auslegung, Abs. 2:** Abs. 2 schreibt die öffentliche Auslegung der 7
Bestandskarte und des Bestandsverzeichnisses mit Ausnahme der in der zweiten Abteilung des Grundbuchs eingetragenen Lasten und Beschränkungen vor. Das Gebot ermöglicht, **die Umlegungsstelle** möglichst frühzeitig und umfassend über etwaige Fehler, Unvollständigkeit oder Streitpunkte durch Einsichtnehmende **zu informieren.**

b) **Geheimhaltung, Abs. 4:** Abs. 4 honoriert das Geheimhaltungsbedürfnis und 8
entspricht § 12 GBO.

c) **Vereinfachtes Verfahren, Abs. 3:** Abs. 3 lässt als vereinfachtes Verfahren die 9
Mitteilung an die Rechtsinhaber zu, wenn es um wenige – iS einer absoluten Zahl – Grundstücke geht.

§ 54 Benachrichtigungen und Umlegungsvermerk

(1) Die Umlegungsstelle teilt dem Grundbuchamt und der für die Führung des Liegenschaftskatasters zuständigen Stelle die Einleitung (§ 47) des Umlegungsverfahrens und die nachträglichen Änderungen des Umlegungsgebiets (§ 52) mit. Das

Grundbuchamt hat in die Grundbücher der umzulegenden Grundstücke einzutragen, dass das Umlegungsverfahren eingeleitet ist (Umlegungsvermerk).

(2) Das Grundbuchamt und die für die Führung des Liegenschaftskatasters zuständige Stelle haben die Umlegungsstelle von allen Eintragungen zu benachrichtigen, die nach dem Zeitpunkt der Einleitung des Umlegungsverfahrens im Grundbuch der betroffenen Grundstücke und im Liegenschaftskataster vorgenommen sind oder vorgenommen werden. § 22 Abs. 6 ist entsprechend anzuwenden.

(3) Ist im Grundbuch die Anordnung der Zwangsversteigerung oder Zwangsverwaltung eingetragen, so gibt die Umlegungsstelle dem Vollstreckungsgericht von dem Umlegungsbeschluss Kenntnis, soweit dieser das Grundstück betrifft, das Gegenstand des Vollstreckungsverfahrens ist.

1 Die verfahrensfachrechtliche Vorschrift regelt Unterschiedliches. *Erstens* erweitert sie die **Amtshilfe** unter den bezeichneten Stellen zu eigeninitiativer Informationspflicht. *Zweitens* regelt sie den im **Grundbuch** einzutragenden **Umlegungsvermerk.**

2 Die pflichtigen Behörden sind die Umlegungsstelle, das Grundbuchamt, das Katasteramt und das Vollstreckungsgericht.

3 Den **Umlegungsvermerk** trägt das Grundbuchamt ohne Rangstelle in die zweite Abteilung ein. Er hat ausschließlich nachrichtliche (Warn-)Funktion. Er beeinflusst weder die Wirksamkeit des Umlegungsbeschlusses (s. § 47) noch die Verfügungs- und Veränderungssperre nach § 51, noch das Vorkaufsrecht nach § 24 Abs. 1 Nr. 2, noch bewirkt die unterbliebene Eintragung des Vermerks Gut-Glaubens-Schutz, dass ein Umlegungsbeschluss mit seinen öffentlich-rechtlichen Rechtswirkungen nicht bestünde.

4 Die Benachrichtigung des Grundbuchamts über die Eintragung des Umlegungsvermerks ruft öfters den Irrtum des Benachrichtigten hervor, sein Grundstück sei dadurch *„belastet"* und erschreckt ihn.Das ließe sich **vertrauensbildend** – auch für die weitere Kooperation im Umlegungsverfahren – vermeiden, indem die Umlegungsstelle **den Beteiligten vorab aufklärte.**

§ 55 Umlegungsmasse und Verteilungsmasse

(1) Die im Umlegungsgebiet gelegenen Grundstücke werden nach ihrer Fläche rechnerisch zu einer Masse vereinigt (Umlegungsmasse).

(2) Aus der Umlegungsmasse sind vorweg die Flächen auszuscheiden und der Gemeinde oder dem sonstigen Erschließungsträger zuzuteilen, die nach dem Bebauungsplan festgesetzt sind oder aus Gründen der geordneten städtebaulichen Entwicklung zur Verwirklichung der nach § 34 zulässigen Nutzung erforderlich sind als

1. **örtliche Verkehrsflächen für Straßen, Wege einschließlich Fuß- und Wohnwege und für Plätze sowie für Sammelstraßen,**
2. **Flächen für Parkplätze, Grünanlagen einschließlich Kinderspielplätze und Anlagen zum Schutz gegen schädliche Umwelteinwirkungen im Sinne des Bundes-Immissionsschutzgesetzes, soweit sie nicht schon Bestandteil der in Nummer 1 genannten Verkehrsanlagen sind, sowie für Regenklär- und Regenüberlaufbecken, wenn die Flächen überwiegend den Bedürfnissen der Bewohner des Umlegungsgebiets dienen sollen.**

Zu den vorweg auszuscheidenden Flächen gehören auch die Flächen zum Ausgleich im Sinne des § 1a Abs. 3 für die in Satz 1 genannten Anlagen. Grünflächen nach Satz 1 Nr. 2 können auch bauflächenbedingte Flächen zum Ausgleich im Sinne des § 1a Abs. 3 umfassen.

(3) Mit der Zuteilung ist die Gemeinde oder der sonstige Erschließungsträger für von ihnen in die Umlegungsmasse eingeworfene Flächen nach Absatz 2 abgefunden.

(4) Die verbleibende Masse ist die Verteilungsmasse.

(5) Sonstige Flächen, für die nach dem Bebauungsplan eine Nutzung für öffentliche Zwecke festgesetzt ist, können einschließlich der Flächen zum Ausgleich im Sinne des § 1a Abs. 3 ausgeschieden und dem Bedarfs- oder Erschließungsträger zugeteilt werden, wenn dieser geeignetes Ersatzland, das auch außerhalb des Umlegungsgebiets liegen kann, in die Verteilungsmasse einbringt. Die Umlegungsstelle soll von dieser Befugnis Gebrauch machen, wenn dies zur alsbaldigen Durchführung des Bebauungsplans zweckmäßig ist.

I. Materielles Umlegungsrecht – §§ 55–64

1. Novelle 2004

1 Das früher wirtschaftlich ungleiche Ergebnis bei der Anwendung des Flächenmaßstabs gegenüber dem Wertmaßstab infolge der Begrenzung des Flächenbeitrags auf 30% hat die Novelle durch den Geldausgleich des Umlegungsvorteils über den Flächenbeitrag hinaus beseitigt (§ 58).

2. Materielles Umlegungsrecht

2 a) **Materiell-rechtliche Grundlagen für den Verteilungsvorgang: aa) Materielles Recht – §§ 54–64:** Die §§ 55–64 bestimmen die materiell-rechtlichen Grundlagen für den Verteilungsvorgang. Für den hier geregelten abgestuften Vorgang bestimmen sie Begriffe. Das Ergebnis des Vorgangs bildet die Grundlage für die spätere Rechtsänderung.

3 bb) **Eigentumsgrundrecht: Bestandsgarantie, Wertgarantie und Gestaltungsgebot:** Das Eigentumsgrundrecht beherrscht die einzelnen Schritte des abgestuften Verteilungsvorgangs. Das sind die **Bestandsgarantie**, die Wertgarantie und das Gestaltungsgebot. Die Bestandsgarantie gewährleistet, dass der Eigentümer des Einwurfsgrundstücks Eigentümer des Zuteilungsgrundstücks wird (§ 59 Abs. 1), dass dem Eigentümer Anteile an der Verteilungsmasse im Verhältnis seiner Beteiligung an der Masse vor der Umlegung erhält (Soll-Anspruch, § 56 I) (BVerfGE 3, 135; BGHZ 13, 265/312) und letztlich, dass die Zuteilung im selben städtebaulichen Umfeld erfolgt (BGHZ 66, 322). Die **Wertgarantie** gewährleistet wertgleiche Landabfindung (§ 57 Satz 2). Das **Gestaltungsgebot** ist in § 45 bestimmt (s. Rn 4 zu § 45) und gewährleistet im Wege der Eigentumsinhaltsbestimmung nach Art. 14 Abs. 1 Satz 2 GG die sinnvolle Privatnützigkeit.

4 cc) **Verteilungsvorgang:** Der gestufte Verteilungsvorgang folgt der in der vorstehenden Rn 3 bezeichneten verfassungsrechtlich vorgegebenen Trias:

1. Stufe: Festlegung der Verfügungsmassen, § 55
2. Stufe: Wahl des Verteilungsmaßstabs, § 56
3. Stufe: Rechnerische Verteilung (Soll-Anspruch), §§ 57 u 58
4. Stufe: Tatsächliche Zuteilung (noch ohne Rechtsbindung), § 59
5. Stufe: Berechnung der Geldleistungen, § 59 u 60

5 b) **Begriffe:** Das Umlegungsrecht verwendet eine Anzahl mehrfach wiederkehrender Begriffe, u.a. über unterschiedliche Massen, den Umlegungsvorteil, Maßstäbe und Geldleistungen. Die Begriffe sind durchgehend inhaltsgleich.

Alphabethische Übersicht:

- Bestandsgarantie – Rn 16
- Einwurfsmasse – Rn 8
- Geldabfindung – Rn 15
- Geldausgleich – Rn 13
- Geldbeitrag – Rn 14
- Rechnerische Verteilung – Rn 11
- Tatsächliche Zuteilung einschließlich anderer Abfindung – Rn 12
- Umlegungsmasse – Rn 6
- Umlegungsvorteil – Rn 9
- Verteilungsmasse – Rn 7
- Verteilungsmaßstab – Rn 10
- Wertgarantie – Rn 17

6 aa) **Umlegungsmasse:** Umlegungsmasse ist die Gesamtfläche aller im Umlegungsgebiet gelegenen Grundstücke (§ 55 Abs. 1), eventuell vermehrt um Außengrundstücke (§ 59 Abs. 4 und Abs. 5).

7 bb) **Verteilungsmasse:** Die Verteilungsmasse ist negativ definiert als das, was nach Abzug der in § 55 Abs. 2bestimmten Flächen von der Umlegungsmasse übrig bleibt (§ 55 Abs. 4). Bringt die Gemeinde nach § 55 Abs. 5 Ersatzland außerhalb

des Umlegungsgebiets ein, so ist die Verteilungsmasse das, was nach dem Abzug der in § 55 Abs. 2 aus der um Ersatzflächen von außerhalb vergrößerten Umlegungsmasse innerhalb und außerhalb des Umlegungsgebietes verbleibt.

cc) **Einwurfsmasse:** Die im Gesetz nicht definierte Einwurfsmasse ist die Summe aller in die Umlegung eingebrachten privatnützigen Flächen einschließlich des Fiskallandes. 8

dd) **Umlegungsvorteil:** Der Umlegungsvorteil besteht aus der durch die Umlegung bewirkten Wertdifferenz des Zuteilungsgrundstücks zum Einwurfsgrundstück (BVerfGE 18, 274; BVerwGE 12, 1). Der Umlegungsvorteil ist die Differenz der Verkehrswerte des Zuteilungs- und des Einwurfsgrundstücks. Sie wird beim Wertmaßstab individuell für jedes Grundstück ermittelt, beim Flächenmaßstab einheitlich für das Umlegungsgebiet und also pauschal; nur wenn die Grundstücke nicht homogen von gleicher Qualität und Wertigkeit sind, ist der Vorteil auch beim Flächenmaßstab individuell zu ermitteln. 9

ee) **Verteilungsmaßstab:** Gesetzliche Verteilungsmaßstäbe sind der Wertmaßstab und der Flächenmaßstab, § 56. Für frei zu wählende Maßstäbe gibt das Gesetz nichts Inhaltliches vor (s. Rn 9 zu § 56). 10

ff) **Rechnerische Verteilung:** Rechnerische Verteilung ist die Ermittlung des Soll-Anspruchs als Verhältniszahl auf der dritten Stufe des Verteilungsvorgangs (Rn 4). 11

gg) **Tatsächliche Zuteilung einschl. anderer Abfindungen:** Tatsächliche Zuteilung ist das Ergebnis der Ermittlung des Zuteilungsgrundstücks nach dem Gestaltungsgebot, § 59. 12

hh) **Geldausgleich:** Geldausgleich ist der vom Eigentümer zu bezahlende Geldbetrag für die Differenz der Verkehrswerte des Zuteilungsgrundstücks zum Einwurfsgrundstück (§§ 57, 58 Abs. 1, Abs. 2 und Abs. 3, 59 Abs. 2, 60 und 61 Abs. 2). 13

ii) **Geldbeitrag:** Der Geldbeitrag ersetzt den Flächenbeitrag (§ 58 Abs. 1). 14

jj) **Geldabfindung:** Geldabfindung ist die Entschädigung nach Enteignungsentschädigungsrecht (§§ 59 Abs. 4 – Abs. 6, 60 und 61 Abs. 2). Verfassungsrechtlich dürfte es sich um Bindungsentschädigung handeln und nicht um Enteignungsentschädigung. 15

kk) **Bestandsgarantie:** s. Rn 3. 16

ll) **Wertgarantie:** s. Rn 3. 17

mm) **Gestaltungsgebot:** Rn 3. 18

II. Erste Stufe des Verteilungsvorgangs – Festlegung der Verfügungsmasse

1. Umlegungsmasse und Verteilungsmasse

Die Umlegungsmasse besteht aus allen im Umlegungsgebiet gelegenen Grundstücken. Durch Umlegung verteilt wird Land. Zu ermitteln sind die privatnützigen Flächen. Deren Eigentumsinhalt ist durch die Festsetzungen des BPls bzw die Prägung nach § 34 BauGB normativ bestimmt (BVerfG, NVwZ 99, 979; BVerwGE 104, 68; BVerwG, BRS 60 Nr. 44). Erst Erschließung vermittelt den Grundstücken deren Bebaubarkeit (§§ 30 Abs. 1 und Abs. 2, 33 Abs. 1 Nr. 4, 34 Abs. 1 und 35 Abs. 1 und Abs. 2). Die bewohnerdienlichen Infrastrukturflächen stehen für die Zuteilung privatnütziger Flächen nicht zur Verfügung. Um sie ist die Umlegungsmasse zu korrigieren. Auf der ersten Stufe des Verteilungsvorgangs ist nach § 55 die Verfügungsmasse zu ermitteln (Rn 4). Hierfür ist die Umlegungsmasse zunächst 19 um die bewohnerdienlichen Infrastrukturflächen zu korrigieren. Dementsprechend definiert Abs. 4 die Verteilungsmasse als das, was nach deren Abzug – einschließlich der ihnen zuzuordnenden Ausgleichsflächen – verbleibt (Rn 7). Um hieraus die für die Zuteilung zur Verfügung stehende Verfügungsmasse zu ermitteln, ist sie noch in Bezug auf andere Gemeinbedarfsflächen nach Abs. 5 zu korrigieren. Erst nach dem Ausscheiden solcher Flächen für öffentliche Zwecke (Kindergarten, Rathaus, Schule und überörtliche Verkehrsflächen) und der Erweiterung der um Ersatzflächen nach Abs. 5 vergrößerten Umlegungsmasse verbleibt die **Verfügungsmasse** innerhalb und außerhalb des Umlegungsgebietes.

2. Flächenabzug

20 a) **Drei Kategorien:** Es gibt drei Kategorien Flächen, *erstens* privatnützige Flächen einschließlich Fiskusland, *zweitens* bewohnerdienliche Infrastrukturflächen, die in Abs. 2 abschließend bestimmt sind, und *drittens* sonstige nicht in Abs. 2 bestimmte Flächen für öffentliche Zwecke, Abs. 5. Zu den Flächen der zweiten Kategorie gehören auch die Ausgleichsflächen. Abs. 2 Satz 3 ermöglicht für sparsame Inanspruchnahme von Land die Doppelnutzung. Nur die zweite Kategorie ist zur Ermittlung der Verteilungsmasse auszuscheiden.

21 b) **Zuteilung und Abfindung der Gemeinde:** Die nach Abs. 2 auszuscheidenden Flächen sind der Gemeinde oder dem Erschließungsträger zuzuteilen, der damit für alle von ihm eingebrachten Flächen derselben Kategorie abgefunden ist. Fiskusland bleibt in der Umlegungsmasse.

3. Gemeinbedarfsflächen

22 a) **Ersatzland:** Bietet der Träger des Gemeinbedarfs Ersatzland innerhalb oder außerhalb des Umlegungsgebietes an, kann (Ermessen) oder soll die Umlegungsstelle (zu begründende Ermessensausübung, wenn sie ablehnt) die Gemeinbedarfsfläche ausscheiden und dem Träger zuteilen.

23 b) **Vergrößerte Umlegungsmasse innerhalb und außerhalb des Umlegungsgebietes:** Mit dem Ausscheiden der bewohnerdienlichen Infrastrukturflächen nach Abs. 2 und der Gemeinbedarfsflächen nach Abs. 5, beide einschließlich Ausgleichsflächen, und der Hinzufügung von Ersatzland nach Abs. 5 ist die Verfügungsmasse festgelegt und damit die erste Stufe des Verteilungsvorgangs (Rn 4) abgeschlossen.

§ 56 Verteilungsmaßstab

(1) Für die Errechnung der den beteiligten Grundeigentümern an der Verteilungsmasse zustehenden Anteile (Sollanspruch) ist entweder von dem Verhältnis der Flächen oder dem Verhältnis der Werte auszugehen, in dem die früheren Grundstücke vor der Umlegung zueinander gestanden haben. Der Maßstab ist von der Umlegungsstelle nach pflichtmäßigem Ermessen unter gerechter Abwägung der Interessen der Beteiligten je nach Zweckmäßigkeit einheitlich zu bestimmen.

(2) Sind alle Beteiligten einverstanden, so kann die Verteilungsmasse auch nach einem anderen Maßstab aufgeteilt werden.

I. Zweite Stufe des Verteilungsvorgangs – Wahl des Verteilungsmaßstabs

Thema der Vorschrift ist die Wahl des Verteilungsmaßstabs. Im Prozess war diese Wahl gelegentlich umkämpft. Einen Grund hierfür konnte der früher bestehende Unterschied in Bezug auf den Vorteilsausgleich sein. Diesen Unterschied hat die Novelle 2004 beseitigt. 1

II. Bestimmungspflicht, Abs. 1 Satz 2

Abs. 1 Satz 2 verpflichtet die Umlegungsstelle, als **zweite Stufe des Verteilungsvorgangs** (Rn 4 zu § 55) den Verteilungsmaßstab zu bestimmen. Das sollte durch den in der Akte beurkundeten Beschluss geschehen. Die Ermessenserwägung sollte schriftlich festgehalten sein. Das Einverständnis der Beteiligten nach Abs. 2 sollte ebenfalls schriftlich vorliegen. 2

III. Zweck

Ermittlung des Soll-Anspruchs: Zweck der Bestimmung ist, den verhältnismäßigen Anteil der Beteiligten an der Verfügungsmasse (Rn 17 und 21 zu § 55) zu ermitteln. Der Soll-Anspruch ist ein in einer Verhältniszahl auszudrückender Anteilsanspruch. 3

IV. Soll-Anspruch – Zuteilungsanspruch

Der Soll-Anspruch ist vom Zuteilungsanspruch zu unterscheiden. Dieser ist ein Mindestanspruch, nämlich mindestens ein Grundstück im Wert des eingeworfenen Grundstücks zu erhalten, § 57 Satz 2. Beide honorieren einen Aspekt des Eigentumsgrundrechts, der Soll-Anspruch die Bestandsgarantie, der Zuteilungsanspruch die Wertgarantie (Rn 3 zu § 55). Die Werte in Euro ausgedrückt des verhältnismäßigen Anteils und des Mindest-Zuteilungsanspruchs sind typischerweise unterschiedlich. Nach der – grundrechtlich gewährten – Bestandsgarantie muss die Verfügungsmasse vollständig verteilt werden. Das Zuteilungsgrundstück kann deshalb einen höheren Wert haben als das eingebrachte Grundstück. Der Vorteil ist durch den Flächen- oder Ausgleichsbeitrag auszugleichen. Mit der Mindestwertregelung in § 57 Satz 2 gibt das Gesetz der Bestandsgarantie den Vorrang vor der Wertgarantie. 4

V. Gesetzliche und freiwillige Maßstäbe

Als gesetzliche Maßstäbe stellt Abs. 1 Satz 1 den Flächenmaßstab und den Wertmaßstab zur Verfügung und erlaubt in Abs. 2 einen anderen Maßstab, wenn alle Beteiligten einverstanden sind. Den Flächenmaßstab gestaltet § 58 näher aus und den Wertmaßstab § 57. Für einen anderen Maßstab gibt das Gesetz nichts ausdrücklich vor. Nach den gesetzlichen Maßstäben ist der Soll-Anspruch ein Anteilsanspruch im rechnerischen Verhältnis des Einwurfsgrundstücks zur Umlegungs- 5 masse, § 55 Abs. 1. Das dürfte Abs. 1 Satz 1 für andere Maßstäbe nach Abs. 2 – in Erfüllung der Bestandsgarantie – ebenso vorgeben.

VI. Zwingend in die Ermessenserwägung einzustellende Umstände – Gestaltungsgebot

6 Die Bestimmung des Maßstabs ist in Abs. 1 Satz 2 als Ermessensentscheidung formuliert. Die Ermessenserwägungen müssen – zwingend – die Trias von Bestandsgarantie, Wertgarantie und Gestaltungsgebot (Rn 3 zu § 55) und das Gleichbehandlungsgebot des Art 3 Abs. 1 GG erfüllen. Zur Erfüllung des in § 45 bestimmten Zwecks der Umlegung hat das Gestaltungsgebot, das sich aus Art 14 GG rechtfertigt, vorrangiges Gewicht.

VII. Flächenmaßstab

7 Der Flächenmaßstab wird bei homogener Struktur von Umlegungs- und Verfügungsmasse bevorzugt, § 55 Abs. 1 (s. Rn 17 und 22 zu § 55). Die Werte werden einheitlich ermittelt.

VIII. Wertmaßstab

8 Der Wertmaßstab führt regelmäßig zu gerechter Verteilung. Die Werte sind individuell einzeln zu ermitteln. Für die Sanierungsumlegung verlangt § 153 Abs. 5 die Wertumlegung.

IX. Sonstige Maßstäbe

9 Einen anderen Maßstab nach Abs. 2 hat das Gesetz weder konkretisiert, noch auch nur bezeichnet. In Betracht kommen die Frontlänge, GRZ, GFZ und andere. Die Einverständniserklärung sollte einen Hinweis auf die Erörterung der Umlegungsstelle mit den Beteiligten enthalten. Für einen solchen Maßstab ist rechtlich nichts geklärt. Die Umlegungsstelle sollte ihn nur nach **gründlicher Erörterung** mit den Beteiligten bestimmen.

§ 57 Verteilung nach Werten

Geht die Umlegungsstelle von dem Verhältnis der Werte aus, so wird die Verteilungsmasse in dem Verhältnis verteilt, in dem die zu berücksichtigenden Eigentümer an der Umlegung beteiligt sind. Jedem Eigentümer soll ein Grundstück mindestens mit dem Verkehrswert zugeteilt werden, den sein früheres Grundstück auch unter Berücksichtigung der Pflicht zur Bereitstellung von Flächen zum Ausgleich im Sinne des § 1a Abs. 3 im Zeitpunkt des Umlegungsbeschlusses hatte. Für die zuzuteilenden Grundstücke ist der Verkehrswert, bezogen auf den Zeitpunkt des Umlegungsbeschlusses, zu ermitteln. Dabei sind Wertänderungen, die durch die Umlegung bewirkt werden, zu berücksichtigen; sollen Grundstücke in Bezug auf Flächen nach § 55 Abs. 2 erschließungsbeitragspflichtig zugeteilt werden, bleiben Wertänderungen insoweit unberücksichtigt. Unterschiede zwischen den so ermittelten Verkehrswerten sind in Geld auszugleichen.

I. Dritte Stufe des Verteilungsvorgangs – Rechnerische Verteilung (Soll-Anspruch) nach Werten

1 Thema der Vorschrift ist die dritte Stufe des Verteilungsvorgangs, nämlich die rechnerische Verteilung zur Ermittlung des Soll-Anspruchs, und zwar hier nach Werten.

II. Gegenstand der Bewertung, Satz 1

2 § 57 gestaltet den Wertmaßstab nach § 56 Abs. 1 aus. Gegenstand der Bewertung ist Land. Aus der nach § 55 ermittelten Verteilungsmasse **zu verteilen ist Land.** Etwa nachteilig betroffene **bauliche Anlagen**, Anpflanzungen oder sonstige Einrichtungen sind nach § 60 zu behandeln, Lasten nach § 61. Der Verkehrswert des Bodens – des Landes – ist nach § 194 zu ermitteln.

III. Mindestanspruch nach Wertgarantie, Satz 2

3 Satz 1 begründet als Soll-Anspruch einen Anteilsanspruch. Satz 2 begründet einen Mindestanspruch, nach dem ein Grundstück zugeteilt werden soll, das mindestens dem Wert des Einwurfsgrundstücks entspricht (s. Rn 3 und 4 zu § 56). Damit erfüllt Satz 1 die Bestands-, und Satz 2 die Wertgarantie. Satz 2 reagiert mit der Soll-Vorschrift auf den Umstand, dass nach Lage der Dinge der Mindestanspruch nicht erfüllbar ist. Der Ausgleich erfolgt über die **Bindungsentschädigung**, § 59 Abs. 2 (Rn 7). In der Regel aber führt die Umlegung zu einer Werterhöhung und damit zu einem entsprechenden **Umlegungsvorteil**, der durch **Geldausgleich** nach Satz 5 abgeschöpft wird (Rn 8).

IV. Qualität

4 Als Qualität für die Wertermittlung ist diejenige vor Aufstellung des BPls maßgebend (BGHZ 76, 274 = BRS 45 Nr. 193).

V. Preisverhältnisse – Wertvergleich, Satz 2 und 3

5 Zu vergleichen sind nach den Sätzen 2 und 3 die Werte des Einwurfsgrundstücks (Rn 8 zu § 55) und des Zuteilungsgrundstücks bezogen auf die Preisverhältnisse im Zeitpunkt der Bekanntmachung des Umlegungsbeschlusses (§ 52) unabhängig von etwa schwankender Preisentwicklung (BGH, NJW 1980, 1634). Umlegungsbedingte Wertänderungen sind nach Satz 4 zu berücksichtigen (BGHZ 66, 173 = BRS 34 Nr. 135), auch wenn sie eine Minderung bewirken (BGHZ 67, 190 =

BRS 34 Nr. 129). Bebauungsplanbedingte Werterhöhungen sind nicht abschöpfungsfähig und sind nicht zu berücksichtigen (BGHZ 89, 353 = BRS 45 Nr. 195).

VI. Erschließungsbeitragspflicht – Kosten des Grunderwerbs für Erschließungsanlage, Satz 4 HS 2

6 Satz 4 HS 2 ermöglicht, dass die Umlegungsstelle erschließungsbeitragspflichtig verteilt. Der Erschließungsbeitrag enthält nach § 128 Abs. 1 Satz 1 die Kosten des Grunderwerbs für die Verkehrsflächen. Das wirkt sich wertmindernd auf die Verteilungsmasse aus. Die Vorschrift reagiert auf die Rechtsprechung des BVewGs (E 61, 316). Praktisch ist die erschließungsbeitragspflichtige Zuteilung, wenn sich das Umlegungsgebiet und das Gebiet der durch die Erschließungsanlage erschlossenen Grundstücke nach § 131 Abs. 1 nicht decken, was die Regel ist.

VII. Bindungsentschädigung, Satz 2

7 Erfolgt die Zuteilung nach Satz 2 ausnahmsweise unter dem Einwurfswert, ist nach § 56 Abs. 2 in Geld nach Entschädigungsgrundsätzen auszugleichen (BGH, DVBl 1978, 372), und zwar bezogen auf den Zeitpunkt des Umlegungsplans, § 66 (BGH, BRS 45 Nr. 194). Es handelt sich hierbei um Bindungsentschädigung und nicht um Enteignungsentschädigung.

VIII. Satz 5: Geldausgleich des Umlegungsvorteils

8 Satz 5 bestimmt den Ausgleich des Umlegungsvorteils. IdR führt die Umlegung zu einer Werterhöhung, die sich im Wert des Zuteilungsgrundstücks auswirkt. Da die gesamte Verfügungsmasse nach der Bestandsgarantie anteilsmäßig verteilt werden muss, führt der die Wertgarantie erfüllende Mindestanspruch nach Satz 2 zu einem Umlegungsvorteil. Dieser ist nach Satz 5 in Geld auszugleichen.

§ 58 Verteilung nach Flächen

(1) Geht die Umlegungsstelle von dem Verhältnis der Flächen aus, hat sie von den eingeworfenen Grundstücken unter Anrechnung des Flächenabzugs nach § 55 Abs. 2 einen Flächenbeitrag in einem solchen Umfang abzuziehen, dass die Vorteile ausgeglichen werden, die durch die Umlegung erwachsen; dabei bleiben in den Fällen des § 57 Satz 4 Halbsatz 2 die Vorteile insoweit unberücksichtigt. Der Flächenbeitrag darf in Gebieten, die erstmalig erschlossen werden, nur bis zu 30 vom Hundert, in anderen Gebieten nur bis zu 10 vom Hundert der eingeworfenen Fläche betragen. Die Umlegungsstelle kann statt eines Flächenbeitrags ganz oder teilweise einen entsprechenden Geldbeitrag erheben. Soweit der Umlegungsvorteil den Flächenbeitrag nach Satz 1 übersteigt, ist der Vorteil in Geld auszugleichen.

(2) Kann das neue Grundstück nicht in gleicher oder gleichwertiger Lage zugeteilt werden, so sind dadurch begründete Wertunterschiede in Fläche oder Geld auszugleichen.

(3) Für die Bemessung von Geldbeiträgen und Ausgleichsleistungen sind die Wertverhältnisse im Zeitpunkt des Umlegungsbeschlusses maßgebend.

I. Zweite Stufe des Verteilungsvorgangs: Rechnerische Verteilung (Soll-Anspruch) nach Flächen und Novelle 2004 – Abschöpfung des Umlegungsvorteils

1. Zweite Stufe des Verteilungsvorgans: Rechnerische Verteilung zur Ermittlung des Soll-Anspruchs, hier nach Flächen

§ 58 befasst sich – auf der zweiten Stufe des Verteilungsvorgangs zur Ermittlung des Soll-Anspruchs – mit der rechnerischen Verteilung nach Flächen, wenn die Umlegungsstelle den Flächenmaßstab gewählt hat, s. § 56. 1

2. Abschöfung des Umlegungsvorteils, Abs. 1 Satz 4: Ausgleich in Geld

Die Novelle 2004 hat mit dem neuen Satz 4 von Abs. 1 mit der vollen Abschöpfung des Umlegungsvorteils auch bei der Flächenumlegung die zweite wesentliche Änderung des Umlegungsrechts vorgenommen, neben der Einführung der Umlegung auch im 34er Bereich. Die Vorschrift ist als subsidiär nach dem Flächenbeitrag formuliert: „Soweit der Umlegungsvorteil den Flächenbeitrag nach Satz 1 übersteigt, ist der Vorteil in Geld auszugleichen." 2

Mit der Novelle 2004 hat der Gesetzgeber den letzten das wirtschaftliche Ergebnis der Umlegung betreffenden Unterschied zwischen Wert- und Flächenmaßstab beseitigt. Der Eigentümer behält auch beim Flächenmaßstab nicht mehr die Spitze des Umlegungsvorteils. Der Umlegungsvorteil ist abzuschöpfen.

II. Verteilung

1. Gegenstand

a) Gegenstand: Gegenstand der Verteilung ist Boden. 3

4 **b) Bauliche Anlagen, Anpflanzungen, sonstige Einrichtungen und Rechte:** Bauliche Anlagen, Anpflanzungen und sonstige Einrichtungen werden nach § 60, Rechte nach § 61 behandelt.

2. Verteilungsmaßstab

5 **a) Verhältniszahl – Bestandsgarantie:** Die Verteilung erfolgt nach Flächenanteilen. Das Ergebnis ist eine Verhältniszahl an Quadratmetern. Die Beteiligung des Eigentümers an den bewohnerdienlichen Infrastrukturflächen, § 55 Abs. 2 ist im Flächenbeitrag mit enthalten (Rn 8).

6 **b) Erschließungsbeitragspflichtige Zuteilung, Abs. 1 HS 2:** Die Verweisung auf § 54 Satz 4 HS 2 im Abs. 1 Satz 1 HS 2 erlaubt die erschließungsbeitragspflichtige Zuteilung. Diese ist praktisch und gerecht, wennimmer das Umlegungsgebiet nicht mit dem Gebiet der von der Anlage erschlossenen Grundstücke (Verteilungsgebiet nach § 131 Abs. 1) übereinstimmt, was die Regel ist, selbst wenn ausnahmsweise die Anforderungen an die zusammengefasste Kostenermittlung nach § 130 Abs. 2 Satz 3 vorliegen und die Gemeinde davon Gebrauch macht. Zur Auswirkung auf die Wertermittlung s. Rn 10.

3. Abschöpfung des Umlegungsvorteils

7 **a) Flächenabzug, Pauschale Wertermittlung – homogene Struktur des Gebietes:** Den Umlegungsvorteil ermittelt die Umlegungsstelle beim Flächenmaßstab für das Umlegungsgebiet einheitlich pauschal. Er ist für alle Beteiligten gleich. Diese Gleichheit ist das Motiv vieler Gemeinden, den Flächenmaßstab zu bestimmen. Rechtmäßig ist diese einheitliche Ermittlung nur, wenn die Zuteilungsgrundstücke und die Einwurfsgrundstücke von gleicher Qualität und Wertigkeit sind, also homogen. Ist das nicht der Fall, ist der Umlegungsvorteil auch beim Flächenmaßstab individuell zu ermitteln.

8 **b) 30%/10%, § 55 Abs. 2 und Höchstzahl übersteigender Flächenbeitrag:** Die Abschöpfung des Umlegungsvorteils erfolgt vorrangig vor der Abschöpfung in Geld nach der neuen Vorschrift des Abs. 1 Satz 4 durch den pauschalen Flächenabzug nach Satz 1. Satz 2 kappt den Flächenbeitrag auf 30% für Gebiete, die erstmalig erschlossen werden und 10% für Gebiete mit Neugestaltungsumlegung. Der diese 30% bzw 10% übersteigende Umlegungsvorteil ist – nach dem neuen Satz 4 – in Geld auszugleichen. In den Flächenabzug einzurechnen ist der Anteil an bewohnerdienlichen Infrastrukturflächen nach § 55 Abs. 2, also einschließlich der zugehörigen Ausgleichsflächen. Übersteigt der Bedarf für diese bewohnerdienlichen Infrastrukturflächen die Kappungsgrenze, hat es damit sein Bewenden und der Umlegungsvorteil ist in Geld auszugleichen, Satz 4.

9 **c) Notwendige Bewertung:** Ohne Bewertung kommt also auch der Flächenmaßstab nicht aus, nämlich zur Ermittlung des Umlegungsvorteils. Erreichen der Anteil an bewohnerdienlichen Infrastrukturflächen nach § 55 Abs. 2 und der Umlegungsvorteil nicht die Kappungsgrenze, bleibt der Flächenbeitrag unterhalb der Kappungsgrenze und besteht aus der Summe der beiden vorbezeichneten Komponenten. Der Umlegungsvorteil ist für das Umlegungsgebiet als einheitliche Prozentzahl zu ermitteln, es sei denn, das Gebiet wäre nicht homogen (s. Rn 8).

10 **d) Erschließungsbeitragspflichtige Zuteilung, Abs. 1 Satz 1 HS 2:** Teilt die Umlegungsstelle erschließungsbeitragspflichtig zu (Rn 6), so ist das in der Bewertung des Umlegungsvorteils (Rn 9) wertmindernd zu berücksichtigen, Abs. 1 Satz 1 HS 2 iVm § 57 Satz 4 HS 2.

4. Geld statt Flächenbeitrag, Abschöpfung in Geld

a) **Restabschöpfung des vollen Umlegungsvorteils, Abs. 1 Satz 4:** Abs. 1 Satz 3 ermöglicht der Umlegungsstelle, abweichend vom Vorrang der Abschöpfung des Umlegungsvorteils durch Flächenbeitrag (Rn 1 und 8) den Umlegungsvorteil – einschließlich dem Anteil für bewohnerdienliche Infrastrukturflächen statt durch einen Flächenbeitrag ganz oder teilweise durch Geldbeitrag abzuschöpfen. 11

b) **Inhomogenes Lagewertverhältnis, Abs. 2:** In einem inhomogenen Gebiet ist eher die Wertumlegung angemessen. Kommt beim Flächenmaßstab ein inhomogenes Lagewertverhältnis gleichwohl vor, so ist *erstens* der **Umlegungsvorteil individuell** zu ermitteln (Rn 9) und *zweitens* der **Wertunterschied zur pauschalen Ermittlung in Fläche oder Geld auszugleichen.** 12

§ 59 Zuteilung und Abfindung

(1) Aus der Verteilungsmasse sind den Eigentümern dem Umlegungszweck entsprechend nach Möglichkeit Grundstücke einschließlich Flächen zum Ausgleich im Sinne des § 1a Abs. 3 in gleicher oder gleichwertiger Lage wie die eingeworfenen Grundstücke und entsprechend den nach den §§ 57 und 58 errechneten Anteilen zuzuteilen.

(2) Soweit es unter Berücksichtigung der öffentlich-rechtlichen Vorschriften nicht möglich ist, die nach den §§ 57 und 58 errechneten Anteile tatsächlich zuzuteilen, findet ein Ausgleich in Geld statt. Auf den Geldausgleich sind die Vorschriften über die Entschädigung im Zweiten Abschnitt des Fünften Teils entsprechend anzuwenden, soweit die Zuteilung den Einwurfswert oder mehr als nur unwesentlich den Sollanspruch unterschreitet. Der Geldausgleich bemisst sich nach dem Verkehrswert, bezogen auf den Zeitpunkt der Aufstellung des Umlegungsplans, soweit die Zuteilung den Sollanspruch mehr als nur unwesentlich überschreitet und dadurch die bauplanungsrechtlich zulässige Nutzung ermöglicht.

(3) Beantragt ein Eigentümer, der im Umlegungsgebiet eigengenutzten Wohn- oder Geschäftsraum aufgeben muss und im Umlegungsverfahren kein Grundstück erhält, dass für ihn als Abfindung im Umlegungsverfahren eines der in Absatz 4 Nr. 2 und 3 bezeichneten Rechte vorgesehen wird, so soll dem entsprochen werden, sofern dies in der Umlegung möglich ist.

(4) Mit Einverständnis der betroffenen Eigentümer können als Abfindung

1. **Geld oder**
2. **Grundeigentum außerhalb des Umlegungsgebiets oder**
3. **die Begründung von Miteigentum an einem Grundstück, die Gewährung von grundstücksgleichen Rechten, Rechten nach dem Wohnungseigentumsgesetz oder sonstigen dinglichen Rechten innerhalb und außerhalb des Umlegungsgebiets**

vorgesehen werden.

(5) Sofern die Umlegung im Geltungsbereich eines Bebauungsplans durchgeführt wird, können Eigentümer in Geld oder mit außerhalb des Umlegungsgebiets gelegenen Grundstücken abgefunden werden, wenn sie im Gebiet keine bebauungsfähigen Grundstücke erhalten können oder wenn dies sonst zur Erreichung der Ziele und Zwecke des Bebauungsplans erforderlich ist; wer die Abfindung mit Grundstücken außerhalb des Gebiets ablehnt, kann mit Geld abgefunden werden.

Die Vorschriften über die Entschädigung im Zweiten Abschnitt des Fünften Teils sind entsprechend anzuwenden.

(6) Lehnt der Eigentümer eine Abfindung mit den in Absatz 4 Nr. 2 und 3 bezeichneten Rechten ab, obgleich durch eine solche Abfindung für eine größere Anzahl von Beteiligten eine Abfindung in Geld vermieden werden kann und die Abfindung in diesen Rechtsformen mit dem Bebauungsplan vereinbar ist, ist der Eigentümer in Geld abzufinden. Die Vorschriften über die Entschädigung im Zweiten Abschnitt des Fünften Teils sind entsprechend anzuwenden.

(7) Die Umlegungsstelle – der Umlegungsausschuss auf Antrag der Gemeinde – kann bei der Zuteilung von Grundstücken unter den Voraussetzungen des § 176 ein Baugebot, unter den Voraussetzungen des § 177 ein Modernisierungs- oder Instandsetzungsgebot und unter den Voraussetzungen des § 178 ein Pflanzgebot anordnen.

(8) Sofern die Umlegung im Geltungsbereich eines Bebauungsplans durchgeführt wird, sind im Umlegungsplan die Gebäude oder sonstigen baulichen Anlagen zu bezeichnen, die dem Bebauungsplan widersprechen und der Verwirklichung der im Umlegungsplan in Aussicht genommenen Neugestaltung (§ 66 Abs. 2) entgegenstehen. Die Eigentümer und die sonstigen Nutzungsberechtigten haben die Beseitigung der im Umlegungsplan bezeichneten Gebäude und sonstigen baulichen Anlagen zu dulden, wenn die Gemeinde die Beseitigung zum Vollzug des Umlegungsplans durchführt.

(9) Die Befugnis der Gemeinde, ein Baugebot, ein Modernisierungs- oder Instandsetzungsgebot, ein Pflanzgebot oder ein Rückbau- oder Entsiegelungsgebot nach den §§ 176 bis 179 anzuordnen, bleibt unberührt.

I. Vierte und fünfte Stufe des Verteilungsvorgangs: Tatsächliche Zuteilung (noch ohne Rechtsbindung) und Berechnung der Geldleistungen

1 Ist der Soll-Anspruch ermittelt, ist auf der vierten Stufe des Verteilungsvorgangs die tatsächliche Zuteilung vorzunehmen, jedoch noch ohne Rechtsbindung, und die Geldleistungen sind – auf der fünften Stufe – zu berechnen. Beides dient, den Umlegungsplan – § 66 – vorzubereiten. Mit der ortsüblichen Bekanntmachung des Zeitpunkts, in dem der Umlegungsplan unanfechtbar geworden ist – § 71 Abs. 1 – wird dann der bisherige Rechtszustand durch den im Umlegungsplan vorgesehenen neuen Rechtszustand ersetzt, § 72 Abs. 1 Satz 1.

II. Lagegebot

2 a) **Lagegebot:** Dem Soll-Anspruch fügt Abs. 1 ein Lagegebot bei. Die Vorschrift enthält ein zweifaches Gebot. *Erstens* bestimmt sie den **Vorrang der Zuteilung** vor Wertausgleich (BGH, DVBl 92, 557). *Zweitens* gebietet sie die **räumlich qualitative** Anordnung des Zuteilungsgrundstücks im Vergleich zum Einwurfsgrundstück. Sowohl der Vorrang als auch das Gebot bezüglich der räumlichen Anordnung gilt subsidiär nach dem **Zweckerfüllungs-(Gestaltungs-)Gebot**. Lässt sich nach den Festsetzungen des BPls oder den Gegebenheiten der Umgebung im 34er Gebiet das Lagegebot in beiderlei Sinn nicht erfüllen, ist die Umlegung nicht möglich und deshalb unzulässig.

3 b) **Räumliche Anordnung des Zuteilungsgrundstücks:** Zuteilungs- und Einwurfsgrundstück erfüllen das Lagegebot, wenn sie räumlich nahe beieinander liegen (BGH, BRS 45 Nr. 191). In der Regel genügt, dass sie **städtebaulich qualitativ übereinstimmen** (BGH, BRS 34 Nr. 184). Subjektive Momente können gelegentlich eine Rolle spielen (BGH, BRS 45 Nr. 191). Zur Bewertung der Lage hat die Umlegungsstelle einen weiten Spielraum (BVerwGE 45, 309).

III. Tatsächliche Ist-Zuteilung (noch ohne Rechtsbindung) und Berechnung der Geldleistungen – Vierte und fünfte Stufe des Verteilungsvorgangs

1. Von der rechnerischen Verteilung abweichende Ist-Zuteilung

4 a) **Von der rechnerischen Zuteilung abweichende Ist-Zuteilung, Thema des § 59 Abs. 2–9:** Im fünfstufigen Verteilungsvorgang (Rn 4 zu § 55) ist die dritte Stufe der rechnerischen Verteilung mit der Ermittlung nach den §§ 57 und 58 – bzw einem anderen Maßstab nach § 56 Abs. 2 abgeschlossen. § 59 befasst sich in seinen Absätzen 1–6 mit den beiden letzten Stufen des Verteilungsvorgangs, nämlich der *vierten* der tatsächlichen Zuteilung des Bodens und der *fünften* zur Berechnung der Geldleistungen. Die Absätze 7–9 fügen Vorschriften über nicht bodenrechtliche Umsetzungen von Festsetzungen eines BPls bei Gelegenheit der Umlegung an sowie über die Umlegung behindernde Anlagen. Die Idealzuteilung wäre die Umsetzung des Ergebnisses der rechnerischen Stufe 1:1 einschließlich der Abschöpfung des Umlegungsvorteils. Soll-Zuteilung und Ist-Zuteilung fallen in der Praxis jedoch mehr oder minder auseinander. § 59 regelt in seinen Absätzen 1–6 die Konfliktlösung in Bezug auf das Eigentumsgrundrecht und Eigentumsinhaltsbestimmung, Art 14 Abs. 1 GG.

5 b) **Vorrang der Bestandsgarantie, Minder- und Mehrzuteilung, Abs. 2:** Kern des § 59 ist die Regelung des Abs. 2. Weicht die Zuteilung von Boden von den nach den §§ 57 und 58 rechnerisch ermittelten Anteilen nach unten unter den Einwurfs-

wert und damit wesentlich unter den Sollanspruch (Minderzuteilung) oder oben (Mehrzuteilung) ab, ist die Spitze nach Satz 1 in Geld auszugleichen. Diese Spitze behandelt Abs. 2, soweit sie eine Geringfügigkeitsgrenze überschreitet, wie einen Eigentumsentzug bzw eine Eigentumsverschaffung. Kritisch ist die gerechte Ermittlung dieser über den rechnerisch ermittelten Anteil einschließlich Umlegungsvorteil hinausgehenden Spitze, dazu Rn 7.

6 c) **Geringfügigkeitsgrenzen 10%/20%:** Das rechnerische Ergebnis auf der *dritten* Stufe des Verteilungsvorgangs beruht auf einem Anteilsanspruch (BGHZ 89, 353) korrigiert auf mindestens den Werterhalt. Unterschreitet die Ist-Zuteilung den aus der Bestands- und der Wertgarantie günstigst berechneten Anspruch, so ist das nicht dann schon Entzug von Eigentum, wenn die Unterschreitung auch noch so gering ist, sondern erst, wenn dabei eine Beachtlichkeitsschwelle überschritten ist, Satz 2. Diese Schwelle nimmt der BGH bei 10% an (BGHZ 93, 103). Das Gleiche gilt, wenn die Zuteilung den Anspruch überschreitet (Mehrzuteilung), nur dass die Schwelle in diesem Fall bei einer Überschreitung um mindestens 20% liegen soll (Gaentzsch, BauGB, Rn 4 unter Berufung auf den Regierungsentwurf S. 101 zum BauROG). Bewertungszeitpunkt auf der dritten Stufe des Verteilungsvorgangs zur rechnerischen Verteilung ist gem. § 57 Satz 3 und § 58 Abs. 3 der des Umlegungsbeschlusses nach § 47. Die Ist-Zuteilung wirkt sich – auch bezüglich des wirtschaftlichen Wertes – erst zum Zeitpunkt des Umlegungsplans, § 66, aus. Für die Ermittlung des Spitzenausgleichs bestimmt Satz 2 und Satz 3 für die Mehrzuteilung als gerecht den Zeitpunkt des Umlegungsplans, § 66. Dasselbe gilt für die Bemessung des Ausgleichs nach Abs. 6 Satz 2 für die Null-Zuteilung; das ist der Fall, dass der Beteiligte eine Ersatzzuteilung statt Bodens mit Rechten nach Abs. 4 ablehnt. Der Zeitpunkt des Umlegungsbeschlusses kann lange zurückliegen. „Gerecht" ist deshalb die Bewertung nach dem zeitnahen Zeitpunkt des Umlegungsplans.

7 d) **Zeitnahe Bewertung von Minder- oder Mehrwert, § 66:** Als Rechtsfolge der Zuteilung von Boden zum Verkehrswert im Zeitpunkt des Umlegungsplans (§ 66) unter dem Einwurfswert und wesentlich unter dem Anteilsanspruch (Soll-Anspruch) bestimmt Abs. 2 Satz 2 Geldausgleich nach den Regeln über die Enteignungsentschädigung. Die Minderzuteilung ist nur nach dem **Vorrang des Gestaltungsgebots**, also des Zwecks nach § 47 zulässig und hat ihre **verfassungsrechtliche Rechtfertigung** hierin. Sie ist nicht Enteignung. Soweit sie die in Abs. 2 Satz 2 bestimmte **Zumutbarkeitsschwelle** überschreitet, ist die hierfür bestimmte Rechtsfolge Bindungsentschädigung. Dasselbe gilt für Abs. 6 Satz 2.

8 e) **Sollzuteilung unterschreitende Zuteilung:** Die Zuteilung von Boden sowohl wesentlich über dem Anteilsanspruch (Soll-Anspruch) als auch über dem Einwurfswert rechtfertigt sich nur zur Erfüllung des Zwecks der Umlegung nach § 45, also dem vorrangigen Gestaltungsgebot. Wirtschaftlich ist die den Anspruch überschreitende Spitze eigentumsrechtlich eine Zuwendung. Als Rechtsfolge bestimmt Abs. 2 Satz 3 den Ausgleich der den Anspruch – um 20% übersteigenden Spitze (Rn 6) in Geld. „*Spiegelbildlich*" zu Satz 2 ist zur Bemessung der Verkehrswert im zeitnahen Zeitpunkt des Umlegungsbeschlusses maßgebend, sofern „dadurch die bauplanungsrechtlich zulässige Nutzung ermöglicht" wird. Wäre diese Nutzung auch ohne Mehrzuteilung möglich, hat der Beteiligte von dem Mehr, der Spitze, keinen **bodenrechtlich relevanten Mehrnutzen.** In diesem Fall ist für die Bemessung des Geldausgleichs der für den Beteiligten günstigere entferntere Zeit-

punkt des Umlegungsbeschlusses, § 47, maßgebend (Löhr, in: B/K/L, 8. Aufl., Rn 17; Geantzsch, BauGB, Rn 4).

f) **Mehrzuteilung und Ausgleich:** Die Regelungen der Abs. 3–6 ermöglichen, statt in Boden im Umlegungsgebiet mit einem Grundstück außerhalb des Umlegungsgebietes – „Außengrundstück" – oder mit einem Recht iSv. Abs. 4 Satz 3 oder mit Geld abzufinden. Der Vorrang des Zwecks der Umlegung nach § 45 setzt sich in diesen Regelungen durch. Für die Abfindung in Geld bestimmen die Abs. 5 und 6 jeweils Satz 2 als Rechtsfolge wie in Abs. 2 die Bindungsentschädigung. Zu Abs. 6 Satz 2 s. Rn 7. 9

2. Andere Art der Zuteilung

a) **Andere Art der Zuteilung Außengrundstücke oder Geld, Abs. 4 und 5:** Abs. 3 bevorzugt einen durch die Beseitigung der bisherigen Nutzungsmöglichkeit besonders nachteilig betroffenen Personenkreis bei der Zuteilung, indem er einen Anspruch auf ermessensfehlerfreie Entscheidung mit enger Bindung gewährt, den Betroffenen nach seiner Wahl aus seinem Katalog des Abs. 4 abzufinden. Die Vorschrift honoriert das dem **Eigentumsgrundrecht innewohnende Freiheitsrecht** zur Gestaltung der persönlichen Lebensverhältnisse. Das **Ermessen** dürfte regelmäßig auf **Null reduziert** sein, wenn die Erfüllung des Antrags in der Umlegung möglich und mit dem Planungsrecht vereinbar ist. Häufig werden dem Betroffenen in Betracht kommende Außengrundstücke und insbesondere in Betracht kommende Rechte iSv Abs. 4 Satz 3 nicht bekannt sein. 10

b) **Bevorzugter Nutzerkreis und Ermessensentscheidung, Abs. 3:** Damit er sein Wahlrecht sinnvoll ausüben kann, ist ein **enger Kontakt** zwischen ihm und der Umlegungsstelle und ggf der Gemeinde und eine gründliche **Erörterung** erforderlich. Die Pflicht zu ermessensfehlerfreier Entscheidung ist mit einer erhöhten Belehrungs-/Hinweis- und Warnungspflicht verbunden (Ossenbühl, Staatshaftungsrecht, 5. Aufl., S. 47 ff). Der Antrag sollte schriftlich zum Vorgang genommen werden. Lehnt die Umlegungsstelle den Antrag ab, sind die Gesichtspunkte hierfür besonders zu begründen (§ 39 Abs. 1 Satz 3 VwVfG). 11

IV. Nicht bodenordnende Umsetzung von Festsetzungen des BPls und die Umlegung behindernde Anlagen, Abs. 7–9

a) **Umsetzung von Geboten nach den §§ 176–179, Abs. 7 und 9:** Für das Zuteilungsgrundstück kann ein Baugebot, § 176, ein Modernisierungs- und Instandsetzungsgebot (§ 177) oder ein Pflanzgebot (§ 178) festgesetzt sein. Es ist deshalb zweckmäßig, die Umsetzung eines derartigen Gebots mit der Zuteilung zu verbinden. Die mangelnde praktische Zweckmäßigkeit jedenfalls eines Baugebots steht auf einem anderen Blatt. 12

b) **Die Umsetzung behindernde bauliche Anlagen, Abs. 8:** Auf dem Zuteilungsgrundstück können sich Gebäude oder andere bauliche Anlagen befinden, die die Durchführung der Umlegung behindern. Abs. 8 sichert den Vollzug, das Hindernis auszuräumen. 13

§ 60 Abfindung und Ausgleich für bauliche Anlagen, Anpflanzungen und sonstige Einrichtungen

Für bauliche Anlagen, Anpflanzungen und für sonstige Einrichtungen ist nur eine Geldabfindung zu gewähren und im Falle der Zuteilung ein Ausgleich in Geld festzusetzen, soweit das Grundstück wegen dieser Einrichtungen einen über den Bodenwert hinausgehenden Verkehrswert hat. Die Vorschriften über die Entschädigung im Zweiten Abschnitt des Fünften Teils sind entsprechend anzuwenden.

I. Gegenstand

1 Die Wertermittlung für die rechnerische und die tatsächliche Zuteilung nach den §§ 57 59 bezieht sich ausschließlich auf den Boden, genauer: Auf die Verkehrswertanteile für den Boden. Gegenstand von § 60 sind die den Gesamtverkehrswert des Einwurfs- und des Zuteilungsgrundstücks beeinflussenden baulichen Anlagen, Anpflanzungen und sonstigen Einrichtungen. Abfindung und Ausgleich finden statt, wenn, aber auch nur wenn die baulichen Anlagen, Anpflanzungen oder Einrichtungen den Verkehrswert (Bodenwert) eines unbebauten Grundstücks in gleicher oder gleichwertiger Lage und gleichen wertbestimmenden Merkmalen erhöhen.

II. Geldabfindung/Geldausgleich

2 Zu den den Verkehrswert mindernden baulichen Anlagen s. Rn 4. Als Verkehrswert erhöhende Anpflanzungen kommen Ziergärten, parkartige Anlagen und wertvolle Solitärpflanzen in Betracht, insbesondere, wenn eine zusammenhängende Gartenanlage durch Grundstücksneugestaltung geteilt wird. Normale Außenanlagen beeinflussen den Kaufpreis, den ein entsprechender Käufer zu bezahlen bereit ist (Verkehrswert), in der Regel nicht. Einrichtungen sind solche, die in der Regel der Art der baulichen Nutzung dienen, zB die Küche einer Gaststätte, ein Lastenaufzug, die Tresoranlage eines Büros, die Tankanlage eines Gewerbebetriebs u.a.

III. Wertmindernde bauliche Anlagen, Anpflanzungen und Einrichtungen

3 Materiell illegale, nicht verfassungsrechtlich bestandsgeschützte Anlagen können den Verkehrswert sowohl des Einwurfs – als auch des Zuteilungsgrundstücks mindernd beeinflussen. Anlagen, deren Beseitigung die Behörde rechtsbeständig angeordnet hat, sind ohne weiteres wertmindernd. Anlagen, deren Beseitigung sie jederzeit rechtmäßigerweise verlangen darf ebenso. Verfassungsrechtlich bestandsgeschützt sind Anlagen, die über einen gewissen Zeitraum materiell-rechtlich rechtmäßig waren (Art 14 Abs. 1 Satz 1 GG). Dass eine materiell-rechtlich rechtswidrige bauliche Anlage baurechtlich bestandskräftig genehmigt ist und in der Folgezeit niemals materiell-rechtlich rechtmäßig war, kommt nicht so selten vor; der Ausübung des Ermessens der Baupolizeibehörde sind wegen ihres durch die Genehmigung vorangegangenen Tuns jedoch enge Grenzen gesetzt. Auch

andere Umstände – insbesondere vorangegangenes Verhalten der Baupolizeibehörde – begrenzen die Ermessensausübung zur Beseitigungsbegehrlichkeit. Für diese Fälle gibt es keine allgemeinen Erfahrungswerte über vernünftiges Käuferverhalten. Ggf ist eine Zusicherung nach Landesrecht entsprechend § 38 VwVfG einzuholen. Im Fall der Reduzierung des Ermessens, den Abriss nicht fordern zu dürfen, kommt eine Billigkeitsentschädigung entsprechend Satz 2 iVm § 95 Abs. 3 Satz 1 in Betracht. Entsprechendes gilt für rechtliche beseitigungsbedrohte Anpflanzungen oder Einrichtungen. Der Mangel kann den Verkehrswert auf einen Wert unter Null mindern. In der Regel dürfte eine solche Anlage die Erreichung des Zwecks der Umlegung (§ 45) erheblich stören. Deshalb ist vorzuziehen, den Mangel vor der Zuteilung zu beseitigen.

IV. Ermittlung des Abfindungs- bzw Ausgleichsbetrages

Zur Geldabfindung s. Rn 15 zu § 55. Zum Geldausgleich s. Rn 13 zu § 55. Zur Errechnung des Betrages gelten die Vorschriften über die Enteignungsentschädigung der §§ 93 ff. Maßgebend ist der Zeitpunkt des Umlegungsplans (§ 66). Soweit bauliche Anlagen, Anpflanzungen oder Einrichtungen den Zweck der Umlegung (§ 45 Abs. 1) nicht entsprechen, können sie den Wert sowohl des Einwurfsgrundstücks als auch des Zuteilungsgrundstücks mindern. Zu vergleichen ist jeweils der Bodenverkehrswert, wenn das Grundstück ohne bauliche Anlagen bzw ohne Anpflanzung wäre, aber mit ansonsten gleichen wertbestimmenden Merkmalen, mit dem Verkehrswert des Grundstücks mit diesen Anlagen, orientiert am Zweck der Umlegung (§ 45 Abs. 1). Zu wertmindernden Faktoren s. Rn 4. Werterhöhende Faktoren seit der Bekanntmachung des Umlegungsbeschlusses, § 50, bleiben nach Maßgabe von § 95 unberücksichtigt. 4

V. Differenzmethode – Methode Koch

Für Anpflanzungen hat der BGH die Differenzmethode gebilligt (BGH, NJW 92, 2880). Für die Schätzung nützlich sind die Richtlinien für die Ermittlung des Verkehrswertes landwirtschaftlicher Grundstücke und Betriebe, anderer Substanzverluste (Wertminderung) und sonstiger Vermögensnachteile (Entschädigungsrichtlinien Landwirtschaft) vom 28.7.1978, Richtlinien für die Ermittlung und Prüfung des Verkehrswertes von Waldflächen und für Nebenentschädigungen (Waldwertermittlungsrichtlinien 2000) idF vom 12.7.2000 und die Hinweise zur Wertermittlung von Ziergehölzen als Bestandteile von Grundstücken (Schutz- und Gestaltungsgrün) – Ziergehölzehinweise 2000 vom 20.3.2000, abgedruckt im KK, Anhänge 1–3 zu § 95. Für wertvolle Solitärgewächse ist die Methode Koch nützlich (Koch, NJW 79, 2601; BGH, NJW 75, 2061 „Kastanienbaum-Urteil" zu § 251 BGB). 5

VI. Schuldner

Schuldner der Geldabfindung ist die Gemeinde (§ 64 Abs. 1). Schuldner des Geldausgleichs ist der Zuteilungsempfänger (Satz 1 HS 2). 6

VII. Gläubiger

Gläubiger der Geldabfindung ist der Eigentümer. Gläubiger des Geldausgleichs ist die Gemeinde, die die Umlegungskasse hält. 7

§ 61 Aufhebung, Änderung und Begründung von Rechten

(1) Grundstücksgleiche Rechte sowie andere Rechte an einem im Umlegungsgebiet gelegenen Grundstück oder an einem das Grundstück belastenden Recht, ferner Ansprüche mit dem Recht auf Befriedigung aus dem Grundstück oder persönliche Rechte, die zum Erwerb, zum Besitz oder zur Nutzung eines im Umlegungsgebiet gelegenen Grundstücks berechtigen oder den Verpflichteten in der Benutzung des Grundstücks beschränken, können durch den Umlegungsplan aufgehoben, geändert oder neu begründet werden. In Übereinstimmung mit den Zielen des Bebauungsplans oder zur Verwirklichung einer nach § 34 zulässigen Nutzung können zur zweckmäßigen und wirtschaftlichen Ausnutzung der Grundstücke Flächen für Zuwege, gemeinschaftliche Hofräume, Kinderspielplätze, Freizeiteinrichtungen, Stellplätze, Garagen, Flächen zum Ausgleich im Sinne des § 1a Abs. 3 oder andere Gemeinschaftsanlagen festgelegt und ihre Rechtsverhältnisse geregelt werden. Im Landesrecht vorgesehene öffentlich-rechtliche Verpflichtungen zu einem das Grundstück betreffenden Tun, Dulden oder Unterlassen (Baulast) können im Einvernehmen mit der Baugenehmigungsbehörde aufgehoben, geändert oder neu begründet werden.

(2) Soweit durch die Aufhebung, Änderung oder Begründung von Rechten oder Baulasten Vermögensnachteile oder Vermögensvorteile entstehen, findet ein Ausgleich in Geld statt. Für den Fall, dass Vermögensnachteile entstehen, sind die Vorschriften über die Entschädigung im Zweiten Abschnitt des Fünften Teils und über den Härteausgleich nach § 181 entsprechend anzuwenden.

(3) Die Absätze 1 und 2 gelten auch für die nach § 55 Abs. 5 in die Verteilungsmasse eingebrachten Grundstücke.

1 Die **Novelle 2004** hat *erstens* die Vorschrift an die Erweiterung der Umlegung auf den 34-er Bereich angepasst, indem sie klarstellt, dass sie ausschließlich für den Planbereich gilt und *zweitens* das Gestaltungsrecht auf **Zuwege** schlechthin erweitert.

2 Die §§ 61–63 regeln, wie **Rechte** zu behandeln sind. Die Vorschrift befasst sich mit Rechten, die die Erfüllung des Zwecks der Umlegung (§ 45) hindern oder erschweren oder vernünftigerweise begründet sein sollten, öffentliche Lasten und öffentlich-rechtliche Verpflichtungen eingeschlossen. Der Zweck der Umlegung rechtfertigt einerseits die Befugnis der Umlegungsstelle, solche Rechte aufzuheben, zu ändern oder neu zu begründen und begrenzt sie zugleich. Abs. 3 stellt klar, dass die Regelung für alle Grundstücke der Verfügungsmasse gilt, die nach § 55 Abs. 5 eingebrachten Außengrundstücke eingeschlossen. Vermögensvor- und -nachteile infolge der Aufhebung, Änderung oder Begründung von Rechten sind nach Abs. 2 auszugleichen. Zum Geldausgleich s. Rn 13 zu § 55. Für Vermögensnachteile erklärt Abs. 2 Satz 2 die Regelungen über die Enteignungsentschädigung für entsprechend anwendbar, wie in § 60 Satz 2 und § 59 Abs. 5 Satz 2, Abs. 6 Satz 2, auch. Der Verweis auf § 181 betrifft schuldrechtliche Verhältnisse, insbesondere Miete und Pacht, soweit eine rechtliche gesicherte Erwartung auf den Fortbestand des Schuldverhältnisses besteht (BGH, BRS 53 Nr. 170). Der Zweck der Umlegung nach § 45 rechtfertigt die Gestaltung **schuldrechtlicher Verhältnisse** und begrenzt deren Zulässigkeit (BGHZ 54, 10).

§ 62 Gemeinschaftliches Eigentum; besondere rechtliche Verhältnisse

(1) Wenn es dem Zweck der Umlegung dient und die Eigentümer zustimmen, kann gemeinschaftliches Eigentum an Grundstücken geteilt werden.
(2) Wenn einem Eigentümer für mehrere verschiedenen Rechtsverhältnissen unterliegende alte Grundstücke oder Berechtigungen ein neues Grundstück zugeteilt wird, so werden entsprechend den verschiedenen Rechtsverhältnissen Bruchteile der Gesamtabfindung bestimmt, die an die Stelle der einzelnen Grundstücke oder Berechtigungen treten. In diesen Fällen kann für jedes eingeworfene Grundstück oder jede Berechtigung anstelle des Bruchteils ein besonderes Grundstück zugeteilt werden.
(3) Wenn gemeinschaftliches Eigentum geteilt wird (Absatz 1) oder einem Eigentümer für sein Grundstück mehrere neue Grundstücke zugeteilt werden, so kann die Umlegungsstelle Grundpfandrechte und Reallasten, mit denen eingeworfene Grundstücke belastet sind, entsprechend den im Umlegungsverfahren ermittelten Werten auf die zuzuteilenden Grundstücke verteilen.

Gegenstand der Regelung sind die Fälle *erstens*, dass **mehrere Personen** an einem Einwurfsgrundstück oder einem Recht beteiligt sind, *zweitens*, dass **eine Person an mehreren Grundstückstücken oder Rechten** beteiligt ist oder *drittens* wegen eines **übergroßen Einwurfsgrundstücks** einen Anspruch auf ein übergroßes Zuteilungsgrundstück hat, das so nicht ohne weiteres zweckmäßig ist. Jede Gemeinschaft oder Gesellschaft tendiert auf deren Auflösung. Hat eine Person eine Mehrheit von Grundstücken und Rechten oder eine Mischung hiervon, sollten diese tendenziell zu einem einzigen Ganzen zusammengeführt werden. Der Zweck einer Umlegung ist typischerweise beiden Tendenzen gleichgerichtet. Die Auflösung einer Gemeinschaft – zumal einer weit verschachtelten Erbengemeinschaft – unterbleibt häufig nur, weil sie aufwendig ist. § 62 ermöglicht, solche Verhältnisse jedenfalls in Bezug auf das Einwurfsgrundstück zu klären. Ggf ist ein Vertreter nach § 207 zu bestellen. Begrenzt ist die Befugnis der Umlegungsstelle durch den Zweck der Umlegung, § 45, wie alle anderen Befugnisse auch.

§ 63 Übergang von Rechtsverhältnissen auf die Abfindung

(1) Die zugeteilten Grundstücke treten hinsichtlich der Rechte an den alten Grundstücken und der diese Grundstücke betreffenden Rechtsverhältnisse, die nicht aufgehoben werden, an die Stelle der alten Grundstücke. Die örtlich gebundenen öffentlichen Lasten, die auf den alten Grundstücken ruhen, gehen auf die in deren örtlicher Lage ausgewiesenen neuen Grundstücke über.
(2) Erhält der Eigentümer, dem ein neues Grundstück zugeteilt wird, für das alte Grundstück zum Ausgleich von Wertunterschieden einen Geldausgleich oder nach § 59, § 60 oder § 61 eine Geldabfindung, so sind dinglich Berechtigte, deren Rechte durch die Umlegung beeinträchtigt werden, insoweit auf den Geldanspruch des Eigentümers angewiesen.

Die §§ 61–63 regeln, wie Rechte zu behandeln sind. § 63 schließt die Regelung über Rechtsverhältnisse in der Umlegung ab. 1

§ 61 befugt die Behörde, Rechte aufzuheben, zu ändern oder neu zu begründen, § 62 gemeinschaftliches Eigentum aufzulösen und verstreute Rechte zusammen- 2 zufassen und § 63 bestimmt die **Surrogation** der nach § 61 unverändert gebliebenen Rechte. Gegenstand der Regelung sind die in § 61 Abs. 1 bezeichneten Rechte, gleichgültig ob sie im Verzeichnis nach § 68 aufgeführt sind oder nicht. Abs. 1 Satz 1 bestimmt, dass sich die Rechte am Einwurfsgrundstück, die unverändert geblieben sind, am Zuteilungsgrundstück des Beteiligten kraft Gesetzes fortsetzen – Surrogation.

3 Örtlich gebundene öffentliche Lasten sind Erschließungsbeiträge, Anliegerbeiträge und andere Abgaben nach Kommunalabgabenrecht für räumlich gebundene und nicht grundstücks- oder gar personenbezogene Leistungen, Baulasten nach Landesbaurecht u.a. Für sie bestimmt § 61 Abs. 1 Satz 2, dass sie in der örtlichen Lage verbleiben, sich also an einem oder ggf mehreren Zuteilungsgrundstücken in dieser Lage fortsetzen.

4 Ist das Zuteilungsgrundstück weniger wert als das Einwurfsgrundstück, kann das den Wert des infolge der Surrogation (s. Rn 2 und 3) mit übergegangenen Rechts mindern. Abs. 2 **verweist den dadurch beeinträchtigten Berechtigten** darauf, sich aus dem dem Eigentümer gewährten **Geldausgleich** (Rn 13 zu § 55) oder der **Geldabfindung** (Rn 15 zu § 55) wegen seiner Wertminderung zu befriedigen.

5 Die Umlegungsstelle ist nicht befugt, über einen möglichen **Streit** zwischen dem Eigentümer und dem Berechtigten nach Abs. 2 über die **anteilmäßige Aufteilung** der Geldabfindung oder des Geldausgleichs zu entscheiden. Einigen sich diese nicht, kommt die Hinterlegung nach § 65 in Betracht.

§ 64 Geldleistungen

(1) Die Gemeinde ist Gläubigerin und Schuldnerin der im Umlegungsplan festgesetzten Geldleistungen.

(2) Geldleistungen werden mit der Bekanntmachung nach § 71 fällig. Die Fälligkeit der Ausgleichsleistungen für Mehrwerte (§§ 57 bis 61) kann bis zu längstens zehn Jahren hinausgeschoben werden; dabei kann vorgesehen werden, dass die Bezahlung dieser Ausgleichsleistungen ganz oder teilweise in wiederkehrenden Leistungen erfolgt. In den Fällen des Satzes 2 soll die Ausgleichsleistung ab Fälligkeit und bei Anfechtung des Umlegungsplans lediglich wegen der Höhe einer Geldleistung soll diese in Höhe des angefochtenen Betrags ab Inkrafttreten des Umlegungsplans dem Grund nach mit 2 vom Hundert über dem Basiszinssatz nach § 247 des Bürgerlichen Gesetzbuchs jährlich verzinst werden.

(3) Die Verpflichtungen des Eigentümers oder des Erbbauberechtigten zu Geldleistungen nach den §§ 57 bis 61 gelten als Beitrag und ruhen als öffentliche Last auf dem Grundstück oder dem Erbbaurecht.

(4) Wird zur Sicherung eines Kredits, der

1. **der Errichtung von Neubauten, dem Wiederaufbau zerstörter Gebäude oder dem Ausbau oder der Erweiterung bestehender Gebäude oder**
2. **der Durchführung notwendiger außerordentlicher Instandsetzungen an Gebäuden**

auf dem belasteten Grundstück dient, ein Grundpfandrecht bestellt, so kann für dieses auf Antrag ein Befriedigungsvorrecht vor der öffentlichen Last nach Absatz 3 oder einem Teil derselben für den Fall der Zwangsvollstreckung in das Grundstück bewilligt werden, wenn dadurch die Sicherheit der öffentlichen Last nicht gefährdet

wird und die Zins- und Tilgungssätze für das Grundpfandrecht den üblichen Jahresleistungen für erstrangige Tilgungshypotheken entsprechen. Die Bewilligung kann von der Erfüllung von Bedingungen abhängig gemacht werden.
(5) Soweit die Kosten und Geldleistungen der Umlegung von einem Bedarfs- oder Erschließungsträger verursacht sind, sind sie von ihm der Gemeinde zu erstatten.
(6) Die öffentlichen Lasten (Absatz 3) sind im Grundbuch zu vermerken.

I. Allgemeines

Behandlung von Geldleistungen, §§ 64 und 65: Die §§ 64 und 65 regeln, wie Geldleistungen zu behandeln sind, § 64 regelt die Schuldverhältnisse, § 65 die Hinterlegung. Abs. 1 und 5 bestimmen die Gemeinde zur Umlegungskasse und die Folgen hieraus, Abs. 2 regelt die Fälligkeit und die Verzinsung und die Abs. 3, 4 und 6 behandeln Geldleistungen als öffentliche Last. 1

II. Schuldverhältnisse

1. Die Gemeinde als Umlegungskasse

a) **Umlegungskasse:** Abs. 1 bestimmt die Gemeinde zur Umlegungskasse, selbst wenn nicht sie die Umlegung durchführt (§ 46 Abs. 4). Ist die Bauleitplanung nach § 203 oder § 205 übertragen, ist der Übertragungsempfänger die Umlegungskasse. Die Umlegungskasse ist Gläubigerin und Schuldnerin der Geldleistungen. 2

b) **Kassenüberschuss – Kosten nach § 78:** Der Überschuss der Kasse dient insbesondere, die Kosten der Umlegung nach § 78 ganz oder teilweise abzudecken. 3

c) **Kein Beitrag zur Deckung eines Fehlbetrages:** Ein Fehlbetrag in der Kasse geht endgültig zu Lasten der Gemeinde. Ist die Umlegung von vornherein so angelegt, dass die Gemeinde die Kosten der Umlegung allein tragen muss oder gar Fehlbeträge für Geldabfindungen darüber hinaus, lässt sich das mit einer Entscheidung zur städtebaulichen Entwicklung rechtfertigen. Die rechtlichen Schranken zur städtebaulichen Entwicklung schränken zugleich die Befugnis der Gemeinde ein, die Umlegung von vornherein mit einem einkalkulierten Fehlbetrag anzuordnen. Einen **Beitrag zur Deckung des Fehlbetrags** darf die Gemeinde **nicht** erheben. Nach der Gilt-Regelung des Abs. 3 gelten die Verbindlichkeiten der Eigentümer und Erbbauberechtigten als Geldbeitrag (s. Rn 14 zu § 55), und nach § 78 trägt die Gemeinde die nicht durch diese Beiträge gedeckten Sachkosten. Von einem Bedarfs- oder Erschließungsträger verursachte Kosten und Geldleistungen jedoch sind nach Abs. 5 der Gemeinde zu erstatten. 4

2. Fälligkeit und Verzinsung

5 a) **Fälligkeit:** Abs. 2 knüpft die Fälligkeit aller Geldleistungen an die Bekanntmachung des Umlegungsplans nach § 71.

6 b) **Harmonisierte Verzinsung:** Die Verzinsungspflicht im Fall, dass die Fälligkeit hinausgeschoben ist, ist mit der Verzinsungspflicht für Erschließungsbeiträge nach § 135 Abs. 3 und die Enteignungsentschädigung nach § 99 Abs. 3 harmonisiert.

7 c) **Mögliche Härteregelung:** Die Verzinsungsvorschrift des Abs. 2 Satz 3 ist als Soll-Vorschrift ausgestaltet, um der Behörde eine Härtefallregelung im Einzelfall zu ermöglichen.

8 d) **Verzugszinsen:** Verzugszinsen sieht weder das Fachrecht des BauGB vor, noch allgemeines Verfahrensrecht. Verzugszinsen kann weder die Umlegungskasse verlangen (BVerwGE 37, 239) noch ein Beteiligter.

3. Öffentliche Last, Abs. 3, 4 und 6

9 a) **Gilt-Beitrag:** Abs. 3 definiert alle vom Eigentümer oder dem Erbbauberechtigten für die Abschöpfung des Umlegungsvorteils und sonstiger Wertzuwächse nach den §§ 57–56 geschuldeten Geldleistungen – das sind Geldausgleich (s. Rn 13 zu § 55) und Geldabfindungen (s. Rn 15 zu § 55) – als Geldbeitrag (s. Rn 14 zu § 55). Die Gemeinde als Umlegungskasse (Rn 3) hat danach ein Recht auf Befriedigung aus dem Grundstück im dritten Rang nach § 10 Abs. 1 Nr. 3 ZVG.

10 b) **Rangrücktritt:** Der Rang der öffentlichen Last nach Abs. 3 kann die Gewährung eines Baukredits, der letztlich der Verwirklichung des Zwecks der Umlegung dient, hindern oder erschweren. Die Gemeinde als Gläubigerin (Rn 3) ist nach Maßgabe von Abs. 4 ermächtigt, mit ihrem Rang zurückzutreten.

§ 65 Hinterlegung und Verteilungsverfahren

Für die Hinterlegung von Geldleistungen und für das Verteilungsverfahren gelten die Vorschriften der §§ 118 und 119 entsprechend.

1 Die §§ 64 und 65 regeln, wie Geldleistungen im Umlegungsverfahren zu behandeln sind. Für die Hinterlegung verweist § 65 auf die Vorschriften des Enteignungsrechts über die Hinterlegung und über die Verteilung des hinterlegten Betrages. Die Hinterlegung kommt hauptsächlich in Betracht, wenn sich der Eigentümer und der Berechtigte eines Rechts nicht über den Anteil einer Wertminderung des Rechts einigen (s. Rn 5 zu § 63).

§ 66 Aufstellung und Inhalt des Umlegungsplans

(1) Der Umlegungsplan ist von der Umlegungsstelle nach Erörterung mit den Eigentümern durch Beschluss aufzustellen. Er kann auch für Teile des Umlegungsgebiets aufgestellt werden (Teilumlegungsplan).

(2) Aus dem Umlegungsplan muss der in Aussicht genommene Neuzustand mit allen tatsächlichen und rechtlichen Änderungen hervorgehen, die die im Umlegungsgebiet gelegenen Grundstücke erfahren. Der Umlegungsplan muss nach Form und Inhalt zur Übernahme in das Liegenschaftskataster geeignet sein.

(3) Der Umlegungsplan besteht aus der Umlegungskarte und dem Umlegungsverzeichnis.

I. Allgemeines

§§ 66–79, abschließende Entscheidung und deren Umsetzung: Die §§ 66–79 regeln die abschließende Entscheidung im Umlegungsverfahren und deren Umsetzung. § 66 regelt den VA, der das Umlegungsverfahren abschließt. 1

II. Abschließende Entscheidung des Umlegungsverfahrens

1. Bedeutung und Rechtscharakter

a) **Bedeutung der Vorschrift:** Der Umlegungsplan beinhaltet das materiell-rechtliche Ergebnis der Umlegung. Er erfüllt den Zweck der konkreten Umlegung nach § 45 Abs. 1. 2

b) **VA-Charakter und dessen verfügender Inhalt, Abs. 2 iVm § 72:** Der Umlegungsplan ersetzt konstitutiv den alten Rechtszustand durch den neuen Rechtszustand, (§ 72 Abs. 1). Als Regelung iSv § 35 VwVfG ist er VA. Er verfügt – konstitutiv – über den Rechtszustand abschließend. Das **Grundbuch wird unrichtig** und ist zu berichtigen (§ 74). Das **Kataster wird unrichtig** und ist nach Maßgabe des Landeskatasterrechts fortzuschreiben. § 66 bestimmt abschließend, welchen Inhalt der Umlegungsplan haben muss. 3

c) **Bestandteile des Umlegungsplans, Abs. 2:** Der Umlegungsplan besteht nach Abs. 3 aus der Umlegungskarte, die nach der näheren Bestimmung des § 67 den tatsächlichen Neuzustand zeichnerisch beschreibt und dem Umlegungsverzeichnis, das nach Maßgabe des § 68 Abs. 1 den rechtlichen Neuzustand beschreibt. 4

2. Verfahren

a) **Erörterung:** § 66 stellt mehrere verfahrensfachrechtliche besondere Anforderungen an das Zustandekommen des Umlegungsplans. Er fordert *erstens* die vorgängige **Erörterung,** Abs. 1 Satz 1, *zweitens* den **Beschluss** als Form, Abs. 1 Satz 1 (Rn 10), spezielle gesteigerte Anforderungen an die Bestimmtheit (Rn 9) und spezifische Anforderungen an die Darstellung seines Inhalts durch Umlegungskarte und Umlegungsverzeichnis, Abs. 3 (Rn 5). Die Erörterung ist eine **gesteigert förmliche Anhörung** und geht damit über die Anforderungen des § 28 VwVfG hinaus. Erörterung ist das – mündliche – Gespräch über den Sachverhalt, die Wünsche des 5 beteiligten Eigentümers und die für die Behandlung dessen Angelegenheit zu beachtenden Erwägungen, das zu allen drei Punkten von der Umlegungsstelle initiativ zu führen ist. Die Erörterung dient dem Zweck, auf die Meinungs- und insbesondere Willensbildung sowohl der Umlegungsstelle als auch des Eigentümers Einfluss zu nehmen (zur Einflussnahme durch Anhörung s. Weyreuther, FS Sendler, S. 183 ff). Die Vorschrift verlangt die Gelegenheit zur Erörterung, und wenn sie der Eigentümer wahrnimmt, das vorbezeichnete Gespräch zu führen. Sie verlangt nicht, dass die Erörterung tatsächlich stattgefunden hat, wenn der Eigentümer die Gelegenheit dazu nicht wahrnimmt. Sie verlangt die Erörterung mit den Eigentümern, nicht aber mit den übrigen in § 48 Abs. 1 bezeichneten Beteiligten. Zweckmäßigerweise ist über den Inhalt und das Ergebnis der Erörterung eine Niederschrift zu fertigen.

6 b) **Anhörung:** Die Pflicht zur Anhörung der übrigen Beteiligten bestimmt § 28 VwVfG des Bundes (§ 1 Abs. 2 Satz 1 VwVfG). Eine Erörterung iSv Abs. 1 Satz 1 mit diesen weiteren Beteiligten schreibt das Gesetz nicht vor, kann aber zur optimalen Erfüllung des Zwecks der konkreten Umlegung nach § 45 Abs. 1 förderlich und also zweckmäßig sein.

7 c) **Vertragsfreundlichkeit:** Das Umlegungsrecht steht einem öffentlich-rechtlichen Vertrag nach § 54 VwVfG des Bundes (§ 1 Abs. 2 Satz 1 VwVfG) nicht generell entgegen (BGH, NJW 92, 2637, in BRS 53 Nr. 186 insoweit nicht abgedruckt, zu einer bindenden Vereinbarung über die Bewertung sowohl des Einwurfs- als auch des Zuteilungsgrundstücks im Erörterungsprotokoll). Das Umlegungsrecht ist vertragsfreundlich.

8 d) **Bestimmtheitsgebot:** Über das allgemeine Bestimmtheitsgebot des § 37 Abs. 1 VwVfG hinaus verlangt Abs. 2 speziell, dass der rechtliche Neuzustand den Anforderungen an die Eintragungsfähigkeit im Grundbuch nach den Vorschriften der GBO und der Übernahme in das Liegenschaftskataster nach den landesrechtlichen Anforderungen des Katasterrechts iVm den Verwaltungsvorschriften über die Führung des Liegenschaftskatasters entspricht.

9 e) **Form Beschluss:** Als Form verlangt Abs. 1 Satz 1 einen Beschluss der Umlegungsstelle, also eine Kollegialentscheidung.

10 f) **Begründung:** Eine Begründung verlangt das Verfahrensfachrecht abweichend von § 39 VwVfG nicht (BGH, BRS 53 Nr. 161).

III. Teilumlegungsplan

11 a) **Teilbarkeit:** Abs. 1 Satz 2 ermöglicht einen Teilumlegungsplan. Er **setzt Teilbarkeit des Umlegungsgebietes nach dem vorgezogenen und dem Restteil voraus.** Ziel der gesetzlichen Regelung ist, mit der Verwirklichung der zulässigen Nutzung in Teilgebieten schneller beginnen zu können.

12 b) **Unterschied zur Teilinkraftsetzung nach § 71 Abs. 2:** Der Teilumlegungsplan unterscheidet sich von der Inkraftsetzung räumlicher und sachlicher Teile des Gesamtumlegungsplans nach § 71 Abs. 2 in Folgendem: Die Teilinkraftsetzung betrifft einen Ausschnitt aus dem Gesamtumlegungsplan. Sie kommt in der Zeit zwischen der Bekanntmachung des Gesamtumlegungsplans nach den §§ 69 und 70 und der Bestandskraft nach Abschluss eines Rechtsmittelverfahrens in Betracht. Teilbar ist die Inkraftsetzung eines Ausschnitts aus dem Gesamtumlegungsplan nur, soweit sich die abschließende Entscheidung über das eingelegte Rechtsmittel auf den vorab in Kraft gesetzten Teil nicht auswirken kann, also

soweit nicht ein untrennbarer sich aus dem Umlegungsplan ergebender Regelungszusammenhang besteht. Ein Teilumlegungsplan kommt in der Zeit bis zum Beschluss über einen Gesamtumlegungsplan in Betracht. Das rechtliche Hindernis eines untrennbaren Regelungszusammenhangs besteht in dieser Zeit noch nicht und lässt sich möglicherweise vermeiden. Der Teilumlegungsplan ersetzt im Teilgebiet den alten Rechtszustand durch den neuen (s. Rn 4). Der Umlegungsplan für das Restgebiet wird durch den zeitlich vorangegangenen Teilumlegungsplan entsprechend ein Teilumlegungsplan für das im Umlegungsbeschluss nach § 47 bestimmte Umlegungsgebiet.

c) **Allgemeine Anforderungen:** Der Teilumlegungsplan muss allen Anforderungen 13
an einen Umlegungsplan genügen.

Muster

▶ **Antrag auf gerichtliche Entscheidung gegen einen Umlegungsplan nach §§ 66, 217 BauGB**

An den
Umlegungsausschuss der
Stadt A
In dem Umlegungsverfahren
1. des Herrn A
– Antragsteller –
Verfahrensbevollmächtigte:
gegen
den Umlegungsausschuss der Stadt A, vertreten durch
– Beteiligte –
weiter beteiligt: die Stadt A
wegen Antrags auf gerichtliche Entscheidung gegen den Umlegungsplan
Namens und im Auftrag der Antragsteller stellen wir Antrag auf gerichtliche Entscheidung und
b e a n t r a g e n:
1. Der Umlegungsplan der Stadt A vom ... in Form des Widerspruchsbescheides vom ... wird aufgehoben.
2. Die Beteiligten tragen die Kosten des Verfahrens.
G r ü n d e:
I. Der Antragsteller ist Eigentümer des Grundstücks ... , [...].
II. Der Antrag ist zulässig und begründet. Der angefochtene Umlegungsplan ist rechtsfehlerhaft.
1. Der Umlegungsplan ist deshalb aufzuheben, weil kein wirksamer BPl zugrunde liegt (BGHZ 66, 322 (331)). [...]
2. Der Umlegungsplan ist auch deshalb rechtswidrig, weil die konkrete Zuteilung der neu zu schaffenden Grundstücke den Antragsteller gegen die Vorgaben des § 59 Abs. 1 BauGB benachteiligt (BGH NJW 1981, 2060 f; Dieterich, Baulandumlegung, 4. Aufl., Rn 247). ◀

§ 67 Umlegungskarte

Die Umlegungskarte stellt den künftigen Zustand des Umlegungsgebiets dar. In die Karte sind insbesondere die neuen Grundstücksgrenzen und -bezeichnungen sowie die Flächen im Sinne des § 55 Abs. 2 einzutragen.

1 § 67 ist seit dem BBauG 1960 unverändert.

2 Die Umlegungskarte bildet den gem. § 66 Abs. 3 **kartografischen** Bestandteil des Umlegungsplans. Sie stellt den neuen Rechtszustand (§ 72 Abs. 1 Satz 1) **zeichnerisch** – kartenmäßig – dar. Wie dieser Zustand zeichnerisch darzustellen ist, ist dem jeweiligen Landeskatasterrecht zu entnehmen einschließlich der Verwaltungsvorschriften. Diese Verwaltungsvorschriften enthalten üblicherweise das Regelwerk, das die speziellen Anforderungen an die Bestimmtheit nach § 66 Abs. 2 ermöglicht. Der mangelnde Normcharakter der Verwaltungsvorschriften ist in Bezug auf die Bestimmtheitspflicht unergiebig. Der Karte ist zwar die Flur- und Parzellenbezeichnung sowie die Lage der Grenzen zu entnehmen, nicht jedoch das exakte Zahlenwerk zur Feststellung der Grenzen.

3 Die Formulierung „zukünftig" ebenso wie „in Aussicht genommen" in § 66 Abs. 2 Satz 1 bezeichnet, dass die Zeichnung den im Umlegungsplan ersetzten neuen Rechtszustand nach § 66 Abs. 2 iVm § 72 Abs. 1 Satz 1 darstellt und nicht etwa einen in Zukunft erst zu erwartenden. Die Gesetzesformulierung ist insoweit irreführend.

4 § 67 verlangt einen **zwingenden** Inhalt und einen **Soll-Inhalt.** Die Zuteilungsgrundstücke einschließlich der verkehrs- und bewohnerdienlichen Infrastrukturflächen nach § 55 Abs. 2 und der Zuteilungs-Außengrundstücke nach § 55 Abs. 4 und § 59 Abs. 4 und 5 müssen dargestellt sein. „Insbesondere" bedeutet an sich, dass der Beginn der Aufzählung der zwingend darzustellenden Umstände zu ergänzen ist. Dieser ist aber durch das Klarheitsgebot begrenzt mit der Folge, dass nicht alle umlegungsrelevanten Umstände zeichnerisch eingetragen sein müssen, selbst wenn sie die Lesbarkeit der Karte beeinträchtigen. Unter den nicht ausdrücklich in § 67 aufgeführten Umständen ist nach deren **Gewichtigkeit und der Lesbarkeit der Karte** auszuwählen. Bauliche Anlagen und nach § 59 Abs. 7 bestimmte Gebote nach § 176 (Baugebot), § 177 (Modernisierungs- oder Instandsetzungsgebot) und § 178 (Pflanzgebot) dürften zum Pflichtinhalt gehören.

§ 68 Umlegungsverzeichnis

(1) Das Umlegungsverzeichnis führt auf

1. **die Grundstücke, einschließlich der außerhalb des Umlegungsgebiets zugeteilten, nach Lage, Größe und Nutzungsart unter Gegenüberstellung des alten und neuen Bestands mit Angabe ihrer Eigentümer;**
2. **die Rechte an einem Grundstück oder einem das Grundstück belastenden Recht, ferner Ansprüche mit dem Recht auf Befriedigung aus dem Grundstück oder persönliche Rechte, die zum Erwerb, zum Besitz oder zur Nutzung eines Grundstücks berechtigen oder den Verpflichteten in der Benutzung des Grundstücks beschränken, soweit sie aufgehoben, geändert oder neu begründet werden;**
3. **die Grundstückslasten nach Rang und Betrag;**

4. die Geldleistungen, deren Fälligkeit und Zahlungsart sowie der Wert der Flächen nach § 55 Abs. 2 bei einer insoweit erschließungsbeitragspflichtigen Zuteilung;

5. diejenigen, zu deren Gunsten oder Lasten Geldleistungen festgesetzt sind;

6. die einzuziehenden und die zu verlegenden Flächen im Sinne des § 55 Abs. 2 und die Wasserläufe;

7. die Gebote nach § 59 Abs. 7 sowie

8. die Baulasten nach § 61 Abs. 1 Satz 3.

(2) Das Umlegungsverzeichnis kann für jedes Grundstück gesondert aufgestellt werden.

1 Das Verzeichnis bezeichnet die **neuen Rechtsverhältnisse textlich.** Rechtsverhältnisse sind traditionell mittels Sprache – genauer: Schreibe – also textlich, beschrieben (Weyreuther, Probleme juristischer Kommunikation, DÖV 1997, 177). Die Zeichnung hat daneben eher die Verständigung unterstützende Funktion. Das Umlegungsverzeichnis ist deshalb der neben der Umlegungskarte, § 67, **bedeutsamere Bestandteil des Umlegungsplans** nach § 66 Abs. 2.

2 Abs. 1 bestimmt den zwingenden Inhalt des Verzeichnisses. Das Verzeichnis **ersetzt** als textlicher Bestandteil des Umlegungsplans nach § 72 Abs. 1 Satz 1 den **bisherigen Rechtszustand positiv durch den neuen Rechtszustand.** Er bewirkt **nicht – negativ – den Ausschluss** nach § 61 Abs. 1 unverändert gebliebener nicht in ihm aufgeführter Rechte.

3 Die speziellen Anforderungen an die Bestimmtheit nach § 66 Abs. 2 iVm denen des Grundbuch- und des Katasterrechts beziehen sich insbesondere auf die Bezeichnung im Umlegungsverzeichnis. Zweckmäßig ist, die Bezeichnungen für das Umlegungsverzeichnis vorher mit dem Grundbuchamt und dem Katasteramt abzustimmen.

§ 69 Bekanntmachung des Umlegungsplans, Einsichtnahme

(1) Die Umlegungsstelle hat den Beschluss über die Aufstellung des Umlegungsplans (§ 66 Abs. 1) in der Gemeinde ortsüblich bekannt zu machen. In der Bekanntmachung ist darauf hinzuweisen, dass der Umlegungsplan an einer zu benennenden Stelle nach Absatz 2 eingesehen werden kann und auszugsweise nach § 70 Abs. 1 Satz 1 zugestellt wird.

(2) Den Umlegungsplan kann jeder einsehen, der ein berechtigtes Interesse darlegt.

1 Gegenstand der Bekanntmachung ist der **Beschluss** nach § 66 Abs. 1 Satz 1 (s. Rn 10 zu § 66) und **nicht der Umlegungsplan** bestehend nach § 66 Abs. 2 aus der Umlegungskarte (§ 67), und dem Umlegungsverzeichnis (§ 68).

2 Der Umlegungsbeschluss muss das Umlegungsgebiet (§ 47 Satz 2 und § 52) bezeichnen. Die einzelnen Grundstücke brauchen nicht aufgeführt zu werden. Die Bezeichnung sollte seit dem Umlegungsbeschluss nach § 47 Satz 1 einheitlich und so prägnant bezeichnet sein, dass es **Anstoßfunktion** für alle Interessierten hat.

3 Die Bekanntmachung ist **Wirksamkeitsvoraussetzung** des Umlegungsplans und informiert die Öffentlichkeit über den Abschluss des Umlegungsverfahrens. Sie ist **nicht VA.**

4 Da die Bekanntmachung nicht VA ist, löst sie auch nicht eine Rechtsmittelfrist aus. Eine Rechtsmittelbelehrung ist nicht beizugeben.

5 Wie ortsüblich bekannt zu machen ist, richtet sich nach Landeskommunalrecht iVm kommunalem Satzungsrecht über die ortsübliche Bekanntmachung.

6 Abs. 1 Satz 2 bestimmt die **Bereithaltungspflicht** für den Umlegungsplan bestehend nach § 66 Abs. 3 aus der Umlegungskarte (§ 67) und dem Umlegungsverzeichnis (§ 68). Die Bereithaltungspflicht besteht dauernd, sie ist nicht zeitlich begrenzt. Mit der Bereithaltungspflicht korrespondiert das in Abs. 2 bestimmte Recht eines jeden, der ein berechtigtes Interesse darlegt. Ist das Umlegungsverzeichnis nach § 68 Abs. 2 für jedes Grundstück gesondert aufgestellt, ist das berechtigte Interesse für jedes Verzeichnis darzulegen, das der Betreffende einsehen möchte. Das berechtigte Interesse für die nach § 69 Abs. 2 begehrte Einsichtnahme ist ein anderes als das für die nach § 75 begehrte Einsichtnahme. Der Umlegungsplan enthält im Fall des § 69 einen nicht rechtsbeständigen Inhalt, während er im Fall des § 75 einen bindenden vom unrichtig gewordenen Inhalt des Grundbuchs abweichenden Inhalt hat. Danach richtet sich die Berechtigung des Interesses. Das kann im Fall des § 69 Auch das **presserechtlich** relevante Interesse eines Journalisten sein (OLG Hamm, NJW 1988, 2482).

§ 70 Zustellung des Umlegungsplans

(1) Beteiligten ist ein ihre Rechte betreffender Auszug aus dem Umlegungsplan zuzustellen. Dabei ist darauf hinzuweisen, dass der Umlegungsplan an einer zu benennenden Stelle nach § 69 Abs. 2 eingesehen werden kann.

(2) Hält die Umlegungsstelle Änderungen des Umlegungsplans für erforderlich, so können die Bekanntmachung und die Zustellung des geänderten Umlegungsplans auf die von der Änderung Betroffenen beschränkt werden.

(3) Ist im Grundbuch die Anordnung der Zwangsversteigerung oder Zwangsverwaltung eingetragen, so gibt die Umlegungsstelle dem Vollstreckungsgericht von dem Umlegungsverzeichnis Kenntnis, soweit dieses das Grundstück, das Gegenstand des Vollstreckungsverfahrens ist, und die daran bestehenden Rechte betrifft.

1 Als Form der Bekanntgabe des Umlegungsplans (§ 61 VwVfG des Bundes, § 1 Abs. 2 Satz 1 VwVfG) schreibt § 70 zwingend die Zustellung vor. Wie zuzustellen ist, ist dem Landesrecht zu entnehmen.

2 Die Bekanntgabe nach § 69 Abs. 1 betrifft den **Beschluss** und nicht den Umlegungsplan als VA (s. Rn 2 zu § 69). Erst die **Zustellung bewirkt die Wirksamkeit** des VA, § 43 Abs. 1 VwVfG des Bundes (§ 1 Abs. 2 Satz 1 VwVfG) und setzt die Rechtsmittelfrist in Lauf, sei es nach § 212 Abs. 1 iVm eventuellem Landesrecht, sei es nach § 217 Abs. 2. Eine Rechtsbehelfsbelehrung ist beizufügen (§ 211).

3 Die nach § 43 VwVfG des Bundes (§ 1 Abs. 2 Satz 1 VwVfG) bewirkte Wirksamkeit ist nicht gleichbedeutend mit dem Eintritt der Rechtswirkungen des Umlegungsplans. **Wirksamkeit** bedeutet, dass es sich um einen existierenden VA handelt und dass dieser sich nur noch nach dem Regime über seine Änderung ändern lässt und nicht mehr nur nach den Verfahrensvorschriften zum Erlass des Umlegungsplans. Eintritt der Rechtswirkung nach § 72 bedeutet, dass der verfügte Rechtszustand gilt und der ersetzte Rechtszustand nicht mehr gilt. Anders ausgedrückt: Mit der Zustellung wird die Verfügung des neuen Zustands wirksam, während deren rechtlicher Erfolg mit der Bekanntmachung der Unanfechtbarkeit des Umlegungsplans eintritt.

Zuzustellen ist, was der Umlegungsplan **verfügend rechtlich neu** gestaltet hat. Rechte, die die Umlegungsstelle nicht nach § 61 verändert hat, bleiben außerhalb des Umlegungsplans bestehen (s. Rn 2 zu § 61 und Rn 3 zu § 68). Bestehen bleibende Rechte nachrichtlich mit aufzunehmen kann zweckmäßig sein. 4

§ 71 Inkrafttreten des Umlegungsplans

(1) Die Umlegungsstelle hat ortsüblich bekannt zu machen, in welchem Zeitpunkt der Umlegungsplan unanfechtbar geworden ist. Dem Eintritt der Unanfechtbarkeit des Umlegungsplans steht es gleich, wenn der Umlegungsplan lediglich wegen der Höhe einer Geldabfindung anfechtbar ist.
(2) Vor Unanfechtbarkeit des Umlegungsplans kann die Umlegungsstelle räumliche und sachliche Teile des Umlegungsplans durch Bekanntmachung in Kraft setzen, wenn sich die Entscheidung über eingelegte Rechtsbehelfe auf diese Teile des Umlegungsplans nicht auswirken kann. Personen, die Rechtsbehelfe eingelegt haben, sind von der Inkraftsetzung zu unterrichten.

Wegen der Vielzahl der Betroffenen wird der diese mehr oder weniger gemeinschaftlich betreffende Umlegungsplan **typischerweise zu unterschiedlichen Zeitpunkten unanfechtbar und damit rechtsbeständig**. Schon der Zeitpunkt der Zustellungen an alle und damit der Ablauf der Rechtsbehelfsfristen ist typischerweise versetzt. Werden Rechtsbehelfe eingelegt, werden letztinstanzliche Entscheidungen erfahrensgemäß zu unterschiedlichen Zeitpunkten rechtskräftig und der Umlegungsplan damit rechtsbeständig. Gälte für einen Ausschnitt aus der Erdoberfläche oder für ein Recht bezüglich des einen Beteiligten der neue Rechtszustand und für andere der alte Rechtszustand, wäre das eine **Konfliktlage**. Die Umlegung ist auf klare neue Rechtsverhältnisse gerichtet. Das Gesetz löst den bezeichneten Widerspruch durch das Schema der § 70–72, indem es den Umlegungsplan nach § 71 Abs. 1 erst mit dem **letzten Eintritt der Rechtsbeständigkeit in Kraft** treten lässt und den Eintritt des **neuen Rechtszustands erst mit der Bekanntmachung**, dass diese Rechtsbeständigkeit eingetreten ist (§ 72 Abs. 1). Die nach Abs. 1 Satz 1 vorgeschriebene Bekanntmachung bewirkt erst – **konstitutiv** – den Eintritt des verfügten neuen Rechtszustandes und den Untergang des alten. 1

Abs. 1 Satz 2 reagiert auf den Fall, dass sich nur noch ein oder mehrere die **Geldabfindung (Rn 15 zu § 55) Anfechtende(r) und die Gemeinde gegenüber stehen,** ohne dass dies das zusammenhängende Regelungsgefüge des Umlegungsplans berührte. Die Bodenordnung zielt darauf, dass die Eigentümer ihre (Zuteilungs-) Grundstücke möglichst frühzeitig nach dem neuen Rechtszustand nutzen können und honoriert damit das Eigentumsgrundrecht aus Art 14 Abs. 1 Satz 1 GG. 2

Abs. 2 befugt die Umlegungsstelle, **Teile des Gesamt-Umlegungsplans** in Kraft zu setzen. Zur Unterscheidung vom Teilumlegungsplan s. Rn 13 zu § 66. Wegen der **negativen Anforderung** an die Teil-Inkraftsetzung, dass sie sich nicht auf diese Teile auswirken und also den Regelungszusammenhang des Gesamt-Umlegungsplans nicht beeinflussen darf, ist der Anwendungsbereich der Befugnis eingeschränkt und riskant, weil sich die Beeinflussungsmöglichkeit nicht immer ohne weiteres erkennen lässt. 3

4 Die Bekanntmachung ist nach § 211 mit einer Rechtsbehelfsbelehrung zu versehen. Sie ist selbstständig anfechtbar (BGH, BRS 45 Nr. 201). Der ggf landesrechtlich vorgeschriebene Widerspruch (s. Rn 2 zu § 212 Rn 2) hat keine aufschiebende Wirkung, § 212 Abs. 2 Satz 1 Nr. 2.

§ 72 Wirkungen der Bekanntmachung

(1) Mit der Bekanntmachung nach § 71 wird der bisherige Rechtszustand durch den in dem Umlegungsplan vorgesehenen neuen Rechtszustand ersetzt. Die Bekanntmachung schließt die Einweisung der neuen Eigentümer in den Besitz der zugeteilten Grundstücke ein.

(2) Die Gemeinde hat den Umlegungsplan zu vollziehen, sobald seine Unanfechtbarkeit nach § 71 bekannt gemacht worden ist. Sie hat den Beteiligten die neuen Besitz- und Nutzungsrechte, erforderlichenfalls mit den Mitteln des Verwaltungszwangs, zu verschaffen.

I. Rechtsersetzende Wirkung des Umlegungsplans und dessen Zeitpunkt, Abs. 1 Satz 1

1 Der Umlegungsplan als VA verfügt, dass der bisherige Rechtszustand durch den neuen ersetzt wird (s. Rn 4 zu § 66).

2 Abs. 1 Satz 1 legt dem Umlegungsplan als VA die Wirkung des **Erfolgs der Verfügung** bei, dass der neue Rechtszustand eintritt und der alte untergeht und bestimmt den Zeitpunkt. Da das Gesetz dem Umlegungsplan die Wirkung beilegt, tritt sie kraft Gesetzes ein. Zeitpunkt ist der der ortsüblichen Bekanntmachung der Unanfechtbarkeit des Umlegungsplans nach § 71.

II. Unrichtigkeit der öffentlichen Bücher, insbesondere des Grundbuchs

3 Die Rechtsänderung vollzieht sich außerhalb der öffentlichen Bücher, insbesondere des Grundbuchs. Das Grundbuch ist nach Maßgabe von § 74 iVm insbesondere den §§ 38 Abs. 1 und 29 Satz 3 GBO, das Liegenschaftskataster nach Maßgabe des § 74 iVm dem Landeskatasterrecht und den Verwaltungsvorschriften zu berichtigen.

III. Besitzeinweisung

4 Abs. 1 Satz 2 legt dem Umlegungsplan darüber hinaus die Wirkung der Einweisung des neuen Eigentümers in den Besitz der ihm zugeteilten Grundstücke bei und verschafft ihm damit das Recht zum unmittelbaren Besitz, sofern nicht ein Besitzrecht des Mieters oder Pächters oder sonstigen dinglichen Berechtigten nach § 61 eingeräumt worden oder unverändert geblieben ist.

Widersetzt sich ein bisheriger Besitzer dem Recht des neuen Eigentümers zum unmittelbaren Besitz, muss die Gemeinde dem rechtmäßigen Besitzer den Besitz im Wege der **Verwaltungsvollstreckung** verschaffen, Abs. 2. Die Vorschrift bestimmt die Vollziehung als Selbstverwaltungsaufgabe der Gemeinde mit der Pflicht, diese Aufgabe zu erfüllen, angereichert mit dem Anspruch des rechtsmäßigen Eigentümers, die Pflicht mit den erforderlichen Mitteln bis zum Erfolg zu erfüllen. Die Meinung, die Gemeinde könne den Eigentümer nach ihrem Ermessen auf den Zivilrechtsweg verweisen, ist abzulehnen (aA W. Schrödter, in: Schrödter, 5. Aufl., Rn 6, von Stang, in: Schrödter, 6. Aufl. nicht aufgegriffen). 5

IV. Landesverwaltungsvollstreckungsrecht

Einschlägig ist das Landesverwaltungsvollstreckungsrecht. 6

V. Rechtsbehelf gegen Vollziehungsmaßnahmen

Der Rechtsbehelf gegen eine Vollziehungsmaßnahme der Gemeinde ist in den Ländern, die nach § 212 ein Vorverfahren vorgeschrieben haben, der Widerspruch (s. Rn 2 zu § 212) und gerichtlich der Antrag auf gerichtliche Entscheidung (BGH, BRS 45 Nr. 225). 7

§ 73 Änderung des Umlegungsplans

Die Umlegungsstelle kann den Umlegungsplan auch nach Eintritt der Unanfechtbarkeit ändern, wenn

1. **der Bebauungsplan geändert wird,**
2. **eine rechtskräftige Entscheidung eines Gerichts die Änderung notwendig macht oder**
3. **die Beteiligten mit der Änderung einverstanden sind.**

§ 73 gilt unverändert seit der Urfassung des BBauG 1960. 1

Die Vorschrift ist die verfahrensfachrechtliche Regelung über die **Änderbarkeit des Umlegungsplans** als VA. Sie verdrängt die subsidiär geltenden Vorschriften des VwVfG des Bundes (§ 1 Abs. 2 Satz 1 VwVfG), insbesondere der §§ 48 und 49 VwVfG (BVerwGE 61, 316; BGH, BRS 53 Nr. 188). Sie gilt ab dem Zeitpunkt, in dem der Umlegungsplan für alle Beteiligten unanfechtbar geworden ist, unabhängig davon, ob die Unanfechtbarkeit nach § 71 ortsüblich bekannt gemacht ist oder nicht. 2

Die Vorschrift verdrängt nicht die **Möglichkeit, ein erneutes Umlegungsverfahren** nach den §§ 45 ff einzuleiten, also die durch den bisherigen Umlegungsplan entstandenen Rechtszustände neu zu ordnen. Die durch § 73 gegebene Möglichkeit ist stattdessen darauf gerichtet, den Umlegungsplan nach § 66 Abs. 1 zu ändern. 3

Die Umlegungsstelle darf den Umlegungsplan nach ihrem **Ermessen** ändern (BGH, BRS 53 Nr. 166), sofern die von § 73 gestellten Voraussetzungen erfüllt sind. Das Ermessen kann nach der Gewährleistung des Eigentumsgrundrechts nach Art 14 Abs. 1 Satz 1 GG **auf Null reduziert** und in diesem Fall mit einem Anspruch verbunden sein (BVerwGE 85, 96; BGH, BRS 53 Nr. 166; s. auch BVerfGE 38, 175 = BRS 34 Nr. 87). In Betracht kommt insbesondere der Fall, dass das Normen– 4 kontrollgericht den BPl wegen eines Inhaltsfehlers nach § **47 VwGO für unwirksam erklärt** hat, und ein ergänzendes Verfahren nach § 214 Abs. 4 entweder Heilung nicht herbeiführen kann, die Gemeinde ein ergänzendes Verfahren nicht durchführt oder den BPl aufgrund eines ergänzenden Verfahrens mit einem anderen Inhalt in Kraft setzt.

§ 74 Berichtigung der öffentlichen Bücher

(1) Die Umlegungsstelle übersendet dem Grundbuchamt und der für die Führung des Liegenschaftskatasters zuständigen Stelle eine beglaubigte Abschrift der Bekanntmachung nach § 71 sowie eine beglaubigte Ausfertigung des Umlegungsplans und ersucht diese, die Rechtsänderungen in das Grundbuch und in das Liegenschaftskataster einzutragen sowie den Umlegungsvermerk im Grundbuch zu löschen. Dies gilt auch für außerhalb des Umlegungsgebiets zugeteilte Grundstücke.

(2) Bis zur Berichtigung des Liegenschaftskatasters dienen die Umlegungskarte und das Umlegungsverzeichnis als amtliches Verzeichnis der Grundstücke im Sinne des § 2 Abs. 2 der Grundbuchordnung, wenn die für die Führung des Liegenschaftskatasters zuständige Stelle auf diesen Urkunden bescheinigt hat, dass sie nach Form und Inhalt zur Übernahme in das Liegenschaftskataster geeignet sind. Diese Bescheinigung ist nicht erforderlich, wenn die Flurbereinigungsbehörde die Umlegungskarte und das Umlegungsverzeichnis gefertigt hat (§ 46 Abs. 2 Nr. 5 und Abs. 4).

1 Die Rechtsänderung tritt außerhalb der Bücher – auch des Grundbuchs – kraft Gesetzes ein, § 72 Abs. 1 Satz 1. Die öffentlichen Bücher werden dadurch unrichtig. Abs. 1 Satz 1 verpflichtet die Umlegungsstelle, das Grundbuchamt und die für die Führung des Liegenschaftskatasters zuständige Stelle und ggf die Bauaufsichtsbehörde als die das Baulastenverzeichnis führende Stelle zu ersuchen, die Bücher zu berichtigen. Die ersuchten Stellen sind nach Maßgabe des für sie einschlägigen Rechts verpflichtet, die Bücher zu berichtigen. Die durch das Umlegungsrecht begründete Pflicht beseitigt etwaiges Ermessen der ersuchten Stelle, den neuen Rechtszustand in das öffentliche Buch zu übernehmen.

2 Für das Grundbuchamt maßgebend sind insbesondere die §§ 38 Abs. 1 und 29 Abs. 3 GBO. Für das Liegenschaftskataster einschlägig ist das jeweilige Landeskatasterrecht. **Baulasten** werden nach den Landesbauordnungen ins Baulastenbuch eingetragen. Baulasten sind in der Regel öffentlich-rechtliche Verträge. Das Bauaufsichtsamt führt das Baulastenbuch, soweit das Landesrecht die Baulast zur Verfügung stellt. § 61 Abs. 1 verdrängt bundesrechtlich die landesrechtlich begründete Befugnis des Bauaufsichtsamts, eine Baulast zu ändern, aufzuheben oder neu zu begründen und damit, dass das Bauaufsichtsamt sie nicht ins Baulastenbuch übernimmt. In der Regel dürfte eine Baulast im Umlegungsverfahren als Ergebnis der Erörterung nach § 66 Abs. 1 unter Beteiligung des Bauaufsichtsamts vertraglich vereinbart und **im Erörterungsprotokoll beurkundet** sein.

§ 75 Einsichtnahme in den Umlegungsplan

Bis zur Berichtigung des Grundbuchs ist die Einsicht in den Umlegungsplan jedem gestattet, der ein berechtigtes Interesse darlegt.

§ 75 gilt unverändert seit der Urfassung des BBauG 1960. 1

Mit dem Wirksamwerden des neuen Rechtszustands außerhalb des Grundbuchs nach § 72 Abs. 1 Satz 1 wird dieses unrichtig. Wer es einsieht, findet nicht den richtigen Rechtszustand. Nur der Umlegungsvermerk macht ihn darauf aufmerksam, dass dies möglich sein könnte, nämlich wenn im Umlegungsverfahren der in § 72 Abs. 1 Satz 1 bezeichnete Stand erreicht ist. Für diesen Fall schließt § 75 die vorübergehende „*Publizitätslücke*". 2

Das berechtigte Interesse ist das des § 12 Abs. 1 Satz 1 GBO. Es deckt sich nicht mit dem des § 69 Abs. 2 (s. Rn 6 zu § 69). 3

§ 76 Vorwegnahme der Entscheidung

Mit Einverständnis der betroffenen Rechtsinhaber können die Eigentums- und Besitzverhältnisse für einzelne Grundstücke sowie andere Rechte nach den §§ 55 bis 62 geregelt werden, bevor der Umlegungsplan aufgestellt ist. Die §§ 70 bis 75 gelten entsprechend.

Gegenstand der Vorschrift sind einzelne Grundstücke und einzelne Rechte, genauer: für die betroffenen Grundstücke oder Rechte den bisherigen Rechtszustand erlöschen und den neuen Rechtszustand eintreten zu lassen (§ 72 Abs. 2 Satz 1). In Betracht kommt die Vorwegnahme der Entscheidung insbesondere für **Verkehrsflächen** und ggf **sonstige bewohnerdienliche Infrastrukturflächen**, damit die Gemeinde die Dauer des Umlegungsverfahrens nutzen kann, die Erschließung so weit durchzuführen, dass die Anforderung an die Erschließungssicherung nach den §§ 33 Abs. 1 Nr. 4, 34 Abs. 1 Satz 1 und 35 Abs. 1 erfüllt sind und die Anlagen im Zeitpunkt des Wirksamwerdens des Umlegungsplans also benutzbar sind. 1

Der **Teilumlegungsplan** nach § 66 Abs. 1 Satz 2 bezieht sich auf ein räumliches Teilgebiet, während die **Vorwegnahme der Entscheidung** sich auf einzelne Grundstücke oder Rechte bezieht. Von der durch § 72 Abs. 2 Satz 1 eröffneten Möglichkeit, räumliche und sachliche **Teile des Umlegungsplans vor dessen Unanfechtbarkeit in Kraft** zu setzen, unterscheidet sich die Vorwegnahme der Entscheidung durch den Zeitpunkt, in dem sie ergeht. Ihre Entscheidung vorweg nehmen darf die Umlegungsstelle **zeitlich** während der Dauer des Aufstellungsverfahrens bis zur abschließenden Entscheidung nach § 66 Abs. 1 Satz 1, danach nicht mehr. Vorzeitig in Kraft setzen darf sie Teile der abschließenden Entscheidung nach § 66 Abs. 1 Satz 1, sobald diese ergangen ist. 2

Die vorweggenommene Entscheidung **geht in den Umlegungsplan** nach § 66 Abs. 1 Satz 1 ein und nimmt an diesem teil (BGHZ 105, 386). Sie wird nicht etwa ein selbstständiger Teil vergleichbar dem Umlegungsteilplan nach § 66 Abs. 1 Satz 2. 3

Der durch die vorweggenommene Entscheidung bestimmte neue Rechtszustand tritt nach § 76 Satz 2 iVm § 72 Abs. 1 Satz 1 ein, und damit erlischt auch der bisherige Rechtszustand. 4

Gegen die nach Satz 2 iVm § 70 Abs. 1 Satz 1 zugestellte vorweggenommene Entscheidung ist der **Widerspruch** gegeben, soweit nach Landesrecht gem. § 212 5

Abs. 1 ein Vorverfahren vorgeschrieben ist (s. Rn 2 zu § 212) und gerichtlich der **Antrag auf gerichtliche Entscheidung** nach § 217 Abs. 1. Ein Dritter, der geltend macht, iSv. Satz 1 betroffen zu sein aber sein Einverständnis nicht erklärt zu haben, erlangt von der Entscheidung durch die Bekanntmachung nach Satz 2 iVm § 71 Abs. 1 Satz 1 Kenntnis. Begehrt er, die vorweggenommene Entscheidung inhaltlich zu ändern oder aufzuheben, muss er sowohl diese als auch die Bekanntmachung der Unanfechtbarkeit anfechten.

§ 77 Vorzeitige Besitzeinweisung

(1) Sofern die Umlegung im Geltungsbereich eines Bebauungsplans durchgeführt wird, kann die Umlegungsstelle nach dem Inkrafttreten des Bebauungsplans, wenn das Wohl der Allgemeinheit es erfordert,

1. **vor Aufstellung des Umlegungsplans die Gemeinde oder den sonstigen Bedarfs- oder Erschließungsträger in den Besitz der Grundstücke, die in dem Bebauungsplan als Flächen im Sinne des § 9 Abs. 1 Nr. 21 oder des § 55 Abs. 2 und 5 festgesetzt sind, einweisen;**
2. **nach Aufstellung des Umlegungsplans und Übertragung der Grenzen der neuen Grundstücke in die Örtlichkeit auch sonstige am Umlegungsverfahren Beteiligte in den Besitz der nach dem Umlegungsplan für sie vorgesehenen Grundstücke oder Nutzungsrechte einweisen.**

(2) Das Wohl der Allgemeinheit kann die vorzeitige Einweisung in den Besitz insbesondere erfordern

1. **in den Fällen des Absatzes 1 Nr. 1 zugunsten der Gemeinde oder eines sonstigen Bedarfs- oder Erschließungsträgers, wenn Maßnahmen zur Verwirklichung des Bebauungsplans bevorstehen und die Flächen für die vorgesehenen Anlagen und Einrichtungen der Erschließung oder Versorgung des Gebiets benötigt werden,**
2. **in den Fällen des Absatzes 1 Nr. 2 zugunsten sonstiger Umlegungsbeteiligter, wenn dringende städtebauliche Gründe für die Verschaffung des Besitzes bestehen und wenn diese Gründe die Interessen der Betroffenen an der weiteren Ausübung des Besitzes wesentlich überwiegen.**

(3) Die §§ 116 und 122 gelten entsprechend.

1 Die **Novelle 2004** hat in Abs. 1 Satz 1 in Hinblick auf die Erstreckung der Umlegung auch auf den 34er Bereich klargestellt, dass die Regelung ausschließlich im Bereich eines in Kraft getretenen BPls gilt.

2 Es handelt sich um das Parallelinstitut des § 116 für die Enteignung. Abs. 3 erklärt § 116 für entsprechend anwendbar.

3 Abs. 1 zieht die in § 72 Abs. 1 Satz 2 bestimmte **Besitzeinweisung** zeitlich vor (s. Rn 4–7 zu § 72). Die vorzeitige Besitzeinweisung ist selbstständiger VA.

4 Die Vorschrift unterscheidet zwei unterschiedliche Fälle. Nr. 1 sieht die vorzeitige Besitzeinweisung der **Gemeinde oder des Bedarfs- oder Erschließungsträgers** in die nach § 9 Abs. 1 Nr. 21 mit einem Geh-, Fahr- und Leitungsrecht belasteten Flächen, in die bewohnerdienlichen Infrastrukturflächen nach § 55 Abs. 2 und in sonstige im BPl für öffentliche Zwecke festgesetzte Fläche nach § 55 Abs. 5 vor, und zwar **vor** Aufstellung des Umlegungsplans nach § 66 Abs. 1. Nr. 2 sieht die vorzeitige Besitzeinweisung **anderer Umlegungsbeteiligter nach** der Aufstellung des Umlegungsplans nach § 66 Abs. 1 vor.

Abs. 2 spezifiziert einfach-rechtlich das **Wohl der Allgemeinheit.** Eine Eigentumsänderung ist mit der vorzeitigen Besitzeinweisung nicht verbunden. Der neue Rechtszustand tritt nach § 72 Abs. 1 Satz 1 mit der ortsüblichen Bekanntmachung der Unanfechtbarkeit des Umlegungsplans nach § 71 Abs. 1 Satz 1 ein. Das mit dem Eigentumsgrundrecht aus Art 14 Abs. 1 Satz 1 GG verbundene Gemeinwohl lässt sich für die Zuteilungsflächen oder Nutzungsrechte nicht nutzbar machen. 5

Als **Rechtsbehelf** gegen die vorzeitige Besitzeinweisung als VA (Rn 2) ist in den Ländern, in denen nach § 212 Abs. 1 ein Vorverfahren vorgeschrieben ist (s. Rn 2 zu § 212) der Widerspruch gegeben, der nach § 212 Abs. 2 Satz 1 Nr. 3 keine aufschiebende Wirkung hat und im Übrigen der Antrag auf gerichtliche Entscheidung nach § 217, der nach § 224 Satz 1 Nr. 3 keine aufschiebende Wirkung hat. 6

Der Verweis in Abs. 3 auf § 116 gilt dem Parallelinstitut für die Enteignung. Nach § 122 Abs. 1 Nr. 3 ist der Beschluss über die vorzeitige Besitzeinweisung ein vollstreckbarer Titel iSd Vollstreckungsvorschriften der §§ 704 ff ZPO. Für die Besitzverschaffung auch aufgrund der vorzeitigen Besitzeinweisung gilt § 72 Abs. 2. Die Besitzeinweisung macht den Betreffenden rechtlich zum rechtmäßigen unmittelbaren Besitzer. Vorenthält ihm der bisherige Besitzer die tatsächliche Sachherrschaft, muss die Gemeinde sein Tun mit den Mitteln des Verwaltungsvollstreckungsrechts überwinden. Wegen der Einzelheiten s. Rn 5–7 zu § 72. 7

Muster

▶ **Antrag auf Anordnung der aufschiebenden Wirkung gegen eine vorzeitige Besitzeinweisung (§§ 77 oder 116, 224 BauGB)**

An das
Landgericht – Kammer für Baulandsachen –
Antrag gem. § 77, 224 BauGB
In Sachen
der Fa. A
– Antragstellerin –
gegen
die Stadt B
– Beteiligte –
beantragen wir namens und in Vollmacht des Antragstellers:

1. Die aufschiebende Wirkung des Widerspruchs des Antragstellers gegen die vorzeitige Besitzeinweisung durch den Umlegungsausschuss der Stadt B vom ... wird angeordnet.
2. Die Beteiligte Stadt B trägt die Kosten des Verfahrens.

Gründe:

I. Die Antragstellerin ist Eigentümerin von Grundstücken, eingetragen im Grundbuch von ... , Gemarkung ... , Flur ... , Parzellen Nr. ... . Für das Gebiet hat die Stadt B ein Bebauungsplanverfahren durchgeführt, der seit dem ... rechtsverbindlich ist. Hierzu hat die Stadt B auch ein Umlegungsverfahren durchgeführt, welches mit der Bekanntmachung des Umlegungsplans am ... ebenfalls abgeschlossen ist. Die Antragstellerin hat gegen den Umlegungsplan fristgerecht Widerspruch eingelegt.

Auf Antrag der Wohnbau GmbH hat der Umlegungsausschuss der Stadt B nach Durchführung einer mündlichen Verhandlung die vorzeitige Besitzeinweisung zugunsten der Wohnbau GmbH ausgesprochen. Gegen die Anordnung der vorzeitigen Besitzeinweisung hat der Antragsteller ebenfalls Widerspruch eingelegt.

II. Der Antrag auf Anordnung der aufschiebenden Wirkung des Widerspruchs gegen die vorzeitige Besitzeinweisung zugunsten der Wohnbau GmbH ist zulässig und begründet.

1. Gem. § 224 BauGB hat ein Antrag auf gerichtliche Entscheidung gegen eine vorzeitige Besitzeinweisung keine aufschiebende Wirkung. Gleiches gilt gem. § 212 Abs. 2 BauGB für die Einlegung eines Widerspruchs, wenn die landesrechtliche Regelung vorsieht, dass vor einem Antrag auf gerichtliche Entscheidung die Durchführung eines Vorverfahrens notwendig ist.

2. Der Antrag ist auch begründet. § 224 BauGB ordnet die entsprechende Anwendung des § 80 Abs. 5 VwGO an. Im Hinblick auf die bei § 80 Abs. 5 VwGO notwendige Berücksichtigung der Erfolgsaussichten der Hauptsache (BVerfGE 53, 54; BVerwG DÖV 1993, 433) ist der Antrag auf Anordnung der aufschiebenden Wirkung begründet. Der Widerspruch gegen den Umlegungsplan ist zulässig und begründet. [...] ◀

Hinweis für die Praxis: Vorläufiger Rechtsschutz kann ohne vorherigen Antrag bei der Behörde (§ 80 Abs. 4 VwGO) durch Antrag auf gerichtliche Entscheidung vor der Baulandkammer begehrt werden (Kirchberg, VBlBW 1990, 161 (173)).

§ 78 Verfahrens- und Sachkosten

Die Gemeinde trägt die Verfahrenskosten und die nicht durch Beiträge nach § 64 Abs. 3 gedeckten Sachkosten.

1 § 78 gilt seit der Urfassung des BBauG 1960 unverändert.

2 **Verfahrenskosten** sind die Verwaltungskosten, die der Gemeinde als Umlegungsstelle oder dem Umlegungsausschuss entstanden sind oder die sie einer Stelle zu erstatten hat, die für sie vorbereitend tätig ist, § 46 Abs. 2 Nr. 5 oder die für sie die Umlegung durchführt, § 46 Abs. 4.

3 **Sachkosten** sind die der Gemeinde entstehenden Kosten für Geldausgleich und Geldabfindungen (s. Rn 13 und 15 zu § 55).

4 Die von einem **Bedarfs- oder Erschließungsträger** nach § 64 Abs. 5 an die Umlegungskasse zu erstattenden Kosten verbleiben bei dieser.

5 Alle **Geldleistungen** sind über die Gemeinde als **Umlegungskasse** abzuwickeln, § 64 Abs. 1. § 78 bestimmt die Gemeinde als Trägerin der Kosten des Umlegungsverfahrens und schließt sowohl das Prinzip einer ausgeglichenen Umlegungskasse aus als auch ein Kostendeckungsprinzip, sei es iS eines Kostendeckungsgebots oder eines Kostenüberdeckungsverbots. Die Kostentragungspflicht schließt zugleich die Befugnis aus, nicht gedeckte Kosten durch einen Beitrag – nach Landesrecht – auszugleichen.

6 Der Ausschluss, nach Landesrecht Beiträge zum Ausgleich einer Unterdeckung der Umlegungskasse zu erheben, ist nicht ein gesetzliches Verbot iSd § 134 BGB. In einem **öffentlich-rechtlichen Vertrag** über die freiwillige Umlegung kann die Gemeinde deshalb einen **Beitrag vereinbaren** (BVerwG, Buchholz 406.11, § 78 Nr. 1). Der vertraglich bestimmte Beitrag muss als vereinbarte Leistung den gesamten Umständen nach angemessen sein, wie das § 11 Abs. 2 Satz 1 für den städtebaulichen Vertrag und § 124 Abs. 3 Satz 1 für den Erschließungsvertrag nach einem allgemeinen Rechtssatz auch verlangt.

§ 79 Abgaben- und Auslagenbefreiung

(1) Geschäfte und Verhandlungen, die der Durchführung oder Vermeidung der Umlegung dienen, einschließlich der Berichtigung der öffentlichen Bücher, sind frei von Gebühren und ähnlichen nichtsteuerlichen Abgaben sowie von Auslagen; dies gilt nicht für die Kosten eines Rechtsstreits. Unberührt bleiben Regelungen nach landesrechtlichen Vorschriften.

(2) Die Abgabenfreiheit ist von der zuständigen Behörde ohne Nachprüfung anzuerkennen, wenn die Umlegungsstelle versichert, dass ein Geschäft oder eine Verhandlung der Durchführung oder Vermeidung der Umlegung dient.

Die Vorschrift bestimmt eine **sachliche Befreiung von Abgaben.** 1

Die Vorschrift befreit nicht abschließend von allen Abgaben und Kosten iSv Bundes- und Landesrecht. Von der Grunderwerbssteuer ist die gesetzliche Ersetzung des alten durch den neuen Rechtszustand nach § 72 Abs. 1 Satz 1, gem. § 1 Abs. 1 Nr. 3b GrEStG befreit, nicht aber der Tausch durch die Umlegung abwendende **freiwillige Umlegung.** Der Tausch in der freiwilligen Umlegung ist nicht umsatzsteuerpflichtig (§ 4 Nr. 9a UStG). Für Beurkundungs- und Beglaubigungsgebühren gelten die §§ 11 Abs. 3, 144 Abs. 1 KostO. Daneben gibt es im **Landesrecht** Befreiungsvorschriften für Abgaben. 2

Abs. 2 bestimmt ein **gestuftes Verfahren.** Die Versicherung der Umlegungsstelle, dass ein Geschäft oder eine Verhandlung der Durchführung oder Vermeidung der Umlegung dient, bindet die zur Erhebung der nach Bundesrecht bestimmten Abgaben und Auslagen zuständige Behörde unwiderleglich. Abs. 2 bindet nicht für eine **landesrechtliche** Befreiungsvorschrift. 3

Zweiter Abschnitt
Vereinfachte Umlegung

§ 80 Zweck, Anwendungsbereich, Zuständigkeiten

(1) Die Gemeinde kann eine Umlegung im Sinne des § 45 als vereinfachte Umlegung durchführen, wenn die in § 46 Abs. 1 bezeichneten Voraussetzungen vorliegen und wenn mit der Umlegung lediglich

1. unmittelbar aneinander grenzende oder in enger Nachbarschaft liegende Grundstücke oder Teile von Grundstücken untereinander getauscht oder

2. Grundstücke, insbesondere Splittergrundstücke oder Teile von Grundstücken, einseitig zugeteilt

werden. Die auszutauschenden oder einseitig zuzuteilenden Grundstücke oder Grundstücksteile dürfen nicht selbständig bebaubar sein. Eine einseitige Zuteilung muss im öffentlichen Interesse geboten sein.

(2) Auf die vereinfachte Umlegung sind die Vorschriften des Ersten Abschnitts nur anzuwenden, soweit die Vorschriften dieses Abschnitts dies bestimmen. Einer Anordnung der vereinfachten Umlegung durch die Gemeinde bedarf es nicht.

(3) Die vereinfachte Umlegung ist so durchzuführen, dass jedem Eigentümer nach dem Verhältnis des Werts seines früheren Grundstücks zum Wert der übrigen Grundstücke möglichst ein Grundstück in gleicher oder gleichwertiger Lage zugeteilt wird. Eine durch die vereinfachte Umlegung für den Grundstückseigentümer

bewirkte Wertminderung darf nur unerheblich sein. Mit Zustimmung der Eigentümer können von den Sätzen 1 und 2 abweichende Regelungen getroffen werden.

(4) Im Rahmen des Verfahrens der vereinfachten Umlegung betroffene Dienstbarkeiten und Baulasten nach Maßgabe des § 61 Abs. 1 Satz 3 können neu geordnet und zu diesem Zweck auch neu begründet und aufgehoben werden. Betroffene Grundpfandrechte können neu geordnet werden, wenn die Beteiligten dem vorgesehenen neuen Rechtszustand zustimmen.

(5) Die Landesregierungen können durch Rechtsverordnungen bestimmen, dass die nach Maßgabe des § 46 Abs. 2 Nr. 1 und 2 gebildeten Umlegungsausschüsse auch vereinfachte Umlegungsverfahren selbständig durchführen. Die Vorschriften des § 46 Abs. 4 zur Übertragung der Umlegung auf die Flurbereinigungsbehörde oder eine andere geeignete Behörde sind für vereinfachte Umlegungsverfahren entsprechend anzuwenden.

I. Novelle 2004

1. Zweck und Ziel, Abs. 1

1 **a) Anpassung an den Umlegungszweck:** Auf wiederholte Anregung des Deutschen Städtetages und die Vorschläge des Sachverständigengremiums zur „Fortentwicklung des Rechts der Bodenordnung nach dem Baugesetzbuch" (Fraunhofer-Informationszentrum für Raum und Bau (IRB), Nobelstraße 12, 70569 Stuttgart;

Reg-E, Drs. 15/2250, S. 34) aufgreifend hat die Novelle 2004 das bisherige vereinfachte Verfahren der Grenzregelung weiter dem allgemeinen in den §§ 45–79 geregelten Umlegungsrecht angepasst. Die beiden wesentlichen Änderungen sind *erstens* die **Anpassung an Zweck und Ziel der Umlegung,** Abs. 1 Satz 1 und *zweitens* die Erweiterung des Anwendungsbereichs auf Grundstücke in **enger Nachbarschaft** statt bisher nur aneinander grenzende Grundstücke (Abs. 1 Satz 1). Gesetzgeberisches Motiv war, eine wirtschaftliche und zweckmäßige Bebauung zu ermöglichen (Reg–E s. Rn 1 S. 34).

b) **„Für die bauliche oder sonstige Nutzung zweckmäßig gestaltete Grundstücke" im BPl- oder 34er Bereich:** Den bisherigen Zweck, baurechtswidrige Zustände zu beseitigen, § 80 Abs. 1 aF, enthält die Neufassung nicht mehr. Es handelte sich um einen in der Praxis häufigen Anwendungsfall, insbesondere um nach Landesrecht abstandsflächenrechtlich rechtswidrige Zustände zu beheben. Der Regierungsentwurf meint, das bisherige Grenzregelungsverfahren sei von der Neufassung mit umfasst (Reg-E s. Rn 1 S. 34), zu Unrecht. 2

c) **Keine Beseitigung nur bauordnungsrechtlicher Mängel – Abstandsflächen:** Das Ziel der Neufassung – „Zur Erschließung oder Neugestaltung ... können bebaute und unbebaute Grundstücke ... neu geordnet werden, dass nach Lage, Form und Größe für die bauliche oder sonstige Nutzung zweckmäßig gestaltete Grundstücke entstehen" – schließt nicht mehr ein, einen ausschließlich ordnungsrechtlich rechtswidrigen Zustand zu beheben. Der Rechtssatz ist ein dem Gesetzestext selbst zu entnehmender objektivierter Wille, der sich durch die schriftlich niedergelegten Gedanken der am Gesetzgebungsverfahren beteiligten Menschen zwar bestätigen lässt, nicht aber korrigieren oder auch auf einen politisch gewünschten anderen Tatbestand erweitern (BVerfG, E. 1, 299/312; BVerfGE 11, 126/130, siehe Zitate Rn 76 Vorb zu den §§ 29–38). Auch diesen in der Praxis bedeutsamen Fall eines bauordnungsrechtlichen Mangels einzubeziehen ist dem Gesetzgeber nicht gelungen. 3

d) **Wegfall des öffentlichen Interesses für Wechselflächen:** Für den Austausch von Wechselflächen verzichtet die Novelle auf das bisher erforderliche überwiegende öffentliche Interesse, Abs. 1 Nr. 1. Für einseitig zuzuteilende Flächen ist es bei der Anforderung geblieben. 4

e) **Erweiterung auf enge Nachbarschaft:** Erweitert ist der Anwendungsbereich des vereinfachten Verfahrens auf Grundstücke in enger Nachbarschaft. Das sind Grundstücke, deren unzweckmäßige Grenzführung sich räumlich aufeinander auswirkt. 5

f) **„Untereinander" statt Gegeneinander:** Bisher war ein Austausch „gegeneinander" vorgesehen. Die Novelle 2004 erlaubt den Austausch „untereinander", also auch nicht nebeneinander liegender Flächen, Abs. 1 Nr. 1. 6

g) **Wechselflächen:** Nur Wechselflächen und nicht auch einseitig zuzuteilende Flächen dürfen nicht selbstständig bebaubar sein, Abs. 1 Satz 2. 7

2. Vereinfachtes Umlegungsverfahren, Abs. 2

Abs. 2 der Novelle 2004 stellt klar, dass das vereinfachte Umlegungsverfahren ein gegenüber dem in den §§ 45–79 geregelten umfassenden Umlegungsverfahren selbstständiges Verfahren ist. 8

3. Zuteilungsmaßstab, Abs. 3

9 Für die Zuteilung verlangt die Novelle 2004 in Abs. 3 Wertgleichheit. Ein Minderwert darf nach Satz 2 „nur unerheblich“ sein. Ist er mehr als unerheblich, ist das vereinfachte Verfahren unzulässig. Systematisch handelt es sich um eine Zulässigkeitsanforderung, wie es in der bisherigen Fassung geregelt war und nicht erst um eine Anforderung des Erfolgs der vereinfachten Umlegung. Prüft die Gemeinde zur Einleitung des Verfahrens sorgfältig, müsste sich ohne weiteres prognostizieren lassen, ob eine mehr als unerhebliche Wertminderung zu erwarten ist.

4. Redaktionelle Änderungen, Abs. 4 und 5

10 Die Abs. 4 und 5 betreffen redaktionelle Anpassungen.

II. Anwendungsbereich

1. Bagatellfälle

11 a) **Punktuell ansetzende Umlegung:** Das einfachere Umlegungsverfahren – bisher als „Grenzregelung“ bezeichnet – stand seit der Urfassung des BBauG 1960 für räumlich begrenzte Bagatellfälle zur Verfügung, um eine räumlich punktuell ansetzende Umlegung zu ermöglichen. Zum Merkmal der engen Nachbarschaft s. Rn 5.

12 b) **Grundsatz der Verhältnismäßigkeit: Zielerreichung:** Das vereinfachte Verfahren ist gegeben, wenn das Ziel, nach Lage, Form und Größe für die bauliche oder sonstige Nutzung zweckmäßig gestaltete Grundstücke entstehen zu lassen, die sich **eher und einfacher** mit dem vereinfachten Verfahren erreichen lässt. Hierin unterscheidet sich das vereinfachte Verfahren vom **Teilumlegungsplan**, § 66 Abs. 1 Satz 2 und vom **vorzeitigen Inkraftsetzen** nach § 71 Abs. 2 Satz 1. Aus dem Grundsatz der Verhältnismäßigkeit ergibt sich für die Bodenneuordnung eine **Rangfolge.**

13 c) **Vorrang der vereinfachten Umlegung vor der umfassenden Umlegung:** Das vereinfachte Umlegungsverfahren hat, wenn die Anforderungen erfüllt sind und sich das Ziel hiermit eher und leichter erreichen lässt (Rn 12) **Vorrang vor der umfassenden Umlegung.**

14 d) **Vorrang der privaten Umlegung vor der vereinfachten:** Die private Umlegung hat nach dem Grundsatz der **Verhältnismäßigkeit Vorrang** vor sowohl dem vereinfachten als auch dem umfassenden Umlegungsverfahren, sofern alle Beteiligten sich über die Ergebnisse der Umlegung einig sind. Die Bereitschaft zur privaten Umlegung dem Grunde nach genügt dieser Anforderung nicht. Auch über die Bewertung und die Höhe der Geldleistungen müssen sich die Beteiligten einig sein.

15 e) **Anspruch auf vereinfachte Umlegung:** Die Aufgabe der Gemeinde zur vereinfachten Umlegung kann sich unter den entsprechenden Voraussetzungen zu einer aktuellen Pflicht verdichten, mit der dann ein Anspruch der Beteiligten darauf verbunden sein kann, dieses Verfahren durchzuführen, s. Rn 8 u 9 zu § 45. Zum Rechtsbehelf s. Rn 25.

2. Anforderungen

16 a) **Nicht selbstständige Bebaubarkeit:** Abs. 1 stellt das vereinfachte Verfahren für zwei alternative Fallgestaltungen zur Verfügung. **Wechselflächen** dürfen nicht selbstständig bebaubar sein, auch nicht mit einer selbstständigen Pkw-Garage. Die Zulässigkeit und tatsächliche Möglichkeit einer der Hauptnutzung dienenden Nebenanlage sollte kein rechtliches Hindernis für die vereinfachte Umlegung sein.

b) Unerhebliche Wertminderung: Eine durch die vereinfachte Umlegung für den Eigentümer bewirkte Wertminderung darf nach Abs. 3 Satz 2 nur unerheblich sein (Rn 9). Unerheblich ist je nach Lage des Falles eine Minderung zwischen 5 und 10 %. Zu vergleichen sind die Verkehrswerte des Grundstücks vor der vereinfachten Umlegung und danach. 17

c) **Alternativ:** Räumliche Anordnung: Zu Wechselflächen s. Rn 5. 18

d) **Alternativ: Einseitige Zuteilung:** Die einseitige Zuteilung nach Abs. 1 Nr. 2 kommt insbesondere für Verkehrsflächen und zur Bildung von Baugrundstücken im Hinterland in Betracht, § 83 Abs. 3 Satz 2 (Rn 5 zu § 83). 19

e) **Öffentliches Interesse:** Die einseitige Zuteilung muss – wie bisher – im öffentlichen Interesse geboten sein. Der sparsame und schonende Verbrauch an Boden kann dieses Interesse begründen, um durch Neugestaltung Baugrundstücke im Hinterland zu schaffen (Rn 5 zu § 83 und vorstehend 19). 20

3. Verfahren

a) **Eigenständiges Verfahren:** Das vereinfachte Umlegungsverfahren ist gesetzestechnisch als gegenüber dem umfassenden, in den §§ 45–79 geregelten Umlegungsverfahren eigenständiges Verfahren ausgestaltet (Abs. 3). Nach den §§ 81–84 sind praktisch alle Vorschriften, die nicht auf die Komplexität eines Gebietes zugeschnitten sind, einzeln für anwendbar erklärt. Der Wortlaut von Abs. 2 Satz 1, die Vorschriften für das umfassende Umlegungsverfahren seien „nur anzuwenden", soweit die Vorschriften über das vereinfachte Verfahren dies bestimmen, schließt lediglich die generelle entsprechende Anwendung aus. 21

b) **Analogie im Übrigen:** Die Vorschrift ist nicht gesetzlich bestimmte Auslegungsregel und schließt also nicht die gesetzesausdehnende Auslegung (Analogie) aus (Larenz, Methodenlehre, 6. Aufl., S. 381 ff). Eine Lücke im Recht der vereinfachten Umlegung statt mit der Regel für den ähnlichen Tatbestand des Umlegungsverfahren mit der eines weniger ähnlichen Tatbestandes zu füllen, widerspräche der Auslegungsregel der Analogie und wäre unausgewogen und widerspräche damit dem Rechtsstaatsgebot. Die zitierte Vorschrift bestimmt iSd Auslegungsregel, dass die Tatbestände der vereinfachten Umlegung und der der umfassenden Umlegung nicht gleich sind. 22

c) **Einleitung der vereinfachten Umlegung:** Eine gesteigert förmliche Einleitung des vereinfachten Umlegungsverfahrens verlangt das Gesetz nicht. **Je nach Landeskommunal- bzw Satzungsrecht** handelt es sich um eine Angelegenheit der laufenden Verwaltung. Stellt die Umlegungsstelle fest, dass sich das Ziel der Umlegung eher und einfacher mit dem Mittel des vereinfachten Verfahrens erreichen lässt und dessen Anforderungen erfüllt sind, muss sie wegen des Vorrangs (Rn 13) die Gemeinde veranlassen, das Verfahren zu übernehmen. Die Gemeinde ihrerseits kann den Umlegungsausschuss beauftragen, das vereinfachte Verfahren durchzuführen. Auch der **Antrag eines Beteiligten** kann das Verfahren anstoßen. Nur wenn der Betreffende einen Anspruch hat (Rn 14), muss die Gemeinde in diesem Fall das Verfahren durchführen. 23

d) **Zuteilungsverfahren – Vertrag:** Für das Zuteilungsverfahren hebt Abs. 3 Satz 3 die Zulässigkeit und den Vorrang einer vertraglichen Lösung hervor. 24

e) **Rechtsbehelfe:** Der Rechtsbehelf gegen einen abgelehnten Antrag auf Durchführung des vereinfachten Verfahrens ist der Widerspruch, wenn das Land ein Vorverfahren vorgeschrieben hat und im Übrigen der Antrag auf gerichtliche Ent- 25 scheidung nach § 217. Bleibt die Gemeinde auf den Antrag hin untätig, ist der Antrag auf gerichtliche Entscheidung nach § 217 gegeben.

III. Konkurrierendes Landesrecht (Hamburg und Hessen)

26 Das Bodenrecht einschließlich Bodenordnungsrecht ist Gegenstand der konkurrierenden Gesetzgebung, Art 74 Abs. 1 Nr. 18. Auch das bundesgesetzliche vereinfachte Verfahren ist abschließend und verdrängt nach Art 31 GG entsprechende landesrechtliche Regelungen. Außerhalb der städtebaulichen Entwicklung hat der Bundesgesetzgeber von seiner Gesetzgebungskompetenz keinen Gebrauch gemacht, insbesondere, um einen ausschließlich ordnungsrechtlichen Mangel zu beheben (Rn 3). Die hamburgischen und die hessischen Vorschriften über die Bereinigung von Wege- bzw auch Wasserflächen dienen nicht der städtebaulichen Entwicklung.

§ 81 Geldleistungen

(1) Vorteile, die durch die vereinfachte Umlegung bewirkt werden, sind von den Eigentümern in Geld auszugleichen. Die Vorschriften über die Entschädigung im Zweiten Abschnitt des Fünften Teils sind entsprechend anzuwenden.

(2) Gläubigerin und Schuldnerin der Geldleistungen ist die Gemeinde. Die Beteiligten können mit Zustimmung der Gemeinde andere Vereinbarungen treffen. Die Geldleistungen werden mit der Bekanntmachung nach § 83 Abs. 1 fällig. § 64 Abs. 3, 4 und 6 über Beitrag und öffentliche Last ist entsprechend anzuwenden, wenn die Gemeinde Gläubigerin der Geldleistungen ist.

(3) Dinglich Berechtigte, deren Rechte durch die vereinfachte Umlegung beeinträchtigt werden, sind insoweit auf den Geldanspruch des Eigentümers angewiesen. Für die Hinterlegung von Geldleistungen und für das Verteilungsverfahren gelten die Vorschriften der §§ 118 und 119 entsprechend.

1 Die **Novelle 2004** hat in Abs. 1 Satz 1 den Unterschied zwischen Wertänderungen und Wertunterschieden beseitigt.

2 Ziel der Vorschrift ist, den **Umlegungsvorteil** durch Geld auszugleichen. Zum Umlegungsvorteil s. Rn 9 zu § 55.

3 **Umlegungskasse** ist die Gemeinde. Abs. 2 Satz 1 (s. Kommentierung zu § 64 Abs. 1). Die Vorschrift ist nach Satz 2 **vertragsfreundlich**. Als Beteiligte muss auch die Gemeinde zustimmen.

4 Für die **Wertermittlung** verweist auch das vereinfachte Umlegungsverfahren auf das Recht der Enteignungsentschädigung, Abs. 1 Satz 2.

5 Bezüglich der Beeinträchtigung von **dinglichen Rechten** lehnt sich das vereinfachte Verfahren an die in § 63 Abs. 2 bestimmte Rechtsfolge an und bezüglich der Hinterlegung an die des § 65.

6 Die Verweisung auf § 64 Abs. 3, Abs. 4 und Abs. 6 bewirkt, dass die **Geldleistungen** als Beiträge gelten und dementsprechend in der Zwangsversteigerung vorrangig sind (s. Kommentierung zu § 64).

§ 82 Beschluss über die vereinfachte Umlegung

(1) Die Gemeinde setzt nach Erörterung mit den Eigentümern durch Beschluss die neuen Grenzen sowie die Geldleistung fest und regelt in ihm, soweit es erforderlich ist, die Neuordnung und zu diesem Zweck auch die Neubegründung und Aufhebung von Dienstbarkeiten, Grundpfandrechten und Baulasten. Beteiligten, deren Rechte ohne Zustimmung durch den Beschluss betroffen werden, ist vorher Gelegenheit zur Stellungnahme zu geben. Der Beschluss muss nach Form und Inhalt zur Übernahme in das Liegenschaftskataster geeignet sein.

(2) Allen Beteiligten ist ein ihre Rechte betreffender Auszug aus dem Beschluss zuzustellen. Dabei ist darauf hinzuweisen, dass der Beschluss bei einer zu benennenden Stelle eingesehen werden kann.

Die **Novelle 2004** hat in Abs. 1 Satz 1 die Erörterung mit den Eigentümern entsprechend § 66 Abs. 1 Satz 1 eingeführt und in Abs. 1 Satz 2 das Einsichtsrecht in den Beschluss entsprechend § 69 Abs. 1 Satz 2. 1

Nach Abs. 1 Satz 1 iVm § 83 Abs. 2 ist das abschließende Ergebnis des vereinfachten Verfahrens, dass ein **neuer Rechtszustand** sowohl der Flächen als auch von Rechten und ggf Geldleistungspflichten **entsteht** und damit der bisherige Rechtszustand erlischt, und zwar Kraft Gesetzes außerhalb der öffentlichen Bücher. 2

Abs. 1 Satz 1 verlangt, den neuen Rechtszustand durch **Beschluss** zu bestimmen. Das ist die Bestimmung durch ein Kollegialorgan. Welches Kollegialorgan innerhalb der Gemeinde Autor des Beschlusses sein muss, ist dem Landeskommunalrecht iVm dem Satzungsrecht der Gemeinde zu entnehmen. 3

Für die Neuordnung bestimmt das Verfahrensfachrecht des vereinfachten Verfahrens **kein gesteigert förmliches** Bestimmtheitsgebot; es verlangt weder ein Verzeichnis, noch eine Karte. Das Bestimmtheitsgebot des § 37 Abs. 1 VwVfG des Bundes (§ 1 Abs. 2 Satz 1 VwVfG) verlangt iVm den Anforderungen des Grundbuchrechts und des Landeskatasterrechts iVm den Verwaltungsvorschriften hierzu eine präzise textliche Beschreibung. Die Gemeinde begeht keinen Rechtsfehler, wenn sie die Anforderungen für das Umlegungsverzeichnis nach § 68 und ggf für die Umlegungskarte nach § 67 nutzbar macht. 4

Die nach Abs. 1 Satz 2 vorgeschriebene **Anhörung** von anderen als den Eigentümern sollte sich nicht darauf beschränken, schriftlich Gelegenheit zur schriftlichen Stellungnahme zu geben, sondern darüber hinaus zur **mündlichen** Erörterung, s. Rn 7 zu § 66. 5

Das vereinfachte Umlegungsverfahren bestimmt nicht, wer **Beteiligter** ist. Inhaber einer nicht im Grundbuch eingetragenen Rechtsposition iSv § 48 Abs. 1 Nr. 3 sind kraft ihrer Rechtsposition Beteiligte und werden es nicht erst dadurch, dass der Gemeinde die Anmeldung ihrer Position zugeht, wie das § 49 Abs. 2 für das Umlegungsverfahren bestimmt. Die Gemeinde muss deshalb besonders sorgfältig prüfen, wer alles Beteiligter sein kann. Dazu gehört regelmäßig die das Baulastenbuch führende Stelle, das ist idR die Bauaufsichtsbehörde. 6

Rechtsbehelf gegen den Beschluss ist in den Ländern, die nach § 212 ein Vorverfahren vorgeschrieben haben, der Widerspruch und im Übrigen der Antrag auf gerichtliche Entscheidung nach § 217. 7

§ 83 Bekanntmachung und Rechtswirkungen der vereinfachten Umlegung

(1) Die Gemeinde hat ortsüblich bekannt zu machen, in welchem Zeitpunkt der Beschluss über die vereinfachte Umlegung unanfechtbar geworden ist. § 71 Abs. 2 über die vorzeitige Inkraftsetzung ist entsprechend anzuwenden.

(2) Mit der Bekanntmachung wird der bisherige Rechtszustand durch den in dem Beschluss über die vereinfachte Umlegung vorgesehenen neuen Rechtszustand ersetzt. Die Bekanntmachung schließt die Einweisung der neuen Eigentümer in den Besitz der zugeteilten Grundstücke oder Grundstücksteile ein. § 72 Abs. 2 über die Vollziehung ist entsprechend anzuwenden.

(3) Das Eigentum an ausgetauschten oder einseitig zugeteilten Grundstücksteilen und Grundstücken geht lastenfrei auf die neuen Eigentümer über; Unschädlichkeitszeugnisse sind nicht erforderlich. Sofern Grundstücksteile oder Grundstücke einem Grundstück zugeteilt werden, werden sie Bestandteil dieses Grundstücks. Die dinglichen Rechte an diesem Grundstück erstrecken sich auf die zugeteilten Grundstücksteile und Grundstücke. Satz 1 Halbsatz 1 und Satz 3 gelten nur, soweit sich nicht aus einer Regelung nach § 80 Abs. 4 etwas anderes ergibt.

1 Die Neuordnung durch vereinfachte Umlegung besteht wie bei der Umlegung darin, dass nach Abs. 2 Satz 1 kraft Gesetzes der beschlossene **neue Rechtszustand entsteht** und der bisherige Rechtszustand erlischt, und zwar außerhalb der öffentlichen Bücher, insbesondere außerhalb des Grundbuchs.

2 Die Form der **ortsüblichen Bekanntmachung** ist dem Landeskommunalrecht iVm der entsprechenden Satzung der Gemeinde zu entnehmen.

3 Die Fassung von Abs. 3 Satz 2 als **Soweit-Satz** honoriert, dass Flächen im Hinterland durch vereinfachte Umlegung selbstständige Baugrundstücke werden können (s. Rn 1 und 2 zu § 80; Reg-E Drs. 15/2250, S. 34). Parzellengrenzen sind für die Beurteilung der bodenrechtlichen Zulässigkeit eines Vorhabens unerheblich (OVG Saar, BRS 48 Nr. 51, dazu BVerwG, BRS 48 Nr. 50). § 80 Abs. 1 Satz 1 ermöglicht, **selbstständige Baugrundstücke im Hinterland** zu bilden, ggfiVm einer Wegedienstbarkeit und einer Wegebaulast nach § 82 Abs. 1 Satz 1 (Schriever, in: KK, § 80 Rn 14).

4 **Widersetzt sich ein bisheriger Besitzer** dem Recht des neuen Eigentümers zum unmittelbaren Besitz, muss die Gemeinde dem rechtmäßigen Besitzer den Besitz im Wege der Verwaltungsvollstreckung verschaffen, Abs. 2 Satz 3 iVm § 72 Abs. 2. Die Vorschrift bestimmt die Vollziehung als Selbstverwaltungsaufgabe der Gemeinde mit der Pflicht, diese Aufgabe zu erfüllen, angereichert mit dem Anspruch des rechtmäßigen Eigentümers, die Pflicht mit den erforderlichen Mitteln bis zum Erfolg zu erfüllen.

5 Das **Unschädlichkeitszeugnis** nach Abs. 3 Satz 1 HS 2 nimmt Bezug auf Art 120 Abs. EGBGB: „Unberührt bleiben die landesrechtlichen Vorschriften, nach welchen im Falle der Veräußerung eines Teiles eines Grundstücks dieser Teil von den Belastungen des Grundstücks befreit wird, wenn von der zuständigen Behörde festgestellt wird, dass die Rechtsänderung für die Berechtigten unschädlich ist."

§ 84 Berichtigung der öffentlichen Bücher

(1) Die Gemeinde übersendet dem Grundbuchamt und der für die Führung des Liegenschaftskatasters zuständigen Stelle eine beglaubigte Abschrift des Beschlusses über die vereinfachte Umlegung, teilt den Zeitpunkt der Bekanntmachung nach § 83 Abs. 1 mit und ersucht diese, die Rechtsänderungen in das Grundbuch und in das Liegenschaftskataster einzutragen. § 74 Abs. 2 gilt entsprechend.

(2) Für die Kosten der vereinfachten Umlegung gelten die §§ 78 und 79 entsprechend.

1 Das **Grundbuch und das Liegenschaftskataster** werden mit der Bekanntmachung des Beschlusses nach § 83 Abs. 3 Satz 1 **unrichtig**. Sie sind deshalb nach Maßgabe von Abs. 1 zu berichtigen. Wer bis zum Zeitpunkt der Berichtigung das Buch einsieht, findet dort einen inzwischen außer Kraft getretenen Rechtszustand dokumentiert. Der Verweis auf § 74 Abs. 2 behebt den Informationsmangel durch das Recht auf Einsicht in den Beschluss nach § 82 Abs. 1 Satz 1.

2 § 78 bestimmt die Gemeinde zum **Kostenträger** hier des vereinfachten Umlegungsverfahrens.

3 § 79 bestimmt begrenzt die **Abgaben- und Auslagenbefreiung** (s. die Kommentierung zu § 79).

Fünfter Teil
Enteignung

Erster Abschnitt
Zulässigkeit der Enteignung

§ 85 Enteignungszweck

(1) Nach diesem Gesetzbuch kann nur enteignet werden, um
1. entsprechend den Festsetzungen des Bebauungsplans ein Grundstück zu nutzen oder eine solche Nutzung vorzubereiten,
2. unbebaute oder geringfügig bebaute Grundstücke, die nicht im Bereich eines Bebauungsplans, aber innerhalb im Zusammenhang bebauter Ortsteile liegen, insbesondere zur Schließung von Baulücken, entsprechend den baurechtlichen Vorschriften zu nutzen oder einer baulichen Nutzung zuzuführen,
3. Grundstücke für die Entschädigung in Land zu beschaffen,
4. durch Enteignung entzogene Rechte durch neue Rechte zu ersetzen,
5. Grundstücke einer baulichen Nutzung zuzuführen, wenn ein Eigentümer die Verpflichtung nach § 176 Abs. 1 oder 2 nicht erfüllt,
6. im Geltungsbereich einer Erhaltungssatzung eine bauliche Anlage aus den in § 172 Abs. 3 bis 5 bezeichneten Gründen zu erhalten oder
7. im Geltungsbereich einer Satzung zur Sicherung von Durchführungsmaßnahmen des Stadtumbaus eine bauliche Anlage aus den in § 171d Abs. 3 bezeichneten Gründen zu erhalten oder zu beseitigen.

(2) Unberührt bleiben
1. die Vorschriften über die Enteignung zu anderen als den in Absatz 1 genannten Zwecken,
2. landesrechtliche Vorschriften über die Enteignung zu den in Absatz 1 Nr. 6 genannten Zwecken.

I. Allgemeines

1. Verfahrensrechtliche Grundlagen

1 Nach Art 14 Abs. 3 Satz 2 GG darf eine Enteignung nur durch Gesetz oder aufgrund eines Gesetzes erfolgen. Nach Art 14 Abs. 3 Satz 1 GG ist eine Enteignung nur zum **Wohle** der **Allgemeinheit** zulässig. Zur Konkretisierung dieser Zulässigkeitsvoraussetzungen legt § 85 Abs. 1 fünf **Enteignungszwecke** fest. Zum notwendigen Inhalt und der hinreichenden Bestimmtheit des gesetzlichen Eignungszwecks hat das BVerfG in der sog. „Boxberg-Entscheidung" eine nicht eindeutige Antwort erteilt (BVerfGE 74, 264 [286] vgl Dolde, FS Sendler, 1991, 225 ff). Allerdings sind die im Hinblick auf die besondere Problematik des Boxberg-Falles formulierten Aussagen des BVerfGs nicht geeignet, die generelle Sachgerechtigkeit und Verfassungsmäßigkeit der planakzessorischen Enteignung nach § 85 Abs. 1 Nr. 1 in Frage zu stellen (vgl BVerfG, NJW 1999, 2659; Schröter, § 85 Rn 22; BGHZ 105, 94 [97]).

2. Enteignungsbegriff und Enteignungszweck

2 Eine Enteignung iSd §§ 85 ff ist die fremdnützige vollständige oder teilweise Entziehung von Grundeigentum, das als konkrete Rechtsposition durch Art 14 Abs. 1 Satz 1 GG gewährleistet wird (BGHZ 126, 379 = DVBl 1995, 104; BVerwGE 94, 1 = NJW 1993, 2949). Die §§ 85 ff enthalten kein allgemeines Enteignungsrecht, sondern dienen ausschließlich der Durchführung fest umrissener städtebaulicher Sachverhalte (vgl BVerfGE 56, 249 (265); BVerfGE 74, 264 (291); BVerwGE 74, 264). Aus diesem Grund kommen sie nicht als Grundlage für die Verwirklichung beliebiger Maßnahmen mit städtebaulicher Relevanz in Betracht (VGH München, NVwZ-RR 2003, 255; BVerfG DVBl 1999, 701 [702]; BVerfGE 74, 261 [291]). Die städtebaulichen Zwecke, zu deren Verwirklichung eine Enteignung zulässig ist, sind in Abs. 1 abschließend aufgeführt (BVerfGE 56, 249 [265]). Eine Enteignung zu anderen Zwecken, etwa zur Schaffung von Arbeitsplätzen oder zur Verbesserung der regionalen Wirtschaftsstruktur ist danach nicht zulässig (BVerwGE 74, 264). Die Rückenteignung (§ 102) ist in Abs. 1 nicht erwähnt, da sie nicht städtebaulichen Zwecken dient.

II. Einzelne Enteignungszwecke

1. Planakzessorische Enteignung (Abs. 1 Nr. 1)

3 Die sog. planakzessorische Enteignung nach Abs. 1 Nr. 1, dh die Enteignung, um entsprechend den **Festsetzungen** des Bebauungsplans ein Grundstück zu nutzen oder eine solche Nutzung vorzubereiten, setzt einen **wirksamen Bebauungsplan** voraus (BGHZ 67, 320 = BRS 30 Nr. 6), wobei die Wirksamkeit erst im Zeitpunkt des Erlasses des Enteignungsbeschlusses gegeben sein muss; es braucht sich dabei nicht um einen qualifizierten Bebauungsplan iSd § 30 Abs. 1 zu handeln. Auch ein nach § 173 Abs. 2 BBauG übergeleiteter Plan kann ausreichend sein (BVerwGE 41, 67). Mit der Festsetzung im Bebauungsplan ist für die einzelnen vom Plan erfassten Grundstücke (nur) die zulässige Benutzungsart bestimmt; damit steht noch nicht fest, dass das Wohl der Allgemeinheit es gebietet, ein bestimmtes Grundstück zu diesem Zweck zwangsweise durch Enteignung gerade im jetzigen Zeitpunkt zuzuführen. Die Enteignung ist nur zulässig, wenn es zur Erfüllung öffentlicher Aufgaben unumgänglich ist, das Eigentum in die Hand des Staates zu bringen. Es muss über das öffentliche Interesse an der Planung hinaus ein Zurück-

treten des Eigentums hinter das Gemeinwohl erforderlich sein (BGH BauR 2002, 290 f; BGHZ 105, 94 [97]). Die Enteignungsbehörde und die Baulandgerichte haben im Wege der Inzidentkontrolle die Rechtsverbindlichkeit der planerischen Festsetzung von Amts wegen zu prüfen (BGHZ 66, 322). Eine Verwerfungskompetenz steht allerdings nur den Gerichten zu. Die Enteignungsbehörde hat die Möglichkeit, bei der Gemeinde um eine nachträgliche Behebung eines Fehlers bzw die Aufhebung eines Bebauungsplans in einem förmlichen Verfahren nachzusuchen. Die Enteignungsbehörde kann ggf selbst ein Normenkontrollverfahren nach § 47 VwGO anstrengen (BVerwGE 75, 142). Ist ein neu aufgestellter Bebauungsplan endgültig rechtsfehlerhaft, so gilt ggf der alte Bebauungsplan unverändert fort (BVerwGE 85, 289). Erklärt ein **Normenkontrollgericht** den Bebauungsplan für unwirksam, so ist diese Entscheidung bindend (BGH BRS 45 Nr. 10; vgl OLG Celle NVwZ 1999, 804; BGH BauR 2002, 290; BGH WM NJW 1997, 2115). Das Baulandgericht muss den Enteignungsbeschluss auch dann aufheben, wenn der BPl durch ein ergänzendes Verfahren zur Behebung von Fehlern rückwirkend in Kraft gesetzt werden könnte und die Gemeinde ein solches Verfahren angekündigt hat (BGH, B v. 22.2.2007 – III ZR 216/06).

4 Mit den Festsetzungen iSd Abs. 1 Nr. 1 sind die des § 9 Abs. 1–3 gemeint. Für die Festsetzung nach § 9 Abs. 4 gilt dies nur dann, wenn das Landesrecht die Anwendbarkeit der §§ 85 ff ausdrücklich bestimmt. Die Festsetzung muss so konkret bestimmt sein, dass damit die durchzusetzende Nutzung oder deren Vorbereitung erkennbar ist (BGH BRS 19 Nr. 45). Lässt die planerische Festsetzung den verfolgten Zweck nicht zu, ist eine Enteignung zu anderen städtebaulichen Zwecken nicht zulässig (BGH NVwZ 1984, 60).

5 Nutzung und Nutzungsvorbereitung nach Abs. 1 Nr. 1 unterscheiden sich dadurch, dass in der ersten Alternative (Nutzung) das Grundstück dauernd beim Enteignungsbegünstigten verbleibt, während bei der zweiten Alternative (Nutzungsvorbereitung) regelmäßig nur eine **Durchgangsenteignung** (§ 89) zu Gunsten der Gemeinde oder eines öffentlichen Bedarfs- oder Erschließungsträgers (§ 87 Abs. 3) mit darauf folgender Privatisierung möglich ist (BGH NVwZ 1986, 506). Durch die zweite Alternative soll die Möglichkeit einer Enteignung baureifer Grundstücke geschaffen werden. Dies ist auch durch rein rechtliche Maßnahmen, wie zB eine Grundstücksteilung möglich (BVerwGE 71, 108).

2. Enteignung im unbeplanten Innenbereich

6 Die Enteignung nach Abs. 1 Nr. 2 ermöglicht die Ordnung der Bebauung im unbeplanten Innenbereich nach § 34, zB zur Schließung von **Baulücken** (vgl BVerwGE 4, 185 [187]; BVerwG DVBl 1990, 576) und darf nur zu Gunsten der Gemeinde oder eines öffentlichen Bedarfs- oder Erschließungsträgers vorgenommen werden (§ 87 Abs. 3 Satz 1). Besteht ein einfacher Bebauungsplan iSd § 30 Abs. 2, richtet sich die Enteignung nach Abs. 1 Nr. 1. Gegenstand der Enteignung sind nur unbebaute oder geringfügig bebaute Grundstücke. Ein Grundstück ist nur dann geringfügig bebaut, wenn die Bebauung erheblich unter dem Maß der zulässigen üblichen Bebauung liegt.

3. Enteignung zur Ersatzlandbeschaffung (Abs. 1 Nr. 3)

7 Abs. 1 Nr. 3 berücksichtigt, dass nach § 100 der von der Enteignung Betroffene unter den dort genannten Voraussetzungen einen Anspruch auf Ersatzland haben kann. Wenn der Enteignungsbegünstigte weder Ersatzland hat noch es

freihändig beschaffen kann, kommt eine Enteignung unter den Voraussetzungen des § 90 in Betracht.

4. Enteignung zur Ersetzung entzogener Rechte durch neue Rechte (Abs. 1 Nr. 4)

Abs. 1 Nr. 4 eröffnet die Möglichkeit, den enteigneten Inhaber eines Rechts durch 8
die Begründung eines neuen – entsprechenden – Rechts zu entschädigen. Die Voraussetzungen dazu sind in § 91 geregelt.

5. Enteignung bei Nichterfüllung eines Baugebotes (Abs. 1 Nr. 5)

Der Enteignungszweck nach Abs. 1 Nr. 5 dient der Verwirklichung der städtebau- 9
lichen Planungen. Allerdings rechtfertigt die Nichtbeachtung eines Baugebots nach § 176 noch nicht die Enteignung; vielmehr müssen zusätzlich noch die materiellen Voraussetzungen der Enteignung gegeben sein. Auf der anderen Seite schließt diese Enteignungsmöglichkeit die Vollziehung eines Baugebots mit den Mitteln des Verwaltungszwangs nicht von vornherein aus (BVerwGE 34, 354 = NVwZ 1990, 663). Im Rahmen dieser Regelung kann auch ein dringender Wohnbedarf der Bevölkerung berücksichtigt werden (BVerwG, NVwZ 1994, 291).

6. Enteignung in einem Erhaltungsgebiet (Abs. 1 Nr. 6)

Eine Enteignung nach Abs. 1 Nr. 6 setzt das Vorhandensein einer wirksamen 10
Erhaltungssatzung (§ 172 Abs. 1) voraus (zu den inhaltlichen Anforderungen an eine Erhaltungssatzung: BVerwG DVBl 1987, 1013). Diese Vorschrift dient dazu, eine erhaltungswürdige bauliche Anlage vor dem Abbruch zu bewahren, wenn dem Eigentümer die Erhaltung wirtschaftlich nicht zumutbar ist, das öffentliche Interesse an der Erhaltung jedoch überwiegt. Enteignungsbegünstigter kann die Gemeinde oder ein Anderer sein, der für die Erhaltung der baulichen Anlage die erforderliche Gewähr bietet.

7. Geltungsbereich einer Satzung zur Sicherung des Stadtumbaus (Abs. 1 Nr. 7)

Durch das EAG Bau wurde mit den §§ 171a–d ein Instrumentarium für den Stadt- 11
umbau geschaffen. Nach der Begründung des Gesetzes soll damit der besonderen und noch zunehmenden Bedeutung von Stadtumbaumaßnahmen in Reaktion auf die Strukturveränderungen vor allem in Demographie und Wirtschaft und deren Auswirkungen auf die städtebauliche Entwicklung Rechnung getragen werden (Stemmler, ZfBR 2004, 128 ff). § 171d sieht in Anlehnung an § 14 Abs. 1 den Erlass einer Veränderungssperre zur Sicherung von Durchführungsmaßnahmen des Stadtumbaus vor. Das Genehmigungserfordernis für Vorhaben in Stadtumbaugebieten besteht nicht kraft Gesetzes, sondern muss durch Satzung der Gemeinde erst begründet werden (Bunzel, ZfBR 2004, 328 [337]). Die Vorschrift dient dazu, eine bauliche Anlage entweder vor dem Abbruch zu bewahren, wenn dem Eigentümer die Erhaltung wirtschaftlich nicht zumutbar ist, das öffentliche Interesse an der Erhaltung jedoch überwiegt oder die bauliche Anlage zu beseitigen.

III. Andere Enteignungszwecke (Abs. 2)

Abs. 2 Nr. 1 betrifft das Verhältnis zu anderen Enteignungsgesetzen. Bei der kon- 12
kreten Verfolgung eines Vorhabens treffen sowohl städtebauliche wie gleich gerichtete „andere Zwecke" iSd Abs. 2 Nr. 1 zusammen. Nach der Rechtsprechung des BVerwGs sind auch unter solchen Umständen die §§ 85 ff nach dem

Wortlaut wie nach dem Sinn der gesetzlichen Regelung weder vorrangig noch ist über ihre Vorrangigkeit nach Maßgabe des jeweiligen Schwerpunkts des Vorhabens zu befinden (BGHZ 105, 94; BVerwGE 77, 86). Nur wenn feststeht, dass ausschließlich zu einem städtebaulichen Zweck enteignet werden soll, oder wenn nach den Umständen des Einzelfalls von „anderen Zwecken" ernsthaft nicht die Rede sein kann, sind allein die §§ 85 ff anzuwenden (VGH München NVwZ-RR 2003, 255; BVerwGE 77, 86 [89]; BGH NJW 1978, 2093). Daraus folgt, dass nach den Vorschriften des BauGB nur zur Verwirklichung der in Abs. 1 Nr. 1–6 genannten Zwecke enteignet werden darf.

13 Nach Abs. 2 Nr. 2 ist neben der Enteignung nach dem BauGB auch die Enteignung aufgrund **landesrechtlicher Vorschriften** zulässig, wobei durch diese Norm vor allem die Enteignungstatbestände des landesgesetzlichen Denkmalschutzrechts aufrechterhalten werden (vgl VGH München NVwZ-RR 2003, 255).

§ 86 Gegenstand der Enteignung

(1) Durch Enteignung können

1. das Eigentum an Grundstücken entzogen oder belastet werden;

2. andere Rechte an Grundstücken entzogen oder belastet werden;

3. Rechte entzogen werden, die zum Erwerb, zum Besitz oder zur Nutzung von Grundstücken berechtigen oder die den Verpflichteten in der Benutzung von Grundstücken beschränken; hierzu zählen auch Rückübertragungsansprüche nach dem Vermögensgesetz;

4. soweit es in den Vorschriften dieses Teils vorgesehen ist, Rechtsverhältnisse begründet werden, die Rechte der in Nummer 3 bezeichneten Art gewähren.

(2) Auf das Zubehör eines Grundstücks sowie auf Sachen, die nur zu einem vorübergehenden Zweck mit dem Grundstück verbunden oder in ein Gebäude eingefügt sind, darf die Enteignung nur nach Maßgabe des § 92 Abs. 4 ausgedehnt werden.

(3) Die für die Entziehung oder Belastung des Eigentums an Grundstücken geltenden Vorschriften sind auf die Entziehung, Belastung oder Begründung der in Absatz 1 Nr. 2 bis 4 bezeichneten Rechte entsprechend anzuwenden.

I. Sinn und Zweck

1 Sinn und Zweck der Vorschrift ist es, Gegenstand und Art der Enteignung im Rahmen des Enteignungszwecks des § 85 Abs. 1 abschließend iS einer materiellen **Zulässigkeitsbeschränkung** festzulegen. Die Vorschrift zählt abschließend auf,

durch welche Enteignungsmaßnahmen der Enteignungstatbestand erfüllt wird. Sie vermeidet aber eine Definition des Enteignungsbegriffs.

II. Katalog der Enteignungsgegenstände

1. Eigentum an Grundstücken (Abs. 1 Nr. 1)

Unter Grundstück iSd Abs. 1 Nr. 1 ist das sog. **Buchgrundstück** zu verstehen. Dabei kann das Eigentum in allen seinen privatrechtlichen Erscheinungsformen (zB Mit-, Teil- oder Gesamthandseigentum) Gegenstand der Enteignung sein. Dies gilt auch für das Eigentum an Grundstücksteilen (§ 200 Abs. 1) und grundstücksgleichen Rechten (§ 200 Abs. 2). 2

Unerheblich ist, ob das Eigentum an dem Grundstück in der Hand einer natürlichen oder juristischen Person des Privatrechts liegt (vgl BGH BRS 45 Nr. 99). Auch Grundstücke des Finanzvermögens juristischer Personen des öffentlichen Rechts können enteignet werden (BVerwG NVwZ 1984, 649; OLG München NJW 1975, 1128). Nicht enteignungsfähig ist das nicht unter Art 14 Abs. 3 GG fallende öffentliche Eigentum (EZB, § 86 Rn 32; BKL, § 86 Rn 3; zur Zulässigkeit des öffentlichen Eigentums: BVerfGE 24, 367 [388]; BVerfGE 42, 20 [28]; BVerwGE 27, 131). 3

2. Enteignung anderer Rechte an Grundstücken (Abs. 1 Nr. 2)

Andere Rechte an Grundstücken nach Nr. 2 sind dingliche Rechte, mit Ausnahme des Grundeigentums. Dazu zählen u.a. **Dienstbarkeiten** (§§ 1018 ff, 1090 ff BGB), **Nießbrauch** (§§ 1030 ff BGB), **Vorkaufsrechte** nach §§ 1094 ff BGB oder **Hypotheken, Grund- und Rentenschulden** (§§ 1113 ff, 1191 ff BGB) und das **Jagdausübungsrecht** (BGHZ 84, 261 [264]). Nicht zu den anderen Rechten idS zählen die dinglich wirkenden Sicherungsmittel (Widerspruch, Veräußerungsverbote) und die öffentlichen Lasten, wie die Erschließungsbeitragspflicht nach § 134 Abs. 2 (BVerwGE 47, 49 = Buchholz 406.11 § 134 BauGB Nr. 1; zum Begriff: BGH NJW 1981, 2127). 4

3. Enteignung obligatorischer Rechte (Abs. 1 Nr. 3)

Die in Nr. 3 genannten Rechte sind obligatorischer Natur. Davon werden Ansprüche auf Erwerb (zB Kauf), auf Besitz, wie zB **Miete** (BGHZ 83, 1 = NVwZ 1982, 702 = BRS 45 Nr. 171; BGH BRS 19 Nr. 145; BGH BRS 26 Nr. 134) oder auf Nutzung (zB Pacht) erfasst. Eine besondere praktische Bedeutung haben Rechte zum Besitz aus Mietverträgen nach §§ 535 ff BGB (BGH BRS 26 Nr. 134; BGH BRS 19 Nr. 145). Besondere Kündigungsfristen hindern die Enteignung nicht (BGH BRS 45 Nr. 172). Die vorzeitige Beendigung wird bei der Entschädigung berücksichtigt (BGHZ 83, 1 = BRS 45 Nr. 171). 5

4. Begründung obligatorischer Rechte (Abs. 1 Nr. 4)

Nr. 4 bezieht sich auf die Neubegründung obligatorischer Rechte der in Nr. 3 genannten Art, wobei die Neubegründung allerdings ausdrücklich zugelassen sein muss, zB in §§ 97 Abs. 2 Satz 2 und Satz 3, 100 Abs. 6 Satz 1 und 102 Abs. 5. Enteignungsgegenstand werden dabei regelmäßig andere Grundstücke als das zur Enteignung anstehende Grundstück sein (EZB, § 86 Rn 62). 6

III. Zubehör und Scheinbestandteile (Abs. 2)

7 Die Enteignung umfasst die **wesentlichen Bestandteile** der Sache (§§ 93, 94 BGB). Sie erstreckt sich aber grds. nicht auf Scheinbestandteile nach § 95 BGB und Zubehör nach §§ 97, 98 BGB. Davon ausgehend lässt Abs. 2 eine dahingehende Ausdehnung der Enteignung nur dann zu, wenn der Eigentümer dies gem. § 92 Abs. 4 verlangt.

IV. Anwendung von Enteignungsvorschriften (Abs. 3)

8 Abs. 3 enthält eine allgemeine Verweisung und besagt, dass in allen Fällen die für Grundstücke geltenden Enteignungsbestimmungen auch für die dinglichen und die in Abs. 1 genannten obligatorischen Rechte sinngemäß gelten, auch wenn dies in den einzelnen Vorschriften nicht ausdrücklich hervorgehoben ist. Wird das Recht, zB eine Dienstbarkeit, nicht vertraglich zwischen dem Grundstückseigentümer und der Gemeinde begründet, kommt eine förmliche Enteignung gem. § 85 Abs. 1 Nr. 1, § 86 Abs. 1 Nr. 1, § 87 in Betracht (BVerwG BRS 60 Nr. 23).

§ 87 Voraussetzungen für die Zulässigkeit der Enteignung

(1) Die Enteignung ist im einzelnen Fall nur zulässig, wenn das Wohl der Allgemeinheit sie erfordert und der Enteignungszweck auf andere zumutbare Weise nicht erreicht werden kann.

(2) Die Enteignung setzt voraus, dass der Antragsteller sich ernsthaft um den freihändigen Erwerb des zu enteignenden Grundstücks zu angemessenen Bedingungen, unter den Voraussetzungen des § 100 Abs. 1 und 3 unter Angebot geeigneten anderen Landes, vergeblich bemüht hat. Der Antragsteller hat glaubhaft zu machen, dass das Grundstück innerhalb angemessener Frist zu dem vorgesehenen Zweck verwendet wird.

(3) Die Enteignung eines Grundstücks zu dem Zweck, es für die bauliche Nutzung vorzubereiten (§ 85 Abs. 1 Nr. 1) oder es der baulichen Nutzung zuzuführen (§ 85 Abs. 1 Nr. 2), darf nur zugunsten der Gemeinde oder eines öffentlichen Bedarfs- oder Erschließungsträgers erfolgen. In den Fällen des § 85 Abs. 1 Nr. 5 kann die Enteignung eines Grundstücks zugunsten eines Bauwilligen verlangt werden, der in der Lage ist, die Baumaßnahmen innerhalb angemessener Frist durchzuführen, und sich hierzu verpflichtet. Soweit im förmlich festgelegten Sanierungsgebiet die Enteignung zugunsten der Gemeinde zulässig ist, kann sie auch zugunsten eines Sanierungsträgers erfolgen.

(4) Die Zulässigkeit der Enteignung wird durch die Vorschriften des Sechsten Teils des Zweiten Kapitels nicht berührt.

I. Bedeutung der Vorschrift

Während § 85 die städtebaulichen Zwecke festlegt, zu denen nach BauGB enteignet werden kann und § 86 die Gegenstände und die Art einer städtebaulichen Enteignung bestimmen, schlüsselt § 87 die Voraussetzungen für die Zulässigkeit der städtebaulichen Enteignung im Einzelfall auf. Abs. 1 knüpft durch eine Generalklausel an das dem Eigentumsschutz dienende **Gemeinwohlgebot** des Art 14 Abs. 3 Satz 1 GG an und verbindet dieses Abwägungsgebot mit dem Übermaßverbot. 1

II. Wohl der Allgemeinheit

Abs. 1 stellt in Übereinstimmung mit Art 14 Abs. 3 Satz 1 GG fest, dass eine Enteignung im Einzelfall nur zulässig ist, wenn das Wohl der Allgemeinheit sie erfordert. Das Wohl der Allgemeinheit stellt einen unbestimmten Rechtsbegriff dar (BVerwGE 24, 367 = DVBl 1969, 190 = DÖV 1969, 102). Sie kommt nur in Betracht, wenn es zur Erfüllung einer bestimmten öffentlichen Aufgabe unumgänglich erforderlich ist, den grundlegenden Eigentumsgegenstand in die Hand des Staates zu bringen (BVerfG, NVwZ 2003, 726; BVerfGE 38, 175 [179]; BVerfGE 56, 249 [261]). Eine Enteignung ist demgemäß unzulässig, wenn im konkreten Fall andere rechtlich und wirtschaftlich vertretbare Lösungen zur Verfügung stehen, mit denen der gleiche Zweck auf weniger einschneidende Weise erreicht werden kann (BVerfG, NVwZ 2003, 726; BVerfGE 24, 367 [404]; BVerfGE 45, 297 [322]; BVerfGE 56, 249 [264]). Die Gerichte haben daher zu prüfen, ob das Gemeinwohl die konkrete Enteignung erfordert (BVerfGE 45, 297 [320]). Dies gilt auch, wenn das Gemeinwohl planerisch unter Abwägung aller betroffenen öffentlichen und privaten Belange konkretisiert wird (zur planerischen Gemeinwohlkonkretisierung BVerfGE 74, 264 [293]; zur Sachgerechtigkeit von Planungsermessen BVerfGE 70, 174 [198]). Der Umstand, dass eine beabsichtigte bauliche Nutzung den Festsetzungen des Bebauungsplanes entspricht, rechtfertigt noch nicht die Enteignung (BGHZ 105, 94 = NVwZ 1989, 187 = DVBl 1988, 1217). Da die Bauleitplanung sich nicht an den Anforderungen ihrer zwangsweisen Verwirklichung orientiert, müssen die Enteignungsbehörden und die Gerichte das Vorliegen der Enteignungsvoraussetzungen eigenständig und unabhängig von der planerischen Gemeinwohlkonkretisierung prüfen (BVerfG, NVwZ 2003, 726; BVerfGE 74, 264 [293]). Das bedeutet, dass auch die Festsetzungen des BPls Gegenstand der enteignungsrechtlichen Abwägung sind. Die Enteignungsbehörde ist an den BPl nur in seiner städtebaulichen Zielsetzung gebunden. Im Übrigen entfaltet der BPl keine **enteignungsrechtlichen Vorwirkungen** (BVerGE 74, 264 [293]). Hieraus folgt, dass beim Aufstellen eines Bebauungsplanes noch keine pauschale Vorabprüfung der Enteignungsvoraussetzungen stattfindet (BVerwG NVwZ 1991, 873 = ZfBR 1991, 125; BayVGH, RDL 2006, 334; BVerwG, NVwZ 1998, 845). Der Gegenstand der enteignungsrechtlichen Erforderlichkeitsprüfung bildet die Eingriffsmaßnahme und nicht der mit der Enteignung verfolgte Zweck (OLG München, U. v. 18.11.2005 – Urt. 1/05 Bau –). Das bedeutet jedoch nicht, dass mögliche Planungsalternativen für die Frage, ob das Wohl der Allgemeinheit die Enteignung im konkreten Fall erfordert, unberücksichtigt bleiben. Das Wohl der Allgemeinheit erfordert im Einzelfall bspw keine Enteignung von Grundstücken nach § 87 Abs. 1 zur Durchführung von naturschutzrechtlichen Ausgleichsmaßnahmen für einen Golfplatz (BVerwG NuR 2004, 167). 2

3 Das BauGB lässt eine Enteignung zugunsten jeder natürlichen oder auch juristischen Person des Privatrechts zu (BVerwGE 71, 108, 131 = BVerwG Buchholz 424.01 § 87 FlurbG Nr. 8 = NVwZ 1985, 739); das Gemeinwohlgebot begrenzt zwar die Zulässigkeit der Enteignung zu Gunsten Privater (BVerwGE 74, 264 = UPR 1987, 216 = NuR 1987, 220), schließt sie jedoch nicht aus, da ggf auch ein Privater zB die Nutzung eines Grundstücks entsprechend der umzusetzenden planerischen Festsetzung (§ 85 Abs. 1 Nr. 1) verwirklichen kann. In diesem Zusammenhang genügt es bereits für die Zulässigkeit einer Enteignung, wenn der Geschäftsgegenstand eines privaten Unternehmens (zB Energieversorgung) dem allgemein anerkannten Bereich der Daseinsvorsorge zuzuordnen ist, wenn hinreichende Vorkehrungen dahingehend getroffen sind, dass die selbst gestellte öffentliche Aufgabe ordnungsgemäß erfüllt wird (BVerfGE 66, 248 = NJW 1984, 1872 = DÖV 1984, 714). Unter Berücksichtigung dieser Rechtsprechung auch für den Bereich des Städtebaurechts ist eine Enteignung zur Errichtung einer bebauungsplanmäßig ausgewiesenen freien Walldorfschule für zulässig erklärt worden (BGHZ 105, 94 = NVwZ 1989, 187 = UPR 1989, 72).

III. Das Übermaßverbot

4 Dass nach Abs. 1 2. Hs der Zweck der Enteignung auf andere zumutbare Weise nicht erreicht werden kann, ist ein enteignungsrechtlicher Grundsatz, der darauf beruht, dass die Enteignung im konkreten Fall das letzte Mittel („**ultima ratio**“) darstellen muss (BGH NJW 1986, 933; BVerfG, NVwZ 2003, 726), um den dem allgemeinen Wohl dienenden Zweck zu erreichen. Eine Enteignung ist deshalb grds. nicht zulässig, wenn der damit verfolgte Zweck durch eine Umlegung (OLG Stuttgart NVwZ 1986, 335 = VBlBW 1986, 358), ein städtebauliches Gebot (BVerwGE 88, 97 = DVBl 1991, 817) oder eine Grenzregelung zu erzielen ist. Dies gilt auch dann, wenn der Eigentümer selbst bereit und in der Lage ist, eine dem Enteignungszweck entsprechende Nutzung seines Grundstücks herbeizuführen (BGH NVwZ 1986, 506 = BRS 45 Nr. 3 = ZfBR 1985, 153). In diesem Zusammenhang sind auch die wirtschaftlichen Auswirkungen der Enteignung für den Enteigneten im Vergleich zur Enteignung eines anderen Grundstücks zu berücksichtigen. Ebenfalls grds. geeignet, die Enteignung als schweren Eingriff und letztes Mittel abzuwenden, ist die Durchsetzung eines **Baugebots** im Wege des Verwaltungszwangs; allerdings ist vor einer wiederholten Zwangsgeldandrohung zu prüfen, ob die gesteigerten Voraussetzungen für den Antrag auf Enteignung des Grundstücks erfüllt sind (BVerwGE 84, 354 = BVerwG Buchholz 406.11 § 39b BBauG Nr. 2 = NVwZ 1990, 663).

IV. Die besonderen Enteignungsvoraussetzungen (Abs. 2)

1. Bemühen um freihändigen Erwerb (Satz 1)

5 Abs. 2 verlangt, dass sich der Antragsteller um den freihändigen Erwerb des zu enteignenden Grundstücks ernsthaft zu angemessenen Bedingungen vergeblich bemüht haben muss. Ein ernsthaftes Bemühen setzt voraus, dass **wirtschaftlich sachgerecht** verhandelt wird. Ein Angebot, das gerade zur Vermeidung der Enteignung abgegeben werden muss (BGH NJW 1977, 1535 = DVBl 1978, 59 = BRS 34 Nr. 88), enthält dann angemessene Bedingungen, wenn die Höhe ungefähr der **Enteignungsentschädigung** entspricht (BGH NJW 1987, 1256 = NVwZ 1987, 530 = UPR 1987, 102). Wenn der von der Enteignung Betroffene unter den

Voraussetzungen des § 100 Abs. 1 und 3 Anspruch auf Ersatzland hat, muss bei dem Versuch des freihändigen Erwerbs auch geeignetes anderes Land angeboten werden. Von Bedeutung ist noch, dass das Angebot zeitlich und sachlich im Zusammenhang mit dem nachfolgenden Enteignungsverfahren stehen muss. Dies bedingt u.a., dass der Enteignungsbetroffene die Möglichkeit der Annahme dieses Angebots bis zur Einleitung des Enteignungsverfahrens überhaupt haben muss (BGHZ 90, 243 = NJW 1984, 1879 = BRS 45 Nr. 106). Das Angebot kann allerdings sowohl noch in der mündlichen Verhandlung vor der Enteignungsbehörde als auch in der letzten mündlichen Verhandlung vor dem Tatsachengericht nachgeholt werden (BGH NVwZ 1986, 1053). Die Verpflichtung zum ernsthaften Bemühen ist allerdings dann erloschen, wenn der Eigentümer zu erkennen gibt, dass er jedes angemessene Angebot ablehnen wird (BGH NJW 1966, 2012 = BRS 19 Nr. 87). Ein Angebot, in dem nur eine Abschlagszahlung in Höhe von etwa 80% auf die vorläufig errechnete Entschädigungssumme angeboten wird, stellt noch kein angemessenes Angebot dar (BGH NJW 1975, 157 = DVBl 1976, 161 = BauR 1975, 117). Da Abs. 2 eine Zulässigkeitsvoraussetzung für die Enteignung aufstellt, hat im Zweifel der Antragsteller auch die entsprechende Nachweispflicht.

Stellt ein Kaufvertrag zum freihändigen Erwerb iSv § 87 Abs. 2 ausdrücklich fest, 6
bestimmte Grundstücke werden von der öffentlichen Hand für städtebauliche Maßnahmen zur Abwendung einer sonstigen in Frage kommenden Enteignung erworben und der Verkäufer habe sich allein aus dem vorgenannten Grund zum Verkauf entschlossen, so enthält der Vertrag nach Wegfall des Verwendungszwecks (Wegfall des Bebauungsplans) eine Lücke, die nach den Grundsätzen der ergänzenden Vertragsauslegung dahin zu schließen ist. Die Vertragserfüllung ist daran zu orientieren, welche Stellung der enteignete Grundstückseigentümer nach öffentlichem Recht gehabt hätte (BGHZ 135, 92 ff).

2. Glaubhaftmachung der alsbaldigen Zweckverwirklichung (Satz 2)

Die in Abs. 2 Satz 2 geforderte Glaubhaftmachung wird der Antragsteller zB durch 7
die Darlegung seiner **Bauabsichten** und der **Finanzierungsmöglichkeiten** (Schriftverkehr mit den Banken) vornehmen können. Über die Dauer der angemessenen Frist enthält das Gesetz keine Bestimmung; dies beurteilt sich nach den Umständen des Einzelfalls. Es überlässt der Enteignungsbehörde diese Festsetzung (vgl § 113 Abs. 2 Nr. 3). Nach § 114 besteht die Möglichkeit der **Fristverlängerung**. Kommt es nicht zu einer fristgerechten, dem Enteignungszweck entsprechenden Verwendung, kann eine Rückenteignung begehrt werden (§ 102).

V. Enteignungsprivileg (Abs. 3)

Das Enteignungsprivileg des Abs. 3 gilt auch für öffentliche Bedarfs- und Erschlie- 8
ßungsträger. Mit diesem Privileg korreliert für die Gemeinde eine **Veräußerungspflicht** nach § 89 (BGHZ 61, 128; BVerfGE 74, 264). Die Bestimmung des Abs. 3 Satz 2 ist an die frühere Regelung in § 39 Abs. 4 BBauG angelehnt. Abs. 3 Satz 3 enthält insoweit eine Vereinfachungsregelung.

VI. Verhältnis zum Planverwirklichungsgebot (Abs. 4)

Abs. 4, der durch das BauGB 2007 eine redaktionelle Änderung erfahren hat, stellt 9
sicher, dass die Zulässigkeit einer Enteignung nicht dadurch in Frage gestellt wer-

den kann, dass zur Erfüllung desselben Ziels ein Gebot nach §§ 172 ff möglich ist. Diese Gebotserteilung stellt damit keine andere zumutbare Weise dar, durch die eine Enteignung verhindert werden kann (vgl BVerwG DVBl 1990, 583).

VII. Rechtsschutz und Kontrolldichte

10 Die Überprüfung der in Abs. 1 und 2 genannten Enteignungsvoraussetzungen in baulandgerichtlichen Verfahren nach §§ 217 ff stellt keine Ermessenskontrolle iSd § 223 dar (Breuer, § 87 Rn 36). Der Enteignungsbehörde steht **kein Beurteilungsspielraum** zu (BKL, § 87 Rn 9; EZB, § 87 Rn 24). Die enteignungsrechtliche Entscheidung ist gerichtlich voll nachprüfbar. Eine die Enteignung rechtfertigende Entscheidung ist nur zulässig, wenn alle enteignungsrechtlich anzustellenden Prüfungen das **Gemeinwohlerfordernis** bestätigt haben. Die enteignungsrechtliche Abwägung unterscheidet sich daher in einem wichtigen Punkt von der planungsrechtlichen Abwägung nach § 1 Abs. 6 und 7. Im Falle der **planakzessorischen** Enteignung ist damit die zweite Legitimationsstufe der planakzessorischen Enteignung uneingeschränkt gerichtlich überprüfbar, da das Planungsvorhaben nicht Bestandteil des Enteignungsverfahrens ist und die Gemeinde keine Enteignungskompetenz besitzt (BVerfG NVwZ 1999, 979; BVerwG DÖV 1991, 510; BVerfG, NVwZ 2003, 726).

§ 88 Enteignung aus zwingenden städtebaulichen Gründen

Wird die Enteignung eines Grundstücks von der Gemeinde zu den in § 85 Abs. 1 Nr. 1 und 2 bezeichneten Zwecken aus zwingenden städtebaulichen Gründen beantragt, so genügt anstelle des § 87 Abs. 2 der Nachweis, dass die Gemeinde sich ernsthaft um den freihändigen Erwerb dieses Grundstücks zu angemessenen Bedingungen vergeblich bemüht hat. Satz 1 ist entsprechend anzuwenden, wenn die Enteignung eines im förmlich festgelegten Sanierungsgebiet gelegenen Grundstücks zugunsten der Gemeinde oder eines Sanierungsträgers beantragt wird.

I. Befreiung für Gemeinden und Sanierungsträger

1 § 88 befreit **Gemeinden** und **Sanierungsträger** von den besonderen Enteignungsvoraussetzungen des § 87 Abs. 2. Diese Vorschrift ermöglicht eine Enteignung unter erleichterten Voraussetzungen, wenn sie von der Gemeinde aus zwingenden städtebaulichen Gründen beantragt wird. Sie betrifft den Fall, dass nur ein bestimmtes Grundstück für einen der in § 85 Abs. 1 Nr. 1 und 2 genannten Enteignungszwecke in Betracht kommt und stellt eine Ausnahmevorschrift zu § 87 Abs. 2 dar.

II. Zwingende städtebauliche Gründe

2 Zwingende städtebauliche Gründe, gerade das zu enteignende Grundstück in Anspruch zu nehmen, liegen nur vor, wenn nach den Festsetzungen des Bebauungsplanes bzw entsprechend den baurechtlichen Vorschriften das Vorhaben auf einem anderen Grundstück nicht ausgeführt werden kann und die Inanspruchnahme des Grundstücks im jetzigen Zeitpunkt unumgänglich notwendig ist. Beide Aspekte können insbesondere bei der Schließung von **Baulücken** und der **Stadtsanierung** eine Rolle spielen (BGH BRS 19, Nr. 55; einschränkend: Gaentzsch,

§ 88 Rn 3). Ob zwingende städtebauliche Gründe gegeben sind, unterliegt, da es sich um einen unbestimmten Rechtsbegriff handelt, der richterlichen Nachprüfung. Voraussetzung für eine Anwendung des Satzes 2 ist, dass die förmliche Festlegung des Sanierungsgebiets wirksam ist (BGH NJW 1980, 2814 = BRS 45 Nr. 115).

§ 89 Veräußerungspflicht

(1) Die Gemeinde hat Grundstücke zu veräußern,

1. die sie durch Ausübung des Vorkaufsrechts erlangt hat oder

2. die zu ihren Gunsten enteignet worden sind, um sie für eine bauliche Nutzung vorzubereiten oder der baulichen Nutzung zuzuführen.

Dies gilt nicht für Grundstücke, die als Austauschland für beabsichtigte städtebauliche Maßnahmen, zur Entschädigung in Land oder für sonstige öffentliche Zwecke benötigt werden. Die Veräußerungspflicht entfällt, wenn für das Grundstück entsprechendes Ersatzland hergegeben oder Miteigentum an einem Grundstück übertragen wurde oder wenn grundstücksgleiche Rechte, Rechte nach dem Wohnungseigentumsgesetz oder sonstige dingliche Rechte an einem Grundstück begründet oder gewährt wurden.

(2) Die Gemeinde soll ein Grundstück veräußern, sobald der mit dem Erwerb verfolgte Zweck verwirklicht werden kann oder entfallen ist.

(3) Die Gemeinde hat die Grundstücke unter Berücksichtigung weiter Kreise der Bevölkerung an Personen zu veräußern, die sich verpflichten, das Grundstück innerhalb angemessener Frist entsprechend den baurechtlichen Vorschriften oder den Zielen und Zwecken der städtebaulichen Maßnahme zu nutzen. Dabei sind in den Fällen des Absatzes 1 Satz 1 Nr. 1 die früheren Käufer, in den Fällen des Absatzes 1 Satz 1 Nr. 2 die früheren Eigentümer vorrangig zu berücksichtigen.

(4) Die Gemeinde kann ihrer Veräußerungspflicht nachkommen, indem sie

1. das Eigentum an dem Grundstück überträgt,

2. grundstücksgleiche Rechte oder Rechte nach dem Wohnungseigentumsgesetz oder

3. sonstige dingliche Rechte

begründet oder gewährt. Die Verschaffung eines Anspruchs auf den Erwerb solcher Rechte steht ihrer Begründung oder Gewährung oder der Eigentumsübertragung gleich.

I. Bedeutung der Vorschrift

1 Die Vorschrift über die Veräußerungspflicht ist von beschränkter praktischer Relevanz. Verfassungsrechtliche Besonderheiten ergeben sich aus der Rechtsfigur der **transitorischen Enteignung** (vgl BVerfGE 74, 264, 291 f – Boxberg). Zentrales Anliegen der Enteignung ist, einen bestimmten städtebaulichen Zweck, der vom Wohl der Allgemeinheit gefordert sein muss, so zu verwirklichen, dass das enteig-

nende Grundstück dauerhaft diesem Zweck dient. Zur Sicherung dieses Zwecks sieht die Vorschrift vor, dass innerhalb angemessener Frist der Enteignungszweck zu verwirklichen ist.

II. Umfang und Zeitpunkt der Veräußerungspflicht (Abs. 1 und Abs. 2)

2 Durch Abs. 1 wird der Umfang der gemeindlichen Veräußerungspflicht abschließend bestimmt. Die Veräußerungspflicht soll verhindern, dass von der Gemeinde hoheitliche Eingriffsbefugnisse ausgeübt werden, um dadurch zusätzliches Grundvermögen zu erhalten. Entsprechende Bestrebungen können allenfalls unter den Voraussetzungen für die Ausübung eines gesetzlichen **Vorkaufsrechts** umgesetzt werden (BVerwGE 92, 56 = DVBl 1993, 654; vgl auch BVerwG NVwZ 1994, 284 = ZfBR 1993, 303). Nicht mehr der Veräußerungspflicht unterliegen dabei die freihändig erworbenen, in der Umlegung zugeteilten oder die Grundstücke, die die Gemeinde aufgrund eines Übernahmeverlangens, zB nach den §§ 175 ff, erwerben musste. In Satz 2 sind die Ausnahmen der Veräußerungspflicht geregelt.

3 Eine Frist für die Erfüllung der Veräußerungspflicht setzt das Gesetz nicht fest; es lässt diese Verpflichtung aber dann entstehen, sobald der mit dem Erwerb des Grundstücks verfolgte Zweck verwirklicht werden kann bzw entfallen ist, Abs. 2. Beim Erwerb durch Enteignung ist der Gemeinde nach § 113 Abs. 2 Nr. 3 allerdings eine **Frist zur Erfüllung des Enteignungszwecks** im Enteignungsbeschluss zu setzen. Die Nichteinhaltung dieser Frist löst einen Rückenteignungsanspruch aus, § 102 Abs. 1 Nr. 1.

III. Erwebsberechtigte (Abs. 3)

4 Abs. 3 bestimmt den Kreis derjenigen, an den die Gemeinde die Grundstücke zu veräußern hat. Dabei ist festgelegt, dass sich der Erwerber ausdrücklich verpflichten muss, das Grundstück entsprechend den baurechtlichen Vorschriften oder den Zielen und Zwecken der städtebaulichen Maßnahme zu nutzen. Das Gesetz lässt aber offen, wie dies geschehen muss. Durch Abs. 3 wird zwar die Veräußerungspflicht der Gemeinde festgelegt; sie hat aber nach **pflichtgemäßem Ermessen** zu entscheiden, an wen sie konkret veräußert (vgl BVerwG DVBl 1993, 654; BVerwG NVwZ 1994, 1012). Allerdings ist in Abs. 3 Satz 2 bestimmt, wann die Gemeinde zunächst den verdrängten Käufer (in den Fällen des Abs. 1 Nr. 1) oder den früheren Eigentümer (Abs. 1 Nr. 2) zu berücksichtigen hat.

IV. Rechtsformen des Erwerbs und Veräußerungspreis (Abs. 4)

5 Der in Abs. 4 normierte Katalog der Veräußerungsarten enthält eine abschließende Regelung und steht nach dem eindeutigen Wortlaut im Ermessen der Gemeinde. § 89 sagt nichts darüber aus, zu welchem Preis die Grundstücke zu veräußern sind. Maßgebend ist der Verkehrswert (§ 194) zum Zeitpunkt der Veräußerung (BKL, § 89 Rn 5; BK, 2. Aufl., § 89 Rn 108; Schrödter, § 89 Rn 19; aA Leisner, NVwZ 1993, 935 [940]). Etwaige Wertsteigerung zwischen Erwerb des Grundstück und seiner Veräußerung kommen daher der Gemeinde zugute (KK, § 89 Rn 31).

V. Rechtsschutz

Die zu berücksichtigenden Erwerbswilligen können ihren Rechtsanspruch auf Beteiligung am Veräußerungsverfahren, ihren Anspruch auf fehlerfreie Ermessensausübung bei der Zuteilung von Grundstücken und ggf auch den Anspruch auf ein bestimmtes Grundstück vor den **Baulandgerichten** gem. § 217 entsprechend einklagen (BKL, § 89 Rn 10; KK, § 89 Rn 25; Schrödter, § 89 Rn 32; aA VGH Mannheim ESVGH 39, 311; BK, 2. Aufl., § 89 Rn 115, Rechtsweg zum VG). 6

§ 90 Enteignung von Grundstücken zur Entschädigung in Land

(1) Die Enteignung von Grundstücken zur Entschädigung in Land (Ersatzland) ist zulässig, wenn

1. die Entschädigung eines Eigentümers nach § 100 in Land festzusetzen ist,

2. die Bereitstellung von Grundstücken, die im Rahmen der beabsichtigten städtebaulichen Entwicklung als Ersatzland geeignet sind, weder aus dem Grundbesitz des Enteignungsbegünstigten noch aus dem Grundbesitz des Bundes, des Landes, einer Gemeinde (Gemeindeverband) oder einer juristischen Person des Privatrechts, an der der Bund, das Land oder eine Gemeinde (Gemeindeverband) allein oder gemeinsam überwiegend beteiligt sind, möglich und zumutbar ist sowie

3. von dem Enteignungsbegünstigten geeignete Grundstücke freihändig zu angemessenen Bedingungen, insbesondere, soweit ihm dies möglich und zumutbar ist, unter Angebot geeigneten anderen Landes aus dem eigenen Vermögen oder aus dem Besitzstand von juristischen Personen des Privatrechts, an deren Kapital er überwiegend beteiligt ist, nicht erworben werden können.

(2) Grundstücke unterliegen nicht der Enteignung zur Entschädigung in Land, wenn und soweit

1. der Eigentümer oder bei land- oder forstwirtschaftlich genutzten Grundstücken auch der sonstige Nutzungsberechtigte auf das zu enteignende Grundstück mit seiner Berufs- oder Erwerbstätigkeit angewiesen und ihm im Interesse der Erhaltung der Wirtschaftlichkeit seines Betriebs die Abgabe nicht zuzumuten ist oder

2. die Grundstücke oder ihre Erträge unmittelbar öffentlichen Zwecken oder der Wohlfahrtspflege, dem Unterricht, der Forschung, der Kranken- und Gesundheitspflege, der Erziehung, der Körperertüchtigung oder den Aufgaben der Kirchen und anderer Religionsgesellschaften des öffentlichen Rechts sowie deren Einrichtungen dienen oder zu dienen bestimmt sind.

(3) Außerhalb des räumlichen Geltungsbereichs eines Bebauungsplans und außerhalb der im Zusammenhang bebauten Ortsteile können Grundstücke zur Entschädigung in Land nur enteignet werden, wenn sie land- oder forstwirtschaftlich genutzt werden sollen.

(4) Die Enteignung zum Zweck der Entschädigung eines Eigentümers, dessen Grundstück zur Beschaffung von Ersatzland enteignet wird, ist unzulässig.

I. Bedeutung der Vorschrift

1 Diese Vorschrift präzisiert den in § 85 Abs. 1 Nr. 3 normierten **Enteignungszweck**. Zugleich wird für den Bereich der **Ersatzlandenteignung** das **Übermaßverbot** des § 87 Abs. 1 konkretisiert, ohne jedoch dessen Prüfung überflüssig zu machen. § 92 enthält neben § 87 Abs. 1 besondere, kumulativ anzuwendende Voraussetzungen. Die Beschaffung des Ersatzlandes selbst wiederum ist ebenfalls durch Enteignung möglich (BVerwG BRS 26 Nr. 66). Hieraus resultiert die verfassungsrechtliche Problematik der Ersatzlandenteignung, sofern mehrere Grundstücke als Ersatzland geeignet (§ 100 Abs. 1 und 3) sind.

II. Zulässigkeit der Ersatzlandenteignung (Abs. 1)

2 Abs. 1 stellt in den Nr. 1–3 kumulativ geltende Voraussetzungen für die Ersatzlandenteignung auf. Beim Fehlen einer dieser Voraussetzungen ist die Enteignung unzulässig. Eine gesonderte Enteignung von Ersatzland und damit eine Enteignung zur Ersatzlandbevorratung ist nicht zulässig.

1. Entschädigung eines Eigentümers in Land (Nr. 1)

3 Abs. 1 Nr. 1 greift in den Fällen ein, in denen nach § 100 ein Anspruch auf Entschädigung in Land besteht. Dies ist bei § 100 Abs. 1 oder 3 zwingend vorgeschrieben; für § 100 Abs. 4 gilt § 90 nicht (vgl aber: BGH BRS 34 Nr. 88; BGH BRS 45 Nr. 106, die den Schluss zulassen können, eine Ersatzlandenteignung unabhängig von den Tatbeständen des § 100 Abs. 1 und 3 zuzulassen).

2. Möglichkeit der Ersatzlandbereitstellung (Nr. 2)

4 Durch Abs. 1 Nr. 2 wird der Grundsatz der Subsidiarität betont. Verfügt der Enteignungsbegünstigte ausschließlich über Grundstücke, auf die er mit seiner Berufstätigkeit, Erwerbstätigkeit oder zur Erfüllung der ihm wesensgemäß obliegenden Aufgaben angewiesen ist (vgl § 100 Abs. 1 Nr. 1), ist ihm die Bereitstellung von Ersatzland aus seinem Grundbesitz nicht möglich und zumutbar. Die Regelung ist eine Ausprägung des **Verhältnismäßigkeitsprinzips**. Die Ersatzlandenteignung ist daher nur zulässig, wenn geeignetes Ersatzland in zumutbarer Weise nicht anderweitig vom Enteignungsbegünstigten oder der öffentlichen Hand bereitgestellt werden kann (BVerwG DÖV 2002, 1044).

Wenn die Ersatzlandbereitstellung aus dem Grundbesitz der öffentlichen Hand möglich ist, darf ein anderes Grundstück nicht als Ersatzland enteignet werden. Allgemein sind strenge Anforderungen an die öffentliche Hand zu stellen, damit diese ihrer grds. **Bereitstellungspflicht** nicht entgehen kann. Eine überwiegende Beteiligung der genannten Körperschaften an einer juristischen Person ist dann anzunehmen, wenn die Körperschaft allein oder gemeinsam mit einer anderen mehr als die Hälfte des Grund- oder Stammkapitals und zugleich die Mehrheit der Stimmen besitzt, um die Bereitstellung von Grundstücken herbeizuführen. Das Ersatzland muss geeignet sein. § 90 Abs. 1 Nr. 2 umschreibt dies dahin, dass die Eignung sich im Rahmen der beabsichtigten städtebaulichen Entwicklung zu halten habe. Die städtebauliche Qualifizierung gibt sich vor allem aus dem Bebauungsplan. Die tatsächliche Nutzbarkeit bestimmt sich nach der Lage des Einzelfalls.

3. Freihändiger Erwerb (Nr. 3)

Nach Nr. 3 muss festgestellt werden, dass ein freihändiger Erwerb anderer geeigneter Grundstücke objektiv nicht möglich ist. Die Entscheidung darüber, ob diese Möglichkeit im Einzelfall besteht oder nicht, trifft die **Enteignungsbehörde** nach pflichtgemäßem Ermessen (§ 100 Abs. 1 Nr. 2). 5

III. Von der Ersatzlandenteignung ausgeschlossene Grundstücke (Abs. 2)

In Abs. 2 sind die beiden Fälle aufgezählt, in denen eine Enteignung von Land als Ersatzland ausgeschlossen ist. In Nr. 1 ist dabei das **Enteignungsverbot** aus betrieblichen Gründen geregelt. Was dabei unter Landwirtschaft zu verstehen ist, ergibt sich aus § 201. Der Begriff „angewiesen" setzt voraus, dass das Grundstück dringend benötigt wird und tatsächlich benutzt wird. Eine Abgabe des Landes ist dann nicht zumutbar, wenn dadurch der Betrieb bei wirtschaftlicher Betrachtung seine Wirtschaftlichkeit verlieren würde (BVerwG Buchholz 406.33 § 22 LBG Nr. 1 = BRS 26 Nr. 66). 6

Nach Nr. 2 besteht ein Enteignungsverbot im Allgemeininteresse. Dabei ist für die Unzulässigkeit der Ersatzlandenteignung nicht erforderlich, dass die in Betracht kommenden Träger auf das Land angewiesen sind; allein die Verwendung zu dem genannten Zweck („dienen") oder die Bestimmung dazu („zu dienen bestimmt") genügt.

IV. Ersatzlandentschädigung im Außenbereich (Abs. 3)

Abs. 3 bezweckt, den Außenbereich in seinem land- oder forstwirtschaftlichen Charakter zu erhalten. Vor der Anwendung dieser Vorschrift hat die Enteignungsbehörde nach § 107 Abs. 2 die **Landwirtschaftsbehörde** zu hören. 7

V. Unzulässigkeit der Ersatzlandenteignung (Abs. 4)

Abs. 4 verbietet eine mehrfache Ersatzlandenteignung, um eine Häufung von Eigentumseingriffen iS einer Kettenreaktion zu vermeiden. Das Verbot stellt klar, was bereits aus § 90 Abs. 2 Nr. 2 iVm § 100 Abs. 1 folgt. 8

VI. Rechtsschutz

Die (sekundäre) Ersatzlandenteignung ist Teil der Hauptenteignung. Das Anfechtungsrecht ergibt sich aus § 217 Abs. 1. 9

§ 91 Ersatz für entzogene Rechte

Die Enteignung zu dem Zweck, durch Enteignung entzogene Rechte durch neue Rechte zu ersetzen, ist nur zulässig, soweit der Ersatz in den Vorschriften des Zweiten Abschnitts vorgesehen ist. Für den Ersatz entzogener Rechte durch neue Rechte im Wege der Enteignung nach § 97 Abs. 2 Satz 3 gelten die in § 90 Abs. 1

und 2 für die Enteignung zur Entschädigung in Land getroffenen Vorschriften entsprechend.

I. Inhalt und Bedeutung

1 § 91 regelt abschließend die Voraussetzungen, unter denen nach § 85 Abs. 1 Nr. 4 im Wege der Enteignung **neue Rechte** begründet werden dürfen, um durch Enteignung entzogene Rechte zu ersetzen. Zusammen mit der Ersatzlandenteignung des § 90 gehört die **Ersatzrechtsenteignung** zu den sekundären Enteignungen. Daneben gelten dem Grundsatz nach die allgemeinen Zulässigkeitsvoraussetzungen, § 87 Abs. 1 (allg. M.: KK, § 91 Rn 1). Die Ersatzrechtsenteignung hat wie die Ersatzlandenteignung in der Praxis kaum Bedeutung erlangt.

II. Fälle der Ersatzrechtsenteignung (Satz 1)

2 Nach Satz 1 ist eine Enteignung nur nach §§ 97 Abs. 2, 100 Abs. 6 (Ersatzrechtsenteignung der Nebenberechtigten), § 101 Abs. 1 Nr. 1 (Ersatzrechtsenteignung des Eigentümers) und § 102 Abs. 5 (Rückenteignung) (vgl BVerfGE 38, 175 [183]; BGHZ 76, 365 [368]) möglich.

III. Ersatzrechtsenteignung zugunsten von Verkehrs- und Versorgungsunternehmen (Satz 2)

3 Satz 2 betrifft die Ersatzrechtsenteignung im Bereich der Daseinsvorsorge und ordnet dafür neben den Voraussetzungen des § 87 Abs. 1 besondere Voraussetzungen an. Eine Neubegründung nach § 97 Abs. 2 Satz 3 ist nach dem Entzug dinglicher oder persönlicher Rechte dann erforderlich, wenn die Unternehmen der Daseinsvorsorge zur Erfüllung ihrer wesensgemäßen Aufgaben auf entsprechenden Ersatz angewiesen sind.

IV. Rechtsschutz

4 Rechtsschutz gewährt § 217 Abs. 1 (BKL, § 91 Rn 1); dies gilt auch bei Ablehnung der Ersatzrechtsenteignung.

§ 92 Umfang, Beschränkung und Ausdehnung der Enteignung

(1) Ein Grundstück darf nur in dem Umfang enteignet werden, in dem dies zur Verwirklichung des Enteignungszwecks erforderlich ist. Reicht eine Belastung des Grundstücks mit einem Recht zur Verwirklichung des Enteignungszwecks aus, so ist die Enteignung hierauf zu beschränken.

(2) Soll ein Grundstück mit einem Erbbaurecht belastet werden, kann der Eigentümer anstelle der Belastung die Entziehung des Eigentums verlangen. Soll ein Grundstück mit einem anderen Recht belastet werden, kann der Eigentümer die

Entziehung des Eigentums verlangen, wenn die Belastung mit dem dinglichen Recht für ihn unbillig ist.

(3) Soll ein Grundstück oder ein räumlich oder wirtschaftlich zusammenhängender Grundbesitz nur zu einem Teil enteignet werden, kann der Eigentümer die Ausdehnung der Enteignung auf das Restgrundstück oder den Restbesitz insoweit verlangen, als das Restgrundstück oder der Restbesitz nicht mehr in angemessenem Umfang baulich oder wirtschaftlich genutzt werden kann.

(4) Der Eigentümer kann verlangen, dass die Enteignung auf die in § 86 Abs. 2 bezeichneten Gegenstände ausgedehnt wird, wenn und soweit er sie infolge der Enteignung nicht mehr wirtschaftlich nutzen oder in anderer Weise angemessen verwerten kann.

(5) Ein Verlangen nach den Absätzen 2 bis 4 ist schriftlich oder zur Niederschrift bei der Enteignungsbehörde bis zum Schluss der mündlichen Verhandlung geltend zu machen.

I. Inhalt und Bedeutung der Vorschrift

Diese Vorschrift konkretisiert das **Verfassungsgebot** des geringstmöglichen Eingriffs in das Grundeigentum (vgl BVerwG Buchholz 407.4, § 19 RStrG Nr. 7). Dies gilt sowohl hinsichtlich des räumlichen (Abs. 1 Satz 1) als auch des rechtlichen Umfanges (Abs. 1 Satz 2) der Enteignung. Es ist entsprechend den unterschiedlichen Regelungen eine differenzierte Betrachtungsweise geboten. Abs. 1 nimmt eine Konkretisierung von Teilaspekten des § 87 Abs. 1 vor und ist damit eine Vorschrift iSd Art 14 Abs. 3 Satz 1 GG, die das **Allgemeinwohlerfordernis** einer städtebaulichen Enteignung näher bestimmt. 1

Abs. 2–5 sind primär entschädigungsrechtliche Vorschriften, die entsprechend Art 14 Abs. 3 Satz 3 GG die Entschädigung unter gerechter Abwägung der Interessen der Allgemeinheit und der Beteiligung bestimmen. Verfassungsrechtlich ist zwischen dem **eigentümerfreundlichem Ausdehnungsrecht** (§ 92 Abs. 2–4) und dem **entschädigungsbegrenzendem Übernahmeanspruch** (zB § 40 Abs. 2) zu unterscheiden. Verfassungsrechtlich wurde der Übernahmeanspruch mehrfach in der Rechtsprechung problematisiert (BGHZ 50, 93 = DÖV 1968, 577; BGHZ 63, 240 [247] = NJW 1975, 384; BGHZ 93, 165 = NJW 1985, 1781). 2

II. Räumliche und rechtliche Schranken der Enteignung (Abs. 1)

Genügt zur Verwirklichung des Enteignungszweckes, dass nur ein **Grundstücksteil** enteignet wird, darf nach Abs. 1 Satz 1 nicht das ganze Grundstück in Anspruch genommen werden. Abs. 1 Satz 2 behandelt den rechtlichen Umfang der Enteignung. Danach scheidet eine Entziehung des Eigentums aus, wenn die Belastung des Grundstücks mit einem – dinglichen – Recht genügt, wobei insoweit der numerus clausus des Sachenrechts gilt (BVerfGE 45, 297, 339 = NJW 1977, 2349 = DVBl 1978, 44). Ob eine solche Belastung als ausreichend angesehen werden kann, entscheidet sich nach dem Zweck, der mit dem Vorhaben verfolgt wird, 3 für das die Enteignung beantragt worden ist. Soll ein Gemeinbedarfs- oder Verkehrsvorhaben verwirklicht werden, so kommt regelmäßig nur eine Vollenteignung des Eigentums in Frage (BGH BRS 45 Nr. 105 = BauR 1983, 249 = UPR 1983, 156). Etwas anderes gilt allerdings für unterirdische U-Bahn-Vorhaben (BGH NVwZ 1982, 702 = BRS 45 Nr. 170 = UPR 1982, 335) oder vergleichbare Vorhaben; in diesen Fällen ist eine **Grunddienstbarkeit** ausreichend. Dies gilt auch für Energieversorgungsleitungen (BVerwGE 72, 365 = BVerwG Buchholz 451.17 EnergG Nr. 9 = NVwZ 1986, 471).

III. Ausdehnung der Enteignung auf Verlangen (Abs. 2–4)

4 Während Abs. 1 dazu dient, die Enteignung auf das unbedingt erforderliche Maß zu beschränken, geben die Abs. 2–4 dem Eigentümer das Recht, die Ausdehnung der Enteignung in rechtlicher (Abs. 2), räumlicher (Abs. 3) oder gegenständlicher (Abs. 4) Hinsicht zu verlangen. Das dem Eigentümer durch Abs. 2 Satz 1 zuerkannte Recht, statt der Belastung mit einem Erbbaurecht die Vollenteignung zu verlangen, bedarf keiner besonderen Begründung. Das Gesetz geht davon aus, dass diese Belastung für den Eigentümer im Regelfall eine solche Rechtseinbuße darstellt, dass ihm stattdessen der Anspruch auf Entziehung des Eigentums eröffnet werden muss. Ist dagegen die Enteignung auf die Belastung des Grundstücks mit einem anderen Recht, zB Grunddienstbarkeit oder Nießbrauch, gerichtet, Abs. 2 Satz 2, so muss der Eigentümer, wenn er die **Vollenteignung** begehrt, darlegen, dass für ihn die Belastung mit dem dinglichen Recht unbillig ist. Dies ist insbesondere dann der Fall, wenn das Grundstück aufgrund der Belastung städtebaulich nicht mehr sinnvoll nutzbar ist oder nicht mehr sinnvoll wirtschaftlich verwertbar ist.

5 Abs. 3 gewährt dem Eigentümer einen objektbezogenen Ausdehnungsanspruch. Dabei kann diese Ausdehnung nur verlangt werden, wenn der Rest nicht mehr in angemessenem Umfang baulich oder wirtschaftlich genutzt werden kann (BGHZ 76, 1 = DVBl 1980, 285 = BRS 45 Nr. 119). Dies ist bezüglich der baulichen Nutzung dann gegeben, wenn auf dem Restgrundstück ein den Festsetzungen des Bebauungsplanes entsprechendes Bauwerk nicht mehr verwirklicht werden kann (BGHZ 97, 1 = BRS 45 Nr. 129). Um bestehende **Wirtschaftseinheiten** zu schützen, gilt Abs. 3 auch für wirtschaftlich zusammenhängenden Grundbesitz. Hiervon kann dann gesprochen werden, wenn die Teile, auch bei einer räumlichen Trennung, einheitlich bewirtschaftet werden oder sonst einem einheitlichen Zweck dienen. Abzuheben ist auf die nachteiligen Auswirkungen des ganzen Enteignungsunternehmens (BGH NVwZ 2001, 351).

6 Bei der Beurteilung der Frage, ob eine Ausdehnung der Enteignung auf den Rechtsbesitz geboten ist, ist nicht nur auf die bisherige Bestimmung, etwa in Gestalt der ausgeübten Nutzung, sondern auch auf die nach der **„Situation" des Grundstücks** objektiv sich anbietende zulässige Nutzbarkeit abzustellen (BGH NVwZ 2001, 351). Der Ausdehnungsanspruch nach Abs. 4 bei Zubehör (§ 97 BGB) und Scheinbestandteilen kommt zB bei der Enteignung eines Bauernhofes bezüglich der Maschinen und sonstigen Geräte, für die der Eigentümer keine Verwendung mehr hat und die bei einer Veräußerung auch keinen angemessenen Preis erzielen würden, in Frage.

IV. Antrag auf Übernahme des Resteigentums

7 Der **Antrag auf Übernahme** des Resteigentums gem. Abs. 2–4 ist schriftlich bis zum Schluss der mündlichen Verhandlung vor der Enteignungsbehörde (§ 108) unter Beachtung der Form des Abs. 5 zu stellen. Bei einer Fristversäumung kommt eine Wiedereinsetzung in den vorigen Stand unter den Voraussetzungen des § 210 in Betracht.

8 Antragsberechtigt ist der Eigentümer, wenn dessen Rechte entzogen werden, sowie Inhaber anderer dinglicher oder obligatorischer Rechte, wie zB der Mieter oder Pächter. Die Enteignungsbehörde entscheidet unter freier Würdigung des maßgeblichen Sachverhalts, wie er sich aufgrund der mündlichen Verhandlung darstellt. Ihr steht dabei kein Beurteilungsspielraum zu, vielmehr sind die unbestimmten Rechtsbegriffe der Abs. 2–4 voll gerichtlich überprüfbar (EZB, § 92 Rn 100; KK, § 92 Rn 2). Rechtsschutz gewährt § 217 Abs. 1 BauGB.

Zweiter Abschnitt
Entschädigung

§ 93 Entschädigungsgrundsätze

(1) Für die Enteignung ist Entschädigung zu leisten.

(2) Die Entschädigung wird gewährt

1. für den durch die Enteignung eintretenden Rechtsverlust,

2. für andere durch die Enteignung eintretende Vermögensnachteile.

(3) Vermögensvorteile, die dem Entschädigungsberechtigten (§ 94) infolge der Enteignung entstehen, sind bei der Festsetzung der Entschädigung zu berücksichtigen. Hat bei der Entstehung eines Vermögensnachteils ein Verschulden des Entschädigungsberechtigten mitgewirkt, so gilt § 254 des Bürgerlichen Gesetzbuchs entsprechend.

(4) Für die Bemessung der Entschädigung ist der Zustand des Grundstücks in dem Zeitpunkt maßgebend, in dem die Enteignungsbehörde über den Enteignungsantrag entscheidet. In den Fällen der vorzeitigen Besitzeinweisung ist der Zustand in dem Zeitpunkt maßgebend, in dem diese wirksam wird.

I. Inhalt und Bedeutung

1 Nach § 93 Abs. 1 ist für die Enteignung eine Entschädigung zu leisten. Diese Vorschrift enthält gewissermaßen eine Einleitungsvorschrift für die Art und das Ausmaß der Entschädigung in Erfüllung von Art 14 Abs. 3 Satz 2 GG. Im Hinblick auf dieses Junktim ist eine Entschädigungspflicht ein Bestandteil des verfassungsrechtlichen Enteignungsbegriffs (BVerwGE 24, 367; BVerfGE 45, 63 ff; zu den salvatorischen Entschädigungsklauseln vgl Nüßgens/Boujong, Eigentum, Sozialbindung, Enteignung, 1987, Rn 379; Kleinlein, DVBl 1991, 365 [372]; Krohn,

Enteignung, Entschädigung, Staatshaftung, 1993, Rn 5 ff; Kröninger, NVwZ 1996, 433; zu Ausgleichsregelungen vgl BVerfG NJW 1999, 2877; BVerwGE 94, 1 ff; BGH NVwZ 1996, 930; zu sog. enteignenden und enteignungsgleichen Eingriffen: BGHZ 90, 17 = BRS 45 Nr. 96; BGHZ 91, 20 = BRS 45 Nr. 180; BVerfG DVBl 1991, 1253; BVerfG NJW 2000, 1402).

II. Umfang des Entschädigungsanspruchs (Abs. 2)

2 Nach § 93 Abs. 2 wird Entschädigung gewährt für den durch die Enteignung eingetretenen Rechtsverlust (Nr. 1) sowie für andere durch die Enteignung eintretende Vermögensnachteile (Nr. 2). Nach Abs. 2 Nr. 1 wird der objektive Verlust nach Maßgabe von § 95 entschädigt. Demgegenüber gleicht Abs. 2 Nr. 2 den subjektiven Verlust (BGHZ 55, 82 = NJW 1971, 806 = BRS 26 Nr. 39), der in § 96 näher konkretisiert ist, aus. Zum Umfang der Entschädigung trifft § 93 Abs. 2 keine konkreten Feststellungen. Die Entschädigungsarten (§§ 95, 96) werden als Teile einer einheitlichen Enteignungsentschädigung behandelt (BGHZ 55, 294 [297]).

III. Vorteilsausgleichung (Abs. 3 Satz 1) und Mitverschulden (Abs. 3 Satz 2)

3 Bei der in Abs. 3 Satz 1 enthaltenen Regelung handelt es sich um einen **Vorteilsausgleich**, der auf dem Grundsatz von Treu und Glauben nach § 242 BGB beruht. Ein solcher Ausgleich setzt voraus, dass durch ein und dasselbe Ereignis sowohl ein Schaden als auch ein Vorteil entstanden ist. Nicht erforderlich ist, dass der Eingriff unmittelbar und gleichzeitig auch den Vorteil hat entstehen lassen. Es genügt, dass das schädigende Ereignis allgemein geeignet war, derartige Vorteile mit sich zu bringen und der Zusammenhang der Ereignisse nicht so lose ist, dass er nach vernünftiger Lebensauffassung keine Berücksichtigung mehr verdient (BGHZ 62, 305 = BRS 34 Nr. 99; BGH NJW 1989, 2117; BGH NJW 1998, 2215). Aber auch adäquat verursachte Vorteile dürfen nicht stets entschädigungsmindernd berücksichtigt werden. Hinzukommen muss, dass ihre Anrechnung dem Sinn und Zweck der Enteignungsentschädigung unter Berücksichtigung der gesamten Interessenlage der Beteiligten entspricht und dem Enteignungsbetroffenen zumutbar ist (BGH BRS 34 Nr. 129; BGH BRS 34 Nr. 145). Maßgebend ist somit eine **wertende Betrachtungsweise**, nicht eine rein kausale Bewertung (BGH NJW 1989, 2117). Mit der Frage, ob und inwieweit **Planungsvorteile** bei einer Landenteignung für Erschließungsmaßnahmen entschädigungsmindernd ins Gewicht fallen, war Gegenstand mehrerer Entscheidungen (BGHZ 62, 305 = BRS 34 Nr. 99; BGH BRS 34 Nr. 100; BGH WM 2000, 142). Der Bundesgerichtshof betont den Grundsatz der **Lastengleichheit**, dem auch bei der Frage der Vorteilsausgleichung Rechnung zu tragen ist. Die Vorteilsausgleichung erstreckt sich sowohl auf die Entschädigung für den Rechtsverlust (§ 95) als auch auf die Entschädigung für andere Vermögensnachteile (§ 96); es ist anerkannt, dass die durch die Enteignung entstandenen Einbußen durch die erlangten Vorteile völlig ausgeglichen werden können, so dass keine Entschädigung zu leisten ist (BGH BRS 34 Nr. 64; OLG Hamm BRS 19 Nr. 92; vgl Goldschmidt, BauR 2006, 318 f, zu Stadtumbaumaßnahmen).

4 Abs. 3 Satz 2 übernimmt aus dem bürgerlichen Recht den Grundsatz des mitwirkenden Verschuldens (§ 254 BGB). Dieser ist als besondere Ausprägung der in Art 14 Abs. 3 Satz 3 GG vorgeschriebenen **Interessenabwägung** von Amts wegen zu

beachten. Insoweit kann die schadensanfällige Lage oder Beschaffenheit eines Grundstücks in besonderen Einzelfällen zur **Minderung** und sogar zum Ausschluss der Entschädigung führen (BGH NJW 1992, 2884).

IV. Maßgeblicher Zeitpunkt für die Qualitätsbestimmung (Abs. 4)

5 Abs. 4 trifft eine Bestimmung über den Zeitpunkt, in dem der Zustand des Grundstücks für die Bemessung der Entschädigung maßgebend ist. Insoweit ist der Zeitpunkt maßgebend, indem die Enteignungsbehörde über den Enteignungsantrag entscheidet. Davon zu unterscheiden ist der Zeitpunkt, der für die Bewertung zu bestimmen ist, § 95 Abs. 1. Mit Zustand iSd Abs. 4 ist die Qualität des Enteignungsobjekts gemeint. Dabei ist auf tatsächliche Umstände, zB Bewachsung des Grundstücks, Zustand der Gebäude oder anderer baulichen Anlagen, und rechtliche Umstände, zB die mögliche Nutzung oder die Qualität des Grundstücks (Bauland oder Bauerwartungsland), abzustellen. Es ist allerdings auch möglich, dass in den Fällen der sog. **Vorwirkung der Enteignung**, in denen ein Grundstück durch Bauverbote, Veränderungssperren oder verbindliche Planungen von jeglicher konjunktureller Weiterentwicklung ausgeschlossen wird, der **Zeitpunkt** der Qualitätsbestimmung **vorzuverlegen** ist (BGHZ 64, 382 = BRS 34 Nr. 133; OLG Celle RdL 2004, 146; OLG München BayVBl. 1999, 506). Der Zeitpunkt der Qualitätsbestimmung wegen einer vorbereiteten **Planung** ist vorzuverlegen, wenn diese Planung ursächlich für die spätere Enteignung war, diese Planung eine hinreichende Bestimmtheit hatte und die später verbindliche Planung, die dann zur Enteignung führte, mit Sicherheit zu erwarten war (OLG Celle RdL 2004 146; BGHZ 63, 240 [242]).

6 Nach Abs. 4 Satz 2 ist bei der vorzeitigen Besitzeinweisung der Zeitpunkt der Wirksamkeit dieser Besitzeinweisung maßgebend, § 116 Abs. 1 Satz 4. Die Enteignungsbehörde hat auf einen entsprechenden Antrag den Zustand des Grundstücks vor der Besitzeinweisung nach § 116 Abs. 5 zu Grunde zu legen.

§ 94 Entschädigungsberechtigter und Entschädigungsverpflichteter

(1) Entschädigung kann verlangen, wer in seinem Recht durch die Enteignung beeinträchtigt wird und dadurch einen Vermögensnachteil erleidet.

(2) Zur Leistung der Entschädigung ist der Enteignungsbegünstigte verpflichtet. Wird Ersatzland enteignet, so ist zur Entschädigung derjenige verpflichtet, der dieses Ersatzland für das zu enteignende Grundstück beschaffen muss.

I. Allgemeines

1 Ergänzend zu den anspruchsbegründenden Vorschriften der §§ 93, 95–97 wird in § 94 Abs. 1 bestimmt, wer Anspruch auf Enteignungsentschädigung hat und in Abs. 2, wer verpflichtet ist, diesen Anspruch zu erfüllen. Die Regelung gilt für die Enteignungen nach den §§ 85 ff

II. Entschädigungsberechtigter (Abs. 1)

2 Durch Abs. 1 wird klargestellt, dass Entschädigung nur derjenige verlangen kann, der sowohl eine Rechtsbeeinträchtigung als auch dadurch einen Vermögensnachteil erlitten hat. Nicht ausreichend sind dabei Maßnahmen, die nur nachteilige Auswirkungen haben. Wird bspw ein Grundstück für eine Durchgangsstraße enteignet und verliert dadurch der Hotelbetrieb eines Dritten seine bisherige ruhige Lage, so kann der Inhaber des Hotels keinen Entschädigungsanspruch im Enteignungsverfahren für das enteignungsbetroffene Grundstück geltend machen (BGHZ 62, 96 = BRS 26 Nr. 114). Erforderlich ist vielmehr, dass der Eigentümer in seiner aus seinem Eigentum sich ergebenden Rechtsposition getroffen und beeinträchtigt wird (BGHZ 62, 96 = BRS 34 Nr. 114). Bloße Hoffnungen, Erwartungen, Chancen uÄ begründen keine subjektive Rechtsposition. Ausnahmsweise billigt der BGH für beeinträchtigte Erwartungen einen Wertausgleich dann zu, wenn Grundstücke dem enteignenden Zugriff unmittelbar ausgesetzt und dadurch der privaten Nutzung entzogen werden (BGH BRS 34 Nr. 135; BGH NVwZ 1988, 867). Keine Rolle spielt es, ob es sich um einen gezielten Eingriff handelt (BGHZ 37, 44 = DVBl 1962, 719). Weiterhin muss der Entschädigungsberechtigte einen Vermögensnachteil erleiden, wobei dieser nicht unmittelbar durch den Rechtsverlust eintreten muss.

III. Entschädigungsverpflichteter (Abs. 2)

3 Entschädigungspflichtig nach Abs. 2 ist derjenige, zu dessen Gunsten auf seinen Antrag nach § 105 die Enteignung ausgesprochen worden ist. Dieser ist nach § 113 Abs. 2 Nr. 8 im Enteignungsbeschluss zu bezeichnen und ist regelmäßig der Antragsteller. Keine Personenidentität besteht jedoch u.a. bei Enteignung nach § 85 Abs. 1 Nr. 5 zugunsten eines Bauwilligen.

4 Wird Ersatzland enteignet, so ist nicht der Empfänger des Ersatzlandes, sondern der Antragsteller des primären Enteignungsverfahrens entschädigungspflichtig. Die Formulierung des Abs. 2 Satz 2, wonach zur Entschädigung derjenige verpflichtet ist, der das Ersatzland für das zu enteignende Grundstücks „beschaffen“ muss, ist insoweit ungenau (KK, § 94 Rn 14; EZB, § 94 Rn 22). Der durch eine Enteignung mittelbar Begünstigte, der nicht Antragsteller ist, zB der Grundstücksnachbar, ist nicht entschädigungspflichtig. Dies gilt auch dann, wenn er ohne die Enteignung sein Grundstück nicht in gleicher Weise wie nach der Enteignung ausnutzen kann.

§ 95 Entschädigung für den Rechtsverlust

(1) Die Entschädigung für den durch die Enteignung eintretenden Rechtsverlust bemisst sich nach dem Verkehrswert (§ 194) des zu enteignenden Grundstücks oder sonstigen Gegenstands der Enteignung. Maßgebend ist der Verkehrswert in dem Zeitpunkt, in dem die Enteignungsbehörde über den Enteignungsantrag entscheidet.

(2) Bei der Festsetzung der Entschädigung bleiben unberücksichtigt

1. Wertsteigerungen eines Grundstücks, die in der Aussicht auf eine Änderung der zulässigen Nutzung eingetreten sind, wenn die Änderung nicht in absehbarer Zeit zu erwarten ist;

2. Wertänderungen, die infolge der bevorstehenden Enteignung eingetreten sind;
3. Werterhöhungen, die nach dem Zeitpunkt eingetreten sind, in dem der Eigentümer zur Vermeidung der Enteignung ein Kauf- oder Tauschangebot des Antragstellers mit angemessenen Bedingungen (§ 87 Abs. 2 Satz 1 und § 88) hätte annehmen können, es sei denn, dass der Eigentümer Kapital oder Arbeit für sie aufgewendet hat;
4. wertsteigernde Veränderungen, die während einer Veränderungssperre ohne Genehmigung der Baugenehmigungsbehörde vorgenommen worden sind;
5. wertsteigernde Veränderungen, die nach Einleitung des Enteignungsverfahrens ohne behördliche Anordnung oder Zustimmung der Enteignungsbehörde vorgenommen worden sind;
6. Vereinbarungen, soweit sie von üblichen Vereinbarungen auffällig abweichen und Tatsachen die Annahme rechtfertigen, dass sie getroffen worden sind, um eine höhere Entschädigungsleistung zu erlangen;
7. Bodenwerte, die nicht zu berücksichtigen wären, wenn der Eigentümer eine Entschädigung in den Fällen der §§ 40 bis 42 geltend machen würde.

(3) Für bauliche Anlagen, deren Rückbau jederzeit auf Grund öffentlich-rechtlicher Vorschriften entschädigungslos gefordert werden kann, ist eine Entschädigung nur zu gewähren, wenn es aus Gründen der Billigkeit geboten ist. Kann der Rückbau entschädigungslos erst nach Ablauf einer Frist gefordert werden, so ist die Entschädigung nach dem Verhältnis der restlichen zu der gesamten Frist zu bemessen.

(4) Wird der Wert des Eigentums an dem Grundstück durch Rechte Dritter gemindert, die an dem Grundstück aufrechterhalten, an einem anderen Grundstück neu begründet oder gesondert entschädigt werden, so ist dies bei der Festsetzung der Entschädigung für den Rechtsverlust zu berücksichtigen.

I. Inhalt und Bedeutung

1 Während § 93 Abs. 2 Nr. 1 allgemein bestimmt, dass für den durch die Enteignung eintretenden Rechtsverlust eine Entschädigung zu leisten ist, konkretisiert § 95 diese Aussage. Abs. 1 Satz 1 trifft die zentrale Entscheidung, dass die Entschädigung nach dem in § 194 definierten **Verkehrswert** zu bemessen ist. Abs. 1 Satz 2 legt den Zeitpunkt der Bewertung (**Bewertungsstichtag, Preisermittlungsstichtag**) fest. Abs. 2 enthält eine Reduktionsklausel zur Korrektur des auf dem Marktgeschehen basierenden Verkehrswert. Abs. 3 Satz 1 trifft eine **Billigkeitsentscheidung** für illegale Bauten, Abs. 3 Satz 2 eine Enteignungsentschädigung für befristet legale Bauten. Schließlich regelt Abs. 4 die Entschädigungsbemessung eines durch Rechte Dritter in seinem wertgeminderten Grundstück.

II. Die Verkehrswertentschädigung des § 95 Abs. 1 Satz 1

2 Die für den Rechtsverlust nach § 93 Abs. 2 Nr. 1 zu gewährende Entschädigung bemisst sich nach dem Verkehrswert (§ 194). Der Verkehrswert wird konkretisiert insbesondere durch die Verordnung über Grundsätze für die Ermittlung der Verkehrswerte von Grundstücken (Wertermittlungsverordnung – **WertV**) vom 6.12.1988 (BGBl. I 1988 S. 2208) und die **Wertermittlungsrichtlinien 2002**, die die WertV ergänzen. Die WertV ist direkt nur für die nach § 192 ff gebildeten Gutachterausschüsse bei der Erstattung von Gutachten nach § 193 verbindlich, nicht aber für Gerichte und private Sachverständige (BGHZ 120, 38; BGHZ 59, 250 [259]; BGHZ 67, 190). Der BGH hat jedoch anerkannt, dass die WertV allgemein anerkannte Regeln der Wertermittlungslehre enthält (BGH NVwZ-RR 1995, 911 [912]). Die Wertermittlungsrichtlinien 2002 sind nur verbindlich, soweit ihre Anwendung angeordnet wird. Sie stellen nur interne Verwaltungsanweisungen dar. In administrativen Entschädigungsfestsetzungsverfahren sind sie nur für diejenigen Behörden verbindlich, an die sie direkt gerichtet sind.

3 Der Verkehrswert wird durch den Preis bestimmt, der in dem Zeitpunkt, auf den sich die Ermittlung bezieht, im gewöhnlichen Geschäftsverkehr nach den rechtlichen Gegebenheiten und tatsächlichen Eigenschaften, der sonstigen Beschaffenheit in der Lage unter Rücksicht auf ungewöhnliche oder persönliche Verhältnisse zu erzielen wäre (§ 194). Das wichtigste der wertenden Kriterien innerhalb des § 194 ist das Tatbestandsmerkmal des **gewöhnlichen Geschäftsverkehrs** (vgl dazu unten § 194; BGHZ 30, 281 [286]; BGH BRS 53 Nr. 130; BGH NJW 1995, 2083).

Nach gefestigter Rspr des BGH gilt für Grundstücksflächen, die in einem BPl als Fläche für den Gemeinbedarf, zB als Straßenverkehrsflächen, ausgewiesen sind, zwar kein *„freier Markt"*, wie dies für einen gewöhnlichen Geschäftsverkehr iSv § 95 Abs. 1, § 194 Voraussetzung ist; denn Grundstücke für Zwecke des öffentlichen Verkehrs werden nur von der öffentlichen Hand erworben (BGH, NJW 1978, 941; BGH, NJW-RR 1995, 911 [912]). Daraus darf allerdings nicht geschlossen werden, dass solchen Grundstücken ein realer wirtschaftlicher Wert nicht beizumessen sei; vielmehr muss der Wert in derartigen Fällen unter Berücksichtigung aller Umstände nach **§ 287 ZPO** geschätzt werden (BVerwG, RdL 2006, 139; BGH, NJW-RR 1995, 911 [912]).

4 Durch eine Entschädigung soll die durch die Enteignung herbeigeführte Vermögensverschiebung ausgeglichen werden; dabei bleiben aber solche Umstände außer Betracht, die keine Beziehung zum Sachwert haben, so dass etwa ein Liebhaberwert nicht entschädigt wird (BGHZ 76, 274 = DÖV 1980, 874 = BRS 45 Nr. 193). Aus der Bemessung der Entschädigung sind auch die Nachteile auszuscheiden, die der Eigentümer i.R. der Sozialbindung ohnehin hätte entschädigungslos hinnehmen müssen, zB wenn die Straße an der Grenze des ungeteilten Grundstücks entlang geführt wäre (BGHZ 119, 62). Grundsätzlich stellt keine entschädigungsfähige Rechtsposition dar, was Gegenstand einer zulässigen Inhaltsbestimmung des Eigentums ist oder sein kann (BGHZ 97, 361). Die Wertermittlung unterliegt einer vollen gerichtlichen Überprüfung (BGHZ 26, 373 = NJW 1958, 749). In der Auswahl der **Methoden der Wertermittlung** ist das Gericht frei, solange gewährleistet ist, dass die jeweils angewandte Methode zu dem richtigen Ergebnis führt und unter anderem das Wertbild nicht verzerrt (BGH WM 1983,

997; BGH NuR 1993, 296; BGH NJW 2000, 3638). Zum Verkehrswert eines Vorkaufsrechts (OLG Oldenburg NVwZ 1994, 309). § 287 ZPO ist anwendbar (BGHZ 29, 217). Verfassungsrechtlich ist eine nach dem Marktwert zu bemessende Enteignungsentschädigung nicht geboten (vgl BVerfG NJW 1969, 309 [316]; BGHZ 91, 243 [257]).

III. Maßgeblicher Zeitpunkt für die Preisbemessung

1. Entscheidung über den Enteignungsantrag (Abs. 1 Satz 2)

5 Als maßgebend für die Preis- und Währungsverhältnisse nach denen der Verkehrswert zu beurteilen ist, bestimmt Abs. 1 Satz 2 den Zeitpunkt (sog **Wertermittlungsstichtag**) indem die Enteignungsbehörde über den Enteignungsantrag durch Enteignungsbeschluss (§ 113 Abs. 2) entscheidet. Abzustellen ist auf den Tag der Entscheidung, nicht auf den Tag der Zustellung (EZB, § 95 Rn 56; aA: KK, § 95 Rn 125). Der BGH stellt in den Entscheidungen zum Teil auf die Zustellungen und zum Teil auf das Datum des Enteignungsbeschlusses ab (BGH NVwZ 1990, 797; BGH BRS 19 Nr. 76; BGH WM 1979, 168 [170]). Da regelmäßig nur wenige Tage zwischen dem Erlass und der Zustellung liegen, führt der unterschiedliche Zeitpunkt zu keinem abweichenden Verkehrswert.

2. Verschiebung des Wertermittlungsstichtages

6 Nach der sog. **Steigerungsrechtsprechung des BGH** zwingt im Einzelfall vor allem die Ausgleichsfunktion der Enteignungsentschädigung zu einer Abweichung vom Regelstichtag. Es müssen drei Voraussetzungen zusammen erfüllt sein, damit sich der Wertermittlungsstichtag verschiebt (BGH BRS 34 Nr. 120; BGHZ 118, 25 ff; BGH NJW 1997, 2119). Erstens muss der Termin, in dem die Entschädigungsberechtigte die Verfügungsmöglichkeit über die objektiv richtige Entschädigungssumme erhält, sich gegenüber dem in § 95 Abs. 1 Satz 2 festgelegten Stichtag nicht unwesentlich verzögert haben (BGHZ 61, 240 [246]: wenige Wochen unwesentlich). Dies kann der Fall sein, wenn der Enteignungsbegünstigte die Festsetzung der Enteignungsentschädigung erfolglos angegriffen hat (BGHZ 40, 87), oder der Betroffene die festgesetzte Entschädigung erfolgreich angefochten hat (BGHZ 43, 300 [306]). Der Bewertungsstichtag verschiebt sich nicht bei erfolgloser Anfechtung durch den Eigentümer (BGH NVwZ 1990, 740; BGH DVBl 1983, 1147).

7 Zweitens muss die Verzögerung ihre Ursache in der Sphäre dessen haben, zu dessen Lasten die Verschiebung des Bewertungsstichtages erfolgen soll (BGH BRS 19 Nr. 79; BGH BRS 19 Nr. 82; BGH BRS 53 Nr. 122).

8 Drittens müssen sich während der Verzögerung die **Preis- und Währungsverhältnisse** nicht unwesentlich geändert haben (BGH BRS 19 Nr. 76; BGH BRS 19 Nr. 83; BGH BRS 19 Nr. 75; BGHZ 64, 361; BGH BRS 53 Nr. 122; BGH BRS 53 Nr. 120). In einigen Urteilen sind Prozentzahlen zum Begriff „nicht nur unerheblich zu niedrig“ angegeben, die jedoch nicht einheitlich verwandt werden. Es wird auch auf die absoluten Entschädigungssummen abgestellt. Ab 6% wird man bei entsprechendem wirtschaftlichem Wert von einer nicht nur unwesentlichen Differenz ausgehen können.

9 Heute sind insbesondere **Preisrückgänge** in Erwägung zu ziehen. Nicht nur Preissteigerung, sondern auch rückläufige Preisentwicklungen sind zu berücksichtigen, wenn die sonstigen Voraussetzungen einer Stichtagsverschiebung vorliegen (BGH BRS 19 Nr. 76; BGH; BRS 34 Nr. 88).

IV. Besondere bei der Wertermittlung nicht zu berücksichtigende Umstände (Abs. 2)

10 Abs. 2 enthält verschiedene Ausnahmen zu der Grundregel des Abs. 1. Nr. 1: Es soll bei der Entschädigung die Steigerung des Verkehrswertes keine Berücksichtigung finden, die auf der Spekulation beruht, dass irgendwann einmal die Gemeinde für das entsprechende Gebiet einen Bebauungsplan aufstellt. Dieser Vorschrift kommt vor allem Bedeutung für Grundstücke am Rande des im Zusammenhang bebauten Ortsteils zu, die vielfach als Bauerwartungsland eingestuft werden, obwohl eine Änderung in absehbarer Zeit nicht zu erwarten ist. Die Formulierung „in absehbarer Zeit" weist auf konkret zu erwartende Nutzungsänderungen hin und lässt keinen Raum für Hoffnungen, Spekulationen oder Beurteilungen, denen verlässliche Tatsachen fehlen (BGHZ 98, 341; BGH BRS 45 Nr. 192; OLG München, NJW-RR 1991, 1231 [1233]).

11 Nr. 2: Darin kommt der Grundsatz der **Vorwirkung der Enteignung** zum Ausdruck, nach dem Wertänderungen, die infolge der bevorstehenden Enteignung eingetreten sind, bei der Festsetzung der Entschädigung unberücksichtigt bleiben. Dies gilt auch bei Wertänderungen, die auf Festsetzungen eines BPls für Zwecke der Allgemeinheit beruhen, mithin auch für Straßenverkehrsflächen (BVerwG, RdL 2006, 139). Der positiv-rechtlichen Ausprüfung des Grundsatzes der Vorwirkung der Enteignung kommt einer Vorverlegung des Stichtages auf den Zeitpunkt gleich, in dem das Grundstück endgültig von jeder konjunkturellen Weiterentwicklung ausgeschlossen wird (BGH NVwZ-RR 1989, 393). In diesem Zusammenhang kann es sich sowohl um Werterhöhungen als auch Wertverringerungen handeln. Weist ein Bebauungsplan ein Grundstück erstmals als Bauland aus und folgt danach die Enteignung, beruht die Wertsteigerung nicht auf der Enteignung, sondern auf der Festsetzung als Bauland (BGH NJW 1968, 892 = DVBl 1968, 505). Demgegenüber stehen Wertänderungen eines Grundstücks, die auf Festsetzungen eines Bebauungsplanes für Zwecke der Allgemeinheit beruhen, zB Grünfläche für ein Schulzentrum, bei einer nachfolgenden Enteignung damit in unmittelbarem Zusammenhang, so dass daher etwaige Wertveränderungen unberücksichtigt bleiben müssen (BGH NJW 1967, 2306 = BRS 19 Nr. 100; BGH BRS 45 Nr. 192). Solchen Gemeinbedarfsflächen kommt kein besonderer über den bisherigen Nutzungswert hinausgehender Verkehrswert zu (BGH, NJW 1967, 2306, Universitätssportgelände; BVerwG, B. v. 11.6.1975 – V CB 54.73 – gemeindlicher Friedhof; VGH Mannheim, RdL 1996, 320, gemeindliche Erd- und Bauschuttdeponie). Dem Ansinnen, insoweit einen „Quasi-Verkehrswert" und einen „Teilmarkt" von höher zu bewertenden Flächen anzuerkennen, weil der in Betracht kommende Erwerber (in der Regel allein die öffentliche Hand) aufgrund seines Interesses an einem schnellen und reibungslosen Eigentumserwerb erfahrungsgemäß bereit sein würde, auch einen höheren Kaufpreis zu zahlen, hat der BGH eine Absage erteilt (BGH, NJW-RR 2003, 374 [375]). Dies sind ungewöhnliche und persönliche besondere Umstände, die bei der Ermittlung des Verkehrswerts nicht zu berücksichtigen sind (BVerwG, RdL 2006, 139; EZBK, § 95 Rn 40; KK, § 95, Rn 91). Von den zukünftigen Wertsteigerungen eines Grundstückes sind nur diejenigen zu berücksichtigen, deren Verwirklichung im Enteignungszeitpunkt oder deren Vorwirkung so sicher unmittelbar bevorstand, dass dem der gesunde Grundstücksverkehr schon Rechnung trug (BGH NJW 1966, 497 = DVBl 1966, 310).

Nr. 3 drückt einen allgemeinen Grundsatz des Enteignungsrechts aus (BGH NVwZ 1987, 530 = UPR 1987, 102). Es soll verhindert werden, dass ein Eigentümer in Zeiten schwankender Preise ernsthafte und **angemessene Angebote** des Enteignungsbegünstigten aus spekulativen Gründen ablehnt (BGH NJW 1980, 629). In diesem Zusammenhang erweist sich die praktische Bedeutung eines angemessenen Angebots. Hinsichtlich der Höhe muss das Angebot an der geschuldeten Entschädigungssumme orientiert sein. Zur Frage, bis zu welchem Ausmaß die insgesamt angebotene Entschädigungssumme, die später zum Angebotszeitpunkt als zutreffend ermittelte Entschädigung unterschreiten darf, damit noch die Sperrwirkung zu Abs. 2 Nr. 3 zum Zuge kommt, stellt der BGH darauf ab, ob der Entschädigungsbetrag „verhältnismäßig gering" von dem angebotenen Betrag abweicht (BGH BRS 45 Nr. 103; vgl BGH BRS 34 Nr. 94). Nach Meinung des BVerwG ist ein dem Gutachten des Gutachterausschusses entsprechendes Angebot wirtschaftlich sachgerecht, wenn das Gutachten nicht ausnahmsweise offensichtlich auf einem schweren Fehler beruht (BVerwG BRS 26 Nr. 80). Allerdings führt ein wirtschaftlich sachgerechtes Gutachten nicht ohne weiteres zur **Sperrwirkung** eines Angebots (KK, § 95 Rn 58). 12

Nr. 4: Es handelt sich dabei um wertsteigernde Veränderungen, die nach § 14 Abs. 1 nicht vorgenommen werden dürfen. Die **Ausschlusswirkung** des Abs. 2 Nr. 4 tritt nicht für alle während einer Veränderungssperre vorgenommenen wertsteigernde Veränderungen ein, sondern nur für solche, die ohne Genehmigung der Baugenehmigungsbehörde vorgenommen worden sind. Ohne Einfluss sind landesplanerische Veränderungssperren, da sie unmittelbare Wirkungen für Grund und Boden nicht enthalten dürfen (BGHZ 88, 51 [54]). Notwendig um die Ausschlusswirkungen des § 95 Abs. 2 Nr. 4 auszulösen, ist eine rechtmäßige Veränderungssperre (EZB, § 95 Rn 89). 13

Nach Nr. 5 haben bei der Festsetzung der Enteignungsentschädigung solche wertsteigernde Veränderungen unberücksichtigt zu bleiben, die nach Einleitung des Enteignungsverfahrens ohne behördliche Anordnung oder Zustimmung vorgenommen worden sind. Die Zustimmung ist in Zusammenhang mit § 109 zu sehen. Der Zeitpunkt der Einhaltung des Verfahrens ist gesetzlich bestimmt. Nach § 108 Abs. 1 Satz 1 wird das Enteignungsverfahren durch die Anberaumung eines Termins zur mündlichen Verhandlung mit den Beteiligten eingeleitet. 14

Nr. 6 hat aus § 23 Abs. 4 StBauFG einen dort geregelten Rechtsgrundsatz als allgemeines Entschädigungsprinzip in das Städtebaurecht übernommen. Dadurch soll verhindert werden, dass der Enteignungsbegünstigte hohe Entschädigungen aufgrund von Vereinbarungen, vor allem über Nutzungsrechte, zahlen muss, die allein deshalb eingegangen worden sind, um die Enteignungsentschädigung zu erhöhen (subjektive Voraussetzung). Als Beispiel kommt die Vereinbarung einer längeren Laufzeit für ein Miet- oder Pachtverhältnis in Betracht, die von den üblichen Vereinbarungen in derselben Gegend oder einer vergleichbaren Gegend auffällig abweichen muss. Bei dem Enteignungsbegünstigten liegen die Darlegungs- und Beweislast für den Zweck und die auffällige Abweichung. Außerdem ist diese Vorschrift auch im Zusammenhang mit dem preislimitierten Vorkaufsrecht, § 28 Abs. 3 und 4, zu sehen (BGHZ 98, 188 = NVwZ 1987, 260 = DÖV 1987, 301). 15

Die Vorschrift der Nr. 7 nimmt Bezug auf planungsrechtliche Bestimmungen und bezweckt damit eine Koordinierung (Harmonisierung). Ihr Geltungsbereich und ihre Verfassungsmäßigkeit sind nach wie vor umstritten (BGH DVBl 1999, 1282; Berkemann, DVBl 1989, 1285). Danach bleiben bei der Festsetzung der Entschädigung unberücksichtigt Bodenwerte, die nicht zu berücksichtigen wären, wenn 16 der Eigentümer eine Entschädigung in den Fällen der §§ 40–42 geltend machen würde. Nach der Reduktionsklausel bleiben unberücksichtigt Bodenwerte, die gem. § 43 Abs. 4 wegen ungesunder Wohn- und Arbeitsverhältnisse und sonstiger städtebaulicher Missstände nicht zu entschädigen wären. Ob sich die **Reduktionsklauseln** darüber hinaus auch für die Klauseln der §§ 42 Abs. 2, 3, § 43 Abs. 3 Satz 2 – Entschädigungsreduktion nach Ablauf der siebenjährigen Plangewährleistungspflicht – bezieht, war lange umstritten (EZB, § 95 Rn 101g; KK, § 95 Rn 174; Ziegler, ZfBR 1983, 169 ff; Uechtritz, BauR 1983, 523 ff; Gaentzsch, § 43 Rn 6 ff). Der BGH hat entschieden, dass bei administrativer Enteignung infolge eigentumsverdrängender planerischer Festsetzung eine verfassungskonforme Auslegung der §§ 42 Abs. 3, 43 Abs. 3 Satz 2, 95 Abs. 2 Nr. 7 angezeigt ist (BGH DVBl 1999, 1282). Aus der Wertgarantie des Eigentums und dem in Art 14 Abs. 1 Satz 3 iVm Art 3 Abs. 1 GG verankerten Grundsatz der Lastengleichzeit resultiert bei einer durch BPl bewirkenden Herabzonung des gesamten Plangebiets eine Enteignungsentschädigung auch nach Ablauf der Siebenjahresfrist (BGH DVBl 1999, 1282). An dieser Rechtsprechung hält der BGH (BGH NJW 2003, 63) dem Grunde nach fest, betont aber mehrfach den Ausnahmecharakter.

V. Entschädigung für rechtswidrige und für befristet legale bauliche Anlagen (Abs. 3)

17 Die Regel, dass für solche Bauwerke, die auf dem von der Enteignung betroffenen Grundstück vorhanden sind, grds. Entschädigung zu leisten ist, wird durch Abs. 3 eingeschränkt. Satz 1 enthält eine **Billigkeitsentschädigung** in den Fällen, in denen ein entschädigungsloser Abbruch für illegale bauliche Anlagen jederzeit verlangt werden kann. Bauliche Anlagen sind illegal, wenn sie formell und materiell baurechtswidrig sind. Die formelle Baurechtswidrigkeit ist gegeben, wenn die bauliche Anlage ohne die erforderliche Baugenehmigung errichtet worden ist oder wenn eine erteilte Baugenehmigung bestandskräftig widerrufen worden oder durch Zeitablauf erloschen ist. Eine bauliche Anlage ist materiell baurechtswidrig, wenn sie entweder bauplanungsrechtlich (§§ 29 ff) oder bauordnungsrechtlich nach den Landesbauordnungen unzulässig ist. Satz 1 ist auch in den Fällen der baufälligen und damit polizeiwidrigen Anlagen anwendbar.

18 Abs. 3 Satz 2 behandelt die Berechnung der Entschädigung bei vorzeitigem **Abbruch** einer nur zeitlich befristet genehmigten baulichen Anlage. Die Höhe dieser echten Enteignungsentschädigung bemisst sich nach dem Verhältnis der restlichen zur gesamten Frist.

VI. Minderung der Entschädigung durch Rechte Dritter (Abs. 4)

19 Die für den Rechtsverlust ermittelte Entschädigung ist nach Abs. 4 zu mindern, wenn der Wert des Eigentums oder des Rechts durch Rechte Dritter gemindert wird, die in dem Enteignungsverfahren eine besondere Berücksichtigung finden. Im Einzelnen handelt es sich dabei um Rechte Dritter, die an dem Grundstück nach § 97 Abs. 1 aufrechterhalten, an einem anderen Grundstück nach § 97 Abs. 2 neu begründet oder nach § 97 Abs. 3 gesondert entschädigt werden. Zu beachten ist, dass die Wertminderung des Grundstücks durch die genannten Rechte nicht immer mit dem Betrag der Geldentschädigung übereinstimmen muss, die dem Nebenberechtigten gewährt wird.

§ 96 Entschädigung für andere Vermögensnachteile

(1) Wegen anderer durch die Enteignung eintretender Vermögensnachteile ist eine Entschädigung nur zu gewähren, wenn und soweit diese Vermögensnachteile nicht bei der Bemessung der Entschädigung für den Rechtsverlust berücksichtigt sind. Die Entschädigung ist unter gerechter Abwägung der Interessen der Allgemeinheit und der Beteiligten festzusetzen, insbesondere für

1. den vorübergehenden oder dauernden Verlust, den der bisherige Eigentümer in seiner Berufstätigkeit, seiner Erwerbstätigkeit oder in Erfüllung der ihm wesensgemäß obliegenden Aufgaben erleidet, jedoch nur bis zu dem Betrag des Aufwands, der erforderlich ist, um ein anderes Grundstück in der gleichen Weise wie das zu enteignende Grundstück zu nutzen;
2. die Wertminderung, die durch die Enteignung eines Grundstücksteils oder eines Teils eines räumlich oder wirtschaftlich zusammenhängenden Grundbesitzes bei dem anderen Teil oder durch Enteignung des Rechts an einem Grundstück bei einem anderen Grundstück entsteht, soweit die Wertminderung nicht schon bei der Festsetzung der Entschädigung nach Nummer 1 berücksichtigt ist;
3. die notwendigen Aufwendungen für einen durch die Enteignung erforderlich werdenden Umzug.

(2) Im Falle des Absatzes 1 Nr. 2 ist § 95 Abs. 2 Nr. 3 anzuwenden.

I. Bedeutung und Verfassungsrecht

Diese Vorschrift konkretisiert die Regelung des § 93 Abs. 2 Nr. 2. Damit wird eine Entschädigung für andere durch die Enteignung eingetretenen Vermögensnachteile gewährt. Diese Nachteile werden oft als „**Folgeschäden**“ bezeichnet. Darunter sind nach der Rechtsprechung solche zu verstehen, die in der Person des Enteigneten ohne dingliche Wertbeziehung durch die Enteignung unmittelbar und zwangsnotwendig begründet werden (BGH NJW 1966, 493 = BRS 19 Nr. 130). Abs. 1 Satz 1 enthält das **Verbot der Doppelentschädigung** (BGHZ 55, 294 (297); BVerwGE 67, 190 [193]). Nicht alle Folgeschäden, die im Zusammenhang mit der Enteignung eintreten, sind dem Betroffenen als „andere Vermögensnachteile“ iSd § 96 zu ersetzen. Aus Art 14 Abs. 3 GG ist keine verfassungsrechtliche Verpflichtung zur Abgeltung aller Folgeschäden abzuleiten (Maunz/Dührig, GG-Kommentar, Art 14 Rn 631 ff). 1

II. Entschädigung für Erwerbsverluste (Abs. 1 Satz 2 Nr. 1)

Nach Abs. 1 Satz 2 Nr. 1 sind die Verluste, die den Eigentümer in seiner Berufstätigkeit, in seiner Erwerbstätigkeit oder in Erfüllung der ihm wesensmäßig obliegenden Aufgaben treffen, auszugleichen. Die wichtigste Fallgruppe im Rahmen des § 96 Abs. 1 Satz 2 Nr. 1 sind die **Schäden** infolge der Beeinträchtigung **von Gewerbebetrieben.** 2

3 Dabei wird darauf abgestellt, ob der Gegenstand, dessen Entzug diese spezifischen Nachteile auslöst, zu dem durch Art 14 Abs. 1 Satz 1 GG geschützten eingerichteten und ausgeübten Gewerbebetrieb gehört (BGH NJW 1979, 1043 = BauR 1979, 236). Die dadurch geschützte Rechtsposition bezieht sich aber nicht auf künftige Chancen und Erwerbsmöglichkeiten (BGH NJW 1987, 1256 = NVwZ 1987, 530 = UPR 1987, 102). Zu den **zu entschädigenden Folgeschäden** aus Anlass einer Betriebsverlagerung für den Eigentümer des Grundstücks gehören u.a. die Kosten für vorbereitende Standortuntersuchungen (BK 2. Aufl., § 96 Rn 5; BGH BRS 19 Nr. 81; vgl aber: BGH NJW 1977, 1725), Reisekosten des Inhabers anlässlich dieser Verlegung, Verdienstausfall, Betriebsverlagerungskosten, Produktionsausfall (BGH NJW 1966, 493 = BRS 19 Nr. 130), Minderung des Firmenwertes (BGH NJW 1977, 1725 ff), Verlust etwaiger Kundenkreise (BGH BRS 34 Nr. 145; BGHZ 55, 294 = BRS 26 Nr. 113) oder Anlaufkosten für den neuen Betrieb. Die entschädigungsfähigen Folgekosten bei der Enteignung von Gewerbebetrieben, die auf gepachteten oder gemieteten Grundstücken betrieben werden, beschränken sich auf den Ausgleich der Nachteile, die dadurch entstanden sind, dass der Betrieb das Grundstück früher räumen musste als dies nach der rechtlich gesicherten Vertragsposition der Fall war (BGHZ 83, 1).

III. Entschädigung für Wertminderung des Restbesitzes (Abs. 1 Satz 2 Nr. 2)

4 Eine Wertminderung des Restgrundstücks kann dadurch eintreten, dass ein Grundstück durch die Abtretung der Teilfläche eine **Schutzzone** verliert. Es genügt, wenn die Ursache der Nachteile in dem ganzen Unternehmen liegt, für das enteignet worden ist (BGH BRS 19 Nr. 148; BGH BRS 45 Nr. 124; BGH BRS 45 Nr. 131; BGH NVwZ 2001, 531). Wird ein landwirtschaftliches Gelände zum Teil enteignet, kann dadurch eine Wertminderung für die Hofstelle eintreten, wenn sie für den restlichen Grundbesitz zu groß ist und deshalb Stallungen und Scheunen nicht mehr voll ausgenutzt werden können. Ist ein Sanatorium oder ein Landhaus mit einem größeren Parkgelände umgeben, um dadurch vor Lärm geschützt zu sein und wird dann ein Teil des Parkgeländes für ein mit Lärm verbundenes Unternehmen enteignet, kann darin eine entschädigungspflichtige Wertminderung des Restbesitzes liegen (BGH DVBl 1969, 204 = MDR 1968, 479). Für die Bestimmung dieser Wertminderung ist in den meisten Fällen die Differenzmethode anwendbar, dh der Unterschiedsbetrag, um den der Wert des Restgrundstücks nach der Teilenteignung hinter dem Wert des früheren Gesamtgrundstücks zurückbleibt (BGH NJW 1973, 287 = BRS 26 Nr. 106). Die Entschädigung wird aber nur dann gewährt, wenn dem Eigentümer eine geschützte Rechtsposition durch die Enteignung entzogen wird.

IV. Umzugskosten (Abs. 1 Satz 2 Nr. 3)

5 Die nach Abs. 1 Satz 2 Nr. 3 erstattungsfähigen notwendigen Umzugskosten (vgl BGH BRS 19 Nr. 141) müssen erforderlich sein, wobei die Erforderlichkeit objektiv zu bestimmen ist. Dazu können die Transportkosten, Kosten der Anpassung von Einrichtungsgegenständen und von Zwischenlagerungen, sowie Reise-, Besichtigungs- und Hotelkosten gehören (KK, § 96 Rn 56; EZB, § 96 Rn 594). Bei diesen Kosten ist im Einzelfall ein angemessener Abzug „Neu für Alt" zu machen, weil andernfalls der Betroffene mehr erhielte, als er vor der Enteignung besaß (BGHZ 55, 294 [302]).

V. Rechtsprechung zu Bewertungsfragen

Vorgärten (BGH WM 1970, 590; BGH BRS 26 Nr. 106) 6

Immissionsschäden (BGH BRS 45 Nr. 122; BGH BRS 45 Nr. 131; BGHZ 64, 220 – Bonner-Reuter-Straße –; BGH DVBl 1999, 603; BGHZ 97, 361)

Beeinträchtigung des Jagdrechts (BGHZ 84, 261; BGHZ 117, 309; BGHZ 132, 63; BGH NJW 2000, 1720)

§ 97 Behandlung der Rechte der Nebenberechtigten

(1) Rechte an dem zu enteignenden Grundstück sowie persönliche Rechte, die zum Besitz oder zur Nutzung des Grundstücks berechtigen oder den Verpflichteten in der Benutzung des Grundstücks beschränken, können aufrechterhalten werden, soweit dies mit dem Enteignungszweck vereinbar ist.

(2) Als Ersatz für ein Recht an einem Grundstück, das nicht aufrechterhalten wird, kann mit Zustimmung des Rechtsinhabers das Ersatzland oder ein anderes Grundstück des Enteignungsbegünstigten mit einem gleichen Recht belastet werden. Als Ersatz für ein persönliches Recht, das nicht aufrechterhalten wird, kann mit Zustimmung des Rechtsinhabers ein Rechtsverhältnis begründet werden, das ein Recht gleicher Art in Bezug auf das Ersatzland oder auf ein anderes Grundstück des Enteignungsbegünstigten gewährt. Als Ersatz für dingliche oder persönliche Rechte eines öffentlichen Verkehrsunternehmens oder eines Trägers der öffentlichen Versorgung mit Elektrizität, Gas, Wärme oder Wasser, der auf diese zur Erfüllung seiner wesensgemäßen Aufgaben angewiesen ist, sind auf seinen Antrag Rechte gleicher Art zu begründen; soweit dazu Grundstücke des Enteignungsbegünstigten nicht geeignet sind, können zu diesem Zweck auch andere Grundstücke in Anspruch genommen werden. Anträge nach Satz 3 müssen vor Beginn der mündlichen Verhandlung schriftlich oder zur Niederschrift der Enteignungsbehörde gestellt werden.

(3) Soweit Rechte nicht aufrechterhalten oder nicht durch neue Rechte ersetzt werden, sind bei der Enteignung eines Grundstücks gesondert zu entschädigen

1. Erbbauberechtigte, Altenteilsberechtigte sowie Inhaber von Dienstbarkeiten und Erwerbsrechten an dem Grundstück,
2. Inhaber von persönlichen Rechten, die zum Besitz oder zur Nutzung des Grundstücks berechtigen, wenn der Berechtigte im Besitz des Grundstücks ist,
3. Inhaber von persönlichen Rechten, die zum Erwerb des Grundstücks berechtigen oder den Verpflichteten in der Nutzung des Grundstücks beschränken.

(4) Berechtigte, deren Rechte nicht aufrechterhalten, nicht durch neue Rechte ersetzt und nicht gesondert entschädigt werden, haben bei der Enteignung eines Grundstücks Anspruch auf Ersatz des Werts ihres Rechts aus der Geldentschädigung für das Eigentum an dem Grundstück, soweit sich ihr Recht auf dieses erstreckt. Das gilt entsprechend für die Geldentschädigungen, die für den durch die Enteignung eintretenden Rechtsverlust in anderen Fällen oder nach § 96 Abs. 1 Satz 2 Nr. 2 festgesetzt werden.

I. Inhalt und Bedeutung

1 Mit dieser Vorschrift wird die materiell-rechtliche Stellung derjenigen geregelt, die von der gegen den Hauptberechtigten gerichteten Enteignung mit betroffen werden. Zu den **Nebenberechtigten** zählen solche natürlichen und juristischen Personen, denen an dem Grundstück ein sonstiges dingliches oder persönliches Recht zusteht. Deren Rechte bleiben an dem enteigneten Grundstück nur dann weiter bestehen, wenn dies ausdrücklich im **Enteignungsbeschluss** (§ 112 Abs. 3 Nr. 1) angeordnet wird. Einzige Voraussetzung ist, dass dies mit dem Enteignungszweck, wobei es sich dabei um einen unbestimmten Rechtsbegriff handelt, vereinbar ist. Ist das nicht der Fall, so erlaubt Abs. 2 eine Ersatzrechtsbestellung. Können Rechte weder nach Abs. 1 aufrechterhalten, noch nach Abs. 2 ersetzt werden, so gewährt Abs. 3 bestimmten Sonderentschädigungsberechtigten einen Ersatzanspruch. Übrige Berechtigten räumt Abs. 4 einen privatrechtlichen Anspruch an der Hauptentschädigung ein (Surrogationsprinzip).

II. Aufrechterhaltung von Rechten (Abs. 1)

2 Der Grundsatz, dass durch Enteignung eines Grundstücks die darauf lastenden privatrechtlichen Verpflichtungen erlöschen, wird in Abs. 1 durchbrochen; die Enteignungsbehörde kann beschließen, dass ein solches Recht am Grundstück wie bisher fortbesteht. Zwar eröffnet Abs. 1 der Enteignungsbehörde nach dem Wortlaut einen **Ermessensspielraum**; dieser kann aber ausgehend von dem Gebot des geringstmöglichen Eingriffs im Regelfall auf Null reduziert sein, so dass ein entsprechender Anspruch des Nebenberechtigten besteht (BKL, § 97 Rn 2; Schrödter, BauGB, § 97 Rn 4; KK, § 97 Rn 11).

III. Ersatzrechtsbestellung (Abs. 2)

3 Kann das Recht des Nebenberechtigten nach Abs. 1 nicht aufrechterhalten werden, eröffnet Abs. 2 der Enteignungsbehörde die Möglichkeit, Ersatz für das betreffende Recht zu bestellen. § 97 Abs. 2 unterscheidet drei Fälle der Ersatzrechtsbestellung: Ersatz für dingliche Rechte (Abs. 2 Satz 1), Ersatz für persönliche Rechte (Abs. 2 Satz 2) und Ersatz für Rechte eines Verkehrs- oder Versorgungsunternehmens (Abs. 2 Satz 3).

4 In den Fällen des Abs. 2 Satz 1 und Satz 2 bedarf es zur Neubegründung eines entsprechenden Ersatzrechts der Zustimmung des Rechtsinhabers, nicht aber der des Eigentümers, dessen Grundstück durch die Ersatzrechtsbestellung berührt wird. Die Enteignungsbehörde hat in diesen Fällen von Amts wegen die Ersatzrechtsbestellung zu prüfen. Erteilt der Nebenberechtigte nicht die erforderliche Zustimmung, regelt sich das weitere Verfahren nach Abs. 3 und 4. Das Gesetz räumt durch Abs. 2 Satz 3 und Satz 4 den öffentlichen Verkehrsunternehmen und den Unternehmen der öffentlichen Versorgung eine besondere Stellung ein. Dingliche

oder persönliche Rechte eines solchen Trägers sind auf Antrag neu zu begründen; der Enteignungsbehörde steht insoweit dann kein Ermessensspielraum mehr zu.

IV. Sonderentschädigung für erlöschende und nicht ersetzte Rechte (Abs. 3)

Die in Abs. 3 enthaltene Aufzählung der gesondert zu entschädigenden Nebenberechtigten ist abschließend; soweit dort Nebenberechtigte nicht genannt werden, richtet sich deren Entschädigung nach Abs. 4. Die Höhe der gesonderten Entschädigung richtet sich nach §§ 93, 95, 96. Erforderlich dafür ist jedoch, dass der Grundstückseigentümer und der Nebenberechtigte nicht nur rechtlich, sondern auch nach wirtschaftlicher Betrachtungsweise Träger verschiedener Vermögensinteressen sind (BGHZ 43, 300 = NJW 1965, 1480), um ein **kollusives Zusammenwirken** zu verhindern. Der eigentumsrechtlich relevante Nachteil besteht hier im vorzeitigen Eintritt eines Geschehens, idR des Besitzverlustes, der aufgrund der Rechtsnatur des obligatorischen Schuldverhältnisses zu einem späteren Zeitpunkt ohnehin eingetreten wäre (BGHZ 123, 166; BGHZ 117, 236). 5

V. Wertersatz aus der Geldentschädigung (Abs. 4)

Nebenberechtigten, die nicht nach Abs. 3 zu entschädigen und deren Rechte weder nach Abs. 1 aufrechterhalten noch nach Abs. 2 gesondert entschädigt werden, steht nach Abs. 4 dann ein privatrechtlicher Anspruch auf Befriedigung aus der dem enteigneten Eigentümer zugebilligten Hauptentschädigung zu. Dieser Anspruch besteht nur in der Höhe des eingetretenen Rechtsverlusts durch die Beeinträchtigung seines Rechts. Als Berechtigte kommen dabei in erster Linie die Inhaber solcher Rechte in Frage, die der Natur nach auf die Befriedigung aus dem Erlös gerichtet sind, wie zB die Grundpfandrechte nach §§ 1113 ff BGB. Dazu zählen aber auch die Inhaber der als öffentliche Lasten auf dem Grundstück ruhenden Abgabepflichten. Einigen sich die Beteiligten nicht über die Verteilung der von der Enteignungsbehörde nur ausgewiesenen (§ 113 Abs. 2 Nr. 8) nicht aber zwischen ihnen aufgeteilten Entschädigung, so wird diese hinterlegt (§ 118) und gerichtlich verteilt (§ 119) (BKL, § 97 Rn 6). 6

§ 98 Schuldübergang

(1) Haftet bei einer Hypothek, die aufrechterhalten oder durch ein neues Recht an einem anderen Grundstück ersetzt wird, der von der Enteignung Betroffene zugleich persönlich, so übernimmt der Enteignungsbegünstigte die Schuld in Höhe der Hypothek. Die §§ 415 und 416 des Bürgerlichen Gesetzbuchs gelten entsprechend; als Veräußerer im Sinne des § 416 ist der von der Enteignung Betroffene anzusehen.

(2) Das Gleiche gilt, wenn bei einer Grundschuld oder Rentenschuld, die aufrechterhalten oder durch ein neues Recht an einem anderen Grundstück ersetzt wird, der von der Enteignung Betroffene zugleich persönlich haftet, sofern er spätestens in dem nach § 108 anzuberaumenden Termin die gegen ihn bestehende Forderung unter Angabe ihres Betrags und Grunds angemeldet und auf Verlangen der Enteignungsbehörde oder eines Beteiligten glaubhaft gemacht hat.

I. Schuldübernahme der hypothekarisch gesicherten Forderung (Abs. 1)

1 Abs. 1 regelt den Fall, dass eine Hypothek nach § 97 Abs. 1 aufrechterhalten oder nach § 97 Abs. 2 durch ein neues Recht an einem anderen Grundstück ersetzt wird und der bisherige Eigentümer zugleich auch persönlich haftet. Dann geht diese persönliche Schuld kraft **gesetzlichen Schuldübergangs** in Anlehnung an § 53 ZVG auf den Enteignungsbegünstigten über. Damit wird ein Auseinanderfallen von dinglicher und persönlicher Schuld vermieden. Erforderlich dafür ist nach § 416 BGB aber, dass der von der Enteignung Betroffene dem Gläubiger neben der Enteignung auch den Schuldübergang mitteilt und der Gläubiger diese Schuldübernahme ausdrücklich oder stillschweigend innerhalb von sechs Monaten seit Empfang der entsprechenden Mitteilung genehmigt. Wird die Genehmigung aber abgelehnt, so gilt die Schuldübernahme als nicht erfolgt.

II. Schuldübernahme bei Grund- und Pfandrechten

2 Zwar setzen die in Abs. 2 genannten Grundpfandrechte (§§ 1191–1203 BGB) nicht das Bestehen einer persönlichen Forderung voraus. Ist dies jedoch ausnahmsweise der Fall, greift Abs. 2 ein, wobei zusätzlich noch hinzukommen muss, dass der von der Enteignung Betroffene spätestens in der mündlichen Verhandlung (§ 108) die gegen ihn bestehende persönliche Forderung unter Angabe von Grund und Höhe anmeldet und auf Verlangen **glaubhaft macht** (§ 294 ZPO). Unterlässt er diese Anmeldung, tritt weder eine Schuld- noch Erfüllungsübernahme ein.

§ 99 Entschädigung in Geld

(1) Die Entschädigung ist in einem einmaligen Betrag zu leisten, soweit dieses Gesetzbuch nichts anderes bestimmt. Auf Antrag des Eigentümers kann die Entschädigung in wiederkehrenden Leistungen festgesetzt werden, wenn dies den übrigen Beteiligten zuzumuten ist.
(2) Für die Belastung eines Grundstücks mit einem Erbbaurecht ist die Entschädigung in einem Erbbauzins zu leisten.
(3) Einmalige Entschädigungsbeträge sind mit 2 vom Hundert über dem Basiszinssatz nach § 247 des Bürgerlichen Gesetzbuchs jährlich von dem Zeitpunkt an zu verzinsen, in dem die Enteignungsbehörde über den Enteignungsantrag entscheidet. Im Falle der vorzeitigen Besitzeinweisung ist der Zeitpunkt maßgebend, in dem diese wirksam wird.

I. Allgemeines

Art 14 GG fordert keine bestimmte Art der Enteignungsentschädigung (BVerfG NJW 1955, 1268; BVerfG NVwZ 1999, 62). Das Enteignungsgesetz muss jedoch nach Art 14 Abs. 3 Satz 2 GG Art und Ausmaß der Entschädigung regeln. § 99 trägt dieser Vorschrift Rechnung und regelt die **Art der Entschädigung**. § 99 normiert den geltenden Grundsatz, dass die Enteignungsentschädigung in Geld gewährt werden muss (BGH NJW 1967, 2011; BGH BRS 34 Nr. 88). Verfassungsrechtliche Bedenken gegen das Prinzip der Geldentschädigung bestehen nicht (BGH WM 83, 503; BGH NJW 77, 1535). 1

II. Geldentschädigung

§ 99 bestimmt drei verschiedene Fälle der Geldentschädigung: Entschädigung in einem einmaligen Betrag, Abs. 1 Satz 1, Entschädigung in wiederkehrenden Leistungen, Abs. 1 Satz 2 und Entschädigung in einem Erbbauzins, Abs. 2. 2

1. Entschädigung als einmaliger Betrag (Abs. 1 Satz 1)

Das Gesetz geht in Abs. 1 Satz 1 von dem Grundsatz aus, dass eine Entschädigung nur in Form einer einmaligen Geldzahlung erfolgt (BGH BRS 45 Nr. 105 = BauR 1983, 249). Eine andere Art der Entschädigung bedarf eines Antrages des Eigentümers. In Betracht dafür kommen zB Entschädigung in Land nach § 100 oder in wiederkehrenden Leistungen nach § 99 Abs. 1 Satz 2. Darüber hinaus ist es möglich, die Entschädigung in anderer Weise festzusetzen, wenn sich die Parteien darauf geeinigt haben, zB Teilleistungen, Sachleistungen, Wertpapiere oder dergleichen. An eine solche Einigung ist die Enteignungsbehörde gebunden, § 112. 3

2. Entschädigung in wiederkehrenden Leistungen (Abs. 1 Satz 2)

Die Entschädigung in wiederkehrenden Leistungen nach Abs. 1 Satz 2 betrifft Rentenzahlungen in Geld. **Naturalleistungen** kommen dafür nicht in Betracht, es sei denn, die Beteiligten einigen sich darauf. Diese Art der Entschädigung muss den anderen Beteiligten zuzumuten sein. Dies ist dann der Fall, wenn eine Abwägung der Interessen aller Beteiligten zu dem Ergebnis kommt, dass die Beteiligten durch eine Entschädigung in wiederkehrenden Leistungen nicht unbillig belastet werden. Bei dem Tatbestandsmerkmal der Zumutbarkeit handelt es sich um einen unbestimmten Rechtsbegriff, der von den Baulandgerichten voll überprüfbar ist. Selbst wenn die Zumutbarkeit bejaht werden sollte, verbleibt der Enteignungsbehörde noch ein Ermessensspielraum. 4

3. Entschädigung in einem Erbbauzins

Abs. 2 regelt einen Sonderfall der Entschädigung in wiederkehrenden Leistungen. Der zu leistende Erbbauzins ist nach Zeit und Höhe für die ganze Erbbauzeit im Voraus zu bestimmen, §§ 9, 9 a ErbbauVO und nach § 112 Abs. 3 Nr. 2 festzulegen. Auch hier ermöglicht § 110 eine abweichende Vereinbarung der Beteiligten. 5

III. Verzinsung

Der Verzinsungsanspruch nach Abs. 3 besteht **kraft Gesetzes** und ist nicht davon abhängig, dass er im Enteignungsbeschluss erwähnt ist. Die Zinsen stellen einen Ausgleich dafür dar, dass dem Betroffenen das Enteignungsobjekt nicht mehr und die dafür zu zahlende Entschädigung noch nicht zur Verfügung steht (BGHZ 6

88, 337 = BRS 45 Nr. 107). Der Gesetzgeber hat auf einen wechselnden Zinssatz verwiesen; maßgebend ist der jeweilige **Basiszinssatz** der Deutschen Bundesbank (§ 247 BGB). Die Zinspflicht beginnt mit dem Tage, an dem die Enteignungsbehörde den Enteignungsbeschluss fasst, § 112. Mit dem Zeitpunkt der Zahlung der Entschädigungssumme endet die Verzinsung (EZB, § 99 Rn 26). Grundsätzlich gilt das gesetzliche Zinseszinsverbot, § 289 Satz 1 BGB (BGH NJW 1973, 2284).

7 Der BGH hat sich in einer Vielzahl von Urteilen mit der Dogmatik des Zinsanspruchs beschäftigt (grundlegend: BGHZ 37, 269 ff – Sportpalast –; BGH BRS 19 Nr. 94; BGH BRS 26 Nr. 124). Materiell handelt es sich nicht um Zinsen im Rechtssinne, sondern um eine besondere Form der Entschädigung für entgangene Nutzungsmöglichkeiten (BGH BRS 26 Nr. 68; BGHZ 33, 337 = BRS 45 Nr. 107; BGHZ 98, 188; BGH NVwZ 2000, 230). Es gilt, dass die Enteignungsentschädigung als Gegenwert für das durch die Enteignung entzogene Vermögensobjekt an dessen Stelle tritt, und nach den Wertungen des Grundgesetzes (Art 14 Abs. 3 GG) die Forderung nach einer angemessenen Entschädigung nur dann erfüllt ist, wenn die Entschädigung sofort, dh zum Zeitpunkt der Wegnahme gezahlt wird. Wird die Entschädigung nicht in diesem Zeitpunkt gezahlt, in dem der Eigentümer seiner Nutzungsmöglichkeit vollständig beraubt wird, stellen die zu zahlenden Zinsen einen Ausgleich dafür dar, dass der Eigentümer die Nutzungen nicht mehr ziehen kann (OLG Koblenz, U. v. 15.11.2006 – 1 Urt. 1761 u. 1762/05.Baul). Vom **Zinseszinsverbot** nicht erfasst wird dagegen nach der Rechtsprechung des BGH die über die Regelentschädigung nach Abs. 3 hinausgehende und konkret berechnete besondere Besitzeinweisungsentschädigung nach § 116 Abs. 4 (BGH BRS 34 Nr. 109). Der BGH hat die Geltung des Zinseszinsverbots auch für die Entschädigung im Falle eines dauernden Bauverbots verneint (BGH BRS 19 Nr. 94).

§ 100 Entschädigung in Land

(1) Die Entschädigung ist auf Antrag des Eigentümers in geeignetem Ersatzland festzusetzen, wenn er zur Sicherung seiner Berufstätigkeit, seiner Erwerbstätigkeit oder zur Erfüllung der ihm wesensgemäß obliegenden Aufgaben auf Ersatzland angewiesen ist und

1. **der Enteignungsbegünstigte über als Ersatzland geeignete Grundstücke verfügt, auf die er nicht mit seiner Berufstätigkeit, seiner Erwerbstätigkeit oder zur Erfüllung der ihm wesensgemäß obliegenden Aufgaben angewiesen ist, oder**
2. **der Enteignungsbegünstigte geeignetes Ersatzland nach pflichtmäßigem Ermessen der Enteignungsbehörde freihändig zu angemessenen Bedingungen beschaffen kann oder**
3. **geeignetes Ersatzland durch Enteignung nach § 90 beschafft werden kann.**

(2) Wird die Entschädigung in Ersatzland festgesetzt, sind auch der Verwendungszweck des Ersatzlands und die Frist, in der das Grundstück zu dem vorgesehenen Zweck zu verwenden ist, zu bezeichnen. Die §§ 102 und 103 gelten entsprechend.

(3) Unter den Voraussetzungen der Nummern 1 bis 3 des Absatzes 1 ist die Entschädigung auf Antrag des Eigentümers auch dann in geeignetem Ersatzland festzusetzen, wenn ein Grundstück enteignet werden soll, das mit einem Eigenheim oder einer Kleinsiedlung bebaut ist. Dies gilt nicht, wenn nach öffentlich-rechtlichen Vorschriften der Rückbau des Gebäudes jederzeit entschädigungslos gefordert werden kann.

(4) Die Entschädigung kann auf Antrag des Enteigneten oder Enteignungsbegünstigten ganz oder teilweise in Ersatzland festgesetzt werden, wenn diese Art der Entschädigung nach pflichtmäßigem Ermessen der Enteignungsbehörde unter gerechter Abwägung der Interessen der Allgemeinheit und der Beteiligten billig ist und bei dem Enteignungsbegünstigten die in Absatz 1 Nr. 1 oder 2 genannten Voraussetzungen vorliegen.

(5) Auf die Ermittlung des Werts des Ersatzlands ist § 95 entsprechend anzuwenden. Hierbei kann eine Werterhöhung berücksichtigt werden, die das übrige Grundvermögen des von der Enteignung Betroffenen durch den Erwerb des Ersatzlands über dessen Wert nach Satz 1 hinaus erfährt. Hat das Ersatzland einen geringeren Wert als das zu enteignende Grundstück, so ist eine dem Wertunterschied entsprechende zusätzliche Geldentschädigung festzusetzen. Hat das Ersatzland einen höheren Wert als das zu enteignende Grundstück, so ist festzusetzen, dass der Entschädigungsberechtigte an den durch die Enteignung Begünstigten eine dem Wertunterschied entsprechende Ausgleichszahlung zu leisten hat. Die Ausgleichszahlung wird mit dem nach § 117 Abs. 5 Satz 1 in der Ausführungsanordnung festgesetzten Tag fällig.

(6) Wird die Entschädigung in Land festgesetzt, sollen dingliche oder persönliche Rechte, soweit sie nicht an dem zu enteignenden Grundstück aufrechterhalten werden, auf Antrag des Rechtsinhabers ganz oder teilweise nach Maßgabe des § 97 Abs. 2 ersetzt werden. Soweit dies nicht möglich ist oder nicht ausreicht, sind die Inhaber der Rechte gesondert in Geld zu entschädigen; dies gilt für die in § 97 Abs. 4 bezeichneten Berechtigungen nur, soweit ihre Rechte nicht durch eine dem Eigentümer nach Absatz 5 zu gewährende zusätzliche Geldentschädigung gedeckt werden.

(7) Anträge nach den Absätzen 1, 3, 4 und 6 sind schriftlich oder zur Niederschrift der Enteignungsbehörde zu stellen, und zwar in den Fällen der Absätze 1, 3 und 4 vor Beginn und im Falle des Absatzes 6 bis zum Schluss der mündlichen Verhandlung (§ 108).

(8) Sind Miteigentum, grundstücksgleiche Rechte oder Rechte nach dem Wohnungseigentumsgesetz ebenso zur Sicherung der Berufs- oder Erwerbstätigkeit des Berechtigten oder zur Erfüllung der ihm wesensgemäß obliegenden Aufgaben geeignet, können dem Eigentümer diese Rechte anstelle des Ersatzlands angeboten werden. Der Eigentümer ist in Geld abzufinden, wenn er die ihm nach Satz 1 angebotene Entschädigung ablehnt. § 101 bleibt unberührt.

(9) Hat der Eigentümer nach Absatz 1 oder 3 einen Anspruch auf Ersatzland und beschafft er sich mit Zustimmung des Enteignungsbegünstigten außerhalb des Enteignungsverfahrens Ersatzland oder die in Absatz 8 bezeichneten Rechte selbst, so hat er gegen den Enteignungsbegünstigten einen Anspruch auf Erstattung der erforderlichen Aufwendungen. Der Enteignungsbegünstigte ist nur insoweit zur Erstattung verpflichtet, als er selbst Aufwendungen erspart. Kommt eine Einigung über die Erstattung nicht zustande, entscheidet die Enteignungsbehörde; für den Bescheid gilt § 122 entsprechend.

I. Allgemeines

1 Die Vorschrift ermöglicht die Entschädigung in **Ersatzland** als eine Ausnahme von dem in § 99 niedergelegten Grundsatz der Geldentschädigung und ist insoweit eine besondere Art der Enteignungsentschädigung (BGHZ 118, 25). Das Gesetz trägt mit der Entscheidungsart der **Landabfindung** den Fällen Rechnung, in denen eine Geldentschädigung kein ausreichendes **Äquivalent** zu dem Genommenen bedeutet. Nach der Systematik des BauGB steht § 100 in engem Zusammenhang mit § 85 Abs. 1 Nr. 3, der die Beschaffung von Ersatzlandgrundstücken als Enteignungszweck anerkennt sowie mit § 90, in dem die Voraussetzungen für die Enteignung von Ersatzland näher geregelt werden.

II. Anspruch des Enteigneten auf Ersatzlandentschädigung (Abs. 1–3)

1. Sicherung der Berufs- und Erwerbstätigkeit oder Aufgabenerfüllung (Abs. 1)

2 Abs. 1 verschafft dem Eigentümer, der einen entsprechenden Antrag nach Abs. 7 gestellt hat, einen Rechtsanspruch auf Entschädigung in Land. Die erste Variante setzt voraus, dass ohne das Ersatzland nach wirtschaftlicher Betrachtungsweise die Fortsetzung einer Berufs- oder Erwerbstätigkeit vereitelt oder zumindest ernsthaft gefährdet wäre (BGHZ 90, 243 = BRS 45 Nr. 106). Diese Tätigkeit muss auf Dauer angelegt sein und zur Sicherung des Lebensunterhalts bestimmt sein, wobei ein **Nebenerwerb** ausreicht, nicht jedoch eine Hobbybeschäftigung. Von der zweiten Variante des Abs. 1 sind die Eigentümer betroffen, die zur Erfüllung der ihnen wesensgemäß obliegenden Aufgaben auf Land angewiesen sind. Darunter fallen in erster Linie karitative, kirchliche, gemeinnützige oder sonstige ideelle Aufgaben.

3 Geeignetes Ersatzland ist iSd Nr. 1 dann anzunehmen, wenn diese Fläche von ihrer tatsächlichen und rechtlichen Beschaffenheit dem von dem Enteignungsbetroffenen vorgesehenen Zweck genügt und damit die **Gefährdung der Existenz** oder der Aufgabenerfüllung abgewendet werden kann. Nr. 2 kann erst eingreifen, wenn eindeutig feststeht, dass und wie die Beschaffung des konkret zu bestimmenden Ersatzlandes möglich ist (BVerwG Buchholz 406.33 § 22 LBG Nr. 1 = BRS 26 Nr. 66). Durch Nr. 3 soll verhindert werden, dass eine im dringenden **öffentlichen Interesse** liegende Enteignung scheitert. Fehlt geeignetes Ersatzland, entfällt der Anspruch aus § 100 und es verbleibt bei dem Grundsatz des § 99.

2. Bezeichnung des Verwendungszwecks und der Verwendungsfrist (Abs. 2)

4 Setzt die Enteignungsbehörde die Entschädigung in Ersatzland fest, so hat sie nach Abs. 2 im Enteignungsbeschluss zugleich den **Verwendungszweck** des Ersatzlandes und die **Frist**, in der das Grundstück zu dem vorgesehenen Zweck zu verwen-

den ist, anzugeben. Abs. 2 soll unerwünschte Bodenspekulationen mit dem Ersatzland verhindern. Verwirklicht der Entschädigungsberechtigte nicht innerhalb der festgesetzten Frist den mit der Ersatzlandentschädigung vorgesehenen Verwendungszweck oder gibt er diesen innerhalb der festgesetzten Frist auf, so kann der zur Ersatzlandgewährung Verpflichtete das Land zurückverlangen. Der **Rückenteignungsanspruch** der §§ 102, 103 gilt entsprechend. Auch im Rahmen des § 100 muss dem Entschädigungsberechtigten eine angemessene Frist zur Verwirklichung des Verwendungszwecks eingeräumt werden. § 114 (Lauf der Verwendungsfrist) ist analog anzuwenden (KK, § 100 Rn 26; EZB, § 100 Rn 19a).

3. Eigenheim- oder Kleinsiedlungsgrundstücke (Abs. 3)

Im Sonderfall des Abs. 3 besitzt ein Eigentümer auch dann einen Rechtsanspruch auf Ersatzlandentschädigung, wenn sein zu enteignendes Grundstück mit einem Eigenheim oder einer Kleinsiedlung bebaut ist und im Übrigen Land nach Abs. 1 Nr. 1–3 zur Verfügung gestellt werden kann. Für die Begriffsbestimmung Eigenheim und Kleinsiedlung i.R. des Abs. 3 kann auf die §§ 9, 10 II. WoBauG verwiesen werden. Die Vorschrift des Satzes 2 schließt eine Ersatzlandentschädigung dann aus, wenn der Rückbau des Gebäudes jederzeit entschädigungslos gefordert werden könnte. Unter dem Begriff Rückbau ist der vollständige Abbruch aber auch die teilweise Beseitigung zu verstehen (KK, § 100 Rn 36). Möglich ist jedoch, dass dem betroffenen Eigenheim- oder Siedlungseigentümer in einem solchen Fall eine Billigkeitsentschädigung nach § 100 Abs. 4 zuerkannt wird (BKL, § 100 Rn 4; KK, § 100 Rn 36; aA: BK 2. Aufl., § 100 Rn 12). 5

III. Ersatzlandentschädigung aus Billigkeitsgründen (Abs. 4)

Abs. 4 eröffnet die Möglichkeit, die Entschädigung in Ersatzland festzusetzen, ohne dass ein Rechtsanspruch darauf bestünde. Die Entscheidung wird von der Enteignungsbehörde nach **pflichtgemäßem Ermessen** getroffen (sog Kopplungs- oder Mischtatbestand). Das Ermessen der Enteignungsbehörde kann jedoch aufgrund der im konkreten Fall zu beachtenden Abwägungsgesichtspunkte und der danach festgestellten Billigkeit auf Null reduziert sein, sodass eine Landentschädigung festgesetzt werden muss (vgl BGH BRS 34 Nr. 88; einschränkend: BGH NJW 1984, 1879 [1880] = BRS 45 Nr. 106; KK, § 100 Rn 40). 6

Dabei kann aber die Enteignungsbehörde dem Enteigneten Ersatzland nicht gegen seinen Willen aufdrängen; es besteht keine grds. Verpflichtung zur Annahme einer Entschädigung in Ersatzland (BGH NJW 1979, 923 = BRS 34 Nr. 80). Ob die Ablehnung eines Ersatzlandangebotes dem Enteigneten sonst nach dem Grundgedanken der § 254 BGB, § 93 Abs. 3 Satz 2 angelastet werden kann, hat der BGH offen gelassen (BGH NJW 1979, 923 = BRS 34 Nr. 8; hierzu: BKL, § 100 Rn 6). 7

IV. Ersatzlandbewertung und Ausgleich von Wertunterschieden (Abs. 5)

Abs. 5 regelt die Bewertung des Ersatzlandes und den Ausgleich von Wertunterschieden. Die Verweisung auf § 95 in Abs. 5 Satz 1 führt auch zu einer grds. Anwendung des § 95 Abs. 2. Es finden jedoch auch hier die Grundsätze der **Steigerungsrechtsprechung** Anwendung (BGH BRS 53 Nr. 122). Die Ersatzlandleistung wird mit der Ausführungsanordnung erbracht (§ 112 Abs. 3 Nr. 4, § 113 Abs. 2 Nr. 9, § 117 Abs. 5). Die zusätzliche Geldentschädigung nach Satz 3 muss vor 8

Erlass der Ausführungsanordnung entrichtet oder hinterlegt sein, § 117 Abs. 1. Demgegenüber wird die nach Satz 4 zu leistende Ausgleichszahlung erst mit dem in der Ausführungsanordnung bezeichneten Zeitpunkt fällig. Eine ausdrückliche Regelung über eine Verzinsung dieser Ausgleichsleistung fehlt (vgl BGHZ 54, 364 = BRS 26 Nr. 155).

V. Die Behandlung der Nebenberechtigten (Abs. 6)

9 Dingliche oder persönliche Rechte von Nebenberechtigten können nach § 97 Abs. 1 nur aufrechterhalten werden, soweit dies mit dem Enteignungszweck vereinbar ist. Soweit diese Rechte im Fall der Ersatzlandentschädigung des Hauptberechtigten nicht an dem zu enteignenden Grundstück aufrechterhalten werden, modifiziert Abs. 6 Satz 1 die Regelung des § 97 Abs. 2 Satz 1 und 2 dahin, dass die Ersetzung der Rechte an dem Ersatzland auf Antrag des **Nebenberechtigten** ganz oder teilweise erfolgen muss. Der **Antrag** ist schriftlich oder zur Niederschrift der Enteignungsbehörde bis zum Schluss der mündlichen Verhandlung (§ 108) zu stellen (Abs. 7). Die Soll-Vorschrift des Abs. 6 Satz 1 bindet die Enteignungsbehörde im Regelfall, indem dem Antrag stattzugeben ist; etwas anderes wird nur dann gelten, wenn die Ersatzrechtsbestellung wirtschaftlich nicht sinnvoll ist. Satz 2 erweitert den Kreis der nach § 97 Abs. 3 Sonderentschädigungsberechtigten und stellt insoweit eine Ausnahme zu dieser Vorschrift dar.

VI. Modifizierung der Entschädigungsart (Abs. 8)

10 Abs. 8 gestattet an Stelle von Ersatzland die in ihr bezeichneten Rechte als Entschädigung anzubieten. Ob davon Gebrauch gemacht wird, steht im Ermessen der Enteignungsbehörde. Liegen die Voraussetzungen des Abs. 8 vor und lehnt der Eigentümer ein entsprechendes Angebot ab, hat dies das **Erlöschen** seines Anspruchs auf Ersatzlandentschädigung zur Folge; er ist dann in Geld zu entschädigen. In einem solchen Fall bleibt aber noch eine Bestellung von Rechten nach § 101 auf seinen Antrag zulässig. Abs. 8 gilt nur für die Ersatzlandentschädigung nach Abs. 1 und nicht für die nach Abs. 3.

VII. Aufwendungsersatzanspruch des Entschädigungsbetroffenen (Abs. 9)

11 Abs. 9 will einem Bedürfnis der Praxis Rechnung tragen und einen Enteignungsbetroffenen, der sich selbst mit Zustimmung des Enteignungsbegünstigten das Ersatzland beschafft hat, nicht schlechter stellen als denjenigen, der das Ersatzland im Enteignungsbeschluss zugeteilt erhält. Durch diese Vorschrift, in der auch ausdrücklich die Entschädigungsberechtigten nach Abs. 3 genannt sind, wird dem von der Enteignung Betroffenen ein Rechtsanspruch auf Erstattung der erforderlichen Aufwendungen gegeben. Dabei dürfen aber diese Aufwendungen nicht höher sein, als wenn der Enteignungsbegünstigte sich selbst um die Beschaffung des Ersatzlandes bemüht hätte. Kommt es zwischen dem Enteigneten und dem Enteignungsbegünstigten aber nicht zu einer Einigung über die Höhe der zu erstattenden Aufwendungen, so entscheidet die **Enteignungsbehörde**. Diese Entscheidung stellt nach § 122 einen vollstreckbaren Titel dar. Der Bescheid kann nach § 217 durch Antrag auf gerichtliche Entscheidung vor der Baulandkammer angefochten werden (EZB, § 100 Rn 42).

§ 101 Entschädigung durch Gewährung anderer Rechte

(1) Der Eigentümer eines zu enteignenden Grundstücks kann auf seinen Antrag, wenn dies unter Abwägung der Belange der Beteiligten billig ist, ganz oder teilweise entschädigt werden

1. **durch Bestellung oder Übertragung von Miteigentum an einem Grundstück, grundstücksgleichen Rechten, Rechten nach dem Wohnungseigentumsgesetz, sonstigen dinglichen Rechten an dem zu enteignenden Grundstück oder an einem anderen Grundstück des Enteignungsbegünstigten oder**
2. **durch Übertragung von Eigentum an einem bebauten Grundstück des Enteignungsbegünstigten oder**
3. **durch Übertragung von Eigentum an einem Grundstück des Enteignungsbegünstigten, das mit einem Eigenheim oder einer Kleinsiedlung bebaut werden soll.**

Bei Wertunterschieden zwischen den Rechten nach Satz 1 und dem zu enteignenden Grundstück gilt § 100 Abs. 5 entsprechend.

(2) Der Antrag nach Absatz 1 muss bis zum Schluss der mündlichen Verhandlung schriftlich oder zur Niederschrift der Enteignungsbehörde gestellt werden.

I. Inhalt und Bedeutung

1 § 101 ist wie § 97 Abs. 2 und § 100 als gesonderte Vorschrift über die Art der zu gewährenden Entschädigung einzuordnen und bildet damit eine Ausnahme von dem Grundsatz des § 99 Abs. 1, wonach Entschädigung regelmäßig in Geld zu leisten ist. Von § 97 Abs. 2 unterscheidet sich § 101 dadurch, dass dort die Ersatzrechtsentschädigung der Nebenberechtigten, in § 101 dagegen die Ersatzentschädigung des enteigneten Eigentümers geregelt wird. Der Enteignete hat zwischen den Möglichkeiten des § 101 ein **Wahlrecht**. Er kann es allerdings nicht dergestalt ausüben, dass er die Bestimmung der Entschädigungsart der Enteignungsbehörde überlässt; die Staffelung in den Haupt- und Hilfsantrag ist dagegen zulässig (BK, 2. Aufl., BauGB, § 101 Rn 5; Schrödter, § 101 Rn 1; BKL, § 101 Rn 2).

II. Die Entscheidung der Behörde

2 Die Entschädigung durch Gewährung anderer Rechte, die dem Katalog des Abs. 1 Nr. 1, und der Tatbestände des Abs. 1 Nr. 2 und Nr. 3 zu entnehmen sind, setzt einen bestimmten **Antrag des Eigentümers** voraus. Hat die Enteignungsbehörde aufgrund des Antrags die Belange der Beteiligten und die der Allgemeinheit, deren Berücksichtigung aus Art 14 Abs. 3 Satz 2 GG folgt, abgewogen und kommt sie zu dem Ergebnis, dass die Entschädigung gem. § 101 der **Billigkeit** entspricht, so kann sie ganz oder teilweise eine **Ersatzrechtsentschädigung** festsetzen. § 101 sowie § 100 Abs. 4 enthalten eine sog. Kopplungsvorschrift, die auf der Rechtsfolgenseite die Möglichkeit für die Verwaltung eröffnet, nach **pflichtgemäßem Ermessen** zu entscheiden, das nur in den Grenzen des § 223 kontrollierbar ist (BKL, § 101 Rn 3; EZB, § 101 Rn 15; weitergehender: BK, 2. Aufl., § 101 Rn 7).

3 Wenn die Bestellung, Übertragung oder Bewertung eines der in Betracht kommenden Rechte im Zeitpunkt des Enteignungsbeschlusses noch nicht möglich ist, eröffnet § 115 ein besonderes Verfahren, durch das die spätere Erfüllung gewährleistet wird. Abs. 2 lässt einen Antrag noch bis zum Schluss der mündlichen Verhandlung zu.

§ 102 Rückenteignung

(1) Der enteignete frühere Eigentümer kann verlangen, dass das enteignete Grundstück zu seinen Gunsten wieder enteignet wird (Rückenteignung), wenn und soweit
1. der durch die Enteignung Begünstigte oder sein Rechtsnachfolger das Grundstück nicht innerhalb der festgesetzten Fristen (§ 113 Abs. 2 Nr. 3 und § 114) zu dem Enteignungszweck verwendet oder den Enteignungszweck vor Ablauf der Frist aufgegeben hat oder
2. die Gemeinde ihre Verpflichtung zur Übereignung nach § 89 nicht erfüllt hat.

(2) Die Rückenteignung kann nicht verlangt werden, wenn
1. der Enteignete selbst das Grundstück im Wege der Enteignung nach den Vorschriften dieses Gesetzbuchs oder des Baulandbeschaffungsgesetzes erworben hatte oder
2. ein Verfahren zur Enteignung des Grundstücks nach diesem Gesetzbuch zugunsten eines anderen Bauwilligen eingeleitet worden ist und der enteignete frühere Eigentümer nicht glaubhaft macht, dass er das Grundstück binnen angemessener Frist zu dem vorgesehenen Zweck verwenden wird.

(3) Der Antrag auf Rückenteignung ist binnen zwei Jahren seit Entstehung des Anspruchs bei der zuständigen Enteignungsbehörde einzureichen. § 206 des Bürgerlichen Gesetzbuchs gilt entsprechend. Der Antrag ist nicht mehr zulässig, wenn in den Fällen des Absatzes 1 mit der zweckgerechten Verwendung begonnen oder die Veräußerung oder Ausgabe des Grundstücks in Erbbaurecht vor Eingang des Antrags bei der Enteignungsbehörde eingeleitet worden ist.

(4) Die Enteignungsbehörde kann die Rückenteignung ablehnen, wenn das Grundstück erheblich verändert oder ganz oder überwiegend Entschädigung in Land gewährt worden ist.

(5) Der frühere Inhaber eines Rechts, das durch Enteignung nach den Vorschriften dieses Gesetzbuchs aufgehoben ist, kann unter den in Absatz 1 bezeichneten Voraussetzungen verlangen, dass ein gleiches Recht an dem früher belasteten Grundstück zu seinen Gunsten durch Enteignung wieder begründet wird. Die Vorschriften über die Rückenteignung gelten entsprechend.

(6) Für das Verfahren gelten die §§ 104 bis 122 entsprechend.

I. Verfassungsrechtliche Einordnung

1 Mit den verfassungsrechtlichen Bezügen der Rückenteignung hat sich das BVerfG in seiner Entscheidung vom 12.11.1974 = BVerfGE 138, 175 = BRS 34 Nr. 88 befasst. Das BVerfG leitet einen Rückenteignungsanspruch dort, wo er gesetzlich nicht vorgesehen ist, im Wege richterlicher Rechtsvorbildung direkt aus der Verfassung ab. § 102 konkretisiert insoweit den verfassungsrechtlich vorgegebenen Anspruch des enteigneten früheren Eigentümers auf Rückübereignung seines enteigneten Grundstücks, sofern es nicht oder nicht innerhalb angemessener Frist für

den Enteignungszweck verwendet wird (zustimmend: BGH 76, 365 [369]; anders noch BVerwGE 28, 184). Die **Rückenteignung** ist ein Mittel, um die Erfüllung des Enteignungszwecks gesetzlich sicherzustellen und dem von der Enteignung Begünstigten das Grundstück wieder zu nehmen, wenn er es nicht entsprechend des Enteignungszwecks auch tatsächlich nutzt. Wird die öffentliche Aufgabe, die der Enteignung dienen soll, nicht ausgeführt oder das enteignete Grundstück dafür nicht benötigt, entfällt die Legitimation für den Zugriff auf das Privateigentum. Eine **Rücknahmepflicht** besteht aber nicht (BGHZ 71, 293 = NJW 1978, 1481 = DÖV 1978, 694). Die Rückenteignung stellt allerdings keine echte Enteignung iSd Art 14 Abs. 3 GG dar (BVerfGE 38, 175 = BRS 34 Nr. 87), sondern nur die Kehrseite der Enteignung.

II. Die Voraussetzungen der Rückenteignung nach § 102

1. Anspruchsberechtigte

Anspruchsberechtigte sind nach Abs. 1 der frühere Eigentümer des Grundstücks, sein Rechtsnachfolger, der Inhaber eines enteigneten grundstücksgleichen Rechts iSv. § 200 Abs. 2 und dessen Rechtsnachfolger sowie nach Abs. 5 die früheren Inhaber anderer Rechte, die durch die Enteignung aufgehoben worden sind (§ 86 Abs. 1 Nr. 2, 3), und zwar unabhängig davon, ob auch der frühere Eigentümer seinen Anspruch nach Abs. 1 durchsetzt. Nicht anwendbar ist § 102 auf Altfälle/DDR (BVerwGE 96, 172; BGH NJW 1995, 1280) sowie auf freihändige Erwerbsvorgänge, auch wenn dieser angesichts einer drohenden Enteignung geschlossen wurde (BGHZ 84, 1 ff = NJW 1982, 2184). Denkbar ist in einem solchen Fall, den Interessen des Voreigentümers im Wege ergänzender Vertragsauslegung oder nach den Grundsätzen vom **Wegfall der Geschäftsgrundlage** Rechnung zu tragen und dabei die eigentumsrechtlichen Wirkungen, die in § 102 zum Ausdruck gelangen, mit heranzuziehen (BGHZ 84, 1 ff = NJW 1982, 2184). § 102 findet weiterhin keine Anwendung auf den Grunderwerb durch Ausübung des Vorkaufsrechts nach § 24. 2

2. Anspruchsgegner

Der Rückenteignungsanspruch richtet sich gegen die Körperschaft, deren Behörde die **Enteignungsbehörde** war (vgl § 102 Abs. 3 Satz 1). 3

III. Ausschluss- und Ablehnungsgründe (Abs. 2–4)

Abs. 2–4 nennen eine Reihe von Gründen, die das Rückenteignungsbegehren ausschließen oder die Behörde ermächtigen, es im Einzelfall abzulehnen (Abs. 2 Nr. 1 und Nr. 2, Abs. 3 Satz 3, Abs. 4). Liegt eine der in Abs. 2 bezeichneten Voraussetzungen vor, ist die Rückenteignung ausgeschlossen. Daneben besteht für die Enteignungsbehörde nach Abs. 4 die Möglichkeit, iR ihres Ermessens die Rückübereignung abzulehnen, wenn u.a das Grundstück erheblich verändert worden ist. In diesem Zusammenhang kann von einer wesentlichen Veränderung des Grundstücks ausgegangen werden, wenn es in seinem tatsächlichen Zustand wesentlich umgestaltet worden ist, zB durch die Errichtung baulicher Anlagen (VGH München BayVBl. 1984, 147; BVerwG NVwZ 2001, 198; BVerwG NVwZ 1987, 49). 4

IV. Rückenteignungsverfahren und Rechtsschutz

5 Die Rückenteignung wird nur auf Antrag des Berechtigten ausgesprochen. Der Antrag ist binnen einer Frist von zwei Jahren seit Entstehung des Anspruchs bei der zuständigen Enteignungsbehörde einzureichen. Die **Zweijahresfrist** beginnt zu laufen mit dem Ablauf der nach § 113 Abs. 2 Nr. 3 festgesetzten und dem Berechtigten mit dem Enteignungsbeschluss mitgeteilten, uU nach § 114 verlängerten Fristen (eine Wiedereinsetzung in den vorigen Stand nach § 153 scheidet insoweit aus, weil die Erfüllung des Enteignungszwecks keine Verfahrenshandlung darstellt; insofern kommt es auf ein Verschulden nicht an). Strittig ist der Beginn der Frist in den Fällen des Abs. 1 Nr. 2 oder wenn der **Enteignungszweck** durch den Begünstigten aufgegeben worden ist. Vorzugswürdig ist die Auffassung, dass die Antragsfrist hier erst mit Kenntniserlangung seitens des Berechtigten zu laufen beginnt (EZB, § 102 Rn 34; Aust/Jacobs/Pasternak, Die Enteignungsentschädigung, 5. Aufl., S. 309; aA: BKL, § 102 Rn 6; KK, § 102 Rn 151, mit dem Argument, der Berechtigte könne bei Unkenntnis durch Wiedereinsetzung in den vorigen Stand nach § 214 iVm § 32 VwVfG geschützt werden; vgl auch BGH NJW 1995, 1278 [1280]). Der Rechtsschutz besteht nach §§ 217 ff vor den Baulandgerichten.

6 Wird dagegen der verfassungsmittelbare Rückgewähranspruch geltend gemacht, so unterliegt die Entscheidung der Enteignungsbehörde zum Grund des Anspruchs der Kontrolle der Verwaltungsgerichte, während die Zivilgerichte die Feststellung der Entschädigung zu prüfen haben (BKL, § 102 Rn 7; VGH München, BayVBl. 1972, 493; vgl auch: BGHZ 76, 365).

§ 103 Entschädigung für die Rückenteignung

Wird dem Antrag auf Rückenteignung stattgegeben, so hat der Antragsteller dem von der Rückenteignung Betroffenen Entschädigung für den Rechtsverlust zu leisten. § 93 Abs. 2 Nr. 2 ist nicht anzuwenden. Ist dem Antragsteller bei der ersten Enteignung eine Entschädigung für andere Vermögensnachteile gewährt worden, so hat er diese Entschädigung insoweit zurückzugewähren, als die Nachteile auf Grund der Rückenteignung entfallen. Die dem Eigentümer zu gewährende Entschädigung darf den bei der ersten Enteignung zugrunde gelegten Verkehrswert des Grundstücks nicht übersteigen, jedoch sind Aufwendungen zu berücksichtigen, die zu einer Werterhöhung des Grundstücks geführt haben. Im Übrigen gelten die Vorschriften über die Entschädigung im Zweiten Abschnitt entsprechend.

I. Inhalt und Bedeutung

1 Bei der Rückenteignung werden nicht etwa die Rechtsverschiebungen und Entschädigungen des ursprünglichen Enteignungsverfahrens rückgängig gemacht und erstattet, sondern es findet eine besondere **Entschädigungsfestsetzung für die Rückgewähr** des ursprünglich enteigneten Grundstücks statt. Der von der Rückenteignung Betroffene erhält nur eine Entschädigung für den Rechtsverlust nach § 93 Abs. 2 Nr. 1, nicht jedoch für andere durch die Rückenteignung eintretende Vermögensnachteile. Diese Entschädigung richtet sich nach § 95; es ist auf den Verkehrswert (§ 194) im Zeitpunkt der Entscheidung der Enteignungsbehörde über den Rückenteignungsantrag abzustellen. Ist der Verkehrswert zu diesem

Zeitpunkt höher als der Verkehrswert bei der Enteignung, darf nur der erste Verkehrswert zugrunde gelegt werden. Nach Satz 4 sind Aufwendungen zur Förderung des Enteignungszwecks, die den Wert des Grundstücks im Zeitpunkt der Rückgabe noch erhöhen, dem Enteignungsbegünstigten zu erstatten. Für andere Aufwendungen kommt eine Anwendung der Grundsätze der aufgedrängten Bereicherung in Frage.

II. Rückenteignungsbeschluss und Rechtsschutz

Über die Höhe der Rückenteignungsentschädigung und eines etwaigen Erstattungsanspruchs entscheidet die Enteignungsbehörde durch Rückenteignungsbeschluss. Im Streitfalle entscheiden insofern die **Baulandgerichte** nach §§ 217 ff. 2

Dritter Abschnitt
Enteignungsverfahren

§ 104 Enteignungsbehörde

(1) Die Enteignung wird von der höheren Verwaltungsbehörde durchgeführt (Enteignungsbehörde).
(2) Die Landesregierungen können durch Rechtsverordnung bestimmen, dass an den Entscheidungen der Enteignungsbehörde ehrenamtliche Beisitzer mitzuwirken haben.

I. Inhalt und Bedeutung

Die höhere Verwaltungsbehörde im Regelfall als Enteignungsbehörde zu bestimmen, verfolgt den Zweck, eine Behörde zu beauftragen, die unabhängiger ist als zB die Gemeinde. Die Enteignungsbehörde muss, wegen der Bedeutung eines Eingriffs von ihrer Seite für den Betroffenen und zur Verbesserung der Akzeptanz, neutral, selbstständig und eigenverantwortlich sein (BGH DVBl 1978, 376 = BRS 34 Nr. 179 = BauR 1978, 215). Durch **Landesorganisationsrecht** regelt sich, welche Behörde höhere Verwaltungsbehörde ist. Höhere Verwaltungsbehörde ist in den Ländern mit einem dreistufigen Verwaltungsaufbau die Mittelbehörde (Bezirksregierung, Regierungspräsidium). Fehlt in einem Land eine höhere Verwaltungsbehörde, so ist die oberste Landesbehörde zuständig, § 206 Abs. 2. Für die Stadtstaaten ist § 246 Abs. 4 zu beachten. § 203 Abs. 3 lässt eine Übertragung der Aufgaben der höheren Verwaltungsbehörde als Enteignungsbehörde auf eine ihr nachgeordnete staatliche Behörde, Landkreise oder kreisfreie Gemeinden zu. 1

II. Besetzung der Enteignungsbehörden

Wird von der Ermächtigung nach Abs. 2 Gebrauch gemacht, hat dies zur Folge, dass insoweit die Rechtmäßigkeit der VA u.a. voraussetzt, dass sie unter Mitwirkung der ehrenamtlichen Beisitzer zustande gekommen sind (BGHZ 48, 286 = NJW 1968, 152 = DÖV 1968, 64). 2

§ 105 Enteignungsantrag

Der Enteignungsantrag ist bei der Gemeinde, in deren Gemarkung das zu enteignende Grundstück liegt, einzureichen. Die Gemeinde legt ihn mit ihrer Stellungnahme binnen eines Monats der Enteignungsbehörde vor.

I. Antragsbefugnis, Form und Inhalt des Antrages

1 Das Enteignungsverfahren für ein bestimmtes Grundstück wird nur auf Antrag eingeleitet, den jede natürliche oder juristische Person stellen kann, die die Absicht hat, einen der Enteignungszwecke nach § 85 Abs. 1 zu verwirklichen. In den Fällen des § 87 Abs. 3 kann dies jedoch nur die Gemeinde. Antragsteller und Enteignungsbegünstigter müssen personengleich sein, soweit nicht eine besondere gesetzliche Regelung eingreift (BGH BRS 26 Nr. 156).

2 Der Antrag ist nach dem Gesetz weder an eine Form noch an eine Frist gebunden. Aus Gründen der Rechtssicherheit ist aber ein **schriftlicher** Antrag zu fordern. Im Hinblick auf die Zulässigkeitserfordernisse der §§ 85–88 ist eine **Begründung des Antrages** unentbehrlich. Der Antrag ist bei der Gemeinde einzureichen, in deren Gemarkung das zu enteignende Grundstück liegt. Werden dabei Gemarkungsgrenzen überschritten, ist der Antrag für jedes Flurstück bei der jeweiligen Gemeinde zu stellen. Mit Einreichung des Antrags bei der Gemeinde beginnt das „vorbereitende Enteignungsverfahren“ (BGHZ 48, 286 = NJW 1968, 152).

II. Stellungnahme der Gemeinde

3 Die Gemeinde ist nach Satz 2 verpflichtet, den Antrag binnen **eines Monats** nebst einer Stellungnahme, in der sie sich zu allen Voraussetzungen der Enteignung zu äußern hat, der **Enteignungsbehörde** vorzulegen. Für den Fall der mangelhaften oder verzögerten Stellungnahme haftet die Gemeinde wegen Amtspflichtverletzung (OLG München BayVBl. 1964, 559).

III. Rechtsschutz

4 Die Durchführung des administrativen Entschädigungsfeststellungsverfahren ist Sachurteilsvoraussetzung, wenn die Vertragsparteien im Streitfall die gerichtliche Entschädigungsfeststellung durch die Baulandkammer (§§ 217 ff) vereinbarten (BGH NJW 1986, 933; BGH DVBl 1993, 107; BGH NJW 2000, 1720; vgl auch: OLG Bamberg NVwZ 1998, 211). Leitet die Gemeinde den Antrag nicht fristgerecht weiter, steht dem Antragsteller dagegen kein Rechtsbehelf zu; es ist ihm aber gestattet, seinen Antrag dann direkt bei der Enteignungsbehörde zu stellen (KK, § 105 Rn 12; BKL, § 105 Rn 4).

§ 106 Beteiligte

(1) In dem Enteignungsverfahren sind Beteiligte

1. der Antragsteller,
2. der Eigentümer und diejenigen, für die ein Recht an dem Grundstück oder an einem das Grundstück belastenden Recht im Grundbuch eingetragen oder durch Eintragung gesichert ist,
3. Inhaber eines nicht im Grundbuch eingetragenen Rechts an dem Grundstück oder an einem das Grundstück belastenden Recht, eines Anspruchs mit dem Recht auf Befriedigung aus dem Grundstück oder eines persönlichen Rechts, das zum Erwerb, zum Besitz oder zur Nutzung des Grundstücks berechtigt oder die Benutzung des Grundstücks beschränkt,
4. wenn Ersatzland bereitgestellt wird, der Eigentümer und die Inhaber der in den Nummern 2 und 3 genannten Rechte hinsichtlich des Ersatzlands,
5. die Eigentümer der Grundstücke, die durch eine Enteignung nach § 91 betroffen werden, und
6. die Gemeinde.

(2) Die in Absatz 1 Nr. 3 bezeichneten Personen werden in dem Zeitpunkt Beteiligte, in dem die Anmeldung ihres Rechts der Enteignungsbehörde zugeht. Die Anmeldung kann spätestens bis zum Schluss der mündlichen Verhandlung mit den Beteiligten erfolgen.

(3) Bestehen Zweifel an einem angemeldeten Recht, so hat die Enteignungsbehörde dem Anmeldenden unverzüglich eine Frist zur Glaubhaftmachung seines Rechts zu setzen. Nach fruchtlosem Ablauf der Frist ist er bis zur Glaubhaftmachung seines Rechts nicht mehr zu beteiligen.

(4) Der im Grundbuch eingetragene Gläubiger einer Hypothek, Grundschuld oder Rentenschuld, für die ein Brief erteilt ist, sowie jeder seiner Rechtsnachfolger hat auf Verlangen der Enteignungsbehörde eine Erklärung darüber abzugeben, ob ein anderer die Hypothek, Grundschuld oder Rentenschuld oder ein Recht daran erworben hat; die Person eines Erwerbers hat er dabei zu bezeichnen. § 208 Satz 2 bis 4 gilt entsprechend.

I. Die einzelnen Beteiligten

Der Kreis der Beteiligten ist in dieser Vorschrift grds. abschließend geregelt. Neben 1
dem Antragsteller (Abs. 1 Nr. 1) ist nach Abs. 1 Nr. 2 nicht nur der Eigentümer, dem nach § 200 Abs. 2 der Inhaber eines Erbbaurechts gleichgestellt ist, sondern auch der zu Unrecht als Eigentümer Eingetragene Beteiligter des Enteignungsverfahrens (OLG München BayVBl. 1973, 468). Die Beteiligten nach Abs. 1 Nr. 1 sind gem. § 24 Abs. 1 VwVfG **von Amts wegen** zu ermitteln. Die Inhaber sonstiger Rechte, die dem Grundbuch nicht zu entnehmen sind, werden gem. § 108 Abs. 5 in der öffentlichen Bekanntmachung der Einleitung des Enteignungsverfahrens aufgefordert, ihre Rechte wahrzunehmen. Sie werden kraft Anmeldung Beteiligter des Verfahrens (Abs. 1 Nr. 3). Die Gemeinde ist nach Abs. 1 Nr. 6 immer Beteiligte des Enteignungsverfahrens.

II. Beteiligte und Glaubhaftmachung (Abs. 2 und 3)

2 Die in Abs. 1 Nr. 3 bezeichneten Personen werden in dem Zeitpunkt Beteiligte, indem die Anmeldung ihres Rechts der Enteignungsbehörden zugeht, Abs. 2. Die Anmeldung kann spätestens bis zum Schluss der mündlichen Verhandlung erfolgen. Bei bestehenden oder sich während des Verfahrens ergebenden Zweifel an dem angemeldeten Recht hat die Enteignungsbehörde unverzüglich, dh ohne schuldhaftes Zögern (§ 121 BGB) eine Frist zur Glaubhaftmachung des Rechts zu setzen. Nach fruchtlosem Ablauf der Frist ist der Anmeldende so lange nicht zu beteiligen, bis er sein Recht glaubhaft gemacht hat. Dies hat die Enteignungsbehörde aus Rechtssicherheit durch einen nach § 217 anfechtbaren Verwaltungsakt festzustellen (hM: BKL, § 107 Rn 5 mwN; aA: KK, § 106 Rn 24).

III. Auskunftspflicht von Grundpfandrechtsgläubigern (Abs. 4)

3 Der Sinn der Regelung liegt darin, dass der jeweilige Inhaber von Briefpfandrechten nicht mehr unbedingt aus dem Grundbuch ersichtlich ist, denn nach § 1154 BGB ist zur Abtretung der der Hypothek zugrunde liegenden Forderung die Übergabe des Hypothekenbriefes erforderlich. Eine Eintragung der Rechtsänderung ins Grundbuch ist nicht zwingend vorgeschrieben. Der wahre Inhaber des Rechts ist daher nur schwer zu ermitteln (EZB, § 106 Rn 25). Die Behörde kann die Verpflichtung nach Abs. 4 mit den **Zwangsmitteln** des § 208 durchsetzen.

§ 107 Vorbereitung der mündlichen Verhandlung

(1) Das Enteignungsverfahren soll beschleunigt durchgeführt werden. Die Enteignungsbehörde soll schon vor der mündlichen Verhandlung alle Anordnungen treffen, die erforderlich sind, um das Verfahren tunlichst in einem Verhandlungstermin zu erledigen. Sie hat dem Eigentümer, dem Antragsteller sowie den Behörden, für deren Geschäftsbereich die Enteignung von Bedeutung ist, Gelegenheit zur Äußerung zu geben. Bei der Ermittlung des Sachverhalts hat die Enteignungsbehörde ein Gutachten des Gutachterausschusses (§ 192) einzuholen, wenn Eigentum entzogen oder ein Erbbaurecht bestellt werden soll.
(2) Die Enteignungsbehörde hat die Landwirtschaftsbehörde zu hören, wenn landwirtschaftlich genutzte Grundstücke, die außerhalb des räumlichen Geltungsbereichs eines Bebauungsplans liegen, zur Entschädigung in Land enteignet werden sollen.
(3) Enteignungsverfahren können miteinander verbunden werden. Sie sind zu verbinden, wenn die Gemeinde es beantragt. Verbundene Enteignungsverfahren können wieder getrennt werden.

I. Beschleunigungsgrundsatz (Abs. 1 Satz 1)

1 Das Verfahren gliedert sich in ein vorbereitendes Verfahren und das eigentliche Verfahren der Enteignung (BGHZ 48, 286 = DÖV 1968, 64). Bei der **Enteignungsbehörde** findet zunächst das **Vorverfahren** statt, das der Aufklärung des gesamten für das Enteignungsverfahren bedeutsamen Sachverhalts dient und in dem die Enteignungsbehörde alle Anordnungen treffen kann, die erforderlich sind, um das

Enteignungsverfahren möglichst in einem Verhandlungstermin erledigen zu können. Abs. 1 dient dem Grundsatz der Beschleunigung des Enteignungsverfahrens.

II. Verfahren vor der mündlichen Verhandlung

Nach Abs. 1 Satz 2 soll die Enteignungsbehörde schon vor der mündlichen Verhandlung alle erforderlichen Anordnungen treffen, damit möglichst nur ein Verhandlungstermin durchgeführt werden muss. Welche Behörden, für deren Geschäftsbereich die Enteignung von Bedeutung ist, zu hören sind, hängt von den konkreten Umständen des Einzelfalles ab. Zur Vorbereitung der mündlichen Verhandlung ist nach Abs. 1 Satz 4 zwingend die **Einholung eines Gutachtens** des Gutachterausschusses über den Wert des zu enteignenden Grund und Bodens sowie ggf des zu bestellenden Erbbaurechts vorgeschrieben. Die Enteignungsbehörde ist an ein vom Gutachterausschuss erstelltes Gutachten nicht gebunden (§ 193 Abs. 4). Zur Beschleunigung des Verfahrens schreibt Abs. 3 vor, dass bei einer Enteignung mehrerer Grundstücke die diesbezüglichen Enteignungsverfahren miteinander verbunden werden können. 2

III. Entscheidung der Enteignungsbehörde

Die Enteignungsbehörde darf einen aussichtslosen Antrag bereits vor der eigentlichen Einleitung des Enteignungsverfahrens gem. § 108 ohne Anberaumung und Durchführung einer mündlichen Verhandlung ablehnen (BGHZ 48, 286 = DÖV 1968, 64). 3

Gegen den ablehnenden Bescheid kann der Antragsteller gem. § 217 mit dem Antrag auf gerichtliche Entscheidung vorgehen.

Ob der Antragsteller auch einen materiell-rechtlichen Anspruch auf Einleitung der Enteignung haben kann, ist umstritten (BK 2. Aufl., § 105 Rn 10; KK, § 108 Rn 16; aA: EZB, § 107 Rn 10). Aus der Verpflichtung der Behörde, einen Enteignungsantrag ordnungsgemäß zu prüfen und darüber zu entscheiden, ergibt sich auch, dass die Behörde nicht untätig bleiben darf. Der Antragsteller hat in einem solchen Fall die Möglichkeit, eine **Untätigkeitsklage** zu erheben (EZB, § 107 Rn 10). Eine erzwingbare Anordnung zur Aufklärung durch die Enteignungsbehörde stellt einen selbstständig anfechtbaren Verwaltungsakt dar (BGH BRS 34 Nr. 179). 4

§ 108 Einleitung des Enteignungsverfahrens und Anberaumung des Termins zur mündlichen Verhandlung; Enteignungsvermerk

(1) Das Enteignungsverfahren wird durch Anberaumung eines Termins zu einer mündlichen Verhandlung mit den Beteiligten eingeleitet. Zu der mündlichen Verhandlung sind der Antragsteller, der Eigentümer des betroffenen Grundstücks, die sonstigen aus dem Grundbuch ersichtlichen Beteiligten und die Gemeinde zu laden. Die Ladung ist zuzustellen. Die Ladungsfrist beträgt einen Monat.

(2) Das Enteignungsverfahren zugunsten der Gemeinde kann bereits eingeleitet werden, wenn

1. der Entwurf des Bebauungsplans nach § 3 Abs. 2 ausgelegen hat und
2. mit den Beteiligten die Verhandlungen nach § 87 Abs. 2 geführt und die von ihnen gegen den Entwurf des Bebauungsplans fristgemäß vorgebrachten Anregungen

erörtert worden sind. Die Gemeinde kann in demselben Termin die Verhandlungen nach § 87 Abs. 2 führen und die Anregungen erörtern.

Das Verfahren ist so zu fördern, dass der Enteignungsbeschluss ergehen kann, sobald der Bebauungsplan rechtsverbindlich geworden ist. Eine Einigung nach § 110 oder § 111 kann auch vor Rechtsverbindlichkeit des Bebauungsplans erfolgen.

(3) Die Ladung muss enthalten

1. die Bezeichnung des Antragstellers und des betroffenen Grundstücks,
2. den wesentlichen Inhalt des Enteignungsantrags mit dem Hinweis, dass der Antrag mit den ihm beigefügten Unterlagen bei der Enteignungsbehörde eingesehen werden kann,
3. die Aufforderung, etwaige Einwendungen gegen den Enteignungsantrag möglichst vor der mündlichen Verhandlung bei der Enteignungsbehörde schriftlich einzureichen oder zur Niederschrift zu erklären, und
4. den Hinweis, dass auch bei Nichterscheinen über den Enteignungsantrag und andere im Verfahren zu erledigende Anträge entschieden werden kann.

(4) Die Ladung von Personen, deren Beteiligung auf einem Antrag auf Entschädigung in Land beruht, muss außer dem in Absatz 3 vorgeschriebenen Inhalt auch die Bezeichnung des Eigentümers, dessen Entschädigung in Land beantragt ist, und des Grundstücks, für das die Entschädigung in Land gewährt werden soll, enthalten.

(5) Die Einleitung des Enteignungsverfahrens ist unter Bezeichnung des betroffenen Grundstücks und des im Grundbuch als Eigentümer Eingetragenen sowie des ersten Termins der mündlichen Verhandlung mit den Beteiligten ortsüblich bekannt zu machen. In der Bekanntmachung sind alle Beteiligten aufzufordern, ihre Rechte spätestens in der mündlichen Verhandlung wahrzunehmen mit dem Hinweis, dass auch bei Nichterscheinen über den Enteignungsantrag und andere im Verfahren zu erledigende Anträge entschieden werden kann.

(6) Die Enteignungsbehörde teilt dem Grundbuchamt die Einleitung des Enteignungsverfahrens mit. Sie ersucht das Grundbuchamt, in das Grundbuch des betroffenen Grundstücks einzutragen, dass das Enteignungsverfahren eingeleitet ist (Enteignungsvermerk); ist das Enteignungsverfahren beendigt, ersucht die Enteignungsbehörde das Grundbuchamt, den Enteignungsvermerk zu löschen. Das Grundbuchamt hat die Enteignungsbehörde von allen Eintragungen zu benachrichtigen, die nach dem Zeitpunkt der Einleitung des Enteignungsverfahrens im Grundbuch des betroffenen Grundstücks vorgenommen sind und vorgenommen werden.

(7) Ist im Grundbuch die Anordnung der Zwangsversteigerung oder Zwangsverwaltung eingetragen, gibt die Enteignungsbehörde dem Vollstreckungsgericht von der Einleitung des Enteignungsverfahrens Kenntnis, soweit dieses das Grundstück betrifft, das Gegenstand des Vollstreckungsverfahrens ist.

I. Inhalt der Vorschrift

1 Mit der Anberaumung des Termins zur mündlichen Verhandlung durch die Enteignungsbehörde beginnt das **„eigentliche" Enteignungsverfahren** (BGHZ 48, 286 =

DÖV 1968, 64). Abs. 1 Satz 2–4 enthält Bestimmungen zur Ladung. Erst Abs. 3 und 4 bringen Vorschriften über deren Inhalt. Die öffentliche Bekanntmachung der Einleitung des Enteignungsverfahrens gem. Abs. 5 dienen dem Schutz der Beteiligten kraft Anmeldung und löst die Genehmigungspflicht des § 109 aus. Abs. 6 bzw 7 verpflichten die Enteignungsbehörde, das Grundbuchamt bzw das Vollstreckungsgericht von der Einleitung des Enteignungsverfahrens zu benachrichtigen. Abs. 6 Satz 2 regelt den Enteignungsvermerk. § 108 gilt nur für die erstmalige, als Enteignungsverfahren eröffnete Anberaumung eines Termins für die mündliche Verhandlung und die diesbezügliche Ladung; den Ablauf der mündlichen Verhandlung regelt das Gesetz im Einzelnen nicht.

II. Ladungsformalien

Die Ladungsformalien ergeben sich aus dem Gesetz. Der wesentliche Inhalt der Ladung der kraft Gesetzes Beteiligten (§ 106 Abs. 1 Nr. 1 und 2 sowie Nr. 4–6) ergibt sich aus Abs. 3 und 4. Die Ladung muss zugestellt werden. Die Zustellung richtet sich nach den maßgebenden **Zustellungsgesetzen** der Länder. Die Beteiligten nach § 106 Abs. 1 Nr. 3 sollten, wenn sie bereits ihre Rechte angemeldet haben, ebenfalls individuell von dem Termin informiert werden. Die Ladung muss den Hinweis enthalten, dass auch bei Nichterscheinen über den Enteignungsantrag und andere Anträge entschieden werden kann (Abs. 3 Nr. 3). Werden Beteiligte neu bekannt, so muss insbesondere die Ladungsfrist des Abs. 1 Satz 4 eingehalten und Abs. 3 beachtet werden (KK, § 108 Rn 26; EZB, § 108 Rn 4). 2

III. Vorzeitige Einleitung des Enteignungsverfahrens (Abs. 2)

Voraussetzung für die Anwendung des Abs. 2 ist, dass der BPl nach § 3 Abs. 2 ausgelegen hat. Dies bedeutet, dass die Auslegung abgeschlossen sein muss, dh die Frist des § 3 Abs. 2 muss abgelaufen sein. Weitere Voraussetzung ist, dass mit den Beteiligten die Verhandlungen nach § 87 geführt sind. Abs. 2 ist nur bei **planakzessorischen** Enteignungen zugunsten der Gemeinde anwendbar. Die vorzeitige Einleitung des Enteignungsverfahrens ist weiter nur dann zulässig, wenn die Gemeinde mit den Beteiligten die von ihnen gegen den BPl fristgemäß vorgebrachten Anregungen erörtert hat. Zu erörtern hat die Gemeinde, nicht etwa die Enteignungsbehörde. 3

IV. Öffentliche Bekanntmachung (Abs. 5) und Mitteilung (Abs. 6)

Die ortsübliche Bekanntmachung nach Abs. 5 hat den Sinn, diejenigen Beteiligten, die nicht ausdrücklich zu laden sind, auf das Enteignungsverfahren hinzuweisen. Die Bekanntmachung hat in ortsüblicher Weise zu erfolgen. Der Begriff erfährt seine Konkretisierung aus dem Landesrecht. Der Inhalt der Bekanntmachung wird in Abs. 5 gesondert normiert. Zwischen ortsüblicher Bekanntmachung und Termin zur ersten mündlichen Verhandlung soll eine Frist von einem Monat liegen. 4

Nach Abs. 6 muss die Enteignungsbehörde dem **Grundbuchamt** die Einleitung des Enteignungsverfahrens mitteilen. Das Grundbuchamt trägt auf Ersuchen der Enteignungsbehörde einen Enteignungsvermerk ins Grundbuch ein und löscht diesen nach Abschluss des Enteignungsverfahrens. Dadurch soll zum einen der Erwerber 5 des Grundstücks geschützt werden als auch zum anderen sichergestellt werden, dass die Genehmigungspflicht nach § 109 beachtet wird.

V. Rechtsfolgen einer Verletzung des § 108

6 Eine Verletzung der Verfahrensvorschrift des § 108 führt grds. nicht zur Nichtigkeit, sondern nur zur **Anfechtbarkeit** des Enteignungsbeschlusses durch den in seinen Rechten wegen des Verfahrensmangels verletzten Beteiligten. Als Verwaltungsakte, die vor den Baulandgerichten im Verfahren nach den §§ 217 ff angefochten werden können, kommen hier die Einleitungen des Enteignungsverfahrens und der Enteignungsbeschluss in Betracht (Schrödter, § 108 Rn 13).

§ 109 Genehmigungspflicht

(1) Von der Bekanntmachung über die Einleitung des Enteignungsverfahrens an bedürfen die in § 51 bezeichneten Rechtsvorgänge, Vorhaben und Teilungen der schriftlichen Genehmigung der Enteignungsbehörde.

(2) Die Enteignungsbehörde darf die Genehmigung nur versagen, wenn Grund zu der Annahme besteht, dass der Rechtsvorgang, das Vorhaben oder die Teilung die Verwirklichung des Enteignungszwecks unmöglich machen oder wesentlich erschweren würde.

(3) Sind Rechtsvorgänge oder Vorhaben nach Absatz 1 vor der Bekanntmachung zu erwarten, kann die Enteignungsbehörde anordnen, dass die Genehmigungspflicht nach Absatz 1 bereits zu einem früheren Zeitpunkt eintritt. Die Anordnung ist ortsüblich bekannt zu machen und dem Grundbuchamt mitzuteilen.

(4) § 51 Abs. 2 und § 116 Abs. 6 gelten entsprechend.

I. Beginn und Ende der Genehmigungspflicht

1 Von der Bekanntmachung über die Einleitung des Enteignungsverfahrens an bedürfen bestimmte Rechtsvorgänge, Vorhaben und Teilungen, die in § 51 Abs. 1 abschließend aufgeführt sind, der schriftlichen Genehmigung der Enteignungsbehörde. Allerdings kann die Enteignungsbehörde in den Fällen des Abs. 3 anordnen, dass die Genehmigungspflicht bereits zu einem früheren Zeitpunkt eintritt; als frühester Zeitpunkt kommt der des Eingangs des Enteignungsantrages bei der Enteignungsbehörde in Betracht. Diese Anordnung ist öffentlich bekannt zu machen. Die Genehmigungspflicht nach Abs. 1 endet mit dem Abschluss des Enteignungsverfahrens; so erfüllt mit der Zurücknahme des Enteignungsantrags und der daraufhin von der Enteignungsbehörde verfügten Einstellung des Verfahrens (vgl BGH BRS 26 Nr. 143), ferner mit unanfechtbarer Ablehnung des Enteignungsantrags oder unanfechtbarer Aufhebung des Enteignungsbeschlusses gem. § 120. Die Genehmigungspflicht aufgrund besonderer Anordnung nach Abs. 3 endet mit der Bekanntmachung über die Einleitung des Enteignungsverfahrens, sie wird durch die damit normalerweise verbundene Genehmigungspflicht ersetzt. Sie endet weiter mit Unanfechtbarkeit der Ablehnung eines aussichtslosen Enteignungsantrags im vorbereitenden Verfahren, mit der Zurücknahme des Enteignungsantrags vor der Bekanntmachung schließlich durch Aufhebung der Anordnung durch die Enteignungsbehörde (Schrödter, § 109 Rn 6).

II. Versagungsgründe

Der dem § 51 Abs. 3 nachgebildete Abs. 2 enthält die Gründe, die eine Versagung der Genehmigung rechtfertigen. Eine wesentliche Erschwerung dürfte zB dann gegeben sein, wenn durch die genehmigungspflichtige Maßnahme der Wert des Grundstücks sich erheblich erhöht (BGH NVwZ 1982, 148). Anders als § 51 Abs. 4 sieht § 109 eine Genehmigung unter einer Auflage, Bedingung oder Befristung nicht vor. Gegen die Versagung der Genehmigung kann Antrag auf gerichtliche Entscheidung gestellt werden, § 217. 2

III. Verweisung auf § 116 Abs. 6

Die Verweisung in Abs. 4 auf § 116 Abs. 6 stellt sicher, dass der Antragsteller bei einer Abweisung des Enteignungsantrages für alle durch die Geltung der Genehmigungspflicht nach § 109 entstandenen besonderen Nachteile Entschädigung zu leisten hat. Die Entscheidung über Art und Höhe trifft die Enteignungsbehörde. 3

§ 110 Einigung

(1) Die Enteignungsbehörde hat auf eine Einigung zwischen den Beteiligten hinzuwirken.

(2) Einigen sich die Beteiligten, so hat die Enteignungsbehörde eine Niederschrift über die Einigung aufzunehmen. Die Niederschrift muss den Erfordernissen des § 113 Abs. 2 entsprechen. Sie ist von den Beteiligten zu unterschreiben. Ein Bevollmächtigter des Eigentümers bedarf einer öffentlich beglaubigten Vollmacht.

(3) Die beurkundete Einigung steht einem nicht mehr anfechtbaren Enteignungsbeschluss gleich. § 113 Abs. 5 ist entsprechend anzuwenden.

I. Sinn und Zweck

Diese Vorschrift trägt dem Grundsatz Rechnung, dass die Enteignung das letzte Mittel sein soll. Mit der Einigung wird zwischen den Beteiligten ein öffentlich-rechtlicher Vertrag (§§ 54 ff VwVfG), auch wenn er zwischen zwei Privaten geschlossen wird. Abgesehen davon, dass die Enteignung dem verfassungsrechtlichen Gebot der **„ultima ratio"** entsprechen muss, liegen die Vorzüge kooperativen Handelns auf der Hand. Die Einigung der Beteiligten dient sowohl dem Ziel der Beschleunigung des Verfahrens, dem das BauGB besondere Bedeutung beimisst (vgl § 107 Abs. 1 Satz 1) als auch einer Befriedigung der gegenseitigen Interessen (BGH NJW 1986, 933). 1

II. Inhalt und Form der Einigung

Eine Einigung nach § 110 setzt voraus, dass das **Enteignungsverfahren eingeleitet** ist. Vor Einleitung eines förmlichen Enteignungsverfahrens abgeschlossene Verträge richten sich ausschließlich nach der Bestimmung des Zivilrechts (BGH 2

NJW 1981, 976; BGHZ 84, 1 = BRS 45 Nr. 137; BGH NVwZ 1997, 932). Kommt eine Einigung nach § 110 dem Inhalt, der gem. § 110 Abs. 2 Satz 1 iVm § 113 Abs. 2 für den Enteignungsbeschluss vorgeschrieben ist, zustande, so ist umstritten, um welche Art von **öffentlich-rechtlichen Vertrag** es sich handelt (BKL, § 110 Rn 2 mwN). Einigkeit besteht, dass der Vertrag nichtig ist, wenn er evident gegen zwingende Rechtsvorschriften verstößt (§ 59 Abs. 1 VwVfG iVm § 134 BGB). Einigkeit besteht auch hier nur insoweit, als Nichtigkeit bei offenkundiger Unzulässigkeit des Enteignungsverfahrens anzunehmen ist (BGH NJW 1967, 1324). Die Enteignungsbehörde ist nicht vertragschließende Partei. Sie ist vielmehr im Verfahren **sachneutrale** Stelle (BGH NJW 1976, 1264 [1265] = BRS 34 Nr. 181; BGH BRS 34 Nr. 174). Sie hat allerdings zu prüfen, ob die Einigung nicht etwa gem. § 59 VwVfG nichtig ist. Bei offenkundiger Unzulässigkeit des Enteignungsverfahrens hat die **Enteignungsbehörde** davon abzusehen, auf eine Einigung zwischen den Beteiligten hinzuwirken. Wollen die Beteiligten sich dennoch einigen, so muss dies in Form eines privatrechtlichen Vertrages erfolgen (vgl BGH BRS 19 Nr. 152). Die Enteignungsbehörde ist dagegen verpflichtet, eine materiell gültige Einigung der Beteiligten in eine Niederschrift aufzunehmen (vgl § 110 Abs. 2 Satz 1).

3 Die Niederschrift – und damit auch die Einigung – muss den Erfordernissen entsprechen, die § 113 Abs. 2 für einen stattgegebenen Enteignungsbeschluss vorschreibt. Alle materiell Beteiligten müssen die Niederschrift unterschreiben, ohne aber bei der Unterschriftsleistung alle gleichzeitig anwesend sein zu müssen. Eine Einigung nach § 110 Abs. 2 kann auch im baulandgerichtlichen Verfahren getroffen werden (BGH NJW 2003, 757).

III. Rechtsfolgen der Einigung (Abs. 3)

4 Eine Einigung, die den Formvorschriften des Abs. 2 genügt, steht einem unanfechtbaren Enteignungsbeschluss gleich (Abs. 3 Satz 1) und beendet das Verfahren. Damit wird nach Abs. 3 Satz 1 ein **Rechtstitel** geschaffen, der einem nicht mehr anfechtbaren Enteignungsbeschluss entspricht. Die Einigung bzw der Enteignungsbeschluss führt nicht unmittelbar zu einer Rechtsänderung. Diese wird durch die Ausführungsanordnung bewirkt. Es ist allgemeine Auffassung, dass die Ausübung eines Anfechtungsrechts nach § 62 Satz 2 VwVfG iVm §§ 119 ff BGB im Hinblick auf eine beurkundete Einigung nach § 110 in zeitlicher Hinsicht durch den Eintritt der Unanfechtbarkeit der Ausführungsanordnung begrenzt ist (BVerwG, B. v. 29.3.2006 – 4 B 1/06 –; EZB, § 110 Rn 10; KBL, § 110 Rn 2; KK, § 110 Rn 66; BK, § 110 Rn 7).

Hinweis für die Praxis: Sowohl die Enteignungsbehörde als auch ein anfechtungswilliger Grundeigentümer hat zeitnah nach der Einigungsbeurkundung zu handeln. Nach Erlass der Ausführungsanordnung ist die beurkundete Einigung unanfechtbar.

5 Die Einigung ist auch kostenmäßig so zu behandeln, als wäre ein Enteignungsbeschluss ergangen. Danach hat der Entschädigungsverpflichtete die Kosten zu tragen (vgl § 121 Abs. 1 Satz 2), sofern die Beteiligten in der Einigung nichts anderes vereinbart haben.

§ 111 Teileinigung

Einigen sich die Beteiligten nur über den Übergang oder die Belastung des Eigentums an dem zu enteignenden Grundstück, jedoch nicht über die Höhe der Entschädigung, so ist § 110 Abs. 2 und 3 entsprechend anzuwenden. Die Enteignungsbehörde hat anzuordnen, dass dem Berechtigten eine Vorauszahlung in Höhe der zu erwartenden Entschädigung zu leisten ist, soweit sich aus der Einigung nichts anderes ergibt. Im Übrigen nimmt das Enteignungsverfahren seinen Fortgang.

I. Inhalt der Teileinigung

Die Vorschrift verwirklicht ebenso wie § 110 und § 87 Abs. 2 Satz 1 das Anliegen 1 des Gesetzgebers, die unerwünschte Zwangsmaßnahme der Enteignung möglichst einvernehmlich abzuwickeln (BGH 61, 240 [244]). Von der Teileinigung erfasst werden muss nicht stets das ganze von dem Enteignungsantrag betroffene Grundstück; ausreichend und zulässig ist eine Einigung über einen **Grundstücksteil** (vgl § 200 Abs. 1). § 111 schließt Enteignungen außerhalb des Enteignungsverfahrens nicht aus (BGHZ 120, 38). In einem Enteignungsverfahren nach § 85 Abs. 1 Nr. 1 setzt eine Teileinigung nach § 111 im Interesse einer Beschleunigung nicht voraus, dass bereits ein wirksamer BPl vorliegt (BKL, § 111 Rn 1; vgl aber: BGH BRS 19 Nr. 152).

II. Behandlung der Teileinigung im Verfahren

Gemäß Satz 1 iVm § 110 Abs. 3 steht die beurkundete Teileinigung einem nicht 2 mehr anfechtbaren Enteignungsbeschluss gleich. Die **Ausführungsanordnung** darf also ergehen, bevor im Enteignungsbeschluss die Entschädigung festgesetzt worden ist. Die Enteignungsbehörde hat darüber hinaus eine Niederschrift aufzunehmen, die den Erfordernissen des § 113 Abs. 2 entsprechen muss. Sie ist von den an der Teileinigung Beteiligten zu unterschreiben. Ein Bevollmächtigter des Eigentümers bedarf einer öffentlich beglaubigten Vollmacht (§ 110 Abs. 2 Satz 4).

Die Niederschrift muss von den in § 113 Abs. 2 angegebenen Erfordernissen, aber 3 nur die für diese Teileinigung wichtigen, enthalten (KK, § 111 Rn 6). Soweit sich die Beteiligten nicht geeinigt haben, nimmt das Enteignungsverfahren seinen Fortgang (Satz 3). Die Enteignungsbehörde wird also im Regelfall einen inhaltlich beschränkten **Teilenteignungsbeschluss** über die Höhe der Entschädigung erlassen. Haben sich außerhalb des Enteignungsverfahrens der Eigentümer und die Gemeinde in einem notariellen Vertrag nur über die Übertragung des zur Durchführung eines BPl-beanspruchten Grundeigentums geeinigt, so ist hinsichtlich der Höhe der Entschädigung ein gesondertes Entschädigungsfeststellungsverfahren vor der Enteignungsbehörde statthaft (BGHZ 95, 1). Vor Abschluss des Verfahrens nach Satz 3 kann keine gerichtliche Entscheidung über die Höhe der Entschädigung herbeigeführt werden (BGH NJW 1993, 457). Ein Enteignungsbeschluss, der eine getroffene Teileinigung nicht berücksichtigt, kann durch Antrag auf gerichtliche Entscheidung angefochten werden (OLG Karlsruhe NVwZ 1995, 334).

§ 112 Entscheidung der Enteignungsbehörde

(1) Soweit eine Einigung nicht zustande kommt, entscheidet die Enteignungsbehörde auf Grund der mündlichen Verhandlung durch Beschluss über den Enteignungsantrag, die übrigen gestellten Anträge sowie über die erhobenen Einwendungen.

(2) Auf Antrag eines Beteiligten hat die Enteignungsbehörde vorab über den Übergang oder die Belastung des Eigentums an dem zu enteignenden Grundstück oder über sonstige durch die Enteignung zu bewirkende Rechtsänderungen zu entscheiden. In diesem Falle hat die Enteignungsbehörde anzuordnen, dass dem Berechtigten eine Vorauszahlung in Höhe der zu erwartenden Entschädigung zu leisten ist.

(3) Gibt die Enteignungsbehörde dem Enteignungsantrag statt, so entscheidet sie zugleich

1. darüber, welche Rechte der in § 97 bezeichneten Berechtigten an dem Gegenstand der Enteignung aufrechterhalten bleiben,
2. darüber, mit welchen Rechten der Gegenstand der Enteignung, das Ersatzland oder ein anderes Grundstück belastet werden,
3. darüber, welche Rechtsverhältnisse begründet werden, die Rechte der in § 86 Abs. 1 Nr. 3 und 4 bezeichneten Art gewähren,
4. im Falle der Entschädigung in Ersatzland über den Eigentumsübergang oder die Enteignung des Ersatzlands.

I. Allgemeines

1 § 112 wurde seinerzeit mit dem Ziel der Beschleunigung des Enteignungsverfahrens eingeführt (Gaentzsch, § 112 Rn 1). Soweit sich die Beteiligten nicht ganz oder teilweise einigen (§§ 110, 111) oder die Enteignungsbehörde den Enteignungsantrag nicht als offensichtlich unzulässig oder unbegründet ohne mündliche Verhandlung abweist (vgl § 107), ist die Enteignungsbehörde verpflichtet, durch Beschluss aufgrund der mündlichen Verhandlung über den Enteignungsantrag, die übrigen gestellten Anträge und die erhobenen Einwendungen zu entscheiden (Abs. 1).

II. Einheitliche Entscheidung (Abs. 1)

2 Abs. 1 verpflichtet die Enteignungsbehörde, in einem einzigen Beschluss einheitlich und umfassend über alle noch nicht erledigten Anträge zu entscheiden. Teilentscheidungen unter Vorbehalt einer ergänzenden Entscheidung sind dem Grundsatz nach nicht zulässig. Es gilt das Prinzip der **Unteilbarkeit** des Verfahrens (BGH BRS 34 Nr. 84). Ausnahmen von dem Grundsatz einheitlicher und umfassender Entscheidungen enthalten die §§ 112 Abs. 2, 113 Abs. 4 Satz 2, ferner § 115 (Nachverfahren). Ein **Nachtrags- oder Ergänzungsbeschluss** ist ferner möglich bei im Enteignungsbeschluss vorbehaltener zusätzlicher Entschädigungsregelung (BGH BRS 34 Nr. 84). Über die **Kosten** des Enteignungsverfahrens kann ebenfalls durch gesonderten Beschluss entschieden werden (§ 121 Abs. 4 Satz 2).

Außer der Entscheidung über den Enteignungsantrag muss der Beschluss die Entscheidung über die übrigen gestellten Anträge enthalten, zB § 92 Abs. 2–4 (Ausdehnung der Enteignung auf Verlangen des Eigentümers), § 97 Abs. 2 (Begr. von Rechten für Versorgungsunternehmen), § 99 Abs. 1 (Entschädigung in wiederkehrenden Leistungen), § 100 Abs. 3 (Ersatzlandentschädigung), § 101 (Entschädigung durch Gewährung anderer Rechte), über Einwendungen gegen die Enteignung gem. § 108 Abs. 3 Nr. 3, ferner über die Behandlung der durch die Enteignung betroffenen Nebenrechte (§ 97). Über den Enteignungsantrag, über die anderen Anträge und über Einwendungen kann entschieden werden, auch wenn die Antragsteller und Einwender nicht zur mündlichen Verhandlung erscheinen (§ 108 Abs. 3 Nr. 4). 3

III. Vorabentscheidung (Abs. 2)

Die Vorabentscheidung nach Abs. 2 ermöglicht es, das Enteignungsverfahren über den Grund der Enteignung und über die Höhe der Entschädigung zu trennen. Sie kommt in Betracht, wenn eine Teileinigung nicht zustande kommt, aber die Frage der Zulässigkeit der Enteignung nach Grund und Umfang entscheidungsreif ist, die Frage der Entschädigung aber nach Art und Höhe noch nicht. Verfassungsrechtliche Bedenken gegen die Vorschrift sind nicht einzuwenden (vgl BGHZ 77, 338; Lässig, DVBl 1981, 483). Voraussetzung für die Entscheidung ist ein **Antrag eines Beteiligten**. Das Gesetz schränkt aber die möglichen Beteiligten nicht ein, sodass alle in § 106 genannten Personen den Antrag stellen können (EZB, § 112 Rn 5b). Die Vorabentscheidung muss den in § 113 Abs. 2 Nr. 1–7 bezeichneten Inhalt haben. 4

Nach ständiger Rechtsprechung ist die Enteignungsbehörde an die Höhe der im Verfahren nach § 112 Abs. 2 angeordneten Vorauszahlung im späteren Enteignungsfeststellungsverfahren nicht gebunden (BGH, BRS 53, Nr. 189; BGH-R 2005, 142 [143]; EZB, § 112 Rn 5; KK, § 112 Rn 22). Wegen des vorläufigen Charakters der Vorauszahlung sei in der Intention der gesetzlichen Regelung gewissermaßen ein **Widerrufsvorbehalt** zu sehen, sodass eine spätere niedrigere Festsetzung im Enteignungsentschädigungsbeschluss keine (Teil-)Rücknahme der Vorabentscheidung liege, die an § 48 Abs. 2 Satz 1 VwVfG zu messen wäre (so: Lässig, DVBl 1981, 483 [486]).

IV. Rechtsschutz

Sowohl der Enteignungsbeschluss als auch der Beschluss der Enteignungsbehörde nach Zurücknahme des Enteignungsantrages über die Verfahrenskosten sowie die gem. § 113 Abs. 2, 3 **beschränkte Vorabentscheidung** kann gem. § 217 angefochten werden (BGH DVBl 1974, 130; BKL, § 112 Rn 4 und 7). Im Verfahren gegen die Vorabentscheidung soll hinsichtlich der Höhe der Vorauszahlungen mit Rücksicht auf den vorläufigen pauschalierenden Charakter nur offensichtliche Fehlentscheidungen, nicht aber Einzelheiten der Entschädigung mit Erfolg geltend gemacht werden (BGHZ 77, 338 [346]; Schrödter, § 112 Rn 5; zurückhaltend: BGH DVBl 1983, 1147 [1149]). Eine offensichtlich fehlerhafte Festsetzung liegt zB vor, wenn unter Verstoß gegen die zu beachtenden Entschädigungsgrundsätze nicht die rechtlich zulässige Nutzbarkeit, sondern die ausgeübte Nutzung der Bewertung zugrunde gelegt wird (BGH 77, 338 [347]). 5

§ 113 Enteignungsbeschluss

(1) Der Beschluss der Enteignungsbehörde ist den Beteiligten zuzustellen. Der Beschluss ist mit einer Belehrung über Zulässigkeit, Form und Frist des Antrags auf gerichtliche Entscheidung (§ 217) zu versehen.

(2) Gibt die Enteignungsbehörde dem Enteignungsantrag statt, so muss der Beschluss (Enteignungsbeschluss) bezeichnen

1. die von der Enteignung Betroffenen und den Enteignungsbegünstigten;
2. die sonstigen Beteiligten;
3. den Enteignungszweck und die Frist, innerhalb der das Grundstück zu dem vorgesehenen Zweck zu verwenden ist;
4. den Gegenstand der Enteignung, und zwar
   a) wenn das Eigentum an einem Grundstück Gegenstand der Enteignung ist, das Grundstück nach Größe, grundbuchmäßiger, katastermäßiger und sonst üblicher Bezeichnung; im Falle der Enteignung eines Grundstücksteils ist zu seiner Bezeichnung auf Vermessungsschriften (Vermessungsrisse und -karten) Bezug zu nehmen, die von einer zu Fortführungsvermessungen befugten Stelle oder von einem öffentlich bestellten Vermessungsingenieur gefertigt sind,
   b) wenn ein anderes Recht an einem Grundstück Gegenstand einer selbständigen Enteignung ist, dieses Recht nach Inhalt und grundbuchmäßiger Bezeichnung,
   c) wenn ein persönliches Recht, das zum Erwerb, zum Besitz oder zur Nutzung von Grundstücken berechtigt oder den Verpflichteten in der Nutzung von Grundstücken beschränkt, Gegenstand einer selbständigen Enteignung ist, dieses Recht nach seinem Inhalt und dem Grund seines Bestehens,
   d) die in § 86 Abs. 2 bezeichneten Gegenstände, wenn die Enteignung auf diese ausgedehnt wird;
5. bei der Belastung eines Grundstücks mit einem Recht die Art, den Inhalt, soweit er durch Vertrag bestimmt werden kann, sowie den Rang des Rechts, den Berechtigten und das Grundstück;
6. bei der Begründung eines Rechts der in Nummer 4 Buchstabe c bezeichneten Art den Inhalt des Rechtsverhältnisses und die daran Beteiligten;
7. die Eigentums- und sonstigen Rechtsverhältnisse vor und nach der Enteignung;
8. die Art und Höhe der Entschädigungen und die Höhe der Ausgleichszahlungen nach § 100 Abs. 5 Satz 4 und § 101 Abs. 1 Satz 2 mit der Angabe, von wem und an wen sie zu leisten sind; Geldentschädigungen, aus denen andere von der Enteignung Betroffene nach § 97 Abs. 4 zu entschädigen sind, müssen von den sonstigen Geldentschädigungen getrennt ausgewiesen werden;
9. bei der Entschädigung in Land das Grundstück in der in Nummer 4 Buchstabe a bezeichneten Weise.

(3) In den Fällen der §§ 111 und 112 Abs. 2 ist der Enteignungsbeschluss entsprechend zu beschränken.

(4) Kann ein Grundstücksteil noch nicht entsprechend Absatz 2 Nr. 4 Buchstabe a bezeichnet werden, so kann der Enteignungsbeschluss ihn auf Grund fester Merkmale in der Natur oder durch Bezugnahme auf die Eintragung in einen Lageplan bezeichnen. Wenn das Ergebnis der Vermessung vorliegt, ist der Enteignungsbeschluss durch einen Nachtragsbeschluss anzupassen.

(5) Ist im Grundbuch die Anordnung der Zwangsversteigerung oder der Zwangsverwaltung eingetragen, gibt die Enteignungsbehörde dem Vollstreckungsgericht

von dem Enteignungsbeschluss Kenntnis, wenn dem Enteignungsantrag stattgegeben worden ist.

I. Anforderungen an einen Enteignungsbeschluss (Abs. 1 und Abs. 2)

1 Die Vorschrift beinhaltet die verfahrensrechtlichen Anforderungen an einen Enteignungsbeschluss. Dabei gilt Abs. 1 im Gegensatz zu den weiteren Absätzen nicht nur für die positiven Beschlüsse, sondern auch für die ablehnenden Entscheidungen. In beiden Fällen muss der Beschluss begründet, allen Beteiligten (§ 106) zugestellt und mit einer Rechtsmittelbelehrung versehen werden. Fehlt die erforderliche Begründung, kommt eine **Heilung** unter Beachtung des § 45 Abs. 1 Nr. 2 und Abs. 2 VwVfG in Betracht.

2 Der stattgebende Enteignungsbeschluss muss inhaltlich bestimmte Angaben enthalten, die in Abs. 2 normiert sind. Ergänzt werden diese Anforderungen durch §§ 115, 116 Abs. 4 Satz 2. Der Fristbeginn nach Abs. 2 Nr. 3 muss nicht durch die Angabe eines bestimmten Datums bezeichnet werden (BGH NVwZ 1986, 506 = BRS 45 Nr. = ZfBR 1985, 153).

II. Enteignungsbeschluss bei Teileinigung und Vorabentscheidung (Abs. 3)

3 Durch Abs. 3 wird klargestellt, dass in diesen Fällen der Enteignungsbeschluss nur noch die Punkte zu enthalten hat, über die entweder keine Einigung erzielt oder noch nicht entschieden worden ist.

III. Noch nicht vermessene Grundstücksteile (Abs. 4)

4 Durch die nach Abs. 4 Satz 1 mögliche vorläufige Kennzeichnung eines Grundstücksteils im Enteignungsbeschluss wird eine Verzögerung des gesamten Enteignungsverfahrens wegen des Fehlens vermessungsamtlicher **Veränderungsnachweise** vermieden. Für den nach Abs. 4 Satz 2 erforderlichen Nachtragsbeschluss gelten die formellen und inhaltlichen Erfordernisse eines Enteignungsbeschlusses.

IV. Mitteilung an das Vollstreckungsgericht (Abs. 5)

5 Nach § 113 Abs. 5 hat die Enteignungsbehörde dem Vollstreckungsgericht Kenntnis zu geben. Die Mitteilungspflicht ist erfüllt, wenn eine Abschrift des Enteignungsbeschlusses zugesandt wird. Wird der Enteignungsantrag abgelehnt, so ist nach dem ausdrücklichen Wortlaut des Abs. 5 eine Kenntnisgabe nicht erforderlich. Das Grundbuchamt erhält eine beglaubigte Abschrift des Enteignungsbeschlusses nach § 117 Abs. 7 erst zusammen mit der Ausführungsanordnung. Dem Gutachterausschuss ist eine Abschrift des Enteignungsbeschlusses gem. § 195 Abs. 1 Satz 2 zu übersenden. Dies gilt auch für den eingeschränkten Enteignungsbeschluss nach Abs. 3.

Muster

▶ **Enteignungsbeschluss nach § 113 BauGB**

Enteignungsbehörde

Enteignung nach dem BauGB

Teilfläche aus dem Grundstück eingetragen im Grundbuch ... ,

Gemarkung ... , Flurstück ... ,

Straße,

Eigentümer

Enteignungsbeschluss

A. Verfahrensbeteiligte

1. Gemeinde A	Antragstellerin, Enteignungsbegünstigte
2. Herr B.,	Eigentümer
3. Kreissparkasse K	Hypothekengläubigerin

B. Gegenstand der Enteignung

1. Die Enteignung betrifft eine Teilfläche von ... m^2 aus dem Grundstück ... . Als Eigentümer ist im Grundbuch Herr B eingetragen. Der Grenzverlauf des betroffenen Grundstücks ist dem als Bestandteil des Beschlusses beigefügten Lageplan vom ... rot eingetragen. Die Abtretungsfläche ist gelb angelegt. Die Grenze der in Anspruch genommenen Teilfläche verläuft dort, wo die rote Linie und die gelbe Fläche zusammentreffen.

Für das Grundstück sind folgende Rechte eingetragen:

In Abteilung 3 unter der lfd. Nr. 1: Buchhypothek zu 25.000,00 EUR für die Kreissparkasse K.

2. Zu dem Zeitpunkt, der später in der Ausführungsanordnung zu diesem Beschluss bestimmt wird, treten folgende Rechtsänderungen ein:

Das Eigentum an der Teilfläche von ... m^2 aus dem unter vorstehender Ziff. 1 genannten Grundstück geht vom bisherigen Eigentümer Herrn B auf die Gemeinde A über; die im Grundbuch für das Grundstück eingetragenen und genannten Rechte erlöschen, soweit sie die vorstehend bezeichnete Teilfläche betreffen.

C. Enteignungszweck, Verwendungsfrist

Die von der Enteignung betroffene Teilfläche von ... m^2 ist im BPl der Gemeinde A als Verkehrsfläche festgesetzt. Für die Verwendung dieser Grundstücksfläche zum Zwecke der Nutzung als Verkehrsfläche entsprechend der Festsetzung in diesem BPl wird der Gemeinde eine Frist von zwei Jahren ab Eintritt der Rechtsänderung eingeräumt.

D. Entschädigung

Von der Gemeinde ist folgende Entschädigung zu zahlen:

1. An den Eigentümer B eine Geldentschädigung in Höhe von 2.500,00 EUR.

2. Der Entschädigungsbetrag ist ab Zustellung des Enteignungsbeschlusses gem. § 99 Abs. 3 BauGB jährlich mit 2 vH über dem für den Zeitpunkt der Zustellung maßgebenden von der Deutschen Bundesbank bekannt gegebenen Basiszinssatz nach § 247 BGB zu verzinsen.

3. Für die Entschädigung des bezeichneten Rechts der Kreissparkasse K nach § 97 Abs. 4 BauGB kommt der vorstehend genannte Betrag von 2.000,00 EUR in Betracht. Wird eine Einigung über die Auszahlung dieser von der Gemeinde an den Eigentümer zu zahlenden Geldentschädigung nicht nachgewiesen, so ist die Entschädigung gem. § 118 Abs. 1 unter Verzicht auf das Recht der Rücknahme zu hinterlegen.

4. Der Antrag des Eigentümers auf Entschädigung wegen sonstiger Vermögensnachteile wird abgewiesen.

E. Kosten

Die Kosten des Verfahrens hat die Gemeinde zu tragen.

F. Rechtsbehelfsbelehrung [...] ◀

V. Rechtsschutz

Rechtsschutz gegen den Enteignungsbeschluss ist gem. § 217 Abs. 1 durch Antrag auf gerichtliche Entscheidung vor der **Baulandkammer** zu suchen. Der Antrag ist bei der Stelle, die den VA erlassen hat, einzureichen. Die Beteiligten im Enteignungsverfahren bestimmen sich nach § 106 und sind gem. § 222 Abs. 1 auch im gerichtlichen Verfahren beteiligt, wenn ihre Rechte oder Pflichten durch die Entscheidung des Gerichts betroffen werden können. Regelmäßig sind daher der Enteignungsbetroffene, dh der Antragsteller, der Enteignungsbegünstigte und die Enteignungsbehörde beteiligt. Der in der Praxis häufigste Fall ist der der planakzessorischen Enteignung nach § 85 Abs. 1 Nr. 1, also zur Nutzung eines Grundstücks entsprechenden Festsetzungen eines BPls. 6

Die Antragsfrist beträgt ein Monat nach Zustellung des Enteignungsbeschlusses, § 217 Abs. 2 Satz 1. 7

Hinweis für die Praxis: Im Verfahren vor der Baulandkammer kann nicht nur die Aufhebung, sondern auch die Abänderung des Enteignungsbeschlusses beantragt werden. Insofern bietet sich im Einzelfall ein Haupt- und Hilfsantrag an, in dem die Enteignung dem Grunde nach angefochten wird, hilfsweise eine Erhöhung der Enteignungsentschädigung beantragt wird. Eines Kostenantrages bedarf es nicht, da das Gericht von Amtswegen über diese entscheidet, § 221 Abs. 1 iVm § 308 Abs. 2 ZPO.

Muster

▶ **Antrag auf gerichtliche Entscheidung gegen einen Enteignungsbeschluss (nach § 113, 217 BauGB)**

Enteignungsbehörde
In dem Enteignungsverfahren
des Herrn B
– Antragsteller –
gegen
1. Gemeinde A
– Beteiligte zu 1) –
2. Enteignungsbehörde
– Beteiligte zu 2) –
3. Kreissparkasse
– Beteiligte zu 3) –
wegen Antrags auf gerichtliche Entscheidung gegen den Enteignungsbeschluss

Namens und im Auftrag des Antragstellers stellen wir Antrag auf gerichtliche Entscheidung und

b e a n t r a g e n:

1. Der Enteignungsbeschluss der Enteignungsbehörde vom ..., zugestellt am ..., Aktenzeichen ..., wird aufgehoben.

Hilfsweise:

Die Beteiligte zu 1) wird verpflichtet, an den Antragsteller über den ihm im Enteignungsbeschluss festgesetzten Entschädigungsbetrag hinaus weitere 15.000,00 EUR sowie weitere Verfahrenskosten in Höhe von ... zu zahlen nebst 2% Zinsen über den von der Deutschen Bundesbank bekannt gegebenen Basiszinssatz nach § 247 BGB seit dem ...

Gründe:

Der Antrag ist zulässig und begründet.

1. Die Enteignung ist nicht zulässig. Der angefochtene Enteignungsbeschluss ist aufzuheben, weil der der planakzessorischen Enteignung nach § 85 Abs. 1 Satz 1 BauGB zugrunde liegende Bebauungsplan unwirksam ist (vgl LG Darmstadt, Urteil v. 26.9.2002 – 9 Urt. B 3/02 –).

[...]

2. Vorsorglich für den Fall, dass die Kammer den Bebauungsplan für wirksam hält, ist der Enteignungsbeschluss zumindest abzuändern. Die Entschädigung ist zu niedrig festgesetzt. Nach § 95 Abs. 1 Satz 1 BauGB bemisst sich die Entschädigung für den durch die Enteignung eingetretenen Rechtsverlust nach dem Verkehrswert (§ 194 BauBG). Diesen Vorgaben wird der festgesetzte Entschädigungsbetrag nicht gerecht [...].

Da zur Enteignungsentschädigung gem. § 121 Abs. 2 BauGB auch die Kosten des Verfahrens, insbesondere die Gebühren und Auslagen eines Rechtsanwalts gehören, ist der Ermittlung der zu erstattenden Rechtsanwaltskosten der Gegenstandswert 40.000,00 EUR zugrunde zu legen. Hieraus resultiert der entsprechende Kostenerstattungsanspruch. Der geltend gemachte Zinsanspruch ergibt sich aus § 99 Abs. 3 Satz 1 BauGB. ◀

§ 114 Lauf der Verwendungsfrist

(1) Die Frist, innerhalb der der Enteignungszweck nach § 113 Abs. 2 Nr. 3 zu verwirklichen ist, beginnt mit dem Eintritt der Rechtsänderung.

(2) Die Enteignungsbehörde kann diese Frist vor ihrem Ablauf auf Antrag verlängern, wenn

1. der Enteignungsbegünstigte nachweist, dass er den Enteignungszweck ohne Verschulden innerhalb der festgesetzten Frist nicht erfüllen kann, oder

2. vor Ablauf der Frist eine Gesamtrechtsnachfolge eintritt und der Rechtsnachfolger nachweist, dass er den Enteignungszweck innerhalb der festgesetzten Frist nicht erfüllen kann.

Der enteignete frühere Eigentümer ist vor der Entscheidung über die Verlängerung zu hören.

I. Inhalt und Sinn der Regelung

1 Eine Enteignung nach dem BauGB kann immer nur zur Erfüllung eines nach § 85 bestimmten Zwecks erfolgen. Aus verfassungsrechtlichen Gründen ist eine fristgemäße **Verwirklichung des Enteignungszwecks** geboten (BVerfGE 38, 175 = BRS 34 Nr. 87). Rechtlich abgesichert wird die Zweckverwendung innerhalb angemessener Frist im Enteignungsbeschluss (§ 113 Abs. 2 Nr. 3). Kommt der Enteignungsbegünstigte der Zweckverwirklichung innerhalb der gesetzten Frist nicht nach, so gewährt § 102 dem früheren Eigentümer oder Rechtsinhaber den Anspruch auf Rückenteignung. Die Verwendungsfrist bezweckt somit den Schutz des Enteignungsbetroffenen (KK, § 114 Rn 1).

II. Lauf der Verwendungsfrist und Verlängerung

2 Die Bestimmung der Frist beginnt mit dem in der zugestellten Ausführungsanordnung festgesetzten Tag, § 117 Abs. 5 (vgl BGH NVwZ 1986, 506). Unter

bestimmten Voraussetzungen, die in Abs. 2 Nr. 1 und 2 näher dargelegt sind, kann die Enteignungsbehörde die Frist vor ihrem Ablauf auf Antrag verlängern. Der Antrag muss vor Fristablauf gestellt und entschieden sein. Eine **rückwirkende Verlängerung** nach Fristablauf ist nicht zulässig (EZB, § 114 Rn 5). Gegen die Fristversäumnis ist eine Wiedereinsetzung in den vorigen Stand nach § 210 nicht möglich, denn die Verwendungsfrist ist keine Verfahrenshandlung.

III. Rechtsschutz

Die Entscheidung über die Verlängerung der Frist stellt einen VA dar und ist nach 3
Maßgabe des § 217 anfechtbar. Im Rahmen eines solchen Verfahrens ist die Überprüfbarkeit aber darauf beschränkt, ob die Voraussetzungen für eine Verlängerung gegeben waren. Ein Rechtsschutzbegehr des Enteignungsbegünstigten oder des Rechtsnachfolgers liegt dann vor, wenn entweder die Fristverlängerung abgelehnt wurde oder die verlängerte Frist zu kurz bemessen ist. Auch der enteignete frühere Eigentümer kann durch eine Fristverlängerung in seinen Rechten betroffen sein, da insofern sein Anspruch aus § 102 Abs. 5 hinausgeschoben wird (BK, § 114 Rn 3; EZB, § 114 Rn 8). Wird die Fristverlängerung abgelehnt, so kann sich hiergegen der Antragsteller wenden. Dieser ist regelmäßig auf den einstweiligen Rechtsschutz angewiesen, um eine Entscheidung über den Rechtsbehelf vor Fristablauf zu erreichen.

§ 115 Verfahren bei der Entschädigung durch Gewährung anderer Rechte

(1) Soll die Entschädigung des Eigentümers eines zu enteignenden Grundstücks nach § 101 festgesetzt werden und ist die Bestellung, Übertragung oder die Ermittlung des Werts eines der dort bezeichneten Rechte im Zeitpunkt des Erlasses des Enteignungsbeschlusses noch nicht möglich, kann die Enteignungsbehörde, wenn es der Eigentümer unter Bezeichnung eines Rechts beantragt, im Enteignungsbeschluss neben der Festsetzung der Entschädigung in Geld dem Enteignungsbegünstigten aufgeben, binnen einer bestimmten Frist dem von der Enteignung Betroffenen ein Recht der bezeichneten Art zu angemessenen Bedingungen anzubieten.

(2) Bietet der Enteignungsbegünstigte binnen der bestimmten Frist ein Recht der bezeichneten Art nicht an oder einigt er sich mit dem von der Enteignung Betroffenen nicht, so wird ihm ein solches Recht auf Antrag zugunsten des von der Enteignung Betroffenen durch Enteignung entzogen. Die Enteignungsbehörde setzt den Inhalt des Rechts fest, soweit dessen Inhalt durch Vereinbarung bestimmt werden kann. Die Vorschriften dieses Teils über das Verfahren und die Entschädigung sind entsprechend anzuwenden.

(3) Der Antrag nach Absatz 2 kann nur innerhalb von sechs Monaten nach Ablauf der bestimmten Frist gestellt werden.

I. Allgemeines

Grundsätzlich ist dem Enteigneten für den Verlust seines Eigentums eine Entschä- 1
digung in Geld zu leisten (§ 99). § 115 regelt das Verfahren der Entschädigung anstelle durch Geld in anderen Rechten nach § 101. Hat der zu Enteignende Entschädigungen in Art der in § 101 bezeichneten Rechte beantragt und kann der Ent-

eignungsbegünstigte ein solches Recht zur Verfügung stellen, so ist dieses Recht bereits im Enteignungsbeschluss (§ 113 Abs. 2 Nr. 5) festzusetzen.

II. Das Verfahren des § 115

2 Gibt die Enteignungsbehörde im Enteignungsbeschluss dem Enteignungsbegünstigten nach Abs. 1 auf, dem von der Enteignung Betroffenen ein **entsprechendes Recht** anzubieten, erfolgt dieses Angebot und kommt es zu einer Einigung zwischen den Beteiligten, richtet sich der weitere Gang des Verfahrens nach Zivilrecht, §§ 311b, 873, 925 BGB. Wird ein solches Recht nicht angeboten oder kommt es nicht zu einer Einigung, geht das Verfahren wieder in die Zuständigkeit der Enteignungsbehörde über, die dann nach Maßgabe der Abs. 2und 3 tätig wird.

3 Das **Nachverfahren** wird unter entsprechender Anwendung der Vorschriften über das Enteignungsverfahren und die Entschädigung durchgeführt. Die Enteignungsbehörde muss über den Antrag nach mündlicher Verhandlung durch **Enteignungsbeschluss** entscheiden und dem Enteignungsberechtigten ein Recht der bezeichneten Art entziehen und den Inhalt des Rechts festsetzen. Der Enteignungsbeschluss des Nachverfahrens wird nach §§ 117 ff ausgeführt. Problematisch ist die Fallgestaltung, wenn der Begünstigte vor Einleitung des Nachverfahrens etwa das in Betracht kommende Recht bereits an einen Dritten veräußert hat und der Vollzug der Auflage unmöglich wird. Die Durchführung des Nachverfahrens gegen einen Dritten ist ausgeschlossen. Es bleibt bei der Geldentschädigung nach Abs. 1, zum Teil wird ein Schadensersatzanspruch für möglich angesehen (KK, § 115 Rn 24; EZB, § 115 Rn 13; Schrödter, § 115 Rn 12).

§ 116 Vorzeitige Besitzeinweisung

(1) Ist die sofortige Ausführung der beabsichtigten Maßnahme aus Gründen des Wohls der Allgemeinheit dringend geboten, so kann die Enteignungsbehörde den Antragsteller auf Antrag durch Beschluss in den Besitz des von dem Enteignungsverfahren betroffenen Grundstücks einweisen. Die Besitzeinweisung ist nur zulässig, wenn über sie in einer mündlichen Verhandlung verhandelt worden ist. Der Beschluss über die Besitzeinweisung ist dem Antragsteller, dem Eigentümer und dem unmittelbaren Besitzer zuzustellen. Die Besitzeinweisung wird in dem von der Enteignungsbehörde bezeichneten Zeitpunkt wirksam. Auf Antrag des unmittelbaren Besitzers ist dieser Zeitpunkt auf mindestens zwei Wochen nach Zustellung der Anordnung über die vorzeitige Besitzeinweisung an ihn festzusetzen.

(2) Enteignungsbehörde kann die vorzeitige Besitzeinweisung von der Leistung einer Sicherheit in Höhe der voraussichtlichen Entschädigung und von der vorherigen Erfüllung anderer Bedingungen abhängig machen. Auf Antrag des Inhabers eines Rechts, das zum Besitz oder zur Nutzung des Grundstücks berechtigt, ist die Einweisung von der Leistung einer Sicherheit in Höhe der ihm voraussichtlich zu gewährenden Entschädigung abhängig zu machen. Die Anordnung ist dem Antragsteller, dem Besitzer und dem Eigentümer zuzustellen.

(3) Durch die Besitzeinweisung wird dem Besitzer der Besitz entzogen und der Eingewiesene Besitzer. Der Eingewiesene darf auf dem Grundstück das von ihm im Enteignungsantrag bezeichnete Bauvorhaben ausführen und die dafür erforderlichen Maßnahmen treffen.

(4) Der Eingewiesene hat für die durch die vorzeitige Besitzeinweisung entstehenden Vermögensnachteile Entschädigung zu leisten, soweit die Nachteile nicht durch die Verzinsung der Geldentschädigung (§ 99 Abs. 3) ausgeglichen werden. Art und Höhe der Entschädigung werden durch die Enteignungsbehörde spätestens in dem in § 113 bezeichneten Beschluss festgesetzt. Wird der Beschluss über Art und Höhe der Entschädigung vorher erlassen, so ist er den in Absatz 2 Satz 3 bezeichneten Personen zuzustellen. Die Entschädigung für die Besitzeinweisung ist ohne Rücksicht darauf, ob ein Antrag auf gerichtliche Entscheidung gestellt wird, zu dem in Absatz 1 Satz 4 bezeichneten Zeitpunkt fällig.

(5) Auf Antrag einer der in Absatz 2 Satz 3 bezeichneten Personen hat die Enteignungsbehörde den Zustand des Grundstücks vor der Besitzeinweisung in einer Niederschrift feststellen zu lassen, soweit er für die Besitzeinweisungs- oder die Enteignungsentschädigung von Bedeutung ist. Den Beteiligten ist eine Abschrift der Niederschrift zu übersenden.

(6) Wird der Enteignungsantrag abgewiesen, so ist die vorzeitige Besitzeinweisung aufzuheben und der vorherige unmittelbare Besitzer wieder in den Besitz einzuweisen. Der Eingewiesene hat für alle durch die vorzeitige Besitzeinweisung entstandenen besonderen Nachteile Entschädigung zu leisten. Absatz 4 Satz 2 gilt entsprechend.

I. Allgemeines

Die vorzeitige Besitzeinweisung dient dazu, Verzögerungen für die Ausführung der 1 mit der Enteignung verfolgten Maßnahme zu vermeiden, wenn die Ausführung aus Gründen des Wohls der Allgemeinheit geboten ist. Dies geht über die Allgemeinwohlerforderlichkeit, durch die die Maßnahme ohnehin gekennzeichnet sein muss (§ 87 Abs. 1) hinaus (Gaentzsch, § 116 Rn 1). Die vorzeitige Besitzeinweisung ist eine Enteignung iSd Art 14 Abs. 3 GG, wegen ihres vorläufigen Charakters ist sie mit der einstweiligen Verfügung im Zivilprozess vergleichbar (BGH BRS 19 Nr. 158; OLG Oldenburg BRS 45 Nr. 212). Die materiellen Voraussetzungen der vorzeitigen Besitzeinweisung sind im Vergleich zur Hauptenteignung weitgehend gleich, in einzelnen Beziehungen sind die Anforderungen jedoch teils erhöht, teils aber auch weniger streng (vgl BGH BRS 34 Nr. 145). Verfassungsrechtliche Bedenken bestehen nicht (BayVerfGH NVwZ 1995, 106; vgl SächsVerfGH LKV 2000, 301).

II. Voraussetzungen der vorzeitigen Besitzeinweisung (Abs. 1 Satz 1 und Satz 2)

1. Verfahren der vorzeitigen Besitzeinweisung

2 Zuständig für die Durchführung des Verfahrens und die vorzeitige Besitzeinweisung ist die Enteignungsbehörde (§ 104 Abs. 1, 203 Abs. 3). Nach Landesrecht bestimmt sich, ob ehrenamtliche Beisitzer mitzuwirken haben (§ 104 Abs. 2). Verfahrensvoraussetzung ist nach Abs. 1 Satz 1 ein Antrag an die Enteignungsbehörde, der aus Gründen der Rechtssicherheit schriftlich oder zur Niederschrift bei der Enteignungsbehörde zu stellen ist. Die vorzeitige Besitzeinweisung ist erst zulässig, wenn das **Enteignungsverfahren** nach § 108 Abs. 1 Satz 1 (Anberaumung eines Termins) eingeleitet worden ist. Strittig ist, ob schon die Antragstellung nach § 105 ausreicht (EZB, § 116 Rn 3; Schrödter, § 116 Rn 3; LG Darmstadt NVwZ 2000, 116). Antragsbefugt ist nur der Enteignungsbegünstigte, der auch den Enteignungsantrag zu stellen hat. Beide Anträge können gleichzeitig gestellt werden.

3 Über die vorzeitige Besitzeinweisung muss mündlich verhandelt werden (Abs. 1 Satz 2). Eine Besitzeinweisung ohne mündliche Verhandlung oder ohne Beteiligung der zur Verhandlung zu ladenden Personen ist fehlerhaft und anfechtbar (VGH Kassel BRS 45 Nr. 212; OLG Oldenburg BRS 45 Nr. 212; aA: KK, § 116 Rn 15). In der mündlichen Verhandlung wird den von einer Besitzeinweisung Betroffenen das rechtliche Gehör gewährt (BGH NJW 1986, 1107 = DVBl 1986, 1268). Zur Wahrung des rechtlichen Gehörs ist eine ausreichende Ladungsfrist einzuhalten. In der Regel wird eine Frist von zwei Wochen angemessen und ausreichend sein (OVG Lüneburg NJW 1971, 2038). Ein Verstoß gegen diese Grundsätze stellt ein Verfahrensmangel dar, der in einem gerichtlichen Verfahren gem. § 217 gegen den Besitzeinweisungsbeschluss zu dessen Aufhebung führt.

2. Die materiellen Voraussetzungen der vorzeitigen Besitzeinweisung

4 Die vorzeitige Besitzeinweisung setzt voraus, dass die sofortige Ausführung der beabsichtigten Maßnahme aus Gründen des Wohls der Allgemeinheit ***dringend*** **geboten** ist; nicht ausreichend ist allein das Wohl der Allgemeinheit der Maßnahme iSd § 87 Abs. 1. Die **Dringlichkeit** ist dann zu bejahen, wenn andernfalls das Wohl der Allgemeinheit ohne die vorzeitige Besitzeinweisung erheblich beeinträchtigt werden würde (BayVerfGH NJW 1985, 106 = BayVBl. 1984, 556). Von daher ist von der Enteignungsbehörde eine Interessenabwägung zwischen den Interessen der Allgemeinheit auf der einen Seite und den Interessen des von der Enteignung Betroffenen vorzunehmen, Ein qualifiziertes öffentliches Interesse ist gegeben, wenn nur durch die vorzeitige Besitzeinweisung von der Allgemeinheit wesentliche Nachteile abgewendet oder wenn ihr wesentliche Vorteile erhalten bleiben, die bei Ausführung zu einem späteren Zeitpunkt verloren gingen (LG Darmstadt, B v. 14.2.2003 – 9 O (B) 2/03). Wesentliche Nachteile können auch empfindliche Zeitverluste und erhebliche Mehrkosten (OVG Lüneburg, NJW 1965, 554 f; Kirchberg, VBl. BW 1990, 161 [168]) oder technisch-konstruktive Gründe (EZB, § 116 Rn 5) sein.

5 Weitere Voraussetzung ist, dass dem **Enteignungsantrag** mit hoher Wahrscheinlichkeit – nicht aber mit an Sicherheit grenzenden Wahrscheinlichkeit (BGHZ 23, 377; BGHZ 43, 138) – stattzugeben sein wird (VGH München BayVBl. 1983, 308). Die Enteignungsbehörde kann die vorzeitige Besitzeinweisung nach Abs. 2 Satz 1 von den Leistungen einer **Sicherheit** abhängig machen. Dies steht in freiem Ermessen der Enteignungsbehörde. Die Enteignungsbehörde muss jedoch eine

Sicherheitsleistung festsetzen, wenn der Inhaber eines Rechts, das zum Besitz oder zur Nutzung des Grundstücks berechtigt, einen entsprechenden Antrag stellt (Abs. 2 Satz 2).

III. Rechtsfolgen der Besitzeinweisung (Abs. 3)

Abs. 3 erläutert die Rechtswirkungen der vorzeitigen Besitzeinweisung. § 116 6
räumt dem Enteignungsbegünstigten die tatsächliche Verfügungsgewalt ohne Rechtsänderung ein. Kommt der von der Enteignung Betroffene seiner Verpflichtung aus der Besitzeinweisung nicht nach, besteht zum einen die Pflicht der Enteignungsbehörde, dem Eingewiesenen die Besitzrechte aus der Besitzeinweisung mit den Mitteln des **Verwaltungszwangs** zu verschaffen. Daneben kann der Eingewiesene auch entsprechend § 861 BGB gegen den bisherigen Besitzer vorgehen (offen gelassen: BGH NJW 1986, 1107 = BRS 45 Nr. 108).

IV. Entschädigung und Kosten des Verfahrens (Abs. 4)

Abs. 4 regelt die Leistung einer Entschädigung für den Entzug des Besitzes auf- 7
grund der vorzeitigen Besitzeinweisung. Danach löst die Entziehung eine Entschädigungspflicht aus wegen des Minderwertes des Grundstücks, der dadurch eingetreten ist, dass das Grundstück für den Eigentümer überhaupt nicht oder nur noch beschränkt nutzbar ist. Eine derartige Enteignungsentschädigung stellt sich als Ausgleich für den Entzug eines Teils der Substanz dar (BGH NJW 1962, 2051 – Sportpalast). Hinsichtlich der **Auslagen des Enteigneten** für die Beratung und Vertretung durch einen Rechtsanwalt gelten grds. die Regelungen des § 121 Abs. 2, dh, die Aufwendungen für die Beratung und Vertretung durch den Rechtsanwalt sind erstattungsfähig soweit sie vom Standpunkt eines vernünftigen Eigentümers aus zur Wahrung seiner Rechte erforderlich waren (BGH NJW 1973, 2202 = BauR 1974, 74).

Muster

▶ **Besitzeinweisungsbeschluss (§ 116 BauGB)**

Enteignungsbehörde

Besitzeinweisung nach BauGB

Besitzeinweisungsbeschluss

A. Verfahrensbeteiligte

1. Fa. X GmbH,

– Antragstellerin –

2. Herr P,

– Grundstückseigentümer –

Verfahrensbevollmächtigte: RAe ...

3. Frau S

– Nießbrauchsberechtigte –

B. Vorzeitige Besitzeinweisung

Der Antragstellerin wird zum Zwecke der Bebauung in der Gemarkung ... vorzeitig in den Besitz einer Teilfläche von ca. x m^2 folgender Grundstücke des Beteiligten zu 2.) eingewiesen:

Flur ... , Flurstück Nr. ...

Die vorzeitige Besitzeinweisung erfolgt nach Maßgabe des § 116 BauGB.

C. Entschädigung
Die Entscheidung über die vom betroffenen Eigentümer für die Inanspruchnahme seiner Grundstücke und die Entziehung des Grundeigentums zu zahlende Entschädigung bleibt einem besonderen Beschluss vorbehalten, falls hierüber nicht noch eine Einigung zustande kommt.
D. Kosten
Die Kosten des Verfahrens einschließlich der auf Seiten des Enteignungsbetroffenen entstandenen notwendigen Kosten für die Zuziehung eines Rechtsanwalt (Gebühren und Auslagen) trägt die Antragstellerin.
G r ü n d e:
[...] ◀

V. Beweissicherung (Abs. 5)

8 Eine Beweissicherung nach Abs. 5 wird insbesondere dann in Betracht kommen, wenn durch die Verwirklichung des Enteignungszwecks bereits irreparable Folgen eintreten, zB Abbrucharbeiten. Die Form, in welcher die Beweissicherung vorgenommen wird, ist im Gesetz nicht vorgeschrieben. Die Enteignungsbehörde kann entweder einen Sachverständigen beauftragen oder selbst die entsprechenden Feststellungen treffen und hierüber eine Niederschrift aufnehmen. Die Niederschrift ist kein Verwaltungsakt. Die Abweisung eines Antrages nach Abs. 5 kann aber durch Antrag auf gerichtliche Entscheidung angefochten werden (EZB, § 116 Rn 20).

VI. Aufhebung der Besitzeinweisung (Abs. 6)

9 Abs. 6 gewährt im Falle der Aufhebung der vorzeitigen Besitzeinweisung einen Entschädigungsanspruch. Art und Höhe der Entschädigung setzt die Enteignungsbehörde fest. Zu entschädigen ist der zeitweise Verlust des Besitzes sowie die von dem Eingewiesenen herbeigeführten Änderungen auf dem Grundstück (BGH NJW 1965, 915). Es handelt sich bei letzterem um den Geldanspruch der dazu dienen soll, dass der Eigentümer das Grundstück wieder so herrichten kann, dass er die alte Nutzung fortführen kann.

VII. Rechtsschutz

10 Die Anfechtung der vorzeitigen Besitzeinweisung erfolgt durch Antrag auf gerichtliche Entscheidung im Verfahren nach den §§ 217 ff Der Antrag hat nach § 224 Satz 1 keine aufschiebende Wirkung. Das Baulandgericht kann aber die aufschiebende Wirkung ganz oder teilweise anordnen (BGH NJW 1986, 1107 [1108]; OLG Jena NVwZ 1998, 771).

11 Nicht eindeutig geklärt ist, welches Rechtsmittel gegen die dem Antrag nach § 80 Abs. 5 VwGO folgende Entscheidung möglich ist (überwiegend sofortige Beschwerde: OLG Karlsruhe NVwZ 2001, 839; OLG Koblenz NVwZ 1986, 336; KK, § 116 Rn 37 mwN). Der **Streitwert** in Besitzeinweisungsstreitigkeiten beträgt idR 20% des Wertes des Gegenstands, um dessen Besitz es geht (BGHZ 61, 240; OLGR München 2004, 202).

Muster

▶ **Antrag auf Anordnung der aufschiebenden Wirkung gegen einen Besitzeinweisungsbeschluss**

Gem. § 116 BauGB

An das
Landgericht
Kammer für Baulandsachen
In Sachen
des Herr L.
gegen
Gemeinde G – Beteiligte zu 1. –
und
Enteigungsbehörde – Beteiligte zu 2. –
wegen vorzeitiger Besitzeinweisung
stellen wir namens und im Auftrag des Antragstellers
Antrag auf gerichtliche Entscheidung
mit den
Anträgen:

1. Die vorzeitige Einweisung der Gemeinde G in den Besitz der Flurstücke ... durch den Beschluss der Enteignungsbehörde vom ... , zugestellt am ... wird aufgehoben.
2. Die aufschiebende Wirkung des Antrags des Antragstellers gegen die vorzeitige Einweisung wird angeordnet.

Gründe:

I. Sachverhalt

...

II. Rechtswidrige vorzeitige Besitzeinweisung

Der Antrag ist zulässig und begründet.

1.

Die vorzeitige Besitzeinweisung darf nur erfolgen, wenn die sofortige Ausführung der beabsichtigten Maßnahme aus Gründen des Wohls der Allgemeinheit dringend geboten ist. Es muss ein qualifiziertes öffentliches Interesse der Allgemeinheit vorliegen, das über das Allgemeinwohlinteresse an der Enteignung hinausgeht. Dies ist hier nicht der Fall. [...]

2.

Auch der Antrag auf Anordnung der aufschiebenden Wirkung des gestellten Antrages auf gerichtliche Entscheidung ist gerechtfertigt. Der Antrag ist zulässig, da dem Antrag auf gerichtliche Entscheidung gegen eine vorzeitige Besitzeinweisung gem. § 224 Satz 1 BauGB keine aufschiebende Wirkung zukommt. Die für den vorzeitigen Besitzentzug sprechenden Gründe stehen hinter den Belangen des Antragstellers zurück, da der Antrag gegen die vorzeitige Besitzeinweisung mit hoher Wahrscheinlichkeit Erfolg haben wird. Auf die vorangestellten Ausführungen kann Bezug genommen werden.

Auch die Interessenabwägung fällt vorliegend zugunsten des Antragstellers und zulasten der Gemeinde aus, da der Vollzug der vorzeitigen Besitzeinweisung zu einer unbilligen, nicht durch überwiegende öffentliche Interessen gebotenen Härte auf Seiten des Antragstellers führen würde. [...] ◀

§ 117 Ausführung des Enteignungsbeschlusses

(1) Ist der Enteignungsbeschluss oder sind die Entscheidungen nach § 112 Abs. 2 nicht mehr anfechtbar, so ordnet auf Antrag eines Beteiligten die Enteignungsbehörde die Ausführung des Enteignungsbeschlusses oder der Vorabentscheidung an (Ausführungsanordnung), wenn der durch die Enteignung Begünstigte die Geldentschädigung, im Falle der Vorabentscheidung die nach § 112 Abs. 2 Satz 2 festgesetzte Vorauszahlung gezahlt oder in zulässiger Weise unter Verzicht auf das Recht der Rücknahme hinterlegt hat. Auf Antrag des Entschädigungsberechtigten kann im Falle des § 112 Abs. 2 die Enteignungsbehörde die Ausführungsanordnung davon abhängig machen, dass der durch die Enteignung Begünstigte im Übrigen für einen angemessenen Betrag Sicherheit leistet.

(2) In den Fällen des § 111 ist auf Antrag eines Beteiligten die Ausführungsanordnung zu erlassen, wenn der durch die Enteignung Begünstigte den zwischen den Beteiligten unstreitigen Entschädigungsbetrag gezahlt oder in zulässiger Weise unter Verzicht auf das Recht der Rücknahme hinterlegt hat. Absatz 1 Satz 2 gilt entsprechend, soweit sich nicht aus der Einigung etwas anderes ergibt.

(3) Im Falle des § 113 Abs. 4 ist auf Antrag eines Beteiligten die Ausführungsanordnung zu erlassen, wenn der durch die Enteignung Begünstigte die im Enteignungsbeschluss in Verbindung mit dem Nachtragsbeschluss festgesetzte Geldentschädigung gezahlt oder zulässigerweise unter Verzicht auf das Recht der Rücknahme hinterlegt hat. Der Nachtragsbeschluss braucht nicht unanfechtbar zu sein.

(4) Die Ausführungsanordnung ist allen Beteiligten zuzustellen, deren Rechtsstellung durch den Enteignungsbeschluss betroffen wird. Die Ausführungsanordnung ist der Gemeinde abschriftlich mitzuteilen, in deren Bezirk das von der Enteignung betroffene Grundstück liegt. § 113 Abs. 5 gilt entsprechend.

(5) Mit dem in der Ausführungsanordnung festzusetzenden Tag wird der bisherige Rechtszustand durch den im Enteignungsbeschluss geregelten neuen Rechtszustand ersetzt. Gleichzeitig entstehen die nach § 113 Abs. 2 Nr. 6 begründeten Rechtsverhältnisse; sie gelten von diesem Zeitpunkt an als zwischen den an dem Rechtsverhältnis Beteiligten vereinbart.

(6) Die Ausführungsanordnung schließt die Einweisung in den Besitz des enteigneten Grundstücks und des Ersatzlands zu dem festgesetzten Tag ein.

(7) Die Enteignungsbehörde übersendet dem Grundbuchamt eine beglaubigte Abschrift des Enteignungsbeschlusses und der Ausführungsanordnung und ersucht es, die Rechtsänderungen in das Grundbuch einzutragen.

I. Allgemeines

1 Die in einem Enteignungsbeschluss geregelten Rechtsänderungen treten nicht bereits mit der Unanfechtbarkeit des Enteignungsbeschlusses ein. Es bedarf vielmehr noch eines besonderen rechtsgestaltenden VA, nämlich der Ausführungsanordnung.

II. Voraussetzungen für die Ausführungen des Enteignungsbeschlusses (Abs. 1–3)

Die Enteignungsbehörde kann nicht von Amts wegen die **Ausführungsanordnung** erlassen. Erforderlich ist der Antrag eines Beteiligten. Die Ausführungsanordnung kann nur ergehen, wenn der Enteignungsbeschluss oder die Vorabentscheidung über die Rechtsänderung nach § 112 Abs. 2 nicht mehr anfechtbar ist. Wird einem Beteiligten der Enteignungsbeschluss nicht zugestellt, so kann er nicht unanfechtbar werden, auch nicht innerhalb der Jahresfrist des § 58 Abs. 2 VwGO (BVerwG BayVBl. 1969, 527; BVerwG DÖV 1974, 385). Der Enteignungsbeschluss bzw die Vorabentscheidung ist nicht angefochten, wenn der Antrag auf gerichtliche Entscheidung unmittelbar beim zuständigen Landgericht eingelegt wird (aA: OLG München NJW 1963, 911). Gegen die **Versäumung der Anfechtungsfrist** ist die Wiedereinsetzung in den vorigen Stand zulässig. Wird einem Wiedereinsetzungsantrag stattgegeben, ist der Enteignungsbeschluss nicht unanfechtbar und die Ausführungsanordnung darf nicht ergehen. Ist die Ausführungsanordnung bereits erlassen, bevor über den Wiedereinsetzungsantrag entschieden ist, so gilt § 218 Abs. 2. 2

Die Ausführungsanordnung, darf darüber hinaus erst ergehen, wenn die im Enteignungsbeschluss genannte **Geldentschädigung bezahlt** oder in zulässiger Weise unter Verzicht auf das Recht der Rücknahme **hinterlegt** (§ 118) worden ist. Im Falle der Vorabentscheidung (§ 112 Abs. 2) kann die Enteignungsbehörde auf Antrag des Entschädigungsberechtigten die Ausführungsanordnung davon abhängig machen, dass der durch die Enteignung Begünstigte noch für einen angemessenen Betrag Sicherheit leistet. Haben sich die Beteiligten in einer Teileinigung über den Übergang oder die Belastung des Eigentums geeinigt, ist die Ausführungsanordnung zu erlassen, wenn der unstreitige Entschädigungsbetrag gezahlt oder mit befreiender Wirkung hinterlegt worden ist (Abs. 2). Auch in diesem Fall kann noch vor dem Erlass der Anordnung eine Sicherheit verlangt werden, wenn sich aus der Einigung nichts anderes ergibt. 3

III. Bekanntgabe der Ausführungsanordnung (Abs. 4)

Die Ausführungsanordnung ist nach Abs. 4 nur den in ihrer Rechtsstellung durch Enteignungsbeschluss betroffenen Beteiligten zuzustellen. Nach Abs. 4 Satz 3 gibt die Enteignungsbehörde dem **Vollstreckungsgericht** von der Ausführungsanordnung Kenntnis, wenn im Grundbuch die Anordnung der Zwangsversteigerung oder Zwangsverwaltung eingetragen ist. 4

Muster

▶ **Ausführungsanordnung (§ 117 BauGB)**

Enteignungsbehörde
Az:
Enteignung nach dem BauGB
Teilfläche aus dem Grundstück
Flurstück ..., Gemarkung ...,
Straße ...,
Eigentümer: ...
A. Ausführungsanordnung
Mit Wirkung vom ..., wird der bisherige Rechtszustand durch den im Enteignungsbeschluss vom ... geregelten neuen Rechtszustand ersetzt.

B. Begründung:
Mit Schreiben vom ... beantragte ... (Bezeichnung des Antragstellers) in dieser Enteignungsangelegenheit, die Ausführungsanordnung zu erlassen. Dem Schreiben lag ein Nachweis über die Auszahlung der im Enteignungsbeschluss festgesetzten Entschädigung bei. Der Enteignungsbeschluss ist inzwischen unanfechtbar geworden. Die Voraussetzungen für den Erlass der Ausführungsanordnung sind damit gegeben (§ 117 Abs. 1 BauGB).
C. Rechtsbehelfsbelehrung: [...] ◀

IV. Eintritt der Rechtsänderungen

5 In der Ausführungsanordnung ist der **Tag** genau **festzusetzen**, an dem der in dem Enteignungsbeschluss vorgesehene Rechtszustand in Kraft gesetzt wird, Abs. 5. Es werden dann bislang bestehende private Rechte zum Erlöschen gebracht und neue private Rechte und Pflichten begründet. Aus der Ausführungsanordnung – einem VA mit privatrechtlichen Folgen – gehen nur diejenigen Rechte hervor, die in dem Enteignungsbeschluss als neu begründet oder als aufrechterhalten bezeichnet sind. Die rechtsbegründende Kraft der Ausführungsanordnung schafft originäre Rechte, die von dem bisherigen Rechtszustand unabhängig sind. Die nach § 113 Abs. 2 Nr. 6 begründeten persönlichen Rechtsverhältnisse entstehen mit dem in der Ausführungsanordnung festgesetzten Tag. Der Eintritt der Rechtswirkungen hat zur Folge, dass das Grundbuch unrichtig wird. Dem trägt Abs. 7 Rechnung.

V. Rechtsschutz

6 Da die Ausführungsanordnung ein VA ist, kann sie mit dem Antrag auf gerichtliche Entscheidung nach § 217 angefochten werden. In einem solchen Verfahren können allerdings mit Erfolg nicht mehr solche Gründe vorgebracht werden, die die Wirksamkeit des Enteignungsbeschlusses betreffen (OLG Bremen BRS 45 Nr. 226). Umstritten ist, ob dieser Antrag nach § 217 aufschiebende Wirkung hat; dafür spricht der Umkehrschluss aus § 224 (vgl auch: OLG Koblenz NVwZ 1984, 678 = BRS 45 Nr. 218).

§ 118 Hinterlegung

(1) Geldentschädigungen, aus denen andere Berechtigte nach § 97 Abs. 4 zu befriedigen sind, sind unter Verzicht auf das Recht der Rücknahme zu hinterlegen, soweit mehrere Personen auf sie Anspruch haben und eine Einigung über die Auszahlung nicht nachgewiesen ist. Die Hinterlegung erfolgt bei dem Amtsgericht, in dessen Bezirk das von der Enteignung betroffene Grundstück liegt; § 2 des Zwangsversteigerungsgesetzes gilt entsprechend.
(2) Andere Vorschriften, nach denen die Hinterlegung geboten oder statthaft ist, werden hierdurch nicht berührt.

1 Der Begünstigte der Enteignung ist berechtigt, die Geldentschädigung zu hinterlegen, wenn ein entsprechender Anspruch von mehreren geltend gemacht wird, ohne dass ihm gegenüber eine Einigung nachgewiesen ist. Für den Fall, dass das enteignete Grundstück in mehreren Amtsgerichtsbezirken liegt, ergibt sich das zuständige AG aus einer entsprechenden Anwendung des § 2 ZVG. Im Übrigen

gelten für das **Hinterlegungsverfahren** die Vorschriften der Hinterlegungsordnung. Von der Regelung in Abs. 2 sind insbesondere die §§ 372 ff BGB erfasst.

§ 119 Verteilungsverfahren

(1) Nach Eintritt des neuen Rechtszustands kann jeder Beteiligte sein Recht an der hinterlegten Summe gegen einen Mitbeteiligten, der dieses Recht bestreitet, vor den ordentlichen Gerichten geltend machen oder die Einleitung eines gerichtlichen Verteilungsverfahrens beantragen.

(2) Für das Verteilungsverfahren ist das Amtsgericht zuständig, in dessen Bezirk das von der Enteignung betroffene Grundstück liegt; in Zweifelsfällen gilt § 2 des Zwangsversteigerungsgesetzes entsprechend.

(3) Auf das Verteilungsverfahren sind die Vorschriften über die Verteilung des Erlöses im Falle der Zwangsversteigerung mit folgenden Abweichungen entsprechend anzuwenden:

1. **Das Verteilungsverfahren ist durch Beschluss zu eröffnen;**
2. **die Zustellung des Eröffnungsbeschlusses an den Antragsteller gilt als Beschlagnahme im Sinne des § 13 des Zwangsversteigerungsgesetzes; ist das Grundstück schon in einem Zwangsversteigerungs- oder Zwangsverwaltungsverfahren beschlagnahmt, so hat es hierbei sein Bewenden;**
3. **das Verteilungsgericht hat bei Eröffnung des Verfahrens von Amts wegen das Grundbuchamt um die in § 19 Abs. 2 des Zwangsversteigerungsgesetzes bezeichneten Mitteilungen zu ersuchen; in die beglaubigte Abschrift des Grundbuchblatts sind die zur Zeit der Zustellung des Enteignungsbeschlusses an den Enteigneten vorhandenen Eintragungen sowie die später eingetragenen Veränderungen und Löschungen aufzunehmen;**
4. **bei dem Verfahren sind die in § 97 Abs. 4 bezeichneten Entschädigungsberechtigten nach Maßgabe des § 10 des Zwangsversteigerungsgesetzes zu berücksichtigen, wegen der Ansprüche auf wiederkehrende Nebenleistungen jedoch nur für die Zeit bis zur Hinterlegung.**

(4) Soweit auf Grund landesrechtlicher Vorschriften die Verteilung des Erlöses im Falle einer Zwangsversteigerung nicht von dem Vollstreckungsgericht, sondern von einer anderen Stelle wahrzunehmen ist, kann durch Landesrecht bestimmt werden, dass diese andere Stelle auch für das Verteilungsverfahren nach den Absätzen 1 bis 3 zuständig ist. Wird die Änderung einer Entscheidung dieser anderen Stelle verlangt, so ist die Entscheidung des Vollstreckungsgerichts nachzusuchen. Die Beschwerde findet gegen die Entscheidung des Vollstreckungsgerichts statt.

Nach dem Wirksamwerden der Ausführungsanordnung kann jeder Beteiligte, der ein Recht auf Befriedigung aus einer hinterlegten Geldentschädigung hat, sein Recht an dem hinterlegten Betrag geltend machen. Er kann dies dadurch erreichen, dass er entweder gegen einen Mitbeteiligten, der das Recht bestreitet, Klage vor dem ordentlichen Gericht erhebt oder die Einleitung eines gerichtlichen Verteilungsverfahrens beantragt. Das Verteilungsverfahren wird vom AG unter Anlehnung an das Verfahren über die Verteilung des Erlöses im Falle der Zwangsversteigerung nach Maßgabe der Abs. 2–4 durchgeführt. 1

§ 120 Aufhebung des Enteignungsbeschlusses

(1) Ist die Ausführungsanordnung noch nicht ergangen, so hat die Enteignungsbehörde den Enteignungsbeschluss auf Antrag aufzuheben, wenn der durch die Enteignung Begünstigte die ihm durch den Enteignungsbeschluss auferlegten Zahlungen nicht innerhalb eines Monats nach dem Zeitpunkt geleistet hat, in dem der Beschluss unanfechtbar geworden ist. Antragsberechtigt ist jeder Beteiligte, dem eine nicht gezahlte Entschädigung zusteht oder der nach § 97 Abs. 4 aus ihr zu befriedigen ist.

(2) Vor der Aufhebung ist der durch die Enteignung Begünstigte zu hören. Der Aufhebungsbeschluss ist allen Beteiligten zuzustellen und der Gemeinde und dem Grundbuchamt abschriftlich mitzuteilen.

I. Allgemeines

1 Nach § 117 kann die Ausführungsanordnung erst ergehen, wenn die Entschädigungssumme gezahlt oder hinterlegt worden ist. Erfolgt die **Erfüllung** dieser Verpflichtung nicht **innerhalb eines Monats** nach der Unanfechtbarkeit des Enteignungsbeschlusses durch den von der Enteignung Begünstigten, steht jedem Beteiligten, dem eine nicht gezahlte Entschädigung zusteht oder der aus ihr zu befriedigen ist, das Recht zu, die Aufhebung des Enteignungsbeschlusses bei der Enteignungsbehörde zu beantragen.

II. Aufhebung des Enteignungsbeschlusses

2 Erste Voraussetzung für die Aufhebung des Enteignungsbeschlusses ist dessen **Unanfechtbarkeit** (Abs. 1 Satz 1). Die Enteignungsbehörde kann den unanfechtbaren Enteignungsbeschluss vor Erlass der Ausführungsanordnung gem. §§ 48, 49 VwVfG durch Rücknahme oder Widerruf aufheben (OLG Koblenz, NJW 1983, 2036). Die Antragsberechtigten haben einen Auskunftsanspruch gegen die Enteignungsbehörde, ob der Enteignungsbeschluss unanfechtbar ist (KK, § 120 Rn 7). Dem unanfechtbaren Enteignungsbeschluss steht gleich eine Einigung nach § 110 oder eine Teileinigung nach § 111.

3 Zweite Voraussetzung ist, dass die **Ausführungsanordnung** noch nicht ergangen ist. Bei einem verspäteten Aufhebungsantrag ist Wiedereinsetzung in den vorigen Stand nicht möglich (BGH 61, 136 = BRS 26, 148). Mit Eintritt der Rechtsänderung darf die Enteignungsbehörde die Ausführungsanordnung auch nicht mehr nach § 48 VwVfG zurücknehmen (BKL, § 120 Rn 3; KK, § 120 Rn 8; aA: BK, 2. Aufl., § 120 Rn 3, analog § 120).

4 Dritte Voraussetzung nach Abs. 1 Satz 1 ist, dass der Enteignungsbegünstigte die ihm durch den Enteignungsbeschluss auferlegten Zahlungen nicht innerhalb eines Monats nach dem Zeitpunkt geleistet hat, in dem der Beschluss unanfechtbar geworden ist. Trotz Versäumung der Monatsfrist darf die Aufhebung dann nicht erfolgen, wenn der Begünstigte unverzüglich nach Anhörung zu dem Aufhebungsantrag (Abs. 2) die Entschädigung leistet oder hinterlegt (BGHZ 61, 136 = DVBl 1974, 129 = BRS 26 Nr. 148).

III. Rechtsschutz

5 Gegen die Ablehnung des Antrages auf Aufhebung des Enteignungsbeschlusses kann der Antragsteller **Antrag auf gerichtliche Entscheidung** stellen (§ 217). Der Antrag-

steller hat einen Rechtsanspruch auf Aufhebung, wenn die Voraussetzungen des § 120 vorliegen. Hält das Baulandgericht den Antrag auf gerichtliche Entscheidung für begründet, so hebt es den ablehnenden Beschluss auf und verpflichtet die Enteignungsbehörde, den **Enteignungsbeschluss aufzuheben** (§ 226 Abs. 2 Satz 2). Den Beschluss, den Enteignungsbeschluss aufzuheben, kann der Enteignungsbegünstigte wiederum nach § 217 anfechten. Der Antrag hat insoweit aufschiebende Wirkung.

§ 121 Kosten

(1) Der Antragsteller hat die Kosten zu tragen, wenn der Antrag auf Enteignung abgelehnt oder zurückgenommen wird. Wird dem Antrag auf Enteignung stattgegeben, so hat der Entschädigungsverpflichtete die Kosten zu tragen. Wird einem Antrag auf Rückenteignung stattgegeben, so hat der von der Rückenteignung Betroffene die Kosten zu tragen. Wird ein Antrag eines sonstigen Beteiligten abgelehnt oder zurückgenommen, sind diesem die durch die Behandlung seines Antrags verursachten Kosten aufzuerlegen, wenn sein Antrag offensichtlich unbegründet war.

(2) Kosten sind die Kosten des Verfahrens und die zur zweckentsprechenden Rechtsverfolgung oder Rechtsverteidigung notwendigen Aufwendungen der Beteiligten. Die Gebühren und Auslagen eines Rechtsanwalts oder eines sonstigen Bevollmächtigten sind erstattungsfähig, wenn die Zuziehung eines Bevollmächtigten notwendig war. Aufwendungen für einen Bevollmächtigten, für den Gebühren und Auslagen gesetzlich nicht vorgesehen sind, können nur bis zur Höhe der gesetzlichen Gebühren und Auslagen von Rechtsbeiständen erstattet werden.

(3) Aufwendungen, die durch das Verschulden eines Erstattungsberechtigten entstanden sind, hat dieser selbst zu tragen; das Verschulden eines Vertreters ist dem Vertretenen zuzurechnen.

(4) Die Kosten des Verfahrens richten sich nach den landesrechtlichen Vorschriften. Die Enteignungsbehörde setzt die Kosten im Enteignungsbeschluss oder durch besonderen Beschluss fest. Der Beschluss bestimmt auch, ob die Zuziehung eines Rechtsanwalts oder eines sonstigen Bevollmächtigten notwendig war.

I. Kostenverteilungsregeln

1 Der **Antragsteller** hat die **Kosten des Verfahrens** zu tragen. Antragsteller ist derjenige, der die Enteignung des Grundstücks zu seinen Gunsten begehrt. Hat er mit seinem Antrag Erfolg, so hat er dennoch die Kosten des Verfahrens zu tragen (Abs. 1 Satz 2). Wird der Antrag auf Enteignung abgelehnt oder zurückgenommen, hat der Antragsteller ebenfalls die Kosten des Enteignungsverfahrens zu tragen. Im Falle einer Rückenteignung nach § 102 trifft die Kostentragungslast den von der Rückenteignung Betroffenen. Bei Erledigung des Enteignungsverfahrens durch Einigung der Beteiligten ist entsprechend § 121 über die Kostentragung zu entscheiden (BayVGH, B. v. 16.8.2006 – 8 CS 106.1275). Die Kostenregelung des § 121 findet auch im Verfahren der **vorzeitigen Besitzeinweisung** Anwendung (vgl BGHZ 65, 280 [283]).

2 Abs. 1 Satz 4 regelt die Kostentragungspflicht sonstiger Beteiligter. Ein sonstiger Beteiligter ist zur Tragung der Kosten nur verpflichtet, soweit der Antrag abgelehnt oder zurückgenommen wurde, und der Antrag offensichtlich unbegründet

war. Da die Enteignungsbehörde aber offensichtlich unbegründete Anträge nicht zu behandeln braucht, entstehen regelmäßig keine Kosten, sodass die Regelung geringe praktische Bedeutung hat.

II. Zu erstattende Kosten (Abs. 2)

3 Zu erstattende Kosten sind gem. Abs. 2 Satz 1 1. Alt die **Kosten des Verfahrens** der **Enteignungsbehörde**, also Verwaltungsgebühren und Auslagen. Die Höhe dieser Kosten richtet sich nach landesrechtlichen Vorschriften. Zu erstattende Kosten sind gem. Abs. 2 Satz 1 2. Alt die **Aufwendungen der Beteiligten**, die zur zweckentsprechenden Rechtsverfolgung und Rechtsverteidigung notwendig waren. Erstattungsfähig sind zB Kosten für die Teilnahme an Terminen, Schriftverkehrskosten, Verdienstausfall, nicht jedoch der Arbeitsaufwand des Beteiligten (strittig VG Düsseldorf NJW 1965, 1036; VGH München, BayVBl. 1972, 645). Problematisch ist, inwieweit **Rechtsgutachten** als notwendige Auslagen anzusehen sind. Sie sind dann erstattungsfähig, wenn durch das Gutachten das Verfahren gefördert wurde und wenn sie zur Wahrnehmung berechtigter Interessen erforderlich waren, zB bei schwierigen speziellen Bewertungsvorgängen anlässlich einer Betriebsverlagerung (BGHZ 61, 240 [250]).

4 Die Gebühren und Auslagen eines **Rechtsanwalts** oder eines sonstigen Bevollmächtigten sind nach Abs. 2 Satz 2 erstattungsfähig, wenn die Zuziehung eines Bevollmächtigten notwendig war (vgl BGH NJW 1966, 493). Dies ist idR wegen der Kompliziertheit des Enteignungsverfahrens zu bejahen (BGHZ 61, 240 = BRS 26 Nr. 79 = BauR 1974, 47). Ein Rechtsanwalt, der sich selbst vertritt, hat einen Anspruch auf Kostenerstattung (BVerwG BayVBl. 1981, 93; VGH München BayVBl. 1972, 645; aA VGH Mannheim NVwZ 1982, 633). Nicht zu erstatten sind die Aufwendungen, die durch das Verschulden eines Beteiligten entstanden sind (Abs. 3).

5 Kommt es vor Einleitung des Enteignungsverfahrens zur Vermeidung der Enteignung zu einer **Einigung**, so ist umstritten, ob die vor Einleitung eines Enteignungsverfahrens entstandenen Kosten zumindest analog § 121 Abs. 2 Satz 2 zu erstatten sind (EZB, § 96 Rn 89; BKL, § 121 Rn 10; aA: KK, § 121 Rn 21; Schrödter, § 121 Rn 6; vgl OLG München NuR 2002, 768 = NVwZ-RR 2003, 78).

Hinweis für die Praxis: Es ist daher geboten, im Rahmen einer Einigung vor Einleitung des Enteignungsverfahrens die Kostenerstattung mit zu regeln und ggf insoweit auf § 121 zu verweisen.

III. Kostenfestsetzung (Abs. 4 Satz 2 und 3)

6 Die Enteignungsbehörde setzt die **Kosten im Enteignungsbeschluss** oder durch einen besonderen **Beschluss** fest. Dabei muss sie auch entscheiden, ob die Hinzuziehung eines Rechtsanwalts oder eines sonstigen Bevollmächtigten notwendig war. Auch noch nach der Beendigung des eigentlichen Enteignungsverfahrens ist dieser Beschluss möglich (BGHZ 56, 221 = NJW 1971, 1752 = BRS 26 Nr. 143). Es besteht die Möglichkeit, nach §§ 217 ff gegen die Entscheidung vorzugehen.

§ 122 Vollstreckbarer Titel

(1) Die Zwangsvollstreckung nach den Vorschriften der Zivilprozessordnung über die Vollstreckung von Urteilen in bürgerlichen Rechtsstreitigkeiten findet statt
1. aus der Niederschrift über eine Einigung wegen der in ihr bezeichneten Leistungen;
2. aus nicht mehr anfechtbarem Enteignungsbeschluss wegen der zu zahlenden Geldentschädigung oder einer Ausgleichszahlung;
3. aus einem Beschluss über die vorzeitige Besitzeinweisung oder deren Aufhebung wegen der darin festgesetzten Leistungen.

Die Zwangsvollstreckung wegen einer Ausgleichszahlung ist erst zulässig, wenn die Ausführungsanordnung wirksam und unanfechtbar geworden ist.

(2) Die vollstreckbare Ausfertigung wird von dem Urkundsbeamten der Geschäftsstelle des Amtsgerichts erteilt, in dessen Bezirk die Enteignungsbehörde ihren Sitz hat und, wenn das Verfahren bei einem Gericht anhängig ist, von dem Urkundsbeamten der Geschäftsstelle dieses Gerichts. In den Fällen der §§ 731, 767 bis 770, 785, 786 und 791 der Zivilprozessordnung tritt das Amtsgericht, in dessen Bezirk die Enteignungsbehörde ihren Sitz hat, an die Stelle des Prozessgerichts.

Von dieser Vorschrift werden nicht alle Zwangsmaßnahmen in Enteignungssachen erfasst. Die landesrechtlichen Vorschriften der **Verwaltungsvollstreckung** sind in den Fällen anwendbar, in denen die Entscheidung lediglich auf eine reine Duldung gerichtet ist, zB §§ 116, 117. Unter den Begriff „Leistungen" iSd Abs. 1 fällt nicht nur die Entschädigung nach den §§ 93 ff, sondern auch die Ausgleichsleistungen, §§ 100 Abs. 5 Satz 4, 101 Abs. 1 Satz 2. Bei einer Vollstreckung wegen einer Ausgleichsleistung ist zu beachten, dass die Ausführungsanordnung (§ 117) wirksam und unanfechtbar sein muss, Abs. 1 Satz 2. 1

Abs. 2 begründet eine Sonderregelung im Hinblick auf die Zuständigkeit für die Erteilung der vollstreckbaren Ausfertigung. Maßgebend für die Bestimmung ist dabei, ob ein Baulandprozess anhängig ist. 2

Sechster Teil
Erschließung

Vorbemerkung zu §§ 123–135c

1 Nach den Vorschriften über die Zulässigkeit von Vorhaben (§§ 30, 33, 34, 35) ist die Sicherung der Erschließung oder ihr Vorhandensein eine Voraussetzung für die Bebauung eines Grundstücks (§ 30 Abs. 1 letzter HS: „... und die Erschließung gesichert ist"). Die Erschließung dient also dem Zweck, die Grundstücke „baureif" zu machen, dh die bauliche, oft auch die sonstige – vergleichbare – Nutzung (zB gewerbliche Nutzung als Lagerplatz; zu beachten ist, dass der Begriff „Gewerbe" im Erschließungsbeitragsrecht über den gewerberechtlichen – engeren – Begriff hinausgeht) zu ermöglichen. Eine Definition des Begriffs „Erschließung" enthält auch das BauGB nicht. Aus den gesetzlichen Regelungen geht aber hervor, dass unter Erschließung einmal die Herstellung der in § 127 Abs. 2 genannten beitragsfähigen Erschließungsanlagen, zum anderen auch die Herstellung nicht (erschließungs-)beitragsfähiger Anlagen, wie sie in § 127 Abs. 4 aufgeführt sind, zu verstehen ist. Sie fallen insgesamt unter den Begriff der Erschließungsanlagen iSd § 123 Abs. 2. Nicht dazu rechnen die auf dem Grundstück selbst notwendigen Maßnahmen wie Hausanschlüsse (die Kosten für die Herstellung der Hausanschlüsse für Kanal und Wasser sind in den Landeskommunalabgabengesetzen iVm dem gemeindlichen Satzungsrecht geregelt), Zuwegungen, Stellplätze. Zur Erschließung in dem vorgenannten Sinne gehört auch nicht die Herstellung der überörtlichen Anlagen, insbesondere der Bundesstraßen, Landstraßen – mit Ausnahme allerdings zB der innerörtlichen Gehwege –, Überlandleitungen für Elektrizität. Der mitunter im Schrifttum benutzte Begriff der „inneren und äußeren Erschließung" stellt auf die Lage der Erschließungsanlagen innerhalb oder außerhalb des Baugebiets ab. Er ist für das Erschließungsrecht des BauGB ohne Bedeutung. Der Begriff „Aufschließung", den das BauGB ebenfalls nicht verwendet, umfasst außer den oben bezeichneten Erschließungsanlagen auch die überörtlichen Verkehrs- und Grünanlagen sowie die sog. kommunalen Folgeeinrichtungen (Anlagen und Einrichtungen der Infrastruktur, § 5 Abs. 2 Nr. 2).

2 Von einer vollständigen Regelung des Erschließungsrechts hat der Bundesgesetzgeber auch im BauGB abgesehen, um zu weitgehende Eingriffe in das der Landesgesetzgebung vorbehaltene allgemeine Straßen- und Wegerecht zu vermeiden. Er begnügt sich im ersten Abschnitt mit wenigen allgemeinen Vorschriften grds. Art und regelt im zweiten Abschnitt den Erschließungsbeitrag. In den Vorschriften dieses Abschnitts werden unter dem Begriff „Erschließungsanlagen" allerdings nur die in § 127 Abs. 2 besonders bezeichneten Anlagen verstanden. Dem Beitragsrecht liegt also ein engerer Erschließungsbegriff zugrunde, der sich zudem auf die erstmalige Herstellung der Anlagen beschränkt; Erneuerungs- und Erweiterungsmaßnahmen hinsichtlich schon vorhandener Erschließungsanlagen richten sich nach den Landeskommunalabgabengesetzen. Hinzuweisen ist in diesem Zusammenhang auf die Möglichkeit, nach diesen Gesetzen (iVm kommunalem Satzungsrecht) für bestimmte Baumaßnahmen an Straßen, Wegen und Plätzen Ausbau- oder Straßenbeiträge (die Bezeichnung ist landesrechtlich verschieden) zu erheben. Diese Maßnahmen bzw Beiträge beziehen sich jedoch nicht auf die erstmalige Herstellung von Erschließungsanlagen iSd § 127 Abs. 2 und sind daher streng von den

Erschließungsbeiträgen zu trennen. Im Einzelfall kann die Abgrenzung jedoch Schwierigkeiten bereiten.

Die Regelung des Erschließungs- und Erschließungsbeitragsrechts durch den Gesetzgeber ist eher rudimentär erfolgt, weshalb in diesem Rechtsbereich Richterrecht eine besonders große Rolle spielt. Ohne Kenntnis der zahlreichen Gerichtsentscheidungen, sind die immer wieder auftretenden besonderen Fallkonstellationen kaum zu lösen. Das Inkrafttreten des BauGB zum 1.7.1987 hat für das Erschließungs- und Erschließungsbeitragsrecht nur wenige Änderungen gebracht. Zu beachten sind für den Übergang die Überleitungsvorschriften für die Erschließung in § 242. Das Gesetz zur Anpassung des Baugesetzbuchs an EU-Richtlinien vom 24.6.2004 enthält außer einer notwendig gewordenen Anpassung in § 125 Abs. 2 keine Änderungen. 3

Der Gesetzgeber hat durch das Gesetz zur Änderung des Grundgesetzes vom 27.10.1994 (in Kraft getreten am 15.11.1994; BGBl. I S. 3146) in Art 1 Nr. 6a) bb) die **Gesetzgebungskompetenz** des Bundes für das Bodenrecht, die auch das Erschließungs(beitrags-)recht erfasst, durch den Klammerzusatz „ohne das Recht der Erschließungsbeiträge“ eingeschränkt. Zur Begründung wird angeführt, dass die Herausnahme des Erschließungsbeitragsrechts aus der Bundeskompetenz wegen der engen Verbindung mit dem Kommunalabgabenrecht der Länder gerechtfertigt sei. Durch das Gesetz zur Änderung des Grundgesetzes vom 27.10.1994 ist nunmehr Art 125a Abs. 1 Satz 1 in das GG aufgenommen worden, aus dem folgt, dass das Erschließungsbeitragsrecht (§§ 127–135 BauGB) als Bundesrecht fortgilt, aber durch Landesrecht ersetzt werden kann (Art 125a Abs. 1 Satz 2 GG). Dies ist für Bayern so geschehen. Durch § 5 a des bayerischen Kommunalabgabengesetzes idF des Änderungsgesetzes vom 27. Dezember 1996 (GVBl. S. 541) hat der bayerische Landesgesetzgeber die §§ 127 bis135 BauGB in der am 1. Januar 1997 geltenden Fassung in bayerisches Landesrecht überführt (vgl BVerwG, NVwZ 2002, 1505 = BayVBl. 2003, 25; BayVGH, BayVBl. 2003, 21). Daran hat sich durch das Gesetz zur Änderung des Grundgesetzes vom 28.8.2006 (in Kraft getreten am 1.9.2006; BGBl. I S. 2034) nichts geändert. 4

In den neuen Bundesländern gelten die Vorschriften des Erschließungsbeitragsrechts seit Wirksamwerden des Beitritts der ehemaligen Deutschen Demokratischen Republik zur Bundesrepublik Deutschland am 3. Oktober 1990 (Art. 8 des Vertrages über die Herstellung des Einheit Deutschlands vom 31.8.1990 BGBl. II S. 889), indes nur mit den Einschränkungen des § 242 Abs. 9, das heißt nicht für Erschließungsanlagen oder Teile von ihnen, die vor dem Wirksamwerden des Beitritts bereits hergestellt worden sind. 5

Der Ausschluss einer Erschließungs- und Ausbaubeitragserhebung durch Regelungen des besonderen Städtebaurechts hat seit Erlass des BauGB in §§ 136 ff des Gesetzes seinen Niederschlag gefunden (vgl im Einzelnen dort und Driehaus, Erschließungs- und Ausbaubeiträge, 7. Aufl. 2004, § 3 Rn 1 ff). 6

Erster Abschnitt
Allgemeine Vorschriften

§ 123 Erschließungslast

(1) Die Erschließung ist Aufgabe der Gemeinde, soweit sie nicht nach anderen gesetzlichen Vorschriften oder öffentlich-rechtlichen Verpflichtungen einem anderen obliegt.

(2) Die Erschließungsanlagen sollen entsprechend den Erfordernissen der Bebauung und des Verkehrs kostengünstig hergestellt werden und spätestens bis zur Fertigstellung der anzuschließenden baulichen Anlagen benutzbar sein.

(3) Ein Rechtsanspruch auf Erschließung besteht nicht.

(4) Die Unterhaltung der Erschließungsanlagen richtet sich nach landesrechtlichen Vorschriften.

1 Nach **Abs. 1** ist die **Erschließung** grds. eine im Selbstverwaltungsbereich liegende Aufgabe der Gemeinde. Sie trägt die **Erschließungslast** nicht, wenn nach anderen gesetzlichen Vorschriften (zB Bundesfernstraßengesetz, Landesstraßengesetzen, Energiewirtschaftsgesetz, Observanzen) oder öffentlich-rechtlichen Vereinbarungen (so zB nach dem Zweckverbandsrecht) ein anderer Träger bestimmt ist. Die Erschließung ist zugleich eine gemeindliche Pflicht, der sie i.R. einer ordnungsgemäßen Haushaltsführung nachzukommen hat. Somit kann sich die Erschließungslast der Gemeinde nur iR ihrer finanziellen Leistungsfähigkeit bewegen. Insoweit steht der Gemeinde eine gewisse Freiheit in der Entscheidung über das **„Ob“**, **„Wie“** und **„Wann“** der Erschließung zu. Die Vorschriften über die Erschließung verfolgen das Allgemeininteresse, nicht die Interessen des Einzelnen. Zur Erfüllung der Erschließungslast können die Gemeinden im Wege der Kommunalaufsicht angehalten werden. Auch Anordnungen der Straßenbehörden kommen in Betracht.

2 Gesetzliche Vorschriften, nach denen die Erschließung anderen obliegt, enthält das Straßenrecht zB für Bundesstraßen. Öffentlich-rechtliche Verpflichtungen anderer zur Erschließung enthalten vor allem Planfeststellungsbeschlüsse nach den Straßengesetzen (vgl BVerwG, NVwZ 1982, 435 = DÖV 1982, 328 = KStZ 1982, 92 = BRS 43, 5). Nicht hierher gehören die in § 124 Abs. 1 zugelassenen Erschließungsverträge, da die Gemeinde durch sie nicht von ihrer Erschließungslast befreit wird.

3 Die **Sollvorschrift** des **Abs. 2** enthält nur wenige, gleichwohl bindende Grundsätze über den Umfang und den Zeitpunkt der Erschließung. Maßstab für Art und Umfang der Erschließungsanlagen sind die nach den Erfahrungen zu beurteilenden Bedürfnisse, die durch die Bebauung im jeweiligen örtlichen Bereich sowie durch den zu erwartenden Verkehr bedingt sind. Über den zeitlichen Ablauf der Herstellung bestimmt die Vorschrift, dass die Anlagen spätestens in dem Zeitpunkt benutzbar sein sollen, in dem das erschlossene Grundstück bebaut ist. Benutzbarkeit ist nicht gleichbedeutend mit endgültiger Herstellung. Es genügt, dass die Anlagen verkehrssicher sind (zur Entscheidungsfreiheit der Gemeinde iR ihrer Erschließungsaufgabe vgl bereits BVerfGE 33, 265 [291] = NJW 1972, 1851 = DÖV 1972, 855 [858]).

Obwohl das BauGB die (erstmalige, vgl BVerwGE 78, 266 = NVwZ 1988, 355 = DVBl 1988, 245= DÖV 1988, 379 = KStZ 1988, 92 = BauR 1988, 180) Erschließung der Gemeinde als **Pflichtaufgabe** zuweist, hebt **Abs. 3** ausdrücklich hervor, dass die Anlieger und sonstigen Bürger aus dieser Erschließungslast grds. keine Rechtsansprüche gegen die Gemeinde auf Durchführung der Erschließung herleiten können (zum Anspruch auf Erschließung vgl Gloria, NVwZ 1991, 720). Damit hat der Gesetzgeber klargestellt, dass mit der gemeindlichen Aufgabe der Erschließung (§ 123 Abs. 1 BauGB) kein subjektives Recht des einzelnen Grundeigentümers korrespondiert. Die allgemeine gemeindliche Erschließungspflicht kann sich jedoch für bestimmte Erschließungsanlagen zu einer aktuellen **Erschließungspflicht** verdichten und ggf mit Ansprüchen Dritter verbunden sein (BVerwG, NJW 1975, 402 = DVBl 1975, 37 = KStZ 1975, 51 = BauR 1974, 389 = ZMR 1975, 59). Dazu bedarf es über die Tatsache einer mangelhaften Erschließungssituation eines Grundstücks hinaus einer besonderen Rechtfertigung, und zwar einer Rechtfertigung, die sich auf ein Verhalten der Gemeinde gründet (vgl VGH München, 12.10.2004 – 4 B 01.722 – mwN). So kann die Gemeinde bei unzulänglichem Erschließungszustand nicht einen qualifizierten Bebauungsplan erlassen, dann aber unter Berufung auf den fehlenden **Rechtsanspruch** des Anliegers es bei dem gegebenen ordnungswidrigen Zustand der Erschließungsanlagen auf Dauer belassen, so dass die Bebauung nicht möglich ist. Bei bereits bebauten Grundstücken kann die Mitwirkung der Gemeinde an der Genehmigung eines Bauvorhabens dazu führen, dass sie für einen ausreichenden Erschließungszustand sorgen muss, der idR nicht einer vollen Erschließung gleichkommen muss (vgl BVerwGE 64, 186 = DVBl 1982, 156 = KStZ 1982, 149 = BauR 1982, 73; BVerwGE 78, 266 = NVwZ 1988, 355 = DVBl 1988, 245 = DÖV 1988, 379 = KStZ 1988, 92 = BauR 1988, 180; BVerwG, BauR 2000, 247 = BRS 62 Nr. 173). Der VGH München (NVwZ 1991, 1107 = BayVBl. 1991, 367 = BauR 1991, 313 und NJW 2004, 1889 = BayVBl. 2004, 178) sieht eine Verdichtung der allgemeinen gemeindlichen Erschließungslast zu einem **einklagbaren Anspruch** dann als gegeben an, wenn die Gemeinde einen qualifizierten Bebauungsplan iSd § 30 Abs. 1 erlassen, ggf sogar Vorausleistungen erhoben und ein ihr zumutbares Erschließungsangebot des Bauwilligen ohne sachlichen Grund abgelehnt hat. Der VGH Mannheim hat es jedoch für ausreichend gehalten, dass private Verkehrsflächen die Erschließung gewährleisten, zu deren Festsetzung § 9 Abs. 1 Nr. 11 BauGB ermächtige, so dass die Gemeinde zur zusätzlichen Herstellung öffentlicher Straßen nicht verpflichtet ist (NVwZ-RR 1995, 485 = BRS 56 Nr. 23; zum Anspruch auf den Bau einer Erschließungsanlage vgl auch VGH Mannheim, NVwZ 1991, 1109 = BRS 52 Nr. 95). Das Bundesverwaltungsgericht (BVerwGE 88, 166 = NVwZ 1991, 1086 = DVBl 1991, 1304) hat angenommen, dass der Eigentümer, der die Erschließung des sein Grundstück erfassenden Baugebiets übernommen hat, sich nicht auf eine Verdichtung der gemeindlichen Erschließungsaufgabe berufen kann, solange der Erschließungsvertrag besteht. Zugleich wird festgestellt, dass der Erlass eines qualifizierten Bebauungsplans eine Verdichtung der Erschließungsaufgabe nur auslösen kann, wenn sein Inkrafttreten die Durchsetzung eines bis dahin bestehenden Bauanspruchs sperrt. In dieser Entscheidung wird weiter ausgeführt, dass der Erlass eines **qualifizierten Bebauungsplans** aufgabenverdichtend nur dann wirkt, wenn durch sein Inkrafttreten einmal ein bis zu diesem Zeitpunkt beabsichtigtes, nach Maßgabe des § 35 zulässiges Vorhaben unzulässig wird, und andererseits die nach dem Plan vorgesehene Nutzung mangels hinreichender Erschließung nicht verwirklicht werden darf. Macht der Bauherr kein Erschlie- 4 ßungsangebot, das auf seine Zumutbarkeit für die Gemeinde überprüft werden kann, so ist sein Bauvorhaben wegen fehlender Erschließung nicht genehmigungsfähig (BVerwG, NVwZ 1993, 1101 = DÖV 1993, 918 = BRS 55 Nr. 105). Ist der Gemeinde etwa ein Erschließungsangebot über die Schaffung einer privaten Erschließungsanlage wegen eigener Planungsabsichten unzumutbar, muss sie es nicht annehmen. Ebensowenig besteht ein Anspruch auf eine zusätzliche Erschließung (OVG Münster, NVwZ-RR 1992, 118). Andererseits kann die Gemeinde, die einen qualifizierten Bebauungsplan erlassen hat, zur Erschließung aber nicht im Stande ist, ein Angebot zur Erschließung durch den Betroffenen, dessen Annahme für sie nicht unzumutbar ist, nicht ablehnen, ohne dadurch selbst erschließungspflichtig zu werden (BVerwGE 92, 8 = NVwZ 1993, 1102 = DVBl 1993, 131 = DÖV 1993, 713). Nach dieser Entscheidung verdichtet sich die gemeindliche Erschließungsaufgabe nach Treu und Glauben zu einer **Erschließungspflicht**, wenn sich die Gemeinde nach Erlass eines qualifizierten Bebauungsplans entschließt, den Plan zwar nicht aufzugeben, aber von der Durchführung der Erschließung abzusehen, oder wenn sie unter diesen Voraussetzungen die Durchführung der Erschließung ungebührlich verzögert (zur „ungebührlichen" Verzögerung der Erschließung vgl auch BVerwG, B v. 3.1.2000 – 11 B 20/99). In diesen Fällen kann sich die gemeindliche Erschließungsaufgabe zu einer mit einem korrespondierenden Ausspruch verbundenen Erschließungspflicht verdichten. Andererseits handelt ein Erschließungsunternehmer auf eigenes Risiko, wenn er bei Zweifeln an einer konkreten und fälligen gemeindlichen Erschließungspflicht ohne Zustandekommen eines Erschließungsvertrages mit der Erschließung beginnt (BVerwG, NVwZ 1992, 672 = KStZ 1992, 170). Eine aktuelle Erschließungspflicht ergab sich bisher auch, wenn die Gemeinde gem. § 133 Abs. 3 Satz 1 bei der Genehmigung eines Bauvorhabens Vorausleistungen auf den Erschließungsbeitrag verlangte (BVerwGE 48, 247 = NJW 1975, 402 = DVBl 1975, 37 = KStZ 1975, 51 = BauR 1974, 389). Dies kann unter der Geltung des Baugesetzbuchs – von einem bereits entstandenen Erschließungsanspruch abgesehen – keine Gültigkeit mehr beanspruchen, da gem. § 133 Abs. 3 Sätze 3, 4 die Vorausleistung zurückverlangt werden kann, wenn die Erschließungsanlage sechs Jahre nach Erlass des Vorausleistungsbescheides noch nicht benutzbar ist. Ein Erschließungsanspruch kann ggf auch aus dem Gedanken der **Folgenbeseitigung** jedenfalls dann hergeleitet werden, wenn die für ein Grundstück erteilte Baugenehmigung mangels hinreichend gesicherter verkehrsmäßiger Erschließung des genehmigten Vorhabens rechtswidrig ist (vgl VGH München, 12.10.2004 – 4 B 01.722).

5 Private Zufahrten und Wege auf dem Anliegergrundstück sind keine Erschließungsanlagen iSd § 123 Abs. 2. Erschließungsanlagen selbst iSv § 123 Abs. 2 BauGB sind nicht erschließungsbeitragspflichtig (BVerwGE 102, 159 = NVwZ 1998, 72 = DVBl 1979, 298 = DÖV 1997, 298).

6 Unberührt bleiben zivilrechtliche Schadensersatzansprüche, zB wegen Verletzung der Verkehrssicherungspflicht (§ 823 BGB), wegen Nichteinhaltung von Zusicherungen gegenüber einem Grundstückserwerber über die alsbaldige Durchführung der Erschließung oder aus dem Gesichtspunkt der Amtspflichtverletzung wegen unsachgemäß hergestellter Erschließungsanlagen (BGHZ 54, 299 = NJW 1970, 2208). Zum Schadensersatzanspruch eines Bauunternehmers wegen verzögerter Abrechnung einer Erschließungsanlage vgl BGH, NJW 1999, 3630.

7 Der Erlass eines **qualifizierten Bebauungsplans** allein kann nicht derart auf die Erschließungsaufgabe der Gemeinde einwirken, dass daraus eine **Pflicht zur**

Erschließung vorhandener baulicher Anlagen hervorgeht (BVerwG, NVwZ 1985, 563 = DVBl 1985, 623 = KStZ 1985, 152 = BauR 1985, 310 = ZMR 1985, 240 und BVerwGE 78, 266 = NVwZ 1988, 355 = DVBl 1988, 245 = DÖV 1988, 379). Nur ausnahmsweise kann es, wie oben dargestellt, zu einer Erschließungspflicht der Gemeinde kommen (vgl insbesondere BVerwGE 92, 8 = NVwZ 1993, 1102 = DVBl 1993, 669 = DÖV 1993, 713). Da nach § 123 Abs. 3 ein Anspruch auf Erschließung des Grundstücks nicht besteht und die Erschließungsvorschriften dem Allgemeininteresse, nicht dagegen den Interessen der Anlieger zu dienen bestimmt sind, haben diese grds. auch keinen Anspruch auf eine ermessensfehlerfreie Entscheidung der Gemeinde hinsichtlich der Erschließung ihrer Grundstücke (BVerwG, BRS 37, 18).

Abs. 4 überlässt es dem **Landesrecht**, die Unterhaltung der Erschließungsanlagen 8
zu regeln. Dies gilt indes nur soweit, als nicht sonstiges Bundesrecht entgegensteht (zB betreffend Ortsdurchfahrten an Bundesstraßen, § 5 FStrG).

§ 124 Erschließungsvertrag

(1) Die Gemeinde kann die Erschließung durch Vertrag auf einen Dritten übertragen.

(2) Gegenstand des Erschließungsvertrags können nach Bundes- oder nach Landesrecht beitragsfähige sowie nicht beitragsfähige Erschließungsanlagen in einem bestimmten Erschließungsgebiet in der Gemeinde sein. Der Dritte kann sich gegenüber der Gemeinde verpflichten, die Erschließungskosten ganz oder teilweise zu tragen; dies gilt unabhängig davon, ob die Erschließungsanlagen nach Bundes- oder Landesrecht beitragsfähig sind. § 129 Abs. 1 Satz 3 ist nicht anzuwenden.

(3) Die vertraglich vereinbarten Leistungen müssen den gesamten Umständen nach angemessen sein und in sachlichem Zusammenhang mit der Erschließung stehen. Hat die Gemeinde einen Bebauungsplan im Sinne des § 30 Abs. 1 erlassen und lehnt sie das zumutbare Angebot eines Dritten ab, die im Bebauungsplan vorgesehene Erschließung vorzunehmen, ist sie verpflichtet, die Erschließung selbst durchzuführen.

(4) Der Erschließungsvertrag bedarf der Schriftform, soweit nicht durch Rechtsvorschriften eine andere Form vorgeschrieben ist.

Die frühere Regelung des § 124 BBauG ist mit Inkrafttreten des Baugesetzbuches 1
ersatzlos entfallen.

§ 124 **Abs. 1** ermächtigt die Gemeinden, die Erschließung **durch Vertrag** auf einen 2
Dritten („Erschließungsunternehmer") zu übertragen (zur Frage, ob Erschließungseigengesellschaften Dritter iSd § 124 BauGB sein können vgl Driehaus, BauR 1999, 862 und Driehaus, Erschließungs- und Ausbaubeiträge, 7. Aufl. 2004, § 6 RdNr. 15; vgl in diesem Zusammenhang OVG Lüneburg, 5.10.2006 – 9 LC 246/04, wonach eine von der Gemeinde allein getragene oder von der Gemeinde zumindest beherrschte juristische Person nach Landesrecht Dritter sein kann). Es handelt sich hierbei nicht um Verträge (Werkverträge nach § 631 BGB), mit denen die Gemeinde die Erschließungsarbeiten gegen Entgelt einer Baufirma überträgt, wie es die Regel darstellt, wenn die Gemeinde die Erschließung in eigener Regie durchführt. Durch einen Erschließungsvertrag iSd Abs. 1 verpflichtet sich vielmehr ein Dritter (zB ein einzelner Grundeigentümer, ein Wohnungsbauunterneh-

men, das ein größeres Bauvorhaben errichtet), die Erschließung eines bestimmten begrenzten Gebietes in eigener Verantwortung und auf eigene Rechnung durchzuführen. Dabei handelt es sich um **öffentlich-rechtliche Verträge** (BVerwGE 32, 37 = NJW 1969, 2162 = DVBl 1969, 699 = DÖV 1969, 863 = BauR 1970, 234 = ZMR 1969, 367 sowie BGH, NJW 1970, 2107 = DVBl 1971, 395 = DÖV 1970, 870; zum städtebaulichen Vertrag und Erschließungsvertrag vgl Birk, BauR 1999, 205). Die fertig gestellten Erschließungsanlagen werden anschließend von der Gemeinde übernommen und der öffentlichen Nutzung gewidmet. Mit dem Vertrag kann die Gemeinde nicht die Erschließungslast als öffentlich-rechtliche Aufgabe übertragen; sie bleibt bis zur ordnungsgemäßen Durchführung der Erschließungsmaßnahmen erschließungspflichtig, was insbesondere dann Auswirkungen hat, wenn der Erschließungsunternehmer seinen Verpflichtungen nicht nachkommt (zum Billigkeitserlass – § 135 Abs. 5 –, wenn es zu einer Zahlungspflicht sowohl an den Unternehmer wie auch an die Gemeinde kommt vgl BVerwG, DVBl 1976, 306 = DÖV 1975, 717 = BRS 37, 388 = ZMR 1977, 116). Auch die Befugnis zur Erhebung von Erschließungsbeiträgen kann nicht auf den Dritten übertragen werden. Hat der Dritte die von ihm vertraglich übernommenen Erschließungsarbeiten auf eigene Rechnung durchgeführt, so kann die Gemeinde, da ihr kein Aufwand entsteht, auch keinen Erschließungsbeitrag erheben. Eine andere Sachlage ist gegeben, wenn der Dritte die von ihm hergestellten Anlagen gegen Entgelt auf die Gemeinde überträgt. Soweit der Gemeinde ggf für Anlagen iSd § 127 Abs. 2 Übernahmekosten entstehen, sind diese beitragsfähiger Aufwand gem. § 128 Abs. 1 Nr. 3. In der Regel deckt ein Unternehmer, zB ein Wohnungsbauunternehmen, das auf eigenem Grundbesitz Wohnbauten errichtet, die ihm entstehenden Erschließungskosten durch anteilige Aufschläge auf den späteren Veräußerungspreis. Der Unternehmer kann aber von den übrigen Eigentümern, deren Grundstücke miterschlossen werden (Fremdanlieger), keine Beteiligung an den Erschließungskosten verlangen (BGHZ 61, 359 = NJW 1974, 96). Auch die Gemeinde ist dazu nicht befugt (zur Fremdanliegerproblematik beim Erschließungsvertrag vgl Dombert, BauR 1999, 588). Zulässig ist jedoch eine privatrechtliche Vereinbarung zwischen Unternehmer und Gemeinde, derzufolge die Gemeinde bei **Übernahme der Anlagen** dem Unternehmer die anteilig auf die übrigen Eigentümer entfallenden Kosten erstattet. In Höhe dieses Aufwandes kann die Gemeinde von den übrigen Eigentümern Erschließungsbeiträge erheben. Schließt die Gemeinde einen Erschließungsvertrag ab, so hat sie die in § 129 Abs. 1 Satz 3 vorgeschriebene Selbstbeteiligung in Höhe von mindestens 10 vom Hundert des Erschließungsaufwandes seit dem 1.5.1993 nicht mehr zu übernehmen (vgl § 124 Abs. 2 Satz 3). Vielmehr kann sich der Dritte gegenüber der Gemeinde verpflichten, die Erschließungskosten ganz oder teilweise zu tragen (§ 124 Abs. 2 Satz 2). Das gilt auch für nach Landesrecht beitragsfähige Erschließungsanlagen. Der Erschließungsvertrag kann sich auch auf nicht beitragsfähige Erschließungsanlagen beziehen. Zur Frage, inwieweit die Gemeinde einen eigenen Anteil an den Erschließungskosten über Erschließungsbeiträge abwälzen kann vgl Driehaus, Erschließungs- und Ausbaubeiträge, 7. Aufl. 2004, § 6 Rn 35).

3 Kommt der Unternehmer seinen vertraglichen Verpflichtungen nicht nach (für den Fall der Zahlungsunfähigkeit vgl VGH Mannheim, BWGZ 1999, 600), können der Gemeinde **Schadensersatzansprüche** zustehen. Auch ein Rücktritt vom Vertrag kommt in Betracht. Für Streitigkeiten aus den Erschließungsverträgen sind die Verwaltungsgerichte zuständig (§ 40 VwGO; vgl OVG Münster,

NVwZ 1998, 974 und OVG Weimar, NJW 2002, 386 = ThürVBl. 2002, 113 = BauR 2002, 757).

Ein Erschließungsvertrag, der ohne Vorliegen eines Bebauungsplans und ohne die Zustimmung der höheren Verwaltungsbehörde zur Herstellung der Anbaustraße geschlossen wird, kann dennoch gültig sein (BVerwG 101, 12 = NVwZ 1996, 794 = DVBl 1996, 1097 auch zur Gestaltung des Erschließungsvertrages bei Vorhandensein von sog. Fremdanliegern; im Einzelnen vgl auch OVG Saarlouis, NVwZ-RR 1995, 222 = KStZ 1995, 216 und Dombert, BauR 1999, 588). 4

Keine Erschließungsverträge sind die sog. **Folgekostenverträge**, auch **Folgelastenverträge** genannt (zum sog. Vorfinanzierungsvertrag als Erschließungsvertrag mit modifizierter Kostenabrede vgl Driehaus, Erschließungs- und Ausbaubeiträge, 7. Aufl. 2004, § 6 Rn 7), in denen sich Unternehmer oder Bauwillige verpflichten, bestimmte Folgekosten zu übernehmen, die nicht durch die Erschließung im weiteren Sinne entstehen, zB durch einen Kindergarten, ein öffentliches Schwimmbad, ein Krankenhaus. Die Gemeinde ihrerseits verpflichtet sich, die planungsrechtlichen Voraussetzungen für die Genehmigung des Bauvorhabens zu schaffen. Solche (öffentlich-rechtlichen) Verträge sind zulässig, soweit die Folgekosten erfahrungsgemäß mit der Verwirklichung der Bauabsicht des Bauwilligen in adäquatem Zusammenhang stehen. Aus dem Vertrag muss hervorgehen, um welche Folgekosten es sich handelt. Schließlich ist das Verbot des Übermaßes von Bedeutung. Die Folgekosten müssen bei wirtschaftlicher Betrachtung in angemessenem Verhältnis zum Wert des Vorhabens stehen und dürfen zu keiner unzumutbaren Belastung des zur Zahlung Verpflichteten oder dessen führen, an den die Kosten später (zB bei Verkauf des Grundstücks) weitergegeben werden (zur Zulässigkeit von Folgekostenverträgen vgl BVerwGE 42, 331 = NJW 1973, 1895 = VerwRspr 26, 43 = DVBl 1973, 800 = DÖV 1973, 709 KStZ 1973, 214 = BauR 1973, 285 und Birk, BauR 1999, 205; vgl auch § 11 Abs. 1 Nr. 3 BauGB und Driehaus, Erschließungs- und Ausbaubeiträge, 7. Aufl. 2004, § 6 Rn 8; zum Vertrag nach § 7 Abs. 1 Satz 1 Nr. 2 BauGBMaßnahmenG, dessen Inhalt die Erschließung eines konkret beabsichtigten Vorhabens ist vgl Birk, NVwZ 1995, 625, 227; zu den verschiedenen Vertragstypen iR der Erschließung von Bauland Döring, NVwZ 1994, 852 und Leisner, NVwZ 1993, 935). Gemäß dem seit 1.5.1993 geltenden § 124 Abs. 3 müssen die vertraglichen Leistungen den gesamten Umständen nach angemessen sein und in sachlichem Zusammenhang mit der Erschließung stehen. 5

Zu beachten ist, dass die **planungsrechtliche Gestaltungsfreiheit** der Gemeinde nicht unter dem Einfluss solcher Verträge fehlerhaft wird. Es darf kein Missbrauch rechtlicher oder fachlicher Überlegenheit eines Vertragspartners vorliegen (BVerwGE 42, 331 = VerwRspr 26, 43 = NJW 1973, 1895 = DVBl 1973, 800 = DÖV 1973, 709 = KStZ 1973, 214 = BauR 1973, 285; BGH, NJW 1975, 1019). Aus den Verhandlungen der Gemeinde mit einem Bauwilligen über den Abschluss eines Folgelastenvertrages können sich Pflichten der Gemeinde ergeben, deren Verletzung zur Haftung nach den Grundsätzen des Verschuldens bei Vertragsschluss führt. Das ist zB der Fall, wenn die Gemeinde gegenüber dem Verhandlungspartner unrichtige, seine Vermögensdispositionen nachhaltig beeinflussende Angaben über den Stand der Bauleitplanung macht, oder ihm Tatsachen verschweigt, deren Kenntnis ihn veranlasst hätte, sich vom Folgelastenvertrag früher als dann geschehen zu lösen (BGHZ 71, 386 = NJW 1978, 1802 = BauR 1978, 368). Auch Schadensersatzansprüche der Gemeinde gegen den Unternehmer wegen Vertragsverletzungen sind denkbar, ebenso eine Schadensersatzpflicht der 6

Gemeinde wegen der Verweigerung des Abschlusses eines Erschließungsvertrages (vgl BGH, NVwZ-RR 1989, 600 = VersR 1990, 422).

7 Ein nach Inkrafttreten des Bundesbaugesetzes abgeschlossener Erschließungsvertrag, der u.a. eine Verpflichtung zur Veräußerung oder zum Erwerb eines Grundstücks enthält, bedarf der **notariellen Beurkundung** (BVerwGE 70, 247 = NVwZ 1985, 346 = DVBl 1985, 297 = BauR 1985, 675 = ZMR 1985, 139). Im Übrigen bedarf der Erschließungsvertrag gem. § 124 Abs. 4 grds. der Schriftform (zum Rechtsweg für Streitigkeiten aus einem Erschließungsvertrag vgl OLG Naumburg, Urteil v. 28.10.1999 – 11 137/99).

8 Häufig verpflichtet sich der Unternehmer im Erschließungsvertrag auch zur **Herstellung der Wasserversorgungs- und der Abwasserbeseitigungsanlagen.** Vom Begriff Erschließungsvertrag ist dann nicht nur (ieS) die Herstellung von Erschließungsanlagen iSd § 127 Abs. 2 erfasst. In diesen Fällen sind die entsprechenden landesrechtlichen Vorschriften und Gemeindesatzungen zu beachten (zum Erschließungsvertrag vgl auch Quaas, BauR 1999, 1113).

9 Nach § 242 Abs. 8 BauGB ist § 124 Abs. 2 auch auf Kostenvereinbarungen in Erschließungsverträgen anzuwenden, die vor dem 31.5.1993 geschlossen worden sind. Auf diese Verträge ist § 129 Abs. 1 Satz 3 weiterhin anzuwenden. Gegen diese Rückwirkungsregelung bestehen keine verfassungsrechtlichen Bedenken (BVerwG, NJW 1997, 3257 = DVBl 1998, 49).

10 **Hinweis für die Praxis:** Vor Abschluss des Erschließungsvertrages sind die besonderen Interessenlagen der Beteiligten zu berücksichtigen. Für die Kommune steht die wirksame Freistellung von den mit der Durchführung einer Erschließung verbundenen finanziellen Belastungen im Vordergrund. Der Erschließungsträger will einerseits Planungssicherheit, andererseits eine angemessene Risikoverteilung bei Scheitern des BPls (Burmeister, Praxishandbuch städtebauliche Verträge, 2. Aufl. 2005, 29 f Kröninger, LKRZ 2007, 10 ff).

Muster

▶ Erschließungsvertrag (§ 124 BauGB)

Vorbemerkung: Die Darstellung beschränkt sich zum Teil auf die Nennung der zu regelnden Verhältnisse; Muster zur Ausformulierung finden sich in: Handbuch Städtebauliche Verträge, Nomos Verlag 1999; Kohlhammer Kommentar, Anhang zu § 124 BauGB; Johlen im Münchner Vertragshandbuch (Band 2 Teil 7); Vorschläge der kommunalen Spitzenverbände, BWGZ 1994, S. 200; Kröninger, LKRZ 2007,l 10 ff

Zwischen der

Stadt A

– im Folgenden Stadt genannt –

und

der Fa. B

– im Folgenden Erschließungsträger genannt –

wird folgender Erschließungsvertrag geschlossen:

§ 1 Übertragung der Erschließung

Die Gemeinde überträgt die Erschließung in dem Vertragsgebiet, das in dem Lageplan (Anlage 1) gekennzeichnet ist, dem Erschließungsträger. Der Erschließungsträger verpflichtet sich zur Durchführung der Erschließungsmaßnahmen nach diesem Vertrag und der ihm in diesem Vertrag auferlegten sonstigen Leistungen im eigenen Namen und auf eigene Rechnung. Die Kosten des Erschließungsträgers umfassen die Planung, Vermessung und Herstellung der Erschließungsanlagen sowie den erforderlichen Grunderwerb.

§ 2 Bindung an Bebauungsplan
Bei der Durchführung der Erschließung ist der rechtsverbindliche BPl der Stadt A für das Gebiet ... vom ... einzuhalten. Eine Änderung des BPls führt nicht zur Änderung dieses Vertrages.

§ 3 Umfang der herzustellenden Erschließungs-, Abwasser-, Versorgungs- und sonstigen Anlagen [...]

§ 4 Wasserversorgung
(1) Der Erschließungsträger verpflichtet sich, die zur Versorgung des Baugebiets mit Wasser erforderlichen Anlagen, wie sie in dem Leitungsplan (Anlage 11) dargestellt sind, herzustellen. Die Herstellung richtet sich im Einzelnen nach den Ausbauplänen (Anlage 13–15).
(2) Der Erschließungsträger verpflichtet sich, die zur Beseitigung des im Baugebiet anfallenden Abwassers erforderlichen Anlagen, wie sie im Entwässerungsplan (Anlage 16) dargestellt sind, herzustellen. Die Herstellung richtet sich im Einzelnen nach den Ausbauplänen (Anlagen 17–19).

§ 5 Ingenieurleistungen
(1) Mit der Ausführungsplanung, Ausschreibung und Vergabe, Bauleitung, örtlichen Bauüberwachung und Objektbetreuung beauftragt der Erschließungsträger einen leistungsfähigen und geeigneten Ingenieur. Die Auswahl des Ingenieurs und der Abschluss des Ingenieurvertrages bedarf der Zustimmung der Gemeinde.
(2) Die vom Ingenieurbüro zu erarbeitenden Ausführungspläne für die Erschließungsmaßnahmen bedürfen, soweit sie nicht bereits Bestandteil dieses Vertrages sind, vor Ausführung derselben der schriftlichen Zustimmung der Stadt.

§ 6 Ausschreibung und Vergabe
[...]

§ 7 Baubeginn
(1) Der Erschließungsträger hat die erforderlichen behördlichen Genehmigungen und Zustimmungen vor Baubeginn einzuholen und der Gemeinde vorzulegen.
(2) Der Baubeginn bedarf schriftlicher Zustimmung der Gemeinde und ist dieser mindestens einen Monat vorher schriftlich anzuzeigen.

§ 8 Baudurchführung
Der Erschließungsträger hat durch Abstimmung mit dem Versorgungsträger und den sonstigen Leistungsträgern sicherzustellen, dass die Versorgungseinrichtungen für das Erschließungsgebiet so rechtzeitig in die Verkehrsflächen verlegt werden, dass die zügige Fertigstellung nicht behindert und ein Aufbruch fertig gestellter Anlagen möglichst nicht erforderlich wird. Das Gleiche gilt für die Haus- bzw Grundstücksanschlüsse für Wasserversorgung und Abwasserbeseitigung.

§ 9 Haftung und Verkehrssicherung
[...]

§ 10 Fertigstellung der Anlagen
(1) Die Erschließungsanlagen (§ 3) müssen zeitlich entsprechend den Erfordernissen der Bebauung hergestellt, bis zur Fertigstellung der Gebäude auf den zu erschließenden Grundstücken benutzbar und 6 Monate nach Fertigstellung des letzten Gebäudes innerhalb des Vertragsgebietes, spätestens jedoch ... endgültig hergestellt sein.
(2) Erfüllt der Erschließungsträger seine Verpflichtung nicht oder nur fehlerhaft, so ist die Gemeinde berechtigt, ihm schriftlich eine angemessene Frist für die Ausführung

der Arbeiten zu setzen. Erfüllt der Erschließungsträger bis zum Ablauf der Frist die vertraglichen Verpflichtungen nicht, so kann die Gemeinde die Arbeiten auf Kosten der Erschließungsträgers ausführen lassen.

§ 11 Sicherheitsleistung [...]
(1) Der Erschließungsträger leistet eine Sicherheit für die vertragsgemäße Durchführung der von ihm übernommenen Leistungen. Der Erschließungsträger hat die Sicherheit durch Übergabe einer unbefristeten und unwiderruflichen selbstschuldnerischen Bürgschaft der ... Bank (öffentliche Sparkasse) in Höhe der von den Parteien mit ... Euro errechneten voraussichtlichen Kosten der Erschließung zu erbringen.
(2) Die Bürgschaft wird durch die Gemeinde entsprechend dem Baufortschritt freigegeben.
(3) Bis zur Vorlage der Gewährleistungsbürgschaft erfolgen die Freigaben höchstens bis zu 95% der Summe der Vertragserfüllungsbürgschaft.
(4) Im Falle der Zahlungsunfähigkeit des Erschließungsträgers ist die Gemeinde berechtigt, noch offen stehende Forderungen Dritter gegen Erschließungsträger für Leistungen aus diesem Vertrag aus der Bürgschaft zu befriedigen.

§ 12 Abnahme
(1) Nach Fertigstellung der Erschließungsanlagen sind diese von der Gemeinde und dem Erschließungsträger gemeinsam abzunehmen. Der Erschließungsträger zeigt der Gemeinde die vertragsgemäße Fertigstellung schriftlich an.
(2) Mit der Anzeige hat der Erschließungsträger:
a) die ausgebauten Erschließungsanlagen durch eine Nachvermessung daraufhin zu überprüfen, ob die tatsächlichen Ausbaugrenzen mit dem Katasterbestand übereinstimmen. Abweichungen wird der Erschließungsträger unverzüglich im Kataster und Grundbuch regulieren lassen. Die von einem öffentlich bestellten Vermessungsingenieur im Maßstab 1:250 aufgenommenen Bestandspläne wird der Erschließungsträger der Gemeinde übergeben;
b) Bestandspläne für die Wasserversorgungs- und Abwasserbeseitigungsanlagen einschließlich der Nachweise über die Schadensfreiheit der Gemeinde zu übergeben.

§ 13 Gewährleistung
(1) Der Erschließungsträger übernimmt die Gewähr, dass seine Leistung im Zeitpunkt der Abnahme durch die Gemeinde die vertraglich vereinbarten Eigenschaften hat, den anerkannten Regeln der Technik und Baukunst entspricht und nicht mit Fehlern behaftet ist, die den Wert oder die Tauglichkeit zu dem nach dem Vertrag vorausgesetzten Zweck aufheben oder mindern.
(2) Die Frist für die Gewährleistung beträgt 5 Jahre. Sei beginnt mit der Abnahme der einzelnen mängelfreien Erschließungsanlagen durch die Gemeinde.
(3) Der Erschließungsträger ist verpflichtet, alle während der Gewährleistungsfrist auftretenden Mängel auf seine Kosten zu beseitigen, wenn es die Gemeinde vor Ablauf der Frist verlangt. Der Anspruch auf Beseitigung der gerügten Mängel verjährt nach 5 Jahren gerechnet vom Zugang des schriftlichen Verlangens an. Nach Abnahme der Mängelbeseitigung beginnt für diese Leistungen eine neue Gewährleistung von 5 Jahren.
(4) Kommt der Erschließungsträger der Aufforderung zur Mängelbeseitigung in einer von der Gemeinde gesetzten angemessenen Frist nicht nach kann diese die Mängel auf Kosten des Erschließungsträgers beseitigen lassen.
(5) Nach Abnahme einer Erschließungsanlage hat der Erschließungsträger der Gemeinde für die Dauer der Gewährleistungsfrist eine unwiderrufliche selbstschuldnerische Gewährleistungsbürgschaft in Höhe von ... EUR (5% der Baukosten) der ... Bank (öffentliche Sparkasse) vorzulegen. Nach deren Eingang wird die verbliebene Vertragserfüllungsbürgschaft (§ 10) freigegeben.

§ 14 Übereignung der Erschließungsflächen
(1) Der Erschließungsträger wird die Erschließungsflächen nach deren mängelfreier Abnahme unentgeltlich, kosten- und lastenfrei an die Gemeinde übereignen. Der Erschließungsträger hat die Flächen vorher vermessen zu lassen.
(2) Wasserversorgungsanlage und Anlagen zur Abwasserbeseitigung, die Bestandteile der entsprechenden öffentlichen Einrichtungen sind und nicht innerhalb der Flächen von Verkehrsanlagen verlegt werden, sind vom Erschließungsträger kostenfrei durch Grunddienstbarkeiten zugunsten der Gemeinde zu sichern.
(3) Auf Verlangen der Gemeinde ist zur Sicherung dieser Ansprüche eine Vormerkung einzutragen.
[Zur Wirksamkeit bedarf der Vertrag der notariellen Beurkundung, § 311 b, BGB (BVerwGE 70, 247; BGHZ 58, 386)]

§ 15 Übernahme der Erschließungsanlagen und Widmung [...]

§ 16 Erschließungs- und Beiträge für die Wasserversorgung bzw Abwasserbeseitigung
(1) Die Gemeinde wird, wenn der Erschließungsträger den Erschließungsvertrag ordnungsgemäß erfüllt, die Eigentümer der Grundstücke im Vertragsgebiet nicht zur Zahlung von Erschließungsbeiträgen für die vom Erschließungsträger hergestellten Erschließungsanlagen heranziehen.
(2) Die Herstellung der Wasserversorgungs- und Abwasserbeseitigungsanlagen nach diesem Vertrag durch den Erschließungsträger auf dessen Kosten lässt die Beitragspflicht für die Wasserversorgungs- und Abwasserbeseitigungsanlagen unberührt. Zur Vermeidung einer unangemessenen Kostenbelastung wird die Gemeinde für die Grundstücke im Vertragsgebiet nur ... (50%) des Beitrages für diese Einrichtungen erheben.
Alternative zu Abs. 2 Satz 2
Um eine unangemessene Kostenbelastung des Erschließungsträgers zu vermeiden, beteiligt sich die Gemeinde an den Kosten der vom Erschließungsträger hergestellten Wasserversorgungsanlagen (Abwasserbeseitigungsanlagen) in Höhe, in der nach der Übernahme dieser Anlagen durch die Gemeinde für die Grundstücke im Vertragsgebiet ein Wasserversorgungsbeitrag (Kanalbaubeitrag, Kanalschlussbeitrag) entsteht. Die Kostenbeteiligung wird mit dem Wasserversorgungsbeitrag (Kanalbaubeitrag, Kanalanschlussbeitrag) verrechnet, sobald der Beitrag fällig ist.
[Wegen der Beitragserhebungspflicht im Einzelfall zu prüfen]

§ 17 Kostenübernahme durch den Erschließungsträger und von Fremdanlieger
Im Erschließungsgebiet liegt die mit Nr. ... im BPl bezeichnete Parzelle, die im Eigentum von ... steht (sog. Fremdanlieger). Der Erschließungsträger erklärt, dass er privatrechtliche Erstattungsvereinbarungen mit den Fremdanliegern treffen wird. Das wirtschaftliche Risiko trägt insoweit der Erschließungsträger. Die Aufnahme einer Fremdanliegerklausel in diese Urkunde wird von ihm deshalb nicht gewünscht.

§ 18 Schlussbestimmungen [...] ◄

§ 125 Bindung an den Bebauungsplan

(1) Die Herstellung der Erschließungsanlagen im Sinne des § 127 Abs. 2 setzt einen Bebauungsplan voraus.
(2) Liegt ein Bebauungsplan nicht vor, so dürfen diese Anlagen nur hergestellt werden, wenn sie den in § 1 Abs. 4 bis 7 bezeichneten Anforderungen entsprechen.

(3) Die Rechtmäßigkeit der Herstellung von Erschließungsanlagen wird durch Abweichungen von den Festsetzungen des Bebauungsplans nicht berührt, wenn die Abweichungen mit den Grundzügen der Planung vereinbar sind und

1. die Erschließungsanlagen hinter den Festsetzungen zurückbleiben oder

2. die Erschließungsbeitragspflichtigen nicht mehr als bei einer plangemäßen Herstellung belastet werden und die Abweichungen die Nutzung der betroffenen Grundstücke nicht wesentlich beeinträchtigen.

1 Die Vorschrift trägt der vorrangigen **materiellen Ordnungsfunktion des Bebauungsplans** Rechnung, dem die verbindliche Festsetzung der Verkehrs- (§ 9 Abs. 1 Nr. 11) und Grünflächen (§ 9 Abs. 1 Nr. 15) vorbehalten ist. Sie soll verhindern, dass die Herstellung der Erschließungsanlagen ohne Bebauungsplan zu einer Umgehung der Bauleitplanung führt und sich negativ auf die Ordnung der baulichen Entwicklung auswirkt. Zugleich wird eine **Kongruenz von Bauleitplanung und Erschließung** hergestellt. Die in Abs. 1 angeordnete Bindung erstreckt sich nunmehr (im Gegensatz zur früheren Regelung im Bundesbaugesetz) zunächst auf sämtliche in § 127 Abs. 2 aufgeführten (beitragsfähigen) Erschließungsanlagen, deren Herstellung das Vorliegen eines Bebauungsplans erfordert. Erforderlich ist, dass ein wirksamer Bebauungsplan bereits vorliegt („setzt einen Bebauungsplan voraus"). Daher reicht der bloße Beschluss, einen Bebauungsplan aufzustellen, oder ein Planentwurf – wie bereits unter der früheren Rechtslage (vgl BVerwGE 35, 222 = BRS 37, 336 = ZMR 1970, 381) – nicht aus (zur **Inzidentprüfung des Bebauungsplans** im Beitragsverfahren vgl einerseits VGH München, NVwZ 1990, 793, andererseits OVG Münster, NVwZ 1990, 794 und BVerwG, BauR 1986, 315 sowie Uechtritz, NVwZ 1990, 734; die Gerichte sind nicht gehalten, mangels konkreter Anhaltspunkte für eine Fehlerhaftigkeit eines Plans von sich aus in eine Suche nach Fehlern des Bebauungsplans einzutreten).

Privilegierte Fachplanungen gem. § 38 schließen abweichende Festsetzungen in nachfolgenden Bebauungsplänen aus, letztere vermögen auch durch ihre Genehmigung keine Zustimmung iSv § 125 Abs. 2 Satz 1 BauGB zu begründen, die die Straßenherstellung rechtmäßig macht (BVerwGE 81, 111 = NVwZ 1989, 655 und BVerwG, NVwZ 1998, 290 = DVBl 1998, 46 = KStZ 1998, 34).

Die Vorschrift des § 125 erfasst darüber hinaus sämtliche – und somit auch die nicht beitragsfähigen – Erschließungsanlagen, was sich ohne weiteres aus dem Rechtssatzcharakter des Bebauungsplans ergibt (vgl BVerwGE 72, 143 = NVwZ 1986, 130 = DVBl 1986, 347 = KStZ 1986, 11 = BauR 1986, 80 = ZMR 1986, 25). Auf das (Landes-)Straßenbeitragsrecht findet § 125 Abs. 1 keine Anwendung, die Vorschrift bezieht sich lediglich auf die erstmalige Herstellung der in § 127 Abs. 2 aufgeführten Erschließungsanlagen. § 125 Abs. 1 Satz 2 BBauG, der ohnehin keine selbstständige Regelung beinhaltete (BVerwGE 72, 143 = NVwZ 1986, 130 = DVBl 1986, 347 = KStZ 1986, 11 = BauR 1986, 80 = ZMR 1986, 25), hat im Baugesetzbuch keine Aufnahme gefunden (zum erschließungs-rechtlichen Planerfordernis nach § 125 für **Böschungen und Stützmauern**, die Bestandteil einer Straße sind vgl OVG Münster, NVwZ-RR 1991, 395).

Der durch die Novelle 1979 eingefügte Abs. 1a des § 125 ist mit etwas geändertem Regelungsinhalt zu Abs. 3 geworden, während § 125 Abs. 2 – wie zuvor – die Herstellung von Erschließungsanlagen ohne das Vorliegen eines Bebauungsplans regelt. Die beiden dort vorgesehenen **Ausnahmen von der Bindung an den Bebauungsplan** tragen praktischen Bedürfnissen Rechnung.

Die **erste Ausnahme** sah in § 125 Abs. 1 Satz 1 die Herstellung der Erschließungsanlage mit Zustimmung der höheren Verwaltungsbehörde (zB Regierungspräsident) vor. Diese Regelung ist seit 1.1.1998 durch Änderung des § 125 Abs. 2 entfallen, gilt aber dann noch, wenn die Zustimmung der höheren Verwaltungsbehörde bis zum 31.12.1997 erteilt worden ist. Für diese Fälle gilt folgendes: Hiervon erfasst werden vor allem Bauvorhaben während der Dauer eines nicht abgeschlossenen Bebauungsplanverfahrens, aber auch Fälle, in denen der Bebauungsplan keine Festsetzungen über die Herstellung der Erschließungsanlagen (§ 125 Abs. 1) enthält. Von ebenso großer Bedeutung für die Gemeinden ist auch, dass von der Regelung die Fälle erfasst werden, in denen der Bebauungsplan von den VG, insbesondere im Verfahren nach § 47 VwGO, für unwirksam erklärt worden ist. Geschieht dies erst i.R. eines laufenden Heranziehungsverfahrens bzw schwebenden Abgabenprozesses, also nach Herstellung der Erschließungsanlage, so kann die Zustimmung der höheren Verwaltungsbehörde auch noch nachträglich erteilt werden (BVerwGE 41, 72 = VerwRspr 25, 201 = DVBl 1973, 500 = DÖV 1973, 351 = KStZ 1973, 119 = BauR 1973, 185 = ZMR 1973, 180). Sie bewirkt, dass ein bereits erlassener, mangels Vorliegens der Voraussetzungen des § 125 rechtswidriger Erschließungsbeitrag rechtmäßig wird (BVerwG, DÖV 1982, 327 = BRS 43, 22 und BVerwG, DVBl 1983, 135 = DÖV 1983, 469 = KStZ 1983, 95 = BauR 1983, 359). Dabei ist entscheidend, dass die Zustimmung im Zeitpunkt der letzten mündlichen Verhandlung der letzten Tatsacheninstanz vorliegt (BVerwGE 64, 218 = NVwZ 1982, 375 = DVBl 1982, 544 = BauR 1982, 461). „Vorliegen" kann sie frühestens mit Wirksamwerden der Zustimmungserklärung, dh mit der Bekanntgabe an die Gemeinde (vgl BVerwG, DVBl 1983, 135 = DÖV 1983, 469 = KStZ 1983, 95). Dabei ersetzt die Zustimmung der höheren Verwaltungsbehörde lediglich das erschließungsbeitragsrechtliche Planerfordernis (§ 125 Abs. 1). Sie kann daher keine unter Verstoß gegen planungsrechtliche Bindungen erfolgte Herstellung einer Erschließungsanlage sanktionieren (BVerwG, NVwZ 1986, 647 = DVBl 1986, 771 = DÖV 1986, 878 = KStZ 1986, 132 = ZMR 1986, 213). Auch entsteht grds. keine Erschließungsbeitragspflicht, wenn die hergestellte Erschließungsanlage von der für ihre Herstellung erforderlichen Zustimmung der höheren Verwaltungsbehörde abweicht. Weicht allerdings der tatsächliche Ausbau einer Anbaustraße bei Nichtvorliegen eines Bebauungsplans von dem der Zustimmung der höheren Verwaltungsbehörde zugrunde liegenden Ausbauplan ab, so richtet sich die Rechtmäßigkeit der Herstellung nach § 125 Abs. 3 (BVerwG, NVwZ-RR 1998, 64 = DVBl 1998, 47 = ZMR 1997, 615). Die in § 125 Abs. 2 Satz 3 enthaltene Bezugnahme auf § 1 Abs. 4–6 bedeutet, dass bei der Entscheidung über die Erteilung einer erforderlichen Zustimmung die Prüfung vorzunehmen ist, die vorzunehmen wäre, wenn die den Gegenstand des Zustimmungsbegehrens bildende Anlage so in einem Bebauungsplan festgesetzt wurde (BVerwG, NVwZ 1991, 76 = DVBl 1990, 140 = KStZ 1990, 179 L = HSGZ 1990, 388 = ZMR 1990, 352; BVerwG; NVwZ 1993, 1198 = ZMR 1993, 83 = KStZ 1993, 72). 2

Nach der Rechtsprechung des Bundesverwaltungsgerichts kann bei einem nichtigen Bebauungsplan die aufsichtsbehördliche Genehmigung der höheren Verwaltungsbehörde in eine Zustimmung zur Herstellung der Erschließungsanlage iSd § 125 Abs. 2 umgedeutet werden (BVerwGE 62, 300 = NVwZ 1982, 244 = DVBl

1982, 72 = BauR 1982, 157; vgl zu einem Fall, in dem die Herstellung einer Sackgasse verweigert wurde, weil die Gemeinde auf die Herstellung einer Wendeanlage verzichtet hatte, BVerwG, NVwZ 1991, 76 = DVBl 1990, 1403 = HSGZ 1990, 388 = KStZ 1990, 179 L = ZMR 1990, 352; s. auch OVG Münster, NVwZ-RR 1991, 395). Nicht ausreichend ist es indes, wenn die für die Zustimmung zuständige höhere Verwaltungsbehörde als Baugenehmigungsbehörde die Genehmigung für den Bau der Erschließungsanlage erteilt hat (vgl zur Umdeutung auch OVG Münster, NVwZ-RR 1991, 395; zur Wirksamkeit eines Erschließungsvertrags, wenn im Zeitpunkt des Vertragsschlusses sowohl Bebauungsplan wie die Zustimmung fehlen s. BVerwGE 101, 12 = NVwZ 1996, 794 = DVBl 1996, 1057 = KStZ 1997, 214). Die Rechtmäßigkeit einer Vorausleistungserhebung hängt sowohl nach der Genehmigungs- wie nach der Herstellungsalternative nicht von der Erfüllung der Anforderungen des § 125 ab (BVerwGE 97, 62 = NVwZ 1995, 1209 = DVBl 1995, 63 = DÖV 1995, 410 und BVerwG, NVwZ 1996, 798 = DVBl 1996, 381 = ZMR 1996, 342 = KStZ 1997, 11). Ein Bebauungsplan kann wegen Verletzung des Abwägungsgebots unwirksam sein, wenn er eine funktional sinnlose Ausbuchtung einer Straße vorsieht mit dem Ziel, einen (schon erschlossenen) Anlieger doppelt zu Erschließungsbeiträgen heranzuziehen (OVG Münster, NVwZ 1990, 894).

Die Zustimmung selbst ist ein VA mit dem Inhalt, dass die Erschließungsanlage den in § 1 Abs. 1–6 aufgestellten Anforderungen entspricht. Umgekehrt darf die Zustimmung nur verweigert werden, wenn ihre Herstellung diesen Anforderungen widerspricht. In diesem Rahmen besteht daher ein Rechtsanspruch auf Erteilung der Zustimmung. Gegen eine zu Unrecht erteilte Zustimmung kann demgegenüber der Anlieger Anfechtungsklage (vgl § 42 VwGO) erheben. Der Widerspruch gegen eine Zustimmung iSd § 125 Abs. 2 Satz 1 hat gem. § 80 Abs. 1 VwGO aufschiebende Wirkung. Wird der Widerspruch nach der technischen Herstellung der Erschließungsanlage eingelegt, lässt er die eingetretene erschließungsrechtliche Rechtmäßigkeit der Herstellung unberührt (BVerwG, NJW 1986, 1122 = DVBl 1986, 345 = DÖV 1986, 380 = KStZ 1986, 72 = BauR 1985, 682 und NVwZ-RR 1989, 497 = DVBl 1989, 420; zum Rechtsschutz gegen einen Zustimmungsbescheid vgl OVG Schleswig, NVwZ 1994, 916).

3 Die **zweite Ausnahme** des Abs. 2 bezog sich auf Anlagen innerhalb der im Zusammenhang bebauten Ortsteile, wenn für sie ein Bebauungsplan nicht aufgestellt zu werden braucht. Hier galt:

In diesem Falle ist auch nicht ersatzweise die Zustimmung der höheren Verwaltungsbehörde erforderlich, wenn die Anlage, zB die Straße, in ihrem Verlauf so festgelegt ist, dass ein Bebauungsplan daran nichts ändern könnte (BVerwG, VerwRspr 25, 566 = DÖV 1975, 573 = BauR 1974, 337 = ZMR 1974, 307). Das wird regelmäßig bei einer Straße, an die bereits beidseitig angebaut ist, der Fall sein, nicht dagegen bei nur einseitiger Bebauung in Fällen, in denen die Straße auf der anderen Seite an Außenbereichsgrundstücken entlang führt (BVerwG, VerwRspr 25, 577 = DVBl 1974, 238 = KStZ 1974, 233 = BauR 1974, 90).

Seit 1.1.1998 ist nunmehr nach § 125 **Abs. 2** von der Gemeinde selbst zu prüfen, ob die – beitragsfähige – Erschließungsanlage den Anforderungen des § 1 Abs. 4–7 entspricht. Die Prüfung kann auch noch nachgeholt werden. Ihr Ergebnis kann von Beitragspflichtigen im behördlichen und im evtl nachfolgenden Gerichtsverfahren in Frage gestellt werden und ist voll überprüfbar. Dabei kommt es nicht auf die Einhaltung eines Bebauungsplanes an (vgl zu § 125 Abs. 2 Driehaus, Erschließungs- und Ausbaubeiträge, 7. Aufl. 2004, § 7 Rn 24 ff).

Das **Entstehen sachlicher Erschließungsbeitragspflichten** setzt eine nach Maßgabe des § 125 rechtmäßige Herstellung einer beitragsfähigen Erschließungsanlage voraus (BVerwGE 97, 62 = NVwZ 1995, 1209 = DVBl 1995, 63 = DÖV 1995, 470; zum Entstehen der sachlichen Erschließungsbeitragspflichten vgl auch Driehaus, ZMR 1999, 517). § 125 Abs. 3 stellt klar, dass die Herstellung von Erschließungsanlagen auch dann rechtmäßig ist, also Erschließungsbeiträge erhoben werden können, wenn in Einzelfällen von den **planungsrechtlichen Festsetzungen** abgewichen wird. Gemäß § 242 Abs. 3 ist § 125 Abs. 3 auch auf Bebauungspläne anzuwenden, die vor dem 1.7.1987 in Kraft getreten sind. Zu klären ist jedoch stets, inwieweit aus der Sicht des Planers jeder Einzelheit des Festsetzungsinhalts des Bebauungsplans wesentliche Bedeutung zukommt (vgl BVerwGE 85, 66 = NVwZ 1990, 873 = DVBl 1990, 786 = DÖV 1990, 784 = ZMR 1990, 392 und NVwZ 1991, 1092 – zum Festsetzungsinhalt eines übergeleiteten Bebauungsplans, der sich auf die Festsetzung von Straßenfluchtlinien beschränkte). Der **Abweichung** sind enge Grenzen gezogen. Eine Abweichung von der Festsetzung eines Bebauungsplanes ist dann noch mit den Grundzügen der Planung iSd § 125 Abs. 3 vereinbar, wenn die vom Plan angestrebte und zum Ausdruck gebrachte städtebauliche Ordnung nicht in beachtlicher Weise beeinträchtigt wird, dh, wenn angenommen werden kann, die Abweichung liege (noch) im Bereich dessen, was der Planer gewollt hat oder gewollt hätte, wenn er die weitere Entwicklung einschließlich des Grundes der Abweichung gekannt hätte (so BVerwGE 85, 66 [78] = NVwZ 1990, 873 = DVBl 1990, 786 = DÖV 1990, 784 = KStZ 1990, 159 = ZfBR 1990, 250). Die Erschließungsanlage muss räumlich hinter den Festsetzungen zurückbleiben (Nr. 1, zB geringere Straßenbreite) oder die Erschließungsanlage wird in einer größeren Dimension gebaut (Nr. 2). In diesem Falle dürfen die Beitragspflichtigen nicht mehr als bei einer plangemäßen Herstellung der Anlage belastet werden. Das trifft zu bei einer nur geringfügigen Erweiterung, die keine Mehrkosten verursacht, sowie bei Übernahme der Mehrbelastung durch die Gemeinde (vgl BVerwG, NVwZ 1986, 647 = DVBl 1986, 771 = DÖV 1986, 878 = KStZ 1986, 132 = ZMR 1986, 213). Weiterhin wird vorausgesetzt, dass die Nutzung der betroffenen Grundstücke durch die Abweichung nicht wesentlich beeinträchtigt wird, zB durch Störung der Wohnruhe eines Gebietes, wenn eine als Fußgängerzone festgesetzte Verkehrsfläche (§ 9 Abs. 1 Nr. 11) für den Durchgangsverkehr ausgebaut wird. Andererseits kann eine wesentliche Beeinträchtigung in einer ungünstigeren Zugänglichkeit des Grundstücks durch veränderte Verkehrsführung zu sehen sein. Bei dem betroffenen Grundstück muss es sich nicht um ein von der konkret in Frage stehenden Erschließungsanlage erschlossenes oder an sie grenzendes Grundstück handeln. Auch wenn die Voraussetzungen der Nrn. 1, 2 vorliegen, darf die Abweichung die Grundzüge der Planung nicht in Frage stellen. Unbedenklich ist es, wenn die **Planunterschreitung** ein **geringes Ausmaß** aufweist und in keinem wesentlichen Punkt dem im Bebauungsplan zum Ausdruck kommenden Konzept einer städtebaulichen Ordnung widerspricht (vgl BVerwG, DVBl 1982, 79 = BRS 43, 94 und BVerwGE 56, 71 = NJW 1979, 939 = DÖV 1978, 92). Der Tatbestand einer Planunterschreitung iSd 125 Abs. 3 Nr. 1 wird bei einer Anbaustraße nicht nur durch ein im Vergleich zur Planfestsetzung Zurückbleiben in der Breite, sondern auch durch ein Zurückbleiben in der Länge erfüllt (BVerwGE 95, 176 = NVwZ 1994, 913 = DVBl 1994, 812 = ZMR 1994, 4

433 = KStZ 1995, 33; zum Mehrausbau, wenn die Gemeinde dessen Kosten außer Ansatz lässt s. OVG Münster, NVwZ 1993, 1224 = KStZ 1994, 194; zum Ausbau einer Erschließungsanlage sowohl planüberschreitend wie planunterschreitend OVG Münster, DVBl 1991, 1311 = DÖV 1991, 1072 = ZMR 1991, 275).

5 Wird die **planabweichende Herstellung** einer Anbaustraße durch § 125 **Abs. 3** gedeckt, ist beitragsfähige Erschließungsanlage iSd §§ 127 Abs. 2 Nr. 1, 133 Abs. 2 Satz 1 nicht die Straße in dem im Plan festgesetzten, sondern in dem tatsächlich ausgebauten Umfang (BVerwGE 88, 53 = NVwZ 1991, 348 = DVBl 1991, 591 = ZMR 1991, 315 und BVerwG, NVwZ 1991, 1092 = ZMR 1991, 235). Daher ist eine satzungsmäßige Merkmalsregelung insoweit unwirksam, als sie bei planunterschreitendem durch § 125 Abs. 3 gedecktem Ausbau einer Anbaustraße deren endgültige Herstellung vom Erwerb des Eigentums selbst an einer Fläche abhängig macht, die zwar im Bebauungsplan als Straßenfläche ausgewiesen ist, aber nicht zur Erschließungsanlage gehört (BVerwG, DVBl 1991, 591 = StädteT 1991, 43 = ZMR 1991, 315).

Nicht anwendbar ist § 125 Abs. 3 auf Fälle, in denen die Herstellung der Erschließungsanlage abweichend von der von der Zustimmung der höheren Verwaltungsbehörde gedeckten Ausführungsart erfolgt (OVG Münster, KStZ 1982, 59).

Macht die Gemeinde von der in Abs. 3 eingeräumten Möglichkeit des **Abweichens** von den Festsetzungen des Bebauungsplans Gebrauch, so ist schon aus Gründen der Rechtsklarheit eine Erklärung notwendig, dass die Erschließungsanlage abweichend vom Bebauungsplan fertig gestellt ist. Häufig liegt beim geringeren Ausbau der Erschließungsanlage zugleich eine Abweichung von den in der Erschließungsbeitragssatzung aufgeführten Fertigstellungsmerkmalen vor. In diesem Falle ist jedenfalls ein Beschluss des Gemeinderats erforderlich (sog **Abweichungssatzung**). Umstritten ist, ob dies auch allein für die Fälle des § 125 Abs. 3 erforderlich ist. Driehaus (Erschließungs- und Ausbaubeiträge, 7. Aufl. 2004, § 7 Rn 54 ff) hält bei Planunterschreitung eine „Fertigstellungserklärung" der Gemeinde nicht für erforderlich. Bei Planüberschreitung entsteht nach seiner Ansicht die Beitragspflicht erst dann, wenn die Gemeinde eine konstitutive Entscheidung getroffen hat, sie werde die Mehrkosten nicht geltend machen, was ausdrücklich oder konkludent erfolgen könne. Dafür, dass die Abgabe einer solchen Erklärung dem Rat vorbehalten sei oder in Satzungsform erfolgen müsse, gebe das Gesetz nichts her (so auch OVG Münster, KStZ 1983, 151; zur Wirksamkeit der Widmung einer planüberschreitend ausgebauten Straße vgl OVG Münster, Urteil v. 21.4.1999 – 3 A 2964/95 – EStT 2000, 123).

6 Rechtlicher Gegenstand des erschließungsrechtlichen Planerfordernisses des § 125 Abs. 1 Satz 1 ist die diesem Erfordernis unterliegende Anlage als solche, bei Straßen neben ihrem Verlauf nur die Fläche, die für ihre Herstellung in Anspruch genommen werden soll. Unter dem Gesichtspunkt des erschließungsrechtlichen Planerfordernisses ist es unerheblich, wenn der tatsächliche Ausbau der in § 125 Abs. 1 Satz 1 genannten Erschließungsanlagen im Umfang oder im Ausbauzustand hinter dem zurückbleibt, was ein Bebauungsplan oder der einer Zustimmung zugrunde liegende Ausbauplan für die betreffende Anlage vorsieht. Dabei ist zu beachten, dass eine relevante Planabweichung nur vorliegt, wenn von einer Aussage des Bebauungsplans abgewichen wird, die dessen Rechtssatzqualität teilt. Planinhalte, die nicht in § 9 Abs. 1 als festsetzbar vorgesehen sind, sind nur von nachrichtlicher Qualität, weshalb Abweichungen von ihnen nicht zur Rechtswid-

rigkeit führen (BVerwGE 84, 80 = NVwZ 1990, 569 = DVBl 1990, 436 = DÖV 1990, 284).

7 Soll durch den **Bebauungsplan** auch die **Unterteilung der Straße** nach den besonderen Zwecken (Fahrbahn, Gehwege) in einer für den Träger der Straßenbaulast bindenden Weise festgesetzt werden, so muss dies aus dem Plan eindeutig hervorgehen (BVerwGE 82, 102 = NVwZ 1990, 165 = DVBl 1989, 1205). In seiner Entscheidung vom 18.1.1991 (BVerwGE 87, 288 = NVwZ 1992, 492 = DVBl 1991, 449 = DÖV 1992, 32 = KStZ 1992, 72) hat das Bundesverwaltungsgericht entschieden, dass Unterteilungen der Verkehrsfläche in Bebauungsplänen häufig von lediglich nachrichtlicher Qualität seien. Die Festlegungen dieser Unterteilungen in der Erschließungsbeitragssatzung seien ebenfalls (als generalisierende Regelungen) nicht tunlich. Vielmehr trete bei Anbaustraßen mit Blick auf die flächenmäßigen Teilanlagen an die Stelle der Satzung das auf die konkrete Einzelanlage bezogene Bauprogramm, das bestimme, welche flächenmäßigen Teilanlagen in welchem Umfang die Gesamtfläche der jeweiligen Straße in Anspruch nehmen sollen, wobei es Bundesrecht genügt, wenn ein solches Bauprogramm formlos aufgestellt wird. Es kann sich auch mittelbar aus Beschlüssen des Rates, seiner Ausschüsse sowie den ihnen zugrunde liegenden Unterlagen und auch aus der Auftragsvergabe ergeben. Das Bauprogramm kann bis zur Fertigstellung der Straße geändert werden. Demgegenüber ist das OVG Münster (NVwZ-RR 1992, 428) der Ansicht, dass das Bauprogramm das satzungsmäßige Teileinrichtungsprogramm in tatsächlicher Hinsicht ergänze, im Erschließungsbeitragsrecht – anders als im Ausbaubeitragsrecht – aber keine rechtliche Bedeutung für die Entstehung der Beitragspflicht habe (zur Entscheidung des BVerwG vom 18.1.1991 kritisch auch Kallerhoff, DVBl 1991, 975 ff).

§ 126 Pflichten des Eigentümers

(1) Der Eigentümer hat das Anbringen von

1. Haltevorrichtungen und Leitungen für Beleuchtungskörper der Straßenbeleuchtung einschließlich der Beleuchtungskörper und des Zubehörs sowie

2. Kennzeichen und Hinweisschildern für Erschließungsanlagen

auf seinem Grundstück zu dulden. Er ist vorher zu benachrichtigen.

(2) Der Erschließungsträger hat Schäden, die dem Eigentümer durch das Anbringen oder das Entfernen der in Absatz 1 bezeichneten Gegenstände entstehen, zu beseitigen; er kann stattdessen eine angemessene Entschädigung in Geld leisten. Kommt eine Einigung über die Entschädigung nicht zustande, so entscheidet die höhere Verwaltungsbehörde; vor der Entscheidung sind die Beteiligten zu hören.

(3) Der Eigentümer hat sein Grundstück mit der von der Gemeinde festgesetzten Nummer zu versehen. Im Übrigen gelten die landesrechtlichen Vorschriften.

1 Die Vorschrift regelt nur solche **Duldungs- und Leistungspflichten**, die mit einer ordnungsgemäßen Erschließung in engem Zusammenhang stehen. Die sonstigen rechtlichen Beziehungen der Anlieger zu den Erschließungsanlagen ergeben sich aus dem allgemeinen Straßenrecht und dem Energieversorgungsrecht. Das Baugesetzbuch hat die Regelung des Bundesbaugesetzes ohne Änderung übernommen. Unabhängig von den im Zusammenhang mit der Erschließung stehenden in § 126 geregelten Pflichten des Eigentümers werden regelmäßig **weitere Pflichten nach**

Landesrecht (insbesondere den Gemeindeordnungen) und durch **Ortssatzungen** begründet. In diesem Zusammenhang ist vor allem der Anschluss- und Benutzungszwang zu nennen. Nicht erfasst von § 126 ist das Recht der Gemeinden auf (eine bestimmte) Straßenbenennung, deren rechtliche Einordnung umstritten ist (vgl zum Rechtsschutz gegen die Umbenennung einer Straße vgl OVG Münster, NJW 1987, 2695 = NVwZ 1987, 1101 L mwN; zur Klagebefugnis des Mieters iR der Straßen(um)benennung OVG Münster v. 21.7.1995 – 23 A 3493/94 – und OVG Schleswig, SchlHA 1992, 94).

2 Der Eigentümer oder die ihm nach § 200 gleichgestellten Inhaber grundstücksgleicher Rechte sind gegenüber dem Träger der Erschließungslast (idR der Gemeinde) nur verpflichtet, das Anbringen der in Abs. 1 bezeichneten Gegenstände zu dulden, nicht sie selbst anzubringen und dafür Kosten zu übernehmen. Die Vorschrift bezieht sich auf alle – bebauten und unbebauten – Grundstücke im Gemeindegebiet und erfasst auch spätere Änderungen und die laufende Unterhaltung der Gegenstände, so dass insoweit auf Landesrecht nicht zurückgegriffen werden muss. Nicht erforderlich ist, dass das Grundstück an die Erschließungsanlage angrenzt oder bebaut ist. Bei den Straßen iSd § 126 Abs. 1 Nr. 1 handelt es sich nicht nur um solche, für die eine Beitragspflicht entsteht. Die Duldungspflicht liegt iR der **Sozialbindung** des Eigentums und begründet als solche **keine Entschädigungspflicht.** Lediglich Schäden, die durch das Anbringen oder Entfernen entstehen, sind gem. Abs. 2 von dem Erschließungsträger durch Naturalrestitution oder in Geld zu entschädigen (zum Anspruch auf Abschirmung bei unzumutbarer Lichtimmission durch Straßenbeleuchtung vgl OVG Lüneburg NVwZ 1994, 713 = UPR 1994, 115 = NuR 1994, 402). Der Eigentümer ist nach § 126 Abs. 1 Satz 2 vorher zu benachrichtigen (vgl dazu OVG Münster v. 19.5.1994 – 23 A 3541/92).

3 Im Gegensatz zu Abs. 1 begründet **Abs. 3** für die **Nummerierung** eine Leistungspflicht des Eigentümers. Er hat die von der Gemeinde festgesetzte Grundstücksnummer auf eigene Kosten zu beschaffen, anzubringen und zu unterhalten. Das gilt auch für die behördlich angeordnete Änderung der Nummer. Die Nummerierung selbst richtet sich nach den Landesstraßengesetzen und dem Ortsrecht (zur Pflicht der Gemeinde zur Festsetzung von Grundstücksnummern vgl OVG Berlin, OVGE 19, 147 = LKV 1991, 374; zum Ermessen der Gemeinde bei der Vergabe von Hausnummern (hier: Umnummerierung) vgl VG Weimar, ThürVBl. 2000, 71).

Zweiter Abschnitt
Erschließungsbeitrag

§ 127 Erhebung des Erschließungsbeitrags

(1) Die Gemeinden erheben zur Deckung ihres anderweitig nicht gedeckten Aufwands für Erschließungsanlagen einen Erschließungsbeitrag nach Maßgabe der folgenden Vorschriften.

(2) Erschließungsanlagen im Sinne dieses Abschnitts sind

1. **die öffentlichen zum Anbau bestimmten Straßen, Wege und Plätze;**
2. **die öffentlichen aus rechtlichen oder tatsächlichen Gründen mit Kraftfahrzeugen nicht befahrbaren Verkehrsanlagen innerhalb der Baugebiete (z. B. Fußwege, Wohnwege);**

3. **Sammelstraßen innerhalb der Baugebiete; Sammelstraßen sind öffentliche Straßen, Wege und Plätze, die selbst nicht zum Anbau bestimmt, aber zur Erschließung der Baugebiete notwendig sind;**
4. **Parkflächen und Grünanlagen mit Ausnahme von Kinderspielplätzen, soweit sie Bestandteil der in den Nummern 1 bis 3 genannten Verkehrsanlagen oder nach städtebaulichen Grundsätzen innerhalb der Baugebiete zu deren Erschließung notwendig sind;**
5. **Anlagen zum Schutz von Baugebieten gegen schädliche Umwelteinwirkungen im Sinne des Bundes-Immissionsschutzgesetzes, auch wenn sie nicht Bestandteil der Erschließungsanlagen sind.**

(3) Der Erschließungsbeitrag kann für den Grunderwerb, die Freilegung und für Teile der Erschließungsanlagen selbständig erhoben werden (Kostenspaltung).

(4) Das Recht, Abgaben für Anlagen zu erheben, die nicht Erschließungsanlagen im Sinne dieses Abschnitts sind, bleibt unberührt. Dies gilt insbesondere für Anlagen zur Ableitung von Abwasser sowie zur Versorgung mit Elektrizität, Gas, Wärme und Wasser.

I. Einleitung

1 Nach dem Baugesetzbuch obliegt die **Erschließung** als **Pflichtaufgabe** grds. der Gemeinde, die Trägerin der „Erschließungslast" ist. Durch die Erschließung als einer Maßnahme, die eine funktionsgerechte Verwendung der Grundstücke für die bauliche und sonstige Nutzung sicherstellen soll, erfahren die erschlossenen Grundstücke eine erhebliche Wertsteigerung (Erschließungsvorteil). Unter dem Gesichtspunkt einer sachgerechten Lastenverteilung ist es daher gerechtfertigt

und geboten, die Kosten für die Erschließung nicht ausschließlich aus allgemeinen Haushaltsmitteln zu bestreiten, sondern bevorzugt die Grundeigentümer heranzuziehen, denen durch die Herstellung der Erschließungsanlagen wirtschaftliche Vorteile zufließen (zum Beitrag für eine Gegenleistung vgl BVerfGE 7, 244 = NJW 1958, 625, BVerfGE 9, 291 und BVerfGE 42, 223 = NJW 1976, 1837 = ZMR 1977, 78). Das muss auch dann gelten, wenn die Erschließung gegen den Willen des Eigentümers erfolgt (BVerfGE 34, 139 = NJW 1973, 505). Dieser Rechtsgedanke des Vorteilsausgleichs liegt der Regelung des Erschließungsbeitrags zugrunde, der als Beitrag iSd allgemeinen Kommunalabgabenrechts ausgestaltet ist. Die Beitragspflicht ist indes im konkreten Fall nicht an die Voraussetzung gebunden, dass der Anlieger einen besonderen Vorteil in bestimmter Höhe erlangt hat. Ebenso wenig kommt es darauf an, ob der Erschließungsvorteil konkret in Anspruch genommen wird. Vielmehr reicht es aus, dass die **Möglichkeit der Inanspruchnahme** der hergestellten Erschließungsanlagen besteht, so dass es auf den Willen des Eigentümers (Erbbauberechtigten, vgl § 134 Abs. 1), eine Erschließungsanlage „anzunehmen“, nicht ankommt. Dieser Gesichtspunkt wird insbesondere bedeutsam in Fällen einer **Mehrfacherschließung** (zB bei Eckgrundstücken und sog. Zwischenliegergrundstücken), an der aus der Sicht des Beitragspflichtigen (subjektiv) häufig kein aktuelles Interesse besteht (vgl zur Möglichkeit der Inanspruchnahme als entscheidendes Kriterium für das Erheben eines Erschließungsbeitrages BVerwGE 62, 300 = NVwZ 1982, 244 = DVBl 1982, 72 = BauR 1982, 157; BVerwG, DÖV 1982, 992 = KStZ 1982, 190 = BRS 43, 237; zur Erschließungsbeitragspflicht als Nachteil iSd § 47 Abs. 2 VwGO vgl VGH Mannheim, NVwZ 1990, 896). Demgegenüber muss die Anlage jedoch von den beitragspflichtigen Grundstücken aktuell benutzt werden können (vgl BVerwGE 68, 41 = NVwZ 1984, 172 = DVBl 1984, 184 = DÖV 1984, 115 = KStZ 1983, 226 = BRS 43, 157).

Besonderheiten gelten in förmlich festgelegten **Sanierungsgebieten**. Nach § 154 Abs. 1 Satz 1 hat der Eigentümer eines in einem solchen Gebiet gelegenen Grundstücks zur Finanzierung der Sanierung an die Gemeinde einen Ausgleichsbetrag in Geld zu entrichten, der der durch die Sanierung bedingten Erhöhung des Bodenwerts seines Grundstücks entspricht. Werden im förmlich festgelegten Sanierungsgebiet Erschließungsanlagen im Sinne des § 127 Abs. 2 BauGB hergestellt, erweitert und verbessert, sind Vorschriften über die Erhebung von Beiträgen für diese Maßnahmen auf Grundstücke im förmlich festgelegten Sanierungsgebiet nicht anzuwenden (§ 154 Abs. 1 Satz 2 BauGB). Ausgeschlossen ist im Sanierungsgebiet danach die Erhebung nicht nur von Erschließungsbeiträgen aufgrund der §§ 127 ff, sondern auch von Ausbaubeiträgen aufgrund landesrechtlicher Vorschriften (vgl BverwG, BauR 2005, 1142 mwN).

Die **bundesrechtlichen Bestimmungen** (vgl auch Vorbemerkung vor §§ 123 ff) regeln (lediglich) den Inhalt der Beitragsforderung, ihren Schuldner, Entstehen und Fälligkeit des Beitrags sowie Billigkeitsmaßnahmen. Insbesondere die Frage der Verjährung und Verwirkung des Beitrags sowie die Änderung von Beitragsbescheiden finden im irrevisiblen **Landesrecht** ihre Grundlage.

II. § 127 Abs. 1

1. Pflicht zu Erhebung von Erschließungsbeiträgen

Nach Abs. 1 sind (nur) die Gemeinden berechtigt und zugleich verpflichtet, Erschließungsbeiträge für die ihnen in der Eigenschaft als Baulastträger obliegende Erschließung zu erheben (BVerwGE 31, 90 = VerwRspr 20, 440 = DVBl 1969, 358 = KStZ 1969, 199). Entgegenstehende Erklärungen der Verwaltung oder des Gemeinderats können die Gemeinde nicht von dieser Verpflichtung befreien (BVerwG, NJW 1984, 2113 = BauR 1984, 54 mit Anm. Sellner). **Abweichende Vereinbarungen** sind **unwirksam**, da sie gegen das in Art 20 Abs. 3 GG enthaltene Verbot, Abgaben anders als nach Maßgabe der gesetzlichen Regelungen zu erheben, verstoßen (BVerwGE 49, 125 = NJW 1976, 341, 819 L = BauR 1976, 118). Die Gemeinde ist daher auch zum Erlass einer **Erschließungsbeitragssatzung** verpflichtet, wenn und sobald eine Erschließungstätigkeit in Aussicht genommen ist; dazu kann sie durch die Kommunalaufsichtsbehörde angehalten werden (vgl BVerwG, DÖV 1970, 203 = ZMR 1969, 369). Mit der Frage eines Beitragsverzichts (im Einzelfall) eng verbunden ist die Frage der Wirksamkeit eines gerichtlichen oder außergerichtlichen **Vergleichs**, dem ein (teilweiser) Beitragsverzicht zugrunde liegt (zum Anspruch auf Prozesszinsen bei Herabsetzung eines Beitrags durch gerichtlichen Vergleich s. OVG Münster, HSGZ 1987, 121). Die Rechtsprechung hat hier im Interesse der öffentlichen Haushalte und der Beitragsgerechtigkeit **enge Grenzen** gesetzt (vgl schon BVerwG, VerwRspr 29, 963 = DÖV 1978, 611 = BRS 37, 383 = ZMR 1979, 88; Petersen, KStZ 1977, 153 und Allesch, DÖV 1988, 103 mzN aus Literatur und Rspr). Das gilt auch im Hinblick auf Beiträge für erschlossene aber noch unbebaute Grundstücke, deren Eigentümer durch die Beitragserhebung zum Verkauf oder zur Bebauung angeregt werden sollen, was wiederum, wie die Baulanderschließung selbst, zur Erfüllung der bodenpolitischen Ziele des Baugesetzbuchs beiträgt. Da **§ 127 Abs. 1 zwingendes Recht** ist, verstoßen abweichende Regelungen darüber hinaus gegen den Grundsatz der Gesetzmäßigkeit der Verwaltung (Art 20 Abs. 3 GG; BVerwGE 49, 125 = NJW 1976, 341 mit Anm. Bieler = DVBl 1976, 309 = DÖV 1976, 349 = BauR 1976, 118 = ZMR 1976, 60; BVerwG, NJW 1984, 2113 = NVwZ 1984, 652 L = DVBl 1984, 192 = KStZ 1984, 112; VGH Mannheim, VBlBW 1987, 141; VGH Kassel, GemT 1976, 47 und OVG Lüneburg, KStZ 1986, 93 auch zur Frage der Nichtigkeit eines gesetzwidrigen Beitragsverzichts). 2

2. Berechtigung zur Nacherhebung von Erschließungsbeiträgen

Die Verpflichtung der Gemeinden, entstandene Erschließungsbeitragsansprüche bis zu deren Erlöschen in vollem Umfang auszuschöpfen, schließt die Befugnis der Länder aus, die Zulässigkeit der Nacherhebung von Teilen eines Erschließungsbeitragsanspruchs von bestimmten Voraussetzungen abhängig zu machen (BVerwGE 82, 216 = NVwZ 1990, 78 = DVBl 1989, 1208 = DÖV 1990, 298 = HSGZ 1989, 441 und BVerwGE 79, 163 = NVwZ 1989, 159 = DVBl 1988, 899 = HSGZ 1988, 291 = VBlBW 1988, 335 = VBlBW 1988, 429 L mit Anm. Rodewoldt). Die **Verpflichtung** der Gemeinden zur **erschöpfenden Geltendmachung** von Erschließungsbeitragsansprüchen schließt ein, einen bisher nicht geltend gemachten, noch nicht erloschenen Teil des Erschließungsbeitragsanspruchs durch einen **Nacherhebungsbescheid** anzufordern (BVerwG, NVwZ-RR 1996, 465 = DVBl 1996, 1046 = KStZ 1997, 77). Demgegenüber ist ein Vertrag nichtig, in dem die Gemeinde die Änderung eines Bebauungsplans davon abhängig macht, 3 dass der bauwillige Eigentümer an Stelle eines nicht mehr festsetzbaren Erschließungsbeitrages einen Geldbetrag für einen gemeinnützigen Zweck leistet (BVerwG, NVwZ 2000, 1285). Unberührt von diesen Grundsätzen bleibt indes der Fall des sog. Billigkeitserlasses (§ 135 Abs. 5, 6).

3. Zulässigkeit von Vergleichsverträgen

4 Trotz dieser Einschränkungen sind **Vergleichsverträge** nicht von vornherein unzulässig. Sie werden vor allem zugelassen, um eine bei verständiger Würdigung des Sachverhalts oder der Rechtslage bestehende Ungewissheit durch gegenseitiges Nachgeben zu beseitigen, wenn die Behörde den Abschluss des Vergleichs zur Beseitigung der Ungewissheit und nach pflichtgemäßem Ermessen für zweckmäßig hält (vgl BVerwG, DÖV 1978, 611 = ZMR 1979, 88 und BVerwGE 49, 359 = NJW 1976, 686 = DVBl 1976, 217 = DÖV 1976, 311 = BauR 1976, 113). Andererseits wird ein „Verzicht" auf Beiträge unter **engen Voraussetzungen** dann für zulässig gehalten, wenn ihm eine entsprechende Gegenleistung des Abgabenpflichtigen gegenübersteht (vgl im Einzelnen OVG Münster, KStZ 1972, 72; VGH München, DVBl 1977, 394; VGH Mannheim, VBlBW 1977, 141; Knobloch, KStZ 1975, 205; Petersen, KStZ 1977, 133; Grziwotz, ZflR 2000, 161; zur Frage der Nichtigkeit oder Rechtswidrigkeit eines Bescheides über den Teilerlass von Aussetzungszinsen, dem keine Erwägungen über sachliche oder persönliche Billigkeitsgründe zugrunde liegen vgl BVerwG, NVwZ 1998, 1061).

4. Verjährung

5 Das bundesrechtliche Gebot zur Erhebung von Erschließungsbeiträgen spielt auch eine Rolle im Zusammenhang mit dem Erlass der Erschließungsbeitragssatzungen durch die Gemeinden, wozu sie verpflichtet sind, und hier insbesondere bei der Regelung einer Rückwirkung, die dazu führen kann, dass die **Verjährung** schon zu einem vergangenen Zeitpunkt in Lauf gesetzt wird, wodurch Beitragsansprüche vernichtet (weil verjährt) werden können. Das ist von der Gemeinde zu beachten, weil sie die Pflicht zur Beitragserhebung und der Erlassregelung (§ 135 Abs. 5) nicht durch eine solche Rückwirkung willkürlich umgehen darf (BVerwG, NJW 1977, 1740 = VerwRspr 29, 456 = BauR 1977, 266 = ZMR 1978, 146; zur Verjährung im Übrigen vgl unten § 133 Rn 13).

5. Anderweitig nicht gedeckter Aufwand

6 Der Erschließungsbeitrag wird für den **anderweitig nicht gedeckten Aufwand** erhoben. Eine anderweitige Deckung liegt grds. nur vor, wenn die Gemeinde von dritter Seite zweckbestimmte der Entlastung der Beitragspflichtigen dienende Zuschüsse erhält, wobei nicht der finanztechnische Begriff der Haushaltsdeckung gilt (BVerwG, NJW 1970, 876 = DVBl 1970, 417 = DÖV 1970, 425 = BauR 1970, 43 = ZMR 1970, 141). Eine anderweitige Deckung ist nicht der Einsatz allgemeiner Haushaltsmittel, der Einsatz von Darlehensmitteln oder von Zuwendungen, die der Gemeinde im Wege des Finanzausgleichs zufließen. Beiträge können von der Gemeinde nur für die ihr entstandenen Kosten erhoben werden. Das Beitragsrecht besteht zB nicht, wenn aufgrund eines Erschließungsvertrages ein Dritter die Erschließungsanlage herstellt und sie der Gemeinde unentgeltlich überträgt (vgl § 124 Abs. 1).

Ob die **Zuwendung eines Dritten** zu einer anderweitigen Deckung des beitragsfähigen Erschließungsaufwands (§ 129 Abs. 1 Satz 1) führt, hängt ausschlaggebend vom Zweck ab, für den der Dritte seine Leistung bestimmt, wobei die Zweckbestimmung mit Auswirkungen auf das Erschließungsbeitragsrecht nur bis zum Zeitpunkt des Entstehens der sachlichen Erschließungsbeitragspflicht geändert werden kann. Zuwendungen aus Bundesmitteln nach dem Gemeindeverkehrsfinanzgesetz sind zur Deckung solcher Kosten bestimmt, die die Gemeinden nicht, wie zB durch die Erhebung von Erschließungsbeiträgen, abwälzen können (so BVerwGE 75, 356 = NVwZ 1987, 982 = DVBl 1987, 632 = DÖV 1987, 643 = KStZ 1987, 110 = ZMR 1987, 233; vgl auch VGH Kassel, GemT 1976, 114). Da der Zeitpunkt des Entstehens der Beitragspflicht für die Höhe des Beitrags entscheidend ist, können danach erfolgte Änderungen der Zweckbestimmung keine Berücksichtigung mehr finden (BVerwGE 75, 356; zur Behandlung von Zuwendungen Dritter vgl Driehaus, Erschließungs- und Ausbaubeiträge, 7. Aufl. 2004, § 13 Rn 8 ff). Eine anderweitige Deckung des Erschließungsaufwands kann auch in einem Anspruch der Gemeinde gegen einen Dritten bestehen, soweit seiner Durchsetzbarkeit keine rechtlichen oder tatsächlichen Hindernisse entgegenstehen, wobei die Gemeinde grds. verpflichtet ist, solche Ansprüche gegen Dritte zu realisieren und an etwaige rechtliche Hindernisse hohe Ansprüche zu stellen sind (BVerwG, DVBl 1982, 79 = BRS 43, 94). Entlässt die Gemeinde einen Dritten aus der ihr gegenüber vertraglich begründeten Verpflichtung zur Übernahme von Erschließungskosten, so scheidet der dem Anspruch entsprechende Teil der Kosten als anderweitig gedeckt aus dem beitragsfähigen Erschließungsaufwand aus (BVerwG, DVBl 1982, 79 = BRS 43, 94; BVerwGE 70, 247 = NVwZ 1985, 346 = DVBl 1985, 297 = BauR 1985, 675 = ZMR 1985, 139). Demgegenüber kann sich eine zu hohe Veranlagung einzelner Erschließungsbeitragspflichtiger nicht zugunsten eines später herangezogenen anderen Beitragspflichtigen aus dem Gesichtspunkt der anderweitigen Deckung des Erschließungsaufwandes auswirken, vielmehr ergibt sich dann eine Verpflichtung der Gemeinde, auf Antrag des zu hoch veranlagten Beitragspflichtigen auch ein bereits abgeschlossenes Heranziehungsverfahren wieder aufzugreifen und nach teilweiser Aufhebung des Heranziehungsbescheides den zu viel erhobenen Beitrag zurückzuerstatten (BVerwG, NVwZ 1983, 152 = DVBl 1982, 1058 = KStZ 1982, 233 = BRS 43, 98). Andererseits schließt das Erschließungsbeitragsrecht eine Verböserung im Verfahren nicht aus, die Zulässigkeit einer reformatio in peius richtet sich verfahrensrechtlich nach Landesrecht (vgl BVerwG, Buchholz 406.11 § 127 Nr. 86).

6. § 42 AO 1977

Auch im Erschließungsbeitragsrecht kann der **Missbrauch von Gestaltungsmöglichkeiten** (§ 42 AO 1977) eine Rolle spielen, so wenn Grundstücke bei Ankündigung der Erhebung des Erschließungsbeitrags geteilt und zB unentgeltlich auf Familienangehörige übertragen werden (vgl BVerwG, NVwZ 1998, 76 = ZMR 1997, 203). Sind in einem solchen Falle keine wirtschaftlich sinnvollen oder sonstwie einleuchtenden Gründe für eine im Zusammenhang mit der Veranlagung zum Erschließungsbeitrag erfolgte Teilung eines Grundstücks und für die anschließende Übertragung des Eigentums an dem abgetrennten Grundstücksteil ersichtlich, so sind erschließungsbeitragsrechtlich die im Wege der Teilung neu gebildeten Grundstücke nach wie vor wie ein Grundstück des bisherigen Eigentümers zu behandeln (VG Sigmaringen, 27.9.2005 – 5 K 2380/04). 7

III. § 127 Abs. 2

1. Änderungen gegenüber dem BauGB

8 Beiträge können nicht für alle Anlagen erhoben werden, die im Zusammenhang mit der Erschließung iSd § 123 stehen. Die **beitragsfähigen Erschließungsanlagen** sind vielmehr in § 127 Abs. 2 **abschließend** aufgeführt, wobei diese Vorschrift gegenüber der früheren Regelung des Bundesbaugesetzes Änderungen erfahren hat. Einmal werden in § 127 Abs. 2 Nr. 2 nunmehr die öffentlichen aus rechtlichen oder tatsächlichen Gründen mit Kraftfahrzeugen nicht befahrbaren Verkehrsanlagen innerhalb der Baugebiete (zB Fußwege, Wohnwege) in den Rang von beitragspflichtigen Erschließungsanlagen erhoben. Andererseits ist die frühere Regelung des § 127 Abs. 2 Nr. 4 BBauG, wonach **Kinderspielplätze** innerhalb der Baugebiete zu den Erschließungsanlagen iSdAbs. 2 gehörten, entfallen. Nach der Übergangsregelung des § 242 Abs. 5 verbleibt es bei der Beitragspflicht für einen Kinderspielplatz, wenn die Beitragspflicht bereits aufgrund der vor dem 1.7.1987 geltenden Vorschriften (§ 127 Abs. 2 Nr. 3, 4) entstanden ist. Die Gemeinde soll aber von der Erhebung des Erschließungsbeitrags ganz oder teilweise absehen, wenn dies aufgrund der örtlichen Verhältnisse, insbesondere unter Berücksichtigung des Nutzens des Kinderspielplatzes für die Allgemeinheit, geboten ist. Satz 2 ist auch auf vor dem 1.7.1987 entstandene Beiträge anzuwenden, wenn

1. der Beitrag noch nicht entrichtet ist oder
2. er entrichtet worden ist, aber der Beitragsbescheid noch nicht unanfechtbar geworden ist.

Der Grund für die Herausnahme der Kinderspielplätze aus dem Katalog des § 127 Abs. 2 ist nach dem Bericht des Ausschusses des Bundestages für Raumordnung, Bauwesen und Städtebau vom 15.10.1986 (BT-Drs 10/6166, 144 [165]) darin zu sehen, dass die von der Rechtsprechung des Bundesverwaltungsgerichts festgelegte Begrenzung der Einzugsbereiche von Kinderspielplätzen „häufig zu nicht einsehbaren Grenzziehungen“ geführt habe und dass durch die in § 242 Abs. 5 vorgesehene „Regel-Ermäßigung“ insbesondere die Tatsache, dass „der tatsächliche Einzugsbereich des Kinderspielplatzes, der idR größer ist als das Abrechungsgebiet“, Berücksichtigung finden sollte. Nach dem Urteil des OVG Lüneburg vom 22.7.1987 (NVwZ 1987, 1108) legt es die Entstehungsgeschichte der Vorschrift nahe, die Frage, ob ein teilweises oder völliges Absehen von der Erhebung eines Erschließungsbeitrages aufgrund der örtlichen Verhältnisse geboten ist, in erster Linie danach zu beurteilen, ob der Einzugsbereich des Kinderspielplatzes mit 200 m Luftlinie den tatsächlichen Verhältnissen gerecht wird oder an den städtebaulichen Gegebenheiten vorbeigeht, zumal sich die Städteplanung an größeren Einzugsbereichen orientiere. Nach der genannten Entscheidung des OVG Lüneburg (aaO) setzt die nach § 242 Abs. 5 Satz 2 gebotene Berücksichtigung des Nutzens des Spielplatzes für die Allgemeinheit regelmäßig auch den Rahmen für die Ermessensentscheidung der Gemeinde, ob und inwieweit sie von der Erhebung der Erschließungsbeiträge absieht. Im Hinblick auf den städtebaulichen Orientierungsrahmen für die Festlegung des Einzugsbereichs von Kinderspielplätzen erscheint es dem Gericht – vorbehaltlich besonderer örtlicher Gegebenheiten (wie etwa einer besonders attraktiven Ausstattung oder dem Fehlen weiterer Spielplätze in einem größeren Einzugsbereich insbesondere mit Geschosswohnungsbau) – angemessen, den Rahmen der nach § 242 Abs. 5 Satz 3 möglichen Ermäßigung durch eine rechnerische Erweiterung des Einzugsbereichs des Kinderspielplatzes zu ermitteln. Das

Gericht hat daher im entschiedenen Falle einer Erweiterung des Einzugsbereichs des Kinderspielplatzes auf 400 m – Wege-Entfernung angenommen und festgestellt, dass die örtlichen Verhältnisse Anlass geben können, den Einzugsbereich im Einzelfall über 400 m hinaus auszudehnen oder auch mit einer geringeren Entfernung anzunehmen (vgl zu der von der Gemeinde iR des § 242 Abs. 5 Satz 2 zu treffenden Entscheidung auch Horst, KStZ 1987, 146).

2. Gemeindliche Erschließungslast

Eine weitere Einschränkung erfährt die Möglichkeit der Erhebung von Erschließungsbeiträgen dadurch, dass die Herstellung von Erschließungsanlagen iSd § 127 Abs. 2 nur dann eine Beitragspflicht auslöst, wenn sie iR der **gemeindlichen Erschließungslast**, wie sie § 123 Abs. 1 konstituiert, erfolgt (BVerwG, NVwZ 1982, 435 = DÖV 1982, 328 = KStZ 1982, 92 = BRS 43, 5 im Anschluss an BVerwG, DÖV 1975, 855, = BRS 37, 1 = ZMR 1976, 250). So handelt es sich bei einer Straße dann nicht um eine **beitragsfähige Erschließungsanlage**, wenn sie rechtlich Bestandteil einer öffentlichen Sache ist, die ihrerseits nicht in Erfüllung der gemeindlichen Erschließungslast hergestellt worden ist (so BVerwG, KStZ 1985, 150 = BRS 43, 43 = ZMR 1985, 242 für eine Deichverteidigungsstraße als Bestandteil einer Hochwasserschutzanlage, die aufgrund eines Planfeststellungsbescheides nach Wasserrecht und nicht aufgrund eines Bebauungsplans errichtet worden war). 9

3. Zuordnung der Erschließungsanlage zu einem Abrechnungsgebiet

Voraussetzung für die Beitragsfähigkeit einer Erschließungsanlage ist zudem, dass sie in ihrer **Erschließungsfunktion** einem (**Abrechnungs-**)**Gebiet** zuzuordnen ist, das hinsichtlich des Kreises der erschlossenen und somit beitragspflichtigen Grundstücke hinreichend genau und überzeugend abgegrenzt werden kann. Eine solche Abgrenzung der durch eine selbstständige öffentliche Parkfläche iSd § 127 Abs. 2 Nr. 4 erschlossenen Grundstücke von den durch sie nicht erschlossenen Grundstücken ist idR nicht möglich (BVerwGE 78, 125 = NVwZ 1988, 359 = DVBl 1988, 239 = DÖV 1988, 173 = BauR 1988, 198 = ZMR 1988, 25 unter Hinweis auf BVerwG, NVwZ 1982, 555 = KStZ 1982, 49 = BRS 43, 54; demgegenüber hat das VG Münster, NVwZ-RR 1998, 516, die Erschließungsbeitragspflicht für ein Grundstück bejaht, das als – nicht öffentlicher – „Park-and-Drive-Parkplatz" genutzt wird). Dies gilt regelmäßig auch für große Grünanlagen, die nicht nur der Erholung der Bewohner eines bestimmten Baugebietes dienen (Driehaus, Erschließungs- und Ausbaubeiträge, 7. Aufl. 2004, § 12 Rn 84 ff). 10

4. Umfang der Abrechenbarkeit einer Erschließungsanlage

Auch eine an sich abrechenbare Erschließungsanlage ist nicht in jedem Falle in vollem Umfange und hinsichtlich sämtlicher Bestandteile als (in vollem Umfang) **beitragsfähige Erschließungsanlage** einzustufen. Ein anschauliches Beispiel dafür bildet der der Entscheidung des BVerwG vom 11.12.1970 (DVBl 1971, 508 = KStZ 1971, 180 = ZMR 1971, 290) zugrunde liegende Sachverhalt, der dem Gericht Anlass zu der Feststellung gab, dass zB Parkstreifen, die mit Rücksicht auf Besucher eines in der Nähe gelegenen Messegeländes, das von der Erschließungsanlage aus zu Fuß zu erreichen ist, nicht in den beitragsfähigen Erschließungsaufwand einbezogen werden können. Im Hinblick auf diese Erschließungsanlage hat es außerdem festgestellt, dass insbesondere durch Vergleich mit anderen Straßen zu prüfen sei, ob die Ausführung der Straße wesentlich durch den Verkehr zum Mes- 11 segelände bedingt ist, wodurch sie den Charakter einer Durchgangsstraße erlangt haben könnte, die nur zu einem Teil als Erschließungsanlage abzurechnen wäre. Andererseits ist die Aufnahme von Durchgangsverkehr Teil der normalen Funktion einer Anbaustraße und deshalb grds. ohne Auswirkung auf die Höhe der Erschließungsbeiträge (BVerwGE 82, 102 = NVwZ 1990, 165 = DVBl 1989, 1205). In diesem Zusammenhang ist auch die Entscheidung des BVerwG vom 21.10.1970 (DVBl 1971, 213 = DÖV 1971, 391 = BauR 1971, 121) zu erwähnen, in der festgestellt wird, dass zum Erschließungsaufwand einer selbstständigen Grünanlage die Kosten für Wege, Sitzbänke und Kinderspielplätze innerhalb der Anlage gehören.

5. Abschließender Charakter des Katalogs von § 127 Abs. 2

12 Eine **Erweiterung oder Einengung** des in § 127 Abs. 2 aufgeführten Katalogs von Erschließungsanlagen ist **durch eine gemeindliche Satzung** (vgl § 132) nicht möglich (vgl BVerfGE 33, 265 = NJW 1972, 1851 = DVBl 1972, 887 = DÖV 1972, 885 = ZMR 1972, 340 und BVerwG, NJW 1974, 1345 = DÖV 1974, 573 = BauR 1974, 335 = ZMR 1974, 309 sowie BVerwG, Buchholz 406.11 § 128 Nr. 24 = VerwRspr 31, 600 = DVBl 1979, 785 = DÖV 1979, 646 = KStZ 1979, 192 = BauR 1979, 417), wohl aber durch **landesrechtliche Regelungen**. Durch das Gesetz zur Änderung des Grundgesetzes vom 27.10.1994 ist Art 125a Abs. 1 Satz 1 in das GG aufgenommen worden, aus dem folgt, dass das Erschließungsbeitragsrecht (§§ 127–135 BauGB) als Bundesrecht fortgilt, aber durch Landesrecht ersetzt werden kann (Art 125a Abs. 1 Satz 2 GG). Daran hat sich durch das Gesetz zur Änderung des Grundgesetzes vom 28.8.2006 (in Kraft getreten am 1.9.2006; BGBl. I S. 2034) nichts geändert.

Somit sind beitragsfähig nach § 127 Abs. 2 Nr. 1 zunächst die öffentlichen zum Anbau bestimmten Straßen, Wege und Plätze. Eine Definition dieser Begriffe hat der Gesetzgeber des Baugesetzbuches nicht gegeben, weshalb auf die Landesstraßengesetze zurückgegriffen werden muss. Die in § 127 Abs. 2 Nr. 1–3 genannten Erschließungsanlagen werden in Nr. 4 der Vorschrift als „Verkehrsanlagen“ bezeichnet, was die Notwendigkeit indiziert, dass die genannten Anlagen auch Zwecken des Verkehrs dienen.

6. Der Katalog des § 127 Abs. 2 im Einzelnen

13 a) **§ 127 Abs. 2 Nr. 1: zum Anbau bestimmte Wege und Plätze:** Die in § 127 Abs. Nr. 1 genannten Anlagen sind trotz fehlender Zuständigkeit des Bundesgesetzgebers zur Regelung des Ortsstraßenrechts eigenständige bundesrechtliche Begriffe des Erschließungsbeitragsrechts, die dem erschließungsbeitragsrechtlichen Begriff der beitragsfähigen Erschließungsanlage untergeordnet sind (BVerwG, NVwZ 1986, 925 = DVBl 1986, 349 = KStZ 1986, 91 = BRS 43, 130). Von Bedeutung ist diese Feststellung zB für die Beantwortung der Frage, ob es sich bei einem Straßenzug um eine **einzelne Straße** (vgl § 130 Abs. 3 Satz 1) oder um zwei bzw mehrere Straßen iSd § 127 Abs. 2 Nr. 1 handelt (vgl BVerwG, NVwZ 1998, 290 = DVBl 1998, 46 = KStZ 1998, 34 und BVerwGE 101, 12 = NVwZ 1996, 794 = DVBl 1996, 1057; BVerwG, NVwZ-RR 1995, 695 = ZMR 1996, 49 sowie BVerwGE 99, 23 = NVwZ-RR 1996, 223 = DVBl 1995, 1137 = DÖV 1996, 31 und BVerwG, KStZ 1995, 209; OVG Münster, NWVBl. 1999, 465), wobei es nicht auf die Namensführung ankommt. Eine öffentliche, für das Befahren mit Kraftfahrzeugen aller Art vorgesehene Sackgasse ist idR als erschließungs-

rechtlich selbstständig anzusehen, wenn sie entweder länger als 100 m ist, oder vor Erreichen dieser Länge rechtwinklig abknickt oder sich verzweigt (BVerwGE 99, 23 = NVwZ-RR 1996, 223 = DVBl 1995, 1137 = DÖV 1996, 31 = KStZ 1996, 112; BVerwG, B v. 25.4.2000 – 11 B 46/99; zur Selbstständigkeit einer ca. 90 m langen **Stichstraße**, die nach 35 m rechtwinklig abknickt und ein Feriendorf erschließt BVerwG, NVwZ 1999, 997 = DVBl 1999, 395 = ZMR 1999, 68 = KStZ 1999, 154 und andererseits OVG Lüneburg, Urteil v. 20.7.1999 – 9 L 3496/98). Es kann auch keinen Bedenken begegnen, dass die Straßenbeleuchtung kraft Bundesrechts eine Teileinrichtung einer Erschließungsanlage ist (vgl § 128 Abs. 1 Nr. 2 und im Einzelnen Driehaus, Erschließungs- und Ausbaubeiträge, 7. Aufl. 2004, § 13 Rn 61 ff). Da lediglich öffentliche Straßen, Wege und Plätze beitragsfähige Erschließungsanlagen sein können, scheiden private Anlagen aus. Erforderlich ist eine dem Landesrecht unterliegende **Widmung** für den **öffentlichen Verkehr**, womit die Anlage dem allgemeinen Gebrauch dient (BVerwG, NVwZ 1986, 925 = DVBl 1986, 349 = KStZ 1986, 91 = BRS 43, 130). Die Widmung kann noch nach Erlass des Erschließungsbeitragsbescheides nachgeholt werden mit der Folge, dass erst dann die Beitragspflicht entsteht (BVerwGE 49, 131 = DÖV 1976, 95 = BauR 1976, 120 = ZMR 1976, 349, zur Widmungsfiktion bei Indienststellung der Straße nach Bebauungsplan vgl VGH Kassel, NVwZ-RR 1990, 457), andererseits aber auch die Verjährungsfrist frühestens mit der Widmung der Anbaustraße zum öffentlichen Verkehr beginnt (vgl BVerwG, NVwZ-RR 1998, 513 und OVG Magdeburg, 16.1.2004 – 2 L 491/02). Öffentlich iSd § 127 Abs. 2 Nr. 1 ist nicht im verkehrsrechtlichen sondern im straßenrechtlichen Sinne zu verstehen (BVerwG, VerwRspr 20, 76 = DVBl 1968, 808 = KStZ 1969, 78 = ZMR 1969, 22). Da nur „zum Anbau bestimmte" Straßen, Wege und Plätze **beitragsfähige Erschließungsanlagen** sein können, scheiden anbaufreie Straßen, die nicht Sammelstraßen iSd § 127 Abs. 2 Nr. 2 sind, sowie Anlagen, die die Funktion einer Anschluss- und Verbindungsstraße zu Baugebieten haben, aus, ebenso sämtliche nicht zum Anbau bestimmte Anlagen, die innerhalb von Baugebieten liegen (zum Verhältnis der Merkmale **„zum Anbau bestimmt"** und **„erschlossen"** vgl BVerwG, NJW 1980, 1973 und BVerwGE 67, 216 = NVwZ 1984, 170 = DVBl 1983, 908 = DÖV 1984, 113 = KStZ 1983, 187 = BRS 43, 39 = ZMR 1983, 425). Das Merkmal „zum Anbau bestimmt" stellt nicht auf eine subjektive Ansicht der Gemeinde oder der Benutzer einer Anlage ab, sondern objektiv darauf, ob an dieser Anlage tatsächlich gebaut werden darf (BVerwG, NVwZ 1983, 153 = DVBl 1982, 1056 = BRS 43, 1 unter Hinweis auf BVerwG, VerwRspr 20, 444 = DVBl 1969, 272 = KStZ 1969, 167 = ZMR 1969, 270 sowie BVerwG, BRS 37, 65 = ZMR 1979, 159; vgl auch BVerwGE 52, 364 = DVBl 1978, 298 = DÖV 1977, 680 = BauR 1977, 261 = ZMR 1978, 343 und BVerwG, BRS 37, 65 = ZMR 1979, 159). Dementsprechend bedarf es zur Erfüllung des Merkmals „zum Anbau bestimmt" keines besonderen Beschlusses oder sonstigen Verfahrens seitens der Gemeinde. Im Übrigen sind insbesondere die Festsetzungen des Bebauungsplans und die baurechtlichen Vorschriften (vgl insbesondere § 30–34) zugrunde zu legen. **Gewerblich nutzbare Grundstücke** scheiden aber nicht deshalb aus dem Kreis der beitragspflichtigen Grundstücke aus, weil auf ihnen keine Bebauung möglich bzw zulässig ist. Bei „nur" gewerblicher Nutzung liegt eine ausreichende der Bebauung erschließungsbeitragsrechtlich vergleichbare Nutzung vor. Unerheblich ist für die Bejahung des Merkmals „zum Anbau bestimmt" auch, dass einzelne angrenzende Grundstücke nicht bebaut werden können bzw dürfen (vgl BVerwGE 52, 364 = DVBl 1978, 298 = DÖV 1977, 680 = BauR 1977, 261 = ZMR 1978, 343). Beim Vorhandensein mehrerer Verkehrsanlagen ist darauf zu achten, dass die jeweils abzurechnende Anlage für sich allein, dh ohne Einbeziehung anderer Anlagen die **Bebaubar**keit bzw **sonstige erschließungsbeitragsrechtlich relevante Nutzung** ermöglicht (vgl BVerwG, BRS 37, 65 = ZMR 1979, 159 und BVerwG, DVBl 1973, 887 = KStZ 1974, 13 = ZMR 1974, 25), maW ermöglicht, dass an ihr tatsächlich gebaut werden kann und rechtlich gebaut werden darf. Ohne Bedeutung ist für die Bejahung dieser Möglichkeiten, dass eine Straße zugleich die Funktion einer innerörtlichen Verbindung hat (BVerwG, VerwRspr 27, 706 = DÖV 1976, 347 = BRS 37, 86 = ZMR 1976, 319). Das gilt auch für Straßen, die dem überörtlichen Durchgangsverkehr dienen, jedoch mit der Einschränkung, dass der Aufwand für solche Anlagen nicht beitragsfähig ist, die speziell im Hinblick auf den Durchgangsverkehr angelegt worden sind (vgl BVerwG, VerwRspr 27, 706 = DÖV 1976, 347 = BRS 37, 86 = ZMR 1976, 319: „erreicht dieser überörtliche Durchgangsverkehr eine gewisse Stärke, so kann das in Frage stellen, ob die Straße in ihrer gegebenen Ausgestaltung zur Erschließung der Bauflächen erforderlich ist.“).

14 Zum Anbau bestimmt sind nicht **Straßen im Außenbereich** und zwar unabhängig davon, ob im Einzelfall Vorhaben nach § 35 zulässig sind (BVerwGE 52, 364 = DVBl 1978, 298 = DÖV 1977, 680: BVerwG, NVwZ 1983, 291 und BVerwG, NVwZ 1986, 568 = DÖV 1986, 878 = KStZ 1986, 90 = BauR 1986, 434 = ZMR 1986, 215). Daraus folgt, dass eine innerörtliche Straße von ihrem Eintritt in den Außenbereich an – abgesehen vom Falle der einseitigen Anbaubarkeit – die Anbaufähigkeit verliert (BVerwG, NJW 1975, 323 = DVBl 1975, 378 und BVerwGE 102, 294 = NVwZ 1998, 69 = DVBl 1997, 499 = ZMR 1997, 200). Das wiederum schließt nicht aus, dass eine Außenbereichsstraße bei Änderung der Planung später zu einer zum Anbau bestimmten Straße wird (BVerwG, VerwRspr 20, 835 = ZMR 1969, 248). Bei **Straßen**, an die nur von **einer Seite her angebaut** werden darf, weil etwa das an die andere Seite der Straße grenzende Gebiet zum Außenbereich gehört, gilt zunächst, dass **mangels Erschlossenseins die Außenbereichsgrundstücke der Beitragspflicht nicht unterliegen** (BVerwG, NVwZ 1986, 568 = DÖV 1986, 878 = KStZ 1986, 90 = BauR 1986, 434 = ZMR 1986, 215). Für Straßen im Innenbereich, die nur einseitig anbaubar sind, weil entweder auf der anderen Straßenseite Außenbereich angrenzt oder durch eine planungsrechtliche Festsetzung eine Bebaubarkeit auch nur zeitweise gehindert ist, wird, wenn die Straße in ihrem Ausbauzustand für die hinreichende Erschließung der Grundstücke an der bebaubaren Seite unerlässlich ist, der Herstellungsaufwand vollständig auf diese Grundstücke umgelegt. Wird die Straße dagegen in einem Umfang ausgebaut, der über das Notwendige hinausgeht, sind die Herstellungskosten in der Regel hälftig zu teilen. Die Gemeinde als Erschließungsträger darf in einem solchen Fall die überschießende Hälfte erst dann umlegen, wenn die Straße auch für die derzeit von einer Bebaubarkeit ausgeschlossenen Grundstücke zum Anbau bestimmt wird In derartigen Fällen nur einseitiger Anbaubarkeit hat das Bundesverwaltungsgericht die verallgemeinernde Betrachtung der gesamten Straße als "zum Anbau bestimmt" aus Billigkeitsgründen durch das Gebot einer dies berücksichtigenden Teilung der Ausbaukosten modifiziert (sog. **Halbteilungsgrundsatz**). Nach diesem Grundsatz erfüllt eine Straße, die (in voller oder nahezu voller Ausdehnung) lediglich einseitig zum Anbau bestimmt ist, von Fall zu Fall nur in ihrer den bebaubaren Grundstücken zugewandten Hälfte den Begriff

der beitragsfähigen Erschließungsanlage im Sinne des § 127 Abs. 2 Nr. 1 BauGB; das hat zur Folge, dass dann ausschließlich die auf diese Hälfte entfallenden Kosten als Kosten für ihre erstmalige Herstellung im Sinne des § 128 Abs. 1 Satz 1 Nr. 2 BauGB anzusehen und auf die Grundstücke der anbaubaren Straßenseite zu verteilen sind (vgl BVerwGE 32, 226 = VerwRspr 21, 212 = DVBl 1970, 79 = DÖV 1969, 864 = ZMR 1969, 371; BVerwGE 52, 364 = DVBl 1978, 298 = DÖV 1977, 680 = BauR 1977, 261 = ZMR 1978, 343 und BVerwGE 82, 102 sowie BVerwG NVwZ 2004, 1118 = DÖV 2004, 703 = DVBl 2004, 1038 und VGH München, BauR 2006, 1942 = NVwZ 1990, 165 = DVBl 1989, 1205; im Einzelnen s. auch Driehaus, Erschließungs- und Ausbaubeiträge, 7. Aufl. 2004, § 12 Rn 40 ff).

Wird nach endgültiger Herstellung einer Anbaustraße und dem Entstehen der sachlichen Beitragspflicht eine von der Straße abzweigende befahrbare **Stichstraße** als **Sackgasse** angelegt, so ist diese unabhängig von ihrer flächenmäßigen Ausdehnung eine beitragsfähige Erschließungsanlage iSd § 127 Abs. 2 Nr. 1, wenn die sonstigen Voraussetzungen dieser Vorschrift erfüllt sind (BVerwG, NVwZ 1991, 77 = KStZ 1990, 160 L = HSGZ 1990, 440 = ZMR 1990, 354). 15

Fahrbahnen der Ortsdurchfahrten von **Bundesstraßen** und **Landstraßen** I. und II. Ordnung sind, wie sich aus § 128 Abs. 3 Nr. 2 ergibt, nur soweit vom Erschließungsaufwand umfasst, als die Fahrbahnen dieser Straßen eine größere Breite als ihre anschließenden freien Strecken erfordern. Regelmäßig ist aber der Aufwand für die (erstmalige) Herstellung der Gehwege beitragsfähig. Voraussetzung dafür ist, dass diese Ortsdurchfahrten zur Erschließung der anliegenden Grundstücke bestimmt sind, was dann der Fall ist, wenn das Vorhandensein der Straße den anliegenden Grundstücken die Qualität der „verkehrlichen" Erschließung vermittelt, dh ihretwegen eine von der Erschließung abhängige Nutzung der anliegenden Grundstücke sowohl tatsächlich möglich als auch rechtlich zulässig ist (BVerwG, BauR 1975, 408).

b) § 127 Abs. 2 Nr. 2: mit Kraftfahrzeugen nicht befahrbare Verkehrsanlagen: 16
Neu in den Katalog der erschließungsbeitragsfähigen Anlagen hat der Gesetzgeber in § 127 Abs. 2 Nr. 2 die öffentlichen aus rechtlichen oder tatsächlichen Gründen **mit Kraftfahrzeugen nicht befahrbaren Verkehrsanlagen** innerhalb der Baugebiete (zB Fußwege, Wohnwege) aufgenommen. Hintergrund dieser Neuregelung ist, dass die höchstrichterliche Rechtsprechung die erstmalige Herstellung unbefahrbarer Wohnwege nicht (mehr) ausreichen ließ, um eine Erschließungsbeitragspflicht auszulösen (BVerwGE 67, 216 = NVwZ 1984, 170 = DVBl 1983, 908 = DÖV 1984, 113 = KStZ 1983, 187 = BRS 43, 39 = ZMR 1983, 425). Danach ist eine selbstständige öffentliche Verkehrsanlage nur dann „zum Anbau bestimmt" iSd § 127 Abs. 2 Nr. 1, wenn sie bei verallgemeinernder Betrachtung den anliegenden Grundstücken eine tatsächliche und vom Widmungsumfang gedeckte Anfahrmöglichkeit bietet, dh gewährleistet, dass mit Personen- und Versorgungsfahrzeugen an die Grenze dieser Grundstücke herangefahren werden kann" (vgl auch BVerwGE 66, 69 = NVwZ 1983, 153 = DVBl 1982, 1056 = BRS 43, 1 und demgegenüber die früheren Entscheidungen des BVerwG, BVerwGE 40, 182 = VerwRspr 24, 598 = DVBl 1972, 893 = DÖV 1972, 861 = KStZ 1973, 75 = BauR 1972, 373 = ZMR 1973, 119 und BVerwG, VerwRspr 25, 729 = DVBl 1973, 887 = KStZ 1974, 13 = BRS 37, 61 = ZMR 1974, 25; zur neueren Rspr vgl Sellner, NJW 1986, 1073 und Sebastian/Rödel, NVwZ 1985, 231). Die Neuregelung der Nr. 2 zielt nicht zuletzt darauf ab, den Gemeinden das zur Herstellung der in dieser Regelung genannten Anlagen erforderliche Beitragsaufkommen zu

sichern. Der somit neu eingeführte Wohnwegbegriff erfasst nur **öffentliche und nicht befahrbare Verkehrsanlagen innerhalb der Baugebiete.** Er bleibt dabei hinter den landesrechtlichen Wohnwegbegriffen zurück. Dabei gelten auch solche Anlagen als nicht befahrbar, die tatsächlich mit Versorgungsfahrzeugen pp. befahren werden können, mangels Widmung aber mit solchen Fahrzeugen nicht befahren werden dürfen (vgl VGH Mannheim, 6.4.2000 – 2 S. 1571, 98). Voraussetzung für die Annahme eines **Wohnweges** iSd Nr. 2 ist in jedem Falle, dass sie bebauten und bebaubaren Grundstücken einen Zugang zu einer öffentlichen Straße vermitteln. Die Bauordnungen der Länder lassen regelmäßig den Anbau an nicht befahrbare Wohnwege grds. zu (zur Erschließungswirkung von Wohnwegen vgl BVerwG, NVwZ-RR 1996, 463 DVBl 1996, 1051 = KStZ 1997, 198 sowie BVerwG, Buchholz 406.11 § 131 Nr. 102 und OVG Münster, VRS 109, 378; zum Modellprojekt „autofreies Wohnen" vgl OVG Münster, UPR 2002, 350).

17 Das Erfordernis der Öffentlichkeit und der Nichtbefahrbarkeit mit Kraftwagen als Voraussetzung für die Erhebung von Erschließungsbeiträgen gilt auch für die in Nr. 2 beispielhaft noch genannten **Fußwege,** die sich im Unterschied zu den Wohnwegen dadurch auszeichnen, dass sie eine Bebaubarkeit der Anliegergrundstücke baurechtlich nicht ermöglichen (nach OVG Münster, NVwZ-RR 1991, 212 ist eine nicht befahrbare Verkehrsanlage innerhalb der Baugebiete jedenfalls dann ein Wohnweg und kein Fußweg iSd § 127 Abs. 2 Nr. 2, wenn die Vermittlung der Bebaubarkeit als Hauptzweck des Weges erscheint). Um einen Erschließungsbeitrag auszulösen, müssen jedoch auch die **Fußwege** den in Betracht kommenden Grundstücken einen Vorteil zukommen lassen. Allein an einen Fußweg grenzende Grundstücke sind nicht erschlossen, weshalb eine Beitragspflicht völlig ausscheidet (zum innerstädtischen Treppenweg als erschließungsbeitragsfähige Anlage vgl OVG Saarlouis, NVwZ 1991, 423 = DÖV 1991, 748 = KStZ 1991, 154). Weitere Verkehrsanlagen iSd § 127 Abs. 2 Nr. 2 dürften nicht häufig anzutreffen sein (vgl im Einzelnen Driehaus, Erschließungs- und Ausbaubeiträge, 7. Aufl. 2004, § 12 Rn 59 ff; 67 f, vgl auch Uechtritz, DVBl 1986, 1125 und Schmaltz, DVBl 1987, 207).

18 Nach der Übergangsregelung des § 242 Abs. 4 ist § 127 Abs. 2 Nr. 2 auch auf Verkehrsanlagen anzuwenden, die vor dem 1.7.1987 endgültig hergestellt worden sind (zur Problematik der Rückwirkung vgl OVG Münster, NVwZ-RR 1991, 212). Ist vor dem 1.7.1987 eine Beitragspflicht nach Landesrecht entstanden, so verbleibt es dabei (§ 242 Abs. 4 Satz 2; vgl zur Problematik der Übergangsregelungen Driehaus, Erschließungs- und Ausbaubeiträge, 7. Aufl. 2004, § 2 Rn 37 ff und § 12 Rn 67, 68).

19 c) **§ 127 Abs. 2 Nr. 3: Sammelstraßen:** Nach der gesetzlichen Definition sind **Sammelstraßen** öffentliche Straßen, Wege und Plätze, die **selbst nicht zum Anbau bestimmt** sind, aber zur Erschließung der Baugebiete notwendig sind. Obwohl sie (nur) der mittelbaren Erschließung der Grundstücke dienen, können sie diese der Erschließungsbeitragspflicht unterwerfen, ungeachtet der Tatsache, dass sie unmittelbar durch zum Anbau bestimmte Erschließungsanlagen verkehrsmäßig erschlossen sind (BVerwG, VerwRspr 25, 729 = DVBl 1973, 887 = KStZ 1974, 13 = BRS 37, 61 = ZMR 1974, 24). Unerheblich ist es, dass von der Sammelstraße her bebaute oder bebaubare Grundstücke mehr zufällig zugänglich sind. Der Charakter der Sammelstraße wird dann nicht aufgehoben, wenn die Straße im Wesentlichen nicht dem Anbau dient, sondern wesentlich zur Erschließung eines Baugebietes notwendig ist.

Gleichwohl ist die Erhebung von Erschließungsbeiträgen für **Sammelstraßen** nur eingeschränkt möglich und in der Praxis häufig mit erheblichen Schwierigkeiten verbunden. So muss der Kreis der Grundstücke, denen von der Sammelstraße ein **beitragsrechtlich relevanter Vorteil** vermittelt wird, hinreichend deutlich abgegrenzt werden können. Besitzen die in Betracht kommenden Grundstücke auch über andere Erschließungsanlagen eine Verbindung zum Straßennetz der Gemeinde, so handelt es sich bei der Sammelstraße um keine beitragsfähige Erschließungsanlage iSd § 127 Abs. 2 Nr. 3 (BVerwG, NVwZ 1982, 555 = KStZ 1982, 49 = BRS 43, 54), andererseits muss die Sammelstraße für die Erschließung des Baugebietes nicht schlechthin unerlässlich sein, vielmehr ist darauf abzustellen, dass sie nach **städtebaulichen Grundsätzen geboten** und unter diesem Gesichtspunkt **notwendig** ist, wobei der Begriff „notwendig" voll der **verwaltungsgerichtlichen Überprüfung** unterliegt (BVerwG, VerwRspr 27, 706 = DÖV 1976, 347 = BRS 37, 86 = ZMR 1976, 319; zum Begriff Notwendigkeit BVerwG, VerwRspr 25, 729 = DVBl 1973, 887 = KStZ 1974, 13 = BRS 37, 61 = ZMR 1974, 25). Eine Sammelstraße, deren Erschließungsfunktion sich auf die beiderseits dieser Anlage gelegenen Baugebiete erstreckt, ist keine beitragsfähige Erschließungsanlage, wenn eine deutliche Abgrenzung der Grundstücke, denen durch die Straße ein beitragsrechtlich relevanter Sondervorteil vermittelt wird, nur hinsichtlich des an einer Straße gelegenen Baugebiets möglich ist (BVerwG, NVwZ-RR 1994, 413 = KStZ 1995, 35 = ZMR 1994, 382; zum Erschlossensein durch Anbaustraße andererseits BVerwG, NVwZ 1994, 910 = KStZ 1994, 191 = ZMR 1994, 237; zum Erschlossensein durch Anbaustraße bei gleichzeitigem Angrenzen an unbefahrbaren Fußweg BVerwG, NVwZ 1994, 912 = DVBl 1994, 705 = DÖV 1994, 521). Die **Sammelstraßen** müssen somit – vereinfachend ausgedrückt – den **notwendigen Zuweg** zu den von ihnen abzweigenden, zum Anbau bestimmten Straßen bilden und in umgekehrter Richtung den Verkehr aus den zum Anbau bestimmten Anlagen aufnehmen. Eine weitere Einschränkung ergibt sich daraus, dass Sammelstraßen nur insoweit als beitragsfähige Erschließungsanlagen in Betracht kommen, als sie **innerhalb der Baugebiete** verlaufen. Darüber hinausgehende Strecken bleiben beitragsrechtlich außer Betracht. Hieraus folgt, dass für den Aufwand für Anschluss- und Verbindungsstraßen zu den Baugebieten ebenfalls keine Erschließungsbeiträge erhoben werden können.

Dagegen steht der Beitragspflicht nicht entgegen, dass die Sammelstraße zusätzlich oder überwiegend öffentlichen Durchgangsverkehr aufnimmt, allerdings sind zusätzliche Fahrspuren, die nur wegen des überörtlichen Durchgangsverkehrs angelegt sind, nicht zur Erschließung der Bauflächen iSd § 129 Abs. 1 Satz 1 erforderlich. Eine Kostenspaltung für eine Richtungsfahrbahn ist jedoch zulässig, wenn diese von der Gegenfahrbahn durch einen Grünstreifen abgegrenzt ist (BVerwG, VerwRspr 27, 706 = DÖV 1976, 347 = ZMR 1976, 319).

d) § 127 Abs. 2 Nr. 4: Parkflächen und Grünanlagen: Eine gesetzliche Bestimmung, was unter den Begriffen **Parkflächen** und **Grünanlagen** zu verstehen ist, fehlt. § 127 Abs. 3 Nr. 4 unterscheidet zwischen unselbstständigen Anlagen, die Bestandteil der in den Nr. 1–3 genannten Verkehrsanlagen sind, und selbstständigen Anlagen, die nach städtebaulichen Grundsätzen innerhalb der Baugebiete zu deren Erschließung notwendig sind. In Betracht kommen auch hier nur öffentliche Flächen, die dem Gemeingebrauch gewidmet sind (BverwG NVwZ 1985, 833 = DVBl 1985, 1175 = DÖV 1985, 1060 = KStZ 1985, 212 = BauR 1985, 557 = ZMR 1985, 349). Dies erfolgt bei den unselbstständigen Parkflächen und Geh- 20 wegen iR der Widmung der in Nr. 1–3 aufgeführten Verkehrsanlagen, sonst durch besondere Widmung. In diesem Zusammenhang ist von Bedeutung, dass **Parkstreifen**, die nicht als Standspur am Fahrbahnrand verlaufen, regelmäßig keine Bestandteile der Fahrbahn, sondern **Teileinrichtung der Straße** sind. Dabei ist es unerheblich, ob es sich um eine Parkspur neben der Straße handelt, auch wenn sie erst durch besondere Zufahrten erreicht wird, ob auf den Parkstreifen längs oder quer geparkt wird und ob die Parkfläche sich auf der gleichen Höhe wie die Fahrbahn befindet oder erst über Randsteine erreicht wird (BVerwG, DVBl 1972, 894 = DÖV 1972, 860 = BauR 1972, 371 = ZMR 1973, 118; zu einem auch zum Anbau bestimmten Parkplatz vgl OVG Münster, KStZ 1973, 240 = ZMR 1973, 182; zur Abgrenzung Grünanlage – Kinderspielplatz und Fußweg als Bestandteil einer Grünanlage vgl BVerwGE 100, 104 = NVwZ 1996, 803 = DÖV 1996, 744; zum unselbstständigen Kinderspielplatz als Bestandteil einer selbstständigen Grünanlage BVerwGE 97, 185 = NVwZ 1995, 1216 = DVBl 1995, 527 = KStZ 1996, 150; zum Zusammentreffen von zwei in ihrer Funktion vergleichbaren benachbarten städtischen Grünanlagen BVerwG, NVwZ 1994, 908 = KStZ 1994, 139 = ZMR 1994, 281).

Auch die **unselbstständigen Grünanlagen** sind eigene **Teileinrichtungen der Straßen.** Hierher gehören regelmäßig die Mittelstreifen von Straßen, die als Grünanlage hergerichtet sind. Eine große Grünanlage muss demgegenüber auch bei enger Verbindung zur Verkehrsanlage keine unselbstständige Grünanlage sein (vgl BVerwG, DVBl 1971, 213 = DÖV 1971, 391 = BauR 1971, 121).

In **Bayern** werden Erschließungsbeiträge nach dem Baugesetzbuch mit der Maßgabe erhoben, dass **Grünanlagen** zur Erschließung der Baugebiete im Sinn des § 127 Abs. 2 Nr. 4 BauGB nicht notwendig sind, (1) wenn sie über die unmittelbare Bedeutung und den unmittelbaren Nutzen für das Baugebiet hinausgehen, in dem sie ausgewiesen werden sollen; dies ist insbesondere dann der Fall, wenn Grünflächen wegen der Schaffung stadt- bzw ortsteilübergreifender Grünzüge oder der Vernetzung vorhandener Grün- und Freizeitflächen sowohl von ihrer Größe als auch von ihrem Ausbau her baugebietsübergreifende Bedeutung haben, (2) wenn sie in einer ausreichenden Größe vorhanden sind und in ihrer bisherigen Beschaffenheit den Ansprüchen der anwohnenden Bevölkerung genügt haben, oder (3) wenn wegen des vorhandenen innerörtlichen Grüns ein städtebauliches Bedürfnis nach weiterer Begrünung nicht zu erkennen ist (Art 5 a Abs. 1 KAG Bayern).

21 **Selbstständige Parkflächen** und **Grünanlagen** sind nur dann **Erschließungsanlagen** iSd Beitragsrechts, wenn sie nach städtebaulichen Grundsätzen innerhalb der Baugebiete zu deren Erschließung notwendige Anlagen (vgl BVerwGE 48, 205 = VerwRspr 27, 692 = KStZ 1975, 231 = BauR 1975, 338) darstellen oder als unselbstständige Anlagen Bestandteile von Verkehrsanlagen sind. Lage und Größe der Grünanlage entscheiden darüber, ob es sich um Bestandteile einer Verkehrsanlage oder um eine selbstständige Anlage handelt (vgl BVerwGE 36, 155 = DVBl 1971, 214 = DÖV 1971, 389 = BauR 1971, 119 und BVerwGE 48, 205 = VerwRspr 27, 692 = KStZ 1975, 231 = BauR 1975, 338). Die Lage am Rande eines Baugebietes schließt die Annahme einer selbstständigen (beitragsfähigen) Parkfläche bzw Grünanlage nicht aus. Eine selbstständige Grünanlage muss, um beitragsfähig zu sein, der **Benutzung** durch die **Allgemeinheit** zur Verfügung stehen und idS öffentlich sein (BVerwG, NVwZ 1985, 833 = DVBl 1985, 1175 = DÖV 1985, 1060 = KStZ 1985, 212 = BauR 1985, 557 = ZMR 1985, 349). Sowohl besonders große wie auch sehr kleine Grünanlagen können als beitrags-

fähige Erschließungsanlagen ausscheiden (BVerwGE 48, 205 = VerwRspr 27, 692 = KStZ 1975, 221 = BauR 1975, 338; BVerwGE 36, 155 = DVBl 1971, 214 = DÖV 1971, 389 = BauR 1971, 119). Schwierig ist die Notwendigkeit der Grünanlagen mitunter zu beurteilen, wenn sich in ihrem Einzugsgebiet viele Gärten befinden. Das Bundesverwaltungsgericht bejaht die Notwendigkeit dann, wenn zB in einem Gebiet mit offener Bauweise und Gärten auch Mieter wohnen, für die die Benutzung der Gärten nicht sichergestellt ist (BVerwGE 48, 205 = VerwRspr 27, 692 = KStZ 1975, 221 = BauR 1975, 338 = ZMR 1976, 118).

Nachdem der Umfang des **Einzugsbereichs einer Grünanlage** früher umstritten 22
war, hatte ihn das Bundesverwaltungsgericht nunmehr dahin konkretisiert, dass regelmäßig Grundstücke, die **nicht weiter als 200 m Luftlinie entfernt** sind, das Erschließungsgebiet bilden, wobei es im Einzelfall zu Abweichungen kommen kann (BVerwG, NVwZ 1985, 833 = DVBl 1985, 1175 = DÖV 1985, 1060 = BauR 1985, 557 = ZMR 1985, 349). So können 200 m entfernte Grundstücke nicht zum Erschließungsbezirk gehören, wenn von ihnen aus zur Erreichung der Grünanlage verkehrsreiche Straßen überquert werden müssen (BVerwGE 36, 155 = DVBl 1971, 214 = DÖV 1971, 389 = BauR 1971, 119). Schwieriger ist die Abgrenzung des Erschließungsgebiets bei selbstständigen öffentlichen Parkflächen. Das Bundesverwaltungsgericht hält eine hinreichend genaue und überzeugende Abgrenzung der erschlossenen Grundstücke von den nicht erschlossenen Grundstücken für idR nicht möglich (BVerwGE 78, 125 = NVwZ 1988, 359 = DVBl 1988, 239 = DÖV 1988, 173 = KStZ 1987, 230 = BauR 1988, 198 = ZMR 1988, 25; zum Parkplatz, der auch zum Anbau bestimmt ist vgl OVG Münster, KStZ 1973, 240). Fraglich kann nach Wegfall der Kinderspielplätze als erschließungsbeitragspflichtige Anlagen sein, wie **unselbstständige Kinderspielplätze** als Bestandteil einer Grünanlage zu behandeln sind (bzgl der Kosten des – unselbstständigen – Kinderspielplatzes vgl Driehaus, Erschließungs- und Ausbaubeiträge, 7. Aufl. 2004, § 12 Rn 89 ff). Jedenfalls zum Erschließungsaufwand einer selbstständigen Grünanlage gehören Kosten für Wege und Sitzbänke innerhalb der Anlage (BVerwG, DVBl 1971, 213 = DÖV 1971, 391 = BauR 1971, 121) und damit zumindest auch Spielgeräte.

e) **§ 127 Abs2 Nr. 5: Immissionsschutzanlagen:** Nach § 127 Abs. 2 Nr. 5 können 23
selbstständige Immissionsschutzanlagen, die nicht schon Bestandteile von Erschließungsanlagen sind, einer Beitragspflicht unterworfen werden. Hier kommen vor allem **Lärmschutzmaßnahmen** in Betracht. Die Anlagen müssen zumindest dem Schutz einer größeren Anzahl von Grundstücken im Baugebiet zugute kommen. Der Schutz eines einzelnen Grundstücks genügt ebensowenig wie private Maßnahmen oder Maßnahmen, die nicht von der Gemeinde zu treffen sind, beitragspflichtig sein können. Nach der Entscheidung des BVerwG vom 23.6.1995 (BVerwGE 99, 18 = NVwZ 1996, 402 = DVBl 1995, 1136 = DÖV 1996, 32) werden durch einen Wall zum Schutz vor Straßenlärm Grundstücke erschlossen, die durch die Anlage eine Schallpegelminderung von mindestens 3 dB(A) erfahren. Der Begriff „schädliche Umwelteinwirkungen" erschließt sich aus § 3 BImschG (vgl zu Nr. 5 § 131 Rn 18 und Driehaus, Erschließungs- und Ausbaubeiträge, 7. Aufl. 2004, § 12 Rn 93–101; Ziegler, KStZ 1981, 147 ff und Förster, ZfBR 1979, 226 jeweils mwN).

IV. § 127 Abs. 3

1. Kostenspaltung

24 Nach Abs. 3 ist die Erhebung von Beiträgen für bestimmte **Teileinrichtungen** vor Fertigstellung der gesamten Erschließungsanlage zulässig (Kostenspaltung). Die **Kostenspaltung** soll der Gemeinde – wie die Erhebung von Vorausleistungen, vgl § 133 Abs. 3 (zum Verhältnis von Vorausleistung und Kostenspaltung s. BVerwG, DÖV 1982, 992 = BRS 43, 233) – die Finanzierung der Erschließungsanlagen ermöglichen bzw erleichtern. So sind abspaltbar Teilmaßnahmen (Grunderwerb und Freilegung zB von den Ausbau verhindernden Aufbauten, Einfriedungen, Beseitigung von Bäumen, auch Kosten für den Grunderwerb einer flächenmäßigen Teilanlage, BVerwG, NVwZ 1989, 1072 = DVBl 1989, 675 = KStZ 1990, 31 = ZMR 1989, 46) sowie endgültig hergestellte Teilanlagen wie Fahrbahnen, Geh- und Radwege, Straßenentwässerung, Straßenbeleuchtung, Parkstreifen, Grünanlagen. Im Unterschied zur Abrechnung im Wege der Abschnittsbildung sind die umlagefähigen Kosten der Teilmaßnahmen auf die durch die gesamte (später fertigzustellende) Erschließungsanlage erschlossenen Grundstücke umzulegen. Daher kann auch nicht bis zur endgültigen Fertigstellung und dem Vorliegen der Schlussrechnung offen bleiben, welche Grundstücke von der (fertigen) Erschließungsanlage erschlossen werden (BVerwG, VerwRspr 25, 566 = DÖV 1975, 573 = BauR 1974, 337 = ZMR 1974, 307). Die vorweg abzurechnenden Teilanlagen müssen indes endgültig hergestellt sein. So ist zB eine Längsspaltung der Fahrbahn (BVerwGE 32, 226 = NJW 1969, 1870 = VerwRspr 21, 212 = DVBl 1970, 79 = DÖV 1969, 864 = ZMR 1969, 371 und BVerwG, DVBl 1969, 272; vgl auch BVerwGE 62, 308 = NVwZ 1982, 246 = BauR 1982, 472 = ZMR 1982, 246) oder eine horizontale Spaltung etwa nach Unterbau, Verschleißdecke, Bordsteinen unzulässig (BVerwG, VerwRspr 29, 222 = DÖV 1977, 678 = KStZ 1977, 130 = ZMR 1978, 319). Ebenso unzulässig ist es, Stützmauern im Wege der Kostenspaltung abzurechnen, sie sind keine Teilanlagen iSd § 127 Abs. 3 (BVerwG, NVwZ 1990, 78 = DVBl 1989, 1208 = ZMR 1990, 116).

2. Entstehen der Beitragspflicht im Falle der Kostenspaltung

25 Die Beitragspflicht entsteht gem. § 133 Abs. 2 Satz 1 im Falle der **Kostenspaltung** für die Teilbeträge sobald die **Maßnahmen**, deren Aufwand durch die Teilbeträge gedeckt werden soll, **abgeschlossen sind**. Nicht mehr möglich ist eine Abrechnung im Wege der Kostenspaltung von dem Zeitpunkt an, in dem die Erschließungsanlage insgesamt fertig gestellt ist (BVerwG, VerwRspr 20, 76 = DVBl 1968, 808 = DÖV 1968, 883 = KStZ 1969, 78 = ZMR 1969, 22). Bis zu diesem Zeitpunkt können mehrere Heranziehungsbescheide für einzelne abrechenbare Teileinrichtungen ergehen (BVerwG, NVwZ 1983, 473 = BauR 1983, 357). Da im Regelfall für den Beitragspflichtigen nicht ersichtlich ist, ob die Gemeinde vom Recht der Kostenspaltung Gebrauch machen will, bedarf es noch eines dahingehenden Ausspruchs der Gemeinde (BVerwG, VerwRspr 25, 573 = DVBl 1974, 294 = KStZ 1974, 112 = BauR 1974, 54 = ZMR 1974, 91; vgl zur Abrechnung im Wege der Kostenspaltung nach – fehlerhaftem – Erlass eines endgültigen Beitragsbescheides BVerwGE 68, 48 = NVwZ 1984, 369 = DVBl 1984, 186 = BRS 43, 130). Der **Ausspruch der Kostenspaltung bedarf keiner Veröffentlichung**; wer ihn erlässt, ist nach Landesrecht zu beurteilen (vgl BVerwG, DVBl 1970, 904 = BRS 37, 79 = ZMR 1970, 382).

Gemäß § 132 Nr. 3 ist die Kostenspaltung davon abhängig, dass sie in der Erschließungsbeitragssatzung vorgesehen ist. Nicht dagegen ist eine Widmung Voraussetzung für das Entstehen der Teilbeitragspflicht im Wege der Kostenspaltung (BVerwG, VerwRspr 20, 76 = DVBl 1968, 808 = DÖV 1968, 883 = KStZ 1969, 78 = ZMR 1969, 22).

3. Kostenspaltung und Erschließungseinheit

Auch bei der Ermittlung des Erschließungsaufwands für mehrere Anlagen ins- 26
gesamt (§ 130 Abs. 2 Satz 2, sog. **Erschließungseinheit**) können Teileinrichtungen im Wege der Kostenspaltung abgerechnet werden. Die abzurechnende Teileinrichtung muss dann ein und dieselbe Teileinrichtung sämtlicher Anlagen der Einheit darstellen (BVerwG, VerwRspr 30, 475 = KStZ 1979, 90 = BauR 1979, 51 = ZMR 1979, 255). Nicht zulässig ist es, eine mit allen Einrichtungen fertiggestellte Teilanlage einer Straße im Wege der Kostenspaltung und unter Einbeziehung aller von der gesamten Straße erschlossenen Grundstücke im Wege der sog. Querspaltung abzurechnen (BVerwGE 56, 238 = VerwRspr 30, 364 = DVBl 1979, 119 = BauR 1978, 477 = ZMR 1979, 252 unter Aufgabe von BVerwG, DVBl 1972, 227 = DÖV 1972, 501 = KStZ 1972, 107 = ZMR 1972, 153; zur Frage der Kostenspaltung bei Teileinrichtung eines Abschnitts vgl Driehaus, Erschließungs- und Ausbaubeiträge, 7. Aufl. 2004, § 20 Rn 2 ff; zur sog. Längsspaltung s. BVerwG, VerwRspr 27, 706 = DÖV 1976, 347 = BRS 37, 86 = ZMR 1976, 319). Die Kostenspaltung dürfte bis zur Beschlussfassung über die Bildung einer Erschließungseinheit hinsichtlich der einzelnen Erschließungsanlagen möglich sein. Ob dafür ein Bedürfnis besteht, ist wegen der Möglichkeit der Erhebung von Vorausleistungen auf den Erschließungsbeitrag fraglich.

Die Erhebung eines Erschließungsteilbeitrags im Wege der Kostenspaltung setzt eine rechtmäßige Herstellung der Teilanlagen voraus, deren Kosten Gegenstand der Veranlagung sind (BVerwG, DVBl 1991, 449 = ZMR 1991, 153).

Von der Kostenspaltung streng zu unterscheiden ist die in § 130 Abs. 2 Satz 1 geregelte Abschnittsbildung (vgl dazu im Einzelnen die Anm. zu dieser Vorschrift).

4. § 127 Abs. 4

§ 127 Abs. 4 stellt klar, dass das Recht aufgrund anderer, insbesondere landes- 27
rechtlicher Regelungen Abgaben für Anlagen zu erheben, die nicht Erschließungsanlagen iSd § 127 Abs. 2 sind, unberührt bleibt. Zu nennen sind hier vor allem die – in den (Landes-) Kommunalabgabengesetzen geregelten – Ausbau- oder Straßenbeiträge und die Abgaben iR der Wasserversorgung und der Abwasserbeseitigung (vgl auch § 128 Abs. 2). Ein Bescheid, der zu Unrecht auf Straßenbeitragsrecht gestützt ist, muss gem. § 113 Abs. 1 Satz 1 VwGO daraufhin überprüft werden, ob und ggf in welchem Umfang er mit Blick auf das Erschließungsbeitragsrecht aufrechterhalten werden kann (BVerwG, NVwZ 1994, 903 = KStZ 1994, 72 und BVerwG, NVwZ 1991, 999 sowie BVerwG, NVwZ 1994, 297).

Muster

▶ **Widerspruch gegen einen Erschließungsbeitragsbescheid** 28

Vorab per Telefax:

An die

Stadt

Betr.: Erschließungsbeitragsbescheid vom ... für das Grundstück Parzelle Nr. ... über ... EUR

Sehr geehrter Herr Bürgermeister,

sehr geehrte Damen und Herren,

wir beehren uns anzuzeigen, dass uns die Eheleute A mit der Wahrnehmung ihrer Interessen beauftragt haben. Anwaltliche Vollmacht fügen wir bei.

Namens und im Auftrag unserer Mandanten erheben wir hiermit gegen den Erschließungsbeitragsbescheid vom ... , zugestellt am ... ,

W i d e r s p r u c h

ein und stellen den

A n t r a g:

1. Der Erschließungsbeitragsbescheid vom ... , zugestellt am ... ist aufzuheben.
2. Die Hinzuziehung des Bevollmächtigten im Widerspruchsverfahren ist für notwendig zu erklären.

G r ü n d e:

Der Beitragsbescheid ist rechtswidrig und verletzt unsere Mandanten in ihren Rechten.

[Prüfungsschema nach Döhring, in: Johlen, Münchener Prozessformularhandbuch Verwaltungsrecht E. I 1:

1. Formale Rechtmäßigkeit des Bescheides (insbesondere hinreichende Bestimmtheit)
2. Inhaltliche Richtigkeit des Bescheides (insbesondere richtiger Adressat und zutreffende Beitragsermittlung)
3. Gültigkeit der Erschließungsbeitragssatzung
4. Erstmalige Herstellung
5. Beitragsfähigkeit der abgerechneten Anlage
6. Rechtlich einwandfreie Aufwandsermittlung
7. Erschlossensein des Grundstücks insbesondere beitragsrechtlich relevante Nutzbarkeit und Erreichbarkeit der Erschließungsanlage
8. Entstandene Beitragspflicht
9. Ordnungsgemäße Aufwandsverteilung
10. Verjährung] ◀

Muster

▶ **Antrag an die Behörde auf Aussetzung der Vollziehung des Erschließungsbeitragsbescheides nach § 80 Abs. 4 VwGO**

An die

Stadt

Betr.: Erschließungsbeitragsbescheid vom ... für das Grundstück ...

Sehr geehrte Damen und Herren,

unter Bezugnahme auf den für unseren Mandanten mit Schreiben vom ... eingelegten Widerspruch b e a n t r a g e n wir gem. § 80 Abs. 4 VwGO die Aussetzung der Vollziehung.

1. Dem Antrag ist stattzugeben, da ernstliche Zweifel an der Rechtmäßigkeit des angefochtenen Beitragsbescheides bestehen. [...]
2. Im Übrigen hätte die Vollziehung des Bescheides für unseren Herrn Mandanten eine unbillige, nicht durch überwiegend öffentliche Interessen gebotene Härte zur Folge (§ 80 Abs. 4 Satz 3 2. Alt VwGO). Es ist ihm finanziell nicht möglich, den erheblichen Erschließungsbeitrag zu finanzieren. [...]

Zur Glaubhaftmachung verweisen wir auf die Auskünfte des Wirtschaftsprüfers und des Kreditinstituts sowie die eidesstattliche Versicherung.

3. Wegen der bereits am ... eintretenden Fälligkeit des Beitrages bitten wir, über den Antrag bis spätestens ... zu entscheiden. Nach Ablauf der Frist werden wir beim Verwaltungsgericht die Aussetzung der Vollziehung nach § 80 Abs. 5 VwGO beantragen. ◀

Hinweis für die Praxis: Nach § 80 Abs. 6 Satz 1 VwGO ist der Antrag nach § 80 Abs. 5 VwGO in den Fällen des § 80 Abs. 2 Nr. 1 VwGO nur zulässig, wenn die Behörde einen Antrag auf Aussetzung der Vollziehung ganz oder zum Teil abgelehnt hat. Dies gilt nicht, wenn die Behörde über den Antrag ohne Mitteilung eines zureichenden Grundes in angemessener Frist sachlich nicht entschieden hat oder eine Vollstreckung droht. Das besondere Verfahren nach § 80 Abs. 6 VwGO kann nicht durch Einlassung nachgeholt werden, sondern ist Zulässigkeitsvoraussetzung bei Rechtshängigwerden des gerichtlichen Aussetzungsverfahrens (OVG Bautzen Sächs VBl. 1999, 166; VGH Kassel DVBl 1994, 805; OVG Koblenz NVwZ-RR 1992, 590; VGH München, BayVBl. 2000, 725; OVG Saar AS 24, 235 ff).

Muster

▶ **Antrag an das Verwaltungsgericht auf Anordnung der aufschiebenden Wirkung des Widerspruchs gegen Erschließungsbeitragsbescheid gem. § 80 Abs. 5 VwGO**

An das
Verwaltungsgericht
In dem Verfahren
der Fa. X GmbH, vertreten durch den Geschäftsführer
– Antragstellerin –
Verfahrensbevollmächtigte:
g e g e n
den Oberbürgermeister der Stadt S
– Antragsgegner –
wegen Anordnung der aufschiebenden Wirkung (Erschließungsbeitrag)
b e a n t r a g e n wir namens und in Vollmacht des Antragstellers

1. Die aufschiebende Wirkung des Widerspruchs vom ... gegen den Erschließungsbeitragsbescheid vom ... für das Grundstück ... wird angeordnet.
2. Der Antragsgegner hat die Kosten des Verfahrens zu tragen.

G r ü n d e:

I. Mit Bescheid vom ... hat der Antragsgegner die Antragstellerin zu einem Erschließungsbeitragsbescheid über ... herangezogen. Gegen diesen am ... bekannt gegebenen Bescheid hat die Antragstellerin mit Schreiben vom ... Widerspruch eingelegt. Der gleichzeitig gem. § 80 Abs. 4 VwGO gestellte Antrag auf Aussetzung der Vollziehung hat der Antragsgegner mit Schreiben vom ... abgelehnt.

Glaubhaftmachung: 1. Vorlage des Erschließungsbeitragsbescheides vom ... ,
2. Vorlage der Widerspruchseinlegungsschrift vom ... ,
3. Vorlage des Ablehnungsschreibens über den Antrag auf Aussetzung der Vollziehung

II. Die aufschiebende Wirkung eines Rechtsbehelfs gegen einen Heranziehungsbescheid zu öffentlichen Abgaben ist dann anzuordnen, wenn iSd entsprechend anzuwendenden § 80 Abs. 4 Satz 3 VwGO ernstliche Zweifel an der Rechtmäßigkeit des angegriffenen Verwaltungsakts bestehen oder die Vollziehung für den Abgabenpflichtigen eine unbillige, nicht durch überwiegend öffentliches Interesse gebotene Härte zur Folge hätte.

Vorliegend bestehen ernstliche Zweifel an der Rechtmäßigkeit des Erschließungsbeitragsbescheides. [...]
III. Im Hinblick auf die bevorstehende Fälligkeit des Beitrags wird darum gebeten, die Antragsgegnerin aufzufordern, die Vollziehung des Bescheides bis zur Entscheidung des Verwaltungsgerichts über den gegenständlichen Antrag auszusetzen. ◄

§ 128 Umfang des Erschließungsaufwands

(1) Der Erschließungsaufwand nach § 127 umfasst die Kosten für
1. den Erwerb und die Freilegung der Flächen für die Erschließungsanlagen;
2. ihre erstmalige Herstellung einschließlich der Einrichtungen für ihre Entwässerung und ihre Beleuchtung;
3. die Übernahme von Anlagen als gemeindliche Erschließungsanlagen.
Der Erschließungsaufwand umfasst auch den Wert der von der Gemeinde aus ihrem Vermögen bereitgestellten Flächen im Zeitpunkt der Bereitstellung. Zu den Kosten für den Erwerb der Flächen für Erschließungsanlagen gehört im Falle einer erschließungsbeitragspflichtigen Zuteilung im Sinne des § 57 Satz 4 und des § 58 Abs. 1 Satz 1 auch der Wert nach § 68 Abs. 1 Nr. 4.
(2) Soweit die Gemeinden nach Landesrecht berechtigt sind, Beiträge zu den Kosten für Erweiterungen oder Verbesserungen von Erschließungsanlagen zu erheben, bleibt dieses Recht unberührt. Die Länder können bestimmen, dass die Kosten für die Beleuchtung der Erschließungsanlagen in den Erschließungsaufwand nicht einzubeziehen sind.
(3) Der Erschließungsaufwand umfasst nicht die Kosten für
1. Brücken, Tunnels und Unterführungen mit den dazugehörigen Rampen;
2. die Fahrbahnen der Ortsdurchfahrten von Bundesstraßen sowie von Landstraßen I. und II. Ordnung, soweit die Fahrbahnen dieser Straßen keine größere Breite als ihre anschließenden freien Strecken erfordern.

I. Einleitung § 128 Abs. 1

§ 128 Abs. 1 zeigt den Rahmen auf, in dem der Erschließungsaufwand nach § 127 in die Beitragserhebung einfließen kann. Nicht alle Maßnahmen – und damit nicht der gesamte Aufwand, den der Erschließungsträger zur Erfüllung seiner Erschließungslast hat – dürfen umgelegt werden. Die Vorschrift grenzt somit abschließend die **Kosten** ein, die von der Gemeinde **für die beitragsfähigen Anlagen** (§ 127) bei der **Beitragserhebung angesetzt werden können** (BVerwG, VerwRspr 31, 600 = DVBl 1979, 785 = DÖV 1979, 646 = KStZ 1979, 192 = BauR 1979, 417). Eine weitere Begrenzung erfährt die Beitragserhebung durch die Vorschrift des § 129. Zum Erschließungsaufwand iSd § 128 Abs. 1 gehört nur der Aufwand der Gemeinde, den sie im Zusammenhang mit ihrer Aufgabe als Erschließungsträger aufgrund gesetzlicher oder vertraglicher Verpflichtungen machen musste (zuletzt BVerwG, NVwZ-RR 1998, 514 = DVBl 1998, 54 = ZMR 1997, 668). 1

1. Notwendig entstandener Aufwand

Erschließungsaufwand kann nur der dem Erschließungsträger **notwendig entstandene Aufwand** sein, der im Einzelfall als entstanden nachzuweisen ist. Dazu zählen nicht Kosten für vom Anlieger erstellte Teilmaßnahmen, die beim Ausbau der Erschließungsanlage mitverwendet werden. Dem Anlieger steht hierfür grds. kein Ersatzanspruch zu. Eine Vergünstigung kommt ihm lediglich – wie allen anderen Anliegern auch – insoweit zu, als der Wert der übernommenen Maßnahmen nicht in die Erschließungskosten einfließt, womit der Beitrag letztendlich (anteilmäßig) geringer ausfällt (vgl BVerwG, VerwRspr 32, 600 = DVBl 1979, 785 = DÖV 1979, 646 = KStZ 1979, 192 = BauR 1979, 417; zu unentgeltlichen Zuwendungen an die Gemeinde, zB seitens der Anlieger, s. Driehaus, Erschließungs- und Ausbaubeiträge, 7. Aufl. 2004, § 13 Rn 8 ff). Die **Kostenermittlung** seitens der Gemeinde hat grds. **auf den Cent genau** zu erfolgen. Nur dort, wo dies aufgrund besonderer Umstände nicht möglich ist, kann davon abgesehen werden, wenn feststeht, dass ein Aufwand in der den Beiträgen zugrunde liegenden Höhe entstanden ist etwa wenn die Gemeinde mehrere Anlagen ausgebaut hat und ihr darüber eine einheitliche Rechnung erstellt wurde. In einem solchen Fall kann sie den jede einzelne Anlage betreffenden Aufwand schätzen, falls eine exakte Ermittlung nicht möglich oder nur mit unzumutbarem Aufwand verbunden ist (vgl OVG Magdeburg, 17.3.2005 – 4 L 111/02). Nur in diesem Umfange besteht dann eine gerichtliche Nachprüfungsmöglichkeit. Dabei sind **gesicherte Erfahrungssätze** heranzuziehen. Keineswegs führt die fehlende Möglichkeit der exakten Kostenermittlung dazu, dass ein entstandener Aufwand überhaupt nicht geltend gemacht werden kann (vgl BVerwGE 68, 249 = NVwZ 1984, 437 = DVBl 1984, 494 = DÖV 1984, 934 = KStZ 1984, 231 = BRS 43, 118 = ZMR 1984, 103 sowie BVerwG, NJW 1986, 1122 = DVBl 1986, 345 = DÖV 1986, 380 = KStZ 1986, 72 = BauR 1985, 682 = ZMR 1986, 65 und BVerwG, NVwZ 1986, 299). Diese Schätzungsbefugnis der Gemeinden in Ausnahmefällen wird vom Bundesverwaltungsgericht dem Gericht nicht zugestanden, auch nicht über § 287 Abs. 2 ZPO (vgl BVerwG, NJW 1986, 1122 = DVBl 1986, 345 = DÖV 1986, 380 = KStZ 1986, 72 = BauR 1985, 682 = ZMR 1986, 65). 2

2. Kein Abschlag bei spätem Herstellungszeitpunkt

Vor allem dann, wenn Eigentümer bereits bebauter Grundstücke längere Zeit auf die Herstellung der Erschließungsanlage haben warten müssen, wird dem Beitrags- 3 bescheid entgegengehalten, eine frühere Herstellung sei insbesondere wegen zwischenzeitlicher Preissteigerungen kostengünstiger gewesen, so dass ein Abschlag zu machen sei. Seltener wird eine spätere Herstellung kostengünstiger sein. Abgesehen davon, dass häufig finanzielle Gegebenheiten einen bestimmten meist späteren Herstellungszeitpunkt erfordern können, haben die Gemeinden **hinsichtlich des Herstellungszeitpunkts eine weite Ermessensfreiheit** (BVerwG, NVwZ 1986, 925 = DVBl 1986, 349 = KStZ 1986, 91). Was die lange **Dauer des Ausbaus** einer Erschließungsanlage betrifft, so hat sie allein auf die **Rechtmäßigkeit des Erschließungsbeitrags keinen Einfluss.** Das Bundesverwaltungsgericht (BVerwGE 85, 66 = NVwZ 1990, 873 = DVBl 1990, 786 = DÖV 1990, 784 = ZKF 1990, 185) hat darauf hingewiesen, dass jede Verzögerung des Zeitpunkts des Entstehens der sachlichen Beitragspflichten zur Folge hat, dass die Beitragspflichtigen erst später zur Zahlung des Beitrags in Anspruch genommen werden und deshalb länger im Genuss des Ertrags des andernfalls durch die Zahlung des Beitrags verbrauchten Kapitals bleiben.

3. Eigene Verwaltungskosten der Gemeinde

4 **Eigene Verwaltungskosten** der Gemeinde **gehören** nicht zum **beitragsfähigen Erschließungsaufwand**, soweit sie durch den Einsatz eigener Dienstkräfte entstehen, demgegenüber aber der Aufwand für eigens zur Herstellung von Erschließungsanlagen eingestelltes Personal (vgl BVerwGE 31, 90 = VerwRspr 20 440 = DVBl 1969, 271 = DÖV 1969, 358 = KStZ 1969, 199 = ZMR 1969, 188 sowie BVerwG, DVBl 1969, 82 = ZMR 1970, 148 und BVerwGE 34, 19 = VerwRspr 21, 214 = DVBl 1970, 81). Deren Kosten lassen sich im Zweifel über die Berechnung der Arbeitsplatzkosten ermitteln.

4. Fremdkapitalkosten als Kosten iSv § 128 Abs. 1 Satz 1

5 Zu den Kosten iSd § 128 Abs. 1 Satz 1 gehören auch **Fremdkapitalkosten**, vornehmlich also Zinsen und sonstige Darlehensnebenkosten sowie ein eventuelles Disagio (zu den Anforderungen an Fremdkapitalkosten im Einzelnen vgl BVerwGE 45, 215 = NJW 1974, 2147 = VerwRspr 26, 957 = DVBl 1974, 783 = DÖV 1974, 712 = KStZ 1974, 231 = BauR 1974, 339 = ZMR 1975, 90; Driehaus, Erschließungs- und Ausbaubeiträge, 7. Aufl. 2004, 13 Rn 12 ff; Richarz, KStZ 1991, 105 ff und Klinkhardt, NVwZ 1999, 47 ff), jedoch nicht Zinsen auf für den beitragsfähigen Erschließungsaufwand verwandtes Eigenkapital der Gemeinde (BVerwGE 85, 306 = NVwZ 1991, 485 = DÖV 1991, 460 = KStZ 1991, 70 auch zur Höhe der Fremdkapitalkosten nach Übergang vom Einzeldeckungsprinzip zum Gesamtdeckungsprinzip). Der Zeitraum, für den **Zinsen** auf eingesetztes **Fremdkapital** in den beitragsfähigen Erschließungsaufwand aufgenommen werden können, endet in dem Zeitpunkt, in dem die sachlichen Erschließungsbeitragspflichten für die abgerechnete Erschließungsanlage entstanden sind (BVerwG, NVwZ 1993, 1200 = KStZ 1993, 118 = ZMR 1993, 296 – auch zu Zinsen auf Fremdkapitalkosten bei Ermittlung von Vorausleistungen auf den Erschließungsbeitrag – sowie BVerwG, NVwZ 1993, 1205; zur Berechnung von Fremdfinanzierungskosten BVerwG, 23.2.2000 – 11 C 3.99: keine Fremdfinanzierungskosten bei jahrelanger Verzögerung der Abrechenbarkeit durch Gemeinde sowie zu Zinseszinsen; vgl auch OVG Münster, ZMR 2000, 259).

5. Katalog des § 128 Abs. 1 Satz 1

6 **a) § 128 Abs. 1 Satz 1 Nr. 1: Kosten für Erwerb und Freilegung von Flächen:** Gemäß § 128 Abs. 1 Nr. 1 umfasst der Erschließungsaufwand zunächst die Kosten

für den **Erwerb und die Freilegung der Flächen** für die Erschließungsanlagen. Auch hier gilt, dass **nur tatsächlich entstandene** und nicht fiktive Kosten Berücksichtigung finden können (BVerwG, VerwRspr 29, 463 = KStZ 1978, 110 = BauR 1977, 411 = ZMR 1978, 346). Der Erwerb ist nicht nur durch Kauf, sondern auch im Wege des Tausches und anderer Erwerbsarten möglich. Zu den Erwerbskosten gehören auch Nebenkosten wie Grunderwerbssteuer, Notar-, Makler- Vermessungs- und Grundbuchkosten, sofern sie tatsächlich zu Lasten der Gemeinde zu Buche schlagen (BVerwG, DÖV 1976, 351 = KStZ 1976, 210; BVerwGE 59, 249 = VerwRspr 31, 836 = DVBl 1980, 754 = DÖV 1980, 343 = KStZ 1980, 68 = ZMR 1980, 284; für die Bereitstellung von Flächen aus Gemeindeeigentum vgl BVerwG, VerwRspr 30, 954 = DÖV 1979,644 = KStZ 1980, 52 = BauR 1979, 415 = ZMR 1980, 282; zur Frage, ob bei Bereitstellung gemeindeeigener Flächen die Vermessung zur Erfüllung des Merkmals Grunderwerb gehört vgl OVG Münster, 28.7.1997 – 3 B 116/96, EstT NW 1997, 629). Zu den Erwerbskosten zählen auch die für die aufstehenden Baulichkeiten, Bäume, Sträucher uÄ notwendigerweise in Ansatz zu bringenden Aufwendungen. Der für die Bewertung einer von der Gemeinde aus ihrem Vermögen iSd § 128 Abs. 1 Satz 2 bereitgestellten Grundfläche maßgebende Bereitstellungszeitpunkt ist der Zeitpunkt, in dem diese Fläche erkennbar aus dem allgemeinen Liegenschaftsvermögen ausscheidet, fehlt es an einem Bereitstellungsakt, der Zeitpunkt der tatsächlichen Inanspruchnahme und Eintritt der Planreife bzw Fertigstellung des Ausbauplans (BVerwG, NVwZ 1995, 1205 = KStZ 1996, 151 = ZMR 1995, 331).

Eine Anrechnung des Wertes des von der Gemeinde – insbesondere nach der Rechtslage vor Inkrafttreten des Bundesbaugesetzes – unentgeltlich abgetretenen Geländes ist grds. ausgeschlossen (zur Möglichkeit der Einbeziehung in den Erschließungsaufwand wegen Wegfalls bzw Änderung der Geschäftsgrundlage vgl BVerwG, DÖV 1980, 835 = KStZ 1980, 231 = BauR 1980, 566 und BVerwG, DÖV 1983, 939 = KStZ 1983, 138). Das gilt regelmäßig auch für Grundstücksflächen, die ihr für die Erschließungsanlage geschenkt wurden oder die sie durch erbrechtliche Vorgänge für die bestimmte abzurechnende Erschließungsanlage, ohne eine Gegenleistung erbringen zu müssen, erhalten hat. 7

Nicht „unentgeltlich“ im obigen Sinne sind Geländeabtretungen mit der Maßgabe, dass eine Anrechnung auf den Erschließungsbeitrag erfolgen soll, was in Zweifelsfällen im Wege der Auslegung der (öffentlich-rechtlichen) Vereinbarungen zu ermitteln ist. Denkbar ist in diesen Fällen auch eine partiell „unentgeltliche“ Abtretung, bzw eine Abtretung unter Wert. Nicht verlangt werden kann aber bei vom Anlieger unentgeltlich oder unter dem Verkehrswert abgetretenen Grundflächen, dass er nachträglich eine höhere Entschädigung erhält, die sich beitragserhöhend auswirkt (BVerwG, NJW 1974, 1375 = BauR 1974, 325 = ZMR 1974, 309). Die vorstehenden Grundsätze können auch durch anders lautende satzungsrechtliche Regelungen nicht zum Nachteil der Beitragspflichtigen modifiziert werden. Entgegenstehende Regelungen sind unwirksam. Ist der Wert des Grundstücks nicht ausdrücklich vereinbart oder sonst festgelegt, so ist der Verkehrswert maßgebend, der im Einzelfall zu ermitteln ist.

Außerdem sind nach Nr. 1 des § 128 Abs. 1 die **Kosten der Freilegung** in den Erschließungsaufwand einzubeziehen. Darunter ist **insbesondere die Beseitigung** der der Herstellung der Erschließungsanlage entgegenstehenden Aufbauten (Abbruch), Bäume und Sträucher zu verstehen, die auf den Straßenflächen stehen. Nach Pfalzgraf (HSGZ 1991, 41f) gehört zu den Kosten für die Freilegung von 8

Flächen auch die naturschutzrechtliche Abgabe (Ausgleichsabgabe) nach § 6 Abs. 3 HessNatSchG. Kosten, die der Gemeinde durch den Abbruch von Gebäudeteilen außerhalb der Straßentrasse entstehen, sind keine Freilegungskosten (vgl OVG Münster, HSGZ 1991, 266 zum Landesausbaubeitragsrecht). Zur „Freilegung von Flächen" in § 128 Abs. 1 Satz 1 Nr. 1 gehört auch die Beseitigung von Hindernissen unterhalb der Erdoberfläche wie das Entfernen von Ruinen im Boden (BVerwG, NVwZ, 1993, 1203 = KStZ 1993, 31 = ZMR 1993, 82).

9 Nach der Überleitungsvorschrift des § 242 Abs. 6 ist § 128 Abs. 1 auch anzuwenden, wenn der Umlegungsplan (§ 66) oder die Vorwegregelung (§ 76) vor dem 1.7.1987 ortsüblich bekannt gemacht worden ist (§ 71).

10 b) **§ 128 Abs. 1 Satz 1 Nr. 2: Kosten für die erstmalige Herstellung:** Nach § 128 Abs. 1 Nr. 2 umfasst der Erschließungsaufwand (auch) die Kosten für die **erstmalige Herstellung der Erschließungsanlagen** einschließlich der Einrichtungen für ihre Entwässerung und ihre Beleuchtung. Dazu gehören alle Maßnahmen bis zur endgültigen Fertigstellung der Erschließungsanlagen. Gemäß § 132 Nr. 4 sind die Merkmale der endgültigen Herstellung einer Erschließungsanlage durch Satzung zu regeln. Ob es sich tatsächlich um eine erstmalige Herstellung – als anspruchsbegründende Voraussetzung – handelt, ist oft umstritten. **War die Erschließungsanlage** schon einmal – nach damaligen Maßstäben – **fertig gestellt, kommen Beiträge** für eine Erneuerung oder Erweiterung (Verbesserung) der Anlage **nach den Kommunalabgabengesetzen in Betracht**. Diese sind wegen des idR höheren Gemeindeanteils meist niedriger und damit für den Anlieger günstiger. Nach der neuesten Rechtsprechung des Bundesverwaltungsgerichts bedarf es bei einer zu Unrecht auf das Straßenbaubeitragsrecht gestützten Heranziehung im gerichtlichen Verfahren keiner Umdeutung durch das Gericht, so dass es auf die Voraussetzungen für eine Umdeutung nicht ankommt. Vielmehr ist das Gericht gem. **§ 113 Abs. 1 Satz 1** VwGO zur Prüfung verpflichtet, ob und in welchem Umfange der Bescheid mit Blick auf das Erschließungsbeitragsrecht aufrechterhalten werden kann. Landesrechtliche Bestimmungen über den Inhalt eines Abgabenbescheides lassen diese Pflicht unberührt (vgl BVerwGE 80, 96 = NVwZ 1989, 471 = DVBl 1988, 1161 = DÖV 1988, 1061 = KStZ 1988, 230; BVerwG, NVwZ 1991, 999). Es handelt sich um einen Fall der Anwendung anderer Rechtsvorschriften bei der richterlichen Rechtsanwendung. Nichts anderes kann bei einem zu Unrecht auf Erschließungsbeitragsrecht gestützten Bescheid gelten. Diese Rechtsprechung ist indes nicht ganz unbedenklich, wenn man davon ausgeht, dass es sich im Hinblick auf die unterschiedlichen Rechtsgrundlagen um wesensverschiedene Bescheide handelt, so dass doch das Institut der Umdeutung in Frage kommt. Dann aber ist zu beachten, dass die Umdeutung nicht zu einer Schlechterstellung des Beitragspflichtigen führen darf (vgl OVG Lüneburg, NVwZ 1989, 582 sowie zur Kritik an der Rspr des Bundesverwaltungsgerichts Erbguth, NVwZ 1989, 531; vgl auch OVG Münster, NVwZ-RR 1991, 265, das nach nordrhein-westfälischem Landesrecht nur eine Umdeutung für möglich hält).

11 Die **Beweis- bzw Feststellungslast** für das Vorliegen des **Merkmals der Erstmaligkeit** trägt die Gemeinde. Ob eine Erschließungsanlage bereits einmal endgültig hergestellt war, richtet sich nach dem seinerzeit gültigen Recht und dem Willen der Gemeinde, der mitunter in der Anlegung von Verzeichnissen fertiggestellter Straßen zum Audruck kommt. Bleibt dabei unaufklärbar, ob eine funktionstüchtige, zur Erschließung geeignete Straße vorhanden war, so trägt dafür der Anlieger die Feststellungslast (BVerwG, DÖV 1979, 602 = KStZ 1979, 190 = BauR 1979,

313 = ZMR 1980, 94 und BVerwG, NVwZ-RR 1989, 497 = DVBl 1989, 420, das in einem Falle, in dem feststand, dass unter der Geltung des alten Rechts eine funktionstüchtige Straße vorhanden war, aber offen war, ob diese dem Inhalt eines nicht mehr auffindbaren Bebauungsplans entsprach, der Gemeinde für den Fall der Unerweislichkeit des Planinhalts die Feststellungslast aufbürdete).

Die (erstmalige) Herstellung von Erschließungsanlagen kann sich über Jahrzehnte hin erstrecken. Daher können noch nicht abgerechnete Kosten, die zu Beginn der Herstellung entstanden sind, nach der endgültigen Fertigstellung noch geltend gemacht werden (vgl BVerwG, VerwRspr 20, 244 = DVBl 1969, 272 = KStZ 1969, 167 = ZMR 1969, 250; BVerwGE 31, 90 = VerwRspr 20, 440 = DVBl 1969, 271 = DÖV 1969, 358 = KStZ 1969, 199 = ZMR 1969, 188; BVerwG, BRS 37, 93 = ZMR 1973, 280). Das gilt auch für Fälle, in denen Teile einer Erschließungsanlage bereits fertig gestellt waren, ohne dass die Gemeinde von der Möglichkeit der Abschnittsbildung oder Kostenspaltung Gebrauch gemacht hat (für den Fall, dass eine Teilanlage insgesamt schon endgültig hergestellt wurde vgl BVerwGE 31, 90 = ZMR 1969, 152; vgl auch BVerwGE 85, 66 = NVwZ 1990, 873 = DVBl 1990, 786 = DÖV 1990, 784 = ZMR 1990, 392). 12

Endgültig hergestellt ist die Erschließungsanlage erst, wenn sie den **im Gesetz, der Satzung und den Plänen der Gemeinde aufgestellten Anforderungen entspricht,** wobei insbesondere bestehende Ausbauprogramme zu beachten sind. Dabei sind Programmänderungen bis zur endgültigen Herstellung der Anlage noch möglich (vgl BVerwGE 31, 90 = VerwRspr 20, 440 = DVBl 1969, 271 = DÖV 1969, 358 = KStZ 1969, 199 = ZMR 1969, 188 und BVerwG, NVwZ 1986, 925 = DVBl 1986, 349 = KStZ 1986, 91 = BRS 43, 130 sowie BVerwG, NVwZ-RR 1989, 382 = DVBl 1989, 417 = ZMR 1989, 72). Die Gemeinde kann auch im Einzelfall eine von den Anforderungen der Satzung abweichende Herstellung beschließen, so zB, dass nur auf einer Straßenseite Gehwege gebaut werden. 13

Was im Einzelnen zu den **Herstellungskosten einer Erschließungsanlage** gehört, richtet sich nach der Art der herzustellenden Anlage sowie ihrem aufgrund der og Vorgaben festliegenden Umfang. Grundsätzlich sind sämtliche Sachaufwendungen zu berücksichtigen, somit insbesondere Baumaterial und Arbeitslöhne (zur Beitragsfähigkeit des Aufwands für das Straßenbegleitgrün vgl VGH München, BayVBl. 1990, 374). 14

Kosten für provisorische Erschließungsanlagen bzw -maßnahmen sind dann umlegungsfähig, wenn sie bei der endgültigen Herstellung übernommen werden. Dies ist zB bei der sog. **Baustraße** der Fall, die später als Unterbau der Straße Verwendung findet (vgl BVerwG, VerwRspr 21, 688 = DVBl 1970, 835 = KStZ 1971, 179 = ZMR 1970, 250). Kosten für provisorische Erschließungsanlagen und deren Beseitigung, die zur Herstellung von Erschließungsanlagen erforderlich sind, sind Kosten der erstmaligen Herstellung (vgl BVerwGE 34, 19 = VerwRspr 21, 214 = DVBl 1970, 81 und BVerwG, VerwRspr 21, 978 = DVBl 1970, 838 = ZMR 1970, 255). In zeitlicher Hinsicht ist zu beachten, dass grds. nur solche Herstellungskosten zum beitragsfähigen Erschließungsaufwand gehören, die vor dem Zeitpunkt der Bestimmung einer Straße zum Anbau entstanden sind. Dabei scheiden Kosten der Herstellung einer Straße, die vor dieser Bestimmung eine andere Funktion hatte (zB Gemeindeverbindungsstraße) aus (OVG Koblenz, DVBl 1989, 425 L = ZKF 1990, 111). Ist die durch eine abgerechnete Maßnahme gebaute Anbaustraße nicht identisch mit einer früher iSd Erschließungsbeitragsrechts „endgültig" hergestellten aber inzwischen eingezogenen Anbaustraße, zählen die für den neuen 15

Ausbau entstandenen Aufwendungen auch insoweit zu den Kosten der erstmaligen Herstellung iSd § 128 Abs. 1 Satz 1 Nr. 2 als sie angefallen sind für eine Teilfläche, auf der zuvor eine Teilstrecke der eingezogenen Anlage verlaufen ist (BVerwG, NVwZ-RR 1989, 382 = DVBl 1989, 424 = ZMR 1989, 72).

16 Zu den Herstellungskosten gehören auch **Stützmauern** zum Schutze der Erschließungsanlage und bei Änderung des **Straßenniveaus** (zB Tieferlegung) auch zum Schutze des Grundstücks (vgl BVerwG, VerwRspr 29, 463 = KStZ 1978, 110 = ZMR 1978, 346 und BVerwG, GemT 1971, 315). Dabei kommt es nicht darauf an, ob die Stützmauer der Sicherheit und Funktionsfähigkeit der Straße dient, oder ob sie anliegende Grundstücke gegen eine tieferliegende Straße abstützt. Die Kosten der erforderlichen Stützmauer sind auch dann beitragsfähig, wenn sie auf dem Anliegergrundstück errichtet worden ist. Hat der Anlieger selbst die Stützmauer auf seine Kosten errichtet, können diese beitragsfähig sein, wenn die Gemeinde ihm den Aufwand erstattet. Nicht erforderlich ist in allen Fällen, dass die Stützmauer im Bebauungsplan ausgewiesen ist (BVerwGE 82, 216 = NVwZ 1990, 78, = DVBl 1989, 1208 = DÖV 1990, 298; zum Anspruch des Anliegers auf Kostenerstattung einer von ihm errichteten privaten Stützmauer vgl OVG Koblenz, NVwZ-RR 1989, 40).

17 **Nicht** dagegen sind **beitragsfähig Kosten**, die durch Änderung baulicher Anlagen außerhalb der Erschließungsanlage und somit idR **auf den Anliegergrundstücken** entstehen (BVerwG, VerwRspr 29, 463 = KStZ 1978, 110 = BauR 1977, 411 = ZMR 1978, 346). Das hat seinen Grund darin, dass die Beiträge für den Anlieger nicht unüberschaubar hoch werden sollen.

18 Zum beitragsfähigen Erschließungsaufwand für die erstmalige Herstellung einer Anbaustraße gehören allerdings dann, wenn sie in eine Bundesstraße einmündet, die nach Maßgabe des § 12 Abs. 1 Sätze 1, 2, Abs. 6 Satz 1 FStrG von der Gemeinde zu tragenden **einmündungsbedingten Kosten** einschließlich der Kosten für die Anlegung von **Abbiegespuren auf der Bundesstraße** (BVerwG, NVwZ 1990, 869 = DVBl 1990, 784 = DÖV 1990, 786).

Sachaufwendungen der Gemeinde, die sie iR der Herstellung der Anlage macht, sind beitragsfähig. Auch die Herstellungskosten für die erforderliche **Entwässerung** der Erschließungsanlagen sowie für ihre **Beleuchtung** gehören zum Erschließungsaufwand. Im Unterschied zu den sog. flächenmäßigen Bestandteilen einer Straße bedarf es dafür allerdings einer Regelung in der Erschließungsbeitragssatzung dergestalt, dass diese Teileinrichtungen als Merkmal der endgültigen Herstellung genannt sind. Dies wird damit begründet, dass von der Entwässerungsanlage und der Beleuchtung in Einzelfällen – da nicht erforderlich – abgesehen werden kann und insbesondere für die Entwässerung erhebliche Kosten entstehen können (BVerwG, DVBl 1969, 275 = ZMR 1969, 187; BVerwGE 40, 177 = DÖV 1973, 205 = BauR 1972, 339 sowie BVerwG, KStZ 1974, 90 = BauR 1973, 311 = ZMR 1974, 29). Dabei ist zu beachten, dass zu den **Entwässerungskosten** nur die **Abführung des auf die Erschließungsanlage fallenden Oberflächenwassers** gehört, nicht dagegen das von den Grundflächen abzuleitende Oberflächen- und Schmutzwasser, für deren Ableitung – landesrechtlich geregelte – Kanalbeiträge bzw Kanalhausanschlusskosten erhoben werden (BVerwGE 38, 275 = VerwRspr 23, 465 = DÖV 1972, 502 = KStZ 1972, 114 = BRS 37, 156 = ZMR 1972, 64). Dies gilt unabhängig davon, ob es sich um ein Trennsystem (getrennte Leitungen für Niederschlagswasser bzw Schmutzwasser) oder um eine Mischkanalisation (gemeinsame Leitung für beide Abwasserarten) handelt. Da sich aber selbst beim

Trennsystem Probleme insoweit ergeben, als nicht nur die gerade in der Erschließungsanlage liegenden Entwässerungsrohre (einschließlich zB der Einläufe) das Entwässerungssystem bilden, sondern das eingelaufene Abwasser weiterbefördert werden muss, wozu u.a. ein weiteres Rohrnetz nebst evtl Pumpstationen erforderlich ist. **Nicht zur Straßenentwässerung** gehören allerdings **Klärwerke** sowie Anlagen, die der Behandlung des von der Straße abfließenden Oberflächenwassers, also insbesondere der Reinigung, dienen, da sie nicht zur Funktionsfähigkeit der Straße durch Verhinderung von Überflutungen bestimmt sind (BVerwG, NVwZ 1987, 143 = DVBl 1986, 773 = DÖV 1986, 880 = KStZ 1986, 150 = ZMR 1986, 329 und BVerwGE 54, 225 = DÖV 1978, 56 = BauR 1978, 50). Ob die Gemeinde lediglich die Kosten für die Entwässerungsanlage in der konkret abzurechnenden Straße erhebt oder, was zulässig ist, anteilmäßig die Kosten für das gesamte Straßenentwässerungsnetz oder nur für ein abgegrenztes Entwässerungssystem, bleibt ihr überlassen (zu den Einzelheiten und den zu treffenden erforderlichen Entscheidungen s. Driehaus, Erschließungs- und Ausbaubeiträge, 7. Aufl. 2004, § 13 Rn 64 ff).

Besonderheiten hinsichtlich der Kostenzuordnung gelten in den ganz überwiegend 19
anzutreffenden Fällen, in denen **keine gesonderte Straßenentwässerungsanlage** verlegt wird, diese vielmehr mit der Grundstücksoberflächenentwässerung oder neben dieser noch zusammen mit der Ableitung der Schmutzwässer in Gestalt einer einheitlichen Leitung erstellt wird. Dass hier eine **Kostenaufteilung** vorzunehmen ist, liegt auf der Hand. Während die Straßenrinnen und Sinkkästen noch eindeutig voll der Straße zuzurechnen sind, ist dies bei der Hauptkanalleitung nicht der Fall. Hinsichtlich der Gemeinschaftseinrichtung ist dann eine Kostenermittlung mit anschließender Kostenzuordnung und Kostenverteilung vorzunehmen. Besteht eine gemeinschaftliche Regenwasserkanalisation, so sind die jeweils auf die Straßenentwässerung und die Grundstücksentwässerung entfallenden Kosten zu ermitteln. Die Kosten für die sowohl der Straßen- als auch der Grundstücksoberflächenentwässerung dienenden Bestandteile der Anlage können unter Zugrundelegung gesicherter Erfahrungssätze geschätzt werden (BVerwGE 68, 249 = NVwZ 1984, 437 = DVBl 1984, 194 = DÖV 1984, 934 = KStZ 1984, 231 = ZMR 1984, 103, wonach je die Hälfte als auf die Straßenentwässerung und die Hälfte auf die Grundstücksentwässerung entfallend angenommen werden kann). Dies gilt grds. auch für die Gemeinschaftseinrichtung in der Form einer Straßenentwässerung mit einer Schmutzwasserkanalisation, wobei hier zu berücksichtigen ist, dass Kosten für die Schmutzwasserbehandlung außer Ansatz zu bleiben haben (vgl BVerwG, NVwZ 1986, 221 = DVBl 1985, 1178 = KStZ 1986, 31 = BRS 43, 87). Dementsprechend sind bei der reinen **Mischkanalisation**, die drei verschiedenen Zwecken dient (Straßen- und Grundstücksoberflächenentwässerung sowie Aufnahme des Schmutzwassers vom Grundstück), vier Kostenmassen zu bilden, wobei die gesamte Grundstücksentwässerung allerdings zusammengefasst werden kann (vgl Driehaus, Erschließungs- und Ausbaubeiträge, 7. Aufl. 2004, § 13 Rn 72 ff). Nicht mehr zu den Herstellungskosten gehören die Aufwendungen für die Unterhaltung der Straßenentwässerung.

Zum **Erschließungsaufwand** gehören hinsichtlich der **Beleuchtung** die der 20
Gemeinde entstandenen Kosten der Zuleitung, also für Kabel und Rohre zur Aufnahme von Zuleitungen sowie die Kosten für Masten und Lampen. Auch hier muss es sich um eine erstmalige Einrichtung handeln. Unterhaltungsmaßnahmen, Reparaturen und laufende Betriebskosten sind iR der Erschließungsbeiträge nicht

umlegungsfähig. Ob die Straßen iR der erstmaligen Herstellung mit Beleuchtungsanlagen zu versehen sind, ist ausdrücklich in der **Erschließungsbeitragssatzung** festzulegen (§ 132 Nr. 4, vgl BVerwG, BauR 1970, 116 = ZMR 1969, 375). Gemäß § 128 Abs. 3 Satz 2 können die Länder bestimmen, dass die Kosten für die (genau: erstmalige Einrichtung der) Beleuchtung nicht in den Erschließungsaufwand einzubeziehen sind.

21 c) **§ 128 Abs. 1 Satz 1 Nr. 3: Kosten wegen Übernahme von Anlagen:** Gemäß § 128 Abs. 1 Satz 1 Nr. 3 umfasst der Erschließungsaufwand die Kosten der Übernahme von Anlagen als gemeindliche Erschließungsanlagen iSd § 127 Abs. 2. Hier kommt insbesondere die **Übernahme von Privatstraßen** oder von Straßen, die **aufgrund** eines **Erschließungsvertrages** hergestellt wurden, in Betracht. Nicht erforderlich ist, dass die zu übernehmende Anlage bereits fertig gestellt ist. In diesem Falle gehören die Übernahmekosten und die Fertigstellungskosten zum Erschließungsaufwand. Nur der Gemeinde tatsächlich entstandene Kosten können Berücksichtigung finden. Bei kostenlos übernommenen „abgestuften" Straßen ist regelmäßig kein Aufwand entstanden. In Betracht kommen allenfalls Vermessungskosten und sonstige Gebühren.

6. Aus dem Vermögen der Gemeinde bereit gestellte Flächen (Abs. 1 Satz 2)

22 Schließlich gehört nach § 128 Abs. 1 Satz 2 zum Erschließungsaufwand auch der Wert der von der Gemeinde selbst aus **ihrem Vermögen** bereitgestellten Flächen im Zeitpunkt der Bereitstellung. Im Gegensatz dazu ist beim Erwerb der Flächen gem. § 128 Abs. 1 Satz 1 Nr. 1 der Preis maßgeblich, der tatsächlich für den Erwerb gezahlt worden ist. Unter Vermögen iSd § 128 Abs. 1 Satz 2 ist das **allgemeine Grundvermögen** zu verstehen, das nicht speziell für Erschließungsanlagen zweckgebunden ist (BVerwGE 61, 316 = NJW 1981, 2370 = DVBl 1981, 827 = BauR 1982, 161 = KStZ 1981, 129). Zu welchem Zweck von der Gemeinde Grundstücke erworben wurden, hängt in erster Linie von ihrem Willen ab, sofern nicht entgegenstehende Kriterien die Annahme eines bestimmten Zweckes gebieten. Das ist insbesondere der Fall, wenn die Planung bereits bestimmte Flächen als Erschließungsanlagen ausweist oder eine die noch zu erwerbende Fläche erfassende Straßentrasse bereits angelegt ist (BVerwG, NVwZ 1986, 299 = BRS 43, 239 auch zur Frage der Unaufklärbarkeit, ob es sich um einen Fall des § 128 Abs. 1 Satz 1 Nr. 2 oder des § 128 Abs. 1 Satz 2 handelt, sowie zur Unaufklärbarkeit der Frage, ob die Gemeinde die in Rede stehenden Straßenflächen iSd § 128 Abs. 1 Satz 1 Nr. 1 entgeltlich erworben hat). Zur Bereitstellung der Flächen aus dem gemeindlichen Grundvermögen gehört, dass die Verwendung der Flächen für die Erschließungsanlage erkennbar wird (BVerwG, VerwRspr 32, 716 = DÖV 1980, 834 = KStZ 1980, 230 = BauR 1981, 65). Stellt die Gemeinde Flächen zur Verfügung, auf denen sich bereits dem öffentlichen Verkehr gewidmete Straßen befinden, so handelt es sich nicht um einen Fall des § 128 Abs. 1 Satz 2, da diese Flächen iR dieser Vorschrift wegen der eingeschränkten Verfügungsmöglichkeiten keinen beachtlichen Vermögenswert besitzen (BVerwG, DÖV 1970, 426 = BauR 1970, 177 = ZMR 1970, 143).

Weder durch die Erschließungsbeitragssatzung noch von den Beteiligten darf ein von dem in § 128 Abs. 1 Satz 2 festgelegten Zeitpunkt der Bereitstellung abweichender Zeitpunkt für die Bemessung des Wertes der Grundstücksflächen bestimmt werden (BVerwG, VerwRspr 29, 463 = KStZ 1978, 110 = BauR 1977, 411 = ZMR 1978, 346).

7. Weitere Kosten für den Erwerb iSv § 128 Abs. 1 Satz 3

Zu den Kosten für den Erwerb der Flächen für Erschließungsanlagen gehört gem. § 128 Abs. 1 Satz 3 im Falle einer erschließungsbeitragsrechtlichen Zuteilung iSd § 57 Satz 4 und des § 58 Abs. 1 Satz 1 auch der Wert nach § 68 Abs. 1 Nr. 4. Mit dieser früheren Änderung des BauGB sowie durch eine Änderung der §§ 67, 58 und 68 ist die Rechtsprechung des Bundesverwaltungsgerichts überholt, das es als nicht zulässig erachtet hatte, dass die Behörde bei der Ermittlung der Verkehrswerte der Zuteilungsgrundstücke die durch Flächen iSd § 55 Abs. 2 BBauG bewirkten Erschließungsvorteile unberücksichtigt ließ und die Grundstücke erschließungsbeitragspflichtig zuteilte (vgl BVerwGE 61, 316 = NJW 1981, 2370 = DVBl 1981, 827 = KStZ 1981, 129 = BauR 1982, 161). 23

II. Straßen- bzw Ausbaubeiträge

Abs. 2 Satz 1 des § 128 lässt das Recht der Gemeinde unberührt, soweit **Landesrecht** dazu berechtigt, Beiträge zu den Kosten für Erweiterungen oder Verbesserungen von Erschließungsanlagen zu erheben. Rechtsgrundlage für die Erhebung solcher (Straßen- bzw Ausbau-)Beiträge sind (nur) die Landeskommunalabgabengesetze iVm den Gemeindesatzungen (wegen der Besonderheiten in förmlich festgesetzten Sanierungsgebieten s. Rn 1 zu § 127 und § 154 Abs. 1; zur Abgrenzung der erstmaligen Herstellung von der Erweiterung oder Verbesserung vgl die Anm. zu § 128 Abs. 1 Nr. 2). 24

III. Aus dem Erschließungsaufwand herausgenommene Kosten

1. § 128 Abs. 3 Nr. 1: Brücken, Tunnels und Unterführungen

Abs. 3 des § 128 nimmt die Kosten bestimmter Anlagen **aus dem Erschließungsaufwand heraus**. Dazu gehören zunächst nach Nr. 1 **Brücken, Tunnels und Unterführungen** mit den **dazugehörigen Rampen**. Ausgeschlossen von der Umlegung sind – ebenso wie im Falle der Nr. 2 – **nicht nur die Herstellungskosten** der Anlagen, sondern **auch sämtliche andere Kosten** wie die für den Grunderwerb, Freilegung usw – Die Regelung des Abs. 3 beruht auf der Erwägung, dass die dort genannten Anlagen zumeist von überörtlicher Bedeutung sind und ihre Herstellungskosten die Eigentümer mit ungewöhnlich hohen Beiträgen belasten würden. Dabei sind die Kosten der in Nr. 1 bezeichneten Anlagen unabhängig von ihrer Verkehrsbedeutung außer Betracht zu lassen. Soweit diese Anlagen jedoch innerhalb von Erschließungsanlagen liegen, sollen die Kosten der Fahrbahndecke und des Fußwegbelages zum Erschließungsaufwand gehören, da die Anlieger insoweit nicht besser gestellt werden sollen als sie stünden, wenn die Straße ohne diese Bauwerke errichtet würde (Driehaus, Erschließungs- und Ausbaubeiträge, 7. Aufl. 2004, § 13 Rn 83). Diese Ansicht dürfte mit Sinn und Zweck der Vorschrift vereinbar sein. Der Gesetzgeber hat schwerlich eine Besserstellung der Anlieger hinsichtlich der Maßnahmen beabsichtigt, die ohne die Erforderlichkeit der in Abs. 3 Nr. 1 genannten Bauwerke ohnehin auszuführen und in den Erschließungsaufwand einzubeziehen gewesen wären. 25

2. § 128 Abs. 3 Nr. 2: klassifizierte Straßen

Abs. 3 Nr. 2 lässt die **Fahrbahnen der Ortsdurchfahrten von Bundesstraßen sowie von Landstraßen I. und II. Ordnung** erschließungsbeitragsrechtlich **außer Betracht**, soweit die Fahrbahnen dieser Straßen keine größere Breite als ihre 26 anschließenden freien Strecken erfordern. Der Begriff der Ortsdurchfahrt richtet sich nach den Bundes- und Landesstraßengesetzen (vgl § 5 Abs. 4 FStrG, § 7 HessStrG). Durch die Vorschrift werden bestimmte Kosten der Erschließungsanlage vom Erschließungsaufwand ausgenommen (BVerwG, DVBl 1970, 835 = DÖV 1970, 861 = ZMR 1971, 66); Vergünstigungen bei **Eckgrundstücken** sind möglich auch dann, wenn es sich bei einer die Ecklage (mit-)begründenden Anlage um eine klassifizierte Straße handelt. Danach ist es aber, für den Fall, dass die Satzung die Gewährung einer Vergünstigung für Eckgrundstücke zu Lasten der Mittelgrundstücke vorsieht, geboten, die Vergünstigungsregelung ausschließlich auf die Kosten solcher Teilanlagen der abzurechnenden Anbaustraße zu beziehen, deren erstmalige Herstellung auch in der Ortsdurchfahrt der klassifizierten Straße grundsätzlich einen beitragsfähigen Erschließungsaufwand auszulösen geeignet ist (BverwG, NVwZ 1990, 374 und Buchholz 406.11 § 131 BBauG Nr. 18 S. 15; s. BVerwG, NVwZ 1990, 374 = DVBl 1990, 442 L ZfBR 1990, 158 = ZKF 1990, 232). Kosten, die für die erstmalige technische Fertigstellung einer Fahrbahn entstanden sind, sind wegen § 128 Abs. 3 Nr. 2 außer Ansatz zu lassen, wenn diese Anlage im Zeitpunkt der technischen Fertigstellung der Fahrbahn Ortsdurchfahrt einer klassifizierten Straße war oder ist (BVerwGE 85, 66 = NVwZ 1990, 873 und OVG Münster, KStZ 2006, 176 = DVBl 1990, 786 = DÖV 1990, 784 = KStZ 1990, 159 = ZfBR 1990, 250 = ZKF 1990, 185). Die Einstufung der Straße richtet sich allein nach der straßenrechtlichen Klassifizierung, unerheblich sind die Beschilderung oder die tatsächliche Funktion der Straße und die Möglichkeit oder Notwendigkeit der Aufstufung einer Straße (vgl BVerwG, VerwRspr 30, 697 = NJW 1979, 2220 = DVBl 1979, 780 = DÖV 1979, 178 = BauR 1979, 239 = ZMR 1980, 286). Die durch größere Breiten verursachten Kosten gehören zum Erschließungsaufwand nach Abs. 1 (zum Zeitpunkt der Beurteilung der Breite der anschließenden freien Strecken vgl BVerwG, NVwZ-RR 2000, 530). Da Abs. 3 Nr. 2 nur die Fahrbahnen ausschließt, sind auch Bürgersteige, Radwege, Parkflächen und Grünanlagen, wenn sie Bestandteile der klassifizierten Straßen sind, dem Erschließungsaufwand nach Abs. 1 zuzurechnen (vgl OVG Magdeburg, 19.11.2004 – 2 L 295/03). Die Vorschrift der Nr. 2 ist dort nicht bedeutsam, wo die Gemeinde nicht Träger der Straßenbaulast ist. In diesem Falle entsteht ihr kein beitragsfähiger Aufwand. Wann die Gemeinde Trägerin der Baulast ist, richtet sich nach dem Straßenrecht des Bundes oder nach Landesrecht. Allerdings kann der beitragsfähige Erschließungsaufwand für eine öffentliche Anbaustraße (§ 128 Abs. 1) solche Kosten umfassen, die entstanden sind, weil die Gemeinde den Anschluss der Anbaustraße an das allgemeine Straßennetz in Form einer Einmündung in eine klassifizierte Straße geplant und errichtet und der Träger der Straßenbaulast der klassifizierten Straße berechtigterweise verlangt hat, dass auf seiner Verkehrsanlage Abbiegespuren geschaffen werden (vgl VGH München, 7.12.2005 – 6 B 00.860 – unter Hinweis auf BVerwGE 85, 1 = NVwZ 1990, 869 = DVBl 1990, 784).

§ 129 Beitragsfähiger Erschließungsaufwand

(1) Zur Deckung des anderweitig nicht gedeckten Erschließungsaufwands können Beiträge nur insoweit erhoben werden, als die Erschließungsanlagen erforderlich sind, um die Bauflächen und die gewerblich zu nutzenden Flächen entsprechend

den baurechtlichen Vorschriften zu nutzen (beitragsfähiger Erschließungsaufwand). Soweit Anlagen nach § 127 Abs. 2 von dem Eigentümer hergestellt sind oder von ihm auf Grund baurechtlicher Vorschriften verlangt werden, dürfen Beiträge nicht erhoben werden. Die Gemeinden tragen mindestens 10 vom Hundert des beitragsfähigen Erschließungsaufwands.

(2) Kosten, die ein Eigentümer oder sein Rechtsvorgänger bereits für Erschließungsmaßnahmen aufgewandt hat, dürfen bei der Übernahme als gemeindliche Erschließungsanlagen nicht erneut erhoben werden.

Der dem Erschließungsbeitragsrecht zugrunde liegende Gedanke des **Vorteilsausgleichs** gebietet es, dass der sich aus §§ 127, 128 ergebende Erschließungsaufwand nur in begrenztem Umfang auf die erschlossenen Grundstücke umgelegt werden darf. Nach § 129 Abs. 1 ist daher maßgeblich die Erforderlichkeit der Anlage für eine den baurechtlichen Vorschriften entsprechende Nutzung der Grundstücke. Den Aufwand, der diese Voraussetzungen erfüllt, und der anderweitig nicht gedeckt ist (§ 127 Abs. 1) bezeichnet § 129 Abs. 1 Satz 1 als beitragsfähigen Erschließungsaufwand. Die Erforderlichkeit ist nicht an dem Vorteil für das einzelne Grundstück zu messen, sondern beurteilt sich aus der Beziehung der Erschließungsanlage zum gesamten von ihr zu erschließenden Gebiet, somit zu sämtlichen angrenzenden Grundstücken (BVerwG, NJW 1966, 1832 = DVBl 1966, 693 = DÖV 1967, 209 = ZMR 1967, 152; BVerwGE 59, 249). **Abzustellen** ist stets auf die **rechtlich zulässige Nutzung**, somit nicht auf die tatsächliche Nutzung („entsprechend den baurechtlichen Vorschriften"). Die Prüfung der Erforderlichkeit der Anlage durch die Gemeinde hat zunächst dahin zu gehen, ob überhaupt eine Erschließungsanlage erforderlich ist und sodann, in welchem Umfang sie erforderlich ist (BVerwG, ZMR 1979, 159). Bei der (ersten) Frage der **Erforderlichkeit der Erschließungsanlage** geht es häufig um das Problem der Herstellung einer zweiten Erschließungsanlage, die den anliegenden Grundstücken eine zusätzliche Erschließung vermittelt (vgl dazu BVerwG, NVwZ 1995, 1208 = ZMR 1995, 270). § 132 Nr. 1 legt der Gemeinde auf, den in § 132 Abs. 1 gezogenen Rahmen durch Satzung zu konkretisieren, somit den Begriff der Erforderlichkeit durch Regelung von Art und Umfang der Erschließungsanlagen auszufüllen. Diese Regelungen sind ihrerseits wiederum im Hinblick auf die Einhaltung des Merkmals „erforderlich" überprüfbar (BVerwG, VerwRspr 27, 706 = DÖV 1976, 347 = ZMR 1976, 319: unwirksame Satzungsbestimmung hindert nicht das Entstehen der Beitragspflicht; vgl auch BVerwG, Buchholz 406.11 § 132 Nr. 21). Der Einwand, bei der Herstellung einer Anbaustraße seien aus Gründen, die nicht mit der Erschließung des betreffenden Gebiets zusammenhängen, erhebliche **Mehrkosten** entstanden, ist in entsprechender Anwendung des § 129 Abs. 1 Satz 1 beachtlich, wenn die Mehrkosten in für die Gemeinde erkennbarer Weise eine **grob unangemessene Höhe** erreichen (BVerwG, NVwZ, 1990, 870 = ZfBR 1990, 210 = ZKF 1990, 210; zur grob unangemessenen Höhe der Kosten für die Erschließungsanlage, die sachlich schlechthin unvertretbar sind und zur Überprüfung dieses Einwands durch das VG vgl BVerwG, NVwZ-RR 1998, 514 = DVBl 1998, 54 = ZMR 1997, 668). 1

Hauptregelungsgegenstand der Satzungen sind die Breiten der Erschließungsanlagen, soweit hier Festlegungen im Voraus in Betracht kommen. Dabei kann die Gemeinde auch berücksichtigen, dass auf der Straße nicht nur Anliegerverkehr, sondern auch Durchgangsverkehr stattfindet, wie sie überhaupt die Sicherheit 2 und Leichtigkeit des Verkehrs im Auge behalten sollte (vgl BVerwG, DVBl 1970, 904 = BRS 37, 79 = ZMR 1970, 382 und BVerwG, VerwRspr 27, 706 = DÖV 1976, 347 = BRS 37, 86 = ZMR 1976, 319).

3 Bei den **Kosten einer Grünanlage** ist im Einzelfall zu prüfen, inwieweit sie für die baurechtliche Nutzung der erschlossenen Grundstücke notwendig ist. Nach der Rechtsprechung des Bundesverwaltungsgerichts ist eine selbstständige öffentliche Grünanlage infolge ihrer besonderen Ausdehnung dann nicht notwendig iSd § 127 Abs. 2 Nr. 3 BBauG (§ 127 Abs. 2 Nr. 4 BauGB), wenn sie vergleichbar zB dem Tiergarten in Berlin oder dem Englischen Garten in München die typische Größenordnung von Grünanlagen innerhalb der Baugebiete erheblich übersteigt (BVerwG, NVwZ-RR 1989, 212 = DVBl 1989, 818 = DÖV 1989, 857 = KStZ 1989, 71 = ZMR 1989, 272). Ist daher aufgrund konkreter Umstände zu erwarten, eine beitragsfähige (selbstständige) Grünanlage werde in ganz überwiegendem Maße von Grundstücken aus genutzt, die nicht zum Kreis der iSd § 131 Abs. 1 erschlossenen Grundstücke gehören, zwingt das zu einer angemessenen Erhöhung der gemeindlichen Eigenbeteiligung. Einer satzungsrechtlichen Regelung bedarf es dazu nicht (vgl BVerwG, NVwZ-RR 1989, 212 = DVBl 1989, 418 = DÖV 1989, 857 = KStZ 1989, 71 = ZMR 1989, 272; zu den Kosten einer Grünanlage vgl noch BVerwGE 48, 205 = VerwRspr 27, 692 = KStZ 1975, 231 = BauR 1975, 338 = ZMR 1976, 118 und BVerwG, DVBl 1971, 213 = DÖV 1972, 391 = BauR 1971, 121 = ZMR 1971, 285; zur Erforderlichkeit einer Lärmschutzanlage vgl BVerwG, NVwZ 1994, 905 = KStZ 1994, 136 = ZMR 1994, 73).

4 Der Begriff der **Erforderlichkeit** ist als **unbestimmter Rechtsbegriff** gerichtlich überprüfbar, wobei den Gemeinden jedoch ein weiter Spielraum zusteht (vgl BVerwG, DVBl 1971, 213 = DÖV 1971, 391 = BauR 1971, 121 = ZMR 1971, 285; vgl auch OVG Münster, NWVBl. 1997, 424 und VGH München, BayVBl. 1992, 536). So überschreitet eine Gemeinde den ihr zustehenden Entscheidungsspielraum nicht, wenn sie eine Erschließungsanlage für erforderlich hält, die zum Schutz eines Wohngebiets bestimmt ist, das einem zu erwartenden Lärmpegel von ca. 55 dB(A) am Tag ausgesetzt ist bzw sein wird (BVerwG, NVwZ 1994, 905). Das Merkmal „erforderlich" bezieht sich primär auf Art und Umfang der Erschließungsanlagen. Daraus, dass die Regelung zeigt, dass der Gesetzgeber den Anlieger nicht mehr als notwendig belasten will, ergibt sich auch der allgemeine Grundsatz, dass die bei der Herstellung der Erschließungsanlagen tatsächlich entstandenen Kosten sich iR des Notwendigen halten müssen (zur Beschränkung auf die Erforderlichkeit der angefallenen Kosten vgl BVerwG, Urteil v. 23.2.2000 – 11 C 2/99). In dieser Hinsicht haben die Gemeinden dementsprechend die Unternehmerrechnungen zu überprüfen und bei Auftragsvergabe den kostengünstigsten (was nicht immer den billigsten heißt) Anbieter zu berücksichtigen, wobei das Gebot der **Wirtschaftlichkeit** zu beachten ist (vgl BVerwGE 59, 249 = VerwRspr 31, 836 = DVBl 1980, 754 = DÖV 1980, 343 = KStZ 1980, 68 = ZMR 1980, 284 und BVerwG, DVBl 1971, 213 = DÖV 1971, 391 = BauR 1971, 121 = ZMR 1971, 285; zum Begriff des „anderweitig nicht gedeckten" Erschließungsaufwands s. oben § 127 Abs. 1).

5 § 129 **Abs. 1 Satz 2** sagt an sich nur etwas, was sich bereits aus § 127 Abs. 1 ergibt. Eine **Doppelbelastung** des Eigentümers, der selbst Anlagen hergestellt hat, **soll vermieden** werden.

6 § 129 **Abs. 1 Satz 3** schreibt vor, dass die Gemeinden **mindestens 10 vH** des beitragsfähigen Erschließungsaufwands zu tragen haben. Die Vorschrift verfolgt ein-

mal das Ziel, ein Korrektiv darzustellen, das die Gemeinde von einer allzu regen und aufwendigen Herstellung von Erschließungsanlagen abhalten und damit zur Sparsamkeit anhalten soll. Außerdem wird durch den Gemeindeanteil zum Ausdruck gebracht, dass Erschließungsanlagen auch dem allgemeinen Interesse dienen (BVerwGE 32, 37 = NJW 1969, 2162 = VerwRspr 20, 837 = DVBl 1969, 699 = DÖV 1969, 863 = BauR 1970, 234 = ZMR 1969, 367). Schließlich ist die **Kostenbeteiligung** der Gemeinde auch Ausdruck ihrer Verantwortung für die sachgerechte Erschließung und damit der unveräußerlichen gemeindlichen Planungshoheit, weshalb die Gemeinde die gesetzlich vorgeschriebene Eigenbeteiligung auch nicht vertraglich abdingen kann (BVerwG, NJW 1972, 1588 = BauR 1972, 236 = ZMR 1972, 245 und BVerwG, DVBl 1976, 306 = DÖV 1975, 717 = BRS 37, 388). Die Selbstbeteiligung darf auch nicht durch den Abschluss eines Erschließungsvertrages umgangen werden (BVerwG, NJW 1973, 1713 = KStZ 1973, 154 = BauR 1973, 242 = ZMR 1973, 278). Daher ist die Gemeinde auch bei der Übertragung der Erschließung auf einen Dritten zur Übernahme des Eigenanteils in Höhe von mindestens 10 % verpflichtet (BVerwGE 70, 204 = NJW 1985, 642 = DVBl 1975, 295 = DÖV 1985, 537 = KStZ 1985, 91 = ZMR 1985, 68). Die Höhe der gemeindlichen Beteiligung ist in der **Satzung** festzulegen (§ 132 Nr. 2). Unterbleibt dies, gilt die gesetzlich vorgeschriebene Mindestbeteiligung. Die Bestimmung der Höhe des (über 10% hinausgehenden) Gemeindeanteils steht in ihrem **Ermessen**, wobei der Grundsatz der Wirtschaftlichkeit und Sparsamkeit der Verwaltung zu beachten ist. Es verstößt daher nicht gegen § 129 Abs. 1 Satz 3 noch gegen die verfassungsrechtliche Gewährleistung des gemeindlichen Selbstverwaltungsrechts, wenn eine rechtssatzmäßig ermächtigte VwV die Bewilligung einer zweckgebundenen Finanzzuweisung idR davon abhängig macht, dass die antragstellende Gebietskörperschaft die rechtlichen Möglichkeiten zur Deckung ihres anderweitig nicht gedeckten Aufwands für Erschließungsanlagen zu ihren Gunsten voll in Anspruch nimmt (BVerwG, NVwZ 1989, 469 = DVBl 1989, 929 = DÖV 1989, 600 = HSGZ 1989, 209). Damit kann **mittelbar Zwang** auf die Gemeinde ausgeübt werden, ihren **Eigenanteil auf 10%** zu begrenzen.

Der Gemeindeanteil ist vom beitragsfähigen Aufwand in Abzug zu bringen. Sofern 7
sachliche Gründe gegeben sind, kann die Gemeinde einen **höheren Eigenanteil** auf Erschließungsanlagen **in bestimmten Gemeindegebieten** beschränken (vgl BVerwGE 29, 90 = NJW 1968, 1250 = DVBl 1968, 520 = ZMR 1968, 279; BVerwG, NJW 1970, 876 = DVBl 1970, 417 = DÖV 1970, 425 = BauR 1970, 43 = ZMR 1970, 141).

Die Vorschrift des § 129 **Abs. 2** will den Eigentümer von Beiträgen für solche Kos- 8
ten freihalten, die er oder sein **Rechtsvorgänger** für eine Erschließungsanlage aufgewendet haben, bevor diese von der Gemeinde übernommen worden ist. Hat der Anlieger oder sein Rechtsvorgänger Leistungen für den Ausbau einer Erschließungsanlage erbracht, die von der Gemeinde unentgeltlich übernommen wird, so kann deren wertmäßige Anrechnung nicht stattfinden (vgl OVG Münster, KStZ 1971, 19). Allerdings kann im **Übernahmevertrag** zwischen Gemeinde und Anlieger bzw Unternehmer vereinbart werden, dass für letztere bzw ihre Rechtsnachfolger jede Erschließungslast ausgeschlossen sein soll. Ein nachträglicher Ausgleich ist in diesen Fällen nicht möglich (BVerwG, BRS 37, 129 = ZMR 1972, 250).

§ 130 Art der Ermittlung des beitragsfähigen Erschließungsaufwands

(1) Der beitragsfähige Erschließungsaufwand kann nach den tatsächlich entstandenen Kosten oder nach Einheitssätzen ermittelt werden. Die Einheitssätze sind nach den in der Gemeinde üblicherweise durchschnittlich aufzuwendenden Kosten vergleichbarer Erschließungsanlagen festzusetzen.

(2) Der beitragsfähige Erschließungsaufwand kann für die einzelne Erschließungsanlage oder für bestimmte Abschnitte einer Erschließungsanlage ermittelt werden. Abschnitte einer Erschließungsanlage können nach örtlich erkennbaren Merkmalen oder nach rechtlichen Gesichtspunkten (z.B. Grenzen von Bebauungsplangebieten, Umlegungsgebieten, förmlich festgelegten Sanierungsgebieten) gebildet werden. Für mehrere Anlagen, die für die Erschließung der Grundstücke eine Einheit bilden, kann der Erschließungsaufwand insgesamt ermittelt werden.

I. Ermittlung des Erschließungsaufwands (Abs. 1)

1 § 130 Abs. 1 lässt die Ermittlung des beitragsfähigen Erschließungsaufwands entweder nach den der Gemeinde **entstehenden tatsächlichen Kosten** oder nach **Einheitssätzen** zu. Die Gemeinde kann zwischen beiden Ermittlungsmethoden frei wählen. Für welche sie sich entschieden hat, muss sich gem. § 132 Nr. 2 aus der Satzung ergeben (BVerwGE 30, 293 = KStZ 1969, 166 = ZMR 1969, 190). Zugelassen ist auch eine Abrechnung nach den tatsächlichen Kosten nur für Teile der Anlagen, während für andere Teile der Aufwand nach Einheitssätzen ermittelt wird (BVerwGE 29, 90 = NJW 1968, 1250 = DVBl 1968, 520 = ZMR 1968, 279). Wegen der schwierigen Ermittlung der genauen Kosten kann sich gerade für die Straßenentwässerung die Ermittlung nach Einheitssätzen empfehlen. Die Ermittlung nach den tatsächlichen Kosten ist am häufigsten anzutreffen. Sie basiert insbesondere auf den Unternehmerrechnungen und hat für die Gemeinde den Vorteil, dass sie – bis auf ihren Eigenanteil – ihre verauslagten Kosten durch die Beitragserhebung wieder hereinholen kann. Bei der Ermittlung nach **Einheitssätzen** besteht die Gefahr, dass sie bei einer unvorhergesehenen Erhöhung der Herstellungskosten im Einzelfall die Mehrkosten nicht abwälzen kann. Andererseits kann die Gemeinde bei der Ermittlung nach den tatsächlichen Kosten Beiträge frühestens nach Eingang der letzten Unternehmerrechnung erheben, wenn der gesamte Erschließungsaufwand feststeht. Dieser Nachteil entfällt bei der Ermittlung nach Einheitssätzen.

2 Sobald die tatsächlich entstandenen Kosten für die Gemeinde feststellbar sind, weil sie im Besitz der letzten Unternehmerrechnung ist, entsteht die **Beitragspflicht** mit der Maßgabe, dass die Beiträge der Höhe nach ebenso wenig zu verändern sind wie eine andere Abrechnungsart gewählt werden kann (vgl BVerwGE 68,

249 = NVwZ 1984, 437 = DVBl 1984, 194 = DÖV 1984, 934 = KStZ 1984, 231 = ZMR 1984, 103).

1. Ermittlung des Erschließungsaufwands nach Einheitssätzen

Mit der Möglichkeit, den Erschließungsaufwand nach **Einheitssätzen** zu ermitteln, 3
soll den Gemeinden erkennbar nicht die Befugnis eingeräumt werden, einen pauschalen Erschließungsbeitrag unabhängig von den Kosten der jeweiligen Erschließungsanlage zu erheben. Vielmehr soll nur die Ermittlung des Aufwandes für die konkrete Erschließungsanlage erleichtert werden. Die Ermittlung des Erschließungsaufwandes nach Einheitssätzen beruht demnach ebenfalls auf dem Kostenbeitragsprinzip, das nur im Hinblick auf die Notwendigkeit der Typisierung eine Lockerung erfährt. Dem Ziel, dass der Erschließungsbeitrag auf die Erstattung der Aufwendungen für eine bestimmte Straße gerichtet sein muss, werden Einheitssätze nur gerecht, wenn sie nicht zu stark pauschalieren und alle wesentlichen Kostenfaktoren berücksichtigen. Vergleichbar iS von § 130 Abs. 1 Satz 2 BauGB sind nur solche Erschließungsanlagen, die in den für die Höhe der Kosten wesentlichen Merkmale vergleichbar sind. Unterschiede in den Grunderwerbskosten und im Herstellungszeitraum dürfen bei der Ermittlung des Erschließungsaufwandes nach Einheitssätzen nicht unberücksichtigt bleiben (BVerfGE 33, 265 = DÖV 1972, 855). **Einheitssätze** müssen damit den wahrscheinlich entstehenden tatsächlichen Kosten möglichst nahe kommen. Dass schon einmal Kosten für vergleichbare Anlagen angefallen sind, ist nicht erforderlich (BVerwGE 54, 225 = DÖV 1978, 56 = BauR 1978, 50; für die Ermittlung von Einheitssätzen für die Straßenentwässerung s. BVerwG, NVwZ 1986, 299 = BRS 43, 239). Abzustellen ist grds. auf die Kosten im Zeitpunkt des Abschlusses der Herstellungsarbeiten, bei zeitlich unterschiedlicher Herstellung von Teilanlagen ist jeweils auch der Einheitssatz zu ermitteln, der sich im jeweiligen Zeitpunkt für die Teilanlage errechnet (BVerwGE 71, 25 = NVwZ 1985, 657 = DVBl 1985, 620 = DÖV 1985, 539 = BauR 1985, 812 = ZMR 1985, 245). Ein nach den gegenwärtigen Kosten festgesetzter Einheitssatz darf nicht ohne weiteres auf Bauarbeiten angewandt werden, die bereits lange Zeit zurückliegen und für die ein anderes Preisniveau maßgebend war (BVerwGE 30, 240 = DÖV 1969, 357 = KStZ 1969, 142 = ZMR 1969, 23). Der Einheitssatz bezieht sich bei Straßen meist auf den laufenden Meter Straßenlänge. In diesem Falle muss den unterschiedlichen Breiten und Ausbauarten Rechnung getragen werden. Unzulässig ist ein gemeinsamer Einheitssatz für Straßen, die in ihrer Breite um mehr als 2 Meter voneinander abweichen (BVerwGE 30, 207 = VerwRspr 20, 319 = DVBl 1969, 274 = DÖV 1969, 287 = KStZ 1969, 140 = ZMR 1969, 148). Daher wird die Gemeinde kaum mit einem einzigen Einheitssatz für das gesamte Gemeindegebiet auskommen (für getrennte Einheitssätze für unterschiedliche Entwässerungsarten vgl BVerwGE 38, 275 = VerwRspr 23, 465 = DÖV 1972, 502 = KStZ 1972, 114 = BRS 37, 156 = ZMR 1972, 64 und BVerwGE 54, 225 = DÖV 1978, 56 = BauR 1978, 50). Die **Selbstbeteiligung** der Gemeinde am beitragsfähigen Erschließungsaufwand in Höhe von mindestens 10 vH (§ 129 Abs. 1 Satz 3) ist grundsätzlich bei dem Erschließungsaufwand für die einzelne Erschließungslage in Abzug zu bringen. Ein Abzug im Rahmen der Bemessung der Einheitssätze ist allenfalls dann als zulässig anzusehen, wenn gewährleistet ist, dass bei allen Erschließungsanlagen mindestens 10 vH des beitragsfähigen Erschließungsaufwandes von der Gemeinde getragen werden (BVerfGE 33, 265 = DÖV 1972, 855).

2. Ermittlung des Erschließungsaufwands nach tatsächlichen Kosten

4 Fehlt eine Satzungsregelung hinsichtlich der Aufwandsermittlung oder ist der festgelegte Einheitssatz unwirksam, so ist nach den **tatsächlichen Kosten** abzurechnen (BVerwG, VerwRspr 24, 450 = DÖV 1972, 861 = BRS 37, 153 = ZMR 1972, 251 und BVerwGE 38, 275 = VerwRspr 23, 465 = DÖV 1972, 502 = KStZ 1972, 114 = BRS 37, 156 = ZMR 1972, 64). Stellt sich die Ungültigkeit des Einheitssatzes erst im Nachhinein heraus und besitzt die Gemeinde keine Unterlagen zur Ermittlung der Herstellungskosten mehr, so dürfen Aufwendungen unter Zuhilfenahme gesicherter Erfahrungssätze geschätzt werden (BVerwG, NVwZ 1986, 299 = BRS 43, 239).

II. Ermittlung des beitragsfähigen Erschließungsaufwands (Abs. 2)

5 Gemäß Abs. 2 kann der beitragsfähige **Erschließungsaufwand** (in räumlicher Hinsicht) wie folgt ermittelt werden:

(1) Für die **einzelne Erschließungsanlage.** Das ist – als klassischer Fall – eine Straße in ihrer vollen Ausdehnung einschließlich ihrer gesamten Bestandteile (vgl BVerwGE 47, 64 = NJW 1975, 323 = VerwRspr 27, 49 = DVBl 1975, 375 = DÖV 1975, 105 = KStZ 1975, 68 = BauR 1975, 124 = ZMR 1975, 105).

(2) Für bestimmte **Abschnitte einer Erschließungsanlage.** Diese können nach örtlich erkennbaren Merkmalen oder rechtlichen Gesichtspunkten (zB Grenzen von Bebauungsplangebieten, Umlegungsgebieten, förmlich festgelegten Sanierungsgebieten) gebildet werden.

(3) Für mehrere Anlagen, die für die Erschließung der Grundstücke eine Einheit bilden, kann der Erschließungsaufwand insgesamt ermittelt werden (sog **Erschließungseinheit**).

6 Grundsätzlich steht es **den Gemeinden** frei, von **welcher Abrechnungsart** sie Gebrauch machen. Für die Bildung einer Erschließungseinheit sollen Fälle denkbar sein, in denen eine sog. Ermessensreduzierung auf Null vorliegt, die dann zwingend die Zusammenfassung mehrerer Anlagen gebietet (BVerwG, VerwRspr 28, 609 = KStZ 1977, 71 = BRS 37, 172 = ZMR 1977, 223). Solche Fälle dürften indes äußerst selten sein, sie sind jedenfalls in der höchstrichterlichen Rechtsprechung bisher nicht bekannt geworden; der Trend in der neueren Rechtsprechung geht vielmehr dahin, enge Voraussetzungen für die Zulässigkeit einer Erschließungseinheit aufzustellen.

7 Die Art der Kostenermittlung iSd § 130 Abs. 2 muss **nicht in der Satzung** festgelegt sein, die gesetzliche Regelung stellt eine ausreichende Grundlage dar (BVerwG, DVBl 1970, 904 = ZMR 1970, 382). Wenn auch die Gemeinde weitgehend freie Hand bei der Bestimmung der räumlichen Abrechnung hat, so ist sie bei der Abschnittsbildung und der Bildung einer Erschließungseinheit dennoch an bestimmte Vorgaben gebunden, die sich nicht alle aus dem Gesetz selbst entnehmen lassen (vgl BVerwGE 30, 293 = KStZ 1969, 166 = ZMR 1969, 190).

1. Abrechnung der einzelnen Erschließungsanlage

8 Bei der Abrechnung der einzelnen Erschließungsanlage kommt es nicht auf den Straßennamen sondern auf das **Erscheinungsbild der Straße** an. Im Vordergrund steht dabei die gleichmäßige Erschließungsfunktion (vgl BVerwG, DVBl 1970, 904 = ZMR 1970, 382; BVerwG, DÖV 1980, 833 = KStZ 1980, 110 = BauR 1980, 165 = ZMR 1980, 220; BVerwGE 40, 182 = VerwRspr 24, 598 = DVBl 1972, 893 = DÖV 1972, 861 = KStZ 1973, 75 = ZMR 1973, 119 und BVerwG,

NVwZ 1998, 290 = DVBl 1998, 46 = KStZ 1998, 34). Ausnahmsweise kann – ohne dass die Voraussetzungen zur Bildung einer **Erschließungseinheit** vorliegen – für mehrere einzelne Erschließungsanlagen der Aufwand gemeinsam ermittelt werden. Dies setzt jedoch vollkommen gleiche tatsächliche Verhältnisse, insbesondere gleiche Ausbaukosten, voraus (vgl BVerwG, VerwRspr 21, 978 = DVBl 1970, 838 = ZMR 1970, 255 und BVerwG, VerwRspr 29, 222 = DÖV 1977, 678 = KStZ 1977, 130 = ZMR 1978, 319).

2. Abschnittsbildung

Das Baugesetzbuch hat durch Einfügung des Satzes 2 in Abs. 2 die Möglichkeit der 9
Abschnittsbildung dahin erweitert, dass Abschnitte sowohl bei Vorliegen örtlich erkennbarer Merkmale als auch nach rechtlichen Gesichtspunkten (Grenzen von Bebauungsplangebieten, Umlegungsgebieten, förmlich festgelegten Sanierungsgebieten) gebildet werden können. Der gebildete Abschnitt kommt in seiner rechtlichen Behandlung einer selbstständigen Erschließungsanlage gleich. Beitragspflichtig sind die durch den Abschnitt erschlossenen Grundstücke (BVerwGE 56, 238 = VerwRspr 30, 468 = DVBl 1979, 119 = BauR 1978, 477 = ZMR 1979, 252 und BVerwG, DVBl 1979, 122). Mit der Abschnittsbildung wird den Gemeinden die Refinanzierung von Straßenbaumaßnahmen ermöglicht, ohne die Herstellung der gesamten Anlage abwarten zu müssen, und zudem ermöglicht, die Kosten eines streckenweise unterschiedlichen Ausbaus, soweit er mit unterschiedlichen Vorteilen für die Anlieger verbunden ist, auch dementsprechend unterschiedlich auf die mehr oder weniger begünstigten Anlieger zu verteilen (vglBVerwG, KStZ 1975, 68).

Zulässig ist es auch, zugleich mit der Abschnittsbildung eine Abrechnung im Wege der Kostenspaltung vorzunehmen (BVerwGE 47, 64 = VerwRspr 27, 49 = NJW 1975, 323 = DVBl 1975, 375 = DÖV 1975, 105 = KStZ 1975, 68 = BauR 1975, 124).

Die **Abschnittsbildung** darf **nicht willkürlich** vorgenommen werden, so dass für 10
die Anlieger bestimmter Abschnitte aufgrund besonderer tatsächlicher Umstände unverhältnismäßig höhere Kosten entstehen als für die Anlieger eines anderen Abschnitts derselben Erschließungsanlage (vgl BVerwG, = VerwRspr 21, 978 = DVBl 1970, 838 = BRS 37, 309 = ZMR 1970, 255; BVerwG, BauR 1974, 406 = BRS 37, 165 = ZMR 1974, 310; BVerwG, NVwZ 1982, 37 = BauR 1982, 476 = BRS 43, 221 und BVerwG, NVwZ 1998, 293 = DVBl 1998, 48 = KStZ 1998, 70 sowie BVerwG, NVwZ-RR 2000, 530). Die Gemeinden sind verpflichtet, den einmal festgelegten Abschnitt einer Erschließungsanlage, für den sie nach merkmalsgerechter Fertigstellung einer Teileinrichtung und Entstehung sachlicher Beitragspflichten im Wege der Kostenspaltung (Teil-)Beiträge der Anlieger eingezogen haben, bei der Abrechnung weiterer Teileinrichtungen unverändert beizubehalten (vgl OVG Münster, KStZ 2006, 176 unter Hinweis auf BVerwG, KStZ 1975, 68).

Nicht zulässig ist die Abrechnung eines fertig gestellten Abschnitts einer Straße, 11
der Bestandteil einer Erschließungsanlage ist, im Wege der Kostenspaltung, nachdem der Zusammenfassungsbeschluss gem. § 130 Abs. 2 Satz 3 gefasst worden ist (BVerwG, DVBl 1979, 122). Solange die Beitragspflicht nicht entstanden ist, kann die Gemeinde die Entscheidung zur Abrechnung nach Abschnitten ohne weiteres nachholen oder revidieren (BVerwG, Buchholz 406.11 § 130 Nr. 42).

3. Erschließungseinheit

12 Die Bildung einer **Erschließungseinheit** kommt vor allem in Siedlungseinheiten in Betracht, in denen die Verkehrsführung so gestaltet ist, dass insbesondere schmale und breitere Straßen voneinander abhängen, so dass es unbillig wäre, die Anlieger der breiten (teuren) Straßen stärker zu belasten als die Anlieger der schmäleren (und damit idR billigeren) Straßen (vgl BVerwG, VerwRspr 27, 589 = NJW 1975, 1426). Dieser allgemeine Grundsatz rechtfertigt jedoch allein die Bildung einer Erschließungseinheit nicht. Voraussetzung für die rechtmäßige Bildung einer Erschließungseinheit ist, dass mehrere einzelne Erschließungsanlagen ein System darstellen, das gekennzeichnet ist durch einen Funktionszusammenhang zwischen diesen Anlagen. Sie müssen **zueinander in Beziehung stehen** und insofern **voneinander abhängig sein** (BVerwG, VerwRspr 23, 203 = DVBl 1973, 501 = KStZ 1973, 135 = BauR 1973, 43 = ZMR 1973, 121). Daneben ist eine deutliche Abgrenzung der Erschließungseinheit notwendig. Dies kann in einer besonders breiten Straße, in natürlichen Gegebenheiten und anderem gesehen werden (vgl BVerwG, VerwRspr 23, 203 = DVBl 1973, 501 = KStZ 1973, 135 = BauR 1973, 43 = ZMR 1973, 121 und BVerwG, VerwRspr 21, 685 = DVBl 1970, 837 = ZMR 1970, 253). Die Rechtsprechung des Bundesverwaltungsgerichts lässt indes kaum die Bildung einer Erschließungseinheit, die aus mehr als zwei Straßen besteht, zu, und setzt auch bei zwei Straßen **enge Maßstäbe** (vgl BVerwGE 95, 176 = NVwZ 1994, 913 = DVBl 1994, 812 = KStZ 1995, 33). Die zur Annahme einer Erschließungseinheit vorausgesetzte funktionelle Abhängigkeit besteht nur, wenn eine Anlage ihre Funktion lediglich im Zusammenwirken mit einer bestimmten anderen Anlage in vollem Umfang zu erfüllen geeignet ist (BVerwG, NVwZ 1993, 1203 = KStZ 1993, 31 = ZMR 1993, 82), zudem setzt die Rechtmäßigkeit einer gemeindlichen Entscheidung, eine Hauptstraße und eine von ihr funktionell abhängige Nebenstraße zur Erschließungseinheit zusammenzufassen voraus, dass die im Zeitpunkt dieser Entscheidung ermittelbaren Daten die Prognose erlauben, die gemeinsame Abrechnung werde im Vergleich zu einer Einzelabrechnung der Hauptstraße jedenfalls nicht zu einer Mehrbelastung der durch sie erschlossenen Grundstücke führen (BVerwGE 90, 208 = NVwZ 1993, 1201 = DVBl 1992, 1107 = DÖV 1992, 1059 und BVerwG, NVwZ 1993, 1202 = KStZ 1992, 78 = ZMR 1992, 405).

13 Der für das Vorliegen einer Erschließungseinheit **notwendige Funktionszusammenhang** kann auch durch nicht beitragsfähige Erschließungsanlagen gewährt werden, so auch durch bereits hergestellte und abgerechnete Erschließungsanlagen. Ebenso können, sofern dafür eine Notwendigkeit besteht, innerhalb der Erschließungseinheiten nachträglich noch einzelne Erschließungsanlagen hergestellt werden. Ist dagegen für die einzelne Erschließungsanlage die **Beitragspflicht** gem. § 133 Abs. 2 Satz 1 **bereits** (kraft Gesetzes) **entstanden**, ehe die Zusammenfassung erfolgt ist, so **kann** sie **nicht mehr** in die **gemeinsame Aufwandsermittlung** einbezogen werden, sie **muss einzeln abgerechnet** werden (BVerwGE 34, 15 = VerwRspr 21, 216 = DVBl 1970, 79 = ZMR 1970, 92 und BVerwGE 68, 48 = NVwZ 1984, 369 = DVBl 1984, 186 = KStZ 1984, 89). Ist der Beschluss über die Bildung einer Erschließungseinheit gefasst, so hindert er die Entstehung der Beitragspflicht für die einzelne Anlage (BVerwGE 68, 48 = NVwZ 1984, 369 = DVBl 1984, 186 = KStZ 1984, 89).

Die Zusammenfassung mehrerer Erschließungsanlagen lässt die Qualität der **Selbstständigkeit** der einzelnen Anlage **unberührt**, es handelt sich letztlich lediglich um eine Abrechnungsmodalität. In der Erschließungseinheit gelegene Eckgrundstücke sind daher von mehreren Erschließungsanlagen erschlossen und waren unter der Geltung des Bundesbaugesetzes für jede Erschließungsanlage heranzuziehen (BVerwGE 68, 249 = NVwZ 1984, 437 = DVBl 1984, 194 = DÖV 1984, 934 = KStZ 1984, 231 = ZMR 1984, 103). Der Gesetzgeber hat diese Möglichkeit nunmehr durch die Regelung des § 131 Abs. 1 Satz 2 ausgeschlossen, wonach mehrfach erschlossene Grundstücke in der Erschließungseinheit bei der Verteilung des Erschließungsaufwands nur einmal zu berücksichtigen sind (vgl zu den gegen diese Regelung bestehenden Bedenken Driehaus, Erschließungs- und Ausbaubeiträge, 7. Aufl. 2004, § 17 Rn 90 ff). 14

Der Erschließungsbeitrag entsteht für die betroffenen Grundstücke erst dann, wenn alle Erschließungsanlagen **endgültig hergestellt** sind (BVerwG, VerwRspr 30, 475 = KStZ 1979, 90 = BauR 1979, 51 = ZMR 1979, 255). Der Beschluss des Gemeinderats über die Bildung der Erschließungseinheit (wie auch der Abschnittsbildung) bedarf keiner Veröffentlichung (BVerwG, DVBl 1970, 904 = ZMR 1970, 382). 15

4. Kreuzungen und Einmündungen

Zur Abrechnung von **Kreuzungsbereichen** und **Einmündungen** vgl BVerwGE 85, 15 = NVwZ 1990, 869 = DVBl 1990, 784 = DÖV 1990, 786 = KStZ 1990, 227 = ZfBR 1990, 209 = ZKF 1990, 232; Driehaus, Erschließungs- und Ausbaubeiträge, 7. Aufl. 2004, § 14 Rn 50, 51. Entsteht eine neue Erschließungsanlage, die eine vorhandene Straße kreuzt oder in sie einmündet, so sind in der Regel durch sie bedingte Einmündungs- bzw Kreuzungskosten der neuen Straße zuzurechnen. Andernfalls ist eine anteilige Zuordnung im Verhältnis etwa der Breite der Straßen vorzunehmen. 16

§ 131 Maßstäbe für die Verteilung des Erschließungsaufwands

(1) Der ermittelte beitragsfähige Erschließungsaufwand für eine Erschließungsanlage ist auf die durch die Anlage erschlossenen Grundstücke zu verteilen. Mehrfach erschlossene Grundstücke sind bei gemeinsamer Aufwandsermittlung in einer Erschließungseinheit (§ 130 Abs. 2 Satz 3) bei der Verteilung des Erschließungsaufwands nur einmal zu berücksichtigen.

(2) Verteilungsmaßstäbe sind

1. die Art und das Maß der baulichen oder sonstigen Nutzung;

2. die Grundstücksflächen;

3. die Grundstücksbreite an der Erschließungsanlage.

Die Verteilungsmaßstäbe können miteinander verbunden werden.

(3) In Gebieten, die nach dem Inkrafttreten des Bundesbaugesetzes erschlossen werden, sind, wenn eine unterschiedliche bauliche oder sonstige Nutzung zulässig ist, die Maßstäbe nach Absatz 2 in der Weise anzuwenden, dass der Verschiedenheit dieser Nutzung nach Art und Maß entsprochen wird.

I. Einleitung

1 Der nach den §§ 127 ff ermittelte, um die Selbstbeteiligung der Gemeinde (§ 129 Abs. 1 Satz 3) gekürzte beitragsfähige Erschließungsaufwand ist auf die einzelnen durch die Erschließungsanlage erschlossenen Grundstücke zu verteilen. Voraussetzung für die Erhebung des Erschließungsbeitrags ist die Beziehung zwischen Grundstück und Erschließungsanlage, wobei es jedoch nicht darauf ankommt, ob diese Beziehung im Einzelfall tatsächlich ausgenutzt wird (BVerwGE 62, 300 = NVwZ 1982, 244 = DVBl 1982, 72 = BauR 1982, 157 und BVerwG, KStZ 1982, 190 = BRS 43, 237).

Im Mittelpunkt der Vorschrift des § 131 Abs. 1 Satz 1 stehen der Grundstücksbegriff und der Begriff des Erschlossenseins.

II. Der Grundstücksbegriff

1. Bürgerlich-rechtlicher Grundstücksbegriff

2 Das Erschließungsbeitragsrecht geht grds. vom **bürgerlich-rechtlichen Grundstücksbegriff** aus, wie er sich aus dem bürgerlichen Recht und dem Grundbuchrecht ergibt (sog formeller Grundstücksbegriff, vgl BVerwG, NJW 1977, 1549 = DVBl 1978, 297 = DÖV 1977, 679 = KStZ 1977, 129 = BauR 1977, 265; BVerwG, NJW 1982, 459 = DÖV 1982, 113 = BRS 43, 161 = ZMR 1982, 348 und BVerwGE 42, 269 = VerwRspr 25, 854 = KStZ 1974, 11 = BRS 37, 342 = ZMR 1974, 93). Satzungsbestimmungen, die einen anderen Grundstücksbegriff anordnen, sind unwirksam (BVerwGE 66, 69 = NVwZ 1983, 153 = DVBl 1982, 1056 = BRS 43, 1). In der Praxis sind jedoch Ausnahmen von diesem Grundstücksbegriff notwendig und zulässig, um in besonders gelagerten Fällen zu angemessenen Ergebnissen zu gelangen.

2. Wirtschaftlicher Grundstücksbegriff

Zugelassen ist dabei die **Zusammenfassung mehrerer Buchgrundstücke** desselben 3
Eigentümers zu einer sog. **wirtschaftlichen Grundstückseinheit**, wenn die Zugrundelegung des bürgerlich-rechtlichen Grundstücksbegriffs gröblich unangemessen wäre. Als typischer Fall einer solchen Grundstückseinheit wird zB die Konstellation betrachtet, dass ein schmales allein nicht bebaubares (Handtuch-)Grundstück bei der Verteilung des umlagefähigen Erschließungsaufwands völlig außer Betracht bleiben müsste, obwohl es zusammen mit einem oder mehreren angrenzenden Grundstücken desselben Eigentümers bebaut werden kann (vgl BVerwGE 42, 269 = VerwRspr 25, 854 = ZMR 1974, 93; BVerwG, NVwZ 1987, 420 = DVBl 1987, 630 = BauR 1987, 432 und BVerwGE 79, 1 = NVwZ 1988, 630 = DVBl 1988, 896 = DÖV 1988, 789 = KStZ 1988, 110 = ZMR 1988, 195).

Von einer wirtschaftlichen Einheit kann auch bei mehreren Grundstücken dessel- 4
ben Eigentümers ausgegangen werden, auf denen übergreifend ein zusammenhängendes Bauvorhaben genehmigt worden ist, was insbesondere bei industrieller und gewerblicher Nutzung der Fall sein kann (vgl BVerwG, NJW 1972, 701 = VerwRspr 23, 454 = DVBl 1971, 781 = DÖV 1971, 818 = ZMR 1972, 66; zur Frage, ob nur ein Teil des Grundstücks bei der Verteilung zu berücksichtigen ist vgl BVerwG, NJW 1982, 459 = DÖV 1982, 113 = ZMR 1982, 348 = BRS 43, 161).

3. Abweichen vom bürgerlich-rechtlichen Grundstücksbegriff

Das **Abweichen** vom (sog **Buch-)Grundstücksbegriff** ist nur dann gerechtfertigt, 5
wenn das Festhalten an diesem Begriff dazu führt, dass ein Grundstück, das allein wegen seiner geringen Größe nicht bebaubar ist, zusammen mit einem oder mehreren Grundstücken desselben Eigentümers aber baulich angemessen genutzt werden darf, bei der Verteilung des umlagefähigen Erschließungsaufwands unberücksichtigt bleiben müsste (BVerwGE 79, 1 = NVwZ 1988, 630 = DVBl 1988, 896 = DÖV 1988, 789 = 1988, 789 = KStZ 1988, 110 = ZMR 1988, 151 und BVerwG, NVwZ 1989, 1072 = DVBl 1989, 675 = KStZ 1990, 31 = ZMR 1989, 46 sowie BVerwG, NVwZ 1991, 484 = KStZ 1991, 31 = BauR 1991, 77 = ZMR 1991, 35). Jedenfalls rechtfertigt weder der Umstand, dass die Festsetzung der Baugrenzen und des sich daraus ergebenden Baufensters im Bebauungsplan auf eine zwar festgesetzte, aber tatsächlich nicht vorhandene Zweiterschließung zugeschnitten sind, noch die Tatsache, dass die Frontlänge des Grundstücks an der abzurechnenden Erschließungsanlage im Vergleich zur Grundstücksgröße gering ist, eine Ausnahme von dem Grundsatz, dass in beplanten Gebieten die Erschließungswirkung einer Anbaustraße die gesamte Fläche des Grundstücks erfasst (BVerwG, NVwZ-RR 1998, 579 = DVBl 1998, 713 = ZMR 1998, 467). Andererseits kann sich bei übergroßen Buchgrundstücken die Erschließungswirkung nur auf Teilflächen beziehen. So ist eine Ausnahme von der Maßgeblichkeit des bürgerlich-rechtlichen Grundstücksbegriffs im Fall der Mehrfacherschließung eines Grundstücks auch im unbeplanten Innenbereich anerkannt, wenn sich die Erschließungswirkung einer Anbaustraße nach den tatsächlichen Gegebenheiten erkennbar eindeutig nur auf eine Teilfläche des Grundstücks beschränkt (BVerwG, NVwZ 2004, 483 = ZMR 2004, 630). In beplanten Gebieten sind ausschließlich planerische Bestimmungen geeignet, bei einem solchen an zwei Anbaustraßen grenzenden Grundstück den Eindruck aufzudrängen, es handele sich um zwei voneinander unabhängige Grundstücke, die jeweils nur von der Straße erschlossen werden, an die sie angrenzen (vgl BVerwG, NVwZ 1989, 1072 = DVBl 1989, 675 = KStZ

1990, 31 = ZMR 1989, 46 und BVerwG, NVwZ 1991, 484 = KStZ 1991, 31 = BauR 1991, 77 = ZMR 1991, 35). Ansonsten ist bei Grundstücken in qualifiziert beplanten Gebieten grds. die gesamte im Plangebiet gelegene Fläche als erschlossen iSd § 131 Abs. 1 Satz 1 anzusehen. Das gilt auch dann, wenn die überbaubare Fläche zB durch die Festsetzung von Baulinien, Baugrenzen oder Bebauungstiefen gem. § 23 BauNVO oder durch Abstands- und Anbauverbotsvorschriften – etwa gem. § 9 Abs. 1 und 2 FStrG – beschränkt ist (BVerwG, NVwZ 1995, 1215 = DÖV 1995, 468 = ZMR 1995, 223 und BVerwG v. 20.1.1997 – 8 B 244.96).

III. Erschlossensein

1. Allgemeine Kriterien

6 Die durch die (Erschließungs-)Anlage **erschlossenen Grundstücke**iSd § 131 Abs. 1 Satz 1 sind die Grundstücke, die von der Anlage einen **beitragsrechtlich relevanten Vorteil** haben (vgl BVerwG, NVwZ 1986, 566 = DVBl 1986, 349 = DÖV 1986, 472 = BauR 1986, 330 = ZMR 1986, 176), so dass auf sie der (umlagefähige) Erschließungsaufwand verteilt werden kann. Das Erschlossensein eines Grundstücks iSd § 131 Abs. 1 Satz 1 setzt u.a. voraus, dass es im insoweit maßgeblichem Zeitpunkt des Entstehens der sachlichen Beitragspflicht grds. – von ausräumbaren Hindernissen abgesehen – **bebaubar oder erschließungsbeitragsrechtlich vergleichbar nutzbar** ist (BVerwGE 102, 159 = NVwZ 1998, 72 = DVBl 1979, 298 = DÖV 1997, 298). Nicht erforderlich ist für die Erfüllung des Merkmals „Erschlossensein“, dass das Grundstück an die Erschließungsanlage unmittelbar angrenzt (Anliegergrundstück ieS), sondern dass es durch die Erschließungsanlage erschlossen ist. Entscheidend ist, dass eine konkrete Beziehung zwischen Erschließungsanlage und Grundstück besteht, die unterschiedlich ausgestattet sein kann. Die Frage, ob nur eine **Teilfläche** des Grundstücks bei der Ermittlung des Erschließungsbeitrags zu berücksichtigen ist, ist nach der (neueren) Rechtsprechung des Bundesverwaltungsgerichts ebenfalls eine Frage des Erschlossenseins und damit iR des § 131 Abs. 1 zu beantworten (BVerwGE 62, 308 = NVwZ 1982, 246 = BauR 1982, 472 = ZMR 1982, 246 und BVerwG, NVwZ 1982, 677 = DVBl 1982, 552 = DÖV 1982, 644 = BauR 1982, 465). Der typische Fall des Erschlossenseins des Grundstücks mit einer Teilfläche ist bei der sog. **Tiefenbegrenzung** gegeben, dh bei einer Berücksichtigung der Fläche bis zu einer bestimmten Tiefe (von zB 50 m), die jedoch grds. nicht für Grundstücke im Bereich eines Bebauungsplans Anwendung findet und auch nicht durch Satzungsrecht für anwendbar erklärt werden kann (vgl BVerwG, NVwZ 1982, 677). Im Übrigen ist eine satzungsrechtliche Tiefenbegrenzung, die die typischen örtlichen Verhältnisse tatsächlich widerspiegelt, auch auf Grundstücke des unbeplanten Innenbereichs anwendbar (vgl BVerwG, NVwZ 2006, 935; BVerwGE 121, 365 = NVwZ 2004, 1502). Daneben gibt es den Fall der Mehrfacherschließung. Darunter ist die Erschließung eines Grundstücks durch mehrere gleichartige beitragsfähige Erschließungsanlagen zu verstehen. Der Begriff des Erschlossenseins ist ein (bundesrechtlicher) Rechtsbegriff (BVerwG, NVwZ 1982, 555 = KStZ 1982, 49 = BRS 43, 54; zu der Fallgestaltung, dass eine die Erschließung bewirkende Anbaustraße entzogen und durch eine andere neue Anbaustraße ersetzt wird, die eine Beitragspflicht auslöst, vgl BVerwG, NVwZ 1990, 872 = KStZ 1990, 150 = ZMR 1990, 233 = ZfBR 1990, 158).

Damit das Grundstück tatsächlich auch der Beitragspflicht unterliegt, ist außerdem erforderlich, dass es auch iSd § 133 Abs. 1 genutzt, also **baulich oder gewerblich genutzt** werden kann (vgl BVerwG, VerwRspr 31, 701 = BauR 1980, 349 und BVerwG, VerwRspr 31, 686 = DVBl 1979, 784 = KStZ 1979, 167 = BauR 1980, 60 = ZMR 1980, 156; s. dazu unter § 133). 7

Ist das **Erschlossensein** eines Grundstücks iSd § 131 Abs. 1 Satz 1 **zweifelhaft**, so soll darauf abgestellt werden, ob die **Eigentümer der anderen erschlossenen Grundstücke** nach den bestehenden tatsächlichen Verhältnissen **schutzwürdig erwarten können**, dass auch **dieses Grundstück in den Kreis der erschlossenen Grundstücke einbezogen wird** und sich so die Beitragsbelastung der anderen Grundstücke vermindert. Dies wiederum soll dann der Fall sein, wenn es die Beziehung, in der das Grundstück zur Erschließungsanlage steht, rechtfertigt, dem Eigentümer Kosten der Erschließung aufzuerlegen (BVerwG, DVBl 1984, 684 = KStZ 1984, 149 = BauR 1984, 508 = ZMR 1984, 393 und BVerwG, VerwRspr 23, 460 = DÖV 1971, 817 = KStZ 1971, 222 = ZMR 1972, 66). So wird durch ein **Hindernis tatsächlicher Art** das Erschlossensein eines Grundstücks iSd § 133 Abs. 1 nicht berührt, wenn sich die Gemeinde zur Ausräumung des Hindernisses auf ihre Kosten bereit erklärt hat, die Beseitigung jedoch scheitert, weil der Grundeigentümer die erforderliche Mitwirkung – Öffnen einer Stützmauer – verweigert (BVerwGE 88, 248 = NVwZ 1991, 1089 = DVBl 1991, 1306 = KStZ 1991, 191). Eine **natürliche Gegebenheit** auf dem Grundstück, wie zB eine Böschung, schließt ein Erschlossensein nur aus, wenn das Hindernis nicht mit dem Eigentümer **zumutbaren finanziellen Mitteln ausgeräumt** werden kann. Zumutbarkeit wird angenommen, wenn der Aufwand hinter der Wertsteigerung des Grundstücks zurückbleibt, die es durch die infolge der Beseitigung des Hindernisses eintretende Bebaubarkeit erfährt (vgl BVerwG, NVwZ 1995, 1213 = KStZ 1995, 190 = ZMR 1994, 531 und BVerwG, NVwZ 1998, 73 = DVBl 1997, 497 = DÖV 1997, 299). Allgemein ist bei der Beantwortung der Frage, wann ein Grundstück als erschlossen anzusehen ist, zu berücksichtigen, um welche Art der Anlage (vgl § 127 Abs. 2) es sich handelt; gleichzeitig sind die jeweiligen örtlichen Verhältnisse zu beachten. 8

2. Behandlung von Baubeschränkungen

Neben der bereits genannten **Tiefenbegrenzung** (s. Rn 6), die jedoch grds. nicht für Grundstücke im Bereich eines Bebauungsplans Anwendung findet und auch nicht durch Satzungsrecht für anwendbar erklärt werden kann (vgl BVerwG, NVwZ 1982, 677 = DVBl 1982, 552 = DÖV 1982, 644 = BauR 1982, 465; in unbeplanten Gebieten ist die Tiefenbegrenzung durch Satzungsregelung zulässig, wenn auch nicht geboten, vgl dazu BVerwG, Buchholz 406.11 § 131 Nr. 15 und BVerwG, NVwZ 2006, 935 = VerwRspr 28, 451 = DÖV 1977, 247 = KStZ 1977, 72 = ZMR 1977, 311), gibt es Fälle, in denen die im Bebauungsplan vorgesehene zulässige bauliche Nutzung deshalb nicht ausgeschöpft werden kann, weil **Baubeschränkungen** gegeben sind. Zu denken ist vor allem an Anbauverbote aus verkehrsrechtlicher Sicht, an bauordnungsrechtliche Abstandsgebote, umweltschutzrechtliche und denkmalschutzrechtliche Nutzungsverbote. Unter Aufgabe seiner früheren Rechtsprechung (BVerwGE 68, 249 = NVwZ 1984, 437 = DVBl 1984, 194 = DÖV 1984, 437 = KStZ 1984, 231 = ZMR 1984, 103) ist das Bundesverwaltungsgericht nunmehr der Ansicht, dass dann, wenn eine öffentlich-rechtliche Baubeschränkung die Ausschöpfung des für ein Grundstück durch Bebauungsplan vorgesehenen Maßes der zulässigen baulichen Nutzung hindert, dem nicht nach 9

§ 131 Abs. 1 iR des Merkmals „erschlossen“ durch eine Verminderung der Grundstücksfläche, sondern (nur) bei der Anwendung der satzungsmäßigen Verteilungsregelung Rechnung zu tragen ist und dies allein dann, wenn das **behinderte Nutzungsmaß eine Komponente des einschlägigen Verteilungsmaßstabes darstellt** (BVerwGE, 81, 251 = NVwZ 1989, 2076 = DVBl 1989, 421 = DÖV 1989, 855 = KStZ 1989, 172 = BauR 1989, 593 = ZMR 1989, 275 und BVerwG, NVwZ 1989, 1072 = DVBl 1989, 675 = KStZ 1990, 31 = ZMR 1989, 46).

In nicht beplanten Gebieten, in deren Geltungsbereich eine Tiefenbegrenzung vorgesehen ist, kann gleichwohl eine Verpflichtung zur Berücksichtigung einer über die Grenze hinausgehenden Grundstücksfläche (als erschlossen) bestehen. Dies ist dann der Fall, wenn eine über diese Grenze hinausgehende relevante Nutzung gegeben ist (BVerwG, NVwZ 1982, 677 = DVBl 1982, 552 = DÖV 1982, 644 = BauR 1982, 465).

3. Nicht zu den erschlossenen Flächen gehörende Flächen

10 Nicht zu den erschlossenen Flächen gehören die Flächen der Erschließungsanlagen selbst und von Verkehrsanlagen (vgl Driehaus, Erschließungs- und Ausbaubeiträge, 7. Aufl. 2004, § 12 Rn 2). **Bahnhofsgebäude mit Ausnahme der Schienenwege** und der Verladegleise sind allerdings nach der Rechtsprechung der Obergerichte als erschlossene Flächen beitragspflichtig (OVG Münster, 13.1.2005 – 3 A 4431/02; BVerwGE 78, 321 = NVwZ 1988, 632 = DVBl 1988, 893 = DÖV 1988, 786 = KStZ 1988, 51 = ZMR 1988, 151 sowie die Kritik an dieser Rspr von Gern, NVwZ 1989, 534). Nicht erschlossen sind **oberirdische Gewässer** (BVerwG, DÖV 1982, 114 = KStZ 1982, 11 = BRS 43, 180), **Landschaftsschutzgebiete und Außenbereichsgrundstücke** (BVerwGE 32, 226 = NJW 1969, 1870 = VerwRspr 21, 212 = DVBl 1970, 79 = DÖV 1969, 864 = ZMR 1969, 371 und BVerwG, NVwZ 1986, 568). Kommt einer Teilfläche des auch selbst der Erschließung dienenden Grundstücks Baulandqualität zu, so ist diese Teilfläche erschlossen iSd § 131 Abs. 1 Satz 1, 133 Abs. 1 und bei der Verteilung zu berücksichtigen (VGH Mannheim, VGHBW-RsprDienst 1998, Beil. 3, B 3–4). Ein straßenrechtlich gewidmetes gemeindliches **Parkhaus** fällt als Erschließungsanlage nicht in den Kreis der durch eine Anbaustraße iSd § 131 Abs. 1 BauGB erschlossenen Grundstücke (VGH München, NVwZ-RR 2002, 880 = DÖV 2003, 211 = KStZ 2002, 139).

4. Kriterium des Heran- bzw Herauffahrenkönnens

11 Die durch die Anlage erschlossenen Grundstücke unterliegen der Beitragspflicht. Von den zum Anbau bestimmten Straßen, Wegen und Plätzen (§ 127 Abs. 2 Nr. 1) ist ein Grundstück dann erschlossen, wenn **tatsächlich und rechtlich gewährleistet ist**, dass – ggf bei sog. Hinterliegergrundstücken unter Inanspruchnahme eines vermittelnden privaten Zuweges – mit Personen- und Versorgungsfahrzeugen – an die Grundstücksgrenze **herangefahren werden kann** und so dem Grundstück die Zufahrtsmöglichkeit geboten wird. Es reicht aus, dass das Grundstück selbst von seiner Grenze ab sodann betreten werden kann (BVerwG, NVwZ 1986, 38 = DVBl 1986, 186 und BVerwG, NVwZ 1987, 56 = DVBl 1987, 628 = KStZ 1986, 211 = BauR 1987, 202 = ZMR 1987, 68). Seine frühere Rechtsprechung hat das Bundesverwaltungsgericht (DVBl 1991, 593 = KStZ 1991, 132 = BauR 1991, 454) dahin modifiziert, dass für das Heranfahrenkönnen an das Anliegergrundstück ausreicht, wenn auf der Fahrbahn einer öffentlichen Straße bis zur Höhe dieses Grundstücks mit Personen- und Versorgungsfahrzeugen gefahren und von da

ab ggf über einen Gehweg und/oder Radweg das Grundstück betreten werden kann (zum Erschlossensein eines 90.000 m2 großen Grundstücks, das lediglich mit der Breite der Zufahrt an die Straße angrenzt vgl BVerwG, NVwZ 1999, 997 = DVBl 1999, 395 = KStZ 1999, 154 = ZMR 1999, 68). Völlig außer Betracht zu bleiben hat bei diesen Anforderungen, ob es sich um ein einmal oder mehrfach erschlossenes Grundstück handelt. Das Heranfahrenkönnen an die Grundstücksgrenze ist nicht so zu verstehen, dass sich zwischen Fahrbahn und Grundstück keine weiteren „Hindernisse" befinden dürften. **Gehwege und schmale Grünstreifen**, die nach Landesrecht Bestandteil der Straße sind und deren Überfahren zulässig ist, **hindern** das Erschlossensein iS eines Heranfahrenkönnens **nicht** (vgl BVerwG, NVwZ 1987, 56 = DVBl 1987, 628 = KStZ 1986, 211 = BauR 1987, 202; zur Frage des Erschlossenseins eines Grundstücks, das wegen eines Hindernisses nicht im obigen Sinne zugänglich ist, vgl Driehaus, Erschließungs- und Ausbaubeiträge, 7. Aufl. 2004, § 12 Rn 28 ff und § 17 Rn 56 ff und BVerwG, NVwZ 1989, 570 = ZMR 1989, 74 = ZKF 1990, 136). Verlangt das Bebauungsrecht für die bauliche oder sonstwie erschließungsbeitragsrechtlich relevante Nutzbarkeit eines Grundstücks nur die unmittelbare Erreichbarkeit seiner Grenze lediglich für Fußgänger, so vermindern sich die Anforderungen des § 131 Abs. 1 entsprechend. So kann es ausreichen, dass ein Grundstück durch einen nicht befahrbaren Wohnweg mit einer Anbaustraße verbunden ist, wenn das Bebauungsrecht eine Erreichbarkeit in Form einer nur fußläufigen Zugänglichkeit für die Bebaubarkeit des Grundstücks ausreichen lässt (BVerwG, NVwZ-RR 1996, 463 = DVBl 1996, 1051 = KStZ 1997, 198 und BVerwG, NVwZ 1994, 910 = KStZ 1994, 171 = ZMR 1994, 237 sowie BVerwG, NVwZ 1994, 912 = DVBl 1994, 705 = DÖV 1994, 521 = KStZ 1994, 192; zur Erschließung durch Anbaustraße, wenn der an die Straße angrenzende Teil des Grundstücks besonders schmal ist vgl BVerwG, NVwZ 2001, 52 und OVG Münster, B v. 9.3.1999 – 3 B 126/99). Macht umgekehrt das Bebauungsrecht die Nutzung des Grundstücks davon abhängig, dass mit Kraftfahrzeugen auf das Grundstück heraufgefahren werden kann, was zB bei **Gewerbegrundstücken** regelmäßig der Fall ist, so erhöht sich die von § 131 Abs. 1 ausgehende Anforderung entsprechend (BVerwG, NVwZ 1989, 570 = ZMR 1989, 73 und BVerwGE 74, 149 = NVwZ 1986, 1023 = DVBl 1986, 774 = DÖV 1987, 27 = KStZ 1986, 169 = BauR 1986, 565 = ZMR 1986, 326; BVerwG v. 3.2.1992 – B 10.92; zum Erschlossensein einer Teilfläche eines Gewerbegrundstücks, die einem errichteten Wohnhaus zuzuordnen ist, wenn ein Zu- und Abfahrverbot besteht vgl BVerwGE 96, 116 = NVwZ 1995, 1211 = DVBl 1995, 55 = KStZ 1996, 74). Bei den sog. **Hinterliegergrundstücken**, die nicht an die Erschließungsanlage angrenzen, ist von einem durch die Anbaustraße erfolgten Erschlossensein auszugehen, wenn eine tatsächliche Zufahrt über das Anliegergrundstück vorhanden ist, und diese Zufahrt in einer Weise rechtlich gesichert ist, die den bauordnungsrechtlichen Anforderungen genügt (BVerwG, NVwZ 1983, 669; = DVBl 1983, 904 = DÖV 1983, 935 = KStZ 1984, 132 = ZMR 1983, 429 = BauR 1983, 566 vgl auch BVerwG, NVwZ-RR 1990, 528 = DÖV 1991, 33 = BauR 1990, 337 = ZfBR 1990, 205; ein **Notwegerecht** soll nicht genügen, so OVG Münster, 10.3.1999 – 3 B 68/99 und NWVBl. 1999, 364).

5. Hinterliegergrundstücke

Dabei ist zu unterscheiden, ob **Hinterlieger- und Anliegergrundstück** verschiedenen Eigentümern gehören oder im Eigentum ein und derselben Person stehen (vgl 12

BverwG, NJW 1978, 438 = VerwRspr 29, 840 = DVBl 1978, 302 = DÖV 1978, 609 = KStZ 1978, 135 = BauR 1978, 131 = ZMR 1978, 351 und BVerwG, NVwZ 1984, 583 = DVBl 1984, 679 = KStZ 1984, 173 = BauR 1984, 288 sowie BVerwGE 92, 157 = NVwZ 1993, 1206 = DVBl 1993, 667 = DÖV 1993, 716 = KStZ 1995, 76; zur zuletzt genannten Entscheidung vgl Ackermann, KStZ 1999, 185). Bei Eigentümeridentität ist das Hinterliegergrundstück (auch) erschlossen, wenn eine einheitliche Nutzung beider Grundstücke gegeben ist (BVerwG, VerwRspr 32, 1018 = KStZ 1981, 247 = BRS 43, 151 = ZMR 1981, 380). Die einheitliche Nutzung muss sich indes dauerhaft verfestigt haben, etwa durch eine Grenzüberbauung (VG Kassel, 19.5.2004 – 6 E. 1099/04).

Miteigentum genügt (VGH Mannheim, NVwZ-RR 2005, 352). Zur Bestimmung der Eigentümeridentität zwischen Anliegergrundstück und Hinterliegergrundstück ist allein auf die Eintragung im Grundbuch abzustellen (VGH Kassel, KStZ 2006, 175–176, unter Bezugnahme auf BVerwGE 88, 248).

13 Auch eine **private Straße** oder ein (**unselbstständiger**) **Teil einer Anbaustraße**, die eine Zufahrt darstellt, kann die Verbindung zwischen Erschließungsanlage und („Hinterlieger"-)Grundstück herstellen mit der Maßgabe, dass es als erschlossen anzusehen ist. Das gilt auch für zufahrtslose Hinterliegergrundstücke, die mit der Anbaustraße (nur) durch einen unbefahrbaren privaten oder öffentlichen (§ 127 Abs. 2 Nr. 2) Wohnweg verbunden sind (BVerwGE 74, 149 = NVwZ 1986, 1023 = DVBl 1986, 747 = DÖV 1987, 27 = KStZ 1986, 169 = BauR 1986, 565 = ZMR 1986, 326 und BVerwGE 79, 1 = NVwZ 1988, 630 = DVBl 1988, 896, DÖV 1988, 789 = KStZ 1988, 110 = ZMR 1988, 195 sowie VGH Kassel, NVwZ-RR 1989, 44). Als Kriterien für das Erschlossensein eines Hinterliegergrundstücks werden zusätzlich die einheitliche Nutzung der Grundstücke und die schutzwürdige Erwartung der übrigen Beitragspflichtigen genannt, dass mit einer Inanspruchnahme der Anbaustraße auch durch das Hinterliegergrundstück zu rechnen ist (BVerwG, NVwZ-RR 1998, 67 = ZMR 1998, 57). Bei der Beurteilung der Frage, ob mehrere Grundstücke, die durch einen privaten Weg mit einer öffentlichen Anbaustraße verbunden sind, als von dieser beitragsfähigen Anlage erschlossen zu qualifizieren sind, ist ausschlaggebend darauf abzustellen, ob die Eigentümer der übrigen von der beitragsfähigen Anbaustraße erschlossenen Grundstücke vernünftigerweise erwarten können, dass Grundstücke, die an dem an dieser Anbaustraße einmündenden Weg liegen, zu ihren Gunsten – beitragsmindernd – an der Verteilung des Aufwandes für die öffentliche Erschließungsanlage zu beteiligen sind. Das trifft nicht zu, wenn der private Weg seinerseits nach den tatsächlichen Verhältnissen einem unbefangenen Beobachter nicht den Eindruck (nur) eines „Anhängsels" der Anbaustraße, sondern den einer eigenständigen Anlage vermittelt, die von der öffentlichen Anbaustraße lediglich in einem Maß abhängig ist, wie dies für mehr oder weniger kleine Straßen üblich zu sein pflegt (BVerwG, DÖV 2001, 37).

6. Erschlossensein durch nicht befahrbare Verkehrsanlagen

14 Neu in das Baugesetzbuch (§ 127 Abs. 2 Nr. 2) in den Kreis der erschließungsbeitragsfähigen Anlagen aufgenommen sind die **öffentlichen aus rechtlichen oder tatsächlichen Gründen mit Kraftfahrzeugen nicht befahrbaren Verkehrsanlagen** innerhalb der Baugebiete (zB Fußwege, Wohnwege). Nach Driehaus (Erschließungs- und Ausbaubeiträge, 7. Aufl. 2004, § 12 Rn 59 ff) ist ein durch einen beitragsfähigen Wohnweg iSd § 127 Abs. 2 Nr. 2 erschlossenes Grundstück auch

immer durch die nächste Anbaustraße erschlossen, in die der Weg einmündet (vgl im Übrigen die Erl. zu § 127 Abs. 2 Nr. 2)

7. Erschlossensein durch Sammelstraßen

Zum Begriff der **Sammelstraße** s. Rn 19 zu § 127 Abs. 2 Nr. 3. Nur die Grundstücke sind im Hinblick auf eine Sammelstraße beitragspflichtig, die in einem Baugebiet liegen, zu deren Erschließung die Sammelstraße notwendig ist. 15

8. Parkflächen und Grünanlagen als Erschließungsanlagen

Zum Begriff der **Parkflächen und Grünanlagen** s. die Erl. Rn 20 ff zu § 127 Abs. 2 Nr. 4. Sind (unselbstständige) Parkflächen und Grünanlagen als Teile von Anbau- oder Sammelstraßen anzusehen, so beurteilt sich ihre Erschließungsfunktion nach der Gesamtanlage. Für selbstständige Grünanlagen gilt, dass von ihr nur Grundstücke erschlossen werden, die so nahe an der Anlage liegen, dass sie ohne nennenswerten Zeitaufwand aufgesucht werden können (BVerwGE 48, 205 = VerwRspr 27, 692 = KStZ 1975, 231 = BauR 1975, 338 = ZMR 1976, 118). Im Hinblick auf **Grünanlagen** ist zur Ermittlung der Entfernung auf die Inanspruchnahme durch Kinder und ältere Personen abzustellen (BVerwGE 36, 155 = DVBl 1971, 214 = DÖV 1971, 389 = BauR 1971, 119). Als für diesen Personenkreis zumutbare Entfernung hat das Bundesverwaltungsgericht 200 m Luftlinie von der äußeren Grenze der der Anlage zugewandten Grundstücksseite bis zur äußersten Grenze der dem Grundstück zugewandten Seite der Anlage angesehen (BVerwG, NVwZ 1985, 833 = DVBl 1985,1175 = DÖV 1985, 1060 = BauR 1985, 557 = ZMR 1985, 349; BVerwGE 97, 185 = NVwZ 1995, 1216 = DVBl 1995, 527 = KStZ 1996, 150 und BVerwGE 97, 195 = NVwZ 1995, 1218 = DVBl 1995, 530 = DÖV 1995, 472). Auch gewerblich nutzbare Grundstücke können von der Grünanlage erschlossen sein, da auch die auf Gewerbegrundstücken arbeitenden Personen sie zur Erholung aufsuchen können, nicht jedoch Sportplätze, Friedhöfe, Schwimmbäder und Dauerkleingärten. Unabhängig von der Entfernung im einzelnen Fall können sämtliche von der Grünanlage erschlossenen Grundstücke – aus Gründen der Verwaltungspraktikabilität – zu einem gleichmäßigen Beitrag herangezogen werden (BVerwGE 36, 155 = DVBl 1971, 214 = DÖV 1971, 389 = BauR 1971, 119). 16

Parkflächen müssen, um als beitragsfähige Erschließungsanlage eingestuft zu werden, nach ihrer Erschließungsfunktion einem Abrechnungsgebiet zugeordnet werden, das wiederum im Hinblick auf den Kreis der erschlossenen Grundstücke hinreichend genau bestimmt und abgegrenzt werden kann (vgl im Einzelnen Driehaus, Erschließungs- und Ausbaubeiträge, 7. Aufl. 2004, § 12 Rn 80 ff). 17

9. Erschlossensein durch Immissionsschutzanlagen

Von **Immissionsschutzanlagen** (§ 127 Abs. 2 Nr. 5) erschlossen werden grds. die Grundstücke, die ohne sie von schädlichen Umwelteinwirkungen **nicht unerheblich betroffen** wären. Nach der Entscheidung des Bundesverwaltungsgerichts vom 19.8.1988 (BVerwGE 80, 99 = NVwZ 1989, 566 = DVBl 1988, 1162 = DÖV 1989, 220 = KStZ 1988, 225 = BauR 1988, 718 = ZMR 1988, 472) werden durch einen Wall zum Schutz vor Straßenlärm die Grundstücke erschlossen, die durch die Anlage eine **Schallpegelminderung von mindestens 3 dB(A)** erfahren (BVerwG, NVwZ 1996, 403 = DVBl 1995, 1139). Geschossflächen (Geschosse), für die durch den Lärmschutzwall keine Schallpegelminderung bewirkt wird, 18 müssen bei der Verteilung des für diese Anlage entstandenen umlagefähigen Erschließungsaufwands unberücksichtigt bleiben (sog. vertikale Differenzierung), unterschiedlichen Schallpegelminderungen etwa wegen der unterschiedlichen Entfernung zur Anlage (sog. horizontale Differenzierung) ist bei der Aufwandsverteilung angemessen Rechnung zu tragen(vgl die Kritik an der Entscheidung des Bundesverwaltungsgerichts von Kuschnerus, NVwZ 1989, 528). Bei der Verteilung des für die erstmalige Herstellung einer beitragsfähigen Lärmschutzanlage entstandenen Aufwands ist grds. kein Raum für die Anordnung eines Artzuschlags (vgl die zuletzt genannte Entscheidung des BVerwG).

10. Erschließungseinheit

19 Neu aufgenommen in das Baugesetzbuch ist die Regelung des § 131 Abs. 1 Satz 2, wonach mehrfach erschlossene Grundstücke bei gemeinsamer Aufwandsermittlung in einer **Erschließungseinheit** (§ 130 Abs. 2 Satz 3) bei der Verteilung des Aufwands nur einmal zu berücksichtigen sind. Damit ist die bisherige Rechtsprechung, die in diesen Fällen eine zweifache beitragsrechtliche Berücksichtigung von Eckgrundstücken verlangte, überholt (BVerwGE 68, 249 = NVwZ 1984, 437 = DVBl 1984, 194 = DÖV 1984, 934 = KStZ 1984, 231 = BRS 43, 118 = ZMR 1984, 103; zu den Bedenken gegen diese Neuregelung vgl Driehaus, Erschließungs- und Ausbaubeiträge, 7. Aufl. 2004, § 17 Rn 90 ff, insbesondere 91, 92). Möglicherweise hat diese Regelung (auch) mit zu der vom Bundesverwaltungsgericht nur noch in sehr engen Grenzen zugelassenen Bildung von Erschließungseinheiten geführt, da der Gesetzgeber mit der Neuregelung zu erkennen gegeben hat, dass er die zur Erschließungseinheit gehörenden Anbaustraßen begrifflich als eine Anlage betrachtet, was dann – ebenso begrifflich – nur die einmalige Heranziehung erlaubt.

IV. Zur Verteilung des Aufwands

1. Die drei Maßstäbe des Abs. 2

20 Für die Verteilung des Aufwands werden der Gemeinde in Abs. 2 drei Maßstäbe zur Verfügung gestellt. Es sind dies die Art und das **Maß der baulichen oder sonstigen Nutzung** (Nr. 1), die **Grundstücksflächen** (Nr. 2) und die **Grundstücksbreite an der Erschließungsanlage** (Nr. 3). Abs. 2 Satz 2 sieht vor, dass diese Verteilungsmaßstäbe miteinander verbunden werden können. Die in Abs. 2 genannten Maßstäbe sind abschließend, allerdings gelten sie (in dieser begrenzten Form) nur für vor Inkrafttreten des Bundesbaugesetzes erschlossene Gebiete (vgl BVerwGE 50, 2 = NJW 1976, 1115 = VerwRspr 27, 831 = DVBl 1976, 942 = KStZ 1976, 191 = BauR 1976, 198 sowie BVerwGE 70, 96 = NVwZ 1985, 277 = DVBl 1985, 126 = DÖV 1985, 535 = KStZ 1985, 51 = BauR 1984, 626 = ZMR 1984, 429).

21 In neu erschlossenen Gebieten (= Abrechnungsgebieten, vgl BVerwG, NJW 1977, 1740 = VerwRspr 29, 456 = BauR 1977, 266 = ZMR 1978, 146) ist die Zugrundelegung dieser (einfachen) Verteilungsmaßstäbe **nur** dann **zulässig**, wenn **keine unterschiedliche bauliche oder sonstige Nutzung** in Frage kommt (BVerwG, NJW 1972, 200 = VerwRspr 23, 462 = DÖV 1971, 817 = KStZ 1971, 220 = BRS 37, 233 = ZMR 1971, 389), sonst ist ein qualifizierter Verteilungsmaßstab zur Anwendung zu bringen. Keine Bedenken bestehen grds. gegen die Mehrbelastung, die sich für neu erschlossene Gebiete gegenüber alt erschlossenen Gebieten (durch Anwendung der einfachen Verteilungsmaßstäbe) ergeben, so dass auch kein Billig-

keitserlass in Frage kommt (BVerwGE 70, 96 = NVwZ 1985, 277 = DVBl 1985, 126 = DÖV 1985, 535 = KStZ 1985, 51 = BauR 1984, 626 = ZMR 1984, 429 und BverwG, NJW 1982, 2682).

2. Maßstäbe der Grundstücksfläche und der Grundstücksbreite

Als sehr **grobe Maßstäbe** sind die **Grundstücksfläche** und die **Grundstücksbreite** an der Erschließungsanlage zu bezeichnen (Abs. 2 Satz 1 Nr. 1 und 2). Sie spielen heute kaum noch eine Rolle. Höhere Anforderungen stellt bereits der Maßstab „Art und Maß der baulichen oder sonstigen Nutzung" (Abs. 2 Satz 1 Nr. 1), der allerdings noch einer Konkretisierung in der Satzung bedarf. 22

Eine **Kombination der Maßstäbe ist zulässig**, sofern dem Rechtsgedanken des Vorteilsausgleichs genügt wird. Die Verbindung kann etwa in der Weise erfolgen, dass mehrere Maßstäbe gleichzeitig angewandt werden, zB 50% des Aufwands nach Art und Maß der Nutzung, 50 % nach der Grundstücksfläche. Sie können auch miteinander verbunden werden, zB Verteilung des Aufwands nach der **Summe der Grundstücksflächen und der Geschossflächen** oder der Zahl der **Vollgeschosse iVm dem Grundstücksflächenmaßstab** (BVerwGE 57, 240 = NJW 1980, 72 = VerwRspr 30, 946 = DVBl 1979, 781 = BauR 1979, 315 = ZMR 1980, 348). 23

Für die **nach Inkrafttreten des Bundesbaugesetzes erschlossenen Grundstücke** schreibt § 131 Abs. 3 die **Berücksichtigung unterschiedlicher Nutzung nach Art und Maß** ausdrücklich vor, sofern eine **unterschiedliche bauliche oder sonstige Nutzung zulässig ist**, und zwar unter Anwendung der in Abs. 2 genannten Maßstäbe. Die Gemeinden sind daher gehalten, den in die Satzung aufzunehmenden Maßstab an diesem Gebot, das selbst noch keinen praktikablen Maßstab darstellt, auszurichten. Kommen sie dem nicht nach, hindert die fehlerhafte Verteilungsregelung das Entstehen der Beitragspflicht. Dabei kommt es nicht darauf an, ob es sich um beplante oder unbeplante Gebiete handelt (BVerwGE 42, 17 = VerwRspr 25, 237 = DVBl 1973, 502 = DÖV 1973, 352 = BauR 1974, 194 = ZMR 1973, 338). Bei der Beantwortung der Frage, ob es sich um Gebiete, die bei Inkrafttreten des Bundesbaugesetzes bereits erschlossen waren, handelt, ist darauf abzustellen, ob die Erschließungsanlage bis dahin eine beitragsrechtlich relevante Nutzbarkeit vermittelt hat, und die überwiegende Anzahl der von ihr betroffenen Grundstücke tatsächlich schon bebaut oder in erschließungsbeitragsrechtlich relevanter Weise genutzt worden ist (BVerwGE 70, 96 = NVwZ 1985, 277 = DVBl 1985, 126 = DÖV 1985, 535 = KStZ 1985, 51 = BauR 1984, 626 = ZMR 1984, 429). 24

Allgemein zur **Verteilungsregelung** ist zu sagen, dass sie (erhebliche und abgrenzbare) Unterschiede in typischen Fallgruppen nach Art und Maß dieser Nutzung angemessen, vorteilsgerecht und zugleich in der Weise erfassen muss, dass das Heranziehungsverfahren praktikabel und überschaubar bleibt (BVerwGE 57, 240 = NJW 1980, 72 = VerwRspr 30, 946 = DVBl 1979, 781 = BauR 1979, 315 = ZMR 1980, 348). Dabei hat der Ortsgesetzgeber einen weiten Ermessensspielraum. Das Abstellen auf die tatsächliche Nutzung in nicht beplanten erst nach Inkrafttreten des Bundesbaugesetzes erschlossenen Gebieten ist mit § 131 Abs. 3 vereinbar (BVerwG, NJW 1980, 2208 = VerwRspr 31, 696 = KStZ 1980, 131 = BauR 1980, 259).

3. Kombinierter Grundflächen-/Vollgeschossmaßstab

25 Dem Maß der Nutzung wird regelmäßig durch einen mit dem **Grundflächenmaßstab kombinierten Vollgeschossmaßstab** dergestalt Rechnung getragen, dass der umzulegende Aufwand in dem Verhältnis auf die erschlossenen Grundstücke verteilt wird, in dem die mit einem nach der Zahl der Vollgeschosse in der Höhe gestaffelten Vomhundertsatz vervielfältigten Grundstücksflächen zueinander stehen. Dieser Maßstab ist in der Rechtsprechung anerkannt (BVerwGE 57, 240 = NJW 1980, 72 = VerwRspr 30, 946 = DVBl 1979, 781 = BauR 1979, 315 = ZMR 1980, 348). Die **Ermittlung der Anzahl der Vollgeschosse** erfolgt regelmäßig in Anwendung der **einschlägigen Vorschriften der Landesbauordnungen**. In unbeplanten Gebieten muss die Satzung dabei bestimmen, wie das Nutzungsmaß bei unbebauten Grundstücken ermittelt wird. Dabei darf die Bebauung, die sich auf den in der näheren Umgebung gelegenen Grundstücken vorfindet, zugrunde gelegt werden (BVerwG, NVwZ 1982, 37 = BauR 1982, 476).

4. Geschossflächenmaßstab

26 Ein weiterer zulässiger Anknüpfungspunkt ist der **Geschossflächenmaßstab**, bei dessen Anwendung der Aufwand in dem Verhältnis auf die erschlossenen Grundstücke verteilt wird, in dem die zulässigen Geschossflächen oder die Summen aus Grundstücksflächen und zulässigen Geschossflächen zueinander stehen. Dabei muss die Satzung ergänzend bestimmen, wie die zulässige Geschossfläche zu ermitteln ist (zu den Einzelheiten, insbesondere auch zur Anwendung des Geschossflächenmaßstabes in unbeplanten Gebieten vgl Driehaus, Erschließungs- und Ausbaubeiträge, 7. Aufl. 2004, § 17 Rn 52 f mwN).

5. So genannter Artzuschlag

27 § 131 Abs. 3 verlangt neben der Berücksichtigung des Nutzungsmaßes die Berücksichtigung der **Nutzungsart**. Bedeutsam in diesem Zusammenhang ist, dass **gewerblich und industriell genutzte Grundstücke** hinsichtlich ihrer größeren Inanspruchnahmemöglichkeit vor allem der Straßen gegenüber Grundstücken mit Wohnnutzung **stärker mit Beiträgen** belastet werden (BVerwGE 62, 300 = NVwZ 1982, 244 = DVBl 1982, 72, = BauR 1982, 157). Dabei darf sich der Zuschlag bei Grundstücken in anderen als beplanten Gewerbe- und Industriegebieten nach der tatsächlichen Nutzung richten (BVerwGE 57, 240 = NJW 1980, 72 = VerwRspr 30, 946 = DVBl 1979, 781 = BauR 1979, 315 = ZMR 1980, 348; BVerwG, NVwZ-RR 2000, 456). Über den Artzuschlag hinaus muss jedoch nicht auch ein maßbezogener Artzuschlag gemacht werden (BVerwG, VerwRspr 32, 84 = KStZ 1981, 9 = BauR 1980, 563). Die Erhebung des Artzuschlags kann wegen gewerblicher Nutzung eines im qualifiziert beplanten Wohngebiet liegenden doppelt erschlossenen gewerblich genutzten Grundstücks ausnahmsweise dann unzulässig sein, wenn der durch die gewerbliche Nutzung verursachte Verkehr ausschließlich über die andere Anbaustraße abgewickelt wird und aufgrund der erkennbaren tatsächlichen Grundstücksverhältnisse auch nur abgewickelt werden kann (BVerwG, NVwZ 1998, 1188 = KStZ 1999, 18). Auch ist die Anordnung eines Artzuschlags für durch eine selbstständige Grünanlage erschlossene überwiegend gewerblich genutzte Grundstücke zB in allgemeinen Wohngebieten nicht mit § 131 Abs. 3 vereinbar (BVerwGE 100, 104 = NVwZ 1996, 803 = DÖV 1996, 744 = KStZ 1997, 75).

Bei der **Regelung des Zuschlags** steht dem Ortsgesetzgeber ein **weites Bewertungsermessen** zu. So werden Zuschläge von 50% und 25% auf den für die Berücksichtigung des Maßes der Nutzung maßgeblichen Faktor von der Rechtsprechung nicht beanstandet. Eine Mehrbelastung von mindestens 10 % wird indes für unerlässlich erachtet (BVerwG, DVBl 1982, 1052 = DÖV 1982, 992 = BauR 1982, 464; zum grundstücksbezogenen Artzuschlag für unbebaute und ungenutzte Grundstücke im unbeplanten Innenbereich vgl BVerwG, NVwZ 1990, 870 = ZfBR 1990, 210 = ZKF 1990, 159; zu den Anforderungen an die satzungsrechtliche Regelung bei Artzuschlag in unbeplanten Kern-, Gewerbe- und Industriegebieten vgl BVerwG, 3.1.2000 – 11 B 24/99; zum Artzuschlag, wenn nur ein kleiner Teil eines im Übrigen ungenutzten Grundstücks gewerblich genutzt wird vgl BVerwG, NVwZ-RR 2000, 456). 28

Das Bundesverwaltungsgericht hält es wegen des Differenzierungsgebots des § 131 Abs. 3 für erforderlich, eine den sog. grundstücksbezogenen Artzuschlag regelnde Satzungsbestimmung im Tatbestandsmerkmal „Gewerbe“ dahin auszulegen, dass von ihm auch Nutzungen erfasst werden, die der gewerblichen Nutzung iS darin ähnlich sind, dass sie wie diese eine im Vergleich zur Wohnnutzung deutlich intensivere Inanspruchnahme der Anbaustraßen auslösen, BVerwGE 78, 321 = NVwZ 1988, 632 = DVBl 1988, 893 = DÖV 1988, 786 = ZMR 1988, 151). Diese Rechtsprechung ist auf Kritik gestoßen (vgl Gern, NVwZ 1989, 534; zum Artzuschlag, wenn nur ein kleiner Teil eines im Übrigen ungenutzten Grundstücks gewerblich genutzt wird vgl BVerwG, NVwZ-RR 2000, 456). 29

6. Verteilung des Aufwands für Immissionsschutzanlagen

Besondere Schwierigkeiten bereitet die Verteilung des Aufwands für **Lärmschutzanlagen** (vgl § 127 Abs. 2 Nr. 5). Der Satzungsgeber hat bei der Aufwandsverteilung für eine Lärmschutzanlage erheblich unterschiedlichen Schallpegelminderungen Rechnung zu tragen (vgl Kommentierung zu § 131 Rn 18 und BVerwGE 80, 99 = NVwZ 1989, 566 = DVBl 1988, 1162 = DÖV 1989, 220 = KStZ 1988, 225 = BauR 1988, 718 = ZMR 1988, 472 und die Kritik von Kuschnerus, NVwZ 1989, 528). 30

7. Eckgrundstücksvergünstigungen

Eine Besonderheit bei der Festlegung des Verteilungsmaßstabes stellt die **Eckgrundstücksvergünstigung** (auch die **Zwischenliegervergünstigung** für Grundstücke zwischen zwei Erschließungsanlagen) dar. Es handelt sich bei den begünstigten Grundstücken um solche, die von mehreren gleichartigen Erschließungsanlagen erschlossen werden. Der Satzungsgeber kann für diese Grundstücke – muss es aber nicht – eine Vergünstigung **zu Lasten der übrigen Beitragspflichtigen** oder im Wege des Beitragserlasses **zu Lasten der Gemeinde vorsehen.** Häufig sehen die Satzungen vor, dass diese Grundstücke nur zu zwei Dritteln des sonst sich nach dem Maßstab ergebenden Wertes an der Verteilung teilnehmen (vgl BVerwG, NVwZ 1986, 566 = DVBl 1986, 349 = DÖV 1986, 472 = BauR 1986, 472 = ZMR 1986, 176). Die Vergünstigung wird regelmäßig **auf Wohngrundstücke beschränkt**, weil gerade hier der zusätzliche Vorteil, der von der weiteren Erschließungsanlage ausgeht, geschmälert ist (zur Wirksamkeit einer satzungsmäßigen Artzuschlagsregelung und einer satzungsmäßigen Vergünstigungsregelung für mehrfach erschlossene Grundstücke vgl BVerwG, NVwZ-RR 1998, 64 = DVBl 1998, 47 = ZMR 1997, 546). 31

Wird die **Ecklage** durch eine **klassifizierte Straße** begründet, die nicht voll in der Baulast der Gemeinde steht, so darf sich die Vergünstigung nur auf solche (Teil-) 32

Anlagen beziehen, deren Herstellung einen beitragsfähigen Erschließungsaufwand auszulösen geeignet ist (BVerwG, NVwZ 1990, 374 = KStZ 1990, 39 = ZfBR 1990, 158 = ZKF 1990, 232). Was die Höhe der Vergünstigung betrifft, so darf die Belastung des Grundstücks für beide Straßen nicht wesentlich niedriger sein als die Belastung eines nur einfach erschlossenen Grundstücks, was bei einem um mehr als 10% geringeren Beitrags allerdings zu bejahen ist (vgl BVerwG, NVwZ 1986, 566 = DVBl 1986, 349 = DÖV 1986, 472 = BauR 1986, 330 = ZMR 1986, 176). Bei **übergroßen Eckgrundstücken** darf die Ermäßigungsregelung nicht auf das gesamte Grundstück erstreckt werden. Bei ungewöhnlich großen Eckgrundstücken kann es aber bereits an der Mehrfacherschließung fehlen, so dass eine Eckermäßigung schon deshalb nicht in Betracht kommt (vgl BVerwG, NVwZ 1989, 1072 = DVBl 1989, 675 = KStZ 1990, 31 = ZMR 1989, 46).

§ 132 Regelung durch Satzung

Die Gemeinden regeln durch Satzung
1. **die Art und den Umfang der Erschließungsanlagen im Sinne des § 129,**
2. **die Art der Ermittlung und der Verteilung des Aufwands sowie die Höhe des Einheitssatzes,**
3. **die Kostenspaltung (§ 127 Abs. 3) und**
4. **die Merkmale der endgültigen Herstellung einer Erschließungsanlage.**

1 Die Gemeinden haben die in § 132 Nr. 1–4 genannten Materien in der **Erschließungsbeitragssatzung** zu regeln. Da eine wirksame Satzung Voraussetzung für das Erheben von Erschließungsbeiträgen ist, sind die Gemeinden grds. zu ihrem Erlass verpflichtet, da sie nur so ihrer Beitragserhebungspflicht nachkommen können. Die Satzung kann sich rückwirkende Kraft beilegen, was aber deshalb von geringer Bedeutung ist, weil Erschließungsbeiträge nur aufgrund einer gültigen Satzung entstehen können (zum rückwirkenden Ersetzen einer nichtigen durch eine wirksame Verteilungsregelung vgl BVerwG, NVwZ 1990, 168 = DVBl 1989, 678 = ZKF 1990, 137). Daher kann die **Verjährungsfrist** für den Beitrag nicht zu laufen beginnen, ehe eine rechtsgültige Satzung vorliegt (vgl BVerwG, DVBl 1983, 135 = DÖV 1983, 469 = KStZ 1983, 95 = BauR 1983, 359). Setzt eine Gemeinde nach dem Erlass einer Abweichungssatzung über den Verzicht auf einzelne Merkmale der endgültigen Herstellung der allgemeinen Erschließungsbeitragssatzung eine neue allgemeine Erschließungsbeitragssatzung in Kraft, lässt dies die Wirksamkeit der konkreten Maßnahmesatzung regelmäßig unberührt. Etwas Anderes gilt nur, wenn der Satzungsgeber seinen Revisionswillen auch im Hinblick auf die Abweichungssatzung konkret zum Ausdruck bringt (VGH Kassel, KStZ 2006, 195). Das Zustandekommen der Satzung richtet sich nach dem Kommunalrecht der Länder und dem Ortsrecht.

2 **Nr. 1**: Eine **Beitragspflicht** kann nur für die **Arten von Erschließungsanlagen** entstehen, die **in der Satzung aufgeführt** sind. Zum Umfang der Erschließungsanlagen (zB die Breite einer Anbaustraße) ist zu sagen, dass diese nicht aufwendiger hergestellt werden dürfen, als es zur zulässigen Nutzung der Flächen erforderlich ist; wird dieser Rahmen überschritten, verliert die Gemeinde insoweit ihren Beitragsanspruch. Die Höchstbreiten der zum Anbau bestimmten Straßen sind unter-

schiedlich entsprechend der Art der zulässigen Nutzung (zB einseitig, beiderseitig zum Anbau bestimmt, Geschossflächenzahl) festzusetzen. Eine einheitliche Festsetzung von Art und Umfang der Erschließungsanlagen für das gesamte Gemeindegebiet verbietet sich regelmäßig im Hinblick auf wohl stets bestehende strukturelle Verschiedenheiten der einzelnen Baugebiete.

Nr. 2: Durch die Regelung des § 132 Nr. 2 wird die Gemeinde verpflichtet, in der Satzung die in § 131 Abs. 2 zur Verfügung gestellten **Maßstäbe** zu präzisieren bzw eine Auswahl zu treffen. Ohne eine solche satzungsrechtliche Regelung kann der Erschließungsbeitrag nicht ermittelt werden und damit nicht entstehen. Die **Selbstbeteiligung** der Gemeinde am beitragsfähigen Erschließungsaufwand in Höhe von mindestens 10 vH (§ 129 Abs. 1 S. 3) ist grundsätzlich bei dem Erschließungsaufwand für die einzelne Erschließungslage in Abzug zu bringen. Ein Abzug im Rahmen der Bemessung der **Einheitssätze** ist allenfalls dann als zulässig anzusehen, wenn gewährleistet ist, dass bei allen Erschließungsanlagen mindestens 10 vH des beitragsfähigen Erschließungsaufwandes von der Gemeinde getragen werden (BVerfGE 33, 265 = DÖV 1972, 855). Einheitssätze (im Einzelnen siehe Kommentierung zu § 130) können auch in einer Anlage zur gemeindlichen Erschließungsbeitragssatzung beschlossen werden (VGH München, 23.3.2005 – 6 CS 04.887). 3

Neben dem Verteilungsmaßstab ist auch die Höhe des **Gemeindeanteils** jedenfalls dann in der Satzung festzulegen, wenn er über dem in § 129 Abs. 1 Satz 3 vorgesehenen Anteil von 10 % liegt.

Nr. 3: Will die Gemeinde von der Möglichkeit der **Kostenspaltung** (vgl dazu Erl. zu § 127 Abs. 3) Gebrauch machen, muss sie eine dahin gehende satzungsrechtliche Entscheidung treffen, die dann allgemein oder auch im Einzelfall die Kostenspaltung zulässt (jedoch nicht vorschreibt). Eine satzungsrechtliche Regelung für den Einzelfall ist nicht erforderlich und auch nicht üblich. Welches Gemeindeorgan für den Beschluss über die Kostenspaltung zuständig ist, ergibt sich aus dem Landeskommunalrecht. Jedenfalls bedarf es eines Ausspruchs im Einzelfall, der in den Akten niedergelegt und nachweisbar sein muss. Der Ausspruch der Kostenspaltung muss eindeutig erkennen lassen, welche Teileinrichtung abgerechnet werden soll (BVerwG v. 8.7.1998 – 8 B 129.97). Wird im Wege der Kostenspaltung (teilweise) abgerechnet, so hat sich das aus dem Beitragsbescheid zu ergeben, damit nicht der Eindruck erweckt wird, es handele sich um den endgültigen Gesamterschließungsbeitrag (vgl BVerwG, BRS 37, 124 = ZMR 1970, 252). 4

Nr. 4: Auch die **Merkmale der endgültigen (erstmaligen) Herstellung** der Erschließungsanlagen gehören zu den unabdingbar notwendigen Regelungsmaterien des Satzungsgebers. Ihre Regelung ist rechtserheblich für das Entstehen der Beitragspflicht. Sie werden nicht für den Einzelfall sondern allgemein getroffen. Sind die Herstellungsmerkmale noch nicht alle erfüllt, kann der Erschließungsbeitrag nicht entstehen (vgl BVerwG, VerwRspr 29, 968 = KStZ 1979, 129 = BauR 1978, 133 = ZMR 1979, 972). 5

Neben der Regelung, welche Teileinrichtung endgültig hergestellt sein muss, um die Erschließungsanlage als fertig gestellt anzusehen, sind die **Merkmale der endgültigen Herstellung** nur dann ausreichend durch Satzung geregelt, wenn für die Verkehrsanlagen die Art und Weise der bautechnischen Ausgestaltung festgelegt wird. Für die sonstigen Erschließungsanlagen muss die Merkmalsregelung auf die Erfüllung tatsächlicher Herstellungsmerkmale abstellen (BVerwGE 72, 143 = NVwZ 1986, 130 = DVBl 1986, 347 = KStZ 1986, 11 = BauR 1986, 80 = ZMR 1986, 25). Der Sinn der Verpflichtung der Gemeinde, die Herstellungsmerkmale in der Satzung zu regeln, liegt jedenfalls bei äußerlich sichtbaren Merkmalen darin, dem beitragspflichtigen Bürger aus einem Vergleich der normierten und der verwirklichten Merkmale erkennbar zu machen, zu welchem Zeitpunkt die Anlage endgültig hergestellt und demzufolge mit einer Veranlagung zu rechnen ist (vgl VG Münster, 31.8.2006 – 3 K 4002/03).

Der **Grunderwerb** kann – muss aber nicht – Merkmal der endgültigen Herstellung sein (BVerwGE 85, 66 = NVwZ 1990, 873 = DVBl 1990, 786 = DÖV 1990, 784 = KStZ 1990, 159 = ZfBR 1990, 250 = ZKF 1990, 185). Für Anbaustraßen verlangt das Bundesverwaltungsgericht nicht, dass in der Satzung eine Flächeneinteilung vorgenommen wird. Geregelt sein muss aber die Teileinrichtung und Entwässerung (BVerwG, BauR 1970, 116 = ZMR 1969, 375).

6 Bleibt der Ausbau einer Erschließungsanlage im Einzelfall hinter den satzungsrechtlichen Herstellungsmerkmalen zurück (wird zB nur ein Gehweg gebaut, obwohl beiderseitige Gehwege vorgesehen sind), so entsteht der Beitrag erst, wenn die Gemeinde eine sog. **Änderungssatzung** (**Abweichungsbeschluss**) gefasst hat, die zum Ausdruck bringt, inwieweit der tatsächliche Ausbau im Einzelfall hinter den allgemeinen satzungsrechtlichen Anforderungen zurückbleibt (vgl BVerwGE 30, 207 = VerwRspr 20, 319 = DVBl 1969, 274 = DÖV 1969, 287 = KStZ 1969, 140 = ZMR 1969, 148). So kann die Abweichungssatzung zB besagen, dass abweichend von der Satzung in der A-Straße nur ein Gehweg oder kein Radweg gebaut wird.

7 Nach Ansicht des OVG Münster (NWVBl. 1997, 424 = DVBl 1997, 1073 L) gehört der **Unterbau einer Anbaustraße** weder als Herstellungsmerkmal iSv § 132 Nr. 4 noch als Bestandteil eines konkreten Bauprogramms zu den Einrichtungen, von deren Verwirklichung die endgültige Herstellung der Straße abhängt (§ 133 Abs. 2 Satz 1), so dass zur Erfüllung der Herstellungsmerkmale bei flächenmäßigen Teileinrichtungen auch eine mängelbehaftete Ausführung der technischen Baumaßnahme genüge. Zusätzliche Kosten durch Nachbesserungen müssen dann indes zu Lasten der Gemeinde gehen.

8 Die Merkmalsregelung einer Satzung, die **Immissionsschutzanlagen** für endgültig hergestellt erklärt, wenn alle Bestandteile entsprechend dem Ausbauprogramm ausgeführt sind, genügt den Anforderungen des § 132 Nr. 4 (BVerwGE 80, 99 = NVwZ 1989, 566 = DVBl 1988, 1162 = DÖV 1989, 220 = KStZ 1988, 225 = BauR 1988, 718 = ZMR 1988, 472).

9 Die (teilweise) **Unwirksamkeit der Merkmalsregelung** hat nicht zur Folge, dass auch die anderen satzungsrechtlichen Bestimmungen unwirksam sind. Der Satzungsgeber kann daher die unwirksamen Regelungen durch wirksame ersetzen. Ein zunächst rechtswidriger Bescheid kann dadurch geheilt werden und die Beitragspflicht entstehen (vgl BVerwGE 50, 2 = NJW 1976, 1115 = VerwRspr 27, 831 = DVBl 1976, 942 = KStZ 1976, 191 = BauR 1976, 198 = ZMR 1976, 253).

§ 133 Gegenstand und Entstehung der Beitragspflicht

(1) Der Beitragspflicht unterliegen Grundstücke, für die eine bauliche oder gewerbliche Nutzung festgesetzt ist, sobald sie bebaut oder gewerblich genutzt werden dürfen. Erschlossene Grundstücke, für die eine bauliche oder gewerbliche Nutzung nicht festgesetzt ist, unterliegen der Beitragspflicht, wenn sie nach der Verkehrsauffassung Bauland sind und nach der geordneten baulichen Entwick-

lung der Gemeinde zur Bebauung anstehen. Die Gemeinde gibt bekannt, welche Grundstücke nach Satz 2 der Beitragspflicht unterliegen; die Bekanntmachung hat keine rechtsbegründende Wirkung.

(2) Die Beitragspflicht entsteht mit der endgültigen Herstellung der Erschließungsanlagen, für Teilbeträge, sobald die Maßnahmen, deren Aufwand durch die Teilbeträge gedeckt werden soll, abgeschlossen sind. Im Falle des § 128 Abs. 1 Satz 1 Nr. 3 entsteht die Beitragspflicht mit der Übernahme durch die Gemeinde.

(3) Für ein Grundstück, für das eine Beitragspflicht noch nicht oder nicht in vollem Umfang entstanden ist, können Vorausleistungen auf den Erschließungsbeitrag bis zur Höhe des voraussichtlichen endgültigen Erschließungsbeitrags verlangt werden, wenn ein Bauvorhaben auf dem Grundstück genehmigt wird oder wenn mit der Herstellung der Erschließungsanlagen begonnen worden ist und die endgültige Herstellung der Erschließungsanlagen innerhalb von vier Jahren zu erwarten ist. Die Vorausleistung ist mit der endgültigen Beitragsschuld zu verrechnen, auch wenn der Vorausleistende nicht beitragspflichtig ist. Ist die Beitragspflicht sechs Jahre nach Erlass des Vorausleistungsbescheids noch nicht entstanden, kann die Vorausleistung zurückverlangt werden, wenn die Erschließungsanlage bis zu diesem Zeitpunkt noch nicht benutzbar ist. Der Rückzahlungsanspruch ist ab Erhebung der Vorausleistung mit 2 vom Hundert über dem Diskontsatz der Deutschen Bundesbank jährlich zu verzinsen. Die Gemeinde kann Bestimmungen über die Ablösung des Erschließungsbeitrags im Ganzen vor Entstehung der Beitragspflicht treffen.

I. Der Beitragspflicht unterliegende Grundstücke (Abs. 1)

1. Begriff des Baulands

1 **Abs. 1** regelt, unter welchen Voraussetzungen (unbebaute und bebaute) Grundstücke, deren baurechtlich geforderte Erschließung gesichert ist, der **Beitragspflicht** unterliegen. Es werden zwei Gruppen von Grundstücken unterschieden:

2 Grundstücke, für die eine bauliche oder gewerbliche Nutzung festgesetzt ist, werden beitragspflichtig, sobald sie rechtlich und tatsächlich baulich oder gewerblich genutzt werden können (Satz 1). Die Nutzungsfestsetzung ergibt sich in aller Regel aus den Festsetzungen eines (nicht notwendig qualifizierten) Bebauungsplans. Es kommt nicht darauf an, ob die von dem Eigentümer konkret geplante Nutzung möglich ist, sondern **entscheidend** ist allein, **ob die planungsrechtlich festgesetzte Nutzung realisiert werden kann.** An dieser Voraussetzung fehlt es noch zB, wenn die Grundstücke wegen ihres Zuschnitts oder ihrer Größe nicht gem. dem Bebau-

ungsplan bebaut werden können, wenn den bauordnungsrechtlichen Anforderungen an die Bebauung nicht genügt ist, wenn eine Veränderungssperre oder Anbaubeschränkungen (-verbote) nach den Straßengesetzen, dem Naturschutzrecht, Wasserrecht, Luftverkehrsrecht bestehen. Die Grundstücke unterliegen in derartigen Fällen erst dann der Beitragspflicht, wenn die genannten Hindernisse fortgefallen sind.

3 Sind **keine verbindlichen Festsetzungen** über die bauliche oder gewerbliche Nutzung getroffen, so müssen folgende Merkmale insgesamt erfüllt sein (Satz 2):

- die **Grundstücke müssen erschlossen sein**, dh die üblicherweise in Betracht kommenden Erschließungsanlagen (auch Versorgungseinrichtungen) müssen vorhanden und benutzbar sein; der Bebauung dürfen keine rechtlichen Hindernisse entgegenstehen.
- Die Grundstücke müssen **nach der Verkehrsauffassung Baulandeigenschaft** besitzen.
- Die Grundstücke müssen nach der geordneten Entwicklung der Gemeinde **zur Bebauung anstehen**. Anhaltspunkte hierfür sind in Aufstellung begriffene Bebauungspläne, Flächennutzungspläne, innerhalb der im Zusammenhang bebauten Ortsteile die Kriterien des § 34. Ein Grundstück steht zur Bebauung an, sobald es in zulässiger (und nicht nur gänzlich unterwertiger) Weise einer Bebauung zugeführt werden darf.
- Bebaubarkeit muss sich nicht darüber hinaus „anbieten" oder „aufdrängen" (BVerwG, DVBl 1978, 301 = DÖV 1978, 58 = KStZ 1978, 15 = BRS 37, 194).
- Bei den Anforderungen des Abs. 1 handelt es sich um objektive, gerichtlich nachprüfbare Voraussetzungen. Ein **Ermessensspielraum der Gemeinde besteht nicht**. Um die betroffenen Eigentümer möglichst frühzeitig zu unterrichten, sind die unter Abs. 1 Satz 2 fallenden Grundstücke (in angebrachten Abständen) von der Gemeinde bekannt zu machen. Mitteilung an die Eigentümer im Einzelfall reicht aus. Eine besondere Form ist nicht vorgeschrieben. Die Bekanntmachung hat keine rechtsbegründende Wirkung, insbesondere keine Bedeutung für die Beitragspflicht (§ 133 Abs. 1 Satz 3).

4 Von vornherein scheiden solche Grundstücke aus dem Kreis der beitragspflichtigen Grundstücke aus, die bereits nicht iSd § 131 Abs. 1 Satz 1 erschlossen sind (vgl dazu im Einzelnen dort). Auch gemeindeeigene Grundstücke, die nicht mit einem Erbbaurecht belastet sind, unterliegen (noch) nicht der Beitragspflicht. Sie kann erst nach der Übertragung des Eigentums bzw Bestellung eines Erbbaurechts entstehen (BVerwG, DVBl 1984, 188 = DÖV 1984, 590 = KStZ 1984, 34 = BRS 43, 265 und BVerwG, NVwZ 1985, 912 = KStZ 1986, 34 = BRS 43, 271 = ZMR 1985, 352). Bei einer als „**Kinderspielplatz**" planerisch betroffenen Fläche ist mangels erschließungsbeitragsrechtlich relevanter Nutzbarkeit der Baulandbegriff des BauGB § 133 Abs. 1 nicht erfüllt (VGH München, BayVBl. 2003, 569).

5 Mit dem Begriff **Bauland** in Satz 2 wird dasselbe zum Ausdruck gebracht wie in Satz 1 mit dem Begriff Grundstücke, für die eine bauliche Nutzung festgesetzt ist. Beide sind erschließungsbeitragsrechtliche Begriffe (BVerwG, NJW 1980, 1973 = VerwRspr 31, 840 = DVBl 1980, 755 = KStZ 1980, 170 = BauR 1980, 351 = ZMR 1981, 377).

6 Ein mit einem bestandsgeschützten Bauwerk bebautes Grundstück, das nicht mehr bebaut werden darf, ist nicht beitragspflichtig (BVerwG, NJW 1975, 323 = VerwRspr 27, 46 = DVBl 1975, 378 = DÖV 1975, 104 = KStZ 1975, 111 =

ZMR 1975, 152). Da es iR des § 133 Abs. 1 auf die abstrakte Bebaubarkeit eines Grundstücks ankommt, entfällt die Beitragspflicht nicht, wenn bereits feststeht, dass es künftig nicht mehr bebaut werden darf, dies jedoch im Zeitpunkt der Entstehung des Beitrags noch der Fall ist (BVerwGE 47, 64 = NJW 1975, 323 = VerwRspr 27, 49 = DVBl 1975, 375 = DÖV 1975, 105 = KStZ 1975, 68 = BauR 1975, 124 = ZMR 1975, 69; zur Beeinträchtigung der Bebaubarkeit durch Veränderungssperre vgl BVerwG, NJW 1970, 876 = DVBl 1970, 417 = DÖV 1970, 425 = BauR 1970, 43 = ZMR 1970, 141).

Abstrakt **bebaubar ist ein Grundstück** dann **nicht**, wenn es wegen geringer Größe 7
oder seines Zuschnitts nur zusammen mit anderen Grundstücken, die nicht demselben Eigentümer gehören, baurechtlich relevant genutzt werden kann, wohl aber sind mehrere demselben Eigentümer gehörende Grundstücke bebaubar, wenn sich die Bebaubarkeit erst durch ihre „grenzüberschreitende" Inanspruchnahme ergibt (BVerwG, VerwRspr 25, 727 = KStZ 1973, 196 = BauR 1973, 243). ISd § 133 Abs. 1 bebaubar ist ein durch eine Anbaustraße erschlossenes Hinterliegergrundstück, wenn es in der Hand des Eigentümers liegt, mit Blick auf diese Anlage die Erreichbarkeitsanforderungen zu erfüllen, von denen das (bundesrechtliche) Bebauungsrecht und das (landesrechtliche) Bauordnungsrecht die bauliche oder gewerbliche Nutzung des Grundstücks abhängig machen. Dies liegt bei der Identität von Hinterliegergrundstück und Anliegergrundstück regelmäßig vor (BVerwGE 92, 157 = NVwZ 1993, 1203 = DVBl 1993, 667 = DÖV 1993, 716). Als nicht bebaubar gelten Grundstücke, auf denen nur eine ganz unterwertige Nutzung in Frage kommt. Das ist jedoch bei der Bebaubarkeit mit einer Garage grds. nicht der Fall (BVerwG, DVBl 1978, 301 = DÖV 1978, 58 = KStZ 1978, 15 = BauR 1978, 131 und BVerwG, NVwZ 1998, 73 = DVBl 1997, 497 = DÖV 1997, 299 = KStZ 1998, 17; vgl auch BVerwGE 102, 159 = NVwZ 1998, 72 = DVBl 1997, 496 sowie BVerwGE 89, 177 = NVwZ 1992, 575 = KStZ 1992, 51 = ZMR 1992, 123).

2. Erschlossene Grundstücke iSv § 133 Abs. 1 Satz 2

Der Begriff **erschlossene Grundstücke** in § 133 Abs. 1 Satz 2 (auch Satz 1 geht, 8
ohne dies ausdrücklich zu sagen, nur von erschlossenen Grundstücken aus), geht über den Begriff der erschlossenen Grundstücke in § 131 Abs. 1 Satz 1 hinaus und bedeutet einmal, dass sie **baulich oder erschließungsbeitragsrechtlich vergleichbar genutzt werden dürfen**, zum anderen im Hinblick zB auf eine Anbaustraße, dass von dem Grundstück aus **rechtlich wie tatsächlich ungehindert eine Zufahrt zur Straße genommen werden kann**, was solange nicht der Fall ist, wie der Benutzung noch rechtliche oder tatsächliche Hindernisse entgegenstehen (BVerwGE 68, 41 = NVwZ 1984, 172, DVBl 1984, 184 = DÖV 1984, 115 = KStZ 1983, 226 und BVerwG, NVwZ 1987, 56 = DVBl 1987, 628 = KStZ 1986, 211 = BauR 1987, 202 = ZMR 1987, 68). Verlangt das Bebauungsrecht für die erschließungsbeitragsrechtlich relevante Nutzung des Grundstücks seine Erreichbarkeit durch eine Zufahrt an die Grundstücksgrenze, so ist das Grundstück erst erschlossen, wenn einer solchen Zufahrtsmöglichkeit entgegenstehende Hindernisse ausgeräumt sind (BVerwG, NVwZ 1989, 570 = ZMR 1989, 73).

II. Entstehen der Beitragspflicht (Abs. 2)

1. Endgültige Herstellung

9 Nach **Abs. 2 entsteht die** (sachliche) **Beitragspflicht** – dh die Beitragsforderung kann von der Gemeinde geltend gemacht werden – **im Zeitpunkt der endgültigen Herstellung** der Erschließungsanlage. Eine Anlage ist endgültig hergestellt, sobald sie den Herstellungsmerkmalen einer gültigen Satzung (§ 132 Nr. 4) entspricht und der entstandene Aufwand feststellbar ist, also regelmäßig mit dem **Eingang der letzten Unternehmerrechnung** (BVerwGE 49, 131 = DÖV 1976, 95 = BauR 1976, 120 = ZMR 1976, 114). Nach OVG Münster (NWVBl. 1997, 424) kann zur Erfüllung der Herstellungsmerkmale bei flächenmäßigen Teileinrichtungen auch eine mängelbehaftete Ausführung der technischen Baumaßnahmen genügen. Der maßgebende Zeitpunkt kann sich verschieben. Wird eine Straße erst nach ihrer tatsächlichen Herstellung dem öffentlichen Verkehr gewidmet, so entsteht die Beitragspflicht erst im Zeitpunkt der **Widmung** (BVerwG, KStZ 1975, 71 = BauR 1975, 127; zur nachträglichen „Umwandlung" einer endgültig hergestellten Außenbereichsstraße in eine Anbaustraße infolge Inkrafttretens eines Bebauungsplans vgl BVerwGE 99, 308 = NVwZ 1996, 799 = DVBl 1996, 379 = KStZ 1996, 213). Die Beitragspflicht **entsteht** solange **nicht, wie es an einer gültigen Satzung fehlt.** Tritt eine Satzung ohne Rückwirkung erst nach endgültiger Herstellung der Erschließungsanlage in Kraft, so entsteht die Beitragspflicht erst mit dem Inkrafttreten der Satzung (BVerwG, VerwRspr 25, 573 = DVBl 1974, 294 = KStZ 1974, 112 = BauR 1974, 91). Macht die Gemeinde von dem Recht der Kostenspaltung Gebrauch, so entsteht für die bereits fertig gestellten Teilmaßnahmen die Beitragspflicht erst mit dem Ausspruch der Kostenspaltung (BVerwG, DVBl 1970, 834 = BauR 1970, 42 = ZMR 1970, 148 und BVerwG, NVwZ 1993, 1205 = KStZ 1995, 36). Bei gemeinsamer Aufwandsermittlung für mehrere Erschließungsanlagen ist auf die endgültige Herstellung sämtlicher Anlagen abzustellen (BVerwG, DVBl 1979, 122).

10 Neben der endgültigen Herstellung müssen sämtliche weiteren gesetzlichen Voraussetzungen für das Entstehen der Beitragspflicht gegeben sein (BVerwG, VerwRspr 29, 463 = KStZ 1978, 110 = BauR 1977, 411 = ZMR 1978, 346; zum maßgeblichen Zeitpunkt für die Beurteilung der Rechtmäßigkeit eines Erschließungsbeitragsbescheids durch das VG vgl BVerwG, NVwZ 1991, 360 = ZKF 1991, 11 sowie zum maßgeblichen Zeitpunkt für die gerichtliche Prüfung einer auf Erlass einer Abgabenforderung gerichteten Verpflichtungsklage VGH München, KStZ 1991, 39).

11 Bezieht sich ein Erschließungsbeitragsbescheid auf die Kosten mehrerer Teilanlagen und ist eine Teilanlage noch nicht iSd § 133 Abs. 2 Satz 1 hergestellt, so unterliegt der Bescheid nur der Teilaufhebung. Soweit der Kläger die Änderung des Bescheides begehrt, darf das Gericht die Festsetzung des richtigen Betrages nur dann nach § 113 Abs. 2 Satz 2 VwGO in seiner Fassung des 4. Neuregelungsgesetzes vom 17.12.1990 der Behörde überlassen, wenn die gerichtliche Festsetzung auf ernsthafte Schwierigkeiten stößt und eine solche Entscheidung bei Abwägung der Belange diesen zumutbar ist. Diese Voraussetzungen sind nach Ansicht des Bundesverwaltungsgerichts im Zusammenhang mit Erschließungsbeiträgen regelmäßig nicht erfüllt (BVerwG, DVBl 1991, 449; = ZMR 1991, 153 vgl aber VGH Kassel, 16.6.2004 – 5 UE 1701/02 – Gemeindehaushalt 2005, 16).

Tritt nach endgültiger Herstellung aber vor Entstehen der Beitragspflicht eine Satzung in Kraft, die gegenüber dem bisherigen Satzungsrecht weitergehende Merkmale der endgültigen Herstellung der Erschließungsanlage regelt, so bleibt es bei der endgültigen Herstellung aufgrund der Merkmale der bisherigen Satzung, da eine bereits endgültig hergestellte Erschließungsanlage nicht mehr in den Zustand der Unfertigkeit zurückversetzt werden kann (BVerwGE 49, 131 = DÖV 1976, 95 = BauR 1976, 120 = ZMR 1976, 349; zum Entstehen der sachlichen Erschließungsbeitragspflichten vgl auch Driehaus, ZMR 1999, 517). 12

2. Verjährung

Der Zeitpunkt der Entstehung der Beitragspflicht ist auch bedeutsam für die **Verjährungsfrist**, die mit der Entstehung zu laufen beginnt (BVerwG, KStZ 1975, 71 = BauR 1975, 127 und BVerwG, NVwZ 1987, 329 = BauR 1987, 78 = ZMR 1987, 193). Die Verjährungsfrist beginnt **frühestens mit der Widmung** der Anbaustraße zum öffentlichen Verkehr, ohne dass es auf den Zeitraum zwischen endgültiger Herstellung und der Widmung ankommt (BVerwG, NVwZ-RR 1998, 513 = ZMR 1998, 120). Das Baugesetzbuch selbst regelt die Verjährung des Erschließungsbeitrags nicht, sie ergibt sich aus dem Landesabgabenrecht, das wiederum regelmäßig auf die **Abgabenordnung** (vgl §§ 169 und 228 AO 1977) verweist. Auch die Frage der Verwirkung (dazu s. auch unten § 135 Rn 9) des gemeindlichen Anspruchs richtet sich nach nichtrevisiblem Landesrecht, ebenso die nachträgliche Änderung von Erschließungsbeitragsbescheiden, die im Baugesetzbuch nicht geregelt ist. Bundesrechtlich ist i.R. der Verjährung nur das Entstehen der sachlichen Erschließungsbeitragspflicht gem. § 133 Abs. 2 Satz 1 zu überprüfen (BVerwG, KStZ 1995, 209; zu Amtshaftungsansprüchen wegen Vollstreckung verjährter Steuerrückstände BGH, NVwZ, 1998, 878). 13

III. Vorausleistung (Abs. 3)

1. Wesen der Vorausleistung

Ist ein Grundstück beitragspflichtig iSd Abs. 1 und ist die Beitragspflicht nach Abs. 2 noch nicht oder nicht in vollem Umfange (bei Kostenspaltung) entstanden, so kann die Gemeinde unter bestimmten Voraussetzungen eine **Vorausleistung** (in Geld) auf den Erschließungsbeitrag fordern (Abs. 3 Satz 1). Mit dieser Vorschrift soll der Gemeinde die **Vorfinanzierung für Erschließungsmaßnahmen** erleichtert werden. Zinsen auf eingesetztes Fremdkapital können den Vorausleistungen bis zum Entstehen der sachlichen Beitragspflicht zugrunde gelegt werden (BVerwG, NVwZ 1993, 1200 = KStZ 1993, 118 = ZMR 1993, 296). Der Gesetzgeber des Baugesetzbuches hat die Möglichkeit, eine Vorausleistung zu erheben, erweitert (vgl die Kritik an dieser Regelung von Driehaus, Erschließungs- und Ausbaubeiträge, 7. Aufl. 2004, § 21 Rn 14 ff). Die Vorausleistung ist eine vorweggenommene Leistung auf die künftige Beitragsschuld und mit dieser zum Nennwert zu verrechnen. Ist der endgültige Betrag niedriger als die Vorausleistung, so muss der **überschießende Betrag** von der Gemeinde **zurückgezahlt** werden (keine Verzinsungspflicht). Die Höhe der Vorausleistung richtet sich nach der voraussichtlichen, überschlägig berechneten Höhe des endgültigen Erschließungsbeitrages. Sie kann von der Gemeinde verlangt werden, wenn auf dem Grundstück ein Bauvorhaben genehmigt wird, oder wenn mit der Herstellung der Erschließungsanlagen begonnen worden ist. Die **Vorausleistung** kann 14 auch hinsichtlich derselben Erschließungsanlage **mehrmals** (ratenweise) erhoben werden (BVerwG, NVwZ 1986, 221). Ob es für die Erhebung von Vorausleistungen einer Kostenspaltung oder Abschnittsbildung bedarf, hängt von dem Gegenstand der Abrechnung ab. Wird die Abrechnung auf eine einzelne Teileinrichtung wie zB die Fahrbahn bezogen, so bedarf es für die Erhebung einer Vorausleistung auch einer Kostenspaltung. Entsprechendes gilt in Bezug auf die Abschnittsbildung, wenn sich die zu erhebende Vorausleistung auf die Herstellung eines bestimmten räumlichen Abschnitts der Gesamtanlage bezieht. Wird die Abrechnung auf jeweils die gesamte Verkehrsanlage erstreckt, so erübrigen sich im Stadium der Vorausleistungserhebung unabhängig von dem tatsächlich erreichten Baufortschritt sowohl Kostenspaltung als auch Abschnittsbildung (VGH Kassel, KStZ 2006, 196).

15 Die Erhebung einer **Vorausleistung** ist nicht davon abhängig, dass eine entsprechende satzungsrechtliche Regelung besteht, sie ergibt sich **unmittelbar aus dem Gesetz**. Allerdings setzt sie voraus, dass überhaupt eine gültige Beitragssatzung vorliegt (BVerwG, NVwZ 1985, 751 = DVBl 1985, 626 = DÖV 1985, 540). Die Rechtmäßigkeit der Vorausleistungserhebung hängt auch nicht von der Erfüllung der Anforderungen des § 125 ab (BVerwG, NVwZ 1996, 798 = DVBl 1996, 381 = KStZ 1997, 11 und BVerwGE 97, 62 = NVwZ 1995, 1209 = DVBl 1995, 63 = DÖV 1995, 470). Über die im Gesetz selbst genannten Voraussetzungen muss als allgemeine Voraussetzung für die Erhebung einer Vorausleistung ein Sondervorteil für das Grundstück gegeben sein (BVerwGE 64, 186 = DVBl 1982, 540 = DÖV 1982, 156 = KStZ 1982, 149 = BauR 1982, 33 und BVerfGE 33, 265 = NJW 1972, 1851 = DVBl 1972, 887). Verlangt wird bei genehmigten Vorhaben eine qualifizierte Beziehung zwischen dem Vorhaben und der Erschließungsanlage. Dem Tatbestandsmerkmal „genehmigt" in § 133 Abs. 3 Satz 1 genügt jede bauaufsichtliche Maßnahme, durch die eine Bebauung bauaufsichtlich zur Ausführung freigegeben wird (BVerwGE 89, 177 = NVwZ 1992, 575 = KStZ 1992, 51). Die Erschließungsanlage muss für das genehmigte Bauvorhaben von Nutzen sein (BVerwGE 29, 90 = NJW 1968, 1250 = DVBl 1968, 520 = ZMR 1968, 279). Ob ein solcher Sondervorteil auch dann gegeben ist, wenn mit der Herstellung der Erschließungsanlage begonnen worden ist (§ 133 Abs. 3 Satz 1 2. Alt), ohne dass bereits ein Bauvorhaben genehmigt ist, kann im Einzelfall fraglich sein (vgl dazu Driehaus, Erschließungs- und Ausbaubeiträge, 7. Aufl. 2004, § 21 Rn 14). Die Vier-Jahres-Prognose bezieht sich auf den Abschluss der Kosten verursachenden Erschließungsmaßnahme (BVerwG, NVwZ 1996, 798 = DVBl 1996, 381 = KStZ 1997, 11 und BVerwGE 89, 177 = NVwZ 1992, 575 auch zur Heilung eines rechtswidrigen Vorausleistungsbescheids bei nachträglicher Bestimmung des voraussichtlichen Termins des Abschlusses der Maßnahmen). Eine Gemeinde darf eine Vorausleistung fordern, um schon vor Entstehung der Beitragspflicht nach § 133 Abs. 2 die Geldmittel für den Bau einer Erschließungsanlage zur Verfügung zu erhalten. Sie darf die Vorausleistung indes nur fordern, um alsbald die ihr hierdurch zufließenden Geldmittel für den Bau der Anlage zu verbrauchen.

2. Vorausleistung und endgültige Beitragsschuld

16 Gesetzlich geregelt ist nunmehr, dass die **Vorausleistung mit der endgültigen Beitragsschuld zu verrechnen** ist, auch wenn der Vorausleistende nicht beitragspflichtig ist (§ 133 Abs. 3 Satz 2; zur Problematik der Vorausleistung bei Wechsel des Grundeigentums vor Entstehen der endgültigen Beitragspflicht im Landesbeitrags-

recht vgl einerseits VGH Mannheim, VBlBW 1991, 303 und andererseits OVG Münster, 21.2.1991 – A 2454/89). Die Vorausleistung tilgt durch (anteilige) Anrechnung (teilweise) die endgültige Beitragspflicht in Höhe der erbrachten Zahlung, sobald diese endgültig sachlich entsteht (BVerwG, NJW 1976, 818 = VerwRspr 27, 710 = DÖV 1976, 96 = BauR 1976, 123 = ZMR 1977, 118 und BVerwG, NVwZ-RR 1996, 465 = DVBl 1996, 1046 = KStZ 1997, 77 – auch zur irrtümlich erfolgten Rückzahlung des über die Vorausleistung hinausgehenden endgültigen Erschließungsbeitrags). Die Tilgung der Beitragsforderung in Höhe der Vorausleistung tritt zum Zeitpunkt des Entstehens der Beitragspflicht ein, ohne dass es hierzu eines Verwaltungsakts bedarf. Daraus folgt, dass eine aufgrund bestandskräftigen Bescheides vereinnahmte Vorausleistung abgesehen von dem Fall des § 133 Abs. 3 Satz 3 nur dann zurückzuzahlen ist, wenn mit Blick auf die Erschließungsanlage, deren voraussichtliche Kosten Gegenstand der Vorausleistung sind, auszuschließen wäre, dass für das Grundstück des Vorausleistenden eine endgültige Erschließungsbeitragspflicht entstehen wird (BVerwG, KStZ 1994, 136). Der **Vorausleistungsbescheid**, auf den noch nicht gezahlt wurde, wird regelmäßig **abgelöst**, wenn sich der endgültigeBescheid auf die gesamte Beitragsforderung bezieht, nicht jedoch, soweit der **endgültige Bescheid** die geforderte Vorausleistung anrechnet oder überhaupt kein eigenes Leistungsgebot enthält. Ist dagegen bereits gezahlt, löst der wirksame, endgültige mit dem Leistungsgebot versehene Bescheid den vorangegangenen Vorausleistungsbescheid ab, weil der endgültige Bescheid nunmehr Rechtsgrund für das Behaltendürfen des Beitrages darstellt. In einem derartigen Fall entfällt regelmäßig das Rechtsschutzinteresse an der Fortführung einer ggf erhobenen Anfechtungsklage. Ein **Fortsetzungsfeststellungsinteresse** kann dann ausnahmsweise gegeben sein, wenn die Rechtswidrigkeit der Vorausleistung die Rechtswidrigkeit des endgültigen Bescheides zur Folge hat oder ausnahmsweise sonst ein berechtigtes Interesse daran besteht, die Rechtswidrigkeit des konkreten Vorausleistungsverfahrens feststellen zu lassen, etwa im Fall des noch offenen Streits um Säumniszuschläge und Stundungszinsen. Findet nach Anforderung einer Vorausleistung auf den Erschließungsbeitrag ein **Eigentümerwechsel** statt, so tritt der neue Eigentümer in die Rechtsposition des früheren Eigentümers ein. Wird das Grundstück des Vorausleistenden geteilt und ein Teil einem Dritten übereignet, so ist die Vorausleistung mit den für beide Grundstücke entstehenden Beitragspflichten zu verrechnen (VGH Kassel, Gemeindehaushalt 2006, 13 = ZKF 2006, 23).

3. Anspruch auf Rückzahlung

Ist die (endgültige) Beitragspflicht sechs Jahre nach Erlass des Vorausleistungs- 17
bescheides noch nicht entstanden, so regelt nunmehr § 133 Abs. 3 Satz 3, dass die **Vorausleistung** dann **zurückverlangt** werden kann, wenn die Erschließungsanlage bis zu diesem Zeitpunkt noch nicht benutzbar ist (vgl BVerwG, NVwZ-RR 1998, 129 = DVBl 1997, 1061 = KStZ 1998, 30 = ZMR 1997, 437). Der Anspruch auf Rückzahlung der Vorausleistung auf den Erschließungsbeitrag besteht dann nicht, wenn die Gemeinde innerhalb des in § 133 Abs. 3 Satz 3 bestimmten sechsjährigen Zeitraumes untätig bleibt, die Benutzbarkeit der Anlage aber bereits vor Erhebung der Vorausleistung gewährleistet war (BVerwG, NVwZ-RR 1998, 581 = DVBl 1998, 1224 = DÖV 1998, 692). Nach Satz 4 ist der Rückzahlungsanspruch ab Erhebung der Vorausleistung mit 2 vom Hundert über dem Diskontsatz der Deutschen Bundesbank jährlich zu verzinsen. Der Rückzahlungsanspruch und damit

verbunden der Verzinsungsanspruch nach § 133 Abs. 3 S. 4 steht grundsätzlich nur dem Vorausleistenden zu.

18 Erstattungsberechtigt bleibt bei zu hoher Vorausleistung auch bei **Eigentumswechsel** der Vorausleistende (BVerwG, NVwZ 1998, 294 = DVBl 1997, 1060 = KStZ 1998, 31 = ZMR 1997, 261). Ist auszuschließen, dass noch eine endgültige Beitragspflicht entsteht, ist eine erbrachte Vorausleistung zurückzuzahlen (BVerwG, NVwZ 1994, 905 = KStZ 1994, 136 = ZMR 1994, 73). Ist die Vorausleistung zu erstatten, weil das Grundstück durch Bebauungsplan seine Bebaubarkeit verloren hat, so tritt eine Verzinsung analog § 133 Abs. 3 Satz 4 nicht ein (BVerwG, NVwZ 1992, 495 = KStZ 1992, 131 = ZMR 1992, 209). Die Regelung des § 135 Abs. 5 (Erlass) ist auch auf Vorausleistungen anwendbar (BVerwG, 18.11.1998 – 8 C 20.97).

4. Öffentlich-rechtliche Vereinbarungen und Vorausleistung

19 **Zulässig** ist auch ohne gesetzliche Regelung eine (öffentlich-rechtliche) **vertragliche Vereinbarung über eine Vorausleistung.** Sie setzt nicht das Vorliegen einer Erschließungsbeitragssatzung voraus und kann auch Sachleistungen (im Gegensatz zur gesetzlichen Vorausleistung: nur Geldleistung) zum Inhalt haben (vgl BVerwG, NJW 1976, 341, 819 = DÖV 1976, 349 = KStZ 1975, 229 = BauR 1976, 118 = ZMR 1976, 60; BVerwG, NVwZ 1982, 377 = DVBl 1982, 543 = KStZ 1982, 109). Auf einen Vertrag über Vorauszahlungen ist das Verwaltungsverfahrensgesetz nicht anwendbar (OVG Münster, ZMR 2000, 130). Im Rahmen eines Vertrages erbrachte Zahlungen sind zu erstatten, wenn sich die ordnungsgemäße Erschließung des Grundstücks übermäßig verzögert (BVerwG, DÖV 1968, 145 = ZMR 1976, 250; zur Verzinsung bei Erstattung einer vertraglichen Vorauszahlung auf den Erschließungsbeitrag vgl Nierwetberg, NVwZ 1989, 535; zur Vorausleistung vgl auch Thedieck, KStZ 1991, 61).

IV. Ablösung von Erschließungsbeiträgen (Abs. 3 Satz 5)

1. Wesen der Ablösung

20 Nach § 133 Abs. 3 Satz 5 kann die Gemeinde Bestimmungen über die **Ablösung** des Erschließungsbeitrags im Ganzen vor Entstehung der Beitragspflicht treffen. Die Ausnahmeregelung stellt eine Durchbrechung des sich aus den §§ 127 Abs. 1, 132 ergebenden Verbots dar, Kosten für die Erschließung im Wege von Vereinbarungen auf die Anlieger abzuwälzen (BVerwGE 84, 183 = NJW 1990, 1679 = NVwZ 1990, 774 L = NJW-RR 1990, 852 L = DVBl 1990, 441 mit Anm. Götz = ZfBR 1990, 103 und die Besprechung der Entscheidung von Wittern, NVwZ 1991, 751, und BVerwGE 64, 361= DVBl 1982, 550 = DÖV 1982, 266 = KStZ 1982, 350= BauR 1982, 266 = ZMR 1982, 350). Die Ablösung ist im Gegensatz zur Vorausleistung eine vorweggenommene Tilgung der künftigen Beitragsforderung. Sie lässt also die Beitragspflicht nicht mehr entstehen. Es besteht weder ein Anspruch der Gemeinde noch des Eigentümers auf Ablösung. Notwendig ist der Abschluss eines öffentlich-rechtlichen Vertrages. Die von der Gemeinde zu treffenden „Bestimmungen“ können als Satzung, aber auch als bindende Verwaltungsanordnung ergehen. Nicht erforderlich ist, anders als bei der Vorausleistung, das Vorliegen einer Erschließungsbeitragssatzung.

2. Wirkungen der Ablösung

Ein wirksamer Ablösungsvertrag **schließt** sowohl **Nachforderungen wie Rückzahlungen aus** und lässt für das Grundstück im Hinblick auf die konkrete Erschließungsanlage, die Gegenstand der Regelung ist (auch nach einem Eigentumswechsel), keine Erschließungsbeitragspflicht mehr entstehen. Der Ablösungsvertrag muss sich auf die Erschließungspflicht im Ganzen beziehen, weshalb Teilablösungen nicht zulässig sind. Ablösungsverträge sind noch bis zur endgültigen Entstehung des Beitrags, somit noch nach der technischen Fertigstellung einer Erschließungsanlage möglich. 21

3. Ablösungsbestimmungen

Von besonderer Bedeutung sind die von der Gemeinde zu treffenden **Ablösungsbestimmungen.** Sie müssen zumindest die Grundlagen enthalten, die für die Höhe des Ablösungsvertrages von Bedeutung sind. So muss ihnen zu entnehmen sein, wie der voraussichtliche Erschließungsaufwand ermittelt und verteilt werden soll. Die Ablösungsverträge müssen in inhaltlicher Übereinstimmung mit den Ablösungsbestimmungen stehen und die auf ihrer Grundlage ermittelten Ablösebeträge offenlegen. Vereinbarungen über so genannte verdeckte Ablösungsbeträge in einem Kaufvertrag sind unzulässig und führen zur Nichtigkeit der Vereinbarung. Bei einem Grundstückskauf- und Ablösungsvertrag ist dem Erfordernis der Offenlegung nicht nur dann genügt, wenn der Ablösebetrag im Vertrag ausgewiesen ist, sondern auch, wenn die Gemeinde ihn dem Grundstückskäufer vor Abschluss des Vertrages mitgeteilt hat (BVerwGE 84, 183 = NJW 1990, 1679 = DVBl 1990, 441 mit Anm. Götz = ZfBR 1990, 103 und die Besprechung der Entscheidung von Wittern, NVwZ 1991, 751). Ist eine Beitragssatzung vorhanden, kann dies durch Bezugnahme auf Bestimmungen der Satzung erfolgen, so dass zB die Höhe des Ablösungsbetrages dem voraussichtlich entstehenden Beitrag entspricht (BVerwGE 64, 361 = DVBl 1972, 550 = DÖV 1982, 641 = KStZ 1982, 129 = BauR 1982, 266 = ZMR 1982, 350). 22

Muster

▶ Vertragsformular für einen Ablösevertrag eines Erschließungsbeitrages

Aufgrund § X der Satzung der Stadt S. über die Erhebung von Erschließungsbeiträgen vereinbaren

die Stadt S, vertreten durch den Bürgermeister,

– Beitragsgläubigerin –

und

Herrn X

– Beitragspflichtiger –

für das in der Stadt S. im Abrechnungsgebiet gelegene und im Eigentum des Beitragspflichtigen stehenden Grundstück Gemarkung ... Flur ... Parzelle ... folgenden Ablösungsvertrag:

§ 1 Ablösung des Erschließungsbeitrages

Der Beitragspflichtige verpflichtet sich zur Ablösung des für die og Maßnahme künftig auf das Grundstück entfallenden Erschließungsbeitrages an die Beitragsgläubigerin einen Betrag in Höhe von 25.000,00 EUR zu bezahlen

§ 2 Berechnung des Ablösebetrages

Der Ablösebetrag richtet sich nach der voraussichtlichen Höhe des nach Maßgabe der Erschließungsbeitragssatzung zu ermittelnden Erschließungsbeitrages. Für die Berechnung des Ablösebetrages gelten die für die Berechnung maßgeblichen Vorschriften der §§ 127 ff BauGB. Danach errechnet sich der Ablösebetrag wie folgt: [...]

§ 3 Wirkung der Ablösung

(1) Mit dem rechtswirksamen Abschluss des Ablösungsvertrages unterliegt das darin bezeichnete Grundstück nicht der künftigen Beitragspflicht für die im Vertrag bezeichnete Maßnahme. Dies gilt nicht, soweit das Grundstück nachträglich durch Flächen vergrößert wird, die weder Gegenstand der Ablösung noch einer Beitragspflicht für dieselbe öffentliche Einrichtung waren. Nachträgliche Verminderung der Grundstücksfläche begründen die Höhe des Ablösungsbetrages nicht.

(2) Weicht der künftige Beitrag in der Höhe vom dem Ablösungsbetrag ab, so sind gegenseitige Ansprüche auf eine Änderung des Ablösungsbetrages ausgeschlossen.

§ 4 Fälligkeit des Ablösebetrages

(1) Der Ablösebetrag wird in Teilbeträge aufgeteilt. Die erste Rate wird frühestens einen Monat nach Bekanntgabe dieses Bescheides zur Zahlung fällig. Die Beiträge werden fällig

am ... zu 5.000,00 EUR

am ... zu 5.000,00 EUR

[...].

Wir bitten Sie, die Beiträge bis zum Ablauf der Fälligkeiten auf das folgende Konto zu überweisen: [...]

(2) Der Beitragspflichtige unterwirft sich hinsichtlich der Zahlungspflicht der sofortigen Vollstreckung nach § 61 VwVfG.

S, den ... ...

... ...

Die Beitragsgläubigerin Der Beitragspflichtige F ◄

4. Rückzahlung

23 Eine **Rückzahlung** des Ablösungsbetrages kommt bei **Wegfall der Geschäftsgrundlage** in Betracht (zB bei Wegfall der Bebaubarkeit des Grundstücks). Das Bundesverwaltungsgericht (BVerwGE 87, 77 = DVBl 1991, 447 = DÖV 1991, 462 = KStZ 1991, 92) hält dabei eine Änderung des Ablösungsvertrages wegen der nach Vertragsschluss eingetretenen Entwicklung nur dann für möglich, wenn diese Entwicklung die Grundlagen des Vertrages erschüttert hat. Unabhängig davon nimmt es ein Überschreiten der Grenzen, die das Erschließungsbeitragsrecht Ablösungsverträgen setzt, dann an, wenn sich iR einer von der Gemeinde durchgeführten Beitragsabrechnung herausstellt, dass der Beitrag das Doppelte oder mehr als das Doppelte bzw die Hälfte oder weniger als die Hälfte des vereinbarten Ablösungsbetrages ausmacht (vgl auch OVG Münster, Gemeindehaushalt 2005, 114; zur Verjährung von Erstattungsansprüchen aus der Rückabwicklung einer Ablösungsvereinbarung vgl OVG Lüneburg, NVwZ-RR 1991, 425; zur Vertragsanpassung bei Ablösungsverträgen vgl auch OVG Münster, KStZ 1991, 158). Sind beim Erwerb eines Grundstücks von einer Gemeinde Grundstückskauf und die Ablösung von Beiträgen für die Erschließung des Grundstücks in einem Vertrag verbunden und erweist sich die Ablösungsvereinbarung als nichtig, kann gegenüber einem daraus erwachsenden öffentlich-rechtlichen Erstattungsanspruch wegen dessen Rechtsnatur selbst im Falle der Gesamtnichtigkeit des Ver-

trags kein Zurückbehaltungsrecht in entsprechender Anwendung von § 273 BGB ausgeübt werden (VGH München, BauR 2004, 1989).

§ 134 Beitragspflichtiger

(1) Beitragspflichtig ist derjenige, der im Zeitpunkt der Bekanntgabe des Beitragsbescheids Eigentümer des Grundstücks ist. Ist das Grundstück mit einem Erbbaurecht belastet, so ist der Erbbauberechtigte anstelle des Eigentümers beitragspflichtig. Ist das Grundstück mit einem dinglichen Nutzungsrecht nach Artikel 233 § 4 des Einführungsgesetzes zum Bürgerlichen Gesetzbuche belastet, so ist der Inhaber dieses Rechts anstelle des Eigentümers beitragspflichtig. Mehrere Beitragspflichtige haften als Gesamtschuldner; bei Wohnungs- und Teileigentum sind die einzelnen Wohnungs- und Teileigentümer nur entsprechend ihrem Miteigentumsanteil beitragspflichtig.
(2) Der Beitrag ruht als öffentliche Last auf dem Grundstück, im Falle des Absatzes 1 Satz 2 auf dem Erbbaurecht, im Falle des Absatzes 1 Satz 3 auf dem dinglichen Nutzungsrecht, im Falle des Absatzes 1 Satz 4 auf dem Wohnungs- oder dem Teileigentum.

1 Nach § 134 **Abs. 1** Satz 1 ist **Beitragsschuldner** derjenige, der im Zeitpunkt der Bekanntgabe des Beitragsbescheides Eigentümer des erschlossenen Grundstücks ist, unabhängig davon, ob die sachliche Erschließungsbeitragspflicht grundsätzlich auch hätte früher entstehen können. Bei der Heranziehung von Erbbauberechtigten ist die Eintragung im Erbbau-Grundbuch maßgeblich (OVG Münster, NWVBl. 1997, 311). Eine Gesellschaft bürgerlichen Rechts ist im Erschließungsbeitragsrecht selbst Beitragspflichtige, weil sie als sog. Außengesellschaft im Rechtsverkehr grundsätzlich Trägerin von Rechten und Pflichten und damit auch Eigentümerin eines Grundstücks ist (vgl VGH Mannheim, 20.9.2006 – 2 S. 1755/06 – unter Hinweis auf BGHZ 146, 341). Der Gesetzgeber des Baugesetzbuches hat auf die unter der Geltung des Bundesbaugesetzes erforderliche Zustellung verzichtet. Die **Bekanntgabe** richtet sich nach Landesrecht, das auf § 122 AO 1977 verweist (zur Problematik der Bekanntgabe eines zusammengefassten Bescheides iR des § 155 Abs. 5 AO 1977 vgl FG München, NVwZ-RR 1990, 525, zur Bekanntgabe von schriftlichen VA auch Schreiben des Bundesministers für Finanzen zur Bekanntgabe von schriftlichen VA in der Finanzverwaltung, NVwZ 1987, 874 ff und 1058 ff). Der BFH (NJW 1995, 3207 = BStBl. II 1995, 681) hat die Zustellung eines Bescheides an **Eheleute** (als besondere Form der Bekanntgabe oder im Falle behördlicher Anordnung) für unwirksam erklärt (auch BVerwG, NJW 1993, 2884 = FamRZ 1993, 544 = FEVS 432, 8). Es sind nicht maßgebend die Eigentumsverhältnisse im Zeitpunkt der Entstehung der Beitragspflicht (dazu § 133). Besteht ein Erbbaurecht, so tritt an die Stelle des Eigentümers der Erbbauberechtigte. Veräußert der so festgestellte Beitragspflichtige das Grundstück (Erbbaurecht), ohne den Beitrag an die Gemeinde entrichtet zu haben, so bleibt er Beitragsschuldner. Die Gemeinde kann den neuen Eigentümer nicht zusätzlich als persönlichen Schuldner zur Zahlung desselben Betrages heranziehen (BVerwGE 47, 49 = NJW 1975, 403 = VerwRspr 26, 574 = KStZ 1975, 10 = BauR 1974, 409 = ZMR 1975, 94). Der Beitragspflichtige haftet mit seinem gesamten Vermögen, mehrere Pflichtige haften als Gesamtschuldner. Dabei bedarf die Aus-

wahl unter mehreren Gesamtschuldnern bei der Heranziehung zu Erschließungsbeiträgen grds. keiner schriftlichen Begr. (VGH Mannheim, 7.2.1991 – S. 1988/89 – VGHBW-RsprDienst 1991, Beilage 4 B 3). Wen die Gemeinde heranzieht, bzw zu welchem Bruchteil, steht in ihrem Ermessen. Aus verfassungsrechtlichen Gesichtspunkten ist es unbedenklich unter mehreren Eigentümern den auf den vollen Erschließungsbeitrag in Anspruch zu nehmen, der für die Heranziehung am geeignetsten erscheint (BVerfG, NJW 1996, 713 = NVwZ 1995, 1198 = ZMR 1995, 425 und BVerwG, NVwZ 1995, 1207= ZMR 1995, 272 = NJW 1996, 1075 L, wo u.a. festgestellt wird, dass sich der von einem Beitragspflichtigen im Innenverhältnis in Anspruch genommene Miteigentümer den Ausgleichsanspruch nicht mit der Begr. ablehnen kann, mangels eines an ihn ergangenen Bescheides sei zu seinen Gunsten Festsetzungsverjährung eingetreten). Das gilt nicht für Wohnungs- und Miteigentümer iSd Wohnungseigentumsgesetzes. Diese haften seit 1.1.1977 (Inkrafttreten der Novelle 1976) nur in Höhe ihres Miteigentumsanteils.

2 Der Beitrag ist durch **schriftlichen VA** geltend zu machen, der mit einer **Rechtsmittelbelehrung** zu versehen ist (§ 211). Er enthält die Beitragsfestsetzung und das Leistungsgebot in der Form der Zahlungsaufforderung. Die mit dem Zugang des Erschließungsbeitragsbescheides verbundene Wirkung des § 134 Abs. 1 Satz 1 erfordert es, den Beitragsbescheid stets an den Grundstückseigentümer selbst zu richten. Bei **Eigentümerwechsel** ist ein späterer Nacherhebungsbescheid an den zu richten, der im Zeitpunkt der Zustellung des ersten Heranziehungsbescheids Grundstückseigentümer war (OVG Saarlouis, NJW-RR 1993, 208 = DÖV 1993, 208). Die Möglichkeit, gem. § 2213 BGB iVm § 45 Abs. 2 AO 1977 den Steuerbescheid an den Testamentsvollstrecker zu richten, scheidet aus (VGH Kassel, NVwZ-RR 1992, 322).

3 Nach **Abs. 2** ruht der Beitrag ab Entstehung der sachlichen Beitragspflicht kraft Gesetzes als **öffentliche Last** auf dem Grundstück (vgl BVerwG, NJW 1985, 2658 = DVBl 1985, 624 = BRS 43, 312; zum Begriff der öffentlichen Last vgl Steenbock, KStZ 1977, 209 sowie Stahl, KStZ 1971, 41). Als solche hat die Beitragsforderung in der Zwangsvollstreckung nach § 10 Abs. 1 Nr. 3 ZVG das Vorrecht der dritten Rangklasse (zur Behandlung der öffentlichen Last im Konkurs vgl Driehaus, Erschließungs- und Ausbaubeiträge, 7. Aufl. 2004, § 27 Rn 16 mwN). Die öffentliche Last begründet die Haftung mit dem Grundstück, sie begründet dagegen keine persönliche Schuld. Die Möglichkeit nachträglicher Änderungen von Erschließungsbeitragsbescheiden regelt nicht das Baugesetzbuch, sondern das jeweilige Verwaltungsverfahrensrecht der Länder (BVerwG, KStZ 1993, 216).

§ 135 Fälligkeit und Zahlung des Beitrags

(1) Der Beitrag wird einen Monat nach der Bekanntgabe des Beitragsbescheids fällig.

(2) Die Gemeinde kann zur Vermeidung unbilliger Härten im Einzelfall, insbesondere soweit dies zur Durchführung eines genehmigten Bauvorhabens erforderlich ist, zulassen, dass der Erschließungsbeitrag in Raten oder in Form einer Rente gezahlt wird. Ist die Finanzierung eines Bauvorhabens gesichert, so soll die Zahlungsweise der Auszahlung der Finanzierungsmittel angepasst, jedoch nicht über zwei Jahre hinaus erstreckt werden.

(3) Lässt die Gemeinde nach Absatz 2 eine Verrentung zu, so ist der Erschließungsbeitrag durch Bescheid in eine Schuld umzuwandeln, die in höchstens zehn Jahresleistungen zu entrichten ist. In dem Bescheid sind Höhe und Zeitpunkt der Fälligkeit der Jahresleistungen zu bestimmen. Der jeweilige Restbetrag ist mit höchstens 2 vom Hundert über dem Diskontsatz der Deutschen Bundesbank jährlich zu verzinsen. Die Jahresleistungen stehen wiederkehrenden Leistungen im Sinne des § 10 Abs. 1 Nr. 3 des Zwangsversteigerungsgesetzes gleich.

(4) Werden Grundstücke landwirtschaftlich oder als Wald genutzt, ist der Beitrag so lange zinslos zu stunden, wie das Grundstück zur Erhaltung der Wirtschaftlichkeit des landwirtschaftlichen Betriebs genutzt werden muss. Satz 1 gilt auch für die Fälle der Nutzungsüberlassung und Betriebsübergabe an Familienangehörige im Sinne des § 15 der Abgabenordnung. Der Beitrag ist auch zinslos zu stunden, solange Grundstücke als Kleingärten im Sinne des Bundeskleingartengesetzes genutzt werden.

(5) Im Einzelfall kann die Gemeinde auch von der Erhebung des Erschließungsbeitrags ganz oder teilweise absehen, wenn dies im öffentlichen Interesse oder zur Vermeidung unbilliger Härten geboten ist. Die Freistellung kann auch für den Fall vorgesehen werden, dass die Beitragspflicht noch nicht entstanden ist.

(6) Weitergehende landesrechtliche Billigkeitsregelungen bleiben unberührt.

I. Fälligkeit der Beitragsforderung

Von der Entstehung der Beitragspflicht ist zu unterscheiden die **Fälligkeit** der Beitragsforderung. Sie wird einen Monat nach Bekanntgabe des Bescheides in voller Höhe fällig (**Abs. 1**; zu den Besonderheiten der Zustellung an Personenmehrheiten, insbesondere Eheleute, als besondere Form der Bekanntgabe vgl oben § 134 Rn 1). Dies gilt auch für die Vorausleistung. **Widerspruch und Klage** gegen einen Erschließungsbeitragsbescheid kommt wegen § 80 Abs. 2 Nr. 1 VwGO **keine aufschiebende Wirkung** zu, so dass er sofort vollziehbar ist. Die Aussetzung der Vollziehung des Heranziehungsbescheides hemmt nicht die eingetretene Fälligkeit der Zahlungspflicht (BGH, NJW 1993, 2232 = MDR 1993, 976). Dabei kommt eine Rückzahlung des Beitrags erst in Betracht, wenn er endgültig (bestandskräftig bzw rechtskräftig) aufgehoben worden ist (BVerwG, NVwZ 1983, 472 = BauR 1983, 251 = ZMR 1984, 71). Für die Beitreibung gilt das landesrechtliche Verwaltungsvollstreckungsrecht. Die Verjährung richtet sich nach dem kommunalen Abgabenrecht der Länder, wobei die Kommunalabgabengesetze der Länder regelmäßig die entsprechende Anwendung der Verjährungsvorschriften der Abgabenordnung 1977 vorschreiben. Der Beginn der Zahlungsverjährung knüpft unabhängig von der materiellen Rechtslage an die Bekanntgabe des Bescheides an (VGH Mannheim, 10.4.2000 – 2 S. 2019/99; zu Fällen, in denen die sachlichen Beitragspflichten erst nach Bekanntgabe des Beitragsbescheides entstehen vgl Driehaus, Erschließungs- und Ausbaubeiträge, 7. Aufl. 2004, § 19 Rn 26–29 und § 24 Rn 44–48). 1

II. Billigkeitsregelungen

1. Einleitung

2 Die in § 135 **Abs. 2–5** getroffenen **Billigkeitsregelungen** sind **Ausnahmeregelungen** für **atypische** Einzelfälle. Sie stellen zugleich eine Ausnahme von der Pflicht der Gemeinde dar, Erschließungsbeiträge nach Maßgabe der § 127 ff in vollem Umfange zu erheben (vgl dazu u.a. BVerwGE 79, 163 = NVwZ 1989, 159 = DVBl 1988, 899 =KStZ 1988, 141 = ZMR 1988, 274 und BVerwGE 80, 96 = NVwZ 1989, 471 = DVBl 1988, 1161 = DÖV 1988, 1061 = KStZ 1988, 230 sowie die an dieser Rspr geübte Kritik von Erbguth, NVwZ 1989, 531). Der Verzicht auf die Geltendmachung von Erschließungsbeiträgen ist grds. unzulässig. Ein Vertrag zwischen Gemeinde und Grundstückseigentümer über dessen (teilweise) Verschonung von der Belastung mit künftigen Erschließungskosten ist daher grds. nichtig (BVerwG, NVwZ-RR 1990, 433, anders aber bei Vereinbarungen, unter den Voraussetzungen des § 135 Abs. 5 von einer Beitragserhebung abzusehen; zur Vereinbarung eines Ausschlusses des Entstehens eines Erschließungsbeitrags und zwar aus der Zeit vor Inkrafttreten des Bundesbaugesetzes (BBauG) vgl VGH München, BayVBl. 1991, 437; allgemein zum unzulässigen Beitragsverzicht vgl die Erl. zu § 127 Abs. 1). Die Gemeinde hat vor der Entscheidung über eine Billigkeitsmaßnahme den Beitrag zu errechnen, sie darf Schwierigkeiten bei der Aufwandsermittlung, der Verteilung oder der Berechnung nicht durch Billigkeitsmaßnahmen aus dem Wege gehen, zumal das (teilweise) Absehen von der Erhebung von Erschließungsbeiträgen nicht zu Lasten der anderen Beitragspflichtigen sondern zu Lasten der Gemeinde geht (BVerwGE 62, 308 = NVwZ 1982, 246 = BauR 1982, 472 = ZMR 1982, 246). Zur Beseitigung von Ungewissheiten ist jedoch andererseits ein öffentlich-rechtlicher (gerichtlicher oder außergerichtlicher) Vergleichsvertrag nach pflichtgemäßem Ermessen der Gemeinde zulässig und nicht selten zweckmäßig (vgl BVerwG, VerwRspr 29, 963 = DÖV 1978, 611 = ZMR 1979, 88 = BRS 37, 383). Zu unterscheiden sind sachliche und persönliche Billigkeitsgründe, wobei sich letztere aus den persönlichen wirtschaftlichen Verhältnissen der Beitragspflichtigen ergeben können. Darüber hinaus unterscheidet das Gesetz zwischen Billigkeitsmaßnahmen, die nur die Zahlungsmodalitäten ändern (Stundung, Ratenzahlung, Verrentung) und solchen, die die Höhe des Beitrags selbst verändern (Erlass).

2. Unbestimmter Rechtsbegriff und Ermessen

3 Die **Billigkeitsentscheidungen** hat die Gemeinde nach **pflichtgemäßem Ermessen** zu treffen, wenn das Vorliegen der unbestimmten Rechtsbegriffe unbillige Härte und öffentliches Interesse bejaht worden ist. Dabei ist sie von **Amts wegen** verpflichtet, schon bei der Heranziehung zu einem Erschließungsbeitrag offensichtlich erkennbare sachliche Härtegründe zu berücksichtigen, wenn es sich um eine sog. Ermessensreduzierung auf Null handelt und ein Billigkeitserlass nach § 135 Abs. 5 zwingend ist. Allerdings macht die fehlerhafte Nichtberücksichtigung der Härtegründe einen Beitragsbescheid nicht fehlerhaft iSd § 113 Abs. 1 Satz 1 VwGO. Die sachlichen und persönlichen Billigkeitsgründe kann der Beitragspflichtige auch noch nach Bestandskraft des Beitragsbescheides geltend machen und damit ein Erlaßverfahren in Gang setzen, nach dessen Erfolglosigkeit die **Verpflichtungsklage** in Frage kommt, in deren Rahmen die Verwaltungsgerichte die Ermessensentscheidung im Hinblick auf § 114 VwGO überprüfen. Der Anspruch kann **nicht im Anfechtungsprozess gegen den Beitragsbescheid** geltend gemacht

werden. Im Wege vorläufigen Rechtsschutzes können Billigkeitsmaßnahmen dementsprechend nur mit einem Antrag auf Erlass einer einstweiligen Anordnung nach § 123 VwGO verfolgt werden (VGH Mannheim, NVwZ-RR 1992, 268; zum maßgeblichen Zeitpunkt für die gerichtliche Prüfung der Begründetheit einer auf Erlass einer Abgabenforderung gerichteten Klage vgl VGH München, KStZ 1991, 39). Sofern der Beitragspflichtige neben Billigkeitsgründen auch andere Gesichtspunkte vorträgt, die aus seiner Sicht gegen die Rechtmäßigkeit des Beitragsbescheides sprechen, muss er zugleich gegen den Beitragsbescheid Anfechtungsklage erheben (BVerwGE 70, 96 = NVwZ 1985, 277 = DVBl 1985, 126 = DÖV 1985, 535 = KStZ 1985, 51 = BauR 1984, 626 = ZMR 1984, 429). Denkbar ist auch, dass dem zu Unrecht veranlagten Grundstückseigentümer trotz Bestandskraft des Bescheides ein Schadensersatzanspruch aus dem Gesichtspunkt der Amtshaftung (§ 839 BGB) zusteht (vgl dazu BGHZ 113, 17 = NJW 1991, 1168 = DVBl 1991, 379 = DÖV 1991, 330). Einen Anspruch auf (rechtswidrige) Stundung aus dem Gesichtspunkt des Gleichheitssatzes gibt es nicht. Die Heranziehung für eine Zweiterschließung stellt keine unbillige Härte dar (VGH Kassel v. 19.1.2000 – 5 UE 1206/96).

Liegt eine unbillige Härte aus **sachlichen Gründen** vor, so ist die Gemeinde grds. 4
gehalten, einen (Teil-)Billigkeitserlass zu gewähren. Insoweit handelt es sich um ein sog. **intendiertes Ermessen**. Nur wenn dem ausnahmsweise ganz gewichtige Gründe entgegenstehen, kommt eine Ablehnung in Betracht (BVerwG, NVwZ 1987, 601 = KStZ 1987, 31 = ZMR 1987, 33). Bei der Prüfung **persönlicher Billigkeitsgründe** ist zu untersuchen, ob die wirtschaftlichen Verhältnisse des Beitragspflichtigen es ihm erlauben, sofort, später, zum Teil oder überhaupt nicht in zumutbarer Weise seiner Beitragspflicht nachzukommen (BVerwGE 48, 166 = KStZ 1974, 211). Auch ist an eine Belastung mit Grundpfandrechten und an die Möglichkeit des Verkaufs eines Grundstücksteils zur Beschaffung von Mitteln zu denken.

Im Einzelfall kann die Gemeinde nach pflichtgemäßem Ermessen Ratenzahlungen 5
oder eine Verrentung (nach Maßgabe des Abs. 3 durch Umwandlungsbescheid) gewähren (Abs. 2). Voraussetzung für die Ausübung des Ermessens ist das Vorliegen einer unbilligen Härte. Dabei ist abzustellen auf persönliche Umstände und sachliche Gegebenheiten verschiedenster Art, unter denen sich die Zahlungsverpflichtung in besonderem Maße belastend auswirkt. Insbesondere liegt eine unbillige Härte vor, wenn die sofortige Zahlung des ganzen Betrages die Durchführung eines bereits genehmigten Bauvorhabens gefährden würde. Bei Gewährung von Ratenzahlungen kann die Gemeinde i.R. ihres Ermessens auch eine Verzinsung der gestundeten Beträge verlangen (BVerwGE 38, 297 = VerwRspr 23, 584 = DÖV 1972, 524 = KStZ 1972, 70 = BauR 1972, 52 = ZMR 1972, 94). Die Verzinsung der Verrentung ist in Abs. 3 Satz 3 ausdrücklich geregelt (zur Übergangsregelung nach dem Diskontsatz-Überleitungsgesetz v. 9.06.1998 vgl BGBl. I S. 1242), jedoch kann auf sie wiederum gem. § 135 Abs. 5 verzichtet werden.

3. Schutz von Betrieben der Landwirtschaft (Abs. 4)

Abs. 4 bezweckt den **Schutz von Betrieben der Landwirtschaft** (zum Begriff vgl 6
§ 201) und von Grundstücken, die als Wald genutzt werden. Dabei bezieht sich die Stundungspflicht auch auf bebaute landwirtschaftlich genutzte Grundstücke. Der Beitrag für ein solches Grundstück ist bei Vorliegen der weiteren Voraussetzungen sogar dann in vollem Umfange zinslos zu stunden, wenn es außer mit

landwirtschaftlichen Betriebsgebäuden teilweise auch mit Wohngebäuden bebaut ist, so dass ein Teil der Fläche nicht landwirtschaftlich genutzt wird (BVerwGE 101, 382 = NVwZ 1998, 295 = DVBl 1996, 1327 = DÖV 1997, 296). Die Gemeinde **muss** nach der Neuregelung den Erschließungsbeitrag **zinslos stunden**, wenn das der Beitragspflicht unterliegende Grundstück iR eines landwirtschaftlichen Betriebes tatsächlich landwirtschaftlich genutzt wird und die Veräußerung oder anderweitige (bauliche) Nutzung die wirtschaftliche Rentabilität des Betriebes in seiner Gesamtheit in Frage stellen würde. Es muss ein ursächlicher Zusammenhang zwischen der Zweckentfremdung des landwirtschaftlich genutzten Grundstücks und der Beeinträchtigung der Wirtschaftlichkeit gegeben sein. Erhaltung der Wirtschaftlichkeit ist nicht gleichbedeutend mit Erhaltung der gewonnenen Erträge (Einkünfte) in der bisherigen Höhe. Geschützt werden auch nicht Betriebe, die trotz Führung nach dem Prinzip des rationellsten und sparsamsten Mitteleinsatzes **bereits unwirtschaftlich sind,** andererseits unterliegen aber auch Grundstücke rentabler wirtschaftlicher Nebenerwerbsbetriebe dem Schutz des Abs. 4. Kleinere Betriebe bedürfen eines Schutzes durch eine Stundung des Erschließungsbeitrages weit mehr als größere Landwirtschaftsbetriebe mit größerer wirtschaftlicher Leistungsfähigkeit, weshalb auch die Anforderungen an einen Nachweis der Wirtschaftlichkeit eines landwirtschaftlichen (Nebenerwerbs-) Betriebs im Sinn des § 135 Abs. 4 Satz 1 nicht überspannt werden dürfen (VGH München, 6.3.2006 – 6 ZB 03.2947). Die bei der Veranlagung herangezogenen Flächen müssen aber in jedem Falle iR der vom Beitragspflichtigen selbst betriebenen Landwirtschaft benötigt werden (BVerwGE 62, 125 = VerwRspr 32, 1022 = DVBl 1981, 830 = KStZ 1981, 191 = BauR 1982, 482 = ZMR 1982, 31). Davon macht Abs. 4 Satz 2 jetzt insoweit eine Ausnahme, als Satz 1 auch für die Fälle der Nutzungsüberlassung und Betriebsübergabe an Familienangehörige iSd § 15 AO 1977 Anwendung findet. Die Stundung gem. § 135 Abs. 4 ist unabhängig davon zu gewähren, ob das der Beitragspflicht unterliegende Grundstück im Zeitpunkt der Aufnahme der landwirtschaftlichen Nutzung planungsrechtlich dem Innen- oder dem Außenbereich zuzuordnen war (BVerwG v. 25.3.1993 – 8 B 25.93). § 242 Abs. 7 sieht vor, dass auf vor dem 1.7.1987 entschiedene Stundungsanträge, wenn die Entscheidung noch nicht unanfechtbar geworden ist, § 135 Abs. 4 anzuwenden ist. Die Stundung eines Erschließungsbeitrags stellt einen **Dauerverwaltungsakt** dar, der nach den §§ 130, 131 AO widerrufen werden kann (VG Neustadt, 10.2.2005 – 4 K 1985/04.NW). Ist das Erschließungsbeitragsrecht des Bundes durch Landesrecht – so geschehen für Bayern (siehe dazu Vorbemerkung vor § 123) – ersetzt worden, ist das jeweilige Landesrecht maßgebend. Bayern hat über Art 13 KAG Bayern die entsprechenden Vorschriften der Abgabenordnung für anwendbar erklärt.

III. Erlass und Freistellung (Abs. 5)

7 Nach **Abs. 5** kann die Gemeinde im Einzelfall von der Erhebung des Erschließungsbeitrages absehen, dh die **Forderung erlassen** (zur Auslegung und Anwendung des § 242 Abs. 5 in der Praxis vgl Horst, KStZ 1987, 146 und OVG Lüneburg, NVwZ 1987, 1108); die Beitragsforderung ist entstanden, braucht aber noch nicht fällig zu sein. Die Freistellung vor Entstehen der Beitragspflicht, also vor Fertigstellung der Erschließungsanlage, bewirkt, dass insoweit die Forderung der Gemeinde nicht mehr entstehen kann. Erlass und Freistellung müssen im öffentlichen Interesse oder zur Vermeidung unbilliger Härten geboten sein und

setzt voraus, dass es sich um einen Sachverhalt handelt, der sich im Verhältnis zu den vom Gesetz erfassten Regelfällen als Sonderfall darstellt (zum sachlichen Billigkeitsgrund bei Einziehung eines Straßenabschnitts vgl VGH Mannheim, VBlBW 1993, 339). Das öffentliche Interesse muss auf den Verzicht selbst gerichtet sein. Der Gemeinde muss daran gelegen sein, eine im öffentlichen Interesse liegende Maßnahme zu fördern, zB Ansiedlung von Industrie in strukturschwachen Gebieten, Förderung von Wohnungsbauvorhaben, Errichtung eines Kindergartens, einer Bildungsstätte (BVerwG, DVBl 1976, 306 = DÖV 1975, 717 = BRS 37, 116 = ZMR 1976, 116), wenn nämlich der Beitragspflichtige durch seine Tätigkeit die Gemeinde von einer anderenfalls von ihr selbst mit finanziellen Aufwendungen durchzuführenden Aufgabe freistellt und ihr dadurch gleichsam handgreiflich eine finanzielle Entlastung verschafft wie zum Beispiel im Falle des Betriebes eines Friedhofes durch eine Kirchengemeinde (vgl BVerwG, NVwZ 2006, 1416 und BVerwGE 90, 202 = NVwZ 1993, 379 = DVBl 1992, 1105; vgl auch OVG Münster, Gemeindehaushalt 2005, 19, das hinsichtlich eines Kindergartengrundstückes einen Erlass in Höhe von 25 % hat genügen lasen). Die Regelung des § 135 Abs. 5 ist auch auf Vorausleistungen anwendbar (BVerwG, 18.11.1998 – 8 C 20.97). An einen Billigkeitserlass, der bereits vor Inkrafttreten des Bundesbaugesetzes auf der Grundlage des damaligen Rechts ausgesprochen oder vereinbart worden ist, ist die Gemeinde gebunden, wenn er auch nach geltendem Recht zulässig wäre (BVerwG, KStZ 1975, 92 = BauR 1974, 408 = ZMR 1975, 92; zur Wirksamkeit einer vorzeitigen Beitragsfreistellung iSd § 135 Abs. 5 Satz 2 vgl auch OVG Münster, NVwZ-RR 1991, 212).

Das **Absehen** von der (teilweisen) Erhebung eines entstandenen Beitrags **wirkt sich nicht zu Lasten der Beitragspflichtigen aus**, sondern geschieht zu Lasten der Gemeinde (BVerwGE 62, 308 = NVwZ 1982, 246 = BauR 1982, 472 = BRS 43, 94 = ZMR 1982, 246; zum Erlass von Steuern und Säumniszuschlägen aus Billigkeitsgründen gem. §§ 222, 227 Abs. 1 AO 1977 vgl BVerwG, NJW 1991, 1073 = KStZ 1991, 12). 8

IV. Verwirkung

Unabhängig von den Billigkeitsregelungen des § 135 Abs. 2–5 kann ein Absehen von der Beitragserhebung bei der Anwendung des Grundsatzes von **Treu und Glauben** (§ 242 BGB) in Frage kommen (vgl dazu BVerwGE 48, 247 = NJW 1975, 2221 = DÖV 1975, 715 = KStZ 1976, 31 = BauR 1976, 54 = BRS 37, 332 = ZMR 1976, 120 und OVG Münster, NVwZ-RR 1990, 435 in einem Fall der zögerlichen Geltendmachung des Beitrags; vgl auch BVerwGE 85, 66 = NVwZ 1990, 874 = DVBl 1990, 786 = DÖV 1990, 784 = ZMR 1990, 392 zu der Konstellation, dass zwischen abgeschlossener technischer Herstellung bis zum Entstehen der sachlichen Erschließungsbeitragspflicht eine Reihe von Jahren vergangen war, unter Hinweis darauf, dass jede Verzögerung des Zeitpunkts des Entstehens der sachlichen Beitragspflichten zur Folge hat, dass die Beitragspflichtigen erst später zur Zahlung des Beitrags in Anspruch genommen werden und deshalb länger im Genuss des Ertrags des andernfalls durch Zahlung des Beitrags verbrauchten Kapitals bleiben). Allerdings schließt § 135 Abs. 5 die Anwendbarkeit des Grundsatzes von **Treu und Glauben** im Erschließungsbeitragsrecht im Falle eines widersprüchlichen Verhaltens der Gemeinde im Vorfeld der Beitragserhebung aus (BVerwG, NVwZ 1995, 1213 = KStZ 1995, 1214 = ZMR 1994, 531). Die Frage, ob die 9

Gemeinde ihr Recht zur Erhebung von Erschließungsbeiträgen verwirkt hat, richtet sich nach irrevisiblem Landesrecht (BverwG, NVwZ 1988, 361 = KStZ 1988, 180 = ZKF 1988, 211). **Verwirkung** wird allenfalls dann angenommen werden können, wenn neben einem unverhältnismäßig langen Zeitablauf die Gemeinde durch positives Verhalten zum Ausdruck gebracht hat, sie werde den Pflichtigen nicht mehr heranziehen, und sich dieser nach den Umständen des Einzelfalles auch tatsächlich darauf verlassen durfte (vgl im Einzelnen Driehaus, Erschließungs- und Ausbaubeiträge, 7. Aufl. 2004, § 19 Rn 46 ff).

Siebter Teil
Maßnahmen für den Naturschutz

§ 135a Pflichten des Vorhabenträgers; Durchführung durch die Gemeinde; Kostenerstattung

(1) Festgesetzte Maßnahmen zum Ausgleich im Sinne des § 1a Abs. 3 sind vom Vorhabenträger durchzuführen.

(2) Soweit Maßnahmen zum Ausgleich an anderer Stelle den Grundstücken nach § 9 Abs. 1 a zugeordnet sind, soll die Gemeinde diese anstelle und auf Kosten der Vorhabenträger oder der Eigentümer der Grundstücke durchführen und auch die hierfür erforderlichen Flächen bereitstellen, sofern dies nicht auf andere Weise gesichert ist. Die Maßnahmen zum Ausgleich können bereits vor den Baumaßnahmen und der Zuordnung durchgeführt werden.

(3) Die Kosten können geltend gemacht werden, sobald die Grundstücke, auf denen Eingriffe zu erwarten sind, baulich oder gewerblich genutzt werden dürfen. Die Gemeinde erhebt zur Deckung ihres Aufwands für Maßnahmen zum Ausgleich einschließlich der Bereitstellung hierfür erforderlicher Flächen einen Kostenerstattungsbetrag. Die Erstattungspflicht entsteht mit der Herstellung der Maßnahmen zum Ausgleich durch die Gemeinde. Der Betrag ruht als öffentliche Last auf dem Grundstück.

(4) Die landesrechtlichen Vorschriften über kommunale Beiträge einschließlich der Billigkeitsregelungen sind entsprechend anzuwenden.

1 Der siebte Teil des ersten Kapitels mit den §§ 135a bis 135 c ist durch das BauROG 1998 neu eingeführt worden und soll gemeinsam mit einer ganzen Reihe anderer Vorschriften der Stärkung der ökologischen Belange dienen, indem die Vollzugsverantwortung und die Kostentragung geregelt wird. Änderungen durch das Gesetz zur Anpassung des Baugesetzbuchs an EU-Richtlinien vom 24.6.2004 ergeben sich nicht.

2 **Abs. 1** geht davon aus, dass Maßnahmen, die iSd § 1a Abs. 3 festgesetzt worden sind, grds. vom **Vorhabenträger** selbst, dhidR auf Grundstücken, die ihm selbst gehören oder auf die er entsprechende Zugriffsmöglichkeiten hat, durchgeführt werden. Da dies aber nicht in allen Fällen möglich sein wird und § 9 Abs. 1a den Kompensationsraum für Eingriffe geöffnet hat, dh der Ausgleich hierfür an anderer Stelle des Plangebiets oder im Geltungsbereich eines anderen Bebauungsplans erfolgen kann, sieht *Abs. 2* vor, dass in diesen Fällen die Gemeinde tätig wird, deren Zugriffsmöglichkeiten auf ausgleichsfähige Grundstücke regelmäßig größer sein werden.

Nach **Abs. 2** Satz 1 BauGB soll die Gemeinde, soweit Maßnahmen zum Ausgleich an anderer Stelle den Grundstücken nach § 9 Abs. 1a BauGB zugeordnet sind, anstelle und auf Kosten der Vorhabenträger oder der Eigentümer der Grundstücke auch die hierfür erforderlichen Flächen bereit stellen, soweit dies nicht auf andere Weise gesichert ist. Die Erhebung von Kostenerstattungsbeträgen setzt demnach eine **wirksame Zuordnung von Ausgleichsmaßnahmen** durch eine entsprechende Festsetzung im Bebauungsplan gemäß § 9 Abs. 1a BauGB voraus (vgl BverwG, NVwZ 2006, 821; VG Koblenz, 12.1.2004 – 8 K 473/03.KO). Mit ihrer Zuordnungsentscheidung übt eine Gemeinde ein eigenständiges städtebauliches Ermessen aus. Sie hat zu erwägen, ob und in welchem Umfang sie die Voraussetzungen dafür schaffen will, die Ausgleichsmaßnahmen selbst anstelle des Vorhabenträgers oder des Eigentümers auszuführen und von jenem die Kosten erstattet zu verlangen (OVG Koblenz, UPR 2006, 160). Der Sinn und Zweck der Zuordnung der Flächen oder Maßnahmen zum Ausgleich an anderer Stelle zu den Eingriffsparzellen besteht darin, mit den Mitteln der Bauleitplanung zu bestimmen, auf welche Weise die ökologischen Konflikte unter Beachtung des Verursacherprinzips bewältigt werden sollen, wenn der Ort des Eingriffs ein anderer als der des Ausgleichs ist, und darüber hinaus im Wege der Eigenregie den Ausgleich herbeizuführen. Gegenstand der Zuordnung ist damit die Erstellung einer eingriffskompatiblen und -konnexen Ausgleichsbilanz im Bebauungsplan und deren Verwirklichung durch Selbstvornahme des Planungsträgers. Ob der jeweilige Zweck erreicht worden ist, ist bei der Prüfung der Frage der Rechtmäßigkeit des Kostenerstattungsbegehrens durch inzidente Kontrolle des Bebauungsplanes festzustellen (OVG Koblenz, 7.12.2004 – 6 A 11280/04 – NVwZ-RR 2006, 176 L). 3

Satz. 2 geht mit der Regelung über die bisher schon bestehenden Möglichkeiten des § 8a Abs. 3 Satz 2 BNatSchG aF hinaus. Neben der bereits erwähnten räumlichen Entkoppelung bietet sich hier an recht versteckter Stelle die Möglichkeit einer **zeitlichen Flexibilisierung**. Nach dieser Regelung können die Maßnahmen zum Ausgleich bereits **vor den Baumaßnahmen** und ihrer Zuordnung durchgeführt werden. Hierdurch wird für die Gemeinden die Möglichkeit geschaffen, Ausgleichsmaßnahmen gleichsam „**auf Vorrat**" durchzuführen und auf einem „**Öko-Konto**" gutzuschreiben, bis sie zum einem späteren Zeitpunkt einem neuen Baugebiet zugeordnet werden können. Diese Ermächtigung, ein sog. Öko-Konto einzurichten, beruht auf der Vorstellung, dass die Gemeinden auf von ihnen bereitgestellten Grundflächen ökologische Maßnahmen im Vorgriff auf zukünftige Eingriffs-Bebauungspläne durchführen können, diese Maßnahmen also gewissermaßen **ansparen**, um sie später nach einer entsprechenden Zuordnung abrechnen zu können (vgl OVG Koblenz, NuR 2003, 38).

Hilfreich kann es hierbei sein, schon bei der Flächennutzungsplanung künftige Eingriffsflächen und künftige Ausgleichsflächen auszuweisen und so die Möglichkeiten zu nutzen, die § 5 Abs. 2a bietet. Nach dem Willen des Gesetzgebers ist es durch das Öko-Konto jedoch **nicht möglich, in der Vergangenheit** – dh vor Inkrafttreten der Gesetzesänderung – **durchgeführte Maßnahmen** zu Gunsten des Naturschutzes **nachträglich** noch **als Ausgleichsmaßnahmen umzudeklarieren**, wenngleich sie iR der Abwägung bei der Aufstellung von Bauleitplänen hinsichtlich der Notwendigkeit und des Umfangs von Ausgleichsmaßnahmen berücksichtigt werden können. Die Möglichkeiten des Öko-Kontos können sich positiv auf die Belange des Natur- und Landschaftsschutzes auswirken, weil für die Gemeinden keine Notwendigkeit mehr besteht, sinnvolle Maßnahmen so lange zurückzustellen, bis sie im zeitlichen Zusammenhang mit Eingriffen zu deren Ausgleich erforderlich sind. Andererseits kann nicht ausgeschlossen werden, dass eine Gemeinde, die ein „gutgefülltes" Öko-Konto aufweisen kann, ohne dass konkrete Eingriffe absehbar sind, gerade in finanzschwachen Zeiten wenig Neigung zeigen wird, weiter – gleichsam auf Vorrat – Ausgleichsmaßnahmen auf dem Gemeindegebiet durchzuführen.

4 Nach **Abs. 3** kann eine Gemeinde ihre **Kosten geltend machen**, sobald die Grundstücke, auf denen Eingriffe zu erwarten sind, **baulich oder gewerblich genutzt werden dürfen** (zum Satzungserfordernis vgl unten § 135c). Dabei kommt es auf die grds. Nutzbarkeit, dh auch die Erschließung muss gesichert sein, nicht aber auf die Erteilung der konkreten Baugenehmigung an. Wie auch im Erschließungsbeitragsrecht sind indes bei der Heranziehung **öffentlich-rechtliche Baubeschränkungen** zu beachten. Ist beispielsweise die nach dem Bebauungsplan zulässige Grundfläche nicht erreichbar, so ist die tatsächlich verwirklichbare zu berücksichtigen (vgl OVG Koblenz, NVwZ-RR 2002, 334 unter Hinweis auf BVerwGE 81, 251; zu öffentlich-rechtlichen Baubeschränkungen vgl auch Anm. 9 zu § 131). Die Gemeinde erhebt zur **Deckung ihres Aufwands** für die von ihr durchgeführten Ausgleichsmaßnahmen einschließlich der Bereitstellung hierfür erforderlicher Flächen einen Kostenerstattungsbetrag, der mit der Herstellung der Ausgleichsmaßnahmen fällig wird. Daraus folgt wie im Erschließungsbeitragsrecht aus § 127 Abs. 1 BauGB (vgl dazu Anm. 2 zu § 127) auch die Pflicht der Gemeinde zur vollständigen Erhebung der Kostenerstattungsbeträge unter Ausschöpfung des ihr hierfür entstandenen erforderlichen Aufwands (vgl VG Koblenz, 12.1.2004, – 8 K 473/03.KO –). **Widerspruch und Anfechtungsklage** haben wegen § 212a Abs. 2 **keine aufschiebende Wirkung** (s dort und unten Anm. 5). Der Einwand, ein als Ausgleichsfläche ausgewiesenes Grundstück sei in der Baulandumlegung zu Unrecht zu Baulandpreisen zugeteilt worden, kann im Verfahren um die Kostenerstattungspflicht nach § 135a BauGB nicht berücksichtigt werden, sondern muss zum Gegenstand der Überprüfung des Umlegungsplanes gemacht werden (vgl OVG Koblenz, NVwZ-RR 2002, 334).

5 Wenngleich der Betrag nach **Abs. 3 Satz 4** der Vorschrift als **öffentliche Last** auf dem Grundstück ruht (vgl hierzu auch Anm. 3 zu § 134), wird es sich doch für die Gemeinden empfehlen, die Ausgleichsmaßnahmen zügig durchzuführen und auch – eine entsprechende Satzungsregelung vorausgesetzt – von der Möglichkeit der Erhebung von **Vorausleistungen** (vgl § 135c Nr. 5) Gebrauch zu machen, da beim Vorhabenträger zu einem frühen Zeitpunkt die Gefahr von Liquiditätsproblemen sicherlich geringer sein wird.

6 **Abs. 4** erklärt die jeweiligen **landesrechtlichen Vorschriften** über kommunale Beiträge für entsprechend anwendbar. Damit sind außer den – besonders hervorgehobenen – Billigkeitsregelungen insbesondere die Vorschriften über die Forderungsabwicklung, also die Regelungen über Verjährung, Verwirkung, Aufrechnung, Verzinsung, Säumniszuschläge, Erstattung und Vollstreckung gemeint. Nicht erfasst werden von der Verweisung auf das Landesrecht Regelungen, die auf die besondere Konstellation des Beitrags als Vorteilsentgelt zugeschnitten sind und sich nach ihrem Sinn und Zweck einer entsprechenden Anwendung auf den Kostenerstattungsbetrag nach § 135a Abs. 3 BauGB entziehen (vgl VGH Kassel, NuR 2002, 557). So sind landesrechtliche Vorschriften, wonach der Vorteil der Allgemeinheit zu berücksichtigen ist, nicht entsprechend anwendbar. Die Gemeinde erhebt nämlich bei den Verursachern und, soweit ein Eingriff möglich, aber noch

nicht durchgeführt ist, bei den Eigentümern einen Kostenerstattungsbetrag zur Refinanzierung der Kosten des Ausgleichs. Die Kostenerstattungspflicht ergibt sich anders als die Beitragspflicht nach dem Erschließungsbeitragsrecht und Kommunalabgabenrecht nicht aus dem wirtschaftlichen Vorteil, den die Grundstückseigentümer durch die Möglichkeit der Nutzung der zu finanzierenden öffentlichen Anlage oder Einrichtung haben, sondern aus der Verantwortlichkeit des Vorhabenträgers für die Verursachung eines Eingriffs in Natur und Landschaft. Insoweit ist der **Kostenerstattungsbetrag** auch **kein Beitrag im abgabenrechtlichen Sinn**, weshalb auch eine spezielle Regelung zur Anordnung der sofortigen Vollziehbarkeit von Kostenerstattungsbeitragsbescheiden in § 212a Abs. 2 erforderlich ist (vgl VG Gießen, NVwZ 2002, 760 und HSGZ 2002, 222).

§ 135b Verteilungsmaßstäbe für die Abrechnung

Soweit die Gemeinde Maßnahmen zum Ausgleich nach § 135a Abs. 2 durchführt, sind die Kosten auf die zugeordneten Grundstücke zu verteilen. Verteilungsmaßstäbe sind
1. **die überbaubare Grundstücksfläche,**
2. **die zulässige Grundfläche,**
3. **die zu erwartende Versiegelung oder**
4. **die Schwere der zu erwartenden Eingriffe.**

Die Verteilungsmaßstäbe können miteinander verbunden werden.

Die Vorschrift ergänzt § 135a und normiert ausdrücklich, dass die **Kosten für Ausgleichsmaßnahmen** idS auf die zugeordneten, dh die **durch den Eingriff baulich nutzbaren** und damit **im Wert gestiegenen Grundstücke** zu verteilen sind. Die unter Nr. 1 und 2 genannten Verteilungsmaßstäbe der überbaubaren Grundstücksfläche und der zulässigen Grundfläche orientieren sich an wirtschaftlichen Gesichtspunkten, insbesondere an der baulichen Ausnutzbarkeit. Demgegenüber können nach Nr. 3 (die zu erwartende Versiegelung) und Nr. 4 (die Schwere der zu erwartenden Eingriffe) die Belange des Naturschutzes und der Landschaftspflege eingebracht werden. Was die **überbaubare Grundstücksfläche** ist, lässt sich § 23 BauNVO entnehmen. Dabei handelt es sich um diejenige Fläche eines Grundstücks, auf der grds. Bauwerke errichtet werden können (sog Baufenster). Davon zu unterscheiden ist die **zulässige Grundfläche**. Sie meint den prozentualen Anteil derjenigen Fläche eines Grundstücks, der tatsächlich überbaut werden darf (vgl § 19 BauNVO). Da die Verteilungsmaßstäbe überbaubare Grundstücksfläche und zulässigeGrundfläche anders als die anderen genannten Verteilungsmaßstäbe durch die BauNVO klar definiert sind und damit Rechtsunsicherheit von vornherein ausgeschlossen ist, dürften diese in der Praxis die größte Rolle spielen. 1

Wenn Satz 3 erklärt, dass die vorgenannten **Verteilungsmaßstäbe miteinander verbunden** werden können, so bietet dies für die Gemeinde die Möglichkeit, auch ungewöhnlichen Fallkonstellationen gerecht zu werden, wie zB einerseits der baulich hohen Ausnutzung einer bisherigen Industriebrache oder andererseits der geringfügigen Bebauung eines ökologisch wertvollen Gebiets mit kleinen Wochenendhäusern. In zulässiger Weise kann daher beispielsweise bestimmt werden, dass die erstattungsfähigen Kosten nach Maßgabe der zulässigen Grundfläche bzw, sofern keine zulässige Grundfläche festgesetzt ist, nach der überbaubaren Grund- 2 stücksfläche verteilt werden, und dass für sonstige selbstständige versiegelbare Flächen die versiegelbare Fläche als überbaubare Grundstücksfläche gilt (OVG Lüneburg, 5.1.2006 – 9 ME 149/05).

§ 135c Satzungsrecht

Die Gemeinde kann durch Satzung regeln

1. **Grundsätze für die Ausgestaltung von Maßnahmen zum Ausgleich entsprechend den Festsetzungen eines Bebauungsplans,**
2. **den Umfang der Kostenerstattung nach § 135a; dabei ist § 128 Abs. 1 Satz 1 Nr. 1 und 2 und Satz 2 entsprechend anzuwenden,**
3. **die Art der Kostenermittlung und die Höhe des Einheitssatzes entsprechend § 130,**
4. **die Verteilung der Kosten nach § 135b einschließlich einer Pauschalierung der Schwere der zu erwartenden Eingriffe nach Biotop- und Nutzungstypen,**
5. **die Voraussetzungen für die Anforderung von Vorauszahlungen,**
6. **die Fälligkeit des Kostenerstattungsbetrags.**

1 § 135c gibt der Gemeinde die Möglichkeit, die dort aufgeführten Themenbereiche durch **Satzung** zu regeln. Hierdurch wird die demokratische Legitimation entsprechender Bestimmungen erhöht und eine einheitliche Behandlung der Betroffenen sichergestellt, so dass ein entsprechendes Tätigwerden der Gemeinden sinnvoll ist. Während für das Erschließungsbeitragsrecht das Satzungserfordernis durch § 132 zwingend vorgegeben ist, „kann" im Gegensatz dazu die Gemeinde gemäß BauGB § 135c die nähere Ausgestaltung von Kostenerstattungsanforderungen durch Satzung regeln. Dies spricht dafür, dass insbesondere dann, wenn für eine durchgeführte Maßnahme nicht mehrere Kostenerstattungspflichtige in Betracht kommen und somit die Notwendigkeit einer Verteilungsregelung entfällt, ein **Kostenerstattungsbetrag** auch **ohne** vorherigen Erlass einer **gemeindlichen Satzung** unmittelbar aufgrund § 135a geltend gemacht werden kann (vgl VG Kassel, HSGZ 1998, 473).

2 Allgemein zur Verteilungsregelung in einer Satzung ist zu sagen, dass das Heranziehungsverfahren praktikabel und überschaubar bleiben muss (vgl entsprechend zum Erschließungsbeitragsrecht BVerwGE 57, 240 = NJW 1980, 72 = DVBl 1979, 781 = BauR 1979, 315). Dabei hat der Ortsgesetzgeber einen **weiten Ermessensspielraum**. Sinnvoll ist es, in der Satzung die Voraussetzungen für die Anforderung von **Vorausleistungen** zu regeln, wobei auf die zum Erschließungsbeitragsrecht entwickelten Grundsätze insoweit zurückgegriffen werden kann, als Vorausleistungen bis zur Höhe der voraussichtlich entstehenden Kosten – auch in Teilbeträgen – verlangt werden dürfen, sobald das betroffene Grundstück baulich oder gewerblich (§ 135a Abs. 1) genutzt werden darf. In Anlehnung an § 135 sollte bestimmt werden, dass der Betrag einen Monat nach Bekanntgabe **fällig** wird.

Zweites Kapitel
Besonderes Städtebaurecht

Erster Teil
Städtebauliche Sanierungsmaßnahmen

Die §§ 136–164b BauGB enthalten Vorschriften über die städtebaulichen Sanierungsmaßnahmen. Wesentliche Teile hiervon waren zunächst im **Städtebauförderungsgesetz** enthalten, weil die ohnehin etwa zehnjährige Zeit zur Erarbeitung des BBauG nicht noch weiter verlängert werden sollte. Das „Nebeneinander" dieser beiden Gesetze wurde durch das BauGB 1987 beendet, das deren relevante Regelungsbereiche zusammenfasste, um anzuerkennen, dass die Stadterneuerungsaufgaben Daueraufgaben sind. Das Sanierungsrecht ist ein **Sonderrecht** für besonders eklatante städtebauliche Problematiken, das in „normalen" Konstellationen keine Anwendung findet. Das zentrale Steuerungselement hierfür ist die sanierungsrechtliche Verfügungs- und Veränderungsgenehmigung (§§ 144 ff). Das bodenpolitische Konzept des Städtebauförderungsgesetzes findet sich in den besonderen sanierungsrechtlichen Vorschriften der §§ 152–156 wieder, die ein in sich abgestimmtes **Gesamtsystem** enthalten, welches auch den verfassungsrechtlichen Anforderungen Rechnung trägt. Insbesondere gewährleistet dieses System unter Berücksichtigung von Art 3 GG eine aus Sachgründen gerechtfertigte unterschiedliche Behandlung der Eigentümer von Grundstücken im Sanierungsgebiet und ist insoweit von der Rechtsprechung gebilligt worden. Verfassungsrechtlich abgesichert wurde 1969 auch die an sich systemfremde Gewährung von **Bundesfinanzhilfen,** die iR der Finanzierungs- und Förderungsverfahren eine große Rolle spielte. Nach verschiedenen Kontroversen enthielt das BauGB seit 1987 dann keine Regelungen mehr über die Bundesfinanzhilfen und solche Finanzhilfen des Bundes wurden auf Grund von Verwaltungsvereinbarungen gem. Art 104a GG gewährt. Mit dem BauROG 1998 wurden dann die §§ 164a und 164b über die Städtebauförderung geschaffen, die eine Problematik regeln, welche mit der Herstellung der Einheit Deutschlands und dem damit verbundenen Aufbau der Beitrittsländer eine besondere Bedeutung erlangt hat.

Erster Abschnitt
Allgemeine Vorschriften

§ 136 Städtebauliche Sanierungsmaßnahmen

(1) Städtebauliche Sanierungsmaßnahmen in Stadt und Land, deren einheitliche Vorbereitung und zügige Durchführung im öffentlichen Interesse liegen, werden nach den Vorschriften dieses Teils vorbereitet und durchgeführt.

(2) Städtebauliche Sanierungsmaßnahmen sind Maßnahmen, durch die ein Gebiet zur Behebung städtebaulicher Missstände wesentlich verbessert oder umgestaltet wird. Städtebauliche Missstände liegen vor, wenn

1. das Gebiet nach seiner vorhandenen Bebauung oder nach seiner sonstigen Beschaffenheit den allgemeinen Anforderungen an gesunde Wohn- und Arbeits-

verhältnisse oder an die Sicherheit der in ihm wohnenden oder arbeitenden Menschen nicht entspricht oder

2. das Gebiet in der Erfüllung der Aufgaben erheblich beeinträchtigt ist, die ihm nach seiner Lage und Funktion obliegen.

(3) Bei der Beurteilung, ob in einem städtischen oder ländlichen Gebiet städtebauliche Missstände vorliegen, sind insbesondere zu berücksichtigen

1. die Wohn- und Arbeitsverhältnisse oder die Sicherheit der in dem Gebiet wohnenden und arbeitenden Menschen in Bezug auf
   a) die Belichtung, Besonnung und Belüftung der Wohnungen und Arbeitsstätten,
   b) die bauliche Beschaffenheit von Gebäuden, Wohnungen und Arbeitsstätten,
   c) die Zugänglichkeit der Grundstücke,
   d) die Auswirkungen einer vorhandenen Mischung von Wohn- und Arbeitsstätten,
   e) die Nutzung von bebauten und unbebauten Flächen nach Art, Maß und Zustand,
   f) die Einwirkungen, die von Grundstücken, Betrieben, Einrichtungen oder Verkehrsanlagen ausgehen, insbesondere durch Lärm, Verunreinigungen und Erschütterungen,
   g) die vorhandene Erschließung;
2. die Funktionsfähigkeit des Gebiets in Bezug auf
   a) den fließenden und ruhenden Verkehr,
   b) die wirtschaftliche Situation und Entwicklungsfähigkeit des Gebiets unter Berücksichtigung seiner Versorgungsfunktion im Verflechtungsbereich,
   c) die infrastrukturelle Erschließung des Gebiets, seine Ausstattung mit Grünflächen, Spiel- und Sportplätzen und mit Anlagen des Gemeinbedarfs, insbesondere unter Berücksichtigung der sozialen und kulturellen Aufgaben dieses Gebiets im Verflechtungsbereich.

(4) Städtebauliche Sanierungsmaßnahmen dienen dem Wohl der Allgemeinheit. Sie sollen dazu beitragen, dass

1. die bauliche Struktur in allen Teilen des Bundesgebiets nach den sozialen, hygienischen, wirtschaftlichen und kulturellen Erfordernissen entwickelt wird,
2. die Verbesserung der Wirtschafts- und Agrarstruktur unterstützt wird,
3. die Siedlungsstruktur den Erfordernissen des Umweltschutzes, den Anforderungen an gesunde Lebens- und Arbeitsbedingungen der Bevölkerung und der Bevölkerungsentwicklung entspricht oder
4. die vorhandenen Ortsteile erhalten, erneuert und fortentwickelt werden, die Gestaltung des Orts- und Landschaftsbilds verbessert und den Erfordernissen des Denkmalschutzes Rechnung getragen wird.

Die öffentlichen und privaten Belange sind gegeneinander und untereinander gerecht abzuwägen.

1 Abs. 1 der Vorschrift normiert den Anwendungsbereich des Sanierungsrechts im System des BauGB, der nach Abs. 2 sachlich, § 142 räumlich und nach §§ 162 ff zeitlich konkretisiert wird. Dabei handelt es sich aber nicht um eine eigene, abschließend geregelte Materie; vielmehr sind die übrigen Vorschriften des BauGB und auch andere Gesetze heranzuziehen, wenn deren Geltungsbereich tangiert ist. Die Vorschriften über **städtebauliche Sanierungsmaßnahmen** finden sowohl in beplanten Gebieten wie auch im unbeplanten Innenbereich Anwendung, wobei allerdings bei letzterem die Beurteilung der **Gebietsstruktur** schwierig werden

kann, wenn diese nicht einheitlich, sondern von nicht homogenen Nutzungsarten geprägt wird.

Städtebauliche Sanierungsmaßnahmen sind stets **gebietsbezogen**, dh ihre Auswir- 2
kungen müssen sich über die Maßnahme hinaus für das Gebiet bemerkbar machen, um im öffentlichen Interesse zu liegen. Dabei macht die Formulierung „in Stadt und Land" deutlich, dass sich städtebauliche Sanierungsmaßnahmen nicht nur auf Stadtgebiete, sondern auch auf den ländlichen Bereich, etwa im Zuge von Programmen zur **Dorferneuerung** beziehen können. Das gesetzgeberische Konzept ist vom Gedanken der **einheitlichen Vorbereitung** und **zügigen Durchführung** einer städtebaulichen Gesamtmaßnahme getragen, um die belastenden Wirkungen dieses Sonderrechts auf die betroffenen Eigentümer – insbesondere auch iR der **Genehmigungspflicht** für Vorhaben und Rechtsvorgänge (§ 144) – in Grenzen zu halten. Hiervon ist auszugehen, wenn das öffentliche Interesse einen besonderen Handlungsbedarf in städtebaulicher Hinsicht erkennen lässt, der ein planmäßiges und aufeinander abgestimmtes Vorgehen notwendig macht (vgl BVerwG NVwZ 1986, 917 f; BVerwGE 107, 123).

Aus dem Wortlaut der Vorschrift folgt die Pflicht der Gemeinde, beim Vorliegen 3
der Tatbestandsvoraussetzungen tätig zu werden. Hierdurch soll gewährleistet werden, dass alle Eigentümer und sonstigen Berechtigten in dem festzusetzenden Gebiet gleichbehandelt, dh in gleicher Weise von den eigentumsbeschränkenden Wirkungen der Gesamtmaßnahme betroffen werden. Dem steht jedoch kein **Rechtsanspruch** eines privaten Dritten gegenüber, dass ein Sanierungsgebiet festgelegt oder dass sein Grundstück in ein geplantes Sanierungsgebiet einbezogen wird.

Städtebauliche Sanierungsmaßnahmen sind in § 136 Abs. 2 Satz 1 als Maßnahmen 4
definiert, durch die ein Gebiet zur Behebung städtebaulicher **Missstände** wesentlich verbessert oder umgestaltet wird und deren einheitliche Vorbereitung und Durchführung im öffentlichen Interesse liegt. Das besondere öffentliche Interesse ist immer anhand des jeweiligen Einzelfalls festzustellen; hierbei wird der Gemeinde ein eher weiter **Beurteilungsspielraum** eingeräumt (BGHZ 77, 338 = DVBl 1981, 90 = BRS 45 Nr. 115). Anhaltspunkte bietet insoweit aber der Katalog des Abs. 4 Satz 2 der Vorschrift. Insgesamt handelt es sich bei der Sanierungsmaßnahme um eine **Gesamtmaßnahme**, die darauf angelegt ist, für ein bestimmtes Gebiet ein Geflecht mehrerer städtebaulicher Einzelmaßnahmen, die koordiniert und aufeinander abgestimmt sind, vorzubereiten und durchzuführen (BVerwG Buchholz 406.15 § 1 StBauFG Nr. 1 = NVwZ 1986, 917 = BRS 46 Nr. 216). Dabei sind die eigentumsbeschränkenden Auswirkungen für die Betroffenen nur dann gerechtfertigt, wenn es zu einer wesentlichen Verbesserung der Gebietssituation kommt.

Das Gesetz unterscheidet zwischen Missständen in der **Substanz**, wobei insoweit 5
die Aufzählung in § 136 Abs. 3 Nr. 1 zu beachten ist, und unter Berücksichtigung des § 136 Abs. 3 Nr. 2 in der **Funktionsfähigkeit** eines Gebiets (OVG Lüneburg BRS 35 Nr. 229 = ZfBR 1980, 97). Danach können Missstände in der Funktionsfähigkeit des Gebiets in Bezug auf den fließenden und ruhenden Verkehr, die wirtschaftliche Situation und Entwicklungsfähigkeit sowie hinsichtlich der infrastrukturellen Erschließung auftreten (BVerwG NVwZ 1994, 1004 = ZfBR 1994, 237). Zu berücksichtigen ist dabei auch die zukünftige Funktion des Gebiets, wozu sowohl das gehört, was nach dem Sanierungskonzept erhalten als auch das, was durch einen Funktionswandel erreicht werden soll (BVerwG Buchholz 406.15 § 15 StBauFG Nr. 6 = NVwZ 1985, 184 = BRS 42 Nr. 234).

6 Als Beispiel für Missstände in der Substanz nennt das Gesetz zunächst ungesunde Wohn- und Arbeitsverhältnisse in Bezug auf Belichtung, Belüftung und Beschaffenheit der Gebäude. Da es um die Gesundheit geht, können hiermit nur Räume gemeint sein, die regelmäßig dem Aufenthalt von Menschen dienen. Insoweit sind die **landesrechtlichen Ordnungsvorschriften** heranzuziehen, was auch für die bauliche Beschaffenheit von Gebäuden, Wohnungen und Arbeitsstätten und die Zugänglichkeit der Grundstücke gilt. Das Kriterium der Auswirkungen einer vorhandenen Mischung von Wohn- und Arbeitsstätten bezieht sich im Wesentlichen auf Emissionen von Gewerbebetrieben, die zu negativen Auswirkungen auf benachbarte Wohnnutzungen führen. Insoweit kann für beplante Gebiete direkt und für den unbeplanten Innenbereich entsprechend die BauNVO herangezogen werden, um zu prüfen, ob ein Nebeneinander der verschiedenen Nutzungen zulässig ist (vgl BVerwGE 68, 342 = BRS 42 Nr. 50). Die Nutzung von bebauten und unbebauten Grundstücken nach Art, Maß und Zustand kann einen Missstand darstellen, wenn die Art der Nutzung nicht mit der in der Umgebung vorhandenen vereinbar ist, die Bebauungsdichte zu groß ist, oder wenn ein Gebäude etwa einsturzgefährdet ist. Bezüglich der Einwirkungen, die von Grundstücken und Betrieben, insbesondere durch Lärm und dergleichen, ausgehen, spielen **immissionsschutz**rechtliche Vorschriften eine wichtige Rolle. Der Begriff der vorhandenen **Erschließung** kann keinen anderen Inhalt haben als in den §§ 123 ff. Während im beplanten Bereich in erster Linie auf die Festsetzungen des Bebauungsplans abzustellen ist, können im unbeplanten Innenbereich nur die tatsächlich vorhandenen Erschließungsanlagen betrachtet werden.

7 Eine **Funktionsschwäche** iSv Abs. 3 Nr. 2 ist anzunehmen, wenn die Erfüllung der Aufgaben, die dem Gebiet nach seiner Lage und Funktion – etwa als Ober-, Mittel- oder Unterzentrum – obliegen, gegenwärtig oder in naher Zukunft dergestalt beeinträchtigt ist, dass die **Versorgung** der dort lebenden Bevölkerung nicht mehr vollständig gesichert ist. Ursache hierfür können Verkehrsprobleme iSv Abs. 3 Nr. 2a sein, wenn diese dazu führen, dass es zu derart schweren Behinderungen des Verkehrs kommt, dass die für die Versorgung notwendigen Geschäfte wirtschaftlich nicht überleben können. Vergleichbares gilt für die wirtschaftliche Situation und Entwicklungsfähigkeit des Gebiets. Die mangelnde **infrastruktur**elle Erschließung des Gebiets führt dann zu einer relevanten Funktionsschwäche, wenn die Erfüllung von dessen sozialen und kulturellen Aufgaben in besonderem Maß leidet.

8 Für städtebauliche Maßnahmen enthält § 136 Abs. 4 Satz 3 als das zentrale Gebot rechtsstaatlichen Ursprungs (BVerwGE 64, 270 = BVerwG Buchholz 407.56 Wegerecht Nr. 1 = NVwZ 1982, 437) ein **Abwägungsgebot**. Die Abwägung setzt sich aus dem Abwägungsvorgang, der sich in der Zusammenstellung des Abwägungsmaterials erschöpft (BVerwGE 48, 56 = BVerwG Buchholz 407.4 § 17 FStrG Nr. 19 = BRS 29 Nr. 6) und dem Abwägungsergebnis, das sich auf die Gewichtung dieses Materials und die darauf beruhende Entscheidung zu Gunsten bestimmter Belange bezieht, zusammen (zur Verletzung des Gebots gerechter Abwägung: BVerwGE 34, 301 = BVerwG Buchholz 406.11 § 1 BBauG Nr. 1 = BRS 22 Nr. 4). Voraussetzung ist damit, dass die Gemeinde zumindest eine ungefähre Vorstellung in Bezug auf die zukünftige Konzeption des Gebiets hat (BVerwGE 70, 83 = BVerwG Buchholz 406.15 § 15 StBauFG Nr. 7 = BRS 42 Nr. 233).

9 Besondere Bedeutung kann dabei nach der gesetzgeberischen Wertung des § 1a Abs. 2 zukünftig der sparsame Umgang mit Grund und Boden erlangen, denn in Abs. 4 Satz 2 Nr. 3 nennt § 136 als ein Ziel städtebaulicher Sanierungsmaßnah-

men, dass die Siedlungsstruktur den Erfordernissen des **Umweltschutz**es entspricht. Die Durchführung solcher Maßnahmen bringt es regelmäßig mit sich, dass das Sanierungsgebiet und oft auch die angrenzenden Bereiche deutlich an Wohnwert und Lebensqualität gewinnen. Städtebauliche Sanierungsmaßnahmen können auf diese Weise dazu beitragen, die Attraktivität der innerörtlichen Bebauung im Vergleich zum Hausbau in einem neuen Baugebiet beträchtlich zu erhöhen, so dass die Aufstellung von Bauleitplänen für bisher unbebaute Flächen nicht erforderlich ist und damit ein weiterer **Landschaftsverbrauch** unterbleibt. Eine solche Verfahrensweise würde gleichzeitig helfen, iSv Abs. 4 Satz 2 Nr. 4 die vorhandenen Ortsteile zu erhalten, zu erneuern und fortzuentwickeln sowie den Erfordernissen des Denkmalschutzes Rechnung zu tragen.

§ 137 Beteiligung und Mitwirkung der Betroffenen

Die Sanierung soll mit den Eigentümern, Mietern, Pächtern und sonstigen Betroffenen möglichst frühzeitig erörtert werden. Die Betroffenen sollen zur Mitwirkung bei der Sanierung und zur Durchführung der erforderlichen baulichen Maßnahmen angeregt und hierbei im Rahmen des Möglichen beraten werden.

Die Vorschrift beschreibt zwei Grundsätze des Sanierungsrechts, und zwar zum 1
einen die frühzeitige **Erörterung** der beabsichtigten Planungen und Maßnahmen und zum anderen die angestrebte **Mitwirkung** der Betroffenen als Pendant zu den erheblichen Eingriffsmöglichkeiten, die sich aus den sanierungsrechtlichen Vorschriften für die Gemeinde ergeben. Hierdurch soll erreicht werden, dass die Vorstellungen der Eigentümer, Mieter, Pächter und sonstigen betroffenen Personen in die **Abwägung**sentscheidung der Planung mit einfließen können und so deren Akzeptanz erhöht wird. Auch die sich ergebende Transparenz kann hierzu beitragen. Aus diesen Gründen reicht eine bloße formale Beteiligung nicht aus, sondern sind die Sanierungsbetroffenen durch Information, Beratung und andere notwendige Unterstützung – auch bzgl der Förderungsmaßnahmen – in die Lage zu versetzen, die Planungen zu verstehen und an ihrer Gestaltung aktiv mitzuwirken. Von besonderer Bedeutung für die Erörterung ist es dabei, die mittel- und langfristigen **Nutzungsabsichten** der Grundstückseigentümer zu ermitteln, damit diese – soweit möglich – in die Planungen einfließen können. Wichtig kann es aber auch sein, die Möglichkeiten und die Bereitschaft der Betroffenen herauszufinden, notwendige Baumaßnahmen vorzunehmen, was die Durchführung der Maßnahmen erheblich beeinflussen kann. Nicht zuletzt ist auch zu klären, ob die städtebaulichen Sanierungsmaßnahmen vorübergehende oder sogar endgültige **Umzüge** von Privaten oder Betrieben erforderlich machen und ob diese überhaupt möglich sind. Demgegenüber wird sich die Beratung regelmäßig auch auf die Möglichkeiten erstrecken müssen, die finanziellen Auswirkungen der städtebaulichen Sanierungsmaßnahmen durch Finanzierungs- oder sonstige Förderungsmöglichkeiten abzumildern. Angesicht der Komplexität einer solchen Beratung zeigt sich die Bedeutung der besonderen Sachkompetenz eines **Sanierungsträgers** (§§ 157 ff). Bei richtigem Verständnis und Handhabung der Möglichkeiten des § 137 kann auch eine höhere Effizienz der Planung erreicht, indem insbesondere zeitaufwändige Gerichtsverfahren vermieden werden.

2 Die sich aus § 137 ergebenden Pflichten erschöpfen sich nicht in einem einmaligen Tätigwerden, sondern begleiten, wie ihre systematische Stellung im Gesetz zeigt, das ganze Verfahren im Sinne eines begleitenden Dialogs, der auf ein aktives Miteinander und auf konsensuale Lösungen abzielt. Für die Beteiligung und Mitwirkung nach § 137, die auch auf städtebauliche Entwicklungsmaßnahmen Anwendung findet (§ 165 Abs. 4 Satz 2), gilt insoweit im Ergebnis nichts Anderes als für die **Bürgerbeteiligung** im Verfahren der Bauleitplanung (§ 3), mit der sie beim Erlass eines Sanierungsbebauungsplans sogar verbunden werden kann, und für die Erörterung und Beratung im Zuge des Verfahrens zum Erlass städtebaulicher Gebote (§ 175 Abs. 1).

3 Dabei kann sich der Kreis der zu Beteiligenden im Lauf des Verfahrens verändern. Während zunächst alle **Eigentümer**, **Mieter**, **Pächter** und **sonstige Betroffene** zu beteiligen sind, die in rechtlicher Beziehung zu einem Grundstück stehen, dessen Einbeziehung in das Sanierungsgebiet in Betracht kommt, kann gerade diese Beteiligung dazu führen, dass Grundstücke nicht einbezogen werden und sich der Kreis der Betroffenen hierdurch verkleinert. Mit der förmlichen Festlegung des Sanierungsgebiets steht dann aber der Kreis der Betroffenen fest, mit denen der weitere Fortgang des Verfahrens zu erörtern ist und die einen Anspruch auf Beratung haben. Die Interessen der Eigentümer von benachbarten Grundstücken, die von den Sanierungsmaßnahmen nur mittelbar betroffen sind, können hiernach nur noch als private Belange in die Abwägung nach § 136 Abs. 4 Satz 3 eingestellt werden.

4 Die Beteiligung nach anderen Vorschriften bleibt von § 137 unberührt.

§ 138 Auskunftspflicht

(1) Eigentümer, Mieter, Pächter und sonstige zum Besitz oder zur Nutzung eines Grundstücks, Gebäudes oder Gebäudeteils Berechtigte sowie ihre Beauftragten sind verpflichtet, der Gemeinde oder ihren Beauftragten Auskunft über die Tatsachen zu erteilen, deren Kenntnis zur Beurteilung der Sanierungsbedürftigkeit eines Gebiets oder zur Vorbereitung oder Durchführung der Sanierung erforderlich ist. An personenbezogenen Daten können insbesondere Angaben der Betroffenen über ihre persönlichen Lebensumstände im wirtschaftlichen und sozialen Bereich, namentlich über die Berufs-, Erwerbs- und Familienverhältnisse, das Lebensalter, die Wohnbedürfnisse, die sozialen Verflechtungen sowie über die örtlichen Bindungen, erhoben werden.

(2) Die nach Absatz 1 erhobenen personenbezogenen Daten dürfen nur zu Zwecken der Sanierung verwendet werden. Wurden die Daten von einem Beauftragten der Gemeinde erhoben, dürfen sie nur an die Gemeinde weitergegeben werden; die Gemeinde darf die Daten an andere Beauftragte im Sinne des § 157 sowie an die höhere Verwaltungsbehörde weitergeben, soweit dies zu Zwecken der Sanierung erforderlich ist. Nach Aufhebung der förmlichen Festlegung des Sanierungsgebiets sind die Daten zu löschen. Soweit die erhobenen Daten für die Besteuerung erforderlich sind, dürfen sie an die Finanzbehörden weitergegeben werden.

(3) Die mit der Erhebung der Daten Beauftragten sind bei Aufnahme ihrer Tätigkeit nach Maßgabe des Absatzes 2 zu verpflichten. Ihre Pflichten bestehen nach Beendigung ihrer Tätigkeit fort.

(4) Verweigert ein nach Absatz 1 Auskunftspflichtiger die Auskunft, ist § 208 Satz 2 bis 4 über die Androhung und Festsetzung eines Zwangsgelds entsprechend anzu-

wenden. Der Auskunftspflichtige kann die Auskunft auf solche Fragen verweigern, deren Beantwortung ihn selbst oder einen der in § 383 Abs. 1 Nr. 1 bis 3 der Zivilprozessordnung bezeichneten Angehörigen der Gefahr strafrechtlicher Verfolgung oder eines Verfahrens nach dem Gesetz über Ordnungswidrigkeiten aussetzen würde.

Die Vorschrift, die nach § 165 Abs. 4 Satz 2 entsprechende Anwendung auf städte- 1
bauliche Entwicklungsmaßnahmen findet, korrespondiert mit § 138, denn sie stellt dem Recht der Sanierungsbetroffenen auf Beteiligung eine **Pflicht** gegenüber, in dem näher beschriebenen Umfang an der Sanierung **mitzuwirken**. Sie müssen der Gemeinde oder dem Sanierungsbeauftragten Auskunft über die sanierungserheblichen **Daten** geben, dh die Daten, die für die Vorbereitung der Sanierung, die vorbereitenden Untersuchungen und die Durchführung der Sanierung von Relevanz sind.

Die **Auskunftspflicht** beginnt, sobald die Gemeinde die Sanierung durch **Beschluss** 2
über den Beginn der vorbereitenden Untersuchungen (§ 141 Abs. 3 Satz 1, 3) eingeleitet hat. Sie bezieht sich mit strengem Zweckbezug sowohl auf objektbezogene (Abs. 1 Satz 1) als auch auf personenbezogene Daten (Abs. 1 Satz 2), nicht aber auf allgemeine, städtebaulich interessante Informationen. Insoweit wurde den datenschutzrechtlichen Anforderungen des Volkszählungsurteils des BVerfG (BVerfGE 65, 1 = NJW 1984, 419) durch das BauGB 1987 Rechnung getragen. Aus der Formulierung „insbesondere" wird deutlich, dass die Aufzählung der Daten in Abs. 1 Satz 2 nicht abschließend ist, sondern um andere Daten, die der gesetzlichen Zweckbestimmung dienen, erweitert werden können. Aus § 209 Abs. 1 folgt, dass zum Zwecke der Datenerhebung auch ein **Betretungsrecht** für das betroffene Grundstück besteht, soweit nicht der grundrechtliche Schutz der Wohnung nach Art. 13 GG eine Zustimmung des Eigentümers erfordert.

Abs. 2 der Vorschrift regelt die Verwendung, dh auch die Verarbeitung und die 3
Weitergabe der erhobenen Daten an die im Einzelnen benannten Stellen zur Wahrung des vom Bundesverfassungsgericht (BVerfGE 65, 1 = NJW 1984, 419) entwickelten Grundrechts auf **informationelle Selbstbestimmung**. Besonders zu beachten ist dabei die Notwendigkeit eines sanierungsrechtlichen Bezuges und die Pflicht zur Datenlöschung bei Beendigung der Sanierung, dh wenn die förmliche Festlegung des Sanierungsgebiets aufgehoben ist. Ein sanierungsrechtlicher Bezug besteht nach Satz 4 auch, wenn Daten von den **Finanzbehörden** benötigt werden, um steuerliche Tatbestände, zB die steuerliche Absetzbarkeit von Maßnahmen, zu prüfen.

Soweit Abs. 2 die Weitergabe von Daten an **Beauftragte** sowie an die **höhere Ver-** 4
waltungsbehörde ermöglich, ist zu berücksichtigen, dass Beauftragter in diesem Sinn ein Sanierungsträger ist, der für die Gemeinde tätig wird und den gleichen Verpflichtungen wie diese unterliegt. Bei ihm wie auch bei der höheren Verwaltungsbehörde besteht darüberhinaus eine strikte Bindung an die sanierungsrechtlichen Aufgaben. Für letztere dürfte insoweit allerdings nach dem Wegfall der Genehmigungspflicht für die sanierungsrechtliche Satzung kaum noch eine Aufgabe verblieben sein, die die umfassende Weitergabe von Daten rechtfertigen könnte. Darüberhinaus muss die Gemeinde organisatorische und verfahrenstechnische Vorkehrungen treffen, damit die erhobenen Daten nicht mit denen der **allgemeinen Kommunalverwaltung** vermischt oder gar abgeglichen werden.

5 Indem das Gesetz die Verpflichtung zur Auskunftserteilung auch zu dem Zweck geschaffen hat, Tatsachen zu erheben, deren Kenntnis zur Beurteilung der Sanierungsbedürftigkeit eines Gebiets erforderlich ist, hat es den Kreis der Auskunftsverpflichteten jedenfalls für dieses frühe Stadium des Verfahren weit gefasst, denn zu ihm werden häufig auch Betroffene gehören, deren Grundstücke später nicht zum förmlich festgelegten **Sanierungsgebiet** zählen. Deshalb erscheint es bedenklich, wenn Abs. 2 Satz 3 vorsieht, die Daten nach Aufhebung der förmlichen Festlegung des Sanierungsgebiets zu löschen und insoweit nicht zwischen Daten der Grundstücke innerhalb und außerhalb des tatsächlich festgestellten Sanierungsgebiets unterscheidet. Dem wird man Rechnung tragen können, indem aus der strikten Zweckbindung des Abs. 2 Satz 1 iVm dem Rechtsgedanken des § 163 die Verpflichtung hergeleitet wird, im Vorfeld erhobene Daten, die sich ausschließlich auf Grundstücke beziehen, welche letztendlich nicht in den förmlich festgesetzten Sanierungsgebiet liegen, unverzüglich zu löschen.

6 Abs. 3 der Vorschrift regelt ebenfalls den **Datenschutz** und erweitert die Pflichten der mit der Erhebung der Daten Beauftragten über die Sanierung hinaus. Hierzu sieht das Gesetz eine ausdrückliche Verpflichtung vor, die sinnvollerweise dokumentiert werden sollte. Das datenschutzrechtliche Anliegen wird ergänzt durch die besondere kommunalverfassungsrechtliche **Verschwiegenheitspflicht** für die Ratsmitglieder und die Strafandrohung des § 203 Abs. 2 StGB für private Beauftragte.

7 Die Ermächtigungsgrundlage für **Zwangsmittel** schafft Abs. 4, der § 208 Satz 2–4 für entsprechend anwendbar erklärt, so dass ein Zwangsgeld verhängt werden kann, um den Auskunftspflichtigen zur Mitwirkung anzuhalten. Unabhängig davon wird in einem Streitverfahren regelmäßig eine **Präklusion** für solche Argumente gegen städtebauliche Sanierungsmaßnahmen zu prüfen sein, die auf Informationen beruhen, welche der Auskunftsverpflichtete verschwiegen hat. Etwas anderes gilt, wenn er ein Auskunftsverweigerungsrecht nach Abs. 4 Satz 2 für sich in Anspruch nehmen kann.

§ 139 Beteiligung und Mitwirkung öffentlicher Aufgabenträger

(1) Der Bund, einschließlich seiner Sondervermögen, die Länder, die Gemeindeverbände und die sonstigen Körperschaften, Anstalten und Stiftungen des öffentlichen Rechts sollen im Rahmen der ihnen obliegenden Aufgaben die Vorbereitung und Durchführung von städtebaulichen Sanierungsmaßnahmen unterstützen.

(2) § 4 Abs. 2 und § 4a Abs. 1 bis 4 und 6 sind bei der Vorbereitung und Durchführung der Sanierung auf Behörden und sonstige Träger öffentlicher Belange sinngemäß anzuwenden. Die Träger öffentlicher Belange haben die Gemeinde auch über Änderungen ihrer Absichten zu unterrichten.

(3) Ist eine Änderung von Zielen und Zwecken der Sanierung oder von Maßnahmen und Planungen der Träger öffentlicher Belange, die aufeinander abgestimmt wurden, beabsichtigt, haben sich die Beteiligten unverzüglich miteinander ins Benehmen zu setzen.

1 Die durch das EAG Bau 2004 vorgenommene Änderung ist lediglich redaktioneller Natur und bringt keine sachliche Neuregelung der Vorschrift über die **Beteiligung** der genannten Stellen. Sie entspricht den §§ 4 und 4a, lässt diese aber unberührt;

die Beteiligungsverfahren können verbunden werden. Die Regelungen des § 139 gelten nach § 165 Abs. 4 Satz 2 entsprechend auch für städtebauliche Entwicklungsmaßnahmen.

Abs. 1 normiert eine **Unterstützungspflicht** für die dort genannten Stellen, die über die allgemeine **Amtshilfe**verpflichtung hinausreicht, denn es wird von dem Aufgabenträger eine eigene Verpflichtung wahrgenommen. Der Begriff der Unterstützung ist weit auszulegen und umfasst vielfältige Möglichkeiten, die sanierungsrechtlichen Bemühungen der Gemeinde zu fördern. Diese reichen von der **Informationsübermittlung** über den abgestimmten Einsatz von **Fördermitteln** bis hin zur **Abtretung von Land**, wenn dieses nicht zur Erfüllung der übertragenen Aufgaben benötigt wird. Auch insoweit greift der sanierungsrechtliche Grundgedanke, dass für die durchzuführende Gesamtmaßnahme im öffentlichen Interesse ein planmäßiges und aufeinander abgestimmtes Vorgehen aller Betroffenen, zu denen auch öffentliche Aufgabenträger zählen, erforderlich ist. Diese „Soll"-Verpflichtung, von der eine Ausnahme kaum denkbar erscheint, besteht aber nur iR der Aufgaben, die der Stelle zugewiesen sind. Anders als im Verhältnis zum Bürger, der aus § 139 keine subjektiven Rechte herleiten kann, ist zwischen der Gemeinde und dem öffentlichen Aufgabenträger auch eine gerichtliche Auseinandersetzung über die Frage der Abstimmung denkbar (vgl BVerwGE 40, 323 = DVBl 1973, 34). 2

Dem Recht auf Unterstützung stellt Abs. 2 die Pflicht der Gemeinde gegenüber, den Behörden und Trägern öffentlicher Belange Gelegenheit zur **Stellungnahme** zu geben. Der Kreis dieser öffentlichen Aufgabenträger entspricht dem in § 4, so dass auf die dortigen Ausführungen verwiesen werden kann. Er ist jedenfalls in einem frühen Stadium des Verfahrens weit zu fassen, um alle möglicherweise betroffenen Interessen zu erheben. Die beteiligten Träger öffentlicher Belange sind wiederum verpflichtet, eine Stellungnahme abzugeben und dabei insbesondere die Gemeinde über ihre eigenen Absichten zu unterrichten, soweit sie für die Sanierung erheblich sein können. Die Vorschriften der §§ 4 und 4a über Fristen, Inhalt, Präklusion und Übermittlungsarten sind entsprechend anwendbar. Da die förmliche Festlegung eines Sanierungsgebiets durch **Satzung** erfolgt, greifen im Falle von Fehlern bei der Beteiligung die Vorschriften zur **Planerhaltung** nach § 214 ff, so dass nur dann ein beachtlicher Fehler vorliegt, wenn eine Beteiligung nach § 139 überhaupt nicht durchgeführt wurde. 3

Abs. 3 öffnet den zeitlichen Rahmen für eine koordinierte Planung, indem er auch nach der Abstimmung über die erstmalige Planung die Pflicht der Beteiligten normiert, sich ins **Benehmen** zu setzen, wenn eine Änderung von Zielen und Zwecken der Sanierung oder von Maßnahmen und Planungen der Behörden oder Träger öffentlicher Belange beabsichtigt ist. Es soll auch insoweit eine einvernehmliche Lösung aller Beteiligten angestrebt werden. Hiervon unberührt bleiben weitergehende Beteiligungsverfahren, etwa nach § 4. 4

Zweiter Abschnitt
Vorbereitung und Durchführung

§ 140 Vorbereitung

Die Vorbereitung der Sanierung ist Aufgabe der Gemeinde; sie umfasst
1. **die vorbereitenden Untersuchungen,**
2. **die förmliche Festlegung des Sanierungsgebiets,**
3. **die Bestimmung der Ziele und Zwecke der Sanierung,**
4. **die städtebauliche Planung; hierzu gehört auch die Bauleitplanung oder eine Rahmenplanung, soweit sie für die Sanierung erforderlich ist,**
5. **die Erörterung der beabsichtigten Sanierung,**
6. **die Erarbeitung und Fortschreibung des Sozialplans,**
7. **einzelne Ordnungs- und Baumaßnahmen, die vor einer förmlichen Festlegung des Sanierungsgebiets durchgeführt werden.**

1 Eine **Sanierung** gliedert sich in zwei Verfahrensabschnitte. Dabei handelt es sich um die **Vorbereitung** (§§ 140 ff) und die **Durchführung** (§§ 146 ff) der Sanierung, ohne dass insoweit stets eine scharfe Trennung dieser Bereiche möglich wäre. Auch während der Durchführung der Sanierung ist nämlich ihre weitere Vorbereitung möglich (OVG Berlin NVwZ-RR 1992, 7), so z.B, wenn sich neue Sachverhalte herausstellen, auf die angemessen und flexibel reagiert werden muss. Insoweit können eine neue Bestimmung der Ziele und Zwecke und eine entsprechende Anpassung der Planung notwendig werden, um (weiterhin) dem **Abwägung**sprinzip Genüge zu tun. Zur Vorbereitung der Sanierung ist nach § 140 – als Ausfluss der kommunalen **Planungshoheit** – grds. die Gemeinde verpflichtet, auch wenn sie einen Sanierungsträger in das Verfahren einbezieht. Diese Norm enthält dabei einen abschließenden Katalog der Vorbereitungsaufgaben, welche in den folgenden Vorschriften im Einzelnen geregelt sind, ohne aber damit etwa eine Reihenfolge verbindlich festzulegen, in der diese durchzuführen wären. Eine wesentliche Bedeutung der Norm liegt darin, dass sie die konkreten Verfahrensschritte benennt, die das Entstehen der Pflichten nach §§ 137–139 und anderer Rechtsfolgen.wie etwa die Abgaben- und Auslagenbefreiung nach § 151 auslöst. § 140 ist gemäß § 165 Abs. 4 Satz entsprechend für städtebauliche Entwicklungsmaßnahmen anzuwenden.

2 Die vorbereitenden Untersuchungen iSv Nr. 1 werden durch § 141 näher beschrieben. Auch wenn diese logischerweise am Anfang der städtebaulichen Sanierungsmaßnahmen stehen, wird ihnen doch regelmäßig eine informelle Willensbildung in der Gemeinde vorausgehen, in der bereits wichtige Weichenstellungen getroffen werden. Gerade die Grundsätze der Transparenz und Akzeptanz können hier bereits eine erhebliche Rolle spielen, indem die Grundhaltung der später von den **Auswirkungen der städtebaulichen Sanierung** Betroffenen geprägt wird, die für eine Umsetzung der Maßnahmen äußerst wichtig ist.

3 Die **förmliche Festlegung** des Sanierungsgebiets nach Nr. 2 erfolgt durch eine Satzung, wofür § 142 die näheren Einzelheiten normiert. Diese Satzung unterliegt anders als nach früherer Rechtslage nicht mehr dem Erfordernis der **Genehmigung** durch die höhere Verwaltungsbehörde. Da sie aber im Unterschied zum Bebauungsplan nicht aus einer von dieser genehmigten Planung entwickelt wird und somit keiner präventiven Kontrolle unterliegt, hat die Gemeinde eine besondere

Pflicht zu sorgfältiger Arbeit, insbesondere bei der Erhebung und Abwägung der einzustellenden Belange.

Mit der Bestimmung der Ziele und Zwecke der Sanierung meint Nr. 3 der Vorschrift das konkrete **Sanierungskonzept** der Gemeinde, auch wenn dieses nicht statisch ist, sondern ggf den sich ändernden Rahmenbedingungen angepasst werden muss. Bereits dieses Konzept muss sich an den Grundsätzen einer gerechten Abwägung der öffentlichen und privaten **Belange** orientieren und am **Wohl der Allgemeinheit** ausgerichtet sein, denn diese Grundsätze sind in § 136 festgehalten und gelten somit für das gesamte Verfahren der städtebaulichen Sanierung. Die Ziele und Zwecke der Sanierung sind nach dem jeweiligen Stand des Verfahrens möglichst konkret zu fassen, denn an ihnen sind nach § 145 Abs. 2 später Vorhaben zu messen, die zur Genehmigung gestellt werden. 4

Das Sanierungskonzept umfasst iS einer **einheitlichen Vorbereitung** und (späteren) **zügigen Durchführung** nach § 136 Abs. 1 im Wesentlichen eine städtebauliche Planung iS von Nr. 4, einen Zeitplan und einen Kosten- und Finanzierungsplan, in die jeweils die Betroffenen iSv §§137–139 einzubinden sind. Es konkretisiert die allgemeinen Vorgaben des § 136 Abs. 1–4 für das (Teil-) Gebiet der handelnden Gemeinde. Zur städtebaulichen Planung in diesem Sinn zählen alle Planungen, die nach ihrem Inhalt Aussagen machen, die für das Sanierungskonzept von Bedeutung sind. Insoweit fließt auch die Gesamtplanung der Gemeinde mit in das Konzept ein, so dass ihr ein weiterer Handlungs- und Entscheidungsspielraum zuzugestehen ist. Zur Bauleitplanung nach Nr. 4 zählen der **Flächennutzungsplan**, der qualifizierte und der einfache **Bebauungsplan**, aber auch der **Vorhaben- und Erschließungsplan**. Die Frage, ob für die Vorbereitung und Durchführung städtebaulicher Sanierungsmaßnahmen ein Bebauungsplan iSv § 1 Abs. 3 erforderlich ist, wird regelmäßig zu bejahen sein. Trotzdem sind die Sanierungssatzung und die Bauleitpläne rechtlich getrennt zu betrachten, so dass die **Unwirksamkeit** des einen nicht automatisch zur Unwirksamkeit auch des anderen Plans führt, wenngleich es auf die Abwägung durchschlagen kann, wenn ein Plan, der Gegenstand der Abwägungsentscheidung war, (rechtlich) nicht mehr existiert. In verfahrensrechtlicher Hinsicht folgt aber aus der Trennung, dass Gegenstand eines **Normenkontrollverfahrens** nach § 47 VwGO nur die im Antrag als Streitgegenstand bezeichnete Satzung ist. 5

Während der Sanierung kann das Konzept weiter konkretisiert und fortgeschrieben werden, wobei wesentliche Änderungen jeweils durch **Beschluss** der nach Kommunalverfassungsrecht zuständigen Gremien erfolgen müssen. In der Praxis spielt neben der gesetzlichen Bauleitplanung aber auch die informelle städtebauliche Planung mit ihrer hohen Flexibilität als Rahmenplanung eine wichtige Rolle. Diese umfasst in den meisten Fällen ein größeres Gebiet und ist notwendig, weil mit der Sanierung regelmäßig auf den baulichen Bestand eingewirkt wird, so dass auf existierende Gesamtstrukturen und städtebauliche Zusammenhänge der Gemeinde Rücksicht genommen werden muss. Sanierungsziele können sich darüber hinaus auch in **Entwicklungskonzepten** nach § 171b Abs. 2 und § 171e Abs. 4 finden. 6

Indem der Gesetzgeber in Nr. 5 nochmals die **Erörterung** der beabsichtigten Sanierung als Gegenstand der Vorbereitung ausdrücklich nennt, obwohl sie in § 137 Satz 1 bereits als allgemeine Vorschrift und damit auch für die Vorbereitung geltend formuliert ist, wird zum einen die besondere Bedeutung dieser Verpflichtung betont und zum anderen nochmals Notwendigkeit der Erörterung bereits in einem möglichst frühen Stadium bekräftigt. 7

8 Die Erarbeitung und Fortschreibung des **Sozialplans** nach Nr. 6 zielt auf § 180, zeigt aber, dass ein hiernach aufzustellender Sozialplan nicht erst erforderlich ist, wenn sich die Folgen der städtebaulichen Sanierung für die hiervon Betroffen tatsächlich zeigen, sondern seine Aufstellung bereits zu den Vorbereitungshandlungen zählt. Nur so können nämlich die nach § 180 entstehenden **Kosten** in die Finanzplanung eingearbeitet werden. Müssen diese aber bereits zu einem sehr frühen Zeitpunkt konkret ermittelt werden, kann ihre Höhe durchaus noch zu Änderungen des Gesamtkonzepts führen.

9 Besondere Bedeutung kann Nr. 7 der Vorschrift erlangen, weil hiernach schon vor der förmlichen Festlegung des Sanierungsgebiets einzelne **Ordnungs- und Baumaßnahmen** durchgeführt werden können. Zweck dieser Erweiterung des zeitlichen Rahmens ist es, negative Entwicklungen in dem untersuchten Gebiet zu vermeiden, die schon dann zu befürchten sind, wenn die Sanierungsabsichten der Gemeinde in ihrem Anfangsstadium bekannt werden. Voraussetzung dafür ist, dass die Durchführung der Sanierung beschlossen wurde und bereits ein Sanierungskonzept besteht, anhand dessen sich die Erforderlichkeit, aber auch die Finanzierung der durchzuführenden Ordnungs- oder Baumaßnahme beurteilen lässt. Zusammen mit § 164a spielt die Regelung eine wichtige Rolle bei der Finanzierung.

§ 141 Vorbereitende Untersuchungen

(1) Die Gemeinde hat vor der förmlichen Festlegung des Sanierungsgebiets die vorbereitenden Untersuchungen durchzuführen oder zu veranlassen, die erforderlich sind, um Beurteilungsunterlagen zu gewinnen über die Notwendigkeit der Sanierung, die sozialen, strukturellen und städtebaulichen Verhältnisse und Zusammenhänge sowie die anzustrebenden allgemeinen Ziele und die Durchführbarkeit der Sanierung im Allgemeinen. Die vorbereitenden Untersuchungen sollen sich auch auf nachteilige Auswirkungen erstrecken, die sich für die von der beabsichtigten Sanierung unmittelbar Betroffenen in ihren persönlichen Lebensumständen im wirtschaftlichen oder sozialen Bereich voraussichtlich ergeben werden.

(2) Von vorbereitenden Untersuchungen kann abgesehen werden, wenn hinreichende Beurteilungsunterlagen bereits vorliegen.

(3) Die Gemeinde leitet die Vorbereitung der Sanierung durch den Beschluss über den Beginn der vorbereitenden Untersuchungen ein. Der Beschluss ist ortsüblich bekannt zu machen. Dabei ist auf die Auskunftspflicht nach § 138 hinzuweisen.

(4) Mit der ortsüblichen Bekanntmachung des Beschlusses über den Beginn der vorbereitenden Untersuchungen finden die §§ 137, 138 und 139 über die Beteiligung und Mitwirkung der Betroffenen, die Auskunftspflicht und die Beteiligung und Mitwirkung öffentlicher Aufgabenträger Anwendung; ab diesem Zeitpunkt ist § 15 auf die Durchführung eines Vorhabens im Sinne des § 29 Abs. 1 und auf die Beseitigung einer baulichen Anlage entsprechend anzuwenden. Mit der förmlichen Festlegung des Sanierungsgebiets wird ein Bescheid über die Zurückstellung des Baugesuchs sowie ein Bescheid über die Zurückstellung der Beseitigung einer baulichen Anlage nach Satz 1 zweiter Halbsatz unwirksam.

1 Die Gemeinde hat nach der Aufgabenzuweisung des Abs. 1 zunächst die vorbereitenden **Untersuchungen** durchzuführen (§ 140 Nr. 1), um hinreichende Beurteilungsgrundlagen über die Notwendigkeit der Sanierung und die damit zusammen-

hängenden Fragen zu erhalten. Hierin liegt keine **Ermächtigungsgrundlage** für Eingriffe in private Rechte, die aber ggf auf §§ 208, 209 gestützt werden können. Entsprechendes gilt gemäß § 165 Abs. 4 Satz 2 auch für die städtebaulichen Entwicklungsmaßnahmen. Der Wortlaut der Vorschrift zeigt, dass die Durchführung solcher Untersuchungen nicht in das **Ermessen** der Gemeinde gestellt, sondern – abgesehen von der Ausnahme nach Abs. 2 – zwingende Voraussetzung für das Verfahren ist, weil es in der Folge zu erheblichen rechtlichen Bindungen für die Betroffenen kommt. Voraussetzung dafür ist, dass die Gemeinde einen entsprechenden **Beschluss** fasst, der ortsüblich bekannt zu machen ist.

Die Untersuchungen, die die Gemeinde auch durch einen **Sanierungsträger** durchführen lassen kann, sollen dabei über die rein bodenrechtlichen Aspekte hinaus reichen und auch die sozialen und wirtschaftlichen Auswirkungen umfassen; insoweit ergeben sich Verbindungen zu §§ 137 und 180. Der Umfang der hierzu notwendigen Erhebungen kann nicht allgemein bestimmt werden, sondern orientiert sich am Einzelfall. Möglich muss zumindest aber die Beurteilung sein, ob eine Sanierung **notwendig** und durchführbar ist, wie der Bereich des **Sanierungsgebiets** förmlich festzulegen ist, welche **Sanierungsziele** iSv § 136 Abs. 2–4 anzustreben sind und ob ein vereinfachtes Verfahren für die Sanierung in Betracht kommt. Hieraus ergibt sich eine logische Reihenfolge mit der Konsequenz, dass vorbereitende Untersuchungen grundsätzlich nicht nachgeholt werden können. Etwas anderes kann nur gelten, wenn sich im Nachhinein eine wesentliche Änderung der Umstände ergibt, zB das Sanierungsgebiet erweitert werden soll oder sich ein Altlastenverdacht zeigt. 2

Da die Gemeinde auf Grund der vorbereitenden Untersuchungen in einem eigenen Willensbildungsprozess zu einem Ergebnis kommen soll, ist ihr ein weiter Spielraum bei der Frage zuzugestehen, welche Informationen sie hierfür benötigt und welche Erhebungsmethoden sich hieraus ergeben. Einen Anhaltspunkt für die **Konkretisierung** bieten die Tatbestandsmerkmale der Erforderlichkeit in Abs. 1 Satz 1 und der hinreichenden Beurteilungsgrundlage in Abs. 2. Insgesamt haben sich Art und Umfang der vorbereitenden Untersuchungen an dem Ziel zu orientieren, eine rechtlich nicht zu beanstandende **Abwägung** der öffentlichen und privaten Interessen iSv § 136 Abs. 4 Satz 3 zu ermöglichen. 3

Die allgemeinen Ziele und Zwecke der Sanierung müssen aus den vorbereitenden Untersuchungen so konkret abgeleitet werden, dass die Notwendigkeit der Sanierung, die sozialen, strukturellen und städtebaulichen Verhältnisse und Zusammenhänge sowie die allgemeinen Ziele und die Durchführbarkeit der beabsichtigten Sanierung beurteilt werden kann; eine weitergehende Konkretisierung ist jedoch nicht erforderlich. 4

Die von Abs. 1 Satz 2 normierte Verpflichtung, die vorbereitenden Untersuchungen auch auf die nachteiligen Auswirkungen zu erstrecken, die sich für die von der beabsichtigten Sanierung unmittelbar Betroffenen in ihren persönlichen Lebensumständen im wirtschaftlichen oder sozialen Bereich ergeben werden, ist im Zusammenhang mit § 180 zu sehen, wonach durch einen **Sozialplan** nachteilige Auswirkungen dieser Art möglichst vermieden oder gemildert werden sollen und die Gemeinde insoweit eine besondere Fürsorgepflicht hat. Gleichzeitig wird aber auch die Verzahnung der verschiedenen Vorbereitungshandlungen des § 140 deutlich, denn der genannten Verpflichtung wird nicht entsprochen werden können, ohne dass eine **Erörterung** mit den Beteiligten stattfindet. Anders als in Satz 1 ist insoweit nur der Kreis der unmittelbar Betroffenen zu betrachten, was aber jeden- 5 falls in einem frühen Stadium der vorbereitenden Untersuchungen zu erheblichen Abgrenzungsproblemen führen dürfte.

6 Abs. 2 bringt den Gemeinden eine Verfahrenserleichterung, indem sie von unnötigen Doppelerhebungen befreit werden. Ob die bereits vorhandenen Informationen eine hinreichende Beurteilungsgrundlage bilden, bemisst sich nach den oben dargestellten Grundsätzen. Verzichtet die Gemeinde auf **vorbereitende Untersuchungen** ganz, so bedarf es keines Beschlusses nach Abs. 3. Dennoch sind eine solche Entscheidung und ihre Motive aus Gründen der Rechtssicherheit schriftlich festzuhalten. Die Gemeinde begibt sich dann aber der rechtlichen Möglichkeiten, die an einen solchen Beschluss anknüpfen, etwa der **Zurückstellung eines Baugesuchs**. Da regelmäßig aber nicht alle notwendigen, dh hinreichenden Beurteilungsunterlagen bereits vorliegen werden, sind auch ergänzende oder aktualisierende Untersuchungen sowie Untersuchungen von Teilbereichen in Betracht zu ziehen.

7 Den förmlichen Beginn des Sanierungsverfahrens nach dem BauGB knüpft Abs. 3 Satz 1 an einen **Beschluss** des nach Kommunalverfassungsrecht zuständigen Organs. Dieser muss das Untersuchungsgebiet, das nicht notwendigerweise mit dem späteren Sanierungsgebiet übereinstimmen muss, eindeutig abgrenzen, um damit den Kreis der Betroffenen festzulegen, für die sich hieran besondere Pflichten, etwa zur Auskunftserteilung anschließen. Grundsätzlich kann das Gebiet durch Straßennamen oder unveränderliche geographische Gegebenheiten **abgegrenzt** werden. Da aber die Gemeinde nach § 143 Abs. 2 ohnehin später dem Grundbuchamt die von der Sanierungssatzung betroffenen Grundstücke einzeln aufzuführen hat, dürfte eine parzellenscharfe Benennung auch im Beschluss nach Abs. 3 keinen besonderen Aufwand verursachen, gleichzeitig aber ein hohes Maß an **Rechtssicherheit** schaffen (vgl hierzu insgesamt: BVerwGE 69, 344 = BVerwG Buchholz 406.11 § 2a BBauG Nr. 7 = ZfBR 1984, 291). Wird zur genauen Gebietsbezeichnung der Lageplan zum Bestandteil der Satzung gemacht, so ist dieser gemeinsam mit der Satzung bekannt zu machen (BVerwG NVwZ-RR 1993, 457). Ob von der Gemeinde ausreichend vorbereitende Untersuchungen durchgeführt worden sind, ist nur beschränkt gerichtlich überprüfbar (BayVGH BRS 35 Nr. 226 = BayVBl. 1980, 339).

8 Der Beschluss bedarf keiner besonderen Form und ist **ortsüblich bekannt zu machen**. Hierdurch werden die Betroffenen über den Beginn des Sanierungsverfahrens informiert und nach Satz 3 gleichzeitig auf ihre Pflichten im Sanierungsverfahren hingewiesen. Da der Beschluss keine unmittelbare Rechtswirkung nach außen hat, kann er nicht gesondert angegriffen werden, sondern allenfalls Gegenstand einer **Inzidentprüfung** sein, wenn etwa über die Zurückstellung eines Baugesuchs oder das Bestehen einer Auskunftsverpflichtung gestritten wird, für die die Existenz eines Beschlusses nach Abs. 3 Voraussetzung ist. Führen die vorbereitenden Untersuchungen zu dem Ergebnis, dass eine Sanierung nicht durchgeführt werden soll, so sieht das Gesetz hierfür keine besondere Entscheidungsform vor. Aus Gründen der Rechtssicherheit wird es sich aber empfehlen, eine solche Entscheidung in der gleichen Weise bekannt zu machen wie den Beschluss nach Abs. 3.

9 § 141 Abs. 4 wurde durch das BauROG 1998 ohne wesentliche Inhaltsänderung neu gefasst, so dass seitdem der **Beginn des Sanierungsverfahrens** klarer definiert ist. Die Bedeutung dieser Änderung liegt in der Harmonisierung mit dem Recht zur Sicherung der Bauleitplanung, da dessen Instrumentarien ab dem Zeitpunkt der ortsüblichen Bekanntmachung wirksam werden. Probleme können sich aber aus der Übernahme der **Fristen** ergeben. Erscheint die Zurückstellung eines Baugesuchs nach § 15 für ein Jahr im Bauleitplanverfahren noch praktikabel, so führt

sie im Sanierungsverfahren zu kaum erfüllbaren zeitlichen Vorgaben. Andererseits wird so dem Grundsatz der zügigen Durchführung von städtebaulichen Sanierungsmaßnahmen ebenso wirksam Rechnung getragen wie dem grundrechtlichen Schutz des Eigentums, der die **Baufreiheit** umfasst.

Die Zurückstellung eines Baugesuchs auf Antrag der Gemeinde durch die Bauauf- 10
sichtsbehörde ist ein verfahrensgestaltender **Verwaltungsakt**, gegen den mit Widerspruch und Verpflichtungsklage auf Erteilung der Baugenehmigung vorgegangen werden kann. Ist das Vorhaben nach der jeweiligen Landesbauordnung genehmigungsfrei, so tritt an die Stelle der Zurückstellung eine vorläufige Untersagung des Vorhabens. Die Wirkung der Zurückstellung bzw vorläufigen Untersagung entfällt mit dem Inkrafttreten der Sanierungssatzung, die dann für das Genehmigungsverfahren zu Grunde zu legen ist.

§ 142 Sanierungssatzung

(1) Die Gemeinde kann ein Gebiet, in dem eine städtebauliche Sanierungsmaßnahme durchgeführt werden soll, durch Beschluss förmlich als Sanierungsgebiet festlegen (förmlich festgelegtes Sanierungsgebiet). Das Sanierungsgebiet ist so zu begrenzen, dass sich die Sanierung zweckmäßig durchführen lässt. Einzelne Grundstücke, die von der Sanierung nicht betroffen werden, können aus dem Gebiet ganz oder teilweise ausgenommen werden.

(2) Ergibt sich aus den Zielen und Zwecken der Sanierung, dass Flächen außerhalb des förmlich festgelegten Sanierungsgebiets

1. für Ersatzbauten oder Ersatzanlagen zur räumlich zusammenhängenden Unterbringung von Bewohnern oder Betrieben aus dem förmlich festgelegten Sanierungsgebiet oder

2. für die durch die Sanierung bedingten Gemeinbedarfs- oder Folgeeinrichtungen

in Anspruch genommen werden müssen (Ersatz- und Ergänzungsgebiete), kann die Gemeinde geeignete Gebiete für diesen Zweck förmlich festlegen. Für die förmliche Festlegung und die sich aus ihr ergebenden Wirkungen sind die für förmlich festgelegte Sanierungsgebiete geltenden Vorschriften anzuwenden.

(3) Die Gemeinde beschließt die förmliche Festlegung des Sanierungsgebiets als Satzung (Sanierungssatzung). In der Sanierungssatzung ist das Sanierungsgebiet zu bezeichnen. Bei dem Beschluss über die Sanierungssatzung ist zugleich durch Beschluss die Frist festzulegen, in der die Sanierung durchgeführt werden soll; die Frist soll 15 Jahre nicht überschreiten. Kann die Sanierung nicht innerhalb der Frist durchgeführt werden, kann die Frist durch Beschluss verlängert werden.

(4) In der Sanierungssatzung ist die Anwendung der Vorschriften des Dritten Abschnitts auszuschließen, wenn sie für die Durchführung der Sanierung nicht erforderlich ist und die Durchführung hierdurch voraussichtlich nicht erschwert wird (vereinfachtes Sanierungsverfahren); in diesem Falle kann in der Sanierungssatzung auch die Genehmigungspflicht nach § 144 insgesamt, nach § 144 Abs. 1 oder § 144 Abs. 2 ausgeschlossen werden.

Haben die vorbereitenden Untersuchungen ergeben, dass **städtebauliche Missstände** 1
iSd § 136 Abs. 2 gegeben sind, so kann die Gemeinde in Ausübung ihrer kommunalen **Planungshoheit** nach Abwägung der öffentlichen und privaten Belange (§ 136 Abs. 4 Satz 2) das Gebiet, in dem Maßnahmen durchgeführt werden sollen, nach

der Legaldefinition des Abs. 3 Satz 1 förmlich als **Sanierungsgebiet** festlegen. Hierdurch entstehen die Rechtsfolgen des städtebaulichen Sanierungsrechts, insbesondere die Genehmigungspflicht nach § 144 und die Ermächtigung nach Abs. 2, auch Flächen außerhalb des Sanierungsgebiets in Anspruch zu nehmen.

2 Die in Abs. 1 Satz 1 enthaltene **Ermächtigungsgrundlage** setzt voraus, dass auf Grund hinreichender Beurteilungsgrundlagen nach Abwägung der öffentlichen und privaten **Belange** die Durchführung von städtebaulichen Sanierungsmaßnahmen iSv § 136 Abs. 2 und 3 im öffentlichen Interesse **erforderlich** und beabsichtigt ist. Aus dem Gebot der zügigen Durchführung folgt, dass die Gemeinde durchaus ihre personelle und finanzielle Leistungsfähigkeit in die Überlegungen einbeziehen kann, in welcher Art und welchem Umfang sie eine Sanierung durchführen will. In Betracht kann deshalb auch die sukzessive Umsetzung eines Gesamtplanungssystems kommen. Auch wenn das Gesetz nach seinem Wortlaut der Gemeinde ein **Ermessen** bei der Entscheidung einräumt, ob sie ein Sanierungsverfahren durchführen will, ist dieses Ermessen doch durch den für alle städtebaulichen Planungen geltenden Grundsatz des § 1 Abs. 3 erheblich eingeschränkt, wonach auf die städtebauliche Erforderlichkeit abzustellen ist. Auch hier räumt das Gesetz aber dem an einer Sanierung Interessierten keinen Rechtsanspruch auf ein entsprechendes Tätigwerden der Gemeinde ein. Gleichzeitig begrenzt das Gesetz die Handlungsalternativen auf das gesetzlich vorgesehene Instrumentarium.

3 Die ausdrückliche Nennung des Kriteriums der **Zweckmäßigkeit** bei der Begrenzung des Sanierungsgebiets in Abs. 1 Satz 2 eröffnet der Gemeinde einen Beurteilungsspielraum, der allerdings durch § 136 Abs. 2 begrenzt wird, so dass unter Berücksichtigung der Leistungsfähigkeit der Gemeinde regelmäßig das Gebiet festzusetzen ist, in dem städtebauliche Missstände bestehen, die ein Tätigwerden erfordern. Dabei kann sich das Sanierungsgebiet theoretisch auf ein einziges Grundstück beschränken, wenn dieses – etwa auf Grund seiner Größe oder besonderen Lage – eine entsprechende Bedeutung hat, aber auch Grundstücke einbeziehen, die selbst keine Missstände aufweisen, sondern von deren Wirkungen betroffen sind oder selbst Auswirkungen auf diese haben. Entscheidende Kriterien sind stets die Ziele und Zwecke der Sanierung, wie sie sich aus dem **Sanierungskonzept** ergeben und die Bedeutung eines Grundstücks hierfür. Deshalb lässt Abs. 1 Satz 3 die Herausnahme einzelner Grundstücke aus dem Sanierungsgebiet zu, wenn diese von der Sanierung nicht betroffen werden.

4 Abs. 2 der Vorschrift lässt zu, Flächen außerhalb des förmlich festgesetzten Sanierungsgebiets als **Ersatz- und Ergänzungsgebiete** in Anspruch zu nehmen, wenn die Erreichung der Ziele und Zwecke der Sanierung dies erfordert. Führt zB die Sanierung des Gebiets dazu, dass Wohn- oder Betriebsflächen dauerhaft nicht mehr zu diesen Zwecken genutzt werden können, so kann auf diese Weise geeigneter Ersatz iSv Abs. 2 Nr. 1 für eine **Umsiedlung** beschafft werden. Die enge Zweckbindung und die eigentumsrechtlichen Wirkungen verbieten dabei die Verfolgung sanierungsfremder Ziele, auch wenn diese im Interesse der Gemeinde liegen sollten. Die Voraussetzungen für die Inanspruchnahme eines Ergänzungsgebiets iSv Abs. 2 Nr. 2 kommt in Betracht, wenn notwendige Infrastruktureinrichtung keinen Platz innerhalb des Sanierungsgebiets finden. Dies kann zB ein Spielplatz sein, der erforderlich wird, weil der Anteil von familiengerechten Wohnungen in einem Gebiet durch die Sanierung in signifikanter Weise erhöht werden soll, die Bebauungsdichte aber die Errichtung eines Spielplatzes im Sanierungsgebiet unmöglich

macht. Ersatz- und Ergänzungsgebiete werden ebenso wie das Sanierungsgebiet selbst förmlich festgelegt, was gleichzeitig erfolgen kann.

Die förmliche Festlegung erfolgt nach § 142 Abs. 3 durch eine **Satzung** (zum Inhalt: BVerwG NVwZ 1985, 184 = BRS 42 Nr. 234), die von dem nach Landesrecht zuständigen Gremium zu erlassen ist und vor allem der Rechtssicherheit dient (für die Stadtstaaten vgl § 246 Abs. 2). Durch diese planerische Entscheidung werden die rechtlichen Wirkungen des städtebaulichen Sanierungsverfahrens ausgelöst. Grundsätzlich kann das Gebiet durch Straßennamen oder unveränderliche geographische Gegebenheiten abgegrenzt werden. Da aber die Gemeinde nach § 143 Abs. 2 ohnehin später dem **Grundbuchamt** die von der Sanierungssatzung betroffenen Grundstücke einzeln aufzuführen hat, dürfte eine parzellenscharfe Benennung auch im Beschluss nach Abs. 3 keinen besonderen Aufwand verursachen, gleichzeitig aber ein hohes Maß an Rechtssicherheit schaffen (vgl hierzu insgesamt: BVerwGE 69, 344 = BVerwG Buchholz 406.11 § 2a BBauG Nr. 7 = ZfBR 1984, 291). Wird zur genauen Gebietsbezeichnung der Lageplan zum Bestandteil der Satzung gemacht, so ist dieser gemeinsam mit der Satzung bekannt zu machen (BVerwG NVwZ-RR 1993, 457). 5

Neben der förmlichen Festlegung des Sanierungsgebiets hat die Gemeinde in der Satzung zwingend eine Aussage darüber zu treffen, ob die Sanierung im **vereinfachten Verfahren**, dh unter Ausschluss der Vorschriften des Dritten Abschnitts und ggf ganz oder teilweise der Genehmigungspflicht durchgeführt werden kann. Dagegen ergibt sich aus dem Sanierungsrecht wegen der weitgehenden gesetzlichen Vorgaben keine Verpflichtung der Gemeinde, der Satzung eine Begründung beizufügen (BVerwG Buchholz 406.15 § 5 StBauFG Nr. 4), wenngleich die wesentlichen der Sanierung zu Grunde liegenden Untersuchungen, Beratungen und Entscheidungen, insbesondere die Abwägung nach § 136 Abs. 4 Satz 3 dokumentiert werden sollten. 6

Anders als in der Vergangenheit (vgl BVerwG NVwZ-RR 1994, 9) ist seit dem 1.1.2007 durch das Gesetz zur Erleichterung von Planungsvorhaben für die **Innenentwicklung** der Städte mit dem Beschluss über die Sanierungssatzung zugleich auch durch Beschluss die **Frist** festzulegen, in der die Sanierung durchgeführt werden soll, wobei eine Fristverlängerung durch weiteren Beschluss bei Bedarf möglich ist. Angesichts der großzügig bemessenen Fristlänge von maximal 15 Jahren, die wohl in der Regel ausgeschöpft werden wird, um unerwünschten Zeitdruck zu vermeiden, dürfte die praktische Bedeutung dieser Neuregelung, insbesondere im Hinblick auf die erstrebte Stärkung des Zügigkeitsprinzips, gering bleiben. 7

Eine Sanierungssatzung leidet nicht an einem Rechtsfehler, wenn die Sanierungsziele im Zeitpunkt des Satzungserlasses noch nicht konkretisiert sind. Die gerichtliche Kontrolle einer Sanierungssatzung findet im **Normenkontrollverfahren** nach § 47 Abs. 1 Nr. 1 VwGO oder im Wege einer **Inzidentkontrolle** bei der Überprüfung von Einzelmaßnahmen statt. Aus der zweistufigen Gestaltung des Verfahrens ergibt sich somit eine Verstärkung des Rechtsschutzes für den Bürger. Ist eine Sanierungssatzung nichtig, so hat dies zunächst keine automatischen Auswirkungen auf einen hiermit korrespondierenden Bebauungsplan, wenngleich die Unwirksamkeit des einen Plans die Abwägung des anderen beeinflusst. 8

Abs. 4 der Vorschrift gibt der Gemeinde die Möglichkeit, sich unter den dort genannten Voraussetzungen durch den Ausschluss der Vorschriften des Dritten Abschnitts für ein vereinfachtes Sanierungsverfahren zu entscheiden. Es handelt sich hierbei um eine **Prognose**entscheidung über die Notwendigkeit einer Anwendung der §§ 152–156, die vom Gesetzgeber zunächst vermutet wird. Diese Ent- 9 scheidung, bezüglich derer der Gemeinde ein weiter Spielraum zuzubilligen ist, fällt in der Sanierungssatzung, wobei eine Erweiterung der in dieser Vorschrift genannten Handlungsalternativen nicht möglich ist. Entscheidende Kriterien sind dabei die unbestimmten Rechtsbegriffe der **Erforderlichkeit** und des Ausschlusses einer Erschwernis der Durchführung durch sanierungsbedingte Bodenwertsteigerungen, allerdings spielt auch die städtebauliche Konzeption der Gemeinde (zB eine beabsichtigte Gebietsaufwertung) hierbei eine Rolle.

10 Da auch im vereinfachten Sanierungsverfahren grundsätzlich § 144 anzuwenden ist, bietet Abs. 4 2. HS die Möglichkeit, die hiernach bestehende Genehmigungspflicht insgesamt oder teilweise auszuschließen. Dadurch sollen die rechtlichen Bindungen der Betroffenen so weit reduziert werden können, wie es die konkret geplante Sanierungsmaßnahme zulässt, insbesondere, wenn eine Bauleitplanung vorhanden ist, die ausreichende Steuerungsmöglichkeiten bietet.

§ 143 Bekanntmachung der Sanierungssatzung, Sanierungsvermerk

(1) Die Gemeinde hat die Sanierungssatzung ortsüblich bekannt zu machen. Sie kann auch ortsüblich bekannt machen, dass eine Sanierungssatzung beschlossen worden ist; § 10 Abs. 3 Satz 2 bis 5 ist entsprechend anzuwenden. In der Bekanntmachung nach den Sätzen 1 und 2 ist – außer im vereinfachten Sanierungsverfahren – auf die Vorschriften des Dritten Abschnitts hinzuweisen. Mit der Bekanntmachung wird die Sanierungssatzung rechtsverbindlich.

(2) Die Gemeinde teilt dem Grundbuchamt die rechtsverbindliche Sanierungssatzung mit und hat hierbei die von der Sanierungssatzung betroffenen Grundstücke einzeln aufzuführen. Das Grundbuchamt hat in die Grundbücher dieser Grundstücke einzutragen, dass eine Sanierung durchgeführt wird (Sanierungsvermerk). § 54 Abs. 2 und 3 ist entsprechend anzuwenden. Die Sätze 1 bis 3 sind nicht anzuwenden, wenn in der Sanierungssatzung die Genehmigungspflicht nach § 144 Abs. 2 ausgeschlossen ist.

1 Die Satzung ist nach neuem Recht nunmehr nur noch **ortsüblich bekannt zu machen** (§ 143 Abs. 1), wobei die **Ersatzverkündung** ausdrücklich erwähnt und damit zugelassen wird. Aus der Bezugnahme auf § 10 Abs. 3 Satz 2 bis 5 ergibt sich, dass in der Bekanntmachung nicht notwendigerweise das **Sanierungsgebiet** selbst genau zu bezeichnen ist, sondern es genügt, wenn sich aus ihr ergibt, in welchem Bereich sich das Sanierungsgebiet befindet und wie ggf weitergehende Informationen zu erlangen sind. Das Bundesverwaltungsgericht hat ausreichen lassen, dass hierzu eine Karte, die Bestandteil der Sanierungssatzung ist, mit veröffentlicht wird (NVwZ-RR 1993, 457).

2 Die Ortsüblichkeit der Bekanntmachung beurteilt sich nach dem jeweiligen Landes- bzw Ortsrecht. Zu beachten ist besonders die Hinweispflicht des Abs. 1 Satz 3, die aber im vereinfachten Verfahren entfällt. Auch wenn hierzu die Nennung der Vorschriften ausreicht, empfiehlt es sich aus Gründen der Rechtssicherheit und -klarheit, gleichzeitig wenigstens deren wesentlichen Inhalt wiederzugeben. Darüber hinaus können Hinweise zur **Genehmigungspflicht** nach § 144 und zum Vorkaufsrecht nach § 24 Abs. 1 Satz 1 Nr. 3 helfen, spätere Rechtsstreitigkeiten zu vermeiden. Zwingend ist dagegen die Verpflichtung nach § 215 Abs. 2, bei Inkraftsetzung der Satzung auf die Voraussetzungen für die Geltendmachung der Verletzung von Vorschriften sowie auf die Rechtsfolgen hinzuweisen.

Nach Abs. 1 Satz 4 wird die Sanierungssatzung mit der Bekanntmachung rechtsverbindlich, so dass es der Gemeinde bundesrechtlich verwehrt ist, einen anderen Termin hierfür festzusetzen. 3

Die Gemeinde ist nach § 143 Abs. 2 Satz 1 verpflichtet, dem **Grundbuchamt** die rechtsverbindliche Sanierungssatzung mitzuteilen und hierbei die von der Sanierungssatzung betroffenen Grundstücke einzeln aufzuführen. Dies ist nur dann nicht erforderlich, wenn in der Sanierungssatzung die Anwendung der **Verfügungssperre** (§ 144 Abs. 2) oder des § 144 insgesamt ausgeschlossen ist (§ 143 Abs. 2 Satz 4). Das Grundbuchamt hat in die Grundbücher der betroffenen Grundstücke einzutragen, dass eine Sanierung durchgeführt wird (§ 143 Abs. 2 Satz 2). Dieser **Sanierungsvermerk** hat keine Auswirkungen auf die städtebaulichen Sanierungsmaßnahmen, sondern nur deklaratorische Wirkung, insbesondere im Grundstücksverkehr. Er wird ggf neben dem hiervon unabhängigen **Umlegungsvermerk** eingetragen. Wegen der Ähnlichkeit beider Vermerksarten erklärt Abs. 2 Satz 3 die Vorschrift des § 54 Abs. 2 und 3 für entsprechend anwendbar, so dass die dort geregelten Informationspflichten gelten. Benachrichtigt werden nach den grundbuchrechtlichen Vorschriften auch die Eigentümer und vergleichbar dinglich Berechtigten. Ist die Sanierungssatzung durch Beschluss des zuständigen Gemeindegremiums insgesamt aufgehoben worden oder hat die Gemeinde die Sanierung für ein Grundstück als abgeschlossen erklärt, so ersucht sie das Grundbuchamt nach § 162 Abs. 3 bzw § 163 Abs. 3 Satz 2, die Sanierungsvermerke zu löschen. 4

Rechtsschutz gegen die Sanierungssatzung wird (grundsätzlich auch bei Anwendung des vereinfachten Verfahrens) nach § 47 VwGO durch ein **Normenkontrollverfahren** gewährt (BayVGH BRS 38 Nr. 215 = BauR 1982, 239 = BayVBl. 1982, 468), in dem auch die Frage der ordnungsgemäßen Bekanntmachung geprüft werden kann. Antragsbefugt ist dafür nicht nur der Eigentümer eines im Sanierungsgebiet liegenden Grundstücks, sondern der in § 137 genannte Kreis der **Sanierungsbetroffenen**, soweit sie durch die Wirkungen des § 144 in ihren subjektiven Rechten verletzt sein können. Bei einem entsprechenden Ausschluss von § 144 im vereinfachten Verfahren ist eine solche Rechtsverletzung schwer vorstellbar. Erklärt das Normenkontrollgericht die Sanierungssatzung mit allgemeiner Verbindlichkeit (§ 47 Abs. 5 Satz 2 VwGO) für **unwirksam**, so ist diese Entscheidung in derselben Form bekanntzumachen wie eine Aufhebung (§162 Abs. 2 Satz 3). Ggf hat die Gemeinde zu prüfen, ob auf der Grundlage eines aktualisierten Abwägungsmaterials die rückwirkende Inkraftsetzung nach § 214 Abs. 4 beschlossen werden soll. 5

Ähnlich wie bei der Überprüfung eines Bebauungsplans ist auch eine **Inzidentkonrolle** denkbar, zB bei einer Versagung einer Genehmigung nach § 145. Gerichtlich nicht geltend machen kann ein Nachbar, dass eine für ein Bauvorhaben in einem förmlich festgelegten Sanierungsgebiet erteilte Baugenehmigung nicht im Einklang mit dem Sanierungskonzept der Gemeinde stehe (BVerwG Buchholz 406.19 Nachbarschutz Nr. 146 = NVwZ 1997, 991 = ZfBR 1997, 269). 6

§ 144 Genehmigungspflichtige Vorhaben und Rechtsvorgänge

(1) Im förmlich festgelegten Sanierungsgebiet bedürfen der schriftlichen Genehmigung der Gemeinde

1. die in § 14 Abs. 1 bezeichneten Vorhaben und sonstigen Maßnahmen;

2. Vereinbarungen, durch die ein schuldrechtliches Vertragsverhältnis über den Gebrauch oder die Nutzung eines Grundstücks, Gebäudes oder Gebäudeteils auf bestimmte Zeit von mehr als einem Jahr eingegangen oder verlängert wird.

(2) Im förmlich festgelegten Sanierungsgebiet bedürfen der schriftlichen Genehmigung der Gemeinde

1. die rechtsgeschäftliche Veräußerung eines Grundstücks und die Bestellung und Veräußerung eines Erbbaurechts;
2. die Bestellung eines das Grundstück belastenden Rechts; dies gilt nicht für die Bestellung eines Rechts, das mit der Durchführung von Baumaßnahmen im Sinne des § 148 Abs. 2 im Zusammenhang steht;
3. ein schuldrechtlicher Vertrag, durch den eine Verpflichtung zu einem der in Nummer 1 oder 2 genannten Rechtsgeschäfte begründet wird; ist der schuldrechtliche Vertrag genehmigt worden, gilt auch das in Ausführung dieses Vertrags vorgenommene dingliche Rechtsgeschäft als genehmigt;
4. die Begründung, Änderung oder Aufhebung einer Baulast;
5. die Teilung eines Grundstücks.

(3) Die Gemeinde kann für bestimmte Fälle die Genehmigung für das förmlich festgelegte Sanierungsgebiet oder Teile desselben allgemein erteilen; sie hat dies ortsüblich bekannt zu machen.

(4) Keiner Genehmigung bedürfen

1. Vorhaben und Rechtsvorgänge, wenn die Gemeinde oder der Sanierungsträger für das Treuhandvermögen als Vertragsteil oder Eigentümer beteiligt ist;
2. Rechtsvorgänge nach Absatz 2 Nr. 1 bis 3 zum Zwecke der Vorwegnahme der gesetzlichen Erbfolge;
3. Vorhaben nach Absatz 1 Nr. 1, die vor der förmlichen Festlegung des Sanierungsgebiets baurechtlich genehmigt worden sind, Vorhaben nach Absatz 1 Nr. 1, von denen die Gemeinde nach Maßgabe des Bauordnungsrechts Kenntnis erlangt hat und mit deren Ausführung vor dem Inkrafttreten der Veränderungssperre hätte begonnen werden dürfen, sowie Unterhaltungsarbeiten und die Fortführung einer bisher ausgeübten Nutzung;
4. Rechtsvorgänge nach Absatz 1 Nr. 2 und Absatz 2, die Zwecken der Landesverteidigung dienen;
5. der rechtsgeschäftliche Erwerb eines in ein Verfahren im Sinne des § 38 einbezogenen Grundstücks durch den Bedarfsträger.

1 Die Durchführung der städtebaulichen Sanierungsmaßnahmen basiert auf dem Grundsatz der **Zügigkeit**, so dass etwaige Hindernisse und Erschwernisse minimiert werden sollen. Die förmliche Festlegung des Sanierungsgebiets zieht deshalb grds., soweit in der Satzung nicht etwas anderes geregelt ist (§ 142 Abs. 4), mit Inkrafttreten der Satzung besondere sanierungsrechtliche **Genehmigungspflichten** nach sich, wie sie bereits das Städtebauförderungsgesetz kannte und auch in vergleichbarer Form im Umlegungsverfahren nach § 51 existieren. Im Übrigen kann die Gemeinde auch von § 144 Abs. 3 – es handelt sich insoweit um eine **Allgemeinverfügung** nach § 35 Abs. 1 Satz 2 VwVfG – Gebrauch machen und die Genehmigung für bestimmte Fälle allgemein erteilen. Die genehmigungspflichtigen Rechtsvorgänge sind in § 144 Abs. 2 und Abs. 3 abschließend aufgezählt, wobei die Begründung, Änderung oder Aufhebung einer **Baulast** durch das BauROG 1998 neu eingefügt wurde. Der Genehmigungsvorbehalt ist rechtlich als präventives Verbot mit Erlaubnisvorbehalt

zu qualifizieren und findet bei städtebaulichen Entwicklungsmaßnahmen gemäß § 169 Abs. 1 Nr. 3 entsprechende Anwendung. Das sanierungsrechtliche Genehmigungsverfahren lässt die **landesrechtlichen Genehmigungsverfahren**, insbesondere im Bau-, Denkmalschutz- oder auch Naturschutzrecht unberührt.

Die **förmliche Festlegung** des Sanierungsgebiets hat nach Abs. 1 Nr. 1 automatisch eine weitgehende **Veränderungs- und Verfügungssperre** bezüglich Vorhaben iSv § 29, der Beseitigung baulicher Anlagen sowie erheblicher oder wesentlich wertsteigernder Veränderungen von Grundstücken und baulichen Anlagen zur Folge. Dabei liegt der Fokus nicht allein auf baulichen Veränderungen, da auch Nutzungsänderungen zu vergleichbaren Auswirkungen führen können. Der Sinn der **Sperrwirkung** des § 144 liegt zum Einen darin, der Gemeinde einen angemessenen Zeitraum für die Verwirklichung ihrer Sanierungsziele einzuräumen und zum anderen, Betroffene vor unnötigen Dispositionen zu bewahren (BVerwGE 70, 83 = BVerwG Buchholz 406.15 § 15 StBauFG Nr. 7= BRS 42 Nr. 233). Hierzu ist es notwendig, alle tatsächlichen und rechtlichen Veränderungen in dem Gebiet, die die Durchführung der Sanierung beeinträchtigen könnten, rechtzeitig erfahren und ggf verhindern zu können. Die Sperrwirkung hält sich trotz des Fehlens einer Befristung und einer Entschädigungsregelung iR der Sozialgebundenheit des **Eigentums** (BVerwG Buchholz 406.15 § 50 StBauFG Nr. 1 = BRS 33 Nr. 198 = BauR 1979, 139). Die lange Dauer einer städtebaulichen Sanierungsmaßnahme ist erst dann verfassungsrechtlich bedenklich, wenn die Sanierung nicht mehr sachgerecht und hinreichend zügig durchgeführt wird (BVerwG NVwZ 1996, 1210). Eine **Entschädigungspflicht** kann in einem solchen Fall in Betracht kommen, wenn die Verzögerungen, die zu einem Schaden geführt haben, der Gemeinde oder ihrem Beauftragten zuzurechnen sind (BGH DVBl 1966, 306). In diesem Zusammenhang ist auch auf § 145 Abs. 5 hinzuweisen, wonach der Eigentümer, dem eine sanierungsrechtliche Genehmigung versagt wird, die **Übernahme** des Grundstücks durch die Gemeinde verlangen kann, wenn und soweit es ihm mit Rücksicht auf die Durchführung der Sanierung wirtschaftlich nicht mehr zuzumuten ist, das Grundstück zu behalten oder es in der bisherigen oder einer anderen zulässigen Art zu nutzen. 2

Die mit dem Inkrafttreten der Sanierungssatzung entstehenden Rechtswirkungen beziehen sich nicht auf Vorgänge, die zu diesem Zeitpunkt bereits abgeschlossen sind, erfassen aber solche Rechtsgeschäfte, die noch schwebend unwirksam sind, etwa weil eine vereinbarte Bedingung noch nicht eingetreten ist. Anders als Bebauungspläne, die unter bestimmten Voraussetzungen funktionslos werden können (BVerwGE 67, 334 = BVerwG Buchholz 406.19 Nachbarschutz Nr. 55 = BRS 40 Nr. 4), besteht diese Möglichkeit des Außerkrafttretens einer Sanierungssatzung auch bei längerer **Untätigkeit** der Gemeinde nicht (BVerwG Buchholz 406.15 § 50 StBauFG Nr. 1 = BRS 33 Nr. 198 = BauR 1979, 139). Die besonderen sanierungsrechtlichen Pflichten enden erst, wenn die Gemeinde gemäß § 162 die Sanierungssatzung ganz oder teilweise aufgehoben bzw nach § 163 antragsgemäß für einzelne Grundstücke als abgeschlossen erklärt hat. 3

Genehmigungspflichtig sind außerdem die **Teilung** eines Grundstücks sowie schuldrechtliche Vereinbarungen über den Gebrauch oder die Nutzung eines Grundstücks oder Gebäudes über mehr als ein Jahr, dh im Wesentlichen Miet- oder Pachtverträge, die den Mieter oder Pächter in den Kreis der nach § 137 zu Beteiligenden bringen. In Anlehnung an die Verfügungs- und Veränderungssperre des § 51 für die Umlegung bedarf die rechtsgeschäftliche Veräußerung des Grund- 4 stücks oder die Bestellung und Veräußerung von Erbbaurechten, die sonstige Belastung eines Grundstücks sowie der schuldrechtliche Vertrag, durch den entsprechende Verpflichtungen begründet werden, einer Genehmigung.

5 Während Abs. 1 sich mit der Genehmigungspflicht von Vorhaben und Gebrauchs- bzw Nutzungsverhältnissen des Schuldrechts befasst, regelt Abs. 2 die Genehmigungspflicht von Vereinbarungen und Verfügungen hinsichtlich Grundstücken oder Rechten. Der dort aufgeführte Katalog ist keiner Erweiterung zugänglich.

6 Die **rechtsgeschäftliche Veräußerung** eines Grundstücks iSv von Nr. 1 meint das sog. Buchgrundstück und ist gerade bei komplizierten Situationen im kleinteiligen Innerortsbereich nicht immer mit den Vorstellungen der Betroffenen von „ihrem Grundstück" identisch, was zu Missverständnissen führen kann. Nicht erfasst werden Grundstücksübergänge durch Erbfälle oder im Wege der Zwangsversteigerung, da diese nicht rechtsgeschäftlich erfolgen. Entsprechendes gilt nach der gesetzgeberischen Wertung des § 200 Abs. 1 für **Grundstücksteile**.

7 Die Bestellung belastender Grundstückrechte nach Nr. 2 ist der Genehmigungspflicht unterworfen, damit die Gemeinde die finanzielle Belastung eines Grundstücks zu Zwecken verhindern kann, die nicht im Interesse der Sanierung liegen und ggf Investitionen in das Grundstück erschweren können. Wird zB die Hypothek oder Grundschuld für ein Grundstück im Sanierungsgebiet zur Sicherung einer Forderung aus sanierungsfremden Rechtsgeschäften verwendet, so ist möglicherweise später keine ausreichende Sicherheit mehr für eine **Baufinanzierung** bezüglich des Grundstücks selbst vorhanden. Entsprechendes gilt für die spätere Entrichtung eines **sanierungsrechtlichen Ausgleichsbetrages**. Diese Interessenlage erklärt auch die Freistellung im 2. Halbsatz für die Bestellung eines Rechts, das mit der Durchführung von Baumaßnahmen im Sinne des § 148 Abs. 2, dh sanierungsbedingten Baumaßnahmen im Zusammenhang steht.

8 Dem zivilrechtlichen **Abstraktionsprinzip** trägt Nr. 3 Rechnung, wenn er einerseits bereits die schuldrechtlichen Verträge, die eine Verpflichtung nach den Nrn. 1 und 2 begründen, für genehmigungspflichtig erklärt, andererseits aber eine doppelte Genehmigung vermeidet.

9 Da auch die Begründung, Änderung oder Aufhebung einer Baulast iSv Nr. 4 und die Teilung eines Grundstücks nach Nr. 5 Auswirkungen auf die Sanierung hinsichtlich des Grundstücks selbst oder der Umgebung haben können, sind auch sie der Genehmigungspflicht des § 144 unterworfen.

10 Abs. 3 gibt der Gemeinde die Möglichkeit, ihre Verwaltungsaufgaben zu vereinfachen, indem er die allgemeine Erteilung von Genehmigungen für das förmlich festgelegte Sanierungsgebiet zulässt. Hierdurch kann sie ihre Kräfte auf die wesentlichen Sachverhalte konzentrieren und Verfahrensverzögerungen vermeiden. Eine solche Verfahrensweise kommt deshalb insbesondere bei unwesentlichen Maßnahmen und beim Vorhandensein einer Vielzahl gleichgelagerter Sachverhalte in Betracht. Die Entscheidung, von der gebotenen Möglichkeit Gebrauch zu machen, liegt im **Ermessen** der Gemeinde. Sie bezieht sich dann auf bestimmte Konstellationen, nicht aber auf konkrete Vorhaben. In diesem Fall ist deshalb die **ortsübliche Bekanntmachung** vorgeschrieben, die sich nach den üblichen Vorschriften richtet. Es handelt sich aber hierbei nicht um eine Satzung, sondern um eine **Allgemeinverfügung**, die ggf nach § 49 VwVfG durch ebenfalls ortsübliche Bekanntmachung widerrufen werden kann. Um dies zu erleichtern, kann der Allgemeinverfügung ein Widerrufsvorbehalt als Nebenbestimmung beigefügt werden.

Die Ausnahmevorschrift des Abs. 4 dient ebenfalls der Verwaltungsvereinfachung. 11
Von der Genehmigungspflicht sind hiernach bestimmte rechtliche oder tatsächliche Vorgänge kraft Gesetzes freigestellt. Dies gilt nach Nr. 1 zunächst dann, wenn die sanierende Gemeinde selbst oder durch ihren **Sanierungsträger** für das Treuhandvermögen an dem Vorhaben oder Rechtsvorgang beteiligt ist, weil bereits hieraus die Vermutung folgt, dass die Ziele und Zwecke der Sanierung gewahrt bleiben. Ein weiterer Ausnahmetatbestand greift nach Nr. 2 bei der Vorwegnahme der **gesetzlichen Erbfolge**, weil diese zu einem späteren Zeitpunkt ohnehin nicht verhindert werden könnte und die Gefahr eines kollusiven Zusammenwirkens zum Zwecke einer Erschwerung der Sanierung eher unwahrscheinlich ist. Der praktisch bedeutsamste Freistellungstatbestand des Abs. 4 Nr. 3, der sich auf **Unterhaltungsarbeiten** bezieht, wird eng ausgelegt, damit die zügige Sanierung nach dem Gesamtkonzept nicht erschwert wird. Aus diesem Grund sind zB Arbeiten, die zur Anpassung des Gebäudes an moderne Wohnbedürfnisse erforderlich sind, nicht als freigestellt angesehen worden (OVG Lüneburg BRS 30 Nr. 195). Nr. 4 stellt Rechtsvorgänge iSv Abs. 1 Nr. 2 und Abs. 2, die Zwecken der **Landesverteidigung** dienen, von der Genehmigungspflicht frei und entspricht hiermit den Privilegierungen der §§ 26 Nr. 2a und 37 Abs. 2 Satz 1, die ebenfalls eine vorweggenommene Interessenabwägung zu Gunsten der Landesverteidigung vornehmen. Erwirbt ein Bedarfsträger iSv Nr. 5 ein Grundstück im Sanierungsgebiet, so werden die Ziele und Zwecke der Sanierung bereits dadurch gewahrt, dass in das Planfeststellungsverfahren Eingang gefunden haben und das Grundstück nur zu dem planfestgestellten Zweck verwendet werden darf.

§ 145 Genehmigung

(1) Die Genehmigung wird durch die Gemeinde erteilt; § 22 Abs. 5 Satz 2 bis 5 ist entsprechend anzuwenden. Ist eine baurechtliche Genehmigung oder an ihrer Stelle eine baurechtliche Zustimmung erforderlich, wird die Genehmigung durch die Baugenehmigungsbehörde im Einvernehmen mit der Gemeinde erteilt. Im Falle des Satzes 2 ist über die Genehmigung innerhalb von zwei Monaten nach Eingang des Antrags bei der Baugenehmigungsbehörde zu entscheiden; § 22 Abs. 5 Satz 3 bis 6 ist mit der Maßgabe entsprechend anzuwenden, dass die Genehmigungsfrist höchstens um zwei Monate verlängert werden darf.

(2) Die Genehmigung darf nur versagt werden, wenn Grund zur Annahme besteht, dass das Vorhaben, der Rechtsvorgang einschließlich der Teilung eines Grundstücks oder die damit erkennbar bezweckte Nutzung die Durchführung der Sanierung unmöglich machen oder wesentlich erschweren oder den Zielen und Zwecken der Sanierung zuwiderlaufen würde.

(3) Genehmigung ist zu erteilen, wenn die wesentliche Erschwerung dadurch beseitigt wird, dass die Beteiligten für den Fall der Durchführung der Sanierung für sich und ihre Rechtsnachfolger

1. in den Fällen des § 144 Abs. 1 Nr. 1 auf Entschädigung für die durch das Vorhaben herbeigeführten Werterhöhungen sowie für werterhöhende Änderungen, die auf Grund der mit dem Vorhaben bezweckten Nutzung vorgenommen werden, verzichten;
2. in den Fällen des § 144 Abs. 1 Nr. 2 oder Abs. 2 Nr. 2 oder 3 auf Entschädigung für die Aufhebung des Rechts sowie für werterhöhende Änderungen verzichten, die auf Grund dieser Rechte vorgenommen werden.

(4) Die Genehmigung kann unter Auflagen, in den Fällen des § 144 Abs. 1 auch befristet oder bedingt erteilt werden. § 51 Abs. 4 Satz 2 und 3 ist entsprechend anzuwenden. Die Genehmigung kann auch vom Abschluss eines städtebaulichen Vertrags abhängig gemacht werden, wenn dadurch Versagungsgründe im Sinne des Absatzes 2 ausgeräumt werden.

(5) Wird die Genehmigung versagt, kann der Eigentümer von der Gemeinde die Übernahme des Grundstücks verlangen, wenn und soweit es ihm mit Rücksicht auf die Durchführung der Sanierung wirtschaftlich nicht mehr zuzumuten ist, das Grundstück zu behalten oder es in der bisherigen oder einer anderen zulässigen Art zu nutzen. Liegen die Flächen eines land- oder forstwirtschaftlichen Betriebs sowohl innerhalb als auch außerhalb des förmlich festgelegten Sanierungsgebiets, kann der Eigentümer von der Gemeinde die Übernahme sämtlicher Grundstücke des Betriebs verlangen, wenn die Erfüllung des Übernahmeverlangens für die Gemeinde keine unzumutbare Belastung bedeutet; die Gemeinde kann sich auf eine unzumutbare Belastung nicht berufen, soweit die außerhalb des förmlich festgelegten Sanierungsgebiets gelegenen Grundstücke nicht mehr in angemessenem Umfang baulich oder wirtschaftlich genutzt werden können. Kommt eine Einigung über die Übernahme nicht zustande, kann der Eigentümer die Entziehung des Eigentums an dem Grundstück verlangen. Für die Entziehung des Eigentums sind die Vorschriften des Fünften Teils des Ersten Kapitels entsprechend anzuwenden. § 43 Abs. 1, 4 und 5 sowie § 44 Abs. 3 und 4 sind entsprechend anzuwenden.

(6) § 22 Abs. 6 ist entsprechend anzuwenden. Ist eine Genehmigung allgemein erteilt oder nicht erforderlich, hat die Gemeinde darüber auf Antrag eines Beteiligten ein Zeugnis auszustellen.

1 Die Vorschrift bildet gemeinsam mit den §§ 137, 138 und 144 das Kernstück des städtebaulichen Sanierungsverfahrens im Verhältnis zu den von der Sanierung Betroffenen, indem sie ein von sonstigen Genehmigungstatbeständen, etwa bau- oder denkmalschutzrechtlicher Art, zunächst unabhängiges Verfahren zur Erteilung der **sanierungsrechtlichen Genehmigung** regelt. Im Verhältnis der sanierungsrechtlichen zur baurechtlichen Genehmigung gibt Abs. 1 Satz 2 dem regelmäßig umfangreicheren Baugenehmigungsverfahren die Leitfunktion und vermeidet unter Wahrung der kommunalen Selbstverwaltungsgarantie ein (teilweise) doppeltes Prüfprogramm. Die Konstruktion der Vorschrift geht dabei von der verfassungsrechtlich garantierten **Baufreiheit** aus, die nur beim Vorliegen eines besonderen öffentlichen Interesses zurücktreten muss.

2 Das Verfahren nach § 145 wird durch einen schriftlichen **Antrag**, der die zur Prüfung notwendigen Unterlagen enthalten muss, in Gang gesetzt. Dies ist zwar anders als nach früherer Gesetzeslage nicht mehr ausdrücklich formuliert, ergibt sich gleichwohl aber aus dem Gesamtzusammenhang. Ein solcher **Genehmigungs**antrag ist nicht bereits in der Stellung eines Antrags auf Erteilung einer Baugenehmigung zu sehen (BVerwG BRS 39 Nr. 244 = BauR 1982, 251), was insbesondere für die Berechnung von **Fristen** – etwa bezüglich des Eintritts einer Genehmigungs**fiktion** nach Abs. 1 Satz 3 iVm § 22 Abs. 5 Satz 4 – bedeutsam werden kann (vgl BVerwG NJW 1982, 2787).

3 Über einen vollständigen Antrag ist gemäß Abs. 1 innerhalb der Fristen des § 22 Abs. 5 zu entscheiden, wobei eine Verlängerungsmöglichkeit besteht. Seit dem 1.1.2007 gilt die einmonatige Frist nicht mehr für die Baugenehmigungsbehörde, der nunmehr zwei Monate für das Genehmigungsverfahren bleiben. Im Gegenzug

wurde die Verlängerungsmöglichkeit von drei Monaten auf zwei Monate herabgesetzt, so dass die maximale Genehmigungsfrist weiterhin vier Monate beträgt. Kommt es nicht zu einer fristgemäßen Versagung der Genehmigung, so greift die Fiktionswirkung des § 22 Abs. 5. Im Falle der Nachforderung von Unterlagen ist für die Bestimmung des Fristbeginns der Zeitpunkt der Vollständigkeit des Antrags zu Grunde zu legen.

Eine Versagung der Genehmigung kommt nur unter den Voraussetzungen des § 145 4 Abs. 2 in Betracht. Dabei hat sich die Entscheidung sowohl an den **Zielen und Zwecken der Sanierung** zu orientieren, so dass deren Dokumentation auf dem aktuellen Stand der Weiterentwicklung besondere Bedeutung erhält, als auch an der zügigen und zweckmäßigen Durchführung. Will die Gemeinde die Versagung einer Genehmigung auf letzteres Argument stützen, so wird hierzu regelmäßig eine besonders fundierte Begründung erforderlich sein. Sind trotz des Bestehens einer Sanierungssatzung über einen längeren Zeitraum keine wesentlichen Maßnahmen zu ihrer Durchführung ergriffen worden, kann dies dazu führen, dass die Gemeinde einen Genehmigungsantrag nicht mehr ablehnen kann, insbesondere, wenn sich die abstrakt formulierten Sanierungsziele nicht in einer Weise konkretisiert haben, die eine Prüfung ihrer Beeinträchtigung möglich macht.

Die Zweistufigkeit des Sanierungsverfahrens hat zur Folge, dass im Genehmi- 5 gungsverfahren zunächst die Untersuchungsergebnisse und die Beweggründe für die Sanierung, dh im Wesentlichen das Bestehen von **städtebaulichen Missständen**, die sich in der Satzung manifestiert haben, nicht mehr zu prüfen, sondern als gegeben zu Grunde zu legen sind. Dies erlangt vor allem dann Bedeutung, wenn das Grundstück eines Antragstellers selbst keinen Missstand aufweist, das dort beabsichtigte Vorhaben aber mit den Zielen und Zwecken der Sanierung kollidiert. Allenfalls bei einer **Inzidentprüfung** kann die Rechtmäßigkeit der Sanierungssatzung eine Rolle spielen.

Liegen keine Versagungsgründe vor, besteht ein im Verfassungsrecht begründeter 6 Anspruch auf die Erteilung der Genehmigung; für **Ermessen**serwägungen besteht dann kein Raum mehr. Die Genehmigung darf nicht von der Einhaltung von Mietobergrenzen abhängig gemacht werden (BVerwG NVwZ 2006, 1167). Auch die Verwendung unbestimmter Rechtsbegriffe durch das Gesetz begründet keinen der gerichtlichen Überprüfung unzugänglichen **Beurteilungsspielraum**. Die Entscheidung über die Genehmigung ist aus Gründen der Rechtssicherheit schriftlich zu treffen und zu begründen. Ihr ist nach § 211 eine Rechtsbehelfsbelehrung beizufügen. Aus der Formulierung „wenn Grund zu der Annahme besteht", wird deutlich, dass es der vollen verwaltungsgerichtlichen Überprüfung unterliegt, ob eine Genehmigungsbedürftigkeit überhaupt besteht (ggf **Feststellungsurteil**) und ob die gesetzlichen Gründe für die Versagung einer notwendigen Genehmigung vorliegen (OLG Köln NVwZ-RR 1993, 169). Gleichwohl kann nicht verlangt werden, dass bezüglich der Tatbestandsvoraussetzungen für die Versagung einer Genehmigung Gewissheit besteht, da es sich hierbei um eine Prognose handelt. So ist durchaus vorstellbar, dass die Gemeinde zunächst zwei alternative Planungskonzepte verfolgt, von denen nur eines der Verwirklichung des zur Genehmigung gestellten Vorhabens widerspricht. In diesem Fall kann eine Versagung der Genehmigung zunächst zulässig sein, später aber ein Anspruch auf Genehmigung entstehen. Lässt der Genehmigungsantrag, etwa bei der (zunächst) isolierten Beseitigung baulicher Anlagen, verschiedene spätere Nutzungsarten zu, so kann die Gemeinde die **sanierungsrechtliche Genehmigung** auf diejenigen Nutzungsarten beschränken, die mit der Sanierung vereinbar sind.

7 Nach Abs. 3 der Vorschrift ist die Genehmigung auch dann zwingend zu erteilen, wenn der Sicherungszweck dadurch entfällt, dass die Beteiligten für den Fall der Durchführung der Sanierung für sich und ihre Rechtsnachfolger auf ihnen ansonsten zustehende **Entschädigungen verzichten**. Hierin zeigt sich erneut die strikte Ausrichtung der Vorschrift an den Zielen und Zwecken der Sanierung und ihrer **zügigen Durchführung**. Gleichzeitig macht sie aber auch den von der Sanierung Betroffenen deutliche Vorgaben, indem sie Investitionen auf eigenes Risiko ermöglicht. Es wäre nämlich treuwidrig, zunächst trotz der anstehenden Sanierung eine Maßnahme durchzuführen, später aber einen durch die Sanierung verursachten Schaden geltend zu machen. Die Verzichtserklärung muss der Gemeinde zur Wahrung der Rechtsicherheit schriftlich zugehen, wobei es für den Fall eines Eigentümerwechsels hilfreich sein kann, eine Sicherung der Verpflichtung durch Eintragung einer **Baulast** zu fordern.

8 Die Genehmigung kann zur Erreichung des Sanierungszwecks auch mit **Nebenbestimmungen**, dh Auflagen, Bedingungen oder Befristungen iSv § 36 VwVfG versehen werden, was als milderes Mittel im Vergleich zur Versagung anzusehen ist. Voraussetzung hierfür ist aber, dass hiermit nicht gegen andere gesetzliche Bestimmungen verstoßen wird; so ist zB die **Auflassung** im Zuge einer Grundstücksveräußerung wegen der besonderen Funktion des Grundbuchs bedingungsfeindlich. Zu beachten ist in diesem Zusammenhang, dass sich die Gemeinde nicht durch Aufnahme von Nebenbestimmungen in eine Genehmigung einen Vorteil verschaffen darf, auf den sie keinen Anspruch hat, etwa zur Erleichterung ihrer Verwaltungstätigkeit im Verfahren der Sanierung oder in anderen Bereichen. Außerdem kann die Genehmigung nunmehr auch vom Abschluss eines **städtebaulichen Vertrages** abhängig gemacht werden, wenn dadurch Versagungsgründe iSd Abs. 2 ausgeräumt werden (Abs. 4 Satz 3). Ein solcher städtebaulicher Vertrag hat trotz der Schutzwirkung des § 11 Abs. 2 den Vorteil, dass die Durchsetzung der Ansprüche gegen den Verpflichteten wirksam gesichert werden kann, was bei Nebenbestimmungen nicht immer einfach ist.

9 Nach Abs. 5 der Vorschrift kann der Eigentümer von der Gemeinde **Schadensersatz** bzw **Übernahme** des Grundstücks verlangen, wenn die Genehmigung versagt wird und wenn und soweit es ihm mit Rücksicht auf die Durchführung der Sanierung wirtschaftlich nicht mehr zuzumuten ist, das Grundstück zu behalten oder es in der bisherigen oder einer anderen zulässigen Art zu nutzen. In diesem Rahmen muss der Eigentümer nachweisen, dass die **Unzumutbarkeit** kausal auf der Durchführung der Sanierung beruht. Schwierigkeiten kann es im Einzelfall bereiten, alle denkbaren Nutzungsalternativen zu erfassen und zu bewerten, um die Unzumutbarkeit vollständig zu belegen. Die Höhe der Entschädigung bemisst sich im normalen Sanierungsverfahren nach § 153 Abs. 1, im vereinfachten Sanierungsverfahren nach §§ 93 ff.

10 Bemerkenswert ist insbesondere Satz 2, wonach der Eigentümer eines land- oder forstwirtschaftlichen Betriebs (vgl § 201) die Übernahme sämtlicher Betriebsgrundstücke verlangen kann, wenn nur ein Teil der Grundstücke im Sanierungsbereich liegt; zu beachten sind insoweit die Zumutbarkeitsregeln. Kommt es dabei nicht zu einer Einigung, kann der Eigentümer die Entziehung des Eigentums an dem Grundstück verlangen.

Durch den Verweis auf § 22 Abs. 6 stellt Abs. 6 der Vorschrift sicher, dass das **Grundbuchamt** erst dann eine Eintragung vornimmt, wenn der Genehmigungsbescheid der Gemeinde vorgelegt wird. Im Gegenzug hat die Gemeinde aber auf Antrag ein sog. **Negativattest** auszustellen, wenn eine Genehmigung nicht erforderlich oder nach § 144 Abs. 3 allgemein erteilt worden ist. Gleiches gilt für eine Bestätigung, dass die **Fiktion** der Genehmigung nach Abs. 1 Satz 3 iVm § 22 Abs. 5 Satz 4 eingetreten ist. 11

Der Genehmigungsvorbehalt nach § 145 besteht bis zur Aufhebung der förmlichen Festlegung des Sanierungsgebiets nach § 162. Wird ein Vorhaben ohne die hiernach notwendige Genehmigung durchgeführt, so ist es formell und wegen des Verstoßes gegen öffentlich-rechtliche Vorschriften auch materiell illegal, was einen **Baustopp** oder auch eine **Beseitigungs**- bzw Rückbau**verfügung** durch die Bauaufsichtsbehörde, nicht aber die Gemeinde selbst rechtfertigen kann. Wurde die bauaufsichtliche Genehmigung erteilt, ohne dass die erforderliche sanierungsrechtliche Genehmigung vorlag, so kann die **Rücknahme der Baugenehmigung** nach § 48 VwVfG in Betracht kommen. Gegen Entscheidungen im sanierungsrechtlichen Genehmigungsverfahren ist die **Verpflichtungsklage** an das Verwaltungsgericht auf Erteilung der Genehmigung (ggf ohne Nebenbestimmung), unter Umständen auch die isolierte Anfechtung einer Auflage sowie die Verpflichtungsklage auf Ausstellung eines Negativattestes oder einer Fiktionsbescheinigung möglich. Das sanierungsrechtliche Genehmigungsverfahren hat keinen **nachbarschützenden Charakter**, so dass ein Nachbar nicht mit dem Einwand gehört werden kann, ein Vorhaben verstoße gegen die Ziele und Zwecke der Sanierung oder beeinträchtige deren Durchführung. Mündet ein Übernahmeverlangen nach Abs. 5 in ein Enteignungsverfahren, so begründet § 217 die Zuständigkeit der Kammern (Senate) für Baulandsachen. 12

§ 146 Durchführung

(1) Die Durchführung umfasst die Ordnungsmaßnahmen und die Baumaßnahmen innerhalb des förmlich festgelegten Sanierungsgebiets, die nach den Zielen und Zwecken der Sanierung erforderlich sind.

(2) Auf Grundstücken, die den in § 26 Nr. 2 bezeichneten Zwecken dienen, und auf den in § 26 Nr. 3 bezeichneten Grundstücken dürfen im Rahmen städtebaulicher Sanierungsmaßnahmen einzelne Ordnungs- und Baumaßnahmen nur mit Zustimmung des Bedarfsträgers durchgeführt werden. Der Bedarfsträger soll seine Zustimmung erteilen, wenn auch unter Berücksichtigung seiner Aufgaben ein überwiegendes öffentliches Interesse an der Durchführung der Sanierungsmaßnahmen besteht.

(3) Die Gemeinde kann die Durchführung der Ordnungsmaßnahmen und die Errichtung oder Änderung von Gemeinbedarfs- und Folgeeinrichtungen im Sinne des § 148 Abs. 2 Satz 1 Nr. 3 auf Grund eines Vertrags ganz oder teilweise dem Eigentümer überlassen. Ist die zügige und zweckmäßige Durchführung der vertraglich übernommenen Maßnahmen nach Satz 1 durch einzelne Eigentümer nicht gewährleistet, hat die Gemeinde insoweit für die Durchführung der Maßnahmen zu sorgen oder sie selbst zu übernehmen.

Nach § 146 umfasst die Durchführung der Sanierung die Ordnungs- (§ 147) und Baumaßnahmen (§ 148), die nach den Zielen und Zwecken der Sanierung, auch im vereinfachten Verfahren, erforderlich sind (Legaldefinition). Die Vorschrift gilt 1 auch für **Ersatz- oder Ergänzungsgebiete** iSv § 142 Abs. 2 Satz 1 und ist nach § 169 Abs. 1 Nr. 4 für städtebauliche Entwicklungsbereiche entsprechend anzuwenden. Zeitlich können einzelne Ordnungs- und Baumaßnahmen nach § 140 Nr. 7 schon vor der förmlichen Festlegung des Sanierungsgebiets durchgeführt werden. Die **Erforderlichkeit** der Maßnahmen ist dann zu bejahen, wenn sie unmittelbar dazu dienen, die im Sanierungskonzept der Gemeinde festgelegten Ziele und Zwecke zu verwirklichen und nicht nur anlässlich der Sanierung durchgeführt werden. Diese Trennung kann insbesondere bei der Frage der Finanzierung und Förderung eine wichtige Rolle spielen. Ordnungs- und Baumaßnahmen sind zu unterscheiden, weil erstere primär von der Gemeinde durchzuführen sind, während sich die Handlungsverpflichtung für letztere zunächst an den Eigentümer richtet, was sich auch auf die **Kostenverteilung** auswirkt.

2 Der bereits durch das BauROG 1998 neu eingefügte Abs. 2 übernimmt die zuvor in § 139 Abs. 4 normierte Regelung, wonach auf Grundstücken mit besonderer Zweckbestimmung städtebauliche Sanierungsmaßnahmen nur mit Zustimmung des **Bedarfsträgers** durchgeführt werden dürfen, der diese regelmäßig erteilen soll, wenn auch unter Berücksichtigung seiner spezifischen Aufgaben ein überwiegendes öffentliches Interesse an der Durchführung der Sanierungsmaßnahmen besteht. Erfasst werden hiervon Grundstücke, die iSv § 26 Nr. 2 Zwecken der Landesverteidigung, der Bundespolizei, der Zollverwaltung, der Landespolizei oder des Zivilschutzes dienen oder die von Kirchen oder Religionsgemeinschaften des öffentlichen Rechts für Zwecke des Gottesdienstes oder der Seelsorge genutzt werden. Über § 26 Nr. 3 greift die Vorschrift auch für solche Grundstücke, für die ein **Planfeststellungsverfahren** eingeleitet oder durchgeführt worden ist. Dies gilt jedoch nur dann, wenn das jeweilige Grundstück tatsächlich (noch) für die Aufgabenerfüllung des Bedarfsträgers eingesetzt wird. Dies kann insbesondere für ehemalige **Militärliegenschaften** von Bedeutung sein. Die Zustimmung des betroffenen Bedarfsträgers ist auch dann einzuholen, wenn er nach § 139 am Sanierungsverfahren beteiligt worden ist, da sich zu einem Zeitpunkt, zu dem Ordnungs- oder Baumaßnahmen zur Diskussion stehen, die Sanierungsziele weiterentwickelt und konkretisiert haben werden. Lehnt der Bedarfsträger die Erteilung der Zustimmung ab, so hat er die Gründe hierfür darzulegen. In diesem Fall kann die Gemeinde eine allgemeine **Leistungsklage** auf Erteilung der (verwaltungsinternen) Zustimmung erheben.

3 Abs. 3 ersetzt § 147 Abs. 2 aF, dessen Möglichkeiten zum Abschluss von Verträgen zur Überlassung der Durchführung von Ordnungsmaßnahmen er erweitert. Übertragen werden kann durch einen solchen städtebaulichen Vertrag, für den die Regeln der §§ 54 ff, insbesondere hinsichtlich der Formvorschriften, ergänzend heranzuziehen sind, nunmehr auch die Errichtung oder Änderung von Gemeinbedarfs- oder Folgeeinrichtungen iSv § 148 Abs. 2 Satz 1 Nr. 3. Die Entscheidung hierüber liegt im **Ermessen** der Gemeinde; es können jedoch keine hoheitlichen Befugnisse auf Private übertragen werden. Die Übertragung, die sich insbesondere auf die Beseitigung baulicher Anlagen beziehen kann, ersetzt nicht die hierfür notwendige Bau- oder sonstige öffentlich-rechtliche Genehmigung. Bietet ein Eigentümer der Gemeinde die Übernahme der Ordnungsmaßnahmen an, so kann diese das Angebot nur aus wichtigem Grund ablehnen. Diese Ablehnung kann als **Verwaltungsakt** gerichtlich – insbesondere auf Ermessensfehler – überprüft werden. Auch für den Fall der Übertragung belässt Abs. 3 Satz 2 die Gesamtverantwortung bei der Gemeinde, die ggf einzuschreiten und die Maßnahmen bei Gefährdung der

zügigen und zweckmäßigen Durchführung selbst vorzunehmen hat, wenn ein Einwirken auf den Verpflichteten keinen Erfolg verspricht.

Für Streitigkeiten aus einem öffentlich-rechtlichen Vertrag bezüglich der Übertragung von Ordnungsmaßnahmen sind die Verwaltungsgerichte zuständig. 4

§ 147 Ordnungsmaßnahmen

Die Durchführung der Ordnungsmaßnahmen ist Aufgabe der Gemeinde; hierzu gehören

1. **die Bodenordnung einschließlich des Erwerbs von Grundstücken,**
2. **der Umzug von Bewohnern und Betrieben,**
3. **die Freilegung von Grundstücken,**
4. **die Herstellung und Änderung von Erschließungsanlagen sowie**
5. **sonstige Maßnahmen, die notwendig sind, damit die Baumaßnahmen durchgeführt werden können.**

Als Ordnungsmaßnahme gilt auch die Bereitstellung von Flächen und die Durchführung von Maßnahmen zum Ausgleich im Sinne des § 1a Abs. 3, soweit sie gemäß § 9 Abs. 1 a an anderer Stelle den Grundstücken, auf denen Eingriffe in Natur und Landschaft zu erwarten sind, ganz oder teilweise zugeordnet sind. Durch die Sanierung bedingte Erschließungsanlagen einschließlich Ersatzanlagen können außerhalb des förmlich festgelegten Sanierungsgebiets liegen.

1 Grundsätzlich ist im Sinne des Gebots der Einheitlichkeit Voraussetzung für die Durchführung der idR unrentierlichen **Ordnungsmaßnahmen**, dass durch Satzung das Sanierungsgebiet förmlich festgesetzt ist. Etwas anders gilt nach § 140 Nr. 7 nur ausnahmsweise für einzelne Ordnungs- und Baumaßnamen, die vorab stattfinden können. Außerdem müssen alle Ordnungsmaßnahmen für die Erreichung der Ziele und Zwecke der Sanierung **erforderlich** sein. Zuständig ist unabhängig vom Umfang der Ordnungsmaßnahmen die Gemeinde, die insoweit auch die Kosten zu tragen hat. Gerade bei eher objektbezogenen Ordnungsmaßnamen wird aber die Möglichkeit des § 146 Abs. 3 zur Überlassung durch **öffentlich-rechtlichen Vertrag** in Betracht zu ziehen sein. Kommt es nicht zu einer konsensualen Lösung, stehen der Gemeinde die hoheitlichen Befugnisse des BauGB zu. Die Vorschrift findet nach § 169 Abs. 1 Nr. 4 für das städtebauliche Entwicklungsgebiet entsprechende Anwendung.

2 Zu den Ordnungsmaßnahmen gehört nach der Aufzählung des Abs. 1 zunächst die **Bodenordnung**, dh alle zur Neuordnung der Grundstücke iSd Sanierung erforderlichen Maßnahmen auf Grund hoheitlichen Handelns oder vertraglicher Regelungen. Hierzu zählen neben der Umlegung (§§ 45 ff) und der Grenzregelung (§§ 80 ff) die Ausübung des Vorkaufsrechts (§ 24 Abs. 1 Nr. 3) und die Enteignung (§§ 85 ff), aber auch der Erwerb von Grundstücken zu Sanierungszwecken. Letzterer kann sich auch auf Grundstücke außerhalb des Geltungsbereichs der Satzung beziehen, da Satz 3 der Vorschrift erlaubt, dass durch die Sanierung bedingte **Erschließungsanlagen** einschließlich Ersatzanlagen außerhalb des förmlich festgelegten Sanierungsgebiets liegen können.

3 Einen erheblichen Eingriff in die Rechte der Betroffenen sieht Nr. 2 mit dem **Umzug** von Bewohnern und Betrieben und den entsprechenden Folgemaßnahmen vor, die auch in privatrechtliche Beziehungen eingreifen können (vgl §§ 182 ff). Während die Beschaffung von Ersatzwohnraum hierzu zählt, ist dessen Errichtung

eine Baumaßnahme iSv § 148. In diesem Zusammenhang kommt dem **Verhältnismäßigkeits**grundsatz besondere Bedeutung zu so dass ein mehrfacher Umzug, etwa über Zwischenlösungen, nur als ultima ratio in Frage kommen kann.

4 Nr. 3 nennt die Freilegung von Grundstücken (vgl hierzu insbesondere § 179) und meint hiermit in erster Linie den vollständigen **Abbruch** von baulichen Anlagen im weitesten Sinne. Ein wesentlicher Grund für eine solche Ordnungsmaßnahme kann der **Umweltschutz** im Sanierungsgebiet sein, insbesondere die Verbesserung des **Kleinklimas** durch Freiflächen oder Biotope, aber auch eine Verringerung der Verdichtung in der Bauweise.

5 Die Herstellung und Änderung von Erschließungsanlagen nach Nr. 4, die gemäß Satz 3 auch außerhalb der förmlich festgelegten Sanierungsgebiets liegen können, meint die Herstellung neuer sowie die Anpassung bestehender öffentlicher Erschließungsanlagen an den von der städtebaulichen Sanierung angestrebten Zustand im Endausbau, seien sie bundesrechtlich oder landesrechtlich begründet. Hierzu zählen insbesondere Verkehrsanlagen und öffentliche Grünanlagen, aber auch Parkplatzflächen, wobei häufig ein Bündel von aufeinander abgestimmten Maßnahmen zum Einsatz kommt, etwa die Schaffung einer Fußgängerzone bei gleichzeitigem Bau eines Parkhauses.

6 Schließlich finden sich im Auffangtatbestand der Nr. 5 die sonstigen Maßnahmen, die notwendig sind, um die Baumaßnahmen durchführen zu können.

7 Satz 2 trägt als Folge der gesetzgeberischen Grundentscheidung in § 1a Abs. 3 dem Schutz von Natur und Landschaft Rechnung, indem er gemeinsam mit dem dort genannten Vorschriften **naturschutzrechtliche Ausgleichsmaßnahmen** als Ordnungsmaßnahmen des Sanierungsrechts qualifiziert, wenn hiermit ein Eingriff an anderer Stelle ausgeglichen wird (vgl § 9 Abs. 1a). Dies geschieht entweder durch die Bereitstellung von Flächen oder mit der Durchführung von Ausgleichsmaßnahmen.

§ 148 Baumaßnahmen

(1) Die Durchführung von Baumaßnahmen bleibt den Eigentümern überlassen, soweit die zügige und zweckmäßige Durchführung durch sie gewährleistet ist; der Gemeinde obliegt jedoch

1. für die Errichtung und Änderung der Gemeinbedarfs- und Folgeeinrichtungen zu sorgen und
2. die Durchführung sonstiger Baumaßnahmen, soweit sie selbst Eigentümerin ist oder nicht gewährleistet ist, dass diese vom einzelnen Eigentümer zügig und zweckmäßig durchgeführt werden.

Ersatzbauten, Ersatzanlagen und durch die Sanierung bedingte Gemeinbedarfs- und Folgeeinrichtungen können außerhalb des förmlich festgelegten Sanierungsgebiets liegen.

(2) Zu den Baumaßnahmen gehören

1. die Modernisierung und Instandsetzung,
2. die Neubebauung und die Ersatzbauten,
3. die Errichtung und Änderung von Gemeinbedarfs- und Folgeeinrichtungen sowie
4. die Verlagerung oder Änderung von Betrieben.

Als Baumaßnahmen gelten auch Maßnahmen zum Ausgleich im Sinne des § 1a Abs. 3, soweit sie auf den Grundstücken durchgeführt werden, auf denen Eingriffe in Natur und Landschaft zu erwarten sind.

Die Durchführung der **Baumaßnahmen** im förmlich festgesetzten Sanierungsgebiet, bleibt – anders als die Ordnungsmaßnahmen des § 147 – idR den Eigentümern vorbehalten, soweit hierdurch eine Verzögerung der Sanierung nicht zu befürchten ist. Dem Grundsatz der **zügigen Durchführung** der Sanierung trägt auch § 140 Nr. 7 Rechnung, wonach einzelne Baumaßnahmen schon vor der förmlichen Festsetzung des Sanierungsgebiets durchgeführt werden können. Für den städtebaulichen Entwicklungsbereich findet die Vorschrift entsprechende Anwendung (§ 169 Abs. 1 Nr. 4). 1

Im Rahmen der Baumaßnahme obliegt es allerdings der Gemeinde, für die von der öffentlichen Hand zu erstellenden Gemeinbedarfs- und Folgeeinrichtungen zu sorgen sowie diejenigen Ersatzbauten und Ersatzanlagen durchzuführen, die infolge der Sanierung veranlasst wurden. 2

Darüberhinaus zeigt sich die Gesamtverantwortung der Gemeinde für die Sanierung in Abs. 1 Satz 1 Nr.2, wonach sie auch dann die für die Sanierung erforderlichen Baumaßnahmen durchführen muss, wenn nicht gewährleistet ist, dass diese vom einzelnen Eigentümer zügig und zweckmäßig durchgeführt werden. Mit dem **Eigentümer** meint das Gesetz dabei nicht nur den im Grundbuch als solcher eingetragenen, sondern auch dinglich Berechtigte und Andere, deren Tätigwerden im Zusammenhang mit erforderlichen Baumaßnahmen für die Sanierung unabdingbar ist. An die Voraussetzungen für ein **subsidiäres** Handeln der Gemeinde dürfen im Sinne der zügigen Durchführung der Sanierung keine überhöhten Ansprüche gestellt werden, so dass auch ein sehr frühes Einschreiten möglich ist, wenn die vorbereitenden Untersuchungen und die Bürgerbeteiligung ergeben haben, dass ein Pflichtiger die erforderlichen Baumaßnahmen nicht zügig und zweckmäßig durchführen kann oder will. Diese Voraussetzungen können sich aber auch im Verlauf des Verfahrens ergeben und dann eine **Übernahme** durch die Gemeinde begründen, falls keine Abhilfe durch Beratung oder sonstige Unterstützung möglich ist. 3

Abs. 2 führt beispielhaft die wesentlichen Baumaßnahmen auf, deren unabdingbare Gemeinsamkeit es aber ist, den Zielen und Zwecken der Sanierung zu dienen. Der Begriff der **Modernisierung** und **Instandsetzung** in § 148 als Beseitigung von Missständen durch bauliche Maßnahmen oder sanierungsorientierter Behebung von Mängeln unterscheidet sich von § 177 dadurch, dass letzterer nur auf die vorhandene bauliche Anlage abstellt, während § 148 den Zustand des Gebiets im Blick hat. Haben Missstände oder bauliche Mängel keinen **Gebietsbezug**, so können sie hiernach zwar möglicherweise ein Modernisierungs- und Instandsetzungsgebot nach § 177 rechtfertigen, nicht aber die Verpflichtung zu einer Baumaßnahme gemäß § 148 Abs. 2 Nr. 1. 4

Mit der **Neubebauung** iSv Nr. 2 meint das Gesetz nicht nur die Errichtung von Gebäuden, sondern auch diesen dienende Versorgungseinrichtungen, die nicht zu den Erschließungsmaßnahmen nach § 147 Nr. 4 zählen. Die Errichtung von Ersatzbauten ist erforderlich, wenn bauliche Anlagen beseitigt werden, deren Funktion von anderen Bauten übernommen werden müssen, insbesondere um umgezogene Bewohner oder Betriebe unterzubringen. § 148 lässt die bauplanungsrechtlichen und die landesrechtlichen, dh im Wesentlichen die **bauordnungsrechtlichen Vorschriften** unberührt, ersetzt mithin keine Baugenehmigung. 5

Gemeinbedarfseinrichtungen nach Nr. 3 sind bauliche Anlagen und sonstige Einrichtungen, die von der Allgemeinheit zu kirchlichen, sozialen, gesundheitlichen oder kulturellen Zwecken benutzt werden und deren Erstellung ein Anliegen der Sanierung ist. Den Zielen und Zwecken der Sanierung dienen auch die Folgeein- 6 richtungen. Strebt die Sanierung zB eine verstärkte Wohnnutzung des Gebiets durch junge Familien an, so müssen die hierdurch entstehenden Bedürfnisse wie Spielplätze und Kindergärten geschaffen werden. Diese Einrichtungen können nach Abs. 1 Satz 2 der Vorschrift auch außerhalb des Sanierungsgebiets liegen.

7 Die **Verlagerung** oder Änderung von Betrieben nach Nr. 4 kann dann zur Erreichung der Ziele und Zwecke der Sanierung erforderlich sein, wenn insbesondere in gewachsenen Ortskernen **Gemengelagen** entstanden sind, deren Entflechtung die Wohn- und Arbeitsverhältnisse im Sanierungsgebiet verbessert, indem etwa Grünflächen geschaffen werden oder die Belichtung, Belüftung und Besonnung, aber auch die Zugänglichkeit der Grundstücke optimiert wird. Dies stellt dann eine Baumaßnahme iSv § 148 dar, wenn bei der Verlagerung das Sanierungsgebiet nicht verlassen wird, andernfalls liegt eine Ordnungsmaßnahme nach § 147 Nr. 2 vor. Diese Unterscheidung spielt eine besondere Rolle für die Frage der **Kostenpflichtigkeit** und der **Förderungsmöglichkeiten**.

8 Abs. 2 Satz 2 der Vorschrift ist das Gegenstück zu § 147 Satz 2, wenn klargestellt wird, dass zu den Baumaßnahmen die auf den Baugrundstücken selbst durchgeführten **Ausgleichsmaßnahmen** zählen, während die Bereitstellung von Flächen und die Durchführung von Maßnahmen zum Ausgleich nach § 1a Abs. 3 an anderer Stelle zu den Ordnungsmaßnahmen gehören.

§ 149 Kosten- und Finanzierungsübersicht

(1) Die Gemeinde hat nach dem Stand der Planung eine Kosten- und Finanzierungsübersicht aufzustellen. Die Übersicht ist mit den Kosten- und Finanzierungsvorstellungen anderer Träger öffentlicher Belange, deren Aufgabenbereich durch die Sanierung berührt wird, abzustimmen und der höheren Verwaltungsbehörde vorzulegen.

(2) In der Kostenübersicht hat die Gemeinde die Kosten der Gesamtmaßnahme darzustellen, die ihr voraussichtlich entstehen. Die Kosten anderer Träger öffentlicher Belange für Maßnahmen im Zusammenhang mit der Sanierung sollen nachrichtlich angegeben werden.

(3) In der Finanzierungsübersicht hat die Gemeinde ihre Vorstellungen über die Deckung der Kosten der Gesamtmaßnahme darzulegen. Finanzierungs- und Förderungsmittel auf anderer gesetzlicher Grundlage sowie die Finanzierungsvorstellungen anderer Träger öffentlicher Belange sollen nachrichtlich angegeben werden.

(4) Die Kosten- und Finanzierungsübersicht kann mit Zustimmung der nach Landesrecht zuständigen Behörde auf den Zeitraum der mehrjährigen Finanzplanung der Gemeinde beschränkt werden. Das Erfordernis, die städtebauliche Sanierungsmaßnahme innerhalb eines absehbaren Zeitraums durchzuführen, bleibt unberührt.

(5) Die Gemeinde und die höhere Verwaltungsbehörde können von anderen Trägern öffentlicher Belange Auskunft über deren eigene Absichten im förmlich festgelegten Sanierungsgebiet und ihre Kosten- und Finanzierungsvorstellungen verlangen.

(6) Die höhere Verwaltungsbehörde kann von der Gemeinde Ergänzungen oder Änderungen der Kosten- und Finanzierungsübersicht verlangen. Sie hat für ein wirtschaftlich sinnvolles Zusammenwirken der Gemeinde und der anderen Träger öffentlicher Belange bei der Durchführung ihrer Maßnahmen zu sorgen und die Gemeinde bei der Beschaffung von Förderungsmitteln aus öffentlichen Haushalten zu unterstützen.

Die Vorschrift verpflichtet die Gemeinde, nach dem Stand der Planung, dh in fortlaufender Anpassung an den jeweiligen Abschnitt eine **Kosten-** (Abs. 2) **und Finanzierungs-** (Abs. 3) **übersicht** aufzustellen, die mit den anderen betroffenen Stellen abgestimmt und der höheren Verwaltungsbehörde vorzulegen ist. Hieraus folgt jedoch keine Genehmigungspflicht, sondern allenfalls die Möglichkeit, nach Abs. 6 der Vorschrift Ergänzungen oder Änderungen zu verlangen, um ein wirtschaftlich sinnvolles Vorgehen, auch im Zusammenwirken mit anderen Bedarfsträgern zu gewährleisten. Dabei hat die höhere Verwaltungsbehörde eine besondere **Betreuungspflicht** gegenüber der Gemeinde, die sich insbesondere auch auf die Förderungsrichtlinien des jeweiligen Landes einschließlich der Unterstützung bei der Beschaffung der notwendigen Finanzmittel und auf die Koordination mit anderen öffentlichen Aufgaben bezieht. Die Gemeinde ist verpflichtet, zu einem Verlangen der höheren Verwaltungsbehörde nach Abs. 6 Satz 1 Stellung zu nehmen und kann hierzu ggf **kommunalaufsichtlich** angehalten werden. 1

Die Kosten- und Finanzierungsübersicht ist nicht nur ein Steuerungsinstrument für die jeweilige Sanierung, sondern gibt auch Aufschluss über die Durchführbarkeit der geplanten Maßnahmen in ihrer Gesamtheit. Soweit sie Förderungsmittel in die Kosten- und Finanzierungsübersicht einstellt, die für die Durchführbarkeit der Sanierung von Bedeutung sind, ist nicht zu verlangen, dass diese bereits bewilligt oder verbindlich zugesagt worden sind. Es ist vielmehr ausreichend, dass die Sanierungsmaßnahme in ein entsprechendes **Landesprogramm** aufgenommen worden ist, welches ausreichende Fördermittel vorsieht (vgl OVG Lüneburg, NJW 1979, 1316). Zu den **Kosten**, die in eine solche Übersicht einzustellen sind, zählen insbesondere die Kosten der Vorbereitung (§ 140), der Ordnungsmaßnahmen (§ 147) und der Kosten der von der Gemeinde durchzuführenden Baumaßnahmen (§ 148), aber auch Ersatz- und Entschädigungsleistungen. 2

Außerdem ermöglicht die Kosten- und Finanzierungsübersicht ein abgestimmtes Vorgehen aller öffentlichen Bedarfsträger bei ihren **Investitionen** und Förderungsmaßnahmen im Zusammenhang mit der Sanierung und ermöglicht nicht zuletzt eine Abstimmung mit der allgemeinen Finanzplanung der Gemeinde. Die besondere Bedeutung der Kosten- und Finanzierungsübersicht zeigt sich darin, dass es sich bei den Sanierungsaufwendungen im Wesentlichen um sog. unrentierliche Kosten im Zuge einer **Selbstverwaltungsaufgabe** handeln wird. Ein vollständiger Rückfluss der aufgewendeten Mittel ist nicht zu erwarten, so dass Klarheit über deren Höhe und Deckung bestehen muss. Erweist sich die Finanzierung nach alledem als undurchführbar, so ist die Sanierungssatzung – etwa durch eine Verkleinerung des Gebiets – anzupassen oder ggf nach § 162 Abs. 1 Nr. 2 aufzuheben. Trotz ihrer besonderen Bedeutung ist die Kosten- und Finanzierungsübersicht kein Bestandteil der Sanierungssatzung. 3

Hiervon zu unterscheiden ist die Finanzierung einzelner Maßnahmen. Diese ist nach den verschiedenen **Förderungs**vorschriften als gesichert anzusehen, wenn auf Grund der Bewilligung von Förderungsmitteln die Durchführung der anstehenden Maßnahme realistischerweise erwartet werden. Erst dann kommt eine öffentliche Förderung in Betracht, um zu verhindern, dass dieser nicht der gewünschte Erfolg zuteil wird. 4

Eine erste, grobe Übersicht bzgl der Kosten und der Finanzierung wird regelmäßig bereits iR der vorbereitenden Maßnahmen möglich und notwendig sein, nicht zuletzt, um festzustellen, ob die Sanierung realistischerweise überhaupt angegangen werden kann. Aus dem planungsbegleitenden Charakter der Kosten- und 5

Finanzierungsübersicht ergibt sich, dass diese nach dem jeweiligen Stand der Sanierung **fortzuschreiben** ist. Dies ist trotz des Gebots der zügigen Durchführung angesichts der häufig langen Dauer von Sanierungsverfahren nicht etwa die Ausnahme, sondern eher die Regel.

6 Nach Abs. 2 sind in der Kostenübersicht diejenigen Kosten aufzuführen, die der Gemeinde voraussichtlich entstehen. Wenngleich der Wortlaut der Vorschrift keine allzu hohen Anforderungen an die Belastbarkeit dieser Angaben zu stellen scheint, dürfte es doch im eigenen Interesse der Gemeinden liegen, in diesem Rahmen realistisch zu planen und gewisse Sicherheitsmargen vorzusehen. Der bereits erwähnten Abstimmung mit den anderen betroffenen Bedarfsträgern dient Satz 2, der eine nachrichtliche Angabe, dh eine Anlage mit den Kosten vorsieht, die diesen entstehen.

7 Abs. 3 verlangt von der Gemeinde eine Darstellung, wie sie sich die **Deckung der Kosten** für die Gesamtmaßnahme vorstellt. Diese Darstellung, die zunächst nur grob, aber plausibel gestaltet sein muss, wird im Verlauf des Verfahrens nach dem jeweiligen Stand zu konkretisieren und zu verfeinern sein. Gesondert aufzuführen sind dabei die Finanzierungs- und Förderungsmittel, die auf anderer gesetzlicher Grundlage beruhen, dh außerhalb des Städtebauförderungsrechts ihren Ursprung haben, etwa in allgemeinen Wirtschaftsförderungsprogrammen oder in Programmen für den sozialen Wohnungsbau. Die Finanzierungsvorstellungen anderer Träger öffentlicher Belange betreffen die Erfüllung deren eigener Aufgaben im Zusammenhang mit der Sanierung, zB die Änderung der Leitungsnetze von Energieversorgern.

8 Da sich die Kosten- und Finanzierungsübersicht grundsätzlich auf den gesamten – häufig gar nicht absehbaren – Zeitraum des Sanierungsverfahrens beziehen soll, können für die Gemeinde Probleme entstehen, diese mit ihrer allgemeinen Finanzplanung zu koordinieren. Deshalb lässt Abs. 4 zu, dass die Kosten- und Finanzierungsübersicht auf den Zeitraum der **mehrjährigen Finanzplanung** beschränkt wird, wenn die nach Landesrecht zuständige Behörde zustimmt. Hierdurch werden die Aussagekraft und die Verlässlichkeit der Angaben gestärkt. Um durch solch ein Verfahren aber nicht die Dauer der erheblichen Einschränkungen für die betroffenen Grundstückseigentümer zu verlängern, betont Satz 2 nochmals das Gebot der zügigen Durchführung städtebaulicher Sanierungsmaßnahmen.

9 Sowohl einer Stärkung der bereits erwähnten Verlässlichkeit von Angaben in der Kosten- und Finanzierungsübersicht wie auch einer Abstimmung zwischen den betroffenen **Bedarfsträgern** dient Abs. 5, der einen Auskunftsanspruch der Gemeinde und der höheren Verwaltungsbehörde gegen die Bedarfsträger bezüglich deren Absichten im förmlich festgelegten Sanierungsgebiet einschließlich entsprechender Kosten- und Finanzierungsvorstellungen vorsieht. Dieser geht über § 139 hinaus und gibt insbesondere der höheren Verwaltungsbehörde die Möglichkeit einer Koordination aller an der Sanierung Beteiligten.

§ 150 Ersatz für Änderungen von Einrichtungen, die der öffentlichen Versorgung dienen

(1) Stehen in einem förmlich festgelegten Sanierungsgebiet Anlagen der öffentlichen Versorgung mit Elektrizität, Gas, Wasser, Wärme, Telekommunikationsdienstleistungen oder Anlagen der Abwasserwirtschaft infolge der Durchführung der Sanierung nicht mehr zur Verfügung und sind besondere Aufwendungen erforderlich, die über das bei ordnungsgemäßer Wirtschaft erforderliche Maß hinaus-

gehen, zum Beispiel der Ersatz oder die Verlegung dieser Anlagen, hat die Gemeinde dem Träger der Aufgabe die ihm dadurch entstehenden Kosten zu erstatten. Vorteile und Nachteile, die dem Träger der Aufgabe im Zusammenhang damit entstehen, sind auszugleichen.

(2) **Kommt eine Einigung über den Erstattungsbetrag nicht zustande, entscheidet die höhere Verwaltungsbehörde.**

1 Im Rahmen von Sanierungsmaßnahmen ist es häufig notwendig, **öffentliche Versorgungsanlagen**, insbesondere Leitungen, anders als bisher zu verlegen oder neu herzustellen. Dies dient – ggf im Zusammenspiel mit anderen Veränderungen im Zuge der Gesamtmaßnahme – der Verwirklichung der **Ziele und Zwecke der Sanierung**, insbesondere der Behebung städtebaulicher Missstände. Die hieraus für den Träger der Versorgungsaufgabe entstehenden Kosten hat ihm die Gemeinde nach § 150 zu ersetzen. Zu nennen sind hier vor allem Fernmeldeanlagen, Fernwärmeleitungen und Leitungen für Gas, Wasser und Strom sowie in zunehmendem Maß Einrichtungen für Kommunikationsdienstleistungen, soweit diese für die Öffentlichkeit erbracht werden. Nicht zu den Einrichtungen im Sinne der Vorschrift zählen dagegen **Erschließungsanlagen**, die nach § 147 Satz 1 Nr. 4 unter das Regime der Gemeinde fallen. Die Regelungen des § 150 sind nach dem Wortlaut der Vorschrift nur innerhalb des förmlich festgelegten Sanierungsgebiets anzuwenden, ihr Geltungsbereich wird aber durch § 142 Abs. 2 auf die Ersatz- und Ergänzungsgebiete erweitert. Sie gelten gemäß § 169 Abs. 1 Nr. 5 entsprechend für den städtebaulichen Entwicklungsbereich.

2 Voraussetzung für einen **Erstattungsanspruch** ist, dass die Versorgungseinrichtung bereits vor dem Beginn der Sanierung bestand und durch diese nicht mehr zur Verfügung steht. Dies kann sowohl der Fall sein, wenn die Einrichtung beseitigt wurde als auch, wenn sie nicht mehr sinnvoll genutzt werden kann. In Betracht kommen aber nur solche Anlagen, die der öffentlichen Versorgung dienen, dh der Versorgung einer Vielzahl von Grundstücken oder Personen, nicht etwa der privaten Versorgung, wozu etwa die Leitung eines privaten Flüssiggastanks mit günstiger Zufahrtssituation zum verkehrungünstig gelegenen Ort des Verbrauchs gehört. Der **Anlagenbegriff** ist weit auszulegen und umfasst auch Kontroll- und Wartungseinrichtungen sowie bauliche Anlagen, die mit der Anlage in untrennbarem Funktionszusammenhang stehen.

3 Bei der Berechnung des Ersatzanspruchs sind die Vor- und Nachteile der Änderung gegeneinander aufzurechnen, wobei in erster Linie **Aufwendungen** zu berücksichtigen sind, die über das bei normaler Erhaltung und Bewirtschaftung Erforderliche hinausgehen, aber auch solche Aufwendungen, die nunmehr durch eine Weiterentwicklung des Standes des Technik und der gesetzlichen Anforderungen notwendig sind. Vorteile können dagegen zB durch eine höhere Effektivität entstehen. Entscheidend ist hierbei der Kausalzusammenhang zwischen der Sanierung und dem Entstehen der Aufwendungen, dh der Erforderlichkeit der kostenverursachenden Maßnahme für die Ziele und Zwecke der Sanierung. Erstattungsfähig nach § 150 sind nur die Sach- und Personalkosten für die Änderung, nicht aber spätere Betriebs- und Unterhaltungskosten, etwa bei einer sanierungsbedingten Verlängerung des Leitungswegs. Der Erstattungsanspruch nach § 150, der zwar als Sondervorschrift für die Sanierung anderen gesetzlichen Folgekostenregelungen vorgeht, ist aber insoweit **subsidiär**, als er nicht besteht, wenn die Folgekosten auf die betroffenen Grundstücke umgelegt werden können.

4 § 150 gewährt einen öffentlich-rechtlichen Erstattungsanspruch gegen die sanierende Gemeinde. Das Gesetz sieht vor, dass zunächst eine Einigung zwischen den Beteiligten angestrebt werden soll, die in einen **städtebaulichen Vertrag** einmündet (§ 11 iVm §§ 54 ff VwVfG). Im Streitfall, in dem der Bedarfsträger hinsichtlich der entstandenen Kosten und der Kausalität darlegungspflichtig ist, entscheidet nach Abs. 2 der Vorschrift die höhere Verwaltungsbehörde nach Anhörung der Beteiligten (§ 28 VwVfG) durch Verwaltungsakt mit Rechtsbehelfsbelehrung. Für den Rechtsweg gilt § 217 Abs. 1 Satz 1.

§ 151 Abgaben- und Auslagenbefreiung

(1) Frei von Gebühren und ähnlichen nichtsteuerlichen Abgaben sowie von Auslagen sind Geschäfte und Verhandlungen

1. zur Vorbereitung oder Durchführung von städtebaulichen Sanierungsmaßnahmen,

2. zur Durchführung von Erwerbsvorgängen,

3. zur Gründung oder Auflösung eines Unternehmens, dessen Geschäftszweck ausschließlich darauf gerichtet ist, als Sanierungsträger tätig zu werden.

(2) Die Abgabenbefreiung gilt nicht für die Kosten eines Rechtsstreits. Unberührt bleiben Regelungen nach landesrechtlichen Vorschriften.

(3) Erwerbsvorgänge im Sinne des Absatzes 1 Nr. 2 sind

1. der Erwerb eines Grundstücks durch eine Gemeinde oder durch einen Rechtsträger im Sinne der §§ 157 und 205 zur Vorbereitung oder Durchführung von städtebaulichen Sanierungsmaßnahmen. Hierzu gehört auch der Erwerb eines Grundstücks zur Verwendung als Austausch- oder Ersatzland im Rahmen von städtebaulichen Sanierungsmaßnahmen;

2. der Erwerb eines Grundstücks durch eine Person, die zur Vorbereitung oder Durchführung von städtebaulichen Sanierungsmaßnahmen oder zur Verwendung als Austausch- oder Ersatzland ein Grundstück übereignet oder verloren hat. Die Abgabenbefreiung wird nur gewährt

a) beim Erwerb eines Grundstücks im Sanierungsgebiet, in dem das übereignete oder verlorene Grundstück liegt, bis zum Abschluss der städtebaulichen Sanierungsmaßnahme,

b) in anderen Fällen bis zum Ablauf von zehn Jahren, gerechnet von dem Zeitpunkt ab, in dem das Grundstück übereignet oder verloren wurde;

3. der Erwerb eines im förmlich festgelegten Sanierungsgebiet gelegenen Grundstücks, soweit die Gegenleistung in der Hingabe eines in demselben Sanierungsgebiet gelegenen Grundstücks besteht;

4. der Erwerb eines Grundstücks, der durch die Begründung, das Bestehen oder die Auflösung eines Treuhandverhältnisses im Sinne des § 160 oder des § 161 bedingt ist.

1 Die **Abgaben- und Auslagenbefreiung** nach dieser Vorschrift soll durch eine finanzielle Entlastung die Vorbereitung und Durchführung der Sanierungsmaßnahmen sowohl im vereinfachten als auch im „normalen“ Verfahren erleichtern. Grund hierfür ist in erster Linie, dass städtebauliche Sanierungsmaßnahmen nach § 136 Abs. 1 im **öffentlichen Interesse** liegen, so dass die an sich Zahlungspflichtigen aus Billigkeitserwägungen finanziell entlastet werden sollen. Dies kann die Akzeptanz bei den Betroffenen steigern und ihre Bereitschaft zu einer freiwilligen Mit-

wirkung fördern. Die Vorschrift bezieht sich nicht nur auf das förmlich festgesetzte Sanierungsgebiet, sondern auch auf **Ersatz- und Ergänzungsgebiete**; im städtebaulichen Entwicklungsbereich findet sie über § 169 Abs. 1 Nr. 5 entsprechende Anwendung. Sie ist allerdings insoweit widersprüchlich formuliert, als der in der Überschrift verwendete Begriff der **Abgaben** auch Steuern umfasst, obwohl dies nach dem Sinn der Vorschrift und nach seinem übrigen Wortlaut eindeutig nicht gemeint sein kann. Tatsächlich bezieht sich die Befreiung des § 151 nach Abs. 1 auf Gebühren und ähnliche nichtsteuerliche Abgaben sowie Auslagen.

Hiernach werden von Abs. 1 Geschäfte und Verhandlungen kostenfrei gestellt, 2
worunter aber nicht nur rechtliche Vorgänge, sondern auch tatsächliche Handlungen zählen, für die an sich eine Zahlungspflicht bestünde. **Gebühren** sind gesetzlich oder auf Grund eines Gesetzes festgelegte Entgelte für die besondere Inanspruchnahme oder Leistungen der öffentlichen Verwaltung. **Auslagen** sind Aufwendungen, die eine Behörde als Zahlung an Dritte im Interesse einer kostenpflichtigen Amtshandlung zu leisten hat, etwa für die Erstellung eines Katasterauszuges.

Mit den Geschäften und Verhandlungen zur Vorbereitung oder Durchführung von 3
städtebaulichen Sanierungsmaßnahmen nach Nr. 1 meint das Gesetz alle, die kausal auf die Sanierung zurückzuführen sind und deren Ziele und Zwecke fördern sollen. Liegt wie im Fall von Ersatzgrundstücken für einen Umzug ein Sanierungsbezug vor, so sind die hiermit in Zusammenhang stehenden Geschäfte und Verhandlungen auch dann von Gebühren und Auslagen befreit, wenn das neue Grundstück außerhalb des Sanierungsgebiets liegt. Erfasst wird von § 151 regelmäßig der Zeitraum zwischen dem Beschluss nach § 141 Abs. 3 über den Beginn der vorbereitenden Untersuchungen und dem Abschluss der Sanierung durch Beschluss nach § 162 bzw dem Fortfall von Rechtswirkungen für einzelne Grundstücke nach § 163.

Nr. 2 stellt die Geschäfte und Verhandlungen zur Durchführung von Erwerbsvor- 4
gängen von Gebühren und Auslagen frei. Eine Legaldefinition des Begriffs des **Erwerbsvorganges** idS enthält Abs. 3 der Vorschrift in Form einer detaillierten Aufstellung. Die dort im Einzelnen dargestellten Vorgänge verbindet der sanierungsrechtliche Bezug, dh der Grundgedanke der finanziellen Entlastung im Hinblick auf das öffentliche Interesse an der Vorbereitung und Durchführung der städtebaulichen Sanierung.

Mit der Regelung in Nr. 3 will der Gesetzgeber die Gründung und Auflösung von 5
Unternehmen als juristische Personen durch natürliche Personen erleichtern, deren Geschäftszweck ausschließlich darauf gerichtet ist, als **Sanierungsträger** tätig zu sein. Die Gebührenfreiheit bezieht sich nicht auf den Vorgang der Beauftragung nach § 158, da dieser nicht zur Gründung des Unternehmens zählt.

Nicht von der Gebührenbefreiung erfasst sind nach Abs. 2 die **Kosten eines** 6
Rechtsstreits, für die es bei den Regelungen der §§ 91 ff ZPO, 228 BauGB bleibt und Gebühren in Angelegenheiten der freiwilligen Gerichtsbarkeit und für Notare; insoweit verbleibt es bei den §§ 11 Abs. 3, 144 Abs. 1 KostO; unberührt bleibt auch § 79 bzgl der dort geregelten Abgaben- und Auslagenbefreiung in der Umlegung sowie wegen der fehlenden Gesetzgebungskompetenz Regelungen nach landesrechtlichen Vorschriften wie zB Baugenehmigungen.

Dritter Abschnitt
Besondere sanierungsrechtliche Vorschriften

§ 152 Anwendungsbereich

Die Vorschriften dieses Abschnitts sind im förmlich festgelegten Sanierungsgebiet anzuwenden, sofern die Sanierung nicht im vereinfachten Sanierungsverfahren durchgeführt wird.

1 Die Vorschrift ist im Zusammenhang mit § 142 Abs. 4 zu sehen, wonach im **vereinfachten Sanierungsverfahren** die Vorschriften des Dritten Abschnitts, dh die §§ 152–156a, unter den dort genannten Voraussetzungen auszuschließen sind. Hierzu bedarf es aber eines ausdrücklichen Ausspruches in der **Sanierungssatzung**. Aufgrund dieser Systematik besteht ein Regel-Ausnahme-Verhältnis zu Gunsten des „normalen" Sanierungsverfahrens. Gleichwohl ordnet die Vorschrift an, dass die Anwendung der Vorschriften des Dritten Abschnitts auszuschließen ist, wenn sie für die Durchführung der Sanierung nicht **erforderlich** ist und die Durchführung hierdurch voraussichtlich nicht erschwert wird. Diese nach ihrem Wortlaut zwingende Verpflichtung trägt dem verfassungsrechtlichen Gebot Rechnung, die mit der Sanierung verbundenen Eingriffe in die Rechte der Betroffenen auf das mildeste Mittel, das zur Erreichung des angestrebten Zwecks erforderlich ist, zu beschränken.

2 Die Vorschriften des Dritten Abschnitts, die im förmlich festgesetzten Sanierungsgebiet und ggf auch in Ersatz- oder Ergänzungsgebieten, sowie mit geringen Einschränkungen nach § 169 Abs. 1 Nrn. 6 und 7 auch im städtebaulichen Entwicklungsgebiet gelten, bilden ein abgestimmtes **Gesamtsystem**, das als Ganzes anzuwenden oder auszuschließen ist. Es regelt mit den Ausgleichs- und Entschädigungsleistungen, Kaufpreisen und der Umlegung die Finanzierung der Sanierung und soll hierzu sanierungsbedingte **Bodenwertsteigerungen** abschöpfen und verhindern, dass die Sanierung durch die Entwicklung der Bodenpreise erschwert wird.

3 Der Grundgedanke, der hiermit verwirklicht werden soll, sieht vor, dass – anders als bei der Bodenwertsteigerung im Falle der erstmaligen Ausweisung einer Fläche als Bauland – nicht der Eigentümer eines im Sanierungsgebiet gelegenen Grundstücks einen häufig erheblichen Vermögensvorteil daraus ziehen soll, wenn die Gemeinde ein städtebauliches Sanierungsverfahren durchführt, welches den Wert seines Grundstücks steigert, und hierfür zunächst öffentliche Finanzmittel aufwendet. Zu diesem Zweck sieht das Gesetz vor, dass der Eigentümer für die ohne sein Zutun entstandene Bodenwertsteigerung grundsätzlich einen **Ausgleich** an die Gemeinde leisten soll. Verbleibt dieser Vorteil nicht bei ihm, weil er enteignet wird, so wird dies bei der Entschädigung berücksichtigt. Veräußert der Eigentümer dagegen sein Grundstück, kann die Gemeinde das Verhältnis von Kaufpreis zum Entschädigungswert ihrer Genehmigungsentscheidung nach § 145 Abs. 2 zu Grunde legen oder ihr Vorkaufsrecht geltend machen.

§ 153 Bemessung von Ausgleichs- und Entschädigungsleistungen, Kaufpreise, Umlegung

(1) Sind auf Grund von Maßnahmen, die der Vorbereitung oder Durchführung der Sanierung im förmlich festgelegten Sanierungsgebiet dienen, nach den Vorschriften dieses Gesetzbuchs Ausgleichs- oder Entschädigungsleistungen zu gewähren, werden bei deren Bemessung Werterhöhungen, die lediglich durch die Aussicht auf die Sanierung, durch ihre Vorbereitung oder ihre Durchführung eingetreten sind, nur insoweit berücksichtigt, als der Betroffene diese Werterhöhungen durch eigene Aufwendungen zulässigerweise bewirkt hat. Änderungen in den allgemeinen Wertverhältnissen auf dem Grundstücksmarkt sind zu berücksichtigen.

(2) Liegt bei der rechtsgeschäftlichen Veräußerung eines Grundstücks sowie bei der Bestellung oder Veräußerung eines Erbbaurechts der vereinbarte Gegenwert für das Grundstück oder das Recht über dem Wert, der sich in Anwendung des Absatzes 1 ergibt, liegt auch hierin eine wesentliche Erschwerung der Sanierung im Sinne des § 145 Abs. 2. Dies gilt nicht, wenn in den Fällen des § 154 Abs. 3 Satz 2 oder 3 die Verpflichtung zur Entrichtung des Ausgleichsbetrags erloschen ist.

(3) Die Gemeinde oder der Sanierungsträger darf beim Erwerb eines Grundstücks keinen höheren Kaufpreis vereinbaren, als er sich in entsprechender Anwendung des Absatzes 1 ergibt. In den Fällen des § 144 Abs. 4 Nr. 4 und 5 darf der Bedarfsträger keinen höheren Kaufpreis vereinbaren, als er sich in entsprechender Anwendung des Absatzes 1 ergibt.

(4) Bei der Veräußerung nach den §§ 89 und 159 Abs. 3 ist das Grundstück zu dem Verkehrswert zu veräußern, der sich durch die rechtliche und tatsächliche Neuordnung des förmlich festgelegten Sanierungsgebiets ergibt. § 154 Abs. 5 ist dabei auf den Teil des Kaufpreises entsprechend anzuwenden, der der durch die Sanierung bedingten Werterhöhung des Grundstücks entspricht.

(5) Im förmlich festgelegten Sanierungsgebiet sind

1. Absatz 1 auf die Ermittlung von Werten nach § 57 Satz 2 und im Falle der Geldabfindung nach § 59 Abs. 2 und 4 bis 6 sowie den §§ 60 und 61 Abs. 2 entsprechend anzuwenden;
2. Wertänderungen, die durch die rechtliche und tatsächliche Neuordnung des förmlich festgelegten Sanierungsgebiets eintreten, bei der Ermittlung von Werten nach § 57 Satz 3 und 4 und im Falle des Geldausgleichs nach § 59 Abs. 2 sowie den §§ 60 und 61 Abs. 2 zu berücksichtigen;
3. § 58 nicht anzuwenden.

1 Soweit ihre Anwendung nicht ausgeschlossen wurde, gelten in der Sanierung besondere Bestimmungen für die Bemessung von Ausgleichs- und Entschädigungsleistungen. Der Gesetzgeber hat dieses in sich geschlossene **Gesamtsystem** geschaffen, um sicherzustellen, dass die sanierungsbedingte Steigerung des Bodenwertes im Sanierungsgebiet nicht dem Eigentümer verbleibt, der hierfür keine Ursache gesetzt hat, sondern an die Allgemeinheit, die zunächst öffentliche Finanzmittel für die Sanierung aufwendet, zurückfließt. Hiermit unterscheidet sich das Besondere Städtebaurecht vom Allgemeinen Städtebaurecht, wo der Vermögensvorteil durch die (erstmalige) Ausweisung von **Bauland** auf bisher regelmäßig nicht bebaubaren Flächen, abgesehen von Umlegungsverlusten und Erschließungsbeiträgen, im Wesentlichen beim Eigentümer bleibt. Diese schein-

bare Ungleichbehandlung lässt sich aber dadurch erklären, dass die Gemeinde bei der Ausweisung von Bauland wesentlich geringere finanzielle Risiken trägt als bei der Vorbereitung und Durchführung von städtebaulichen Sanierungsmaßnahmen. Außerdem handelt es sich bei der städtebaulichen Sanierung häufig um eine Daueraufgabe, dh die aus der Sanierung eines Gemeindeteils zurückfließenden Mittel können für weitere sich anschließende Sanierungen anderer Gemeindeteile verwendet werden.

2 Nach Abs. 1 der Vorschrift werden bei der Bemessung von Ausgleichs- und Entschädigungsleistungen solche **Werterhöhungen**, die lediglich durch die Aussicht auf Sanierung, durch ihre Vorbereitung oder ihre Durchführung eingetreten sind, grds. nicht berücksichtigt; etwas anderes gilt aber dann, wenn der Betroffene diese Werterhöhung durch eigene Aufwendungen zulässigerweise bewirkt hat (vgl auch: BGHZ 77, 338 = DVBl 1981, 90 = BRS 45 Nr. 115). Zulässig sind insoweit Maßnahmen, die nicht gegen öffentlich-rechtliche Vorschriften verstoßen, insbes. gegen die **Genehmigungspflicht** nach § 144 oder andere baurechtliche Normen.

3 Die Vorschrift modifiziert in verfassungsrechtlich nicht zu beanstandender Weise (BVerwG DVBl 1998, 1294) die sonst nach § 194 iVm der WertV durchzuführende Wertermittlung, wobei gerade die Formulierung, die auf die **Aussicht auf Sanierung** abstellt, in ihrer Unbestimmtheit zu Anwendungsproblemen führen kann. Anhaltspunkte für das Bestehen einer solchen Aussicht können Beratungen der zuständigen Gremien oder Zeitungsberichte sein. Auf die konkrete Kenntnis des Einzelnen kommt es nicht an. Nach § 26 Abs. 1 WertV können zur Beurteilung Vergleichgrundstücke aus Gebieten herangezogen werden, in denen zweifelsfrei keine Sanierung zu erwarten ist. Auch ohne rechtliche Verbindlichkeit kann ein Gutachten des **Gutachterausschusses** nach § 193 im Verfahren nach § 153 wertvolle Dienste leisten.

4 Änderungen in den allgemeinen Wertverhältnissen auf dem Grundstücksmarkt sind nach Satz 2 jedoch zu berücksichtigen (BGHZ 89, 338 = NJW 1984, 1882). Der Eigentümer kann hiernach von der allgemeinen Preisentwicklung profitieren, da insoweit die dargestellten **Billigkeitsgesichtspunkte** nicht greifen. Dauert die Sanierung sehr lange, wird eine Abgrenzung möglicherweise problematisch, wenn nicht die Wertentwicklung ständig beobachtet und dokumentiert wird.

5 Das Gesetz legt einen Maßnahmebegriff zu Grunde, der die Sanierung als Gesamtvorgang im Lichte des Gebots der einheitlichen Vorbereitung und Durchführung sieht, so dass in diesem Zusammenhang zwar eine – ggf von der Gemeinde zu belegende – Kausalität zwischen Sanierung und Werterhöhung bestehen muss, aber kein konkreter Grundstücksbezug erforderlich ist. Die Werterhöhung eines Grundstücks kann deshalb darauf beruhen, dass in einiger Entfernung ein Parkhaus errichtet wird, welches die Verkehrssituation im Sanierungsgebiet insgesamt deutlich verbessert. Insoweit kann statt des Bodenwertes von einem **Lagewert** gesprochen werden.

6 Soweit ein Grundstück rechtsgeschäftlich veräußert wird und im Kaufpreis sanierungsbedingte Wertsteigerungen enthalten sind, kann die Gemeinde die nach § 144 Abs. 2 Nr. 1 erforderliche **Genehmigung** unter Beachtung des § 145 Abs. 2 versagen, weil nach der in § 153 Abs. 2 enthaltenen unwiderlegbaren Vermutung eine wesentliche **Erschwerung der Sanierung** auch dann anzunehmen ist, wenn der vereinbarte Gegenwert für das Grundstück über dem Wert liegt, der

sich bei einer Anwendung des § 153 Abs. 1 ergibt. Diese Regelung ist eine zulässige Inhaltsbestimmung des **Eigentums** iSd Art. 14 Abs. 1 Satz 2 GG (BVerwG, NVwZ 1998, 954). In diesem Zusammenhang ist von der Gemeinde die Rechtsprechung zur Verkehrswertspanne zu beachten (BVerwG NVwZ 1982, 116 = BRS 38 Nr. 217). Die der Gemeinde hiernach obliegende Preisprüfung soll zu einer Beruhigung des Immobilienmarktes in Bezug auf das Sanierungsgebiet führen und missbilligte Sanierungsgewinne verhindern. Darüberhinaus wird der Erwerber eines Grundstücks davor geschützt, an den Verkäufer den sanierungsbedingt erhöhten Kaufpreis zu zahlen und später noch einmal von der Gemeinde zum Ausgleich der sanierungsbedingten Werterhöhung herangezogen zu werden.

Die in der gesetzlichen Vermutung einer Erschwerung der Sanierung durch einen wesentlich überhöhten Kaufpreis liegende Wertung hat zur Folge, dass die Gemeinde **zwingend** die **Genehmigung** nach § 145 Abs. 2 zu versagen hat, wenn die Voraussetzungen des § 153 Abs. 2 vorliegen, umgekehrt die Genehmigung aber zu erteilen ist, wenn dies nicht gilt (vgl BVerwG DVBl 1979, 153). 7

Satz 2 der Vorschrift wurde durch das EAG Bau 2004 angefügt und soll klarstellen, dass keine Preisprüfung notwendig ist, wenn keine Verpflichtung zur Zahlung des **Ausgleichsbetrages** mehr besteht, weil eine Ablösung oder vorzeitige Festsetzung erfolgt ist und die hierauf bezogene Verpflichtung insbesondere durch Geldleistung erloschen ist. 8

§ 153 Abs. 3 bestimmt, dass auch die sanierenden Gemeinden und **Sanierungsträger** (§§ 157 ff), bei deren Beteiligung an Rechtsvorgängen nach § 144 Abs. 4 keine Genehmigung erforderlich ist, dh keine Preisprüfung erfolgt, beim Erwerb eines Grundstücks keine Preise vereinbaren dürfen, die Werterhöhungen infolge der Sanierung bereits mit einschließen. Diese Regelung greift in der **Zwangsversteigerung** nicht ein, weil hier kein Preis vereinbart wird. Ein Verstoß gegen das gesetzliche Verbot iSv § 134 BGB führt zur Nichtigkeit des Rechtsvorganges, da der Vertragspartner der Gemeinde nicht besser gestellt werden darf als ein Grundstückseigentümer, für den die Preisprüfung gilt. 9

Wird ein Grundstück im Wege der **Veräußerungspflicht** nach §§ 89 bzw 159 Abs. 3 veräußert, so bestimmt Abs. 4, dass die sanierungsbedingten Werterhöhungen zwingend zu berücksichtigen sind, um tatsächlich eine **Wertabschöpfung** zu Gunsten der Allgemeinheit sicherzustellen. Dies entspricht den bereits ausgeführten Billigkeitserwägungen. Ist eine zuverlässige Prognose insoweit nicht möglich, kann die Gemeinde auch zum niedrigeren Wert veräußern und später einen Ausgleichsbetrag erheben. Zur Neuordnung des förmlich festgesetzten Sanierungsgebiets zählen alle Maßnahmen, die den Zielen und Zwecken der Sanierung dienen, insbes. Ordnungsmaßnahmen nach § 147 und Baumaßnahmen nach § 148. Ihre Verwirklichung bei ist der Wertermittlung als erfolgt vorauszusetzen. 10

Abs. 5 ist eine Folgenorm zu den **Umlegungs**vorschriften. Da sich die Verfahren der städtebaulichen Sanierung und der „normalen" Umlegung in einigen wesentlichen Punkten unterscheiden, trägt das Gesetz dem mit verschiedenen Modifikationen zur Wertermittlung Rechnung. 11

§ 154 Ausgleichsbetrag des Eigentümers

(1) Der Eigentümer eines im förmlich festgelegten Sanierungsgebiet gelegenen Grundstücks hat zur Finanzierung der Sanierung an die Gemeinde einen Ausgleichsbetrag in Geld zu entrichten, der der durch die Sanierung bedingten Erhöhung des Bodenwerts seines Grundstücks entspricht. Miteigentümer haften als Gesamtschuldner; bei Wohnungs- und Teileigentum sind die einzelnen Wohnungs- und Teileigentümer nur entsprechend ihrem Miteigentumsanteil heranzuziehen. Werden im förmlich festgelegten Sanierungsgebiet Erschließungsanlagen im Sinne des § 127 Abs. 2 hergestellt, erweitert oder verbessert, sind Vorschriften über die Erhebung von Beiträgen für diese Maßnahmen auf Grundstücke im förmlich festgelegten Sanierungsgebiet nicht anzuwenden. Satz 3 gilt entsprechend für die Anwendung der Vorschrift über die Erhebung von Kostenerstattungsbeträgen im Sinne des § 135a Abs. 3.

(2) Die durch die Sanierung bedingte Erhöhung des Bodenwerts des Grundstücks besteht aus dem Unterschied zwischen dem Bodenwert, der sich für das Grundstück ergeben würde, wenn eine Sanierung weder beabsichtigt noch durchgeführt worden wäre (Anfangswert), und dem Bodenwert, der sich für das Grundstück durch die rechtliche und tatsächliche Neuordnung des förmlich festgelegten Sanierungsgebiets ergibt (Endwert).

(2a) Die Gemeinde kann durch Satzung bestimmen, dass der Ausgleichsbetrag abweichend von Absatz 1 Satz 1 ausgehend von dem Aufwand (ohne die Kosten seiner Finanzierung) für die Erweiterung oder Verbesserung von Erschließungsanlagen im Sinne des § 127 Abs. 2 Nr. 1 bis 3 (Verkehrsanlagen) in dem Sanierungsgebiet zu berechnen ist; Voraussetzung für den Erlass der Satzung sind Anhaltspunkte dafür, dass die sanierungsbedingte Erhöhung der Bodenwerte der Grundstücke in dem Sanierungsgebiet nicht wesentlich über der Hälfte dieses Aufwands liegt. In der Satzung ist zu bestimmen, bis zu welcher Höhe der Aufwand der Berechnung zu Grunde zu legen ist; sie darf 50 vom Hundert nicht übersteigen. Im Geltungsbereich der Satzung berechnet sich der Ausgleichsbetrag für das jeweilige Grundstück nach dem Verhältnis seiner Fläche zur Gesamtfläche; als Gesamtfläche ist die Fläche des Sanierungsgebiets ohne die Flächen für die Verkehrsanlagen zu Grunde zu legen. § 128 Abs. 1 und 3 ist entsprechend anzuwenden.

(3) Der Ausgleichsbetrag ist nach Abschluss der Sanierung (§§ 162 und 163) zu entrichten. Die Gemeinde kann die Ablösung im Ganzen vor Abschluss der Sanierung zulassen; dabei kann zur Deckung von Kosten der Sanierungsmaßnahme auch ein höherer Betrag als der Ausgleichsbetrag vereinbart werden. Die Gemeinde soll auf Antrag des Ausgleichsbetragspflichtigen den Ausgleichsbetrag vorzeitig festsetzen, wenn der Ausgleichsbetragspflichtige an der Festsetzung vor Abschluss der Sanierung ein berechtigtes Interesse hat und der Ausgleichsbetrag mit hinreichender Sicherheit ermittelt werden kann.

(4) Die Gemeinde fordert den Ausgleichsbetrag durch Bescheid an; der Betrag wird einen Monat nach der Bekanntgabe des Bescheids fällig. Vor der Festsetzung des Ausgleichsbetrags ist dem Ausgleichsbetragspflichtigen Gelegenheit zur Stellungnahme und Erörterung der für die Wertermittlung seines Grundstücks maßgeblichen Verhältnisse sowie der nach § 155 Abs. 1 anrechenbaren Beträge innerhalb angemessener Frist zu geben. Der Ausgleichsbetrag ruht nicht als öffentliche Last auf dem Grundstück.

(5) Die Gemeinde hat den Ausgleichsbetrag auf Antrag des Eigentümers in ein Tilgungsdarlehen umzuwandeln, sofern diesem nicht zugemutet werden kann, die Verpflichtung bei Fälligkeit mit eigenen oder fremden Mitteln zu erfüllen. Die Darlehensschuld ist mit höchstens 6 vom Hundert jährlich zu verzinsen und mit 5 vom Hundert zuzüglich der ersparten Zinsen jährlich zu tilgen. Der Tilgungssatz kann im Einzelfall bis auf 1 vom Hundert herabgesetzt werden und das Darlehen niedrig verzinslich oder zinsfrei gestellt werden, wenn dies im öffentlichen Interesse oder zur Vermeidung unbilliger Härten oder zur Vermeidung einer von dem Ausgleichsbetragspflichtigen nicht zu vertretenden Unwirtschaftlichkeit der Grundstücksnutzung geboten ist. Die Gemeinde soll den zur Finanzierung der Neubebauung, Modernisierung oder Instandsetzung erforderlichen Grundpfandrechten den Vorrang vor einem zur Sicherung ihres Tilgungsdarlehens bestellten Grundpfandrecht einräumen.

(6) Die Gemeinde kann von den Eigentümern auf den nach den Absätzen 1 bis 4 zu entrichtenden Ausgleichsbetrag Vorauszahlungen verlangen, sobald auf dem Grundstück eine den Zielen und Zwecken der Sanierung entsprechende Bebauung oder sonstige Nutzung zulässig ist; die Absätze 1 bis 5 sind sinngemäß anzuwenden.

1 Nach dieser Vorschrift, die in enger Verbindung zu § 153 zu sehen ist, hat derjenige Eigentümer, der sein Grundstück nicht veräußert, an die Gemeinde einen **Ausgleichsbetrag** in Geld zu entrichten, der der durch die Sanierung bedingten **Erhöhung des Bodenwertes** seines Grundstücks entspricht. Andererseits soll demjenigen, der sein Grundstück freiwillig veräußert oder es zwangsweise verliert, nur der Wert zugute kommen, den das Grundstück ohne die Sanierung gehabt hätte. Dies gilt nicht nur für Grundstücke im förmlich festgelegten Sanierungsgebiet selbst, sondern auch für Ersatz- und Ergänzungsgrundstücke; für das städtebauliche Entwicklungsgebiet ist die Regelung nach § 169 Abs. 1 Nr. 7 entsprechend anzuwenden.

2 Wie bereits zu § 153 ausgeführt, hat der Gesetzgeber dieses in sich geschlossene **Gesamtsystem** geschaffen, um sicherzustellen, dass die sanierungsbedingte Steigerung des Bodenwertes im Sanierungsgebiet nicht dem Eigentümer verbleibt, der hierfür keine Ursache gesetzt hat, sondern an die Allgemeinheit, die zunächst öffentliche Finanzmittel für die Sanierung aufwendet, zurückfließt. Dabei ist die Gemeinde grds. zur Erhebung des Ausgleichsbetrages verpflichtet; ihr steht diesbezüglich kein **Ermessen** zu. Es handelt sich insoweit um ein Geschäft der laufenden Verwaltung, für das kein besonderer Beschluss der Gemeindeorgane notwendig ist. Dies erscheint nicht zuletzt deshalb sinnvoll, weil dadurch die unpopuläre Anforderung oft erheblicher Beträge nicht unmittelbar zum Gegenstand der politischen Diskussion wird.

3 Obwohl das Gesetz davon spricht, der Ausgleichbetrag sei zur Finanzierung der Sanierung bestimmt, bedeutet dies nicht, dass etwa die Gesamtkosten der Sanierung über den Ausgleichsbetrag auf die Eigentümer umgelegt werden könnten. Vielmehr handelt es sich um eine teilweise **Mitfinanzierung**, denn der sanierungsrechtliche Ausgleichsbetrag schöpft lediglich den bei den Eigentümern ohne eigenes Zutun entstandenen Wertvorteil ab. Er knüpft somit nicht an die Kosten für die Gemeinde an, sondern an den Vorteil für die Begünstigten. Der sanierungsrechtliche Ausgleichsbetrag ähnelt damit einem **Beitrag** (vgl BVerwG DVBl 1993, 441), was durch den Verweis des § 155 Abs. 5 bekräftigt wird. Auch steuerrechtlich wird der Ausgleichsbetrag wie ein Erschließungsbeitrag behandelt. Prozessual

folgt aus der rechtlichen Qualifizierung des sanierungsrechtlichen Ausgleichsbetrages, dass § 80 Abs. 2 Nr. 1 VwGO Anwendung findet, so dass Widerspruch und Anfechtungsklage gegen die Anforderung keine **aufschiebende Wirkung** entfalten. Allerdings ergibt sich aus der genannten Formulierung eine strikte **Zweckbindung** für die Verwendung der erhobenen Ausgleichsbeträge, die die Gemeinde hiernach nur für die aus der Vorbereitung und Durchführung der Sanierung entstandenen Kosten einsetzen darf.

4 **Schuldner** des sanierungsrechtlichen Ausgleichsanspruchs ist der Eigentümer; Miteigentümer haften grundsätzlich gesamtschuldnerisch. Etwas Anderes gilt bei Wohnungs- und Teileigentum, wo auf Grund der leicht feststellbaren Miteigentumsanteile diese zu Grunde zu legen sind. Diese Regelung entspricht der des § 134 Abs. 1 Satz 4 für das Erschließungsbeitragsrecht. Dabei ist die Rechtsform des Eigentümers ohne Belang, dh auch öffentlich-rechtliche Körperschaften sind zahlungspflichtig, nicht jedoch die Gemeinde selbst. Abzustellen ist regelmäßig auf die **grundbuch**rechtliche Situation bei Beendigung der Sanierung (§§ 162, 163). Anders als bei der erschließungsbeitragsrechtlichen Zahlungsverpflichtung ist im Falle eines Erbbaurechts nicht der Erbbauberechtigte in Anspruch zu nehmen, sondern nach der abschließenden Regelung des Abs. 1, die auch § 200 Abs. 2 verdrängt, der Eigentümer.

5 Die Regelung des Abs. 1 Satz 2 soll eine **doppelte Inanspruchnahme** der Eigentümer verhindern, indem unabhängig von den tatsächlich entstandenen Erschließungsaufwendungen die Zahlungspflicht auf die Abschöpfung des durch die Sanierung entstandenen Wertvorteils beschränkt wird. Hiernach ist sowohl eine Erschließungsbeitrags- als auch eine Ausbaubeitragspflicht nach landesrechtlichen Vorschriften ausgeschlossen (BVerwG, BauR 2005, 1142).

6 Satz 3 enthält eine Harmonisierung mit der **naturschutzrechtlichen Eingriffsregelung** und stellt die Eigentümer im förmlich festgestellten Sanierungsgebiet auch von der Kostenerstattung für von der Gemeinde durchgeführte Ausgleichsmaßnahmen (§ 135a Abs. 3) frei.

7 Abs. 2 der Vorschrift regelt die Ermittlung der Höhe des Ausgleichsbetrages. Hierbei handelt es sich aber nicht um eine genau errechenbare Größe, sondern um eine Schätzung (BGH NVwZ 1982, 395). Gleichwohl sind in der Praxis Modelle entwickelt worden, um ein an den Grundsätzen der Gerechtigkeit orientiertes, in sich stimmiges und nachvollziehbares **Bewertungssystem** zu schaffen. Weit verbreitet ist insoweit das **„Modell Niedersachsen“**, bei dem die Bodenwerterhöhung in einem sogenannten Komponentenverfahren durch eine additive Methode entwickelt wird. Es handelt sich hierbei um ein aus umfangreichen Vergleichsdaten abgeleitetes indirektes **Vergleichsverfahren**. Das Klassifikationssystem besteht aus zwei gleichartig strukturierten Bewertungsrahmen für die städtebaulichen Missstände (Anfangszustand) und die Maßnahmen (Neuordnungszustand). Dabei ist jeder Rahmen wiederum in die vier Komplexe Bebauung (bezogen auf die nähere Umgebung), Struktur (Eigentumsverhältnisse, Zugänglichkeit, innere Erschließung), Nutzung (Art und Maß der baulichen Nutzung, Verdichtung, Gemengelage, Beschaffenheit) und Umfeld (Verkehr, Infrastruktur, äußere Erschließung, Grünanlagen) gegliedert. Die vier Komplexe sind in Form einer Rangskala von 1 (minimaler Missstand, minimale Maßnahme) bis 10 (maximaler Missstand, maximale Maßnahme) unterteilt. Jede der Klassen ist mit Stichwortangaben zu den typischen Klassenmerkmalen belegt. Die Anwendung des Verfahrens erfolgt davon ausgehend, indem das Bewertungsobjekt zunächst nach seinen

Merkmalen in den Klassifikationsrahmen für Missstände und Maßnahmen eingestuft wird, und zwar für jeden der vier Komplexe in eine der Stufen 1 bis 10. Danach werden Klassenmittelwerte aus den vier Komplexen gebildet, unterschieden nach Missständen und Maßnahmen. Schließlich wird die prozentuale Wertsteigerung aus dem Modellrahmen (Matrix) für den Anfangswert entnommen (vgl im Einzelnen Bodenstein, Modell Niedersachsen aktualisiert, Nieders. Verm.- u. Kat. Verw. 1988, Seite 1999 ff; Tabke, Probleme der Grundstücksbewertung, Diss. Göttingen 1991). Dieses Modell ist in der Vergangenheit von der Rechtsprechung akzeptiert worden (vgl OVG Lüneburg NVwZ-RR 1998, 582, 584).

Keine Rolle spielt es, ob die Werterhöhung vom Grundstückseigentümer subjektiv 8
als eine solche angesehen wird, da nur auf die **objektiven Umstände**, dh die tatsächliche Bodenwertsteigerung abzustellen ist. Schon die Tatsache, dass ein Grundstück im Sanierungsgebiet liegt und die Gemeinde dieses Gebiet mit seinen städtebaulichen Missständen nicht sich selbst überlässt, sondern diese beheben will, stellt einen zu berücksichtigenden Wertermittlungsfaktor dar. Es ist davon auszugehen, dass ab dem Zeitpunkt des beginnenden Sanierungseinflusses, dh unabhängig von später tatsächlich im Einzelnen stattfindenden Sanierungsmaßnahmen, der Grundstücksmarkt darauf reagiert, dass eine Sanierungsmaßnahme mit hinreichender Wahrscheinlichkeit in Aussicht steht. Dem hat der Gesetzgeber in § 27 Abs. 2 WertV, der über § 28 Abs. 1 WertV in den Fällen des § 154 entsprechende Anwendung findet, Rechnung getragen. Wenn nach dieser Vorschrift die Wartezeit bis zum Abschluss der vorgesehenen Maßnahme berücksichtigt werden muss, falls die tatsächliche und rechtliche Neuordnung noch nicht abgeschlossen ist, so zeigt dies, dass allein die Aussicht auf Sanierungsmaßnahmen ein werterhöhender Faktor ist.

Die Ermittlung der Werterhöhung erfolgt gem. § 192 Abs. 1 durch selbstständige, 9
unabhängige **Gutachterausschüsse**, die nach § 193 Abs. 1 Nr. 1 Gutachten über den Verkehrswert von bebauten und unbebauten Grundstücken erstellen, wenn die für den Vollzug des Baugesetzbuchs zuständigen Behörden bei der Erfüllung ihrer gesetzlichen Aufgaben es beantragen. Sie sind insoweit **sachverständige Kreise** iSd Rechtsprechung zur Frage, welcher Wissens- und Erkenntnisstand einer Beurteilung zu Grunde zu legen ist (vgl zum Denkmalschutz Hess VGH NVwZ-RR 1993, 462 ff). Grundlage für die **Wertermittlung** ist die nach § 199 ergangene Wertermittlungsverordnung iVm den Wertermittlungsrichtlinien. Voraussetzung für die Anwendung des hierin beschriebenen Vergleichsverfahrens ist das Vorhandensein einer ausreichenden Datenbasis (BVerwG, NVwZ 2005, 449). Ziel des Verfahrens ist es, ein **Gesamtsystem** zu entwickeln, das von den Betroffenen vor allem auch deshalb akzeptiert werden kann, weil die zu Grunde gelegten Werte zueinander stimmig sind und alle im Sanierungsgebiet liegenden Grundstücke gleich behandeln. Bei der Ermittlung des Anfangswertes ist zwingend auf die WertV abzustellen, eine Bemessung nach dem Kaufpreis ist unzulässig (BVerwG DVBl 2002, 1479).

Der durch das Gesetz zur Erleichterung von Planungsvorhaben für die Innenent- 10
wicklung der Städte zum 1.1.2007 neu eingefügte Abs. 2a soll in Weiterentwicklung der hierzu bestehenden Rechtsprechung (vgl BVerwG, Beschluss v. 21.1.2005 – 4 B 1/05) ein **vereinfachtes Verfahren** zur Ermittlung des zu zahlenden Ausgleichsbeitrages für solche Fälle zur Verfügung stellen, in denen eine summarische Prüfung ergibt, dass die sanierungsbedingte Bodenwertsteigerung nicht wesentlich über der Hälfte der Beträge für Infrastrukturmaßnahmen und der Kostenerstat-

tungsbeiträge nach § 135a Abs. 3 liegt. Diese Regelung soll nicht nur den Abschluss von Sanierungsmaßnahmen beschleunigen und erleichtern, sondern auch zu größerer Abgabengerechtigkeit führen.

11 Entscheidet sich die Gemeinde durch entsprechenden Sanierungs**beschluss** für die Anwendung dieses vereinfachten Verfahrens, so bestimmt sie die zu erhebenden Ausgleichsbeträge unter Zugrundelegung des Gesamtaufwandes für die Erweiterung oder Verbesserung der Verkehrsanlagen. Der Ausgleichsbetrag berücksichtigt dann neben dem zu zahlenden Erschließungsbeitrag auch die sonstigen Beiträge wie zB solche für den Ausbau von Erschließungsanlagen nach Kommunalabgabenrecht. Bei der Berechnung der im Einzelfall zu zahlenden Summe ist aus Praktikabilitätsgründen gemäß Satz 3 der einfach zu handhabende **Flächenmaßstab** anzuwenden.

12 Die **Zahlungspflicht** entsteht nach § 154 Abs. 3 mit dem Abschluss der Sanierung, dh nach § 162 mit der Aufhebung der Sanierungssatzung aus einem der dort genannten Gründe oder nach § 163 mit der Erklärung, die Sanierung sei für ein bestimmtes Grundstück abgeschlossen. Zu unterscheiden hiervon ist die **Fälligkeit** des sanierungsrechtlichen Ausgleichsbetrages, die nach Abs. 4 Satz 1 einen Monat nach Bekanntgabe des Anforderungsbescheides eintritt. Bzgl. der **Verjährung** kommt über § 155 Abs. 5 iVm den landesrechtlichen Vorschriften über kommunale Beiträge die AO 1977 zur Anwendung. Die Festsetzungsverjährung richtet sich nach § 169 Abs. 4 Nr. 2 AO 1977; die Zahlungsverjährung nach den §§ 228 ff AO 1977.

13 Um dem Eigentümer eines im Sanierungsgebiet liegenden Grundstücks Rechtssicherheit zu verschaffen und wünschenswerte **Investitionen** in das Grundstück nicht zu erschweren, bietet Abs. 3 Satz 2 die Möglichkeit einer Vereinbarung zwischen Gemeinde und Eigentümer über die **Ablösung** des Ausgleichsbetrages, auch wenn die Sanierung noch nicht abgeschlossen ist. Die Entscheidung hierüber steht – anders als bezüglich der Festsetzung nach der Sollvorschrift des Satz 3 – im **Ermessen** der Gemeinde, die auch von sich aus an den Eigentümer herantreten kann. Das Gesetz geht dabei davon aus, dass die vorzeitige Ablösung den ganzen Ausgleichbetrag umfasst, was voraussetzt, dass dieser mit hinreichender Sicherheit beziffert werden kann (Satz 3, 2. HS). Eine teilweise Ablösung ist somit nicht zulässig, was aber ein teilweises Absehen von der Erhebung (§155 Abs. 4) oder eine Stundung (§ 155 Abs. 5) bzw Ratenzahlung nicht ausschließt. Hinzukommen kann aber – anders als bei der vorzeitigen Festsetzung nach Satz 3 – ein **Sicherheitszuschlag** nach Abs. 3 Satz 2, 2. HS, damit die Vereinbarung, die in erster Linie den privaten Interessen des Eigentümers dient, nicht auf Grund der – jedenfalls in einem frühen Stadium – kaum zu vermeidenden Unwägbarkeiten bei der Berechnung zu Lasten der Gemeindefinanzen geht. Die Vereinbarung ist ein **öffentlich-rechtlicher Vertrag**, auf den die §§ 54 ff VwVfG anzuwenden sind.

14 Nach § 154 Abs. 4 fordert die Gemeinde den Ausgleichsbetrag durch anfechtbaren Bescheid, dh **Verwaltungsakt** an, für den die allgemeinen Regeln des VwVfG gelten und der deshalb nach § 39 VwVfG zu begründen ist. Hier ist auf Grund der komplizierten Materie und der häufig hohen Beträge besondere Sorgfalt angezeigt. Neben der Rechtsbehelfsbelehrung sollte der Bescheid auch einen Hinweis auf die Fälligkeit des Ausgleichsbetrages nach Abs. 4 Satz 1 enthalten, da eine Mahnung nicht erforderlich ist, um die **Vollstreckung** einzuleiten. Um Streitigkeiten in diesem Stadium zu vermeiden, kann es sinnvoll sein, bereits zu Beginn des Sanierungsverfahrens an die Eigentümer heranzutreten und sie an der Feststellung der

Tatsachen für die Ermittlung des **Anfangswertes** ihres Grundstück zu beteiligen, jedenfalls aber die städtebaulichen Missstände, die zum Zeitpunkt der Berechnung des Ausgleichsbetrages nicht mehr vorhanden sein werden, nachvollziehbar zu **dokumentieren.**

Abs. 4 Satz 2 verpflichtet die Gemeinde, vor der Festsetzung des Ausgleichsbetrages dem Zahlungspflichtigen eine angemessene Frist zur **Stellungnahme** und **Erörterung** zu geben. Die Vorschrift geht über die Anhörung nach § 28 VwVfG hinaus, denn eine Erörterung setzt voraus, dass ein tatsächlicher Austausch über die häufig sehr komplizierte Materie erfolgt, wenn der Zahlungspflichtige von dieser Möglichkeit Gebrauch macht. 15

Der Ausgleichsbetrag kann iR einer **Billigkeitsentscheidung** der Gemeinde nach § 154 Abs. 5 in ein Tilgungsdarlehen umgewandelt werden und unter den Voraussetzungen des § 155 Abs. 3 bzw der §§ 155 Abs. 4, 135 Abs. 5 kann sogar von der Erhebung abgesehen werden, ohne dass es dazu – wie nach früherem Recht – der Zustimmung der höheren Verwaltungsbehörde bedarf. Ein öffentliches Interesse am Erlass des sanierungsrechtlichen Ausgleichsbetrages besteht, wenn dieser geeignet ist, die Ziele und Zwecke der Sanierung zu fördern (BVerwG U. v. 13.7.2006 – 4 C 5/05). Durch diese Regelung soll verhindert werden, dass für den Grundstückseigentümer aus einem Verfahren, das er nicht initiiert hat und nur in geringem Maß beeinflussen kann, eine **unbillige Härte** erwächst. Dabei kann auch berücksichtigt werden, inwieweit er den ihm zu Gute gekommenen Wertvorteil – etwa durch eine Mieterhöhung wegen des gestiegenen Wohnwertes – realisieren kann. Indem das Gesetz darauf abstellt, was dem speziellen Eigentümer zugemutet werden kann, lässt es auch **subjektive Gründe** zu, die nichts mit dem Grundstück zu tun haben. Allerdings muss es sich stets um einen Ausnahmefall handeln, weil dem Gesamtsystem die Annahme zu Grunde liegt, dass die Zahlung des Ausgleichsbetrages grundsätzlich zumutbar ist. 16

Nach Maßgabe des § 154 Abs. 6 kann die Gemeinde **Vorauszahlungen** auf den zu entrichtenden Ausgleichsbetrag verlangen. Grund hierfür ist, dass der Gemeinde Finanzierungskosten entstehen, wenn sie bis zur endgültigen Abrechnung der Sanierungskosten in Vorleistung treten muss. In ihre **Ermessen**sentscheidung hierüber kann die Gemeinde auch die voraussichtliche Dauer der Vorleistung einfließen lassen. Voraussetzung für die Anforderung einer Vorleistung ist aber, dass eine **Bebauung** oder **sonstige Nutzung** des Grundstücks zulässig ist, damit die Möglichkeit besteht, die zu zahlenden Beträge zu erwirtschaften. Ob die Ausgleichsbeträge zu den öffentlichen Abgaben und Kosten iSd § 80 Abs. 2 Nr. 1 VwGO zu zählen sind, war zunächst umstritten (bejahend: OVG Lüneburg DVBl 1983, 948 = BRS 40 Nr. 244; OVG Bremen NVwZ 1988, 752 = UPR 1988, 193; verneinend: OVG Münster NVwZ 1988, 751 = BBauBl. 1988, 474), ist nunmehr aber vom Bundesverwaltungsgericht bejaht worden (DVBl 1993, 441). 17

Muster

▸ Widerspruch gegen Ausgleichsbetrag gem. § 154 BauGB

An die Stadt A.

Betr.: Ausgleichsbetrag gem. § 154 BauGB für das Grundstück ...

Sehr geehrte Damen und Herren,

namens und im Auftrag der Eheleute A. erheben wir hiermit gegen Ihren Bescheid vom ..., mit dem Sie von unseren Mandanten einen Ausgleichsbetrag in Höhe von ... fordern

Widerspruch
und stellen den
Antrag:

1. Der Bescheid vom ... über den Ausgleichsbetrag in Höhe von ... wird aufgehoben.
2. Hilfsweise: Unter Abänderung des Bescheides vom ... über den Ausgleichsbetrag ist der Ausgleichsbetrag mit der Maßgabe neu festzusetzen, dass eigene Aufwendungen der Wf. in Höhe von ... anzurechnen sind.

Gründe:

1.

Dem Ausgleichsbetrag liegt eine fehlerhafte Ermittlung zugrunde. Der Gutachterausschuss hat sich bei der Errechnung des Ausgleichsbetrags für sanierungsbedingte Bodenwerterhöhungen für das Klassifikationsmodell ... entschieden. Gegen die Ermittlung des Ausgleichsbetrages aufgrund dieses Modelles bestehen durchgreifende Bedenken. Es ist nicht belegt, dass das dem Modell zugrunde liegende statistische Material mit den streitgegenständlichen Verhältnissen vergleichbar ist.

2.

Der Berechnung des Ausgleichsbetrags liegt ein fehlerhafter Anfangswert zu Grunde. Der Stichtag für die Ermittlung des Anfangswertes ist fehlerhaft festgelegt. ...

3.

Zum Hilfsantrag ist auszuführen, dass nach § 155 Abs. 1 Nr. 2 BauGB zulässigerweise bewirkte Bodenwerterhöhungen, die der Eigentümer zulässigerweise durch eigene Aufwendungen bewirkt hat, in Anrechnung zu bringen sind. Dies ist vorliegend unterblieben. [...] ◄

§ 155 Anrechnung auf den Ausgleichsbetrag, Absehen

(1) Auf den Ausgleichsbetrag sind anzurechnen

1. die durch die Sanierung entstandenen Vorteile oder Bodenwerterhöhungen des Grundstücks, die bereits in einem anderen Verfahren, insbesondere in einem Enteignungsverfahren berücksichtigt worden sind; für Umlegungsverfahren bleibt Absatz 2 unberührt,
2. die Bodenwerterhöhungen des Grundstücks, die der Eigentümer zulässigerweise durch eigene Aufwendungen bewirkt hat; soweit der Eigentümer gemäß § 146 Abs. 3 Ordnungsmaßnahmen durchgeführt oder Gemeinbedarfs- und Folgeeinrichtungen im Sinne des § 148 Abs. 2 Satz 1 Nr. 3 errichtet oder geändert hat, sind jedoch die ihm entstandenen Kosten anzurechnen,
3. die Bodenwerterhöhungen des Grundstücks, die der Eigentümer beim Erwerb des Grundstücks als Teil des Kaufpreises in einem den Vorschriften der Nummern 1 und 2 sowie des § 154 entsprechenden Betrag zulässigerweise bereits entrichtet hat.

(2) Ein Ausgleichsbetrag entfällt, wenn eine Umlegung nach Maßgabe des § 153 Abs. 5 durchgeführt worden ist.

(3) Die Gemeinde kann für das förmlich festgelegte Sanierungsgebiet oder für zu bezeichnende Teile des Sanierungsgebiets von der Festsetzung des Ausgleichsbetrags absehen, wenn

1. eine geringfügige Bodenwerterhöhung gutachtlich ermittelt worden ist und
2. der Verwaltungsaufwand für die Erhebung des Ausgleichsbetrags in keinem Verhältnis zu den möglichen Einnahmen steht.

Die Entscheidung nach Satz 1 kann auch getroffen werden, bevor die Sanierung abgeschlossen ist.

(4) Die Gemeinde kann im Einzelfall von der Erhebung des Ausgleichsbetrags ganz oder teilweise absehen, wenn dies im öffentlichen Interesse oder zur Vermeidung unbilliger Härten geboten ist. Die Freistellung kann auch vor Abschluss der Sanierung erfolgen.

(5) Im Übrigen sind die landesrechtlichen Vorschriften über kommunale Beiträge einschließlich der Bestimmungen über die Stundung und den Erlass entsprechend anzuwenden.

(6) Sind dem Eigentümer Kosten der Ordnungsmaßnahmen oder Kosten für die Errichtung oder Änderung von Gemeinbedarfs- und Folgeeinrichtungen im Sinne des § 148 Abs. 2 Satz 1 Nr. 3 entstanden, hat die Gemeinde sie ihm zu erstatten, soweit sie über den nach § 154 und Absatz 1 ermittelten Ausgleichsbetrag hinausgehen und die Erstattung nicht vertraglich ausgeschlossen wurde.

Die Vorschrift beschäftigt sich mit der Höhe des tatsächlich zu erhebenden **Ausgleichsbetrages**. Da der Eigentümer die Werterhöhung nur einmal ausgleichen soll, ist eine **Gesamtbetrachtung** notwendig, die auch berücksichtigt, ob bereits in einem anderen Verfahren Ausgleich für Werterhöhungen geleistet wurde. Anzurechnen sind auch die **Aufwendungen des Eigentümers**, die er selbst erbracht hat und die nunmehr zu einer Bodenwertsteigerung geführt haben. Da diese nicht auf öffentliche Leistungen zurück zu führen sind, besteht auch insoweit keine Notwendigkeit eines Ausgleichs. Schließlich sind auch die Bodenwerterhöhungen nicht (nochmals) zu erstatten, die bereits mit der Kaufpreiszahlung ausgeglichen worden sind. Aus dem Erfordernis einer solchen Gesamtbetrachtung erklärt sich auch der regelmäßig späte Zeitpunkt für die Entrichtung des sanierungsrechtlichen Ausgleichsbetrages. Die Vorschrift, die auch für die förmlich festgelegten Ersatz- und Ergänzungsgebiete gilt, ist gemäß § 169 Abs. 1 Nr. 7 im städtebaulichen Entwicklungsbereich entsprechend anzuwenden. 1

Abs. 1 steht in engem Zusammenhang mit § 154, dessen Abs. 2 bereits die Berücksichtigung der Gründe nach den Nrn. 1–3 vorsieht. Nr. 1 verpflichtet die Gemeinde zur **Anrechnung** aller bereits abgeschöpften Wertvorteile, um eine **doppelte Inanspruchnahme** der Eigentümer zu verhindern und nennt dabei als Beispiel das Enteignungsverfahren, in dessen Rahmen bereits § 93 Abs. 3 eine entsprechende Regelung vorsieht. Klargestellt wird dagegen, dass für das Umlegungsverfahren wegen der erheblichen rechtlichen Unterschiede andere Grundsätze gelten. 2

Bodenwerterhöhungen auf Grund von Aufwendungen des Eigentümers sind nach Nr. 2 zu berücksichtigen, weil sie nicht auf Leistungen der Gemeinde, sondern solche des Eigentümers zurückzuführen sind, so dass eine Einbeziehung in den Ausgleichsbetrag unbillig wäre. Eine Filter- und Kontrollfunktion haben in diesem Zusammenhang die §§ 144, 145, wonach die Gemeinde werterhöhende Maßnahmen des Eigentümer vorab genehmigen muss, weshalb eine spätere Anrechnung der zulässigerweise durch eigene Aufwendungen geschaffene Bodenwerterhöhungen sach- und interessengerecht ist. Anzurechnen sind dabei nach dem Wortlaut der Vorschrift nicht die tatsächlichen Aufwendungen, sondern die hierauf basierende Bodenwerterhöhung nach den allgemeinen Grundsätzen. Etwas anderes gilt nur, wenn der Eigentümer **Ordnungsmaßnahmen** nach § 146 Abs. 3 durchgeführt hat oder für Gemeinbedarfs- und Folgeeinrichtungen tätig geworden ist. 3

Übernimmt der Eigentümer nämlich Aufgaben der Gemeinde, so sind ihm die hieraus tatsächlich entstehenden Kosten anzurechnen, was nach Abs. 6 sogar zu einer Rückzahlung führen kann.

4 Nr. 3 sieht die Anrechnung von Teilen des Kaufpreises vor, um den **Erwerber eines Grundstücks** davor zu schützen, über den höheren Kaufpreis einerseits und den Ausgleichsbetrag andererseits den Wertvorteil aus der Sanierung doppelt bezahlen zu müssen. Dies gilt sowohl für den Erwerb vom privaten Eigentümer als auch für den Erwerb von der Gemeinde oder ihrem Sanierungsbeauftragten. Aus dem Sinn der Vorschrift und der Formulierung, nach der der (Teil-) Betrag bereits entrichtet worden sein muss, ergibt sich, dass etwa bei einer entsprechenden Vertragsgestaltung oder einer Veräußerung zu einem sehr frühen Zeitpunkt der Sanierung, zu dem ein Wertvorteil noch nicht feststellbar ist, eine Anrechnung unterbleibt, weil eine doppelte Inanspruchnahme nicht zu befürchten ist.

5 Nach Abs. 2 der Vorschrift entfällt eine Ausgleichszahlung gänzlich, wenn eine Umlegung iSv § 153 Abs. 5 durchgeführt wurde, denn dies ist kein Fall der Verrechnung, sondern der **Ersetzung**. Hiervon ist nicht auszugehen, wenn ein vor Beginn der Sanierung begonnenes Umlegungsverfahren übergeleitet worden ist und dabei § 153 Abs. 5 keine Berücksichtigung findet. Da im Rahmen der Umlegung die sanierungsbedingten Wertvorteile nur bei den **Zuteilungswerten**, nicht aber bei den **Einwurfswerten** berücksichtigt werden und bereits hierdurch eine Abschöpfung der Bodenwerterhöhung erfolgt, würde die Erhebung eines (weiteren) Ausgleichsbetrages auch hier zu einer vom Gesetz nicht gewollten doppelten Inanspruchnahme führen.

6 Abs. 3 stellt auf die **Finanzierungsfunktion** des Ausgleichsbetrages ab. Ist ein wesentlicher Beitrag zur Finanzierung der Sanierung durch die Erhebung nicht zu erwarten, so kann hiervon aus Gründen der **Wirtschaftlichkeit** abgesehen werden. Zu berücksichtigen ist neben dem gutachterlich festgestellten Maß der Bodenwerterhöhung und der hieraus resultierenden Höhe des Ausgleichsbetrages auch der zu erwartende **Verwaltungsaufwand**. Liegen die Voraussetzungen für ein Absehen von der Erhebung kumulativ vor, trifft die Gemeinde keine Billigkeits-, sondern eine **Ermessen**sentscheidung, bei der insbesondere der Gleichheitsgrundsatz des Art. 3 GG zu berücksichtigen ist. Die Entscheidung, die in der Form einer Allgemeinverfügung durch die Gemeindevertretung zu treffen ist, kann sich nach dem Wortlaut der Vorschrift sowohl auf das ganze Sanierungsgebiet als auch auf Teile davon beziehen. In diesem Fall sind jedoch die Gründe für die unterschiedliche Behandlung der Teilgebiete offenzulegen und zu dokumentieren, um eine Überprüfung durch die Verwaltungsgerichte zu ermöglichen.

7 Eine Entscheidung vor dem **Abschluss der Sanierung** (§§ 162, 163) ist möglich, wenn die Voraussetzungen des Satzes 1 bereits hinreichend konkret prognostiziert werden können. Ziel dieser Regelung ist es, möglichst früh Rechts- und Planungssicherheit für den Eigentümer zu schaffen, um keine wünschenswerten Investitionen zu erschweren.

8 Die Norm bietet weiterhin in Abs. 4 die Möglichkeit einer **Billigkeitsentscheidung** im Einzelfall. Liegen die dort genannten Tatbestandsvoraussetzungen vor, trifft die Gemeinde eine Entscheidung nach billigem Ermessen, in deren Rahmen sie aber auch prüft, ob den Interessen des Betroffenen nicht bereits mit einer Entscheidung nach § 154 Abs. 5 über die Gewährung eines zinslosen Darlehens ausreichend Rechnung getragen werden kann, ohne für die Gemeindefinanzen ganz auf die Forderung zu verzichten.

Abs. 5 knüpft an den bereits beschriebenen beitragsähnlichen Charakter des sanierungsrechtlichen Ausgleichsbetrages an und erklärt die diesbezüglichen landesrechtlichen Vorschriften, insbesondere über die **Stundung** und den **Erlass** für entsprechend anwendbar. 9

Schließlich regelt § 155 in Abs. 6 die Kostenerstattung für Ordnungsmaßnahmen und Maßnahmen nach § 148 Abs. 2 Satz 1 Nr. 3. Sind die Aufwendungen des Eigentümers für übertragene Aufgaben aus dem Verantwortungsbereich der Gemeinde höher als der von ihm an sich zu leistende Ausgleichsbetrag, so hat er regelmäßig einen diese Differenz ausgleichenden, öffentlich-rechtlichen Erstattungsanspruch. Ein insoweit ergehender einheitlicher Bescheid der Gemeinde hat demnach gleichzeitig begünstigenden wie belastenden Charakter, so dass eine Anfechtungsklage wegen des zu zahlenden Betrages ebenso in Betracht kommt wie eine Verpflichtungsklage bezüglich der von der Gemeinde anzurechnenden Erstattungssumme. 10

§ 156 Überleitungsvorschriften zur förmlichen Festlegung

(1) Beitragspflichten für Erschließungsanlagen im Sinne des § 127 Abs. 2, die vor der förmlichen Festlegung entstanden sind, bleiben unberührt. Entsprechendes gilt für Kostenerstattungsbeträge im Sinne des § 135a Abs. 3.

(2) Hat die Umlegungsstelle vor der förmlichen Festlegung des Sanierungsgebiets in einem Umlegungsverfahren, das sich auf Grundstücke im Gebiet bezieht, den Umlegungsplan nach § 66 Abs. 1 aufgestellt oder ist eine Vorwegentscheidung nach § 76 getroffen worden, bleibt es dabei.

(3) Hat die Enteignungsbehörde vor der förmlichen Festlegung des Sanierungsgebiets den Enteignungsbeschluss nach § 113 für ein in dem Gebiet gelegenes Grundstück erlassen oder ist eine Einigung nach § 110 beurkundet worden, sind die Vorschriften des Ersten Kapitels weiter anzuwenden.

Die Vorschrift regelt das Verhältnis der sanierungsrechtlich begründeten Zahlungspflichten zu anderen Rechtsvorgängen, die vor der förmlichen Festlegung des Sanierungsgebiets entstanden sind. Insoweit ist der **Bekanntmachung**szeitpunkt der Sanierungssatzung maßgebend. Die Regelung gilt auch für die förmlich festgelegten Ersatz- oder Ergänzungsgebiete und ist gemäß § 169 Abs. 1 Nr. 7 auf den städtebaulichen Entwicklungsbereich entsprechend anzuwenden. Im vereinfachten Sanierungsverfahren kann mit dem Dritten Abschnitt auch die Anwendung von § 156 ausgeschlossen werden. Dies ist aber unschädlich, da im vereinfachten Verfahren die nicht sanierungsrechtlichen Zahlungsverpflichtungen ohnehin Anwendung finden. 1

Abs. 1 regelt das Verhältnis der **sanierungsrechtlichen Ausgleichsabgabe** zu den Erschließungs- und Ausbaubeiträgen. Letztere können im Sanierungsgebiet nicht erhoben werden, wobei allerdings die bereits vor Sanierungsbeginn bestehenden Pflichten unberührt bleiben. Maßgeblich ist hierfür das Wirksamwerden der **Beitragspflicht**, die mit dem Zeitpunkt der endgültigen Fertigstellung der Erschließungsanlage entsteht (§ 133 Abs. 2). Wurden bereits vorab Beiträge gezahlt, die gemäß § 154 Abs. 1 Satz 2 nicht hätten erhoben werden dürfen, so sind diese zurückzuerstatten. 2

3 Der von den verschiedenen Zahlungspflichten jeweils angestrebte Vorteilsausgleich findet im Sanierungsverfahren über §§ 154, 155 statt. Entfällt durch die Sanierung der Erschließungsvorteil, so entsteht für noch nicht gezahlte Beiträge ein Vollstreckungshindernis. Sind solche Beiträge bereits gezahlt worden, entsteht ein Entschädigungsanspruch nach § 39 Satz 2.

4 Abs. 2 der Vorschrift sieht im Sinne des Rechtsfriedens und der Rechtssicherheit vor, dass die wesentlichen Entscheidungen eines bereits angelaufenen Umlegungsverfahrens nicht mehr rückgängig gemacht werden sollen, auch wenn die sanierungsrechtlichen Sondervorschriften eigentlich ein anderes Ergebnis geböten. Insoweit müssten nämlich bei der Berechnung der **Einwurfswerte** die sanierungsbedingten Bodenwerterhöhungen außer Betracht bleiben, während bei den **Zuteilungswerten** die Wertänderungen aus der Sanierung Berücksichtigung fänden. Maßgeblicher Zeitpunkt ist insoweit die **Zustellung** des Umlegungsplans iSv § 70 Abs. 1. Werden in Folge der Anwendung von § 156 Abs. 2 die Wertvorteile, die durch die Sanierung entstanden sind, nicht abgeschöpft, so verbleibt es bei der Pflicht zur Zahlung eines sanierungsrechtlichen Ausgleichsbetrages (Nacherhebung).

5 Kommt es im förmlich festgelegten Sanierungsgebiet zu einer **Enteignung**, so werden grundsätzlich die sanierungsbedingten Wertveränderungen nicht mit entschädigt (§ 153 Abs. 1 Satz 1). Sind aber die in Abs. 3 genannten wesentlichen Verfahrenshandlungen der Enteignung bereits erfolgt, so sollen die Enteignungsvorschriften des Ersten Kapitels auch weiter Anwendung finden, dh § 153 Abs. 1 Satz 1 ist nicht anzuwenden. In diesem Fall ist aber ebenfalls eine Nacherhebung möglich.

§ 156a Kosten und Finanzierung der Sanierungsmaßnahme

(1) Ergibt sich nach der Durchführung der städtebaulichen Sanierungsmaßnahme und der Übertragung eines Treuhandvermögens des Sanierungsträgers auf die Gemeinde bei ihr ein Überschuss der bei der Vorbereitung und Durchführung der städtebaulichen Sanierungsmaßnahme erzielten Einnahmen über die hierfür getätigten Ausgaben, so ist dieser Überschuss auf die Eigentümer der im Sanierungsgebiet gelegenen Grundstücke zu verteilen. Maßgebend sind die Eigentumsverhältnisse bei der Bekanntmachung des Beschlusses über die förmliche Festlegung des Sanierungsgebiets. Ist nach diesem Zeitpunkt das Eigentum gegen Entgelt übertragen worden, so steht der auf das Grundstück entfallende Anteil dem früheren Eigentümer und dem Eigentümer, der zu einem Ausgleichsbetrag nach § 154 herangezogen worden ist, je zur Hälfte zu.

(2) Die auf die einzelnen Grundstücke entfallenden Anteile des Überschusses sind nach dem Verhältnis der Anfangswerte der Grundstücke im Sinne des § 154 Abs. 2 zu bestimmen.

(3) Die Gemeinde hat bei der Errechnung des Überschusses Zuschüsse abzuziehen, die ihr oder Eigentümern aus Mitteln eines anderen öffentlichen Haushalts zur Deckung von Kosten der Vorbereitung oder Durchführung der Sanierungsmaßnahme gewährt worden sind. Im Übrigen bestimmt sich das Verfahren zur Verteilung des Überschusses nach landesrechtlichen Regelungen.

Da das Gesetz nur die Finanzierung der Sanierung sicherstellen, nicht aber eine **Gewinnerzielungs**möglichkeit für die Gemeinden schaffen will, schreibt Abs. 1 der Norm vor, dass ein etwa erzielter Überschuss nach der Durchführung der städtebaulichen Sanierungsmaßnahme durch **Verwaltungsakt** an die Eigentümer der im Sanierungsgebiet gelegenen Grundstücke zu verteilen ist. Dabei darf keine Vermischung zwischen verschiedenen Sanierungsgebieten der Gemeinde vorgenommen werden, vielmehr ist auf das konkrete Gebiet abzustellen. Dies spiegelt auch die Terminologie des Sanierungsrechts wider, denn die §§ 154, 155 sprechen nur von einem Ausgleichsbetrag. Gleichwohl ist es eher unwahrscheinlich, dass durch ein städtebauliches Sanierungsverfahren Überschüsse erzielt werden können, so dass die Vorschrift in der Praxis wenig Bedeutung hat. 1

Berechnet wird ein etwaiger **Überschuss** durch Vergleich der Einahmen und Ausgaben im Zusammenhang mit der Vorbereitung und der Durchführung der Sanierung. Als **Einahmen** kommen dabei insbesondere die Erlöse aus Grundstücksveräußerungen und die Vereinnahmung der sanierungsrechtlichen Ausgleichsbeträge in Betracht, aber auch Zinserträge und Darlehensrückzahlungen im Rahmen der Finanzierung. Zu den **Ausgaben** zählen alle personellen und sachlichen Kosten, die die Gemeinde zur Vorbereitung und Durchführung der Sanierung aufgewendet hat. 2

Bei der Bestimmung des Zeitpunktes für eine etwaige Verteilung von Überschüssen ist zu berücksichtigen, dass das Sanierungsverfahren mit der Aufhebung der Sanierungssatzung nach § 162 noch nicht vollständig abgeschlossen ist, sondern erst in das Stadium der **Abwicklung** tritt, die zB mit der Rückübertragung nach § 164 durchaus noch berechnungsrelevante Maßnahmen umfasst. Auch die evtl langfristige Rückzahlung von Darlehen oder gestundeten Ausgleichbeträgen kann zu erheblichen Verzögerungen führen. 3

Maßgebend für die Bestimmung der Eigentümer, an die entsprechende Zahlungen erfolgen müssen, ist der Zeitpunkt der Bekanntmachung des Beschlusses über die förmliche Festlegung des Sanierungsgebiets, wobei Satz 3 den Fall der Eigentumsübertragung während der laufenden Sanierung regelt. Miteigentümer sind nach ihren Anteilen am gemeinschaftlichen Eigentum anspruchsberechtigt. 4

Abs. 2 verweist zur **Verteilung** des Überschusses auf das Verhältnis der Anfangswerte der Grundstücke nach § 154 Abs. 2, so dass eine dort vorgenommene **Wertermittlung** doppelte Bedeutung erhält. Maßstab sind dabei die Wertverhältnisse der einzelnen Grundstücke zueinander unter Außerachtlassung der sanierungsbedingten Änderungen. Sinn und Zweck dieser Regelung ist es, die Eigentümer in dem Maß an der Überschussverteilung teilhaben zu lassen wie ihre Grundstücke vor dem Beginn der der Sanierung wertmäßig zueinander standen. 5

Demgegenüber stellt Abs. 3 klar, dass bei der Überschussberechnung solche Mittel abzuziehen sind, die aus anderen öffentlichen Haushalten, insbes. des Bundes und der Länder in die Sanierung eingeflossen sind. Dabei spielt es keine Rolle, ob diese Mittel der Gemeinde oder dem Eigentümer gewährt worden sind. Somit sind Zuschüsse im Rahmen von Abs. 1 Satz 1 als Ausgaben, nicht aber als Einnahmen zu buchen. Mit den landesrechtlichen Regelungen nach Abs. 3 Satz 2 ist vor allem das **Kommunalabgabenrecht** gemeint. 6

Vierter Abschnitt
Sanierungsträger und andere Beauftragte

§ 157 Erfüllung von Aufgaben für die Gemeinde

(1) Die Gemeinde kann sich zur Erfüllung von Aufgaben, die ihr bei der Vorbereitung oder Durchführung der Sanierung obliegen, eines geeigneten Beauftragten bedienen. Sie darf jedoch die Aufgabe,

1. städtebauliche Sanierungsmaßnahmen durchzuführen, die der Gemeinde nach den §§ 146 bis 148 obliegen,

2. Grundstücke oder Rechte an ihnen zur Vorbereitung oder Durchführung der Sanierung im Auftrag der Gemeinde zu erwerben,

3. der Sanierung dienende Mittel zu bewirtschaften,

nur einem Unternehmen (Sanierungsträger) übertragen, das die Voraussetzungen für die Übernahme der Aufgaben als Sanierungsträger nach § 158 erfüllt.

(2) Die Gemeinde soll die Ausarbeitung der Bauleitpläne und die Aufgaben eines für eigene Rechnung tätigen Sanierungsträgers nicht demselben Unternehmen oder einem rechtlich oder wirtschaftlich von ihm abhängigen Unternehmen übertragen.

1 Die Gemeinde kann sich zur Erfüllung von Aufgaben, die ihr bei der Vorbereitung oder Durchführung der Sanierung obliegen, nach pflichtgemäßem Ermessen eines geeigneten **Beauftragten**, also einer Person, die über einschlägige Fachkenntnisse verfügt oder vergleichbare Aufgaben bereits ordnungsgemäß erfüllt hat, bedienen. Mit der Vorschrift wird dem Prinzip der **zügigen Durchführung** und gleichzeitig den Problemen der Gemeinden Rechnung getragen, die in der Regel nicht über die notwendigen **Verwaltungskapazitäten** und das Fachpersonal verfügen, die komplexen und aufwändigen Aufgaben einer städtebaulichen Sanierungsmaßnahme in einem für die Betroffenen zumutbaren Zeitraum zu bewältigen. Hinzu kommt, dass eigene **Kosten** der Gemeinde für das Sanierungsverfahren im Gegensatz zu den Kosten für Beauftragte nicht mit Sanierungsmitteln gefördert werden können (§ 164a Abs. 2 Nrn. 2, 4).

2 Abs. 1 Satz 1 eröffnet die grundsätzliche Möglichkeit der Gemeinde, sich zur Erfüllung von Aufgaben, die ihr bei der Vorbereitung oder Durchführung der Sanierung obliegen, eines geeigneten Beauftragten zu bedienen, was aber die Möglichkeit der Beauftragung Mehrerer – etwa mit Teilaufgaben – nicht ausschließt. Die Beauftragung steht zwar grundsätzlich im pflichtgemäßen **Ermessen** der Gemeinde, doch kann die Bewilligungsbehörde die Bereitstellung von **Förderungsmitteln** davon abhängig machen, dass eine Beauftragung Dritter erfolgt, etwa um die effektive Verwendung der Förderungsgelder zu sichern. Die Beauftragung erfolgt durch den Abschluss eines **Vertrages** zwischen der Gemeinde und dem Beauftragten. Es handelt sich dabei um eine Art Geschäftsbesorgungsverhältnis (§ 675 BGB); der Vertrag ist aber insgesamt dem öffentlichen Recht zuzuordnen (BGHZ 92, 164 = NJW 1985, 1178 = UPR 1985, 288). Gleichwohl zeigen der Wortlaut und die Systematik der Vorschrift, dass die Sanierung eine gemeindliche Aufgabe bleibt und keine hoheitlichen Befugnisse übertragen werden können; insbesondere sind die notwendigen Beschlüsse weiterhin von den zuständigen Gemeindeorganen zu fassen und auch Verwaltungsakte nur von der Gemeinde

selbst zu erlassen. Baumaßnahmen iSv § 148 können ebenfalls nicht übertragen werden, soweit sie dem Eigentümer obliegen.

Bestimmte Aufgaben, die in § 157 Abs. 1 Satz 2 abschließend aufgezählt sind, können jedoch nur einem Beauftragten übertragen werden, der die Bestätigung als **Sanierungsträger** erhalten hat (§ 158), Aufgaben nach Abs. 1 Satz 2 Nr. 3 sogar nur an einen **Treuhänder** iSv § 159 Abs. 1 Satz 2. In der Regel wird die Unterscheidung des Gesetzes zwischen dem einfachen Beauftragten und dem bestätigten Sanierungsträger dazu führen, dass die **Vorbereitung** der Sanierung durch Ersteren erfolgen kann, während die **Durchführung** dem bestätigten Sanierungsträger vorbehalten bleibt, da diese die Aufgaben nach Nrn. 1–3 des Abs. 1 umfasst. Beide müssen jedoch geeignet sein, dh die für die Erfüllung der übertragenen Aufgabe notwendigen Fachkenntnisse müssen vorhanden sein. Durch das EAG Bau ist die Vorschrift um eine Legaldefinition des Begriffs des Sanierungsträgers ergänzt worden. Die Regelung trägt der Tatsache Rechnung, dass es sich bei der Vorbereitung und Durchführung einer städtebaulichen Sanierungsmaßnahme um eine ausgesprochen komplexe und schwierige Aufgabe handelt. 3

Abs. 2 der Vorschrift soll allzu starke wirtschaftliche **Verflechtungen** und Abhängigkeiten zu Lasten der Allgemeinheit verhindern helfen, ist aber auf die konkret genannten Tatbestände, dh die Ausarbeitung der Bauleitpläne einerseits und die Sanierungsaufgaben andererseits begrenzt. Die Formulierung als Soll-Vorschrift macht es möglich, atypischen Konstellationen gerecht zu werden, wobei aber besondere Sicherungsmechanismen in den Übertragungsvertrag aufgenommen werden sollten, die die Zielrichtung der Vorschrift sichern. Der Ausschluss gilt nicht nur für den Sanierungsträger selbst, sondern zur Vermeidung einer Umgehung durch entsprechende gesellschaftsrechtliche Konstruktionen auch für die von ihm abhängigen Unternehmen, dh solche Unternehmen, auf die er unmittelbar oder mittelbar einen beherrschenden Einfluss ausüben kann. 4

§ 158 Voraussetzungen für die Beauftragung als Sanierungsträger

Dem Unternehmen können die Aufgaben als Sanierungsträger nur übertragen werden, wenn

1. **das Unternehmen nicht selbst als Bauunternehmen tätig oder von einem Bauunternehmen abhängig ist,**
2. **das Unternehmen nach seiner Geschäftstätigkeit und seinen wirtschaftlichen Verhältnissen geeignet und in der Lage ist, die Aufgaben eines Sanierungsträgers ordnungsgemäß zu erfüllen,**
3. **das Unternehmen, sofern es nicht bereits kraft Gesetzes einer jährlichen Prüfung seiner Geschäftstätigkeit und seiner wirtschaftlichen Verhältnisse unterliegt, sich einer derartigen Prüfung unterworfen hat oder unterwirft,**
4. **die zur Vertretung berufenen Personen sowie die leitenden Angestellten die erforderliche geschäftliche Zuverlässigkeit besitzen.**

Die Vorschrift knüpft an § 157 Abs. 1 an, nach der bestimmte Aufgaben nur einem bestätigten **Sanierungsträger** übertragen werden können. Die Vorschrift gilt nach § 167 Abs. 1 Satz 2 entsprechend für Entwicklungsträger, dh für städtebauliche Entwicklungsmaßnahmen. Eine **Bestätigung** nach § 158 kann nur erteilt werden, 1 wenn das Unternehmen nicht selbst als Bauunternehmen tätig oder von einem Bauunternehmen abhängig ist (Nr. 1). Hiermit meint das Gesetz nur unternehmerische Tätigkeiten für Andere, nicht aber den Bauherrn in eigener Sache oder den Bauverwalter. Von einer Abhängigkeit ist auch in diesem Zusammenhang auszugehen, wenn die unmittelbare oder mittelbare Möglichkeit besteht, einen beherrschenden Einfluss auf ein Unternehmen auszuüben und deshalb ein Interessenkonflikt drohen kann. Da hierdurch aber nicht alle Konstellationen erfasst werden, die tatsächlich oder aus Sicht der Öffentlichkeit zu bedenklichen Situationen führen können, muss die Gemeinde bei der Beauftragung und Überwachung von Sanierungsträgern besonders sorgfältig vorgehen.

2 Weiterhin muss das zu beauftragende Unternehmen zur Übernahme von Tätigkeiten im Sanierungsverfahren nach seinen wirtschaftlichen Verhältnissen **geeignet** und in der Lage sein (Nr. 2) sowie die Geschäftsführer bzw leitenden Angestellten des Unternehmens die erforderliche geschäftliche Zuverlässigkeit haben (Nr. 4). Hiermit will das Gesetz sowohl die fachliche und wirtschaftliche als auch die persönliche **Zuverlässigkeit** der Sanierungsträger sichern. Maßgeblich ist insoweit, ob die Geschäftstätigkeit des Unternehmens und die handelnden Personen die Gewähr dafür bieten, dass die zu übertragenden Aufgaben der Sanierung zuverlässig erfüllt werden. Erfahrungen aus der Vergangenheit werden hierfür regelmäßig ein wichtiges Indiz sein, wenngleich im Hinblick auf die übliche Dauer von Sanierungsmaßnahmen die aktuelle wirtschaftliche Situation des Unternehmens nicht unberücksichtigt bleiben darf. Ggf. können von dem Unternehmen entsprechende Belege verlangt werden. Diese Grundsätze gelten auch für Subunternehmer der zu beauftragenden Unternehmen, da sonst eine Umgehung der gesetzlichen Vorschriften möglich wäre.

3 Durch die Verpflichtung des Satz 1 Nr. 3, sich einer jährlichen **Prüfung der Geschäftstätigkeit** und der wirtschaftlichen Verhältnisse zu unterziehen, wird dauerhaft sichergestellt, dass die notwendigen Eigenschaften des Sanierungsträgers erhalten bleiben. Die Prüfung bezieht sich dabei nicht nur auf die Tätigkeit des Unternehmens als Sanierungsträger, sondern auf seine gesamte Geschäftstätigkeit und seine wirtschaftlichen Gesamtverhältnisse. Es erscheint sinnvoll, im Zuge der Beauftragung eines Sanierungsträgers auch festzulegen, durch wen und in welcher Form die jährliche Prüfung erfolgen soll, soweit nicht durch gesetzliche Regelungen klar ist, dass die Prüfung in einer für die Gemeinde akzeptablen Weise erfolgt.

4 Korrespondierend zu dem Anspruch von Unternehmen, die die genannten Voraussetzungen erfüllen, auf **Bestätigung** als Sanierungsträger (nicht jedoch auf tatsächliche Übertragung von Sanierungsaufgaben), eröffnet Abs. 2 die Möglichkeit, die Bestätigung zu widerrufen, wenn die Voraussetzungen des Abs. 1 nicht mehr vorliegen. Einschlägig sind insoweit die §§ 48, 49 VwVfG, so dass die allgemeinen Rechtsschutzmöglichkeiten nach der VwGO bestehen.

5 Die Bestätigung wird durch die nach Landesrecht hierfür zuständige Behörde ausgesprochen. Sie ersetzt nicht Zulassungen, die nach anderen Vorschriften erforderlich sind.

§ 159 Erfüllung der Aufgaben als Sanierungsträger

(1) Der Sanierungsträger erfüllt die ihm von der Gemeinde übertragenen Aufgaben nach § 157 Abs. 1 Satz 2 Nr. 1 oder 2 im eigenen Namen für Rechnung der Gemeinde als deren Treuhänder oder im eigenen Namen für eigene Rechnung. Die ihm von der Gemeinde übertragene Aufgabe nach § 157 Abs. 1 Satz 2 Nr. 3 erfüllt er im eigenen Namen für Rechnung der Gemeinde als deren Treuhänder. Der Sanierungsträger hat der Gemeinde auf Verlangen Auskunft zu erteilen.

(2) Die Gemeinde und der Sanierungsträger legen mindestens die Aufgaben, die Rechtsstellung, in der sie der Sanierungsträger zu erfüllen hat, eine von der Gemeinde hierfür zu entrichtende angemessene Vergütung und die Befugnis der Gemeinde zur Erteilung von Weisungen durch schriftlichen Vertrag fest. Der Vertrag bedarf nicht der Form des § 311 b Abs. 1 des Bürgerlichen Gesetzbuchs. Er kann von jeder Seite nur aus wichtigem Grund gekündigt werden.

(3) Der Sanierungsträger ist verpflichtet, die Grundstücke, die er nach Übertragung der Aufgabe zur Vorbereitung oder Durchführung der Sanierung erworben hat, nach Maßgabe des § 89 Abs. 3 und 4 und unter Beachtung der Weisungen der Gemeinde zu veräußern. Er hat die Grundstücke, die er nicht veräußert hat, der Gemeinde anzugeben und auf ihr Verlangen an Dritte oder an sie zu veräußern.

(4) Ist in dem von dem Erwerber an den Sanierungsträger entrichteten Kaufpreis ein Betrag enthalten, der nach den §§ 154 und 155 vom Eigentümer zu tragen wäre, hat der Sanierungsträger diesen Betrag an die Gemeinde abzuführen oder mit ihr zu verrechnen. In den Fällen des § 153 Abs. 4 Satz 2 hat der Sanierungsträger Ansprüche aus dem Darlehen auf Verlangen entweder an die Gemeinde abzutreten und empfangene Zinsen und Tilgungen an sie abzuführen oder sie mit ihr zu verrechnen.

(5) Der Sanierungsträger hat für die Grundstücke, deren Eigentümer er bleibt, an die Gemeinde Ausgleichsbeträge nach Maßgabe der §§ 154 und 155 zu entrichten.

(6) Kündigt die Gemeinde im Falle der Eröffnung des Insolvenzverfahrens über das Vermögen des für eigene Rechnung tätigen Sanierungsträgers den mit diesem geschlossenen Vertrag, kann sie vom Insolvenzverwalter verlangen, ihr die im förmlich festgelegten Sanierungsgebiet gelegenen Grundstücke, die der Sanierungsträger nach Übertragung der Aufgaben zur Vorbereitung oder Durchführung der Sanierung erworben hat, gegen Erstattung der vom Sanierungsträger erbrachten Aufwendungen zu übereignen. Der Insolvenzverwalter ist verpflichtet, der Gemeinde ein Verzeichnis dieser Grundstücke zu übergeben. Die Gemeinde kann ihren Anspruch nur binnen sechs Monaten nach Übergabe des Grundstücksverzeichnisses geltend machen. Im Übrigen haftet die Gemeinde den Gläubigern von Verbindlichkeiten aus der Durchführung der Ordnungsmaßnahmen wie ein Bürge, soweit sie aus dem Vermögen des Sanierungsträgers im Insolvenzverfahren keine vollständige Befriedigung erlangt haben.

Seine Aufgabe erfüllt der Sanierungsträger entweder im eigenen Namen für Rechnung der Gemeinde als deren **Treuhänder** oder im eigenen Namen für eigene Rechnung als **Sanierungsunternehmer**, andere Gestaltungsmöglichkeiten bestehen nicht. In beiden Konstellationen tritt der Sanierungsträger gegenüber Dritten als selbstständiger Vertragspartner auf. Allerdings erscheint es möglich, im Zuge des Beauftragungsvertrages ein **Mitzeichnungsrecht** – etwa bezüglich besonders wichtiger Angelegenheiten – für den Bürgermeister, eine Beigeordneten oder einen hier- 1 für besonders qualifizierten Mitarbeiter der Gemeindeverwaltung zu vereinbaren. Darüber hinaus sind nach Satz 2 die Einschränkungen des § 157 zu beachten, so dass insbesondere die Bewirtschaftung der Sanierungsmittel nach dessen Satz 2 Nr. 3 zwingend im eigenen Namen für Rechnung der Gemeinde als deren Treuhändern erfolgt. Zulässig ist, dass ein Sanierungsträger sowohl treuhänderische wie auch andere Aufgaben erfüllt und somit auch das Rechtsverhältnis zur Gemeinde beide Komponenten umfasst. In der Praxis hat sich die Gestaltung als Treuhandverhältnis durchgesetzt, weil im Sanierungsverfahren die Gewinnerzielungsmöglichkeiten für interessierte Unternehmen deutlich geringer sind als die hiermit verbundenen Risiken.

2 Die in Satz 3 normierte **Auskunftspflicht** des Sanierungsträgers entspricht dem Grundsatz der demokratischen Verantwortlichkeit und sichert die Möglichkeit der Gemeinde, ihre Vorstellungen vom Verlauf des Sanierungsverfahrens durch entsprechende **Weisungen** durchzusetzen, wie dies auch Abs. 2 vorsieht.

3 Abs. 2 normiert ein Schriftformerfordernis für den Vertrag zwischen der Gemeinde und dem Sanierungsträger, um eine möglichst große Transparenz zu gewährleisten und Klarheit für später auftretende Fragen zu schaffen. Es handelt sich wegen der Übertragung von städtebaulichen Sanierungsaufgaben um einen **öffentlich-rechtlichen Vertrag** iSv § 11 Abs. 4 iVm §§ 54 ff VwVfG, so dass ggf die Verwaltungsgerichte für hieraus entstehende Rechtsstreitigkeiten zuständig sind. Dieser Vertrag bedarf nach dem klaren Wortlaut des Gesetzes keiner notariellen Beurkundung, auch wenn er sich auf die Veräußerung oder den Erwerb von Grundstücken bezieht. Unberührt hiervon bleiben kommunalaufsichtliche Genehmigungsvorschriften der Länder wegen der Haftungs- und Gewährleistungspflichten aus dem Vertrag, für dessen Abschluss in der Regel **Musterverträge** der kommunalen Spitzenverbände verwendet werden.

4 Sein notwendiger (Mindest-)Inhalt ergibt sich direkt aus dem Gesetz, wonach jedenfalls die konkreten Aufgaben, die Rechtsstellung, in der sie der Sanierungsträger zu erfüllen hat, eine von der Gemeinde hierfür zu entrichtende angemessene Vergütung und die Befugnis der Gemeinde zur Erteilung von Weisungen im Innenverhältnis zu regeln sind. Dabei kann es sinnvoll sein, einen **Rahmenvertrag** abzuschließen, der – soweit hierzu Weisungen für den Einzelfall nicht ausreichen – später durch konkretisierende Zusatzverträge ausgefüllt wird. Das Vertragsverhältnis beginnt mit der Unterzeichnung der Urkunde bzw der ggf notwendigen Genehmigung nach Landesrecht und endet regelmäßig mit der Erfüllung der vereinbarten Pflichten, dh jedenfalls mit dem Ende des Sanierungsverfahrens nach §§ 162, 163. Eine **Kündigung**smöglichkeit besteht nur bei einem wichtigen Grund, etwa einem Beschluss nach § 162 Abs. 1 Nr. 2, dass die Sanierung sich als undurchführbar erweist oder Nr. 3, dass die Sanierung aus anderen Gründen aufgegeben wird und somit die Geschäftsgrundlage weggefallen ist. Ggf. erfolgt die Abwicklung in diesem Fall nach § 62 Satz 2 VwVfG iVm §§ 611 ff BGB.

5 Um die **Neutralität** des Sanierungsträgers zu gewährleisten, ist dieser verpflichtet, die Grundstücke, die er nach der Übertragung der Aufgabe zur Vorbereitung oder Durchführung der Sanierung erworben hat, später unter Beachtung der Weisungen der Gemeinde zu **veräußern** (Abs. 3). Dabei ist § 89 Abs. 3, 4 zu beachten. Insoweit kann die Gemeinde im Rahmen des ihr zustehenden **Ermessens** insbesondere auf die Auswahl der Interessenten einwirken und damit sowohl die Ziele und Zwecke der Sanierung sichern als auch ihre kommunalpolitischen Vorstellungen verwirklichen.

Verbleibt bei dem Sanierungsträger nach Beendigung der Sanierung ein **Überschuss**, hat er diesen an die Gemeinde abzuführen. Bleibt er ausnahmsweise Eigentümer eines Grundstücks, trifft ihn auch die Pflicht zur Zahlung eines sanierungsrechtlichen **Ausgleichsbetrages**. Hierdurch wird der Gemeinde die Möglichkeit eröffnet, auch beim Sanierungsträger den sanierungsbedingten Mehrwert abschöpfen. Er wird somit nicht nur genauso behandelt wie die von der Sanierung Betroffenen, es wird auch eine klare Trennung zwischen Sanierungsvergütung und sonstigen Sanierungsvorteilen geschaffen, die eine nachvollziehbare Abrechnung erleichtert. 6

Abs. 6 berechtigt die Gemeinde, im Falle der **Insolvenz** des Sanierungsträgers den Vertrag aus wichtigem Grund zu kündigen. Sie hat zur Sicherung der Privatisierungspflicht dann gegen Erstattung der diesbezüglichen Aufwendungen ein **Aussonderungsrecht** für die Grundstücke, die ihr nach Beendigung des Sanierungsverfahrens hätten zurückübertragen werden müssen. Um dieses Verfahren zu sichern, hat der Insolvenzverwalter eine entsprechende Informationspflicht gegenüber der Gemeinde. Deren Erfüllung setzt die Sechs-Monats-Frist für die Geltendmachung des Aussonderungsanspruchs in Gang, damit das Insolvenzverfahren nicht unbegrenzt verzögert wird. Satz 4 soll verhindern, dass die von der Sanierung Betroffenen im Falle der Insolvenz des Sanierungsträgers Nachteile erleiden. 7

§160 Treuhandvermögen

(1) Ist dem Sanierungsträger eine Aufgabe als Treuhänder der Gemeinde übertragen, erfüllt er sie mit einem Treuhandvermögen in eigenem Namen für Rechnung der Gemeinde. Der Sanierungsträger erhält von der Gemeinde für den Rechtsverkehr eine Bescheinigung über die Übertragung der Aufgabe als Treuhänder. Er soll bei Erfüllung der Aufgabe seinem Namen einen das Treuhandverhältnis kennzeichnenden Zusatz hinzufügen.

(2) Der als Treuhänder tätige Sanierungsträger hat das in Erfüllung der Aufgabe gebildete Treuhandvermögen getrennt von anderem Vermögen zu verwalten.

(3) Zum Treuhandvermögen gehören die Mittel, die die Gemeinde dem Sanierungsträger zur Erfüllung der Aufgabe zur Verfügung stellt. Zum Treuhandvermögen gehört auch, was der Sanierungsträger mit Mitteln des Treuhandvermögens oder durch ein Rechtsgeschäft, das sich auf das Treuhandvermögen bezieht, oder auf Grund eines zum Treuhandvermögen gehörenden Rechts oder als Ersatz für die Zerstörung, Beschädigung oder Entziehung eines zum Treuhandvermögen gehörenden Gegenstands erwirbt.

(4) Die Gemeinde gewährleistet die Erfüllung der Verbindlichkeiten, für die der Sanierungsträger mit dem Treuhandvermögen haftet. Mittel, die der Sanierungsträger darlehensweise von einem Dritten erhält, gehören nur dann zum Treuhandvermögen, wenn die Gemeinde der Darlehensaufnahme schriftlich zugestimmt hat. Das Gleiche gilt für eigene Mittel, die der Sanierungsträger einbringt.

(5) Grundstücke im förmlich festgelegten Sanierungsgebiet, die der Sanierungsträger vor oder nach Übertragung der Aufgabe mit Mitteln, die nicht zum Treuhandvermögen gehören, oder unter Hergabe von eigenem Austauschland erworben hat, hat er auf Verlangen der Gemeinde gegen Ersatz seiner Aufwendungen in das Treuhandvermögen zu überführen. Dabei sind als Grundstückswerte die Werte zu berücksichtigen, die sich in Anwendung des § 153 Abs. 1 ergeben.

(6) Der als Treuhänder tätige Sanierungsträger hat der Gemeinde nach Beendigung seiner Tätigkeit Rechenschaft abzulegen. Er hat nach Beendigung seiner Tätigkeit das Treuhandvermögen einschließlich der Grundstücke, die er nicht veräußert hat, auf die Gemeinde zu übertragen. Von der Übertragung an haftet die Gemeinde anstelle des Sanierungsträgers für die noch bestehenden Verbindlichkeiten, für die dieser mit dem Treuhandvermögen gehaftet hat.

(7) Der Sanierungsträger darf vor der Übertragung nach Absatz 6 die Grundstücke des Treuhandvermögens, die er unter Hergabe von entsprechendem nicht zum Treuhandvermögen gehörendem eigenem Austauschland oder mindestens zwei Jahre, bevor ihm die Gemeinde einen mit der Sanierung zusammenhängenden Auftrag erteilt hat, erworben und in das Treuhandvermögen überführt hat, in sein eigenes Vermögen zurücküberführen. Sind die von ihm in das Treuhandvermögen überführten Grundstücke veräußert oder im Rahmen der Ordnungsmaßnahmen zur Bildung neuer Grundstücke verwendet oder sind ihre Grenzen verändert worden, kann der Sanierungsträger andere Grundstücke, die wertmäßig seinen in das Treuhandvermögen überführten Grundstücken entsprechen, in sein eigenes Vermögen zurücküberführen; er bedarf hierzu der Genehmigung der Gemeinde. Er hat dem Treuhandvermögen den Verkehrswert der Grundstücke zu erstatten, der sich durch die rechtliche und tatsächliche Neuordnung des förmlich festgelegten Sanierungsgebiets ergibt.

1 Ist der Sanierungsträger nicht im eigenen Namen für eigene Rechnung tätig, sondern als **Treuhänder** der Gemeinde, so gelten für das Treuhandvermögen besondere Vorschriften, die nach § 167 Abs. 2 Satz 2 entsprechende Anwendung auf den Entwicklungsträger im städtebaulichen Entwicklungsverfahren finden.

2 Abs. 1 Satz 1 der Vorschrift definiert zur Klarstellung die Tätigkeit des Treuhänders als Erfüllung der übertragenen Sanierungsaufgaben mit einem zweckgebundenen Treuhandvermögen in eigenem Namen für Rechnung der Gemeinde. Die Sätze 2 und 3 sollen sicherstellen, dass das Treuhandverhältnis nach außen erkennbar ist. Dazu dienen die **Treuhandbescheinigung**, die sinnvollerweise den Aufgabenbereich des Treuhänders konkret beschreibt, und der **Namenszusatz** bei Erfüllung von Treuhandaufgaben.

3 Der als Treuhänder tätige Sanierungsträger hat das Treuhandvermögen nach Abs. 2 getrennt von anderen Vermögen zu verwalten. Dadurch entstehen zwei getrennt zu betrachtende Vermögensmassen, was für den Treuhänder einen erhöhten Verwaltungsaufwand mit sich bringt. Dessen Ausgestaltung im Einzelnen und die hierfür zu entrichtende Vergütung sollten sinnvollerweise im **Übertragungsvertrag** festgelegt werden, um spätere Auseinandersetzungen zu vermeiden. Hinzuweisen ist insoweit auf Abs. 4 Sätze 2 und 3, wonach Mittel, die der Sanierungstreuhänder als Darlehen von Dritten erhält und eigene Mittel nur dann zum Treuhandvermögen zählen, wenn die Gemeinde dem schriftlich zustimmt. Auch dies dient der Kontrolle der Gemeinde und der Sicherung des Treuhandvermögens.

4 Abs. 3 klärt, was im Einzelnen zum **Treuhandvermögen** zu rechnen ist. Zu den Mitteln iS dieser Vorschrift gehören nicht nur die Finanzmittel, dh insbesondere Städtebauförderungsmittel, sondern auch die übertragenen Grundstücke. Um zu verhindern, dass sowohl für den Treuhänder, als auch für die Gemeinde eine Pflicht zur Zahlung von Grunderwerbssteuern entsteht, empfiehlt es sich, dass nur die Gemeinde die Grundstücke erwirbt und der Treuhänder – ohne Eigentümer zu werden – lediglich für deren Bewirtschaftung und Veräußerung bevoll-

mächtigt wird. Um das Treuhandvermögen zu erhalten, sieht Satz 2 vor, dass alles, was mit Mitteln des Treuhandvermögens oder im Zusammenhang mit diesem, etwa durch Schadenersatz erworben wird, gleichsam als **Surrogat** zum Treuhandvermögen gehört. Hierzu zählen auch Erträge aus der Bewirtschaftung, insbes. Miet- und Pachterlöse.

Die Gemeinde gewährleistet nach Abs. 4 wie ein **Bürge** die Erfüllung der Verbindlichkeiten, für die der Sanierungsträger mit dem Treuhandvermögen haftet. Grund hierfür ist, dass die Gemeinde wirtschaftlich weiterhin Eigentümerin des Treuhandvermögens ist. Andernfalls wäre es ihr möglich, als Treugeberin durch eine willkürliche Verminderung des Treuhandvermögens auch die **Haftungsmasse** zu verringern. 5

Auch Abs. 5 der Vorschrift dient der Transparenz des Treuhandverhältnisses in der Sanierung, indem eine Pflicht des Treuhänders normiert wird, diejenigen Grundstücke im förmlich festgelegten Sanierungsgebiet, die er ohne Einsatz des Treuhandvermögens selbst erworben hat, in das Treuhandvermögen zu überführen. Allerdings steht ihm dann ein **Aufwendungsersatz** zu, bei dem jedoch der zu ersetzende Grundstückswert selbst nicht aus dem gezahlten Kaufpreis, sondern aus den allgemeinen Wertermittlungsvorschriften des § 153 Abs. 1 folgt, während die übrigen Aufwendungen wie zB Notar- und sonstige Grunderwerbskosten nach ihrer tatsächlichen Höhe erstattet werden. Es steht im pflichtgemäßen **Ermessen** der Gemeinde, ob sie die Überführung der Grundstücke verlangt. 6

Abs. 6 regelt den **Abschluss** des Treuhandverhältnisses durch Erfüllung der übertragenen Aufgaben, wirksame Kündigung oder einvernehmliche Aufhebung. Endet die Tätigkeit des Treuhänders, so hat er über diese Rechenschaft abzulegen, dh in erster Linie eine finanzielle Abschlussbilanz seiner Geschäfte zu erstellen, aus der in erster Linie die Verwendung der eingesetzten Fördermittel ersichtlich ist. Zur Abwicklung gehört nach Satz 2 weiterhin die auf der Rechnungslegung basierende, unentgeltliche Übertragung des Treuhandvermögens einschließlich der nicht veräußerten Grundstücke auf die Gemeinde. Dem steht ein Anspruch auf Aufwendungsersatz gegenüber, der jedoch nicht die vertraglich vereinbarte Vergütung für die Tätigkeit als Sanierungsträger umfasst. Ab dem Zeitpunkt der Übertragung des Treuhandvermögens auf die Gemeinde haftet diese anstelle des Treuhänders für die Verbindlichkeiten des Treuhandvermögens. 7

Abweichend hiervon darf der Sanierungsträger nach Abs. 7 solche Grundstücke aus dem Treuhandvermögen in sein eigenes Vermögen überführen, die er im Tausch gegen nicht zum Treuhandvermögen gehörendes Land erworben und in das Treuhandvermögen eingebracht hat. Das Gleiche gilt, wenn der Grunderwerb mindestens zwei Jahre vor Auftragserteilung erfolgt ist, weil auch dann nicht die Gefahr eines **Missbrauchs** des Treuhandverhältnisses zu Lasten der Allgemeinheit besteht. Einen hieran anknüpfenden Wert- und Interessenausgleich sehen die Sätze 2 und 3 vor. 8

§ 161 Sicherung des Treuhandvermögens

(1) Der Sanierungsträger haftet Dritten mit dem Treuhandvermögen nicht für Verbindlichkeiten, die sich nicht auf das Treuhandvermögen beziehen.

(2) Wird in das Treuhandvermögen wegen einer Verbindlichkeit, für die der Sanierungsträger nicht mit dem Treuhandvermögen haftet, die Zwangsvollstreckung

betrieben, kann die Gemeinde auf Grund des Treuhandverhältnisses gegen die Zwangsvollstreckung nach Maßgabe des § 771 der Zivilprozessordnung Widerspruch, der Sanierungsträger unter entsprechender Anwendung des § 767 Abs. 1 der Zivilprozessordnung Einwendungen geltend machen.

(3) Im Falle der Eröffnung des Insolvenzverfahrens über das Vermögen des Sanierungsträgers gehört das Treuhandvermögen nicht zur Insolvenzmasse. Kündigt die Gemeinde das Treuhandverhältnis, so hat der Insolvenzverwalter das Treuhandvermögen auf die Gemeinde zu übertragen und bis zur Übertragung zu verwalten. Von der Übertragung an haftet die Gemeinde anstelle des Sanierungsträgers für die Verbindlichkeiten, für die dieser mit dem Treuhandvermögen gehaftet hat. Die mit der Eröffnung des Insolvenzverfahrens verbundenen Rechtsfolgen treten hinsichtlich der Verbindlichkeiten nicht ein. § 418 des Bürgerlichen Gesetzbuchs ist nicht anzuwenden.

1 Die Regelung, die nach § 167 Abs. 2 Satz 2 auf den Entwicklungsträger im städtebaulichen Entwicklungsgebiet entsprechen anzuwenden ist, schützt das Treuhandvermögen, indem sie eine **Haftung** für solche Verbindlichkeiten ausschließt, die sich nicht auf das **Treuhandvermögen** beziehen, dh nicht im Zusammenhang mit den übertragenen Sanierungsaufgaben stehen. Für diese Verbindlichkeiten haftet ausschließlich das sonstige Vermögen des Treuhänders. Eine solche Regelung ist notwendig, weil das Treuhandvermögen zwar wirtschaftlich der Gemeinde zuzurechnen ist, rechtlich aber dem Treuhänder gehört, welcher insbesondere regelmäßig Eigentümer der zum Treuhandvermögen zählenden Grundstücke ist. Wird der Treuhänder aber dennoch mit seinem eigenen Vermögen für Forderungen in Anspruch genommen, die sich auf das Treuhandvermögen beziehen, kann er von der Gemeinde nach § 160 Abs. 4 Satz 1, Abs. 6 Satz 3 die **Freistellung** hiervon verlangen.

2 Dieser Schutz des Treuhandvermögens gilt auch für das Verfahren der **Zwangsvollstreckung**, wenn für persönliche Verbindlichkeiten des Treuhänders zu Unrecht das Treuhandvermögen in Anspruch genommen werden soll. In diesem Fall gewährt Abs. 2 der Vorschrift der Gemeinde ein **Widerspruch**srecht nach § 771 ZPO. Außerdem kann der Sanierungsträger auch selbst Einwendungen entsprechend § 767 Abs. 1 ZPO gegen eine solche Zwangsvollstreckung geltend machen und wird hierzu auch nach dem Wesen des Treuhandverhältnisses verpflichtet sein.

3 Mit der Eröffnung des **Insolvenz**verfahrens über das Vermögen des Treuhänders kann das Treuhandverhältnis aus wichtigem Grund gekündigt werden, das Treuhandvermögen fällt aber nicht in die Insolvenzmasse. Dieses ist vielmehr vom Insolvenzverwalter auf die Gemeinde zu übertragen, die ab dem Zeitpunkt der Übertragung auch für die noch bestehenden Treuhandverbindlichkeiten haftet. Satz 4 schließt die Rechtsfolgen der Eröffnung eines Insolvenzverfahrens für solche Verbindlichkeiten aus. Eine Benachteiligung der Gläubiger kann hieraus nicht entstehen, da die Gemeinde ihre Haftung nicht auf das Treuhandvermögen beschränken kann und somit kein Forderungsausfall droht.

Fünfter Abschnitt
Abschluss der Sanierung

§ 162 Aufhebung der Sanierungssatzung

(1) Die Sanierungssatzung ist aufzuheben, wenn
1. die Sanierung durchgeführt ist oder
2. die Sanierung sich als undurchführbar erweist oder
3. die Sanierungsabsicht aus anderen Gründen aufgegeben wird oder
4. die nach § 142 Abs. 3 Satz 3 oder 4 für die Durchführung der Sanierung festgelegte Frist abgelaufen ist.

Sind diese Voraussetzungen nur für einen Teil des förmlich festgelegten Sanierungsgebiets gegeben, ist die Satzung für diesen Teil aufzuheben.

(2) Der Beschluss der Gemeinde, durch den die förmliche Festlegung des Sanierungsgebiets ganz oder teilweise aufgehoben wird, ergeht als Satzung. Die Satzung ist ortsüblich bekannt zu machen. Die Gemeinde kann auch ortsüblich bekannt machen, dass eine Satzung zur Aufhebung der förmlichen Festlegung des Sanierungsgebiets beschlossen worden ist; § 10 Abs. 3 Satz 2 bis 5 ist entsprechend anzuwenden. Mit der Bekanntmachung wird die Satzung rechtsverbindlich.

(3) Die Gemeinde ersucht das Grundbuchamt, die Sanierungsvermerke zu löschen.

Ist die **Sanierung** durchgeführt oder erweist sich die Sanierung als nicht mehr durchführbar bzw wird die Sanierungsabsicht aufgegeben, so ist die Satzung, mit der das Gebiet förmlich festgelegt wurde, **aufzuheben**. Hierdurch unterscheidet sich die Sanierungssatzung vom Bebauungsplan, der grundsätzlich auf unbegrenzte Zeit angelegt ist. Da aber der Zeitraum des Sanierungsverfahrens nicht im Voraus bestimmt werden kann (vgl BVerwG NVwZ-RR 1994, 9), gebieten es die Rechtssicherheit und die Rechtsklarheit, seine Beendigung durch einen eindeutigen Rechtsakt zu herbeizuführen. 1

Bei § 162 handelt sich wegen der eigentumsbeschränkenden Wirkung der Sanierungsvorschriften um eine zwingende Vorschrift, dh die Gemeinde ist verpflichtet, in den Fällen des Abs. 1 Nrn. 1–3 die Sanierungssatzung aufzuheben. Dies kann ggf **kommunalaufsichtlich** durchgesetzt werden, während der von der Sanierung Betroffene auf das Verfahren nach § 163 angewiesen ist oder sich in einer Inzidentprüfung im Rahmen eines Verwaltungsstreitverfahrens, auf die Funktionslosigkeit der Sanierungssatzung berufen kann. 2

Ob die Sanierung iSv Nr. 1 durchgeführt ist, muss anhand der §§ 146 (Durchführung der Sanierung) und § 140 Nr. 3 (Sanierungsziele) bestimmt werden. Sind mit den vorgesehenen Maßnahmen die städtebaulichen **Missstände** behoben, welche Auslöser für das Sanierungsverfahren waren, so besteht kein Grund mehr, die Eigentümer weiterhin mit den Beschränkungen des Sanierungsrechts zu belasten. Insoweit kann es keine allgemein gültigen Maßstäbe geben, sondern ist auf den konkreten Einzelfall abzustellen. Bei der Frage, ob sie ihre Ziele erreicht hat, ist der Gemeinde naturgemäß ein weiter **Beurteilungsspielraum** zuzugestehen. 3

4 Die **Undurchführbarkeit** gemäß Nr. 2 ist nach den objektiven Gegebenheiten, wie sie sich nach Inkrafttreten der Sanierungssatzung ergeben haben zu ermitteln, dh es kommt nicht darauf an, ob die Gemeinde ihre Sanierungsabsichten auch tatsächlich aufgegeben hat. In der Praxis dürfte dies vor allem dann der Fall sein, wenn sich die Finanzierungs- und Förderungsvoraussetzungen zu Lasten der Gemeinde verändert haben. Grund für die Annahme der Undurchführbarkeit kann aber auch sein, dass die notwendige Unterstützung Dritter endgültig ausbleibt und nicht kompensiert werden kann, sie kann sich auch auf die **Zügigkeit** der Abwicklung beziehen (BVerwG NVwZ 2003, 1389). Es besteht die Möglichkeit, nur für einen Teil des Sanierungsgebiets die Aufhebung zu beschließen (Abs. 1 Satz 2).

5 Die Aufgabe der Sanierungsabsicht aus anderen Gründe iSv Nr. 3 kommt nur ausnahmsweise in Betracht, wenn diese Gründe ähnlich gewichtig sind wie die der Nrn. 1 und 2. Politische Veränderungen in der Gemeinde sind hierfür regelmäßig nicht ausreichend, können aber eine neue Ausrichtung der Sanierung begründen. Denkbar ist, dass Umstände eintreten, die es sinnvoll erscheinen lassen, die angestrebten Ziele mit **städtebaulichen Verträgen** zu verfolgen.

6 Nr. 4 wurde zum 1.1.2007 durch das Gesetz zur Erleichterung von Planungsvorhaben für die Innenentwicklung der Städte neu eingefügt. Hiermit wird der Änderung des § 142 Abs. 3 Rechnung getragen, so dass die Sanierungssatzung regelmäßig dann aufzuheben ist, wenn die festgesetzte **Frist** und ggf deren Verlängerung abgelaufen ist.

7 Weder der **Zeitablauf** noch eine unzureichend zügige Förderung der Sanierung haben zur Folge, dass die zu Grunde liegende Sanierungssatzung automatisch außer Kraft tritt (BVerwG BRS 33 Nr. 198 = BauR 1979, 139). Allerdings kann eine zögerliche Betreibung der Sanierung iR des § 145 von Bedeutung sein und sogar dazu führen, dass die beantragte **Genehmigung** nicht versagt werden darf (OVG Münster BRS 36 Nr. 228). In der nicht zügig durchgeführten Sanierung liegt zwar keine Enteignung, wohl aber ein rechtswidriger Eingriff in das grundrechtlich geschützte **Eigentum** (BVerwGE 94, 1 = DVBl 1993, 1141).

8 Der **Beschluss** der Gemeinde, mit dem die Sanierungssatzung aufgehoben wird, ergeht nach § 162 Abs. 2 als Satzung und ist ortsüblich bekannt zu machen, dh entsprechend dem Durchführungsbeschluss nach § 142. Er sollte wiederum das Sanierungsgebiet genau bezeichnen und sinnvollerweise die einzelnen Grundstücke benennen, damit klar ist, für welche Parzellen der **Sanierungsvermerk** im **Grundbuch** aufzuheben ist. Eine Anzeigepflicht besteht nicht mehr, auch eine Begründung und eine Beteiligung der Betroffenen sind nicht erforderlich.

9 Nach Abs. 3 löscht das Grundbuchamt auf Ersuchen der Gemeinde die Sanierungsvermerke. Die Gemeinde ist verpflichtet, ein solches Ersuchen an das Grundbuchamt zu richten, damit die eigentumsbeschränkenden Wirkungen der Sanierung nicht unnötig verlängert werden (BVerwG DVBl 1979, 153). Die weitere „Abwicklung“ der Sanierung obliegt der Gemeinde selbst. Hierzu zählen insbesondere die Veräußerung und Rückübertragung von Grundstücken, die Erhebung von sanierungsrechtlichen Ausgleichsbeträgen, die Vertragsabwicklung mit dem Sanierungsträger und die Auflösung des Treuhandvermögens sowie die Abrechnung des gesamten Sanierungsverfahrens.

§ 163 Fortfall von Rechtswirkungen für einzelne Grundstücke

(1) Die Gemeinde kann die Sanierung für ein Grundstück als abgeschlossen erklären, wenn entsprechend den Zielen und Zwecken der Sanierung

1. das Grundstück bebaut ist oder in sonstiger Weise genutzt wird oder

2. das Gebäude modernisiert oder instand gesetzt ist.

Auf Antrag des Eigentümers hat die Gemeinde die Sanierung für das Grundstück als abgeschlossen zu erklären.

(2) Die Gemeinde kann bereits vor dem in Absatz 1 bezeichneten Zeitpunkt die Durchführung der Sanierung für einzelne Grundstücke durch Bescheid an die Eigentümer für abgeschlossen erklären, wenn die den Zielen und Zwecken der Sanierung entsprechende Bebauung oder sonstige Nutzung oder die Modernisierung oder Instandsetzung auch ohne Gefährdung der Ziele und Zwecke der Sanierung zu einem späteren Zeitpunkt möglich ist. Ein Rechtsanspruch auf Abgabe der Erklärung besteht in diesem Falle nicht.

(3) Mit der Erklärung entfällt die Anwendung der §§ 144, 145 und 153 für dieses Grundstück. Die Gemeinde ersucht das Grundbuchamt, den Sanierungsvermerk zu löschen.

Bereits vor Aufhebung der Satzung nach § 162 kann für einzelne Grundstücke von 1
der Gemeinde erklärt werden, dass die Sanierung beendet sei. Dies hat zur Folge, dass die im Gesetz enthaltenen Beschränkungen für diese Grundstücke entfallen. Eine solche Herausnahme erfolgt durch **Verwaltungsakt**, ihre Notwendigkeit kann sich unter Berücksichtigung des Verhältnismäßigkeitsgrundsatzes aus der Pflicht zur **zügigen Durchführung** der Sanierung ergeben. Die Vorschrift ist gemäß § 169 Abs. 1 Nr. 8 für den städtebaulichen Entwicklungsbereich entsprechend anwendbar.

Die **Abschlusserklärung** nach Abs. 1 setzt voraus, dass bzgl des Grundstücks die 2
Sanierung tatsächlich abgeschlossen ist. Nach Nr. 1 kann die Sanierung für abgeschlossen erklärt werden, wenn das Grundstück entsprechend den Zielen und Zwecken der Sanierung bebaut ist oder in sonstiger Weise genutzt wird. Maßgebend sind somit allein die **Sanierungsziele**, nicht aber etwa ein bestehender oder aufzustellender Bebauungsplan für das Gebiet. Auch Nr. 2 macht das Erreichen der Sanierungsziele zum Kriterium für die Erklärung des Abschlusses der Sanierung. Kann ein Grundstück aufgrund der durchgeführten Modernisierungs- oder Instandsetzungsmaßnahmen die ihm nach der Sanierung zugedachte Funktion erfüllen, besteht kein Grund, es weiter den sanierungsrechtlichen Beschränkungen zu unterwerfen.

Für den hierauf basierenden Antrag des Eigentümers nach Abs. 1 Satz 2 sieht das 3
Gesetz keine bestimmte Form vor, es empfiehlt sich aber aus Gründen der Rechtssicherheit (ggf Möglichkeit einer Untätigkeitsklage) die Schriftform. Liegen die Voraussetzungen des Satz 1 vor, hat der Grundstückseigentümer einen **Rechtsanspruch** auf Erteilung der Erklärung. Da hierdurch die Rechtswirkungen der Sanierung für das Grundstück fortfallen, ist der Eigentümer nicht mehr beschwert, so dass er nicht von der Gemeinde verlangen kann, auch noch insoweit die Sanierungssatzung teilweise aufzuheben (vgl BVerwG Buchholz 406.11 § 162 BauGB Nr. 1). Die Formulierung des Satz 1 zeigt, dass die Gemeinde auch von Amts wegen die Sanierung für ein Grundstück als abgeschlossen erklärt werden kann.

Muster

▶ **Antrag auf Erklärung der Abgeschlossenheit der Sanierung gem. § 163 BauGB**

An die Stadt S.

Erklärung der Abgeschlossenheit der Sanierung für die Flurstücke, Gemarkung ... , Flur ... , Flurstück Nr. ... , im Sanierungsgebiet „Struktursanierung Gewerbegebiet G"

Sehr geehrte Damen und Herren,

wie Ihnen bekannt ist, vertreten wir die Interessen der Eheleute ... anwaltlich. Namens und in Vollmacht unserer Mandanten b e a n t r a g e n wir,

die Sanierung für die im Sanierungsgebiet „Struktursanierung Gewerbegebiet G" gelegene Grundstücke ... als abgeschlossen zu erklären.

G r ü n d e:

Unsere Mandanten sind Eigentümer der o. g. Grundstücke, die im Geltungsbereich der Satzung über die förmliche Festlegung des Sanierungsgebiets „Struktursanierung Gewerbegebiet G" gelegen sind. Die allgemeinen Ziele und Zwecke der Sanierung werden in der Satzung wie folgt konkretisiert:

- Stabilisierung des Gewerbegebietes hinsichtlich seiner Funktion,
- Innenstadtnahes Arbeitsstättengebiet,
- Aufwertung des Gebiets hinsichtlich der Branchenstruktur, der Qualität der Arbeitsplätze und des städtebaulichen Erscheinungsbildes,
- Verbesserung der Verkehrsinfrastruktur

Die Sanierung ist gemäß dieser allgemeinen Ziele und Zwecke für die Grundstücke unserer Mandanten abgeschlossen, sodass ein Anspruch auf Entlassung aus der Sanierung gem. § 163 Abs. 1 Satz 2 BauGB besteht. Voraussetzung für die vorzeitige Entlassung eines Grundstückes nach § 163 Abs. 1 BauGB wird entsprechend den Zielen und Zwecken der Sanierung

- das Grundstück bebaut ist oder in sonstiger Weise genutzt wird

oder

- das Gebäude modernisiert oder instand gesetzt ist.

Die Sanierung ist für die Grundstücke unserer Mandanten durchgeführt, da die Bebauung, die sonstige Nutzung und der Gebäudezustand den Zielen und Zwecken der Sanierung entsprechen. ... ◀

Hinweis für die Praxis: An eine Entlassung aus der Sanierung ist zu denken, wenn das Grundstück verkauft werden soll, um das Grundstück lastenfrei veräußern zu können (vgl. Vorkaufsrecht nach § 24 Abs. 1 Nr. 3).

4 Abs. 2 verlegt den Zeitpunkt für die Abschlusserklärung noch weiter nach vorne, wenn die Sanierung bzgl des Grundstücks nach der konkreten Sanierungsplanung auch zu einem späteren Zeitpunkt durchgeführt werden kann, ohne dass die Ziele der Sanierung gefährdet werden. Dies kann ggf durch einen **städtebaulichen Vertrag** mit dem Eigentümer gesichert werden. Ein Rechtsanspruch auf vorzeitige Entlassung wird jedoch nach Satz 2 ausgeschlossen, der die Entscheidung in das **Ermessen** der Gemeinde stellt; insoweit gelten die allgemeinen Grundsätze. Hier spielen die Sanierungsziele der Gemeinde die entscheidende Rolle.

5 Die Entscheidung der Gemeinde nach § 163 ergeht durch **Verwaltungsakt** und kann als solche durch Anfechtungsklage an das Verwaltungsgericht angegriffen oder durch Verpflichtungsklage begehrt werden. In Betracht kommt aber auch die Entlassung aus der Sanierung durch städtebaulichen Vertrag, insbesondere im

Fall des Abs. 2 Satz 1. Dieser bietet die Möglichkeit einer umfassenden Regelung, die auch die Zahlung des sanierungsrechtlichen **Ausgleichsbetrages** einschließen kann.

Die Rechtswirkungen der Abschlusserklärung beschreibt Abs. 3 der Vorschrift dahingehend, dass die Anwendung der §§ 144, 145 und 153 für das Grundstück entfällt. Deshalb verbleibt das Grundstück sogar nach der Löschung des Sanierungsvermerks im Grundbuch formell im Sanierungsgebiet und die nicht in Abs. 3 genannten Vorschriften können grundsätzlich weiterhin Anwendung finden, zB das Vorkaufsrecht nach § 24 Abs. 1 Nr. 3. Mit der Entlassung aus der Sanierung ist der Ausgleichsbetrag nach § 154 fällig und die Förderungsfähigkeit entfällt, so dass die Abschlusserklärung häufig nicht im Interesse der Grundstückseigentümer liegt. 6

§ 164 Anspruch auf Rückübertragung

(1) Wird die Sanierungssatzung aus den in § 162 Abs. 1 Satz 1 Nr. 2 oder 3 bezeichneten Gründen aufgehoben oder ist im Falle der Aufhebung nach § 162 Abs. 1 Satz 1 Nr. 4 die Sanierung nicht durchgeführt worden, hat der frühere Eigentümer eines Grundstücks einen Anspruch gegenüber dem jeweiligen Eigentümer auf Rückübertragung dieses Grundstücks, wenn es die Gemeinde oder der Sanierungsträger von ihm nach der förmlichen Festlegung des Sanierungsgebiets zur Durchführung der Sanierung freihändig oder nach den Vorschriften dieses Gesetzbuchs ohne Hergabe von entsprechendem Austauschland, Ersatzland oder Begründung von Rechten der in § 101 Abs. 1 Satz 1 Nr. 1 bezeichneten Art erworben hatte.

(2) Der Anspruch besteht nicht, wenn

1. das Grundstück als Baugrundstück für den Gemeinbedarf oder als Verkehrs-, Versorgungs- oder Grünfläche in einem Bebauungsplan festgesetzt ist oder für sonstige öffentliche Zwecke benötigt wird oder

2. der frühere Eigentümer selbst das Grundstück im Wege der Enteignung erworben hatte oder

3. der Eigentümer mit der zweckgerechten Verwendung des Grundstücks begonnen hat oder

4. das Grundstück auf Grund des § 89 oder des § 159 Abs. 3 an einen Dritten veräußert wurde oder

5. die Grundstücksgrenzen erheblich verändert worden sind.

(3) Die Rückübertragung kann nur binnen zwei Jahren seit der Aufhebung der Sanierungssatzung verlangt werden.

(4) Der frühere Eigentümer hat als Kaufpreis den Verkehrswert zu zahlen, den das Grundstück im Zeitpunkt der Rückübertragung hat.

(5) Ein Anspruch auf Rückenteignung nach § 102 bleibt unberührt. Die dem Eigentümer zu gewährende Entschädigung nach § 103 bemisst sich nach dem Verkehrswert des Grundstücks, der sich auf Grund des rechtlichen und tatsächlichen Zustands im Zeitpunkt der Aufhebung der förmlichen Festlegung ergibt.

Wird die Sanierung aufgehoben, weil sie sich als undurchführbar erweist oder weil 1
die Sanierungsabsicht aufgegeben wurde bzw wegen Fristablaufs iSv §§ 142 Abs. 3, 162 Abs. 1 Satz 1 Nr. 4 die Sanierung nicht durchgeführt wurde, so haben diejenigen

Eigentümer, die Grundstücke zum Zwecke der Sanierung weggegeben haben, einen Anspruch auf **Rückübertragung** dieser Grundstücke, der aber nicht mit dem Anspruch auf Rückenteignung nach § 102 verwechselt werden darf. Hebt die Gemeinde bei undurchführbarer Sanierung oder aufgegebener Sanierungsabsicht die Sanierungssatzung nicht auf, kann sich ein **Aufhebungsanspruch** eines Betroffenen aus Art 14 GG ergeben (vgl zum Anspruch eines Bürgers auf Erlass einer ihn begünstigenden Rechtsnorm mit dem Rang unterhalb eines Gesetzes: BVerwGE 80, 356 = DVBl 1989, 562 = DÖV 1989, 449). Die Vorschrift gilt auch für die Ersatz- und Ergänzungsgebiete und ist gemäß § 169 Abs. 1 Nr. 8 im städtebaulichen Entwicklungsbereich entsprechend anwendbar.

2 Nach Abs. 1 kann der frühere Eigentümer die Rückübertragung verlangen, wenn die Sanierungssatzung aus den Gründen des § 162 Abs. 1 Satz 1 Nr. 2 oder 3 ganz oder teilweise aufgehoben wird. Erforderlich ist dafür, dass das Grundstück nach der förmlichen Festlegung des Sanierungsgebiets gegen eine Geldzahlung, nicht aber gegen Austauschland, Ersatzland oder Begründung eines Rechts nach § 101 Abs. 1 Satz 1 Nr. 1 zum Zwecke der Sanierung von der Gemeinde bzw ihrem Sanierungsträger erworben worden war. Die Art des Erwerbs (freihändig, durch Ausübung des Vorkaufsrechts oder durch Enteignung) spielt insoweit keine Rolle. Der Anspruch richtet sich direkt gegen den jeweiligen neuen Eigentümer.

3 Abs. 2 regelt im Einzelnen die Ausnahmen von diesem Rückübertragungsanspruch unter Berücksichtigung der beteiligten Interessen. Wegen der eigentumsrechtlichen Bedeutung der Vorschrift dürfte eine Erweiterung der dort genannten Tatbestände nicht zulässig sein. Der Ausschluss in Nr. 1 will verhindern, dass ein Grundstück rückübertragen wird, das für **öffentliche Zwecke** benötigt wird, wofür die Gemeinde darlegungspflichtig ist. Mit dieser Regelung wird ein überflüssiger Grundstücksverkehr vermieden und die Erfüllung öffentlicher Aufgaben vereinfacht. Nr. 2 sieht denjenigen Eigentümer nicht als schutzwürdig an, der das Grundstück selbst im Wege der Enteignung erworben hat, während Nr. 3 den **Vertrauensschutz** des baurechtsgemäß handelnden neuen Eigentümers und die Vermeidung von Entschädigungsansprüchen im Auge hat. Den Nrn. 4 und 5 liegen ebenfalls Praktikabilitätsaspekte zu Grunde.

4 Die **Frist**bestimmung nach Abs. 3 dient hieran anschließend der Rechtssicherheit und dem Vertrauensschutz des neuen Eigentümers, wenn vorgesehen wird, dass der Anspruch auf Rückübertragung nur innerhalb von zwei Jahren geltend gemacht werden kann. Der Lauf dieser Frist beginnt mit der Bekanntmachung der Aufhebungssatzung nach § 162 Abs. 2 Satz 4 und berechnet sich nach den allgemeinen Vorschriften des BGB.

5 Abs. 4 setzt als Kaufpreis den **Verkehrswert** zum Zeitpunkt der Rückübertragung fest, insoweit ist auf § 194 zu verweisen.

6 Abs. 5 stellt nochmals klar, dass bei Vorliegen der dort genannten Tatbestandsvoraussetzungen der verfassungsrechtlich begründete Rückübereignungsanspruch nach § 102 von den Regelungen des Billigkeitserwägungen folgenden § 164 unberührt bleibt; gleichzeitig werden aber in Satz 2 die Entschädigungsregelungen des § 103 modifiziert.

Sechster Abschnitt
Städtebauförderung

§ 164a Einsatz von Städtebauförderungsmitteln

(1) Zur Deckung der Kosten der einheitlichen Vorbereitung und zügigen Durchführung der städtebaulichen Sanierungsmaßnahme als Einheit (Gesamtmaßnahme) werden Finanzierungs- und Förderungsmittel (Städtebauförderungsmittel) eingesetzt. Für Maßnahmen im Zusammenhang mit der Sanierung, deren Finanzierung oder Förderung auf anderer gesetzlicher Grundlage beruht, sollen die in den jeweiligen Haushaltsgesetzen zur Verfügung gestellten Finanzierungs- oder Förderungsmittel so eingesetzt werden, dass die Maßnahmen im Rahmen der Sanierung durchgeführt werden können.

(2) Städtebauförderungsmittel können eingesetzt werden für

1. die Vorbereitung von Sanierungsmaßnahmen (§ 140),
2. die Durchführung von Ordnungsmaßnahmen nach § 147 einschließlich Entschädigungen, soweit durch sie kein bleibender Gegenwert erlangt wird; zu den Kosten der Ordnungsmaßnahmen gehören nicht die persönlichen oder sachlichen Kosten der Gemeindeverwaltung,
3. die Durchführung von Baumaßnahmen nach § 148,
4. die Gewährung einer angemessenen Vergütung von nach Maßgabe dieses Gesetzes beauftragten Dritten,
5. die Verwirklichung des Sozialplans nach § 180 sowie die Gewährung eines Härteausgleichs nach § 181.

(3) Städtebauförderungsmittel können für Modernisierungs- und Instandsetzungsmaßnahmen im Sinne des § 177 eingesetzt werden. Soweit nichts anderes vereinbart ist, gilt dies auch für entsprechende Maßnahmen, zu deren Durchführung sich der Eigentümer gegenüber der Gemeinde vertraglich verpflichtet hat, sowie für darüber hinausgehende Maßnahmen, die der Erhaltung, Erneuerung und funktionsgerechten Verwendung eines Gebäudes dienen, das wegen seiner geschichtlichen, künstlerischen oder städtebaulichen Bedeutung erhalten bleiben soll.

Durch das BauROG 1998 wurde der sechste Abschnitt „Städtebauförderung" 1 mit den §§ 164a (Einsatz von Städtebauförderungsmitteln) und § 164b (Verwaltungsvereinbarung) eingefügt. Zusammen mit § 156a (Kosten und Finanzierung der Sanierungsmaßnahmen) und § 149 Abs. 6 (Aufgaben der höheren Verwaltungsbehörde) übernehmen sie den Regelungsgehalt der zuvor geltenden Vorschriften des Städtebauförderungsgesetzes, die seit dem 1.1.1998 entfallen sind. § 164a gilt im förmlich festgelegten Sanierungsgebiet sowie in den Untersuchungs-, Ersatz- und Ergänzungsgebieten und ist im städtebaulichen Entwicklungsgebiet gemäß § 169 Abs. 1 Nr. entsprechend anzuwenden.

Abs. 1 Satz 1 der Vorschrift regelt allgemein den Einsatz von **Städtebauförderungsmitteln** 2 für die Gesamtmaßnahme in Abgrenzung zu einzelnen Maßnahmen und beschreibt diese als Finanzhilfen, die den Gemeinden (regelmäßig von Bund und den Ländern) gewährt werden, um mit den von der Gemeinde bereitgestellten Haushaltsmitteln und ggf Mitteln privater Dritter die Kosten der Vorbereitung und Durchführung von städtebaulichen Sanierungsmaßnahmen zu decken. Sie verpflichtet nicht zur Bereitstellung von solchen Finanzierungsmitteln, sondern setzt diese voraus und beschreibt allgemein ihren Verwendungszweck. Die Norm bezieht sich auf die Sanierung als **Gesamtmaßnahme**, nicht aber auf einzelne Sanierungsschritte oder Einzelmaßnahmen. Satz 2 hat in Ergänzung hierzu ebenso wie § 139 mit seiner Beteiligungsregelung eine Koordinierungsfunktion, um durch einen abgestimmten Einsatz der zur Verfügung stehenden Mittel eine optimale Erfüllung der sanierungsrechtlichen Aufgaben zu gewährleisten. Verfahrenstechnisch schlägt sich der koordinierte Einsatz der Städtebauförderungsmittel in der **Kosten- und Finanzierungsübersicht** nach § 149 nieder.

3 Abs. 2 konkretisiert diesen Einsatzbereich, indem er die Verwendungszwecke für die Städtebauförderungsmittel im Einzelnen benennt. Dabei ist es aber den Ländern nicht verwehrt, den Katalog des Abs. 2 in ihren Förderrichtlinien zu modifizieren und dort auch eigene Voraussetzungen für die Förderungsfähigkeit zu formulieren. Die einzelnen Ziffern des Abs. 2 knüpfen an die jeweiligen kostenbegründenden Vorschriften an, so dass insoweit auf die entsprechende Kommentierung verwiesen werden kann. In der praktischen Ausgestaltung des Sanierungsverfahrens kann sich Nr. 2, 2. HS für die Gemeinde als besonders wichtig erweisen, wonach die persönlichen oder sachlichen Kosten der Gemeindeverwaltung nicht zu den **Kosten der Ordnungsmaßnahmen** zählen, mithin nicht förderungsfähig sind. Deshalb kann es sinnvoll sein, jedenfalls hierfür geeignete Sanierungsaufgaben einem **Sanierungsträger** zu übertragen, dessen Vergütung für die Erfüllung dieser Aufgaben nach Nr. 4 förderungsfähig ist. Die sanierungsrechtliche Förderungsfähigkeit entfällt nicht, wenn die Sanierung vor Erreichen der Ziele und Zwecke wegen Undurchführbarkeit oder aus anderem Grund vorzeitig abgebrochen wird.

4 Abs. 3 erweitert die Einsatzmöglichkeiten der Städtebauförderungsmittel zum Zweck der Kostenerstattung für eigentlich dem Eigentümer obliegende Aufgaben, indem er auch **Modernisierungs- und Instandsetzungsmaßnahmen** iSd § 177, entsprechende vertraglich vom Eigentümer übernommene und sonstige Maßnahmen, an deren Durchführung ein besonderes öffentliches Interesse besteht, einbezieht. Sinn dieser Regelung ist es, die Durchführung von Maßnahmen zu ermöglichen, die den Zielen und Zwecken der Sanierung in besonderem Maß dienen, von dem jeweiligen Eigentümer aber ohne finanzielle Unterstützung kaum geleistet werden könnten. Eine solche konsensuale Verfahrensweise, die den Erlass eines Verwaltungsakts mit all seinen Vollstreckungsproblemen vermeiden kann, hat sich in der Praxis bewährt. Dabei kann die Finanzierung auch über einen teilweisen Zuschuss oder die Gewährung eines zinsgünstigen Darlehens erfolgen. Für entsprechende **städtebauliche Verträge** gelten die Vorschriften des § 11, ergänzt durch die allgemeinen Vorschriften der §§ 54 ff VwVfG; für Streitigkeiten hieraus sind die Verwaltungsgerichte zuständig.

§ 164b Verwaltungsvereinbarung

(1) Der Bund kann zur Förderung städtebaulicher Sanierungsmaßnahmen nach Artikel 104b des Grundgesetzes den Ländern nach Maßgabe des jeweiligen Haushaltsgesetzes Finanzhilfen für Investitionen der Gemeinden und Gemeindeverbände nach einem in gleicher Weise geltenden, allgemeinen und sachgerechten Maßstab gewähren. Der Maßstab und das Nähere für den Einsatz der Finanzhilfen werden durch Verwaltungsvereinbarung zwischen Bund und Ländern festgelegt.

(2) Schwerpunkt für den Einsatz solcher Finanzhilfen sind
1. **die Stärkung von Innenstädten und Ortsteilzentren in ihrer städtebaulichen Funktion unter besonderer Berücksichtigung des Wohnungsbaus sowie der Belange des Denkmalschutzes und der Denkmalpflege,**
2. **die Wiedernutzung von Flächen, insbesondere der in Innenstädten brachliegenden Industrie-, Konversions- oder Eisenbahnflächen, zur Errichtung von Wohn- und Arbeitsstätten, Gemeinbedarfs- und Folgeeinrichtungen unter Berücksichtigung ihrer funktional sinnvollen Zuordnung (Nutzungsmischung) sowie von umweltschonenden, kosten- und flächensparenden Bauweisen,**
3. **städtebauliche Maßnahmen zur Behebung sozialer Missstände.**

Die Vorbereitung und Durchführung von städtebaulichen Sanierungsverfahren 1
wird regelmäßig die **finanzielle Leistungsfähigkeit** der hierfür zuständigen Gemeinden übersteigen, so dass diese auf Unterstützung von anderer Seite angewiesen sind. Die Voraussetzungen dafür, dass auch der Bund eine solche Unterstützung leisten kann, schafft seit dem BauROG 1998 § 164b, wonach der Bund den Ländern zur Förderung städtebaulicher Sanierungsmaßnahmen **Finanzhilfen** für Investitionen der Gemeinden und Gemeindeverbände gewähren kann. Dabei gewährt die Regelung weder den Ländern noch den Gemeinden einen Anspruch auf eine solche Förderung und stellt sie mit der Erwähnung des jeweiligen Haushaltsgesetzes auch unter einen **Finanzierungsvorbehalt**. Um bei der Vergabe der Mittel ein transparentes und sachorientiertes Verfahren zu gewährleisten, verlangt das Gesetz einen in gleicher Weise geltenden, allgemeinen und sachgerechten Maßstab, der mit dem Verteilungsverfahren in einer **Verwaltungsvereinbarung** zwischen Bund und Ländern festzulegen ist. Diese sind wiederum in den Förderrichtlinien der Länder umzusetzen, in denen insbesondere die Voraussetzungen für eine Förderung von städtebaulichen Sanierungsmaßnahmen zu definieren sind.

Die Vorschrift, die für das städtebauliche Entwicklungsgebiet nach § 169 Abs. 1 2
Nr. 9 entsprechend anzuwenden ist, knüpft an Art. 104a Abs. 4 GG an, wonach der Bund den Ländern Finanzhilfen für besonders bedeutsame Investitionen der Länder und Kommunen gewähren kann, wenn diese zur Abwehr einer **Störung des gesamtwirtschaftlichen Gleichgewichts** oder zum Ausgleich unterschiedlicher Wirtschaftskraft oder zur Förderung des wirtschaftlichen Wachstums notwendig sind. § 164b ist als „nähere Bestimmung" iSd Verfassungsvorschrift anzusehen, verweist aber seinerseits auf Verwaltungsvereinbarungen zwischen dem Bund und den Ländern.

Konkreter wird Abs. 2 der Vorschrift, wo die Schwerpunkte für den Einsatz der 3
Finanzhilfen nach Abs. 1 im Einzelnen genannt sind, wenngleich aus dem Begriff des Schwerpunkts eine gewisse Ungenauigkeit folgt. Allerdings ergeben sich hieraus keine praktischen Probleme, da die Länder und die Gemeinden nicht an diese Schwerpunkte gebunden sind, sondern eigene Prioritäten setzen können.

Die Formulierung in Nr. 1, Innenstädte und Ortsteilzentren in ihrer städtebauli- 4
chen Funktion zu stärken und dabei den Wohnungsbau sowie die Belange des Denkmalschutzes und der Denkmalpflege besonderes zu berücksichtigen, zeigt die gesetzgeberische Wertung, die **Binnenentwicklung** der Städte und Gemeinden zu stärken und dafür die vorhandene Bausubstanz zu nutzen. Nr. 2 ist im Zusammenhang mit der **Bodenschutzklausel** des § 1a Abs. 2 zu sehen, denn wenn städtebauliche Sanierungsmaßnahmen mit entsprechender finanzieller Förderung und

planerischer Steuerung dazu führen, dass in den Zentren durch eine sinnvolle Nutzungsmischung attraktive Wohnverhältnisse entstehen, verringert sich der Druck auf die Gemeinden, neues Bauland am Ortsrand auszuweisen und damit bisher unbebaute Natur und Landschaft zu **verbrauchen**. Dabei ist aber zu beachten, dass auch insoweit die BauNVO gilt und die Mischung der verschiedenen Nutzungen nicht zu unverträglichen **bodenrechtlichen Spannungen** führen darf. Der Schwerpunkt nach Nr. 3 soll der Behebung sozialer Missstände dienen und nimmt somit ein wesentliches Ziel jedes Sanierungsverfahrens auf. Dabei wird allerdings der Fokus anders als in § 136 Abs. 2, 3 weniger auf die bauliche als auf die soziale Situation gelenkt. Dies kann angesichts der demographischen Entwicklung in Deutschland zukünftig verstärkt Bedeutung erlangen, wenn nicht nur in den Plattensiedlungen der ostdeutschen Länder, sondern im ganzen Land die Wohndichte geringer wird und in erheblichem Maß gerade in wenig attraktiven Gebieten Leerstände auftreten und dadurch große soziale Probleme entstehen können.

Zweiter Teil
Städtebauliche Entwicklungsmaßnahmen

§ 165 Städtebauliche Entwicklungsmaßnahmen

(1) Städtebauliche Entwicklungsmaßnahmen in Stadt und Land, deren einheitliche Vorbereitung und zügige Durchführung im öffentlichen Interesse liegen, werden nach den Vorschriften dieses Teils vorbereitet und durchgeführt.

(2) Mit städtebaulichen Entwicklungsmaßnahmen nach Absatz 1 sollen Ortsteile und andere Teile des Gemeindegebiets entsprechend ihrer besonderen Bedeutung für die städtebauliche Entwicklung und Ordnung der Gemeinde oder entsprechend der angestrebten Entwicklung des Landesgebiets oder der Region erstmalig entwickelt oder im Rahmen einer städtebaulichen Neuordnung einer neuen Entwicklung zugeführt werden.

(3) Die Gemeinde kann einen Bereich, in dem eine städtebauliche Entwicklungsmaßnahme durchgeführt werden soll, durch Beschluss förmlich als städtebaulichen Entwicklungsbereich festlegen, wenn

1. die Maßnahme den Zielen und Zwecken nach Absatz 2 entspricht,
2. das Wohl der Allgemeinheit die Durchführung der städtebaulichen Entwicklungsmaßnahme erfordert, insbesondere zur Deckung eines erhöhten Bedarfs an Wohn- und Arbeitsstätten, zur Errichtung von Gemeinbedarfs- und Folgeeinrichtungen oder zur Wiedernutzung brachliegender Flächen,
3. die mit der städtebaulichen Entwicklungsmaßnahme angestrebten Ziele und Zwecke durch städtebauliche Verträge nicht erreicht werden können oder Eigentümer der von der Maßnahme betroffenen Grundstücke unter entsprechender Berücksichtigung des § 166 Abs. 3 nicht bereit sind, ihre Grundstücke an die Gemeinde oder den von ihr beauftragten Entwicklungsträger zu dem Wert zu veräußern, der sich in Anwendung des § 169 Abs. 1 Nr. 6 und Abs. 4 ergibt,
4. die zügige Durchführung der Maßnahme innerhalb eines absehbaren Zeitraums gewährleistet ist.

Die öffentlichen und privaten Belange sind gegeneinander und untereinander gerecht abzuwägen.

(4) Die Gemeinde hat vor der förmlichen Festlegung des städtebaulichen Entwicklungsbereichs die vorbereitenden Untersuchungen durchzuführen oder zu veranlassen, die erforderlich sind, um Beurteilungsunterlagen über die Festlegungsvoraussetzungen nach Absatz 3 zu gewinnen. Die §§ 137 bis 141 sind entsprechend anzuwenden.

(5) Der städtebauliche Entwicklungsbereich ist so zu begrenzen, dass sich die Entwicklung zweckmäßig durchführen lässt. Einzelne Grundstücke, die von der Entwicklung nicht betroffen werden, können aus dem Bereich ganz oder teilweise ausgenommen werden. Grundstücke, die den in § 26 Nr. 2 und § 35 Abs. 1 Nr. 7 bezeichneten Zwecken dienen, die in § 26 Nr. 3 bezeichneten Grundstücke sowie Grundstücke, für die nach § 1 Abs. 2 des Landbeschaffungsgesetzes ein Anhörungsverfahren eingeleitet worden ist, und bundeseigene Grundstücke, bei denen die Absicht, sie für Zwecke der Landesverteidigung zu verwenden, der Gemeinde bekannt ist, dürfen nur mit Zustimmung des Bedarfsträgers in den städtebaulichen Entwicklungsbereich einbezogen werden. Der Bedarfsträger soll seine

Zustimmung erteilen, wenn auch bei Berücksichtigung seiner Aufgaben ein überwiegendes öffentliches Interesse an der Durchführung der städtebaulichen Entwicklungsmaßnahme besteht.

(6) Die Gemeinde beschließt die förmliche Festlegung des städtebaulichen Entwicklungsbereichs als Satzung (Entwicklungssatzung). In der Entwicklungssatzung ist der städtebauliche Entwicklungsbereich zu bezeichnen.

(7) Der Entwicklungssatzung ist eine Begründung beizufügen. In der Begründung sind die Gründe darzulegen, die die förmliche Festlegung des entwicklungsbedürftigen Bereichs rechtfertigen.

(8) Der Beschluss der Entwicklungssatzung ist ortsüblich bekannt zu machen. § 10 Abs. 3 Satz 2 bis 5 ist entsprechend anzuwenden. In der Bekanntmachung nach Satz 1 ist auf die Genehmigungspflicht nach den §§ 144, 145 und 153 Abs. 2 hinzuweisen. Mit der Bekanntmachung wird die Entwicklungssatzung rechtsverbindlich.

(9) Die Gemeinde teilt dem Grundbuchamt die rechtsverbindliche Entwicklungssatzung mit. Sie hat hierbei die von der Entwicklungssatzung betroffenen Grundstücke einzeln aufzuführen. Das Grundbuchamt hat in die Grundbücher dieser Grundstücke einzutragen, dass eine städtebauliche Entwicklungsmaßnahme durchgeführt wird (Entwicklungsvermerk). § 54 Abs. 2 Satz 1 und Abs. 3 ist entsprechend anzuwenden.

1 Entgegen der früheren Regelung enthält das BauGB keine Definition der Entwicklungsmaßnahmen mehr, denn das Gesetz geht davon aus, dass nur für die bei Inkrafttreten des BauGB eingeleiteten Verfahren Regelungen notwendig sind, sich im Übrigen aber später Entwicklungsmaßnahmen allein nach dem Instrumentarium für den normalen Städtebau richten.

2 Entwicklungsmaßnahmen müssen der **Strukturverbesserung** in den Verdichtungsräumen, der Verdichtung von Wohn- und Arbeitsstätten im Zuge von Entwicklungsachsen oder dem Ausbau von Entwicklungsschwerpunkten außerhalb der Verdichtungsräume, insbesondere in den hinter der allgemeinen Entwicklung zurückbleibenden Gebieten, dienen. Bei der städtebaulichen Entwicklungsmaßnahme handelt es sich ebenso wie bei der Sanierungsmaßnahme um eine **Gesamtmaßnahme**, die durch ein Geflecht städtebaulicher Einzelmaßnahmen darauf angelegt ist, ein bestimmtes Gebiet koordiniert zu entwickeln (BVerwG Buchholz 406.15 § 1 StBauFG Nr. 1 = NVwZ 1986, 917 = BRS 46 Nr. 216). Die Vorschrift schafft – ebenso wie die §§ 136 ff für städtebauliche Sanierungsmaßnahmen – ein sachlich, räumlich und zeitlich begrenztes **Sonderrecht** für die Grundstücke in dem betreffenden Gebiet, lässt aber die Geltung der allgemeinen Vorschriften und sonstiger Gesetze unberührt. Unterschiede zum Sanierungsrecht bestehen bezüglich der **Enteignung**, die gemäß § 169 Abs. 3 im städtebaulichen Entwicklungsbereich auch ohne Bebauungsplan zugunsten der Gemeinde oder des Entwicklungsträgers zur Erfüllung ihrer Aufgaben zulässig ist und bezüglich der Pflicht zum Erwerb und zur Veräußerung von Grundstücken unter den Voraussetzungen der §§ 166 Abs. 3, 169 Abs. 5–8.

3 Städtebauliche Entwicklungsmaßnahmen können zur Verwirklichung des Zieles eines sparsamen Umgangs mit Grund und Boden iS § 1a Abs. 2 eingesetzt werden, denn sie können auch die **Wiedernutzbarmachung** oder Nutzungsänderung brachliegender oder auch mindergenutzter innerörtlicher Gebiete, etwa in Folge eines wirtschaftlichen **Strukturwandels** zum Gegenstand haben. Sie können sich aber

auch auf solche Flächen beziehen, denen von der gemeindlichen Planung eine neue städtebauliche **Funktion** zugeordnet werden soll. Dem Wohl der Allgemeinheit iSv Abs. 3 Satz 1 Nr. 2 entspräche es, wenn so benötigter Wohnraum in bereits bebauten Gebieten geschaffen und dadurch die Ausweisung neuer Baugebiete in bisher unverbauter Natur und Landschaft reduziert würde. Allerdings ist die Durchführung städtebaulicher Entwicklungsmaßnahmen für die Gemeinden mit einem hohen Verwaltungsaufwand verbunden und wegen ihrer eigentumsbeschränkenden Wirkungen nicht nach Belieben einsetzbar (vgl hierzu BVerwGE 107, 123).

Abs. 1 der Vorschrift bestimmt den sachlichen Anwendungsbereich des Entwicklungsrechts und definiert das Ziel der **einheitlichen Vorbereitung** und **zügigen Durchführung** städtebaulicher Entwicklungsmaßnahmen in Stadt und Land, die im öffentlichen Interesse liegen. Hiervon ist zB auszugehen, wenn der Trend zur **Abwanderung** in das Umland gestoppt werden soll (BVerwG v. 17.12.2003 – 4 BN 54/03 –). Es handelt sich dabei ebenso wie bei der Sanierung um eine städtebauliche Gesamtmaßnahme, so dass auch die insoweit entsprechenden Grundsätze gelten. Voraussetzung für eine städtebauliche Entwicklungsmaßnahme ist ein qualifizierter städtebaulicher Handlungsbedarf, der nicht mit den Mitteln des allgemeinen Städtebaurechts bewältigt werden kann, sondern aus Gründen des öffentlichen Interesses ein planmäßiges und aufeinander abgestimmtes Vorgehen iS einer Gesamtmaßnahme als Geflecht mehrerer Einzelmaßnahmen **erfordert**. 4

Die **Ziele** städtebaulicher Entwicklungsmaßnahmen werden in Abs. 2 konkretisiert. Hiernach sollen durch entsprechende Maßnahmen Ortsteile und andere Teile des Gemeindegebiets entsprechend ihrer besonderen Bedeutung oder entsprechend der angestrebten Entwicklung erstmalig entwickelt oder i.R. einer städtebaulichen Neuordnung einer neuen Entwicklung zugeführt werden. Das Merkmal des **Ortsteils** ist städtebaulich zu definieren, dh ein Ortsteil erfüllt wesentliche – nicht notwendigerweise alle – Teilfunktionen einer Gemeinde (zB Infrastruktur, Wohnen, Arbeiten). Andere Teile des Gemeindegebiets können dann Gegenstand einer städtebaulichen Entwicklungsmaßnahme sein, wenn sie in vergleichbarer Weise eine besondere Bedeutung für die Gemeinde haben. Die Vorschrift enthält dynamische Elemente und kann zur strukturpolitischen Steuerung eingesetzt werden. Der Begriff der besonderen Bedeutung stellt den Bezug zu den lokalen Strukturen her. Eine **erstmalige Entwicklung** kommt insbesondere bei bisher unbebauten Flächen, etwa aus der Land- und Forstwirtschaft, in Betracht, während mit der **Neuordnung** in erster Linie strukturellen Veränderungen in der Gemeinde Rechnung getragen werden kann. 5

Abs. 3 sieht als Entscheidungsform der Gemeinde einen förmlichen **Beschluss** (Entwicklungssatzung) vor und normiert die materiell-rechtlichen Voraussetzungen für die Durchführung von städtebaulichen Entwicklungsmaßnahmen. Gleichzeitig enthält er in Satz 2 ein **Abwägungsgebot**, bzgl dessen die üblichen Grundsätze gelten. Bei der Frage, ob das Wohl der Allgemeinheit die Durchführung der städtebaulichen Entwicklungsmaßnahme erfordert, sind insbesondere deren eigentumsrechtliche Auswirkungen zu berücksichtigen, so dass die Schwelle für ein Tätigwerden der Gemeinde nicht zu niedrig angesetzt werden darf. Mit der Definition der Wiedernutzbarmachung brachliegender Flächen trägt die Vorschrift § 1a Abs. 2 Rechnung, wobei die besondere Bedeutung dieser Tatbestandsalternative darin liegt, dass gleichzeitig auch ein weiterer Zweck des Abs. 3 Satz 1 Nr. 2 erfüllt werden kann. 6

7 Die für die Durchführung einer städtebaulichen Entwicklungsmaßnahme notwendigen Vorbereitungsmaßnahmen finden sich in Abs. 4, der auf die sanierungsrechtlichen Vorschriften verweist. Hiermit hat der Gesetzgeber im BauROG 1998 einem Bedürfnis der Praxis entsprochen. Die Ergebnisse der vorbereitenden Untersuchungen werden in die **Begründung** der **Entwicklungssatzung** aufgenommen (Abs. 7), um die Entscheidung mit ihren weitreichenden Folgen für die Betroffenen nachvollziehbar zu machen und Akzeptanz zu schaffen. Gemäß der nach Abs. 4 Satz 2 entsprechend anzuwendenden Vorschrift des § 141 Abs. 2 kann von vorbereitenden Untersuchungen abgesehen werden, wenn hinreichende Beurteilungsgrundlagen vorliegen. In einem solchen Fall sind diese offenzulegen und die Entscheidung zu begründen, weshalb weitere Untersuchungen nicht durchgeführt werden.

8 Abs. 5 knüpft wie auch die sanierungsrechtliche Parallelvorschrift an den Grundsatz der **zügigen Durchführung** an, wenn er eine zweckmäßige Begrenzung des städtebaulichen Entwicklungsbereichs fordert und die Herausnahme einzelner, nicht betroffener Grundstücke zulässt. Die Erteilung der nach Abs. 5 Satz 3 ggf notwendigen Zustimmung eines **Bedarfsträgers** steht nicht in dessen freiem Ermessen, sondern ist zu erteilen, wenn das öffentliche Interesse an der städtebaulichen Entwicklungsmaßnahme überwiegt.

9 Besondere Bedeutung hat Abs. 6 der Vorschrift, der die Legaldefinition der **Entwicklungssatzung** enthält, die den Entwicklungsbereich förmlich festlegt und bezeichnet. Auch insoweit ist auf die Ausführungen zur Sanierungssatzung zu verweisen. In der Regel reicht es aus, die das Entwicklungsgebiet umgrenzenden Straßenzüge zu benennen. Im Hinblick auf die Mitteilungspflicht an das **Grundbuchamt** nach Abs. 9, in deren Erfüllung die Grundstücke einzeln aufzuführen sind, scheint aber der Aufwand für eine Nennung der im Einzelnen betroffenen Parzellen vertretbar.

10 Die Entwicklungssatzung bedarf seit dem Inkrafttreten des EAG Bau 2004 nicht mehr der **Genehmigung** durch die höhere Verwaltungsbehörde. Gleichwohl ist ihr weiterhin nach Abs. 7 Satz 1 ein Bericht über die Gründe, die die förmliche Festlegung des entwicklungsbedürftigen Bereichs rechtfertigen, beizufügen. Dieser zielt nunmehr aber in erster Linie auf eine Kenntnisnahme durch die von der städtebaulichen Entwicklungsmaßnahme tatsächlich **Betroffenen** ab und soll – insbesondere im Hinblick auf die erheblichen eigentumsrechtlichen Folgen – bei diesen Akzeptanz für die getroffene Entscheidung erzeugen.

11 Gemäß Abs. 8 ist der Beschluss der Entwicklungssatzung ortüblich bekannt zu machen; § 10 Abs. 3 Satz 2 bis 5 sind entsprechend anzuwenden. In der **Bekanntmachung** ist zwingend auf die Genehmigungspflicht der in § 144 genannten Vorhaben und Rechtsvorgänge, die Vorschriften des § 145 über die Genehmigung und die Bemessung von Ausgleichs- und Entschädigungsleistungen nach § 153 Abs. 2 hinzuweisen. Darüberhinaus empfiehlt es sich, auch auf die weiteren Vorschriften hinzuweisen, die die Rechte der Betroffenen tangieren können, so zB § 154 über den Ausgleichsbetrag des Eigentümers für Wertsteigerungen seines Grundstücks. In diesem Fall könnten ggf einvernehmliche Feststellungen zum **Ausgangswert** des Grundstücks getroffen werden, was spätere Streitigkeiten vermeiden helfen würde.

§ 166 Zuständigkeit und Aufgaben

(1) Die Entwicklungsmaßnahme wird von der Gemeinde vorbereitet und durchgeführt, sofern nicht nach Absatz 4 eine abweichende Regelung getroffen wird. Die Gemeinde hat für den städtebaulichen Entwicklungsbereich ohne Verzug Bebauungspläne aufzustellen und, soweit eine Aufgabe nicht nach sonstigen gesetzlichen Vorschriften einem anderen obliegt, alle erforderlichen Maßnahmen zu ergreifen, um die vorgesehene Entwicklung im städtebaulichen Entwicklungsbereich zu verwirklichen.

(2) Die Gemeinde hat die Voraussetzungen dafür zu schaffen, dass ein funktionsfähiger Bereich entsprechend der beabsichtigten städtebaulichen Entwicklung und Ordnung entsteht, der nach seinem wirtschaftlichen Gefüge und der Zusammensetzung seiner Bevölkerung den Zielen und Zwecken der städtebaulichen Entwicklungsmaßnahme entspricht und in dem eine ordnungsgemäße und zweckentsprechende Versorgung der Bevölkerung mit Gütern und Dienstleistungen sichergestellt ist.

(3) Die Gemeinde soll die Grundstücke im städtebaulichen Entwicklungsbereich erwerben. Dabei soll sie feststellen, ob und in welcher Rechtsform die bisherigen Eigentümer einen späteren Erwerb von Grundstücken oder Rechten im Rahmen des § 169 Abs. 6 anstreben. Die Gemeinde soll von dem Erwerb eines Grundstücks absehen, wenn

1. **bei einem baulich genutzten Grundstück die Art und das Maß der baulichen Nutzung bei der Durchführung der Entwicklungsmaßnahme nicht geändert werden sollen oder**
2. **der Eigentümer eines Grundstücks, dessen Verwendung nach den Zielen und Zwecken der städtebaulichen Entwicklungsmaßnahme bestimmt oder mit ausreichender Sicherheit bestimmbar ist, in der Lage ist, das Grundstück binnen angemessener Frist dementsprechend zu nutzen, und er sich hierzu verpflichtet.**

Erwirbt die Gemeinde ein Grundstück nicht, ist der Eigentümer verpflichtet, einen Ausgleichsbetrag an die Gemeinde zu entrichten, der der durch die Entwicklungsmaßnahme bedingten Erhöhung des Bodenwerts seines Grundstücks entspricht.

(4) Die Vorbereitung und Durchführung der Entwicklungsmaßnahme kann einem Planungsverband nach § 205 Abs. 4 übertragen werden.

Entwicklungsmaßnahmen werden nach § 166 von der Gemeinde vorbereitet und durchgeführt, sofern durch Rechtsverordnung keine andere Zuständigkeit begründet worden ist (Abs. 4). Die Vorschrift macht nochmals deutlich, dass städtebaulichen Entwicklungsmaßnahmen als Gesamtheit zu sehen sind und fordert die Gemeinde auf, unverzüglich einen Bebauungsplan aufzustellen, der diese **Gesamtmaßnahme** bauleitplanerisch begleitet. Insoweit kann auch die Aufstellung eines Vorhaben- und Erschließungsplans iSv § 12 oder eine Satzung nach § 34 Abs. 4 Satz 1 Nr. 3 in Betracht kommen. Ist eine Entwicklungsatzung unwirksam, so hat dies nicht zwangsläufig die Unwirksamkeit des Bebauungsplans zur Folge (BVerwG ZfBR 1998, 252). 1

Von der Gesamtverantwortung der Gemeinde für die Vorbereitung und Durchführung der städtebaulichen Entwicklungsmaßnahme ist die Frage nach der Zuständigkeit zu unterscheiden, die sich aus den jeweils für die Maßnahmen geltenden Bestimmungen ergibt. Es bleibt auch bei der **Nachrangigkeit** gemeindlichen Handelns iSv § 148 Abs. 1, dh Baumaßnahmen bleiben zunächst den Eigentümern überlassen, soweit deren zügige und zweckmäßige Durchführung gewährleistet ist. 2

3 Abs. 2 soll sicherstellen, dass ein funktionsfähiger Bereich entsteht, der den Zielen und Zwecken des § 165 – insbesondere dessen Abs. 3 Satz 1 Nr. 2 – gerecht wird. Als weitere Kriterien werden das wirtschaftliche Gefüge, die Zusammensetzung der Bevölkerung und deren Versorgung mit Gütern und Dienstleistungen genannt. In diesem Rahmen kann die Gemeinde nicht nur städtebauliche Vorstellungen einbringen, sondern auch kommunalpolitische Zielsetzungen verwirklichen.

4 Abs. 3 konkretisiert die gemeindlichen Pflichten, insbesondere die **Grunderwerbspflicht** und die Ausnahmen hiervon. Der Gesetzgeber war der Auffassung, dass regelmäßig („soll") nur dann, wenn die Gemeinde insgesamt Eigentümer aller Grundstücke ist, die Möglichkeit gegeben ist, ein lebensfähiges örtliches Gemeinwesen zu schaffen, das nach seinem wirtschaftlichen Gefüge und der Zusammensetzung seiner Bevölkerung eine den Zielen und Zwecken der städtebaulichen Maßnahme entsprechende Versorgung der Bevölkerung mit Gütern und Dienstleistungen sicherstellen kann. Die Verpflichtung, frühzeitig festzustellen, ob und in welcher Rechtsform die bisherigen Eigentümer den späteren Grundstückserwerb anstreben, soll der Gemeinde die nachfolgende Veräußerung erleichtern. Erwirbt die Gemeinde das Grundstück nicht und der Eigentümer hat nach Abs. 3 Satz 4 einen **Ausgleichsbetrag** für die entwicklungsbedingte Bodenwerterhöhung des Grundstücks zu leisten, finden die sanierungsrechtlichen Vorschriften der §§ 154, 155 entsprechend Anwendung.

§ 167 Erfüllung von Aufgaben für die Gemeinde; Entwicklungsträger

(1) Die Gemeinde kann sich zur Erfüllung von Aufgaben, die ihr bei der Vorbereitung oder Durchführung der städtebaulichen Entwicklungsmaßnahme obliegen, eines geeigneten Beauftragten, insbesondere eines Entwicklungsträgers, bedienen. § 157 Abs. 1 Satz 2 und § 158 sind entsprechend anzuwenden.

(2) Der Entwicklungsträger erfüllt die ihm von der Gemeinde übertragenen Aufgaben in eigenem Namen für Rechnung der Gemeinde als deren Treuhänder. § 159 Abs. 1 Satz 3 und Abs. 2 sowie die §§ 160 und 161 sind entsprechend anzuwenden.

(3) Der Entwicklungsträger ist verpflichtet, die Grundstücke des Treuhandvermögens nach Maßgabe des § 169 Abs. 5 bis 8 zu veräußern; er ist dabei an Weisungen der Gemeinde gebunden.

1 Genauso wie bei Sanierungsmaßnahmen kann sich die Gemeinde bei der Vorbereitung und Durchführung der Aufgaben im Zuge von städtebaulichen Entwicklungsmaßnahmen – insoweit handelt es sich um eine **Ermessensentscheidung** – eines **Entwicklungsträgers** bedienen; hoheitliche Aufgaben dürfen allerdings nicht übertragen werden. Mit der Vorschrift wird den Problemen der Gemeinden Rechnung getragen, die in der Regel nicht über die notwendigen Verwaltungskapazitäten und das Fachpersonal verfügen, die komplexen Aufgaben einer städtebaulichen Entwicklungsmaßnahme zu bewältigen. Insoweit kann auf die Ausführungen zu den entsprechenden Vorschriften des Sanierungsrechts verwiesen werden. Die Vorschrift unterscheidet aber zwischen dem Entwicklungsträger, auf den § 158 Anwendung findet und dem sonstigen geeigneten Beauftragten. Dieser muss zwar nur geringere Anforderungen erfüllen, hat aber auch nicht die gleichen Befugnisse. Er kann im Wesentlichen nur für die vorbereitenden Unter-

suchungen nach § 165 Abs. 4 eingesetzt werden, nicht aber für die Durchführung der städtebaulichen Entwicklungsmaßnahme selbst.

Abs. 2 enthält die **Treuhandvorschriften** und verweist ebenfalls insoweit auf das Sanierungsrecht. Damit gilt auch die Verpflichtung der Gemeinde nach § 159 Abs. 2, mit dem Entwicklungsträger mindestens die Aufgaben, die Rechtsstellung, in der sie der Entwicklungsträger zu erfüllen hat, eine von der Gemeinde hierfür zu entrichtende angemessene Vergütung und die Befugnis der Gemeinde zur Erteilung von Weisungen durch schriftlichen Vertrag (sog. **Trägervertrag**) zu regeln. Aus diesem Vertrag hat die Gemeinde auch einen Anspruch auf **Auskunft**, da sie nur so ihre Rechte und Pflichten erfüllen kann. 2

Abs. 3 normiert die Pflicht des Entwicklungsträgers, die Grundstücke des Treuhandvermögens nach Weisung der Gemeinde zu **veräußern** und dabei die Abs. 5–8 des § 169 zu beachten. Ausgenommen hiervon sind Grundstücke, die als Gemeinbedarfs- oder Verkehrs-, Versorgungs- oder Grünflächen benötigt werden. 3

§ 168 Übernahmeverlangen

Der Eigentümer eines im städtebaulichen Entwicklungsbereich gelegenen Grundstücks kann von der Gemeinde die Übernahme des Grundstücks verlangen, wenn es ihm mit Rücksicht auf die Erklärung zum städtebaulichen Entwicklungsbereich oder den Stand der Entwicklungsmaßnahme wirtschaftlich nicht mehr zuzumuten ist, das Grundstück zu behalten oder in der bisherigen oder einer anderen zulässigen Art zu nutzen. Die Vorschrift des § 145 Abs. 5 Satz 2 bis 5 ist entsprechend anzuwenden.

Aus der generellen Verpflichtung, alle Grundstücke im Entwicklungsbereich zu erwerben, folgt auch der in § 168 verankerte Grundsatz, dass der Eigentümer einen **Übernahmeanspruch** hinsichtlich seines Grundstücks hat, wenn es ihm mit Rücksicht auf die Erklärung zum städtebaulichen Entwicklungsbereich wirtschaftlich nicht mehr zuzumuten ist, das Grundstück zu behalten oder es in der bisherigen oder einer anderen zulässigen Art zu nutzen. Dabei muss die **Unzumutbarkeit** kausal auf die Erklärung eines Gebiets zum Entwicklungsbereich und die daraus resultierenden Folgen zurückzuführen sein. Anders als bei Übernahmeverlangen nach § 145 Abs. 5 genügt es im Rahmen von § 168, dass das Grundstück in einem Gebiet liegt, welches zum Entwicklungsbereich erklärt worden ist; die Einleitung von vorbereitenden Untersuchungen reicht dagegen nicht aus, da zu diesem Zeitpunkt noch kein Entwicklungsbereich förmlich festgelegt ist. 1

Für die Entwicklungsmaßnahme gelten im Übrigen automatisch die Beschränkungen, die sich aufgrund einer **Veränderungssperre** nach § 14 ergeben. Wie bei einer Sanierungsmaßnahme sind mit den Betroffenen die Maßnahmen zu besprechen, ihre Mitwirkung soll nach Möglichkeit erreicht werden. Die für die Sanierung erforderlichen Genehmigungen gelten auch hier und genauso wie bei der Sanierung besteht weitgehende **Befreiung** von **Abgaben und Auslagen**. Bemerkenswert ist, dass die Übernahmepflicht dann über den Entwicklungsbereich hinausgehen kann, wenn Flächen eines land- oder forstwirtschaftlichen Betriebes im Entwicklungsbereich liegen, § 145 Abs. 5 Satz 2. Durch die entsprechende Anwendbarkeit von § 145 Abs. 5 Satz 2 bis 5 ist der Versuch einer Einigung Voraussetzung für ein solches Übernahmeverlangen. 2

§ 169 Besondere Vorschriften für den städtebaulichen Entwicklungsbereich

(1) Im städtebaulichen Entwicklungsbereich sind entsprechend anzuwenden

1. die §§ 137, 138 und 139 (Beteiligung und Mitwirkung der Betroffenen; Auskunftspflicht; Beteiligung und Mitwirkung öffentlicher Aufgabenträger),
2. § 142 Abs. 2 (Ersatz- und Ergänzungsgebiete),
3. die §§ 144 und 145 (Genehmigungspflichtige Vorhaben und Rechtsvorgänge; Genehmigung),
4. die §§ 146 bis 148 (Durchführung; Ordnungsmaßnahmen; Baumaßnahmen),
5. die §§ 150 und 151 (Ersatz für Änderungen von Einrichtungen, die der öffentlichen Versorgung dienen; Abgaben- und Auslagenbefreiung),
6. § 153 Abs. 1 bis 3 (Bemessung von Ausgleichs- und Entschädigungsleistungen; Kaufpreise),
7. die §§ 154 bis 156, ohne § 154 Abs. 2 a (Ausgleichsbetrag des Eigentümers; Anrechnung auf den Ausgleichsbetrag, Absehen; Überleitungsvorschriften zur förmlichen Festlegung),
8. §§ 162 bis 164 (Abschluss der Maßnahme),
9. die §§ 164a und 164 b (Einsatz von Städtebauförderungsmitteln; Verwaltungsvereinbarung),
10. § 191 (Vorschriften über den Verkehr mit land- und forstwirtschaftlichen Grundstücken).

(2) Die Vorschriften des Vierten Teils des Ersten Kapitels über die Bodenordnung sind im städtebaulichen Entwicklungsbereich nicht anzuwenden.

(3) Die Enteignung ist im städtebaulichen Entwicklungsbereich ohne Bebauungsplan zugunsten der Gemeinde oder des Entwicklungsträgers zur Erfüllung ihrer Aufgaben zulässig. Sie setzt voraus, dass der Antragsteller sich ernsthaft um den freihändigen Erwerb des Grundstücks zu angemessenen Bedingungen bemüht hat. Die §§ 85, 87, 88 und 89 Abs. 1 bis 3 sind im städtebaulichen Entwicklungsbereich nicht anzuwenden.

(4) Auf land- oder forstwirtschaftlich genutzte Grundstücke ist § 153 Abs. 1 mit der Maßgabe entsprechend anzuwenden, dass in den Gebieten, in denen sich kein von dem innerlandwirtschaftlichen Verkehrswert abweichender Verkehrswert gebildet hat, der Wert maßgebend ist, der in vergleichbaren Fällen im gewöhnlichen Geschäftsverkehr auf dem allgemeinen Grundstücksmarkt dort zu erzielen wäre, wo keine Entwicklungsmaßnahmen vorgesehen sind.

(5) Die Gemeinde ist verpflichtet, Grundstücke, die sie zur Durchführung der Entwicklungsmaßnahme freihändig oder nach den Vorschriften dieses Gesetzbuchs erworben hat, nach Maßgabe der Absätze 6 bis 8 zu veräußern mit Ausnahme der Flächen, die als Baugrundstücke für den Gemeinbedarf oder als Verkehrs-, Versorgungs- oder Grünflächen in einem Bebauungsplan festgesetzt sind oder für sonstige öffentliche Zwecke oder als Austauschland oder zur Entschädigung in Land benötigt werden.

(6) Die Grundstücke sind nach ihrer Neuordnung und Erschließung unter Berücksichtigung weiter Kreise der Bevölkerung und unter Beachtung der Ziele und Zwecke der Entwicklungsmaßnahme an Bauwillige zu veräußern, die sich verpflichten, dass sie die Grundstücke innerhalb angemessener Frist entsprechend den Festsetzungen des Bebauungsplans und den Erfordernissen der Entwicklungsmaßnahme bebauen werden. Dabei sind zunächst die früheren Eigentümer zu berück-

sichtigen. Auf die Veräußerungspflicht ist § 89 Abs. 4 anzuwenden. Zur land- oder forstwirtschaftlichen Nutzung festgesetzte Grundstücke sind Land- oder Forstwirten anzubieten, die zur Durchführung der Entwicklungsmaßnahme Grundstücke übereignet haben oder abgeben mussten.

(7) Die Gemeinde hat bei der Veräußerung dafür zu sorgen, dass die Bauwilligen die Bebauung in wirtschaftlich sinnvoller Aufeinanderfolge derart durchführen, dass die Ziele und Zwecke der städtebaulichen Entwicklung erreicht werden und die Vorhaben sich in den Rahmen der Gesamtmaßnahme einordnen. Sie hat weiter sicherzustellen, dass die neu geschaffenen baulichen Anlagen entsprechend den Zielen und Zwecken der städtebaulichen Entwicklungsmaßnahme dauerhaft genutzt werden.

(8) Zur Finanzierung der Entwicklung ist das Grundstück oder das Recht zu dem Verkehrswert zu veräußern, der sich durch die rechtliche und tatsächliche Neuordnung des städtebaulichen Entwicklungsbereichs ergibt. § 154 Abs. 5 ist auf den Teil des Kaufpreises entsprechend anzuwenden, der der durch die Entwicklung bedingten Werterhöhung des Grundstücks entspricht.

In Abs. 1 sind eine Reihe von – im Wesentlichen sanierungsrechtlichen – Vorschriften genannt, die im städtebaulichen Entwicklungsbereich entsprechend anzuwenden sind. Insoweit hat durch das BauROG 1998 eine Harmonisierung stattgefunden. 1

Demgegenüber sind nach Abs. 2 die Vorschriften über die **Bodenordnung** nicht anzuwenden, weil das städtebauliche Entwicklungsrecht davon ausgeht, dass nur ein gemeindlicher Durchgangserwerb stattfindet. Da es sich bei der Grunderwerbsverpflichtung der Gemeinde aber nur um eine Soll-Vorschrift handelt, zeigt der Ausschluss der Vorschriften über die Bodenordnung die Bedeutung der Entscheidung hierüber. Da der Gemeinde nämlich die Möglichkeiten der **Umlegung** und der vereinfachten Umlegung nicht zur Verfügung stehen, muss sie sehr genau prüfen, ob tatsächlich auf einen Grunderwerb zur Neuordnung verzichtet werden kann. 2

Abs. 3 enthält eine Spezialregelung für die **Enteignung** im städtebaulichen Entwicklungsbereich, die die Aufgabenerfüllung der Gemeinde sichern und erleichtern soll. Möglich wird hierdurch eine Enteignung ohne Bebauungsplan, denn an dessen Stelle tritt die Entwicklungssatzung, die ebenfalls Rechtsnormcharakter hat. Zulässig ist die Enteignung sowohl zu Gunsten der Gemeinde als auch des Entwicklungsträgers. Verfassungsrechtlich ist dies auf Grund des Allgemeinwohlbezugs und der besonderen Bindungen des Entwicklungsträgers zulässig (BVerwG BauR 2004, 579). 3

Die Abs. 4–8 beschäftigen sich mit der Wertbestimmung und der Veräußerung von Grundstücken. 4

§ 170 Sonderregelung für Anpassungsgebiete

Ergeben sich aus den Zielen und Zwecken der städtebaulichen Entwicklungsmaßnahme in einem im Zusammenhang bebauten Gebiet Maßnahmen zur Anpassung an die vorgesehene Entwicklung, kann die Gemeinde dieses Gebiet in der Entwicklungssatzung förmlich festlegen (Anpassungsgebiet). Das Anpassungsgebiet ist in der Entwicklungssatzung zu bezeichnen. Die förmliche Festlegung darf erst erfolgen, wenn entsprechend § 141 vorbereitende Untersuchungen durchgeführt

worden sind. In dem Anpassungsgebiet sind neben den für städtebauliche Entwicklungsmaßnahmen geltenden Vorschriften mit Ausnahme des § 166 Abs. 3 und des § 169 Abs. 2 bis 8 die Vorschriften über städtebauliche Sanierungsmaßnahmen entsprechend anzuwenden, mit Ausnahme der §§ 136, 142 und 143.

1 Bei Entwicklungsmaßnahmen geht der Gesetzgeber davon aus, dass es sich hier im Regelfall um unbebaute Bereiche handelt. Von daher ist es auch vertretbar, im Gesetz vorzuschreiben, dass die Gemeinde alle Grundstücke erwerben soll. Soweit aber durch solche Maßnahmen vorhandene Orte zu neuen Siedlungseinheiten entwickelt werden sollen, ist nicht auszuschließen, dass auch im Zusammenhang bebaute Gebiete (vgl zum Begriff des Bebauungszusammenhangs: § 34) mit einbezogen werden. Nach Satz 1 sind dann die städtebaulichen Verhältnisse im **Anpassungsgebiet** an den sich aus den Zielen und Zwecken der Entwicklungsmaßnahme ergebenden Anforderungen zu orientieren.

2 Der Festlegung eines Gebiets nach § 170 müssen entsprechend § 141 **vorbereitende Untersuchungen** vorausgehen, wobei besonderes Augenmerk auf die Regelungen über sozial nachteilige Auswirkungen zu richten ist, da bewohnte Gebiete betroffen sein können.

3 Satz 4 regelt die Anwendbarkeit der entwicklungsrechtlichen Vorschriften. In solchen Fällen gilt nach § 170 nicht die allgemeine Erwerbspflicht der Gemeinde iSv § 166 Abs. 3.

§ 171 Kosten und Finanzierung der Entwicklungsmaßnahme

(1) Einnahmen, die bei der Vorbereitung und Durchführung der Entwicklungsmaßnahme entstehen, sind zur Finanzierung der Entwicklungsmaßnahme zu verwenden. Ergibt sich nach der Durchführung der städtebaulichen Entwicklungsmaßnahme und der Übertragung eines Treuhandvermögens des Entwicklungsträgers auf die Gemeinde bei ihr ein Überschuss der bei der Vorbereitung und Durchführung der städtebaulichen Entwicklungsmaßnahme erzielten Einnahmen über die hierfür getätigten Ausgaben, so ist dieser Überschuss in entsprechender Anwendung des § 156a zu verteilen.

(2) Die Gemeinde hat entsprechend § 149 nach dem Stand der Planung eine Kosten- und Finanzierungsübersicht aufzustellen. Zu berücksichtigen sind die Kosten, die nach den Zielen und Zwecken der Entwicklung erforderlich sind.

1 Nach Abs. 1 Satz 1 dürfen **Einnahmen**, die aus der Entwicklungsmaßnahme erzielt werden, auch nur zu deren Finanzierung verwendet werden. Eine **Gewinnerzielungsabsicht** ist der städtebaulichen Entwicklungsmaßnahme fremd, ohne dass sie dadurch als privatnützig bezeichnet werden könnte. Wird dennoch ein **Überschuss** erzielt, ist er nach Abschluss der Maßnahme entsprechend § 156a zu verteilen.

2 Die **Kosten- und Finanzierungsübersicht** nach Abs. 2 ist nicht Bestandteil der Satzung, mit der der Entwicklungsbereich festgelegt wird (BVerwG NVwZ 2001, 1053), sondern ein eigenes Planungsinstrument. Da sie entsprechend dem Stand der Planung aufzustellen ist, muss sie laufend fortgeschrieben werden. In ihr dürfen keine Fremdkosten finanziert werden, die nichts mit der Entwicklungsmaßnahme zu tun haben, dies verdeutlicht Satz 2. Erweist sich eine Entwicklungsmaßnahme im Nachhinein als nicht finanzierbar, so hat dies keinen Einfluss auf die Gültigkeit der Entwicklungssatzung (BVerwG NVwZ 2001, 1053).

Dritter Teil
Stadtumbau

§ 171a Stadtumbaumaßnahmen

(1) Stadtumbaumaßnahmen in Stadt- und Ortsteilen, deren einheitliche und zügige Durchführung im öffentlichen Interesse liegen, können auch anstelle von oder ergänzend zu sonstigen Maßnahmen nach diesem Gesetzbuch nach den Vorschriften dieses Teils durchgeführt werden.

(2) Stadtumbaumaßnahmen sind Maßnahmen, durch die in von erheblichen städtebaulichen Funktionsverlusten betroffenen Gebieten Anpassungen zur Herstellung nachhaltiger städtebaulicher Strukturen vorgenommen werden. Erhebliche städtebauliche Funktionsverluste liegen insbesondere vor, wenn ein dauerhaftes Überangebot an baulichen Anlagen für bestimmte Nutzungen, namentlich für Wohnzwecke, besteht oder zu erwarten ist.

(3) Stadtumbaumaßnahmen dienen dem Wohl der Allgemeinheit. Sie sollen insbesondere dazu beitragen, dass

1. die Siedlungsstruktur den Erfordernissen der Entwicklung von Bevölkerung und Wirtschaft angepasst wird,
2. die Wohn- und Arbeitsverhältnisse sowie die Umwelt verbessert werden,
3. innerstädtische Bereiche gestärkt werden,
4. nicht mehr bedarfsgerechte bauliche Anlagen einer neuen Nutzung zugeführt werden,
5. einer anderen Nutzung nicht zuführbare bauliche Anlagen zurückgebaut werden,
6. freigelegte Flächen einer nachhaltigen städtebaulichen Entwicklung oder einer hiermit verträglichen Zwischennutzung zugeführt werden,
7. innerstädtische Altbaubestände erhalten werden.

Die Vorschriften des dritten wie auch vierten Teils (Soziale Stadt) wurden durch das EAG Bau 2004 wegen der hohen Bedeutung des **Stadtumbaus** und der sozialen Funktion des Städtebaus neu eingeführt, wobei nach dem Willen des Bundesrates zukünftig besonderes Augenmerk auf deren Praxistauglichkeit gelegt werden soll. In Abgrenzung zu den klassischen, in ihrer Durchführung nicht immer einfachen Maßnahmen des Besonderen Städtebaurechts, deren es häufig zur Erreichung der angestrebten Ziele nicht bedarf, stellen die neuen Vorschriften das **konsensuale Zusammenwirken** von Kommunen, Wohnungswirtschaft und Dritten in den Vordergrund. Die Maßnahmen und Instrumente der bisher schon bestehenden Vorschriften bleiben unberührt; auf den Aufbau neuer bürokratischer Strukturen soll verzichtet werden, um für die Länder den Verwaltungsaufwand zu begrenzen. 1

§ 171a Abs. 1 setzt als einführende Vorschrift voraus, dass die Stadtumbaumaßnahmen als **Gesamtmaßnahmen** im öffentlichen Interesse durchgeführt werden. Sie können sowohl an Stelle als auch ergänzend zu den vorhandenen städtebaulichen Maßnahmen eingesetzt werden. Ebenso wie dort sind die teilweise erheblichen Auswirkungen zu berücksichtigen, die entsprechende Maßnahmen für die **Betroffenen** und ihre Rechte haben, so dass einerseits eine gewisse Schwelle erreicht sein muss, um ein Tätigwerden zu rechtfertigen, andererseits aber auch 2 bei den Tatsachenerhebungen und den Planungen in besonderem Maß die Zusammenarbeit mit den Bewohnern des Gebiets zu suchen ist. Nur so kann der Gefahr begegnet werden, dass an sich sinnvolle Maßnahmen an der Akzeptanz der hiervon Betroffenen scheitern.

3 Während einerseits bei den Stadtumbaumaßnahmen ebenso wie bei den Sanierungs- und den Entwicklungsmaßnahmen besonderes Augenmerk auf die **einheitliche Vorbereitung** und die **zügige Durchführung** zu richten ist, liegt andererseits auf der Hand, dass Maßnahmen des Stadtumbaus nicht kurz- oder mittelfristig umgesetzt werden und zum Erfolg führen können. Das sich hieraus ergebende Spannungsfeld wird noch dadurch verstärkt, dass insbesondere in Zeiten leerer Haushaltskassen der öffentlichen Träger eine politische Akzeptanz von kostenintensiven Maßnahmen, die zunächst keinen sichtbaren Erfolg mit sich bringen, schwer zu erreichen sein wird. Umso wichtiger scheint eine effektive **Öffentlichkeitsarbeit**, in der auch auf die bereits in einigen europäischen Großstädten aufgetretenen Probleme bis hin zu erheblichen Unruhen mit Körperverletzungen und Sachbeschädigungen hingewiesen werden sollte.

4 Abs. 2 definiert Stadtumbaumaßnahmen als Maßnahmen, durch die in von erheblichen **städtebaulichen Funktionsverlusten** betroffenen Gebieten Anpassungen zur Herstellung nachhaltiger städtebaulicher Strukturen vorgenommen werden. Als – nicht abschließendes – Beispiel nennt das Gesetz ein dauerhaftes Überangebot an baulichen Anlagen für bestimmte Nutzungen, namentlich Wohnzwecke. Hiermit bietet sich die Gelegenheit, **demographischen Entwicklungen** Rechnung zu tragen und zum Beispiel in den neuen Bundesländern auf den Leerstand sog. Plattenbauten zu reagieren. Auch wenn aber davon auszugehen ist, dass hinsichtlich der Wohnraumversorgung langfristig ein Sättigungseffekt eintreten wird, so wird bis zu diesem Zeitpunkt noch in erheblichem Umfang Wohnraum geschaffen werden (vgl Dosch, Intelligente Flächennutzung – Ein Baustein zur Umsetzung der nationalen Nachhaltigkeitsstrategie, Bonn 2002, S. 20 f). Zum einen geht in Deutschland der Trend zu einer Vergrößerung der individuellen Wohnfläche (Troge/Hülsmann, Ziele und Ansatzpunkte zur Verringerung des Flächenverbrauchs, Bonn 2002, S. 9) bei gleichzeitig größerer Zahl von Haushalten (Weith, Strategisches Handeln für eine nachhaltige Flächenpolitik, Karlsruhe 2000, S. 38 mwN). Zum anderen kommen zwar in Deutschland seit 1972 jedes Jahr weniger Kinder zur Welt als Menschen sterben (Sterbeüberschuss 1999: 76.000), doch verzeichnete demgegenüber die ausländische Bevölkerung – vor allem wegen des höheren Anteils junger Menschen – mehr Geburten als Sterbefälle (Datenreport 1999 (2001), S. 35. Berücksichtigt man außerdem, dass gerade diese jüngeren Ausländer mit zunehmender Eingliederung in die deutsche Gesellschaft sich tendenziell von der traditionellen Großfamilie, die in einer Wohnung lebt, lösen und – ebenso wie vergleichbare Deutsche – eine eigene Wohnung anstreben werden, so zeigt sich, dass auf absehbare Zeit noch ein erheblicher **Wohnraumbedarf** gedeckt werden muss (vgl Appold, DVBl 1989, 178). Diese Perspektive mindert aber nicht die Bedeutung der Vorschriften über den Stadtumbau, sondern zeigt gerade, dass ein Prozess abläuft, der begleitet werden muss und die Möglichkeit zu einer nachhaltig wirkenden Steuerung bietet. Die Vorschrift eröffnet aber auch die Möglichkeit steuernd auf allgemeine Prozesse des **Strukturwandels** – etwa in der Landwirtschaft – zu reagieren.

5 Eine Konkretisierung der Ziele erfolgt durch Abs. 3 der Vorschrift, der – ebenfalls nicht abschließend – erläutert, wann eine Stadtumbaumaßnahme im **öffentlichen**

Interesse liegt. Die Aufzählung der dort genannten Ziele zeigt insbesondere den vielfältigen Einsatzbereich von Stadtumbaumaßnahmen, wobei häufig ein Bündel verschiedener Aspekte betroffen ist. Hierin spiegelt sich aber auch der Charakter von Stadtumbaumaßnahmen als **Gesamtmaßnahmen** – vergleichbar Sanierungs- und Entwicklungsmaßnahmen – wider. Allerdings definiert § 171a nur eine Aufgabenstellung für die Städte und Gemeinden, gibt ihnen aber hiermit keine **Ermächtigungsgrundlage** für Eingriffe in die Rechte der Betroffenen. Insoweit bedarf es des Rückgriffs auf die jeweils einschlägigen Gesetze.

§ 171b Stadtumbaugebiet, städtebauliches Entwicklungskonzept

(1) Die Gemeinde legt das Gebiet, in dem Stadtumbaumaßnahmen durchgeführt werden sollen, durch Beschluss als Stadtumbaugebiet fest. Es ist in seinem räumlichen Umfang so festzulegen, dass sich die Maßnahmen zweckmäßig durchführen lassen.

(2) Grundlage für den Beschluss nach Absatz 1 ist ein von der Gemeinde aufzustellendes städtebauliches Entwicklungskonzept, in dem die Ziele und Maßnahmen (§ 171a Abs. 3) im Stadtumbaugebiet schriftlich darzustellen sind. Die öffentlichen und privaten Belange sind gegeneinander und untereinander gerecht abzuwägen.

(3) Die §§ 137 und 139 sind bei der Vorbereitung und Durchführung der Stadtumbaumaßnahmen entsprechend anzuwenden.

(4) Die §§ 164 a und 164 b sind im Stadtumbaugebiet entsprechend anzuwenden.

Die Vorschrift regelt die planerischen und konzeptionellen Grundlagen des Stadt- 1
umbaus und betont dabei besonders den **Gebietsbezug**. Hierzu fordert das Gesetz in Abs. 1 der Vorschrift einen Beschluss des nach Kommunalrecht zuständigen Gremiums, in dem das **Stadtumbaugebiet** festgelegt wird. Dieser Beschluss aktualisiert die Ziele des § 171a Abs. 3 Satz 2 und ist Grundlage für eine Förderung von Projekten. Die Beendigung der Stadtumbaumaßnahme ist gesetzlich nicht geregelt. Aus Gründen der Rechtssicherheit erscheint es sinnvoll, ebenfalls einen entsprechenden Beschluss zu fassen.

Bei der planerischen Entscheidung über die **Gebietsfestlegung** ist besonders darauf 2
zu achten, dass sich die Maßnahmen zweckmäßig durchführen lassen. Wirken sich die Maßnahmen über den „Kernbereich" des Gebiets hinaus aus, so kann es sinnvoll sein, die betroffenen Gebiete mit einzubeziehen.

Nach Abs. 2 der Vorschrift bedarf es eines **städtebaulichen Konzeptes**, auf das sich 3
der Beschluss nach Abs. 1 gründet. Dieses Konzept ist eine sonstige städtebauliche Planung iSv § 1 Abs. 6 Nr. 11 und damit als **Abwägungsbelang** auch für andere Bauleitplanungen relevant, ohne aber eine Anspruchsgrundlage für interessierte Eigentümer oder sonstige Berechtigte zu schaffen. Hierin sind die beabsichtigten Ziele und Maßnahmen im Einzelnen schriftlich darzulegen und zu erläutern, wobei die öffentlichen und privaten Belange gegeneinander und untereinander gerecht abzuwägen sind. Damit eine solche **Abwägung** möglich wird, sind nach Abs. 3 der Vorschrift die §§ 137 und 139 entsprechend anzuwenden, dh die Betroffenen und die Träger öffentlicher Belange sind vorab zu beteiligen. Insbesondere die **Beteiligung der Betroffenen** soll dazu beitragen, Akzeptanz für die Stadtumbaumaßnahmen zu erzeugen, denn nur, wenn deren Ergebnisse von den

Bewohnern des Gebiets angenommen und mit Leben erfüllt werden, erscheint der hierfür betriebene Aufwand gerechtfertigt.

4 Damit die bisherige Praxis der Städtebauförderung nahtlos weitergeführt werden kann, erklärt Abs. 4 der Vorschrift auch die §§ 164a und 164 b für entsprechend anwendbar.

§ 171c Stadtumbauvertrag

Die Gemeinde soll soweit erforderlich zur Umsetzung ihres städtebaulichen Entwicklungskonzeptes die Möglichkeit nutzen, Stadtumbaumaßnahmen auf der Grundlage von städtebaulichen Verträgen im Sinne des § 11 insbesondere mit den beteiligten Eigentümern durchzuführen. Gegenstände der Verträge können insbesondere auch sein

1. **die Durchführung des Rückbaus baulicher Anlagen innerhalb einer bestimmten Frist und die Kostentragung für den Rückbau;**
2. **der Verzicht auf die Ausübung von Ansprüchen nach den §§ 39 bis 44;**
3. **der Ausgleich von Lasten zwischen den beteiligten Eigentümern.**

1 Der **Stadtumbauvertrag** stellt eine besondere Ausprägung des städtebaulichen Vertrages nach § 11 dar, dessen Regelungen insoweit ergänzend herangezogen werden können. Nach Abs. 1 des § 171c soll die Gemeinde die Möglichkeit des Stadtumbauvertrages für die Umsetzung ihres städtebaulichen **Entwicklungskonzeptes** nutzen, dh das Gesetz schafft eine deutliche Tendenz zur konsensualen Lösung. Die Vorschrift verstärkt damit auch deutlich die Notwendigkeit einer umfassenden und ernsthaften Beteiligung der Betroffenen im Vorfeld.

2 Hiermit ist zwar kein Kontrahierungszwang verbunden, gleichwohl kann aber von einer **Subsidiarität** hoheitlichen Handelns gesprochen werden. Insoweit wird von einem Beschluss nach § 171b Abs. 2 Satz 1 zu fordern sein, dass er begründet, weshalb ggf eine konsensuale Lösung der anstehenden Probleme nicht möglich ist bzw war. In Betracht kommen dabei zwar in erster Linie Verträge zwischen der Gemeinde und den Eigentümern der von der Stadtumbaumaßnahme betroffenen Grundstücke. Möglich sind aber auch Vereinbarungen mit Mietern oder Pächtern, zB eines Gewerbegrundstücks, auf dem ein Betrieb existiert, der einen Beitrag zur Umsetzung der angestrebten Ziele leisten kann und will. Denkbar sind sogar Verträge zwischen Privaten, etwa im Rahmen des Belastungsausgleichs zwischen den Eigentümern nach Satz 2 Nr. 3 oder eines **Sozialplans** (vgl § 180 Abs. 1 Satz 2).

3 Satz 2 der Vorschrift nennt ergänzend zu § 11 beispielhaft (nicht abschließend) mögliche Gegenstände des Stadtumbauvertrages. Ein **Rückbau** nach Nr. 1 schafft häufig erst die Möglichkeiten für eine Neugestaltung. Die Kosten hierfür sind dem Eigentümer aber nur dann zu erstatten, wenn der Rückbau aus städtebaulichen Gründen im Interesse der Allgemeinheit liegt, nicht aber, wenn der Abriss – etwa aus statischen Gründen – ohnehin notwendig gewesen wäre. Ein **Rechtsanspruch** auf die Erstattung von Kosten oder eine sonstige Förderung ergibt sich aus der Vorschrift nicht. Nr. 2 betrifft den Verzicht auf ggf entstehende **Plangewährleistungsansprüche**. Nr. 3 soll zu einem für alle von der Stadtumbaumaßnahme Betroffenen akzeptablen Ergebnis führen und verhindern, dass das Entgegenkommen des Einen (etwa zum Rückbau seines Gebäudes und der Kündigung bestehen-

der Mietverhältnisse) ihm zum Nachteil und dem Anderen zum Vorteil (etwa durch den Zuzug neuer Mieter in dessen Gebäude) gereicht.

§ 171d Sicherung von Durchführungsmaßnahmen

(1) Die Gemeinde kann durch Satzung ein Gebiet bezeichnen, das ein festgelegtes Stadtumbaugebiet (§ 171b Abs. 1) oder Teile davon umfasst und in dem zur Sicherung und sozialverträglichen Durchführung von Stadtumbaumaßnahmen die in § 14 Abs. 1 bezeichneten Vorhaben und sonstigen Maßnahmen der Genehmigung bedürfen.

(2) Ist der Beschluss über die Aufstellung einer Satzung nach Absatz 1 gefasst und ortsüblich bekannt gemacht, ist § 15 Abs. 1 auf die Durchführung der Vorhaben und Maßnahmen im Sinne von Absatz 1 entsprechend anzuwenden.

(3) In den Fällen des Absatzes 1 darf die Genehmigung nur versagt werden, um einen den städtebaulichen und sozialen Belangen Rechnung tragenden Ablauf der Stadtumbaumaßnahmen auf der Grundlage des von der Gemeinde aufgestellten städtebaulichen Entwicklungskonzeptes (§ 171b Abs. 2) oder eines Sozialplans (§ 180) zu sichern. Die Genehmigung ist zu erteilen, wenn auch unter Berücksichtigung des Allgemeinwohls ein Absehen von dem Vorhaben oder der Maßnahme wirtschaftlich nicht zumutbar ist.

(4) Die §§ 138, 173 und 174 sind im Gebiet der Satzung nach Absatz 1 entsprechend anzuwenden.

Die Vorschrift, die ebenso wie die übrigen Regelungen über den Stadtumbau keine eigenständige **Ermächtigungsgrundlage** für die Gemeinde zum Eingriff in die Reche der betroffenen Grundstückseigentümer schafft, eröffnet dieser jedoch die Möglichkeit einer **Veränderungssperre** iSv § 14 Abs. 1. Hat sie durch (einfachen) Beschluss ein Stadtumbaugebiet festgelegt, so kann sie durch Satzung eine Genehmigungspflicht für die Durchführung von **Vorhaben** und Maßnahmen nach dieser Vorschrift begründen. 1

Der Vorhabensbegriff entspricht dem des § 29 und umfasst auch die Beseitigung baulicher Anlagen und sonstige erhebliche wertsteigernde Veränderungen. 2

Diese **Satzungsermächtigung** wird insbesondere dann relevant, wenn eine – zuvor anzustrebende – konsensuale Lösung nicht möglich ist und die Gefahr besteht, dass das Stadtumbaukonzept sonst in Frage gestellt würde. Die Vorschrift wurde § 172 Abs. 1 Satz 1 Nr. 3 (städtebauliche Umstrukturierungssatzung) nachgebildet, so dass die hierzu gemachten Ausführungen entsprechend gelten. 3

Abs. 3 nennt abschließend die Gründe, aus denen in den Fällen des Abs. 1 die **Genehmigung** versagt werden darf, eine Erweiterung des Kataloges scheint unter Berücksichtigung der verfassungsrechtlichen Garantie des **Eigentums** und der hieraus resultierenden Baufreiheit nicht möglich. Die Genehmigungspflicht nach § 171d besteht unabhängig von einer möglichen Genehmigungsfreistellung, etwa durch das Bauordnungsrecht der Länder. Ist dem Betroffenen aber auch unter Berücksichtigung des öffentlichen Interesses, dh der städtebaulichen und sozialen Belange ein Verzicht auf das zur Genehmigung gestellte Vorhaben nicht zumutbar, so ist ihm die begehrte Genehmigung zu erteilen. 4

Nach Abs. 4 gilt dies auch für die §§ 138, 173 und 174. 5

Vierter Teil
Soziale Stadt

§ 171e Maßnahmen der Sozialen Stadt

(1) Städtebauliche Maßnahmen der Sozialen Stadt in Stadt- und Ortsteilen, deren einheitliche und zügige Durchführung im öffentlichen Interesse liegen, können auch anstelle von oder ergänzend zu sonstigen Maßnahmen nach diesem Gesetzbuch nach den Vorschriften dieses Teils durchgeführt werden.

(2) Städtebauliche Maßnahmen der Sozialen Stadt sind Maßnahmen zur Stabilisierung und Aufwertung von durch soziale Missstände benachteiligten Ortsteilen oder anderen Teilen des Gemeindegebiets, in denen ein besonderer Entwicklungsbedarf besteht. Soziale Missstände liegen insbesondere vor, wenn ein Gebiet auf Grund der Zusammensetzung und wirtschaftlichen Situation der darin lebenden und arbeitenden Menschen erheblich benachteiligt ist. Ein besonderer Entwicklungsbedarf liegt insbesondere vor, wenn es sich um benachteiligte innerstädtische oder innenstadtnah gelegene Gebiete oder verdichtete Wohn- und Mischgebiete handelt, in denen es einer aufeinander abgestimmten Bündelung von investiven und sonstigen Maßnahmen bedarf.

(3) Die Gemeinde legt das Gebiet, in dem die Maßnahmen durchgeführt werden sollen, durch Beschluss fest. Es ist in seinem räumlichen Umfang so festzulegen, dass sich die Maßnahmen zweckmäßig durchführen lassen.

(4) Grundlage für den Beschluss nach Absatz 3 ist ein von der Gemeinde unter Beteiligung der Betroffenen (§ 137) und der öffentlichen Aufgabenträger (§ 139) aufzustellendes Entwicklungskonzept, in dem die Ziele und Maßnahmen schriftlich darzustellen sind. Das Entwicklungskonzept soll insbesondere Maßnahmen enthalten, die der Verbesserung der Wohn- und Arbeitsverhältnisse sowie der Schaffung und Erhaltung sozial stabiler Bewohnerstrukturen dienen.

(5) Bei der Erstellung des Entwicklungskonzeptes und bei seiner Umsetzung sollen die Beteiligten in geeigneter Form einbezogen und zur Mitwirkung angeregt werden. Die Gemeinde soll die Beteiligten im Rahmen des Möglichen fortlaufend beraten und unterstützen. Dazu kann im Zusammenwirken von Gemeinde und Beteiligten eine Koordinierungsstelle eingerichtet werden. Soweit erforderlich, soll die Gemeinde zur Verwirklichung und zur Förderung der mit dem Entwicklungskonzept verfolgten Ziele sowie zur Übernahme von Kosten mit den Eigentümern und sonstigen Maßnahmenträgern städtebauliche Verträge schließen.

(6) Die §§ 164 a und 164 b sind im Gebiet nach Absatz 3 entsprechend anzuwenden. Dabei ist § 164a Abs. 1 Satz 2 über den Einsatz von Finanzierungs- und Fördermitteln auf Grund anderer gesetzlicher Grundlage insbesondere auch auf sonstige Maßnahmen im Sinne des Absatzes 2 Satz 3 anzuwenden.

1 Bereits 1999 wurde auf Grund eines Beschlusses der Bauministerkonferenz (ARGEBAU) aus dem Jahr 1996 vom Bund und den Ländern das Programm „**Soziale Stadt**" initiiert, das mit wissenschaftlicher Begleitung durch das Deutsche Institut für Urbanistik (DIFU) den Städten, Orts- und Stadtteilen helfen soll, in denen sich die sozialen, wirtschaftlichen und städtebaulichen Probleme, dh hohe Arbeitslosigkeit, gewerbliche Mittelstandsprobleme, Integrationsdefizite bei den ausländischen Mitbürgern und Gebäudeschäden durch Vernachlässigung oder Vandalis-

mus, verstärkt zeigen. Dabei konnte auf Erfahrungen zurückgegriffen werden, die bereits zuvor von den Bundesländern, aber auch von Städten und Gemeinden mit vergleichbaren Projekten gemacht worden waren. Die insoweit durch das EAG Bau 2004 einführten Neuregelungen sollen dieses Programm unterstützen. Dabei soll durch bessere Beteiligungs- und Mitwirkungsmöglichkeiten eine stärkere Bündelung des Mitteleinsatzes erreicht werden.

Abs. 1 enthält eine generelle Beschreibung des Anwendungsbereiches und setzt – 2
wie die vergleichbaren Vorschriften des ersten bis dritten Teils – voraus, dass es sich um Maßnahmen handelt, deren einheitliche und **zügige Durchführung** im öffentlichen Interesse liegt. Sie können sowohl an Stelle als auch ergänzend zu den vorhandenen städtebaulichen Maßnahmen eingesetzt werden; die Vorschriften über andere Instrumente des Städtebaurechts bleiben unberührt.

Bereits die Überschrift der Norm macht deutlich, dass als öffentliches Interesse in 3
ihrem Sinn in erster Linie eine Behebung **sozialer Missstände** angestrebt wird, wenngleich die sonstigen städtebaulichen Belange nicht unbeachtet bleiben dürfen. Bemerkenswert ist insoweit, dass § 171e allein den Vierten Teil des Zweiten Kapitels bildet und die Vorschrift nicht etwa an einen anderen Teil „angehängt" wurde. Hierin zeigt sich, dass der Gesetzgeber dem Programm der Sozialen Stadt ein hohes Gewicht und die gleiche Bedeutung wie den anderen Teilen des Zweiten Kapitels geben wollte.

Die für ein Zusammenwirken von § 171e mit den übrigen Vorschriften des Beson- 4
deren Städtebaurechts notwendige Kompatibilität kann ggf ein wesentliches Auslegungskriterium für die heranzuziehenden Normen sein. Darüber hinaus können aber auch die grundsätzlichen Überlegungen aus den anderen Teilen des Sanierungs- und Entwicklungsrechts ergänzend herangezogen werden, was gerade bei einer neu geschaffenen Vorschrift einen Beitrag zur Einheitlichkeit der Rechtsordnung leisten kann.

Der Wortlaut des Abs. 1 macht deutlich, dass die städtebaulichen Maßnahmen der 5
Sozialen Stadt zielgerichtet in den Stadt- und Ortsteilen eingesetzt werden sollen, dh nicht etwa eine Verbesserung der **Gesamtsituation** in der Kommune als Ziel definiert werden kann, wenngleich natürliche eine Abstimmung und Einpassung in die Gesamtplanung notwendig ist. Hierdurch kann einerseits die Wirksamkeit der Maßnahmen erhöht, andererseits aber vermieden werden, dass sich soziale Brennpunkte lediglich verlagern.

Abs. 2 enthält eine Konkretisierung des Programmsatzes in Abs. 1 und beschreibt – 6
nicht abschließend –, wann ein **sozialer Missstand** vorliegt und sich ein **besonderer Entwicklungsbedarf** ergibt. Der Schwerpunkt der Betrachtung liegt dabei nicht in erster Linie auf der baulichen Gesamtsituation, sondern auf der Zusammensetzung und der wirtschaftlichen Situation der in dem Gebiet lebenden und arbeitenden Menschen, wobei diese Kriterien gemeinsam betrachtet werden müssen. Ein Merkmal der Problematik der Sozialen Stadt ist die Wechselwirkung zwischen der sozialen und der baulichen Situation. Während einerseits sozial Schwache tendenziell in Gebieten wohnen, die baulich wenig ansprechend und meist vernachlässigt sind, was häufig auch zu einer **Stigmatisierung** der Bewohner führt, sind diese andererseits auf Grund ihrer wirtschaftlichen und sozialen Lage nicht im Stande, bauliche Verbesserungen auch nur ihres direkten Umfeldes in Angriff zu nehmen.

Die in Abs. 2 beispielhaft genannten Gebiete haben sich in der Vergangenheit aus 7
städtebaulicher Sicht als besondere Kristallisationspunkte sozialer und wirtschaftlicher Problemsituationen erwiesen. Besonders betont wird in diesem Zusammenhang nochmals die Bedeutung der Koordinierung und Bündelung von investiven

und sonstigen Maßnahmen. Diese sollen regelmäßig auch zu einer besseren Integration der Bewohner eines problematischen Gebiets führen. Dies kann zB durch eine Verbesserung der **Infrastruktur** und damit der **Lebensqualität** geschehen.

8 Einen besonderen Entwicklungsbedarf sieht Abs. 2 Satz 3 dann als gegeben, wenn es einer aufeinander abgestimmten Bündelung von investiven und sonstigen Maßnahmen bedarf. Dies wird in aller Regelung nur durch ein koordiniertes Vorgehen auf verschiedener Ebenen, dh Bund, Länder und Gemeinden erfolgversprechend möglich sein. Ein wichtiger Aspekt der Sozialen Stadt ist deshalb die Schaffung der hierzu notwendigen, gebiets- und ressortübergreifenden **Gremien** sowie abgestimmter Verwaltungs**verfahren**.

9 Abs. 3 entspricht § 142 Abs. 1 (Sanierungsgebiet) und § 171b (Stadtumbaugebiet), indem er die **förmliche Festlegung** des Gebiets verlangt, in dem die Maßnahmen durchgeführt werden sollen. Besondere Erwähnung findet auch hier, dass die zweckmäßige Durchführung der Maßnahmen gewährleistet werden soll, was mit den Geboten der **Einheitlichkeit** und der **Zügigkeit** korrespondiert. Die Gebietsfestlegung dient in erster Linie der Rechtssicherheit, nicht zuletzt im Hinblick auf die Vergabe von **Fördermitteln** und den Kreis der nach § 137 zu Beteiligenden.

10 Grundlage für die Maßnahmen der Sozialen Stadt ist nach Abs. 4 Satz 1 ein von der Gemeinde aufzustellendes **Entwicklungskonzept**. Gerade die Beteiligung verschiedener Hoheitsträger und von diesen zur Verfügung gestellter Förderungsmittel sowie verschiedener Fachressorts mit ihren unterschiedlichen Ansätzen und Verfahren macht ein solches Konzept als Handlungs- und Kontrollprogramm unabdingbar. Beteiligt werden sollen aber auch die von den geplanten Maßnahmen **Betroffenen**, da gerade Maßnahmen im sozialen Bereich eine Akzeptanz erfordern, um die erheblichen Anstrengungen nicht wirkungslos verpuffen zu lassen. Dies betont auch Abs. 5 der Vorschrift noch einmal besonders. Hintergrund hierfür ist nicht zuletzt, dass die Bevölkerungskreise, denen die Maßnahmen zur Sozialen Stadt dienen sollen, es tendenziell nicht gewohnt sind, an Entscheidungsprozessen auf politischer Ebene aktiv mitwirken zu können. Hierauf hat auch die Art der Beteiligung Rücksicht zu nehmen.

11 Da Maßnahmen der sozialen Stadt in aller Regel längere Zeit in Anspruch nehmen und während dieser Zeit auf neue Erkenntnisse und Entwicklungen reagiert werden muss, sieht Abs. 5 Satz 2 vor, dass die Gemeinde die Beteiligten im Rahmen des Möglichen fortlaufend beraten und unterstützen soll. Diese **Fortschreibungspflicht** betrifft auch das Entwicklungskonzept nach Abs. 4, da es sonst zu einem Auseinanderklaffen der maßgeblichen Handlungsgrundlagen kommen könnte. Gefordert ist somit eine erhebliche Transparenz und Rücksichtnahme auf die besonderen Bedürfnisse der Betroffenen, so dass das Tatbestandsmerkmal „im Rahmen des Möglichen“ keinesfalls dazu führen darf, die Interessen der Betroffenen aus Gründen der Verwaltungsvereinfachung hintanzustellen. Der Umsetzung dieses hohen Anspruchs kann die Schaffung einer **Koordinierungsstelle** nach Satz 3 iS eines Quartiermanagements dienen. Diese hat den Vorteil, vor Ort Ansprechpartner für die Betroffenen zu sein, während sonst angesichts der Vielzahl der möglicherweise beteiligten Hoheitsträger, die zudem auch regelmäßig an verschiedenen Orten arbeiten, für den Bürger ein undurchdringliches Zuständigkeitsdickicht entstünde, das kaum zur aktiven Beteiligung an den Maßnahmen der sozialen Stadt ermunterte.

12 Mit den §§ 164a und 164b erklärt Abs. 6 die Vorschriften über den Einsatz von Städtebauförderungsmitteln und die hierzu möglichen Verwaltungsvereinbarungen für entsprechend anwendbar. Insoweit wird auf die Erläuterungen hierzu verwiesen.

Fünfter Teil
Private Initiativen

§ 171f Private Initiativen zur Stadtentwicklung, Landesrecht

Nach Maßgabe des Landesrechts können unbeschadet sonstiger Maßnahmen nach diesem Gesetzbuch Gebiete festgelegt werden, in denen in privater Verantwortung standortbezogene Maßnahmen durchgeführt werden, die auf der Grundlage eines mit den städtebaulichen Zielen der Gemeinde abgestimmten Konzepts der Stärkung oder Entwicklung von Bereichen der Innenstädte, Stadtteilzentren, Wohnquartiere und Gewerbezentren sowie von sonstigen für die städtebauliche Entwicklung bedeutsamen Bereichen dienen. Zur Finanzierung der Maßnahmen und gerechten Verteilung des damit verbundenen Aufwands können durch Landesrecht Regelungen getroffen werden.

1 Die Vorschrift wurde durch das Gesetz zur Erleichterung von Planungsvorhaben für die **Innenentwicklung** der Städte zum 1.1.2007 neu eingeführt. Dabei unterstreicht ihre systematische Stellung als eigener, fünfter Teil des Besonderen Städtebaurechts die Bedeutung, die ihr der Gesetzgeber verleihen wollte und die Hoffnungen, die damit verbunden sind. Nachdem die Länder in der Vergangenheit Probleme hatten, **private Initiativen** zur Städteentwicklung angemessen zu berücksichtigen, schafft § 171f die kompetenzrechtliche Absicherung hierfür. Nunmehr soll es möglich sein, über eine reine Wirtschaftsförderung hinaus städtebauliche Potenziale von privaten Initiativen nutzbar zu machen.

2 Um den Ländern, aber auch den Trägern solcher privaten Initiativen zur Stadtentwicklung die notwendige Rechtssicherheit zu geben, klärt § 171f begrifflich den Bereich, innerhalb dessen die Landesgesetzgeber entsprechend tätig werden können. Dabei sollen private Initiativen nicht auf besondere städtebauliche Situationen wie Geschäftslagen und Innenstädte beschränkt bleiben, wo sie tendenziell rentabler für ihre Träger sind. Auch die funktionale und gestalterische Hebung von städtebaulicher Qualität, etwa durch die Einrichtung von Kinderspielplätzen oder auch nichtbaulicher **Infrastrukturmaßnahmen** wie Jugend- oder Altenpflegeorganisationen kann Gegenstand privater Initiativen sei, die die Länder nunmehr regeln können.

3 Als Beispiel hatte der Gesetzgeber insbesondere das Schleswig-Holsteinische Gesetz über die Einrichtung von Partnerschaften zur Attraktivierung von City-, Dienstleistungs- und Tourismusbereichen vom 13.7.2006 (GVBl. Schleswig-Holstein v. 27.7.2006, S. 158) vor Augen.

4 Gegenstand privater Initiativen iSv. § 171f soll die **Festlegung** von Gebieten, die konzeptionelle **Vorbereitung** einschließlich ihrer städtebaulichen Einbindung sowie die **Durchführung** standortbezogener Maßnahmen in privater Verantwortung sein. Die Regelung der hierzu notwendigen Einzelheiten bleibt den Ländern vorbehalten. Hierzu werden insbesondere die **Ziele und Aufgaben**, die **Anforderungen** an den Maßnahmeträger, das **Verfahren** zur Gebietsfestsetzung, die Frage der **Beteiligung** der betroffenen Bürger und Behörden sowie die Dauer, Umsetzung und Kontrolle der Maßnahmen und die notwendigen **Finanzierungsregelungen** zählen.

Sechster Teil
Erhaltungssatzung und städtebauliche Gebote

Erster Abschnitt
Erhaltungssatzung

§ 172 Erhaltung baulicher Anlagen und der Eigenart von Gebieten (Erhaltungssatzung)

(1) Die Gemeinde kann in einem Bebauungsplan oder durch eine sonstige Satzung Gebiete bezeichnen, in denen

1. zur Erhaltung der städtebaulichen Eigenart des Gebiets auf Grund seiner städtebaulichen Gestalt (Absatz 3),
2. zur Erhaltung der Zusammensetzung der Wohnbevölkerung (Absatz 4) oder
3. bei städtebaulichen Umstrukturierungen (Absatz 5)

der Rückbau, die Änderung oder die Nutzungsänderung baulicher Anlagen der Genehmigung bedürfen. In den Fällen des Satzes 1 Nr. 1 bedarf auch die Errichtung baulicher Anlagen der Genehmigung. Auf die Satzung ist § 16 Abs. 2 entsprechend anzuwenden. Die Landesregierungen werden ermächtigt, für die Grundstücke in Gebieten einer Satzung nach Satz 1 Nr. 2 durch Rechtsverordnung mit einer Geltungsdauer von höchstens fünf Jahren zu bestimmen, dass die Begründung von Wohnungseigentum oder Teileigentum (§ 1 des Wohnungseigentumsgesetzes) an Gebäuden, die ganz oder teilweise Wohnzwecken zu dienen bestimmt sind, nicht ohne Genehmigung erfolgen darf. Ein solches Verbot gilt als Verbot im Sinne des § 135 des Bürgerlichen Gesetzbuchs. In den Fällen des Satzes 4 ist § 22 Abs. 2 Satz 3 und 4, Abs. 6 und 8 entsprechend anzuwenden.

(2) Ist der Beschluss über die Aufstellung einer Erhaltungssatzung gefasst und ortsüblich bekannt gemacht, ist § 15 Abs. 1 auf die Durchführung eines Vorhabens im Sinne des Absatzes 1 entsprechend anzuwenden.

(3) In den Fällen des Absatzes 1 Satz 1 Nr. 1 darf die Genehmigung nur versagt werden, wenn die bauliche Anlage allein oder im Zusammenhang mit anderen baulichen Anlagen das Ortsbild, die Stadtgestalt oder das Landschaftsbild prägt oder sonst von städtebaulicher, insbesondere geschichtlicher oder künstlerischer Bedeutung ist. Die Genehmigung zur Errichtung der baulichen Anlage darf nur versagt werden, wenn die städtebauliche Gestalt des Gebiets durch die beabsichtigte bauliche Anlage beeinträchtigt wird.

(4) In den Fällen des Absatzes 1 Satz 1 Nr. 2 und Satz 4 darf die Genehmigung nur versagt werden, wenn die Zusammensetzung der Wohnbevölkerung aus besonderen städtebaulichen Gründen erhalten werden soll. Sie ist zu erteilen, wenn auch unter Berücksichtigung des Allgemeinwohls die Erhaltung der baulichen Anlage oder ein Absehen von der Begründung von Wohnungseigentum oder Teileigentum wirtschaftlich nicht mehr zumutbar ist. Die Genehmigung ist ferner zu erteilen, wenn

1. die Änderung einer baulichen Anlage der Herstellung des zeitgemäßen Ausstattungszustands einer durchschnittlichen Wohnung unter Berücksichtigung der bauordnungsrechtlichen Mindestanforderungen dient,
2. das Grundstück zu einem Nachlass gehört und Wohnungseigentum oder Teileigentum zugunsten von Miterben oder Vermächtnisnehmern begründet werden soll,

3. das Wohnungseigentum oder Teileigentum zur eigenen Nutzung an Familienangehörige des Eigentümers veräußert werden soll,
4. ohne die Genehmigung Ansprüche Dritter auf Übertragung von Wohnungseigentum oder Teileigentum nicht erfüllt werden können, zu deren Sicherung vor dem Wirksamwerden des Genehmigungsvorbehalts eine Vormerkung im Grundbuch eingetragen ist,
5. das Gebäude im Zeitpunkt der Antragstellung zur Begründung von Wohnungseigentum oder Teileigentum nicht zu Wohnzwecken genutzt wird oder
6. sich der Eigentümer verpflichtet, innerhalb von sieben Jahren ab der Begründung von Wohnungseigentum Wohnungen nur an die Mieter zu veräußern; eine Frist nach § 577a Abs. 2 Satz 1 des Bürgerlichen Gesetzbuchs verkürzt sich um sieben Jahre. Die Frist nach § 577a Abs. 1 des Bürgerlichen Gesetzbuchs entfällt.

In den Fällen des Satzes 3 Nr. 6 kann in der Genehmigung bestimmt werden, dass auch die Veräußerung von Wohnungseigentum an dem Gebäude während der Dauer der Verpflichtung der Genehmigung der Gemeinde bedarf. Diese Genehmigungspflicht kann auf Ersuchen der Gemeinde in das Wohnungsgrundbuch eingetragen werden; sie erlischt nach Ablauf der Verpflichtung.

(5) In den Fällen des Absatzes 1 Satz 1 Nr. 3 darf die Genehmigung nur versagt werden, um einen den sozialen Belangen Rechnung tragenden Ablauf auf der Grundlage eines Sozialplans (§ 180) zu sichern. Ist ein Sozialplan nicht aufgestellt worden, hat ihn die Gemeinde in entsprechender Anwendung des § 180 aufzustellen. Absatz 4 Satz 2 ist entsprechend anzuwenden.

Die §§ 172–174 dienen, anknüpfend an §§ 39h und 39i BBauG 1976, der **Stadterhaltung** und **Stadterneuerung**. Aus den Erfahrungen der Nachkriegsjahre mit ihren teilweise noch heute sichtbaren „Bausünden" wurde die Konsequenz gezogen, Bausubstanz mit besonderer Bedeutung für das Ortsbild vor einer allzu schnellen Beseitigung zu bewahren. Gleichzeitig zeigte sich die Notwendigkeit, auch aus sozialen Gründen die Erneuerung der **Bausubstanz** zu steuern, um insbesondere zu verhindern, dass bezahlbarer Wohnraum zu schnell und flächendeckend vernichtet oder in einer Weise saniert wird, die zu Wohnungsmieten führt, welche die bisherigen Bewohner nicht aufbringen können. Dabei beschränkt § 172 die Möglichkeiten der Stadtplanung nicht nur auf eine gewissermaßen unverbindliche Kenntlichmachung von erhaltenswerten Gebäuden, sondern führt eine mit **Genehmigungsvorbehalt** gekoppelte Festsetzungsmöglichkeit ein. 1

Das Gesetz verfolgt das Ziel der Erhaltung baulicher Anlagen und der Eigenart von Gebieten in einem zweistufigen Verfahren, nämlich durch eine normative Ebene, auf der mittels einer Satzung der Erhaltungsbereich und die Erhaltungsziele festgelegt werden und einer einzelfallbezogenen Ebene, auf der der konkrete Antrag des Bauwilligen auf seine Vereinbarkeit hiermit geprüft wird. 2

Da durch § 172 der **Denkmalschutz** verstärkt Eingang in die Bauleitplanung findet, bestanden zunächst verfassungsrechtliche Bedenken des Bundesrates, denen das BVerfG wegen der Gesetzgebungskompetenz des Bundesgesetzgebers aufgrund Art 74 Nr. 18 GG nicht folgte (BVerfG NVwZ 1987, 879 = DVBl 1987, 465 = ZfBR 1987, 203; vgl auch: BVerwGE 78, 28 = BVerwG Buchholz 406.11 § 39h Nr. 1 = NVwZ 1988, 357). Allerdings darf mit dem rechtlichen Instrument der **Erhaltungssatzung** kein Denkmalschutz betrieben werden, soweit nicht § 172 den Denkmalschutz in seinem städtebaulichen Aspekt ergreift (BVerwG HSGZ 1988, 72). 3

4 Die §§ 172 ff und die darauf beruhenden Erhaltungssatzungen sind mit Art 14 GG vereinbar (BVerfG NVwZ 1987, 879 = DVBl 1987, 465 = ZfBR 1987, 203). Während die Wirkungen des Sanierungsrechts, insbesondere die **Verfügungs- und Veränderungssperre** nur für den Zeitraum der förmlichen Festlegung des Sanierungsgebiets gelten, kann die Erhaltungssatzung nach § 172 die Sanierungsziele der Stadt- und Ortserhaltung langfristig sichern.

5 Das Gesetz zählt in § 172 Abs. 1 abschließend die **Erhaltungsziele** auf und konkretisiert sie in den Abs. 3–5 als Versagungsgründe. Die Vorschrift beschreibt mithin den notwendigen Regelungsgehalt der Satzung. Dabei sind die in Abs. 1 Satz 1 genannten Vorhaben, nämlich der Rückbau, die Änderung und die Nutzungsänderung sowie in den Fällen des Abs. 1 Satz 1 Nr. 1 auch die Errichtung baulicher Anlagen als Einheit zu sehen, die auf der Satzungsebene insgesamt der **Genehmigungspflicht** zu unterstellen ist. Da es aber auch auf der Ebene des konkreten Einzelfalles nur begrenzt möglich ist, besonderen Fallkonstellationen Rechnung zu tragen, zeigt sich die Bedeutung der **Gebietsfestlegung**. Gerade die eigentumsrechtlichen Beschränkungen für Grundstücke im Geltungsbereich einer Erhaltungssatzung verbieten die Aufnahme eines Grundstücks ohne hinreichenden sachlichen Grund.

6 Befindet sich ein Grundstück im Geltungsbereich einer Erhaltungssatzung, so unterliegen die in Abs. 1 Satz 1 und 2 genannten Vorhaben hierdurch einer eigenen, bundesrechtlich begründeten Genehmigungspflicht, die unabhängig von einer etwa bestehenden landesrechtlichen Genehmigungsfreistellung besteht.

Welchen Anforderungen eine Satzung im Übrigen zu genügen hat, ist eine Frage des Einzelfalles und der gerechten **Abwägung** iSd § 1 Abs. 7 (vgl zur früheren Regelung des § 1 Abs. 6 BVerwG v. 23.6.1992).

7 Mit dem Erhaltungsziel in Abs. 1 Satz 1 Nr. 1 stellt der Gesetzgeber ohne inhaltliche Änderung des früher geltenden Städtebauförderungsrechts auf die flächenbezogene Prägung des **Ortsbildes**, also die bauliche Ansicht eines Ortsteils, die **Stadtgestalt** und das **Landschaftsbild** ab. Dabei sind die einzelnen Aspekte nicht immer exakt zu trennen, da sie durchaus in einem Wirkungszusammenhang stehen können.

8 Die bauliche Ansicht eines Ortsteils umfasst dabei sowohl das innere Bild des Ortes als auch seine Ansicht von außen. Da hierzu insbesondere auch die Silhouette eines Ortes zählt, kann zum Schutz einer ruhigen **Dachlandschaft**, die etwa von einem nahe gelegenen Aussichtspunkt gut sichtbar ist, eine Erhaltungssatzung gerechtfertigt sein, die die Errichtung von **Solar- oder Photovoltaikanlagen** auf den Dächern einschränkt. Dem Schutz des ebenfalls hiervon umfassten Straßenbildes können – unabhängig von der Möglichkeit einer Gestaltungsatzung – zB auch optische Vorgaben für **Werbeanlagen** dienen. Zu einer Interessenkollision, die nur einzelfallbezogen lösbar sein wird, kann es dagegen kommen, wenn einerseits die Baustruktur eines Gebietes eine geringe Bebauungsdichte aufweist, andererseits aber im Sinne flächensparenden Bauens eine Nachverdichtung möglich und angezeigt wäre.

9 Aus der Einbeziehung des Landschaftsbildes folgt, dass auch Gebiete im **Außenbereich** (§ 19 Abs. 1 Nr. 3) durch eine Erhaltungssatzung geschützt werden können, wenn dort bestimmte ihn **prägende Gebäude** erhalten bleiben sollen, wie zB Mühlen, Kapellen oder Burgruinen. Ansonsten hat diese Vorschrift den städtebaulichen Ensembleschutz, also den Schutz von Gesamtanlagen im Auge. Dabei reicht aber die Existenz eines Baudenkmals nicht aus, vielmehr muss die Erhaltungssat-

zung auf die Wahrung städtebaulicher Belange abzielen, die in engem Zusammenhang mit der baulichen Anlage stehen.

Ziel der sog. **Milieuschutzsatzung** nach Abs. 1 Satz 1 Nr. 2 ist es, den in einem intakten Gebiet wohnenden Menschen diesen Bestand der Umgebung zu sichern und damit die Bevölkerungsstruktur in einem bestimmten Ortsteil vor unerwünschten Veränderungen zu schützen (BVerfG NVwZ 1987, 879 = DVBl 1987, 465). Dabei wird aber nicht vorausgesetzt, dass das betreffende Wohngebiet im Hinblick auf die Bevölkerungsstruktur Besonderheiten zu anderen Gebieten aufweist. Eine Milieuschutzsatzung kann für ein Gebiet mit jeder Art von Wohnbevölkerung erlassen werden, soweit deren Zusammensetzung aus besonderen städtebaulichen Gründen erhalten werden soll (BVerwG DVBl 1998, 40 = UPR 1998, 26). Abzustellen ist vielmehr darauf, ob eine Änderung in der Zusammensetzung der Wohnbevölkerung nachteilige Folgen befürchten lässt (OVG Lüneburg BRS 40 Nr. 154 = BauR 1983, 436; HessVGH BRS 46 Nr. 123 = ZfBR 1986, 244). Insoweit kommen zB veränderte Anforderungen an die **Infrastruktur** in Betracht. 10

Unter städtebaulichen Gesichtspunkten kann der Erlass einer Erhaltungssatzung etwa dann gerechtfertigt sein, wenn die Gefahr einer **Luxusmodernisierung** von Wohnungen einkommensschwacher Bevölkerungskreise in dem Kernbereich einer Stadt droht. Ein anderer Einsatzbereich ist die drohende Umwandlung von bestehenden Wohnungen etwa in landschaftlich besonders reizvollen Gegenden zu Ferien- oder Zweitwohnungen nicht Ortsansässiger. 11

Eine **Verdrängungsgefahr** idS kann u.a. daran gemessen werden, ob beabsichtigte Modernisierungsmaßnahmen zu einer Miethöhe führen, die wesentlich über der für das Erhaltungsgebiet ermittelten Durchschnittsmiete liegt (BVerwG DVBl 1998, 40 = UPR 1998, 26). Insoweit kommt es nicht auf eine spezielle Gefahr für den von den baulichen Maßnahmen und ihrer Umlegung auf die Miethöhe betroffenen einzelnen Mieter an. Die Milieuschutzsatzung kann deshalb auch unvermietete Wohnungen umfassen (HessVGH ESVGH 43, 71 = BauR 1993, 192 = NVwZ-RR 1993, 401). 12

Durch die Neufassung wird die Gemeinde nunmehr in die Lage versetzt, die städtebauliche Eigenart eines bestimmten Gebiets sogar über die Wohnfunktion hinaus zu erhalten, zB für den Fremdenverkehr oder den Kurbetrieb. Vergleichbares wird gelten, wenn einem bisher im Wesentlichen landwirtschaftlich genutzten Ort(-steil) tiefgreifende Veränderungen drohen. Aber auch bei Annahme einer Verdrängungsgefahr scheidet in atypischen Fällen eine Genehmigung der beantragten Maßnahme nicht von vornherein aus. Die Gemeinde muss jedoch nach pflichtgemäßem **Ermessen** Erwägungen nur anstellen, wenn konkrete Anhaltspunkte für eine atypische Fallgestaltung vorliegen (BVerwG DVBl 1998, 40 = UPR 1998, 26 = ZfBR 1997, 311). In diesem Rahmen können die **Mitwirkungspflichten** des Antragstellers nach den Vorschriften des Verwaltungsverfahrensrechtes eine wichtige Rolle spielen. 13

Abs. 1 Satz 1 Nr. 3 hat nicht den Zweck einer dauernden Erhaltung, vielmehr sollen im Zusammenwirken mit Abs. 5 der Vorschrift bauliche Anlagen nur vorübergehend erhalten werden. Voraussetzung für eine Erhaltungsatzung nach dieser Alternative ist, dass Bebauungspläne oder städtebauliche Sanierungsmaßnahmen – jedenfalls für einen relevanten Zeitraum – negative Folgen für die persönlichen Lebensumstände der Bewohner eines Gebiets befürchten lassen. Dabei kann sich die Frage, ob die Genehmigungsvoraussetzungen vorliegen, im Laufe der Zeit im 14

Einzelfall unterschiedlich beantworten, bspw dann, wenn ein Zustand eingetreten ist, der die Erhaltungsfähigkeit der Anlage aus Gründen der Beschaffenheit der **Bausubstanz** in Frage stellt oder entfallen lässt (BVerwG v. 23.6.1992). Die **Umstrukturierungssatzung** soll sichern, dass der beabsichtigte Umstrukturierungsprozess sozial gerecht ablaufen kann und dient auch der Sicherung des nach § 180 aufzustellenden Sozialplans.

15 Einen neuen Genehmigungstatbestand hat das BauROG 1998 mit Satz 4 eingeführt. Hiernach werden die Landesregierungen ermächtigt, durch höchstens 5 Jahre geltende Rechtsverordnung zu bestimmen, dass die Begründung von **Wohnungseigentum** und Teileigentum iSv § 1 WEG an Gebäuden der Genehmigung bedarf. Die gesetzliche Befristung steht dem erneuten Erlass einer Rechtsverordnung nicht entgegen, wenn die Voraussetzungen hierfür (noch immer) vorliegen. Betroffen sind Gebäude im Geltungsbereich einer Milieuschutzsatzung nach Abs. 1 Satz 1 Nr. 2, die ganz oder teilweise Wohnzwecken zu dienen bestimmt sind. Hiermit soll verhindert werden können, dass solche Gebäude entweder zu Eigentumswohnungen oder zu gewerblichen Zwecken dienenden Räumen werden.

16 Die Sicherung dieser Regelung erfolgt zum einen durch Satz 5, der das Verbot als ein gesetzliches **Veräußerungsverbot** iSv § 135 BGB bezeichnet und damit eine (relative) Unwirksamkeit zu Gunsten der Gemeinde begründet. Zum anderen führt die entsprechende Anwendung von § 22 Abs. 2 Satz 3 und 4, Abs. 6 und 8 gemäß Satz 6 dazu, dass eine **Grundbuchsperre** eintritt und Eintragungen erst vorgenommen werden dürfen, wenn ein **Negativattest** der Gemeinde vorliegt. Diese hat ein **Widerspruchsrecht**, wenn hiergegen verstoßen wird.

17 Abs. 2 soll ein Unterlaufen der Erhaltungsziele des § 172 bis zum endgültigen In-Kraft-Treten der Satzung verhindern. In einem solchen Fall hat die Gemeinde die Möglichkeit, unverzüglich bei der zuständigen **Baugenehmigungsbehörde** zu beantragen, die Entscheidung über die Genehmigung eines Antrages – gemeint sind andere Anträge als der auf Genehmigung nach Abs. 1, insbesondere Bauanträge nach Landesrecht – für einen Zeitraum von bis zu zwölf Monaten (§ 15 Abs. 1 analog) auszusetzen. Voraussetzung hierfür ist, dass die Gemeinde einen **Beschluss** über die Aufstellung einer Erhaltungssatzung gefasst und diesen ortsüblich bekannt gemacht hat. Sofern ein Baugenehmigungsverfahren nicht (mehr) durchzuführen ist, hat die Bauaufsichtsbehörde in entsprechender Anwendung von § 15 Abs. 1 auf Antrag der Gemeinde ein vorläufiges **Bauverbot** auszusprechen. Angesichts der aktuellen Rechtsentwicklung wird dies zukünftig eine verstärkte Rolle spielen.

18 Die Versagung der Genehmigung darf nur aus den abschließend aufgezählten Gründen des § 172 Abs. 3–5 ausgesprochen werden. Diesbezüglich besteht kein Ermessen der Gemeinde. Sind die Voraussetzungen für eine Versagung gegeben, muss die Gemeinde die Genehmigung versagen, sofern die Erreichung des Erhaltungsziels nicht durch eine **Nebenbestimmung** gesichert werden kann. Bei den Versagungsgründen handelt es sich um unbestimmte Rechtsbegriffe, die der vollen gerichtlichen Nachprüfung unterliegen. Bei atypischen Fallgestaltungen schließt der Wortlaut des § 172 Abs. 3 Satz 1 eine **Ermessen**sentscheidung zu Gunsten eines Antragstellers nicht aus (VGH Mannheim NVwZ-RR 1999, 565 mwN). Liegt dagegen kein Versagungsgrund vor, besteht ein **Anspruch** auf Erteilung der Genehmigung. Nicht dem Genehmigungsvorbehalt unterfallen Änderungen baulicher Anlagen, die von vornherein nicht geeignet sind, sich auf die Zusammensetzung der Wohnbevölkerung auszuwirken (BVerwG NVwZ 2005, 445). Nach

Abs. 4 Satz 2 ist zwischen dem Wohl der Allgemeinheit und der wirtschaftlichen **Zumutbarkeit** für die jeweiligen Betroffenen abzuwägen. Dabei geht es aber um die objektive Belastung des Eigentümers, so dass nicht auf dessen persönliche Verhältnisse, sondern auf den Erhaltungszustand und die Erhaltungsmöglichkeiten der baulichen Anlage abzustellen ist. Die weiteren Genehmigungstatbestände des Satzes 3 sind im Vermittlungsausschuss eingefügt worden.

Abs. 3 Satz 1, 1. Fall stellt eine Regelung des städtebaulichen Denkmalschutzes dar 19
(BVerfG NVwZ 1987, 879 = DVBl 1987, 465 = ZfBR 1987, 203). Unter Ortsbild iS dieser Regelung ist die bauliche Ansicht eines Ortes oder eines Ortsteils zu verstehen. Mit dem Begriff **„Stadtgestalt"** wird die Baustruktur der Stadt gekennzeichnet. Erforderlich ist aber, dass dem Gebäude eine prägende Funktion, dh ein gewisses Gewicht für einen städtebaulichen Zusammenhang zukommt (BVerwGE 78, 28 = BVerwG Buchholz 406.11 § 39h Nr. 1 = NVwZ 1988, 357). Verlangt wird dagegen nicht, dass das einzelne Gebäude Denkmalwert hat.

Demgegenüber bezieht sich Abs. 3 Satz 1, 2. Fall in erster Linie auf Baudenkmäler, 20
beschränkt sich allerdings auch nicht darauf. Einem Gebäude kommt eine geschichtliche Bedeutung zu, wenn seine Beschaffenheit für die historische oder kunsthistorische Forschung von Bedeutung ist (BVerwGE 11, 32). Eine künstlerische Bedeutung ist zB anzunehmen, wenn das Gebäude das ästhetische Empfinden in besonderem Maße anspricht.

Mit dem besonderen Versagungsgrund des Abs. 3 Satz 2 bei der Errichtung eines 21
Neubaues ist die Möglichkeit gegeben worden, solche bauliche Anlagen zu verhindern, die zwar planungsrechtlich zulässig sind, sich aber zu den Zielen der Erhaltungssatzung als Fremdkörper darstellen.

Der gerichtlichen Überprüfung iR eines **Normenkontrollverfahrens** nach § 47 22
VwGO unterliegt nur das Ergebnis der gemeindlichen Abwägung (OVG Lüneburg BRS 40 Nr. 154 = BauR 1983, 436 = ZfBR 1983, 238; vgl aber auch: OVG Münster NJW 1983, 2598 = BRS 39 Nr. 172); das allen Planungsentscheidungen immanente **Abwägungsgebot** gilt auch im Falle der Erhaltungssatzung (OVG Münster NJW 1983, 2598 = BRS 39 Nr. 172). Die Gültigkeit der Erhaltungssatzung kann nicht nur der Eigentümer eines Grundstücks im Erhaltungsgebiet gerichtlich überprüfen lassen, sondern auch derjenige, der berechtigt ist, wie ein Bauherr bauliche Änderungen vorzunehmen (vgl BVerwG ZfBR 1994, 224; OVG Lüneburg BRS 40 Nr. 154).

Die Erhaltungssatzung tritt mit der **öffentlichen Bekanntmachung** in Kraft, § 172 23
Abs. 1 Satz 3. Wie jede andere Rechtsnorm darf auch die Erhaltungssatzung nicht mit einem anderen als dem vom Normgeber gewollten Inhalt veröffentlicht werden (BVerwG NVwZ-RR 1993, 262).

§ 173 Genehmigung, Übernahmeanspruch

(1) Die Genehmigung wird durch die Gemeinde erteilt. Ist eine baurechtliche Genehmigung oder an ihrer Stelle eine baurechtliche Zustimmung erforderlich, wird die Genehmigung durch die Baugenehmigungsbehörde im Einvernehmen mit der Gemeinde erteilt; im Baugenehmigungs- oder Zustimmungsverfahren wird über die in § 172 Abs. 3 bis 5 bezeichneten Belange entschieden.

(2) Wird in den Fällen des § 172 Abs. 3 die Genehmigung versagt, kann der Eigentümer von der Gemeinde unter den Voraussetzungen des § 40 Abs. 2 die Übernahme des Grundstücks verlangen. § 43 Abs. 1, 4 und 5 sowie § 44 Abs. 3 und 4 sind entsprechend anzuwenden.

(3) Vor der Entscheidung über den Genehmigungsantrag hat die Gemeinde mit dem Eigentümer oder sonstigen zur Unterhaltung Verpflichteten die für die Entscheidung erheblichen Tatsachen zu erörtern. In den Fällen des § 172 Abs. 4 und 5 hat sie auch Mieter, Pächter und sonstige Nutzungsberechtigte zu hören.

(4) Die landesrechtlichen Vorschriften, insbesondere über den Schutz und die Erhaltung von Denkmälern, bleiben unberührt.

1 Durch § 172 wird ein selbstständiger **Genehmigungstatbestand** für den Rückbau, die Änderung – innere oder äußere Umgestaltung – und erstmals auch für die Nutzungsänderung baulicher Anlagen sowie in dem Fall des Abs. 1 Satz 1 Nr. 1 ebenso für die Neuerrichtung geschaffen. Daneben ist auch noch eine **Baugenehmigung** nach den Landesbauordnungen erforderlich, falls es sich nicht um ein genehmigungsfreies Vorhaben handelt. Zuständig für die Erteilung der Genehmigung ist bei einer baurechtlichen Genehmigungs- oder Zustimmungsbedürftigkeit die Baugenehmigungsbehörde, die im **Einvernehmen** mit der Gemeinde entscheidet, § 173 Abs. 1 Satz 2. In allen anderen Fällen ist die Zuständigkeit der Gemeinde gegeben, § 173 Abs. 1 Satz 1. Besteht das Vorhaben in einer baulichen Maßnahme des Bundes oder der Länder, so ist ein **Zustimmungsverfahren** nach § 37 durchzuführen, in dem die Gründe des § 172 Abs. 3–5 mit zu prüfen sind.

2 Vor der Entscheidung über den Genehmigungsantrag besteht für die Gemeinde nach § 173 Abs. 3 eine Pflicht zur **Erörterung** der Entscheidung mit dem Eigentümer. Der Zweck dieser Erörterung liegt darin, übermäßig belastende Folgen für die Eigentümer erhaltenswerter baulicher Anlagen zu vermeiden (BVerfG NVwZ 1987, 879 = DVBl 1987, 465). Sie sollte deshalb sowohl die bautechnischen als auch die wirtschaftlichen Gesichtspunkte – wozu insbesondere Förderungsmöglichkeiten durch die öffentliche Hand gehören – umfassen. Gegebenenfalls kann auch gemeinsam ein Nutzungskonzept für die bauliche Anlage entwickelt werden.

3 Satz 2 der Vorschrift erweitert den Kreis der an der Erörterung zu Beteiligenden für den Geltungsbereich einer Milieuschutz- oder Umstrukturierungssatzung um die Mieter, Pächter und sonstigen Nutzungsberechtigten, weil hier die sozialen Aspekte und die Bevölkerungsstruktur im Vordergrund stehen, für die es nicht in erster Linie auf die bodenrechtlich geprägte Eigentümerstellung ankommt. Allerdings sind sie nur zu hören, was einer schwächeren Beteiligungsform entspricht und der Tatsache Rechnung trägt, dass sie keinen eigentumsbeschränkenden Maßnahmen ausgesetzt sind und sich der durch die Erhaltungsmaßnahmen geschaffenen Situation durch einen Umzug leichter entziehen können. Auf die Erläuterungen zur Erörterungs- und Beratungspflicht nach § 175 Abs. 1 wird ergänzend verwiesen.

4 Bei einer Versagung der Genehmigung gewährt § 173 Abs. 2 dem Eigentümer einen **Übernahmeanspruch** gegen die Gemeinde. Hinzukommen muss, dass es dem Eigentümer iSv § 40 Abs. 2 wirtschaftlich nicht zuzumuten ist, das Grundstück zu behalten und es weiterhin in der gewohnten bzw einer anderen rechtlich zulässigen und wirtschaftlich sinnvollen Weise zu nutzen. Insoweit spielen aber die persönlichen Verhältnisse des Eigentümers keine Rolle (vgl BVerwG ZfBR 1991, 275 = BRS 52 Nr. 237); entscheidend ist auf den Erhaltungszustand und

die Erhaltungs- und Entwicklungsmöglichkeiten der baulichen Anlage abzustellen. Von Bedeutung ist auch, ob und in welcher Höhe öffentliche Mittel zur Verfügung gestellt werden können. Von der **Unzumutbarkeit** ist insbesondere dann auszugehen, wenn die Unterhaltungskosten für das Gebäude nicht durch entsprechende Erträge oder den Nutzungswert ausgeglichen werden. Zu beachten ist aber, dass das Eigentum an einer solchen baulichen Anlage per se mit einer höheren, situationsgebundenen Sozialpflichtigkeit belastet ist.

Sind die Voraussetzungen des Abs. 2 Satz 1 gegeben, so kann der Eigentümer einen 5
Antrag bei der Enteignungsbehörde auf **Entziehung des Eigentums** stellen. Hierauf finden die §§ 43 Abs. 1, 4 und 5 sowie 44 Abs. 3 entsprechende Anwendung.

Abs. 4 betrifft neben den ausdrücklich genannten Vorschriften über den Schutz 6
und die Erhaltung von Denkmälern als landesrechtliche Vorschriften, die unberührt bleiben, insbesondere auch die **bauordnungsrechtlichen Gestaltungsvorschriften**. Da insoweit aber Überschneidungen in der Zielsetzung denkbar sind, ist es notwendig, in den Aufstellungsunterlagen zu der Erhaltungssatzung bzw der Gestaltungsatzung deutlich zu machen, dass die Entscheidungsgremien sich bei der Beschlussfassung ihrer Handlungsform und deren gesetzlicher Grundlagen bewusst waren.

Bezüglich des Rechtsschutzes gelten keine Besonderheiten, da gegen die Versagung 7
der Genehmigung bzw die Aufnahme einer belastenden Nebenbestimmung in die Genehmigung die **Verpflichtungsklage** durch den Eigentümer an das Verwaltungsgericht zulässig ist. Dieser kann auch nach § 47 Abs. 1 Nr. 1 VwGO ein **Normenkontrollverfahren** gegen die Erhaltungssatzung insgesamt anstrengen. Kommt es zu einem Enteignungsverfahren, so kann dessen Ergebnis von der Kammer (dem Senat) für Baulandsachen (§§ 217 ff) überprüft werden.

§ 174 Ausnahmen

(1) § 172 ist nicht auf Grundstücke anzuwenden, die den in § 26 Nr. 2 bezeichneten Zwecken dienen, und auf die in § 26 Nr. 3 bezeichneten Grundstücke.

(2) Befindet sich ein Grundstück der in Absatz 1 bezeichneten Art im Geltungsbereich einer Erhaltungssatzung, hat die Gemeinde den Bedarfsträger hiervon zu unterrichten. Beabsichtigt der Bedarfsträger ein Vorhaben im Sinne des § 172 Abs. 1, hat er dies der Gemeinde anzuzeigen. Der Bedarfsträger soll auf Verlangen der Gemeinde von dem Vorhaben absehen, wenn die Voraussetzungen vorliegen, die die Gemeinde berechtigen würden, die Genehmigung nach § 172 zu versagen, und wenn die Erhaltung oder das Absehen von der Errichtung der baulichen Anlage dem Bedarfsträger auch unter Berücksichtigung seiner Aufgaben zuzumuten ist.

Die Vorschriften über die Erhaltung bestimmter baulicher Anlagen gelten nicht für 1
Grundstücke, die bestimmten **öffentlichen Zwecken** dienen. Dies sind im Einzelnen Grundstücke, die von einem öffentlichen **Bedarfsträger** für Zwecke der Landesverteidigung, des Bundesgrenzschutzes (jetzt: Bundespolizei), der Zollverwaltung, der Polizei oder des Zivilschutzes genutzt werden und Grundstücke, die Kirchen und Religionsgesellschaften des öffentlichen Rechts für Zwecke des Gottesdienstes oder der Seelsorge dienen sowie Grundstücke für Vorhaben, bezüglich derer ein Verfahren nach § 38 (bauliche Maßnahmen von überörtlicher Bedeutung

auf Grund von Planfeststellungsverfahren; öffentlich zugängliche Abfallbeseitigungsanlagen) eingeleitet oder durchgeführt worden ist. Insoweit besteht auch ein deutlicher Zusammenhang mit § 37, wo ebenfalls materiellrechtliche Regelungen zu Bauten getroffen werden, die öffentlichen Zwecken dienen. Die abschließende Aufzählung des § 174 Abs. 1 ist allerdings keine **Befreiungs**vorschrift, die einer besonderen Entscheidung bedarf, sondern beschränkt den Geltungsbereich des § 172.

2 Die Pflicht der Gemeinde, den Bedarfsträger über die besondere Situation seines Grundstücks zu **unterrichten**, soll diesen in die Lage versetzen, seiner **Anzeigepflicht** nach Abs. 2 Satz 2 nachzukommen. Die Gemeinde ist insoweit verpflichtet, die notwendigen Feststellungen zu den tatsächlichen Gegebenheiten im Erhaltungsgebiet sowie zum Eigentum an relevanten baulichen Anlagen zu treffen. Auch wenn der Bedarfsträger bereits als Träger öffentlicher Belange bei der Planaufstellung beteiligt wurde, ist er nach Inkrafttreten der Satzung zu benachrichtigen, da erst dann klar ist, dass sein Grundstück tatsächlich den eigentumsbeschränkenden Wirkungen des § 172 unterliegt.

3 Abs. 2 Satz 2 gibt dem Bedarfsträger aber nicht nur einen Anspruch auf Information, sondern löst auch für ihn die Pflicht aus, der Gemeinde ggf anzuzeigen, dass er ein Vorhaben iSv § 172 Abs. 1 beabsichtigt. Damit eröffnet er dieser die Möglichkeit, nach Satz 3 zu verlangen, von dem Vorhaben abzusehen, wenn Versagungsgründe nach § 172 vorliegen. Äußert die Gemeinde ein solches Verlangen, so soll der Bedarfsträger dem im Regelfall entsprechen, wenn ihm dies nicht unter Berücksichtigung seiner Aufgaben unzumutbar ist. Die Gründe hierfür sind von ihm darzulegen und in die zu treffende **Abwägungsentscheidung** einzustellen.

4 Der Gesetzgeber überlässt es der Gemeinde, ob sie das Erhaltungsgebiet durch einen Bebauungsplan (auch ggf einen einfachen iSd § 30 Abs. 2) oder eine sonstige Satzung festlegt. Auf Grund der geringeren Verfahrensanforderungen wird in der Praxis im Regelfall von der **Erhaltungssatzung** Gebrauch gemacht, weil das für die Bauleitplanung vorgeschriebene Verfahren (§§ 2 ff) nicht anzuwenden ist. In der Satzung ist der gesetzliche **Erhaltungsgrund** zu nennen (HessVGH BRS 46 Nr. 123 = ZfBR 1986, 244), für die Erhaltungsgründe reicht die Bezugnahme auf das Gesetz aus (BVerfG NVwZ 1987, 879 = DVBl 1987, 465 = ZfBR 1987, 203). Auch wenn das Erhaltungsgebiet in einer sonstigen Satzung festgelegt wird, bedarf es keiner **Begründung** nach § 9 Abs. 8 (BVerwGE 78, 28 = BVerwG Buchholz 406.11 § 39h Nr. 1 – NVwZ 1988, 357). Wird der Satzung trotzdem eine Begründung beigefügt, braucht diese nicht öffentlich bekannt gemacht zu werden (HessVGH BRS 46 Nr. 123 = ZfBR 1986, 244).

5 Das Verlangen der Gemeinde nach Abs. 2 Satz 3 der Vorschrift geht über eine interne Bitte oder Meinungsäußerung deutlich hinaus und ist deshalb ein **Verwaltungsakt**. Die Gemeinde regelt nämlich hiermit auf dem Gebiet des öffentlichen Rechts einen Einzelfall mit unmittelbarer Außenwirkung gegenüber dem Bedarfsträger, der in seinen Verfügungsmöglichkeiten über sein Grundstück beschränkt wird. Gegen diesen Verwaltungsakt kann der betroffene Bedarfsträger mit Widerspruch und verwaltungsgerichtlicher **Klage** vorgehen. Umgekehrt kann die Gemeinde dessen Entscheidung, ihrem Verlangen nicht nachzukommen, ebenfalls anfechten. Insoweit hat die Gemeinde aus Gründen der Rechtssicherheit einen Bescheidungsanspruch gegenüber dem Bedarfsträger.

Zweiter Abschnitt
Städtebauliche Gebote

§ 175 Allgemeines

(1) Beabsichtigt die Gemeinde, ein Baugebot (§ 176), ein Modernisierungs- oder Instandsetzungsgebot (§ 177), ein Pflanzgebot (§ 178) oder ein Rückbau- oder Entsiegelungsgebot (§ 179) zu erlassen, soll sie die Maßnahme vorher mit den Betroffenen erörtern. Die Gemeinde soll die Eigentümer, Mieter, Pächter und sonstigen Nutzungsberechtigten im Rahmen ihrer Möglichkeiten beraten, wie die Maßnahme durchgeführt werden kann und welche Finanzierungsmöglichkeiten aus öffentlichen Kassen bestehen.

(2) Die Anordnung von Maßnahmen nach den §§ 176 bis 179 setzt voraus, dass die alsbaldige Durchführung der Maßnahmen aus städtebaulichen Gründen erforderlich ist; bei Anordnung eines Baugebots nach § 176 kann dabei auch ein dringender Wohnbedarf der Bevölkerung berücksichtigt werden.

(3) Mieter, Pächter und sonstige Nutzungsberechtigte haben die Durchführung der Maßnahmen nach den §§ 176 bis 179 zu dulden.

(4) Die §§ 176 bis 179 sind nicht auf Grundstücke anzuwenden, die den in § 26 Nr. 2 bezeichneten Zwecken dienen, und auf die in § 26 Nr. 3 bezeichneten Grundstücke. Liegen für diese Grundstücke die Voraussetzungen für die Anordnung eines Gebots nach den §§ 176 bis 179 vor, soll auf Verlangen der Gemeinde der Bedarfsträger die entsprechenden Maßnahmen durchführen oder ihre Durchführung dulden, soweit dadurch nicht die Erfüllung seiner Aufgaben beeinträchtigt wird.

(5) Die landesrechtlichen Vorschriften, insbesondere über den Schutz und die Erhaltung von Denkmälern, bleiben unberührt.

Durch die städtebaulichen Gebote der §§ 176 ff wird der Gemeinde die Möglichkeit eröffnet, gegenüber Grundstückseigentümern Einzelanordnungen zur Durchsetzung der Festsetzungen eines Bebauungsplanes zu erlassen. Deshalb wird auch von **Planverwirklichungsgeboten** gesprochen; diese knüpfen an die Sozialpflichtigkeit des Eigentums an. Allerdings können die Regelungen teilweise auch auf Grundstücke Anwendung finden, die nicht im Bereich eines Bebauungsplans liegen, so zB das **Baugebot** für Grundstücke innerhalb eines im Zusammenhang bebauten Gebiets (§ 176 Abs. 2) oder das **Modernisierungs- und Instandsetzungsgebot** (§ 177). Insgesamt zielen die Vorschriften über die städtebaulichen Gebote eher auf eine einvernehmliche Lösung der anstehenden Probleme als auf eine mit den Mitteln des Verwaltungszwangs durchzusetzende Anordnung in der Gestalt eines Verwaltungsakts ab. In diesem Rahmen enthält § 175 allgemeine Regelungen für die danach folgenden städtebaulichen Gebote. 1

Die Anwendung der in Abs. 1 bezeichneten Gebote setzt iS konsensualen Handelns verfahrensrechtlich eine **Erörterung** und **Beratung** mit den Betroffenen voraus, die inhaltlich über eine bloße Unterrichtung und auch die Anhörung nach § 28 VwVfG hinausgeht und dazu dienen soll, im Hinblick auf die erheblichen Folgen für die Betroffenen Akzeptanz für das städtebauliche Anliegen der Gemeinde zu schaffen, so dass die Eigentümer die Maßnahmen selbst durchführen und die Mieter, Pächter und sonstige Nutzungsberechtigte sie dulden. Letztere sind deshalb ebenso wie die Eigentümer in die Erörterung einzubinden. 2

3 Die Erörterung kann dazu führen, dass die Gemeinde von einer Maßnahme absieht, weil sie dem Betroffenen wirtschaftlich nicht zumutbar ist oder dass ein **städtebaulicher Vertrag** iS von § 11 abgeschlossen wird. Eine Gemeinde wird von ihrer Erörterungs- und Beratungspflicht nach dieser Vorschrift zB nicht dadurch freigestellt, dass bereits vor der Aufstellung des Bebauungsplanes eine Bürgerbeteiligung (§ 3) stattgefunden hat. Unterbleibt allerdings eine Erörterung aus Gründen, die der Betroffene zu vertreten hat, ist die Gemeinde nicht gehindert, das entsprechende städtebauliche Gebot zu erlassen (VG Köln ZfBR 1986, 250). Ergeht ein Gebot ohne vorherige Erörterung oder Beratung, so ist dieser Verfahrensmangel bis zur zeitlichen Schranke des analog anzuwendenden § 45 Abs. 2 VwVfG noch heilbar. Danach ist eine **Heilung** nicht mehr möglich, weil es sich um eine Ermessensvorschrift handelt, so dass § 46 VwVfG nicht greifen kann.

4 Die Beratung über die Finanzierungsmöglichkeiten aus öffentlichen Kassen beschränkt sich nicht auf den Bereich der Gemeinde, sondern umfasst alle direkten Subventionen und steuerlichen Vergünstigungen.

5 Materiellrechtlich setzt der Erlass eines Gebots nach Abs. 2 voraus, dass die Durchführung der Maßnahme aus städtebaulichen Gründen alsbald **erforderlich** ist. Der Erlass ist nur gerechtfertigt, wenn die Unterlassung zu einer Verzögerung der Planverwirklichung führen würde, ohne dass hierzu aber eine abstrakte Befürchtung, es könne zu Behinderungen kommen, ausreicht. Das Vorhandensein eines Bebauungsplanes begründet für sich allein noch nicht die Erforderlichkeit der alsbaldigen Durchführung. Vielmehr müssen die städtebaulichen Gründe in ihrem Gewicht und in ihrer Dringlichkeit unter Beachtung von Art. 14 GG über diejenigen Gründe hinausgehen, die den Bebauungsplan selbst tragen, um die Erforderlichkeit des Gebots bejahen zu können (BVerwG NVwZ 1990, 60 = BRS 49 Nr. 219). So wäre beispielsweise ein Baugebot (noch) nicht gerechtfertigt, wenn die Erschließung des Grundstücks (noch) nicht gesichert ist. Ausdrücklich nennt das Gesetz den **dringenden Wohnbedarf** der Bevölkerung als Grund, der ein städtebauliches Gebot rechtfertigen kann. In Frage kommt aber auch ein Baugebot für ein (privates) Infrastrukturvorhaben, das für die Nutzung eines Gebietes von besonderer Bedeutung ist, etwa ein Kindergarten in einer überwiegend von jungen Familien bewohnten Neubausiedlung.

6 Eine auf Grund des Abs. 3 ergangene **Duldungsverfügung**, die – falls notwendig – nicht nur die Umgestaltung eines Objekts iS einer Anpassung nach § 176 Abs. 1 Nr. 2 und eine hiermit häufig verbundene Beschränkung in der Nutzbarkeit, sondern auch die Räumungspflicht umfasst, kann vom Mieter, Pächter oder sonstigen Nutzungsberechtigten selbstständig angefochten werden, da sie in seine Recht eingreift. Eine Duldungsverfügung wird zwangsweise mit den Mitteln des Verwaltungszwangs nach dem landesrechtlichen Verwaltungsvollstreckungsrecht durchgesetzt. In aller Regel wird nur die Androhung und Festsetzung eines **Zwangsgeldes** in Betracht kommen (BVerwG Buchholz 406.11 § 39b BBauG Nr. 2 = NVwZ 1990, 663 = BRS 50 Nr. 205). Hat die Duldungspflicht zur Folge, dass in das zivilrechtliche Vertragsverhältnis eingegriffen werden muss, sind die §§ 182 ff, bzw die sonstigen zivilrechtlichen Vorschriften, etwa über die Mietminderung bei Nutzungseinschränkungen, maßgebend. Insoweit kann auch der Eigentümer vom Nutzungsberechtigten im zivilrechtlichen Innenverhältnis die Duldung verlangen. Für dieses Verfahren gelten auch die zivilrechtlichen Verfahrensregeln.

Abs. 4 entspricht für die städtebaulichen Gebote der Regelung des § 174 bezüglich der Erhaltungssatzung. Auch insoweit ist eine Güter- und Interessen**abwägung** zwischen dem Anliegen der Gemeinde und der ggf beeinträchtigten Aufgabenerfüllung des Bedarfsträgers vorzunehmen, die berücksichtigt, dass die Norm als Sollvorschrift ausgestaltet ist. 7

Aus Abs. 5 folgt, dass ein Baugebot nicht die nach dem jeweiligen Landesrecht erforderliche Baugenehmigung ersetzt. Explizit genannt werden aber auch die denkmalschutzrechtlichen Vorschriften, die besonders beim Erlass eines Modernisierungs- und Instandsetzungsgebots eine besondere Rolle spielen können. Probleme können entstehen, wenn für die landesrechtlichen Verfahren eine andere Körperschaft als die Gemeinde zuständig ist, da es dann zu widerstreitenden Verfügungen kommen kann. Es ist deshalb notwendig, vor dem Erlass eines städtebaulichen Gebots eine Abstimmung mit den anderen Behörden zu treffen, deren Aufgabenerfüllung berührt sein kann, auch wenn diese keine Bedarfsträger iSv Abs. 4 sind. 8

§ 176 Baugebot

(1) Im Geltungsbereich eines Bebauungsplans kann die Gemeinde den Eigentümer durch Bescheid verpflichten, innerhalb einer zu bestimmenden angemessenen Frist

1. sein Grundstück entsprechend den Festsetzungen des Bebauungsplans zu bebauen oder
2. ein vorhandenes Gebäude oder eine vorhandene sonstige bauliche Anlage den Festsetzungen des Bebauungsplans anzupassen.

(2) Das Baugebot kann außerhalb der in Absatz 1 bezeichneten Gebiete, aber innerhalb im Zusammenhang bebauter Ortsteile angeordnet werden, um unbebaute oder geringfügig bebaute Grundstücke entsprechend den baurechtlichen Vorschriften zu nutzen oder einer baulichen Nutzung zuzuführen, insbesondere zur Schließung von Baulücken.

(3) Ist die Durchführung des Vorhabens aus wirtschaftlichen Gründen einem Eigentümer nicht zuzumuten, hat die Gemeinde von dem Baugebot abzusehen.

(4) Der Eigentümer kann von der Gemeinde die Übernahme des Grundstücks verlangen, wenn er glaubhaft macht, dass ihm die Durchführung des Vorhabens aus wirtschaftlichen Gründen nicht zuzumuten ist. § 43 Abs. 1, 4 und 5 sowie § 44 Abs. 3 und 4 sind entsprechend anzuwenden.

(5) Ist die Durchführung eines Baugebots nur möglich, wenn zuvor eine bauliche Anlage oder Teile davon beseitigt werden, ist der Eigentümer mit dem Baugebot auch zur Beseitigung verpflichtet. § 179 Abs. 2 und 3 Satz 1, § 43 Abs. 2 und 5 sowie § 44 Abs. 3 und 4 sind entsprechend anzuwenden.

(6) Ist für ein Grundstück eine andere als bauliche Nutzung festgesetzt, sind die Absätze 1 und 3 bis 5 entsprechend anzuwenden.

(7) Mit dem Baugebot kann die Verpflichtung verbunden werden, innerhalb einer zu bestimmenden angemessenen Frist den für eine bauliche Nutzung des Grundstücks erforderlichen Antrag auf Erteilung einer bauaufsichtlichen Genehmigung zu stellen.

(8) Kommt der Eigentümer der Verpflichtung nach Absatz 7 auch nach Vollstreckungsmaßnahmen auf Grund landesrechtlicher Vorschriften nicht nach, kann

das Enteignungsverfahren nach § 85 Abs. 1 Nr. 5 auch vor Ablauf der Frist nach Absatz 1 eingeleitet werden.

(9) In dem Enteignungsverfahren ist davon auszugehen, dass die Voraussetzungen des Baugebots vorliegen; die Vorschriften über die Zulässigkeit der Enteignung bleiben unberührt. Bei der Bemessung der Entschädigung bleiben Werterhöhungen unberücksichtigt, die nach Unanfechtbarkeit des Baugebots eingetreten sind, es sei denn, dass der Eigentümer die Werterhöhungen durch eigene Aufwendungen zulässigerweise bewirkt hat.

1 § 176 enthält mit dem **Bebauungsgebot** (Abs. 1 Nr. 1) und dem **Anpassungsgebot** (Abs. 1 Nr. 2) zwei unterschiedliche Baugebote. Nach § 176 kann die Gemeinde im Gebiet eines Bebauungsplanes (Abs. 1) – insoweit reicht auch ein einfacher Bebauungsplan aus (§ 30 Abs. 2) – und im unbeplanten Innenbereich nach § 34 (Abs. 2) ein **Baugebot** erlassen, um die Bebauung eines regelmäßig unbebauten Grundstücks oder die Anpassung an ein vorhandenes Gebäude entsprechend den Festsetzungen des Bebauungsplanes bzw der vorhandenen Bebauung zu erzwingen. Diese **Ermächtigungsgrundlage** umfasst nach Abs. 5 konsequenterweise auch die teilweise oder gänzliche Beseitigung baulicher Anlagen, wenn sie zur Durchführung des Baugebots erforderlich ist. In diesem Fall ist besonderes Augenmerk auf die Folgen einer Beseitigungsanordnung zu legen; ggf ist zu prüfen, ob Ersatz für den Wohnraum oder das Geschäftslokal zur Verfügung steht.

2 In beiden Fällen setzt die Vorschrift (ungeschrieben) dringende **städtebauliche Gründe** voraus, die über die jedem Bebauungsplan innewohnende **Verwirklichungsabsicht** hinausreichen. Von dieser Tatbestandsvoraussetzung ist auszugehen, wenn das öffentliche Interesse an der Durchführung der angeordneten Maßnahme gegenüber dem privaten Interesse an der Beibehaltung des bisherigen Zustands überwiegt. Als städtebaulichen Grund in diesem Sinn hat das Bundesverwaltungsgericht angenommen, dass durch die **Schließung von Baulücken** das Bedürfnis nach Erschließung neuen Baulandes an anderer Stelle, insbesondere am Stadtrand, zurücktritt und insoweit ausdrücklich auf die Bodenschutzklausel hingewiesen (BVerwGE 84, 335, 345 f). Zwar hat das Gericht diese Aussage hinsichtlich einer Baulückenschließung im unbeplanten Innenbereich getroffen, doch sind keine Gründe ersichtlich, sie nicht auch auf Grundstücke im beplanten Bereich zu übertragen. So eingesetzt, stellt das Baugebot ein wirksames Instrument dar, benötigten Wohnraum zu schaffen, ohne im Außenbereich Natur und Landschaft zu verbrauchen und führt gleichzeitig zu einer besseren Ausnutzung der bestehenden Infrastruktur bei Vermeidung neuen Planungsaufwandes.

3 Ob ein Grundstück geringfügig bebaut ist, richtet sich nicht nur nach der Größe der bestehenden baulichen Anlagen, sondern auch nach der **Nutzungsart**. So kann zB im Dorfgebiet (§ 5 BauNVO) eine Scheune oder ein Stall nicht als geringfügige Bebauung angesehen werden, die einer Wohnbebauung weichen müsste. Um dem bisher wenig konkreten Tatbestandsmerkmal größere Schärfe zu verleihen, kann die Gemeinde gemäß § 16 Abs. 4 Satz 1 Mindestmaße für die bauliche Ausnutzung der Grundstücke festsetzen.

4 Das an den Eigentümer zu richtende Baugebot muss hinreichend **bestimmt** iSd § 37 Abs. 1 VwVfG sein. Dies ist dann gegeben, wenn es die Verpflichtung des Eigentümers ausspricht, innerhalb einer bestimmten angemessenen Frist die konkret zu bezeichnenden notwendigen Maßnahmen für die Bebauung seines Grundstücks zu ergreifen (BVerwG Buchholz 406.11 § 39b BBauG Nr. 1 = NVwZ 1990,

658 = BRS 50 Nr. 204). Zu beachten ist außerdem noch, dass ein Baugebot nicht die dem Eigentümer offenstehenden Möglichkeiten zur rechtmäßigen baulichen Nutzung des Grundstücks einschränken darf (BVerwG Buchholz 406.11 § 39b BBauG Nr. 1 = NVwZ 1990, 658 = BRS 50 Nr. 204). Hierzu zählt insbesondere auch das Recht, ungehindert zwischen den planungsrechtlich zulässigen **Bebauungsalternativen** auswählen zu können, was im Baugebot hinreichend deutlich zu machen ist (BVerwGE 84, 335 = DVBl 1990, 576). Dies kann zB geschehen, indem die Gemeinde dem Eigentümer zur Beschleunigung und Vereinfachung einen konkreten Planungsvorschlag mit Kostenkalkulation macht, aber gleichzeitig im Sinne eines polizeirechtlichen Austauschmittels verdeutlicht, dass auch eine andere, planungsrechtlich zulässige Bebauung möglich ist.

Das Baugebot schließt auch eine nach Landesrecht erforderliche **Baugenehmigung** 5 nicht mit ein; es berechtigt aber die Gemeinde, dem Adressaten des Baugebots zusätzlich aufzugeben, einen Bauantrag zu stellen. Voraussetzung ist aber stets, dass der Adressat des Baugebots (bau-)rechtlich in der Lage ist, den von der Gemeinde erstrebten Zustand zu verwirklichen. Daran fehlt es zB, wenn das betroffene Grundstück nicht allein, sondern nur i.R. einer zusammenhängenden Bebauung mit einem Nachbargrundstück bebaut werden kann; in einem solchen Fall muss die Gemeinde zunächst bodenordnende Maßnahmen durchführen (BVerwGE 88, 97 = DVBl 1991, 817). Möglich ist aber ein einheitliches Baugebot an mehrere Miteigentümer eines Grundstücks, während die **Duldungsanordnung** an Mieter, Pächter und sonstige Nutzungsberechtigte ebenso gesondert erlassen werden muss wie etwaige Aufhebungsverfügungen nach §§ 182 ff.

Nach § 176 Abs. 3 ist ein Baugebot dann unzulässig, wenn die Bebauung aus wirt- 6 schaftlichen Gründen einem Eigentümer nicht zuzumuten ist. In diesem Fall kommt es nicht auf den konkreten Eigentümer an, sondern darauf, ob einem durchschnittlichen Eigentümer eines solchen Grundstücks eine Bebauung unmöglich wäre (sog **objektive Unzumutbarkeit**). Dabei sind auch alle verfügbaren zumutbaren Förderungs- und Finanzierungsmöglichkeiten zu berücksichtigen, wobei gerade in die Finanzierungskonditionen ein Sicherheitspolster einzurechnen ist. Denkbar ist insoweit auch der Einsatz von Eigenmitteln der Gemeinde, etwa zur Gewährung eines zinsgünstigen Darlehens bei entsprechender Sicherheit zB durch eine Ausfallbürgschaft oder -versicherung.

Die objektive Unzumutbarkeit kann allerdings nur für einen begrenzten Zeitraum 7 anerkannt werden, weil ansonsten dem Bebauungsplan ein **Abwägungsfehler** zu Grunde liegen würde (BVerwG Buchholz 406.11 § 1 BBauG Nr. 16 = DVBl 1979, 151 = BRS 33 Nr. 11). Demgegenüber steht die sog. subjektive Unzumutbarkeit (nur dem konkreten Eigentümer ist wegen seiner schlechten wirtschaftlichen Verhältnisse eine Bebauung nicht möglich) einem Baugebot nach § 176 nicht entgegen.

In einem solchen Fall kann der Eigentümer aber die **Übernahme** des Grundstücks 8 durch die Gemeinde gegen Entschädigung nach Enteignungsgrundsätzen (vgl § 43) verlangen. Allerdings reicht die Behauptung der Unzumutbarkeit nicht aus; vielmehr müssen die wirtschaftlichen Gründe, die der Durchführung des Vorhabens entgegenstehen, glaubhaft gemacht werden, § 294 ZPO. Ist schon im Vorfeld erkennbar, dass der Eigentümer ein Vorhaben nicht durchführen kann, so kann bereits im Rahmen der Beratung und Erörterung eine Lösung in Form eines Grundstücksverkaufs in Betracht kommen, andernfalls muss der Eigentümer den Erlass des Baugebots abwarten.

9 Kommt der Eigentümer dem Baugebot nicht nach, bestehen die normalen Möglichkeiten nach dem **Verwaltungsvollstreckungsrecht**. Zwar ist davon auszugehen, dass die Ersatzvornahme schon wegen der Variationsbreite möglicher baulicher Nutzungen grundsätzlich ungeeignet ist, doch kann zur Durchsetzung des Baugebots das Mittel des Zwangsgeldes eingesetzt werden. Mit ihm kann der Eigentümer veranlasst werden, einen vollständigen und bearbeitungsfähigen Bauantrag zu stellen, der den Rahmen der Zulässigkeit baulicher Nutzung nicht verlässt und das Vorhaben nach der bauaufsichtlichen Genehmigung zu verwirklichen. Schließlich bleibt als wirksame – wenn auch häufig verfahrensaufwändige – Alternative noch die Möglichkeit, den Eigentümer unter den strengen Voraussetzungen des § 85 Abs. 1 Nr. 5 zu enteignen (BVerwG NVwZ 1990, 663 = BRS 50 Nr. 205). Möglich ist dabei auch eine **Enteignung** zu Gunsten Dritter. Voraussetzung für eine solche Enteignung wird regelmäßig sein, dass weitere Vollstreckungsmaßnahmen (Zwangsgeld) sinnlos sind, so dass ihre Wiederholung ermessensfehlerhaft wäre (BVerwGE 84, 335 = DVBl 1990, 583).

10 Baugebote wurden bisher kaum ausgesprochen, was zum einen daran liegt, dass ihr Ausspruch politisch in den meisten Fällen unpopulär ist. Zum anderen bestehen aber auch bei den zuständigen Stellen erhebliche Unsicherheiten bezüglich der Durchführung und Vollstreckung. Diese könnten aber nur abgebaut werden, wenn das Baugebot häufiger angewandt würde. Nur dann könnten die Entscheidungsprozesse und Handlungsformen weiter entwickelt werden und im Zuge der zu erwartenden Rechtsstreitigkeiten könnten Grundsatzentscheidungen der Gerichte Rechtsklarheit und -sicherheit schaffen, was auch die Dauer entsprechender Verfahren verkürzen würde (vgl im Einzelnen: Ferner, Minimierung von Flächenverbrauch, S. 128 ff).

§ 177 Modernisierungs- und Instandsetzungsgebot

(1) Weist eine bauliche Anlage nach ihrer inneren oder äußeren Beschaffenheit Missstände oder Mängel auf, deren Beseitigung oder Behebung durch Modernisierung oder Instandsetzung möglich ist, kann die Gemeinde die Beseitigung der Missstände durch ein Modernisierungsgebot und die Behebung der Mängel durch ein Instandsetzungsgebot anordnen. Zur Beseitigung der Missstände und zur Behebung der Mängel ist der Eigentümer der baulichen Anlage verpflichtet. In dem Bescheid, durch den die Modernisierung oder Instandsetzung angeordnet wird, sind die zu beseitigenden Missstände oder zu behebenden Mängel zu bezeichnen und eine angemessene Frist für die Durchführung der erforderlichen Maßnahmen zu bestimmen.

(2) Missstände liegen insbesondere vor, wenn die bauliche Anlage nicht den allgemeinen Anforderungen an gesunde Wohn- und Arbeitsverhältnisse entspricht.

(3) Mängel liegen insbesondere vor, wenn durch Abnutzung, Alterung, Witterungseinflüsse oder Einwirkungen Dritter

1. die bestimmungsgemäße Nutzung der baulichen Anlage nicht nur unerheblich beeinträchtigt wird,
2. die bauliche Anlage nach ihrer äußeren Beschaffenheit das Straßen- oder Ortsbild nicht nur unerheblich beeinträchtigt oder
3. die bauliche Anlage erneuerungsbedürftig ist und wegen ihrer städtebaulichen, insbesondere geschichtlichen oder künstlerischen Bedeutung erhalten bleiben soll.

Kann die Behebung der Mängel einer baulichen Anlage nach landesrechtlichen Vorschriften auch aus Gründen des Schutzes und der Erhaltung von Baudenkmälern verlangt werden, darf das Instandsetzungsgebot nur mit Zustimmung der zuständigen Landesbehörde erlassen werden. In dem Bescheid über den Erlass des Instandsetzungsgebots sind die auch aus Gründen des Denkmalschutzes gebotenen Instandsetzungsmaßnahmen besonders zu bezeichnen.

(4) Der Eigentümer hat die Kosten der von der Gemeinde angeordneten Maßnahmen insoweit zu tragen, als er sie durch eigene oder fremde Mittel decken und die sich daraus ergebenden Kapitalkosten sowie die zusätzlich entstehenden Bewirtschaftungskosten aus Erträgen der baulichen Anlage aufbringen kann. Sind dem Eigentümer Kosten entstanden, die er nicht zu tragen hat, hat die Gemeinde sie ihm zu erstatten, soweit nicht eine andere Stelle einen Zuschuss zu ihrer Deckung gewährt. Dies gilt nicht, wenn der Eigentümer auf Grund anderer Rechtsvorschriften verpflichtet ist, die Kosten selbst zu tragen, oder wenn er Instandsetzungen unterlassen hat und nicht nachweisen kann, dass ihre Vornahme wirtschaftlich unvertretbar oder ihm nicht zuzumuten war. Die Gemeinde kann mit dem Eigentümer den Kostenerstattungsbetrag unter Verzicht auf eine Berechnung im Einzelfall als Pauschale in Höhe eines bestimmten Vomhundertsatzes der Modernisierungs- oder Instandsetzungskosten vereinbaren.

(5) Der vom Eigentümer zu tragende Kostenanteil wird nach der Durchführung der Modernisierungs- oder Instandsetzungsmaßnahmen unter Berücksichtigung der Erträge ermittelt, die für die modernisierte oder instand gesetzte bauliche Anlage bei ordentlicher Bewirtschaftung nachhaltig erzielt werden können; dabei sind die mit einem Bebauungsplan, einem Sozialplan, einer städtebaulichen Sanierungsmaßnahme oder einer sonstigen städtebaulichen Maßnahme verfolgten Ziele und Zwecke zu berücksichtigen.

1 Ziel des Modernisierungs- und Instandsetzungsgebots in § 177 ist die Beseitigung oder die Behebung von **Missständen** und **Mängeln** einzelner baulicher Anlagen in bodenrechtlicher, nicht aber ordnungsrechtlicher Hinsicht. Das Bestehen eines Bebauungsplanes oder eines im Zusammenhang bebauten Ortsteils ist nicht erforderlich, da sich der Maßstab dessen, was von dem Eigentümer verlangt wird, aus anderen Kriterien ergibt. Obwohl durch ein Modernisierungs- und Instandsetzungsgebot überschaubare Folgen ausgelöst werden und das Gesetz keine hohen Verfahrensanforderungen formuliert, ist in der Vergangenheit von dem Instrument kaum Gebrauch gemacht worden. Unter Berücksichtigung des vom Gesetzgeber gestärkten Grundsatzes eines sparsamen Umgangs mit Natur und Landschaft wird aber zukünftig nicht außer Acht gelassen werden dürfen, dass die Vorschrift Möglichkeiten bietet, bestehenden Wohnraum attraktiver zu machen und damit den Druck, neues Bauland auszuweisen, zu verringern.

2 Mit **Modernisierung** bezeichnet Abs. 1 Satz 1 die Beseitigung von Missständen, die nach Abs. 2 insbesondere darin zu sehen sind, dass eine bauliche Anlage nicht den allgemeinen Anforderungen an gesunde Wohn- und Arbeitsverhältnisse entspricht, zB bei Wohngebäuden die heutigen Mindestanforderungen an Belichtung, Belüftung oder sanitäre Ausstattung nicht erfüllt sind. Die allgemeinen Anforderungen an gesunde Wohn- und Arbeitsverhältnisse sind zwar in den Landesbauordnungen und anderen öffentlich-rechtlichen Vorschriften geregelt, unterliegen aber einem ständigen Wandel (BGHZ 48, 193). Dieses Gebot dient damit der Erhaltung und Sicherung der Bausubstanz. Die Obergrenze für das, was vom

Eigentümer zur Modernisierung bei Missständen verlangt werden kann, ist das, was auch für Neubauten gilt.

3 Unter **Instandsetzung** wird die Behebung von Mängeln verstanden, die insbesondere vorliegen, wenn durch Abnutzung, Alterung, Witterungseinflüsse oder Einwirkungen Dritter die in Abs. 3 Nr. 1–3 bezeichneten Belange nicht nur unerheblich beeinträchtigt werden. Die Instandsetzung stellt sich daher als die nachträgliche Behebung vorhandener baulicher Mängel dar, um den für den bestimmungsgemäßen Gebrauch geeigneten Zustand wiederherzustellen.

4 Gemeint sind mit der nicht nur unerheblichen Beeinträchtigung der bestimmungsgemäßen Nutzung nach Nr. 1 auch Mängel wie Feuchtigkeit oder Risse im Mauerwerk, die zwar für sich genommen möglicherweise noch keine erheblichen Probleme aufwerfen, aber regelmäßig zu wesentlichen Schäden führen, wenn sie nicht behoben werden. Eine Definition der **Erheblichkeit** wird insbesondere aber in Nr. 2 schwierig werden, der auf die Beeinträchtigung des Straßen- oder Ortsbildes durch die äußere Beschaffenheit der baulichen Anlage abstellt. Wann dies zB bei abfallendem Verputz anzunehmen ist, wird im Einzelfall schwierig zu beurteilen sein, insbesondere wird auch geprüft werden müssen, ob im Gemeindegebiet vergleichbare Fälle existieren, um dem Einwand zuvorzukommen, es werde gegen den **Gleichheitsgrundsatz** verstoßen. Auch wenn eine bauliche Anlage kein Denkmal iSd landesrechtlichen Vorschriften darstellt, kann es den (bundesrechtlichen) Schutz der Nr. 3 genießen. Hierfür ist allein maßgebend, ob die bauliche Anlage wegen ihrer städtebaulichen, insbesondere geschichtlichen oder künstlerischen Bedeutung erhalten bleiben soll. Das Vorliegen dieser Voraussetzungen ist als unbestimmter Rechtsbegriff gerichtlich voll überprüfbar.

5 Voraussetzung für den Erlass eines Gebots nach § 177 Abs. 1 ist, dass die Modernisierung oder Instandsetzung wirtschaftlich, technisch und rechtlich möglich ist (BVerwG ZfBR 1991, 275 = BRS 52 Nr. 237) und dass städtebauliche Gründe ihre alsbaldige Durchführung erfordern. Dabei hängt die Anordnung eines Modernisierungs- oder Instandsetzungsgebots nicht von den persönlichen Möglichkeiten oder der finanziellen Leistungsfähigkeit des Eigentümers ab (BVerwG NVwZ 1992, 164 = DÖV 1992, 29), wohl aber davon, ob die Maßnahme objektiv unter wirtschaftlichen Gesichtspunkten – bei Berücksichtigung der Möglichkeiten nach Abs. 4 und 5 – sinnvoll ist. Ist dies nicht der Fall, kann ein **Rückbaugebot** nach § 179 in Betracht kommen.

6 In dem Bescheid sind die zu beseitigenden Missstände oder zu behebenden Mängel substantiiert, eindeutig und klar zu bezeichnen. Dabei können sich Probleme daraus ergeben, dass nicht vorgeschrieben werden kann, mit welchen Mitteln das angestrebte Ziel erreicht werden soll. Dies kann aber zu einer nicht gewollten **„Luxusmodernisierung"** führen, der mit einer Milieuschutzsatzung nach § 172 Abs. 1 Satz 1 Nr. 2 begegnet werden müsste. Die **Vollstreckung** richtet sich nach den allgemeinen Vorschriften, dh es kommen regelmäßig die Ersatzvornahme, das Zwangsgeld und bei Duldungspflichten sogar der unmittelbare Zwang in Betracht.

7 Die **Kosten** für eine Instandsetzung oder Modernisierung hat der Eigentümer nach § 177 Abs. 4, 5 insoweit zu tragen, als er sie unter Berücksichtigung steuerlicher und sonstiger Förderung durch eigene oder fremde Mittel decken und die sich daraus ergebenden Kapitalkosten sowie die zusätzlich entstehenden Bewirtschaftungskosten aus nachhaltigen Erträgen des Gebäudes (insbesondere Mieteinnahmen) aufbringen kann. Zu diesen Kosten zählen auch Finanzierungs- sowie Bau-

und Baunebenkosten, soweit diese nach der Verkehrsauffassung erforderlich waren. Kosten, die von § 177 Abs. 4 Satz 1 nicht erfasst werden, hat die Gemeinde dem Eigentümer zu erstatten, soweit nicht eine andere Stelle einen Zuschuss gewährt. Entsprechende Vereinbarungen können in einem städtebaulichen Vertrag geregelt werden. Dieser ist insbesondere notwendig, wenn der Eigentümer (auf Grund der vorangegangenen Beratung und Erörterung) freiwillig tätig wird, da ohne eine entsprechende Anordnung der Gemeinde die Kostenregelung des Abs. 4 nicht eintritt.

§ 178 Pflanzgebot

Die Gemeinde kann den Eigentümer durch Bescheid verpflichten, sein Grundstück innerhalb einer zu bestimmenden angemessenen Frist entsprechend den nach § 9 Abs. 1 Nr. 25 getroffenen Festsetzungen des Bebauungsplans zu bepflanzen.

Das **Pflanzgebot** nach § 178 verpflichtet den Eigentümer, sein Grundstück entsprechend den Festsetzungen des Bebauungsplanes (§ 9 Abs. 1 Nr. 25) zu bepflanzen (vgl hierzu BVerwG ZfBR 1991, 177 = BRS 52 Nr. 19). Ausgenommen hiervon sind Flächen, für die eine landwirtschaftliche Nutzung oder eine Nutzung als Wald festgesetzt ist. Dagegen nennt das Gesetz in § 9 Abs. 1 Nr. 25 ausdrücklich auch Teile von baulichen Anlagen, so dass sich ein Pflanzgebot etwa auf eine Dachbegrünung oder eine Mauer beziehen kann, vor der Rankgewächse zu pflanzen sind. Voraussetzung ist, dass die alsbaldige Bepflanzung aus **städtebaulichen Gründen** erforderlich ist (§ 175 Abs. 2). Hiervon dürfte in zeitlicher Hinsicht regelmäßig auszugehen sein, wenn die vorgeschriebene Bepflanzung nicht innerhalb eines Jahres nach Abschluss der Bauarbeiten erfolgt, obwohl dies nach der Verkehrsauffassung zu erwarten ist, da die Begrünung von Baugebieten einen wesentlichen Aspekt städtebaulicher Qualität darstellt. Sachlich ist eine **Erforderlichkeit** anzuerkennen, wenn die Bepflanzung etwa der Verbesserung des Kleinklimas oder der Abschirmung von Emissionen dienen soll. In Betracht kommt aber auch die Erhaltung des Ortsbildes, wenn zB im hinteren Bereich der bebauten Grundstücke in dem Gebiet durchgehend eine gestalterisch wertvolle Bepflanzung vorhanden ist, deren Wirkung durch eine Unterbrechung erheblich beeinträchtigt würde. 1

Das Pflanzgebot kann idR im Wege der Festsetzung eines **Zwangsgeldes** oder der **Ersatzvornahme** vollstreckt werden (OVG Berlin BRS 52 Nr. 24). Es umfasst auch die Erhaltung der geforderten Bepflanzung und ggf den Ersatz nicht anwachsender Pflanzen. Bei der Bestimmung der angemessenen **Frist** für die Bepflanzung sind die jahreszeitlichen Voraussetzungen für ein Anwachsen und etwaige Besonderheiten der anzupflanzenden Gewächse zu beachten, so dass eine allgemeingültige Aussage zur Angemessenheit der Frist nicht möglich ist. 2

Einen **Übernahmeanspruch** wie beim Baugebot sieht das Gesetz wegen der regelmäßig geringeren Belastung für den Verpflichteten nicht vor. Auch auf die Möglichkeit einer Enteignung verzichtet die Regelung im Hinblick auf den Grundsatz der Verhältnismäßigkeit und die Vollstreckungsmöglichkeiten. Bezüglich der **Entschädigung** für Anpflanzungen ist auf § 41 Abs. 2 hinzuweisen, wonach dem Eigentümer eine angemessene Entschädigung in Geld zu leisten ist, wenn auf Grund von Festsetzungen des Bebauungsplans zur Bepflanzung besondere Auf- 3 wendungen notwendig sind, die über das bei ordnungsgemäßer Bewirtschaftung erforderliche Maß hinausgehen, oder eine wesentliche **Wertminderung** des Grundstücks eintritt. Von einem solchen Fall könnte etwa ausgegangen werden, wenn aus städtebaulichen Gründen auf einem privaten Grundstück ein Grüngürtel angelegt werden soll, der die nutzbare Fläche in erheblicher Weise einschränkt, so dass dem Einzelnen ein Sonderopfer zu Gunsten der Allgemeinheit auferlegt wird, für das er zu entschädigen ist. Bei der Bemessung der Entschädigungshöhe ist zu berücksichtigen, ob durch eine Verringerung der überbaubaren Fläche die zu zahlenden Erschließungsbeiträge verringert werden und dadurch ein (teilweiser) Ausgleich entsteht.

4 Die bauordnungsrechtliche Möglichkeit, als **Nebenbestimmung** zur Baugenehmigung eine Bepflanzungsverpflichtung zu begründen, wird durch § 178 nicht berührt.

§ 179 Rückbau- und Entsiegelungsgebot

(1) Die Gemeinde kann den Eigentümer verpflichten zu dulden, dass eine bauliche Anlage im Geltungsbereich eines Bebauungsplans ganz oder teilweise beseitigt wird, wenn sie

1. den Festsetzungen des Bebauungsplans nicht entspricht und ihnen nicht angepasst werden kann oder

2. Missstände oder Mängel im Sinne des § 177 Abs. 2 und 3 Satz 1 aufweist, die auch durch eine Modernisierung oder Instandsetzung nicht behoben werden können.

Satz 1 Nr. 1 gilt entsprechend für die sonstige Wiedernutzbarmachung von dauerhaft nicht mehr genutzten Flächen, bei denen der durch Bebauung oder Versiegelung beeinträchtigte Boden in seiner Leistungsfähigkeit erhalten oder wiederhergestellt werden soll; die sonstige Wiedernutzbarmachung steht der Beseitigung nach Satz 1 gleich. Diejenigen, für die ein Recht an dem Grundstück oder an einem das Grundstück belastenden Recht im Grundbuch eingetragen oder durch Eintragung gesichert ist, das nicht zur Nutzung berechtigt, sollen von dem Bescheid benachrichtigt werden, wenn sie von der Beseitigung betroffen werden. Unberührt bleibt das Recht des Eigentümers, die Beseitigung selbst vorzunehmen.

(2) Der Bescheid darf bei Wohnraum nur vollzogen werden, wenn im Zeitpunkt der Beseitigung angemessener Ersatzwohnraum für die Bewohner unter zumutbaren Bedingungen zur Verfügung steht. Strebt der Inhaber von Raum, der überwiegend gewerblichen oder beruflichen Zwecken dient (Geschäftsraum), eine anderweitige Unterbringung an, soll der Bescheid nur vollzogen werden, wenn im Zeitpunkt der Beseitigung anderer geeigneter Geschäftsraum unter zumutbaren Bedingungen zur Verfügung steht.

(3) Entstehen dem Eigentümer, Mieter, Pächter oder sonstigen Nutzungsberechtigten durch die Beseitigung Vermögensnachteile, hat die Gemeinde angemessene Entschädigung in Geld zu leisten. Der Eigentümer kann anstelle der Entschädigung nach Satz 1 von der Gemeinde die Übernahme des Grundstücks verlangen, wenn es ihm mit Rücksicht auf das Rückbau- oder Entsiegelungsgebot wirtschaftlich nicht mehr zuzumuten ist, das Grundstück zu behalten. § 43 Abs. 1, 2, 4 und 5 sowie § 44 Abs. 3 und 4 sind entsprechend anzuwenden.

Das **Rückbaugebot** nach § 179 ist von den Abbruchverfügungen nach den Landesbauordnungen streng zu unterscheiden. Während die **Abbruchverfügungen** nach dem Landesbaurecht nur gerechtfertigt sind, wenn die bauliche Anlage seit ihrer Errichtung formell und materiell baurechtswidrig ist, betrifft das Rückbaugebot des § 179 legale und damit **Bestandsschutz** genießende Bauwerke. Trotz der Überschrift ist es kein an den Eigentümer gerichtetes Handlungsgebot, sondern verpflichtet ihn bzw gleichgestellte Personen iSv § 200 Abs. 2 zur **Duldung** des von der Gemeinde durchzuführenden Abbruchs und der damit im Zusammenhang stehenden Maßnahmen. Dabei gewinnt die vorherige Erörterung und Beratung der Betroffenen angesichts der weitreichenden Folgen besondere Bedeutung. 1

Zuständig für den Erlass eines Gebots nach § 179 ist die Gemeinde auch dann, wenn sie nicht Baugenehmigungsbehörde ist. Es bleibt dem Eigentümer nach Abs. 1 Satz 3 trotz einer entsprechenden Anordnung unbenommen, den Rückbau auch selbst vorzunehmen. Insoweit kommt auch der Abschluss eines **städtebaulichen Vertrages** – etwa mit einer Kostenregelung – in Betracht. Zur Durchführung bedarf der Verpflichtete dann aber einer Genehmigung nach der einschlägigen Landesbauordnung. 2

Das Rückbaugebot darf nur im Geltungsbereich eines wirksamen **Bebauungsplanes** – auch eines einfachen Bebauungsplanes (§ 30 Abs. 2) – angeordnet werden, muss eine ausreichende Bestimmtheit aufweisen und bezieht sich nur auf bauliche Anlagen, bei denen die Voraussetzungen des Abs. 1 Nr. 1 oder Nr. 2 vorliegen. 3

Die Tatbestandsvoraussetzung der Nr. 1 ist erfüllt, wenn eine bauliche Anlage den Festsetzungen des Bebauungsplans nicht entspricht und eine Anpassung an diese (technisch oder wirtschaftlich) nicht oder nur mit unverhältnismäßigem Aufwand möglich ist. Dies kann zB der Fall sein, wenn die Bebauung eines Grundstücks im bisher unbeplanten Innenbereich nach § 34 zulässig war, nun aber mit den Festsetzungen des rechtsverbindlichen Bebauungsplans kollidiert, aber auch, wenn der bisherige Bebauungsplan geändert wurde. In beiden Fällen ist das Bestehen von bisher legaler Bebauung in der Abwägung des Bebauungsplans besonders zu berücksichtigen. 4

Demgegenüber setzt Nr. 2 voraus, dass an einer baulichen Anlage, die im Geltungsbereich eines Bebauungsplans liegt, nicht behebbare **Mängel** oder **Missstände** bestehen, bezüglich derer auf § 177 verwiesen wird. Diese Mängel bzw Missstände müssen nicht im Widerspruch zu Festsetzungen des Bebauungsplans stehen, sondern können bereits dann Grundlage eines Rückbaugebots sein, wenn sie den heutigen Anforderungen an gesunde Wohn- und Arbeitsverhältnisse nicht entsprechen, denn deren Erfüllung ist nach § 1 Abs. 6 Nr. 1 ein besonderes Anliegen des Bebauungsplans. 5

In beiden Fällen muss aber die alsbaldige Beseitigung unter städtebaulichen Aspekten im öffentlichen Interesse erforderlich sein. Hiervon ist auszugehen, wenn der Fortbestand der baulichen Anlage mit der durch den Bebauungsplan verfolgten **städtebaulichen Entwicklung** des Plangebiets nicht vereinbar ist. Dabei ist der Grundsatz der **Verhältnismäßigkeit** besonders zu beachten. Die wirtschaftliche Zumutbarkeit spielt in diesem Zusammenhang keine Rolle, da das Gesetz davon ausgeht, dass dem Eigentümer aus dem eigentlichen Rückbau keine Kosten entstehen, wenn die Gemeinde diesen durchführt und andere Vermögensnachteile nach Abs. 3 ausgeglichen werden. 6

7 Das Gesetz stellt den Erlass eines Rückbau- und Entsiegelungsgebots in das **Ermessen** der Gemeinde, die in erster Linie die Verwirklichung ihres Planungswillens betreiben wird. Insoweit spielen nachbarliche Interessen dann eine Rolle, wenn **nachbarschützende Festsetzungen** realisiert werden sollen. Gleichwohl hat die Vorschrift keinen nachbarschützenden Charakter (BVerwG ZfBR 1993, 92 = BRS 54 Nr. 212). Einer Fristsetzung für den Rückbau bedarf es nicht (OVG Bremen NVwZ 1986, 764). Im unbeplanten Innenbereich nach § 34 findet das Rückbaugebot keine Anwendung.

8 Es darf erst dann nach § 179 Abs. 2 vollzogen werden, wenn im Zeitpunkt der Beseitigung angemessener Ersatzwohnraum für die Bewohner unter zumutbaren Bedingungen zur Verfügung steht. Erlassen werden darf das Gebot aber schon vorher. Entsprechendes gilt bei Geschäftsräumen, wenn der Inhaber eine andere Unterbringung anstrebt. Erleidet der Eigentümer durch den Rückbau Vermögensnachteile, so hat er gegen die Gemeinde nach § 179 Abs. 3 Satz 1 einen Entschädigungsanspruch, der sich nach den §§ 93 ff bemisst. Die **Geldentschädigung** legt den Substanzwert der baulichen Anlage zum Zeitpunkt ihres Abbruchs zu Grunde. Deshalb empfiehlt es sich, diesen Wert vor der Beseitigung wirksam, am besten durch eine schriftliche Vereinbarung festzustellen. Auf den Entschädigungsanspruch, der jedenfalls unter den Voraussetzungen von Abs. 1 Satz 1 Nr. 2 tendenziell gering sein wird, sind **ersparte Aufwendungen**, insbesondere für den Abbruch eines ordnungswidrigen Gebäudes anzurechnen. Anstelle einer Geldentschädigung kann der Berechtigte, wenn die Voraussetzungen des § 179 Abs. 3 Satz 2 und 3 gegeben sind, die Übernahme des Grundstücks durch die Gemeinde verlangen. Auch den sonstigen Nutzungsberechtigten ist für Vermögensnachteile eine Geldentschädigung zu leisten.

9 Durch das BauROG 1998 ist dem Rückbaugebot ein **Entsiegelungsgebot** zur Seite gestellt worden, das in erster Linie dem Bodenschutz dienen soll. Hiernach sind dauerhaft nicht mehr baulich genutzte Flächen, bei denen der durch die Bebauung oder Versiegelung beeinträchtigte Boden in seiner Leistungsfähigkeit erhalten oder wieder hergestellt werden soll, durch Entsiegelung bzw Beseitigung wieder nutzbar zu machen, wenn die Festsetzungen des Bebauungsplans nicht eingehalten werden und eine Anpassung nicht möglich ist. Hiermit korrespondiert nunmehr auch § 1a Abs. 2 (vgl zur Gesamtproblematik Ferner, Minimierung von Flächenverbrauch bei der Schaffung von Wohnraum – Appell oder Planvoraussetzung?). Das Entsiegelungsgebot ist ebenfalls als **Duldungsverpflichtung** des Eigentümers bzw Gleichgestellten formuliert und entspricht auch sonst dem Rückbaugebot, so dass auf die Ausführungen hierzu verwiesen werden kann.

10 Widerspruchs- und im Verwaltungsstreitverfahren **klagebefugt** gegen ein Gebot nach § 179 ist der in Abs. 3 genannte Personenkreis, dh neben dem Eigentümer auch Mieter, Pächter und sonstige Nutzungsberechtigte. Demgegenüber ist für Streitigkeiten über Entschädigungs- und Übernahmeverlangen die Baulandkammer (§ 217) zuständig.

Siebter Teil
Sozialplan und Härteausgleich

§ 180 Sozialplan

(1) Wirken sich Bebauungspläne, städtebauliche Sanierungsmaßnahmen, städtebauliche Entwicklungsmaßnahmen oder Stadtumbaumaßnahmen voraussichtlich nachteilig auf die persönlichen Lebensumstände der in dem Gebiet wohnenden oder arbeitenden Menschen aus, soll die Gemeinde Vorstellungen entwickeln und mit den Betroffenen erörtern, wie nachteilige Auswirkungen möglichst vermieden oder gemildert werden können. Die Gemeinde hat den Betroffenen bei ihren eigenen Bemühungen, nachteilige Auswirkungen zu vermeiden oder zu mildern, zu helfen, insbesondere beim Wohnungs- und Arbeitsplatzwechsel sowie beim Umzug von Betrieben; soweit öffentliche Leistungen in Betracht kommen können, soll die Gemeinde hierauf hinweisen. Sind Betroffene nach ihren persönlichen Lebensumständen nicht in der Lage, Empfehlungen und anderen Hinweisen der Gemeinde zur Vermeidung von Nachteilen zu folgen oder Hilfen zu nutzen oder sind aus anderen Gründen weitere Maßnahmen der Gemeinde erforderlich, hat die Gemeinde geeignete Maßnahmen zu prüfen.

(2) Das Ergebnis der Erörterungen und Prüfungen nach Absatz 1 sowie die voraussichtlich in Betracht zu ziehenden Maßnahmen der Gemeinde und die Möglichkeiten ihrer Verwirklichung sind schriftlich darzustellen (Sozialplan).

(3) Steht die Verwirklichung einer Durchführungsmaßnahme durch einen anderen als die Gemeinde bevor, kann die Gemeinde verlangen, dass der andere im Einvernehmen mit ihr die sich aus Absatz 1 ergebenden Aufgaben übernimmt. Die Gemeinde kann diese Aufgaben ganz oder teilweise auch selbst übernehmen und dem anderen die Kosten auferlegen.

§ 180 hat durch das Gesetz zur Anpassung des Baugesetzbuchs an EU-Richtlinien vom 24.6.2004 lediglich eine notwendige Folgeänderung zur Einfügung der Vorschriften über den Stadtumbau erfahren. 1

Nach den Vorschriften des vierten Teils über den Sozialplan und den Härteausgleich soll von der Gemeinde schon vor dem Zeitpunkt, zu dem der Bebauungsplan rechtsverbindlich wird, ein **Sozialplan** aufgestellt werden, um dadurch die Grundsätze für die nach § 1 Abs. 5 Nr. 3 gebotene Abwägung aufzeigen zu können. Voraussetzung dafür ist aber, dass die nachteiligen **Sozialauswirkungen** des § 180 Abs. 1 eintreten können. Dazu zählen die Berufs-, Erwerbs- und Familienverhältnisse, das Lebensalter, die Wohnbedürfnisse, die sozialen Verflechtungen sowie die örtlichen Bindungen und Abhängigkeiten der Betroffenen. Sind solche nachteiligen Sozialauswirkungen zu befürchten, soll die Gemeinde Vorstellungen zur Vermeidung entwickeln und diese mit den Betroffenen erörtern. „Soll" ist regelmäßig als „muss" zu verstehen. Lediglich in atypischen Ausnahmefällen wird die Gemeinde davon abweichen dürfen. Das Ergebnis der Erörterungen und Prüfungen sowie die voraussichtlich in Betracht zu ziehenden Maßnahmen der Gemeinde sind nach § 180 Abs. 2 im Sozialplan schriftlich darzustellen. Der Sozialplan setzt voraus, dass die Gemeinde die Ziele und Zwecke der Sanierung abwägungsfehlerfrei bestimmt hat. Sein Sinn ist es, wenn den sozialen Belangen der Altmieter bei der Bestimmung der Ziele und Zwecke der Sanierung nicht Rechnung 2 getragen werden kann und die Gemeinde diese Belange abwägungsfehlerfrei hinter anderen, für die Sanierung sprechenden Belange zurückgestellt hat, die Wirkungen, die sich aus einer solchen Abwägung für die hiervon Betroffenen ergeben, auszugleichen oder zu mildern (vgl BVerwG, BRS 64 Nr. 221).

Welche Maßnahmen die Gemeinde im Einzelfall ergreift, steht ihr völlig frei. Durch **Abs. 1 Satz 2** wird sie nicht zu Leistungen, insbesondere finanzieller Art, verpflichtet, auf die der Betroffene nicht bereits aus anderen Gründen einen Anspruch hat. Zu beachten ist, dass nach § 180 Abs. 1 Satz 2 die Betroffenen auch selbst aufgerufen sind, nachteiligen Auswirkungen zu begegnen.

3 Das Gesetz enthält keine ausdrücklichen Aussagen zur **Rechtsnatur des Sozialplans**, doch ist ihm zu entnehmen, dass es sich um ein Instrument handelt, das die in § 180 **Abs. 1 Satz 1** angeführten planerischen Maßnahmen unter näher bezeichneten Voraussetzungen um ein weiteres Element ergänzt. Ein iR einer Entwicklungsplanung erarbeiteter Sozialplan ist, anders als etwa der landschaftspflegerische Begleitplan, der nach § 8 Abs. 4 BNatSchG in den Fachplan integriert ist, kein Bestandteil der förmlichen Festlegung des Entwicklungsbereichs. Das Verfahren ist aufzunehmen, sobald sich die in § 180 Abs. 1 Satz 1 erwähnten nachteiligen Auswirkungen als Möglichkeit abzeichnen. Die sozialen Belange können iR der nach § 165 Abs. 3 Satz 2 gebotenen Abwägungsentscheidung insbesondere dann eine Rolle spielen, wenn die geplante Maßnahme auf eine Umstrukturierung des Gebiets hinausläuft, die mit Umsiedlungen oder ähnlichen Eingriffen verbunden ist. Der Sinn des Sozialplans ist es, die Wirkungen, die sich aus einem solchen Abwägungsergebnis für die hiervon Betroffenen ergeben, auszugleichen oder zu mildern. Inwieweit in dieser Richtung Handlungsbedarf besteht, lässt sich abschließend regelmäßig erst beurteilen, nachdem die Planungsentscheidung getroffen worden ist. Bis zu diesem Zeitpunkt ist ein zuvor erarbeiteter Entwurf in dem Maße, in dem die Planung sich verfestigt, ggfiSd § 140 Nr. 6 zu konkretisieren und fortzuschreiben (BVerwG, NVwZ 2001, 1050).

4 Den **eigentlichen Sozialplan** bilden die **schriftlichen Darstellungen der Ergebnisse der Erörterungen und Prüfungen** einschließlich der voraussichtlich in Betracht zu ziehenden Maßnahmen. Dem Sozialplan kommt nur eine vorbereitende Funktion zu; er hat **keine Rechtsverbindlichkeit**, so dass der Einzelne daraus auch keine Rechtsansprüche ableiten kann. Unterlässt es die Gemeinde pflichtwidrig, einen Sozialplan aufzustellen, ist ein Einschreiten im Wege der Kommunalaufsicht möglich. Ein fehlender Sozialplan rechtfertigt nicht, eine begehrte Baugenehmigung zu versagen.

5 Führt ein **Dritter die Durchführungsmaßnahme** – zweckmäßigerweise erfolgt dies durch den Abschluss eines **öffentlich-rechtlichen Vertrages**, §§ 54 ff VwVfG – durch, kann die Gemeinde nach § 180 **Abs. 3** verlangen, dass dieser mit den Betroffenen erörtert, wie nachteilige Auswirkungen vermieden werden können. Führt die Gemeinde für diesen die sich aus Abs. 1 ergebenden Aufgaben ganz oder teilweise selbst durch, so kann sie, wie die Formulierung *auferlegen* in Abs. 3 Satz 2 zeigt, die Kosten dafür gegen ihn durch **Verwaltungsakt** festsetzen.

§ 181 Härteausgleich

(1) Soweit es die Billigkeit erfordert, soll die Gemeinde bei der Durchführung dieses Gesetzbuchs zur Vermeidung oder zum Ausgleich wirtschaftlicher Nachteile – auch im sozialen Bereich – auf Antrag einen Härteausgleich in Geld gewähren

1. **einem Mieter oder Pächter, wenn das Miet- oder Pachtverhältnis mit Rücksicht auf die Durchführung städtebaulicher Maßnahmen aufgehoben oder enteignet worden ist;**
2. **einer gekündigten Vertragspartei, wenn die Kündigung zur Durchführung städtebaulicher Maßnahmen erforderlich ist; dies gilt entsprechend, wenn ein Miet- oder Pachtverhältnis vorzeitig durch Vereinbarung der Beteiligten beendigt wird; die Gemeinde hat zu bestätigen, dass die Beendigung des Rechtsverhältnisses im Hinblick auf die alsbaldige Durchführung der städtebaulichen Maßnahmen geboten ist;**
3. **einer Vertragspartei, wenn ohne Beendigung des Rechtsverhältnisses die vermieteten oder verpachteten Räume ganz oder teilweise vorübergehend unbenutzbar sind und die Gemeinde bestätigt hat, dass dies durch die alsbaldige Durchführung städtebaulicher Maßnahmen bedingt ist;**
4. **einem Mieter oder Pächter für die Umzugskosten, die dadurch entstehen, dass er nach der Räumung seiner Wohnung vorübergehend anderweitig untergebracht worden ist und später ein neues Miet- oder Pachtverhältnis in dem Gebiet begründet wird, sofern dies im Sozialplan vorgesehen ist.**

Voraussetzung ist, dass der Nachteil für den Betroffenen in seinen persönlichen Lebensumständen eine besondere Härte bedeutet, eine Ausgleichs- oder Entschädigungsleistung nicht zu gewähren ist und auch ein Ausgleich durch sonstige Maßnahmen nicht erfolgt.

(2) Absatz 1 ist entsprechend anzuwenden auf andere Vertragsverhältnisse, die zum Gebrauch oder zur Nutzung eines Grundstücks, Gebäudes oder Gebäudeteils oder einer sonstigen baulichen Einrichtung berechtigen.

(3) Ein Härteausgleich wird nicht gewährt, soweit der Antragsteller es unterlassen hat und unterlässt, den wirtschaftlichen Nachteil durch zumutbare Maßnahmen, insbesondere unter Einsatz eigener oder fremder Mittel abzuwenden.

Die einzeln in § 181 **Abs. 1** Nr. 1–4 abschließend aufgezählten **Härteausgleichsfälle** 1 zeigen, dass ein solcher Ausgleich nur dann gewährt wird, wenn ein Miet- oder mietähnliches Verhältnis aufgehoben wird. Dabei ist es nicht erforderlich, dass im Rahmen einer Aufhebungsverfügung nach § 182 zugleich über den Härteausgleich entschieden wird, was sich daraus ergibt, dass dieser nur auf Antrag gewährt wird. Ein Härteausgleich soll von der Gemeinde zur Vermeidung oder zum Ausgleich wirtschaftlicher Nachteile gewährt werden, soweit es zudem die **Billigkeit** erfordert. Die Nachteile müssen dabei für den Betroffenen in seinen persönlichen Lebensumständen, die sowohl im wirtschaftlichen als auch im sozialen Bereich begründet sein können, eine besondere und damit außergewöhnliche Härte darstellen. Es ist daher nicht Zweck des Härteausgleichs, sämtliche Belastungen auszugleichen. Zwischen den Nachteilen und den in **Abs. 1 oder 2** bezeichneten Maßnahmen muss zudem ein ursächlicher Zusammenhang bestehen. Ist für die Nachteile eine Ausgleichs- oder Entschädigungsleistung (zB iR des Enteignungs- oder Umlegungsverfahrens) vorgesehen, scheidet ein Härteausgleich von vornherein aus. Dies gilt auch in den Fällen, in denen die Nachteile durch sonstige Maßnahmen (zB Sozialplan oder die Bewilligung von Wohngeld) ausgeglichen werden.

2 Liegen die tatbestandlichen Voraussetzungen vor, soll die Gemeinde den Härteausgleich nur gewähren, wenn dies („soweit")unter dem Gesichtspunkt der **Billigkeit** erforderlich ist. Bezüglich der Frage des Vorliegens von Billigkeitsgründen kann auf die zu § 227 AO ergangene Rechtsprechung zurückgegriffen werden. Danach sind derartige Gründe dann gegeben, wenn nach dem erklärten oder mutmaßlichen Willen des Gesetzgebers angenommen werden kann, dass er die im Billigkeitswege zu entscheidende Frage – hätte er sie geregelt – im Sinn der beabsichtigten Billigkeitsmaßnahme entschieden hätte (vgl BFH, 20.1.1997 – V R 28/95 –, BStBl. II 1997, 716). Diese **Sollvorschrift** begründet beim Vorliegen der gesetzlichen Voraussetzungen für die Gemeinde außer bei Vorliegen atypischer Umstände eine Rechtspflicht zur Gewährung eines Härteausgleichs.

3 In Übereinstimmung mit dem in **§ 254 BGB enthaltenen Rechtsgedanken** bestimmt **Abs. 3**, dass der Betroffene alles in seinen Kräften stehende tun muss, um Nachteile abzuwenden. Der Härteausgleich wird nur auf Antrag gewährt, über den die Gemeinde entscheidet. Die danach mögliche Abfederung sozialer Härten in Form von Miet- und Anpassungsbeihilfen sind allein von der öffentlichen Hand zu leisten und können nicht über Mietobergrenzen teilweise auf die Hauseigentümer abgewälzt werden (BVerwG, NVwZ 2006, 1167; OVG Berlin, 30.1.2004. – 2 B 18.02). Die Entscheidung stellt einen Verwaltungsakt dar, der nur durch Antrag auf gerichtliche Entscheidung (§§ 217 ff) angefochten werden kann.

Achter Teil
Miet- und Pachtverhältnisse

§ 182 Aufhebung von Miet- oder Pachtverhältnissen

(1) Erfordert die Verwirklichung der Ziele und Zwecke der Sanierung im förmlich festgelegten Sanierungsgebiet, der Entwicklung im städtebaulichen Entwicklungsbereich oder eine Maßnahme nach den §§ 176 bis 179 die Aufhebung eines Miet- oder Pachtverhältnisses, kann die Gemeinde das Rechtsverhältnis auf Antrag des Eigentümers oder im Hinblick auf ein städtebauliches Gebot mit einer Frist von mindestens sechs Monaten, bei einem land- oder forstwirtschaftlich genutzten Grundstück nur zum Schluss eines Pachtjahres aufheben.

(2) Die Gemeinde darf ein Mietverhältnis über Wohnraum nur aufheben, wenn im Zeitpunkt der Beendigung des Mietverhältnisses angemessener Ersatzwohnraum für den Mieter und die zu seinem Hausstand gehörenden Personen zu zumutbaren Bedingungen zur Verfügung steht. Strebt der Mieter oder Pächter von Geschäftsraum eine anderweitige Unterbringung an, soll die Gemeinde das Miet- oder Pachtverhältnis nur aufheben, wenn im Zeitpunkt der Beendigung des Rechtsverhältnisses anderer geeigneter Geschäftsraum zu zumutbaren Bedingungen zur Verfügung steht.

(3) Wird die Erwerbsgrundlage eines Mieters oder Pächters von Geschäftsraum im förmlich festgelegten Sanierungsgebiet oder in einem städtebaulichen Entwicklungsbereich infolge der Durchführung städtebaulicher Sanierungsmaßnahmen oder städtebaulicher Entwicklungsmaßnahmen wesentlich beeinträchtigt und ist ihm deshalb die Fortsetzung des Miet- oder Pachtverhältnisses nicht mehr zuzumuten, kann die Gemeinde auf Antrag des Mieters oder Pächters das Rechtsverhältnis mit einer Frist von mindestens sechs Monaten aufheben.

1 Die Befugnis, das private Rechtsverhältnis zwischen Vermieter und Mieter zu gestalten, steht der Gemeinde, soweit es um die Höhe der Miete geht, weder bei der Bestimmung der Ziele und Zwecke der Sanierung (§ 140 Nr. 3 BauGB) noch bei der Aufstellung und Fortschreibung des Sozialplans (§ 140 Nr. 6, § 180 BauGB) zu. In dieses Rechtsverhältnis darf die Gemeinde nur regelnd eingreifen, wenn sie hierzu ausdrücklich ermächtigt ist. Die insoweit im Baugesetzbuch enthaltenen Befugnisse sind abschließend (vgl BVerwG, NVwZ 2006, 1167).

2 Die **Aufhebungsmöglichkeit** von **Miet- und Pachtverhältnissen** (§§ 535–597 BGB) sowie iVm § 184 auch von anderen zum Gebrauch oder zur Nutzung von Immobilien berechtigenden Vertragsverhältnissen (Beispiele vglErl. zu § 184) besteht in den Fällen des § 182 Abs. 1 und 2 in **förmlich festgelegten Sanierungsgebieten** (§ 142 ff) und im Zusammenhang mit einem Baugebot (§ 176), Modernisierungs- und Instandsetzungsgebot (§ 177), Pflanzgebot (§ 178) und Rückbau- und Entsiegelungsgebot (§ 179). Die Vorschriften des Fünften Teils finden aber auch in förmlich festgelegten Ersatz- und Ergänzungsgebieten Anwendung (§ 142 Abs. 2); darüber hinaus wird der Anwendungsbereich noch auf städtebauliche Entwicklungsmaßnahmen in förmlich festgelegten Entwicklungsbereichen erweitert (§ 169 Abs. 1 Nr. 12). Demgegenüber kann von der Möglichkeit des § 182 Abs. 3 nur in einem förmlich festgelegten Sanierungsgebiet Gebrauch gemacht werden. Dabei liegt eine Unzumutbarkeit iS dieser Vorschrift für den Mieter oder Pächter dann vor, wenn bei einer vernünftigen wirtschaftlichen Betrachtungsweise unter

Berücksichtigung von Sanierungseinbußen eine Vertragsfortsetzung für ihn nicht mehr tragbar erscheint.

3 Nicht nach den §§ 182 ff aufhebbar sind **dingliche Gebrauchs- und Nutzungsverhältnisse**, wie zB die Dienstbarkeiten (§§ 1018–1093 BGB). Solche dinglichen Rechte können gegen den Willen des Inhabers nur iR einer Umlegung (§ 61) oder Enteignung (§ 86 Abs. 1 Nr. 2) aufgehoben werden (vgl auch Erl. zu § 184).

4 Voraussetzung für die Aufhebung in einem Sanierungsgebiet ist, dass sie von dem Eigentümer bzw im Falle des § 182 Abs. 3 vom Mieter oder Pächter beantragt wird; demgegenüber kann die Gemeinde bei städtebaulichen Geboten die Aufhebung auch **von Amts wegen** aussprechen. Bei dem Aufhebungsbescheid der Gemeinde handelt es sich dabei um einen **privatrechtsgestaltenden VA** (BGH, UPR 1989, 423 = MDR 1989, 334). Die Gemeinde entscheidet dabei nach **pflichtgemäßem Ermessen**, so dass bei einer ablehnenden Entscheidung die gerichtliche Nachprüfung durch § 114 VwGO beschränkt ist.

5 Die Frage, ob eine **Aufhebung erforderlich** ist, beurteilt sich nach den jeweiligen Maßnahmen. Die Gemeinde wird daher zunächst immer zu prüfen haben, ob die Möglichkeit einer **zivilrechtlichen Vertragsbeendigung** besteht. Sofern die Beendigung eines Mietverhältnisses im Wege der **zivilrechtlichen Kündigung** oder **vertraglichen Auflösung** erreicht werden kann, ist die öffentlich-rechtliche Aufhebung des Mietvertrages nicht erforderlich iSd § 182 Abs. 1. Insoweit hat die Regelung keine inhaltlich Änderung gegenüber § 27 StBauFG gebracht, wenngleich die Subsidiarität nun nicht mehr ausdrücklich erwähnt wird, da sie der Gesetzgeber als selbstverständlich vorausgesetzt hat (vgl Bielenberg/Krautzberger/Söfker DVBl 1985, 1286; VG Gießen, 25.10.1996 – 1 G 1521/96 –; vgl aber OVG Lüneburg, BauR 2004, 654 = NVwZ-RR 2004 sowie VGH Mannheim, BauR 2004, 1429 unter Hinweis auf VGH Kassel, BRS 60 Nr. 230, wonach die §§ 182 ff BauGB die Aufhebung von Mietverhältnissen eigenständig und unabhängig vom Zivilrecht regeln und beide Beendigungsmöglichkeiten schon wegen ihrer unterschiedlichen Voraussetzungen, Ziele und Auswirkungen grundsätzlich gleichrangig und gleichwertig nebeneinander stehen sollen. Danach soll insbesondere in Fällen, in denen damit zu rechnen ist, dass der Mieter oder Pächter der Kündigung widersprechen und das Miet- oder Pachtobjekt nicht freiwillig räumen wird, ein berechtigtes Interesse der Gemeinde bzw des Eigentümers bestehen, anstelle oder neben der zivilrechtlichen Kündigung das Vertragsverhältnis auch auf der Grundlage von § 182 BauGB aufzuheben, um die im öffentlichen Interesse liegenden städtebaulichen Maßnahmen möglichstbald verwirklichen zu können.). Es ist auch durchaus denkbar, dass bei einem städtebaulichen Gebot die Duldungspflicht der Mieter und Pächter nach § 175 Abs. 3 ausreicht, ohne dass es zur Durchsetzung des Gebotes der Vertragsaufhebung bedarf.

6 § 182 **Abs. 2** enthält die sog. **Ersatzwohnraumklausel**. Man wird einen Ersatzwohnraum dann als angemessen idS einstufen können, wenn er den vernünftigerweise zu erwartenden und zu fordernden Größen- und Ausstattungsverhältnissen entspricht, den Wohnbedürfnissen der Betroffenen und den Anforderungen an gesunde Wohnverhältnisse ausreichend Rechnung trägt und auch seiner Lage nach und insbesondere im **Hinblick auf den Mietpreis zumutbar ist** (vgl zu einzelnen Kriterien VGH Kassel, BRS 60 Nr. 230). Auf eine gleichbleibende Miete besteht kein Anspruch. Die Anmietung einer Wohnung ist nur dann aus finanziellen Gründen nicht zumutbar, wenn der Mieter die Miete einschließlich Nebenkosten auch nach Inanspruchnahme von Wohngeld nicht aufbringen könnte (vgl

VGH Mannheim, BauR 2004, 1429). **Geeigneter Geschäftsraum** iSd § 182 Abs. 2 Satz 2 kann dann angenommen werden, wenn darin die bisherige Geschäftstätigkeit ohne größere Probleme fortgesetzt werden kann.

Bei **Aufhebung eines Mietverhältnisses** nach § 182 BauGB ist nicht Voraussetzung, dass Ersatzwohnraum bereits im Zeitpunkt der Aufhebungsverfügung konkret und rechtlich abgesichert zur Verfügung steht, obwohl die Verfügbarkeit von Ersatzwohnraum im Zeitpunkt der Beendigung des Mietverhältnisses Voraussetzung der Aufhebung ist und die Gemeinde daher bereits vor dem Erlass der Aufhebungsverfügung prüfen muss, ob im Zeitpunkt der Beendigung des Mietverhältnisses angemessenen Ersatz vorhanden ist. Das folgt aus dem Wortlaut des Gesetzes, wonach „im Zeitpunkt der Beendigung" des Mietverhältnisses angemessener Wohnraum zur Verfügung stehen muss. Die Gemeinde ist aber nicht etwa verpflichtet, geeignete Ersatzräume zu vermitteln. Vielmehr ist es die Pflicht der Mieter, sich darum zu bemühen. In einem Verwaltungsstreitverfahren trägt aber die Gemeinde die **Darlegungs- und Beweislast** dafür, dass zum Zeitpunkt der Beendigung des Mietverhältnisses entsprechender Wohnraum zur Verfügung steht bzw vorhanden gewesen wäre (vgl VGH Mannheim, BauR 2004,1429). Wenn im Zeitpunkt der Beendigung des Mietverhältnisses **kein angemessener Ersatzwohnraum** vorhanden ist, kann sich der Mieter **im Vollstreckungsverfahren** auf das etwaige Fehlen einer angemessenen Ersatzwohnung berufen (OVG Lüneburg, BauR 2004, 654 = NVwZ-RR 2004).

Abs. 3 regelt das **Antragsrecht** des Mieters oder Pächters von Geschäftsraum im 7 förmlich festgelegten Sanierungsgebiet oder in einem städtebaulichen Entwicklungsbereich für den Fall, dass die Maßnahme seine Erwerbsgrundlage wesentlich beeinträchtigt und ihm deshalb die Fortsetzung des Miet- bzw Pachtverhältnisses nicht mehr zumutbar ist. Wesentlich ist, dass die Gemeinde nur auf Antrag tätig werden darf (vgl § 22 Satz 2 Nr. 2 VwVfG).

§ 183 Aufhebung von Miet- oder Pachtverhältnissen über unbebaute Grundstücke

(1) Ist nach den Festsetzungen des Bebauungsplans für ein unbebautes Grundstück eine andere Nutzung vorgesehen und ist die alsbaldige Änderung der Nutzung beabsichtigt, kann die Gemeinde auf Antrag des Eigentümers Miet- oder Pachtverhältnisse aufheben, die sich auf das Grundstück beziehen und der neuen Nutzung entgegenstehen.

(2) Auf die Aufhebung ist § 182 Abs. 1 entsprechend anzuwenden.

§ 183 **Abs. 1** setzt voraus, dass für ein unbebautes Grundstück nach den Festset- 1 zungen des (einfachen oder qualifizierten nach § 30 Abs. 1 und 2) Bebauungsplanes die alsbaldige **Nutzungsänderung** beabsichtigt ist; hinzukommen muss aber noch, dass die geplante Nutzungsänderung auch städtebaulich erforderlich ist, § 183 Abs. 2 iVm §§ 182 Abs. 1, 175. Dabei muss der Eigentümer die beabsichtigte Nutzungsänderung glaubhaft darlegen; hierzu erscheint die Stellung einer Bauvoranfrage ausreichend. Erforderlich ist – wie auch im Falle des § 182 Abs. 3 – ein Antrag des Eigentümers. Möchte die Gemeinde von sich aus vorgehen, muss sie unmittelbar nach § 182 Abs. 1 verfahren.

2 Nach **Abs. 2** findet § 182 **entsprechende Anwendung.** Bei dem Aufhebungsbescheid der Gemeinde handelt es sich wie im Falle von § 182 um einen privatrechtsgestaltenden Ermessens-VA (BGH, UPR 1989, 423 = MDR 1989, 334), der verwaltungsgerichtlich nur eingeschränkt überprüfbar ist (§ 114 VwGO).

3 Zur Entschädigung vgl Erl. zu § 185.

§ 184 Aufhebung anderer Vertragsverhältnisse

Die §§ 182 und 183 sind entsprechend auf andere schuldrechtliche Vertragsverhältnisse anzuwenden, die zum Gebrauch oder zur Nutzung eines Grundstücks, Gebäudes oder Gebäudeteils oder einer sonstigen baulichen Anlage berechtigen.

§ 184 **erweitert** den Anwendungsbereich der §§ 182, 183 auf **andere schuldrechtliche Vertragsverhältnisse**, die zum Gebrauch oder zur Nutzung eines Grundstücks, Gebäudes oder Gebäudeteils oder einer sonstigen baulichen Anlage berechtigen. Dies kann beispielsweise Leihverträge, genossenschaftliche Nutzungsverträge, Reiseverträge, die zur Nutzung einer Ferienwohnung berechtigen, Automatenaufstellungsverträge, Gestattung der Aufstellung von Werbetafeln, Verwahrungs- und Lagerverträge o.Ä. betreffen. Andererseits ist mit § 184 klargestellt, dass die §§ 182, 183 auf **dingliche Rechte** wie zB Nießbrauch **keine Anwendung** finden (vgl Erl. zu § 182 Rn 2).

§ 185 Entschädigung bei Aufhebung von Miet- oder Pachtverhältnissen

(1) Ist ein Rechtsverhältnis auf Grund des § 182, des § 183 oder des § 184 aufgehoben worden, ist den Betroffenen insoweit eine angemessene Entschädigung in Geld zu leisten, als ihnen durch die vorzeitige Beendigung des Rechtsverhältnisses Vermögensnachteile entstehen. Die Vorschriften des Zweiten Abschnitts des Fünften Teils des Ersten Kapitels sind entsprechend anzuwenden.

(2) Zur Entschädigung ist die Gemeinde verpflichtet. Kommt eine Einigung über die Entschädigung nicht zustande, entscheidet die höhere Verwaltungsbehörde.

(3) Wird ein Pachtvertrag über kleingärtnerisch genutztes Land nach § 182, § 183 oder § 184 aufgehoben, ist die Gemeinde außer zur Entschädigung nach Absatz 1 auch zur Bereitstellung oder Beschaffung von Ersatzland verpflichtet. Bei der Entschädigung in Geld ist die Bereitstellung oder Beschaffung des Ersatzlands angemessen zu berücksichtigen. Die höhere Verwaltungsbehörde kann die Gemeinde von der Verpflichtung zur Bereitstellung oder Beschaffung von Ersatzland befreien, wenn die Gemeinde nachweist, dass sie zur Erfüllung außerstande ist.

1 Da die vorzeitige Aufhebung von Miet- oder Pachtverhältnissen oder anderen schuldrechtlichen Gebrauchs- oder Nutzungsverhältnissen in bestehende Verträge eingreift, können **Vermögensnachteile** entstehen, die durch die Regelung in § 185 ausgeglichen werden sollen. Es handelt sich hierbei der Sache nach um eine **Enteignungsentschädigung** (BGH, UPR 1989, 423 = MDR 1989, 334), bei der der Gesetzgeber die Vorgängervorschrift (§ 30 StBauFG) inhaltlich im Wesentlichen übernommen hat. § 185 findet Anwendung nur bei **hoheitlicher Aufhebung** eines Vertragsverhältnisses. Im Einzelnen richtet sich die Entschädigung nach den §§ 93 ff. Dabei ist die Gemeinde zur Entschädigung verpflichtet; dies gilt auch

dann, wenn die Aufhebung auf Antrag des Eigentümers erfolgte. Zunächst hat sie jedoch zu versuchen, mit dem Geschädigten eine gütliche Einigung herbeizuführen. Scheitert dies, entscheidet über Grund und Höhe der Entschädigung nach Anhörung der Beteiligten die höhere Verwaltungsbehörde (§ 185 Abs. 2). Gegen deren Entscheidung findet **Rechtsschutz** nach den §§ 217 ff statt. Zu beachten ist noch, dass unter den Voraussetzungen des § 181 ein **Härteausgleich** (§ 181 Abs. 1) in Betracht kommen kann; allerdings scheidet dieser aus, soweit eine Entschädigung nach § 185 zu gewähren ist (§ 181 Abs. 1 Satz 2).

§ 185 **Abs. 3** begründet eine besondere Ersatzpflicht zur Bereitstellung oder Beschaffung von Ersatzland bei kleingärtnerisch genutztem Land. Die **Geldentschädigung** nach § 185 **Abs. 1** bleibt allerdings unberührt; bei der Entschädigung in Geld ist jedoch das Ersatzland angemessen zu berücksichtigen (§ 185 Abs. 3 Satz 2). Dabei handelt es sich bei dieser Regelung um eine Privilegierung, die die besondere städtebauliche Bedeutung des derart genutzten Landes hervorhebt. Zu beachten ist, dass der Begriff des „kleingärtnerisch genutzten Land" nicht mit dem Begriff des Dauerkleingarten iSd Bundeskleingartengesetzes identisch ist. Maßgebend ist hier nicht die rechtliche Zuordnung des Landes, sondern dessen tatsächliche Nutzung als Kleingarten. 2

§ 186 Verlängerung von Miet- oder Pachtverhältnissen

Die Gemeinde kann auf Antrag des Mieters oder Pächters ein Miet- oder Pachtverhältnis über Wohn- oder Geschäftsraum im förmlich festgelegten Sanierungsgebiet, im städtebaulichen Entwicklungsbereich oder im Hinblick auf Maßnahmen nach den §§ 176 bis 179 verlängern, soweit dies zur Verwirklichung des Sozialplans erforderlich ist.

§ 186 verschafft der Gemeinde die Möglichkeit, auf Antrag des Mieters oder Pächters ein **bestehendes** oder ein **bereits gekündigtes Miet- oder Pachtverhältnis** durch **privatrechtsgestaltenden Verwaltungsakt zu verlängern**, wobei sich das Erfordernis der Verlängerung aus dem Sozialplan (§ 180) ergeben muss. Dabei lässt das Gesetz nur eine befristete Verlängerung zu und trifft aus diesem Grund auch keine Entschädigungsregelung zu Gunsten des Eigentümers. Die fehlende Entschädigungsregelung lässt sich damit rechtfertigen, dass eine derartige Maßnahme im Rahmen der Sozialbindung des Eigentums bleibt, 1

Nach dem Zweck des Sozialplanes dient die Verlängerung des Nutzungsverhältnisses der Vermeidung oder Verminderung nachteiliger Auswirkungen der städtebaulichen Maßnahme, so dass sich daran die Dauer einer Verlängerung zu orientieren hat. Eine wiederholte Verlängerung ist möglich, soweit dies der Vermeidung oder Verminderung nachteiliger Auswirkungen der städtebaulichen Maßnahme dient. Macht die Gemeinde von dieser Befugnis Gebrauch, so besteht das Miet- oder Pachtverhältnis unter den bisher geltenden Bedingungen, also einschließlich der gesetzlichen Mieterhöhungsmöglichkeiten fort; neu regeln kann die Gemeinde auch in einem solchen Fall die Vertragsbedingungen nicht (vgl BVerwG, NVwZ 2006, 1167). 2

Die von der Gemeinde zu treffende Ermessensentscheidung ist gerichtlich nur iR von § 114 VwGO überprüfbar. Gerichtlich voll überprüfbar ist indes, ob die Verlängerung zur **Verwirklichung des Sozialplans** erforderlich ist. 3

Neunter Teil
Städtebauliche Maßnahmen im Zusammenhang mit Maßnahmen zur Verbesserung der Agrarstruktur

§ 187 Abstimmung von Maßnahmen; Bauleitplanung und Maßnahmen zur Verbesserung der Agrarstruktur

(1) Bei der Vorbereitung und Durchführung städtebaulicher Maßnahmen sind Maßnahmen zur Verbesserung der Agrarstruktur, insbesondere auch die Ergebnisse der Vorplanung nach § 1 Abs. 2 des Gesetzes über die Gemeinschaftsaufgabe »Verbesserung der Agrarstruktur und des Küstenschutzes«, zu berücksichtigen. Ist zu erwarten, dass Maßnahmen zur Verbesserung der Agrarstruktur zu Auswirkungen auf die bauliche Entwicklung des Gemeindegebiets führen, hat die Gemeinde darüber zu befinden, ob Bauleitpläne aufzustellen sind und ob sonstige städtebauliche Maßnahmen durchgeführt werden sollen.
(2) Bei der Aufstellung von Bauleitplänen hat die obere Flurbereinigungsbehörde zu prüfen, ob im Zusammenhang damit eine Flurbereinigung oder andere Maßnahmen zur Verbesserung der Agrarstruktur einzuleiten sind.
(3) Die Gemeinde hat die Flurbereinigungsbehörde und, sofern die Maßnahmen zur Verbesserung der Agrarstruktur von anderen Stellen durchgeführt werden, diese bei den Vorarbeiten zur Aufstellung der Bauleitpläne möglichst frühzeitig zu beteiligen.

1 Die Vorschriften über Städtebauliche Maßnahmen im Zusammenhang mit Maßnahmen zur Verbesserung der Agrarstruktur kommen vor allem in vorwiegend ländlich geprägten Gegenden zur Anwendung und dienen dem Anliegen, alle städtebaulichen Maßnahmen mit Maßnahmen zur Verbesserung der Agrarstruktur zu koordinieren. Eines der wichtigsten Instrumente ist dabei die Flurbereinigung. Ziel der Flurbereinigung ist die Verbesserung der land- und forstwirtschaftlichen Produktions- und Arbeitsbedingungen durch Neuordnung des ländlichen Grundbesitzes unter Berücksichtigung neuzeitlicher betriebswirtschaftlicher Gesichtspunkte (vgl §§ 1, 37 FlurbG). Nach dem Gesetz über die Gemeinschaftsaufgabe „Verbesserung der Agrarstruktur und des Küstenschutzes vom 3.9.1969. (BGBl I S. 1573)“, werden als weitere Maßnahmen zur Verbesserung der Agrarstruktur u.a. der freiwillige Landtausch, die rationelle Gestaltung land- und forstwirtschaftlicher Betriebe sowie der land- und forstwirtschaftlichen Erzeugung und sonstige, auch wasserwirtschaftliche und kulturbautechnische Maßnahmen genannt. Nach § 1 Abs. 2 des genannten Gesetzes ist dabei Bestandteil der Gemeinschaftsaufgabe eine für die genannten Maßnahmen erforderliche Vorplanung, deren Ergebnisse bei der Vorbereitung und Durchführung städtebaulicher Maßnahmen zu berücksichtigen sind (§ 187 Abs. **1 Satz 1**). Dies bedeutet, dass die Ergebnisse von der Gemeinde als Belang bei der Aufstellung von Bauleitplänen in die Abwägung einzustellen sind. Unterbleibt dies, leidet der Plan an einem Abwägungsfehler, der zur Nichtigkeit führen kann (zu den Abwägungsregeln: vgl Erl. zu § 1 Abs. 7).

2 Durch § 187 **Abs. 1 Satz 2** soll sichergestellt werden, dass bei zu erwartenden Maßnahmen der **Agrarstrukturverbesserung** die Gemeinde von vornherein auf eine **positive Abstimmung** mit (vor allem) der **Flurbereinigungsbehörde** hinarbeiten

soll. Diese Vorschrift verstärkt die Prüfungs- und Entscheidungspflicht der Gemeinde darüber, ob die Voraussetzungen für die Aufstellung von Bauleitplänen sowie die Vorbereitung und Durchführung sonstiger städtebaulicher Maßnahmen (zB Erschließung, Sanierungsmaßnahmen) gegeben sind, wenn agrarstrukturelle Maßnahmen Auswirkungen auf die bauliche Entwicklung haben. Dabei wird durch diese Regelung keine über § 1 Abs. 3 hinausgehende, zusätzliche materielle Verpflichtung für die Gemeinde zur Aufstellung von Bauleitplänen begründet.

Nach § 187 **Abs. 2** hat die obere Flurbereinigungsbehörde – im Gegenzug zur Ver- 3
pflichtung der Gemeinde nach § 187 Abs. 1 – zu prüfen, ob die Aufstellung von Bauleitplänen flankierend durch **agrarstrukturelle Maßnahmen** zu ergänzen ist; damit wird ihr ihre Koordinierungsaufgabe im Flurbereinigungsverfahren erleichtert. Sie erfährt hiervon aufgrund ihrer Beteiligung als Träger öffentlicher Belange (§ 4) bei der Aufstellung von Bauleitplänen.

§ 187 **Abs. 3** begründet für die Gemeinde gegenüber der Flurbereinigungsbehörde 4
eine besondere **Beteiligungspflicht**, nämlich schon bei den Vorarbeiten zur Aufstellung von Bauleitplänen, dh schon vor dem Aufstellungsbeschluss (§ 2 Abs. 2). Auf jeden Fall ist diese Beteiligung zeitlich der Anhörung der übrigen Träger öffentlicher Belange vorgeschaltet. § 187 stellt eine Verfahrensvorschrift dar, deren Verletzung allerdings für die Gültigkeit eines Bauleitplanes ohne Bedeutung ist.

§ 188 Bauleitplanung und Flurbereinigung

(1) Ist eine Flurbereinigung auf Grund des Flurbereinigungsgesetzes in einer Gemeinde nach Mitteilung der Flurbereinigungsbehörde beabsichtigt oder ist sie bereits angeordnet, ist die Gemeinde verpflichtet, rechtzeitig Bauleitpläne aufzustellen, es sei denn, dass sich die Flurbereinigung auf die bauliche Entwicklung des Gemeindegebiets voraussichtlich nicht auswirkt.

(2) Die Flurbereinigungsbehörde und die Gemeinde sind verpflichtet, ihre das Gemeindegebiet betreffenden Absichten möglichst frühzeitig aufeinander abzustimmen. Die Planungen sollen bis zum Abschluss der Flurbereinigung nur geändert werden, wenn zwischen der Flurbereinigungsbehörde und der Gemeinde Übereinstimmung besteht oder wenn zwingende Gründe die Änderung erfordern.

In konsequenter Fortführung der in § 187 **Abs. 1** Satz 2 enthaltenen Regelung wird 1
die Gemeinde in § 188 Abs. 1 zur Planaufstellung verpflichtet, wenn eine Flurbereinigung beabsichtigt (§ 5 Abs. 3 FlurbG) oder bereits angeordnet (§ 4 FlurbG) ist. Die Verpflichtung besteht indes nur, wenn und soweit sich die Flurbereinigung voraussichtlichauf die bauliche Entwicklung des Gemeindegebiets auswirkt, etwa im Falle des § 37 Abs. 1 S. 3 FlurbG.

Die **Abstimmungspflicht** des § 188 **Abs. 2** hat zum Inhalt, Gegenläufigkeiten zwi- 2
schen der Gemeinde und der Flurbereinigungsbehörde zu vermeiden und eine möglichst weitgehende Übereinstimmung in den beiderseitigen Vorstellungen zu erzielen, soweit sich diese Vorstellungen bereits zu „Absichten" verdichtet haben. **Planänderungen** sind in beiden Bereichen grds. an die Übereinstimmung zwischen der Flurbereinigungsbehörde und der Gemeinde gebunden, um den möglichst ungestörten Ablauf der aufeinander abgestimmten Planung zu sichern. Ohne Übereinstimmung kommt eine Planänderung nur aus zwingenden Gründen in Betracht. Zwingende Gründe können sich dabei aus einer Änderung der für die

Bauleitplanung maßgeblichen rechtlichen oder tatsächlichen Verhältnisse ergeben, wobei diesen Änderungen nur durch eine Umplanung Rechnung getragen werden kann.

3 § 188 Abs. 2 Satz 1 bindet Flurbereinigungsbehörde und Gemeinde bzw den Träger der Bauleitplanung. Kommen diese der Unterrichtungs- und Abstimmungspflicht nicht oder nur unvollständig nach, ist es Aufgabe der jeweiligen **Aufsichtsbehörde**, sie zu gesetzestreuem Verhalten anzuhalten (VGH Kassel, AgrarR 2002, 166).

§ 189 Ersatzlandbeschaffung

(1) Wird bei einer städtebaulichen Maßnahme ein land- oder forstwirtschaftlicher Betrieb ganz oder teilweise in Anspruch genommen, soll die Gemeinde mit dem Eigentümer des Betriebs auch klären, ob er einen anderen land- oder forstwirtschaftlichen Betrieb oder land- oder forstwirtschaftliches Ersatzland anstrebt. Handelt es sich bei dem in Anspruch genommenen Betrieb um eine Siedlerstelle im Sinne des Reichssiedlungsgesetzes, ist die zuständige Siedlungsbehörde des Landes zu beteiligen.

(2) Die Gemeinde soll sich um die Beschaffung oder Bereitstellung geeigneten Ersatzlands bemühen und ihr gehörende Grundstücke als Ersatzland zur Verfügung stellen, soweit sie diese nicht für die ihr obliegenden Aufgaben benötigt.

1 § 189 kommt die Funktion zu, **land- und forstwirtschaftliche Betriebe** zu erhalten und dem Betroffenen das Verbleiben in seinem Beruf zu ermöglichen. Je nach der Lage des konkreten Falles werden sich die Bemühungen um die Erlangung eines anderen Betriebes oder mehr auf die Bereitstellung von Ersatzland ausrichten. Der Grund für die Beteiligung der nach **Landesrecht** zuständigen Siedlungsbehörde, wenn eine Siedlerstelle für städtebauliche Maßnahmen in Anspruch genommen werden soll (§ 189 **Abs. 1** Satz 2), liegt darin, dass diese Stellen häufig mit sehr langfristigen Krediten ausgestattet wurden und die sich daraus ergebenden Probleme in Zusammenarbeit mit der Siedlungsbehörde einer Lösung zugeführt werden sollen.

2 Nach **Abs. 2** soll sich die Gemeinde um die Beschaffung oder Bereitstellung geeigneten **Ersatzlandes** bemühen. Diese Bestimmung dient, zusammen mit den weiteren Vorschriften des Achten Teils des Baugesetzbuchs der Abstimmung und Koordination städtebaulicher Maßnahmen mit Maßnahmen zur Verbesserung der Agrarstruktur. Die gesetzliche Verpflichtung der Gemeinde, den Eigentümer, der sich dafür entschieden hat, Ersatzland zu erwerben, dabei zu unterstützen, kann zu einem Rechtsanspruch des Betriebseigentümers auf Ersatzlandbeschaffung führen (vgl BGH, UPR 2006, 390). Zum entsprechenden Bemühen gehört ggf auch, dass sie frühzeitig und vorsorglich Ersatzland beschafft. Sie hat regelmäßig Ersatzland zur Verfügung zu stellen, wenn ihr Vorratsflächen in angemessenem Umfang zur Verfügung stehen und sie diese nicht für die ihr obliegenden Aufgaben benötigt.

3 Den Pflichten der Gemeinde nach Abs. 1 und 2 steht ein entsprechender **Rechtsanspruch** der jeweiligen Betriebseigentümer gegenüber, der ggf im Verwaltungsrechtsweg geltend zu machen ist. Die Verpflichtungen der Gemeinde in § 189 lassen die allgemeinen Enteignungsvorschriften und damit auch die Entschädigung in Land (§ 100) unberührt.

§ 190 Flurbereinigung aus Anlass einer städtebaulichen Maßnahme

(1) Werden für städtebauliche Maßnahmen land- oder forstwirtschaftliche Grundstücke in Anspruch genommen, kann auf Antrag der Gemeinde mit Zustimmung der höheren Verwaltungsbehörde nach § 87 Abs. 1 des Flurbereinigungsgesetzes ein Flurbereinigungsverfahren eingeleitet werden, wenn der den Betroffenen entstehende Landverlust auf einen größeren Kreis von Eigentümern verteilt oder Nachteile für die allgemeine Landeskultur, die durch die städtebaulichen Maßnahmen entstehen, vermieden werden sollen. Das Flurbereinigungsverfahren kann bereits angeordnet werden, wenn ein Bebauungsplan noch nicht rechtsverbindlich ist. In diesem Falle muss der Bebauungsplan vor Bekanntgabe des Flurbereinigungsplans (§ 59 Abs. 1 des Flurbereinigungsgesetzes) in Kraft getreten sein. Die Gemeinde ist Träger des Unternehmens im Sinne des § 88 des Flurbereinigungsgesetzes.

(2) Die vorzeitige Ausführung des Flurbereinigungsplans nach § 63 des Flurbereinigungsgesetzes kann bereits angeordnet werden, wenn der Flurbereinigungsplan bekannt gegeben ist.

(3) Die Zulässigkeit einer Enteignung nach den Vorschriften dieses Gesetzbuchs bleibt auch nach Einleitung des Flurbereinigungsverfahrens unberührt.

§ 190 stellt der Gemeinde das Flurbereinigungsverfahren – und zwar auf Einleitung 1
der sog. **Unternehmensflurbereinigung** nach § 87 FlurbG – für die Fälle zur Verfügung, in denen für städtebauliche Maßnahmen land- und forstwirtschaftliche Grundstücke in Anspruch genommen werden müssen und der dadurch bedingte Landverlust auf einen größeren Kreis von Eigentümern verteilt werden soll.

Nach **Abs. 1**wird der Anwendungsbereich des § 87 FlurbG erweitert. Die Unter- 2
nehmensflurbereinigung wird nicht auf die Fälle einer möglichen Enteignung beschränkt, sondern ist auch in den Fällen möglich, in denen für städtebauliche Maßnahmen land- oder forstwirtschaftliche Grundstücke in Anspruch genommen werden. Vorraussetzung ist stets, dass der den Betroffenen entstehende Landverlust auf einen größeren Kreis von Eigentümern verteilt oder Nachteile für die allgemeine Landeskultur, die durch die städtebaulichen Maßnahmen entstehen, vermieden werden sollen. Dabei stellt die Unternehmensflurbereinigung rechtlich eine Enteignung dar (BVerfGE 74, 264 „Boxberg-Entscheidung"). Mit dem Antragsrecht der Gemeinde, korrespondiert keine entsprechende Verpflichtung auf Einleitung der Flurbereinigung, selbst wenn die erforderliche Zustimmung der höheren Verwaltungsbehörde erteilt ist.

Abs. 1 S. 2–4 und **Abs. 2** modifizieren die Vorschriften über das **Flurbereinigungs-** 3
verfahren, im Hinblick auf die Besonderheiten der Flurbereinigung aus Anlass einer städtebaulichen Maßnahme. Danach ist die Gemeinde Träger des Unternehmens iSd § 88 FlurbG. Der von ihr zu beschließende Bebauungsplan muss lediglich vor Bekanntgabe des Flurbereinigungsplanes nach § 59 FlurbG in Kraft getreten sein und die vorzeitige Ausführung des Flurbereinigungsplanes kann nach **Abs. 2** bereits dann angeordnet werden, wenn der Flurbereinigungsplan den Beteiligten nach § 59 Abs. 1 FlurbG bekannt gegeben worden ist.

Abs. 3 stellt lediglich klar, dass die Zulässigkeit einer Enteignung nach dem 4
BauGB (siehe dazu §§ 85 ff) auch nach Einleitung des Flurbereinigungsverfahrens unberührt bleibt.

§ 191 Vorschriften über den Verkehr mit land- und forstwirtschaftlichen Grundstücken

Im räumlichen Geltungsbereich eines Bebauungsplans oder einer Sanierungssatzung sind die Vorschriften über den Verkehr mit land- und forstwirtschaftlichen Grundstücken nicht anzuwenden, es sei denn, dass es sich um die Veräußerung der Wirtschaftsstelle eines land- oder forstwirtschaftlichen Betriebs oder solcher Grundstücke handelt, die im Bebauungsplan als Flächen für die Landwirtschaft oder als Wald ausgewiesen sind.

1 § 191 wiederholt die Regelung des § 4 Nr. 4 GrdstVG; ergänzt sie aber auch für Grundstücke im Geltungsbereich einer Sanierungssatzung (§ 142). Dabei verfolgt die Regelung im BauGB den Zweck, ein **Genehmigungsverfahren** sowohl nach dem BauGB als auch nach dem GrdstVG zu vermeiden. Dies gilt allerdings nicht im Falle der Veräußerung der Wirtschaftsstelle eines land- oder forstwirtschaftlichen Betriebes oder solcher Grundstücke, die im Bebauungsplan als Flächen für die Landwirtschaft (§ 9 Abs. 1 Nr. 18a) oder als Wald (§ 9 Abs. 1 Nr. 18b) ausgewiesen sind, oder Teilen davon. Hier verbleibt es bei der Anwendung der Vorschriften über den Verkehr mit land- und forstwirtschaftlichen Grundstücken (Gesetz über Maßnahmen zur Verbesserung der Agrarstruktur und zur Sicherung land- und forstwirtschaftlicher Betriebe = Grundstückverkehrsgesetz v. 28.7.1961, BGBl I S. 1091, zuletzt geändert durch Art 2 Nr. 22 des Gesetzes v. 8.12.1986, BGBl I S. 2191).

2 Unter **Wirtschaftsstelle eines Betriebes** sind die Wirtschaftsgebäude einschließlich des dazugehörigen Wohnhauses zu verstehen, die den Mittelpunkt des Betriebes bilden und von denen aus die zum Betrieb gehörigen landwirtschaftlichen oder forstwirtschaftlichen Grundstücke bewirtschaftet werden. Die Veräußerung derartiger Wirtschaftsstellen bedarf der **Genehmigung**, um die **Zerschlagung** von landwirtschaftlichen oder forstwirtschaftlichen Betrieben zu verhindern (BGH, MDR 1979, 123 = RPfleger 1978, 407 mwN).

3 Diese Vorschrift ist im städtebaulichen Entwicklungsbereich entsprechend anwendbar (§ 169 Abs. 1 Nr. 10).

Drittes Kapitel
Sonstige Vorschriften

Erster Teil
Wertermittlung

§ 192 Gutachterausschuss

(1) Zur Ermittlung von Grundstückswerten und für sonstige Wertermittlungen werden selbständige, unabhängige Gutachterausschüsse gebildet.

(2) Die Gutachterausschüsse bestehen aus einem Vorsitzenden und ehrenamtlichen weiteren Gutachtern.

(3) Der Vorsitzende und die weiteren Gutachter sollen in der Ermittlung von Grundstückswerten oder sonstigen Wertermittlungen sachkundig und erfahren sein und dürfen nicht hauptamtlich mit der Verwaltung der Grundstücke der Gebietskörperschaft, für deren Bereich der Gutachterausschuss gebildet ist, befasst sein. Für die Ermittlung der Bodenrichtwerte ist ein Bediensteter der zuständigen Finanzbehörde mit Erfahrung in der steuerlichen Bewertung von Grundstücken als Gutachter vorzusehen.

(4) Die Gutachterausschüsse bedienen sich einer Geschäftsstelle.

I. Bildung von Gutachterausschüssen (Abs. 1)

Zur Ermittlung von Grundstückswerten sind selbständige unabhängige Gutachterausschüsse zu bilden. Sie dürfen nicht in eine andere Staats- oder Kommunalbehörde eingegliedert sein, auch dürfen ihnen für ihre Wertermittlungstätigkeit keine generellen oder konkreten Weisungen gegeben werden. 1

II. Zusammensetzung der Gutachterausschüsse (Abs. 2 und 3)

Nach Abs. 2 bestehen die Gutachterausschüsse aus einem **Vorsitzenden** und ehrenamtlichen weiteren Gutachter. Näheres regeln die Länder durch Rechtsverordnung (s. § 199 Abs. 2 Nr. 1), auch bezüglich der Mitwirkung der Gutachter und deren Ausschluss aus Gründen der Befangenheit im Einzelfall. Die bloße Eigenschaft als Bediensteter einer Stadt/Gemeinde, zu deren Gunsten eine Enteignung vorgenommen werden soll, ist kein **Ausschlussgrund** (BGH BauR 1971, 46; OLG Frankfurt NJW 1965, 306). Trotzdem sollte auch nur der Anschein einer Interessenkollision vermieden werden. Eine Ablehnung wegen **Befangenheit** nach §§ 402 ff ZPO ist nicht möglich (OLG Hamm NJW-RR 1990, 1471). Die Gutachter sollen in der Ermittlung von Grundstückswerten oder sonstigen Wertermittlungen sachkundig und erfahren sein, Abs. 1 Satz 1. 2

III. Die Geschäftsstelle des Gutachterausschusses

3 Nach Abs. 4 bedienen sich die Gutachterausschüsse einer Geschäftsstelle. Die Einrichtung und Aufgaben der Geschäftsstelle werden durch Rechtsverordnung der Landesregierung bestimmt (§ 199 Abs. 2 Nr. 3). Die Hauptaufgabe der Geschäftsstelle des Gutachterausschusses ist die Vorbereitung der Arbeit des Gutachterausschusses.

IV. Haftung des Gutachterausschusses

4 Bei der Erfüllung seiner Aufgaben ist der Gutachterausschuss nach §§ 192, 193 hoheitlich tätig (BGH NVwZ 1992, 395; OLG Naumburg BauR 2004, 316; OLG Hamm NVwZ-RR 2001, 493; OLGR Celle 2001, 347). Im Rahmen ihrer hoheitlichen Aufgaben sind die Mitglieder des Gutacherausschusses verpflichtet, ihre Gutachten nach bestem Wissen und Gewissen abzugeben und damit die allgemein anerkannten Regeln der Wertermittlung und insbesondere die Vorschriften des BauGB und der Wertermittlungsverordnung zu beachten. Sie müssen bei ihrer Tätigkeit die ihnen zugängigen Erkenntnisquellen vollständig und sachgerecht auswerten und die Gründe für ihre Wertfestsetzung in nachvollziehbarer Weise darlegen (BGH NVwZ 1982, 395 [396] mwN). Diese **Amtspflicht** besteht nicht nur gegenüber der Allgemeinheit, sondern auch gegenüber denjenigen, denen das Gutachten nach seinem erkennbaren Zweck für Entscheidungen über Vermögensdispositionen vorgelegt werden soll (BGH DVBl 2001, 801; BGH NJW 1998, 1059; OLG Naumburg BauR 2004, 316). Bei Verletzung dieser Pflichten steht dem Geschädigten ein Amtshaftungsanspruch gem. § 839 BGB iVm Art 34 GG zu.

§ 193 Aufgaben des Gutachterausschusses

(1) Der Gutachterausschuss erstattet Gutachten über den Verkehrswert von bebauten und unbebauten Grundstücken sowie Rechten an Grundstücken, wenn

1. die für den Vollzug dieses Gesetzbuchs zuständigen Behörden bei der Erfüllung der Aufgaben nach diesem Gesetzbuch,
2. die für die Feststellung des Werts eines Grundstücks oder der Entschädigung für ein Grundstück oder ein Recht an einem Grundstück auf Grund anderer gesetzlicher Vorschriften zuständigen Behörden,
3. die Eigentümer, ihnen gleichstehende Berechtigte, Inhaber anderer Rechte am Grundstück und Pflichtteilsberechtigte, für deren Pflichtteil der Wert des Grundstücks von Bedeutung ist, oder
4. Gerichte und Justizbehörden

es beantragen. Unberührt bleiben Antragsberechtigungen nach anderen Rechtsvorschriften.

(2) Der Gutachterausschuss kann außer über die Höhe der Entschädigung für den Rechtsverlust auch Gutachten über die Höhe der Entschädigung für andere Vermögensnachteile erstatten.

(3) Der Gutachterausschuss führt eine Kaufpreissammlung, wertet sie aus und ermittelt Bodenrichtwerte und sonstige zur Wertermittlung erforderliche Daten.

(4) Die Gutachten haben keine bindende Wirkung, soweit nichts anderes bestimmt oder vereinbart ist.

(5) Eine Abschrift des Gutachtens ist dem Eigentümer zu übersenden.

I. Aufgaben des Gutachterausschusses (Abs. 1–3)

Die Abs. 1–3 enthalten einen **Katalog der Aufgaben** des Gutachterausschusses. Die Aufzählung ist jedoch nicht abschließend. Die wichtigste Aufgabe des Gutachterausschusses wird in Abs. 1 Satz 1 beschrieben: Vom Gutachterausschuss sollen Gutachten über den Verkehrswert von bebauten und unbebauten Grundstücken erstattet werden sowie von Rechten an Grundstücken. Die Aufgabenzuweisung wird durch die Regeln der Abs. 2 und 3 ergänzt, wonach der Gutachterausschuss auch Gutachten über die Höhe der Entschädigung für andere Vermögensnachteile erstattet und eine Kaufpreissammlung durchzuführen hat. Er wertet diese aus und ermittelt – außer den **Bodenrichtwerten** – auch sonstige zur Ermittlung erforderliche Daten. Der bundesrechtliche Aufgabenkatalog ist nicht abschließend. Die Länder können nach § 199 Abs. 2 Nr. 6 dem Gutachterausschuss weitere Aufgaben übertragen. 1

II. Antragsberechtigung (Abs. 1)

Wer berechtigt ist, beim Gutachterausschuss den Antrag auf Erstattung eines Gutachtens zu stellen, ergibt sich aus Abs. 1 Satz 1. Der Gutachterausschuss hat lediglich zu prüfen, ob die Antragsberechtigung vorliegt. Das beantragte Gutachten bezieht sich auf den Verkehrswert von Grundstücken und von Rechten an Grundstücken. Für den Antrag gelten keine besonderen Vorschriften. Der Antrag kann schriftlich oder mündlich gestellt werden, soweit sich aus der Rechtsverordnung nach § 199 Abs. 2 Nr. 1 nichts anderes ergibt. 2

III. Wirkung der Gutachten (Abs. 4)

Abs. 4 stellt klar, dass die Gutachten **keine bindende Wirkung** haben. Der Gutachterausschuss übt zwar (auch) mit der Erstattung des Gutachtens eine hoheitliche Tätigkeit aus. Die Gutachten stellen aber keine im Verwaltungsgerichtsverfahren anfechtbare Verwaltungsakte dar (BVerwG DVBl 1973, 371; BVerwG DVBl 1973, 371 = BRS 26 Nr. 114; aA: Wendt, DÖV 1963, 89; vgl BVerwG BRS 38 Nr. 217; OVG Bremen BRS 26 Nr. 139). Insbesondere bindet es nicht die Antragsteller iSd Abs. 1; dies gilt auch für Behörden und Gerichte, die nach Abs. 1 Satz 1 Nr. 1, 2 und 4 und Abs. 2 ein Gutachten beantragen. Die Gutachten können jedoch bindende Wirkung haben, wenn dies zwischen den Beteiligten ausdrücklich vereinbart wird (vgl §§ 317–319 BGB). Die bindende Wirkung kann auch in einem öffentlich-rechtlichen Vertrag vereinbart werden, zB in den Fällen einer Einigung im Enteignungsverfahren (§§ 110, 111). 3

§ 194 Verkehrswert

Der Verkehrswert (Marktwert) wird durch den Preis bestimmt, der in dem Zeitpunkt, auf den sich die Ermittlung bezieht, im gewöhnlichen Geschäftsverkehr nach den rechtlichen Gegebenheiten und tatsächlichen Eigenschaften, der sons-

tigen Beschaffenheit und der Lage des Grundstücks oder des sonstigen Gegenstands der Wertermittlung ohne Rücksicht auf ungewöhnliche oder persönliche Verhältnisse zu erzielen wäre.

I. Novelle 2004

1 Dem Begriff Verkehrswert wurde mit Klammerzusatz „**Marktwert**“ hinzugesetzt. Die Änderung bezweckt eine terminologische Klarstellung für die Wertermittlung von Grundstücken. Der Begriff „Marktwert“ (bzw „market-value“) wird insbesondere bei Gemeinschaftsrechtsakten (vgl Richtlinie 91/674/EWG des Rates v. 19.12.1991, ABl. EG Nr. L 374 S. 7; Mitteilung der Kommission, ABl. EG Nr. C 209 S. 3) vorrangig gebraucht, unterscheidet sich indes inhaltlich nicht vom Verkehrswertbegriff des § 194. Durch den erläuternden Zusatz wird der Anschein einer unterschiedlichen Bedeutung der Begriffe im deutschen und im Gemeinschaftsrecht ausgeräumt (BT-Drs 15/2250, 62).

II. Bedeutung des Verkehrswerts

2 Die Definition des Verkehrswerts ist schon immer die zentrale Vorschrift für die städtebauliche Wertermittlung im Bundesbaurecht. Wenn nach dem BauGB der Wert eines Gegenstands, insbesondere eines Grundstücks, zu entschädigen oder für Wertverluste oder -erhöhungen ein Ausgleich zu leisten ist, ist stets vom Verkehrswert, wie er in § 194 definiert ist, auszugehen (Gaentzsch, § 194 Rn 2).

III. Begriff und Ermittlung des Verkehrswerts

3 § 194 definiert den Verkehrswert als den Preis, der in dem Zeitpunkt, auf den sich die Ermittlung bezieht, im gewöhnlichen Geschäftsverkehr zu erzielen wäre. Die Rechtsprechung verwendet dem folgend den Begriff des ***„gewöhnlichen Verkehrswerts“*** (BGH NJW 1959, 1915; BGH BRS 19 Nr. 107; BGH BRS 19 Nr. 128; BGH BRS 34 Nr. 20; BGH BRS 45 Nr. 106). Er wird aber kaum erläutert und verdeutlicht. Neben dem Begriff des gewöhnlichen Geschäftsverkehrs gebraucht die Rechtsprechung den Ausdruck ***„allgemeiner Grundstücksverkehr“*** (BGH BRS 19 Nr. 110; BGH BRS 26 Nr. 93; BGH BRS 26 Nr. 59). Schließlich wird auch der Begriff des ***„gesunden Grundstücksverkehrs“*** (BGHZ 39 Nr. 198; BGH BRS 45 Nr. 148; BGH BRS 45 Nr. 133) verwandt (zu einem die Entschädigung bestimmenden speziellen „Teilmarkt“: BGH NJW-RR 2003, 374; Aust/Jacobs/Pasternak, Die Enteignungsentschädigung, 5. Aufl., Rn 497 ff; Kleiber/Simon/Weyers, Verkehrswertermittlung von Grundstücken, 4. Aufl. 2002, § 194 Rn 33 ff). Beim Begriff des *gesunden Grundstücksverkehrs* wird noch deutlicher als beim *gewöhnlichen* oder *allgemeinen* Grundstücksverkehr, dass es sich um einen Begriff handelt, mit dem eine Wertung vorgenommen wird. Der *gesunde* Grundstücksverkehr berücksichtigt bei der **Preisbildung** die künftige Bebauungserwartung; diese bemisst sich nicht nach starren Zeiträumen, auch nicht nach der Sicherheit der künftigen Bebauung; Er schließt zwar reine Spekulationen aus, räumt aber mit Verwirklichungsrisiko behaf-

teten Bebauungserwartungen bereits Einfluss auf die Preisbildung ein, wenn die Bebauung in absehbarer Zeit mit mehr oder weniger großer Wahrscheinlichkeit zu erhoffen ist (OLG München NJW 1970, 864). Im Vordergrund steht mithin nicht die Begrifflichkeit, sondern der normative Charakter des zentralen Begriffs des Verkehrswerts. Der Wert wird sich regelmäßig nicht exakt errechnen lassen, ungewöhnliche und persönliche Verhältnisse sind außer Acht zu lassen sind (vgl OLG Köln BRS 19 Nr. 149; OLG Frankfurt BRS 45 Nr. 116; BGH NJW 1965, 1589; BGH NJW 1968, 2056). Die Anwendung des § 297 ZPO (Entscheidung unter Würdigung aller Umstände nach freier Überzeugung) ist zulässig und geboten. Die getroffene Entscheidung über die Höhe der Entschädigung (= des Verkehrswerts) muss nachvollziehbar sowie in sich schlüssig sein und erkennen lassen, dass eine sachentsprechende, umfassende, an den allgemeinen Beurteilungsgrundlagen ausgerichtete und vom richtigen Verständnis des durch Art 14 GG geschützten Eigentums sowie der seinem Wert ausmachenden Faktoren getragene Wertermittlung stattgefunden hat (BK, 3. Aufl., § 194 Rn 5).

VI. Wertermittlungsverordnung und Wertermittlungsrichtlinien

Die Methoden der Verkehrswertermittlung für Grundstücke, grundstücksgleiche Rechte (§ 200 Abs. 2), Rechte an diesen und Rechte an Grundstücken sowie für Gebäude, Außenanlage, sonstige Anlagen und Zubehör regelt im Einzelnen die Verordnung über die Grundsätze für die Ermittlung der Verkehrswerte von Grundstücken (Wertvermittlungsverordnung – **WertV** –) vom 6.12.1988 (BGBl I S. 2209). Für die Praxis der Wertermittlung sind auch die umfangreichen Richtlinien des Bundesministeriums für Verkehr, Bau- und Wohnungswesen für die Ermittlung der Verkehrswerte von Grundstücken idF aus dem Jahr 2002 – **WertR 2002** – grundlegend. Die Richtlinien sind verbindlich, soweit ihre Anwendung angeordnet wird. Bei land- und forstwirtschaftlichen Grundstücken sind ergänzende bzw abweichende Bestimmungen der jeweils geltenden Fassungen ihres Geltungsbereichs zu beachten, zB Waldermittlungsrichtlinie – **WaldR 2000** – vom 12.7.2000 (BAnz Nr. 186 v. 6.9.2000) und die Entschädigungsrichtlinien Landwirtschaft – **LandR 78** – vom 28.7.1978 (BAnz Nr. 181a v. 26.9.1978). 4

Der Verkehrswert ist mit Hilfe geeigneter Verfahren zu ermitteln. Neben den in § 7 WertV genannten Verfahren (**Vergleichs-, Ertrags- und Sachwertverfahren**) können auch andere Wertermittlungsverfahren angewandt werden, wenn diese zu sachgerechten Ergebnissen führen und das Wertbild nicht verzerren. Das Vergleichswertverfahren wird angewandt, wenn sich der Grundstücksmarkt an Vergleichspreisen orientiert. Es ist das Regelverfahren für die Ermittlung des Bodenwerts unbebauter als auch des Bodenwerts bebauter Grundstücke (BVerwGE 18, 91 = DÖV 1993, 860). 5

Das Ertragswertverfahren ist vor allem für Verkehrswertermittlungen von Grundstücken heranzuziehen, die im gewöhnlichen Geschäftsverkehr im Hinblick auf ihre Rentierlichkeit gehandelt werden (zB Mietwohnhäuser, Gewerbeimmobilien, Sonderimmobilien). Das Sachwertverfahren steht im Vordergrund, wenn im gewöhnlichen Geschäftsverkehr der verkörperte Sachwert und nicht die Erzielung von Erträgen für die Preisbildung ausschlaggebend ist, insbesondere bei eigengenutzten Ein- und Zweifamilienhäusern. 6

Hinweis für die Praxis: Eine Einflussnahme auf die Ermittlung des Verkehrswertes ist regelmäßig nur dann erfolgreich, wenn der Vortrag durch ein Privatgutachten hinterlegt ist. Insoweit ist in die Überlegung einzubeziehen, ein solches Gutachten in Auftrag zu geben.

§ 195 Kaufpreissammlung

(1) Zur Führung der Kaufpreissammlung ist jeder Vertrag, durch den sich jemand verpflichtet, Eigentum an einem Grundstück gegen Entgelt, auch im Wege des Tausches, zu übertragen oder ein Erbbaurecht zu begründen, von der beurkundenden Stelle in Abschrift dem Gutachterausschuss zu übersenden. Dies gilt auch für das Angebot und die Annahme eines Vertrags, wenn diese getrennt beurkundet werden, sowie entsprechend für die Einigung vor einer Enteignungsbehörde, den Enteignungsbeschluss, den Beschluss über die Vorwegnahme einer Entscheidung im Umlegungsverfahren, den Beschluss über die Aufstellung eines Umlegungsplans, den Beschluss über eine vereinfachte Umlegung und für den Zuschlag in einem Zwangsversteigerungsverfahren.

(2) Die Kaufpreissammlung darf nur dem zuständigen Finanzamt für Zwecke der Besteuerung übermittelt werden. Vorschriften, nach denen Urkunden oder Akten den Gerichten oder Staatsanwaltschaften vorzulegen sind, bleiben unberührt.

(3) Auskünfte aus der Kaufpreissammlung sind bei berechtigtem Interesse nach Maßgabe landesrechtlicher Vorschriften zu erteilen (§ 199 Abs. 2 Nr. 4).

I. Bedeutung der Kaufpreissammlung

1 Die vom Gutachterausschuss zu führende und auszuwertende Kaufpreissammlung (§ 193 Abs. 3) dient in erster Linie dazu, **Bodenrichtwerte** (§ 196) zu ermitteln. Sie liefert zudem Vergleichswerte zur Ermittlung von Verkehrswerten im sog. **Vergleichswertverfahren** (§§ 13, 14 WertV). In die Kaufpreissammlung aufzunehmen sind: jeder Vertrag, durch den sich jemand verpflichtet, Eigentum an einem Grundstück gegen Entgelt, auch im Wege des Tausches, zu übertragen oder ein Erbbaurecht zu begründen (§ 311b Abs. 1 BGB, § 11 Abs. 2 ErbbauVO), das Angebot oder die Annahme eines solchen Vertrages, wenn diese getrennt beurkundet werden, die Einigung vor einer Enteignungsbehörde (§§ 110, 111), der Enteignungsbeschluss (§ 113), die Vorwegnahme einer Entscheidung im Umlegungsverfahren; der Beschluss über die Aufstellung des Umlegungsplans; den Beschluss über eine vereinfachte Umlegung und den Zuschlag in einem Zwangsversteigerungsverfahren.

II. Weitergabe der Kaufpreissammlung (Abs. 2)

2 In Abs. 2 Satz 1 ist die aus Gründen des Datenschutzes gebotene Beschränkung ausgesprochen, dass die Kaufpreissammlung nur dem **Finanzamt** und auch nur für Zwecke der Besteuerung übermittelt werden darf. Die Beschränkung gilt auch für öffentlich bestellte und vereidigte Sachverständige, die von Privatpersonen mit der Erstellung von Wertgutachten beauftragt sind (BVerwG ZfBR 1990, 36). Etwas anderes gilt, wenn der vom Gericht mit der Erstattung eines Gutachtens beauftragte öffentlich bestellte Sachverständige in die Kaufpreissammlung Einsicht nehmen will (BGH ZfBR 1991, 39).

III. Auskünfte aus der Kaufpreissammlung (Abs. 3)

Es besteht ein Recht auf Auskünfte aus der Kaufpreissammlung bei berechtigtem 3
Interesse. Welche Anforderungen dabei zu stellen sind, ist in Abs. 3 nicht näher umschrieben. Im Einzelnen ist es landesrechtlich zu regeln (§ 179 Abs. 2 Nr. 4).

§ 196 Bodenrichtwerte

(1) Auf Grund der Kaufpreissammlung sind für jedes Gemeindegebiet durchschnittliche Lagewerte für den Boden unter Berücksichtigung des unterschiedlichen Entwicklungszustands, mindestens jedoch für erschließungsbeitragspflichtiges oder erschließungsbeitragsfreies Bauland, zu ermitteln (Bodenrichtwerte). In bebauten Gebieten sind Bodenrichtwerte mit dem Wert zu ermitteln, der sich ergeben würde, wenn der Boden unbebaut wäre. Die Bodenrichtwerte sind, soweit nichts anderes bestimmt ist, jeweils zum Ende eines jeden Kalenderjahres zu ermitteln. Für Zwecke der steuerlichen Bewertung des Grundbesitzes sind Bodenrichtwerte nach ergänzenden Vorgaben der Finanzverwaltung zum jeweiligen Hauptfeststellungszeitpunkt zu ermitteln. Auf Antrag der für den Vollzug dieses Gesetzbuchs zuständigen Behörden sind Bodenrichtwerte für einzelne Gebiete bezogen auf einen abweichenden Zeitpunkt zu ermitteln.

(2) Hat sich in einem Gebiet die Qualität des Bodens durch einen Bebauungsplan oder andere Maßnahmen geändert, sind bei der nächsten Fortschreibung der Bodenrichtwerte auf der Grundlage der geänderten Qualität auch Bodenrichtwerte bezogen auf die Wertverhältnisse zum Zeitpunkt der letzten Hauptfeststellung für steuerliche Zwecke zu ermitteln. Die Ermittlung kann unterbleiben, wenn das zuständige Finanzamt darauf verzichtet.

(3) Die Bodenrichtwerte sind zu veröffentlichen und dem zuständigen Finanzamt mitzuteilen. Jedermann kann von der Geschäftsstelle Auskunft über die Bodenrichtwerte verlangen.

Die Vorschrift enthält Regelungen über die Ermittlung der Bodenrichtwerte (Abs. 1), 1
über die Fortschreibung der Bodenrichtwerte (Abs. 2) und über die Öffentlichkeit der Bodenrichtwerte (Abs. 3). Bodenrichtwerte sind ein wichtiges Instrument des Bodenmarks, da sie wesentlichen Einfluss auf die Gestaltung der Marktpreise der Grundstücke haben. Sie sind ferner eine zulässige Grundlage für die Verkehrswertermittlung (BGH NVwZ 1982, 395).

Die Transparenz des Bodenmarks soll gewährleistet werden. Zu diesem Zweck 2
dienen vor allem die Bekanntmachung der Bodenrichtwerte der Gemeinde und die Mitteilung der Bodenrichtwerte an die Finanzämter sowie das Auskunftsrecht nach Abs. 3.

§ 197 Befugnisse des Gutachterausschusses

(1) Der Gutachterausschuss kann mündliche oder schriftliche Auskünfte von Sachverständigen und von Personen einholen, die Angaben über das Grundstück und, wenn das zur Ermittlung von Geldleistungen im Umlegungsverfahren, von Ausgleichsbeträgen und von Enteignungsentschädigungen erforderlich ist, über ein Grundstück, das zum Vergleich herangezogen werden soll, machen können.

Er kann verlangen, dass Eigentümer und sonstige Inhaber von Rechten an einem Grundstück die zur Führung der Kaufpreissammlung und zur Begutachtung notwendigen Unterlagen vorlegen. Der Eigentümer und der Besitzer des Grundstücks haben zu dulden, dass Grundstücke zur Auswertung von Kaufpreisen und zur Vorbereitung von Gutachten betreten werden. Wohnungen dürfen nur mit Zustimmung der Wohnungsinhaber betreten werden.

(2) Alle Gerichte und Behörden haben dem Gutachterausschuss Rechts- und Amtshilfe zu leisten. Das Finanzamt erteilt dem Gutachterausschuss Auskünfte über Grundstücke, soweit dies zur Ermittlung von Ausgleichsbeträgen und Enteignungsentschädigungen erforderlich ist.

I. Informationsbefugnisse des Gutachterausschusses (Abs. 1)

1 Der Gutachterausschuss kann mündlich oder schriftlich **Auskünfte** nach Abs. 1 einholen. Diese Vorschrift wird ergänzt durch Vorschriften über Anordnungen zur Erforschung des Sachverhalts im § 208 und über die Vorarbeiten auf Grundstücken in § 209. In erster Linie werden die Auskünfte von Sachverständigen eingeholt, der Ausschuss kann jedoch auch Auskünfte von Personen einholen, die Angabe über das Grundstück von weiteren Personen machen können. Dies können der Eigentümer, Nutzungsberechtigte oder sonstige Personen sein; insoweit geht das Auskunftsrecht des § 197 über die Verpflichtung des § 208 BGB hinaus (BKL, § 197 Rn 2).

II. Rechts- und Amtshilfepflicht der Gericht und Behörden (Abs. 2)

2 Alle Gerichte und Behörden haben dem Gutachterausschuss Rechts- und Amtshilfe zu leisten. Abs. 2 Satz 1 hat insofern eine klarstellende Bedeutung. Abs. 2 Satz 2 begründet eine über die allgemeinen Grundsätze der Amtshilfe hinausgehende Verpflichtung der Finanzämter, dem Gutachterausschuss Auskünfte über Grundstücke zu erteilen. Wegen der Einzelheiten der Amtshilfe ist auf die §§ 4–8 VwVfG zu verweisen.

§ 198 Oberer Gutachterausschuss

(1) Bei Bedarf können Obere Gutachterausschüsse für den Bereich einer oder mehrerer höherer Verwaltungsbehörden gebildet werden, auf die die Vorschriften über die Gutachterausschüsse entsprechend anzuwenden sind.

(2) Der Obere Gutachterausschuss hat auf Antrag eines Gerichts ein Obergutachten zu erstatten, wenn schon das Gutachten eines Gutachterausschusses vorliegt.

I. Bildung von oberen Gutachterausschüssen (Abs. 1)

1 Bei Bedarf können durch Rechtsverordnung der Landesregierungen obere Gutachterausschüsse gebildet werden. Es bleibt den Ländern überlassen, ob sie obere Gutachterausschüsse einsetzen.

II. Aufgabe der oberen Gutachterausschüsse (Abs. 2)

2 Ihre vorrangige Aufgabe ist die Erstellung von Obergutachten auf Antrag eines Gerichts, wenn schon das Gutachten eines Gutachterausschusses vorliegt. Der

obere Gutachterausschuss hat damit nicht die Aufgabe einer Kontrollinstanz bezüglich der Tätigkeit der in seinem Zuständigkeitsbereich vorhandenen Gutachterausschüsse. Den oberen Gutachterausschüssen können gem. § 199 Abs. 2 Nr. 6 weitere Aufgaben übertragen werden.

§ 199 Ermächtigungen

(1) Die Bundesregierung wird ermächtigt, mit Zustimmung des Bundesrates durch Rechtsverordnung Vorschriften über die Anwendung gleicher Grundsätze bei der Ermittlung der Verkehrswerte und bei der Ableitung der für die Wertermittlung erforderlichen Daten zu erlassen.

(2) Die Landesregierungen werden ermächtigt, durch Rechtsverordnung

1. **die Bildung und das Tätigwerden der Gutachterausschüsse und der Oberen Gutachterausschüsse, soweit in diesem Gesetzbuch nicht bereits geschehen, die Mitwirkung der Gutachter und deren Ausschluss im Einzelfall,**
2. **die Aufgaben des Vorsitzenden,**
3. **die Einrichtung und die Aufgaben der Geschäftsstelle,**
4. **die Führung und Auswertung der Kaufpreissammlung, die Ermittlung der Bodenrichtwerte sowie die Veröffentlichung der Bodenrichtwerte und sonstiger Daten der Wertermittlung und die Erteilung von Auskünften aus der Kaufpreissammlung,**
5. **die Übermittlung von Daten der Flurbereinigungsbehörden zur Führung und Auswertung der Kaufpreissammlung,**
6. **die Übertragung weiterer Aufgaben auf den Gutachterausschuss und den Oberen Gutachterausschuss und**
7. **die Entschädigung der Mitglieder des Gutachterausschusses und des Oberen Gutachterausschusses**

zu regeln.

I. Ermächtigung der Bundesregierung (Abs. 1)

Abs. 1 ermächtigt die Bundesregierung, mit Zustimmung des Bundesrates durch Rechtsverordnung Vorschriften über die Anwendung gleicher Grundsätze bei der Ermittlung der Verkehrswerte und bei der Ableitung der für die Wertermittlung erforderlichen Daten zu regeln. Die Bundesregierung hat von der Ermächtigung durch Erlass der Wertermittlungsverordnung – WertV – vom 6.12.1988 (BGBl I S. 2209) Gebrauch gemacht. 1

II. Ermächtigung der Landesregierungen (Abs. 2)

Abs. 2 enthält zusammengefasst die Ermächtigungen an die Landesregierungen zum Erlass von Aus- und Durchführungsverordnungen zum Wertermittlungsrecht des Bundes. 2

Zweiter Teil
Allgemeine Vorschriften; Zuständigkeiten; Verwaltungsverfahren; Planerhaltung

Erster Abschnitt
Allgemeine Vorschriften

§ 200 Grundstücke; Rechte an Grundstücken; Baulandkataster

(1) Die für Grundstücke geltenden Vorschriften dieses Gesetzbuchs sind entsprechend auch auf Grundstücksteile anzuwenden.

(2) Die für das Eigentum an Grundstücken bestehenden Vorschriften sind, soweit dieses Gesetzbuch nichts anderes vorschreibt, entsprechend auch auf grundstücksgleiche Rechte anzuwenden.

(3) Die Gemeinde kann sofort oder in absehbarer Zeit bebaubare Flächen in Karten oder Listen auf der Grundlage eines Lageplans erfassen, der Flur- und Flurstücksnummern, Straßennamen und Angaben zur Grundstücksgröße enthält (Baulandkataster). Sie kann die Flächen in Karten oder Listen veröffentlichen, soweit der Grundstückseigentümer nicht widersprochen hat. Die Gemeinde hat ihre Absicht zur Veröffentlichung einen Monat vorher öffentlich bekannt zu geben und dabei auf das Widerspruchsrecht der Grundstückseigentümer hinzuweisen.

1 Die Regelung bestimmt nicht selbst einen Grundstücksbegriff. Sie verweist auf den in der jeweiligen Regelung des BauGB verwendeten Grundstücksbegriff. Dieser ist nicht einheitlich. Es gibt **drei Grundstücksbegriffe**. Das sind *erstens* das Buchgrundstück, *zweitens* das Grundstück als wirtschaftliche Einheit und *drittens* das Baugrundstück. Die Vorschrift greift die Teilbarkeit des Grundstücks nach dem jeweiligen Begriffsinhalt auf und stellt klar, dass die jeweilige Regelung auch für Teile gilt. Es kommt häufig vor, dass für Teile unterschiedliche Vorschriften gelten, zB für Buchgrundstücke, die straßenseitig im Innenbereich liegen, rückwärtig aber in den Außenbereich reichen, einen abtrennbaren Teil einer Vorgartenfläche, für nicht zusammenhängende Splitterflächen oder auch für Flächen unterschiedlicher zulässiger Ausnutzung. Auf Parzellengrenzen kommt es – zB für die räumliche Anordnung auf dem Baugrundstück – nicht an.

2 Das **Buchgrundstück** sind die im Bestandsverzeichnis des Grundbuchs unter einer einheitlichen laufenden Nummer verzeichneten Parzellen (BVerwGE 66, 69 = BRS 43 Nr. 1). Die im Bestandsverzeichnis unter unterschiedlichen laufenden Nrn. aufgeführten Parzellen sind unterschiedliche Buchgrundstücke. Eine **wirtschaftliche Grundstückseinheit** besteht aus mehreren Buchgrundstücken, die demselben Eigentümer gehören und die zu einem Grundstück zusammengefasst sind, wenn die getrennte Beurteilung bei Beurteilung ihrer wirtschaftlichen Nutzbarkeit gröblich unangemessen wäre (BVerwGE 42, 269 = BRS 37 Nr. 173; BRS 37 Nr. 184). Den Begriff des **Baugrundstücks** verwendet das BauGB in § 9 Abs. 1 Nr. 3. Es handelt sich um die Fläche – unbeschadet evtl Parzellengrenzen und unbeschadet evtl unterschiedlicher Eigentümer –, deren Eigentumsinhalt Bebaubarkeit ist.

§ 200a Ersatzmaßnahmen

Darstellungen für Flächen zum Ausgleich und Festsetzungen für Flächen oder Maßnahmen zum Ausgleich im Sinne des § 1a Abs. 3 umfassen auch Ersatzmaßnahmen. Ein unmittelbarer räumlicher Zusammenhang zwischen Eingriff und Ausgleich ist nicht erforderlich, soweit dies mit einer geordneten städtebaulichen Entwicklung und den Zielen der Raumordnung sowie des Naturschutzes und der Landschaftspflege vereinbar ist.

I. Unterschiedliche Themen der Vorschrift

Der einzige Absatz befasst sich in seinen beiden Sätzen mit unterschiedlichen Themen. Satz 1 ermächtigt, von den Landesnaturschutzgesetzen vorgeschriebene Maßnahmen zum **Ausgleich im BPl** festzusetzen und im **FPl** darzustellen. Satz 2 befasst sich mit der **räumlichen Verteilung zwischen Eingriff und Ausgleich.** Systematisch öffnet Satz 1 das Nummerndogma von § 9 Abs. 1 und gehört in die Nähe von § 9 Abs. 4, der die Länder ermächtigt, auf Landesrecht beruhende Regelungen in den BPl als Festsetzungen aufzunehmen sowie § 5 Abs. 2, Abs. 2 a und Abs. 4 über Darstellungen im FPl. Satz 2 mildert die bundesrahmenrechtlich im BNatSchG und im Übrigen in den Landesnaturschutzgesetzen gestellten materiellrechtlichen Anforderungen an die räumliche Zuordnung von Eingriff und Ausgleich und gehört systematisch in die Nähe von § 1a, insbesondere dessen Abs. 3. 1

II. Flächen „zum Ausgleich“

Die Vorschrift vermeidet in ihren beiden Sätzen den naturschutzrechtlichen Unterschied zwischen Ausgleichs- und Ersatzmaßnahmen. Hierauf hat *Stich* aufmerksam gemacht (in: BK, Rn 2). Da sich die Vorschrift auf beide Maßnahmen bezieht, erlaubte verkürzte Sprache (BVerwGE 90, 255/260 und Weyreuther, Probleme juristischer Kommunikation, DÖV 1997, 177/181 Nr. 10), sprachlich auf die Unterscheidung zu verzichten. Materiell-rechtlich korrigiert solch verkürzte Sprache den Unterschied nicht. Sollte Satz 2 teilweise verfassungswidrig sein, ließe sich der Unterschied nach der „*Soweit*-“Rechtsprechung des BVerfGs sprachlich ohne weiteres aufgreifen. 2

III. Aktiver Naturschutz der Gemeinden durch Bauleitplanung

Mit Satz 1 ermöglicht der Bundesgesetzgeber den Gemeinden, aktiv Naturschutz zu betreiben und ermutigt sie hierzu, indem er sie ermächtigt, Maßnahmen zum Ausgleich durch städtebauliche Entwicklung zu lenken. Bedeutsam kann das für Maßnahmen sein, die durch Innenbereichs- oder Außenbereichsvorhaben bedingt sind. Die Darstellung im FPl erleichtert einen Vorhaben- und Erschließungsplan 3 mit Durchführungsvertrag oder einen sonstigen städtebaulichen Vertrag nach § 11. Die Festsetzungen des BPls sind Eigentumsinhaltsbestimmung (BVerfG, NVwZ 99, 979; BVerwGE 104, 68; BVerwG, BRS 60 Nr. 44). Sie vermitteln ein Dürfen als eigentumskräftige Anspruchsposition. Ein Gebot, dieses Dürfen auszunutzen, ist damit nicht verbunden und auch nicht das Verbot, für den Ausgleich auf andere Flächen zurückzugreifen. Bundesrecht ermächtigt die Gemeinde nicht, für den Ausgleich andere als die hierfür festgesetzten Flächen auszuschließen. Das Bundesrecht ist stattdessen **vertragsfreundlich**. Durch Vertrag kann die Gemeinde Bindungen begründen. Der Bundesgesetzgeber hat mit diesem Regelungssystem von seiner Gesetzgebungsbefugnis abschließend, gem. Art 31 GG den Landesgesetzgeber verdrängend Gebrauch gemacht. Deshalb haben weder die Länder die Gesetzgebungsbefugnis, die Gemeinden zu ermächtigen, Flächen zum Ausgleich auf hierfür im BPl festgesetzte Flächen zu beschränken, noch haben die Gemeinden die originäre Satzungsbefugnis hierzu. Als Regime zur naturschutzrechtlichen Lenkung stellt das Bundesrecht den Gemeinden Bauleitplanung iVm vertraglichen Regelungen zur Verfügung, sei es nach § 11 oder nach § 12.

IV. Einschränkende Anforderungen

4 Eingeschränkt ist die Lenkungsbefugnis der Gemeinde durch den Soweit-Satz des Satzes 2. Dieser Soweit-Satz enthält drei rechtliche Hindernisse. Was – *erstens* – mit der städtebaulichen Entwicklung nicht vereinbar ist, ist ohnehin nicht festsetzbar. Dieses Merkmal wiederholt, was allgemein gilt. Ebenso ist – *zweitens* – nach § 1 Abs. 4 nicht festsetzbar, was den Zielen der Raumordnung widerspricht. Relevant ist nur das *dritte* Merkmal. Was nicht mit den **Zielen des Naturschutzes und der Landschaftspflege vereinbar** ist, ist ein rechtliches Hindernis für eine Festsetzung für Flächen zum Ausgleich. Es handelt sich um ein materiell-rechtliches Hindernis. Fehlerfolge ist, dass die Festsetzung unwirksam ist. Schwierigkeiten in diesem Zusammenhang bereitet das Merkmal „unmittelbar". Dabei geht es um die wertende Zuordnung der festzusetzenden Fläche zum Ausgleich zu der des Eingriffs. Setzt die Gemeinde eine Fläche zum Ausgleich für einen bestimmten konkreten Eingriff fest, lässt sich die Frage nach der wertenden Zuordnung noch nach den Kriterien für eine derartige Wertung beantworten. Das ist beim BPl zum Vorhaben- und Erschließungsplan so und ebenso beim auf ein konkretes Vorhaben zugeschnittenen, mit dem Vorhabenträger abgesprochenen BPl ohne städtebaulichen Vertrag. Die räumliche Zuordnung der festzusetzenden Fläche zum Ausgleich und dem Eingriff lässt sich in diesen Fällen bestimmen und werten. Bei Flächen zum Ausgleich auf Vorrat ist der räumliche Ort des Eingriffs im Zeitpunkt der Beschlussfassung über den BPl unbekannt. Sofern es auf die räumliche wertende Zuordnung naturschutzrechtlich ankommt, bliebe in diesen Fällen die Wertung für den Einzelfall offen. Die Frage nach der Vereinbarkeit mit den Zielen des Naturschutzes und der Landschaftspflege bleibt dem späteren Vollzug vorbehalten. Da das Gesetz selbst den räumlichen Zusammenhang für nicht erforderlich erklärt, ist die **bevorratende Festsetzung** für Flächen oder Maßnahmen zum Ausgleich im verbindlichen BPl zulässig.

V. Handel mit Flächen zum Ausgleich

5 Das BVerwG (BRS 66 Nr. 217) hat die Festsetzung der durch den BPl selbst hervorgerufenen Zwang zum Ausgleich in einer anderen Landschaft und ohne Zurechnung zum konkreten Naturhaushalt am Ort des Eingriffs und viele Kilo

meter von diesem entfernt gebilligt. Auch dass bezüglich der für den Ausgleich festgesetzten Fläche ein Verfahren zur Unterschutzstellung eingeleitet und fortgeschritten war, war unbeachtlich. Lässt sich ein Landschaftsbild, in das eingegriffen wird, in einer anderen Landschaft mit einem strukturell anderen Landschaftsbild ausgleichen und ebenso ein Naturhaushalt, in den eingegriffen wird, mit einer Maßnahme ohne naturhaushalterische Konnexität, drängt sich die Frage auf, ob der Ausgleich seinen gesetzlichen Zweck erfüllt, nämlich den Zweck des Ausgleichs. Die Frage ist umso dringender, wenn die Maßnahme zum Schutz von Natur ohnehin vorgesehen ist und ein Ausgleichsbedarf sich diesen Umstand nutzbar macht. Das Rechtsstaatsgebot verlangt, dass eine gesetzliche Regelung ihren Zweck erfüllt. Verfassungsmäßig ist die Regelung nur, wenn es nicht Zweck des Ausgleichs ist, dasjenige Landschaftsbild auszugleichen, in das oder in den Naturhaushalt auszugleichen, in den eingegriffen wird. Für das Naturschutzrecht – für sich genommen – hat der Bundesgesetzgeber die Rahmengesetzgebungskompetenz. Ist es der Zweck der landesrechtlichen Forderung zum Ausgleich, dass das konkrete Landschaftsbild, in das bzw der konkrete Naturhaushalt, in den eingegriffen wird, auch einer anderweitigen Heilung zugeführt wird, so hat der Bundesgesetzgeber nicht die Gesetzgebungskompetenz, die Erfüllung der Pflicht zum Ausgleich zu ermöglichen, ohne dass der Zweck des Landesrechts erfüllt wird. Seine Annexgesetzgebungskompetenz auf dem Gebiet des Bauplanungsrechts reicht nur so weit, als das BauGB selbst naturschutzrechtlichen Ausgleich verlangt, sei es in Umsetzung von EU-Recht oder nicht.

VI. Vorhaltung von Flächen zum Ausgleich

6 Erlaubt das Gesetz für den Angebots-BPl die Vorhaltung von Flächen zum Ausgleich, ohne dass es andererseits einen räumlichen Zusammenhang zwischen Eingriff und Ausgleich verlangte und auch die für die Fläche ohnehin vorgesehene Sanierung unbeachtlich wäre, steht dem Handel mit Flächen zum Ausgleich nichts im Wege. In Betracht hierfür kommen alle sanierungsbedürftigen Flächen wie frühere Deponien, Steinbrüche, aufgelassene Verkehrsflächen, Bergehalten, aufgelassene Flugplätze (so war es in dem in Rn 5 zitierten vom BVerwG entschiedenen Fall) und andere.

VII. Verfahren einschließlich der durch die Novelle 2004 eingeführte Begründungs- und Überprüfungspflicht

7 Für die Darstellung und die Festsetzung gelten die allgemeinen Vorschriften einschließlich der in den §§ 203–206 bestimmten. Zu beachten ist die der Begründung beizufügende, EU-rechtlich vorgegebene zusammenfassende Erklärung über die Art und Weise, wie die Umweltbelange und die Ergebnisse der Öffentlichkeits- und Behördenbeteiligung in dem Plan berücksichtigt wurde und aus welchen Gründen der Plan nach Abwägung mit den geprüften, in Betracht kommenden anderweitigen Planungsmöglichkeiten gewählt wurde, § 6 Abs. 5 Satz 3 und § 10 Abs. 4. Für die Darstellung im FPl zu beachten ist die durch § 5 Abs. 1 Satz 3 eingeführte Verpflichtung zur **Überprüfung** und erforderlichenfalls Änderung, Ergänzung oder Neuaufstellung **15 Jahre** nach der erstmaligen oder erneuten Darstellung; diese Vorschrift ist auf **vor dem** Inkrafttreten der Novelle 2004 am **20.7.2004 aufgestellte FPle erstmals ab 1.1.2010** anzuwenden (§ 244 Abs. 4).

§ 201 Begriff der Landwirtschaft

Landwirtschaft im Sinne dieses Gesetzbuchs ist insbesondere der Ackerbau, die Wiesen- und Weidewirtschaft einschließlich Tierhaltung, soweit das Futter überwiegend auf den zum landwirtschaftlichen Betrieb gehörenden, landwirtschaftlich genutzten Flächen erzeugt werden kann, die gartenbauliche Erzeugung, der Erwerbsobstbau, der Weinbau, die berufsmäßige Imkerei und die berufsmäßige Binnenfischerei.

1. Legaldefinition

1 Die Legaldefinition des § 201 beschränkt sich auf die Aneinanderreihung von Beispielen. Der Begriff ist dem zu entnehmen, was den Beispielen gemeinsam ist, jedoch abgesehen von der Imkerei und der Binnenfischerei (BVerwG; BRS 22 Nr. 68). Danach ist Landwirtschaft „*unmittelbare Bodenertragsnutzung. Hinzu kommen muss, dass der Boden zum Zwecke der Nutzung seines Ertrages planmäßig eigenverantwortlich bewirtschaftet wird*" (BVerwG, BRS 28 Nr. 45). „*Unmittelbar*" beinhaltet, dass die obere Schicht des Bodens Gegenstand der Nutzung ist. Dieses Merkmal grenzt ab gegen eine Bodennutzung als Tragschicht beispielsweise für Töpfe oder Matten, auf denen der Betreiber Töpfe abstellt oder Gestelle innerhalb und außerhalb von Gewächshäusern. Der Begriff ist „*spezifisch bebauungsrechtlich*" (Weyreuther,Bauen im Außenbereich, Stichwort Landwirtschaft, Nr. 1). Der in anderen Gesetzesmaterien verwendete Begriff von Landwirtschaft ist deshalb nicht für das Bebauungsrecht nutzbar zu machen.

2. Betrieb

2 Das Merkmal „Betrieb" gehört nicht zum Begriff der Landwirtschaft. Die Novelle 2004 hat erstmals das Merkmal eines Betriebes eingeführt, jedoch beschränkt auf die **Tierhaltung**. Diese kommt nach der Vorstellung des Gesetzes nur in einem Betrieb vor und nicht auch in nichtbetrieblichen Wirtschaftsarten. Tierhaltung zu Forschungs-, Versuchs- oder Landschaftspflegezwecken ist jedoch vorstellbar. Nach dem Wortlaut soll für solche anderen Wirtschaftsarten an Tierhaltung die durch die Novelle 2004 eingeführte Erleichterung (s. Rn 7) nicht gelten. Da für solche Wirtschaftsarten die Erleichterung des § 35 Abs. 1 Nr. 4 gilt oder sie als Betriebsbestandteil die Privilegierung mit genießen (s Rn 5), ohne für sich genommen privilegiert zu sein, dürfte sich die Einschränkung praktisch kaum auswirken. Regelungen für Landwirtschaft ohne zwingende Verbindung mit einem Betrieb enthält das Gesetz u.a. in den §§ 1 Abs. 5Satz 3, 5 Abs. 2 Nr. 9a, 9 Abs. 1 Nr. 18a und 135 Abs. Abs. 4 Satz 1. Einen Betrieb verlangt die Privilegierung des § 35 Abs. 1 und § 5 Abs. 1 Nr. 1 BauNVO.

3. Bodenrechtliche Nutzungsart

a) **Abgrenzung zu anderen bodenrechtlich relevanten Hauptzwecken:** Der Begriff der Landwirtschaft grenzt in Bezug auf den Zweck der Bodenertragsnutzung zu anderen Nutzungszwecken ab. Das ist insbesondere Nutzung als Hobby, als Hausgarten, als Kleingarten oder als Flugplatz oder Sportgelände und zur Entnahme von Bodenbestandteilen in Sand- und Kiesgruben. Gemeinsam ist jenen ausgegrenzten Nutzungsarten, dass sie einer anderen bodenrechtlich relevanten Hauptnutzung dienen, nämlich bei Haus- und Kleingärten dem Wohnen, beim Hobby der Freizeitgestaltung, beim Flugplatz dem Luftverkehr und beim Sportplatz der Ausübung des Sports. Versuchs-, Forschungs- oder Landschaftspflege können dagegen den Begriff der Landwirtschaft erfüllen. Gewinnerzielungsabsicht gehört weder zum Begriff der Landwirtschaft noch zu dem des Betriebs (BVerwG, BRS 32 Nr. 64). 3

b) **Ergänzung der Beispiele:** Ergänzbar ist die Aneinanderreihung der Beispiele nur iR der oben in Rn 1 bezeichneten, vom BVerwG formulierten Gemeinsamkeit. Berufsmäßige Imkerei und Binnenfischerei sind wie Landwirtschaft zu behandeln, ohne selbst Landwirtschaft zu sein. Sie sind andere Tätigkeiten und also nicht ergänzbar. Die Ergänzung der Beispiele ist **Anwendung des Gesetzes** und nicht etwa Gesetzes ergänzende Auslegung (Larenz, Methodenlehre, 6. Aufl., S. 381). 4

c) **Einbeziehung von Tätigkeiten in den einheitlichen Betrieb:** Tätigkeiten, die nicht Landwirtschaft sind, können als Betriebsbestandteil eines landwirtschaftlichen Betriebs die Privilegierung mit genießen. 5

d) **Ackerbau und Wiesen- und Weidewirtschaft:** Ackerbau und Wiesen- und Weidewirtschaft sind die traditionellen Betätigungen des Bauern überall. Mit der Ausdrucksweise „*Ackerbau und Viehzucht*" sind wir gewöhnt zu beschreiben, womit sich der Bauer typischerweise beschäftigt. Weinbau gehört regional ebenso zu dieser herkömmlichen Betätigung. Der spezifisch bebauungsrechtliche Begriff (s. Rn 1) verlangt gleichwohl jedenfalls bezüglich der Weidewirtschaft zu präzisieren, die eine fließende Grenze zu einer Bodennutzung hat, die nicht bodenrechtlich relevante Bodenertragsbewirtschaftung ist. Als Abgrenzungskriterium hat das BVerwG (BRS 28 Nr. 45) die planmäßige eigenverantwortliche Bodenbewirtschaftung (s. Rn 1) herangezogen. Mittels dieses Kriteriums hat es Imkerei, – diese war im Gesetz seinerzeit noch nicht mit aufgeführt – als Landwirtschaft verworfen, wenn der Imker mit der Bewirtschaftung des in seinem Besitz befindlichen Bodens einen Teil der Futtergrundlage seiner Bienen erzeugt, hat Landwirtschaft aber ausnahmsweise angenommen, wenn der Imker zur Gewinnung bestimmter Honigarten auf seinem Boden als Futtergrundlage für seine Bienen bestimmte Pflanzen anbaut, und wenn er damit auf seinem Boden den Futterbedarf der Bienen zwar nicht vollständig, aber doch zum wesentlichen Teil deckt. Wanderschäferei ist nach diesem Kriterium nicht Landwirtschaft. Wer Schafe als Rasenmäher hält, betreibt nach diesem Kriterium nicht Weidewirtschaft, also nicht der Betreiber eines Flugplatzes oder eines Sportplatzes. Desgleichen nicht, wer einzelne Reitpferde hält und seine Flächen düngt und pflegt, um sie zur Heugewinnung zu mähen oder sie abweiden lässt (OVG NW, BRS 22 Nr. 64). 6

e) **Tierhaltung:** In Bezug auf Tierhaltung hat die Novelle 2004 die frühere Regelung „einschließlich Pensionstierhaltung auf überwiegend eigener Futtergrundlage" geändert in: „*einschließlich Tierhaltung, soweit das Futter überwiegend auf den zum landwirtschaftlichen Betrieb gehörenden, landwirtschaftlich genutzten Flächen erzeugt werden kann*". Damit honoriert der Gesetzgeber den Strukturwandel in der Landwirtschaft, nachdem die Züchter ihr Futter nicht mehr oder nicht mehr überwiegend autark produzieren. Das BVerwG (BRS 59 Nr. 85) hatte es abgelehnt, in 7

Hinblick auf den bezeichneten Strukturwandel die bisher geltende Anforderung „*als überholt oder als nicht mehr zeitgemäß unbeachtet zu lassen*". Es stehe in der Befugnis des Gesetzgebers, näher zu bestimmen, unter welchen Voraussetzungen Landwirtschaft anzunehmen ist; die rechtsprechende Gewalt sei nicht befugt, das zu korrigieren. Nach der Neufassung reicht es aus, wenn genügend landwirtschaftlich genutzte **Fläche vorhanden** ist, um den überwiegenden Teil des Futters für die Tiere zu erzeugen. Der umfassendere Begriff der Tierhaltung schließt den der bisherigen **Pensionstierhaltung** ein. Mit dem Begriff der Pensionstierhaltung hatte der Gesetzgeber den Begriff der Landwirtschaft erweitert, indem es nicht mehr darauf ankam, ob jene Tätigkeit Bestandteil eines einheitlichen Betriebs ist, s. Rn 5.

8 f) **Gartenbauliche Erzeugung und Obstbau:** Gartenbauliche Erzeugung passt den Begriff dem des § 585 Abs. 1 Satz 2 BGB für das landwirtschaftliche Pachtrecht an. Unerheblich ist, auf welche Art und Weise die Pflanzen angebaut werden, zB in Pflanzbehältern (Containern). Da gartenbauliche Erzeugung nicht unmittelbare Bodennutzung verlangt, ist der Begriff untypisch und trägt nicht zur Ergänzbarkeit der Vorschrift bei (s Rn 4). Eine Champignonzucht hat das Nds OVG (BRS 54 Nr. 68) als gartenbauliche Erzeugung iSd atypischen Begriffs gewertet. Handelsgärtnereien erzeugen Pflanzen nicht gartenbaulich. Erwerbsobstbau bezieht Erwerbsabsicht als finales Element in den Begriff ein, was ebenfalls atypisch ist und weder zur Ergänzbarkeit von § 201 beiträgt (s. Rn 4), noch auch nur zur Auslegung der übrigen Beispiele herangezogen werden darf. Umgekehrt schließt der Begriff des Erwerbsobstbaus nicht Obstbau als Landwirtschaft aus, wenn er dem allgemeinen Begriff (s. Rn 1) entspricht, wie Versuchsobstbau oder Obstbau zu wissenschaftlicher Forschung. Beerenanbau ist Obstbau.

9 g) **Weinbau:** Weinbau ist traditionell Landwirtschaft. Er schließt Rebzucht, die Gewinnung von Trauben als Obst und die Erzeugung von Wein ein, soweit überwiegend selbst geerntete Trauben verarbeitet werden.

10 h) **Berufsmäßige Imkerei und berufsmäßige Binnenfischerei:** Berufsmäßige Imkerei und berufsmäßige Binnenfischerei erfüllen nicht den allgemeinen Begriff der Landwirtschaft (Rn 1). Sie sind atypisch und tragen deshalb nicht zur Ergänzbarkeit der Vorschrift bei (s. Rn 4). Beide Betätigungen sind zu behandeln, wie wenn sie Landwirtschaft wären. Fischerei zielt an sich auf die Aneignung wild lebender Tiere (OVG NW, BRS 29 Nr. 57). Fischzucht für sich genommen ist nicht Fischerei. Fischzucht zum Zwecke der Fischerei ist die typische Form der Binnenfischerei; mit Binnenfischerei beschäftigt sich deshalb auch, wer durch Fischzucht erzeugte Fische berufsmäßig fischt. Berufsmäßig ist auch nebenberuflich. Ausgeschlossen sind Liebhaberei und sonstige nicht berufsmäßige Zwecke wie polizeiliches Abfischen.

§ 202 Schutz des Mutterbodens

Mutterboden, der bei der Errichtung und Änderung baulicher Anlagen sowie bei wesentlichen anderen Veränderungen der Erdoberfläche ausgehoben wird, ist in nutzbarem Zustand zu erhalten und vor Vernichtung oder Vergeudung zu schützen.

1. Begriff

a) **Begriff des Mutterbodens:** Der Geltungsbereich der – Bodenschutzrecht regelnden – Vorschrift reicht weit über den sonstigen Anwendungsbereich des Bodenrechts regelnden BauGB hinaus (s. Rn 5). 1

b) **Rechtsfolgeregelung:** Die Rechtsfolgeregelung zielt darauf, dass der Mutterboden qualitativ in chemischer, physikalischer, biologischer oder hygienischer Hinsicht in nutzbarem Zustand erhalten bleibt und quantitativ vor Vernichtung oder Vergeudung zu schützen ist. Als Rechtsfolge bestimmt § 202, dass der Mutterboden in nutzbarem Zustand zu erhalten und vor Vernichtung und Vergeudung zu schützen ist. In diesem Gebot ist das Verbot enthalten, den Mutterboden einem anderen Zweck zuzuführen als seiner funktionalen Nützlichkeit, insbesondere ihn zur Verfüllung der Baugrube zu verwenden oder der Abfallentsorgung zuzuführen. Der Betreiber einer Bauschuttdeponie darf Mutterboden nicht annehmen. Das Erhaltungs- und Schutzgebot erfüllt, wer den Mutterboden der Sanierung einer Abgrabung oder Aufschüttung zuführt, zB einer Deponie, einer Bergehalde, einer Straßenböschung oder auf dem Vorhabengrundstück, auch wenn er den Boden zu diesem Zweck sachgerecht zwischenlagert oder zu diesem Zweck einer Bodenbörse überlässt. 2

2. Inhalt

a) **Unmittelbar bindendes Gebot:** Die Gesetzgebungskompetenz des Bundes für das Bodenschutzrecht entnimmt die hM Art 74 Nr. 18 GG (Oeter, in: v. Mangoldt/Klein/Starck, Art 74 Rn 161 mit Fn 741 und Krautzberger, in: EZB § 202 Rn 2). Sie lässt sich auch dem verfassungsrechtlichen Abfallbegriff des Art 74 Abs. 1 Nr. 24 GG entnehmen (Oeter, aaO, Rn 161 und 209 f). 3

b) **Gegenstand und technische Regeln:** Die Vorschrift enthält keine eigene Definition des Begriffs des Mutterbodens. Sie greift vielmehr den des allgemeinen Sprachgebrauchs auf. DIN 19731, S. 2 definiert Mutterboden: „Oberer Teil des Mineralbodens (Solums), der einen der jeweiligen Bodenbildung entsprechenden Anteil an Humusgehalt und Bodenorganismen enthält und der sich meist durch dunklere Bodenfarbe vom Unterboden abhebt, in der Regel Ah-Horizont, Aa-Horizont, Ap-Horizont sowie O-Horizonte“ (DIN 19731: 1998.05: Bodenbeschaffenheit – Verwertung von Bodenmaterial). Mutterboden ist danach der **biologisch aktive Oberboden**. Er ist meistens dunkel gefärbt. Für die Qualität als Mutterboden gilt der Grundsatz der **Nützlichkeit**. Die Schicht ist idR zwischen 20 cm und 40 cm dick. Weitere technische Regeln sind der DIN 18.320 zu entnehmen (auszugsweise abgedruckt in EZB, § 202 Rn 9). 4

Im Fall von Aufschüttungen kann sich eine Schicht Mutterbodens auch unterhalb der Aufschüttung in einer gewissen Tiefe unterhalb der sichtbaren Oberfläche befinden, vorausgesetzt, dass diese überdeckte Schicht noch den Qualitätsanforderungen an Mutterboden entspricht.

c) **Adressaten:** § 202 enthält ein die **Rechtsunterworfenen unmittelbar bindendes Gebot.** Einer Umsetzung im Einzelfall bedarf es nicht. Zur Durchsetzung im Einzelfall s. Rn 11. 5

6 d) **Wesentlichkeit:** Gegenstand der Bestimmung ist der Mutterboden, der bei den in der Vorschrift genannten Vorhaben ausgehoben wird. Mit diesem Merkmal grenzt das Gesetz – *erstens* – gegen Mutterboden ab, der nicht ausgehoben wird, also beispielsweise solchen, der außerhalb der Aushubgrube von Baufahrzeugen verfahren werden kann oder bei der Herstellung oder dem Betrieb einer Anlage chemischer, physikalischer oder biologischer Beeinflussung ausgesetzt sein kann. *Zweitens* grenzt das Merkmal „bei der Errichtung und Änderung baulicher Anlagen sowie bei wesentlichen anderen Veränderungen der Erdoberfläche" hinsichtlich des Anlasses des Aushubs ein. Was bauliche Anlagen sind, ist dem bundesrechtlichen Begriff des § 29 Abs. 1 zu entnehmen. Landesrechtliche Definitionen einer baulichen Anlage in den Landesbauordnungen grenzen gem. Art 31 GG den Geltungsbereich von § 202 weder ein, noch erweitern sie ihn. Wesentliche Veränderungen sind Veränderungen jeder Art und nicht nur die in § 29 Abs. 1 bestimmten Vorhaben von Aufschüttungen und Abgrabungen größeren Umfangs sowie Ausschachtungen und Ablagerungen einschließlich Lagerstätten. Weder begrenzt das BauGB seinen Geltungsbereich allgemein, noch gibt es eine spezielle für den Aushub von Mutterboden eingrenzende Regelung. Die Vorschrift gilt deshalb für **alle Veränderungen der Erdoberfläche. Fachrechtliche Planfeststellungen, einfache Ausbauprogramme** (BVerwGE 94,100), **Genehmigungen nach Fachgesetzen oder genehmigungsfreie Initiativen** können solche Veränderungen veranlassen. Eingegrenzt sind solche Veränderungen nur durch das Merkmal der **Wesentlichkeit.** Durch planerische Abwägung ist die Rechtsfolge des § 202 nicht überwindbar. Weder § 1 Abs. 6 Nr. 7 lit. a noch § 1a Abs. 2 HS 1 beeinflusst die Regelung des § 202. Die Vorschriften ergänzen sich vielmehr.

3. Bedeutung

7 a) **Bedeutung der Vorschrift:** Der Kreis der Adressaten umfasst alle an der Errichtung und Änderung baulicher Anlagen sowie bei wesentlichen anderen Veränderungen der Erdoberfläche Beteiligten. Das sind Bauherren, Bauleiter, Bauunternehmer, Bauaufsichtsbehörden, Fachplanungsbehörden, die Unternehmer von planfestgestellten oder sonstigen Veränderungen der Erdoberfläche und andere Personen, denen das Ausheben von Mutterboden oder dessen Zwischenlagerung zuzurechnen ist. Die Schutzpflicht ist eine aktive Pflicht. Dritte, die geschützt zwischengelagerten Mutterboden nachteilig beeinflussen, kommen als Adressaten nicht in Betracht.

8 b) **Rechtsfolge:** Das Merkmal der Wesentlichkeit ist dem mindesten Ausmaß baulicher Anlagen iSd bundesrechtlichen Begriffs zu entnehmen. Das ergibt sich aus der mit dem Wort „sowie" hergestellten Kopula zwischen solchen Anlagen und „anderen Veränderungen … ". Die Grenze zu nicht wesentlichen Veränderungen dürfte danach bei wenigen Kubikmetern Mutterboden liegen.

9 c) **Reichweite:** Die Vorschrift hat eine sehr erhebliche tatsächliche Bedeutung. Es geht um bundesweit mehrere Kubikkilometer jährlich allein bei der Herstellung von Vorhaben iSv § 29 Abs. 1. Hinzu kommt der Aushub aus Anlass von planfestgestellten und anderen Maßnahmen. Es handelt sich systematisch um einen Ausschnitt aus dem Bundesbodenschutzrecht, den schon der Gesetzgeber der Urfassung des BBauG in dessen § 39 Satz 1 wortgleich geregelt hatte und das erst im BBod SchG vom 17.3.1998 (BGBl I S. 502) im Übrigen geregelt ist. Dass die allgemeine, weit über den Anwendungsbereich des BauGB hinausreichende Vorschrift in diesem Gesetz belassen ist, lässt sich aus der vorbeschriebenen Gesetzgebungshistorie erklären und aus dem häufigen Anwendungsfall bei Vorhaben iSd § 29 rechtfertigen.

10 d) **Mit Schadstoffen belasteteter Mutterboden:** Ist Mutterboden mit Schadstoffen belastet, so kann sich aus § 4 BBodSchG eine Pflicht zu dessen Sanierung ergeben.

Die Verwendung solchen Mutterbodens unterliegt den Anforderungen des § 12 BBodSchV. Abfall ist mit Schadstoffen belasteter Mutterboden nicht, § 3 KrW-/AbfG.

4. Vollziehung

a) **Durchsetzung im Einzelfall:** Auch wenn § 202 ein von den Rechtsunterworfenen unmittelbar zu befolgendes Gebot enthält, steht der zuständigen Behörde frei, eine Regelung zu dessen Durchsetzung zu treffen. Bei einem Vorhaben iSd § 29 kann die Baugenehmigungsbehörde die Durchsetzung durch selbstständige Auflage bestimmen, die sie ggf mit den Mitteln der Verwaltungsvollstreckung durchsetzen kann. Sie kann sich mit einer Belehrung begnügen. Eine formularmäßige Auflage kann am Bestimmtheitsgebot scheitern oder daran, dass Mutterboden bei der Errichtung der Anlage nicht ausgehoben werden soll. Die Behörde kann deshalb im Genehmigungsverfahren ermitteln, ob und in welchem Umfang bei der Herstellung der Anlage Mutterboden ausgehoben werden soll und ihre Auflage danach bestimmen. 11

Die Behördenzuständigkeit für Ordnungsmaßnahmen ist dem jeweils einschlägigen Verfahrensfachrecht zu entnehmen. Das ist im Zweifel Landesrecht. Nur soweit der Bund bei einer verfahrensfachrechtlichen Regelung auch von einer gegebenen Annex-Kompetenz Gebrauch gemacht hat, kann sich die Behördenzuständigkeit aus dem entsprechenden Bundesgesetz ergeben. Die Kompetenz der Länder im Übrigen ergibt sich aus Art 83 GG. Von seiner Annex-Gesetzgebungskompetenz für eine behördliche Zuständigkeit hat der Bundesgesetzgeber keinen Gebrauch gemacht. Wegen der möglichen jederzeitigen Änderung der Zuständigkeitsregelungen und deren Auslegung wäre eine Übersicht über die aktuellen Zuständigkeitsregelungen der 16 Länder unzweckmäßig. In Betracht kommen Bauaufsichtsämter, Bodenschutz-, Straßenbau-, Bahnbau-, Wasserstraßenbau-, Berg- und andere Behörden.

Für selbstständige Verfügungen im Fall der Herstellung von Vorhaben nach § 29 dürfte, **sobald der Mutterboden zwischengelagert ist**, nach Landesrecht die **Bodenschutzbehörde** zuständig sein und nicht die Bauaufsichtsbehörde.

Im BPl kann die Gemeinde gem. § 9 Abs. 1 Nr. 20 Festsetzungen zum Schutz von Boden treffen. Die Planfeststellungsbehörde kann in den Planfeststellungsbeschluss eine Bestimmung zur Durchsetzung von § 202 aufnehmen.

b) **Ordnungswidrigkeit:** Allgemein bußgeldbewehrt ist § 202 nicht. Ein Verstoß ist keine Ordnungswidrigkeit nach § 213. Ein Verstoß gegen eine zur Durchsetzung der Vorschrift ergangene Anordnung kann jedoch nach Landesrecht ordnungswidrig sein. 12

Zweiter Abschnitt
Zuständigkeiten

§ 203 Abweichende Zuständigkeitsregelung

(1) Die Landesregierung oder die von ihr bestimmte Behörde kann im Einvernehmen mit der Gemeinde durch Rechtsverordnung bestimmen, dass die nach diesem Gesetzbuch der Gemeinde obliegenden Aufgaben auf eine andere Gebietskörper-

schaft übertragen werden oder auf einen Verband, an dessen Willensbildung die Gemeinde mitwirkt.

(2) Durch Landesgesetz können Aufgaben der Gemeinden nach diesem Gesetzbuch auf Verbandsgemeinden, Verwaltungsgemeinschaften oder vergleichbare gesetzliche Zusammenschlüsse von Gemeinden, denen nach Landesrecht örtliche Selbstverwaltungsaufgaben der Gemeinde obliegen, übertragen werden. In dem Landesgesetz ist zu regeln, wie die Gemeinden an der Aufgabenerfüllung mitwirken.

(3) Die Landesregierung kann durch Rechtsverordnung die nach diesem Gesetzbuch der höheren Verwaltungsbehörde zugewiesenen Aufgaben auf andere staatliche Behörden, Landkreise oder kreisfreie Gemeinden übertragen.

(4) Unterliegen die Planungsbereiche gemeinsamer Flächennutzungspläne (§ 204) oder von Flächennutzungsplänen und Satzungen eines Planungsverbands (§ 205) der Zuständigkeit verschiedener höherer Verwaltungsbehörden, ist die Oberste Landesbehörde für die Entscheidung im Genehmigungs- und Zustimmungsverfahren zuständig. Liegen die Geltungsbereiche in verschiedenen Ländern, entscheiden die Obersten Landesbehörden im gegenseitigen Einvernehmen.

I. Einleitung zum Zweiten Abschnitt „Zuständigkeiten“, §§ 203–206

1. Kern der gemeindlichen Selbstverwaltung/bundesgesetzlich ins Einzelne gehende Organisationsregelung und Gesetzgebungskompetenz der Länder

Verbindliche Bauleitplanung wird als Kern der gemeindlichen Selbstverwaltung 1
angesehen (vom BVerfGE 56, 298/312 f offen gelassen). Sie ist Eigentumsinhaltsbestimmung iSv Art 14 Abs. 1 Satz 2 GG (BVerwG, BRS 60 Nr. 44; BVerwGE 104, 68; BVerfG, NVwZ 99, 979) der Flächen im Gemeindegebiet zur städtebaulichen Entwicklung. Die übrigen im BauGB geregelten Aufgaben der Gemeinde sind ebenfalls Selbstverwaltungsangelegenheiten, wenn sie auch nicht durchgehend zum Kern der Selbstverwaltung gehören. Die Organisation zur Erledigung der Aufgaben hat der Bund im BauGB bis ins Einzelne geregelt. Die Gesetzgebungskompetenz auf dem Gebiet des Gemeinderechts haben die Länder und nicht der Bund. Die Kompetenz-Kompetenz nimmt der Bund als Annex-Kompetenz zu seiner Gesetzgebungskompetenz aus Art 74 Nr. 18 GG für das Bodenrecht in Anspruch, um die Umsetzung verlässlich zu gewährleisten. Die Zuständigkeitsregelung bestimmt das BauGB bei der jeweiligen Aufgabenregelung mit. Die §§ 203–206 öffnen für andere Organisationsformen, soweit sie bei der vorbezeichneten jeweiligen einzelnen Aufgabenregelung mitbestimmt sind. Dabei kommt das Gesetz insbesondere dem Bedürfnis zu interkommunaler oder überkommunaler Aufgabenerfüllung entgegen. Es regelt die sich aus dem Gebrauchmachen der hierfür zur Verfügung gestellten Organisationsformen ergebenden Organisationsbedürfnisse. Und es gestattet den Ländern, bundesgesetzliche Organisationsregelungen in bestimmten Fällen durch landesrechtliche zu verdrängen. Dabei ist das Gesetz **vertragsfreundlich; es setzt passim vertragliche Regelungen voraus.**

2. Zusammenschluss aufgrund Gesetzes

Zu § 203 Abs. 2 ist umstritten, ob **Zusammenschlüsse auch solche aufgrund** 2
Gesetzes seien (s. Rn 21). Kalb (in: EZB, § 203 Rn 33) und Fislake (in: BK, § 203 Rn 17) meinen, Zusammenschlüsse auf der Grundlage eines Gesetzes seien nicht Zusammenschlüsse, sondern könnten nur durch entsprechende Gesetzgebung dazu werden (aA Schmidt-Eichstaedt, NVwZ 1997, S. 846/849 f und Gaentzsch, in: BK, § 203 Rn 13 unter Aufgabe der der Voraufl vertretenen Auffassung. S. dazu Rn 21).

3. Wahl der Verhandlungspartner zu Verträgen

Vor der Aufnahme von Vertragsverhandlungen, insbesondere wenn eine Abwei- 3
chung von einer Regelorganisationsform erwogen ist, ist zweckmäßig, sich über diejenigen Stellen und deren Rechtsmacht zu vergewissern, die an der Verwirklichung des Verhandlungsziels beteiligt sind.

4. Bundesrecht–Landesrecht

Das sich aus den §§ 203–206 ergebende Verhältnis von Bundes- zu Landesrecht 4
verdient prozessrechtlich Aufmerksamkeit. Macht ein Land von einer der Ermächtigungen des § 203 Abs. 1, Abs. 2 oder Abs. 3 enthaltenen Ermächtigungen Gebrauch, so ist, was das Land zustande gebracht hat, Landesrecht. Desgleichen bleibt die Rechtsgrundlage eines Zusammenschlusses nach § 205 Abs. 6 Landesrecht. Der Inhalt des Landesrechts ist **irreversibel**, § 137 Abs. 1 VwGO. **Revisionsrechtlich überprüfbar** ist, ob eine aufgrund der Ermächtigungen ergangene Vorschrift der bundesrechtlichen Anforderung entspricht (Weyreuther, Bundes- und

Landesbaurecht, BauR 72, 1/5), zunächst also der bundesgesetzlichen Ermächtigung. Materiell geht es um organisationsrechtliche Normen. Die Kompetenz auf dem Gebiet des Gemeinderechts und des Landesorganisationsrechts für die höheren Verwaltungsbehörden – für sich genommen – haben die Länder. Das Bundesrecht hat sie als Annex-Kompetenz in Anspruch genommen (s. Rn 1). Die Ermächtigungen in § 203 Abs. 1–3 enthalten eine zweifache Regelung. *Erstens* ermächtigen sie die Länder zu Landesgesetzgebung; *zweitens* bestimmen sie, dass das aufgrund der Ermächtigung ergangene Landesrecht das entsprechende **Bundesrecht verdrängt, dieses also insoweit zurücktritt.** Das so ergangene Landesrecht bleibt aufgrund der Ermächtigung ergangenes Recht; das Land setzt in diesem Bereich nicht Recht aufgrund seiner originären Kompetenz.

II. Zu Abs. 1

5 a) **Einzelfall:** Das Thema der Vorschrift ist die Übertragung von Aufgaben der Gemeinde im Einzelfall auf eine andere Gebietskörperschaft. Das ist eine Einzelfallregelung, die eine bestimmte Gemeinde und einen bestimmten Kreis an Aufgaben betrifft.

6 b) **Gegenstand:** Möglicher Gegenstand der Übertragung sind entweder pauschal alle – „die" – Aufgaben, die mit subjektiven Rechten verbundenen eingeschlossen, oder einzeln zu bestimmende Aufgaben (Gaentzsch, in: BK, Rn 5).

7 c) **Kernbereich der gemeindlichen Selbstverwaltung:** Der Gegenstand der möglichen Übertragung schließt damit den Kernbereich der gemeindlichen Selbstverwaltung ein, den Art 28 Abs. 2 GG von einfachgesetzlicher Disposition und wohl auch der Verfügungsbefugnis der einzelnen Gemeinden ausschließt, jedenfalls von beliebiger Verfügungsbefugnis. Verfassungsrechtlich zulässig ist die Einschränkung der gemeindlichen Planungshoheit mit dem Ziel, unzureichende Leistungsfähigkeit einer Gemeinde zu kompensieren (s. Rn 1). Diese verfassungsrechtliche Rechtslage bedingt die in Rn 8 bezeichneten eingrenzenden materiell-rechtlichen Anforderungen.

8 d) **Mangel an persönlichen und sächlichen Mitteln oder sonstiger sachlicher Grund:** Nur der Mangel an personellen und sächlichen Mitteln rechtfertigt verfassungsrechtlich die Übertragung (s. Rn 7 und 1). Ob ein Mangel vorliegt, ist an der im Einzelfall zu erfüllenden Aufgabe zu beurteilen, also partiell. Eine absolute Missbilligungsgrenze ist erreicht, wenn eine Gemeinde geschultes Personal und geeignete sächliche Einrichtungen hat. Diese Missbilligungsgrenze folgt aus dem Ziel, mangelnde Leistungsfähigkeit zu kompensieren. Betroffen sein können also in erster Linie Kleinst-Gemeinden.

9 e) **Form: RVO:** Als Form für die Übertragung verlangt das Gesetz eine Rechtsverordnung. Diese muss den Anforderungen des Landesverfassungsrechts entsprechen. Art 80 GG ist nicht einschlägig. Gleichwohl handelt es sich bei der Rechtsverordnung um einen bundesrechtlichen Begriff. Dieser lässt sich nicht durch Landesrecht ändern oder modifizieren. Es muss sich um materielles Gesetzesrecht handeln, das statt vom formellen Gesetzgeber – das wäre durch Parlamentsbeschluss – von der Landesregierung oder der von ihr bestimmten Behörde erlassen ist. Das Recht zur Normgebungsinitiative hat nach Bundesrecht die Gemeinde und die Landesregierung oder die von dieser bestimmten Behörde und nach Landesrecht darüber hinaus jede andere hierzu befugte Stelle.

10 f) **Einvernehmen:** Die Übertragung erfordert das Einvernehmen der Gemeinde. Dieses Einvernehmen steht im freien Willen der Gemeinde. Ersetzbar ist es, anders als

bei § 36, nicht. Dieses Einvernehmen ist die abschließende Teilhabe der Gemeinde an der angestrebten Aufgabenerfüllung. Eine weitere Teilhabe an der Willensbildung des Übertragungsempfängers, wenn er die Aufgaben erfüllt, findet nicht statt. Die übertragene(n) Aufgabe(n) bleibt (bleiben) Selbstverwaltungsaufgabe(n) der betroffenen Gemeinde. Der **actus contrarius** erfolgt ebenfalls durch Rechtsverordnung der Landesregierung oder der von ihr bestimmten Behörde. Er ist zwar nicht ausdrücklich geregelt, ist jedoch der Vorschrift zu entnehmen, und zwar entsprechend deren Ziel und Zweck. Er hebt die Übertragung ganz oder teilweise auf. Er erfordert ebenso das Einvernehmen der betroffenen Gemeinde. Das Einvernehmen betrifft sowohl das Ob der Übertragung, als auch den Kreis der Aufgaben als auch den Übertragungsempfänger.

g) **actus contrarius:** Die Gemeinde hat einen Anspruch auf Normsetzung. Das gilt 11
jedenfalls für den actus contrarius, wenn die Voraussetzung oder die Grundlage für die Übertragung nicht oder nicht mehr vorliegt. Soweit man die Gemeinde als an ihr einmal erklärtes Einvernehmen gebunden ansieht, enthielte diese Bindung die unabänderliche Feststellung, dass die Erfüllbarkeit der betreffenden Aufgaben nicht durch die betroffene Gemeinde, sondern durch den Übertragungsempfänger möglich ist.

h) **Anspruch auf Normsetzung:** Da der Gegenstand der Übertragung Selbstverwal- 12
tungsangelegenheit und -aufgabe der betroffenen Gemeinde bleibt, wäre das Festhalten am Einvernehmen verfassungsrechtlich nicht gerechtfertigt, wenn die Voraussetzung und die Grundlage hierfür nicht (mehr) gegeben ist.

Das Wort „*kann*" ermächtigt, es eröffnet nicht gesetzgeberische Freiheit schlechthin. Der Anspruch ist nötigenfalls mit Hilfe der **Leistungsklage beim Verwaltungsgericht** durchsetzbar. An einen Anspruch auf Übertragung ist zu denken, wenn die in Rn 9 bezeichnete Anforderung erfüllt ist und eine andere im BauGB vorgesehene Erfüllung der Aufgabe(n) nicht zur Verfügung steht, insbesondere eine in den §§ 203–206 vorgesehene. Die bundesrechtlich vorgesehene Übertragung geht einer landesrechtlich möglichen Ersatzvornahme vor.

i) **Empfängerkreis:** Übertragungsempfänger kann nur eine Gebietskörperschaft sein. 13
In Betracht kommt der Landkreis oder eine andere Gemeinde. Eine **Gebietskörperschaft** ist eine öffentlich-rechtliche Körperschaft, bei der die Mitgliedschaft natürlicher oder juristischer Personen durch ihre Ansässigkeit in deren Gebiet begründet wird und die die Gebietshoheit ausübt (BVerfGE 52, 95).

j) **Finanzierung:** Die Finanzierung der Erfüllung der übertragenen Aufgabe(n) ist ein- 14
fach-bundesgesetzlich nicht geregelt. Sie dürfte landesrechtlich idR der für Auftragsverwaltung folgen.

III. Zu Abs. 2

a) **Allgemeine landesweite Regelung:** Abs. 2 ermächtigt zu einer allgemeinen landes- 15
weiten Übertragung von Aufgaben der Gemeinden. Durch die allgemeine Geltung für alle betroffenen Gemeinden im Land unterscheidet sich diese Ermächtigung von der des Abs. 1 zu einer Einzelfallregelung für eine Gemeinde.

b) **Form: Landesgesetz:** Die Übertragung erfolgt durch förmliches Landesgesetz, das 16
aufgrund eines Gesetzesbeschlusses des Parlaments zustande kommt. Das Gesetzgebungsverfahren einschließlich der Gesetzgebungsinitiative richtet sich nach Landesverfassungsrecht. Die Übertragung kann auch in einem weitere Gegenstände regelnden Gesetz erfolgen, beispielsweise in der Gemeindeordnung. Bundesrecht verlangt nicht ein auf die Aufgabenübertragung beschränktes Spezialgesetz. Der **actus**

contrarius erfolgt durch entsprechendes Landesgesetz. Bezüglich der Gesetzgebungskompetenz s. Rn 1.

17 c) **Gesetzgeberische Freiheit:** Im Rahmen der Ermächtigung hat der Landesgesetzgeber gesetzgeberische Freiheit. Materielle Anforderungen an die Leistungsfähigkeit der betroffenen Gemeinden – wie bei Abs. 1 (s. Rn 8) – stellt die Vorschrift nicht. Einhalten muss der Landesgesetzgeber den Umfang der Ermächtigung iVm dem Gebot, die Teilhabe der Gemeinde an der Willensbildung des Übertragungsempfängers zu regeln. Das sind insbesondere der Gegenstand der Übertragung und der Kreis der möglichen Übertragungsempfänger. **Prozessrechtlich** ist zu beachten, dass die Frage, ob das Landesgesetz die bundesrechtliche Ermächtigung einhält, revisionsrechtlich überprüfbar ist.

18 d) **Aufgaben:** Möglicher Gegenstand der Übertragung sind Aufgaben, jedoch nur diejenigen, die nicht mit einem Recht aus dem Kern der Selbstverwaltung verbunden sind. Die Verwendung des gleichen Wortes „*Aufgabe*" in Abs. 1 und Abs. 2 ist insoweit irreführend (aA BVerwG, Buchholz 406.11, § 36 Nr. 54 und Gaentzsch, in: BK, Rn 9). Art 28 Abs. 2 Satz 1 GG hindert, Gemeinden etwas aus dem Kernbereich ihres Rechts auf Selbstverwaltung allgemein zu erziehen (Rn 1).

19 e) **Teilhabe an der Willensbildung:** Für die Teilhabe der betroffenen Gemeinden an der Willensbildung zur Erfüllung der übertragenen Aufgaben gebietet die Vorschrift, dass das Landesgesetz diese regelt. Wenn der Gesetzgeber von der Ermächtigung Gebrauch macht, so muss er vollständig Gebrauch machen, also das Gebot einschließlich der Anforderungen an die Teilhabe erfüllen. Die Anforderungen ergeben sich aus dem Demokratiegebot des Art 28 I Satz 1 GG und dem Rechtsstaatsgebot. Die Regelung muss danach gewährleisten, dass die Gemeinden auf die Meinungsbildung zur Willensentscheidung und auch für diese selbst maßgebenden Einfluss nehmen können. Das geht deutlich über Einflussnahme durch Anhörung hinaus. Es erfordert zwar nicht, dass die einzelne Gemeinde einen bestimmten Inhalt des Willensergebnisses muss erzwingen oder – durch ein Vetorecht – muss verhindern können, wohl aber, dass das Gewicht ihrer Einflussnahme durchsetzungsfähig ist. Wäre das Gewicht der Einflussnahme einer Gemeinde so gering, dass sich diese praktisch niemals durchsetzen könnte, genügte die Regelung über die Teilhabe der Gemeinde nicht der Anforderung.

20 f) **Empfängerkreis:** Zur Bezeichnung des Kreises der möglichen Übertragungsempfänger bedient sich das Gesetz landesrechtlicher Begriffe, nämlich des rheinland-pfälzischen der Verbandsgemeinden und des baden-württembergischen der Verwaltungsgemeinschaften und fügt an „*oder vergleichbare gesetzliche Zusammenschlüsse von Gemeinden, denen nach Landesrecht örtliche Selbstverwaltungsaufgaben der Gemeinden obliegen*". Der Begriff des möglichen Übertragungsempfängers ist danach ein bundesrechtlicher. Die Anforderungen sind den gemeinsamen Merkmalen der bezeichneten Beispiele, wie sie der Bundesgesetzgeber vorgefunden hat, zu entnehmen iVm dem, was das Gesetz daraus als Mindestanforderung gemäß dem zitierten Teilsatz hervorgehoben hat.

21 g) **Freiwilliger Zusammenschluss:** Umstritten ist, ob ein freiwilliger Zusammenschluss „aufgrund" Landesgesetzes ein Zusammenschluss iSd bundesrechtlichen Begriffs ist. Kalb (EZB, § 203 Rn 33) und Fislake (KK, § 203 Rn 17) meinen, nur der vom Gesetz selbst bestimmte Zusammenschluss erfülle den Begriff; sie berufen sich auf den Wortlaut der Vorschrift. Schmidt-Eichstaedt (NVwZ 1997, 846/849 f) und Gaentzsch(BK Rn 13 unter Aufgabe der gegenteiligen Auffassung in der Vorauflage Rn 17) meinen, ein Zusammenschluss „*aufgrund*" eines Gesetzes erfülle den Begriff. Maßgebend ist, ob nach Landesrecht einer bestimmten Art von Zusammen-

schluss örtliche Selbstverwaltungsaufgaben der Gemeinde allgemein obliegen. Ob das Landesgesetz Gemeinden freigestellt hat, von dem von ihm zur Verfügung gestellten Zusammenschluss freiwillig Gebrauch zu machen, oder ob es den Zusammenschluss ohne Willensbeteiligung der Gemeinden selbst vornimmt, erfüllt das Ziel des Gesetzes gleichermaßen, die im Gesetz bestimmten Aufgaben im vorgegebenen Zusammenschluss zu erfüllen.

IV. Abs. 3

1. Bundes- und Landesrecht

Die Vorschrift ermächtigt die Landesregierung, die im BauGB der höheren Ver- 22
waltungsbehörde zugewiesenen Aufgaben auf andere staatliche Behörden, Landkreise oder kreisfreie Gemeinden zu übertragen. Ihr ist zugleich zu entnehmen, dass die bundesrechtliche Zuweisung zurücktritt, sofern die Landesregierung von der Ermächtigung Gebrauch gemacht hat. Zur Gesetzgebungskompetenz s. Rn 1 und 4.

2. Inhalt

a) **Gegenstand:** Gegenstand der anderweitigen Zuweisung sind alle im BauGB der 23
höheren Verwaltungsbehörde zugewiesenen Aufgaben.

b) **Form: Rechtsverordnung:** Als Form für die anderweitige Zuweisung schreibt die 24
Vorschrift die Rechtsverordnung vor. Zum bundesrechtlichen Begriff der Rechtsverordnung s. Rn 9.

c) **Empfängerkreis:** Den Kreis der möglichen Empfänger der Zuweisung beschränkt 25
das Bundesrecht auf staatliche Behörden, gemeint sind des Landes, auf Landkreise und kreisfreie Gemeinden. Es geht um die sachliche Zuständigkeit.

d) **Länder, die Gebrauch gemacht haben:** Gebrauch gemacht von der Ermächtigung 26
haben die Länder Baden-Württemberg, Bayern, Berlin, Brandenburg, Bremen, Hamburg, Niedersachsen, Mecklenburg-Vorpommern, Nordrhein-Westfalen, Rheinland-Pfalz, das Saarland, Schleswig-Holstein und Thüringen. Nicht Gebrauch gemacht haben die Länder Hessen, Sachsen und Sachsen-Anhalt.

V. Zu Abs. 4

a) **Satz 1: Relevanz nur für Länder mit Mittelinstanz:** Satz 1 ist nur in den acht Län- 27
dern mit einer Mittelinstanz relevant, das sind Bayern, Baden-Württemberg, Hessen, Niedersachsen, Nordrhein-Westfalen, Rheinland-Pfalz, Sachsen und Sachsen-Anhalt. In den Ländern Berlin, Brandenburg, Bremen, Hamburg, Mecklenburg-Vorpommern, Schleswig-Holstein, Saarland und Thüringen, in denen eine Mittelinstanz fehlt, ist Satz 1 nicht relevant.

b) **Satz 2: Länderübergreifende Flächennutzungsplanung:** Satz 2 betrifft den länder- 28
übergreifenden FPl. Die Vorschrift ergänzt die §§ 204 und 205. Der Plural „die Behörden" und die verlangte Gegenseitigkeit des Einvernehmens stellen klar, dass die Oberste Verwaltungsbehörde jedes der beteiligten Länder den VA der Genehmigung oder Ablehnung der Genehmigung erlässt bzw die Zustimmung erteilt oder verweigert. Die Behörden können ihr Einvernehmen oder ihre Zustimmung durch einfache Erklärung oder durch Verwaltungsvereinbarung oder durch Verwaltungsvertrag herstellen. Ihre abschließende Erklärung gegenüber den Gemeinden oder dem einheitlichen Planungsträger können sie gemeinschaftlich abgeben.

29 c) **Anspruch auf Regelung und richterliche Überprüfungsdichte:** Die Gemeinde und folglich auch ein Zusammenschluss von Gemeinden oder ein Verband hat den Anspruch auf Erteilung der Genehmigung des Plans oder auf Zustimmung zum Plan oder der Satzung. Länderübergreifende Planung verändert weder die materiell-rechtliche Rechtmäßigkeit des Plans noch der Satzung, noch die Anspruchsposition der Gemeinde. Maßgebend ist, ob die Gemeinde einen Anspruch auf Genehmigung oder Zustimmung nach Maßgabe des Planungsrechts hat. Der Anspruch ist durch **Verpflichtungsklage** beim Verwaltungsgericht durchsetzbar.

Die Klage ist gegen die Behörde der Sitzgemeinde bzw des Sitzes des Verbandes zu richten. Die Behörde des anderen beteiligten Landes ist beizuladen.

§ 204 Gemeinsamer Flächennutzungsplan, Bauleitplanung bei Bildung von Planungsverbänden und bei Gebiets- oder Bestandsänderung

(1) Benachbarte Gemeinden sollen einen gemeinsamen Flächennutzungsplan aufstellen, wenn ihre städtebauliche Entwicklung wesentlich durch gemeinsame Voraussetzungen und Bedürfnisse bestimmt wird oder ein gemeinsamer Flächennutzungsplan einen gerechten Ausgleich der verschiedenen Belange ermöglicht. Ein gemeinsamer Flächennutzungsplan soll insbesondere aufgestellt werden, wenn die Ziele der Raumordnung oder wenn Einrichtungen und Anlagen des öffentlichen Verkehrs, sonstige Erschließungsanlagen sowie Gemeinbedarfs- oder sonstige Folgeeinrichtungen eine gemeinsame Planung erfordern. Der gemeinsame Flächennutzungsplan kann von den beteiligten Gemeinden nur gemeinsam aufgehoben, geändert oder ergänzt werden; die Gemeinden können vereinbaren, dass sich die Bindung nur auf bestimmte räumliche oder sachliche Teilbereiche erstreckt. Ist eine gemeinsame Planung nur für räumliche oder sachliche Teilbereiche erforderlich, genügt anstelle eines gemeinsamen Flächennutzungsplans eine Vereinbarung der beteiligten Gemeinden über bestimmte Darstellungen in ihren Flächennutzungsplänen. Sind die Voraussetzungen für eine gemeinsame Planung nach Satz 1 und 4 entfallen oder ist ihr Zweck erreicht, können die beteiligten Gemeinden den Flächennutzungsplan für ihr Gemeindegebiet ändern oder ergänzen; vor Einleitung des Bauleitplanverfahrens ist die Zustimmung der höheren Verwaltungsbehörde erforderlich.

(2) Werden Gemeinden in ihrem Gebiet oder Bestand geändert oder geht die Zuständigkeit zur Aufstellung von Flächennutzungsplänen auf Verbände oder sonstige kommunale Körperschaften über, gelten unbeschadet abweichender landesrechtlicher Regelungen bestehende Flächennutzungspläne fort. Dies gilt auch für räumliche und sachliche Teile der Flächennutzungspläne. Die Befugnis und die Pflicht der Gemeinde, eines Verbands oder einer sonstigen Körperschaft, fortgeltende Flächennutzungspläne aufzuheben oder für das neue Gemeindegebiet zu ergänzen oder durch einen neuen Flächennutzungsplan zu ersetzen, bleiben unberührt.

(3) Verfahren zur Aufstellung, Änderung, Ergänzung oder Aufhebung von Bebauungsplänen können nach einer Gebiets- oder Bestandsänderung in ihrem jeweiligen Stand fortgeführt werden. Satz 1 gilt entsprechend bei Bildung von Planungsverbänden und für Zusammenschlüsse nach § 205 Abs. 6. Die höhere Verwaltungsbehörde kann verlangen, dass bestimmte Verfahrensabschnitte wiederholt werden.

I. Unterschiedliche Gegenstände

1 § 204 regelt Unterschiedliches. Abs. 1 bestimmt eine Pflicht der Gemeinden, einen gemeinsamen FPl aufzustellen. Abs. 2 bestimmt die Fortgeltung eines FPl im Fall der Gebietsänderung oder einer anderen Funktionennachfolge des Autors des FPl. Abs. 3 regelt die Fortführung des FPlan-Aufstellungsverfahrens, wenn eine Funktionennachfolge während des Aufstellungsverfahrens eintritt.

II. Gesetzgebungskompetenz

2 Die Gesetzgebungskompetenz des Bundes für die drei Regelungsgegenstände des § 204 (s. Rn 1) folgen aus dem Erfordernis der Gewährleistung eines wirksamen Aufgabenvollzugs im Bereich der Bauleitplanung als Annex-Kompetenz (BVerfGE 22, 180/210 und BVerfGE 77, 288/298 f). Für die Regelungsgegenstände für sich gesehen hat der Bund nicht die Gesetzgebungskompetenz.

III. Inhalt

1. Gemeinsamer FPl

3 **a) Gemeinsamer FPl:** „*Gemeinsam*" ist der FPl mehrerer Gemeinden, deren Darstellungen gemeindegebietsüberschreitend für die beteiligten Gemeinden bindend sind (Gaentzsch, BK, 3. Aufl., § 204 Rn 8, seine frühere Auffassung aufgebend). Die Bindung kann auf bestimmte Darstellungen und auf einen bestimmten Raum beschränkt sein. Die gemeindegebietsüberschreitende Bindung von Darstellungen des von den beteiligten Gemeinden aufgestellten FPls ist die Eigenart des „*gemeinsamen Flächennutzungsplans*". Außerhalb des BauGB ermöglicht § 9 Abs. 6 ROG, dem Regionalplan die Funktion eines solchen gemeinsamen FPl beizulegen. Der von einem anderen Hoheitsträger iSv § 203 oder von einem Zusammenschluss iSv § 205 aufgestellte gebietsüberschreitende FPl ist dessen und nicht etwa ein gemeinsamer FPl. Die Autorschaft der beteiligten Gemeinden für die Bindung ist maßgebend. Die Bindung tritt mit der übereinstimmenden Beschlussfassung und dem Inkrafttreten des gemeinsamen Ergebnisses ein.

4 b) **Vertrag der beteiligten Gemeinden:** Das BauGB ist **vertragsfreundlich**. Der gemeinsame FPl ist das abschließende Ergebnis der Aufstellungsverfahren. Ohne Zusammenarbeit der beteiligten Gemeinden lässt sich ein solches gemeinsames Ergebnis nicht vorstellen. Zweckmäßig ist ein **Vertrag** zwischen den beteiligten Gemeinden. In diesem ist der Wille zur Aufstellung eines gemeinsamen FPls verbindlich zu bestimmen, dazu Planungsziele und Inhalte, ein Zeitplan, das Verfahren der weiteren Abstimmung, die Kostenaufteilung, ggf die Auftragserteilung zur Ausarbeitung eines Planentwurfs mit Begründung und eine Regelung über die Beilegung von Meinungsverschiedenheiten. Mit fortschreitendem Planungsstand ist die **Fortschreibung des Vertrages** über Inhalte, den weiteren Zeitablauf, und die weitere Abstimmung geboten. Ein Mustervertrag wäre wegen der höchst unterschiedlichen Erfordernisse im konkreten Fall unzweckmäßig. Beachtlich ist, welche Gegenstände im Einzelfall für welchen Raum die Pflicht zur Aufstellung eines gemeinsamen FPls begründen, s. Rn 5. Abs. 1 Satz 2 bezeichnet Beispiele. Vorab ist sorgfältig zu klären, welche Gegenstände die Pflicht zur Bindung hervorrufen. Sodann ist zu verhandeln und vertraglich zu vereinbaren, ob und ggf inwieweit überpflichtmäßige Bindungen angestrebt werden und welche vom Gesetz zur Verfügung gestellte Möglichkeit eines gemeinsamen Ergebnisses; diese Möglichkeiten sind in Rn 6 bezeichnet. Welcher Form der Vertrag bedarf, ist dem Landesrecht zu entnehmen; das Recht über zwischengemeindliche Zusammenarbeit enthält üblicherweise auch Verfahrensfachrecht.

5 c) **Überpflichtmäßig gemeinsamer FPl:** Die Pflicht zum gemeinsamen bindenden Ergebnis beschränkt das Gesetz auf das für die räumlichen und sachlichen Teilbereiche **Erforderliche**. Es ermächtigt die beteiligten Gemeinden, die gemeinsame Bindung auch für räumliche und sachliche Teilbereiche zu bestimmen, für die die Pflicht hierzu nicht besteht. Der klarste und einfachste Fall ist der des gemeinsamen FPls flächendeckend für die Territorien der beteiligten Gemeinden mit Bindung für alle seine Darstellungen, der in Rn 6 unter 1. bezeichnete Fall. Soweit im FPl von der Ermächtigung zu überpflichtmäßiger Bindung nicht Gebrauch gemacht ist, ist sicherzustellen, *erstens,* dass sich die jeweilige Gemeinde an die Grenze ihrer Planungshoheit hält, also mit ihrer Beschlussfassung ausschließlich ihr eigenes Territorium überplant und *zweitens,* dass für jede Darstellung eindeutig bestimmt ist, dass sie gemeinsam ist oder dass sie ausschließlich für die betreffende Gemeinde gilt, und dass das aus der zeichnerischen und textlichen Darstellung eindeutig hervorgeht. Die Gemeinde muss sich bei der Planung bewusst sein, ob sie gemeinsam mit anderen Gemeinden plant oder für sich selbst. Für die Rechtsunterworfenen muss eindeutig sein, ob das Ergebnis ein gemeinsames oder ein auf die betroffene Gemeinde beschränktes ist. Um solche Eindeutigkeit zu erreichen, ist notwendig, den Vertrag sorgfältig zu verhandeln und zu formulieren, s. Rn 4.

6 d) **Übersicht über die Gestaltungsmöglichkeiten für Gemeinsames:** Als gemeinsamen FPl oder eine gemeinsame Bindung stellt das Gesetz eine Vielzahl an Möglichkeiten zur Verfügung, nämlich

1. den gemeinsamen die Territorien der beteiligten Gemeinden flächendeckenden FPl mit Bindung aller Darstellungen, Abs. 1 Satz 1,
2. den örtlichen FPl-Teil mit Bindung aller darin enthaltenen Darstellungen, Abs. 1 Satz 3 2. HS,
3. den gemeinsamen sachlichen flächendeckenden FPl-Teil, Abs. 1 Satz 3 2. HS,
4. den gemeinsamen örtlichen FPl-Teil mit Begrenzung der Bindung der Darstellungen, Abs. 1 Satz 3 2. HS,

5. den gemeinsamen örtlichen FPl-Teil kombiniert mit einem sachlichen FPl-Teil für diese oder andere Teilbereiche bis hin zur flächendeckenden Geltung für die Territorien der beteiligten Gemeinden, Abs. 1 Satz 3 2. HS,
6. die Bindungsvereinbarung für einen örtlichen Teilbereich, Abs. 1 Satz 4,
7. die Bindungsvereinbarung für einzelne sachliche Darstellungen flächendeckend für die Territorien der beteiligten Gemeinden, Abs. 1 Satz 4,
8. die Bindungsvereinbarung für einen örtlichen Teilbereich und für einzelne Darstellungen innerhalb dieses Bereichs, Abs. 1 Satz 4,
9. die Bindungsvereinbarung für einen örtlichen Teilbereich kombiniert mit der Bindung einzelner sachlicher Darstellungen auch für andere Teilbereiche flächendeckend für die Territorien der beteiligten Gemeinden, Abs. 1 Satz 4,
10. die Zulassung der Funktion eines gemeinsamen FPl des Regionalplans, § 9 Abs. 6 ROG.

Die vom Gesetz zugelassenen Gestaltungsmöglichkeiten sind abschließend. Sie sind auch ausreichend.

e) **Anspruch der Gemeinden auf Mitwirkung der anderen pflichtigen Gemeinden:** 7
Die Pflicht der beteiligten Gemeinden, einen gemeinsamen FPl aufzustellen, ist mit deren Mitwirkungspflicht verbunden, den gemeinsamen FPl aufzustellen. Mit dieser Mitwirkungspflicht geht der Anspruch der übrigen beteiligten Gemeinden einher, diese Mitwirkungspflicht zu erfüllen. Diese Mitwirkungspflicht ist mit der einfachen **Leistungsklage beim Verwaltungsgericht** durchsetzbar. Die Mitwirkungspflicht ist nicht auf ein bestimmtes Ziel oder einen bestimmten Inhalt gerichtet. Sie ist auf die pflichtige Gemeinsamkeit begrenzt und besteht nicht für überpflichtige Darstellungen. Sie kann deshalb auf einen örtlichen oder sachlichen Planteil oder eine entsprechende Bindungsvereinbarung beschränkt sein (s. Rn 6). Ob ausnahmsweise etwas anderes gelten kann, wenn nur ein Ziel oder ein Inhalt die pflichtmäßige Gemeinsamkeit bewirken kann oder ein anderes Ziel oder ein anderer Inhalt zwar möglich ist, vernünftigerweise aber nicht ernsthaft in Betracht gezogen werden kann, ließe sich nur am Einzelfall beurteilen. Zu einer Bindungsvereinbarung iSd in Rn 6 unter 6.–9. genannten Fallgestaltungen ist die Gemeinde nicht verpflichtet, sodass der Anspruch auf die Aufstellung eines gemeinsamen FPl-Teils gerichtet ist, wenn nicht auf einen umfassenden gemeinsamen FPl. Die Mitwirkungspflicht gilt inhaltlich bis einschließlich der Bekanntmachung. Unterbleibt das Inkrafttreten, weil eine Gemeinde den gemeinsamen FPl nicht bekannt macht, so ist der – klageweise durchsetzbare – Anspruch der übrigen beteiligten Gemeinden auf die Bekanntmachung gerichtet. Für den Fall einer Bindungsvereinbarung nach Abs. 1 Satz 4 gilt dasselbe.

2. Bindung

a) **Bindung des Gemeinsamen:** Die Bindung des Gemeinsamen besteht in zwei Rich- 8
tungen. *Erstens* gilt die gemeinsame Darstellung objektiv-rechtlich. *Zweitens* bindet sie die beteiligten Gemeinden untereinander. Objektiv-rechtlich ist gem. § 8 Abs. 2 Satz 1 aus der gemeinsamen Darstellung der verbindliche BPl zu entwickeln. Die gemeinsame Darstellung ist ein öffentlicher Belang iSv § 35 Abs. 3 Satz 1 Nr. 1; ohne das eingeholte und erteilte Einvernehmen der beteiligten Gemeinden nach § 36 Abs. 1 BauGB darf die Baugenehmigungsbehörde ein der Darstellung widersprechendes Vorhaben nicht genehmigen. Auf die Anfechtung einer übergangenen Gemeinde wäre die gleichwohl erteilte Genehmigung aufzuheben. Erteilt die Gemeinde, auf deren Territorium das Vorhabengrundstück liegt, ihr Einvernehmen, sei es auch in der Form der Fiktion und setzte sich die Genehmigungsbehörde über das von der anderen beteiligten Gemeinde versagte Einvernehmen hinweg oder holte

sie es gar nicht erst ein und erteilte sie die Genehmigung gleichwohl, so kann das die Planungshoheit der übergangenen Gemeinde verletzen. Jedenfalls ist diese Verletzung wehrfähig. Zwischen den Gemeinden bedeutet die Bindung, dass die für die verbindliche Bauleitplanung zuständige Behörde ihren BPl nur aus der gemeinsamen Darstellung entwickeln darf und die Darstellung, solange sie gilt, nur gemeinsam mit den anderen beteiligten Gemeinden ändern oder aufheben kann, Abs. 1 Satz 3 HS 1 (Rn 9). Betreibt eine Gemeinde ein Verfahren zur Änderung oder Aufhebung isoliert, ist Nachbarrechtsschutz gegeben, s. Rn 143 Vorbemerkungen zu den §§ 29–38, desgleichen gegen Vorhaben, die dem gemeinsamen Plan widersprechen, s. Rn 137–140 Vorbemerkungen zu den §§ 29–38. Die Bindung **tritt mit der letzten Bekanntmachung** der beteiligten Gemeinden **in Kraft.**

9 b) **Erlöschen der Bindung:** Die zwischengemeindliche Bindung erlischt, wenn die in Abs. 1 Satz 1 und 4 bestimmten Voraussetzungen für eine pflichtmäßige Gemeinsamkeit entfallen oder ihr Zweck erreicht ist, Abs. 1 Satz 5. Die beteiligten Gemeinden können dann den FPl für ihr Gemeindegebiet ändern oder ergänzen. Mit dem Erlöschen der Pflicht (Rn 5) erlischt auch die zwischengemeindliche Bindung für überpflichtmäßige Bindungen. Dasselbe gilt, wenn die pflichtmäßigen gemeinsamen Darstellungen wegen Funktionslosigkeit faktisch außer Kraft getreten sind. Solange eine Gemeinde von ihrer wiedererlangten alleinigen Planungshoheit für den FPl keinen Gebrauch gemacht hat, bleiben die Darstellungen für die verbindliche Bauleitplanung nach § 8 Abs. 2 und als öffentlicher Belang iSv § 35 Abs. 3 Nr. 1 in Kraft. Solange die Pflicht zum Gemeinsamen nicht erloschen ist, können die beteiligten Gemeinden den gemeinsamen FPl nur gemeinsam aufheben, ändern oder ergänzen (Abs. 1 Satz 3, HS 1). Ist die Änderung iSv § 1 Abs. 3 erforderlich, sind die beteiligten Gemeinden mitwirkungspflichtig, (Rn 7).

3. Verfahren und Rechtsnachfolger

10 a) **FPl-Aufstellungsverfahren – Novelle 2004:** Für die FPl-Aufstellung gelten die allgemeinen Vorschriften. Zu beachten ist: Jede der beteiligten Gemeinden muss alle Belange abwägen und alle vorgebrachten Anregungen prüfen. Die Entscheidung über Anregungen ist Bestandteil der Abwägung (BVerwGE 110, 118 = BRS 62 Nr. 45). Das führt zu einer umfassenden **wechselseitigen Mitteilungspflicht** der beteiligten Gemeinden. Sie müssen sich die ihnen bekannt gewordenen Belange mitteilen, wie sie deren objektives Gewicht einschätzen und wie sie sich deren planerische Gewichtung vorstellen; sie müssen die eingegangenen Anregungen und Stellungnahmen der TöB mitteilen und wie sie sich deren Behandlung vorstellen. Bezüglich abwägungserheblicher Belange ist die Anregensfrist bzw die Erklärungsfrist für TöB unerheblich. Zum inhaltlich übereinstimmenden Abwägungsergebnis müssen sich die Gemeinden abstimmen. Erst wenn sich die Gemeinden über das gemeinsame Ergebnis einig sind, ist die Beschlussfassung über einen gemeinsamen FPl möglich (Gaentzsch, in: BK, Rn 9). Nach der Novelle 2004 ist dem Erläuterungsbericht die EU-rechtlich vorgegebene zusammenfassende Erklärung über die Art und Weise beizugeben, wie Umweltbelange und die Ergebnisse der Öffentlichkeits- und Behördenbeteiligung in dem Plan berücksichtigt und aus welchen Gründen der Plan nach Abwägung mit den geprüften, in Betracht kommenden anderweitigen Planungsmöglichkeiten gewählt wurde, § 6 Abs. 5 Satz 3. § 5 Abs. 1 Satz 3 idF der Novelle 2004 hat die Verpflichtung zur Überprüfung und erforderlichenfalls Änderung, Ergänzung oder Neuaufstellung **15 Jahre** nach der erstmaligen oder erneuten Darstellung eingeführt; diese Vorschrift ist auch für **vor** dem Inkrafttreten der Novelle am **20.7.2004 aufgestellte FPle erstmals ab 1.1.2010** anzuwenden, § 244 Abs. 4. Gegenstand der

Genehmigung der höheren Verwaltungsbehörde ist der gemeinsame FPl als Einheit. Die Genehmigung der höheren Verwaltungsbehörde ergeht dementsprechend einheitlich gegenüber allen beteiligten Gemeinden (Schmidt-Eichstaedt, NVwZ 1997, 846/853). Gehören die Gemeinden zum Zuständigkeitsbereich unterschiedlicher höheren Verwaltungsbehörden oder liegen sie in unterschiedlichen Ländern, gilt die in § 203 Abs. 4 bestimmte Zuständigkeitsregelung. Jede beteiligte Gemeinde muss den gemeinsamen FPl ortsüblich bekannt machen. Zur Mitwirkungspflicht s. Rn 7.

b) **Regionaler FPl, § 9 Abs. 6 ROG:** Nach § 9 Abs. 6 ROG kann zugelassen werden, 11 dass ein Plan zugleich die Funktion eines Regionalplans und eines gemeinsamen FPls nach § 204 übernimmt. Die Vorschrift ist Bundesrahmenrecht und bedarf der Umsetzung durch Landesrecht. Übernimmt ein Regionalplan die Funktion eines gemeinsamen FPls, gelten dessen Bindungen (Rn 9). Enthält ein solcher Plan nicht alle pflichtmäßigen Darstellungen nach Abs. 1 Satz 1 und 2, käme allenfalls eine Zulassung für die Funktion eines FPl-Teils in Betracht. Ob die Teilung nach Pflichtdarstellungen zulässig ist, ist offen. § 9 Abs. 6 ROG ermöglicht jedenfalls nicht, die Pflicht zur Aufstellung eines gemeinsamen FPls (Rn 5) zu derogieren.

c) **Abs. 2: Fortgeltung des FPls bei Funktionennachfolge dessen Autors:** Nach Abs. 2 12 gelten FPl und Teile von FPln im Falle von Gebietsänderungen nach dem 31.12.1976 generell fort (OVG NW, NVwZ 1983, 748). Das gilt nur dann nicht, wenn der FPl oder Teil des FPls wegen Funktionslosigkeit obsolet geworden ist. Im Fall der Gebietsänderung oder einer sonstigen Funktionsnachfolge kann die Planänderung iSv § 1 Abs. 3 erforderlich sein.

d) **Funktionennachfolge während des BPl-Aufstellungsverfahrens:** Abs. 3 lässt gene- 13 rell zu, FPl-Aufstellungsverfahren im Fall einer Gebiets- oder Bestandsänderung oder einer Funktionsnachfolge nach § 205 Abs. 6 in ihrem vorgefundenen Stand fortzuführen, ohne dass die Gemeinde vorangegangene Verfahrensabschnitte wiederholen muss.

§ 205 Planungsverbände

(1) Gemeinden und sonstige öffentliche Planungsträger können sich zu einem Planungsverband zusammenschließen, um durch gemeinsame zusammengefasste Bauleitplanung den Ausgleich der verschiedenen Belange zu erreichen. Der Planungsverband tritt nach Maßgabe seiner Satzung für die Bauleitplanung und ihre Durchführung an die Stelle der Gemeinden.

(2) Kommt ein Zusammenschluss nach Absatz 1 nicht zustande, können die Beteiligten auf Antrag eines Planungsträgers zu einem Planungsverband zusammengeschlossen werden, wenn dies zum Wohl der Allgemeinheit dringend geboten ist. Ist der Zusammenschluss aus Gründen der Raumordnung geboten, kann den Antrag auch die für die Landesplanung nach Landesrecht zuständige Stelle stellen. Über den Antrag entscheidet die Landesregierung. Sind Planungsträger verschiedener Länder beteiligt, erfolgt der Zusammenschluss nach Vereinbarung zwischen den beteiligten Landesregierungen. Sollen der Bund oder eine bundesunmittelbare Körperschaft oder Anstalt an dem Planungsverband beteiligt werden, erfolgt der Zusammenschluss nach Vereinbarung zwischen der Bundesregierung und der Landesregierung, sofern die beteiligte Behörde des Bundes oder der bundesunmittelbaren Körperschaft oder Anstalt dem Zusammenschluss durch die Landesregierung widerspricht.

(3) Kommt eine Einigung über die Satzung oder über den Plan unter den Mitgliedern nicht zustande, stellt die zuständige Landesbehörde eine Satzung oder einen Plan auf und legt sie dem Planungsverband zur Beschlussfassung vor. Einigen sich die Mitglieder über diese Satzung oder diesen Plan nicht, setzt die Landesregierung die Satzung oder den Plan fest. Absatz 2 Satz 4 ist entsprechend anzuwenden. Ist der Bund oder eine bundesunmittelbare Körperschaft oder Anstalt an dem Planungsverband beteiligt, wird die Satzung oder der Plan nach Vereinbarung zwischen der Bundesregierung und der Landesregierung festgesetzt, sofern die beteiligte Behörde des Bundes oder der bundesunmittelbaren Körperschaft oder Anstalt der Festsetzung durch die Landesregierung widerspricht.

(4) Dem Planungsverband können nach Maßgabe der Satzung die Aufgaben der Gemeinde, die ihr nach diesem Gesetzbuch obliegen, übertragen werden.

(5) Der Planungsverband ist aufzulösen, wenn die Voraussetzungen für den Zusammenschluss entfallen sind oder der Zweck der gemeinsamen Planung erreicht ist. Kommt ein übereinstimmender Beschluss über die Auflösung nicht zustande, ist unter den in Satz 1 bezeichneten Voraussetzungen die Auflösung auf Antrag eines Mitglieds anzuordnen; im Übrigen ist Absatz 2 entsprechend anzuwenden. Nach Auflösung des Planungsverbands gelten die von ihm aufgestellten Pläne als Bauleitpläne der einzelnen Gemeinden.

(6) Ein Zusammenschluss nach dem Zweckverbandsrecht oder durch besondere Landesgesetze wird durch diese Vorschriften nicht ausgeschlossen.

(7) Wird die Befugnis zur Aufstellung von Bauleitplänen nach den Absätzen 1 bis 3 oder 6 übertragen, sind die Entwürfe der Bauleitpläne mit Begründung vor der Beschlussfassung hierüber oder der Festsetzung nach Absatz 3 Satz 2 oder 4 den Gemeinden, für deren Gebiet der Bauleitplan aufgestellt werden soll, zur Stellungnahme innerhalb angemessener Frist zuzuleiten. Auf die Behandlung der von den Gemeinden fristgemäß vorgebrachten Anregungen ist § 3 Abs. 2 Satz 4 und 6 entsprechend anzuwenden.

I. Gegenstand und Aufgaben

a) Verband: Ein Verband ist ein mitgliedschaftlich organisierter Zusammenschluss, der die Kompetenz hat, die ihm übertragenen Aufgaben eigenverantwortlich zu regeln. Als Planungsverband ist er Körperschaft des öffentlichen Rechts. 1

b) „Planungs"verband: Das Teilwort „*Planungs*" von Planungsverband bestimmt, dass die in Rn 1 bezeichnete Kompetenz darin bestehen muss, Bauleitplanung nach den §§ 1–13a durchzuführen. Der Bereich kann räumlich begrenzt sein. Dem Verband können weitere Aufgaben der Gemeinde übertragen werden, „die ihr nach diesem Gesetzbuch obliegen" (Abs. 4). Mitglieder können auch andere Stellen sein als Gemeinden, selbst eine Bundesbehörde. Ein Verband aber, der nicht die Kompetenz zur eigenverantwortlichen Bauleitplanung hat, ist nicht Planungsverband. 2

Deshalb ist nicht jede aufgrund Landesrechts gebildete Körperschaft ohne weiteres Planungsverband iSd § 205, auch wenn ihr Bauleitplanung landesrechtlich übertragen ist und sie das Teilwort „*verband*" in ihrem Namen führt. Das in § 205 geregelte Bundesrecht gilt nur für die Körperschaft, die die Merkmale beider bundesrechtlich bestimmter Merkmale eines Planungsverbandes erfüllt. Das die Bauleitplanung verlangende Merkmal verlangt, dass jedenfalls diejenigen Gemeinden mitgliedschaftlich beteiligt sein müssen, um deren Planungshoheit es geht. 3

II. Zustandekommen und Auflösung

1. Zustandekommen

Zustande kommt der Planungsverband durch die wirksame Bekanntmachung seiner Verbandssatzung nach dem für seine Mitglieder geltenden Bekanntmachungsrecht. Zustande gekommen ist er, wenn seine Satzung in der letzten in ihm zusammengeschlossenen Gemeinde wirksam bekannt gemacht ist. 4

2. Vorgang zum Zustandekommen

a) Wille zum Zustandekommen: aa) Wille der künftigen Mitglieder, sich zusammenzuschließen, Abs. 1: Vorrangig ist der übereinstimmende Wille der künftigen Mitglieder, sich zu einem Planungsverband iSd § 205 zusammenzuschließen, sog. freiwilliger Planungsverband (Abs. 1). Dieser Wille – dem Grunde nach – genügt jedoch für sich genommen nicht, einen Planungsverband hervorzurufen. Er ist öffentlich-rechtlicher Vertrag. Erforderlich ist die Verbandssatzung, die den Zusammenschluss bestimmt, die Aufgaben bezeichnet, die Willensbildung zur Aufgabenerfüllung regelt, die Finanzierung und die sonstige Zusammenarbeit. Freiwillig ist der Zusammenschluss nur, wenn die Grundlagensatzung (Verbandssatzung) einstimmig zustande kommt. 5

bb) Gründungsgebot, Abs. 2: Gelingt ein Zusammenschluss nicht, sieht Abs. 2 ein Gründungsgebot vor (BVerfGE 56, 298). Das Gründungsgebot ist Regelung iSd § 35 VwVfG des Bundes (§ 1 Abs. 2 Satz 1 VwVfG). Die künftigen Mitglieder sind vorher anzuhören, und zwar umfassend, sodass sie wirksam Einfluss auf die Willensbildung zum Gründungsgebot nehmen können bzw dass es unterbleibt. 6

cc) Anforderungen an das Gründungsgebot: Die materiell-rechtlichen Anforderungen und das Verfahren zum Gründungsgebot (Rn 6) sind Abs. 3 iVm Art 28 Abs. 2 GG zu entnehmen. Aus der durch die Verfassung gewährleisteten Planungshoheit der Gemeinde folgt die materielle Anforderung, dass höherwertigere und dringlichere Interessen den Zusammenschluss erfordern (BVerfGE 56, 298). 7

8 b) **Verbandssatzung: aa) Einstimmiger Beschluss der Mitglieder:** Sowohl der freiwillige Zusammenschluss nach Abs. 1, als auch der Zusammenschluss aufgrund eines Gründungsgebots kommt aufgrund der einstimmig beschlossenen Verbandssatzung zustande, die alle in Rn 5 bezeichneten Regelungen enthält.

9 **bb) Angebot einer Satzung:** Für den Fall, dass die Verbandssatzung sowohl zum freiwilligen Zusammenschluss als auch den aufgrund eines Gründungsgebots nicht zustande kommt, stellt Abs. 3 eine bewährte **gestufte Methode** zur Verfügung. Die zuständige Landesbehörde muss den Mitgliedern zunächst einen eigenen Satzungsentwurf zur Beschlussfassung vorlegen. Die Mitglieder haben Gelegenheit, diesen zu erörtern und sich auf diesen oder einen geänderten Entwurf einstimmig zu einigen.

10 cc) **Ersatzvornahme der Verbandssatzung:** Kommt auch dann nicht eine Einigung zustande, setzt die Landesregierung den vorgeschlagenen Entwurf im Wege der Ersatzvornahme fest. Zustande kommt der Planungsverband dann mit der letzten Bekanntmachung (s. Rn 4). Ist der Planungsverband länderübergreifend oder ist eine Bundesbehörde beteiligt, verlangt Abs. 3 vorab eine staatsvertragliche Einigung.

3. Aufgabenübertragung, Abs. 4

11 Der bundesrechtlich zustande gekommene Planungsverband kann außer der Bauleitplanung „die Aufgaben der Gemeinde, die ihr nach diesem Gesetzbuch obliegen“, übernehmen. Der Umfang der Durchführung – Abs. 1 Satz 2 – ist in der Verbandssatzung zu bestimmen. Eine Unterscheidung von Durchführung und Aufgaben wäre unergiebig, weil der Umfang gleichermaßen zu bestimmen ist.

4. Auflösungspflicht, Abs. 5

12 Die in Abs. 5 bestimmte Auflösungspflicht begründet für das einzelne Mitglied einen Anspruch. Ist der sich aus der Verbandssatzung ergebende Zweck erreicht oder bestehen die Voraussetzungen für den Zusammenschluss nicht mehr und kommt ein einstimmiger Beschluss über die Auflösung nicht zustande, hat jedes Mitglied einen Anspruch gegen die nach Landesrecht zuständige Stelle, ein Auflösungsgebot zu erlassen. Das ergibt sich aus Abs. 5 Satz 2 HS 2, nach welchem Abs. 2 entsprechend anzuwenden ist. Einigen sich die Mitglieder trotz des Auflösungsgebots nicht, ist Abs. 3 analog anzuwenden mit der dort vorgesehenen **gestuften Methode** (Rn 9 und 10). Im äußersten Fall nimmt die Landesregierung den actus contrarius durch Ersatzvornahme vor.

III. Planung und sonstige Aufgabenerfüllung

13 Der Planungsverband führt in dem bestimmten Gebiet die Bauleitplanung zusammengefasst vor. Der Umfang der Funktionennachfolge ergibt sich aus der Satzung. Das sich aus der Besonderheit der Zusammenfassung ergebende Verfahren ist in Abs. 7 geregelt. Die Mitgliedsgemeinden haben danach ein Recht zur Stellungnahme und Anregungen vorzubringen, über die der Verband beschließen muss. Nach der Auflösung des Planungsverbands gelten die von ihm aufgestellten Pläne als Bauleitpläne der einzelnen Gemeinden (Abs. 5 Satz 3).

14 Scheitert eine zusammengefasste Planung daran, dass die in der Satzung hierfür vorgesehene Mehrheit nicht zustande kommt, stellt Abs. 3 dieselbe Methode zum Zustandekommen des Bauleitplans zur Verfügung wie für das Scheitern des Zustandekommens der Satzung. Die zuständige Landesbehörde legt dem Verband einen Planentwurf zur Beschlussfassung vor. Kommt nach Erörterung weder ein

Beschluss über diesen Planentwurf oder einen vom Verband dann geänderten Plan zustande, setzt die Landesregierung den Plan im Wege der Ersatzvornahme fest (s. auch Rn 9 und 10). Das Planangebot setzt an dem Verfahrensschritt ein, an dem sich die Mitglieder nicht einigen konnten. Die Ersetzungspflicht schließt nicht die Befugnis ein, die Planung von Grund auf nach einem eigenen Planziel und eigenen Vorstellungen zu entwickeln.

IV. Zusammenschluss aufgrund Landesrechts, Abs. 6

Abs. 6 stellt klar, dass § 205 das Zustandekommen eines Zusammenschlusses zu 15
einem Planungsverband nach dem Zweckverbandsrecht der Länder oder durch besondere Landesgesetze nicht verdängt. Das Ergebnis muss ein Planungsverband sein (Rn 2 und 3).

§ 206 Örtliche und sachliche Zuständigkeit

(1) Örtlich zuständig ist die Behörde, in deren Bereich das betroffene Grundstück liegt. Werden Grundstücke betroffen, die örtlich oder wirtschaftlich zusammenhängen und demselben Eigentümer gehören, und liegen diese Grundstücke im Bereich mehrerer nach diesem Gesetzbuch sachlich zuständiger Behörden, so wird die örtlich zuständige Behörde durch die nächsthöhere gemeinsame Behörde bestimmt.
(2) Ist eine höhere Verwaltungsbehörde nicht vorhanden, so ist die Oberste Landesbehörde zugleich höhere Verwaltungsbehörde.

I. Verfahrensfachrecht

Die Vorschrift ist Verfahrensfachrecht. Sie geht dem allgemeinen Verwaltungsver- 1
fahrensrecht vor. § 203 Abs. 3 betrifft die Delegation nach unten und berührt deshalb § 206 Abs. 2 nicht (aA Fislake, in: BK, Rn 11).

II. Gesetzgebungskompetenz des Bundes

Die Vorschrift sichert den Vollzug des Bundesbodenrechts durch staatliche Behör- 2
den. Die Gesetzgebungskompetenz des Bundes ist deshalb als Annex-Kompetenz gerechtfertigt (Nachweise aus der Rspr des BVerfGs, s. § 204 Rn 2).

III. Inhalte

3 a) **Betroffenheit:** Betroffen ist das von einem Verwaltungsverfahren betroffene Grundstück, wenn es bei dem Verfahren um die Erfüllung einer staatlichen Aufgabe geht, und zwar auch wenn die Zuständigkeit der Gemeinde als Auftragsverwaltung übertragen ist.

4 b) **Grundstück:** Grundstück ist das Grundstück iSv § 200. Das kann, je nachdem worum es geht, ein unterschiedlicher Grundstücksbegriff sein. Siehe hierzu die Kommentierung zu § 200.

5 c) **Örtliche Behördenzuständigkeit bei übergreifender Belegenheit innerhalb eines Landes:** In Selbstverwaltungsangelegenheiten endet die Zuständigkeit der Gemeinde schlechthin an deren Gebietsgrenze, zB im Umlegungsverfahren, bei der Ausübung des Vorkaufsrechts oder bei der Erschließung.

6 d) **Zuständigkeit ausschließlich für staatliche Verwaltung:** Abs. 1 Satz 2 betrifft arrondierten Besitz desselben Eigentümers, der im Bereich mehrerer Behörden liegt. Die Bestimmung dient, widersprechende behördliche Regelungen und positive oder negative Kompetenzkonflikte zu vermeiden.

7 e) **Bestimmbare höhere Verwaltungsbehörde:** Die nächst höhere gemeinsame Behörde muss die örtlich zuständige Behörde nach pflichtgemäßem Ermessen bestimmen. Bestimmer ist nur eine einzige Behörde. Bestimmer ist nur eine Behörde, in deren Bereich der arrondierte Besitz – ggf zum Teil – liegt. Zur richterlichen Überprüfbarkeit s. Rn 9.

8 f) **Länderübergreifende Belegenheit:** Ist der arrondierte Besitz länderübergreifend, liegt er also in verschiedenen Ländern, ist die Vorschrift nicht anwendbar. Entsprechend § 3 Abs. 2 Satz 4 VwVfG des Bundes können die beteiligten Länder nur gemeinsam die zuständige Behörde bestimmen, sofern das Landesrecht der beteiligten Länder das vorsieht. Ist je nach der Belegenheit der einzelnen Grundstücke unterschiedliches materielles Landesrecht und nicht nur Bundesrecht anzuwenden, so kann eine konzentrierte örtliche Kompetenz für eine positive Entscheidung förderlich sein; ggf ist die Behörde des anderen Landes nach Maßgabe des Verfahrensrechts der entscheidenden Behörde zu beteiligen.

IV. Rechtsschutz

9 Die Bestimmung der Behörde ist ein Verwaltungsinternum und deshalb für die Beteiligten des Verwaltungsverfahrens nicht selbstständig anfechtbar. Im Verwaltungsrechtsstreit über den das Verwaltungsverfahren abschließenden VA ist die Rechtmäßigkeit der Bestimmung der Zuständigkeit der Behörde mit zu prüfen. Für den Fall der sog. Untätigkeitsklage gilt: Ist die in § 75 VwGO bestimmte Wartefrist abgelaufen, kann der Kläger seine Verpflichtungsklage auf die Erteilung des von ihm begehrten VA gegen diejenige Ausgangsbehörde richten, zu deren Bestimmung das Ermessen der höheren Verwaltungsbehörde auf Null reduziert ist. Die Anfechtungsklage gegen einen VA zum Ziel ausschließlich dessen Aufhebung ist gegen die erlassende Behörde zu richten. Bleibt die Widerspruchsbehörde untätig, ist nach dem Klagebegehr zu unterscheiden. Das Klagebegehr, den Drittwiderspruch zurückzuweisen, ist gegen die Widerspruchsbehörde zu richten. Ist wegen Ermessensreduzierung eine andere Widerspruchsbehörde zuständig, ist die nach der Auffassung des Gerichts allein zuständige Behörde notwendig beizuladen. Hat die wegen Ermessensreduzierung unzuständige Behörde den VA abgelehnt, kann der Kläger seine Klage im Wege der Klagehäufung gegen die Ausgangsbehörde richten.

V. Länder ohne Mittelinstanz

Abs. 2 gilt für die Länder, in denen eine Mittelinstanz nicht vorhanden ist. Das sind derzeitig die Länder Berlin, Bremen und Hamburg sowie Brandenburg, Mecklenburg-Vorpommern, das Saarland, Schleswig-Holstein und Thüringen. Soweit Berlin, Bremen oder Hamburg von der Ermächtigung des § 246 Abs. 4 Gebrauch gemacht haben, gilt Abs. 2 nicht. 10

Dritter Abschnitt
Verwaltungsverfahren

§ 207 Von Amts wegen bestellter Vertreter

Ist ein Vertreter nicht vorhanden, so hat das Vormundschaftsgericht auf Ersuchen der zuständigen Behörde einen rechts- und sachkundigen Vertreter zu bestellen

1. **für einen Beteiligten, dessen Person unbekannt, oder für eine Person, deren Beteiligung ungewiss ist,**
2. **für einen abwesenden Beteiligten, dessen Aufenthalt unbekannt oder dessen Aufenthalt zwar bekannt, der aber an der Besorgung seiner Vermögensangelegenheiten verhindert ist,**
3. **für einen Beteiligten, dessen Aufenthalt sich nicht innerhalb des Geltungsbereichs dieses Gesetzbuchs befindet, wenn er der Aufforderung der zuständigen Behörde, einen Vertreter zu bestellen, innerhalb der ihm gesetzten Frist nicht nachgekommen ist,**
4. **für Gesamthandseigentümer oder Eigentümer nach Bruchteilen sowie für mehrere Inhaber eines sonstigen Rechts an einem Grundstück oder an einem das Grundstück belastenden Recht, wenn sie der Aufforderung der zuständigen Behörden, einen gemeinsamen Vertreter zu bestellen, innerhalb der ihnen gesetzten Fristen nicht nachgekommen sind,**
5. **bei herrenlosen Grundstücken zur Wahrung der aus dem Eigentum sich ergebenden Rechte und Pflichten.**

Für die Bestellung und für das Amt des Vertreters gelten die Vorschriften des Bürgerlichen Gesetzbuchs für die Pflegschaft entsprechend.

Die Vorschrift ist anwendbar, wo immer das BauGB einen **Beteiligten** bestimmt. 1 Der Anwendungsbereich erstreckt sich insbesondere auf die Umlegung (§ 48 f), die vereinfachte Umlegung (§§ 80 und 82, bis zur Novelle 2004 als Grenzregelung bezeichnet), die Enteignung (§ 106) und die Sanierung (§ 137). Im – landesrechtlich – geregelten Baugenehmigungsverfahren gilt die Vorschrift nur, soweit das jeweilige Landesrecht sie einbezieht (aA Bracher, in: Gelzer/Bracher/Reidt, 6. Aufl., Rn 1219, der diese unmittelbar anwendbar hält). Der Begriff der Beteiligten ist der jeweiligen Fachmaterie zu entnehmen. § 207 bestimmt eine mögliche Rechtsfolge im Fall, dass ein Vertreter nicht vorhanden ist, nicht aber einen allgemeinen Begriff des Beteiligten.

§ 207 ergänzt das im BauGB zur jeweiligen Materie geregelte Verfahrensfach- 2 recht. § 16 VwVfG (des Bundes) gilt gem. § 1 Abs. 2 Satz 1 VwVfG subsidiär, wirkt also nicht, soweit § 207 eine Regelung trifft. Für den **gebrechlichen** Beteiligten ist danach § 16 Abs. 1 Nr. 4 VwVfG anwendbar.

3 § 207 soll im öffentlichen Interesse den zügigen Fortgang und Abschluss des Verfahrens ermöglichen. Gewährleistet der Beteiligte einen zügigen Fortgang und Abschluss, wäre die Stellung eines Vertreters grob unangemessenen und deshalb unzulässig. Das kann insbesondere für einen im **grenznahen Ausland** wohnenden Beteiligten relevant sein.

4 Die Bestellung erfolgt im **FGG-Verfahren.** Rechtsmittel sind die Beschwerde und die weitere Beschwerde, §§ 19 ff, 57 ff FGG. Die Zuständigkeit ist § 16 Abs. 2 VwVfG zu entnehmen, den § 207 insoweit nicht verdrängt. Das öffentliche Amt des Vertreters schließt im Enteignungsverfahren die Befugnis zur Einigung nach § 110 ein, nicht aber zum Abschluss eines die Enteignung abwendenden Verkaufs (BGH, NJW 1974, 1374).

§ 208 Anordnungen zur Erforschung des Sachverhalts

Die Behörden können zur Erforschung des Sachverhalts auch anordnen, dass

1. **Beteiligte persönlich erscheinen,**
2. **Urkunden und sonstige Unterlagen vorgelegt werden, auf die sich ein Beteiligter bezogen hat,**
3. **Hypotheken-, Grundschuld- und Rentenschuldgläubiger die in ihrem Besitz befindlichen Hypotheken-, Grundschuld- und Rentenschuldbriefe vorlegen.**

Für den Fall, dass ein Beteiligter der Anordnung nicht nachkommt, kann ein Zwangsgeld bis zu fünfhundert Euro angedroht und festgesetzt werden. Ist Beteiligter eine juristische Person oder eine nichtrechtsfähige Personenvereinigung, so ist das Zwangsgeld dem nach Gesetz oder Satzung Vertretungsberechtigten anzudrohen und gegen ihn festzusetzen. Androhung und Festsetzung können wiederholt werden.

1 Der **Untersuchungsgrundsatz** gilt in allen Verfahren nach dem BauGB. Das bestimmt für Verwaltungsverfahren § 24 VwVfG des Bundes (§ 1 Abs. 2 Satz 1). § 208 ergänzt um der Behörde dabei zustehende Befugnisse.

2 § 138 Abs. 4 Satz 1 erklärt die Vorschrift für den Fall der Auskunftsverweigerung nach dessen Abs. 1 entsprechend anwendbar.

3 Satz 2 beschränkt Zwangsmittel zur Durchsetzung einer Anordnung nach § 208 auf Zwangsgeld.

4 Satz 3 schließt in den Kreis der Vollstreckungsadressaten die Vertreter juristischer Personen auch des öffentlichen Rechts ein, dies über Vorschriften in anderen Gesetzen hinausgehend.

5 Die Zwangsgeldfestsetzung ist Verwaltungsakt.

§ 209 Vorarbeiten auf Grundstücken

(1) Eigentümer und Besitzer haben zu dulden, dass Beauftragte der zuständigen Behörden zur Vorbereitung der von ihnen nach diesem Gesetzbuch zu treffenden Maßnahmen Grundstücke betreten und Vermessungen, Boden- und Grundwasseruntersuchungen oder ähnliche Arbeiten ausführen. Die Absicht, solche Arbeiten auszuführen, ist den Eigentümern oder Besitzern vorher bekannt zu geben. Wohnungen dürfen nur mit Zustimmung der Wohnungsinhaber betreten werden.

(2) Entstehen durch eine nach Absatz 1 zulässige Maßnahme dem Eigentümer oder Besitzer unmittelbare Vermögensnachteile, so ist dafür von der Stelle, die den Auftrag erteilt hat, eine angemessene Entschädigung in Geld zu leisten; kommt eine Einigung über die Geldentschädigung nicht zustande, so entscheidet die höhere Verwaltungsbehörde; vor der Entscheidung sind die Beteiligten zu hören. Hat eine Enteignungsbehörde den Auftrag erteilt, so hat der Antragsteller, in dessen Interesse die Enteignungsbehörde tätig geworden ist, dem Betroffenen die Entschädigung zu leisten; kommt eine Einigung über die Geldentschädigung nicht zustande, so setzt die Enteignungsbehörde die Entschädigung fest; vor der Entscheidung sind die Beteiligten zu hören.

§ 209 gilt für die zur Vorbereitung der nach dem BauGB zu treffenden Maßnahmen. Das sind außer den in Abs. 1 genannten die Umweltprüfung nach § 2 Abs. 4 und die Erkundung von Altlasten, Bebauungsplanung einschließlich der Sicherungsmaßnahmen nach den §§ 14–18, eingeschlossen § 15, Umlegung, Enteignung, Erschließung und besonderes Städtebaurecht. Nicht dazu gehört die Überwachung nach § 4c und die Überprüfung des FPl nach § 5 Abs. 1 Satz 3, wohl aber, wenn das Überprüfungsergebnis vorliegt die Vorarbeit, um den FPl zu ändern, zu ergänzen oder neu aufzustellen. Ein **Betretungsrecht** zur Fortführung des Liegenschaftskatasters (Schlussvermessung) kann sich aus dem Landeskatastergesetz ergeben. Die LBOen bestimmen ein Betretungsrecht für die Bauaufsicht. § 209 gilt nicht für die landesrechtlich geregelten bauaufsichtlichen Maßnahmen, auch nicht, wenn dabei die Zulässigkeit einer Anlage nach den §§ 30 ff zu prüfen ist. Solche Prüfung ist nicht eine Maßnahme iSd § 209. Die Vorbereitung des Ersuchens der Gemeinde nach § 15 aber ist eine Maßnahme iSd § 209. Das als lex specialis in § 197 Abs. 1 Satz 3 für den Gutachterausschuss bestimmte Recht ergänzt § 209. 1

Die Vorschrift bestimmt eine gesetzliche Duldungspflicht, das Grundstück zu betreten, **nicht aber Wohnungen, Arbeits- und Geschäftsräume** (BVerfGE 32, 54). Das Betretungsrecht steht unter dem Vorbehalt der **Verhältnismäßigkeit**. 2

Durchsetzen kann die Behörde die Duldungspflicht mittels **Duldungsverfügung**. Die Bekanntgabe informiert. Sie ist nicht VA (aA OLG Zweibrücken, NVwZ 1989, 596 und W. Schrödter, in: Schrödter, 6. Aufl., Rn 6 und Fislake, in: BK, Rn 13, der einen feststellenden VA annimmt). Bekannt zu geben ist nach Abs. 1 Satz 2 die Absicht, solche Arbeiten auszuführen; dass diese Regelung der Bekanntgabe eine feststellende Wirkung beilegte, ist ihr nicht zu entnehmen. Einen vollziehungsfähigen Inhalt hätte sie ebenfalls nicht. Gegen die bekannt gegebene Absicht ist die **vorbeugende Unterlassungsklage** gegeben, ggf Eilrechtsschutz nach § 123 VwGO. 3

Für Vermögensschäden infolge einer rechtmäßigen Maßnahme enthält Abs. 2 die **Entschädigungs**regelung. Bezahlt der Entschädigungspflichtige den festgesetzten Entschädigungsbetrag nicht, ist die Leistungsklage nach § 217 gegeben. § 122 ist für die Festsetzung nach Abs. 2 nicht für anwendbar erklärt. 4

Für Folgen einer rechtswidrigen Maßnahme haftet der Handelnde nach § 839 BGB oder aus enteignungsgleichem Eingriff. Rechtswidrig ist die Maßnahme u.a, wenn die Behörde ihre Absicht nicht vorher bekannt gegeben hat (Gaentzsch, BauGB, Rn 2). 5

§ 210 Wiedereinsetzung

(1) Wenn ein Beteiligter ohne Verschulden verhindert war, eine gesetzliche oder auf Grund dieses Gesetzbuchs bestimmte Frist für eine Verfahrenshandlung einzuhalten, so ist ihm auf Antrag Wiedereinsetzung in den vorigen Stand zu gewähren.

(2) Die nach § 32 Abs. 4 des Verwaltungsverfahrensgesetzes zuständige Behörde kann nach Wiedereinsetzung in den vorigen Stand anstelle einer Entscheidung, die den durch das bisherige Verfahren herbeigeführten neuen Rechtszustand ändern würde, eine Entschädigung festsetzen.

1 Abs. 1 **verdrängt § 32 Abs. 1 Satz 1 VwVfG**, der die Wiedereinsetzung nur für die Versäumung gesetzlicher Fristen vorsieht, nicht aber – wie hier – auch für aufgrund des BauGB gesetzte Fristen. Das VwVfG des Bundes ist gemäß dessen § 1 Abs. 2 Satz 1 für Verfahren nach dem BauGB subsidiär zu den fachrechtlichen Verfahrensvorschriften des BauGB einschlägig. Dementsprechend sind **alle weiteren Regelungen des § 32 VwVfG anzuwenden.** Die Vorschrift gilt nicht für die Versäumung einer Ausschlussfrist. Bedeutsam ist das insbesondere für die in § 215 Abs. 1 bestimmte Rügefrist, s. Rn 12 zu § 215.

2 Ihre Bedeutung entfaltet die Vorschrift insbesondere im **Umlegungs- und Enteignungsverfahren.**

3 Mit dem Zwang zur Wiedereinsetzung, wenn deren Voraussetzungen vorliegen, auch bei der Versäumung von aufgrund des BauGB gesetzter Fristen, geht die Vorschrift weit **über die allgemeine Wiedereinsetzungsvorschrift** hinaus, auch die der Prozessordnungen. Den Ausgleich liefert die Rechtsfolgeregelung des Abs. 2.

4 Für die Versäumung der Anregungsfrist nach **§ 3 Abs. 2, § 13 Abs. 2 Nr. 2** oder **§ 13a Abs. 2 Nr. 1** und folglich die Zulässigkeit des Normenkontrollantrags nach **§ 47 Abs. 2a VwGO** kann die Wiedereinsetzung nach § 210 bedeutsam sein. Dies gilt insbesondere für den Fall, dass der Betreffende darauf vertrauen durfte, seine Anregung sei überflüssig, weil der betreffende Belang und dessen objektives Gewicht der Gemeinde ohnehin offenkundig sei, s. Rn 31 Vorbemerkungen zu den §§ 29–38.

5 Die Wiedereinsetzung kann einen Verfahrensstand betreffen, in dem – ggf für viele Beteiligte – bereits ein neuer Rechtszustand eingetreten ist und in dem Beteiligte oder auch die Gemeinde oder der sonstige Erschließungsträger im Vertrauen darauf, dass es beim neuen Rechtszustand bleiben wird, erhebliche Veränderungen – auf dem Grundstück – vorgenommen haben und hierfür – ggf sehr erhebliche – finanzielle Mittel aufgewendet haben. Abs. 2 schützt – *erstens* – das **Vertrauen der sonst Beteiligten** darauf, den erreichten Rechtszustand erhalten zu dürfen und – *zweitens* – davor, den **Aufwand des bisherigen Verfahrens** einschließlich der hierfür oft erheblichen Kosten noch einmal betreiben zu müssen. Als Rechtsfolge der Wiedereinsetzung bestimmt die Vorschrift, wenn die entsprechenden Tatbestandsmerkmale erfüllt sind, die Befugnis der Behörde, für den in die Frist wieder eingesetzten Beteiligten eine **Entschädigung** festzusetzen, **statt** den neuen Rechtszustand zu beseitigen und das Verfahren zu wiederholen. Die Entscheidung ist in das **Ermessen** der Behörde gestellt. Bei der Ermessensausübung fällt ins Gewicht, dass die Vorschrift dem Beteiligten die Folgen seiner Fristversäumung mit der Kann-Bestimmung objektiv zurechnet. Je größer der Aufwand wäre, den erreichten Zustand wieder zu beseitigen und je einschneidender es für sonstige Betroffene wäre, wenn der erreichte Rechtszustand rückgängig gemacht werden müsste, desto drängender ist es für die Behörde, von ihrem Ermessen iSd Ermächtigung Gebrauch zu machen.

§ 211 Belehrung über Rechtsbehelfe

Den nach diesem Gesetzbuch ergehenden Verwaltungsakten ist eine Erklärung beizufügen, durch die der Beteiligte über den Rechtsbehelf, der gegen den Verwaltungsakt gegeben ist, über die Stelle, bei der der Rechtsbehelf einzulegen ist, und über die Frist belehrt wird.

1 Nicht die in der Vorschrift bestimmte Pflicht aller Behörden, ihnen ein Verfahren nach dem BauGB abschließenden VA mit einer Rechtsmittelbelehrung zu versehen, ist sonderlich aufregend, vielmehr ist es die **Fehlerfolge einer unrichtigen** oder fehlenden Belehrung (s. Rn 3). § 59 VwGO verpflichtet schon nach seinem Wortlaut ausschließlich Bundesbehörden, ihrem schriftlichen VA eine Rechtsmittelbelehrung beizuführen. Die im BauGB vorgesehenen VAe erlassen Kommunal- und Landesbehörden. Um die kurze – einen Monat betragende – Frist des § 58 VwGO für alle im BauGB vorgesehenen Verfahren verlässlich in Gang zu setzen und Bindung nach Ablauf der Frist herbeizuführen, verpflichtet das Gesetz alle Behörden, ihrem ein in diesem Gesetz vorgesehenes Verfahren abschließenden VA eine Rechtsmittelbelehrung beizufügen.

2 Die Vorschrift gilt für alle VAe, die ein im BauGB geregeltes Verfahren abschließen mit Ausnahme der Enteignungsbeschlüsse, für die § 113 Abs. 1 Satz 2 die lex specialis enthält. Die Belehrungspflicht gilt für die im Umlegungsverfahren zu erlassenden VAe. Sie gilt nach allgemeiner Meinung auch für den Bußgeldbescheid nach § 113 iVm den §§ 50 Abs. 2 und 66 Abs. 2 OwiG. Legt ein Betroffener Widerspruch ein, so erhält der VA seine endgültige Gestalt gem. § 79 Abs. 1 Nr. 1 VwGO durch den Widerspruchsbescheid gem. § 73 Abs. 1 Satz 1 VwGO, für den § 211 ebenfalls gilt. In Baulandsachen ist ein Vorverfahren nicht bundesrechtlich vorgeschrieben; die Länder sind nach § 212 ermächtigt, ein Vorverfahren vorzusehen und haben hiervon unterschiedlich Gebrauch gemacht; eine Rechtsmittelbelehrung kann nach dem jeweiligen Landesrecht vorgeschrieben sein, sei es auch, indem es § 212 als entsprechend anwendbar erklärt. Für die landesrechtlich geregelten Baugenehmigungsverfahren gilt § 211 nicht. Die Ausführungsgesetze der Länder können jedoch eine Rechtsmittelbelehrung vorschreiben. Das haben die Länder Hessen, Rheinland-Pfalz, Niedersachsen, Sachsen, Sachsen-Anhalt, Schleswig-Holstein und Thüringen getan, indem sie pauschal eine Rechtsmittelbelehrung vorschreiben, ohne für deren Inhalt exakte Anforderungen zu stellen. Ob eine nicht den Anforderungen des § 211 bzw 59 VwGO genügende Belehrung die kurze Rechtsmittelfrist in Gang setzt, ist aus rechtsstaatlichen Gesichtspunkten höchst zweifelhaft.

3 **Umstritten ist die Fehlerfolge** einer nicht den Anforderungen des § 211 genügenden oder fehlenden Belehrung in Baulandsachen. Für Verwaltungsstreitverfahren gilt § 58 VwGO. Der BGH hat die Beantwortung der Frage bisher offen gelassen (Z 41, 249; BRS 26 Nr. 157; DVBl 1974, 908; BRS 45 Nr. 217), der BGH hat § 58 VwGO auf den Fall angewendet, dass der Beteiligte durch eine unrichtige Rechtsmittelbelehrung auf einen unrichtigen gerichtlichen Weg verwiesen worden ist (kritisch hierzu: Fislake, BK, Rn 10). Die Verweisung des von der unrichtigen oder fehlenden Rechtsmittelbelehrung Betroffenen auf erfolgreiche Wiedereinsetzung ist für diesen der sehr viel aufwändigere und risikoreichere Weg und verschiebt das Risiko der zwingend vorgeschriebenen, aber unrichtigen oder fehlenden Belehrung von der Behörde auf den Adressaten. Sie stellt ihn darüber hinaus schlechter als den von einer richtigen Belehrung Betroffenen. **Ausgewogen ist deshalb, § 58 Abs. 2 VwGO entsprechend anzuwenden.** Die OLGe Karlsruhe (OLGZ

1977, 88 = NJW 1976, 1508 – LS –), Zweibrücken (OLGZ 72, 57) und München (NVwZ 1988, 1069) entnehmen dem Umstand, dass das BauGB für das Baulandverfahren eine § 58 Abs. 1 VwGO entsprechende Vorschrift nicht enthält, dass die Bekanntgabe des VA die kurze Rechtsmittelfrist ohne weiteres in Lauf setzt und verweisen auf Wiedereinsetzung wegen unrichtiger oder fehlender Belehrung. Das OLG Köln (DVBl 1971, 299) wendet § 58 VwGO entsprechend an.

§ 212 Vorverfahren

(1) Die Landesregierungen können durch Rechtsverordnung bestimmen, dass ein nach dem Vierten oder Fünften Teil des Ersten Kapitels erlassener Verwaltungsakt durch Antrag auf gerichtliche Entscheidung nach § 217 erst angefochten werden kann, nachdem seine Rechtmäßigkeit und Zweckmäßigkeit in einem Vorverfahren nachgeprüft worden ist; das Vorverfahren ist in Anlehnung an die Vorschriften der Verwaltungsgerichtsordnung zu regeln.

(2) Ist ein Vorverfahren vorgesehen, hat der Widerspruch gegen

1. **den Umlegungsbeschluss nach § 47 Abs. 1,**
2. **die Bekanntmachung der Unanfechtbarkeit des Umlegungsplans nach § 71 Abs. 1 sowie**
3. **die vorzeitige Besitzeinweisung nach § 77 oder § 116**

keine aufschiebende Wirkung. § 80 Abs. 4 und 5 der Verwaltungsgerichtsordnung ist entsprechend anzuwenden.

1 Der vierte Teil betrifft das Umlegungsverfahren einschließlich der vereinfachten Umlegung und der fünfte Teil die Enteignung. Die Vorschrift betrifft **Baulandsachen** und gehört systematisch zu den §§ 217–231. Für Verwaltungsstreitverfahren im Verwaltungsrechtsweg schreibt § 68 VwGO das Vorverfahren vor. § 212 stellt den Ländern anheim, in Baulandsachen landesrechtlich ebenfalls ein Vorverfahren vorzuschreiben.

2 **Nur für Umlegungs**- einschließlich vereinfachter Umlegungsverfahren haben Länder von der Ermächtigung Gebrauch gemacht, nicht aber für die Enteignungsverfahren. Auch in Umlegungsverfahren gibt es ein Vorverfahren nicht in den Ländern Bremen, Baden-Württemberg, Nordrhein-Westfalen und dem Saarland. Textauszüge der einschlägigen Landesvorschriften sind abgedruckt bei *Kalb (*in: EZB, Rn 9–24, Stand: Januar 2005). Eine Übersicht gibt Brügelmann(KK, Anhang B).

3 Für die **Widerspruchseinlegungsfrist** gilt: Ist der VA durch ortsübliche Bekanntmachung bekannt gegeben, gilt er nach § 41 Abs. 4 Satz 3 VwVfG zwei Wochen nach der ortsüblichen Bekanntmachung als bekannt gegeben mit der Folge, dass die Frist mit Ablauf dieser zwei Wochen zu laufen beginnt. Einschlägig ist das VwVfG des Bundes gemäß dessen § 1 Abs. 2 Satz 1.

4 Bezüglich der Rechtsmittelbelehrung s. die Kommentierung zu § 211.

5 Für die vorzeitige Besitzeinweisung sowohl im Umlegungs- als auch im Enteignungsverfahren schließt Abs. 2 die **aufschiebende Wirkung** aus. Die Novelle 2004 hat den Ausschluss erweitert auf den Umlegungsbeschluss und auf die Bekanntmachung der Unanfechtbarkeit des Umlegungsplans. Weitere Ausschlüsse sind in § 212a bestimmt. Für die Anordnung der aufschiebenden Wirkung in diesen Fällen ist § 80 Abs. 4 und 5 VwGO entsprechend anzuwenden. Desgleichen zur Wiederherstellung der aufschiebenden Wirkung, wenn die Behörde aufgrund Landes

rechts den Sofortvollzug eines Verwaltungsakts angeordnet hat, bei dem das Rechtsmittel an sich die aufschiebende Wirkung bewirkt.

§ 212a Entfall der aufschiebenden Wirkung

(1) Widerspruch und Anfechtungsklage eines Dritten gegen die bauaufsichtliche Zulassung eines Vorhabens haben keine aufschiebende Wirkung.

(2) Widerspruch und Anfechtungsklage gegen die Geltendmachung des Kostenerstattungsbetrags nach § 135a Abs. 3 sowie des Ausgleichsbetrags nach § 154 durch die Gemeinde haben keine aufschiebende Wirkung.

I. Abs. 1: Rechtsmittel gegen die baupolizeiliche Zulassung

1. Bedeutung

1 a) **Bedeutung – Nachbaranfechtung und Anfechtung der Gemeinde:** Die Vorschrift ist von zentraler praktischer Bedeutung für den Rechtsschutz im Baunachbarstreit und für den Rechtsschutz der Gemeinde gegen eine einen Bau zulassende Genehmigung der staatlichen Behörde, s. hierzu Vorbemerkungen zu den §§ 29–38. Die in § 80 Abs. 1 VwGO als Regel bestimmte aufschiebende Wirkung des Rechtsmittels ist das „*Damokles-Schwert*" des deutschen Verwaltungsprozessrechts. Diese aufschiebende Wirkung bewirkt die Effektivität des deutschen verwaltungsgerichtlichen Rechtsschutzes. Die aufschiebende Wirkung – insbesondere als die Regel – markiert einen Hauptunterschied des deutschen Verwaltungsrechtsschutzes zu dem anderer Staaten, etwa der französischen Republik und derjenigen Staaten, die das französische Prozessrecht übernommen haben, zB Portugal. Das deutsche System haben u.a. Spanien und Taiwan übernommen. Die Vorschrift kehrt die Regel für die Fälle der baupolizeilichen Zulassung von Vorhaben in die Ausnahme, indem sie dem Dritten die Verfahrensinitiative zur Anordnung der aufschiebenden Wirkung zumutet (s. Rn 12). Der Hauptanwendungsfall ist der der Nachbaranfechtung. Ein weiterer Anwendungsfall ist der der Anfechtung der Gemeinde, sei es, weil die staatliche Behörde das Vorhaben ohne das Einvernehmen der Gemeinde nach § 36 erteilt hat, sei es im zwischengemeindlichen Streit.

2 b) **Ersetzung des Einvernehmens nach § 36:** Die Ersetzung des Einvernehmens nach § 36 Abs. 2 Satz 3 und die Weisung der Aufsichtsbehörde, das Einvernehmen zu erteilen, sind gegenüber der Gemeinde VAe. Deren Regelungsinhalt iSv § 35 VwVfG ist aber nicht die Zulassung eines Vorhabens iSv § 212a Abs. 1. Das Rechtsmittel der Gemeinde gegen die Ersetzung bzw die Weisung hat nach § 80 Abs. 1 VwGO aufschiebende Wirkung. Erteilt die Behörde dem Dritten gleichwohl die Genehmigung, muss die Gemeinde zur Wahrung ihres Rechts auch diese anfechten. Die Anfechtung der Genehmigung ihrerseits hat keine aufschiebende Wirkung.

2. Regelungszusammenhang

3 a) **Art 14 Abs. 1 Satz 1 GG iVm der Eigentumsinhalt vermittelnden Norm/Art 28 Abs. 2 GG/Art 19 Abs. 4 GG iVm den §§ 80 und 123 VwGO/Rechtsstaatsgebot und dem Richterbild:** § 212a Abs. 1 regelt einen ausschnittartigen Aspekt des Regelungszusammenhangs des behördlichen und gerichtlichen Rechtsschutzes. Dieser Aspekt hat eine materiell-rechtliche und eine verfahrensrechtliche Komponente. Die materiell-rechtliche besagt, dass der Bauherr bauen darf, auch wenn ein Dritter Widerspruch oder Klage gegen die Baugenehmigung erhoben hat, und zwar so lange, als nicht die Behörde oder das Gericht die aufschiebende Wirkung angeordnet hat und auch dann wieder, wenn die Frist des § 80 b Abs. 1 VwGO abgelaufen ist und das Gericht die aufschiebende Wirkung nicht verlängert hat. Die verfahrensrechtliche Komponente verschiebt die Verfahrensinitiative zur Anordnung der aufschiebenden Wirkung auf den Dritten mit allen sich daraus ergebenden verfahrens- und materiell-rechtlichen Konsequenzen (s. Rn 12). Zu **Anforderungen an den Erfolg des Rechtsschutz Suchenden ist § 212a Abs. 1 nur etwas zur Interessenabwägung zu entnehmen.** Den Erfolg des Rechtsschutzes macht das Prozessrecht von der **materiell-rechtlichen Rechtslage** abhängig, genauer: von der **Anspruchsposition des den Rechtsschutz Suchenden.** Das gilt

auch für den vorläufigen bzw Eilrechtsschutz. Diese Anspruchsposition ist im Baunachbarstreit der eigentumsinhaltsbestimmenden Norm iVm Art 14 Abs. 1 Satz 1 GG zu entnehmen, bei Anfechtungen von Gemeinden § 36 oder der Selbstverwaltungsangelegenheit, beide iVm Art 28 Abs. 2 GG und bei anderen Konstellationen der einschlägigen materiell-rechtlichen Vorschrift. Den Erfolg des vorläufigen Rechtsschutz Suchenden macht § 80 Abs. 4 und 5 VwGO von einer nachvollziehenden Interessenabwägung abhängig. Der Inhalt der Interessen ist den bezeichneten materiell-rechtlichen Positionen zu entnehmen und der Maßstab dem Verwaltungsprozessrecht iVm dem Effektivitätsgrundrecht aus Art 19 Abs. 4 GG, einschließlich der pflichtmäßigen Prüfungstiefe (s Rn 13). In diesen Zusammenhang gehört auch das **Richterbild** (Ortloff, in: Schoch/Schmidt-Aßmann/Pietzner, Vorb § 81 Rn 7 und 8 und 11–15). Dabei geht es um die von der Prozessordnung vorgegebene Aktivität des Richters mit dem **Ziel, in einem möglichst frühen Stadium der gerichtlichen Auseinandersetzung endgültigen Rechtsfrieden** zwischen den Beteiligten zu fördern.

b) **Prüfungsschema: Erstens: Gegebensein – Zweitens: materiell-rechtliche Rechtslage – Drittens:** Nachvollziehende **Interessenabwägung nach § 80 VwGO.** Daraus ergibt sich das folgende dreistufige Prüfungsprogramm: Auf der *ersten* Stufe ist die Gegebenheit (Tatbestandsmäßigkeit) zu ermitteln, Rn 5–7 betreffend den Geltungsbereich der Vorschrift. Auf der *zweiten* Stufe ist die materiell-rechtliche Rechtslage zu ermitteln, Rn 8–13. Auf der *dritten* und letzten Stufe findet die nachvollziehende Interessenabwägung nach § 80 Abs. 4 bzw 5 VwGO statt, Rn 14 und 16. Zur ersten und zweiten Stufe sollte der Antragsteller – und sein Rechtsanwalt – möglichst **umfassend und überzeugend darlegen und Beweismittel beibringen.** Die Untersuchungsmaxime zwingt daneben die Behörde und den Richter, auf den beiden ersten Stufen den Sachverhalt von Amts wegen zu ermitteln und die **Rechtslage abschließend zu prüfen.** 4

3. Geltungsbereich

a) **Dritter:** Dritter ist, wer die einem anderen erteilte bauordnungsrechtliche Zulassung (Baugenehmigung) anficht. Ob sein Rechtsbehelf zulässig ist, ob er also die Verletzung eines subjektiven Rechts geltend macht, ist unerheblich. Das Merkmal des Dritten in § 212a Abs. 1 befasst sich nicht mit der Zulässigkeit dessen Rechtsmittels. Dritter ist der Nachbar oder die Gemeinde oder ein Sonstiger. Ob er Nachbar iSd einschlägigen materiell-rechtlichen Vorschrift ist und ob diese ihn schützt, ist unerheblich, desgleichen, ob sein Rechtsmittel Erfolg versprechend ist. Der Bauherr, sein bürgerlich-rechtlicher Einzel- oder Gesamtrechtsnachfolger oder sein öffentlich-rechtlicher Bauherren-Nachfolger ist nicht Dritter. Ficht dieser die Baugenehmigung an, sei es mit dem Ziel, eine Baugenehmigung anderen Inhalts zu erhalten oder diese mit dem Argument kassieren zu lassen, er habe sie nicht beantragt oder nicht mit diesem Inhalt beantragt, gilt die Vorschrift nicht. Ficht der Eigentümer des Grundstücks die einem Dritten erteilte Zulassung an, ist der Eigentümer zwar Dritter, kann aber aus seiner Eigentümerposition den Bauherrn zivilrechtlich daran hindern, sein Eigentum baulich zu verändern. 5

b) **Verfügender, die präventive Schranke lüftender VA/Vorbescheid:** Baupolizeiliche Zulassung ist der verfügende VA, der die präventive Schranke der formellen Zulassungsbedürftigkeit lüftet. Für bauaufsichtliche Zulassungen können spezielle Zusammenhänge anderer Fachbehörden zuständig sein, beispielsweise das Bergamt oder eine Wasserbehörde. Bei einer **in einer anderen Genehmigung kon-** 6

zentriert enthaltenen baurechtlichen Zulassung – beispielsweise der immissionsschutzrechtlichen Genehmigung nach § 13 BImSchG – stellt sich die Frage nach der Geltung der Vorschrift nicht; hat das Rechtsmittel gegen eine solche Genehmigung aufschiebende Wirkung, darf der Anlagenbetreiber nicht isoliert vorab die bauliche Anlage errichten. Die einheitliche **konzentrierte Genehmigung** schließt unterschiedliche aufschiebende bzw nicht aufschiebende Wirkung bezüglich der Teile aus. Umgekehrt nehmen im **Huckepack** der baurechtlichen Zulassung erteilte Genehmigungen – nach Landesrecht die naturschutzrechtliche oder die denkmalschutzrechtliche Genehmigung – am Ausschluss der aufschiebenden Wirkung teil. Ein **ausschließlich feststellender VA – zB der Vorbescheid** – ist nicht eine bauaufsichtliche Zulassung (Nds OVG, OVGE 48, 316). Das Rechtsmittel des Dritten hat deshalb aufschiebende Wirkung. Auf die zeitlich nachfolgende umfassende Zulassung wirkt sich das nicht aus; hat das vom Dritten gegen den Vorbescheid erhobene Rechtsmittel aufschiebende Wirkung, so hat gleichwohl sein Rechtsmittel gegen die zeitlich nachfolgende verfügende Zulassung keine aufschiebende Wirkung; nicht die feststellende Wirkung, die das Gesetz dem VA beilegt, erlaubt dem Bauherrn trotz Rechtsmittels des Dritten zu bauen. Andererseits hindert die aufschiebende Wirkung des Rechtsmittels gegen den Vorbescheid nicht die Behörde, anschließend das Vorhaben umfassend zuzulassen; diese verfügende Zulassung vollzieht nicht die dem Vorbescheid vom Gesetz zugelegte feststellende Wirkung (aA: Schmaltz, in: Schröter, 6. Aufl., Rn 3).

7 c) **Vorhaben:** Vorhaben ist, was dem bundesrechtlichen Begriff des **§ 29 BauGB** entspricht.

4. Prüfungstiefe – Anforderung an den Erfolg des ersuchten Eilrechtsschutzes

8 a) **Gleichwertige materiell-rechtliche Rechtsposition der Nachbarn:** Die materiell-rechtlichen Positionen der Nachbarn folgen aus deren Eigentumsinhalt. Sie stehen gleichermaßen unter dem Grundrechtsschutz des Art 14 Abs. 1 Satz 1 GG und sie sind deshalb gleichwertig (BVerfGE 35, 263; Finkelnburg, DVBl 77, 677; Schoch, in: S/S-A/P, § 80 Rn 18). Die Position des Nachbarn ist deshalb gleich schutzwürdig wie die des Bauherrn. Als Maßstab bildend für eine Interessenabwägung ist ein wertender Vergleich der eingebrachten wertgleichen Positionen unergiebig.

9 b) **Ungleichwertige Rechtsposition von Nachbarn (Rücksichtnahmegebot):** Ist das Gebot der Rücksichtnahme nachbarschützend, beschränkt sich die Rechtsmacht des Nachbarn darauf, die Einhaltung des Gebots – nötigenfalls mit Hilfe des Richters – durchzusetzen. Ist das Vorhaben an sich rechtmäßig und lässt es sich ander – rücksichtsvoll – nicht ausführen, muss der Nachbar zurücktreten. Die Schwierigkeit im Verfahren mit dem Ziel der Anordnung der aufschiebenden Wirkung liegt darin, die sichere tatsächliche Feststellung zu treffen, dass sich das Vorhaben anders nicht ausführen lässt. § 212a Abs. 1 lässt sich ein Vorrang des Vorhabens nicht entnehmen (s. Rn 4).

10 c) **Gleichwertige materiell-rechtliche Rechtsposition von Bauherr und Gemeinde** Ein Rang- oder Wertunterschied zwischen dem Eigentumsgrundrecht des Bauherrn und dem Selbstverwaltungsgrundrecht der Gemeinde ist weder dem materiellen noch dem Verfahrensrecht zu entnehmen. Verletzt die bauaufsichtliche Zulassung eine das Selbstverwaltungsrecht konkretisierende Bestimmung, so ist sie rechtswidrig und auf die Anfechtung der Gemeinde aufzuheben. Die Positionen von Gemeinde und Eigentümer sind gleichwertig. Als Maßstab bildend für eine Interessenabwägung ist ein wertender Vergleich der eingebrachten Positionen unergiebig.

d) **Vergleich der Wertigkeit der Rechtspositionen in anderen Fällen:** Bei den – seltenen – anderen Konstellationen, bei denen der Dritte weder Nachbar noch Gemeinde ist, ist die Wertigkeit der Positionen entsprechend zu vergleichen. Eine Besonderheit bilden diejenigen Fälle, in denen das Gesetz einem **Dritten die Rolle des Hüters des Gesetzes** erlaubt, ohne Inhaber eines eigenen subjektiven Rechts zu sein. Das sind die in einigen Ländern zugelassenen Aufsichtsklagen der höheren Verwaltungsbehörde und die naturschutzrechtliche Verbandsklage. Die verfahrensrechtlich zugelassene Hüterfunktion lässt sich nicht mit der Eigentumsposition des Bauherrn wertend vergleichen. Sie entspricht der Funktion der zulassenden Behörde, die berufen ist, die Rechtmäßigkeit des Vorhabens zu prüfen und aufgrund ihres Ergebnisses die präventive Schranke verfügend zu lüften. Der Hüterfunktion ist iVm dem Rechtmäßigkeitsgebot des Art 20 Abs. 3 GG zu entnehmen, dass die um Anordnung der aufschiebenden Wirkung ersuchte Behörde bzw das Gericht verpflichtet ist, die Rechtmäßigkeit abschließend zu prüfen. Als Maßstab bildend für eine Interessenabwägung ist ein wertender Vergleich der eingebrachten Positionen unergiebig. 11

e) **Rechtsstaatliche Ausgeglichenheit der Initiativanforderung (Angriffslast) an den Dritten:** § 212a Abs. 1 erfüllt – endlich – die verfassungsrechtliche Pflicht zum Ausgleich. Das **Rechtsstaatsprinzip** verlangt, gegenläufige, mit Rechtspositionen, zumal verfassungsrechtlich abgesicherten, Interessen **auszugleichen**. Die früher vom Dritten durch seine Anfechtung generell ausgelöste aufschiebende Wirkung war unausgeglichen. Um dem Bauherrn vorläufig das Recht zu bauen abzujagen, brauchte der Dritte nur fristgerecht anzufechten. Im Windschatten der aufschiebenden Wirkung konnte er es sich bequem machen. Um diese Art 14 Abs. 1 Satz 1 GG verletzende Situation zu entschärfen, musste der Bauherr die Initiative ergreifen, bei der Behörde oder dem VG die sofortige Vollziehbarkeit seiner Baugenehmigung zu erwirken. In der Initiativrolle des Verpflichtungsantragstellers stand sein Anspruch auf die bauaufsichtliche Zulassung insgesamt auf dem Prüfstand. Entdeckte das VG einen nicht die Position des Dritten berührenden Fehler, sei es auch nur ein Aufklärungsmangel, konnte sein Eilrechtsschutzersuchen schon daran scheitern. Erst die abschließende Entscheidung über die Anfechtung des Dritten scheiterte nach § 113 Abs. 1 Satz 1 VwGO daran, dass dieser kein subjektives Recht auf seiner Seite hatte, ggf nach mehreren Jahren. Zugleich ging der Bauherr mit seinem Begehr das Risiko ein, dass das VG einen Fehler außerhalb der Rechtsposition des Dritten entdeckte, an den dann die Widerspruchsbehörde seine Baugenehmigung scheitern lassen konnte. Manche Gerichte haben gar die aufschiebende Wirkung der Anfechtung eines Dritten als *„normales Bauherrenrisiko"* als für die Interessenabwägung maßgebend angesehen. § 212a Abs. 1 beseitigt diese dreifache Unausgeglichenheit. *Erstens* **entzieht die Vorschrift dem Dritten die Rechtswohltat, es sich im Windschatten der aufschiebenden Wirkung bequem sein zu lassen**, indem sie ihn die **Initiative mit Begründungsanforderung** zur Anordnung der aufschiebenden Wirkung abverlangt und damit auch das Risiko des von ihm initiierten Verfahrens. Er trägt die Angriffslast. *Zweitens* beschränkt die Vorschrift das **Prüfungsprogramm auf die Verletzung eines Rechts des Dritten** und damit in aller Regel auf einen minimalen Ausschnitt aus der Gesamtzahl aller für die Rechtmäßigkeit des Vorhabens maßgebenden Bestimmungen (Rn 72 Vorbemerkungen zu den §§ 29–38). Schließlich konzentriert die Vorschrift – damit *drittens* – den **Streitstoff auf den Streitgegenstand der Hauptsache.** Der Dritte kann nicht mehr für die Dauer des ihm günstigen Windschattens 12 einen Streitstoff zu seinen Gunsten wenden, mit dem er in der Hauptsache nicht erfolgreich sein kann. Damit erfüllt die Vorschrift das **verfassungsrechtliche Gebot der Ausgewogenheit**. Schließlich **entlastet** sie – *viertens* – mit der bezeichneten Konzentration das **Gericht**. Sie entlastet den Umfang des aufklärungsbedürftigen Sachverhalts und den Umfang der prüfungsbedürftigen Rechtspositionen.

13 f) **Prüfungstiefe und Umfang der materiell-rechtlichen Rechtslage:** Das Eilverfahren nach § 80 ist ein zentrales einfach-rechtliches Instrument, das durch Art 19 Abs. 4 GG gewährleistete Grundrecht auf effektiven Rechtsschutz zu gewähren. Dieses Grundrecht verbietet, die von den Beteiligten eingebrachten Rechtspositionen nicht umfassend zu prüfen. Zu den ohne weiteres erreichbaren Beweismitteln gehört auch die **Ortsbesichtigung**. Die Rechtslage erschließt sich im Baunachbarstreit erfahrungsgemäß idR erst aufgrund einer Ortsbesichtigung. Das gilt insbesondere, wenn die zeichnerische Beschreibung mit Bemaßung nicht ausreicht, die Rechtspositionen abschließend zu beurteilen. Die §§ 80 ff VwGO stehen einer Ortsbesichtigung nicht entgegen. Erörtert das Gericht die Streitsache am Ende einer Ortsbesichtigung mit den Beteiligten, lässt sie sich in einem sehr hohen Prozentsatz auch für die Hauptsache abschließend erledigen. Kann das Gericht die Angelegenheit im Ortstermin erledigen, entfällt der Aufwand für eine schriftlich zu begründende Entscheidung, die selten geeignet ist, Rechtsfrieden hervorzurufen. Entsprechend hoch ist die **Akzeptanz der richterlichen Hilfe**. Hinzu kommt die hohe absolute Zahl an Erledigungen. Verweist das Gericht die Beteiligten auf das Hauptsachverfahren und damit die Erledigung auf einen Zeitpunkt sehr viel später, hinterlässt es **Enttäuschung statt Akzeptanz**.

5. Maßstab der Interessenabwägung

14 a) **Vordergründiges Regel-Ausnahmeverhältnis:** Die Formulierung, es handele sich bei der aufschiebenden Wirkung bzw bei deren Ausschluss jeweils um ein Regel-Ausnahme-Verhältnis, bleibt in der Beziehung zwischen dem Bauherrn und seinem Nachbarn unergiebig. Sie verdeckt eher Begründungsnot, als dass sie hilfreich wäre, das Gewicht der Rechtsposition des Nachbarn zu kennzeichnen oder gar Akzeptanz bei demjenigen hervorzurufen, der das Eilverfahren verliert.

15 b) **These vom Verbot der Vorwegnahme der Hauptsache:** Im Baunachbarstreit nimmt die Entscheidung nach § 80 Abs. 5 VwGO ihrer Natur nach die Hauptsache partiell vorweg. Die These vom Verbot der Vorwegnahme der Hauptsache ist deshalb ungeeignet, das Rechtsschutzgrundrecht aus Art 19 Abs. 4 GG zu erfüllen. Schoch (Schoch/Schmidt-Aßmann/Pietzner, § 123 Rn 88–91) hat das überzeugend dargelegt.

16 c) **Maßstab der Interessenabwägung:** Bei rechtlich und insbesondere grundrechtlich gleichwertigen Positionen der Beteiligten ist eine dem Grundrecht auf effektiven Rechtsschutz aus Art 19 Abs. 4 GG gerecht werdende Interessenabwägung nur möglich, wenn die eingebrachten Rechtspositionen hinreichend geklärt sind. Das **Arbeitsprogramm zur Interessenabwägung** erfordert deshalb als *ersten* Schritt, die von den Beteiligten eingebrachten Rechtspositionen hinreichend zu klären. Erst diese Klärung ermöglicht, in einem *zweiten* Schritt das *objektive* rechtliche Gewicht der Positionen wertend zu ermitteln und in einem *dritten* Schritt die individuelle sich aus den konkreten Umständen des Einzelfalles – insbesondere vor Ort – wertend zu beurteilen.

17 Hat der Nachbar mit seinem Antrag auf Anordnung der aufschiebenden Wirkung gewartet, bis ein erheblicher Teil des Vorhabens realisiert ist, soll ihm im Rahmen

der Interessenabwägung zuzumuten sein, die endgültige Fertigstellung vorläufig hinzunehmen (OVG Saar, DÖV 2003, 129). § 80 Abs. 5 VwGO ist ein derartiger verallgemeinerungsfähiger Rechtssatz nicht zu entnehmen. Ist weder der materiellrechtliche, noch der verfahrensrechtliche Anspruch des Nachbarn verwirkt, verlangt das Gesetz für die Interessenabwägung die Würdigung des Einzelfalles. Die Interessenabwägung nach dem Baufortschritt im Zeitpunkt der Antragstellung für sich genommen und allein vorzunehmen, missachtet die – teilweise verfassungsrechtlich abgesicherten – Gewichte der von den Parteien eingebrachten in Rn 16 bezeichneten Positionen.

6. Verfahren

a) Vorabantrag bei der Behörde, § 80a VwGO: § 80a VwGO verlangt nicht auch, im Baunachbarstreit die Anordnung der aufschiebenden Wirkung vorab von der Behörde zu verlangen (nicht einhellige Meinung). 18

b) Beiladung des Adressaten der Zulassung (Bauherrn): Im gerichtlichen Verfahren ist der Adressat der Zulassung notwendig beizuladen, das ist idR der Bauherr (§ 65 VwGO). 19

c) Änderungsbefugnis nach § 80 Abs. 7 VwGO: Eine erhebliche Rolle spielt im Baunachbarstreit die Änderungsbefugnis nach § 80 Abs. 7 VwGO. Ist dem Gericht eine Befriedung in der Erörterung vor Ort misslungen (Rn 13) oder hat es eine Befriedung nicht versucht, kann der Bauherr idR der abschließenden Entscheidung entnehmen, an welchem Hindernis sein Vorhaben nach der Auffassung des Gerichts scheitert. Das nimmt er **vernünftigerweise zum Anlass, sein Vorhaben zu korrigieren**. Die Behörde wird die Korrektur im Wege der **Nachtragsgenehmigung** alsbald aufgreifen, auch, um einen eventuellen Amtshaftungsanspruch nach § 839 BGB zu vermeiden. Daraufhin ist angezeigt, alsbald die Änderung nach § 80 Abs. 7 VwGO anzustreben. Die Behörde darf die aufschiebende Wirkung nicht anordnen, wenn das Gericht vorher einen entsprechenden Antrag abgelehnt hat, meint der BayVGH (BauR 2003, 669). Täte sie es doch, wäre in einem vom Bauherrn angestrengten Eilrechtsschutzverfahren der Prüfungsumfang mit dem in Rn 12 beschriebenen Inhalt zu seinen Lasten umgekehrt und folglich die vom Rechtsstaatsgebot verlangte Ausgeglichenheit der Angriffslast im Einzelfall beseitigt. 20

7. Rechtsschutz gegen Bautätigkeit

a) Zügige Bautätigkeit/Rechtsschutz bei unbeachtet bleibender Herstellung der aufschiebenden Wirkung: Baut der Bauherr zügig und schafft er dadurch schwer rückgängig zu machende Tatsachen, oder baut er weiter, obwohl die aufschiebende Wirkung angeordnet ist, ist Rechtsschutz nach § 80 Abs. 5 S. 3 analog gegeben (Puttler, in: Nomos-Kommentar § 80 Rn 165 u. § 80a Rn 36). 21

b) Genehmigungsfreigestellte Vorhaben – Zuständigkeit des VG: Bei nach Landesrecht genehmigungsfreigestellten Vorhaben gibt es keinen anfechtbaren VA und infolge dessen keine aufschiebende Wirkung. Ist das Vorhaben rechtswidrig, kann die Behörde nach Maßgabe des Landesrechts gegen die Bauausführung einschreiten. Ihr Ermessen kann auf Null reduziert sein. Verletzt das Vorhaben eine nachbarschützende Vorschrift, und darf die Behörde einschreiten, so schuldet sie dem das verlangenden Nachbarn einzuschreiten (OVG Saar, BRS 44 Nr. 165). Dasselbe gilt, wenn die Gemeinde von der Behörde verlangt, gegen ein ihr Selbstverwaltungsrecht verletzendes Vorhaben einzuschreiten. Darf die Behörde ihr 22

Ermessen ausüben, indem sie den nachteilig betroffenen Nachbarn darauf verweist, die Rechtsverletzung unmittelbar gegen seinen Bauherren-Nachbarn geltend zu machen, nimmt die (noch) hM (BGH, NJW 2002, 1042) an, den Streit zwischen den Privatbeteiligten zu entscheiden sei das Zivilgericht zuständig. Dieser Auffassung ist nicht zu folgen. Zuständig ist das VG. (Ortloff, NVwZ 1998, 932; Berkemann, SächsVBl. 2002, 279; Schmidt-Preuss, 100 Jahre allgemeines Baugesetz Sachsen, S. 585/598). Die nach der Behauptung des Nachbarn verletzte materiell-rechtliche Vorschrift ist öffentliches Recht. Der Streit ist deshalb öffentlich-rechtlich. § 40 VwGO knüpft an die öffentlich-rechtliche Qualität der „Streitigkeit“ an; dass darüber hinaus eine Behörde Hauptbeteiligte sein muss, also in der Rolle des Antragsgegners oder des Antragstellers, verlangt § 40 nicht.

23 Zu dem Problem, wenn zunächst unklar ist, ob das Vorhaben genehmigungsfreigestellt oder genehmigungsbedürftig ist, s. Rn 63 Vorbemerkungen zu den §§ 29–38.

§ 213 Ordnungswidrigkeiten

(1) Ordnungswidrig handelt, wer

1. **wider besseres Wissen unrichtige Angaben macht oder unrichtige Pläne oder Unterlagen vorlegt, um einen begünstigenden Verwaltungsakt zu erwirken oder einen belastenden Verwaltungsakt zu verhindern;**
2. **Pfähle, Pflöcke oder sonstige Markierungen, die Vorarbeiten dienen, wegnimmt, verändert, unkenntlich macht oder unrichtig setzt;**
3. **einer in einem Bebauungsplan nach § 9 Abs. 1 Nr. 25 Buchstabe b festgesetzten Bindung für Bepflanzungen und für die Erhaltung von Bäumen, Sträuchern und sonstigen Bepflanzungen sowie von Gewässern dadurch zuwiderhandelt, dass diese beseitigt, wesentlich beeinträchtigt oder zerstört werden;**
4. **eine bauliche Anlage im Geltungsbereich einer Erhaltungssatzung (§ 172 Abs. 1 Satz 1) oder einer Satzung über die Durchführung von Stadtumbaumaßnahmen (§ 171d Abs. 1) ohne Genehmigung rückbaut oder ändert.**

(2) Die Ordnungswidrigkeit kann in den Fällen des Absatzes 1 Nr. 1 und 2 mit einer Geldbuße bis zu fünfhundert Euro, im Falle des Absatzes 1 Nr. 3 mit einer Geldbuße bis zu zehntausend Euro und im Falle des Absatzes 1 Nr. 4 mit einer Geldbuße bis zu fünfundzwanzigtausend Euro geahndet werden.

I. Auflistung der Ordnungswidrigkeiten

1 § 213 listet die Ordnungswidrigkeiten auf, die nach Maßgabe des OwiG zu ahnden sind. Die Vorschrift ist für die Schutzzwecke des BauGB erschöpfend. **Landesrechtliche** Ordnungswidrigkeitentatbestände unter anderen Schutzzweckgesichts-

punkten schließt sie nicht aus. Dementsprechend enthalten u.a. die LBOen und die BaumschutzVOen Ordnungswidrigkeitenkataloge.

II. Geringe praktische Bedeutung

Große praktische Bedeutung hat die Vorschrift nicht. Die Behörden sind zurückhaltend, Ordnungswidrigkeiten zu ahnden. Das wird darauf zurückgeführt, dass die tatsächliche Feststellung von Vorsatz (Rn 4) und die tatbestandliche Abgrenzung regelmäßig aufwändig und schwierig ist. 2

III. Beugemittel

Zwangsgeld ist ein Beugemittel nach dem Verwaltungsvollstreckungsrecht der Länder. Die Festsetzung eines Zwangsgeldes hindert nicht, den Verstoß als Ordnungswidrigkeit zu ahnden. Umgekehrt hindert ein rechtskräftiger Bußgeldbescheid die Behörde nicht, einen rechtmäßigen Zustand durchzusetzen, nötigenfalls im Wege der Verwaltungsvollstreckung, eingeschlossen ein Zwangsgeld festzusetzen. 3

IV. Ausschließlich Vorsatz

Die Ordnungswidrigkeiten nach dem BauGB erfordern Vorsatz, § 10 OwiG iVm § 213. 4

V. Beeinflussung des Gutachterausschusses

Die Beeinflussung des Gutachterausschusses durch eine Handlung iSv Abs. 1 Nr. 1 ist nicht ordnungswidrig. Das Arbeitsergebnis des Gutachterausschusses ist nicht VA (BVerwG, DVBl 73, 371). 5

VI. Nachteile eines Anderen nicht erforderlich

Einen Nachteil eines Anderen fordert Abs. 1 Nr. 2 anders als § 274 Abs. 1 Nr. 3 StGB nicht. 6

VII. „Bepflanzung" und natürliche Sukzession

„Bepflanzung" ist, was vom Menschen final angepflanzt ist. Natürliche Sukzession gehört nicht dazu, zB durch Samenflug oder Auswurzelung. 7

VIII. Einflüsse der Wasserqualität

Bezüglich des Gewässers muss die Handlung geeignet sein, eine Verschlechterung der physikalischen, chemischen oder biologischen Beschaffenheit des Wassers herbeizuführen. 8

IX. Überschreitung der Höchstbuße nach § 17 Abs. 4 OwiG

Den in Abs. 2 bestimmten Bußgeldrahmen kann die Behörde nach § 17 Abs. 4 OwiG überschreiten, wenn der vom Betroffenen gezogene wirtschaftliche Vorteil ihn überschreitet. 9

X. Verjährung

10 Die Verjährung beginnt mit der Beendigung der Handlung. Sie beträgt bei den Nrn. 1 und 2 sechs Monate, Nr. 3 zwei Jahre und Nr. 4 drei Jahre.

Vierter Abschnitt
Planerhaltung

§ 214 Beachtlichkeit der Verletzung von Vorschriften über die Aufstellung des Flächennutzungsplans und der Satzungen ergänzendes Verfahren

(1) Eine Verletzung von Verfahrens- und Formvorschriften dieses Gesetzbuchs ist für die Rechtswirksamkeit des Flächennutzungsplans und der Satzungen nach diesem Gesetzbuch nur beachtlich, wenn

1. entgegen § 2 Abs. 3 die von der Planung berührten Belange, die der Gemeinde bekannt waren oder hätten bekannt sein müssen, in wesentlichen Punkten nicht zutreffend ermittelt oder bewertet worden sind und wenn der Mangel offensichtlich und auf das Ergebnis des Verfahrens von Einfluss gewesen ist;
2. die Vorschriften über die Öffentlichkeits- und Behördenbeteiligung nach § 3 Abs. 2, § 4 Abs. 2, § 4a Abs. 3 und 5 Satz 2, § 13 Abs. 2 Satz 1 Nr. 2 und 3 (auch in Verbindung mit § 13a Abs. 2 Nr. 1), § 22 Abs. 9 Satz 2, § 34 Abs. 6 Satz 1 sowie § 35 Abs. 6 Satz 5 verletzt worden sind; dabei ist unbeachtlich, wenn bei Anwendung der Vorschriften einzelne Personen, Behörden oder sonstige Träger öffentlicher Belange nicht beteiligt worden sind, die entsprechenden Belange jedoch unerheblich waren oder in der Entscheidung berücksichtigt worden sind, oder einzelne Angaben dazu, welche Arten umweltbezogener Informationen verfügbar sind, gefehlt haben, oder der Hinweis nach § 3 Abs. 2 Satz 2 Halbsatz 2 (auch in Verbindung mit § 13 Abs. 2 Satz 2 und § 13a Abs. 2 Nr. 1) gefehlt hat, oder bei Anwendung des § 13 Abs. 3 Satz 2 die Angabe darüber, dass von einer Umweltprüfung abgesehen wird, unterlassen wurde, oder bei Anwendung des § 4a Abs. 3 Satz 4 oder des § 13 (auch in Verbindung mit § 13a Abs. 2 Nr. 1) die Voraussetzungen für die Durchführung der Beteiligung nach diesen Vorschriften verkannt worden sind;
3. die Vorschriften über die Begründung des Flächennutzungsplans und der Satzungen sowie ihrer Entwürfe nach §§ 2a, 3 Abs. 2, § 5 Abs. 1 Satz 2 Halbsatz 2 und Abs. 5, § 9 Abs. 8 und § 22 Abs. 10 verletzt worden sind; dabei ist unbeachtlich, wenn die Begründung des Flächennutzungsplans oder der Satzung oder ihr Entwurf unvollständig ist; abweichend von Halbsatz 2 ist eine Verletzung von Vorschriften in Bezug auf den Umweltbericht unbeachtlich, wenn die Begründung hierzu nur in unwesentlichen Punkten unvollständig ist;
4. ein Beschluss der Gemeinde über den Flächennutzungsplan oder die Satzung nicht gefasst, eine Genehmigung nicht erteilt oder der mit der Bekanntmachung des Flächennutzungsplans oder der Satzung verfolgte Hinweiszweck nicht erreicht worden ist.

Soweit in den Fällen des Satzes 1 Nr. 3 die Begründung in wesentlichen Punkten unvollständig ist, hat die Gemeinde auf Verlangen Auskunft zu erteilen, wenn ein berechtigtes Interesse dargelegt wird.

(2) Für die Rechtswirksamkeit der Bauleitpläne ist auch unbeachtlich, wenn

1. die Anforderungen an die Aufstellung eines selbständigen Bebauungsplans (§ 8 Abs. 2 Satz 2) oder an die in § 8 Abs. 4 bezeichneten dringenden Gründe für die Aufstellung eines vorzeitigen Bebauungsplans nicht richtig beurteilt worden sind;
2. § 8 Abs. 2 Satz 1 hinsichtlich des Entwickelns des Bebauungsplans aus dem Flächennutzungsplan verletzt worden ist, ohne dass hierbei die sich aus dem Flächennutzungsplan ergebende geordnete städtebauliche Entwicklung beeinträchtigt worden ist;
3. der Bebauungsplan aus einem Flächennutzungsplan entwickelt worden ist, dessen Unwirksamkeit sich wegen Verletzung von Verfahrens- oder Formvorschriften einschließlich des § 6 nach Bekanntmachung des Bebauungsplans herausstellt;
4. im Parallelverfahren gegen § 8 Abs. 3 verstoßen worden ist, ohne dass die geordnete städtebauliche Entwicklung beeinträchtigt worden ist.

(2a) Für Bebauungspläne, die im beschleunigten Verfahren nach § 13a aufgestellt worden sind, gilt ergänzend zu den Absätzen 1 und 2 Folgendes:

1. Eine Verletzung von Verfahrens- und Formvorschriften und der Vorschriften über das Verhältnis des Bebauungsplans zum Flächennutzungsplan ist für die Rechtswirksamkeit des Bebauungsplans auch unbeachtlich, wenn sie darauf beruht, dass die Voraussetzung nach § 13a Abs. 1 Satz 1 unzutreffend beurteilt worden ist.
2. Das Unterbleiben der Hinweise nach § 13a Abs. 3 ist für die Rechtswirksamkeit des Bebauungsplans unbeachtlich.
3. Beruht die Feststellung, dass eine Umweltprüfung unterbleiben soll, auf einer Vorprüfung des Einzelfalls nach § 13a Abs. 1 Satz 2 Nr. 2, gilt die Vorprüfung als ordnungsgemäß durchgeführt, wenn sie entsprechend den Vorgaben von § 13a Abs. 1 Satz 2 Nr. 2 durchgeführt worden ist und ihr Ergebnis nachvollziehbar ist; dabei ist unbeachtlich, wenn einzelne Behörden oder sonstige Träger öffentlicher Belange nicht beteiligt worden sind; andernfalls besteht ein für die Rechtswirksamkeit des Bebauungsplans beachtlicher Mangel.
4. Die Beurteilung, dass der Ausschlussgrund nach § 13a Abs. 1 Satz 4 nicht vorliegt, gilt als zutreffend, wenn das Ergebnis nachvollziehbar ist und durch den Bebauungsplan nicht die Zulässigkeit von Vorhaben nach Spalte 1 der Anlage 1 zum Gesetz über die Umweltverträglichkeitsprüfung begründet wird; andernfalls besteht ein für die Rechtswirksamkeit des Bebauungsplans beachtlicher Mangel.

(3) Für die Abwägung ist die Sach- und Rechtslage im Zeitpunkt der Beschlussfassung über den Flächennutzungsplan oder die Satzung maßgebend. Mängel, die Gegenstand der Regelung in Absatz 1 Satz 1 Nr. 1 sind, können nicht als Mängel der Abwägung geltend gemacht werden; im Übrigen sind Mängel im Abwägungsvorgang nur erheblich, wenn sie offensichtlich und auf das Abwägungsergebnis von Einfluss gewesen sind.

(4) Der Flächennutzungsplan oder die Satzung können durch ein ergänzendes Verfahren zur Behebung von Fehlern auch rückwirkend in Kraft gesetzt werden.

I. Fehlerfolgenregelung, §§ 214–216

1. Allgemeines

a) **Planerhaltung:** Der Abschnitt enthält eine Fehlerfolgenregelung betreffend den FPl, den BPl und die übrigen im Gesetz geregelten Satzungen (Rn 14). Die Regelungen sind eng verbunden mit den die Pläne und Satzungen betreffenden Vorschriften. Die Überschrift über den Abschnitt – „Planerhaltung" – bezeichnet das Motiv der Inhalte, also der Ergebnisse der Fehlerfolgen, nämlich den Plan möglichst zu erhalten. Einen Bauleitplan aufzustellen ist einerseits sehr arbeits- und kostenintensiv, und der in Kraft getretene – und womöglich durch Umlegungseinleitung und Erschließung teilweise vollzogene – Plan ruft bei den Planbetroffenen Erwartungen hervor, die rechtlich unterschiedliches Gewicht haben können. Die Fehlerfolgenregelung honoriert dieses Planerhaltungsinteresse. Die einfachste Fehlerfolge wäre endgültige und nicht behebbare Nichtigkeit. So war die Rechtslage nach dem Inkrafttreten der Urfassung des BBauG 1961 über lange Zeit. Das Gesetz honoriert das Planerhaltungsinteresse, indem es als minder schwerwiegend angesehene Fehler für unbeachtlich erklärt, manche Fehler nach Ablauf einer Rügefrist von einem Jahr präkludiert (§ 215) und behebbare – nicht präkludierte – Fehler als in einem ergänzenden Verfahren behebbar bestimmt (§ 214 Abs. 4). Der Rest sind Nichtigkeit begründende Ewigkeitsfehler. 1

Die Fehlerfolgenregelung ist kompliziert und erschließt sich nicht durchgehend leicht. Das gilt schon für die Gesetzessprache. Das Gesetz bestimmt, dass Fehler „unbeachtlich" (§ 214 Abs. 2 und § 215) sind, oder „nur erheblich" (§ 214 Abs. 3 Satz 2 HS 2) oder „nur beachtlich" (§ 214 Abs. 1 Satz 1) und bestimmt, dass das OVG den fehlerhaften FPl bzw die Satzung für „unwirksam" erklärt (§ 47 Abs. 5 VwGO). „Nur beachtlich" und „nur erheblich" sind synonym. „Unwirksam" unterscheidet sich nicht von „nichtig", wenn es auch emotional etwas Milderes als „nichtig" suggeriert. Manche Fehler sind im Tatbestand benannt, andere nicht. Die nicht benannten bilden bei dem jeweiligen Tatbestand einen Rest mit unterschiedlicher Folge. § 214 Abs. 1 Satz 1 regelt Form- und Verfahrensfehler nach der folgenden Systematik: 2

Erstens nach § 215 Abs. 1 nicht präkludierbare beachtliche Fehler (Nr. 4); *zweitens* nach Ablauf der ein Jahr betragenden Rügefrist präkludierbare Fehler (Nr. 2 HS 1, Nr. 3 HS 1 und nach Abs. 2a beachtliche); *drittens* unbeachtliche Fehler (Abs. 1 Nr. 2 HS 2, Nr. 3 HS 2, Abs. 2 a Nrn. 1, 2, 3 HS 2 und 4 HS 1); die ungenannten Fehler der Verfahrens- und Formvorschriften des Bundesrechts – *viertens* – als Rest sind unbeachtlich (externe Unbeachtlichkeit). Die in § 214 nicht benannten materiellen Fehler bewirken, dass der Plan oder die Satzung nichtig („unwirksam") ist. Nichtig ist danach ein BPl, der nicht erforderlich ist, § 1 Abs. 3, der nicht den Zielen der Raumordnung angepasst ist, § 1 Abs. 4, ein Plan mit unhaltbarem Abwägungsergebnis und der Plan, der eine nicht nach § 9 Abs. 1 zulässige Festsetzung enthält. Ob ein Fehler in einem ergänzenden Verfahren behebbar ist – ggf rückwirkend – ist der verletzten Vorschrift und den Umständen des Falles zu entnehmen. 3

4 b) **Bedeutung: Kontrollerfolg und verbleibender Eigentumsinhalt:** Die „Stunde der Wahrheit" der gesetzlichen Fehlerfolgenregelung (Berkemann, in: Berkemann/Halama, Erstkommentierungen zum BauGB 2004, § 214 Rn 7) ist der Erfolg oder Misserfolg im gerichtlichen Verfahren, sei es im Normenkontrollverfahren nach § 47 VwGO oder bei der Inzidentprüfung.Ihre Bedeutung entfalten die Fehlerfolgenvorschriften bei der Ermittlung des **Eigentumsinhalts eines Grundstücks** und damit, welche Nutzung zulässig ist. Die Festsetzungen des BPls sind Eigentumsinhaltsbestimmung (BVerwGE 104, 68/75; BVerwG BRS 60 Nr. 44; BVerfG, NVwZ 99, 979). Ist der BPl infolge eines Fehlers unwirksam, gilt uU die Festsetzung eines Vorgänger-BPls, oder die Zulässigkeit ist nach den §§ 34 oder 35 zu beurteilen. **Verfahrensrechtlich** bestimmt die Fehlerfolge den Erfolg der Normenkontrolle, sei es der gerichtlichen Normenkontrolle nach § 47 VwGO, sei es der Inzident-Kontrolle im Prozess oder im behördlichen Verfahren (Rn 9).

5 c) **„Unwirksam"/nichtig:** Die Rechtsfolge des beachtlichen Fehlers bestimmt das Gesetz nicht ausdrücklich. Die fehlerhafte Darstellung, Festsetzung oder Vorschrift ist nichtig. Die Unwirksamkeitserklärung des Normenkontrollgerichts nach § 47 Abs. 5 VwGO ist deklaratorisch (Berkemann, in: Berkemann/Halama, Erstkommentierungen zum BauGB 2004, § 214 Rn 172). Ist der Fehler gem. § 215 präkludierbar, ist die Rechtslage für die Übergangszeit bis zum Ablauf der ein Jahr betragenden Rügefrist klärungsbedürftig. Faktische Bedeutung hat das für eine Inzidentprüfung mit abschließender Entscheidung des Gerichts vor Ablauf der Rügefrist und wenn eine wirksame Rüge (Rn 7–9 zu § 215) bei der Gemeinde nicht eingegangen ist. Den für nichtig erkannten FPl oder BPl bzw die Satzung darf das Gericht nicht anwenden. Läuft die Rügefrist des § 215 Abs. 1 danach ungenutzt ab, wird das Urteil unrichtig, jedenfalls wenn bei Wirksamkeit der Darstellung, der Festsetzung oder der Vorschrift anders zu entscheiden gewesen wäre. Das frühere Recht unterschied in dem durch die Novelle 2004 aufgehobenen § 215a zwischen „nichtig" und „unwirksam". Die Unterscheidung war unergiebig. Eine unwirksame Norm entfaltet keine Rechtswirkung.

6 d) **Sowohl materiell-rechtlicher als auch verfahrensrechtlicher Inhalt derselben Regelung:** Manche Regelung enthält sowohl einen materiell-rechtlichen als auch einen verfahrensrechtlichen Rechtssatz. Herausragendes Beispiel ist die Abwägung, § 1 Abs. 7. Bei der Prüfung eines Fehlers anhand einer solchen Vorschrift ist zu untersuchen, ob er aus der materiell-rechtlichen oder aus der verfahrensrechtlichen Seite folgt. Von weitreichender praktischer Bedeutung ist die Unterscheidung zwischen Abwägungsvorgang und Abwägungsergebnis. Der nach § 214 Abs. 3 Satz 2 beachtliche Mangel des Abwägungsvorgangs ist präkludierbar. Handelt es sich in Wirklichkeit oder auch um einen Mangel des Abwägungsergebnisses, ist es ein Ewigkeitsfehler. Verfassungsrecht kann dauerhafte Erheblichkeit des Fehlers verlangen (Berkemann, in: Berkemann/Halama, Erstkommentierungen zum BauGB 2004, § 215 Rn 30 u. 31). Umgekehrt können Mängel im Abwägungsvorgang nicht geltend gemacht werden, wenn sie eine Verletzung von Verfahrens- und Formvorschriften des BauGB und Gegenstand der Regelung von § 214 Abs. 1 Satz 1 Nr. 1 sind; das bestimmt die Angstklausel des § 214 Abs. 3 Satz 2 HS 1.

7 e) **Aufteilung der Materie auf die drei Paragrafen:** Die Fehlerfolgenregelung teilt das Gesetz auf die §§ 214–216 folgendermaßen auf: § 214 Abs. 1 bis 3 unterscheidet Fehler danach, ob sie beachtlich sind oder nicht. § 215 präkludiert eine Gruppe von nach § 214 beachtlichen Fehlern nach Ablauf einer ungenutzten Rügefrist von einem Jahre. Die §§ 214 Abs. 4 und 216 stellen klar. § 214 Abs. 4 stellt klar, dass

die Gemeinde behebbare Fehler in einem ergänzenden Verfahren – mit Rückwirkung – beheben darf. Die an sich überflüssige Klarstellung des § 216, dass eine Genehmigungsbehörde die Genehmigung auch im Fall der Verletzung solcher Vorschriften versagen darf, die nach den §§ 214 und 215 unbeachtlich sind, hat die Novelle 2004 unverändert bestehen lassen, um den Fehlschluss aus der Aufhebung zu vermeiden, nur nach den §§ 214 und 215 beachtliche Fehler seinen ein Genehmigungshindernis.

2. Novellen 2004 und 2007

a) **Die Novelle 2004** hat die §§ 214–216 neu strukturiert und geregelt. Sie hat dabei im Wesentlichen die Vorschläge der unabhängigen Expertenkommission unter Vorsitz von Gaentzsch über die Bestandssicherung von städtebaulichen Plänen und Satzungen (Rn 122–166) aufgegriffen (erhältlich beim Fraunhofer-Informationszentrum für Raum und Bau – IRB –, Nobelstraße 12, 70569 Stuttgart). In diesem Zusammenhang ist in § 47 Abs. 5 VwGO das bisherige Wort „nichtig" durch das Wort „unwirksam" ersetzt. 8

b) **Die Novelle 2007** hat Abs. 1 Nr. 1 an den neu ins Gesetz eingefügten § 13a betreffend das beschleunigte Verfahren angepasst und es für unbeachtlich erklärt, wenn der Hinweis nach § 3 Abs. 2 Satz 2 HS 2 auch iVm § 13 Abs. 2 Satz 2 u § 13a Abs. 2 Nr. 1 gefehlt hat. Neu ins Gesetz eingefügt ist Abs. 2a, Fehler im beschleunigten Verfahren nach § 13a betreffend. Die dort benannten beachtlichen Fehler sind nach dem ebenfalls neuen § 215 Abs. 1 Satz 2 präkludierbar. In Bezug auf § 4a hat die Novelle die Fehlerfolgenregelung auf diejenigen Textteile beschränkt, bei denen der Gesetzesvollzug fehlerfähig ist. Die in § 4a Abs. 5 Satz 3 aus § 3 Abs. 2 übernommene Hinweispflicht ist dabei nicht aufgefriffen. Bemerkenswert ist das mit Blick darauf, dass nach der Neufassung unbeachtlich ist, wenn der Hinweis nach § 3 Abs. 2 auch iVm § 13 Abs. 2 u. § 13a Abs. 2 gefehlt hat. 9

II. Beachtlichkeit der Verletzung von Vorschrift über die Aufstellung des FPls und der Satzungen

1. Gegenstände der vier Absätze

Abs. 1 befasst sich mit der Verletzung von Verfahrens- und Formvorschriften. 10

Abs. 2 betrifft das Verhältnis des BPls zum FPl. 11

Abs. 3 betrifft die Abwägung. 12

Abs. 4 stellt klar, dass die Gemeinde behebbare Fehler des FPl oder der Satzung beheben darf und befugt sie, den von Fehlern befreiten Plan rückwirkend in Kraft zu setzen. 13

2. Verfahrens- und Formfehler, Abs. 1

a) **Allgemeines: aa) Satzungen:** Das Gesetz sieht Satzungen vor in den §§ 10 Abs. 1 (BPl), 16 (Veränderungssperre), 17 Abs. 2 und Abs. 3 (Verlängerung und Erneuerung einer Veränderungssperre), § 22 Abs. 1 (Fremdenverkehrssatzung), § 25 (Vorkaufsrechtssatzung), § 34 Abs. 4 (Abrundungssatzung), § 35 Abs. 6 (Abrundungssatzung) § 132 (Erschließungsbeitragssatzung), § 135c (naturschutzrechtliche Kostensatzung), § 142, 162 und § 170 (Sanierungssatzung), § 165 Abs. 6, (Entwicklungssatzung), § 171d (Stadtumbausatzung) und § 172 (Erhaltungssatzung). 14

15 **bb) Verfahrensvorschriften:** Verfahrensvorschriften sind solche, die sich auf den äußeren Ablauf des Planungsverfahrens beziehen (BVerwGE 74, 47; BVerwGE 78, 305).

16 **cc) Landesrechtliche Verfahrensvorschriften:** § 214 regelt nicht die Folge eines Verstoßes gegen eine landesrechtliche Verfahrensvorschrift (BVerwGE 68, 369/373). Die Fehlerfolgen und Sanktionsregelung für landesrechtliche Verfahrens- und Formvorschriften sind dem jeweiligen Landesrecht zu entnehmen. Allerdings ist das in Abs. 4 bestimmte ergänzende Verfahren mit der Ermächtigung, Rückwirkung anzuordnen, Bestandteil des bundesrechtlich geregelten Planaufstellungsverfahrens. Abs. 4 gilt deshalb auch für den wegen eines auf Verletzung einer landesrechtlichen Vorschrift nichtigen Plan. Landesrechtliche Verfahrens- bzw Formvorschriften sind beispielsweise die über den „befangenen" Gemeinderat, Beteiligungsrechte örtlicher Gremien, die Form der Ausfertigung und die Bekanntmachungsvorschriften.

17 **dd) „Interne" Unbeachtlichkeitsklauseln und „externe" Unbeachtlichkeit:** Als interne Unbeachtlichkeitsklausel pflegt eine Vorschrift bezeichnet zu werden, die innerhalb einer Vorschrift, die Fehler als beachtlich regelt, bestimmte benannte Fehler als unbeachtlich ausnimmt. Als externe Unbeachtlichkeit pflegt die im Gesetz nicht ausdrücklich formulierte Rechtsfolge bezeichnet zu werden, die für den Rest an Fehlern gilt, der sich aus der Positiv-Liste benannter beachtlicher Fehler ergibt (Uechtritz, ZfBR 2005, 11/12). Beispiel einer internen Unbeachtlichkeitsklausel ist Abs. 1 Nr. 2 Satz 1 HS 2 „dabei ist unbeachtlich, wenn ... ". Beispiele externer Unbeachtlichkeit sind der unterlassene folgenlos bleibende Planaufstellungsbeschluss nach § 2 Abs. 1 Satz 2 (BVerwGE 79, 200/204) und die unterlassene folgenlos bleibende frühzeitige Öffentlichkeitsbeteiligung nach § 3 Abs. 1 (BVerwG, NVwZ-RR 2003, 172).

18 **b) Abs. 1 Nr. 1 – Ermittlungsfehler: aa) Ermittlungsfehler:** Die Vorschrift gilt entgegen der Einleitung ausschließlich für das BPl-Aufstellungsverfahren und zwar § 2 Abs. 3, der bestimmt: „Bei der Aufstellung der Bauleitpläne sind die Belange, die für die Abwägung von Bedeutung sind (Abwägungsmaterial) zu ermitteln und zu bewerten." Es geht um einen Teil des Abwägungs**vorgangs**. Um einen Ermittlungsfehler festzustellen, ist zunächst der Kenntnisstand der Gemeinde über den Mangel im Zeitpunkt der Beschlussfassung festzustellen, sodann, ob es sich um einen Fehler iSd materiellen Rechts handelt, in einem dritten Schritt, inwieweit der festgestellte Fehler erheblich ist, sodann in einem vierten die Offensichtlichkeit (Rn 19) und im letzten, ob der Fehler für das Ergebnis kausal war (Rn 20). Zur Feststellung des Kenntnisstandes gehört auch die Bewertung eines Belangs mit dem ihm normativ (objektiv) zukommenden Gewicht. Der planerische Freiraum zur Gewichtung begrenzt die Feststellung eines Fehlers. Beim der Gemeinde nicht bekannten Mangel ist zu prüfen, ob dieser sich hätte aufdrängen müssen (BVerwGE 59, 87/104; BVerwG, BRS 64 Nr. 214). Maßgebend ist die objektive Erkennbarkeit.

19 **bb) Offensichtlich:** Offensichtlich ist der Mangel, wenn in den Akten ein ausdrücklicher Hinweis enthalten ist, dass dem Beschlussorgan der Umstand unbekannt war (BVerwG, BRS 54 Nr. 18). Als offensichtlich hat es das BVerwG angesehen, wenn das Beschlussorgan die Zulässigkeit der Überschreitung einer Höchstzahl nach § 17 Abs. 1 BauNVO übersehen hat (BVerwG, BRS 55 Nr. 36). Ist ein Fehler auf der vorangegangenen Prüfungsstufe (Rn 18) als erheblich erkannt, lässt sich der Ertrag des Tatbestandsmerkmals der Offensichtlichkeit

nicht ausmachen (Berkemann, in: Berkemann/Halama, Erstkommentierungen zum BauGB 2004, § 214 Rn 46).

cc) **Auf das Ergebnis von Einfluss (kausal):** Auf das Ergebnis von Einfluss war der Mangel, wenn die konkrete Möglichkeit bestand, für das Ergebnis kausal zu sein. Die Vermutung genügt nicht (BVerwGE 64, 33). Das erfordert eine hypothetische Beurteilung. 20

d) **Beteiligung der Bürger und der Träger öffentlicher Belange und weitere Verfahrensverstöße, Abs. 1 Nr. 2: aa)** Mit der **Novelle 2007** ist diese Ziffer neu gefasst. Die die Öffentlichkeits- und Behördenbeteilung betreffenden, den bisherigen Vorschriften entsprechenden Regelungen des neu ins Gesetz eingefügten § 13a das beschleunigte Verfahren für BPle der Innenentwicklung betreffend, sind konsequenterweise eingefügt. Das gilt sowohl für die Liste der beachtlichen und präkludierbaren Fehler als auch für die interne Unbeachtlichkeitsklausel. Zu § 4a s. Rn 9. 21

Maßgebend allein ist die unterbliebene Beteiligung. Der Grund der Nichtbeteiligung einer Behörde ist unerheblich (Nds OVG, NVwZ 2001, 452). 22

Ein beachtlicher aber präkludierbarer Beteiligungsfehler ist auch die fehlerhafte Beurteilung der Betroffenheit eines zu Beteiligenden (Berkemann, in: Berkemann/Halama, Erkommentierungen zum BauGB 2004, § 214 Rn 71). 23

Den Mangel begründend ist der dem zu Beteiligenden zuzurechnende Belang und nicht schon die Nichtbeteiligung für sich genommen. Das ergibt sich aus der internen Unbeachtlichkeitsklausel (Rn 17), nach der es folgenlos bleibt, wenn einzelne Personen nicht beteiligt worden sind. 24

bb) **Weitere Fallgruppen der inernen Unbeachtlichkeitsklausel in HS 2:** Nr. 2 HS 2 fügt weitere Fallgruppen unbeachtlicher Fehler an. Diese betreffen weniger gewichtige Verfahrensfehler. 25

cc) **Externe Unbeachtlichkeit der nicht benannten Fehler:** Die in Nr. 2 nicht benannten Fehler sind unbeachtlich, s. Rn 17 einschl. der für externe Unbeachtlichkeit aufgeführten Beispiele. 26

e) **Abs. 2 Nr. 3 – Begründung des FPls bzw des BPls und anderer Satzungen:** aa) **Unvollständigkeit:** Unvollständig ist eine Begründung, wenn die Begründung eines einzelnen die **Plankonzeption tragenden** Inhalts fehlt (BVewGE 45, 309/331) oder einzelne in den die **Begründung gebietenden Vorschriften** verlangte Angaben fehlen. Fehlt die Begründung ganz oder ist sie nur formelhaft, ist der Plan oder die Satzung ohne weiteres unwirksam. Eine dem Plan beigegebene Begründung ist idR auch mitbeschlossen. Sprechen konkrete Umstände gegen diese Annahme, so ist das aufzuklären. Ist die Begründung nicht mitbeschlossen, ist der Plan bzw die Satzung nichtig. Im Einzelfall ist es schwierig, die von der materiell-rechtlichen Anforderung an den Begründungsumfang entsprechende Begründung von fehlerhafter Unvollständigkeit abzugrenzen. Die Begründung muss den Planungswillen aufzeigen und auf die nicht aufgegriffenen Stellungnahmen hinweisen. Die Begründung muss den der Wirklichkeit entsprechenden Planungswillen darstellen (BVerwG, NVwZ 1994, 270). Ist der Planungswille unzutreffend dargestellt, fehlt es entweder für den der Wirklichkeit entsprechenden Planungswillen an einer Begründung oder am Beschluss, was ein Fehler nach Nr. 4 wäre (aA BVerwG, NVwZ 2004, 856, das den Mangel als Abwägungsfehler behandelt hat). Ein Begründungsmangel kann Indiz für einen inhaltlichen Mangel sein (BVerwGE 74, 214/251). Das rechtfertigt, im Prozess die Darlegungs- und Beweislast in 27

Bezug auf den indizierten inhaltlichen Mangel zu Lasten der Gemeinde umzukehren.

28 **bb) Fehlerhafter Umweltbericht und fehlerhafte Umweltprüfung:** Die den Umweltbericht und die Umweltprüfung betreffende Vorschrift ist lex specialis zu Nr. 1. Die Plan-UP-Richtlinie 2001/42 EG (ABl. EG Nr. L 197 S. 30) verlangt den Umweltbericht. Die Umsetzung in nationales Recht schließt eine Fehlerfolgen- und Sanktionsregelung ein. Die Kompetenz für die Fehlerfolgenregelung beinhaltet die Befugnis, die Folge eines Fehlers gem. dessen normativ vorgegebenen oder vernünftigerweise zu bewertenden Gewichts unterschiedlich zu regeln. Solange nicht eine nationale Fehlerfolgenregelung die Anforderung des EU-Rechts aushöhlt, ist weder gegen die Präklusion, noch gegen generelle Folgenlosigkeit schlechthin etwas einzuwenden.

29 **cc) Auskunftspflicht als Fehlerfolge:** Als Fehlerfolge einer unvollständigen Begründung iSd Nr. 3 bestimmt Abs. 1 Satz 2 eine Auskunftspflicht der Gemeinde, die mit einem Anspruch dessen verbunden ist, der an ihr ein berechtigtes Interesse darlegt. Ein Journalist kann dieses Interesse mit dem Informationsgebot der **Presse** darlegen.

30 **f) Abs. 1 Nr. 4 – Beschluss über den FPl, den BPl oder eine andere Satzung:**

aa) Ewigkeitsfehler/§ 215 Abs. 1 Nr. 1: Die in Nr. 4 aufgeführten Mängel sind nicht präkludierbar. Das ergibt sich daraus, dass Nr. 4 nicht in der Liste des § 215 Abs. 1 Nr. 1 der präkludierbaren Fehler aufgeführt ist.

31 **bb) Beschlussgebot:** Der Beschluss über den FPl, den BPl oder eine sonstige Satzung (Rn 14) ist die Grundlage des Entstehens des Plans bzw der Satzung. Er ist unverzichtbar. Fehlt er, ist der Plan bzw die Satzung unwirksam, und der Mangel wird auch nicht durch Fristablauf nach § 215 unbeachtlich. Der Fehler lässt sich ausschließlich beheben, indem ihn die Gemeinde ggf in einem ergänzenden Verfahren nach Abs. 4 behebt. Fehler zur oder bei der Beschlussfassung führen nicht dazu, dass ein Beschluss nicht gefasst wäre. Ist der positive Beschluss nicht zustande gekommen (zB mangels Mehrheit) ist er nicht gefasst, auch wenn das Protokoll das Gegenteil dokumentieren sollte.

32 **cc) Gewohnheitsrecht:** Auch jahrelange Anwendung eines nicht beschlossenen Plans ist ungeeignet, dessen gewohnheitsrechtliche Geltung hervorzurufen (BVerwGE 55, 369). Die Regeln über das gesteigert förmliche Zustandekommen des Plans bzw der übrigen Satzungen schließen aus, dass der Inhalt auch nach der ungeschriebenen Regel über das Entstehen von Gewohnheitsrecht zustande kommen kann.

33 **dd) Genehmigungen:** Genehmigungen sehen vor § 6 Abs. 1 (FPl), § 10 Abs. 2 (vorgezogener BPl) und § 165 Abs. 2 (Entwicklungssatzung). Genehmigungsfiktionen sehen vor § 6 Abs. 4 Satz 4 und § 10 Abs. 2 iVm § 6 Abs. 4 Satz 4 Die Genehmigung ist Bestandteil des Zustandekommens der Norm.

34 **ee) Hinweiszweck:** Der Hinweiszweck betrifft die Erkennbarkeit, worum es geht. Das Gebot der Normklarheit wird üblicherweise aus dem Rechtsstaatsgebot abgeleitet (BVerfGE 65, 283/291; BVerwGE 69, 344; BVerwGE 75, 271/272). Der Plan muss das Plangebiet **schlagwortartig**, für die Betroffenen erkennbar, bezeichnen. Die Normunterworfenen und die Norminteressierten müssen ihre Betroffenheit erkennen können. Ist der Hinweiszweck nicht erreicht, kann die Gemeinde diesen Fehler im ergänzenden Verfahren nach Abs. 4 beheben.

3. Abs. 2 – Verhältnis des FPls zum BPl

a) Bebauungsplan, Abs. 2, Funktion und Verhältnisse/Beeinträchtigte städtebauliche Entwicklung: Aus dem FPl ergibt sich, wie die städtebauliche Entwicklung im größeren Raum geplant ist, idR das ganze Gemeindegebiet umfassend, der BPl regelt die städtebauliche Entwicklung im engeren Raum seines Gebietes (BVerwG, BRS 62 Nr. 48). Daraus ergibt sich das Verhältnis des BPls zum FPl. Ob ein BPl aus dem FPl entwickelt ist, beurteilt sich nach der planerischen Konzeption für den engeren Bereich des BPls. Der planerischen Konzeption des FPl für dessen größeren Raum ist zu entnehmen, ob der nicht aus ihm entwickelte BPl die in ihm vorgesehene städtebauliche Entwicklung beeinträchtigt (BVerwG, aaO). 35

b) **Anforderungen:** Die Wörter „nicht richtig beurteilt“ in Nr. 1 bezeichnen die rechtsfehlerhafte Annahme der Gemeinde, dass die Anforderungen erfüllt seien und räumen nicht etwa einen Spielraum ein. In Bezug auf den vorzeitigen BPl bezieht sich die fehlerhafte Beurteilung auf die dringenden Gründe. 36

c) **Bewusster Fehler:** Die Vorschrift honoriert es mit Planerhaltung, wenn die Gemeinde Rechtmäßigkeit fahrlässigerweise angenommen hat. Hat sie das bösgläubig getan, ist der Plan nichtig (unwirksam). 37

d) **Bekannt unwirksamer FPl/gemeindeinterne Inzidentkontrolle:** Der aus einem im Zeitpunkt der Bekanntmachung nichtigen FPl entwickelte BPl ist nichtig. Bekannt unwirksam ist der FPl, wenn ein Gericht das inzident entschieden hat oder wenn die Gemeinde die Unwirksamkeit selbst erkannt hat. Die Gemeinde darf nach Art 20 Abs. 3GG den unwirksamen FPl nicht anwenden (Hess VGH; NVwZ 1990, 885; Gerhardt, Sch/Sch-A/P, Vorb § 47 Rn 10; Gaentzsch, BK, § 10 Rn 19). Ist die Gemeinde im Zeitpunkt der Bekanntmachung des BPls überzeugt, dass der FPl unwirksam ist und ist ihre Überzeugung richtig, ist der gleichwohl bekannt gemachte BPl nichtig. 38

e) **Landesrechtliche Verfahrens- und Formfehler:** Erhalten bleibt der Plan auch, wenn sich die Unwirksamkeit des FPl wegen Verletzung einer landesrechtlichen Verfahrens- oder Formvorschrift herausstellt (BVerwGE 68, 369/373). 39

f) **Doppelfehler:** Erhalten bleibt der Plan auch im Falle eines Doppelfehlers, wenn er die sich aus dem unwirksamen FPl ergebende städtebauliche Entwicklung nicht beeinträchtigt. 40

g) **Parallelverfahren:** Das von Nr. 4 betroffene in § 8 Abs. 3 zugelassene Parallelverfahren entspricht dem praktischen Bedürfnis der planenden Gemeinde, mit der Aufstellung eines BPls so lange warten zu müssen, bis der FPl in Kraft getreten ist. § 8 Abs. 3ermöglicht, zügig zu einem rechtverbindlichen Ergebnis iSd § 8 Abs. 1 zu gelangen. Aus Nr. 4 ergibt sich, dass der BPl nichtig ist, wenn nicht die inhaltliche Abstimmung des BPls mit dem FPl möglich und gewollt ist (BVerwGE 70, 171, 177). Das Merkmal der geordneten städtebaulichen Entwicklung ist dem in Aufstellung befindlichen FPl zu entnehmen (BVerwG, BRS 62 Nr. 48; Rn 30). 41

4. Abs. 2a – Beschleunigtes Verfahren für den BPl der Innenentwicklung, § 13a

Für die städtebauliche Innenentwicklung, das ist für die Wiedernutzbarmachung von Flächen, die Nachverdichtung oder andere Maßnahmen der Innenentwicklung, hat die Novelle 2007 in § 13a ein beschleunigtes Verfahren eingeführt. Die allgemeine Fehlerfolgenregelung ist in Abs. 1 Satz 1 Nr. 2 entsprechend angepasst. Abs. 2a fügt vier spezielle Punkte das Verfahren nach § 13a betreffend an. Folgenlos soll es sein, wenn die Gemeinde die Voraussetzung für die Zulässigkeit des 42 beschleunigten Verfahrens unzutreffend beurteilt hat – Nr. 1 –, wenn die speziellen Hinweise nach § 13a Abs. 3 unterblieben sind – Nr. 2 –, wenn das Ergebnis der in § 13a Abs. 1 Satz 2 Nr. 2 nachvollziehbar ist – Nr. 3 – und wenn das Ergebnis der Beurteilung nachvollziehbar ist, dass durch den BPl nicht die Zulässigkeit von Vorhaben begründet wird, die einer Pflicht zur Durchführung einer UVP unterliegen – Nr. 4 –. Durch Ordnungsmäßigkeitsfiktionen bzgl der Nrn. 3 und 4 hat das Gesetz die Fehlerfähigkeit weiter eingegrenzt. Sind die bezeichneten Verfahren unterblieben oder das Ergebnis nicht nachvollziehbar, ist dieser Fehler durch den durch die Novelle 2007 eingefügten § 215 Abs. 1 Satz 2 präkludierbar.

5. Abs. 3 – Abwägung

43 a) **Zeitpunkt der Sach- und Rechtslage:** Maßgebender Zeitpunkt für die der Abwägung zugrunde zu legenden Sach- und Rechtslage ist der der Beschlussfassung. Kritisch ist es, wenn diese sich bis zur Bekanntmachung nach § 10 Abs. 3 Satz 1 in Bezug auf einen abwägungserheblichen Belang wesentlich ändert. Ein solcher Fall kann um so eher vorkommen, je länger der Zeitraum zwischen Beschlussfassung und Bekanntmachung ist (BVerwG, BRS 57 Nr. 29).

44 b) **Abwägungsergebnis:** Ein Plan mit rechtswidrigem Abwägungsergebnis ist nichtig (unwirksam). Der Mangel wird auch nach Ablauf der einjährigen Rügefrist nach § 215 Abs. 1 Nr. 3 nicht unbeachtlich. Hat die Gemeinde versucht, einen durch Abwägung nicht überwindbaren Umstand durch Abwägung zu überwinden, so ist der Plan nichtig (unwirksam), soweit das Recht die Beachtung dieses Umstandes verlangt (BVerwGE 116, 144 = BRS 65 Nr. 17).

45 c) **Abwägungsvorgang:** Abs. 3 nimmt an, der Abwägungsvorgang sei partiell durch Verfahrensvorschriften geregelt. Die „Angstklausel“ (Berkemann, in: Berkemann/Halama, Erstkommentierungen zum BauGB 2004, § 214 Rn 130) hindert, die Rechtsfolge aus Nr. 1 zu vermeiden, wobei der betreffende Umstand dem Abwägungsvorgang zuzurechnen ist.

46 d) **Abgrenzung:** Die Abgrenzung zwischen **materiell-rechtlichen und verfahrensrechtlichen** Komponenten des Abwägungsvorgangs ist zwar schwierig. Die einheitliche Präklusion für Verfahrensfehler – § 215 Abs. 1 Nr. 1 – und verbleibende beachtliche Mängel des Abwägungsvorgangs – § 215 Abs. 1 Nr. 3 – nimmt der Unterscheidung praktische Bedeutung. Hat aber der Fehler im Vorgang einen solchen des Ergebnisses bewirkt, ist dieser Fehler im Abwägungsergebnis ein Ewigkeitsfehler (Rn 3 zu § 215).

47 e) **Offensichtlich:** Offensichtlich ist der Mangel, wenn konkrete Umstände positiv auf diesen hindeuten (BVerwG, NVwZ 1994, 274; BVerwG, NVwZ 1995, 692). Ist ein wesentlicher Punkt unzutreffend ermittelt oder bewertet, indiziert dies die Offensichtlichkeit – und auch die Kausalität (Berkemann, in: Berkemann/Halama, Erstkommentierungen zum BauGB 2004, § 124 Rn 137). Im Prozess muss in diesem Fall der Plangeber darlegen und beweisen, dass er doch rechtmäßig abgewogen hat.

48 f) **Auf das Abwägungsergebnis – konkret möglich – von Einfluss:** Auf das Ergebnis von Einfluss war der Mangel, wenn die konkrete Möglichkeit bestand, für das Ergebnis kausal zu sein. Die Vermutung genügt nicht (BVerwG, BRS 54 Nr. 18; BVerwG, BRS 54 Nr. 15; BVerwG, BRS 66 Nr. 65; s. Rn 20). Der Maßstab sowohl für Offensichtlichkeit eines Fehlers als auch dafür, ob er auf das Ergebnis von Einfluss war, entspricht dem gleicher Vorschriften im Fachplanungsrecht (BVerwG, Buchholz 407.4, § 17 Nr. 104).

III. Abs. 4 – ergänzendes Verfahren

1. Fehler beheben

a) Klarstellende Vorschrift: Abs. 4 enthält – gestrafft und vereinfacht – die früher in § 215a aF enthaltene Heilungsvorschrift, erweitert auf die Heilungsmöglichkeit des FPlans und erweitert über die Beschränkung auf Verfahrensfehler auf jeden Fehler, wenn er denn behebbar ist (BVerwG, BRS 60 Nr. 52; BVerwG, BRS 60 Nr. 53; BVerwGE 110, 193). 49

b) Von Fehler „infiziert": Ein Fehler kann das weitere Verfahren „*infizieren*". Zu beheben sind auch die durch solche Infektion entstandenen Fehler. 50

c) Vereinfachtes Verfahren, § 13: Hat das Normenkontrollgericht einen Plan bzw eine Satzung nach § 47 Abs. 5 VwGO wegen eines behebbaren Mangels für unwirksam erklärt, steht der Gemeinde frei, ob sie entweder den Fehler in einem ergänzenden Verfahren nach § 214 Abs. 4 behebt und die Satzung erneut in Kraft setzt, ob sie es bei der normenkontrollgerichtlichen Unwirksamkeitserklärung belässt und in einem erneuten Aufstellungsverfahren einen rechtmäßigen Plan aufstellt oder ob sie es mit der Unwirksamkeit bewenden lässt. Das ergänzende Verfahren ermöglicht, die im Verfahren bisher erbrachten **Vorarbeiten auszunutzen** (BVerwG, BRS 60 Nr. 53). Für eine erneute Planung von Anfang an kommt das vereinfachte Verfahren nach § 13 bzw § 13a in Betracht, wenn das vorangegangene Verfahren auch nach dieser Vorschrift durchgeführt war. Ist das nicht der Fall, stehen diese Verfahren nicht als ergänzendes Verfahren zur Verfügung (Aufgabe der in der 1. Aufl. vertretenen Auffassung). Das ergänzende Verfahren ändert oder ergänzt nicht einen wirksamen BPl. Allenfalls die dritte Alternative eines BPl in einem Gebiet nach § 34 kommt in Betracht. 51

d) Normwiederholungsverbot: Die Rechtskraft des den Plan oder die Satzung für unwirksam erklärenden Normenkontrollurteils bewirkt bei gleicher Sach- und Rechtslage ein Normwiederholungsverbot (BVerwGE 92, 266; BVerwG, BRS 60 Nr. 52; BVerwG, BRS 62 Nr. 44; Ziekow, in: Sodan/Ziekow, § 47 Rn 370; Dürr, KK, § 215a Rn 7). Als administratives Wiederaufgreifensverfahren steht das ergänzende Verfahren nicht zur Verfügung. 52

e) Doppelfehler: Das ergänzende Verfahren steht der Gemeinde zur Verfügung, den oder die **Fehler zu beheben**. Hat das Normenkontrollgericht einen weiteren in Betracht kommenden Fehler nicht abschließend geprüft (BVerwG, BRS 64 Nr. 58), muss die Gemeinde auch diesen weiteren Fehler beheben, um einen wirksamen Plan bzw eine wirksame Satzung zustande zu bringen. 53

2. Rückwirkendes Inkraftsetzen

a) Verfassungsrechtliche Rechtmäßigkeit: Das Inkrafttreten des BPls ist im Gesetz selbst geregelt, § 10 Abs. 3 Satz 4, und zwar als Bestandteil des Bekanntmachungsverfahrens und steht nicht zur Disposition der inhaltlichen Regelung des Satzungsgebers. Deshalb ist es – anders als bei anderen Gesetzen – nicht Gegenstand des Planinhalts (BVerwG, BRS 63 Nr. 42). Vertrauen darein, dass ein Plan ungültig sei, ist nicht schutzwürdig (BVerwGE 66, 116/122; BVerwGE 75, 262). Beim nach außen gegebenen Plan ist anzunehmen, dass er wirksam ist; dass ein eventueller Fehler mit Wirkung ex tunc heilbar ist, wohnt ihm gleichsam inne. Verfassungsrechtlich ist das Inkrafttreten nach einer Fehlerbehebung ex tunc unbedenklich. 54

55 b) **Ausnahme: Änderung der Sach- und Rechtslage als Hindernis:** Wird nach der Beschlussfassung die Sach- und Rechtslage in einem wesentlichen Punkt geändert, kann die Gemeinde gehindert sein, den Plan bekannt zu machen (BVerwGE 56, 283/288; BVerwG, BRS 54 Nr. 22). Die in Abs. 4 bestimmte Befugnis, den geheilten Plan rückwirkend in Kraft zu setzen, beschränkt sich auf diese Befugnis und derogiert nicht jenes **Bekanntmachungshindernis**. Betrifft die geänderte Sach- oder Rechtslage einen anderen Punkt als den die Unwirksamkeit nach sich ziehenden Fehler, was die Regel sein dürfte, ist der betreffende Punkt im ergänzenden Verfahren zu berücksichtigen. Das ergänzende Verfahren setzt das eingeleitete Verfahren fort und **nutzt** dabei die **erarbeiteten Vorarbeiten aus** (BVerwG, BRS 60 Nr. 53). Die Bezeichnung *„ergänzendes Verfahren"* kennzeichnet, dass die Gemeinde das wegen Unwirksamkeit nicht abgeschossene Planaufstellungsverfahren weiter durchführt. Die verfahrens- und materiell-rechtlichen Anforderungen an das Aufstellungsverfahren sind Gebote; sie sind nicht zugleich Verbote, einen Schritt zu wiederholen oder einen einmal behandelten Schritt noch einmal zu behandeln. Erst wenn das Aufstellungsverfahren mit dem Inkrafttreten wirksam abgeschlossen ist, lässt sich der Plan nur noch ändern. Für diesen Fall schreibt § 1 Abs. 8 iVm den übrigen Vorschriften dieses Gesetzes, insbesondere § 13 für das vereinfachte Verfahren vor, das Planaufstellungsverfahren mit dem Ziel der Änderung des wirksamen Plans von Anfang an durchzuführen.

56 c) **Erstes „Inkrafttreten" als weitest zurückliegender Zeitpunkt:** „Rückwirkend" bedeutet frühestens ab dem Zeitpunkt des scheinbaren Inkrafttretens des nichtigen Plans. Das ergänzende Verfahren ermöglicht, den Fehler zu beheben. Im Übrigen gelten für das ergänzende Verfahren die Vorschriften dieses Gesetzes.

57 d) **Unbefristetes ergänzendes Verfahren – Anzuwendendes Recht/Übergangsregelungen:** Befristet ist die Befugnis zur Fehlerbehebung im ergänzenden Verfahren nicht. Je später die Gemeinde Fehler behebt, desto wahrscheinlicher ist auch eine zu beachtende Änderung der Sach- und Rechtslage. Die für das in Kraft setzen Dürfen relevante Änderung der Sach- oder Rechtslage betrifft neu hinzugetretene Umstände innerhalb des Plangebiets sowie die Planung beeinflussende Umstände in der Umgebung des Plangebiets. Solche Umstände erlauben einerseits nicht, bei Gelegenheit der Fehlerbehebung unbeachtet zu bleiben, andererseits rechtfertigt das Planerhaltungsinteresse nicht, später in Kraft getretene Anforderungen an die Planung nicht berücksichtigen zu müssen. § 233 erlaubt, die Planaufstellung nach den im Zeitpunkt des Aufstellungsbeschlusses geltenden Anforderungen zu Ende zu führen, soweit nicht dieses Gesetz etwas anderes bestimmt. Etwas anderes bestimmt § 244 Abs. 1, nämlich, dass Planverfahren, die nach dem 20.7.2006 abgeschlossen werden, nach den Vorschriften dieses Gesetzes zu Ende geführt werden. Die Absätze 2–4 des § 244 enthalten weitere einschlägige Übergangsregelungen, die auch für das ergänzende Verfahren gelten. Hervorzuheben ist Abs. 3, nach welchen die Vorschriften des § 4 Abs. 3 über die Unterrichtungspflicht der Behörden über deren Erkenntnisse über erhebliche Auswirkungen auf die Umwelt und § 4c über die Pflicht der Gemeinde, die erheblichen Umweltauswirkungen aufgrund der Durchführung des BPls zu überwachen nur gelten, wenn die Gemeinde das Planaufstellungsverfahren nach neuem Recht zu Ende führt.

IV. Präklusion und Normenkontrolle

Die Rügefrist, die Präklusion eines Fehlers abzuwenden, und die Frist zur Erhebung der Normenkontrolle ist durch die Novelle 2007 einheitlich auf ein Jahr halbiert, s. hierzu Rn 31 Vorbemerkungen zu den §§ 29–38 und Rn 3 zu § 215. Liegt ein Ewigkeitsfehler vor – zB des nicht erforderlichen BPls oder des Abwägungsergebnisses – bleibt der Plan bzw die Satzung ewig nichtig. Das wirkt sich in der Inzidentkontrolle aus, solange nicht die Gemeinde den Fehler im ergänzenden Verfahrne behebt. 58

§ 215 Frist für die Geltendmachung der Verletzung von Vorschriften

(1) Unbeachtlich werden

1. **eine nach § 214 Abs. 1 Satz 1 Nr. 1 bis 3 beachtliche Verletzung der dort bezeichneten Verfahrens- und Formvorschriften,**
2. **eine unter Berücksichtigung des § 214 Abs. 2 beachtliche Verletzung der Vorschriften über das Verhältnis des Bebauungsplans und des Flächennutzungsplans und**
3. **nach § 214 Abs. 3 Satz 2 beachtliche Mängel des Abwägungsvorgangs,**

wenn sie nicht innerhalb eines Jahres seit Bekanntmachung des Flächennutzungsplans oder der Satzung schriftlich gegenüber der Gemeinde unter Darlegung des die Verletzung begründenden Sachverhalts geltend gemacht worden sind. Satz 1 gilt entsprechend, wenn Fehler nach § 214 Abs. 2 a beachtlich sind.

(2) Bei Inkraftsetzung des Flächennutzungsplans oder der Satzung ist auf die Voraussetzungen für die Geltendmachung der Verletzung von Vorschriften sowie auf die Rechtsfolgen hinzuweisen.

I. Novellen 2007 und 2004

1. Neuregelungen

Abs. 1 ist von der Novelle 2004 neu geregelt, Abs. 2 sprachlich klarer gefasst. Neu ist die einheitliche Einjahresfrist. Sie ist an die in § 47 Abs. 2 Satz 1 VwGO in der seit dem 1.1.2007 geltenden Neufassung bestimmte Einjahresfrist zur Erhebung der Nor- 1 menkontrollklage angepasst. Rechtsfolge der in Abs. 1 bestimmten Unbeachtlichkeit ist materielle Präklusion der von der Vorschrift betroffenen Fehler (Rn 2).

2. Beschränkung auf den Abwägungsvorgang

2 Dass Mängel des Abwägungsergebnisses unbefristet geltend gemacht werden können, hatte schon die Novelle 2004 bewirkt. Damit besteht das frühere verfassungsrechtliche Problem einer materiellen Präklusion eines rechtswidrigen Ergebnisses nicht mehr.

3. Rechtsstaatsgebot, materielle Präklusion und Einjahresfrist

3 Die Novelle 2004 hatte die frühere sieben Jahre belaufende Frist auf zwei Jahre verkürzt. Die Novelle 2007 hat diese sehr kurze Frist wiederum halbiert auf nunmehr ein Jahr, und zwar synchron zur Kürzung der Frist zur Erhebung der Normenkontrollklage gem. § 47 Abs. 2 Satz 1 VwGO in der Fassung von Art. 3 des Gesetzes zur Erleichterung von Planungsvorhaben für die Innenentwicklung der Städte vom 21.12.2006, BGBl I S. 3316 (Novelle 2007). Die Verkürzung der Frist auf ein Jahr bedarf nach dem verfassungsrechtlichen Rechtsstaatsgebot der Rechtfertigung. Berkemann hatte schon die Verkürzung der früheren Siebenjahresfrist auf zwei Jahre verfassungsrechtlich problematisiert (Berkemann, in: Berkemann/Halama, Erstkommentierung zum BauGB 2004, § 215 Rnn 19 bis 21 o. 30 unter Berufung auf beachtliche Stimmen in der Literatur). Die Halbierung hat das Problem verschärft. Der Gesetzgeber versucht die abermalige Verkürzung wie seinerzeit mit dem Bedürfnis nach alsbaldiger Rechtssicherheit zu rechtfertigen. Die Einjahresfrist für die Erhebung der Normenkontrollklage kann die Anforderung an Rechtfertigung erfüllen, zumal *erstens* die Verfassung nicht ohne weiteres Rechtsschutz durch Normenkontrolle verlangt, *zweitens* die Frist nicht mit materieller Präklusion verbunden ist und *drittens* Wiedereinsetzung bei unverschuldeter Fristversäumung in Betracht kommt. Diese Argumente rechtfertigen gerade nicht die in § 215 Abs. 1 bestimmte kurzfristige materielle Präklusion, die auch nicht durch Wiedereinsetzung abwendbar ist (Rn 12). Ein Mangel im Vorgang mag auf den ersten Blick nicht so schwer wiegen, wie ein Mangel im Ergebnis. Der zweite Blick zeigt, dass es jedenfalls bei den Festsetzungen des verbindlichen BPls um Eigentumsinhaltsbestimmung iSv Art. 14 Abs. 1 Satz 2 GG geht, worauf Berkemann zu Recht hinweist (aaO, Rn 19; zur Eigentumsinhaltsbestimmung vgl BVerwGE 104, 68/75; BVerwG, BRS 60 Nr. 44; BVerfG, NVwZ 99, 979). Eigentumsinhaltsbestimmung für Land ist regelmäßig Änderung des bisherigen Eigentumsinhalts. Der Planer trifft kaum jemals auf Land ohne jeden Eigentumsinhalt. Fehler in diesem Vorgang mit Rechtssicherheit zu rechtfertigen, dies gleichsam in einem Atemzug mit der Halbierung der Frist zur Erhebung der Normenkontrollklage und ohne den Unterschied zu problematisieren, überzeugt nicht ohne weiteres. Zur Lösung lenkt Berkemann den Blick zu Recht darauf, dass manches, was herkömmlicherweise dem Vorgang zugeordnet war – ggf zugleich auch – ein materieller Mangel sein kann, für den die in Abs. 1 bestimmte materielle Präklusion nicht gilt und dass verfassungskonforme Auslegung ein solches Auslegungsergebnis verlangen kann (Berkemann, aaO, Rn 21 u. 30 sowie Rn 6 zu § 214).

Entsprechend waren schon in der Vorauflage nicht von der materiellen Präklusion erfasste Umstände aufgeführt (Vorauflage Rn 3).

II. Einjahresfrist-bedingte Fehlerfolgenlosigkeit = Materielle Präklusion

1. Einjahresfrist

a) **Zusammenhang mit § 214:** Die Vorschrift steht im Zusammenhang mit § 214, dessen Regelung sie ergänzt. Ob der Tatbestand des Abs. 1 erfüllt ist, ist den in Bezug genommenen Vorschriften des § 214 zu entnehmen. Die in Bezug genommenen, zur Unwirksamkeit des Plans bzw der Satzung führenden Fehler – und nur diese – werden folgenlos, wenn sie nicht innerhalb der Einjahresfrist geltend gemacht worden sind. Diese materielle Präklusion ist auch das rechtliche Hindernis erfolgreicher Inzidentkontrolle. 4

b) **Was bleibt (Ewigkeitsfehler):** Was von den in § 214 bezeichneten Fehlern **unbefristet beachtlich** bleibt, sind *erstens*, dass ein Beschluss der Gemeinde über den FPlan oder die Satzung (insbesondere über den BPl) nicht gefasst ist, *zweitens* eine vorgeschriebene Genehmigung nicht erteilt ist oder *drittens* das Plangebiet nicht erkennbar, also der Hinweiszweck nicht erreicht worden ist. Nicht in diesen Zusammenhang gehört, dass alle materiell-rechtlichen Fehler unbefristet die Fehlerfolge haben, dass der Plan bzw die Satzung unwirksam – oder ggf teilweise unwirksam – ist (BVerwG, BRS 62 Nr. 19). Dazu gehört das fehlerhafte Abwägungsergebnis (Berkemann, in: Berkemann/Halama, Erstkommentierungen zum BauGB 2004, § 215 Rnn 21 u. 30), mangelnde Erforderlichkeit – § 1 Abs. 3 – (BVerwGE 109, 246; BVerwGE 116, 144; BVerwGE 117, 35), Erforderlichkeit der einzelnen Festsetzungen nach § 9 Abs. 1 (BVerwGE 112, 41), Negativplanung, mangelnde Anpassung an die Ziele der Raumordnung – § 1 Abs. 4 –, mangelndes interkommunales Abgestimmtsein – § 2 Abs. 2 – (BVerwGE 119, 25/34), die rechtsstaatliche Bestimmtheitsanforderung, aber auch die Verletzung anderer durch Abwägung nicht überwindbare Rechte, zB die durch das Eigentumsgrundrecht aus Art 14 Abs. 1 Satz 1 GG gewährleistete Schutzpflicht (BVerwGE 116, 144). Die Begrenzung auf den Abwägungsvorgang honoriert einfach-rechtlich, dass sich materielle Präklusion der beschriebenen Mängel nicht rechtfertigen ließe. 5

2. Geltendmachen

a) **Einjahresfrist:** Die Frist beträgt einheitlich ein Jahr. Die frühere Siebenjahresfrist, einen Fehler des Abwägungsvorgangs zu rügen, ist auf **einheitlich ein Jahr** verkürzt. Für vor dem 20.7.2004 in Kraft getretene FPle, BPle und sonstige Satzungen gelten nach § 233 Abs. 2 Satz 3 die Fristen der bisherigen Fassung; das ist für Mängel des Abwägungsvorgangs weiterhin die Siebenjahresfrist. Ist aufgrund des bisherigen Rechts der Mangel eines Plans oder einer Satzung durch Verfristung unbeachtlich geworden, bleibt es dabei, § 233 Abs. 2 Satz 2; durch die Verlängerung der früheren Einjahresfrist war also die Möglichkeit, den Mangel geltend zu machen, mit der Novelle 2004 nicht wieder aufgelebt. 6

b) **Fristbeginn:** Die Frist beginnt am Tag der Bekanntmachung, entsprechend § 187 Abs. 1 BGB. Sie endet am gleichen Tag nach einem Jahr, entsprechend § 188 Abs. 2 BGB. 7

c) **Geltendmachung vor Fristbeginn:** Nicht geklärt ist, ob ein nach Beschlussfassung aber vor Fristbeginn geltend gemachter Mangel wirksam geltend gemacht ist. Die Frage ist bejahend zu beantworten. Das Geltendmachen ist kein Rechtsmittel (BVerwG, DVBl 82, 1095), sondern dokumentiert den Fehler und hindert, dass er unbeachtlich wird. Um einen Fehler handelt es sich, sobald er begangen ist und nicht erst mit der Bekanntmachung. Die Erforderlichkeit, den Mangel gel- 8 tend zu machen, folgt aus dem Bedürfnis, ihn der Gemeinde bewusst zu machen, damit sie ihn beheben kann. Ist der Plan bzw die Satzung schon bekannt gemacht, ist das aufwändig und je nach der Sachlage schwierig. Vor der Bekanntmachung gibt es kein rechtliches Hindernis, den als solchen erkannten Fehler zu beheben. Bis zur Klärung der Frage empfiehlt sich, einen vor der – ggf wiederholten – Bekanntmachung geltend gemachten Fehler danach noch einmal geltend zu machen.

9 d) **Schriftlich:** Schriftlich bedeutet Schriftform (BVerwG, BRS 57 Nr. 51). Das kann auch zu Protokoll der Gemeinde sein oder in einem Schriftsatz in einem Verfahren, an welchem die Gemeinde beteiligt ist, zB in einem Widerspruchsverfahren. Autor des Geltendmachens kann nur ein anderer als die Gemeinde sein. Das ergibt sich daraus, dass der Fehler „gegenüber der Gemeinde" geltend zu machen ist.

10 e) **Adressat: die Gemeinde:** Adressat des Geltendmachens muss die Gemeinde sein. Das Schriftstück muss bei der Gemeinde innerhalb der Frist eingegangen sein. Den Mangel gegenüber der Aufsichtsbehörde oder in der Presse geltend zu machen genügt den Anforderungen auch dann nicht, wenn das Schriftstück oder eine Ausgabe des Printmediums bei der Gemeinde eingeht, zB mit der Aufforderung, Stellung zu nehmen.

11 f) **darlegen:** Darlegen bedeutet, *erstens* den Sachverhalt zu bezeichnen und *zweitens* zu erklären, dass dieser Sachverhalt einen Fehler des Plans bzw der Satzung darstelle. Die – hohen – prozessrechtlichen Anforderungen an die Darlegung gelten nicht und sind auch nicht nutzbar zu machen. Es muss für die Gemeinde erkennbar sein, welcher Umstand zu welchem Plan bzw welcher Satzung fehlerhaft sei und dass es sich aus der Sicht des Darlegenden um einen Fehler dieses Plans bzw dieser Satzung handelt, den er rügen will (BVerwG, BRS 57 Nr. 51; BVerwG, BRS 60 Nr. 58).

12 g) **Wirkung inter omnes:** Ist der Mangel wirksam und fristgerecht geltend gemacht, wirkt die Geltendmachung inter omnes (BVerwG, BRS 39 Nr. 28; BVerwG, BRS 64 Nr. 57). Jeder, der ein berechtigtes Interesse hieran hat, hat einen Anspruch gegen die Gemeinde, ihm Auskunft darüber zu erteilen, ob dieser konkrete Mangel geltend gemacht ist.

13 h) **Verfristungsfolge** ist die materielle Präklusion, die auch eine Inzidentkontrolle rechtlich hindert (Rn 2).

14 j) **Keine Wiedereinsetzung:** § 210 über die Wiedereinsetzung in den vorigen Stand und § 32 Abs. 1 VwVfG des Bundes gilt nicht für eine Ausschlussfrist. Im Übrigen handelt es sich bei der Rüge nach § 215 nicht um eine Verfahrenshandlung iS jener Vorschriften. Die Wiedereinsetzung in den vorigen Stand gegen die Versäumung der Rügefrist ist nicht möglich.

III. Hinweispflicht

1. Konkretisierung

15 Die in Abs. 2 bestimmte Hinweispflicht ist **konkretisierungsbedürftig.** Hinzuweisen ist auf die in Abs. 1 bestimmte materielle Präklusion.

2. Fehlerfolge

16 Fehlerfolge eines unterbliebenen, unvollständigen, inhaltlich fehlerhaften oder irreführenden Hinweises ist, dass die Einjahresfrist nicht in Lauf gesetzt ist. Der

richtige Hinweis ist nachholbar. Vorsorglich sollte die Bekanntmachung mit dem richtigen Hinweis wiederholt werden.

§ 215a (weggefallen)

§ 216 Aufgaben im Genehmigungsverfahren

Die Verpflichtung der für das Genehmigungsverfahren zuständigen Behörde, die Einhaltung der Vorschriften zu prüfen, deren Verletzung sich nach den §§ 214 und 215 auf die Rechtswirksamkeit eines Flächennutzungsplans oder einer Satzung nicht auswirkt, bleibt unberührt.

Diese an sich überflüssige Vorschrift hat die Novelle 2004 unverändert belassen, 1
um zu vermeiden, dass man im Umkehrschluss annehmen könne, das Gesetz regele nunmehr das Gegenteil (Bericht der unabhängigen Expertenkommission unter dem Vorsitz von Gaentzsch Rn 155, erhältlich beim Fraunhofer Informationszentrum für Raum und Bau IRB, Nobelstraße 12, 70569 Stuttgart). Die Genehmigungsbedürftigkeit eines Plans oder einer Satzung ist vorbeugende administrative Normenkontrolle, die alle Fehler umfasst, eingeschlossen diejenigen, die später die Wirksamkeit des in Kraft getretenen Plans bzw der in Kraft getretenen Satzung – im Planerhaltungsinteresse – nicht mehr beeinflussen. Der Erfolg der Verpflichtungsklage der Gemeinde auf Erteilung der Genehmigung hängt davon ab, ob der Plan bzw die Satzung insgesamt fehlerlos ist.

Dritter Teil
Verfahren vor den Kammern (Senaten) für Baulandsachen

§ 217 Antrag auf gerichtliche Entscheidung

(1) Verwaltungsakte nach dem Vierten und Fünften Teil des Ersten Kapitels sowie nach den §§ 18, 28 Abs. 3, 4 und 6, den §§ 39 bis 44, § 126 Abs. 2, § 150 Abs. 2, § 181, § 209 Abs. 2 oder § 210 Abs. 2 können nur durch Antrag auf gerichtliche Entscheidung angefochten werden. Satz 1 ist auch anzuwenden auf andere Verwaltungsakte auf Grund dieses Gesetzbuchs, für die die Anwendung des Zweiten Abschnitts des Fünften Teils des Ersten Kapitels vorgeschrieben ist oder die in einem Verfahren nach dem Vierten oder Fünften Teil des Ersten Kapitels erlassen werden, sowie auf Streitigkeiten über die Höhe der Geldentschädigung nach § 190 in Verbindung mit § 88 Nr. 7 und § 89 Abs. 2 des Flurbereinigungsgesetzes. Mit dem Antrag auf gerichtliche Entscheidung kann auch die Verurteilung zum Erlass eines Verwaltungsakts oder zu einer sonstigen Leistung sowie eine Feststellung begehrt werden. Über den Antrag entscheidet das Landgericht, Kammer für Baulandsachen.

(2) Der Antrag ist binnen eines Monats seit der Zustellung des Verwaltungsakts bei der Stelle einzureichen, die den Verwaltungsakt erlassen hat. Ist die ortsübliche Bekanntmachung des Verwaltungsakts vorgeschrieben, so ist der Antrag binnen sechs Wochen seit der Bekanntmachung einzureichen. Hat ein Vorverfahren (§ 212) stattgefunden, so beginnt die in Satz 1 bestimmte Frist mit der Zustellung des Bescheids, der das Vorverfahren beendet hat.

(3) Der Antrag muss den Verwaltungsakt bezeichnen, gegen den er sich richtet. Er soll die Erklärung, inwieweit der Verwaltungsakt angefochten wird, und einen bestimmten Antrag enthalten. Er soll die Gründe sowie die Tatsachen und Beweismittel angeben, die zur Rechtfertigung des Antrags dienen.

(4) Die Stelle, die den Verwaltungsakt erlassen hat, hat den Antrag mit ihren Akten unverzüglich dem zuständigen Landgericht vorzulegen. Ist das Verfahren vor der Stelle noch nicht abgeschlossen, so sind statt der Akten Abschriften der bedeutsamen Aktenstücke vorzulegen.

I. Sachliche Zuständigkeit der Baulandgerichte

1 Die §§ 217–232 sind der Versuch, die Zuständigkeiten für Verfahren gegen Enteignungs- oder enteignungsähnlichen Eingriffen, die im Zusammenhang mit städtebaulichen Planungs- und Ordnungsmaßnahmen erforderlich werden, zu regeln (BK, Vor §§ 217–232, Rn 4). Das Verfahren vor den Baulandgerichten ist weder ein Zivilprozess im eigentlichen Sinne noch ein Verwaltungsprozess. Die Über-

nahme einer eigentlich öffentlich-rechtlichen Streitsache in die Entscheidungszuständigkeit der Zivilgerichte hat eine Reihe von gerichtsorganisatorischen und verfahrensrechtlichen Besonderheiten. Gegenstand des Baulandprozesses können alle Verwaltungsakte sein, die in einem Umlegungs-, Grenzlegungs-, Enteignungs- oder Härteausgleichsverfahren ergehen sowie alle im Baugebiet direkt oder im Wege der Verweisung ergehenden VAe, die eine Entschädigungsregelung enthalten oder enthalten sollten.

Hinweis für die Praxis: Die Verwaltungsakte wird nicht durch Klage angefochten, die richtige Bezeichnung des Rechtsmittels ist der **Antrag auf gerichtliche Entscheidung.**

1. Enumerative Aufzählung der Baulandsachen (Abs. 1)

In die Zuständigkeit **Baulandkammern** fallen alle Verwaltungsakte in Umle- 2
gungs-, Grenzregelungs- und Enteignungsverfahren, unabhängig davon, ob der betreffende Verwaltungsakt die Entschädigung regelt. Verwaltungsakte, die im Zusammenhang mit Maßnahmen nach den in § 217 Abs. 2 Satz 1 aufgeführten Vorschriften geregelt sind, beziehen sich auf folgende Normen: § 18 (Veränderungssperre), § 28 Abs. 3, Abs. 4 und 6 (Ausübung des Vorkaufsrechts der Gemeinde), § 39–44 (Änderung, Ergänzung oder Aufhebung eines BPls), § 126 Abs. 2 (Anbringen von Haltevorrichtungen und Leitungen für Beleuchtungskörper etc. im Rahmen der Erschließung), § 150 Abs. 2 (Änderung von Einrichtungen, die der Versorgung dienen), § 181 (Werteausgleich), § 209 Abs. 2 (Vorarbeiten auf Grundstücken zur Vorbereitung von Maßnahmen nach diesem Gesetz) und § 210 Abs. 2 (Entschädigung und Wiedereinsetzung in den vorigen Stand statt Änderung des neuen Rechtszustands).

Im Hinblick auf das gemeindliche **Vorkaufsrecht** ist wie folgt zu unterscheiden: Nur die in § 217 Abs. 1 Satz 1 ausdrücklich genannten Verwaltungsakte, § 28 Abs. 2, Abs. 4 und 6 sind mit dem Antrag auf gerichtliche Entscheidung vor der Baulandkammer anfechtbar (OLGR Hamburg 2001, 479). Für Verwaltungsakte nach § 28 Abs. 2 bleibt es aufgrund des Wortlauts hingegen beim Verwaltungsrechtsweg (OVG Münster NJW 1981, 1467; OVG Lüneburg BRS 36 Nr. 120). Der Zuständigkeitsbereich der Baulandgerichte erstreckt sich nach § 217 Abs. 1 Satz 2 auf alle Verwaltungsakte nach dem BauGB, für die Anwendung des Entschädigungsabschnitts im Enteignungsteil (§ 93–103) vorgeschrieben ist, sowie zB § 176 Abs. 5 iVm § 43 Abs. 2 (Baugebot) und § 179 Abs. 3 iVm § 42 Abs. 2 (Abbruchgebot). Schließlich werden von der Zuständigkeitsregel erfasst und der Kammer für Baulandsachen zugewiesen u.a. die Entziehung des Eigentums, die der Eigentümer verlangen kann, wenn die Gemeinde die Genehmigung eines nach § 144 genehmigungspflichtigen Vorhabens nicht erteilt sowie der Streit über die Höhe der Geldentschädigung im Rahmen der Flurbereinigung (§§ 88 Nr. 7, 89 Abs. 2 FlurbG).

2. Zuständigkeit kraft Sachzusammenhangs

Obwohl die Zuständigkeiten der Kammer für Baulandsachen enumerativ auf- 3
gezählt sind, ist die Erweiterung der Zuständigkeitsregelung um diejenigen Verwaltungsakte, die im rechtlichen oder tatsächlichen Zusammenhang mit den zu den Baulandsachen zugewiesenen Gegenständen stehen, anerkannt (BK, 3. Aufl., § 217 Rn 6; KK, § 217 Rn 12; BKL, § 217 Rn 4). Der BGH hat dies u.a. entschieden für den **Entschädigungsanspruch** aus enteignungsgleichen Eingriffen wegen

rechtswidrig erteilten gemeindlichen Einvernehmens (BGHZ 99, 262) und den Übernahmeanspruch nach dem Saarländischen Straßengesetz (BGH WM 1991, 336). Insofern besteht die Zuständigkeit der Baulandgerichte **kraft Sachzusammenhangs**.

II. Antragsbegehren und Antragsbefugnis

4 Nach § 217 Abs. 1 Satz 1 können die dort genannten Verwaltungsakte mit dem Antrag auf gerichtliche Entscheidung angefochten werden, dh der Antrag richtet sich auf die **Änderung oder Aufhebung eines Verwaltungsakts**. Weitere zulässige Antragsbegehren enthält § 217 Abs. 1 Satz 3. Danach kann auch die Verurteilung zum Erlass eines Verwaltungsakts oder zu einer sonstigen Leistung sowie eine Feststellung begehrt werden. In der Rechtsprechung sind behandelt: Anträge auf Verpflichtung zum Erlass eines VA (OVG Lüneburg, NJW 1964, 687), Feststellungsanträge auf Bestehen oder Nichtbestehen eines Rechtsverhältnisses (BGH NJW 1977, 67; BVerwG NJW 1986, 2845), Leistungsanträge (BGHZ 86, 104), Untätigkeitsanträge (BGH NJW 1966, 1267), Anträge auf Aufhebung der Vollstreckung eines Verwaltungsakts (BGH NJW 1975, 829; LG Darmstadt NVwZ 1982, 525). Unzulässig ist dagegen eine „Widerklage" des entschädigungspflichtigen Enteignungsbegünstigten nach Ablauf der Antragsfrist (BGHZ 155, 27 = NVwZ 2003, 1546).

5 Das Recht, den Antrag auf gerichtliche Entscheidung zu stellen, steht jeder natürlichen oder juristischen Person (auch des öffentlichen Rechts) zu, die geltend machen kann, durch einen Verwaltungsakt, durch seine Ablehnung oder Unterlassung, oder durch die Untätigkeit in ihren Rechten verletzt zu sein (KK, § 217 Rn 15).

III. Rechtsfolgen des Antrages

6 Der Antrag auf gerichtliche Entscheidung wird nicht erst mit der Zustellung, sondern entsprechend §§ 81, 90 VwGO bereits mit Eingang des Antrages bei der Baulandkammer rechtshängig (BGH BRS 19 Nr. 159). Der Antrag zeigt **aufschiebende Wirkung**, dh die Einreichung des Antrags hindert den Eintritt der Rechtswirkung der Unanfechtbarkeit des Verwaltungsaktes und damit im Regelfall den Vollzug.

Ausnahmen vom Suspensiv-Effekt gelten bei der Anfechtung einer vorzeitigen Besitzeinweisung nach § 77 oder § 116, eines Umlegungsbeschlusses (§ 47) und der Bekanntmachung der Unanfechtbarkeit des Umlegungsplanes (§ 71). Gemäß § 224 hat in diesen Fällen der Antrag keine aufschiebende Wirkung. Das Baulandgericht kann auf Antrag von der ihm nach § 224 iVm § 80 Abs. 5 VwGO gegebenen Möglichkeit Gebrauch machen und die aufschiebende Wirkung ganz oder teilweise anordnen.

IV. Antragsfrist, Form und Inhalt des Antrages

7 Nach § 217 Abs. 2 Satz 1 ist der Antrag binnen eines **Monats seit der Zustellung** des Verwaltungsakts bei der Stelle einzureichen, die den Verwaltungsakt erlassen hat. Der Antrag ist auch bei der Ausgangsbehörde einzureichen, wenn ein Widerspruchsverfahren vorausgegangen ist (vgl BGHZ 54, 364). Eine Ausnahme von diesem Grundsatz gilt dann, wenn ein Verfahrensbeteiligter durch den Widerspruchsbescheid erstmalig beschwert wird; in einem solchen Fall kann der Antrag auf

gerichtliche Entscheidung wirksam auch bei der Widerspruchsbehörde eingereicht werden (BGH NJW 1992, 2634). Sowohl Leistungs- als auch Feststellungsanträge können dagegen direkt bei Gericht eingereicht werden (BGHZ 86, 104).

Die **Berechnung der Antragsfrist** richtet sich nach § 222 ZPO iVm §§ 186 ff BGB. 8
Eine Antragsfrist beginnt nicht zu laufen, wenn die Zustellung oder die ortsübliche Bekanntmachung nach den landes- oder gemeinderechtlichen Vorschriften nicht wirksam vorgenommen worden ist (OLG Stuttgart NVwZ 1994, 518 mwN). Das gänzliche Fehlen und die Unrichtigkeit einer Rechtsmittelbelehrung hindert den Fristablauf grds. nicht (OLG Karlsruhe MdR 1976, 498; OLG München NVwZ 1988, 1069; BGH DVBl 1999, 777; OLG Hamm NVwZ 2000, 114). Doch wird eine fehlende oder fehlerhafte Rechtsmittelbelehrung ein Grund sein, nach § 218 wegen Versäumnis der Antragsfrist Wiedereinsetzung in den vorigen Stand zu gewähren.

Der Antrag bedarf der Schriftform. Er kann deshalb auch durch Telefax (BGH 9
NJW 1998, 262; BVerfG NJW 1996, 2857), mittels Btx (BVerwG NJW 1995, 2121) oder durch sog. Computerfax im Wege der elektronischen Übertragung einer Textdatei mit eingescannter Unterschrift auf ein Faxgerät (GmS-OGB, NJW 2000, 2340) eingelegt werden. Der Inhalt ergibt sich aus § 217 Abs. 3, der im Wesentlichen § 82 Abs. 1 VwGO entspricht. Bezüglich des Muss- und Soll-Inhalts des Antrages gibt Abs. 3 eine von § 253 ZPO teilweise abweichende und der Regelung des § 82 VwGO ähnliche Vorgabe. Unentbehrlich ist lediglich die Bezeichnung des VA, gegen den sich der Antrag richtet. Maßgeblich für den Inhalt des Antrages oder Rechtsbehelfs ist, wie die Behörde den Antrag unter Berücksichtigung aller ihr erkennbaren Umstände nach Treu und Glauben zu verstehen hat. Maßgebend ist der geäußerte Wille des Erklärenden, wie es aus der Erklärung der sonstigen Umstände dem Erklärungsempfänger erkennbar ist (BVerwG, NJW 2002, 1137; BVerwG, NJW 1991, 508). Dabei muss sich die Auslegung auf das Schreiben in seiner Gesamtheit und das mit ihm erkennbare verfolgte Rechtsschutzziel beziehen (BVerwG, NVwZ 1999, 405). Bei der Ermittlung ist nach anerkannter Auslegungsregel zugunsten des Bürgers davon auszugehen, dass er denjenigen Rechtsbehelf einlegen will, der nach Lage der Sache seinen Belangen entspricht und eingelegt werden muss, um den erkennbar angestrebten Erfolg zu erreichen (BVerwG, NJW 2002, 1137).

Hinweis für die Praxis: Ein Verstoß gegen den Soll-Inhalt des Antrages führt nicht allein zur Prozessabweisung, allerdings wird der Streitstoff durch den Vortrag bestimmt, wenngleich die Verhandlungsmaxime nach § 221 Abs. 2 nur eingeschränkt gilt.

Der Anwaltszwang beginnt erst mit Einreichung der den Antrag zur Hauptsache vorbereiteten Schriftsätze (OLG München, NJW 1968, 2065).

Gemäß § 292 Abs. 3 Satz 2 iVm § 78 ZPO besteht **Anwaltszwang** nur für Beteilig- 10
te, die Anträge in der Hauptsache stellen. Der Antrag auf gerichtliche Entscheidung selbst ist noch kein dem Anwaltszwang unterliegender Sachantrag (BGHZ 41, 183). Gleiches gilt für die Rücknahme des Antrages auf gerichtliche Entscheidung vor der mündlichen Verhandlung.

V. Verfahren nach Einreichen des Antrages

1. Vorlage an die Baulandkammer

11 Die Behörde hat den Antrag unverzüglich mit den Akten dem zuständigen Baulandgericht vorzulegen. Unverzüglich heißt, ohne schuldhaftes Zögern, § 121 Abs. 1 Satz 1 BGB. Die Behörde ist jedoch nicht gehindert, den Verwaltungsakt aufgrund des Antrages auf gerichtliche Entscheidung abzuändern (BGH BRS 19 Nr. 121). Mit den Akten sind die Unterlagen gemeint, die für die Entscheidung über den Antrag rechtserheblich sind. Im **Einvernehmen** mit dem Antragsteller ist zu vereinbaren, von einer kurzfristigen Vorlage an die Baulandkammer abzusehen.

Muster

▶ **Bestellungsschriftsatz und Vorlage an die Baulandkammer**

An das Landgericht ...

In dem Antrag auf gerichtliche Entscheidung

des Herrn A

– Antragsteller –

gegen

den Umlegungsausschuss der Gemeinde ...

– Antragsgegnerin –

weiter zu beteiligen: Gemeinde ...

wegen Umlegungsplan

bestellen wir uns zu Prozessbevollmächtigten des Umlegungsausschusses und der Gemeinde.

In der Anlage übersenden wir gemeinsam mit dem Antrag des Herrn A.

- zwei Leitzordner des Umlegungsausschusses

Wir stellen den

A n t r a g,

den Antrag auf gerichtliche Entscheidung zurückzuweisen.

G r ü n d e:

Bleiben nach Vorlage einer Begründung des Antrages auf gerichtliche Entscheidung einem gesonderten Schriftsatz vorbehalten. ◀

2. Akteneinsichtnahme

12 Dem Gericht sind die gesamten Akten des Verfahrens vorzulegen. Insbesondere bei Umlegungsverfahren bedeutet dies, dass von einer Vielzahl von Beteiligten auch vertrauliche Daten, etwa über Grundstücksbelastungen übermittelt werden. Der am Verfahren Beteiligte hat Anspruch auf Datenschutz. Nach § 299 ZPO dem ein Akteneinsichtnahmerecht jedes Beteiligten entgegen.

Hinweis für die Praxis: Die Umlegungsstelle kann die Akten in einen Hauptakt und einzelne Beteiligten-Akt trennen.

Das Gericht hat zu gewährleisten, dass Einsicht in den vertraulichen Inhalt des beteiligten Akts, etwa den Grundbuchauszügen, verwehrt wird. § 299 ZPO muss insoweit verfassungskonform ausgelegt werden (Schröter, § 217 Rn 19; Kopp/Schenke, VwGO, § 100 Rn 3a; BVerwG, NVwZ 2004, 104; Mayen, NVwZ 2005, 537).

§ 218 Wiedereinsetzung in den vorigen Stand

(1) War ein Beteiligter ohne Verschulden verhindert, die Frist nach § 217 Abs. 2 einzuhalten, so ist ihm auf Antrag vom Landgericht, Kammer für Baulandsachen, Wiedereinsetzung in den vorigen Stand zu gewähren, wenn er den Antrag auf gerichtliche Entscheidung binnen zwei Wochen nach Beseitigung des Hindernisses einreicht und die Tatsachen, die die Wiedereinsetzung begründen, glaubhaft macht. Gegen die Entscheidung über den Antrag findet die sofortige Beschwerde an das Oberlandesgericht, Senat für Baulandsachen, statt. Nach Ablauf eines Jahres, vom Ende der versäumten Frist an gerechnet, kann die Wiedereinsetzung nicht mehr beantragt werden.

(2) Ist der angefochtene Verwaltungsakt ein Enteignungsbeschluss und ist der bisherige Rechtszustand bereits durch den neuen Rechtszustand ersetzt (§ 117 Abs. 5), so kann das Gericht im Falle der Wiedereinsetzung den Enteignungsbeschluss nicht aufheben und hinsichtlich des Gegenstands der Enteignung oder der Art der Entschädigung nicht ändern.

I. Inhalt und Regelungsbereitschaft

§ 218 gibt dem Beteiligten, der die Frist des § 217 Abs. 2 ohne Verschulden versäumt hat, unter den genannten Voraussetzungen einen Anspruch auf Wiedereinsetzung in den vorigen Stand. § 218 gilt nicht für die Versäumung der Berufungs- und Revisionsfrist. Hierfür gelten ausschließlich die §§ 233–238 ZPO iVm § 221 Abs. 1. Die Regelung ist weiterhin abzugrenzen von § 210, der die Wiedereinsetzung in dem Verwaltungsverfahren regelt. 1

II. Voraussetzung der Wiedereinsetzung

Die Wiedereinsetzung in den vorigen Stand setzt voraus, dass der Beteiligte ohne Verschulden verhindert war, die Frist des § 217 Abs. 2 einzuhalten. Die Regelung entspricht § 60 VwGO bzw § 233 ZPO. Das **Verschulden eines Bevollmächtigten** oder gesetzlichen Vertreters wird dem durch diese Vertretung Beteiligten wie eigenes Verschulden zugerechnet (BVerfG NJW 1982, 2425). Zur Rechtsprechung des BGH zur Wiedereinsetzung in den vorigen Stand s. von Pentz, NJW 2003, 858; Müller, NJW 2000, 322. Eine erschöpfende Darstellung aller Einzelfälle ist an dieser Stelle nicht möglich (vgl daher: Kopp/Schenke, VwGO-Kom., 14. Aufl. 2005, § 60 VwGO Rn 9–23; Zöller, ZPO-Kom., 26. Aufl. 2007, § 233 ZPO Rn 23). 2

Die Wiedereinsetzung wird im Unterschied zu § 210 iVm § 32 Abs. 2 Satz 4 VwVfG nur auf Antrag gewährt. Dieser muss binnen **zwei Wochen** nach dem Wegfall des Hindernisses bei der Behörde eingereicht werden, die den Verwaltungsakt erlassen hat. Gleichzeitig sind die Tatsachen, welche die Wiedereinsetzung begründen sollen, glaubhaft zu machen (§ 294 ZPO). 3

Muster

▶ **Antrag auf Wiedereinsetzung in den vorigen Stand gem. § 218 BauGB**

An das Landgericht

In dem Antrag auf gerichtliche Entscheidung

des Herrn A.

– Antragsteller –

g e g e n

den Umlegungsausschuss der Gemeinde ...
– Antragsgegnerin –
Beteiligte: Gemeinde ...
wegen Umlegungsplan
stellen wir den
A n t r a g,
den Antragsstellern wegen der Versäumung der Frist nach § 217 Abs. 2 BauGB Wiedereinsetzung in den vorigen Stand gem. § 218 BauGB zu gewähren.
G r ü n d e:
Dem Antragsteller ist wie beantragt die Wiedereinsetzung in den vorigen Stand zu gewähren, weil weder er persönlich noch den Prozessbevollmächtigten ein Verschulden an der Versäumung der Antragsfrist nach § 217 Abs. 2 BauGB trifft. Der Kläger hat den Auftrag an den Prozessbevollmächtigten, den Antrag auf gerichtliche Entscheidung zu stellen, so rechtzeitig erteilt, dass der Antrag fristgerecht erhoben werden konnte. Der Unterzeichner als Prozessbevollmächtigter konnte sich darauf verlassen, dass seine Anweisungen zur weiteren fristwahrenden Bearbeitung der Angelegenheit von seiner Sekretärin Frau ... beachtet werden. Frau ... ist ausgebildete Anwaltsgehilfin und als solche seit ... Jahren in der Kanzlei tätig. Sie ist angewiesen, alle eingehende Post nach Anweisungen am selben Tage zu bearbeiten und insbesondere alle Fristen in den Fristenkalender, der von Frau ... und dem Unterzeichner persönlich täglich kontrolliert wird, einzutragen. Bei der Erfüllung dieser Aufgaben hat sich Frau ... bisher als sehr zuverlässig erwiesen. Von dem Unterzeichner wiederholt durchgeführte Kontrollen haben zu keinen Beanstandungen geführt.
Die Antragsteller haben den Verwaltungsakt mit dem hier am ... eingegangenen Schreiben übersandt, auf die am ... ablaufende Antragsfrist hingewiesen und um rechtzeitige Antragserhebung gebeten. Der Unterzeichner hat auf dem Schreiben noch am selben Tag verfügt, dass eine neue Akte anzulegen ist und die Antragsfrist zu notieren ist. Anschließend hat der Unterzeichner das Schreiben der Sekretärin Frau ... zur weiteren Bearbeitung überlassen. Frau ... hat das Schreiben aus heute nicht mehr nachvollziehbaren Gründen in eine, einen anderen Vorgang betreffende Akte, abgeheftet und nicht weiter bearbeitet. Insbesondere wurde die Antragsfrist nicht in dem Fristenkalender notiert. Erst am ... ist das Auftragsschreiben der Antragsteller aufgefunden und dem Unterzeichner zusammen mit der Akte wieder vorgelegt worden. Zu diesem Zeitpunkt war die Antragsfrist bereits abgelaufen.
Zur Glaubhaftmachung übersenden wir in der Anlage Eidesstattliche Versicherungen. ◀

Hinweis für die Praxis: Auch die versäumte Rechtshandlung ist nachzuholen, und zwar innerhalb der Zwei-Wochen-Frist nach Beseitigung des Hindernisses.

III. Entscheidung über den Wiedereinsetzungsantrag und Beschwerde

4 Über den Wiedereinsetzungsantrag kann durch Urteil sowie durch Beschluss entschieden werden, § 221 Abs. 1 Satz 1 iVm § 238 ZPO oder § 218 Abs. 1 Satz 2. § 218 Abs. 2 enthält aus Gründen der Rechtssicherheit eine Sonderregelung für die Wiedereinsetzung gegenüber Enteignungsbeschlüssen. Die Entscheidungsbefugnis des Gerichts (§ 226) ist dahingehend eingeschränkt, dass das Gericht den Enteignungsbeschluss nicht aufheben und auch nicht hinsichtlich des Gegenstandes der Enteignung und der Art der Entschädigung entscheiden kann, sofern mit dem in der Ausführungsanordnung festgesetzten Tag der bisherige Rechtszustand durch den im Enteignungsbeschluss angeordneten Rechtszustand ersetzt ist (§ 117 Abs. 5). Nach

dem klaren Wortlaut gilt die Einschränkung des § 218 Abs. 2 nur für Verwaltungsakte in Umlegungsverfahren.

Gegen den Beschluss über die Wiedereinsetzung ist das Rechtsmittel der **sofortigen Beschwerde** gem. § 567 ZPO gegeben. Das Rechtsmittel der sofortigen Beschwerde steht auch einem Beteiligten nach § 222 Abs. 1 zu, wenn dem Antrag auf Wiedereinsetzung stattgegeben wurde und der Beteiligte hierdurch betroffen ist. § 238 Abs. 3 ZPO, der die Unanfechtbarkeit der Wiedereinsetzung in dem zivilrechtlichen Prozess anordnet, ist nicht anwendbar (Schröter, § 218 Rn 5). Die Beschwerde ist innerhalb einer Notfrist von zwei Wochen bei der Baulandkammer oder beim Baulandsenat (§ 569 Abs. 1 ZPO) schriftlich einzulegen. Für die Beschwerde besteht Anwaltszwang (aA Schröter, § 218 Rn 5).

Gegen die Entscheidung des OLG ist unter den Voraussetzungen des § 574 Abs. 1 Nr. 2 iVm Abs. 3 ZPO die Rechtsbeschwerde zum BGH zulässig (Ausnahme BGH, NJW 2003, 211). Bis zur Entscheidung über den Wiedereinsetzungsantrag kann der VA vollzogen werden.

§ 219 Örtliche Zuständigkeit der Landgerichte

(1) Örtlich zuständig ist das Landgericht, in dessen Bezirk die Stelle, die den Verwaltungsakt erlassen hat, ihren Sitz hat.

(2) Die Landesregierungen können durch Rechtsverordnung die Verhandlung und Entscheidung über Anträge auf gerichtliche Entscheidung einem Landgericht für die Bezirke mehrerer Landgerichte zuweisen, wenn die Zusammenfassung für eine Förderung oder schnellere Erledigung der Verfahren sachdienlich ist. Die Landesregierungen können diese Ermächtigung auf die Landesjustizverwaltungen übertragen.

I. Gesetzlicher Grundsatz (Abs. 1)

Abs. 1 bestimmt die ausschließliche, also nicht durch Vereinbarung abänderbare, 1
örtliche Zuständigkeit der Kammern für Baulandsachen. Der Sitz der Widerspruchsbehörde ist für die örtliche Zuständigkeit der Baulandkammer grds. ohne Bedeutung (BK, § 219 Rn 1). Wird jedoch ein Verfahrensbeteiligter durch einen Widerspruchsbescheid erstmalig beschwert, so ist für seinen Antrag auf gerichtliche Entscheidung nach Auffassung des BGH in jedem Falle das Baulandgericht nach § 219 Abs. 1 örtlich zuständig, in dessen Bezirk die Behörde ihren Sitz hat, deren Bescheid ganz oder teilweise unmittelbar Gegenstand der Anfechtung ist (BGH NJW 1992, 2638; vgl LG Bremen NdsRpfl 2004, 76). Entscheidet statt der Baulandkammer eine Zivilkammer, liegt darin ein Verfahrensmangel. Auf die Geltendmachung dieses Verfahrensmangels kann jedoch wirksam nach § 295 ZPO iVm § 221 Abs. 1 Satz 1 BauGB verzichtet werden (BGHZ 40, 148).

II. Landesrechtliche Sonderregelung

Abs. 2 ermächtigt die Landesregierungen und über diese die Justizverwaltung, die 2
örtliche Zuständigkeit in Baulandsachen auf ein Landgericht zu konzentrieren (Piekenbrock, BauR, 2000, 542). Hiervon haben mit Ausnahme der Stadtstaaten die Länder durchweg Gebrauch gemacht (zur Verfassungsmäßigkeit der Regelung BVerfGE 4, 387 [408]).

§ 220 Zusammensetzung der Kammern für Baulandsachen

(1) Bei den Landgerichten werden eine oder mehrere Kammern für Baulandsachen gebildet. Die Kammer für Baulandsachen entscheidet in der Besetzung mit zwei Richtern des Landgerichts einschließlich des Vorsitzenden sowie einem hauptamtlichen Richter eines Verwaltungsgerichts. Die Vorschriften über den Einzelrichter sind nicht anzuwenden.
(2) Die Richter der Verwaltungsgerichte und die für den Fall ihrer Verhinderung erforderlichen Vertreter werden von der für die Verwaltungsgerichtsbarkeit zuständigen Obersten Landesbehörde auf die Dauer von drei Jahren bestellt.

I. Baulandkammer als Spruchkörper der Landgerichte

1 Die Vorschrift regelt die Zusammensetzung der Kammer für Baulandsachen, die nach § 217 sachlich zuständig sind. Die Baulandkammern werden mit einem Verwaltungsrichter besetzt, bei deren Entscheidung über die Rechtmäßigkeit der zu entschädigenden Maßnahmen die besonderen Kenntnisse und Erfahrungen der Verwaltungsgerichtsbarkeit zugute kommen sollen. Verfassungsrechtliche Bedenken, die atypisch besetzten Spruchkörper seien keine ordentlichen Gerichte iSv Art 14 Abs. 3 Satz 4 GG, bestehen nicht (BVerfGE 4, 397). Zwischen Baulandkammer und Zivilkammern eines Gerichts wird weder nach § 17 GVG noch nach § 281 ZPO verwiesen. Die Akten werden durch **prozessleitende Verfügungen** in jeder Phase des Verfahrens abgegeben (BGHZ 40, 148; BGHZ 1, 249). Eine Verweisung wegen örtlicher Unzuständigkeit kommt dann nach § 281 ZPO in Betracht, wenn der Antrag vor einem Landgericht eingegangen sein sollte, bei dem nach § 219 Abs. 2 keine Baulandkammer besteht.

II. Besetzung der Baulandkammer

2 Mit Rücksicht auf Art 14 Abs. 3 Satz 4 GG müssen die Richter der ordentlichen Gerichtsbarkeit den Vorsitzenden stellen (BKL, § 220 Rn 3; EZB, § 220 Rn 4; aA: OLG Frankfurt DÖV 1973, 280). Abs. 1 Satz 3 stellt klar, dass zur Förderung des Zusammenwirkens von Zivil- und Verwaltungsrichtern die Vorschriften über den Einzelrichter im Baulandverfahren nicht anwendbar sind. Unberührt bleibt die Befugnis der Baulandkammer bzw ihres Vorsitzenden, ein Mitglied der Kammer mit der Vorbereitung des Verhandlungstermins zu beauftragen (vgl § 273 ZPO) oder die Beweisaufnahme in gewissen Fällen einem Mitglied des Gerichts oder einem anderen Gericht zu übertragen (§§ 355 ff ZPO; BGH NJW 1983, 1793).

§ 221 Allgemeine Verfahrensvorschriften

(1) In den Sachen, die auf Grund eines Antrags auf gerichtliche Entscheidung bei den Gerichten anhängig werden, sind die bei Klagen in bürgerlichen Rechtsstreitigkeiten geltenden Vorschriften entsprechend anzuwenden, soweit sich aus den §§ 217 bis 231 nichts anderes ergibt. § 227 Abs. 3 Satz 1 der Zivilprozessordnung ist nicht anzuwenden.
(2) Das Gericht kann auch von Amts wegen die Aufnahme von Beweisen anordnen und nach Anhörung der Beteiligten auch solche Tatsachen berücksichtigen, die von ihnen nicht vorgebracht worden sind.

(3) Sind gegen denselben Verwaltungsakt mehrere Anträge auf gerichtliche Entscheidung gestellt, so wird über sie gleichzeitig verhandelt und entschieden.

(4) Die Vorschriften über die Vorauszahlung der Gebühr für das Verfahren im Allgemeinen nach § 12 Abs. 1 Satz 1 und 2 des Gerichtskostengesetzes sind nicht anzuwenden.

I. Entsprechende Anwendung der ZPO (Abs. 1)

Das BauGB enthält für das Verfahren vor Baulandgerichten eine Reihe von Sonderregelungen, die notwendig waren, um eine sachgerechte Entscheidung dieser öffentlich-rechtlichen Streitsachen durch die bei den Landgerichten gebildeten Baulandkammern, die bei den Oberlandesgerichten gebildeten Senate für Baulandsachen und den Bundesgerichtshof zu gewährleisten (vgl BVerfGE 4, 387 [408 f]). Es ist ausgeschlossen, im Rahmen dieser Kommentierung des BauGB alle Vorschriften der Zivilprozessordnung daraufhin zu untersuchen, ob und inwieweit sie neben den §§ 217–231 entsprechend herangezogen werden können. Einzelne Beispiele aus der Rechtsprechung sind: BGHZ 62, 93 (zu §§ 402 ZPO), BGHZ 61, 128 (zu §§ 263, 264 ZPO), BGH NVwZ 1991, 404 (zu § 287 ZPO), BGH BRS 45 Nr. 229 (zu § 176 ZPO), OLG Hamm BRS 53 Nr. 181 (zu § 148 ZPO); OLGR Karlsruhe 2004, 369 (zu § 531 ZPO). 1

Darüber hinaus kommt eine entsprechende Anwendung von Vorschriften der VwGO in Betracht. Dies hat der BGH bereits für § 75 VwGO entschieden, indem er eine **Untätigkeitsklage vor den Baulandgerichten** zugelassen hat (BGH, NJW 1966, 1267; BGH, NVwZ-RR 1992, 393). Auch wurde eine entsprechende Anwendung von § 58 VwGO (Fristbeginn und Rechtsbehelfsbelehrung) bejaht (BGHZ, 140, 208).

II. Ermittlung des entscheidungserheblichen Sachverhalts (Abs. 2)

Im Zivilprozess gilt im Allgemeinen der Verhandlungs- und Beibringungsgrundsatz, wonach die Parteien für den Streitstoff verantwortlich sind. Er kommt besonders in den §§ 253, 282 u 331 ZPO zum Ausdruck. Das Baugesetzbuch hat in § 221 Abs. 2 die Formulierung des § 616 ZPO übernommen, der den Untersuchungsgrundsatz statuiert. Ob daraus geschlossen werden kann, dass die Anwendung des Untersuchungsgrundsatzes im gerichtlichen Ermessen steht (so EZB, § 221 Rn 10; BKL, § 221 Rn 2) muss bezweifelt werden (BK, § 221 Rn 8). Vielmehr ist in der Vorschrift die Befugnis des Gerichts zu sehen, Ermittlungen anzustellen (Schrödter, § 221 Rn 6). 2

Das Gericht ist verpflichtet, allen rechtserheblichen Behauptungen eines Beteiligten nachzugehen (BGH, NJW 1974, 947) und den rechtlich relevanten Sachverhalt aufzuklären (BGH, ZfIR 2003, 521; BGH, NJW 2003, 63). Insbesondere bei Umlegungsstreitigkeiten hat das Gericht den Streitstoff so aufzubereiten, dass eine richtige Entscheidung des Rechtsstreits gewährleistet wird. Dies soll insbesondere auf die **Inzidentprüfung von BPlen**, die Grundlage eines Enteignungsbeschlusses oder eines Umlegungsplanes sind, zutreffen (BVerfG, NVwZ 2003, 726; BGH, NJW 1997, 2115; BGH, NVwZ 1995, 412; BGH, NVwZ 1984, 750).

III. Gleichzeitige Verhandlung und Entscheidung (Abs. 3)

3 Verwaltungsakte, die einem Bodenordnungsverfahren (Umlegung §§ 75–79) oder in einem Enteignungsverfahren (§§ 85–122) ergehen, betreffen meist mehrere Eigentümer oder sonstige Berechtigte. Um zu vermeiden, dass auf verschiedene Anträge hin sich widersprechende Entscheidungen ergehen, ordnet Abs. 3 an, dass über mehrere Anträge gleichzeitig verhandelt und entschieden wird (BGH NJW 1992, 2636). Wird ein und derselbe VA (bspw Enteignungsbeschluss von verschiedenen Beteiligten mit eigenen Anträgen angegriffen, dann liegt nach Abs. 3 der Fall der gesetzlichen Verbindung mit einheitlicher Verhandlung und Entscheidung vor (OLG Koblenz, U. v.15.11.2006 – 1 Urt. 1761/05.BauL –).
Für eine besondere Prozessverbindung iSd § 147 ZPO ist wegen der gesetzlichen Verbindung kein Raum (OLG Schleswig NJW 1969, 1862). Teilurteile sind nur nach § 226 Abs. 4 zulässig (OLG München BRS 26 Nr. 163; einschränkend: Schröter, § 221 Rn 9).

IV. Vorschusspflicht (Abs. 4)

4 Nach Abs. 4 entfällt die Vorschusspflicht für die Prozessgebühr (§ 65 GKG), nicht die Vorschusspflicht für Sachverständige und Zeugen (§ 68 GKG). Die Vorschussfreiheit bezieht sich nicht auf Streitigkeiten über Entschädigung für naturschutzrechtliche Nutzungsbeschränkungen (OLG Frankfurt, U. v. 4.5.2006 – 1 Urt. 249/05 –).

§ 222 Beteiligte

(1) Wer an dem Verfahren, in dem der Verwaltungsakt erlassen worden ist, Beteiligter war, ist auch in dem gerichtlichen Verfahren Beteiligter, wenn seine Rechte oder Pflichten durch die Entscheidung des Gerichts betroffen werden können. In dem gerichtlichen Verfahren ist auch die Stelle Beteiligte, die den Verwaltungsakt erlassen hat.

(2) Der Antrag auf gerichtliche Entscheidung ist den übrigen in Absatz 1 Satz 1 bezeichneten Beteiligten, soweit sie bekannt sind, zuzustellen.

(3) Auf die Beteiligten sind die für die Parteien geltenden Vorschriften der Zivilprozessordnung entsprechend anzuwenden. § 78 der Zivilprozessordnung gilt in dem Verfahren vor dem Landgericht und dem Oberlandesgericht nur für Beteiligte, die Anträge in der Hauptsache stellen.

I. Beteiligte, nicht Parteien

1 Im Baulandverfahren gibt es nur Beteiligte, keine Parteien. Selbst der Antragsteller ist, wie unmittelbar aus verschiedenen Bestimmungen hervorgeht, letztlich nur Beteiligter. Die Stelle, die den angefochtenen Verwaltungsakt erlassen hat, ist im gerichtlichen Verfahren immer beteiligt, sie ist auch rechtsmittelbefugt (BGH NJW 1975, 658; vgl BRS 26 Nr. 160; BGH NJW 1992, 2636). Beteiligter ist zudem der, wer durch die Entscheidung des Gerichts in seinen Rechten und Pflich-

ten betroffen werden kann (BGHZ 105, 386). Dabei kommt es nur auf den möglichen Ausgang des Verfahrens an. Die Erfolgsaussichten sind nicht zu prüfen (BGHZ 60, 34). Die Widerspruchsbehörde ist nur ausnahmsweise die Behörde, die den Verwaltungsakt erlassen hat und nur dann Beteiligte (BKL, § 222 Rn 2; BGH NJW 1968, 1107). Zu beteiligen ist die Widerspruchsbehörde nur, wenn sie den Verwaltungsakt nicht nur bestätigt, sondern inhaltlich abgeändert hat (BK, 3. Aufl., § 222 Rn 2). Zur Beteiligung der Gemeinde, sofern sie nicht Antragstellerin ist (BGHZ 50, 291); zur Beteiligung von Gläubigergrundpfandrechten (BGHZ 23, 377).

Hinweis für die Praxis: Die Gerichte und die Umlegungsstelle sind in einem gerichtlichen Verfahren gut beraten, zumindest die Beteiligten iSv § 222 über den Termin zur mündlichen Verhandlung zu informieren.

Muster

▶ **Benachrichtigung der Beteiligten**
gem. § 222 BauGB
Sehr geehrte Damen und Herren,
bei der Baulandkammer des LG ... wird am 15.10.07 um 11.00 Uhr im Saal ... über einen Antrag auf gerichtliche Entscheidung verhandelt, der den Teilumlegungsplan des Umlegungsausschusses der Gemeinde ... vom ... für das Umlegungsgebiet ... betrifft., soweit keine bestandskräftige Vorwegnahmeregelung erfolgt ist. Gem. § 222 BauGB sind Sie an diesem Verfahren zu beteiligen. Es ist Ihnen freigestellt, den vorgenannten Termin wahrzunehmen, in dem Anträge zur Hauptsache nur durch einen bei dem LG zugelassenen Rechtsanwalt gestellt werden können.
Mit freundlichen Grüßen ◀

Die Rechtsstellung der Beteiligten bestimmt sich gem. Abs. 3 Satz 1 analog den für die Parteien geltenden Vorschriften der ZPO, soweit nicht Sondervorschriften aus den §§ 217–231 hervorgehen. 2

II. Anwaltszwang

Nur Beteiligte, die Anträge in der Hauptsache stellen, müssen durch Rechtsanwälte vertreten sein. Der Antrag auf gerichtliche Entscheidung selbst unterliegt nicht dem Anwaltszwang (BGHZ 41, 183), ebenso wenig der Antrag nach Lage der Akten zu entscheiden (KG NJW 1970, 614), die Kostenbeschwerde (OVG Koblenz NJW 1983, 2036), die Einwilligung in die Sprungrevision nach § 566 ZPO (BGH NJW 1975, 830) und Antragsrücknahme vor der mündlichen Verhandlung unterliegen ebenfalls nicht dem Anwaltszwang. Erledigungserklärungen nach § 91a ZPO (OLG München NJW 1968, 2065) sowie sofortige Beschwerde gegen den Beschluss eines Oberlandesgerichts (BGH NJW-RR 1994, 1021; BGH NVwZ 1995, 412) unterliegen dem Anwaltszwang. 3

§ 223 Anfechtung von Ermessensentscheidungen

Soweit die Stelle, die den Verwaltungsakt erlassen hat, ermächtigt ist, nach ihrem Ermessen zu handeln, kann der Antrag nur darauf gestützt werden, dass die Entscheidung rechtswidrig ist, weil die gesetzlichen Grenzen des Ermessens über-

schritten sind oder von dem Ermessen in einer dem Zweck der Ermächtigung nicht entsprechenden Weise Gebrauch gemacht worden ist. Dies gilt nicht, soweit in dem Verwaltungsakt über einen Anspruch auf eine Geldleistung entschieden worden ist.

I. Bedeutung der Vorschrift

1 Abweichend von den Regelungen der ZPO enthält § 223 für das baulandgerichtliche Verfahren die Regelung, in welchem Umfang die Baulandgerichte **Ermessensentscheidungen** überprüfen können. Der Gesetzgeber hat sich dabei fast wortgetreu an die entsprechende Regelung in § 114 VwGO gehalten, sodass die Kommentierungen zu dieser Vorschrift auch zur Auslegung des § 223 herangezogen werden können (hervorzuheben: Schoch/Schmidt-Aßmann/Pietzner, VwGO-Kommentar, Loseblattausgabe, § 114 Rn 1 ff).

II. Bedeutung des Ermessens in Baulandsachen

2 Negativ abzugrenzen vom Ermessen sind die unbestimmten Rechtsbegriffe wie „Wohl der Allgemeinheit" (§ 87 Abs. 1) und „zwingende städtebauliche Gründe" (§ 88) im Tatbestand einer Norm. **Unbestimmte Rechtsbegriffe** räumen den Behörden kein Ermessen ein, sondern sind voll gerichtlich kontrollierbar, abgesehen von den anerkannten **Einschätzungsprärogativen** (vgl BVerwG NVwZ 1993, 677; BVerfGE 83, 130). Als Beispiel für Ermessensentscheidungen in Baulandsachen ist das Herausnehmen von Grundstücken aus dem Umlegungsgebiet (§ 52 Abs. 2), die Wahl des Verteilungsmaßstabes (§ 56), die Aufrechterhaltung von Rechten an den zu enteignenden Grundstücken und die Einräumung gleicher Rechte (§ 97 Abs. 1 und 2), die Festsetzung der Entschädigung in wiederkehrenden Leistungen (§ 99 Abs. 1 Satz 2) oder die Ablehnung einer Rückenteignung (§ 102 Abs. 4) zu nennen.

Der Umfang der baulandgerichtlichen Überprüfung von BPlen, auf die nach § 217 Abs. 1 angefochtene VAe gestützt werden, ist häufig Gegenstand der rechtlichen Auseinandersetzung. Die Rechtsprechung nimmt im Baulandverfahren bei gegebenem Anlass eine Inzidentprüfung der BPle vor (BGHZ 66, 322). Diese gilt jedoch nicht bei der Anfechtung von Umlegungsbeschlüssen nach § 47 (BGH, BRS 43 Nr. 190). Der BGH hat sich der Rechtsprechung des BVerwGs zum Umfang der gerichtlichen Überprüfung von BPlen angeschlossen (BGH, NJW 1976, 1745). Das Verfahren kann bis zur Entscheidung über ein anhängiges **Normenkontrollverfahren** ausgesetzt werden (OLG Hamm, BRS 53 Nr. 181). Die Prüfung erfolgt in Anwendung der für die Überprüfung von BPlen maßgeblichen Vorschriften (BK, § 223 Rn 14; Schröter, § 223 Rn 6). Eine Nachprüfung ist allerdings nicht erforderlich, soweit eine die Parteien bindende Normenkontrollentscheidung über den BPl vorliegt (BGH, BauR 2002, 290; BGH, NVwZ 1995, 412).

3 Soweit in Verwaltungsakten iSd § 217 Abs. 1 über Ansprüche auf Geldleistung entschieden worden ist, die aus Rechtsverlusten und Wertminderungen erwachsen, folgt aus Art 14 Abs. 3 Satz 3 GG, dass für Ermessensentscheidungen kein Raum ist. Dem folgend stellt Satz 2 klar, dass die Baulandgerichte die Höhe der Geldleistung voll nachprüfen und durch eine eigene Entscheidung ersetzen können.

§ 224 Entfall der aufschiebenden Wirkung im Umlegungsverfahren und bei vorzeitiger Besitzeinweisung

Der Antrag auf gerichtliche Entscheidung gegen

1. **den Umlegungsbeschluss nach § 47 Abs. 1,**
2. **die Bekanntmachung der Unanfechtbarkeit des Umlegungsplans nach § 71 Abs. 1 sowie**
3. **die vorzeitige Besitzeinweisung nach § 77 oder § 116**

hat keine aufschiebende Wirkung. § 80 Abs. 5 der Verwaltungsgerichtsordnung ist entsprechend anzuwenden.

I. Allgemeines

1 Das EAG-Bau führte ein, bestimmt, dass nicht nur der Antrag auf gerichtliche Entscheidung gegen eine vorzeitige Besitzeinweisung (§ 77 und § 116) keine aufschiebende Wirkung hat, sondern auch für den Antrag auf gerichtliche Entscheidung gegen den Umlegungsbeschluss nach § 47 Abs. 1 und die Bekanntmachung der Unanfechtbarkeit des Umlegungsplans nach § 71 Abs. 1 die aufschiebende Wirkung entfällt. Die Erweiterung soll die Umlegung erleichtern und beschleunigen. Mit der Bestimmung hat der Gesetzgeber eine der wichtigsten Rechtsfolgen eines Widerspruchs und (oder) Antrages auf gerichtliche Entscheidung, den **Suspensiveffekt** außer Kraft gesetzt. Gerechtfertigt soll diese für den Betroffenen nachhaltige Einschränkung der verfassungsrechtlichen Rechtsschutzgarantie (Art 19 Abs. 4 GG) durch die im öffentlichen Interesse liegenden Notwendigkeit einer zügigen Einleitung und Durchführung des Umlegungs- oder Enteignungsverfahrens sein. Ein solcher Sachverhalt gestattet es ausnahmsweise, den Rechtsschutzanspruch des Grundrechtsträgers einstweilen zurückzustellen, um unaufschiebbare Maßnahmen im Interesse des Allgemeinwohls rechtzeitig in die Wege zu leiten (BVerfGE 35, 382 [402]). Im vereinfachten Umlegungsverfahren bleibt es bei der aufschiebenden Wirkung des Widerspruchs und des Antrags auf gerichtliche Entscheidung (Stock, ZfBR 2004, 536 [538]).

II. Anordnung der aufschiebenden Wirkung

2 Gemäß § 224 Satz 1 hat der Antrag auf gerichtliche Entscheidung gegen eine vorzeitige Besitzeinweisung keine aufschiebende Wirkung. Auf Antrag kann das Gericht der Hauptsache, in dringenden Fällen der Vorsitzende allein (§ 80 Abs. 7 Satz 1 VwGO analog; EZB, § 224 Rn 15; aA: BK, 3. Aufl., § 224 Rn 9) durch **Beschluss** die aufschiebende Wirkung, wenn die vorzeitige Besitzeinweisung bereits vollzogen ist, anordnen oder die Aufhebung der Vollziehung (gem. § 80 Abs. 5 Satz 3 VwGO) anordnen. Der Entscheidung hat das Gericht die Interessen des Antragstellers sowie die Interessen betroffener Dritter und der Allgemeinheit gegeneinander abzuwägen. Es hat dabei auch absehbare Erfolgsaussichten in der Hauptsache zu berücksichtigen (BK, 3. Aufl., § 224 Rn 8; OLGR Hamm 2003, 89).

3 Die Rechtsprechung zu dem **Rechtsmittel** gegen einen Beschluss entsprechend § 80 Abs. 5 VwGO ist noch uneinheitlich. Zum einen wird die sofortige Beschwerde gem. §§ 67 Abs. 1, 93 ZPO als zulässig angesehen (OLG Karlsruhe NVwZ 2001, 839; OLG Jena NVwZ 1998, 771; OLG Koblenz NVwZ 1984, 678). Andere Gerichte gewähren mit unterschiedlichen Modifikationen die ein-

fache Beschwerde der ZPO, die jedoch durch die ZPO-Reform ab 1.1.2002 entfallen ist (OLG Stuttgart NVwZ 1989, 693).

§ 225 Vorzeitige Ausführungsanordnung

Ist nur noch die Höhe einer Geldentschädigung streitig, so kann das Gericht auf Antrag des Enteignungsbegünstigten beschließen, dass die Enteignungsbehörde die Ausführung des Enteignungsbeschlusses anzuordnen hat. In dem Beschluss kann bestimmt werden, dass der Enteignungsbegünstigte für den im Streit befindlichen Betrag Sicherheit zu leisten hat. Die Ausführungsanordnung darf erst ergehen, wenn der Enteignungsbegünstigte die festgesetzte Geldentschädigung gezahlt oder zulässigerweise unter Verzicht auf das Recht der Rücknahme hinterlegt hat.

I. Bedeutung der Vorschrift

1 Die Vorschrift dient der Ergänzung des § 117, wonach die **Eigentumsübertragung durch Enteignung** erst dann eintritt, wenn der Enteignungsbeschluss (§ 113) unanfechtbar geworden und die Ausführungsanordnung erlassen worden ist. Außer der vorzeitigen Besitzeinweisung nach § 116 sehen die Enteignungsbestimmungen keine weitere Möglichkeit für ein teilweises Inkraftsetzen des Enteignungsbeschlusses vor (anders bei der Umlegung, § 71 Abs. 2). Hier greift § 225 ergänzend ein, indem das Gericht in einem Baulandprozess, in dem nur noch die Höhe einer Geldentschädigung streitig ist, beschließen kann, dass die Enteignungsbehörde die Ausführungsanordnung zu erlassen hat. Die Vorschrift findet auch Anwendung, wenn der Enteignungsbeschluss nach § 113 Abs. 4 ergangen ist oder wenn die Vorabentscheidung gem. § 112 Abs. 2 angefochten wird (BK, 3. Aufl., § 225 Rn 3; EZB, § 225 Rn 3; BKL, § 225 Rn 1).

II. Voraussetzungen der vorzeitigen Ausführungsanordnung

2 Voraussetzung ist, dass nur noch die Höhe der Enteignungsentschädigung in Geld streitig ist. Unerheblich ist, wie der Antrag auf gerichtliche Entscheidung ursprünglich gefasst war. Dabei ist ein Antrag erforderlich, den nur der Enteignungsbegünstigte, nicht etwa ein anderer Beteiligter, auch nicht die Enteignungsbehörde, stellen kann (BK, 3. Aufl., § 225 Rn 4).

III. Rechtsschutz

3 Gegen die ablehnende Entscheidung der Baulandkammer steht dem Enteignungsbegünstigten, gegen die stattgebende Entscheidung dem Enteignungsbetroffenen in entsprechender Anwendung des § 793 ZPO die sofortige Beschwerde zu.

4 Wenn die Entscheidung vom Baulandsenat des Oberlandesgerichts oder dem Bundesgerichtshof erlassen wird, ist kein Rechtsmittel gegeben. **Rechtsbeschwerde** findet nur statt, wenn das Beschwerdegericht sie zugelassen hat (§ 574 Abs. 1 Nr. 2 ZPO; grundlegend: BGHR 2004, 1185 ff; BGHR 2003, 1104 = NJW 2003, 2991).

§ 226 Urteil

(1) Über den Antrag auf gerichtliche Entscheidung wird durch Urteil entschieden.

(2) Wird ein Antrag auf gerichtliche Entscheidung, der einen Anspruch auf eine Geldleistung betrifft, für begründet erachtet, so hat das Gericht den Verwaltungsakt zu ändern. Wird in anderen Fällen ein Antrag auf gerichtliche Entscheidung für begründet erachtet, so hat das Gericht den Verwaltungsakt aufzuheben und erforderlichenfalls auszusprechen, dass die Stelle, die den Verwaltungsakt erlassen hat, verpflichtet ist, in der Sache unter Beachtung der Rechtsauffassung des Gerichts anderweit zu entscheiden.

(3) Einen Enteignungsbeschluss kann das Gericht auch ändern, wenn der Antrag auf gerichtliche Entscheidung nicht einen Anspruch auf Geldleistung betrifft. Es darf in diesem Falle über den Antrag des Beteiligten hinaus, der den Antrag auf gerichtliche Entscheidung gestellt hat, den Enteignungsbeschluss auch ändern, soweit ein anderer Beteiligter es beantragt hat; dabei ist eine Änderung des Enteignungsbeschlusses zum Nachteil dessen, der den Antrag auf gerichtliche Entscheidung gestellt hat, nicht statthaft. Wird ein Enteignungsbeschluss geändert, so ist § 113 Abs. 2 entsprechend anzuwenden. Wird ein Enteignungsbeschluss aufgehoben oder hinsichtlich des Gegenstands der Enteignung geändert, so gibt das Gericht im Falle des § 113 Abs. 5 dem Vollstreckungsgericht von seinem Urteil Kenntnis.

(4) Ist von mehreren Anträgen nur der eine oder ist nur ein Teil eines Antrags zur Endentscheidung reif, so soll das Gericht hierüber ein Teilurteil nur erlassen, wenn es zur Beschleunigung des Verfahrens notwendig erscheint.

I. Bedeutung der Vorschrift

Über den Antrag auf gerichtliche Entscheidung wird nach Abs. 1 durch **Urteil** entschieden, auf das nach der allgemeinen Verweisungsbestimmung des § 221 Abs. 1 die bei Klagen in bürgerlichen Rechtsstreitigkeiten geltenden Vorschriften entsprechend anzuwenden sind, soweit sich aus den §§ 217–231 nichts anderes ergibt. Sondervorschriften enthält das BauGB vor allem für den Inhalt der Sachentscheidung, für den Erlass von Teilurteilen und für die Kostenentscheidung. Hieraus ergeben sich auch abweichende Regelungen zur vorläufigen Vollstreckbarkeit. 1

II. Inhalt der Sachentscheidung

Bei der Entscheidung über einen Antrag, indem es um die Zulässigkeit der Enteignung geht, ist im Urteil der **Sach- und Streitstand** der letzten mündlichen Verhandlung maßgebend (BGH NJW 1966, 2012; BGHZ 48, 286). Das Gericht kann ein Aufhebungs- oder Bescheidungsurteil aussprechen (Abs. 2 Satz 2). Bei Streitigkeiten über Geldleistungen kann das Gericht den Verwaltungsakt abändern. Aus Abs. 2 Satz 2 hat das Gericht auch die Befugnis, bei Spruchreife die Behörden zu verpflichten, eine bestimmte Maßnahme zu erlassen (BGHZ 54, 208; OVG Lüneburg NJW 1964, 687). Wenn sich der Verwaltungsakt erledigt hat, kann ein sog. Feststellungsurteil ergehen (KG NJW 1970, 614). 2

3 Die auf Geldleistungen beschränkte Änderungsbefugnis erweitert Abs. 3 für das Enteignungsverfahren auf den Enteignungsbeschluss überhaupt. Das Gericht kann zB den Ausspruch der Enteignung im Beschluss der Behörde bestehen lassen und nur die Höhe der Vorauszahlung ändern (BGH DVBl 1983, 1147 [1149]). Es ist an den Antrag des Antragstellers nicht gebunden.

III. Erlass eines Teilurteils oder Zwischenurteils

4 In § 301 ZPO wird der Erlass von Teilurteilen zur Pflicht gemacht, wenn von mehreren in einer Klage geltend gemachten Ansprüche nur der eine oder nur ein Teil des Anspruch zur Endentscheidung reif ist. Demgegenüber soll ein Teilurteil in Baulandsachen nur ergehen, wenn es zur Beschleunigung des Verfahrens notwendig erscheint (Abs. 4). § 221 Abs. 3 schreibt vor, dass über mehrere gegen denselben Verwaltungsakt gerichtete Anträge auf gerichtliche Entscheidung gleichzeitig verhandelt und entschieden werden soll. Ein Teilurteil kommt dann in Betracht, wenn die Enteignung mehrerer Grundstücke eines Eigentümers im Streit ist und die Rechtslage in Hinblick auf ein Grundstück als geklärt erscheint (vgl OLG München BRS 26 Nr. 163).

5 Selbstständig anfechtbare Zwischenurteile (§§ 280, 304 ZPO) sind nur in der Einschränkung des Abs. 4 zulässig (EZB, § 226 Rn 29).

IV. Kostenentscheidung und vorläufige Vollstreckbarkeit

6 Für die Kostenentscheidung in baulandgerichtlichen Urteilen gilt die Besonderheit des § 228. Die vorläufige Vollstreckbarkeit ist ausgeschlossen gem. § 167 Abs. 2 VwGO bezüglich der Sachentscheidungen, die Verwaltungsakte ganz oder teilweise aufheben oder abändern oder die eine Verpflichtung der Verwaltungsbehörde zum Anlass eines Verwaltungsakts aussprechen (BK, § 226 Rn 14; Schrödter, § 226 Rn 13; aA: BKL, § 26 Rn 10, der eine analoge Anwendung des § 167 Abs. 2 VwGO ablehnt).

Muster

▶ Rubrum und Tenor eines Urteils

Landgericht ...
Urteil
Im Namen des Volkes
In dem Rechtsstreit
der Frau A ...
– Antragstellerin –
Prozessbevollmächtigte: RAe. X
gegen
den Umlegungsausschuss der Stadt B., vertreten durch seinen Vorsitzenden,
– Antragsgegner –
Prozessbevollmächtigte: RAe. X
weiter beteiligt:
1. die Stadt B., vertreten durch den Bürgermeister
– Beteiligte zu 1. –
Prozessbevollmächtigte: RAe. X

2. Herr C.
– Beteiligter zu 2. –
hat die 4. Zivilkammer des Landgerichts ... auf die mündliche Verhandlung vom ... durch den Vorsitzenden Richter am LG D., den Richter am LG E. und den Richter am LG F
für Recht erkannt:
Der Umlegungsplan des Antragsgegners vom ... für das Umlegungsgebiet ... wird aufgehoben.
Die Antragsgegnerin trägt die Kosten des Verfahrens, außergerichtliche Kosten des Beteiligen zu 1. und 2. werden nicht erstattet.
Das Urteil ist hinsichtlich der Kosten vorläufig vollstreckbar.
Der jeweilige Kostenschuldner kann die Vollstreckung durch Sicherheitsleistung in Höhe von 110% des zu vollstreckenden Betrages abwenden, wenn nicht der jeweilige Kostengläubiger vor der Vollstreckung Sicherheit in derselben Höhe leistet. Den jeweiligen Beteiligten wird nachgelassen, Sicherheit auch durch selbstschuldnerische, unbefristete und unbedingte Bürgschaft einer deutschen Großbank, Sparkasse oder Genossenschaftsbank zu erbringen. ◀

§ 227 Säumnis eines Beteiligten

(1) Erscheint der Beteiligte, der den Antrag auf gerichtliche Entscheidung gestellt hat, in einem Termin zur mündlichen Verhandlung, so kann auch dann mündlich verhandelt werden, wenn einer der anderen Beteiligten nicht erscheint. Über einen Antrag, den ein nicht erschienener Beteiligter in einer früheren mündlichen Verhandlung gestellt hat, kann nach Lage der Akten entschieden werden.
(2) Erscheint der Beteiligte, der den Antrag auf gerichtliche Entscheidung gestellt hat, in einem Termin zur mündlichen Verhandlung nicht, so kann jeder andere Beteiligte eine Entscheidung nach Lage der Akten beantragen.
(3) Die §§ 332 bis 335, 336 Abs. 2 und § 337 der Zivilprozessordnung gelten entsprechend. Im Übrigen sind die Vorschriften über die Versäumnisurteile nicht anzuwenden.

I. Bedeutung der Vorschrift

Die Vorschrift enthält das Verbot des **Erlasses von Versäumnisurteilen**. Der Erlass eines Versäumnisurteils würde dem öffentlichen Interesse an der objektiv richtigen Entscheidung von Baulandsachen widersprechen. Auch das Verwaltungsprozessrecht kennt keine Versäumnisurteile (Kopp/Schenke, VwGO, § 107 Rn 6). Der weitere Inhalt der Vorschrift des § 227 beschäftigt sich damit, die Vorschriften der §§ 330–347 ZPO, die außer dem Erlass von Versäumnisurteilen auch die Entscheidung nach Lage der Akten regeln, den Besonderheiten des Baulandprozesses anzupassen. 1

II. Verfahren bei Säumnis der Beteiligten

Erscheint zumindest einer der Beteiligten, die den Antrag gem. § 217 gestellt haben, zur mündlichen Verhandlung, so kann mündlich verhandelt werden (Abs. 1 Satz 1). Erscheint dagegen kein Beteiligter, der einen Antrag gestellt hat, zur mündlichen Verhandlung, so kann zwar nicht mündlich verhandelt werden, aber jeder andere erschienene Beteiligte kann eine Entscheidung nach Lage der Akten beantragen 2

(Abs. 2). Diesen Verfahrensantrag kann auch ein nicht anwaltlich vertretener Beteiligter stellen (KG, NJW 1970, 614). Bei Säumnis aller Beteiligten darf ein Urteil nur ergehen, wenn in einem früheren Termin vor der Instanz eine **mündliche Verhandlung** stattgefunden hat (BK, 3. Aufl., § 227 Rn 7; BKL, § 228 Rn 4). Daneben steht dem Gericht auch die Möglichkeit nach § 251a Abs. 3 ZPO zur Verfügung.

§ 228 Kosten des Verfahrens

(1) Soweit der Beteiligte obsiegt, der den Antrag auf gerichtliche Entscheidung gestellt hat, gilt, wenn keiner der Beteiligten dazu im Widerspruch stehende Anträge in der Hauptsache gestellt hat, bei Anwendung der Kostenbestimmungen der Zivilprozessordnung die Stelle, die den Verwaltungsakt erlassen hat, als unterliegende Partei.
(2) Über die Erstattung der Kosten eines Beteiligten, der zur Hauptsache keinen Antrag gestellt hat, entscheidet das Gericht auf Antrag des Beteiligten nach billigem Ermessen.

I. Grundlegendes

1 Anders als im Parteiverfahren der ZPO kann es in dem auf die Rechtmäßigkeit eines Verwaltungsakts ausgerichteten Baulandverfahren keine unterliegende Partei geben, wenn nur der Beteiligte, der den Antrag auf gerichtliche Entscheidung gestellt hat, obsiegt, die Behörde oder ein anderer Beteiligter jedoch keinen dazu im Widerspruch stehenden Antrag gestellt hat. Um für diesen Fall einen Kostenpflichtigen zu haben, bestimmt Abs. 1, dass die Stelle, die den Verwaltungsakt erlassen hat, bei Anwendung der Kostenbestimmungen der ZPO als unterliegende Partei gilt. Wird der Antrag auf gerichtliche Entscheidung vom Antragsteller zurückgenommen, so ist über die Kosten nach § 269 Abs. 3 ZPO zu entscheiden. Zur Anwendung des § 91a ZPO (OLG München NJW 1968, 2046).

2 Bei der Frage, ob den obsiegenden Beteiligten die Kosten zu erstatten sind, die er im Verfahren vor der Verwaltungs- und der Widerspruchsbehörde aufwenden musste, ist zu unterscheiden zwischen den Kosten, die der öffentlichen Hand durch ein Umlegungs-, Grenzregelungs- oder Enteignungsverfahren entstanden sind, und den Kosten, die ein Beteiligter durch die Wahrnehmung seiner Rechte in einem solchen Verfahren hatte. Die erstgenannten Kosten können einem Beteiligten nicht auferlegt werden (BGHZ 31, 233). Für die Erstattung der weiteren Kosten gilt § 80 VwVfG bzw das entsprechende Landesrecht. Die gerichtliche Entscheidung hat auch über die Kosten des Vorverfahrens zu befinden (OLG München NVwZ-RR 2003, 78; OLG Stuttgart, JurBüro 1991, 84; BGHZ 28, 302; OLG Frankfurt, AnwBl. 1977, 310; BK, 3. Aufl., § 228 Rn 3; EZB, § 228 Rn 5 mwN).

II. Festsetzung der Kosten eines sonstigen Beteiligten

3 Abs. 2 ermächtigt das Gericht, im Urteil oder im Kostenbeschluss auf Antrag nach billigem Ermessen zu entscheiden, ob die Kosten eines Beteiligten, der keine Anträge zur Hauptsache gestellt hat, zu erstatten sind. Den entsprechenden Kostenantrag kann ein Beteiligter, der ohne Sachantrag am baulandgerichtlichen Verfahren teilnimmt, bis zum Schluss der letzten mündlichen Verhandlung stellen; ein späterer Kostenantrag ist unzulässig (OLG München BRS 34 Nr. 116 = BauR 1974, 269).

III. Festsetzung des Streitwerts

Für die Kosten des Rechtsstreits ist der gem. § 222 Abs. 1 Satz 1, §§ 3 ff ZPO, 12 ff GKG, 33 ff RVG zu berechnende Streitwert maßgebend. Grundsätzlich ist der Streitwert in Baulandsachen entsprechend § 3 ZPO festzusetzen. Regelmäßig wird der Streitwert mit **20% des Wertes** der zu enteignenden Fläche festgesetzt, für die eine Abfindung in Land begehrt wird (BGHZ 48, 200), in Besitzeinweisungsstreitigkeiten 20% des Gegenstandes, um dessen Besitz es geht (BGH NJW 1973, 2202; WM 1976, 669), im Umlegungsverfahren 20% des Wertes des Grund- und Bodens einschließlich Aufbauten (BGHZ 49, 317; BGHZ 51, 341), bei Streit um die Zuteilung aus dem Umlegungsplan 20% des Wertes des Grund und Bodens der eingeworfenen Fläche (BGH MDR 78, 648; OLG Karlsruhe, NJW-RR 50). Das für den Streitwert maßgebliche Rechtsschutzinteresse eines an der Umlegung beteiligten Grundstückspächters kann nicht in Anlehnung an den Grundstückswert mit 20% des Wertes der eingeworfenen Fläche bewertet werden. Maßgeblich ist der Wert des Nutzungsrechts, der bei Miet- und Pachtverträgen gem. § 41 GKG dem Wert entspricht (OLG Karlsruhe, JurBüro 2006, 539); Nachweise weiterer Rechtsprechung bei: EZB, § 228 Rn 37–44. 4

§ 229 Berufung, Beschwerde

(1) Über die Berufung und die Beschwerde entscheidet das Oberlandesgericht, Senat für Baulandsachen, in der Besetzung mit zwei Richtern des Oberlandesgerichts einschließlich des Vorsitzenden und einem hauptamtlichen Richter eines Oberverwaltungsgerichts. § 220 Abs. 1 Satz 3 und Abs. 2 gilt entsprechend.

(2) Die Landesregierungen können durch Rechtsverordnung die Verhandlung und Entscheidung über die Berufungen und Beschwerden gegen die Entscheidungen der Kammern für Baulandsachen einem Oberlandesgericht oder dem obersten Landesgericht für die Bezirke mehrerer Oberlandesgerichte zuweisen, wenn die Zusammenfassung für eine Förderung oder schnellere Erledigung der Verfahren sachdienlich ist. Die Landesregierungen können diese Ermächtigung durch Rechtsverordnung auf die Landesjustizverwaltungen übertragen.

I. Berufung und Beschwerde

Über das Rechtsmittel der Berufung entscheidet der beim **OLG** gebildete **Senat für Baulandsachen**. Die Berufung findet nach den entsprechenden zivilprozessualen Vorschriften (§§ 511–541 ZPO) gegen die von den Baulandkammern erlassenen Endurteile statt. Anders als für die Stellung des Antrags auf gerichtliche Entscheidung nach § 217 besteht für die Einlegung der Berufung Anwaltszwang (OLG Hamm NJW 1996, 601). Rechtsmittelbefugt sind stets auch der Umlegungsausschuss (BGHZ 113, 139), die Enteignungsbehörde (BGH, NJW 2003, 63), die nach § 43 Abs. 2 zur Entscheidung berufene höhere Verwaltungsbehörde sowie die nach § 203 Abs. 3 iVm der landesrechtlichen Vorschrift an deren Stelle tretenden staatlichen Behörden, Landkreise oder kreisfreien Gemeinden (BGH, DVBl 1992, 1432). Berufung und Beschwerde können auch von solchen Beteiligten eingelegt werden, die in der Vorinstanz keine Anträge zur Hauptsache gestellt haben (BGH, NJW 1975, 1658). 1

2 Abs. 1 Satz 1 und § 218 Abs. 1 stellen klar, dass die Baulandsenate auch über Beschwerden (§§ 567–577 ZPO) entscheiden (zur Neuordnung des Beschwerderechts: Hartmann, NJW 2001, 2977 ff).

II. Besetzung der Baulandsenate

3 Der Senat für Baulandsachen besteht seit der durch das Rechtspflegeentlastungsgesetz vom 11.1.1993 (BGBl. I S. 50) vorgenommene Änderung aus zwei Richtern des OLG einschließlich des Vorsitzenden sowie einem hauptamtlichen Richter des OVG (oder VGH). So ist sichergestellt, dass die Eigenschaft des Baulandsenats als ein Gericht der ordentlichen Gerichtsbarkeit iSd Art 14 Abs. 3 Satz 4 GG gewährleistet ist. Die Vorschrift über den Einzelrichter ist nicht anwendbar. Wird hiergegen verstoßen, so ist eine Verfahrensrüge nach § 295 Abs. 1 ZPO zu erheben (BGHZ 86, 104).

III. Ermächtigung zur Rechtsverordnung

4 Gemäß Abs. 2 kann die Landesregierung durch Rechtsverordnung die „zentralen" Baulandgerichte bilden. Ist dies landesrechtlich umgesetzt, so kann gem. § 519 Abs. 1 ZPO iVm § 221 Abs. 1 die Berufung fristwahrend auch nur bei diesem Gericht eingelegt werden (BGH NJW 2000, 1574).

§ 230 Revision

Über die Revision entscheidet der Bundesgerichtshof.

1 Zuständig für die Entscheidung über das Rechtsmittel der Revision in Baulandsachen ist der BGH (vgl BGH NJW 1967, 105). In die Zuständigkeit fällt auch die Entscheidung über eine Rechtsbeschwerde nach § 522 Abs. 1 ZPO, wenn die Berufung als unzulässig verworfen wurde. Zur Anwendung des § 221 Abs. 3 in der Revisionsinstanz (BGH NJW 1992, 2636). Sprungrevision ist unter den Voraussetzungen des § 566 ZPO zulässig, die dafür notwendige Einwilligung sämtlicher Beteiligter unterliegt nicht dem Anwaltszwang (BGH, NJW 1975, 830). Am BGH ist kein besonderer Senat für Baulandsachen gebildet.

§ 231 Einigung

Einigen sich die Beteiligten während eines gerichtlichen Verfahrens, das eine Enteignung betrifft, so gelten die §§ 110 und 111 entsprechend. Das Gericht tritt an die Stelle der Enteignungsbehörde.

I. Bedeutung der Vorschrift

1 Die Möglichkeit der Einigung ist nur für das Enteignungsverfahren besonders geregelt. § 231 erklärt die im Enteignungsverfahren mögliche Einigung (§§ 110, 111) auf das Gerichtsverfahren für entsprechend anwendbar. Für Vergleiche in allen anderen Verfahren vor den Baulandgerichten gelten die allgemeinen Grundsätze.

II. Anforderungen an Einigung

Die Möglichkeit der Einigung iSd § 231 ist damit auf jene baulandgerichtlichen Verfahren beschränkt, die Enteignung iSd §§ 85 ff zum Gegenstand haben. Wie im Enteignungsverfahren ist auch vor den Baulandgerichten ein **gesondertes Entschädigungsfeststellungsverfahren** in entsprechender Anwendung des § 111 Satz 3 zulässig (BGH NJW 1986, 933). Gemäß § 231 iVm § 110 Abs. 2 Satz 3 muss die **Niederschrift** von den Beteiligten **unterschrieben** werden. Die Ausfertigung des Sitzungsprotokolls ersetzt die Unterschrift nicht (hM: EZB, § 231 Rn 3; BKL, § 231 Rn 2; aA BK, 3. Aufl., § 231 Rn 3; BGH NJW 2003 757, hat die Frage offen gelassen). Die gerichtliche Einigung oder Teileinigung hat für diesen Fall dieselbe Wirkung wie vor der Enteignungsbehörde (§§ 110 Abs. 3, 111 Satz 1, 3, 113 Abs. 5, 117, 122 Abs. 1 Nr. 1). Ungeachtet dessen haben die Beteiligten die Möglichkeit, auf den Prozessvergleich als allgemeines Institut zur einvernehmlichen Beendigung eines gerichtlichen Verfahrens zurückzugreifen, wenn nicht nur eine Einigung iSd §§ 231, 110 getroffen werden soll, sondern ein umfassender **Prozessvergleich** geschlossen wird (BGH NJW 2003, 757). 2

Ein Baulandverfahren kann in den Fällen, in denen kein Enteignungsverfahren iSd § 85 ff im Streit ist, durch Prozessvergleich unmittelbar oder durch außergerichtlichen Vergleich iVm einer entsprechenden Prozesshandlung, ggf § 91a ZPO beendet werden. Für den außergerichtlichen Vergleich über den Gegenstand des Baulandverfahrens gelten die §§ 54 ff VwVfG. 3

§ 232 Weitere Zuständigkeit der Kammern (Senate) für Baulandsachen

Die Länder können durch Gesetz den Kammern und Senaten für Baulandsachen die Verhandlung und Entscheidung über Maßnahmen der Enteignung und enteignungsgleiche Eingriffe, die die in § 86 genannten Gegenstände betreffen und auf Landesrecht beruhen oder nach Landesrecht vorgenommen werden, und über Entschädigungsansprüche übertragen sowie die Vorschriften dieses Teils für anwendbar erklären.

§ 232 stellt klar, dass die Länder ermächtigt sind, den Baulandgerichten auf Landesrecht beruhende oder nach Landesrecht vorgenommene Enteignungs- und Entschädigungsverfahren durch Gesetz zuzuweisen. Ihr Sinn ist, eine einheitliche Regelung des Rechtswegs in Enteignungssachen herbeizuführen, eine Verpflichtung für den Landesgesetzgeber hierzu besteht nicht. 1

Die Ermächtigung bezieht sich erstens auf Verhandlungen und Entscheidungen über Maßnahmen der Enteignung und enteignungsgleiche Eingriffe, die die in § 96 genannten Gegenstände betreffen und auf Landesrecht beruhen, dh sich unmittelbar aus dem Enteignungs- oder zB Straßengesetz der Länder ergeben (OLG Hamm NVwZ 1998, 658). Zweitens bezieht sich die Ermächtigung auf Verhandlungen und Entscheidungen über Maßnahmen der Enteignung, die nach Landesrecht vorgenommen werden, die ihre materielle Rechtsgrundlage zunächst im Bundesrecht haben, bei denen das Enteignungsverfahren aber – wegen Fehlens eines allgemeinen Enteignungsgesetzes des Bundes- nach dem Enteignungsrecht des jeweiligen Landes durchgeführt wird (OLG Celle NuR 1999, 476; LG Hannover NdsVBl. 1999, 118). Darüber hinaus gilt § 232 auch für Entschädigungsansprüche (BVerwG DVBl 1990, 362). 2

Viertes Kapitel
Überleitungs- und Schlussvorschriften

Erster Teil
Überleitungsvorschriften

§ 233 Allgemeine Überleitungsvorschriften

(1) Verfahren nach diesem Gesetz, die vor dem Inkrafttreten einer Gesetzesänderung förmlich eingeleitet worden sind, werden nach den bisher geltenden Rechtsvorschriften abgeschlossen, soweit nachfolgend nichts anderes bestimmt ist. Ist mit gesetzlich vorgeschriebenen einzelnen Schritten des Verfahrens noch nicht begonnen worden, können diese auch nach den Vorschriften dieses Gesetzes durchgeführt werden.

(2) Die Vorschriften des Dritten Kapitels Zweiter Teil Vierter Abschnitt zur Planerhaltung sind auch auf Flächennutzungspläne und Satzungen entsprechend anzuwenden, die auf der Grundlage bisheriger Fassungen dieses Gesetzes in Kraft getreten sind. Unbeschadet des Satzes 1 sind auf der Grundlage bisheriger Fassungen dieses Gesetzes unbeachtliche oder durch Fristablauf unbeachtliche Fehler bei der Aufstellung von Flächennutzungsplänen und Satzungen auch weiterhin für die Rechtswirksamkeit dieser Flächennutzungspläne und Satzungen unbeachtlich. Abweichend von Satz 1 sind für vor dem Inkrafttreten einer Gesetzesänderung in Kraft getretene Flächennutzungspläne und Satzungen die vor dem Inkrafttreten der Gesetzesänderung geltenden Vorschriften über die Geltendmachung der Verletzung von Verfahrens- und Formvorschriften, von Mängeln der Abwägung und von sonstigen Vorschriften einschließlich ihrer Fristen weiterhin anzuwenden.

(3) Auf der Grundlage bisheriger Fassungen dieses Gesetzes wirksame oder übergeleitete Pläne, Satzungen und Entscheidungen gelten fort.

I. Allgemeines

1 § 233 wurde durch das BauGB 1998 in das Gesetz eingefügt. Zuvor enthielt das BauGB für jede seine Änderungen gesonderte Überleitungsvorschriften. Da diese Überleitungsvorschriften unübersichtlich geworden waren, sollten sie durch eine offen formulierte **Generalklausel** in § 233 abgelöst werden (BT-Drs 13/6392, 74, BVerwG, NVwZ 2006, 932; BVerwG, IBR 2006, 702). § 233 Abs. 1 sollte nicht nur die Anwendbarkeit des BauROG, sondern auch der künftigen Änderungsgesetze zum BauGB auch vor Inkrafttreten der Gesetzesänderung von förmlich eingeleiteten Verfahren regeln (BK, § 233 Rn 1; BKL, § 233 Rn 1; BVerwG, NVwZ 2006, 932; BVerwG, IBR 2006, 702). Aus diesem Grund trifft § 233 Abs. 1 Satz 1 eine Übergangsregelung für Verfahren nach dem BauGB, die vor dem Inkrafttreten einer und nicht nur einer bestimmten Änderung des BauGB förmlich eingeleitet worden sind. Die Auswirkungen einer Änderung des Landesplanungsrecht auf laufende Verfahren nach dem BauGB regelt Abs. 1 nicht (BVerwG, NVwZ 2006, 932; BVerwG, IBR 2006, 702). Gleiches gilt für landesrechtliche Baugenehmigungs- und Bauordnungsverfahren (VGH Mannheim, BRS 60 Nr. 140; OVG Münster, BRS 62 Nr. 113).

Hinweis für die Praxis: Von praktischer Bedeutung ist die Überleitung von Verfahren nach dem BauGB auf den durch das EAGBau neu geschaffenen Rechtszustand.

Auf Verfahren nach § 19 BauGB 1998 ist die Überleitungsvorschrift nicht anwendbar (vgl BVerwG, BRS 62 Nr. 126). Gleiches gilt für die Anfechtung von BPlen im Wege der Normenkontrolle (OVG Rh-Pf, B. v. 5. Juli 2006 – 8 C 10590/06 –).

II. Wichtigste Fallgruppen

Die praktisch wichtigste Fallgruppe für die Anwendung des § 233 Abs. 1 ist das Verfahren zur **Aufstellung eines BPls**. Dieses Verfahren wird regelmäßig durch den Aufstellungsbeschluss nach § 2 Abs. 1 Satz 2 eingeleitet; fehlt der Aufstellungsbeschluss, der bundesrechtlich für die Wirksamkeit des BPls nicht erforderlich ist (BVerwGE 79, 200 (204)), so kommt als förmliche Einleitung die frühzeitige Bürgerbeteiligung nach § 3 Abs. 1 oder die öffentliche Auslegung des Planentwurfs nach § 3 Abs. 2 in Betracht (vgl OVG S-A, U. v. 11.5.2006 – 2 K 1/05 –). Zu beachten sind hier jedoch die besonderen Regelungen der §§ 244 und 245 (vgl OVG Rh-Pf, U. v. 18.10.2006 – 1 C 10244/06 –; OVG S-A, U. v. 11.5.2006 – 2 K 1/05 –; BayVGH, B. v. 3.4.2006 – 25 ZB 05.731 –; OVG B-B, U. v. 18.1.2006 – 2 A 7.05 –). 2

Nach § 233 Abs. 2 sind die Vorschriften der §§ 214–216 auch auf FPle und Satzungen anzuwenden, die auf der Grundlage bisheriger Fassungen dieses Gesetzes in Kraft getreten sind (Bay VGH, ZfBR 2006, 801). 3

Hinweis für die Praxis: Die Frage der möglichen Planerhaltung beurteilt sich grundsätzlich nach den §§ 214, 215 in der jeweils neuesten Fassung (OVG B-B, B. v. 14.2.2006 – 2 A 16.05 –).

Eingefügt ist der Zusatz, dass unbeschadet des Abs. 2 Satz 1 auf der Grundlage bisheriger Fassungen dieses Gesetzes unbeachtliche oder durch Fristablauf unbeachtliche Fehler bei der Aufstellung von FPlen und Satzungen auch weiterhin für die Rechtswirksamkeit dieser FPle unbeachtlich sind. Weiterhin abweichend sind für vor dem Inkrafttreten der Gesetzesänderung in Kraft getretene FPle und Satzungen, die vor dem Inkrafttreten geltenden Vorschriften über die Geltendmachung der Verletzung von Verfahrens- und Formvorschriften, von Mängeln der Abwägung und von sonstigen Vorschriften einschließlich ihrer Fristen weiterhin anzuwenden. Der neu eingefügte Satz 3 macht deutlich, dass für den Fall, dass Fristen für die Geltendmachung von Fehlern nach bisherigem Recht noch nicht abgelaufen sind, sich die Frage, nach welchen Vorschriften die Geltendmachung zu erfolgen hat, nach dem bisherigen Recht beurteilt (OVG B-B, DVBl 2006, 1123; OVG NW, NVwZ-RR 2006, 592).

§ 233 Abs. 3 soll sicherstellen, dass wirksame oder übergeleitete Pläne, Satzungen und Entscheidungen weiterhin in Kraft bleiben. 4

§ 234 Überleitungsvorschriften für das Vorkaufsrecht

(1) Für das Vorkaufsrecht sind die jeweils zur Zeit des Verkaufsfalls geltenden städtebaurechtlichen Vorschriften anzuwenden.

(2) Satzungen, die auf Grund von § 25 des Bundesbaugesetzes erlassen worden sind, gelten als Satzungen nach § 25 Abs. 1 Satz 1 Nr. 2 weiter.

1 Nach Abs. 1 sind auf das Vorkaufsrecht diejenigen städtebaulichen Vorschrifte anzuwenden, die zur Zeit des Vorkaufsfalls galten. Als Verkaufsfall ist de notarielle Abschluss des Kaufvertrages anzusehen, unabhängig davon, ob alle not wendigen zivil- und öffentlich-rechtlichen Genehmigungen bereits erteilt sind (BK § 234 Rn 2).

2 Zu beachten ist, dass ein neues Vorkaufsrecht in Überschwemmungsgebieten m Inkrafttreten des Hochwasserschutzgesetzes am 9.5.2005 in Kraft getreten is (Schrödter, § 234 Rn 3).

§ 235 Überleitungsvorschriften für städtebauliche Sanierungs- und Entwicklungsmaßnahmen

(1) Auf städtebauliche Sanierungs- und Entwicklungsmaßnahmen, für die vor der Inkrafttreten einer Gesetzesänderung nach den bisher geltenden Rechtsvorschrif ten der Beginn der vorbereitenden Untersuchungen oder der Voruntersuchunge beschlossen worden ist, sind abweichend von § 233 Abs. 1 die Vorschriften diese Gesetzes anzuwenden; abgeschlossene Verfahrensschritte bleiben unberührt. Is eine städtebauliche Entwicklungsmaßnahme jedoch vor dem 1. Juli 1987 förmlic festgelegt worden, sind die §§ 165 bis 171 in der bis zum 30. April 1993 geltende Fassung weiter anzuwenden; wird zur zweckmäßigen Durchführung entsprechen den Zielen und Zwecken einer solchen Entwicklungsmaßnahme eine Änderun des Geltungsbereichs der Entwicklungsmaßnahmeverordnung erforderlich, is § 53 in Verbindung mit § 1 des Städtebauförderungsgesetzes weiter anzuwenden.

(2) Ist eine städtebauliche Sanierungsmaßnahme vor dem 1. Januar 1998 förmlic festgelegt worden und ist nach der Sanierungssatzung nur die Genehmigungs pflicht nach § 144 Abs. 2 in der bis zum 31. Dezember 1997 geltenden Fassun ausgeschlossen, bedarf eine Teilung auch weiterhin der schriftlichen Genehmi gung der Gemeinde. Die Gemeinde hat dem Grundbuchamt Sanierungssatzunge im Sinne des Satzes 1 in entsprechender Anwendung des ab dem 1. Januar 199 geltenden § 143 Abs. 2 Satz 1 bis 3 unverzüglich nachträglich mitzuteilen.

(3) In dem Gebiet, in dem das Grundgesetz schon vor dem 3. Oktober 1990 galt ist § 141 Abs. 4 auf Beschlüsse über den Beginn der vorbereitenden Untersuchun gen, die vor dem 1. Mai 1993 bekannt gemacht worden sind, nicht anzuwenden.

(4) Sanierungssatzungen, die vor dem 1. Januar 2007 bekannt gemacht worde sind, sind spätestens bis zum 31. Dezember 2021 mit den Rechtswirkungen de § 162 Abs. 1 Satz 1 Nr. 4 aufzuheben, es sei denn, es ist entsprechend § 14 Abs. 3 Satz 3 oder 4 eine andere Frist für die Durchführung der Sanierung fest gelegt worden.

1 § 235 hatte durch das BauROG 1998 einen völlig neuen Regelungsgehalt bekom men und wurde durch das BauGB 2007 ergänzt. Die Vorschrift enthält die Über leitungsvorschriften für städtebauliche **Sanierungs- und Entwicklungsmaßnahme** durch das BauGB 2007.

2 In Abs. 4 wurde das erforderliche Überleitungsrecht zu der Änderung des § 14 Abs. 3 geschaffen, um auch für bereits laufende Verfahren, soweit sie 15 ode mehr Jahre andauern, eine Beschleunigung ihres Abschlusses zu erreichen, es se denn, die Gemeinde legt eine hiervon abweichende Frist fest. Auf eine Pflicht de Gemeinde, eine Durchführungsfrist zu bestimmen, wurde verzichtet.

§ 236 Überleitungsvorschriften für das Baugebot und die Erhaltung baulicher Anlagen

(1) § 176 Abs. 9 ist auf Enteignungsverfahren nach § 85 Abs. 1 Nr. 5 anzuwenden, wenn der Eigentümer die Verpflichtung aus einem Baugebot nicht erfüllt, das nach dem 31. Mai 1990 angeordnet worden ist.

(2) § 172 Abs. 1 Satz 4 bis 6 gilt nicht für die Bildung von Teil- und Wohnungseigentum, dessen Eintragung vor dem 26. Juni 1997 beantragt worden ist. Dies gilt auch, wenn ein Anspruch auf Bildung oder Übertragung von Teil- und Wohnungseigentum vor dem 26. Juni 1997 durch eine Vormerkung gesichert wurde. § 172 in der ab dem 1. Januar 1998 geltenden Fassung ist auch auf Satzungen, die vor dem 1. Januar 1998 ortsüblich bekannt gemacht worden sind, anzuwenden.

Abs. 1 leitet § 176 Abs. 9 über. § 176 Abs. 9 Satz 1 betrifft die Feststellungswirkung des unanfechtbaren Baugebots für eine abschließende Enteignung. § 176 Abs. 9 Satz 2 regelt, dass im Enteignungsverfahren Werterhöhungen unberücksichtigt bleiben, die nach Unanfechtbarkeit des Baugebots eingetreten sind. 1

Abs. 2 leitet die Änderungen im Recht der Erhaltungssatzung über. Nach Abs. 2 Satz 3 ist § 172 idF des BauGB 1998 auch auf Satzungen anzuwenden, die vor dem 1.1.1998 ortsüblich bekannt gemacht worden sind. 2

§ 237 (weggefallen)

§ 238 Überleitungsvorschrift für Entschädigungen

Wurde durch die Änderung des § 34 des Bundesbaugesetzes durch das Gesetz zur Änderung des Bundesbaugesetzes vom 18. August 1976 die bis dahin zulässige Nutzung eines Grundstücks aufgehoben oder wesentlich geändert, ist eine Entschädigung in entsprechender Anwendung der §§ 42, 43 Abs. 1, 2, 4 und 5 und des § 44 Abs. 1 Satz 2, Abs. 3 und 4 zu gewähren; dies gilt nicht, soweit in dem Zeitpunkt, in dem nach § 44 Abs. 3 bis 5 Entschädigung verlangt werden kann, eine entsprechende Aufhebung oder Änderung der zulässigen Nutzung auch nach § 34 des Bundesbaugesetzes in der bis zum 31. Dezember 1976 geltenden Fassung hätte eintreten können, ohne dass die Aufhebung oder Änderung nach § 44 des Bundesbaugesetzes in der bis zum 31. Dezember 1976 geltenden Fassung zu entschädigen gewesen wäre. Wird durch die Änderung des § 34 durch das Europarechtsanpassungsgesetz Bau vom 24. Juni 2004 die bis dahin zulässige Nutzung eines Grundstücks aufgehoben oder wesentlich geändert, ist Satz 1 entsprechend anzuwenden.

§ 238 schreibt die Überleitungsvorschrift des Art 3 § 10 Abs. 2 Satz 1 Änderungsgesetz BauGB 1976 fort und hat durch das EAG Bau die Änderung erfahren, dass Satzes 1 entsprechend anzuwenden ist, wenn durch die Änderung des § 34 durch das EAG Bau die bis dahin zulässige Nutzung eines Grundstücks ausgehoben oder wesentlich geändert wurde. 1

Die Voraussetzungen des **Entschädigungsanspruchs** nach § 238 ergeben sich aus Satz 1 und der Verweisung auf § 42 und dessen tatbestandlichen Voraussetzungen (Gaentzsch, § 238 Rn 2). 2

§ 239 Überleitungsvorschrift für die Grenzregelung

Hat die Gemeinde den Beschluss über die Grenzregelung (§ 82 in der vor dem 20. Juli 2004 geltenden Fassung) vor dem 20. Juli 2004 gefasst, sind die Vorschriften des Zweiten Abschnitts des Vierten Teils des Ersten Kapitels in der vor dem 20. Juli 2004 geltenden Fassung weiterhin anzuwenden.

1 Die bisherige Überleitungsregelung des § 239 für die Bodenordnung wurde durch die Überleitungsregelung für die Grenzregelung ersetzt. Die Vorschrift ist im Interesse der Rechtssicherheit geboten. Es gelten die Vorschriften des 4. Teils des ersten Kapitels in der vor dem 20.7.2004 geltenden Fassung, wenn die Gemeinde den Beschluss über die Grenzregelung vor dem Termin gefasst hat.

§§ 240 und 241 (weggefallen)

§ 242 Überleitungsvorschriften für die Erschließung

(1) Für vorhandene Erschließungsanlagen, für die eine Beitragspflicht auf Grund der bis zum 29. Juni 1961 geltenden Vorschriften nicht entstehen konnte, kann auch nach diesem Gesetzbuch kein Beitrag erhoben werden.

(2) Soweit am 29. Juni 1961 zur Erfüllung von Anliegerbeitragspflichten langfristige Verträge oder sonstige Vereinbarungen, insbesondere über das Ansammeln von Mitteln für den Straßenbau in Straßenbaukassen oder auf Sonderkonten bestanden, können die Länder ihre Abwicklung durch Gesetz regeln.

(3) § 125 Abs. 3 ist auch auf Bebauungspläne anzuwenden, die vor dem 1. Juli 1987 in Kraft getreten sind.

(4) § 127 Abs. 2 Nr. 2 ist auch auf Verkehrsanlagen anzuwenden, die vor dem 1. Juli 1987 endgültig hergestellt worden sind. Ist vor dem 1. Juli 1987 eine Beitragspflicht nach Landesrecht entstanden, so verbleibt es dabei.

(5) Ist für einen Kinderspielplatz eine Beitragspflicht bereits auf Grund der vor dem 1. Juli 1987 geltenden Vorschriften (§ 127 Abs. 2 Nr. 3 und 4 des Bundesbaugesetzes) entstanden, so verbleibt es dabei. Die Gemeinde soll von der Erhebung des Erschließungsbeitrags ganz oder teilweise absehen, wenn dies auf Grund der örtlichen Verhältnisse, insbesondere unter Berücksichtigung des Nutzens des Kinderspielplatzes für die Allgemeinheit, geboten ist. Satz 2 ist auch auf vor dem 1. Juli 1987 entstandene Beiträge anzuwenden, wenn

1. der Beitrag noch nicht entrichtet ist oder
2. er entrichtet worden, aber der Beitragsbescheid noch nicht unanfechtbar geworden ist.

(6) § 128 Abs. 1 ist auch anzuwenden, wenn der Umlegungsplan (§ 66 des Bundesbaugesetzes) oder die Vorwegregelung (§ 76 des Bundesbaugesetzes) vor dem 1. Juli 1987 ortsüblich bekannt gemacht worden ist (§ 71 des Bundesbaugesetzes).

(7) Ist vor dem 1. Juli 1987 über die Stundung des Beitrags für landwirtschaftlich genutzte Grundstücke (§ 135 Abs. 4 des Bundesbaugesetzes) entschieden und ist die Entscheidung noch nicht unanfechtbar geworden, ist § 135 Abs. 4 dieses Gesetzbuchs anzuwenden.

(8) § 124 Abs. 2 Satz 2 ist auch auf Kostenvereinbarungen in Erschließungsverträgen anzuwenden, die vor dem 1. Mai 1993 geschlossen worden sind. Auf diese Verträge ist § 129 Abs. 1 Satz 3 weiterhin anzuwenden.

(9) Für Erschließungsanlagen oder Teile von Erschließungsanlagen in dem in Artikel 3 des Einigungsvertrags genannten Gebiet, die vor dem Wirksamwerden des Beitritts bereits hergestellt worden sind, kann nach diesem Gesetz ein Erschließungsbeitrag nicht erhoben werden. Bereits hergestellte Erschließungsanlagen oder Teile von Erschließungsanlagen sind die einem technischen Ausbauprogramm oder den örtlichen Ausbaugepflogenheiten entsprechend fertig gestellten Erschließungsanlagen oder Teile von Erschließungsanlagen. Leistungen, die Beitragspflichtige für die Herstellung von Erschließungsanlagen oder Teilen von Erschließungsanlagen erbracht haben, sind auf den Erschließungsbeitrag anzurechnen. Die Landesregierungen werden ermächtigt, bei Bedarf Überleitungsregelungen durch Rechtsverordnung zu treffen.

I. Allgemeines

§ 242 trifft Überleitungsvorschriften für die Erschließung. Es handelt sich im 1
Wesentlichen um die Überleitung des früheren Rechts auf das Erschließungsbeitragsrecht des BauGB (Schrödter, § 242 Rn 3).

Erschließungsbeitragsfähig ist (lediglich) die erstmalige endgültige Herstellung einer Erschließungsanlage, § 128 Abs. 1 Nr. 2. Die Erhebung von Erschließungsbeiträgen wurde bundesrechtlich mit Inkrafttreten des BBauG am 30.6.1961 eingeführt. Für die alten Bundesländer bedeutet dies, dass Erschließungsbeiträge auch nur für Erschließungsanlagen erhoben werden können, die nicht bereits vor dem 30.6.1961 erstmalig endgültig hergestellt waren (Schrödter, § 242 Rn 1; BK, § 242 Rn 1). In den neuen Bundesländern gilt zeitlich der 3.10.1990.

II. Die Überleitung im Einzelnen

Abs. 1 bestimmt, dass kein Beitrag erhoben werden darf für vorhandene Erschlie- 2
ßungsanlagen, für die aufgrund der bis zum 29.6.1961 geltenden Vorschriften eine Beitragspflicht nicht entstehen konnte. In den alten Bundesländern galt das **preußische Anliegerbeitragsrecht**. Als vorhandene Erschließungsanlage gilt demnach eine Anlage, die vor Inkrafttreten des ersten Ortsstatutes nach § 15 PrFlG mit dem Willen der Gemeinde wegen ihres insoweit als ausreichend erachteten Zustands den inneren Anbau und dem innerörtlichen Verkehr zu dienen bestimmt war und tatsächlich gedient hat (OVG Münster, NRWVBl. 2000, 458; VG Potsdam, U. v. 21.4.2006 – 12 K 1025/00 –; OVG B-B, Grundeigentum 2006, 1304). Entsprechend dem Willen der Gemeinde muss diese die Straße als vorhandene Straße anerkannt, dh den straßenbautechnischen Zustand als ausreichend angesehen haben. Dies gilt dann, wenn die vorhandenen Straßen einem gemeindlichen Bauprogramm entsprochen haben. Das Bauprogramm kann auch anhand Indizien, insbesondere in Auswertung der Straßen- und Hausakten der Gemeinde, ermittelt werden (OVG Münster, KStZ 2006, 176).

Hinweis für die Praxis: Die Ermittlung des Ausbauzustandes erfordert idR eine umfassende Aktenrecherche der Straßen- und Hausakten der Kommune, häufig finden sich auch in Chroniken Hinweise.

3 Von dem Begriff der vorhandenen Straße ist die der historischen Straße iSd § 12 PrFlG eingeschlossen, der allerdings ausschließlich Bedeutung im Zusammenhang mit der dortigen Anbauverbotsregelung hat (Schrödter, § 242 Rn 4; zur historischen Ortsstraße VGH Mannheim, NvWZ-RR 1994, 177).

Dass überhaupt eine Anbaustraße vorhanden war, hat der Beitragsschuldner darzulegen (BVerwG, DÖV 1979, 603).

Hinweis für die Praxis: Das Vorhandensein einer hinreichend befestigten Fahrbahn, einer – wenn auch primitiven – Straßenentwässerung und, sofern dies dem Ausbauzustand der sonstigen Anbaustraßen entsprach, eine eigene Straßenbeleuchtung sind regelmäßig Mindestanforderungen an eine vorhandene Straße iSd Abs. 1.

4 Kann aufgrund der gesamten Umstände nicht festgestellt werden, ob die Gemeinde in dem maßgeblichen Zeitpunkt den Zustand der Straße als für den inneren Anbau und Verkehr ausreichend oder nicht ausreichend angesehen hat, muss sie die Folgen der Unaufklärbarkeit des Sachverhalts tragen, dh die entsprechende Straße ist als eine vorhandene Straße iSd preußischen Anliegerbeitragsrechts und damit auch als vorhandene Erschließungsanlage iSd Abs. 1 anzusehen (BK, § 242 Rn 8; OVG Münster, U. v. 9.2.1999 – 3 A 2735/94 –; OVG Münster, U. v. 24.3.1999 – 3 A 2130/94 –).

5 Abs. 2 enthält eine Ermächtigung an den Landesgesetzgeber zur Regelung der Abwicklung von Anzahlungsvereinbarungen für den Straßenbau, die unter dem vor Inkrafttreten des BBauG geltenden Recht verbreitet waren. Von dieser Ermächtigung hat lediglich das Land Berlin Gebrauch gemacht.

6 Abs. 3 bestimmt, dass vor dem 1.7.1987 rechtswirksam gewordenen BPle keine weitergehende planungsrechtliche Bindung auslösen, als die nach diesem Zeitpunkt in Kraft getretenen.

7 Abs. 4 und Abs. 5 enthalten die Überleitungsvorschriften für unbefahrene **Verkehrsanlagen** und **Kinderspielplätze**.

8 Abs. 6 enthält die komplementäre Regelung zur rückwirkenden Ermöglichung erschließungsbeitragspflichtiger Zuteilung in der **Umlegung**.

9 Abs. 7 bestimmt, dass § 135 Abs. 4 mit der Pflicht der zinslosen Stundung des Erschließungsbeitrages für landwirtschaftlich genutzte Grundstücke auch dann anzuwenden ist, wenn zwar über die Stundung bereits entschieden wurde, die Entscheidung aber noch nicht unanfechtbar geworden ist.

10 Abs. 8 enthält eine eng begrenzte Überleitungsregelung für den Erschließungsvertrag, die vor dem Inkrafttreten des Investitionserleichterungs- und Wohnbaulandgesetzes abgeschlossen worden sind (sog Altverträge). Es bleibt hier bei der gemeindlichen Beteiligung von 10% des beitragsfähigen Erschließungsaufwandes (§ 129 Abs. 1 Satz 3 ist weiterhin anzuwenden). Die angeordnete Rückwirkung begegnet keinen verfassungsrechtlichen Bedenken (BKL, § 242 Rn 10 mwN; vgl BVerwG NJW 1992, 1642).

11 Abs. 9 enthält eine für die **neuen Bundesländer** geltende abschließende Sonderregelung, die Abs. 1 verdrängt (BVerwG, DVBl 2003, 338). Bemerkenswert ist, dass die Vorschrift auch die Erhebung von Erschließungsbeiträgen auf Teile von Erschließungsanlage ausschließt. Von Abs. 9 erfasst werden auch einseitig anbaubare Straßen (OVG Sachsen, ThürVG-Rspr 2003, 145).

12 Maßgeblich ist, ob die Anlage entsprechend einem technischen Ausbauprogramm oder bereits eine selbständige, bereits vor dem 3.10.1990 vorhandene Erschlie-

ßungsanlage vorhanden war, die entsprechend den örtlichen Ausbaugepflogenheiten fertig gestellt war (Thür OVG, ThürVBl. 2006, 209; VG Meiningen, ThürVBl. 2006, 157). Der Gesetzgeber wollte im Beitrittsgebiet die Kostenerhebung für einen weiteren Ausbau von dem Zeitpunkt des Beitritts bereits vorhandenen Erschließungsanlagen ohne Ausnahme dem Straßenausbaubeitragsrecht zuweisen (Thür OVG, B. v. 30.6.2003 – 4 EO 206/96 –, BVerwG, DVBl 2003, 338; VG Meiningen, ThürVBl. 2006, 157).

Die Feststellung, ob es sich um eine erstmalige Herstellung handelt, erfordert einen 13
Vergleich des Ausbauzustandes der Einrichtung am 2.10.1990 mit dem seinerzeitigen durchschnittlichen Ausbauzustand der entsprechenden Einrichtungen in der betreffenden Gemeinde (OVG Brandenburg, B. v. 2.10.2003 – 2 B 75/03 –; OVG S-A, B. v. 18.12.2000 – A 2 S. 529/99 –; OVG S-A, ZMR 2002, 629).

Hinweis für die Praxis: Zunächst ist zu überprüfen, ob ein technisches Ausbauprogramm vorliegt. Ist dies nicht der Fall, ist der Ausbauzustand der Erschließungsanlage am 3.10.1990 sowie die vergleichbaren Anlagen in der Gemeinde zu ermitteln.

§ 243 Überleitungsvorschriften für das Maßnahmengesetz zum Baugesetzbuch und das Bundesnaturschutzgesetz

(1) § 233 ist auf Verfahren, Pläne, Satzungen und Entscheidungen, die auf der Grundlage des Maßnahmengesetzes zum Baugesetzbuch eingeleitet, in Kraft getreten oder wirksam geworden sind, entsprechend anzuwenden.

(2) Bei Bauleitplanverfahren, die vor dem 1. Januar 1998 förmlich eingeleitet worden sind, kann die Eingriffsregelung nach dem Bundesnaturschutzgesetz in der bis zum 31. Dezember 1997 geltenden Fassung weiter angewendet werden.

Abs. 1 tritt als Folge der Aufhebung des BauGBMaßnG an die Stelle und verweist 1
auf die entsprechende Anwendung des § 233 BauGB.

Abs. 2 gewährt den Gemeinden ein Wahlrecht, Bauleitplanverfahren, die vor dem 2
1.1.1998 förmlich eingeleitet worden sind, aber noch nicht abgeschlossen worden sind, nach unter Anwendung des § 8a BNatSchG zu Ende zu führen oder, falls die Neuregelung in Hinblick auf die zugelassenen Maßnahmen zum Ausgleich an anderer Stelle (§ 1a Abs. 3 BauGB) günstiger ist, nach dem geltenden Recht durchzuführen.

§ 244 Überleitungsvorschriften für das Europarechtsanpassungsgesetz Bau

(1) Abweichend von § 233 Abs. 1 werden Verfahren für Bauleitpläne und Satzungen nach § 34 Abs. 4 Satz 1 und § 35 Abs. 6, die nach dem 20. Juli 2004 förmlich eingeleitet worden sind oder die nach dem 20. Juli 2006 abgeschlossen werden, nach den Vorschriften dieses Gesetzes zu Ende geführt.

(2) Abweichend von Absatz 1 finden auf Bebauungsplanverfahren, die in der Zeit vom 14. März 1999 bis zum 20. Juli 2004 förmlich eingeleitet worden sind und die vor dem 20. Juli 2006 abgeschlossen werden, die Vorschriften des Baugesetzbuchs in der vor dem 20. Juli 2004 geltenden Fassung weiterhin Anwendung. Ist mit gesetz-

lich vorgeschriebenen einzelnen Verfahrensschritten noch nicht begonnen worden, können diese auch nach den Vorschriften dieses Gesetzes durchgeführt werden.

(3) § 4 Abs. 3 und § 4c gelten nur für Bauleitpläne, die nach Absatz 1 oder 2 nach den Vorschriften dieses Gesetzes zu Ende geführt werden.

(4) (aufgehoben)

(5) Die Gemeinden können Satzungen, die auf der Grundlage des § 19 in der vor dem 20. Juli 2004 geltenden Fassung erlassen worden sind, durch Satzung aufheben. Die Gemeinde hat diese Satzung ortsüblich bekannt zu machen; sie kann die Bekanntmachung auch in entsprechender Anwendung des § 10 Abs. 3 Satz 2 bis 5 vornehmen. Unbeschadet der Sätze 1 und 2 sind Satzungen auf der Grundlage des § 19 in der vor dem 20. Juli 2004 geltenden Fassung nicht mehr anzuwenden. Die Gemeinde hat auf die Nichtanwendbarkeit dieser Satzungen bis zum 31. Dezember 2004 durch ortsübliche Bekanntmachung hinzuweisen. Die Gemeinde hat das Grundbuchamt um Löschung eines von ihr nach § 20 Abs. 3 in der vor dem 20. Juli 2004 geltenden Fassung veranlassten Widerspruchs zu ersuchen.

(6) Für eine auf der Grundlage des § 22 in der vor dem 20. Juli 2004 geltenden Fassung wirksam erlassene Satzung bleibt § 22 in der vor dem 20. Juli 2004 geltenden Fassung bis zum 30. Juni 2005 weiterhin anwendbar. Auf die Satzung ist § 22 in der geltenden Fassung anzuwenden, wenn beim Grundbuchamt vor Ablauf des 30. Juni 2005 eine den Anforderungen des § 22 Abs. 2 Satz 3 und 4 entsprechende Mitteilung der Gemeinde eingegangen ist. Ist die Mitteilung hinsichtlich der Satzung nicht fristgerecht erfolgt, ist die Satzung auf die von ihr erfassten Vorgänge nicht mehr anzuwenden. Eine Aussetzung der Zeugniserteilung nach § 22 Abs. 6 Satz 3 in der vor dem 20. Juli 2004 geltenden Fassung ist längstens bis zum 30. Juni 2005 wirksam. Die Baugenehmigungsbehörde hat das Grundbuchamt um Löschung eines von ihr nach § 20 Abs. 3 in der vor dem 20. Juli 2004 geltenden Fassung oder auf Grundlage von Satz 1 oder 4 in Verbindung mit § 20 Abs. 3 in der vor dem 20. Juli 2004 geltenden Fassung veranlassten Widerspruchs im Grundbuch zu ersuchen, wenn die Satzung nicht mehr anwendbar ist oder die Aussetzung der Zeugniserteilung unwirksam wird.

(7) § 35 Abs. 5 Satz 2 gilt nicht für die Zulässigkeit eines Vorhabens, das die Nutzungsänderung einer baulichen Anlage zum Inhalt hat, deren bisherige Nutzung vor dem 20. Juli 2004 zulässigerweise aufgenommen worden ist.

I. Allgemeines

1 § 244 enthält besondere Überleitungsvorschriften für das EAGBau (Battis/Krautzberger/Löhr, NJW 2004, 2553; Krautzberger, UPR 2004, 241 [246]).

2 Für die Praxis relevant ist die Vorschrift insbesondere für die in der Aufstellung befindlichen FNPlen und BPlen. § 244 ersetzt mit seinem Abs. 2 zugleich die bisherige Überleitungsvorschrift des § 245 b für BPle, die einer Umweltverträglichkeitsprüfung nach der Projekt-UVP unterliegen (BK, § 244 Rn 1).

II. Die Überleitung im Einzelnen

3 Abs. 1 bestimmt, dass abweichend von § 233 Abs. 1 Verfahren für **Bauleitpläne und Satzungen**, die nach dem 20.7.2004 förmlich eingeleitet worden sind oder die nach dem 20.7.2006 abgeschlossen werden, nach den Vorschriften des EAG Bau zu Ende zu führen sind. Hieraus resultiert die praxisrelevante Konsequenz,

dass auch vor dem 20.7.2004 eingeleitete Verfahren vor dem 20.7.2006 abgeschlossen sein müssen, um die Verfahren nach bisherigem Recht durchführen zu können. Die in Abs. 1 genannten Bauleitpläne und Satzungen müssen also den Vorschriften des BauGB idF des EAGBau genügen, wenn sie am 21. Juli 2006 oder später bekannt gemacht werden.

Eine förmliche Verfahrenseinleitung iSv Abs. 2 setzt einen wirksamen Planaufstellungsbeschluss voraus (OVG Rh-Pf, U. v. 18.10.2006 – 1 C 10244/06 –). 4

Hinweis für die Praxis: Ein nicht ortsüblich bekannt gemachter Planaufstellungsbeschluss entfaltet keine Rechtswirksamkeit und gilt damit nicht als förmliche Verfahrenseinleitung (vgl BVerwG, NVwZ 1989, 661 [662]; BVerwG, ZfBR 1992, 292; BK, § 244 Rn 3). Nur wenn das Aufstellungsverfahren bis zum 20. Juli 2004 eingeleitet worden ist, braucht die Gemeinde das neue Recht regelmäßig nicht anzuwenden. Dann gilt § 233 Abs. 1.

Die Funktion eines Beschlusses als förmliche Einleitung des Planverfahrens wird durch eine **Änderung der Planung** grundsätzlich nicht berührt (OVG S-A, IMBl ST 2007, 72). 5

Gem Abs. 2 Satz 1 werden BPl-Verfahren, die zeitlich nach der unmittelbaren Geltung der Projekt-UVP-Änderungsrichtlinie am 14. März 1999 eingeleitet wurden und nicht vom EAGBau erfasst werden, nach dem BauGB in der vor dem EAGBau geltenden Fassung abgeschlossen. Abs. 2 Satz 2 ermöglicht die im Ermessen der Gemeinde liegende Umstellung des BPl-Verfahrens auf das neue Recht, soweit mit gesetzlich vorgeschriebenen einzelnen Verfahrensschritten noch nicht begonnen wurde (Schrödter, § 244 Rn 4). 6

Abs. 3 nimmt Bezug auf die Verpflichtung der Gemeinde gem. § 4c zur Überwachung der erheblichen Umweltauswirkungen. Die Verpflichtung zur Information und Überwachung besteht nur, wenn die Gemeinde das Verfahren nach den Vorschriften des durch das EAGBau geänderten BauGB zu Ende führt. 7

Abs. 4 wurde durch das BauGB 2007 als Folgeänderung aufgehoben. 8

Abs. 5 beschäftigt sich mit Satzungen zur **Teilungsgenehmigung**. Das EAGBau hat die Genehmigungsbedürftigkeit von Grundstücksteilungen nach § 19, soweit sie auf der Grundlage gemeindlicher Satzung noch bestand, beseitigt. Abs. 5 trägt dem Rechnung. 9

Abs. 6 enthält eine Überleitungsvorschrift für **Satzungen**, die auf Grundlage des **§ 22 BauGB** erlassen worden sind. Den Gemeinden soll die Umstellung vorhandener Satzungen zur Sicherung von Gebieten mit Fremdenverkehrsfunktion auf den durch das EAGBau geänderten § 22 erleichtern (Schrödter, § 244 Rn 10). 10

Abs. 7 regelt die **Rückbauverpflichtung** nach § 35 Abs. 5 Satz 2 idFd EAGBau, in dem die Vorschrift nur für Nutzungsänderungen baulicher Anlagen, deren bisherige Nutzung erstmals nach dem Inkrafttreten des EAGBau zulässigerweise aufgenommen worden ist, gilt. Ist die bauliche Anlage, bspw eine Windenergieanlage, vor dem 20. Juli 2007 rechtmäßig errichtet und in Betrieb genommen worden, so darf die Zulassung einer späteren Nutzungsänderung nicht von der Rückbauverpflichtung abhängig gemacht werden (BK, § 244 Rn 13). 11

§ 245 Überleitungsvorschriften für den Stadtumbau und die Soziale Stadt

(1) Ein von einer Gemeinde bis zum 20. Juli 2004 im Hinblick auf die Verwaltungsvereinbarungen über die Gewährung von Finanzhilfen des Bundes an die Länder nach Artikel 104a Abs. 4 des Grundgesetzes in seiner bis zum 20. Juli 2004 geltenden Fassung zur Förderung städtebaulicher Maßnahmen beschlossenes Gebiet für Stadtumbaumaßnahmen sowie ein hierfür aufgestelltes städtebauliches Entwicklungskonzept der Gemeinde gilt als Stadtumbaugebiet und städtebauliches Entwicklungskonzept im Sinne des § 171b.

(2) Ein von der Gemeinde bis zum 20. Juli 2004 im Hinblick auf die Verwaltungsvereinbarungen über die Gewährung von Finanzhilfen des Bundes an die Länder nach Artikel 104a Abs. 4 des Grundgesetzes in seiner bis zum 20. Juli 2004 geltenden Fassung zur Förderung städtebaulicher Maßnahmen beschlossenes Gebiet für Maßnahmen der Sozialen Stadt sowie ein hierfür aufgestelltes Konzept der Gemeinde gilt als Gebiet und Entwicklungskonzept im Sinne des § 171e.

(3) Für die zur Förderung städtebaulicher Maßnahmen bis zum 1. September 2006 geschlossenen Verwaltungsvereinbarungen über die Gewährung von Finanzhilfen des Bundes an die Länder nach Artikel 104a Abs. 4 des Grundgesetzes in seiner bis zum 1. September 2006 geltenden Fassung ist § 164b in seiner bis zum 12. September 2006 geltenden Fassung bis zum 31. Dezember 2019 anzuwenden.

1 Die Überleitungsregelung für die soziale Stadt soll gewährleisten, dass die bereits vor Inkrafttreten des Gesetzes nach den einschlägigen Verwaltungsvereinbarungen zur Förderung von Stadtteilen mit besonderem Entwicklungsbedarf beschlossenen Gebiete für die soziale Stadt und ihre aufgestellten Konzepte ohne Umstellung und Schwierigkeiten vorgeführt werden können.

2 § 245 enthält damit die notwendige Überleitungsregelung der neu eingeführten Bestimmungen der §§ 171a–171e.

§ 245a (weggefallen)

§ 245b Überleitungsvorschriften für Vorhaben im Außenbereich

(1) (weggefallen)

(2) Die Länder können bestimmen, dass die Frist nach § 35 Abs. 4 Satz 1 Nr. 1 Buchstabe c bis zum 31. Dezember 2008 nicht anzuwenden ist.

1 Der bisherige Abs. 1 ist durch das EAGBau ersatzlos gestrichen worden. Er betraf den Privilegierungstatbestand in § 35 Abs. 1 Nr. 5 für Anlagen zur Erforschung, Entwicklung oder Nutzung der Wind- oder Wasserenergie im Außenbereich. Die Regelung ist durch Zeitablauf überholt.

2 Nach Abs. 2 können die Länder bestimmen, dass die Frist nach § 35 Abs. 4 Satz 1 Nr. 1c, die u.a. vorsieht, dass die Umwidmungsfrist zwischen Aufgabe der Privilegierten und Aufnahme der neuen Nutzung nicht mehr als sieben Jahre betragen darf, dass die Aufgabe der bisherigen Nutzung auf länger als 7 Jahre zurückliegen darf. Von dieser Regelung haben Baden-Württemberg, Brandenburg, Mecklenburg-Vorpommern, Sachsen und Schleswig-Holstein Gebrauch gemacht. Durch das EAG Bau wurde die Frist auf den 31.12.2008 verlängert.

§ 245c (weggefallen)

Zweiter Teil
Schlussvorschriften

§ 246 Sonderregelungen für einzelne Länder

(1) In den Ländern Berlin und Hamburg entfallen die in § 6 Abs. 1, § 10 Abs. 2 und § 190 Abs. 1 vorgesehenen Genehmigungen oder Zustimmungen; das Land Bremen kann bestimmen, dass diese Genehmigungen oder Zustimmungen entfallen.

(1a) Die Länder können bestimmen, dass Bebauungspläne, die nicht der Genehmigung bedürfen, und Satzungen nach § 34 Abs. 4 Satz 1, § 35 Abs. 6 und § 165 Abs. 6 vor ihrem Inkrafttreten der höheren Verwaltungsbehörde anzuzeigen sind; dies gilt nicht für Bebauungspläne nach § 13. Die höhere Verwaltungsbehörde hat die Verletzung von Rechtsvorschriften, die eine Versagung der Genehmigung nach § 6 Abs. 2 rechtfertigen würde, innerhalb eines Monats nach Eingang der Anzeige geltend zu machen. Der Bebauungsplan und die Satzungen dürfen nur in Kraft gesetzt werden, wenn die höhere Verwaltungsbehörde die Verletzung von Rechtsvorschriften nicht innerhalb der in Satz 2 bezeichneten Frist geltend gemacht hat.

(2) Die Länder Berlin und Hamburg bestimmen, welche Form der Rechtsetzung an die Stelle der in diesem Gesetzbuch vorgesehenen Satzungen tritt. Das Land Bremen kann eine solche Bestimmung treffen. Die Länder Berlin, Bremen und Hamburg können eine von § 10 Abs. 3, § 16 Abs. 2, § 22 Abs. 2, § 143 Abs. 1, § 162 Abs. 2 Satz 2 bis 4 und § 165 Abs. 8 abweichende Regelung treffen.

(3) § 171f ist auch auf Rechtsvorschriften der Länder anzuwenden, die vor dem 1. Januar 2007 in Kraft getreten sind.

(4) Die Senate der Länder Berlin, Bremen und Hamburg werden ermächtigt, die Vorschriften dieses Gesetzbuchs über die Zuständigkeit von Behörden dem besonderen Verwaltungsaufbau ihrer Länder anzupassen.

(5) Das Land Hamburg gilt für die Anwendung dieses Gesetzbuchs auch als Gemeinde.

(6) (weggefallen)

(7) Die Länder können bestimmen, dass § 34 Abs. 1 Satz 1 bis zum 31. Dezember 2004 nicht für Einkaufszentren, großflächige Einzelhandelsbetriebe und sonstige großflächige Handelsbetriebe im Sinne des § 11 Abs. 3 der Baunutzungsverordnung anzuwenden ist. Wird durch eine Regelung nach Satz 1 die bis dahin zulässige Nutzung eines Grundstücks aufgehoben oder wesentlich geändert, ist § 238 entsprechend anzuwenden.

Die Abs. 1, 2, 4 und 5 enthalten Sonderregelungen für die einzelnen Stadtstaaten. 1
§ 1 a, der durch das BauROG neu eingefügt wurde, ermächtigt die Länder, für alle nach § 10 Abs. 2 Satz 1 genehmigungsfreien BPle ein Anzeigeverfahren einzuführen. Von dieser Möglichkeit haben Gebrauch gemacht Brandenburg bis zum 31.12.2004, Mecklenburg-Vorpommern für Gemeinden bis 10.000 Einwohner bis zum 31.12.2003 und Sachsen bis zum 31.12.2000 (von Nicolay, NVwZ 1998, 329; Schrödter, § 246 Rn 5a; vgl Krautzberger, UPR 1999, 401).

2 Abs. 3 stellt als Folgeänderung klar, dass bereits vor Inkrafttreten des BauGB 2007 erlassenes Landesrecht zu Business Improvement Districts, Immobilien- und Standortgemeinschaften und ähnliche Einrichtungen unberührt bleibt.

3 Abs. 7 enthält eine Sonderregelung für Einkaufszentren in Gebieten nach § 34. Großflächige Einzelhandelsbetriebe sind nicht mehr im Innenbereich zulässig, sofern die Länder eine entsprechende Regelung in ein formelles Landesgesetz aufgenommen haben. Für die Entschädigung gilt § 238 entsprechend, wenn vor dem Inkrafttreten des Landesgesetzes ein Rechtsanspruch auf Erteilung der Baugenehmigung bestand.

4 Die Streichung des Abs. 3 und Abs. 6 durch das EAGBau diente der Rechtsvereinfachung.

§ 246a Überschwemmungsgebiete, überschwemmungsgefährdete Gebiete

Anlässlich der Neubekanntmachung eines Flächennutzungsplans nach § 6 Abs. 6 sollen die in § 5 Abs. 4 a bezeichneten Gebiete nach Maßgabe dieser Bestimmung nachrichtlich übernommen und vermerkt werden.

1 Die Bestimmung wurde durch Art 6 des Gesetzes zur Verbesserung des vorbeugenden Hochwasserschutzes vom 3.5.2005 (BGBl I S. 1224) in das BauGB eingefügt. Danach sind bei der neuen Bekanntmachung eines FNP die in § 5 Abs. 4a bezeichneten **Überschwemmungsgebiete** bzw überschwemmungsgefährdeten Gebiete nachträglich zu übernehmen bzw zu vermerken.

2 Wegen der sonstigen Auswirkungen des Hochwasserschutzgesetzes auf das BauGB wird auf die Kommentierungen der §§ 1 Abs. 6 Nr. 12, 5 Abs. 4a, 9 Abs. 6a, 24 Abs. 1 Satz 1 Nr. 7 sowie § 35 Abs. 1 Nr. 6 verwiesen, die jeweils neu in das BauGB eingefügt wurden

§ 247 Sonderregelungen für Berlin als Hauptstadt der Bundesrepublik Deutschland

(1) Bei der Aufstellung von Bauleitplänen und sonstigen Satzungen nach diesem Gesetzbuch soll in der Abwägung den Belangen, die sich aus der Entwicklung Berlins als Hauptstadt Deutschlands ergeben, und den Erfordernissen der Verfassungsorgane des Bundes für die Wahrnehmung ihrer Aufgabe besonders Rechnung getragen werden.

(2) Die Belange und Erfordernisse nach Absatz 1 werden zwischen Bund und Berlin in einem Gemeinsamen Ausschuss erörtert.

(3) Kommt es in dem Ausschuss zu keiner Übereinstimmung, können die Verfassungsorgane des Bundes ihre Erfordernisse eigenständig feststellen; sie haben dabei eine geordnete städtebauliche Entwicklung Berlins zu berücksichtigen. Die Bauleitpläne und sonstigen Satzungen nach diesem Gesetzbuch sind so anzupassen, dass den festgestellten Erfordernissen in geeigneter Weise Rechnung getragen wird.

(4) Haben die Verfassungsorgane des Bundes Erfordernisse nach Absatz 3 Satz 1 festgestellt und ist zu deren Verwirklichung die Aufstellung eines Bauleitplans oder einer sonstigen Satzung nach diesem Gesetzbuch geboten, soll der Bauleitplan oder die Satzung aufgestellt werden.

(5) (weggefallen)

(6) (weggefallen)

(7) Die Entwicklung der Parlaments- und Regierungsbereiche in Berlin entspricht den Zielen und Zwecken einer städtebaulichen Entwicklungsmaßnahme nach § 165 Abs. 2.

(8) Ist im Rahmen von Genehmigungs-, Zustimmungs- oder sonstigen Verfahren für Vorhaben der Verfassungsorgane des Bundes Ermessen auszuüben oder sind Abwägungen oder Beurteilungen vorzunehmen, sind die von den Verfassungsorganen des Bundes entsprechend Absatz 3 festgestellten Erfordernisse mit dem ihnen nach dem Grundgesetz zukommenden Gewicht zu berücksichtigen. Absatz 2 ist entsprechend anzuwenden.

§ 247 trägt der besonderen Bedeutung und Funktion von Berlin als Hauptstadt der Bundesrepublik Rechnung. Die Schaffung von § 247 geht auf Art 4 des Hauptstadtvertrages vom 25.8.1992 (Anlage 1 zu BR-Drs 6/93) zurück. Zwar wird den planerischen Belangen und Erfordernissen der Verfassungsorgane durch verschiedene Eingriffe in die Bauleitplanung Berlins zur Verwirklichung geholfen, doch verbleibt es grds. bei der Planungshoheit der Stadt. Insoweit bedarf es besonderen Erwägungen im Abwägungsprozess, die in dem von Abs. 2 vorgesehenen Gemeinsamen Ausschuss zu erörtern sind. Kommt es zu keiner Einigung, ist nach Abs. 3 zu verfahren. 1

Abs. 4 sieht abweichend von § 2 Abs. 3 vor, dass ein Bauleitplan bzw eine Satzung aufgestellt werden soll, wenn die Verfassungsorgane des Bundes Erfordernisse förmlich festgestellt haben, zu deren Verwirklichung ein solcher Plan notwendig ist. Hieraus ergibt sich, dass die Bauleitplanung insoweit den förmlich festgestellten Erfordernissen Rechnung tragen muss, so dass den städtischen Planungsgremien nur **begrenzte Gestaltungsmöglichkeiten** verbleiben. 2

Praxisrelevant sind die Anlagen, die § 247 angefügt sind. Es handelt sich einerseits um die Anforderungen an den Umweltbericht nach §§ 2 Abs. 4, 2a und 4c (Bunzel, ZfBR 2004, 328). Andererseits handelt es sich um die Anlage zu § 13a Abs. 1 Satz 2 Nr. 2, die der Anlage 4 UVP-Gesetz nachgebildet ist und die Vorgaben des Anhangs II der Plan-UP-RL umsetzt. 3

Anlage 1 (zu § 2 Abs. 4, §§ 2a und 4c)

Der Umweltbericht nach § 2 Abs. 4 und § 2a Satz 2 Nr. 2 besteht aus

1. **einer Einleitung mit folgenden Angaben:**
   a) **Kurzdarstellung des Inhalts und der wichtigsten Ziele des Bauleitplans, einschließlich der Beschreibung der Festsetzungen des Plans mit Angaben über Standorte, Art und Umfang sowie Bedarf an Grund und Boden der geplanten Vorhaben, und**
   b) **Darstellung der in einschlägigen Fachgesetzen und Fachplänen festgelegten Ziele des Umweltschutzes, die für den Bauleitplan von Bedeutung sind, und der Art, wie diese Ziele und die Umweltbelange bei der Aufstellung berücksichtigt wurden,**
2. **einer Beschreibung und Bewertung der Umweltauswirkungen, die in der Umweltprüfung nach § 2 Abs. 4 Satz 1 ermittelt wurden, mit Angaben der**
   a) **Bestandsaufnahme der einschlägigen Aspekte des derzeitigen Umweltzustands, einschließlich der Umweltmerkmale der Gebiete, die voraussichtlich erheblich beeinflusst werden,**

b) Prognose über die Entwicklung des Umweltzustands bei Durchführung der Planung und bei Nichtdurchführung der Planung,
c) geplanten Maßnahmen zur Vermeidung, Verringerung und zum Ausgleich der nachteiligen Auswirkungen und
d) in Betracht kommenden anderweitigen Planungsmöglichkeiten, wobei die Ziele und der räumliche Geltungsbereich des Bauleitplans zu berücksichtigen sind,

3. folgenden zusätzlichen Angaben:
a) Beschreibung der wichtigsten Merkmale der verwendeten technischen Verfahren bei der Umweltprüfung sowie Hinweise auf Schwierigkeiten, die bei der Zusammenstellung der Angaben aufgetreten sind, zum Beispiel technische Lücken oder fehlende Kenntnisse,
b) Beschreibung der geplanten Maßnahmen zur Überwachung der erheblichen Auswirkungen der Durchführung des Bauleitplans auf die Umwelt und
c) allgemein verständliche Zusammenfassung der erforderlichen Angaben nach dieser Anlage.

I. Allgemeines

1 Die Anlage 1 zu §§ 2 Abs. 4, 2a und 4c enthält Regelungen formeller und materieller Art, die der Aufstellung des Umweltberichts als Mindestinhalt zu beachten sind.

Nach der amtlichen Begründung enthält die Anlage ein verbindliches Prüfungsschema für den Umweltbericht, das sich insbesondere auf den Ermittlungsumfang und die Ermittlungstiefe bezieht (BT-Drs 15/2250, S. 68; Schröter, § 2a Rn 11).

II. Ermittlungsgrundsätze

2 Wie die Gemeinde bei der Ermittlung, Beschreibung und Bewertung der voraussichtlichen Umweltauswirkungen methodisch vorzugehen hat, schreibt das Gesetz und auch die Anlage im Einzelnen nicht fest. Es gibt insbesondere keine Hinweise auf bestimmte Untersuchungsverfahren (Berkemann u.a., S. 142). Der Anlage sind lediglich Bewertungskriterien zu entnehmen. Insofern kann es im Einzelfall ausreichend sein, auch nur Einzelkriterien zu überprüfen (BVerwGE 117, 351; BVerwG, NVwZ 1999, 532; VGH Kassel, BRS 63 Nr. 226; OVG Münster, BRS 65 Nr. 280).

Die hierbei gewählte Methode muss dem gegenwärtigen Wissensstand und den allgemein anerkannten Prüfmethoden entsprechen.

III. Aufbau des Umweltberichtes

1. Teil der Begründung

3 Der Umweltbericht ist ein gesonderter Teil der Begründung. Wie der Bericht in die Begründung aufzunehmen ist, ist nicht geregelt. Der Umweltbericht muss jedoch

ein in sich geschlossener Teil der Begründung sein (Berkemann/Halama, BauGB 2004, § 2a Rn 46). In der Praxis hat sich bei UVP-pflichtigen BPlen nach dem vor dem EAG Bau geltenden Bestimmungen bewährt, den Umweltbericht als eigenständiges Kapitel in die Begründung zu integrieren (Bunzel, Umweltprüfung in der Bauleitplanung, 2005, 105 f). Denkbar ist auch, den Umweltbericht als Teil II der Begründung anzufügen (Berkemann u.a., S. 145). In diesem Fall wäre die bisherige Begründung des BPl Teil I der Begründung (Schmidt-Eichstaedt, BauR 2002, 405 [407]).

2. Gliederung des Umweltberichts

Der Gesetzgeber schlägt dem Ersteller des Umweltberichts eine Gliederung in drei Kapitel vor, einer Einleitung, einer Beschreibung und Bewertung der Umweltauswirkungen sowie sonstige Angaben. Dieser Vorschlag ist jedoch nicht verbindlich (Schröter, § 2a Rn 11). Die Gliederung ist daher letztlich eine Frage der Praktikabilität (Berkemann/Halama, BauGB 2004, § 2a Rn 17). Zweckmäßig ist, eine an den Schutzgütern orientierte Strukturierung auf der ersten Gliederungsebene vorzunehmen (Bunzel, Umweltprüfung in der Bauleitplanung, 2005, 104). 4

a) **Einleitung:** Die Kurzdarstellung des Inhalts und der wichtigsten Ziele des Bauleitplanes stellen die Praxis vor wenige Probleme, da die Ausführungen auch bisher Teil der Begründung des BPl waren. 5

Die Darstellung der in den einschlägigen Fachgesetzen und Fachplänen festgelegten Ziele des Umweltschutzes umfasst alle formellen Bundes- und Landesgesetze einschließlich der aufgrund von förmlichen Bundes- und Landesgesetzen erlassenen Rechtsverordnungen, die Gesetz im materiellen Sinne sind (Berkemann u.a., S. 150). Nicht als Gesetze im formellen Sinne gelten Verwaltungsvorschriften, wie die TA Luft und die TA Lärm (§ 48 BImSchG). Dies gilt auch für die technischen Regelwerke, die durch DIN, VDI oder VDE zur Standardisierung technischer oder verfahrensmäßiger Anforderungen erstellt sind. Sie sind jedoch dann zu nennen, wenn sie im konkreten Fall der Bewertung von Umweltauswirkungen zugrunde gelegt wurden (Berkemann u.a., S. 151). 6

b) **Beschreibung und Bewertung der Umweltauswirkungen:** Der Umweltbericht hat eine umfassende Dokumentation über alle Umweltauswirkungen positiver oder negativer Art zu enthalten, sodass u.a. auch die FFH-Verträglichkeitsprüfung behandelt werden muss (Berkemann u.a., S. 149). Die in einschlägigen Fachgesetzen und Fachplänen festgelegten Ziele des Umweltschutzes, die für den Bauleitplan von Bedeutung sind, und die Art, wie diese Ziele und die Umweltbelange bei der Aufstellung berücksichtigt wurden, sind im Umweltbericht darzulegen. Ziele des Umweltschutzes sind im Bereich des Naturschutzrechtes in § 2 BNatSchG näher dargelegt. Auch die Regelung zum Europäischen Habitatschutz (§§ 34–37 BNatSchG) sowie zum Biotop- und Artenschutz (§§ 30, 39–43 BNatSchG) können für die Umweltprüfung von Bedeutung sein (Berkemann/Halama, BauGB 2004, § 2a Rn 21). 7

Nicht erforderlich ist, die zur Klärung von Umweltauswirkungen erstellten Gutachten als Ganzes in den Umweltbericht aufzunehmen. Die Darstellung soll aber erkennen lassen, worin die wesentlichen Umweltauswirkungen bestehen (Berkemann u.a., S. 146). 8

c) **Sonstige Angaben:** Die zusätzlichen Angaben beinhalten zum Einen, die Verfahren zu beschreiben, die als Grundlage für die Ermittlung und Bewertung schädli- 9 cher Umweltauswirkungen angewendet wurden. Zum Anderen sollen die Maßnahmen zur Überwachung nach § 4 c bezeichnet werden. Schließlich soll eine allgemein verständliche Zusammenfassung des Umweltberichtes vorliegen.

10 Fehlen diese Angaben, kann dies ein Indiz dafür sein, dass der Umweltbericht und damit die Begründung hinsichtlich wesentlicher Teile nach § 214 Abs. 1 Satz 1 Nr. 3 unvollständig sind (Schrödter, § 2a Rn 37; Berkemann/Halama, § 2a Rn 37).

Hinweis für die Praxis: Was die wesentlichen Punkte des Umweltberichts sind, ist durch die Gerichte bislang nicht geklärt. Die Bedeutung des Umweltberichts für eine angemessene Berücksichtigung der Umweltbelange indiziert einen strengen Maßstab (Berkemann/Halama, BauGB 2004, § 214 Rn 109; Uechtritz, ZfBR 2005, 11 [13]; Quaas/Kukk, BauR 2004, 1541 [1547]).

Anlage 2 (zu § 13a Abs. 1 Satz 2 Nr. 2)

Nachstehende Kriterien sind anzuwenden, soweit auf Anlage 2 Bezug genommen wird.

1. Merkmale des Bebauungsplans, insbesondere in Bezug auf

1.1 das Ausmaß, in dem der Bebauungsplan einen Rahmen im Sinne des § 14b Abs. 3 des Gesetzes über die Umweltverträglichkeitsprüfung setzt;

1.2 das Ausmaß, in dem der Bebauungsplan andere Pläne und Programme beeinflusst;

1.3 die Bedeutung des Bebauungsplans für die Einbeziehung umweltbezogener, einschließlich gesundheitsbezogener Erwägungen, insbesondere im Hinblick auf die Förderung der nachhaltigen Entwicklung;

1.4 die für den Bebauungsplan relevanten umweltbezogenen, einschließlich gesundheitsbezogener Probleme;

1.5 die Bedeutung des Bebauungsplans für die Durchführung nationaler und europäischer Umweltvorschriften.

2. Merkmale der möglichen Auswirkungen und der voraussichtlich betroffenen Gebiete, insbesondere in Bezug auf

2.1 die Wahrscheinlichkeit, Dauer, Häufigkeit und Umkehrbarkeit der Auswirkungen;

2.2 den kumulativen und grenzüberschreitenden Charakter der Auswirkungen;

2.3 die Risiken für die Umwelt, einschließlich der menschlichen Gesundheit (zum Beispiel bei Unfällen);

2.4 den Umfang und die räumliche Ausdehnung der Auswirkungen;

2.5 die Bedeutung und die Sensibilität des voraussichtlich betroffenen Gebiets auf Grund der besonderen natürlichen Merkmale, des kulturellen Erbes, der Intensität der Bodennutzung des Gebiets jeweils unter Berücksichtigung der Überschreitung von Umweltqualitätsnormen und Grenzwerten;

2.6 folgende Gebiete:

2.6.1 im Bundesanzeiger gemäß § 10 Abs. 6 Nr. 1 des Bundesnaturschutzgesetzes bekannt gemachte Gebiete von gemeinschaftlicher Bedeutung oder Europäische Vogelschutzgebiete,

2.6.2 Naturschutzgebiete gemäß § 23 des Bundesnaturschutzgesetzes, soweit nicht bereits von Nummer 2.6.1 erfasst,

2.6.3 Nationalparke gemäß § 24 des Bundesnaturschutzgesetzes, soweit nicht bereits von Nummer 2.6.1 erfasst,

2.6.4 Biosphärenreservate und Landschaftsschutzgebiete gemäß den §§ 25 und 26 des Bundesnaturschutzgesetzes,

2.6.5 gesetzlich geschützte Biotope gemäß § 30 des Bundesnaturschutzgesetzes,

2.6.6 Wasserschutzgebiete gemäß § 19 des Wasserhaushaltsgesetzes oder nach Landeswasserrecht festgesetzte Heilquellenschutzgebiete sowie Überschwemmungsgebiete gemäß § 31b des Wasserhaushaltsgesetzes,

2.6.7 Gebiete, in denen die in den Gemeinschaftsvorschriften festgelegten Umweltqualitätsnormen bereits überschritten sind,

2.6.8 Gebiete mit hoher Bevölkerungsdichte, insbesondere Zentrale Orte und Siedlungsschwerpunkte in verdichteten Räumen im Sinne des § 2 Abs. 2 Nr. 2 und 5 des Raumordnungsgesetzes,

2.6.9 in amtlichen Listen oder Karten verzeichnete Denkmäler, Denkmalensembles, Bodendenkmäler oder Gebiete, die von der durch die Länder bestimmten Denkmalschutzbehörde als archäologisch bedeutende Landschaften eingestuft worden sind.

Die Anlage ist der Anlage 4 UVPG nachgebildet und setzt die Vorgaben des Anhangs II der Plan-UP-Richtlinie um.

Verordnung über die bauliche Nutzung der Grundstücke (Baunutzungsverordnung – BauNVO)

In der Fassung der Bekanntmachung vom 23. Januar 1990 = Neubekanntmachung der BauNVO idF der Bek. v. 15. 9. 1977 (BGBl. I S. 1763) in der ab 27. 1. 1990 geltenden Fassung (BGBl. I S. 132), zuletzt geänd. durch Art. 3 Investitionserleichterungs- und WohnbaulandG v. 22. 4. 1993 (BGBl. I S. 466)
und in den älteren Fassungen

Einleitung

I. Die Bedeutung der Bestimmungen der BauNVO

1 Die Bestimmungen der BauNVO ergänzen die Vorschriften der §§ 5 und 9 BauGB über den zulässigen Inhalt von Flächennutzungsplänen und Bebauungsplänen (Bauleitplänen). Die **Ermächtigungsgrundlage** für die Regelung dieser Gegenstände durch Verordnung ergibt sich seit der Neufassung des BauGB durch das EAG Bau 2004 aus § 9a BauGB. Die aktuell geltende Fassung (BauNVO 1990) ist noch auf der Grundlage des § 2 Abs. 5 BauGB aF ergangen.

2 Den **Gemeinden** stellt die BauNVO vorgefertigte **Bausteine für ihre städtebaulichen Planungen** zur Verfügung. So enthält der Erste Abschnitt (§§ 1–15) über die Art der baulichen Nutzung mit dem Konzept der **Bauflächen und Baugebiete** bereits einen Katalog von **standardisierten städtebaulichen Lösungen**, die grundlegenden Anforderungen an eine geordnete städtebauliche Entwicklung (§ 1 Abs. 3 und 5–7 BauGB) Rechnung tragen. Die Gemeinden können sich bei ihrer Bauleitplanung auf die Bestimmungen der BauNVO verlassen. Sie stellen eine sachverständige Konkretisierung der allgemeinen städtebaulichen Grundsätze des BauGB dar (BVerwG BRS 22 Nr. 42 und BRS 56 Nr. 63). Den Gemeinden verbleibt aber nicht nur durch die Möglichkeit der Wahl zwischen den in der BauNVO vorgesehenen Baugebieten, sondern auch durch die Möglichkeiten differenzierender Planung nach § 1 Abs. 4–10 ein bedeutender **Spielraum**, um ihre eigene städtebauliche Konzeption zu entwickeln und umzusetzen. Auch die Vorschriften über das Maß der baulichen Nutzung (§§ 16–21a) und über Bauweise und überbaubare Grundstücksfläche (§§ 22, 23) eröffnen den Gemeinden Gestaltungsspielräume.

3 Zum anderen enthält die BauNVO Bestimmungen über die **bauplanungsrechtliche Zulässigkeit von Vorhaben**. Die Bestimmungen der BauNVO gelten allerdings nur im Fall der **„faktischen Baugebiete“** kraft der **dynamischen Verweisung** durch **§ 34 Abs. 2 BauGB** auf die jeweils geltende Fassung der BauNVO unmittelbar, soweit sie die Zulässigkeit von Vorhaben nach der Art der baulichen Nutzung regeln (s oben Rn 24 zu § 34 BauGB). Im Übrigen erlangen sie dadurch Geltung, dass sie **in Bebauungspläne inkorporiert** und dadurch zu inhaltlichen Bestandteilen von Bebauungsplänen transformiert werden. Wenn im Bebauungsplan ein Baugebiet festgesetzt wird, hat dies nach **§ 1 Abs. 3 S. 2** zur Folge, dass die Vorschriften der §§ 2 bis 14 **„Bestandteil des Bebauungsplanes“** werden, sofern die Gemeinde nicht aufgrund der ihr in § 1 Abs. 4–10 eingeräumten Befugnisse etwas anderes bestimmt. Enthält ein Bebauungsplan zum Beispiel für ein bestimmt abgegrenztes Gebiet die Festsetzung „WA“, also „Allgemeines Wohngebiet“(§ 1 Abs. 2 Nr. 3), so macht der Satzungsgeber damit den Regelungsgehalt des §4 BauNVO zum Inhalt seines Bebauungsplanes. Maßstab der Zulässigkeit eines Bauvorhabens im

Geltungsbereich eines Bebauungsplanes (§ 30 Abs. 1 und 2 BauGB) oder eines in der Aufstellung befindlichen Bebauungsplanes (§ 33 BauGB) sowie einer Ergänzungssatzung nach § 34 Abs. 4 Nr. 3 BauGB ist danach nicht § 4 BauNVO, sondern der als kommunale Satzung ergehende Bebauungsplan, der sich für das festgesetzte Allgemeine Wohngebiet den Inhalt des § 4 BauNVO zueigen gemacht hat. Das hat Bedeutung zum Beispiel für das Revisionsrecht und für die Prüfung der drittschützenden Wirkung einer Festsetzung (BVerwGE 94, 151) sowie für die Frage, welche Fassung der BauNVO anzuwenden ist. Durch den Erlass eines Bebauungsplanes werden aber nicht nur die §§ 2 bis 14, für die § 1 Abs. 3 S. 2 dies ausdrücklich vorsieht, Bestandteil des Bebauungsplanes. Vielmehr werden alle Bestimmungen der BauNVO zu Bestandteilen des Bebauungsplanes, sofern sie die vorgenommenen **Festsetzungen des Bebauungsplanes konkretisieren** (weitere Beispiele: Festsetzung der offenen Bauweise nach § 22 Abs. 2 oder Festlegung einer Baulinie nach § 23 Abs. 2 S. 1) oder soweit sie für die planende Gemeinde **zwingendes Recht** darstellen (Beispiel: § 15).

II. Die Bedeutung früherer Fassungen der BauNVO

Für die Zulässigkeit von Vorhaben im Geltungsbereich eines Bebauungsplanes ist stets die Fassung der BauNVO maßgeblich, die bei Erlass des Bebauungsplans gegolten hat. Alle **Überleitungsvorschriften** zur BauNVO und zu den nachfolgenden ÄnderungsVOen gehen von dem Grundsatz aus, dass die bisherigen Vorschriften weiterhin anzuwenden sind, wenn die Bauleitpläne **bei Inkrafttreten bereits öffentlich ausgelegt** waren (§§ 25 bis 25c). Damit tragen die Überleitungsvorschriften dem Umstand Rechnung, dass der öffentlich ausgelegte Entwurf des Bauleitplans auf die zu diesem Zeitpunkt geltende Fassung der BauNVO Bezug nehmen muss und mit diesem Inhalt zur Grundlage der Öffentlichkeitsbeteiligung und des Abwägungsvorgangs wird. Eine Anordnung der rückwirkenden Geltung einer Neufassung der BauNVO auf Bebauungspläne, die unter der Geltung einer früheren Fassung der BauNVO erlassen wurden, begegnet rechtlichen Bedenken. Die Verordnungsermächtigungen im BBauG bzw im BauGB erlauben nach ihrem Wortlaut den Erlass von **Planungsvorschriften**, dh Vorschriften, die sich an die planende Gemeinde wenden und von dieser durch eigene Entscheidung umgesetzt werden müssen. Eine Verordnung, die den planungsrechtlichen Inhalt von Bebauungsplänen unabhängig vom Planungswillen der Gemeinde ändert, ist von der Verordnungsermächtigung nicht gedeckt. Die Rückwirkungsanordnungen in der ursprünglichen Fassung der 4. ÄndVO 1990 (§ 25c Abs. 2 und 3) sind aus diesem Grund vom BVerwG als unwirksam angesehen (BVerwGE 90, 57) und durch Art. 3 des Investitionserleichterungs- und Wohnbaulandgesetzes wieder gestrichen worden. Unproblematisch ist die Anordnung der Geltung einer im Wortlaut geänderten Vorschrift der BauNVO auf ältere Bebauungspläne allerdings, wenn die neue Regelung nur **klarstellenden Charakter** hat (Beispiel: § 11 Abs. 3 S. 4 iVm § 25b Abs. 2). Bei **Planergänzungsvorschriften**, dh solchen Vorschriften der BauNVO, die die Planungsentscheidungen der Gemeinde ergänzen und für die Gemeinde unabdingbar sind, kann eine Rückwirkung zulässig sein, soweit sich die Änderung lediglich als Verdeutlichung des Gewollten oder Beseitigung von Auslegungszweifeln darstellt und der im Bebauungsplan zum Ausdruck gelangte Gestaltungswille der Gemeinde nicht tangiert wird (zur Problematik Lemmel, Festschrift für Weyreuther, 1993, S. 273; Pietzcker, NVwZ 1989, 601). 4

5 Eine **Anpassung von Bebauungsplänen** an eine spätere Änderung der BauNVO kann deshalb im Wesentlichen nur im Wege einer **Änderung oder Ergänzung des Bauleitplans** durch die Gemeinde erfolgen. Eine pauschale Überleitung alter Bebauungspläne auf neues Planungsrecht ist dabei im Hinblick auf die städtebauliche Erforderlichkeit (§ 1 Abs. 3 BauGB) und das Abwägungsgebot (§ 1 Abs. 7 BauGB) bedenklich.

6 Die ÄnderungsVOen haben die vorhergehenden Fassungen der BauNVO **nicht aufgehoben**. Vielmehr gelten die früheren Fassungen für die Bauleitpläne fort, die unter ihrer Geltung erlassen oder geändert worden sind. Es gibt also nach Maßgabe der jeweils anwendbaren Fassung der BauNVO **mehrere Generationen von Bebauungsplänen**. Hinzu kommen die vor der BauNVO, aber schon auf Grund des BBauG aufgestellten Bebauungspläne und die dem Bebauungsplan entsprechenden Pläne und Rechtsvorschriften alten Rechts, die nach § 173 Abs. 3 BBauG aF übergeleitet worden sind.

7 Danach sind die **früheren Fassungen der BauNVO** nach wie vor **geltendes Recht**, soweit sie in ältere Bebauungspläne inkorporiert und zum Inhalt kommunalen Satzungsrechts transformiert worden sind. Die alten Fassungen der BauNVO werden deshalb jeweils bei den einzelnen Vorschriften im Anschluss an den Text der BauNVO 1990 wiedergegeben.

Übersicht über die Fassungen der BauNVO:

Kurzbezeichnung	Fundstelle	Inkrafttreten	Ermächtigungsgrundlage
BauNVO 1962	BGBl. I 1962 S. 429	01.08. 1962	§ 2 Abs. 10 BBauG 1960
BauNVO 1968	BGBl. I 1968 S. 1233/1237	01.01. 1969	§ 2 Abs. 10 BBauG 1960
BauNVO 1977	BGBl. I 1977 S. 1757/1763	01.10. 1977	§ 2 Abs. 8 BBauG 1976
3. ÄndVO 1986	BGBl. I 1986 S. 2665	01.01. 1987	§ 2 Abs. 8 BBauG 1976
BauNVO 1990	BGBl. I 1990 S. 127/132	27.01. 1990	§ 2 Abs. 5 BauGB 1986 § 2 Abs. 5 BauGB/BauROG 1998 § 9 a BauGB/EAG Bau 2004

Erster Abschnitt
Art der baulichen Nutzung

§ 1 Aufgabe, Allgemeine Vorschriften für Bauflächen und Baugebiete

(1) Im Flächennutzungsplan können die für die Bebauung vorgesehenen Flächen nach der allgemeinen Art ihrer baulichen Nutzung (Bauflächen) dargestellt werden als

1. Wohnbauflächen (W)
2. gemischte Bauflächen (M)
3. gewerbliche Bauflächen (G)
4. Sonderbauflächen (S).

(2) Die für die Bebauung vorgesehenen Flächen können nach der besonderen Art ihrer baulichen Nutzung (Baugebiete) dargestellt werden als

1. Kleinsiedlungsgebiete (WS)
2. reine Wohngebiete (WR)
3. allgemeine Wohngebiete (WA)
4. besondere Wohngebiete (WB)
5. Dorfgebiete (MD)
6. Mischgebiete (MI)
7. Kerngebiete (MK)
8. Gewerbegebiete (GE)
9. Industriegebiete (GI)
10. Sondergebiete (SO).

(3) Im Bebauungsplan können die in Absatz 2 bezeichneten Baugebiete festgesetzt werden. Durch die Festsetzung werden die Vorschriften der §§ 2 bis 14 Bestandteil des Bebauungsplans, soweit nicht aufgrund der Absätze 4 bis 10 etwas anderes bestimmt wird. Bei Festsetzung von Sondergebieten finden die Vorschriften über besondere Festsetzungen nach den Absätzen 4 bis 10 keine Anwendung; besondere Festsetzungen über die Art der Nutzung können nach den §§ 10 und 11 getroffen werden.

(4) Für die in den §§ 4 bis 9 bezeichneten Baugebiete können im Bebauungsplan für das jeweilige Baugebiet Festsetzungen getroffen werden, die das Baugebiet

1. nach der Art der zulässigen Nutzung,
2. nach der Art der Betriebe und Anlagen und deren besonderen Bedürfnissen und Eigenschaften

gliedern. Die Festsetzungen nach Satz 1 können auch für mehrere Gewerbegebiete einer Gemeinde im Verhältnis zueinander getroffen werden; dies gilt auch für Industriegebiete. Absatz 5 bleibt unberührt.

(5) Im Bebauungsplan kann festgesetzt werden, daß bestimmte Arten von Nutzungen, die nach den §§ 2, 4 bis 9 und 13 allgemein zulässig sind, nicht zulässig sind oder nur ausnahmsweise zugelassen werden können, sofern die allgemeine Zweckbestimmung des Baugebiets gewahrt bleibt.

(6) Im Bebauungsplan kann festgesetzt werden, daß alle oder einzelne Ausnahmen, die in den Baugebieten nach den §§ 2 bis 9 vorgesehen sind,

1. nicht Bestandteil des Bebauungsplans werden oder
2. in dem Baugebiet allgemein zulässig sind, sofern die allgemeine Zweckbestimmung des Baugebiets gewahrt bleibt.

(7) In Bebauungsplänen für Baugebiete nach den §§ 4 bis 9 kann, wenn besondere städtebauliche Gründe dies rechtfertigen (§ 9 Abs. 3 des Baugesetzbuchs), festgesetzt werden, daß in bestimmten Geschossen, Ebenen oder sonstigen Teilen baulicher Anlagen

1. nur einzelne oder mehrere der in dem Baugebiet allgemein zulässigen Nutzungen zulässig sind,
2. einzelne oder mehrere der in dem Baugebiet allgemein zulässigen Nutzungen unzulässig sind oder als Ausnahme zugelassen werden können oder
3. alle oder einzelne Ausnahmen, die in den Baugebieten nach den §§ 4 bis 9 vorgesehen sind, nicht zulässig oder, sofern die allgemeine Zweckbestimmung des Baugebiets gewahrt bleibt, allgemein zulässig sind.

(8) Die Festsetzungen nach den Absätzen 4 bis 7 können sich auch auf Teile des Baugebiets beschränken.

(9) Wenn besondere städtebauliche Gründe dies rechtfertigen, kann im Bebauungsplan bei Anwendung der Absätze 5 bis 8 festgesetzt werden, daß nur bestimmte Arten der in den Baugebieten allgemein oder ausnahmsweise zulässigen baulichen oder sonstigen Anlagen zulässig oder nicht zulässig sind oder nur ausnahmsweise zugelassen werden können.

(10) Wären bei Festsetzung eines Baugebiets nach den §§ 2 bis 9 in überwiegend bebauten Gebieten bestimmte vorhandene bauliche und sonstige Anlagen unzulässig, kann im Bebauungsplan festgesetzt werden, daß Erweiterungen, Änderungen, Nutzungsänderungen und Erneuerungen dieser Anlagen allgemein zulässig sind oder ausnahmsweise zugelassen werden können. Im Bebauungsplan können nähere Bestimmungen über die Zulässigkeit getroffen werden. Die allgemeine Zweckbestimmung des Baugebiets muß in seinen übrigen Teilen gewahrt bleiben. Die Sätze 1 bis 3 gelten auch für die Änderung und Ergänzung von Bebauungsplänen.

§ 1 BauNVO 1977: Allgemeine Vorschriften für Bauflächen und Baugebiete

(1) Im Flächennutzungsplan sind, soweit es erforderlich ist, die für die Bebauung vorgesehenen Flächen (§ 5 Abs. 2 Nr. 1 des Bundesbaugesetzes) nach der allgemeinen Art ihrer baulichen Nutzung (Bauflächen) darzustellen als

1. Wohnbauflächen (W)
2. gemischte Bauflächen (M)
3. gewerbliche Bauflächen (G)
4. Sonderbauflächen (S).

(2) Soweit es erforderlich ist, sind die für die Bebauung vorgesehenen Flächen nach der besonderen Art ihrer baulichen Nutzung (Baugebiete) darzustellen als

1. Kleinsiedlungsgebiete (WS)
2. reine Wohngebiete (WR)
3. allgemeine Wohngebiete (WA)
4. besondere Wohngebiete (WB)
5. Dorfgebiete (MD)
6. Mischgebiete (MI)
7. Kerngebiete (MK)
8. Gewerbegebiete (GE)
9. Industriegebiete (GI)
10. Sondergebiete (SO).

(3) Im Bebauungsplan sind, soweit es erforderlich ist, die in Absatz 2 bezeichneten Baugebiete festzusetzen. Durch die Festsetzung werden die Vorschriften der §§ 2 bis 14 Bestandteil des Bebauungsplans, soweit nicht aufgrund der Absätze 4 bis 9 etwas anderes bestimmt wird.

(4) Für die in den §§ 4 bis 9 und 11 bezeichneten Baugebiete können im Bebauungsplan für das jeweilige Baugebiet Festsetzungen getroffen werden, die das Baugebiet

1. nach der Art der zulässigen Nutzung,
2. nach der Art der Betriebe und Anlagen und deren besonderen Bedürfnissen und Eigenschaften

gliedern. Die Festsetzungen nach Satz 1 können auch für mehrere Gewerbegebiete einer Gemeinde im Verhältnis zueinander getroffen werden; dies gilt auch für Industriegebiete, Absatz 5 bleibt unberührt.

(5) *wie BauNVO 1990*

(6) *wie BauNVO 1990*

(7) In Bebauungsplänen für Baugebiete nach den §§ 4 bis 9 und 11 kann, wenn besondere städtbauliche Gründe dies rechtfertigen (§ 9 Abs. 3 des Bundesbaugesetzes), festgesetzt werden, daß in bestimmten Geschossen, Ebenen oder sonstigen Teilen baulicher Anlagen

1. – 3. *wie BauNVO 1990*

(8) *wie BauNVO 1990*

(9) *wie BauNVO 1990*

§ 1 BauNVO 1968: Gliederung in Bauflächen und Baugebiete

(1) *wie BauNVO 1977*

(2) Soweit es erforderlich ist, sind die für die Bebauung vorgesehenen Flächen nach der besonderen Art ihrer baulichen Nutzung (Baugebiete) darzustellen als

1. Kleinsiedlungsgebiete (WS)
2. reine Wohngebiete (WR)
3. allgemeine Wohngebiete (WA)
4. Dorfgebiete (MD)
5. Mischgebiete (MI)
6. Kerngebiete (MK)
7. Gewerbegebiete (GE)
8. Industriegebiete (GI)
9. Wochenendhausgebiete (SW)
10. Sondergebiete (SO).

(3) Im Bebauungsplan sind, soweit es erforderlich ist, die in Absatz 2 bezeichneten Baugebiete festzusetzen. Durch die Festsetzung werden die Vorschriften der §§ 2 bis 10 und 12 bis 14 Bestandteil des Bebauungsplanes, soweit nicht aufgrund der Absätze 4 und 5 etwas anderes bestimmt wird.

(4) Im Bebauungsplan kann festgesetzt werden, daß Ausnahmen, die in den einzelnen Baugebieten nach den §§ 2 bis 9 vorgesehen sind, ganz oder teilweise nicht Bestandteil des Bebauungsplans werden.

(5) Im Bebauungsplan kann festgesetzt werden, daß Anlagen, die in den einzelnen Baugebieten nach den §§ 2 bis 9 ausnahmsweise zugelassen werden können, in dem jeweiligen Baugebiet ganz oder teilweise allgemein zulässig sind, sofern die Eigenart des Baugebietes im allgemeinen gewahrt bleibt.

§ 1 BauNVO 1962: Gliederung in Bauflächen und Baugebiete

(1) *wie BauNVO 1968 und 1977*

(2) Soweit es erforderlich ist, sind die Bauflächen nach der besonderen Art ihrer baulichen Nutzung in Baugebiete (§ 5 Abs. 2 Nr. 1 Bundesbaugesetz) zu gliedern, und zwar:

1. die Wohnbauflächen in
   a) Kleinsiedlungsgebiete (WS)
   b) reine Wohngebiete (WR)
   c) allgemeine Wohngebiete (WA)

2. die gemischten Bauflächen in
   a) Dorfgebiete (MD)
   b) Mischgebiete (MI)
   c) Kerngebiete (MK)
3. die gewerblichen Bauflächen in
   a) Gewerbegebiete (GE)
   b) Industriegebiete (GI)
4. die Sonderbauflächen in
   a) Wochenendhausgebiete (SW)
   b) Sondergebiete (SO).

(3) *wie BauNVO 1968*

(4) *wie BauNVO 1968*

(5) *wie BauNVO 1968*

I. Allgemeines

1 Der Erste Abschnitt (§§ 1–15) behandelt die Darstellungen und Festsetzungen der **Art der baulichen Nutzung** in Flächennutzungsplänen (FPl) und Bebauungsplänen (BPl). Im Zentrum der Regelung steht ein abschließender **Katalog von Baugebieten** (§ 1 Abs. 2, §§ 2 bis 11). Die BauNVO konkretisiert mit ihrer Baugebietstypologie unter anderem die an gesunde Wohn- und Arbeitsverhältnisse zu stellenden Anforderungen sowie das Interesse an einer verbrauchernahen Versorgung der Bevölkerung. Der Verordnungsgeber will durch Zuordnung von Nutzungen zu Baugebieten die oft gegenläufigen Ziele zu einem **schonenden Ausgleich** im Sinne überlegter Städtebaupolitik bringen (BVerwGE 116, 155; 102, 351). Ein Grundgedanke dieser Zuordnung von Nutzungsarten zu Baugebieten besteht darin, durch **räumliche Trennung** unverträglicher und Zuordnung verträglicher Nutzungen Bodennutzungskonflikte **vorsorgend** zu vermeiden bzw auf ein im Einzelfall beherrschbares Maß zu reduzieren. Der Gebietscharakter der Baugebiete reicht von den reinen Wohngebieten (§ 3), die nur dem Wohnen dienen und damit einer Nutzungsart, die nur in geringem Maß mit Emissionen verbunden, aber gegenüber Störungen durch Immissionen wie Lärm oder Gerüche besonders empfindlich ist, bis zu den

Industriegebieten (§ 9), die ausschließlich der Unterbringung von Gewerbebetrieben dienen, und zwar vorwiegend solcher Betriebe, die in anderen Baugebieten unzulässig sind, vor allem also von Industriebetrieben, die auf emissionsträchtige Anlagen angewiesen sind. Regelungstechnik und Typik der Baugebiete können als Ausdruck eines Prinzips der Vermeidung von Immissionen durch räumliche Trennung unverträglicher Nutzungen verstanden werden, das dem immissionsschutzrechtlichen **Planungsgrundsatz des § 50 BImSchG** entspricht (zur – eingeschränkten – Bedeutung des § 50 BImSchG als Planungsleitsatz für das Bauleitplanverfahren BVerwGE 45, 396; B. v. 22.6.2006 – 4 BN 17/06 –; Fickert/Fieseler, DVBl 1996, 210; zur Überplanung von Gemengelagen BVerwG NVwZ 1992, 663).

Die auf der Grundlage der Vorschriften des Ersten Abschnitts der BauNVO 2 (§§ 1–15) im BPl erfolgenden Festsetzungen der Art der baulichen Nutzung in Gestalt der Festsetzung von Baugebieten (§§ 2–11) – einschließlich der für alle Baugebiete geltenden Vorschriften der §§ 12–15 haben **nachbarschützende Wirkung**, sie gewähren den Eigentümern der im festgesetzten Baugebiet liegenden Grundstücke einen **Anspruch auf** Einhaltung der Festsetzungen und damit auf **Wahrung des Gebietscharakters** (grundlegend BVerwGE 94, 151; BVerwGE 101, 364 = DÖV 1997, 32 = DVBl 1997, 61 = NVwZ 1997, 384). Soweit die Vorschriften der BauNVO über die Art der Nutzung nach § 34 Abs. 2 BauGB für „faktische Baugebiete" unmittelbar gelten, kommt ihnen gleichfalls nachbarschützende Wirkung zu (BVerwG aaO). Die Begründung liegt in einer besonderen bodenrechtlichen Verbundenheit („Schicksalsgemeinschaft") der Grundstückseigentümer, die kraft der Festsetzung des Baugebietes in den Möglichkeiten der Nutzung ihres Grundstücks beschränkt sind und denen dies im Hinblick auf die Eigentumsgarantie und das Abwägungsgebot nur zuzumuten ist, wenn die zulässige Nutzung einen wehrfähigen Schutz genießt, indem die entsprechenden Bindungen auch gegenüber allen anderen Eigentümern im Baugebiet notfalls gerichtlich durchgesetzt werden können (BVerwG aaO). Der Anspruch auf Wahrung des Gebietscharakters hat eine andere **Reichweite** als das auf die Abwehr von konkreten Störungen gerichtete Gebot der Rücksichtnahme. Es ermöglicht die Abwehr eines unzulässigen Vorhabens auch dann, wenn es „am anderen Ende" des Baugebiets liegt und sich konkret zB in Gestalt von Lärm gar nicht auf das eigene Grundstück auswirkt. Sinn und Zweck des Anspruchs auf Wahrung des Gebietscharakters liegen darin, schon die Einleitung einer städtebaulichen Entwicklung abwehren zu können, die langfristig ein „Umkippen" des Gebietscharakters zur Folge haben kann.

Der Anspruch auf Wahrung des Gebietscharakters steht grundsätzlich nur den Eigentümern der Grundstücke im Baugebiet selbst zu, nicht einem Eigentümer, dessen Grundstück sich außerhalb des Baugebiets befindet (VGH München BauR 2007, 505 = UPR 2007, 152; VGH Mannheim BRS 58 Nr. 160; aA VGH Mannheim VBlBW 2001, 487; OVG Münster BRS 66 Nr 82 = NVwZ-RR 2003, 818). Eine Gemeinde kann aber mit einer Baugebietsfestsetzung den Zweck verfolgen, auch „Gebietsnachbarn" einen Anspruch auf Gebietserhaltung zu geben; das setzt aber voraus, dass sich der Begründung des BPls oder anderen Unterlagen des Planaufstellungsverfahrens ein entsprechender Planungswille der Gemeinde entnehmen lässt (VGH München BauR 2007, 505 = UPR 2007, 152 mwN). Bei einem „faktischen Baugebiet" iSd § 34 Abs. 2 BauGB kommt deshalb ein „baugebietsübergreifender Gebietsbewahrungsanspruch" nicht in Betracht (VGH München aaO).

Der Gebietsschutz hat aber dahin gehend eine gebietsübergreifende Wirkung, dass beim Zusammentreffen von Baugebieten mit unterschiedlicher Eigenart und entsprechend unterschiedlichen Anforderungen an die Zumutbarkeit von Immissionen und anderen Belästigungen und Störungen (§ 15 Abs. 1 Satz 2) eine Pflicht zur gegenseitigen Rücksichtnahme besteht, die zur Bildung von Mittelwerten führt (BVerwGE 50, 49; BRS 55 Nr. 165 = NVwZ-RR 1994, 139).

II. Die Darstellung von Bauflächen und Baugebieten im FPl

3 Vor den Vorschriften über die einzelnen Baugebiete trifft § 1 allgemeine Regelungen. Sie betreffen zunächst die vorbereitende Bauleitplanung durch den FPl (§ 1 Abs. 2 BauGB). Der FPl kann sich zum einen auf eine **Grobplanung** durch die Darstellung von **Bauflächen** beschränken; dabei werden die für die Bebauung vorgesehenen Flächen nur nach der allgemeinen Art ihrer Nutzung in 4 Kategorien unterteilt (Abs. 1). Auch im FPl kann aber schon eine **Feinplanung** mit Hilfe des Katalogs der **Baugebiete** erfolgen (Abs. 2). Dabei ist zu beachten, dass Baugebiete im FPl lediglich „dargestellt" werden. Erst der BPl als verbindlicher Bauleitplan (§ 1 Abs. 2 BauGB) kann die in Abs. 2 bezeichneten Baugebiete „festsetzen" (Abs. 3). Ob der FPl sich auf eine Grobplanung durch die Darstellung von Bauflächen beschränkt oder ob er Baugebiete darstellt, unterliegt grundsätzlich der planerischen Gestaltungsfreiheit der Gemeinde. Grenzen ergeben sich aus der städtebaulichen Erforderlichkeit (§ 1 Abs. 3 BauGB; dazu Rn 16 ff zu § 1 BauGB) und dem Abwägungsgebot (§ 1 Abs. 7 BauGB, dazu Rn 48 ff zu § 1 BauGB). Regelmäßig wird es nicht zu beanstanden sein, wenn sich die Gemeinde auf eine Darstellung von Bauflächen beschränkt. Das entspricht der gesetzlichen Konzeption der zweistufigen Planung (§ 1 Abs. 2 BauGB), in der dem FPl die Aufgabe zukommt, die Bodennutzung für das ganze Gemeindegebiet in den **Grundzügen** darzustellen (§ 5 Abs. 1 BauGB) und dadurch die verbindliche Bauleitplanung nur vorzubereiten. Eine Darstellung von Baugebieten bereits im FPl kann aber in Ausnahmefällen nicht nur zulässig, sondern geboten sein, wenn nur dadurch dem Gebot der planerischen Konfliktbewältigung auf der Ebene der vorbereitenden Bauleitplanung für das ganze Gemeindegebiet genügt werden kann.

III. Die Festsetzung von Baugebieten im BPl

4 Für die verbindliche Bauleitplanung durch BPl stellt Abs. 3 als grundlegendes Planungsinstrument die **Festsetzung von Baugebieten** nach dem Katalog des Abs. 2 zur Verfügung. Die Aufzählung der Baugebiete ist abschließend. Die Gemeinde darf keine neuen Arten von Baugebieten erfinden (BVerwG, ZfBR 1993, 299: kein „Wohngebiet für Einheimische"). Der planenden Gemeinde stehen mit den Baugebieten vorgefertigte Muster eines städtebaulich geordneten Gebiets zur Verfügung. Der Nachteil dieser Regelungstechnik besteht darin, dass die Vorschriften über die Baugebiete zwangsläufig generalisieren und typisieren. Dem entspricht es, dass auch bei der Auslegung und Anwendung der Vorschriften über die Baugebiete im Baugenehmigungsverfahren, zB bei der Beurteilung des Störungspotentials eines Betriebes, grundsätzlich eine typisierende Betrachtungsweise geboten ist (zu Möglichkeiten und Grenzen der Berücksichtigung atypischer Umstände *Jäde/Dirnberger/Weiss*, Rn 17 zu § 1 BauNVO). Die Gemeinde kann aber auf der Grundlage der Wahl eines der Katalog-Baugebiete und unter Wahrung des Gebietscharakters von den durch die BauNVO 1977 erheblich erweiterten Möglichkeiten

einer differenzierenden Planung nach Maßgabe der Abs. 4–10 Gebrauch machen. Im Übrigen gewährleistet § 15 eine Feinkorrektur der typisierenden Regelungen über die Baugebiete im Einzelfall. Schließlich ist auf die Möglichkeit der Befreiung von den Vorschriften des BPl nach § 31 Abs. 2 BauGB durch die Bauaufsichtsbehörden hinzuweisen.

Neben die Festsetzung von Baugebieten tritt die Befugnis zur Festsetzung von **Flächen für den Gemeinbedarf** nach § 9 Abs. 1 Nr. 5 BauGB. Diese Flächen sind begrifflich keine Baugebiete; die Bestimmungen der BauNVO gelten für sie nicht. Sie können sowohl innerhalb als auch außerhalb eines Baugebietes liegen (BVerwG DÖV 1998, 515 = NVwZ-RR 1998, 538). Mit der Festsetzung einer Fläche für den Gemeinbedarf fällt diese Fläche aus dem sie umgebenden Baugebiet heraus. Die Art der Nutzung der Gemeinbedarfsfläche kann durch einzelne Festsetzungen nach § 9 Abs. 1 BauGB (zB Nr. 5, 9, 12) bestimmt werden (BVerwG BauR 1989, 703). Im Allgemeinen reicht die Zweckbestimmung durch ein Planzeichen als Konkretisierung der Fläche für den Gemeinbedarf aus. Fraglich ist, ob eine Gemeinbedarfsfläche in einem Baugebiet festgesetzt werden darf, in dem entsprechende Einrichtungen bereits kraft der für das Baugebiet geltenden Bestimmungen allgemein zulässig sind (**Doppelfestsetzung**). Die allgemeine Zulässigkeit von Gemeinbedarfseinrichtungen im Baugebiet stellt bereits eine Angebotsplanung dar. Ob dies ausreicht oder ob für diesen Zweck eine bestimmte Fläche durch Festsetzung nach § 9 Abs. 1 Nr. 5 BauGB reserviert werden soll, lässt sich nur im Einzelfall nach dem Maßstab der städtebaulichen Erforderlichkeit beurteilen (Bielenberg in EZB Rn 56 zu § 1 BauNVO). 5

IV. Die Regelungssystematik der Vorschriften über die Baugebiete

Die Beschreibung der einzelnen Baugebiete nach der besonderen Art der baulichen Nutzung (§ 5 Abs. 2 Nr. 1 BauGB) erfolgt in den §§ 2–11. Dabei kann man zwischen den typischen Baugebieten (§§ 2–9) und den Sondergebieten (§§ 10, 11) unterscheiden. Zu den Vorschriften über die Baugebiete gehören auch die §§ 12–14, die gewissermaßen einen nachgehenden allgemeinen Teil zu den §§ 2–11 enthalten und die Zulässigkeit von Stellplätzen und Garagen (§ 12), Gebäuden und Räumen für freie Berufe (§ 13) sowie Nebenanlagen (§ 14) in den Baugebieten regeln. So ergibt sich das Spektrum der Nutzungen, die in einem allgemeinen Wohngebiet zulässig sind, nicht schon vollständig aus § 4, sondern erst aus § 4 iVm §§ 12–14. Schließlich gelten in allen Baugebieten ergänzend die zwingenden allgemeinen Voraussetzungen für die Zulässigkeit baulicher und sonstiger Anlagen, die in § 15 geregelt sind, insbesondere das für den Nachbarschutz wichtige Gebot der Rücksichtnahme in § 15 Abs. 1 S. 2. 6

Die Vorschriften über die einzelnen Baugebiete in den §§ 2–11 folgen, mit Ausnahme der Vorschriften über Sondergebiete (§§ 10, 11) einer einheitlichen Systematik: Zunächst wird im ersten Absatz der Gebietscharakter allgemein beschrieben, im zweiten Absatz werden abschließend die allgemein zulässigen Nutzungen aufgeführt, im dritten Absatz schließlich werden, ebenfalls abschließend, die Nutzungen aufgezählt, die ausnahmsweise zugelassen werden können. Mit der Festsetzung eines Baugebiets wird auch die Regelung über Ausnahmen Bestandteil des BPl. Es handelt sich also um Ausnahmen im Sinne des § 31 Abs. 1 BauGB. 7

V. Räumliche Lage, Größe und Grenzen von Baugebieten; Einzelplanung

8 Nach § 1 Abs. 2 der **Planzeichenverordnung 1990** v. 18.12.1990 (BGBl. I 1991 S. 58) sollen sich aus den Planunterlagen für Bebauungspläne u.a. die **Flurstücke** mit ihren Begrenzungen und Bezeichnungen in Übereinstimmung mit dem Liegenschaftskataster ergeben. Da der verbindliche BPl Inhalt und Schranken des Eigentums an den von der Planung betroffenen Grundstücken bestimmt (Art. 14 Abs. 1 S. 2 GG), muss der BPl grundsätzlich „parzellenscharf“ erkennen lassen, welche Festsetzungen für die einzelnen Grundstücke gelten. Weder die Grenzen des Geltungsbereichs des Bebauungsplanes noch die räumlichen Grenzen einzelner Festsetzungen, etwa die Grenzen zwischen unterschiedlichen Baugebieten innerhalb eines BPl, müssen aber zwangsläufig den Grundstücksgrenzen folgen; vielmehr müssen sie städtebaulich sinnvoll sein. Ein BPl kann zB die Grenzen seines Geltungsbereichs am Rand eines Dorfgebietes (§ 5) nicht am Zick-Zack-Verlauf unterschiedlich tiefer Grundstücke orientieren, sondern wird eine für die zulässige bauliche Nutzung angemessene Grundstückstiefe zugrunde legen, mit der Folge, dass ein sehr tiefes Grundstück nur mit seinem kleineren Teil in die Festsetzung des Dorfgebietes (§ 5) einbezogen ist, im Übrigen aber weiterhin im Außenbereich liegt.

9 Die Festlegung des räumlichen Geltungsbereichs eines BPl einschließlich der Bestimmung der **räumlichen Lage und Größe der Baugebiete** unterliegt der planerischen Gestaltungsfreiheit der Gemeinde. Dabei kann sich die Gemeinde auch von Gesichtspunkten der Zweckmäßigkeit einschließlich der Berücksichtigung ihrer Planungskapazitäten und der Finanzierbarkeit städtebaulicher Maßnahmen leiten lassen (BVerwG BRS 57 Nr. 3). Sie kann die Bauleitplanung auf die Bereiche beschränken, in denen sie einen „akuten“ planerischen Handlungsbedarf sieht (BVerwG DVBl 1991, 445). Grenzen ergeben sich vor allem aus der städtebaulichen Erforderlichkeit (§ 1 Abs. 3 BauGB). Vor allem anhand dieses Maßstabs ist auch die Frage zu beurteilen, ob eine **Einzelplanung**, also eine Planung für nur ein Grundstück oder ein Vorhaben zulässig ist. Grundsätzlich dient die Bauleitplanung nicht der Regelung eines Einzelfalles nach Art eines VA. Auch unter dem Gesichtspunkt des Willkürverbots (Art. 3 Abs. 1 GG) kann eine Einzelplanung sich als problematisch erweisen. Eine rein formale Betrachtungsweise wäre aber nicht sachgerecht. Allein der Umstand, dass ein BPl nur wenige Grundstücke oder im Wesentlichen nur ein Grundstück erfasst, führt nicht zur Unwirksamkeit des BPl. Entscheidend ist, ob der BPl ein städtebauliches Planungsziel verfolgt, das den insbesondere in § 1 BauGB niedergelegten Zwecken der Bauleitplanung gerecht wird (BVerwG BRS 57 Nr. 3). Ist dies der Fall, dann kann auch eine Planung, die sich im Wesentlichen auf ein Grundstück beschränkt, zulässig sein. Unter Umständen kann eine Einzelplanung im Blick auf bestimmte einzelne Vorhaben städtebaulich sogar geboten sein. Das gilt etwa im Fall der Planung von Sondergebieten für Einkaufszentren und großflächige Einzelhandelsbetriebe (§ 11 Abs. 3 Nr. 1 und 2).

10 Baugebiete im BPl müssen nach dem Entwicklungsgebot (§ 8 Abs. 2 S. 1 BauGB) grundsätzlich aus der Darstellung von entsprechenden Bauflächen oder Baugebieten im FPl entwickelt werden. Das gilt auch für die Baugebietsgrenzen im BPl. Die Zulässigkeit von Abweichungen hängt u.a. von Maßstab, Ausführungsgrad und Aktualität des FPl ab. Dabei ist zu beachten, dass eine strikte formale Zuordnung von Baugebieten zu bestimmten Bauflächen, wie sie in der BauNVO 1962 enthal-

ten war, seit der BauNVO 1968 nicht mehr besteht. Es kann deshalb zB mit dem Entwicklungsgebot vereinbar sein, im Randbereich einer Wohnbaufläche ein Mischgebiet festzusetzen.

VI. Die Wirkung der Festsetzung eines Baugebiets (§ 1 Abs. 3 S. 2)

Wenn der BPl eines der in § 1 Abs. 2 abschließend aufgeführten Baugebiete festsetzt, werden die Vorschriften der §§ 12–14 **Bestandteil des BPl**, soweit nicht aufgrund der Absätze 4 bis 10 etwas anderes bestimmt wird (§ 1 Abs. 3 S. 2). Das heißt zB: Enthält der BPl für eine als Baugebiet abgegrenzte Fläche die Festsetzung als Mischgebiet (dazu genügt neben der Begrenzung der Fläche gem. Nr. 15.14 des Anh. 2 zur PlanZVO („Perlenschnur") das Planzeichen MI gem. Nr. 1.2.2. des Anh. 2 zur PlanzVO), so werden die in den §§ 6 und 12–14 getroffenen Bestimmungen zum Inhalt des BPl für dieses Gebiet, ohne dass der Wortlaut dieser Bestimmungen in den textlichen Festsetzungen des BPl wiedergegeben werden muss. Diese Regelung dient der Umsetzung des Konzepts der Baugebiete als vorgefertigte Bausteine für die städtebauliche Planung. Die Gemeinde muss, wenn sie nicht von den Möglichkeiten der differenzierenden Planung nach den Abs. 4–10 Gebrauch macht, nur zwischen den verfügbaren Planungsbausteinen wählen; mit der Entscheidung für ein Baugebiet übernimmt sie eine fertige komplexe Regelung der zulässigen Nutzungen, der eine stimmige städtebauliche Konzeption zugrunde liegt. 11

Die Vorschrift erschließt aber darüber hinaus das Verständnis der Wirkungsweise der BauNVO in der Bauleitplanung. § 1 Abs. 3 S. 2 stellt nämlich klar, dass die Gemeinde sich den Inhalt der einschlägigen Bestimmungen der BauNVO zu Eigen macht und ihn in ihren satzungsgeberischen Willen aufnimmt, indem sie ein Baugebiet festsetzt. Die Bestimmungen der BauNVO werden in den BPl **inkorporiert**; dabei werden die bundesrechtlichen Bestimmungen der BauNVO in Bestimmungen des als kommunale Satzung ergehenden BPl **transformiert**. Bedeutung und Tragweite dieser Transformation zeigen sich an einem Problem des Revisionsrechts, das das BVerwG in einem Verfahren zu entscheiden hatte, in dem es um die Frage der nachbarschützenden Wirkung des § 12 Abs. 2 ging (BVerwGE 94, 151). Das BVerwG stellt zunächst fest, dass es im Geltungsbereich eines BPl „zumindest nicht unmittelbar" auf § 12 Abs. 2 ankomme; die Vorschrift werde über § 1 Abs. 3 S. 2 Bestandteil des BPl und erst als Planfestsetzung unmittelbar für den Bürger geltendes Recht, nun aber in der Form des an sich irrevisiblen Ortsrechts. Das BVerwG nimmt aber seine Befugnis zur inhaltlichen Prüfung von Festsetzungen nach der BauNVO an, weil im Regelfall davon auszugehen sei, dass die Gemeinde keine von den Begriffen der BauNVO abweichenden Festsetzungen treffen will, so dass in der Auslegung einer BPl-Festsetzung durch das BVerwG in Wahrheit eine Auslegung der bundesrechtlichen Ermächtigungsnorm liege (BVerwGE 94, 151, 154). 12

Die Inkorporationsnorm des § 1 Abs. 3 S. 2 macht auch verständlich, dass zur Auslegung des Inhalts eines BPl stets nur diejenige Fassung der BauNVO herangezogen werden kann, die im Verfahren zum Erlass des BPl – gegebenenfalls nach näherer Maßgabe der Überleitungsvorschriften, die auf den Zeitpunkt der öffentlichen Auslegung der Planentwürfe abstellen (§§ 25–25c) – gegolten hat. Denn der Satzungsgeber hat sich den Inhalt der bei Erlass des BPl geltenden Fassung der BauNVO zu Eigen gemacht. 13

14 § 1 Abs. 3 S. 2 ist aber nicht dahin zu verstehen, dass ausschließlich die Vorschriften der §§ 2–14 Bestandteil des BPl werden könnten, aus der Vorschrift kann nicht im Wege eines Umkehrschlusses gefolgert werden, dass eine Inkorporation anderer Vorschriften der BauNVO in den BPl ausgeschlossen sei. Auch die Vorschriften der anderen Abschnitte der BauNVO betreffend Festsetzungen des Maßes der baulichen Nutzung, der Bauweise und der überbaubaren Grundstücksfläche, bei denen die Gemeinde ähnlich wie bei den Baugebieten Wahl- und Gestaltungsmöglichkeiten hat, werden mit der Entscheidung für eine nach der BauNVO zulässige Planungsalternative Bestandteil des BPl. So kann im BPl zB nach § 22 Abs. 1 die Bauweise als offene oder geschlossene Bauweise festgesetzt werden. Wenn offene Bauweise festgesetzt wird, macht der BPl sich damit den Inhalt des § 22 Abs. 2 zu Eigen, in dem die offene Bauweise definiert wird.

15 Nach § 1 Abs. 3 S. 2 werden – nur – die Vorschriften der §§ 2–14 Bestandteil des BPl. Ob auch § 15 Bestandteil des BPl wird oder ob § 15 und andere zwingende Vorschriften der BauNVO, die keiner Umsetzung im BPl bedürfen und weder abbedungen noch modifiziert werden können, unmittelbar gelten, ist streitig (für unmittelbare Geltung Lemmel, Festschrift für Weyreuther, 1993, 273 im Anschluss an BVerwGE 89, 96; Fickert/Fieseler Rn 1.14 zu § 15; Ziegler in KK Rn 1 zu § 15 BauNVO; Roeser in KRS Rn 4 zu § 15; aA BVerwGE 67, 334; Jäde in Jäde/Dirnberger/Weiss, Rn 8 zu § 1 BauNVO; offen gelassen bei BayVGH BRS 60 Nr. 38). Praktische Bedeutung hat dies insbesondere für die Frage, ob § 15 nach Maßgabe der Überleitungsvorschriften (§§ 25 ff) in der zur Zeit des Erlasses des BPl geltenden Fassung oder in der jeweils aktuellen, zum Zeitpunkt der Entscheidung über die Zulässigkeit eines Vorhabens im Baugenehmigungsverfahren geltenden Fassung anzuwenden ist. Für die Auffassung, dass auch § 15 und andere zwingende Vorschriften Bestandteil des BPl werden und in der nach den Überleitungsvorschriften der §§ 25 ff maßgeblichen Fassung anzuwenden sind, spricht ua, dass die Überleitungsvorschriften nicht zwischen dispositiven und zwingenden Vorschriften der BauNVO unterscheiden, sondern die Fortgeltung der BauNVO für die unter ihrer Geltung entstandenen BPle insgesamt anordnen.

16 Der 2. Halbsatz des § 1 Abs. 3 S. 2 stellt klar, dass im Falle einer differenzierenden Planung nach § 1 Abs. 4–10 die Vorschriften der §§ 2–14 nur mit den entsprechenden Modifikationen gelten. Wenn der BPl zB ein Mischgebiet festsetzt und dabei von der Möglichkeit einer horizontalen Gliederung nach Abs. 4 insofern Gebrauch macht, als er die allgemeine Zulässigkeit von Tankstellen (§ 6 Abs. 2 Nr. 7) auf einen bestimmten Teilbereich beschränkt, wird § 6 Abs. 2 Nr. 7 nur mit der Maßgabe der räumlichen Beschränkung auf den bestimmten Teilbereich zum Bestandteil des BPl. Alle anderen Bestimmungen der §§ 6 und 12–14 werden ohne Einschränkung Bestandteil des BPl.

VII. Innere Gliederung von Baugebieten (§ 1 Abs. 4–9)

17 § 1 Abs. 4–9 erlaubt eine **differenzierende Planung** von Baugebieten („planerische Feinsteuerung") durch eine innere Gliederung und andere Modifikationen der in den Baugebieten geltenden Bestimmungen. Dabei gelten die Abs. 4 und 7 nur für die in den §§ 4–9 bezeichneten Baugebiete, die eine Mischung von Nutzungsarten zulassen, die nicht ohne weiteres frei von Spannungen sind. Bei Sondergebieten finden die Abs. 4–9 keine Anwendung (§ 1 Abs. 3 S. 3); die §§ 10 und 11 erlauben aber ihrerseits besondere Festsetzungen über die Art der Nutzung (§ 1 Abs. 3 S. 3,

2. Hs). Die Gestaltungsmöglichkeiten der Abs. 4–9 können miteinander **kombiniert** werden. Das ist in Abs. 4 S. 3 ausdrücklich klargestellt für das Verhältnis von Abs. 4 und 5, gilt aber allgemein (Bielenberg, Rn 20a zu § 1 Abs. 4). Die Festsetzungen nach Abs. 4–7 können sich auch auf **Teile des Baugebiets** beschränken (Abs. 8).

Eine allgemeine Grenze für alle differenzierenden Gestaltungsmöglichkeiten nach 18
den Abs. 4–9 ergibt sich aus dem Erfordernis der **Wahrung des Gebietscharakters.** Das Baugebiet als Ganzes (und nicht etwa der Teilbereich, der ja gerade abweichen darf) hat den in der Zweckbestimmung des Baugebiets nach Abs. 1 der jeweiligen Vorschrift zum Ausdruck kommenden Gebietscharakter zu wahren. Dieser Vorbehalt findet sich an einigen Stellen (zB § 1 Abs. 5) ausdrücklich. Er ist aber den Vorschriften über die Gebietsgliederung immanent und gilt deshalb zB auch im Fall einer horizontalen Nutzungsgliederung nach § 1 Abs. 4 (BVerwG NVwZ-RR 1990, 171; BRS 58 Nr. 23).

Für alle differenzierenden Gestaltungen gilt ferner, dass sie den allgemeinen Anforderungen an die Bauleitplanung, insbesondere dem Gebot der **städtebaulichen Erforderlichkeit** (**§ 1 Abs. 3 BauGB**) und dem **Abwägungsgebot** (**§ 1 Abs. 7 BauGB**) genügen müssen. Zur Bedeutung der nur in Abs. 7 und Abs. 9 genannten **besonderen städtebaulichen Gründe** s. unten Rn 25.

1. Horizontale Gliederung (§ 1 Abs. 4)

§ 1 Abs. 4 S. 1 erlaubt Festsetzungen, die das Baugebiet nach der Art der zulässigen 19
Nutzung (Nr. 1) oder nach der Art der Betriebe und Anlagen und deren besonderen Bedürfnissen und Eigenschaften (Nr. 2) räumlich in sich gliedern (**„horizontale“ Gliederung** im Unterschied zur „vertikalen“ Gliederung nach Abs. 7). Die Gliederungsmöglichkeiten nach Nr. 1 und Nr. 2 können auch kumulativ genutzt werden; sie schließen sich gegenseitig nicht aus. So kann ein Teil des Baugebiets nach Nr. 1, ein anderer Teil nach Nr. 2, ein dritter nach Nr. 1 und 2 gegliedert werden. Grundsätzlich kann die Gliederung nur innerhalb eines Baugebietes und bei mehreren Baugebieten nur durch Festsetzungen für jedes einzelne Baugebiet erfolgen. Nur Gewerbegebiete und Industriegebiete können auch im Verhältnis zueinander gegliedert werden (§ 1 Abs. 4 S. 2).

Zulässige Nutzungen im Sinne von **Nr. 1** sind die Nutzungen, die im Nutzungs- 20
katalog der Vorschrift für das jeweilige Baugebiet aufgeführt sind, unter Einschluss der ausnahmsweise zulässigen Nutzungen (Fickert/Fieseler, Rn 86 zu § 1 mwN zum Meinungsstand). Dabei hat die Zusammenfassung einzelner Nutzungen unter einer Nummer nur redaktionelle Bedeutung, so dass eine Gliederung nach jeder einzelnen Nutzung erfolgen kann (BVerwGE 77, 308 und NVwZ 1987, 1074 zur Ablehnung des „Nummerndogmas“). Ein Baugebiet darf aber nicht nach Nutzungsarten gegliedert werden, die sich nur in Vorschriften für andere Baugebiete finden (OVG Schleswig BRS 58 Nr. 32).

Die Differenzierungskriterien nach **Nr. 2**, die **Art der Betriebe und Anlagen und** 21
deren besondere Bedürfnisse und Eigenschaften erlauben eine Feinsteuerung, die die in der BauNVO angelegte und in § 1 Abs. 4 Nr. 1 aufgenommene Differenzierung nach Nutzungen nochmals kleinteiliger untergliedert. Besondere Bedürfnisse ergeben sich insbesondere aus Anforderungen von Betrieben oder Anlagen an den Standort oder die infrastrukturelle Ausstattung, zB die Lage am Wasser oder im Hafengebiet (Werft, Reederei), das Grundwasserangebot (Brauerei, Getränkebetrieb) oder das Vorhandensein eines Gleisanschlusses. Besondere Eigenschaften

betreffen vor allem das Emissionspotential (BVerwG BRS 50 Nr. 25; VGH Mannheim BRS 57 Nr. 17). Auf der Grundlage des § 1 Abs. 4 Nr. 2 ist eine Gliederung von Baugebieten durch (immissionswirksame) flächenbezogene **Schallleistungspegel** auch für Betriebe und Anlagen mit unterschiedlichem Emissionsverhalten zulässig (BVerwG BRS 59 Nr. 25; NVwZ 1998, 1067). Auch nach § 1 Abs. 4 S. 2 nicht zulässig ist dagegen eine Festsetzung von sog. **Zaunwerten**, deren Einhaltung als **Summenpegel** von einer Vielzahl unterschiedlicher Betriebe und Anlagen abhängig ist. Denn ein solcher Wert sagt nichts darüber aus, welche Emissionen von dem einzelnen Betrieb oder der einzelnen Anlage ausgehen dürfen; er knüpft also nicht an eine Eigenschaft des einzelnen Betriebs oder der einzelnen Anlage an (BVerwGE 110, 193 mwN zur ständigen Rspr).

2. Ausschluss und Abstufung allgemeiner Nutzungen zu Ausnahmen (§ 1 Abs. 5)

22 Nach § **1 Abs.** 5 können Nutzungsarten, die nach den Nutzungskatalogen in den §§ 2 und 4–9 sowie nach § 13 allgemein zulässig sind, entweder ganz ausgeschlossen oder als nur ausnahmsweise zulässige Nutzungen festgesetzt werden. Anders als Abs. 4 gilt Abs. 5 auch für Kleinsiedlungsgebiete (§ 2), ferner für freiberufliche Nutzungen nach § 13. Die Vorschrift verknüpft den Begriff der **Arten der Nutzung** mit der Aufzählung der allgemein zulässigen Nutzungen in den §§ 2, 4–9 und 13. Auch hier sind ohne Rücksicht auf die redaktionelle Zusammenfassung unter einer Nummer des Nutzungskatalogs die einzelnen Nutzungsarten gemeint (BVerwGE 77, 308 und NVwZ 1987, 1074). Die Vorschrift betrifft aber nur die **allgemein zulässigen Nutzungen** und bietet damit keine Handhabe, um ausnahmsweise zulässige Nutzungen ganz auszuschließen; einschlägige Grundlage dafür ist vielmehr Abs. 6 Nr. 1. Auch Festsetzungen nach Abs. 5 können sich nach Abs. 8 auf Teile des Baugebiets beschränken. Abs. 5 enthält im 2. Hs den ausdrücklichen Vorbehalt der **Wahrung des Gebietscharakters**. Dagegen wird zB verstoßen, wenn in einem Dorfgebiet, das nach § 5 Abs. 1 u.a. der Unterbringung der Wirtschaftsstellen land- und forstwirtschaftlicher Betriebe dient, auf deren Belange zudem vorrangig Rücksicht zu nehmen ist, landwirtschaftliche Betriebe völlig ausgeschlossen werden (VGH Kassel NVwZ-RR 2003, 417). Anders kann dies sein, wenn landwirtschaftliche Betriebe in Teilbereichen des Plangebiets ausgeschlossen werden (OVG Koblenz BRS 52 Nr. 16). Die Zweckbestimmung eines Gewerbegebietes, in dem nach § 8 Abs. 2 u.a. nicht erheblich belästigende Gewerbebetriebe aller Art allgemein zulässig sind, wird nicht beeinträchtigt, wenn Einzelhandelsbetriebe, Schank- und Speisewirtschaften sowie nicht kerngebietstypische Vergnügungsstätten gänzlich ausgeschlossen werden (BVerwG BRS 62 Nr. 19). § 8 lässt auch die Festsetzung eines Gewerbegebietes zu, in dem nur Geschäfts-, Büro- und Verwaltungsgebäude, also Gewerbebetriebe des Dienstleistungssektors allgemein zulässig sind (BVerwG BauR 2005, 513 = ÖffBauR 2005, 15 = NVwZ 2005, 324). Der bauplanerische Ausschluss einzelner Nutzungsarten ist nur dann **städtebaulich gerechtfertigt**, wenn er anhand eines **schlüssigen Plankonzepts** auf seine Eignung, Erforderlichkeit und Angemessenheit überprüft werden kann. Daran fehlt es, wenn für die Differenzierung zwischen ausgeschlossenen und zugelassenen Nutzungsarten keine nachvollziehbaren städtebaulichen Gründe erkennbar sind (VGH Mannheim BauR 2005, 1740 = BRS 69 Nr. 34 = NVwZ-RR 2006, 11: Ausschluss des Einzelhandels zur „Aufwertung" des Gewerbegebiets bei gleichzeitiger Zulassung von Vergnügungsstätten – u.a. Spielhallen –, Tankstellen und KFZ-Handel).

3. Ausschluss oder Aufwertung von Ausnahmen zu allgemein zulässigen Nutzungen (§ 1 Abs. 6)

§ 1 Abs. 6 gestattet der Gemeinde, alle oder einzelne Nutzungen, die in den Baugebieten nach §§ 2–9 als Ausnahme zulässig sind, auszuschließen (Nr. 1) oder zu allgemein zulässigen Nutzungen aufzuwerten (Nr. 2). Auch hier gilt ausdrücklich der Vorbehalt der Wahrung des Gebietscharakters. 23

4. Vertikale Gliederung (§ 1 Abs. 7)

§ 1 Abs. 7 ermöglicht in den Baugebieten nach den §§ 4–9 (also nicht in Kleinsiedlungsgebieten nach § 2 und reinen Wohngebieten nach § 3) eine **vertikale Gliederung**, die den Gliederungsmöglichkeiten der Abs. 4–6 hinsichtlich der sachlichen Differenzierungen entspricht, bei der die Nutzungen aber auf Geschosse, Ebenen oder sonstige Teile baulicher Anlagen verteilt werden. Diese Gestaltungsmöglichkeit erlaubt besonders intensive Eingriffe in die Baufreiheit. So kann zB eine vertikale Gliederung eines Mischgebietes für den Eigentümer nicht nur bedeuten, dass er oberhalb eines bestimmten Geschosses nur Wohnungen vorsehen darf, sondern gleichzeitig, dass er im unteren Bereich gewerbliche Nutzungen verwirklichen und die dazu erforderlichen Investitionen tätigen muss. 24

§ 1 Abs. 7 fordert deshalb **besondere städtebauliche Gründe** und verweist dazu auf die Ermächtigungsnorm für vertikale Gliederungen in § 9 Abs. 3 BauGB. Der Gesetzgeber des BauGB 1998 hat dieses Kriterium allerdings in § 9 Abs. 3 gestrichen und lediglich in § 9 Abs. 1 BauGB die Worte „aus städtebaulichen Gründen" eingefügt. Welche Bedeutung dies für die Auslegung des textlich unverändert gebliebenen § 1 Abs. 7 hat, ist fraglich. Die Beantwortung hängt u.a. davon ab, ob das Erfordernis der besonderen städtebaulichen Gründe in § 1 Abs. 7 und in der ursprünglichen Fassung des § 9 Abs. 3 BauGB überhaupt weitergehende Anforderungen stellt als das grundlegende Gebot der städtebaulichen Erforderlichkeit (§ 1 Abs. 3 BauGB). Das BVerwG hat den gleichlautenden Begriff der „besonderen städtebaulichen Gründe" in § 1 Abs. 9 dahin ausgelegt, dass er Festsetzungen nach dieser Vorschrift nicht notwendig von erschwerten Voraussetzungen abhängig mache; vielmehr sei danach erforderlich, aber auch ausreichend, dass es spezielle städtebauliche Gründe gerade für die gegenüber § 1 Abs. 5 noch feinere Differenzierung der zulässigen Nutzungen gibt (BVerwGE 77, 308 und 317). Für Festsetzungen nach § 1 Abs. 7 fordert das BVerwG eine städtebauliche Begründung, die speziell auf eine nach Geschossen, Ebenen oder sonstigen Teilen baulicher Anlagen geordnete Verteilung bestimmter Nutzungsarten auf den einzelnen Grundstücken ausgerichtet ist und die damit verbundene qualifizierte Einschränkung der Eigentümerbefugnisse zu begründen vermag (BVerwGE 88, 268). Damit präzisiert das BVerwG aber lediglich Anforderungen, die sich aus § 1 Abs. 3 BauGB ergeben und betont lediglich, dass die städtebaulichen Gründe gerade die in der konkreten Planungssituation festgesetzte Gliederung rechtfertigen müssen und dass ihr Gewicht die konkreten Auswirkungen für die Eigentümer tragen muss. Der Streichung der „besonderen städtebaulichen Gründe" in § 9 Abs. 3 BauGB 1998 kommt danach letztlich nur redaktionelle Bedeutung zu (Jäde in Jäde/Dirnberger/Weiss Rn 47 zu § 1 BauNVO). Als besonderen städtebaulichen Grund im Sinne des § 1 Abs. 7, der grundsätzlich geeignet ist, die Festsetzung einer ausschließlichen Wohnnutzung oberhalb eines bestimmten Geschosses zu tragen, hat das BVerwG das Planungsziel der Erhaltung einer gewachsenen Mischstruktur und der Verhinderung des Verödens eines Stadtbereichs angesehen; dagegen recht- 25 fertige das Ziel der „Bereitstellung von stadtnahem Wohnraum" für sich allein eine geschossweise Festsetzung von Wohnnutzung in einem Mischgebiet nicht (BVerwGE 88, 268; NVwZ 1990, 557; kritisch zu der darin liegenden unterschiedlichen Bewertung von Erhaltung und Schaffung von Mischstrukturen Jäde in Jäde/Dirnberger/Weiss Rn 48 zu § 1 BauNVO; weitere instruktive Beispiele städtebaulicher Gründe für vertikale Gliederungen bei Fickert/Fieseler Rn 115 zu § 1).

26 **Geschosse** im Sinne des Abs. 7 sind nicht nur Vollgeschosse (§ 20 Abs. 1 iVm den landesrechtlichen Bestimmungen), sondern auch andere Geschosse (§ 20 Abs. 3 S. 2). Geschosse sind die durch Geschossdecken voneinander getrennten Ebenen, in denen sich die Räume eines Gebäudes befinden (Jäde in Jäde/Dirnberger/Weiss Rn 45 zu § 1 BauNVO mwN). Dazu gehören auch Dachgeschosse und Kellergeschosse sowie Untergeschosse, die vollständig unter der Erdoberfläche liegen. Mit dem Begriff der **Ebenen** wird darüber hinaus eine Nutzung auf Dachflächen erfasst (zB Stellplätze auf Flachdächern). Die **sonstigen Teile baulicher Anlagen** bilden einen weiteren Auffangtatbestand. Die „sonstigen Teile" müssen örtlich bestimmt sein, es darf sich nicht um prozentuale „Anteile" handeln. Eine Beschränkung der Wohnnutzung auf einen bestimmten Prozentsatz der Geschossfläche und auf zwei Wohneinheiten je Gebäude ist deshalb nur nach den § 4a Abs. 4 Nr. 2 und § 7 Abs. 4 Nr. 2 in den entsprechenden Baugebieten zulässig und kann nicht auf § 1 Abs. 7 gestützt werden (BVerwG DVBl 1991, 440).

5. Beschränkung auf Teile des Baugebiets (§ 1 Abs. 8)

27 Festsetzungen zur Gliederung nach Abs. 4–7 können sich auf **Teile eines Baugebiets** beschränken (Abs. 8). Dabei sind insbesondere die städtebauliche Erforderlichkeit (§ 1 Abs. 3 BauGB) und das Abwägungsgebot (§ 1 Abs. 7 BauGB) zu beachten.

6. Differenzierung nach Arten von Anlagen (§ 1 Abs. 9)

28 Abs. 9 gestattet eine Differenzierung nach bestimmten **Arten von baulichen und sonstigen Anlagen,** die in den Baugebieten allgemein oder ausnahmsweise zulässig sind. Damit wird die nach Abs. 5 bestehende Möglichkeit zur Gliederung nach Nutzungen um die Möglichkeit einer noch feineren Differenzierung nach **Unterarten von Nutzungen** erweitert. Das Erfordernis der Rechtfertigung durch „besondere städtebauliche Gründe" entspricht Abs. 7 (dazu insbesondere BVerwGE 77, 317 und oben Rn 25); hier müssen die Gründe aber die noch feinere Differenzierung nach Unterarten von Nutzungen tragen. Bei Festsetzungen nach Abs. 9 müssen **Anlagetypen** gebildet werden, die nach städtebaulichen Gesichtspunkten abgrenzbar sind (BVerwGE 77, 317; BRS 64 Nr. 28). Zulässige Anlagentypen sind zB: **Spielhallen** als Unterarten von Vergnügungsstätten, deren Ausschluss in Kerngebieten zur Verhinderung eines „trading-down-Effektes" nach Abs. 9 zulässig ist (BVerwG BRS 55 Nr. 42); der **„isolierte Einzelhandel"**, also der auf den Verkauf an den Letztverbraucher beschränkte Laden als Grundform und (Haupt-)Typ des Einzelhandels (BVerwG BauR 1990, 185; zur Anknüpfung an die **Verkaufsflächen** BVerwGE 77, 317); Einzelhandelsbetriebe mit einer Nutzfläche von höchstens 400 qm (**„Nachbarschaftsläden" „Nahversorger"** oder **„Convenience Stores"**, BVerwG BauR 2005, 513 = ÖffBauR 2005, 15 = NVwZ 2005, 324; VGH Kassel ÖffBauR 2004, 5), **Einzelhandelsbranchen (Sortimentsbeschränkungen)**, wenn die Differenzierung marktüblichen Gegebenheiten entspricht (BVerwG

NVwZ-RR 1999, 9; BRS 64 Nr. 28) und die Differenzierung städtebaulich gerechtfertigt ist (zB Ausschluss von Einzelhandel mit innenstadtrelevanten Sortimenten zum **Schutz der Innenstadt**, OVG Koblenz NVwZ-RR 2003, 93).

VIII. Erweiterter Bestandsschutz (§1 Abs. 10)

Die erst durch die BauNVO 1990 eingeführte Bestimmung des Abs. 10 steht in 29
einem sachlichen Zusammenhang mit § **1 Abs. 6 S. 2 Nr. 4 BauGB** (zur vergleichbaren Regelung in § 1 Abs. 5 S. 2 Nr. 4 BauGB a.F: BVerwG NVwZ 1999, 1338; BauR 2002, 1665). Danach gehört es zu den Aufgaben der Bauleitplanung, vorhandene Ortsteile zu erhalten, zu erneuern, fortzuentwickeln, anzupassen und umzubauen. Die Festsetzungen nach Abs. 10 erleichtern eine Planung, die auf den vorhandenen Bestand Rücksicht nimmt und insbesondere für vorhandene Gewerbebetriebe ein erhöhtes Maß an **Planungs- und Investitionssicherheit** schafft (BVerwG aaO). Wenn ein BPl ein bisher schon überwiegend bebautes Gebiet überplant und ein typisches Baugebiet (§§ 2 bis 9) festsetzt, kann dies dazu führen, dass vorhandene bauliche und sonstige Anlagen in dem festgesetzten Baugebiet an sich unzulässig sind. Diese Anlagen genießen dann zwar Bestandsschutz, sie müssen also nicht beseitigt werden. Im Rahmen des herkömmlichen Bestandsschutzes ist der Eigentümer aber im Wesentlichen auf Reparatur- und Erhaltungsarbeiten beschränkt. Abs. 10 S. 1 **erweitert** diesen herkömmlichen **Bestandsschutz**, indem er es der Gemeinde ermöglicht, im BPl festzusetzen, dass Erweiterungen, Änderungen, Nutzungsänderungen und Erneuerungen dieser Anlagen allgemein zulässig sind oder ausnahmsweise zugelassen werden können. Den vorhandenen Nutzungen werden auf diese Weise Entwicklungschancen offen gehalten, selbst wenn sie dem Gebietscharakter an sich fremd sind (BVerwG aaO).

Voraussetzung für Festsetzungen nach Abs. 10 S. 1 ist, dass bestimmte bauliche 30
und sonstige Anlagen vorhanden sind. Auf ihre formelle und/oder materielle Zulässigkeit vor der Überplanung kommt es nicht an. Sie müssen nur **tatsächlich vorhanden** sein. Eine Festsetzung nach Abs. 10 kommt weiter nur dann in Betracht, wenn diese vorhandenen Anlagen nach Maßgabe der beabsichtigten Überplanung als typisches Baugebiet (§§ 2 bis 9) unzulässig wären. Dazu muss eine **hypothetische Zulässigkeitsprüfung** angestellt werden, deren Maßstab die geplante Festsetzung des Baugebiets und die daraus folgenden materiellen Zulässigkeitsanforderungen an die Art der Nutzung sind. Dabei muss sowohl eine allgemeine Zulässigkeit ausgeschlossen sein als auch eine Zulassung als Ausnahme. Die Möglichkeit einer Befreiung nach § 31 Abs. 2 BauGB hindert dagegen Festsetzungen nach Abs. 10 nicht. Die Unzulässigkeit kann sich aber auch daraus ergeben, dass die Gemeinde von den Möglichkeiten differenzierender Planung nach Abs. 4–9 Gebrauch machen und zB die fragliche Nutzung im Baugebiet generell gerade nach Abs. 5 ausschließen will (BVerwG NVwZ 1999, 1338).

Die Anlagen müssen in einem **überwiegend bebauten Gebiet** liegen. Der Grundfall 31
des S. 1 ist der unbeplante Innenbereich iSv § 34 Abs. 1 S. 1 BauGB. Für Gebiete, die im Geltungsbereich eines BPles liegen, stellt S. 4 klar, dass S. 1–3 auch bei Änderung und Ergänzung des BPles gelten. Welche Anforderungen sich aus dem Merkmal des „überwiegend bebauten Gebiets" im Einzelnen ergeben, ist unklar. Das BVerwG hält eine **„gesamträumliche Betrachtung"** des beplanten Gebietes für erforderlich; die Anforderung, dass die Planung der Gemeinde sich auf ein „überwiegend bebautes Gebiet" zu beziehen hat, solle die Gemeinde daran hin-

dern, den erweiterten Bestandsschutz nach Abs. 10 gleichsam wahllos für eine bauliche Anlage vorzusehen (BVerwG BauR 2002, 1665). Ob das Übergewicht der bereits vorhandenen Bebauung sich nach der Mehrzahl der im Plangebiet belegenen und bebauten Grundstücke richtet und ob dazu ein optischer Eindruck maßgebend zu sein hat, hat das BVerwG offen gelassen; die Vorschrift stelle aber nicht entscheidend auf die einzelnen Grundstücke ab, sondern auf einen Gesamtzusammenhang (BVerwG aaO). Zweifelhaft ist, ob die Anforderung der überwiegenden Bebauung sich räumlich auf den Geltungsbereich des (neuen) BPles bezieht, oder ob es genügt, wenn im räumlichen Umgriff, der von dem oder den Fremdkörper(n) geprägt ist, die Bebauung überwiegt, während der BPl über dieses Gebiet hinausgehend weitere unbebaute Flächen einbeziehen darf (OVG Lüneburg DVBl 2002, 713).

32 Nach **Abs. 10 S. 2** können **nähere Bestimmungen** über die Zulässigkeit getroffen werden. Ob die Gemeinde nähere Bestimmungen trifft und wie sie diese ausgestaltet, unterliegt – im Rahmen der städtebaulichen Erforderlichkeit und des Abwägungsgebots – ihrer planerischen Gestaltungsfreiheit. Eine Bindung an die Instrumentarien der BauNVO besteht insoweit nicht; das entspricht dem Zweck der Regelung, die **Bewältigung atypischer Konfliktlagen** zu erleichtern. Praktisch geht es insbesondere um Bestimmungen, die unter dem Gesichtspunkt des **Immissionsschutzes** sicherstellen können, dass bei zulässigen Erweiterungen, Änderungen, Nutzungsänderungen und Erneuerungen (einschließlich eines Ersatzbaues) der allgemeine Gebietscharakter des geplanten Baugebietes gewahrt bleibt (S. 3) und die Belastungen der Nachbarschaft durch Lärm, Luftverunreinigungen oder Staub etc. nicht verstärkt, sondern nach Möglichkeit vermindert werden.

33 Das Gebot der **Wahrung der allgemeinen Zweckbestimmung des Baugebiets** in S. 3 hat, wie bei Abs. 5, klarstellenden Charakter; wichtig ist hier aber, dass es sich nur auf die **„übrigen Teile" des Baugebiets** bezieht und nicht auf die bestehenden Anlagen, denen der erweiterte Bestandsschutz nach Abs. 10 zugute kommt, denn bei ihnen handelt es sich ja gerade um Fremdkörper, die den Gebietscharakter nicht wahren. S. 3 schließt es aber aus, Abs. 10 als Instrument dafür zu benutzen, einen Bereich mit einem Baugebiet zu überplanen, den der oder die Fremdkörper städtebaulich in einem solchen Maße prägen, dass sich dieser Bereich in Wahrheit als ein anderes Baugebiet darstellt als dasjenige, als welches es festgesetzt werden soll.

Abs. 10 S. 4 hat im Hinblick auf **§ 1 Abs. 8 BauGB** nur klarstellende Bedeutung.

§ 2 Kleinsiedlungsgebiete

(1) Kleinsiedlungsgebiete dienen vorwiegend der Unterbringung von Kleinsiedlungen einschließlich Wohngebäuden mit entsprechenden Nutzgärten und landwirtschaftlichen Nebenerwerbsstellen.

(2) Zulässig sind

1. **Kleinsiedlungen einschließlich Wohngebäude mit entsprechenden Nutzgärten, landwirtschaftliche Nebenerwerbsstellen und Gartenbaubetriebe,**
2. **die der Versorgung des Gebiets dienenden Läden, Schank- und Speisewirtschaften sowie nicht störenden Handwerksbetriebe.**

(3) Ausnahmsweise können zugelassen werden

1. sonstige Wohngebäude mit nicht mehr als zwei Wohnungen,
2. Anlagen für kirchliche, kulturelle, soziale, gesundheitliche und sportliche Zwecke,
3. Tankstellen,
4. nicht störende Gewerbebetriebe.

§ 2 BauNVO 1977: Kleinsiedlungsgebiete

(1) Kleinsiedlungsgebiete dienen vorwiegend der Unterbringung von Kleinsiedlungen und landwirtschaftlichen Nebenerwerbsstellen.

(2) Zulässig sind
1. Kleinsiedlungen, landwirtschaftliche Nebenerwerbsstellen und Gartenbaubetriebe,
2. *wie BauNVO 1990*

(3) *wie BauNVO 1990*

§ 2 BauNVO 1962 und 1968: Kleinsiedlungsgebiete

wie BauNVO 1977

I. Gebietscharakter (Abs. 1)

Das Kleinsiedlungsgebiet (WS) ist ein **Wohngebiet besonderer Art**, das den Bewohnern insbesondere die Möglichkeit bietet, ihren Lebensunterhalt durch **Eigenerzeugung von Lebensmitteln** einschließlich **Kleintierhaltung** zu ergänzen. Im Unterschied zum Dorfgebiet (§ 5) ist die Landwirtschaft auf **Nebenerwerbsstellen** beschränkt. Kleinsiedlungen hatten als städtische Siedlungsform seit den 1930er Jahren die sozialpolitische Funktion, insbesondere Arbeitern, die in gewerblichen Betrieben beschäftigt waren, durch die Möglichkeit einer überwiegend gartenbaumäßigen Landnutzung mit Kleintierhaltung sowohl eine Ergänzung ihres Einkommens als auch einen Ausgleich zu ihrer beruflichen Tätigkeit zu bieten und das Gefühl einer gewissen Bodenständigkeit zu vermitteln (Boeddinghaus Rn 2 zu § 2). Diese Funktionen haben heute weitgehend ihre Bedeutung verloren. Für die Planungspraxis spielt das Kleinsiedlungsgebiet praktisch keine Rolle mehr. Die Festsetzung eines Kleinsiedlungsgebiets ist funktionslos geworden, wenn im betroffenen Gebiet auf absehbare Zeit nicht mehr mit einer Rückkehr zur Selbstversorgung mit Nahrungsmitteln, die auf dem Grundstück gewonnen werden, zu rechnen ist und sich die Bewohner erkennbar auf diesen Zustand eingestellt haben (BVerwG NVwZ 2004, 1244). 1

II. Allgemein zulässige Nutzungen (Abs. 2)

Allgemein zulässig sind nach dem abschließenden Katalog des Abs. 2 zunächst **Kleinsiedlungen** (Nr 1). Der städtebauliche Begriff der Kleinsiedlung deckt sich 2 mit dem entsprechenden wohnungsrechtlichen Begriff des früheren § 10 II. WoBauG: Danach ist eine Kleinsiedlung eine Siedlerstelle, die aus einem Wohngebäude mit angemessener Landzulage besteht und die nach Größe, Beschaffenheit und Einrichtung dazu bestimmt und geeignet ist, dem Kleinsiedler durch Selbstversorgung aus überwiegend gartenbaumäßiger Nutzung des Landes eine fühlbare Ergänzung seines sonstigen Einkommens zu bieten. Diese Definition bringt zutreffend zum Ausdruck, dass es sich um einen spezifischen Siedlungstyp handelt, für den der funktionale Zusammenhang von Wohngebäuden und Anlagen zur Eigenerzeugung von Lebensmitteln charakteristisch ist. Damit sind sowohl der Größe der Wohngebäude als auch dem Umfang der Landnutzung gewisse Grenzen gesetzt. Weder landwirtschaftliche Vollerwerbsbetriebe noch Villen mit Hobbynutzgärten fallen unter Nr. 1. An dieser siedlungstypischen Begrenzung hat der durch die BauNVO 1990 eingefügte Zusatz „einschließlich Wohngebäude mit entsprechenden Nutzgärten" nichts geändert. Streitig ist, ob die durch die BauNVO 1990 eingeführte erweiterte Definition des Wohnens in § 3 Abs. 4 auch auf § 2 Abs. 2 Nr. 1 Anwendung findet (so Ziegler in KK Rn 18 zu § 2 BauNVO). Dagegen spricht, dass die Kleinsiedlung einen speziellen Siedlungstyp darstellt, bei dem Wohnen mit Landnutzung verbunden ist (Stock NVwZ 1990, 518).

3 Allgemein zulässig sind nach Nr. 1 ferner **landwirtschaftliche Nebenerwerbsstellen** (zum Begriff der Landwirtschaft § 201 BauGB und die dortige Kommentierung; zum Begriff des Nebenerwerbs Rn 14 zu § 35 BauGB mwN).

4 Weiter sind nach Nr. 1 **Gartenbaubetriebe** allgemein zulässig. Der Begriff des Gartenbaubetriebs wird in der BauNVO als ein eigenständiger städtebaulicher Begriff verstanden (BVerwG DÖV 1997, 31 zu § 4 Abs. 3 Nr. 4 BauNVO). Er umfasst nicht alle Betriebsformen der gartenbaulichen Erzeugung (§ 201), zB nicht den großflächigen Obstanbau auf Feldern, sondern nur Betriebe, die wegen ihrer im Vergleich zum normalen landwirtschaftlichen Betrieb **geringen Betriebsfläche** typischerweise nicht zu Konflikten mit der benachbarten Wohnnutzung führen (BVerwG aaO). Aus dem Begriff der gartenbaulichen Erzeugung (§ 201) folgt dass unter den Begriff des Gartenbaubetriebs im Sinne der Nr. 1 nur die **unmittelbare Bodenertragsnutzung** (zB Gärtnerei einschließlich der Gewächshäuser und Verkaufseinrichtungen) fällt, nicht aber darüber hinausgehende gewerbliche Leistungen des Garten- und Landschaftsbaus.

5 Wegen der nach **Abs. 2 Nr. 2** allgemein zulässigen Nutzungen wird auf die Kommentierung der sachlich entsprechenden Bestimmung in § 4 Abs. 2 Nr. 2 verwiesen.

III. Ausnahmen (Abs. 3)

6 Abs. 3 enthält den – abschließenden – Katalog der Nutzungen, die als Ausnahmen (§ 31 Abs. 1 BauGB) zugelassen werden können. Dazu gehören nach **Nr. 1 Wohngebäude** (s. Rn 1–6 zu § 3 zu den sachlich übereinstimmenden Begriffen Wohnen und Wohngebäude in § 3 Abs. 1 und Abs. 2) mit nicht mehr als zwei Wohnungen. Weiter sind ausnahmsweise zulässig **Anlagen für kirchliche, kulturelle, soziale gesundheitliche und sportliche Zwecke (Nr. 2)** – insoweit wird auf die Erläuterung bei § 4 Abs. 2 Nr. 3 verwiesen –, **Tankstellen (Nr. 3)** – s. die Kommentierung zu § 4 Abs. 3 Nr. 5 – und (sonstige) **nicht störende Gewerbebetriebe (Nr. 4)** – s. die Anmerkungen zu § 4 Abs. 3 Nr. 2.

Kleinsiedlungsgebiete können auch ohne BPl als **„faktisches" Baugebiet** entstehen. 7
In diesem Fall ist § 2 BauNVO über § 34 Abs. 2 BauGB unmittelbar anwendbar. Die Festsetzung eines Kleinsiedlungsgebiets im BPl und die Vorschrift des § 2 im Falle ihrer unmittelbaren Geltung für ein „faktisches" Kleinsiedlungsgebiet haben **nachbarschützende Wirkung** (s Rn 2 zu § 1 mwN).

§ 3 Reine Wohngebiete

(1) Reine Wohngebiete dienen dem Wohnen.

(2) Zulässig sind Wohngebäude.

(3) Ausnahmsweise können zugelassen werden

1. Läden und nicht störende Handwerksbetriebe, die zur Deckung des täglichen Bedarfs für die Bewohner des Gebiets dienen, sowie kleine Betriebe des Beherbergungsgewerbes,

2. Anlagen für soziale Zwecke sowie den Bedürfnissen der Bewohner des Gebiets dienende Anlagen für kirchliche, kulturelle, gesundheitliche und sportliche Zwecke.

(4) Zu den nach Absatz 2 sowie den §§ 2, 4 bis 7 zulässigen Wohngebäuden gehören auch solche, die ganz oder teilweise der Betreuung und Pflege ihrer Bewohner dienen.

§ 3 BauNVO 1977: Reine Wohngebiete

(1) Reine Wohngebiete dienen ausschließlich dem Wohnen.

(2) *wie BauNVO 1990*

(3) Ausnahmsweise können Läden und nicht störende Handwerksbetriebe, die zur Deckung des täglichen Bedarfs für die Bewohner des Gebiets dienen, sowie kleine Betriebe des Beherbergungsgewerbes zugelassen werden.

(4) Im Bebauungsplan kann festgesetzt werden, daß in dem Gebiet oder in bestimmten Teilen des Gebiets Wohngebäude nicht mehr als zwei Wohnungen haben dürfen.

§ 3 BauGB 1968: Reine Wohngebiete

(1) *wie BauNVO 1977*

(2) *wie BauNVO 1977 und 1990*

(3) *wie BauNVO 1977*

(4) Im Bebauungsplan kann festgesetzt werden, daß in dem Gebiet oder in bestimmten Teilen des Gebietes nur Wohngebäude mit nicht mehr als zwei Wohnungen zulässig sind.

§ 3 BauNVO 1962: Reine Wohngebiete

(1) *wie BauNVO 1968 und 1977*

(2) *wie BauNVO 1968, 1977 und 1990.*

(3) *wie BauNVO 1968 und 1977*

(4) *wie BauNVO 1968*

I. Gebietscharakter (Abs. 1)

1 Nach Abs. 1 dienen reine Wohngebiete (WR-Gebiete) dem Wohnen. Der **Begrif des Wohnens** ist durch eine auf Dauer angelegte Häuslichkeit, Eigengestaltun der Haushaltsführung und des häuslichen Wirkungskreises sowie Freiwilligkei des Aufenthalts gekennzeichnet (BVerwG NVwZ 1996, 893). Reine Wohngebiet sind nach der gesetzlichen Zweckbestimmung nur dieser einen Nutzungsart vor behalten. Daran ändert die Streichung des Wortes „ausschließlich" durch di BauNVO-Novelle 1990 nichts; sie soll lediglich verhindern, dass der Anwen dungsbereich der Ausnahmen zu stark eingeschränkt wird. Reine Wohngebiet sind damit in der Systematik der typischen Baugebiete das Gegenstück zu de Industriegebieten, die ebenfalls nur einer Nutzungsart vorbehalten sind, de Gewerbebetrieben. Vom Wohnen gehen einerseits nur geringe Emissionen aus das Wohnen ist aber umgekehrt besonders schutzbedürftig gegenüber allen Stö rungen der Wohnruhe.

II. Allgemein zulässige Nutzungen

1. Wohngebäude (Abs. 2)

2 Allgemein zulässig sind **Wohngebäude.**

Kennzeichnend für ein **Gebäude** im Sinne der BauNVO ist, dass es selbständi benutzbar ist (BVerwG NVwZ 1996, 787). Wohngebäude sind solche Gebäud die ausschließlich dem **Wohnen** (s oben Rn 1) dienen, soweit nicht § 13 freiberufl che und ähnliche Nutzungen zulässt.

Praktisch bedeutsam ist vor allem die **Abgrenzung** zwischen Wohngebäuden un den im reinen Wohngebiet nur ausnahmsweise zulässigen Nutzungen des (kleiner **Beherbergungsbetriebs** und der **Anlagen für soziale Zwecke:**

3 **a) Abgrenzung zum Beherbergungsbetrieb** Der Begriff des **Beherbergung betriebs** in der BauNVO ist ein eigenständiger bauplanungsrechtlicher Begri und ist nicht mit dem gaststättenrechtlichen Begriff gleichzusetzen (BVerwGE 9 140). Ein Beherbergungsbetrieb liegt nur vor, wenn Räume ständig wechselnde Gästen zum vorübergehenden Aufenthalt zur Verfügung gestellt werden, ohn dass diese dort ihren häuslichen Wirkungskreis unabhängig gestalten könne Das **Vermieten von Appartements** gehört nicht dazu (BVerwG NVwZ 198 1060). Grenzfälle sind etwa die Unterbringung von Montagearbeitern in Zwei Bett-Zimmern ohne Bereitstellung von Gemeinschaftsräumen und ohne pension typische Dienstleistungen (BVerwGE 90, 140) oder das sog. **Boardinghouse**, da

vor allem für solche Personen gedacht ist, die, meist geschäftlich, über einen längeren Zeitraum am Ort verweilen müssen und denen dabei eine gewisse Eigenständigkeit und Unabhängigkeit von hoteltypischen Serviceleistungen auch aus Kostengründen wichtig ist (OVG Berlin-Brandenburg, BauR 2006, 1711; Hermanns/Hönig, BauR 2001, 1523). In solchen Grenzfällen hängt die Zuordnung davon ab, wo nach den konkreten Verhältnissen des Einzelfalls der **Nutzungsschwerpunkt** liegt (OVG Berlin-Brandenburg, BauR 2006, 1711).

b) Abgrenzung zu Anlagen für soziale Zwecke Wohnnutzung ist ferner abzugren- 4
zen von der Unterbringung von Menschen in **Anlagen für soziale Zwecke**, denen wesentliche Merkmale des Wohnens fehlen, insbesondere weil sie eine selbständige Gestaltung des alltäglichen Lebens nicht zulassen. Ein sozialer Zweck schließt die Annahme einer Wohnnutzung aber nicht von vornherein aus; auch hier kommt es darauf an, ob nach den konkreten Umständen die das „Wohnen" prägenden Merkmale im Grundsatz erhalten bleiben (BVerwG NVwZ 1996, 893 – offen gelassen bei Nutzung eines Hauses durch **Wohngruppe eines Kinderheims**). Umstritten und differenziert zu beurteilen sind insbesondere **Asylbewerberunterkünfte** (OVG Berlin NVwZ 1988, 264; OVG Lüneburg BRS 49 Nr. 49; OVG Münster BRS 49 Nr. 89, OVG Bremen NVwZ 1991, 1006; OVG Schleswig NVwZ 1992, 587; VGH Kassel UPR 1993, 69; Huber, NVwZ 1986, 279; Uechtritz, BauR 1989, 519, 525; Fickert, BauR 1990, 263, 274). Maßgeblich kommt es darauf an, ob die Unterkunft den Asylbewerbern ein „wohnartiges" Leben ermöglicht (OVG Lüneburg BRS 49 Nr. 49: verneint bei einer Asylantenunterkunft, in der auf jede untergebrachte Person nur 8 qm Wohnfläche entfallen, trotz Möglichkeit der eigenen Zubereitung des Essens in einer Gemeinschaftsküche), insbesondere eine auf Dauer angelegte Häuslichkeit und Eigengestaltung der Haushaltsführung und des häuslichen Wirkungskreises (s oben Rn 1). Als Abgrenzungskriterien kommen danach vor allem die **Belegungsdichte** und die **Ausstattung** der Unterkunft in Betracht. Eine Unterkunft, bei der den Asylbewerbern abgeschlossene, nach ihrem Zuschnitt mit Sozialwohnungen vergleichbare Wohnungen zur Verfügung stehen, ist Wohnnutzung, auch wenn mehrere Asylbewerber mit oder ohne ihre Familien in einer Wohnung untergebracht sind (VGH Mannheim NVwZ 1990, 1202). Daran ändert auch der Umstand nichts, dass Asylbewerbern eine Unterkunft zugewiesen wird. Das Merkmal der Freiwilligkeit (s oben Rn 1) grenzt das Wohnen vielmehr von der zwangsweisen Unterbringung (zB Jugendarrestanstalt) ab.

Studentenwohnheime sind keine Anlagen für soziale Zwecke, sondern Wohnnutzung (Fickert/Fieseler Rn 13 zu § 3).

2. Wohnen mit Betreuung und Pflege der Bewohner (Abs. 4)

Abs. 4 ist durch die **BauNVO-Novelle 1990** eingefügt worden. Nach der bis dahin 5
bestehenden Rechtslage und der dazu ergangenen Rechtsprechung (VGH Mannheim NJW 1989, 2278) waren Altenpflegeheime, anders als Altenwohnheime (VGH Kassel BRS 36 Nr. 183) in reinen Wohngebieten nicht allgemein zulässig, weil es an der für das Wohnen wesentlichen selbständigen Lebensgestaltung und Haushaltsführung fehlte, und im Übrigen auch nicht ausnahmsweise zulässig – Abs. 3 Nr. 2 ist ebenfalls erst durch die Novelle 1990 eingefügt worden –, so dass allenfalls eine Befreiung nach § 31 Abs. 2 BauGB in Betracht kam (OVG Münster BauR 1999, 141). Abs. 4 enthält danach nicht nur eine Klarstellung einer schon

geltenden Rechtslage. Er findet deshalb **keine Anwendung auf BPle aus der Zeit vor der BauNVO 1990**. Er kann aber als Auslegungshilfe für den Begriff des Wohngebäudes im Sinne des § 3 BauNVO Bedeutung haben (BVerwG NVwZ 1996, 893). Das Gebot der **Wahrung des Gebietscharakters** (§ 15) setzt Größe und Art der im reinen Wohngebiet nach Abs. 4 zulässigen Einrichtungen Grenzen. Ein Krankenhaus ist danach im reinen Wohngebiet auch nicht nach Abs. 4 zulässig, schon weil es regelmäßig an den Merkmalen des Wohnens, insbesondere an der Dauerhaftigkeit des Aufenthalts fehlt, aber auch weil ein Krankenhaus das Wohnen stört, zB wegen der von ihm ausgelösten starken Verkehrsbelastung. **Zulässig** sind nach Abs. 4 zB ein **Alten- und Pflegeheim** (OVG Lüneburg BRS 56 Nr. 186; OVG Saarlouis AS RP-SL 33, 227: bis zur Grenze des Klinikcharakters, bei dem ein Wohnen nicht mehr gegeben ist), ein **Hospiz** (OVG Münster BauR 1999, 141) und ein **Altenheim mit einer Dementenabteilung** für altersverwirrte Menschen (OVG Hamburg BauR 2004, 1571; OVG Lüneburg ZfBR 2003, 281).

3. Nebenanlagen für die Wohnnutzung (§ 14 Abs. 1)

6 Im reinen Wohngebiet allgemein zulässig sind untergeordnete Nebenanlagen und Einrichtungen, die dem (Haupt-) Nutzungszweck der einzelnen Grundstücke oder des Baugebiets selbst dienen und der Eigenart des Baugebiets nicht widersprechen (§ 14 Abs. 1, s. die Erläuterungen dort).

a) **Kinderspielplätze:** Sie sind grundsätzlich sowohl in einem reinen als auch in einem allgemeinen Wohngebiet zulässig (BVerwG BRS 52 Nr. 47). Das gilt jedenfalls für Kinderspielplätze, die nach ihrer Ausstattung für Kinder bis zu 14 Jahren eingerichtet sind (BVerwG aaO). Ob das auch für „Bolzplätze" gilt, ist streitig (dafür: OVG Münster BRS 46 Nr. 46); Sportanlagen können aber bei BPlen auf Grund der BauNVO 1990 auch als Ausnahmen nach Abs. 3 Nr. 2 zugelassen werden. Auf Geräuschimmissionen, die von der bestimmungsgemäßen Nutzung von Ballspielplätzen und ähnlichen Anlagen für Kinder ausgehen, sind die Immissionsrichtwerte der 18. BImSchV – Sportanlagenlärmschutzverordnung – nicht unmittelbar anwendbar (BVerwG NVwZ 2003, 751; zur immissionsschutzrechtlichen Beurteilung von Kindergartenlärm und Lärm von Kinderspielplätzen Dietrich/Kahle, DVBl 2007, 18).

b) **Tierhaltung:** Die Zulässigkeit hängt davon ab, ob die (Klein-) Tierhaltung in reinen Wohngebieten üblich und ungefährlich ist und den Rahmen der für eine Wohnnutzung typischen Freizeitbetätigung nicht sprengt (BVerwG DVBl 1994 292). Das wird im Wesentlichen nur bei der **Haltung von Haustieren im herkömmlichen Rahmen** der Fall sein, kann aber auch bei einer **kleinen Brieftaubenzucht** angenommen werden (OVG Lüneburg BRS 36 Nr. 49). Unzulässig sind zB ein **Pumazwinger** (BVerwG NVwZ 1984, 647), die **Haltung eines Ozelots** (BVerwG DVBl 1994, 292) oder die Haltung von 35 Papageien (OVG Koblenz BauR 2004, 716). **Hundehaltung** im Haus ist regelmäßig zulässig; problematisch ist dagegen eine Haltung von Hunden außerhalb des Hauses in einem Zwinger insbesondere wenn es sich um mehrere große Hunde handelt (OVG Münster BRS 30 Nr. 29; OVG Mannheim NVwZ-RR 1990, 64 für Allgemeines Wohngebiet).

c) **Anlagen für sportliche Zwecke:** Hier ist zu unterscheiden zwischen solchen Sportanlagen, die nach § 14 Abs. 1 allgemein zulässig sind, und solchen Sportanlagen, die nach § 3 Abs. 3 Nr. 2 BauNVO 1990 ausnahmsweise zugelassen werden können. Die allgemeine Zulässigkeit setzt voraus, dass es sich um eine der Haupt nutzung, also dem Wohnen, funktional zugeordnete und dieser untergeordnete Nebenanlage handelt. Das ist zB bei einem **Tennisplatz** nicht mehr der Fall, der nach seiner Größe und Ausstattung über eine spielerische Freizeitbetätigung hinausgeht, den Wettkampfsport ermöglicht und das Wohnen in der Umgebung durch die Spielgeräusche stört (BVerwG NJW 1986, 393). Unzulässig ist auch eine Kegelbahn (OVG Münster BRS 39 Nr. 65)

d) **Werbeanlagen:** Werbeanlagen sind in reinen Wohngebieten nur als Nebenanlagen nach § 14 Abs. 1 allgemein zulässig, soweit es sich um Eigenwerbung an der Stätte der Leistung für einen ausnahmsweise zugelassenen gewerblichen Betrieb handelt (BVerwGE 91, 234).

4. Freiberufliche Nutzungen (§ 13)

In reinen Wohngebieten können nach § 13 einzelne Räume für die freiberufliche und ähnliche Tätigkeit genutzt werden (BVerwGE 68, 324, BRS 23 Nr. 36; s. die Erläuterungen bei § 13). 7

III. Ausnahmen (Abs. 3)

1. Die Ausnahmen nach Nr. 1

Läden und Handwerksbetriebe sind nur unter der einschränkenden Voraussetzung zulässig, dass sie zur **Deckung des täglichen Bedarfs für die Bewohner des Gebiets** dienen (s unten Rn 11). Auf diese Weise wird der Gebietscharakter des reinen Wohngebiets nicht gestört; im Gegenteil können diese Nutzungen erheblich zur Wohnqualität beitragen (zB die Bäckerei um die Ecke). Auch bei den Beherbergungsbetrieben stellt die Begrenzung auf **kleine Betriebe** (s unten Rn 12) sicher, dass es sich um Anlagen handelt, die sich wie eine kleine Pension von einem Wohnhaus nicht wesentlich unterscheiden und deshalb nicht stören. 8

Der **Begriff des Ladens** setzt zumindest einen Raum voraus, in dem eine **Verkaufsstelle** innerhalb der Öffnungszeiten von Personen dauernd unterhalten wird. Das kann auch ein Kiosk sein. Kein Laden – und mangels Zuordnung auch nicht als Nebenanlage zulässig – ist ein Zigarettenautomat (OVG Münster BauR 1986, 544). 9

Handwerksbetriebe sind vor allem die in den Anlagen A und B zur Handwerksordnung aufgeführten Gewerbebetriebe, bei denen nach dem technischen und wirtschaftlichen Gesamtbild ihres Produktionsablaufs die handwerkliche oder handwerksähnliche und nicht die industrielle Betriebsform überwiegt; dabei ist die handwerkliche Betriebsform vor allem dadurch gekennzeichnet, dass der Betriebsinhaber dem Betrieb durch seine fachliche Qualifikation (meisterliches Können) das Gepräge gibt, da er auf die Mitarbeiter noch persönlich einwirken und damit auf ihre Arbeit Einfluss nehmen kann (Boeddinghaus Rn 17 zu § 2). Nur Handwerksbetriebe, **die das Wohnen nicht stören**, können ausnahmsweise zugelassen werden. So kann zB ein Zimmereibetrieb im reinen Wohngebiet nicht zugelassen werden, weil die eingesetzten Maschinen die Wohnumgebung durch Staub und Lärm stören (VGH Kassel BRS 58 Nr. 66). Das gleiche gilt für andere lärmintensive Betriebe wie KFZ-Werkstätten oder Schlossereien. Unzulässig ist auch ein Chemielabor (OVG Saarlouis BRS 58 Nr. 65). 10

Läden und nicht störende Handwerksbetriebe können jedoch nur unter der weiteren Voraussetzung ausnahmsweise zugelassen werden, dass sie **zur Deckung des täglichen Bedarfs für die Bewohner des Gebiets dienen**. Der damit geforderte 11

Gebietsbezug geht über das in den Vorschriften für Kleinsiedlungsgebiete und allgemeine Wohngebiete enthaltene Merkmal „der Versorgung des Gebiets dienend" (§ 2 Abs. 2 Nr. 2, § 4 Abs. 2 Nr. 2) insofern noch hinaus, als es das Spektrum der angebotenen Waren und Dienstleistungen auf den täglichen Bedarf beschränkt. Der damit geforderte Gebietsbezug ist allerdings in einem städtebaulichen Sinn zu verstehen und darf nicht zu eng ausgelegt werden; er erlaubt keine Bedarfsprüfung und er erfordert nicht, dass der Laden oder der Betrieb ausschließlich von Bewohnern des Baugebiets frequentiert wird. Ausreichend, aber auch erforderlich ist, dass der Laden oder der Handwerksbetrieb von dieser Zielsetzung geprägt ist, auch wenn er zusätzlich weitere Kunden in angrenzenden Wohngebieten hat (ähnlich zu § 4 Abs. 2 Nr. 2 BVerwG NVwZ-RR 1993, 455; OVG Münster NVwZ-RR 2004, 245). Auch der Begriff „täglich" darf nicht überstrapaziert werden. Gemeint sind Grundbedürfnisse, die im alltäglichen Leben regelmäßig auftreten. Danach können zB Lebensmittelgeschäfte, Tabakwaren- und Zeitschriftenläden, Bäckereien, aber auch ein kleines Geschäft für Schreibwarenbedarf oder eine Drogerie zugelassen werden.

12 **Betriebe des Beherbergungsgewerbes** (zum Begriff und zur Abgrenzung von der Wohnnutzung s. oben Rn 3) sind **klein**, wenn sie sich als wohnartiger Gewerbebetrieb in die reine Wohnbebauung einpassen. Ob das der Fall ist, lässt sich nur anhand der konkreten Umstände bestimmen; die Bettenzahl ist dabei ein möglicher Anhaltspunkt, aber keine allgemeine und zwingende Messgröße (BVerwG DÖV 1988, 382; OVG Hamburg BauR 2000, 1840; VGH Kassel DWW 2007, 152). Als Anhaltspunkt kann dienen, dass Frühstückspensionen in Deutschland durchschnittlich 15 bis 18 Betten haben, so dass ein Hotel garni mit 18 Betten im reinen Wohngebiet vorbehaltlich entgegenstehender Umstände des Einzelfalls zugelassen werden kann (VGH Mannheim BRS 59 Nr. 58).

2. Die Ausnahmen nach Nr. 2

13 Die in Abs. 3 Nr. 2 genannten Anlagen erfassen nur die in § 5 Abs. 2 Nr. 2 BauGB definierten **Gemeinbedarfsanlagen**, dh Anlagen, die der Allgemeinheit dienen (zu der sachlich entsprechenden Regelung in § 4 Abs. 2 Nr. 3 BVerwGE 102, 351; zu den Anforderungen an Gemeinbedarfsanlagen BVerwG NVwZ 1994, 1004). Derartige Anlagen brauchen zwar nicht das Merkmal des Gemeingebrauchs zu erfüllen. Auch auf die Rechtsform des Trägers kommt es nicht entscheidend an. Bei einem privaten Rechtsträger wird aber gefordert, dass eine öffentliche Aufgabe erfüllt wird, hinter der ein privates Gewinnstreben deutlich zurücktritt (BVerwGE 102, 351).

14 Die nach Nr. 2 zulassungsfähigen **Anlagen für soziale Zwecke** (zur Abgrenzung von Wohnnutzung s. oben Rn 4) sind Anlagen, die in einem weiten Sinn der **sozialen Fürsorge** und der **öffentlichen Wohlfahrt** dienen, also Nutzungen, die auf Hilfe, Unterstützung, Betreuung und ähnliche fürsorgerische Maßnahmen ausgerichtet sind. Typische **Beispiele** sind **Einrichtungen für Kinder und Jugendliche**, alte Menschen sowie andere Personengruppen, die ein besonderes soziales Angebot wahrnehmen wollen (BVerwG NVwZ 2005, 1186; Stock in KRS Rn 51 zu § 4; Ziegler in KK Rn 66 zu § 2 BauNVO). Der Begriff der Anlagen für soziale Zwecke darf dagegen nicht so weit ausgelegt werden, dass er gemeinnützige Einrichtungen aller Art umfasst. Eine solche Ausweitung wäre zwar vielleicht noch vom allgemeinen Sprachgebrauch gedeckt, nicht aber vom städtebaulichen Normzweck der Regelung (VGH Mannheim BauR 1995, 215). **Keine Anlagen für soziale Zwecke**

sind deshalb zB ein **Freigängerhaus** als offene Anstalt des Justizvollzugs (BVerwG NVwZ 2005, 1186) und ein **Tierheim** oder ein **Tierasyl**, auch wenn es ohne Gewinnerzielungsabsicht betrieben wird (VGH Mannheim BauR 1995, 215).

Anlagen für soziale Zwecke müssen – anders als die Ausnahmen nach Nr. 1 und die weiteren Ausnahmen nach Nr. 2 – nicht den Bedürfnissen der Bewohner des Gebiets dienen; gleichwohl müssen sie aber mit dem **Gebietscharakter** eines reinen Wohngebiets verträglich sein (Abs. 1 und § 15 Abs. 1). Nach diesen Maßstäben kann eine **Kindertagesstätte** im reinen Wohngebiet auch dann zugelassen werden, wenn sie nicht den Bedürfnissen der Bewohner des Gebiets dient (OVG Münster BauR 1995, 69). Als Ausnahme kann ferner zB ein **Frauenhaus** zulassungsfähig sein (VGH Kassel NVwZ 1992, 994: bejaht für allgemeines Wohngebiet, offen gelassen, aber mit positiver Tendenz für reines Wohngebiet). **Unterkünfte für Asylbewerber oder Aussiedler**, die nicht als Wohnnutzung einzustufen und daher nicht allgemein zulässig sind, können auch in reinen Wohngebieten als Anlagen für soziale Zwecke ausnahmsweise zulässig sein (BVerwG NVwZ 1998, 173). 15

Voraussetzung für die ausnahmsweise Zulassung von **Anlagen für kirchliche, kulturelle, gesundheitliche und sportliche Zwecke** nach Nr. 2 ist, dass diese Anlagen **den Bedürfnissen der Bewohner des Gebiets dienen**. Auch hier ist nicht erforderlich, dass diese Anlagen ausschließlich von Bewohnern des Gebiets genutzt werden; ausreichend und erforderlich ist aber, dass sie auf die Nutzung durch die Bewohner des Gebiets zugeschnitten sind (s auch oben Rn 11). So können **Sportanlagen** in reinen Wohngebieten nur zugelassen werden, wenn sie nach Größe und Zuschnitt dem **Freizeitsport** dienen; ein **großes Fußballstadion** kann im reinen Wohngebiet nicht zugelassen werden (BVerwG DÖV 1992, 76 zu § 4 Abs. 2 Nr. 3). **Theater, Museen und Konzerthallen** sind zwar Anlagen für kulturelle Zwecke, sie sind aber regelmäßig auf ein größeres Publikum ausgerichtet und auch im Übrigen mit dem Charakter eines reinen Wohngebiets nicht vereinbar. Gleiches gilt für große Anlagen für gesundheitliche Zwecke wie **Krankenhäuser oder Sanatorien.** 16

Für die in Nr. 2 genannten Anlagen kann der BPl gegebenenfalls auch eine **Gemeinbedarfsfläche** nach § 9 Abs. 1 Nr. 5, 9 und 15 festsetzen (zu „Doppelfestsetzungen“ Rn 5 zu § 1). 17

Auch im reinen Wohngebiet kann eine **Mobilfunkbasisstation** als Nebenanlage nach § 14 Abs. 2 BauNVO 1990 zulässig sein (VGH Kassel BauR 2005, 983). 18

Reine Wohngebiete können auch ohne BPl als **„faktisches“ Baugebiet** entstehen. In diesem Fall ist § 3 BauNVO über § 34 Abs. 2 BauGB unmittelbar anwendbar. 19

Die Festsetzung eines reinen Wohngebiets im BPl und die Vorschrift des § 3 im Falle ihrer unmittelbaren Geltung für ein „faktisches“ reines Wohngebiet haben **nachbarschützende Wirkung** (s. Rn 2 zu § 1 mwN). 20

§ 4 Allgemeine Wohngebiete

(1) Allgemeine Wohngebiete dienen vorwiegend dem Wohnen.

(2) Zulässig sind

1. Wohngebäude,

2. die der Versorgung des Gebiets dienenden Läden, Schank- und Speisewirtschaften sowie nicht störenden Handwerksbetriebe,

3. Anlagen für kirchliche, kulturelle, soziale, gesundheitliche und sportliche Zwecke.

(3) Ausnahmsweise können zugelassen werden

1. Betriebe des Beherbergungsgewerbes,

2. sonstige nicht störende Gewerbebetriebe,

3. Anlagen für Verwaltungen,

4. Gartenbaubetriebe,

5. Tankstellen.

§ 4 BauNVO 1977: Allgemeine Wohngebiete

(1) *wie BauNVO 1990*

(2) Zulässig sind

1. *wie BauNVO 1990*
2. *wie BauNVO 1990*
3. Anlagen für kirchliche, kulturelle, soziale und gesundheitliche Zwecke.

(3) Ausnahmsweise können zugelassen werden

1. *wie BauNVO 1990*
2. *wie BauNVO 1990*
3. Anlagen für Verwaltungen sowie für sportliche Zwecke,
4. *wie BauNVO 1990*
5. *wie BauNVO 1990*
6. Ställe für Kleintierhaltung als Zubehör zu Kleinsiedlungen und landwirtschaftlichen Nebenerwerbstellen; die Zulässigkeit von untergeordneten Nebenanlagen und Einrichtungen für die Kleintierhaltung nach § 14 bleibt unberührt.

(4) Im Bebauungsplan kann festgesetzt werden, daß in bestimmten Teilen des Gebiets Wohngebäude nicht mehr als zwei Wohnungen haben dürfen.

§ 4 BauNVO 1968: Allgemeine Wohngebiete

(1) *wie BauNVO 1977 und 1990*

(2) *wie BauNVO 1977*

(3) Ausnahmsweise können zugelassen werden

1. – 5. *wie BauNVO 1977*

6. Ställe für Kleintierhaltung als Zubehör zu Kleinsiedlungen und landwirtschaftlichen Nebenerwerbsstellen.

(4) Im Bebauungsplan kann festgesetzt werden, daß in bestimmten Teilen des Gebietes nur Wohngebäude mit nicht mehr als zwei Wohnungen zulässig sind.

(5) Im Bebauungsplan kann festgesetzt werden, daß in dem Gebiet oder in bestimmten Teilen des Gebietes im Erdgeschoß nur die im Absatz 2 Nr. 2 genannten Nutzungsarten zulässig sind.

§ 4 BauNVO 1962: Allgemeine Wohngebiete

(1) *wie BauNVO 1968, 1977 und 1990*

(2) *wie BauNVO 1968 und 1977*

(3) *wie BauNVO 1968*

(4) *wie BauNVO 1968*

I. Gebietscharakter (Abs. 1)

1 Allgemeine Wohngebiete (WA-Gebiete) sind die städtebaulich bedeutsamsten Wohngebiete. Sie dienen anders als reine Wohngebiete (§ 3) nur **vorwiegend** dem Wohnen und lassen in stärkerem Maße gewerbliche Nutzungen zu, die das Wohnen nicht stören. Der Gebietscharakter eines allgemeinen Wohngebiets wird deshalb nicht gewahrt, wenn eine Gemeinde zwar ein allgemeines Wohngebiet festsetzt, jedoch durch Festsetzung nach § 1 Abs. 5 im gesamten Baugebiet alle Nutzungen nach § 4 Abs. 2 Nr. 2 und 3 ausschließt (BVerwG NVwZ 1999, 1340). Das allgemeine Wohngebiet lässt im Vergleich zum reinen Wohngebiet ein breiteres Spektrum gewerblicher Nutzungen zu, die das Wohnen ergänzen, was durchaus zur Lebendigkeit und Attraktivität des Wohnens in diesen Gebieten beitragen kann. Durch den eindeutigen Vorrang der Wohnnutzung unterscheidet sich das allgemeine Wohngebiet auf der anderen Seite vom Mischgebiet (§ 6), in dem Wohnen und Gewerbe prinzipiell gleichwertig nebeneinander stehen.

II. Allgemein zulässige Nutzungen (Abs. 2)

1. Wohngebäude (Nr. 1)

2 Allgemein zulässig sind zunächst **Wohngebäude** (s dazu Rn 1 – 7 zu § 3). Zu den Wohngebäuden iSv § 4 Abs. 2 Nr. 1 gehören in allgemeinen Wohngebieten, die unter der Geltung der BauNVO 1990 entstanden sind, auch solche, die ganz oder teilweise der **Betreuung und Pflege** ihrer Bewohner dienen (s dazu im Einzelnen Rn 5 zu § 3). Für die in allgemeinen Wohngebieten nach § 14 zulässigen **Nebenanlagen** zur Wohnnutzung gilt im Wesentlichen das Gleiche wie im reinen Wohngebiet (s oben Rn 7 zu § 3). Unterschiede können sich allerdings daraus ergeben, dass das allgemeine Wohngebiet durch eine stärkere Nutzungsmischung und damit auch durch eine höhere Zumutbarkeitsschwelle charakterisiert ist. Grundsätzlich lässt sich sagen, dass alle Nebennutzungen, wie zB **Kinderspielplätze**, die in reinen Wohngebieten zulässig sind, in allgemeinen Wohngebieten erst recht zulässig sind. Im allgemeinen Wohngebiet können aber auch Nebenanlagen zulässig sein, die in reinen Wohngebieten nicht zumutbar sind. Das gilt zB für einen **Bolzplatz**, soweit er nach Größe und Ausgestaltung dem Freizeitbedürfnis von Kindern und Jugendlichen im Gebiet dient (VGH München NVwZ 1987, 986). Ähnliches gilt für die **Tierhaltung.** Grundsätzlich ist auch in allgemeinen Wohngebieten eine Tierhaltung unzulässig, die mit dem Gebietscharakter eines Wohn-

gebiets unvereinbar ist. Mit der Eigenart eines allgemeinen Wohngebietes ist zB **Pferdehaltung**, auch als Hobbypferdehaltung, grundsätzlich nicht vereinbar (VGH Mannheim BauR 2004, 544 und 1497). Auch in allgemeinen Wohngebieten ist die **Hundehaltung** auf das Maß beschränkt, das mit der Wohnnutzung üblicherweise verbunden ist; die Zumutbarkeitsschwelle kann aber im Einzelfall höher liegen als bei reinen Wohngebieten. So kann in einem allgemeinen Wohngebiet die Haltung von Hunden in Zwingern außerhalb des Gebäudes eher zulässig sein als in einem reinen Wohngebiet (vgl einerseits VGH Mannheim BauR 1991, 571: zwei Hundezwinger für je einen Rauhhaardackel in einem eher ländlich geprägten allgemeinen Wohngebiet grundsätzlich zulässig; andereerseits VGH Mannheim NVwZ-RR 1990,64: Unterbringung von zwei Schäferhunden in offenen Zwingern nahe der Nachbargrenze unzulässig). **Tierzucht**, die die Haltung einer Vielzahl von Tieren voraussetzt, ist in allgemeinen Wohngebieten grundsätzlich unzulässig (OVG Lüneburg BRS 54 Nr. 56 – Doggenzucht –; NVwZ-RR 1993, 398 – Dackelzucht –; OVG Saarlouis BRS 50 Nr. 147 – Hühnerzucht). Etwas anderes kann aber im Einzelfall für die Haltung von **Brieftauben** gelten (OVG Lüneburg BRS 44 Nr. 67: Taubenschlag für 25 Brieftaubenpaare im allgemeinen Wohngebiet zulässig). Dabei kann die Verkehrsüblichkeit lokal oder regional unterschiedlich sein (BVerwG BauR 1999, 732 = NVwZ-RR 1999, 426 – Zulässigkeit einer Sporttaubenzucht wegen ihres Umfangs verneint).

2. Läden, Schank- und Speisewirtschaften, Handwerksbetriebe (Nr. 2)

3 Allgemein zulässig sind weiter die der Versorgung des Gebiets dienenden Läden, Schank- und Speisewirtschaften sowie nicht störenden Handwerksbetriebe. Das **Erfordernis des Gebietsbezugs** gilt für alle drei Nutzungen. Der Gebietsbezug ist städtebaulich zu verstehen; er erfordert nicht, dass der Laden oder der Betrieb ausschließlich von Bewohnern des Baugebiets frequentiert wird. Ausreichend, aber auch erforderlich ist, dass der Laden oder der Betrieb von dieser Zielsetzung geprägt ist, auch wenn er zusätzlich weitere Kunden in angrenzenden Wohngebieten hat (BVerwG NVwZ-RR 1993, 455; OVG Münster NVwZ-RR 2004, 245). Der erforderliche Bezug auf die Versorgung des Gebiets setzt zum einen der **Kapazität** Grenzen (zu Schank- und Speisewirtschaften BVerwG NJW 1998, 3792; NVwZ 1999, 417). Zum anderen muss auch das **Waren- oder das Dienstleistungsangebot** auf das Wohngebiet und seine Struktur zugeschnitten sein; daran fehlt es zB bei einer **Videothek** (VGH Mannheim BauR 1985, 537). Im Unterschied zum Gebietsbezug von ausnahmsweise zulässigen Läden und nicht störenden Handwerksbetrieben in reinen Wohngebieten (§ 3 Abs. 2 Nr1) ist das zulässige Waren- und Dienstleistungsangebot hier aber nicht auf die Versorgungsgüter zur Deckung des täglichen Bedarfs beschränkt. Zu den Anforderungen des Gebietsbezugs im Einzelnen s. unten Rn 4 und 6.

4 Der Begriff des **Ladens** (dazu Rn 9 zu § 3) beinhaltet keine Beschränkung auf kleinere Verkaufsgeschäfte; vielmehr werden die in der BauNVO verwandten Begriffe des Ladens und des Einzelhandelsbetriebs synonym verwandt (OVG Bautzen BauR 2005, 354 mwN). Läden sind in allgemeinen Wohngebieten aber nur allgemein zulässig, wenn sie der **Versorgung des Gebiets** dienen (s. dazu auch oben Rn 3). Das ist nicht gewissermaßen automatisch schon dann der Fall, wenn die Verkaufsfläche die Grenze zur Großflächigkeit iSd § 11 Abs. 3 unterschreitet (OVG Bautzen BauR 2005, 354). Überhaupt kommt dem Merkmal der Großflächigkeit in § 11 Abs. 3 und damit dem der Verkaufsfläche von 800 qm nach den

Urteilen des BVerwG vom 24.11.2005 (BVerwGE 124, 364 und 376) nicht mehr die städtebauliche Bedeutung eines Anhaltspunktes für den städtebauliche Typus des der wohnungsnahen Versorgung der Bevölkerung dienenden Einzelhandelsbetriebs zu, so dass diese Verkaufsflächengrenze – anders als nach der früheren Rechtsprechung (OVG Münster NVwZ-RR 2004, 245 im Anschluss an BVerwG BRS 47 Nr. 56) – auch für die Beurteilung der allgemeinen Zulässigkeit von Läden in allgemeinen Wohngebieten keine ausschlaggebende Bedeutung mehr haben dürfte (s. näher dazu unten Rn 23 zu § 11). Jedenfalls im allgemeinen Wohngebiet unzulässig ist ein großflächiger Einzelhandelsbetrieb, der die Wirkungen des § 11 Abs. 3 S. 2 haben kann (s dazu auch die widerlegliche Vermutungsregel in § 11 Abs. 3 S. 3 und 4).

Schank- und Speisewirtschaften sind dadurch charakterisiert, dass sie Getränke 5
und Speisen zum Verzehr an Ort und Stelle anbieten; dies darf nicht nur ein Nebenzweck sein (s auch § 1 Abs. 1 GaststättenG; zum Verhältnis zwischen dem bauplanungsrechtlichen und dem gaststättenrechtlichen Begriff OVG Saarlouis NVwZ-RR 1993, 460 mwN). Darunter fallen zB Restaurants, Weinstuben und Cafés, aber auch Eisdielen und Trinkhallen, jedenfalls dann, wenn ein Raum zum sofortigen Verzehr der Speisen und Getränke angeboten wird. Grenzfälle sind **Imbissbuden** (BVerwG BauR 1993, 435; OVG Saarlouis aaO: für Imbissbude jeweils offen gelassen, im Ergebnis Zulässigkeit mangels Gebietsbezugs verneint). Abzugrenzen sind Schank- und Speisewirtschaften von Vergnügungsstätten (§ 4a Abs. 3 Nr. 2) wie Diskotheken oder Bars, die in allgemeinen Wohngebieten nicht zulässig sind (VGH Mannheim BRS 44 Nr. 106).

Ob eine Schank- und Speisewirtschaft **der Versorgung des Gebiets dient**, hängt 6
nicht von der subjektiven Bewertung der Bewohner des Gebiets ab. Aber auch die Absichten (das Betriebskonzept) sind nicht als solche entscheidend. Maßgeblich sind vielmehr objektive Kriterien, wie insbesondere die Größe und sonstige Beschaffenheit der Anlage, die daraus sich ergebenden Erfordernisse einer tragfähigen wirtschaftlichen Auslastung, die örtlichen Gegebenheiten und die möglicherweise regional unterschiedlichen typischen Verhaltensweisen der Bevölkerung (BVerwG NVwZ 1999, 417). Dabei kommt es auf die Gegebenheiten in dem Zeitpunkt an, für den die Frage zu entscheiden ist; absehbare künftige Entwicklungen sind zu berücksichtigen (BVerwG aaO). Das Gebiet, dessen Versorgung die Schank- und Speisewirtschaft dienen muss, ist nicht zwangsläufig identisch mit dem festgesetzten allgemeinen Wohngebiet. Es kann auch auf angrenzende beplante oder unbeplante Gebiete ausgreifen, die zumindest auch dem Wohnen dienen. Ob eine Gaststätte der Versorgung des Gebiets dient, ist vom **verbraucherbezogenen Einzugsbereich** her zu bestimmen; das kann bei kleinen Landgemeinden uU bedeuten, dass das Versorgungsgebiet über das Gemeindegebiet oder den Gemeindegebietsteil (Ortsteil) hinausreicht (BVerwG NJW 1998, 3792 im Anschluss an BVerwG BRS 55 Nr. 54 und BVerwGE 94, 151; BVerwG NVwZ 1999, 417). Ein verbrauchernaher Einzugsbereich liegt nicht vor, wenn die Gaststätte auf Besucher ausgerichtet ist, die realistischerweise zum Besuch ein Kraftfahrzeug benutzen, oder wenn die Gaststätte eine **Kapazität** aufweist, die nicht erwarten lässt, dass sie durch die Bewohner des „Gebiets“ in einem ins Gewicht fallenden Umfang ausgelastet wird (BVerwG NJW 1998, 3792: Speiselokal auf gehobenem Niveau mit einer Kapazität von ca. 200 Gästen/Tag; BVerwG NVwZ 1999, 417: Gaststätte mit Kegelbahn). Im Übrigen kann es **keine abstrakten Mindest- oder Höchstzahlen** für die Größe einer im allgemeinen Wohngebiet all-

gemein zulässigen Schank- und Speisewirtschaft geben; vielmehr hängt diese Frage maßgebend von den jeweiligen demographischen und sozialen Gegebenheiten in der Umgebung ab, zu denen eine angemessene Relation gewahrt bleiben muss (BVerwG aaO).

Imbissstände und andere Schank- und Speisewirtschaften, die von vornherein auf Laufkundschaft aus einem weiteren Einzugsbereich ausgerichtet sind, dienen nicht der Versorgung des Gebiets (OVG Saarlouis NVwZ-RR 1993, 460). Andererseits kann der Gebietsbezug einer Gaststätte auch dann gegeben sein, wenn sie wegen ihrer Lage am Rande eines Ausflugs- und Erholungsgebiets zeitweilig auch von gebietsfremden Erholungssuchenden aufgesucht wird (OVG Berlin NVwZ-RR 1995, 15)

7 Allgemein zulässig sind schließlich die der Versorgung des Gebiets dienenden **nicht störenden Handwerksbetriebe.** Zum Begriff des Handwerksbetriebs s. Rn 10 zu § 3. Anders als in Mischgebieten (§§ 5, 6), in denen „nicht wesentlich störende" Gewerbebetriebe zulässig sind, darf ein zulässiger Handwerksbetrieb im allgemeinen Wohngebiet das Wohnen – ohne einschränkenden Zusatz – nicht stören. Die Frage, ob ein Betrieb stört, ist allerdings nicht an einem absoluten Ideal vollkommen ungestörter Wohnruhe zu messen. Maßgeblich ist vielmehr, ob es sich um eine **mit dem Gebietscharakter unverträgliche Störung** handelt. Der in Abs. 1 umschriebene Gebietscharakter – einschließlich der ihm entsprechenden Vorbelastungen und „typischen Störungen" wie zB der Lärm spielender Kinder – wirkt somit maßgeblich prägend auf die Auslegung der Vorschriften über allgemein und ausnahmsweise zulässige Nutzungen ein (BVerwGE 116, 155; OVG Berlin NVwZ-RR 2004, 556). Das gilt auch für den Begriff des störenden Handwerksbetriebs in Abs. 2. Unzulässig sind also nur solche Handwerksbetriebe, von denen gebietsunübliche oder gebietsunverträgliche Störungen ausgehen. **Typische Störungsquellen** sind die von einem Betrieb ausgehenden **Lärmeinwirkungen** und andere Immissionen wie **Staub** oder **Gerüche.** Daneben können aber auch andere Gesichtspunkte allein oder ergänzend maßgebend sein (BVerwG aaO), zB eine den Gebietscharakter **störende optische Wirkung** (OVG Berlin NVwZ-RR 2004, 556 zu § 4 Abs. 3 Nr. 2).

8 Bei Handwerksbetrieben sind aber in der Regel die **Immissionen** das vordringliche Problem, insbesondere Lärm und Luftverunreinigungen. Ob ein Handwerksbetrieb den Gebietscharakter des allgemeinen Wohngebiets, insbesondere also das Wohnen stört, ist im Ausgangspunkt anhand einer **typisierenden Betrachtungsweise** zu entscheiden. Jedoch können ausnahmsweise besondere Umstände des konkreten Betriebs, insbesondere atypische, besonders aufwändige Vorkehrungen zur Vermeidung von Emissionen, dazu führen, dass ein Betrieb zugelassen werden muss, der bei abstrakt-typisierender Betrachtungsweise in einem allgemeinen Wohngebiet an sich unzulässig wäre. Eine solche Zulassung atypischer Betriebe stößt allerdings an Grenzen. Das gilt vor allem dann, wenn zur Vermeidung eines mit dem Betrieb typischerweise verbundenen Störungspotentials Auflagen gemacht werden müssen, die einem Betrieb dieser Art an sich fremd sind und bei realistischer Betrachtung auf die Dauer nicht eingehalten oder nicht überwacht werden können (Jäde in Jäde/Dirnberger/Weiss, Rn 17 zu § 1 BauNVO und Rn 14 zu § 4 BauNVO). Mit diesen Maßgaben sind im allgemeinen Wohngebiet zB unzulässig: eine Tischlerei (BVerwG NJW 1971, 1626; OVG Schleswig NordÖR 2000, 426) und ein Zimmereibetrieb (VGH Kassel BRS 58 Nr. 66).

.u den **Immissionsrichtwerten** der auf Grund des BImSchG erlassenen Verwal- ıngsvorschriften (TA Lärm, TA Luft) und der technischen Regelwerke (VDI- .ichtlinie 2058) und deren Bedeutung für die bauplanungsrechtliche Beurteilung unten Rn 15, 16 und 27 ff zu § 15. 9

.uch für die nicht störenden Handwerksbetriebe gilt zusätzlich, dass sie der **Ver- ɔrgung des Gebiets** dienen müssen (OVG Saarlouis BRS 55 Nr. 68 und VGH ⁄Iannheim BRS 62 Nr. 70 zu Bäckereien; zum Gebietsbezug oben Rn 3, 4 und 6). 10

. Anlagen für kirchliche, kulturelle, soziale, gesundheitliche und sportliche Zwecke (Nr. 3)

ie in Abs. 2 Nr. 3 aufgeführten Anlagen sind in allgemeinen Wohngebieten all- emein zulässig. Sie müssen, wie der Vergleich mit § 3 Abs. 3 Nr. 2 zeigt, auch icht den Bedürfnissen der Bewohner des Gebiets dienen. Auch der in Abs. 2 Nr. 2 eforderte Versorgungsbezug fehlt hier. Zu beachten ist aber, dass die in Abs. 2 Ir. 3 genannten Anlagen nur die in § 5 Abs. 2 Nr. 2 BauGB definierten **Gemeinbe- arfsanlagen** erfassen (BVerwGE 102, 351: verneint für eine private **Arztpraxis**; eren Zulässigkeit in allgemeinen Wohngebieten richtet sich daher nach § 13; zu en Anforderungen an Gemeinbedarfsanlagen s. auch BVerwG NVwZ 1994, 004). Derartige Anlagen brauchen zwar nicht das Merkmal des Gemein- ebrauchs zu erfüllen. Auch auf die Rechtsform des Trägers kommt es nicht ent- :heidend an. Bei einem privaten Rechtsträger wird aber gefordert, dass eine ffentliche Aufgabe erfüllt wird, hinter der ein privates Gewinnstreben deutlich urücktritt (BVerwGE 102, 351). Ein **privates Bestattungsinstitut** mit Trauerhalle ;t danach keine Anlage für kirchliche, kulturelle oder soziale Zwecke; sie kann in inem allgemeinen Wohngebieten nur ausnahmsweise als nicht störender Gewer- ebetrieb nach Abs. 3 Nr. 2 zulässig sein (OVG Münster NVwZ-RR 1998, 621;)VG Weimar BRS 65 Nr. 86). Beschränkungen ergeben sich weiterhin aus dem ;ebot der **Wahrung des Gebietscharakters** (Abs. 1). Ein islamisch-kirchliches Kul- ırhaus mit Gebetsraum kann in einem allgemeinen Wohngebiet zulässig sein ƆVG Berlin DVBl 2007, 645). 11

:um Begriff der **Anlage für soziale Zwecke** s. oben Rn 14 zu § 3; zur Abgrenzung wischen Wohnen und Anlagen für soziale Zwecke s. oben Rn 4 zu § 3. In all- emeinen Wohngebieten allgemein zulässige Anlagen für soziale Zwecke sind zB in **Kindergarten** (VGH München BRS 42 Nr. 45 und 186), ein **Jugendheim** VGH München BauR 1982, 239), ein **Aussiedler-Wohnheim** (VGH Mannheim IVwZ 1992, 995), ein **Frauenhaus** (VGH Kassel NVwZ 1992, 994). **Keine Anla- en für soziale Zwecke** sind dagegen ein **Freigängerhaus** (BVerwG NVwZ 2005, 186) und ein **Tierheim** oder **Tierasyl** (VGH Mannheim BauR 1995, 215). 12

ınlagen für gesundheitliche Zwecke setzen voraus, dass die in der Anlage erfol- ende Behandlung oder Betätigung unmittelbar aus **medizinischen Gründen** rfolgt, also zum Zweck der Heilung oder Linderung von Krankheiten oder ;ebrechen, wie zB bei körperlichen Übungen im Rahmen einer medizinischen 'herapie, einer Krankengymnastik oder einer medizinischen Rehabilitationsmaß- ıahme (VGH Kassel BRS 46 Nr. 44). Eine allgemein gesundheitsfördernde Wir- :ung wie zB bei einem Fitness-Studio oder bei Jazz-Gymnastik oder Aerobic oder ei einer Sauna reicht dagegen nicht aus. 13

ıls **Anlage für kulturelle Zwecke** sind in allgemeinen Wohngebieten zB **Vereins- ıeime eines Gesangsvereins** allgemein zulässig; sie nehmen auch dann nicht den Charakter einer gebietsfremden Vergnügungsstätte an, wenn sie vereinzelt zur 14

Durchführung öffentlich zugänglicher Live-Musik-Veranstaltungen genutzt werden (OVG Koblenz BauR 2003, 1187).

15 **Anlagen für sportliche Zwecke** iSv Abs. 2 Nr. 3 müssen zwar nicht wie in reinen Wohngebieten der Versorgung der Bewohner des Gebiets dienen (§ 3 Abs. 3 Nr. 2). Sie müssen aber nach Art und Umfang der Eigenart des Gebiets entsprechen und dürfen die allgemeine Zweckbestimmung des Gebiets, vorwiegend dem Wohnen zu dienen, nicht gefährden (BVerwG NVwZ 1991, 982). Ein Tennisplatz ist daher auch in einem allgemeinen Wohngebiet grundsätzlich unzulässig (OVG Bremen BauR 1984, 491).

16 Für die in Nr. 2 genannten Anlagen kann der BPl gegebenenfalls auch eine **Gemeinbedarfsfläche** nach § 9 Abs. 1 Nr. 5, 9 und 15 festsetzen (zu „Doppelfestsetzungen" Rn 5 zu § 1).

4. Freiberufliche Nutzungen (§ 13)

17 In allgemeinen Wohngebieten ist nach § 13 die Nutzung einzelner Räume für die Berufsausübung freiberuflich Tätiger und ähnlicher Gewerbetreibender allgemein zulässig (BVerwGE 68, 324, BRS 23 Nr. 36; s. die Erläuterungen bei § 13).

III. Ausnahmen (Abs. 3)

1. Betriebe des Beherbergungsgewerbes (Nr. 1)

18 Zu den als Ausnahmen zulassungsfähigen Nutzungen gehören zunächst die **Betriebe des Beherbergungsgewerbes** (Nr. 1; zum Begriff und zur Abgrenzung gegenüber der Wohnnutzung s. oben Rn 3 zu § 3). Sie sind – anders als in reinen Wohngebieten – nicht auf „kleine" Betriebe beschränkt. Art und Größe sind aber durch das Gebot der Gebietsverträglichkeit begrenzt. Durch die sog. Zwei-Wohnungs-Klausel wird die Möglichkeit der Zulassung von Beherbergungsbetrieben in allgemeinen Wohngebieten nicht ausgeschlossen (BVerwG DÖV 1995, 1046 zu § 4 Abs. 4 BauNVO 1977; für Festsetzungen nach § 9 Abs. 1 Nr. 6 BauGB gilt dies ebenso. Trotz des anderen Wortlauts ist aber auch § 4 Abs. 4 BauNVO 1962 und 1968 schon in diesem Sinne zu verstehen).

2. Sonstige nicht störende Gewerbebetriebe (Nr. 2)

19 Ausnahmsweise können auch **sonstige nicht störende Gewerbebetriebe** zugelassen werden (Nr. 2). **Gewerbebetrieb** ist zunächst jeder Betrieb eines **stehenden Gewerbes** iSv **§ 14 Abs. 1 GewO**. Ein **Betrieb** setzt eine auf gewisse Dauer angelegte selbständige und auf Gewinnerzielung gerichtete Tätigkeit voraus. Nicht zu den Gewerbebetrieben rechnet man die Urproduktion und die freiberufliche Tätigkeit (§ 13 BauNVO). Betriebe der öffentlichen Hand fallen zwar nicht unter den Begriff des Gewerbes iSv § 14 GewO, dennoch können sie Gewerbebetriebe im bauplanungsrechtlichen Sinne sein, zB ein gemeindlicher Verkehrsbetrieb in der Form eines Eigenbetriebs (Boeddinghaus Rn 29 zu § 2). Zur Frage, wann ein Betrieb im Sinne des Abs. 3 Nr. 2 stört, s. oben Rn 7–8 zu den nicht störenden Handwerksbetrieben. Die Störung kann sich nicht nur aus **Immissionen** ergeben, die von dem Betrieb selbst ausgehen (zB Lärm, Staub, Gerüche), sondern auch aus anderen Umständen, zB aus einer mit dem Gewerbebetrieb typischerweise verbundenen gebietsunüblichen **Verkehrsbelastung** der Umgebung durch An- und Abfahrtsverkehr von Lieferanten und Kunden (BVerwG NVwZ 1991, 267; OVG Münster BauR 2004, 788) oder aus einem unüblichen, mit der Eigenart des

allgemeinen Wohngebiets unvereinbaren **optischen Eindruck** (OVG Berlin NVwZ-RR 2004, 556: Autohandelsbetrieb mit einem Ausstellungsgelände für bis zu 60 Kraftfahrzeuge, Bürocontainern, Fahnenmasten und branchentypischen Werbeanlagen).

Aus der umfangreichen Rechtsprechung: 20

Als **nicht störender Gewerbebetrieb** kann zB ausnahmsweise zulässig sein: ein **Fastfood-Restaurant**, das nicht der Versorgung des Gebiets dient und deshalb nicht nach Abs. 2 Nr. 2 allgemein zulässig ist (OVG Münster BauR 2005, 1288); ein **Bestattungsinstitut** mit Trauerhalle (OVG Weimar BRS 65 Nr. 86; s. auch OVG Münster NVwZ-RR 1998, 621: eine gebietsunverträgliche Störung ergibt sich nicht bereits aus der Konfrontation mit dem Tod); ein **Betrieb zur Herstellung von Software** (OVG Lüneburg NVwZ-RR 1994, 487). Bei **Mobilfunksendeanlagen** ist zunächst zu beachten, dass der durch die BauNVO 1990 neu eingeführte § 14 Abs. 2 S. 2 fernmeldetechnische Nebenanlagen allgemein zulässt. In älteren Baugebieten, für die eine frühere Fassung der BauNVO gilt, können Mobilfunksendeanlagen als nicht störende Gewerbebetriebe ausnahmsweise zulässig sein (OVG Münster ÖffBauR 2005, 58; NVwZ-RR 2004, 481; s. auch OVG Münster BauR 2003, 1011: offen gelassen bei einer Mobilfunksendeanlage, die auf dem Dach eines Gebäudes angebracht ist und deren Sendemast ca. 8 m über der Dachhaut aufragt).

Als **störender Gewerbebetrieb** ist in der Rspr zB angesehen worden: ein **Steinmetzbetrieb** (OVG Weimar BauR 2006, 91); eine **Obstbrennerei** (OVG Saarlouis BRS 60 Nr. 197); ein **Autohandelsbetrieb** mit einem Ausstellungsgelände für bis zu 60 Kraftfahrzeuge, Bürocontainern, Fahnenmasten und branchentypischen Werbeanlagen (OVG Berlin NVwZ-RR 2004, 556); ein **gewerblicher Garagenhof** (OVG Münster NWVBl. 1991, 12); ein **Abstellplatz und Waschplatz für LKW** (VGH Mannheim BRS 39 Nr. 61); ein **Baustofflagerplatz** (OVG Münster NVwZ 1996, 921); eine **Lagerhalle mit Ausstellungsgebäude** (VGH Mannheim BRS 57 Nr. 215); ein **Swinger-Club** (VGH München NVwZ-RR 2005, 15); gewerblich betriebene **Bordell- und Wohnungsprostitution** (BVerwG BauR 1996, 78), und zwar auch nach dem Prostitutionsgesetz vom 20.12.2001 (OVG Koblenz DÖV 2004, 395). Bei **KFZ-Reparaturwerkstätten** ist zu differenzieren zwischen Betrieben, die ausschließlich nicht störende Reparaturarbeiten durchführen (zB KFZ-Elektrik, Achsvermessungen oder Wartungsarbeiten) und solchen Betrieben, in denen auch Karosseriereparaturen oder andere lärmintensive Arbeiten durchgeführt werden (BVerwG BauR 1975, 396 zu § 6 Abs. 2 Nr. 4); in allgemeinen Wohngebieten können auch Betriebe, die nicht durch Lärm stören, unzulässig sein, wenn sie zB nach ihrer Größe, der optischen Erscheinung und der von ihnen ausgelösten Verkehrsbelastung nicht mit dem Charakter eines allgemeinen Wohngebiets vereinbar sind. 21

3. Anlagen für Verwaltungen (Nr. 3)

Unter den Begriff der **Anlagen für Verwaltungen** fallen nicht nur öffentliche Verwaltungen (zB Polizeistation, Auslandsvertretung), sondern auch Verwaltungen von Betrieben der Privatwirtschaft, zB von Versicherungen, Banken oder Verbänden (VGH Kassel BauR 2002, 1134). Ihre Zulässigkeit als Ausnahme ist zwar tatbestandlich nicht beschränkt, Grenzen ergeben sich aber aus dem systematischen Vergleich mit § 4a Abs. 3 Nr. 1 (Besonderes Wohngebiet) und § 7 Abs. 1 (Kerngebiet), wo jeweils von „zentralen Einrichtungen der Verwaltung“ die Rede ist, 22 und aus dem Gebot der Gebietsverträglichkeit (BVerwGE 116, 155: Zustellungsstützpunkt der Post AG; BRS 63 Nr. 102).

4. Gartenbaubetriebe (Nr. 4)

23 Zum Begriff des **Gartenbaubetriebs** s. oben Rn 4 zu § 2. Auch hier fehlt es zwar an einer tatbestandlichen Beschränkung; sie ergibt sich aber aus Abs. 1: Ein Gartenbaubetrieb, der wegen seiner Größe oder seiner Arbeitsweise mit dem Charakter eines allgemeinen Wohngebiets nicht vereinbar ist, fällt nicht unter Abs. 3 Nr. 4 (BVerwG DÖV 1997, 31).

5. Tankstellen (Nr. 5)

24 Schließlich können in allgemeinen Wohngebieten **Tankstellen** ausnahmsweise zugelassen werden. Diese Regelung beruht auf der Annahme, dass eine herkömmliche Tankstelle das Wohnen nicht stört und mit dem Gebietscharakter des allgemeinen Wohngebiets verträglich ist. Der Begriff der Tankstelle muss dann aber eng ausgelegt werden; er umfasst nur den eigentlichen Tankbetrieb einschließlich der damit herkömmlich verbundenen Dienstleistungen wie **Wartung, Pflege und Waschen** von Wagen im Sinne eines dem Tankservice untergeordneten Kundendienstes (OVG Münster BauR 1996, 682), nicht darüber hinausgehende handwerkliche oder gewerbliche Tätigkeiten, die nach Art und Umfang einer KFZ-Werkstatt entsprechen.

25 Allgemeine Wohngebiete können auch ohne BPl als **„faktische" Baugebiete** entstehen. In diesem Fall ist § 4 BauNVO über § 34 Abs. 2 BauGB unmittelbar anwendbar.

26 Die Festsetzung eines allgemeinen Wohngebiets im BPl und die Vorschrift des § 4 im Falle ihrer unmittelbaren Geltung für ein „faktisches" allgemeines Wohngebiet haben **nachbarschützende Wirkung** (s Rn 2 zu § 1 mwN).

§ 4a Gebiete zur Erhaltung und Entwicklung der Wohnnutzung (besondere Wohngebiete)

(1) Besondere Wohngebiete sind überwiegend bebaute Gebiete, die aufgrund ausgeübter Wohnnutzung und vorhandener sonstiger in Absatz 2 genannter Anlagen eine besondere Eigenart aufweisen und in denen unter Berücksichtigung dieser Eigenart die Wohnnutzung erhalten und fortentwickelt werden soll. Besondere Wohngebiete dienen vorwiegend dem Wohnen; sie dienen auch der Unterbringung von Gewerbebetrieben und sonstigen Anlagen im Sinne der Absätze 2 und 3, soweit diese Betriebe und Anlagen nach der besonderen Eigenart des Gebiets mit der Wohnnutzung vereinbar sind.

(2) Zulässig sind

1. Wohngebäude,

2. Läden, Betriebe des Beherbergungsgewerbes, Schank- und Speisewirtschaften,

3. sonstige Gewerbebetriebe,

4. Geschäfts- und Bürogebäude,

5. Anlagen für kirchliche, kulturelle, soziale, gesundheitliche und sportliche Zwecke.

(3) Ausnahmsweise können zugelassen werden

1. Anlagen für zentrale Einrichtungen der Verwaltung,

2. Vergnügungsstätten, soweit sie nicht wegen ihrer Zweckbestimmung oder ihres Umfangs nur in Kerngebieten allgemein zulässig sind,
3. Tankstellen.

(4) Für besondere Wohngebiete oder Teile solcher Gebiete kann, wenn besondere städtebauliche Gründe dies rechtfertigen (§ 9 Abs. 3 des Baugesetzbuchs), festgesetzt werden, daß
1. oberhalb eines im Bebauungsplan bestimmten Geschosses nur Wohnungen zulässig sind oder
2. in Gebäuden ein im Bebauungsplan bestimmter Anteil der zulässigen Geschoßfläche oder eine bestimmte Größe der Geschoßfläche für Wohnungen zu verwenden ist.

§ 4a BauNVO 1977: Gebiete zur Erhaltung und Entwicklung der Wohnnutzung (besondere Wohngebiete)

(1) Besondere Wohngebiete sind im wesentlichen bebaute Gebiete, die aufgrund ausgeübter Wohnnutzung und vorhandener sonstiger in Absatz 2 genannter Anlagen eine besondere Eigenart aufweisen und in denen unter Berücksichtigung dieser Eigenart die Wohnnutzung erhalten und fortentwickelt werden soll. *S. 2 wie BauNVO 1990*

(2) Zulässig sind
1. – 4. *wie BauNVO 1990*
5. Anlagen für kirchliche, kulturelle, soziale, sportliche und gesundheitliche Zwecke.

(3) Ausnahmsweise können zugelassen werden
1. *wie BauNVO 1990,*
2. Vergnügungsstätten,
3. *wie BauNVO 1990*

(4) *wie BauNVO 1990*

BauNVO 1968 und 1962: keine entsprechende Regelung

I. Gebietscharakter (Abs. 1)

1. Allgemeines

1 Besondere Wohngebiete (WB-Gebiete) sind erst durch die BauNVO-Novelle 1977 eingeführt worden. Sie sind auf **besondere städtebauliche Situationen** zugeschnitten, die vor allem in größeren Städten vorkommen, auf bestehende innerstädtische (Alt-) Baugebiete, in denen die Wohnnutzung in einer für ein Wohngebiet untypischen Weise durchsetzt ist mit einer Vielfalt meist kleinteiliger gewerblicher Nutzungen, zT auch von zentrumstypischen Nutzungen, also zB für ein am Rand der Innenstadt gelegenes Gebiet mit Blockrandbebauung, das ehemals als gehobenes städtisches Wohnquartier mit großen Wohnungen und großzügigen Garten- und Erholungsflächen im Blockinneren entstanden ist, in dem sich aber zunehmend gewerbliche Nutzungen ausgebreitet haben, die dem Gebiet den Charakter eines faktischen reinen oder allgemeinen Wohngebietes genommen haben, ohne es aber etwa zu einem typischen Kerngebiet zu machen. Die Festsetzung eines besonderen Wohngebietes dient dem **städtebaulichen Ziel** der Erhaltung und attraktiven Entwicklung eines typisch städtischen, urbanen Wohnens (dazu OVG Münster BRS 59 Nr. 28; Bielenberg in EZB Rn 1 und 3 zu § 4a BauNVO mwN). Der städtebauliche Sinn eines besonderen Wohngebiets liegt nicht zuletzt auch darin, dass die Erhaltung und Aufwertung vorhandener urbaner Wohnquartiere dem sparsamen und schonenden Umgang mit Grund und Boden dient (§ 1a Abs. 2 BauGB) und auch hinsichtlich der Erschließungskosten für die Gemeinde sparsamer ist als eine Ausweisung neuer Wohngebiete auf Kosten des Außenbereichs.

2 Die Voraussetzungen hinsichtlich der vorhandenen Bebauung und die Vorgabe ausdrücklicher städtebaulicher Erhaltungs- und Entwicklungsziele unterscheiden das besondere Wohngebiet deutlich von den typisierten Baugebieten der § 2–4 und 5–9, aber auch von den Sondergebieten nach § 10 und 11. Der Gedanke der Erhaltung und Fortentwicklung eines städtebaulich wertvollen Bestands verbindet § 4a mit § 1 Abs. 10 BauNVO (erweiterter Bestandsschutz in überwiegend bebauten Gebieten) und mit der Erhaltungssatzung (§ 172 ff BauGB). Diese Instrumente können auch miteinander kombiniert werden.

3 § 4a Abs. 1 enthält – auch dies eine Besonderheit im Vergleich zu den anderen Baugebietsvorschriften – zwei unterschiedliche Beschreibungen eines Gebietscharakters, den **Gebietscharakters des vorhandenen Baugebiets** und den **Gebietscharakters des geplanten Baugebiets:** Abs. 1 S. 1 knüpft die Festsetzung eines besonderen Wohngebiets zunächst an das Vorhandensein eines **überwiegend bebauten Gebiets** (BauNVO 1977: „im wesentlichen bebauten Gebiets"), das eine **besondere Eigenart** aufweisen muss. Systematisch davon zu unterscheiden ist die Beschreibung des **künftigen Gebietscharakters**, den das Baugebiet nach der Festsetzung als besonderes Wohngebiet annehmen soll, in S. 2.

2. Das vorhandene Gebiet

4 **a) Der Begriff des überwiegend bebauten Gebiets:** Zum Begriff des **überwiegend bebauten Gebiets** s. zunächst Rn 31 zu § 1. Anders als bei § 1 Abs. 10 ist hier unter dem Gebiet, das überwiegend bebaut sein muss, eindeutig das Gebiet des künftigen BPls zu verstehen (Fickert/Fieseler, Rn 6 zu § 4a). Das Erfordernis der überwiegenden Bebauung setzt zumindest voraus, dass im künftigen BPl-Gebiet jedenfalls mehr als die Hälfte der Grundstücke bebaut ist (Boeddinghaus, Rn 4 zu § 4a). Ob darüber hinaus erforderlich ist, dass die bauliche Entwicklung des Gebiets im

Wesentlichen abgeschlossen ist, so dass allenfalls noch einige **Baulücken** frei sind (Jäde in Jäde/Dirnberger/Weiss, Rn 2 zu § 4a BauNVO), ist fraglich. Zwar sollte die Änderung des Wortlauts gegenüber der Fassung der BauNVO 1977 („im wesentlichen bebaut") nur die Bedeutung einer klarstellenden Anpassung an die Begriffe der BauNVO haben (BR-Drs 354/59, S. 47). Die veränderte Begriffswahl zwingt gleichwohl dazu, die Auslegung des Begriffs des überwiegend bebauten Gebiets in § 4a auch an der Auslegung des gleichen Begriffs in anderen Vorschriften der BauNVO, etwa in § 1 Abs. 10, zu orientieren (dazu BVerwG BauR 2002, 1665). Auf der anderen Seite bestand bei der Einführung des besonderen Wohngebiets durch die BauNVO-Novelle 1977 Einigkeit darüber, dass das besondere Wohngebiet nicht für neu zu bebauende oder nur teilweise bebaute Gebiete gedacht war, sondern auf **Altbaugebiete** beschränkt sein sollte (Fickert/Fieseler, Rn 6 zu § 4a). Die praktische Bedeutung der Auslegung des Begriffs des überwiegend bebauten Gebiets ist im Ergebnis begrenzt, weil zu dem Erfordernis des überwiegend bebauten Gebiets zwingend das weitere Erfordernis hinzukommen muss, dass die als besondere Wohngebiete vorgesehenen Gebiete „aufgrund ausgeübter Wohnnutzung und vorhandener sonstiger in Abs. 2 genannter Anlagen eine besondere **Eigenart** aufweisen". Deshalb kann es sich im Ergebnis nur um Gebiete handeln, die – soweit sie nicht anderweitig bereits qualifiziert beplant sind – den Anforderungen an einen **nicht beplanten Innenbereich iSv § 34 Abs. 1 BauGB**, insbesondere an das Vorliegen eines Ortsteils mit einer organischen städtebaulichen Siedlungsstruktur genügen. Keinesfalls können danach Streu- und Splittersiedlungen im Außenbereich (§ 35 BauGB) als besondere Wohngebiete überplant werden. Darüber hinaus setzt das Erfordernis der städtebaulichen Eigenart auch eine gewisse **Abgeschlossenheit der baulichen Entwicklung** in dem Sinne voraus, dass eine **städtebauliche Struktur** mit der in § 4a Abs. 1 umschriebenen Eigenart erkennbar ist. Sofern das der Fall ist, schließen auch **größere Baulücken** die Annahme eines überwiegend bebauten Gebiets und die Ausweisung eines besonderen Wohngebietes nicht aus.

b) Die besondere Eigenart des überwiegend bebauten Gebiets: Der Gebietscha- 5
rakter, den dieses überwiegend bebaute Gebiet aufweisen muss, ist in dreifacher Weise bestimmt: durch **ausgeübte Wohnnutzung**, durch das **Vorhandensein von sonstigen Anlagen nach Abs. 2**, also von Nutzungen iSd Abs. 2 Nr. 2–5 und durch eine sich aufgrund dieser vorhandenen Nutzungsarten ergebende **besondere Eigenart** des Gebiets. Die ersten beiden Voraussetzungen sind tatsächlicher Art, die dritte Voraussetzung ist eine städtebauliche Bewertung des Gebietscharakters, die von den tatsächlichen Voraussetzungen getragen sein muss. Dem entsprechend setzt die Ausweisung eines besonderen Wohngebiets eine Bestandsermittlung voraus, die die Beurteilung der besonderen Eigenart des Gebietes und der Konsequenzen für die künftige Entwicklung zulässt (OVG Münster DÖV 1997, 39 = BRS 58 Nr. 25).

Die beiden ersten Voraussetzungen bereiten keine besonderen Schwierigkeiten: 6
Die Wohnnutzung (dazu oben Rn 1 – 6 zu § 3) muss **ausgeübt**, also tatsächlich vorhanden sein. Es reicht nicht, dass sie genehmigt ist. Sie muss, um dauerhaft ausgeübt zu werden, aber genehmigungsfähig oder zumindest bauaufsichtlich geduldet sein. Auch die gewerblichen Nutzungen nach Abs. 2 Nr. 2–4 und Anlagen für kirchliche, kulturelle, soziale, gesundheitliche und sportliche Zwecke (Nr. 5) müssen in diesem Sinne vorhanden sein, um die besondere Eigenart des Gebiets mitprägen zu können. Es müssen nicht alle in Abs. 2 genannten Nutzungsarten vor-

handen sein, aber zwingende Voraussetzung ist, dass neben der Wohnnutzung auch in nennenswertem Umfang sonstige Nutzungen iSv Abs. 2 vorhanden sind. Ein Gebiet, das sich nach seiner Nutzungsstruktur von einem allgemeinen Wohngebiet nicht oder nur unwesentlich unterscheidet, darf nicht als besonderes Wohngebiet ausgewiesen werden (OVG Lüneburg BauR 2000, 1445 = BRS 63 Nr. 71), etwa um die erstmalige Ansiedlung wohnfremder Nutzungen zu ermöglichen (OVG Münster BRS 59 Nr. 28).

7 Schwieriger zu beantworten ist die Frage, was unter der **besonderen Eigenart** des überwiegend bebauten Gebiets zu verstehen ist, das der Planung eines besonderen Wohngebiets zugänglich ist. Zunächst ergibt sich aus dem Erfordernis einer besonderen Eigenart, dass besondere, also **atypische tatsächliche Verhältnisse** vorliegen müssen, die eine Einordnung der vorhandenen Gebietsstruktur in eines der anderen, typischen Baugebiete ausschließen und eine anderweitige Festsetzung des Gebiets, zB als allgemeines Wohngebiet, gerade nicht erlauben (BVerwG Buchholz 406.12 § 4a BauNVO Nr. 2). Schwierigkeiten bereitet dies vor allem im Hinblick auf das Mischgebiet (§ 6), das ebenfalls durch eine Nutzungsmischung von Wohnen und Gewerbe gekennzeichnet ist (s Rn 1 zu § 6). Deshalb wird teilweise die Auffassung vertreten, die erforderliche Atypik werde nicht dadurch ausgeschlossen, dass das Gebiet in seinem faktischen Bestand unter eines der vertypten Baugebiete eingeordnet werden könne; insbesondere müsse es zulässig sein, faktische Mischgebiete zu besonderen Wohngebieten zu entwickeln (Jäde in Jäde/Dirnberger/Weiss Rn 6 zu § 4a BauNVO; Ziegler in KK Rn 17 ff zu § 4a BauNVO; Stock in KRS Rn 7 zu § 4a; aA Fickert/Fieseler Rn 7 zu § 4a; Bielenberg in EZB Rn 13 f zu § 4a BauNVO; Boeddinghaus Rn 8 zu § 4a). Diese Auffassung lässt sich allerdings schwer mit dem Wortlaut der Vorschrift vereinbaren. Ein Gebiet, das nach seiner vorhandenen Bebauung einem faktischen typischen Baugebiet iSd § 34 Abs. 2 BauGB entspricht, kann die in § 4a Abs. 1 geforderte besondere Eigenart gerade nicht aufweisen. Auch die Entstehungsgeschichte der Vorschrift spricht dafür, dass der Verordnungsgeber bei § 4a einen **bestimmten städtebaulichen Typus** im Auge hatte, das gewachsene innerstädtische Wohnviertel mit einer gewissen Zentralität in Lage und Funktion, in das zunehmend anderweitige Nutzungen eindringen, die für Mischgebiete oder Kerngebiete typisch sind und die Wohnnutzung verdrängen (Jäde in Jäde/Dirnberger/Weiss Rn 4 zu § 4a BauNVO). Schließlich lässt sich aus der Formulierung des städtebaulichen Ziels der Festsetzung eines besonderen Wohngebietes, die Wohnnutzung zu erhalten und zu entwickeln, schließen, dass die besondere Eigenart des vorhandenen Gebiets auch **durch eine gewisse Dynamik gekennzeichnet** ist, die eine **Tendenz zur Verdrängung und Entwertung der vorhandenen Wohnnutzung** aufweist und ein städtebauliches **Bedürfnis nach Erhaltung und attraktiver Entwicklung** des Wohnens in Innenstadtlagen hervorruft.

8 Die besondere Eigenart des vor der Planung vorhandenen Baugebiets iSv Abs. 1 S1 setzt nicht voraus, dass die ausgeübte Wohnnutzung überwiegt (Bielenberg in EZB Rn 22 zu § 4a BauNVO; Jäde in Jäde/Dirnberger/Weiss, Rn 7 zu § 4a BauNVO; Stock in KRS, Rn 8 zu § 4a; Ziegler in KK, Rn 15 zu § 4a BauNVO; aA Boeddinghaus, Rn 6 zu § 4a). Abs. 1 S. 2, wonach besondere Wohngebiete vorwiegend dem Wohnen dienen, gilt erst für das durch Festsetzung entstehende besondere Wohngebiet. Die in S. 1 vorausgesetzte besondere Eigenart kann also auch dann vorliegen, wenn andere Nutzungen bereits so weit vorgedrungen sind, dass die **ausgeübte Wohnnutzung nicht mehr vorherrscht oder überwiegt**. Die Ausweisung

eines besonderen Wohngebiets scheidet allerdings aus, wenn andere Nutzungen bereits so weit zu Lasten der ausgeübten Wohnnutzung vorgedrungen sind, dass die städtebaulichen Ziele der Erhaltung und Fortentwicklung der Wohnnutzung und die Schaffung eines Baugebiets, das vorwiegend dem Wohnen dient, nicht mehr realistisch sind.

Aus dem Umstand, dass S. 1 neben der ausgeübten Wohnnutzung nur sonstige in Abs. 2 genannte Anlagen erwähnt, nicht aber die in **Abs. 3** genannten **Ausnahmen** wie Vergnügungsstätten oder Tankstellen, folgt lediglich, dass es auf das Vorhandensein solcher Nutzungsarten für die Feststellung der besonderen Eigenart weder im positiven Sinne noch im negativen Sinne ankommt. Die Planung eines besonderen Wohngebiets wird also grundsätzlich nicht dadurch ausgeschlossen, dass im bestehenden Baugebiet Nutzungen iSv Abs. 3 vorkommen (Fickert/Fieseler, Rn 8.1 zu § 4a). Etwas anderes gilt aber, wenn solche Nutzungen wegen ihrer Häufigkeit und prägenden Wirkung die Planung eines besonderen Wohngebiets, in dem sie nur ausnahmsweise zulässig wären, verhindern würden. 9

3. Das zu planende besondere Wohngebiet

Von der besonderen Eigenart des vor Festsetzung eines besonderen Wohngebiets bestehenden Baugebiets ist der Gebietscharakter des besonderen Wohngebiets zu unterscheiden, der durch die Planung entsprechend der städtebaulichen Zielsetzung des Abs. 1 S. 1 angestrebt wird. Dieser **künftige Gebietscharakter** wird in **Abs. 1 S. 2** umschrieben. Planungsziel bei der Ausweisung eines besonderen Wohngebiets ist die Fortentwicklung der Wohnnutzung, nicht der gewerblichen Nutzung (OVG Münster DÖV 1997, 39 = BRS 58 Nr. 25). Diesem Ziel entsprechend dienen besondere Wohngebiete **vorwiegend dem Wohnen**. Daneben dienen sie aber **auch der Unterbringung von Gewerbebetrieben und sonstigen Anlagen** nach Abs. 2 (allgemein zulässige Nutzungen) und Abs. 3 (ausnahmsweise zulässige Nutzungen), dies aber unter dem Vorbehalt, dass diese Betriebe und Anlagen **nach der besonderen Eigenart des Gebiets mit der Wohnnutzung vereinbar** sind. Der Zusatz „nach der besonderen Eigenart des Gebiets" bezieht sich auf das vor der Planung bestehende Baugebiet. Die vorhandenen Gewerbetriebe und sonstigen Anlagen nach Abs. 2 entfalten damit auch nach der Festsetzung des besonderen Wohngebietes noch prägende Wirkung. Sie können das Maß an Störung, das mit der Wohnnutzung vereinbar ist, beeinflussen. Insofern wirkt die besondere Eigenart des vor der Planung vorhandenen Baugebiets auf den Gebietscharakters des festgesetzten besonderen Wohngebietes ein. Das macht es schwierig, den Gebietscharakter des Wohngebiets im Hinblick auf die Grenzen der Zumutbarkeit von Störungen und Belastungen des Wohnens durch gewerbliche und andere Nutzungen allgemeingültig zu umschreiben. Die Zumutbarkeit von Belastungen des Wohnens durch Gewerbebetriebe und andere Anlagen kann aber jedenfalls in besonderen Wohngebieten im Vergleich zu allgemeinen Wohngebieten stärker in Richtung auf das Mischgebiet oder das Kerngebiet verschoben sein. 10

Die städtebauliche Idee des besonderen Wohngebiets ist es nicht lediglich, die vorhandene Nutzungsmischung weiterzuführen, sondern eine **Aufwertung der Wohnnutzung** anzustreben, so dass trotz der vorhandenen und weiterbestehenden gewerblichen und uU kerngebietstypischen Nutzungen ein attraktives innerstädtisches Wohnen ermöglicht wird. Es entspricht der Konzeption des besonderen Wohngebiets, dass der angestrebte Gebietscharakter sich von dem vorgefundenen deutlich unterscheidet. Voraussetzung für die Festsetzung eines besonderen 11

Wohngebiets ist deshalb, dass das vorhandene Baugebiet ein **Entwicklungspotential** hat, das durch den BPl selbst (zB Festsetzungen für Baulücken; Festsetzungen nach § 9 Abs. 1 Nr. 25 BauGB) und in Umsetzung des BPls durch die Bauaufsichtsbehörde (zB Auflagen zum Lärmschutz für Gewerbebetriebe) sowie ergänzende Entscheidungen der Gemeinde (Schaffung eines attraktiven Wohnumfeldes; Spielplätze und Kindergärten, ÖPNV) im Sinne einer Aufwertung der Wohnqualität genutzt werden kann.

II. Allgemein zulässige Nutzungen (Abs. 2)

1. Wohngebäude (Nr. 1)

12 Allgemein zulässig sind Wohngebäude (s. oben Rn 1–6 zu § 3).

2. Läden, Betriebe des Beherbergungsgewerbes, Schank- und Speisewirtschaften (Nr. 2)

13 Allgemein zulässig sind Läden (s. oben Rn 9 zu § 3), Betriebe des Beherbergungsgewerbes (s. oben Rn 3 zu § 3) und Schank- und Speisewirtschaften (s. oben Rn 5 zu § 4). Ein Gebietsbezug wie beim allgemeinen Wohngebiet (§ 4 Abs. 2 Nr. 2) ist nicht erforderlich. Grenzen ergeben sich erst aus dem (besonderen) Gebietscharakter nach Abs. 1 S. 2 (s. oben Rn 10).

3. Sonstige Gewerbebetriebe (Nr. 3)

14 **Sonstige Gewerbebetriebe** (s. oben Rn 19 zu § 4) sind ohne tatbestandliche Einschränkung (zB § 4 Abs. 2 Nr. 2: nicht störend; §§ 5 Abs. 1 und 6 Abs. 1: nicht wesentlich störend) allgemein zulässig. Grenzen werden durch den Gebietscharakter nach Abs. 1 S. 2 gezogen (s. oben Rn 10). Dabei ist das Erfordernis der Vereinbarkeit mit der Wohnnutzung zu beachten, das seinerseits aber auf die besondere Eigenart des vorhandenen Gebiets abgestimmt sein muss (s. oben Rn 5–7).

4. Geschäfts- und Bürogebäude (Nr. 4)

15 Die Begriffe des Geschäftsgebäudes und des Bürogebäudes lassen sich kaum scharf voneinander trennen. **Geschäftsgebäude** sind vor allem Gebäude mit einem **kaufmännischen Publikumsverkehr**. Darunter fallen auch Gebäude, die insgesamt für Zwecke des Groß- und Einzelhandels dienen, einschließlich der ihnen dienenden Verwaltungsabteilungen, Ausstellungsgebäude und Bank- und Versicherungsgebäude mit Publikumsverkehr. **Bürogebäude** beherbergen zB Büroräume für Verbände und sonstige Organisationen der Wirtschaft, für freie Berufe und für kleinere Verwaltungen der Privatwirtschaft, unabhängig davon, ob ein Geschäftsverkehr stattfindet. Nicht zu den allgemein zulässigen Geschäfts- und Bürogebäuden gehören die nach Abs. 3 Nr. 1 lediglich ausnahmsweise zulassungsfähigen **zentralen Einrichtungen der Verwaltung**. Im Übrigen ergeben sich Begrenzungen wiederum aus dem Gebietscharakter des besonderen Wohngebiets (s. oben Rn 10 und Rn 5–7).

5. Anlagen für kirchliche, kulturelle, soziale, gesundheitliche und sportliche Zwecke (Nr. 5)

16 Zur Zulässigkeit der in Nr. 5 genannten Anlagen kann grundsätzlich auf die Erläuterungen zu § 4 Abs. 2 Nr. 3 verwiesen werden (s. oben Rn 10–15 zu § 4). Jedoch kann sich aus dem besonderen Gebietscharakter (s. oben Rn 10 und 5–7) ggf eine

höhere Zumutbarkeitsschwelle für Belastungen der Wohnnutzung ergeben als im allgemeinen Wohngebiet.

III. Ausnahmen (Abs. 3)

1. Anlagen für zentrale Einrichtungen der Verwaltung (Nr. 1)

Unter **Verwaltung** ist nicht nur die öffentliche Verwaltung zu verstehen, sondern 17
auch die Verwaltungsabteilung eines privatwirtschaftlichen Unternehmens (s. oben Rn 22 zu § 4). Die Abgrenzung zu den allgemein zulässigen Geschäfts- und Bürogebäuden (s. oben Rn 15) ergibt sich aus dem Merkmal der Zentralität. Danach muss es sich um Verwaltungseinrichtungen handeln, die eine **zentrale Funktion** für einen Personenkreis haben, der über das Baugebiet hinausgeht und zumindest das Gemeindegebiet, bei kleineren Gemeinden das Gebiet mehrerer Gemeinden, bei größeren Städten den Stadtteil umfasst, zB das Landratsamt, die Bezirksverwaltung einer Großstadt, das Arbeitsamt, die Wehrbereichsverwaltung, Gerichte, das Gebietsrechenzentrum, eine Paketpostdienststelle mit dem dazugehörigen Fuhrpark, die Hauptverwaltungen von Industrie- und Handelskammern, Versicherungen, Banken, überregionalen Versorgungs- und Verkehrsbetrieben oder anderen großen Unternehmen.

2. Nicht kerngebietstypische Vergnügungsstätten (Nr. 2)

Die **BauNVO-Novelle 1990** hat die Zulässigkeit von **Vergnügungsstätten** aus- 18
drücklich **abschließend geregelt**. Eine Zulässigkeit als „sonstiger Gewerbebetrieb" kommt daneben nicht mehr in Betracht (BVerwG NVwZ 1991, 266 = DÖV 1991, 111 = BRS 50 Nr. 60). **Bis zur BauNVO 1990** hatte die Rspr eine Zulässigkeit von Vergnügungsstätten als **„sonstige Gewerbebetriebe"** auch in Baugebieten angenommen, für die die einschlägige Baugebietsvorschrift eine Zulässigkeit von Vergnügungsstätten nicht ausdrücklich vorsah (BVerwGE 68, 207; NVwZ 1986, 643). In Baugebieten, für die noch eine ältere Fassung der BauNVO gilt, ist die ältere Rspr grundsätzlich weiterhin gültig, so dass Vergnügungsstätten dort als sonstige Gewerbebetriebe zulässig sein können. Zu prüfen ist aber, ob Vergnügungsstätten bei typisierender Betrachtungsweise mit dem jeweiligen Gebietscharkater vereinbar sind (BVerwG DÖV 2000, 1057 = NVwZ 2000, 1054 = BauR 2000, 1306: verneint für eine kerngebietstypische Vergnügungsstätte in einem Industriegebiet).

Nach der BauNVO 1990 ergibt sich im **Überblick** folgende Rechtslage: **Vergnü-** 19
gungsstätten sind **uneingeschränkt nur noch in Kerngebieten** zulässig (§ 7 Abs. 2 Nr. 2). In **Gewerbegebieten** können sie **ausnahmsweise** zugelassen werden, auch wenn sie kerngebietstypisch sind (§ 8 Abs. 3 Nr. 3). **Nicht kerngebietstypische Vergnügungsstätten** sind nur in Mischgebieten und dort nur in den Teilen des Gebiets, die überwiegend durch gewerbliche Nutzungen geprägt sind, **allgemein zulässig** (§ 6 Abs. 2 Nr. 8). Außerhalb dieser Gebietsteile im Mischgebiet (§ 6 Abs. 3) sowie in besonderen Wohngebieten (§ 4a Abs. 3 Nr. 2) und Dorfgebieten (§ 5 Abs. 3) können nicht kerngebietstypische Vergnügungsstätten **ausnahmsweise** zugelassen werden. In Kleinsiedlungsgebieten (§ 2), reinen Wohngebieten (§ 3), allgemeinen Wohngebieten (§ 4) und Industriegebieten (§ 9) sind sie **weder allgemein noch ausnahmsweise zulässig.**

Der **Begriff der Vergnügungsstätte** knüpft an den umgangssprachlichen Begriff der 20
Vergnügung an. Aber der städtebauliche Begriff der Vergnügungsstätte umfasst

keineswegs alle Stätten, in denen Menschen sich vergnügen. So können Kunst und Kultur nicht nur ernst, sondern auch heiter sein und Vergnügen bereiten. Dennoch sind **Museen** und **Theater** jeglicher Art (also einschließlich des reinen Operetten- und Musical-Theaters und der Kleinkunstbühnen, des Puppenspieltheaters, des Varietés und des Kabaretts) keine Vergnügungsstätten iSd BauNVO, sondern Anlagen für kulturelle Zwecke. Nach der Systematik der BauNVO ist der Begriff der Vergnügungsstätte vor allem **abzugrenzen** von der **Schank- und Speisewirtschaft** einerseits und den **Anlagen für kulturelle und sportliche Zwecke** andererseits. Vergnügungsstätten sind eine davon abzugrenzende **besondere Nutzungsart**, bei der die **kommerzielle Unterhaltung** der Besucher durch entsprechende Dienstleistungen des Betreibers **im Vordergrund** steht (OVG Münster NWVBl. 2006, 460; Dolde/Schlarmann, BauR 1984, 121, aA Fickert/Fieseler, Rn 22.51 zu § 4a). Problematisch und umstritten ist danach die Einordnung von **Kinos** als Vergnügungsstätten oder Anlagen für kulturelle Zwecke (dazu OVG Weimar NVwZ 2004, 249: Multiplexkino mit 8 Kinosälen und 2.150 Plätzen). Der Auffassung, dass Kinos ohne Rücksicht auf Größe und Programmgestaltung Vergnügungsstätten seien (BVerwG BRS 39 Nr. 67 = NVwZ 1982, 312; DÖV 1989, 725 = BauR 1989, 308; Roeser in KRS Rn 16 zu § 7 mwN), steht die Auffassung gegenüber, dass die üblichen Kinos, die „Lichtspieltheater“, Anlagen für kulturelle Zwecke seien (Fickert/Fieseler, Rn 22.5 zu § 4a; tendenziell ebenso OVG Bautzen SächsVBl. 1995, 286; Stock in KRS Rn 49 zu § 4). Maßgeblich können nur städtebauliche Auswirkungen sein, durch die sich Vergnügungsstätten bei typisierender Betrachtungsweise von Anlagen für kulturelle Zwecke unterscheiden und die den Grund dafür bilden, dass der Verordnungsgeber Vergnügungsstätten weitgehend von der Wohnnutzung und anderen schutzwürdigen Nutzungen fernhalten will (Roeser in KRS Rn 17 zu § 7). Unter diesen Gesichtspunkten lässt sich eine unterschiedliche Einordnung etwa eines kleinen Programmkinos und einer Kleinkunstbühne kaum begründen. Auch der Aspekt der privaten Gewinnerzielung kann nicht für sich allein entscheidend sein (Schmitz, LKV 1997, 345). Es wäre nicht einleuchtend, wenn ein kleines privates Theater als Vergnügungsstätte einzuordnen wäre, nur weil es ohne öffentliche Gelder auskommt. Ein trennscharfes und für alle Fälle brauchbares abstraktes Abgrenzungskriterium gibt es also nicht. Man kann nur vom Idealtypus der Vergnügungsstätte ausgehen und im Einzelfall danach fragen, ob ein Vorhaben nach dem Schwerpunkt des Unterhaltungsangebots, dem angesprochenen Publikum, der kommerziellen Ausrichtung, der Größe und der Betriebsgestaltung (zB Öffnungszeiten) vergleichbare städtebauliche Auswirkungen auf das Wohnen und auf andere schutzwürdige Nutzungen haben würde.

21 Eindeutig als Vergnügungsstätten und damit auch als Idealtypen für die Einordnung von Grenzfällen anzusehen sind **Diskotheken und Tanzlokale** sowie **Spielhallen**; dies sind auch die in der städtebaulichen Praxis wichtigsten Arten von Vergnügungsstätten. Schwierige **Abgrenzungsfragen** ergeben sich aber dann, wenn den Besuchern und Gästen in Anlagen für kulturelle oder sportliche Zwecke oder in Gaststätten in begrenztem Umfang auch Tanzgelegenheiten angeboten werden oder gelegentlich Disko-Abende veranstaltet oder Unterhaltungsspiele, wie sie typischerweise und in größerem Umfang in Spielhallen aufgestellt werden, zur Verfügung gestellt werden. Die Einordnung hängt in solchen Grenzfällen davon ab, wo unter Berücksichtigung der konkreten Umstände des Einzelfalls der **Schwerpunkt** liegt, ob also zB in einer Gaststätte, die in erster Linie auf die Bewir-

tung mit Speisen und Getränken ausgerichtet ist, in begrenztem Umfang auch Veranstaltungen zur Unterhaltung der Gäste durchgeführt werden, oder ob umgekehrt die Unterhaltung und Entspannung im Vordergrund steht, den Besuchern aber nebenher auch Getränke und kleine Speisen angeboten werden (BVerwG BRS 54 Nr. 137 = BauR 1993, 51 = NVwZ-RR 1993,65: **Billard-Café**; VGH Mannheim BRS 52 Nr139: Zusätzliche Aufstellung von **10 Geldspielgeräten in einem Billard-Café**; VGH Mannheim BRS 60 Nr. 74 = BauR 1999, 1278: Veranstaltung von **Disko-Abenden an zwei Wochentagen** in einem von einem gemeinnützigen Träger betriebenen Jugendraum; OVG Koblenz BRS 66 Nr. 73 = BauR 2003, 1187: Gelegentliche Durchführung von **Live-Musik-Veranstaltungen in Vereinsheim eines Gesangvereins**).

Probleme können sich auch bei der Abgrenzung zwischen **Ladengeschäften** und Vergnügungsstätten ergeben (VGH Kassel NVwZ-RR 2007, 81: **Sportwettenbüro** als Vergnügungsstätte; OVG Bremen BauR 1991, 434 = BRS 52 Nr. 50: Aufnahme von 20 **Videokabinen** in ein Verkaufsgeschäft).

Ob gewerblich betriebene **Bordelle** Vergnügungsstätten oder Gewerbebetriebe sind, hat das BVerwG bisher offen gelassen (BVerwG NVwZ-RR 1998, 540 = BRS 59 Nr. 62).

In besonderen Wohngebieten sind Vergnügungsstätten nur zulässig, soweit sie 22 nicht wegen ihrer Zweckbestimmung oder ihres Umfangs nur in Kerngebieten allgemein zulässig sind, also wenn es sich um eine **nicht kerngebietstypische Vergnügungsstätte** handelt. Die BauNVO unterscheidet erst seit der Novelle von 1990 ausdrücklich zwischen kerngebietstypischen und nicht kerngebietstypischen Vergnügungsstätten. Diese Unterscheidung war aber auch vorher schon in der Rechtsprechung entwickelt und konkretisiert worden (BVerwGE 68, 207; BauR 1986, 417). Deshalb kann für die Abgrenzung auch auf die ältere Judikatur zurückgegriffen werden. Eine schematische Anwendung verbietet sich allerdings grundsätzlich. Die in § 4a Abs. 3 Nr. 2 BauNVO 1990 genannten Kriterien – Zweckbestimmung und Umfang der Vergnügungsstätte – sind auch in der älteren Rechtsprechung schon maßgeblich gewesen. Kerngebietstypisch ist danach eine Vergnügungsstätte regelmäßig dann, wenn sie als **zentraler Dienstleistungsbetrieb** einen **größeren Einzugsbereich** besitzt und für ein größeres Publikum erreichbar ist oder erreichbar sein soll (BVerwG BRS 46 Nr. 51 = BauR 1986, 417 = NVwZ 1986, 643; OVG Münster NWVBl. 2006, 460; VGH München UPR 1993, 104). Dabei ist zwar eine typisierende Betrachtungsweise geboten. Für die Entscheidung konkreter Fälle erfordern diese Maßstäbe aber in hohem Maß eine Konkretisierung, die von den **Umständen des Einzelfalls** (insbesondere Art und Betriebsgestaltung der Vergnügungsstätte), aber auch von der wertenden Einschätzung des Gebietscharakters des Kerngebiets und der Schutzbedürftigkeit von Nutzungen in anderen Baugebieten abhängt. Soweit die Rechtsprechung allgemeine Abgrenzungsmerkmale herausgearbeitet hat, handelt es sich um Orientierungswerte, die **nicht schematisch** angewendet werden dürfen. Das gilt zB auch für die **Flächengrenze von 100 qm bei Spielhallen** (VGH Mannheim DÖV 2003, 642 = GewArch 2003, 214).

Als **kerngebietstypisch** sind in der Regel (s. oben Rn 22) **Spielhallen** angesehen wor- 23 den, die eine **Nutzfläche** (dazu VGH Mannheim BauR 1990, 705 = BRS 50 Nr. 155) von **mehr als 100 qm** aufwiesen (VGH Mannheim NVwZ-RR 1992, 465 = UPR 1992, 354; DÖV 2003, 642 = GewArch 2003, 214; weitere Einzelfälle: VGH München UPR 1993, 104: Gesamtfläche von 200 qm, davon 120 qm mit 8 Geldspielgeräten; OVG Bautzen LKV 1994, 336: 140 qm; VGH Kassel UPR 1987, 148 = BRS 46 Nr. 53: 135 qm; BauR 1987, 178 = BRS 46 Nr. 54: 190 qm; OVG Hamburg BauR 1989, 707: 180 qm; OVG Münster NVwZ-RR 1991, 291: 150 qm).

Als **nicht kerngebietstypisch** sind angesehen worden **Spielhallen** mit 10 Geräten auf einer Nutzfläche von 150 qm (OVG Lüneburg NVwZ 1988, 1141= BRS 47 Nr. 51; weitere Einzelfälle: BVerwG NVwZ 1986, 643 = BauR 1986, 417 = BRS 46 Nr. 51: **Spielkasino**, das auf 54 qm Fläche höchstens 20 Besuchern Platz bietet; VGH Mannheim BRS 46 Nr. 42: Grundfläche von 110 qm, davon 20 qm Nebenräume; VGH München BayVBl. 2001, 723: **Spielothek** mit 105 qm Nutzfläche für 3 Billardtische und 7 Geldspielgeräte).

24 **Weitere Einzelfälle**: Eine durch fortlaufende **Table-Dance-Veranstaltungen** geprägte **Diskothek** ist in der Regel als kerngebietstypische Vergnügungsstätte anzusehen (VGH München BRS 66 Nr. 76 = NVwZ-RR 2003, 816 = UPR 2004, 36). Ein baurechtlich als Schank- und Speisewirtschaft genehmigtes Lokal mit 119 Sitzplätzen auf 266 qm Betriebsfläche und mit täglich wechselnden Musikprogrammen bei schwerpunktmäßiger Verlagerung des **Musik- und Tanzbetriebs** in die Nachstunden ab 22.00 Uhr bzw 23.00 Uhr ist eine kerngebietstypische Vergnügungsstätte (OVG Berlin BauR 2005, 677 = NVwZ-RR 2005, 160). Eine **„Festhalle“**, in der freitags und samstags türkisch-kurdische Hochzeiten und auch andere Feste bis hin zu diskothekenähnlichen Feiern für bis zu 500 Personen stattfinden, ist eine kerngebietstypische Vergnügungsstätte, und zwar auch dann, wenn die jeweilige Feier nicht allgemein für die Öffentlichkeit zugänglich sein soll (OVG Münster NWVBl. 2006, 460). Die Nutzungsänderung einer Gaststätte in eine **Diskothek im allgemeinen Wohngebiet** ist unzulässig (VGH Kassel BRS 50 Nr. 61).

3. Tankstellen (Nr. 3)

25 **Tankstellen** sind im besonderen Wohngebiet wie im allgemeinen Wohngebiet ausnahmsweise zulässig (s. oben Rn 24 zu § 4). Grundsätzlich gelten für die Zulässigkeit in beiden Baugebieten die gleichen Maßstäbe. Aus der besonderen Eigenart des bestehenden Baugebiets (Abs. 1 S. 2) kann sich uU aber eine höhere Belastungsschwelle für die Wohnnutzung ergeben (s. oben Rn 10).

IV. Besondere Festsetzungsmöglichkeiten (Abs. 4)

26 Dem städtebaulichen Ziel der Erhaltung und Fortentwicklung der Wohnnutzung im besonderen Wohngebiet (Abs. 1 S. 1) dienen die besonderen Festsetzungsmöglichkeiten, die Abs. 4 zur Verfügung stellt: Nach **Nr. 1** kann festgesetzt werden, dass **oberhalb eines im BPl bestimmten Geschosses nur Wohnungen** zulässig sind. Nach **Nr. 2** kann festgesetzt werden, dass in Gebäuden ein **im BPl bestimmter Anteil der zulässigen Geschossfläche für Wohnungen** zu verwenden ist. Grundsätzlich können alternativ auch die Festsetzungsmöglichkeiten des § 1 Abs. 4–10 wahrgenommen werden. § 4a Abs. 4 Nr. 1 ist jedoch ein einschränkender Unterfall der vertikalen Gliederung nach § 1 Abs. 7 Nr. 1. Denn er lässt das Vorschreiben einer Wohnnutzung nur **oberhalb** eines Geschosses zu und erlaubt damit nicht, dass für das Erdgeschoss Wohnungen vorgeschrieben können (Ziegler in KK Rn 106 zu § 4a BauNVO; Jäde in Jäde/Dirnberger/Weiss Rn 33 zu § 4a BauNVO). Dies entspricht der besonderen Eigenart eines besonderen Wohngebietes (Ziegler aaO; Fickert/Fieseler Rn 31 zu § 4a). Abs. 4 Nr. 1 verdrängt deshalb als

speziellere Regelung für seinen Anwendungsbereich den § 1 Abs. 7 Nr. 1 (Bielenberg in EZB Rn 61 zu § 4a BauNVO; Stock in KRS Rn 42 zu § 4a).

Festsetzungen nach Abs. 4 sind nur zulässig, wenn **besondere städtebauliche Gründe** dies fordern (s. dazu oben Rn 25 zu § 1). 27

§ 4a BauNVO ist im Rahmen des § 34 Abs. 2 BauGB nicht anwendbar. Es gibt also **kein faktisches besonderes Wohngebiet** (BVerwG NVwZ 1993, 110 = DÖV 1993, 621). 28

Die Festsetzung eines besonderen Wohngebiets im BPl hat **nachbarschützende Wirkung** (s. Rn 2 zu § 1 mwN). 29

§ 5 Dorfgebiete

(1) Dorfgebiete dienen der Unterbringung der Wirtschaftsstellen land- und forstwirtschaftlicher Betriebe, dem Wohnen und der Unterbringung von nicht wesentlich störenden Gewerbebetrieben sowie der Versorgung der Bewohner des Gebiets dienenden Handwerksbetrieben. Auf die Belange der land- und forstwirtschaftlichen Betriebe einschließlich ihrer Entwicklungsmöglichkeiten ist vorrangig Rücksicht zu nehmen.

(2) Zulässig sind

1. **Wirtschaftsstellen land- und forstwirtschaftlicher Betriebe und die dazugehörigen Wohnungen und Wohngebäude,**
2. **Kleinsiedlungen einschließlich Wohngebäude mit entsprechenden Nutzgärten und landwirtschaftliche Nebenerwerbsstellen,**
3. **sonstige Wohngebäude,**
4. **Betriebe zur Be- und Verarbeitung und Sammlung land- und forstwirtschaftlicher Erzeugnisse,**
5. **Einzelhandelsbetriebe, Schank- und Speisewirtschaften sowie Betriebe des Beherbergungsgewerbes,**
6. **sonstige Gewerbebetriebe,**
7. **Anlagen für örtliche Verwaltungen sowie für kirchliche, kulturelle, soziale, gesundheitliche und sportliche Zwecke,**
8. **Gartenbaubetriebe,**
9. **Tankstellen.**

(3) Ausnahmsweise können Vergnügungsstätten im Sinne des § 4a Abs. 3 Nr. 2 zugelassen werden.

§ 5 BauNVO 1977: Dorfgebiete

(1) Dorfgebiete dienen vorwiegend der Unterbringung der Wirtschaftsstellen land- und forstwirtschaftlicher Betriebe und dem dazugehörigen Wohnen; sie dienen auch dem sonstigen Wohnen.

(2) Zulässig sind

1. *wie BauNVO 1990*
2. Kleinsiedlungen und landwirtschaftliche Nebenerwerbsstellen,
3. *wie BauNVO 1990*
4. Betriebe zur Verarbeitung und Sammlung land- und forstwirtschaftlicher Erzeugnisse,

5. *wie BauNVO 1990*
6. Handwerksbetriebe, die der Versorgung der Bewohner des Gebiets dienen,
7. sonstige nicht störende Gewerbebetriebe,
8. – 10. *wie BauNVO 1990 Nr. 7. – 9.*

§ 5 BauNVO 1968: Dorfgebiete

(1) Dorfgebiete dienen vorwiegend der Unterbringung der Wirtschaftsstellen land- und forstwirtschaftlicher Betriebe und dem Wohnen.

(2) Zulässig sind

1. Wirtschaftsstellen land- und forstwirtschaftlicher Betriebe,
2. *wie BauNVO 1977*
3. Wohngebäude,
4. *wie BauNVO 1977*
5. *wie BauNVO 1977 und 1990*
6. *wie BauNVO 1977*
7. *wie BauNVO 1977*
8. – 10. *wie BauNVO 1977 und BauNVO 1990 Nr. 7. – 9.*

(3) Die Dorfgebiete einer Gemeinde oder Teile eines Dorfgebietes können im Bebauungsplan nach der Art der zulässigen Nutzung gegliedert werden.

§ 5 BauNVO 1962: Dorfgebiete

(1) *wie BauNVO 1968*

(2) *wie BauNVO 1968*

I. Gebietscharakter (Abs. 1)

1. Dorfgebiet als ländliches Mischgebiet

1 Das Dorfgebiet (MD-Gebiet) stellt in der Systematik der typischen Baugebiete ein Mischgebiet dar, also ein Gebiet, das sowohl dem Wohnen als auch der Unterbringung solcher gewerblicher Nutzungen dient, die das Wohnen nicht wesentlich stören. Im Unterschied zum städtischen Mischgebiet (MI-Gebiet) nach § 6 handelt es sich aber um ein **ländliches Mischgebiet** (BVerwG DÖV 1996, 292 = NVwZ-RR 1996, 428 = BauR 1996, 218 = BRS 57 Nr. 70; BRS 58 Nr. 67; Fickert/Fieseler Rn 1 zu § 5). Nach Abs. 1 S. 1 (BauNVO 1990) dienen Dorfgebiete drei Gruppen von Nutzungen:

(1) der Unterbringung der Wirtschaftsstellen land- und forstwirtschaftlicher Betriebe,

(2) dem Wohnen und

(3) der Unterbringung von nicht wesentlich störenden Gewerbebetrieben sowie der Versorgung der Bewohner des Gebiets dienenden Handwerksbetrieben. Ein genereller quantitativer und qualitativer Vorrang einer Nutzungsart ergibt sich aus S. 1 nicht. Nach S. 2 ist aber auf die Belange der land- und forstwirtschaftlichen Betriebe einschließlich ihrer Entwicklungsmöglichkeiten vorrangig Rücksicht zu nehmen.

2. Strukturwandel des ländlichen Raumes

2 Die **Veränderungen** in der Umschreibung **des Gebietscharakters des Dorfgebietes** von der BauNVO 1962 bis zur BauNVO 1990 sind **Ausdruck eines Strukturwandels** der Landwirtschaft und der ländlichen Siedlungsräume, der über Jahrzehnte stattgefunden hat und noch andauert. Sie können nur vor diesem Hintergrund richtig verstanden werden. Der **traditionelle Typus des Dorfes**, auf den § 5 Abs. 1 in der Fassung der BauNVO 1962 und 1968 zugeschnitten war, war durch das Vorherrschen landwirtschaftlicher und auf die Landwirtschaft bezogener Betriebe geprägt. Sie stellten die wichtigste Existenzgrundlage der dörflichen Bevölkerung dar. Wohnen auf dem Dorf war überwiegend das den Betrieben der Landwirtschaft zugehörige Wohnen. Anders als in den reinen und allgemeinen Wohngebieten im städtischen Raum bedeutete Wohnen im Dorf Leben mit der Landwirtschaft einschließlich der damit verbundenen Gerüche und Geräusche, vom Krähen des Hahns am frühen Morgen bis zum Lärm der Hufschmiede. Diesem traditionellen Bild des Dorfes entspricht **§ 5 Abs. 1 BauNVO in den Fassungen von 1962 und 1968** noch weitgehend. Danach hatte die Unterbringung der Wirtschaftsstellen land- und forstwirtschaftlicher Betriebe **Vorrang** vor dem Wohnen. **§ 5 Abs. 1 BauNVO 1977** hält noch am Vorrang der Landwirtschaft einschließlich des dazugehörigen Wohnens fest. Das sonstige Wohnen wird nachrangig („auch") in die Beschreibung des Gebietscharakters aufgenommen, sonstige Wohngebäude sind aber nach Abs. 2 Nr. 3 allgemein zulässig.

3 Tatsächlich hatten sich die **dörflichen Siedlungsstrukturen** aber schon zu dieser Zeit im Zuge von Industrialisierung und Verstädterung **stark verändert**, weil ein immer kleinerer Teil der dörflichen Bevölkerung von der Landwirtschaft lebte, während ein wachsender Teil der dörflichen Bevölkerung in der Stadt arbeitete und in Industrie, Handel und anderen Erwerbszeigen Beschäftigung fand. Landwirtschaft wurde häufig nur noch im Nebenerwerb weiter betrieben. Ehemals landwirtschaftlich genutzte Gebäude wurden anderen Nutzungen zugeführt. Am

Rande der Dörfer entstanden große Neubauwohngebiete. Der städtisch geprägte Siedlungsraum drang zunehmend in die umgebenden ländlichen Räume vor. Alte Dörfer verloren dabei ihren traditionellen Charakter und nahmen zunehmend den Charakter von Wohngemeinden oder Vorortgemeinden an. Im Zuge dieser Entwicklung siedelten sich vermehrt auch Gewerbebetriebe ohne Bezug zur Landwirtschaft oder zur Deckung des dörflichen Bedarfs im ländlichen Raum an.

4 Der bis einschließlich der BauNVO 1977 festgeschriebene Vorrang für die Unterbringung land- und forstwirtschaftlicher Betriebe war nur schwer mit der tatsächlichen baulichen Entwicklung im ländlichen Raum in Einklang zu bringen. Das führte zu einer **Verschärfung städtebaulicher Konflikte** und lähmte zugleich die Wirksamkeit der städtebaulichen Instrumentarien für den ländlichen Raum. Mit den Interessen und Vorstellungen einer nicht an das Dorf gebundenen Wohnbevölkerung, die sich weitgehend an städtischen Wohn- und Lebensstilen orientierte, waren die Geruchs- und Lärmbelästigungen aus der Landwirtschaft schwer verträglich. Je stärker die Wohnungsbautätigkeit wurde und damit das städtebauliche Gewicht des sonstigen Wohnens anwuchs, desto schärfer wurden die Konflikte. Die verbliebenen Landwirtschaftsbetriebe sahen sich zunehmend **Forderungen nach Rücksichtnahme auf die Wohnnutzung** und auf zunehmend urbane Ansprüche an die Wohnqualität ausgesetzt. Der **Bestandsschutz** konnte nur zum Teil helfen; er versagte, wenn **Betriebserweiterungen** notwendig wurden. Die Festlegung des Gebietscharakters des Dorfgebiets auf einen quantitativen und qualitativen Vorrang für die Landwirtschaft stand auch der **Festsetzung eines Dorfgebietes** zum Schutz der vorhandenen land- und forstwirtschaftlichen Betriebe und zur städtebaulichen Ordnung der nicht landwirtschaftlichen Nutzungen im Wege. Denn wegen der faktisch überwiegenden Prägung des ländlichen Raums durch nicht landwirtschaftliche Nutzungen war der Gebietscharakter eines traditionellen Dorfgebiets mit Vorrang landwirtschaftlicher Nutzungen meist weder vorhanden, noch bestand Aussicht, dass er jemals realisiert werden könnte. Eine solche Planung wäre **„Etikettenschwindel“** (VGH Kassel BRS 65 Nr. 32 = NVwZ-RR 2003, 417 = NuR 2004, 45) bzw sie würde an der **städtebaulichen Erforderlichkeit** (**§ 1 Abs. 3 BauGB**) scheitern.

3. Öffnung des Dorfgebiets für den Strukturwandel (Abs. 1 S. 1)

5 **§ 5 Abs. 1 BauNVO 1990** ist nunmehr so gefasst, dass der Gebietscharakter nicht durch einen generellen quantitativen und qualitativen Vorrang der Land- und Forstwirtschaft bestimmt wird. Damit ist klargestellt, dass der Gebietscharakter des Dorfgebietes **kein bestimmtes prozentuales Mischungsverhältnis** der Nutzungsarten voraussetzt (BVerwG BRS 58 Nr. 67; VGH Mannheim AgrarR 2002, 264). Eine – sich jedenfalls in gewissen Grenzen haltende – Zunahme der Wohnbebauung in einem Dorfgebiet führt für sich gesehen noch nicht zu einer rechtlich erheblichen Änderung des Gebietscharakters. Das gilt insbesondere dann, wenn noch viele landwirtschaftliche Betriebe vorhanden sind, die der näheren Umgebung ein dörfliches Gepräge geben (BVerwG aaO). Außerdem dienen Dorfgebiete nach der BauNVO 1990, anders als nach den Vorgängerfassungen, auch der Unterbringung von **„nicht wesentlich störenden Gewerbebetrieben“**. Der Unterschied liegt nicht nur in der Aufnahme der Gewerbebetriebe in die Beschreibung des Gebietscharakters in Abs. 1 S. 1, sondern auch in einer **Erhöhung des zulässigen Störungsgrades** auf das Niveau des (städtischen) Mischgebiets (§ 6 Abs. 1) und dem entsprechend in einer höheren Zumutbarkeitsschwelle für die benach-

barten Grundstücke. Nach den älteren Fassungen waren im Dorfgebiet nur sonstige „nicht störende Gewerbebetriebe" allgemein zulässig (Abs. 2 Nr. 7). Schließlich sind auch die der Versorgung des Gebiets dienenden Handwerksbetriebe in die Zweckbestimmung des Dorfgebiets aufgenommen worden. Die BauNVO-Novelle 1990 trägt mit diesen Veränderungen der Realität des Strukturwandels im ländlichen Raum Rechnung und **öffnet das Dorfgebiet für den zukünftigen Wandel.** Sie nimmt aber auch eine Vermehrung und Verschärfung von städtebaulichen Konflikten zwischen Landwirtschaftsbetrieben, nicht landwirtschaftlichen Gewerbebetrieben und Wohnnutzungen in Kauf, die dann im Einzelfall auf der Ebene des Baugenehmigungsverfahrens entschieden werden müssen.

4. Modifikation des Gebots der Rücksichtnahme (Abs. 1 S. 2)

§ 5 BauNVO 1990 hat diesem Strukturwandel aber keineswegs die Interessen der 6
in den Dorfgebieten noch ansässigen land- und forstwirtschaftlichen Betriebe einseitig untergeordnet. Im Gegenteil: Die Vorschrift schützt die Belange der Land- und Forstwirtschaft jetzt zwar nicht mehr durch einen abstrakten und auch quantitativ zu verstehenden Vorrang der Land- und Forstwirtschaft im Dorfgebiet, sondern durch einen **konkreten Vorrang bei der Entscheidung über Nachbarschaftskonflikte**, die die Reichweite des Gebots der Rücksichtnahme (§ 15 Abs. 1) haben. **Abs. 1 S. 2** schreibt vor, dass auf die **Belange der land- und forstwirtschaftlichen Betriebe** einschließlich ihrer Entwicklungsmöglichkeiten **vorrangig Rücksicht zu nehmen** ist. Die Vorschrift geht dem allgemeinen Rücksichtnahmegebot des § 15 Abs. 1 als speziellere Vorschrift vor. Sie konkretisiert und **modifiziert die allgemeinen Maßstäbe des Rücksichtnahmegebots** – auch wenn in dessen Rahmen immer schon der Gebietscharakter das Gewicht der betroffenen Belange beeinflusst hat – durch eine ausdrückliche **Vorrangregel** zu Gunsten der land- und forstwirtschaftlichen Betriebe und zu Lasten anderer Nutzungen, insbesondere auch zu Lasten des sonstigen Wohnens (aA VGH München NuR 1993, 234: Die Neufassung der BauNVO von 1990 habe zwar eindeutiger als bisher den Vorrang der landwirtschaftlichen Betriebe eingeräumt, aber in der Sache nichts geändert). Abs. 1 S. 2 hat zur Folge, dass ein für ein bestimmtes Dorfgebiet typischer Landwirtschaftsbetrieb mit traditioneller Tierhaltung gegenüber der umgebenden und neu heranrückenden Wohnbebauung nur unter ganz außergewöhnlichen Umständen das Gebot der Rücksichtnahme verletzt (VGH Mannheim BauR 1995, 819 = NVwZ-RR 1996, 2; UPR 1996, 77 = NVwZ-RR 1996, 310 = BRS 57 Nr. 74). Schließlich ist nach Abs. 1 S. 2 ausdrücklich auch auf die **Entwicklungsmöglichkeiten** der land- und forstwirtschaftlichen Betriebe Rücksicht zu nehmen. Nach der bis zur BauNVO 1990 bestehenden Rechtslage bot das Gebot der Rücksichtnahme (§ 34 Abs. 1 BauGB und § 15 BauNVO) keine Grundlage dafür, dass sich ein Landwirt gegen eine heranrückende Wohnbebauung, die sich in die Eigenart der näheren Umgebung einfügt, erfolgreich mit dem Argument zur Wehr setzen konnte, durch eine Wohnnutzung in der Nachbarschaft werde ihm für die Zukunft die Möglichkeit abgeschnitten, seinen Betrieb zu erweitern oder umzustellen (BVerwG NVwZ 1993, 1184 = DVBl 1993, 652 = BauR 1993, 445). Nach der BauNVO-Novelle 1990 ist nunmehr genau dieses Interesse an der Sicherung der Möglichkeit einer konkret absehbaren Erweiterung ausdrücklich schutzwürdig (zu den Grenzen OVG Schleswig NordÖR 2006, 359; OVG Lüneburg DÖV 1993, 365 = BauR 1993, 444). Das muss allerdings im praktischen Ergebnis nicht bedeuten, dass der Landwirt nach der BauNVO 1990 stets die Einhaltung

eines größeren Abstandes durch heranrückende Wohnnutzung verlangen könnte, als das unter der Geltung der älteren Fassungen der BauNVO der Fall gewesen wäre. Vielmehr ist nach der BauNVO 1990 uU sogar ein näheres Heranrücken der Wohnnutzung an den landwirtschaftlichen Betrieb zulässig, weil die BauNVO 1990 auch die Zumutbarkeitsschwelle zu Lasten der Wohnnutzung höher gesetzt hat. Trotz eines geringeren Abstandes kann es daher an einem Abwehrrecht gegen eine Erweiterung des landwirtschaftlichen Betriebes fehlen. Wegen der gegenläufigen Effekte der Erhöhung der Zumutbarkeitsschwelle zu Lasten der Wohnnutzung einerseits und der Vorrangregel zu Gunsten der Landwirtschaft andererseits lassen sich die Auswirkungen der Änderung des § 5 Abs. 1 durch die BauNVO-Novelle 1990 schwerlich auf eine allgemeine Formel bringen.

7 Der **Vorrang** der landwirtschaftlichen Belange im Rahmen des durch Abs. 1 S. 2 modifizierten Gebots der Rücksichtnahme kann allerdings nicht so verstanden werden, dass landwirtschaftliche Betriebe im Dorfgebiet ihre Belange einschließlich der Sicherung von Erweiterungsmöglichkeiten uneingeschränkt, also gewissermaßen ihrerseits rücksichtslos gegenüber der Wohnnutzung und sonstigen Nutzungen durchsetzen, sich nach Belieben erweitern und die Einhaltung von Abständen verlangen könnten, die sie dauerhaft vor Konflikten schützen. Es bleibt trotz der Vorrangregel des Abs. 1 S. 2 dabei, dass das Gebot der Rücksichtnahme **gegenseitige Rücksichtnahme** verlangt. Das Gebot der Rücksichtnahme fordert einen angemessenen **Ausgleich der Gestaltungs- und Verschonungsinteressen**, der sich am Maßstab des Gebietscharakters orientiert und damit auch dem Umstand Rechnung tragen muss, dass Dorfgebiete gleichrangig auch dem sonstigen Wohnen dienen. Das Prinzip der **„architektonischen Selbsthilfe“** (BVerwGE 109, 324 = NVwZ 2000, 1050; VGH München NVwZ-RR 2005, 605; BauR 2003, 1850) gilt sowohl für die heranrückende Wohnnutzung als auch für den sich entwickelnden landwirtschaftlichen Betrieb. Beide Seiten müssen auf Grund des Gebots der wechselseitigen Rücksichtnahme zumutbare bauliche bzw betriebliche Maßnahmen ergreifen, die geeignet sind, die Geruchsbelastungen für die Wohnnutzung zu reduzieren.

5. Zur Zumutbarkeit von Geruchsbelastungen aus Tierhaltung im Dorfgebiet

8 Landwirtschaftliche Betriebe können vor allem durch die mit der **Tierhaltung** verbundenen **Geruchsbelastungen** die benachbarte Wohnnutzung empfindlich stören, wobei Stärke und Reichweite der Geruchsbelastungen je nach der Art der Tierhaltung sehr unterschiedlich ausfallen können (BVerwG NVwZ 1993, 1184 = BauR 1993, 445). Grundsätzlich folgt aus Abs. 1 S. 2 zwar, dass Gerüche aus der Tierhaltung, die in einem reinen oder allgemeinen Wohngebiet unzumutbar wären, in Dorfgebieten zumutbar sind (OVG Münster BauR 2003, 1850 = BRS 66 Nr. 79 – Bäckerei im Dorfgebiet). Das gilt aber zum einen nur für die Tierhaltung, die sich im Rahmen des typischen dörflichen Landwirtschaftsbetriebes mit traditioneller Tierhaltung bewegt, grundsätzlich aber nicht auch für **Betriebe der industrieähnlichen Massentierhaltung**, zumal wenn sie wegen ihrer Größe unter **Ziff. 7.1 des Anhangs zur 4. BImSchVO** fallen und somit einer Genehmigung nach § 4 BImSchG bedürfen (VGH München GewArch 1996, 437). Zwar darf die Zulässigkeit solcher Betriebe im Dorfgebiet nicht allein, gewissermaßen automatisch, nach der verfahrensmäßigen Einordnung des BImSchG und der auf seiner Grundlage erlassenen Verordnungen beurteilt werden. Das stellt **§ 15 Abs. 3 BauNVO 1990** ausdrücklich klar. Aber auch im Rahmen der danach gebotenen

eingeschränkten Typisierung (BVerwG BRS 63 Nr. 190 = NVwZ 2000, 679 zur Abgrenzung der nicht erheblich belästigenden Gewerbebetriebe in § 8 Abs. 1) sind die immissionsschutzrechtlichen Wertungen zu beachten. Nach Immissionsschutzrecht genehmigungspflichtige Betriebe der Massentierhaltung gehören danach bauplanungsrechtlich grundsätzlich nicht in Dorfgebiete, sondern sollen wegen ihrer nachteiligen Wirkung auf die Umgebung im **Außenbereich** untergebracht werden (**§ 35 Abs. 1 Nr. 4 BauGB**). Aber auch die mit der traditionellen dörflichen Tierhaltung verbundenen Geruchsbelästigungen können – trotz des Vorrangs der Belange landwirtschaftlicher Betriebe nach Abs. 1 S. 2 – für das Wohnen im Dorf unzumutbar sein, so dass bestimmte Abstände eingehalten werden müssen. Wo die Zumutbarkeitsschwelle und die im Hinblick darauf einzuhaltenden Abstände zwischen Tierhaltung und Wohnnutzung allerdings genau liegen, ist schwierig zu ermitteln, weil es einerseits objektive Kriterien für die Schädlichkeit oder Unzumutbarkeit von Gerüchen aus Tierhaltung nicht gibt, es auf rein subjektive Empfindlichkeiten andererseits nicht ankommen kann.

Die Verwaltungsgerichte und die von ihnen herangezogenen Sachverständigen 9
stützen sich in der Praxis regelmäßig auf **Technische Regelwerke** wie die **VDI-Richtlinie 3471 – Tierhaltung-Schweine** – (die **VDI-Richtlinie 3471** ist abgedruckt bei KRS Anh. 9, S. 715 ff; dort auch als Anh. 10, S. 751 ff die **VDI-Richtlinie 3472 zur Emissionsminderung Tierhaltung – Hühner** – sowie als Anh. 11, S. 783 ff die **Geruchsimmissions-Richtlinie – GIRL** –, zur Bedeutung der GIRL s. OVG Lüneburg BRS 59 Nr. 83 = NuR 1998, 493; RdL 2002, 313; 2005, 172), die in der Erkenntnis, dass sich Geruchsbelästigungen durch eine räumliche Trennung von Wohnbebauung und Tierhaltung vermeiden oder vermindern lassen, speziell für die besonders geruchsintensive Schweinehaltung in Abhängigkeit von der Bestandsgröße und weiteren Einflussfaktoren eine Abstandsregelung enthält, die wiederum danach differenziert, ob ein Wohnbauvorhaben in einem dörflich geprägten Gebiet, im Außenbereich oder in einem sonstigen Gebiet verwirklicht werden soll. Dabei ist allerdings zu beachten, dass solche technischen Regelwerke **keine verbindlichen Rechtsnormen** enthalten, sondern nur als Orientierungspunkt und grober Anhalt dienen können (BVerwGE 81, 197 = BauR 1989, 172; zur Bedeutung von Immissionsrichtwerten nach Verordnungen und Verwaltungsvorschriften auf Grund des BImSchG sowie von technischen Regelwerken für die bauplanungsrechtliche Beurteilung s. auch unten Rn 15, 16 und 17 ff zu § 15). Die VDI-Richtlinie 3471 wird aber in der verwaltungsgerichtlichen Praxis als eine brauchbare und im Allgemeinen unverzichtbare **Entscheidungshilfe** für die Beurteilung der Zumutbarkeit von Geruchsbelastungen aus der Schweinehaltung angesehen (BVerwG NVwZ 1993, 1184 = BauR 1993, 445; VGH München BauR 2006, 71 mwN). Allerdings ist ihre Brauchbarkeit für die Beurteilung von Konfliktlagen begrenzt, weil sie für den Fall der Unterschreitung der empfohlenen Mindestabstände und für den im Dorfgebiet gerade häufig betroffenen **Nahbereich unter 100 m** keine allgemeinen Empfehlungen mehr ausspricht, sondern eine **Sonderbeurteilung** an Hand der konkreten Umstände verlangt (dazu BVerwG BRS 60 Nr. 179 = BauR 1998, 1207 = NVwZ 1999, 63). Die empfohlenen Abstände nach der VDI-Richtlinie 3471 können auch nicht auf die deutlich weniger geruchsintensive Rinderhaltung übertragen werden (OVG Lüneburg DÖV 1993, 872 = BauR 1993, 444). Grundsätzlich ist darauf hinzuweisen, dass die Frage der **Erheblichkeit von Immissionen** (**§ 3 Abs. 1 BImSchG**) und damit die Frage ihrer Zumutbarkeit für die Nachbarschaft entscheidend **durch die bebau-**

ungsrechtliche Situation bestimmt wird, in der sich störende und gestörte Nutzung befinden (BVerwGE 88, 143 = BauR 1991, 593 = BRS 52 Nr. 191 zum Sportlärm). Ob Geruchsbelästigungen durch Tierhaltung im Dorfgebiet zumutbar sind und welche Abstände eingehalten werden müssen, bedarf deshalb stets einer am Gebietscharakter des Dorfgebiets ausgerichteten und die konkreten Umstände des jeweiligen Falles berücksichtigenden Würdigung. Technische Regelwerke können dies nicht ersetzen; sie stellen nur sachgerechte Hilfen dar, soweit sie den bauplanungsrechtlichen Maßstäben gerecht werden (s dazu Jäde in Jäde/Dirnberger/Weiss Rn 10, 11 zu § 5 BauNVO).

10 Die Rechtsprechung zur Zumutbarkeit der Tierhaltung im Dorfgebiet ist, was mit Hinblick auf die Beurteilungsmaßstäbe nicht verwundern kann, stark vom jeweiligen Einzelfall geprägt. Beispiele: Zur **Schweinehaltung** BVerwG BauR 1998, 1207 = BRS 60 Nr. 179 = NVwZ 1999, 63; OVG Lüneburg NuR 1998, 493 = BRS 59 Nr. 83; VGH München BauR 2006, 71; GewArch 1996, 437; NuR 1993, 234; VGH Mannheim BRS 57 Nr. 73 = BauR 1995, 819; BRS 57 Nr. 74 = NVwZ-RR 1996, 310; s. auch zum gebietsübergreifenden Nachbarschutz VGH München NVwZ-RR 1994, 140; zur **Rinderhaltung** VGH München NVwZ-RR 2005, 605; VGH Mannheim BauR 2006, 1870 – Biogasanlage im Außenbereich in der Nähe zu Wohnbebauung im faktischen Dorfgebiet; zur Zumutbarkeit üblicher Immissionen eines **Hühnerstalls** VGH Mannheim AgrarR 1986, 86.

6. Gliederung des Dorfgebietes

11 Ein Dorfgebiet kann in der Weise nach § 1 Abs. 4 gegliedert werden, dass nur in einem Teil des Gebiets, in dem zB mehrere landwirtschaftliche Hofstellen und ein Landhandelsbetrieb ansässig sind, landwirtschaftliche Betriebe zulässig sind, in einem anderen Teilgebiet, in dem ausschließlich Wohnbebauung vorhanden ist, das aber im Einwirkungsbereich der von den landwirtschaftlichen Betrieben ausgehenden Immissionen liegt, landwirtschaftliche Betriebe oder nur besonders störende landwirtschaftliche Betriebe ausgeschlossen werden. Voraussetzung ist aber, dass das überplante Gebiet sich insgesamt als eine städtebauliche Einheit darstellt und in dieser Einheit die allgemeine Zweckbestimmung eines Dorfgebietes gewahrt ist (OVG Lüneburg RdL 2005, 172; BRS 62 Nr. 16 = BauR 2000, 523; OVG Schleswig NordÖR 2006, 359; OVG Münster BauR 2003, 346 = BRS 65 Nr. 31; VGH München BRS 49 Nr. 60; offen gelassen bei BVerwG BRS 49 Nr. 74 = BauR 1990, 186). Dabei widerspricht es dem Gebot der Wahrung des Gebietscharakters jedenfalls nicht von vornherein, wenn durch eine solche Gliederung im Ergebnis der Bestand der landwirtschaftlichen Betriebe festgeschrieben wird und nur anderen Nutzungsarten bauliche Entwicklungsperspektiven eröffnet werden (OVG Lüneburg BRS 62 Nr. 16 = BauR 2000, 523). Mit dem Gebietscharakter des Dorfgebietes ist dagegen ein vollständiger Ausschluss land- und forstwirtschaftlicher Betriebe und „bäuerlicher Nutzung“ nach § 1 Abs. 5 nicht vereinbar (VGH Kassel NVwZ-RR 2003, 417).

II. Allgemein zulässige Nutzungen (Abs. 2)

1. Wirtschaftsstellen land- und forstwirtschaftlicher Betriebe und die dazugehörigen Wohnungen und Wohngebäude (Nr. 1)

12 Nicht land- und forstwirtschaftliche Betriebe, sondern ihre **Wirtschaftsstellen** sind in Dorfgebieten allgemein zulässig. Diese Formulierung trägt dem Umstand Rech-

nung, dass zu den land- und forstwirtschaftlichen Betrieben die bewirtschafteten Flächen gehören, die regelmäßig im Außenbereich liegen, die aber von einer im Dorfgebiet liegenden Stelle aus bewirtschaftet werden. Der Begriff der Wirtschaftsstelle umfasst die Wirtschafts- und Wohngebäude einschließlich aller dem Betrieb dienenden baulichen Anlagen wie Stallgebäude, Scheunen, Futter- und Getreidesilos, Gärfutterbehälter, Jauchegruben und Dungstätten, Schuppen für Landmaschinen und Geräte, hofnahe Wirtschaftsflächen wie Nutzgärten oder Auslaufflächen für Hühner. **Dazu gehören** auch die **Wohnungen und Wohngebäude** (zu Begriff und Abgrenzung des Wohnens und des Wohngebäudes s. oben Rn 1–6 zu § 3) für den **Betriebsinhaber und seine Familie** sowie auf dem Hof wohnende **Mitarbeiter.** Der Begriff der Wirtschaftsstelle ist dabei weit gefasst und lässt vielfältige Gestaltungen zu, vom herkömmlichen bäuerlichen Hof über Betriebe, die ausschließlich Ackerbau betreiben, bis zu reinen Viehzuchtbetrieben (Fickert/Fieseler Rn 6 zu § 5).

§ 201 BauGB enthält eine Legaldefinition des **Begriff der Landwirtschaft** (s dazu oben Rn 1 ff zu § 201 BauGB), auf die bei der Auslegung des § 5 Abs. 2 Nr. 1 BauNVO zurückgegriffen werden kann und muss. Unter den Begriff der Landwirtschaft fällt die Tierhaltung nach § 201 BauGB nur unter der Voraussetzung, dass das Futter überwiegend auf den zum landwirtschaftlichen Betrieb gehörenden, landwirtschaftlich genutzten Flächen erzeugt werden kann. Betriebe, die sich auf Tierzucht oder **Tierintensivhaltung** spezialisiert haben (Schweine-, Kälber- oder Bullenmastbetriebe, Geflügelbetrieb zum Mästen oder zur Eierproduktion) und das benötigte Tierfutter ausschließlich ankaufen, sind daher keine landwirtschaftlichen Betriebe. Sie können in Dorfgebieten nur als sonstige Gewerbebetriebe (Abs. 2 Nr. 6) zulässig sein, sofern sie mit dem Gebietscharakter des Dorfgebiets vereinbar sind und das Wohnen nicht wesentlich stören (s. oben Rn 8). Für die **Forstwirtschaft** gibt es keine entsprechende Legaldefinition im BauGB. Der Rechtsgedanke des § 201 BauGB lässt sich jedoch insofern auch auf den Begriff der Forstwirtschaft übertragen, als der rechtfertigende Grund für die Privilegierung der Forstwirtschaft im Außenbereich (§ 35 Abs. 1 Nr. 1 BauGB) und der vorrangigen Unterbringung der Wirtschaftsstellen forstwirtschaftlicher Betriebe im Dorfgebiet (Nr. 1) wie bei der Landwirtschaft der Umstand ist, dass es sich um **unmittelbare Bodenertragsnutzung** handelt, also um Urproduktion (s. oben Rn 1 zu § 201 BauGB). Das schließt es jedoch nicht aus, der Bodenertragsnutzung **folgende Produktions- und Veredelungsstufen** ebenfalls der Landwirtschaft zuzurechnen (BVerwG BauR 1985, 541 = BRS 44 Nr. 79). Nichts anderes gilt für die Forstwirtschaft (BVerwG BauR 2007, 338). So gehört zur Forstwirtschaft nicht nur der planmäßige Anbau, die Pflege und der Abschlag von Holz zum Zweck der Holzgewinnung, sondern auch noch die nachfolgenden Arbeiten zur Herstellung des verkaufsfähigen Produkts „Stammholz“, wie zB das Ablängen des Stammholzes auf 1 m und das Aufspalten zum Absetzen des Rohholzes auf Raummeter in „Bänken“. Dagegen gehören weitere Aufarbeitungsmaßnahmen wie die Anfertigung von Pfählen oder die Herstellung von Brennholz durch Schneiden auf Ofenlänge nebst dessen Trocknung, Verpackung und Verladung nicht mehr zu den Arbeiten in der Urproduktion eines Forstbetriebes (BVerwG aaO).

2. Kleinsiedlungen (Nr. 2)

13 Allgemein zulässig sind nach Nr. 2 Kleinsiedlungen einschließlich Wohngebäude mit entsprechenden Nutzgärten und landwirtschaftliche Nebenerwerbsstellen (s oben Rn 1–3 zu § 2).

3. Sonstige Wohngebäude (Nr. 3)

14 Sonstige Wohngebäude sind zu unterscheiden von den in Abs. 1 Nr. 1 aufgeführten, zu den Wirtschaftsstellen land- und forstwirtschaftlicher Betriebe gehörenden Wohngebäuden. Zu den **Begriffen des Wohnens und des Wohngebäudes** s. oben Rn 1–6 zu § 3. Sonstige Wohnnutzung ist in Dorfgebieten grundsätzlich ebenso allgemein zulässig wie in reinen oder allgemeinen Wohngebieten. Ein gewichtiger Unterschied ergibt sich aber daraus, dass das dörfliche Wohnen den für das Dorfgebiet typischen Immissionen land- und forstwirtschaftlicher Betriebe, insbesondere den Geruchsbelastungen aus Tierhaltung ausgesetzt ist. Diese Belastungen sind eher als in allgemeinen Wohngebieten zumutbar, weil im Dorfgebiet nach Abs. 1 Nr. 2 **vorrangig auf die Belange der land- und forstwirtschaftlichen Betriebe Rücksicht zu nehmen** ist (s. oben Rn 6–10).

4. Betriebe zur Be- und Verarbeitung und Sammlung land- und forstwirtschaftlicher Erzeugnisse (Nr. 4)

15 Typische Betriebe der in Nr. 4 genannten Art sind etwa **Molkereien, Sägewerke, Mühlen** und die **Sammelstellen landwirtschaftlicher Genossenschaften** (dazu BVerwG BRS 58 Nr. 68). Ihre Zulässigkeit hängt nicht davon ab, dass sie ausschließlich oder überwiegend die Erzeugnisse gerade der im Dorfgebiet ansässigen land- und forstwirtschaftlichen Betriebe be- oder verarbeiten oder sammeln. Grenzen der Zulässigkeit ergeben sich aber aus der Vereinbarkeit mit dem **Gebietscharakter** des Dorfgebiets. Eine industriell betriebene Großmolkerei, ein großer Schlachthof oder die Großkelterei einer Winzergenossenschaft gehören deshalb nicht zu den nach Nr. 4 zulässigen Betrieben.

5. Einzelhandelsbetriebe, Schank- und Speisewirtschaften sowie Betriebe des Beherbergungsgewerbes (Nr. 5)

16 Die in Nr. 5 genannten Nutzungen müssen nicht der Versorgung des Gebiets dienen, sie müssen sich aber in einer dem Charakter des Dorfgebiets entsprechenden Größenordnung halten (BVerwG DÖV 1996, 292 = BauR 1996, 218 = BRS 57 Nr. 70).

Einzelhandelsbetriebe sind zu unterscheiden vom Zwischen- und Großhandel; sie veräußern gewerbsmäßig Waren an den Letztverbraucher. Einzelhandelsbetriebe sind nicht nur kleinere Läden, sondern auch Kauf- und Warenhäuser, Bau- und Verbrauchermärkte sowie Brennstoffhandlungen. Eine abstrakte Größenbegrenzung ergibt sich aus dem Begriff des Einzelhandelsbetriebes nicht. Grenzen der Zulässigkeit im Dorfgebiet ergeben sich zum einen aus dem Gebot der Wahrung des **Gebietscharakters**, zum anderen aus der Abgrenzung zu den **großflächigen Einzelhandelsbetrieben**, die nach **§ 11 Abs. 3** außer in Kerngebieten nur in für sie festgesetzten Sondergebieten zulässig sind (s. dazu oben Rn 4 zu § 4 sowie ausführlich unten Rn 14 ff zu § 11).

17 Zu den **Schank- und Speisewirtschaften** s. oben Rn 5 zu § 4, zur Abgrenzung des Begriffs der Schank- und Speisewirtschaft von den im Dorfgebiet nur ausnahmsweise nach Abs. 3 zulässigen Vergnügungsstätten s. oben Rn 20, 21 zu § 4a.

Schank- und Speisewirtschaften mit Tanzveranstaltungen sind in einem Dorfgebiet allgemein zulässig (VGH Mannheim NVwZ 1991, 277). Zulässig ist auch ein Biergarten mit 16 Sitzplätzen und 9 Stehplätzen (OVG Lüneburg BauR 1997, 274 = BRS 58 Nr. 70 = NVwZ-RR 1997, 403).

6. Sonstige Gewerbebetriebe (Nr. 6)

Als **sonstige Gewerbebetriebe** iSd Nr. 6 kommen alle Gewerbebetriebe in Betracht, 18
unabhängig davon ob sie – wie die in Nr. 4 genannten Betriebe – einen Bezug zur Land- und Forstwirtschaft haben oder sonst für Dorfgebiete typisch sind (BVerwG BRS 57 Nr. 71 = BauR 1996, 78 = NVwZ-RR 1996, 251 – Baugeschäft). Mit der **BauNVO-Novelle 1990** ist das Dorfgebiet für die sonstigen Gewerbebetriebe weiter geöffnet worden, zum einen indem sie in die Umschreibung des Gebietscharakters in Abs. 1 S. 1 aufgenommen wurden, zum anderen indem die Zumutbarkeitsschwelle für die von ihnen ausgehenden Störungen auf das in Mischgebieten nach § 6 zulässige Maß angehoben wurde: Auch in Dorfgebieten sind danach sonstige Gewerbebetriebe zulässig, solange sie andere Nutzungen einschließlich der Wohnnutzung **„nicht wesentlich stören“** (Abs. 1 S. 1; s. oben Rn 5). Insoweit kann daher auf die Erläuterungen in Rn 10 und 18 ff zu § 6 verwiesen werden.

Eine Sonderstellung nehmen **Handwerksbetriebe** ein. Sie werden in Abs. 1 S. 1 19
genannt, im Katalog der allgemein zulässigen Nutzungen aber nicht gesondert aufgeführt. Sie fallen damit unter die sonstigen Gewerbebetriebe (Nr. 6); im Unterschied zu den anderen sonstigen Gewerbebetrieben wird ihre Zulässigkeit in Abs. 1 S. 1 aber durch den Gebietsbezug und nicht durch den Störgrad begrenzt (VGH Mannheim BRS 65 Nr. 65 = GewArch 2002, 497 – KFZ-Werkstatt). Mit dieser Sonderstellung der der Versorgung der Bewohner des Gebiets dienenden Handwerksbetriebe soll offenbar dem Umstand Rechnung getragen werden, dass diese Betriebe seit jeher (zB die Dorfschmiede) und auch heute noch (zB Reparaturwerkstatt für Landmaschinen) einen höheren Störungsgrad aufweisen können, auch weil sie sich hinsichtlich der Betriebsgestaltung und der Betriebszeiten an die Bedürfnisse der Land- und Forstwirtschaft anpassen (Jäde in Jäde/Dirnberger/Weiss Rn 39 zu § 5 BauNVO). Das bedeutet allerdings nicht, dass sie über das durch ihre Versorgungsfunktion bedingte Maß hinaus andere Nutzungen und insbesondere das Wohnen generell stören dürften. Als maßgeblicher Versorgungsbereich kommt nur ein zusammenhängender, in seiner tatsächlichen oder planerisch angestrebten Struktur als Dorfgebiet gekennzeichneter räumlicher Bereich in Betracht (VGH Mannheim aaO).

7. Anlagen für örtliche Verwaltungen sowie für kirchliche, kulturelle, soziale, gesundheitliche und sportliche Zwecke (Nr. 7)

Zum Begriff der Anlagen für Verwaltungen s. zunächst oben Rn 22 zu § 4. **Örtli-** 20
che Verwaltungen sind jedenfalls solche Einrichtungen, deren Einzugs- oder Zuständigkeitsbereich auf das Gemeindegebiet bezogen ist. Dazu gehören zB die Gemeindeverwaltung, die dörfliche Poststelle, die Zweigstelle einer Sparkasse oder die Feuerwache. Aber auch übergemeindliche Einrichtungen können noch unter den Begriff der örtlichen Verwaltungen fallen, zB die Verwaltungsstelle einer Verwaltungsgemeinschaft oder eines kommunalen Zweckverbandes mehrerer dörflicher Gemeinden.

Zu den **weiteren in Nr. 7 genannten Anlagen** s. oben Rn 10–15 zu § 4. Sie müssen 21
nicht den Bewohnern des Gebiets dienen, müssen aber nach ihren Dimensionen

mit dem Charakter des Dorfgebiets vereinbar sein (VGH Mannheim BRS 49 Nr. 51 = BauR 1989, 586 = NJW 1989, 2283 – Gemeinschaftsunterkunft für ca. 10 Asylbewerber; OVG Lüneburg BRS 49 Nr. 59 – Heim für Jugendliche, die im Rahmen der freiwilligen Erziehungshilfe oder der Fürsorgeerziehung gefördert werden sollen).

8. Gartenbaubetriebe (Nr. 8)

22 Zu den Gartenbaubetrieben s. oben Rn 4 zu § 2; zur Abgrenzung zum Gartenhandelsbetrieb BVerwG BauR 2002, 1829 = BRS 65 Nr. 53. Die Abgrenzung zu den Betrieben der gartenbaulichen Erzeugung iSv § 201 BauGB hat für das Dorfgebiet kaum praktische Bedeutung, weil auch solche Betriebe im Dorfgebiet nach Abs. 2 Nr. 1 oder Nr. 6 allgemein zulässig sind.

9. Tankstellen (Nr. 9)

23 Zu Tankstellen s. oben Rn 24 zu § 4.

24 Allgemein zulässig sind in Dorfgebieten auch die Nutzungen nach den §§ 12–14 (s. die Erläuterungen dort).

§ 14 Abs. 1 S. 2 ermöglicht eine Kleintierhaltung als Nebennutzung zum Wohnen nur, wenn sie in dem betreffenden Baugebiet üblich und ungefährlich ist und den Rahmen der für eine Wohnnutzung typischen Freizeitgestaltung nicht sprengt (BVerwG DVBl 1994, 292 = DÖV 1994, 266 = BRS 55 Nr. 51 – Ozelothaltung im faktischen Wohngebiet).

III. Ausnahmen (Abs. 3)

25 In Dorfgebieten können **nicht kerngebietstypische Vergnügungsstätten** iSd § 4a Abs. 3 Nr. 2 ausnahmsweise zugelassen werden. Zum Begriff der Vergnügungsstätte s. oben Rn 20, 21 zu § 4a, zur Abgrenzung zwischen kerngebietstypischen und nicht kerngebietstypischen Vergnügungsstätten s. oben Rn 22–24 zu § 4a.

26 Dorfgebiete können auch ohne BPl als **„faktische" Baugebiete** entstehen. In diesem Fall ist § 5 BauNVO über § 34 Abs. 2 BauGB unmittelbar anwendbar.

27 Die Festsetzung eines Dorfgebiets im BPl und die Vorschrift des § 5 im Falle ihrer unmittelbaren Geltung für ein „faktisches" Dorfgebiet haben **nachbarschützende Wirkung** (s Rn 2 zu § 1 mwN). Dieser Gebietsschutz hat auch **gebietsübergreifende Wirkung.** Der Anspruch auf Wahrung der Gebietsart vermittelt eine Schutzposition, auf die auch bei der Zulassung eines Vorhabens im an das Baugebiet angrenzenden Außenbereich Rücksicht genommen werden muss (VGH München, BauR 2003, 1022 = BRS 65 Nr. 180 – **Tanklager im Außenbereich in Nachbarschaft zum Dorfgebiet**). Im Rahmen des Gebots der Rücksichtnahme können andererseits **dorfgebietstypische Emissionen**, die von einem im angrenzenden Außenbereich liegenden Vorhaben ausgehen, nicht abgewehrt werden; dabei kommt es nicht darauf an, ob es sich bei der Anlage um einen im Dorfgebiet zulässigen landwirtschaftlichen Betrieb handelt (VGH Mannheim VBlBW 2006, 473. **Biogasanlage**, die ausschließlich mit Festmist bzw Gülle aus Rinderhaltung sowie nachwachsenden Rohstoffen betrieben wird).

§ 6 Mischgebiete

(1) Mischgebiete dienen dem Wohnen und der Unterbringung von Gewerbebetrieben, die das Wohnen nicht wesentlich stören.

(2) Zulässig sind
1. Wohngebäude,
2. Geschäfts- und Bürogebäude,
3. Einzelhandelsbetriebe, Schank- und Speisewirtschaften sowie Betriebe des Beherbergungsgewerbes,
4. sonstige Gewerbebetriebe,
5. Anlagen für Verwaltungen sowie für kirchliche, kulturelle, soziale, gesundheitliche und sportliche Zwecke,
6. Gartenbaubetriebe,
7. Tankstellen,
8. Vergnügungsstätten im Sinne des § 4a Abs. 3 Nr. 2 in den Teilen des Gebiets, die überwiegend durch gewerbliche Nutzungen geprägt sind.

(3) Ausnahmsweise können Vergnügungsstätten im Sinne des § 4a Abs. 3 Nr. 2 außerhalb der in Absatz 2 Nr. 8 bezeichneten Teile des Gebiets zugelassen werden.

§ 6 BauNVO 1977: Mischgebiete

(1) *wie BauNVO 1990*

(2) Zulässig sind

1. – 7. *wie BauNVO 1990*

(3) Ausnahmsweise können Ställe für Kleintierhaltung als Zubehör zu Kleinsiedlungen und landwirtschaftlichen Nebenerwerbsstellen zugelassen werden; die Zulässigkeit von untergeordneten Nebenanlagen und Einrichtungen für die Kleintierhaltung nach § 14 bleibt unberührt.

§ 6 BauNVO 1968: Mischgebiete

(1) *wie BauNVO 1977 und 1990*

(2) Zulässig sind

1. – 3. *wie BauNVO 1977 und 1990*

4. sonstige nicht wesentlich störende Gewerbebetriebe,

5. – 7. *wie BauNVO 1977 und 1990*

(3) Ausnahmsweise können Ställe für Kleintierhaltung als Zubehör zu Kleinsiedlungen und landwirtschaftlichen Nebenerwerbsstellen zugelassen werden.

(4) Im Bebauungsplan kann festgesetzt werden, daß in dem Gebiet oder in bestimmten Teilen des Gebietes im Erdgeschoß nur die in Absatz 2 Nr. 3 genannten Nutzungsarten sowie sonstige Läden zulässig sind.

§ 6 BauNVO 1962: Mischgebiete

(1) *wie BauNVO 1968, 1977 und 1990*

(2) *wie BauNVO 1968*

(3) *wie BauNVO 1968*

I. Gebietscharakter (Abs. 1)

1. Allgemeines

1 Das Mischgebiet (MI-Gebiet) vereint Nutzungen, die durch **gegenläufige Schutzbedürfnisse** charakterisiert sind: Die **Wohnnutzung** ist besonders schutzbedürftig gegenüber Immissionen aller Art. **Gewerbebetriebe** sind dagegen vielfach unvermeidbar mit Emissionen verbunden. Gewerbliche Nutzungen sind deshalb gerade auf die Zulässigkeit von Emissionen angewiesen. Darin liegt die **besondere städtebauliche Problematik des Mischgebiets.** Es fordert zwangsläufig ein höheres Maß an gegenseitiger **Rücksichtnahme** (BVerwGE 68, 207 = NVwZ 1984, 511 = BauR 1984, 142) als das in homogeneren Baugebieten wie den Wohngebieten oder den Gewerbegebieten der Fall ist. Während das Konzept der Baugebiete im Ganzen durch das Bestreben geprägt ist, Nutzungsarten, die typischerweise untereinander in Konflikt geraten können, unterschiedlichen Baugebieten zuzuordnen und auf diese Weise räumlich zu trennen, ist für Mischgebiete wie schon für die Dorfgebiete gerade die **Mischung von konfliktträchtigen Nutzungsarten** charakteristisch, mehr noch: sie ist **gewollt.** Das zeigt sich deutlich, wenn man das Tatbestandsmerkmal der **„Gewerbebetriebe, die das Wohnen nicht wesentlich stören"** in Abs. 1 im Wege eines Umkehrschlusses anders formuliert: Das Mischgebiet dient danach sowohl dem **Wohnen** als auch der Unterbringung von **Gewerbebetrieben**, die das **Wohnen stören können** – bis zur **Grenze** einer **wesentlichen Störung.** Das Mischgebiet ist also vom immissionsschutzrechtlichen **Trennungsgrundsatz** (**§ 50 BImSchG**) her gesehen gewissermaßen systemwidrig. Es stellt damit aber zugleich einen deutlichen Beleg dafür dar, dass dieser Trennungsgrundsatz für das Bauplanungsrecht **kein Dogma** ist, sondern nur eine Planungsleitlinie, die in der Abwägung zu beachten ist und durch gegenläufige städtebauliche Planungsleitlinien und Belange eingeschränkt werden kann.

2 Dennoch drängt sich die Frage auf, welche tragfähige **städtebauliche Begründung** es für die Ausweisung eines Mischgebietes geben kann. Während es beim Dorfgebiet auf der Hand liegt, dass die BauNVO an die gewachsenen städtebaulichen Strukturen des traditionellen Dorfes anknüpft, die städtebaulich nicht negativ bewertet werden und erhalten werden sollen, lässt sich eine solche positive

Anknüpfung für das Mischgebiet nicht ohne weiteres finden. Jedenfalls sind die historisch gewachsenen Gemengelagen von Wohnnutzung und gewerblicher oder gar industrieller Nutzung stets eher als städtebauliches Problem und weniger als städtebaulicher Idealtypus empfunden worden. Mischgebiete kommen bei dieser Sichtweise vor allem als Instrumente einer planerischen Bewältigung von städtebaulichen Missständen durch **Überplanung von bestehenden Gemengelagen** in Betracht. Für eine **Ausweisung von neu zu bebauenden Mischgebieten** ließe sich dagegen streng genommen keine städtebauliche Rechtfertigung finden. Allenfalls als **Pufferzone zwischen Wohngebieten und Gewerbegebieten** oder als Ersatz für das in kleineren Gemeinden nicht passende Kerngebiet könnte das Mischgebiet eine eigenständige Rolle spielen. Im Übrigen wären Mischgebiete im Grunde keine qualitativ selbständigen und dauerhaften Baugebietstypen, die gegen ein „Umkippen" in einen anderen Gebietscharakter zu schützen wären, sondern sie wären offen für „Entmischungen"und damit für die Entwicklung in Richtung auf ein „richtiges" Baugebiet, sei es ein allgemeines Wohngebiet oder ein Gewerbegebiet. Weder bei der Entscheidung über die Zulässigkeit konkreter Vorhaben im Baugenehmigungsverfahren noch bei der Gliederung von Mischgebieten nach § 1 Abs. 4 ff BauNVO in der Bauleitplanung müsste dann auf ein **gebietstypisches Mischungsverhältnis** von Wohnen und Gewerbe geachtet werden.

Während der Text des § 6 Abs. 1 seit der Ursprungsfassung von 1962 unverändert 3
geblieben ist und auch der Katalog der allgemein zulässigen Vorhaben in Abs. 2 nur geringfügige Änderungen erfahren hat, hat sich die **Bewertung der städtebaulichen Funktion des Mischgebiets** deutlich geändert. Das hängt wesentlich mit der Erfahrung der Schattenseiten zusammen, die das jahrzehntelang dominierende städtebauliche Konzept einer strikten räumlichen Trennung von Wohnen und Arbeiten hervorgebracht hat (Töpfer DVBl 1996, 697). Zu nennen sind vor allem die ökologischen Belastungen durch den motorisierten Verkehr zwischen Wohnung und Arbeitsstätte, aber auch zwischen Wohnung und Schule oder Kindergarten, Einkaufsgelegenheiten oder Freizeiteinrichtungen, Verluste an Lebensqualität durch lange Fahrzeiten, durch die Verödung reiner „Schlafstädte" während des Tages und reiner Gewerbegebiete in den Abendstunden. Mischgebiete ermöglichen dagegen eine eigene urbane Wohn- und Lebensqualität, eine „Stadt der kurzen Wege", die durchgängig belebt ist.

Das BVerwG hat in seiner Rechtsprechung mit zunehmender Deutlichkeit fest- 4
gestellt, dass das Mischgebiet ein **eigenständiger Baugebietstyp** ist, dessen Eigenart durch die sowohl **qualitativ** als auch **quantitativ** zu verstehende **Durchmischung von Wohnen und nicht wesentlich störendem Gewerbe** geprägt ist und sich gerade dadurch von den anderen Baugebietstypen unterscheidet (BVerwGE 79, 309 = BauR 1988, 440 = NJW 1988, 3168). Ausgehend von der Feststellung, dass der Verordnungsgeber die beiden Hauptnutzungsarten in § 6 Abs. 1 im Unterschied zu den Gebietsumschreibungen der §§ 2 bis 5 und 7–9 nicht in ein Rangverhältnis zueinander gestellt hat, hat das Gericht zunächst die **Gleichwertigkeit und Gleichgewichtigkeit** von Wohnen und das Wohnen nicht wesentlich störendem Gewerbe sowie deren wechselseitige Verträglichkeit als kennzeichnend für den Baugebietstyp „Mischgebiet" herausgestellt (BVerwGE 40, 94). Daraus hat das Gericht weiter gefolgert, dass **keine der Nutzungsarten ein deutliches Übergewicht** über die andere gewinnen solle (BVerwGE 68, 207 = NVwZ 1984, 511 = BauR 1984, 142; NVwZ 1986, 643). Schließlich hat das Gericht klargestellt, dass dies nicht nur als qualitative Anforderung an das einzelne Vorhaben zu verstehen ist. Viel-

mehr bringe § 6 Abs. 1 dadurch, dass er die zwei Hauptnutzungsarten Wohnen und nicht wesentlich störendes Gewerbe ohne abstufenden Zusatz nebeneinandergestellt habe, die städtebauliche Gestaltungsabsicht des Verordnungsgebers zum Ausdruck, dass diese beiden Nutzungsarten in den durch Bebauungsplan festgesetzten Mischgebieten auch in ihrer jeweiligen Quantität „gemischt" sein sollen. In dieser sowohl qualitativ als auch quantitativ zu verstehenden Durchmischung von Wohnen und nicht wesentlich störendem Gewerbe liege die **normativ bestimmte besondere Funktion des Mischgebiets**, mit der dieses sich von den anderen Baugebietstypen der BauNVO unterscheide und die damit zugleich dessen Eigenart bestimme (BVerwGE 79, 309 = BauR 1988, 440 = NJW 1988, 3168).

5 Ungeachtet dieser Klarheit im Grundsätzlichen führt gerade die so bestimmte Eigenart des Mischgebiets zu einer Reihe schwieriger Abgrenzungsprobleme. Zunächst stellt sich die Frage, nach welchen **Kriterien** das für das Mischgebiet typische und notwendige **Mischungsverhältnis** zu ermitteln ist. Dazu hat das Bundesverwaltungsgericht im Urteil vom 4.5.1988 (BVerwGE 79, 309 = BauR 1988, 440 = NJW 1988, 3168) ausgeführt: Wie auch § 15 Abs. 1 S. 1 BauNVO bestätigt, kommt es darauf an, in welchem Verhältnis die dem Wohnen und die gewerblichen Zwecken dienenden Anlagen im Baugebiet nach **Anzahl und Umfang** zueinander stehen. Dabei ist einerseits nicht erforderlich, dass die beiden Hauptnutzungsarten zu genau oder annähernd gleichen Anteilen vertreten sind. Auf der anderen Seite wird jedoch die Bandbreite der typischen Eigenart des Mischgebiets nicht erst dann verlassen, wenn eine der beiden Hauptnutzungsarten als eigenständige Nutzung im Gebiet völlig verdrängt wird und das Gebiet deshalb in einen anderen Gebietstyp „umkippt" mit der Folge, dass sich die Festsetzung als Mischgebiet letztlich als funktionslos darstellen würde. Um ein solches „Umkippen" des Gebietes zu verhindern und seine Eigenart zu wahren, ist es erforderlich aber auch ausreichend, dass im jeweiligen Gebiet keine der beiden Hauptnutzungsarten **nach Anzahl und/ oder Umfang beherrschend** und in diesem Sinne „übergewichtig" in Erscheinung tritt. Ob dies der Fall ist, lässt sich nicht notwendig, jedenfalls aber **nicht ausschließlich** danach beurteilen, mit welchen **Prozentsätzen** die **Grundfläche** des jeweiligen Mischgebiets für die eine und die andere Nutzungsart in Anspruch genommen werden soll. Die Störung des gebotenen quantitativen Mischungsverhältnisses und damit zugleich der Widerspruch zur Eigenart des Baugebiets kann sich aus einem solchen übermäßig großen Anteil einer Nutzungsart an der Grundfläche des Baugebiets, aber auch aus anderen Umständen, zB auch aus einem Missverhältnis der **Geschossflächen** oder der **Zahl der eigenständigen gewerblichen Betriebe** im Verhältnis zu den vorhandenen Wohngebäuden oder auch erst aus mehreren solcher Merkmale zusammengenommen ergeben. Erforderlich ist **stets** eine **Bewertung aller** für eine quantitative Beurteilung in Frage kommenden **tatsächlichen Umstände** im einzelnen Fall (BVerwG aaO). Auf dieser Grundlage erweist sich Im konkreten Fall das Vorhaben der Errichtung eines Lebensmittel-Discount-Ladens als unzulässig, weil bei Verwirklichung des Vorhabens unter Berücksichtigung der beiden schon vorhandenen Supermärkte 85 v.H. der Grundfläche des Gebiets von gewerblichen Betrieben samt den ihnen zuzurechnenden Parkflächen in Anspruch genommen werden.

6 Trotz dieser eindeutigen tatsächlichen Verhältnisse im Baugebiet selbst stellt das Bundesverwaltungsgericht in seinem Urteil vom 4.5.1988 (aaO) noch weitere Erwägungen an. Denn die Eigenart des in einem konkreten Bebauungsplan festgesetzten einzelnen Baugebiets im Sinne des § 15 Abs. 1 BauNVO ergebe sich nicht

allein aus den typisierenden Regelungen der BauNVO. Sie lasse sich vielmehr erst abschließend bestimmen, wenn zusätzlich auch die **jeweilige örtliche Situation**, in die ein Gebiet „hineingeplant" worden ist, und der jeweilige Planungswille der Gemeinde berücksichtigt werden. Dabei gehe es zwar jedenfalls in erster Linie um die örtlichen Verhältnisse, auf die ein Plan in dem Gebiet trifft, für das er gelten soll. Das Gericht erwägt aber, dass zusätzlich auch noch die **örtlichen Verhältnisse in der angrenzenden Umgebung** herangezogen werden müssen, um die besondere Eigenart des konkreten Baugebiets genau zu bestimmen. Vor dem Hintergrund dieser Überlegungen hält das Gericht es für möglich, dass die Eigenart eines kleineren Mischgebiets dadurch geprägt ist, dass es der **„Abpufferung"** zwischen Gebieten mit einer das Wohnen störenden gewerblichen Nutzung und einer überwiegenden oder reinen Wohnnutzung dienen soll (BVerwG aaO).

Diese Erwägungen bedürfen indes zumindest einer Präzisierung (zur Kritik aus- 7
führlich Jäde in Jäde/Dirnberger/Weiss, Rn 8 ff zu § 6 BauNVO). Wenn der planerische Wille des Satzungsgebers, einen „Puffer" zwischen einem Wohngebiet und einem Gewerbegebiet zu schaffen, die Festsetzung eines Mischgebiets und die Gebietsverträglichkeit eines Vorhabens auch dann rechtfertigen soll, wenn das Baugebiet die gebietstypische Nutzungsmischung eines Mischgebiets innerhalb der Grenzen des Mischgebiets gar nicht aufweisen kann oder soll, wird entweder die spezifische Nutzungsmischung von Wohnen und nicht störendem Gewerbe im Mischgebiet als prägendes Merkmal der Eigenart des Mischgebiets aufgegeben oder der Grundsatz der städtebaulichen Erforderlichkeit (§ 1 Abs. 3 BauGB) missachtet. Die Ausweisung von Mischgebieten als Puffer zwischen Wohn- und Gewerbegebieten ist gängige Praxis. Sie mag, wie Jäde vermutet (aaO Rn 10), auf der verfehlten Annahme beruhen, dass der immissionsschutzrechtliche Trennungsgrundsatz das strikte Gebot einer schrittweisen Gebietsabstufung begründe, so dass ein Wohngebiet niemals unmittelbar neben einem Gewerbegebiet geplant werden dürfe. Der **Trennungsgrundsatz des § 50 BImSchG** stellt jedoch für die Bauleitplanung lediglich eine **Planungsleitlinie** dar, die **in der Abwägung zu berücksichtigen** ist. Die Festsetzung eines allgemeinen Wohngebiets neben einem Gewerbegebiet kann aber durchaus eine abwägungsgerechte, die Planungsdirektive des § 50 BImSchG hinreichend berücksichtigende Satzungsentscheidung sein (OVG Münster BauR 2007, 65). Es kann also keine Rede davon sein, dass die Festsetzung eines Mischgebietes als Puffer zwischen Wohnen und Gewerbe planungsrechtlich alternativlos wäre. Das ändert allerdings nichts daran, dass die Ausweisung eines Mischgebiets zwischen angrenzenden Wohn- und Gewerbegebieten **eine** Möglichkeit darstellt, den städtebaulichen Konflikt zwischen Wohnen und Gewerbe zu bewältigen. Die entscheidende Frage ist jedoch, ob eine solche Pufferfunktion das Fehlen einer gebietstypischen Nutzungsmischung im Mischgebiet selbst ersetzen und gleichsam durch die Nutzungsmischung ausgleichen kann, die sich erst in einer gebietsübergreifenden Perspektive in der Abfolge von drei Baugebieten (Gewerbegebiet, Wohngebiet und dazwischen liegendes Mischgebiet) ergibt. Eine solche Sichtweise würde jedoch ohne Not das Konzept der Baugebiete sprengen. Auch wenn angesichts einer konkreten örtlichen Situation ein Baugebiet als Puffer zwischen einem Wohngebiet und einem Gewerbegebiet dazu dienen kann, dem Planungsleitsatz des Trennungsgrundsatzes Rechnung zu tragen, würde dies angesichts des **abschließenden Katalogs der Baugebiete** nicht die **Festsetzung eines „Puffergebietes" mit beliebiger Nutzungsmischung** rechtfertigen. Vielmehr kann der Satzungsgeber auch vor dem Hintergrund einer als not-

wendig angesehenen Pufferfunktion nur ein Mischgebiet mit der dafür erforderlichen Nutzungsmischung ausweisen. Dagegen scheitert die Ausweisung eines Mischgebietes, die in Wahrheit keine mischgebietstypische Nutzungsmischung anstrebt, sondern entweder ein allgemeines Wohngebiet oder ein Gewerbegebiet, die aber im Hinblick auf angrenzende Baugebiete den zulässigen Störungsgrad auf das Niveau eines Mischgebiets erhöhen oder absenken will, an der **städtebaulichen Erforderlichkeit** (**§ 1 Abs. 3 BauGB**). Sie wäre ein Fall von **Etikettenschwindel**. An der Beachtlichkeit der gebietstypischen Nutzungsmischung im Baugebiet ändert sich also durch eine angenommene Pufferfunktion für angrenzende Baugebiete nichts. Davon zu unterscheiden ist die Frage, welche Möglichkeiten die Gemeinde hat, mit den Mitteln der inneren Gliederung nach § 1 Abs. 4 ff die gebietsübergreifenden Nutzungskonflikte im Verhältnis zu angrenzenden Wohn- und Gewerbegebieten zu bewältigen.

2. Innere Gliederung von Mischgebieten

8 Die durch die spezifische qualitative und quantitative Nutzungsmischung von Wohnen und nicht störendem Gewerbe geprägte Eigenart des Mischgebiets wirft weiterhin das Problem auf, ob und inwieweit dieser Gebietscharakter eine innere Gliederung von Baugebieten nach § 1 Abs. 4 ff zulässt, wie weit also gewissermaßen ein Mischgebiet **„entmischt"** werden darf, ohne den Charakter eines Mischgebietes zu verlieren. Grundsätzlich kann die Gemeinde auch im Mischgebiet von allen Möglichkeiten der inneren Gliederung Gebrauch machen. Das gilt auch für die horizontale Gliederung nach § 1 Abs. 4 und den Ausschluss oder die nur ausnahmsweise Zulassung von Nutzungsarten nach § 1 Abs. 5. Zwar eröffnet ein Mischgebiet dem Grundstückseigentümer grundsätzlich eine **Wahlmöglichkeit zwischen Wohnnutzung und gewerblicher Nutzung**, die im Falle einer inneren Gliederung eingeschränkt oder aufgehoben wird. Dieses Wahlrecht ist jedoch Folge der Ausgestaltung dieses Baugebietstyps in der BauNVO. Damit wird der Umfang des Wahlrechts aber auch durch die Möglichkeiten der Feinsteuerung bestimmt, zu denen dieselbe BauNVO die Gemeinden in § 1 Abs. 4 ff ermächtigt. Aus dem Wahlrecht des Bauherrn ergeben sich somit keine zusätzlichen rechtlichen Anforderungen an die Zulässigkeit einer Gliederung des Baugebiets. Soweit ein Baugebiet in zulässiger Weise gegliedert werden kann, ist vielmehr die Wahlmöglichkeit des Bauherrn entsprechend dieser Gliederung eingeschränkt oder ausgeschlossen (VGH München BauR 2006, 1855). Bei einer Gliederung des Baugebiets ist es nicht erforderlich, dass auch auf allen Grundstücken jede Nutzung möglich ist, die im Mischgebiet nach der allgemeinen Regelung des § 6 zulässig ist (BVerwGE 88, 70; VGH München BauR 2006, 1855).

9 Eine horizontale Gliederung eines Mischgebiets, durch die die Hauptnutzungsarten Wohnen und Gewerbe auf räumlich strikt getrennte Teilgebiete verteilt werden, so dass das einheitliche Baugebiet **in einen Wohn- und einen Gewerbeteil aufgeteilt** wird, stellt jedoch den einheitlichen Gebietscharakter eines Mischgebiets in Frage, für den gerade die Mischung dieser Nutzungsarten typisch ist. Dabei ist allerdings u.a. nach der **Größe des Gebiets** zu unterscheiden: Bei **kleineren Mischgebieten** sind in der Rechtsprechung der Ausschluss der Wohnnutzung in einem Teil des Gebiets (VGH München BRS 63 Nr. 78: Ausschluss der Wohnnutzung in etwa einem Fünftel des Gebiets bei einem Mischgebiet mit einer Fläche von 0,… ha) und sogar die Aufteilung in einen Gewerbe- und einen Wohnteil (VGH München BauR 2006, 1855: Gliederung eines Mischgebiets mit einer Fläche von 0,9

ha in einen gewerblichen Teil und einen Teil, in dem allgemein nur Wohngebäude und nur ausnahmsweise Geschäfts- und Bürogebäude zulässig sind; s. auch OVG Lüneburg NVwZ 1995, 714) als mit dem Gebietscharakter eines Mischgebiets vereinbar angesehen worden. Dagegen werden bei **größeren Mischgebieten** die strikte Aufteilung in einen Wohn- und einen Gewerbeteil und der vollständige Ausschluss einer der beiden Hauptnutzungsarten im überwiegenden Teil des Gebiets als unzulässig angesehen (VGH München BRS 63 Nr. 75: Gliederung eines 2,1 ha großen Mischgebiets durch Ausschluss von Wohngebäuden und Beherbergungsbetrieben in mehr als der Hälfte des Gebiets; Fickert/Fieseler, Rn 83.1 zu § 1; Ziegler in KK Rn 331 zu § 1 BauNVO). In jedem Fall wahrt der vollständige Ausschluss oder die nur ausnahmsweise Zulassung einer der beiden Hauptnutzungsarten nach § 1 Abs. 5 den Gebietscharakter eines Mischgebiets nicht (VGH Mannheim BRS 57 Nr. 27 = NVwZ-RR 1996, 139 für den Ausschluss sämtlicher nicht störender Gewerbebetriebe).

Eine **vertikale Gliederung** nach **§ 1 Abs. 7**, die zB im Erdgeschoss gewerbliche Nutzung und in den Obergeschossen Wohnnutzung vorsieht, kann geradezu ein geeignetes Instrument sein, um die im Mischgebiet gewollte Durchmischung von Wohnen und Gewerbe und die in der wechselseitigen Belebung dieser Nutzungen liegende spezifische Gebietsqualität zu fördern (BVerwGE 88, 268 = BauR 1991, 718 = BRS 52 Nr. 9 = NVwZ 1992, 373).

Stets bedarf eine innere Gliederung des Mischgebiets neben der gebotenen Wahrung des Gebietscharakters einer spezifischen städtebaulichen Begründung (s dazu oben Rn 25 zu § 1).

3. Die Zumutbarkeitsschwelle des Mischgebiets

Während im Dorfgebiet auf die Belange der land- und forstwirtschaftlichen 10
Betriebe vorrangig Rücksicht zu nehmen ist (§ 5 Abs. 1 S. 2), gibt es im Mischgebiet auch auf der Ebene des Rücksichtnahmegebots **keinen Vorrang** für eine der beiden Hauptnutzungsarten, insbesondere auch keinen Vorrang für das Gewerbe. Das macht gerade die besondere Eigenart des Mischgebiets aus. Das gleichwertige und gleichgewichtige Nebeneinander von Wohnen und nicht wesentlich störendem Gewerbe fordert von beiden Hauptnutzungsarten ein erhöhtes Maß an **wechselseitiger Rücksichtnahme** (BVerwGE 68, 207 = NVwZ 1984, 511 = BauR 1984, 142; E. 79, 309 = BRS 48 Nr. 37 = NJW 1988, 3168; NVwZ-RR 1997, 463). Die von mischgebietstypischen Gewerbebetrieben ausgehenden Störungen sind für die Wohnnutzung grundsätzlich zumutbar und hinzunehmen. Die Zumutbarkeitsschwelle wird durch die Unterscheidung zwischen lediglich einfach störenden und das Wohnen „wesentlich" störenden Gewerbebetrieben bezeichnet. Wo die **Grenzen einer „wesentlichen" Störung des Wohnens** liegen, lässt sich nicht abstrakt-begrifflich definieren, sondern letztlich nur anhand einer Bewertung der Schutzbedürftigkeit und Schutzwürdigkeit der jeweiligen Nutzungen unter Beachtung der Umschreibung des Gebietscharakters und der Zulässigkeitsregelungen in § 6 einerseits, der konkreten Umstände andererseits konkretisieren. Dabei können die immissionsschutzrechtlichen Bewertungen und Regelwerke hilfreich sein. Zu den **Immissionsgrenzwerten** nach Verordnungen und Verwaltungsvorschriften auf Grund des BImSchG und nach Technischen Regelwerken und zu ihrer Bedeutung für die bauplanungsrechtliche Beurteilung s. unten Rn 15, 16 und 27 ff zu § 15; zu den sonstigen nicht wesentlich störenden Gewerbebetrieben s. unten Rn 18 und 19).

11 Die gebotene Rücksichtnahme der gewerblichen Nutzungen auf die Wohnnutzung erfordert insbesondere die Beachtung der allgemein geltenden **Ruhezeiten** in der **Nacht** und an **Sonn- und Feiertagen**. Zu diesen Zeiten besteht ein erhöhtes Schutzbedürfnis für das Wohnen, während sich die Gewerbebetriebe auf entsprechende Betriebszeiten einrichten können und im Mischgebiet einrichten müssen.

12 Im **Grenzbereich zu einem angrenzenden allgemeinen Wohngebiet** unterliegen gewerbliche Nutzungen weitergehenden Einschränkungen als das sonst im Mischgebiet der Fall ist. Die Zumutbarkeitsschwelle ist in diesen Fällen in Form der **Bildung eines Mittelwertes** zu bestimmen (BVerwGE 50, 49; BRS 55 Nr. 165 = NVwZ-RR 1994, 139).

II. Allgemein zulässige Nutzungen (Abs. 2)

1. Wohngebäude (Nr. 1)

13 Für **Wohngebäude** einschließlich der Nutzungen und Nebennutzungen, die nach **§ 3 Abs. 4** und nach **§ 14 Abs. 1** dazu gehören, gilt das oben Rn 1–6 zu § 3 Gesagte entsprechend.

2. Geschäfts- und Bürogebäude (Nr. 2)

14 Für **Geschäfts- und Bürogebäude** gelten die Erläuterungen in Rn 15 zu § 4a entsprechend.

3. Einzelhandelsbetriebe, Schank- und Speisewirtschaften sowie Betriebe des Beherbergungsgewerbes (Nr. 3)

15 **Einzelhandelsbetriebe** (s oben Rn 15 zu § 5) sind innerhalb der durch § 11 Abs. 3 gezogenen Grenze grundsätzlich ohne weitere Einschränkungen mit dem Gebietscharakter des Mischgebiets vereinbar. Nach **§ 11 Abs. 3** sind aber **großflächige Einzelhandelsbetriebe** nur in Kerngebieten oder in für sie festgesetzten Sondergebieten zulässig, wenn sie die in § 11 Abs. 3 S. 1 Nr. 2 genannten und in § 11 Abs. 3 S. 2 näher konkretisierten **Auswirkungen** haben können. Einzelhandelsbetriebe sind **großflächig**, wenn sie eine **Verkaufsfläche von 800 qm** überschreiten (BVerwGE 124, 364 und 376; dazu und zur älteren Rspr eingehend unten Rn 16 ff zu § 11). Auch wenn das Merkmal der Großflächigkeit erfüllt ist, kann ein Einzelhandelsbetrieb gleichwohl im Mischgebiet zulässig sein, wenn im Einzelfall hinreichende Anhaltspunkte dafür vorliegen, dass nicht mit städtebaulichen **Auswirkungen** im Sinne des **§ 11 Abs. 3 S. 2** zu rechnen ist; dabei führt auch eine Überschreitung der **Geschossfläche von 1200 qm**, bei der nach der **Vermutungsregel des § 11 Abs. 3 S. 3** solche nachteiligen Auswirkungen anzunehmen sind, noch nicht zwingend zur Unzulässigkeit im Mischgebiet (VGH Mannheim ÖffBauR 2005, 18). Eine Widerlegung der Regelvermutung ist insbesondere anhand der in § 11 Abs. 3 S. 4 beispielhaft genannten Anhaltspunkte möglich (s dazu unten Rn 26 ff zu § 11). Mischgebiete können insbesondere in Gemeinden ohne ein Kerngebiet auch Warenhäuser aufnehmen. Einkaufszentren sind dagegen generell nur in Kern- oder Sondergebieten zulässig. Zur Unzulässigkeit von allgemein zulässigen Einzelhandelsbetrieben im Hinblick auf eine Störung des Mischungsverhältnisses von Wohnen und nicht wesentlich störendem Gewerbe BVerwGE 79, 309 und oben Rn 4 ff.

Schank- und Speisewirtschaften (s dazu Rn 5 zu § 4) sind im Mischgebiet allgemein zulässig und stoßen hier wegen der höheren Zumutbarkeitsschwelle für das Wohnen auch kaum auf Grenzen der Verträglichkeit mit dem Gebietscharakter (zur Zulässigkeit eines Biergartens VGH Mannheim GewArch 1988, 387; zur Zulässigkeit eines Fast-Food-Restaurants mit Autoschalter VGH München NVwZ-RR 1999, 226: zulässig; aA OVG Hamburg NordÖR 2003, 70). Von Bedeutung ist insbesondere die Abgrenzung zu den Vergnügungsstätten (s. dazu Rn 20, 21 zu § 4a), deren Zulässigkeit im Mischgebiet nach Abs. 2 Nr. 8 und Abs. 3 begrenzt ist. 16

Zum Begriff der **Betriebe des Beherbergungsgewerbes** und zur Abgrenzung gegenüber dem Begriff des Wohnens s. oben Rn 3 zu § 3. 17

4. Sonstige Gewerbebetriebe (Nr. 4)

Abs. 2 Nr. 4 muss zusammen mit Abs. 1 gelesen werden. Danach hängt die Zulässigkeit von Gewerbebetrieben im Mischgebiet einschränkend davon ab, dass sie **das Wohnen nicht wesentlich stören** (s oben Rn 10). Dabei ist zunächst eine **typisierende Betrachtungsweise** vorzunehmen und danach zu fragen, ob ein Betrieb dieses Typs mit der betriebstypischen Funktionsweise und Ausstattung üblicherweise mit Auswirkungen auf die Nachbarschaft verbunden ist, die das Wohnen wesentlich stören. Eine andere Beurteilung kann aber geboten sein, wenn der Betriebsinhaber darlegen kann, dass es sich um einen **atypischen Betrieb** handele, der die sonst zu erwartenden störenden Wirkungen nicht habe. Das kann der Fall sein, wenn ein Betrieb sich auf ein eingeschränktes Spektrum von Arbeiten spezialisiert (zB KFZ-Elektrik), oder wenn ungewöhnliche, aufwändige Vorkehrungen zur Vermeidung von Lärm, Staub oder Gerüchen für eine zuverlässige Vermeidung von Störungen sorgen. Eine solche Berücksichtigung atypischer Betriebsgestaltungen stößt allerdings ihrerseits an **Grenzen**. Das gilt vor allem dann, wenn zur Vermeidung eines mit dem Betrieb typischerweise verbundenen Störungspotentials Auflagen gemacht werden müssen, die einem Betrieb dieser Art an sich fremd sind und bei realistischer Betrachtung auf die Dauer nicht eingehalten oder nicht überwacht werden können (Jäde in Jäde/Dirnberger/Weiss, Rn 17 zu § 1 BauNVO und Rn 14 zu § 4 BauNVO). 18

Bei typisierender Betrachtungsweise ist im Regelfall davon auszugehen, dass Betriebe mit Anlagen, die nach §§ 4 ff. **BImSchG iVm der 4. BImSchVO** einer immissionsschutzrechtlichen Genehmigung bedürfen, das Wohnen wesentlich stören und deshalb im Mischgebiet nicht zulässig sind. Davon kann es aber Ausnahmen in atypischen Fällen geben (s. oben Rn 18). Zudem stellt **§ 15 Abs. 3 BauNVO 1990** klar, dass die Zulässigkeit von Anlagen in den Baugebieten im Rahmen der durch § 15 gebotenen Prüfung des Einzelfalls **nicht allein** nach der an eine abstrakte Einschätzung des Störpotentials bestimmter Anlagentypen anknüpfenden verfahrensrechtlichen Einordnung des Immissionsschutzrechts beurteilt werden darf. Im Hinblick darauf hat das BVerwG die **Typisierungslehre ausdrücklich eingeschränkt** (BVerwG BRS 63 Nr. 190 = NVwZ 2000, 679 zum Begriff des „nicht erheblich belästigenden Gewerbebetriebs“ in § 8 Abs. 1). Das ändert aber nichts daran, dass die verfahrensrechtlichen Einordnungen des Immissionsschutzrechts auch für die bauplanungsrechltiche Beurteilung des Störpotentials von Anlagen sachgerechte Anhaltspunkte liefern. Danach werden Betriebe mit Anlagen, die einer Genehmigung nach den Vorschriften des Immissionsschutzrechs bedürfen, in aller Regel in Mischgebieten nicht zulässig sein. 19

Gewerbebetriebe, die in den Baugebieten nach § 2 bis 5 zulässig sind, sind in Mischgebieten auch bzw erst recht zulässig.
In der Rechtsprechung entschiedene **Einzelfälle:**
Im Mischgebiet zulässig:
Blockheizkraftwerk (OVG Schleswig NordÖR 2001, 181); **Recyclinghof** mit eingeschränkten Öffnungszeiten (VGH Mannheim BRS 62 Nr. 77); **„Pizza-Heimservice"** als Betrieb zur Herstellung und Auslieferung bestimmter Speisen und Getränke (VGH Mannheim BauR 1995, 216 = BRS 56 Nr. 57); **Anlagen der Außenwerbung** (BVerwG BauR 1995, 506 = NVwZ 1995, 897); **Selbstbedienungs-Autowaschanlage mit 6 Waschplätzen** (VGH Mannheim BRS 54 Nr. 51 = NVwZ-RR 1993, 533); **Tankstelle mit Kraftfahrzeugverkauf und Reparaturbetrieb** (BVerwG BauR 1986, 414 = BRS 46 Nr. 50 = NVwZ 1986, 642)
Im Mischgebiet unzulässig:
Metallverarbeitender Betrieb, in dem mit Hilfe einer Schweißmaschine, eines Amboss, einer Stanzmaschine sowie mehrerer Bohrmaschinen Stahlkonstruktionen für industrielle Zwecke sowie Geländer, Podeste und Treppen hergestellt werden (VGH Mannheim BauR 2002, 65 = BRS 64 Nr. 151); **Fleischwarenfabrik** mit ca 400 Beschäftigten, in der immissionsschutzrechtlich im vereinfachten Verfahren genehmigte Räucher- und Kochanlagen mit beträchtlicher Kapazität – mehr als 50 Tonnen am Tag – betrieben werden und die täglich mit bis zu 10 Kühllastwagen sowie ca 25 sonstigen Lieferantenfahrzeugen beliefert wird und mit 12 betriebseigenen Kühlfahrzeugen ausliefert, die zum Teil während der Nachtstunden das Betriebsgelände verlassen (OVG Saarlouis BRS 63 Nr. 78); **Fernverkehrsunternehmen** mit 38-t-Lastzug (VGH Kassel BRS 54 Nr. 52 = UPR 1993, 230); **Zeitungsauslieferungslager** (VGH München BauR 1993, 299 = BRS 54 Nr. 47); **Karosserie- und Einbrennlackierbetrieb** (BVerwG Buchholz 406.11 § 34 BBauG Nr. 55); **Bordell** (VGH München BRS 62 Nr. 73 = UPR 1999, 395; VGH Mannheim BRS 60 Nr. 75 = DÖV 1998, 654 = NVwZ-RR 1998, 550).
Beurteilung je nach Betriebsgestaltung unterschiedlich:
KFZ-Werkstatt (BVerwG BauR 1975, 396); **Selbstbedienungs-Autowaschanlage** (BVerwG BauR 1999, 31 = BRS 60 Nr. 73 = DÖV 1999, 31 = NVwZ-RR 1999, 107).

5. Anlagen für Verwaltungen sowie für kirchliche, kulturelle, soziale, gesundheitliche und sportliche Zwecke (Nr. 5)

20 Nr. 5 entspricht im Wesentlichen § 5 Abs. 2 Nr. 7 (s dazu Rn 19 zu § 5); im Unterschied zum Dorfgebiet sind Anlagen für Verwaltungen aber im Mischgebiet nicht auf örtliche Verwaltungen beschränkt.

6. Gartenbaubetriebe (Nr. 6)

21 S. dazu oben Rn 4 zu § 2 und Rn 21 zu § 5.

7. Tankstellen (Nr. 7)

22 Zu Tankstellen s. oben Rn 24 zu § 4.

8. Vergnügungsstätten iSd § 4a Abs. 3 Nr. 2 in den Teilen des Gebiets, die überwiegend durch gewerbliche Nutzungen geprägt sind (Nr. 8)

23 In Mischgebieten sind **Vergnügungsstätten** (s. oben Rn 20, 21 zu § 4a) nach näherer Maßgabe des Abs. 2 Nr. 8 und des Abs. 3 nur zulässig, wenn sie **nicht kern-**

gebietstypisch sind (zur **Abgrenzung** zwischen kerngebietstypischen und nicht kerngebietstypischen Vergnügungsstätten s. oben Rn 22–24 zu § 4a). **Allgemein zulässig** sind sie nur in den **Teilen des Gebiets**, die **überwiegend** durch **gewerbliche Nutzungen** geprägt sind (**Abs. 2 Nr. 8**), **außerhalb** dieser Gebietsteile können sie im Mischgebiet nur **ausnahmsweise** zugelassen werden (**Abs. 3**). Diese Regelung wirft zunächst das Problem auf, wie das Teilgebiet räumlich zu bestimmen ist, auf das es für die Frage der überwiegenden Prägung durch gewerbliche Nutzungen ankommt. Der **maßgebliche Bereich** muss einerseits so weit gezogen werden, wie sich die konkrete Vergnügungsstätte in städtebaulich relevanter Weise auswirken kann (BVerwG BauR 2005, 1886 = ZfBR 2005, 699). Darüber hinaus wird man – ähnlich wie bei der Bestimmung der maßgeblichen „näheren Umgebung" iSd § 34 Abs. 1 BauGB – auch hier darauf abstellen müssen, welcher Bereich der Umgebung den städtebaulichen Charakter des Baugrundstücks, auf dem die Vergnügungsstätte betrieben werden soll, prägt (VGH Kassel GewArch 1992, 198; Ziegler in KK Rn 23 zu § 6 BauNVO; Roeser in KRS Rn 22 zu § 6; zur Konkretisierung der maßgeblichen näheren Umgebung iSv § 34 Abs. 1 s. oben Rn 10–12 zu § 34 BauGB). Die anschließend vorzunehmende Beurteilung, ob der danach maßgebliche Teil des Mischgebiets überwiegend durch gewerbliche Nutzungen geprägt ist, stellt gewissermaßen das spiegelbildliche Pendant zur Beurteilung des gebietstypischen Mischungsverhältnisses von Wohnen und nicht störendem Gewerbe dar (s dazu oben Rn 5), das auch bei der inneren Gliederung des Mischgebiets noch gewahrt bleiben muss (s dazu oben Rn 7, 8). Auch die Prüfung einer überwiegenden Prägung durch gewerbliche Nutzungen erfordert eine **wertende Gesamtbetrachtung**, die sich nicht in einer rein rechnerischen (quantitativen) Betrachtungsweise erschöpft (BVerwG BauR 2005, 1886 = ZfBR 2005, 699; DÖV 1994, 570 = DVBl 1994, 711 = UPR 1994, 262). Eine überwiegende Prägung des Gebietsteils durch gewerbliche Nutzungen wird also nicht schon dadurch ausgeschlossen, dass ein größerer Anteil der Geschossfläche auf die Wohnnutzung entfällt; vielmehr kann auch in einem solchen Fall die Prägung durch gewerbliche Nutzungen im Hinblick auf die von diesen ausgehenden Vorbelastungen für das Wohnen überwiegen.

III. Ausnahmen (Abs. 3)

Außerhalb der Teile eines Mischgebiets, die überwiegend von gewerblichen Nutzungen geprägt sind, also **in Gebietsteilen, die eine gleichgewichtige oder überwiegende Wohnnutzung aufweisen**, können **Vergnügungsstätten** (s oben Rn 20, 21 zu § 4a) nach Abs. 3 nur **ausnahmsweise** zugelassen werden, sofern es sich um **nicht kerngebietstypische Vergnügungsstätten iSd § 4a Abs. 3 S. 2** handelt (zur Abgrenzung s. oben Rn 22 – 24 zu § 4a). Zur Bestimmung des räumlichen Bereichs, der für die Beurteilung einer überwiegend gewerblichen Prägung maßgeblich ist, und zu der für diese Beurteilung erforderlichen wertenden Gesamtbetrachtung s. oben Rn 22. 24

Mischgebiete können auch ohne BPl als **„faktische" Baugebiete** entstehen. In diesem Fall ist § 6 BauNVO über § 34 Abs. 2 BauGB unmittelbar anwendbar. 25

Die Festsetzung eines Mischgebiets im BPl und die Vorschrift des § 6 im Falle ihrer unmittelbaren Geltung für ein „faktisches" Mischgebiet haben **nachbarschüt-** 26 zende **Wirkung** (s Rn 2 zu § 1 mwN). Der Gebietsschutz hat auch **gebietsübergreifende Wirkung** (BVerwGE 50, 49; BRS 55 Nr. 165 = NVwZ-RR 1994, 139).

§ 7 Kerngebiete

(1) Kerngebiete dienen vorwiegend der Unterbringung von Handelsbetrieben sowie der zentralen Einrichtungen der Wirtschaft, der Verwaltung und der Kultur.

(2) Zulässig sind

1. Geschäfts-, Büro- und Verwaltungsgebäude,
2. Einzelhandelsbetriebe, Schank- und Speisewirtschaften, Betriebe des Beherbergungsgewerbes und Vergnügungsstätten,
3. sonstige nicht wesentlich störende Gewerbebetriebe,
4. Anlagen für kirchliche, kulturelle, soziale, gesundheitliche und sportliche Zwecke,
5. Tankstellen im Zusammenhang mit Parkhäusern und Großgaragen,
6. Wohnungen für Aufsichts- und Bereitschaftspersonen sowie für Betriebsinhaber und Betriebsleiter,
7. sonstige Wohnungen nach Maßgabe von Festsetzungen des Bebauungsplans.

(3) Ausnahmsweise können zugelassen werden

1. Tankstellen, die nicht unter Absatz 2 Nr. 5 fallen,
2. Wohnungen, die nicht unter Absatz 2 Nr. 6 und 7 fallen.

(4) Für Teile eines Kerngebiets kann, wenn besondere städtebauliche Gründe dies rechtfertigen (§ 9 Abs. 3 des Baugesetzbuchs), festgesetzt werden, daß

1. oberhalb eines im Bebauungsplan bestimmten Geschosses nur Wohnungen zulässig sind oder
2. in Gebäuden ein im Bebauungsplan bestimmter Anteil der zulässigen Geschoßfläche oder eine bestimmte Größe der Geschoßfläche für Wohnungen zu verwenden ist.

Dies gilt auch, wenn durch solche Festsetzungen dieser Teil des Kerngebiets nicht vorwiegend der Unterbringung von Handelsbetrieben sowie der zentralen Einrichtungen der Wirtschaft, der Verwaltung und der Kultur dient.

§ 7 BauNVO 1977: Kerngebiete

(1) Kerngebiete dienen vorwiegend der Unterbringung von Handelsbetrieben sowie der zentralen Einrichtungen der Wirtschaft und der Verwaltung.

(2) Zulässig sind

1. – 3. *wie BauNVO 1990*

4. Anlagen für kirchliche, kulturelle, soziale und gesundheitliche Zwecke,

5. – 6. *wie BauNVO 1990*

7. sonstige Wohnungen oberhalb eines im Bebauungsplan bestimmten Geschosses.

(3) *wie BauNVO 1990*

(4) *Satz 1 wie BauNVO 1990*

Satz 2: Dies gilt auch, wenn durch solche Festsetzungen dieser Teil des Kerngebiets nicht vorwiegend der Unterbringung von Handelsbetrieben sowie der zentralen Einrichtungen der Wirtschaft und Verwaltung dient.

§ 7 BauNVO 1968: Kerngebiete

(1) *wie BauNVO 1977*
(2) *wie BauNVO 1977*
(3) *wie BauNVO 1977*
(4) Im Bebauungsplan kann festgesetzt werden, daß in dem Gebiet oder in bestimmten Teilen des Gebietes in Geschossen, die an begehbaren Verkehrsflächen liegen, nur die in Absatz 2 Nr. 2 genannten Nutzungsarten sowie sonstige Läden zulässig sind.
(5) Die Kerngebiete einer Gemeinde oder Teile eines Kerngebietes können im Bebauungsplan nach der Art der zulässigen Nutzung gegliedert werden. Absatz 4 bleibt unberührt.

§ 7 BauNVO 1962: Kerngebiete

(1) *wie BauNVO 1968 und 1977*
(2) Zulässig sind
1.- 3. *wie BauNVO 1968, 1977 und 1990,*
4 *wie BauNVO 1968 und 1977*
5. Tankstellen,
6. *wie BauNVO 1968, 1977 und 1990*
(3) Ausnahmsweise können Wohnungen, die nicht unter Absatz 2 Nr. 6 fallen, zugelassen werden.

I. Gebietscharakter (Abs. 1)

Die Zweckbestimmung eines Baugebietes kann nicht allein aus der jeweiligen Baugebietsvorschrift der BauNVO abgeleitet werden, sondern wird auch davon beeinflusst, welche Funktion dem einzelnen Baugebiet im Verhältnis zu anderen Baugebieten der BauNVO zukommt (BVerwG NVwZ 1989, 50 = DÖV 1989, 227 = 1

BauR 1988, 693 = BRS 48 Nr. 40). Das gilt in besonderem Maß für das Kerngebiet (MK-Gebiet). Kerngebiete haben innerhalb des städtebaulichen Ordnungsgefüges **zentrale Funktionen** mit vielfältigen Nutzungen und einem – urbanen – Angebot an Gütern und Dienstleistungen für Besucher der Stadt und für die Wohnbevölkerung eines größeren Einzugsbereichs (BVerwG aaO unter Bezugnahme auf BVerwGE 68, 207). Man kann sich dabei an dem Idealtypus des Stadtzentrums einer größeren Stadt orientieren. Aber Kerngebiete sind weder auf das Stadtzentrum oder den Ortskern beschränkt noch muss es in der Ortsmitte jeder Gemeinde ein Kerngebiet geben. Während es in Großstädten und in den durch Gebietsreformen zusammengefassten Großgemeinden durchaus mehrere Kerngebiete geben kann, kommen Kerngebiete für kleine Gemeinden nicht in Frage. Für das Ortszentrum größerer Gemeinden und kleiner Städte kann auch die Festsetzung eines Mischgebiets in Frage kommen.

2 In der Aufzählung der Nutzungsarten, deren Unterbringung das Kerngebiet vorwiegend dient, kommt das **Wohnen** nicht vor. Aber auch die gewerblichen Nutzungen sind nur mit einem bestimmten Segment vertreten, den Handelsbetrieben und den zentralen Einrichtungen der Wirtschaft. Im Übrigen werden die zentralen Einrichtungen der Verwaltung und der Kultur genannt. Im Wortlaut dieser Gebietsbeschreibung, der abgesehen von der Einfügung der zentralen Einrichtungen der Kultur durch die BauNVO 1990 unverändert geblieben ist, kommt das **Leitbild der räumlichen Trennung** konfligierender Nutzungen (§ 50 BImSchG) noch ungebrochen zum Ausdruck: Einkaufen und Arbeiten im Stadtzentrum, Wohnen am Stadtrand. Der **Wandel städtebaulicher Vorstellungen** und die Abwendung von einem allzu strikt durchgeführten Trennungsprinzip ist aber auch am Kerngebiet nicht vorübergegangen. Das zeigt sich schon an den textlichen Veränderungen zwar nicht des Abs. 1, wohl aber der allgemein und ausnahmsweise zulässigen Nutzungen in Abs. 2 und 3 und der besonderen Festsetzungsmöglichkeiten in Abs. 4. Nach der **BauNVO 1962** waren **Wohnungen nur für Aufsichts- und Bereitschaftspersonal** sowie für Betriebsinhaber und Betriebsleiter allgemein zulässig (Abs. 2 Nr. 6), andere Wohnungen konnten nur ausnahmsweise zugelassen werden (Abs. 3). Die **BauNVO 1968** sah dann bereits die **allgemeine Zulässigkeit sonstiger Wohnungen oberhalb eines im BPl vorgesehenen Geschosses** vor (Abs. 2 Nr. 7). Die **BauNVO 1977** führte dann die **besonderen Festsetzungsmöglichkeiten des Abs. 4** ein, die eine stärkere Durchmischung von Teilen des Kerngebiets mit Wohnnutzungen ermöglichen. Auch wenn dies am Vorrang der zentralen Funktionen im Kerngebiet nach Abs. 1 nichts ändert, kommt in den genannten textlichen Änderungen der Abs. 2–4 doch ein Wandel der städtebaulichen Vorstellungen über das Kerngebiet zum Ausdruck, der noch nicht abgeschlossen sein dürfte. Einerseits werden die Folgen einer weitgehenden Verbannung der Wohnnutzung aus Kerngebieten als **Verödung der Stadtzentren** in den Abend- und Nachtstunden mit vielfachen schädlichen Nebenwirkungen empfunden. Auf der anderen Seite gewinnt die Vorstellung an Boden, dass auch Stadtzentren **attraktive Wohnlagen mit urbaner Wohnqualität** sein können und dass es mit den heute verfügbaren technischen Möglichkeiten des Schallschutzes und der Emissionsminderung möglich ist, eine enge Nachbarschaft zwischen kerngebietstypischen Nutzungen und Wohnnutzungen verträglich zu gestalten. Allerdings kann diese Entwicklung nicht so weit gehen, dass der Vorrang für die in Abs. 1 aufgeführten Nutzungen mit zentraler Funktion aufgehoben oder eingeschränkt wird. Denn diese Nutzungen sind auf die Unterbringung in Kerngebieten angewie-

sen. Eine städtebauliche Konzeption, die sich zum Ziel setzte, zum Zweck der Belebung zentraler Stadtbezirke das quantitative und qualitative Übergewicht kerngebietstypischer Nutzungsarten zugunsten des Wohnens umzukehren, könnte nicht auf der Grundlage der Festsetzung eines Kerngebiets umgesetzt werden. Hierfür wäre etwa die Ausweisung eines **besonderen Wohngebiet** (**§ 4a**) geeignet, sofern das bestehende Baugebiet die in dieser Vorschrift vorausgesetzte Eigenart aufweist (s. oben Rn 5 ff zu § 4a).

II. Allgemein zulässige Nutzungen (Abs. 2)

1. Geschäfts-, Büro- und Verwaltungsgebäude (Nr. 1)

Für **Geschäfts- und Bürogebäude** gelten die Erläuterungen in Rn 15 zu § 4a entsprechend. 3

Zum Begriff der **Verwaltung** s. oben Rn 17 zu § 4a. Aus der Gebietsbeschreibung des Abs. 1 ergibt sich, dass die Nutzungsarten des Abs. 2 Nr. 1 ohne die Beschränkungen nach Größe, Funktion und Einzugsbereich, die in anderen Baugebieten im Hinblick auf deren Eigenart gelten, zulässig sind. Der Begriff der zentralen Einrichtungen der Verwaltung in Abs. 1 enthält insbesondere keine Beschränkung auf eine zentrale Funktion für die jeweilige Stadt, sondern schließt auch Verwaltungen mit überörtlichem und überregionalem Zuständigkeits- oder Einzugsbereich ein.

2. Einzelhandelsbetriebe, Schank- und Speisewirtschaften, Betriebe des Beherbergungsgewerbes, Vergnügungsstätten (Nr. 2)

Einzelhandelsbetriebe (s. oben Rn 15 zu § 5) sind in Kerngebieten, anders als in Mischgebieten (s. oben Rn 15 zu § 6) unbeschränkt zulässig. Aus **§ 11 Abs. 3 S. 1** ergibt sich ausdrücklich, dass in Kerngebieten auch die **Einkaufszentren, großflächigen Einzelhandelsbetriebe und sonstigen großflächigen Handelsbetriebe** zulässig sind, die sonst nur in für sie festgesetzten Sondergebieten zulässig sind. 4

Bei den allgemein zulässigen **Schank- und Speisewirtschaften** (s. dazu Rn 5 zu § 4) bereitet die Abgrenzung zu den **Vergnügungsstätten** (s. oben Rn 20,21 zu § 4a) im Kerngebiet keine Schwierigkeiten, weil Vergnügungsstätten ebenso allgemein zulässig sind. Im Kerngebiet sind Vergnügungsstätten **ohne die Beschränkungen des § 4a Abs. 3 Nr. 2** (s. oben Rn 22–24 zu § 41) und damit ohne Rücksicht auf ihre Größe, ihre Betriebsgestaltung und die Weite des Einzugsbereichs zulässig. Allerdings muss im Einzelfall das Gebot der Rücksichtnahme (§ 15) vor allem gegenüber vorhandenen Wohnnutzungen gewahrt sein. Für Wohnungen im Kerngebiet sind in größerem Umfang als in anderen Baugebieten **Lichtimmissionen** zumutbar, die von einer zur Nachtzeit **beleuchteten Werbeanlage** ausgehen (OVG Lüneburg BauR 2004, 68 = BRS 66 Nr. 146 = NVwZ-RR 2003, 820, dort auch zu den Möglichkeiten „architektonischer Selbsthilfe" durch schwere Gardinenstoffe und/oder kippbare Lamellen). 5

Zum Begriff der **Betriebe des Beherbergungsgewerbes** und zur Abgrenzung gegenüber dem Begriff des Wohnens s. oben Rn 3 zu § 3. Kerngebiete sind insbesondere für die Unterbringung **großer Hotels** geeignet. 6

3. Sonstige nicht wesentlich störende Gewerbebetriebe (Nr. 3)

Alle sonstigen, dh nicht ausdrücklich in Abs. 2 oder 3 aufgeführten Gewerbebetriebe sind im Kerngebiet allgemein zulässig unter der Voraussetzung, dass sie 7

nicht wesentlich stören. Im Unterschied zum Mischgebiet (§ 6 Abs. 1 und Abs. 2 Nr. 4), in dem der Bezugspunkt für die Beurteilung wesentlicher oder nicht wesentlicher Störungen ausdrücklich das Wohnen ist, kommen im Kerngebiet als **vorrangige Bezugspunkte** für diese Beurteilung die in § 7 Abs. 1 genannten **kerngebietstypischen Hauptnutzungen** in Betracht (Ziegler in KK Rn 14 zu § 7 BauNVO). Daraus folgt, dass im Kerngebiet solche Gewerbebetriebe unzulässig sind, die durch Lärm, Staub oder Gerüche die Anziehungskraft des innerstädtischen Handels für Besucher der Stadt und für die Bevölkerung aus der Stadt und dem Umland beeinträchtigen würden. Damit dürfte ein nicht unwesentlicher Teil des **produzierenden Gewerbes** in Kerngebieten nicht zulässig sein (zu weitgehend Ziegler aaO Rn 17: produzierendes Gewerbe generell unzulässig). Fraglich ist, welche Bedeutung das **Wohnen** für den zulässigen Störungsgrad von Gewerbebetrieben im Kerngebiet hat und ob es insoweit **Unterschiede zum Mischgebiet** gibt. Dabei ist zunächst zu berücksichtigen, dass für die Wohnnutzung in Kerngebieten wegen der vorrangigen Zweckbestimmung des Kerngebiets zur Unterbringung von Handelsbetrieben und zentralen Einrichtungen der Wirtschaft, der Verwaltung und der Kultur, aber auch wegen der allgemeinen Zulässigkeit von Vergnügungsstätten bestimmte Arten von Immissionen zumutbar sind, die typischerweise von diesen Nutzungen zu erwarten sind. Beispiele dafür sind **Lichtimmissionen** durch große und auch in den Nachtstunden betriebene Werbeanlagen (OVG Lüneburg BauR 2004 68 = BRS 66 Nr. 146 = NVwZ-RR 2003, 820) oder die von Einrichtungen mit zentralen Funktionen ausgelösten starken **Verkehrsbelastungen.** Die dadurch bestimmte Zumutbarkeitsschwelle wirkt sich auch auf die Zumutbarkeit von Störungen des Wohnens durch sonstige Gewerbebetriebe aus. Insofern kann der für das Wohnen zumutbare Störungsgrad von Gewerbebetrieben im Kerngebiet im Einzelfall höher liegen als im Mischgebiet. Auf der anderen Seite kann der Vorrang der kerngebietstypischen Hauptnutzungsarten vor den sonstigen Gewerbebetrieben aber auch dazu führen, dass Störungen durch gewerbliche Nutzungen, die in Mischgebieten oder Dorfgebieten tagsüber noch hinzunehmen wären, im Kerngebiet unzumutbar sind. So können bestimmte Arten von Gerüchen, die im dörflichen Mischgebiet üblich und zumutbar sind, oder bestimmte Arten von Lärm, die in einem Mischgebiet noch hinzunehmen sind, in einer großstädtischen Einkaufsmeile oder in der Nähe eines Theaters oder eines Museums als unpassend und deshalb wesentlich störend empfunden werden. Davon profitieren dann aber auch die Wohnnutzungen. Die **Zumutbarkeitsschwelle für „wesentliche" Störungen des Wohnens durch Gewerbebetriebe** liegt danach nicht notwendig generell höher oder niedriger als in Mischgebieten, sondern sie wird durch den Vorrang der kerngebietstypischen Hauptnutzungen **anders definiert als im Mischgebiet.**

4. Anlagen für kirchliche, kulturelle, soziale, gesundheitliche und sportliche Zwecke (Nr. 4)

8 Begrifflich entsprechen die in Nr. 4 aufgeführten Anlagen den Anlagen iSd § 6 Abs. 2 Nr. 5 (s. oben Rn 20 zu § 6 mit Rn 19 zu § 5). Das Kerngebiet dient nach seiner Zweckbestimmung (Abs. 1) vorrangig der Unterbringung von Einrichtungen mit zentraler Bedeutung und überregionalem Einzugsbereich, zB Stadtkirche, Dom, Synagoge oder Moschee, Oper, Theater, Konzerthalle, Museum oder Kongresshalle. Eine ambulante Einrichtung der Drogenhilfe (Kontaktladen und Drogennotdienst) ist als Anlage für soziale und/oder gesundheitliche Zwecke in einem

Kerngebiet allgemein zulässig, auch wenn der BPl Festsetzungen gem. § 7 Abs. 2 Nr. 7 über die allgemeine Zulässigkeit von Wohnungen in dem Gebiet trifft (BVerwG BRS 63 Nr. 77 = BauR 2001, 605 = NVwZ-RR 2001, 217; VGH Kassel NVwZ-RR 2000, 483).

5. Tankstellen im Zusammenhang mit Parkhäusern und Großgaragen (Nr. 5)

Im Hinblick auf den großen Bedarf an Stellplätzen für den ruhenden Verkehr im Kerngebiet hat die BauNVO 1968 die allgemeine Zulässigkeit von **Tankstellen** von der Verbindung mit einem Parkhaus oder einer Großgarage abhängig gemacht und „isolierte" Tankstellen wegen des zusätzlich entstehenden ein- und ausfahrenden Verkehrs nur ausnahmsweise zugelassen (BR-Drs 402/68 S, 2 f; Roeser in KRS Rn 3 zu § 7). **Großgaragen** sind nach den insoweit übereinstimmenden bauordnungsrechtlichen Regelungen der Länder Garagen mit einer **Parkfläche ab 1000 qm. Tiefgaragen** fallen nicht unter den Begriff des Parkhauses, wohl aber bei entsprechender Parkfläche unter den Begriff der Großgarage. 9

6. Wohnungen für Aufsichts- und Bereitschaftspersonen sowie für Betriebsinhaber und Betriebsleiter (Nr. 6)

Aufsichts- und Bereitschaftspersonen sind zB Nachtportiers, Nachwächter, Hausmeister, Pförtner und anderes Dienstpersonal, das ständig erreichbar sein muss, um einen reibungslosen Betriebsablauf zu gewährleisten. Während § 8 Abs. 3 Nr. 1 und § 9 Abs. 3 Nr. 1 idF der BauNVO 1990 für die ausnahmsweise Zulässigkeit von Wohnungen für Aufsichts- und Bereitschaftspersonen sowie Betriebsinhaber und Betriebsleiter im Gewerbegebiet bzw im Industriegebiet ausdrücklich einen funktionalen Zusammenhang zwischen Wohnung und Betrieb und die Unterordnung der Wohnung gegenüber dem Betrieb in Grundfläche und Baumasse fordern, enthält § 7 Abs. 2 Nr. 6 diese Anforderungen nicht ausdrücklich. Auch ohne eine ausdrückliche Anforderung im Wortlaut der Vorschrift gilt aber seit jeher, dass die Zulässigkeit einer Betriebswohnung sowohl im Kerngebiet als auch im Gewerbegebiet und im Industriegebiet eine **funktionale Zuordnung** der Wohnung zum Betrieb voraussetzt; dies schließt die Erforderlichkeit der Wohnung für den Betrieb ein. Insoweit haben die in § 8 Abs. 3 Nr. 1 und § 9 Abs. 3 Nr. 1 BauNVO 1990 aufgenommenen ausdrücklichen Anforderungen lediglich klarstellenden Charakter (OVG Münster DVBl 2003, 810 = BauR 2003, 1006 = BRS 66 Nr. 82; Bielenberg in EZB Rn 33 zu § 7 BauNVO). Für das Erfordernis des **funktionalen Zusammenhangs zwischen Wohnung und Betrieb** gelten daher die Anmerkungen zu § 8 Abs. 3 Nr. 1 (s. Rn 13 zu § 8) entsprechend. 10

7. Sonstige Wohnungen nach Maßgabe von Festsetzungen des BPl (Nr. 7)

Ob und mit welchen Maßgaben „sonstige", dh nicht unter die Zweckbindung nach Nr. 6 fallende Wohnungen im Kerngebiet allgemein zulässig sein sollen, ist der **Bauleitplanung der Gemeinde** unter Beachtung insbesondere der städtebaulichen Erforderlichkeit (§ 1 Abs. 3 BauGB) und des Abwägungsgebots (§ 1 Abs. 7 BauGB) überlassen. Dabei ist die Gemeinde nicht auf die Instrumentarien des § 1 Abs. 4–9 beschränkt. § 7 Abs. 2 Nr. 7 geht als **spezielle Ermächtigung** auch dem § 1 Abs. 7 und den dort genannten Einschränkungen vor (Fickert/Fieseler Rn 12.2 zu § 7; aA Ziegler in KK Rn 24 zu § 7 BauNVO). Grenzen ergeben sich aber aus dem **Gebietscharakter des Kerngebiets**. Eine Festsetzung, durch die sonstige Wohnungen ohne Beschränkung und im ganzen Kerngebiet allgemein für zulässig erklärt werden, ist mit dem Charakter des Kerngebiets nicht vereinbar. Denn eine 11 quantitativ und qualitativ gleichwertige Nutzungsmischung von Wohnen und kerngebietstypischen Nutzungen sieht die BauNVO gerade nicht vor (OVG Münster NWVBl. 2004, 384; Leitsätze in BauR 2005, 1520 und 1676; GewArch 1994, 257 = UPR 1994, 276 = BBauBl. 1994, 807).

III. Ausnahmen (Abs. 3)

12 **Tankstellen**, die nicht im Zusammenhang mit Parkhäusern und Großgaragen stehen (Abs. 2 Nr. 5) können ausnahmsweise zugelassen werden (**Nr. 1**). Ausnahmsweise können auch **Wohnungen** zugelassen werden, die nicht der Zweckbindung des Abs. 2 Nr. 6 unterliegen und nicht schon nach Maßgabe von Festsetzungen des BPl gem. Abs. 2 Nr. 7 allgemein zulässig sind (**Nr. 2**).

IV. Besondere Festsetzungsmöglichkeiten (Abs. 4)

13 Die besonderen Festsetzungsmöglichkeiten, die Abs. 4 enthält, entsprechen denen des § 4a Abs. 4 (s. dazu oben Rn 26 zu § 4a); allerdings beschränkt § 7 Abs. 4 die Festsetzungsmöglichkeiten – anders als § 4a Abs. 4 – auf Teile des Gebiets. Die Festsetzungen müssen den für das Kerngebiet als Ganzes unabdingbaren qualitativen und quantitativen Vorrang der kerngebietstypischen Nutzungen wahren. S. 2 stellt aber klar, dass das nicht auch für das Teilgebiet gelten muss, für das die besonderen Festsetzungen gelten.

Kerngebiete können auch ohne BPl als **„faktische" Baugebiete** entstehen. In diesem Fall ist § 7 BauNVO über § 34 Abs. 2 BauGB unmittelbar anwendbar.

14 Die Festsetzung eines Kerngebiets im BPl und die Vorschrift des § 7 im Falle ihrer unmittelbaren Geltung für ein „faktisches" Kerngebiet haben **nachbarschützende Wirkung** (s. Rn 2 zu § 1 mwN). Der Gebietsschutz hat auch **gebietsübergreifende Wirkung** (BVerwGE 50, 49; BRS 55 Nr. 165 = NVwZ-RR 1994, 139).

§ 8 Gewerbegebiete

(1) Gewerbegebiete dienen vorwiegend der Unterbringung von nicht erheblich belästigenden Gewerbebetrieben.

(2) Zulässig sind

1. **Gewerbebetriebe aller Art, Lagerhäuser, Lagerplätze und öffentliche Betriebe,**
2. **Geschäfts-, Büro- und Verwaltungsgebäude,**
3. **Tankstellen,**
4. **Anlagen für sportliche Zwecke.**

(3) Ausnahmsweise können zugelassen werden

1. **Wohnungen für Aufsichts- und Bereitschaftspersonen sowie für Betriebsinhaber und Betriebsleiter, die dem Gewerbebetrieb zugeordnet und ihm gegenüber in Grundfläche und Baumasse untergeordnet sind,**
2. **Anlagen für kirchliche, kulturelle, soziale und gesundheitliche Zwecke,**
3. **Vergnügungsstätten.**

§ 8 BauNVO 1977: Gewerbegebiete

(1) *wie BauNVO 1990*

(2) Zulässig sind

1. Gewerbebetriebe aller Art, Lagerhäuser, Lagerplätze und öffentliche Betriebe, soweit diese Anlagen für die Umgebung keine erheblichen Nachteile oder Belästigungen zur Folge haben können,
2. *wie BauNVO 1990*
3. *wie BauNVO 1990*

(3) Ausnahmsweise können zugelassen werden

1. Wohnungen für Aufsichts- und Bereitschaftspersonen sowie für Betriebsinhaber und Betriebsleiter,
2. Anlagen für kirchliche, kulturelle, soziale, gesundheitliche und sportliche Zwecke.

§ 8 BauNVO 1968: Gewerbegebiete

(1) *wie BauNVO 1977 und 1990*

(2) Zulässig sind

1. Gewerbebetriebe aller Art mit Ausnahme von Einkaufszentren und Verbrauchermärkten im Sinne des § 11 Abs. 3, Lagerhäuser, Lagerplätze und öffentliche Betriebe, soweit diese Anlagen für die Umgebung keine erheblichen Nachteile oder Belästigungen zur Folge haben können,
2. *wie BauNVO 1977 und 1990*
3. *wie BauNVO 1977 und 1990*

(3) *wie BauNVO 1977*

(4) Die Gewerbegebiete einer Gemeinde oder Teile eines Gewerbegebietes können im Bebauungsplan nach der Art der Betriebe und Anlagen und deren besonderen Bedürfnissen und Eigenschaften gegliedert werden.

§ 8 BauNVO 1962: Gewerbegebiete

(1) *wie BauNVO 1968, 1977 und 1990*

(2) Zulässig sind

1. Gewerbebetriebe aller Art, Lagerhäuser, Lagerplätze und öffentliche Betriebe, soweit diese Anlagen für die Umgebung keine erheblichen Nachteile oder Belästigungen zur Folge haben können,
2. *wie BauNVO 1968, 1977 und 1990*
3. *wie BauNVO 1968, 1977 und 1990*

(3) *wie BauNVO 1968 und 1977*

(4) Die Gewerbegebiete einer Gemeinde oder Teile eines Gewerbegebietes können im Bebauungsplan nach der Art der Betriebe und Anlagen gegliedert werden.

I. Gebietscharakter (Abs. 1)

1 In der Systematik der Baugebiete stellt das **Gewerbegebiet** (GE-Gebiet) zusammen mit dem **Industriegebiet** (GI-Gebiet, § 9) das **Gegenstück zu den Wohngebieten** dar. **Gewerbebetriebe** genießen hier Vorrang als **Hauptnutzungsarten**, während das Wohnen nur unter engen Voraussetzungen ausnahmsweise zulässig ist (§ 8 Abs. 3 Nr. 1 und § 9 Abs. 3 Nr. 1). Mit dem Gewerbegebiet und dem Industriegebiet trägt die BauNVO den Belangen der Wirtschaft (§ 1 Abs. 6 Nr. 8 BauGB) Rechnung, insbesondere den Bedürfnissen solcher Betriebe, die unvermeidlich mit Lärm, Staub, Abgasen, Gerüchen oder anderen Immissionen verbunden sind und die deshalb auf räumlichen Abstand von Wohnnutzungen und anderen störungsempfindlichen Nutzungen angewiesen sind. Gewerbegebiete dienen „vorwiegend", Industriegebiete „ausschließlich" der Unterbringung von Gewerbebetrieben. **„Vorwiegend"** bedeutet, dass Gewerbebetriebe im Baugebiet sowohl in quantitativer wie in qualitativer Hinsicht überwiegen und das städtebauliche Bild prägen. In Gewerbegebieten sind ebenso wie in Industriegebieten **„Gewerbebetriebe aller Art"** allgemein zulässig (§ 8 Abs. 2 Nr. 1 und § 9 Abs. 2 Nr. 1). Im Gewerbegebiet sind aber, anders als im Industriegebiet, auch **Geschäfts-, Büro- und Verwaltungsgebäude** allgemein zulässig (§ 8 Abs. 2 Nr. 1). Auch dabei handelt es sich um Gewerbebetriebe, allerdings typischerweise um **Dienstleistungsbetriebe**, die einerseits weniger störend, andererseits aber empfindlicher für Störungen sind als Betriebe des produzierenden und verarbeitenden Gewerbes. Im Hinblick auf diese Nutzungen schränkt § 8 den zulässigen Grad der Störungen, die von Gewerbebetrieben im Gewerbegebiet ausgehen dürfen, gegenüber dem Industriegebiet ein: Nur die **nicht erheblich belästigenden Gewerbebetriebe** sind in Gewerbegebieten zulässig, erheblich belästigende Gewerbebetriebe dagegen nur in Industriegebieten.

2 Die Beschränkung auf **nicht erheblich belästigende Gewerbebetriebe** dient ausschließlich der Abgrenzung zum Industriegebiet. Sie ist deshalb als Obergrenze zu verstehen. Ihr kann dagegen nicht entnommen werden, dass das Gewerbegebiet ausschließlich oder bevorzugt der Unterbringung von Betrieben des produzierenden Gewerbes dienen sollten. Zwar ist das Gewerbegebiet ein natürlicher Standort für das **produzierende und verarbeitende Gewerbe** (Bielenberg in EZB Rn 10 c zu § 8 BauNVO). Es ist diesem aber weder ausschließlich noch vorwiegend vorbehalten (Ziegler in KK Rn 8 zu § 8 BauNVO; aA Bielenberg aaO). Im Unterschied zu § 9, der das Industriegebiet vorwiegend für die Unterbringung solcher Betriebe vorsieht, die in anderen Baugebieten unzulässig sind, lässt sich ein Vorrang emissionsträchtiger Gewerbebetriebe im Gewerbegebiet aus § 8 nicht entnehmen (Stock in KRS Rn 9 zu § 8). Der Kreis der „Gewerbebetriebe aller Art" (Abs. 2 Nr. 1) wird vielmehr insbesondere durch Abs. 2 Nr. 2 ergänzt. Danach sind in einem Gewerbegebiet auch „Geschäfts-, Büro- und Verwaltungsgebäude" zulässig. Zu den prägenden Elementen eines Gewerbegebietes gehört deshalb nicht bloß das produzierende und verarbeitenden Gewerbe unter Einschluss des Handwerks. Der Begriff des Gewerbebetriebes erstreckt sich vielmehr auch auf die in Abs. 2

Nr. 2 als besondere Kategorie geregelten Dienstleistungsbetriebe. Die **Vielgestaltigkeit,** durch die Gewerbegebiete gekennzeichnet sind, äußert sich gerade in der typischen Funktion, neben Betrieben des produzierenden und verarbeitenden Gewerbes auch Betrieben des **Dienstleistungsgewerbes** als Standort zu dienen (BVerwG BauR 2005, 513 = ÖffBauR 2005, 15 = NVwZ 2005, 324). Das Gewerbegebiet steht deshalb der Vielfalt von Erscheinungsformen der gewerblichen Wirtschaft offen. Mit dem Gebietscharakter des Gewerbegebietes wäre es vereinbar, wenn in dem Gebiet solche Gewerbebetriebe vorherrschen, die auch in Mischgebieten zulässig wären, etwa Dienstleistungsbetriebe oder nicht wesentlich störende Betriebe der IT-Branche.

Die Zweckbestimmung eines Gewerbegebietes wird dem entsprechend nicht 3
dadurch angetastet, dass auf der Grundlage des § 1 Abs. 5 aus dem Spektrum der nach § 8 Abs. 2 an sich zulässigen gewerblichen Nutzungen einzelne Nutzungsarten ausgeschlossen werden (BVerwG aaO). Zulässig ist zB die Festsetzung eines **eingeschränkten Gewerbegebietes**, in dem neben Anlagen und Nutzungen nach Abs. 2 Nr. 2 und Abs. 3 Nr. 1 nur solche Handwerks- und Gewerbebetriebe nach Abs. 2 Nr. 1 zugelassen werden, die das Wohnen nicht wesentlich stören, die maW das zulässige **Störungsniveau des Mischgebietes** einhalten (BVerwG BRS 47 Nr. 55 = NVwZ 1987, 970). Ebenso wenig verliert ein Baugebiet durch die **Beschränkung auf Geschäfts-, Büro- und Verwaltungsgebäude** (Abs. 2 Nr. 2) den Charakter eines Gewerbegebietes (BVerwG BauR 2005, 513 = ÖffBauR 2005, 15 = NVwZ 2005, 324). Trotz des Ausschlusses von Betrieben des produzierenden und verarbeitenden Gewerbes behält das Baugebiet sein Gepräge als ein Gebiet, das frei von allgemeiner Wohnnutzung als Standort für Dienstleistungsbetriebe vorgesehen und damit einem wesentlichen Segment der gewerblichen Nutzung vorbehalten ist. Wegen des typischerweise geringeren Störpotenzials von Geschäfts-, Büro- und Verwaltungsgebäuden stellt es in ähnlicher Weise wie ein „eingeschränktes Gewerbegebiet" (s oben) ein typenkonformes Gliederungs- bzw Festsetzungsmittel dar, das ein störungsarmes Nebeneinander von Gewerbe- und Wohnnutzung ermöglicht (BVerwG aaO).

Mit dem Gebietscharakter des Gewerbegebiets ist auch der **Ausschluss von Einzel-** 4
handelsbetrieben nach **§ 1 Abs. 5** und von bestimmten **Unterarten des Einzelhandels** nach **§ 1 Abs. 9** vereinbar (zum Ausschluss des **„isolierten Einzelhandels"** BVerwG BauR 1990, 185; zum Ausschluss von Einzelhandelsbetrieben mit einer **Nutzfläche von mehr als 400 qm** zur Beschränkung des Einzelhandels auf **„Nachbarschaftsläden" „Nahversorger"** oder **„Convenience-Stores"** BVerwG BauR 2005, 513 = ÖffBauR 2005, 15 = NVwZ 2005, 324; VGH Kassel ÖffBauR 2004, 5; zum Ausschluss von bestimmten **Einzelhandelsbranchen** (**Sortimentsbeschränkungen**) in Anknüpfung an marktübliche Differenzierungen BVerwG NVwZ-RR 1999, 9; BVerwG BRS 64 Nr. 28; zum Ausschluss von Einzelhandel mit **innenstadtrelevanten Sortimenten** zum Schutz der Innenstadt VGH Kassel BRS 65 Nr. 35 = BauR 2003, 501; OVG Koblenz NVwZ-RR 2003, 93; OVG Lüneburg ÖffBauR 2004, 31). Der bauplanerische Ausschluss einzelner Nutzungsarten ist nur dann städtebaulich gerechtfertigt, wenn er anhand eines **schlüssigen Plankonzepts** auf seine Eignung, Erforderlichkeit und Angemessenheit überprüft werden kann; daran fehlt es, wenn für die Differenzierung zwischen ausgeschlossenen und zugelassenen Nutzungen keine nachvollziehbaren städtebaulichen Gründe erkennbar sind (VGH Mannheim BauR 2005, 1740 = BRS 69 Nr. 34 = NVwZ-RR 2006, 11: verneint bei Ausschluss des Einzelhandels zur „Aufwertung" des Gewerbege-

biets bei gleichzeitiger Zulassung von Spielhallen und anderen Vergnügungsstätten, Tankstellen und KFZ-Handel). Zum Erfordernis besonderer städtebaulicher Gründe (§ 1 Abs. 9) s. oben Rn 25 zu § 1.

5 Für die Entscheidung über die Frage, ob ein Gewerbebetrieb **erheblich belästigende Wirkungen** hat, gibt es – ungeachtet der grundsätzlich gebotenen typisierenden Betrachtungsweise – kaum verallgemeinerbare Kriterien. So hat die **Betriebsgröße** allenfalls untergeordnete Bedeutung, auch wenn sich für Industriebetriebe mit großem Flächenbedarf das Industriegebiet als natürlicher Standort anbietet. Die **verfahrensrechtliche Einordnung des Immissionsschutzrechts** kann die eigenständige bauplanungsrechtliche Beurteilung nicht ersetzen (**§ 15 Abs. 3**). Der Umstand, dass eine Anlage einer immissionsschutzrechtlichen Genehmigung bedarf, bewirkt deshalb allein noch nicht, dass der Betrieb bauplanungsrechtlich nur in einem Industriegebiet zulässig ist (BVerwG BRS 54 Nr. 56 = DVBl 1993, 111 = DÖV 1993, 253; BRS 63 Nr. 190 = BauR 2000, 1019 = DÖV 2000, 640 = NVwZ 2000, 679). Insofern hat das Bundesverwaltungsgericht die **Typisierungslehre** ausdrücklich **eingeschränkt.** Dennoch bilden die Verfahrensvorschriften des BImSchG in der Regel einen **sachgerechten Ausgangspunkt** für die Beurteilung der Erheblichkeit der Belästigungen, die von einem Gewerbebetrieb ausgehen. Bei Anlagen, die in der **4. BImSchV** aufgeführt sind, muss in der Regel ein konkretes, die Gebietsprägung auch des Gewerbegebiets beeinträchtigendes Störpotential unterstellt werden (BVerwG BRS 63 Nr. 190 = BauR 2000, 1019 = DÖV 2000, 640 = NVwZ 2000, 679: **Bauschuttrecycling-Anlage**). Die im förmlichen Genehmigungsverfahren nach **§ 10 BImSchG** zu beurteilenden Anlagen, die in Spalte 1 des Anhangs zur 4. BImSchV aufgeführt sind, gehören wegen ihrer typischen Nachteile und Belästigungen in der Regel in das Industriegebiet, die dem vereinfachten Verfahren nach **§ 19 BImSchG** unterliegenden Anlagen gem. Spalte 2 des Anhangs zur 4. BImSchV gehören in das Gewerbegebiet (Stock in KRS Rn 21 zu § 8). Dies ist aber nur der Ausgangspunkt, der in beiden Richtungen für die Berücksichtigung atypischer Umstände offen ist. Deshalb kann ein Betrieb, dessen Anlagen immissionsschutzrechtlich nicht genehmigungsbedürftig sind, auf Grund besonderer Umstände gleichwohl als erheblich belästigend zu beurteilen sein, während ein dem förmlichen Genehmigungsverfahren unterliegender Betrieb noch im Gewerbegebiet zulässig sein kann (Stock aaO). Der an die Gebietsverträglichkeit anknüpfende **Gebietserhaltungsanspruch** vermittelt dem Eigentümer eines Grundstücks im Gewerbegebiet einen Abwehranspruch gegen die Genehmigung eines im Sinne des § 8 Abs. 1 erheblich belästigenden und daher nur in einem Industriegebiet nach § 9 allgemein zulässigen Gewerbebetrieb. Für diesen Gebietsschutz gegen „schleichende Umwandlung" kommt es nicht darauf an, ob die von dem Gewerbebetrieb ausgehenden Belästigungen gerade für den Grundstückseigentümer, der den Anspruch auf Gebietserhaltung geltend macht, unzumutbar im Sinne des § 15 Abs. 1 S. 2 oder erheblich iSd § 5 Abs. 1 Nr. 1 BImSchG sind (BVerwG BRS 63 Nr. 190 = BauR 2000, 1019 = DÖV 2000, 640 = NVwZ 2000, 679)

6 Der Gebietscharakter des Gewerbegebiets lässt sich aber nicht ausschließlich unter Immissionsgesichtspunkten verstehen. Gewerbegebiete zeichnen sich dadurch aus, dass in ihnen **gearbeitet** wird. Nach dem **Leitbild der BauNVO** sind sie den **produzierenden und artverwandten Nutzungen** vorbehalten. Ein **Krematorium** entspricht diesem Leitbild nicht, wenn es über eine **Pietätshalle** verfügt, in der die Hinterbliebenen von dem Verstorbenen Abschied nehmen können (BVerwG

NVwZ 2006, 457 = BauR 2006, 659). Der traditionelle Standort eines Krematoriums ist das Friedhofsgelände. Im Gegensatz zu Friedhöfen sind Gewerbegebiete aber nicht durch Stille und Beschaulichkeit, sondern durch **werktägliche Geschäftigkeit** geprägt. Auch ein in privater Trägerschaft betriebenes Krematorium mit Trauerhalle ist nicht gewerbetypisch. Es ist deshalb in einem Gewerbegebiet jedenfalls nicht allgemein zulässig (BVerwG aaO). Offen gelassen hat das Bundesverwaltungsgericht, ob ein solches Krematorium mit Pietätsraum **ausnahmsweise** als **Anlage für kulturelle Zwecke** zugelassen werden kann (OVG Koblenz BauR 2006, 336 = BRS 69 Nr. 70: für das Industriegebiet gem. § 9 Abs. 3 Nr. 2 bejaht). Dabei ist aber zu berücksichtigen, dass auch Ausnahmen mit der Zweckbestimmung des Gewerbegebiets vereinbar sein müssen (BVerwG BauR 2002, 1499 = BRS 65 Nr. 66 = NVwZ 2002, 1384).

II. Allgemein zulässige Nutzungen (Abs. 2)

1. Gewerbebetriebe aller Art, Lagerhäuser, Lagerplätze und öffentliche Betriebe (Nr. 1)

Gewerbebetriebe (zum Begriff s. oben Rn 19 zu § 4) sind im Gewerbegebiet grundsätzlich ohne Rücksicht auf ihre Größe oder ihren Gegenstand zulässig. So gehört zB auch die Herstellung von **Medienerzeugnissen** zum Betätigungsfeld eines Gewerbebetriebes (VGH München BayVBl. 2003, 599). Die umfassende Zulässigkeit von Gewerbebetrieben aller Art schließt grundsätzlich auch solche Gewerbebetriebe ein, die in den Vorschriften über andere Baugebiete konkreter bezeichnet werden (zB Beherbergungsbetriebe, Läden, Schank- und Speisewirtschaften, Einzelhandelsbetriebe), es sei denn es handelt sich um eine abschließende Regelung (zB für den großflächigen Einzelhandelsbetrieb in § 11 Abs. 3 Nr. 2). **Einzelhandelsbetriebe** sind im Gewerbegebiet zulässig, solange sie nicht nach § 11 Abs. 3 nur in Kerngebieten oder in für sie festgesetzten Sondergebieten zulässig sind (s. dazu unten Rn 14 ff zu § 11). Die Kern- oder Sondergebietspflicht gilt für **großflächige Einzelhandelsbetriebe**, wenn sie die in § 11 Abs. 3 S. 1 Nr. 2 genannten und in § 11 Abs. 3 S. 2 näher konkretisierten **Auswirkungen** haben können. Einzelhandelsbetriebe sind **großflächig**, wenn sie eine **Verkaufsfläche von 800 qm** überschreiten (BVerwGE 124, 364 und 376; dazu und zur älteren Rspr eingehend unten Rn 16 ff zu § 11). **Auswirkungen** werden idR **vermutet**, wenn eine **Geschossfläche von 1200 qm** überschritten wird. Die Vermutungsregel kann **widerlegt** werden; dabei spielen insbesondere die in § 11 Abs. 3 S. 4 genannten Gesichtspunkte eine Rolle (s. dazu näher unten Rn 26 ff zu § 11). **Grenzen der Zulässigkeit** ergeben sich im Übrigen aus dem **Gebietscharakter** (Abs. 1) und aus **§ 15**. Wenn Gewerbebetriebe mit Wohnen oder wohnartiger Nutzung verbunden sind, einer Nutzungsart also, die im Gewerbegebiet nur ausnahmsweise und unter engen Voraussetzungen zugelassen werden kann, widersprechen sie dem Gebietscharakter des Gewerbegebiets. Aus diesem Grund sind **Arbeitnehmerwohnheime** und weitergehend alle **Beherbergungsbetriebe**, in denen **gewohnt** wird oder die **wohnartig genutzt** werden, im Gewerbegebiet unzulässig (BVerwGE 90, 140 = DVBl 1992, 1433 = NVwZ 1993, 773). Zulässig sind dagegen Hotels, die auf einen **kürzeren Aufenthalt** ihrer Gäste eingerichtet sind. Wegen der Angewiesenheit auf Stille und Beschaulichkeit ist ein **Krematorium mit Pietätsraum** trotz privater Trägerschaft nicht gewerbetypisch und deshalb im Gewerbegebiet nicht allgemein zulässig (BVerwG NVwZ 2006, 457 = BauR 2006, 659 und dazu oben Rn 5). 7

Mit dem Gebietscharakter des Gewerbegebietes nicht vereinbar sind ferner **erheblich belästigende Gewerbebetriebe** – sie gehören ausschließlich in Industriegebiete (s. dazu oben Rn 1, 5). Als einen solchen seiner Art nach erheblich belästigenden und daher nur in einem Industriegebiet allgemein zulässigen Gewerbebetrieb ist in der Rechtsprechung zB eine **Bauschuttrecycling-Anlage** angesehen worden (BVerwG BRS 63 Nr. 190 = BauR 2000, 1019 = DÖV 2000, 640 = NVwZ 2000, 679).

8 Die besondere Erwähnung der **Lagerhäuser** und **Lagerplätze** in Nr. 1 stellt klar, dass Anlagen, die der Lagerung von Waren und anderen Gegenständen dienen, auch dann im Gewerbegebiet allgemein zulässig sind, wenn es sich nicht um Teile eines anderen im Gewerbegebiet zulässigen Gewerbebetriebs, sondern um selbständige Anlagen handelt. Beispiele sind Kühlhäuser, Speicher, Schrottplätze, Brennstofflager, Bauhöfe und die Lagergebäude von Speditionsunternehmen. Aus der besonderen Erwähnung von Lagerhäusern und Lagerplätzen in den §§ 8 und 9 kann nicht geschlossen werden, dass sie nur in Gewerbe- und Industriegebieten zulässig sein könnten (BVerwG BRS 64 Nr. 71 = BauR 2002, 747 = NVwZ 2002, 730).

9 Schließlich stellt Nr. 1 klar, dass auch **öffentliche Betriebe** im Gewerbegebiet allgemein zulässig sind. Auf die öffentliche oder private Rechtsform des Betriebs kommt es damit nicht an, erst recht nicht auf die Einordnung nach den wirtschaftsrechtlichen Bestimmungen der Gemeindeordnungen als Eigenbetrieb oder kommunales Unternehmen mit eigener Rechtspersönlichkeit. Beispiele für öffentliche Betriebe sind die Verkehrsbetriebe und die Versorgungsbetriebe (Strom, Gas, Wasser) der Gemeinden, Städte und Kreise.

2. Geschäfts-, Büro-, und Verwaltungsgebäude (Nr. 2)

10 Für die **Geschäfts- und Bürogebäude** gilt Rn 15 zu § 4a entsprechend, für den Begriff der **Verwaltung** kann auf Rn 22 zu § 4 verwiesen werden.

3. Tankstellen (Nr. 3)

11 In Gewerbegebieten sind **Tankstellen** im Hinblick auf den Gebietscharakter ohne Größenbeschränkung und auch in Verbindung mit größeren Reparaturbetrieben und Serviceangeboten zulässig. Die Beschränkungen, die sich in anderen Wohngebieten aus dem Gebietscharakter ergeben (s. zB Rn 24 zu § 4) gelten hier nicht.

4. Anlagen für sportliche Zwecke (Nr. 4)

12 **Anlagen für sportliche Zwecke** (zB Bowling-Center, Sporthallen, Turnhallen, Eissporthallen, Reithallen, Schwimmbäder, Sportplätze, Tennisplätze, Bootshäuser) sind seit der BauNVO 1990 im Gewerbegebiet allgemein zulässig. Die Zulässigkeit gilt gleichermaßen für gewerbliche Sportanlagen wie für Anlagen des Vereinssports und des Schulsports. Der Gebietscharakter des Gewerbegebiets und die relativ hohe Zumutbarkeitsschwelle („nicht erheblich belästigend“) lässt auch größere Sportanlagen zu. Für Großsportanlagen wie Fußballstadien ist jedoch auch das Gewerbegebiet nicht geeignet. Sie erfordern idR eine spezielle Festsetzung nach § 9 Abs. 1 Nr. 5 BauGB oder die Festsetzung eines Sondergebiets (§ 11 BauNVO).

III. Ausnahmen (Abs. 3)

1. Betrieblich zugeordnete Wohnungen (Nr. 1)

Wohnungen (s. oben Rn 1–6 zu § 3) können im Gewerbegebiet nur unter engen Voraussetzungen und nur **ausnahmsweise** zugelassen werden. Die folgenden **drei Voraussetzungen** müssen gegeben sein: 13

(1) **Es muss sich um Wohnungen für Aufsichts- und Bereitschaftspersonen** (s. oben Rn 10 zu § 7) oder für **Betriebsinhaber und Betriebsleiter** handeln.

(2) **Zwischen diesen Wohnungen und dem Betrieb muss ein funktionaler Zusammenhang** bestehen. Dazu ist es nicht erforderlich, dass die Wohnung aus betrieblichen Gründen unabdingbar ist. Es genügt, dass sie – auf der Grundlage der grundsätzlich vom Betriebsinhaber zu verantwortenden Organisation der Betriebsabläufe – aus betrieblichen Gründen objektiv sinnvoll ist (BVerwG BRS 42 Nr. 73 = NVwZ 1984, 511; BRS 62 Nr. 78 = NVwZ 1999, 1336; OVG Lüneburg BRS 66 Nr. 81 = BauR 2003, 1009). Das ist der Fall, wenn vernünftige, auf den konkreten Fall bezogene Gründe vorliegen, die eine Betriebswohnung als notwendig erscheinen lassen (BVerwG BRS 62 Nr. 78 = NVwZ 1999, 1336). Maßgeblich sind die Umstände des Einzelfalls. Es ist Sache des Bauherrn, ein schlüssiges **Betriebskonzept** vorzulegen, das die Zulassung einer Betriebswohnung rechtfertigen soll (OVG Lüneburg BRS 66 Nr. 81 = BauR 2003, 1009). Dabei ist zu unterscheiden: Wohnungen für **Aufsichts- und Bereitschaftspersonen** sind in diesem Sinne erforderlich, wenn diese Personen wegen der Art des Betriebes oder zur Wartung von Betriebseinrichtungen oder aus Sicherheitsgründen ständig erreichbar sein und deshalb in der Nähe des Betriebs wohnen müssen. In die Beurteilung dieser Frage kann auch einfließen, welche telekommunikationstechnischen Möglichkeiten heute bestehen. Das bedeutet jedoch nicht, dass immer schon dann, wenn eine Erreichbarkeit durch Mobiltelefon oder Anrufumleitung hergestellt werden könnte, die Erforderlichkeit der Wohnung auf dem Betriebsgrundstück verneint werden müsste (BVerwG BRS 62 Nr. 78 = NVwZ 1999, 1336). Für **Betriebsleiter und Betriebsinhaber** können wegen ihrer engen Bindungen an den Betrieb Wohnungen auf oder nahe dem Betriebsgrundstück auch dann zulässig sein, wenn der Betrieb ihre ständige Einsatzbereitschaft nicht zwingend erfordert; aber auch dann muss ihr Wohnen auf oder nahe dem Betriebsgrundstück mit Rücksicht auf Art und Größe des Betriebes aus betrieblichen Gründen sinnvoll sein (BVerwG BRS 42 Nr. 73 = NVwZ 1984, 511; BRS 62 Nr. 78 = NVwZ 1999, 1336).

(3) **Die Wohnungen müssen dem Betrieb gegenüber in Grundfläche und Baumasse untergeordnet** sein (OVG Münster ZfBR 2003, 171: verneint im Fall des Wohnhauses für den Inhaber eines Garten- und Landschaftsbaubetriebes mit einem umbauten Raum von 600 m^3 mit gewerblich nutzbaren Flachdachanbauten von lediglich knapp 330 m^3 umbautem Raum).

Entsprechende Anforderungen gelten auch für die Zulässigkeit von Betriebswohnungen auf der Grundlage **älterer Fassungen der BauNVO**. Der durch die BauNVO 1990 in § 8 Abs. 3 Nr. 1 aufgenommene Zusatz, dass Betriebswohnungen „dem Gewerbebetrieb zugeordnet und ihm in Grundfläche und Baumasse untergeordnet" sein müssen, hat lediglich **klarstellende Funktion** (OVG Münster DVBl 2003, 810 = BauR 2003, 1006 = BRS 66 Nr. 82; ebenso schon Bielenberg in EZB Rn 33 zu § 7 BauNVO). Für die Genehmigung von Betriebswohnungen 14 macht es dann keinen Unterschied, welche Fassung der BauNVO dem jeweiligen BPl zugrunde liegt.

15 Betriebswohnungen im Gewerbegebiet müssen die gebietstypischen Störungen hinnehmen. Insbesondere sind für sie die von den Gewerbebetrieben ausgehenden Immissionen bis zur Grenze der „erheblichen Belästigung“ (Abs. 1) zumutbar, von Korrekturen im Einzelfall nach Maßgabe des § 15 abgesehen.

2. Anlagen für kirchliche, kulturelle, soziale und gesundheitliche Zwecke (Nr. 2)

16 Wegen der in Nr. 2 genannten Anlagen wird auf die Erläuterung der entsprechenden Begriffe in § 4 Abs. 2 Nr. 3 verwiesen (s. oben Rn 10–13 zu § 4). Einschränkungen können sich aber – wie bei den Gewerbebetrieben (s. oben Rn 7) – aus dem **Gebietscharakter** des Gewerbegebiets ergeben, zu dessen prägenden Merkmalen es gehört, dass Wohnungen nur in eng begrenzten Fällen ausnahmsweise zulässig sind. Da im Gewerbegebiet nicht gewohnt werden soll, sind in ihm **Seniorenpflegeheime** typischerweise wegen der wohnähnlichen Unterbringung der betreuten Personen auch nicht ausnahmsweise als Anlagen für soziale und/oder gesundheitlich Zwecke zulässig (BVerwG NVwZ 2002, 1384 = BauR 2002, 1499 = BRS 65 Nr. 66). Dagegen muss bei **Unterkünften für Asylbewerber und Aussiedler** nach der konkreten Gestaltung unterschieden werden, ob es sich um Wohnungen oder um Anlagen für soziale Zwecke handelt (s. dazu oben Rn 4 zu § 3; zum Begriff des Wohnens Rn 1 zu § 3). Einrichtungen wie Gemeinschaftsunterkünfte für Asylbewerber, in denen die Menschen nur vorübergehend untergebracht werden, können im Gewerbegebiet als Anlagen für soziale Zwecke ausnahmsweise zugelassen werden (OVG Lüneburg NVwZ-RR 1993, 352 = BRS 55 Nr. 181). Sie genießen keinen höheren Schutz vor Störungen als Betriebswohnungen iSd Nr. 1 (Sarnighausen, NVwZ 1994, 741). Im Einzelfall muss aber nach § 15 jedenfalls gewährleistet sein, dass auch solche Anlagen, die nur der vorübergehenden Unterkunft dienen, am konkreten Standort keinen unzumutbaren Störungen und ungesunden Wohnverhältnissen ausgesetzt sind (Sarnighausen aaO).

3. Vergnügungsstätten (Nr. 3)

17 **Vergnügungsstätten** (zum Begriff s. oben Rn 20, 21 zu § 4a, zur Übersicht über die abschließende Regelung für Vergnügungsstätten in der BauNVO s. oben Rn 19 zu § 4a) sind im Gewerbegebiet nicht allgemein, sondern nur ausnahmsweise zulässig. Dies gilt unabhängig davon, ob es sich um kerngebietstypische oder nicht kerngebietstypische Vergnügungsstätten handelt (zur Unterscheidung s. oben Rn 22–24 zu § 4a). Das Gewerbegebiet ist damit der einzige alternative Standort für die Vergnügungsstätten, die sonst wegen ihrer zentralen Funktionen und ihres überörtlichen Einzugsbereichs nur im Kerngebiet zulässig sind.

18 Die Festsetzung eines Gewerbegebietes im BPl und die Vorschrift des § 8 im Falle ihrer unmittelbaren Geltung für ein „faktisches“ Gewerbegebiet haben **nachbarschützende Wirkung** (BVerwG BRS 63 Nr. 190 = BauR 2000, 1019 = DÖV 2000, 640 = NVwZ 2000, 679; s. ferner Rn 2 zu § 1 mwN). Der Gebietsschutz hat auch **gebietsübergreifende Wirkung** (BVerwGE 50, 49; BRS 55 Nr. 165 = NVwZ-RR 1994, 139).

§ 9 Industriegebiete

(1) Industriegebiete dienen ausschließlich der Unterbringung von Gewerbebetrieben, und zwar vorwiegend solcher Betriebe, die in anderen Baugebieten unzulässig sind.

(2) Zulässig sind

1. Gewerbebetriebe aller Art, Lagerhäuser, Lagerplätze und öffentliche Betriebe,
2. Tankstellen.

(3) Ausnahmsweise können zugelassen werden

1. Wohnungen für Aufsichts- und Bereitschaftspersonen sowie für Betriebsinhaber und Betriebsleiter, die dem Gewerbebetrieb zugeordnet und ihm gegenüber in Grundfläche und Baumasse untergeordnet sind,
2. Anlagen für kirchliche, kulturelle, soziale, gesundheitliche und sportliche Zwecke.

§ 9 BauNVO 1977: Industriegebiete

(1) *wie BauNVO 1990*

(2) *wie BauNVO 1990*

(3) Ausnahmsweise können zugelassen werden

1. Wohnungen für Aufsichts- und Bereitschaftspersonen sowie für Betriebsinhaber und Betriebsleiter,
2. *wie BauNVO 1990*

§ 9 BauNVO 1968: Industriegebiete

(1) *wie BauNVO 1977 und 1990*

(2) Zulässig sind

1. Gewerbebetriebe aller Art mit Ausnahme von Einkaufszentren und Verbrauchermärkten im Sinne des § 11 Abs. 3, Lagerhäuser, Lagerplätze und öffentliche Betriebe,
2. Tankstellen.

(3) Ausnahmsweise können zugelassen werden

1. *wie BauNVO 1977*
2. *wie BauNVO 1977 und 1990*

(4) Die Industriegebiete einer Gemeinde oder Teile eines Industriegebietes können im Bebauungsplan nach der Art der Betriebe und Anlagen und deren besonderen Bedürfnissen und Eigenschaften gegliedert werden.

§ 9 BauNVO 1962: Industriegebiete

(1) *wie BauNVO 1968, 1977 und 1990*

(2) *wie BauNVO 1977 und 1990*

(3) Ausnahmsweise können zugelassen werden

1. *wie BauNVO 1968 und 1977*
2. *wie BauNVO 1968, 1977 und 1990*

(4) Die Industriegebiete einer Gemeinde oder Teile eines Industriegebietes können im Bebauungsplan nach der Art der Betriebe und Anlagen gegliedert werden.

I. Gebietscharakter (Abs. 1)

1 Der Gebietscharakter des Industriegebiets (GI-Gebiet) wird **ausschließlich** durch die **Unterbringung von Gewerbebetrieben** geprägt, unter denen wiederum **„vorwiegend"** solche Gewerbebetriebe im Industriegebiet untergebracht werden sollen, die in anderen Baugebieten unzulässig sind. Damit haben insbesondere die **erheblich belästigenden Gewerbebetriebe,** die nach § 8 Abs. 1 nicht einmal in Gewerbegebieten zulässig sind (s. oben Rn 5 zu § 8), im Industriegebiet **Vorrang** vor solchen Gewerbebetrieben, die keine erheblich belästigenden Wirkungen haben und deshalb auch in Gewerbegebiete ausweichen können (OVG Berlin NVwZ 1992, 1220). In einem Industriegebiet müssen Gewerbebetriebe, die in anderen Baugebieten nicht zulässig sind, insbesondere also erheblich belästigende Gewerbebetriebe, nach Umfang und Gewicht im Verhältnis zu anderen Gewerbebetrieben überwiegen (BVerwG BRS 55 Nr. 10 = BauR 1993, 693 = NVwZ 1994, 292). Das Industriegebiet ist damit der spezielle Standort für **industrielle Großunternehmen**, vor allem für Unternehmen des produzierenden und verarbeitenden Gewerbes, die für ihre nähere Umgebung wegen der von ihnen ausgehenden Störungen **durch Lärm, Luftverunreinigungen und Erschütterungen** erheblich belästigend wirken und deshalb für die in anderen Baugebieten zulässigen Nutzungen, insbesondere für Wohnnutzungen, unzumutbar wären. Eine tatbestandliche Obergrenze für den zulässigen **Störungsgrad** von Gewerbebetrieben im Industriegebiet gibt es nicht. Im Einzelfall können sich Beschränkungen durch das Gebot der Rücksichtnahme (§ 15) ergeben. Betriebe mit besonderem Störungs- und Gefahrenpotential (zB Munitionsfabrik, Lagerstätten für hochgiftige und radioaktive Stoffe oder Tierkörperbeseitigungsanstalten) erfordern eine entsprechende planungsrechtliche Konfliktbewältigung, die in der Regel die Ausweisung speziell für solche Betriebe geplanter Sondergebiete oder eine Unterbringung im Außenbereich (§ 35 Abs. 1 Nr. 4 und 7 BauGB) erfordert.

2 Der Gebietscharakter des Industriegebietes lässt die im Rahmen einer **planerischen Feinsteuerung** nach § 1 Abs. 4 ff erfolgende Festsetzung eines „eingeschränkten Industriegebietes", in dem vorwiegend oder ausschließlich nicht erheblich belästigende Gewerbebetriebe iSd § 8 Abs. 1 zulässig sein sollen, nicht zu (VGH Mannheim UPR 1994, 455). Dagegen kann der Gebietscharakter des Industriegebietes gewahrt sein, wenn in einem als Übergangszone gedachten Randstreifen erheblich belästigende Gewerbebetriebe ausgeschlossen werden (VGH Mannheim BRS 62 Nr. 22 = NuR 2000, 220 = ZfBR 2000, 69). Auch der Ausschluss bestimmter Arten von Gewerbebetrieben, etwa von Einzelhandelsbetrieben, kann mit dem Gebietscharakter des Industriegebiets vereinbar und zulässig sein, wenn es dafür rechtfertigende städtebauliche Gründe gibt (VGH München BRS 63 Nr. 82).

II. Allgemein zulässige Nutzungen (Abs. 2)

1. Gewerbebetriebe aller Art, Lagerhäuser, Lagerplätze und öffentliche Betriebe (Nr. 1)

§ 9 Abs. 2 Nr. 1 entspricht § 8 Abs. 2 Nr. 1 (s. oben Rn 7–9 zu § 8), allerdings ohne 3
die für das Gewerbegebiet aus § 8 Abs. 1 folgende Beschränkung auf nicht erheblich belästigende Gewerbebetriebe (dazu oben Rn 5 zu § 8). Nach der gebotenen begrenzt typisierenden Betrachtungsweise gehören vorrangig solche Gewerbebetriebe in das Industriegebiet, deren Anlagen dem förmlichen Genehmigungsverfahren nach § 10 BImSchG unterliegen und die in Spalte 1 des Anhangs zur 4. BImSchV aufgeführt sind (s. oben Rn 5 zu § 8). Öffentliche Betriebe, die in Industriegebiete gehören, sind zB Kraftwerke oder Müllverbrennungsanlagen.

Wie das Fehlen eines dem § 8 Abs. 2 Nr. 2 entsprechenden Zulässigkeitstatbe- 4
standes zeigt, sind in Industriegebieten selbständige **Geschäfts-, Büro- und Verwaltungsgebäude** nicht zulässig. Als unselbständige Bestandteile von Gewerbebetrieben und öffentlichen Betrieben sind aber auch Geschäfts-, Büro- und Verwaltungsnutzungen zulässig; das gilt auch, wenn Produktion und Verwaltung auf dem Betriebsgelände räumlich getrennt in eigenen Gebäuden untergebracht sind (Fickert/Fieseler Rn 8 zu § 9; aA – Zulassung nur im Wege der Befreiung – Boeddinghaus Rn 12 zu § 9).

Vergnügungsstätten sind in Industriegebieten nicht zulässig (BVerwG BauR 2000, 5
1306 = BRS 63 Nr. 80 = DVBl 2000, 1340 = NVwZ 2000, 1054: Diskothek; OVG Münster GewArch 2006, 495: Festhalle). Für § 9 BauNVO 1990 folgt das daraus, dass die BauNVO 1990 die Zulässigkeit von Vergnügungsstätten für die einzelnen Baugebiete abschließend geregelt hat (s oben Rn 18 zu § 4a); für die älteren Fassungen des § 9 folgt dies daraus, dass Vergnügungsstätten, einschließlich der kerngebietstypischen Vergnügungsstätten bei typisierender Betrachtungsweise nicht mit der Zweckbestimmung eines Industriegebiets vereinbar sind (BVerwG aaO).

2. Tankstellen (Nr. 2)

In Industriegebieten sind **Tankstellen** ohne Begrenzung hinsichtlich ihrer Größe 6
und hinsichtlich der Verbindung mit Reparatur- und Serviceangeboten allgemein zulässig.

III. Ausnahmen (Abs. 3)

1. Betrieblich zugeordnete Wohnungen (Nr. 1)

Im Industriegebiet sind **Wohnungen für Aufsichts- und Bereitschaftspersonen sowie** 7
für Betriebsinhaber und Betriebsleiter unter den gleichen Voraussetzungen wie im Gewerbegebiet ausnahmsweise zulässig. Deshalb kann auf die Anmerkungen zu § 8 Abs. 3 Nr. 1 verwiesen werden (oben Rn 13, 14 zu § 8). Unterschiede ergeben sich hinsichtlich des für die Wohnnutzung zumutbaren Störungsgrades. Grundsätzlich müssen Wohnungen im Industriegebiet auch erhebliche Belästigungen, bis an die Grenze zur Gesundheitsgefahr, hinnehmen (Stock in KRS Rn 24 zu § 9).

2. Anlagen für kirchliche, kulturelle, soziale, gesundheitliche und sportliche Zwecke (Nr. 2)

Für diese Anlagen gilt im Industriegebiet grundsätzlich das Gleiche wie im Gewer- 8
begebiet (s. oben Rn 16 zu § 8). Wie schon im Gewerbegebiet sind erst recht im Industriegebiet Anlagen für soziale und/oder gesundheitliche Zwecke auch nicht

ausnahmsweise zulässig, wenn sie wie zB ein **Seniorenpflegeheim** mit einer wohnartigen Unterbringung der betreuten Personen verbunden sind (BVerwG NVwZ 2002, 1384 = BauR 2002, 1499 = BRS 65 Nr. 66). Wegen des höheren zulässigen Störungsgrades im Industriegebiet (s. oben Rn 6) scheidet aber hier auch eine vorübergehende Unterbringung von Menschen aus. Eine **Asylbewerberunterkunft** kann deshalb auch dann, wenn sie nach ihrer konkreten Ausgestaltung nicht die Merkmale des Wohnens erfüllt, im Industriegebiet nicht zugelassen werden. Als Unterkunft für Menschen, die dort, wenn auch nur vorübergehend, ihren Lebensmittelpunkt haben, verträgt sie sich nicht mit den emissionsstarken, störungsintensiven Gewerbebetrieben, die in einem Industriegebiet zulässig sind (OVG Münster BRS 66 Nr. 83 = BauR 2004, 976 = DÖV 2004, 394 = NVwZ-RR 2004, 247).

9 Die Festsetzung eines Industriegebietes im BPl und die Vorschrift des § 9 im Falle ihrer unmittelbaren Geltung für ein „faktisches" Industriegebiet haben **nachbarschützende Wirkung** (s oben Rn 2 zu § 1 mwN). Der Gebietsschutz hat auch **gebietsübergreifende Wirkung** (BVerwGE 50, 49; BRS 55 Nr. 165 = NVwZ-RR 1994, 139).

§ 10 Sondergebiete, die der Erholung dienen

(1) Als Sondergebiete, die der Erholung dienen, kommen insbesondere in Betracht

Wochenendhausgebiete,

Ferienhausgebiete,

Campingplatzgebiete.

(2) Für Sondergebiete, die der Erholung dienen, sind die Zweckbestimmung und die Art der Nutzung darzustellen und festzusetzen. Im Bebauungsplan kann festgesetzt werden, daß bestimmte, der Eigenart des Gebiets entsprechende Anlagen und Einrichtungen zur Versorgung des Gebiets und für sportliche Zwecke allgemein zulässig sind oder ausnahmsweise zugelassen werden können.

(3) In Wochenendhausgebieten sind Wochenendhäuser als Einzelhäuser zulässig. Im Bebauungsplan kann festgesetzt werden, daß Wochenendhäuser nur als Hausgruppen zulässig sind oder ausnahmsweise als Hausgruppen zugelassen werden können. Die zulässige Grundfläche der Wochenendhäuser ist im Bebauungsplan, begrenzt nach der besonderen Eigenart des Gebiets, unter Berücksichtigung der landschaftlichen Gegebenheiten festzusetzen.

(4) In Ferienhausgebieten sind Ferienhäuser zulässig, die aufgrund ihrer Lage, Größe, Ausstattung, Erschließung und Versorgung für den Erholungsaufenthalt geeignet und dazu bestimmt sind, überwiegend und auf Dauer einem wechselnden Personenkreis zur Erholung zu dienen. Im Bebauungsplan kann die Grundfläche der Ferienhäuser, begrenzt nach der besonderen Eigenart des Gebiets, unter Berücksichtigung der landschaftlichen Gegebenheiten festgesetzt werden.

(5) In Campingplatzgebieten sind Campingplätze und Zeltplätze zulässig.

§ 10 BauNVO 1977: Sondergebiete, die der Erholung dienen

wie BauNVO 1990

§ 10 BauNVO 1968: Wochenendhausgebiete

In Wochenendhausgebieten sind ausschließlich Wochenendhäuser als Einzelhäuser zulässig. Ihre Grundfläche ist im Bebauungsplan, begrenzt nach der besonderen Eigenart des Gebietes unter Berücksichtigung der landschaftlichen Gegebenheiten, festzusetzen.

§ 10 BauNVO 1962: Wochenendhausgebiete

wie BauNVO 1968

I. Allgemeines zu den Sondergebieten (§§ 10 und 11)

Die Vorschriften über die **Sondergebiete** (**SO-Gebiete, §§ 10 und 11**) unterscheiden sich hinsichtlich ihrer **Regelungsstruktur und Regelungsdichte** deutlich von den Vorschriften über die „typischen" Baugebiete (§§ 2–9). Die §§ 2–9 enthalten inhaltsreiche Beschreibungen des jeweiligen Gebietscharakters (Abs. 1) und differenzierte Kataloge allgemein (Abs. 2) und ausnahmsweise (Abs. 3) zulässiger Nutzungen, die die Gestaltungsmöglichkeiten der Gemeinden auch unter Berücksichtigung der Möglichkeiten der planerischen Feinsteuerung (§ 1 Abs. 4–10) standardisieren und begrenzen. Im Vergleich dazu eröffnen die §§ 10 und 11 den Gemeinden einen **weiteren Gestaltungsspielraum:** die Gemeinden können und müssen sowohl die nähere Zweckbestimmung von Sondergebieten als auch die zulässigen Nutzungen weitgehend selbst bestimmen. Die §§ 10 und 11 geben der Gemeinde nur einen **Rahmen** vor, den sie selbst konkretisieren muss. Der **Typenzwang** der BauNVO wird dadurch weiter **aufgelockert**; der Gemeinde steht neben den Möglichkeiten der planerischen Feinsteuerung ein weiteres Instrument für kreative städtebauliche Lösungen atypischer Konfliktlagen zur Verfügung. Das gilt insbesondere für die **sonstigen Sondergebiete** (§ 11). Zwar enthält § 11 Abs. 2 einen Katalog von möglichen Sondergebieten; dieser Katalog ist aber nicht abschließend, sondern enthält nur Regelbeispiele („kommen insbesondere in Betracht"). Da § 11 Abs. 1, anders als § 10 Abs. 1 („Sondergebiete, die der Erholung dienen") keinen einschränkenden Rahmen für die Zweckbestimmung möglicher Sondergebiete enthält, gibt § 11 den Gemeinden auch die Möglichkeit, für besondere oder neue städtebauliche Situationen und Bedürfnisse ein geeignetes Sondergebiet zu entwickeln. Maßstab und Grenze dafür ist vor allem das Gebot der städtebaulichen Erforderlichkeit (§ 1 Abs. 3 BauGB). Dagegen nimmt das **Erholungsgebiet** (§ **10**) eine Art Zwischenstellung zwischen den typisierten Baugebieten und dem Sondergebiet nach § 11 ein: § 10 begrenzt die möglichen Zweckbestimmungen des Gebiets auf den Rahmen, der durch den Begriff der Erholung umschrieben wird (Abs. 1), und macht für die beispielhaft genannten Erholungsgebiete, das Wochenendhausgebiet, das Ferienhausgebiet und das Campingplatzgebiet, verhältnismäßig enge Vorgaben. 1

II. Sondergebiete, die der Erholung dienen (§ 10)

1. Allgemeines (Abs. 1 und 2)

2 Nach § 10 kann die Gemeinde Sondergebiete festsetzen, die der Erholung dienen (Abs. 1). Sie muss dann die Zweckbestimmung und die Art der Nutzung festsetzen (Abs. 2). Dabei kann sie auf eines der typischen Erholungsgebiete zurückgreifen, die in Abs. 1 als Regelbeispiele aufgeführt sind, das **Wochenendhausgebiet**, das **Ferienhausgebiet** oder das **Campingplatzgebiet**. In diesem Fall bedarf es keiner weiteren Konkretisierung der Zweckbestimmung. Auch die zulässigen Nutzungen sind teilweise schon in den Abs. 3–5 geregelt, im Übrigen ergibt sich aus Abs. 3–5, welche Festsetzungen noch im BPl erfolgen können oder müssen. Wenn die Gemeinde dagegen ein von den typischen Erholungsgebieten abweichendes Sondergebiet nach § 10 ausweisen will, bedarf es zunächst einer **konkreten Zweckbestimmung**, die sich innerhalb des durch Abs. 1 gezogenen Rahmens halten muss. Ein Bebauungsplan über ein Sondergebiet, bei dem sich die Zweckbestimmung auch unter Berücksichtigung der Festsetzungen über die Art der Nutzung nicht eindeutig erkennen lässt, ist ungültig (BVerwGE 67, 23 = BRS 40 Nr. 64 = DVBl 1983, 173).

3 Der Begriff der **Erholung** ist der Oberbegriff für die in Abs. 1 beispielhaft genannten Erholungsgebiete. Er kann und muss daher auch unter Rückgriff auf den Charakter dieser typischen Erholungsgebiete bestimmt werden. Allen drei Regelbeispielen ist gemeinsam, dass es sich um **Baugebiete** handelt, die einen wohnartigen Aufenthalt zu Erholungszwecken ermöglichen. Erholungsgebiete iSd § 10 sind also durch die **Verbindung von Erholung mit einer spezifisch auf den Erholungszweck ausgerichteten Wohnform** geprägt (OVG Saarlouis NVwZ-RR 2003, 265; VGH Kassel NuR 2003, 299). Daraus ergeben sich die folgenden Abgrenzungen: Erholungssondergebiete sind als Baugebiete von **Grünflächen** abzugrenzen, in denen keine Bebauung zulässig sein soll, auch wenn die Gemeinde auf diesen Flächen Natur und Landschaft in ihrem überkommenen Zustand erhalten und im Sinne eines extensiv genutzten Erholungsgebietes fortentwickeln will (VGH München NuR 1999, 391). Solche Flächen können nur nach **§ 9 Abs. 1 Nr. 15 BauGB** festgesetzt werden. Nach der gleichen Vorschrift sind auch **Dauerkleingärten** (OVG Hamburg NVwZ-RR 2001, 83) sowie **Sport-, Spiel- und Badeplätze** auszuweisen (zB ein **Golfplatz**: OVG Saarlouis NVwZ-RR 2003, 265; VGH Kassel NuR 2003, 299); diesen Nutzungen fehlen die für Erholungssondergebiete charakteristischen Merkmale des Bauens und des zeitweiligen wohnartigen Aufenthalts zu Erholungszwecken. Die in § 9 Abs. 1 Nr. 15 BauGB ebenfalls genannten **Zeltplätze** sind auch in Campingplatzgebieten zulässig (§ 10 Abs. 5 BauNVO). Bei Zeltplätzen ist daher zu unterscheiden: Soweit es um einen Standort für Zeltlager und Zeltplätze geht, die **gelegentlich und nur für kurze Zeit** eingerichtet werden und die demzufolge auch keine mobilen Unterkünfte wie Wohnwagen aufnehmen dürfen, genügt die Festsetzung einer Grünfläche mit dem Zusatz „Zeltplatz" nach § 9 Abs. 1 Nr. 15 (Fickert/Fieseler Rn 41 zu § 10; Söfker in EZB Rn 5 zu § 10 BauNVO). Davon zu unterscheiden ist die Frage, ob die Festsetzung eines Sondergebiets nach § 10 für einen Zeltplatz, der auch nach § 9 Abs. 1 Nr. 15 BauGB festgesetzt werden kann, zulässig wäre, ob also in diesen Fällen ein Wahlrecht der Gemeinde besteht (so Gelzer/Birk Rn 878; Knaup/Stange Rn 51 zu § 10; s. auch zum Verhältnis von § 11 BauNVO und § 9 Abs. 1 Nr. 5 BauGB VGH Mannheim BRS 60 Nr. 77). Sobald aber eine **ständige oder in regelmäßigen Abständen wie-**

derkehrende Nutzung zu Erholungszwecken zB an Wochenenden und in den Ferien vorgesehen ist und die dazu erforderlichen **Versorgungseinrichtungen** vorhanden sind – bei dieser Zweckbestimmung können regelmäßig auch Wohnwagen und Wohnmobile nicht ausgeschlossen werden –, handelt es sich auf Grund der **baulichen Verdichtung** um ein Baugebiet, das nicht nach § 9 Abs. 1 Nr. 15 BauGB, sondern nur als Sondergebiet „Campingplatzgebiet" nach § 10 festgesetzt werden kann (OVG Münster BRS 64 Nr. 40).

Ein **Gartenhausgebiet**, in dem die Gemeinde als Zweck der Häuser die Unterbringung von Gartengeräten und -möbeln sowie den vorübergehenden Aufenthalt bestimmt und jede Übernachtung ausdrücklich ausgeschlossen hat (BVerwG BauR 1989, 260 = NVwZ 1990, 362), ist mangels einer auf den Erholungszweck ausgerichteten wohnartigen Nutzungsmöglichkeit kein Erholungsgebiet iSd § 10. 4

Auf der anderen Seite sind die nur einer zeitweiligen wohnartigen Nutzung dienenden Erholungsgebiete abzugrenzen von den Baugebieten, die das **dauernde Wohnen** erlauben. Ein Bebauungsplan über ein Wochenendhausgebiet ist deshalb ungültig, wenn er für ein Baugebiet aufgestellt wird, in dem die bereits vorhandenen Wohnbauten überwiegend zum Dauerwohnen benutzt werden (OVG Koblenz NVwZ 1986, 677). 5

Erholungsgebiete sind schließlich abzugrenzen von den **Gebieten für den Fremdenverkehr**, wie Kurgebieten und Gebieten für die Fremdenbeherbergung, die nach **§ 11 Abs. 2 S. 2** eigenständige Sondergebiete darstellen. Wenn bei der Fremdenbeherbergung allerdings die Erholungsfunktion im Vordergrund steht, wie bei einem **Golfhotel** in unmittelbarer Nachbarschaft zu einem nach § 9 Abs. 1 Nr. 15 ausgewiesenen Golfplatz (VGH Kassel NuR 2003, 299), geht § 10 vor. 6

Nach **§ 10 Abs. 2 S. 2** kann der BPl festsetzen, dass bestimmte, der Eigenart des Gebiets entsprechende Anlagen und Einrichtungen zur **Versorgung** des Gebiets und für **sportliche Zwecke** allgemein zulässig sind oder ausnahmsweise zugelassen werden können. Zu denken ist zB an Läden mit einem auf die Versorgung des Gebiets ausgerichteten Sortiment, Friseure, Schank- und Speisewirtschaften und Anlagen für kirchliche, kulturelle und gesundheitliche Zwecke. Hinsichtlich der Anforderungen an den Versorgungsbezug gelten sinngemäß die gleichen Grundsätze wie bei § 4 Abs. 2 Nr. 2 (s. oben Rn 3, 4 und 6 zu § 4). 7

Im Übrigen kann der BPl in einem Sondergebiet nach § 10 nicht beliebige Nutzungsarten aus den Baugebieten nach §§ 2–9 zulassen, sondern nur solche Nutzungen, die innerhalb des allgemeinen Zwecks liegen, der Erholung zu dienen (BVerwG Buchholz 406.12 § 10 BauNVO Nr. 3: zulässige Festsetzung eines Sondergebiets „Freizeitwohnen und Segelsport"). 8

2. Wochenendhausgebiete (Abs. 3)

Der Begriff des Wochenendhauses wird in der BauNVO nicht definiert. Er muss aus der Zweckbestimmung abgeleitet werden. **Wochenendhäuser** sind Häuser, die eine wohnartige Nutzung durch einen begrenzten Personenkreis einschließlich der Übernachtung ermöglichen, die aber aufgrund ihrer begrenzten Größe und Ausstattung nur für einen **zeitweiligen Aufenthalt** zu Erholungszwecken, **typischerweise an Wochenenden und in den Ferien**, geeignet sind. Wochenendhäuser dürfen deshalb schon baulich nicht für einen längeren Aufenthalt, für eine dauerhafte Nutzung durch einen wechselnden Personenkreis oder für eine Dauerwohnnutzung geeignet sein. Im **Unterschied zu Ferienhäusern** (BGH BauR 1987, 62 = NVwZ 1987, 168) sind Wochenendhäuser auf die zeitweilige Erholungsnutzung 9 durch einen festen und begrenzten Personenkreis (typischerweise die Familie des Eigentümers oder Mieters) eingerichtet, während Ferienhäuser für die ständige Erholungsnutzung durch einen wechselnden Personenkreis bestimmt sind und auf diese Weise auch durchgehend während eines längeren Zeitraums oder ganzjährig bewohnt werden können. Das ergibt sich aus **Abs. 4**, wonach Ferienhäuser aufgrund ihrer Lage, Größe, Ausstattung, Erschließung und Versorgung für den Erholungsaufenthalt geeignet und dazu bestimmt sind, überwiegend und auf Dauer einem wechselnden Personenkreis zur Erholung zu dienen. Auf die im Vergleich zum Dauerwohnen und zu den Ferienhäusern deutlich geringere Intensität der Nutzung von Wochenendhäusern sind Erschließung und Infrastruktur von Wochenendhausgebieten abgestellt. Um diese Nutzungsbeschränkungen zu sichern, schreibt **Abs. 3 S. 3** zwingend vor, dass im BPl die **zulässige Grundfläche** der Wochenendhäuser, begrenzt nach der besonderen Eigenheit des Gebiets und unter Berücksichtigung der landschaftlichen Gegebenheiten festzusetzen ist. Die Größe der Grundfläche darf insbesondere nicht die Möglichkeit zum Dauerwohnen eröffnen. In der Praxis hat sich eine Grundfläche von 45 bis 60 qm zuzüglich einer (überdeckten) Terrasse oder offenen Laube von etwa 10 bis 15 qm herausgebildet (Fickert/Fieseler Rn 26 zu § 10). Die Gemeinde hat dabei einen Gestaltungsspielraum. Eine Grundfläche von 117 qm kann nach der Rechtsprechung des VGH Kassel gerade noch in Betracht kommen (BRS 29 Nr. 64). Eine Grundfläche von 150 qm ist aber jedenfalls mit der Eigenart eines Wochenendhausgebietes nicht mehr vereinbar (VGH Kassel BRS 38 Nr. 11).

10 Nach S. 1 sind Wochenendhäuser grundsätzlich als **Einzelhäuser** zulässig. Der BPl kann jedoch seit der BauNVO 1977 nach S. 2 auch festsetzen, dass **nur Hausgruppen** zulässig sind oder **Hausgruppen ausnahmsweise** zugelassen werden können. Nicht zulässig ist danach eine Festsetzung, nach der sowohl Einzelhäuser als auch Hausgruppen allgemein zulässig sind. Ebenfalls nicht zulässig ist eine Festsetzung, nach der Hausgruppen allgemein zulässig sind und Einzelhäuser ausnahmsweise zugelassen werden können. Unter den Begriff der Hausgruppe fallen hier auch **Doppelhäuser** (Fickert/Fieseler Rn 24.1 zu § 10).

3. Ferienhausgebiete (Abs. 4)

11 Ferienhäuser sind aufgrund ihrer Lage, Größe, Ausstattung, Erschließung und Versorgung für den Erholungsaufenthalt geeignet und dazu bestimmt, **überwiegend und auf Dauer** einem **wechselnden Personenkreis** zur Erholung zu dienen (S. 1). Im **Unterschied zu den Wochenendhäusern** (BGH BauR 1987, 62 = NVwZ 1987, 168; s. auch oben Rn 9) ermöglichen sie eine Nutzung während des ganzen Jahres oder während der Ferien- und Urlaubsmonate. Ihre Besonderheit, die sie von der dauerhaften Wohnnutzung iSd typisierten Wohngebiete unterscheidet, liegt in der **touristischen Nutzung**, dh in der gewerblichen Vermietung an einen stetig wechselnden Personenkreis. Eine zeitweilige oder teilweise Eigennutzung durch den Eigentümer ist aber, wie sich aus dem Wort „überwiegend" ergibt, nicht ausgeschlossen. Abweichend von Abs. 4, aber im Rahmen der Ermächtigung des § 10 Abs. 1 kann die Gemeinde auch ein Sondergebiet für Erholungszwecke festsetzen, in dem die Eigentümer von Ferienhäusern diese ausschließlich selbst für zeitweilige Erholungsaufenthalte nutzen (OVG Saarlouis BRS 64 Nr. 39).

12 In Ferienhausgebieten kann der BPl die Grundfläche der Ferienhäuser begrenzen (S 2); anders als beim Wochenendhausgebiet muss der BPl eine solche Begrenzung aber nicht enthalten. Abs. 4 enthält für das Ferienhausgebiet, anders als Abs. 3 S. 1

und 2 für das Wochenendhausgebiet, auch keine Begrenzung der Bauweise. In Ferienhausgebieten sind danach auch größere Gebäudekomplexe zulässig.

4. Campingplatzgebiete (Abs. 5)

Zur Abgrenzung zwischen **Zeltplätzen**, die nach § 9 **Abs. 1 Nr. 15** festgesetzt werden können, und Zeltplätzen, die für die es der Festsetzung eines Sondergebietes nach § 10 Abs. 1 und 5 BauNVO bedarf s. oben Rn 3. **Campingplätze** erlauben auch das **Dauercamping**, nicht aber das Dauerwohnen zB in Mobilheimen (OVG Lüneburg BauR 1988, 452 = BRS 48 Nr. 42). 13

Die Festsetzung eines Sondergebietes nach § 10 im BPl hat **nachbarschützende Wirkung** (s. oben Rn 2 zu § 1 mwN). 14

§ 11 Sonstige Sondergebiete

(1) Als sonstige Sondergebiete sind solche Gebiete darzustellen und festzusetzen, die sich von den Baugebieten nach den §§ 2 bis 10 wesentlich unterscheiden.

(2) Für sonstige Sondergebiete sind die Zweckbestimmung und die Art der Nutzung darzustellen und festzusetzen. Als sonstige Sondergebiete kommen insbesondere in Betracht

Gebiete für den Fremdenverkehr, wie Kurgebiete und Gebiete für die Fremdenbeherbergung,

Ladengebiete,

Gebiete für Einkaufszentren und großflächige Handelsbetriebe,

Gebiete für Messen, Ausstellungen und Kongresse,

Hochschulgebiete,

Klinikgebiete,

Hafengebiete,

Gebiete für Anlagen, die der Erforschung, Entwicklung oder Nutzung erneuerbarer Energien, wie Wind- und Sonnenenergie, dienen.

(3)

1. Einkaufszentren,

2. großflächige Einzelhandelsbetriebe, die sich nach Art, Lage oder Umfang auf die Verwirklichung der Ziele der Raumordnung und Landesplanung oder auf die städtebauliche Entwicklung und Ordnung nicht nur unwesentlich auswirken können,

3. sonstige großflächige Handelsbetriebe, die im Hinblick auf den Verkauf an letzte Verbraucher und auf die Auswirkungen den in Nummer 2 bezeichneten Einzelhandelsbetrieben vergleichbar sind,

sind außer in Kerngebieten nur in für sie festgesetzten Sondergebieten zulässig. Auswirkungen im Sinne des Satzes 1 Nr. 2 und 3 sind insbesondere schädliche Umwelteinwirkungen im Sinne des § 3 des Bundes-Immissionsschutzgesetzes sowie Auswirkungen auf die infrastrukturelle Ausstattung, auf den Verkehr, auf die Versorgung der Bevölkerung im Einzugsbereich der in Satz 1 bezeichneten Betriebe, auf die Entwicklung zentraler Versorgungsbereiche in der Gemeinde oder in anderen Gemeinden, auf das Orts- und Landschaftsbild und auf den Naturhaushalt. Auswirkungen im Sinne des Satzes 2 sind bei Betrieben nach Satz 1 Nr. 2 und 3 in der Regel anzunehmen, wenn die Geschoßfläche 1 200 m² über-

schreitet. Die Regel des Satzes 3 gilt nicht, wenn Anhaltspunkte dafür bestehen, daß Auswirkungen bereits bei weniger als 1 200 m² Geschoßfläche vorliegen oder bei mehr als 1 200 m² Geschoßfläche nicht vorliegen; dabei sind in bezug auf die in Satz 2 bezeichneten Auswirkungen insbesondere die Gliederung und Größe der Gemeinde und ihrer Ortsteile, die Sicherung der verbrauchernahen Versorgung der Bevölkerung und das Warenangebot des Betriebs zu berücksichtigen.

§ 11 BauNVO 1977: Sonstige Sondergebiete

(1) *wie BauNVO 1990*

(2) Für sonstige Sondergebiete sind die Zweckbestimmung und die Art der Nutzung darzustellen und festzusetzen. Als sonstige Sondergebiete kommen insbesondere in Betracht

Kurgebiete,
Ladengebiete,
Gebiete für Einkaufszentren und großflächige Handelsbetriebe,
Gebiete für Messen, Ausstellungen und Kongresse,
Hochschulgebiete,
Klinikgebiete,
Hafengebiete.

(3)

Satz 1 wie BauNVO 1990

Satz 2: Auswirkungen im Sinne des Satzes 1 Nr. 2 und 3 sind insbesondere schädliche Umwelteinwirkungen im Sinne des § 3 des Bundes-Immissionsschutzgesetzes vom 15. März 1974 (BGBl. I S. 721, 1193), zuletzt geändert durch Artikel 45 des Gesetzes vom 14. Dezember 1976 (BGBl. I S. 3341), sowie Auswirkungen auf die infrastrukturelle Ausstattung, auf den Verkehr, auf die Versorgung der Bevölkerung im Einzugsbereich der in Satz 1 bezeichneten Betriebe, auf die Entwicklung zentraler Versorgungsbereiche in der Gemeinde oder in anderen Gemeinden, auf das Orts- und Landschaftsbild und auf den Naturhaushalt.

Sätze 3 und 4 wie BauNVO 1990

§ 11 BauNVO 1968: Sondergebiete

(1) Als Sondergebiete sind solche Gebiete darzustellen und festzusetzen, die sich von den Baugebieten nach den §§ 2 bis 10 wesentlich unterscheiden.

(2) Für Sondergebiete ist die Art der Nutzung entsprechend ihrer Zweckbestimmung darzustellen und festzusetzen.

(3) Einkaufszentren und Verbrauchermärkte, die außerhalb von Kerngebieten errichtet werden sollen und die nach Lage, Umfang und Zweckbestimmung vorwiegend der übergemeindlichen Versorgung dienen sollen, sind als Sondergebiete darzustellen und festzusetzen.

§ 11 BauNVO 1962: Sondergebiete

(1) Als Sondergebiete dürfen nur solche Gebiete dargestellt und festgesetzt werden, die sich nach ihrer besonderen Zweckbestimmung wesentlich von den Baugebieten nach §§ 2 bis 10 unterscheiden, wie Hochschul-, Klinik-, Kur-, Hafen- oder Ladengebiete.

(2) Für Sondergebiete ist die Art der Nutzung entsprechend ihrer besonderen Zweckbestimmung darzustellen und festzusetzen.

I. Sonstige Sondergebiete (§ 11)

1. Allgemeines

1 Zum Unterschied der Sondergebiete (SO-Gebiete) nach den §§ 10 und 11 zu den typischen Baugebieten nach den §§ 2–9 s. zunächst oben Rn 1 zu § 10. Während Sondergebiete nach § 10 auf den Rahmen des Erholungszwecks beschränkt sind, erlaubt § 11 ohne jede Vorgabe der Zweckbestimmung die Festsetzung „sonstiger" Sondergebiete. Die in Abs. 2 S. 1 aufgeführten Sondergebiete sind lediglich Regelbeispiele. § 11 bildet damit einen **Auffangtatbestand**, der es den Gemeinden erlaubt, für besondere oder neue städtebauliche Situationen und Bedürfnisse, für die keiner der Baugebietstypen nach §§ 2–9 passt und für die auch das Sondergebiet nach § 10 nicht geeignet ist, ein passendes Baugebiet mit eigenem Charakter zu entwickeln. Die Grenzen dieser **Gestaltungsfreiheit** ergeben sich letztlich nur aus den planungsrechtlichen Vorgaben des BauGB, insbesondere aus dem Gebot der städtebaulichen Erforderlichkeit (§ 1 Abs. 3 BauGB) und dem Abwägungsgebot (§ 1 Abs. 7 BauGB); die Anforderungen an die Bestimmung des Sondergebiets nach Zweckbestimmung und Art der Nutzung ergeben sich aus § 11 Abs. 2 S. 1 BauNVO.

2 **§ 11 Abs. 3** enthält nähere Regelungen zu bestimmten Sondergebieten, den Sondergebieten für **Einkaufszentren, großflächige Einzelhandelsbetriebe** und **großflächige Handelsbetriebe.** Die besondere Bedeutung des Abs. 3 resultiert daraus, dass die Vorschrift diese Nutzungen außer in Kerngebieten nur in für sie festgesetzten Sondergebieten zulässt, in allen anderen Baugebieten somit ausschließt. Während **§ 11 BauNVO 1962** sich noch auf eine allgemeine Ermächtigung zur Darstellung und Festsetzung von Sondergebieten beschränkte, führte erstmals die **BauNVO 1968** in **§ 11 Abs. 3** eine **Sondergebietspflicht** für Einkaufszentren und Verbrauchermärkte (zum Begriff BVerwG NVwZ 2003, 1387; VGH Mannheim BauR 2003, 63) ein, die außerhalb von Kerngebieten errichtet werden sollen und die vorwiegend der übergemeindlichen Versorgung dienen sollen. Damit hat der Verordnungsgeber auf wachsende Gefahren für die städtebaulichen **Funktionsfähigkeit der Zentren** der Städte und Gemeinden als **wohnungsnahe**, mit öffentlichen Verkehrsmitteln oder fußläufig erreichbare **Versorgungsbereiche der Bevölkerung** reagiert, die durch die Errichtung immer größerer und vor allem für die motorisierten Kunden zunehmend attraktiver Einzelhandelsbetriebe abseits der Zentren, in Industrie- oder Gewerbegebieten oder auf der grünen Wiese, und durch die entsprechenden Kaufkraftabflüsse aus den Zentren entstanden waren. Die **BauNVO 1977** gab der Regelung des § 11 Abs. 3 im Wesentlichen die heutige Struktur mit der an eine bestimmte Geschossfläche anknüpfenden **Regelvermutung** städtebauli-

cher Auswirkungen, die die Kern- oder Sondergebietspflichtigkeit begründen. Allerdings erwies sich bald, dass die Regelung zu schematisch war und zu wenig Spielraum bot, um Unterschiede etwa in Größe und Gliederung der Gemeinde zu berücksichtigen. Schon vor der BauNVO 1990 erging deshalb eine 3. VO zur Änderung der BauNVO (vom 19.12.1986, BGBl I S. 2665), deren einziger Gegenstand die Herabsetzung der Geschossflächengrenze in der Vermutungsregel des § 11 Abs. 3 S. 3 von 1500 qm auf 1200 qm und die Ergänzung des § 11 Abs. 3 um den heutigen S. 4 war.

2. Voraussetzungen (Abs. 1)

3 **Voraussetzung** für die Festsetzung eines sonstigen Sondergebiets ist nach **Abs. 1**, dass das geplante Sondergebiet sich von den anderen Baugebieten nach den §§ 2–10 wesentlich unterscheidet (OVG Lüneburg BauR 2002, 447 = BRS 64 Nr. 62 = NVwZ 2002, 109): **verneint** für ein **Sondergebiet „Altenwohnen"** mangels ausreichender Unterscheidung von reinen und allgemeinen Wohngebieten). Diese Voraussetzung sichert die Einhaltung des Typenzwangs und verhindert, dass die Regelungen für die typischen Baugebiete durch die Ausweisung von Sondergebieten unterlaufen werden (BVerwG BauR 1997, 972 = DÖV 1998, 76 = NVwZ-RR 1998, 416). Ein **wesentlicher Unterschied** zu den anderen Baugebieten liegt vor, wenn ein Festsetzungsinhalt gewollt ist, der sich keinem der in den §§ 2–10 geregelten Gebietstypen zuordnen und deshalb sachgerecht mit einer auf sie gestützten Festsetzung nicht erreichen lässt (BVerwG BauR 1991, 301 = NVwZ 1991, 778; BVerwGE 56, 283). Maßgeblich für die Beurteilung der Wesentlichkeit der Unterscheidung ist die **Grundgestalt** der Baugebiete, wie sie sich jeweils aus der allgemeinen Zweckbestimmung des Gebiets und aus der Regelung der allgemein zulässigen Nutzungen und der Ausnahmen in den §§ 2 ff darstellt, nicht eine Gestalt, die die Gemeinde anderen Baugebieten erst mithilfe der planerischen Feinsteuerung nach § 1 Abs. 4–10 geben könnte. Die Gemeinde muss also nicht die Instrumente der planerischen Feinsteuerung ausgeschöpft haben, bevor sie ein Sondergebiet nach § 11 festsetzen kann (BVerwG BauR 1997, 972 = DÖV 1998, 76 = NVwZ-RR 1998, 416).

4 Der Festsetzung eines Sondergebiets nach § 11 steht nicht entgegen, dass die im Sondergebiet zulässigen **Nutzungen auch in einem anderen Baugebiet** verwirklicht werden können (VGH Mannheim BRS 60 Nr. 77). Ferner hat auch die durch **§ 9 Abs. 1 Nr. 5 BauGB** eröffnete Möglichkeit, eine **Gemeinbedarfsfläche** festzusetzen, keinen Vorrang vor der Festsetzung eines Sondergebietes nach § 11 (VGH Mannheim BRS 60 Nr. 77).

5 Nach Maßgabe dieser Grundsätze kommen neben den in Abs. 2 S. 2 als Regelbeispiele genannten Sondergebieten zB folgende Sondergebiete in Betracht: **Autobahn-Rastanlage** (VGH Mannheim BauR 2006, 2106); **Bauhofareal** – für Bau- und Betriebshof der Gemeinde, Gemeindegärtnerei und Einrichtungen der Gemeindewerke – (VGH Mannheim BRS 60 Nr. 77); **Betriebe des Beherbergungsgewerbes einschließlich zu vermietender Ferienwohnungen/Appartements** (OVG Lüneburg BauR 2007, 511); **Büro- und Verwaltungsgebäude** (OVG Saarlouis BRS 55 Nr. 189); **Gartenhäuser** (BVerwG BRS 49 Nr. 65 = BauR 1989, 701 = NVwZ 1990, 362); **Go-Kart-Anlage** (OVG Münster BRS 57 Nr. 278); **Großflächiger Einzelhandel und Gewerbe** (VGH Mannheim ÖffBauR 2005, 91 = BRS 69 Nr. 28 = UPR 2006, 394); **Hafengebiete** (BVerwG BRS 49 Nr. 15 = DÖV 1989, 772 = DVBl 1989, 1050); **Hochschulgebiet** (BVerwG BauR 1999, 146 = BRS 60

Nr. 30 = NVwZ-RR 1999, 224; s. auch OVG Magdeburg JMBl. ST 2006, 59 – Universität); **Kureinrichtungen** (OVG Lüneburg BauR 2005, 1749 = BRS 69 Nr. 38); **Landwirtschaft** (BVerwG BauR 2002, 1348 = NVwZ 2002, 1114; BauR 1997, 972 = DÖV 1998, 76 = NVwZ-RR 1998, 416; VGH Mannheim BRS 59 Nr. 4 = NuR 1997, 599; DVBl 1998, 601); **Medienpark** (OVG Koblenz BauR 2003, 1817 = NuR 2003, 122); **Mineralbrunnenbetriebe – Fläche für Lager und Vertrieb** (VGH Mannheim NuR 1998, 148 = ZfBR 1998, 48); **Stellplätze** (BVerwG BauR 1991, 301 = NVwZ 1991, 778); **Tagungsstätte** (VGH Mannheim BRS 62 Nr. 23); **Technologiepark** (VGH Mannheim BRS 63 Nr. 87 = NVwZ-RR 2001, 716).

3. Festsetzungen (Abs. 2 S. 1)

Nach Abs. 2 S. 1 sind für sonstige Sondergebiete die **Zweckbestimmung** und die **Art der Nutzung** darzustellen (FPl) und festzusetzen (BPl). Für die Darstellung von Sonderbauflächen im FPl folgt die Pflicht zur Angabe der Zweckbestimmung unmittelbar aus § 5 Abs. 1 S. 1 und Abs. 2 Nr. 1 BauGB (zu den Anforderungen BVerwGE 95, 123). Während die BauNVO bei den typischen Baugebieten in den §§ 2 – 9 die städtebaulichen Eigenarten der Baugebiete vorgibt, fehlt es bei den sonstigen Sondergebieten gerade an jeglicher Vorgabe. Daraus ergibt sich – innerhalb der städtebaulichen Erforderlichkeit und des Abwägungsgebots – die besondere **Gestaltungsfreiheit** der Gemeinde bei der Planung eines Sondergebiets nach § 11. Der weiten Gestaltungsfreiheit der Gemeinde stehen die Festsetzungspflichten nach Abs. 2 S. 1 als **Gestaltungsverantwortung** gegenüber. Die Gemeinde muss die Konturen des Sondergebiets selbst entwickeln und festsetzen, um eine den typischen Baugebieten vergleichbare planungsrechtliche Grundlage für die städtebauliche Entwicklung des Gebiets zu schaffen. 6

Ein BPl über ein Sondergebiet ohne eindeutige und ausdrückliche Festsetzung der **Zweckbestimmung** ist unwirksam, es sei denn, dass sich klare Konturen der Zweckbestimmung ausnahmsweise durch Auslegung aus dem Gesamtzusammenhang der Festsetzungen bestimmen lassen (BVerwGE 67, 23). Die Zweckbestimmung muss nicht nach Art eines Oberbegriffs alle zulässigen Nutzungsarten umfassen (VGH Mannheim DVBl 1999, 801). Sie muss aber so eindeutig und **bestimmt** sein, dass sie zusammen mit den Festsetzungen über die Art der zulässigen Nutzungen eine geordnete städtebauliche Entwicklung gewährleisten und als Inhaltsbestimmung des Eigentums an den Grundstücken im Sondergebiet fungieren kann. So reicht zB die Festsetzung eines Sondergebiets „für öffentliche Zwecke" nicht aus, weil ein solches Sondergebiet von allen Arten von Anlagen für öffentliche Verwaltungen über Anlagen für kulturelle Zwecke wie Theater und Konzerthallen bis zu lärmintensiven Sportanlagen sehr heterogene Nutzungen aufnehmen könnte (vgl Fickert/Fieseler Rn 8.1 zu § 11). Zudem muss die Zweckbestimmung ein städtebauliches Ordnungskonzept erkennen lassen, das dem Grundsatz der Erforderlichkeit (§ 1 Abs. 3 BauGB), den Planungsleitsätzen einschließlich des Trennungsgrundsatzes (§ 50 BImSchG) und dem Abwägungsgebot (§ 1 Abs. 7 BauGB) entspricht. Deshalb muss die Zweckbestimmung auch erkennen lassen, welcher Grad der **Schutzwürdigkeit** und insbesondere welche Zumutbarkeitsschwelle für **Störungen** durch Immissionen für das Gebiet gewollt sind. Gerade weil die Gemeinde sich bei der Planung eines Sondergebietes von den „bewährten" Vorgaben der Baugebietstypen lösen kann, muss sie umso größere Sorgfalt auf die städtebauliche Konzeption des Sondergebiets verwenden. 7

8 Auch bei der Festsetzung der **Art der Nutzung** hat die Gemeinde eine **weite Gestaltungsfreiheit**. Sie muss sich weder an den **Nutzungskatalogen** der §§ **2–10** orientieren noch ist sie auf die Instrumente der planerischen Feinsteuerung nach § 1 Abs. 4–10 beschränkt; sie kann die Art der baulichen Nutzung über die Möglichkeiten hinaus, die § 1 Abs. 4 S. 1 Nr. 2 und Abs. 9 eröffnen, **konkretisieren** und zu diesem Zweck die **Merkmale bestimmen**, die ihr am besten geeignet scheinen, um das verfolgte Planungsziel zu erreichen (BVerwG BauR 2002, 1348 = NVwZ 2002, 1114: Festsetzung der Art der Nutzung in einem „Sondergebiet für landwirtschaftliche Betriebe einschließlich Tierzucht und Tierhaltung" unter Rückgriff auf die VDI-RL 3471 in der Weise, dass mit Hilfe der in dieser Richtlinie vorgesehenen Punkteregelung und eines festen Abstandsmaßes die **höchstzulässige Tierzahl** bestimmt wird; BVerwG DÖV 1985, 239 = DVBl 1985, 120 = NVwZ 1985, 338: In einem Sondergebiet, das vorwiegend der Unterbringung von Betrieben des Beherbergungsgewerbes dient, kann festgesetzt werden, dass **Küchen und Kochstellen** in Zuordnung zu den einzelnen Zimmern der Beherbergungsbetriebe nicht zulässig sind). Die Gemeinde kann bei der Festsetzung eines Sondergebiets auch einen Begriff aus dem Katalog der in den Baugebieten nach §§ 2–10 zulässigen Nutzung verwenden und ihn entsprechend der besonderen Zweckbestimmung des Sondergebiets zur Konkretisierung der von ihr verfolgten Planungsabsichten einsetzen und **abwandeln** (BVerwG BauR 1999, 146 = BRS 60 Nr. 30 = NVwZ-RR 1999, 224: **„nicht störende Anlagen und Einrichtungen"** im straßenparallelen Randbereich eines Hochschulgebiets). In einem sonstigen Sondergebiet kann die Art der Nutzung durch einen immissionswirksamen flächenbezogenen **Schalleistungspegel** festgesetzt werden, wenn sie zur Gliederung des Sondergebiets in vergleichbarer Weise erfolgt, wie das der Verordnungsgeber in § 1 Abs. 4 S. 1 Nr. 2 für andere Baugebiete ausdrücklich geregelt hat (OVG Koblenz BRS 65 Nr. 40 = NVwZ-RR 2003, 93; BRS 65 Nr. 43 = NuR 2003, 122 = BauR 2002, 1817). Die Gemeinde darf die **höchstzulässige Verkaufsfläche** in einem Sondergebiet für großflächigen Einzelhandel ohne Bindung an bestimmte Anlagentypen selbst bestimmen (BVerwG DVBl 1990, 1108 = DÖV 1991, 112 = NVwZ 1990, 1071); zulässig ist auch eine Festsetzung der höchstzulässigen Verkaufsfläche in der Form einer **Verhältniszahl** von Verkaufsfläche zur Grundstücksgröße (OVG Koblenz BRS 65 Nr. 40 = NVwZ-RR 2003, 93). Sollen in einem Sondergebiet für großflächigen Einzelhandel und Gewerbe **zentren- und nahversorgungsrelevante Sortimente** ausgeschlossen werdem, bedarf es einer individuellen Betrachtung der jeweiligen örtlichen Situation; die bloße Übernahme einer Anlage zum Einzelhandelserlass des Wirtschaftsministeriums als textliche Festsetzung ohne Untersuchung des vorhandenen Angebotsbestandes genügt nicht (VGH Mannheim ÖffBauR 2005, 91 = UPR 2006, 394 = BRS 69 Nr. 28 = NVwZ-RR 2005, 685

II. Sondergebiete für Einkaufszentren, großflächige Einzelhandelsbetriebe und vergleichbare Handelsbetriebe (Abs. 3)

1. Zur städtebaulichen Bedeutung des § 11 Abs. 3

9 § 11 Abs. 3 dient vor allem dem Schutz der **verbrauchernahen Versorgung der Bevölkerung** und des ihr dienenden Einzelhandels in den **Innenstädten** und den zentralen Versorgungsbereichen der Gemeinden. Er dient damit der Bewältigung einer der größten Herausforderungen an die Städtebaupolitik, an die Bauleitplanung und das Städtebaurecht, der Gefahr der Verödung und des Funktionsverlus-

tes der Innenstädte und Gemeindezentren in Folge eines Strukturwandels des Einzelhandels seit Mitte der 60er Jahre, der sich wiederum nicht als Folge des Mangels, sondern als Folge des wirtschaftlichen Aufschwungs und des Wohlstands darstellt (dazu Birk VBlBW 2006, 289). Die Aktualität dieser städtebaulichen Aufgabe wird durch die §§ 2 Abs. 2 und 34 Abs. 3 BauGB idF des EAG Bau 2004 unterstrichen (s. dazu oben Rn 27 zu § 34 BauGB). Auch das am 1.1.2007 in Kraft getretene Gesetz zur Erleichterung von Planungsvorhaben für die Innenentwicklung der Städte (BGBl 2006 I S. 3316) will planerische Lösungen dieser städtebaulichen Herausforderung erleichtern. Der großflächige Einzelhandel zieht große Käuferströme aus einem weiten Einzugsbereich an. Die Ansiedlung solcher Betriebe abseits der Zentren, vor allem in Gewerbegebieten und Industriegebieten, hat deshalb städtebauliche Wirkungen, die weit über die jeweiligen Baugebiete hinausreichen und sich mit Hilfe des § 15 nicht mehr bewältigen lassen (BVerwGE 68, 369). Insbesondere für den Handel in den Innenstädten und in den zentralen Versorgungsbereichen der Gemeinden hat sich die Magnetwirkung des großflächigen Einzelhandels als Problem erwiesen. Neue, für die Kunden attraktive Konzepte wie die **„Factory-Outlet-Center"** (dazu BVerwGE 117, 25 = NVwZ 2003, 86 = DVBl 2003, 62) zeigen die städtebauliche Problematik in verschärfter Form. Besonders eindrücklich hat sich die städtebauliche Problematik des großflächigen Einzelhandels „auf der grünen Wiese" in den **neuen Bundesländern** gezeigt (Reidt, LKV 1994, 93). Während Auf- und Ausbau eines attraktiven Einzelhandels in den Innenstädten sich wegen der schlechten Bausubstanz und wegen ungeklärter vermögensrechtlicher Verhältnisse als aufwändig, schwierig und langwierig erwiesen, konnten auf der grünen Wiese schnell riesige Verkaufsflächen geschaffen werden, zumal es vielfach zunächst an Raumordnungsplänen fehlte und das Bewusstsein für die neuen städtebaulichen Probleme bei Kommunalpolitikern und Bauämtern Anfang der 90er Jahre vielfach noch unzureichend entwickelt war. Dadurch ist in Ostdeutschland vielerorts die bauliche Entwicklung der Innenstädte und Ortszentren nachhaltig erschwert worden. § 11 Abs. 3 erfasst Betriebe, die entgegen dem **städtebaulichen Leitbild**, durch die Standorte des Einzelhandels eine funktionsnahe Beziehung zum Wohnen herzustellen, an wohnungsfernen, verkehrlich schlecht oder nur mit dem Auto erreichbaren Standorten auf großer Fläche ein Warenangebot für den privaten Bedarf der Allgemeinheit bereithalten. Die Vorschrift zielt darauf ab, den Einzelhandel an den Standorten zu sichern, die in das städtebauliche Ordnungssystem funktionsgerecht eingebunden sind. Dass auf diese Weise die Wirtschaftsstruktur in den zentralen Versorgungsbereichen gestärkt wird, ist kein Selbstzweck und kein Schutz vor wirtschaftlicher Konkurrenz. Vielmehr soll sichergestellt werden, dass durch die Ansiedlung von Einzelhandelsbetrieben an peripheren Standorten nicht die wirtschaftliche Existenz derjenigen Betriebe bedroht oder gar vernichtet wird, die eine verbrauchernahe Versorgung gewährleisten (BVerwGE 117, 25 = NVwZ 2003, 86 = DVBl 2003, 62).

Indem § 11 Abs. 3 Einkaufszentren, großflächige Einzelhandelsbetriebe und ver- 10
gleichbare Handelsbetriebe, soweit sie nicht in Kerngebieten untergebracht werden sollen, nur in für sie festgesetzten Sondergebieten zulässt, macht die Vorschrift die Ansiedlung dieser Betriebe außerhalb von Kerngebieten von einer **vorherigen Bauleitplanung** abhängig, die auf die spezifische städtebauliche Problematik dieser Betriebe zugeschnitten ist. Damit schafft § 11 Abs. 3 die planungsrechtlichen

Grundlagen, um die nachteiligen städtebaulichen Wirkungen des großflächigen Einzelhandels zu begrenzen und vorbeugend zu steuern.

2. Einkaufszentren (Nr. 1)

11 **Einkaufszentren** sind ausschließlich in Kerngebieten und Sondergebieten zulässig, in allen anderen Baugebieten sind sie unzulässig. Bei Einkaufszentren hängt dies, anders als bei großflächigen Einzelhandelsbetrieben, nicht von einer Prüfung im Einzelfall ab, ob die in Abs. 3 S. 2 bezeichneten Auswirkungen zu erwarten sind. Vielmehr geht die BauNVO typisierend davon aus, dass solche Auswirkungen sich bei Einkaufszentren generell nicht ausschließen lassen (BVerwGE 117, 25 = NVwZ 2003, 86 = BauR 2003, 55 im Anschluss an BVerwG DÖV 1990, 748 = DVBl 1990, 1110 = BauR 1990, 573 = BRS 50 Nr. 67). Daher kommt dem **Begriff des Einkaufszentrums** eine wichtige Abgrenzungsfunktion zu. Ein Einkaufszentrum iSd Nr. 1 setzt im Regelfall einen von vornherein einheitlich geplanten, finanzierten, gebauten und verwalteten Gebäudekomplex mit mehreren Einzelhandelsbetrieben verschiedener Art und Größe – zumeist verbunden mit verschiedenartigen Dienstleistungsbetrieben – voraus (BVerwG DÖV 1990, 748 = DVBl 1990, 1110 = BauR 1990, 573 = BRS 50 Nr. 67). Sollen mehrere Betriebe ohne eine solche Planung ein Einkaufszentrum im Rechtssinne darstellen, so ist hierfür außer ihrer engen räumlichen Konzentration ein Mindestmaß an äußerlich in Erscheinung tretender gemeinsamer Organisation und Kooperation erforderlich, welche die Ansammlung mehrerer Betriebe zu einem planvoll gewachsenen und aufeinander bezogenen Ganzen werden lässt (BVerwG aaO). Diese Zusammenfassung kann sich in organisatorischen oder betrieblichen Gemeinsamkeiten, wie etwa in gemeinsamer Werbung unter einer verbindenden Sammelbezeichnung, dokumentieren. Es bedarf in jedem Fall äußerlich erkennbarer Merkmale, damit mehrere Betriebe zu einem „Zentrum“ zusammengefasst und von einer beliebigen Häufung von jeweils für sich planungsrechtlich zulässigen Läden auf mehr oder weniger engem Raum abgegrenzt werden können (BVerwG aaO).

12 Schwierigkeiten bereitet die Abgrenzung nach diesen Kriterien vor allem in den Fällen des **„gewachsenen“ Einkaufszentrums**. So kann sich zB die Frage stellen, wann eine verstärkte und systematische Kooperation mehrerer selbständiger Einzelhandelsbetriebe zur Annahme eines Einkaufszentrums führen kann. Um bei solchen Abgrenzungsfragen zu sachgerechten Ergebnissen zu gelangen, empfiehlt es sich, stets die bodenrechtliche Funktion des Begriffs des Einkaufszentrums und seine Stellung in der Systematik des § 11 Abs. 3 im Auge zu behalten. Insbesondere ist zu bedenken, dass die BauNVO bei Einkaufszentren typisierend und ohne die Möglichkeit einer Widerlegung im Einzelfall unterstellt, dass sie stets die in Abs. 3 S. 2 genannten raumordnerischen und städtebaulichen Auswirkungen haben. Einkaufszentren müssen deshalb dem isolierten Einzelhandelsbetrieb etwas voraushaben, eine besondere Anziehungskraft für ein allgemeines Publikum, die sich nicht nur aus der Vielfalt der Angebote und Dienstleistungen mehrerer Betriebe, sondern gerade aus deren besonderer Abstimmung und **gemeinsamen Präsentation** ergibt. Die Betriebe müssen deshalb durch ein **gemeinsames Nutzungskonzept** verbunden sein, aufgrund dessen sie wechselseitig voneinander profitieren und das sie nicht als Konkurrenten, sondern als gemeinschaftlich verbundene Teilnehmer am Wettbewerb erscheinen lässt (VGH Mannheim DÖV 1996, 750 = BRS 58 Nr. 201 = UPR 1996, 314). Ein solches Nutzungskonzept kann auch nachträglich zur Verbindung bis dahin unverbundener und konkurrierender Einzelhandelsbetriebe zu

einem „gewachsenen" Einkaufszentrum führen. Stets muss es sich aber um eine bewusste, geplante und aktiv gestaltete Zusammenfassung handeln. Allein der Umstand, dass die Angebote mehrerer Einzelhandelsbetriebe und Läden in einem zusammenhängenden räumlichen Bereich einen attraktiven „Mix" ergeben, der Käuferströme anzieht, reicht zur Annahme eines Einkaufszentrums nicht aus.

Eine **Mindestgröße für Einkaufszentren** findet sich in Abs. 3 nicht. Aus der Systematik der Regelung folgt aber, dass die typisierende Unterstellung der raumordnerischen und städtebaulichen Auswirkungen nur plausibel ist, wenn die für die Regelvermutung des Abs. 3 S. 2 bei großflächigen Einzelhandelsbetrieben maßgebliche Größe von 1200 qm deutlich überschritten ist (OVG Bremen BRS 49 Nr. 69). Einkaufszentren weisen in der Regel eine beachtliche Größe von jedenfalls mehr als 1500 qm Geschossfläche auf (Fickert/Fieseler Rn 18.8. zu § 11 mwN). Für den einzelnen in ein Einkaufszentrum integrierten Betrieb gibt es keine Flächenobergrenzen, so dass ein Einkaufszentrum auch aus mehreren großflächige Einzelhandels- und Handelsbetrieben bestehen kann. Ein **„Factory-Outlet-Center"** (Fabrikverkaufszentrum, Hersteller-Direktverkaufszentrum), in dem mehrere Hersteller ihre Produkte unter Umgehung des Groß- und Einzelhandels mit erheblichen Preisnachlässen direkt an den Endverbraucher verkaufen, kann ein Einkaufszentrum sein (BVerwGE 117, 25 = NVwZ 2003, 86 = DVBl 2003, 62; OVG Koblenz BauR 1999, 367= BRS 62 Nr. 66 = NVwZ 1999, 435; OVG Greifwald NVwZ-RR 2000, 559 = DÖV 2001, 134). 13

3. Großflächige Einzelhandelsbetriebe (Nr. 2)

Abs. 3 S. 1 Nr. 2 grenzt die nur in Kerngebieten und Sondergebieten zulässigen **Einzelhandelsbetriebe** mit zwei eigenständigen Merkmalen ein, die zwar einen inneren Zusammenhang aufweisen, aber klar unterschieden werden müssen: zunächst mit dem Merkmal der **Großflächigkeit** und sodann mit der Bezeichnung bestimmter **städtebaulicher Auswirkungen** (BVerwGE 124, 364 = BauR 2006, 639 = BRS 69 Nr. 71 = DVBl 2006, 448 = NVwZ 2006, 452; NVwZ 1987, 1076 = BauR 1987, 528 = BRS 47 Nr. 56). Im Unterschied zu den Einkaufszentren, bei denen schon die Einordnung als Einkaufszentrum ohne weitere Voraussetzungen die Kern- oder Sondergebietspflicht zur Folge hat, unterliegen Einzelhandelsbetriebe also einer differenzierteren Regelung. 14

a) Einzelhandelsbetriebe: **Einzelhandelsbetriebe** sind Gewerbebetriebe, die gewerbsmäßig Waren an den Letztverbraucher veräußern. Sie sind daher vom Zwischen- und Großhandel zu unterscheiden (s. auch oben Rn 15 zu § 5). Unter den Begriff des Einzelhandels fällt auch der selbständige Direktverkauf durch den Hersteller (Factory-Outlet-Center, s. oben Rn 13), sofern es sich nicht um den herkömmlichen, dem Produktionsbetrieb untergeordneten Verkauf ab Fabrik handelt, dessen planungsrechtliche Zulässigkeit von der Zulässigkeit des Stammbetriebs umfasst wird. 15

b) Das Merkmal der Großflächigkeit: Einzelhandelsbetriebe sind **großflächig** im Sinne von Abs. 3 S. 1 Nr. 2, wenn sie eine **Verkaufsfläche** von **800 qm** überschreiten; dabei handelt es sich nicht um einen bloßen Orientierungswert, der Abweichungen zulassen würde, sondern um einen **strikten Grenzwert**. Das ist das für die künftige Rechtsanwendung greifbarste Resultat der Klärung grundlegender Fragen der Auslegung des § 11 Abs. 3 in den **Urteilen des BVerwG vom 24.11.2005** (BVerwGE 124, 364 = BauR 2006, 639 = BRS 69 Nr. 71 = DVBl 2006, 448 = NVwZ 2006, 452; BVerwGE 124, 376 = BauR 2006, 644 = BRS 69 16

Nr. 72 = DVBl 2006, 452 = NVwZ 2006, 455; BauR 2006, 648; s. dazu Gronemeyer BauR 2006, 1410; Hauth, BauR 2006, 775; Jeromin, BauR 2006, 619; Schütz, UPR 2006, 169; Birk VBlBW 2006, 289; im Anschluss VGH Mannheim ZfBR 2006, 784 = UPR 2006, 459). Mit diesen Entscheidungen hat das Gericht nicht einfach den seit fast 20 Jahren geltenden Wert von 700 qm (BVerwG NVwZ 1987, 1076 = BauR 1987, 528 = BRS 47 Nr. 56) um 100 qm angehoben, sondern es hat diesen Schwellenwert und seine Funktion innerhalb der Systematik des § 11 Abs. 3 auch neu interpretiert und präzisiert. Dies bedarf einer genaueren Darstellung (s. im Folgenden aa) bis ii))

17 **aa)** § 11 Abs. 3 S. 1 Nr. 2 misst dem Merkmal der Großflächigkeit **eigenständige Bedeutung** bei (BVerwGE 124, 364 = BauR 2006, 639 = BRS 69 Nr. 71 = DVBl 2006, 448 = NVwZ 2006, 452; s. auch OVG Münster BauR 2005, 1813). Der Begriff der Großflächigkeit dient dazu, in typisierender Weise unabhängig von regionalen und lokalen Besonderheiten bundesweit den Betriebstyp festzuschreiben, der wegen seiner raumordnerischen und städtebaulichen Auswirkungen (§ 11 Abs. 3 S. 2) von den Baugebieten nach §§ 2–6, 8 und 9 ferngehalten werden soll. Das bedeutet allerdings nicht, dass die nähere Umschreibung der Auswirkungen in § 11 Abs. 3 ohne Bedeutung für die Auslegung des Begriffs der Großflächigkeit wäre. Die Vermutungsregel des Abs. 3 S. 3, wonach Auswirkungen in der Regel anzunehmen sind, wenn die **Geschossfläche 1200 qm** überschreitet, bietet vielmehr zugleich einen wichtigen **Anhaltspunkt** für die Bestimmung der Großflächigkeit. Nach der Konzeption der Regelung verbietet sich aber die Annahme, dass diese Grenze von 1200 qm zugleich auch den Übergang zur Großflächigkeit markiert. Denn aus Abs. 3 S. 4 ergibt sich, dass die Vermutungsregel widerleglich ist, Abweichungen also nicht nur nach oben, sondern auch nach unten in Betracht kommen. Das Tatbestandsmerkmal der Großflächigkeit muss daher eine **niedrigere Schwelle** bezeichnen, bei deren Überschreiten eine eigenständige, eingehende Prüfung einsetzt, für die Abs. 3 S. 3 und 4 eine Reihe von Kriterien benennt (BVerwGE 124, 364 = BauR 2006, 639 = BRS 69 Nr. 71 = DVBl 2006, 448 = NVwZ 2006, 452; BVerwGE 124, 376 = BauR 2006, 644 = BRS 69 Nr. 72 = DVBl 2006, 452 = NVwZ 2006, 455).

18 **bb)** Das Merkmal der Großflächigkeit wird in der Rechtsprechung mit Hilfe der Größe der **Verkaufsfläche** bestimmt (BVerwGE 124, 364 = BauR 2006, 639 = BRS 69 Nr. 71 = DVBl 2006, 448 = NVwZ 2006, 452 unter Bezugnahme auf BVerwG NVwZ 1987, 1076 = BauR 1987, 528 = BRS 47 Nr. 56). Damit soll ein **bestimmter Typ von Einzelhandelsbetrieben** und eine **städtebaulich erhebliche Nutzungsart** definiert werden. Einzelhandelsbetriebe werden vor allem durch die Größe der Verkaufsfläche bestimmt. Ihre Attraktivität und damit die in Abs. 3 S. 2 näher umschriebenen Auswirkungen hängen nicht von der Größe der baulichen Anlage ab, die sich in der Geschossfläche widerspiegelt, sondern werden eher von der Fläche beeinflusst, auf der Waren präsentiert und gekauft werden können. Die BauNVO unterscheidet mit dem Merkmal der Großflächigkeit Einzelhandelsbetriebe, die wegen ihres angestrebten **größeren Einzugsbereichs** entweder in Sondergebiete oder in Kerngebiete gehören und typischerweise auch in Kerngebieten zu finden sind, von den Läden und Einzelhandelsbetrieben der **wohnungsnahen Versorgung der Bevölkerung**, die in die ausschließlich, überwiegend oder zumindest auch dem Wohnen dienenden Gebiete gehören und dort typischerweise zu finden sind. Daraus hat das Bundesverwaltungsgericht die Schlussfolgerung gezogen, die Großflächigkeit beginne dort, wo üblicherweise die Größe von

Einzelhandelsbetrieben der wohnungsnahen Versorgung ihre Obergrenze finde. § 11 Abs. 3 liegt die Wertung zugrunde, dass die in dieser Vorschrift bezeichneten großflächigen Handelsbetriebe typischerweise ein Beeinträchtigungspotential aufweisen, das es rechtfertigt, sie einem Sonderregime zu unterwerfen (BVerwGE 117, 25).Das Merkmal der **Großflächigkeit** soll also auf einer **ersten Stufe** schon diejenigen Einzelhandelsbetriebe und Läden vom Anwendungsbereich des § 11 Abs. 3 ausnehmen, die nach ihrer Größe typischerweise der **wohnungsnahen Versorgung der Bevölkerung** dienen und deshalb die raumordnerischen und städtebaulichen Auswirkungen von vornherein nicht haben können, deren Bewältigung die Kern- und Sondergebietspflicht des § 11 Abs. 3 gilt.

cc) Im **Urteil vom 22.5.1987** (BVerwG NVwZ 1987, 1076 = BauR 1987, 528 = 19
BRS 47 Nr. 56) hatte das BVerwG festgestellt, vieles spreche dafür, dass nach dem seinerzeitigen Einkaufsverhalten der Bevölkerung und den Gegebenheiten im Einzelhandel die Verkaufsflächen-Obergrenze für Einzelhandelsbetriebe der wohnungsnahen Versorgung „nicht wesentlich unter **700 qm**, aber auch nicht wesentlich darüber" liege. Im konkreten Fall sah es die Grenze zur Großflächigkeit bei Verkaufsflächen von 951 qm und 838 qm jedenfalls als überschritten an. Diese Entscheidung stellte über fast 20 Jahre die Grundlage für Genehmigungspraxis und Rechtsprechung dar. Die Oberverwaltungsgerichte haben sich grundsätzlich an dem Wert von 700 qm orientiert, Überschreitungen dieses Werts aber im Hinblick auf Entwicklungen im Einzelhandel sehr unterschiedlich bewertet (Gronemeyer, BauR 2006, 1410 mwN).

dd) Mit der Heraufsetzung der Verkaufsflächen-Obergrenze von **700 qm auf 800** 20
qm in seinen **Urteilen vom 24.11.2005** (s oben Rn 16) hat das BVerwG der **Entwicklung zu größeren Verkaufsflächen** auch im Einzelhandel der wohnungsnahen Versorgung der Bevölkerung (dazu auch Berghäuser/Berg/Brendel, BauR 2002, 31) Rechnung getragen. Das Gericht stützt sich dabei auf die tatsächlichen Feststellungen, die die Vorinstanz vor allem auf der Grundlage des Berichts der Arbeitsgruppe „Strukturwandel im Lebensmitteleinzelhandel und § 11 Abs. 3 BauNVO" (ZfBR 2002, 598) getroffen hatte: Danach entspreche es einer allgemeinen Erfahrung, dass seit 1987 bei (Lebensmittel-) Einzelhandelsbetrieben, die der wohnungsnahen Versorgung der Bevölkerung dienen, die Ansprüche und Erwartungen der Käufer gestiegen sind. Der unumkehrbare Trend zu Selbstbedienungsläden mit einem immer breiteren Warenangebot habe zu einem entsprechenden **Bedarf an Flächen** für das Befahren mit Einkaufswagen sowie für eine attraktivere Präsentation der Waren geführt. Die eigenständige, räumlich getrennte Lagerhaltung sei deutlich reduziert worden. Nach einer Einschätzung der Spitzenverbände des Einzelhandels könnten zwar bereits bestehende Märkte auf einer Verkaufsfläche von rund 900 qm (dh rund 1200 qm Geschossfläche) noch wirtschaftlich betrieben werden. Neu zur Eröffnung anstehende Märkte benötigten jedoch Größenordnungen von rund 2000 qm Geschossfläche (dh rund 1500 qm Verkaufsfläche), um auf Dauer wirtschaftlich betrieben werden zu können. Auf Grund dieser Befunde sei, so das Bundesverwaltungsgericht, die Feststellung gerechtfertigt, dass nach den heutigen Gegebenheiten jedenfalls Einzelhandelsbetriebe mit nicht mehr als 800 qm Verkaufsfläche als Betriebe einzustufen sind, die der Nahversorgung der Bevölkerung dienen.

ee) Allerdings würden diese Befunde sogar dafür sprechen, den Schwellenwert für 21
Betriebe der wohnungsnahen Versorgung der Bevölkerung noch erheblich höher

anzusetzen als bei 800 qm. Daran sieht sich das BVerwG indessen aus einer Reihe von Gründen gehindert.

In tatsächlicher Hinsicht stellt das BVerwG zunächst fest, dass es bei den **Discountern**, die typischerweise Auswirkungen iSd Abs. 3 S. 2 haben, eine **gegenläufige Tendenz** zu der bei den Nahversorgern festgestellten Vergrößerung der Verkaufsflächen gibt. Den Lebensmitteleinzelhandelsbetrieben, die unbedenklich der ortsnahen Versorgung der Wohnbevölkerung dienen, die aber als „Vollsortimenter" mit 7 500 bis 11 500 Artikeln größere Verkaufsflächen benötigen, stehen Discounter gegenüber, die ihr Angebot auf 1000 bis 1400 Artikel beschränken und damit leichter mit kleineren Verkaufsflächen zurechtkommen und unter der Schwelle von 700 bis 800 qm bleiben können. Gerade Discounter weisen aber häufig Auswirkungen iSd Abs. 3 S. 2 auf. Der Schwellenwert der Großflächigkeit muss jedoch auch für die Handelsform der Discounter aussagekräftig sein.

Der zweite Aspekt, durch den sich das BVerwG an einer Erhöhung des Schwellenwerts über 800 qm hinaus gehindert sieht, ergibt sich aus dem **systematischen Verhältnis** zwischen dem Merkmal der **Großflächigkeit** und der **Vermutungsregel** des Abs. 3 S. 3. Der Schwellenwert der Verkaufsfläche muss aus systematischen Gründen ausreichend niedrig liegen, um Raum für die Fälle zu lassen, in denen entgegen der Regelvermutung des Abs. 3 S. 3 bereits bei einer Geschossfläche von weniger als 1200 qm Auswirkungen iSd Abs. 3 S. 2 zu erwarten sind.

Diese Anforderungen erfüllt ein Schwellenwert von 800 qm noch. Während der Verordnungsgeber anlässlich der Novellierung der BauNVO 1986 davon ausging, dass Verkaufsflächen bis nahezu 800 qm nach den Erfahrungen der Praxis einer Geschossfläche von 1200 qm entsprechen, dass also das Verhältnis von Verkaufsfläche zu Geschossfläche 2: 3 beträgt, hat sich dieses Verhältnis nach den Feststellungen des Bundesverwaltungsgerichts inzwischen verändert. Als Erfahrungswert habe sich herausgebildet, dass Einzelhandelsbetriebe in Folge einer Reduzierung der Lager- und sonstigen Nebenflächen **drei Viertel der Geschossfläche als Verkaufsfläche** nutzen können. Das bedeutet, dass bei einer Verkaufsfläche, die 900 qm überschreitet, zugleich eine Überschreitung der Geschossflächengrenze von 1200 qm zu erwarten ist. Da die Schwelle der Großflächigkeit, von der ab eine Prüfung der möglichen Auswirkungen vorzunehmen ist, deutlich unterhalb des Schwellenwertes für die Vermutungsregel des Abs. 3 S. 3 liegen muss, legt das BVerwG „aus Gründen der praktischen Handhabbarkeit in der Rechtsanwendung" einen **Schwellenwert von 800 qm** zugrunde.

22 **ff**) Aus der Argumentation des BVerwG folgt, dass die auf **800 qm** erhöhte Verkaufsflächengrenze nunmehr als **strikter Grenzwert** zu verstehen ist (ebenso Hauth, BauR 2006, 775; zu Bedenken gegen die darin liegende „Änderung" der BauNVO mit Wirkung für bestehende BPle und laufende Genehmigungsverfahren durch Änderung der Rspr Birk, VBlBW 2006, 289). Demgegenüber hatte das BVerwG noch in seinem Beschluss vom 22.7.2004 (BVerwG DVBl 2004, 1308 = BauR 2004, 1735 = ÖffBauR 2004, 16 = NVwZ-RR 2004, 815; s. auch OVG Koblenz BauR 2001, 1062 = BRS 64 Nr. 75 = NVwZ-RR 2001, 573: SB-Lebensmittelmarkt mit einer Verkaufsfläche von 802 qm als Nachbarschaftsladen) den Entwicklungen im Einzelhandel dadurch Rechnung zu tragen versucht, dass es den Schwellenwert von **700 qm** ausdrücklich als **flexiblen Orientierungswert** angesehen hatte, der selbst bei Überschreitungen in einer Größenordnung bis zu 100 qm nicht schon für sich genommen zu dem Schluss zwinge, dass das Merkmal der Großflächigkeit erfüllt ist. **Das gilt für den neuen Grenzwert von 800 qm nicht**

mehr. Das ergibt sich nicht nur aus der vom Gericht benutzten Formulierung, wonach es den Schwellenwert von 800 qm „aus Gründen der praktischen Handhabbarkeit in der Rechtsanwendung“ zugrunde lege. Vielmehr ergibt sich diese Schlussfolgerung entscheidend aus der **Systematik der Gesamtregelung des § 11 Abs. 3** in der Auslegung durch das BVerwG. In dieser Systematik stellt das Merkmal der **Großflächigkeit** nur eine **Vorprüfungsstufe** dar, eine erste, bewusst **typisierende** und **schematisierende** Prüfung, die zwischen solchen Betrieben unterscheidet, die der komplexen, durch die Vermutungsregel des Abs. 3 S. 3 nur teilweise entlasteten Prüfung ihrer raumordnerischen und städtebaulichen Auswirkungen unterzogen werden müssen, von den Betrieben, bei denen dies nicht erforderlich ist, weil der Verordnungsgeber schon mangels Größe davon ausgeht, dass solche Auswirkungen nicht zu erwarten sind. Weil das BVerwG erkannt hat, dass der Typus des Nahversorgers wegen der gegenläufigen Entwicklungen der Verkaufsfläche im Einzelhandel häufig nicht mehr allein anhand des Merkmals der Großflächigkeit bestimmt werden kann, misst es dem **Gesichtspunkt der Auswirkungen erhöhte Bedeutung** zu (BVerwGE 124. 364 = BauR 2006, 639 = BRS 69 Nr. 71 = DVBl 2006, 448 = NVwZ 2006, 452). Anders ausgedrückt: Wenn es zunehmend Vollsortimenter mit Nahversorgungsfunktion gibt, die eine Verkaufsfläche von 800 qm überschreiten, kann und muss sich gegebenenfalls erst auf der zweiten Stufe, bei den Auswirkungen, erweisen, dass es sich trotz der Größe, gegebenenfalls entgegen der Regelvermutung des Abs. 3 S. 3 auch trotz einer Geschossfläche von mehr als 1200 qm, um einen auf die wohnungsnahe Versorgung der Bevölkerung ausgerichteten Betrieb ohne die Auswirkungen des Abs. 3 S. 2 handelt. Das Merkmal der Großflächigkeit ist danach genau genommen nicht mehr identisch mit einer Verkaufsflächen-Obergrenze des städtebaulichen Typus des Nahversorgers. Es kann nur noch dazu dienen, kleinere Betriebe, bei denen typisierend und generalisierend davon ausgegangen werden kann, dass sie **jedenfalls nur Nahversorgungsfunktion** haben und deshalb keine Auswirkungen iSd Abs. 3 S. 2 erwarten lassen, ganz von der einzelfallbezogenen Prüfung nach Maßgabe des Abs. 3 S. 2–4 freizustellen. Für diese systematische Funktion einer **Vorprüfungsstufe**, die der Prüfung anhand der städtebaulich eigentlich erst bedeutsamen materiellen Kriterien vorgeschaltet wird, um für klare Fälle den Prüfungsaufwand zu reduzieren, ist ein formaler und strikter Grenzwert sinnvoller als ein flexibler und damit zwangsläufig weniger berechenbarer Orientierungswert, zumal wenn dieser Orientierungswert immer weniger signifikant für den städtebaulichen Typus des Nahversorgers stehen kann (aA Jeromin, BauR 2006, 619, der sowohl an der neuen wie der älteren Rechtsprechung kritisiert, dass sie sich beim Merkmal der Großflächigkeit starr auf ein bestimmtes Quadratmetermaß der Verkaufsfläche festlege, statt die Gebietsfunktion zu ermitteln).

gg) Die geringere Gewichtung des Merkmals der Großflächigkeit als bloße Vorprüfungsstufe für die eigentlich städtebaulich erst gewichtige Erfassung der Auswirkungen im Rahmen der Prüfung der Kern- oder Sondergebietspflichtigkeit nach § 11 Abs. 3 hat auch **Folgen** für die Prüfung der **Zulässigkeit von Einzelhandelsbetrieben in anderen Baugebieten** als Kern- und Sondergebieten. Aus § 11 Abs. 3 folgt, dass in den Baugebieten, in denen Einzelhandelsbetriebe allgemein oder ausnahmsweise zulässig sind, zB in Dorfgebieten, Mischgebieten und Gewerbegebieten, nur solche Einzelhandelsbetriebe zulässig sind bzw zugelassen werden können, die nicht kern- oder sondergebietspflichtig sind. § 11 Abs. 3 steuert somit nicht nur die Zulässigkeit großflächiger Einzelhandelsbetriebe in Kern- oder Son- 23 dergebieten, sondern mittelbar auch die Unzulässigkeit großflächiger Einzelhandelsbetriebe in anderen Baugebieten (Birk VBlBW 2006, 289). Auch in diesem Kontext kann das Merkmal der Großflächigket nach den Urteilen des BVerwG vom 24.11.2005 wohl nur noch eine untergeordnete Rolle als Vorprüfungsstufe spielen. Zweifelhaft dürfte auch sein, ob Festsetzungen der Gemeinde zur **inneren Gliederung von Baugebieten** nach § 1 Abs. 4 ff noch allein oder ausschlaggebend an das Merkmal der Großflächigkeit mit einer Verkaufsflächengrenze von 800 qm anknüpfen können.

Ähnliche Fragen stellen sich bei der Prüfung der Zulässigkeit von Einzelhandelsbetrieben in allgemeinen Wohngebieten als **der Versorgung des Gebiets dienende Läden** (**§ 4 Abs. 2 Nr. 2**). Klar war bisher schon, dass allein aus dem Umstand, dass die Verkaufsfläche eines Einzelhandelsbetriebs die Grenze zur Großflächigkeit unterschreitet, noch nicht seine Zulässigkeit in einem allgemeinen Wohngebiet folgt (OVG Bautzen BauR 2005, 354 – **ALDI-Markt** mit einer **Verkaufsfläche von 699, 22 qm**). Wie steht es aber im umgekehrten Fall mit dem Argument, ein Betrieb könne im allgemeinen Wohngebiet nicht als ein der Versorgung des Gebiets dienender Laden (§ 4 Abs. 2 Nr. 2) zulässig sein, wenn er die Verkaufsflächengrenze von 800 qm überschreitet, weil er damit – ungeachtet der näheren Prüfung der Wirkungen im Sinne des § 11 Abs. 3 – einen großflächigen Einzelhandelsbetrieb und damit eine von den Läden iSd § 4 Abs. 2 Nr. 2 zu unterscheidende Nutzungsart darstelle? Es spricht vieles dafür, dass die Begriffe des Ladens und des Einzelhandelsbetriebes synonyme Nutzungsbegriffe sind (OVG Bautzen aaO). Das Merkmal der Großflächigkeit eignet sich aber nach der Relativierung seiner Bedeutung im Rahmen des § 11 Abs. 3 als Vorprüfungsstufe für die materiell-städtebaulich bedeutsame Frage der Wirkungen nicht mehr ohne weiteres zur Abgrenzung von in anderen Baugebieten zulässigen Nutzungen, auch nicht im Sinne der Argumentation, dass jedenfalls dann, wenn die Grenze zur Großflächigkeit überschritten sei, eine Zulässigkeit nach § 4 Abs. 2 Nr. 2 ausgeschlossen sein müsse. Es bedarf aber auch keines Rückgriffs auf das Merkmal der Großflächigkeit in § 11 Abs. 3, weil § 4 Abs. 2 Nr. 2 mit dem geforderten Versorgungsbezug des Gebiets einen hinreichenden eigenen Maßstab bereitstellt. Danach kann aber angesichts der Tendenz zur Vergrößerung der Verkaufsflächen und je nach der Struktur des Gebiets nicht ausgeschlossen werden, dass ein Einzelhandelsbetrieb als „Vollsortimenter" mit einer Verkaufsfläche von mehr als 800 qm der Versorgung des Gebiets dient, keine Auswirkungen iSd § 11 Abs. 3 hat und damit – vorbehaltlich der Vereinbarkeit mit dem Gebietscharakter und mit § 15 – im allgemeinen Wohngebiet zulässig ist.

Schließlich stellt sich zB die Frage, ob bei der Beurteilung des Einfügens eines Vorhabens nach der Art seiner baulichen Nutzung im unbeplanten Innenbereich (**§ 34 Abs. 1 BauGB**) für den erforderlichen Vergleich des neuen Vorhabens mit dem Rahmen der in der maßgeblichen näheren Umgebung vorhandenen Bebauung auf den Begriff des **großflächigen Einzelhandelsbetriebs als Nutzungsart** und insbesondere auf die Verkaufsfläche von 800 qm als Grenzwert abgestellt werden kann (so VGH Mannheim (UPR 2006, 459), nachdem das BVerwG festgestellt hat, dass das Merkmal der Großflächigkeit in § 11 Abs. 3 nicht mehr mit der zulässigen Obergrenze der Verkaufsfläche eines der wohnungsnahen Versorgung der Bevölkerung dienenden Einzelhandelsbetriebes gleichgesetzt werden kann.

hh) Auch in der Frage der **Berechnung der Verkaufsfläche** hat das BVerwG mit Urteil vom 24.11.2005 (BVerwGE 124. 364 = BauR 2006, 639 = BRS 69 Nr. 71 = DVBl 2006, 448 = NVwZ 2006, 452) Klarheit geschaffen. Bei der Berechnung der Verkaufsfläche sind auch die Thekenbereiche, die vom Kunden nicht betreten werden dürfen, in denen aber die Ware für ihn sichtbar ausliegt (Käse-, Fleisch- und Wursttheke), der Kassenvorraum einschließlich eines Bereichs zum Einpacken der Waren und Entsorgen des Verpackungsmaterials sowie ein Windfang einzubeziehen. Denn auch diese Bereiche prägen in städtebaulicher Hinsicht die Attraktivität und Wettbewerbsfähigkeit des Betriebs. Davon zu unterscheiden sind die Flächen, auf denen für die Kunden nicht sichtbar die handwerkliche und sonstige Vorbereitung (Portionierung) erfolgt sowie die (reinen) Lagerflächen. Unerheblich ist aus städtebaulicher Sicht die Frage, an welcher Stelle der Kauf im Sinne des Zivilrechts abgeschlossen ist. 24

ii) Auch zur Frage der **Agglomeration**, also der Zulässigkeit einer **Zusammenrechnung der einzelnen Verkaufsflächen** von mehreren Einzelhandelsbetrieben zum Beleg der Großflächigkeit und gegebenenfalls der Kern- oder Sondergebietspflicht der auf diese Weise als städtebauliche Einheit betrachteten Betriebe hat das BVerwG mit Urteil vom 24.11.2005 (BVerwGE 124, 376 = BauR 2006, 644 = BRS 69 Nr. 72 = DVBl 2006, 452 = NVwZ 2006, 455; kritisch dazu Hauth, BauR 2006, 775; Jeromin, BauR 2006, 619) Stellung genommen. Ob es sich im Sinne des Begriffs des großflächigen Einzelhandelsbetriebes in § 11 Abs. 3 um einen einzigen oder um mehrere Betriebe handelt, bestimmt sich nach **baulichen und betrieblich-funktionellen Gesichtspunkten.** Für die räumliche Abgrenzung ist auf die nach außen erkennbaren baulichen Gegebenheiten abzustellen. Eine Verkaufsstätte kann nur dann ein selbständiger Einzelhandelsbetrieb sein, wenn sie selbständig, dh unabhängig von anderen Einzelhandelsbetrieben genutzt werden kann und deshalb baurechtlich auch **als eigenständiges Vorhaben genehmigungsfähig** wäre. Dafür muss sie jedenfalls einen eigenen Eingang, eine eigene Anlieferung und eigene Personalräume haben und unabhängig von anderen Betrieben geöffnet und geschlossen werden können. Ohne Bedeutung ist dagegen, wer rechtlich oder wirtschaftlich jeweils Betreiber ist, ob Selbstbedienung, Bedienung durch Personal oder eine Mischform erfolgt und wie die dem entsprechenden Bereiche innerhalb der Betriebsfläche voneinander abgegrenzt sind. 25

Liegen danach baulich und funktionell eigenständige Betriebe vor, so können ihre Verkaufsflächen **grundsätzlich nicht zusammengerechnet** werden. Für die Prüfung einer „Funktionseinheit" unter den Gesichtspunkten eines gemeinsamen Nutzungskonzepts, der Ergänzung der Sortimente, der Nutzung von Synergieeffekten uä ist in diesen Fällen kein Raum. Eine **Ausnahme** von diesem Grundsatz gilt aber, wenn **innerhalb eines Gebäudes** die Gesamtfläche durch einen Einzelhandelsbetrieb als **„Hauptbetrieb"** geprägt wird und auf den baulich abgetrennten Flächen zu dessen Warenangebot als **„Nebenleistung"** ein Warenangebot hinzutritt, das in einem **inneren Zusammenhang** mit der „Hauptleistung" steht, diese jedoch nur **abrundet** und von **untergeordneter Bedeutung** bleibt. Unter welchen Voraussetzungen eine derartige Unterordnung anzunehmen ist, bestimmt sich nach den **Umständen des Einzelfalls.** Für eine betriebliche Einheit wird es im Allgemeinen sprechen, wenn die für die „Nebenbetriebe" in Anspruch genommenen Flächen deutlich hinter denjenigen des Hauptbetriebs zurückbleiben. Schließlich kann berücksichtigt werden, dass nach der Verkehrsanschauung aus der Sicht des Verbrauchers ein Randangebot als zum Hauptbetrieb zugehörig angesehen wird. Baulich gesondert nutzbare Betriebsflächen bilden somit dann eine betriebliche Einheit mit einem Hauptbetrieb, wenn auf ihnen lediglich ein diesen ergänzendes Angebot erbracht wird. Dies ist insbesondere dann der Fall, wenn nach der Verkehrsanschauung der kleinere Bereich ebenso gut in die Verkaufsfläche des größeren Betriebs einbezogen sein könnte. Im konkreten Fall hat das BVerwG eine betriebliche Einheit zwischen einem Lebensmitteleinzelhandelsbetrieb und einem **Backshop** sowie einem **Laden für Toto/Lotto, Zeitschriften und Schreibwaren** angenommen (BVerwG aaO). Dagegen hat es einen **Getränkemarkt neben einem Lebensmittel-Discount-Markt** als eigenständigen Betrieb angesehen, der mit einer Verkaufsfläche von 695 qm sowie einem Lager mit 324 qm schon im Hinblick auf seine Größe nicht als Nebenbetrieb zu dem etwa gleich großen Lebensmittel-Discount-Markt gelten könne (BVerwG BauR 2006, 648). **Offen gelassen** hat das BVerwG, ob die Annahme einer betrieblichen Einheit zwischen „Hauptbetrieb" und Nebenleistung auch dann gelten kann, wenn die Läden **in verschiedenen Gebäuden** untergebracht sind (BVerwGE 124, 376 = BauR 2006, 644 = BRS 69 Nr. 72 = DVBl 2006, 452 = NVwZ 2006, 455).

26 **c) Prüfung der Auswirkungen (S. 2–4):** Schließlich hat das BVerwG mit Urteil vom 24.11.2005 (BVerwGE 124. 364 = BauR 2006, 639 = BRS 69 Nr. 71 = DVBl 2006, 448 = NVwZ 2006, 452) auch die Grundsätze zur **Prüfung der Auswirkungen (Abs. 3 S. 2)**, zur **Vermutungsregel (Abs. 3 S. 3)** und zu deren möglicher **Widerlegung (Abs. 3 S. 4)** präzisiert, denen es im Hinblick auf die geringere Aussagekraft des Merkmals der Großflächigkeit erhöhte Bedeutung beimisst. Diese **Präzisierung** knüpft an einen früheren Beschluss aus dem Jahre 2004 an (BVerwG BauR 2004, 1735 = ÖffBauR 2004, 16 = DVBl 2004, 1308 = NVwZ-RR 2004, 815) und beseitigt Zweifel, die u.a. durch die Auslegung einer Entscheidung des Bundesverwaltungsgerichts aus dem Jahre 2002 (BVerwG BauR 2002, 1825 = BRS 65 Nr. 70) entstanden waren (dazu Hauth BauR 2006, 775 mwN).

27 Für die städtebauliche Einordnung großflächiger Einzelhandelsbetriebe kommt es entscheidend darauf an, ob sie sich nach Art, Lage oder Umfang auf die Verwirklichung der Ziele der Raumordnung und Landesplanung oder auf die städtebauliche Entwicklung und Ordnung nicht nur unwesentlich auswirken können. Die relevanten **Auswirkungen** werden in **Abs. 3 S. 2** näher umschrieben. Danach geht es um schädliche Umwelteinwirkungen sowie Auswirkungen auf die infrastrukturelle Ausstattung, auf den Verkehr, auf die Versorgung der Bevölkerung im Einzugsbereich der Betriebe, auf die Entwicklung zentraler Versorgungsbereiche in der Gemeinde oder in anderen Gemeinden, auf das Orts- und Landschaftsbild und auf den Naturhaushalt. Nur wenn derartige Auswirkungen vorliegen können, ist ein großflächiger Einzelhandelsbetrieb in ein Kern- oder Sondergebiet zu verweisen. Die Einstufung als großflächiger Einzelhandelsbetrieb allein hat also noch keine Kern- oder Sondergebietspflicht zur Folge.

28 Derartige Auswirkungen sind nach der **Vermutungsregel in Abs. 3 S. 3** in der Regel anzunehmen, wenn die Geschossfläche 1200 qm übersteigt. Diese Vermutung ist jedoch im konkreten Einzelfall **widerleglich**: Nach **Abs. 3 S. 4, 1.** HS gilt die Regel nicht, wenn Anhaltspunkte dafür bestehen, dass Auswirkungen bereits bei weniger als 1200 qm Geschossfläche vorliegen oder bei mehr als 1200 qm Geschossfläche nicht vorliegen. Unterhalb dieses Werts ist die Genehmigungsbehörde **darlegungspflichtig** dafür, dass mit derartigen Auswirkungen zu rechnen ist. Bei Betrieben oberhalb dieser Größe trägt der Bauantragsteller die Darlegungslast für

das Fehlen solchen Auswirkungen (BVerwGE 124. 364 = BauR 2006, 639 = BRS 69 Nr. 71 = DVBl 2006, 448 = NVwZ 2006, 452; dazu näher Hauth BauR 2006, 775). Die Anhaltspunkte, aus denen sich eine Abweichung von der Regelvermutung ergeben kann, werden im 2. Halbsatz des Satzes 4 beispielhaft, also nicht abschließend („insbesondere") konkretisiert (s. dazu die folgende Rn). Im Genehmigungsverfahren ist danach zunächst die **Darlegung** solcher Anhaltspunkte erforderlich und ausreichend; es bedarf also zB nicht von vornherein der Vorlage eines kostenaufwändigen Marktgutachtens (Hauth, BauR 2006, 755; aA offenbar Gronemeyer BauR 2006, 1410; als Beispiel für eine hinreichende Darlegung s. VGH Mannheim ÖffBauR 2005, 18 = ZfBR 2005, 683: Zulässigkeit eines großflächigen Einzelhandelsbetriebs im Mischgebiet). Das schließt nicht aus, dass spätestens im Verwaltungsstreitverfahren eine Beweisaufnahme erforderlich sein kann, wenn die dargelegten Anhaltspunkte substantiiert bestritten werden.

29 Bei der möglichen Widerlegung der Regelvermutung des Abs. 3 S. 3 sind nach **Abs. 3 S. 4, 2. HS** insbesondere die **Gliederung und Größe der Gemeinde** und ihrer Ortsteile, die Sicherung der **verbrauchernahen Versorgung der Bevölkerung** und das **Warenangebot** des Betriebs zu berücksichtigen. Zum Verständnis des S. 4 bezieht sich das BVerwG auf die Begründung des Verordnungsgebers zur Ergänzung des Abs. 3 um den Satz 4 in der 3. VO zu Änderung der BauNVO vom 19.12.1986 (BR-Drs. 541/86, S. 3), in der anhand verschiedener Beispiele wie der unterschiedlichen Wirkung eines Einzelhandelsbetriebes mit einer Geschossfläche von 1200 qm in einer kleinen Gemeinde und in einer Großstadt hervorgehoben wird, dass sich eine lediglich an der Verkaufsfläche und der Geschossfläche anknüpfende **schematische Handhabung verbiete**. Daran anknüpfend legt das Gericht dar, dass die differenzierte Regelung des Abs. 3 eine sachgerechte, die verschiedenen Gesichtspunkte beachtende Handhabung erlaube: Ob die Vermutung widerlegt werden kann, hängt maßgeblich davon ab, welche Waren angeboten werden, auf welchen Einzugsbereich der Betrieb angelegt ist und in welchem Umfang zusätzlicher Verkehr hervorgerufen wird. Entscheidend ist, ob der Betrieb über den Nahbereich hinauswirkt und dadurch, dass er unter Gefährdung funktionsgerecht gewachsener städtebaulicher Strukturen weiträumig Kaufkraft abzieht, auch in weiter entfernten Wohngebieten die Gefahr heraufbeschwört, dass Geschäfte schließen, auf die insbesondere nicht motorisierte Bevölkerungsgruppen angewiesen sind. Nachteilige Wirkungen dieser Art würden noch verstärkt, wenn der Betrieb in erheblichem Umfang zusätzlichen gebietsfremden Verkehr auslöst. Je deutlicher die Regelgrenze von 1200 qm Geschossfläche überschritten ist, mit desto größerem Gewicht komme die Vermutungswirkung des Abs. 3 S. 3 zum Tragen. Dabei könne allerdings die jeweilige Siedlungsstruktur nicht außer Betracht bleiben. Je größer die Gemeinde oder der Ortsteil ist, in dem der Betrieb angesiedelt werden soll, desto eher sei die Annahme gerechtfertigt, dass sich die potenziellen negativen Folgen relativieren. Dass die Größe der Gemeinde oder des Ortsteils, die Sicherung der verbrauchernahen Versorgung der Bevölkerung und das Warenangebot entscheidend seien, sieht das Gericht auch durch die Ergebnisse der Arbeitsgruppe „Strukturwandel im Einzelhandel und § 11 Abs. 3 BauNVO" bestätigt (BVerwGE 124. 364 = BauR 2006, 639 = BRS 69 Nr. 71 = DVBl 2006, 448 = NVwZ 2006, 452).

30 Für die Darlegung, dass Auswirkungen wegen des **Warenangebots** nicht zu erwarten seien, genügt nicht schon die Bezeichnung als **Fachmarkt** (OVG Bautzen, NVwZ 1997, 600) oder **Einrichtungswarenhaus** (OVG Münster BauR 1998, 1198 = BRS 60 Nr. 1 = NVwZ 1999, 79). Für die Frage der Auswirkungen auch

beschränkter, fachbezogener Sortimente kommt es vielmehr darauf an, ob das **konkrete Warenangebot** Kaufkraftabflüsse zu Lasten zentraler Versorgungsbereiche erwarten lässt: Als „zentrenschädlich" kann sich auch ein großflächiger Einzelhandelsbetrieb mit schmalem Sortiment erweisen, wenn er Waren anbietet, die für eine Vielzahl von Verbrauchern von Interesse sind und aus produktspezifischen Gründen typischerweise in Innenstädten gesucht und gehandelt werden, und wenn dies zu einer Minderung des innerstädteischen Umsatzes um 10 % führt (OVG Münster BauR 1998, 309 = BRS 59 Nr. 17: bejaht für einen **Schuhfachmarkt**; BauR 1998, 1198 = BRS 60 Nr. 1 = NVwZ 1999, 79). Bei der Festsetzung eines Sondergebiets für großflächigen Einzelhandel kann die Gemeinde die Art und die Verkaufsflächen der zulässigen Sortimente nach **„Kernsortiment"** und **„Randsortiment"** eingrenzen (OVG Münster BauR 1998, 1198 = BRS 60 Nr. 1 = NVwZ 1999, 79). Für die Frage, ob ein bestimmtes Warensortiment eines Handelsbetriebes als „Randsortiment" zu qualifizieren ist, kommt es nicht auf den rechnerischen Umfang der Verkaufsfläche an; von Bedeutung kann auch der Raumbedarf der jeweils angebotenen Waren sein (OVG Münster BauR 2000, 1021 = BRS 63 Nr. 86 = NVwZ-RR 2001, 17 – **Bettenfachmarkt** mit dem „Kernsortiment" Schlafmöbel, Betten, Matratzen und dem „Randsortiment" Bettwäsche und Frottierwaren). Die Qualifizierung eines Warenangebots als „Randsortiment" scheidet aber auch aus, wenn die unter diesem Etikett angebotenen Waren unter **Umsatzgesichtspunkten** ein wesentlich tragendes „Standbein" des Handelsbetriebes überhaupt sind (OVG Münster BauR 2000, 1021 = BRS 63 Nr. 86 = NVwZ-RR 2001, 17).

31 Sowohl für das Eingreifen der Regelvermutung des Abs. 3 S. 3 als auch für deren Widerlegung sind Größe und Auswirkungen des **Gesamtvorhabens** maßgebend. Es kommt also nicht darauf an, ob der Einzelhandelsbetrieb von vornherein in der nun zu beurteilenden Größe errichtet wurde oder ob ein bestehender Betrieb **nachträglich erweitert** werden soll (BVerwG DVBl 2006, 460).

4. Sonstige großflächige Handelsbetriebe (Nr. 3)

32 Nr. 3 erfasst **sonstige großflächige Handelsbetriebe** nur, soweit sie auch an **Endverbraucher** verkaufen, obwohl dies nach dem Betriebskonzept nicht im Vordergrund steht, so dass sie nicht als Einzelhandelsbetriebe anzusehen sind. Nicht erfasst sind damit reine Großhandelsbetriebe. Für die von Nr. 2 erfassten großflächigen Handelsbetriebe gelten die gleichen Grundsätze wie für die großflächigen Einzelhandelsbetriebe. Entscheidend ist also, ob der – allein maßgebliche – Verkauf an Letztverbraucher sich nach Art, Lage oder Umfang des Betriebs auf die Verwirklichung der Ziele der Raumordnung und Landesplanung oder auf die städbauliche Entwicklung und Ordnung nicht nur unwesentlich auswirken kann (Nr. 3 iVm Nr. 2). Im Übrigen kann auf die Erläuterungen zu Nr. 2 verwiesen werden (s. oben Rn 14 ff).

33 Die Festsetzung eines sonstigen Sondergebietes im BPl hat **nachbarschützende Wirkung** (s. oben Rn 2 zu § 1 mwN).

§ 12 Stellplätze und Garagen

(1) Stellplätze und Garagen sind in allen Baugebieten zulässig, soweit sich aus den Absätzen 2 bis 6 nichts anderes ergibt.

(2) In Kleinsiedlungsgebieten, reinen Wohngebieten und allgemeinen Wohngebieten sowie Sondergebieten, die der Erholung dienen, sind Stellplätze und Garagen nur für den durch die zugelassene Nutzung verursachten Bedarf zulässig.

(3) Unzulässig sind

1. Stellplätze und Garagen für Lastkraftwagen und Kraftomnibusse sowie für Anhänger dieser Kraftfahrzeuge in reinen Wohngebieten,
2. Stellplätze und Garagen für Kraftfahrzeuge mit einem Eigengewicht über 3,5 Tonnen sowie für Anhänger dieser Kraftfahrzeuge in Kleinsiedlungsgebieten und allgemeinen Wohngebieten.

(4) Im Bebauungsplan kann, wenn besondere städtebauliche Gründe dies rechtfertigen (§ 9 Abs. 3 des Baugesetzbuchs), festgesetzt werden, daß in bestimmten Geschossen nur Stellplätze oder Garagen und zugehörige Nebeneinrichtungen (Garagengeschosse) zulässig sind. Eine Festsetzung nach Satz 1 kann auch für Geschosse unterhalb der Geländeoberfläche getroffen werden. Bei Festsetzungen nach den Sätzen 1 und 2 sind Stellplätze und Garagen auf dem Grundstück nur in den festgesetzten Geschossen zulässig, soweit der Bebauungsplan nichts anderes bestimmt.

(5) Im Bebauungsplan kann, wenn besondere städtebauliche Gründe dies rechtfertigen (§ 9 Abs. 3 des Baugesetzbuchs), festgesetzt werden, daß in Teilen von Geschossen nur Stellplätze und Garagen zulässig sind. Absatz 4 Satz 2 und 3 gilt entsprechend.

(6) Im Bebauungsplan kann festgesetzt werden, daß in Baugebieten oder bestimmten Teilen von Baugebieten Stellplätze und Garagen unzulässig oder nur in beschränktem Umfang zulässig sind, soweit landesrechtliche Vorschriften nicht entgegenstehen.

(7) Die landesrechtlichen Vorschriften über die Ablösung der Verpflichtung zur Herstellung von Stellplätzen und Garagen sowie die Verpflichtung zur Herstellung von Stellplätzen und Garagen außerhalb der im Bebauungsplan festgesetzten Bereiche bleiben bei Festsetzungen nach den Absätzen 4 bis 6 unberührt.

§ 12 BauNVO 1977: Stellplätze und Garagen

wie BauNVO 1990 (in Abs. 4 und 5 Verweisung auf „Bundesbaugesetz“ statt „Baugesetzbuch“)

§ 12 BauNVO 1968: Stellplätze und Garagen für Kraftfahrzeuge

(1) Stellplätze und Garagen sind in allen Baugebieten zulässig, soweit sich aus den Absätzen 2 und 3 nichts anderes ergibt.

(2) In Kleinsiedlungsgebieten, reinen Wohngebieten, allgemeinen Wohngebieten und Wochenendhausgebieten sind Stellplätze und Garagen nur für den durch die zugelassene Nutzung verursachten Bedarf zulässig.

(3) Unzulässig sind

1. Stellplätze und Garagen für Lastkraftwagen und Kraftomnibusse in reinen Wohngebieten und Wochenendhausgebieten,
2. Stellplätze und Garagen für Kraftfahrzeuge mit einem Eigengewicht über 3,5 Tonnen in Kleinsiedlungsgebieten und allgemeinen Wohngebieten.

(4) Im Bebauungsplan kann festgesetzt werden, daß in bestimmten Geschossen nur Stellplätze oder Garagen und zugehörige Nebeneinrichtungen (Garagengeschosse) zulässig sind.

§ 12 BauNVO 1962: Stellplätze und Garagen für Kraftfahrzeuge

(1) wie BauNVO 1968
(2) wie BauNVO 1968
(3) wie BauNVO 1968

I. Allgemeines zu §§ 12–14

1 Die Vorschriften der §§ 12–14 **ergänzen** die **Regelungen über die Baugebiete** nach den §§ 2 ff und können auch im Rahmen des § 34 Abs. 2 bei „faktischen Baugebieten" herangezogen werden (BVerwGE 94, 151; Urt. v. 7.12.2006 – 4 C 11/05 –). Sie regeln nach Art eines allgemeinen Teils die Zulässigkeit bestimmter Anlagen und Nutzungsarten, die in den §§ 2 ff nicht aufgeführt sind: Stellplätze und Garagen (§ 12), Räume und Gebäude für freiberufliche Tätigkeiten (§ 13) und untergeordnete Nebenanlagen (§ 14). Im Grundsatz gehören diese Anlagen also in alle Baugebiete nach den §§ 2–11. Der Sache nach handelt es sich bei den Stellplätzen und Garagen nach § 12 idR um untergeordnete Nebennutzungen, die begrifflich auch unter § 14 fallen würden. § 12 ist insoweit lex specialis im Verhältnis zu § 14.

II. Stellplätze und Garagen (§ 12)

1. Allgemeines

2 § 12 regelt die Zulässigkeit von Stellplätzen und Garagen, die anderen Grundstücksnutzungen zugeordnet sind und deren städtebauliche Erforderlichkeit sich aus dem **Stellplatzbedarf der Hauptnutzung** ableitet (BVerwG BRS 50 Nr. 19 = BauR 1991, 301 = NVwZ 1991, 778). § 12 betrifft die **Art der Nutzung**, sagt aber nichts über die **Standorte** dieser Anlagen. Derartige Festsetzungen ermöglicht vielmehr **§ 9 Abs. 1 Nr. 4 und 22 BauGB** (s. ferner zur Möglichkeit der Schaffung eines Sondergebiets für Stellplätze BVerwG aaO). § 12 gilt auch nicht für Stellplätze und Garagen außerhalb festgesetzter Baugebiete auf Flächen, deren Zweckbestimmung nach § 9 Abs. 1 BauGB festgesetzt wird, zB als **öffentliche Verkehrsfläche** einschließlich der Flächen für das Parken von Fahrzeugen (**§ 9 Abs. 1 Nr. 11 BauGB**). Schließlich regeln die Landesbauordnungen Näheres über die Anordnung von Stellplätzen und Garagen auf den Grundstücken.

3 **Abs. 1** enthält den **Grundsatz**. Danach sind Stellplätze und Garagen in allen Baugebieten zulässig. Gemeint sind solche Stellplätze und Garagen, die – anders als das bei öffentlichen Parkplätzen der Fall ist – dem durch andere Grundstücksnutzungen ausgelösten Stellplatzbedarf zugeordnet sind. **Abs. 2 und 3** enthalten jedoch **Einschränkungen** für die störungsempfindlichen Baugebiete, die dem Wohnen dienen. **Abs. 4–6** enthalten Ermächtigungen der Gemeinde zu besonderen Festsetzungen. Diese Ermächtigungen gehen den allgemeinen Regelungen nach

§ 1 Abs. 4 ff teilweise vor. So werden § 1 Abs. 7 (vertikale Gliederung) durch § 12 Abs. 4 und 5 und § 1 Abs. 5 und 9 durch § 12 Abs. 6 als speziellere Ermächtigungen verdrängt. Anwendbar bleiben dagegen § 1 Abs. 4 und Abs. 10 (BVerwG BRS 50 Nr. 19 = BauR 1991, 301 = NVwZ 1991, 778). **Abs. 7** betrifft das Verhältnis zu **landesrechtlichen Vorschriften** über die Stellplatzablösung und die Herstellung von Stellplätzen.

2. Grundsätzliche Zulässigkeit (Abs. 1)

Nach Abs. 1 sind **Stellplätze und Garagen** grundsätzlich in allen Baugebieten 4
zulässig. Das Bundesbaurecht verwendet die Begriffe „Stellplätze und Garagen" als Sammelbegriff, ohne den Unterschied zu definieren. Für Zwecke des Bodenrechts ist der Unterschied wenig bedeutsam, so dass es dem Landesrecht überlassen bleibt, für bauordnungsrechtliche Zwecke die Begriffe näher abzugrenzen. Soweit es bauplanungsrechtlich auf den Unterschied ankommt, etwa bei Festsetzungen nach § 12 Abs. 4, kann zur Konkretisierung auf die landesrechtlichen Definitionen zurückgegriffen werden, die vielfach der **Musterbauordnung – MBO – 2002** gefolgt sind. Danach sind **Stellplätze** Flächen, die dem Abstellen von Kraftfahrzeugen außerhalb der öffentlichen Verkehrsflächen dienen, und **Garagen** Gebäude oder Gebäudeteile zum Abstellen von Kraftfahrzeugen. Ausstellungs-, Verkaufs-, Werk- und Lagerräume für Kraftfahrzeuge sind keine Stellplätze oder Garagen. Auch wenn der Regelfall des § 12 die untergeordnete Nebenanlage zu einer Hauptnutzung auf dem Grundstück ist, richtet sich die Zulässigkeit von Stellplätzen oder Garagen auch dann ausschließlich nach § 12, wenn sie **gewerblich** betrieben werden (zB **Parkhaus**) und die **Hauptnutzung** des Grundstücks darstellen (OVG Münster BauR 2000, 1447 = BRS 63 Nr. 89 = NVwZ-RR 2001, 646: gewerblich betriebene Großgarage, deren vermietete Stellplätze ausschließlich der Deckung des Bedarfs dienen, der durch die in dem allgemeinen Wohngebiet, in dem sie errichtet werden soll, zugelassenen Nutzungen verursacht wird; ebenso Bielenberg in EZB Rn 12 zu § 12 BauNVO; Ziegler in KK Rn 14 ff zu § 12 BauNVO; jetzt im Gegensatz zur jeweiligen Vorauflage auch Fickert/Fieseler Rn 3.1 zu § 12 und Stock in KRS Rn 14 zu § 12; aA Knaup/Stange Rn 9 zu § 12; Gelzer/Birk Rn 597). Die **Zufahrten** sind bauplanungsrechtlich den Stellplätzen oder Garagen als notwendige Bestandteile zuzuordnen; ihre Zulässigkeit hängt deshalb von der Zulässigkeit der Stellplätze oder Garagen nach § 12 ab (BVerwG BauR 1996, 76 = BRS 57 Nr. 78 = NVwZ-RR 1996, 249). Die Zufahrten bilden häufig die stärkste Quelle der **Lärmbelastung** für die Anwohner (BVerwG NVwZ 2003, 1516). Regelmäßig müssen die Nachbarn die Emissionen hinnehmen, die von den Stellplätzen für eine rechtlich zulässige Hauptnutzung einschließlich der notwendigen Zufahrt ausgehen (BVerwG aaO). Im Einzelfall ist jedoch das **Gebot der Rücksichtnahme** (**§ 15 Abs. 1 S. 2**) zu beachten (zur Bedeutung von Immissionsgrenzwerten für die bauplanungsrechtliche Beurteilung der Zumutbarkeit des Lärms von Stellplätzen und deren Zufahrten BVerwG NVwZ 2003, 1516 mwN; zum Verhältnis von § 15 Abs. 1 S. 2 und landesrechtlichen Stellplatzvorschriften BVerwG DVBl 2001, 645 = DÖV 2001, 227 = NVwZ 2001, 813). Die besonderen Umstände des Einzelfalls können es erforderlich machen, die Beeinträchtigung der Nachbarschaft auf das ihr entsprechend der Eigenart des Gebiets zumutbare Maß zu mindern, etwa durch die bauliche Gestaltung der Stellplätze und ihrer Zufahrt, durch Verzicht auf Stellplätze zugunsten einer Tiefgarage oder durch Lärmschutzmaßnahmen an der Grundstücksgrenze (BVerwG NVwZ 2003,

1516). Bei besonderen örtlichen Verhältnissen kann die Errichtung von Stellplätzen auf dem Baugrundstück auch ganz ausscheiden; nach allgemeinen bauordnungsrechtlichen Grundsätzen müssen sie auch nicht auf dem Baugrundstück selbst errichtet werden (BVerwGE 94, 1512; NVwZ 2003, 1516).

3. Zulässigkeit in Wohngebieten (Abs. 2 und 3)

5 **Abs. 2** schränkt die allgemeine Zulässigkeit von Stellplätzen und Garagen nach Abs. 1 für die Baugebiete ein, die dem Wohnen oder einer wohnartigen Nutzung dienen: In Kleinsiedlungsgebieten (§ 2), reinen Wohngebieten (§ 3), allgemeinen Wohngebieten (§ 4) und Erholungssondergebieten (§ 10) sind Stellplätze und Garagen nur für den durch die zugelassene Nutzung verursachten Bedarf zulässig. Unter dem **Begriff der „zugelassenen Nutzung"** sind zunächst die nach den jeweiligen Festsetzungen im BPl zugelassenen Nutzungen zur verstehen, und zwar einschließlich der im Wege der Befreiung oder Ausnahme zulassungsfähigen Nutzungen; darüber hinaus erfasst der Begriff aber auch eine Nutzung, die bestandskräftig genehmigt worden ist und daher weiter ausgeübt werden darf (BVerwG BauR 2007, 672). Zweck der Vorschrift ist es zu verhindern, dass in einem Wohngebiet ein außerhalb des Gebiets entstehender Stellplatzbedarf befriedigt wird (BVerwG aaO; OVG Berlin LKV 1994, 119). Unter der „zugelassenen Nutzung" ist folglich auch die im Baugebiet insgesamt zugelassene Nutzung zu verstehen, nicht nur die auf dem jeweiligen Baugrundstück zugelassene Nutzung. **Maßgebliches Gebiet** ist grundsätzlich das festgesetzte Baugebiet. Im Falle faktischer Baugebiete kommt es auf die nähere Umgebung iSd § 34 Abs. 2 BauGB an (s. dazu OVG Magdeburg BauR 2007, 154). Eine Ausdehnung auf angrenzende Gebiete kommt nur in Betracht, wenn es sich dabei faktisch oder kraft planerischer Festsetzung um die gleiche Gebietsart handelt. So kann im allgemeinen Wohngebiet nicht der Bedarf eines angrenzenden Mischgebiets befriedigt werden (BVerwGE 94, 151). Es ist im Hinblick auf das unterschiedliche Schutzniveau aber auch ausgeschlossen, den Stellplatzbedarf eines angrenzenden allgemeinen Wohngebiets in einem reinen Wohngebiet zu befriedigen.

6 **Abs. 3** dient einem abgestuften Schutz von reinen Wohngebieten (Nr. 1) sowie von Kleinsiedlungsgebieten und allgemeinen Wohngebieten (Nr. 2) gegen die Störungen und Belästigungen, die erfahrungsgemäß von der Nutzung von Stellplätzen für bestimmte Nutzfahrzeuge und deren Anhänger ausgehen.

4. Besondere Festsetzungen (Abs. 4–6)

7 Die nach **Abs. 4** mögliche Festsetzung von Geschossen, in denen nur Stellplätze oder Garagen und die zugehörigen Nebeneinrichtungen zulässig sind (**Garagengeschosse**) – dies können nach S. 2 auch **Tiefgaragen** sein – dient einem mehrfachen Anliegen: Zunächst geht es darum, ausreichenden privaten Parkraum auf den Baugrundstücken zu schaffen, um die öffentlichen Verkehrsflächen vom ruhenden Verkehr zu entlasten. Sodann geht es darum, die nicht überbauten Flächen der Baugrundstücke von Stellplätzen und Garagen freihalten zu können. Dies wird durch S. 3 sichergestellt; danach sind Stellplätze oder Garagen an anderer Stelle auf dem Grundstück als in den festgesetzten Geschossen unzulässig. Schließlich können Festsetzungen nach Abs. 4 dazu dienen, die nach den Bauordnungen der Länder nicht zwingende Herstellung der notwendigen Stellplätze auf dem Baugrundstück selbst durchzusetzen.

Zum **Begriff des Geschosses** s. oben Rn 26 zu § 1; zum Verständnis der **„besonderen städtebaulichen Gründe"** s. oben Rn 25 zu § 1. **Nebeneinrichtungen** sind Einrichtungen, die – ohne Bestandteil der Hauptanlage zu sein (zB Zufahrten) – zu ihrer bestimmungsgemäßen Nutzung beitragen. Entsprechende Festsetzungen können nach **Abs. 5** auch für **Teile von Geschossen** getroffen werden. Abs. 4 und 5 verdrängen als spezielle Ermächtigung die allgemeine Vorschrift des § 1 Abs. 7 über vertikale Gliederungen. 8

Die in **Abs. 6** eröffnete Möglichkeit, durch Festsetzung im BPl Stellplätze und Garagen in Baugebieten oder bestimmten Teilen von Baugebieten ganz auszuschließen oder nur in beschränktem Umfang zuzulassen (s. dazu BVerwG BauR 1997, 611 = NJW 1997, 2063; OVG Münster BauR 1997, 97 = BRS 58 Nr. 35; VGH Mannheim NVwZ 1994, 700), steht in einem Spannungsverhältnis zur Zulässigkeit von Stellplätzen und Garagen nach den Abs. 1–3. Die in einer Festsetzung nach Abs. 6 liegende Abweichung von den allgemeinen Regelungen setzt, auch wenn Abs. 6 dies im Unterschied zu den Abs. 4 und 5 nicht ausdrücklich sagt, eine den Anforderungen **des § 1 Abs. 3 und Abs. 7 BauGB** genügende **städtebauliche Begründung** voraus, gegebenenfalls auch einen **planerischen Ausgleich**, etwa durch Festsetzung von Flächen für Stellplätze oder Garagen als Gemeinschaftsanlagen nach **§ 9 Abs. 1 Nr. 22 BauGB** am Rande des Baugebiets, die der Befriedigung des im Baugebiet ausgelösten Stellplatzbedarfs dienen. Die städtebauliche Rechtfertigung kann sich zB aus den besonderen örtlichen Verhältnissen eines dicht bebauten und denkmalgeschützten Altstadtgebiets ergeben. **Landesrechtliche Vorschriften** stehen in aller Regel nicht entgegen, weil das Landesrecht durchgängig ebenfalls zum Erlass von Satzungen ermächtigt, durch die Stellplätze und Garagen ausgeschlossen werden. 9

5. Verhältnis zur Stellplatzablösung nach Landesrecht (Abs. 7)

Abs. 7 stellt **deklaratorisch** klar, dass die Festsetzungen nach Abs. 4–6 die auf Landesrecht beruhenden Verpflichtungen zur **Ablösung der Stellplatzpflicht** unberührt lassen. Das Gleiche gilt für eine nach Landesrecht bestehende Verpflichtung zur **Herstellung** der notwendigen Stellplätzen und Garagen **außerhalb** der im BPl festgesetzten Bereiche. Der Eigentümer, der die benötigte Anzahl von Stellplätzen wegen planungsrechtlicher Festsetzungen nach den Abs. 4–6 nicht auf seinem Grundstück oder nicht im Baugebiet oder in bestimmten Teilen des Baugebiets herstellen darf, bleibt also gleichwohl nach Maßgabe der einschlägigen Vorschriften der Landesbauordnungen verpflichtet, anstelle der Realherstellung der Stellplätze auf seinem Grundstück einen Ablösebetrag zu zahlen oder die Stellplätze auf einem anderen geeigneten Grundstück außerhalb der im BPl festgesetzten Bereiche herzustellen. 10

§ 13 Gebäude und Räume für freie Berufe

Für die Berufsausübung freiberuflich Tätiger und solcher Gewerbetreibender, die ihren Beruf in ähnlicher Art ausüben, sind in den Baugebieten nach den §§ 2 bis 4 Räume, in den Baugebieten nach den §§ 4a bis 9 auch Gebäude zulässig.

§ 13 BauNVO 1977: Gebäude und Räume für freie Berufe

wie BauNVO 1990

§ 13 BauNVO 1968: Räume für freie Berufe

Räume für die Berufsausübung freiberuflich Tätiger und solcher Gewerbetreibender, die ihren Beruf in ähnlicher Art ausüben, sind in den Baugebieten nach §§ 2 bis 9 zulässig.

§ 13 BauNVO 1962: Räume für freie Berufe

wie BauNVO 1968

I. Allgemeines

1 § 13 enthält für die Baugebiete nach den §§ 12–14 eine **baugebietsübergreifende Regelung** der Zulässigkeit der Berufsausübung freiberuflich Tätiger und solcher Gewerbetreibender, die ihren Beruf in ähnlicher Art ausüben (VGH Mannheim DNwZ-RR 2006, 164 = ÖffBauR 2005, 114). Diese bevorzugte allgemeine Zulässigkeit der freiberuflichen und ihr ähnlichen Berufsausübung in allen Baugebieten außer den Sondergebieten, also in so unterschiedlichen Baugebieten wie Wohngebieten, Mischgebieten, Kerngebieten und sogar Industriegebieten beruht zum einen auf der Annahme, dass diese Tätigkeiten bei typisierender Betrachtungsweise im Allgemeinen **keine gebietsunverträglichen Störungen** entfalten werden (BVerwG BRS 50 Nr. 58 = DÖV 1991, 111 = NVwZ 1991, 267; OVG Berlin BauR 2001, 771 = BRS 63 Nr. 69 = NVwZ-RR 2001, 229). Auf der anderen Seite kommt § 13 nur den freiberuflich und in ähnlicher Weise Tätigen zugute, also zB Ärzten, Rechtsanwälten, Steuerberatern oder Architekten und nicht etwa allen Gewerbebetrieben, die nach der Art der Betriebsgestaltung in den jeweiligen Baugebieten nicht stören (BVerwGE 68, 324 = NVwZ 1984, 236). Die Vorschrift dient damit erkennbar auch dem Interesse der Bewohner und Nutzer der Baugebiete an den spezifischen **Dienstleistungen der freien Berufe** (BVerwG aaO; VGH Mannheim DÖV 2006, 307 = NVwZ-RR 2006, 311). Nicht maßgeblich ist dagegen die „Wohnartigkeit" der Berufsausübung, auch wenn es dem typischen Bild der „kleineren Praxis" entsprechen mag, dass Ärzte, Anwälte, Steuerberater oder Architekten in dem Einfamilienhaus arbeiten, in dem sie auch wohnen (BVerwG aaO; VGH Mannheim aaO).

2 In **Wohngebieten nach den §§ 2–4**, also in Kleinsiedlungsgebieten, reinen Wohngebieten und allgemeinen Wohngebieten beschränkt § 13 die freiberufliche oder vergleichbare Nutzung allerdings auf **„Räume"**, während in den übrigen Baugebieten, vom Besonderen Wohngebiet (§ 4a) bis zum Industriegebiet (§ 9) auch **„Gebäude"** zulässig sind. Mit der Beschränkung auf „Räume" soll gewährleistet werden, dass freiberufliche oder vergleichbare Nutzungen in den besonders störungsempfindlichen Wohngebieten nach den §§ 2–4 nur in einem Umfang zugelassen werden können, bei dem typischerweise auch durch den vorhabenbezogenen Kraftfahrzeugverkehr keine gebietsunverträglichen Störungen eintreten (BVerwG BRS 50 Nr. 58 = DÖV 1991, 111 = NVwZ 1991, 267; OVG Münster BRS 69 Nr. 80 = BauR 2006, 654 = ZfBR 2006, 261).

II. Freie Berufe und ähnliche Gewerbetreibende

3 Der **Begriff der freiberuflichen Tätigkeit** in § 13 ist ein eigenständiger bauplanungsrechtlicher Begriff. Er kann jedoch in Anlehnung an die typisierende Beschreibung von Merkmalen der freien Berufe in **§ 1 Abs. 2 PartGG** und an die

beispielhafte Aufzählung freier Berufe in § 1 Abs. 2 PartGG und in **§ 18 Abs. 1 Nr. 1 EStG** konkretisiert werden. **Die dort genannten Berufe** (ua Ärzte, Zahnärzte, Tierärzte, Heilpraktiker, Krankengymnasten, Hebammen, Diplompsychologen, Rechtsanwälte, Patentanwälte, Notare, Ingenieure, Journalisten, Architekten, Steuerberater, Übersetzer) **fallen auch unter § 13 BauNVO**. Die Kataloge sind **nicht abschließend**; immer wieder entstehen auch neue Berufsbilder, die den freien Berufen zuzuordnen sind (zB Energieberater). Nach **§ 1 Abs. 2 PartGG** haben die Freien Berufe im Allgemeinen auf der Grundlage besonderer beruflicher Qualifikation oder schöpferischer Begabung die persönliche, eigenverantwortliche und fachlich unabhängige Erbringung von Dienstleistungen höherer Art im Interesse der Auftraggeber und der Allgemeinheit zum Inhalt. Dabei wird die **besonders qualifizierte Ausbildung** zwar als eine typische Eigenart der freien Berufe, aber **nicht** als ein notwendiges Begriffsmerkmal angesehen (VGH Mannheim DÖV 2006, 307 = NVwZ-RR 2006, 311). Den freien Berufen wollte der Verordnungsgeber zB Handelsvertreter ohne eigenes Auslieferungslager, Handelsmakler, Versicherungsvertreter oder Masseure gleichstellen (BVerwGE 68, 324 = NVwZ 1984, 236 mwN zur Entstehungsgeschichte des § 13), also jeweils Berufstätigkeiten, die keine besonders qualifizierte Berufsausbildung voraussetzen. Daher kann der qualifizierten Berufsausbildung keine ausschlaggebende, ausschließende Bedeutung für den bauplanungsrechtlichen Begriff des freien Berufs und der ihm gleichgestellten gewerblichen Tätigkeit zukommen. Auch auf die **Rechtsform**, in der der Beruf ausgeübt wird, kommt es **nicht maßgeblich** an, sofern nur gewährleistet ist, dass der Gegenstand der Tätigkeit eindeutig eine freiberufliche Tätigkeit ist, so dass zB auch ein in der Form einer GmbH betriebenes Ingenieurbüro unter § 13 fällt (VGH Mannheim ESVGH 56, 59; OVG Hamburg BauR 1997, 613 = BRS 58 Nr. 75). **Unverzichtbare Begriffsmerkmale** der freien Berufe sind dagegen die **unabhängige Stellung** und die **Erbringung persönlicher Dienstleistungen** auf Grund individueller geistiger Leistungen oder sonstiger persönlicher Fertigkeiten.

Als freie Berufe oder ihnen ähnliche gewerbliche **Tätigkeiten iSd § 13** angesehen 4
hat die Rechtsprechung zB: einen **Finanzmakler** (BVerwG DÖV 1996, 293 = NVwZ 1996, 787); eine **private Arbeitsvermittlung** (OVG Lüneburg GewArch 2002, 345); eine **Internetagentur**, wenn es sich um eine vorwiegend programmierende Tätigkeit handelt (VGH Mannheim DÖV 2006, 307 = NVwZ-RR 2006, 311). Dagegen fallen zB **nicht unter § 13**: die **Geschäftsstelle des Dachverbands** der Sanitär-, Heizungs- und Klimatechnikinnungen (BVerwGE 68, 324 = NVwZ 1984, 236); die **zentrale Verwaltung von Lohnsteuerhilfevereinen** ohne persönliche Beratungstätigkeit (BVerwG BRS 58 Nr. 62); ein **Pudelsalon** (BVerwG BRS 42 Nr. 57); eine **Grundstücks- und Vermögensverwaltung** (OVG Hamburg BauR 1997, 613 = BRS 58 Nr. 75); ein **Fahrschulraum** (OVG Münster BRS 58 Nr. 63).

III. Beschränkung auf Räume in Wohngebieten nach §§ 2 – 4

§ 13 beschränkt die freiberufliche und die ihr gleichgestellte gewerbliche Nut- 5
zung in Kleinsiedlungsgebieten (§ 2), reinen Wohngebieten (§ 3) und allgemeinen Wohngebieten (§ 4) auf **Räume**, während in den übrigen typisierten Baugebieten (§§ 4–9) auch **Gebäude** mit freiberuflicher und gleichgestellter Nutzung zulässig sind. Die Auslegung des Begriffs „Räume“ in § 13 muss daher von dem in dieser Vorschrift enthaltenen begrifflichen Gegensatzpaar „Räume“ und „Gebäude“

ausgehen (BVerwGE 68, 324 = NVwZ 1984, 236). Das BVerwG geht bei der Auslegung dieses Begriffspaars von dem **Normzweck** der Wahrung des jeweiligen **Gebietscharakters** aus: Die Beschränkung auf Räume soll danach verhindern, dass in einem reinen Wohngebiet durch eine zu starke freiberufliche Nutzungsweise die planerisch unerwünschte Wirkung einer Zurückdrängung der Wohnnutzung und damit einer zumindest teilweisen Umwidmung des Plangebiets eintreten kann (BVerwG NJW 1986, 1004 = NVwZ 1986, 373 = BRS 44 Nr. 47; DVBl 2001, 1458 = NVwZ 2001, 1284 = BauR 2001, 1556). Für den **Begriff des Gebäudes** ist in diesem Zusammenhang kennzeichnend, dass es selbständig benutzbar ist; konstruktive bauliche Verbindungen mit anderen Gebäuden oder Anlagen (Doppelhäuser, Hausgruppen, geschlossene Bauweise) und das äußere Erscheinungsbild sind dagegen unerheblich, so dass auch ein nach Größe und Funktion untergeordneter Anbau ein selbständiges Gebäude sein kann (BVerwG DÖV 1996, 293 = BauR 1996, 219 = BRS 57 Nr. 79). Der **Begriff der Räume** kennzeichnet Raumeinheiten, die nur **Teile des Gebäudes** umfassen und jedenfalls nicht umfangreicher sind als jeweils **eine Wohnung**, so wie sie im Zeitpunkt des Beginns der Nutzung für den freien Beruf vorgefunden wurde (BVerwGE 68, 324 = NVwZ 1984, 236; BVerwG DVBl 2001, 1458 = NVwZ 2001, 1284 = BauR 2001, 1556; VGH Mannheim NVwZ-RR 2006, 164 = ÖffBauR 2005, 114). Niemals darf die freiberufliche Nutzung für das einzelne Gebäude prägend sein. In **Mehrfamilienhäusern** darf die freiberufliche Nutzung nicht mehr als die **halbe Anzahl der Wohnungen** und nicht mehr als **50 % der Wohnfläche** in Anspruch nehmen (BVerwG NJW 1986, 1004 = NVwZ 1986, 373 = BRS 44 Nr. 47; DVBl 2001, 1458 = NVwZ 2001, 1284 = BauR 2001, 1556). Allerdings will das BVerwG diese Regeln nicht rechtssatzartig angewendet, sondern nur als **„Faustregeln"** verstanden wissen (BVerwG DVBl 2001, 1458 = NVwZ 2001, 1284 = BauR 2001, 1556).

6 **Einzelfälle und Einzelfragen:** Eine ärztliche Gemeinschaftspraxis, die mit einer Fläche von mehr als 500 qm ein gesamtes Geschoss einnimmt und damit weit über die Größe der in dem Gebäude vorhandenen Wohnungen hinausgeht, überschreitet die nach § 13 zulässige Nutzung von Räumen für freie Berufe. Dies gilt auch dann, wenn sich in dem Gebäude außerdem noch eine Kindertagesstätte befindet, die sich ebenfalls über ein ganzes Geschoss erstreckt (OVG Bremen NVwZ-RR 2006, 162 = ÖffBauR 2005, 93; s. auch VGH Kassel BRS 52 Nr. 60 – von einer Wirtschaftsprüfer- und Steuerberaterpraxis genutztes, aus vier zusammengefassten Wohneinheiten bestehendes Büro mit einer Bürofläche von 268,70 qm). Die Sperrwirkung des § 13 kann nicht dadurch relativiert werden, dass als Bezugsgröße nicht das Gebäude, sondern das mit mehreren Gebäuden bebaute Baugrundstück gewählt wird (VGH Mannheim NVwZ-RR 2006, 164 = ÖffBauR 2005, 114). Mit § 13 ist es nicht vereinbar, wenn in einem Mehrfamilienhaus in einem allgemeinen Wohngebiet mehrere Büros deutlich größer sind als die größte, schon sehr großzügig dimensionierte Wohnung (OVG Münster BauR 2003, 217 = BRS 65 Nr. 71). Bei dem Flächenvergleich, aufgrund dessen im allgemeinen zu entscheiden ist, ob sich eine freiberufliche Nutzung auf „Räume" beschränkt, ist in der Regel nur auf die Räume des Gebäudes abzustellen, die zum dauernden Aufenthalt objektiv geeignet sind und auch für diesen Zweck genutzt werden sollen (VGH München NVwZ-RR 2002, 490 = BauR 2001, 1867 = BRS 64 Nr. 67).

7 In **faktischen Baugebieten** iSv § 34 Abs. 2 BauGB iVm §§ 2–9 BauNVO gilt § 13 unmittelbar.

Bei einem Verstoß gegen § 13 hat der **Nachbar** ein auf den Gebietsschutz gerichtetes **Abwehrrecht**, das grundsätzlich nicht davon abhängig ist, ob der Nachbar durch die freiberufliche oder gewerbliche Nutzung unzumutbar beeinträchtigt wird (BVerwG DÖV 1996, 293 = NVwZ 1996, 787 im Anschluss an BVerwGE 94, 151).

§ 14 Nebenanlagen

(1) Außer den in den §§ 2 bis 13 genannten Anlagen sind auch untergeordnete Nebenanlagen und Einrichtungen zulässig, die dem Nutzungszweck der in dem Baugebiet gelegenen Grundstücke oder des Baugebiets selbst dienen und die seiner Eigenart nicht widersprechen. Soweit nicht bereits in den Baugebieten nach dieser Verordnung Einrichtungen und Anlagen für die Tierhaltung zulässig sind, gehören zu den untergeordneten Nebenanlagen und Einrichtungen im Sinne des Satzes 1 auch solche für die Kleintierhaltung. Im Bebauungsplan kann die Zulässigkeit der Nebenanlagen und Einrichtungen eingeschränkt oder ausgeschlossen werden.
(2) Die der Versorgung der Baugebiete mit Elektrizität, Gas, Wärme und Wasser sowie zur Ableitung von Abwasser dienenden Nebenanlagen können in den Baugebieten als Ausnahme zugelassen werden, auch soweit für sie im Bebauungsplan keine besonderen Flächen festgesetzt sind. Dies gilt auch für fernmeldetechnische Nebenanlagen sowie für Anlagen für erneuerbare Energien, soweit nicht Absatz 1 Satz 1 Anwendung findet.

§ 14 BauNVO 1997: Nebenanlagen

(1) wie BauNVO 1990
(2) wie BauNVO 1990 Abs. 2 S. 1

§ 14 BauNVO 1968: Nebenanlagen

(1) Satz 1 wie BauNVO 1977 und BauNVO 1990;
Satz 2 entspricht Satz 3 in BauNVO 1977 und BauNVO 1990
(2) wie BauNVO 1977

§ 14 BauNVO 1962: Nebenanlagen

wie BauNVO 1968

I. Allgemeines

1 § 14 regelt die Zulässigkeit von **Nebenanlagen** zu den in den §§ 2 bis 13 genannten Anlagen. Dabei sind drei **Fallgruppen** zu unterscheiden (vgl auch Stock in KRS Rn 2 zu § 14):

- Nebenanlagen, die dem Nutzungszweck von Hauptanlagen des Baugrundstücks dienen (Abs. 1 S. 1 und 2);
- Nebenanlagen, die dem Nutzungszweck des Baugebiets dienen (Abs. 1 S. 1) sowie
- Nebenanlagen, die der Infrastruktur der Baugebiete dienen, ohne sich an den Grenzen eines Baugebietes zu orientieren (Abs. 2).

Während Nebenanlagen, die den ersten beiden Fallgruppen angehören, nach Abs. 1 allgemein zulässig sind, sind Nebenanlagen der dritten Fallgruppe nach Abs. 2 nur als Ausnahmen zulassungsfähig.

§ 14 regelt die Zulässigkeit von Nebenanlagen ausschließlich nach der **Art der baulichen Nutzung**, nicht aber nach dem **Maß** der baulichen Nutzung des Grundstücks (s dazu insbesondere **§ 19 Abs. 4**) und nach dem zulässigen **Standort** auf dem Grundstück (s dazu insbesondere **§ 23 Abs. 5 S. 1**).

Mit der Festsetzung eines Baugebiets nach den §§ 2 bis 11 wird auch § 14 Bestandteil des BPl (§ 1 Abs. 3 S. 2); einer ausdrücklichen Regelung im BPl bedarf es dazu nicht. § 14 gilt auch in faktischen Baugebieten iSd § 34 Abs. 2 BauGB.

II. Allgemein zulässige Nebenanlagen (Abs. 1)

1. Untergeordnete Nebenanlagen und Einrichtungen (S. 1)

2 § 14 geht von der **Unterscheidung von Nebenanlage und Hauptanlage** aus, ohne diese Begriffe zu definieren. Aus der Formulierung des Abs. 1 S. 1 lässt sich aber schließen, dass Hauptanlagen solche Anlagen sind, deren Zulässigkeit in den §§ 2 bis 13 geregelt ist. Ferner spricht Abs. 1 S. 1 von „untergeordneten" Nebenanlagen. Das Merkmal der Unterordnung ist sowohl funktionell als auch räumlich-gegenständlich zu verstehen (BVerwG NVwZ 2004, 1244 = BauR 2004, 1567 = ZfBR 2004, 691; BVerwGE 67, 23). Um eine **Nebenanlage** handelt es sich also, wenn die Anlage dem primären Nutzungszweck der in dem Baugebiet liegenden Grundstücke (1. Alt) oder des Baugebiets selbst (2. Alt) sowie den diesem Nutzungszweck entsprechenden, nach den §§ 2 bis 13 zulässigen Hauptanlagen in einer **untergeordneten Funktion** dient und den Hauptanlagen auch **räumlich-gegenständlich zu- und untergeordnet** ist (BVerwG aaO). Es muss daher einerseits ein Funktionszusammenhang zwischen Hauptanlage und Nebenanlage bestehen. Andererseits muss die Nebenanlage gleichsam eine von dem Hauptvorhaben „ausgelagerte" Nutzungsweise bleiben (BVerwG NVwZ-RR 1999, 426 = BauR 1999, 732 = BRS 62 Nr. 84 – Taubenzucht in einem allgemeinen Wohngebiet). Räumlich-gegenständliche Unterordnung bedeutet auch optische Unterordnung; eine Nebenanlage darf der Hauptanlage nicht nach ihren Abmessungen gleichwertig erscheinen oder die Hauptanlage gar optisch verdrängen (BVerwGE 67, 23).

3 Eine Nebenanlage, die dem Nutzungszweck des Baugebiets selbst dient (**Abs. 1 S. 1, 2. Alt.**), ist zB ein **Kinderspielplatz** in einem Baugebiet, das zumindest auch dem Wohnen dient. Dem Nutzungszweck des Baugebiets dient auch ein **Wertstoffcontainer** (vgl BVerwG BauR 1999, 145 = BRS 60 Nr. 69 = NVwZ 1999, 298). Im Übrigen ist der Anwendungsbereich dieser Alternative im Hinblick auf die spe-

zielle Regelung des Abs. 2 und die Möglichkeit der Festsetzung von Anlagen für die Infrastruktur des Baugebiets auf der Grundlage des § 9 Abs. 1 BauGB (zB nach Nr. 5 als Flächen für den Gemeinbedarf sowie für Sport- und Spielanlagen) begrenzt. Räumlich-gegenständliche und optische Unterordnung kann bei der zweiten Alternative nicht gegenüber einer Hauptanlage auf dem Baugrundstück bestehen. Den Vergleichsmaßstab können nur die im Baugebiet zulässigen Hauptanlagen sein; im Hinblick auf die baugebietsbezogene Funktion dürfen dabei aber keine zu strengen Anforderungen gestellt werden.

Eine **Nebenanlage** muss selbständig die Anforderungen an eine bodenrechtlich relevante **bauliche Anlage** iSd **§ 29 Abs. 1 BauGB** und der BauNVO erfüllen, dh es muss sich um eine Anlage handeln, die in einer auf Dauer angelegten Weise künstlich mit dem Erdboden verbunden und bodenrechtlich relevant ist (dazu BVerwGE 102, 351 = BauR 2002, 1497 = NVwZ 2002, 1118; zu **Werbeanlagen** BVerwG BauR 1995, 506 = NVwZ 1995, 897; BVerwGE 91, 234). Den in Abs. 1 auch aufgeführten untergeordneten **Einrichtungen** kommt neben den untergeordneten Nebenanlagen praktisch kaum eigenständige Bedeutung zu (dazu Stock in KRS Rn 9 zu § 14). 4

Der Begriff der **Nebenanlage** setzt voraus, dass es sich **nicht** um einen **Bestandteil der Hauptanlage** handelt; dabei können zur Abgrenzung wiederum funktionelle und räumliche Gesichtspunkte herangezogen werden (BVerwG BauR 2005, 1755 = BRS 69 Nr. 87 = ZfBR 2005, 698: Sonnenschutzanlage, die die Terrasse einer Gaststätte überdeckt und auf diese Weise der Hauptnutzung eine größere Fläche zur Verfügung stellt, und die zudem mit dem Hauptgebäude konstruktiv verbunden ist; s. auch OVG Hamburg BauR 2005, 849 = BRS 69 Nr. 86). Ein Wintergarten ist idR Aufenthaltsraum und damit Bestandteil des Wohngebäudes und nicht Nebenanlage (Fickert/Fieseler Rn 10.2 und 10.3 zu § 14). § 14 gilt ferner nicht, wenn es sich um eine Anlage handelt, deren Zulässigkeit in den §§ 2 bis 13 geregelt ist. Die Zulässigkeit von Garagen ist deshalb ausschließlich nach § 12 zu beurteilen und nicht nach § 14 (VGH Mannheim NJW 1992, 1060). 5

Nebenanlagen dürfen der Eigenart des Baugebiets nicht widersprechen. Abs. 1 S. 1 enthält damit für Nebenanlagen eine spezielle Regelung, die § 15 Abs. 1 S. 1 vorgeht. 6

Einzelfragen: 7

Antennen: Private Antennen für Rundfunk, Fernsehen und Amateurfunk erfüllen die Voraussetzung, dass sie dem Nutzungszweck des Wohngrundstücks dienen (BVerwG Buchholz 406.12 § 14 BauNVO Nr. 8; zum Schutz des Grundrechts der Informationsfreiheit nach Art. 5 Abs. 1 S. 1 GG für Errichtung und Betrieb solcher Antennen BVerfG NVwZ 1992, 463 = DVBl 1992, 556). Ihre Zulässigkeit hängt aber weiter davon ab, dass sie die Voraussetzung der räumlich-gegenständlichen Unterordnung wahren und mit dem Gebietscharakter vereinbar sind. Eine von einem Amateurfunker genutzte Antenne auf einem hohen Stahlgittermast kann Nebenanlage eines Wohnhauses sein; sie kann aber zB wegen ihrer Größe und optischen Dominanz der Eigenart des Gebiets widersprechen (so OVG Münster BauR 2001, 232 = BRS 63 Nr. 148 = NVwZ-RR 2001, 505 für einen Funkmast im Garten, der auf eine Höhe von 18 m ausfahrbar ist; VGH Kassel UPR 2002, 348 für eine insgesamt 17,6 m hohe Amateurfunkantenne auf einem 15 m hohen Stahlgittermast im reinen Wohngebiet; s. auch BVerfG NVwZ 1992, 463 = DVBl 1992, 556).

Heizwerk: Das Heizwerk einer größeren Wohnsiedlung kann schon wegen seiner optischen Wirkung nicht als untergeordnete Nebenanlage angesehen werden (OVG Berlin BRS 38 Nr. 7).

Mobilfunksendeanlagen: Mobilfunksendeanlagen sind keine Nebenanlagen iSd Abs. 1 S. 1 (BVerwG DVBl 2000, 830 = DÖV 2000, 474 = NVwZ 2000, 680; OVG Münster ÖffBauR 2005, 83 = NVwZ-RR 2005, 608; BauR 2004, 649 = NVwZ-RR 2004, 404; BauR 2004, 792 = NVwZ-RR 2004, 481). Davon zu unterscheiden ist die Frage, ob sie auf der Grundlage des Abs. 2 S. 2 idF der BauNVO 1990 ausnahmsweise zugelassen werden können (s. unten). Zur Möglichkeit einer ausnahmsweisen Zulassung als „nicht störender Gewerbebetrieb" im allgemeinen Wohngebiet gem § 4 Abs. 3 Nr. 2 BauNVO OVG Münster NVwZ-RR 2004, 481 und NVwZ-RR 2005, 608.

Schwimmhallen: Eine private Schwimmhalle in einem Wohngebiet ist als Nebenanlage anzusehen; sie ist zulässig, wenn sie das Merkmal der funktionellen und räumlich-gegenständlichen Zuordnung erfüllt (BVerwG BauR 2004, 1567 = NVwZ 2004, 1244). Eine eingeschossige Schwimmhalle mit einer Grundfläche von 53,3 qm kann einem Wohnhaus mit einer Firsthöhe vom 9 m räumlich-gegenständlich untergeordnet sein (OVG Lüneburg BauR 2003, 218 = BRS 65 Nr. 72). Eine Schwimmhalle mit einer Grundfläche von etwa 170 qm, die nur den Nutzern des Wohngrundstücks zur Verfügung steht, auf dem sie sich befindet, stellt zwar eine funktional untergeordnete Nebenanlage zu; sie ist aber wegen ihrer Größe unzulässig und zudem mit dem Gebietscharakter eines reinen Wohngebiets und mit den sich daraus ergebenden Nachbarrechten nicht vereinbar (OVG Hamburg UPR 2004, 278).

Werbeanlagen: Außenanlagen der Fremdwerbung sind keine Nebenanlagen, sondern gewerbliche Hauptnutzung (BVerwGE 91, 234); dagegen sind **Werbeanlagen an der Stätte der Leistung** Nebenanlagen des jeweiligen Betriebs. Ähnliches gilt für

Warenautomaten: Sie sind Nebenanlagen, soweit sie im Zusammenhang mit Läden und anderen Verkaufsstellen stehen. Dagegen weisen Warenautomaten wie zB Zigarettenautomaten, die in Wohngebieten an Einfriedungen oder Hauswänden angebracht sind, keinen Funktionszusammenhang mit den Hauptnutzungen des jeweiligen Grundstücks auf.

Windenergieanlage: Eine private Windenergieanlage, die dem Eigenbedarf eines Einfamilienhauses dient, kann als untergeordnete Nebenanlage zulässig sein BVerwGE 67, 23 = NVwZ 1983, 739; VGH Kassel BauR 1988, 700 = NVwZ-RR 1989, 120).

2. Kleintierhaltung (S. 2)

8 S. 2 stellt ausdrücklich klar, dass auch untergeordnete Nebenanlagen und Einrichtungen der Kleintierhaltung nach Abs. 1 genehmigt werden können. Grenzen ergeben sich vor allem in Wohngebieten aus dem Gebot der Wahrung des Gebietscharakters. Kleintierhaltung im Zusammenhang mit Wohngebäuden ist nur zulässig, soweit sie in den jeweiligen Wohngebieten **üblich und ungefährlich** ist und den Rahmen der für eine Wohnnutzung typischen Freizeitbetätigung nicht sprengt (BVerwG DVBl 1994, 292). Das wird im Wesentlichen nur bei der **Haltung von Haustieren im herkömmlichen Rahmen** der Fall sein. Die Verkehrsüblichkeit kann allerdings lokal oder regional unterschiedlich sein (BVerwG BauR 1999,

732 = BRS 62 Nr. 84 = NVwZ-RR 1999, 426 – Taubenzucht). Im Einzelnen s. oben zur Kleintierhaltung im reinen Wohngebiet Rn 6 zu § 3 und Rn 2 zu § 4.

3. Einschränkung oder Ausschluss von Nebenanlagen (S. 3)

S. 3 hat im Hinblick auf die Möglichkeiten der planerischen Feinsteuerung nach 9 § 1 Abs. 4 ff leidglich klarstellende Bedeutung. Einschränkung oder Ausschluss von Nebenanlagen bedürfen der städtebaulichen Begründung (s. insbesondere § 1 Abs. 3 und 7 BauGB; zum Erfordernis der städtebaulichen Begründung planerischer Feinsteuerungen s. oben Rn 25 zu § 1). Dabei müssen die Gründe, die für eine Einschränkung oder einen Ausschluss von Nebenanlagen sprechen, etwa ein Bedürfnis nach Freihaltung unbebauter Grundstücksflächen, mit den Bedürfnissen der Nutzer der Hauptanlage abgewogen werden.

III. Ausnahmsweise zulässige Nebenanlagen (Abs. 2)

Nach Abs. 2 können in allen Baugebieten nach den §§ 2–11 Nebenanlagen für die 10 **Infrastruktur** – Versorgung der Baugebiete mit Elektrizität, Gas, Wärme und Wasser und Ableitung des Abwassers (S. 1) – sowie fernmeldetechnischische Nebenanlagen und Anlagen für erneuerbare Energien (S. 2) im Wege der Ausnahme zugelassen werden. Der wesentliche Unterschied zu den nach Abs. 1 allgemein zulässigen Nebenanlagen der Infrastruktur besteht darin, dass die Ver- oder Entsorgungsfunktion sich nicht auf ein bestimmtes Grundstück oder auf das Baugebiet beziehen muss. Abs. 2 erfasst also Nebenanlagen, die der Infrastruktur **„der Baugebiete"** ohne Orientierung an den Grenzen eines Baugebietes dienen.

Der **Begriff der Nebenanlage in Abs. 2 S. 1** ist in einem etwas anderen Sinne als in 11 Abs. 1 so zu verstehen, dass die ausnahmsweise zulässigen Anlagen dezentrale, technisch untergeordnete Bestandteile eines übergreifenden Ver- oder Entsorgungssystems sind (Stock in KRS Rn 30 zu § 14). Nicht erfasst werden damit die zentralen Anlagen wie Elektrizitäts- und Gaswerke, Wasserwerke und zentralen Kläranlagen. Nebenanlagen iSd Abs. 2 S. 1 sind zB Leitungsmasten, Pumpstationen, Sammler, Transformatorenhäuschen und Verteilerkästen. Fraglich ist, ob der Begriff der Nebenanlage in Abs. 2 S. 1 auch die **Größe** der zulassungsfähigen Anlagen begrenzt. Anders als bei Abs. 1 kann dafür aber nicht das Größenverhältnis zur Hauptanlage den Maßstab bilden, da sich die Hauptanlage nicht auf dem Grundstück und regelmäßig auch nicht im Baugebiet befindet. Eine Größenbegrenzung ergibt sich allerdings aus § 15 Abs. 1; danach sind auch Nebenanlagen iSd Abs. 2 S. 1 unzulässig, wenn sie mit der Eigenart des Baugebiets nicht vereinbar sind.

Die Möglichkeit der ausnahmsweisen Zulassung von **fernmeldetechnischen** 12 **Nebenanlagen** und **Anlagen für erneuerbare Energien** (Abs. 2 S. 2) ist erst mit der BauNVO 1990 in die Bestimmung aufgenommen worden (zu den Motiven des Verordnungsgebers OVG Münster BauR 2005, 1284 = BRS 69 Nr. 83 = ÖffBauR 2005, 83 = NVwZ-RR 2005, 608). Für die ausnahmsweise Zulassung solcher Anlagen im Geltungsbereich eines Bebauungsplanes ist es deshalb entscheidend, ob es sich um einen auf der Grundlage der BauNVO 1990 erlassenen BPl oder um einen älteren BPl handelt. Auf unter früheren Fassungen der BauNVO in Kraft getretene BPle ist Abs. 2 S. 2 nicht anwendbar (OVG Münster BauR 2004, 649 = BRS 66 Nr. 92 = NVwZ-RR 2004, 404).

13 Umstritten ist insbesondere die Einordnung von **Mobilfunksendeanlagen.** Als Telekommunikationseinrichtungen gehören sie zu den fernmeldetechnischen Anlagen. Sie dienen nicht der Versorgung eines einzelnen Grundstücks oder eines einzelnen Baugebiets, sondern sind Teil eines Netzes zur Mobilfunkversorgung eines größeren Gebiets. Sie sind aus diesem Grund jedenfalls keine allgemein zulässigen Nebenanlagen iSd Abs. 1 (s. oben Rn 7). Eine Zulassung kommt aber ausnahmsweise nach Abs. 2 S. 2 in Betracht. Voraussetzung dafür ist zum einen, dass das Vorhaben im Geltungsbereich eines BPls liegt, der auf der Grundlage der BauNVO 1990 ergangen ist (s. oben Rn 12). Voraussetzung ist weiter, dass es sich um eine fernmeldetechnische **Nebenanlage** handelt. Diese Frage ist höchstrichterlich noch nicht geklärt (zum Streitstand s. BVerfG BWGZ 2007, 313; zum Problemkreis der planungsrechtlichen Zulässigkeit von Mobilfunksendeanlagen Reimer, NVwZ 2004, 146; Kukk, BauR 2003, 1505; Jung, ZfBR 2001, 24; Steinmetz, BWGZ 2001, 769; Krist, BauR 2000, 1130). In der Rspr der OVGe zeigt sich allerdings eine deutliche Tendenz: Während der 4. Senats des VGH Kassel in einer Entscheidung aus dem Jahre 1999 Mobilfunksendeanlagen nicht als Nebenanlagen iSd Abs. 2 S. 2, sondern als Hauptanlagen angesehen hatte (VGH Kassel NVwZ 2000, 694), ist ihre Einordnung als fernmeldetechnische Nebenanlagen iSd Abs. 2 S. 2 in einer Reihe neuerer obergerichtlicher Entscheidungen bestätigt worden (VGH Kassel – 9. Senat – BauR 2005, 983; OVG Lüneburg BauR 2005, 975 = ÖffBauR 2005, 34 = ZfBR 2005, 281; OVG Münster BauR 2005, 1284 = BRS 69 Nr. 83 = NVwZ-RR 2005, 608; BauR 2005, 1425 = BRS 69 Nr. 84; VGH München BauR 2006, 339 = BRS 69 Nr. 85 = NVwZ-RR 2006, 234; s. jetzt auch VGH Kassel – 4. Senat – ZfBR 2007, 256). Ein maßgeblicher Grund dafür, dass die Einordnung von Mobilfunksendeanlagen als fernmeldetechnische Nebenanlagen iSd Abs. 2 S. 2 Schwierigkeiten bereitet, dürfte sich daraus ergeben, dass der Begriff der Nebenanlage in Abs. 2 in einem etwas anderen Sinne zu verstehen ist als in Abs. 1 (s. oben Rn 11). Während der Begriff der Nebenanlage in Abs. 1 seine Konturen aus der funktionalen und räumlich-gegenständlichen Unterordnung gegenüber der Hauptanlage auf dem einzelnen Grundstück gewinnt, die ihrerseits im Rückgriff auf die in den §§ 2–13 umschriebenen Hauptnutzungen bestimmt werden kann, fehlt es bei baugebietsübergreifenden Infrastrukturanlagen an einem entsprechenden Bezugspunkt. Insbesondere die fernmeldetechnischen Anlagen, um die es in Abs. 2 S. 2 geht, bilden ein Netz, das als Ganzes der gleichen Funktion der Mobilfunkversorgung eines größeren, einzelne Baugebiete übergreifenden räumlichen Bereichs dient. Es macht deshalb keinen Sinn, den Begriff der Nebenanlage in Abs. 2 anhand einer Unterscheidung von Hauptnutzung und ausgelagerter Nebennutzung auszulegen. Eine sinnvolle Auslegung ergibt sich aber, wenn man unter einer fernmeldetechnischen Nebenanlage einen im technischen Sinne untergeordneten Teil des gesamten Netzes im Gegensatz zur Hauptsendeanlage versteht (so zB OVG Lüneburg BauR 2005, 975 = ÖffBauR 2005, 34 = ZfBR 2005, 281 mwN). Eine solche Auslegung trägt zum einen dem Zweck der Einfügung des Abs. 2 S. 2 Rechnung, den neuen fernmeldetechnischen Infrastruktursystemen einen erleichterten Zugang zu allen Baugebieten zu verschaffen (VGH München BauR 2006, 339 = BRS 69 Nr. 85 = NVwZ-RR 2006, 234 mwN; zur Entstehungsgeschichte auch OVG Münster BauR 2005, 1284 = BRS 69 Nr. 83 = ÖffBauR 2005, 83 = NVwZ-RR 2005, 608), sie begrenzt dies aber auf technisch untergeordnete Anlagenteile, die regelmäßig sowohl von ihrer Größe als auch von ihren städtebaulichen Auswirkungen her geringere Belas-

tungen mit sich bringen als das bei den zentralen Sendeanlagen der Fall ist. In diesem Sinne stellt eine Mobilfunkbasisstation eine fernmeldetechnische Nebenanlage dar. Sie ist zum einen keine Hauptanlage, weil sie keinen selbständigen Nutzungszweck erfüllt. Eine einzelne Basisstation hätte ohne die anderen Basisstationen keine Funktion. Zum anderen ist sie auch nicht als zwingend notwendiger Bestandteil der Hauptanlage „Mobilfunknetz" selbst Hauptanlage. Das Mobilfunknetz als solches bliebe auch dann funktionsfähig, wenn man die einzelne Basisstation hinweg denken würde (VGH Kassel BauR 2005, 983 = ZfBR 2005, 278; OVG Lüneburg BauR 2005, 975 = ÖffBauR 2005, 34 = ZfBR 2005, 281).

Auch wenn Mobilfunksendeanlagen als Nebenanlagen gem Abs. 2 S. 2 grundsätz- 14
lich in allen Baugebieten, auch in reinen Wohngebieten, ausnahmsweise zugelassen werden können, bleibt insbesondere bei den Wohngebieten gem **§ 15 Abs. 1** sorgfältig zu prüfen, ob sie – zumal in einer Häufung – den **Charakter des Baugebietes** wahren (OVG Münster BauR 2005, 1284 = BRS 69 Nr. 83 = ÖffBauR 2005, 83. Mobilfunkanlage im reinen Wohngebiet). Betroffene Nachbarn können zwar nicht die Beeinträchtigung des Ortsbildes durch eine Mobilfunkstation, ggf aber die Veränderung des Gebietscharakters durch die auch **optischen Auswirkungen** einer solchen Station erfolgreich geltend machen (OVG Münster aaO).

Obwohl Mobilfunkbasisstationen als fernmeldetechnische Nebenanlagen iSd Abs. 15
2 S. 2 einzuordnen sein werden, sind sie zugleich **Bestandteile von gewerblichen Hauptanlagen** und können als **„nicht störende Gewerbebetriebe"** in den Baugebieten zulässig sein (VGH München BauR 2006, 339 = BRS 69 Nr. 85 = NVwZ-RR 2006, 234: Zulässigkeit im Dorfgebiet nach § 5 Abs. 2 Nr. 7 BauNVO 1977; OVG Münster BauR 2004, 792 = NVwZ-RR 2004, 481: Ausnahmsweise Zulässigkeit im allgemeinen Wohngebiet nach § 4 Abs. 3 Nr. 2 BauNVO). Zur Frage einer Störung des Wohnens durch hochfrequente elektromagnetische Strahlung und zur Bedeutung der Schutzpflichten des Anlagenbetreibers nach der 26. BImSchVO für die baurechtliche Beurteilung einer störenden Wirkung und der Zumutbarkeitsschwelle im Rahmen des Gebots der Rücksichtnahme s. OVG Münster BauR 2004, 792 = ZfBR 2004, 469 = NVwZ-RR 2004, 481; OVG Lüneburg BazR 2005, 975 = ÖffBauR 2005, 34 = ZfBR 2005, 281; OVG Saarlouis AS RP-SL 33, 363.

§ 14 Abs. 1 ist **nachbarschützend**. Sind bei einer Nebenanlage die Voraussetzun- 16
gen der funktionellen und räumlich-gegenständlichen Unterordnung nicht gewahrt, so steht dem Nachbarn ein subjektives Abwehrrecht zu (BVerwG BauR 2004, 1567 = NVwZ 2004, 1244 – Schwimmhalle). Entsprechendes gilt auch für § 14 Abs. 2.

§ 15 Allgemeine Voraussetzungen für die Zulässigkeit baulicher und sonstiger Anlagen

(1) Die in den §§ 2 bis 14 aufgeführten baulichen und sonstigen Anlagen sind im Einzelfall unzulässig, wenn sie nach Anzahl, Lage, Umfang oder Zweckbestimmung der Eigenart des Baugebiets widersprechen. Sie sind auch unzulässig, wenn von ihnen Belästigungen oder Störungen ausgehen können, die nach der Eigenart des Baugebiets im Baugebiet selbst oder in dessen Umgebung unzumutbar sind, oder wenn sie solchen Belästigungen oder Störungen ausgesetzt werden.

(2) Die Anwendung des Absatzes 1 hat nach den städtebaulichen Zielen und Grundsätzen des § 1 Abs. 5 des Baugesetzbuchs zu erfolgen.

(3) Die Zulässigkeit der Anlagen in den Baugebieten ist nicht allein nach den verfahrensrechtlichen Einordnungen des Bundes-Immissionsschutzgesetzes und der auf seiner Grundlage erlassenen Verordnungen zu beurteilen.

§ 15 BauNVO 1977: Allgemeine Voraussetzungen für die Zulässigkeit baulicher und sonstiger Anlagen

(1) Die in den §§ 2 bis 14 aufgeführten baulichen und sonstigen Anlagen sind im Einzelfall unzulässig, wenn sie nach Anzahl, Lage, Umfang oder Zweckbestimmung der Eigenart des Baugebiets widersprechen. Sie sind auch unzulässig, wenn von ihnen Belästigungen oder Störungen ausgehen können, die nach der Eigenart des Baugebiets im Baugebiet selbst oder in dessen Umgebung unzumutbar sind.
(2) Absatz 1 gilt auch für die Änderung, Nutzungsänderung und Erweiterung baulicher und sonstiger Anlagen innerhalb der festgesetzten Baugebiete.
(3) Bei der Anwendung der Absätze 1 und 2 dürfen nur städtebauliche Gesichtspunkte berücksichtigt werden.

§ 15 BauNVO 1968: Allgemeine Voraussetzungen für die Zulässigkeit baulicher und sonstiger Anlagen

(1) Die in den §§ 2 bis 14 aufgeführten baulichen und sonstigen Anlagen sind im Einzelfall unzulässig, wenn sie nach Anzahl, Lage, Umfang oder Zweckbestimmung der Eigenart des Baugebietes widersprechen. Sie sind insbesondere unzulässig, wenn von ihnen Belästigungen oder Störungen ausgehen können, die für die Umgebung nach der Eigenart des Gebietes unzumutbar sind.
(2) *wie BauNVO 1977*
(3) *wie BauNVO 1977*

§ 15 BauNVO 1962: Allgemeine Voraussetzungen für die Zulässigkeit baulicher und sonstiger Anlagen

wie BauNVO 1968

I. Allgemeines

§ 15 Abs. 1 dient dem Schutz der Nachbarschaft vor Störungen durch Bauvorhaben, die zwar grundsätzlich nach den §§ 2 bis 14 zulässig wären, die aber wegen der besonderen Verhältnisse des konkreten Vorhabens der Eigenart des Baugebiets widersprechen (S. 1) oder die Umgebung unzumutbar stören (S. 2) (BVerwG NVwZ 2007, 586). In den Vorschriften über die Baugebiete (§§ 2–11) und den diese ergänzenden Vorschriften der §§ 12–14 wird die allgemeine oder ausnahmsweise Zulässigkeit von Vorhaben nach der Art der Nutzung tatbestandlich und damit abstrakt-generell und typisierend umschrieben. Dieses typisierende Prüfprogramm wird durch § 15 ergänzt um die zwingende Prüfung, ob das Vorhaben – ungeachtet seiner Übereinstimmung mit den Vorschriften der §§ 2 bis 14 – aufgrund der besonderen Umstände des Einzelfalls unzulässig ist. § 15 fordert also, die konkreten Verhältnisse sowohl des Vorhabens als auch des Baugebiets und dessen Umgebung in die Prüfung einzubeziehen. 1

Nach Struktur und Funktion dient § 15 BauNVO damit ebenso wie § 31 Abs. 2 BauGB (trotz der Streichung der Worte „im Einzelfall“ im Wortlaut des § 31 Abs. 2) der Ermöglichung einer einzelfallbezogenen Korrektur der Resultate, die sich aus der Auslegung und Anwendung der abstrakt-generellen und typisierenden Vorschriften über die Baugebiete ergeben. Während aber im Wege der Befreiung nach § 31 Abs. 2 BauGB ein Vorhaben zugelassen werden kann, obwohl es zwingenden Festsetzungen im BPl widerspricht bzw – bei faktischen Baugebieten iSd § 34 Abs. 2 BauGB – den Anforderungen an eine allgemeine oder ausnahmsweise Zulässigkeit nach den §§ 2–14 nicht entspricht, kann umgekehrt nach § 15 ein Vorhaben unzulässig sein, obwohl es den tatbestandlichen Anforderungen der §§ 2–14 genügt. Während § 31 Abs. 2 BauGB nur zum Zuge kommt, wenn ein Vorhaben den Festsetzungen des BPles widerspricht, greift § 15 nur ein, wenn ein Vorhaben den Festsetzungen des BPles über die Art der Nutzung tatbestandlich entspricht. Von den Anforderungen des § 15 kann keine Befreiung erteilt werden. Dagegen steht die Erteilung einer Befreiung nach § 31 Abs. 2 BauGB unter dem Vorbehalt des § 15 Abs. 1 BauNVO (BVerwGE 82, 343). § 31 Abs. 2 BauGB enthält mit der Voraussetzung, dass die Grundzüge der Planung nicht berührt werden dürfen, und mit der weiteren Voraussetzung, dass die Abweichung auch unter Würdigung nachbarlicher Interessen mit den öffentlichen Belangen vereinbar sein muss, schon tatbestandlich Anforderungen, die in der Sache den Anforderungen des § 15, insbesondere dem Gebot der Rücksichtnahme entsprechen. 2

Notwendigkeit und Sinnhaftigkeit der einzelfallbezogenen Korrektur, die § 15 fordert, lassen sich an folgenden **Beispielen** demonstrieren: 3

Wenn in einem allgemeinen Wohngebiet, in dem bereits zwei Hotels betrieben werden, ein weiteres Hotel im Wege der Ausnahme zugelassen werden soll, hängt die Zulässigkeit zunächst davon ab, ob das Vorhaben ein Betrieb des Beherbergungsgewerbes ist (§ 4 Abs. 3 Nr. 1). Der Umstand, dass bereits zwei Hotels in dem Baugebiet existieren, spielt dabei noch keine Rolle. Erst § 15 Abs. 1 S. 1 ermöglicht und fordert, den Umständen des Einzelfalls Rechnung zu tragen und zu prüfen, ob der Umstand, dass es sich bereits um das dritte Hotel im Baugebiet handeln würde, der Zulassung im Wege der Ausnahme entgegensteht, weil der Gebietscharakter des konkreten allgemeinen Wohngebiets im Hinblick auf die „Anzahl“ der Ausnahmen und gegebenenfalls auch den „Umfang“ des hinzukommenden Hotels beeinträchtigt wird (vgl BVerwGE 68, 213 zu einer Häufung von

Bordellen im Gewerbegebiet; BVerwG NVwZ 1986, 643 zur Häufung von Vergnügungsstätten im Mischgebiet). Das kann nur unter Berücksichtigung aller Umstände des Einzelfalls, etwa der Größe des Gebiets und der Größe und Lage der Hotels, sachgerecht geprüft werden.

Wenn es um die Zulässigkeit der Nutzungsänderung eines in einem Gewerbegebiet liegenden Gebäudes zu einem türkischen Konsulat geht (dazu BVerwG NVwZ 2007, 587), kommt eine Ausnahme gem § 8 Abs. 2 Nr. 2 (Geschäfts-, Büro- oder Verwaltungsgebäude) in Betracht. Ob dieses Vorhaben mögliche Gefahren für die Nachbarschaft durch terroristische Anschläge mit sich bringt und ob zu erwartende Gefahren durch zusätzliche Maßnahmen hinreichend beherrscht werden können, kann nur und muss unter Berücksichtigung der Umstände des Einzelfalls gem § 15 Abs. 1 S. 2 geprüft werden (BVerwG aaO).

4 § 15 Abs. 1 wird im Allgemeinen insgesamt, also sowohl mit seinem S. 1 als auch mit S. 2, als **„Gebot der Rücksichtnahme"** bezeichnet. Dafür spricht, dass S. 1 und S. 2 systematisch eng aufeinander bezogen sind. S. 2 hat insoweit im Verhältnis zu S. 1 eine ergänzende Funktion, indem er klarstellt, dass sich ein Widerspruch zur Eigenart des Baugebiets auch aus den konkreten Belästigungen und Störungen ergeben kann, die von dem Vorhaben im Einzelfall ausgehen oder denen das Vorhaben ausgesetzt ist. Und Maßstab für die Zumutbarkeit von Belästigungen und Störungen iSd S. 2 ist die Eigenart des Baugebiets iSd S. 1. Dennoch setzen S. 1 und S. 2 deutlich unterschiedliche Akzente: S. 1 setzt den Akzent auf den **Gebietscharakter**, S. 2 dagegen auf **konkrete Belästigungen und Störungen**. Der Unterschied zeigt sich insbesondere bei den nachbarschützenden Rechten, die aus § 15 Abs. 1 folgen:

5 Aus **§ 15 Abs. 1. S. 1** folgt ein Anspruch auf Aufrechterhaltung der typischen Prägung eines Baugebiets – **Gebietserhaltungsanspruch** –, der wegen seiner sachlichen Reichweite grundsätzlich allen Grundstückseigentümern im festgesetzten oder faktischen Baugebiet zusteht. Der aus der Festsetzung eines Baugebiets oder aus der Existenz eines faktischen Baugebiets folgende Anspruch auf Erhaltung des Gebietscharakters umfasst also über die Abwehr von Vorhaben hinaus, die im jeweiligen Gebiet schon tatbestandlich nach den §§ 1–14 nicht zulässig sind, auch die Abwehr von Vorhaben, die zwar nach den §§ 2–14 an sich zulässig wären, aber wegen der besonderen Verhältnisse des konkreten Vorhabens mit der Eigenart des Baugebiets unvereinbar sind (BVerwG BauR 2002, 1499 = BRS 65 Nr. 66 = DÖV 2002, 1043 = NVwZ 2002, 1384 im Anschluss an BVerwGE 95, 151).

6 **§ 15 Abs. 1 S. 2** ist Grundlage des **nachbarschützenden Gebots der Rücksichtnahme**, das nach seiner sachlichen Reichweite aber auf die Abwehr unzumutbarere konkreter Belästigungen und Störungen (zB Lärm, Gerüche, Staub oder Strahlung) gerichtet ist und deshalb auf den Einwirkungsbereich dieser Beeinträchtigungen und Störungen beschränkt ist und regelmäßig vor allem den Eigentümern der unmittelbar benachbarten Grundstücke zugute kommt (BVerwGE 67, 334; 82, 343; 94, 151).

7 § 15 beschränkt sich schon im Hinblick auf seine systematische Stellung in der BauNVO am Schluss des Ersten Abschnitts auf die **Art der baulichen Nutzung**. Auf das Maß der baulichen Nutzung ist die Vorschrift grundsätzlich nicht anwendbar (BVerwG BauR 1995, 508 = DÖV 1995, 825 = NVwZ 1995, 899; OVG Münster BauR 2005, 1292 = BRS 69 Nr. 89 = NVwZ-RR 2005, 601). Damit steht nicht im Widerspruch, dass § 15 Abs. 1 S. 1 als eines der möglichen

Kriterien für einen Widerspruch gegen die Eigenart des Baugebiets den Umfang des Vorhabens bezeichnet. Das Maß der baulichen Nutzung ist nicht als solches beachtlich, sondern nur dann, wenn sich aus dem Umfang des Bauvorhabens eine bestimmte städtebauliche Qualität ergibt, wenn also die Größe der Anlage die Art der baulichen Nutzung prägt (vgl BVerwG aaO). Ein Bauvorhaben kann daher wegen seiner Lage oder seines Umfangs nur dann als planungsrechtlich rücksichtslos unzulässig sein, wenn die quantitativen Dimensionen des Vorhabens derart aus dem Rahmen fallen, dass eine in dem Baugebiet in seiner konkreten Ausgestaltung unzumutbare Qualität im Hinblick auf die Art der baulichen Nutzung erreicht wird (OVG Münster BauR 2005, 1292 = BRS 69 Nr. 89 = NVwZ-RR 2005, 601).

§ 15 ist **zwingendes Recht.** Die Vorschrift räumt der Bauaufsichtsbehörde kein 8
Ermessen ein. Sie räumt auch der Gemeinde keine planerische Gestaltungsfreiheit ein (BVerwG BauR 1991, 714 = NVwZ 1991, 1078). Nach wohl überwiegender Ansicht gilt § 15 in der jeweils aktuell geltenden Fassung auch für ältere BPle (zum Streitstand s. oben Rn 15 zu § 1).

II. Schutz der Eigenart des Baugebiets im Einzelfall (Abs. 1 S. 1)

1. Systematische Stellung der Vorschrift

Die **systematische Stellung** der Regelung im Verhältnis zu den Vorschriften über 9
die Baugebiete (§§ 2–14) ist gekennzeichnet durch die Berücksichtigung der besonderen Umstände des **Einzelfalls** (s oben Rn 1–3). Das unterscheidet die durch § 15 Abs. 1 S. 1 vorgeschriebene Prüfung systematisch von der auch im Rahmen der Auslegung der Vorschriften über die Baugebiete erforderlichen Berücksichtigung des Gebietscharakters (BVerwGE 116, 155 = DÖV 2002, 1041 = NVwZ 2002, 1118). So ist zB ein Seniorenpflegeheim nicht erst auf Grund besonderer Umstände des Einzelfalls, sondern generell keine in einem Gewerbegebiet zulässige Anlage für soziale und/oder gesundheitliche Zwecke iSd § 8 Abs. 3 Nr. 2, weil es als „Langzeitkrankenhaus“ auf eine dauerhafte und damit wohnähnliche Nutzung ausgerichtet und damit nicht mit der Eigenart eines Gewerbegebiets, in dem grundsätzlich nicht gewohnt werden soll, vereinbar ist (BVerwG DÖV 2002, 1043 = NVwZ 2002, 1384). Während also die Gebietsbeschreibung im jeweiligen Abs. 1 der Vorschriften über die typisierten Baugebiete (§§ 1–9) und in der Darstellung der Sondergebiete (§§ 10, 11) eine Korrekturfunktion im Rahmen der Auslegung der generellen und typisierenden Kataloge zulässiger Nutzungen hat, soll § 15 Abs. 1 ausschließlich eine Korrektur im Hinblick auf die besonderen Umstände des Einzelfalls gewährleisten.

2. Eigenart des Baugebiets

Die Eigenart des Baugebiets wird zunächst durch die **Festsetzung** eines Baugebiets 10
im BPl bestimmt und ergibt sich in der Regel – wie auch bei faktischen Baugebieten iSd § 34 Abs. 2 BauGB – aus der Beschreibung der **allgemeinen Zweckbestimmung** des jeweiligen Baugebiets in Abs. 1 der Vorschriften über die typischen Baugebiete (§§ 2–9), bei Sondergebieten aus den Vorschriften der §§ 10 und 11 sowie aus der gem § 10 Abs. 2 und § 11 Abs. 2 gebotenen Festsetzung der Zweckbestimmung im BPl. Bei der Auslegung der allgemeinen Zweckbestimmung kann und muss ggf der Katalog der allgemein oder ausnahmsweise zulässigen Nutzungen in der jeweiligen Baugebietsvorschrift mit berücksichtigt werden (zum funktionalen Zusam-

menhang BVerwGE 116, 155 = BRS 65 Nr. 63 = NVwZ 2002, 1118). Darüber hinaus müssen aber auch **sonstige Festsetzungen** des BPls (zB differenzierende Gliederungen nach § 1 Abs. 4–10, Festsetzungen von Verkehrsflächen) herangezogen werden. Das gilt – schon wegen der in Abs. 1 S. 1 genannten Kriterien Anzahl, Lage und Umfang auch für Festsetzungen des Maßes der baulichen Nutzung, der Bauweise und der überbaubaren Grundstücksflächen (FF Rn 8 zu § 15 mwN). Dabei ist allerdings zu beachten, dass Festsetzungen des Maßes der baulichen Nutzung nur insoweit zu berücksichtigen sind, als sie die Eigenart des Baugebiets mitprägen; dagegen dient § 15 Abs. 1 S. 1 nicht der Korrektur von Festsetzungen des Maßes der baulichen Nutzung (s. oben Rn 7 mwN).

11 Die konkrete Eigenart eines Baugebiets ergibt sich aber nicht allein aus den typisierenden Vorschriften der BauNVO, sondern auch aus der **örtlichen Situation**, in die ein Gebiet „hineingeplant" worden ist (BVerwGE 79, 309 = BRS 48 Nr. 37 = NJW 1988, 3168; BauR 1991, 169 = BRS 50 Nr. 16 = NVwZ-RR 1991, 455; BauR 1991, 714 = NVwZ 1991, 1078). So können etwa die **Vorbelastungen** durch die bei der Planung bestehenden Fernstraßen oder Eisenbahnstrecken die Eigenart eines Baugebiets maßgeblich prägen. Dabei müssen uU auch die örtlichen Verhältnisse in der angrenzenden Umgebung berücksichtigt werden, etwa wenn ein zwischen einem Wohngebiet und einem Gewerbegebiet liegenden Mischgebiet zugleich Pufferfunktion hat.

3. Widerspruch

12 Ein zur Unzulässigkeit eines Vorhabens nach S. 1 führender **Widerspruch** zur Eigenart des Baugebiets entsteht nicht durch jede Abweichung vom BPl. Der Eigenart des Baugebiets widerspricht erst eine solche Abweichung, die sich in Bezug auf die in S. 1 genannten Kriterien Anzahl, Lage, Umfang oder Zweckbestimmung im Vergleich mit den nach dem BPl zulässigen, die Eigenart des Baugebiets bestimmenden Vorhaben als **Missgriff** darstellt (BVerwG BRS 42 Nr. 206 = NVwZ 1985, 653). Ein Widerspruch zur Eigenart des Baugebiets nach dem Kriterium der **Anzahl** kann insbesondere bei ausnahmsweise zulässigen Anlagen vorliegen (s. dazu die Beispiele oben Rn 3). Das Kriterium der **Lage** erfordert die Prüfung, ob das Vorhaben an seinem konkreten Standort der Eigenart des Baugebiets widerspricht. So kann zB ein Wertstoffcontainer als eine dem Baugebiet dienende untergeordnete Nebenanlage (§ 14 Abs. 1) in einem allgemeinen Wohngebiet grundsätzlich zulässig sein, im Einzelfall aber an dem gewählten Standort wegen der von ihm ausgehenden Immissionen unzulässig sein (BVerwG BauR 1999, 145 = BRS 60 Nr. 69 = NVwZ 1999, 298). Ein Widerspruch gegen die Eigenart des Baugebiets nach dem Kriterium des **Umfangs** wird nicht schon durch jede Abweichung von den Festsetzungen des Maßes der baulichen Nutzung hervorgerufen; das ist erst der Fall; wenn der quantitative Umfang eines Vorhabens qualitative Bedeutung erlangt, wenn also die Größe einer Anlage eine mit dem Gebietscharakter unverträgliche Art der Nutzung indiziert (s. oben Rn 7). Die allgemeine **Zweckbestimmung** eines Vorhabens spielt regelmäßig schon bei der Prüfung der Zulässigkeit anhand der Nutzungskataloge der §§ 2–14 eine Rolle. Für die Prüfung, ob ein an sich zulässiges Vorhaben nach § 15 Abs. 1 S. 1 wegen seiner Zweckbestimmung im Einzelfall unzulässig ist, kommt es aber nicht auf diese typische Zweckbestimmung, sondern auf eine davon abweichende besondere Zweckbestimmung im konkreten Einzelfall an, die unterhalb des Abstraktionsgrades liegt, der für die

Einordnung nach den §§ 2–14 erforderlich und ausreichend ist. Zu denken wäre zB an einen Gewerbebetrieb, der auf hohe Messgenauigkeit angewiesen und deshalb besonders empfindlich gegenüber Erschütterungen ist. Ein solcher Gewerbebetrieb könnte in einem Gewerbegebiet oder in einem Industriegebiet zwar allgemein zulässig, nach § 15 Abs. 1 S. 1 aber im Einzelfall unzulässig sein, weil er Störungen durch andere Gewerbebetriebe ausgesetzt wäre, die im Baugebiet, ggf noch in besonderem Maße in der unmittelbaren Umgebung des vorgesehenen Standorts, schon vorhanden sind und der Eigenart des Baugebiets entsprechen.

4. Drittschützende Wirkung des § 15 Abs. 1 S. 1

§ 15 Abs. 1 S. 1 ist **drittschützend**. Die Vorschrift vermittelt einen Anspruch auf 13
Aufrechterhaltung der typischen Prägung eines Baugebiets (BVerwG BauR 2002, 1499 = BRS 65 Nr. 66 = DÖV 2002, 1043 = NVwZ 2002, 1384 im Anschluss an BVerwGE 94, 151; zur näheren Begründung s. auch oben Rn 2 zu § 1). Gegenüber dem aus den §§ 2–14 folgenden Anspruch auf Erhaltung des Gebietscharakters besteht aber die Besonderheit, dass es hier nicht um die Abwehr von Vorhaben geht, die schon bei typisierender Betrachtung und Auslegung der §§ 2–14 der Eigenart des Baugebiets widersprechen, sondern um die Abwehr von Vorhaben, die an sich nach den §§ 2–14 zulässig und mit der Eigenart des jeweiligen Baugebiets vereinbar, aber auf Grund der besonderen Verhältnisse des Einzelfalls gebietsunverträglich sind (s. oben Rn 1–3 und 5). Auch der aus § 15 Abs. 1 S. 1 folgende Gebieterhaltungsanspruch steht grundsätzlich nur den Eigentümern der Grundstücke im Baugebiet selbst zu und nicht Eigentümern, deren Grundstücke sich außerhalb des Baugebiets befinden. Insoweit kann für § 15 Abs. 1 S. 1 nichts anderes gelten als für den Gebietserhaltungsanspruch der Festsetzungen nach den §§ 2–14 (s dazu VGH München BauR 2007, 505 = UPR 2007 mwN zum Streitstand; s. auch oben Rn 2 zu § 1).

III. Schutz vor Belästigungen und Störungen (Abs. 1 S. 2) – Gebot der Rücksichtnahme

1. Allgemeines zum Gebot der Rücksichtnahme

§ 15 Abs. 1 S. 2 ergänzt S. 1 und stellt zugleich einen selbständigen Unzulässig- 14
keitstatbestand dar. Das in § 15 Abs. 1 S. 2 enthaltene **Gebot der Rücksichtnahme** geht über den eigentums- und enteignungsrechtlich zwingend gebotenen Schutz des Grundeigentums hinaus und gewährleistet im Vorfeld des durch **Art 14 GG** Gebotenen den **einfachrechtlichen** Schutz des Grundeigentums gegen Einwirkungen, die nach Maßgabe einer spezifisch baurechtlichen **Abwägung unzumutbar** sind. Es entspricht grundsätzlich den baurechtlichen Geboten der Rücksichtnahme, die für den unbeplanten Innenbereich aus dem Gebot des Einfügens (§ 34 Abs. 1 BauGB) abgeleitet (s. oben Rn 14 f zu § 34 BauGB) und für den Außenbereich als öffentlicher Belang in § 35 Abs. 3 BauGB verortet werden (s. oben Rn 29, 35 zu § 35 BauGB). Unterschiede ergeben sich vor allem aus der Anknüpfung der Maßstäbe für die Beurteilung der Zumutbarkeit von Belästigungen und Störungen. Während Bezugspunkt der Zumutbarkeit im unbeplanten Innenbereich die städtebauliche Eigenart der tatsächlichen Bebauung der maßgeblichen Umgebung des Vorhabens und im Außenbereich die insbesondere aus der Unterbringung der privilegierten Vorhaben abgeleitete Zweckbestimmung des Außenbereichs ist,

stellt im Geltungsbereich eines BPls die Festsetzung eines Baugebiets iVm der Gebietsbeschreibung in der BauNVO bzw im faktischen Baugebiet diese Gebietsbeschreibung unmittelbar den Maßstab der Zumutbarkeit dar.

2. Belästigungen oder Störungen

15 **a) Verhältnis zum Immissionsschutzrecht:** Unter die **Begriffe** der **Belästigung** und der **Störung** in § 15 Abs. 1 S. 2 fallen insbesondere, aber keineswegs ausschließlich **Immissionen** im Sinne des **§ 3 Abs. 2 BImSchG** (Luftverunreinigungen, Geräusche, Erschütterungen, Licht, Wärme, Strahlen und ähnliche Umwelteinwirkungen), die damit auch Regelungsgegenstände des **BImSchG** und der auf seiner Grundlage ergangenen Verordnungen, Verwaltungsvorschriften und sonstigen Regelwerke sind (s dazu im Einzelnen unten Rn 27 zu § 15). Nach ständiger Rspr des BVerwG hat das BImSchG die Grenze der Umwelteinwirkungen für Nachbarn und damit das Maß des gebotenen Rücksichtnahme mit Wirkung **auch für das Baurecht** einschließlich des in § 15 Abs. 1 BauNVO konkretisierten Rücksichtnahmegebots im Umfang seines Regelungsbereichs allgemein festgelegt (BVerwGE 109, 314 mwN). Es gibt maW kein baurechtliches Gebot, das dem Verursacher von Umwelteinwirkungen mehr an Rücksichtnahme zugunsten von Nachbarn gebieten würde, als es das BImSchG vorsieht (BVerwGE 68, 58 = NVwZ 1984, 509). Das gilt aber nur für den **Regelungsbereich des BImSchG**. Die Begriffe der Belästigung und der Störung sind aber **nicht deckungsgleich** mit dem Begriff der **schädlichen Umwelteinwirkungen** in **§ 3 Abs. 1 BImSchG** (Immissionen, die nach Art und Ausmaß oder Dauer geeignet sind, Gefahren, erhebliche Nachteile oder erhebliche Belästigungen für die Allgemeinheit oder die Nachbarschaft herbeizuführen). Während § 15 Abs. 1 S. 2 BauNVO die Begriffe Belästigung und Störung ohne qualifizierenden Zusatz verwendet, spricht § 3 Abs. 1 BImSchG von **erheblichen** Belästigungen und nennt andererseits den Begriff der Störung nicht. Schon daran zeigt sich, dass die Begriffe der Belästigung und der Störung in § 15 Abs. 1 S. 2 BauNVO eigenständige bauplanungsrechtliche Begriffe sind und keineswegs als bloße Verweise auf das Immissionsschutzrecht verstanden werden dürfen.

16 Auch die **verfahrensrechtlichen** Regelungen des Immissionsschutzrechts über die **Genehmigungsbedürftigkeit** von Anlagen – insbesondere also die Einordnung als genehmigungsbedürftige Anlage und ihre Zuordnung zum Genehmigungsverfahren nach § 10 BImSchG oder zum vereinfachten Genehmigungsverfahren nach § 19 BImSchG durch die **4. BImSchV** – ersetzt die erforderliche eigenständige bauplanungsrechtliche Beurteilung und Bewertung nicht. Das stellt **§15 Abs. 3** (**BauNVO 1990**) ausdrücklich klar (s. dazu oben Rn 5 zu § 8).

17 **b) Zum Beispiel: Störung der Wohnruhe:** Gegenüber einer vielfach festzustellenden Neigung, im Rahmen des Gebots der Rücksichtnahme sogleich und ausschließlich auf Begriffsbestimmungen und Grenzwerte nach immissionsschutzrechtlichen Vorschriften und Regelwerken abzustellen, ist grundsätzlich hervorzuheben, dass die Begriffe der Belästigung und der Störung in § 15 Abs. 1 S. 2 – ebenso wie die Begriffe der Störung, der wesentlichen Störung und der erheblichen Belästigung in den Vorschriften über die einzelnen Baugebiete einschließlich der ihnen jeweils zuzuordnenden Zumutbarkeitsschwelle – **genuin baurechtliche Begriffe und Maßstäbe** sind. Das schließt nicht aus, dass immer dann, wenn es um Belästigungen und Störungen geht, die zugleich Immissionen iSd § 3 Abs. 2 BImSchG darstellen,

die Abwägungen des Immissionsschutzrechts und die Grenzwerte immissionsschutzrechtlicher Regelwerke zumindest den **Ausgangspunkt für die baurechtliche Beurteilung** liefern, zumal die immissionsschutzrechtlichen Regelwerke ihrerseits an bauplanungsrechtliche Gesichtspunkte anknüpfen und zB nach Baugebieten differenzierte Grenzwerte enthalten. Problematisch ist nicht die Heranziehung und Würdigung immissionsschutzrechtlicher Bewertungen im Rahmen der baurechtlichen Prüfung, sondern eine Verengung des Prüfprogramms des Gebots der Rücksichtnahme auf Immissionen und Immissionsgrenzwerte. So hat das BVerwG für das einschränkende Erfordernis der Gebietsverträglichkeit einer im allgemeinen Wohngebiet nach § 4 Abs. 3 Nr. 3 ausnahmsweise zulässigen Anlage für Verwaltungen festgestellt, die Gebietsunverträglichkeit beurteile sich für § 4 BauNVO in erster Linie nach dem Kriterium der **gebietsunüblichen Störung**; dafür sei nicht entscheidend, ob etwa die immissionsschutzrechtlichen Lärmwerte eingehalten werden. Das dem Wohngebiet immanente **„Ruhebedürfnis"** sei nicht gleichbedeutend mit einer immissionsschutzrechtlich relevanten Lärmsituation (BVerwGE 116, 155 = BRS 65 Nr. 63 = DÖV 2002, 1041 = NVwZ 2002, 1118 – Zustellstützpunkt der Deutschen Post AG in einem allgemeinen Wohngebiet). Daran anknüpfend hat das OVG Berlin einen Autohandelsbetrieb mit einem Ausstellungsgelände für bis zu 60 Kraftfahrzeuge, Bürocontainern, Fahnenmasten und branchentypischen Werbeanlagen in einem allgemeinen Wohngebiet als unzulässig angesehen und dies nicht mit einer Überschreitung von Lärmgrenzwerten, sondern ausschlaggebend mit der für ein allgemeines Wohngebiet unüblichen, die Wohnruhe störenden **optischen Dominanz des gewerblichen Erscheinungsbildes** begründet (OVG Berlin BRS 66 Nr. 74 = NVwZ-RR 2004, 556; s. auch VGH München BauR 2004, 1127 = DÖV 2004, 844: massive optische Wirkung einer Werbeanlage – **„Megaposter"**). Was für die Beurteilung einer gebietsunverträglichen Störung im Rahmen der Auslegung der Vorschriften über die einzelnen Baugebiete gilt, gilt erst recht für die Beurteilung der Zumutbarkeit von Belästigung oder Störungen im Rahmen des Gebots der Rücksichtnahme nach § 15 Abs. 1 S. 2.

c) Belästigungen: Belästigungen sind Beeinträchtigungen des subjektiven Wohlbefindens (FF Rn 12.1 zu § 15). Einerseits ist dafür nicht schon jede Lästigkeit ausreichend (BVerwGE 82, 343 = NJW 1990, 1192), zumal im Ergebnis nur unzumutbare Belästigungen zur Unzulässigkeit von Anlagen führen können. Andererseits ist nicht erforderlich, dass die Belästigungen bereits gesundheitsgefährdenden Charakter haben. Lebensäußerungen behinderter Menschen können grundsätzlich nicht als Belästigungen iSv § 15 Abs. 1 S. 2 angesehen werden (VGH Mannheim BauR 2006, 1278 = NJW 2006, 2344). 18

d) Störungen: Der Begriff der **Störung** umfasst die von einer Anlage ausgehenden Einwirkungen aller Art, die sich nachteilig auf die Gesamtheit der geschützten Rechtsgüter des einzelnen oder der Allgemeinheit auswirken (Roeser in KRS Rn 25 zu § 15 mwN). Auch der Begriff der Störung ist damit denkbar weit; die entscheidende Eingrenzung erfolgt aber auch hier wiederum durch das Kriterium der Unzumutbarkeit. 19

e) „können": Ausreichend ist, dass von der Anlage Belästigungen oder Störungen ausgehen **können.** Bei der Frage, ob Belästigungen oder Störungen zu erwarten sind, ist grundsätzlich von dem der Genehmigung zugrunde gelegten Nutzungsumfang auszugehen. Eine hinter dem genehmigten Umfang zurückbleibende Nut- 20 zung ist nur beachtlich, wenn auf Grund zuverlässig feststehender, gleich bleibender Umstände davon ausgegangen werden kann, dass die Anlage dauerhaft in einem geringeren Umfang als genehmigt genutzt wird (BVerwG BauR 1992, 491 = BRS 54 Nr. 193 = NJW 1992, 2170).

21 **f) Umgebung:** Zunächst erfasst Abs. 1 S. 2 solche Belästigungen und Störungen, die sich innerhalb des Baugebiets selbst auswirken. Mit der Neufassung der Vorschrift in der BauNVO-Novelle 1977 ist durch die Formulierung „im Baugebiet selbst oder in dessen Umgebung" klargestellt, dass auch die über das Baugebiet hinausreichende Umgebung einbezogen ist. Maßgeblich ist die Umgebung so weit, wie die unmittelbaren Auswirkungen einer Anlage reichen, welche die Nutzung anderer Grundstücke in bebauungsrechtlicher Hinsicht beeinträchtigen können (BVerwGE 68, 369 = NVwZ 1984, 583).

22 **g) „ausgesetzt werden":** Der „klassische" Fall des § 15 Abs. 1 S. 2 ist die Konstellation, in der ein neues Vorhaben unzulässig ist, weil von ihm Belästigungen und Störungen für bestehende Nutzungen in der Nachbarschaft ausgehen können. Aber das Gebot der Rücksichtnahme kann auch zugunsten einer bereits bestehenden Anlage wirken, von der Belästigungen oder Störungen ausgehen. Es gilt also der Grundsatz der Pflicht zur **gegenseitigen Rücksichtnahme**. Das stellt Abs. 1 S. 2 BauNVO 1990 mit der Formulierung „oder wenn sie solchen Belästigungen oder Störungen ausgesetzt werden" klar (BVerwGE 98, 235 = BauR 1995, 807: Unzulässigkeit eines Wohngebäudes in einem allgemeinen Wohngebiet im Einwirkungsbereich einer genehmigten Autolackiererei). Zur besonderen Ausprägung des Gebots der Rücksichtnahme zugunsten landwirtschaftlicher Betriebe im Dorfgebiet s. oben Rn 6 und 7 zu § 5.

3. Zumutbarkeit

23 **a) Abwägung:** Belästigungen und Störungen führen nur dann zur Unzulässigkeit eines Vorhabens, wenn sie **unzumutbar** sind. Was an Belästigungen und Störungen noch zumutbar oder unzumutbar ist, lässt sich weder abstrakt noch für bestimmte Baugebiete einheitlich festlegen. Die Zumutbarkeitsschwelle muss vielmehr für jeden Einzelfall durch **Abwägung** unter Berücksichtigung der konkreten Umstände ermittelt werden. In der grundlegenden Entscheidung des BVerwG zum Gebot der Rücksichtnahme aus dem Jahr 1977 (BVerwGE 52, 122) heißt es dazu: „Welche Anforderungen das Gebot der Rücksichtnahme (objektiv-rechtlich) begründet, hängt wesentlich von den Umständen ab. Je empfindlicher und schutzwürdiger die Stellung deren ist, denen die Rücksichtnahme im gegebenen Zusammenhang zugute kommt, umso mehr kann an Rücksichtnahme verlangt werden. Je verständlicher und unabweisbarer die mit dem Vorhaben verfolgten Interessen sind, umso weniger braucht derjenige, der das Vorhaben verwirklichen will, Rücksicht zu nehmen. Bei diesem Ansatz kommt es für die sachgerechte Beurteilung des Einzelfalls wesentlich auf eine Abwägung zwischen dem an, was einerseits dem Rücksichtnahmebegünstigten und andererseits dem Rücksichtnahmeverpflichteten nach Lage der Dinge zuzumuten ist."

24 **b) Ermittlung und Bewertung des Abwägungsmaterials:** Eine solche Abwägung erfordert zunächst – ähnlich wie bei der Abwägung im Bauleitplanverfahren (§ 2 Abs. 3 BauGB) – dass die **Belange**, die für die Abwägung von Bedeutung sind (das **Abwägungsmaterial**), **ermittelt und bewertet** werden. Im typischen Fall eines Kon-

flikts zwischen dem Neubauvorhaben eines emittierenden Betriebs und seiner Umgebung einschließlich eines bestehenden Wohnhauses auf dem Nachbargrundstück sind also im ersten Schritt die gewerblichen Gestaltungs- und Nutzungsinteressen des Bauherrn, die Verschonungsinteressen (insbesondere das Ruhebedürfnis) des Nachbarn und die im konkreten Fall betroffenen sonstigen Belange der Allgemeinheit (objektiv-rechtlicher Gehalt des Gebots der Rücksichtnahme!) konkret zu ermitteln. Dabei kommt es ausschließlich auf **städtebauliche Belange** an, wie sie in § 1 Abs. 6 BauGB beispielhaft genannt werden. Das versteht sich angesichts der das gesamte Bauplanungsrecht prägenden Aufgaben, Grundsätze und Ziele gem § 1 BauGB von selbst; es folgt aber auch aus der klarstellenden Regelung des **§ 15 Abs. 2 BauNVO** (vgl auch § 15 Abs. 3 BauNVO in den Fassungen bis 1977; zur sachlichen Übereinstimmung mit § 15 Abs. 2 BauNVO 1990 FF Rn 31.1 zu § 15). Bauordnungsrechtliche Gesichtspunkte haben deshalb außer Betracht zu bleiben (FF Rn 31 zu § 15). Ordnungsrechtliche und ordnungspolitische Gesichtspunkte sind nur erheblich, sofern sie sich der spezifischen Ordnungsaufgabe des Städtebaurechts zuordnen lassen (dazu FF Rn 31–32.1 zu § 15). Individuelle Bedürfnisse, Wünsche und Empfindlichkeiten der jeweiligen Eigentümer und Nutzer der Grundstücke sind deshalb auch nur beachtlich, soweit sie einer von einem Wechsel in der Person des Eigentümers oder Nutzers unabhängigen, grundstücksbezogenen und insoweit verallgemeinernden städtebaulichen Betrachtung zugänglich sind. Maßgeblich sind deshalb zB die auf Immissionen durchschnittlich reagierenden Menschen und weder besonders empfindsame und nervöse, noch besonders robuste und unempfindliche Naturen (BVerwGE 68, 62).

Im zweiten Schritt sind die ermittelten Belange nach ihrer **Schutzwürdigkeit** bzw 25
Schutzbedürftigkeit (dazu Sarnighausen, NVwZ 1996, 110) zu **bewerten**. Maßstab für diese Bewertung ist die jeweilige Eigenart des Baugebiets (s. oben Rn 9–11), einschließlich einer das gesamte Baugebiet oder die Umgebung des Standorts prägenden tatsächlichen oder planbedingten **Vorbelastung** (dazu BVerwGE 109, 314 mwN – Heranrücken einer Wohnbebauung an bestehenden Sportplatz –; dazu Uechtritz, NVwZ 2000, 1006; Jung, BauR 2002, 1343). Besondere Probleme stellen sich, wenn die Anlage auf **Gebiete unterschiedlicher Eigenart** einwirkt, sei es, dass die Wirkungen der Anlage über das Baugebiet hinaus in ein Gebiet anderer Qualität reichen (s. oben Rn 21), sei es, dass die Wirkungen sich über eine innere Gliederung des Baugebiets (§ 1 Abs. 4–10) hinaus erstrecken, oder seien es andere **Gemengelagen**. In solchen Fällen kann sowohl dem Grundstückseigentümer, von dessen Vorhaben Belästigungen und Störungen ausgehen, ein gesteigertes Maß an Rücksichtnahme als auch dem von diesen Belästigungen und Störungen betroffenen Nachbarn ein höheres Maß an Duldung zuzumuten sein, als dies bei einer Beurteilung nach Maßgabe der Eigenart des jeweiligen Baugebiets der Fall wäre. Im Ergebnis kann dann eine Art von **Mittelwert** zu bilden sein, wobei es sich allerdings nicht um einen schematischen Vorgang der arithmetischen Bildung eines Mittelwertes handeln soll, sondern darum, eine den Umständen des Einzelfalls gerecht werdende Zumutbarkeitsschwelle zu finden (dazu BVerwGE 50, 49; NVwZ 1985, 186; NVwZ-RR 1994, 139). Bei einem Nebeneinander von **Wohnen und Gewerbe** sind Beeinträchtigungen der Wohnruhe in einem weiter gehenden Maß zumutbar als in einer Umgebung, die in dieser Richtung nicht oder weniger vorbelastet ist; die äußerste Grenze ist aber im Hinblick auf § 1 Abs. 6 Nr. 1 bei der Schwelle der **Gesundheitsgefährdung** zu ziehen (BVerwGE 109, 314; 88, 210; Buchholz 406.19 Nachbarschutz Nr. 165). Im Dorfgebiet und im Mischgebiet ist

ein enges Nebeneinander von Nutzungen, die untereinander abträglich sein können, insbesondere von landwirtschaftlichen bzw gewerblichen Nutzungen und Wohnnutzung gerade gebietstypisch. Hier gilt in gesteigertem Maß eine spezifische Pflicht zur gegenseitigen Rücksichtnahme (s. oben Rn 7 zu § 5). Daraus folgt u.a. das Gebot der **„architektonischen Selbsthilfe“** (BVerwGE 109, 324 = NVwZ 2000, 1050; VGH München NVwZ-RR 2005, 605; OVG Münster BauR 2003, 1850; s. auch oben Rn 7 zu § 5). Auf das Gebot der Rücksichtnahme können sich Bauherr und Nachbar danach nur dann mit Erfolg berufen, wenn sie ihrerseits ihre Obliegenheit zur Rücksichtnahme erfüllt und zumutbare bauliche Maßnahmen getroffen haben, die geeignet sind, den Konflikt zu entschärfen. So kann selbst die Errichtung eines Wohnhauses im Dorfgebiet im Abstand von 10 zu einem bestehenden Rinderstall im Einzelfall zulässig sein, wenn der Bauherr zur Vermeidung erheblicher Geruchsbelästigungen seine Obliegenheit zu „architektonischer Selbsthilfe“ erfüllt (VGH München NVwZ-RR 2005, 605). Ganz allgemein lässt sich sagen, dass schutzwürdig nur der Betroffene ist, der seinerseits die gebotene Rücksicht nimmt, zB indem er seine Pflichten als Betreiber einer genehmigungsbedürftigen Anlage nach § 5 BImSchG beachtet oder eben, bei gesteigerter Pflicht zur wechselseitigen Rücksichtnahme, seiner Obliegenheit zur architektonischen Selbsthilfe genügt.

26 **c) Zumutbarkeit als Abwägungsergebnis:** Erst die **Abwägung** im Sinne einer umfassenden **Gewichtung** der so ermittelten und bewerteten Interessen von Bauherr, Nachbarn und Allgemeinheit einer führt zur Feststellung der Zumutbarkeit oder Unzumutbarkeit eines Vorhabens im konkreten Fall. Dabei kann es wegen der erforderlichen Berücksichtigung der konkreten Umstände jedes Einzelfalls feste **Grenzwerte**, die sich auf den konkreten Fall einfach und schematisch anwenden ließen, nicht geben.

4. Immissionsgrenzwerte, Lärmgrenzwerte

27 Allerdings spielen in der Praxis die Grenzwerte **immissionsschutzrechtlicher Regelwerke** eine entscheidende Rolle. Ihre Heranziehung setzt zunächst voraus, dass es sich um Belästigungen oder Störungen handelt, die sich zugleich als **schädliche Umwelteinwirkungen (Immissionen)** iSd **§ 3 BImSchG** darstellen und damit dem Regelungsbereich des BImSchG und der auf seiner Grundlage erlassenen Regelwerke unterfallen. Wenn das der Fall ist, bilden das BImSchG und die auf seiner Grundlage ergangenen Regelwerke wie die **Verkehrslärmschutzverordnung (16. BImSchV)** und die **Sportanlagenlärmschutzerordnung (18. BImSchV)** zumindest den **Ausgangspunkt** für eine sachgerechte Abwägung im Einzelfall. Denn das BImSchG hat, wie das BVerwG in ständiger Rspr festgestellt hat, die Grenze der Umwelteinwirkungen für Nachbarn und damit das Maß der gebotenen Rücksichtnahme mit Wirkung auch für das Baurecht einschließlich des in § 15 Abs. 1 BauNVO konkretisierten Rücksichtnahmegebots im Umfang seines Regelungsbereichs allgemein festgelegt (BVerwGE 109, 314 mwN). Die Regelungen des Immissionsschutzrechts beruhen für ihren Regelungsbereich auf Wertungen und Abwägungen, die auch für die bauplanungsrechtlich gebotene Abwägung im Rahmen des Gebots der Rücksichtnahme sachgerecht sind. Auch die auf der Grundlage des **§ 48 BImSchG** ergangenen **Verwaltungsvorschriften**, die **Technische Anleitung zum Schutz gegen Lärm (TA Lärm)** vom 26.8.1998 und die **Technische Anleitung zur Reinhaltung der Luft (TA Luft)** idF vom 24.7.2002, sind als norm-

konkretisierende Verwaltungsvorschriften unmittelbar bindendes Recht (zur TA Luft BVerwGE 114, 342; NVwZ-RR 1996, 498; zur TA Lärm BVerwG Urt. v. 29.8.2007 – 4 C 2.07 –; OVG Münster NVwZ 2004, 366 f; grundlegend zum Begriff der normkonkretisierenden Verwaltungsvorschrift BVerwGE 72, 300, 319 f – Wyhl-Urteil; s. dagegen zur TA Lärm 1986 BVerwGE 55, 250; 110, 216 = DVBl 2000, 810 = NVwZ 2000, 440). Aber auch Technische Regelwerke der Industrie wie die **DIN 18 005 (Schallschutz im Städtebau)**, die **DIN 45691 (Geräuschkontingentierung)** – dazu Fischer und Tegeder, BauR 2007, 323 – oder die **VDI-Richtlinien 3471 und 3472 (Emissionsminderung Tierhaltung Schweine bzw Hühner)** werden von den Verwaltungsgerichten noch als unverzichtbare Entscheidungshilfen herangezogen (VGH München BauR 2006, 71 mwN), obwohl sie mangels jeder normativen Verbindlichkeit lediglich als **„Orientierungshilfe"** und **„brauchbarer"** oder **„grober Anhalt"** dienen können (BVerwG BRS 66 Nr. 172 mwN; BVerwGE 77, 285; 81, 197 = BauR 1989, 172; NVwZ 1993, 1184; NVwZ 1996, 1001 mwN).

In jedem Fall ist aber eine **schematische Anwendung** immissionsschutzrechtlicher Grenzwerte im Rahmen der auf den Einzelfall bezogenen Prüfung der Zumutbarkeit von Immissionen im Rahmen des Gebots der Rücksichtnahme **unzulässig** (BVerwG Buchholz 406.19 Nachbarschutz Nr. 165 – Nebeneinander von Wohnen und Gewerbe). Das ergibt sich schon daraus, dass auch die immissionsschutzrechtlichen Regelwerke notwendig **typisieren** und nicht alle Umstände berücksichtigen, die im Rahmen des baurechtlichen Gebots der Rücksichtnahme beachtlich sein können. So heißt es in einer Entscheidung des BVerwG zur Zumutbarkeit von Verkehrslärm aus dem Jahr 1989 (BVerwGE 84, 31 = NJW 1990, 925): „Die Belastung des Menschen durch Lärm hängt von einem Bündel von Faktoren ab, die vielfach nur unvollkommen in einem einheitlichen Messwert aggregierend erfasst werden können. Zu nennen sind etwa die Stärke, die Dauer, die Häufigkeit, die Tageszeit des Auftretens, die Frequenzzusammensetzung, die Auffälligkeit (Lärmart nebst Impulshaltigkeit), die Informationshaltigkeit, die Tonhaltigkeit, die (allgemeine) Ortsüblichkeit, die (individuelle) Gewöhnung, die subjektive Befindlichkeit des Betroffenen nach physischen und psychischen Merkmalen, seine Tätigkeit, die Art und Betriebsweise der Geräuschquelle, die subjektiv angenommene Vermeidbarkeit des Geräusches und der soziale Sympathiewert der Geräuschquelle" (s dazu auch FF Rn 15–15.2 mit instruktiven Grundlagen und Fakten über Schall und Schallschutz). Deshalb, so heißt es in der genannten Entscheidung des BVerwG weiter, enthebe die Angabe eines Zahlenwertes und der darin liegende Bezug auf ein bestimmtes Regelwerk den Tatrichter bei der gegenwärtigen Rechtslage nicht von der Aufgabe, die Umstände des Einzelfalles zu beachten. Es sei aus Gründen der Rechtssicherheit zweckmäßig, für die Annahme einer erheblichen Belästigung durch Verkehrsgeräusche in einem nicht vorbelasteten Wohngebiet iSd §§ 3 und 4 BauNVO einen Grenzwert anzugeben, an dem sich die konkrete Rechtsanwendung regelhaft orientieren kann. Dadurch würden aber zB Differenzierungen innerhalb eines allgemeinen Wohngebiets nicht ausgeschlossen. Die Annahme einer bestimmten „Pegelart" und der darauf beruhenden Messergebnisse bleibe kritisch und verlange vom Tatrichter die Berücksichtigung der Umstände des Einzelfalls (BVerwG aaO). 28

Wenn Zielsetzung, Messmethoden und Typisierungsgrad der jeweiligen Regelwerke kritisch bedacht werden, stellen die Grenzwerte immissionsschutzrechtlicher Regelwerke Entscheidungshilfen dar, die auch im Rahmen des baurecht- 29 lichen Gebots der Rücksichtnahme unverzichtbar sind. Das gilt vor allem für den **Lärmschutz.**

30 Die als **16. BImSchV** ergangene **Verkehrslärmschutzverordnung** legt verbindliche Grenzwerte für den Bau und die wesentliche Änderung von öffentlichen Straßen und Schienenwegen fest. Sie gelten auch für die Festsetzung von Straßen durch BPl (BVerwG BauR 2001, 63 = NVwZ 2001, 433) und sind mit den oben dargelegten Vorbehalten und Maßgaben -- im Rahmen der Zumutbarkeitsprüfung nach § 15 Abs. 1 S. 2 BauNVO zu berücksichtigen. Die Immissionsgrenzwerte betragen für Krankenhäuser, Schulen, Kurheime und Altenheime 57 dB(A) am Tag und 47 dB(A) in der Nacht, in reinen und allgemeinen Wohngebieten und Kleinsiedlungsgebieten 59 dB(A) am Tag und 49 dB(A) in der Nacht, in Kerngebieten, Dorfgebieten und Mischgebieten 64 dB(A) am Tag und 54 dB(A) in der Nacht sowie in Gewerbegebieten 69 dB(A) am Tag und 59 dB(A) in der Nacht (§ 2).

31 **Zum Verständnis** (die folgenden Angaben stützen sich auf FF Rn 15 ff mit weiteren instruktiven Daten und Literaturnachweisen):

Unter **Schall** versteht man mechanische Schwingungen, die im Wahrnehmungsbereich des menschlichen Ohres liegen (16 – etwa 20 000 Hertz).

Die **Lautstärke** wird in **Dezibel-A** oder **dB(A)** angegeben. (**A**) steht für eine Frequenzkorrekturkurve, die deshalb erforderlich ist, weil das menschliche Ohr Frequenzen als unterschiedlich laut empfindet; so wird ein Ton mit einer Frequenz von 1000 Hz und einem Schallpegel von 40 dB als ebenso laut empfunden wie ein Ton von 100 Hz und etwa 50 dB.

Eine Pegeldifferenz von **3 dB(A)** bedeutet eine **Verdopplung/Halbierung der Schallenergie** (die aber nicht zu verwechseln ist mit einer Verdopplung der Lautheit); das bedeutet zB, dass zwei Schallpegel von 50 dB(A) zusammen nicht 100 dB(A) ergeben, sondern nur einen Schallpegel von 53 dB(A). So bewirkt eine Verdoppelung der Verkehrsstärke unter sonst gleichen Bedingungen eine Erhöhung des Mittelungspegels um 3 dB(A). Eine Pegeldifferenz von 3 dB(A) ist für das menschliche Ohr gerade wahrnehmbar.

Eine Pegeldifferenz von **etwa 10 dB(A)** wird als **Verdoppelung** bzw **Halbierung der Lautstärke** empfunden.

Die **Lästigkeit eines Geräusches** ist physikalisch **nicht messbar**. Sie hängt unter anderem von der empfundenen Lautstärke, der Frequenzzusammensetzung und dem Informationsgehalt eines Geräusches ab.

32 Erhebliche Bedeutung hat auch die als **18. BImSchV** ergangene **Sportanlagenlärmschutzverordnung** erlangt. Sie gilt für Sportanlagen, die keiner Genehmigung nach § 4 BImSchG bedürfen (dazu OVG Münster BauR 2004 = NVwZ-RR 2005, 102 – Neubau einer Sporthalle, zu der auch ein „Mehrzweckraum" mit angegliederter Küche gehört). Sie legt Immissionsrichtwerte fest, die nach Gebietsarten (§ 2 Abs. 2) und nach Tageszeiten (§ 2 Abs. 5) entsprechend ihrer Schutzbedürftigkeit differenzieren. Außerdem legt sie Grenzwerte für kurzzeitige Geräuschspitzen fest (§ 2 Abs. 3) und schreibt das Verfahren zur Ermittlung und Beurteilung der Immissionen fest (§ 2 Abs. 7 iVm dem Anhang). Die Immissionsrichtwerte stellen absolute Zumutbarkeitsschwellen dar, die nicht überschritten werden dürfen; sie können aber bei Vorliegen besonderer Umstände auf Seiten der immissionsbetroffenen Nutzung im Einzelfall auch abgesenkt werden. Umgekehrt kann sich aus dem Umstand, dass die Sportanlage zuerst da war und Wohnbebauung später heran-

gerückt ist, auch ergeben, dass die Zumutbarkeitsschwelle über den Richtwerten der VO liegt (BVerwGE 109, 314 = NVwZ 2000, 1050).

Die Immissionsrichtwerte der VO betragen für Immissionsorte außerhalb von Gebäuden

1. in Gewerbegebieten	
tags außerhalb der Ruhezeiten	65 dB(A)
tags innerhalb der Ruhezeiten	60 dB(A)
nachts	50 dB(A)
2. in Dorf-, Misch- und Kerngebieten	
tags außerhalb der Ruhezeiten	60 dB(A)
tags innerhalb der Ruhezeiten	55 dB(A)
nachts	45 dB(A)
3. in allgemeinen Wohn- und Kleinsiedlungsgebieten	
tags außerhalb der Ruhezeiten	55 dB(A)
tags innerhalb der Ruhezeiten	50 dB(A)
nachts	40 dB(A)
4. in reinen Wohngebieten	
tags außerhalb der Ruhezeiten	50 dB(A)
tags innerhalb der Ruhezeiten	45 dB(A)
nachts	35 dB(A)
5. in Kurgebieten, für Krankenhäuser und Pflegeanstalten	
tags außerhalb der Ruhezeiten	45 dB(A)
tags innerhalb der Ruhezeiten	45 dB(A)
nachts	35 dB(A)

Da die 16. und 18. BImSchV jeweils nur für einen Teilbereich der Lärmimmissionen einschlägig sind, die von baulichen oder sonstigen Anlagen ausgehen können, bedarf es vielfach des Rückgriffs auf Regelwerke, die keine Rechtsnormen darstellen. Dazu gehört insbesondere die **Technische Anleitung zum Schutz gegen Lärm (TA Lärm)**, die in ihrer Neufassung vom 26.7.1998 als Verwaltungsvorschrift auf der Grundlage des § 48 BImSchG erlassen wurde. Als normkonkretisierende Verwaltungsvorschrift (s. oben Rn 27) hat sie unmittelbare Außenrechtswirkung und bindet auch die Verwaltungsgerichte. Sie ist allgemein für die baurechtliche Zulässigkeit von Anlagen und für die Zumutbarkeitsprüfung im Rahmen des Gebots der Rücksichtnahme einschlägig. Denn sie gilt – mit im Einzelnen bezeichneten Ausnahmen – für alle Anlagen, die als genehmigungsbedürftige oder nicht genehmigungsbedürftige Anlagen den Anforderungen des Zweiten Teils des BImSchG unterliegen. Die TA Lärm enthält ebenfalls nach Gebietsarten (Ziff. 6.1) und nach Tages- und Nachtzeiten (Ziff. 6.4) differenzierte und um Grenzwerte für kurzzeitige Geräuschspitzen ergänzte Immissionsrichtwerte für Immissionsorte außerhalb von Gebäuden (Ziff. 6.1), für Immissionsorte innerhalb von Gebäuden (Ziff. 6.2), sowie für seltene Ereignisse (Ziff. 6.3). Sie sieht ausdrücklich die Bildung von Zwischenwerten für Gemengelagen vor (Ziff. 6.7), wobei aber die Immissionsrichtwerte für Kern-, Dorf- und Mischgebiete nicht überschritten werden sollen. Für Tageszeiten mit erhöhter Empfindlichkeit sieht sie einen Zuschlag von 6 dB(A) zum ermittelten Schallpegel vor. Ferner enthält sie in einem umfangreichen Anhang Vorschriften für die Ermittlung der Geräuschimmissionen. 33

Die Immissionsrichtwerte der TA Lärm betragen für Immissionsorte außerhalb von Gebäuden

in Industriegebieten	70 dB(A)
in Gewerbegebieten	
tags	65 dB(A)
nachts	50 dB(A)
in Kerngebieten, Dorfgebieten und Mischgebieten	
tags	60 dB(A)
nachts	45 dB(A)
in allgemeinen Wohngebieten und Kleinsiedlungsgebieten	
tags	55 dB(A)
nachts	40 dB(A)
in reinen Wohngebieten	
tags	50 dB(A)
nachts	35 dB(A)
in Kurgebieten, für Krankenhäuser und Pflegeanstalten	
tags	45 dB(A)
nachts	35 dB(A).

34 Die **DIN 18 005 (Schallschutz im Städtebau)** vom Juli 2002 kann nur als „Orientierungshilfe" einen „brauchbaren" und „groben Anhalt"geben (s. oben Rn 27), zumal sie für die Schallimmissionsberechnung für die städtebauliche Planung gedacht und nicht zur Anwendung in Genehmigungsverfahren für einzelne Anlagen bestimmt ist. Das Gleiche gilt für die **DIN 45691 (Geräuschkontingentierung)**, die die Begriffe und das Verfahren für die Geräuschkontingentierung in der Bauleitplanung aus akustischer Sicht normiert (dazu Fischer/Tegeder, BauR 2007, 323).

5. Einzelfragen:

35 **Bolzplätze:** Die Sportanlagenlärmschutzverordnung (18. BImSchV ist nicht unmittelbar auf Lärmimmissionen von Bolzplätzen anwendbar (BVerwG NVwZ 2003, 370). Die Zumutbarkeitsgrenze für Lärmimmissionen ist bei Bolzplätzen durch eine Würdigung aller maßgebenden Umstände der konkreten Situation, insbesondere der Gebietsart und der tatsächlichen Verhältnisse zu bestimmen. Die Immissionsrichtwerte der Sportanlagenlärmschutzverordnung sind als Anhaltspunkte heranzuziehen; die Bestimmungen über die Ermittlungs- und Beurteilungsverfahren sind entsprechend anzuwenden (VGH München BRS 65 Nr. 185 = NVwZ-RR 2004, 20).

36 **Einsichtsmöglichkeiten:** Die Schaffung von Einsichtsmöglichkeiten aus Fenstern und von Balkonen auf benachbarte Grundstücke kann prinzipiell das planungsrechtliche Rücksichtnahmegebot nicht verletzen (OVG Berlin BauR 2004, 987 = BRS 66 Nr. 189 im Anschluss an BVerwG BRS 62 Nr. 102).

37 **Freibäder:** Der Betrieb einer einem Freibad zugeordneten Breitwasserrutsche kann mit für die Nachbarn unzumutbaren Lärmimmissionen verbunden sein. Für die Zumutbarkeitsbewertung kann die 18. BImSchV Anhaltspunkte ergeben (OVG Münster BauR 2004, 304 = BRS 66 Nr. 173).

38 **Gaststätte:** Eine Gaststätte mit Gartenausschank im historisch gewachsenen hinteren Wohnbereich kann wegen Verstoßes gegen das Gebot der Rücksichtnahme unzulässig sein (OVG Berlin BRS 65 Nr. 77; s. auch VGH München BauR 2005, 1886 = BRS 69 Nr. 90 = NVwZ-RR 2006, 312 = ZfBR 2005, 801 – Erweiterung

einer Gaststätte um eine Freisitzfläche im Innern einer Blockrandbebauung im Mischgebiet).

39 **Kindertagesstätte neben bestehender Gärtnerei:** Im Hinblick auf einen befürchteten Nutzungskonflikt zwischen einer geplanten Kindertagesstätte und einer bestehenden Gärtnerei wegen der möglichen Abdrift von auf den Flächen der Gärtnerei eingesetzten Pflanzenschutzmitteln ist die Kindertagesstätte unter dem Gesichtspunkt unzumutbarer Immissionen grundsätzlich nur dann unzulässig, wenn für die zu genehmigende Anlage ungesunde Wohn- oder Arbeitsverhältnisse zu befürchten sind (VGH München BauR 2004, 881).

40 **Solarhaus:** Die Baugenehmigung für ein Wohnhaus, das sich hinsichtlich des Nutzungsmaßes und Standortes auf dem Baugrundstück im Rahmen der Umgebung hält, ist nicht deshalb rechtswidrig, weil durch den Neubau die optimale Sonneneinstrahlung für ein benachbartes „passives Solarhaus" beeinträchtigt wird (VGH München BauR 2005, 1131 = NuR 2006, 42 = UPR 2005, 115).

41 **Spielplätze:** Kinderspielplätze, die nach ihrer Ausstattung für Kinder bis zu 12 Jahren eingerichtete sind, sind in der Regel Einrichtungen, die die Zweckbestimmung eines Wohngebietes nicht gefährden. Auch ein großzügig bemessener und mit einer überdurchschnittlichen Spielgeräteausstattung versehener Spielplatz ist mit dem Ruhebedürfnis der Bewohner eines unmittelbar angrenzenden Wohngebiets vereinbar. Die mit der Benutzung solcher Spielplätze für die nähere Umgebung unvermeidbar verbundenen Auswirkungen – vorwiegend Geräusche – sind ortsüblich und sozialadäquat. Nur im Ausnahmefall können solche Spielplätze oder die dort errichteten Spielgeräte nach § 15 Abs. 1 unzulässig sein, wenn von ihnen Belästigungen oder Störungen ausgehen, die in der Umgebung unzumutbar sind (OVG Lüneburg NVwZ 2006, 1199 im Anschluss an BVerwG BRS 52 Nr. 47 = NJW 1992, 1779; s. auch OVG Münster DÖV 2004 175).

42 **Stellplätze und Garagen:** Nachbarn haben die von den Stellplätzen einer rechtlich zulässigen Wohnbebauung ausgehenden Emissionen im Regelfall hinzunehmen; besondere örtliche Verhältnisse können auch dazu führen, dass die Errichtung von Stellplätzen auf dem Baugrundstück nicht oder nur mit Einschränkungen genehmigt werden kann. Dabei ist der in § 12 Abs. 2 BauNVO enthaltenen Grundentscheidung Rechnung zu tragen. Dies entbindet das Tatsachengericht jedoch nicht von der Prüfung, ob im Einzelfall unzumutbare Beeinträchtigungen zu erwarten sind. Die besonderen Umstände des Einzelfalls können es erforderlich machen, die Beeinträchtigung der Nachbarschaft auf das ihr entsprechend der Eigenart des Gebiets zumutbare Maß zu mindern. Hierfür kommen beispielsweise die bauliche Gestaltung der Stellplätze und ihrer Zufahrt, eine Anordnung, die eine Massierung vermeidet, der Verzicht auf Stellplätze zugunsten einer Tiefgarage oder Lärmschutzmaßnahmen an der Grundstücksgrenze in Betracht. Im Übrigen müssen selbst notwendige Stellplätze nicht auf dem Baugrundstück selbst errichtet werden (BVerwG NVwZ 2003, 1516; BVerwGE 94, 151; s. ferner OVG Koblenz BauR 2003, 368 = BRS 65 Nr. 143 – Immissionswerte der TA Lärm als Anhaltspunkt für Unzumutbarkeit; VGH Mannheim ÖffBauR 2004, 35 = NVwZ-RR 2005, 89 – Grenzgarage, Verhältnis zwischen Gebot der Rücksichtnahme und Abstandsflächenrecht des Landes).

43 **Werbeanlagen:** Eine am Rande eines Mischgebiets geplante, in ein benachbartes Wohngebiet hineinwirkende Werbeanlage („Megaposter") kann wegen ihrer massiven optischen Einwirkung eine Störung darstellen (VGH München BauR 2004, 1127 = DÖV 2004, 844 = UPR 2004, 237). In Wohngebieten gibt es keinen gene-

rellen Schutzanspruch gegen Lichtimmissionen, die von Werbeanlagen in benachbarten, gewerblich genutzten Baugebieten ausgehen. Ob Lichtimmissionen in der Nachbarschaft schädliche Umwelteinwirkungen hervorrufen, ist anhand des Gebots der Rücksichtnahme im Einzelfall unter Berücksichtigung der Gebietsart und der Schutzwürdigkeit der gegenläufigen Nutzungsinteressen zu beurteilen. Das Gebot der Rücksichtnahme ist nicht verletzt, wenn die Leuchtwerbung eines ca 150 m entfernten 24 m hohen OBI-Pylons nicht zu einer messbaren Raumaufhellung in dem betroffenen Wohngebäude und zu keiner ständigen Ablenkung des Auges führt. Dem Nachbarn ist es zuzumuten, Wohnräume durch Vorhänge, Gardinen oder Jalousetten gegen Lichteinwirkungen abzuschirmen (OVG Münster Urt. v. 15.3.2007 – 10 A 998/06 –).

44 **Wertstoffcontainer** (ua für Altglas) können als in einem allgemeinen Wohngebiet allgemein zulässige untergeordnete Nebenanlagen (§ 14) im Einzelfall gleichwohl wegen der von ihnen ausgehenden Immissionen an dem gewählten Standort gem § 15 Abs. 1 S. 2 unzulässig sein. Sie sind indes nicht schon deshalb unzulässig, weil in dem Gebiet ein anderer, die Nachbarschaft weniger beeinträchtigender Standort in Betracht kommt (BVerwG BauR 1999, 145 = BRS 60 Nr. 69 = NVwZ 1999, 135).

45 **Wohnnutzung neben Gewerbenutzung:** Im Fall eines Nebeneinanders von Wohnen und gewerblicher Betätigung kommt dem Schutz der Wohnnutzung situationsbedingt ein geringerer Stellenwert zu als in einem gegen gewerbliche Nutzungen gänzlich oder weitgehend abgeschirmten Gebiet. Dies schlägt sich darin nieder, dass Beeinträchtigungen in einem weiter gehenden Maße zumutbar sind als in einer Umgebung, die in dieser Richtung nicht oder weniger vorbelastet ist. In welchem Umfang der Betroffene es hinnehmen muss, dass sich das Lärmschutzniveau gemessen an den Richtwerten der TA-Lärm zu seinen Lasten verringert, richtet sich nach den jeweiligen Umständen des Einzelfalles. Die äußerste Grenze ist bei der Schwelle der **Gesundheitsgefährdung** zu ziehen. Gesunde Wohnverhältnisse iSd § 1 Abs. 5 S. 2 Nr. 1 BauGB müssen gewahrt, ein Wohnen ohne Gesundheitsgefahren muss möglich bleiben (BVerwG Buchholz 406.19 Nachbarschutz Nr. 165). Das in § 15 BauNVO enthaltene Gebot der Rücksichtnahme soll nur eine „Nachsteuerung" im Einzelfall ermöglichen; es ist aber als nachgelagerte Konfliktsteuerung im späteren Baugenehmigungsverfahren ungeeignet, eine unzureichende Bewältigung des Konflikts zwischen Wohnen und Gewerbe bei der Überplanung einer Gemengelage auszugleichen (OVG Münster NWVBl 2006, 372). Zum Gebot der Rücksichtnahme bei einer an einen **Chemiebetrieb** heranrückenden Wohnbebauung VGH München BauR 2007, 505 = UPR 2007, 152. Gegen einen Gewerbebetrieb, der (allein) auf Außenwohnbereichsflächen eines heranrückenden Wohnbauvorhabens zu hohe Lärmimmissionen verursacht, kann jedenfalls dann nicht eingeschritten werden, wenn die gewerblichen Lärmimmissionen durch Verkehrslärm überlagert werden und der Gewerbelärm (Wasserrauschen eines Wasserkraftwerks) nicht in besonderer Weise störend wirkt (VGH Mannheim NVwZ-RR 2007, 168).

6. Drittschützende Wirkung des Gebots der Rücksichtnahme

46 Das Gebot der Rücksichtnahme hat zunächst **objektiv-rechtlichen Charakter** und ist nicht im vollen Umfang auch ein drittschützendes Nachbarrecht. Das leuchtet unmittelbar ein, soweit im Einzelfall auch auf **Güter der Allgemeinheit** Rücksicht

zu nehmen ist. Schwieriger ist dagegen die Frage zu beantworten, wer sich als in eigenen Rechten betroffener **Nachbar** auf das Gebot der Rücksichtnahme soll berufen dürfen. Angesichts der Struktur des Gebots der Rücksichtnahme, bei dem es im Rahmen der gebotenen Abwägung auf die besonderen Umstände des Einzelfalls ankommt, erweist es sich als schwierig, den Kreis der Dritten, die sich auf das Gebot der Rücksichtnahme berufen können, genau zu bestimmen. Das BVerwG hatte baurechtlichen Vorschriften zunächst nur unter der Voraussetzung nachbarschützende Wirkung zuerkannt, dass sie den **geschützten Personenkreis** hinreichend bestimmt **abgrenzt** (BVerwGE 27, 29; 44, 244). Auf dieser Grundlage hatte es eine drittschützende Wirkung des § 15 BauNVO zunächst insgesamt abgelehnt. Mit seiner ein Vorhaben im Außenbereich (§ 35 BauGB) betreffenden Entscheidung hat es dann erstmals eine nachbarschützende Wirkung des Gebots der Rücksichtnahme anerkannt, soweit „in **qualifizierter** und zugleich **individualisierter** Weise auf die schutzwürdigen Interessen eines erkennbar abgegrenzten Kreises Dritter Rücksicht zu nehmen ist", was gegebenenfalls auch der Fall sein kann, wenn sich dies wie im entschiedenen Fall „handgreiflich" aus den tatsächlichen Umständen ergebe (BVerwGE 52, 122 = NJW 1978, 62). Auf dieser Grundlage hat das BVerwG dann auch mit Urteil vom 5.8.1983 entschieden, dass § 15 Abs. 1 als Ausprägung des baurechtlichen Rücksichtnahmegebots nach Maßgabe der in BVerwGE 52, 122 dargestellten Grundsätze in Ausnahmefällen drittschützende Wirkung haben könne (BVerwGE 67, 334 = BauR 1983, 543 = BRS 40 Nr. 48 = NJW 1984, 138). Mit Urteil vom 19.9.1986 hat das BVerwG dann auch die dogmatisch unbefriedigende Begründung des Drittschutzes baurechtlicher Vorschriften auf eine neue Grundlage gestellt (BVerwG BauR 1987, 70 = DÖV 1987, 297 = DVBl 1987, 476 = NVwZ 1987, 409). Danach kommt es für den Drittschutz baurechtlicher Normen nicht darauf an, ob sie ausdrücklich einen „fest abgrenzbaren Kreis der Betroffenen" benenne. Entscheidend sei vielmehr, dass sich aus **individualisierenden Tatbestandsmerkmalen** der Norm ein Personenkreis entnehmen lasse, der sich von der Allgemeinheit unterscheide. Man wird feststellen können, dass die Tatbestandsmerkmale des § 15 Abs. 1 S. 2 mit den Begriffen der Belästigung und der Störung, vor allem aber mit dem Begriff der Unzumutbarkeit einen begünstigten Personenkreis erkennen lassen, der zwar je nach Einzelfall sehr weit gezogen sein kann, der sich aber deutlich von der Allgemeinheit unterscheidet. Auf dieser dogmatischen Grundlage ist heute die drittschützende Wirkung des Gebots der Rücksichtnahme in § 15 Abs. 1 S. 2 anerkannt, und zwar keineswegs als seltene Ausnahme, sondern im Gegenteil als äußerst wirksames Nachbarrecht mit erheblicher Tragweite in der baurechtlichen Praxis. Im Einzelfall kann es dennoch schwierig sein, den begünstigten Personenkreis einzugrenzen. Das kann insbesondere für den Bauherrn ein erhebliches Maß an Rechtsunsicherheit zur Folge haben. Denn der Begriff der Unzumutbarkeit verweist, wie oben dargelegt, auf eine Abwägung unter Berücksichtigung der besonderen Umstände des Einzelfalls. Die mit dieser Unbestimmtheit verbundene Rechtsunsicherheit für den Bauherrn wirkt sich verstärkt bei der Widerspruchs- und Anfechtungsbefugnis (§ 42 Abs. 2 VwGO) aus, für die schon die Möglichkeit des Bestehens der vom Kläger behaupteten Verletzung eines ihm zustehenden Rechts genügt.

Zu § **15 Abs. 2** kann auf die Ausführungen in Rn 24 zu § 15 verwiesen werden. 47

Zu § **15 Abs. 3** s. oben Rn 16 zu § 15 sowie Rn 5 zu § 8. 48

Zweiter Abschnitt
Maß der baulichen Nutzung

§ 16 Bestimmung des Maßes der baulichen Nutzung

(1) Wird im Flächennutzungsplan das allgemeine Maß der baulichen Nutzung dargestellt, genügt die Angabe der Geschoßflächenzahl, der Baumassenzahl oder der Höhe baulicher Anlagen.

(2) Im Bebauungsplan kann das Maß der baulichen Nutzung bestimmt werden durch Festsetzung

1. der Grundflächenzahl oder der Größe der Grundflächen der baulichen Anlagen,
2. der Geschoßflächenzahl oder der Größe der Geschoßfläche, der Baumassenzahl oder der Baumasse,
3. der Zahl der Vollgeschosse,
4. der Höhe baulicher Anlagen.

(3) Bei Festsetzung des Maßes der baulichen Nutzung im Bebauungsplan ist festzusetzen

1. stets die Grundflächenzahl oder die Größe der Grundflächen der baulichen Anlagen,
2. die Zahl der Vollgeschosse oder die Höhe baulicher Anlagen, wenn ohne ihre Festsetzung öffentliche Belange, insbesondere das Orts- und Landschaftsbild, beeinträchtigt werden können.

(4) Bei Festsetzung des Höchstmaßes für die Geschoßflächenzahl oder die Größe der Geschoßfläche, für die Zahl der Vollgeschosse und die Höhe baulicher Anlagen im Bebauungsplan kann zugleich ein Mindestmaß festgesetzt werden. Die Zahl der Vollgeschosse und die Höhe baulicher Anlagen können auch als zwingend festgesetzt werden.

(5) Im Bebauungsplan kann das Maß der baulichen Nutzung für Teile des Baugebiets, für einzelne Grundstücke oder Grundstücksteile und für Teile baulicher Anlagen unterschiedlich festgesetzt werden; die Festsetzungen können oberhalb und unterhalb der Geländeoberfläche getroffen werden.

(6) Im Bebauungsplan können nach Art und Umfang bestimmte Ausnahmen von dem festgesetzen Maß der baulichen Nutzung vorgesehen werden.

§ 16 BauNVO 1977: Allgemeine Vorschriften

(1) Soweit es erforderlich ist, im Flächennutzungsplan das allgemeine Maß der baulichen Nutzung darzustellen, genügt die Angabe der Geschoßflächenzahl oder der Baumassenzahl nach Maßgabe des § 17. Im Flächennutzungsplan kann die Begrenzung der Höhe baulicher Anlagen dargestellt werden.

(2) Bei der Festsetzung des Maßes der baulichen Nutzung im Bebauungsplan sind die Vorschriften des § 17 einzuhalten. Das Maß der baulichen Nutzung wird bestimmt durch Festsetzung

1. der Geschoßflächenzahl oder der Größe der Geschoßfläche, der Baumassenzahl oder der Baumasse,
2. der Grundflächenzahl oder der Größe der Grundflächen der baulichen Anlagen und

3. der Zahl der Vollgeschosse.

Die Geschoßfläche kann für jedes Vollgeschoß gesondert festgesetzt werden. Wird nach Nummer 1 die Geschoßfläche oder die Baumasse festgesetzt, so sind auch die Grundflächen der baulichen Anlagen festzusetzen.

(3) Im Bebauungsplan kann die Höhe baulicher Anlagen zwingend, als Höchstgrenze oder als Mindestgrenze festgesetzt werden. Wird eine Höchstgrenze festgesetzt, so kann zugleich eine Mindestgrenze festgesetzt werden.

(4) Von einzelnen der in Absatz 2 Satz 2 genannten Festsetzungen kann abgesehen werden, wenn die getroffenen Festsetzungen zur Bestimmung des Maßes der baulichen Nutzung im Rahmen des § 17 ausreichen. Von der Festsetzung der Zahl der Vollgeschosse oder der Höhe baulicher Anlagen darf nicht abgesehen werden, wenn sonst öffentliche Belange, insbesondere die Gestaltung des Orts- und Landschaftsbilds, beeinträchtigt werden können.

(5) Im Bebauungsplan kann das Maß der baulichen Nutzung für Teile des Baugebiets oder für einzelne Grundstücke unterschiedlich festgesetzt werden.

§ 16 BauNVO 1968: Allgemeine Vorschriften

(1) Soweit es erforderlich ist, im Flächennutzungsplan das allgemeine Maß der baulichen Nutzung darzustellen, genügt die Angabe der Geschoßflächenzahl oder der Baumassenzahl nach Maßgabe des § 17.

(2) Bei der Festsetzung des Maßes der baulichen Nutzung im Bebauungsplan sind die Vorschriften des § 17 einzuhalten. Das Maß der baulichen Nutzung wird bestimmt durch Festsetzung

1. der Geschoßflächenzahl oder der Größe der Geschoßfläche, der Baumassenzahl oder der Baumasse,
2. der Grundflächenzahl oder der Größe der Grundflächen der baulichen Anlagen und
3. der Zahl der Vollgeschosse.

Die Geschoßfläche kann für jedes Vollgeschoß gesondert festgesetzt werden. Wird nach Nummer 1 die Geschoßfläche oder die Baumasse festgesetzt, so sind auch die Grundflächen der baulichen Anlagen festzusetzen. In Industriegebieten und in Sondergebieten kann die Höhe der Gebäude als Höchstgrenze festgesetzt werden.

(3) Von einzelnen der in Absatz 2 Satz 2 genannten Festsetzungen kann abgesehen werden, wenn die getroffenen Festsetzungen zur Bestimmung des Maßes der baulichen Nutzung im Rahmen des § 17 ausreichen. Auf die Festsetzung der Zahl der Vollgeschosse darf jedoch nicht verzichtet werden, wenn dadurch die Gestaltung des Orts- und Landschaftsbildes beeinträchtigt werden kann.

(4) *wie Abs. 5 BauNVO 1977*

§ 16 BauNVO 1962: Allgemeine Vorschriften

(1) wie BauNVO 1968

(2) Bei der Festsetzung des Maßes der baulichen Nutzung im Bebauungsplan sind die Vorschriften des § 17 einzuhalten. Das Maß der baulichen Nutzung wird bestimmt durch Festsetzung

1. der Geschoßflächenzahl oder der Baumassenzahl,
2. der Grundflächenzahl oder der Grundflächen der baulichen Anlagen und
3. der Zahl der Vollgeschosse.

(3) wie BauNVO 1968

(4) wie Abs. 4 BauNVO 1968 und Abs. 5 BauNVO 1977

I. Allgemeines zu den §§ 16–21a

1 Die Ermächtigungsgrundlagen für die Darstellung bzw Festsetzung des Maßes der baulichen Nutzung im FNP bzw im BPl ergeben sich aus §§ 5 Abs. 2 Nr. 1, 9 Abs. 1 Nr. 1 BauGB, die Verordnungsermächtigung des § 9a BauGB erfasst die Darstellungen bzw Festsetzungen über das Maß der baulichen Nutzung und seine Berechnung in Nr. 1 b). Die §§ 16–21a gestalten die Möglichkeiten der Gemeinden zur Darstellung bzw Festsetzung des Maßes der baulichen Nutzung verbindlich und abschließend aus (BVerwG Buchholz 406.12 § 16 BauNVO Nr. 1).

2 § 16 enthält die **Maßbestimmungsfaktoren**, die als Instrumente für die Festlegung des Maßes der baulichen Nutzung zur Verfügung stehen; dabei regeln Abs. 1 für den FNP und Abs. 3 für den BPl, welche Festlegungen mindestens erfolgen müssen. Das Maß der baulichen Nutzung kann danach entweder durch abolute Maßzahlen bestimmt werden (Grundfläche, Geschossfläche, Baumasse, Zahl der Vollgeschosse, Höhe der baulichen Anlagen) oder durch Verhältniszahlen, die auf die Größe der Grundstücksfläche bezogen sind (Grundflächenzahl, Geschossflächenzahl, Baumassenzahl). § 17 legt Obergrenzen für das Maß der baulichen Nutzung gestaffelt nach Baugebieten fest. Die §§ 18–21 enthalten Definitionen und Berechnungsregeln für die einzelnen Maßstäbe, § 21a trifft spezielle Regelungen für die Berechnung des Nutzungsmaßes bei Stellplätzen, Garagen und Gemeinschaftsanlagen.

3 Die Bestimmung und Begrenzung des Maßes der baulichen Nutzung ist ein unverzichtbares Element der städtebaulichen Entwicklung und Ordnung. Dichte und Intensität der baulichen Nutzung von Grundstücken wirken sich in vielfältiger Weise auf städtebauliche Belange aus, nicht nur auf das äußere Erscheinungsbild der Städte und Gemeinden und das Landschaftsbild (zur Begrenzung der zulässigen Gesamthöhe von Windenergieanlagen u.a. aus Gründen der Beeinträchtigung des Landschaftsbildes OVG Lüneburg NordÖR 2003, 469; NuR 2004, 609), sondern auch auf ihre städtebauliche Qualität. Je dichter und intensiver die Grundstücksausnutzung ist, desto höher sind die Anforderungen an die Verkehrsinfrastruktur, an Ver- und Entsorgungsanlagen und andere Gemeinbedarfseinrichtungen. Das Maß der baulichen Nutzung ist von ausschlaggebender Bedeutung für die in § 1 Abs. 6 BauGB beispielhaft genannten städtebaulichen Belange, zB für gesunde Wohn- und Arbeitsverhältnisse und die Sicherheit der Wohn- und Arbeitsbevölkerung (Nr. 1), die Gestaltung des Orts- und Landschaftsbildes (Nr. 5), die Belange des Umweltschutzes einschließlich des Naturschutzes und der Landschaftspflege (7) und die Belange der Wirtschaft (Nr. 8). Die Regelung und Beschränkung des Maßes der baulichen Nutzung ist deshalb grundsätzlich eine

zulässige Inhalts- und Schrankenbestimmung des Eigentums (Art 14 Abs. 1 S. 2 GG).

Die Vorschriften über das Maß der baulichen Nutzung haben seit der BauNVO 1962 zahlreiche Änderungen erfahren. Sie betrafen aber Einzelheiten und dienten einer Verbesserung der Systematik, während die Grundkonzeption unverändert geblieben ist. 4

Die §§ 16 ff enthalten Vorschriften für die Bauleitplanung und wenden sich damit in erster Linie an die planende Gemeinde. Für Bauaufsichtsbehörde und Bauherrn erlangen sie insoweit erst über die Festsetzungen des BPles Bedeutung. Einzelne Vorschriften wie die Vorschriften über die Ermittlung der zulässigen Grundfläche (§ 19 Abs. 3 und 4) haben aber auch unmittelbare Bedeutung für die Prüfung der Zulässigkeit von Vorhaben. 5

Für Vorhaben im **unbeplanten Innenbereich** (§ 34 BauGB) gelten die Vorschriften der BauNVO über das Maß der baulichen Nutzung nicht. Auch bei „faktischen Baugebieten“ iSd § 34 Abs. 2 gelten nur die Vorschriften der BauNVO über die Art der baulichen Nutzung unmittelbar. Das Maß der baulichen Nutzung ist aber auch eines der städtebaulichen Kriterien, anhand deren zu beurteilen ist, ob ein Vorhaben sich in den Rahmen der vorhandenen Bebauung „einfügt“ (§ 34 Abs. 1 BauGB). Dabei können sowohl zur Ermittlung des Maßes der Nutzung in der Umgebungsbebauung als auch zur Beurteilung des Nutzungsmaßes des neuen Vorhabens die Kategorien der §§ 16 ff entsprechend herangezogen werden (BVerwGE 95, 277 = BauR 1994, 481 = BRS 56 Nr. 63 = NVwZ 1994, 1006). Nach Auffassung des OVG Saarlouis ist im Rahmen des § 34 Abs. 1 BauGB unter dem Aspekt des Maßes der baulichen Nutzung allerdings vor allem ein Größenvergleich mit der vorhandenen Bebauung nach Grundfläche und Höhenentwicklung der Baukörper vorzunehmen. Die Anzahl der Vollgeschosse sei allenfalls bedingt aussagekräftig, weil sie regelmäßig, insbesondere was Kellergeschosse und im Dachraum befindliche Geschosse angeht, nur durch abstrakte Berechnungen ermittelbar sei. Die relativen Maße der Grund- und Geschossflächenzahlen seien ungeeignete Bezugsgrößen für eine Beurteilung im Rahmen des § 34 Abs. 1, weil sie in der Örtlichkeit nur schwer ablesbar seien und regelmäßig nach Maßgabe der einschlägigen Bestimmungen der NauNVO errechnet werden müssten (OVG Saarlouis BauR 2006, 660 = BRS 69 Nr. 98). 6

II. Darstellung des allgemeinen Maßes der baulichen Nutzung im FNP (Abs. 1)

Im FNP können die für die Bebauung vorgesehenen Flächen nach **§ 5 Abs. 2 Nr. 1 BauGB** u.a. nach dem **allgemeinen Maß der baulichen Nutzung** dargestellt werden; unausgesprochene Voraussetzung ist, dass dies schon auf der Ebene des FNP städtebaulich erforderlich ist (§ 1 Abs. 3 BauGB). Für die Darstellung des allgemeinen Maßes der baulichen Nutzung im FNP genügt nach **§ 16 Abs. 1 BauNVO** die Angabe der Geschossflächenzahl (§ 20 Abs. 2), der Baumassenzahl (§ 21 Abs. 1) oder der Höhe baulicher Anlagen (§ 18). Weitere Angaben nach Maßgabe der in § 16 Abs. 2 genannten Kriterien sind zur Darstellung des Maßes der baulichen Nutzung im FNP nicht geboten, aber zulässig, sofern sie sich im Rahmen der Ermächtigung zur Darstellung nur des **allgemeinen** Maßes der baulichen Nutzung halten. 7

III. Festsetzung des Maßes der baulichen Nutzung im BPl (Abs. 2–6)

1. Die Maßbestimmungsfaktoren (Abs. 2)

8 Abs. 2 zählt **abschließend** die Maßbestimmungsfaktoren auf, mit deren Hilfe im BPl das zulässige Maß der baulichen Nutzung festgelegt werden kann. Die Einzelheiten dieser Faktoren sind in den §§ 18–21 geregelt. Aus dem abschließenden Charakter der Aufzählung folgt, dass die Gemeinde keine abweichenden Faktoren **„erfinden"** und ihnen durch Zusätze oder andere Veränderungen einen abweichenden Inhalt geben darf. So erlaubt § 16 Abs. 2 Nr. 3 nur die Festsetzung der Zahl der Vollgeschosse. Weitere planerische Festsetzungen, zB Vorschriften über eine bestimmte Gestaltung einzelner Geschosse, sind in diesem Zusammenhang weder vorgesehen noch zulässig (BVerwG Buchholz 406.12 § 16 BauNVO Nr. 1; BauR 1997, 603 = BRS 59 Nr. 51 = NVwZ 1997). Eine Festsetzung der maximalen Giebelbreite als Mittel zur Begrenzung der Höhenentwicklung der Gebäude kann nicht auf § 16 gestützt werden (OVG Münster BauR 2002, 913 = BRS 64 Nr. 77 = NVwZ-RR 2002, 715). Für eine Planung, die vorsieht, dass die in einem besonderen Wohngebiet regelmäßig zugelassene Gaststättennutzung auf einen bestimmten Prozentsatz der überbauten Grundfläche in den Erdgeschossen beschränkt wird, fehlt es an einer Rechtsgrundlage (OVG Saarlouis BauR 2005, 827).

9 Die in Abs. 2 aufgezählten Maßbestimmungsfaktoren können – und müssen nach Maßgabe der Regelung über die Mindestfestsetzungen in Abs. 3 – miteinander **kombiniert** werden. Die einzelnen Maßbestimmungsfaktoren bilden unterschiedliche Aspekte der räumlichen Dimensionen des Baukörpers und seines Verhältnisses zum Baugrundstück ab und ergänzen sich deshalb. Sie stellen, wie sich mittelbar aus Abs. 4 ergibt, grundsätzlich Höchstmaße dar, die sich nicht widersprechen, sondern deren Wirkungen sich überlagern und ergänzen. Auch die Grundfläche der baulichen Anlagen und die Grundflächenzahl, also eine absolute und eine relative Maßzahl, können nebeneinander festgesetzt werden; das Wort „oder" in Abs. 2 Nr. 1 steht dem nicht entgegen (OVG Münster BauR 2002, 913 = BRS 64 Nr. 77 = NVwZ-RR 2002, 715).

10 Auch die Festsetzung des Maßes der baulichen Nutzung durch die Größe der Grundfläche oder die Grundflächenzahl einerseits und die Festsetzung der überbaubaren Grundstücksfläche durch Baugrenzen, Baulinien und Bautiefen (§ 23) andererseits stehen nicht im Widerspruch, sondern verfolgen unterschiedliche städtebauliche Zielsetzungen und ergänzen sich deshalb (BVerwG BauR 1996, 353 = BRS 57 Nr. 25 = NVwZ 1996, 894). Baugrenzen müssen deshalb nicht so festgesetzt werden, dass dem Grundstückseigentümer auf der so festgesetzten überbaubaren Grundstücksfläche die volle oder eine weitgehende Ausschöpfung der im BPl festgesetzten (höchst-)zulässigen Grundflächenzahl ermöglicht wird (BVerwG BauR 1999, 1435 = BRS 62 Nr. 96 = ZfBR 1999, 353; aA König in KRS Rn 28 zu § 16 und Rn 23 zu § 13). Ein striktes Gebot einer überschneidungsfreien wechselseitigen **Abstimmung der Festsetzungen**, wie es zT angenommen wird (König aaO) lässt sich nicht begründen. Allerdings folgt aus dem Abwägungsgebot des § 1 Abs. 7, dass die einzelnen Festsetzungen sinnvoll aufeinander abgestimmt werden müssen. Dieses Gebot ist aber nicht schon verletzt, wenn die Festsetzung der überbaubaren Grundfläche keine volle oder weitgehende Ausnutzung des festgesetzten Maßes der baulichen Nutzung ermöglicht, sondern erst

dann, wenn sie die Ausschöpfung des festgesetzten Maßes der baulichen Nutzung in unangemessener Weise einschränken würde.

2. Mindestfestsetzungen (Abs. 3)

Stets muss entweder die Grundflächenzahl oder die Größe der Grundflächen der baulichen Anlagen festgesetzt werden (**Nr. 1**). Diese **zwingende Vorschrift** dient dem Bodenschutz; sie soll gewährleisten, dass die Gemeinde ihr Augenmerk bei der Planung immer auch auf den Aspekt der **Bodenversiegelung** richtet und einem ungehemmten Bodenverbrauch entgegenwirkt. Auf diese Festsetzung kann auch dann nicht verzichtet werden, wenn die überbaubare Grundfläche nach § 23 festgesetzt wird (BVerwG BauR 1996, 353 = NVwZ 1996, 894). Auch in diesem Zusammenhang ist zu beachten, dass die Kriterien des Maßes und der überbaubaren Grundstücksfläche sich in ihren städtebaulichen Zielsetzungen unterscheiden. Die Festsetzung einer Grundflächenzahl oder der Größe der Grundfläche der baulichen Anlagen sagt nichts darüber, wo auf dem Grundstück die baulichen Anlagen stehen dürfen. Die Festsetzung der überbaubaren Grundstücksfläche wirkt zwar im Ergebnis auch wie eine Beschränkung der Größe der baulichen Anlagen. Für die Festsetzung von Baugrenzen, Baulinien und Bautiefen sind aber nicht in erster Linie Gesichtspunkte des Bodenschutzes ausschlaggebend. Auch die Berechnungsregeln sind unterschiedlich. Während Nebenanlagen iSd § 14 auf die Größe der Grundfläche anzurechnen sind (§ 19 Abs. 4 Nr. 2), gelten Baugrenzen und Baulinien grundsätzlich nicht für Nebenanlagen (§ 23 Abs. 5). Im Hinblick auf diese Unterschiede kann in der Festsetzung der überbaubaren Grundstücksfläche idR nicht die gleichzeitige Festsetzung der Grundfläche iSd § 16 Abs. 3 Nr. 1 gesehen werden (s. aber OVG Bautzen BRS 63 Nr. 36 zu einer textlichen Festsetzung des BPles, nach der die zulässige Grundfläche der Fläche entspricht, die innerhalb der Baugrenzen ausgewiesen ist). 11

Nach **Nr. 2** muss entweder die Zahl der Vollgeschosse oder die Höhe baulicher Anlagen zwingend festgesetzt werden, wenn anderenfalls öffentliche Belange beeinträchtigt werden können. Als – nicht abschließendes – Regelbeispiel führt die Vorschrift eine Beeinträchtigung des Orts- und Landschaftsbilds an. 12

3. Höchst- und Mindestmaße, zwingende Festsetzungen (Abs. 4)

Abs. 4 S. 1 geht davon aus, dass Festsetzungen des Maßes der baulichen Nutzung grundsätzlich **Höchstmaße** darstellen, die demgemäß nur unter den Voraussetzungen einer nach Art und Umfang im BPl vorgesehenen Ausnahme (§ 31 Abs. 1 BauGB) oder im Wege der Befreiung (§ 31 Abs. 2 BauGB) überschritten werden dürfen. Nach Abs. 4 S. 1 können aber auch **Mindestmaße** festgesetzt werden, allerdings nicht für alle Maßbestimmungsfaktoren, sondern nur für Geschossflächenzahl oder Größe der Geschossfläche, Zahl der Vollgeschosse und Höhe baulicher Anlagen, und – wie sich aus dem Wort „zugleich" ergibt, **nicht isoliert**, sondern nur zusammen mit den jeweiligen Höchstmaßen, so dass ein **Rahmen** aus Höchst- und Mindestmaß vorgegeben wird. Die Festsetzung eines solchen Korridors kann insbesondere zur Gestaltung des Orts- und Landschaftsbildes städtebaulich gerechtfertigt sein, aber zB auch aus Gründen des Lärmschutzes. Eine Mindestgeschossfläche oder -geschossflächenzahl dient dem flächensparenden Bauen. Nur für die Zahl der Vollgeschosse und die Höhe baulicher Anlage kann auch eine **zwingende Festsetzung** erfolgen. Sie kann zur Gestaltung des Orts- und Land- 13 schaftsbildes erforderlich sein. Nicht zulässig ist die Festlegung eines Mindestmaßes für Grundflächenzahl oder Größe der Grundfläche sowie für Baumassenzahl oder Größe der Baumasse. Die abgestufte Systematik von Höchstmaßen, Höchst- und Mindestmaßen und zwingenden Festsetzungen trägt der Intensität der damit jeweils verbundenen Eingriffe in die wirtschaftliche Dispositionsfreiheit der Grundeigentümer und Bauherrn und dem Erfordernis einer entsprechend tragfähigen städtebaulicher Begründung Rechnung.

4. Differenzierung des Maßes der baulichen Nutzung (Abs. 5)

14 Abs. 5 ermächtigt die Gemeinde auch bei der Bestimmung des Maßes der baulichen Nutzung zu Differenzierungen innerhalb eines Baugebiets, so wie § 1 Abs. 4–10 zu Differenzierungen hinsichtlich der Art der Nutzung ermächtigt. Die Vorschrift nennt die Anknüpfungspunkte für eine solche Differenzierung. Zulässige Anknüpfungspunkte für Differenzierungen bei der Festsetzung des Maßes der baulichen Nutzung sind Teile des Baugebiets, aber auch einzelne Grundstücke oder Grundstücksteile und sogar Teile baulicher Anlagen. Schließlich können unterschiedliche Feststellungen für Gebäudeteile oberhalb und unterhalb der Geländeoberfläche getroffen werden. Als speziellere Vorschrift geht § 16 Abs. 5 in ihrem Anwendungbereich dem § 9 Abs. 3 BauGB vor (König in KRS RN 34 a; Gaentzsch in BK Rn 75 zu § 9 BauGB).

5. Ausnahmen (Abs. 6)

15 Abs. 6 ermächtigt die Gemeinde, Ausnahmen (§ 31 Abs. 1 BauGB) vom festgesetzten Maß der baulichen Nutzung zuzulassen. Dabei muss die Gemeinde, wie sich schon aus § 31 Abs. 1 BauGB ergibt, Art und Umfang der Ausnahmen im BPl bestimmen. Abs. 6 stellt dies ausdrücklich klar. Bei Vorliegen der im BPl bestimmten Voraussetzungen ist im Baugenehmigungsverfahren nach pflichtgemäßem Ermessen über die Zulassung einer Abweichung vom festgesetzten Maß der baulichen Nutzung zu entscheiden. Ausnahmen von zwingenden Festsetzungen dürfen nicht zugelassen werden. Auch die Obergrenzen des § 17 sind einzuhalten, es sei denn sie können nach den dafür einschlägigen Abs. 2 und 3 des § 17 überschritten werden.

IV. Nachbarschutz

16 Festsetzungen des Maßes der baulichen Nutzung haben, anders als Festsetzungen der Baugebiete (s. dazu oben Rn 2 zu § 1) kraft Bundesrechts grundsätzlich keine nachbarschützende Funktion (BVerwG BauR 1995, 823 = BRS 57 Nr. 209 = NVwZ 1996, 170). Ob Festsetzungen des Maßes der baulichen Nutzung im BPl drittschützend sind, hängt damit vom – bundesrechtlich nicht zwingend gebundenen – **Planungswillen der Gemeinde** ab (BVerwG BauR 1996, 82 = BRS 57 Nr. 219 = NVwZ 1996, 888). Maßfestsetzungen haben danach nur ausnahmsweise nachbarschützende Wirkung, wenn dem BPl anhand seiner ausdrücklichen Festsetzungen, seiner Begründung oder anhand von Unterlagen aus dem Verfahren der Planaufstellung ein dahin gehender Regelungswille der Gemeinde entnommen werden kann (OVG Saarlouis BRS 69 Nr. 166 für die Festsetzung der Zahl der Vollgeschosse; VGH Mannheim BauR 1995, 512 = BRS 57 Nr. 210 für die Geschossflächenzahl und die Zahl der Vollgeschosse; OVG Münster BauR 1992, 60 = BRS

52 Nr. 180 – im konkreten Fall nachbarschützende Festsetzung der Zahl der Vollgeschosse).

§ 17 Obergrenzen für die Bestimmung des Maßes der baulichen Nutzung

(1) Bei der Bestimmung des Maßes der baulichen Nutzung nach § 16 dürfen, auch wenn eine Geschoßflächenzahl oder eine Baumassenzahl nicht dargestellt oder festgesetzt wird, folgende Obergrenzen nicht überschritten werden:

1		2	3	4
Baugebiet		Grundflächenzahl (GRZ)	Geschoßflächenzahl (GFZ)	Baumassenzahl (BMZ)
in	Kleinsiedlungsgebieten (WS)	0,2	0,4	–
in	reinen Wohngebieten (WR) allgemeinen Wohngebieten (WA) Ferienhausgebieten	0,4	1,2	–
in	besonderen Wohngebieten (WB)	0,6	1,6	–
in	Dorfgebieten (MD) Mischgebieten (MI)	0,6	1,2	–
in	Kerngebieten (MK)	1,0	3,0	–
in	Gewerbegebieten (GE) Industriegebieten (GI) sonstigen Sondergebieten	0,8	2,4	10,0
in	Wochenendhausgebieten	0,2	0,2	–

(2) Die Obergrenzen des Absatzes 1 können überschritten werden, wenn

1. besondere städtebauliche Gründe dies erfordern,
2. die Überschreitungen durch Umstände ausgeglichen sind oder durch Maßnahmen ausgeglichen werden, durch die sichergestellt ist, daß die allgemeinen Anforderungen an gesunde Wohn- und Arbeitsverhältnisse nicht beeinträchtigt, nachteilige Auswirkungen auf die Umwelt vermieden und die Bedürfnisse des Verkehrs befriedigt werden, und
3. sonstige öffentliche Belange nicht entgegenstehen.

Dies gilt nicht für Wochenendhausgebiete und Ferienhausgebiete.

(3) In Gebieten, die am 1. August 1962 überwiegend bebaut waren, können die Obergrenzen des Absatzes 1 überschritten werden, wenn städtebauliche Gründe dies erfordern und sonstige öffentliche Belange nicht entgegenstehen. Absatz 2 Satz 1 Nr. 2 ist entsprechend anzuwenden.

§ 17 BauNVO 1977: Zulässiges Maß der baulichen Nutzung

(1) Das Maß der baulichen Nutzung darf höchstens betragen

1			2	3	4	5
Baugebiet			Zahl der Vollgeschosse (Z)	Grundflächenzahl (GRZ)	Geschoßflächenzahl (GFZ)	Baumassenzahl (BMZ)
in	Kleinsiedlungsgebieten (WS)	bei:	1	0,2	0,3	–
			2	0,2	0,4	–

1			2	3	4	5
in	reinen Wohngebieten (WR)					
	allg. Wohngebieten (WA)					
	Mischgebieten (MI)					
	Ferienhausgebieten	bei:	1	0,4	0,5	–
			2	0,4	0,8	–
			3	0,4	1,0	–
			4 und 5	0,4	1,1	–
			6 und mehr	0,4	1,2	–
in	Dorfgebieten (MD)	bei:	1	0,4	0,5	–
			2 und mehr	0,4	0,8	–
in	Kerngebieten (MK)	bei:	1	1,0	1,0	–
			2	1,0	1,6	–
			3	1,0	2,0	–
			4 und 5	1,0	2,2	–
			6 und mehr	1,0	2,4	–
in	Gewerbegebieten (GE)	bei:	1	0,8	1,0	–
			2	0,8	1,6	–
			3	0,8	2,0	–
			4 und 5	0,8	2,2	–
			6 und mehr	0,8	2,4	–
in	Industriegebieten (GI)		–	0,8	–	9,0
in	Wochenendhausgebieten	bei:	1 und 2	0,2	0,2	–

(2) In Gebieten, die für eine Bebauung mit eingeschossigen Wohngebäuden mit einem fremder Sicht entzogenen Gartenhof, wie Gartenhof- und Atriumhäuser, vorgesehen sind, können im Bebauungsplan eine Grundflächenzahl und eine Geschoßflächenzahl bis 0,6 festgesetzt werden.

(3) In Gebieten, für die keine Baumassenzahl angegeben ist, darf bei Gebäuden, die Geschosse von mehr als 3,50 m Höhe haben, eine Baumassenzahl, die das Dreieinhalbfache der zulässigen Geschoßflächenzahl beträgt, nicht überschritten werden. Im Bebauungsplan kann festgesetzt werden, daß eine größere Geschoßhöhe als 3,50 m außer Betracht bleibt, soweit diese ausschließlich durch die Unterbringung technischer Anlagen des Gebäudes wie Heizungs-, Lüftungs- und Reinigungsanlagen bedingt ist.

(4) Wird im Bebauungsplan die Zahl der Vollgeschosse festgesetzt, so ist sie entweder als zwingend oder als Höchstgrenze festzusetzen. Wird eine Höchstgrenze festgesetzt, so kann zugleich eine Mindestgrenze festgesetzt werden.

(5) Im Bebauungsplan kann vorgesehen werden, daß im Einzelfall von der Zahl der Vollgeschosse, der Grundflächenzahl oder der Grundfläche Ausnahmen zugelassen werden können, wenn die Geschoßflächenzahl oder die Geschoßfläche, die Baumassenzahl oder die Baumasse nicht überschritten wird.

(6) Auf Grundstücke, die im Bebauungsplan ausschließlich für Stellplätze, Garagen oder Schutzraumbauten festgesetzt sind, sind die Vorschriften über die Grundflächenzahl nicht anzuwenden. Als Ausnahme kann zugelassen werden, daß die nach Absatz 1 zulässige Geschoßflächenzahl oder Baumassenzahl überschritten wird.

(7) Für besondere Wohngebiete ist das Maß der baulichen Nutzung entsprechend der besonderen Eigenart und Zweckbestimmung der Gebiete darzustellen und festzusetzen; dabei dürfen jedoch eine Grundflächenzahl von 0,6 und eine Geschoßflächenzahl von 1,6 nur überschritten werden, wenn städtebauliche Gründe dies rechtfertigen und sonstige öffentliche Belange nicht entgegenstehen.

(8) Für Sondergebiete mit Ausnahme der Wochenendhausgebiete und der Ferienhausgebiete ist das Maß der baulichen Nutzung entsprechend ihrer Zweckbestimmung darzustellen und festzusetzen. Dabei darf eine Geschoßflächenzahl von 2,4 und eine Baumassenzahl von 9,0 nicht überschritten werden. Die Höchstwerte gelten nicht für Hafengebiete.

(9) In Gebieten, die bei Inkrafttreten der Baunutzungsverordnung überwiegend bebaut waren, können in den Bauleitplänen die Höchstwerte des Absatzes 1 Spalte 3 bis 5 und des Absatzes 8 überschritten werden, wenn städtebauliche Gründe dies rechtfertigen und sonstige öffentliche Belange nicht entgegenstehen.

(10) Im Bebauungsplan können höhere Werte, als sie nach Absatz 1 Spalte 3 bis 5 sowie den Absätzen 2 und 8 zulässig sind, festgesetzt oder als Ausnahme vorgesehen werden, wenn

1. besondere städtebauliche Gründe dies rechtfertigen,
2. die Überschreitungen durch Umstände ausgeglichen sind oder durch Maßnahmen ausgeglichen werden, durch die sichergestellt ist, daß die allgemeinen Anforderungen an gesunde Wohn- und Arbeitsverhältnisse nicht beeinträchtigt und die Bedürfnisse des Verkehrs befriedigt werden, und
3. sonstige öffentliche Belange nicht entgegenstehen.

Dies gilt nicht für Kleinsiedlungsgebiete, Dorfgebiete, Wochenendhausgebiete und Ferienhausgebiete.

§ 17 BauNVO 1968: Zulässiges Maß der baulichen Nutzung

(1) Das Maß der baulichen Nutzung darf höchstens betragen

1	2	3	4	5
Baugebiet	Zahl der Vollgeschosse (Z)	Grundflächenzahl (GRZ)	Geschoßflächenzahl (GFZ)	Baumassenzahl (BMZ)
Kleinsiedlungsgebieten (WS) bei:	1	0,2	0,3	-
	2	0,2	0,4	-
reinen Wohngebieten (WR)				
allg. Wohngebieten (WA)				
Mischgebieten (MI) bei:	1	0,4	0,5	-
	2	0,4	0,8	-
	3	0,4	1,0	-
	4 und 5	0,4	1,1	-
	6 und mehr	0,4	1,2	-
Dorfgebieten (MD) bei:	1	0,4	0,5	-
	2 und mehr	0,4	0,8	-
Kerngebieten (MK) bei:	1	1,0	1,0	-
	2	1,0	1,6	-
	3	1,0	2,0	-
	4 und 5	1,0	2,2	-
	6 und mehr	1,0	2,4	-
Gewerbegebieten (GE) bei:	1	0,8	1,0	-
	2	0,8	1,6	-
	3	0,8	2,0	-
	4 und 5	0,8	2,2	-
	6 und mehr	0,8	2,4	-

1	2	3	4	5
Industriegebieten (GI)	-	0,8	-	9,0
Wochenendhausgebieten	1	0,2	0,2	-

(2) wie BauNVO 1977

(3) wie Abs. 3 S. 1 BauNVO 1977

(4) wie BauNVO 1977

(5) Im Bebauungsplan kann vorgesehen werden, daß im Einzelfall von der Zahl der Vollgeschosse, der Grundflächenzahl oder der Grundfläche Ausnahmen zugelassen werden können, wenn die Geschoßflächenzahl oder die Geschoßfläche nicht überschritten wird.

(6) wie BauNVO 1977

(7) Für Sondergebiete ist das Maß der baulichen Nutzung entsprechend ihrer Zweckbestimmung darzustellen und festzusetzen. Dabei darf eine Geschoßflächenzahl von 2,4 und eine Baumassenzahl von 9,0 nicht überschritten werden. Die Höchstwerte gelten nicht für Hafengebiete.

(8) In Gebieten, die bei Inkrafttreten der Baunutzungsverordnung überwiegend bebaut waren, können in den Bauleitplänen die Höchstwerte des Absatzes 1 Spalte 3 bis 5 und des Absatzes 7 überschritten werden, wenn städtebauliche Gründe dies rechtfertigen und sonstige öffentliche Belange nicht entgegenstehen.

(9) Im Bebauungsplan können die Höchstwerte des Absatzes 1 Spalte 3 bis 5 und der Absätze 2 und 7 überschritten werden, wenn

1. besondere städtebauliche Gründe dies rechtfertigen,
2. die Überschreitungen durch Umstände ausgeglichen sind oder durch Maßnahmen ausgeglichen werden, durch die sichergestellt ist, daß die allgemeinen Anforderungen an gesunde Wohn- und Arbeitsverhältnisse nicht beeinträchtigt und die Bedürfnisse des Verkehrs befriedigt werden, und
3. sonstige öffentliche Belange nicht entgegenstehen.

Dies gilt nicht für Kleinsiedlungsgebiete, Dorfgebiete, Wochenendhausgebiete.

§ 17 BauNVO 1962: Zulässiges Maß der baulichen Nutzung

(1) Das Maß der baulichen Nutzung darf höchstens betragen

1		2	3	4	5
Baugebiet		Zahl der Vollgeschosse (Z)	Grundflächenzahl (GRZ)	Geschoßflächenzahl (GFZ)	Baumassenzahl (BMZ)
in	Kleinsiedlungsgebieten(WS) bei:	1	0,2	0,2	–
		2	0,2	0,3	–
in	reinen Wohngebieten (WR) allg. Wohngebieten (WA) Mischgebieten (MI) bei:	1	0,4	0,4	–
		2	0,4	0,7	–
		3	0,3	0,9	–
		4 und mehr	0,3	1,0	–
in	Dorfgebieten (MD) bei:	1	0,4	0,4	–
		2 und mehr	0,4	0,6	–

1		2	3	4	5
in	Kerngebieten (MK)				
	Gewerbegebieten (GE) bei:	1	0,8	0,8	–
		2	0,8	1,2	–
		3	0,6	1,6	–
		4 und mehr	0,6	2,0	–
in	Industriegebieten (GI)				
	bei Stufe I	–	0,7	–	3,0
	bei Stufe II	–	0,7	–	6,0
	bei Stufe III	–	0,7	–	9,0
in	Wochenendhausgebieten	1	0,1	0,1	–

(2) *wie BauNVO 1968 und 1977*

(3) *wie BauNVO 1968 und Abs. 3 S. 1 BauNVO 1977*

(4) *wie Abs. 4 S. 1 BauNVO 1968 und 1977*

(5) Im Bebauungsplan kann vorgesehen werden, daß im Einzelfall von der Zahl der Vollgeschosse eine Ausnahme zugelassen werden kann, wenn die Grundflächenzahl und die Geschoßflächenzahl nicht überschritten werden.

(6) *wie BauNVO 1968 und 1977*

(7) Für Sondergebiete ist das Maß der baulichen Nutzung entsprechend ihrer besonderen Zweckbestimmung darzustellen und festzusetzen. Dabei dürfen als Höchstwerte eine Grundflächenzahl von 0,8, eine Geschoßflächenzahl von 2,0 und eine Baumassenzahl von 9,0 nicht überschritten werden. Die Höchstwerte gelten nicht für geschlossene Hafengebiete.

(8) In überwiegend bebauten Gebieten können im Bebauungsplan die Höchstwerte der Spalten 3 bis 5 des Absatzes 1 und des Absatzes 7 überschritten werden, wenn städtebauliche Gründe dies rechtfertigen und sonstige öffentliche Belange nicht entgegenstehen.

(9) Das Maß der baulichen Nutzung kann in Industiegebieten unterschiedlich entsprechend den Werten der Tabelle nach Absatz 1 festgesetzt werden.

I. Allgemeines

§ 17 enthält mit der Festlegung von **Obergrenzen** für die Bestimmung des Maßes der baulichen Nutzung im FNP bzw im BPl das Kernstück des Zweiten Abschnitts der BauNVO. Die Vorschrift gilt **für die Bauleitplanung** der Gemeinde, nicht für das Baugenehmigungsverfahren. Das stellt der Wortlaut des Abs. 1 in der Fassung der BauNVO 1990 klar; in der Sache gilt es aber auch für die früheren Fassungen. Für das einzelne Vorhaben gelten deshalb nicht unmittelbar die Obergrenzen des § 17, sondern die – in Übereinstimmung mit § 17 festzusetzenden – Maßbestimmungen des BPls. Die Tabelle in Abs. 1 ist nach Baugebieten bzw Gruppen von Baugebieten gegliedert und legt die jeweiligen Obergrenzen des Maßes der baulichen Nutzung nach der Grundflächenzahl (GRZ – § 19 Abs. 1), der Geschossflächenzahl (GFZ – § 20 Abs. 2) sowie – nur für Gewerbegebiete, Industriegebiete 1 und sonstige Sondergebiete – der Baumassenzahl (BMZ – § 21 Abs. 1) fest. Diese Werte bezeichnen die äußerste Grenze der Bebauungsdichte, die der Verordnungsgeber im Regelfall als mit einer geordneten städtebaulichen Entwicklung noch vereinbar angesehen hat. Sie sind **verbindliche Grenzwerte** und nicht lediglich Orientierungswerte. Sie dürfen – und müssen ggf nach Maßgabe des Abwägungsgebots – unterschritten werden. Aber sie dürfen nur unter den strengen Voraussetzungen der **Abs. 2 und 3** überschritten werden. Das gilt auch für die Zulassung von Ausnahmen nach § 16 Abs. 6.

2 Die Vorschrift ist durch die **BauNVO-Novelle 1990** erheblich **umgestaltet** worden, knüpft aber in der Sache im Wesentlichen an die Vorgängerfassungen an. Die Begriffe **„Obergrenze"** in § 17 BauNVO 1990 und **„Höchstmaße"** in den Vorgängerfassungen haben sachlich keine unterschiedliche Bedeutung. Geändert hat sich die Zuordnung einzelner Baugebiete zu den Baugebietsgruppen in der Tabelle. Entfallen ist die in den Vorgängerfassungen enthaltene Differenzierung der höchstzulässigen Maße nach der Zahl der Vollgeschosse. Einzelne Werte wurden heraufgesetzt. Dagegen wurden die Anforderungen an eine Abweichung von den Obergrenzen sowohl in Abs. 2 als auch in Abs. 3 gegenüber den früheren Fassungen (zB Abs. 9 und 10 BauNVO 1977) verschärft. Die Vorschrift enthält jetzt nur noch drei Absätze. Die Vorgängerfassungen enthielten zahlreiche weitere Regelungen, die nunmehr aus systematischen Erwägungen an anderer Stelle stehen (zB findet sich für Abs. 3 der Vorgängerfassungen eine entsprechende Regelung in § 21 Abs. 4 BauNVO 1990; die Abs. 4 und 5 der Vorgängerfassungen sind in § 16 Abs. 4 BauNVO 1990 aufgegangen; die Vorschriften über besondere Wohngebiete und sonstige Sondergebiete in Abs. 7 und 8 BauNVO 1977 sind in die Tabelle des § 17 Abs. 1 BauNVO 1990 eingearbeitet worden) oder ersatzlos gestrichen worden sind (Abs. 2, der eine Sonderregelung für Gartenhof- und Atriumhäuser enthielt – zu § 17 Abs. 2 BauNVO 1977 BVerwG Buchholz 406.12 § 17 BauNVO Nr. 6 – und Abs. 6).

II. Obergrenzen (Abs. 1)

3 Die Tabelle in Abs. 1 legt **Obergrenzen** für das Maß der baulichen Nutzung fest, und zwar nach Maßgabe der **Grundflächenzahl (GRZ)** – dazu im Einzelnen § 19 – und der **Geschossflächenzahl (GFZ)** – dazu im Einzelnen § 20 – sowie, beschränkt auf Gewerbegebiete, Industriegebiete und sonstige Sondergebiete, der **Baumassenzahl (BMZ)** – dazu im Einzelnen § 21. Diese Obergrenzen gelten, wie Abs. 1 ausdrücklich klarstellt, auch dann, wenn eine Geschossflächenzahl oder eine Baumassenzahl nicht dargestellt oder festgesetzt wird. Wenn also in einem BPl zB das Maß der baulichen Nutzung nur durch eine Grundflächenzahl und die Zahl der Vollgeschosse oder die Höhe der baulichen Anlagen festgesetzt wird, muss die Gemeinde sicherstellen, dass die im Rahmen ihrer Festsetzungen zulässige Bebauung gemessen an ihrer Geschossflächenzahl die Obergrenze des § 17 nicht überschreitet; in der Begründung des BPls muss dies dargelegt werden. Auch wenn als zulässige Grundfläche eine absolute Zahl festgesetzt wird, müssen die Obergrenzen des § 17 Abs. 1 eingehalten werden (OVG Bautzen BRS 63 Nr. 36).

4 Die Obergrenzen des Abs. 1 gelten ausweislich der Tabelle, die jeweils an bestimmte Baugebiete bzw Baugebietsgruppen anknüpft, unmittelbar nur, wenn die Bestimmung des Maßes der baulichen Nutzung **für ein Baugebiet** erfolgt.

Daran fehlt es zB, wenn eine Gemengelage durch einen einfachen BPl (§ 30 Abs. 3 BauGB) überplant wird, der sich auf Festsetzungen des Maßes der baulichen Nutzung beschränkt. Wenn allerdings das mit einem einfachen BPl überplante Gebiet einem faktischen Baugebiet iSd § 34 Abs. 2 entspricht, gelten die Obergrenzen des § 17 entsprechend.

Die Obergrenzen des Abs. 1 gelten **ausschließlich für die Bauleitplanung** der Gemeinde (s. auch oben Rn 1), also für Darstellungen des Maßes der baulichen Nutzung im FNP und für Festsetzungen des Maßes der baulichen Nutzung im BPl. Sie sind für die planende Gemeinde **strikt bindendes Recht**, sie können also nicht durch Abwägung (§ 1 Abs. 7 BauGB) überwunden werden, wenn nicht die Voraussetzungen nach Abs. 2 oder 3 vorliegen. Die in der Tabelle enthaltenen Werte sind ausschließlich Obergrenzen, nicht zugleich auch städtebauliche Richtwerte. Die Gemeinde darf nicht nur die Obergrenzen der Tabelle **unterschreiten.** Sie muss im Einzelfall geringere Maße der baulichen Nutzung darstellen bzw festsetzen, wenn dies unter den jeweiligen konkreten Umständen städtebaulich erforderlich (§ 1 Abs. 3 BauGB) oder im Ergebnis einer gerechten Abwägung gem § 1 Abs. 7 BauGB geboten ist. Das gilt insbesondere im Fall der Festsetzung eines sonstigen Sondergebiets gem § 11, bei dem das zulässige Maß der baulichen Nutzung jeweils nach dem Zweck des Gebiets bestimmt werden muss, zB bei der Festsetzung eines Kurgebiets als sonstiges Sondergebiet, für das die gleichen hohen Obergrenzen gelten wie für Gewerbe- und Industriegebiete, das aber nach seinem Gebietscharakter eine wesentlich geringere Bebauungsdichte erfordert (BVerwG BauR 1989, 701 = BRS 49 Nr. 65 = NVwZ 1990, 362 zu § 17 BauNVO 1977). § 17 gewährt weder einen Anspruch gegenüber der Gemeinde auf Ausschöpfung der Obergrenzen, noch einen Anspruch auf Genehmigung einer Überschreitung des Maßes der baulichen Nutzung über die im BPl festgesetzten Maße hinaus unter Berufung auf die Obergrenzen des § 17. 5

Für Vorhaben im **unbeplanten Innenbereich** (**§ 34 BauGB**) gilt § 17 BauNVO nicht unmittelbar und grundsätzlich auch nicht entsprechend; auch ein Verstoß gegen das im Begriff des Einfügens in § 34 Abs. 1 BauGB enthaltene Gebot der Rücksichtnahme kann nicht allein mit einer Überschreitung der Obergrenzen des § 17 BauNVO begründet werden (VGH Kassel BauR 1989, 66 = BRS 48 Nr. 49). Die Zulässigkeit eines Vorhabens im unbeplanten Innenbereich nach dem Maß der baulichen Nutzung ist vielmehr allein danach zu beurteilen, ob es sich in die in der Umgebung vorhandene Bebauung einfügt (§ 34 Abs. 1 BauGB). Die Bebauungsdichte eines ohne Bauleitplanung entstandenen Gebiets kann aber die Obergrenzen des § 17 Abs. 1 BauNVO deutlich überschreiten. Dennoch bildet diese Bebauung dann den städtebaulichen Maßstab des Einfügens, auch wenn dieser Maßstab nicht den Vorstellungen der BauNVO für eine geordnete städtebauliche Entwicklung durch Bauleitplanung entspricht. Wenn also die vorhandene Bebauung nach ihrem Maß die Obergrenzen des § 17 Abs. 1 deutlich überschreitet, darf auch das neue Vorhaben ohne Bindung an die Obergrenzen des § 17 Abs. 1 grundsätzlich diesen weiteren Rahmen ausschöpfen, unter der einschränkenden Voraussetzung, dass es die gebotene Rücksicht auf seine nächste Umgebung nimmt. Etwas anderes gilt aber im Fall eines **„faktischen Baugebiets"**. Zwar gelten gem. § 34 Abs. 2 BauGB unmittelbar nur die Vorschriften der BauNVO über die Art der baulichen Nutzung; in diesem Fall gelten aber Obergrenzen für das Maß der baulichen Nutzung in **entsprechender Anwendung** des § 17 Abs. 1 (König in KRS Rn 6 zu § 17). 6

7 Auch auf Vorhaben- und Erschließungspläne (§ 12 BauGB) sind die Vorschriften der BauNVO nicht anwendbar (§ 12 Abs. 3 S. 2 BauGB); das gilt damit auch für die Obergrenzen des § 17 (vgl BVerwGE 116, 296 = BauR 2002, 1655 = BRS 65 Nr. 78 = DVBl 2002, 1494 für Vorhaben- und Erschließungspläne nach § 7 BauGB-MaßnahmenG). Die BauNVO besitzt jedoch eine Leitlinien- und Orientierungsfunktion bei der Konkretisierung der Anforderungen an eine geordnete städtebauliche Entwicklung, denen Vorhaben- und Erschließungspläne unterliegen. Dabei führt eine Überschreitung der in § 17 Abs. 1 BauNVO festgelegten Obergrenzen nicht schematisch und zwangsläufig zu einer Beeinträchtigung der allgemeinen Anforderungen an gesunde Wohn- und Arbeitsverhältnisse (BVerwG aaO).

Die Obergrenzen des § 17 nach Abs. 1 gelten auch für den Umfang der Ausnahmen, die auf Grund des § 16 Abs. 6 im BPl vorgesehen werden können. Sie dürfen auch im Wege der Ausnahme nur überschritten werden, wenn die Voraussetzungen der Abs. 2 oder 3 vorliegen (VGH Mannheim BRS 57 Nr. 43).

III. Überschreitungen der Obergrenzen (Abs. 2 und 3)

1. Zur Systematik der Abs. 2 und 3

8 Abs. 2 und 3 regeln **abschließend** die Voraussetzungen, unter denen die Obergrenzen nach Abs. 1 überschritten werden können. Im Verhältnis der beiden Absätze ist Abs. 2 die allgemeine Vorschrift. Abs. 3 enthält eine spezielle Regelung für Gebiete, die am 1. August 1962 überwiegend bebaut waren. Sie geht für ihren Anwendungbereich dem Abs. 2 vor.

2. Die allgemeine Regelung (Abs. 2)

9 Nach Abs. 2 können die Obergrenzen für alle Baugebiete außer für Wochenendhausgebiete und Ferienhausgebiete überschrittten werden, wenn die in Nr. 1–3 genannten Voraussetzungen **kumulativ** vorliegen.

10 a) Erste Voraussetzung ist, dass **besondere städtebauliche Gründe** die Überschreitung **erfordern (S. 1 Nr. 1)**. Ähnlich wie bei dem wortgleichen Erfordernis besonderer städtebaulicher Gründe für Festsetzungen nach § 1 Abs. 7 und 9 (s. dazu BVerwGE 77, 308 und 317; 88, 268 und oben Rn 25 zu § 1; für eine Übertragung dieser Rspr auf die Auslegung des § 17 Abs. 2 Nr. 1 König in KRS Rn 21 zu § 17; zweifelnd dagegen FF Rn 26 zu § 17; Bielenberg in EZB Rn 25 zu § 17 BauNVO; Knaup/Stange Rn 30 zu § 17) geht auch § 17 Abs. 2 nicht über die Anforderungen hinaus, die sich in der Sache schon aus § 1 Abs. 3 BauGB ergeben. Die Vorschrift enthält also keine Beschränkung auf besonders wichtige städtebauliche Gründe. Sie macht aber deutlich, dass eine Überschreitung der Obergrenzen des Maßes der baulichen Nutzung nicht schon aus allgemeinen und abstrakten städtebaulichen Gründen zulässig sein kann, sondern nur aus speziellen, gerade auf das Erfordernis eines höheren Maßes der baulichen Nutzung in der konkreten Planungssituation gerichtete Gründe. Damit wird aber für Überschreitungen der Obergrenzen nach Abs. 2 letztlich nicht mehr und nichts anderes verlangt als für Überschreitungen in den Fällen des Abs. 3, so dass die zu Abs. 3 ergangene Rspr des BVerwG auch für Abs. 2 gilt. Danach ist § 17 Abs. 3 systematisch in den Zusammenhang des § 1 Abs. 3 BauGB einzuordnen. Restriktionen für eine Überschreitung der Obergrenzen ergeben sich vor allem daraus, dass § 17 Abs. 3 eine

Ausnahme zulässt und damit auch städtebauliche Ausnahmegründe für die Abweichung von Abs. 1 voraussetzt. Die Einhaltung der Maße des § 17 Abs. 1 ist der Regelfall. Die Maßüberschreitung setzt eine – städtebauliche – Situation und eine durch den Bebauungsplan zu lösende Problematik voraus, die nicht alltäglich und nicht in beliebiger örtlicher Lage anzutreffen ist. Mit dem Hinweis auf die Erforderlichkeit aus städtebaulichen Gründen stellt § 17 Abs. 3 klar, dass auch die Ausnahme nur aus Gründen gestattet ist, die sich einer Erforderlichkeit für die städtebauliche Entwicklung und Ordnung iSd § 1 Abs. 3 BauGB zuordnen lassen. Es muss sich um eine städtebauliche Ausnahmesituation handeln. Reguläre städtebauliche Gründe in einer Standardsituation reichen nicht aus (BVerwG BauR 2000, 690 = BRS 62 Nr. 26 = DÖV 2000, 467 = DVBl 2000, 800 = NVwZ 2000, 813; BVerwGE 112, 41 = BauR 2001, 358 = BRS 63 Nr. 1 = NVwZ 2001, 560). Nicht mehr und nicht weniger gilt auch für die „besonderen" städtebaulichen Gründe in Abs. 2: es bedarf einer spezifischen städtebaulichen Situation, die durch die Überschreitung gelöst werden soll (OVG Münster BauR 2001, 902 = BRS 63 Nr. 93).

Besondere städtebauliche Gründe iSd Abs. 2 liegen danach zB nicht schon vor, 11
wenn die Gemeinde allgemein oder in Teilen ihres Gebiets eine Verdichtung anstrebt oder das Baugebiet eine besondere Verkehrsgunst besitzt (VGH Mannheim VBlBW 1996, 141). Das gilt auch dann, wenn die angestrebte bauliche Verdichtung eine weitestgehende Ausnutzung der Grundstücke und damit eine möglichst kostengünstige Bebauung ermöglichen soll, um die Eigentumsbildung für junge Familien und sozial schwächere Bevölkerungskreise voranzutreiben (OVG Münster BauR 2001, 902 = BRS 63 Nr. 93). Kein besonderer städtebaulicher Grund ist schließlich das Bestreben, den wirtschaftlichen Wert der überplanten Grundstücke durch ein höheres Nutzungsmaß zu steigern (VGH Mannheim BRS 57 Nr. 82).

Besondere städtebauliche Gründe iSd Abs. 2 können aber bei Planungen mit 12
Modellcharakter vorliegen, bei denen das hohe Nutzungsmaß der Umsetzung besonderer, qualifizierter ploanerischer Lösungen und städtebaulicher Ideen dient (BVerwG Buchholz 406.12 § 17 BauNVO Nr. 5). Allein die Verkleinerung der Grundstücke und ihre über die Norm hinausgehende Ausnutzung durch eine zusammengedrängte Bebauung mit Doppelhäusern und Hausgruppen stellen allerdings weder unter architektonischem noch unter städtebaulichem Blickwinkel als eine qualifizierte Idee zur Umsetzung flächensparenden Bauens mit „Modellcharakter" dar, die etwa als besonderer städtebaulicher Grund iSd § 17 Abs. 2 Nr. 1 anerkennungswürdig wäre (OVG Münster BauR 2001, 902 = BRS 63 Nr. 93). Städtebauliche Gründe, die eine Überschreitung der Obergrenzen des § 17 Abs. 1 erfordern, können sich auch aus der in informellen Planungen konkretisierten Konzeption der Gemeinde für die städtebauliche Entwicklung und Ordnung ergeben (BVerwG BauR 2000, 690 = BRS 62 Nr. 26 = DÖV 2000, 467 = DVBl 2000, 800 = NVwZ 2000, 813 zu § 17 Abs. 3).

Die besonderen städtebaulichen Gründe müssen die Überschreitung **erfordern.** 13
Mit dieser Formulierung stellt die BauNVO 1990 erhöhte Anforderungen gegenüber den Vorgängerfassungen (§ 17 Abs. 9 BauNVO 1977), nach denen besondere städtebauliche Gründe die Überschreitung **rechtfertigen** mussten (BVerwG BauR 1997, 442 = BRS 59 Nr. 72 = NVwZ 1997, 903 = ZfBR 1997, 215). Mit der Ersetzung des Merkmals „rechtfertigen" durch das Merkmal „erfordern" wollte der Verordnungsgeber den Ausnahmecharakter des § 17 Abs. 2 BauNVO hervor-

heben und klarstellen, dass diese Ausnahmeregelung aus ökologischen Gründen restriktiv zu handhaben ist (OVG Berlin BRS 56 Nr. 42 = NVwZ-RR 1995, 69 = UPR 1994, 319). „Erfordern“ bedeutet, dass die Überschreitung zur Lösung der städtebaulichen Ausnahmesituation „vernünftigerweise geboten“ sein muss (BVerwG BauR 1997, 442 = BRS 59 Nr. 72 = NVwZ 1997, 903 = ZfBR 1997, 215 unter Bezugnahme auf die Rspr zum Begriff des Erforderns in § 31 Abs. 2 Nr. 1 BauGB).

14 b) Nach **S. 1 Nr. 2** ist auch eine aus besonderen städtebaulichen Gründen erforderliche Überschreitung der Obergrenzen nicht zulässig, wenn nicht sichergestellt ist, dass die allgemeinen Anforderungen an gesunde Wohn- und Arbeitsverhältnisse nicht beeinträchtigt, nachteilige Auswirkungen auf die Umwelt vermieden und die Bedürfnisse des Verkehrs befriedigt werden. Sichergestellt werden kann dies entweder dadurch, dass die Überschreitung der Obergrenzen durch besondere Umstände ausgeglichen werden oder dadurch, dass Maßnahmen ergriffen werden, die die Überschreitungen ausgleichen. S. 1 Nr. 2 setzt eine strikte Grenze, die auch zugunsten gewichtiger, für eine Überschreitung der Obergrenzen sprechender städtebaulicher Gründe nicht durch Abwägung überwunden werden kann (BVerwGE 116, 296 = BauR 2002, 1655 = BRS 65 Nr. 78 = NVwZ 2003, 98). Allerdings führt nicht jede Überschreitung der Obergrenzen zu ungesunden Wohn- und Arbeitsverhältnissen (BVerwG aaO).

15 Ausgleichsmaßnahmen müssen grundsätzlich im FNP dargestellt bzw im BPl festgesetzt werden. Denkbar ist auch ein Ausgleich durch vertragliche Vereinbarungen nach § 11 BauGB.

16 c) Nach **S. 1 Nr. 3** dürfen sonstige, dh nicht schon in Nr. 2 genannte öffentliche Belange nicht entgegenstehen. Sonstige Belange stehen einer Überschreitung der Obergrenzen entgegen, wenn sie sich in der Abwägung als gewichtiger erweisen als die städtebaulichen Gründe, die die Überschreitung erfordern.

3. Die spezielle Ermächtigung des Abs. 3

17 Abs. 3 enthält eine gegenüber Abs. 2 spezielle Ermächtigung zur Überschreitung der Obergrenzen des Abs. 1 in Gebieten, die am **1. August 1962**, also bei Inkrafttreten der BauNVO in der Ursprungsfassung, **überwiegend bebaut** waren. In den **neuen Bundesländern** ist Abs. 3 nach der Überleitungsvorschrift des § 26 a auf Gebiete anzuwenden, die am **1. Juli 1990** überwiegend bebaut waren.

18 Der **Begriff des überwiegend bebauten Gebiets** in Abs. 3 entspricht dem wortgleichen Begriff in § 4a Abs. 1 S. 1, so dass auf die entsprechenden Erläuterungen dort verwiesen werden kann (s. oben Rn 4 zu § 4a).

19 Im Übrigen entspricht die Voraussetzung, dass **städtebauliche Gründe** die Überschreitung **erfordern**, ungeachtet der unterschiedlichen Formulierung den Anforderungen des Abs. 2, so dass im Wesentlichen auf die Rn 10–13 zu § 17 verwiesen werden kann. Der Zweck, in einem innerstädtischen und durch den öffentlichen Personennahverkehr gut erschlossenen Gewerbe- und Industriegebiet unter Ergänzung und Erneuerung der vorhandenen Infrastruktur und Bebauung für vorhandene Betriebe mit vielen Arbeitsplätzen Entwicklungsmöglichkeiten zu sichern und Ansiedlungsmöglichkeiten für neue Betriebe zu schaffen, reicht zur Begründung der städtebaulichen Erforderlichkeit einer Überschreitung der Obergrenzen für das Maß der baulichen Nutzung im BPl nach Abs. 3 aus (BVerwGE 112, 41 = BauR 2001, 358 = BRS 63 Nr. 1 = NVwZ 2001, 560).

§ 18 Höhe baulicher Anlagen

(1) Bei Festsetzung der Höhe baulicher Anlagen sind die erforderlichen Bezugspunkte zu bestimmen.
(2) Ist die Höhe baulicher Anlagen als zwingend festgesetzt (§ 16 Abs. 4 Satz 2), können geringfügige Abweichungen zugelassen werden.

§ 18 BauNVO 1977: Vollgeschosse

Als Vollgeschosse gelten Geschosse, die nach landesrechtlichen Vorschriften Vollgeschosse sind oder auf ihre Zahl angerechnet werden.

§ 18 BauNVO 1968: Vollgeschosse

wie BauNVO 1977

§ 18 BauNVO 1962: Vollgeschosse

wie BauNVO 1968 und 1977

I. Allgemeines

Die Höhe baulicher Anlagen als Maßbestimmungsfaktor ist durch die BauNVO 1968 eingeführt worden; sie war aber beschränkt auf Industrie- und Sondergebiete (§ 16 Abs. 2 S. 5 BauNVO 1968). § 16 Abs. 3 BauNVO 1977 enthielt diese Beschränkung nicht mehr. Die BauNVO 1990 hat die die Höhe baulicher Anlagen als eigenständigen Maßbestimmungsfaktor weiter aufgewertet und die Systematik der Regelung umgestaltet. § 18 enthält nun eine eigenständige Regelung über die Festsetzung der Höhe baulicher Anlagen. Die in den älteren Fassungen des § 18 enthaltene Regelung über Vollgeschosse findet sich jetzt im systematischen Zusammenhang mit den Regelungen über Geschossflächenzahl und Geschossfläche in § 20 Abs. 1. 1

II. Bestimmung der Bezugspunkte (Abs. 1)

Nach Abs. 1 müssen bei Festsetzung der Höhe baulicher Anlagen die **erforderlichen Bezugspunkte** bestimmt werden. Das ist an sich selbstverständlich, weil es Voraussetzung für die Bestimmtheit dieser Art der Festsetzung ist. Erforderlich ist zunächst die Bestimmung des **unteren Bezugspunkts**, von dem aus die Höhe baulicher Anlagen zu bemessen ist. Dieser untere Bezugspunkt muss seinerseits nach seiner Höhenlage bestimmt oder bestimmbar sein. Außerdem muss die Höhenlage des Bezugspunktes konstant sein, dh dass Veränderungen nicht zu erwarten sind. Als Bezugspunkte kommen unter dieser Voraussetzung sowohl bestehende als auch geplante Anlagen im Baugebiet in Betracht, zB **Verkehrsflächen**. Die Höhenlage einer geplanten Verkehrsfläche ist allerdings nur dann bestimmt genug, wenn sie ihrerseits festgesetzt ist (§ 9 Abs. 2 BauGB) oder durch den Anschluss an vorhandene Verkehrsflächen eindeutig bestimmt werden kann. Grundsätzlich kann der BPl auch die gewachsene **natürliche Geländeoberfläche** als Bezugspunkt festlegen (VGH Kassel BRS 66 Nr. 42 = UPR 2003, 394; aA OVG Schleswig 2

NVwZ-RR 2003, 98: nicht geeignet, weil sie durch Außenanlagen verändert werden kann). Der **obere Bezugspunkt** wird in der Regel mittelbar durch das Höhenmaß festgelegt, das vom unteren Bezugspunkt aus gemessen wird. Dabei bedarf es aber auch einer präzisen Festlegung, an welcher Stelle der baulichen Anlage die Höhe zu messen ist. In Betracht kommten Traufhöhe, Firsthöhe, Oberkante (Ziff 2.8 der Anlage zur PlanzVO) und die Wandhöhe (Schnittpunkt der Wand mit der Dachhaut). Die Traufhöhe bemisst sich bei einem Staffelgeschoss auch dann nach der oberen Dachhaut des obersten Geschosses, wenn diese kein Vollgeschoss ist (OVG Greifswald BauR 2007, 513). Wenn ein Höhenmaß nicht festgesetzt wird, muss auch ein oberer Bezugspunkt selbständig bestimmt werden.

III. Geringfügige Abweichungen bei zwingender Festsetzung der Höhe (Abs. 2)

3 Nach § 16 Abs. 4 S. 2 kann die Höhe baulicher Anlagen auch als zwingend festgesetzt werden. In diesem Fall können gem § 18 Abs. 2 **geringfügige Abweichungen** zugelassen werden. Die Zulassungsentscheidung trifft die **Bauaufsichtsbehörde** im Baugenehmigungsverfahren nach pflichtgemäßem **Ermessen.** Für die Gemeinde stellt Abs. 2 zwingendes Recht dar. Sie kann die Befugnis des Abs. 2 nicht durch Festsetzung im BPl ausschließen. Es handelt sich auch nicht um eine Ausnahme iSd § 31 Abs. 1 BauGB. Deshalb ist auch das Einvernehmen der Gemeinde gem. § 36 BauGB nicht erforderlich.

4 Die **Geringfügigkeit** der Abweichung kann nur in Relation zur festgesetzten Gesamthöhe bestimmt werden. Aber auch feste Prozentwerte lassen sich nicht angeben, da es auf die jeweiligen Verhältnisse des Einzelfalls ankommt. Eine Abweichung von mehr als 10 Prozent ist aber sicher nicht mehr geringfügig.

§ 19 Grundflächenzahl, zulässige Grundfläche

(1) Die Grundflächenzahl gibt an, wieviel Quadratmeter Grundfläche je Quadratmeter Grundstücksfläche im Sinne des Absatzes 3 zulässig sind.

(2) Zulässige Grundfläche ist der nach Absatz 1 errechnete Anteil des Baugrundstücks, der von baulichen Anlagen überdeckt werden darf.

(3) Für die Ermittlung der zulässigen Grundfläche ist die Fläche des Baugrundstücks maßgebend, die im Bauland und hinter der im Bebauungsplan festgesetzten Straßenbegrenzungslinie liegt. Ist eine Straßenbegrenzungslinie nicht festgesetzt, so ist die Fläche des Baugrundstücks maßgebend, die hinter der tatsächlichen Straßengrenze liegt oder die im Bebauungsplan als maßgebend für die Ermittlung der zulässigen Grundfläche festgesetzt ist.

(4) Bei der Ermittlung der Grundfläche sind die Grundflächen von

1. **Garagen und Stellplätzen mit ihren Zufahrten,**
2. **Nebenanlagen im Sinne des § 14,**
3. **baulichen Anlagen unterhalb der Geländeoberfläche, durch die das Baugrundstück lediglich unterbaut wird,**

mitzurechnen. Die zulässige Grundfläche darf durch die Grundflächen der in Satz 1 bezeichneten Anlagen bis zu 50 vom Hundert überschritten werden, höchstens jedoch bis zu einer Grundflächenzahl von 0,8; weitere Überschreitungen in geringfügigem Ausmaß können zugelassen werden. Im Bebauungsplan können von Satz 2 abweichende Bestimmungen getroffen werden. Soweit der Bebauungsplan

nichts anderes festsetzt, kann im Einzelfall von der Einhaltung der sich aus Satz 2 ergebenden Grenzen abgesehen werden
1. bei Überschreitungen mit geringfügigen Auswirkungen auf die natürlichen Funktionen des Bodens oder
2. wenn die Einhaltung der Grenzen zu einer wesentlichen Erschwerung der zweckentsprechenden Grundstücksnutzung führen würde.

§ 19 BauNVO 1977: Grundflächenzahl, zulässige Grundfläche

(1) *wie BauNVO 1990*
(2) *wie BauNVO 1990*
(3) *wie BauNVO 1990*
(4) Auf die zulässige Grundfläche werden die Grundflächen von Nebenanlagen im Sinne des § 14 nicht angerechnet. Das gleiche gilt für Balkone, Loggien, Terrassen sowie für bauliche Anlagen, soweit sie nach Landesrecht im Bauwich oder in den Abstandsflächen zulässig sind oder zugelassen werden können.

§ 19 BauNVO 1968: Grundflächenzahl, zulässige Grundfläche

(1) *wie BauNVO 1977 und 1990*
(2) *wie BauNVO 1977 und 1990*
(3) *wie BauNVO 1977 und 1990*
(4) *wie BauNVO 1977*

§ 19 BauNVO 1962: Grundflächenzahl, zulässige Grundfläche

(1) *wie BauNVO 1968, 1977 und 1990*
(2) *wie BauNVO 1968, 1977 und 1990*
(3) *wie BauNVO 1968, 1977 und 1990*
(4) Auf die zulässige Grundfläche werden die Grundflächen von Nebenanlagen im Sinne des § 14 nicht angerechnet. Das gleiche gilt für bauliche Anlagen, soweit sie nach Landesrecht im Bauwich oder in den Abstandsflächen zulässig sind oder zugelassen werden können.
(5) In Kerngebieten, Gewerbegebieten und Industriegebieten können eingeschossige Garagen und überdachte Stellplätze ohne Anrechnung ihrer Grundflächen auf die zulässige Grundfläche zugelassen werden. In den übrigen Baugebieten werden solche Anlagen auf die zulässige Grundfläche nicht angerechnet, soweit sie 0,1 der Fläche des Baugrundstücks nicht überschreiten. Absatz 4 findet keine Anwendung.

I. Überblick

1 § 19 definiert die **Grundflächenzahl (Abs. 1)**, nicht aber den in § 16 Abs. 2 Nr. 1 und Abs. 3 Nr. 1 alternativ zur Grundflächenzahl genannten Maßbestimmungsfaktor „Größe der Grundflächen der baulichen Anlagen". Auch die Definition der „zulässigen Grundfläche" in Abs. 2 bezieht sich nur auf die Festsetzung einer Grundflächenzahl; denn nur in diesem Fall muss der Anteil des Baugrundstücks, der von baulichen Anlagen überdeckt werden darf, „errechnet" werden, während die „Größe der Grundflächen der baulichen Anlagen" als Maßbestimmungsfaktor unmittelbar im BPl mit einer absoluten Zahl festgesetzt wird. Auch die Regelung in Abs. 3 über die Ermittlung der zulässigen Grundfläche bezieht sich nur auf Abs. 2 und damit auf eine Maßfestsetzung nach der Grundflächenzahl, da nur in diesem Fall die Fläche des Baugrundstücks benötigt wird, um aus ihr mithilfe der Grundflächenzahl die zulässige Grundfläche zu errechnen. Die **Abs. 1–3** beziehen sich damit ausschließlich auf die Festsetzung einer **Grundflächenzahl (GRZ)** und nicht auf die Festsetzung der Größe der Grundflächen der baulichen Anlagen (GR). **Abs. 4** gilt dagegen sowohl im Fall der Festsetzung einer Grundflächenzahl als **auch bei Festsetzung der Größe der Grundflächen der baulichen Anlagen.** Abs. 4 enthält in S. 1 eine Regelung über die baulichen Anlagen, die – neben den Hauptanlagen – bei der Ermittlung der (geplanten oder vorhandenen, von baulichen Anlagen überdeckten) **Grundfläche** mitzurechnen sind, und in S. 2–4 Regelungen für Überschreitungen der zulässigen Grundfläche.

II. Die Ermittlung der zulässigen Grundfläche bei Festsetzung der Grundflächenzahl (Abs. 1–3)

1. Definition der Grundflächenzahl (Abs. 1)

2 Abs. 1 enthält die **Definition** der **Grundflächenzahl** (**GRZ**). Die Grundflächenzahl gibt an, wie viel Quadratmeter Grundfläche je Quadratmeter Grundstücksfläche iSd Abs. 3 zulässig sind. Sie bestimmt das zulässige Maß der baulichen Nutzung im Unterschied zur Festsetzung der **Größe der baulichen Anlagen** (**GR**) nicht durch Angabe eines festen Wertes, sondern durch einen **relativen Wert**, der das **Verhältnis** von überbauter Grundfläche zur Grundstücksfläche festlegt. Für die praktische Umsetzung bei der Beurteilung der Zulässigkeit eines Vorhabens bedeutet das: Die Grundstücksfläche (= Baugrundstück iSd Abs. 3) ist mit der Grundflächenzahl zu multiplizieren. Das Resultat dieser Multiplikation ergibt die „zulässige Grundfläche". Das ist nach Abs. 2 die Fläche, die von baulichen Anlagen überdeckt werden darf. Wenn zB das Baugrundstück (Abs. 3) eine Grundstücksfläche von 1000 qm hat und die im BPl festgesetzte Grundflächenzahl 0,4 beträgt, ergibt sich (1000 x 0,4 = 400) eine zulässige Grundfläche von 400 qm. Auf dem Grundstück dürfen damit bauliche Anlagen errichtet werden, die zusammengerechnet höchstens eine Fläche von 400 qm überdecken.

2. Zulässige Grundfläche (Abs. 2)

3 Abs. 2 definiert die **zulässige Grundfläche**, die mithilfe der Grundflächenzahl nach Abs. 1 errechnet wird, als den **Anteil** des Baugrundstücks, der von baulichen Anlagen **überdeckt** werden darf. Das Wort „Anteil" ist dabei insofern irreführend, als es sich bei der zulässigen Grundfläche nicht mehr, wie bei der Grundflächenzahl,

um eine Verhältniszahl handelt: Das Resultat der Multiplikation der Grundfläche des Baugrundstücks mit der Grundflächenzahl (s. oben Rn 2) ergibt vielmehr einen festen, in qm bestimmten Wert. Erst dieser Wert ermöglicht es im Baugenehmigungsverfahren, die Zulässigkeit eines konkreten Vorhabens nach dem Maß der baulichen Nutzung zu beurteilen. Die Verwendung des Wortes „Anteil" mag aber insofern sinnvoll sein, als es verdeutlicht, dass es nicht wie bei der überbaubaren Grundstücksfläche (§ 23) um den Standort des Baukörpers auf dem Grundstück, sondern um die anteilige Größe der baulichen Anlagen geht (zum Unterschied BVerwG BauR 1996, 353 = BRS 57 Nr. 25 = NVwZ 1996, 894; BauR 1999, 1435 = BRS 62 Nr. 96 = ZfBR 1999, 353).

In die Errechnung der zulässigen Grundfläche nach Abs. 2 geht als Grundwert die Grundstücksfläche ein, die als Fläche des Baugrundstücks nach Maßgabe des Abs. 3 zu bestimmen ist (s. unten Rn 5 ff). Dieser Grundwert wird mit der Grundflächenzahl (Abs. 1) multipliziert, die im BPl festgesetzt und, wie § 17 zeigt, als Dezimalzahl angegeben wird (§ 17). Resultat dieser Multiplikation ist die „zulässige Grundfläche" (s. das Beispiel oben in Rn 2). Sie ist mit der (ausweislich der Bauunterlagen geplanten und nach Maßgabe der näheren Bestimmungen in Abs. 4 zu ermittelnden) Grundfläche der baulichen Anlagen zu vergleichen. 4

3. Maßgebliche Grundstücksfläche (Abs. 3)

Wie die Grundstücksfläche zu bestimmen ist, die in die Errechnung der zulässigen Grundfläche nach Abs. 2 eingeht, regelt Abs. 3. Danach ist die Fläche des **Baugrundstücks** maßgebend, die im **Bauland** und hinter der im BPl festgesetzten **Straßenbegrenzungslinie** liegt (S. 1). S. 2 enthält eine Regelung für den Fall, dass der BPl keine Straßenbegrenzungslinie festsetzt. 5

Maßgeblich ist zunächst der – weder im BauGB noch in der BauNVO definierte – Begriff des **Baugrundstücks**. Als Baugrundstück ist – auch im Zusammenhang des § 19 BauNVO – grundsätzlich das Grundstück im **grundbuchrechtlichen** Sinne zu verstehen (BVerwG Buchholz 406.12 § 19 BauNVO Nr. 5 = BRS 63 Nr. 94 = ZfBR 2001, 421; BVerwGE 44, 250 = BauR 1974, 104 = BRS 27 Nr. 82). Ein Grundstück im grundbuchrechtlichen Sinn (**„Buchgrundstück"**) ist ein räumlich abgegrenzter Teil der Erdoberfläche, der im Bestandsverzeichnis eines Grundbuchblattes unter einer Nummer eingetragen ist; es besteht idR aus einem Flurstück, kann aber auch mehrere Flurstücke umfassen. Das Buchgrundstück ist grundsätzlich ohne Rücksicht darauf maßgeblich, wie es genutzt wird und ob es bei wirtschaftlicher Betrachtung eine Einheit mit anderen Grundstücken bildet. Ausnahmen davon sind nur vertretbar, dann allerdings auch geboten, wo bei Verwendung des grundbuchrechtlichen Begriffs die Gefahr entstünde, dass der Sinn einer bestimmten bodenrechtlichen Regelung handgreiflich verfehlt würde (BVerwG Buchholz 406.12 § 19 BauNVO Nr. 5 = BRS 63 Nr. 94 = ZfBR 2001, 421). Der Umstand, dass derzeit vorhandene Parzellen früher ein Grundstück gebildet haben und die jetzigen Eigentümer Geschwister sind, und die bloße persönliche Verbundenheit der Eigentümer sind nicht geeignet, eine Ausnahme vom grundbuchrechtlichen Grundstücksbegriff zu begründen (BVerwG aaO). Ausnahmen kommen etwa in Betracht, wenn mehrere kleine Parzellen, die jeweils eigene Buchgrundstücke sind, aber wegen ihrer geringen Größe jeweils allein nicht baulich nutzbar sind, als wirtschaftliche Einheit genutzt und überbaut werden. 6

7 Maßgebend ist nach Abs. 3 jedoch nur die Fläche des Baugrundstücks, die **im Bauland** und **hinter** der im BPl festgesetzten **Straßenbegrenzungslinie** liegt (dazu ausführlich Kuchler NuR 2005, 164). Der Begriff des Baugrundstücks und der **Begriff des Baulands** sind also nicht identisch. Das Baugrundstück muss nicht in jedem Fall mit seiner ganzen Fläche „im Bauland" liegen. Der Begriff des Baulands findet sich im BauGB nicht mehr. Er geht zurück auf § 9 Abs. 1 Nr. 1 BBauG in der bis zur Novelle 1976 geltenden Fassung und regelte, dass der BPl „das Bauland und für das Bauland die Art und das Maß der baulichen Nutzung, die Bauweise, die überbaubaren und die nicht überbaubaren Grundstücksflächen sowie die Stellung der baulichen Anlagen" festsetzt. Daraus lässt sich entnehmen, dass der Begriff des Baulands auch die Grundstücksflächen einschließt, die nach Maßgabe des § 23 BauNVO **nicht überbaubar** sind (Kuchler, NuR 2005, 164 ff mwN). Festsetzungen nach § 23 BauNVO entziehen den nicht überbaubaren Grundstücksflächen also nicht die Baulandeigenschaft. Diese Flächen sind auch keineswegs jeder baulichen Nutzung entzogen. Das ergibt sich schon aus § **23 Abs. 5**. Danach können auf den nicht überbaubaren Grundstücksflächen, soweit der BPl nichts anderes festsetzt, **Nebenanlagen** iSd § 14 zugelassen werden (S. 1). Das gleiche gilt nach S. 2 für bauliche Anlagen, soweit sie nach Landesrecht in den Abstandsflächen zulässig sind oder zugelassen werden können, zB für Grenzgaragen. An der Baulandeigenschaft der nicht überbaubaren Grundstücksflächen ändert auch der Umstand nichts, dass der BPl für die nicht überbaubaren Grundstücksflächen nähere Festsetzungen trifft, zB durch eine Bindung zur Erhaltung von Bäumen nach § 9 Abs. 1 Nr. 25 b BauGB (dazu Kuchler, NuR 2005, 164, 166, 169 f). Solche Festsetzungen ändern nichts daran, dass es sich um Grundstücksflächen handelt, die nach ihrer Zweckbestimmung der baulichen Hauptnutzung dienen, zB als Gartenfläche mit Erholungsfunktion für ein Wohnhaus.

8 Nicht im Bauland liegen Grundstücksflächen, die nach ihrem **Zweck** nicht für eine Bebauung einschließlich der ihr zugeordneten Nebennutzungen vorgesehen sind. Das gilt uneingeschränkt für Grundstücksflächen, die im **Außenbereich** liegen, auch soweit sie tatsächlich bebaut sind. Ein Grundstück, das teilweise im Geltungsbereich eines Bebauungsplans und teilweise im Außenbereich liegt, ist also zwar ein „Baugrundstück". Es liegt aber nur mit der Teilfläche, die im Geltungsbereich des BPls liegt, „im Bauland". Nicht im Bauland liegen auch innerhalb eines durch BPl festgesetzten Baugebiets solche Grundstücksflächen, die kraft Festsetzung des BPls nicht für eine bauliche Nutzung bestimmt sind. Das gilt zB für die nach § 9 Abs. 1 Nr. 15 BauGB festgesetzten **öffentlichen oder privaten Grünflächen** (BVerwG BauR 1991, 567 = BRS 52 Nr. 19 = DÖV 1991, 743 = NVwZ 1991, 877 – Randbegrünung entlang einer Verkehrsfläche; BVerwG NVwZ 1995, 1215).

9 Maßgeblich ist die Fläche des Baugrundstücks des Weiteren nur, soweit sie hinter der im BPl festgesetzten **Straßenbegrenzungslinie** (Festsetzung nach § 9 Abs. 1 Nr. 11 BauGB) liegt (S. 1) oder, wenn diese Festsetzung fehlt, hinter der **tatsächlichen Straßengrenze** (S. 2, 1. Alt). Alternativ kann die Gemeinde die für die Ermittlung der zulässigen Grundfläche maßgebende Fläche des Baugrundstücks im BPl festsetzen (S. 2, 2. Alt).

III. Ermittlung der Grundfläche (Abs. 4 S. 1)

Während in Abs. 1–3 geregelt ist, wie der an das einzelne Vorhaben anzulegende Maßstab, die „zulässige Grundfläche", zu ermitteln ist, betrifft Abs. 4 S. 1 die Frage, wie die „Grundfläche" des im Einzelfall zu beurteilenden Vorhabens zu ermitteln ist. Der **Begriff der Grundfläche** wird in Abs. 4 S. 1 nicht definiert. Er ist jedenfalls nicht identisch mit dem Begriff der „zulässigen Grundfläche". Aus der Definition der „zulässigen Grundfläche" in Abs. 2 und aus Abs. 4 S. 1 Nr. 3 lässt sich aber schließen, dass es sich bei der „Grundfläche" um die Fläche handelt, die von den (geplanten einschließlich der schon vorhandenen und zu erhaltenden) baulichen Anlagen **überdeckt** oder **unterbaut** wird. 10

Der **Begriff der Überdeckung** setzt nicht voraus, dass alle in Betracht kommenden Teile der baulichen Anlage eine unmittelbare Verbindung mit Grund und Boden haben müssen. Auch in den Luftraum hineinragende Teile können die Grundstücksfläche überdecken. Dabei muss es sich aber um Anlagenteile handeln, die für die Berechnung der Grundfläche „wesentlich" sind. Die Mitrechnung der Fläche, die durch in den Luftraum hineinragende Anlagenteile überdeckt wird, muss nach Sinn und Zweck der nach der BauNVO zulässigen Festsetzungen über die Grundfläche gerechtfertigt sein. Dabei geht es nicht um die Frage, an welcher Stelle des Baugrundstücks die bauliche Nutzung zugelassen werden soll. Maßgebend ist vielmehr der Gesichtspunkt, eine übermäßige Nutzung zugunsten des Bodenschutzes insgesamt zu vermeiden. Durch eine Begrenzung der zulässigen Grundflächen soll der Boden insbesondere vor Versiegelung geschützt werden (BVerwGE 112, 117 = BauR 2005, 498 = DVBl 2005, 382 = NVwZ 2005, 208). Nach diesen Grundsätzen sind zB **Erker** und **auskragende Obergeschosse** mitzurechnen, untergeordnete Bauteile wie **Dachüberstände, Gesimse** oder **Fensterbänke** dagegen nicht (Bielenberg in EZB Rn 16 zu § 19 BauNVO; FF Rn 4.2 zu § 19; König in KRS Rn 8 zu § 19; Ziegler in KK Rn 5 zu § 19 BauNVO). Die Fläche, die vom **Rotor einer Windkraftanlage** überstrichen werden kann, ist nach diesen Grundsätzen bei der Ermittlung der Grundfläche der Anlage nicht mitzurechnen, weil durch den im Luftraum kreisenden Rotor Belange des Bodenschutzes nicht nennenswert beeinträchtigt werden, insbesondere der Boden nicht versiegelt wird (BVerwGE 112, 117 = BauR 2005, 498 = DVBl 2005, 382 = NVwZ 2005, 208; aA die Vorinstanz: OVG Lüneburg BRS 66 Nr. 34 = NuR 2004, 125; NVwZ-RR 2004, 14 = NuR 2004, 319 = ZfBR 2003, 785; AUR 2004, 328 = NuR 2005, 595). 11

Abs. 4 S. 1 bestimmt, welche baulichen Anlagen **„mitzurechnen"** sind. Sie geht damit unausgesprochen davon aus, dass jedenfalls die Grundfläche von Hauptanlagen zu berücksichtigen ist. Mitzurechnen sind die Grundflächen von **Garagen** und **Stellplätzen** mit ihren **Zufahrten** (Nr. 1), **Nebenanlagen** iSd § 14 (Nr. 2) und **baulichen Anlagen unterhalb der Geländeoberfläche**, durch die das Baugrundstück lediglich unterbaut wird. Diese Mitrechnungsregelung des **§ 19 Abs. 4 S. 1 BauNVO 1990** stellt praktisch die **Umkehrung** der in den früheren Fassungen getroffenen Regelung dar, der zufolge die Grundflächen von Nebenanlagen iSd § 14, von Balkonen, Loggien und Terrassen sowie von baulichen Anlagen, die nach Landesrecht im Bauwich oder in den Abstandsflächen zulässig sind oder zugelassen werden können, **nicht angerechnet** werden (§ 19 Abs. 4 BauNVO 1968 und1977, weitgehend ähnlich auch BauNVO 1962). Sie beruht auf der Erwägung des Verordnungsgebers, im Sinne eines Beitrags zur Bodenschutzklau- 12 sel (jetzt in § 1a Abs. 2 S. 1 BauGB) der auch durch Nebenanlagen bewirkten Versiegelung des Bodens entgegenzuwirken (vgl. BR-Drs 354/89 S. 35 f). Die Festsetzung der zulässigen Grundfläche durch eine absolute Quadratmeterzahl (§ 16 Abs. 2 Nr. 1, 2. Alt) muss sich als „Summenmaß“ auf alle baulichen Anlagen erstrecken, die nach Abs. 4 S. 1 bei der Ermittlung der Grundfläche mitzurechnen sind (VGH München BauR 2006, 2012 = NVwZ-RR 2007, 79 = ZfBR 2006, 693). Eine Festsetzung nur für die „Hauptanlagen“ ist nicht von der Ermächtigungsgrundlage gedeckt (VGH München ZfBR 2007, 348).

S. 1 Nr. 3 erfasst alle Anlagen, die, wenn sie im gleichen Umfang oberirdisch errichtet worden wären, mizurechnen wären, neben Hauptanlagen also auch die Anlagen nach S. 1 Nr. 1 und 2.

IV. Überschreitungen der zulässigen Grundfläche (Abs. 4 S. 2–4)

13 Die Vorschriften des Abs. 4 S. 2–4 beziehen sich ausschließlich auf die „Mitrechnungsregelung“ in Abs. 4 S. 1 und mildern deren Wirkungen ab. Die in S. 1 bezeichneten Anlagen dürfen die zulässige Grundfläche um **bis zu 50 %** überschreiten, höchstens jedoch bis zu einer Grundflächenzahl von 0,8 als **Kappungsgrenze** (S. 2, 1. HS). Dazu muss die Grundfläche der in Abs. 1 genannten Anlagen gesondert ermittelt werden. Weitere Überschreitungen in geringfügigem Ausmaß können – von der Bauaufsichtsbehörde nach pflichtgemäßem Ermessen – zugelassen werden (S. 2, 2. HS). Ob eine Überschreitung geringfügig ist, kann nur im Einzelfall beurteilt werden; dabei ist die Relation zur Gesamtgröße der Grundfläche ebenso zu beachten wie der jeweilige Beitrag zur Bodenversiegelung. S. 3 räumt der Gemeinde die Befugnis ein, die Grenzen der Überschreitung, die sich aus S. 2 ergeben, durch Bestimmungen im BPl zu modifizieren, und zwar nach unten wie nach oben. Einschränkende Voraussetzungen dafür nennt die Vorschrift nicht. Es gelten aber die allgemeinen Anforderungen an die Bauleitplanung, so dass es einer tragfähigen städtebaulichen Begründung bedarf. Schließlich räumt S. 4 der Bauaufsichtsbehörde die Befugnis ein, auch mehr als geringfügige Überschreitungen der 50 %-Grenze und der Kappungsgrenze bei einer Grundflächenzahl von 0,8 zuzulassen, wenn entweder die Überschreitungen geringfügige Auswirkungen auf die natürlichen Funktionen des Bodens haben (1.) oder wenn die Einhaltung der Grenzen zu einer wesentlichen Erschwerung der zweckentsprechenden Grundstücksnutzung führen würde (2.). Wird ein Grundstück zur Herstellung eines LKW-Abstellplatzes (fast) vollständig gepflastert, ist dies auch unter Anwendung des Abs. 4 S. 2–4 mit der Festsetzung einer Grundflächenzahl von 0,6 nicht mehr zu vereinbaren (OVG Lüneburg BRS 69 Nr. 40).

§ 20 Vollgeschosse, Geschoßflächenzahl, Geschoßfläche

(1) Als Vollgeschosse gelten Geschosse, die nach landesrechtlichen Vorschriften Vollgeschosse sind oder auf ihre Zahl angerechnet werden.

(2) Die Geschoßflächenzahl gibt an, wieviel Quadratmeter Geschoßfläche je Quadratmeter Grundstücksfläche im Sinne des § 19 Abs. 3 zulässig sind.

(3) Die Geschoßfläche ist nach den Außenmaßen der Gebäude in allen Vollgeschossen zu ermitteln. Im Bebauungsplan kann festgesetzt werden, daß die Flächen von Aufenthaltsräumen in anderen Geschossen einschließlich der zu ihnen

gehörenden Treppenräume und einschließlich ihrer Umfassungswände ganz oder teilweise mitzurechnen oder ausnahmsweise nicht mitzurechnen sind.
(4) Bei der Ermittlung der Geschoßfläche bleiben Nebenanlagen im Sinne des § 14, Balkone, Loggien, Terrassen sowie bauliche Anlagen, soweit sie nach Landesrecht in den Abstandsflächen (seitlicher Grenzabstand und sonstige Abstandsflächen) zulässig sind oder zugelassen werden können, unberücksichtigt.

§ 20 BauNVO 1977 : Geschoßflächenzahl, Geschoßfläche

(1) *wie Abs. 2 BauNVO 1990*
(2) Die Geschoßfläche ist nach den Außenmaßen der Gebäude in allen Vollgeschossen zu ermitteln. Die Flächen von Aufenthaltsräumen in anderen Geschossen einschließlich der zu ihnen gehörenden Treppenräume und einschließlich ihrer Umfassungswände sind mitzurechnen.
(3) Bauliche Anlagen und Gebäudeteile im Sinne des § 19 Abs. 4 bleiben bei der Ermittlung der Geschoßfläche unberücksichtigt.

§ 20 BauNVO 1968: Geschoßflächenzahl, Geschoßfläche

wie BauNVO 1977

§ 20 BauNVO 1962: Geschoßflächenzahl, Geschoßfläche

(1) *wie Abs. 1 BauNVO 1968 und BauNVO 1977 sowie Abs. 2 BauNVO 1990*
(2) Die Geschoßfläche ist nach den Außenmaßen der Gebäude in allen Vollgeschossen zu ermitteln. Werden im Dachraum oder in Kellergeschossen Aufenthaltsräume zugelassen, so sind deren Flächen einschließlich der zu ihnen führenden Treppenräume und einschließlich ihrer Umfassungswände mitzurechnen.
(3) Balkone sowie bauliche Anlagen und Gebäudeteile, deren Grundflächen nach § 19 Abs. 4 und 5 nicht angerechnet werden, bleiben bei der Ermittlung der Geschoßfläche unberücksichtigt.

I. Vollgeschosse (Abs. 1)

1 Der Begriff des Vollgeschosses (Abs. 1) ist für mehrere Maßbestimmungsfaktoren von Bedeutung: für die Festsetzung der Zahl der Vollgeschosse als Maßbestimmungsfaktor für die Höhenentwicklung von Gebäuden (§ 16 Abs. 2 Nr. 3), für den Begriff der Geschossfläche in § 20 Abs. 3 S. 1 und damit für die Maßbestimmungsfaktoren Geschossflächenzahl und Geschossfläche (§ 16 Abs. 2 Nr. 2) sowie für den Begriff der Baumasse in § 21 Abs. 2 und damit für die Maßbestimmungsfaktoren Baumassenzahl und Baumasse (§ 16 Abs. 2 Nr. 2). Die BauNVO 1990 hat die Vorschrift, die in den Vorgängerfassungen bis 1977 den Inhalt des § 18 bildete, wegen des systematischen Zusammenhangs inhaltlich unverändert als Abs. 1 den Regelungen über die Geschossflächenzahl und die Geschossfläche in § 20 vorangestellt.

2 **Abs. 1** bestimmt den **Begriff des Vollgeschosses** nicht selbst, sondern verweist auf das **Landesrecht.** Die BauNVO verzichtet damit auf eine einheitliche bundesrechtliche Definition und nimmt in Kauf, dass der planungsrechtliche Begriff des Vollgeschosses in den einzelnen Bundesländern eine unterschiedliche Bedeutung haben kann. Abs. 1 enthält eine **dynamische Verweisung.** Anzuwenden sind die landesrechtlichen Vorschriften in der Fassung, die im Zeitpunkt der Beurteilung der Zulässigkeit des Vorhabens gilt und nicht in der Fassung, die bei Inkrafttreten des BPl gegolten hat (**streitig**; eine dynamische Verweisung nehmen im Ergebnis übereinstimmend an VGH Kassel BauR 1985, 293 = BRS 42 Nr. 113 = UPR 1985, 144; Jäde, BayVBl 1986, 169; Uechtritz, BauR 1986, 172; FF Rn 2 ff, 5, 6 zu § 20; König in KRS Rn 4 zu § 20; Stock in EZB Rn 17 ff zu § 20 BauNVO; Weiß in Jäde/Dirnberger/Weiß Rn 5 zu § 20 BauNVO; aA – maßgeblich bleibt das bei Inkrafttreten des BPls geltende Landesrecht – VGH Mannheim BauR 1985, 289 = BRS 42 Nr. 114; BauR 2000, 1166 = BRS 62 Nr. 91 = DÖV 2000, 163 = NVwZ-RR 1999, 558; OVG Saarlouis BRS 46 Nr. 100). Als Begründung für die Auffassung der Vorschrift als dynamische Verweisung wird zum einen angeführt, dass eine dem § 1 Abs. 3 S. 2 vergleichbare Vorschrift bei den Vorschriften über das Maß der baulichen Nutzung fehle (s. dazu allerdings oben Rn 14, 15 zu § 1). Vor allem sprechen aber der Normzweck der Regelung und Gesichtspunkte der Praktikabilität für eine dynamische Verweisung. Es war erkennbar das Anliegen des Verordnungsgebers zu vermeiden, dass für ein und dasselbe Vorhaben zwei unterschiedliche Vollgeschossbegriffe gelten, ein bauplanungsrechtlicher und ein davon ggf abweichender bauordnungsrechlticher Begriff des Vollgeschosses. Genau dieser Effekt würde aber eintreten, wenn das einschlägige Landesrecht nach Inkrafttreten eines BPls geändert worden ist und für den bauplanungsrechtlichen Begriff des Vollgeschosses weiterhin das alte Landesrecht gelten würde. Im Übrigen hat diese Frage für die Zukunft kaum noch praktische Bedeutung. Denn die Landesbauordnungen verwenden den Begriff des Vollgeschosses im Gefolge der Musterbauordnung 2002 überwiegend nicht mehr als Anknüpfungspunkt für die Regelungen des Genehmigungsverfahrens und des Brandschutzes sowie anderer materieller Anforderungen; sie enthalten Regelungen über Vollgeschosse nur noch als Übergangsbestimmungen im Hinblick auf die Verweisung in § 20 Abs. 1 BauNVO. Änderungen dieser Übergangsbestimmungen sind aber kaum zu erwarten.

3 Zum **Begriff des Geschosses** s. oben Rn 26 zu § 1). Geschosse gibt es nur in Gebäuden. Davon geht auch § 20 Abs. 3 S. 1 aus. Geschosse gelten nach der Begriffsbestimmung der Musterbauordnung, von der die Bauordnungen der Länder aber zT abweichen, als **Vollgeschosse**, wenn deren Deckenoberkante im Mittel mehr als 1,40 m über die Geländeoberfläche hinausragt und sie über mindestens zwei Drittel ihrer Grundfläche eine lichte Höhe von mindeswtens 2,30 m haben.

II. Festsetzung der Zahl der Vollgeschosse

4 Die Zahl der Vollgeschosse (§ 16 Abs. 2 Nr. 3) oder die Höhe baulicher Anlagen (§ 16 Abs. 2 Nr. 4) **muss** unter den Voraussetzungen des § 16 Abs. 3 Nr. 2 im BPl festgesetzt werden. Nach § 16 Abs. 4 S. 2 kann die Zahl der Vollgeschosse auch als zwingend festgesetzt werden. Obergrenzen für die Zahl der Vollgeschosse sieht § 17 nicht vor. § 16 Abs. 2 Nr. 3 ermächtigt die Gemeinde nicht dazu, im Rahmen einer Festsetzung der Zahl der Vollgeschosse Regelungen über die Gestaltung der Vollgeschosse zu treffen (BVerwG BauR 1997, 603 = BRS 59 Nr. 61 = NVwZ

1997, 896). Die Festsetzung der Zahl der Vollgeschosse kann aber mit einer örtlichen Bauvorschrift über die äußere Gestaltung baulicher Anlagen in der Weise verbunden werden, dass die Ausführung des obersten Vollgeschosses als Dachgeschoss vorgeschrieben wird (VGH München BauR 2006, 1351).

III. Definition der Geschossflächenzahl (Abs. 2)

Abs. 2 enthält die **Definition** der **Geschossflächenzahl (GFZ).** Die Geschossflächenzahl gibt an, wie viel Quadratmeter Geschossfläche je Quadratmeter Grundstücksfläche iSd § 19 Abs. 3 zulässig sind. Sie bestimmt das Maß der baulichen Nutzung also – ähnlich wie die Grundflächenzahl (GRZ) und im Unterschied zur Größe der Grundfläche (GR) und zur Geschossfläche (GF) –nicht durch Angabe eines festen Wertes, sondern durch einen **relativen Wert**, der das Verhältnis zwischen der Geschossfläche und der Grundstücksfläche festlegt. Für die praktische Umsetzung bei der Beurteilung der Zulässigkeit eines Vorhabens bedeutet das: Die Grundstücksfläche (= Baugrundstück iSd § 19 Abs. 3) ist mit der Geschossflächenzahl zu multiplizieren. Das Resultat dieser Multiplikation ergibt die zulässige Geschossfläche. Wenn zB das Baugrundstück eine Grundstücksfläche von 1000 qm hat und die im BPl festgesetzte Geschossflächenzahl 0,8 beträgt, ergibt sich (1000 x 0,8 = 800) eine zulässige Geschossfläche von 800 qm. Die nach Abs. 3 S. 1 zu ermittelnden, zusammengerechneten Flächen aller Geschosse in Gebäuden, die nach Abs. 1 als Vollgeschosse gelten, dürfen 800 qm nicht überschreiten. Zur Ermittlung der Grundstücksfläche verweist Abs. 2 auf § 19 Abs. 3 (s. dazu oben Rn 5–9 zu § 19). 5

IV. Ermittlung der Geschossfläche (Abs. 3 und 4)

Die Geschossfläche wird nach **Abs. 3 S. 1** BauNVO 1990 grundsätzlich nur aus der Summe der nach den Außenmaßen der Gebäude bemessenen Grundflächen aller Vollgeschosse ermittelt. Die Grundflächen von Geschossen, die keine Vollgeschosse iSd Abs. 1 sind, bleiben also außer Betracht. Die **älteren Fassungen** der BauNVO bis einschließlich der BauNVO 1977 sahen vor, dass die Flächen von Aufenthaltsräumen in anderen Geschossen einschließlich der zu ihnen gehörenden Treppenräume und einschließlich ihrer Umfassungswände zwingend **mitzurechnen** waren (zur Berechnung der Geschossfläche von Aufenthaltsräumen in Nicht-Vollgeschossen nach § 20 Abs. 2 S. 2 BauNVO 1968 BVerwG BauR 2006, 1439 = NVwZ 2006, 1065 = ZfBR 2006, 686). Die BauNVO 1990 hat diese Regelung nahezu ins Gegenteil abgeändert, um die **Schaffung von Wohnraum** durch **Ausbau von Dach- und Kellergeschossen** zu erleichtern. **Abs. 3 S. 2** ermächtigt nunmehr die Gemeinde, im BPl festzusetzen, dass die Flächen von Aufenthaltsräumen in anderen Geschossen (als Vollgeschossen) einschließlich der zu ihnen gehörenden Treppenräume und einschließlich ihrer Umfassungswände ganz oder teilweise mitzurechnen oder ausnahmsweise nicht mitzurechnen sind. Ohne eine solche Festsetzung im BPl ist die Anrechnung also ausgeschlossen. S. 2 sieht dem Wortlaut nach zwei Alternativen vor. Die 2. Alternative macht als Ausnahme aber nur Sinn, wenn der BPl als Regelfall eine Anrechnung iSd 1. Alternative festsetzt. Der **Begriff des Aufenthaltsraums** ist ebenfalls den Landesbauordnungen zu entnehmen. Nach § 2 Abs. 5 der Musterbauordnung 2002 sind Aufenthaltsräume Räume, die zum nicht nur vorübergehenden Aufenthalt von Menschen bestimmt sind oder nach Lage und Größe dazu benutzt werden können. 6

7 Abs. 3 S. 2 1990 gilt nur für BPle, deren Entwurf nach dem 26. Januar 1990 ausgelegt worden ist (§ 25c S. 1). Die BauNVO-Novelle 1990 hatte deshalb um seines wohnungsbaupolitischen Anliegens willen in einem § 25c Abs. 2 auch für die Bauaufsichtsbehörden die Befugnis vorgesehen, die Überschreitung der zulässigen Geschossfläche in anderen Geschossen als Vollgeschossen zuzulassen, wenn öffentliche Belange nicht entgegenstehen. Diese Vorschrift war jedoch mangels Ermächtigungsgrundlage nichtig (BVerwGE 90, 57 = BauR 1992, 472 = BRS 54 Nr. 60 = NVwZ 1993, 170). Sie wurde zunächst durch eine sachlich entsprechende gesetzliche Regelung (§ 4 Abs. 1 S. 1 BauGB-MaßnahmenG) ersetzt. Im Zuge des BauROG 1998 wurde auf die Übernahme dieser Regelung verzichtet aufgrund der Erwägung, dass ihr Anwendungsbereich durch die weitere Fassung des Befreiungstatbestands in § 31 Abs. 2 BauGB abgedeckt sei.

8 Nach **Abs. 4** bleiben bei der Ermittlung der Geschossfläche – anders als bei der Ermittlung der Grundfläche (§ 19 Abs. 4 S. 1) – Nebenanlagen iSd § 14, Balkone, Loggien und Terrassen unberücksichtigt, ferner bauliche Anlagen, soweit sie nach Landesrecht in den Abstandsflächen (seitlicher Grenzabstand und sonstige Abstandsflächen) zulässig sind oder zugelassen werden können. Soweit es sich bei den Nebenanlagen iSd § 14 und bei den nach Landesrecht in den Abstandsflächen zulässigen oder zulassungsfähigen baulichen Anlagen nicht um **Gebäude** oder **Gebäudeteile** handelt, kommt eine Berücksichtigung bei der Ermittlung der Geschossfläche schon deshalb nicht in Betracht, weil nur Gebäude Geschosse haben können.

§ 21 Baumassenzahl, Baumasse

(1) Die Baumassenzahl gibt an, wieviel Kubikmeter Baumasse je Quadratmeter Grundstücksfläche im Sinne des § 19 Abs. 3 zulässig sind.

(2) Die Baumasse ist nach den Außenmaßen der Gebäude vom Fußboden des untersten Vollgeschosses bis zur Decke des obersten Vollgeschosses zu ermitteln. Die Baumassen von Aufenthaltsräumen in anderen Geschossen einschließlich der zu ihnen gehörenden Treppenräume und einschließlich ihrer Umfassungswände und Decken sind mitzurechnen. Bei baulichen Anlagen, bei denen eine Berechnung der Baumasse nach Satz 1 nicht möglich ist, ist die tatsächliche Baumasse zu ermitteln.

(3) Bauliche Anlagen und Gebäudeteile im Sinne des § 20 Abs. 4 bleiben bei der Ermittlung der Baumasse unberücksichtigt.

(4) Ist im Bebauungsplan die Höhe baulicher Anlagen oder die Baumassenzahl nicht festgesetzt, darf bei Gebäuden, die Geschosse von mehr als 3,50 m Höhe haben, eine Baumassenzahl, die das Dreieinhalbfache der zulässigen Geschoßflächenzahl beträgt, nicht überschritten werden.

§ 21 BauNVO 1977: Baumassenzahl, Baumasse

(1) *wie BauNVO 1990*

(2) *wie BauNVO 1990*

(3) Bauliche Anlagen und Gebäudeteile im Sinne des § 19 Abs. 4 bleiben bei der Ermittlung der Baumasse unberücksichtigt.

§ 21 BauNVO 1968: Baumassenzahl, Baumasse

(1) *wie BauNVO 1977 und 1990*
(2) *wie BauNVO 1977 und 1990*
(3) *wie BauNVO 197*

§ 21 BauNVO 1962: Baumassenzahl, Baumasse

(1) *wie BauNVO 1968, 1977 und 1990*

(2) Die Baumasse ist nach den Außenmaßen der Gebäude vom Fußboden des untersten Vollgeschosses bis zur Decke des obersten Vollgeschosses zu ermitteln. Aufenthaltsräume, die im Dachraum oder in Kellergeschossen zugelassen werden, sind einschließlich der zu ihnen führenden Treppenräume und einschließlich ihrer Umfassungswände und Decken der Baumasse hinzuzurechnen. Bei baulichen Anlagen, bei denen eine Berechnung der Baumasse nach Satz 1 möglich ist, ist die tatsächliche Baumasse zu ermitteln.

(3) Baumassen über Flächen, die nach § 19 Abs. 4 und 5 auf die zulässige Grundfläche nicht angerechnet werden, bleiben unberücksichtigt.

Nach § **16 Abs. 2 Nr. 2** kann das Maß der baulichen Nutzung ua durch die **Baumassenzahl** (**BMZ**) oder die **Baumasse** (**BM**) festgesetzt werden. Überwiegend wird aus dem Umstand, dass die Tabelle in § **17 Abs. 1** Obergrenzen der Baumassenzahl nur für Gewerbegebiete, Industriegebiete und sonstige Sondergebiete vorsieht, der Schluss gezogen, dass ihre Festsetzung auch nur für diese Baugebiete zulässig sei (FF Rn 1 zu § 21; Ziegler in KK Rn 1 zu § 21 BauGB; Boeddinghaus Rn 3 zu § 21; aA König in KRS Rn 5 a zu § 21). Die zulässige Baumasse als Maßbestimmungsfaktor wird in der BauNVO nicht näher geregelt. Das ist auch nicht erforderlich, denn die Baumasse wird einfach als fester Wert in Kubikmeter ausgedrückt. 1

Abs. 1 enthält die **Definition** der **Baumassenzahl** (**BMZ**). Die Baumassenzahl gibt an, wie viel Kubikmeter Baumasse je Quadratmeter Grundstücksfläche iSd § 19 Abs. 3 zulässig sind. Wie bei der Grundflächenzahl (§ 19 Abs. 1) und der Geschossflächenzahl (§ 20 Abs. 2) handelt es sich um einen **relativen Wert**, der das Verhältnis der Baumasse zur Grundstücksfläche festlegt. Die Grundstücksfläche (= Baugrundstück iSd § 19 Abs. 3) ist mit der Baumassenzahl zu multiplizieren. Das Resultat ergibt die zulässige Baumasse. Wenn zB ein im Gewerbegebiet gelegenes Baugrundstück (§ 19 Abs. 3) eine Grundfläche von 5000qm hat und die im BPl festgesetzte Baumassenzahl 5,0 beträgt, ergibt sich (5000 x 5,0 = 25 000) eine zulässige Baumasse von 25 000 Kubikmetern. 2

Die für die Berechnung der zulässigen Baumasse nach Abs. 1 maßgebliche **Grundstücksfläche** ist nach § **19 Abs. 3** zu ermitteln (s. dazu oben Rn 5–9 zu § 19). 3

Die **Ermittlung der Baumasse** ist in **Abs. 2 und 3** geregelt. Festsetzungen der Baumassenzahl oder der Baumasse gelten, wie sich aus Abs. 2 S. 3 ergibt, nicht nur für Gebäude, sondern für **alle baulichen Anlagen**, zB auch für rein **technische Industriebauten**, Krananlagen, Förderanlagen etc. Im Regelfall wird es sich aber um **Gebäude** handeln. Für diesen Fall gilt die in **Abs. 2 S. 1 und 2** getroffene Regelung. Danach ist die Baumasse nach den Außenmaßen der Gebäude vom Fußboden des untersten Vollgeschosses bis zur Decke des obersten Vollgeschosses (§ 20 Abs. 1) zu ermitteln. Nach S. 2 sind die Baumassen von Aufenthaltsräumen in anderen Geschossen (als Vollgeschossen) einschließlich der zu ihnen gehörenden Treppenräume und einschließlich ihrer Umfassungswände und Decken mitzurechnen. 4

5 Wenn eine Berechnung der Baumasse nach Vollgeschossen iSd S. 1 und 2 nicht möglich ist, ist nach **S. 3** die **tatsächliche Baumasse** zu ermitteln. Das gilt insbesondere für technische Bauten, die keine Gebäude sind. Das gilt aber auch bei Gebäuden mit Vollgeschossen, wenn die Berechnung nach Vollgeschossen wegen besonderer Umstände unmöglich ist. Wie die tatsächliche Baumasse zu berechnen ist, ist in der BauNVO nicht geregelt. Schwierigkeiten ergeben sich vor allem bei technischen Konstruktionen, deren Gestalt nicht einem berechnbaren geometrischen Körper (zB Quader oder Kegel) entspricht. Unter Baumasse ist im Fall einer unregelmäßig gestalteten technischen Anlage nicht etwa nur die Summe der einzelnen massiven Bauteile zu verstehen, sondern es werden auch Hohlräume und offene Zwischenräume erfasst. In solchen Fällen wird man sich mit einer Annäherung an einen berechenbaren Körper behelfen können. Dabei kann zB von dem Raum ausgegangen werden, der von einer gedachten eng anliegenden Umüllung umschlossen würde (König in KRS Rn 11 zu § 21).

6 Nach **Abs. 3 iVm § 20 Abs. 4** sind bei der Ermittlung der Baumasse (sowohl nach Abs. 2 S. 1 und 2 als auch nach Abs. 2 S. 3) die Baumassen von Nebenanlagen iSd § 14, von Balkonen, Loggien und Terrassen sowie von baulichen Anlagen, soweit sie nach Landesrecht in den Abstandsflächen (seitlicher Grenzabstand und sonstige Abstandsflächen) zulässig sind oder zugelassen werden können, nicht zu berücksichtigen.

7 **Abs. 4** begrenzt für Gebäude, die mindestens ein „überhohes" Geschoss von mehr als 3,50 m aufweisen, und unter der weiteren Voraussetzung, dass im BPl weder die Höhe baulicher Anlagen noch eine Baumassenzahl festgesetzt ist, die zulässige Baumasse auf eine Baumassenzahl, die das Dreieinhalbfache der zulässigen Geschossflächenzahl nicht überschreitet. Mit dieser Formel wird eine unangemessene **Höhenentwicklung** von Gebäuden verhindert. Da der Zweck der Festsetzung einer Baumassenzahl gleichwertig durch eine Festsetzung der zulässigen Baumasse erreicht wird, bedarf es auch in diesem Fall der Begrenzung der zulässigen Baumasse nach Maßgabe des Abs. 4 nicht. Dass Abs. 4 neben der Festsetzung der Höhe baulicher Anlagen und der Festsetzung einer Baumassenzahl nicht auch eine Festsetzung der zulässigen Baumasse nennt, gilt daher als Redaktionsversehen (Ziegler in KK Rn 23 zu § 21 BauNVO; Boeddinghaus Rn 8 zu § 21; König in KRS Rn 15 zu § 21).

§ 21a Stellplätze, Garagen und Gemeinschaftsanlagen

(1) Garagengeschosse oder ihre Baumasse sind in sonst anders genutzten Gebäuden auf die Zahl der zulässigen Vollgeschosse oder auf die zulässige Baumasse nicht anzurechnen, wenn der Bebauungsplan dies festsetzt oder als Ausnahme vorsieht.

(2) Der Grundstücksfläche im Sinne des § 19 Abs. 3 sind Flächenanteile an außerhalb des Baugrundstücks festgesetzten Gemeinschaftsanlagen im Sinne des § 9 Abs. 1 Nr. 22 des Baugesetzbuchs hinzuzurechnen, wenn der Bebauungsplan dies festsetzt oder als Ausnahme vorsieht.

(3) Soweit § 19 Abs. 4 nicht entgegensteht, ist eine Überschreitung der zulässigen Grundfläche durch überdachte Stellplätze und Garagen bis zu 0,1 der Fläche des Baugrundstücks zulässig; eine weitergehende Überschreitung kann ausnahmsweise zugelassen werden

1. in Kerngebieten, Gewerbegebieten und Industriegebieten,

2. in anderen Baugebieten, soweit solche Anlagen nach § 9 Abs. 1 Nr. 4 des Baugesetzbuchs im Bebauungsplan festgesetzt sind.

(4) Bei der Ermittlung der Geschoßfläche oder der Baumasse bleiben unberücksichtigt die Flächen oder Baumassen von

1. Garagengeschossen, die nach Absatz 1 nicht angerechnet werden,
2. Stellplätzen und Garagen, deren Grundflächen die zulässige Grundfläche unter den Voraussetzungen des Absatzes 3 überschreiten,
3. Stellplätzen und Garagen in Vollgeschossen, wenn der Bebauungsplan dies festsetzt oder als Ausnahme vorsieht.

(5) Die zulässige Geschoßfläche oder die zulässige Baumasse ist um die Flächen oder Baumassen notwendiger Garagen, die unter der Geländeoberfläche hergestellt werden, insoweit zu erhöhen, als der Bebauungsplan dies festsetzt oder als Ausnahme vorsieht.

§ 21a BauNVO 1977: Stellplätze, Garagen und Gemeinschaftsanlagen

(1) *wie BauNVO 1977*

(2) *wie BauNVO 1977 (nur „Bundesbaugesetz" statt „Baugesetzbuch")*

(3) Auf die zulässige Grundfläche (§ 19 Abs. 2) sind überdachte Stellplätze und Garagen nicht anzurechnen, soweit sie 0,1 der Fläche des Baugrundstücks nicht überschreiten. Darüber hinaus können sie ohne Anrechnung ihrer Grundfläche auf die zulässige Grundfläche zugelassen werden

1. in Kerngebieten, Gewerbegebieten und Industriegebieten,
2. in anderen Baugebieten, soweit solche Anlagen nach § 9 Abs. 1 Nr. 4 des Bundesbaugesetzes im Bebauungsplan festgesetzt sind.

§ 19 Abs. 4 findet keine Anwendung.

(4) Bei der Ermittlung der Geschoßfläche (§ 20) oder der Baumasse (§ 21) bleiben unberücksichtigt die Flächen oder Baumassen von

1. Garagengeschossen, die nach Absatz 1 nicht angerechnet werden,
2. Stellplätzen und Garagen, deren Grundflächen nach Absatz 3 nicht angerechnet werden,
3. Stellplätzen und Garagen in Vollgeschossen, wenn der Bebauungsplan dies festsetzt oder als Ausnahme vorsieht.

(5) Die zulässige Geschoßfläche (§ 20) oder die zulässige Baumasse (§ 21) ist um die Flächen oder Baumassen notwendiger Garagen, die unter der Geländeoberfläche hergestellt werden, insoweit zu erhöhen, als der Bebauungsplan dies festsetzt oder als Ausnahme vorsieht.

§ 21a BauNVO 1968: Stellplätze, Garagen und Gemeinschaftsanlagen

(1) *wie BauNVO 1977 und 1990*

(2) Der Grundstücksfläche im Sinne des § 19 Abs. 3 sind Flächenanteile an außerhalb des Baugrundstücks festgesetzten Gemeinschaftsanlagen im Sinne des § 9 Abs. 1 Nr. 12 und 13 Bundesbaugesetz hinzuzurechnen, wenn der Bebauungsplan dies festsetzt oder als Ausnahme vorsieht.

(3) Auf die zulässige Grundfläche (§ 19 Abs. 2) sind überdachte Stellplätze und Garagen nicht anzurechnen, soweit sie 0,1 der Fläche des Baugrundstücks nicht überschreiten. Darüber hinaus könen sie ohne Anrechnung ihrer Grundfläche auf die zulässige Grundfläche zugelassen werden

1. in Kerngebieten, Gewerbegebieten und Industriegebieten,
2. in anderen Baugebieten, soweit solche Anlagen nach § 9 Abs. 1 Nr. 1 Buchstabe e des Bundesbaugesetzes im Bebauungsplan festgesetzt sind.

§ 19 Abs. 4 findet keine Anwendung.

(4) Bei der Ermittlung der Geschoßfläche (§ 20) oder der Baumasse (§ 21) bleiben unberücksichtigt die Flächen oder Baumassen von

1. Garagengeschossen, die nach Absatz 1 nicht angerechnet werden,
2. Stellplätzen und Garagen, deren Grundflächen nach Absatz 3 nicht angerechnet werden,
3. Stellplätzen und Garagen in Vollgeschossen oberhalb der Geländeoberfläche, wenn der Bebauungsplan dies festsetzt oder als Ausnahme vorsieht.

(5) *wie BauNVO 1977*

Die BauNVO 1962 enthielt keinen § 21a.

I. Überblick

1 § 21a umfasst eine Reihe von Regelungen, die für die Errichtung von **Stellplätzen, Garagen** und **Gemeinschaftsanlagen** ein **höheres Nutzungsmaß** zulassen. Diese Vergünstigungen dienen einem städtebaulichen und verkehrspolitischen Zweck. Sie geben dem Bauherrn einen **Anreiz**, die nach landesrechtlichen Vorschriften notwendigen Stellplätze und Garagen auf dem Baugrundstück unterzubringen, so dass Straßen, Gehwege und sonstige öffentliche Flächen vom ruhenden Verkehr entlastet werden. Und sie fördern die Schaffung von Gemeinschaftsanlagen (§ 9 Abs. 1 Nr. 22 BauGB), die neben Stellplätzen und Garagen auch zu anderen Zwecken wie Kinderspielplätzen und Freizeiteinrichtungen dienen können. Die Begünstigung wird auf verschiedenen Wegen erreicht: durch Nichtanrechnung der begünstigten Anlagen auf das Nutzungsmaß (Abs. 1 und 4), durch rechnerische Vergrößerung der Fläche des Baugrundstücks (§ 19 Abs. 3) bei außerhalb des Baugrundstücks festgesetzten Gemeinschaftsanlagen (Abs. 2), durch Zulassung von Überschreitungen der zulässigen Grundfläche (Abs. 3) sowie durch rechnerische Erhöhung der zulässigen Geschossfläche oder der zulässigen Baumasse (Abs. 5). Überwiegend setzen die Vergünstigungen eine Festsetzung im BPl voraus, zu der die Vorschriften ermächtigen (Abs. 1 und 2, Abs. 4 Nr. 1 und 3, Abs. 5). Teilweise kann die Bauaufsichtsbehörde unmittelbar über die Vergünstigungen entscheiden (Abs. 3 und Abs. 4 Nr. 2).

II. Nichtanrechnung von Garagengeschossen (Abs. 1)

2 Abs. 1 enthält eine **Ermächtigung** für die Gemeinde, im **BPl** als zwingende Regelung oder als Ausnahmetatbestand eine **Nichtanrechnung** von Garagengeschossen auf die Zahl der zulässigen Vollgeschosse oder auf die zulässige Baumasse vorzusehen. Die Nichtanrechnungsregelung des Abs. 1 ist also kein unmittelbar geltendes Recht. Sie erfolgt im Rahmen der Prüfung der Zulässigkeit eines Vorhabens nur, wenn der BPl entsprechende Festsetzungen enthält. Der BPl kann entweder vor-

sehen, dass Garagengeschosse nicht auf die **Zahl der Vollgeschosse** (**§ 16 Abs. 2 Nr. 3**) angerechnet werden. Oder er kann vorsehen, dass die Baumasse von Garagengeschossen nicht auf die **zulässige Baumasse** (**§ 16 Abs. 2 Nr. 2**) angerechnet wird.

Für beide Maßbestimmungsfaktoren sind grundsätzlich nur Vollgeschosse erheblich (§§ 20 Abs. 1, 21 Abs. 2). Garagengeschosse, die keine Vollgeschosse sind, werden daher – unabhängig von einer Festsetzung im BPl nach Abs. 1 – weder bei der Zahl der Vollgeschosse noch bei der Baumasse mitgerechnet. Abs. 1 hat deshalb nur Bedeutung für Garagengeschosse, die **Vollgeschosse** iSd § 20 Abs. 1 iVm den jeweiligen landesrechtlichen Vorschriften sind (dazu oben Rn 2, 3 zu § 20). Das kann auch ein als Parkfläche genutztes Erdgeschoss eines auf Stützen stehenden Hauses („Luftgeschoss“) sein (König in KRS Rn 8 zu § 21a). Unterirdische Garagengeschosse sind dagegen keine Vollgeschosse. Der Begriff des **Garagengeschosses** ist derselbe wie in § 12 Abs. 4 (s. dazu oben Rn 7, 8 zu § 12; zum Begriff des Geschosses auch oben Rn 26 zu § 1). 3

Die Vergünstigung nach Maßgabe des Abs. 1 gilt nur für **sonst anders genutzte Gebäude**, also jedenfalls nicht für Gebäude, die, wie **Parkhäuser**, ausschließlich durch die Stellplatznutzung geprägt sind. Dem Wortlaut lässt sich dagegen nicht entnehmen, dass die andere Nutzung überwiegen müsse (aA Jäde in Jäde/Dirnberger/Weiß Rn 4 zu § 21a) oder dass die Garagennutzung generell auf die Befriedigung des durch die anderen Nutzungen im Gebäude verursachten Bedarfs beschränkt wäre. Da Abs. 1 auch **keine Höchstzahl** an nicht anzurechnenden Garagengeschossen nennt, ist es nach dem Wortlaut des Abs. 1 nicht ausgeschlossen, dass (außerhalb der in § 12 Abs. 2 genannten Gebiete) Gebäude errichtet werden, die eine große Zahl an Garagengeschossen und verhältnismäßig wenige Geschosse mit anderen Nutzungen aufweisen. Das würde aber erkennbar nicht der Intention der Vorschrift entsprechen und könnte zu Gestaltungen führen, die im Hinblick auf das Ortsbild und die Eigenart des Baugebiets bedenklich wären (FF Rn 4 zu § 21a). Eine **Begrenzung durch den BPl** ist nur zulässig, indem der BPl die Nichtanrechnung nach Abs. 1 als **Ausnahmetatbestand** vorsieht und tatbestandliche Voraussetzungen für die Bewilligung der Ausnahme regelt (Regelungen nach Art und Umfang iSd § 31 Abs. 1 BauGB). Bei zwingender Festsetzung der Nichtanrechnung ist eine Beschränkung dagegen nicht möglich. Sie ist deshalb nur unbedenklich in den Baugebieten, in denen die Stellplatznutzung nach § 12 Abs. 2 beschränkt ist (FF Rn 5 zu § 21a), oder wenn unerwünschte städtebauliche Auswirkungen durch andere Festsetzungen, insbesondere durch Festsetzung der Höhe baulicher Anlagen bewältigt werden. 4

Die Wirkung der Vergünstigung durch Nichtanrechnung auf die Zahl der Vollgeschosse nach Abs. 1 wird durch die Regelung des **Abs. 4 Nr. 1** noch verstärkt. Danach bleiben die Grundflächen der nach Abs. 1 nicht angerechneten Garagengeschosse auch bei der Ermittlung der Geschossfläche (und damit auch bei Festsetzung der GFZ) unberücksichtigt. 5

III. Vergünstigung für Gemeinschaftsanlagen (Abs. 2)

Auch die in Abs. 2 geregelte Vergünstigung für Gemeinschaftsanlagen ist nicht als unmittelbar geltendes Recht, sondern als Ermächtigung zur Festsetzung im BPl entweder als zwingende Festsetzung oder als Ausnahmetatbestand ausgestaltet. Der BPl kann die Errichtung von Gemeinschaftsanlagen iSd § 9 Abs. 1 Nr. 22 6

BauGB außerhalb des Baugrundstücks begünstigen, indem er vorsieht, dass die Fläche des Baugründstücks (§ 19 Abs. 3) rechnerisch um die anteilige Fläche der Gemeinschaftsanlage vergrößert wird bzw werden kann. Da die Fläche des Baugrundstücks maßgeblich für die Ermittlung des Nutzungsmaßes nach den relativen Maßbestimmungsfaktoren der Grundflächenzahl (§ 19 Abs. 1), der Geschossflächenzahl (§ 20 Abs. 2) und der Baumassenzahl (§ 21 Abs. 1) ist, führt die rechnerische Vergrößerung des Baugrundstücks zu einer proportionalen Vergrößerung des Nutzungsmaßes. Praktisch bedeutet das, dass der Bauherr, der sich an einer Gemeinschaftsanlage beteiligt, nicht nur die entsprechenden anteiligen Flächen auf dem Baugrundstück anders nutzen kann, sondern das Baugrundstück zusätzlich in einem vergrößerten Maß nutzen kann. Damit kann ein spürbarer Anreiz für die städtebaulich sinnvolle Zusammenfassung von Einrichtungen in Gemeinschaftsanlagen gegeben werden.

7 Obwohl Abs. 2 im Zusammenhang des § 21a steht, der sonst nur Stellplätze und Garagen betrifft, ist Abs. 2 nicht auf Stellplätze und Garagen in Gemeinschaftanlagen beschränkt. Gemeinschaftsanlagen iSd § 9 Abs. 1 Nr. 22 umfassen auch andere Anlagen wie die in der Vorschrift beispielhaft genannten Kinderspielplätze und Freizeiteinrichtungen. Bei den Spielplätzen iSd § 9 Abs. 1 Nr. 22 sind nicht die öffentlichen Spielplätze iSd § 9 Abs. 1 Nr. 5 und Nr. 15 gemeint, sondern Spielplätze, die nach bauordnungsrechtlichen Vorschriften auf den Baugrundstücken oder in deren Nähe zu schaffen sind. Die Vergünstigung nach Abs. 2 gilt nur für solche Gemeinschaftsanlagen, die außerhalb des Baugrundstücks liegen und im BPl auf der Grundlage des § 9 Abs. 1 Nr. 22 BauGB festgesetzt sind.

IV. Überschreitung der zulässigen Grundfläche durch überdachte Stellplätze und Garagen (Abs. 3)

8 Abs. 3 enthält in HS 1 und HS 2 jeweils unmittelbar geltende Vorschriften, die bei der Beurteilung der Zulässigkeit von Vorhaben Überschreitungen der zulässigen Grundfläche durch überdachte Stellplätze und Garagen erlauben. Die zulässige Grundfläche kann sich sowohl aus der Festsetzung einer Grundflächenzahl (GFZ) ergeben (§ 19 Abs. 2) als auch unmittelbar in qm festgesetzt sein (GR). Abs. 3 stellt ausdrücklich klar, dass § 19 Abs. 4 vorgeht. Wenn also durch die in § 19 Abs. 4 Nr. 1–3 genannten Anlagen (Garagen und Stellplätze mit ihren Zufahrten, Nebenanlagen iSd § 14 und bauliche Anlagen unter der Geländeoberfläche, durch die das Baugrundstück lediglich unterbaut wird) die zulässige Grundfläche bereits um 50 % überschritten ist oder eine Grundflächenzahl von 0,8 ausgeschöpft wird, kommt – vorbehaltlich einer nach § 19 Abs. 4 S. 3 zulässigen abweichenden Festsetzung im BPl oder der Befugnisse der Bauaufsichtsbehörde nach § 19 Abs. 4 S. 2 HS 2 und § 19 Abs. 4 S. 4 – eine weitere Überschreitung unter Berufung auf § 21a Abs. 3 nicht in Betracht. Das komplizierte Zusammenspiel des § 19 Abs. 4 und des § 21a Abs. 3 soll den widerstreitenden städtebaulichen Zielen dieser Vorschriften in angemessener Weise Rechnung tragen, der Beschränkung von Nebenanlagen aus Gründen des Bodenschutzes einerseits (§ 19 Abs. 4), Gestaltungsfragen und der Vermeidung von Nachbarbeeinträchtigungen andererseits (§ 21a Abs. 3).

9 **Abs. 3 HS 1** lässt – innerhalb der Grenzen des § 19 Abs. 4 – zunächst eine Überschreitung der zulässigen Grundfläche durch überdachte Stellplätze und Garagen um 10 vH zu. Die BauNVO verwendet die Worte **„Stellplätze und Garagen"** als **Sammelbegriff**, ohne einen Unterschied zwischen diesen Anlagen zu definieren

(BVerwG BauR 1986, 67 = BRS 44 Nr. 108 = NVwZ 1986, 120; s. auch oben Rn 4 zu § 12). Es kommt nicht darauf an, ob die Stellplätze oder Garagen bauordnungsrechtlich notwendig sind, um die Stellplatzpflicht zu erfüllen.

Nach **Abs. 3 HS 2** kann in den in Nr. 1 und 2 genannten Baugebieten ausnahmsweise eine über 10 vH hinausgehende Überschreitung zugelassen werden. Auch dafür gilt die vorrangige Beachtung der Grenzen, die sich aus § 19 Abs. 4 ergeben. Auch hierbei handelt es sich um eine unmittelbar geltende Vorschrift, die der Bauaufsichtsbehörde die Befugnis zur Zulassung der Überschreitung nach pflichtgemäßem Ermessen einräumt, nicht um einen Ausnahmetatbestand iSd § 31 Abs. 1 BauGB. 10

V. Nichtanrechnung von Stellplätzen und Garagen auf die Geschossfläche und die Baumasse (Abs. 4)

Abs. 4 Nr. 1 und 2 korrespondiert mit den Abs. 1 und 3 und stellt sicher, dass Vorhaben, die nach den Abs. 1 und 3 bei der zulässigen Zahl der Vollgeschosse und bei der zulässigen Grundfläche begünstigt werden, nicht an den Festsetzungen der Geschossfläche oder der Geschossflächenzahl und der Baumasse oder der Baumassenzahl scheitern. Dabei handelt es sich um unmittelbar geltende Vorschriften. 11

Abs. 4 Nr. 3 enthält dagegen eine Ermächtigung zur Festsetzung im BPl als zwingende Regelung oder als Ausnahmetatbestand. Nr. 3 hat nur einen eigenen Anwendungsbereich in Fällen, in denen die Flächen oder Baumassen von Stellplätzen und Garagen bei der Ermittlung der Geschossfläche und der Baumasse nicht schon nach Abs. 4 Nr. 1 iVm Abs. 1 oder Abs. 4 Nr. 2 iVm Abs. 3 nicht berücksichtigt werden. Abs. 4 Nr. 3 erfasst deshalb nur Stellplätze und Garagen in Vollgeschossen, die keine Garagengeschosse iSd Abs. 1 und des Abs. 4 Nr. 1 sind, die also nicht ausschließlich zum Abstellen von Fahrzeugen genutzt werden. 12

VI. Vergünstigungen für unterirdische Garagen (Abs. 5)

Abs. 5 ermächtigt die Gemeinde zu Festsetzungen im BPl, die die Anlage von unterirdischen Garagen begünstigen (**Tiefgaragenbonus**). Die Begünstigung erfolgt in der Weise, dass die zulässige Geschossfläche oder die zulässige Baumasse ganz oder teilweise um die Flächen oder Baumassen notwendiger Garagen, die unter der Geländeoberfläche hergestellt werden, vergrößert wird. Damit werden **wirtschaftliche Anreize** zur Verlagerung der nach landesrechtlichen Vorschriften geforderten Stellplätze unter die Erdoberfläche geschaffen, die den meist erheblichen Mehraufwand zumindest teilweise ausgleichen. Tiefgaragen anstelle oberirdischer Stellplätze und Garagen haben aus städtebaulicher Sicht zahlreiche Vorteile, insbesondere erlauben sie die Begrünung und gärtnerische Anlage der vom Hauptgebäude nicht in Anspruch genommenen Freiflächen. Abs. 5 gilt nicht, wenn die Gemeinde die unterirdische Errichtung der Stellplätze im BPl auf der Grundlage des § 9 Abs. 1 Nr. 4 BauGB und der §§ 23 Abs. 1 S. 2 iVm § 16 Abs. 5 BauNVO **zwingend vorschreibt**. Denn in diesem Fall hat der Bauherr nicht die von § 21a Abs. 5 vorausgesetzte Wahlmöglichkeit (VGH Mannheim BRS 57 Nr. 43 = DVBl 1996, 685). 13

Notwendig iSd Abs. 5 sind die Garagen, die nach **landesrechtlichen Vorschriften** zur Erfüllung der **Stellplatzpflicht** hergestellt werden müssen. Das Bauordnungs- 14 recht der Länder schreibt im Wesentlichen übereinstimmend vor, dass bei der Errichtung von Anlagen, bei denen ein Zu- und Abgangsverkehr mit Kraftfahrzeugen zu erwarten ist, geeignete Stellplätze oder Garagen in ausreichender Zahl hergestellt werden müssen. Anzahl und Größe der herzustellenden Stellplätze richten sich dabei nach Art und Zahl der vorhandenen und zu erwartenden Kraftfahrzeuge der ständigen Benutzer und Besucher der Anlage (vgl § 86 Abs. 1 Nr. 4 Musterbauordnung 2002). Für Stellplätze, die über diesen notwendigen Bedarf hinaus errichtet werden, kann der Tiefgaragenbonus nicht in Anspruch genommen werden (BVerwG BVerwGE 90, 57 = BauR 1992, 472 = NJW 1993, 1411). Wenn die Stellplätze zwar nicht für das Baugrundstück, auf dem die Tiefgarage errichtet wird, notwendig sind, aber der Deckung des notwendigen Stellplatzbedarf eines anderen Baugrundstücks dienen – was nach den landesrechtlichen Vorschriften möglich ist – kommt der Tiefgaragenbonus insoweit dem anderen Baugrundstück zugute (VGH München BauR 1987, 668 = BRS 47 Nr. 62).

Dritter Abschnitt
Bauweise, überbaubare Grundstücksfläche

§ 22 Bauweise

(1) Im Bebauungsplan kann die Bauweise als offene oder geschlossene Bauweise festgesetzt werden.

(2) In der offenen Bauweise werden die Gebäude mit seitlichem Grenzabstand als Einzelhäuser, Doppelhäuser oder Hausgruppen errichtet. Die Länge der in Satz 1 bezeichneten Hausformen darf höchstens 50 m betragen. Im Bebauungsplan können Flächen festgesetzt werden, auf denen nur Einzelhäuser, nur Doppelhäuser, nur Hausgruppen oder nur zwei dieser Hausformen zulässig sind.

(3) In der geschlossenen Bauweise werden die Gebäude ohne seitlichen Grenzabstand errichtet, es sei denn, daß die vorhandene Bebauung eine Abweichung erfordert.

(4) Im Bebauungsplan kann eine von Absatz 1 abweichende Bauweise festgesetzt werden. Dabei kann auch festgesetzt werden, inwieweit an die vorderen, rückwärtigen und seitlichen Grundstücksgrenzen herangebaut werden darf oder muß.

§ 22 BauNVO 1977: Bauweise

(1) Im Bebauungsplan ist, soweit es erforderlich ist, die Bauweise als offene oder geschlossene Bauweise festzusetzen.

(2) In der offenen Bauweise werden die Gebäude mit seitlichem Grenzabstand (Bauwich) als Einzelhäuser, Doppelhäuser oder als Hausgruppen mit einer Länge von höchstens 50 m errichtet. Im Bebauungsplan können Flächen festgesetzt werden, auf denen nur Einzelhäuser, nur Doppelhäuser, nur Hausgruppen oder nur zwei dieser Hausformen zulässig sind.

(3) *wie BauNVO 1990*

(4) *wie Abs. 4 S. 1 BauNVO 1990*

§ 22 BauNVO 1968: Bauweise

(1) *wie BauNVO 1977*

(2) *wie BauNVO 1977*

(3) *wie BauNVO 1977 und 1990*
(4) *wie BauNVO 1977 und Abs. 4 S. 1 BauNVO 1990*

§ 22 BauNVO 1962: Bauweise

(1) Im Bebauungsplan ist, soweit es erforderlich ist, die Bauweise als offene oder geschlossene Bauweise festzusetzen. Ist die Bauweise nicht festgesetzt, so sind die Vorschriften über die offene Bauweise anzuwenden.
(2) In der offenen Bauweise werden die Gebäude mit seitlichem Grenzabstand (Bauwich) als Einzelhäuser, Doppelhäuser oder als Hausgruppen mit einer Länge von höchstens 50 m errichtet. Im Bebauungsplan können Flächen festgesetzt werden, auf denen nur Einzelhäuser und Doppelhäuser oder nur Hausgruppen zulässig sind.
(3) *wie BauNVO 1968, 1977 und 1990*
(4) *wie BauNVO 1968, 1977 und Abs. 4 S. 1 BauNVO 1990*

I. Festsetzung der Bauweise (Abs. 1 und 4)

§ 22 regelt die Einzelheiten der Festsetzung der Bauweise im BPl, zu der **§ 9 Abs. 1 Nr. 2 BauGB** die Gemeinde ermächtigt. Die Bauweise betrifft einen Teilaspekt der Stellung der Gebäude auf dem Grundstück, und zwar die Frage, ob die Gebäude mit oder ohne Abstand zu den beiden **seitlichen Grundstücksgrenzen** zu errichten sind. Die Bauweise kann als **offene** oder **geschlossene** Bauweise (Abs. 1) oder als davon **abweichende (atypische)** Bauweise (Abs. 4) festgesetzt werden. In der offenen Bauweise werden die Gebäude mit seitlichem Grenzabstand errichtet (Abs. 2 S. 1), in der geschlossenen Bauweise ohne seitlichen Grenzabstand (Abs. 3). Eine abweichende Bauweise iSd Abs. 4 S. 1 ist zB die **halboffene** Bauweise, bei der nur an eine seitliche Grundstücksgrenze angebaut und zur anderen seitlichen Grundstücksgrenze ein seitlicher Grenzabstand eingehalten werden muss. Ein anderes Beispiel einer abweichenden Bauweise ist die **Gartenhofbauweise**, für das ein gegen fremde Sicht geschützter Hof (das „grüne Zimmer“) und die Errichtung des den Hof umschließenden Gebäudes ohne seitlichen Grenzabstand zumindest im Erdgeschoss charakteristisch ist (dazu OVG Münster BRS 36 Nr. 51; zur Funktionslosigkeit einer solchen Festsetzung OVG Münster BauR 2000, 217 = BRS 63 Nr. 187). Schließlich ist die **Kettenhausbauweise** dadurch charakterisiert, dass die Gebäude im Bereich des Erdgeschosses oder mehrerer Geschosse ohne seitlichen Grenzabstand errichtet werden, aber mit weiteren Obergeschossen einen seitlichen Grenzabstand einhalten. Bei Festsetzung einer abweichenden Bauweise kann – anders als bei der offenen und der geschlossenen Bauweise – die Stellung nicht nur zu den seitlichen Grundstücksgrenzen, sondern auch zu den vorderen und rückwärtigen Grundstücksgrenzen festgesetzt werden (Abs. 4 S. 2). Die abweichende Bauweise hat allerdings praktisch kaum Bedeutung, zumal ihr städtebaulicher Zweck auch durch Festsetzung von Baugrenzen und Baulinien (§ 23 Abs. 2 und 3) erreicht werden kann. Der BPl muss die Bauweise nicht festsetzen. Die Festsetzung der Bauweise gehört auch nicht zu den Festsetzungen, die der „qualifizierte“ BPl iSd § 30 Abs. 1 BauGB mindestens enthalten muss. Wenn der BPl keine Festsetzung der Bauweise enthält, kann der Bauherr die Bauweise – im 1

Rahmen der übrigen Festsetzungen, insbesondere unter Beachtung der nach § 23 festgesetzten Baugrenzen oder Baulinien – frei wählen.

2 Die **Bauweise** stellt nach **§ 34 Abs. 1 BauGB** auch für die Zulässigkeit von Vorhaben im unbeplanten Innenbereich eines der städtebaulichen Kriterien dar, nach denen zu beurteilen ist, ob ein Vorhaben sich in die Eigenart der näheren Umgebung einfügt.

II. Die offene Bauweise (Abs. 2)

3 In der offenen Bauweise werden die Gebäude nach Abs. 2 S. 1 mit **seitlichem Grenzabstand** als **Einzelhäuser, Doppelhäuser oder Hausgruppen** errichtet. Die Vorschrift erfasst ausdrücklich nur die Stellung von Gebäuden, nicht von sonstigen baulichen Anlagen. Ein **Gebäude** ist nach den im Wesentlichen übereinstimmenden Begriffen der Landesbauordnungen jede selbständig benutzbare, überdeckte bauliche Anlage, die von Menschen betreten werden kann. Im Zusammenhang der Festsetzung der offenen Bauweise und damit des seitlichen Grenzabstands in § 22 Abs. 2 kommt es dabei, wie schon der in Abs. 2 genannte Haustyp der Hausgruppe zeigt, nicht auf das einzelne, selbständig benutzbare Gebäude, sondern auf die Stellung der **Gesamtanlage** zu den seitlichen Grundstücksgrenzen an.

4 Die offene Bauweise verlangt lediglich einen Abstand zu den **seitlichen Grundstücksgrenzen**, nicht Abstände der Gebäude zur vorderen oder hinteren Grundstücksgrenze. Welcher Grenzabstand zu den seitlichen Grundstücksgrenzen einzuhalten ist, ergibt sich aus der Festsetzung der offenen Bauweise nicht. Das **Maß** des seitlichen Grenzabstands wird vielmehr durch das **Abstandsflächenrecht** der Landesbauordnungen geregelt.

5 Wenn die offene Bauweise festgesetzt wird, müssen die Gebäude als **Einzelhäuser, Doppelhäuser oder Hausgruppen** mit seitlichem Grenzabstand errichtet werden (Abs. 2 S. 1). Welche dieser Haustypen zulässig ist, kann der BPl festsetzen (Abs. 2 S. 3). Dabei kann der BPl festsetzen, dass auf bestimmten Flächen nur Einzelhäuser, nur Doppelhäuser, nur Hausgruppen oder nur jeweils zwei dieser Hausformen zulässig sind. Wenn der BPl insoweit keine Festsetzung enthält, sind alle drei Hausformen zulässig. Einer ausdrücklichen Festsetzung bedarf es dazu nicht.

6 Unter einem **Einzelhaus** ist ein allseits freistehendes Gebäude zu verstehen, das die nach Landesrecht erforderlichen Abstände einhält. Es kommt nicht darauf an, wie groß das Gebäude ist und wie viele Wohnungen sich darin befinden. Auch ein großer Wohnblock kann also ein Einzelhaus sein. Der Begriff des Einzelhauses darf nicht mit dem Begriff des Einfamilienhauses verwechselt werden.

7 Schwierigkeiten hat der **Begriff des Doppelhauses** und seine Abgrenzung zum Begriff des Einzelhauses bereitet. Diese Fragen sind aber inzwischen durch die Rspr des **BVerwG** weitgehend geklärt (BVerwGE 110, 355 = BauR 2000, 1168 = BRS 63 Nr. 185 = NVwZ 2000, 1055). Danach ist ein Doppelhaus iSd § 22 Abs. 2 BauNVO eine bauliche Anlage, die dadurch entsteht, dass zwei Gebäude **auf benachbarten Grundstücken** durch Aneinanderbauen an der gemeinsamen Grundstücksgrenze zu einer Einheit zusammengefügt werden (BVerwG aaO; vgl auch VGH München BauR 2001, 214 = BRS 63 Nr. 69 = NVwZ-RR 2001, 228; in diesem Sinne bereits OVG Koblenz BauR 1986, 322 = BRS 46 Nr. 99 = NVwZ 1987, 145; OVG Lüneburg BauR 1996, 354 = BRS 57 Nr. 83 = NVwZ-RR 1996, 489; OVG Münster BauR 1998, 93 = BRS 59 Nr. 73; VGH Kassel BauR 2000, 873;

zu abweichender früherer Rspr vgl nur VGH Mannheim BauR 1997, 274). Während im allgemeinen Sprachgebrauch auch ein aus zwei aneinander gebauten Haushälften bestehendes Gebäude, dessen beide Hälften auf dem gleichen Grundstück stehen, als Doppelhaus bezeichnet wird, erfasst § 22 Abs. 2 BauNVO nach dieser Rspr nur Doppelhäuser, deren Hälften jeweils auf einem eigenen Grundstück stehen. Ausschlaggebend dafür ist die Erwägung, dass es für die städtebauliche Funktion der offenen Bauweise unerheblich ist, wie die auf einem Grundstück stehende Gesamtanlage in sich gegliedert ist und ob es sich um ein Einzelhaus, ein Doppelhaus oder eine Hausgruppe handelt. Ausschlaggebend ist allein der seitliche Grenzabstand der Gesamtanlage. Mit Rücksicht auf die Begrenzung der Länge der Hausformen auf längstens 50 m (Abs. 2 S. 2) ist es für den städtebaulichen Zweck der Festsetzung der offenen Bauweise grundsätzlich auch nicht entscheidend, ob der Baukörper auf einem oder auf mehreren Grundstücken steht. Die ausdrückliche Zulassung von Doppelhäusern im Zusammenhang der Regelung der offenen Bauweise würde letztlich keinen Sinn machen. Gleiches gilt für die Hausgruppen. Die ausdrückliche Zulassung von Doppelhäusern und Hausgruppen in der offenen Bauweise macht also nur Sinn, wenn man sie so versteht, dass das Gebot der Einhaltung seitlicher Grenzabstände bei diesen Hausformen nicht für die „inneren“ Grenzen gilt (sehr wohl aber für die seitlichen Grenzen der Gesamtanlage).

Diese Privilegierung von Doppelhäusern in der offenen Bauweise hinsichtlich ihrer 8
„inneren“ Grundstücksgrenzen ist aber nur gerechtfertigt, wenn die Doppelhaushälften eine **bauliche Einheit** bilden. Dieses Erfordernis ist nur erfüllt, wenn die beiden Gebäude in wechselseitig verträglicher und abgestimmter Weise aneinander gebaut werden. Insoweit ist die planerische Festsetzung von Doppelhäusern in der offenen Bauweise **nachbarschützend** (BVerwGE 110, 355 = BauR 2000, 1168 = BRS 63 Nr. 185 = NVwZ 2000, 1055). Nicht erforderlich ist dagegen, dass die Doppelhaushälften gleichzeitig oder deckungsgleich (spiegelbildlich) errichtet werden. Das Erfordernis einer baulichen Einheit im Sinne eines Gesamtbaukörpers schließt auch nicht aus, dass die ein Doppelhaus bildenden Gebäude an der gemeinsamen Grundstücksgrenze zueinander **versetzt** oder **gestaffelt** aneinandergebaut werden (BVerwG aaO). Kein Doppelhaus entsteht dagegen, wenn ein Gebäude gegen das andere so stark versetzt wird, dass es den Rahmen einer wechselseitigen Grenzbebauung überschreitet, den Eindruck eines einseitigen Grenzanbaus vermittelt und dadurch einen neuen Bodennutzungskonflikt auslöst. In welchem Umfang die beiden Haushälften eines Doppelhauses an der Grenze zusammengebaut sein müssen, lässt sich weder abstrakt-generell noch mathematisch-prozentual festlegen (BVerwG aaO, VGH München BauR 2001, 214 = BRS 63 Nr. 69 = NVwZ-RR 2001, 228). Die Anforderungen an ein Doppelhaus iSd § 22 Abs. 2 BauNVO liegen zB nicht vor, wenn der zu genehmigende Baukörper über eine Länge von 5 m an das Wohnhaus des Nachbarn angebaut werden soll, dahinter jedoch um weitere 8 m in den rückwärtigen Gartenbereich hinein verspringt. Dieser Versprung ist in diesem Ausmaß durch den die Doppelhaus-Festsetzung kennzeichnenden wechselseitigen Verzicht auf seitliche Grenzabstände an der gemeinsamen Grundstücksgrenze nicht mehr gedeckt. Er riegelt die Freifläche hinter dem Wohnhaus des Nachbarn wandartig vom Grundstück des Neubauvorhabens ab und vermittel damit den Eindruck eines massiven einseitigen Grenzanbaus (BVerwG aaO).

9 Entsprechendes gilt für **Hausgruppen**. Eine Hausgruppe besteht aus **mindestens drei** auf **benachbarten Grundstücken** stehenden Gebäuden, die nach den **gleichen Grundsätzen wie bei Doppelhäusern** aneinandergebaut sind.

10 Die Länge aller drei in Abs. 2 S. 1 genannten Hausformen darf **höchstens 50 m** betragen (Abs. 2 S. 2).

III. Die geschlossene Bauweise (Abs. 3)

11 In der geschlossenen Bauweise müssen die Gebäude grundsätzlich **ohne seitlichen Grenzabstand** errichtet werden. Damit wird ein seitlicher Grenzanbau vorgeschrieben. Auch wenn Abs. 3 dies nicht ausdrücklich regelt, ist mit der städtebaulichen Zielsetzung der geschlossenen Bauweise nach ihrem Sinne und Zweck auch **kein „innerer Gebäudeabstand"** vereinbar. In der geschlossenen Bauweise müssen sich die Gebäude also von einer seitlichen Grundstücksgrenze zur anderen erstrecken (Ziegler in KK Rn 85 zu § 22 BauNVO; König in KRS Rn 19b zu § 22; aA FF Rn 9 zu § 22).

12 Die Festsetzung der geschlossenen Bauweise gilt grundsätzlich für das gesamte Baugrundstück. Ihr Geltungsbereich ist insbesondere nicht auf die überbaubare Grundstücksfläche iSd § 23 beschränkt (streitig; s. dazu OVG Münster BauR 2003, 1185 = BRS 66 Nr. 126 = NVwZ-RR 2003 mwN zum Streitstand).

13 Der Grundsatz, dass in der geschlossenen Bauweise die Gebäude ohne seitlichen Grenzabstand errichtet werden, gilt nach Abs. 3 HS 2 dann nicht, wenn die vorhandene Bebauung eine Abweichung erfordert. Das setzt voraus, dass die Abweichung zwingend geboten ist (FF Rn 9.2 zu § 22; Jäde in Jäde/Dirnberger/Weiß Rn 12 zu § 22). Es reicht also nicht aus, dass eine Abweichung lediglich „vernünftigerweise geboten" ist (so aber OVG Lüneburg BRS 39 Nr. 105 und 106; König in KRS Rn 20 zu § 22). Die vorhandene Bebauung kann die Abweichung erfordern, wenn auf dem Nachbargrundstück bereits ein Gebäude mit Grenzabstand steht. Eine Abweichung ist nicht allein deshalb erforderlich ist, weil das auf dem Nachbargrundstück an der Grenze vorhandene Gebäude in der Grenzwand Fensteröffnungen aufweist, die baurechtlich genehmigt sind (VGH Mannheim BauR 1998, 91 = BRS 59 Nr. 74).

14 Zur **abweichenden Bauweise (Abs. 4)** s. oben Rn 1.

IV. Nachbarschutz

15 Die Gründe, aus denen das BVerwG Baugebietsfestsetzungen nachbarschützende Wirkung zuerkannt hat (dazu BVerwGE 94, 151; 101, 364; s. auch oben Rn 2 zu § 1 und Rn 5 zu § 15) treffen teilweise auch für Festsetzungen der Bauweise zu. **Nachbarschützend** sind die Festsetzungen der Bauweise zum einen, soweit es um den **seitlichen Grenzabstand** geht. Sowohl bei der offenen als auch bei der geschlossenen Bauweise können die Grundstücksnachbarn wechselseitig erwarten, dass die Festsetzung der Bauweise in Bezug auf die seitlichen Grundstücksgrenzen eingehalten wird. Bei der offenen Bauweise ist der Bauherr dadurch in der Ausnutzung seines Grundstücks beschränkt, dass er nicht ohne seitlichen Grenzabstand bauen kann; er hat dafür aber den Vorteil, dass auch der Nachbar einen seitlichen Grenzabstand einhalten muss. Die Beschränkung seiner Eigentumsnutzung ist nur gerechtfertigt, wenn er erwarten darf, dass der Grundstücksnachbar die Beschänkung auch seinerseits einhält. Es liegt damit ein wechselseiti-

ges Austauschverhältnis der Grundstücksnachbarn im Sinne der oben genannten Rspr des BVerwG zum Nachbarschutz bei Gebietsfestsetzungen vor. Bei Festsetzung der geschlossenen Bauweise gilt nichts anderes. Hier besteht die Belastung des einen Grundstücks in der Grenzbebauung auf dem Nachbargrundstück. Diese Belastung muss nur hingenommen werden, wenn die Erwartung, dass das eigene Grundstück bis an die Grundstücksgrenze bebaut werden darf, geschützt ist.

Nachbarschützend sind auch die Anforderungen an die bauliche Einheit, die mit der Festsetzung von **Doppelhäusern** in der offenen Bauweise verbunden sind (BVerwGE 110, 355 = BauR 2000, 1168 = BRS 63 Nr. 185 = NVwZ 2000, 1055; s. dazu in Einzelnen oben Rn 8). Das gilt in entsprechender Weise auch für **Hausgruppen**. 16

Nicht nachbarschützend ist dagegen die Vorschrift des Abs. 2 S. 2 über die Begrenzung der **Länge** aller Hausformen in der offenen Bauweise auf 50 m. Diese Vorschrift dient ausschließlich allgemeinen städtebaulichen Zwecken. 17

§ 23 Überbaubare Grundstücksfläche

(1) Die überbaubaren Grundstücksflächen können durch die Festsetzung von Baulinien, Baugrenzen oder Bebauungstiefen bestimmt werden. § 16 Abs. 5 ist entsprechend anzuwenden.

(2) Ist eine Baulinie festgesetzt, so muß auf dieser Linie gebaut werden. Ein Vor- oder Zurücktreten von Gebäudeteilen in geringfügigem Ausmaß kann zugelassen werden. Im Bebauungsplan können weitere nach Art und Umfang bestimmte Ausnahmen vorgesehen werden.

(3) Ist eine Baugrenze festgesetzt, so dürfen Gebäude und Gebäudeteile diese nicht überschreiten. Ein Vortreten von Gebäudeteilen in geringfügigem Ausmaß kann zugelassen werden. Absatz 2 Satz 3 gilt entsprechend.

(4) Ist eine Bebauungstiefe festgesetzt, so gilt Absatz 3 entsprechend. Die Bebauungstiefe ist von der tatsächlichen Straßengrenze ab zu ermitteln, sofern im Bebauungsplan nichts anderes festgesetzt ist.

(5) Wenn im Bebauungsplan nichts anderes festgesetzt ist, können auf den nicht überbaubaren Grundstücksflächen Nebenanlagen im Sinne des § 14 zugelassen werden. Das gleiche gilt für bauliche Anlagen, soweit sie nach Landesrecht in den Abstandsflächen zulässig sind oder zugelassen werden können.

§ 23 BauNVO 1977: Überbaubare Grundstücksfläche

(1) Die überbaubaren Grundstücksflächen können durch die Festsetzung von Baulinien, Baugrenzen oder Bebauungstiefen bestimmt werden. Die Festsetzungen können geschoßweise unterschiedlich getroffen werden.

(2) *wie BauNVO 1990*

(3) *wie BauNVO 1990*

(4) *wie BauNVO 1990*

(5) Wenn im Bebauungsplan nichts anderes festgesetzt ist, können auf den nicht überbaubaren Grundstücksflächen Nebenanlagen im Sinne des § 14 zugelassen werden. Das gleiche gilt für bauliche Anlagen, soweit sie nach Landesrecht im Bauwich oder in den Abstandsflächen zulässig sind oder zugelassen werden können.

§ 23 BauNVO 1968: Überbaubare Grundstücksfläche

(1) *wie BauNVO 1977*
(2) *wie BauNVO 1977 und 1990*
(3) *wie BauNVO 1977 und 1990*
(4) *wie BauNVO 1977 und 1990*
(5) *wie BauNVO 1977*

§ 23 BauNVO 1962: Überbaubare Grundstücksfläche

(1) *wie Abs. 1 S. 1 BauNVO 1968, 1977 und 1990*
(2) *wie Abs. 2 S. 1 und 2 BauNVO 1968, 1977 und 1990*
(3) *wie Abs. 3 S. 1 und 2 BauNVO 1968, 1977 und 1990*
(4) *wie BauNVO 1968, 1977 und 1990*
(5) *wie BauNVO 1968 und 1977*

I. Die Festsetzung der überbaubaren Grundstücksfläche (Abs. 1)

1 Nach § **9 Abs. 1 Nr. 2 BauGB** kann der BPl u.a. die überbaubaren und die nicht überbaubaren Grundstücksflächen festsetzen. **§ 23 BauNVO** dient der Umsetzung dieser Ermächtigung. Nach Abs. 1 S. 1 können die überbaubaren Grundstücksflächen durch die Festsetzung von **Baulinien, Baugrenzen oder Bebauungstiefen** bestimmt werden. Baulinien und Baugrenzen werden im BPl zeichnerisch dargestellt (Nr. 3.4 und 3.5 der Anlage zur PlanzVO), Bebauungstiefen in der Regel textlich durch Angabe ihrer Entfernung von der tatsächlichen Straßengrenze in m. Mit allen drei Instrumenten wird eine konkrete, **räumlich bestimmbare (Teil-) Fläche** des Grundstücks festgesetzt, auf der bauliche Anlagen errichtet werden dürfen. Damit wird zugleich die konkrete, räumlich bestimmbare (Teil-)Fläche ausgegrenzt, die nicht überbaubar ist. Diese konkrete räumliche Bestimmung unterscheidet die Festsetzung der überbaubaren Grundstücksflächen von der Festsetzung des Maßes der baulichen Nutzung nach der zulässigen Grundfläche (§ 16 Abs. 2 Nr. 1), die zwar etwas über die Größe des Anteils am Baugrundstück sagt, der von baulichen Anlagen überdeckt werden darf (§ 19 Abs. 2), die aber nichts darüber aussagt, wo auf dem Grundstück bauliche Anlagen stehen dürfen (zum Verhältnis dieser beiden Maßbestimmungsfaktoren BVerwG BauR 1996, 353 = BRS 57 Nr. 25 = NVwZ 1996, 894; BauR 1999, 1435 = BRS 62 Nr. 96; s. auch oben Rn 10 zu § 16 und Rn 3 zu § 19). Beide Festsetzungen sind unabhängig voneinander einzuhalten, ihre beschränkenden Wirkungen können sich also verstärken. Baugrenzen (§ 23 Abs. 3) müssen deshalb nicht so festgesetzt werden, dass dem Grundstückseigentümer auf der so festgesetzten überbaubaren Grundstücksfläche die volle oder eine weitgehende Ausschöpfung der im BPl festgesetzten höchstzulässigen Grundflächenzahl (§ 19) ermöglicht wird (BVerwG BauR 1999, 1435 = BRS 62 Nr. 96 = ZfBR 1999, 353).

2 Soweit § 9 Abs. 1 Nr. 2 BauGB die Gemeinde auch ermächtigt, im BPl die **Stellung der baulichen Anlagen** festzusetzen, erfolgt dies nicht durch Festsetzung der überbaubaren Grundstücksfläche iSd § 23. Zum einen fehlt es an einer entsprechenden Verordnungsermächtigung in § 9 a Nr. 1c) BauGB. Aber auch der Sache nach handelt es sich bei der Festsetzung der überbaubaren Fläche trotz gewisser Überschneidungen nicht um die Festsetzung der Stellung der baulichen Anlagen. In gewisser Weise kann zwar durch Baulinien, Baugrenzen und Bebauungstiefen auch ein eng begrenztes „Baufenster" bestimmt werden. Unmittelbare Festsetzungen der Stellung der baulichen Anlagen erfolgen aber nicht durch Festsetzungen der überbaubaren Grundstücksfläche, sondern durch die Festsetzung der Firstrichtung oder der Längsausrichtung der Anlage (Gaentzsch in BK Rn 21 zu § 9 BauGB).

3 Der Begriff **„überbaubar"** darf nicht zu wörtlich verstanden werden. Festsetzungen der überbaubaren Grundstücksfläche gelten nach allgemeiner Ansicht sowohl für oberirdische als auch für unterirdische Anlagen – soweit nicht Festsetzungen nach **Abs. 1 iVm § 16 Abs. 5** abweichende Regelungen treffen.

4 Die Festsetzungen zur überbaubaren Grundstücksfläche erfassen nicht nur **Gebäude**, sondern **alle baulichen Anlagen** im planungsrechltichen Sinn (§ 29 Abs. 1 BauGB). Das gilt trotz der Verwendung des Begriffs Gebäude in Abs. 2 und 3 (BVerwG BauR 2001, 1698 = BRS 64 Nr. 79 = NVwZ 2002, 90): Das schließt das BVerwG aus Textgeschichte, systematischem Zusammenhang und Zielsetzung der Vorschrift. Abs. 3 S. 3 iVm Abs. 2 S. 3 und Abs. 5, der die Zulassung von Nebenanlagen iSd § 14 sowie von bestimmten anderen baulichen Anlagen auf den nicht überbaubaren Grundstücksflächen regelt, lassen den Schluss zu, dass Festsetzungen zur überbaubaren Grundstücksfläche für alle baulichen Anlagen im planungsrechtlichen Sinn gelten. § 23 ist zudem aus der Zielsetzung des § 9 Abs. 1 Nr. 2 BauGB auszulegen. Danach ist die Festsetzung von Baugrenzen geeignet, die von der Gemeinde gewünschte „offene Bauweise" zu unterstreichen. Dieses Ziel würde unterlaufen, wenn eine bauliche Anlage, welche bauplanerisch weder „Gebäude" noch „Nebenanlage" ist, als Hauptnutzung „vor der Baugrenze" ohne weiteres zulässig wäre (BVerwG aaO).

II. Baulinien und Baugrenzen (Abs. 2 und 3)

5 In der Praxis werden die überbaubaren Grundstücksflächen vor allem durch **Baulinien** (**Abs. 2**) und **Baugrenzen** (**Abs. 3**) festgesetzt. Beide werden im BPl zeichnerisch als Bestimmungslinien dargestellt; bei farbiger Darstellung ist die Baulinie rot, die Baugrenze blau (Nr. 3.4 und 3.5 der Anlage zur PlanzVO). Die Baulinie ist die weitergehende Festsetzung: Wenn eine Baulinie festgesetzt ist, muss grundsätzlich „auf dieser Linie" gebaut werden (Abs. 2 S. 1), die baulichen Anlagen dürfen die Baulinie also grundsätzlich weder überschreiten noch unterschreiten oder – in der Terminologie der Ausnahmeregelung in S. 2 – gegenüber dieser Linie weder vortreten noch zurücktreten. Die Baugrenze darf ebenfalls nicht überschritten werden (Abs. 3 S. 1), sie darf aber im Gegensatz zur Baulinie jederzeit unterschritten werden, bauliche Anlagen dürfen also uneingeschränkt hinter einer festgesetzten Baugrenze zurückbleiben. Entsprechend ihrer unterschiedlichen Tragweite unterscheiden sich auch die Anforderungen an die städtebauliche Erforderlichkeit der Festsetzung von Baulinien und Baugrenzen. Zwar bedarf es auch für die Festsetzung von Baulinien keiner zwingenden städtebaulichen Gründe, sondern es gel-

ten die allgemeinen Anforderungen an eine zielorientierte planerische Festsetzung (BVerwG BauR 2002, 1358 = BRS 65 Nr. 44 = ZfBR 2002, 583). Die Festsetzung einer Baulinie schränkt die Gestaltungsmöglichkeiten des Eigentümers aber weitergehend ein. Sie erfordert nicht nur eine Begründung dafür, dass bestimmte Flächen nicht überbaubar sein sollen. Sie erfordert darüber hinaus städtebauliche Gründe, die es rechtfertigen, den Standort der baulichen Anlage an der Baulinie genau festzulegen. Eine solche Begründung kann sich zB im Fall der Festsetzung einer Baulinie an der vorderen Grundstücksgrenze zur Straße aus den städtebaulichen Belangen der Gestaltung des Straßen- und Ortsbildes ergeben.

6 Bei Baulinien kann ein Vor- oder Zurücktreten, bei Baugrenzen ein Vortreten von Gebäudeteilen in geringfügigem Ausmaß zugelassen werden (Abs. 2 S. 2 und Abs. 3 S. 2). Das gilt aber nicht nur für Gebäudeteile, sondern auch für Teile anderer baulicher Anlagen (s. oben Rn 4). Die Befugnis der Bauaufsichtsbehörde zur Zulassung von Abweichungen nach diesen Vorschriften ist unmittelbar geltendes Recht; sie muss also nicht im BPl festgesetzt werden (BVerwGE 90, 57 = BauR 1992, 472 = BRS 54 Nr. 60 = NVwZ 1993, 170). Sie stellt keine Ausnahme iSd § 31 Abs. 1 BauGB dar und kann nicht durch Festsetzung im BPl ausgeschlossen werden. Die Bauaufsichtsbehörde entscheidet bei Vorliegen der tatbestandlichen Voraussetzungen nach pflichtgemäßem Ermessen. Die Abweichungsmöglichkeit gilt nur für Gebäudeteile (und Teile baulicher Anlagen, s. oben) und zugelassen werden kann nur ein Vor- bzw Zurücktreten in geringfügigem Ausmaß. Anhaltspunkte dafür, was unter einem Gebäudeteil und unter geringfügigem Ausmaß zu verstehen ist, können aus den Vorschriften der Landesbauordnungen gewonnen werden, die im Zusammenhang der Abstandsflächen regeln, unter welchen Voraussetzungen vortretende Bauteile und Vorbauten außer Betracht bleiben (VGH Mannheim BRS 62 Nr. 97; OVG Münster BauR 1997, 82 = BRS 58 Nr. 171). Gebäudeteile in diesem Sinne sind zB Balkone, Blumenfenster, Dachvorsprünge, Erker, Gesimse, Pfeiler, Veranden, Wintergärten oder Freitreppen, nicht aber eine ganze Hauswand. Welches Maß der Über- oder Unterschreitung noch geringfügig ist, hängt von den Umständen des Einzelfalls ab. Dabei ist auch zu berücksichtigen, über welche Breite ein Gebäudeteil vor- oder zurücktritt. Das Höchstmaß von 1,50 m, bis zu dem nach den meisten Landesbauordnungen vortretende Bauteile und Vorbauten bei der Abstandsfläche außer Betracht bleiben, dürfte auch für die Geringfügigkeit der Abweichung von Baulinien und Baugrenzen sachgerecht sein.

7 Weitergehende Ausnahmen kann der BPl sowohl bei Baulinien (Abs. 2 S. 3) als auch bei Baugrenzen (Abs. 3 S. 3 iVm Abs. 2 S. 3) festsetzen. Die Vorschriften enthalten keine Beschränkungen für die im BPl festzusetzenden Ausnahmetatbestände. Insbesondere gelten die für die Zulassung von Abweichungen durch die Bauaufsichtsbehörde geltenden Beschränkungen auf Gebäudeteile (und Anlagenteile, s. oben) und auf geringfügige Abweichungen nicht für die Festsetzung von Ausnahmetatbeständen im BPl. Der BPl kann also auch vorsehen, dass bei Vorliegen des Ausnahmetatbestands ganze Gebäude die Baugrenzen überschreiten können, und dies nicht nur geringfügig (Ziegler in KK Rn 77 zu § 23 BauNVO; König in KRS Rn 21a zu § 23; Boeddinghaus Rn 24 zu § 23; Jäde in Jäde/Dirnberger/Weiß Rn 11 zu § 23 BauNVO; aA FF Rn 14 zu § 23; Knaup/Stange Rn 29 zu § 23).

III. Bebauungstiefe (Abs. 4)

In der Praxis hat die Festsetzung der Bebauungstiefe nur geringe Bedeutung. Ihre Wirkung entspricht der Wirkung einer (rückwärtigen) Baugrenze (Abs. 4 S. 1 iVm entsprechender Anwendung des Abs. 3). Jenseits der durch die Bebauungstiefe gezogenen Grenze im rückwärtigen, von der Straße abgewandten Teil des Grundstücks sind bauliche Anlagen nicht zulässig. Der Unterschied zwischen Bebauungstiefe und (rückwärtiger) Baugrenze ist eher technischer Natur. Die Bebauungstiefe ist, sofern der BPl nichts anderes festsetzt, von der tatsächlichen Straßengrenze ab zu ermitteln (Abs. 4 S. 2). Für die Festsetzung einer Bebauungstiefe ist demnach lediglich die Angabe des Tiefenmaßes im Textteil des BPl erforderlich. Praktikabel ist das indessen nur, wenn die tatsächliche Straßengrenze einen schnurgeraden Verlauf hat. Wenn das nicht der Fall ist, muss eine andere Bezugslinie gewählt und zeichnerisch dargestellt werden; dafür muss dann gem § 2 Abs. 2 S. 2 PlanzVO ein eigenes Planzeichen entwickelt werden. 8

Für Abweichungen und Ausnahmen von einer festgesetzten Bebauungstiefe gelten die gleichen Grundsätze wie bei Baulinien und Baugrenzen (Abs. 4 S. 1 iVm Abs. 3 S. 2 und 3 und Abs. 2 S. 3). 9

IV. Zulässige bauliche Anlagen auf den nicht überbaubaren Grundstücksflächen (Abs. 5)

Nach Abs. 5 S. 1 könnnen auf den nicht überbaubaren Grundstücksflächen Nebenanlagen iSd § 14 zugelassen werden. Das Gleich gilt nach Abs. 5 S. 2 für bauliche Anlagen, soweit sie nach Landesrecht in den Abstandsflächen zulässig sind oder zugelassen werden können. Auch hierbei handelt es sich um unmittelbar geltendes Recht und nicht um einen erst durch Festsetzung im BPl zu schaffenden Ausnahmetatbestand iSd § 31 Abs. 1 BauGB. Die Bauaufsichtsbehörde entscheidet also unmittelbar aufgrund des Abs. 5 über die Zulassung nach pflichtgemäßem Ermessen. Das Einvernehmen der Gemeinde ist dazu nicht erforderlich. 10

Die Gemeinde kann jedoch im BPl andere Festsetzungen treffen (Abs. 5 S. 1). Dabei kann sie sowohl die Regelfolgen des Abs. 5 ganz ausschließen als auch Teilregelungen treffen, zB indem sie die nur bestimmte Gruppen der in Abs. 5 genannten baulichen Anlagen zulässt, die Zulassung von bestimmten Größenbegrenzungen der baulichen Anlagen abhängig macht oder die Zulassung auf räumlich bestimmte Teile der nicht überbaubaren Grundstücksfläche beschränkt. 11

Zum Begriff der Nebenanlagen iSd § 14 s. oben Rn 1 ff zu § 14. Garagen und Stellplätze sind keine Nebenanlagen iSd § 14; für sie gilt eine eigene Regelung in § 12. Sie fallen aber zT unter die nach Landesrecht zulässigen bzw zulassungsfähigen baulichen Anlagen iSd Abs. 5 S. 2. 12

Die Verweisung auf das Landesrecht in Abs. 5 S. 2 ist als dynamische Verweisung und nicht als statische Verweisung zu verstehen. Maßgeblich ist daher die im Zeitpunkt der Entscheidung über die Baugenehmigung geltende Fassung (VGH Mannheim BauR 1996, 222 = BRS 57 Nr. 84 = UPR 1996, 38). 13

V. Nachbarschutz

Ob Festsetzungen nach § 23 nachbarschützende Wirkung haben, lässt sich – anders als bei Baugebietsfestsetzungen (s. oben Rn 2 zu § 1) – **nicht generell** beantworten, 14 sondern nur durch **Auslegung des BPls** unter Berücksichtigung der **besonderen Umstände** der **konkreten Planungssituation** (BVerwG BauR 1996, 82 = BRS 57 Nr. 217 = NVwZ 1995, 888; OVG Münster BauR 1996, 684 = BRS 58 Nr. 170 = NVwZ-RR 1997, 277). Wenn zB für ein Straßengeviert, das in geschlossener Bauweise mit Wohnhäusern bebaut werden soll, eine rückwärtige Baugrenze festgesetzt ist, so dass in dem durch die Bebauung umschlossenen Innenraum eine größere, zusammenhängende, nicht bebaubare Fläche entsteht, die den Bewohnern als vom Verkehrslärm abgeschirmter Erholungsraum dienen kann, und wenn durch weitere Festsetzungen gewährleistet wird, dass diese Fläche begrünt und gärtnerisch sowie zur Freizeiterholung genutzt wird, sprechen diese Umstände für den Willen des Satzungsgebers, mit der Festsetzung der rückwärtigen Baugrenze auch den Bestand dieses Erholungsraums zu sichern. In einem solchen Fall liegt jedenfalls das den Nachbarschutz begründende wechselseitige **Austauschverhältnis** – die „Schicksalsgemeinschaft" – der Eigentümer der Grundstücke in diesem Straßengeviert vor: die Eigentümer sind zur Erhaltung der Wohnqualität ihrer Grundstücke wechselseitig darauf angewiesen, dass die rückwärtige Baugrenze von allen eingehalten wird. Wenn solche besonderen Umstände nicht vorliegen und sich aus dem BPl und seiner Begründung oder aus den Akten des Aufstellungsverfahrens keine Hinweise auf nachbarschützende Zwecke der rückwärtigen Baugrenze ergeben, so ist davon auszugehen, dass auch eine rückwärtige Baugrenze allgemeinen städtebaulichen Belangen wie der Gestaltung des Ortbildes dient. Auch bei der Festsetzung seitlicher und vorderer Baugrenzen oder Baulinien muss stets der Wille des Satzungsgebers ermittelt werden. Bei seitlichen und rückwärtigen Baugrenzen liegt ein wechselseitiges nachbarliches Austauschverhältnis allerdings näher als bei straßenseitigen Baugrenzen oder Baulinien.

Vierter Abschnitt

§ 24 (weggefallen)

§ 24 BauNVO 1977: Anwendung der Verordnung im Falle des § 33 des Bundesbaugesetzes

In den Fällen des § 33 des Bundesbaugesetzes sind die Vorschriften dieser Verordnung entsprechend dem Stand der Planungsarbeiten anzuwenden.

§ 24 BauNVO 1968: Anwendung der Verordnung in den Fällen der §§ 33, 34 Bundesbaugesetz

(1) In den Fällen des § 33 Bundesbaugesetz sind die Vorschriften dieser Verordnung entsprechend dem Stand der Planungsarbeiten anzuwenden.

(2) In den Fällen des § 34 Bundesbaugesetz sind, soweit Festsetzungen, die Gegenstand dieser Verordnung sind, nicht bestehen, die Vorschriften dieser Verordnung entsprechend der vorhandenen Bebauung sinngemäß anzuwenden.

§ 24 BauNVO 1962: Anwendung der Verordnung in den Fällen der §§ 33, 34 Bundesbaugesetz

(1) *wie BauNVO 1968*

(2) In den Fällen des § 34 Bundesbaugesetz sind, soweit Festsetzungen, die Gegenstand dieser Verordnung sind, nicht bestehen, die Vorschriften dieser Verordnung entsprechend der vorhandenen Bebauung sinngemäß anzuwenden. Dabei ist das Baugebiet nach der tatsächlichen Eigenart der näheren Umgebung zu bestimmen. Die in § 17 Abs. 1 genannten Höchstwerte für die Grundflächenzahl und die Geschoßflächenzahl dürfen, bezogen auf die in der Umgebung überwiegend vorhandene tatsächliche Geschoßzahl, nicht überschritten werden.

(3) In den Fällen des Absatzes 2 kann von den Vorschriften dieser Verordnung mit Zustimmung der höheren Verwaltungsbehörde oder der von der Landesregierung bestimmten Behörde (§ 147 Abs. 2 Bundesbaugesetz) abgewichen werden, wenn die sinngemäße Anwendung zu einer offenbar nicht beabsichtigten Härte führen würde und die Abweichung auch unter Würdigung nachbarlicher Interessen mit den öffentlichen Belangen vereinbar ist, oder wenn Gründe des Wohls der Allgemeinheit die Abweichung erfordern. Die nach Satz 1 zuständige Behörde kann für genau begrenzte Fälle allgemein festlegen, daß ihre Zustimmung nicht erforderlich ist.

§ 24 BauNVO 1962 enthielt in den Abs. 2 und 3 detaillierte Vorschriften über eine 1 **sinngemäße Anwendung** der Vorschriften der BauNVO in den Fällen des **§ 34 BBauG** (unbeplanter Innenbereich). Diese Vorschriften waren aber durch die Verordnungsermächtigung des § 2 Abs. 10 BBauG nicht gedeckt (BVerwGE 32,31). Den Bedenken hatte die BauNVO 1968, bei deren Erlass die Entscheidung des BVerwG noch nicht vorlag, bereits dadurch Rechnung zu tragen versucht, dass sie in Abs. 2 nur noch den in Abs. 2 S. 1 BauNVO 1962 enthaltenen Grundsatz übernahm, auf die weiteren Einzelregelungen aber verzichtete. Die **BauNVO 1977** trug dann der Rspr des BVerwG Rechnung und hob Abs. 2 insgesamt auf. § 24 BauNVO 1977 enthielt danach nur noch die Vorschrift über die Anwendung der BauNVO in den Fällen des **§ 33 BauGB.** Da der Verordnungsgeber der BauNVO 1990 diese Regelung als überflüssig ansah, weil sich die Anwendung der BauNVO in diesen Fällen von selbst verstehe, wurde § 24 insgesamt aufgehoben.

Fünfter Abschnitt
Überleitungs- und Schlußvorschriften

§ 25 Fortführung eingeleiteter Verfahren

Für Bauleitpläne, deren Aufstellung oder Änderung bereits eingeleitet ist, sind die dieser Verordnung entsprechenden bisherigen Vorschriften weiterhin anzuwenden, wenn die Pläne bei dem Inkrafttreten dieser Verordnung bereits ausgelegt sind.

§ 25a Überleitungsvorschriften aus Anlaß der zweiten Änderungsverordnung

(1) Für Bauleitpläne, deren Aufstellung oder Änderung bereits eingeleitet ist, gilt diese Verordnung in ihrer bis zum Inkrafttreten der Zweiten Verordnung zur Änderung dieser Verordnung vom 15. September 1977 (BGBl. I S. 1757) gültigen Fassung, wenn die Pläne bei Inkrafttreten der Zweiten Änderungsverordnung

nach § 2a Abs. 6 des Bundesbaugesetzes oder § 2 Abs. 6 des Bundesbaugesetzes in der bis zum 1. Januar 1977 geltenden Fassung ausgelegt sind.

(2) Von der Geltung der Vorschriften der zweiten Änderungsverordnung über gesonderte Festsetzungen für übereinanderliegende Geschosse und Ebenen sowie sonstige Teile baulicher Anlagen sind solche Bebauungspläne ausgenommen, auf die § 9 Abs. 3 des Bundesbaugesetzes in der ab 1. Januar 1977 geltenden Fassung nach Maßgabe des Artikels 3 § 1 Abs. 3 des Gesetzes zur Änderung des Bundesbaugesetzes vom 18. August 1976 (BGBl. I S. 2221) keine Anwendung findet. Auf diese Bebauungspläne finden die Vorschriften dieser Verordnung über gesonderte Festsetzungen für übereinanderliegende Geschosse und Ebenen und sonstige Teile baulicher Anlagen in der bis zum Inkrafttreten der zweiten Änderungsverordnung gültigen Fassung weiterhin Anwendung.

§ 25b Überleitungsvorschrift aus Anlaß der dritten Änderungsverordnung

(1) Ist der Entwurf eines Bebauungsplans vor dem Inkrafttreten der dritten Änderungsverordnung nach § 2a Abs. 6 des Bundesbaugesetzes öffentlich ausgelegt worden, ist auf ihn § 11 Abs. 3 Satz 3 in der bis zum Inkrafttreten der dritten Änderungsverordnung geltenden Fassung anzuwenden. Das Recht der Gemeinde, das Verfahren zur Aufstellung des Bebauungsplans erneut einzuleiten, bleibt unberührt.

(2) Auf Bebauungspläne, auf die § 11 Abs. 3 in der Fassung der Bekanntmachung vom 15. September 1977 Anwendung findet, ist § 11 Abs. 3 Satz 4 entsprechend anzuwenden.

§ 25c Überleitungsvorschrift aus Anlaß der vierten Änderungsverordnung

Ist der Entwurf eines Bauleitplans vor dem 27. Januar 1990 nach § 3 Abs. 2 des Baugesetzbuchs öffentlich ausgelegt worden, ist auf ihn diese Verordnung in der bis zum 26. Januar 1990 geltenden Fassung anzuwenden. 2Das Recht der Gemeinde, das Verfahren zur Aufstellung des Bauleitplans erneut einzuleiten, bleibt unberührt.

I. Allgemeines zu den Überleitungsvorschriften der §§ 25–25c

1 Allgemeinen Grundsätzen des intertemporalen Rechts würde es durchaus entsprechen, dass auf Bauleitpläne die BauNVO jeweils in der Fassung anzuwenden ist, die im Zeitpunkt der Beschlussfassung über den Bauleitplan gilt. Eine solche Überleitungsregelung hätte jedoch den Nachteil, dass Änderungen der BauNVO während eines laufenden Bauleitplanverfahrens zu uU aufwändigen Änderungen der Planentwürfe und zu einer Wiederholung bereits durchgeführter aufwändiger Verfahrensschritte zwingen würden. Das wollen die Überleitungsvorschriften der §§ 25–25c vermeiden, in dem sie auf den Beginn der Auslegung der Pläne als maß-

geblichen Zeitpunkt abstellen. Eine Rechtsänderung soll also nicht dazu führen, dass ein Bauleitplanverfahren, das schon bis zur öffentlichen Auslegung des Entwurfs des Bauleitplans gediehen ist, wiederholt werden muss (BVerwG BauR 1995, 662 = BRS 57 Nr. 26 = DÖV 1995, 822 = NVwZ-RR 1995, 311). Unter Auslegung der Pläne ist die seit 1986 in § 3 Abs. 2 BauGB und davor in § 2 Abs. 6 BBauG bzw § 2a Abs. 6 BBauG 1977/1979 geregelte öffentliche Auslegung der Entwürfe der Bauleitpläne zu verstehen. Maßgeblich für die Frage, ob auf den Bauleitplan die alte oder die neue Fassung der BauNVO anzuwenden ist, ist also die zeitliche Abfolge des Beginns der Auslegung des Bauleitplanes einerseits, des Inkrafttretens der BauNVO bzw ihrer Neufassung andererseits. Wenn der erste Tag der öffentlichen Auslegung mindestens einen Tag vor dem Inkrafttreten einer neuen Fassung der BauNVO liegt, bleibt für dieses Bauleitplanverfahren und für den abschließenden Bauleitplan die alte Fassung der BauNVO maßgeblich. § 25c bestimmt das durch Datumsangaben mit besonderer Klarheit. Ungeachtet der unterschiedlichen Formulierungen gilt das aber für alle Übergangsbestimmungen der §§ 25 ff in gleicher Weise.

Wenn die Entwürfe des Bauleitplans wiederholt öffentlich ausgelegt werden, ist 2
die erste Auslegung maßgeblich (BVerwG BauR 1995, 662 = BRS 57 Nr. 26 = DÖV 1995, 822 = NVwZ-RR 1995, 311 mwN).

Wenn im vereinfachten Verfahren nach § 13 BauGB anstelle der Auslegung nach 3
§ 3 Abs. 2 BauGB der betroffenen Öffentlichkeit Gelegenheit zur Stellungsnahme innerhalb angemessener Frist gegeben wird, tritt der Beginn der Gelegenheit zur Stellungnahme an die Stelle des Beginns der öffentlichen Auslegung.

Die Überleitungsvorschriften lassen es den Gemeinden unbenommen, das Bauleit- 4
planverfahren neu zu beginnen, um die BauNVO in einer neuen Fassung zur Anwendung zu bringen. § 25b Abs. 1 S. 2 und § 25c S. 2 haben insoweit lediglich klarstellende Funktion.

II. Zu den einzelnen Überleitungsvorschriften

1. Zu § 25

§ 25 enthält die Überleitungsvorschrift für die BauNVO 1962, die Ursprungsfas- 5
sung der BauNVO. Die BauNVO ist nach § 27 am **1. August 1962** in Kraft getreten, so dass sie nicht für Bauleitpläne gilt, die vor dem 1. August 1962 bereits ausgelegt waren. Erst recht gilt sie nicht für die Bauleitpläne, die bei Inkrafttreten der BauNVO bereits in Kraft waren. Dazu gehören auch die bei Inkrafttreten des BBauG geltenden und nach § 173 Abs. 1 und 3 BBauG **übergeleiteten Pläne**. Bei den „entsprechenden bisherigen Vorschriften", die weiterhin anzuwenden sind, handelt es sich um die bisher geltenden landesrechtlichen Vorschriften (vgl auch § 173 Abs. 5 BBauG 1960).

2. Die Überleitungsvorschrift zur BauNVO 1968

Die Überleitungsvorschrift zur BauNVO-Novelle 1968 ist anders als alle anderen 6
Überleitungsvorschriften nicht in den Text der BauNVO aufgenommen worden. Sie findet sich in **Art 2 der VO zur Änderung der BauNVO vom 26. November 1968 (BGBl I S. 1233)** und hat folgenden Wortlaut:

„Für Bauleitpläne, deren Aufstellung oder Änderung bereits eingeleitet ist, gilt die Verordnung in der bisherigen Fassung, wenn die Pläne bei Inkrafttreten dieser Verordnung bereits nach § 2 Abs. 6 des Bundesbaugesetzes ausgelegt sind." In der Sache entspricht diese Überleitungsvorschrift der des § 25. Die BauNVO 1968 ist nach ihrem Art 5 am 1. Januar 1969 in Kraft getreten.

3. Zu § 25a

7 § 25a Abs. 1 enthält die Überleitungsvorschrift für die BauNVO 1977, die nach Art 4 der ÄndVO am 1. Oktober 1977 in Kraft getreten ist.

8 Abs. 2 modifiziert die Überleitungsvorschrift des Abs. 1 hinsichtlich der Vorschriften der BauNVO 1977 über gesonderte Festsetzungen für übereinander liegende Geschosse und Ebenen sowie sonstige Teile baulicher Anlagen (§ 1 Abs. 7, § 4 Abs. 4, § 7 Abs. 4 sowie § 12 Abs. 4 und 5 BauNVO 1977). Die gesetzliche Ermächtigungsgrundlage für diese Vorschriften war erst durch Art 9 Abs. 3 BBauG idF des am 1. Januar 1977 in Kraft getretenen Gesetzes zur Änderung des BBauG vom 18. August 1976 (BGBl I S. 2221) geschaffen worden. § 25 a Abs. 2 dient der Abstimmung mit den Überleitungsvorschriften dieses Gesetzes.

4. Zu § 25b

9 § 25b enthält die Überleitungsvorschrift für die 3. ÄndVO zur BauNVO, die nach ihrem Art 3 am 1. Januar 1987 in kraft getreten ist und deren einziger Inhalt eine Neufassung des § 11 Abs. 3 BauNVO war. Während Abs. 1 sachlich der Regelung den anderen Überleitungsvorschriften entspricht, ordnet Abs. 2 eine entsprechende Anwendung des neuen § 11 Abs. 3 S. 4 auch auf Bauleitpläne an, die auf der Grundlage der BauNVO 1977 Sondergebiete für den großflächeigen Einzelhandel nach Maßgabe des § 11 Abs. 3 BauNVO ausgewiesen haben. Diese Rückwirkung ist deshalb unbedenklich, weil sie sich nicht auf das Geschossflächenmaß der Regelvermutung des S. 3 bezieht, die von einer Geschossfläche von 1500 qm (BauNVO 1977) auf eine Geschossfläche von 1200 qm geändert wurde, sondern ausschließlich auf die entsprechende Anwendung von S. 4, der die Handhabung und Widerlegung der Regelvermutung und die dabei insbesondere zu beachtenden Kriterien betrifft. S. 4 hat damit aber nur eine klarstellende Funktion; denn in der Sache galt auch für die Handhabung und Widerlegung der Regelvermutung nach § 1 Abs. 3 S. 3 BauNVO 1977 nichts anderes.

5. Zu § 25c

10 § 25c enthält die Überleitungsvorschrift für die BauNVO 1990, die nach Art 4 der ÄndVO am 27. Januar 1990 in Kraft getreten ist.

11 Die in der ursprünlichen Fassung des § 25c enthaltenen Abs. 2 und 3 waren nicht durch die Ermächtigungsgrundlage des § 2 Abs. 5 BauGB 1986 gedeckt und sind deshalb durch Art 3 Nr. 1 des Investitionserleicherungs- und Wohnbaulandgesetzes vom 22. April 1993 (BGBl I S. 466) aufgehoben worden.

§ 26 Berlin-Klausel

Diese Verordnung gilt nach § 14 des Dritten Überleitungsgesetzes in Verbindung mit § 247 des Baugesetzbuchs auch im Land Berlin.

Die Berlin-Klausel ist gegenstandslos geworden aufgrund des 6. Überleitungsgesetzes vom 23.09.1990 (BGBl I S. 2106)

§ 26a Überleitungsregelungen aus Anlaß der Herstellung der Einheit Deutschlands

(1) In dem in Artikel 3 des Einigungsvertrages genannten Gebiet ist § 17 Abs. 3 auf Gebiete anzuwenden, die am 1. Juli 1990 überwiegend bebaut waren.

(2) Soweit in dieser Verordnung auf Vorschriften verwiesen wird, die in dem in Artikel 3 des Einigungsvertrages genannten Gebiet keine Anwendung finden, sind die entsprechenden Vorschriften der Deutschen Demokratischen Republik anzuwenden. Bestehen solche Vorschriften nicht oder würde ihre Anwendung dem Sinn der Verweisung widersprechen, gelten die Vorschriften, auf die verwiesen wird, entsprechend.

§ 26a beruht auf dem Einigungsvertrag. Abs. 1 modifiziert für die neuen Bundesländer die Regelung des § 17 Abs. 3, nach der in Gebieten, die bei Inkrafttreten der BauNVO am 1. August 1962 überwiegend bebaut waren, die Obergrenzen des Maßes der baulichen Nutzung überschritten werden können. Für die neuen Bundesländer ist der entsprechende Stichtag der 1. Juli 1990. 1

Anwendungsfälle des Abs. 2 hat es nicht gegeben, so dass die Vorschrift keine praktische Bedeutung erlangt hat. 2

§ 27 (Inkrafttreten)

Diese Verordnung tritt am 1. des übernächsten Monats nach der Verkündung in Kraft.

§ 27 betrifft das Inkrafttreten der BauNVO in ihrer **Ursprungsfassung vom 26. Juni 1962**. Die BauNVO 1962 wurde im BGBl vom 30. Juni 1962 verkündet und trat damit nach § 27 am **1. August 1962** in Kraft. 1

Die nachfolgenden Änderungen der BauNVO sind zu den in den jeweiligen ÄndVOen bestimmten Zeitpunkten in Kraft getreten, und zwar: 2

- **BauNVO 1968:** am **1. Januar 1969**
- **BauNVO 1977:** am **1. Oktober 1977**
- **3. ÄndVO 1986:** am **1. Januar 1987**
- **BauNVO 1990:** am **27. Januar 1990.**

Literaturverzeichnis

Kommentare/Erläuterungen

Battis/Krautzberger/Löhr, BauGB-Kommentar, 9. Auflage 2005 (BKL)
Berkemann/Halama, Erstkommentierungen zum BauGB 2004, 2005
Bielenberg/Koopmann/Krautzberger, Städtebauförderungsrecht, Kommentar und Handbuch, Loseblattausgabe (BKK)
Brügelmann u.a., (sog. Kohlhammer-Kommentar), BauGB-Kommentar, Loseblattausgabe (KK)
Ernst/Zinkhahn/Bielenberg/Krautzberger, BauGB-Kommentar, Loseblattausgabe (EZB)
Ferner/Stahl, Erläuterung zum BauGB, in: Das Deutsche Bundesrecht, Loseblattausgabe, Stand 10/2003
Fickert/Fieseler, Baunutzungsverordnung, Kommentar, 10. Auflage 2002
Gaentzsch, Kommentar zum BauGB, 1991
Gronemeyer (Hrsg.), BauGB-Praxiskommentar, 1999
Jäde/Dirnberger/Weiß, BauGB-BauNVO, Kommentar, 2. Auflage 1999
Schlichter/Stich (Hrsg.), Berliner Kommentar zum BauGB, 2. Auflage 1995, (BK, 2. Aufl.)
Schlichter/Stich/Driehaus/Paetow, Berliner Kommentar zum BauGB, 3. Auflage, Loseblattausgabe, (BK)
Schrödter, BauGB-Kommentar, 7. Auflage 2006

Lehr- und Handbücher

Battis, Öffentliches Baurecht und Raumordnungsrecht, 4. Auflage 1999
Berkemann (Hrsg.), BauGB 2004 – Nachgefragt, 2006
Berkemann/Gaentzsch/Halama/Heeren/Hien/Lemmel (Hrsg.), Festschrift für Schlichter: Planung- und Plankontrolle, 1995
Birk, Bauplanungsrecht in der Praxis, 4. Auflage 1998
Brohm, Öffentliches Baurecht. Bauplanungs-, Bauordnungs- und Raumordnungsrecht, 3. Auflage 2002
Driehaus, Erschließungs- und Ausbaubeiträge, 7. Auflage 2004
Driehaus/Birk (Hrsg.), Festschrift für Weyreuther: Baurecht aktuell, 1993
Erbguth/Wagner, Bauplanungsrecht, 3. Auflage 1998
Ferner, Minimierung von Flächenverbrauch bei der Schaffung von Wohnraum, 2003
Finkelnburg/Ortloff, Öffentliches Baurecht, Band 1, 5. Auflage 1998; Band II, 5. Auflage 2005
Gelzer/Bracher/Reidt, Bauplanungsrecht, 6. Auflage 2001
Hoppe/Bönker/Grotefels, Öffentliches Baurecht, 2. Auflage 2002
Hoppenberg/de Witt, Handbuch des öffentlichen Baurechts, Loseblattausgabe
Jacob/Ring/Wolf (Hrsg.), Freiberger Handbuch zum Baurecht, 2001
Koch/Hendler, Baurecht, Bauordnungs- und Landesplanungsrecht, 3. Auflage 2001
Krautzberger/Söfker, BauGB mit BauNVO, Handbuch mit Synopse, 6. Auflage 2001
Kühling/Hermann, Fachplanungsrecht, 2. Auflage 2000

Lansnicker, Das baurechtliche Mandat, Band 2: Öffentliches Baurecht, 2002
Rabe/Steinfort/Heintz, Bau- und Planungsrecht, 5. Auflage 2002
Stüer, Städtebaurecht 2001
Uechtritz, Öffentliches Baurecht, Bauplanungsrecht, Baugenehmigungsrecht, Verwaltungsprozess, 3. Auflage 2002
Werner/Pastor/Müller, Baurecht von A–Z, Lexikon des öffentlichen und privaten Baurechts, 7. Auflage 2000
Weyreuther, Bauen im Außenbereich, 1979

Stichwortverzeichnis

(z.B. **12** 26 = § 12 Rn 26
5 BauNVO 4 = § 5 BauNVO Rn 4)